ŒUVRES COMPLÈTES

DE

LORD BYRON

Paris. — Typographie de Gaittet et Cie, rue Gît-le-Cœur, 7

ŒUVRES COMPLÈTES

DE

LORD BYRON

TRADUCTION NOUVELLE

DE LOUIS BARRÉ

ILLUSTRÉE

PAR CH. METTAIS, E. BOCOURT, ÉD. FRÈRE

ÉDITION BRY AINÉ

PARIS
En Vente à la Librairie centrale des publications à 20 centimes
5, RUE DU PONT-DE-LODI, 5

1856

NOTICE

SUR

LORD BYRON.

L'auteur de *Childe-Harold* et de *Don Juan* est un des enfants de cette grande révolution qui a commencé par l'Amérique et la France, et qui n'a point encore dit son dernier mot. Tel est le secret de sa popularité parmi nous. Nous avons salué en lui la plus brillante expression d'une époque où tout a grandi au point de briser les anciens moules. Mais pour être reconnu d'abord par ses compatriotes, le poète de l'avenir devait avoir aussi un trait du passé. Ce trait, c'est la partie aristocratique de son caractère, en lutte continuelle avec ses instincts de démocratie. Grand seigneur par ses goûts et ses dédains, anglican par ses images bibliques et certaines aspirations religieuses, payant tribut aux classiques par le plan de ses drames et son admiration pour Pope, il ne montre là que l'épiderme : dans son cœur, Byron est tout révolutionnaire, enthousiaste de liberté, sceptique religieux et vaguement humanitaire, novateur par la libre allure de ses plans, de ses pensées, de son style ; il est démocrate enfin par son existence cosmopolite et sa mort de martyr !

Ce double aspect ressort d'une rapide esquisse de sa vie.

La race des Byrons remonte à l'invasion normande ; un Ralph de Burun est inscrit dans la distribution des terres saxonnes. Ses descendants parurent aux croisades, à Calais, à Crécy ; ils reçurent de Henri VIII le domaine ecclésiastique de Newstead, et, pendant les guerres civiles, ils restèrent fidèles au dogme de la légitimité. Le grand-père de notre poète, l'amiral Byron, est cité dans les fastes de la marine britannique ; un de ses grands-oncles eut un procès fameux pour avoir tué en duel un M. Chaworth ; son père, enfin, se fit connaître moins honorablement par ses dettes et par un enlèvement que suivit son premier mariage avec la femme divorcée de lord Carmaerthen. (De cette union naquit Augusta Byron, depuis mistress Leigh, sœur bien-aimée du poète.) Du côté maternel, on voit également une longue suite d'illustres ancêtres ; les Gordons de Gight descendaient d'une fille de Jacques Ier d'Écosse.

Tout ceci explique le patricien ; passons à l'homme.

Le capitaine Byron, devenu veuf, épousa miss Catherine Gordon, riche héritière que les anciennes dettes et les nouvelles profusions de son mari avaient déjà complètement ruinée, lorsque, le 22 janvier 1788, étant à Londres, elle mit au monde son fils unique, George Gordon-Byron. D'une mère dont le caractère, naturellement violent, était encore aigri par les privations, d'un père qui craint la côte d'Angleterre et d'Écosse en France, où il mourut en 1791, le jeune Georges était né sous les tristes auspices d'une misère dorée. En outre, il avait un pied difforme, et cette infirmité le fit souffrir longtemps au physique par les efforts même que l'on tenta pour la guérir ; elle le fit souffrir toute sa vie dans sa vanité. Par là, il se sentait doublement séparé de la caste élégante et riche.

Le caractère de l'enfant se montra concentré, sauvage, intraitable, non sans de fréquents éclairs d'intelligence et de bonté. Il conserva un long ressentiment contre sa mère, qui, dans un accès de violence provoqué par l'usage habituel des spiritueux, l'avait poursuivi pour le battre en l'appelant : « Marmot boiteux ! » Mais il montra toujours un tendre attachement à May Gray, sa gouvernante, dont l'affection adoucissait ses chagrins.

À l'âge de cinq ans, le jeune Georges fut envoyé à l'école d'Aberdeen, ville où résidait sa mère, et c'est là qu'il contracta son goût prédominant pour les livres d'histoire, et en particulier pour l'Ancien-Testament. Après une légère indisposition, on l'envoya faire un séjour dans les Highlands pour rétablir sa santé, séjour qui fit éclore en lui un profond sentiment des beautés de la nature.

Un trait caractéristique de l'enfance de Byron consiste dans ses amours précoces. Âgé seulement de huit ans, il se passionna pour une petite fille d'Aberdeen, nommée Mary Duff, qui l'aimait de son côté, sentiment réciproque qui se manifestait par le plaisir que ces deux charmantes créatures trouvaient à se tenir gravement assises l'une auprès de l'autre en causant tendrement, tandis qu'Hélène, la sœur aînée de Mary, jouait à la poupée. À chaque séparation, Georges témoignait une vive impatience ; il engageait sa mère ou sa bonne à écrire pour lui à sa petite fiancée ; et, peu d'années après, en apprenant le mariage de Marie Duff, il tomba dans des convulsions alarmantes. Plus tard, à Dulwich, il s'éprit de même de Marguerite Parker, charmante jeune fille qui mourut bientôt après de consomption, et dont la mort inspira au poète naissant sa première élégie. La troisième fois enfin, à Newstead, venu en vacances de Harrow, il vit miss Chaworth, qui habitait dans le voisinage et qui appartenait à la famille avec laquelle son grand-oncle avait eu un funeste différend. Le romanesque de cette liaison la changea bientôt en un violent amour du côté de l'adolescent, mais non du côté de la jeune personne, qui, ayant deux ans de plus, crut pouvoir accueillir comme un jeu la passion du pauvre écolier sans refuser néanmoins un parti sérieux qui se présenta l'année suivante. Ces trois aventures, en apparence frivoles, ne présageaient-elles pas le rôle important que les femmes devaient jouer dans la vie et les écrits de Byron, et l'encens et les sarcasmes qu'il leur a prodigués tour-à-tour ?

Revenons sur nos pas. Ce grand-oncle en question, le meurtrier de M. Chaworth, était mort sans héritier direct dans son domaine de Newstead. Le jeune Georges devenait pair d'Angleterre, honneur qu'il parut sentir vivement dans l'expectative, mais dont la réalité le désabusa. La mère et l'enfant, en venant prendre possession de la vieille abbaye, voisine de la forêt de Sheerwood, la trouvèrent dans un délabrement complet. L'oncle William s'amusait de son vivant à nourrir dans les salles une quantité innombrable de grillons, qui tous disparurent à sa mort ; mais il avait en outre une passion plus coûteuse, analogue à celle de l'oncle Tobie dans le Tristram-Shandy : sir William avait fait construire sur un lac des forteresses et une flottille, et il s'y livrait au plaisir de la petite guerre, brûlant sous forme de poudre à canon quelque chose de plus que ses revenus. La situation des héritiers ne se trouva donc guère améliorée, car il leur restait à peine quelques livres sterling, produit de la vente de leur mobilier. Cette situation ne devint un peu plus conforme à leur rang que grâce à une pension de trois cents livres que lady Byron obtint sur la liste civile, et surtout quand lord Carlisle, tuteur du jeune Georges, l'eut fait rentrer dans le domaine substitué de Rochdale, indûment aliéné par le marin d'eau douce. Le souvenir de ce précédent maître du domaine n'offrait pas d'ailleurs à son jeune héritier un exemple bien propre à lui tracer cette ligne de conduite régulière qui conduit dans le monde aux positions stables et enviées.

Mistress Byron s'étant rendue à Londres, en 1799, son fils fut mis en pension au collège de Harrow-on-the-Hill, près de Windsor. Il se trouvait alors assez mal préparé par ses maîtres précédents aux études purement linguistiques ; mais il avait puisé dans ses lectures incessantes une certaine connaissance des faits historiques, et surtout une force de pensée et d'élocution assez rare à son âge, précieux indice pour ceux qui songeront un jour à réformer l'instruction publique. A Harrow, Byron, devenu aussi latiniste qu'il appartient à un Anglais, mais helléniste médiocre, composa dans sa langue maternelle des vers qui n'étaient souvent que des imitations des anciens ; il se distinguait surtout dans les exercices du collège par son talent pour la déclamation. Extrême en tout, il conçut pour quelques-uns de ses jeunes camarades des amitiés passionnées, bientôt brisées par la mort ou la séparation. On a remarqué qu'il choisissait souvent les objets de ses affections dans une classe inférieure à celle où il était né, premier signe de cette sympathie qu'il eut toujours pour les faibles et les opprimés.

L'élève de Harrow, indocile jusqu'à la rébellion, n'avait rien perdu de la turbulence de l'enfant des grèves d'Aberdeen ou de la forêt de Sheerwood : il aimait les jeux bruyants, le mail, quelquefois même la lutte et la boxe ; passion qui se manifesta plus tard sous d'autres formes : le goût des chiens, des armes, les courses au grand galop sur le Lido à Venise et la répétition de l'exploit de Léandre aux Dardanelles.

Le barde futur passa, en 1805, au collège de la Trinité, université de Cambridge, et il y mena une existence assez dissipée. Mais pendant les vacances, il fut introduit par sa mère dans plusieurs familles respectables et put envisager le monde sous un aspect plus sérieux. Les traces des plus petits événements de sa vie à cette époque et dans les années précédentes se retrouvent dans ses *Heures de loisir*, recueil de poésies qu'il fit alors imprimer qu'à cent exemplaires. Ce ne fut qu'en 1808 que la *Revue d'Édimbourg* daigna s'occuper de cet ouvrage. Une critique injuste et passionnée fit événement dans la vie du jeune poète et faillit l'entraîner dans la voie de la littérature militante pour laquelle il se crut une vocation prononcée, circonstance qui peut-être eût privé le monde des chefs-d'œuvre que Byron devait créer dans un genre tout différent. Il répondit à l'attaque par une satire intitulée les *Poètes anglais et les critiques écossais*. Le succès mit les rieurs de son côté.

En 1809, le jeune lord, qui venait d'atteindre sa majorité, se présenta seul à la chambre haute, son tuteur ayant refusé de lui servir de parrain. La réception fut froide : trois ans après seulement, il prononça son premier discours à propos du bill sur les briseurs de métiers ; il s'y montra fidèle aux principes libéraux et favorable à l'émancipation catholique. L'année suivante (1813), il prit encore la parole pour la pétition du major Cartwright, insulté et arrêté illégalement par les agents brutaux de l'autorité militaire. Dans les deux occasions, son succès parut grand ; mais Byron vit bien qu'il n'avait ému qu'à la surface une assemblée dévouée..... à ses seuls intérêts ; et dégoûté, il abandonna pour toujours la carrière politique.

Dans l'intervalle, un pèlerinage vers le sud et l'est de l'Europe avait singulièrement développé les plus précieuses de ses facultés poétiques : il y avait recueilli les matériaux de ses poèmes orientaux. Il avait visité Lisbonne, Gibraltar, Malte, la Sicile, la Sardaigne, l'Épire, où il avait vu le fameux Ali, pacha de Janina, et en dernier lieu la Morée. Enfin, après avoir passé à Constantinople, il était revenu dans la cité de Minerve où son courage sauva la vie à une jeune Grecque qui était accusée d'un crime d'amour (commis sans doute en faveur du jeune Anglais) et que l'on portait toute cousue dans un sac de cuir pour la jeter à la mer.

Ce fut aussi durant ce voyage qu'il composa les deux premiers chants de *Childe-Harold*, ouvrage dont un ami, homme de goût, M. Dallas, parvint avec peine à lui faire comprendre la supériorité sur ses essais satiriques. Enfin persuadé, il s'occupait de l'impression de ce poème, lorsqu'il apprit que sa mère était dangereusement malade : il revint en Angleterre et n'arriva à Newstead que pour assister aux funérailles.

Childe-Harold fut accueilli comme l'œuvre la plus grande qui eût paru depuis le *Paradis perdu* : l'auteur a dit lui-même avec justesse : « Je m'éveillai un matin et me trouvai célèbre. » L'Envie s'éveilla aussi : forcée au silence, mais nullement désarmée par le succès non interrompu du *Giaour*, de la *Fiancée d'Abydos*, du *Corsaire*, elle quitta la critique pour la calomnie et attaqua les mœurs de l'homme, ne pouvant entamer ses œuvres. Il faut avouer qu'un certain genre de renom qu'obtint le poète, fort bel homme d'ailleurs quand il ne marchait pas, et homme à la mode surtout, prêtait assez au scandale : une noble dame avait été jusqu'à se couper la gorge pour lui en plein raout avec un verre cassé. Le poète, en songeant au mariage, voulut se ranger et se rendit encore plus vulnérable. Il demanda la main de miss Milbanke, riche héritière, assez jolie personne, mais prude et un peu bas-bleu : refusé de son dédain pour les formes et les idées reçues, il eut enfin le malheur de réussir. Les noces, célébrées le 2 janvier 1816, furent d'une tristesse de mauvais augure. Une gouvernante favorite, tirée plus tard de son obscurité par des vers qui la fustigeront dans la postérité, se posa dès l'abord entre les deux époux ; et l'année écoulée, miss Milbanke se retira chez son père : ses motifs restèrent obscurs, mais elle alléguait que les profusions de son mari ne lui laissaient pas les moyens de vivre selon son rang.

Après quelques démarches pour la ramener, lord Byron, voyant s'ameuter autour de lui les amours-propres irrités de ses succès, les salons et les sacristies blessés de son dédain pour les formes et les idées reçues, quitta pour jamais l'Angleterre, profondément ulcéré contre le monde qui finit, prophète et précurseur du monde qui va commencer. Du rivage, il adressa de touchants adieux à sa femme et à sa fille Ada, la bien-aimée de son cœur.

Il remonta le Rhin ; puis il passa en Suisse où il se lia avec Shelley et madame de Staël, nobles amitiés qui, avec celles de Shéridan, Hobhouse, Lewis et Moore, le vengèrent amplement des rancunes des nullités titrées et mitrées.

Ce fut dans ce voyage qu'il composa le troisième chant de *Childe-Harold*, le *Prisonnier de Chillon*, quelques petits poèmes et *Manfred* (1817). Il se fixa bientôt à Venise où il commença en 1818 *Don Juan* que l'on peut considérer comme son œuvre capitale, et la plus complète, la plus libre expression de cette âme multiple.

L'année suivante, un attachement auquel les mœurs italiennes se prêtaient plus facilement que celles des pays du nord vint consoler Byron de son veuvage. La comtesse Guiccioli l'aima, quitta pour lui son mari et se chargea d'acquitter la dette de toutes les âmes que le poète avait charmées. Ce fut dans sa retraite auprès de cette amante dévouée, à Venise, à la Mira, à Ravenne, à Pise, qu'il continua *Don Juan* et qu'il composa *Caïn*, *Les deux Foscari* et le reste de ses ouvrages dramatiques.

Cependant l'ami des libertés du monde s'était affilié aux carbonari ; et son cœur, comme celui de Sardanapale, qu'il a peint à cette époque, balançait entre l'amour et le devoir... Car c'était un devoir sacré qui l'appelait au secours des Grecs qu'il avait peut-être enflammés par ses chants. Le 24 juillet 1823, il partit de Livourne pour Céphalonie avec le comte Gamba, le frère de sa maîtresse... (Les mœurs italiennes sont encore là.) Il avait sacrifié les débris de sa fortune pour apporter aux insurgés des armes et des munitions. Les premiers mois furent employés à lutter péniblement contre les prétentions exagérées et les divisions des Palicares, qui lui étaient cependant tout dévoués. Au mois de janvier seulement il put aller rejoindre Mavrocordato à Missolonghi, où le temps se passa encore en discussions et en préparatifs. Vers le milieu de février, on résolut d'aller assiéger Lépante, en dépit des Souliotes qui refusèrent longtemps de marcher, à part habitués, disaient-ils, à se battre contre des hommes et non contre des murailles. »

Enfin, l'avant-garde partit. Lord Byron voulait la rejoindre avec le corps d'armée, lorsque, le 9 avril, comme il était à une lieue de Missolonghi avec le comte Gamba, ils furent assaillis par une pluie violente et continue. Byron rentra avec la fièvre ; le lendemain, il voulut reprendre ses occupations et sortit à cheval. Ce fut la dernière fois. Obligé de s'aliter, il languit encore neuf jours et mourut enfin le 19 avril, en répétant le nom de sa fille, et chargeant son valet de chambre Fletcher d'aller trouver lady Byron et de lui dire : « Tout... tout... » ; mais il ne fut capable d'articuler aucune explication.

Le mystère aurait pu nous être dévoilé, sans l'infidélité de Thomas Moore, dépositaire des mémoires du noble poète : mais ce mystère est maintenant scellé sous deux tombes.

Les restes de lord Byron furent repoussés de Westminster par le clergé anglican, qui eut raison de ne point se croire digne de les recevoir... On les a déposés à Newstead, dans le tombeau de ses pères. Mais elle sera la première des nations du globe, celle qui un jour les réclamera pour son Panthéon.

ŒUVRES COMPLÈTES

DE

LORD BYRON

TRADUCTION NOUVELLE PAR LOUIS BARRÉ.

LE CORSAIRE.

CHANT PREMIER.

I.

« Sur les vagues joyeuses de la mer revêtue d'un sombre azur, comme elle, nos pensées sont sans bornes, et nos âmes toujours libres ; aussi loin que la brise peut porter, le flot se couvrir d'écume, elles planent sur notre empire, contemplent une patrie. Voilà nos royaumes, le domaine illimité sur lequel domine notre pavillon, sceptre à qui tout doit obéir. Notre vie, toujours sauvage et turbulente, même quand elle passe de la lutte au repos, nous fait trouver des jouissances dans chacune de ces alternatives. Et ces jouissances, qui pourrait les décrire ? Ce n'est pas toi, esclave des voluptés, toi dont l'âme faiblirait au sommet croulant des vagues : ce n'est pas toi, noble vaniteux, élevé dans la débauche et l'indolence, toi que le sommeil ne repose plus, à qui le plaisir même ne sait plus plaire. Oh ! qui pourrait les décrire, sauf l'infatigable pèlerin de ces routes sans traces, dont le cœur, habitué à ces épreuves, a bondi triomphant sur l'abîme des eaux, et gonflé de joie et d'ivresse, a senti ses battements s'accélérer jusqu'au délire ? Lui seul chérit l'approche de la bataille pour la bataille même, faisant ses délices de ce que d'autres appellent danger : il ambitionne ce que le lâche s'empresse de fuir, et quand le faible s'évanouit, lui s'émeut seulement... il s'émeut en sentant, dans les profondeurs de son sein agité, l'espérance qui s'éveille et le courage qui s'enflamme. Oh ! nous ne craignons pas la mort, pourvu que l'ennemi périsse avec nous... pourtant la mort paraît encore plus triste que le repos... N'importe ! qu'elle vienne quand elle voudra : en attendant, nous épuisons l'essence même de la vie ; et quand on a perdu celle-ci, il est indifférent que ce soit par la maladie ou par l'épée. Qu'un être, épris de sa propre décrépitude, consente à se cramponner sur sa couche, à y languir des années dans les douleurs, à respirer un air appesanti, tête tremblante : pour nous le frais gazon, et non le lit fiévreux !... Tandis que son âme s'exhale lentement, sanglot par sanglot, les nôtres, d'un seul effort, d'un seul bond, échappent à toute contrainte. Que son cadavre soit fier de son urne de marbre et de son étroit caveau ; que ceux que fatiguait sa vie lui dorent une tombe : à nos morts, des larmes peu nombreuses, mais sincères, quand l'Océan s'entr'ouvre pour les ensevelir ! Pour eux, au milieu même des banquets, de vrais regrets s'exhalent de la coupe rougissante, et des libations couronnent leur mémoire. Leur courte épitaphe se rédige, à la fin du jour des dangers, quand les vainqueurs partagent les dépouilles et s'écrient, le front assombri par un triste souvenir : Hélas ! combien les braves qui ont succombé seraient joyeux à cette heure ! »

II.

Tel était le cri sauvage qui s'élevait de l'île des Pirates, où brillait un feu de bivouac ; tels étaient les sons que répétaient en frémissant les échos des rochers, et qui semblaient des chants à ces oreilles grossières. Dispersés en groupes sur le sable doré, les forbans jouaient, riaient, causaient ou aiguisaient leurs poignards, quelques-uns choisissaient leurs armes ; chacun reprenait sa lame fidèle et regardait d'un œil indifférent le sang qui la couvrait. Ceux-là travaillaient à réparer leur navire, à replacer le gouvernail ou les avirons, tandis que d'autres erraient pensifs le long du rivage. Les plus occupés tendaient un piège à l'oiseau des rochers ou étalaient au soleil les filets humides : de l'œil avide de l'Espérance, ils cherchaient dans la moindre tache à l'horizon quelque voile éloignée, se rappelant l'un à l'autre les prodiges de cent nuits de combat et se demandant de quel côté ils iraient chercher une proie nouvelle. — De quel côté ? qu'importe ! c'est l'affaire du CHEF ; la leur est de croire que ni la proie ni les dispositions pour la saisir ne feront défaut. — Mais ce CHEF quel est-il ? Son nom est connu et redouté sur maint rivage ; ils n'en savent, ils n'en demandent pas plus. Il ne se révèle à eux que pour commander : peu de mots, mais un regard, mais un geste ; jamais il ne vient animer de sa propre gaîté leurs joyeux festins : mais ils lui pardonnent son silence en faveur de ses succès. Jamais ils ne remplissent pour lui la coupe empourprée ; elle passe devant ses yeux sans qu'il l'effleure ; et quant aux mets de sa table, le plus grossier de la troupe les dédaignerait à son tour. Le pain rustique, l'humble racine des jardins et à peine un de ces fruits, luxe de l'été, apportent à ses courts repas une frugalité que supporterait à peine un ermite. Mais tandis qu'il méprise ainsi les plaisirs grossiers des sens, son âme semble se nourrir de cette abstinence même. « Droit à ce rivage ! » et la voile y conduit. « Faites ainsi ! » c'est fait. « A vos rangs et suivez-moi ! » le butin est conquis. Ainsi l'acte accompagne la parole ; tous obéissent et peu s'enquièrent de ses intentions : à ceux-ci, un mot, un coup d'œil de dédain, montrent assez sa colère ; il ne daigne point s'expliquer davantage.

III.

« Une voile ! une voile ! » c'est l'espoir d'une prise ! « Quelle nation ? Quel pavillon ? Que dit le télescope ? » Ce n'est point une prise, hélas ! et pourtant ce navire est bienvenu : l'étendard rouge de sang flotte au gré du vent. « Oui, c'est à nous, c'est un vaisseau qui revient au port. Souffle favorablement, ô brise ! ils doivent jeter l'ancre avant la nuit. » Le cap est doublé : la baie reçoit cette proue qui brave les vagues. Comme elle poursuit fièrement sa noble course ! Ses blanches ailes, qui jamais ne fuient devant l'ennemi, semblent la porter sur les ondes, qu'elle parcourt comme un oiseau des mers, en défiant les éléments conjurés. Ah ! qui ne braverait le feu des combats, qui ne braverait le naufrage, pour régner en monarque sur le peuple qui habite ses flancs !

IV.

Le câble frôle rudement les flancs du vaisseau; ses voiles sont repliées; il se balance en jetant l'ancre; et les oisifs qui l'observent du rivage peuvent voir le canot qui descend de la poupe vitrée. L'embarcation est garnie d'hommes, et les avirons cadencés la dirigent vers la plage, jusqu'à ce que sa quille effleure et creuse le sable. — Salut! cris de bienvenue, paroles amicales! mains qui s'unissent et se serrent sur la grève; sourires, questions et réponses précipitées; offres cordiales de fêtes et de banquets!

V.

Les nouvelles se répandent, et la foule s'amasse pour les recueillir; parmi les sourds murmures et les bruyants éclats de rire, les voix plus douces, mais inquiètes, des femmes se font entendre. Les noms des amis, des époux, des amants, sont répétés après chaque mot : « Oh! sont-ils saufs au moins? Nous ne demandons point vos succès : mais les reverrons-nous? entendrons-nous leurs voix chéries? Quelque part qu'ait rugi la bataille, que les vagues aient déployé leur fureur, sans doute ils ont bravement agi; mais lesquels d'entre eux ont survécu? Qu'ils se hâtent de nous apporter l'étonnement et la joie, et que leurs baisers éloignent le doute de nos paupières ravies! »

VI.

« Où est le chef? nous avons un rapport à lui faire, et nous craignons de voir bientôt finir cette joie qui salue notre arrivée; n'importe! elle est sincère, elle est douce au cœur, cette joie passagère. Allons, Juan! guide-nous à l'instant vers le chef : une fois que nous l'aurons salué, nous reviendrons fêter notre retour, et chacun apprendra ce qu'il désire savoir. » Ils montent lentement de pics en abîmes par un sentier taillé dans le roc, jusqu'à la plate-forme où la tour de garde qui domine la baie s'élève parmi des buissons touffus et des massifs de fleurs sauvages : l'air y est rafraîchi par des sources argentées, qui jaillissent pleines de vie de leurs bassins de granit et provoquent la soif à s'assouvir dans leurs flots pétillants. — Là-bas, près de cette grotte, quel est cet homme isolé dont le regard plane sur les vagues? dans une attitude pensive, il se reposesur son sabre, qui certes est rarement un bâton d'appui pour cette main rougie de sang? « C'est lui, c'est Conrad, seul maintenant comme toujours. En avant! Juan, en avant! annonce-nous. Il a vu le navire... Dis-lui que nous apportons des nouvelles qu'il lui importe de connaître promptement : nous n'osons approcher; tu connais son humeur quand des pas étrangers ou non désirés viennent troubler sa solitude.»

VII.

Juan s'approche du chef et lui fait connaître le vœu de ses compagnons. Celui-ci n'ouvre point la bouche, mais exprime son assentiment par un signe. Juan appelle les autres; ils s'avancent; à leur salut le chef s'incline légèrement, mais ses lèvres restent muettes. « Ces lettres, chef, sont de ce Grec, ton espion, qui annonce de nouveau que le butin ou le péril sont tout proche : quelles que soient ses informations, nous pouvons annoncer qu'en outre... — Silence! silence! » C'est ainsi qu'il arrête leurs inutiles discours. Étonnés, humiliés, ils se retirent à l'écart et se communiquent à voix basse leurs conjectures; ils épient en même temps son regard pour observer l'impression que font sur lui les nouvelles annoncées. Mais comme s'il les devinait, il tourne la tête de côté pour cacher son émotion et ses craintes, ou seulement par orgueil, et parcourt le billet. « Mes tablettes, Juan! écoute... où est Gonzalvo? — Dans le navire qui est à l'ancre. — Qu'il y reste... porte-lui cet ordre... et vous, à votre poste! préparez tout pour le départ; je prendrai le commandement ce soir. — Ce soir, seigneur Conrad. — Oui : au coucher du soleil : car la brise doit fraîchir vers la fin du jour. Mon corselet, mon manteau; et dans une heure nous sommes en route. Tu prendras son clairon. Veille à ce que les ressorts de ma carabine soient exempts de rouille et ne trompent pas mon adresse : que le tranchant de mon sabre d'abordage soit bien aiguisé et que la garde élargie s'adapte mieux à ma main. L'armurier devra s'en occuper sur-le-champ; car dans la dernière affaire cette épée a plus fatigué mon bras que n'a fait la résistance de l'ennemi. Veille à ce que l'on tire exactement le canon de signal quand l'heure du délai sera expirée. »

VIII.

Tous s'inclinent en signe d'obéissance, et se retirent silencieusement. C'est aller revoir un peu tôt le désert liquide; et pourtant ils ne résistent point, car Conrad l'a voulu, et qui oserait mettre en question ce que Conrad décide? Homme d'isolement et de mystère, à peine l'a-t-on vu sourire, rarement on l'entend soupirer; son nom terrifie les plus hardis de sa troupe et fait pâlir leurs visages basanés : il est doué de la puissance dominatrice qui fascine, entraîne et fait frissonner au besoin les cœurs vulgaires... Quel est donc ce charme que ces hommes indisciplinés reconnaissent et envient, mais contre lequel ils voudraient lutter en vain? Quel lien peut ainsi enchaîner leur foi?... Le pouvoir de la pensée, la magie de l'intelligence ; pouvoir né du succès, saisi et conservé par l'adresse, qui de la volonté d'un seul fait un moule pour les faiblesses des autres, n'agissant que par leurs mains, mais se parant à leur insu de leurs plus brillants exploits. Ainsi sous le soleil, a-t-on toujours vu et verra-t-on toujours le grand nombre travailler pour un seul. C'est l'arrêt de la nature; mais que le faible qui travaille se garde d'accuser, de haïr, celui qui recueille les produits. Oh! s'il connaissait le poids de ces chaînes splendides, que ses humbles douleurs lui paraîtraient légères!

IX.

Différent des héros des races antiques, démons par leurs actes, mais dieux par leur beauté, Conrad n'a rien dans son aspect qui puisse exciter l'admiration, sauf le feu qui brille sous l'ombre de ses noirs sourcils; robuste, mais non taillé en hercule; d'une taille ordinaire plutôt que gigantesque; en somme néanmoins, ceux qui s'arrêtent à le regarder à deux fois distinguent en lui des signes que ne porte point le vulgaire des hommes : ils le contemplent et s'étonnent de leur propre impression... et, tout en l'avouant, ils n'en peuvent deviner la cause. Ses joues sont brûlées du soleil; son front est haut et pâle, mais voilé en partie par les noirs anneaux de son abondante chevelure; sa lèvre relevée révèle souvent malgré lui les hautaines pensées qu'il réprime, mais qu'il ne peut cacher tout-à-fait. Bien que sa voix soit douce et toute son apparence calme, on croit cependant y démêler quelque chose qu'il ne voudrait pas laisser paraître. Ses traits aux lignes profondes, aux teintes changeantes, attirent à la fois et troublent la vue, comme si sous la pensée ténébreuse s'agitaient des sentiments terribles, mais encore vagues; mais s'il en est ainsi, personne ne le peut dire, car son regard sévère arrête un examen attentif. Peu d'hommes pourraient défier la rencontre de son œil pénétrant; et quand un regard curieux cherche à sonder son cœur ou à étudier les altérations de son teint, il suit à la fois découvrir le dessein de l'observateur et le forcer de reporter son attention sur lui-même, de peur de révéler ses propres secrets au lieu de pénétrer ceux de Conrad. Autour de sa lèvre se joue un sourire infernal qui excite à la fois la rage et la terreur, et partout où tombe le sombre regard de sa haine, l'Espérance se flétrit et s'envole, la Pitié soupire et dit adieu.

X.

Bien faibles sont les signes extérieurs des fatales pensées : le dedans, c'est là que travaille l'esprit du mal! L'amour trahit toutes ses phases diverses; la haine, l'ambition, la perfidie, ne se manifestent que par le même sourire plein d'amertume. Une lèvre bien légèrement contractée, la plus faible pâleur répandue sur un visage étudié, indiquent seules des passions profondes; et pour observer leurs symptômes, il faudrait voir en restant invisible. Alors, par cette marche précipitée, par cet œil qui se lève fréquemment vers le ciel, par ces bras qui s'étreignent convulsivement, par ces pauses soudaines qui interrompent l'agonie, quand le coupable se redresse et croit saisir autour de lui des indiscrets, craignant qu'on ne vienne contempler de trop près ses terreurs; alors, dans toutes ces fibres du visage que tiraille le cœur, dans ces explosions de sentiment qui se renouvellent et se fortifient sans cesse, dans ces tressaillements soudains, ces convulsions, ces luttes, ces frissons et ces ardeurs, ces rougeurs à la joue et ces sueurs au front; dans tous ces symptômes, étranger si tu le peux sans trembler, contemple son âme..... vois quel sommeil adouçit ses souffrances, vois comme ce sein flétri dans la solitude et l'abandon s'agite sous la pensée désolante d'un passé qu'il exècre! Contemple.... Mais qui, n'étant qu'un homme lui-même, a jamais vu ou verra jamais à découvert les profondeurs de l'âme?

XI.

Cependant Conrad n'avait pas été créé par la nature pour conduire une bande de scélérats, et devenir lui-même le plus détestable instrument du crime. Son âme avait été altérée avant que ses actes l'eussent amené à combattre l'homme et à renier le ciel. Elevé par le monde à l'école du désenchantement, trop sage dans ses paroles et trop insensé dans sa conduite, trop ferme pour céder et trop orgueilleux pour s'abaisser, condamné par ses vertus même au rôle de dupe, il maudit ces vertus comme la cause de ses maux et ne maudit pas les traîtres qui l'avaient perdu; il ne vit point qu'en plaçant mieux ses bienfaits il aurait conservé son propre bonheur et les moyens de faire encore des heureux. Redouté, honni, calomnié, quand sa jeunesse était encore dans sa force, il en était arrivé à détester trop profondément l'humanité pour sentir les remords, et il prit la voix de son courroux pour un appel céleste qui lui ordonnait de venger sur tous les torts de quelques-uns. Il se reconnaissait coupable, mais il croyait que les autres ne valaient pas même le portrait qu'ils faisaient de lui, et il méprisait les plus sages comme des hypocrites qui commettaient en cachette ces mêmes actes que les plus hardis se permettaient ouvertement. Il se savait détesté, mais il savait aussi que ses accusateurs s'inclinaient et tremblaient devant lui. Abandonné, furieux, égaré, il se posa en être inaccessible à toute affection comme à tout dédain : son nom pourrait épouvanter et ses actes surprendre; mais ceux qui le craignaient n'oseraient le mépriser. L'homme foulé aux pieds un ver, mais il s'arrête avant de réveiller tous les poisons endormis du serpent replié sur lui-même; le premier pourra relever la tête, mais non venger sa blessure; le second meurt, mais ne laisse point son ennemi vivant; il enlace rapidement les membres de l'offenseur, et, tant qu'il peut mordre, on peut l'écraser, mais non le vaincre.

XII.

Nul n'est tout mauvais : Conrad conserve un doux sentiment qui s'agite dans son cœur. Souvent il s'est raillé des hommes trompés par des passions bonnes pour les sots et les enfants; et pourtant il lutte vainement contre une passion semblable, et même en lui cette passion réclame le nom d'Amour. Oui, c'était un amour inaltérable, inaltéré, ayant un objet dont rien n'avait pu le détacher. Quoique les plus belles captives fussent chaque jour offertes à ses regards, il ne méprisait pas ces femmes, ne recherchait point leurs caresses, mais il passait froidement auprès d'elles; quoique mainte beauté languît captive dans ses chaînes dorées, aucune d'elles n'avait pu remplir une de ses heures les plus oisives. Oui, c'était de l'amour, si l'on peut appeler ainsi une tendresse éprouvée par les tentations, le malheur, l'absence, les changements de climat, et enfin, chose plus rare encore, par les efforts du temps; une passion que n'ont pu attrister ni les espérances vaines, ni les projets détruits, qu'aucune fureur n'a pu troubler, à qui la maladie elle-même n'a pu arracher un murmure; toujours joyeuse au retour, toujours calme au départ, de peur que la douleur de l'amant ne brisât le cœur de l'amante; une pareille tendresse, que rien n'avait pu étouffer, que rien ne menaçait d'affaiblir, oh! si l'amour existe parmi les mortels, c'était là de l'amour. Conrad était un grand coupable, tous ses actes étaient criminels; mais non cette passion toute puissante qui, de toutes les vertus la plus aimable, était la seule que le crime lui-même n'avait pu éteindre.

XIII.

Il resta un moment immobile, jusqu'à ce que ses compagnons, qui regagnaient le vallon à la hâte, eussent disparu au premier détour du chemin. « Étranges nouvelles! j'ai vu bien des dangers, et je ne sais pourquoi celui-ci m'apparaît comme le dernier. Mais quoique mon cœur abandonne l'espoir, il restera inaccessible à la crainte, et mes soldats ne me verront point faiblir : c'est un coup désespéré que d'aller au-devant de l'ennemi, mais ce serait une mort plus sûre d'attendre qu'il vînt nous traquer ici et nous pousser vers une ruine inévitable. Si mon plan peut s'accomplir, si la fortune nous sourit, il sera versé des larmes autour de notre bûcher funéraire. Oui, qu'ils dorment! que leurs rêves soient paisibles! ils ne seront que jamais réveillés par des feux aussi brillants que celui qui s'allumera cette nuit (sois-nous seulement favorable, ô brise!) pour réchauffer ces tardifs vengeurs de la paix des mers. Chez Médora, maintenant! Oh! mon faible cœur, puisse le cœur de Médora ne point souffrir un poids pareil à celui qui l'oppresse! Et pourtant, j'étais brave.... pauvre sujet d'orgueil, ici où l'on ne voit que des braves. L'insecte lui-même combat bravement pour défendre ce qui lui est cher. Ce courage vulgaire que nous partageons avec la brute, et dont le désespoir seul inspire les redoutables efforts, mérite peu d'estime. Mais je visais à de plus nobles résultats : j'ai habitué ma petite troupe à se mesurer froidement contre de nombreux ennemis; longtemps j'ai guidé mes soldats de telle sorte que le sang ne coulât point en vain... Maintenant, plus de milieu : il faut vaincre ou périr. Eh bien! soit; je ne regrette point de mourir, mais de conduire ainsi mes compagnons à un combat où toute retraite leur sera impossible. Depuis longtemps je m'occupe peu de mon sort; mais mon orgueil souffre de donner ainsi dans le piège. Est-ce là de l'habileté, du savoir? jouer sur un seul de l'espérance, le pouvoir et la vie! Oh, destin!..... Conrad, accuse ta folie et non le destin..... le destin peut encore te sauver; il n'est point trop tard. »

XIV.

Il s'entretint de la sorte avec lui-même, jusqu'à ce qu'il eût atteint le sommet de la colline que couronnait sa tour... Là, il s'arrête sur le seuil, car il reconnaît cette voix tendre et mélancolique qu'il ne croit jamais avoir entendue trop souvent. Les sons, quoique doux, se répandent au loin à travers le grillage de la haute fenêtre; et voici l'air que chantait le bel oiseau captif.

1.

Ce tendre secret habite au plus profond de mon âme, solitaire et caché pour toujours, sauf quand mon cœur se soulève pour répondre à ton cœur, puis tout tremblant rentre dans son silence.

2.

Là, au centre de ce cœur, brûle lentement la flamme d'une lampe sépulcrale, éternelle, mais invisible; les ténèbres du désespoir ne peuvent l'étouffer, quoique ses rayons soient maintenant plus inutiles que jamais.

3.

Garde mon souvenir! Oh! ne passe pas devant ma tombe sans une pensée pour celle dont les restes sont cachés là; la seule douleur que mon âme ne puisse braver, ce serait de trouver l'oubli dans la tienne.

4.

Écoute cet accent profond, le plus faible, le dernier : la Vertu ne peut défendre de regretter les morts..... donne-moi donc la seule chose que je t'aie jamais demandée : une larme, la première, la dernière, la seule récompense de tant d'amour.

Il franchit le seuil, traversa le corridor et arriva au salon au moment même où la mélodie finissait : « Ma chère Médora, ton chant est bien triste. — En l'absence de Conrad, voudrais-tu qu'il fût joyeux? Quand tu n'es point là pour entendre ma voix, elle doit encore révéler mes pensées, mon âme entière; chacun de mes accents est l'écho de mon pauvre cœur, et mon cœur ne pourrait se taire quand même mes lèvres seraient muettes! Oh! pendant combien de nuits, étendue sur ma couche solitaire, les terreurs de mes rêves ont prêté au vent les ailes de la tempête, et pris le souffle qui caressait doucement tes voiles pour le murmure précurseur de la rafale : son faible bruissement me semblait un chant sombre et prophétique, pleurant sur ton cadavre qui flottait au gré des vagues. Je me levais pour ranimer le feu du signal, de crainte que des agents moins fidèles ne l'en laissassent expirer la flamme. Pendant de longues heures sans repos, j'observais attentivement les étoiles, et enfin l'aube arrivait..... et tu étais toujours loin de moi. Oh! alors, comme le frisson matinal glaçait ma poitrine! comme le jour se levait sombre à mes regards troublés! Je regardais et regardais encore, et mes pleurs, mes promesses, mes vœux, ne pouvaient faire paraître un navire. Aujourd'hui, enfin.... il était midi... je pus saluer et bénir un mât qui vint frapper ma vue : il s'approchait; hélas! il passa outre. Un autre vint... Dieu! c'était le tien. Oh! que de pareils jours ne reviennent plus! non voudras-tu donc jamais connaître les douceurs de la paix? Certes, tu as plus qu'une fortune vulgaire, et plus d'un séjour aussi beau que celui-ci t'invite à y terminer tes courses errantes. Tu le sais, ce n'est pas le péril que je crains, je tremble quand tu n'es pas ici, et alors même ce n'est point pour ma vie, mais pour celle qui m'est bien plus chère, et qui, n'aspirant qu'aux combats, se dérobe sans cesse à l'amour. Chose étrange que ce cœur, si tendre envers moi, se plaise à combattre la nature et ses plus doux penchants!

— Oui, chose étrange, en effet! ce cœur est changé depuis longtemps : on l'a foulé aux pieds comme un ver; il s'est vengé comme un serpent; il ne lui reste point sur la terre d'autre espoir que ton amour, et jamais un éclair de pitié n'est venu briller pour lui du haut des cieux. Ce que tu condamnes en moi, cette haine envers les hommes est aussi mon amour pour toi : sentiments tellement confondus dans mon âme que, si on les sépare, ils mourront tous les deux; je cesserai de t'aimer le jour où j'aimerai l'humanité. Mais ne crains rien : le passé t'assure que mon amour vivra dans l'avenir. Toutefois, ô Médora j'affermis ton noble cœur : à cette heure encore, il faut... ce n'est pas pour longtemps... Il faut nous séparer.

— Nous séparer, à cette heure! Mon cœur l'avait prévu : ainsi se flétrissent mes rêves féeriques de bonheur. Partir à cette heure, cela ne se peut! Ce navire à peine a jeté l'ancre dans la baie : l'autre est encore en mer; et l'équipage a besoin de repos avant de nouvelles fatigues. Mon amour! tu te moques de ma faiblesse, et tu cherches à endurcir mon cœur, s'instant où tu m'as frappé; mais ne joue pas davantage avec ma douleur, une pareille gaité fait plus de mal que n'en ferait un véritable chagrin. Tais-toi, Conrad! Cher Conrad! viens partager le festin que je vais te préparer : léger labeur que de rassembler et d'orner ma frugale nourriture! vois, j'ai cueilli le fruit que j'ai cru le meilleur, et quand j'avais trop à choisir, incertaine mais charmée, j'ai pris en même temps le plus beau. Trois fois j'ai gravi la colline pour chercher la source la plus fraîche : ton sorbet ce soir doit te plaire ; vois comme il brille dans son vase de neige. La joyeuse essence de la vigne ne réchauffe jamais ton sein, toi, qui es plus sévère qu'un musulman quand la coupe circule : oh ! ne pense pas que je veuille t'en blâmer : je me réjouis, au contraire, de cette sobriété de goûts que d'autres considèrent comme une privation que tu t'imposes. Mais viens : la table est prête ; la lampe d'argent est remplie et ne craint pas les vapeurs du soir. Mes jeunes suivantes assisteront au repas et se joindront à moi pour former des danses ou pour éveiller la voix de l'harmonie ; ou bien ma guitare, que tu aimes à entendre, pourra calmer et assoupir tes sens ; ou enfin, si ton oreille dédaigne ses accords, nous relirons cette histoire contée par l'Arioste, de la belle Olympia tant aimée et si tristement délaissée. Certes, si tu me quittais maintenant, tu surpasserais en cruauté celui qui manqua de foi à cette pauvre damoiselle, et même cet autre perfide... tu sais : je t'ai vu sourire, un jour où la sérénité du ciel nous permit d'apercevoir l'île d'Ariadne, que je te montrai du haut de ce rocher ; et en même temps, à moitié riante et craignant à moitié que ce doute ne vînt à se réaliser un jour, je te dis : « Ainsi Conrad doit m'abandonner un jour dans mon île ! » et Conrad m'a trompée, car il est revenu encore.

— Encore ! encore ! et il reviendra encore, ô mon amour ! s'il lui reste quelque vie sur la terre et quelque espérance au ciel, il reviendra vers toi... Mais l'aile du temps redouble de vitesse et nous amène l'heure du départ. Pourquoi partir ? Pour quels lieux ? A quoi bon te le dire maintenant, puisque tout doit finir par ce triste mot, Adieu ! Et peut-être voudrais-je, si le temps le permettait, te le dévoiler... Mais ne crains rien : je n'ai point affaire à de formidables ennemis ; et une garde plus forte que de coutume veillera ici pour résister à une soudaine attaque ou soutenir un long siège. D'ailleurs, tu n'es pas seule, quoique ton protecteur soit absent ; nos matrones et tes jeunes suivantes restent avec toi ; et que cette pensée te rassure, quand nous nous retrouverons, la sécurité doublera les charmes du repos. Ecoutons... C'est le son aigu du cor... Juan a fait entendre le signal. Un baiser... un encore... encore. Oh ! adieu ! »

Elle se lève, elle s'élance ; elle le serre dans ses bras, et cachant sa figure dans le sein de son amant, elle sent un cœur battre sous ses lèvres. Il voudrait plonger son mâle regard dans les beaux yeux de Médora, dans ces yeux d'un bleu si profond ; mais il n'ose relever cette tête qui fléchit dans l'agonie sans pouvoir répandre une larme. Les longs cheveux blonds de l'amante flottent sur les bras qui la soutiennent dans tout le désordre de la beauté éplorée. Ce sein qu'habite l'image de Conrad bat à peine, tellement rempli de douleur qu'il en devient insensible. Ecoute ! voici l'appel du canon qui retentit. Comme un tonnerre, il annonce que le soleil se couche ; et Conrad maudit le soleil comme un insensé. Il presse, il presse encore sur son sein cette femme qui l'avait silencieusement enlacé, qui tout à l'heure le caressait en l'implorant. Il porte en chancelant Médora sur sa couche, et la contemple un moment, comme s'il ne devait plus la revoir ; il sent bien en ce moment que la terre pour lui ne contient qu'elle seule : il baise son front glacé, se détourne, et Conrad est parti.

XV.

« Est-il parti ? » Dans sa solitude soudaine, combien de fois va se présenter cette terrible question : « A peine un instant s'est écoulé ; il était là ! Et maintenant... » Elle s'élance hors de la tour, et alors seulement ses larmes coulent en liberté ; elles tombent, larges, brillantes et pressées, sans même se refuser de répéter « Adieu. » Car ce mot, quoi que nous y renfermions de promesses, d'espérance, de foi, ce mot fatal ne contient que le désespoir. Déjà sur chaque trait de cette figure immobile et pâle, le chagrin a marqué une empreinte que le temps ne pourra jamais effacer : ses grands yeux pleins d'amour, ses yeux d'un bleu si tendre, se glacent à force de contempler le vide. Mais tout-à-coup ils parviennent à saisir, à quelle distance, hélas ! l'image à peine entrevue du fugitif : et alors ce regard redevient mobile ; la frénésie semble couler à flots à travers ses cils longs, noirs et brillants, parmi ces sources d'une onde amère, sources qui se renouvelleront si souvent. « Il est parti ! » Sa main rapide et convulsive se fixe sur son cœur, puis se lève suppliante vers le ciel. Elle regarde encore vers le rivage, et voit dresser le mât : elle voit hisser la blanche voile... elle n'ose plus regarder davantage ; mais rentrant l'âme navrée sous le portail de la tour : « Ce n'est point un songe, dit-elle, et mon malheur est complet. »

XVI.

Descendant de roc en roc, Conrad se hâte d'un air sombre et ne tourne pas une seule fois la tête ; mais il frémit chaque fois que les détours de la route présentent à ses yeux ce qu'il ne voudrait pas revoir, sa demeure solitaire, mais charmante, placée sur le sommet d'où elle le salue la première quand il revient de la haute mer ; et puis, Médora, sa

Répartis en groupes sur le sable doré, les pirates jouent, boivent...

douce et mélancolique étoile, l'astre dont les brillants rayons l'éclairent dans les régions lointaines. Il ne doit point la regarder ; il ne doit plus penser à elle ; car rester, c'est dormir sur le bord de l'abîme. Un moment néanmoins, il est tenté de s'arrêter et d'abandonner sa vie au hasard et ses projets aux vagues... Mais non, il n'en peut être ainsi ; un chef, digne de ce titre, peut s'attendre, mais non se changer en traître pour les pleurs d'une femme. Enfin il revoit son navire : il admire combien le vent est favorable, et il rassemble froidement toute sa force d'âme. Alors il hâte de nouveau ses pas, et lorsqu'il entend vibrer à ses oreilles le bruit des apprêts, les murmures empressés, le tumulte du rivage, les cris, les signaux et les avirons qui brisent l'onde ; quand il voit le mousse grimper au mât, l'ancre sortir des flots, les voiles se développer tout entières, les mouchoirs s'agiter sur la rive en signe d'adieu pour ceux qui vont braver les flots, et quand il aperçoit surtout le pavillon sanglant livré à la brise, alors il s'étonne que son cœur ait pu paraître si faible. Les yeux en feu, la poitrine remplie d'une ivresse sauvage, il se sent redevenu lui-même :

alors il bondit, il vole jusqu'à ce qu'il ait atteint la limite où finit la pente de la colline et où commence la grève... Là il modère sa course et s'arrête, moins pour respirer la fraîcheur de la brise qui monte de la mer que pour reprendre la gravité de sa démarche habituelle et ne point se présenter haletant et troublé aux yeux de sa troupe. Car Conrad savait faire plier la foule devant lui à l'aide de ces artifices qui sont un voile et souvent un bouclier pour l'orgueil : il avait ce port altier, cette expression de froideur qui semble ne vouloir point se montrer et qui terrifie quand on l'aperçoit, cet aspect imposant et ce regard sérieux qui repoussent une indiscrète familiarité sans manquer à la courtoisie : c'est par là qu'il forçait l'obéissance. Mais voulait-il gagner les cœurs ; il savait si bien se détendre que l'affection chassait bientôt la crainte chez ceux qui l'écoutaient : les présents que d'autres auraient employés n'auraient point eu l'efficacité de sa voix dont la grave et douce mélodie retentissait dans tous les cœurs, comme un écho du sien. Mais ce n'était point là sa manière habituelle : il songeait moins à séduire qu'à subjuguer : les mauvaises passions de sa jeunesse lui avaient appris à préférer l'obéissance à l'affection.

XVII.

Sa garde se range en bon ordre autour de lui; Juan se présente devant le chef. « Tout le monde est-il prêt ? — Tous sont embarqués : le dernier canot n'attend plus que le capitaine. — Mon épée! mon manteau ! » Aussitôt son baudrier est bouclé fermement sur une épaule. le manteau est jeté légèrement sur l'autre. « Qu'on appelle Pédro ! » Pédro vient, et Conrad répond à son salut avec toute la courtoisie qu'il daigne montrer à ses affidés : « Reçois ces tablettes et consulte-les soigneusement : les paroles qui y sont inscrites te révéleront l'état des choses et toute ma confiance en toi; double la garde, et quand le navire d'Anselmo reviendra, communique-lui ces ordres. Dans trois jours, si la brise nous est favorable, le soleil éclairera notre retour ; jusque-là que la paix t'accompagne ! »
Sur ces mots il serre la main de son compagnon de piraterie, et d'un air hardi, il saute dans le canot. Aussitôt les avirons fendent l'onde, et les vagues, étincelant sous le coup, jettent en se brisant un éclat phosphorique. Ils ont gagné le vaisseau ; le capitaine est sur le tillac ; le sifflet aigu retentit ; tous se mettent à la manœuvre. Conrad remarque avec bonheur avec quelle docilité le navire obéit au gouvernail, quelle agilité déploie tout l'équipage ; et il daigne l'en féliciter : son regard plein d'orgueil va se tourner vers le jeune Gonzalvo... Mais pourquoi Conrad a-t-il frémi ? Quelle tristesse intérieure semble le saisir tout-à-coup ? Hélas ! son regard a rencontré le rocher et la tour, et pour un moment il revoit la scène du départ. Elle, sa Médora.. aperçoit-elle le navire ? Oh ! jamais il ne l'aima moitié autant qu'à cette heure ! Mais il reste beaucoup à faire avant l'aube... Il se maîtrise, se détourne, et descend dans la cabine avec Gonzalvo à qui il communique son plan, ses moyens et son but. Devant eux brûle une lampe et s'étend une carte avec tous les instruments qui servent à l'art nautique : leur entretien se prolonge jusqu'au quart de minuit ; pour des cœurs inquiets, quelle veille

Conrad.

parut jamais trop prolongée ? Cependant la brise constante soufflait toujours dans un ciel serein, et le vaisseau glissait sur les ondes comme le faucon dans l'air. Ils franchissaient rapidement les hauts promontoires des îles qui se trouvaient sur leur route, afin de gagner le port longtemps avant le sourire du matin : et bientôt la lunette de nuit reconnaît au fond de la baie étroite le hâvre où se tiennent les galères du Pacha. Ils comptent chaque voile et observent les feux à demi éteints des navires, marques de l'imprudente sécurité des musulmans. Le navire de Conrad passe sans être signalé près des vaisseaux ennemis, et jette l'ancre au lieu choisi pour son embuscade, derrière un cap qui se projette et dessine sur le ciel sa forme rude et fantastique. Alors les pirates s'apprêtent : il n'est pas besoin pour cela de les réveiller : ils sont armés pour combattre soit à terre, soit sur les flots. Conrad, appuyé sur le bord du navire et penché sur l'abîme écumant, leur parle d'une voix calme... pourtant il leur parle de sang !

CHANT II.

I.

Dans la baie de Coron flottent cent galères rapides ; à travers les vitraux du sérail de Coron, on voit briller les lampes ; car Séid, le pacha, donne une fête cette nuit : une fête en l'honneur du triomphe qu'il se promet dans l'avenir, quand il ramènera à sa suite les pirates enchaînés ; il l'a juré par Allah et par son épée, et fidèle à son firman et à sa parole, il a rassemblé le long de la côte les navires qu'il a fait venir de toutes parts. Nombreux sont les équipages ; bruyants sont les cris d'orgueil qui s'élèvent parmi eux ; déjà ils se partagent les captifs et les dépouilles, quelque éloigné que soit encore l'ennemi qu'ils méprisent : ils n'ont qu'à mettre à la voile ; nul doute qu'au premier lever du jour, ils ne voient les pirates dans les fers et leur repaire envahi. Cependant les gardes de nuit peuvent dormir, s'il leur plaît, et non-seulement attendre pour s'éveiller le moment du combat, mais tuer d'avance l'ennemi dans leurs rêves. Tous ceux que ne retient pas le service se dispersent sur la côte et vont exercer leur bouillante valeur sur les Grecs de la contrée ; oh ! quel exploit glorieux pour le brave en turban, que de tirer le cimeterre et d'effrayer un esclave ! Aujourd'hui le Turc se contente de piller la demeure des opprimés ; son bras est fort, mais il se montre débonnaire ; il ne daigne point verser de sang, parce qu'il en a trop le pouvoir. A moins qu'un joyeux caprice ne l'engage à frapper pour s'entretenir la main en attendant l'ennemi, la joie, les festins et la débauche lui suffisent pour charmer les heures du soir ; et les esclaves qui veulent garder leur tête n'ont pour cela qu'à sourire, à offrir à la voracité des musulmans ce qu'ils ont de meilleur, et à retenir leurs malédictions tant que le rivage n'est pas débarrassé d'eux.

II.

Séid, coiffé de son turban, est assis dans la partie la plus élevée de sa grande salle ; autour de lui, sont les chefs à la longue barbe qu'il doit guider au combat. Le banquet achevé, le dernier pilaw enlevé, on dit que le pacha ose s'abreuver des liqueurs défendues, quoique les esclaves présentent à la ronde au reste de l'assemblée, selon l'usage des rigides musulmans, la sobre essence des grains d'Arabie; les longues chibouques répandent leurs nuages dans la salle, et les almés dansent au son d'une musique sauvage. Le matin, en se levant, verra les chefs s'embarquer ; mais les vagues sont quelquefois perfides pendant la nuit ; et les joyeux convives dormiront plus tranquillement sur leurs couches de soie que sur le rude tillac. On s'amuse ici tant qu'on peut ; on ne combattra que quand il le faudra, et moins encore pour la victoire même que pour l'honneur du Coran : et cependant, le nombre des soldats du pacha justifie et au-delà son orgueilleuse confiance.

III.

L'esclave chargé de veiller en dehors de la porte se glisse lentement et révérencieusement dans la salle ; il incline profondément sa tête, et sa main effleure le plancher, avant que sa langue ose annoncer la nouvelle qu'il apporte : « Un derviche captif des pirates, échappé de leur repaire, se présente ici: lui-même dira le reste. » L'esclave comprit le signe d'assentiment de Séid et amena silencieusement le saint homme. Ses bras étaient croisés sur sa robe d'un vert foncé; sa démarche était mal assurée et sa contenance abattue : cependant il paraissait usé par les souffrances plus que par les années, et ses joues étaient pâles d'abstinence, mais non de crainte. Il porte tout entières les mèches de sa chevelure consacrée à Dieu et que surmonte fièrement son chapeau à forme haute : sa longue robe sans ceinture enveloppe un sein tout rempli de l'amour du ciel ; d'un air soumis, mais pourtant calme et assuré, il soutient les regards curieux qui l'observent et qui semblent le questionner sur l'objet de sa venue avant même que le pacha lui permette de parler.

IV.

« D'où viens-tu, derviche ? — Du repaire des proscrits, d'où je me suis échappé. — Et quel jour, en quel lieu es-tu tombé en leur pouvoir ? — Notre caïque allait du port de Scalanova à l'île de Skio ; mais Allah n'a point souri à notre voyage: les pirates sont conquis le bien des marchands musulmans; mes membres ont été chargés de chaînes. Je ne craignais pas la mort : je n'avais point de richesses à perdre, sauf l'errante liberté que l'on m'a prise. Un soir, enfin, la pauvre barque d'un pêcheur vint m'apporter l'espérance et les moyens de fuir : je saisis l'occasion, et j'arrivai ici où je suis en sûreté : sous ta protection, puissant pacha, qui pourrait craindre quelque chose ?
— Et que font les proscrits ? sont-ils bien préparés à défendre les richesses qu'ils ont volées, les roes qui leur servent d'asile ? connaissent-ils nos préparatifs ? savent-ils que leur nid de scorpions est condamné aux flammes ? — Pacha, l'œil attristé d'un captif qui ne songe qu'à sa liberté est peu propre au rôle d'espion : je n'entendais que le mugissement incessant des flots, de ces flots qui refusaient de m'enlever au funeste rivage; je n'observais que le glorieux soleil et les cieux, trop brillants, trop bleus pour un captif ; et je sentais que cette belle nature ne réjouit que le cœur de l'homme libre.... il fallait briser ma chaîne avant de sécher mes pleurs. Voici du moins ce dont tu peux t'assurer, pacha : ma fuite même : ils ne songent guère à rien de ce qui s'appelle danger; sans cela, si leur vigilance avait pesé sur moi, vainement aurais-je appelé ou cherché le secours qui m'a conduit ici. Les gardiens insoucieux, qui n'ont point aperçu ma fuite, veilleront sans doute aussi paresseusement quand ils nous approcheront..... Pacha ! mon corps est affaibli, secoué par les vagues, et la nature demande du repos et des aliments réparateurs : permets-moi de me retirer : paix à toi ! paix à tous les tiens !
— Arrête, derviche ! j'ai encore quelques questions à te faire..... arrête, te dis-je, je l'ordonne de t'asseoir.... m'entends-tu? obéis ! Mes esclaves vont t'apporter ton repas : je ne veux pas que tu souffres le besoin, quand tous font ici grande chère : mais ton souper achevé, prépare-toi à répondre clairement et en détail. Je déteste le mystère..... »

Il eût été difficile de deviner ce qui blessait le saint homme ; mais il promenait sur le divan des regards presque farouches, montrant à la fois peu d'empressement pour le festin offert et peu de respect pour les convives. Ce ne fut qu'un simple mouvement d'humeur pendant lequel une rougeur d'irritation anima sa joue. Puis il s'assit en silence et sa figure reprit son immobilité première. Son repas était servi ; mais il dédaigna les mets somptueux, comme si quelque poison y eût été mêlé : pour un homme si longtemps condamné aux privations et à la souffrance, cette conduite pouvait paraître étrange. « Qu'as-tu donc, derviche ? mange ! supposes-tu que cette fête soit une fête chrétienne ? Et dans mes amis vois-tu des objets de haine ? pourquoi ne point goûter du sel, ce gage sacré qui entre ceux qui ont partagé émousse le tranchant du sabre, réunit dans la paix les tribus les plus hostiles, et nous fait voir un frère dans l'ennemi que nous avons pour hôte ?

— Le sel n'assaisonne que des mets recherchés ; mais ma nourriture se compose des plus chétives racines , ma boisson est l'eau pure du ruisseau; d'ailleurs mes vœux et la règle de mon ordre me défendent de rompre le pain avec amis ou ennemis. Cela peut sembler étrange, et si cette manière de vivre me rend suspect, que le péril en retombe sur moi..... Mais pour tout ton pouvoir, ô pacha, bien plus, pour le trône du sultan, je ne goûterai ni pain ni aucun mets, à moins que je ne sois seul : si je manquais à mes devoirs, la colère du Prophète pourrait m'arrêter dans mon pèlerinage au temple de la Mecque.
— Soit ! comme tu voudras, ascétique dévot : réponds à une seule question, et pars en paix. Combien d'hommes... Que vois-je ? ne peut être le jour ? quel astre... quel soleil vient briller sur la baie ? Elle resplendit comme un lac de feu !... Holà ! holà, trahison ! mes gardes ! mon cimeterre ! les galères sont en flammes, et je ne suis pas là ! Derviche maudit ! voilà donc les nouvelles que tu annonçais... quelque vil espion !... qu'on le saisisse, qu'on l'enchaîne, qu'on le tue ! »

Le derviche s'était levé à cet éclat de lumière, et le changement de son aspect n'était pas moins étonnant que le reste : le derviche s'était levé, non plus dans son pieux costume, mais comme un héros bondissant sur son coursier : il avait jeté son haut bonnet, déchiré sa robe en pièces; on voyait briller sur sa poitrine une cotte de mailles, et la lame de son sabre jetait des éclairs. Son casque non élevé, mais étincelant et orné d'une plume noire, son œil plus étincelant encore et la fureur plus noire qui brunissait son front, le montreraient aux yeux des musulmans comme un de ces esprits qu'ils appellent Afrites, démons dont les coups sont inévitables et mortels. Une confusion affreuse, universelle, le reflet sombre des flammes dans le ciel et des torches sur la terre, les clameurs d'effroi et les hurlements qui s'y mêlaient (car déjà les glaives commençaient à s'entrechoquer, et les cris de combat à retentir), tout donnait à ce rivage l'aspect de l'enfer. Les esclaves épouvantés, ceux fuyaient çà et là, ne trouvaient que du sang sur la grève et du feu sur les eaux. Ils n'écoutaient guère les cris du pacha courroucé: eux l'eussent le derviche; plutôt saisir Satan lui-même. L'étranger voit leur terreur, et chasse l'accès de désespoir qui d'abord lui inspirait le dessein de rester sur la place et d'y mourir : car il avait été trop tôt et trop bien obéi, et la flamme avait été allumée avant qu'il eût donné le signal. Il voit leur terreur, saisit le cor suspendu à son baudrier, et en tire un son bref mais aigu : on répond. « Bien, mes braves compagnons ! Comment ai-je pu douter un moment de leur empressement à me joindre ! et soupçonner qu'ils me laissaient seul ici de propos délibéré ! »
Alors, il étend son bras puissant ; son sabre, en décrivant des cercles autour de sa tête, répare le temps qu'il a perdu ; sa fureur achève ce que la crainte a commencé, et une foule nombreuse recule honteusement devant un seul homme. Les turbans, percés d'un coup fatal, sont épars sur le carreau, et l'on voit à peine un bras se lever pour défendre la tête menacée. Séid lui-même, hors de ses sens, vaincu par la rage et la surprise, se retire devant l'étranger, quoiqu'en lui défiant : Séid n'est point un lâche, et cependant il redoute le coup, tant la confusion de cette scène grandit son adversaire. Le spectacle de ses galères en feu distrait sans cesse son regard ; il s'arrache la barbe, et tout écumant de fureur, il quitte le champ de bataille ; car déjà les pirates ont franchi la porte du sérail ; ils se précipitent à l'intérieur, et ce serait courir à la mort que de les attendre un instant de plus. Les musulmans épouvantés crient, s'agenouillent et jettent leurs armes ; mais en vain, car leur sang coule à grands flots. Les corsaires, poussant leur attaque, se hâtent d'accourir vers le lieu où ils ont entendu l'appel du cor, où les gémissements des blessés, les cris perçants de ceux qui demandent la vie annoncent que leur chef poursuit son œuvre sanglante. Ils poussent un cri de joie en le trouvant seul et frémissant comme un tigre assouvi qui parcourt son repaire. Mais leurs félicitations sont courtes ; plus courte est encore sa réponse. « Tout est bien ; mais Séid nous échappe, et il doit mourir. On a beaucoup fait, mais il reste plus à faire. Leurs galères sont en feu, pourquoi pas la cité ? »

V.

Prompts à lui obéir, tous prennent des torches et incendient le palais depuis le minaret jusqu'au portail. Une volupté farouche se peint dans les yeux de Conrad : mais soudain, il change de visage, car un cri de femme a frappé son oreille et a retenti, comme un glas de mort, dans ce cœur que le bruit de la bataille n'a pu émouvoir. « Oh ! qu'on enfonce les portes du harem ! sur votre vie, respectez les femmes : souvenez-vous que nous avons nos amantes. C'est sur elles qu'on unit l'outrage serait vengé ; les hommes sont nos ennemis, et notre droit est de leur donner la mort ; mais toujours nous avons épargné, toujours nous épargnerons des êtres faibles. Oh ! je l'avais oublié ; mais le ciel ne m'oubliera pas, si une femme sans défense perd ici la vie : me suive qui voudra ; j'y cours : il est temps encore d'alléger nos âmes au moins de ce dernier crime. » En parlant ainsi, il franchit les degrés qui craquent sous ses pas; il enfonce la porte et ne sent pas que le parquet embrasé brûle la plante de ses pieds; sa poitrine convulsive rejette les flots de fumée qu'elle aspire, et cependant il se fraie un chemin d'appartement en appartement. Comme lui, ses compagnons cherchent; ils trouvent, ils sauvent: dans ses bras vigoureux chaque pirate emporte une femme éplorée dont il ne contemple pas les charmes. Ils s'efforcent de calmer le bruyant effroi de leurs captives, et pour relever leurs forces défaillantes employaient tous les soins dus à la beauté sans défense; tant Conrad a su changer leur humeur farouche et assouplir ces bras encore teints de sang. Mais quelle est celle que Conrad a dérobée aux fureurs des combats et aux flammes de l'incendie? Qui serait-ce, sinon la favorite de ce pacha que le corsaire brûle d'immoler, la reine du harem, mais en même temps l'esclave de Séid?

VI.

Conrad eut peu de temps pour féliciter Gulnare, peu de paroles à dire pour rassurer cette beauté tremblante: car pendant ce délai que la pitié dérobait à la guerre, l'ennemi, qui aurait fui rapidement et bien loin, vit avec étonnement que sa retraite n'était pas poursuivie; d'abord il ralentit sa fuite, puis il se rallia, et enfin, il revint au combat. Séid l'aperçut, et il aperçut en même temps combien l'équipage isolé du corsaire était peu nombreux en comparaison de sa troupe: alors il rougit de son erreur, en voyant quel désastre résultait d'un moment de panique et de surprise. « Allah, il Allah ! » Tel est le cri de vengeance: la honte se change en une rage qui doit se satisfaire au prix de la vie. La flamme doit répondre à la flamme, le sang au sang; le flot de la victoire doit remonter son cours; la fureur renouvelle le combat, et ceux qui combattaient pour vaincre doivent songer maintenant à défendre leur vie. Conrad voit le danger, il voit ses compagnons fatigués, repoussés par des ennemis qui n'ont point encore combattu. « Un effort, un seul encore pour briser le cercle qui nous enferme! » Les pirates se réunissent, se forment en colonne, chargent, chancellent... Tout est perdu ! comprimés dans une enceinte qui se rétrécit sans cesse, assiégés de toutes parts, sans espoir, mais non sans courage, ils combattent et luttent encore..... Hélas ! voilà qu'ils ne gardent plus leurs rangs de bataille ; percés, rompus, renversés, foulés aux pieds..... Mais chacun d'eux frappe de son côté en silence, ne portant que des coups mortels, et tombe fatigué plutôt que vaincu, poussant son dernier effort avec son dernier souffle, jusqu'à ce que son fer ne soit plus retenu que par l'étreinte de la mort.

VII.

Mais avant que les Turcs ralliés en fussent venus à rendre coup pour coup, à opposer rang à rang, épée contre épée, Gulnare et toutes les filles du harem, devenues libres, avaient été mises en sûreté par l'ordre de Conrad dans la demeure d'une femme de leur croyance. Là elles avaient pu sécher les larmes que leur avait fait répandre la crainte de la mort et des outrages. Or, quand la jeune dame aux yeux noirs, quand Gulnare rappela ses pensées tout à l'heure égarées par le désespoir, elle s'étonna beaucoup de la courtoisie qui avait adouci la voix et le regard du vainqueur. Chose étrange ! ce bandit, tout teint de sang, lui semblait alors plus aimable que Séid dans son humeur la plus tendre. Le pacha offrait ses vœux comme s'il eût pensé que l'esclave devait s'estimer heureuse de les accepter ; le corsaire donnait son appui, prodiguait les paroles rassurantes, comme si son hommage était un droit de la beauté. « Ah ! c'est un désir coupable, et, chose pire pour une femme, c'est un désir inutile ; mais je brûle de revoir mon sauveur, ne fût-ce que pour lui rendre grâces (ce que mes terreurs m'ont fait négliger) de m'avoir sauvé cette vie dont mon gracieux maître ne s'est point occupé. »

VIII.

Alors elle l'aperçut dans l'endroit où le carnage avait été le plus terrible, et au moment où on le ramassait respirant encore parmi les morts plus heureux que lui : éloigné de sa troupe et combattant une nuée d'ennemis auxquels il fait payer bien cher le terrain qu'il leur cède, il était tombé sanglant, dédaigné par la mort qu'il cherchait, destiné à expier tous les maux qu'il avait faits, épargné enfin pour languir et vivre impuissant, tandis que la vengeance, imaginant pour lui de nouveaux supplices, étancherait son sang pour le verser de nouveau, mais goutte à goutte, sous l'œil avide de Séid : toujours mourant sans jamais mourir. Est-ce bien lui que tout à l'heure elle a vu triomphant ? donnant un geste brusque de sa main sanglante avait un ordre, une loi. Oui, le voilà désarmé, mais non abattu, car son seul regret est de vivre encore; ses blessures sont à ses yeux trop légères, et pourtant il s'est élancé au-devant d'elles avec résolution, prêt à baiser la main qui lui aurait donné la mort. Oh ! parmi les coups qu'il avait reçus n'y en avait-il donc point un seul qui pût envoyer son âme... au ciel, osait-il à peine dire? Seul parmi tous, devait-il garder la vie, lui qui plus que tous avait lutté et frappé pour mourir? Il sentait profondément ce que doit sentir tout mortel ainsi renversé du haut de la roue de l'inconstante fortune et menacé par le vainqueur de lentes tortures, juste châtiment du crime. Il le sentait profondément, tristement; mais le fatal orgueil, qui l'avait conduit à commettre tant de forfaits, l'aidait maintenant à cacher ses remords. Son attitude sombre et concentrée est celle d'un conquérant plutôt que d'un captif; quelque affaibli qu'il soit par les fatigues de la lutte et le sang qu'il perd, peu s'en aperçoivent, tant il y a de calme dans le regard qu'il promène autour de lui. En vain la foule, revenue de ses terreurs, élève insolemment ses cris haineux, les guerriers les plus braves, ceux qui l'ont vu de plus près, n'insultent point l'ennemi qui leur a fait connaître la crainte ; et les sombres gardiens qui le conduisaient à son cachot le regardent en silence avec une secrète frayeur.

IX.

Un médecin fut envoyé près de Conrad, non par humanité, mais pour observer combien il lui restait encore d'existence et de force; il lui trouva tout ce qu'il fallait pour supporter les plus lourdes chaînes et sentir sans succomber les plus atroces douleurs : le lendemain, oui le lendemain, avec le soleil en descendant sous les mers devait voir commencer les tortures du pal, et l'astre, en se levant avec la rougeur accoutumée du matin, saurait si la victime avait bien ou mal supporté ses souffrances. De tous les supplices celui-là est le plus long et le plus douloureux ; car il ajoute le tourment de la soif à cette agonie que chaque jour la mort refuse de finir, tandis que les vautours affamés volent en cercle autour du fatal poteau. « Oh ! de l'eau ! de l'eau ! » La haine seul un sourire rejette la prière du patient : car s'il boit il est mort. Tel était l'arrêt. Le médecin, le geôlier, s'étaient retirés et avaient laissé le fier Conrad seul et enchaîné.

X.

Comment exprimer à quel point s'exaltèrent ses souffrances ? il est douteux qu'il en eût lui-même conscience. Il s'établit dans l'intelligence une guerre, un chaos, quand toutes ses puissances troublées, confondues, cèdent à la violence sombre qui les écrase et se laissent dévorer par le remords sans repentir : le remords, ce démon trompeur, qui jamais ne parle avant l'acte, mais qui, l'acte accompli, vient crier : « Je t'avais averti ! » Vain reproche ! Une âme brûlante, inflexible, s'irrite et se révolte : le faible seul se repent. Oui, cela est vrai, même dans cette heure solitaire où le sentiment intérieur s'exalte, où l'âme se révèle tout entière à elle-même, où il n'est plus de passion exclusive, plus de pensée dominante qui laisse tout le reste dans l'ombre, et où les sauvages aspects du passé semblent se précipiter par les mille avenues de la mémoire. Alors les songes de l'ambition expirante, l'amour qui n'est plus qu'un regret et la gloire qui s'éteint, la vie même qui va s'éteindre, les jouissances qu'on n'a pas connues, le mépris ou la haine envers ceux qui triomphent trop glorieusement, le fugace irréparable, l'heure accourant trop vite pour que l'on puisse examiner s'il conduit au ciel ou à l'enfer, des actions, des pensées, des paroles, qui peut-être ne se représentaient point si vivement jusque-là, mais que cependant on n'avait jamais oubliées, des fautes légères ou gracieuses dans leur temps, et qui, devant la froide réflexion, se montrent comme autant de crimes ; la certitude d'un mal inconnu à tous, mais d'autant plus poignant qu'il est mieux caché : en un mot, tout ce qui peut faire frémir l'œil de la conscience humaine, voilà ce que dévoile ce sépulcre entr'ouvert, le cœur d'un criminel mis à nu, jusqu'au moment où l'orgueil se réveille pour arracher à l'âme son miroir et le briser. Oui, l'orgueil peut tout voiler, le courage peut braver tout, en deçà et au-delà de la chute dernière, de la chute vraiment mortelle. Mais quant à ce point fatal, chacun a ses craintes, même celui qui le trahit le moins ; et celui-là, est-ce l'hypocrite avide de louanges? est-ce le lâche fanfaron qui fait d'abord étalage d'intrépidité et qui prend la fuite ? non, c'est celui qui regarde la mort en face, et meurt silencieux ; c'est celui qui, dès longtemps armé pour son dernier combat, quand le trépas s'avance, lui épargne la moitié du chemin.

XI.

Dans le haut donjon de la plus haute tour, Conrad est assis chargé de chaînes et au pouvoir du pacha. Le palais du Turc s'est abîmé dans les flammes, la forteresse renferme à la fois son captif et sa cour. Conrad ne peut guère blâmer la sentence qui le frappe ; son ennemi vaincu aurait subi le même sort. Il est seul ; la solitude a réveillé ses remords, mais elle l'a aidé à reprendre son calme extérieur. Il est une seule pensée qu'il ne peut, qu'il n'ose envisager:

« Hélas ! comment Médora va-t-elle supporter l'annonce de ces revers ? » A cette idée soudaine, il levait ses mains vers le ciel, regardait ses chaînes retentissantes et les tirait avec rage : mais bientôt il trouva, imagina, rêva un motif de consolation, et sourit comme pour se railler de son propre chagrin. « Vienne maintenant la torture quand elle voudra : je n'ai besoin que d'un peu de repos pour m'y préparer ! » En parlant ainsi, il se traîna vers sa couche et quels que fussent ses rêves, il y dormit tranquillement. Il était minuit quand l'affaire avait commencé ; car les plans de Conrad, une fois conçus, étaient aussitôt exécutés ; et la dévastation sait si bien profiter du temps qu'en un court intervalle elle avait accompli presque tous les genres de crimes. Depuis que Conrad était arrivé avec le flot, une même heure l'avait vu déguisé, découvert, vainqueur, prisonnier et condamné : chef puissant à terre, pirate sur l'Océan ; destructeur, sauveur et endormi dans les fers.

XII.

Il dormait dans un calme apparent ; car son haleine était régulière et profonde… plus heureux, si ce sommeil eût été la mort ! Il dormait… Qui vient donc se pencher sur la couche paisible ? Ses ennemis l'ont quitté, et il n'a point d'amis dans ce donjon. Serait-ce quelque séraphin descendu du ciel pour lui annoncer son pardon ? Non, c'est une créature humaine, sous une apparence céleste ! Son beau bras blanc élevait une lampe à moitié cachée, de peur qu'un rayon ne vînt tomber brusquement sur ces yeux qui ne devaient s'ouvrir que pour la douleur et qui une fois ouverts ne se fermeraient plus qu'une fois. Cette femme à l'œil si noir, à la joue si brillante, aux beaux cheveux bruns entrelacés de perles, à la taille de fée, aux pieds nus brillant comme la neige, et comme la neige se posant sans bruit sur la terre, comment a-t-elle pu arriver jusqu'ici à travers les gardes et dans les ténèbres ? Ah ! demandez plutôt ce que n'osera point une femme conduite par la jeunesse et la pitié. Gulnare ne pouvait dormir, et pendant que le pacha sommeillait en murmurant et voyant encore dans ses rêves le pirate son hôte, elle avait quitté sa couche ; elle avait pris l'anneau du pacha qui si bien ornait sa main en riant, et munie de ce gage respecté, à peine arrêtée par une seule question, elle s'était frayé un chemin à travers les soldats assoupis. Les gardiens, épuisés par le combat et les coups qu'ils avaient échangés, enviaient le repos de Conrad ; ils avaient étendu sur le seuil de la fatale tourelle leurs membres frissonnants et engourdis, et déjà ils ne veillaient plus : ils firent que lever la tête pour reconnaître l'anneau du pacha et ne s'informèrent ni du sens de ce signal, ni de la personne qui le portait.

XIII.

Elle le regardait avec admiration : « Peut-il dormir en paix, tandis que d'autres yeux pleurent sa chute ou les désastres qu'il a causés, et que les miens, ne pouvant trouver de repos, viennent le contempler ici ? Quel charme soudain peut donc me le rendre si cher ? Il est vrai : je lui dois la vie, et plus encore, je l'avoue ; hélas ! il est bien tard pour songer à ses bienfaits… mais silence ! son sommeil s'interrompt ; il respire lourdement !… il frémit… il s'éveille. »

Conrad soulève sa tête ; ébloui par la clarté de la lampe, son œil semble douter de la réalité de ce qu'il aperçoit : il remue la main ; le cliquetis de ses chaînes lui prouve douloureusement qu'il existe encore. « Qui vient là ? si ce n'est point un esprit de l'air, mon geôlier me semble doué d'une merveilleuse beauté.

— Pirate ! tu ne me connais pas, mais tu vois une femme qui sent le prix d'une action telle que tu en as peu fait dans ta vie. Regarde-moi et rappelle-toi celle que ton bras a dérobée à la flamme et à tes compagnons plus terribles encore. Je viens à toi dans la nuit… je sais à peine pourquoi… mais je ne te veux pas de mal : je ne voudrais pas te voir mourir.

— S'il en est ainsi, généreuse dame ; tes yeux sont les seuls ici qui me sourient de s'avance à l'idée de mon supplice : la chance est pour les musulmans ; qu'ils usent de leur droit ! mais je dois remercier leur courtoisie ou la tienne qui m'amène un si charmant confesseur. »

Chose étrange ! parmi l'extrême souffrance se mêle souvent une certaine gaîté, une gaîté qui n'apporte aucun soulagement, qui ne déguise point la plénitude des angoisses, qui ne sourit qu'avec amertume, mais qui sourit pourtant ; cela s'observe quelquefois chez les plus sages et les meilleurs des hommes, et même l'échafaud a répété leurs bons mots. Cependant ce n'est point là une joie véritable : elle peut tromper tous les cœurs, sauf celui qui l'affiche. Quel que fût le sentiment qui animait Conrad, un sourire sauvage avait à moitié détendu son front, et son accent s'était empreint de gaîté, comme s'il eût fait son adieu aux joies de ce monde ; et cependant cet accès était contraire à sa nature ; car dans sa courte carrière il avait pu dérober peu d'instants aux tristes pensées et aux combats.

XIV.

« Corsaire ! ton supplice est résolu ; mais je puis, profitant d'une heure de faiblesse, adoucir le courroux du pacha. Je voudrais t'épargner des souffrances ; bien plus, je voudrais te sauver dès ce moment ; mais le temps, les circonstances, tes forces même ne le permettent pas ; tout ce que je puis, je te le ferai : au moins j'obtiendrai un délai à l'exécution de cette sentence qui te laisse à peine un jour. Tenter davantage maintenant ce serait tout perdre ; et toi-même tu te refuserais à un coup de désespoir qui nous conduirait tous deux à la mort.

— Oui, je m'y refuserais en effet : mon âme est préparée à tout ; elle est tombée trop bas pour craindre une chute nouvelle. Ne le laisse pas fasciner par le danger ; ne me fascine pas moi-même par l'espoir d'un salut impossible : incapable de vaincre, irai-je fuir honteusement ? serai-je seul qui ne consente pas à mourir ? Et pourtant il est un être vers lequel ma mémoire se reporte, jusqu'à ce que mes yeux s'attendrissent comme les siens. Quels ont été mes appuis dans la route que je me suis tracée ? mon navire, mon épée, mon amour et mon Dieu ! Quant à ce dernier soutien, je l'ai abandonné dans ma jeunesse : il m'abandonne maintenant, et l'homme en m'abaissant ne fait qu'accomplir sa volonté. Je ne songe point à envoyer vers son trône une prière dérisoire, arrachée par le désespoir à la peur ; il suffit : je respire encore et je puis tout supporter. Mon épée a été arrachée de cette main sans vigueur, qui devait mieux tenir une lame si fidèle. Mon navire est coulé à fond ou pris… Mais mon amour !… Oh ! pour elle seule ma voix pourrait s'élever vers le ciel ; elle seule forme le seul lien qui puisse encore m'attacher à la vie ; et ce qui doit se passer va briser un cœur tendre, une forme céleste… Avant que la tienne m'eût apparu, ô Gulnare ! mon œil n'avait jamais cherché si d'autres étaient aussi belles.

— Tu en aimes donc une autre ?… mais que me fait cela ?… rien… jamais rien. Enfin pourtant tu aimes, et… Oh ! que j'envie les cœurs qui peuvent s'appuyer si fidèlement l'un sur l'autre, qui n'ont jamais senti le vide, et que les vagabondes pensées n'ont jamais comme les miennes poursuivi des chimères.

— Jeune femme, je croyais que ton amour était à celui pour qui mon bras t'a retirée d'une tombe embrasée. — Mon amour au sombre Séid ! Oh ! non, non, pas mon amour ! Et pourtant ce cœur s'est efforcé d'abord de répondre à sa passion ; mais cela ne pouvait être. J'ai senti… je sens… que l'amour n'existe qu'entre des êtres libres. Je suis son esclave, une esclave favorite tout au plus, appelée à partager sa splendeur, et à s'en montrer bienheureuse. Combien de fois je suis obligée de subir cette question : « M'aimes-tu ? » et je brûle de répondre : « Non ! » Oh ! qu'il est pénible de supporter cette tendresse et de lutter en vain contre soi-même pour n'y point répondre par l'aversion ; mais il est plus pénible encore de voir reculer devant soi le cœur que l'on a choisi et de devoir lui cacher ce que l'on éprouve… parce qu'il est peut-être rempli d'un autre objet. Séid prend une main que je ne lui donne pas… que cette main repose non plus : mon pouls n'en est ni plus lent ni plus rapide : je reste calme et froide ; et quand il me rend cette main, elle retombe à mes côtés comme un poids inerte ; car je ne l'ai jamais aimé assez pour qu'il puisse me haïr. Mes lèvres pressées par les siennes ne rendent aucune chaleur, ne s'amollissent, se glace et frissonne en songeant à tout le reste. Oui, si j'avais jamais éprouvé l'ardeur de cette passion, ce serait sentir encore que de la voir changée en haine ; mais non ! il part non regretté, revient non désiré, et souvent même présent, il est absent de ma pensée. Oh ! quand la réflexion vient à mon aide, je crains de ne plus éprouver désormais que du dégoût. Je suis son esclave : mais en dépit de l'orgueil, ce serait une chose au-dessus de la servitude que de devenir volontairement sa femme. Oh ! si cette erreur de ses sens pouvait au moins cesser ou se diriger vers un autre objet et me laisser à ce pauvre encore j'aurais appelé mon indifférence ! Quand maintenant je feindrai une tendresse inaccoutumée, souviens-toi, captif, que c'est pour briser tes chaînes, pour payer la vie que je te dois, pour te rendre à tout ce que tu chéris, à celle qui partage un amour que je ne connaîtrai jamais. Adieu ! voici le jour : il faut que je m'éloigne : il m'en coûtera cher ; mais ne crains pas la mort aujourd'hui. »

XV.

Alors, elle pressa sur son cœur les mains enchaînées du captif ; elle baissa la tête et disparut comme un doux songe. Était-elle là ? Conrad est-il maintenant seul ? Quelles sont ces perles liquides qui étincellent sur sa chaîne ? Ce sont les larmes les plus sacrées, les larmes versées sur le malheur : elles sont tombées des yeux de la Pitié, brillantes, pures et polies par une main divine. Oh ! qu'elle est persuasive, qu'elle est dangereusement aimable cette larme désintéressée dans l'œil de la femme ! arme de sa faiblesse qui sauve ou qui subjugue, à la fois son épée et son bouclier. Fuyez de pareils pleurs : la Vertu fléchit et la Sagesse s'égare quand elles veulent pénétrer trop avant dans les douleurs de la femme. Quelle cause a perdu un monde et fait prendre la fuite à un héros ? une larme timide dans l'œil de Cléopâtre. Cependant excusons la faute du faible triumvir, combien à ce prix ont perdu, non pas la terre, mais le ciel ; combien ont livré leurs âmes à l'éternel ennemi de l'homme et scellé leur propre malheur pour épargner un chagrin à quelque beauté légère.

XVI.

Le matin a paru, et ses rayons se jouent sur les traits altérés du captif ; mais sans lui apporter l'espoir de la veille. Avant la nuit, que sera devenu Conrad ? peut-être une chose inerte sur laquelle les corbeaux viendront agiter leurs ailes funèbres, sans que ses yeux fermés puissent les voir et les sentir, tandis que s'abaissera ce même soleil, et que la rosée du soir tombera froide, humide et brumeuse, sur ses membres raidis ; rafraîchissant la terre, revivifiant toutes choses, excepté lui.

CHANT III.

I.

Plus splendide encore vers la fin de sa carrière, le soleil disparaît lentement derrière les montagnes de la Morée ; non point enveloppé d'un sombre éclat, comme dans les climats du Nord, mais sans être voilé d'aucun nuage, foyer étincelant d'une vivante lumière. Il darde ses rayons jaunes sur une mer paisible et dore les vagues grisâtres, qui tremblent sous ses feux. Le dieu de la joyeuse lumière envoie son dernier sourire aux vieux rocs de l'Egine, aux rivages d'Hydra : ralentissant sa course, il aime à éclairer les régions qui lui étaient consacrées, quoique ses autels n'y reçoivent plus d'hommages. L'ombre des montagnes glisse plus rapide et baise les vagues de ton golfe glorieux, ô invincible Salamine ! Les longues franges des croupes azurées des collines se teignent d'une pourpre sombre pour se fondre dans l'éclat radieux de l'astre ; et les nuances plus tendres, traçant des lignes lumineuses entre les sommets, marquent sa course brillante et reflètent les couleurs des cieux ; jusqu'au moment où, sombrement échancré par la terre et les eaux, il s'enfonce enfin et va dormir derrière ses collines Delphiques. Dans une pareille soirée, il jetait sur toi ses rayons les plus pâles, ô Athènes ! le plus sage de tes citoyens promenait son dernier regard sur l'horizon : avec quelle anxiété les meilleurs de tes enfants observaient le rayon d'adieu qui devait clore le jour suprême de Socrate immolé. Pas encore ! pas encore ! Hélios s'arrête au dessus des coteaux : l'heure précieuse qui précède le départ se prolonge encore ; mais bien triste est sa lumière aux yeux de l'agonie ; bien sombre paraissent les montagnes qui chaque soir se peignent de nuances si douces ! Phœbus-Apollon semble répandre le deuil sur cette aimable contrée à laquelle il sourit toujours. Mais avant qu'il ait disparu derrière la cime du Cithéron, la coupe fatale est vidée ; l'esprit a pris son vol ; l'esprit, l'âme de celui qui n'a voulu ni trembler ni s'enfuir et qui vécut et mourut comme personne ne saura vivre ou mourir !

Mais voyez ! depuis le sommet de l'Hymette jusqu'au bas de la plaine, la reine de la nuit prend possession de son domaine silencieux. Nulle vapeur funeste, héraut de la tempête, ne voile son beau front, ne ceint sa forme radieuse. Elevant vers son corniche étincelante où se jouent les rayons de l'astre d'argent, les blanches colonnes semblent saluer son éclat bienfaisant, et de tous côtés à l'entour, couronné de lueurs tremblantes, le croissant son emblème réfléchit ses feux sur les minarets. Les bosquets d'oliviers sombres et touffus, épars sur les bords entre lesquels l'humble Céphisus promène son filet d'eau, les noirs cyprès de la plaine, la riante tourelle du kiosque et le palmier solitaire du temple de Thésée qui semble triste et pensif au milieu du calme sacré de la nuit, tous ces objets divers teints de nuances variées arrêtent l'œil du voyageur : bien insensible serait celui qui passerait près d'eux sans rêver ! Au fond du tableau la mer Egée, dont les flots ne retentissent pas à cette distance, berce son sein fatigué de la guerre des éléments : ses vagues aux teintes adoucies déploient leurs longues nappes d'or et de saphir, parmi lesquelles se distinguent les ombres des îles lointaines, fronts rembrunis au milieu des sourires du calme Océan.

II.

Maintenant, à mon sujet... Pourquoi ai-je tourné un moment mes pensées vers toi, belle Athènes ? C'est que personne ne peut jeter un regard sur tes mers natales, c'est que personne ne peut entendre ton nom, quelque intéressant que soit le récit commencé, sans que ton souvenir magique l'emporte sur tout le reste. Comment pourrait-il ne pas te chanter, le poète dont le cœur ne soit se détacher de toi, ni par le temps ni par la distance, et reste enfermé par un charme dans l'enceinte de tes Cyclades ! Et cet hommage n'est point entièrement étranger ici : l'île du Corsaire fut jadis ton domaine ; que n'est-elle encore à toi avec la liberté ?

III.

Le soleil s'est couché. Quand ses rayons ont cessé d'éclairer la tour du phare, le cœur de Médora s'affaisse dans une obscurité plus profonde que la nuit. Le troisième jour est venu et passé : et l'ingrat ne vient pas, n'envoie pas de message ! Le vent était favorable quoique faible, et il ne s'élevait aucune tempête. La veille au soir, le navire d'Anselmo était revenu ; et il n'avait rien à faire connaître, sinon qu'il n'avait pas rencontré son chef. Ah ! l'événement, quoique terrible encore, eût été tout autre si Conrad avait attendu cette seconde voile. La brise nocturne fraîchit : Médora avait passé tout le jour à épier à l'horizon tout ce qui offrait l'apparence d'un mât ; elle était assise tristement sur la hauteur. Au milieu de la nuit, l'impatience l'entraîne vers le rivage, et là elle promène ses pas errants, insoucieuse des vagues qui viennent mouiller ses vêtements comme pour l'avertir de se retirer : elle ne voit rien et ne sent rien, pas même le froid de la brise : le frisson est dans son cœur. Et de cette longue attente, il surgit en elle une telle certitude de son malheur, que la vue soudaine de son amant lui aurait enlevé le sentiment et la vie.

Enfin arrive une barque sombre et en mauvais état.... les matelots aperçoivent sur la grève celle qu'ils cherchaient la première. Quelques-uns sont sanglants, tous accablés de souffrance : ils sont peu nombreux et savent seulement qu'ils ont échappé ; comment ? ils l'ignorent. Sombres et silencieux, chacun d'eux semblait attendre qu'un de ses compagnons exprimât ses tristes conjectures sur le destin de Conrad : ils auraient eu quelque chose à dire, mais ils craignaient l'effet de leurs paroles. Quant à Médora, elle vit tout d'un coup d'œil ; cependant elle ne faiblit pas, ne trembla pas sous le poids du deuil et de l'abandon : cette femme, aussi fragile que belle, renfermait des sentiments élevés qui ne se prononcèrent point avant d'avoir pris toute leur énergie. Tant qu'il y eut encore de l'espoir, ils se répandirent en attendrissement, en anxiété, en larmes ; quand tout fut perdu, cette tendresse d'âme ne s'éteignit pas ; elle s'endormit, et dans son sommeil s'engendra cette énergique pensée : « Quand il ne reste rien à aimer, il n'y a plus rien à craindre. » Une pareille pensée dépasse la nature : mais c'est ainsi que les forces humaines se changent en délire sous le pouvoir de la fièvre.

« Vous gardez le silence... et je n'ai pas besoin de vous entendre... ne parlez pas... ne me dites pas un mot ; car je sais tout. Cependant je voudrais vous demander... mes lèvres s'y refusent presque... répondez moi... dites-moi où on l'a mis. — Noble dame, nous l'ignorons : à peine avons-nous pu échapper vivants, mais un entre nous affirme qu'il n'est point mort : il l'a vu enchaîné, perdant son sang, mais en vie. »

Elle n'en écouta pas davantage : elle aurait essayé en vain de lutter ; ses artères battaient ; les pensées qu'elle avait écartées jusque-là se précipitaient en foule, se confondaient. Ces seules paroles ont vaincu cette âme concentrée : elle chancelle, tombe inanimée. Et peut-être les vagues lui auraient-elles épargné un autre tombeau ; mais de leurs mains rudes, quoique les yeux humides, les matelots lui donnèrent les soins qu'inspire la pitié, en jetant sur ses joues mortellement pâles la rosée de l'Océan, la relevant, agitant l'air autour d'elle et la soutenant dans leurs bras. Enfin ils appelèrent ses suivantes et leur abandonnèrent ce corps inanimé qu'ils contemplaient avec douleur : alors ils se rendirent à la grotte d'Anselmo, pour y faire le récit toujours pénible d'un combat sans victoire.

IV.

Dans ce conseil tumultueux, des propos bizarres et brûlants furent échangés : on parla de rançon, de délivrance et de vengeance, de tout, sauf du repos ou de la fuite : l'âme de Conrad planait, respirait encore dans ces lieux et en chassait le désespoir : quel que soit son destin, les braves qu'il a formés et conduits le sauveront vivant ou apaiseront ses mânes. Malheur à ses ennemis ! S'il ne survit que peu d'hommes, leurs bras sont aussi audacieux que leurs cœurs sont fidèles.

V.

Dans l'appartement le plus secret du harem est assis le sombre Séïd, méditant encore sur le destin du captif ; ses pensées se partagent entre l'amour et la haine : tantôt elles sont avec Gulnare, tantôt dans la cellule du captif ; couchée à ses pieds, la belle esclave observe son front et tente de dissiper les nuages qui l'assombrissent. Pendant que ses grands yeux noirs lancent sur lui des regards inquiets, et cherchent vainement à éveiller ses sympathies, ceux de Séïd semblent uniquement fixés sur les grains de son rosaire musulman, mais intérieurement ils contemplent sa victime saignante.

« Pacha ! la journée est à toi : la victoire plane sur ton turban : Conrad est pris ; tout le reste a succombé. L'arrêt du captif est porté ; c'est la mort : il a mérité son destin. Et pourtant cet homme est indigne de ta haine : il serait habile, ce me semble, de lui vendre un court moment de liberté, au prix de tous ses trésors. On vante hautement les richesses du pirate : je voudrais que mon pacha pût s'en rendre maître. Discrédité, affaibli par un combat désastreux, épié, suivi partout, il t'offrirait ensuite une proie facile ; tandis que si tu prends sa vie, le reste de sa bande embarquera ses richesses et cherchera un refuge plus sûr.

— Gulnare ! si pour chaque goutte de son sang on m'offrait une perle riche comme le diadème du sultan, si pour chacun de ses cheveux une mine d'or vierge était ouverte devant moi ; si tout ce que nos contes arabes révèlent ou rêvent de richesses était étalé à mes yeux : tous ces trésors ne pourraient le racheter ! rien n'aurait payé une seule heure de sa vie, si je ne le savais point enchaîné et en mon pouvoir, et si, dans ma soif de vengeance, je n'en étais encore à chercher les supplices qui torturent le plus longtemps et qui tuent le moins vite.

— Soit, Séïd ! je ne cherche point à calmer ta fureur fondée sur de trop justes motifs pour te permettre la clémence : ma seule pensée était de t'assurer les richesses du forban. Délivré à ce prix, il ne serait point libre : appauvri de la moitié de sa puissance et de ses soldats, il pourrait être repris à ton premier commandement.

— Il pourrait... et dois-je donc lui accorder un seul jour, à ce misérable que je tiens en mon pouvoir ? Relâcher mon ennemi ! grâce à quelle intercession ? à la tienne, ô beauté trop sensible ! Ta vertueuse gratitude veut récompenser ainsi l'humeur miséricordieuse du Giaour qui parmi tous n'a voulu épargner que toi et tes compagnes, sans considérer, j'aime à le croire, combien ta capture était précieuse. Je te dois pour cela mes remerciements et mes éloges : écoute ! j'ai un conseil à faire entendre à ton oreille délicate : femme ! je me méfie de toi ; et chaque mot que tu prononces met le cachet de la vérité sur mes soupçons. Emportée par lui du sérail à travers le feu, dis-moi, n'attendais-tu pas le moment de fuir avec lui ? Il est inutile de répondre : ton aveu est écrit dans la rougeur coupable de tes joues. Donc, aimable dame, songes-y bien : il ne s'agit ! ce n'est pas sa seule vie qui réclame tant de soin. Un mot de plus et..... mais non... il n'en faut pas davantage. Maudit soit le moment où il t'a emportée hors des flammes ; il aurait mieux valu... et pourtant alors je t'aurais pleurée avec les yeux d'un amant : maintenant, c'est ton maître qui t'avertit, femme perfide ! Ne sais-tu pas que je puis abattre les ailes inconstantes. Je ne suis point habitué à m'en tenir à des mots : veille sur toi, et ne pense pas que la fausseté reste impunie. »

Il se lève et sort lentement et d'un air sombre, la rage dans ses regards et laissant des menaces pour adieux. Ah ! ce tyran insensé ! qu'il connaissait mal cet esprit de la femme, qu'aucun reproche n'abat, qu'aucune menace ne subjugue ; qu'il savait peu combien ton cœur, ô Gulnare, peut aimer quand on t'aime, peut sé contre qui t'outrage. Les soupçons du tyran lui paraissaient injustes ; car elle ne savait pas quelles profondes racines la compassion avait jetées dans son cœur : c'était une esclave, et en esclave elle devait accorder à un compagnon de captivité un sentiment en apparence fraternel dont ce se déguisait le vrai nom. C'est pourquoi, ignorante à demi des motifs qui la poussaient, ne comprenant pas la fureur du pacha, elle s'aventura de nouveau dans le dangereux sentier qu'elle avait parcouru, et fut de nouveau repoussée jusqu'au moment où s'éleva en elle cette lutte de la pensée, source de tous les malheurs de la femme.

VI.

Cependant, après de longues anxiétés et de longues fatigues, roulant toujours la même pensée jour et nuit, l'âme de Conrad était parvenue à dompter la terreur même. Il avait surmonté cette fatale attente entre le doute et la crainte, quand chaque heure pouvait lui apporter un supplice pire que la mort, quand chaque pas retentissait devant la porte pouvait lui annoncer la hache ou le pal, quand chaque voix qui frappait son oreille pouvait être la dernière qu'il dût jamais entendre. Oui : il avait dompté la terreur ; cet esprit sombre et hautain s'était trouvé d'abord mal préparé, non résolu à la mort : maintenant il était usé, ruiné peut-être, et pourtant il supportait en silence cette épreuve, la plus terrible de toutes. La chaleur du combat, les sifflements de la tempête laissent à peine une âme assez libre pour envisager le péril : mais dans l'isolement et dans les fers, languir en proie à toutes les pensées contraires qui surgissent dans l'âme ; n'avoir d'autre spectacle que celui de son propre cœur, et méditer sur des fautes irrévocables et sur un destin tout proche, trop tard pour éviter le dernier, pour réparer les autres ; compter les heures qui se précipitent vers le dénoûment fatal, sans un ami pour vous relever et pour témoigner que vous avez bien supporté la mort ; se voir entouré d'ennemis prêts à forger le mensonge, à souiller d'une calomnie la dernière scène de votre drame ; avoir devant soi des tortures que l'âme peut braver, en doutant toutefois que la chair y résiste, et sentant qu'un seul cri va vous enlever votre dernière, votre plus chère couronne, celle de la bravoure ; la vie que vous perdez ici-bas, vous la voir refuser là-haut par ces hommes qui ont usurpé le monopole de la miséricorde divine ; et ce qui vaut plus qu'un paradis incertain, le ciel de vos espérances terrestres, la bien-aimée de votre cœur, la voir ravie pour jamais à votre amour ! telles étaient les pensées que le proscrit avait à supporter, voilà les angoisses au-dessus de toute peine mortelle qu'il avait à combattre, et cependant il les supportait, il les combattait. Prenait-il bien son parti ? n'importe ! c'était déjà quelque chose de ne pas succomber entièrement.

VII.

Le premier jour se passa, et il ne revit point Gulnare ; le second, le troisième se passèrent, et Gulnare ne vint pas ; mais ses charmes avaient certainement opéré le miracle que sa bouche avait promis, sans quoi Conrad n'aurait point vu un second soleil. Le quatrième jour s'était écoulé, et la nuit avait apporté la tempête au sein de ses ténèbres. Oh ! comme il prêtait l'oreille au fracas des vagues qui jamais jusque-là n'avait interrompu son sommeil. Ranimée par la voix de son élément chéri, l'âme farouche du captif enfantait des pensées plus farouches encore. Souvent il avait vogué sur ces vagues allées, et il avait aimé leur rudesse à cause de la rapidité qu'elles imprimaient au navire ; et maintenant leur mugissement retentissait à son oreille ; accents bien connus qui étaient rapprochés de lui, mais trop inutilement, hélas ! Le vent soufflait bruyant dans les airs et deux fois plus bruyant le tonnerre éclatait au-dessus de la tourelle ; l'éclair brillait à travers les barreaux de la fenêtre, clarté plus douce à ses yeux que celle de l'astre de minuit ; il traîna sa chaîne jusqu'auprès de la grille en feu, espérant qu'il ne s'exposerait pas en vain à ce péril ; là il leva vers le ciel ses mains chargées de fers, le suppliant d'anéantir sa créature sous un foudre miséricordieux. Le feret les prières impies doivent attirer également le feu céleste : cependant l'orage suivit son cours et dédaigna de frapper : les coups s'affaiblirent progressivement ; ils cessèrent. Conrad se trouva plus seul encore ; comme si quelque ami infidèle avait rejeté ses supplications.

VIII.

Minuit est passé, et un pas léger s'avance vers la porte massive ; il s'arrête, il reprend ; Conrad entend glisser lentement les verrous criards et tourner la clef lugubre ; son cœur le leur a dit d'avance : c'est la belle esclave. Quelles que soient ses erreurs, c'est pour lui un ange gardien, aussi radieux qu'un pieux ermite peut se le représenter dans ses visions. Et pourtant elle est bien changée depuis qu'elle est venue visiter cette cellule : sa joue est plus pâle, son corps plus tremblant ; elle jette sur lui un regard triste, égaré, qui lui dit avant qu'elle ait parlé : « Tu dois mourir... oui, tu dois mourir : il n'est plus qu'une ressource, la dernière, la plus terrible : si les tortures n'étaient pas plus terribles encore.

— Jeune dame, je ne cherche aucun moyen d'échapper ; mes lèvres répètent encore ce qu'elles n'ont cessé d'affirmer. Conrad est toujours le même : pourquoi vouloir sauver la vie d'un vaincu et faire révoquer un arrêt que j'ai mérité de subir ; certes j'ai bien encouru, non-seulement ici mais dans d'autres lieux encore, par mainte poursuite acharnée, la vengeance de Séïd.

— Pourquoi vouloir te sauver ? parce que.... oh ! ne m'as-tu pas préservée d'un sort pire que l'esclavage ! Pourquoi te vouloir ? tes malheurs m'ont-ils donc fait oublier le cœur de la femme ? Et faut-il donc tout te dire, quoique tes sentiments de mon sexe se révoltent en moi et m'ordonnent de me taire ?..... Parce que... malgré tous tes crimes... tu as touché mon cœur : je t'ai craint d'abord... je t'ai dû la vie... j'ai eu pitié de toi... je... je t'aime enfin comme une insensée. Ne me réponds pas, ne me répète pas que tu en aimes une autre et que je t'aime en vain. Qu'elle soit éprise comme moi, et t'aime double plus belle, qu'importe ! Je me jette pour toi dans des périls qu'elle n'oserait affronter. Crois-tu donc lui être réellement cher ? Si j'étais elle, moi, tu ne serais point seul ici. L'épouse d'un proscrit, permettre que son époux ait osans elle courir les mers ! Cette noble dame, qu'a-t-elle donc de si précieux à faire auprès du foyer ?... Ne me parle pas maintenant ! sur ta tête et sur la mienne un sabre bien tranchant est suspendu par un seul fil ; s'il te reste du courage et si tu veux être libre, prends ce poignard, lève-toi, suis-moi.

— Eh quoi! avec mes chaînes! Chargé d'un pareil ornement, franchirai-je d'un pied léger les corps de tous ces dormeurs. Tu l'avais oublié : est-ce là un costume propre à la fuite? est-ce là une arme bonne pour le combat?

— Défiant corsaire! j'ai gagné la garde, disposée à la révolte et avide d'une récompense; un simple mot de moi va faire tomber la chaîne : sans quelque aide, comment pourrais-je être ici? Depuis que je ne t'ai vu, mon temps a été activement employé; si je suis coupable, c'est pour toi qu'a été commis le crime; le crime!... ce ne peut en être un de punir les forfaits de Séid : ce tyran exécré, Conrad, il faut qu'il meure. Je le vois frémir, mais mon âme est bien changée : insultée, foulée aux pieds, avilie, il faut que je me venge; car on a osé m'accuser de ce que j'avais dédaigné jusqu'ici, moi qui n'ai été que trop fidèle, quoique enchaînée dans le plus triste esclavage. Tu souris... mais je ne lui avais donné aucun sujet de plainte; je n'étais pas infidèle alors, et tu ne m'étais point cher; mais il me l'a dit; et les jaloux, ces tyrans tracassiers, nous provoquent à la révolte et méritent le sort que leurs lèvres chagrines ont annoncé d'avance. Je n'ai jamais aimé; il m'a achetée, fort cher sans doute, car il y avait en moi un cœur qu'il ne pouvait acquérir... J'étais une esclave soumise; il a prétendu que s'il n'était point venu me reprendre, j'aurais fui avec toi. C'était un mensonge, tu le sais. Mais laissons parler de pareils augures; ils émettent des présages que leurs insultes rendent véritables. Le retard de ton supplice ne fut pas même accordé à ma prière, cette faveur apparente n'avait pour objet que de préparer pour toi de nouveaux tourments et d'augmenter mon désespoir. Il m'a même menacée de mort; mais sa folle passion m'aurait réservée quelque temps pour ses nobles plaisirs; et quand il aurait été las de mes faibles charmes et de moi : un sac est-là pour me recevoir et la mer bat le pied des murailles! Eh quoi! suis-je donc faite pour être le jouet d'un caprice sénile? un bijou que l'on porte jusqu'à ce que la dorure en soit effacée? Tu m'as vu; je t'ai aimé; je te dois tout; je veux te sauver, ne fût-ce que pour te montrer combien une esclave est capable de gratitude. S'il n'eût point ainsi menacé mon honneur et ma vie (et il garde bien les serments qu'a prononcés son courroux), je t'aurais toujours sauvé, mais j'aurais épargné le pacha. Maintenant je t'appartiens et je suis préparée à tout; tu ne m'aimes pas; tu ne me connais pas, et je te fais horreur. Hélas! tu es mon premier amour, et il est ma première haine... Oh! que ne peux-tu mettre ma sincérité à l'épreuve, tu ne reculerais pas devant moi; tu ne craindrais pas ce feu qui brûle dans le cœur des filles de l'Orient : ce feu est maintenant ton phare de salut; il te montre dans le port une barque maïnote. Mais dans une chambre que nous devons traverser dort le cruel Séid... il ne faut pas qu'il s'éveille!

— Gulnare! Gulnare! je n'ai jamais senti jusqu'à présent combien ma fortune est abjecte et mon honneur flétri; Séid est mon ennemi : il voulait balayer mes amis de la terre par la force du nombre, mais au moins par la force ouverte; et c'est pourquoi je suis venu ici dans ma barque de guerre répondre au meurtre par le meurtre, au cimeterre par l'épée; car telle est mon arme, et non le poignard caché celui qui épargne la vie des hommes ne prend pas celle d'un homme endormi. Si je t'ai sauvée, Gulnare, ce n'était pas pour en recevoir une pareille récompense : ne me force point à croire que ma pitié a été mal placée. Maintenant adieu : puisse ton sein recouvrer la paix! La nuit s'écoule... la dernière nuit de repos qui me reste sur la terre.

— Du repos! du repos! dès le lever du soleil, tous les membres craqueront de mes jambes se crisperont autour du poteau déjà dressé. J'ai entendu l'ordre; j'ai vu.. je ne verrai pas le reste, car si tu péris, je mourrai avec toi. Ma vie, mon amour, ma haine, tout mon être ici-bas dépend de toi, corsaire! Ce n'est qu'un coup à frapper! sans cette précaution, la fuite serait inutile : comment échapper à la poursuite ardente! Mes injures impunies, mes années flétrie, de longues années perdues, un seul coup peut tout venger et nous mettre à l'abri de toute crainte. Mais puisque le poignard convient moins que l'épée, j'éprouverai la fermeté de ce bras féminin. Les gardes sont gagnés; en un moment tout sera fini, corsaire! ou nous reverrons en sûreté ou jamais; si ma faible main manque son but, la brume du matin planera sur ton échafaud et sur ma bière.

IX.

Elle se tourna vers la porte et disparut avant qu'il pût répondre; mais le regard inquiet de Conrad l'accompagna longtemps; et rassemblant comme il put les fers dont il était chargé, pour diminuer leur longueur en étouffant leur cliquetis, la serrure et les verrous s'arrêtant plus vite que ses pas, il la suivit aussi vite que le lui permettaient ses membres enchaînés. Le passage était sombre et tortueux; Conrad ne savait où conduisait cette route. Il n'y trouve ni lampe ni gardes; il voit de loin une faible lumière : doit-il se diriger vers ses rayons indistincts ou bien les éviter? Le hasard guide ses pas : une fraîcheur pareille à l'air du matin tombe en plein sur son front.

Il arrive dans une galerie ouverte : à ses yeux brille, avec la dernière étoile de la nuit, un horizon qui commence à s'éclairer : cependant à peine remarque-t-il l'état du ciel... une clarté venant d'une chambre isolée a frappé sa vue. Il se dirige vers ce point; une porte entr'ouverte lui montre que le rayon part de là, mais rien de plus. Une figure de femme sort d'un pas précipité; elle s'arrête, se retourne, s'arrête encore... c'est elle enfin! Plus de poignard dans sa main... nul signe d'angoisse dans son attitude. « Béni soit ce cœur accessible à la pitié! elle n'a pas eu la force de tuer! » Il la regarde de nouveau : son œil se détourne avec effroi de la lumière du jour. Elle s'arrête, rejette en arrière ses longs cheveux noirs, qui voilaient presque sa face et sa blanche poitrine, comme si sa tête venait de se pencher sur quelque objet de doute et de terreur. Elle rejoint Conrad... Sur son front... sans le savoir ou par oubli, sa main précipitée a laissé une seule et faible tache : il n'en distingue que la couleur, et s'y arrête à peine... Oh! léger, mais certain indice du crime... c'est du sang.

X.

Conrad a vu les batailles; il s'est repu dans la solitude des souffrances promises à un condamné; il a éprouvé les tentations et les remords du crime; il a été vaincu, enchaîné, et la chaîne aurait pu peser toujours à son bras; mais jamais la lutte, la captivité, le repentir, surexcitant toutes les forces de son être sensible, n'ont fait battre, n'ont glacé toutes ses veines comme la vue de cette tache rouge. Cette marque de sang, cette trace révélatrice a banni toute beauté de cette face de femme. Il a vu répandre bien du sang : il l'a vu sans émotion; mais alors le sang coulait dans un combat; et il était versé par des hommes.

XI.

« C'est fait... il a failli s'éveiller... mais c'est fait. Corsaire! il est mort : tu me coûtes cher. Toute parole serait maintenant superflue... partons! partons! Notre barque est à flot : il fait déjà grand jour; les quelques hommes que j'ai gagnés sont tout à moi; ils prendront avec eux ceux des tiens qui ont survécu : ma voix justifiera l'œuvre de ma main aussitôt que notre voile aura perdu de vue ce rivage abhorré. »

XII.

Elle frappe des mains, et dans la galerie se rassemblent, disposés pour la fuite, ses fidèles Grecs et Maures : en silence, mais avec activité, ils s'approchent, ils brisent les chaînes du pirate... cette fois encore ses membres se trouvent libres, libres comme le vent des montagnes; mais sur son cœur malade pèse une tristesse aussi lourde que s'il portait tout le poids de ses fers. Pas un mot n'est prononcé. Sur un signe de Gulnare une porte s'ouvre, et montre un passage secret vers le rivage; la ville est derrière eux : ils se hâtent, ils gagnent la rive où les vagues dansent joyeusement sur la grève jaunâtre; et Conrad, marchant derrière elle, obéit et ne s'inquiète point s'il est sauvé ou trahi : la résistance serait aussi vaine que si le farouche Séid vivait encore pour contempler son supplice.

XIII.

Ils sont embarqués; la voile se déploie au souffle léger de la brise. Que de choses la mémoire de Conrad fait repasser devant elle! il reste absorbé dans la contemplation jusqu'au moment où le cap, sous lequel il a jeté l'ancre naguère, élève sa forme gigantesque. Ah! depuis cette fatale nuit, quelque court qu'ait été l'intervalle, il a vécu un siècle de terreur, de douleur et de crime. Au moment où l'ombre allongée du promontoire assombrit la voile, Conrad se cacha la face et s'enfonça dans ses regrets : il se rappelait tout : Gonzalvo et sa troupe, son triomphe précaire et sa main faiblissante; il songeait à celle qui est loin de lui, à la bien-aimée qui l'attend dans la solitude. Tout-à-coup il se tourna en arrière, et vit... Gulnare, l'homicide!

XIV.

Elle observa ses traits jusqu'au moment où elle ne put supporter davantage son air glacé et plein d'aversion; et alors, son exaltation inaccoutumée lui suggéra tout-à-coup un larmes, trop tard pour en verser ou pour qu'on pût les tarir. Elle s'agenouilla près de lui, et lui serra la main : « Tu peux me pardonner, toi, bien qu'Allah doive me prendre en horreur ; car, sans cette œuvre de ténèbres, que serais-tu devenu ? Accable-moi de reproches ; mais pas encore aujourd'hui... Oh ! épargne-moi maintenant. Je ne suis pas ce que je parais être : cette nuit terrible a troublé mon cerveau ; ne me rends pas tout-à-fait insensée ! Si je ne t'avais point aimé, je serais moins coupable, mais tu n'aurais pas vécu... pour me haïr, si tu le veux. »

XV.

Elle jugeait mal Conrad : car il se blâmait plus lui-même qu'il ne blâmait celle qu'involontairement il avait rendue coupable ; mais ses pensées profondes saignaient obscurément dans son cœur, retraite silencieuse et sombre. Le vaisseau marchait, la brise était belle, la mer propice, et les vagues bleues se jouaient autour de la poupe qu'elles poussaient en avant. Bien loin, à l'horizon, parut un point, une tache, un mât, une voile, un vaisseau armé ! La vigie de ce navire signala la petite barque : de nouvelles toiles prirent le vent d'en haut; et il arriva majestueusement, portant la vitesse à sa proue et la terreur dans ses flancs. Un éclair brille : le boulet va tomber au-delà de la barque sans atteindre ses agrès, et s'enfonce en sifflant dans la mer ; Conrad ranimé sort de son apathie, une joie depuis longtemps absente brille dans son regard : « Ce sont les miens ! c'est mon sanglant pavillon ! les voilà ! les voilà ! Je ne suis donc pas abandonné de tous ! » Les corsaires reconnaissent le signal, répondent au salut, mettent le canot à la mer et se tiennent en panne. « C'est Conrad ! c'est Conrad ! » Ce cri s'élève du pont du vaisseau, et ni la voix des chefs, ni celle du devoir, ne peuvent comprimer les transports. Avec la légèreté d'un cœur joyeux et un regard étincelant d'orgueil, ils le voient escalader encore le flanc de son navire ; un sourire détend les traits rudes de leurs physionomies, et ils se refusent à peine le plaisir de le presser sur leur sein. Lui, oubliant à demi ses dangers et sa défaite, répond à leur accueil avec la dignité d'un chef, serre cordialement la main d'Anselmo, et sent qu'il peut encore commander et vaincre.

XVI.

Après cette nouvelle effusion, les corsaires, dans l'excès de leur attachement pour leur chef, regrettent presque de l'avoir reconquis sans danger. Ils avaient mis à la voile, préparés pour la vengeance : s'ils avaient su qu'une femme les avait devancés dans cette œuvre, moins scrupuleux que le fier Conrad sur les moyens d'atteindre leur but, ils en eussent fait leur reine. Avec des sourires interrogateurs et un air étonné, ils murmurent entre eux et contemplent Gulnare ; et cette femme, à la fois au dessus et au dessous de son sexe, que le sang n'a point épouvantée, se laisse troubler par leurs regards. Elle tourne vers Conrad un œil triste et suppliant ; elle baisse son voile et se tient silencieuse auprès de lui, les bras tranquillement croisés sur ce cœur qui, une fois Conrad sauvé, abandonne le reste au destin. Quoique des sentiments pires que la démence aient pu remplir cette âme extrême en amour comme en haine, dans le bien comme dans le mal, le plus affreux de tous les crimes l'a laissée femme encore.

XVII.

Conrad l'aperçoit, et sent profondément son douloureux embarras : peut-il faire moins pour elle ? il doit détester l'acte ; mais plaindre la femme. Des flots de larmes ne peuvent laver son crime, et le ciel la punira dans un jour de colère; mais le mal est fait : quel qu'il soit, c'est pour lui que le poignard a frappé, que le sang a coulé; et il est libre ! et pour lui elle a sacrifié tout ce qu'elle possédait sur la terre, tout ce qu'elle pouvait espérer dans le ciel. Il regarde alors cette esclave aux yeux noirs dont le front s'incline sous son regard, qui paraît maintenant si changée et si abattue, si faible et si timide, et dont les joues se couvrent souvent d'une si profonde pâleur, sauf cette terrible tache de pourpre qu'y a mise le meurtre... Il prend sa main... sa main qui tremble, mais trop tard ; sa main si douce pour l'amour, si terrible dans la haine : il saisit cette main... cette main tremblante ; et la sienne a perdu sa fermeté, et sa voix même est mal assurée. « Gulnare ! » mais elle ne répond point ; « chère Gulnare ! » Elle lève les yeux ; c'est sa seule réponse, et elle se jette dans ses bras. Pour la repousser de son asile, il eût fallu à Conrad un cœur au-dessus ou au-dessous de celui d'un mortel ; mais, à tort ou à raison, il ne la releva point. Peut-être, sans les pressentiments qui l'agitent, sa dernière vertu serait allée rejoindre le reste. Mais non, Médora elle-même aurait pardonné le baiser qui effleura les charmes de sa rivale

Une figure en sort à pas précipités, s'arrête.....

der de plus ; le premier, le dernier baiser que la fragilité osa dérober à la constance... baiser posé sur des lèvres que le désir avait embrasées de son haleine, sur des lèvres dont les soupirs exhalaient un tel parfum que l'Amour lui-même semblait les avoir caressées de ses ailes.

XVIII.

Ils atteignirent aux dernières lueurs du soir leur île solitaire. Les rochers eux-mêmes parurent leur sourire ; le hâvre retentissait de joyeux murmures ; les phares brillaient dans leur ordre accoutumé, les bateaux sillonnaient la baie onduleuse et les joyeux dauphins se jouaient dans les vagues ; le sauvage oiseau des mers lui-même, de ses cris aigus et discordants, saluait le retour des hôtes connus du rivage. Derrière chacune des lampes qui brillaient à une fenêtre l'imagination du marin se représentait les amis qui entretenaient

Paris. — Imp. LACOUR et Cⁱᵉ, rue Soufflot, 16.

cette clarté. O joies du foyer, que vous êtes sacrées à l'œil de l'Espérance, quand elle vous contemple du sein troublé des mers !

XIX.

On aperçoit des lumières en haut, sur le phare et dans la demeure du chef, et Conrad y cherche la tour de Médora ; il la cherche en vain ; chose étrange ! de toutes les fenêtres, la sienne seule est sombre. Chose étrange ! autrefois cette clarté ne manquait jamais de saluer le retour ; et peut-être, maintenant, est-elle non pas éteinte, mais voilée. Conrad descend au rivage par le premier canot, et s'impatiente de la lenteur des avirons. Oh ! que n'a-t-il une aile plus rapide que celle du faucon, pour s'élancer comme une flèche au sommet du roc ! A la première pause que firent les rameurs avant d'aborder au rivage, il n'attend plus, ne regarde plus rien ; il se jette dans les flots, lutte contre la mer, monte sur la rive et gravit le sentier accoutumé. Il vient d'atteindre la porte de la tourelle ; il s'arrête : aucun bruit ne se fait entendre à l'intérieur, et tout est nuit à l'entour. Il frappe ; il frappe fortement, et aucun pas, aucune voix n'annoncent qu'on l'ait entendu ou qu'on le sache près de là ; il frappe encore, mais faiblement cette fois, car sa main tremblante refuse de satisfaire à son impatience. La porte s'ouvre ; il voit une figure bien connue, mais non celle qu'il s'apprêtait à serrer dans ses bras. Les lèvres de la suivante sont muettes, et les siennes, à lui, essaient deux fois en vain de prononcer une question. Il saisit la lampe : sa lumière lui apprendra tout ; mais il ne peut la soutenir, et elle s'éteint en tombant. Impossible d'attendre qu'elle soit rallumée ; plutôt rester là jusqu'au jour ; mais, à l'extrémité du corridor, un autre flambeau répand sa clarté vacillante ; il arrive à l'appartement... il voit ce que son cœur ne voulait point croire, mais ce qu'il avait pressenti.

Elle n'est plus ! — Que fait-il là encore ?

XX.

Il ne détourne point la tête, ne parle point, ne se sent point défaillir : ses yeux deviennent fixes ; ses membres, tout à l'heure inquiets et agités, restent immobiles : il regarde... Oh ! combien longtemps nous contemplons de pareils spectacles en dépit de la douleur, et sachant, mais ne voulant pas nous avouer que nous les contemplons en vain ! Animée par la vie, elle était si calme et si blanche, que, pour elle, la mort a revêtu un doux aspect : les froides fleurs que tient sa main plus froide qu'elles, sont si doucement serrées dans sa derrière étreinte, qu'elle semble les sentir encore en feignant de dormir : image d'un jeu d'enfant qui fait venir les larmes ! Ses paupières de neige, frangées de longs cils noirs, voilent.... Oh ! peut-on se rappeler, sans douleur, tout ce qui brillait sous ce voile. Oui, c'est sur l'œil humain que la mort exerce toute sa puissance en chassant l'esprit de son trône lumineux ! Elle a plongé ces deux astres d'azur dans une longue, une dernière éclipse ; mais elle épargne encore le charme qui entoure les lèvres : elles semblent encore réprimer un sourire et implorer un instant de repos. Mais ce blanc linceul et ces tresses étendues sur son sein, longues, blondes, mais couchées immobiles, ces tresses qui, jouets des zéphyrs de chaque été, échappaient d'elles-mêmes aux guirlandes qui lentaient de les retenir ; tout cela, et la complète pâleur de ses joues... tout cela ne convient qu'au cercueil. Médora n'est plus rien : pourquoi Conrad est-il là ?

XXI.

Il ne fait point de question : toutes les réponses sont contenues dans le premier aspect de ce front de marbre. C'en est assez : elle est morte ; qu'importe comment ? L'amour de sa jeunesse, l'espoir de meilleures années, la source de ses vœux les plus doux, de ses craintes les plus tendres, le seul être vivant qu'il pût ne point haïr, tout lui est enlevé à la fois ; et il mérite son sort, mais il n'en sent pas moins la rigueur. L'homme vertueux cherche la paix dans des régions où le crime ne peut jamais trouver de place ; l'orgueilleux, l'homme égaré, qui ont fixé ici-bas toutes leurs joies et qui trouvent que la terre contient bien assez de douleurs, en perdant l'objet de ces joies, perdent tout. Peut-être n'était-ce qu'une illusion, mais qui peut se séparer sans chagrin d'une illusion qu'il aimait ? Bien des yeux stoïques et bien des figures sombres masquent des cœurs qui, en fait de souffrances, n'ont plus rien à apprendre : et bien des pensées déchirantes sont cachées et non ensevelies sous des sourires qui conviennent le moins à ceux qui les affichent le plus.

XXII.

Ceux qui le sentent bien vivement ne peuvent cependant exprimer ce trouble que la souffrance apporte à l'esprit : il entame des milliers de pensées pour n'aboutir qu'à une seule ; il demande à toutes choses un refuge, et ne le trouve nulle part. Aucune expression ne suffit pour dévoiler ce secret des tortures de l'âme ; la vraie douleur n'est point éloquente. L'épuisement écrasait Conrad, et la stupeur le berçait comme dans une sorte de repos : dans cet état d'énervement, il semblait que toute la sensibilité que l'homme puise dans le sein de sa mère fût revenue dans ses yeux ; car ces yeux, naguère si fiers, pleuraient comme ceux d'un enfant : la faiblesse même de son cerveau se révélait ainsi, sans apporter aucun adoucissement à ses peines. Personne ne vit ces larmes : peut-être, s'il avait été vu, ne se serait-il jamais livré à ces démonstrations inaccoutumées. Du reste, elles ne coulèrent pas longtemps, il les sécha pour partir le cœur inconsolé, désespéré, brisé. Le soleil se lève, mais l'âme de Conrad reste sombre ; la nuit vient, mais sa nuit dure toujours. Il n'est point de ténèbres pareilles à celles de l'âme : la douleur est aveugle, plus aveugle que les aveugles mêmes. Elle ne peut voir et elle ne veut point voir ; mais elle se tourne toujours vers l'ombre la plus épaisse, et elle ne peut souffrir un guide !

XXIII.

Le cœur de Conrad, fait pour les sentiments tendres, avait été violemment jeté dans le mal : trahi de bonne heure et trop longtemps trompé, chacun de ses penchants, pur comme la goutte d'eau qui tombe de la voûte d'une grotte, comme cette goutte s'était endurci ; devenus terrestres, ils furent peut-être moins chastes ; mais ils durent aussi s'abattre, se glacer et se pétrifier enfin. Les tempêtes usent le rocher, la foudre le brise ; mais, comme le rocher, son cœur sut résister longtemps. Une fleur croissait à l'ombre de son front sourcilleux, quelque épaisse que fût cette ombre : il l'avait abritée, défendue jusque-là. Le tonnerre est venu, et a brisé à la fois et la dureté du granit et la faible tige du lis : l'aimable plante n'a point livré au vent une seule de ses feuilles pour révéler son sort : mais elle s'est flétrie, elle est morte tout entière au lieu même où elle est tombée; et de son rude protecteur, il reste des fragments noircis, épars à la ronde sur le sol nu.

XXIV.

Le matin brille : peu d'entre les pirates osent aborder Conrad à cette heure où il veut être seul : néanmoins Anselmo se dirige vers sa tour. Conrad n'était point là, et on ne l'apercevait point sur le rivage. Alarmés, ses compagnons emploient la journée à parcourir l'île en tous sens ; un second soleil, un autre encore les voit continuer les mêmes recherches : ils crient et répètent son nom jusqu'à en fatiguer les échos. Mais après avoir fouillé en vain les monts, les grottes, les cavernes, ils trouvent enfin, sur la grève, la chaîne brisée d'un canot : leurs espérances revivent ; ils le suivront sur l'Océan. Vaine pensée ! la lune remplit son croissant, le vide et le remplit encore, et Conrad ne vient pas : il n'est pas revenu depuis ce jour. Aucune trace, aucun avis sur son sort ne sont venus apprendre où vivent ses douleurs, où a péri son désespoir. Les forbans regrettèrent longtemps celui qu'aucun autre ne regrette; ils élevèrent à sa bien-aimée un monument splendide ; mais pour Conrad, ils ne consacrèrent à sa mémoire aucune pierre funéraire : sa mort est encore douteuse ; ses exploits sont trop bien connus. Il n'a légué à l'avenir que le nom d'un corsaire, paré d'une seule vertu, souillé de tous les crimes.

FIN DU CORSAIRE.

HEURES DE LOISIR.

SUR LA MORT D'UNE JEUNE PARENTE (1802).

Les vents se taisent ; le soir est triste ; pas un zéphyr n'agite le bocage : j'ai visité la tombe de Marguerite, et j'ai semé des fleurs sur les restes de ce que j'aimais.

Son enveloppe terrestre est couchée dans une étroite demeure ; cette enveloppe à travers laquelle rayonnait une si belle âme. Le Roi des épouvantements l'a saisie comme une proie : ni vertu, ni beauté n'ont pu racheter sa vie.

Oh ! si ce monarque terrible pouvait éprouver de la pitié ; si le Ciel voulait annuler les terribles décrets du Destin, l'amant éploré n'aurait point à parler de ses douleurs ; la muse n'aurait point à révéler des vertus éteintes pour jamais.

Mais, pourquoi pleurer ? Cette âme sans rivale plane au-dessus de l'espace où brille la clarté du jour, et les anges en pleurant la conduisent vers ces retraites fortunées où des plaisirs sans fin récompensent la vertu.

Et de présomptueux mortels iront-ils prendre les cieux à partie, et dans leur délire accuser la Providence divine ? Non ! loin de moi cette lutte insensée ; jamais je ne refuserai à mon Dieu la soumission que je lui dois.

Pourtant le souvenir de ces vertus m'est cher ; pourtant ces traits restent gravés dans ma mémoire : toujours ce souvenir me fait verser une larme de tendresse ; toujours ces traits gardent dans mon cœur leur place accoutumée.

A EDDLESTONE.

Si la Frivolité sourit quand elle voit nos deux noms enlacés par l'amitié ; la vertu, s'unissant à la vertu, mérite pourtant plus d'intérêt que la noblesse qui s'allie au vice.

Quelque inégal que ton destin puisse être au mien que décore un titre, une haute naissance, n'envie pas cependant cet éclat trop brillant : tu peux t'enorgueillir de ta vertu modeste.

Nos âmes au moins se sont embrassées, comme étant de même origine ; ton sort ne peut abaisser le mien ; et nos rapports ne sont pas moins doux, puisque le mérite y tient la place du rang.

—

A D..... (1803).

J'espérais avoir en toi un ami dont la mort seule pourrait me séparer ; mais la main perfide de l'Envie t'a détaché de mes bras pour toujours.

Oui, c'est par la force seule qu'elle a pu t'arracher de mes bras ; mais, tu gardes la place dans mon cœur ; là, du moins, ton image restera toujours, tant que ce cœur n'aura point cessé de battre.

Et, quand viendra le jour où le tombeau laisse échapper ses morts, où la vie vient ranimer la poussière, alors je reposerai ma tête sur ton sein bien-aimé... Sans toi, où trouverais-je le ciel ?

—

FRAGMENT (1803).

Quand la voix de mes pères appellera dans leurs demeures éthérées mon esprit satisfait d'être reconnu par eux ; quand mon fantôme chevauchera la brise, ou dans l'obscurité d'un brouillard descendra le flanc de la montagne ; oh ! que mon ombre ne voie pas d'urne fastueuse marquer la place où la terre retourne à la terre ! ni longue liste de titres, ni inscriptions élogieuses sur ma pierre tumulaire. Mon épitaphe sera mon seul nom. Si ce nom est pour ma poussière une couronne d'honneur, il ne m'en faut point davantage pour payer le peu de bien que j'aurai fait. Ce nom, ce nom seul marquera une place qui avec lui doit vivre dans la mémoire, ou tomber avec lui dans l'oubli.

—

APRÈS LE MARIAGE DE MISS CHAWORTH (1805).

Collines d'Annesley, collines froides et sombres, parmi lesquelles errait ma jeunesse insouciante, oh ! comme les orages du nord hurlent tristement parmi vos ombrages touffus !

Non, désormais, pour tromper les longues heures, je ne puis plus retrouver ici mes retraites favorites ; non, désormais le sourire de Marie ne peut plus m'y faire un paradis.

—

EN QUITTANT L'ABBAYE DE NEWSTEAD (1805).

Le vent siffle sourdement entre les créneaux, ô Newstead ! demeure de mes pères, tu tombes en ruines ! Dans tes jardins autrefois si riants, la ciguë et le chardon ont étouffé la rose, qui avait fini par fleurir dans les chemins.

Les barons couverts de mailles, qui conduisaient vaillamment leurs vassaux d'Europe à la conquête des plaines de la Palestine, n'ont laissé ici d'autres traces que leurs écussons et leurs boucliers qui s'entrechoquent au moindre souffle du vent.

Robert, le vieux ménestrel, ne vient plus aux accords de sa harpe réveiller dans les cœurs l'amour des palmes guerrières : John de Horistan dort sous les tours d'Ascalon, et la main de son ménestrel a été séchée par la mort.

Paul et Hubert dorment dans la vallée de Crécy, où ils sont tombés en combattant pour Édouard et pour l'Angleterre. O mes pères ! les larmes de votre pays vous ont fait revivre, et ses annales disent encore comment vous avez combattu, comment vous êtes tombés.

Luttant contre les traîtres à Marston-Moor avec le loyal Rupert, quatre frères ont fécondé de leur sang un sol stérile ; ils combattaient à la fois pour le roi et pour la patrie, et leur dévoûment a été scellé par la mort.

Ombres des héros, soyez heureuses ! En quittant la demeure de ses ancêtres, votre fils vous fait ses adieux ! Dans les pays lointains comme ici, votre souvenir relèvera son courage ; il ne songera qu'à la gloire et à vous.

Quoiqu'une larme obscurcisse sa vue au moment de ce départ douloureux, un regret, et non point une crainte, cause son émotion ; quelque loin que l'entraîne sa destinée, brûlant d'imiter ses aïeux, il n'oubliera pas leur gloire.

O gloire ! ô souvenir qu'il chérira toujours ! il jure ici que jamais il n'imprimera de tache à votre nom ; il veut vivre comme vous, ou comme vous mourir ; et puisse-t-il ensuite mêler sa poussière à la vôtre !

ÉPITAPHE D'UN AMI (1803).

O bien-aimé ! ô ami toujours cher ! de combien de larmes vaines j'ai arrosé ton cercueil ! combien de soupirs ont répondu à tes derniers soupirs, tandis que tu luttais contre les angoisses du trépas ! Si des larmes pouvaient arrêter dans sa course l'impitoyable tyran ; si des angoisses pouvaient amortir les coups de son arme funeste ; si la jeunesse, la vertu, pouvaient obtenir un seul instant de répit ; si la beauté possédait un charme capable d'éloigner de sa proie ce spectre redouté, tu aurais encore vécu pour apaiser les souffrances de mon âme, pour faire l'honneur de tes émules et les délices de tes amis. Ta douce âme vient-elle planer quelquefois sur la place où ta cendre achève de se consumer ; alors, tu dois lire, écrits dans mon cœur, des regrets trop profonds pour les confier à l'art du sculpteur. Aucun marbre n'indique la couche où tu dors sous un humble gazon ; mais des statues vivantes y versent des larmes. L'image de la douleur ne s'incline pas sur ta tombe ; mais la douleur elle-même y vient pleurer ton destin prématuré. Sans doute, un père gémit sur l'extinction de sa race ; mais la douleur même d'un père ne peut égaler la mienne. Certes, nul ne pourra, comme tu l'eusses fait, adoucir sa dernière heure ; et pourtant, il a d'autres enfants pour calmer aujourd'hui ses regrets ; mais près de moi, qui tiendra ta place ? quelle nouvelle amitié pourra effacer ton image ?... Non, rien ! Les larmes d'un père cesseront de couler ; le temps apaisera la douleur d'un frère encore enfant : tous seront consolés, et l'amitié seule pleurera dans l'abandon.

A EMMA.

Puisque l'heure est venue où vous devez malgré ses larmes quitter celui qui vous aime ; puisque notre rêve de bonheur est passé ; encore une angoisse à souffrir, chère enfant, et tout sera fini.

Hélas ! c'est une angoisse cruelle de nous quitter sous le poids de devoir nous réunir jamais, de m'arracher des bras de celle que j'aime, et de la laisser partir pour un rivage lointain.

Eh bien ! nous avons passé quelques moments heureux, et de doux souvenirs viendront se mêler à nos larmes, quand nous reverrons la pensée de ces tours antiques, abri de notre enfance.

Du haut de ces tours aux gothiques créneaux, nous avons contemplé le lac, le parc, la vallée ; et, à travers les larmes qui obscurcissent notre vue, nous leur disons encore un dernier adieu.

Nous disons adieu à ces champs que nous avons vus de fois parcourus dans les heures consacrées aux jeux de notre enfance ; adieu à ces ombrages où, après nos courses, votre tête reposait sur mon sein ;

Tandis que moi, admirant votre jeune beauté, j'oubliais d'écarter l'insecte ailé, à qui j'enviais le baiser qu'il posait sur vos yeux endormis.

Voyez la petite nacelle peinte, dans laquelle je vous conduisais ; voyez là-bas, dominant tous les arbres du parc, l'ormeau que j'escaladai pour vous plaire.

Ces temps sont passés ; nos joies ne sont plus ; vous me quittez ; vous quittez cette heureuse vallée ; seul, je parcourrai tous ces lieux témoins de tant de bonheur ; sans vous, quel charme pourrais-je encore y trouver ?

Qui peut comprendre, sans l'avoir éprouvée, la douleur d'un dernier embrassement, quand, arraché à tout ce qu'on aimait, il faut dire un long adieu au repos ?

C'est là le plus douloureux des maux, c'est ce qui maintenant couvre nos joues de larmes : c'est le terme fatal de l'amour, le plus tendre et le dernier adieu.

A M. S. G.

Quand j'aperçois tes lèvres charmantes, leur rougeur m'invite à y déposer un baiser de feu : cependant, je m'interdis ce bonheur céleste ; car, hélas ! ce serait un bonheur coupable.

Quand je vois en rêve ton sein si pur, ah ! je voudrais reposer ma tête sur cette blanche neige : cependant, je réprime ce désir audacieux ; car ce serait renoncer pour jamais au repos.

Tes regards pénétrants vont droit à mon cœur, et le font palpiter d'espérance ou de crainte ; cependant, je te cache mon amour, et pourquoi ? Parce que je ne voudrais point te coûter une larme.

Je ne t'ai jamais dévoilé mon amour, et pourtant tu n'as que trop bien deviné le feu qui me consume ; mais dois-je t'entretenir de ma passion, et changer en enfer le ciel de ton âme ?

Non, car tu ne peux jamais être à moi ; un prêtre ne pourrait bénir notre union. Ce n'est donc que par un lien tout céleste, ô ma bien-aimée ! que tu pourras m'appartenir.

Que mon feu se consume donc en secret ; qu'il se consume ; tu ne le connaîtras jamais : j'aime mieux encourir une mort certaine que de laisser briller le feu qui me consume d'une clarté criminelle.

Je ne veux point soulager les tortures de mon cœur en chassant du tien la douce paix aux yeux de colombe ; plutôt que de t'infliger une telle blessure, je prétends étouffer mes présomptueux désirs.

Oui, je renonce à ces lèvres adorées, pour lesquelles je braverais plus que je n'ose dire ; pour sauver ton honneur et le mien, je te dis un dernier adieu.

Oui, je renonce à ce sein de neige : je fuis avec le désespoir ; et, jamais je n'espèrerai plus de te serrer dans mes bras, bonheur au prix duquel je pourrais tout risquer, excepté ton propre bonheur.

Tu resteras donc pure de toute faute, et la plus sévère matrone ne pourra flétrir ta renommée. Que des maux incurables viennent m'assiéger, ce n'est pas toi qui seras le martyr de l'amour.

A CAROLINE.

Crois-tu donc que j'aie pu voir sans être ému tes beaux yeux remplis de larmes qui me suppliaient de rester ; crois-tu que sans m'émouvoir j'aie pu entendre les profonds soupirs, qui en disaient plus que des paroles ne pourraient exprimer ?

Quelque vive que fût la douleur qui faisait couler tes larmes, en voyant ainsi se briser nos espérances et notre amour, cependant, chère fille, ce cœur saignait aussi profondément blessé que le tien.

Mais, quand l'angoisse enflammait nos joues, quand tes douces lèvres s'unissaient aux miennes, les larmes que versaient mes paupières se perdaient dans celles que tu répandais toi-même.

Tu ne pouvais sentir le feu de mes joues, car tu l'avais éteint dans les flots de tes larmes. Et lorsque ta langue essayait de parler, c'est au milieu des soupirs qu'elle prononçait mon nom.

Et cependant, chère fille, nous pleurons en vain ; en vain nous soupirons en plaignant notre sort. Il ne peut nous rester que le souvenir... le souvenir qui redoublera nos larmes.

Adieu, encore une fois, ô ma chère bien-aimée ! étouffe tes regrets, si tu le peux ; que ta pensée ne s'arrête pas sur un bonheur qui n'est plus : notre seul espoir est dans l'oubli.

A LA MÊME.

Oh ! quand la tombe voudra-t-elle ensevelir pour jamais ma douleur ! Quand mon âme pourra-t-elle déployer son vol loin de cette dépouille d'argile ? Le présent est pour moi l'enfer ; et chaque matin qui renaît ne fait que ramener avec de nouvelles tortures la malédiction qui m'accablait la veille.

Les larmes ne tombent pas de mes yeux, le blasphème ne sort pas de mes lèvres, je ne maudis même pas les démons qui m'ont chassé de mon paradis ; car, sous le poids d'une pareille douleur, c'est le fait d'une âme sans énergie que de l'exhaler en plaintes bruyantes.

Si mes yeux, au lieu de larmes, pouvaient lancer des traits de feu ; si mes lèvres exhalaient une flamme inextinguible ; mon regard vengeur consumerait nos ennemis, et ma langue donnerait l'essor à sa rage.

Mais les malédictions et les larmes, également impuissantes, ne servent qu'à augmenter la joie de nos tyrans ; car, s'ils nous voyaient déplorer notre funeste séparation, leurs cœurs sans pitié s'enivreraient de ce spectacle.

Et pourtant, nous avons beau céder avec une résignation feinte, la vie ne fait plus luire à nos yeux un seul rayon de bonheur ; l'amour ni l'espérance ne peuvent nous consoler sur la terre : la tombe est notre seul espoir ; car la vie ne nous offre que des craintes.

O fille adorée ! quand voudra-t-on m'étendre dans le cercueil, puisque j'ai vu l'amour et l'amitié me quitter pour jamais ? Si dans la demeure sombre je peux encore le serrer dans mes bras, peut-être laisseront-ils en paix les morts.

A LA MÊME (1805).

Quand je t'entends exprimer une affection si vive, ne pense pas, ô ma bien-aimée, que j'accueille avec incrédulité tes paroles; car ta voix désarmerait le soupçon même, et les yeux brillent d'une lumière qui ne saurait tromper.

Et cependant mon cœur, rempli d'une tendre adoration, songe avec peine que l'amour, comme la feuille des bois, doit se flétrir un jour; que la vieillesse viendra, et qu'alors nos souvenirs nous coûteront des larmes;

Qu'un jour doit arriver où les beaux anneaux de ta chevelure, perdant leurs doux reflets dorés, s'éclairciront au souffle de la brise; où enfin quelques fils argentés, débris de ces tresses splendides, annonceront les infirmités de l'âge et le déclin de la nature.

Telle est la pensée, ô ma bien-aimée, qui assombrit mon front, quoique je n'aie point la présomption de censurer l'arrêt que Dieu a prononcé sur toute créature, l'arrêt de mort qui doit nous séparer un jour.

Ne te méprends pas aimable incrédule, sur la cause de l'émotion qui m'agite : aucun doute ne peut arriver jusqu'à l'âme de celui qui t'adore; chacun de tes regards est l'objet de mon culte; un sourire m'enchante, une larme suffit pour changer mes convictions.

Mais puisque la mort doit tôt ou tard arrêter notre carrière, puisque ces deux cœurs, unis par une brûlante sympathie, doivent dormir dans la tombe, jusqu'à ce que le son de la terrible trompette vienne nous réveiller en appelant tous les trépassés confiés au sein de la terre;

Puisqu'il en est ainsi, savourons à longs flots les plaisirs d'une passion inépuisable; échangeons sans cesse la coupe toujours pleine des ravissements de l'amour; enivrons-nous tous deux de ce terrestre nectar.

STANCES A UNE DAME, EN LUI ENVOYANT LES POÉSIES DU CAMOENS.

Peut-être en faveur de moi, jeune fille, feras-tu quelque cas de ce gage de ma tendre estime! Ces vers chantent les rêves enchantés de l'amour, sujet que nul ne peut dédaigner.

Qui peut y trouver à redire, si ce n'est quelque sotte envieuse, quelque vieille fille désappointée, quelque élève d'une école de pruderie, condamnée à se flétrir dans un triste isolement?

Lis avec amour, jeune fille; lis avec amour, tu ne seras jamais pareille à ces malheureuses créatures; et ce n'est pas en vain que je te demanderai la pitié pour les douleurs du poëte.

Camoëns était un véritable enfant des muses : il ne chantait point une flamme frivole ou factice : puisse l'amour te couronner comme il l'a couronné; mais que sa triste fin ne soit pas la tienne.

LE PREMIER BAISER D'AMOUR.

Arrière les pâles fictions de vos romans, tissus de faussetés dont la folie a fourni la trame! A moi le doux rayon d'un regard qui vient du cœur, ou le ravissement qui naît du premier baiser d'amour!

Rimeurs dont le sein ne brûle pas du feu de l'imagination, dont les passions sentent la bergerie; de quelle noble source couleraient vos sonnets, si vous aviez goûté le premier baiser d'amour.

Si parfois Apollon vous refuse son aide, et les neuf Sœurs prennent leur vol loin de vous : ne les invoquez pas davantage, dites adieu à la muse, pour essayer l'effet du premier baiser d'amour.

Froides compositions de l'art, je vous exècre! que les prudes me condamnent, que les bigots me dévouent à l'enfer; j'aime les simples effusions d'un cœur qui bat de plaisir au premier baiser d'amour.

Vos bergers, vos troupeaux, inventions fantastiques, peuvent plaire un moment, mais jamais émouvoir : l'Arcadie n'est que le pays des rêves; que sont de pareilles visions, au prix du premier baiser d'amour.

Ne dites plus que l'homme, depuis Adam jusqu'à nous, n'a connu que le malheur; une part du paradis reste encore sur la terre : Éden revit dans le premier baiser d'amour.

Quand la vieillesse glace le sang, quand l'âge du plaisir est passé (car les années pour s'enfuir ont les ailes de la colombe), notre plus cher et plus doux souvenir, celui que nous garderons après tous les autres, sera le premier baiser d'amour.

AU DUC DE DORSET (1805).

Dorset, toi dont les premiers pas accompagnèrent les miens, alors que nous explorions ensemble tous les sentiers des bosquets de l'Ida (1); toi, qui m'inspiras assez d'affection pour que je voulusse te protéger et devenir ton ami au lieu de ton tyran, en dépit des rudes coutumes de notre troupe adolescente, qui t'ordonnaient d'obéir et m'autorisaient à commander; toi, sur la tête de qui peu d'années accumuleront les dons de la richesse et les honneurs du pouvoir; toi, qui dès ce jour possèdes un des noms les plus illustres et le rang le plus glorieux, un rang qui te rapproche des marches du trône : Dorset, malgré tous ces présents de la fortune, ne laisse point entraîner ton âme au mépris de la noble science, au rejet de tout contrôle : garde-toi de te prévaloir de la complicité de certains pédagogues qui, craignant de rabaisser le jeune héritier d'un titre, et prévoyant sa grandeur prochaine, voient d'un œil indulgent de seigneuriales erreurs, et sourient à des fautes qu'ils n'oseraient punir.

Déjà de jeunes parasites plient le genou devant la richesse, leur idole d'or, et non devant toi (car même à l'aurore de la simple enfance, elle trouve des esclaves prêts à manier l'encensoir et l'éventail); déjà ils te disent : « L'éclat doit entourer celui que sa naissance destine aux grandeurs; les livres ne sont faits que pour de laborieux imbéciles, et les esprits généreux dédaignent les règles vulgaires. » Ne les crois point : le chemin qu'ils t'indiquent est celui de la honte; en suivant leurs conseils, tu flétrirais la gloire de ton nom. Parmi tes jeunes condisciples, recherche ceux qui n'hésitent pas à condamner le mal; ou si, parmi tous les amis de ta jeunesse, aucun n'ose faire entendre l'accent sévère de la vérité, consulte ton propre cœur, il te mettra sur tes gardes; car je sais que la vertu y réside.

Oui, depuis longtemps j'ai observé ton âme; mais maintenant un nouveau théâtre m'attire loin de toi; depuis longtemps j'ai observé en toi un esprit généreux qui, bien cultivé, fera les délices de tes semblables. Ah! moi-même que la nature a fait hautain et farouche, moi l'enfant chéri de l'imprudence; moi qui, marqué d'avance du type de toutes les erreurs, dois marcher de faute en faute à ma chute complète : je voudrais y succomber seul. Bien que nul précepte ne puisse maintenant apprivoiser mon cœur orgueilleux, je chéris les vertus que je ne puis atteindre.

Ce n'est pas assez pour toi de briller un instant, comme tant d'autres enfants du pouvoir, passager météore qui tombe en s'enflammant; tu ne te contenteras pas du triste honneur de remplir une page des annales de la pairie d'une longue suite de noms qui ne figurent que là, et de partager avec la foule des hommes qui portent un titre, ce vulgaire destin d'être envié pendant ta vie et oublié dans le tombeau. Car là, songes-y bien, rien ne te distinguerait de la foule des morts; rien que la froide pierre qui couvrirait tes restes, et l'écusson délabré, et la devise héraldique, et l'inscription pompeusement blasonnée, mais bien rarement lue, ornements du sépulcre, où les lords sans vertus gravent leurs noms inhonorés. Non, tu ne voudras pas imiter ces hommes qui dorment oubliés comme les sombres caveaux où sont ensevelis leurs cendres, leurs erreurs et leurs vices, le tout recouvert de longues légendes armoriées, où personne ne jettera jamais les yeux. Oh! que je voudrais, d'un regard prophétique, te suivre d'avance dans la longue et glorieuse carrière, marchant à la tête des bons et des sages, le premier par tes talents comme par ta naissance, foulant aux pieds les vices, dédaignant les faiblesses, et non le favori de la fortune, mais le plus noble de ses enfants.

Fouille les annales des anciens jours : elles sont remplies du nom de tes ancêtres. L'un, ami des rois, fut pourtant homme de mérite, et eut l'honneur de créer le drame britannique; un autre, non moins renommé pour son esprit, brilla dans les camps, au sénat et à la cour; favori de Mars et des neuf Sœurs, il était fait pour briller dans les plus hauts rangs; et, bien supérieur à la foule qui rampe autour des trônes, il fut l'orgueil des princes et l'honneur de la lyre. Voilà quels furent tes aïeux : soutiens leur nom tel qu'ils te l'ont légué; ne sois point seulement l'héritier de leurs titres, mais aussi de leur gloire.

Pour moi l'heure s'approche, quelques journées rapides vont clore à mes yeux cette scène étroite de joies et de douleurs enfantines : chaque appel de la voix du temps m'annonce qu'il faut quitter ces ombrages où j'ai connu l'espoir, la paix et l'amitié : l'espoir, qui se colorait pour moi de toutes les nuances de l'arc-en-ciel, et qui dorait les ailes de tous les instants fugitifs; la paix, qui ne troublaient jamais

(1) Nom par lequel Byron désigne, ici et dans quelques autres passages, le collège d'Harrow.

de sombres réflexions, ni ces rêves de malheur qui assombrissent l'avenir; l'amitié enfin qui, dans toute sa pureté, n'appartient qu'à l'enfance; car, hélas! ils n'aiment pas longtemps, ceux qui savent si bien aimer. A tous ces biens, adieu! je salue pour la dernière fois les lieux où je les ai goûtés. Ainsi, l'exilé salue le rivage natal qui fuit lentement à l'horizon profond et bleuâtre, et d'où le suivent des yeux pleins de deuil, mais qui ne peuvent pleurer.

Cher Dorset, adieu! je ne demanderai pas un profond souvenir à un cœur si jeune que le tien. La prochaine aurore balaiera mon nom de cette intelligence encore tendre, et n'y laissera aucune trace de moi. Peut-être dans un âge plus mûr, puisque le sort nous a jetés dans la même sphère d'activité, puisque dans un même sénat, dans une même discussion, l'État peut réclamer notre suffrage; peut-être, nous rencontrant dans cette arène politique, passerons-nous l'un près de l'autre avec une froide réserve, avec un regard indifférent et glacé. Pour moi, dans l'avenir, je ne puis être à ton égard ni ami, ni ennemi; je dois être étranger à ta personne, à tes joies et à tes peines; je ne puis espérer de repasser un jour avec toi les souvenirs de nos premières années, de retrouver ces douces heures d'intimité, ou même d'entendre encore, si ce n'est dans la foule des salons, ta voix si bien connue. Et pourtant, si les vœux d'un cœur incapable de voiler des sentiments qu'il devrait étouffer peut-être (mais hâtons-nous de quitter un sujet sur lequel c'est insister trop longtemps), si ces vœux n'ont point été formés en vain, l'ange protecteur qui dirige ta destinée, comme il t'a trouvé grand par la naissance, te laissera brillant de ta propre gloire.

DAMŒTAS (1806).

Enfant d'après la loi, adolescent par l'âge, esclave par nature de tous les penchants vicieux, dépourvu de tout sentiment de honte et de vertu, habile dans le mensonge, démon d'imposture, hypocrite achevé dès le berceau, inconstant comme le vent, extravagant dans ses goûts; faisant de la femme sa dupe, d'un enfant trop confiant son jouet; vieux dans la pratique du monde, quoique sortant à peine de l'école; Damœtas a parcouru toute la route du mal et atteint déjà le terme, à l'âge où d'autres commencent leur carrière. Et cependant, des passions contradictoires se disputent son âme, et la coupe du plaisir ne lui laissent boire que la lie; blasé par le vice, il rompt successivement toutes ses chaînes, et ce qui lui paraissait une source de bonheur bientôt n'est plus qu'un poison.

L'ÉCOLE ET LE VILLAGE D'HARROW.

Scènes de mon enfance, dont le doux souvenir remplit le présent d'amertume quand je le compare au passé : lieux où la science a fait éclore en moi les premières lueurs de la pensée, où j'ai noué des amitiés trop romanesques pour durer;

Où mon imagination se plaît encore à faire revivre les traits de ces jeunes compagnons, mes alliés pour le bien comme pour le mal : oh! que je nourris avec joie votre éternel souvenir, vivant à jamais dans ce sein où l'espérance est morte!

Je revois les collines théâtres de nos jeux, les rivières que nous passions à la nage et les champs où se livraient nos combats, et l'école où, rappelés par la cloche, nous revenions pâlir sur des préceptes sublimes enseignés par de minces pédagogues.

Je revois cette pierre tumulaire où je me couchais pour rêver pendant les longues heures du soir, et ce chêne dont je gravissais les pentes pour saisir le dernier rayon du soleil couchant.

Je revois la salle encombrée de spectateurs où, sous les traits de Zanga, je foulais à mes pieds Alonzo vaincu (1), tandis que mon jeune orgueil, enivré d'applaudissements, croyait éclipser le fameux Mossop (2).

Cette salle où, représentant le roi Lear (3), privé par ses propres filles de son pouvoir et de sa raison, je lançais la célèbre imprécation avec tant de succès, qu'exalté par l'approbation de l'auditoire et par ma propre vanité, je me considérais comme un autre Garrick.

Songes de mon enfance, combien je vous regrette : votre souvenir vit en moi dans toute sa fraîcheur : dans ma tristesse et mon isolement je ne puis vous oublier, et par la pensée je jouis encore de vos plaisirs.

O Ida! puisse la mémoire me ramener souvent vers toi, tandis que le destin déroulera mon sombre avenir. Depuis que les ténèbres s'étendent devant moi, un rayon du passé est devenu bien cher à mon cœur.

Mais si, dans le cours des années qui me sont réservées, quelque nouvelle scène de bonheur se découvre à ma vue, alors, saisi d'une pensée qui accroîtra mon ravissement, je m'écrierai : « Oui, tels étaient les jours que mon enfance a connus. »

GRANTA (1).

SALMIGONDI (1806).

Ah! que n'ai-je à ma disposition le démon boiteux créé par Le Sage! Cette nuit même il me transporterait tout tremblant sur le clocher de Sainte-Marie.

Là, découvrant les toits des édifices de la vieille Granta, il me montrerait à découvert leurs pédantesques habitants; ces hommes qui ne rêvent que prébendes et bénéfices, prix de leur suffrage vénal.

Là, je verrais Petty et Palmerston, ces deux candidats rivaux, tendre leurs filets parmi les doctes membres pour les prochaines élections.

Électeurs et candidats, toute la sainte phalange dort d'un profond sommeil; gens fameux par leur piété, dont aucun remords de conscience ne trouble jamais le repos.

Lord Hawke peut être tranquille : les membres de la docte faculté sont des hommes sages et réfléchis : ils savent que des promotions peuvent avoir lieu, mais rarement et par intervalles.

Ils savent que le chancelier peut avoir à sa disposition quelques bons petits bénéfices : chacun espère en obtenir un, et en conséquence accueille avec un sourire le candidat proposé par l'autorité.

Maintenant, comme il se fait tard, je quitte ce spectacle soporifique et je me tourne d'un autre côté pour passer en revue sans être aperçu les fils studieux de l'Alma Mater.

Voici, dans un appartement étroit et humide, l'aspirant aux prix annuels qui travaille à la clarté de sa lampe nocturne : il se couche tard et se lève de bonne heure.

Il mérite certainement d'obtenir les prix et les honneurs du collège, celui qui se dévoue à d'aussi pénibles labeurs pour acquérir une science qui ne peut servir à rien;

Qui sacrifie ses heures de repos pour scander avec une nouvelle précision des vers attiques, ou qui tourmente sa pauvre poitrine en résolvant les arides problèmes de la géométrie;

Qui se fie aux fausses quantités indiquées par Seale, ou se casse la tête à méditer sur un triangle, ou se morfond à disputer en latin barbare, tout en privant son corps de la nourriture nécessaire,

Renonçant à l'instructive et agréable lecture des historiens et abandonnant les sages et les poètes pour le carré de l'hypothénuse.

Et pourtant ce sont là des occupations innocentes, où il s'y livrant, le malheureux étudiant ne fait de mal qu'à lui-même : mais il n'en est pas ainsi des récréations qui réunissent de jeunes imprudents.

La vue est blessée de leurs audacieuses orgies où le vice se mêle à l'infamie, où l'ivresse et le jeu sollicitent des sens déjà engourdis par le vin.

Telle n'est pas la troupe méthodiste, gravement occupée de ses plans de réforme : humblement agenouillés, ces hommes prient le ciel et implorent son pardon... pour les péchés d'autrui.

Oubliant que leur esprit d'orgueil, la montre qu'ils font de leurs épreuves ôtent beaucoup de mérite des sacrifices dont ils se vantent.

Voici le matin : je détourne ma vue de ces gens-là. Quelle scène rencontrent mes regards? Une troupe nombreuse, en blancs surplis, traverse les vertes promenades.

La cloche de la chapelle retentit bruyamment : elle se tait... quels sons harmonieux lui succèdent! La voix céleste de l'orgue se fait entendre à l'oreille charmée.

Bientôt les chants sacrés viennent s'unir à ceux de l'instrument : ce sont les hymnes sublimes du roi-prophète... et pourtant ceux qui auront entendu quelque temps cette musique ne souhaiteront jamais l'entendre de nouveau.

De pareils chœurs seraient à peine tolérés, fussent-ils composés de simples commençants : le ciel doit refuser toute miséricorde à des pécheurs qui croassent de la sorte.

Si David, après avoir fini son œuvre, l'eût entendu chanter par de tels lourdauds, ses psaumes ne seraient point parvenus jusqu'à nous, et dans sa rage il les aurait lacérés.

Les tristes débris d'Israël, expatriés par l'ordre d'un tyran inhumain, refusèrent de répéter des airs joyeux sur les rives des fleuves de Babylone.

Oh! si, poussés par la crainte, ou concevant un habile stratagème,

---

(1) Personnages d'un drame de Young intitulé « la Vengeance. »
(2) Célèbre acteur, rival de Garrick.
(3) Prononcez Lir; tragédie de Shakspeare.

(1) Nom classique de l'université de Cambridge.

ils eussent fait entendre d'aussi effroyables accords, ils n'eussent point eu à se gêner : du diable si personne fût resté à les écouter. Mais si j'en barbouille davantage, du diable encore si quelqu'un reste à me lire : ma plume est émoussée ; mon encre s'épaissit ; il est bien temps de m'arrêter.

Adieu donc, ô clochers de la vieille Granta! Je ne viendrai plus, comme Cléofas, me percher sur vos sommets ; vous n'inspirerez plus ma muse : le lecteur est fatigué... et moi aussi.

A M. S. G.

Si je rêve que vous m'aimez, vous me le pardonnerez sans doute. Votre courroux ne doit pas s'étendre jusque sur le sommeil ; car cet amour n'existe que dans une vision : je me lève, et elle me laisse tout en larmes.

O Morphée! hâte-toi d'assoupir toutes mes facultés ; répands sur moi ta bienfaisante langueur : si le songe de la nuit prochaine ressemble au précédent, quel ravissement divin !

On prétend que le Sommeil, frère du Trépas, est l'emblème de la fragilité de notre sort : oh! comme j'abandonnerais avec délices le dernier souffle de mon sein, si ce que j'éprouve est un avant-goût de l'autre vie.

Point de courroux, aimable dame ! Éclaircissez ce beau front et ne me reprochez point mon bonheur : si je suis coupable en rêve, j'expie maintenant ma faute, condamné que je suis à n'apercevoir que de loin tant de félicité.

Quoique je puisse vous voir, aimable dame, me sourire dans mes rêves, ne croyez pas que mon châtiment soit léger ; quand votre douce présence a charmé mon sommeil, je suis assez puni en m'éveillant.

A M.

Oh! si tes yeux au lieu de flammes avaient l'expression d'une vive mais douce tendresse, peut-être allumeraient-ils moins de désirs, mais un amour plus que mortel te serait consacré.

Car tu es si divinement belle, qu'en dépit de ce regard indomptable, on t'admire quoique sans écouter : ce fatal éclat de tes yeux empêche de te comprendre.

Quand la nature a formé ton beau corps, elle s'est aperçue qu'elle avait mis en toi tant de perfection, qu'elle craignit que, trop divine pour la terre, le ciel ne te réclamât.

Voulant donc empêcher que les anges ne vinssent lui disputer son plus précieux ouvrage, elle mit secrètement un funeste éclair dans ces yeux auparavant célestes.

Maintenant, brillants de tous les feux du Midi, ils tiendraient en respect le sylphe le plus audacieux. Il n'est personne qui ne soit ravi de ta beauté ; mais nul ne peut supporter l'étincelle de ton regard.

On dit que la chevelure de Bérénice, changée en étoile, orne la voûte des cieux : mais on ne t'y admettrait point, toi qui éclipserais les sept grands astres.

Car si tes yeux vivaient là-haut comme elles, les planètes leurs sœurs seraient à peine visibles : et les soleils eux-mêmes, dont chacun préside à tout un monde, ne jetteraient plus dans leurs sphères qu'une douteuse clarté.

A MARY

EN RECEVANT SON PORTRAIT,

Cette faible image de tes charmes, faible quoique l'artiste ait fait tout ce que peut un pinceau mortel, désarme les craintes d'un cœur fidèle, rallume mes espérances et m'ordonne de vivre.

J'y reconnais ces boucles dorées qui se jouent autour de ton front de neige, ces joues sorties du moule de la beauté, ces lèvres qui ont fait de moi ton esclave.

J'y reconnais... Oh! non, je n'y puis reconnaître ces yeux dont l'azur flottant dans un feu liquide défie tout l'art du peintre et le contraint d'abandonner sa tâche.

Je trouve bien ici leurs teintes délicates : mais où est le rayon si doux qui donne tout son éclat à leur azur, rayon pareil à celui de la lune qui se joue sur l'Océan.

Charmante image ! tu m'es cependant bien plus chère, privée comme tu l'es de vie et de sentiment, que toutes les autres beautés vivantes, excepté celle qui t'a placée près de mon cœur.

Elle t'y a placée avec tristesse, craignant, bien vainement sans doute, que le temps ne fît changer mon âme inconstante ; et ne voyant pas que ce gage d'un doux souvenir doit enchaîner toutes les facultés de mon être.

A travers les heures, les années, la vie entière, il saura me charmer ; dans les moments de tristesse, il ranimera mes espérances ; au milieu de mon agonie, je le contemplerai encore, et c'est sur lui que tombera mon dernier regard.

A LESBIE.

Depuis que j'ai porté mes pas loin de vous, ô Lesbie, nos âmes ne brûlent plus d'une affection bien vive ; vous prétendez que c'est moi qui ai changé et non vous ; je voudrais vous dire pourquoi, mais je l'ignore.

Aucun chagrin n'a marqué votre front poli, ô Lesbie, et nous n'avons pas beaucoup vieilli depuis le jour où d'abord tout tremblant, je me laissai prendre mon cœur, puis enhardi par l'espoir, je vous avouai mon amour.

Nous avions alors tout au plus seize ans, et depuis lors deux années seulement ont passé sur nos têtes, ô mon amour ! et déjà de nouvelles pensées occupent nos esprits, et moi pour le moins je me sens disposé au changement.

Seul je suis à blâmer, seul je suis coupable de trahison envers l'amour : puisque votre tendre cœur est toujours le même, le caprice doit être ma seule raison.

Non, mon amie, je ne doute point de vous ; aucun soupçon jaloux ne pèse sur mon sein ; l'ardente passion de ma jeunesse ne laisse point après elle les sombres traces de l'imposture.

De mon côté, ma flamme n'était point feinte : je vous aimais bien sincèrement, et, quoique notre songe soit fini, mon cœur vous garde une tendre estime.

Nous ne nous rencontrerons plus dans ces bosquets ; l'absence m'a rendu volage : mais des cœurs plus mûrs, plus fermes que les nôtres, ont aussi trouvé de la monotonie dans l'amour.

La douce fleur de vos joues est sans rivale ; de nouvelles beautés brillent chaque jour en vous ; vos yeux, préludant à leurs conquêtes, sont l'atelier où l'amour forge ses irrésistibles éclairs.

Ainsi armée pour blesser tous les cœurs, belle amie, vous allez réunir autour de vous une foule d'amants soupirant comme moi. Ils se montreront plus fidèles sans doute ; mais aucun ne sera plus tendre.

DERNIER ADIEU DE L'AMOUR.

Les roses de l'amour embellissent le jardin de la vie, bien qu'elles croissent parmi des herbes vénéneuses : elles l'embellissent jusqu'au jour où la faulx impitoyable du temps vient les effeuiller ou arrêter pour jamais leur croissance ; c'est le dernier adieu de l'amour.

En vain nous demandons aux affections de soulager la tristesse du cœur ; en vain nous promettons un long avenir de tendresse : le hasard d'un moment peut nous séparer, et la mort nous désunir dans le dernier adieu de l'amour.

Toutefois l'espérance nous console, et au moment où la douleur gonfle notre sein, elle vient nous dire à l'oreille : « Nous pourrons nous revoir encore. » Ce rêve trompeur apaise notre affliction, et nous ne sentons plus le poison du dernier adieu de l'amour.

Voyez ce couple d'amants, au midi de leur jeunesse. Dès leur enfance, l'amour les avait enlacés de ses guirlandes de fleurs : ils se sont aimés en grandissant ; et les voilà qui fleurissent ensemble dans la saison de la vérité ; mais ils seront glacés par l'hiver du dernier adieu de l'amour.

O douce beauté ! pourquoi cette larme vient-elle sillonner une joue dont l'éclat rivalise avec celui de ton sein ? Ah ! je ne devrais point te faire cette question : en proie au désespoir, ta raison a péri dans le dernier adieu de l'amour.

Quel est ce misanthrope fuyant le genre humain ? Il fuit les cités pour les antres des forêts : là, dans sa fureur, il hurle ses plaintes au vent, et l'écho des montagnes répète le dernier adieu de l'amour.

Aujourd'hui la haine gouverne un cœur qui, naguère, dans de douces chaînes, goûtait les tumultueuses joies de la passion ; aujourd'hui le désespoir allume le sang et le fait battre de rage au souvenir du dernier adieu de l'amour.

Comme il porte envie au malheureux dont l'âme est cuirassée d'acier ! celui-ci a peu de plaisirs et peu de douleurs aussi ; il se rit d'angoisses qu'il n'a jamais éprouvées ; il ne redoute pas les douleurs du dernier adieu de l'amour.

La jeunesse s'enfuit, la vie s'use, l'espérance même se sent vaincue : la passion a perdu sa première fureur ; elle déploie ses jeunes ailes et le vent l'emporte. Le linceul des affections, c'est le dernier adieu de l'amour.

Astrée a voulu que dans cette vie d'épreuves l'homme achetât, au prix de quelques peines, le bonheur céleste qui l'attend. Pour celui qui a porté ses adorations au sanctuaire de la beauté, une pénitence assez cruelle l'attend dans le dernier adieu de l'amour.

Quiconque adore le jeune dieu doit, devant son lumineux autel, semer alternativement le myrte et le cyprès : le myrte, emblème des plus pures délices ; le cyprès, image funèbre du dernier adieu de l'amour.

A UNE JOLIE QUAKERESSE.

Fille charmante ! quoique nous ne nous soyons rencontrés qu'une fois, je n'oublierai jamais ce moment, et quoique nous puissions ne nous revoir jamais, ma mémoire conservera tes traits. Je n'ose dire : « Je t'aime ; » mais malgré moi mes sens luttent contre ma volonté. En vain, pour te chasser de mon cœur, j'impose à mes pensées un silence rigoureux ; en vain j'étouffe un naissant soupir, un autre aussitôt lui succède. Peut-être n'est-ce point de l'amour ; et pourtant ce moment où je t'ai rencontrée, je ne puis l'oublier.

Nos bouches n'ont pas rompu le silence, mais nos yeux ont parlé un langage plus doux. La parole débite des mensonges flatteurs, et dit des choses que l'on n'a jamais senties ; la lèvre perfide ne sait que tromper, que contrefaire les sentiments du cœur ; mais les yeux, interprètes de l'âme, dédaignent une pareille contrainte et ne se prêtent point au déguisement. Ainsi, nos regards ont convergé ensemble et se sont faits les interprètes de nos cœurs ; et alors aucun esprit intérieur ne s'est élevé pour nous blâmer ; crois plutôt que, selon ta doctrine, « l'Esprit parlait en nous. »

Ce que nos yeux se sont dit, je ne veux point le répéter ; je pense pourtant que tu m'as suffisamment compris, et pendant que ton souvenir domine ma pensée, j'ose croire que la tienne se reporte aussi vers moi. Pour ce qui me concerne, du moins, je puis le dire, ton image m'apparaît et la nuit et le jour : éveillé, mon imagination s'en nourrit ; endormi, je te vois me sourire dans des songes fugitifs : douces visions qui charment le cours des heures et me font maudire les rayons de l'aurore qui viennent rompre le charme. Oh ! en songeant à ces pures délices, je voudrais que la nuit fût sans fin.

Oui, quelle que soit ma destinée, que j'aie à goûter le plaisir, à subir la douleur, caressé par l'amour ou ballotté par l'orage, jamais je n'oublierai ton image chérie.

Hélas ! nous ne devons plus nous revoir, nous ne renouvellerons plus ce muet entretien. Permets-moi donc de soupirer une dernière prière que me dicte mon cœur : « Que le ciel daigne veiller sur mon aimable quakeresse et lui épargner les souffrances ! que la vertu ne l'abandonnent jamais, et que le bonheur soit toujours son partage ! Puisse le fortuné mortel que les plus doux liens doivent unir à son sort lui créer chaque jour de nouvelles joies ; et que l'époux se dissimule dans l'amant ! Puisse ce sein si pur ne jamais connaître l'incessante douleur et les vains regrets, longs tourments de l'âme de celui qui ne peut l'oublier ! »

LA CORNALINE.

Ce n'est point l'éclat extérieur de cette pierre qui la rend précieuse à mon souvenir : elle n'a brillé qu'une fois à mes yeux, et sa rougeur est modeste comme celui qui me l'a donnée.

Ceux qui tournent en dérision les liens de l'amitié m'ont souvent blâmé de ma faiblesse ; et pourtant je fais cas de ce simple don ; car je suis sûr qu'il me vient d'un ami sincère (1).

Il me l'offrit en baissant les yeux, comme s'il craignait un refus ; et en recevant son présent, je lui dis que ma seule crainte était de le perdre.

Je regardai attentivement ce gage d'amitié, et en l'examinant de près pour en voir l'étincelle, il me sembla qu'une goutte avait arrosé la pierre ; et depuis ce temps une larme m'a toujours été précieuse.

Et pourtant son humble jeunesse n'était relevée ni par l'orgueil de la naissance, ni par les dons de la richesse ; mais celui qui veut trouver les fleurs de la vérité doit quitter les jardins pour les champs.

Ce n'est point la plante élevée à l'abri de tous les vents qui éclate en beauté, qui se répand en parfums : les fleurs les plus riches en parfums, en beauté, sont celles qui croissent au sein d'une sauvage et luxurieuse nature.

Si la Fortune, oubliant un jour son bandeau, avait secondé la nature et qu'elle eût proportionné ses dons aux qualités de l'âme, certes la part de mon jeune ami eût été belle.

Mais d'ailleurs, si la déesse n'avait plus été aveugle, la beauté du jeune homme eût fixé son cœur capricieux : elle lui eût prodigué tous ses trésors et rien ne fût resté pour les autres,

LA LARME (1806).

Quand l'amitié ou l'amour éveillent nos sympathies, quand la vérité devrait apparaître dans le regard, les lèvres peuvent tromper par un froncement ou un sourire, mais le vrai signe de l'affection est une larme.

Trop souvent un sourire n'est que la ruse de l'hypocrite qui veut déguiser ou sa haine ou sa crainte ; moi, je crois au doux soupir, quand l'œil, organe de l'âme, est un moment obscurci par une larme.

C'est à l'ardeur de la charité que nous autres mortels nous reconnaissons ici-bas une âme exempte de la primitive barbarie. Une pareille vertu est toujours accompagnée de la pitié dont la rosée est une larme.

Le marin qui dirige sa voile sous le souffle de la tempête, qui gouverne son navire à travers les flots orageux de l'Atlantique, se penche sur la vague qui va devenir son tombeau, et à la verte surface de l'onde on voit un moment briller une larme.

Dans la carrière aventureuse de la gloire, le soldat brave la mort pour un laurier imaginaire ; mais après la bataille, il relève l'ennemi vaincu et arrose chacune de ses blessures d'une larme.

Heureux et fier, il revient près de sa fiancée déposer sa lance sanglante, et tous ses exploits sont payés, alors que, pressant la jeune fille dans ses bras, il dépose un baiser sur sa paupière et y recueille une larme.

Aimable séjour de ma jeunesse ! asile de l'amitié et de la franchise, où l'année fuyait si vite devant les chaudes affections, quand je te quittai dans la tristesse, je me retournai pour jeter vers toi un dernier regard, mais je n'aperçus tes tours qu'à travers une larme.

Maintenant que je ne puis plus offrir mes vœux à Mary, à Mary qui me fut autrefois si chère, j'aime à me rappeler l'heure où dans l'ombre d'un bosquet ces vœux furent payés d'une larme.

Un autre la possède ! Puisse-t-elle vivre heureuse ! Mon cœur gardera son nom avec un doux respect : en renonçant à ce cœur que je crus être à moi, je pousse encore un soupir ; en pardonnant son parjure, je répands une larme.

Amis de mon cœur, avant que nous nous séparions, permettez-moi d'exprimer un espoir qui m'est bien doux : si nous pouvons nous réunir encore dans cette retraite champêtre, que ce soit comme nous nous quittons, avec une larme !

Quand mon âme prendra son vol vers les régions de ténèbres, mon corps étant couché sous son cercueil ; si vous passez près de la tombe qui recouvrira mes cendres, ô mes amis, humectez-les d'une larme !

Point de marbre qui étale la splendeur des regrets, comme ceux qu'élèvent les fils de la vanité ; point d'éloges mensongers pour décorer mon nom ! Tout ce que je demande, tout ce que je désire, c'est une larme.

LARA (1)

CHANT PREMIER.

I.

Les vassaux sont joyeux dans le vaste domaine de Lara, et la servitude y a presque oublié ses chaînes féodales : Lara, le seigneur dont ils n'attendaient plus le retour, mais qu'ils n'avaient point cessé

---

(1) Eddlestone ; voyez plus haut, et *Childe Harold*, ch. II, 9.

(1) Ce poëme est généralement considéré comme la suite du *Corsaire*, quoique le poëte ait rendu, sans doute à dessein, la liaison un peu obscure. La scène se passe non pas en Espagne, comme le nom de Lara l'a fait croire à quelques critiques, mais dans une principauté féodale de la Morée.

de regretter, ce chef qui si longtemps a vécu dans un exil volontaire, Lara s'est rétabli dans la demeure de ses pères. Dans la grande salle qui s'anime on voit des figures riantes, des coupes sur la table et des bannières suspendues aux murailles ; le foyer, longtemps refroidi, réfléchit sa clarté hospitalière dans les grands vitraux peints, et les hôtes égayés se rangent en cercle autour de l'âtre avec des rires bruyants et des regards pleins d'allégresse.

II.

Le chef de la maison de Lara est de retour : mais pourquoi Lara avait-il traversé l'Océan ? Ayant perdu son père, trop jeune encore pour sentir une pareille perte, il était devenu de bonne heure son propre maître : héritage de malheur, redoutable puissance que le cœur humain n'exerce qu'en se privant à jamais du repos. N'ayant personne pour l'arrêter, peu d'amis pour lui signaler à propos les mille sentiers qui descendent vers le chemin du crime ; à l'âge qui demande un guide, Lara, audacieux enfant, eut à gouverner des hommes. Il serait inutile de suivre pas à pas tous les caprices de son essor juvénile : la carrière trop rapide que parcourut son âme inquiète fut pourtant assez longue pour qu'il en sortît à demi brisé.

III.

Dès sa jeunesse, Lara avait donc quitté le domaine paternel ; mais du moment où il avait fait de la main le dernier signe d'adieu, les traces de sa route s'étaient perdues insensiblement, et enfin il n'était presque rien resté pour rappeler sa mémoire. Le défunt seigneur n'était plus que poussière ; et tout ce que savaient, tout ce que déclaraient les vassaux, c'est que Lara était absent. Il ne revenait point, il n'envoyait point de nouvelles ; on était réduit à des conjectures froides chez le plus grand nombre, inquiètes dans quelques-unes. A peine les échos de la grande salle répètent-ils quelquefois son nom ; son portrait noircit dans le cadre vermoulu ; un autre époux a consolé la fiancée qui lui fut promise : les jeunes gens l'ont oublié, et les vieux sont morts. « Et pourtant il vit encore ! » s'écrie son héritier impatient, soupirant après un deuil qu'il ne portera pas. Cent écussons sont l'ornement funèbre de la dernière demeure des Laras ; mais un seul manque encore à cette poudreuse série, et ce n'est point sans plaisir qu'on le suspendrait au pilier gothique.

IV.

Il est enfin arrivé, triste et seul : d'où ? nul ne le sait : pourquoi ? nul n'a besoin de le savoir. Les premiers hommages rendus, ce dont on pourrait s'étonner le plus, ce n'est pas son retour, mais sa longue absence. Il n'amène d'autre suite qu'un seul page à l'aspect étranger, et d'un âge encore tendre. Les années se sont succédé ; et leur cours est rapide aussi bien pour le voyageur que pour l'homme sédentaire ; mais le manque de nouvelles d'un pays lointain semblait avoir appesanti l'aile du temps. Ils l'ont vu, ils l'ont reconnu, et pourtant le présent leur paraît encore douteux, et le passé leur semble un rêve. Il vit ; et quoique flétri par les fatigues, quoique se ressentant un peu des atteintes du temps, il est encore dans toute sa force virile. Quelles qu'aient pu être ses erreurs, quand même elles ne seraient point oubliées, les vicissitudes de la fortune doivent l'en avoir corrigé ; depuis longtemps on ne sait rien de lui ni en bien ni en mal, et son nom peut encore soutenir l'honneur de sa race. Jadis il montrait une âme hautaine, mais après tout ses fautes ont été celles que l'amour du plaisir fait commettre à la jeunesse, et quand le monde n'a point endurci le cœur, de pareils torts peuvent se racheter facilement et n'exigent point de longs remords.

V.

Et, en effet, tout en lui est changé : on le voit au premier coup d'œil, quel qu'il soit maintenant, il n'est plus ce qu'il a été. Son front est sillonné de rides ineffaçables qui annoncent des passions, mais des passions éteintes. Son maintien froid qui révèle non plus le feu, mais l'orgueil de ses jeunes années, son dédain constant des louanges, sa démarche altière, son regard qui semble pénétrer toutes les pensées ; cette légèreté sarcastique de la parole, représailles blessantes d'un cœur que le monde a blessé ; flèches qu'il lance autour de lui comme en jouant, qui se font sentir vivement à tous, mais dont personne n'avoue être atteint : tous ces traits sont bien les mêmes, mais par dessus tout cela, le coup d'œil, l'accent de la voix, indiquent encore autre chose. L'ambition, la gloire, l'amour, ces buts communs de la vie vers lesquels tous se dirigent et que si peu savent atteindre, ne semblent plus exciter les désirs de son cœur ; et pourtant on s'aperçoit que naguère encore ces passions y étaient vivantes. Enfin un sentiment plus profond, que l'on voudrait en vain définir, vient de temps en temps éclairer son visage livide.

Et en effet, tout en lui est changé.

VI.

Il ne supportait pas volontiers de longues questions sur le passé, et il n'aimait pas à parler des merveilles des déserts qu'il avait parcourus sous le ciel lointain où il avait erré seul et inconnu... Inconnu ?... il se plaisait à le croire. Cependant ce ne peut être en vain qu'il a observé tant de contrées étrangères ; il est impossible qu'il n'ait rapporté aucune expérience de ses rapports avec ses semblables : seulement tout ce qu'il en a retiré, il se défend de le montrer comme chose indigne de l'attention d'un étranger, et si les sollicitations deviennent pressantes, son front se rembrunit et sa parole est brève.

VII.

On le revoit avec bonheur, on l'accueille amicalement dans la société de ses pareils : issu d'un noble lignage, allié aux plus puissantes familles, il est admis parmi les grands du pays ; il se mêle à leurs fêtes joyeuses et regarde leurs plaisirs ou leurs ennuis : il les regarde, mais il ne partage ni la gaîté ni la tristesse générale; il ne suit pas le chemin où ils s'engagent tous, sans cesse trompés par l'espérance, sans cesse crédules à ses promesses; il ne court pas comme eux après la fumée des honneurs, après les richesses matérielles, après les faveurs de la beauté, ou après une vengeance issue d'une rivalité. Autour de lui semble tracé un cercle mystérieux qui repousse toute approche, et au centre duquel il reste seul. Son regard a quelque chose de sévère qui tient la frivolité à distance; les êtres timides qui le contemplent de plus près gardent le silence, ou se communiquent tout bas leurs craintes; et quant au petit nombre des hommes sages et bienveillants, ils avouent qu'il doit valoir mieux que l'apparence.

VIII.

Chose étrange! dans sa jeunesse, il était tout mouvement, toute vie: altéré de plaisir, il ne reculait point devant le combat: l'amour, la guerre, l'Océan, tout ce qui promet des plaisirs, des dangers, un tombeau, il l'avait éprouvé tour-à-tour: il avait tout épuisé ici-bas, et avait trouvé sa récompense non dans un insipide milieu, mais dans la complète sensation de la joie ou du malheur; car c'est dans ces émotions puissantes qu'il cherchait l'oubli de la pensée. Au milieu des orages de son cœur, il voyait avec mépris la lutte des éléments moins redoutables que ses passions; dans les ravissements de ce cœur, il contemplait le ciel et lui demandait s'il pouvait donner une extase pareille à la sienne. Privé de sa liberté par l'excès même de ses passions, esclave de tous les extrêmes, comment parvint-il à se réveiller de ce songe terrible? hélas! il ne l'a révélé à personne... mais il s'éveilla enfin pour maudire ce cœur flétri qui ne voulait point se briser.

IX.

Sa seule lecture autrefois avait été le cœur humain; mais maintenant il paraissait feuilleter les livres d'un œil plus curieux, et souvent dans son œil sombre, il se séparait pendant de longs jours de la communion des hommes: et alors les serviteurs, dont il réclamait rarement les soins, disent avoir entendu pendant les longues heures de la nuit ses pas retentir sur le parquet de la sombre galerie. Ils ont entendu, mais, disent-ils, « il ne faut point répéter « cela; ils ont entendu les sons d'une langue qui n'appartient pas « à la terre. Oui, l'on peut se sourire si l'on veut, quelques-uns « d'entre eux ont vu des choses qu'ils ne peuvent définir, mais qui « certes... n'étaient pas comme il aurait fallu. Pourquoi était-il tou- « jours en contemplation devant cette tête effrayante arrachée par « une main profane à la couche des morts, et toujours placée à « côté de son livre ouvert comme pour épouvanter et chasser tout le « monde? Pourquoi ne dort-il pas quand tout le monde repose? « Pourquoi n'entend-il pas de musique? Pourquoi ne reçoit-il per- « sonne? Tout cela n'est pas bien, à coup sûr... mais en quoi con- « siste le mal? Certaines gens pourraient le dire... mais l'histoire « serait trop longue; et d'ailleurs on est trop discret, trop prudent, « pour insinuer autre chose que des conjectures; mais si l'on vou- « lait parler, on pourrait... » C'est ainsi qu'autour de la table de l'office les vassaux de Lara babillaient sur le compte de leur maître.

X.

Il était minuit, et la rivière transparente des domaines de Lara brillait aux rayons des étoiles: les eaux étaient si calmes qu'elles semblaient à peine couler; et pourtant elles glissaient sur leur pente, rapides comme les jours heureux, et répétaient dans leur miroir magique ces clartés vivantes et immortelles qui peuplent les cieux. Le lit des ondes est bordé d'arbres nombreux et touffus, et des plus belles fleurs que peut choisir l'abeille; de ces fleurs Diane enfant eût formé sa guirlande, et l'innocence les offrirait à ce qu'elle aime. Entre ces rives fleuries l'eau se fraie un lit tortueux et brillant comme les replis mouvants de la couleuvre. Tout est si doucement tranquille, sur la terre et dans les airs, qu'on s'effraierait à peine de rencontrer une apparition dans ces lieux, certain qu'aucun mauvais esprit ne pourrait se plaire à errer au milieu d'un tel paysage, et par une si belle nuit. Il faut être bon pour jouir de ces choses: ainsi pensa Lara, car il ne resta pas longtemps dehors; mais il reprit en silence la route du château. Son âme ne pouvait contempler longtemps un pareil spectacle: il lui rappelait d'autres jours, et des cieux moins brumeux, une lune plus brillante, des nuits d'une douceur plus constante, des cœurs qui maintenant... non, non, l'orage peut battre son front sans être senti, quoiqu'il ne ralentisse point sa fureur... mais une nuit comme celle-ci, une nuit belle et sereine, c'est une dérision pour son cœur.

XI.

Il rentra dans son appartement, solitaire, et son ombre allongée s'y dessina de nouveau sur les murs. Là se trouvaient les portraits d'hommes des anciens jours, c'étaient les seuls monuments qu'ils eussent laissés de leurs vertus ou de leurs crimes; plus quelques vagues traditions et les sombres voûtes funéraires qui recouvraient leur poussière, leurs travers et leurs fautes; plus encore la moitié d'une de ces pages solennelles qui transmettent d'âge en âge un conte spécieux et dans lesquelles la plume de l'histoire, distribuant le blâme ou la louange, prend si bien l'air de la vérité pour mieux accréditer ses mensonges. Il se promenait en songeant: les rayons de la lune perçaient les sombres vitraux et brillaient sur le pavé de marbre et sur les lambris ciselés: les saints, que la peinture gothique des cristaux représentait agenouillés et en prière, se réfléchaient en figures fantastiques et semblaient reprendre la vie, mais non pas une vie mortelle. Quant à Conrad, les noirs anneaux de sa chevelure en désordre, son front couvert de ténèbres et l'ample panache noir qui flottait sur sa toque, lui donnaient l'apparence d'un spectre revêtu de toutes les horreurs de la tombe.

Un mot encore.... je te somme de rester.

XII.

Il était minuit: tout dormait; la clarté solitaire de la lampe s'obscurcissait, incapable de dissiper d'aussi profondes ténèbres. Écoutez ! on entend de sourds murmures dans la salle du château de Lara... puis un son, une voix, un appel d'alarme, un cri éclatant et prolongé.... et tout rentre dans le silence. Les serviteurs endormis ont-ils entendu l'écho de ces accents frénétiques ? Oui : ils l'ont entendu, et ils se lèvent, et, moitié tremblants, moitié s'armant de courage, ils se précipitent vers l'endroit où l'on semble appeler leur aide : ils arrivent portant des flambeaux encore mal allumés et tenant à la main leurs épées dont ils n'ont point eu le temps de ceindre le fourreau.

XIII.

Froid comme le marbre que couvrait son corps, pâle comme le rayon de la lune qui flottait sur ses traits, Lara gisait sur le sol; près de lui son sabre à moitié tiré du fourreau semblait avoir été arraché de sa main par une terreur surnaturelle : cependant il avait gardé sa fermeté jusqu'au dernier moment; et le défi fronçait encore les rides de son front; même dans son état d'insensibilité, un désir de vengeance vivait toujours sur ses lèvres, mêlé à une expression de terreur : une menace, une imprécation de désespoir et d'orgueil y était restée à demi formée. Son œil était presque fermé, mais il gardait encore, dans son expression convulsive, ce regard de gladiateur qui l'animait ordinairement et qui semblait maintenant immobilisé dans un horrible repos. On le relève, on l'emporte... Silence ! il respire, il parle : une rougeur sombre colore de nouveau ses joues, ses lèvres reprennent leur teinte de sang, ses yeux encore obscurcis roulent libres et farouches dans leurs orbites, tous ses membres tressaillant lentement reprennent tour-à-tour leurs fonctions; mais les paroles qu'il prononce ne semblent point appartenir à sa langue natale : dans les mots étranges mais distincts qu'il articule, tout ce qu'on peut comprendre, c'est qu'il emprunte les accents d'une terre étrangère ; et ces accents sont destinés à une oreille qui ne les entend point, hélas ! qui ne peut les entendre.

XIV.

Son page approche, et seul il paraît comprendre le sens des paroles que tous entendaient comme lui; et par le changement qui s'opère dans sa physionomie, on peut deviner que les discours de Lara ne sont point de nature à être avoués par lui-même ou interprétés par le page. Cependant il voit avec moins de surprise que tous les autres l'état où se trouve le maître; mais il se penche sur son corps affaissé et lui répond dans ce même idiome inconnu qui semble être le sien. Lara écoute ces douces paroles qui semblent adoucir les horreurs de son rêve, si toutefois un rêve peut avoir bouleversé de la sorte une âme qui n'a nul besoin de se créer un malheur idéal.

XV.

Quoi que sa démence ait rêvé ou que ses yeux aient vu, s'il se le rappelle encore, il ne le révélera jamais, et le secret en restera enseveli dans son cœur. Le matin est revenu, et il a rendu la vigueur à ses membres ébranlés; Lara ne demande de soulagement ni au médecin ni prêtre, et bientôt il reprend ses manières et son langage accoutumé : il ne sourit pas moins amèrement, il ne tient pas son front plus abaissé que d'habitude. Et si l'approche de la nuit est désormais plus pénible au cœur de Lara, il ne le laisse point voir à ses vassaux étonnés qui montrent par leur agitation que leurs craintes à eux ne sont point oubliées. En effet, ces hommes timides ne se glissent dans l'ombre que par couples tremblants; seuls ils n'oseraient sortir : et surtout ils évitent la grande salle, théâtre du prodige; ils redoutent les bannières flottantes, la porte qui se ferme avec bruit, la tapisserie qui se froisse, le pavé sonore, les ombres noires et allongées des arbres d'à l'entour, le vol tremblotant de la chauve-souris et le chant nocturne de la brise, en un mot tout ce qu'ils entendent à l'heure où les ombres du crépuscule viennent rembrunir les murailles grisâtres du manoir.

XVI.

Craintes vaines! Cette heure de mystérieuse terreur ne revint plus, ou Lara sut prendre un air d'insouciance qui étonna encore plus ses vassaux sans diminuer leur effroi... Avait-il en effet perdu le souvenir en reprenant ses sens? Ce qu'il y a de certain, c'est que pas un mot, pas un regard, pas un geste ne trahit en lui une émotion qui rappelât ce moment de fièvre d'une âme malade. Etait-ce un songe? sa propre voix avait-elle proféré ces sons étrangers et bizarres? Sortait-il de sa bouche, ce cri qui avait interrompu leur sommeil? Etait-ce bien lui dont le cœur oppressé, écrasé, avait cessé de battre? lui, dont le regard les avait terrifiés? L'homme qui avait éprouvé de pareilles souffrances pouvait-il les oublier ainsi, quand ceux qui l'avaient vu souffrir en frémissaient encore? Ou bien un pareil silence indiquait-il que ce souvenir vivait trop profondément enseveli dans son âme pour être exprimé par des mots, indélébile, séparé de tout le reste et devenu un de ces mystérieux agents de destruction qui montrent l'effet sans révéler la cause? Non ! il n'en était pas ainsi de Lara : effet et cause, son sein absorbait tout; nul observateur superficiel n'aurait pu voir éclore en lui de ces pensées que des lèvres mortelles n'expriment qu'à demi, arrêtant au passage leur expression imparfaite.

XVII.

En lui s'offrait un mélange inexplicable de ce qu'on aime et de ce qu'on hait, de ce que l'on recherche et de ce qu'on craint : l'opinion publique variait sur l'explication de sa mystérieuse destinée ; mais pour l'éloge ou le blâme, son nom n'était jamais oublié. Son silence même fournissait matière aux conjectures : on devinait, on épiait, on aurait voulu tout pénétrer. Quel rôle avait-il joué dans la vie ? Quel était cet homme impénétrable, dont on ne connaissait que l'origine, et qui, en traversant le monde, se posait en ennemi de ses semblables? Quelques-uns ajoutaient bien qu'on l'avait vu aussi gai que personne dans un cercle joyeux ; mais ils avouaient que ce sourire, quand on l'observait de près, perdait tout-à-coup son expression joyeuse et se changeait en ricanement : il venait jusqu'à ses lèvres, mais plus loin, et jamais on n'avait vu de traces dans ses yeux. Et pourtant son regard était quelquefois moins sévère : on voyait que la nature ne lui avait pas donné un cœur sans pitié ; mais dès qu'il croyait être observé, il semblait rejeter une pareille faiblesse comme indigne de son orgueil ; il armait sa poitrine d'acier, dédaignant de racheter d'un seul doute cette estime qu'il avait conquise à moitié. Il se renfermait alors dans le sombre ascétisme infligé par lui-même à ce cœur dont jadis quelques sentiments tendres avaient sans doute troublé le repos : il se fortifiait dans cette douleur vigilante qui condamnait son âme à la haine comme coupable de trop d'amour.

XVIII.

Il y avait en lui un mépris essentiel de toutes choses, comme s'il eût éprouvé le pire de tout ce qu'on peut jamais éprouver. Étranger dans le monde des vivants, esprit errant chassé d'un autre monde, imagination sombre qui se plaisait à reconstruire les dangers évanouis, évanouis en vain, car au fond du souvenir, son âme encore s'en glorifiait et les regrettait ; doué de plus de facultés aimantes que la terre n'en donne ordinairement à ses enfants, ses premiers rêves de vertu avaient dépassé la vérité, et un âge mûr plein de trouble avait suivi sa jeunesse déçue. Que lui restait-il ? Le souvenir des années consumées à poursuivre des fantômes, le gaspillage des facultés destinées à un plus noble emploi, et enfin des passions insensées qui, après avoir répandu la désolation sur leurs traces, livraient ses meilleurs sentiments à une lutte incessante contre les habitudes farouches de son orageuse vie. Mais dans son orgueil, incapable de rejeter le blâme sur lui-même, il prit la nature à partie pour alléger son fardeau et imputa toutes ses fautes à cette forme d'argile, à cette pâture des vers dont elle avait embarrassé son âme. En raisonnant ainsi, il en vint à confondre le bien et le mal et à prendre à peu près les actes de sa volonté pour des œuvres du destin. D'une âme trop fière pour être accessible à l'égoïsme vulgaire, il savait sacrifier quelquefois son propre avantage au bien d'autrui, mais non par pitié, non par devoir ; c'était une étrange dépravation de la pensée qui le poussait à faire par orgueil ce que personne n'aurait fait, impulsion qui, sous l'empire des tentations, l'égarait également dans les sentiers du crime : tant il planait au-dessus ou s'abaissait au-dessous de cette race humaine parmi laquelle il se trouvait condamné à vivre ! Avide de se séparer par le bien ou par le mal de cet état mortel qu'il abhorrait, son âme avait placé son trône loin du monde, dans des régions de son choix. De là, regardant froidement passer toutes les choses d'ici-bas, son sang coulait plus calme dans ses veines : heureux s'il avait toujours conservé cette lenteur glaciale et si des pensées criminelles n'en avaient jamais accéléré le cours ! A la vérité, il semblait suivre le même sentier que les autres hommes ; en apparence, il agissait, il parlait comme eux et n'outrageait point la raison par des accès de démence : sa folie n'était point dans la tête, mais dans le cœur ; rarement elle éclatait dans ses discours ; rarement elle lui faisait dévoiler des pensées qui eussent choqué ses auditeurs.

—

XIX.

En dépit de son air mystérieux et glacial, de son apparent désir de n'être point remarqué, il avait (si ce n'était point un don de nature), il avait l'art d'imprimer son image dans les cœurs. Ce n'était point amour, ce n'était point haine, ni aucun des sentiments que l'on peut représenter par des mots; mais on ne le voyait jamais en vain : l'avait-on regardé, il fallait s'occuper de lui; vous adressait-il la parole, vous ne pouviez l'oublier, et quelque insignifiant que fût le propos, vous le méditiez longtemps... Comment? pourquoi? Personne ne pouvait le dire; ce qu'il y a de certain, c'est qu'il se glissait, s'enlaçait fortement dans l'esprit de ses auditeurs et y gravait un souvenir doux ou terrible. Quelle que fût la date du sentiment qu'il avait inspiré, amitié, compassion ou aversion, la trace en restait intime et durable. Vous ne pouviez pénétrer son âme, mais vous vous étonniez bientôt de sentir qu'il s'était fait une place dans la vôtre; sa présence vous poursuivait partout, toujours il vous arrachait un intérêt involontaire. En vain essayiez-vous de vous débattre dans ce piége moral : il semblait vous défier de l'oublier.

XX.

Une fête est donnée où se rendent les chevaliers et les dames, et tout ce qu'il y a de riche et de noble dans le pays ; en vertu de son rang, Lara est convié et bien venu dans les salons du magnifique Othon. Un tumulte joyeux ébranle la salle brillamment illuminée, où le bal succède au banquet. Un essaim de beautés, se livrant à la danse joyeuse, enlacent dans une chaîne fortunée la grâce et l'harmonie. Le bonheur palpite dans ces jeunes cœurs, dans ces douces mains qui s'unissent pour former des chœurs inspirés par un gai accord. Un pareil spectacle adoucit le front le plus sombre : il arrache un sourire à la vieillesse et lui fait rêver le retour du bel âge; la jeunesse elle-même, dans cette joyeuse exaltation des sens, oublie que de si doux moments se passent sur la terre.

XXI.

Quant à Lara, il semble contempler ce tableau avec une satisfaction tranquille, et, si son âme est triste, son front ment. Son regard suit le vol rapide des charmantes danseuses dont les pas légers n'éveillent point les échos. Il se tient appuyé contre une large pilier, les bras croisés sur sa poitrine et regardant avec attention devant lui; mais il ne remarque pas des yeux fixés sur les siens avec une attention pareille..... car le fier Lara n'a pas coutume d'endurer un long examen. A la fin, il surprend l'observateur : c'est un homme dont la figure lui est inconnue, mais qui semble étudier celle de Lara, et celle-là seule; une sombre investigation préoccupe cet étranger, qui jusque-là a pu contempler Lara sans être aperçu de lui. Enfin, les deux regards se rencontrent, pleins tous deux d'une curiosité ardente et d'un muet étonnement. L'émotion se peint de plus en plus dans les traits de Lara, qui commence à suspecter les intentions de ce nouveau venu; pour celui-ci, son œil sombre et fixe lance des feux que peu de regards pourraient soutenir.

XXII.

« C'est lui! » s'écrie l'étranger, et ceux qui l'entendent répètent aussitôt, à voix basse, les mots qu'il a prononcés : « C'est lui ?... qui donc? » Ces questions se propagent dans toute la salle, jusqu'à ce que le bruit, en grandissant, ait frappé l'oreille de Lara. La rumeur, en effet, est devenue telle que peu d'hommes aimeraient à se voir l'objet de cette attention générale, ou même seulement du regard qui l'a causée. Mais Lara ne s'émeut ni ne tressaille; la surprise, qui s'était peinte d'abord dans son regard fixe, semble maintenant dissipée; son abattement comme sans vaine fierté, il jette un coup d'œil autour de lui, quoique l'étranger continue de le contempler. Enfin celui-ci, se rapprochant davantage, reprend d'un ton hautain et méprisant : « C'est lui!..... comment est-il venu ici?..... et qu'y peut-il faire? »

XXIII.

C'en était trop pour Lara que de supporter de pareilles questions répétées de cet air insultant; tournant vers l'étranger un regard dans lequel il rassembla toute son énergie, d'un ton de voix froid et plutôt doux et ferme qu'irrité et hardi, il répondit au curieux indiscret : « Mon nom est Lara!... Quand le tien me sera connu, je reconnaîtrai convenablement la courtoisie inattendue d'un chevalier tel que toi. Oui, mon nom est Lara!... As-tu quelque autre demande, quelque observation à faire? Je n'élude aucune question et je ne porte point de masque.

— Tu n'éludes aucune question? songes-y bien... n'en est-il point une à laquelle ton cœur doit répondre, quoique ton cœur la repousse? Et crois-tu ne pas me connaître? regarde-moi encore. Là mémoire, certes, ne t'a pas été donnée en vain ; jamais tu ne pourras acquitter la moitié de la dette qu'elle te rappelle et que l'éternité te défend d'oublier. »

Lara promène un regard lent et attentif sur les traits de l'étranger, mais il n'y peut rien trouver qu'il reconnaisse ou qu'il veuille reconnaître; sans daigner répondre, il secoue la tête d'un air de doute, et, laissant percer à demi son mépris, il tourne le dos pour s'éloigner. Mais le sombre étranger l'arrête : « Un mot encore...... je te somme de rester et de répondre à un homme qui, si tu étais de noble naissance, serait ton égal; mais vu ce que tu as été et ce que tu es encore... ne fronce pas les sourcils ; si l'accusation est fausse, il sera aisé de la repousser... mais vu ce que tu as été et ce que tu es encore, cet homme te regarde d'en haut, ne croit pas à tes sourires et ne craint pas ton courroux. N'es-tu pas celui dont les exploits!...

— Qui que je sois, je n'écouterai pas plus longtemps d'aussi insolentes paroles, un accusateur tel que toi; ceux qui peuvent y ajouter quelque importance écouteront le reste et accueilleront le merveilleux récit que sans doute tu vas faire après avoir commencé avec tant de courtoisie et d'éloquence! Qu'Othon fasse fête à un convive aussi poli, je me réserve de lui en faire mes remerciements et de lui en dire ma pensée. »

Enfin, Othon, longtemps frappé d'étonnement, croit devoir intervenir : « Quelque cause mystérieuse de débats qui existe entre vous, ce n'est ni le temps, ni le lieu convenable ; vous ne devez point troubler la gaîté de cette réunion par une guerre de paroles. Vous, seigneur Ezzelin, si vous avez à révéler quelques faits qui intéressent le comte Lara, demain, ici, ou en tout autre lieu que vous choisirez tous deux, vous pourrez dire le reste. Je puis répondre pour vous, car vous ne m'êtes pas inconnu, puisque le comte Lara vous soyez revenu récemment, et tout seul, des terres lointaines où vous étiez devenu presque un étranger pour nous. Quant à Lara lui-même, si, comme je le crois, son courage et sa vertu répondent à son noble sang et à sa haute naissance, il gardera son nom de toute tache, et ne refusera point d'obéir aux lois de la chevalerie.

— A demain donc, répond Ezzelin ; alors seront éprouvées la noblesse d'âme et la sincérité de chacun de nous. Je ne dirai que la vérité; j'y engage ma vie et mon épée, et ma part du séjour des bienheureux. »

Et que répond Lara? Son âme, repliée sur elle-même, s'absorbe dans une rêverie profonde; les discours et les regards de toute l'assemblée n'ont d'autre objet que lui ; mais sa bouche reste silencieuse et son regard semble errer dans une complète distraction, bien loin, bien loin de là. Hélas! cet oubli de tout ce qui l'entoure révèle trop clairement de profonds souvenirs.

XXIV.

« A demain, soit! à demain! » Tels furent les derniers mots que prononça Lara; aucune colère extérieure n'éclatait sur son front; ses grands yeux noirs ne lançaient point d'éclairs. Cependant, il y avait dans le ton peu élevé de sa voix une fermeté qui marquait une résolution bien prise, mais inconnue à tous. Il prend son manteau, incline légèrement la tête et quitte l'assemblée; mais en passant devant Ezzelin, il répond par un sourire à l'air d'indignation sous lequel l'étranger semble vouloir l'écraser. Ce n'est point le sourire de la gaîté ; ce n'est pas non plus celui de l'orgueil exhalant en dédains un courroux qu'il ne peut cacher; c'est le sourire d'un homme certain d'avance de tout ce qu'il osera faire, de tout ce qu'il pourra supporter. Mais est-ce là une paix véritable avec soi-même? est-ce là le calme d'un cœur irréprochable? ou bien est-ce l'endurcissement désespéré d'une âme qui a vieilli dans le crime? Hélas! la face de l'homme ne mérite pas plus de confiance que ses discours ; c'est par les actes, et les actes seuls qu'on peut discerner cette vérité si difficile à reconnaître.

XXV.

Avant de poursuivre sa route, Lara a eu soin d'appeler son page, jeune enfant qui obéit à son moindre mot, à son moindre signe, le seul serviteur qu'il ait ramené de ces climats lointains où, sous un astre plus brillant, l'âme a aussi plus de feu. Cet enfant a quitté pour suivre Lara les rivages qui l'ont vu naître ; il est assidu à ses devoirs et tranquille, quoique bien jeune ; silencieux comme celui qu'il sert, son dévoûment semble au-dessus de sa condition et de son âge. Quoiqu'il connaisse la langue du pays de Lara, c'est rarement dans cette langue qu'il reçoit les ordres de son maître ; mais dès qu'il l'entend prononcer quelques paroles dans l'idiome de sa patrie, il accourt d'un pas léger et répond d'une voix doucement émue. Ces accents éveillent dans son oreille un écho des montagnes natales qui lui sont si chères ; ils lui rappellent la voix accoutumée des amis, des parents qu'il a quittés, abjurés, pour un homme maintenant son seul ami, son tout. Sur la face de la terre, il ne trouverait plus un autre guide; comment s'étonner si on le voit rarement s'éloigner de Lara?

XXVI.

Sa taille est svelte, et sa physionomie un peu brunie offre pourtant des traits délicats : le soleil natal y a laissé l'empreinte de ses rayons, mais il n'a point flétri cette joue où souvent brille une rougeur involontaire : hélas! ce n'est point cet incarnat de la santé où vient se réfléchir la charmante vivacité du cœur; mais ce n'est qu'une ardeur fébrile et passagère, impression maladive d'une souffrance cachée. L'étincelle qui brille étrangement dans ses yeux semble un feu venu d'en haut, une lueur électrique produite par la pensée, bien que l'éclat de ses deux noires prunelles soit adouci par le voile mélancolique de ses longs cils. On y lit néanmoins plus de fierté que de chagrin, ou si l'on y voit quelque douleur, c'est une douleur au moins que personne ne doit partager. Enfant, il ne se plaît point aux jeux de son âge, aux espiègleries de la jeunesse, aux bons tours pour lesquels les pages sont renommés : il se tient immobile pendant des heures entières, le regard fixé sur Lara et oubliant tout dans cette contemplation attentive; et quand son maître ne le garde point près de lui, il va seul, répond en peu de mots, et n'interroge jamais; il a pour promenade la forêt, pour récréation quelque livre étranger, pour lieu de repos la rive au détour du ruisseau : comme le maître qu'il sert, il semble vivre isolé de tout ce qui charme le regard ou remplit le cœur, ne point fraterniser avec la race humaine et n'avoir reçu de ce monde qu'un don bien amer : l'existence.

XXVII.

S'il aimait quelqu'un sur la terre, c'était Lara : mais ce dévoûment ne se montrait que par son respect, ses services, ses attentions muettes, le soin avec lequel il devinait chaque désir pour le remplir avant qu'il fût exprimé. Mais on remarquait dans toute sa conduite une certaine fierté, on voyait en lui une âme qui n'aurait pas supporté les reproches : plus actif dans son zèle que n'eût été un esclave, ses actes seuls peignaient l'obéissance, son air était celui du commandement; il semblait suivre ses propres inclinations plus que celles de Lara en le servant ainsi : et certes il ne le servait pas pour un salaire. D'ailleurs, ce que son maître demandait de lui n'était qu'une tâche bien légère : lui tenir l'étrier ou porter son épée; accorder son luth ou quelquefois lui lire des passages de livres anciens ou étrangers; mais jamais il n'avait à se mêler avec les vulgaires des domestiques pour lesquels il n'avait ni égards, ni dédain, mais la réserve digne d'un être qui ne peut sympathiser avec des âmes serviles: son âme, quelle que fût sa condition ou sa naissance, pouvait plier devant Lara, mais non descendre jusqu'à eux. Il annonçait en effet une origine distinguée et paraissait avoir connu de meilleurs jours, car ses mains ne portaient point les marques d'un travail vulgaire, et leur blancheur aussi bien que la délicatesse de ses traits semblaient trahir un autre sexe : ces conjectures pouvaient être déroutées par son costume, par l'expression de son regard plus sauvage et plus altier qu'il ne convient à une femme, et enfin par sa violence cachée, plus en harmonie avec le climat brûlant de son pays qu'avec la délicatesse de ses formes, violence qui ne s'exhalait jamais en paroles, mais que sa physionomie révélait clairement. Kaled était le nom de Lara, quoique l'on sût confusément qu'il en avait porté un autre avant de quitter les montagnes et les rivages de son pays : en effet, quelquefois il entendait ce nom proféré sous lui sans y répondre, comme si cette appellation ne lui était point familière; ou si on le répétait encore, il tressaillait à ces sons comme s'il se le fût seulement rappelé ; à moins pourtant que ce ne fût la voix bien connue de Lara qui l'appelait, car alors l'ouïe, la vue et le cœur, tout en lui s'éveillait.

XXVIII.

Il avait jeté un coup d'œil dans la salle du bal et avait remarqué cette querelle qui n'avait échappé à personne ; et pendant que la foule assemblée autour des deux adversaires exprimait son étonnement du calme de l'agresseur et de la patience avec laquelle le noble Lara supportait une telle injure, Kaled changea vingt fois de couleur, ses lèvres prenant les nuances de la cendre et ses joues toutes celles de la flamme. Sur son front s'étendit cette sueur froide et maladive qui s'élève du cœur quand il succombe sous le poids de fatales pensées que repousse la réflexion. Oui, certaines choses doivent être imaginées, tentées, accomplies avant que la raison en soit instruite. Quelle que soit la résolution de Kaled, elle suffit pour mettre un sceau sur ses lèvres en torturant son cerveau. Il observa Ezzelin jusqu'au moment où Lara le regarda de côté en souriant et en passant devant lui ; lorsque Kaled aperçut ce sourire, ses traits se détendirent subitement comme s'il reconnaissait un signal accoutumé : sa mémoire lisait dans une telle expression bien des choses que les autres ne pouvaient comprendre. Il s'élança à la voix de son maître : un moment se passa : tous deux étaient partis, et ceux qui se trouvaient dans la salle semblaient demeurer seuls. Tous avaient tellement fixé leurs regards sur les traits de Lara, tous avaient si bien confondu leurs sentiments avec ceux des acteurs de cette scène qu'au moment où son ombre haute et noire disparut avec le projectile, tous les cœurs battirent plus vite, toutes les poitrines furent agitées comme quand nous sortons d'un rêve bien noir à la réalité duquel nous ne croyons pas, mais que nous redoutons cependant, parce que les choses les plus pénibles ne sont que trop souvent les plus vraies. Ils étaient tous deux; Ezzelin était encore là, le visage pensif et l'air impérieux : mais il n'y resta pas longtemps; une heure après, il fit à Othon un salut de la main, et se retira.

XXIX.

La foule s'est écoulée : fatigué de la fête, chacun a été chercher le repos ; l'hôte courtois, les convives prodigues d'éloges ont regagné leur couche accoutumée, où la joie s'oublie, où la douleur soupire en cherchant le sommeil, où l'homme enfin, écrasé par ses luttes incessantes, se plonge dans le doux oubli de la vie. Là reposent les espérances fiévreuses de l'amour, les ruses de la perfidie, les tourments de la haine et les plans déjoués de l'ambition : l'oubli secoue ses ailes sur les yeux qui se ferment, l'existence éteinte s'étend dans un cercueil. Quel autre nom en effet donner à l'asile du sommeil ? N'est-ce pas le sépulcre de chaque nuit, le refuge universel où la faiblesse et la force, le vice et la vertu gisent étendus, mis à nu et sans défense : heureux pour un moment de respirer sans avoir la conscience de son être, chacun doit bientôt se réveiller pour lutter de nouveau contre la crainte de la mort et pour fuir (quoique chaque matin ramène des maux sans cesse grandissants), pour fuir et maudire ce dernier sommeil, le plus doux sans contredit, puisqu'il est exempt de rêves.

CHANT II.

I.

La nuit pâlit : les vapeurs enroulées autour des montagnes se fondent dans l'air du matin, et la lumière réveille le monde. L'homme a grossi d'un jour encore son passé et a fait un pas de plus vers celui qui sera pour lui le dernier. La puissante nature s'élance comme de son berceau : le soleil éclate dans les cieux et la vie sur la terre; les fleurs dans la vallée, la splendeur dans les rayons du jour, la santé dans la brise, et la fraîcheur dans la source. O homme, être immortel ! contemple l'éclat de ta gloire, et dans la joie de ton cœur, dis-toi intérieurement : « Toutes ces choses sont à moi! » Admire ce spectacle pendant que tes yeux enchantés peuvent encore recevoir la lumière ; un jour arrive où tout cela ne sera plus en ta possession: et quels que soient les êtres humains qui pleurent sur ta bière insensible, la terre et le ciel n'y verseront pas une larme; les nuages ne s'assombriront point ; il ne tombera point une feuille de plus ; la brise ne poussera pas un soupir pour toi, elle n'en pousserait pas un seul pour tout le genre humain : mais des êtres immondes rampant sur ta dépouille s'en feront un festin, et grâce à eux tes débris deviendront propres à fertiliser le sol.

II.

Le matin est venu, puis le midi : sur l'invitation d'Othon les seigneurs du voisinage se sont assemblés dans la grande salle de son manoir : l'heure assignée est venue qui doit venir proclamer la vie ou la mort de l'honneur de Lara : Ezzelin va pouvoir développer son accusation, et quelle que soit la mystérieuse histoire, on va enfin la connaître. Il a engagé sa foi, et Lara a fait la promesse solennelle de l'entendre ici en présence des hommes et du ciel. Mais pourquoi l'accusateur ne se présente-t-il pas? pour développer de si importants secrets, ne devrait-il pas se hâter davantage?

III.

L'heure est passée, et Lara comme les autres attend d'un air froid, mais sûr de lui-même. Pourquoi Ezzelin ne vient-il pas? L'heure est passée ; des murmures s'élèvent, et le front d'Othon se rembrunit. « Je connais mon ami! sa foi n'est point suspecte : s'il est ncore vivant, il viendra; le manoir qu'il habite est situé dans la vallée entre mon propre domaine et celui du noble Lara; mon foyer ût été honoré de recevoir un pareil hôte, et le brave Ezzelin n'aurait point dédaigné mon humble toit; mais sans doute il est retenu par la nécessité de se procurer quelque preuve urgente pour soutenir son dire. Comme j'ai engagé pour lui ma foi, je l'engage de nouveau; il viendra, ou je rachèterai moi-même la tache imprimée à son honneur. »

Il se tut, et Lara répondit : « Je suis venu ici sur ta demande pour prêter l'oreille aux récits malveillants d'un étranger, dont les injures auraient blessé profondément mon cœur, si je n'avais pas vu en lui un homme à peu près insensé, ou pour le prendre au pis, un ignoble ennemi. Je ne le connais pas, mais lui semble m'avoir connu dans des contrées où... mais pourquoi m'arrêter à de semblables contes ? représente-moi ce faiseur d'histoires, ou rachète ton gage, ici même, à la pointe de l'épée. »

Le fier Othon rougit, jette son gantelet à terre et tire son glaive : « Ce dernier parti est celui qui me convient le mieux, et voilà comment je réponds pour mon hôte absent. »

Sur le bord de sa tombe ou de celle qu'il va ouvrir, Lara n'éprouve rien qui puisse altérer la pâleur livide de son teint : sa main saisissant le fer avec une froide insouciance, montre combien elle est habituée à en saisir la poignée; son œil, quoique calme, indique la résolution de ne rien épargner; et sans hésiter davantage, il tire son arme du fourreau. En vain les chefs voient autour d'eux : la fureur d'Othon ne souffre aucun délai, et il laisse tomber des paroles de défi... Heureuse son épée, si elle peut les soutenir !

IV.

Le combat ne fut pas long : aveuglé par la colère, Othon exposait inutilement sa poitrine aux coups : son sang coula bientôt, et il tomba, mais non mortellement blessé : un coup adroit l'avait seulement étendu sur le sol. « Demande la vie! » Il ne répondit point, et peu s'en fallut qu'il ne se relevât plus du pavé qu'il avait rougi; car en ce moment le front de Lara se rembrunit encore jusqu'à prendre la noirceur de celui d'un démon, et il brandit sa lame avec plus de fureur qu'au moment où le front de son ennemi était au niveau du sien : car tout à l'heure il rassemblait toute son adresse et sa présence d'esprit; maintenant une haine implacable déborde de son cœur; il est si peu disposé à épargner son ennemi blessé que les témoins essaient inutilement d'arrêter son glaive; il tourne presque sa pointe altérée de sang contre ceux qui implorent sa merci. Mais un moment de réflexion le fait changer de pensée; cependant il regarde encore d'un œil morne son adversaire vaincu, il semble regretter l'inutilité d'un combat dont son ennemi sort vaincu mais vivant; il semble se demander à quelle distance du tombeau le coup qu'il a porté doit avoir mis sa victime.

V.

On relève Othon tout sanglant, et le médecin défend la moindre question, la moindre parole, le moindre signe : les amis du blessé se retirent dans un salon voisin; et lui, encore irrité et ne s'occupant d'aucun d'eux, lui, la cause de cette lutte soudaine dont il est vainqueur, il se retire lentement et dans un silence hautain : il remonte à cheval, prend le chemin de sa demeure, et ne jette pas un regard en arrière sur les tours du manoir d'Othon.

VI.

Mais qu'est-il devenu ce météore de la nuit qui ne semblait pas devoir disparaître à la clarté du matin? Qu'est devenu cet Ezzelin, arrivé et parti sans avoir laissé plus de traces de ses intentions ? Il a quitté le manoir d'Othon par une nuit noire et longtemps avant l'aurore; et cependant le sentier était si bien battu qu'il ne pouvait le manquer. Sa demeure n'était pas éloignée; cependant il n'y est pas arrivé, et dès le matin commencèrent d'actives recherches qui ne firent rien connaître, sinon l'absence du chef. Sa chambre était vide, son coursier oisif, toute sa maison en alarmes : ses écuyers murmuraient et se désolaient. Les perquisitions s'étendent tout le long de la route, et même dans les environs où l'on craint de rencontrer des marques de la fureur de quelques bandits; mais on n'en trouve aucune : pas une branche de fougère n'est teinte d'une goutte de sang, ou ne porte un lambeau d'étoffe déchirée; aucune chute, aucune lutte n'a souillé la verdure; aucun indice ordinaire d'un meurtre fait défaut : des doigts sanglants n'ont point laissé dans le sol leur empreinte convulsive pour révéler le forfait, comme il arrive au moment où la victime ne cesse de se défendre, et en se débattant ne blesse plus que le tendre gazon. De pareilles marques se trouveraient dans le taillis, s'il avait été le théâtre d'un assassinat; mais rien! rien! et il reste encore une lueur d'espoir. Cependant un étrange soupçon se répand : on murmure le nom de Lara, et l'on s'entretient chaque jour de sa renommée flétrie; mais aussitôt qu'il se montre, tout se tait : on attend l'absence de cet homme redouté pour reprendre de merveilleux et lugubres récits, et pour former des conjectures de plus en plus sombres.

VII.

Les jours se succèdent, et la blessure d'Othon est guérie, mais non son orgueil; et il ne cache plus sa haine : il est puissant; il est l'ennemi de Lara, l'ami de tous ceux qui lui veulent du mal, et il sollicite la justice du pays de demander compte à Lara de l'absence d'Ezzelin. En effet, quel autre que Lara avait à redouter sa présence? qui peut l'avoir fait disparaître, si ce n'est l'homme contre lequel il avait lancé une accusation redoutable? On le sait, la rumeur publique devient d'autant plus bruyante qu'elle est mal informée, et tout ce qui offre une apparence de mystère plaît à la foule curieuse. Dans son isolement apparent, Lara n'avait jamais cherché ni à gagner la confiance ni à éveiller l'affection : il trahissait en toute occasion une férocité implacable. Et cette habileté avec laquelle il maniait sa redoutable épée, était-ce loin des combats que son bras l'avait acquise? Dans quel genre de vie pouvait-s'être endurci ce cœur si farouche? car on ne voyait en lui cette colère aveugle et capricieuse qu'un mot enflamme et qu'un mot apaise : c'était un sentiment enraciné dans l'âme, devenue incapable de pitié dès que sa fureur s'était fixée sur un objet, penchant qu'un long exercice du pouvoir et des succès sans bornes pouvaient seuls avoir concentré à ce point et rendu inexorable. Tous ces motifs, joints à cette disposition qui pousse toujours les hommes à condamner plutôt qu'à louer, avaient enfin en s'amoncelant soulevé contre Lara une tempête redoutable même pour lui, et telle que ses ennemis pouvaient le désirer. Il est appelé à répondre de l'absence d'un homme qui mort ou vivant ne cesse de le poursuivre.

VIII.

Parmi la population du pays il se trouvait une foule de mécontents, maudissant la tyrannie sous laquelle ils pliaient; car le sol était partagé entre quelques despotes avides qui transformaient en lois leurs moindres caprices. De longues guerres au dehors et des troubles fréquents à l'intérieur avaient tracé une route une route de sang où il était prêt à rentrer au moindre signal pour commencer un nouveau carnage tel qu'en amènent ces discordes civiles qui n'admettent point de neutralité, et où l'on ne voit que des adversaires ou des amis. En attendant, chaque seigneur était confiné dans sa forteresse féodale, obtenant la soumission en actes et en paroles, mais abhorré au fond des cœurs. C'est dans de pareilles circonstances que Lara avait pris possession du domaine de ses pères, où il avait trouvé bien des cœurs souffrants, bien des bras paresseux; mais sa longue absence de son pays natal l'avait rendu innocent de toute oppression, et sous son pouvoir assez doux, toute crainte s'était peu à peu effacée du cœur de ses vassaux. Ses serviteurs seuls conservaient une terreur respectueuse, et depuis quelque temps le craignaient plus pour lui que pour eux-mêmes. Quoique d'abord ils l'eussent jugé plus sévèrement, ils ne le croyaient plus que malheureux : ses longues nuits sans sommeil, son humeur silencieuse, étaient attribuées pour eux à une disposition maladive entretenue par la solitude : et si son aversion pour le monde répandait la tristesse dans sa demeure, cependant la munificence en égayait le seuil; car jamais les malheureux ne s'en éloignaient sans être soulagés, et pour eux du moins son âme était accessible à la pitié. Froid et méprisant à l'égard des puissants et des riches, son œil s'abaissait volontiers sur l'humble et le pauvre : il ne leur adressait pas la parole, mais ils trouvaient souvent un asile sous son toit, et n'en étaient jamais injurieusement chassés. On pouvait observer que chaque jour de nouveaux tenanciers venaient se fixer sur ses domaines : mais c'était surtout depuis la disparition d'Ezzelin qu'on voyait en lui un maître bienveillant et un généreux hôte. Peut-être son duel avec Othon lui avait-il fait craindre quelque piège tendu contre ses jours : quel que fût son motif, il parvint à se concilier plus de partisans parmi le peuple que n'en avaient les autres seigneurs. Était-ce une politique? c'était une politique habile; il le grand nombre n'en jugea que par ce qu'il voyait. Les malheureux, forcés de s'exiler par la cruauté de leur maître, ne demandaient qu'un abri, et il le leur donnait : jamais dans ses domaines un paysan ne pleurait sa chaumière envahie, dépouillée, et le serf lui-même pouvait à peine s'y plaindre de son sort; l'avare vieillesse y gardait en sûreté son trésor, et la jeunesse n'y rencontrait ni dédains ni raillerie; la jeunesse était retenue près de lui par les festins et l'espoir des récompenses jusqu'à ce qu'il fût trop tard pour le quitter; à la haine il offrait dans un prochain avenir les ardentes représailles d'une vengeance différée; à l'amour, victime de l'inégalité des conditions, il promettait la beauté de son choix conquise par la victoire. Déjà tout était mûr : il lui restait à proclamer que l'esclavage était un vain mot. Enfin le moment est venu : et c'est celui même où Othon se croit bien sûr de sa vengeance. Ses sommations trouvent celui qu'il appelle criminel dans la grande salle de son château, entouré de milliers d'hommes, tout récemment délivrés de leurs chaînes féodales, bravant les puissants de la terre et pleins de confiance dans le ciel : ce matin même il vient d'affranchir les serfs de la glèbe ; ils ne fouilleront plus le sol dans l'intérêt d'autrui, ou ce sera pour y creuser la fosse de leurs tyrans! Tel est leur cri de guerre : il faut en outre un mot d'ordre qui annonce le redressement des injures, la revendication des droits : Religion ! liberté ! vengeance !... ce que l'on voudra, il suffit d'un de ces mots pour conduire les hommes au carnage. Une phrase séditieuse, méditée et répandue par les habiles, peut assurer le règne du crime et la pâture des loups et des vers.

IX.

Ce pays où le pouvoir féodal avait pris un tel empire était à peine gouverné au nom d'un monarque enfant : moment bien choisi pour la rébellion, car le peuple méprisait celui-ci et détestait l'un et l'autre. Il ne lui fallait plus qu'un chef et il en trouvait un inséparablement uni à sa cause, un homme qui pour sa propre sûreté était obligé de se jeter au milieu de la lutte universelle. Séparé par un arrêt mystérieux du destin de ceux que le hasard de la naissance lui avait donné pour alliés, depuis cette soirée qu'il maudissait, Lara s'était préparé à faire face, mais non seul, à tout événement. Un motif impérieux, quel qu'il fût, lui commandait d'arrêter toute enquête sur sa conduite dans des pays lointains ; en confondant sa cause avec celle de tous, dût-il même tomber, il retardait sa chute. Depuis longtemps un calme sinistre avait pesé sur son cœur; l'orage des passions, autrefois si terrible, semblait s'être endormi ; mais soulevé tout-à-coup par des événements qui devaient conduire sa sombre destinée à une crise extrême, cet orage avait enfin éclaté et l'avait montré de nouveau tel qu'il fut jadis, tel qu'il est encore : seulement il a changé de théâtre. Il ne s'inquiète guère de sa vie ; il songe moins encore à sa renommée ; mais il n'en est que mieux disposé à jouer cette partie désespérée : condamné d'avance par la haine des hommes, il sourit à sa ruine pourvu qu'il y entraîne ses ennemis avec lui. Que lui importe la liberté d'un peuple? S'il a relevé les humbles ce n'était que pour rabaisser les superbes. Il a espéré un moment qu'il trouverait le repos dans sa sombre tanière, mais l'homme et le destin sont venus l'y poursuivre : accoutumé aux ruses des chasseurs, il est traqué dans son fort ; ils pourront l'y tuer, mais ils ne le prendront pas au piège. Farouche, taciturne, dépourvu d'ambition, on l'a vu jusque-là calme spectateur des scènes de la vie ; mais ramené dans l'arène, il se montre un digne rival des guerriers féodaux : son naturel sauvage éclate dans sa voix, dans ses traits, dans ses gestes, et le regard du gladiateur étincelle dans ses yeux.

X.

Qu'est-il besoin de répéter après tant d'autres la description des combats, le festin des vautours, le massacre des victimes humaines, la fortune diverse des diverses journées, la férocité du vainqueur, la lâcheté du vaincu, les ruines fumantes des villes écroulées ? Cette lutte fut semblable à toutes les autres, si ce n'est que des passions sans frein joignirent leurs fureurs à celles de la haine qui ne connaît point le remords. Personne ne demandait la vie, car on savait que la voix de la pitié ne serait point écoutée, les prisonniers étaient égorgés sur le champ de bataille : dans les deux camps la même rage enflammait ceux qui l'emportaient tour-à-tour ; et frappant au nom de la liberté comme au nom de l'esclavage, ils croyaient avoir tué trop peu s'il restait encore des vivants. Il est trop tard maintenant pour arrêter le glaive exterminateur : la désolation et la famine envahissent toute la contrée: la torche une fois allumée, la flamme s'est répandue de tous côtés à la fois, et le carnage sourit à son œuvre de chaque jour.

XI.

Forte de l'énergie que lui donne une impulsion toute fraîche, la troupe nombreuse de Lara emporte les premiers succès : mais cette fatale victoire est la ruine du parti. Les soldats ne forment plus leurs rangs à la voix du chef: ils marchent en désordre, se jettent aveuglément sur l'ennemi et semblent croire qu'on peut arracher le succès sans en avoir assuré les moyens. L'amour du butin, la soif de la haine entraînent à leur sort fatal ces bandes indisciplinées. En vain Lara fait-il tout ce qu'un chef peut tenter pour réprimer la furie insensée de sa troupe ; en vain il essaie d'apaiser cette ardeur opiniâtre ; la main qui alluma la flamme ne saurait l'éteindre. L'ennemi plus sage peut seul corriger cette foule indocile et lui démontrer son erreur ; retraites feintes, embuscades nocturnes, marches fatigantes, refus d'accepter le combat, longues privations de vivres, repos sans abri sous un ciel humide, retraite derrière des murailles opiniâtres qui bravent tout l'art des assaillants et lassent leur patience : les vassaux ameutés n'avaient point prévu tout cela. Un jour de bataille, ils pouvaient rivaliser avec les plus vieux guerriers ; mais l'ardeur de la lutte, dussent-ils y trouver le trépas, leur semblait préférable à une vie de privations continuelles. La famine les torturait ; la fièvre diminuait sans cesse leur nombre. Des chants prématurés de triomphe se changeaient en cris de mécontentement, et Lara seul semblait encore indompté. Mais bien peu restent pour obéir à sa voix ou aider son bras ; une armée de plusieurs milliers d'hommes s'est réduite à quelques soldats désespérés ; les plus braves sont restés les derniers et regrettent cette discipline qu'ils ont dédaignée. Un seul espoir reste encore : la frontière n'est pas loin, et ils peuvent se soustraire par là au désastre qui menace de terminer cette guerre civile. Chez l'étranger, ils conserveront dans leurs cœurs leurs regrets d'exilés, leur haine de proscrits ; sans doute il est dur de quitter la terre natale, mais il est plus dur encore d'avoir à choisir entre la mort et l'esclavage.

XII.

Leur résolution est prise ; ils marchent vers la frontière : la nuit propice leur prête les clartés de son flambeau pour guider leur fuite sans bruit et sans torches allumées ; déjà ils voient les paisibles rayons de la lune dormant sur les flots de la rivière qui sert de limite aux deux pays ; déjà ils peuvent distinguer... Est-ce là le rivage ? Arrière ! il est couvert de bataillons ennemis. Quel parti prendre ? la retraite ou la fuite ? Mais que voit-on briller à l'arrière-garde ?... c'est la bannière d'Othon ! ce sont les lances ennemies ! ces feux qui brillent sur les hauteurs, sont-ce des feux de bergers ? Hélas non ! ils jettent une clarté trop étendue pour que la fuite soit encore possible : coupés de toutes parts, ils sont pris pour ainsi dire au piège; mais on verse quelquefois moins de sang pour vaincre que pour fuir.

XIII.

On s'arrête un moment pour reprendre haleine. Marcheront-ils en avant ou se tiendront-ils sur la défensive ? Il importe peu : s'ils chargent l'ennemi qui leur barre le passage sur la rive du fleuve, quelques uns peut-être se fraieront une route et parviendront à rompre les rangs quelque serrés qu'ils soient. « Eh bien ! chargeons; attendre l'attaque serait le fait d'un lâche ! » Les sabres sortent du fourreau ; chaque cavalier serre la bride de son cheval, et le dernier mot prononcé devancera de bien peu l'action. Dans le suprême commandement que Lara va proférer de toutes les forces de sa poitrine, combien n'entendront que l'appel de la mort !

XIV.

Lui-même a mis l'épée à la main... Son aspect est aussi sombre, mais plus calme que de désespoir : c'est quelque chose de plus que cette indifférence qui, dans des circonstances pareilles, sied au plus brave, s'il lui reste quelque sentiment humain. Il tourne ses regards vers Kaled, toujours à ses côtés, et trop dévoué pour montrer la moindre crainte ; peut-être même n'était-ce que la faible clarté de la lune qui jetait sur ses traits un reflet inaccoutumé de pâleur et de deuil, expression non de sa terreur, mais de la sincérité de sa tendresse. Lara remarque cette pâleur et pose sa main sur la main du page ; elle ne tremblait pas dans ce moment redoutable; ses lèvres étaient muettes; son cœur battait à peine ; ses yeux seuls semblaient dire : « Nous ne nous quitterons pas ! que tes soldats périssent; que tes amis prennent la fuite : je dis adieu à la vie, mais je ne te dis point adieu. » Enfin le commandement du chef s'est fait entendre, et la petite troupe bien en ordre s'élance de la hauteur sur les lignes ennemies formées plus bas ; les coursiers obéissent à l'éperon ; le cimeterre brille et l'acier résonne. Inférieurs en nombre, mais non en courage, les compagnons de Lara opposent le désespoir à la résistance et attaquent l'ennemi de front ; le sang se mêle aux vagues du fleuve qui offriront encore aux rayons du matin une teinte rougeâtre.

XV.

Commandant, ralliant, animant tout par son exemple, partout où l'ennemi gagne du terrain, où ses amis semblent plier, Lara les repousse de la voix, frappe de la tranchant ou de la pointe, et inspire un espoir que lui-même a perdu. Personne ne fuit, car tous savent que la fuite serait inutile ; mais ceux même qui faiblissaient reviennent au combat quand ils voient les plus hardis d'entre l'ennemi reculer devant les regards et les coups de leur chef. Entouré par le nombre et presque seul, tour-à-tour il disperse les rangs opposés et rallie encore quelques soldats : il ne ménage point sa vie... Enfin l'ennemi semble plier... c'est l'instant... il élève sa main en l'air ; il agite...

Pourquoi son panache s'est-il abaissé tout-à-coup? Le coup est porté; la flèche est dans son sein! Ce geste fatal a laissé son flanc sans défense, et la mort vient d'abattre ce bras orgueilleux. Le cri de victoire reste à demi formé sur ses lèvres; cette main qui se levait pour l'annoncer, comme elle pend insensible! cependant elle serre encore instinctivement la poignée du glaive, quoique l'autre main ait lâché les rênes. Kaled les ramasse: étourdi du coup et privé de sentiment, Lara, courbé sur l'arçon de la selle, n'aperçoit pas que son page détourne son coursier de la mêlée. Cependant ses compagnons continuent de charger l'ennemi et sont trop occupés de donner la mort pour songer à celui qui l'a reçue.

XVI.

Le jour luit sur les mourants et les morts, sur les cuirasses percées et sur les têtes dépouillées du casque. Le cheval de bataille, privé de son maître, est gisant sur le sol, et dans sa dernière convulsion il déchire son harnais ensanglanté; et près de lui palpitent encore d'un reste de vie, le talon qui le pressait et la main qui tenait la bride. Quelques mourants sont tombés près du courant de l'onde, trop près, hélas! car les flots en fuyant trompent leurs lèvres avides; cette soif haletante, qui accompagne la mort sanglante du soldat, torture la bouche brûlante et la sollicite vainement à implorer une goutte d'eau... la dernière: afin de se rafraîchir pour la tombe; leurs membres affaiblis, agités par des efforts convulsifs, rampent sur le gazon teint de pourpre, efforts qui épuisent le peu qui leur reste de vie: mais enfin ils atteignent le courant; ils se penchent pour y plonger leurs lèvres; déjà ils en sentent la fraîcheur; ils ont presque goûté... Pourquoi restent-ils immobiles? Ils n'ont plus de soif à éteindre; quoiqu'elle reste inassouvie, ils ne la sentent plus; c'était une horrible agonie... mais tout est oublié.

XVII.

Sous un tilleul, à quelque distance du lieu qui sans lui n'aurait point été le théâtre d'un pareil combat, on voit couché un guerrier respirant encore, mais voué au trépas: c'était Lara dont la vie s'écoulait rapide avec les flots de son sang. Celui qui le suivait naguère, qui est maintenant son seul guide, Kaled, agenouillé près de lui, examine son flanc entr'ouvert et s'efforce d'étancher avec son écharpe le sang qui, à chaque convulsion, s'élance à bouillons plus pressés; puis, lorsque son haleine affaiblie devient plus rare, ce sang coule en filets non moins funestes; le blessé peut à peine parler; mais par un signe, il fait entendre à Kaled que tous les efforts sont vains et ne font qu'ajouter à ses angoisses. Il serre cette main qui tentait de soulager ses douleurs, et d'un sourire triste il remercie cet étrange enfant qui ne craint, ne sent, n'examine, ne voit rien, que ce front humide appuyé sur ses genoux; rien que ce pâle visage et cet œil presque éteint, seule clarté qui brille encore ici-bas pour Kaled.

XVIII.

Les vainqueurs viennent de ce côté, après de longues recherches sur le champ de bataille; car leur triomphe est nul tant que Lara lui-même n'a pas succombé. Ils voudraient l'emporter, mais ils s'aperçoivent bientôt que ce serait une peine inutile. Lui, les regarde avec le calme du dédain, sentiment qui le réconcilie avec son destin et qu'une haine toujours vivante fait naître au sein même de la mort. Othon arrive et, sautant de son coursier, vient contempler les blessures saignantes de l'ennemi qu'il a blessé; il l'interroge sur son état: Lara ne répond pas, le regarde à peine, comme un homme qu'il avait oublié, et se tourne vers Kaled... Quant aux mots qu'il prononce alors, les assistants les entendent assez distinctement, mais ils n'en comprennent point un seul: ils sont exprimés dans cette langue inconnue à laquelle l'attache irrésistiblement quelque étrange souvenir. Sans doute ces accents doivent rappeler d'anciennes scènes de sa vie; mais quelles sont-elles? Kaled seul le sait; car seul il peut comprendre son maître; et il lui répond quoique d'une voix basse, laudis que les vainqueurs rangés en cercle et les contemplant tous deux restent étonnés et muets. Le chevalier et son page semblent dans ce moment suprême oublier à moitié le présent dans le souvenir du passé, et avoir en commun quelque destinée singulière dont nul étranger ne saurait pénétrer les ténèbres.

XIX.

Leur entretien se prolongea longtemps, quoiqu'ils ne parlassent que d'une voix faible; c'était seulement d'après leur accent que l'on pouvait conjecturer le sens de leurs discours. A en juger ainsi, on aurait cru le jeune page plus près de sa fin que n'était Lara lui-même, tant la voix et la respiration de Kaled étaient tristes étouffées, tant étaient entrecoupées et pleines d'hésitation les paroles qui sortaient de ses lèvres pâles et presque immobiles. Au contraire, la voix de Lara, quoique peu élevée, demeura calme et distincte jusqu'au moment où la mort en s'approchant vint changer cette voix en râle: mais c'est en vain que d'après les traits de son visage on se flatterait de deviner ce qui se passe en lui, tant leur expression sombre est étrangère au repentir aussi bien qu'à toute affection; et pourtant au moment où il luttait contre la dernière agonie, on remarqua son regard tendrement fixé sur son page, et dans un autre moment, comme Kaled cessait de parler, Lara leva la main et montra l'Orient. Peut-être l'éclat du matin avait-il frappé ses yeux; car le soleil, franchissant l'horizon, chassait en ce moment devant lui les nuages qui voilaient le ciel; peut-être n'était-ce qu'un geste insignifiant; peut-être enfin le souvenir de quelque événement avait-il soulevé machinalement son bras vers les lieux où le fait s'était passé. Kaled parut à peine le comprendre lui-même, mais il détourna la tête, comme s'il avait horreur du jour; et au lieu de saluer cette lumière matinale, il fixa ses regards sur le front de Lara où descendait la nuit. Le moribond n'était point encore privé de tout sentiment, et plût au ciel qu'il l'eût été! car un des assistants lui ayant montré la croix, gage de notre rédemption, il veut approche de sa main le saint chapelet, appui que son âme prête à partir aurait dû réclamer, il jeta sur ces pieux objets un regard profane, et un sourire... que le ciel lui pardonne, si c'était l'expression du dédain. Mais Kaled, sans prononcer un mot, sans détourner la face de Lara son regard fixe et désespéré, d'un air irrité et d'un geste rapide, repoussa la main qui présentait ces gages consacrés: comme si l'on n'eût fait que troubler ainsi les derniers moments de son maître. Il ne paraissait pas savoir que dès ce moment même la vie commençait pour lui, cette vie immortelle que nul ne peut être sûr d'obtenir s'il n'a point une foi complète dans le Christ.

XX.

Cependant la respiration de Lara devenait de plus en plus pénible: le voile qui couvrait ses yeux s'était épaissi; ses membres s'étendaient d'une manière convulsive, et sa tête était tombée inerte sur les genoux faibles qui la soutenaient sans se lasser. Enfin, il presse une dernière fois la main qu'il tient sur son cœur... Ce cœur ne bat plus, mais Kaled ne consent pas encore à se dégager de cette froide étreinte; il cherche, il cherche encore cette sourde palpitation qui ne lui répond plus. « Mais son cœur bat! » Arrière, rêveur! Tout est fini: ce fut Lara, cet objet que tu regardes encore.

XXI.

Il le contemplait, comme si l'esprit hautain qui animait cette argile n'avait point pris son essor; et les assistants l'avaient arraché à son état d'extase sans pouvoir détourner ses regards de l'objet sur lequel ils étaient fixés. Relevé du lieu où il soutenait dans ses bras ce corps inanimé, quand il vit cette tête, qu'il aurait voulu retenir sur son sein, retomber sans force vers le sol, comme la poussière rendue à la poussière, il ne se précipita point de nouveau auprès du cadavre; il n'arracha point les boucles brillantes de sa noire chevelure: mais il essaya de se tenir debout et de regarder encore; puis, il chancela et tomba tout-à-coup, à peine moins inanimé que celui qu'il avait tant aimé. Il !... lui!... oh! non; jamais un cœur d'homme n'a pu nourrir un pareil amour. Cette dernière épreuve vient enfin de révéler un secret longtemps mais imparfaitement caché; sous ses vêtements qu'on écarte pour rappeler à la vie ce cœur dont les douleurs semblent arrivées à leur terme, on découvre une femme. Alors la vie reparaît, mais cet être bizarre ne semble point éprouver de honte... que lui importent maintenant son sexe et sa renommée.

XXII.

Et Lara ne repose pas où reposent ses pères; mais sa fosse est creusée aussi profondément dans le sol sur lequel il est tombé; et son sommeil n'y est pas moins calme, quoique des prêtres n'aient point béni la tombe et que nul marbre ne la couvre; son deuil a été porté avec des regrets moins bruyants mais plus sincères que ceux qu'inspire à un peuple la perte d'un libérateur. En vain on questionna l'étrangère sur son passé; en vain même on la menaça: muette jusqu'au bout, elle ne voulut révéler ni d'où elle venait, ni comment elle avait quitté tout pour suivre un homme qui semblait lui montrer son amour si peu d'affection. Pourquoi donc l'aimait-elle? Curiosité insensée! taisez-vous! L'amour est-il donc le produit de la volonté? Pour elle peut-être Lara était-il toute tendresse; ces âmes sombres ont une profondeur de sentiment dans laquelle notre regard superficiel ne peut pénétrer; et quand elles aiment, nos railleurs ne savent point avec quelle puissance battent ces cœurs généreux. Les sceptiques avoueront cependant, du bout des lèvres, que ce n'étaient pas des liens vulgaires qui attachaient à Lara l'affection et l'intelligence d'un être tel que Kaled. Mais rien ne put la faire consentir à révéler le secret de cette fatale histoire ; et maintenant, la mort a scellé les lèvres qui l'auraient pu raconter.

XXIII.

Ils ont déposé Lara dans le sein de la terre ; et sur sa poitrine, outre la blessure qui en a chassé l'âme, ils ont trouvé les traces de mainte cicatrice qui ne pouvaient provenir d'une guerre récente : quelque part qu'il ait passé l'été de sa vie, il doit avoir vécu au sein des combats. Mais sa gloire ou ses crimes sont également inconnus : on sait seulement que du sang a été versé, et Ezzelin, qui aurait pu révéler son passé, Ezzelin n'a plus reparu... la nuit de leur rencontre avait été sa dernière nuit.

XXIV.

Dans cette nuit même (un paysan l'a raconté), à l'heure où la clarté de la lune allait s'effacer devant celle du matin, et couvrait d'un voile de brouillards son croissant amorti, un serf traversait la vallée située entre les châteaux ; il s'était levé avant le jour pour aller au bois et y gagner, comme bûcheron, le pain de ses enfants. Il était arrivé près de la rivière qui sépare les terres d'Othon des vastes domaines de Lara, quand il entendit un bruit de pas, puis il vit un cheval et son cavalier sortir de la forêt : sur l'arçon de la selle était posé un objet enveloppé dans un manteau. Frappé de cette apparition à une telle heure, et pressentant qu'elle pouvait révéler un crime, il se cacha pour épier les mouvements de l'étranger. Celui-ci gagna le bord de la rivière et descendit de son coursier ; ensuite, soulevant le fardeau qu'il portait, il gravit un point élevé de la rive et le lança dans les flots. Alors il resta un moment immobile ; puis il jeta un regard autour de lui et un autre sur le fleuve, et il fit quelques pas en suivant le cours de l'onde, comme si la surface eût pu trahir encore quelque chose. Tout-à-coup il tressaillit, se baissa et chercha autour de lui parmi les cailloux que les eaux de l'hiver avaient amoncelés sur la rive : il choisit les plus pesantes de ces pierres et les lança en visant avec une attention particulière. Cependant le serf avait gagné en rampant un endroit d'où, sans être aperçu, il pouvait observer en sûreté tout ce qui se passait : il aperçut vaguement un objet..... une poitrine d'homme qui flottait à la surface de l'eau, et, sur cette poitrine, quelque chose qui brillait comme une étoile. Mais avant qu'il eût le temps de bien observer ce corps à demi submergé, un lourd caillou l'atteignit et il s'enfonça : plus loin il reparut, mais peu distinct et jetant seulement sur les eaux une teinte de pourpre ; et enfin il disparut tout-à-fait. Le cavalier observa tout, jusqu'au moment où s'éteignit sur l'onde le dernier des cercles qui s'y étaient dessinés. Alors il se retourna, et se penchant sur son cheval qui piétinait d'impatience, il le piqua de l'éperon et lui fit prendre une course désordonnée. Le cavalier était masqué ; le paysan, dans sa terreur, ne put observer les traits du mort ; mais, certainement, sa poitrine portait une étoile : tel est l'insigne des plus nobles chevaliers, et l'on se rappelait que le seigneur Ezzelin était paré de cette marque d'honneur, dans cette même nuit qui avait précédé une matinée fatale. S'il a péri de cette mort ignorée, que le ciel reçoive son âme ! son cadavre perdu roule vers l'Océan, et la charité se plaît à croire qu'il n'est point tombé sous les coups de Lara.

XXV.

Et Kaled, Lara, Ezzelin, ont disparu du monde sans qu'une pierre sépulcrale rappelât leur mémoire. On tenta vainement d'éloigner Kaled du lieu où le chef bien-aimé avait répandu son sang : la douleur avait dompté l'âme trop fière de cette jeune femme : elle versait peu de larmes et ses plaintes n'étaient pas bruyantes ; mais elle devenait furieuse quand on prétendait l'arracher de ce lieu où elle croyait presque le voir encore : alors son œil étincelait comme l'œil de la tigresse à qui l'on veut dérober ses petits. Comme on la laissait consumer dans ces lieux ses jours abandonnés, elle passait le temps à converser avec des formes qu'elle croyait voir dans l'air, adressant ses tendres plaintes à ces êtres fantastiques, qu'enfante l'imagination échauffée par la douleur. Elle allait s'asseoir sous le même arbre qui l'avait vue tenir sur ses genoux la tête vacillante du guerrier blessé ; et, toujours dans la même attitude, elle se rappelait ses paroles, ses regards, le moindre geste de son agonie ; elle avait coupé sa propre chevelure, à elle, chevelure noire comme l'aile du corbeau ; elle la conservait dans son sein et souvent elle l'en retirait et la déroulait, et la pressait doucement sur le gazon, comme pour étancher le sang de la blessure d'un fantôme. Elle s'adressait à elle-même des questions et répondait pour lui ; puis, tout-à-coup, elle se levait en tressaillant et le conjurait de fuir un spectre acharné à sa poursuite ; enfin elle s'asseyait sur les racines du tilleul et cachait son visage dans ses mains amaigries, ou traçait sur le sable des caractères inconnus. Cela ne pouvait durer... elle repose près de celui qu'elle a tant aimé ; son histoire est ignorée... son amour... elle l'a prouvé trop bien.

Et Lara ne repose pas où reposent ses pères.....

FIN DE LARA.

LE PÈLERINAGE DE CHILDE-HAROLD.

A IANTHÉ.

Jamais dans ces climats, qui furent si longtemps la patrie de la beauté et où j'ai depuis peu porté mes pas errants, jamais dans ces visions qui nous offrent de tels fantômes que nous regrettons ensuite d'avoir seulement rêvé, ni la réalité, ni l'imagination ne m'ont rien montré d'aussi beau que toi. T'ayant vue, je n'essaierai pas de dépeindre l'éclat mobile et changeant de tes charmes : pour ceux qui ne te connaissent point ma description serait faible ; que dirait-elle à ceux qui peuvent te contempler ?

Oh! puisses-tu rester toujours ce que tu es et ne point démentir les promesses de ton printemps : puisses-tu conserver avec des formes aussi belles un cœur aussi aimant et aussi pur, image terrestre de l'amour, de l'amour dépouillé de ses ailes, et naïve au-delà de tout ce que peut imaginer l'espérance. Sans doute celle qui élève si tendrement ta jeunesse, en te voyant briller chaque jour d'un nouvel éclat, doit contempler en toi l'arc-en-ciel de son avenir.

Jeune péri de l'Occident, c'est un bonheur pour moi que mes années soient deux fois plus nombreuses que les tiennes : mon regard peut s'arrêter tranquillement sur toi et contempler sans danger l'éclat de ta florissante beauté. Heureux de ne jamais devoir assister à ton déclin, je le suis encore plus de pouvoir dérober mon cœur à l'influence de tes yeux ; tandis que de jeunes cœurs saigneront à cause de toi, et ressentiront au milieu de leur admiration ces angoisses inséparables des plus douces heures de l'amour.

Oh! que tes yeux, vifs comme ceux de la gazelle, tantôt brillants de fierté, tantôt beaux de modestie; qui nous subjuguent par un rapide regard, qui nous éblouissent par leur fixité; que tes yeux daignent s'arrêter sur ces pages! Ne refuse pas à mes vers ce sourire que le poète implorerait en vain pour lui-même, si je devenais jamais pour toi autre chose qu'un ami. Accorde-moi tout cela, chère enfant; et ne demande pas pourquoi, si jeune encore, on te dédie des chants; mais permets-moi de joindre un lis sans tache à ma simple couronne.

Tel sera ton nom uni à mes vers : et chaque fois qu'un œil ami s'arrêtera sur les pages de mon Harold, le nom d'Ianthé, ici consacré, sera lu le premier, le dernier oublié. Quand j'aurai cessé de vivre, puisse cet hommage que je te rends attirer tes doigts de fée sur la lyre de celui qui salua ta beauté naissante! ce sera pour ma mémoire un prix assez doux ; si l'espérance peut en souhaiter davantage, l'amitié pouvait-elle demander moins.

CHANT PREMIER.

I.

Toi à qui la Grèce assignait une céleste origine, muse! fille de l'imagination et du caprice du poète! tant de lyres inhabiles ont déshonoré ton nom sur la terre, que la mienne n'ose plus t'inviter à descendre de la sacrée colline : et pourtant tu m'as vu errer sur les bords de ta source favorite, tu m'as entendu soupirer sur l'autel de Delphes depuis longtemps abandonné, où l'on n'entend que le faible murmure de ton onde. Ma harpe n'ose point éveiller les neuf Sœurs fatiguées pour leur offrir un récit aussi simple, des vers aussi humbles que les miens.

II.

Jadis, dans l'île d'Albion vivait un jeune homme pour qui les sentiers de la vertu étaient sans attraits, mais qui dépensait ses jours dans les désordres les plus honteux et se plaisait à étourdir de ses joyeux éclats les oreilles somnolentes de la nuit. Hélas! c'était de fait un luron sans vergogne, adonné à la débauche et aux plaisirs profanes. Peu d'objets ici-bas avaient le don de lui plaire, sauf ses concubines, ses compagnons d'orgie, et des mauvais sujets de haut et bas étage.

III.

Childe-Harold était son nom : mais d'où lui venait ce nom? quelle était sa généalogie? C'est ce qu'il ne me convient pas de dire. Il suffira qu'on sache que ce nom avait quelque éclat, que ses ancêtres ne l'avaient point porté sans gloire : mais il ne faut qu'une tache pour souiller à toujours le titre le plus vénéré dans les temps anciens ; et ni ce que les hérauts d'armes peuvent évoquer de la poussière du cercueil, ni la prose fleurie, ni les mensonges mielleux de la poésie, ne peuvent décorer des actions coupables ou consacrer un crime.

Le vaisseau fuit; la terre a disparu.

IV.

Childe-Harold s'ébattait en son midi, ni plus ni moins qu'une mouche dans un rayon de soleil, et ne songeait pas qu'avant la fin de sa courte journée, un souffle de l'adversité pourrait glacer toute sa joie. Mais longtemps avant que le tiers de son âge fût écoulé, quelque chose de pire que le malheur lui échut : il éprouva une complète satiété. Alors il ne put supporter l'existence dans son pays natal, lequel lui sembla plus triste que la cellule d'un ermite.

V.

Car il avait parcouru le long labyrinthe du péché sans jamais réparer les maux qu'il avait causés. Il avait soupiré pour bien des

Paris. — Imp. Lacour et Cᵉ, rue Soufflot, 16.

femmes, quoiqu'il n'en eût aimé qu'une seule, qui, hélas! n'avait pu être à lui: heureuse qu'elle fut d'échapper à celui dont les embrassements auraient souillé un être aussi chaste; qui bientôt aurait délaissé ses charmes pour de vulgaires voluptés, qui aurait aliéné de riches domaines pour dorer ses travers et qui jamais n'eût daigné goûter le charme de la paix domestique.

VI.

Le cœur de Childe-Harold était bien malade: il fuyait les orgies de ses compagnons. On dit que parfois une larme était près de jaillir de ses yeux, mais l'orgueil venait aussitôt l'y glacer. Se promenant seul dans sa triste rêverie, il résolut de quitter son pays natal et de visiter des climats brûlants par-delà les mers; trompé par le plaisir, il aspirait presque aux souffrances, et pour changer de théâtre, il se fût volontiers plongé dans les ténèbres éternelles.

VII.

Childe-Harold quitta le manoir de ses pères, vaste et vénérable édifice tellement frappé de vétusté qu'il semblait ne se tenir debout que par miracle, mais soutenu par la solidité de ses piliers et de ses ailes massives. Religieuse retraite, maintenant condamnée à des usages profanes! Ces lieux, où la superstition avait jadis établi son repaire, retentissaient des chants et des rires des filles de Paphos: les moines auraient pu croire que leur temps était revenu, si les anciens récits n'ont point calomnié ces saints personnages.

VIII.

Quelquefois, au milieu de sa plus extravagante gaîté, on voyait l'angoisse passer sur le front de Childe-Harold comme un étrange éclair: on eût dit que le souvenir de quelque lutte mortelle ou quelque passion déçue venait tout-à-coup s'y trahir; mais personne n'avait pénétré ce mystère et ne paraissait même se soucier de l'éclaircir; car il n'avait pas une de ces âmes ouvertes et naïves, qui trouvent du soulagement à épancher leurs chagrins: il ne souhaitait point qu'un ami pût le consoler ou s'affliger avec lui d'un malheur qu'il n'était plus temps de prévenir.

IX.

Et au fond, personne ne l'aimait, quoiqu'il réunît à sa table et dans ses salons des convives accourus de près et de loin, gens qu'il connaissait lui-même comme flatteurs de ses journées de fête, parasites sans cœur du festin qu'il dressait. Non, personne ne l'aimait.... pas même ses maîtresses; car la femme n'aime que le luxe et la puissance, et quand ces biens sont absents, l'amour prend sa volée; comme le phalène nocturne, la beauté se laisse prendre à ce qui luit: et Mammon se fraie sa route là où un chérubin désespère.

X.

Childe-Harold avait une mère; il ne l'avait point oubliée quoiqu'il partît sans lui faire ses adieux; il avait une sœur qu'il aimait; mais il ne la revit point avant de commencer son triste pèlerinage: ses amis.... s'il en eut... il ne dit adieu à aucun. Et ne croyez pas pour cela qu'il eût un cœur d'acier: vous qui avez éprouvé ce que c'est de placer toutes vos affections sur un petit nombre d'objets, vous comprenez que de pareils adieux brisent le cœur qu'on espérait soulager.

XI.

Sa demeure, son foyer, son héritage, ses domaines, les riantes créatures dont il avait fait sa joie et qui, avec leurs grands yeux bleus, leurs blonds anneaux, leurs mains de neige, auraient damné un anachorète; ces beautés qui avaient longtemps comblé les désirs de sa jeunesse; ces coupes où pétillaient les vins les plus rares; enfin ce que le luxe a de plus attrayant: il quitta tout sans un soupir, pour traverser l'Océan, parcourir les rivages musulmans et franchir la ligne qui partage le globe.

XII.

Les voiles étaient gonflées; la brise légère soufflait comme joyeuse de l'emporter loin de la terre natale; bientôt les blanches falaises s'effacèrent rapidement à sa vue et disparurent dans la brume. Alors peut-être conçut-il un regret de la résolution qu'il avait prise; mais cette pensée dormit silencieuse dans son cœur, aucune plainte ne sortit de ses lèvres, tandis que d'autres autour de lui pleuraient et livraient aux vents insensibles des gémissements indignes d'un homme.

XIII.

Mais au moment où le soleil s'enfonçait dans la mer, il saisit sa harpe, dont il tirait parfois des accords que nul ne lui avait enseignés, quand il croyait n'être écouté par aucune oreille étrangère. Alors il promena ses doigts sur les cordes sonores et préluda à ses adieux au milieu du pâle crépuscule. Tandis que le vaisseau volait porté par ses ailes de neige et que les rivages indécis s'évanouissaient à sa vue, voici le chant d'adieu qu'il jetait aux vents et aux flots:

1.

Adieu! adieu! mon pays natal disparaît sur les vagues bleues; les brises nocturnes soupirent, les vagues se brisent en rugissant, et la mouette pousse ses cris sauvages: nous suivons dans sa course ce soleil qui va se plonger dans la mer. Adieu à lui! adieu à toi aussi, ô ma patrie!

2.

Dans peu d'heures ce soleil se lèvera pour enfanter encore un jour: je saluerai encore l'Océan et les cieux, mais non la terre maternelle. Ma salle antique est déserte, et son foyer désolé: des herbes sauvages croissent dans les murailles et mes chiens hurlent sur le seuil.

3.

« Viens près de moi, mon petit page! pourquoi pleurer et te plaindre? Crains-tu donc la fureur des vagues ou le souffle du vent? Essuie tes larmes: notre vaisseau est rapide et bien construit: à peine mon meilleur faucon a-t-il un vol plus joyeux.

4.

— Que le vent siffle, que la vague grossisse, je ne crains ni la vague ni le vent; mais ne vous étonnez pas, monseigneur, de me voir triste au fond de l'âme: car j'ai quitté mon père, une mère que j'aimais, et après eux je n'ai point d'amis, si ce n'est vous... et celui qui est là-haut.

5.

« Mon père m'a donné sa bénédiction avec ferveur; et cependant il n'a point fait entendre de plaintes; mais ma mère va soupirer amèrement jusqu'à mon retour. — Assez, assez, mon petit page! de pareilles larmes vont bien à tes yeux: si j'avais ton cœur innocent, les miens ne seraient pas secs.

6.

— Viens près de moi, mon fidèle serviteur! pourquoi donc es-tu si pâle? Est-ce que tu crains l'attaque des Français, ou bien ce vent te donne-t-il le frisson? — Croyez-vous que je tremble pour ma vie? non, monseigneur; je ne suis pas assez faible pour cela; mais la pensée d'une femme absente peut faire pâlir un époux.

7.

« Ma femme et mes enfants demeurent près de votre manoir, le long du lac qui l'entoure; et quand mes petits garçons demanderont après leur père, que pourra-t-elle leur répondre? — Assez, assez, mon fidèle serviteur: personne ne peut blâmer la tristesse; mais moi, d'une humeur plus légère, c'est en riant que je m'éloigne. »

8.

Et qui voudrait se fier aux vains soupirs d'une femme ou d'une maîtresse? un nouvel amour séchera ces beaux yeux bleus que nous avons vus tout humides. Je ne regrette pas plus les plaisirs passés que je ne redoute les dangers présents: mon plus grand chagrin est de ne rien laisser après moi qui soit digne d'une larme.

9.

Et maintenant me voilà seul au monde sur la vaste, vaste mer. Je n'ai à pleurer pour personne, puisque personne ne soupirera pour moi. Peut-être mon chien gémira-t-il quelque temps jusqu'à ce qu'une main étrangère l'ait nourri; mais bientôt, si je revenais, il me déchirerait à belles dents.

10.

Vogue rapidement, ô mon navire; nous traverserons ensemble les plaines écumantes: n'importe dans quelle contrée tu me porteras, pourvu que tu ne me ramènes point dans la mienne. Salut, salut! vagues bleuâtres. Et quand j'aurai perdu de vue l'Océan, salut, déserts! salut, antres sauvages! Et toi mon pays natal, adieu!

XIV.

En avant! en avant! le vaisseau fuit, la terre a disparu et les vents soufflent rudement dans la baie de Biscaïe incessamment agitée. Quatre jours s'écoulent, et le cinquième on signale la côte, et cette nouvelle répand la joie dans tous les cœurs. La montagne de Cintra salue les navigateurs; devant eux le Tage apporte à l'Océan le tribut de ses flots dorés. Les pilotes lusitaniens escaladent bientôt le bord, et le navire glisse entre les rives fertiles où quelques paysans achèvent la moisson.

XV.

O Christ! c'est plaisir de voir tout ce que le ciel a fait pour cette terre de délices! Quels fruits embaumés rougissent sur les arbres! quelles richesses se déploient sur les coteaux! Mais l'homme vient ravager d'une main impie tous ces dons de la nature, et quand le Tout-Puissant lèvera son bras vengeur pour frapper les transgresseurs de ses commandements, ses foudres allumées par une triple vengeance frapperont les hordes des Gaules, ces armées de sauterelles, et purgeront la terre de ses plus cruels ennemis.

XVI.

Au premier coup d'œil, quelles beautés Lisbonne déploie! Son image se réfléchit tremblante dans ce noble fleuve que les poëtes menteurs faisaient couler sur un sable d'or, et à la surface duquel glissent maintenant les carènes de mille puissants vaisseaux, depuis qu'Albion donne son appui aux Lusitaniens : nation gonflée d'ignorance et d'orgueil, baisant et maudissant à la fois la main qui a tiré l'épée pour l'arracher aux fureurs de l'implacable tyran des Gaules.

XVII.

Mais si l'on pénètre dans l'intérieur de cette ville, qui vue de loin semble une habitation céleste, on erre tristement parmi une foule d'objets pénibles à voir pour l'étranger : chaumières et palais sont également malpropres, et partout les habitants croupissent dans la fange : de quelque rang qu'il soit, nul ne s'occupe de la propreté de son linge ou de son costume; et fussent-ils attaqués de la plaie d'Égypte, ils resteraient sans s'émouvoir dans leurs haillons et leur crasse.

XVIII.

Pauvres et vils esclaves! nés cependant au sein de la plus belle contrée! O nature! comment prodigues-tu tes merveilles en faveur de tels hommes? Voyez! Cintra nous étale son radieux Éden, ensemble varié de montagnes et de vallons. Quel pinceau, quelle plume pourrait reproduire la moitié des beautés que l'œil contemple? sites plus éblouissants pour des regards mortels que les lieux mêmes décrits par le poëte qui, le premier, a ouvert aux humains étonnés les portes de l'Élysée.

XIX.

Rochers audacieux, couronnés par un couvent suspendu dans l'espace, liéges blanchâtres qui garnissent la pente escarpée, mousses des montagnes brunies par un ciel brûlant, vallées profondes dont les arbrisseaux pleurent l'absence du soleil, mer sans ride que le tendre azur se déploie à l'horizon, oranges dont l'or brille parmi la plus belle verdure, onde qui bondissent du haut des rocs dans les vallons; des vignes sur les hauteurs, plus bas des saules : tous ces objets réunis forment un spectacle imposant plein de magnificence et de variété.

XX.

Gravissez lentement le sentier aux mille détours, et tournez-vous de temps en temps pour regarder derrière vous; chaque point de vue plus élevé vous découvre de nouvelles beautés : arrêtez-vous enfin au couvent de Notre-Dame-des-Douleurs, où des moines dévots montrent à l'étranger leurs petites reliques, et lui racontent de vieilles légendes : ici des impies ont été frappés par Dieu même, et là-bas, voyez cette profonde caverne où Honorius habita longtemps dans l'espérance de mériter le ciel en se faisant de ce monde un enfer.

XXI.

En gravissant le rocher, remarquez, tantôt à droite, tantôt à gauche du chemin, ces croix grossièrement sculptées : ne croyez pas qu'elles aient été placées là par la dévotion; ce sont les monuments fragiles d'autant de meurtres : car partout où une victime a crié et répandu son sang sous le couteau de l'assassin, une main inconnue vient ériger une croix formée de deux lattes vermoulues; et les bosquets et les vallons en offrent des milliers sur cette terre ensanglantée, où la loi ne protége pas la vie de l'homme.

XXII.

Sur la pente des collines, ou dans le fond des vallées, sont des palais où les rois faisaient jadis leur demeure : aujourd'hui ces enceintes solitaires n'ont plus pour habitants que quelques fleurs sauvages; et pourtant on y découvre encore des traces de leur grandeur passée. Là-bas s'élèvent les tours du palais du prince : c'est là aussi, ô Vathek (1), le plus opulent des fils de l'Angleterre, que tu avais jadis réalisé ton paradis, oubliant que la richesse a beau déployer toute sa puissance, elle ne peut retenir la douce paix dans ses piéges voluptueux.

XXIII.

C'est ici que tu demeurais; sous la crête toujours superbe de cette

(1) Vathek est mis ici pour M. William Beckford, auteur du conte oriental, intitulé : Le calife Vathek, et célèbre par ses richesses et sa prodigalité.

montagne, tu méditais sans cesse de nouveaux plaisirs : mais aujourd'hui, comme un séjour profané, ton magique palais est solitaire comme toi-même! Des plantes gigantesques laissent à peine un passage vers les salles désertes et les vastes portiques béants : nouvel exemple, pour une âme réfléchie, de la vanité des jouissances terrestres, si rapidement balayées par les flots tumultueux du temps.

XXIV.

Voici le palais où des chefs renommés se sont réunis naguère (1). Oh! que sa vue est pénible aux regards d'un Anglais! C'est là que siége, coiffé du bonnet de la folie en guise de diadème, et revêtu d'une robe de parchemin, un petit démon au sourire moqueur : il porte suspendus à son côté un sceau et un noir rouleau où brillent des armoiries et des noms connus dans la chevalerie, et de nombreuses signatures que le petit lutin montre du doigt en riant de tout son cœur.

XXV.

Convention, tel est le nom de ce nain diabolique qui a dupé tous les chevaliers rassemblés dans le palais de Marialva : il leur a enlevé leur cervelle (si toutefois ils en avaient une), et a changé en deuil la fausse joie d'une nation. Ici la sottise a foulé aux pieds le panache du vainqueur, et la politique a regagné ce que les armes avaient perdu. Que les lauriers fleurissent en vain pour des chefs tels que les nôtres! Oui, malheur aux vainqueurs, et non pas aux vaincus, puisque la victoire, prise pour dupe, se laisse ainsi ravir ses palmes!

XXVI.

Depuis ce belliqueux congrès, ton nom fait pâlir la Bretagne, ô Cintra; les ministres, quand ils l'entendent, frémissent, et ils rougiraient de honte s'ils pouvaient rougir. Comment la postérité qualifiera-t-elle un semblable traité? Les nations ne se railleront-elles pas de nous en voyant nos champions dépouillés de leur gloire par un ennemi vaincu sur le champ de bataille, et vainqueur sur un tapis vert? Ridicule contraste que le mépris flétrira dans un long avenir (2).

XXVII.

Ainsi pensait Harold tout en gravissant la montagne, silencieux et solitaire : le site était magnifique, et pourtant il avait hâte de fuir, plus ennemi du repos que l'hirondelle dans l'air. Cependant il s'exerçait ainsi à réfléchir, car il était quelquefois enclin à la méditation : la voix de sa conscience lui disait tout bas qu'il avait passé misérablement sa jeunesse dans des caprices insensés : mais quand il regardait la vérité, ses yeux blessés s'obscurcissaient.

XXVIII.

A cheval! à cheval! il quitte, il quitte pour jamais un séjour de paix, quelque doux qu'il soit à son âme : il sort de son accès de rêverie; mais ce n'est ni l'amour ni les festins qui l'appellent. Il vole toujours en avant sans savoir encore où il se reposera de son pèlerinage; la scène changera bien des fois autour de lui, avant que la fatigue ait apaisé sa soif de voyages, avant que son cœur se soit calmé, et que l'expérience l'ait rendu sage.

XXIX.

Cependant Mafra l'arrêtera un moment. C'est là qu'habitait la malheureuse reine des Lusitaniens : l'Église et la Cour y entremêlaient leurs pompes; on y voyait se succéder les messes et les festins, des courtisans et des moines, compagnons assez mal assortis! Mais la Prostituée de Babylone a construit dans ces lieux un édifice où elle brille d'une telle splendeur que l'on oublie le sang qu'elle a versé, et que l'on plie le genou devant cette magnificence qui décore le crime.

XXX.

Childe-Harold chemine à travers des vallons fertiles, des collines pittoresques (ah! ce ne sont-elles habitées par une race d'hommes libres!), parmi des sites délicieux qui charment sans cesse la vue. Des hommes peu actifs peuvent taxer de folie une poursuite pareille, et s'étonner qu'on abandonne son bon fauteuil pour parcourir les longues, longues lieues d'une route fatigante : n'importe! l'air des montagnes est doux à respirer, on y puise une vitalité que l'indolence ne connaîtra jamais.

XXXI.

Les collines deviennent plus rares et s'éloignent de la vue; les vallées moins fertiles ont plus d'étendue, et enfin ce ne sont plus que

(1) La convention dont il s'agit entre les généraux anglais et français fut conclue à plus de dix lieues de l'endroit où la place Byron.
(2) On sait néanmoins que si Junot, duc d'Abrantès, cerné et n'ayant que des forces très inférieures à celles de l'ennemi, obtint des conditions avantageuses, ce fut grâce à la terreur qu'inspiraient encore les débris de sa courageuse armée.

d'immenses plaines qui se perdent à l'horizon. Aussi loin que l'œil peut atteindre, il voit s'étendre sans fin les domaines de l'Espagne où les bergers font paître ces troupeaux dont la laine soyeuse est si bien connue du commerce. Maintenant il faut que le bras des pasteurs défende leurs agneaux : car l'Espagne est envahie par un ennemi redoutable, et chacun doit défendre ce qu'il possède, ou subir les maux de la conquête.

XXXII.

Au lieu où se rencontrent la Lusitanie et sa sœur, que pensez-vous qui marque la borne des deux États rivaux ? Est-ce le Tage qui interpose son onde majestueuse entre ces nations jalouses ? Les sombres Sierras y viennent-elles élever leurs rochers orgueilleux ? Y voit-on une barrière élevée par la main des hommes, pareille à l'immense muraille de la Chine ?... Point de mur ni de barrière, point de large et profond cours d'eau, pas de rochers escarpés, point de montagnes sombres et altières comme celles qui séparent l'Espagne de la France.

XXXIII.

Mais entre les deux royaumes rivaux glisse un ruisselet argenté, aux rives verdoyantes et à peine distingué par un nom. Le berger inoccupé vient s'y arrêter, appuyé sur sa houlette, et laisse son œil indolent errer sur les flots qui murmurent et qui coulent paisibles entre des ennemis acharnés : car ici tout paysan est fier comme le plus noble duc, et le laboureur espagnol sait quelle différence existe entre lui et l'esclave lusitanien, le dernier et le plus lâche des hommes.

XXXIV.

Avant d'avoir laissé loin en arrière ces limites indécises, Harold voit la sombre Guadiana, si souvent chantée dans les anciennes romances, rouler devant lui avec un imposant murmure ses tristes et vastes ondes. Autrefois sur ses bords s'entassèrent des légions de Maures et de chevaliers chrétiens, brillant dans leurs cottes de mailles : ici les plus agiles s'arrêtèrent; ici tombèrent les plus forts : le turban musulman et le cimier du chrétien se rencontrèrent roulant dans les flots ensanglantés.

XXXV.

O belle Espagne! glorieuse et romantique contrée ! qu'est devenu l'étendard que portait Pélage, après que le traître Julien, père de l'infortunée Cava, eut appelé les bandes africaines pour teindre du sang des Goths les sources de tes montagnes ? Où sont ces bannières sanglantes qui flottaient sur les têtes de tes enfants, enflées par le souffle de la victoire, et qui repoussèrent enfin les envahisseurs jusque sur leurs propres rivages ? Alors la Croix brillait d'une splendeur empourprée ; le pâle croissant s'évanouissait devant elle, et les échos africains répétaient les gémissements des matrones mauresques.

XXXVI.

Chacun de tes chants populaires n'est-il pas plein de ces glorieux récits? Telle est, hélas ! la plus haute récompense du héros. Quand le granit tombe en poudre, et quand l'histoire se tait, la complainte d'un paysan supplée aux annales douteuses. Orgueil ! détache tes regards du ciel pour les abaisser sur toi-même, et tu vois maintenant les noms les plus puissants vont se réfugier dans une chanson. Un livre, un édifice, un tombeau, peuvent-ils te conserver ta grandeur ? et oseras-tu compter sur la simple voix de la tradition quand la flatterie ne parle plus pour toi, et quand l'histoire te méconnaît?

XXXVII.

Eveillez-vous, fils de l'Espagne, éveillez-vous! En avant ! C'est la chevalerie, votre ancienne divinité, qui vous appelle ; mais elle n'a plus comme jadis une lance altérée de sang, et son panache de pourpre ne se balance plus dans la nue ; elle vole maintenant sur la fumée des détonations enflammées, et rugit comme un tonnerre par la voix des tubes d'airain; à chacun de ces éclats elle vous crie : « Réveillez-vous! levez-vous ! » Dites, sa voix est-elle donc plus faible qu'elle n'était jadis, quand son cri de guerre se faisait entendre sur les rivages de l'Andalousie?

XXXVIII.

Silence ! n'entendez-vous pas retentir le sol sous le galop des coursiers? N'est-ce pas le bruit du combat qu'on entend dans la plaine? Ne voyez-vous pas quelles victimes tombent sous le glaive fumant ? Courez, courez au secours de vos frères avant qu'ils tombent sous les coups des tyrans et de leurs esclaves. Les feux du trépas, les feux qui portent la balle mortelle brillent sur les hauteurs : chaque coup répété de roc en roc annonce que des milliers de victimes ont cessé de respirer ; la mort chevauche un aquilon sulfureux; le génie des batailles frappe le sol de son pied rouge de sang, et les nations sentent le contre-coup.

XXXIX.

Voyez là-bas ! le géant est debout sur la montagne, étalant au soleil sa chevelure sanglante ; le foudre exterminateur brille dans sa main de feu ; son œil dévore tous les objets sur lesquels il s'arrête ; cet œil, tantôt roulant dans son orbite, tantôt se fixant, lance au loin ses éclairs. La destruction est couchée sous ses pieds d'airain, observant la marche du fléau : car ce matin trois puissantes nations se sont rencontrées pour répandre devant son autel le sang, son offrande favorite.

XL.

Par le ciel! c'est un beau spectacle, pour qui n'a là ni frère ni ami, de voir se mêler toutes ces écharpes couvertes de broderies, et toutes ces armes qui brillent au soleil ! Les ardents limiers de la guerre ont quitté leur chenil : ils allongent leurs griffes et hurlent sur la trace de leur proie. Tous prennent part à la chasse, mais peu partageront le triomphe. La mort emportera la plus belle part de la prise, et le carnage dans sa joie peut à peine compter le nombre des victimes.

XLI.

Trois armées se réunissent pour offrir ce sanglant sacrifice; trois langages élèvent vers le ciel d'étranges prières; trois pompeux étendards flottent sur le pâle azur des cieux. On entend crier : France ! Espagne ! Albion ! Victoire ! L'ennemi, la victime, et un allié qui combat pour tous et toujours sans récompense, se sont donné rendez-vous ici, comme s'ils ne pouvaient trouver la mort dans leurs propres foyers ; ils viennent nourrir les corbeaux sur la plaine de Talavera, et fertiliser le champ que chacun d'eux prétend conquérir.

XLII.

C'est là qu'ils pourriront, insensées mais glorieuses victimes de l'ambition ! Oui, l'honneur décore le gazon qui couvre leur dépouille! Vain sophisme ! ne voyez en eux que de tristes instruments, des instruments brisés, que la tyrannie jette autour d'elle par myriades quand elle veut payer de cœurs humains sa route criminelle, pour atteindre quoi?... un rêve. En effet, le joug des despotes est-il accepté volontairement quelque part ? Est-il un seul coin de terre qu'ils puissent appeler véritablement leur domaine, sauf celui où enfin leurs os doivent tomber pièce à pièce ?

XLIII.

O Albuera, champ de gloire et de deuil ! au moment où notre pèlerin poussait son coursier à travers ta plaine, qui pouvait prévoir que tu serais sitôt le théâtre où tant d'ennemis viendraient triompher et mourir ! Paix aux morts ! puissent la palme guerrière et les larmes des vainqueurs être longtemps leur récompense ! Jusqu'à ce que d'autres guerriers succombent, guidés dans d'autres lieux par d'autres chefs, ton nom, Albuera, rassemblera en cercle la foule émerveillée ; et les chants du peuple te décerneront une gloire fugitive.

XLIV.

C'est assez parler des favoris de Bellone : qu'ils s'amusent à jouer des existences humaines et à donner leur vie pour la gloire : cette gloire ne ranimera pas leurs cendres, quand même des milliers de victimes tomberaient pour illustrer un seul nom. En vérité, ce serait dommage de leur refuser l'objet de leur noble ambition, ces vaillants mercenaires qui affrontent la mort pour servir leur pays, qu'ils eussent peut-être déshonoré s'ils avaient survécu : ils se seraient auraient péri dans quelque sédition domestique, ou dans une carrière plus obscure, ils se seraient livrés au brigandage.

XLV.

Harold poursuit rapidement sa route solitaire : il arrive aux lieux où la fière Séville règne encore indomptée : elle est libre encore, cette proie convoitée par les envahisseurs. Hélas ! bientôt les pas farouches de la conquête auront souillé ses rues et marqué rudement leur passage à travers ses palais élégants. Heure fatale ! c'est en vain qu'on voudrait lutter contre la ruine quand la Providence l'envoie établir quelque part ses hordes affamées ; sans cette loi funeste, Ilion, Tyr, seraient encore debout : la vertu serait triomphante et le meurtre abattu.

XLVI.

Mais ignorant l'arrêt qui les menace, les Sévillans ne s'occupent que de fêtes, de chants et d'orgies; les plaisirs les plus étranges emploient tous leurs instants, et leur patriotisme ne saigne point des blessures de la patrie. Au lieu des clairons de la guerre, résonne l'amoureuse guitare. La Folie règne en despote; la Luxure, aux yeux brillants de jeunesse, fait sa ronde de minuit, et le Vice, promenant avec lui les crimes silencieux des grandes capitales, s'attache jusqu'au dernier moment à ces murs près de s'écrouler.

XLVII.

Il n'en est point ainsi de l'homme des champs ; caché près de sa tremblante compagne, il promène vaguement un œil appesanti qui n'ose s'aventurer trop loin : il craint de voir sa vigne dévastée, flétrie sous le souffle fatal de la guerre. On n'entend plus le fandango agiter ses joyeuses castagnettes sous les rayons amis de l'astre du soir. Monarques, si vous étiez capables de goûter toutes les joies que vous troublez, vous n'iriez plus affronter les fatigues que coûte la gloire : la voix triste et discordante du tambour se tairait, et l'homme trouverait encore le bonheur ici-bas.

XLVIII.

Que chante maintenant le muletier : célèbre-t-il encore l'amour, la chevalerie, la dévotion, qui charmaient autrefois sa longue route, tandis que les grelots de ses mules résonnaient gaîment sur le chemin? Non! tout en courant, il répète : « Viva el Rey Fernando! » et ne suspend son refrain que pour flétrir Godoy, l'imbécile roi Charles, et maudire le jour où une reine d'Espagne réchauffa dans son lit adultère la trahison aux yeux sombres et aux traits teints de sang.

XLIX.

Sur cette plaine vaste et unie, bordée à l'horizon par des rochers que couronnent des tours mauresques, où le fer des coursiers a déchiré et souillé le sein de la terre, et le gazon est noirci çà et là par les flammes : ces signes annoncent que l'ennemi a envahi l'Andalousie. Ici était le camp, le feu de bivouac, l'avant-garde; ici le paysan intrépide a pris d'assaut le repaire du dragon ; il le montre encore d'un air triomphant, et vous signale ces positions plusieurs fois prises et perdues.

L.

Chaque voyageur que vous rencontrez sur la route porte à son chapeau la cocarde rouge, signe qui indique celui qu'on doit accueillir, celui qu'il faut éviter. Malheur à l'homme qui se montre en public sans ce gage de fidélité ! le couteau est affilé, le coup rapide, et triste serait la destinée des soldats de la Gaule, si le poignard perfide, enveloppé dans le manteau, pouvait émousser le tranchant du sabre et dissiper la fumée du canon.

LI.

A chaque détour dans les Morénas sombres, les hauteurs sont armées d'une batterie meurtrière, et aussi loin que peut porter le regard de l'homme, il aperçoit l'obusier de montagne, les routes coupées, les palissades qui se hérissent, les fossés remplis d'eau, les postes bien garnis, la garde qui veille sans cesse, les magasins creusés dans le roc, les chevaux abrités sous un hangar de chaume, les boulets empilés en pyramide, et la mèche toujours allumée.

LII.

Présages infaillibles de ce qui va suivre ! mais l'homme qui d'un signe a renversé le seul trône des despotes plus faibles que lui s'arrête avant de lever le bras, et daigne encore accorder un moment de répit. Bientôt ses légions balaieront tous les obstacles, et l'Occident reconnaîtra le fléau du monde. Pauvre Espagne ! qu'il sera triste pour toi le jour où le vautour des Gaules déploiera ses ailes, et où tu voudras compter en vain tes fils précipités en foule au séjour des morts.

LIII.

Ah! faut-il donc qu'ils tombent tous, les plus jeunes, les plus fiers, les plus braves, pour assouvir la fatale ambition d'un chef orgueilleux? N'y a-t-il pas de choix entre l'esclavage et la mort, entre le triomphe d'un brigand et la chute de l'Espagne ? La Providence que l'homme adore peut-elle consacrer en pareil arrêt, et rester sourde aux plaintes des suppliants? L'héroïsme d'une valeur désespérée, la sagesse des conseils, l'ardeur du patriote, l'habileté des guerriers consommés, le feu de la jeunesse, l'intrépidité de l'âge mûr : tout cela sera-t-il vain?

LIV.

Est-ce donc pour cela, ô vierge d'Ibérie, que tu t'es levée, suspendant aux branches des saules ta guitare muette? Est-ce pour cela qu'oubliant ton sexe, tu as épousé l'audace, chanté les bruyants hymnes de guerre et affronté la bataille? Celle qui s'effrayait autrefois de l'apparence d'une rixe, et que le cri d'une chouette glaçait de terreur, maintenant sans trembler voit le scintillement des baïonnettes ennemies, brave les éclairs du sabre et foule du pas d'une Minerve l'arène sanglante où Mars lui-même ne marche pas sans frémir.

LV.

Vous qui vous étonnez en apprenant son histoire, oh ! si vous l'aviez connue de meilleurs jours, si vous aviez vu ses yeux plus noirs que le noir tissu de sa mantille; si vous aviez entendu ses joyeuses chansons dans les réunions de ses compagnes, contemplé les longs anneaux de sa chevelure défiant l'art du peintre, sa taille de fée, sa grâce plus que féminine, vous auriez de la peine à croire que les remparts de Saragosse l'ont vue sourire en face au danger à la tête de Gorgone, éclaircir les rangs de l'ennemi et conduire les guerriers dans le chemin périlleux de la gloire.

LVI.

Son amant tombe... elle ne verse pas des larmes inopportunes. Le chef est tué... elle le remplace au poste fatal. Ses compagnons veulent fuir... elle les arrête sur le chemin de la honte. L'ennemi se retire... elle dirige une sortie. Quelle femme saura comme elle apaiser les mânes d'un amant? qui vengera aussi bien la chute d'un chef? Voyez la jeune fille relever le courage abattu des guerriers ! voyez-la fondre avec rage sur l'ennemi dispersé, fuyant devant la main d'une femme au pied des remparts qu'il foudroie!

LVII.

Pourtant les filles de l'Espagne ne sont pas une race d'Amazones : elles sont faites pour l'amour et ses plus doux enchantements. Si dans les combats elles rivalisent quelquefois avec les hommes et se jettent au sein de l'horrible mêlée, ce n'est que le débile courroux de la colombe frappant du bec la main qui menace son époux. En douceur aussi bien qu'en courage elle surpasse les femmes des autres climats qui ne savent que babiller ou tomber en faiblesse : son âme est certes plus noble et ses charmes égalent peut-être les leurs.

LVIII.

Il doit être bien doux, ce menton gracieux où le doigt de l'amour a marqué une légère fossette ; ces lèvres qui s'avancent comme pour laisser sortir une nichée de baisers disent à l'homme que pour les mériter il doit se montrer brave. Comme ce regard est beau d'une sauvage énergie ! cette joue n'a point été flétrie par les rayons de Phébus : elle est sortie plus fraîche encore de ses baisers amoureux ! Qui pourrait, après l'avoir vue, rechercher les pâles beautés du Nord? Que leurs formes semblent pauvres, frêles, froides et languissantes !

LIX.

Climats que les poètes se plaisent à vanter ! harems de cette contrée lointaine où je fais entendre ces chants à la gloire des beautés qu'un cynique lui-même admirerait! montrez-nous ces houris à qui vous permettez à peine de respirer sur le souffle du vent! Pouvez-vous les comparer à ces filles de l'Espagne dont le regard est sombre et brillant à la fois? C'est là que nous trouvons le paradis de votre prophète, avec ses vierges célestes aux yeux noirs, à l'angélique douceur.

LX.

O Parnasse, je te contemple maintenant, non plus dans la brûlante vision d'un songe, non plus dans les fabuleuses descriptions des poètes ; mais je vois tes sommets neigeux dans leur sauvage majesté s'élever vers le ciel natal. Qui s'étonnera de ce que j'ose chanter en ta présence ? Le plus humble des poètes pèlerins qui t'ont visité se plaît à solliciter tes échos du bruit de ses accords, quoique sur tes cimes aucune muse ne déploie aujourd'hui ses ailes.

LXI.

Que de fois je t'ai vu dans mes rêves ! car ignorer ton nom glorieux, c'est ignorer le plus divin privilège de l'homme ; et maintenant que tu es là devant mes yeux, c'est avec honte, hélas ! que je t'offre l'hommage d'aussi faibles accents. En me rappelant tes antiques adorateurs, je tremble et ne puis que plier le genou. Je n'ose élever la voix, ni me livrer à un impuissant essor ; mais je te contemple silencieusement sous ton dais de nuages : joyeux de penser qu'enfin il m'est donné de te voir.

LXII.

Plus heureux que tant d'illustres poètes enchaînés par le destin dans une lointaine patrie, pourrais-je contempler sans émotion ces sites consacrés, dont tant d'autres ambitionnent le spectacle, quoiqu'ils ne les connaissent pas? Bien qu'Apollon ne fréquente plus ses antres favoris, et que la résidence des muses soit maintenant leur tombeau, on ne sait quels aimables génies fréquentent encore ces lieux, soupirant dans la bise, habitant le silence des grottes, et glissant d'un pied léger sur l'onde mélodieuse.

LXIII.

Bientôt, ô Parnasse, je dois revenir à toi ; mais au milieu de mes chants, je me suis écarté de mon sujet pour te payer mon tribut, et j'ai oublié un instant le sol, les enfants et les vierges de l'Espague, et ses destins qui doivent être chers à tout cœur libre : j'ai tout oublié pour te saluer, non peut-être sans verser une larme. Maintenant, je reviens sur mes pas; mais que j'emporte de tes saintes retraites une relique, un souvenir; laisse-moi cueillir une feuille de l'arbre immortel de Daphné, et ne permets pas que l'espoir de celui qui t'implore semble aux yeux des hommes une impuissante vanterie.

LXIV.

Mais jamais, noble montagne! jamais dans la Grèce jeune encore, tu n'as vu sous tes croupes géantes un plus brillant chœur de nymphes; jamais Delphes, au temps où ses prêtresses inspirées d'un feu plus que mortel chantaient l'hymne pythien, n'a contemplé un essaim de vierges plus dignes d'inspirer des chants amoureux que ces filles de l'Andalousie élevées dans la brûlante atmosphère des tendres désirs : ah! que n'ont-elles sous leurs ombrages cette paix dont jouit encore la Grèce, quoique la gloire ait déserté ses forêts de lauriers.

LXV.

Séville peut être fière de sa beauté, de sa force, de ses richesses, de son renom dès les plus anciens jours; mais Cadix, sur son lointain rivage, réclame un plus doux quoique moins glorieux éloge. O vice! que tes voluptueux sentiers ont de charmes! Tant qu'un jeune sang fermente dans nos veines, comment échapper à la puissance de ton regard magique? Hydre à la tête de chérubin, tu nous fascines sans cesse, et ta forme décevante se plie à tous les goûts.

LXVI.

Quand Paphos succomba sous les efforts du temps (vieillard maudit, la reine de tous les cœurs doit céder aussi devant toi), les plaisirs exilés cherchèrent un climat aussi doux, et Vénus, fidèle à ses mers natales, mais à nulle autre chose fidèle, daigna fixer son séjour sur les côtes d'Ibérie. Cadix, ce fut dans ses blanches murailles qu'elle érigea son temple, sans toutefois circonscrire son culte à un seul lieu, mais en adoptant mille autels toujours allumés en son honneur.

LXVII.

Du matin jusqu'à la nuit, de la nuit jusqu'à l'heure où l'aurore brusquement éveillée vient contempler en rougissant l'orgie de la bande joyeuse, partout on entend les chansons, partout on voit les guirlandes de roses; et d'aimables propos, et les folies toujours nouvelles se suivent sans intervalle. Qu'il dise un long adieu à des plaisirs tranquilles celui qui séjourne dans ces murs : rien n'interrompt la bacchanale joyeuse; mais à défaut de véritable piété, les moines brûlent de l'encens : l'amour et la dévotion règnent ensemble ou dominent tour-à-tour.

LXVIII.

Le septième jour est venu, jour d'un pieux repos : comment l'honore-t-on sur cette terre chrétienne? Il est consacré à une fête solennelle. Écoutez! n'entendez-vous point rugir le monarque des forêts? Il brise les lances; ses naseaux aspirent le sang des hommes et des coursiers terrassés par ses cornes redoutables : l'arène encombrée de spectateurs répète ce cri : « Encore! encore! » une foule insensée se repaît du spectacle d'entrailles palpitantes; les yeux des femmes ne s'en détournent point, et ne feignent même pas la tristesse.

LXIX.

Est-ce donc là le jour du Seigneur, le jubilé de l'homme? O Londres, que tu connais bien mieux le jour de la prière : tes citadins endimanchés, tes artisans les mains propres, tes apprentis gaillards vont prendre leur portion hebdomadaire d'air respirable; carrosses de louage, whiskeys, cabriolets à un cheval, modestes gigs, roulent dans les tumultueux faubourgs, et se dirigent vers Hampstead, Brentford ou Harrow, jusqu'à ce que la pauvre rosse s'arrête épuisée au milieu des quolibets jaloux de la foule pédestre.

LXX.

Quelques femmes enrubannées voguent en bateau sur la Tamise; d'autres préfèrent comme plus sûre la route coupée de barrières : une partie des promeneurs gravit la colline de Richemond; d'autres courent à Ware, mais la plupart montent jusqu'à Highgate. Vous dirai-je pourquoi, ombrages de la Béotie (1)? C'est pour adorer la corne sacrée qui, offerte par la main du mystère, reçoit les serments redoutables des garçons et des filles, serments consacrés par des libations et des danses qui durent jusqu'au matin (2).

(1) Byron écrivait ces stances à Thèbes en Béotie, où fut proposée la fameuse énigme du Sphinx.
(2) Allusion à une coutume ridicule que l'on observait autrefois dans les auberges de Highgate : on présentait aux voyageurs une paire de cornes sur lesquelles ils prêtaient le serment bouffon de ne jamais embrasser la servante quand ils pourraient embrasser la maîtresse; de ne point

LXXI.

Tous les peuples ont leurs folies; mais telles ne sont pas les tiennes, ô belle Cadix, qui te mires dans le sombre azur des eaux! Aussitôt que la cloche matinale a sonné neuf coups, les pieux habitants comptent les grains de leur rosaire; et la Vierge (la seule, je crois, qu'il y ait dans le pays) a fort à faire pour effacer d'un seul coup autant de gros péchés qu'il y a de fidèles qui l'implorent. Cela terminé, ils se rendent en foule au cirque où grands et vieux, riches et pauvres se montrent également avides du même spectacle.

LXXII.

La lice est ouverte; la spacieuse arène est libre : des milliers de spectateurs l'entourent, entassés les uns sur les autres : longtemps avant le premier signal de la trompette sonore, les curieux attardés n'y trouvaient plus une seule place. On y voit foisonner les dons et les grandesses et surtout les dames à l'œillade meurtrière, mais fort disposées à guérir les blessures qu'elles ont faites. Nul ne peut se plaindre, comme le font les poètes lunatiques, que leur froid dédain l'ait condamné à mourir des traits cruels de l'amour.

LXXIII.

Les murmures de l'assemblée ont cessé. Montés sur de nobles coursiers, avec leurs blancs panaches, leurs éperons d'or et leurs lances légères, on voit quatre cavaliers, préparés à cette joute périlleuse, s'avancer dans le cirque on s'inclinant devant les spectateurs : ils portent de riches écharpes, et leurs montures caracolent avec grâce. S'ils prétendent briller dans ces jeux redoutables, ce n'est que pour obtenir les bruyants applaudissements de la foule et l'aimable sourire des dames : c'est là le seul prix de leurs exploits et celui dont se paient également les monarques et les guerriers.

LXXIV.

Revêtu d'un splendide costume et d'un manteau éclatant, mais toujours à pied, le léger matador se place au centre de l'arène, pour assaillir le roi des troupeaux mugissants; mais auparavant il parcourt tout le terrain d'un pas attentif, de peur que quelque obstacle caché ne vienne entraver son adresse. Son arme est un simple dard; il ne combat que de loin : c'est tout ce que l'homme peut faire sans l'aide du coursier fidèle, trop souvent, hélas! condamné à verser son sang pour lui.

LXXV.

Le clairon a sonné trois fois : le signal est jeté; l'antre s'ouvre, et l'attente silencieuse règne dans les rangs pressés des spectateurs. Le puissant animal s'élance d'un seul bond dans l'arène, promène autour de lui ses regards farouches, bat du pied l'arène sonore; mais il ne s'élance pas aveuglément sur l'ennemi. Son front menaçant se tourne de côté et d'autre, comme pour bien mesurer sa première attaque, et il bat ses flancs de sa queue qu'agite la fureur : ses yeux rouges et dilatés roulent dans leurs orbites.

LXXVI.

Soudain il s'arrête : son œil se fixe... Arrière! jeune imprudent, arrière! apprête ta lance ; voici le moment de périr ou de montrer cet art par lequel il est encore temps d'arrêter la course furieuse du monstre. L'agile coursier pirouette au moment précis: le taureau poursuit sa course écumant de fureur, mais non sans blessure: un ruisseau de pourpre coule de son flanc. Il vole, il tourne sur lui-même, aveuglé par la douleur. Le dard succède au dard; la lance suit la lance : ses souffrances s'exhalent en longs mugissements.

LXXVII.

Il revient sur ses pas: rien ne l'effraie, ni les lances, ni les dards, ni les bonds précipités des coursiers haletants. Que peuvent contre lui l'homme et ses armes destructrices? Vaines sont les armes de l'homme; plus vaine encore est sa force. Déjà un vaillant coursier n'est plus qu'un cadavre défiguré; un autre (hideux spectacle!) est tout éventré, et à travers son poitrail sanglant on voit palpiter à nu les organes de la vie; quoique frappé à mort, il traîne encore ses membres affaiblis; chancelant, mais luttant encore, il dérobe son maître au danger.

LXXVIII.

Enfin vaincu, sanglant, hors d'haleine, furieux, le monstre est aux abois. Il se tient immobile au milieu de l'arène, entouré des dards causes de ses blessures, des débris des lances qui l'ont frappé et des ennemis qu'il a su mettre hors de combat. Maintenant les matadors voltigent autour de lui, agitant leur mantille rouge et brandissant le fer mortel : une fois encore il s'élance à travers ses en-

boire de petite bière quand ils auraient de la bière forte; et autres niaiseries de même force.

nemis avec la rapidité de la foudre. Rage impuissante! une main perfide lance le voile funeste qui couvre ses yeux enflammés ; tout est fini ; il va tomber sur le sable.

LXXIX.

A l'endroit précis où son cou robuste se réunit aux vertèbres, l'arme mortelle s'enfonce comme dans une gaine. Il s'arrête, il frémit, dédaignant de reculer : il tombe lentement au milieu des cris de triomphe et meurt sans un gémissement, sans une convulsion. Un char richement décoré se présente : on y place le corps de l'animal, spectacle bien doux aux yeux de la foule! Quatre coursiers, qui dédaignent le frein, aussi agiles que bien dressés, traînent ce pesant fardeau, et leur vitesse est telle que l'œil à peine à les suivre.

LXXX.

Tels sont les jeux impitoyables qui charment les vierges, les jeunes hommes de l'Espagne. Habitué de bonne heure à voir couler le sang, leur cœur se complaît dans la vengeance, et jouit des souffrances d'autrui. Combien d'inimitiés privées troublent et ensanglantent chaque village! Tandis que tous devraient se réunir en une patriotique phalange pour faire face à l'étranger, il n'en reste encore que trop, hélas! dans leurs pauvres cabanes, occupés à aiguiser en secret contre un ami le poignard qui fera couler son sang avec sa vie.

LXXXI.

Mais la jalousie ne règne plus en Espagne ; ses grilles, ses verrous, la prudente duègne, sa sentinelle surannée, et tout ce qui révolte les âmes généreuses, tout ce luxe de précautions qu'un vieillard amoureux employait pour enchaîner la beauté, tout cela est tombé dans les ténèbres de l'oubli avec le siècle qui vient de finir. Avant que le volcan de la guerre eût vomi ses fureurs, qu'y avait-il de plus libre au monde que la jeune Espagnole, alors que, livrant aux zéphyrs les longues tresses de sa chevelure, elle bondissait sur la verte pelouse, et que la reine des nuits souriait à ses danses et à ses amours?

LXXXII.

Oh! souvent et bien souvent Harold avait aimé ou rêvé qu'il aimait, puisqu'en effet le bonheur n'est qu'un rêve ; mais maintenant son cœur capricieux était insensible, car il n'avait pas encore bu au fleuve de l'oubli, et il savait depuis peu seulement que l'amour n'a rien de si doux que ses ailes. Quelque beau, jeune et charmant qu'il parût, au fond même de ses jouissances les plus délicieuses on trouve une amertume qui en corrompt la source, un poison qui se répand sur leurs fleurs.

LXXXIII.

Cependant il n'était point insensible aux charmes de la beauté ; mais il en recevait l'impression qu'en reçoit le sage. Ce n'est pas que la sagesse eût jamais jeté sur une fille telle que la sienne ses chastes et imposants regards : mais ou la passion prend la fuite, ou elle se consume et arrive au repos ; et le vice, qui se creuse à lui-même une tombe voluptueuse, avait déjà enseveli et pour jamais toutes les espérances de Harold. Triste victime des plaisirs, une sombre haine de la vie avait écrit sur son front flétri la fatale sentence de Caïn.

LXXXIV.

Spectateur insensible, il ne se mêlait point dans la foule ; mais il ne la regardait pas avec la haine du misanthrope. Il eût voulu prendre part à la danse et aux chants ; mais comment sourire quand on se sent plier sous son destin? Rien de ce qui s'offrait à ses yeux ne pouvait adoucir sa tristesse. Un jour pourtant il essaya de lutter contre le démon qui le tuait, et se trouvant assis tout rêveur dans le boudoir d'une jeune beauté, il fit entendre ce chant improvisé adressé à des charmes non moins aimables que ceux qui l'avaient captivé dans des jours plus heureux.

A INÈS.

1.

Ne souris point à mon front soucieux, hélas! je ne puis te rendre ton sourire. Fasse pourtant le ciel que tu n'aies jamais de larmes à répandre, à répandre peut-être en vain.

2.

Veux-tu donc savoir quel malheur secret empoisonne mes joies et ma jeunesse? Pourquoi chercher à connaître une douleur que toi-même tu ne pourrais adoucir?

3.

Ce n'est pas l'amour, ce n'est pas la haine, ce ne sont pas les honneurs perdus d'une vaine ambition, qui me font maudire mon sort présent, et fuir tout ce qui m'était cher.

4.

C'est cet ennui fatal qui jaillit pour moi de tout ce que je vois, de tout ce que j'entends : la beauté a cessé de me plaire ; tes yeux même ont à peine un charme pour moi.

5.

C'est la tristesse sombre, incessante que l'Hébreu fratricide portait partout avec lui : tristesse qui n'ose jeter un regard au-delà du tombeau, et qui ne peut espérer de repos en deçà.

6.

Qui peut s'exiler de lui-même ? A travers les climats les plus éloignés, toujours, toujours il me poursuit, ce fléau de ma vie, ce démon qu'on appelle la Pensée.

7.

Combien d'autres semblent se livrer avec ravissement au plaisir et trouver des charmes dans tout ce que j'abandonne! Oh! puissent-ils continuer leurs rêves de bonheur, et ne jamais s'éveiller, du moins d'un semblable réveil.

8.

Mon sort est d'errer à travers cent contrées, toujours poursuivi par un fatal souvenir ; et ma seule consolation est de savoir qu'arrive ce qui voudra, le plus terrible est passé...

9.

Le plus terrible! qu'est-ce donc ? Ah! ne le demande pas ; par pitié ne m'interroge plus : reprends ton sourire, et ne cherche pas à pénétrer un cœur... dans lequel tu trouverais l'enfer.

LXXXV.

Adieu, belle Cadix! oui, adieu pour longtemps! Qui peut oublier la vigoureuse résistance de tes remparts? Quand tous trahissaient leur foi, toi seule restas fidèle : tu fus la première affranchie et subjuguée la dernière ; et si au milieu d'aussi terribles scènes, d'attaques aussi rudes, quelques gouttes du sang espagnol ont rougi le pavé de tes rues, ce fut celui d'un seul traître (1), victime d'une rixe qu'il avait causée. Dans ton enceinte tout se montra noble, sauf la noblesse elle-même ; personne ne baisa les chaînes imposées par le vainqueur, si ce n'est une noblesse dégénérée.

LXXXVI.

Tels sont les enfants de l'Espagne, et que leur sort, hélas ! est bizarre! Ils combattent pour la liberté, eux qui ne furent jamais libres ; un peuple sans roi soutient une monarchie décrépite ; quand les suzerains ont fui, leurs vassaux luttent encore, fidèles à la trahison incarnée. C'est qu'ils chérissent cette terre qui ne leur a rien donné que la vie ; c'est qu'un juste orgueil leur montre le chemin de la liberté. Repoussés, ils attaquent encore : « La guerre ! » s'écrient-ils sans cesse ; « la guerre même aux couteaux ! »

LXXXVII.

Vous qui désirez en apprendre davantage sur l'Espagne et ses habitants, lisez les pages que l'on a écrites sur les luttes les plus sanglantes. Tout ce que la vengeance la plus implacable peut inspirer contre un usurpateur étranger a été mis en œuvre contre les Français ; depuis le brillant cimeterre jusqu'au couteau caché, l'Espagnol s'est fait une arme de tout : puisse-t-il sauver ainsi sa sœur et sa compagne! puisse-t-il verser le sang du dernier agresseur! puisse partout une pareille invasion recevoir un châtiment aussi terrible!

LXXXVIII.

Seriez-vous tenté d'accorder une larme de pitié à ceux qui succombent ? voyez dans ces plaines désolées les traces de leurs ravages! voyez leurs mains rougies du sang des femmes! Alors vous abandonnerez aux chiens leurs cadavres privés de sépulture ; alors vous laisserez aux vautours ces restes que l'oiseau de proie dédaignera peut-être. Il faut que leurs ossements blanchis, et ces traces de sang que rien ne pourra effacer, marquent le champ de bataille d'un signe hideux et durable, et fassent comprendre à nos neveux l'horreur des scènes dont nous avons eu le spectacle.

LXXXIX.

Mais, hélas! l'œuvre terrible n'est point achevée! De nouvelles légions descendent des Pyrénées : l'avenir s'obscurcit encore ; l'œuvre terrible est à peine entamée, et nul œil mortel n'en saurait voir la fin. Les nations subjuguées ont les yeux fixés sur l'Espagne : si elle devient libre, elle affranchira plus de pays que le cruel Pizarre

(1) Le gouverneur Solano, assassiné en mai 1809 par la populace.

n'en a enchaîné jadis. Etrange retour des choses! maintenant le bonheur de la Colombie répare les maux qu'ont soufferts les enfants de Quito, tandis que la dévastation et le carnage planent sur la mère-patrie.

XC.

Ni tout le sang versé à Talavera, ni tous les prodiges de valeur accomplis à Barossa, ni Albuera enfin, ce charnier humain, n'ont pu assurer à l'Espagne la conquête des droits les plus sacrés. Quand donc verra-t-elle l'olivier refleurir dans ses plaines? Quand donc pourra-t-elle respirer de ses sanglants labeurs? Combien de jours d'alarmes doivent encore s'effacer dans la nuit, avant que le ravisseur abandonne sa proie, et que l'arbre exotique de la liberté s'acclimate sur ce sol qui l'adopte.

XCI.

Et toi, ô mon ami (1)!... puisque ma douleur inutile s'échappe de mon cœur malgré moi, et se mêle à mes chants: si du moins le fer t'avait abattu comme il abat les héros, l'orgueil pourrait arrêter les pleurs de l'amitié; mais descendre ainsi dans la mort, sans exploits, sans lauriers, oublié de tous, hormis ce cœur solitaire, et mêler ton cadavre sans blessure aux tous ces morts célèbres; tandis que la gloire couronne tant de têtes moins dignes! Qu'as-tu fait pour n'obtenir qu'un trépas si paisible?

XCII.

O le plus ancien de mes amis et le plus estimé! cher à un cœur qui avait perdu tant d'attachements, bien qu'à jamais ravi à mes jours inconsolés, ne refuse pas ta présence à mes rêves. Le matin, en m'éveillant au sentiment de mes douleurs, renouvellera mes larmes secrètes; et mon imagination se plaira autour de ta tombe innocente, jusqu'au jour où ma frêle dépouille retournant à la poussière, l'ami qui n'est plus et celui qui pleure reposeront ensemble.

XCIII.

Voici le premier chant du pèlerinage d'Harold. Vous qui voulez le suivre plus loin, vous trouverez de ses nouvelles dans d'autres pages, si celui qui compose ces rimes peut encore en griffonner quelques-unes. En serait-ce déjà trop?... Critique impitoyable, tais-toi!... Patience! et l'on apprendra ce que vit notre pèlerin dans d'autres contrées où sa destinée le poussait: contrées où s'élevaient les monuments de l'antiquité, avant que la Grèce et les arts des Grecs eussent succombé sous la main des barbares.

A chaque détour dans les Morénas sombres, les hauteurs sont armées d'une batterie meurtrière.

CHANT II.

I.

Descends, ô Sagesse, vierge céleste aux yeux bleus... mais, hélas! tu n'inspiras jamais les chants d'un mortel. Minerve! ici était ton

(1) John Wingfield, lié avec Byron depuis dix ans, et mort de la fièvre à Coïmbre.

temple, et il y est encore malgré les ravages de la guerre, de l'incendie et du temps qui a fait disparaître ton culte. Mais l'acier et la flamme et le lent travail des siècles sont moins destructeurs que le sceptre redoutable et le règne funeste de ces hommes étrangers à ce feu sacré qu'allume dans les âmes civilisées ton seul souvenir, le souvenir de tes enfants chéris.

II.

Fille des âges! auguste Athènes! où sont-ils tes hommes forts? où sont tes grandes âmes? Ils ne sont plus: ils n'apparaissent que comme une lueur dans les rêves du passé: les premiers dans la carrière de la gloire, ils ont conquis la palme et ils ont disparu... Est-ce là tout? servir de thème à l'écolier, nous étonner pendant une heure! ici l'on cherche vainement le glaive du guerrier, la robe du philosophe: sur les ruines de tes tours, noircies par la brume des siècles, on voit passer l'ombre pâle de ta grandeur.

III.

Fils d'un matin, lève-toi! approche, viens ici; mais n'outrage pas cette urne sans défense; contemple ces lieux... sépulcre d'une nation, séjour de ces dieux dont les autels sont éteints. Ces dieux eux-mêmes sont forcés de céder; chaque religion a son tour: hier Jupiter, aujourd'hui Mahomet; et d'autres croyances naîtront avec d'autres siècles, jusqu'à ce que l'homme ait compris qu'en vain son encens s'élève, en vain ses victimes expirent; faible enfant du doute et de la mort, dont l'espérance s'appuie sur un roseau.

IV.

Lié à la terre, il lève ses yeux vers le ciel. N'est-ce donc pas assez, malheureuse créature, de savoir ce que tu es? La vie est-elle un don si précieux, que tu veuilles exister encore au-delà du tombeau, et aller dans des régions inconnues, peu t'importe où, pourvu que tu quittes la terre pour te perdre dans les cieux? Ne cesseras-tu de rêver des félicités ou des joies à venir? Examine et pèse cette poussière avant qu'elle s'envole: cette urne étroite en dit plus que des milliers d'homélies.

V.

Ou bien fouille sur le rivage solitaire ce tertre élevé où dort un ancien héros. Il tomba, et les nations qui se sentaient tomber avec lui vinrent gémir autour de son mausolée. Mais maintenant ces milliers d'hommes attristés, il n'en reste plus un seul qui le pleure; nul guerrier fidèle à sa mémoire ne vient veiller dans ce lieu où, d'après la tradition, les demi-dieux apparaissaient aux mortels. Au milieu de ces débris épars, ramasse ce crâne: est-ce donc là le temple que peut habiter un dieu? Le ver même du tombeau finit par dédaigner sa cellule en ruines.

VI.

Vois cette arcade rompue, ces parois en ruine, ces appartements déserts et ces portiques défigurés: ce fut jadis le haut séjour de l'ambition, le dôme de la pensée, le palais de l'âme. A travers ces orbites éteintes, aveuglées, tu vois le brillant asile de la sagesse, de l'esprit, de mille passions intraitables : tout ce qu'ont jamais écrit les saints, les sages ou les sophistes, pourrait-il repeupler cette tour abandonnée, restaurer ce domaine?

VII.

Tu disais vrai, ô le plus sage des Athéniens : « Tout ce que nous savons, c'est que nous ne pouvons rien savoir. » Pourquoi reculer devant l'inévitable? Chacun a ses souffrances, mais les faibles gémissent sur des maux imaginaires enfantés par les rêves de leur cerveau. Cherchons ce que le hasard, le destin nous indique comme le premier des biens ; la paix nous attend sur les rives de l'Achéron : là le convive rassasié n'est point forcé de goûter à de nouveaux banquets ; le silence dresse la couche d'un repos qu'on ne regrette jamais.

VIII.

Si pourtant, comme l'ont pensé les hommes les plus vertueux, il existe par-delà le noir rivage un royaume des âmes, sujet de confusion pour la doctrine sadducéenne, et pour ces sophistes qui s'enorgueillissent follement de leurs doutes ; qu'il serait doux d'y adorer la source de l'être, de concert avec ceux qui ont allégé nos labeurs mortels! d'y entendre de nouveau toutes ces voix que nous redoutions de ne plus entendre! de contempler comme par la vue même ces ombres révérées, le sage de la Bactriane, le philosophe de Samos, et tous ceux qui ont enseigné la vertu.

IX.

C'est là que je te reverrai, toi dont l'amitié et la vie s'éteignirent en même temps (1), et qui m'as laissé ici-bas pour aimer et vivre sans but. O frère jumeau de mon cœur, je ne puis croire à ta mort, quand l'active mémoire te peint en traits de feu dans mon cerveau. Soit : je rêverai que nous pouvons nous réunir encore, et je caresserai cette vision dans mon sein que tu as laissé vide. S'il survit en nous quelque chose de nos jeunes souvenirs, que l'avenir soit ce qu'il pourra... ce serait assez de bonheur pour moi que de savoir ton âme heureuse.

Attique. — Vue prise de l'Hymette.

X.

J'aime à m'asseoir sur cette pierre massive, base encore stable d'une colonne de marbre ; fils de Saturne, ici était ta résidence favorite, la plus splendide parmi tant de splendides demeures : d'ici je-cherche à retrouver les vestiges qui indiquent la grandeur de ton sanctuaire : vaine tentative! l'œil même de l'imagination ne peut ressusciter ce que les efforts du temps ont détruit. Ces orgueilleuses colonnes méritent certes plus qu'un souvenir fugitif, et pourtant auprès d'elles le musulman s'assied impassible, et le Grec frivole passe en chantant.

XI.

Mais de tous les spoliateurs de ce temple qui domine sur la hauteur, où Pallas avait prolongé son séjour, ne quittant qu'à regret

(1) Le jeune Eddlestone, l'ami de Byron à Harrow. Voyez les *Heures de loisir*.

les derniers restes de son antique pouvoir, quel fut le dernier et le plus odieux? Rougis, ô Calédonie! d'avoir engendré un tel fils. Je suis heureux, ô noble Angleterre! que cet homme ne t'appartienne pas. Tes libres citoyens devraient épargner ce qui fut libre jadis ; et pourtant on les voit violer les sanctuaires attristés, et emporter les autels sur l'Océan qui semble ne les recevoir qu'à regret.

XII.

Ignoble sujet de triomphe pour le moderne Picte, que d'avoir ravi ce qu'ont épargné le Turc et le Goth et le temps lui-même : il doit avoir l'âme aussi stérile et aussi froide, le cœur aussi dur que les rochers de son rivage natal, l'homme qui a pu concevoir et exécuter l'odieux dessein de dépouiller la malheureuse Athènes. Ses habitants, trop faibles pour défendre ses ruines sacrées, ont pourtant compris les douleurs de la patrie, et dans ce moment ils ont senti plus cruellement que jamais le poids de leurs chaînes.

XIII.

Eh quoi! un Anglais osera-t-il jamais dire qu'Albion fut heureuse des larmes d'Athènes? Quoique ce soit en ton nom que des esclaves ont déchiré son sein, crains de dévoiler un attentat qui ferait rougir l'Europe. Eh quoi! la reine de l'Océan, la libre Bretagne se charge des dernières dépouilles d'un pays dévasté! Oui, celle qui prête un appui généreux à tant de peuples qui bénissent son nom arrache d'une main de harpie ces restes malheureux que le temps a respectés, et que les tyrans ont laissés debout.

XIV.

Où était donc ton égide, ô Pallas ; cette égide qui sut arrêter le farouche Alaric et la dévastation qu'il traînait avec lui? Où était le fils de Pélée que l'enfer ne put retenir dans ce jour fatal de l'invasion des Goths, et dont l'ombre parut à la lumière, armée de sa lance redoutable? Quoi donc! Pluton ne pouvait-il encore une fois laisser le héros en liberté pour arracher sa proie à un autre spoliateur? Hélas! Achille oisif continua d'errer sur les bords du Styx et ne vint plus sauver la cité de Minerve

XV.

O belle Grèce, bien froid est le cœur de l'homme qui en te contemplant ne sent point ce qu'éprouve un amant penché sur la poussière de celle qu'il aimait ; insensibles sont les yeux qui peuvent voir sans larmes tes murs dégradés, les restes de tes temples enlevés par des mains anglaises quand leur devoir eût plutôt de protéger ces ruines immortelles. Maudite soit l'heure où ces misérables quittèrent leur île pour déchirer de nouveau ton sein meurtri, et entraîner les dieux frissonnants vers des climats glacés qui leur font horreur!

XVI.

Mais où donc est Harold? Ai-je oublié de suivre sur les vagues ce sombre voyageur? Il partit de l'Espagne sans songer à rien de tout ce que les autres hommes regrettent ; aucune amante ne vint étaler devant lui une douleur de commande ; aucun ami ne tendit la main pour dire adieu à ce froid étranger qui allait chercher d'autres climats. Il est dur le cœur que les charmes de la beauté ne peuvent retenir ; mais Harold n'éprouvait plus ce qu'il eût éprouvé jadis : il quitta sans un soupir ce théâtre de carnage et de crimes.

XVII.

Quiconque a vogué sur les mers bleuâtres y a contemplé sans doute et plusieurs fois un magnifique spectacle : la plus belle, la plus fraîche des brises arrondit la blanche voile, et la vaillante frégate prend son essor : à la droite du navigateur, les mâts, les clochers, le rivage, s'éloignent; à gauche, l'Océan se déploie dans sa majestueuse splendeur : les navires du convoi se dispersent comme une troupe de cygnes sauvages ; et le plus mauvais voilier marche avec agilité, tant les vagues se brisent doucement autour de chaque proue.

XVIII.

Et voyez dans chaque navire tout un appareil militaire : le bronze poli des canons, le filet tendu sur le tillac, la voix rauque du commandement, le bourdonnement de la manœuvre quand, sur un ordre du chef, les matelots montent garnir les agrès les plus élevés du vaisseau. Écoutez l'appel du contre-maître, le cri joyeux par lesquels les marins s'excitent entre eux pendant que les cordages glissent entre leurs mains. Voyez le midshipman imberbe qui grossit sa voix d'enfant pour approuver ou blâmer ; écolier qui déjà sait diriger l'équipage docile.

XIX.

Sur le tillac, propre et poli comme un cristal, le lieutenant de quart se promène avec gravité. Un espace demeure comme un domaine sacré où le seul capitaine s'avance majestueusement ; silencieux et craint de tous, il n'adresse que bien rarement la parole à ses subalternes s'il veut conserver intacte cette subordination sévère, sans laquelle on ne peut conquérir ni triomphe ni gloire : mais les Anglais se soumettent aux lois les plus dures quand elles ont pour objet d'ajouter à leur force.

XX.

Soufflez, soufflez rapidement, ô brises propices, jusqu'à l'heure où le soleil agrandi sera près d'éteindre ses feux ; alors le navire qui porte le pavillon amiral devra diminuer ses voiles pour que les bâtiments paresseux puissent le rejoindre. Ah ! retard maudit, cruelles heures d'oisiveté ! Gaspiller pour d'indolentes chaloupes une si belle brise ! que de lieues on aurait pu faire d'ici à la pointe du jour ! mais nous restons inactifs à contempler la mer paisible, et la voile abaissée bat le long du mât : et cela pour attendre des solliveaux sans vie.

XXI.

La lune s'est levée : par le ciel , voilà une belle nuit. De longs sillons de lumière s'étendent au loin sur les vagues bondissantes : voici l'heure où , sur le rivage, les jeunes hommes soupirent, où les vierges ajoutent foi à leurs serments : puisse l'amour nous sourire aussi quand nous aurons regagné le rivage ! Cependant l'archet d'un Arion barbare éveille la sauvage harmonie si chère aux matelots; un cercle d'auditeurs satisfaits se forme autour de lui , ou bien les marins dansent gaiement en suivant la mesure d'un air connu, aussi gais et insouciants que s'ils étaient encore en liberté sur le rivage.

XXII.

Harold aperçoit les rochers de la côte à travers le détroit de Calpé : là l'Europe et l'Afrique se regardent. La contrée des vierges aux yeux noirs et celle du Maure basané sont également éclairées par les rayons de la pâle Hécate. Comme ces rayons se jouent doucement sur les côtes de l'Espagne ! aux faibles clartés de son disque décroissant, comme on distingue nettement le rocher, la colline, la forêt sombre; tandis qu'en face les sombres et gigantesques montagnes de la Mauritanie projettent leurs ombres noires depuis leur sommet jusqu'à la côte !

XXIII.

Il est nuit : c'est l'heure où la méditation nous rappelle que nous avons autrefois aimé, quoique notre amour soit fini. Le cœur, portant le deuil de ses affections trompées, quoique sans ami maintenant , aime à rêver qu'il eut un ami. Qui courbe volontairement la tête sous le fardeau des années, alors qu'en lui la jeunesse survit à ses jeunes amours et à ses joies? Hélas ! quand deux âmes unies ont oublié leur tendresse, la mort n'y trouve plus que peu de chose à détruire. O bonheur de nos jeunes années! qui ne voudrait pas redevenir enfant !

XXIV.

Ainsi penchés sur le bord du navire lavé par les flots, contemplant l'orbe de Diane qui se reflète dans les vagues, nous oublions tous nos plans d'espérance et d'orgueil , et nous revolons malgré nous vers les années que nous avons laissées en arrière. Il n'est point d'âme assez abandonnée où un être aimé , plus aimé qu'elle ne s'aime elle-même , n'occupe ou n'ait occupé la pensée, et ne vienne lui demander l'hommage d'une larme ; éclair de douleur dont notre cœur attristé voudrait, mais en vain, éviter l'éblouissement fatal.

XXV.

S'asseoir au sommet des rocs, rêver sur les flots ou au bord des abîmes , s'égarer à pas lents sous l'ombrage des forêts, rechercher les êtres sur lesquels ne s'étend pas la domination de l'homme, les lieux où le pied d'un mortel a rarement ou n'a jamais laissé sa trace; gravir inaperçu le mont inaccessible avec ces troupeaux sauvages qui n'ont pas besoin de berceail ; seul s'incliner au-dessus des précipices et des cataractes écumantes : ce n'est pas encore là vivre dans la solitude ; ce n'est que converser avec la nature , l'appeler à dérouler devant nous toutes ses magnificences.

XXVI.

Mais parmi la foule, le bruit et le contact des hommes, entendre, voir, sentir et posséder ; et cependant errer çà et là, citoyen fatigué du monde; et n'avoir personne à chérir, personne qui nous chérisse; n'être entouré que de ces courtisans de la fortune qui fuient à l'aspect du malheur ; et au milieu de tant d'êtres qui nous flattent, nous adulent, nous harcellent, n'en trouver pas un seul qui ait pour nous une affection intime, et qui , si nous n'étions plus, cesse au moins de sourire : oh ! c'est là être seul ; voilà la véritable solitude.

XXVII.

Plus heureux est le pieux ermite que le voyageur rencontre dans les déserts de l'Athos, rêvant le soir sur les sommets gigantesques de la montagne d'où il contemple une mer si bleue et des cieux si purs. Celui qui à pareille heure vient errer dans ces lieux consacrés, reste longtemps pensif, et s'arrache lentement à ce spectacle magique ; puis il soupire, il regrette que son sort ne soit point celui de l'anachorète de la montagne, et il part enfin abhorrant davantage un monde qu'il avait presque publié.

XXVIII.

Passons sous silence la longue route monotone et si souvent sillonnée sur laquelle nous ne laissons aucune trace; ne décrivons ni le calme ni la brise ; ni les changements d'air , ni le vaisseau qui louvoie, ni les caprices bien connus des éléments ; laissons de côté les jouissances et les peines des marins confinés dans les flots dans leur citadelle ailée, le temps bon ou mauvais, favorable ou contraire selon que la brise et les vagues s'élèvent ou tombent ; jusqu'à ce matin joyeux où tout-à-coup : « Holà ! terre ! » s'écrie-t-on , et tout est bien.

XXIX.

Mais n'oublions pas de parler de tes îles, ô Calypso! groupées comme des sœurs au milieu de l'Océan : là une rade sourit encore aux matelots fatigués, quoique la belle déesse ait cessé depuis longtemps d'y pleurer un infidèle et d'attendre en vain du haut de ses rochers celui qui a pu lui préférer une mortelle. C'est ici que le fils d'Ulysse but l'onde amère, précipité dans les flots par le sévère Mentor : double perte à déplorer pour la reine des nymphes.

XXX.

Son règne est fini ; sa douce puissance n'est plus : cependant ne t'y fie pas , jeune imprudent ; prends garde ! une reine mortelle a placé ici le siège de son dangereux empire : crains d'y trouver une nouvelle Calypso. Aimable Florence (1), si ce cœur inconstant et vide d'affection pouvait se donner encore, il serait à toi ; mais, victime de tous les liens que j'ai formés , je n'oserais offrir à ton autel un indigne encens, ni demander qu'une âme aussi pure souffre pour moi.

XXXI.

Ainsi pensait Harold en contemplant les yeux brillants de cette belle : l'éclat de ce regard ne lui inspira d'autre pensée qu'une innocente admiration. L'amour se tint à l'écart sans s'éloigner beaucoup ; car il savait que le cœur d'Harold avait été souvent conquis et perdu, mais il ne trouvait plus en lui son fervent adorateur. Le dieu enfant renonça pour jamais à lui inspirer de nouvelles flammes, quand il le vit résister à cette dernière attaque et il comprit qu'il avait perdu pour jamais son ancien empire.

XXXII.

Quelle ne dut pas être ta surprise , ô belle Florence, en voyant

(1) Voyez dans les poésies diverses les deux pièces adressées à cette dame : « A Florence, » et « l'Orage. »

un homme prêt à soupirer, disait-on, pour tous les objets qu'il rencontrait, soutenir impassible l'éclat de ces regards où tous les autres hommes lisaient ou faisaient semblant de lire leur espoir, leur arrêt, leur châtiment, leur loi ; hommage que la beauté exige de ses esclaves. Comment un adolescent qui semblait encore aussi novice pouvait-il ne pas éprouver, ne pas feindre au moins ces ardeurs si souvent décrites, que les femmes peuvent repousser, mais qui excitent bien rarement leur courroux.

XXXIII.

Elle ignorait que ce cœur qui lui semblait de marbre, se faisant un masque du silence ou retranché dans son orgueil, n'était pas inhabile dans l'art de la séduction ; qu'il savait tendre de loin ses pièges voluptueux et que s'il avait renoncé à de coupables poursuites, c'est seulement lorsqu'il n'avait plus rien trouvé qui fût digne de ses attaques. Mais Harold dédaigne aujourd'hui de tels triomphes, et quand même ces beaux yeux bleus auraient touché son âme, il ne se joindrait pas à la foule de leurs adorateurs.

XXXIV.

Il connaît bien peu, je crois, le cœur de la femme, celui qui s'imagine que des soupirs peuvent conquérir cet être inconstant. Que lui importent des cœurs alors qu'elle est certaine de les posséder ? Rendez aux beaux yeux de votre idole l'hommage qu'ils réclament ; mais ne soyez point trop humble, ou elle vous méprisera ainsi que votre aveu, de quelques brillantes métaphores que vous l'ayez revêtu. Dissimulez même une tendresse, si vous êtes sage ; une confiance hardie est encore ce qui réussit le mieux auprès de la femme : sachez exciter tour-à-tour et calmer son dépit, et bientôt elle couronnera tous vos vœux.

XXXV.

Vérité bien ancienne, démontrée par le temps et déplorée surtout de ceux qui en sont le mieux convaincus : quand on a obtenu ce que tous désirent obtenir, le triomphe vaut à peine ce qu'il a coûté. La perte de la jeunesse, la dégradation de l'âme, la ruine de l'honneur, voilà les fruits de la passion satisfaite. Et si par un cruel bienfait, nos espérances sont flétries de bonne heure, la blessure s'envenime et le cœur n'en guérit pas, bien qu'il n'ait plus d'amour et ne songe plus à plaire.

XXXVI.

En avant ! pourquoi ces digressions frivoles au milieu de nos chants ? N'avons-nous pas encore plus d'un rivage pittoresque à côtoyer ? Guidés, non par l'imagination, mais par la mélancolie pensive, nous parcourrons des contrées au-delà de tout ce que la pensée humaine peut inventer dans ses étroites conceptions, au-delà de toutes ces nouvelles utopies qui enseignent à l'homme ce qu'il pourrait, ou devrait être, si cette créature corrompue pouvait jamais profiter d'un pareil enseignement.

XXXVII.

La nature est encore la plus tendre des mères ; quoique toujours changeant, son aspect n'en est pas moins doux. Puissé-je m'abreuver toujours à sa mamelle nue, enfant qu'elle n'a jamais sevré, bien qu'elle ne m'ait point prodigué ses caresses. Oh ! qu'elle est belle surtout dans son aspect le plus sauvage, et lorsque l'art n'a point encore défiguré ses traits. La nuit et le jour, elle m'a toujours souri, et pourtant je l'ai observée de plus près que personne, je l'ai scrutée de plus en plus intimement, et c'est dans ses rigueurs que je l'ai chérie davantage.

XXXVIII.

Terre d'Albanie ! patrie de cet Iskander (1) dont l'histoire charme la jeunesse et l'instruit le sage, patrie aussi de cet autre héros du même nom (2) dont les exploits chevaleresques firent reculer tant de fois les musulmans consternés : terre d'Albanie ! permets-moi de te contempler, rude nourrice de farouches héros ! La croix disparaît ; les minarets s'élèvent ; et le pâle croissant brille dans la vallée, au milieu des bois de cyprès qui entourent chaque ville.

XXXIX.

Harold vogue toujours ; il a dépassé l'île stérile où la triste Pénélope ne cessait de contempler les vagues ; il aperçoit de loin le rocher encore célèbre aujourd'hui, dernier recours des amants et tombeau de la fille de Lesbos. Brune Sapho ! tes vers immortels n'ont-ils donc pu sauver ce cœur brûlant d'une éternelle flamme ? n'a-t-elle donc pu vivre celle qui dispensait une vie immortelle ; si toutefois l'immortalité est réservée aux chants de la lyre, l'unique Eden que connaissent les enfants de la terre.

(1) Alexandre-le-Grand.
(2) Scanderberg.

XL.

Ce fut par un beau soir d'un automne de Grèce que Childe-Harold salua de loin le cap Leucade, qu'il brûlait de voir et qu'il ne quitta qu'à regret : Souvent il parcourut les théâtres d'anciennes batailles : Actium, Lépante et le fatal Trafalgar ; il les vit sans émotion ; car, né sans doute sous un astre peu héroïque, il ne se plaisait point aux récits de sanglants tumultes ou de nobles combats ; il méprisait le métier d'égorgeur mercenaire et riait des guerrières rodomontades.

XLI.

Mais quand il vit l'étoile du soir briller au dessus du triste promontoire de Leucade, quand il salua ce dernier recours d'une passion sans espoir, il sentit ou crut sentir un ébranlement inconnu ; et comme le majestueux navire glissait lentement sous l'ombre du mont antique, il se mit à contempler le mouvement mélancolique des flots ; et bien que plongé dans sa rêverie habituelle, son regard paraissait plus calme, son front pâle était plus uni.

XLII.

L'Orient blanchit : on voit surgir les collines de la rude Albanie et les rochers sombres de Souli. Le sommet du Pinde s'élève au loin dans les terres, à demi enveloppé d'un voile de brouillards, sillonné de ruisseaux blancs comme la neige et couronné de larges bandes d'un pourpre obscur. A mesure que les brouillards se dissipent, on aperçoit sur les pentes les demeures des habitants des montagnes : c'est là que rôde le loup, que l'aigle aiguise son bec, que vivent des oiseaux de proie, des bêtes sauvages et des hommes plus sauvages encore : là se forment sourdement ces tempêtes qui troublent la dernière saison de l'année.

XLIII.

Sur ce rivage, Harold se sentit enfin seul et dit un long adieu aux langages des chrétiens : là il se voyait enfin dans un pays inconnu que tous admirent et que beaucoup craignent de visiter : son cœur était armé contre le destin ; il avait peu de besoins ; il ne cherchait pas les dangers, mais il n'était pas disposé à les fuir. Un spectacle sauvage, mais toujours nouveau ! que fallait-il de plus pour adoucir les fatigues incessantes de la route, pour faire oublier et le souffle glacial de l'hiver et les chaleurs dévorantes de l'été ?

XLIV.

Ici la croix, car on l'y rencontre encore, quoiqu'en butte aux cruels outrages des circoncis, la croix a dépouillé cet orgueil si cher à un clergé opulent : le pasteur et ses ouailles sont confondus dans un même abaissement. Impure superstition, sous quelque apparence que tu te déguises, idole, saint, vierge, prophète, croissant ou croix, quelque symbole que tu adoptes, bénéfice pour le sacerdoce, perte pour l'humanité, qui pourra séparer de ton alliage immonde l'or pur de la vraie piété ?

XLV.

Voilà le golfe d'Ambracie où jadis un monde fut perdu pour une femme, être charmant et inoffensif. Ce fut dans cette baie tranquille que les chefs romains et les monarques de l'Asie amenèrent leurs armées navales pour un triomphe douteux et un carnage certain. Là-bas se sont élevés les trophées du second des Césars, maintenant flétris comme les mains qui les érigèrent. Anarchistes couronnés, vous multipliez les maux de l'humanité ! non certes, Dieu n'a pas fait le globe pour qu'il fût conquis ou perdu par de tels tyrans.

XLVI.

Depuis les sombres barrières de cette contrée sauvage jusqu'au centre même des vallées illyriennes, Harold franchit plus d'un mont escarpé, traversa mainte contrée à peine mentionnée dans l'histoire : et pourtant l'Attique si renommée offre peu de vallées aussi délicieuses ; on y retrouve tous les charmes dont s'enorgueillit la belle Tempé ; le Parnasse lui-même, la montagne sainte et classique, ne peut rivaliser avec quelques-uns de ces sites qui recèlent ses sombres côtes.

XLVII.

Il dépassa les sommets glacés du Pinde, le lac Achérusien, et quittant les murs de la première cité du pays (1), il poussa plus loin son voyage pour aller saluer le chef de l'Albanie dont les ordres sont des lois absolues. Sa main sanglante gouverne une nation turbulente et hardie : et cependant là de quelques intrépides montagnards bravent son pouvoir, et du haut de leurs rochers lui jettent un cri de défi : indépendance indomptable qui ne cède enfin qu'au pouvoir de l'or.

(1) Janina, chef-lieu des Etats du célèbre Ali, pacha d'Albanie, qui résidait alors à Tébelen où il était né.

XLVIII.

O monastique Zitza, sur ta colline ombreuse, quel petit coin de terre favorisé des cieux ! Partout où se portent les regards, en haut, en bas, à l'entour, quelles couleurs d'arc-en-ciel et quels charmes magiques ! Rochers, rivières, forts, montagnes, tout est réuni dans ce tableau, sur lequel un ciel du plus beau bleu répand l'harmonie. Plus bas et à distance, la voix mugissante d'une cataracte révèle le lieu où elle se précipite entre des rocs suspendus dont la vue plaît et effraie à la fois.

XLIX.

Parmi les bois touffus qui couronnent cette colline, colline qui semblerait imposante, sans les montagnes voisines dont la chaîne s'élève toujours de degré en degré, on voit briller les blanches murailles du monastère. C'est là qu'habite le caloyer, humble prêtre qui n'a rien de farouche et dont la table est hospitalière. Le voyageur y est bien venu, et il emportera de ces lieux un souvenir durable, s'il n'est point tout-à-fait insensible aux charmes de la nature.

L.

Au milieu des ardeurs de l'été, qu'il se repose sur ce gazon ; car le gazon est frais sous ces arbres séculaires : les plus doux zéphyrs agiteront sur son sein l'éventail de leurs ailes, et il aspirera la brise même du ciel. La plaine est bien loin au-dessous de lui : oh ! pendant qu'il le peut, qu'il goûte ici une volupté pure ; ici ne pénétrent point les rayons dévorants du soleil, portant la maladie avec eux. Qu'ici le pèlerin insoucieux étende en liberté ses membres nonchalants et laisse couler sans fatigue le matin, le midi et le soir.

LI.

De gauche à droite s'étendent les monts volcaniques de la Chimère, amphithéâtre naturel, sombre et grandiose, qui semble s'élargir à la vue ; au-dessous s'étend une vallée pour ainsi dire vivante, où les troupeaux se jouent, les feuillages ondulent, les rivières coulent et le pin des montagnes balance sa tête dans les airs. Voici le sombre Achéron, jadis consacré à la mort. O Pluton ! si c'est l'enfer que j'aperçois d'ici, ferme les portes de ton Elysée vaincu : mon ombre n'en réclamera point l'entrée.

LII.

Ni tours, ni remparts ne viennent gâter ce charmant paysage : Janina, quoique peu éloignée, est cachée par un rideau de collines ; ici les hommes sont peu nombreux, les hameaux chétifs ; les chaumières isolées sont même rares : mais le chevreau broute suspendu sur chaque précipice, et le petit berger, couvert de la blanche capote albanaise, observant d'un air pensif son troupeau dispersé, appuie ses formes grêles le long d'un rocher ou attend à l'entrée d'une grotte la fin d'un orage passager.

LIII.

O Dodone ! où sont tes chênes séculaires, ta source prophétique et tes divins oracles ? Quelle vallée répète encore les réponses du maître des Dieux ? Où sont les vestiges du temple de Jupiter Tonnant ? Tout, tout est oublié..... Et l'homme murmurerait de voir rompre les liens qui l'attachent à une vie passagère ! Insensé, cesse tes plaintes : le destin des dieux peut bien être le tien : voudrais-tu survivre au marbre ou au chêne, et te soustraire à la loi qui frappe les nations, les idiomes, les mondes ?

LIV.

Les frontières de l'Epire s'éloignent, et ses montagnes décroissent ; l'œil, fatigué de mesurer leur hauteur, se repose avec bonheur sur la vallée la plus unie que jamais le printemps ait revêtue de ses couleurs verdoyantes. Même dans une plaine les beautés de la nature ne sont pas dépourvues de grandeur ; car de temps en temps une rivière majestueuse en coupe la monotonie ; des bosquets s'élèvent le long de la rive et leurs images se bercent dans le miroir de l'onde, ou y dorment avec les rayons de la lune à l'heure solennelle de minuit.

LV.

Le soleil venait de se coucher derrière les larges croupes du mont Tomerit ; non loin mugissait le large et rapide courant du Laos ; les ombres de la nuit devenaient plus épaisses, quand, suivant avec précaution les détours de la rive escarpée, Harold vit, comme des météores dans le ciel, briller les minarets de Tebelen, dont les murs dominaient le fleuve. En s'approchant de la ville, il reconnut un bruit confus d'armes et de voix, apporté à son oreille par la brise qui suivait la longueur du vallon.

LVI.

Il passa devant la tour silencieuse du sacré harem, et pénétrant sous les vastes arceaux de la porte, il put voir la demeure du chef, demeure dans laquelle tout révélait sa puissance. Une pompe extraordinaire entourait le despote ; la cour retentissait du bruit de mille préparatifs : esclaves, eunuques, soldats, convives, santons y attendaient les ordres du maître. Au-dedans, c'était un palais ; au-dehors, une forteresse : des hommes de tous les climats s'y trouvaient réunis.

LVII.

En bas, des coursiers richement caparaçonnés, préparés pour la guerre, et de nombreux faisceaux d'armes étaient rangés en ordre le long des murs de la vaste cour. Plus haut, des groupes bizarres remplissaient le corridor, et de temps à autre un cavalier tartare, avec son haut bonnet de fourrure, s'élançait au galop de la porte sonore. Le Turc, le Grec, l'Albanais, le Maure, avec leurs costumes bigarrés se mêlent et se croisent, tandis que les sons graves du tambour de guerre annoncent la fin du jour.

LVIII.

On reconnaît l'Albanais farouche, si beau avec son court jupon qui lui vient au genou, sa tête enveloppée d'un châle, ses armes à jeu ciselées et ses vêtements brodés d'or ; le Macédonien à l'écharpe de pourpre ; le Delhi avec son redoutable turban et son cimeterre recourbé ; le Grec, plein de vivacité et de souplesse ; le fils mutilé de la noire Nubie ; le Turc à la longue barbe, qui daigne rarement parler, et maître de tout ce qui l'entoure, se croit trop puissant pour être affable.

LIX.

Les uns, réunis par groupes, sont étendus sur le pavé et observent la scène variée qui les entoure ; plus loin, quelque grave musulman adresse sa prière au prophète ; plusieurs fument, d'autres jouent ; ici l'Albanais se promène fièrement ; là le Grec fait entendre ses chuchottements et son babil. Ecoutez ! La voix du muezzin résonne du haut du minaret de la mosquée et fait entendre l'appel accoutumé de chaque soir : « Il n'y a pas d'autre dieu que Dieu !... A la prière ! Dieu est grand ! »

LX.

C'était pendant la saison où s'observe le jeûne du ramazan : l'abstinence durait toute la longue journée, mais dès que le tardif crépuscule avait disparu, on se livrait de nouveau aux plaisirs de la table. En un instant tout fut en mouvement dans le palais : de nombreux domestiques préparèrent et servirent un repas abondant. La galerie était devenue silencieuse et déserte : mais un bruit confus partait des appartements intérieurs, et les pages et les esclaves sortaient et rentraient sans cesse.

LXI.

Dans ces lieux, on n'entend jamais une voix féminine. Renfermées dans une enceinte écartée, les femmes sortent rarement et toujours gardées et voilées : elles doivent à un seul époux leur personne et leur cœur, et habituées à leur prison, elles n'éprouvent même pas le désir de la quitter. Elles s'y trouvent heureuses de l'amour d'un maître et des doux soins de la maternité : soins délicieux, dont aucun autre sentiment n'égale les charmes ! Chacune élève avec d'autant plus d'amour l'enfant qu'elle a porté ; et jamais elle ne pense à l'éloigner de ce sein dont une passion moins pure ne trouble point la paix.

LXII.

Dans un kiosque pavé de marbre, au centre duquel jaillit une eau vive, dont le murmure répand à l'entour une douce fraîcheur, sur une couche voluptueuse qui invite au repos, est étendu Ali, homme éprouvé par la guerre et les souffrances : et pourtant ce visage vénérable porte l'empreinte d'un caractère si doux, que l'on n'y pourrait lire toutes les pensées cruelles qui s'agitent en lui, et les crimes qui ont souillé son âme d'une tache ineffaçable.

LXIII.

Ce n'est pas que cette longue barbe grise qui pare son visage ne puisse se concilier avec les passions de la jeunesse : l'amour soumet la vieillesse à ses lois ; Hafiz (1) l'a déclaré ; le poète de Téos (2) l'a souvent répété dans des vers qui portent le cachet du vrai. Mais le crime sourd à la voix plaintive de la pitié, le crime odieux chez tous les hommes, mais surtout chez les vieillards, un pareil crime l'a marqué de sa dent de tigre. Le sang appelle le sang ; et ceux qui ont commencé leur carrière en le faisant couler, la termineront par une fin sanglante.

(1) Poète persan.
(2) Anacréon.

LXIV.

Le pèlerin fatigué s'arrêta quelque temps en ce lieu, au milieu de tous ces objets nouveaux pour lui. Mais bientôt, lassé du faste musulman, il ne vit plus qu'avec dégoût ce vaste palais, séjour des richesses et de la débauche, retraite choisie par un homme rassasié de sa propre grandeur pour échapper au bruit des cités : mais la paix ne se trouve pas dans le sein d'artificielles jouissances, et quand le plaisir et l'éclat sont réunis, ils se détruisent mutuellement.

LXV.

Les fils de l'Albanie portent des cœurs farouches; et pourtant ils ont des vertus qui ne demanderaient qu'à être cultivées. Quel ennemi les a jamais vus par derrière? Qui sait mieux qu'eux endurer les fatigues d'une campagne. Leurs montagnes ne sont pas un asile plus sûr que leur fidélité n'est inviolable dans les temps difficiles. Si leur vengeance est mortelle, leur amitié ne varie point. Aussitôt que la reconnaissance et le devoir réclament leur sang, ils s'élancent intrépides sur les pas de leur chef.

LXVI.

Harold les vit dans le palais du pacha accourant en foule pour marcher au combat et à la gloire : il les revit encore plus tard lorsqu'il tomba entre leurs mains, poursuivi momentanément par le sort. C'est dans ces heures de détresse que les méchants vous accablent; mais les Albanais l'abritèrent sous leur toit. Des peuples moins barbares l'eussent moins bien accueilli, et ses compatriotes se seraient tenus à l'écart. Combien peu de cœurs soutiennent de pareilles épreuves!

LXVII.

Un jour, en effet, des vents contraires poussèrent son vaisseau sur les côtes escarpées de Souli : là, tout autour de lui n'était que désolation et ténèbres. Le rivage était redoutable, plus redoutable était encore la mer; cependant les marins hésitèrent quelque temps, n'osant se confier à une terre où la trahison pouvait les attendre. Enfin, ils se hasardèrent, non sans craindre encore que des peuplades également ennemies du Franc et du Turc ne renouvelassent les scènes sanglantes qui avaient déjà déshonoré ces rivages.

LXVIII.

Vaines terreurs! Les Souliotes leur présentent une main amie, les guident parmi les rochers et les perfides fondrières. Plus humains que des esclaves civilisés, quoique moins prodigues de paroles flatteuses, ils raniment la flamme du foyer, font sécher les vêtements humides des naufragés, remplissent la coupe de l'hospitalité, allument la lampe joyeuse et apportent une nourriture, frugale il est vrai, mais la seule qu'ils puissent donner. N'est-ce point le véritable précepte de l'humanité : abriter la fatigue, consoler l'affliction; une pareille conduite est une leçon pour les heureux du monde, un reproche pour les méchants.

LXIX.

Lorsqu'Harold voulut quitter ces montagnes hospitalières, il se trouva que des bandes de maraudeurs interceptaient la route et portaient de tous côtés le fer et la flamme. Prenant donc une escorte d'hommes habitués à la guerre et aux fatigues, il franchit avec elle ces vastes forêts de l'Acarnanie, et ne s'en sépara que quand il eut reconnu les blanches ondes de l'Achéloüs, des rives duquel on découvre les plaines de l'Etolie.

LXX.

Aux lieux où l'Utraïkey forme une anse arrondie dans laquelle les vagues fatiguées se retirent pour s'étaler calmes et brillantes, comme il est sombre vers minuit, le feuillage de ces arbres qui couronnent la verte colline, et se balancent sur le sein de la baie tranquille, tandis que la brise occidentale murmure doucement et baise sans y marquer un pli la surface azurée des flots! C'est là qu'Harold reçut un accueil amical : il ne put contempler sans émotion ce gracieux tableau, car il trouvait d'ineffables joies dans le spectacle des nuits.

LXXI.

Les feux de nuit brillaient sur le sable du rivage; le repas était achevé, la coupe rougie circulait rapidement, et celui que le hasard aurait amené en face de ces groupes, n'aurait pu les voir sans étonnement. Avant que l'heure silencieuse de minuit fût passée, ils commencèrent la danse du pays. Chaque palikare déposa son sabre; et tous, se tenant par la main, se mirent à bondir en cadence, en hurlant un chant barbare.

LXXII.

Childe-Harold se tint à l'écart, observant non sans plaisir les ébats de la troupe joyeuse; car il n'était point l'ennemi d'une joie innocente quoiqu'un peu grossière. Et en effet, ce n'était point un spectacle vulgaire qu'offraient ces danses barbares mais décentes, ces visages éclairés par les flammes du foyer, ces gestes pleins de vivacité, ces yeux noirs et brillants, ces longues chevelures retombant en boucles jusqu'à la ceinture : tandis qu'ils répétaient en chœur ces paroles moitié déclamées, moitié chantées :

1.

Tambourgi! Tambourgi! Ton appel donne aux braves la promesse des combats et l'espoir du butin : à tes sons guerriers on voit se lever tous les enfants des montagnes, le Chimariote, l'Illyrien et le Souliote basané.

2.

Oh! qui surpasse en bravoure le Souliote basané, revêtu de sa tunique blanche comme la neige et d'une capote velue? Il abandonne son troupeau sauvage aux loups et aux vautours, et descend dans la plaine comme un torrent du rocher.

3.

Les enfants de Chimari, qui n'oublient jamais l'outrage d'un frère, iront-ils épargner la vie d'un ennemi vaincu? Nos fidèles carabines se refuseraient à un pareil dédain de la vengeance : quel but est plus beau que le sein d'un ennemi?

4.

La Macédoine envoie ses fils invincibles : ils abandonnent pour un temps la chasse et leurs cavernes; mais leurs écharpes rouges comme le sang seront plus rouges encore avant que le sabre rentre dans le fourreau, et que la bataille soit finie.

5.

Les corsaires de Parga qui habitent sur les vagues, et qui apprennent aux pâles Francs ce que c'est qu'être esclaves, laisseront sur la côte leurs avirons et leurs longues galères pour conduire les captifs à leur prison.

6.

Je ne souhaite pas les plaisirs de la richesse : mon sabre saura conquérir ce que le lâche doit acheter; il conquerra la jeune fiancée aux longs cheveux flottants, il arrachera les vierges du sein de leur mère.

7.

J'aime la beauté de la jeune vierge; ses caresses me berceront, ses accords feront mes délices : qu'elle apporte sa lyre aux cent cordes, et qu'elle nous chante une chanson sur la défaite de son père!

8.

Rappelez-vous le moment où Prévésa est tombée; les cris des vainqueurs, les gémissements des vaincus; les toits incendiés par nos mains, le butin partagé, les riches mis à mort, les belles que nous sûmes épargner.

9.

Ne parlons pas de pitié, ne parlons pas de crainte; ces mots doivent être inconnus à qui veut servir le vizir; car depuis les jours du Prophète, jamais le Croissant n'a vu un chef aussi glorieux qu'Ali-Pacha.

10.

Le sombre Muchtar son fils est envoyé sur le Danube : les Giaours aux cheveux blonds verront avec terreur ses queues de cheval; quand les Delhis tout sanglants auront écrasé leurs bataillons, combien peu de Moscovites reverront leur patrie.

11.

Selictar! tire du fourreau le cimeterre de notre chef : tambourgi! ton appel nous promet les combats. Et vous, montagnes, qui nous avez vus descendre sur le rivage, nous reviendrons vainqueurs, ou ne reviendrons plus.

LXXIII.

Belle Grèce! reste déplorable d'une gloire qui n'est plus! disparue, mais immortelle; déchue, mais grande encore! qui maintenant guidera tes enfants dispersés? qui brisera ce joug auquel ils sont accoutumés? Ah! qu'ils ressemblent peu, ces fils dégénérés, à ceux qui jadis, volontairement condamnés à une lutte sans espoir, attendaient la mort dans le défilé sépulcral des froides Thermopyles! Oh! qui pourra s'inspirer de ce généreux courage, et, s'élançant des rives de l'Eurotas, te réveiller dans la tombe?

LXXIV.

O Génie de la liberté! lorsque sur les remparts de Phylé tu étais avec Thrasybule et ses immortels complices, aurais-tu pu prévoir la funeste destinée qui assombrit les plaines verdoyantes de la chère Attique ? Ce ne sont plus trente tyrans qui l'asservissent, mais à chaque pas on y rencontre un brutal oppresseur; et les fils ne se lèvent plus; mais ils se bornent à maudire vainement le joug des Turcs qui les écrase. Ils naissent, ils meurent esclaves; et leurs paroles, leurs actes, n'ont plus rien de l'homme.

LXXV.

Tout est changé en eux, sauf la forme extérieure. Et en observant le feu qui étincelle dans leurs regards, qui ne croirait pas que leurs cœurs brûlent encore de la flamme, ô Liberté, qu'ils ne connaissent plus! Beaucoup d'entre eux rêvent encore que l'heure approche qui leur rendra l'héritage de leurs pères : ils soupirent après les armes et l'aide de l'étranger, et ils n'oseraient affronter eux-mêmes la colère de l'ennemi, ni effacer leur nom des funèbres annales de l'Esclavage.

LXXVI.

Serfs héréditaires! ne savez-vous donc pas que pour se rendre libre il faut soi-même frapper le premier coup? C'est à son propre bras que l'homme peut devoir une pareille conquête : le Gaulois ou le Moscovite vous viendront-ils à cette fin? Non certes! A la vérité, ils pourront humilier vos fiers spoliateurs; mais ils ne rallumeront pas pour vous les autels de la liberté. Ombres des hilotes! triomphez de vos tyrans! La Grèce pourra changer de maître, mais son état sera toujours le même : ses jours de gloire sont passés, mais non ses jours de honte.

LXXVII.

La cité que les fils d'Allah ont conquise sur les infidèles pourra de nouveau être arrachée par le Giaour des mains de la race ottomane; les tours impénétrables du sérail pourront encore s'ouvrir au Franc farouche qui déjà les a occupées une fois; la nation rebelle des Wahabites, qui a osé dépouiller la tombe du prophète de tant de pieuses offrandes, pourra se tracer une route sanglante vers l'Occident : mais jamais la liberté ne visitera le sol maudit de la Grèce, et à travers des siècles d'un labeur incessant, l'esclave y succédera à l'esclave.

LXXVIII.

Voyez pourtant leur gaîté, à l'approche de ces temps de pénitence pendant lesquels la religion se prépare à délivrer l'homme du poids de ses fautes mortelles par l'abstinence du jour et les veilles de la nuit; avant l'heure où le repentir revêt le cilice, quelques jours de fête sont accordés à tous, pour que chacun puisse chercher le plaisir qu'il préfère, prendre avec le masque un vêtement aux brillantes couleurs, se mêler à la danse et se joindre au cortège bouffon du joyeux carnaval.

LXXIX.

Et quelle ville offre plus de joyeux divertissements que toi, ô Stamboul, jadis reine des plaisirs, bien que le turban déshonore aujourd'hui le temple de Sainte-Sophie où la Grèce cherche en vain ses propres autels (hélas! ses malheurs viennent toujours attrister mes chants)? Ils étaient gais jadis les ménestrels, car son peuple était libre et tous ressentaient en commun la joie qu'ils feignent maintenant. Mes yeux n'avaient jamais vu de spectacle, mes oreilles n'avaient jamais entendu d'accords, pareils à la scène que je contemplai, aux sons qui éveillèrent pour moi les échos du Bosphore.

LXXX.

Un tumulte joyeux retentissait sur le rivage; souvent la musique changeait d'air; mais elle ne s'arrêtait jamais : elle se mêlait sans cesse au bruit cadencé des avirons, et au doux murmure des eaux jaillissantes. L'astre qui commande au reflux des mers semblait du haut du ciel sourire à ces fêtes, et quand une brise passagère venait rider la surface de l'eau, un rayon plus brillant échappé de son trône y peignait son image, et les vagues étincelantes éclairaient les bords qu'elles baignent.

LXXXI.

Les caïques effleuraient légèrement l'écume des vagues; les filles de la contrée dansaient sur la rive, et jeunes hommes et vierges avaient également oublié le repos et le foyer paternel : des yeux languissants échangeaient des regards irrésistibles; des mains frémissantes répondaient doucement aux mains qui les pressaient. O amour! ô jeunesse! que le sage et le cynique en disent ce qu'ils voudront, ces heures enchaînées dans vos liens de roses, ces heures-là seulement rachètent dans la vie de longues années de douleur.

LXXXII.

Mais au milieu de la foule, parmi ces joyeux déguisements, ne se cache-t-il pas quelques cœurs agités par une peine secrète qui se trahit à demi sous un visage contraint? Pour eux le doux murmure des vagues n'est qu'un écho de leurs douloureuses pensées; en eux la gaîté de la foule n'excite qu'un froid et farouche dédain. Combien ces rires bruyants et sans objet leur deviennent odieux! Qu'ils ont hâte de changer leurs vêtements de fête contre un lugubre linceul!

LXXXIII.

Tel doit être le sentiment de tout véritable fils de la Grèce, si la Grèce peut encore s'honorer d'un patriote sincère : car ils ne méritent pas ce nom ceux qui parlent de guerre, mais qui se réfugient dans la paix de l'esclavage; qui regrettent ce qu'ils ont perdu, mais qui ont encore un sourire pour leurs tyrans, et qui manient la faucille servile et non l'épée. O Grèce! ceux qui t'aiment le moins sont ceux qui te doivent le plus : leur naissance, leur sang et cette suite sublime d'héroïques ancêtres qui font honte maintenant à une race dégénérée.

LXXXIV.

Quand renaîtra l'austérité de Lacédémone, quand Épaminondas reviendra gouverner Thèbes, quand les fils d'Athènes auront repris des cœurs généreux, quand les mères grecques mettront au jour des hommes : alors tu pourras revivre, mais non avant. Mille ans suffisent à peine pour créer un empire : une heure peut le réduire en poussière ; combien d'efforts ne faudrait-il pas pour renouveler ta splendeur éclipsée, te rendre tes vertus et vaincre le Temps et la Destinée!

LXXXV.

Et pourtant que tu es belle encore au milieu de ton deuil, ô patrie des dieux et des héros semblables aux dieux! Tes vallées toujours vertes, tes sommets couronnés de neiges éternelles montrent la variété des dons que t'a prodigués la nature; mais tes autels, tes temples inclinés vers le sol et brisés par le choc de la charrue, se mêlant avec lenteur à une terre héroïque, ne font que subir le sort réservé aux monuments ouvrages des hommes : tout s'efface successivement, sauf le souvenir des vertus célébrées par le Génie.

LXXXVI.

Cependant une colonne solitaire encore debout semble gémir sur le sort de ses sœurs, enfants de la même carrière, toutes renversées auprès d'elle; le temple élevé de Pallas orne encore le cap de Colonna, et apparaît de loin sur les flots; et çà et là on voit aussi les tombes ignorées à demi de quelques héros. Leurs pierres grisâtres, leur gazon toujours vert, bravent encore les siècles, mais non l'oubli : car les étrangers sont les seuls qui ne passent pas insoucieux près d'elles, et qui parfois s'arrêtent un moment, les regardent et soupirent.

LXXXVII.

Et toujours pourtant ton ciel est aussi bleu, tes rochers sont aussi sauvages; tes bocages sont frais, tes plaines verdoyantes; tes olives mûrissent comme au jour où Minerve leur accordait un sourire, et l'Hymette est toujours riche de son miel doré; libre voyageuse dans l'air de la montagne, l'abeille y construit gaîment sa citadelle odorante; pendant de longs, longs étés, les rayons d'Apollon dorent les murailles et les marbres du Pentélique. Les arts, la gloire, la liberté, passent; mais la nature est toujours belle.

LXXXVIII.

Quelque part que se dirigent nos pas, nous foulons une terre sainte et consacrée! Nulle portion de ce sol n'offre un aspect vulgaire, mais un monde de merveilles s'étend autour de nous, et toutes les fictions des muses nous semblent réalisées, au point que nos sens se lassent à contempler ces scènes peuplées des rêves de notre jeunesse. Ici forêts et prairies, collines et vallons bravent ce même pouvoir qui a renversé tant d'édifices : le temps a ébranlé les tours d'Athènes, il a respecté les vieux champs de Marathon.

LXXXIX.

Dans cette plaine fameuse, le soleil, la glèbe sont les mêmes; il n'y a de changé que l'esclave qui la cultive, et le maître qui la possède. Il a encore et les mêmes bornes et la même renommée, ce champ de bataille où les hordes persanes courbèrent la tête pour la première fois sous le fer redoutable des Hellènes. Jour cher à la Gloire, où Marathon devint un mot magique qu'on ne peut prononcer sans évoquer aux regards de celui qui l'entend le camp, les armées, la bataille et la victoire!

XC.

Ici fuyait le Mède, jetant ses flèches et son arc brisé. Là, le Grec menaçant le poursuivait de sa lance sanglante. En haut les montagnes; au bas la côte et l'Océan; sur le front des Grecs la mort; dans les rangs des Perses la terreur et la fuite : tel était le tableau qu'offrait Marathon... Que reste-t-il aujourd'hui? Quel trophée signale cette plaine sacrée qui vit le sourire de la liberté et les larmes de l'Asie? Des urnes vides, des tombeaux violés, et la poussière que le coursier d'un barbare fait jaillir sous ses pieds.

XCI.

Cependant les restes de ce passé splendide attireront toujours les pèlerins pensifs qui oublieront un moment leurs fatigues. Longtemps le voyageur, amené par le vent d'Ionie, saluera la brillante patrie des muses et des héros. Longtemps, ô Grèce, tes annales et ton langage immortel répandront ta gloire parmi la jeunesse des plus lointains climats. Orgueil de l'âge mûr, leçon de la jeunesse, c'est toi que le sage vénère et que le poète adore quand Pallas et la muse leur ouvrent leurs mystérieux trésors.

XCII.

Le cœur du voyageur soupire pour la patrie absente, quand de tendres liens l'attachent au foyer domestique; mais l'homme isolé ici-bas, qu'il reste errant dans ces lieux, qu'il attache de longs regards sur cette terre en harmonie avec lui. La Grèce n'est point le séjour de la gaîté légère et des plaisirs du monde : mais celui pour qui la mélancolie a des charmes peut en faire sa patrie. A peine regrettera-t-il la terre natale quand il ira errer lentement sur les coteaux sacrés de Delphes, et promener ses regards sur les plaines qui ont vu mourir le Perse et l'Hellène.

XCIII.

Que de pareils hommes visitent cette terre sacrée, qu'ils traversent en paix ces magiques solitudes : mais qu'ils respectent ses ruines; qu'une main sacrilége ne vienne point défigurer un tableau déjà trop effacé! Ce n'est point pour une telle fin que furent élevés ces autels. Révérez ces débris que des nations ont révérés : et que puisse ainsi le nom de votre patrie ne jamais recevoir d'outrage, et puissiez-vous prospérer vous-même aux lieux où fleurit votre jeunesse, entouré de toutes les joies vertueuses que peuvent donner l'amour et la vie!

XCIV.

Pour toi qui, trop longtemps peut-être, viens de charmer les loisirs par des chants sans gloire, bientôt ta voix va se perdre parmi les voix plus éclatantes de tant de ménestrels que nos jours ont produits. Ne leur dispute point un laurier que le temps doit flétrir. Une pareille lutte ne sied point à un esprit qui dédaigne également les critiques amères et les éloges dictés par la partialité; car ils sont glacés depuis longtemps, tous les cœurs dont le suffrage eût flatté; et l'on ne cherche plus à plaire quand on n'a plus rien à aimer.

XCV.

Et toi aussi tu n'es plus, toi qui me fus si chère et qui méritais tant d'amour; toi que la jeunesse et ses affections unissaient à moi; qui fis pour moi ce que personne autre n'a fait et qui ne dédaignas pas un cœur indigne du tien. Que suis-je maintenant que tu as cessé de vivre? Tu n'es plus là pour accueillir au retour ce voyageur à qui il ne reste que le regret des heures qui ne reviendront plus. Oh! pourquoi ce bonheur a-t-il jamais existé, ou pourquoi n'est-il point encore à venir? Pourquoi suis-je revenu dans ces lieux, lorsque de nouvelles douleurs devaient m'en chasser encore?

XCVI.

O femme toujours aimante, toujours aimable et toujours aimée! Comme une douleur égoïste s'absorbe dans le passé et s'attache à des angoisses qu'elle devrait écarter! Mais ton image est la dernière que le temps effacera de mon âme. Cruel trépas, tout ce que tu pouvais avoir de moi, tu me l'as pris : une mère, un ami et plus qu'un ami maintenant ; pour personne tes traits ne se sont succédé aussi rapides : accumulant sur moi douleur après douleur, tu m'as enlevé le peu de consolations que la vie pouvait encore m'offrir.

XCVII.

Irai-je donc me jeter de nouveau dans les agitations de la foule, et y chercher tout ce que dédaigne un cœur paisible? Irai-je m'asseoir aux banquets de l'Orgie, où un rire faussement bruyant, démenti par le cœur, défigure les joues creuses des convives, et laisse après lui dans l'âme un surcroît d'abattement et de faiblesse? Là, en vain une gaîté de commande veut forcer les traits à feindre le plaisir ou à dissimuler le dépit : les sourires tracent le sillon d'une larme à venir, et en relevant la lèvre convulsive, n'y peignent qu'un secret dédain.

XCVIII.

Quel est le plus terrible des maux qui accompagnent la vieillesse, celui qui grave sur le front la ride la plus profonde? C'est de voir effacer du livre de vie le nom de tous les êtres que nous avons aimés, et de se trouver seul sur la terre, comme j'y suis seul maintenant. Sur les ruines de tant de cœurs brisés, de tant d'espérances détruites, je m'incline humblement devant Celui qui châtie. Jours inutiles, écoulez-vous rapidement : je vous verrai fuir sans vous compter, puisque le temps m'a privé de tout ce qui faisait la joie de mon âme et a versé sur mes jeunes années tous les malheurs de la vieillesse.

CHANT III.

I.

Tes traits ressemblent-ils à ceux de ta mère, ô ma belle enfant! Ada! fille unique de ma maison et de mon cœur! Quand, la dernière fois, j'ai vu tes jeunes yeux d'azur, ils souriaient, et alors je te quittai... non comme je te quitte maintenant, mais avec une espérance.....

Je me réveille en tressaillant : les vagues se gonflent autour de moi; les vents font entendre leurs voix dans les airs : je pars. Où nous allons, je l'ignore : mais le temps n'est plus où en voyant s'abaisser les côtes d'Angleterre, mon regard était ému de douleur ou de joie.

II.

Encore une fois sur les flots! Oui, encore une fois! et les vagues bondissent sous moi comme un coursier qui connaît son maître. Vagues mugissantes, salut! Rapide soit votre course, quelque part qu'elle me conduise! Dût le mât fatigué trembler comme un roseau, dût la voile déchirée abandonner ses lambeaux aux vents, il faut que j'aille en avant; car je suis comme l'herbe marine, détachée du roc et semée parmi l'écume de l'Océan : je vais partout où me poussera l'effort des vagues, l'haleine de la tempête.

III.

Dans l'été de ma jeunesse, j'ai entrepris de chanter le pèlerinage d'un exilé volontaire fuyant son propre cœur : je reprends une histoire que j'avais à peine entamée, et je l'emporte avec moi, comme le vent impétueux pousse devant lui le nuage. J'y retrouve la trace de mes longues pensées et de mes larmes taries, qui n'ont laissé qu'un désert sur leur passage. C'est là que mes années s'écoulent pesamment, dernière solitude de la vie, où l'on ne voit point paraître une fleur.

IV.

Depuis mes jours de jeunesse et de passion, jours de plaisirs ou de douleurs, mon cœur et ma harpe peuvent avoir perdu une corde; une dissonance en peut résulter, et peut-être voudrai-je en vain chanter comme autrefois. Mais, quelque ingrat que puisse être le sujet de mes chants, je m'y attache : pourvu qu'ils bannissent de mon âme les tristes rêves d'une douleur et d'une joie égoïstes, et qu'ils répandant autour de moi l'oubli, ils me sembleront délicieux, quoique personne peut-être ne soit de cet avis.

V.

Celui qui dans ce monde de douleurs a vécu par ses actes plutôt que par ses années et qui a pénétré les profondeurs de la vie au point de ne plus s'étonner de rien; de sorte que l'amour et ses peines, la gloire, l'ambition, la rivalité ne peuvent plus faire pénétrer dans son cœur le poignard acéré dont on souffre les blessures en silence : celui-là peut dire pourquoi la pensée cherche un refuge dans des cavernes solitaires et se plaît néanmoins à les peupler d'images aériennes, de ces formes qui habitent toujours jeunes la retraite enchantée de l'âme.

VI.

C'est uniquement pour créer et pour jouir en créant d'une plus grande intensité de vie, que nous donnons une forme à nos visions, nous appropriant à nous-mêmes, comme je l'éprouve maintenant, cette existence que nous inventons. Que suis-je, moi? Rien. Mais il n'en est pas ainsi de toi, âme de ma pensée! Avec toi, je parcours la terre, invisible mais pouvant tout observer, m'associant à ton esprit, partageant ta céleste origine, et capable encore de sentir en toi, quand ma sensibilité est éteinte et stérile.

VII.

Mais arrêtons le désordre de ces pensées : j'ai médité trop longtemps, je me suis livré à des réflexions trop sombres, et enfin j'ai senti mon cerveau brûlant, épuisé par ses propres efforts, il faut changer en un véritable tourbillon de visions et de flammes : c'est ainsi que n'ayant point appris à dompter mes pensées, j'ai vu s'empoisonner les sources de ma vie. Il est trop tard aujourd'hui, mais il me reste encore assez de force pour supporter des maux que le temps ne peut guérir, et pour me nourrir de fruits amers sans accuser le destin.

VIII.

En voilà trop sur ce sujet : maintenant tout appartient au passé, et le sceau du mystère est apposé sur le charme qui n'est plus. Après une longue absence, Harold reparaît enfin : Harold dont le cœur voudrait ne plus rien sentir, mais se sent déchiré de blessures incurables sans être mortelles. Le temps néanmoins, qui change tout, a modifié son âme et ses traits : les années dérobent le feu de l'esprit comme la vigueur des membres, et la coupe enchantée de la vie ne pétille que sur ses bords.

IX.

Harold avait trop avidement épuisé la sienne, et au fond il avait trouvé une lie d'absinthe : mais il la remplit de nouveau à une source plus pure et sur un sol consacré, et il la crut intarissable. Il se trompait. Autour de lui s'enroulait invisiblement une chaîne toujours plus serrée, dont il sentait le frôlement douloureux quoiqu'il ne pût l'apercevoir, dont le poids l'accablait, quoiqu'il n'en pût entendre le bruit. C'était une souffrance muette et de plus en plus pénétrante qui suivait Harold dans tous les pas qu'il essayait aux divers sentiers de la vie.

X.

Armé d'une froide réserve, il avait cru pouvoir sans danger renouer commerce avec les hommes. Il croyait son âme tellement fixée, maintenant, tellement cuirassée d'invulnérables réflexions, que si aucune joie n'y pouvait pénétrer, aucun chagrin non plus ne pouvait l'atteindre. Il pouvait rester inaperçu et solitaire au milieu de la foule et y trouver des sujets de méditation ; comme sur la terre étrangère, il en avait trouvé dans les merveilles de Dieu et de la nature.

XI.

Mais qui peut voir la rose épanouie et ne point être tenté de la cueillir ? Qui peut contempler avec bonheur la douceur et l'éclat des joues de la beau-

Ali-Pacha.

té, et ne point sentir que le cœur ne vieillit jamais tout entier ? Qui peut contempler l'étoile de la gloire, perçant tous les nuages et brillant au sommet d'un rocher, sans essayer de gravir jusqu'à elle ? Harold, une fois lancé dans le torrent, se laissa entraîner dans sa course vertigineuse, chassant le temps devant lui, mais se proposant un plus noble but qu'aux jours de sa jeunesse.

XII.

Cependant, il ne lui fallut pas longtemps pour reconnaître que de tous les hommes il était le moins propre à vivre parmi la troupe humaine, avec laquelle il n'avait presque rien de commun. Il ne savait point soumettre sa pensée à celle d'autrui, quoique dans sa jeunesse son âme eût été domptée par ses propres pensées ; mais, rebelle à toute inspiration étrangère, il ne pouvait consentir à céder un empire sur son être à des intelligences contre lesquelles la sienne se révoltait. Fier dans son désespoir, il cherchait à se créer une vie en lui-même et à respirer en dehors de l'humanité.

XIII.

Partout où s'élèvent des montagnes, là étaient pour lui des amis ; où roulent les flots de l'Océan, là était sa patrie ; si quelque part s'étend un ciel bleu et luit un beau soleil, il aimait à y porter ses pas errants ; le désert, la forêt, la caverne, le torrent écumeux, étaient ses compagnons : il échangeait avec eux un langage plus clair que celui des volumes écrits dans sa langue maternelle ; il aurait donné tous ceux-ci pour une seule page du livre de la nature, gravée par un rayon de soleil à la surface du lac.

XIV.

Comme les sages de Chaldée, il suivait dans les cieux la marche des étoiles, et son imagination les peuplait d'êtres brillants comme leurs rayons : ainsi il oubliait la terre et ses discordes, et toutes les humaines faiblesses. S'il eût pu toujours maintenir son esprit dans ces hauteurs, il eût été heureux ; mais le limon dont l'homme est pétri obscurcit la flamme immortelle qui l'anime ; il nous envie les clartés vers lesquelles nous nous élançons, impatients de briser le lien qui nous retient loin de ce ciel dont le sourire nous appelle.

XV.

Mais dans les habitations de l'homme, Harold se montrait inquiet, fatigué, sombre, à charge aux autres comme à lui-même, abattu comme un faucon sauvage à qui l'on a rogné les ailes, et qui ne peut vivre que dans un air sans limites. Alors ses transports revenaient, et en essayant de les vaincre, de même que l'oiseau captif frappe de sa poitrine et de son bec les barreaux de sa prison, jusqu'à ce que le sang ait teint son plumage, de même l'ardeur de son âme enchaînée dévorait son sein pour se frayer un passage.

XVI.

Exilé volontaire, Harold va de nouveau errer au loin, privé de tout reste d'espérance, mais avec moins de tristesse. Sachant qu'il vivait en vain, que tout était fini pour lui de ce côté de la tombe, son désespoir s'était revêtu d'un sourire farouche à la vérité, mais qu'il négligeait de dissimuler : ainsi sur un navire naufragé, les matelots pillent les provisions, et dans la démence de l'ivresse, attendent leur sort sur le pont qui s'enfonce.

XVII.

Arrête !... tu foules la poussière d'un empire ! Ici sont ensevelies les ruines produites par un tremblement de terre. Aucune statue colossale, aucune colonne chargée de trophées ne décore-t-elle ce lieu ? Non. Mais la leçon que donne la simple vérité n'en est que plus frappante. Que cette terre reste ce qu'elle était. Voyez comme cette pluie de sang a fait croître les moissons ! Est-ce donc là tout l'avantage que tu as valu au monde, ô toi la plus terrible et la dernière bataille ; ô victoire qui as créé des rois ?

XVIII.

Harold est debout au milieu de ce charnier d'ossements, le tombeau de la France, la plaine fatale de Waterloo. Comment une heure a-t-elle suffi à la fortune pour reprendre les dons qu'elle avait faits, pour faire passer en d'autres mains la gloire inconstante comme elle ! Ici, l'aigle prit dans les cieux son dernier essor; mais percé de part en part des flèches des nations coalisées, il laboura la plaine de ses serres sanglantes, traînant encore après lui quelques anneaux brisés de la chaîne dont il avait chargé l'univers. Ce jour-là toute une vie d'ambition vit anéantir le fruit de ses travaux.

XIX.

Justes représailles ! La Gaule peut mordre son frein, écumer sous ses fers... mais la terre en est-elle plus libre ? Les nations n'ont-elles combattu que pour vaincre un seul homme, ou se sont-elles liguées pour enseigner à tous les rois en quoi consiste la vraie souveraineté ? Eh quoi ! les lambeaux réunis de l'esclavage redeviendront-ils l'idole d'un siècle de lumière ? Après avoir abattu le lion faudra-t-il que nous rendions hommage au loup ? faudra-t-il baisser le regard, plier le genou devant les trônes ? Non, non ! éprouvons avant de louer.

XX.

Et si nous n'en tirons aucun bien, que l'on ne s'enorgueillisse plus de la chute d'un seul despote. En vain les joues des épouses et des mères ont été sillonnées de larmes brûlantes ; en vain la fleur de l'Europe a été foulée sous les pieds d'un tyran avant qu'elle pût produire ses fruits ; en vain des années de mort, d'appauvrissement, d'esclavage et de terreur, ont pesé sur nous ; en vain le joug a été brisé par l'accord unanime de plusieurs millions d'hommes : ce qui ajoute le plus de prix à la gloire, c'est le myrte qui couronne le glaive, comme il couronna celui d'Harmodius levé sur le tyran d'Athènes.

XXI.

C'était la nuit : l'air retentissait du bruit d'une fête ; l'élite de la beauté et de la chevalerie était réunie dans la capitale de la Belgique, et l'éclat des lampes ne tombait que sur de jolis fronts et de vaillantes poitrines. Mille cœurs battaient heureux à l'unisson, et quand s'élevait la voix voluptueuse de l'harmonie, de doux regards parlaient d'amour aux regards qui leur répondaient, et tout était joyeux comme le carillon d'une noce... Mais, silence ! écoutez : un bruit sourd retentit comme un glas funèbre.

XXII.

N'avez-vous pas entendu ?... non ce n'était que le vent, ou le bruit d'un char sur le pavé sonore. Continuons la danse : que rien n'interrompe la joie ! point de sommeil jusqu'au matin, quand la jeunesse, le plaisir et la danse s'unissent pour chasser les heures. Mais écoutez ! ce bruit sourd retentit de nouveau, comme si les nuages en répétaient l'écho. Il s'approche ; il devient plus distinct et plus terrible : aux armes ! aux armes ! C'est... c'est le canon qui commence à rugir.

XXIII.

Dans l'embrasure d'une croisée de la vaste salle était assis l'infortuné duc de Brunswick. Le premier, au milieu de la fête, il avait entendu ce son fatal, et il l'avait recueilli avec l'oreille prophétique de l'homme destiné au trépas. Il annonça l'approche de la bataille ; et un sourire d'incrédulité accueillit ses paroles : mais son cœur avait trop bien reconnu la voix redoutable du bronze qui avait étendu son père dans une bière sanglante, et allumé en lui-même une vengeance que le sang seul pouvait éteindre : il s'élança sur le champ de bataille, et tomba en combattant aux premiers rangs.

XXIV.

On allait et on venait çà et là, en tumulte : des pleurs coulaient ; la beauté tremblait d'effroi, et l'on voyait pâlir des joues qui une heure auparavant avaient rougi à l'éloge de leurs charmes. Il y eut de ces adieux soudains qui semblent arracher à de jeunes cœurs tout ce qu'ils ont de vie ; il y eut des soupirs étouffés qui peut-être devaient être les derniers. Qui pouvait dire s'ils se rencontreraient jamais ces regards qui s'entendaient si bien, alors que sur une nuit si douce se levait une si terrible aurore.

XXV.

Les guerriers se hâtent de monter à cheval : les escadrons se forment ; l'artillerie lance ses chars bruyants ; tout se précipite, chaque corps va prendre son rang de bataille. Et toujours au loin on entend se succéder les sourdes détonations du canon ; et plus près le tambour d'alarme éveille les soldats avant que l'étoile du matin ait brillé. Cependant les citadins s'assemblent muets de terreur, ou chuchotent tout bas et les lèvres pâles : « C'est l'ennemi ! il approche ! il approche ! »

La fontaine Castalie et le mont Parnasse.

XXVI.

L'appel des Camerons fait retentir son harmonie sauvage : c'est le chant de guerre de Lochiel qu'entendirent souvent les collines d'Albyn, ainsi que les Saxons ennemis. Comme leur pibroch retentit aigu et sauvage dans les ténèbres de la nuit ! mais le même souffle qui enfle la cornemuse ranime dans le cœur de ces montagnards leur courage naturel, réveille en eux le souvenir des siècles passés, et fait résonner à leurs oreilles les noms glorieux des Evan et des Donald.

XXVII.

La forêt des Ardennes balance sur leurs têtes son vert feuillage tout humide des larmes de la nuit : on dirait qu'elle pleure, si la nature inanimée était capable de douleur, sur ces braves qui passent maintenant et qui ne reviendront plus. Avant le soir, hélas ! ils seront foulés aux pieds comme le gazon sur lequel ils marchent maintenant ; le gazon les couvrira de sa prochaine verdure, quand toute cette bouillante valeur qui les précipite vers l'ennemi, quand ces hautes espérances qui les animent pourriront avec eux dans une couche profonde et glacée.

XXVIII.

Hier, le milieu du jour les vit pleins de force et d'ardeur ; le soir, ils se montraient remplis d'orgueil et de joie au milieu d'un cercle de beautés ; minuit leur apporta le signal du combat : aujourd'hui, le matin les a vus former leurs rangs, et midi éclaire l'appareil sombre et majestueux de la bataille. Un nuage tonnant les enveloppe, et chaque fois qu'il se déchire l'argile de la plaine est recouverte d'une argile humaine qu'elle-même recouvrira demain, entassant dans une fosse sanglante cavaliers et chevaux, amis et ennemis, amoncelés et confondus.

XXIX.

Des lyres plus sonores ont chanté leur gloire ; et pourtant il est un nom que je voudrais choisir dans cette foule illustre : je le dois à l'alliance de famille qui m'unissait à lui ; je le dois à son père envers qui j'ai à expier des torts ; et enfin des noms illustres consacrent les chants du poète. Celui-là brillait entre les plus braves ; et là où la pluie de fer éclaircissait le plus rapidement nos rangs, où la tempête de la guerre rugissait plus terrible, elles ne frappèrent point un sein plus noble que le tien, ô jeune et brave Howard !

XXX.

Pour toi des larmes ont coulé, pour toi des cœurs se sont brisés : que seraient mes larmes et mon cœur si j'avais un pareil hommage à t'offrir ? Mais quand je me trouvai près de l'arbre qui, vivant et verdoyant encore, incline son feuillage sur la place où tu reçus la mort, quand je vis autour de moi la plaine rajeunie couverte d'une verdure qui promet l'abondance, et le printemps, reprenant son œuvre joyeuse, rassembler sur ses ailes les oiseaux exilés, je détournai mes regards de tout ce qu'il ramenait pour les reporter sur ce qu'il ne pouvait nous rendre.

XXXI.

Je les reportai sur toi, sur tant de milliers de braves dont chacun a laissé un vide effrayant dans une famille affligée pour qui l'oubli serait un don précieux. La trompette de l'archange, en son celle de la renommée, réveillera ces héros tant regrettés. Le doux bruit de la gloire peut calmer un moment, mais non éteindre l'ardeur des vains regrets, et le nom que nous entendons honorer acquiert de plus puissants titres à nos larmes.

XXXII.

On pleure, mais on sourit enfin ; et en souriant on pleure encore : l'arbre se flétrit longtemps avant de tomber ; le navire marche encore quand il a perdu son mât et sa voile ; la poutre consumée tombe du toit, mais ses débris encombrent longtemps le pavé de la salle solitaire ; le mur en ruine reste debout quand ses créneaux minés par les éléments gisent autour de lui ; la chaîne survit au captif qui l'a portée ; le jour continue de s'écouler, même quand les nuages obscurcissent le soleil : ainsi le cœur peut se briser, mais tout brisé qu'il est il continue à vivre.

XXXIII.

Comme un miroir rompu se reproduit dans chacun de ses fragments et enfante mille images au lieu d'une, et plus encore si on le morcelle davantage : ainsi fait le cœur qui ne sait point oublier, vivant d'une existence fragmentaire, immobile et froide, ne sentant plus le sang circuler en lui, souffrant d'une douleur sans sommeil, se flétrissant enfin à mesure seulement que tout vieillit autour de lui, et ne donnant aucun signe visible de son état ; car ces choses ne se disent pas.

XXXIV.

Il y a dans le désespoir même un principe actif, une vitalité vénéneuse, racine vivace qui nourrit toutes ces branches frappées de mort : car ce ne serait rien de mourir ; mais la vie même doit apprendre à se repaître du fruit abhorré de la douleur, semblable à ces pommes des rivages de la mer Morte qui n'offrent que des cendres à celui qui le goûte. Si l'homme voulait n'estimer sa vie que par la quantité de ses jouissances, et prendre chaque jour de bonheur pour une année, compterait-il bien douze lustres ?

XXXV.

Le psalmiste a supputé les années de l'homme : et elles lui ont paru assez nombreuses. Mais pour toi, si l'histoire dit vrai, fatal Waterloo ! elles l'étaient trop encore, et tu nous as même envié cette durée fugitive. Des millions d'hommes rappelleront ton souvenir ; les lèvres de leurs enfants répéteront ce qu'ils ont appris d'eux, et diront : « C'est à Waterloo que des nations coalisées ont tiré l'épée ; c'est là que nos ancêtres ont combattu. » Et de cette grande journée, voilà tout ce qu'aura épargné l'oubli.

XXXVI.

Là est tombé le plus extraordinaire et non le pire des hommes, esprit formé de contrastes, s'appliquant avec une égale puissance, tantôt aux objets les plus élevés, et tantôt aux plus petits. O toi, qui fus extrême en toute chose, si tu avais su garder une ligne moyenne, le trône serait encore à toi, ou tu n'y serais jamais monté ; car c'est l'audace qui t'a élevé, comme elle a causé ta chute. Et maintenant encore tu songes à ressaisir le sceptre impérial ; et, Jupiter Tonnant, tu voudrais ébranler de nouveau le monde.

XXXVII.

Vainqueur de la terre, te voilà son captif ; elle tremble encore à ton souvenir, et ton nom redoutable n'a jamais plus retenti dans la pensée des hommes qu'en ces jours où tu n'es plus rien qu'un jouet de la renommée. Elle te courtisa jadis, se fit ton esclave et caressa ton humeur hautaine jusqu'à te persuader que tu étais un dieu... elle le persuada même aux nations stupéfaites, qui te crurent longtemps ce que tu prétendais être.

XXXVIII.

Plus ou moins qu'un homme, dans ta grandeur ou dans tes désastres, tu affrontes des nations entières, et tu fuis du champ de bataille ; tu fais du cou des monarques le marchepied de ton trône, et tu deviens plus prompt à fléchir que le dernier de tes soldats ; tu peux renverser, gouverner, relever un empire, mais tu es incapable de modérer la moindre de tes passions ; habile à pénétrer l'esprit des autres, tu ne sais ni lire dans le tien, ni réprimer ton amour désordonné pour la guerre, ni comprendre enfin que le Destin, mis au défi, abandonne la plus brillante étoile.

XXXIX.

Et cependant ton âme a supporté les revers avec cette philosophie innée qui ne s'apprend pas, et qui, fruit de la sagesse, de la froideur ou d'un profond orgueil, jette le fiel et l'absinthe au cœur d'un ennemi. Quand la haine ameutée t'entourait pour épier et railler ta faiblesse, toi tu te pris à sourire : ton œil resta calme et résigné. Quand la fortune s'enfuit loin de l'enfant chéri qu'elle avait gâté, il soutint sans plier le poids des infortunes accumulées sur sa tête.

XL.

Plus sage alors qu'au jour de tes grandeurs ; car au sein de celles-ci l'ambition t'endurcit, et tu laissas trop paraître ce juste mépris que t'inspiraient les hommes et leurs pensées habituelles. Ce mépris était mérité, mais fallait-il le porter toujours empreint sur tes lèvres et sur ton front ? fallait-il humilier les agents dont tu étais obligé de te servir, au point de les pousser à se retourner contre toi pour préparer ta ruine ? Qu'on le perde ou qu'on le gagne, c'est un triste objet d'ambition que ce monde : tu l'as bien éprouvé, comme tous ceux qui se sont proposé un pareil but.

XLI.

Si, comme une tour bâtie au sommet d'un roc escarpé, tu avais dû résister ou tomber seul, un tel mépris de l'homme aurait pu t'aider à braver le choc ; mais les intelligences humaines formaient les degrés de ton trône, l'admiration que tu inspirais était la plus sûre de tes armes. Ton rôle était celui du fils de Philippe, pourquoi donc (à moins que tu n'eusses jeté la pourpre de côté) te moquer des hommes à la manière de Diogène ? La terre serait un tonneau trop vaste pour de cyniques couronnés.

XLII.

Mais pour une âme active, le repos est l'enfer ; et voilà ce qui causa ta perte. L'âme renfermée un feu qui ne saurait se restreindre à ses étroites limites, mais qui aspire sans cesse au-delà du milieu des justes désirs : une fois allumé, rien ne saurait l'assouvir ; il se repaît d'aventureuses destinées et ne se fatigue ni du repos : fièvre intérieure fatale à tous ceux qui en ont été atteints un seul instant.

XLIII.

Cette fièvre fait les insensés qui, par leur contact, rendent insensés les autres hommes, conquérants et rois, fondateurs de sectes et de systèmes, auxquels il faut ajouter sophistes, poètes, hommes d'État : âmes inquiètes et dangereux qui font vibrer trop fortement les secrets ressorts de l'âme, et sont eux-mêmes les dupes de ceux qu'ils abusent ; hommes enviés et pourtant bien peu dignes d'envie, et tourmentés des plus cruels aiguillons ! Le sein de l'un d'eux, mis à nu, enseignerait à l'humanité ce que valent la puissance et la gloire.

XLIV.

L'agitation est leur élément : leur vie est une tempête qui les emporte pour les laisser tomber enfin ; et pourtant ils sont tellement enivrés, tellement idolâtres de la lutte, que s'ils voyaient le calme du crépuscule succéder à leurs jours remplis de périls, ils se sentiraient écrasés d'ennuis et de tristesse, et mourraient sous le poids. Semblables à une flamme sans aliment qui vacille et s'éteint, ou à l'épée qui se rouille dans l'oisiveté et s'y consume sans gloire.

XLV.

Escaladez le sommet des montagnes, et vous trouverez les plus hauts pics enveloppés des plus sombres brouillards, de la neige la plus épaisse : de même celui qui dépasse ou subjugue l'humanité, assume sur lui toutes les haines. Au-dessus de lui brille le soleil de la gloire, au-dessous s'étendent les terres et l'Océan ; mais autour de lui il n'aperçoit que des rocs glacés, les tempêtes déchaînées assiégent de toutes parts sa tête nue : telle est la récompense des travaux qui l'ont conduit sur ces hauteurs.

XLVI.

Loin de moi de pareilles pensées ! Le monde de la véritable sagesse est dans ses propres créations ou dans les tiennes, ô nature, ô sainte mère ! Combien de merveilles en effet n'enfantes-tu pas sur les bords du Rhin majestueux. C'est là qu'Harold contemple une œuvre divine, assemblage de toutes les beautés : ondes, vallons, fruits, feuillages, rochers, bois, champs cultivés, montagnes et vignobles. Çà et là des castels abandonnés semblent dire un mélancolique adieu du haut de leurs remparts, où la ruine grisâtre s'entoure de verdure.

XLVII.

Semblables à ces esprits altiers qui, minés par le malheur, dédaignent d'abaisser leur fierté devant la foule qu'ils méprisent, ces manoirs sont là debout, habités seulement par le vent qui vient siffler à travers les crevasses, et s'alliant tristement avec les nuages. Il fut un temps où ils étaient pleins de jeunesse et de fierté : des bannières flottaient sur leurs murs, des batailles se livraient au-dessous ; mais les combattants sont ensevelis dans leur sanglant linceul, depuis longtemps les étendards ne sont plus qu'une poussière informe, et les créneaux ruinés ne soutiendront plus de siége.

XLVIII.

Sous ces créneaux, dans l'enceinte de ces murailles, habitait le pouvoir avec ses passions habituelles. Des chefs de brigands tenaient orgueilleusement leur cour dans les salles garnies d'armures, libres d'accomplir leurs plus cruels caprices, et non moins fiers de ce pouvoir que des héros plus puissants et plus anciens. Que manquait-il à ces hommes hors la loi pour être de vrais conquérants ?... Rien qu'une page de la vénale histoire qui leur eût donné le titre de grands ; un plus vaste théâtre, un tombeau magnifique. Leur ambition était tout aussi vive, leur bravoure n'était pas moindre.

XLIX.

Dans leurs luttes féodales et leurs combats en champ clos, combien de processus dont le souvenir s'est perdu ! L'amour qui, pour composer les armoiries de leurs écus, inventa les ingénieux emblèmes d'une tendre fierté, l'amour se glissait jusqu'à ces cœurs d'airain à travers les mailles de leur armure ; mais il n'allumait en eux que des flammes farouches, causes de combats et de meurtres, et plus d'une de ces tours, conquise pour la possession d'une beauté fatale, a vu les flots du Rhin rougir à ses pieds.

L.

Mais toi, fleuve abondant et superbe, tes vagues bénies ne répandent que la fertilité sur tout ce qu'elles arrosent ; tes rives sont revêtues d'une beauté qui serait éternelle, et l'homme respectait toujours ton ouvrage, et si la faulx tranchante de la guerre ne venait souvent moissonner ce que tu promets de richesses. Alors, ta vallée aux douces ondes offrirait sur la terre une image de l'Elysée ; et pour sembler telle à mes yeux, que lui manque-t-il en effet ?... que tes flots soient ceux du Léthé.

LI.

Mille batailles ont ensanglanté tes rives, mais l'oubli a couvert la moitié de leur gloire. Le carnage y a entassé des monceaux de cadavres ; les tombeaux même des guerriers ne sont plus, et leurs noms même ont disparu. Chaque jour ta vague efface le sang de la veille ; il n'en reste plus de traces et dans ton onde limpide le soleil mire ses rayons tremblotants. Mais tous tes flots réunis, quel que soit leur pouvoir pour balayer tout vestige, ne pourraient effacer les songes douloureux d'une mémoire assombrie.

LII.

Ainsi pensait Harold en suivant le cours du fleuve. Et pourtant il ne demeurait point insensible au charme qui éveillait le chant matinal de l'oiseau joyeux, à toutes les beautés de ces vallons où l'exil lui-même semblerait doux. Si son front était sillonné de lignes austères, si une calme austérité y avait pris la place de sentiments plus vifs mais moins purs ; le sourire n'était pas toujours absent de ses traits : à l'aspect des beautés de la nature, un rayon de bonheur venait les illuminer tout-à-coup.

LIII.

L'amour n'était pas non plus entièrement banni de son cœur, bien que ses brûlantes passions se fussent consumées elles-mêmes. C'est en vain que nous essaierions de regarder avec froideur un visage qui nous sourit ; le cœur, dégoûté de toutes les affections de ce monde, se laisse pourtant aller de nouveau sur la pente de la tendresse. C'est ce qu'éprouvait Harold : car il existait une âme où vivait son souvenir, une âme sur laquelle il pouvait s'appuyer avec confiance et avec laquelle il aurait voulu confondre son âme ; et, dans ses heures d'attendrissement, c'est sur cette pensée qu'il aimait à se reposer.

LIV.

Et il savait aimer (je ne sais pourquoi dans un tel homme ce trait semble étrange), il savait aimer le regard innocent de l'enfance, dans sa fleur, et dans son bouton même : quelle cause pouvait transformer ainsi une âme imbue du mépris de l'humanité ? n'importe ; la chose était telle ; et quoique la solitude soit peu favorable au développement des affections, celle-ci cependant brillait dans son cœur où toutes les autres s'étaient éteintes.

LV.

Il était donc un tendre cœur, avons-nous dit, uni au sien par des nœuds plus forts que ceux que l'Église a bénis. Non consacré par l'hymen, cet amour était pur, sans déguisement, et il avait résisté, il s'était affermi même à l'épreuve d'inimitiés mortelles et de dangers redoutables surtout aux yeux d'une femme. Il était resté ferme, et il méritait bien ce chant de regrets qu'Harold fit entendre du rivage étranger.

1.

Les rochers du château de Drachenfels, sombres et majestueux, dominent les larges détours du Rhin. A leurs pieds les vagues du fleuve s'enflent ou s'aplanissent entre les coteaux couverts de sang pro, les collines ornées d'arbres fleuris et les champs qui promettent de riches moissons. Çà et là des cités, avec leurs blanches murailles, se font remarquer au loin et couronnent ce tableau que je contemplerais avec un double bonheur si tu étais avec moi.

2.

De jeunes villageoises aux yeux bleus, dont la main nous offre les fleurs du printemps, embellissent cet Eden de leur sourire. Sur chaque montagne, les châteaux de la féodalité élèvent leurs murs grisâtres parmi les ombrages verdoyants ; des rochers à la pente rapide et les nobles débris d'antiques arceaux apparaissent au-dessus des treilles de la vallée. Et sur les bords du Rhin une seule chose manque à mon bonheur, c'est de sentir ta douce main pressée dans la mienne.

3.

Je t'envoie les lis qui m'ont été offerts, sachant bien que longtemps avant d'arriver jusqu'à toi, ils seront entièrement flétris. Ne les dédaigne pas cependant : car je les ai aimés pensant que ton œil pourrait les voir ; qu'ils formeraient un lien entre ton âme et la mienne, quand tu songerais que ces fleurs fanées ont été cueillies sur les bords du Rhin et offertes par mon cœur à ton cœur.

4.

Le fleuve écumant traverse avec majesté ces bords magiques dont il fait le premier enchantement ; et chacun de ces mille détours révèle aux yeux de nouvelles beautés. Quel mortel ambitieux ne bornerait point ses désirs à couler ici ses jours dans de molles délices. Ah ! nul climat n'est aussi favorisé de la nature, nul asile ne me paraîtrait aussi doux si tes yeux, s'y promenant comme mes yeux, venaient encore embellir les rives du Rhin.

LVI.

Près de Coblentz une simple et humble pyramide couronne un tertre de vert gazon. Sa base recouvre les cendres d'un héros qui fut notre ennemi ; mais que cela ne nous empêche pas d'honorer la mémoire de Marceau. Sur sa tombe prématurée, plus d'un farouche soldat versa des larmes, de grosses larmes, déplorant et enviant à la fois le destin de celui qui mourait pour la France, pour la conquête de ses droits.

LVII.

Elle fut courte, vaillante et glorieuse, la carrière du jeune général; son deuil fut porté par deux armées, par ses compagnons et ses ennemis. L'étranger qui s'arrête en ce lieu peut sans honte prier pour le repos de cette âme intrépide; car Marceau fut le champion de la liberté; il fut du petit nombre de ceux qui n'ont pas dépassé la mission qu'elle confie à ses défenseurs : il garda la candeur de son âme, et c'est pourquoi les hommes l'ont pleuré.

LVIII.

Plus loin, sur la hauteur, paraît Ehrenbreitstein : ses murs déchirés, tout noirs de l'explosion de la mine, laissent encore voir ce qu'était cette citadelle formidable quand ses bombes et ses boulets rebondissaient impuissants autour d'elle. Tour chère à la victoire, d'où l'œil suivait dans la plaine de l'ennemi vaincu : mais la paix a détruit ce que la guerre n'avait pu entamer : elle a ouvert aux pluies de l'été ces voûtes orgueilleuses qui pendant des siècles avaient bravé la grêle des boulets.

LIX.

Adieu ! beau fleuve du Rhin : avec quelle peine le voyageur ravi s'éloigne de tes bords! Ton aspect convient également et à deux âmes unies et à la contemplation solitaire. Oh! si l'insatiable vautour du regret pouvait cesser de s'acharner sur l'âme désolée, ce serait dans ces lieux où la nature, sans être trop sombre ou trop gaie, sauvage sans rudesse, majestueuse mais non austère, est pour les autres contrées de la terre ce que l'automne est pour l'année.

LX.

Encore une fois, adieu ! Mais c'est en vain, on ne peut dire adieu à un pareil séjour : la mémoire prend l'empreinte de toutes ses beautés et si les yeux se détachent enfin de toi, ô fleuve enchanteur! c'est avec un dernier regard de gratitude et d'amour. Il peut exister des contrées plus puissantes, d'autres revêtues de plus d'éclat, mais aucune ne réunit en elle seule, comme ces sites pittoresques, la beauté, la douceur, et les glorieux souvenirs des anciens jours.

LXI.

Ici l'on voit la grandeur et la simplicité, une végétation luxuriante qui présage la fécondité, les brillants édifices des grandes villes, les ondes majestueuses, le sombre précipice, la forêt verdoyante, les tours gothiques semées çà et là, les rocs sauvages taillés en tourelles et défiant l'architecture des hommes, et au milieu de ces tableaux une population aux visages riants comme eux : car ici les bienfaits de la nature semblent jaillir des flots même du fleuve pour se répandre sur tous, à côté des empires écroulés.

LXII.

Mais tout cela est déjà bien loin. Sur ma tête s'élèvent les Alpes, ce palais de la nature, dont les vastes murailles sont couronnées d'une corniche de glaciers perdus dans les nues, trône sublime et froid de l'éternité où se forme et d'où tombe l'avalanche, cette fondre de neige. Tout ce qui peut élever l'esprit et l'épouvanter en même temps est réuni autour de ces sommets comme pour montrer que la terre peut s'approcher du ciel et laisser l'homme tout en bas malgré son orgueil.

LXIII.

Mais avant d'oser franchir ces monts sans rivaux, il est un lieu que je ne puis passer sous silence : c'est Morat, noble et patriotique champ de bataille, où l'homme peut contempler de funèbres trophées sans rougir pour les vainqueurs. C'est ici que la Bourgogne abandonna ses guerriers sans sépulture : leurs ossements amoncelés y resteront pendant des siècles et feront eux-mêmes leur monument. Privés des honneurs de la tombe, leurs mânes errent sur les bords du Styx en poussant de longs gémissements.

LXIV.

Tandis que Waterloo le dispute à la sanglante défaite de Cannes, Morat et Marathon seront deux noms jumeaux, trophées sans tache d'une véritable gloire. L'ambition ne guidait pas les vainqueurs : c'était une noble armée de citoyens, de frères, champions désintéressés d'une cause qui n'était point celle d'un prince ou d'une cour corrompue. Ceux-là ne condamnèrent aucun peuple à gémir sous des lois blasphématoires et draconiennes qui proclament le droit divin des rois.

LXV.

Près d'un humble mur une colonne solitaire s'élève grisâtre, antique et usée par la douleur, dernier débris du naufrage des siècles.

On croirait voir un malheureux que la terreur a changé en pierre et qui, au milieu de son égarement, conserve encore la conscience de son état. Ce monument est là debout, merveilleux surtout par sa conservation, tandis qu'un autre orgueil de l'art humain, Aventicum, ville également antique, réduite au niveau du sol, a parsemé de débris ses anciens domaines.

LXVI.

C'est ici que Julia... Oh ! béni soit à jamais ce doux nom ! C'est ici que Julia, héroïne de l'amour filial, avait consacré sa jeunesse au ciel : son cœur, cédant à l'affection dont les droits sont les plus puissants après ceux de la Divinité, se brisa sur la tombe d'un père. La justice a juré de ne point se laisser attendrir par les larmes, sans quoi ses larmes auraient obtenu la vie dont dépendait la sienne : le juge fut inexorable et elle mourut avec son père, ne pouvant le sauver. Une tombe simple et sans buste les renferma tous deux et leur urne ne contint qu'une âme, un cœur, une même cendre.

LXVII.

Voilà des actes dont la mémoire devrait être éternelle et des noms qui ne devraient pas mourir dans cet oubli qui engloutit justement les empires, les maîtres et les esclaves, et leur mort et leur naissance. Oui, la haute majesté de la vertu doit survivre et survit réellement à son martyre, et du haut de son immortalité, elle regarde le soleil face à face comme ces neiges des Alpes éternelles et pures parmi toutes les choses d'ici-bas.

LXVIII.

Le lac Léman me sourit avec son front de cristal, miroir profond où les étoiles et les montagnes réfléchissent le calme de leur aspect, leurs sommets élevés et leurs teintes variées. Il y a trop de l'homme ici pour que je puisse contempler dans une disposition convenable le grand spectacle qui s'offre à moi ; mais bientôt la solitude réveillera dans mon âme des pensées cachées, mais non moins chères qu'avant mon retour parmi le troupeau des hommes et dans leur triste berceau.

LXIX.

Fuir les hommes, ce n'est point les haïr : tout le monde ne se sent pas fait pour s'agiter et travailler avec eux. Ce n'est point leur témoigner un dédain morose que de retenir son âme au fond de la source, de peur qu'elle ne se consume dans cette foule brûlante où tout devient victime de sa propre corruption. Il ne faut point risquer d'avoir à nous repentir trop tard et longtemps, après avoir usé nos forces dans une lutte bruyante, rendant le mal pour le mal, au milieu d'un monde hostile où toute force n'est que faiblesse.

LXX.

Là, nous pouvons en un moment nous préparer de longues années de repentir ; là, nous pouvons flétrir notre âme au point que tout notre sang se change en larmes et que l'avenir se revête à nos yeux des teintes de la nuit. Pour ceux qui marchent dans les ténèbres, la course de la vie n'est qu'une fuite sans espoir. Sur l'Océan, le pilote le plus hardi ne se dirige que vers un port bien connu : mais combien de nautonniers errent sur la mer de l'éternité, laissent aller leur barque au hasard et ne jetteront jamais l'ancre!

LXXI.

Ainsi, n'est-il pas plus sage de vivre seul et de ne s'attacher à la terre que pour ses charmes naturels, de vivre près des flots bleus du Rhône rapide comme une flèche, ou près de la limpide surface du lac qui nourrit le jeune fleuve comme une mère corrige un bel enfant maussade, étouffant ses pleurs sous des baisers ? N'est-il pas plus sage de passer ainsi la vie, que de nous mêler à la foule turbulente pour souffrir ou faire souffrir.

LXXII.

Je ne vis pas renfermé en moi-même, mais je m'identifie avec ce qui m'entoure : les hautes montagnes éveillent en moi un sentiment; mais le tumulte des cités m'est un supplice. Je ne vois rien de haïssable dans le monde, sinon de former malgré soi un des anneaux d'une chaîne charnelle, de se voir assigner un rang parmi des créatures de même espèce, tandis que l'âme pourrait prendre son vol et se confondre non sans fruit avec les cieux, la montagne, les étoiles ou les plaines agitées de l'Océan.

LXXIII.

Absorbé dans la création, c'est alors que je crois vivre ; ce désert d'hommes que j'ai traversé, je n'y vois qu'un lieu d'agonie et de combats, un exil où en punition de quelque faute j'ai été envoyé pour agir et souffrir. Je remonte enfin et prends un nouvel essor : je sens croître mes ailes ; déjà vigoureuses, quoique jeunes, elles deviennent capables de lutter contre les vents, que je vais fendre avec bonheur, dédaignant ces liens d'argile qui emprisonnent notre être.

LXXIV.

Et lorsqu'enfin l'esprit sera libre de tout ce qu'il abhorre sous cette forme déchue, dépouillé de cette vie charnelle, sauf ce qui se verra appelé à une vie plus heureuse sous la forme d'insectes et de vers : lorsque les éléments retourneront aux éléments et que la poussière ne sera plus que de la poussière, ne sentirai-je pas alors tout ce que j'entrevois maintenant, moins ébloui peut-être, mais pénétré de plus de chaleur ? Ne verrai-je point la pensée dégagée du corps, et le génie de chaque lieu dont parfois je partage déjà l'immortelle existence ?

LXXV.

Montagnes, vagues, voûte céleste, n'êtes-vous point une partie de moi-même et de mon âme, comme je suis une portion de votre être? Votre amour, la plus pure des passions, n'est-il pas profondément enraciné dans mon cœur ? Comparés à vous, tous les objets terrestres ne sont-ils pas dignes de mépris ? Ne consentirais-je pas à souffrir mille tourments avant d'échanger de tels sentiments contre la dure et mondaine indifférence de ceux dont les regards sont incessamment tournés vers la terre et dont la pensée ne s'anime jamais d'une noble chaleur.

LXXVI.

Mais je me suis écarté de mon sujet : il faut revenir aux lieux que je chante. Que ceux qui se plaisent à rêver sur l'urne funéraire, à contempler une poussière qui fut jadis une flamme, s'arrêtent avec moi devant la tombe d'un des enfants de ce pays dont je respire en ce moment l'air pur, hôte passager des lieux qui lui ont donné l'être. Il ambitionna la gloire ; et pour conquérir et garder cette vaine idole, il sacrifia tout le reste.

LXXVII.

Oui, c'est ici que Rousseau commença, une vie qui fit son malheur, Rousseau, ce sophiste sauvage, seul auteur de ses propres tourments, apôtre de la mélancolie, qui revêtit la passion d'un charme magique et puisa dans la douleur une irrésistible éloquence. Rousseau sut embellir jusqu'à la folie ; il répandit sur des actes et des pensées coupables un céleste coloris : son éloquence est un rayon de soleil, éblouissant les yeux et leur arrachant des larmes.

LXXVIII.

Son amour était l'essence même de la passion ; sentir son cœur embrasé, consumé par une flamme céleste, comme l'arbre frappé de la foudre ; tel était son amour. Mais ce n'était pas l'adoration d'une femme vivante, ou d'un fantôme tel qu'en suscitent nos songes : une beauté idéale se confondait avec son existence ; tout insensé qu'il peut paraître, ce sentiment déborde de ses pages brûlantes.

LXXIX.

Il sut animer Julie de son souffle et la revêtit d'un charme romanesque et doux. C'est lui qui sanctifiait ce baiser si célèbre que chaque matin ses lèvres ardentes du poète allaient cueillir sur les lèvres d'une femme qui ne l'accordait qu'à l'amitié ; mais à ce doux contact la flamme dévorante de l'amour s'emparait de son cerveau et de son cœur ; et tout son être, absorbé dans un soupir, y trouvait l'ineffable jouissance que ne donne pas aux êtres vulgaires la possession complète de l'objet aimé.

LXXX.

Sa vie fut une longue lutte contre des ennemis que lui-même s'était créés ou contre des amis qu'il avait repoussés. Car la défiance, s'étant fait de son âme un sanctuaire, lui demandait pour victimes ceux qu'il aimait le plus et qu'il immolait avec une bizarre et aveugle fureur. Mais il était en démence... Pourquoi ? nul ne peut le dire : la science humaine n'en trouvera peut-être jamais la cause ; et sa folie, effet de la maladie ou du malheur, était arrivée à ce point funeste où elle revêt les apparences de la raison.

LXXXI.

Car alors il était inspiré, et de sa retraite solitaire comme jadis de l'antre mystérieux de la pythonisse, partaient ces oracles qui mirent le monde en flammes, lesquels ne s'éteignit qu'après avoir détruit des empires. La France ne l'a pas oublié, la France, qui jusque-là s'était courbée sous une tyrannie consacrée par les siècles. Tremblante auparavant sous le joug, à la voix de Rousseau et de ses disciples, elle se leva tout-à-coup, animée de cet excès de colère qui succède à l'excès de la servilité.

LXXXII.

Ce peuple s'éleva un effroyable monument des débris des vieilles opinions, et des mille abus contemporains du monde. La France osa déchirer le voile, et exposer aux yeux de l'univers les secrets qu'il cachait. Mais les novateurs détruisirent le bien en même temps que le mal, et ne laissèrent que des ruines avec lesquelles on rebâtit bientôt sur les mêmes fondements, des prisons et des trônes, bientôt occupés comme auparavant ; car l'ambition ne pense jamais qu'à elle.

LXXXIII.

Mais cela ne saurait durer, ni se souffrir longtemps. Le genre humain a senti sa force et l'a fait sentir à ses tyrans. Les peuples auraient pu en faire un meilleur usage ; mais enivrés de leur nouvelle puissance, ils ont étouffé la voix de la pitié et se sont jetés les uns sur les autres. Élevés dans l'antre ténébreux de l'oppression, ils n'avaient point, comme les petits de l'aigle, grandi à la face du soleil : peut-on s'étonner qu'ils se soient trompés de proie ?

LXXXIV.

Quelles blessures profondes se sont jamais fermées sans laisser de cicatrice ? Celles du cœur saignent le plus longtemps, et impriment de tristes stigmates. Ceux qu'animent de légitimes espérances peuvent être vaincus : alors ils se taisent; mais ils ne se soumettent pas : l'implacable ressentiment se tient immobile dans son repaire, jusqu'au jour qui doit lui payer des années d'attente. Nul ne doit désespérer : il est déjà venu, il vient et viendra encore le jour qui nous permettra de punir ou de pardonner... De ces deux pouvoirs, il en est un que nous serons moins pressés d'exercer.

LXXXV.

Limpide et calme Léman ! ton lac, qui contraste avec le monde orageux où j'ai vécu, m'avertit par son silence d'échanger les eaux troublées de la terre pour une source plus pure. La voile de cette barque paisible est comme une aile silencieuse sur laquelle je vais fuir le désespoir. Il fut un temps où j'aimais les mugissements de l'Océan furieux ; mais ton doux murmure m'attendrit comme la voix d'une sœur qui me reprocherait d'avoir trop recherché de sombres plaisirs.

LXXXVI.

Voici que descend la nuit silencieuse ; et depuis tes bords jusqu'aux montagnes, tous les objets sont enveloppés du crépuscule, mais encore distincts; leurs contours s'affaiblissent, mais ils se détachent des masses, sauf le sombre Jura, dont toutes les crêtes se confondent en un seul précipice escarpé. En se rapprochant du rivage, on respire le vivant parfum des fleurs qui viennent de naître : on entend le bruit léger des gouttes d'eau qui tombent de l'aviron suspendu, ou le chant aigu du grillon qui salue le retour de la nuit.

LXXXVII.

C'est le joyeux musicien du soir : il fait de sa vie une enfance et la passe à chanter. Par intervalles, un oiseau fait entendre sa voix du sein d'un buisson, puis il se tait. Je ne sais quel murmure semble flotter sur la colline ; mais ce n'est qu'une illusion ; car la rosée distillée des étoiles épuise silencieusement toutes ses larmes d'amour pour imprégner le sein de la nature de sa céleste essence.

LXXXVIII.

Etoiles ! poésie du ciel ! Si nous cherchons à lire dans vos brillants caractères les destinées des hommes et des empires, nous sommes pardonnables : c'est dans nos aspirations vers tout ce qui est grand, que nous osons franchir les bornes de notre sphère mortelle et nous croire quelque parenté avec vous : car vous êtes toute beauté, tout mystère, et vous nous inspirez de loin tant d'amour et de respect, que la fortune, la gloire, la puissance et la vie ont pris une étoile pour emblème.

LXXXIX.

Le ciel et la terre sont plongés dans le repos, mais non dans le sommeil ; ils retiennent leur haleine comme le mortel qui éprouve une émotion vive ; ils sont muets comme celui qu'absorbe une pensée profonde. Le ciel et la terre sont plongés dans le repos : depuis le sublime cortège des étoiles, jusqu'au lac assoupi et à la rive montagneuse, tout se concentre dans une vie intense : il n'est pas un rayon, pas un souffle, pas une feuille qui n'ait part à cette existence et qui ne communie par elle avec le Créateur et Conservateur du monde.

XC.

Alors s'éveille ce sentiment de l'infini, manifesté dans la solitude, là où nous sommes le moins seuls : c'est la vérité qui s'infuse dans tout notre être, et la purifie de sa personnalité ; c'est une vibration, âme et source de la musique, qui nous initie à l'éternelle harmonie ; c'est un charme pareil à celui de la fabuleuse ceinture de Cythérée unissant toutes choses dans le lien de la beauté : charme qui désarmerait le spectre même de la mort, si ce spectre avait réellement le pouvoir de nuire.

XCI.

Qu'elle était grande et juste l'idée des anciens Persans, qui plaçaient les autels de la divinité sur les hauteurs et les cimes des montagnes, d'où l'on contemple au loin la terre, et qui priaient dans des temples dignes de lui, dans des temples sans murailles, le grand Esprit si imparfaitement honoré dans des sanctuaires élevés par la main des hommes. Venez donc comparer vos colonnes, vos voûtes idolâtres, grecques ou gothiques, avec la terre et les cieux, ces temples de la nature, et vous cesserez de circonscrire la prière dans ces étroites enceintes.

XCII.

Mais le ciel change d'aspect.... et quel changement! O nuit, orages et ténèbres, vous êtes des puissances merveilleuses et pourtant aimables dans votre force, comme l'éclair de l'œil noir de la femme. Au loin, de roc en roc et parmi les abîmes qui retentissent, le tonnerre bondit comme un être vivant. Ce n'est point d'un nuage isolé que partent les coups; mais chaque montagne a trouvé une voix, et à travers son linceul de vapeurs, le Jura répond aux Alpes joyeuses qui l'appellent bruyamment.

XCIII.

Cependant la nuit règne... Nuit glorieuse, tu ne fus pas destinée au sommeil! Laisse-moi partager tes sauvages et brillants plaisirs; laisse-moi me confondre avec la tempête et avec toi! Le lac enflammé étincelle comme une mer phosphorique et la pluie aux larges gouttes rebondit sur la terre. Un moment tout redevient ténèbres; puis la voix des montagnes se fait entendre bruyante et pleine d'allégresse, comme si elles se réjouissaient de la naissance d'un tremblement de terre.

XCIV.

Dans un endroit de son cours, le Rhône rapide s'ouvre un chemin entre deux rochers, pareils à deux amants qu'un profond ressentiment a séparés et qui, le cœur brisé, ne peuvent pourtant se réunir, tant est profond l'abîme qui s'est creusé entre eux. Et cependant, quand ils se sont mutuellement blessés, l'amour était au fond de la rage cruelle et tendre qui a flétri la fleur de leur vie; puis ils se sont quittés, et à la longue, l'amour lui-même s'est éteint, leur laissant des années qui ne comptent que des hivers.

XCV.

Or, c'est dans l'endroit où le Rhône rapide s'ouvre ce chemin, que la tempête rugit plus terrible : là ce n'est point un orage, ce sont vingt ouragans qui luttent ensemble et se renvoient le tonnerre de l'un à l'autre, en lançant autour d'eux l'éclair et la foudre ; le plus étincelant de tous a dardé ses flèches entre ces deux rocs disjoints, comme s'il comprenait que là où la destruction a déjà fait un tel vide, le feu du ciel doit dévorer tout le reste.

XCVI.

Cieux, montagnes, fleuves, vents, lac, éclairs! vous méritiez bien qu'au milieu de la nuit, des nuages et du tonnerre, une âme capable de vous comprendre veillât pour vous contempler et s'inspirer de vous. Le roulement lointain de vos voix expirantes est l'écho de ce qui veille toujours en moi... même quand le corps se livre au repos. Mais quel est, ô tempêtes, le terme de vos courses? Êtes-vous comme vos sœurs qui grondent sans repos dans le cœur de l'homme? Ou bien, semblables à l'aigle, avez-vous là-haut un nid où vous attend?

XCVII.

Oh! si je pouvais maintenant produire au-dehors ce que je sens en moi de plus intime et lui donner un corps; si je pouvais jeter mes pensées dans le moule d'une expression, et renfermer tout ainsi, âme, cœur, esprit, passions, sentiments forts ou faibles, tout ce que je voudrais avoir ambitionné et tout ce que j'ambitionne encore, tout ce que je souffre, connais, éprouve sans en mourir.. renfermer tout cela, dis-je, dans un seul mot, dût ce mot être la foudre elle-même : je parlerais. Mais faute de cette condition, je vis et meurs sans être compris, sans voix pour exprimer ma pensée, pareille à une épée qui reste au fourreau.

XCVIII.

L'aurore a reparu, humide de rosée : son haleine est un parfum, ses joues sont des fleurs : son sourire chasse devant elles les nuages dont elle semble se jouer; gaie comme si elle ne contenait pas un seul tombeau, elle ramène le jour. L'homme peut reprendre le cours de l'existence commune : et moi, sur tes rivages, ô beau lac. je puis trouver encore du temps et des sujets pour mes méditations, et je ne passerai point insoucieux auprès des tableaux que tu m'offres.

XCIX.

Clarens! aimable Clarens! berceau d'un véritable amour, ton air est le souffle de la pensée, de la jeunesse et de la passion ; tes arbres ont leur racine dans le sol de l'amour ; ses couleurs se reflètent dans les neiges de tes glaciers, et les rayons du soleil couchant s'y endorment amoureusement en les colorant d'une teinte de rose : tes rochers et tes précipices eux-mêmes parlent des amants qui y cherchèrent un refuge contre les persécutions de ce monde perfide, qui fait naître dans les cœurs des espérances, des affections, et puis qui raille ensuite les sentiments qu'il a produits.

C.

O Clarens, tes sentiers conservent l'empreinte de pas célestes, des pas immortels de l'amour : c'est ici qu'il a placé son trône dont les montagnes sont les degrés. Sa divinité est une vie, une lumière qui pénètrent partout, et non-seulement parmi les monts sourcilleux, les antres et les forêts paisibles : mais l'étincelle de son regard fait épanouir la fleur, et son haleine la caresse, sa douce et chaude haleine, plus puissante en même temps que les tempêtes à leurs heures les plus terribles.

CI.

Ici tout proclame sa puissance : il est là-haut dans l'ombre de ces noirs sapins; ici dans la voix mugissante des torrents; dans les pampres verdoyants semés sur la pente insensible qui mène au rivage ; dans ces flots caressants qui viennent au-devant de lui et l'adorent en baisant ses pieds avec un doux murmure. La forêt avec ses vieux arbres dont le tronc est blanchi par l'âge, mais dont les feuilles sont jeunes comme le plaisir, est encore à la même place que jadis et offre à l'amour et à ses favoris une solitude peuplée;

CII.

Oui, peuplée d'abeilles et d'oiseaux, peuplée de myriades d'êtres aux formes féeriques, aux couleurs variées, qui, libres de toute contrainte et pleins de vie, célèbrent ses louanges par des sons plus doux que toute parole, et déploient innocemment leurs ailes joyeuses. Ici la source jaillissante, la cascade abondante et sonore, les rameaux de l'arbre qui balancent leur feuillage, la fleur dans son bouton, image frappante de la jeune beauté, toutes ces œuvres de l'amour forment un mélange harmonieux créé pour une fin unique et grandiose.

CIII.

Ici, l'être qui n'a point aimé peut s'initier aux tendres mystères et faire de son cœur une pure flamme ; celui qui les connaît en aimera davantage : car c'est ici l'asile de l'amour, c'est là qu'il s'est retiré, loin des tourments de la vanité et des dissipations du monde; car il est dans sa nature de croître ou de mourir; il ne peut rester immuable, mais il doit décliner ou s'accroître jusqu'à un bonheur immense qui, dans son éternité, peut rivaliser avec les immortelles splendeurs.

CIV.

Ah! si Rousseau a choisi ce coin de terre pour le peupler de tendres affections, ce ne fut point par une simple supposition romanesque : mais il reconnut que la passion ne pouvait assigner un plus digne séjour à ces êtres éthérés, enfants de l'imagination. C'est dans ces lieux que le jeune Amour dénoua la ceinture de sa Psyché, les consacrant ainsi par un charme adorable. Solitude mystérieuse, enchantée, où les sons, les parfums, les couleurs et les formes charment à la fois tous les sens, c'est dans ton sein que le Rhône a étendu sa couche et que les Alpes ont élevé leur trône!

CV.

O Lausanne! et toi, Ferney! vous nous rappelez des noms qui ont rendu vos noms célèbres : vous accueillîtes deux mortels qui, par une route périlleuse, ont cherché et atteint une gloire immortelle. Intelligences gigantesques, ils voulurent, comme jadis les Titans, entasser sur des doutes audacieux des pensées capables d'attirer le tonnerre et le courroux du roi des cieux assiégé de nouveau, si toutefois l'homme et ses outrages pouvaient provoquer de ce côté autre chose qu'un sourire.

CVI.

L'un était toute légèreté et tout feu, inconstant dans ses désirs comme un enfant, mais doué de l'esprit le plus varié ; tour-à-tour gai ou grave ; inspiré par la sagesse et par la folie ; historien, poète et philosophe ; protée de tous les talents ; il se multipliait sous leurs aspects divers. Mais son arme la plus terrible était le ridicule, qui, comme le vent, allait où le poussait son caprice, renversant tout devant lui, tantôt pour immoler la sottise, tantôt pour ébranler un trône.

CVII.

L'autre, profond et réfléchi, creusant laborieusement sa pensée, employa des années à se faire un trésor de sagesse. Ami de la méditation, muni des ressources de la science, il sut donner à son arme un tranchant acéré, et employa de solennels sarcasmes à saper des dogmes solennels. Roi de l'ironie, le plus puissant des talismans, il suscita dans le cœur de ses ennemis une rage, fille de la crainte, et le zèle des dévots se vengea en le condamnant à l'enfer : réponse éloquente et qui résout tous les doutes.

CVIII.

Repos à leurs cendres! S'ils ont mérité un châtiment, ils l'ont subi. Il ne nous appartient pas de juger, de condamner encore moins. Un jour viendra où ces mystères seront révélés à tous, ou du moins ces espérances et ces craintes dormiront dans un même sommeil et sur le même oreiller, c'est-à-dire sur la poussière (cela seul est certain) qui demeurera comme notre trace ici-bas. Et alors, cette poussière revenant à la vie, comme la foi nous l'enseigne, se trouvera pardonnée ou appelée à souffrir justement.

CIX.

Mais laissons là les œuvres des hommes pour lire de nouveau dans celles que le Créateur a répandues autour de nous : terminons cette page de rêveries qui semble se prolonger sans fin. Chaque nuage qui passe sur ma tête se dirige vers les blanches Alpes : je veux escalader ces montagnes; je veux observer tout ce que découvrira ma vue, pendant que mes pas s'élèveront jusqu'à leur région la plus haute et la plus majestueuse, là où la terre force les puissances du ciel à recevoir ses baisers.

CX.

Italie! ô Italie! à ton aspect, l'âme s'illumine soudain de la lumière des siècles qui ont brillé sur toi, depuis le jour où le fier Carthaginois faillit te conquérir, jusqu'à ceux où un dernier reflet de gloire vint couronner tes héros et tes sages. Tu fus le trône et le tombeau des empires, et encore aujourd'hui c'est de Rome impériale, de la cité aux sept collines, que coule la source éternelle où vont s'abreuver les âmes qui brûlent de la soif de connaître.

CXI.

J'interromps ici une tâche reprise sous de tristes auspices. Sentir que nous ne sommes plus ce que nous avons été; juger que nous ne sommes pas ce que nous devrions être; armer notre cœur contre lui-même ; cacher enfin avec une fière susceptibilité, amour, haine, passion, sentiments, projets, chagrin ou dévoûment, en un mot tout ce qui domine notre pensée : c'est là en effet une rude tâche pour l'âme. N'importe; l'épreuve en est faite.

CXII.

Quant à ces discours, enveloppés de la forme poétique, ce n'est peut-être qu'une vaine innocente, qu'un coloris jeté sur les scènes qui passent devant moi et que je tâche de saisir en passant pour distraire un moment mon cœur ou celui des autres. La jeunesse a soif de gloire : mais je ne suis plus assez jeune pour considérer le dédain ou le sourire des hommes comme un arrêt définitif de renommée ou d'oubli. J'ai vécu et je vivrai seul : que mon nom périsse ou surnage.

CXIII.

Je n'ai point aimé le monde, et le monde ne m'a pas aimé : je n'ai point capté le souffle empesté de sa faveur; je n'ai point plié devant ses idoles un genou complaisant ; je n'ai point stéréotypé le sourire sur mes joues ni fait de ma voix l'écho de la flatterie. Les hommes n'ont jamais eu lieu de me croire capable de pareilles bassesses : j'ai vécu au milieu d'eux, mais sans être un des leurs. Enseveli dans des pensées qui n'étaient pas leurs pensées, je serais encore tel aujourd'hui si mon âme ne s'était domptée et modérée elle-même.

CXIV.

Je n'ai point aimé le monde, et le monde ne m'a pas aimé ; mais, lui et moi, séparons-nous en ennemis loyaux. Je crois encore, bien que je n'aie rien trouvé de pareil, je crois qu'il est des mots qui valent des faits, des espérances qui ne trompent pas, des vertus indulgentes, incapables de tendre des piéges à la fragilité ; je crois aussi qu'il est des cœurs qui compatissent sincèrement aux douleurs d'autrui ; qu'un ou deux êtres ici-bas sont presque ce qu'ils paraissent ; qu'enfin la bonté n'est pas seulement un mot, et le bonheur un rêve.

CXV.

Ma fille! c'est avec ton nom que ce chant a commencé : ma fille ! c'est par ton nom que ce chant va finir. Je ne te vois pas... je ne t'entends pas ; mais personne ne peut s'identifier à toi comme je le fais. Tu es l'amie vers laquelle se projettent les ombres de mes lointaines années. Quoique tu ne doives jamais voir mes traits, ma voix viendra se mêler à tes rêves et arrivera jusqu'à ton cœur, quand le mien sera déjà glacé. Un signe de souvenir, un accent d'amour, s'élèveront pour toi de la tombe de ton père.

CXVI.

Aider au développement de ton esprit, épier l'aube de tes joies enfantines, m'asseoir près de toi pour te voir presque grandir sous mes yeux, te suivre quand tu saisis la connaissance des objets, qui sont encore pour toi des merveilles, t'asseoir doucement sur mon genou et imprimer sur ta douce joue un baiser paternel : tout cela sans doute ne m'était pas réservé, et tout cela pourtant était dans ma nature... et même maintenant, je ne sais ce qui se trouve au fond de mon cœur, mais certainement il y reste quelque chose de semblable.

CXVII.

Ah! quand même la sombre haine te serait enseignée comme un devoir, je sais que tu m'aimerais encore. Quand on te cacherait mon nom, comme un charme qui porte la ruine, comme un titre anéanti ; quand même la tombe se serait fermée entre nous : n'importe ; je sais que tu m'aimerais encore. Quand même on voudrait, et pourrait extraire mon sang de tes veines, ce serait en vain : tu ne m'en aimerais pas moins, tu conserverais ce sentiment plus fortement que la vie.

CXVIII.

Enfant de l'amour... quoique née dans l'amertume et nourrie dans les angoisses : tels furent les éléments dont se forma ton père ; tels furent aussi les tiens. Leur influence domine encore autour de toi : mais le feu de ta vie sera plus tempéré et de plus hautes espérances te sont offertes. Que ton sommeil soit doux dans ton berceau ! Du sein des mers, du sommet des montagnes où je vis maintenant, je voudrais t'envoyer autant de bonheur, hélas ! que tu aurais pu en répandre sur moi.

CHANT IV.

I.

J'étais à Venise sur le pont des Soupirs, entre un palais et une prison : je voyais les édifices s'élever du sein des flots comme au coup de baguette d'un magicien. Autour de moi dix siècles étendent leurs ailes sombres, et une gloire mourante sourit à ces temps éloignés où tant de nations subjuguées fixaient leurs regards sur les monuments de marbre du Lion ailé de Venise qui avait assis son trône au milieu de ses cent îles.

II.

On dirait la Cybèle des mers, fraîchement sortie de l'Océan, avec sa couronne de tours altières, se dessinant dans un lointain aérien, et majestueuse dans sa démarche comme la souveraine des eaux et de leurs divinités. Et tel était en réalité son pouvoir : les dépouilles des nations formaient la dot de ses filles, et l'inépuisable Orient versait dans son giron la pluie étincelante de ses trésors. Elle était vêtue de pourpre ; et en s'asseyant à ses banquets, les monarques croyaient rehausser leur dignité.

III.

A Venise, les chants du Tasse n'ont plus d'écho, et le gondolier rame maintenant silencieux : les palais tombent en ruine sur le rivage, et la musique y charme rarement l'oreille. Ce luxe a fui, mais la beauté est toujours la même. Les empires s'écroulent, les arts tombent en décadence ; mais la nature ne meurt pas : elle n'oublie pas combien Venise fut autrefois chérie, Venise le rendez-vous de tous les plaisirs, le banquet du monde, le bal masqué de l'Italie.

IV.

Mais Venise a pour nous un charme plus puissant que sa renommée historique, que ce long cortège d'illustres ombres qui, voilées de tristesse, pleurent sur le sceptre brisé de la cité des doges : l'Angleterre y possède un trophée qui ne périra point avec le Rialto ; Shylock, Othello et Pierre Jaffier ne peuvent être effacés par le temps. Quand tout le reste aurait disparu, ils peupleraient encore pour nous la rive solitaire.

V.

Les créations de la pensée ne sont point des corps d'argile : immortelles par essence, elles produisent et multiplient en nous un rayon plus brillant, une existence plus chère : ce que le Destin a refusé à cette vie grossière dans notre état de mortel esclavage, ces enfants du génie nous l'apportent : ils bannissent d'abord de notre âme les pensées qu'elle abhorre et ils en prennent la place ; ils rafraîchissent le cœur dont les premières fleurs se sont éteintes et remplissent le vide où ils en font naître de nouvelles.

VI.

Là est le recours du jeune âge comme de la vieillesse : l'un y est conduit par l'espérance ; l'autre y cherche un remède à l'ennui. Le triste isolement a sans doute peuplé de ses créations bien des pages, et peut-être est-ce lui qui me pousse à remplir le papier qui est devant moi : pourtant il est des objets dont la réalité puissante éclipse nos régions de féerie, des objets dont les formes et les couleurs surpassent en beauté notre ciel fantastique et les bizarres constellations dont la muse se plaît à le peupler.

VII.

J'en ai vu ou rêvé de semblables ; mais n'y pensons plus. Ils sont venus à moi sous les apparences de la vérité et ont disparu comme des songes ; et quoi qu'ils aient pu être d'abord, ce ne sont maintenant que des rêves. Je pourrais les remplacer, si je voulais : car ma pensée est féconde en créations pareilles à celles que j'ai cherchées et que j'ai trouvées quelquefois : renonçons-y également. La raison, qui se réveille en moi, condamne comme insensées ces illusions trop chères : et d'autres voix me parlent, d'autres objets me pressent.

VIII.

J'ai appris les langages des autres peuples et j'ai cessé d'être un étranger hors de mon pays natal. Quand un esprit sait être lui-même, aucun changement ne l'étonne ; il n'est difficile ni de trouver ni de se créer même une patrie parmi les hommes... ou même en dehors. Et pourtant je suis né dans un pays dont on peut être fier, et non sans raison... Pourquoi donc ai-je laissé derrière moi cette île, asile inviolable de la sagesse et de la liberté ? pourquoi vais-je chercher un autre foyer par-delà les mers ?

Le Rhin.

IX.

Cette patrie, peut-être l'ai-je aimée avec ardeur, et dussé-je laisser ma cendre dans une terre étrangère, peut-être mon esprit revolera-t-il vers elle... si toutefois l'âme dégagée du corps peut se choisir un sanctuaire. Je garde l'espérance de vivre dans la mémoire des miens, de laisser un souvenir rappelé dans ma langue natale. Si c'est aspirer trop haut et trop loin ; si ma renommée doit, comme ma fortune, croître rapidement, et rapidement se flétrir ;

X.

Si le sombre oubli doit interdire à mon nom l'entrée du temple où les nations honorent leurs morts illustres, soit ! que le laurier décore une tête plus digne, et que l'on grave sur ma tombe l'épitaphe lacédémonienne : « Sparte eut plus d'un fils meilleur que lui. » En attendant je ne réclame pas de sympathie : je n'en ai pas besoin. Les épines que j'ai recueillies proviennent de l'arbre que j'ai planté : elles m'ont déchiré, et je saigne : je devais savoir quel fruit sortirait d'une telle racine.

XI.

L'Adriatique, condamnée au veuvage, pleure son époux : son mariage annuel ne se renouvelle plus, et le Bucentaure dépérit dans le port, parure oubliée des noces interrompues. Saint-Marc voit encore son lion s'élever où il s'élevait jadis ; mais il n'est plus qu'une dérision d'un pouvoir aboli, sur cette place orgueilleuse qui vit un empereur suppliant et où les monarques contemplaient d'un œil d'envie Venise, la reine des flots, la plus riche des fiancées.

XII.

Où s'est humilié le monarque Souabe, règne maintenant l'Autrichien : un empereur foule avec dédain le sol où un empereur a plié le genou. Des royaumes deviennent de simples provinces, des cités souveraines portent des chaînes retentissantes. Les nations descendent du pinacle de la puissance quand elles ont à peine senti les rayons du soleil de la gloire, et tout-à-coup elles s'écroulent comme l'avalanche détachée du flanc de la montagne. Oh ! une heure seulement de l'aveugle Dandolo, le chef octogénaire, conquérant de Byzance.

XIII.

Sur le portail de Saint-Marc sont encore ses chevaux de bronze dont les harnais dorés brillent au soleil : mais la menace de Doria ne s'est-elle pas accomplie ? les coursiers ne sont-ils pas bridés ? Venise vaincue a vu finir ses treize siècles de liberté : va-t-elle, comme une plante marine, disparaître sous les flots d'où elle est sortie ? Ah ! mieux vaudrait pour elle être ensevelie dans les vagues et fuir dans les profondeurs de sa tombe ces cruels étrangers de qui sa soumission achète un repos sans honneur.

XIV.

Jeune, elle était brillante de gloire, c'était une autre Tyr ! Le surnom de ses enfants leur avait été donné par la victoire ; c'étaient les Planteurs de lion (1), insigne qu'ils portèrent à travers le sang et la flamme sur la terre et la mer subjuguées. Faisant de nombreux esclaves, elle sut se maintenir libre et fut le boulevart de l'Europe contre la puissance ottomane ; je t'en atteste, ô Candie, rivale de Troie, et toi, golfe immortel qui vis la bataille de Lépante ! Car ni le temps ni la tyrannie ne pourront effacer ces deux noms.

XV.

Pareilles à des statues de cristal, les nombreuses images des anciens doges sont réduites en poudre ; mais le vaste et somptueux palais qui fut leur demeure parle encore de leur splendeur antique ; leur sceptre brisé, leur épée rongée par la rouille, sont sous les pieds de l'étranger. Ces édifices inhabités, ces places désertes, ces visages insolites, en te rappelant trop souvent, ô Venise ! quel est

(1) *Piantar il leone* d'où *Pantalon.*

ton esclavage et quels sont tes maîtres, ont jeté sur ton enceinte adorable un nuage de désolation.

XVI.

Quand Athènes fut vaincue à Syracuse, quand des milliers de ses soldats enchaînés subirent le joug de l'esclavage, ils durent leur délivrance à la muse de l'Attique, dont les chants leur servirent de rançon loin de la terre natale. Voyez! au son de leur hymne tragique, le char du vainqueur étonné s'arrête, les rênes et le glaive inutile s'échappent de ses mains : il brise les chaînes des captifs et leur dit de remercier le poète de ses vers et de leur liberté.

XVII.

Ainsi, ô Venise, quand même tu n'aurais pas d'autres titres plus puissants, quand même ta glorieuse histoire serait oubliée, ainsi le culte que tu rends à un poète divin en répétant ses vers, ton amour pour le Tasse aurait dû rompre les fers dont les tyrans l'ont chargée. Ton sort actuel est un opprobre pour les nations et pour toi surtout, ô Albion ! La reine de l'Océan devrait-elle abandonner les enfants de l'Océan ? Que la chute de Venise te fasse penser à la tienne, en dépit de les humides murailles.

XVIII.

J'aimai cette ville dès mon enfance; c'était pour mon cœur une cité magique, s'élevant du sein des mers comme un palais aux colonnes liquides, séjour des plaisirs, rendez-vous des richesses: Otway, Radcliffe, Schiller, Shakspeare, avaient gravé son image dans mon esprit; et quoique je l'aie trouvée dans sa décadence, je n'ai pas cessé de l'aimer : peut-être m'est-elle plus chère encore par ses infortunes que si elle était toujours l'orgueil, la merveille et le spectacle du monde.

XIX.

Je puis la repeupler à l'aide du passé... et son présent suffit encore aux yeux, à la pensée, aux mélancoliques méditations : c'est plus encore que je ne cherchais, que je n'espérais trouver dans ses murs. Quelques-uns des plus heureux jours qui sont entrés dans le tissu fragile de ma vie te doivent leurs brillantes couleurs, ô Venise ! S'il n'était des sentiments que le temps ne peut endormir, que les tortures ne peuvent dissiper, tous les miens seraient maintenant glacés et muets.

XX.

Mais les plus hauts sapins des Alpes ne croissent que sur les rocs les plus hauts et les moins abrités : leurs racines poussent dans une pierre stérile ; et quand aucune couche de terre ne soutienne contre le choc des tempêtes; et cependant leur tronc s'élance vers les cieux, et brave les aquilons mugissants, tant qu'enfin sa grandeur et ses formes deviennent dignes des montagnes dont les blocs de sombre granit ont enfanté et nourri cet arbre géant. Ainsi peut vivre et croître l'âme.

Le pont des Soupirs à Venise.

XXI.

L'existence peut se maintenir, la vie et la souffrance peuvent pousser de profondes racines dans des cœurs nus et désolés : le chameau marche muet sous les plus lourds fardeaux, et le loup meurt en silence. Que ces exemples ne soient point perdus pour nous. Si des êtres d'une nature inférieure et sauvage peuvent souffrir sans se plaindre, nous qui sommes formés d'une argile plus noble, sachons supporter le malheur... ce n'est d'ailleurs que pour un jour.

XXII.

Toute souffrance détruit, ou est détruite par celui qu'elle atteint : dans les deux cas, elle a un terme. Quelques-uns, ranimés par un nouvel espoir, retournent au point d'où ils sont venus, se proposent le même but et se remettent à filer la même trame; d'autres, abattus et courbés, les cheveux blanchis, le front hâve, sont flétris avant le temps et périssent avec le roseau leur appui ; d'autres enfin appellent à eux la dévotion, le travail, la guerre, la vertu ou le crime, selon que leur âme fut faite pour s'élever ou pour ramper

XXIII.

Mais de ces douleurs comprimées il reste toujours un vestige semblable à la piqûre du scorpion, plaie à peine visible mais toujours imprégnée d'une nouvelle amertume : les causes les plus futiles peuvent faire retomber sur le cœur le poids dont il eût voulu s'alléger pour toujours ; un bruit, une série de sons, un soir d'été ou de printemps, une fleur, le vent, l'aspect de l'Océan, tout enfin peut rouvrir nos blessures en touchant la chaîne électrique qui nous enveloppe de ses liens invisibles.

XXIV.

Et nous ne savons ni comment ni pourquoi ; et il nous est impossible de remonter jusqu'au nuage qui recélait cet éclair de l'âme; mais nous sentons la commotion qui se renouvelle, et rien ne peut effacer la noire et douloureuse trace qu'elle laisse après elle ; car c'est au moment où nous y pensons le moins que des objets familiers, indéterminés, évoquent à notre vue les fantômes qu'aucun exorcisme ne peut écarter : les cœurs froids, les cœurs infidèles, et peut-être les morts aimés, pleurés, perdus... trop nombreux encore malgré leur petit nombre.

XXV.

Mais mon âme s'égare ; je la rappelle pour méditer sur la désolation d'un pays, ruine vivante au milieu des ruines. Qu'elle cherche la trace des empires déchus, des grandeurs ensevelies dans cette contrée qui fut la plus puissante de toutes aux jours de son antique domination, qui est encore et qui sera éternellement la plus belle ; moule primitif où la main céleste de la nature a jeté le type des héros et des hommes libres, de la beauté et du courage... des maîtres de la terre et des mers :

XXVI.

République de rois, citoyens de Rome !... Et depuis ce temps, ô belle Italie, tu fus et tu es encore le jardin du monde, la patrie du beau dans les arts comme dans la nature. Même dans ta solitude, qu'y a-t-il de comparable à toi? Les ronces que tu produis sont belles, et ton sol inculte est plus riche que la fertilité des autres climats. Ta chute est une gloire, et tes ruines sont parées d'un charme ineffaçable et pur.

XXVII.

La lune s'est levée : pourtant il n'est pas nuit : le soleil qui descend partage avec elle l'empire des cieux : un océan de lumière baigne les sommets bleuâtres des Alpes du Frioul. Le ciel est pur de tout nuage ; mais toutes les couleurs semblent s'y fondre pour former un vaste arc-en-ciel ayant son centre à l'occident où le jour qui finit rejoint l'éternité du passé ; tandis qu'à l'opposite la douce image de Diane flotte dans l'air azuré, comme une île solitaire, séjour des bienheureux.

XXVIII.

Une seule étoile brille auprès d'elle, et règne avec elle sur la moitié du riant empyrée. Cependant l'Océan lumineux de l'Est soulève toujours ses vagues brillantes et en couvre les pics de la lointaine Rhétie : le jour et la nuit continuent leur lutte jusqu'au moment où la nature vient faire rentrer toutes choses dans l'ordre accoutumé. La profonde Brenta roule lentement ses flots colorés de la teinte de rose qu'y réfléchit le ciel, courant qui se mire dans un autre courant.

XXIX.

L'onde est remplie de l'image du ciel qui à l'horizon descend jusqu'à la mer ; et toutes les couleurs du firmament, depuis le glorieux couchant jusqu'à la pâle étoile qui se lève, y répètent leur magique variété... Cependant la scène change : une ombre indécise jette son manteau sur les montagnes lointaines : le jour qui fuit meurt comme le dauphin à qui, dit-on, chaque convulsion donne une couleur nouvelle : la dernière est la plus éclatante... puis tout est fini... un gris sombre a tout remplacé.

XXX.

Dans Arqua est une tombe, un sarcophage élevé sur des pilastres, où reposent les ossements de l'amant de Laure : là se rendent ceux qu'ont charmés ses chants harmonieux, pèlerins voués au culte du génie. Ce poète naquit pour créer une langue et relever son pays de l'obscurité où l'avait plongé le joug stupide des barbares. En arrosant de ses pleurs harmonieux l'arbre où il avait gravé le nom de la dame de ses pensées, il s'est assuré à lui-même l'immortalité.

XXXI.

Arqua, ce village des montagnes, est le lieu qui le vit mourir et qui a recueilli sa cendre : c'est là qu'il passa ses derniers jours. Les villageois sont fiers (fierté bien légitime et qu'il faut respecter) de montrer au voyageur la demeure et le monument du poète : simples l'un et l'autre, mais d'une noble simplicité, plus en harmonie avec ses chants que ne serait une pyramide érigée sur sa tombe.

XXXII.

Ce doux et tranquille hameau qu'il habita semble un séjour fait exprès pour les mortels pénétrés du sentiment de leur fragilité. Déçus dans leurs espérances, ils trouvent un asile sous le frais ombrage d'une colline verdoyante, d'où ils peuvent contempler dans une perspective lointaine les bruyantes cités ; mais c'est en vain que l'éclat des villes se déploie, il ne saurait plus tenter des cœurs désabusés : n'y a-t-il pas pour eux une fête dans chaque rayon d'un beau soleil.

XXXIII.

D'un soleil qui leur montre les montagnes, le feuillage et les fleurs, et qui se réfléchit dans le ruisseau murmurant, tandis que les heures limpides comme l'onde s'écoulent dans une calme langueur qui peut ressembler à la paresse, mais qui a pourtant son côté moral. Si la société nous enseigne la vie, la solitude doit nous apprendre à mourir. On n'y trouve point de flatteurs ; la vanité ne peut nous y prêter son secours illusoire : l'homme s'y trouve seul en face de son Dieu :

XXXIV.

Peut-être aussi en face des démons ennemis des meilleures pensées et choisissant pour leur proie les âmes mélancoliques qui, bizarres dès leur enfance, ont toujours recherché des lieux de terreur et de ténèbres : se croyant prédestinées à d'incurables maux, les mortels ainsi doués voient du sang dans le soleil ; à leurs yeux la terre est une tombe, la tombe un enfer, et l'enfer lui-même a des horreurs sans bornes.

XXXV.

O Ferrare ! l'herbe croît dans tes vastes rues dont la symétrie n'était pas faite pour la solitude : on dirait que la malédiction pèse sur le séjour de tes antiques souverains, de cette même maison d'Est qui pendant des siècles maintint sa domination dans tes murs, princes qui selon leur caprice furent tour-à-tour les tyrans et les protecteurs des hommes qui ceignaient le laurier du Dante.

XXXVI.

De ces princes le Tasse est la gloire et la honte. Écoutez ses vers; puis, allez visiter sa cellule : voyez de quel prix Torquato a payé sa renommée ; voyez quel séjour Alphonse a offert à son poète ! Le misérable despote ne put réussir à faire plier le génie qu'il voulait éteindre : en vain il le plongea dans un enfer où il l'entoura de maniaques ; une gloire immortelle dissipa les nuages qui obscurcissaient son nom ;

XXXVII.

Et ce nom fera toujours verser des pleurs, ce nom sera éternellement honoré, tandis que le tien, ô Alphonse, pourrirait dans l'oubli et se perdrait dans l'ignoble poussière, dans l'obscur néant d'où est sortie ton orgueilleuse race, si tu ne formais dans la chaîne des destinées du poète un anneau qui nous rappelle ta vulgaire méchanceté. O prince ! avec quel mépris nous rappelons maintenant tes titres ! comme la splendeur ducale s'efface dans la postérité, toi qui, né dans une autre sphère, aurais à peine été le digne esclave de celui que tu condamnas à souffrir.

XXXVIII.

Toi, né pour manger, vivre méprisé et mourir comme meurent les brutes, auxquelles tu ressemblais, sauf que tu eus une auge plus splendide et une étable plus vaste ; lui, portant autour de son front sillonné une auréole de gloire qui déjà brillait alors, qui depuis éblouit tous les yeux en dépit de tous ses ennemis, et de la coterie de la Crusca et de ce Boileau, esprit envieux et mesquin, incapable de supporter des chants qui faisaient honte à la lyre discordante de son pays, lyre de laiton aux sons monotones, supplice des dents qu'elles agacent.

XXXIX.

Paix à l'ombre outragée de Torquato ! pendant sa vie et après sa mort, son destin était de servir de but aux traits empoisonnés de la haine, traits dont aucun ne l'atteignit. O vainqueur de tous les bardes modernes ! chaque année renouvelle par millions les habitants de la terre : mais combien de temps l'océan des générations devra-t-il rouler ses vagues, sans que cette multitude réunie enfante un génie égal au tien ? En condensant tous les rayons épars, on n'en formera jamais un soleil.

XL.

Mais tout grand que tu es, tu as trouvé des rivaux dans tes devanciers, dans tes compatriotes, les chantres de l'Enfer et de la Chevalerie : le premier, père de la poésie toscane, chanta la Divine comédie ; l'autre, égal en mérite au Florentin, fut le Walter-Scott du Midi, de même que celui-ci peut être appelé l'Arioste du Nord : car tous deux surent créer un monde magique, tous deux chantèrent les dames et la guerre, les aventures d'amour et les exploits chevaleresques.

XLI.

Un jour, la foudre arracha du buste de l'Arioste le laurier de fer dont il était couronné ; et la foudre ne fut pas inique, car la véritable couronne que tresse la Gloire est cueillie sur le noble arbuste qui ne craint pas le feu du ciel, et cette trompeuse imitation ne faisait que déparer le front du poète. Et toutefois, si la superstition s'afflige de ce présage, qu'elle sache que sur la terre la foudre sanctifie tout ce qu'elle touche ; et qu'ainsi la tête du poète est doublement consacrée.

XLII.

Italie ! Italie ! tu as reçu le don fatal de la beauté, funèbre douaire, source de tes maux présents et passés ; car la honte a creusé sur ton front charmant des sillons de douleur, et tes annales sont gravées en caractères de flamme. Plût au ciel que dans la nudité tu possédasses moins de charmes ou assez de force pour proclamer tes droits, et terrifier, rejeter de ton sol les brigands qui viennent en foule répandre ton sang et boire tes larmes de détresse.

XLIII.

Alors, ou tu inspirerais un salutaire effroi ; ou, moins désirée, tu coulerais des jours humbles et pacifiques, et l'on n'aurait point à déplorer l'effet destructeur de tes charmes ; alors on ne verrait plus ces torrents d'hommes que rien ne peut lasser sans cesse descendre des sommets des Alpes : des hordes de spoliateurs de toutes nations ne viendraient plus sur les rives du Pô s'abreuver à la fois d'eau et de sang ; l'épée de l'étranger ne serait plus ta seule et triste défense, et tu ne te verrais pas, victorieuse ou vaincue, l'esclave de tes amis ou de tes ennemis.

XLIV.

Dans les voyages de ma jeunesse, j'ai suivi la route tracée par ce Romain (1), l'ami de la plus haute intelligence de Rome, l'ami de Tullius : comme mon vaisseau poussé par une douce brise glissait sur la mer écumante et bleuâtre, je vis devant moi Mégare; derrière moi était Égine, le Pirée à ma droite, et de l'autre côté Corinthe. Penché sur la proue, je contemplais toutes ces cités réunies dans la même destruction, désolant spectacle qui avait également frappé la vue de mon devancier.

XLV.

Car le temps n'a point relevé ces villes antiques; seulement sur leurs débris ont surgi des constructions barbares qui ne rendent que plus attendrissants et plus chers les derniers rayons de ces lumières à demi éteintes et les reliques mutilées de ces grandeurs évanouies. Le Romain a vu, dès son époque, ces tombeaux, ces sépulcres de cités qui excitent une si douloureuse admiration ; et sur une page que les siècles ont épargnée, il nous a transmis la leçon morale qu'il a tirée de son pèlerinage.

XLVI.

J'ai devant moi cette page éloquente, et sur celle que j'écris je dois ajouter la ruine de sa propre patrie à la liste de tous les États dont il regrettait le déclin et dont je pleure la mort. Tout ce qu'occupait déjà la désolation, elle l'occupe encore; et maintenant, hélas ! Rome, l'impériale Rome, courbe sa tête sous le même orage, dans la même poussière et les mêmes ténèbres! et nous passons devant le squelette de son corps titanesque, débris d'un autre monde, dont les cendres sont encore chaudes.

XLVII.

Et cependant, Italie ! le bruit des injures qui te sont faites doit retentir et retentira du rivage en rivage parmi toutes les nations. Mère des arts comme autrefois de la guerre, la main qui fut notre appui est aujourd'hui notre guide. Mère de nos croyances, devant qui les nations se sont agenouillées pour obtenir les clefs des cieux! l'Europe, repentante de son parricide, saura te délivrer, refouler au loin les flots des barbares, et obtenir de toi son pardon.

XLVIII.

Mais l'Arno nous appelle vers les blanches murailles de l'Athènes de l'Étrurie : là des palais féeriques réclament et obtiennent notre tendre intérêt. Ceinte d'un amphithéâtre de collines, Florence recueille ses vins, ses blés, ses huiles; et tenant en main sa corne pleine, l'Abondance joyeuse bondit auprès d'elle. C'est sur le rivage arrosé par le riant Arno que sont nés le commerce et le luxe modernes ; c'est là que la science, sortant d'un tombeau, vit naître pour elle un nouveau matin.

XLIX.

C'est là que Cypris aime encore sous son enveloppe de marbre et remplit de sa beauté l'atmosphère qui l'entoure : en contemplant ces formes plus suaves que l'ambroisie, nous aspirons une portion de son immortalité; le voile des cieux est soulevé à demi; nous restons immobile sous le charme; dans les contours de ce beau corps, dans les traits de ce visage divin, nous voyons ce que peut produire le génie de l'homme, là où s'arrête la nature; et nous envions à l'antiquité, enthousiaste idolâtre, la flamme innée qui a pu donner l'âme à une si belle enveloppe.

L.

Nous regardons, puis nous détournons la tête sans fixer nos regards, éblouis, enivrés de tant de beauté, le cœur chancelant sous la plénitude des sensations. Là, pour toujours enchaînés au char de l'art triomphant, nous sommes ses captifs et ne pouvons nous éloigner. Ah! ce n'est pas le lieu de répéter de vains mots, des termes scientifiques, pitoyable jargon du trafiquant de marbre à l'aide duquel le pédantisme fait sa dupe de la sottise : n'avons-nous pas les yeux ; et notre sang, nos artères, notre cœur, n'ont-ils pas confirmé le jugement du berger dardanien ?

LI.

N'est-ce pas sous cette forme, ô Vénus, que tu te montras à

---
(1) Voyez la lettre célèbre de Servius Sulpicius à Cicéron sur la mort e Tullia, fille de l'orateur romain.

Pâris, ou à Anchise mille fois plus heureux ? Ou bien est-ce ainsi que, dans tout l'éclat de ta divinité, tu vois à tes pieds ton vaincu le dieu de la guerre? Appuyé sur ses genoux, ses regards, qui contemplent ton front comme un astre, se repaissent du divin incarnat de tes joues ; et cependant de tes lèvres comme d'une urne, une lave de baisers pleut sur ses paupières, sur son front, sur ses lèvres.

LII.

Brûlants et plongés dans l'extase d'un amour muet, ne pouvant trouver dans leur divinité même les moyens d'exprimer, d'accroître ce qu'ils éprouvent, les dieux deviennent de simples mortels ; et la destinée de l'homme compte des instants pareils aux plus brillantes heures de l'existence des dieux. Mais le poids de notre argile retombe bientôt sur nous... Soit, il nous est permis de renouveler de pareilles visions et de produire, en nous inspirant de tout ce qui fut, de tout ce qui pourrait être, des créations rivales de ta statue, ô Cythérée, images des dieux sur la terre.

LIII.

Je laisse à des plumes savantes, à l'artiste et à l'amateur (le singe de l'artiste), le soin de prouver comment ils comprennent la grâce de cette courbe, la volupté de ce méplat : je leur laisse à décrire l'indescriptible : je craindrais une leur souffle fétide ne vînt rider l'onde limpide où toujours se réflèchira cette image : miroir fidèle et pur du plus aimable rêve qui descendit jamais des cieux pour rayonner dans l'âme d'un mortel.

LIV.

L'enceinte sacrée de Santa-Croce renferme des cendres qui la sanctifient doublement, et qui seraient à elles seules un reste d'immortalité, quand même il ne resterait ici que le souvenir du passé, et cette poussière, relique de génies sublimes qui sont allés se ternir au chaos : ici reposent les ossements de Michel-Ange, d'Alfiéri et les tiens, ô fils des étoiles, ô malheureux Galilée; ici la terre dont fut formé Machiavel est retournée à la terre.

LV.

Voilà quatre génies, qui, comme les quatre éléments, suffiraient à toute une création. Italie ! le temps, en déchirant en mille lambeaux ton manteau impérial, refuse néanmoins à toute autre contrée la gloire d'enfanter des grands hommes du sein même de ses ruines. Ta décadence est encore empreinte d'un reflet de divinité qui la dore et la rajeunit de ses rayons : Canova n'est-il pas aujourd'hui ce que tes grands hommes étaient autrefois ?

LVI.

Mais où reposent les trois enfants de l'Étrurie : Dante, Pétrarque et le barde de la prose, ce génie créateur qui écrivit les « Cent nouvelles d'amour? » Où ont-ils déposé leurs ossements ? car ils méritaient d'être distingués du vulgaire dans la mort comme dans la vie. Leurs restes ont-ils disparu, et les marbres de leur patrie n'ont-ils rien à nous en apprendre ? Les carrières florentines n'ont-elles pu fournir pour eux un seul buste ? N'ont-ils pas confié leurs restes à la terre qui leur donna le jour?

LVII.

Ingrate Florence, Dante repose loin de toi; comme Scipion, il est enseveli sur un rivage qui te reproche ton injustice. Tes factions, dans leurs guerres plus que civiles, ont proscrit le barde que tes enfants de tes enfants adoreront à jamais en l'entourant vainement de leurs remords séculaires. Quant au laurier que le front de Pétrarque a reçu à ses derniers moments, il avait crû sur un sol étranger et lointain : tu ne peux réclamer ni sa vie, ni sa renommée, ni sa tombe qu'un des tiens a lâchement violée.

LVIII.

Mais du moins Boccace a laissé sa cendre à sa patrie ? elle repose sans doute parmi celles de ses grands hommes; et des voix harmonieuses et solennelles ont chanté les suprêmes prières pour celui qui doua la Toscane de sa langue de sirène, cette poésie parlée, cette véritable musique dont chaque intonation est une mélodie? Non ; l'hyène du bigotisme a renversé, a outragé sa tombe; une place lui a même été refusée parmi les morts obscurs ; car on saurait qui est là, et le passant lui donnerait un soupir.

LIX.

Leur cendre illustre manque donc à Santa-Croce; mais ils y brillent par leur absence même, comme autrefois dans le cortège de César l'image absente de Brutus n'en rappelait que mieux à Rome la mémoire du plus dévoué de ses enfants. Combien tu es plus heureuse, ô Ravenne ! Sur ton rivage antique, dernier rempart de l'empire croulant, repose entourée d'honneurs la cendre de l'illustre exilé. Arqua aussi conserve avec orgueil son trésor d'harmonieuses reliques, tandis que Florence, les yeux en pleurs, redemande en vain les morts qu'elle a proscrits.

LX.

Qu'importe cette pyramide de pierres précieuses, où le porphyre, le jaspe, l'agate et des marbres de toutes couleurs enchâssent les ossements de ces princes marchands? Le pavé de mosaïque qui recouvre la tête des princes n'a jamais été foulé d'un pied aussi respectueux que le vert gazon dont la fraîcheur est entretenue par la rosée, étincelant à la clarté des étoiles, modeste monument de ces morts dont les noms seuls sont des mausolées pour la muse.

LXI.

Aux bords de l'Arno, dans ce palais consacré aux arts par un luxe princier et où la sculpture rivalise avec sa sœur la reine de l'arc-en-ciel, on trouve encore bien des merveilles propres à flatter le cœur et les yeux... mais non les miens; car j'ai accoutumé ma pensée à embrasser la nature plutôt au sein des campagnes que dans les galeries de l'art : bien qu'un chef-d'œuvre attire les hommages de mon esprit, pourtant j'en exprime moins que je n'en ressens ;

LXII.

Car mon imagination a d'autres allures, et j'erre plus à mon aise sur les bords du lac Trasimène et dans leurs défilés funestes à la témérité des Romains. Là, j'évoque le souvenir des ruses du chef carthaginois, et son adresse à engager l'ennemi entre les montagnes et le rivage. Je crois voir la mort éclaircir les rangs des Romains désespérés mais non abattus : je crois voir les torrents gonflés par des flots de sang, sillonner la plaine brûlante, semée au loin des débris des légions....

LXIII.

On dirait une forêt renversée par le vent des montagnes ; et telle fut dans cette fatale journée la fureur du combat, telle est cette frénésie qui ne laisse à l'homme de facultés que pour le carnage, qu'un tremblement de terre eut lieu et ne fut point remarqué des combattants! Nul ne sentit la nature troublée chanceler sous ses pieds et ouvrir un tombeau pour ceux à qui leur bouclier servait de linceul : telle est la haine qui absorbe toutes les pensées de deux peuples armés l'un contre l'autre !

LXIV.

La terre était pour eux comme une barque au rapide roulis qui les emportait vers l'éternité : ils voyaient bien l'Océan autour d'eux, mais ils n'avaient point le temps de remarquer les mouvements de leur navire; les lois de la nature étant suspendues en eux, ils ne ressentaient rien de cette terreur qui règne partout, alors que les montagnes tremblent, que les oiseaux, fuyant de leurs nids renversés, vont chercher un refuge dans les nuages; que les troupeaux mugissants s'abattent sur la plaine qui ondule, et que la terreur de l'homme ne trouve plus de voix.

LXV.

Bien différent est le spectacle que Trasimène offre aujourd'hui : le lac est une plaque d'argent, et la plaine n'est sillonnée que par le soc de la charrue; les vieux arbres s'élèvent pressés comme autrefois les morts, à la place même où ils ont planté leurs racines : mais un ruisseau, un petit ruisseau au lit étroit, à l'onde rare, a pris son nom du sang qui jaillit dans un jour fatal et tomba comme une pluie : le Sanguinetto indique le lieu où les mourants humectèrent le sol et rougirent les flots indignés.

LXVI.

Mais toi, ô Clitumne, jamais onde plus douce que ton cristal mobile n'invita la naïade à s'y mirer, à y baigner ses beaux membres nus ; tu arroses paisiblement des rives herbeuses où vient paître le taureau blanc comme le lait. O le plus pur des dieux-fleuves, le plus calme d'aspect et le plus limpide, sans doute tes flots n'ont jamais été souillés par le carnage; tes flots ont pu toujours servir de bain et de miroir à la jeune beauté.

LXVII.

Près de la rive fortunée, sur la douce pente de la colline, un temple, aux proportions sveltes et délicates, s'élève pour consacrer ta mémoire; au-dessous coule ton onde paisible : souvent on voit bondir à sa surface le poisson à l'écaille argentée qui habite et se joue dans les profondeurs des eaux cristallines, et parfois un lis d'eau détaché de sa tige fait voile et s'abandonne aux vagues qui descendent en répétant leur murmurante chanson.

LXVIII.

Ne vous éloignez pas sans rendre hommage au génie du lieu : si un plus doux zéphyr vient caresser votre front, ce souffle est celui de son haleine; si la verdure de ces bords rit davantage à vos yeux, si la fraîcheur de ces beaux lieux rejaillit jusqu'à votre cœur ; si ce baptême de la nature efface pour un moment l'aride poussière d'une vie importune; c'est à lui que vous devez rendre grâce de cette suspension de vos ennuis.

LXIX.

Mais quelles sont ces eaux qui mugissent? De ses hauteurs escarpées le Volino s'élance dans le précipice qu'il s'est creusé. Imposante cataracte! rapide comme la lumière, la masse étincelante écume et bondit dans l'abîme qu'elle ébranle : véritable enfer des eaux, où les vagues hurlent et sifflent et bouillonnent dans d'incessantes tortures; la sueur d'agonie arrachée à ce nouveau Phlégéthon voltige en flocons sur les noirs rochers qui couronnent le gouffre de leur front terrible, inexorable.

LXX.

Voyez-la monter en écume jusqu'au ciel, d'où elle retombe en pluie continue, nuage intarissable de douce rosée qui forme à l'entour un avril perpétuel et y entretient un tapis d'émeraude. Comme le gouffre est profond! comme des eaux bondit de roc en roc! Dans son délire, il écrase les rochers qui, usés et fendus sous ses terribles pas, laissent à découvert d'horribles et béantes ouvertures:

LXXI.

C'est par là que s'élance l'énorme colonne d'eau : on dirait la source d'un jeune océan, arrachée aux flancs des montagnes par l'enfantement d'un nouveau monde; et l'on croirait avec peine qu'elle va donner naissance à des ondes pacifiques qui serpentent doucement, avec de longs détours, à travers la vallée. Tournez la tête et voyez-la s'avancer comme une éternité qui va tout engloutir dans son cours; cataracte sans égale, qui fascine l'œil effrayé :

LXXII.

Qu'elle est belle dans son horreur! Mais aux brillantes clartés du matin, Iris, suspendue sur l'abîme, étend d'un bord à l'autre son arc radieux, au-dessus de l'infernal chaos des eaux : semblable à l'Espérance assise au chevet d'un mourant, elle conserve ses riantes couleurs. Tandis que tout est dévasté autour d'elle par les eaux furieuses, rien ne peut ternir son éclat. On croirait voir, au milieu de cette scène de désolation, l'amour observant d'un œil calme et serein les transports de la démence.

LXXIII.

Me voici de nouveau parmi les forêts des Apennins, Alpes encore enfants, qui exciteraient mon admiration, si mes regards n'avaient été frappés par l'aspect plus imposant des Alpes véritables, où le pin se balance sur des sommets plus escarpés, où rugit le tonnerre des avalanches. Mais j'ai vu la Jungfrau lever son front couvert de neige et vierge de pas humains : j'ai vu de près et de loin les antiques glaciers du Mont-Blanc, et j'ai entendu retentir la foudre sur les sommets du Chimari, des vieux monts Acrocérauniens.

LXXIV.

J'ai vu voler sur le Parnasse les aigles qui semblaient les génies du lieu prenant leur essor vers la gloire, car leur vol s'élevait à d'incommensurables hauteurs. J'ai contemplé l'Ida avec les yeux d'un Troyen. Enfin Athos, Olympe, Etna, Atlas, ont diminué à mes regards l'importance des collines italiques, à l'exception de la cime solitaire du Soracte, qui, maintenant dépourvu de neige, a grand besoin de la lyre d'Horace pour le recommander à notre souvenir.

LXXV.

Il s'élève au milieu de la plaine comme une vague qui vient du large et qui sur le point de se briser reste un instant suspendue. Ah! celui qui veut ici fouiller dans ses souvenirs peut facilement orner ses ravissements de citations classiques et faire redire aux échos des sentences latines. Pour moi j'ai trop abhorré dans mon enfance la fastidieuse leçon, apprise mot par mot et à contre-cœur pour réciter ici les vers du poète :

LXXVI.

Je ne puis répéter avec plaisir rien de ce qui rappelle la potion nauséabonde infligée chaque jour à ma mémoire malade. Quoique le temps m'ait enseigné à méditer ce qu'alors je ne faisais qu'apprendre, néanmoins l'impatience de mes jeunes années a enraciné mes premiers dégoûts. Ces chefs-d'œuvre ont perdu pour moi leur fraîcheur avant que mon esprit fût capable de savourer un charme il eût peut-être recherché, ayant la liberté du choix. Maintenant, ne puis rendre à mes goûts leur pureté altérée ; et ce qu'alors je essais, je l'abhorre aujourd'hui.

LXXVII.

dieu donc, Horace, toi que j'ai tant détesté, non pour tes fautes tes, mais pour les miennes : c'est un supplice de saisir par l'in-ligence mais non par le sentiment l'élan de ta strophe lyrique et comprendre les vers sans pouvoir les aimer. Et pourtant nul moiste ne sonde plus profondément notre chétive existence, nul crine ne nous enseigne mieux les secrets de l'art, nul satirique n'a- rde avec plus d'enjoûment les mystères de la conscience et ne t aussi bien toucher notre cœur sans lui faire de blessure. Et ce- ndant adieu : nous nous quittons sur la cime du Soracte.

LXXVIII.

O Rome, ô ma patrie, ô cité de l'âme ! c'est vers toi que doivent tourner les orphelins du cœur, ô mère délaissée des empires dé- uits, afin d'apprendre à renfermer dans leur sein leurs chétives uleurs. Que sont nos maux et nos souffrances ? Venez voir ice près, venez écouter la chouette, venez frayer votre chemin parmi « débris des trônes et des temples, vous dont les tourments sont s malheurs d'un jour... à vos pieds un monde,aussi fragile que us-mêmes.

LXXIX.

La voilà donc, la Niobé des nations ! Sans enfants, sans couronne, us voix pour exprimer sa douleur : ses mains flétries tiennent une ne vide dont la poussière sacrée a été dispersée des siècles. tombe des Scipions ne contient plus leurs cendres : les sépulcres ême ont perdu leurs hôtes héroïques. Est-ce toi qui coules encore, eux Tibre, à travers un désert de marbre ? Ah ! soulève tes flots unâtres, pour en couvrir comme d'un manteau la détresse de Rome.

LXXX.

Le Goth, le chrétien, le temps, la guerre, l'onde et le feu ont appé tour-à-tour l'orgueil de la cité aux sept collines ; elle a vu les tres de sa gloire s'éclipser tour-à-tour et les coursiers des rois arbares fouler la route par où le char des triomphateurs montait u Capitole : temples et palais se sont écroulés sans laisser de trace. ai, dans ce chaos de ruines, pourra reconnaître un plan distinct, ter sur tous ces fragments confondus un pâle rayon de lumière dire : « Ici était... là se trouve... » alors que partout règnent de ubles ténèbres ?...

LXXXI.

Car les ténèbres du temps et ceux de l'Ignorance, fille de la Nuit, nt enveloppé et enveloppent encore tout ce qui nous entoure : si us y croyons trouver un chemin, ce n'est que pour nous égarer vantage. L'Océan a sa carte ; les astres ont la leur, et la science les roule dans son large giron ; mais Rome est un désert où nous ne uvons nous diriger qu'à l'aide de souvenirs souvent trompeurs. udain nous battons des mains en criant : « Eurêka ! Une clarté ille à nos yeux »... mais ce n'est qu'un mirage trompeur, qui s'é- ve des ruines.

LXXXII.

Hélas ! où est-elle la cité superbe ? Hélas ! où sont les trois cents omphes ? où est ce jour qui vit le poignard de Brutus plus glo- ux que le glaive du conquérant ? Qu'est devenue la voix de Tul- s, la lyre de Virgile, le pinceau de Tite-Live ? Ah ! du moins Rome vit dans les œuvres de ces grands hommes ; tout le reste... n'est us. Malheur à cette terre ! car nous ne la verrons plus briller de l'é- t dont elle était revêtue, alors que Rome était libre.

LXXXIII.

Toi, au char de qui la Fortune avait attaché sa roue, victorieux lla ! toi qui commenças par soumettre les ennemis de ton pays ant d'écouter le ressentiment de tes propres injures, qui laissas mbler la mesure de tes griefs jusqu'à ce que tes aigles eussent né sur l'Asie abattue ; toi dont le regard anéantissait un sénat ; qui fus Romain encore, malgré tous tes vices, car tu déposas ec un sourire expiatoire une couronne plus que terrestre.....

LXXXIV.

e laurier du dictateur !..... Sylla, aurais-tu pu deviner à quel eau serait un jour abaissée qui faisait de toi plus qu'un mortel ? uvais-tu penser que Rome serait ainsi renversée par d'autres que des Romains, qui s'était appelée l'Eternelle et qui ne dres- s ses guerriers que pour la conquête ; elle qui couvrait la terre de ombre immense et dont les ailes éployées touchaient aux deux rémités de l'horizon ; elle enfin qu'on saluait du nom de Toute- issante !

LXXXV.

Sylla fut le premier des victorieux ; mais notre Sylla, Cromwell, fut le plus sage des usurpateurs : lui aussi balaya les sénats, après avoir taillé dans le trône un billot..... immortel rebelle ! Voyez ce qu'il en coûte de crimes pour être maître un moment et fameux dans tous les siècles ! Mais de sa destinée surgit une grande leçon morale : le même jour qui lui avait vu remporter des victoires le vit aussi mourir ; plus heureux de rendre le dernier souffle que de conquérir des royaumes !

LXXXVI.

Le troisième jour du neuvième mois de l'année (1), qui du pouvoir lui avait donné tout, sauf la couronne, ce même jour le fit descendre paisiblement du trône usurpé par la force et le coucha dans la terre maternelle. La fortune n'a-t-elle point montré ainsi que la gloire, la puissance et tout ce que nous ambitionnons le plus, ce que nous acharnons à poursuivre à travers tant de routes périlleuses, tout cela est à ses yeux moins enviable que la tombe ? Si l'homme envisageait ainsi l'existence, que ses destinées seraient différentes !

LXXXVII.

Salut, fatale statue, qui subsistes encore dans ton austère et majestueuse nudité, toi qui vis, au milieu du tumulte d'un meurtre, César tomber à tes pieds qu'il baigna de sang, et s'envelopper des plis de sa robe avec la dignité d'un mourant : victime immolée devant toi par la reine des dieux et des hommes, l'implacable Némésis. Il est donc mort en effet, et toi aussi, Pompée ? et qu'avez-vous été tous deux ? les vainqueurs de rois sans nombre ou des marionnettes de théâtre ?

LXXXVIII.

Et toi que la foudre a frappée, nourrice de Rome, louve, dont les mamelles de bronze semblent encore verser le lait de la victoire dans cette enceinte où tu es placée comme un monument de l'art antique..... mère des sentiments généreux que le fondateur de la grande cité a puisés à la sauvage mamelle, toi qui fus sillonnée par les traits célestes du Jupiter romain et dont les membres sont encore noircis par la foudre..... n'as-tu donc point oublié tes doux soins de mère, et veilles-tu encore sur tes immortels nourrissons ?

LXXXIX.

Oui..... mais ceux que tu as nourris sont morts : ils ne sont plus, ces hommes de fer : le monde a bâti des cités avec les débris de leurs sépulcres. Imitateurs de ce qui causait leur effroi, les hommes ont versé leur sang ; ils ont combattu et vaincu, et plagiaires des Romains, ils ont marché de loin sur leurs traces : mais nul n'a élevé, n'était capable d'élever sa domination à la même hauteur ; nul, si l'on excepte un homme orgueilleux qui n'est point encore dans la tombe ; mais qui, vaincu par ses propres fautes, est aujourd'hui l'esclave de ses esclaves.....

XC.

Dupe d'une fausse grandeur, espèce de César bâtard, il a suivi d'un pas inégal son antique modèle ; car l'âme du Romain avait été jetée dans un moule moins terrestre ; avec des passions plus vives, et un jugement aussi froid, il était doué d'un immortel instinct qui rachetait les faiblesses d'un cœur tendre quoiqu'intrépide : quelquefois, aux pieds de Cléopâtre, c'était Alcide tenant la quenouille ; et ensuite reprenant sa radieuse auréole, il pouvait dire :

XCI.

Je suis venu, j'ai vu, j'ai vaincu ! Mais l'homme qui avait dressé ses aigles comme des faucons de chasse à tomber sur leur proie en tête des bataillons français et qui de fait les conduisit longtemps à la victoire, cet homme au cœur sourd et qui ne semblait jamais s'écouter lui-même, était singulièrement organisé : il n'avait qu'une faiblesse capitale, et au milieu de toutes, la vanité. Son ambition était pleine de coquetterie..... il visait..... à quoi ? que voulait-il ? et pourrait-il le dire lui-même ?

XCII.

Il voulut être tout ou rien ; et il ne sut pas attendre que la tombe vînt enfin marquer son niveau ; peu d'années auraient mis à la hauteur des Césars que foulent nos pas. C'est donc pour en venir là que le conquérant élève ses arcs-de-triomphe ! C'est pour cela que le sang et les larmes de la terre ont si longtemps coulé et coulent encore, déluge universel où l'homme infortuné ne voit point d'arche de salut, marée qui ne baisse un moment que pour refluer bientôt !..... Grand Dieu ! que votre arc-en-ciel apparaisse encore dans la nue !

(1) Le 3 septembre, victoires de Dunbar et de Worcester ; mort de Cromwell en 1658.

XCIII.

Quel fruit recueillons-nous de cette stérile existence ? Nos sens sont bornés, notre raison fragile, notre vie sans durée; la vérité est une perle cachée dans les abîmes, et toutes choses sont pesées dans la trompeuse balance de l'usage : l'opinion est une puissance irrésistible, enveloppant la terre de son voile ténébreux ; après quoi le bien et le mal sont de purs accidents et les hommes tremblent que leur jugement ne devienne trop assuré, que leurs libres pensées ne se changent en crimes, et qu'enfin trop de clarté ne brille sur la terre.

XCIV.

Et c'est ainsi qu'ils végètent dans une lâche misère, qu'ils pourrissent de père en fils et de siècle en siècle, fiers de leur nature avilie, et qu'ils meurent enfin léguant leur démence héréditaire à une race d'esclaves-nés. Ceux-là combattront à leur tour pour le choix des tyrans; plutôt que de vivre libres, ils s'entretueront en gladiateurs dans la même arène couverte des cadavres de leurs devanciers ; ainsi tombent les unes sur les autres toutes les feuilles d'un même arbre.

XCV.

Et je ne parle pas des croyances de l'homme : elles restent entre lui et son créateur. Je parle de choses avérées, reconnues et que l'on voit chaque jour, à chaque heure. Je parle du double joug qui pèse sur nous et des desseins avoués de la tyrannie; je signale l'édit nouveau des maîtres de la terre, devenus les singes de celui qui naguère humiliait les plus fiers et les éveillait en sursaut en secouant leurs trônes : homme glorieusement immortel, si son bras puissant se fût borné là.

XCVI.

Les tyrans ne peuvent-ils donc être vaincus que par des tyrans, et la liberté ne trouvera-t-elle jamais un champion et un fils pareil à celui que la Colombie vit paraître quand elle-même naquit au jour comme Pallas, vierge sans tache et tout armée ? ou bien de pareilles âmes ne peuvent-elles se former que dans la solitude, au sein des forêts vierges, au bruit des cataractes mugissantes, dans ces lieux où la nature, bonne mère, sourit à Washington enfant ? La terre ne porte-t-elle plus de tels germes dans son sein, et l'Europe n'a-t-elle pas de pareils rivages ?

XCVII.

Mais la France, ivre de sang, a vomi le crime; et ses saturnales sont devenues funestes à la cause de la liberté : elles l'ont été et le seront dans tous les siècles et sous tous les climats. En effet, les jours sombres que nous avons traversés , puis ce mur de diamant élevé par l'ambition entre l'homme et ses espérances , et enfin le drame honteux joué récemment sur la scène du monde, tout cela sert de prétexte à l'éternel esclavage qui flétrit l'arbre de vie et condamne l'homme à une seconde chute pire que la première.

XCVIII.

Néanmoins, ô Liberté, ta bannière déchirée, mais encore flottante, s'avance contre le vent, pareille au nuage qui porte la foudre. Ta voix de cuivre, aujourd'hui faible et mourante , est encore la plus puissante que les tempêtes aient épargnées ; ton arbre a perdu ses fleurs, et son écorce entamée par la hache paraît rugueuse et flétrie : mais le tronc reste debout, et les semences sont plantées profondément même dans le sein du Nord ; attendons : un meilleur printemps nous donnera des fruits moins amers.

XCIX.

A Rome, il est une vieille tour ronde et d'un style sévère ; solide comme une forteresse, ses remparts suffiraient pour arrêter toute une armée. Elle s'élève solitaire avec la moitié de ses créneaux ; et le lierre qui la pare depuis dix mille ans, guirlande de l'éternité, balance son vert feuillage sur les pierres les plus endommagées par le temps. Qu'était-ce donc que cette forteresse ? Quel trésor dans ses caveaux pouvait être si bien renfermé, si bien défendu ?... Le tombeau d'une femme.

C.

Mais qui était-elle, cette majesté de la mort, qui a pour tombe un palais ? Etait-elle chaste et belle ? Digne de la couche d'un roi... ou bien plus, de celle d'un Romain ? De quelle race de chefs et de héros fut-elle la tige ? Une fille a-t-elle hérité de sa beauté ? Comment a-t-elle vécu, aimé, quitté la vie ? Si on lui a rendu de tels honneurs, si on l'a placée dans cette splendide demeure, où les restes vulgaires n'oseraient pourrir, n'est-ce point pour consacrer la mémoire d'une destinée plus que mortelle ?

CI.

Fut-elle de ces femmes qui aiment leurs époux ou de celles qui n'aiment que les époux des autres ? Car il s'en est trouvé des deux genres même dans les siècles les plus reculés : les annales de Rome nous l'apprennent. Eut-elle, comme Cornélie, la gravité d'une matrone ou l'air léger de la gracieuse reine d'Égypte ? Se livra-t-elle au plaisir ou bien lui fit-elle la guerre par amour pour la vertu ? Inclina-t-elle vers les tendres sentiments du cœur ou, plus sage, repoussa-t-elle l'amour comme un ennemi ? Car ces deux extrêmes se rencontrent.

CII.

Peut-être mourut-elle jeune; pliant sous des maux plus lourds que la tombe monumentale qui pèse sur sa cendre légère. Un nuage s'étendit sur ses charmes , la tristesse de son œil noir vint prophétiser pour elle le sort que le ciel accorde à ses favoris, une mort précoce; et cependant le charme d'un soleil couchant se répandait autour d'elle; une clarté maladive, l'hesperus des mourants, colorait ses joues brûlantes de la teinte rougeâtre des feuilles d'automne.

CIII.

Peut-être aussi mourut-elle dans la vieillesse, survivant à ses propres charmes, à ses parents, à ses enfants. Les longues tresses de ses cheveux blancs rappelaient encore quelque chose d'une autre époque, alors que leurs boucles élégantes faisaient son orgueil et que ses charmes excitaient dans Rome l'admiration et l'envie... Mais pourquoi ces vaines conjectures ? Nous ne savons qu'une chose: Cæcilia Metella est morte l'épouse du plus riche des Romains ; et voici le monument de l'amour ou de l'orgueil de son époux.

CIV.

O splendide tombeau ! je ne sais pourquoi, mais en restant ainsi près de toi, je me figure que j'ai connu jadis celle qui habite tes caveaux ; et le passé resurgit devant moi au son d'une harmonie qui m'est familière, seulement le ton en est changé et devient solennel comme le prolongement lointain du tonnerre que le vent apporte jusqu'à nous. Oui, je veux m'asseoir au pied de ces murs tapissés de lierre, jusqu'à ce que mon imagination échauffée ait donné un corps à mes pensées. Je veux évoquer ces formes qui flottent çà et là parmi les débris d'un naufrage immense.

CV.

Avec les planches brisées, éparses sur les rochers, je veux que l'espérance me construise une nacelle pour affronter de nouveau les flots de l'Océan et les bruyants récifs et le mugissement sans fin qui assiége la grève solitaire où j'ai vu périr tout ce que j'aimais. Mais, hélas ! lors même que des débris épargnés par la tempête je pourrais me construire une grossière chaloupe, de quel côté la dirigerais-je ? Il n'est plus d'asile, d'espoir, d'existence qui ait des charmes pour moi : je n'aime que ce qui est ici.

CVI.

Que les vents hurlent donc ! leur voix sera désormais ma mélodie, et pendant la nuit les hiboux y viendront mêler leurs cris lugubres, comme ils le font maintenant que l'ombre du soir commence à s'étendre sur la demeure des oiseaux des ténèbres. Ils se répondent les uns aux autres sur le mont Palatin, ouvrant de larges yeux gris et brillants et agitant leurs ailes. En face d'un pareil monument, que sont nos chétives douleurs ?... Je ne saurais parler de des miennes.

CVII.

Le cyprès et le lierre, la ronce et le violier, enlacés en masses compactes ; des amas de terre entassés sur ce qui fut autrefois d'appartements, des arceaux rompus, des colonnes renversées par tronçons, des voûtes effondrées, des fresques dans des souterrains humides où les hiboux les contemplent comme ils regardent les objets dans la nuit ; tout cela fait-il des temples, des bains ou des palais ? Prononce qui pourra ; car tout ce que la science a pu découvrir, c'est que ce sont des murailles. Voyez ce mont habité par les empereurs ! ainsi tombe la puissance humaine.

CVIII.

Telle est la moralité de toute histoire, éternelle répétition du passé ! d'abord de la liberté, puis la gloire ; après la gloire, richesse, vice, corruption et enfin barbarie. Ainsi l'histoire, avec ses énormes volumes, n'a qu'une seule page ; une page écrite sur dans les lieux où la fastueuse tyrannie accumula tous les trésors, toutes les délices des yeux et de l'oreille, du cœur, de l'âme et langage... Mais les mots sont inutiles : approchez.

CIX.

Venez admirer et vous enthousiasmer; venez sourire de mépris et verser des pleurs... car il y a place ici pour tous ces sentiments. Homme, balancier suspendu entre un sourire et une lardes siècles et des empires sont entassés pêle-mêle dans cet étroit espace; cette montagne, maintenant presque aplanie, supportait une pyramide de trônes, et les jouets de la gloire la couronnaient d'un tel éclat que les rayons du soleil en s'y réfléchissant semblaient doubler leur splendeur. Où sont ces toits dorés? Où sont les hommes qui osèrent les construire?

CX.

Tullius fut moins éloquent que toi, colonne sans nom dont la base est enterrée! Où sont les lauriers qui couvrirent le front de César? Tressez-moi une couronne avec le lierre qui tapisse les ruines de son palais. A qui cette colonne, cet arc-de-triomphe? A Titus, à Trajan. Non, c'est le trophée du Temps. Arcs-de-triomphe, colonnes, le temps change vos noms en se jouant : et la statue d'un apôtre monte prendre la place de l'urne impériale;

CXI.

Cette urne où des cendres dormaient à cette hauteur sublime, ensevelies dans les airs, dans le bleu ciel de Rome et voisines des étoiles. L'âme qui les animait jadis était bien digne d'un pareil séjour; l'âme de celui qui le dernier donna des lois à la terre entière, au monde romain; car après lui nul ne soutint le fardeau, nul ne conserva ses conquêtes. Il fut plus qu'un Alexandre : la débauche et le meurtre d'un ami ne souillent point sa mémoire, son front serein était paré de toutes les vertus d'un monarque; et aujourd'hui encore nous adorons le nom de Trajan.

CXII.

Où est la colline des triomphes, le haut lieu où Rome embrassait ses héros? Où est la roche Tarpéienne? ce digne but d'une carrière de perfidies, ce promontoire d'où le traître était précipité pour guérir son ambition. Est-ce bien ici que les vainqueurs suspendaient les dépouilles opimes? Oui, et là-bas dans cette plaine dorment mille ans de factions réduites au silence : c'est le Forum, qui a répété tant de voix immortelles, et où, dans l'air éloquent, la parole de Cicéron respire et brûle encore.

CXIII.

Champ de bataille où régnèrent la liberté, les factions, la gloire et le carnage; là s'exhalèrent les passions d'un peuple orgueilleux, depuis la première heure de cet empire encore dans son germe jusqu'à celle où il ne lui resta plus rien à conquérir dans le monde. Mais longtemps avant ce terme, la liberté s'était voilé la face, et l'anarchie avait usurpé ses attributs, jusqu'aux jours où tout soldat audacieux put fouler aux pieds un sénat d'esclaves tremblants et muets, ou acheter les voix vénales qui se prostituaient à eux.

CXIV.

Détournons nos regards de tous ces tyrans et portons-les vers le dernier tribun de Rome, vers toi qui voulus la racheter de ses tristes siècles de honte; toi l'ami de Pétrarque, l'espoir de l'Italie, ô Rienzi! le dernier des Romains! Tant qu'il poindra une feuille sur le trône flétri de l'arbre de la liberté, qu'on en forme une guirlande pour ta tombe; car tu fus le champion du forum, le véritable chef du peuple, un nouveau Numa, dont le règne, hélas! fut trop court.

CXV.

Egérie! douce création d'un cœur qui, pour se reposer, n'a pas trouvé sur la terre d'asile aussi beau que ton sein idéal; quelle que soit ton origine : jeune aurore aérienne, nymphe imaginaire enfantée par un amoureux désespoir, ou peut-être même beauté terrestre qui reçus dans ces bois un hommage peu vulgaire, une adoration enthousiaste : tu fus toujours une belle pensée revêtue d'une forme charmante.

CXVI.

Les mousses de ta fontaine sont encore arrosées par ton onde élyséenne : une grotte protège la surface limpide que les siècles n'ont point ridée, et qui réfléchit encore les doux regards du génie du lieu. L'art des hommes a cessé de défigurer ta verte et sauvage rive; ton onde transparente n'est plus condamnée à dormir dans une prison de marbre; elle jaillit avec un doux murmure du pied de la statue mutilée, et serpente çà et là parmi la bruyère, le lierre et les plantes sauvages qui rampent entrelacés dans un désordre fantastique.

CXVII.

Les vertes collines sont émaillées, parées de fleurs précoces; le lézard aux yeux de feu se glisse sous le gazon, et les chants des oiseaux de l'été saluent le promeneur. Les fraîches corolles de mille plantes, d'espèces variées, semblent le conjurer de suspendre sa marche, et leurs teintes diverses dansent au souffle de la brise comme une vaste ronde de fées. La douce violette, caressée par le souffle du ciel, semble en réfléchir l'azur dans ses beaux yeux bleus.

CXVIII.

C'est ici, sous cet ombrage enchanté, que tu habitas, ô divine Egérie! ici ton cœur céleste battait en reconnaissant de loin les pas d'un mortel adoré; minuit étendait sur cette mystérieuse entrevue son dais étincelant dont il semblait multiplier les étoiles; tu t'asseyais auprès de ton bien-aimé : et qu'arrivait-il alors? Cette grotte semble à la vérité formée tout exprès pour protéger les feux d'une déesse; pour être le temple du pur amour... le plus ancien de tous les oracles.

CXIX.

As-tu donc en effet, répondant à sa tendresse, uni ton cœur céleste à un cœur purement humain? As-tu répondu par d'immortels transports à cet amour qui expire comme il est né, dans un soupir? Ta puissance a-t-elle été en effet jusqu'à communiquer cette portion de ton être, jusqu'à donner la pureté du ciel aux joies de la terre; as-tu pu émousser la flèche lui ôter son venin, cette satiété qui flétrit tout, et déraciner de l'âme les herbes mortelles qui l'étouffent?

CXX.

Hélas! la source de nos jeunes affections s'épanche en pure perte, on n'arrose qu'une solitude stérile : il n'en sort qu'un luxe funeste de plantes parasites, qu'une hâtive ivraie, amère au cœur bien que douce à la vue; des fleurs dont l'odeur malfaisante exhale l'agonie, des arbres qui distillent le poison : telles sont les plantes qui naissent dans le sentier de la passion, alors qu'elle s'élance par le désert du monde, haletante et en quête de quelque fruit céleste interdit à nos désirs.

CXXI.

O Amour! tu n'es point un habitant de ce monde : séraphin invisible, nous croyons en toi, c'est une foi qui a pour martyrs tous les cœurs brisés; mais l'œil humain ne t'a jamais vu, ne te verra jamais tel que tu dois être; l'esprit de l'homme t'a créé, comme il a peuplé les cieux à l'aide de son imagination et de ses désirs : c'est à une pure pensée qu'il a donné cette forme qui poursuit l'âme altérée, brûlante, fatiguée, torturée, déchirée.

CXXII.

L'esprit languit du désir maladif d'une beauté qui est son propre ouvrage; il s'éprend d'une passion fiévreuse pour ses propres créations : où est le type des formes que le sculpteur a saisies avec son âme? En lui seul. La nature a-t-elle rien d'aussi beau? Où sont les charmes et les vertus que nous imaginons dans notre enfance et que nous poursuivons dans l'âge mûr? Paradis idéal où nous tendons sans cesse et qui fais notre désespoir, tu égares par trop d'éclat la plume qui veut te décrire, tu surcharges la peinture qui veut te reproduire dans ta fleur.

CXXIII.

Aimer, c'est un délire, c'est la démence du jeune âge; mais le remède est plus amer encore que le mal. Quand nous voyons s'évanouir l'un après l'autre les charmes qui enveloppaient nos idoles : quand nous voyons avec une fatale certitude que ni mérite ni beauté ne résident hors de l'idéal que l'âme s'en était formé; alors cependant nous restons encore sous le charme, nous nous laissons entraînés, et après avoir semé le vent nous recueillons la tempête. Le cœur opiniâtre, une fois qu'il a commencé son opération d'alchimiste, se croit toujours voisin du trésor qu'il convoite : d'autant plus riche qu'il approche plus de sa ruine.

CXXIV.

Nous nous flétrissons dès notre aurore, sans cesse haletants, défaillants, malades, n'atteignant jamais notre but, ne pouvant étancher notre soif; et pourtant jusqu'à notre dernière heure, sur le bord même de la tombe, nous nous laissons leurrer par quelque doux fantôme pareil à tous ceux que nous avons suivis. Mais il est trop tard; et nous nous sentons maudits doublement. Amour, gloire, ambition, avarice, tout est pareil; tout est vain et funeste; autant de météores également perfides sous des noms différents; la mort est la fumée sombre dans laquelle disparaît leur flamme.

CXXV.

Il en est peu... il n'en est point qui rencontrent ce qu'ils aiment ou ce qu'ils eussent pu aimer; souvent, à la vérité, le hasard, un contact fortuit, l'invincible besoin de s'attacher à quelque chose ont écarté des antipathies... qui reviendront bientôt envenimées par d'incurables blessures. L'Occasion, cette déesse toute matérielle, qui flotte de mépris en mépris, va sans cesse déterrant de sa baguette crochue, et nous jetant à la tête nos maux à venir dont le choc réduit nos espérances en poussière... poussière que nous avons tous foulée.

CXXVI.

Notre vie est une fausse nature. Il n'est pas dans l'harmonie universelle, ce terrible décret, stigmate indélébile du péché. Nous sommes sous un arbre destructeur, sous un immense upas dont l'ombre donne la mort, qui a pour racine la terre et pour feuillage le ciel. C'est de là que tombe sur le genre humain une pluie de calamités, la maladie, la mort, l'esclavage... tous les maux que nous voyons, et plus cruels encore ceux que nous ne voyons pas, blessures incurables qui palpitent dans l'âme, douleurs toujours nouvelles qui nous rongent le cœur.

CXXVII.

Toutefois contemplons hardiment notre destinée : c'est un lâche abandon que celui de notre raison, de notre droit de penser, notre unique et dernier refuge. Ce droit du moins je le conserverai toujours : en vain depuis le berceau, cette faculté divine est enchaînée et torturée, renfermée, bâillonnée, emprisonnée, élevée dans l'ombre, de peur sans doute que le jour de la vérité ne vienne frapper d'un trop vif éclat l'âme mal préparée à tant de lumière ; malgré tout, le rayon immortel pénètre jusqu'à nous. le temps et la science guérissent notre cécité.

CXXVIII.

Arcades sur arcades ! On dirait que Rome, rassemblant les divers trophées de ses enfants, a voulu faire un seul édifice de tous ses arcs-de-triomphe, et a créé ainsi le Colisée. Les rayons de la lune l'éclairent comme le flambeau naturel de ce vaste palais : il n'y a qu'une clarté divine qui soit digne de briller sur cette mine inépuisable de méditations ; et le sombre azur d'une nuit d'Italie...

CXXIX.

Ce firmament profond dont les teintes ont une voix et nous parlent des choses divines... flotte au dessus de ce vaste et sublime monument, et semble un voile jeté sur sa grandeur. Oui, un sentiment respire dans les choses de la terre que le temps a frappées, et sur lesquelles il a posé la main, mais en y ébréchant sa faulx. Il a dans les créneaux en ruines une puissance magique bien supérieure à la pompe de ces palais fastueux, qui attendent encore le vernis des siècles.

CXXX.

O Temps ! toi qui embellis les morts, qui pares les ruines, qui seul peux adoucir et fermer les blessures du cœur ; ô temps ! qui sais redresser les erreurs de nos jugements ; pierre de touche de la vérité, de l'amour ; unique philosophe, car tous les autres sont des sophistes ; vengeur dont la justice, bien que différée, est toujours infaillible ! j'élève vers toi mes mains, mes yeux, mon cœur, et j'implore de toi une grâce.

CXXXI.

Au milieu de ces débris où tu t'es fait un autel et un temple tout plein d'une divine désolation, parmi des tributs plus dignes de toi j'ose apporter le mien : je t'offre les ruines de mes années peu nombreuses encore, mais fécondes en vicissitudes. Si jamais tu m'as vu trop superbe, n'écoute pas mes vœux ; mais si j'ai supporté avec calme la fortune favorable, réservant mon orgueil pour l'opposer à la haine qui ne m'abattra jamais, fais en sorte que je n'aie pas vainement armé mon cœur de cet acier... Eux seuls ne pleureront-ils pas ?

CXXXII.

Et toi dont la main ne laisse jamais pencher la balance des injustices humaines, puissante Némésis, toi qui appelas les furies du fond de l'abîme, et leur commandas de hurler et de siffler autour d'Oreste en punition de la vengeance dénaturée qu'il avait exercée. vengeance qui n'eût été que juste de la part d'une main moins chère, Némésis, c'est ici que fut ton premier empire, c'est ici que je viens t'évoquer de ta poussière. N'entends-tu pas la voix de mon cœur ? Éveille-toi : il faut m'écouter.

La fontaine Égérie.

CXXXIII.

Ce n'est pas que les fautes de mes pères ou les miennes ne m'aient peut-être mérité la blessure dont je saigne en secret ; et si je n'avais point été frappé d'une main injuste, peut-être la laisserais-je librement couler. Mais maintenant la terre ne boira pas mon sang : c'est à toi que je le consacre. C'est toi qui te chargeras de la vengeance : l'occasion s'en présentera, et si je ne l'ai point cherchée moi-même par égard... n'importe ! Je dors ; mais tu veilleras pour moi.

CXXXIV.

Et si ma voix éclate maintenant, ce n'est pas que je tremble au souvenir de ce que j'ai souffert : qu'il parle, celui qui m'a vu courber le front, qui a vu mon âme affaiblie par ses tortures ! Mais je veux que cette page soit un monument pour ma mémoire ; les paroles que je trace en ce moment ne se disperseront pas aux vents, même quand je ne serai plus que poussière : l'avenir accomplira les prophétiques menaces de mes vers, et entassera comme des montagnes sur les têtes désignées le poids de ma malédiction.

CXXXV.

Cette malédiction sera mon pardon... N'ai-je pas eu, je t'en prends à témoin, ô Terre ô mère des hommes, et toi aussi, ô Ciel ! n'ai-je pas eu à lutter contre ma destinée ? n'ai-je point souffert des choses déjà cent fois pardonnées ? n'a-t-on pas desséché mon cerveau, déchiré mon cœur, sapé mes espérances, flétri mon nom, jeté aux vents la vie de ma vie ? et si je n'ai pas été poussé jusqu'au désespoir, n'est-ce point uniquement parce que je n'étais point formé d'une argile pareille à celle dans laquelle pourrit l'âme de mes persécuteurs ?

CXXXVI.

Depuis les plus graves outrages jusqu'aux mesquines perfidies, n'ai-je pas vu dont sont capables des êtres à face humaine ? Ici l'horrible rugissement de la calomnie déclarée ; là le faible chuchottement de quelques vils coquins et le subtil venin d'une coterie de reptiles ; plus loin le regard significatif de ces Janus à double face, habiles à mentir par leur silence même, par un haussement d'épaules ou un soupir affecté, et à communiquer ainsi au cercle des oisifs une médisance muette.

CXXXVII.

Mais j'ai vécu, et je n'ai pas vécu en vain : mon esprit peut perdre sa force et mon sang sa chaleur ; mon corps peut succomber dans ses efforts même pour vaincre la douleur ; mais je sens en moi quelque chose qui doit vaincre la torture et le temps, et qui vivra encore quand j'aurai expiré. Un sentiment auquel ils ne songent pas, eux, pareil au souvenir des derniers sons d'une lyre muette, pèsera sur leurs âmes attendries, éveillant dans ces cœurs aujourd'hui de marbre les tardifs remords de l'amour.

CXXXVIII.

Le charme est achevé... Salut maintenant, redoutable puissance ! divinité sans nom, mais irrésistible, qui erres dans cette enceinte à l'heure sombre de minuit, répandant autour de toi un recueillement bien différent de la terreur. Tu te plais aux lieux où les murs en ruine sont revêtus de leurs manteaux de lierre, et ces scènes solennelles empruntent de la présence un charme si pénétrant et si profond que, nous identifiant avec le passé, nous en devenons les invisibles témoins.

CXXXIX.

Ces lieux ont jadis retenti de la rumeur confuse des populations empressées, des murmures de la pitié ou des acclamations bruyantes, au moment où l'homme tombait immolé par la main d'un frère ; et immolé, pourquoi ? Parce que telle était la loi du cirque sanglant et le bon plaisir de César... Et pourquoi pas, d'ailleurs ? Qu'importe que nous tombions, pour devenir la pâture des vers, sur un champ de bataille ou dans l'enceinte d'un cirque ! Ce ne sont que deux théâtres différents où pourrissent également les principaux acteurs.

CXL.

Je vois le gladiateur étendu devant moi ; sa main supporte le poids de son corps : on lit sur son mâle visage qu'il accepte la mort, mais qu'il dompte l'agonie ; sa tête penchée s'affaisse par degrés ; une large et rouge blessure laisse couler les dernières gouttes de son sang qui tombent lentes, pesantes, une à une, comme les premières gouttes d'une pluie d'orage. Déjà l'arène tourne autour de lui... il a cessé de vivre, avant que soit tue l'acclamation inhumaine qui saluait le misérable vainqueur.

CXLI.

Il l'a entendue, mais il l'a dédaignée... Ses yeux étaient avec son cœur ; et son cœur était bien loin. Il ne songeait plus à la vie, à la victoire qu'il perdait ; mais il croyait voir sa hutte sauvage sur les bords du Danube : là jouaient ses jeunes enfants, les petits du Barbare ! Là était leur mère, fille de la Dacie... Tandis que lui, leur père, égorgé pour les plaisirs des Romains... Toutes ces images traversaient sa pensée pendant que coulait son sang. Et sa mort restera-t-elle sans vengeance ?... Non, levez-vous, fils du Nord ; et venez assouvir votre rage.

CXLII.

Mais ici où le meurtre respirait la vapeur du sang ; ici où les nations empressées encombraient toutes les issues, murmurant et mugissant comme le torrent des montagnes qui jaillit ou serpente suivant ses voies ; ici où le blâme ou l'éloge de la multitude romaine étaient des arrêts de vie ou de mort, jeux cruels d'une populace effrénée ; maintenant ma voix seule retentit ; les faibles rayons des étoiles tombent sur l'arène vide, sur les sièges brisés, sur les murs qui s'écroulent et à travers ces galeries où mes pas éveillent un écho bruyant et sinistre.

Giaffir tressaille en examinant son fils, car il a vu dans ses yeux le terrible effet de ses reproches.

CXLIII.

Des ruines... et quelles ruines ! On a tiré de la masse des murs, des palais, des villes presque entières ; et pourtant en passant à quelque distance de l'énorme squelette, vous vous demandez en quel endroit on peut lui avoir ôté quelque chose. A-t-on réellement dépouillé cette enceinte, ou l'a-t-on seulement déblayée ? Mais quand on approche de l'édifice gigantesque, la destruction se montre et s'étend au regard : cette merveille du monde ne supporte plus la lumière du jour dont l'éclat est trop brillant pour tout ce que le temps et l'homme ont dévasté.

CXLIV.

Mais quand la lune, ayant atteint la plus haute des arcades, semble s'y reposer doucement ; quand les étoiles scintillent à travers les brèches faites par le temps, quand la brise nocturne balance doucement la forêt de feuillages, guirlande dont se parent les murs grisâtres, ainsi que le premier César portait une couronne de lauriers pour cacher sa tête chauve ; quand une lumière sereine s'y répand sans éclat ; alors les trépassés se lèvent dans cette magique enceinte : des héros ont foulé cette poussière, et c'est leur poussière qu'y foulent nos pas.

CXLV.

« Tant que sera debout le Colisée, Rome sera debout ; quand tombera le Colisée, Rome tombera, et quand tombera Rome le monde « tombera avec elle. » Ainsi s'exprimaient, en face de ces majestueuses murailles, les pèlerins d'Albion, du temps des Saxons que nous appelons anciens ; or, ces trois choses périssables se tiennent encore sur leurs fondements et sans décadence sensible : Rome et ses ruines irréparables, le monde enfin, cette vaste caverne... de voleurs ou de ce qu'on voudra.

CXLVI.

Simple, majestueux, sévère, austère, sublime ; basilique de tous les saints et temple de tous les dieux, depuis Jupiter jusqu'à Jésus ;

monument épargné et embelli par le temps; toi qui lèves un front paisible tandis qu'autour de toi tout croule ou chancelle, arc-de-triomphe et empires, et que l'homme se fraie à travers les ronces un chemin vers le tombeau : dôme glorieux! dois-tu durer toujours? La faulx du temps et la verge de la tyrannie se sont émoussées contre toi. ô sanctuaire et patrie des arts et de la piété, Panthéon! orgueil de Rome!

CXLVII.

Monument de jours plus glorieux et des arts les plus nobles! dégradé, mais parfait encore, dans ton enceinte un religieux recueillement saisit tous les cœurs. Tu offres à l'art un modèle; et celui qui parcourt Rome afin d'y étudier la trace des siècles, voit briller la gloire à travers l'orbe unique de ta coupole. Pour les âmes religieuses, voici des autels qui attendent leurs prières; et ceux enfin qui honorent le génie peuvent reposer leur vue satisfaite sur les bustes qui les entourent.

CXLVIII.

Mais voici un cachot : sous ses voûtes à demi obscures, qu'aperçois-je? Rien. Regardons encore : deux ombres se dessinent lentement à ma vue... sans doute deux fantômes de mon imagination : mais non : je vois deux êtres humains entiers et distincts; un vieillard, une femme jeune et belle, fraîche comme une mère qui allaite son enfant et dans les veines de laquelle le sang s'est changé en nectar... que peut-elle faire ici? pourquoi ce cou découvert? ce sein blanc et nu?

CXLIX.

Un lait pur gonfle ces deux sources de vie, où en naissant nous avons puisé sur le cœur et dans le cœur de la femme notre premier, notre plus doux aliment, alors que l'épouse, heureuse d'être mère, dans l'innocent regard de son nourrisson, dans le petit cri de ces lèvres irritées par un léger délai mais non par la douleur, saisit une joie que l'homme ne peut comprendre. Avec quel bonheur elle voit dans son petit berceau le bien-aimé semblable à un bouton qui s'épanouit peu à peu... Mais quel sera le fruit?... Nul ne le sait... Ève enfanta Caïn.

CL.

Ici c'est à la vieillesse qu'une jeune femme offre cet aliment précieux : c'est à un père qu'elle rend le sang reçu de lui avec la vie. Non, l'infortuné ne mourra pas, tant que le feu de la santé et d'un saint amour entretiendra dans ces veines pures et charmantes la source qu'y a placée la nature, source plus féconde que le Nil dont se vante l'Égypte. A ce sein affectueux, bois, bois la vie, ô vieillard : le ciel même n'a pas un breuvage aussi doux.

CLI.

La fable de la voie lactée n'a pas la pureté de cette histoire. On dirait une constellation dont les rayons sont plus doux : et la sainte nature triomphe bien plus dans ce renversement de ses lois que dans l'abîme étoilé où brillent tous ces mondes lointains. O la plus sainte des nourrices! aucune goutte de cette pure liqueur ne se perdra : toutes iront au cœur de ton père, et rempliront d'une nouvelle vie la source d'où elles proviennent : c'est ainsi que nos âmes affranchies vont se fondre dans l'univers.

CLII.

Tournons-nous vers le môle qu'Adrien a élevé dans les cieux, impérial plagiaire des pyramides de la vieille Égypte, copiste d'une difformité colossale, qui, dans ses voyages, s'étant épris du modèle immense qu'il avait contemplé sur les bords lointains du Nil, a condamné l'art à bâtir pour des géants et a destiné cette demeure splendide à recevoir sa vaniteuse poussière, ses cendres chétives. Le sage ne peut s'empêcher de sourire de pitié en reconnaissant un si triste but à une œuvre aussi gigantesque.

CLIII.

Oh! voici le dôme... le vaste et admirable dôme, en regard duquel le célèbre temple de Diane ne serait qu'une simple cellule : temple majestueux du Christ élevé sur la tombe d'un martyr! J'ai vu la merveille d'Éphèse : ses colonnes étaient éparses dans le désert, et l'hyène et le chacal habitaient sous leur ombre. J'ai vu les coupoles de Sainte-Sophie enfler sous les rayons du soleil leurs masses étincelantes; il m'a été donné de promener mes regards dans son sanctuaire alors que l'usurpateur musulman y priait.

CLIV.

Mais toi, entre tous les temples de l'antiquité et des temps modernes, tu t'élèves seul et sans rival, ô le plus digne sanctuaire du Dieu très saint, du vrai Dieu! Depuis la ruine de Sion, depuis que le Tout-Puissant a délaissé son antique cité, quel édifice terrestre construit en son honneur a offert un plus sublime aspect? Majesté, puissance, gloire, force, beauté, tout est réuni dans cette arche éternelle du vrai culte.

CLV.

Entrez : vous n'êtes point accablé de sa grandeur; et pourquoi? le temple ne s'est pas rétréci; mais votre âme, agrandie par le génie de ce lieu, est devenue colossale; elle ne se trouve à l'aise que dans un sanctuaire en rapport avec son immense espoir d'immortalité. Ainsi un jour viendra où, si vous en êtes jugé digne, vous verrez Dieu face à face, comme vous voyez maintenant ce sanctuaire des sanctuaires, et sans être anéanti par son regard.

CLVI.

Vous avancez : mais tout s'agrandit à chaque pas, comme il arrive quand vous escaladez quelque sommet des Alpes qui va toujours s'élevant devant vous après vous avoir trompé par l'élégance de ses proportions gigantesques. L'immensité s'accroît ; mais toujours en gardant sa beauté, et en restant harmonieuse dans toutes ses parties : des marbres splendides, de plus splendides peintures; des autels où brûlent les lampes d'or; et enfin ce dôme altier, édifice aérien qui rivalise avec les plus beaux monuments de la terre; bien que les fondements de ceux-ci soient établis sur le sol ferme, et que les siens à lui appartiennent à la région des nuages.

CLVII.

Vous ne pouvez tout voir : il vous faut décomposer ce grand tout, pour contempler séparément chacune de ses parties. Comme les côtes de l'Océan offrent de nombreuses baies qui appellent le regard, de même il faut ici concentrer votre attention sur les objets les plus rapprochés et maîtriser votre pensée. jusqu'à ce qu'elle ait bien compris les éloquentes proportions de l'édifice, et qu'elle puisse dérouler graduellement, fraction par fraction, ce glorieux tableau que, dès l'abord, vous n'avez pu saisir dans son ensemble.

CLVIII.

Ce n'est donc point un défaut de l'édifice : c'est le résultat de votre faiblesse. Nos sens extérieurs ne peuvent rien apprécier que par degrés; et l'impression la plus intense ne correspond jamais à aucune de nos faibles descriptions. De même ce resplendissant, cet écrasant édifice trompe d'abord notre vue éblouie; cette grandeur des grandeurs défie l'exiguïté de notre nature : mais enfin, nous développant nous-même, nous élevons peu à peu notre âme au niveau de l'objet qu'elle contemple.

CLIX.

Arrêtez-vous alors, et laissez-vous pénétrer par une clarté divine; il y a dans un pareil spectacle plus que la satisfaction du regard émerveillé, plus que le recueillement inspiré par la sainteté du lieu, plus que la simple admiration pour l'art et les grands maîtres créateurs d'un monument supérieur à tout ce que l'antiquité a pu exécuter ou même concevoir. Ici la source même du sublime découvre ses profondeurs : l'esprit de l'homme peut pénétrer à loisir dans ses sables d'or, et apprendre ce que peuvent les conceptions du génie.

CLX.

Allons au Vatican voir la douleur ennoblie dans les tortures de Laocoon : la tendresse d'un père et l'agonie d'un mortel, réunies à la patience d'un dieu. Inutiles efforts! c'est en vain que le bon vieillard se raidissent contre les nœuds redoublés et l'étreinte toujours plus pressante du dragon : la longue et venimeuse chaîne rive autour de lui ses anneaux vivants : l'énorme reptile ajoute angoisse sur angoisse, étouffe l'un après l'autre les cris de ses victimes.

CLXI.

Voyons aussi le dieu à l'arc infaillible, le dieu de la vie, de la lumière, le soleil sous la forme humaine. Son front rayonne de sa victoire : la flèche vient de partir, ardente de la vengeance d'un immortel ; ses yeux et ses narines respirent un noble dédain ; la puissance et la majesté éclatent à grands traits dans son visage, et son seul regard révèle un dieu.

CLXII.

Mais ses formes élégantes semblent un rêve d'amour, révélé à quelque nymphe solitaire, dont le cœur soupirait pour un immortel amant, et s'égarait dans ses enthousiastes visions. Elles expriment tout ce que notre esprit, dans son vol le plus éloigné de la terre, a jamais pu concevoir d'idéale beauté, alors que chacune de nos pensées était un envoyé céleste, un rayon d'immortalité, et que toutes, rangées autour de nous comme un cercle d'étoiles, finissaient par se réunir et former un dieu.

CLXIII.

Ah! s'il est vrai que Prométhée ait ravi aux cieux le feu qui nous anime, il a bien acquitté notre dette, l'artiste dont le génie a su revêtir une éternelle perfection ce marbre poétique. Si c'est là l'ouvrage d'une main mortelle, ce n'est pas du moins une conception humaine : le temps lui-même a donné à ce marbre une consécration sainte : il n'a point réduit en poussière une seule boucle de la chevelure; il n'a nulle part imprimé le cachet des siècles : il y a laissé respirer toute la flamme avec laquelle il fut créé.

CLXIV.

Mais où donc est-il le pèlerin, héros de mon poème, celui dont le nom soutenait autrefois mes chants? Il est bien lent, ce me semble, et reste longtemps en arrière... Il n'est plus! Nous avons répété ces derniers accents; son pèlerinage est terminé; ses visions s'évanouissent : il est lui-même comme s'il n'eût jamais été. S'il fut jamais autre chose qu'un fantôme, si l'on a pu le ranger parmi les êtres qui vivent et qui souffrent, qu'il n'en soit plus question : son ombre disparait dans les masses confuses de la destruction ;

CLXV.

Car la destruction enveloppe dans son redoutable linceul les ombres, les substances, la vie, tout ce qui est notre héritage ici-bas : elle étend sur le monde ce voile immense et sombre, à travers lequel toutes choses semblent des spectres, nuage qui s'épaissit entre nous et tout ce qui brille, au point que la gloire elle-même n'est plus qu'un pâle crépuscule, une mélancolique auréole qui poind à peine sur la limite des ténèbres : lueur plus triste que la plus triste nuit, car elle égare notre vue.

CLXVI.

Elle nous fait contempler les profondeurs de l'abîme, pour nous enquérir de ce que nous deviendrons quand notre forme passagère sera réduite à quelque chose de moins encore que notre misérable condition actuelle. Elle nous fait rêver de la gloire : elle nous amène à effacer la poussière d'un vain nom que nous n'entendrons plus jamais. Mais jamais non plus, ô pensée consolante! nous ne pouvons redevenir ce que nous avons été! Il suffit bien en effet d'avoir porté une fois ce fardeau du cœur... de ce cœur dont la sueur est du sang.

CLXVII.

Silence! une voix s'élève de l'abîme : c'est une clameur effrayante et sourde ; c'est le murmure lointain d'une nation qui saigne d'une blessure profonde et incurable. Au milieu de la tempête et des ténèbres, la terre gémit et s'entr'ouvre béante; des milliers de fantômes voltigent sur le gouffre. Il en est un qu'on distingue de la foule : on dirait une reine, quoique son front soit découronné ; elle est pâle mais belle, et dans sa douleur de mère elle embrasse un enfant et l'approche vainement de son sein.

CLXVIII.

Fille des rois et des héros, où es-tu? Cher espoir de tant de nations, es-tu disparu de la terre? La mort ne pouvait-elle l'oublier et frapper quelque tête moins élevée, moins chérie? Au milieu d'une nuit de douleur, lorsque, mère d'un moment, ton cœur saignait encore pour ton fils, la mort est venue éteindre pour jamais ci tte angoisse : avec toi s'est envolé le bonheur présent des îles impériales, avec toi ont disparu les espérances dont elles s'enivraient.

CLXIX.

La compagne du laboureur devient mère sans danger pour sa vie... et toi, heureuse, adorée!... Oh! ceux qui n'ont point de larmes pour les malheurs des rois en auront pour ton sort; et la liberté même, le cœur désolé, cesse d'accumuler ses griefs, pour se plus longer qu'à ta perte : car elle avait prié pour toi, et sur ta tête elle voyait son arc-en-ciel. Et toi, prince solitaire, amant désolé! ton hymen devait donc être inutile! époux d'une année! père d'un mort!

CLXX.

Ta parure nuptiale n'était qu'un vêtement de deuil ; le fruit de ton hymen n'est que cendres ; elle est couchée dans la poussière, la blonde héritière des îles, l'amour de tant de millions d'hommes! Avec quelle confiance nous remettions entre ses mains tout notre avenir! et quoique cet avenir ne fût pour nous que la nuit de la tombe, nous aimions à penser que nos enfants obéiraient à son fils et béniraient la mère et sa postérité tant désirée. Cette espérance était pour nous ce qu'est l'étoile aux yeux du berger... et ce n'était qu'un météore rapide.

CLXXI.

Pleurons sur nous-mêmes et non sur elle, car elle dort en paix.

Le souffle inconstant de la faveur populaire, la langue des conseillers perfides, ce fatal oracle qui, depuis l'origine des monarchies, a retenti comme un glas de mort aux oreilles des rois, jusqu'à ce que les nations, poussées au désespoir, courussent aux armes : l'étrange fatalité qui abat les puissants monarques et, combattant leur omnipotence, jette dans le bassin opposé de la balance un poids qui tôt ou tard les écrase.

CLXXII.

Voilà peut-être ce qu'elle eût trouvé sur le trône : mais non, nos cœurs se refusent à le croire. Et si jeune, si belle, bonne sans effort, grande sans un ennemi ; tout à l'heure épouse et mère... et maintenant là! Que de liens ce moment fatal a brisés! Depuis le cœur de ton royal père jusqu'à celui du plus humble sujet, tous sont unis par la chaîne électrique du même désespoir : la commotion a été pareille à un tremblement de terre ; elle a soudain frappé tout un pays qui t'aimait comme aucun autre n'aurait pu t'aimer.

CLXXIII.

Salut, Nemi! beau lac caché au centre de collines ombreuses, tu le ris des vents furieux. En vain ils déracinent les chênes, chassent l'Océan au-delà de ses limites, et lancent jusqu'aux cieux l'écume des vagues, il faut qu'ils respectent malgré eux le miroir ovale de ton onde. Calme comme la haine qui couve dans un cœur, sa surface a un aspect froid et tranquille que rien ne peut troubler ; ses eaux semblent se replier sur elles-mêmes, comme s'enroule un serpent endormi.

CLXXIV.

Près de là, les ondes d'Albano, à peine séparées de celles de Némi, brillent dans une autre vallée ; plus loin serpente le Tibre, et le vaste Océan baigne ces rivages du Latium, théâtre où commença la guerre épique du Troyen, dont l'étoile reprit son ascendant et finit par éclairer un empire. A droite est l'asile où Tullius venait oublier le bruyant séjour de Rome ; et là-bas, où ce rideau de montagnes intercepte la vue, était jadis cette villa du pays des Sabins où Horace aimait à goûter le repos.

CLXXV.

Mais je m'oublie... Mon pèlerin est arrivé au terme de sa course ; lui et moi nous devons nous quitter : eh bien ! soit ; sa tâche et la mienne sont presque achevées : jetons néanmoins sur la mer un dernier regard. Les flots de la Méditerranée viennent se briser à nos pieds, et du sommet de la montagne d'Albe, nous contemplons l'ami de notre jeunesse, cet océan dont nous avons vu les vagues se dérouler sous notre navire depuis les rocs de Calpé jusqu'aux lieux où le sombre Euxin baigne les Symplégades azurées.

CLXXVI.

De longues années... longues quoique peu nombreuses, ont depuis lors passé sur Harold et sur moi ; quelques souffrances et quelques larmes nous ont laissés tels à peu près que nous étions au départ. Ce n'est pas en vain toutefois que nous avons parcouru notre carrière mortelle : nous avons eu notre récompense ; et c'est ici que nous l'avons trouvée ; car nous nous sentons encore réjouis par les doux rayons du soleil, et dans la terre et l'océan nous savons encore trouver des jouissances presque aussi complètes que s'il n'existait pas d'hommes au monde pour en troubler la pureté.

CLXXVII.

Oh! que ne puis-je habiter le désert avec une fille des génies, compagne de ma solitude ; que ne puis-je oublier entièrement le genre humain, et, sans haïr personne, n'aimer au monde qu'elle. O vous, éléments, dont la noble inspiration réveille mon enthousiasme, ne pouvez-vous exaucer mes désirs? Est-ce une erreur de croire que de pareils êtres habitent au sein de la nature, quoique nous ayons rarement le bonheur de communiquer avec eux?

CLXXVIII.

Il est un charme au sein des bois non frayés, il est des ravissements sur le rivage solitaire : on trouve une société sans aucun importun sur les bords de la profonde mer, et dans le rugissement de ses vagues on entend une mélodie. Je n'aime pas moins l'homme, mais je préfère la nature, à cause de ces douces entrevues, dans lesquelles j'échappe à tout ce que je puis être, à tout ce que je fus, pour me confondre avec l'univers et sentir des choses que je ne pourrai jamais exprimer, mais que je ne puis taire entièrement.

CLXXIX.

Déroule tes vagues d'azur, profond et sombre Océan... C'est en vain que des flottes innombrables parcourent tes plaines ; l'homme peut imprimer ses traces sur la terre et y faisant des ruines ; mais son pouvoir s'arrête à ton rivage. Toi seul fais les naufrages dont ta surface est le théâtre, et il n'y reste pas une ombre des ravages de l'homme, sauf sa trace à lui qui s'y dessine un moment pendant qu'il s'enfonce comme une goutte de pluie dans l'abîme, avec un petit bouillonnement, un cri étouffé, pour y dormir sans tombeau, sans pompe funèbre, sans cercueil et sans nom.

CLXXX.

Ses pas ne s'impriment point dans tes sentiers; tes domaines ne sont point sa proie : tu te lèves et tu le secoues loin de toi ; ce lâche pouvoir qu'il exerce pour la destruction de la terre, tu le dédaignes, toi ; le prenant sur ton sein, tu le lances en te jouant vers les nuages avec l'écume de tes flots, puis tu l'envoies, tremblant, éperdu, rejoindre ses dieux de qui ses vaines espérances attendaient un heureux retour dans le port ou la baie ; tu le rejettes enfin sur la plage : qu'il y reste !

CLXXXI.

Ces armements qui vont foudroyer les remparts des citadelles bâties sur le roc, qui épouvantent les nations et font trembler les monarques au sein de leurs capitales ; ces léviathans de chêne aux gigantesques flancs, en vertu desquels l'homme d'argile qui les a créés prend le titre de roi de l'Océan et d'arbitre de la guerre : que sont-ils pour toi ? de simples jouets. Comme de légers flocons de neige, ils fondent dans l'écume de tes eaux, et tu anéantis également l'orgueilleuse Armada et les dépouilles de Trafalgar.

CLXXXII.

Sur tes rivages sont des empires où tout est changé, excepté toi. L'Assyrie, la Grèce, Rome, Carthage, que sont-elles devenues ? Tes flots battaient leurs remparts au temps où elles étaient libres, comme plus d'un tyran les a assiégés depuis : leurs territoires obéissent à l'étranger, sont plongés dans l'esclavage ou dans la barbarie ; leur décadence a transformé des royaumes en déserts arides : mais en toi rien ne change que le caprice de tes vagues. Le temps ne grave pas une ride sur ton front d'azur, et tel que le vit l'aurore de la création, tel nous le voyons aujourd'hui.

CLXXXIII.

Glorieux miroir, où la face du Tout-Puissant se réfléchit dans les tempêtes ! Toujours, calme ou agité, soulevé par la brise, la rafale ou l'ouragan ; glacé vers le pôle, ou sombre et assoupi sous un ciel torride, sans bornes et sans fin, tu es l'image sublime de l'éternité, le trône de l'Invisible. De ton limon sont formés les monstres de l'abîme ; toute région du globe t'obéit : et tu marches terrible, insondable et solitaire.

CLXXXIV.

Et je t'ai bien aimé, Océan ! Dans mes premiers jeux, ma joie était de me sentir bercé sur ton sein, comme les bulles d'air que tu promènes ; enfant, je folâtrais avec tes brisants : ils avaient un charme pour moi, et quand le flot en montant les rendait plus redoutables, la même charme se mêlait à ma terreur. Car j'étais comme un de tes fils ; de près ou de loin je me confiais à tes vagues, et ma main se posait sur ton humide crinière... comme elle s'y pose maintenant.

CLXXXV.

Ma tâche est finie... mon chant a cessé... ma voix s'est éteinte dans un dernier écho : il est temps de rompre le charme d'un rêve trop prolongé. Je vais éteindre la torche qui chaque soir rallumait ma lampe nocturne... et ce qui est écrit est écrit .. Je voudrais avoir fait mieux. Mais je ne suis plus ce que j'ai été : mes visions voltigent moins saisissables devant moi, et la flamme qui habitait dans mon esprit est vacillante, pâle et affaiblie.

CLXXXVI.

Adieu !... parole bien des fois prononcée et qui le sera bien des fois encore... parole qui prolonge les moments du départ... et cependant... Adieu ! O vous qui avez suivi le pèlerin jusqu'à la dernière scène de ses voyages, si vous gardez dans votre mémoire une des pensées qu'il eut autrefois, si un seul souvenir de lui surgit dans votre âme, il n'aura point porté en vain les sandales et le chaperon écaillé. Adieu ! Que le regret, s'il en existe, soit pour lui seul... pour vous la morale de ses chants !

FIN DE CHILDE-HAROLD.

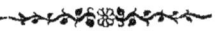

LA

FIANCÉE D'ABYDOS.

CHANT PREMIER.

I.

Connaissez-vous le pays où croissent le cyprès et le myrte, emblèmes d'amour et de terreur, ce pays où la rage du vautour, l'amour de la tourterelle, se fondent en douleur ou s'exaltent jusqu'au crime? Connaissez-vous le pays du cèdre et de la vigne, où les fleurs sont toujours épanouies, les cieux toujours brillants, où l'aile légère du zéphyr, au milieu des jardins de roses, s'affaisse sous le poids des parfums, où le citronnier et l'olivier portent des fruits si beaux, et où la voix du rossignol n'est jamais muette ; où les couleurs de la terre et les nuances du firmament, quoique différentes, rivalisent en beauté ; où un pourpre plus foncé colore l'Océan, où les vierges sont douces comme les roses qu'elles tressent en guirlandes, où enfin, excepté l'esprit de l'homme, toutes choses sont divines ? C'est le climat de l'Orient, c'est la terre du soleil... Mais les cœurs et les actions des hommes y sont aussi sombres que les derniers adieux de deux amants.

II.

Entouré d'esclaves nombreux, tous hardis et dévoués, tous armés comme il convient à des braves, et attentifs au moindre signe de leur maître, qu'il faille guider ses pas ou protéger son repos, le vieux Giaffir est assis sur son divan. Il semble profondément préoccupé : à la vérité, le visage d'un musulman ne trahit guère ses pensées intérieures, accoutumé qu'il est à tout dissimuler, sauf son indomptable orgueil : mais en ce moment les traits pensifs de Giaffir sont moins discrets que de coutume.

III.

« Qu'on se retire de cette salle ! » La suite a disparu. « Maintenant faites venir le chef de la garde du harem ! » Il ne reste avec Giaffir que son fils unique, et le Nubien qui attend ses ordres. « Haroun, aussitôt que la foule de ces esclaves aura franchi le seuil de la porte extérieure (car malheur à ceux qui auraient vu sans voile les traits de ma Zuleïka), tu iras chercher ma fille dans sa tour : en ce moment, son destin est fixé ; cependant ne lui communique pas ma pensée ; c'est à moi seul de lui apprendre son devoir. — Pacha, entendre c'est obéir. » Un esclave ne doit pas en dire davantage au despote. Haroun allait sortir et se diriger vers la tour, mais le jeune Sélim rompt le silence. Il commence par s'incliner profondément ; puis il s'exprime ainsi d'une voix douce et les yeux baissés, en se tenant debout aux pieds du pacha ; car le fils d'un musulman mourrait avant d'oser s'asseoir en présence de l'auteur de ses jours : « Père, avant de gronder ma sœur ou son noir gardien , sache que s'il y a un coupable, c'est moi seul : que ta colère ne tombe donc que sur moi. La matinée était si belle ! la vieillesse et la fatigue peuvent aimer le sommeil ; mais moi, je ne pouvais dormir. Et aller voir seul les plus beaux aspects de la terre et de l'Océan, sans personne pour répondre aux pensées qui feraient battre mon cœur, ce serait un ennui : quel que soit d'ailleurs mon caractère, je n'aime point la solitude. J'ai donc éveillé Zuleïka : vous savez que les portes du harem s'ouvrent facilement pour moi ; et avant le réveil des esclaves sous la garde, nous étions déjà sous les bosquets de cyprès, et nous nous emparions de la terre, de l'Océan et des cieux. Nous nous y sommes promenés peut-être trop longtemps, oubliant les heures pour l'histoire de Mejnoun et de Leïla (1), ou pour les vers du Persan Sadi ; jusqu'au moment où , entendant la voix sonore du tambour qui annonce ton réveil, fidèle à mon devoir, je suis accouru pour te saluer ; mais Zuleïka est encore au jardin... O père, ne sois pas irrité ; rappelle-toi que personne ne peut pénétrer sous ces secrets ombrages.

IV.

— Fils d'une esclave, dit le pacha ; né d'une mère infidèle ! c'est en vain que ton père espérerait voir en toi ce qui promet un homme. Eh quoi ! lorsque ton bras devrait bander l'arc, lancer un javelot, dompter un coursier, Grec dans l'âme, sinon de croyance, tu vas rêver au murmure des eaux, ou voir s'épanouir les roses ! Plût à Dieu

(1) Le Roméo et la Juliette de l'Orient.

que cet astre dont les regards frivoles admirent tant l'éclat voulût bien te communiquer une étincelle de sa flamme! Toi qui verrais de sang-froid ces créneaux s'écrouler pierre à pierre sous le canon des chrétiens, et les vieux murs de Stamboul tomber devant les Moscovites sans frapper un seul coup sur les chiens de Nazareth! Va; et que ta main, plus débile que celle d'une femme, prenne la quenouille et non l'épée. Mais toi, Haroun! rends-toi près de ma fille; puis écoute : songe à ta propre tête : si Zuleïka prend trop souvent son vol, tu vois cet arc : il a une corde. »

V.

Pas un son ne s'échappa des lèvres de Sélim, pas un du moins qui arrivât à l'oreille du vieux Giaffir; mais chacun des regards de son père, chacune de ses paroles le perçait plus au vif que n'eût fait l'épée d'un chrétien. « Fils d'une esclave!... m'accuser de lâcheté! de pareils mots eussent coûté cher à tout autre. Fils d'une esclave! et qu'est donc mon père ? »

Ainsi Sélim donnait carrière à ses sombres pensées; c'était plus que de la colère qui brillait par instants dans son regard. Le vieux Giaffir regarda son fils et tressaillit; car il avait lu dans ses yeux l'impression produite par ses reproches, et il y avait vu poindre la rebellion : « Viens ici, enfant... quoi! pas de réponse? Je t'observe... et je te connais; mais il est des choses que tu n'oseras jamais faire. Si ta barbe était plus virile, si ta main avait plus d'adresse et de force, j'aimerais à te voir rompre une lance, fût-ce contre la mienne! »

En laissant tomber ces mots ironiques, son œil sombre se fixa sur celui de Sélim, qui lui rendit regard pour regard d'une manière si fière et si persistante que Giaffir le premier céda et se tourna de côté.. Pourquoi ? il le sentit sans oser s'en rendre compte : « Je crains, se dit-il, qu'un jour cet enfant téméraire ne me cause bien des ennuis; je l'exècre... mais son bras n'est guère redoutable; et c'est à peine si à la chasse il peut vaincre le daim sauvage ou la timide gazelle : bien loin d'entrer dans l'arène où les hommes se disputent la gloire et la vie... cependant je n'aime ni ce regard ni cet accent... je n'aime point non plus ce sang qui touche de si près au mien. Ce sang... il ne m'a pas entendu... il suffit : je l'observerai dorénavant de plus près. Il n'est pour moi qu'un vil Arabe ou un chrétien demandant quartier. Mais écoutons !... c'est la voix de Zuleïka : elle résonne à mon oreille comme l'hymne des houris. Zuleïka est l'enfant de mon choix : je la chéris plus que je n'ai chéri sa mère; car d'elle j'ai tout à espérer et rien à craindre. O ma Péri! tu es toujours la bienvenue près de moi. Tu es douce à ma vue comme la fontaine du désert aux lèvres altérées. Et le pèlerin rendu à la vie ne peut offrir à l'autel de la Mecque des actions de grâces plus ferventes que celles d'un père qui bénit la naissance et la vie tout entière. »

VI.

Belle comme la première femme qui soit tombée, lorsque, séduite une fois pour séduire toujours, elle sourit à ce terrible mais aimable serpent, dont l'image s'était gravée dans son âme...... éblouissante comme ces visions trop ineffables, hélas! que le sommeil accorde à la douleur lorsque, dans un songe élyséen, le cœur rejoint le cœur qu'il aima, et voit revivre dans les cieux ce qu'il a perdu sur la terre... douce comme le souvenir d'un amour que renferme la tombe... pure comme la prière que l'enfance exhale vers Dieu... telle était la fille du vieux chef, lequel l'accueillit avec des larmes... non des larmes de douleur.

Quel homme n'a pas éprouvé combien les mots sont impuissants à peindre une seule étincelle des rayons de la beauté! Quel homme n'a point senti dans l'excès de son ravissement sa vue se troubler, ses joues trembler, son cœur défaillir, et n'a point confessé ainsi la puissance, la majesté des attraits de la femme? Telle était Zuleïka ; ainsi brillait autour d'elle un charme indicible qu'elle seule ne remarquait point : c'était la lumière de l'amour, la pureté de la grâce, l'intelligence et l'harmonie qui rayonnaient dans tous ses traits, un cœur dont la tendresse semblait fondre ensemble toutes ces choses; et son regard, ah ! son regard à lui seul était une âme.

Ses bras gracieux paisiblement croisés sur son sein naissant et tout prêts à s'ouvrir au premier mot de tendresse, Zuleïka parut... et Giaffir sentit sa résolution à demi ébranlée. Ce n'est pas que son cœur, quoique farouche, eût une seule pensée contraire au bonheur que rêvait sa fille; mais si l'affection attachait ce cœur à celui de sa douce enfant, l'ambition travaillait de son côté à briser les anneaux de la chaîne.

VII.

« Zuleïka ! ma tendre fille : ce jour t'apprendra combien tu m'es chère, puisque, malgré ma douleur, je puis me résigner à te perdre, en t'ordonnant d'aller vivre auprès d'un autre : d'un autre, le plus brave des guerriers que l'on vit jamais combattre aux premiers rangs. Nous autres, musulmans, nous ne songeons guère à une naissance illustre ; néanmoins, la race des Carasman (1), inaltérable,

(1) Carasman ou Kara Osman Oglou fut le chef d'une des plus grandes

inaltérée, brille à la tête des Timariots, intrépides défenseurs des fiefs que leur vaillance a conquis. Sache seulement que celui qui prétend à ta main est un parent du célèbre Oglou : ne parlons pas de son âge ; je ne voudrais pas le donner un enfant pour époux. Tu auras un noble douaire ; et ma puissance unie à la sienne pourra braver le firman de mort que d'autres accueillent en tremblant; nous apprendrons au messager impérial quel sort est dû au porteur d'un pareil présent. Tu connais la volonté de ton père, et c'est tout ce qu'une fille doit savoir. A moi de te montrer encore la voie de l'obéissance, à ton nouveau maître de t'enseigner celle de l'amour. »

VIII.

La jeune fille inclina la tête en silence ; et si ses yeux se remplirent de larmes, que ses sentiments comprimés parvinrent à retenir ; si ses joues se couvrirent alternativement de pâleur et d'une rougeur ardente, à mesure que ces paroles d'un père arrivaient comme des flèches à son oreille, que pouvait-ce être, sinon des craintes virginales? Si belle est une larme dans les yeux de la beauté, que l'amour regrette à demi de la sécher sous un baiser ; si douce est la rougeur de la modestie, que la pitié même n'en voudrait rien ôter. Quelle que fût la cause de son émotion, son père ne daigna point la remarquer ; ayant frappé trois fois dans ses mains, il demanda son coursier, déposa la chibouque ornée de pierreries, se mit en selle dans l'appareil convenable pour une simple promenade, et, entouré de Maugrabins, de Mamelucks et d'intrépides Dehlis, il se mit en route pour aller assister à l'exercice du cimeterre tranchant ou de l'inoffensif djerrid. Le Kislar-aga et ses eunuques noirs restèrent seuls pour garder les portes massives du harem.

IX.

Il tenait sa tête appuyée sur sa main ; son œil semblait errer sur les vagues d'un bleu sombre, qui glissaient rapidement et doucement s'enflaient entre les sinueuses Dardanelles : pourtant il ne voyait réellement ni la mer, ni le rivage, ni même la suite du pacha, occupée à partager en courant, avec le tranchant du cimeterre, un feutre plié en double : il ne remarquait pas les évolutions de la foule qui lançait la javeline, il n'entendait ni les cris sauvages, ni les bruyants Allah : il ne songeait qu'à la fille de Giaffir.

X.

Aucune parole ne s'échappait des lèvres de Sélim ; un seul soupir exprimait chacune de ses pensées qui volaient vers Zuleïka : et il continuait à regarder par la jalousie de sa fenêtre, pâle, muet et dans une morne immobilité. Les yeux de Zuleïka étaient tournés vers lui ; mais elle cherchait vainement à deviner ce qui pouvait l'occuper : sa douleur était égale, quoique la cause en fût autre. Une flamme plus douce brûlait dans le cœur de la jeune fille ; et cependant, par crainte ou par faiblesse, sans savoir pourquoi, elle s'abstenait de parler : pourtant il le fallait...... Mais par quoi commencer ? « Il est étrange, pensa-t-elle, qu'il se détourne obstinément « de moi ! ce n'était pas ainsi que nous nous retrouvions autrefois; « ce n'est pas ainsi que nous devons nous quitter. » Trois fois d'un pas lent, elle fit le tour de la chambre en épiant son regard toujours fixé devant lui : elle prit l'urne où était renfermé le parfum que les Persans appellent atar-gul (1), et en arrosa les lambris peints et le pavé de marbre : les gouttes de l'essence embaumée que la jeune fille en se jouant fit tomber sur la veste brodée de Sélim furent un appel inutile : il les laissa couler inaperçues sur son sein comme s'il eût été de marbre. « Et quoi ! toujours sombre ? cela ne doit pas être ainsi... Oh ! mon Sélim, qui es ordinairement si doux, devais-je m'attendre cela de toi ! » Elle aperçut alors une corbeille pleine des plus belles fleurs de l'Orient. « Il les aimait naguère : elles lui plairont peut-être encore offertes par la main de Zuleïka. » A peine avait-elle formé cette enfantine pensée que les roses étaient cueillies et enlacées en guirlande. L'instant suivant vit la jeune enchanteresse assise aux pieds de Sélim et lui disant : « Cette rose est un message que m'apporte Bulbul (2) pour calmer les chagrins de mon frère ; il annonce que cette nuit il prolongera sa douce chanson pour l'oreille de Sélim; et quoique sa mélodie soit mélancolique, il essaiera un mode plus propre à chasser tes sombres pensées.

XI.

« Et quoi! dédaigner mes pauvres fleurs? Oh! je suis bien malheureuse! Rester ainsi tout sombre devant moi! Ne connais-tu point celle que j'aime le plus au monde! Oh cher, plus que cher Sélim, dis, est-ce donc que tu me hais ou me crains? Viens, repose ta tête dans mon sein, et je la calmerai à force de baisers, puisque les paroles et les chants n'y peuvent rien, même ceux d'un rossignol de mon invention. Je n'ignore pas que le père est quelquefois bien

familles de la Turquie ; il était gouverneur de Magnésie. Les *Timariots* possédaient des terres à charge de service militaire, et les cavaliers qu'ils fournissent sont appelés *spahis*. Les *dehlis* en sont les éclaireurs.

(1) Essence de rose. — (2) Le rossignol.

sombre, mais toi, je ne t'avais jamais connu ainsi : il ne t'aime pas, je ne le sais que trop ; mais as-tu donc oublié combien tu es aimé de Zuleïka ? Oh ! je crois comprendre ?... le projet du pacha... Ce parent... ce bey de Carasman est peut-être un de tes ennemis : s'il en est ainsi, je jure par le temple de la Mecque, si les vœux d'une femme peuvent être accueillis dans ce temple duquel les pas d'une femme n'approchent jamais ; je jure que sans ton libre consentement et même sans ton ordre exprès, le sultan lui-même n'obtiendrait pas ma main ! Penses-tu que je puisse me séparer de toi et faire deux parts de mon cœur ? Où serait ton amie et qui serait mon guide ? Alors, le dard mortel d'Azraël (1) lui-même, qui sépare tout ici-bas, réunira nos deux cœurs dans un même tombeau. »

XII.

A ces paroles Sélim renaît, il respire, il se meut, il relève la jeune fille agenouillée près de lui, et ses angoisses sont dissipées : son œil brillant exprime de nouveau mille pensées qui dormaient dans les ténèbres de son cœur. Comme un ruisseau, longtemps caché par l'ombrage des saules de ses bords, se révèle tout-à-coup et fait briller à la lumière le cristal de ses ondes ; comme du noir nuage qui la retenait la foudre s'élance soudain dans les cieux : ainsi l'âme flamboie dans ses yeux et se fait jour à travers ses longs cils.

Le cheval de bataille au son de la trompette, le lion éveillé par un limier imprudent, un tyran appelé à une lutte soudaine par la pointe du poignard qui l'a manqué, ressaisissent la vie avec une énergie convulsive : tel Sélim s'enflamme en écoutant cette promesse, et trahit aussitôt tous les sentiments de son cœur. « Maintenant tu es à moi, pour toujours à moi ; à moi pour la vie et par delà peut-être ; maintenant tu es à moi ; ce serment solennel, prononcé par ta seule bouche, nous enchaîne tous deux. Oui, tu as été aussi bien inspirée que tendre : ce vœu a sauvé plus d'une tête. Mais point de terreur... La moindre boucle de ta coiffure réclame de moi plus que de la tendresse : pour tous les trésors ensevelis sous les voûtes d'Istakar (2), je ne sacrifierais pas un seul de ces cheveux qui couvrent ton front. Ce matin des nuages ont été entassés sur moi ; une pluie de reproches est tombée sur ma tête, et Giaffir m'a presque traité de lâche ! Maintenant j'ai des raisons pour être brave, moi, le fils d'une esclave dédaignée. Ne frémis point ; ce sont ses paroles... Moi, qui ne sais point me vanter, je lui ferai connaître un cœur que ni sa colère, ni son bras même ne pourra dompter. Suis-je son fils, à lui ?... Oui, grâce à toi, je le suis peut-être ou du moins je le serai. Mais que le serment que nous nous sommes fait reste maintenant secret et entre nous. Je connais le misérable qui ose demander la main à Giaffir sans consulter ton cœur : parmi tous les musulmans (3) de cette contrée, on ne trouverait pas plus de richesses mal acquises ni une âme plus vile. N'appartient-il pas à cette race d'Egripo (4), plus méprisable que les enfants d'Israël. Mais le temps révélera le reste. Moi et les miens nous nous chargeons d'Osman-bey ; car au jour du péril je ne manquerai pas de partisans. Ne me crois pas tel que j'ai paru jusqu'ici ; j'ai des armes, des amis, et la vengeance n'est pas loin.

XIII.

— Ne pas te croire tel que tu as paru ! En effet, mon Sélim, un triste changement s'est opéré en toi : ce matin je t'ai vu tendre, aimable ; mais maintenant tu sembles différent de toi-même. Tu ne pouvais ignorer mon amour : il n'a jamais été moins profond, il ne peut l'être davantage. Te voir, t'entendre, rester près de toi, maudire la nuit sans en connaître la raison, si ce n'est que je te vois seulement le jour, vivre avec toi et avec toi mourir : telles sont toutes mes espérances. Baiser tes joues, tes yeux, tes lèvres... comme cela... comme cela ! mais non, c'est assez, car tes lèvres sont de flamme : Allah ! quelle fièvre brûle dans tes veines ? Elle s'est presque communiquée à moi ! Calmer tes souffrances dans la maladie ou veiller sur ta santé, partager tes richesses en les ménageant, ou te sourire dans la pauvreté, et porter sans murmurer la moitié de ton fardeau ; faire tout au monde pour toi, excepté de fermer tes yeux mourants, car je ne vivrai point assez pour le tenter ! Voilà tout ce à quoi mon âme aspire, puis-je en faire et peux-tu en demander davantage ? Mais, Sélim, il faut m'apprendre pourquoi nous avons besoin de tant de mystère. Je n'en puis deviner la raison ; mais tu le veux, c'est bien. Cependant, « des armes, des amis, dis-tu ? » Voilà qui dépasse ma faible intelligence. Il me semble que Giaffir devrait connaître le serment que je t'ai fait : sa colère ne me l'aurait pas fait révoquer, et certainement il m'aurait laissée libre. Peut-on trouver étrange que je veuille demeurer ce que j'ai toujours été ? Depuis les premiers jours de son enfance, Zuleïka a-t-elle vu, désirera-t-elle jamais voir quelque autre que toi compagnon de sa retraite et de ses jeux. Ces chères pensées, qui ont commencé avec ma vie, pourquoi ne les avouerais-je plus maintenant ? Quel changement est-il survenu qui me fasse renier maintenant la vérité dans laquelle toi et moi nous avons jusqu'ici placé notre orgueil ? Me montrer aux regards d'un étranger ! notre loi, notre croyance, notre Dieu le défendent ; et jamais je n'aurai la pensée de murmurer contre la volonté du prophète : non, je dois le bénir, puisqu'il m'a tout laissé en me laissant ta présence. Il me serait affreux d'être donnée malgré moi à un homme que je n'ai jamais vu : pourquoi ferais-tu mystère de ce sentiment ? et pourquoi toi-même m'engages-tu à le cacher ? Je sais que l'humeur sévère du pacha ne s'est jamais adoucie à ton égard ; et il lui arrive si souvent de s'emporter pour rien : Allah ! plaise à la volonté que nous ne lui donnions jamais de motifs pour le faire ! Mais je ne sais pourquoi ce mystère pèse sur mon cœur comme une faute grave. Si donc un pareil secret pouvait être coupable, et il me paraît tel d'après mon trouble intérieur, ô Sélim ! dis-le-moi tandis qu'il est temps encore, et ne me laisse pas en proie à mes craintes. Ah ! voici le cortège qui revient : mon père a quitté ses amusements guerriers ; je tremble maintenant de rencontrer son regard. Sélim, ne peux-tu me dire pourquoi ?

XIV.

— Zuleïka, retire-toi dans la tour... je vais rejoindre Giaffir : il faut que je m'entretienne avec lui de firmans, d'impôts, de levées d'hommes, de politique. De terribles nouvelles sont arrivées des bords du Danube ; notre visir laisse éclaircir ses rangs avec une longanimité dont le Giaour doit lui savoir gré : mais le sultan a une manière expéditive de récompenser des triomphes aussi coûteux. Ecoute ! quand ce soir le tambour aura appelé les soldats à leur repas et au sommeil, Sélim viendra te prendre : nous nous glisserons silencieusement hors du harem, afin de nous promener sur le bord de la mer. Les murs de nos jardins sont élevés : aucun importun ne hasardera de les escalader pour nous écouter ou troubler notre entrevue ; et si quelqu'un le tentait, j'ai une lame que quelques-uns ont sentie, que de plus nombreux sentiront encore. Alors tu en apprendras plus sur Sélim que tu n'en as su ou pensé jusqu'ici : sois confiante, Zuleïka ; ne me crains point. .

— Te craindre, Sélim ! jamais pareil mot entre nous...

— Ne m'arrête point ; j'ai la clef ; et parmi les gardes d'Haroun, les uns ont reçu leur récompense, les autres l'attendent. Ce soir, Zuleïka, tu apprendras ce que je suis, ce que je projette et ce qui me reste à craindre. Non, je ne suis pas ce que je parais. »

—

CHANT II.

I.

Les vents s'élèvent sur la mer d'Hellé, comme dans cette nuit orageuse où l'amour qui l'avait lancé sur les flots oublia de sauver le jeune, le beau, le brave Léandre, l'unique espoir de la vierge de Sestos. Oh ! quand, à l'horizon lointain, il vit briller le phare de la tourelle, en vain la brise fraîchissante, et la vague qui se brisait en écumant, et les cris des oiseaux de mer lui disaient de rester ; en vain les nuages sur sa tête et les flots à ses pieds, par leurs signes et leur langage, lui conseillaient de ne point braver le danger : il ne voulut ni entendre ni voir leurs menaces : son œil ne s'arrêtait que sur le flambeau de l'amour, la seule étoile qui le saluait dans les cieux ; son oreille n'entendait que le chant de la belle prêtresse : « O vagues, séparerez-vous toujours deux amants ? » Ce récit est bien vieux ; mais l'amour pourrait encore donner assez de force à de jeunes cœurs pour démontrer qu'il est vrai.

II.

Les vents s'élèvent et les flots d'Hellé roulent sombres et gonflés sur la face de l'abîme ; et les ombres de la nuit en tombant voilent ce champ de bataille où tant de sang fut versé en vain, ce désert qui remplace l'empire du vieux Priam, ces tombeaux, seuls restes de sa grandeur, les seuls... sauf des rêves immortels qui charmaient le vieil aveugle de la rocheuse Scio.

III.

Et pourtant (car ces lieux, je les ai visités, mes pas ont foulé ce rivage sacré et mes bras ont fendu ces vagues tumultueuses), pourtant, ô poète antique, puissé-je y rêver et pleurer avec toi, reconnaître encore ce théâtre d'anciens combats, croire que chaque monticule verdoyant renferme les cendres d'un véritable héros et qu'autour de cette scène de merveilles irréfragables rugit l'Hellespont, «immense, » comme tu le vis autrefois ! Puissé-je garder longtemps ces croyances ! Et qui, en contemplant ce spectacle, pourrait douter de toi ?

IV.

La nuit est descendue sur les flots d'Hellé ; et elle ne s'est point

(1) L'ange de la mort. — (2) La capitale des sultans préadamites, selon les Musulmans. — (3) *Musselim*, gouverneur turc. — (4) *Egripo* ou Négrepont, l'ancienne Eubée, dont les habitants turcs sont d'une méchanceté proverbiale.

encore levée aux sommets de l'Ida, cette lune qui a brillé sur les héros du grand poëme : nul guerrier n'accuse plus l'éclat des paisibles rayons ; mais des bergers reconnaissants les bénissent encore. Leurs troupeaux paissent sur le tumulus du héros qui tomba sous la flèche du berger dardanien : cette pyramide imposante autour de laquelle le prétendu fils de Jupiter Ammon (1) fit circuler son char, qui fut relevée par des peuples, couronnée par des monarques, n'est maintenant qu'un insignifiant monticule isolé et sans nom ! Au dedans, que ton habitation est étroite ! Au dehors, des étrangers seuls peuvent articuler ton nom · la poussière dure plus longtemps que la pierre sculptée des tombeaux : mais toi, ta poussière même a disparu.

V.

Tard, bien tard dans la nuit, Diane réjouira la vue du berger et dissipera les craintes du marin ; jusque-là aucun phare sur la rive escarpée ne guide la course du navire qui s'égare ; les clartés éparses autour de la baie se sont éteintes l'une après l'autre : à cette heure solitaire la seule lampe qui brille encore est celle de la tour de Zuléika. Oui, voici encore de la lumière dans cet appartement désert : sur l'ottomane soyeuse on voit les grains odorants du chapelet d'ambre qu'ont égrené ses jolis doigts ; tout auprès (comment a-t-elle pu oublier ce joyau) est le saint amulette de sa mère, incrusté de rayonnantes émeraudes et sur lequel sont gravés les versets du Koran qui savent adoucir les angoisses de cette vie et conquérir le bonheur de l'autre ; à côté du chapelet turc on voit un Koran en lettres richement enluminées et quelques poëmes que les scribes persans ont transcrits en brillants caractères ; sur ces rouleaux est couché le luth rarement muet comme aujourd'hui ; enfin, autour de la lampe d'or ciselé, des fleurs s'épanouissent dans des vases de Chine. Les riches étoffes de l'Iran, les parfums de Shiraz, tout ce qui charme l'œil et les sens est réuni dans cette somptueuse retraite : et cependant il y règne un air de tristesse. La Péri, l'âme de cette cellule, que fait-elle absente, par une nuit si rude ?

VI.

Enveloppée dans un sombre manteau noir, tel qu'en portent seuls les plus nobles musulmans, pour préserver de son sein aussi cher à Sélim que la lumière du ciel, Zuléika traverse d'un pas timide les bosquets du jardin : elle frémit chaque fois qu'à travers les clairières le vent fait entendre ses sourds gémissements. Enfin, arrivée sur un terrain plus égal, son pied agité commence à battre plus doucement : la vierge suit son guide silencieux, et quoique ses terreurs lui conseillent de retourner sur ses pas, comment pourrait-elle quitter Sélim ? comment articuler un reproche ?

VII.

Ils arrivent enfin à une grotte, taillée par la nature mais agrandie par la main des hommes, où souvent elle aimait à faire résonner son luth et à repasser les préceptes du Koran ; souvent encore dans ses jeunes rêveries elle se demandait ce que devait être le paradis : « Où l'âme de la femme allait en quittant le corps, le prophète n'avait point daigné le révéler : mais la demeure future de Sélim était bien connue, et certainement il ne pourrait supporter le séjour d'un autre monde, quelque délicieux qu'il fût, sans celle qu'il avait tant aimée dans celui-ci. Quel être aussi tendre pourrait habiter avec lui ? une houri pourrait-elle lui prodiguer des soins à moitié aussi doux ? »

VIII.

Depuis qu'elle n'avait visité ce lieu, il semblait y avoir quelque chose de changé dans la grotte : peut-être était-ce seulement la nuit qui altérait les formes des objets : et en effet cette lampe d'airain ne jetait qu'une clarté douteuse ; mais dans un coin ses regards tombèrent sur des objets étranges. Des armes y étaient en faisceaux, mais non des armes semblables à celles que le Dehli au front ceint d'un turban porte dans la bataille : c'étaient des épées dont la lame et la garde avaient une forme étrangère, et une de ces lames était rouge... par un crime peut-être ! car le sang se verse-t-il sans crime ? On voyait aussi sur la table une coupe qui ne paraissait pas contenir le léger sorbet. Que signifie tout cela ? Elle se tourne pour regarder Sélim... « Oh ! est-ce bien lui ? »

IX.

Sa robe brillante avait disparu : son front n'était plus couronné du haut turban, mais à sa place un châle rouge, légèrement tordu, lui couvrait les tempes : ce poignard, dont la garde était ornée d'une perle qui aurait dignement paré un diadème, ne brillait plus à sa ceinture garnie de pistolets tout unis ; un sabre était attaché à son baudrier et de ses épaules descendait négligemment le manteau blanc, la légère capote dont les candiotes se couvrent dans leurs courses errantes ; en dessous, sa veste couverte de plaques d'or se

(1) Alexandre, avant son expédition contre les Perses.

serrait sur sa poitrine comme une cuirasse : les jambières attachées sous ses genoux étaient revêtues d'écailles d'argent avec des agrafes du même métal. Si l'énergie du commandement n'avait éclaté dans ses yeux, dans sa voix, dans ses gestes, tout ce qu'un œil peu attentif eût pu reconnaître en lui, c'eût été quelque jeune marin grec.

X.

« Je t'ai dit que je n'étais pas ce que je semblais être ; et tu vois maintenant que je disais vrai. J'ai à te conter des choses que tu n'aurais jamais pu imaginer. Si leur vérité a quelque chose d'affreux, d'autres en porteront la peine. Ce serait en vain que je voudrais maintenant te cacher mon histoire. Je ne veux pas le voir la femme d'Osman ; mais si tes propres lèvres ne m'avaient point fait connaître quelle place t'occupe dans ton jeune cœur, je ne pourrais, je ne voudrais point encore te révéler les noirs secrets du mien. A la vérité, aux périls de te le prouver : mais avant tout... Oh ! n'en épouse jamais un autre... Zuléika, je ne suis pas ton frère. »

XI.

— Tu n'es pas mon frère !... oh ! rétracte cette parole... Mon Dieu ! suis-je donc laissée seule sur la terre pour pleurer... je n'ose pas maudire... pour pleurer le jour témoin de ma naissance solitaire ? Oh ! maintenant tu ne m'aimeras plus ! j'ai senti mon cœur défaillir : il prévoyait bien un malheur. Mais non, tu verras toujours en moi ce que tu y voyais... ta sœur... ton amie... ta Zuléika ! Peut-être m'as-tu amenée ici pour me tuer : si tu as quelque vengeance à exercer sur moi, vois : je t'offre mon sein : frappe ! Plutôt cent fois être parmi les morts que vivre en ce monde et n'être plus rien pour toi, et me trouver peut-être l'objet de ta haine ; car maintenant je comprends pourquoi Giaffir s'est toujours montré ton ennemi ; et moi, hélas ! je suis la fille de Giaffir par qui tu as été dédaigné, humilié. Si je ne suis pas ta sœur et que tu veuilles épargner ma vie, oh ! dis-moi d'être ton esclave.

XII.

— Mon esclave, Zuléika !... c'est moi qui suis le tien. Mais, cher amour, calme ce transport ; ton sort est pour toujours attaché au mien : je le jure par le tombeau de notre prophète, et puisse ce serment être un baume pour tes blessures ! Et comme je tiendrai ce serment solennel, qu'ainsi puissent les versets du Koran gravés sur mon sabre en diriger la lame pour nous préserver tous deux dans les dangers. Il doit changer, ce nom dans lequel ton cœur avait mis son orgueil ; mais apprends ceci, ô ma Zuléika, les liens de parenté qui nous unissaient sont seulement relâchés : ils ne sont pas rompus, quoique ton père soit mon plus mortel ennemi. Mon père était pour Giaffir tout ce que Sélim semblait jusqu'ici être pour toi ; ce frère consomma le meurtre d'un frère, mais il épargna du moins mon enfance, et me berça d'une illusion perfide que de justes représailles doivent punir. Il m'éleva, non avec tendresse, mais comme Caïn eût élevé un neveu ; il me surveilla comme on surveille un lionceau qui ronge sa chaîne et qui peut la briser un jour. Le sang de mon père bout dans chacune de mes veines ; mais pour l'amour que je te porte, je ne songe point maintenant à la vengeance ; seulement, je ne dois plus demeurer ici. Mais d'abord, chère Zuléika, apprends comment Giaffir accomplit son forfait.

XIII.

« Comment leurs dissentiments devinrent de la haine, si ce fut l'amour ou l'envie qui en fit deux ennemis, je l'ignore, et peu importe ! Entre des esprits altiers, les moindres marques de dédain, une seule négligence suffisent pour mettre la discorde. Abdallah mon père était renommé pour ses exploits guerriers, qui font encore le sujet des chants bosniaques, et les hordes rebelles de Paswan n'ont pas oublié combien sa présence dans leurs contrées leur devenait funeste. Tout ce que j'ai besoin de te raconter maintenant, c'est sa mort, odieux résultat de la haine de Giaffir, et la découverte que je fis de ma naissance, découverte qui m'a rendu libre du moins !

XIV.

« Quand Paswan, après avoir combattu des années d'abord pour la vie, puis pour le pouvoir, eut pris dans les murs de Widdin une attitude trop fière, les pachas se rallièrent au chef de l'Etat : les deux frères, égaux par leur rang, commandaient chacun une troupe séparée ; ils livrèrent au vent leurs queues de cheval et allèrent se réunir à l'armée rassemblée dans les plaines de Sophia où ils dressèrent leurs tentes, chacun de son poste qui lui fut assigné : précaution vaine, hélas ! pour un frère ! pour un d'eux ! Pourquoi prolonger des discours ? Par l'ordre de Giaffir un poison subtil comme son âme, préparé et versé dans la coupe mortelle, envoya mon père au ciel. Au retour d'une chasse, fatigué et en proie à la fièvre, il s'était mis au bain, ne soupçonnant guère que pour étancher sa soif le ressentiment d'un frère lui offrirait un semblable breuvage. Un serviteur gagné apporta le vase perfide, il en but une gorgée : il n'en fallait pas davantage : si tu doutais de la vérité de ce récit, Zuleïka, interroge Haroun.

XV.

« Le crime accompli, et la puissance de Paswan étant en partie abattue quoique jamais anéantie, Giaffir obtint le pachalick d'Abdallah : tu ne sais pas ce que dans notre divan la richesse peut faire même pour un être au-dessous de l'humanité..... Souillé du sang de son frère, Giaffir se fit conférer tous les honneurs qu'avait eus Abdallah. Il est vrai que, pour les acheter, il épuisa presque ses trésors acquis par le crime : mais la brèche fut bientôt réparée. Faut-il te dire comment ? Parcours ces campagnes et demande au misérable paysan si ses gains paient les sueurs de son front... Pourquoi le cruel usurpateur m'épargna ; pourquoi il me nourrit dans son palais : je l'ignore. La honte, le regret, le remords, la sécurité qu'inspire un enfant débile ; en outre la nécessité d'adopter un fils quand le ciel ne lui en avait point accordé, peut-être quelque intrigue secrète ou seulement un caprice : voilà ce qui me sauva la vie... mais cette vie ne fut point paisible : il ne put me cacher son humeur hautaine et je ne pus, moi, lui pardonner le sang de mon père.

XVI.

« Dans sa propre maison, Giaffir a des ennemis ; ceux qui partagent son pain ne lui sont point tous fidèles. Si j'avais découvert ma naissance à ces esprits mécontents, ses jours, ses heures même eussent été comptés : il ne leur fallait qu'un cœur pour les conduire, une main pour leur montrer le but à frapper. Mais Haroun seul connaît cette histoire dont le dénoûment est proche. Il est né dans le séraï d'Abdallah et y a occupé le poste qu'il occupe ici... il a été témoin de la mort de mon père : mais que peut un esclave isolé? venger son maître? trop tard, hélas! ou préserver le fils d'un sort pareil ? Il choisit le dernier parti, et quand il vit le fier Giaffir heureux et triomphant sur les ruines de ses ennemis subjugués,

Zuleïka.

de ses amis trahis, il me prit par la main, pauvre orphelin sans appui, et me conduisit à sa porte ce ne fut pas en vain qu'il implora pour moi la vie. On sut dérober à tous le secret de ma naissance et particulièrement à moi-même : et cette précaution suffisait à la sûreté de Giaffir. Il abandonna en outre, pour habiter cette côte d'Asie, les bords de Roumélie et nos lointains domaines sur le Danube, n'emmenant avec lui que Haroun, seul maître de son secret. Or, ce Nubien a senti que les secrets d'un tyran ne sont que des chaînes dont le captif s'affranchit avec joie, et il m'a révélé toute cette ténébreuse histoire, avec bien d'autres détails. Ainsi, dans sa justice, Allah accorde au crime esclaves, dupes, complices, mais pas un ami.

XVII.

« Tout ceci, Zuleïka, peut être dur à entendre ; mais ce qui me reste à dire sera plus pénible encore : dussent mes paroles blesser ton âme délicate, je ne dois rien te cacher. Je t'ai vue étonnée en apercevant ce costume ; mais je l'ai longtemps porté et je dois le porter longtemps encore. Ce jeune matelot, à qui tu as donné ta foi par serment, est le chef d'une de ces bandes de pirates qui ont leurs lois et leurs vies au bout de leurs épées. Si je te racontais mes terribles aventures, tes joues en pâliraient encore. Ces armes que tu vois ici ont été apportées par mes soldats ; les bras qui savent les manier ne sont pas loin ; cette coupe remplie est aussi destinée à ces grossiers compagnons : une fois qu'ils l'ont vidée, ils n'ont plus de remords ; notre prophète pourra leur pardonner, car ce n'est que dans le vin qu'ils sont infidèles.

XVIII.

« Que pouvais-je devenir? Traité ici en proscrit, amené par mille insultes à désirer une vie errante, et laissé dans l'oisiveté, car les craintes de Giaffir me refusaient le coursier et la lance ; et pourtant bien des fois... combien de fois, ô Mahomet! le despote m'a raillé en plein divan, comme ta main, par faiblesse ou mauvais vouloir, refusait la bride et le glaive! Il allait toujours seul à la guerre, et me laissait ici inactif, inconnu, abandonné aux soins d'Haroun avec les femmes, flétri dans toutes mes espérances, privé de tout moyen de m'illustrer, tandis que toi, chère Zuleïka, dont la tendresse continue, tout en m'amollissant, m'avait longtemps consolé, tu étais conduite pour ta sûreté dans les murs de Broussa où tu attendais l'issue de la bataille. Haroun, voyant mon âme accablée sous le joug fatal de l'inaction, consentit non sans effroi à mettre en liberté son captif, et brisa ma chaîne pour tout l'été, sous promesse que je reviendrais avant le jour où Giaffir devrait remettre son commandement. C'est en vain que je voudrais te peindre l'enivrement de mon cœur, quand, pour la première fois, d'un œil libre, je pus contempler la terre, l'Océan, le soleil et les cieux, comme si mon âme les eût pénétrés, et que je fusse entré en possession de leurs plus intimes merveilles. Un seul mot peut te faire comprendre ce sentiment surhumain...... j'étais libre! je cessai de souffrir de ton absence : le monde, le ciel lui-même était à moi.

XIX.

« L'esquif d'un Maure fidèle m'emporta de cette terre d'oisiveté : j'étais avide de voir ces îles riantes, perles du diadème du vieil Océan. Je les visitai tour-à-tour, et bientôt je me connus toutes ; mais quand et comment je me joignis à la troupe avec laquelle je me suis engagé à vaincre ou à mourir, il sera temps de te le dire quand, nos plans exécutés, l'histoire sera complète.

XX.

« Ce sont, il est vrai, des hommes sans lois, aux formes grossières, à l'humeur farouche, de toute race, de toute croyance ; mais une franchise entière, un bras toujours prêt, une obéissance aveugle ; un cœur avide d'entreprises, inaccessible à la crainte ; l'amitié pour chacun, la fidélité envers tous, la vengeance pour le traître :

voilà ce qui en fait des instruments propres à des desseins même plus étendus que les miens. Quelques-uns aussi sont au-dessus du vulgaire; mais j'ai surtout appelé à mes conseils un Franc plein de prudence. Parmi eux se trouvent les derniers patriotes de la bande de Lambro (1), aspirant à de plus hautes destinées, et jouissant avec moi d'une liberté anticipée : souvent, autour du feu de la caverne, je les entends débattre des plans chimériques pour l'affranchissement des rayas. Qu'ils soulagent leur cœur en parlant de cette égalité des droits que l'homme ne connaîtra jamais! Et moi aussi j'aime la liberté. Oui, je voudrais errer sur l'Océan, comme le patriarche navigateur; ou mener sur la terre la vie nomade du Tartare : une tente sur le rivage, une galère sur les flots valent mieux pour moi que cités et sérails. Que mon coursier ou ma voile m'emportent à travers le désert ou sur l'aile des vents; bondis où tu voudras, ô mon bon cheval barbe! glisse à ton gré, ô ma proue! Mais toi, Zuleïka, sois l'étoile qui guide mes pas errants; viens partager et bénir ma nacelle : sois pour mon arche la colombe de promesse et de paix! ou, puisqu'un si doux espoir nous est refusé dans ce monde agité, sois l'arc-en-ciel d'une vie de tempêtes, le rayon du soir dont le sourire écarte les nuages et colore le lendemain de rayons prophétiques! Sacrés... comme l'appel du muezzin s'adressant des murs de la Mecque aux pèlerins prosternés... caressants... comme la jeune mélodie qui arrache à l'admiration muette une larme furtive... doux... comme le chant natal à l'oreille de l'exilé... résonneront les accents de la voix chérie. J'ai préparé pour toi dans ces îles riantes une retraite fleurie comme l'Éden à sa première heure. Mille glaives, avec le cœur et le bras de Sélim, seront là pour te garder, te défendre, te venger, si tu l'ordonnes. Entouré de ma bande fidèle, ma Zuleïka à mes côtés, je couvrirai ma fiancée des dépouilles des nations. Pour de pareilles jouissances et de telles occupations, on oublie facilement l'oisive langueur du harem. Ce n'est pas que je m'aveugle sur ma destinée : je vois partout d'innombrables dangers et un seul amour. Mais un cœur fidèle compensera bien et mes travaux et les rigueurs de la fortune, et même la trahison de prétendus amis. Qu'il est doux de songer, dans les heures les plus sombres, qu'abandonné de tous, je te trouverai toujours la même. Sois ferme comme Sélim, et Sélim sera tendre comme toi. Pour calmer la douleur, pour partager la joie, confondons toutes nos pensées, et que rien ne nous sépare. Une fois libre, mon devoir est de me remettre à la tête de mes soldats, tous amis entre eux, ennemis du reste du monde : en cela nous ne faisons que remplir le rôle assigné par la nature à notre espèce guerroyante : vois! le carnage et la conquête s'arrêtent-ils un moment; l'homme a fait une solitude, et il l'appelle la Paix. Moi, comme les autres, je veux user de mon adresse et de ma force; mais je ne demande pas de territoire hors de la longueur de mon sabre. Les tyrans ne règnent qu'en divisant,

(1) Le Grec Lambro Canzani s'illustra en 1789 par ses efforts pour l'affranchissement de son pays : abandonné par la Russie, il se fit pirate, puis se retira à Saint-Pétersbourg.

en mettant en œuvre tour-à-tour la ruse ou la violence. Que celle-ci soit maintenant notre seul instrument : l'autre viendra en son temps, quand nous habiterons les cités, ces geôles sociales, où une âme même telle que la tienne pourrait se perdre; car la corruption entame un cœur que le péril n'avait point ébranlé; et la femme, plus encore que nous, quand la mort, le malheur, une simple disgrâce a frappé celui qu'elle aimait, peut se laisser aller sur la pente des plaisirs et déshonorer... Arrière, infâmes soupçons!... Zuleïka n'a rien de commun avec vous! Mais la vie, après tout, n'est qu'un jeu de hasard; et ici, n'ayant plus rien à gagner, nous avons beaucoup à craindre : oui, à craindre!... car ne peux-tu m'être ravie, soit par la puissance d'Osman, soit par l'inflexible volonté de Giaffir. Cette crainte va disparaître devant la brise favorable que l'amour promet cette nuit à ma voile : aucun danger ne peut atteindre le couple d'amants que son sourire a béni : si leurs pas sont errants, leurs âmes sont en repos. Avec toi tout travail me sera doux, tout climat heureux, la terre comme l'Océan, car notre monde se renfermera comme dans nos baisers. Que les vents irrités sifflent sur le pont, et tes bras enlaceront plus étroitement mon cou : le dernier murmure de mes lèvres sera, non un soupir de regret pour la vie, mais une prière pour toi. La guerre des éléments ne peut effrayer l'amour : il n'a pas de plus redoutable ennemi que la société humaine : tel est le seul écueil qui peut arrêter notre course : sur la mer, des dangers d'un moment; dans les villes, des années de naufrage! Mais loin de nous ces pensées qui se dressent comme d'horribles fantômes! L'heure présente va favoriser notre évasion ou l'empêcher pour jamais. J'ai peu de mots à dire pour terminer mon histoire; tu n'en as qu'à prononcer pour nous soustraire à nos ennemis. Oui... nos ennemis... Giaffir cessera-t-il d'en être un pour moi; Osman, qui veut nous séparer, ne doit-il pas être le tien?

XXI.

Il s'élance à l'entrée de la caverne, et l'écho retentit au loin de la décharge de son pistolet.

« Je fus de retour au temps fixé pour sauver la tête de mon gardien; peu sûrent, personne ne répéta que j'avais été errer d'île en île, et depuis lors, quoique je sois séparé de mes compagnons, et que je quitte rarement le rivage, ils n'entreprennent rien sans mon avis. Je trace le plan; j'adjuge les dépouilles : il est temps que je prenne une part plus active à ces travaux. Mais le temps presse; ma barque est à flot, et nous ne laissons derrière nous que la haine et la crainte. Demain Osman arrive avec sa suite : cette nuit doit briser ta chaîne; et si tu veux sauver ce bey orgueilleux, peut-être même celui qui t'a donné la vie, à l'instant même partons, partons! Mais quoique tu te sois donnée à moi, peut-être voudrais-tu rétracter ce serment spontané; alors je reste ici... non pour voir ton hymen : je reste au péril de ma vie. »

XXII.

Zuleïka, muette et immobile, ressemblait à ce marbre douloureux où une mère, ayant perdu son dernier espoir, est transformée en pierre; la tête, le sein, les bras de la vierge étaient ceux d'une jeune Niobé. Mais avant que ses lèvres ou son regard eussent essayé de répondre, derrière la porte grillée du jardin parut la lueur éclatante d'une torche : une seconde brilla... puis une autre... et une autre encore. « Oh! fuis... toi qui n'es plus mon frère... toi qui es bien plus encore! » Au loin, dans tous les bosquets, reluit la rougeâtre et terrible clarté ; et non-seulement la clarté des torches, car chaque main droite porte un glaive nu. Ils se divisent, cherchent et reviennent sur leurs pas, en promenant leurs flambeaux et leurs lames étincelantes : derrière tous les autres, brandissant son cimeterre, le sombre Giaffir exhale sa fureur... Les voilà près de la grotte... Oh! ses voûtes seront-elles le tombeau de Sélim?

XXIII.

Il reste intrépide: « Le moment est venu... il sera bientôt passé... un baiser, Zuleïka... c'est le dernier! Pourtant, mes hommes ne sont pas loin du rivage ; ils peuvent entendre mon signal, voir briller l'amorce... mais ils sont trop peu nombreux : téméraire tentative !... n'importe! encore cet effort. »

En même temps, il s'avance à la porte de la caverne : l'écho répète au loin la bruyante détonation. Zuleïka ne tressaille point, ne verse pas une larme : le désespoir a glacé ses yeux comme son cœur. « Ils ne m'entendent pas, ou s'ils rament vers nous, ils n'arriveront que pour me voir mourir; car le bruit de mon arme attire l'ennemi de ce côté. Eh bien! sors de ton fourreau, glaive de mon père, tu n'as jamais vu un combat moins égal! Adieu, Zuleïka !... tendre amie, retire-toi..... ou plutôt reste dans l'intérieur de la grotte; tu y seras en sûreté, et contre toi sa colère ne s'exhalera qu'en paroles. Ne te montre pas, une lame ou une balle égarée pourrait t'atteindre. Craindrais-tu pour ton père?... puissé-je mourir si mes coups se dirigent vers lui : non, quoiqu'il ait versé le poison... non, quoiqu'il m'ait traité de lâche! Mais leur présenterai-je humblement ma poitrine ? lui seul sera excepté.

XXIV.

D'un bond, il s'élance vers le rivage : à ses pieds est tombé le premier de la troupe : ce n'est plus qu'une tête béante, un corps palpitant : un autre subit le même sort. Mais un essaim d'ennemis entoure Sélim : frappant à droite et à gauche, il se fraie un sentier et touche presque aux flots qui semblent venir à sa rencontre. La barque paraît : elle n'est pas à cinq longueurs d'aviron ; ses compagnons rament avec une vigueur désespérée ; oh ! arriveront-ils à temps pour le sauver? Au moment où le pied de Sélim est mouillé par la première vague, ses soldats plongent dans la baie : leurs sabres brillent à travers l'écume des flots ; malgré l'onde qui les baigne, furieux, infatigables, ils nagent vers la rive... Ils touchent enfin la terre! Ils arrivent, mais ce n'est que pour accroître le carnage... déjà le sang de leur chef a rougi les flots.

XXV.

Échappé aux balles, effleuré à peine par l'acier, trahi, entouré, Sélim avait gagné la limite où le sable et les vagues se touchent ; là, au moment où son pied allait quitter la terre, où son bras portait un dernier coup mortel... ah! pourquoi se retourne-t-il ? pourquoi son regard le cherche-t-il encore vainement? Ce moment d'arrêt, ce fatal coup d'œil, ont scellé son trépas ou sa chaîne. Au milieu des périls et des douleurs, que l'espérance est donc lente à quitter le cœur d'un amant! Il tournait le dos aux vagues écumantes ; derrière lui, mais assez proches étaient ses compagnons, quand tout-à-coup siffla une balle. « Ainsi périssent les ennemis de Giaffir! » Quelle voix s'est fait entendre? quelle carabine a tonné? quelle main a lancé ce trait de mort qui a retenti dans l'air de la nuit, de trop près et trop bien ajusté pour manquer son but? C'est ta voix, ton arme et ta main, meurtrier d'Abdallah! Ta haine a lentement préparé le trépas du père; elle en finit plus vite avec le fils. Le sang jaillit de sa poitrine à larges et rapides bouillons, et souille la blancheur de l'écume marine... Si les lèvres de la victime essayèrent un faible gémissement, il fut étouffé par le fracas des vagues.

XXVI.

Le matin chasse lentement les masses de nuages qui ne semblent point avoir été témoins d'un combat : aux cris qui dans l'ombre troublaient le repos de la baie a succédé le silence. Mais on peut remarquer sur le rivage quelques vestiges d'une lutte; des fragments de lames brisées; des traces de pas multipliées, et sur le sable l'empreinte de plus d'une main convulsive ; plus loin une torche éteinte, un bateau désemparé, et au milieu des algues qui s'accumulent sur la grève, à l'endroit où elle penche vers l'abîme, on voit une capote blanche : elle est déchirée dans toute sa longueur, et marquée d'une tache d'un rouge sombre, sur laquelle la vague glisse sans l'effacer. Mais celui qui portait ce vêtement, où est-il? Vous qui avez besoin de pleurer sur ses restes, allez les chercher sur les rives de Lemnos, où le courant dépose ses fardeaux, après les avoir promenés autour du cap de Sigée. Là les oiseaux de mer poussent leurs cris sauvages en volant au-dessus de leur proie, que leurs becs affamés n'osent attaquer encore ; car sans cesse agitée sur cet oreiller sans repos, la tête se soulève bercée par la vague ; la main, par un mouvement qui n'est pas celui de la vie, semble encore essayer une menace en s'élevant avec le flot et en s'abaissant comme lui... Et qu'importe que ce cadavre disparaisse dans un vivant tombeau ? L'oiseau qui déchirera cette forme inanimée n'aura fait qu'enlever cette proie à de vils insectes. Le seul cœur, les seuls yeux qui auraient saigné et pleuré en le voyant mourir, qui auraient souffert auprès de ses membres rassemblés dans une tombe, qui se seraient affligés sur la pierre funéraire couronnée d'un turban, ce cœur s'est brisé... ces yeux se sont fermés... oui, fermés, même avant les siens!

XXVII.

Près des flots d'Hellé, un chant de deuil se fait entendre : les yeux des femmes sont humides, les joues des hommes sont pâles. Zuleïka! dernier rejeton de la race de Giaffir, l'époux qu'on te destinait est venu trop tard : il ne voit pas, il ne verra jamais tes traits. Les sons lointains du Wul-wulleh n'arrivent-ils pas à son oreille? Les suivantes qui pleurent sur le seuil, les voix qui répètent l'hymne cieux et les bras croisés, les soupirs que l'on entend dans la salle, les cris qui s'élèvent sur la brise ; tout ne lui raconte-t-il pas l'événement fatal ? Tu n'as point vu tomber ton Sélim ! Dès le terrible moment où il quitta la caverne, ton cœur se glaça. Sélim était ton espoir, ta joie, ton amour et ton tout... et une dernière pensée vers celui que tu ne pouvais sauver, cette pensée te donna la mort : tu poussas un seul cri, un cri déchirant... et tout fut tranquille en toi. Paix à ton cœur brisé! paix à la tombe virginale! Heureuse après tout de ne perdre de la vie que ce qu'elle a de pire! cette douleur si profonde, si terrible, était pour toi la première. Trois fois heureuse ! de n'avoir jamais à éprouver ou à craindre les tourments de l'absence, la honte, l'orgueil outragé, le ressentiment, les remords, et ces angoisses plus qu'insensées, ce ver qui jamais ne dort, jamais ne meurt; ces pensées qui obscurcissent le jour et peuplent la nuit de fantômes, qui redoutent l'obscurité et fuient la lumière, qui circulent autour du cœur palpitant et le déchirent sans cesse... Ah! que ne te consument-elles tout-à-fait!

Malheur à toi, cruel et imprudent pacha! en vain tu couvres la tête de cendres, en vain tu prends le cilice de cette main même qui fit périr Abdallah et Sélim. Que cette main arrache maintenant ta barbe dans les accès d'un désespoir impuissant : l'orgueil de ton cœur, la fiancée promise à la couche d'Osman, celle que ton sultan n'eût pu voir sans la demander pour épouse, la fille est morte! Il est tombé l'espoir de ta vieillesse, le seul rayon du crépuscule de ta vie, des vagues d'Hellé. Et qui a pu éteindre ses rayons?... le sang que tu as versé. Écoute ! à ce cri de ton désespoir : «Ma fille, où est-elle? » l'écho répond : « Où est-elle? »

XXVIII.

Dans cette enceinte où des milliers de tombeaux brillent sous le sombre abri du cyprès, arbre qui dans sa tristesse est plein de vie et ne se fane jamais, quoique ses branches et ses feuilles portent l'empreinte d'une douleur éternelle, comme la douleur d'un premier amour malheureux ; il est un lieu toujours fleuri, même dans ce jardin de la mort: une simple rose, douce et pâle, y répand son éclat solitaire; si blanche qu'on la dirait plantée par la main du désespoir ; si faible que la moindre brise pourrait disperser ses pétales dans les airs. Mais vainement elle est tourmentée par le froid et les orages ; vainement des mains plus rudes que l'haleine de l'hiver l'arrachent de sa tige : le lendemain la voit refleurir. Un génie cultive la plante avec amour et l'arrose de ses larmes célestes ; car les vierges d'Hellé le savent bien, cette fleur ne doit avoir rien de terrestre pour braver ainsi le souffle flétrissant des tempêtes, et pousser toujours un nouveau bouton sans avoir l'abri d'un berceau, pour l'implorer ni les ondées du printemps, ni les rayons de l'été. Pour elle chante tout le long des nuits un oiseau qu'on ne peut voir, quoiqu'il soit peu éloigné : invisibles sont ses ailes aériennes, mais douces comme la harpe d'une houri sont les notes sympathiques et prolongées. Ce serait peut-être le bulbul (1); mais quoique mélancolique, la voix du bulbul n'a pas de tels accents; car ceux qui les ont entendus ne peuvent quitter cette enceinte ; ils errent de côté et d'autre, et pleurent comme s'ils aimaient en vain. Et pourtant si douces sont les larmes qu'ils répandent, leur douleur est tellement exempte de crainte, qu'ils ne voient qu'avec peine l'aurore interrompre le charme mélancolique, et qu'ils voudraient encore prolonger leur veille et leurs larmes au son de ces naïfs et ravissants accords. Mais dès les premières rougeurs du matin, la magique mélodie expire. Quelques-uns même (tant les doux rêves de la jeunesse nous abusent, mais qui aurait le cœur à les blâmer?), quelques-uns ont cru que ces notes pénétrantes et graves articulaient le nom de Zuleïka. C'est du faîte du cyprès de sa tombe que résonne dans l'air ce mot aux syllabes limpides; c'est sur son humble couche virginale que la blanche rose a pris naissance. On y avait placé une table de marbre : le soir la vit posée, le matin ne la trouva plus. Ce n'était pas un bras mortel qui avait emporté jusqu'au rivage ce

(1) Nom persan du rossignol : les amours du bulbul et de la rose ont été chantés par les poètes de l'Orient.

monument profondément enfoui dans le sol ; car si l'on en croit les légendes des bords d'Hellé, on le trouva le lendemain sur la place où Sélim était tombé. Là il est baigné par les vagues bondissantes qui ont refusé à ses restes une sépulture plus sainte. La nuit, dit-on, on y voit se pencher une tête livide portant un turban ; et ce marbre au bord de la mer est appelé l'Oreiller du Pirate. Au lieu où on l'avait posé d'abord fleurit encore chaque matin la rose solitaire et baignée de rosée, la rose pure, froide et pâle, comme les joues de la beauté qui accorde des larmes à ce Récit de douleurs.

FIN DE LA FIANCÉE D'ABYDOS.

LE GIAOUR.

FRAGMENTS.

Aucun souffle ne brise la vague qui se déroule sous le tombeau du chef athénien : la pierre sépulcrale, blanche sur le promontoire, salue la première le nautonnier à son retour vers le foyer domestique et domine de loin sur cette terre que Thémistocle sauva vainement. Quand verra-t-on revivre un héros tel que lui ?

Beau climat ! où chaque saison sourit bienveillante à toutes ces îles fortunées qui, vues des hauteurs du cap Colonna, réjouissent le cœur et charment la solitude. Ici l'Océan, à ses joues marquées de riantes fossettes, réfléchit les teintes des montagnes et prête leur couleur aux vagues joyeuses qui lavent les rivages de cet Éden oriental. Et si parfois une brise fugitive vient rider le bleu cristal des mers et bercer les rameaux des arbustes en fleurs, qu'il est bienvenu ce doux zéphyr qui éveille tant de fraîcheurs et de parfums ! Ici, sur les rocs et dans les vallons, la rose, la sultane du rossignol, la fiancée pour laquelle il remplit les airs de ses mille chansons, s'épanouit rougissante aux doux accents de son bien-aimé. La reine du chantre ailé, la reine des jardins, respectée par les vents et les frimas, loin des hivers occidentaux, caressée par toutes les brises et toutes les saisons, en retour des doux sucs dont la nature l'a nourrie, lui rend l'encens le plus pur et offre au ciel qui lui sourit l'hommage de sa reconnaissance, ses brillantes couleurs et ses soupirs embaumés. Ici luisent les mille fleurs de l'été ; ici maint ombrage appelle les amants... et mainte grotte, asile destiné au repos, n'a que des pirates pour hôtes. La barque des corsaires, abritée dans l'anse, épie au passage une voile pacifique, jusqu'à l'heure où la guitare du gai matelot se fait entendre et où brillent les premiers rayons de l'astre du soir ; alors, glissant sur les avirons amortis, à l'ombre des rochers de la côte, le brigand nocturne s'élance sur sa proie et change en ris affreux de joyeuses chansons. Étrange aberration ! que, dans ces lieux où la nature s'est plu à créer un séjour digne des dieux, dans ce paradis où elle a réuni toutes ses grâces et tous ses charmes, l'homme, épris de la destruction, vienne faire un sauvage désert et fouler sous son pied brutal ces douces plantes qui ne réclament même pas le travail de ses mains pour embellir sa retraite enchantée, et qui, dans leur doux langage, le prient seulement de leur laisser la vie. Oui, étrange ! que, dans un séjour de paix, les passions viennent déployer leurs orgueilleuses fureurs, que la débauche et la rapine établissent leur sombre domination sur les ruines de tant de beautés. On dirait que les esprits infernaux ont attaqué et vaincu les séraphins, et que les héritiers de l'enfer, libres enfin, viennent siéger sur les trônes célestes : tellement ce théâtre est enchanteur et fait pour toutes les joies : tellement sont maudits les tyrans qui le profanent !

Si vous vous êtes penché sur la face d'un mort, avant qu'un jour entier eût passé sur l'œuvre du trépas, première et seconde journée du néant, la dernière du danger et des craintes, avant que le doigt fatal de la destruction eût effacé les lignes où survit la beauté ; vous avez admiré sans doute cette douceur angélique, ce repos plein d'extase, ces traits fixes mais sans rigidité qui douinent la placide langueur des joues. Hélas ! sans cet œil tristement voilé qui n'a plus ni feu, ni larme, ni sourire, sans ce front immobile et glacé, où la froide apathie de la tombe rencontre celui qui le contemple, redoutant la contagion d'un sort dont il ne peut détacher sa pensée. Oui, sans cet unique et infaillible indice, pour un moment, pour une heure d'illusion, on pourrait douter de la puissance de la mort ; tant il est beau, tant il est calme, tant il est empreint d'un cachet de douceur, ce premier et dernier aspect que révèle le trépas.

Tel est le spectacle qu'offrent ces rivages : c'est la Grèce ; mais non la Grèce vivante : froide mais charmante, belle dans la mort même, elle nous fait tressaillir ; car l'âme n'est plus là. Ses charmes sont ceux du trépas, ces charmes qui ne s'enfuient pas avec le dernier soupir ; sa beauté a cette fleur funéraire, cette teinte des portes du tombeau, cette fugitive lueur de la pensée qui s'envole, cette auréole d'or qui plane sur un cadavre, ce rayon d'adieu du sentiment qui s'éteint : étincelle de cette flamme, peut-être d'une céleste origine, qui éclaire encore mais n'échauffe plus la demeure d'argile qu'elle a longtemps chérie.

Patrie des héros immortels, toi dont les plaines, les montagnes,

les cavernes même offrirent un asile à la liberté, ou une tombe à la gloire ! Ossuaire des vaillants et des forts ! est-il possible que ce soit là tout ce qui reste de toi ? Approche, esclave vil et rampant ; dis: sont-ce là les Thermopyles ? Servile rejeton des hommes libres, ces eaux bleues qui s'étendent autour de toi, ce rivage qu'elles baignent, nomme-les-moi. C'est le golfe, ce sont les rochers de Salamine! Lève-toi, et reprends possession de ces lieux illustrés par l'histoire ; dégage des cendres de tes pères quelques étincelles du feu qui les animait : celui qui périra dans la lutte ajoutera à leurs noms un nom redoutable aux tyrans et léguera à ses fils un espoir, une gloire qu'ils défendront au prix de la vie : car la guerre de la liberté une fois entamée, le fils y remplace son père sanglant, et après une suite de revers le triomphe est certain. Sois-en témoin, ô Grèce ; ton histoire immortelle l'atteste à chacune de ses vivantes pages! Tandis que les monarques ensevelis dans de poudreuses ténèbres n'ont laissé qu'une pyramide sans nom, tes héros, quoique le temps ait balayé la colonne qui décorait leur tombe, voient leur mémoire consacrée par un monument plus grandiose, les montagnes de leur pays natal : c'est là que la muse montre à l'étranger les tombeaux de ceux qui ne mourront jamais. Il serait long et bien triste de suivre chacun de tes pas sur cette pente qui t'a conduite de la splendeur à la misère : il suffit de rappeler que nul ennemi du dehors n'a pu avilir ton âme jusqu'à ce qu'elle se fût avilie par elle-même : oui, ce fut cette dégradation, ouvrage de tes propres mains, qui fraya la route aux traîtres et aux despotes.

Que trouve-t-il à raconter, celui qui foule maintenant ton sol ? Plus de ces légendes des siècles passés, plus de ces traits héroïques qui élèvent le vol de la muse aussi haut que dans tes jours glorieux, alors que chez toi l'homme était digne de la beauté du ciel. Sans doute, les vallées doivent toujours nourrir des cœurs magnanimes, des âmes de feu capables d'inspirer à tes fils des actions sublimes ; mais ils rampent maintenant du berceau à la tombe, esclaves... que dis-je ? serviteurs des esclaves, et insensibles à tout, si ce n'est aux richesses que peut donner le crime. Souillés de tous les vices qui déshonorent la portion de l'humanité la plus voisine de la brute, dépourvus même des qualités du sauvage, n'ayant point parmi eux un seul cœur vaillant et libre, on les voit cependant traîner de port en port leur astuce proverbiale et leurs antiques fraudes. C'est là qu'on retrouve le Grec subtil, encore renommé à ce titre et à ce titre seul. En vain la liberté ferait un appel à ces cœurs façonnés à l'esclavage, en vain elle voudrait relever ces têtes qui chérissent leur joug ! Mais c'est assez m'appesantir sur ce sujet douloureux : pourtant elle sera bien triste aussi l'histoire que je vais raconter, et ceux qui la liront peuvent m'en croire, quand je l'entendis moi-même ce ne fut pas sans larmes.

À l'horizon de la mer bleuâtre, domine l'ombre de noirs rochers. Le pêcheur les prend de loin pour la barque de quelque pirate des îles ou de la côte maïnote : craignant pour sa légère caïque, il fuit l'anse voisine qui lui paraît suspecte : et quoique fatigué de son long labeur et chargé à plein bord de son humide proie, il manie lentement mais avec vigueur ses avirons dociles, jusqu'à ce qu'il ait atteint le refuge assuré de Port-Leone, où il entre guidé par la douce lumière d'une belle nuit de l'Orient.

Quel est ce cavalier qui s'avance comme la foudre sur son noir coursier aux rênes flottantes, aux sabots rapides ? Le son des fers retentissants éveille les échos des cavernes d'à l'entour qui rendent bruit pour bruit, éclat pour éclat ; l'écume qui sillonne les flancs de l'animal ressemble à celle des vagues de l'Océan. Les vagues fatiguées se reposent, mais elle ne connaît point de repos, l'âme du cavalier ; et quoique pour demain une tempête se prépare, cette tempête sera moins terrible que celle de ton cœur, ô jeune Giaour ! Je ne te connais pas ; ta race, je la déteste : mais dans les traits je reconnais des indices que le temps n'effacera pas, qui rendra toujours plus frappants ; ton front jeune et pâle, mais terni, porte l'empreinte de farouches passions ; quoique tu eusses les regards baissés vers la terre quand tu as passé près de moi comme un météore, j'ai bien remarqué ton œil fatal, et je te reconnais pour un de ces êtres qu'un fils d'Othman doit tuer ou fuir s'il le peut sans le contact. Il courait, il courait, et mon regard étonné n'a pu s'empêcher de suivre sa fuite. Bien qu'il m'ait apparu comme le démon de la nuit, pour s'évanouir aussitôt à ma vue, ma mémoire troublée a gardé son image, et longtemps mon oreille a retenti du terrible galop de son noir coursier. Ah ! il pique encore sa monture, il s'approche du roc escarpé qui se projette sur les flots et les couvre de son ombre : il galope et veut pivoter à la hâte : le rocher va le délivrer de ma vue : car il est important pour l'homme qui fuit, le regard fixé sur ses traces, et toute étoile lui paraît trop brillante. I'va tourner le rocher! mais avant de disparaître, il jette derrière lui un seul, un dernier regard . un moment il a retenu son coursier, un moment il a repris haleine en se dressant sur ses étriers... Pourquoi regarde-t-il ainsi vers le bois d'oliviers ? Le croissant de la lune brille sur la hauteur, les lampes de la mosquée jettent encore une clarté tremblante : quoique trop éloigné pour que la détonation éveille ici l'écho, l'éclair des tophaïques (1) annonce au loin le zèle religieux des musulmans. Ce soir se couche le dernier soleil du Rhamazan ; ce soir commence la fête du Baïram ; ce soir... Mais qui es-tu, voyageur à la tournure étrangère et au front farouche ? et que font toutes ces choses à toi et aux tiens pour que tour-à-tour tu t'arrêtes et tu fuies de la sorte. ?

Il s'est arrêté ! la terreur se peint sur ses traits, mais bientôt l'expression de la haine la remplace. Ce n'est pas la rougeur soudaine d'une colère fugitive ; c'est la pâleur du marbre de la tombe, qui rend plus lugubre encore son aspect ténébreux. Son front s'abaisse ; son œil se glace. Il lève un bras menaçant ; il agite sa main en l'air avec un geste farouche : il semble hésiter un moment s'il doit retourner en arrière ou continuer sa course. Impatient de ce délai, son coursier noir comme l'aile du corbeau a henni : alors la main du cavalier s'abaisse et saisit la poignée de son épée : ce hennissement a interrompu son rêve sans sommeil, comme on s'éveille en sursaut au cri de la chouette. L'éperon a sillonné les flancs du cheval. En avant ! en avant ! il s'agit de la vie. Rapide comme le djerrid dans l'air, le coursier frémissant s'élance sous l'aiguillon qui le presse.

Enfin, il a doublé le rocher, et le rivage ne retentit plus du galop sonore ; on ne voit plus la figure hautaine du chrétien Un seul instant, il avait retenu les rênes de son fougueux coursier barbe ; un seul instant il s'était arrêté, puis il avait piqué des deux, comme s'il était poursuivi par la mort ; mais durant cet intervalle si court, des années de souvenirs, ressurgissant tout-à-coup, avaient réuni dans une seule goutte du fleuve du temps toute une vie de misère et de crime. Pour un cœur en proie à l'amour, à la haine ou à la crainte, un semblable moment réunit tout un passé de douleurs : que devait-il donc sentir alors, celui qui était à la fois accablé de ces trois tortures de l'âme ? Cette pause pendant laquelle il méditait sur son destin, qui pourrait en calculer la durée ? Presqu'imperceptible dans le temps réel, c'était une éternité pour sa pensée : car infinie comme l'espace, la pensée fille de la conscience peut contenir en elle des douleurs sans nom, sans espoir et sans terme.

L'heure est passée ; le Giaour a disparu ; a-t-il fui ou succombé ? Maudite soit cette heure témoin de son arrivée et de son départ ! Fléau envoyé pour les péchés d'Hassan, il a changé son palais en tombeau ; il est venu, il est parti comme le Simoun, ce messager de mort et de souffrance, dont le souffle dévastateur fait mourir jusqu'au cyprès lui-même, jusqu'à cet arbre si triste quand les autres ont quitté leur deuil, le seul qui pleure toujours sur les morts.

Le coursier a disparu de l'étable ; on ne voit plus d'esclaves dans la demeure d'Hassan ; l'araignée solitaire y file sa toile grisâtre qui s'étend lentement sur les murs ; la chauve-souris fait son nid dans les appartements du harem ; et le hibou s'est installé dans le phare de la citadelle. Les chiens affamés et devenus sauvages viennent hurler sur les bords de la fontaine qui trompe leur soif ; car la source a fui de son lit de marbre couvert de poussière et de ronces. Qu'il était doux autrefois d'y voir les eaux joyeuses s'élancer en filets d'argent, se jouer en capricieux détours et combattre l'aridité du midi, en répandant par les airs une douce fraîcheur et sur le sol d'à l'entour une verdure luxuriante. Qu'il était doux, la nuit, quand le ciel étoilé brillait sans nuages, de contempler les flots de cette lumière liquide et d'écouter son mélodieux murmure. Combien de fois dans son enfance Hassan n'a-t-il pas joué sur les bords de cette cascade ! Combien de fois sur le sein d'une mère celte harmonie n'a-t-elle pas bercé son sommeil ! Combien de fois encore, aux jours de sa jeunesse, Hassan n'a-t-il pas écouté près de cette fontaine les chants de la beauté dont la mélodie semblait prendre un nouveau charme en se mêlant à celle des flots ! Mais sa vieillesse ne viendra pas, à l'heure du crépuscule, chercher le repos sur ces bords autrefois chéris : la source est tarie... le sang qui animait son cœur est épuisé, et nulle voix humaine ne fera plus entendre ici aucun accent de fureur, de regret ou de joie. La dernière et triste mélodie qui s'est élevée sur l'aile de la brise était le chant lugubre des funérailles : depuis qu'elle a cessé, tout est silencieux. On n'entend d'autre bruit que celui de la jalousie qui bat sous l'effort du vent ; que l'ouragan mugisse, que la pluie ruisselle ; nulle main ne vient la rattacher. Dans les sables du désert, le voyageur se réjouit de trouver les moindres traces du passage des hommes : ainsi dans ces lieux, la voix même de la douleur éveillerait un écho consolateur qui semblerait nous dire : « Tous ne sont pas partis : la vie est encore ici, quoique dans un seul être plaintif. » Car il y a dans ce palais bien des chambres dorées qui ne sont point faites pour la solitude : dans l'intérieur, la ruine n'a poursuivi que lentement encore son travail rongeur : ses efforts se sont accumulés sous le portique, où le fakir lui-même ni le derviche errant ne s'arrêteront plus, car l'hospitalité ne leur tend pas la main : le voyageur fatigué n'y viendra plus bénir en les partageant le pain et le sel, ces emblèmes sacrés. La richesse et la pauvreté passeront également ici insoucieuses et non remarquées ; car au sein de ces montagnes, la bonté, la pitié, sont mortes avec Hassan. Son toit, abri si fréquenté, n'est plus que le repaire de la désolation et de la faim. Les hôtes n'ont plus d'asile ;

(1) Mousquet turc.

les vassaux plus de travail, depuis que son turban a été percé par le glaive de l'infidèle.

J'entends des pas qui s'avancent ; mais pas une voix ne frappe mon oreille ; le bruit est proche... j'aperçois des turbans, des yatagans dans leur fourreau d'argent : à la tête de la troupe est un émir reconnaissable à la couleur verte de sa robe : « Holà ! qui es-tu ? — Ce respectueux salem te répond que j'appartiens à la foi musulmane... Ce bateau que vous portez semble réclamer tous vos soins, et sans doute c'est un objet de prix : mon humble barque s'offre avec joie pour le prendre.—C'est bien parlé : démarre ton esquif, et éloignons-nous de ce rivage silencieux... Non, ne déploie point la voile ; rame en rasant la côte et jusqu'à mi-chemin de ces rochers, où l'eau dans son étroit canal dort sombre et profonde. Arrête-toi... là... bien travaillé ! Notre course a été rapide ; et pourtant c'est le plus long voyage, certes, qu'une des....

Le fardeau plongea et s'enfonça lentement, et la vague auparavant paisible clapota jusqu'au rivage. Je suivis l'objet du regard ; il me sembla qu'un mouvement étrange agitait en ce moment l'onde troublée... Ce n'était sans doute qu'un rayon de lumière qui se jouait sur le cristal liquide. Je regardai la chose qui s'affaiblissait à ma vue, comme un caillou qui diminue de volume en tombant au fond : toujours de moins en moins visible, ce ne fut bientôt plus qu'une petite tache blanche qui brillait au fond des eaux ; et enfin elle disparut tout-à-fait. Et le secret de ce fardeau alla dormir au fond de l'Océan, connu seulement des génies de l'abîme, qui, tremblants dans leurs grottes de corail, n'osent même par un murmure le révéler aux vagues.

Dans les prés d'émeraude de la belle Cachemire, le roi des papillons de l'Orient, s'élevant sur ses ailes de pourpre, invite un enfant à le poursuivre : il le conduit de fleur en fleur ; et après une course longue et fatigante, tout-à-coup l'insecte ailé élève son essor et laisse le jeune chasseur haletant et désolé : ainsi la beauté, avec des couleurs aussi brillantes, des ailes aussi capricieuses, trompe une autre enfance moins jeune : poursuite pleine de vaines espérances et de craintes non moins vaines, que commence la folie et qui se termine dans les larmes ! Le papillon et la jeune fille, s'ils se laissent saisir, ont à craindre des maux pareils : une vie de douleurs, le trouble de l'âme, leur sont infligés par les jeux de l'enfant ou les caprices de l'homme : le charmant jouet recherché avec tant d'ardeur a perdu tout son charme par la seule conquête, car chaque atteinte pour l'arrêter a flétri ses plus délicates nuances, et enfin sa beauté, ses couleurs étant anéanties, il n'a plus qu'à tomber à terre ou à s'envoler seul. Les ailes déchirées, le cœur saignant, ou espérant de la pauvre victime ? Le papillon mutilé pourra-t-il encore voltiger de la tulipe à la rose ? La beauté détruite en un instant trouvera-t-elle quelque part son asile profané ? Non : des insectes plus heureux en passant près de là n'abaissent jamais le vol de leurs ailes sur celui qui meurt ; jamais de beaux yeux n'ont montré de pitié pour une chute autre que la leur : ils ont des larmes pour toutes les peines, mais non pour celles d'une sœur qui a failli.

L'âme qui médite sur ses douleurs coupables et qui s'irrite jusqu'à la démence est pareille au scorpion que le feu environne. Le cercle se rétrécissant à mesure que le brasier s'anime, la flamme serre de plus en plus près le malheureux captif, jusqu'à ce que, cherchant intérieurement par mille tortures, il recourt à sa triste et seule ressource, le dard qu'il aiguisait pour ses ennemis ; ce dard, dont jamais la blessure n'a été vaine, et qui par une seule souffrance guérit toutes les autres, son désespoir le tourne contre lui-même. Ainsi les sombres pensées peuvent être anéanties dans l'âme après avoir vécu comme le scorpion dans un cercle de feu ; ainsi se torture le cœur que le remords consume, incapable de vivre sur la terre, exclu du ciel : au dessus de lui les ténèbres, au-dessous le désespoir, à l'entour de flammes et au dedans la mort !

Le sombre Hassan fuit son harem ; ses yeux ne s'arrêtent plus sur les charmes de la beauté, la chasse, autrefois négligée, occupe aujourd'hui tous ses instants, et néanmoins il n'éprouve aucun de plaisirs du chasseur. Hassan ne fuyait pas ainsi son harem lorsque Leïla l'habitait... Est-ce donc que Leïla ne l'habite plus ? Le seul Hassan pourrait le dire. Des bruits étranges ont circulé dans la ville quelques-uns disent qu'elle s'est enfuie le dernier soir du Rhamazan à l'heure où des milliers de lampes brillant sur chaque minaret an nonçaient à l'immense Orient la fête du Beïram. C'est alors qu'il sortit comme pour se rendre au bain où Hassan furieux la fit vainement chercher : car elle avait échappé à la rage de son maître sous le costume d'un page géorgien, et à l'abri des atteintes celle-ci l'ava outragé ou se livrant au perfide Giaour. Hassan avait étouffé en quelques soupçons, mais l'infidèle se montrait si tendre et lui paraissa si belle qu'il n'avait pas voulu croire à cette trahison d'une esclav qui eût mérité la mort ; de même soir il s'était emparé de la mosqué et ensuite à un festin qu'il donnait dans son kiosque.

Tel est le compte que rendirent les esclaves de Nubie, qui avaient fait assez négligemment leur devoir; mais d'autres racontèrent que cette même nuit, à la lumière incertaine de la pâle Phingari, le Giaour avait été vu guidant sur le rivage son coursier d'ébène dont il faisait saigner le flanc, mais seul et sans jeune fille.

Il serait impossible de décrire le charme de ses beaux yeux noirs: mais regardez ceux de la gazelle, et vous en aurez une idée: les siens étaient aussi grands, aussi profonds et languissants, mais l'âme brillait dans chacune des étincelles qui jaillissaient de dessous la paupière, brillantes comme le diamant de Djemschid. Oui, l'âme! et dût notre prophète assurer que ce corps magnifique n'était qu'une argile animée par Allah, je soutiendrais le contraire, quand même je serais sur le pont d'Al-Sirat, qui tremble au-dessus d'une mer de feu, regardant en face le paradis et toutes les houris qui m'appellent. Oh! en lisant dans les regards de Leïla, quel musulman aurait pu croire encore que la femme n'est qu'une vile poussière, un jouet matériel destiné aux plaisirs d'un maître? Les muftis qui l'auraient contemplée auraient reconnu dans son regard une flamme immortelle; ses joues avaient l'incarnat toujours nouveau de la fleur du grenadier; quand au milieu de ses femmes, qu'elle dominait toutes, elle dénouait dans les salles du harem sa chevelure flexible comme les tiges de l'hyacinthe, les tresses de sa beauté balayaient le marbre sur lequel ses pieds brillaient plus blancs que la neige des montagnes avant qu'elle ait quitté le nuage paternel et que le souffle de la terre ait altéré sa pureté. Comme le cygne glisse majestueusement à la surface des eaux, ainsi se mouvait sur le sol cette fille de la Circassie, le beau cygne du Franguestan. De même que le noble oiseau, effarouché par les pas d'un étranger foulant les bords de son humide domaine, lève une tête superbe et fait les vagues de son aile orgueilleuse; ainsi se dressait et plus blanc encore le cou de la belle Leïla, ainsi elle s'armait de sa beauté contre un regard importun, jusqu'à ce que le présomptueux eût baissé les yeux devant ces charmes qu'il admirait. Avec tant de grâce et de dignité, elle n'avait pas moins de tendresse pour l'ami de son cœur; mais cet ami... sombre Hassan, quel était-il? Hélas! ce nom ne l'était pas dû.

Le sombre Hassan s'est mis en voyage: vingt vassaux forment sa suite, tous armés, comme il convient à des hommes, d'une arquebuse et d'un yatagan; le chef à leur tête, équipé en guerre, porte à son côté le cimeterre qu'il teignit du plus pur sang des Arnautes, le jour où ces rebelles ayant osé lui disputer le passage du défilé de Parna, il n'en resta que bien peu pour aller raconter aux leurs ce qui s'était passé dans cette rencontre. Les pistolets passés dans sa ceinture sont ceux que portait autrefois un pacha, et bien qu'ils soient enrichis de pierreries et garnis d'or, l'œil du brigand craindrait de s'arrêter sur eux. On dit qu'il va chercher une fiancée plus fidèle que celle qui a quitté sa couche, que cette perfide esclave qui s'est enfuie de son harem... et pour qui? pour un giaour!

Les derniers rayons du soleil s'arrêtent sur la colline et brillent dans les flots du ruisseau, dont les eaux fraîches et limpides sont bénies du montagnard. Ici le marchand grec attardé peut goûter ce repos qu'il chercherait en vain dans les villes où le voisinage des maîtres le fait trembler pour son secret trésor. Ici il peut dormir en paix, sans être vu de personne; lui qui dans la foule est un esclave, au désert il se trouve libre: il y peut remplir d'un vin défendu la coupe qu'un musulman ne doit pas vider.

Un Tartare remarquable par son bonnet jaune marche en tête et se trouve à la sortie du défilé; tandis que le reste de la troupe forme une longue file qui suit lentement les détours du passage. Au-dessus d'eux s'élève la cime de la montagne où les vautours aiguisent leur bec affamé, et peut-être se prépareront-ils le cruel butin pour eux d'un repas qui les fera descendre de leur repaire avant les premiers rayons du jour. Sous les pieds des voyageurs, une rivière tarie par les rayons de l'été a laissé son lit à sec et nu, sauf quelques broussailles qui pointent pour mourir bientôt. Aux deux côtés de la route on voit quelques fragments épars d'un sombre granit que le temps ou les orages ont détachés des pics cachés dans les nues: quel mortel a jamais vu à découvert le sommet du Liakura?

Ils atteignent enfin le bosquet de pins. « Bismillah! Maintenant le péril est passé; car sous nos yeux voici la plaine découverte où nous pourrons presser le pas de nos coursiers. » Ainsi parle un des guides, et au même moment une balle siffle à ses oreilles et le Tartare de l'avant-garde a mordu la poussière. Prenant à peine le temps de retenir les rênes, les cavaliers s'élancent à terre d'un seul bond: mais trois d'entre eux ne se remettront jamais en selle: l'ennemi qui les a frappés est invisible, et c'est en vain que leur mort demande vengeance. Quelques-uns, le cimeterre au poing, la carabine armée, s'appuient sur le harnais de leurs chevaux dont le corps leur fait un rempart; d'autres se réfugient derrière les rochers les plus voisins pour y attendre l'attaque; car ce serait une vaine bravade de rester exposés aux coups d'un ennemi qui n'ose point quitter lui-même son

montagneux abri. Seul le sombre Hassan dédaigne de descendre de son coursier et continue sa course; mais les coups de feu tirés en tête lui démontrent bientôt que les brigands se sont emparés de la seule issue par laquelle leur proie pourrait leur échapper. Alors sa barbe se hérisse de courroux, et ses yeux lancent un éclat plus terrible: « Que leurs balles sifflent de près ou de loin; j'ai échappé à des rencontres plus terribles que celle-ci. »

En ce moment l'ennemi quitte les rochers qui le couvraient et ordonne aux voyageurs de se rendre; mais le regard et la parole d'Hassan sont plus redoutés des siens que le glaive des assaillants; personne ne dépose la carabine ou le yatagan et ne pousse le cri du lâche: « Aman! » Les derniers des brigands ont quitté leur embuscade et tous réunis se rapprochent de plus en plus; plusieurs sortent à cheval du bosquet de pins. Quel est celui qui les conduit tous, tenant une épée de forme étrangère qui étincelle dans sa main sanglante? « C'est lui! c'est lui! je le reconnais maintenant: je le reconnais à son front pâle et à ce regard funeste qui l'aide dans ses trahisons; je le reconnais à la barbe noire comme le jais: le costume d'un Arnaute qu'il a revêtu, apostat de sa vile croyance, ne le sauvera pas de la mort: c'est lui! sois le bienvenu à toute heure, amant de la perfide Leïla, Giaour trois fois maudit! »

Quand un fleuve roule jusqu'à l'Océan l'impétueux torrent de ses noires ondes, souvent on voit les vagues de la mer lui opposer une force égale, et s'élevant fièrement en colonne azurée faire remonter bien loin le courant parmi les flocons d'écume et les flots furieux qui s'entrechoquent tourbillonnant sous le souffle de l'hiver; d'humides éclairs brillent à travers une étincelante fumée; les eaux mugissent comme le tonnerre et se précipitent avec une formidable vitesse sur la côte qui brille et s'ébranle sous le choc. De même que ces deux courants se lancent l'un contre l'autre avec une fureur insensée; ainsi se joignent les deux troupes que de mutuelles injures, leur destin et leur rage poussent toutes deux en avant. Le cliquetis des sabres qui se heurtent et s'ébrèchent, les détonations lointaines ou rapprochées qui résonnent à l'oreille assourdie, le projectile mortel qui siffle dans l'air, le choc des combattants, leurs cris, les gémissements des blessés, tous ces bruits se répercutent le long de la vallée mieux faite pour retentir des chants des bergers. Quoique les combattants soient peu nombreux, cette lutte est de celles dans lesquelles on n'accorde ni ne demande la vie. Ah! elle est énergique l'étreinte de deux jeunes cœurs qui se prodiguent de mutuelles caresses; pourtant jamais, pour s'emparer de tout le bonheur que la beauté lui accorde en soupirant, jamais l'amour n'aura la moitié de la fureur que montre la haine dans le mortel embrassement de deux ennemis acharnés, quand, se saisissant au milieu de la mêlée, ils enlacent leurs bras dans une étreinte que rien ne pourra dénouer. Non! des amis se rencontrent pour se séparer bientôt; l'amour se rit des nœuds qu'il a formés; mais quand de véritables ennemis sont une fois réunis, ils sont même dans la mort.

Son cimeterre, brisé jusqu'à la garde, dégoutte encore du sang qu'il a répandu; sa main, séparée du poignet, serre convulsivement ce glaive qui a trahi son courage; son turban, fendu à l'endroit le plus épais, a roulé loin de lui; sa robe flottante est hachée de coups de sabre et rouge comme ces nuages du matin, qui, rayés de lignes sombres, annoncent une tempête pour la fin du jour; chaque buisson ensanglanté porte un lambeau de son châle aux couleurs splendides; sa poitrine est couverte d'innombrables blessures: enfin, couché sur le dos, la face vers le ciel, gît le malheureux Hassan, tournant encore vers l'ennemi ses yeux tout grands ouverts, comme si sa haine inextinguible eût survécu à l'heure qui avait fixé son destin. Sur lui se penche son ennemi avec un front aussi sombre que celui du cadavre.

« Oui, Leïla dort sous la vague; mais lui, il aura une tombe sanglante: l'âme de Leïla dirigeait l'acier qui a percé le cœur de son meurtrier. Il a invoqué le prophète; mais Mahomet a été impuissant contre la vengeance du Giaour: il a invoqué Allah, mais sa voix n'a pas été écoutée. Insensé musulman! sur le point de mourir à la prière, toi qui as été sourd à celles de Leïla? J'ai épié l'occasion propice; j'ai fait alliance avec ces braves pour surprendre le traître à son tour: ma rage est assouvie; l'acte est consommé, et maintenant je pars... mais je pars seul. »

On entend tinter les sonnettes des chameaux qui paissent dans la plaine; la mère d'Hassan regarde à travers les jalousies; elle voit la rosée nocturne descendre en gouttes étincelantes sur le vert pâturage; elle voit les étoiles qui commencent à scintiller: « Voici venir le soir: sans doute le cortège n'est pas loin. » Elle ne peut rester dans le pavillon du jardin; mais elle monte à la plus haute tour et s'approche de la fenêtre grillée. « Pourquoi ne vient-il pas? Ses coursiers sont légers et ne craignent pas la chaleur de l'été. Pourquoi le fiancé n'envoie-t-il pas les présents qu'il a promis? Son cœur est-il plus froid, ou son cheval barbe moins rapide? Ah! j'ai tort de lui faire ces reproches! Voici un Tartare qui a gagné le sommet des montagnes voisines et qui d'un pas prudent en descend la pente; maintenant il suit la vallée: il porte à l'arçon de sa selle les présents attendus... comment ai-je accusé sa lenteur? mes largesses le récompenseront de son empressement et de ses fatigues. »

Le Tartare met pied à terre à la porte du château, mais il semble avoir peine à se soutenir : ses traits rembrunis ont un air abattu ; ce ne peut être seulement de la fatigue. Ses vêtements sont tachés de sang : tout ce sang ne peut provenir des flancs de son coursier. Il tire de dessous son vêtement le gage qu'il apporte..... Ange de la mort ! c'est le turban d'Hassan tout fendu en deux ; c'est la calotte de fer brisée... son caftan rouge de sang. « Femme ! ton fils a épousé une terrible fiancée : les meurtriers m'ont épargné, moi, non par merci, mais pour t'apporter ce don. Paix au brave dont le sang a coulé ! Malheur au Giaour : le crime est de lui ! »

Un turban sculpté dans la pierre la plus commune, une colonne que dominent d'épais buissons de ronces, et sur laquelle on peut à peine lire aujourd'hui le verset du Koran gravé sur la demeure des morts ; voilà ce qui indique, dans le défilé solitaire, la place où Hassan est tombé. Là dort un des meilleurs musulmans que l'on vit jamais fléchir le genou à la Mecque, repousser la coupe défendue, et, à chaque appel solennel du muezzin, prier la face tournée vers le saint tombeau. Il tomba cependant sous les coups d'un étranger et au sein de sa terre natale, et mourut les armes à la main. Son trépas est resté sans vengeance, du moins sans vengeance sanglante ; mais les vierges du Paradis s'empressent de l'accueillir dans leurs demeures, et les yeux noirs et brillants des houris lui souriront à jamais. Elles s'avancent agitant leurs verts tissus de gaze et leurs baisers viennent saluer le brave ! Quiconque tombe en combattant l'infidèle est digne de l'immortel séjour.

Mais toi, perfide Giaour, tu te tordras sous la faulx vengeresse de Monkir, et tu n'échapperas à ce supplice que pour aller errer autour du trône d'Eblès : là, un feu inextinguible brûlera, pénétrera ton cœur ; et aucune oreille ne pourrait entendre, aucune langue ne peut exprimer les tortures de cet enfer intérieur. Mais d'abord ton cadavre, arraché de la tombe, sera renvoyé sur la terre avec la puissance hideuse d'un vampire, pour apparaître, spectre horrible, aux lieux de ta naissance, et t'y nourrir du sang de toute ta race. Là, vers l'heure de minuit, tu viendras boire la vie de la fille, de la sœur, de la femme, en détestant toi-même l'horrible aliment dont tu dois gorger ton cadavre vivant et livide ; les victimes, avant d'expirer, te reconnaîtront dans le démon qui les tue : elles te maudiront et tu les maudiras, en voyant tes fleurs se flétrir sur leur tige. De tous les êtres qui doivent périr par tes crimes, un seul, le plus jeune, le plus aimé de tous, te bénira en te disant : « Mon père ! » Ce mot te brûlera le cœur, et pourtant il faudra que tu achèves ta tâche, que tu épies la dernière rougeur sur sa joue, la dernière étincelle dans ses yeux, que tu voies un dernier regard limpide se glacer dans sa prunelle mourante : alors, d'une main sacrilège, tu arracheras cette blonde chevelure ; vivant, tu en portais une boucle, gage de la plus tendre affection ; mais maintenant, tu la garderas avec toi comme un monument de ton agonie. Tes dents grinçantes et tes lèvres convulsives, toujours humectées, dégouttelant du plus pur sang de tous les tiens. Alors va te renfermer dans ta tombe lugubre ; va cuver ta rage avec les Goules et les Afrites qui reculeront d'horreur en contemplant un spectre encore plus odieux qu'eux-mêmes.

« Comment nommez-vous ce caloyer solitaire ? Je pense avoir déjà vu ses traits dans ma terre natale : il y a bien des années que, passant sur un rivage désert, je l'ai vu presser les flancs du coursier le plus rapide qui jamais ait servi l'impatience de son cavalier. Je n'ai vu sa figure qu'une fois ; mais elle portait l'empreinte de tels tourments intérieurs, que je ne puis la méconnaître à cette seconde rencontre : la même tristesse sombre y respire encore ; il semble que sur ce front la mort a mis son cachet.

— Il y aura cet été six ans qu'il a fait sa première apparition parmi nos frères, et il a voulu habiter ici pour expier quelque noir forfait qu'il n'a point révélé. Mais on ne le voit jamais s'agenouiller pour les prières du soir ni devant le tribunal de pénitence : il ne s'unit point à nous quand l'encens et les cantiques s'élèvent vers le ciel : mais il reste seul, méditant dans sa cellule. Sa foi et sa race nous sont inconnues. Venu des pays mahométans, il a débarqué sur nos côtes : il ne semble pas, toutefois, appartenir à la race d'Othman, et ses traits annoncent un chrétien. J'inclinerais à voir en lui un malheureux rénégat, repentant de son abjuration, s'il n'évitait point nos saints autels, s'il participait au pain et au vin consacrés. Il a fait de grandes largesses à notre monastère et s'est ainsi assuré la faveur de l'abbé : pour moi, si j'étais prieur, je ne souffrirais pas ici cet étranger un jour de plus, ou je le renfermerais pour toujours dans la cellule de pénitence. Dans ses visions, il parle souvent de jeunes filles ensevelies dans la mer, de sabres qui se heurtent, d'ennemis en fuite, d'outrages vengés, d'un musulman expirant. On l'a vu s'asseoir seul au sommet d'une falaise, et s'imaginer qu'une main sanglante, nouvellement coupée et visible pour lui seul, venait lui montrer sa tombe et l'inviter à se jeter dans les flots.

« Le regard qui brille sous son brun capuchon est sombre et n'appartient point à la terre : son passé se révèle trop clairement dans la flamme de son œil dilaté ; à travers les changements de ses nuances indistinctes, cet œil épouvante quelquefois l'étranger, car on y lit clairement l'ascendant inexplicable, mais incontesté, d'un esprit que rien ne domptera jamais. Pareil à l'oiseau qui ébranle ses ailes sans pouvoir fuir le serpent qui le fascine, on tremble devant son regard, mais on n'en peut rompre l'insupportable influence. Chacun de nos frères, quand il le rencontre seul, sent un effroi soudain et cherche à se retirer, comme si ces yeux et ce sourire amer répandaient autour de lui les terreurs et la trahison. C'est rarement, d'ailleurs, qu'il daigne sourire, et quand il le fait, il semble se railler de sa propre souffrance, tant sa lèvre pâle se relève ironique et tremblante ! Mais bientôt cette lèvre redevient immobile et semble fixée pour l'éternité, comme si la douleur ou le dédain lui défendaient toute nouvelle faiblesse. Que n'en est-il ainsi ! Ce rire sépulcral ne saurait provenir d'une véritable gaîté. Mais il serait plus triste encore de chercher à deviner quels sentiments se sont peints autrefois sur ce visage : le temps n'en a plus encore tellement fixé les traits qu'il n'y reste quelques indices de bien mêlés avec le reste ; des nuances encore perceptibles révèlent une âme que ses crimes n'ont point entièrement dégradée. Le vulgaire n'y voit que la marque sombre d'actes coupables et de leur juste châtiment ; mais un observateur moins superficiel y reconnaît une âme noble, une illustre origine : deux dons, hélas ! qui ont été vains, puisque la douleur et le crime les ont souillés ; mais ils n'appartiennent pas à des êtres vulgaires et leur cachet inspire toujours un sentiment de respectueuse crainte. Une chaumière à demi détruite attire à peine le regard du voyageur ; mais la tour battue par les assauts et la tempête, tant qu'un seul de ses créneaux est encore debout, attire et fixe l'attention : ces arches couvertes de lierre, ces piliers isolés parlent encore d'une gloire passée.

« Sa robe flottante se glisse lentement le long des colonnes du cloître : nous ne le voyons qu'avec terreur contempler d'un air sombre nos pieuses cérémonies. Mais quand les hymnes saints font retentir le chœur, quand les moines s'agenouillent, alors il se retire : à la lueur d'une torche vacillante, on le voit debout sous le porche où il reste jusqu'à la fin de l'office, écoutant les prières mais n'en répétant aucune. Voyez... près de ce mur à demi éclairé : son capuchon est rejeté en arrière, ses cheveux noirs retombent en désordre sur son front pâle, auquel la Gorgone semble avoir cédé ses plus terribles serpents : car, ayant pris d'ailleurs notre costume, il dédaigne en cela seul la règle du couvent et laisse aux boucles de sa chevelure cette longueur profane. Son orgueil et non sa piété comble de riches présents un temple qui n'a jamais entendu ses prières. Observez-le lorsque le chœur élève vers le ciel sa puissante harmonie : toujours cette joue livide, cette immobilité de marbre, cette attitude de défi et de désespoir ! Ô bienheureux François, daigne l'éloigner de ton sanctuaire, car il est à craindre que la colère divine ne se manifeste ici par quelque signe épouvantable Si jamais un mauvais ange a revêtu la figure humaine, il le parut sans doute : Par toutes mes espérances de pardon, un tel aspect n'appartient ni à la terre ni au ciel. »

Les cœurs tendres sont enclins à l'amour, mais trop timides pour accepter les douleurs, pour faiblir, pour braver le désespoir, ils ne se donnent jamais à lui tout entiers. Des âmes fortes peuvent seules ressentir ces blessures que le temps ne guérit pas. Le métal grossier sortant de la mine doit passer par le feu avant d'être susceptible de poli : plongé dans la fournaise, il se fond et devient ductile sans changer de nature ; alors trempé pour les besoins ou les caprices de l'homme, il deviendra un instrument de salut ou de mort, une cuirasse pour protéger son sein, une épée pour percer son ennemi : mais si l'acier prend la forme d'un poignard, malheur à qui en aiguise la pointe ! Ainsi le feu des passions, les séductions de la femme peuvent modifier et apprivoiser une âme forte ; cette âme en reçoit sa forme et sa destination, elle demeurera telle qu'elle aura été faite, et avant de la plier dans un autre sens... on la briserait.

Lorsqu'après la douleur on trouve la solitude, le soulagement qu'on en éprouve est faible ; le cœur vide et désolé bénirait une angoisse qui viendrait l'occuper. Nos sentiments veulent être partagés ; le bonheur même n'est que peine s'il faut en jouir seul, et le cœur qui reste ainsi dépourvu de sympathies doit chercher enfin un refuge... dans la haine. Tels seraient les trépassés s'ils sentaient le ver froid rampant sur leurs membres, s'ils frémissaient au contact de l'insecte immonde qui vient les ronger pendant cet affreux sommeil, sans pouvoir écarter des convives glacés qui se nourrissent de leur argile ; tel serait l'oiseau du désert qui s'ouvre lui-même les entrailles pour calmer la faim de ses petits, et qui ne regrette pas la vie qu'il fait passer de ses veines dans les leurs ; tel il serait, si, après avoir déchiré ce sein maternel, il trouvait son nid vide et ses nourrissons envolés. Oui, les plus vives souffrances que le malheureux puisse endurer sont un ravissement ineffable, comparées à ce vide affreux, ce désert stérile de l'âme, à cette désolation d'un cœur inoccupé. Ne voudrait être condamné nu ciel sans nuages et sans soleil? Oh! plutôt le mugissement d'éternelles tempêtes que d'avoir plus à braver les vagues. Mais se voir jeté, après le combat des éléments, naufragé solitaire, sur une côte offerte par le hasard, dans la tristesse d'un calme inaltérable, au fond d'une baie silencieuse, destiné à dépérir lentement loin de tous les regards... plutôt succomber sous la foudre que de mourir ainsi pièce à pièce!

« Mon père! tes jours se sont écoulés en paix, dans d'innombrables prières, comptées pourtant aux grains de ton chapelet: absoudre les péchés des autres sans éprouver toi-même un remords ou un souci, sauf ces maux passagers qui sont notre commun partage, tel a été ton sort depuis tes jeunes années, et tu bénis le ciel de t'avoir mis à l'abri de ces passions farouches et indomptables dont les pénitents sont venus te montrer et dont les crimes et les douleurs secrètes restent ensevelis dans ton sein pur et miséricordieux. Quant à moi, mes jours, peu nombreux, ont connu bien des joies, mais encore plus de maux; et pourtant ces heures d'amour et de combat m'ont dérobé à l'ennui de la vie. Tantôt me liguant avec des amis, tantôt entouré d'ennemis, je ne pouvais souffrir les langueurs du repos. Rien ne me reste aujourd'hui à aimer ou haïr, rien ne ranime plus en moi ni l'espoir ni l'orgueil, et je voudrais être l'insecte le plus hideux qui rampe sur les murs d'un cachot plutôt que de passer dans la méditation mes tristes et uniformes journées. Et pourtant je sens poindre au-dedans de moi un désir du repos... mais d'un repos dont je ne voudrais pas avoir conscience. Ce vœu, mon sort doit bientôt l'accomplir; bientôt je dormirai sans un songe de ce que j'étais, de ce que je voudrais être encore, quelque criminelle que ce paraisse mon existence. Ma mémoire n'est plus que la tombe d'un bonheur éteint, passé : tout mon espoir est de m'éteindre de même, et il eût mieux valu mourir avec lui que de traîner si longtemps une vie languissante. Mon âme n'a point succombé sous ses peines cuisantes et sans trêve : elle n'a point cherché le repos dans une fuite volontaire comme plus d'un insensé des temps antiques ou modernes. Et pourtant je n'ai jamais craint la mort; elle m'eût été douce au sein des combats, si j'avais cherché les dangers pour la gloire et non pour l'amour. Ces dangers, je les ai bravés, non pour de vains honneurs : il m'est indifférent de perdre ou de gagner des lauriers; je les laisse aux amis de la renommée ou des succès mercenaires : mais que l'on place encore devant moi un prix que je juge digne de mes efforts, la femme que j'aime, l'homme que je hais; et pour sauver l'une ou tuer l'autre, je me jetterai sur les pas du destin à travers le fer et la flamme. Tu peux le croire un homme prêt à faire encore... ce qu'il a fait déjà. La mort n'est rien : l'audacieux la brave, le faible la subit, le malheureux l'implore. Que ma vie retourne donc à celui qui me l'a donnée : puissant et heureux, je n'ai point fléchi devant le danger... le ferai-je maintenant?

« J'aimais cette femme, ô moine; je l'adorais... mais ce sont là des mots que tous peuvent répéter... moi j'ai prouvé mon amour autrement que par des mots. Il y a une tache sur cette épée : c'est du sang; et elle ne s'effacera jamais. Ce sang a été versé pour elle, qui était morte pour moi; ce sang animait le cœur d'un homme abhorré... Ne frémis pas... je plie les genoux : si tu peux te mettre un pareil acte au nombre de mes péchés, tu dois même m'en absoudre : cet homme était l'ennemi de la foi. Le nom seul de Nazaréen était une absinthe pour son cœur musulman. Ingrat et insensé! sans les épées maniées par quelques mains vigoureuses, sans les blessures infligées par des Galiléens, ce moyen assuré de gagner le ciel de Mahomet, les houris impatientes auraient encore longtemps à l'attendre sur le seuil du Paradis. J'aimais cette femme, l'amour se fraie des sentiers par où les loups eux-mêmes craindraient de poursuivre leur proie; et s'il ne manque pas d'audace, il est rare que la passion n'obtienne point sa récompense... n'importe comment, où et pourquoi, je ne m'en inquiétai jamais: quelquefois cependant, saisi d'un remords, j'ai regretté qu'elle eût connu un second amour.

« Elle mourut... Je n'ose te dire comment; mais vois... cela est écrit sur mon front. Tu peux y lire le mot et la malédiction de Caïn gravés en caractères que le temps n'efface point : toutefois avant de me condamner, écoute-moi : je ne suis pas l'auteur, mais la cause du crime. L'autre fit seulement ce que j'aurais fait, si elle eût été infidèle à un second amant. Elle le trahit, et il porta le coup; elle m'aimait, et je l'ai vengée. Quelque mérité que fût le sort de cette femme, sa trahison était fidélité envers moi : c'est à moi qu'elle avait donné son cœur, la seule chose que la tyrannie ne puisse enchaîner; et moi, hélas! venu trop tard pour la sauver; tout ce qui restait à faire, je le fis; je consolai son ombre en immolant notre ennemi. Ce dernier trépas ne me pèse guère : mon sort, à elle, a fait de moi un être que tu dois prendre en horreur. L'arrêt du meurtrier était porté... il le savait, averti d'avance par la voix du sombre tahir (1), à l'oreille duquel avait résonné

(1) Le tahir des musulmans connaît l'avenir par les sons qui arrivent d'avance à son oreille, comme la détonation des mousquets, etc. Cette

tristement la détonation prophétique pendant que sa troupe se dirigeait vers le théâtre du massacre. Du reste, il est mort dans le tumulte de la bataille, quand on ne sent ni fatigue ni souffrance : un cri vers Mahomet, une prière à son Dieu, et ce fut tout. Il m'avait reconnu et heurté dans la mêlée... je le contemplai couché dans la poussière, et j'assistai au départ de son âme : quelque percé comme le tigre par l'épieu du chasseur, il n'éprouvait pas la moitié de ce que j'éprouve maintenant. J'épiai, en vain, sur son visage les convulsions d'une âme blessée : tous ses traits exprimaient la fureur, aucun ne trahissait un remords. Oh! que n'aurait point donné ma vengeance pour lire le désespoir sur cette face mourante, pour y voir ce tardif repentir qui ne peut plus dépouiller la tombe d'une seule de ses terreurs, ni renfermant ni consolation pour cette vie, ni salut dans l'autre!

« Le sang est glacé chez les fils d'un climat froid : leur amour est à peine digne de ce nom : mais le mien était ce torrent de lave qui bouillonne dans le sein enflammé de l'Etna. Je ne sais point vanter, dans leur puéril langage, les charmes féminins et les chaînes de la beauté; si des joues qui pâlissent, des veines qui s'enflamment, des lèvres convulsives, mais non gémissantes, un cœur prêt à éclater, un cerveau en démence; si des actes d'audace et un acier prêt à la vengeance; ce que j'ai senti, ce que je sens encore : si tout cela révèle l'amour, cet amour était le mien; et des indices plus terribles encore révélaient ma passion. Je ne savais ni me plaindre ni soupirer; je ne songeais qu'à posséder ou à mourir. Je meurs... mais j'ai possédé : arrive ce qui pourra, j'ai connu le bonheur. Accuserai-je maintenant la destinée que j'ai choisie? Non... dépouillée de tout, mais ne souffrant que du trépas de Leïla, qu'on m'offre de nouveau le plaisir et la peine, je voudrais vivre pour aimer encore. Je gémis, ô mon saint guide, non sur celui qui meurt, mais sur celle qui est morte : elle dort sous la vague errante... Oh! que n'a-t-elle une tombe dans la terre : ce cœur brisé, cette tête palpitante, iraient chercher et partager sa couche étroite. Leïla était une lumière vivante : dès que je l'eus aperçue, elle devint une partie de mon regard, et partout où se tournait ma vue elle se levait devant moi, étoile du matin de tous mes souvenirs.

« Oui, l'amour est en effet une lumière des cieux, une étincelle de ce feu immortel que nous partageons avec les anges, et qu'un Dieu nous a donné pour détacher nos désirs de la terre. La piété nous élève vers le ciel; mais le ciel lui-même descend en nous dans l'amour; sentiment que la Divinité nous communique pour purifier notre être de sordides pensées; rayon du Créateur qui forme autour de l'âme une glorieuse auréole! Sans doute mon amour était imparfait, comme tout ce que les hommes appellent à tort de ce nom; à ce titre, qualifie-le de péché, de tout ce que tu voudras : mais, avoue-le, le sien n'était pas coupable. Leïla était l'étoile polaire de ma vie : cet astre éteint, quel rayon pouvait interrompre ma nuit? Oh! que ne peut-elle luire encore pour me guider, fût-ce à la mort ou à des maux plus terribles? Pourquoi s'étonner si ceux qui ont perdu tant de bonheur dans le présent, tant d'espoir pour l'avenir, ne peuvent porter paisiblement leur douleur; si leur frénésie accuse le destin; si dans leur démence ils accomplissent ces actes épouvantables qui ne font qu'ajouter le crime à la souffrance? Hélas! un cœur saignant d'une blessure intérieure n'a plus rien à redouter des atteintes du dehors : déchu de tout ce qu'il connaît de bonheur, qu'importe dans quel abîme il tombe! Vieillard, ma cruauté égale les yeux celle de la farouche vautour; les : l'horreur sur ton front : c'est encore un des châtiments qui m'étaient destinés! Oui, comme l'oiseau de proie, j'ai marqué pour le carnage ma route ici-bas; mais la colombe m'a montré à mourir... sans connaître un second amour. C'est encore une leçon que l'homme doit prendre d'êtres qu'il ose mépriser : l'oiseau qui chante parmi la bruyère, le cygne qui nage sur le lac ne prennent qu'une compagne, une seule. Qu'un cœur volage, inconstant comme les enfants dans leurs jeux, raille ce qui ne sait point changer : je n'envie point la variété de ses plaisirs et l'estime moins que ce cygne solitaire; moins, bien moins encore que la beauté légère qui l'a cru et qu'il a trahie. Cette honte du moins ne peut m'être imputée. Leïla, je t'ai donné toutes mes pensées, mes vertus, mes crimes, mes richesses, mes malheurs, mon espoir dans les cieux, mon tout ici-bas. La terre ne possède rien de semblable à toi; ou si cel être existe, pour moi, il existe en vain : pour un monde entier, je ne voudrais pas regarder une femme qui te ressemblerait et qui ne serait pas toi. Les crimes qui ont souillé ma jeunesse, ce lit de mort lui-même... attestent cette vérité! Il est trop tard pour toute autre pensée... Tu fus, tu es encore le rêve délirant et chéri de mon cœur!

« Et elle périt... et moi, je continuai de vivre, mais non comme vit le reste de l'humanité : un serpent enlaçait mon cœur de ses replis et son aiguillon réveillait sans cesse ma haine. Indifférent au temps, abhorrant tous les lieux, je me détournais avec épouvante de la face de la nature; car toutes les beautés qui m'avaient charmé ne faisaient plus qu'éveiller les sombres douleurs de mon âme. Vous

faculté correspond en quelque sorte à la seconde vue du seer (voyant) des Écossais.

savez déjà tout le reste, vous connaissez toutes mes fautes et la moitié de mes douleurs. Mais ne me parlez plus de repentir ; vous voyez que je partirai bientôt de ce monde, et quand même j'ajouterais foi à vos pieux discours, ce qui est fait, pouvez-vous le défaire ? Ne m'accusez pas d'ingratitude ; mais croyez-le bien, ma douleur n'est point de celles qu'un prêtre peut guérir. Il vous est facile de deviner en vous-même l'état de mon âme : mais, plus je vous inspire de pitié, moins vous devriez me parler de ce sujet. Quand vous pourrez rendre ma Leïla à la vie, alors j'implorerai de vous mon pardon, alors je plaiderai ma cause devant ce haut tribunal dont l'indulgence s'obtient en payant des messes. Allez ! essayez de calmer la lionne solitaire, quand un chasseur a enlevé de sa tanière ses petits vagissants ; mais ne tentez pas de calmer..... de railler mon désespoir !

« Dans de plus jeunes années, à des heures plus calmes, quand le cœur trouve ses délices à s'unir avec un autre cœur, aux lieux où fleurit ma natale vallée, j'avais..... l'ai-je encore ?..... j'avais un ami ! Vieillard, je vous charge de lui transmettre ce souvenir de notre jeune affection : je désire qu'il apprenne ma fin : quoique des âmes absorbées comme la mienne dans une seule pensée n'accordent peu à l'amitié absente, j'espère que mon nom flétri lui est encore cher. Chose étrange ! il m'a prédit mon sort et je lui ai répondu par un sourire (en ce temps-là, je souriais encore), pendant que la prudence, me parlant par sa voix, me donnait des avis..... que je n'écoutais guère : mais maintenant la mémoire me répète tout bas ces discours à peine compris autrefois. Dites-lui que ses prédictions se sont accomplies, et il frémira d'apprendre ces nouvelles, et il regrettera d'avoir été prophète. Dites-lui que, si au milieu d'une vie tristement agitée, j'ai négligé les souvenirs des jours dorés de notre jeunesse, néanmoins, à l'heure de la souffrance et de la mort, ma voix défaillante eût essayé de bénir sa mémoire ; mais le ciel s'indignerait si le crime osait le prier pour l'innocence. Je ne lui demande pas de m'épargner le blâme : son cœur est trop grand pour ne point respecter mon nom ; et, d'ailleurs, qu'ai-je à faire de la renommée ? Je ne lui demande pas de ne point me pleurer : cette froide prière ressemblerait au dédain ; et les larmes viriles de l'amitié conviennent bien au cercueil d'un frère. Portez-lui seulement cet anneau qui fut autrefois le sien, et peignez-lui... ce que vous voyez maintenant : un corps flétri, une âme en ruines, un débris du naufrage des passions, un parchemin effacé, une feuille desséchée qu'emporte le vent de l'automne !

« Ne me dites plus que c'est une vision mensongère : non, mon père, non ; ce n'était pas un songe, hélas ! pour rêver, il faut dormir : je veillais et j'aurais voulu pleurer ; mais je ne le pouvais pas, car mon front en feu s'ébranlait comme maintenant aux battements de mon cerveau : j'invoquais une larme, une seule, comme un don rare et précieux : je l'appelais et je l'appelle encore : le désespoir est plus fort que ma volonté. Ne prodiguez point en vain vos prières : le désespoir est plus puissant qu'elles. Cela fût-il possible, je ne voudrais point être béni du ciel : je ne demande point le paradis ; il ne me faut que le repos. Tout à l'heure, je vous le dis, mon père, tout à l'heure je l'ai vue : oui, elle était vivante ; elle brillait dans son blanc linceul, comme à travers ce pâle nuage brille l'étoile, cent fois moins belle, que je contemple comme je la contemplais. Je ne vois plus que confusément sa tremblante étincelle ; la nuit de demain sera encore plus sombre, et moi, avant que les rayons de cette étoile aient disparu, je serai cette chose sans vie qui fait l'effroi des vivants. Je m'égare, mon père, car mon âme se précipite vers la fin de la carrière. Je l'ai vue, moine ! et je me suis levé, oubliant toutes mes peines... M'élançant de ma couche, je la saisis, je la presse contre ce cœur désespéré, je la presse...... et qu'est-ce donc que je presse contre mon cœur ? Ce n'est point un sein qui respire, ce n'est point un cœur qui, par ses battements, répond au mien. Et pourtant, Leïla, ce sein est le tien ! Es-tu donc tellement changée, ô ma bien-aimée, qu'en consolant mes regards, tu ne me rendes pas mes embrassements ? Ah ! quelque glacés que soient tes charmes, n'importe ! je veux serrer dans mes bras le seul trésor que j'aie jamais désiré. Hélas ! c'est une ombre qu'ils entourent et ils se replient frémissant sur ma poitrine solitaire et, cependant, elle est encore là, debout, en silence, et m'appelant de ses mains suppliantes ! C sont les tresses de sa chevelure, ce sont ses yeux noirs et brillants... Je savais bien que c'était un mensonge... elle ne pouvait pas mourir !... Ma lui, il est mort. Je l'ai v enterrer dans le défilé, la place même où il e tombé. Il ne vient pa car il ne peut percer terre qui le couvre ; t pourquoi donc t'es-tu veillée ? On m'avait que les vagues caprici ses roulaient sur tes tra adorés, sur tes for chéries ; on m'avait dit c'était une odieuse fau seté ! Je voudrais répé cette histoire que ma la gue s'y refuserait : si est vraie pourtant, et tu quittes les grottes l'Océan pour récla une tombe plus paisib oh ! passe tes doigts mides sur mon front il ne brûlera plus, pose-les sur ce cœur sespéré ; mais ombre réalité, quoi que tu p ses être, par pitié ne va point, ou emp avec toi mon âme loin que ne soufflent les vents et que ne roulent les vagues !

La soif de ma vengeance est apaisée. Je pars, mais je pars seul.

« Je t'ai confié mon nom et mon histoire, ministre de la p tence ; ton oreille a reçu le secret de mes douleurs : je te rem de cette larme généreuse que tu m'accordes et que mon œil de ché n'eût pu répandre. Qu'on me couche parmi les morts les humbles, et, sauf la croix placée sur ma tête, que ma tomb porte ni nom ni emblèmes qui attirent l'attention de l'étrang arrêtent les pas du pèlerin. »

Il mourut... sans laisser aucun indice qui pût révéler son no sa race, si ce n'est ce qu'avait entendu le moine qui l'avait assi son lit de mort et ce que son vœu lui défendait de dévoiler. Ce morcelé est tout ce que nous savons sur la femme qu'il a ch sur l'homme qu'il a tué.

FIN DU GIAOUR.

LA PROPHÉTIE DU DANTE (1).

DÉDICACE.

Aimable dame! Si, pour la froide et brumeuse patrie où je suis né, mais où je ne voudrais pas mourir, j'ose imiter le rhythme du père des poètes d'Italie et copier grossièrement en caractères runiques les sublimes chants du Sud, la faute en est à vous; sans doute je n'atteindrai pas l'immortelle harmonie du modèle, mais votre cœur indulgent me pardonnera. Dans la confiance de la beauté et de la jeunesse, vous avez ordonné : et pour vous, parler et être obéie c'est une même chose... c'est seulement dans les chaudes régions du Sud que s'entendent de tels accents, que se montrent de tels charmes, qu'un si doux langage s'exhale d'une bouche si belle... Que ne tenterait point celui qui vous a entendue?

CHANT PREMIER.

Encore une fois rentré dans le monde fragile de l'homme! Je l'avais quitté depuis si longtemps qu'il était oublié. L'humaine argile pèse de nouveau sur moi, trop vite ravi à l'immortelle vision qui soulageait mes douleurs terrestres. Cette vision m'a fait traverser ce gouffre profond d'où l'on ne revient pas et où j'ai entendu les cris des damnés sans espoir; elle m'a montré ensuite cette autre demeure moins douloureuse d'où l'homme purifié par le feu peut prendre un jour son essor pour se réunir à la troupe des anges : enfin elle m'a élevé jusqu'au séjour céleste où ma brillante Béatrice a éclairé mon esprit de sa lumière; alors gravissant d'étoile en étoile jusqu'au trône du Tout-Puissant sans être foudroyé par sa gloire, je suis parvenu à la base de l'éternelle triade, de ce Dieu, le premier, le dernier, le plus parfait des êtres, mystérieusement triple et unique, immense et infini, âme de tout l'univers! O Béatrice, sur ton corps adoré pèsent depuis longtemps la terre et le marbre froid; pur séraphin de mon premier amour, de cet amour tellement ineffable et unique, que rien sur la terre ne peut plus toucher mon cœur. Si je ne t'avais rencontrée dans le ciel, mon âme eût continué d'errer en te cherchant comme la colombe sortie de l'arche dont les pieds ne pouvaient se poser nulle part pour soulager son aile fatiguée. Oh! sans ta lumière, mon paradis eût été incomplet.

Depuis que le soleil a fait luire mon dixième été, tu fus ma vie et l'essence de ma pensée : je t'aimais avant de connaître le nom d'amour, et ton image brille encore devant ces yeux affaiblis par l'âge, les per-

Le Dante.

sécutions, l'exil et les larmes que j'ai versées sur toi. Mes autres maux ne m'avaient point coûté de pleurs : car je ne suis point de nature à plier devant la tyrannie d'une faction et les rumeurs de la foule. Ma longue, longue lutte a été sans fruit; je ne dois plus revoir ma terre natale, même pour y mourir, sauf lorsque l'œil de mon imagination, perçant le nuage suspendu sur les Apennins, me montre cette Florence autrefois si fière de moi : et pourtant ils n'ont pas vaincu l'âme inflexible du vieil exilé!

Mais le soleil, quel que soit son éclat, se couche enfin, et la nuit le remplace : je suis vieux d'années, d'actions, de pensées; j'ai vu la destruction face à face et sous toutes ses formes. Le monde m'a laissé pur comme il m'a trouvé, et si je n'ai pas encore recueilli ses suffrages, du moins je ne les ai point honteusement brigués. L'homme outrage; le temps venge, et mon nom ne sera peut-être pas un monument sans gloire, quoique le but de mon ambition n'ait point été d'ajouter une ligne de plus à la liste vaniteuse de ces coureurs de renommée qui tendent leur voile au souffle inconstant de l'opinion et mettent leur honneur à prendre place dans les chroniques sanglantes du passé avec les conquérants et tant d'autres ennemis de la vertu. Ce que je voulais, c'était te voir puissante et libre, ô ma Florence! Florence! tu fus pour moi comme cette Jérusalem sur laquelle le Tout-Puissant pleura : « Tu ne l'as pas voulu! » mais si tu avais écouté ma voix, je t'aurais abritée sous mon aile comme l'oiseau abrite ses petits. Loin de là, comme la couleuvre sourde et féroce, tu dardas ton venin contre le sein qui te réchauffait : mes biens furent confisqués; mon corps fut condamné aux flammes. Hélas! cette malédiction de la patrie, combien elle est amère à celui qui voudrait mourir pour ses concitoyens, mais qui n'a point mérité de mourir par eux, et qui les chérit encore même dans leur colère.

Le jour peut venir où Florence sera désabusée; le jour peut venir où elle serait fière de posséder cette cendre qu'aujourd'hui elle voudrait jeter aux vents, de transférer dans ses murs la tombe de celui à qui vivant elle refuse un asile. Inutile regret! Que ma poussière demeure où elle sera tombée : non, toi qui m'as donné la vie, mais qui dans ta fureur soudaine m'as repoussé loin de toi pour aller vivre où je pourrais, tu ne reprendras pas ainsi possession de mes ossements indignés, parce que ta colère est passée et que tu as daigné rétracter ton arrêt; non, tu m'as refusé ce qui m'appartenait, mon toit : tu n'auras pas ce qui ne t'appartient point, ma tombe!

Trop longtemps son courroux, s'armant contre moi, a repoussé loin d'elle un fils prêt à verser son sang pour la défendre, un cœur dévoué, une âme d'une fidélité éprouvée, un homme qui a combattu, travaillé, voyagé pour elle, qui a rempli tous les devoirs d'un bon citoyen, et qui, pour sa récompense, a vu la perfide ascendant des Guelfes ériger en loi son arrêt de proscription. De pareilles choses ne s'oublient pas : Florence auparavant serait oubliée. Trop saignante est la blessure, trop profond l'outrage et trop prolongée la souffrance : mon pardon n'aurait plus rien de grand, et un tardif repentir ne rendrait pas l'injustice moins criante : et cependant... je sens mes entrailles s'émouvoir en sa faveur; et pour l'amour de toi,

---

(1) Composé en 1819, à Ravenne, près du tombeau du Dante.

Paris. — Imp. Lacour et C°, rue Soufflot, 16.

ô ma Béatrice! il m'est pénible de me venger d'un pays que j'appelais ma patrie et qui fut consacré par le retour de ta cendre : comme une relique sainte, cette cendre protégera la cité homicide, et ta seule urne suffira pour sauver les jours de tous mes ennemis. Comme le vieux Marius dans les marais de Minturnes et parmi les ruines de Carthage, il est des moments où mon cœur est dévoré de l'i resse brûlante du ressentiment; où un songe m'offre le spectacle des dernières angoisses d'un lâche ennemi et fait rayonner sur mon front l'espoir du triomphe... Écartons ces pensées, dernière faiblesse de ceux qui, ayant longtemps souffert des maux surhumains, et n'étant au fond que des hommes, ne trouvent de repos que sur l'oreiller de la vengeance... Oh! la vengeance, ce monstre qui s'endort pour rêver de sang, qui s'éveille avec la soif souvent trompée mais inextinguible d'un changement de fortune, avec l'espoir de remonter au pouvoir et de fouler à son tour sous ses pieds ceux qui l'ont écrasée, pendant qu'Até et la Mort marcheront sur des fronts abattus et des têtes coupées!... Grand Dieu! éloigne de moi ces pensées : je remets entre tes mains mes nombreuses injures, et la verge puissante tombera sur ceux qui m'ont frappé. Sois encore mon bouclier, comme tu l'as été dans les dangers et les souffrances, au milieu des troubles des cités et sur les champs de bataille, dans les travaux et les fatigues que j'ai endurés pour l'ingrate Florence. J'en appelle de ma patrie à toi, à toi que j'ai vu récemment entouré de tout l'appareil de ta puissance, dans cette vision glorieuse qui n'avait été accordée avant moi à nul vivant.

Hélas! après ce sublime spectacle, de quel poids je sens peser sur mon front la terre et les choses terrestres, des passions corrodées, des sentiments tristes et vulgaires, les angoisses d'un cœur qui palpite dans des tortures morales, les longues journées, les nuits pleines de terreurs, le souvenir d'un demi-siècle de sang et de crimes, et l'attente de quelques pauvres années encore, années de vieillesse et de découragement. années moins dures toutefois à supporter que le passé. En effet, j'ai été trop longtemps abandonné comme un naufragé sur le roc solitaire du désespoir pour suivre encore d'un regard raninié la barque fugitive qui vient doubler cet affreux écueil, pour élever la voix en implorant une aide; car personne ne prêterait l'oreille à mes gémissements... Je ne suis ni de ce peuple, ni de ce siècle; et néanmoins mes chants conserveront le souvenir de cette époque : pas une seule page de ses turbulentes annales n'aurait fixé les regards de la postérité, si maint acte aussi insignifiant que ses auteurs ne se trouvait embaumé dans mes vers. C'est le sort des esprits de mon rang d'être tourmentés dans cette vie, de consumer leurs cœurs et leurs jours dans des luttes incessantes et de mourir dans l'isolement : mais alors on voit des milliers d'hommes entourer leur tombe, des pèlerins y accourent des pays lointains où ils ont appris le nom... de celui qui n'est plus qu'un nom, alors on prodigue à un marbre insensible l'hommage non écouté d'une gloire dont la mort ne peut jouir. Ah! cette gloire n'aura coûté cher : mourir n'est rien; mais me voir dessécher ainsi, faire descendre mon âme de ses hautes régions, marcher avec tous ces petits hommes dans leur étroits sentiers, être un vulgaire spectacle aux yeux les plus vulgaires, vivre errant, quand les loups eux-mêmes ont leur tanière; me voir privé de famille, de foyer, de toutes ces choses qui font le charme de la société humaine et allégent la douleur; me sentir isolé comme un monarque et n'avoir ni puissance ni couronne; envier à la colombe et son nid et ces ailes qui peuvent la porter aux lieux où j'entendis mûrir les châtaignes de l'Arno.... Bienheureux oiseau! il va se reposer peut-être sur les murs de cette ville implacable où sont encore mes enfants, où vit cette femme fatale à ma destinée, leur mère, la froide compagne qui m'apporta pour dot la ruine... Ah! voir et sentir tout cela, et savoir qu'il n'y a point de remède à ces maux, c'est une leçon bien amère. Mais encore je suis libre, je n'ai à me reprocher ni lâcheté ni bassesse : ils ont fait de moi un exilé... et non un esclave.

CHANT II.

L'esprit religieux des anciens jours donnait aux paroles un sens qui passait dans les faits : alors la pensée éclairait les ténèbres de l'avenir et dévoilait aux hommes la destinée des enfants de leurs enfants, évoquée de l'abîme des temps à naître, de ce chaos d'événements où dorment ébauchées les formes qui doivent devenir mortelles : cet esprit que portaient en eux les grands prophètes d'Israël, je le porte aussi en moi. Si je dois avoir le sort de Cassandre, si au milieu du tumulte des luttes humaines personne n'entend cette voix qui s'élève du désert, ou si l'entendant personne ne veut croire ce qu'elle annonce, que la faute en retombe sur eux et que ma conscience satisfaite suit ma récompense, la seule que j'aie jamais connue. N'as-tu pas assez à igné, et dois-tu saigner encore, ô Italie? Ah! l'avenir qui se découvre à moi, sous une clarté sépulcrale, me fait oublier mes propres infortunes dans tes irréparables malheurs.

L'homme ne peut avoir qu'une patrie, et tu es encore la mienne : mes os reposeront dans ton sein ; mon âme vivra dans ton langage, qui jadis s'est étendu comme la puissance romaine par tout l'Occident. Mais je saurai créer un nouvel idiome aussi noble et plus doux, également propre à exprimer l'ardeur des héros et les soupirs des amants. Il trouvera des sons appropriés à tous les sujets ; et tous ses mots, brillants comme ton ciel, réaliseront les rêves les plus ambitieux du poète. Alors tu deviendras le rossignol de l'Europe : auprès du tien tous les idiomes seront comme le ramage des oiseaux vulgaires, et toute langue s'avouera barbare en présence de la tienne. Voilà ce que tu devras à celui que tu as outragé, au barde de l'Étrurie, au proscrit gibelin. Malheur! malheur! le voile des siècles à venir est déchiré : mille ans qui reposaient immobiles, comme la surface de l'Océan avant que les vents aient soufflé, s'élèvent ondulant d'un mouvement triste et solennel et sortent du sein de l'éternité pour flotter devant mes regards ; la tempête sommeille encore, les nuages gardent leur repos, la terre n'a point encore enfanté les fléaux que couvent ses entrailles, le chaos sanglant n'a point encore la vie : mais toutes choses se préparent pour ton châtiment. Les éléments n'attendent plus que la voix qui doit dire : « Que les ténèbres soient! » et aussitôt tu deviendras un tombeau.

Oui, superbe Italie! tu sentiras le tranchant de l'épée ; Italie, toujours si belle, qu'en toi le paradis semble refleurir pour l'homme régénéré ! faut-il donc que les fils d'Adam le perdent une seconde fois ? Italie, dont les campagnes dorées, sans autre culture que les rayons du soleil, seraient déjà le grenier du monde : toi dont le ciel se pare d'étoiles plus brillantes, d'un azur plus foncé ; toi palais du soleil et berceau du grand Empire ; toi qui ornas l'éternelle cité des dépouilles des rois conquises par les hommes libres ; patrie des héros, temple des saints : où la gloire terrestre d'abord, puis celle des cieux ont établi leur séjour ; toi dont toutes les imaginations se tracent d'avance une image que l'œil accuse plus tard de faiblesse, quand il le contemple en réalité du haut des neiges, des rochers et des forêts de pins des Alpes, ces forêts solitaires dont le verdoyant panache se balance au souffle de la tempête. Car, de là, le voyageur en couve du regard et appelle avec impatience le moment où il pourra contempler de plus près tes brillantes campagnes ; et puis il avance et plus il les chérit, plus il les chérirait surtout si elles étaient libres. O Italie! tu es condamnée à subir la loi de tous les oppresseurs. Le Goth est venu ; le Germain, le Franc et le Hun viendront à leur tour. Sur la colline impériale, son le Palatin, son trône, le génie de la destruction, déjà fier des exploits accomplis par les anciens Barbares, attend les nouveaux ; il contemple à ses pieds Rome conquise et saignante : la vapeur des sacrifices humains infecte l'air qui était d'un si beau bleu ; le sang rougit les flots jaunes du Tibre chargé de cadavres ; le prêtre sans défense, la vierge plus faible encore, mais non moins sainte, se sont enfuis avec des cris d'effroi et ont cessé leur ministère. Ibères, Allemands, Lombards, tous ont suivi leur proie, et après eux sont venus le loup et le vautour plus humains peut-être ; car ces animaux ne font que dévorer la chair et boire le sang des morts, puis ils s'éloignent ; mais les autres, les sauvages à face humaine inventent tous les genres de torture, et toujours insatiables, dévorés d'une faim pareille à celle d'Hugolin, ils cherchent encore de nouvelles victimes.

Neuf fois la lune se lèvera sur ces horribles scènes. L'armée qui suivait la bannière d'un prince félon a laissé à tes portes le cadavre de son chef : le détestable rebelle ont seul, peut-être aurais-tu été épargnée : mais son sort a décidé du tien. O Rome ! toi qui tour-à-tour dépouillas la France ou l'enrichis de tes dépouilles, depuis Brennus jusqu'à ce prince de Bourbon, jamais, jamais un drapeau étranger ne s'approchera de tes murs sans que le Tibre devienne un fleuve de deuil. Oh! chaque fois que les étrangers franchiront les Alpes et le Pô, écrasez-les, ô rochers ; engloutissez-les, ô flots, et que pas un n'échappe ! Pourquoi donc sommeiller, oisives avalanches, ou écraser le pèlerin solitaire ? Eridan, pourquoi tes flots bourbeux ne débordent-ils que sur les moissons ? Chaque horde barbare ne t'offre-t-elle pas une proie plus belle ? Le désert a englouti l'armée de Cambyse dans son océan de sables ; et mer a roulé dans ses flots Pharaon et ses milliers de soldats : montagnes et fleuves, que ne faites-vous ainsi!

Et vous hommes, vous Romains, qui n'osez pas mourir ; fils des vainqueurs de ceux qui ont vaincu l'orgueilleux Xerxès ; les Alpes sont-elles plus faibles que les Thermopyles ? Qui des Alpes ou de vous ouvre un passage à tous les envahisseurs, et sans inquiéter leur marche les laisse pénétrer dans le cœur du pays ? Eh quoi! la nature elle-même entrave le char du vainqueur et rend votre pays inexpugnable, si jamais pays pouvait l'être par lui seul : mais la nature ne combat pas seule : elle aide le guerrier digne de sa naissance, sur un sol où les mères mettent au monde des hommes ; elle ne fait rien pour des âmes sans énergie : des forteresses ne sauraient les protéger ; le trou du pauvre reptile, qui a conservé son aiguillon est plus que des murs de diamant non défendus par le courage. Et du courage, vous en avez sans doute ? Oui, la terre d'Ausonie a des cœurs, des mains, des armes, des guerriers à opposer à l'oppression : mais tout cela est vain tant que la division y âme le malheur et la faiblesse, semences dont l'étranger recueillera le fruit.

O ma patrie, ma belle patrie ! si longtemps abattue, si longtemps le tombeau des espérances de tes enfants, quand il ne faudrait que te frapper un seul coup pour briser ta chaîne !.. Et cependant le vengeur ne vient pas. La discorde et le doute se glissent entre toi et les véritables amis et réunissent leurs forces à celles qui combattent contre toi. Que faut-il pour que tu sois libre et que ta beauté brille de tout son éclat ?... Que les Alpes deviennent infranchissables : et nous, tes enfants, nous n'avons pour cela qu'une chose à faire... nous unir.

CHANT III.

Parmi cette masse de fléaux sans cesse renaissants, la peste, les princes et l'étranger, vases de colère qui ne se vident que pour se remplir et s'épancher de nouveau, je ne puis retracer tout ce qui se presse devant mon prophétique regard. La terre et l'Océan n'offriraient pas un espace assez grand pour y transcrire de pareilles annales : et pourtant tout s'accomplira. Oui, tout est écrit d'avance, mais non par une main mortelle, dans ces lieux où les dernières étoiles et les dernières étoiles prennent naissance : là, déployée comme une bannière à la porte des cieux, flotte la liste sanglante de nos injures dix fois séculaires ; l'écho de nos gémissements percé à travers les concerts des archanges ; et le sang de l'Italie, de la nation martyre, ne s'élèvera pas en vain vers les demeures fortunées de l'omnipotence et de la miséricorde. Comme une harpe dont les cordes résonnent au souffle de la brise, la voix de ses lamentations, dominant les chœurs des séraphins, ira toucher la grande âme de l'univers. Et cependant, moi, le plus humble de tes enfants, moi, créature d'argile que le contact de l'immortalité a rendu capable de sentiments plus purs et plus vrais, dussent les superbes railler, les tyrans menacer et des victimes plus résignées ployer devant le souffle croissant de la tempête, c'est à toi, ô mon pays, toujours chéri comme autrefois, c'est à toi que je consacre la lyre plaintive et le triste don de prophétie que j'ai reçus d'en haut. Pardonne si maintenant mon feu n'a plus l'éclat dont il brilla jadis pour toi ; je n'ai qu'à prédire tes malheurs et puis à mourir. Je ne crois pas qu'après un tel spectacle je consente à vivre encore. Un pouvoir invisible me contraint à regarder et à parler, et pour ma récompense il m'accorde la mort : il faut que mon cœur s'épanche sur toi et se brise. Mais un moment encore, avant de reprendre la sombre trame de tes maux, je veux saisir au passage les lueurs plus douces qui percent tes ténèbres, quelques étoiles et plus d'un brillant météore brillent dans ta nuit ; et sur ta tombe s'inclinent des marbres vivants, beautés que la mort ne peut flétrir ; de tes cendres enfin surgissent d'immenses génies, qui font la gloire et l'honneur de la terre. Ton sol enfantera toujours des sages, des esprits aimables, des savants, des cœurs magnanimes et braves, aussi naturels chez toi que l'été sous ton ciel ; vainqueurs sur les rivages étrangers et sur les mers lointaines, découvreurs de nouveaux mondes qui porteront leurs noms : tu es la seule que leurs bras ne puissent sauver, et toute la récompense est dans leur renommée, noble prix pour eux, mais non pour toi. Doivent-ils donc grandir sans cesse, et toi rester toujours la même ?

Oh ! plus illustre que ceux tous sera le mortel... et peut-être, à cette heure, est-il déjà né... le mortel sauveur qui pourra t'affranchir et replacer sur ton front le diadème défiguré, et porté par de modernes Barbares : il verra un doux soleil ramener ton aurore, l'aurore de tes vertus, trop longtemps voilée par des nuages et d'impures vapeurs sorties de l'Averne, vapeur qui respire quiconque est avili par la servitude et laisse emprisonner son âme. Néanmoins, durant cette éclipse séculaire, quelques voix retentiront, auxquelles la terre prêtera l'oreille ; des poëtes suivront, élargiront le sentier que j'ai tracé ; ce ciel brillant, qui sollicite les concerts des oiseaux, leur inspirera des chants à la fois nobles et naturels : leur rhythme sera plein d'harmonie ; la plupart diront l'amour et quelques-uns la liberté ; mais bien peu sauront s'élever sur les ailes de l'aigle et, comme lui, regarder la face du soleil, libres et intrépides comme le monarque des cieux. Beaucoup résonant de plus près la terre, combien de phrases pompeuses seront prodiguées à quelque petit prince ! combien de fois le langage, éloquemment imposteur, attestera-t-il l'impudeur du génie, qui, comme la beauté, peut oublier le respect de lui-même et se faire de la prostitution un devoir ! Quiconque entre convive dans le palais d'un tyran, y reste esclave ; sa pensée est conquise, et le premier jour qui fait un captif lui ravit la moitié de sa terre virile ; La castration de l'âme amollit son courage ; c'est pourquoi le barde, placé trop près du trône, perd le souffle inspirateur, car il doit se borner à plaire... O tâche servile ! il faut pour des vers pour caresser les goûts et charmer les loisirs d'un royal maître, ne rien traiter trop longuement, savoir son éloge, et trouver, saisir, forcer ou inventer des sujets qui lui plaisent ! Ainsi garrotté,

ainsi condamné à chanter l'accompagnement qu'entonne la flatterie, il travaille, il s'agite, craignant toujours de se tromper. Redoutant qu'une noble pensée, ange de rébellion, ne surgisse dans son cerveau, et que la vérité, crime de haute trahison, ne bégaie dans ses vers. Il parle comme l'orateur athénien, avec des cailloux dans la bouche. Mais parmi les nombreux faiseurs de sonnets, quelques-uns ne chanteront pas en vain ; leur maître à tous (1) prendra place à mes côtés. L'amour fera son tourment ; mais ses larmes deviendront immortelles ; l'Italie saluera en lui le premier des poëtes amoureux ; et les chants plus nobles qu'il aura consacrés à la liberté décoreront son front d'une autre verte couronne.

Mais plus tard naîtront sur les bords de l'Éridan deux poëtes plus grands encore : le monde, qui avait sourit à leur prédécesseur, les persécutera jusqu'au jour où ils ne seront plus que cendre et reposeront avec moi.

En lyre le premier (2) enfantera tout un siècle et remplira la terre de hauts-faits de chevalerie ; son imagination sera un arc-en-ciel ; son feu poétique sera le feu céleste, immortel, et sa pensée volera sur une aile infatigable : le plaisir, comme un papillon nouvellement captif, secouera ses ailes brillantes sur les fantaisies de sa muse, et dans la transparence de ses beaux rêves l'art deviendra une autre nature.

Le second (3), doué d'un génie plus tendre et plus mélancolique, épanchera toute son âme sur Jérusalem ; il chantera aussi les combats et dira le sang chrétien répandu aux lieux où saigna le Christ. Sa noble harpe, au pied des saints du Jourdain, fera revivre les chants de Sion. La lutte acharnée, le triomphe du pieux guerrier, les efforts de l'enfer pour détourner leurs cours de cette grande entreprise, et enfin les bannières à la croix rouge flottant victorieuses aux lieux où la première croix fut rougie du sang de celui qui mourut pour le salut des hommes ; tel sera le sujet sacré de son poëme. Sa jeunesse, la faveur du prince, sa liberté perdues, sa gloire même momentanément contestée (car l'adoration des cours glissera sur son nom oublié, et appellera sa captivité un acte de bienveillance destiné à le sauver de la démence et de la honte) : telle sera sa récompense. Digne palme, en effet, pour celui qui fut envoyé sur la terre comme le poëte du Christ ! Florence n'a prononcé contre moi que le bannissement et la mort ; Ferrare lui donnera un cachot et la pitance des prisonniers. Traitement plus cruel et moins mérité ; car, moi, j'avais blessé les factions en tachant de les calmer ; mais cet homme si doux, qui regarde la terre comme le ciel, avec les yeux d'un enfant, et qui daigne embaumer dans ses divines flatteries la terre la plus chétif qui fut jamais crée pour régner ! qu'a-t-il fait pour s'attirer un pareil châtiment ? Peut-être a-t-il aimé ?... Ah ! l'amour malheureux n'est-il pas un tourment assez cuité, sans le faire descendre dans une tombe vivante ? Et, cependant, il en sera ainsi : lui et son rival, le barde de la chevalerie, consumeront de longues années dans la pénurie et la douleur, et mourant découragés, légueront à ce monde, qui à peine daigna leur accorder une larme, un héritage propre à enrichir toute la race à venir où lui infusant l'âme de deux véritables poëtes. En même temps ils orneront leur patrie d'une double couronne que les siècles ne pourront flétrir. La Grèce elle-même ne peut montrer dans la longue suite de ses olympiades des noms pareils à ceux-là, quelque grand que soit le prémier de ses poëtes... Et voilà donc, sous le soleil, la destinée de tels hommes ! Voilà le prix qu'obtiennent les pensées les plus sublimes, une sensibilité palpitante, un sang qui coule dans les veines avec la rapidité de la foudre, un corps même réduit en état à force de servir et où s'est imaginer ce qui devrait être. Eh quoi ! le rude ouragan dispersera-t-il toujours le brillant plumage des oiseaux de paradis ? Oui, et il en doit être ainsi ; car formés d'une matière trop pénétrable, ils n'aspirent qu'à remonter vers leur demeure natale ; ils sentent bientôt que les brouillards de la terre ne conviennent pas à leur aile pure, et ils meurent ici-bas, en proie à l'âme succombe sous l'infection trop durable, le désespoir et les passions, implacables vautours, suivant de près leur vol, épient le moment où les assaillir et de les déchirer ; et lorsque les voyageurs ailés s'abattent sous un dernier coup de vent, alors vie fondent sur leurs victimes et s'en partagent les dépouilles. Quelques-uns pourtant ont pu échapper, après avoir appris à souffrir ; quelques-uns ne sauront jamais s'il est abattu et ont su se résister à ces efforts ; tâche difficile, la plus difficile de toutes ! Oui, s'il en est trouvé, de ces hommes, et si mon nom pouvait figurer parmi les leurs, cette destinée austère, mais sereine, me rendrait plus fier qu'une destinée plus brillante et moins pure. Les sommets neigeux des Alpes sont plus près du ciel que le cratère sauvage et embrasé d'un volcan qui projette, du fond du sombre abîme, sa splendeur éphémère. La montagne intérieure déchirée laisse arracher de son sein brûlant et torturé une flamme passagère ; elle brille pendant une nuit de secousses ; mais bientôt elle rappelle ses feux dans leur enfer natal, dans l'enfer éternel de ses entrailles.

(1) Pétrarque. — (2) L'Arioste. — (3) Le Tasse.

CHANT IV.

eaucoup sont poëtes, qui n'ont jamais écrit leurs inspirations, et -être ce sont les meilleurs : ils ont senti, ont aimé et sont morts léguer leurs pensées à des âmes vulgaires ; ils ont comprimé eu renfermé dans leur sein et sont allés rejoindre les astres, non ronnés des lauriers de la terre, mais plus favorisés de ceux qui ont laissé dégrader par le tumulte des passions et qui ont atta-.leur gloire le souvenir de leurs faiblesses, vainqueurs de haut om, mais couverts de cicatrices. Beaucoup sont poëtes, sans en ter le nom : car en quoi consiste la poésie, sinon à puiser des ations dans le sentiment énergique du bien et du mal, à cher- r une vie extérieure au-delà de notre destinée, et à ravir, nou- ux Prométhées, le feu du ciel pour le communiquer à de nou- ux hommes ? Trop tard, hélas ! nous trouvons que mille douleurs nent payer ce présent : le bienfaiteur est puni d'avoir prodigué dons ; et il reste enchaîné sur le rivage à son roc solitaire où vautours lui dévorent le cœur. Soit ! nous savons souffrir. Ainsi s ceux dont l'intelligence toute puissante s'affranchit du poids la matière ou l'allége et la spiritualise, quelle que soit la forme revêtent leurs créations, tous ceux-là sont poëtes. Le marbre mó peut porter sur son front éloquent plus de poésie qu'il n'y eut jamais dans tous les chants, ceux d'Homère exceptés. Un ole coup de pinceau peut faire resplendir une vie tout entière, fier la toile et lui imprimer une beauté tellement surhumaine en fléchissant le genou devant ces divines idoles on ne viole aucun mmandement divin ; car le ciel est là transfiguré, reproduit dans le sa grandeur. Et que peut faire de plus la poésie ? Elle peuple ir de nos pensées, d'êtres que nos pensées réfléchissent. Que l'ar- le partage donc la palme du poëte : car il partage ses périls et il ccombe découragé quand ses travaux ne rencontrent point le suc- ... hélas ! le désespoir et le génie se donnent trop souvent la ain.

Dans les siècles que je vois passer devant moi, l'art reprendra et ndra glorieusement le sceptre qu'il tenait en Grèce aux jours mé- orables de Phidias et d'Apelles. En contemplant les ruines, il saura ssusciter les formes grecques ; par lui des âmes romaines revivront fin dans les ouvrages romains exécutés par des mains italiennes ; des temples plus majestueux que les temples anciens offriront au onde de modernes merveilles. A côté de l'austère Panthéon en- ore debout, s'élancera vers les cieux un dôme, son image, ayant our base un temple qui surpassera tous les édifices connus et où es représentants de tout le genre humain pourront se réunir en ule pour prier ; jamais une pareille enceinte ne s'est ouverte aux gards des hommes ; toutes les nations viendront déposer leurs chés à cette porte colossale du ciel. L'audacieux architecte à qui era confiée la tâche d'élever cet édifice verra tous les arts le saluer omme maître ; soit que, sorti du marbre sous les coups de son seau, le libérateur des Hébreux, celui dont la voix tira Israël de l'E- ypte, ordonne aux vagues de s'arrêter ; soit que son pinceau re- ète des teintes de l'enfer les damnés assemblés devant le trône du juge, tels que je les ai vus, tels que chacun doit les voir ; soit nfin qu'il élève des temples d'une grandeur inconnue avant lui : ui sera toujours la source de ses grandes pensées ?... moi, le Gibe- in ; moi qui ai traversé les trois royaumes formant l'empire de l'é- ernité.

Au milieu du cliquetis des épées et du choc des casques, le siècle que j'annonce n'en sera pas moins le siècle du beau, et pendant que malheur pèsera sur les nations, le génie de ma patrie s'élèvera. Cèdre majestueux du désert, la beauté de son feuillage charmera ous les yeux : aussi odorant que beau, on le verra de loin exhaler vers les cieux l'encens qu'il produit. Les rois suspendront le jeu des batailles et déroberont une heure au carnage, pour contempler la toile ou la pierre ; eux, les ennemis de toute beauté sur la terre, ils se verront forcés à sentir, à vanter le pouvoir de ce qu'ils détruisent ; et l'art, trompé sur sa reconnaissance, élèvera des monuments et des trophées à ces tyrans qui ne voient en lui qu'un jouet : il pro- stituera ses charmes d'orgueilleux pontifes qui n'emploient l'homme de génie que comme on emploie une bête de somme, à porter un far- deau, à servir un besoin, et ainsi se réservent le droit de vendre son labeur, de trafiquer de son âme. Celui qui travaille pour les na- tions reste pauvre peut-être, mais il est libre ; celui qui vend ses sueurs aux rois n'est qu'un chambellan doré qui, pour une livrée et des gages, se tient respectueusement à la porte où il salue en esclave patelin. O Régulateur et Inspirateur suprême ! comment se fait-il que ceux dont le pouvoir sur la terre ressemble le plus en apparence à ton pouvoir dans le ciel, empruntent le moins tes attributs divins ; qu'ils courbent sous leurs pas le dos humilié des nations et osent nous assurer que leurs droits sont les tiens ? Comment se fait-il au contraire que les vrais fils de la gloire, qui reçoivent d'en haut leurs inspirations, ceux dont le nom est le plus souvent dans la bouche des peuples, sont condamnés à passer leurs jours dans la pénurie et la douleur, ou à n'arriver à la grandeur que par le chemin de la honte, en cachant sous de brillantes chaînes une flétrissure pro- fonde ? Et d'un autre côté, si leur destinée les a placés dans une position plus haute ou si les tentations n'ont pu les arracher à leur humble condition, pourquoi faut-il qu'ils aient à soutenir dans le fond de leurs âmes une épreuve plus terrible encore, la guerre inté- rieure d'ardentes et profondes passions ?

O Florence ! quand ton cruel arrêt fit raser ma demeure, je t'aimais ; mais la vengeance renfermée dans mes vers, la haine que m'inspirent tes outrages, haine qui s'accroît avec les années et ac- cumule mes malédictions sur ta tête, voilà ce qui vivra, ce qui doit survivre à tout ce que tu chéris, à ton orgueil, à tes richesses, à ta liberté et même au pouvoir des chétifs tyrans qui te gouvernent ; fléau qui est le plus grand des maux d'ici-bas, car ce ne sont pas les rois seuls qui savent opprimer les peuples, les démagogues ne le cèdent aux monarques les plus cruels que par la courte durée de leur domination. Dans toutes les choses fatales qui font que l'homme se hait lui-même et que les hommes se haïssent entre eux, en fait de discorde, de lâcheté, de cruauté et de tous les fruits qu'a portés l'union incestueuse du Trépas avec la Corruption sa mère, pour tout ce qui constitue l'oppression sous ses formes les plus hideuses, le chef d'une faction populaire n'est que le frère du sultan et le cruel imitateur du pire des despotes.

Florence ! mon âme solitaire a bien longtemps brûlé du désir de retourner vers toi en dépit de tes injures, comme un prisonnier brûle d'échapper à ses chaînes ; car l'exil est le plus triste des pri- sons : l'exilé a pour cachot le monde entier, la plus forte des geô- les ; les mers, les montagnes, l'horizon même, en sont les barreaux et lui interdisent le seul petit coin de terre où, quel que soit son destin, il y voit encore une patrie, le lieu où il est né, le lieu où il voudrait mourir... Florence ! quand cette âme solitaire ira rejoindre les âmes qui lui ressemblent, alors tu reconnaîtras ce que je vaux ; tu consacreras une urne vide et de vains honneurs à mes cendres que tu ne posséderas jamais... Hélas ! « que t'ai-je donc fait, ô mon peuple » (1) ? Tu fus toujours rigoureux dans tes arrêts, mais ici tu dépasses les bornes ordinaires de la perversité humaine ; car j'ai été tout ce qu'un citoyen peut être ; mon élévation fut ton ouvrage : en paix comme en guerre, je fus tout à toi ; et en retour, tu t'es armée contre moi... C'en est fait ! sans doute je ne franchirai plus l'éter- nelle barrière élevée entre nous ; sans doute je mourrai dans l'a- bandon, contemplant de l'œil d'un prophète les jours mauvais qu'il m'est donné de voir d'avance, et les annonçant à ceux qui ne m'é- couteront pas (il en fut ainsi dès les anciens temps) ; mais un jour viendra où la vérité luira à leurs yeux parmi les larmes et leur fera reconnaître le prophète au tombeau.

FIN DE LA PROPHÉTIE DU DANTE.

HEURES DE LOISIR.

(Suite.)

OSCAR D'ALVA.

Comme la lampe céleste, brillant dans l'azur des cieux, éclaire doucement les rivages de Lora ! les tours antiques d'Alva s'élèvent paisibles vers la nue, et ne retentissent plus du bruit des armes.

Mais souvent les rayons de l'astre qui roule parmi les nuages se sont réfléchis sur les casques d'argent des guerriers d'Alva, et ont vu leurs chefs se rassembler à l'heure paisible de minuit, couverts de leurs armes étincelantes.

Souvent, sur ces rocs ensanglantés qui dominent les flots sombres de l'Océan, la lune, jetant sa lumière pâle dans les rangs qu'éclair- cissait la mort, a vu les soldats tomber et mourir.

Alors bien des yeux affaiblis, qui ne devaient plus contempler l'astre éclatant du jour, se sont détournés du champ de bataille en- sanglanté pour contempler en mourant le disque froid de la reine des nuits.

La noble race des seigneurs d'Alva est éteinte. Les tours de leur domaine se montrent encore au loin, parées du vernis des siècles ;

(1) Premiers mots d'une épître latine du Dante au peuple florentin.

s guerriers ne poursuivent plus le daim dans les bois, ni l'en-
ur le champ de bataille.
qui fut le dernier des maîtres d'Alva, et pourquoi la mousse
-t-elle ses créneaux? Les pas des guerriers ne réveillent
écho de ses voûtes qui ne répond qu'au sifflement de la brise.
orsque l'aquilon souffle avec le plus de violence, on entend
g des galeries un son terrible qui ébranle les murs prêts à
r en poussière.
t l'haleine de la tempête qui agite le bouclier du vaillant
, mais sa bannière ne flotte plus sur la muraille : son panache
balance plus sur son casque.
us avait béni le jour qui vit naître Oscar. C'était son premier-
s vassaux vinrent s'asseoir autour du foyer du chieftain pour
galement célébrer cette heureuse matinée.
chasseurs ont percé de leurs flèches le daim des forêts : le pi-
: plaît entendre ses sons aigus, et pour égayer la fête des mon-
, les airs guerriers se succèdent.
jour, s'écriait-on avec transport, le pibroch annoncera le fils
os, lorsqu'il précédera ses vassaux couverts du tartan de la

année s'écoule rapidement, et Angus devient père d'un
l fils. Le jour de sa naissance est encore un jour de fête;
t également célébrée par un joyeux banquet.
us exerce ce fils à bander l'arc et à chasser le chevreuil sur
mbres collines d'Alva toujours balayées par les vents. Dans
courses rapides, Oscar et Allan devançaient leurs agiles lé-

eine sortis de l'enfance, ils sont déjà reçus dans les rangs de
rre : ils savent manier légèrement la brillante claymore, et
er au loin la flèche retentissante.
cheveux d'Oscar étaient noirs et flottaient en désordre au gré
rise; mais la tête d'Allan était ombragée d'une chevelure blonde
nte et bouclée; et son front était pâle et pensif.
ar avait l'âme d'un héros; la franchise rayonnait dans son
œil noir. Allan avait appris de bonne heure à contenir sa
e et à prodiguer de flatteuses paroles.
us deux, oui, tous deux étaient vaillants, et la lance saxonne
souvent brisée sous leur épée. Le cœur d'Oscar était inacces-
à la crainte, mais il connaissait déjà les émotions de l'amour.
s l'âme d'Allan démentait la beauté de son corps; elle était
ne d'une pareille enveloppe : sa vengeance était mortelle et
ait ses ennemis comme la foudre.
s tours lointaines de Southannon vint une jeune et belle châ-
ne; les terres de Kenneth devaient former sa dot : c'était la fille
eux bleus du riche Glenalvon.
car l'avait demandée pour sa fiancée, et Angus souriait aux
: d'Oscar : l'alliance des Glenalvon flattait l'orgueil féodal du
eur d'Alva.

outez les joyeux des cornemuses! écoutez le chant nuptial!
oix retentissent en douces mélodies, et se prolongent en chœur.
yez flotter dans les salles du manoir d'Alva les panaches rouges
chevaliers. Les jeunes hommes sont revêtus de leurs plaids
couleurs variées, et chacun d'eux marche sur les pas de son
tain.
n'est point la guerre qui réclame leur assistance; car la cor-
use ne joue que les airs de la paix : toute cette foule est assem-
pour les noces d'Oscar : tous les chants invitent au plaisir.
is où est Oscar? certes il est bien tard. Est-ce là l'ardent em-
sement d'un fiancé? Tous les hôtes, toutes les dames sont réunis:
manque qu'Oscar et son frère.
lan arrive enfin et prend place auprès de la fiancée : « Pour-
Oscar ne vient-il pas? demande Angus; où est-il? » Son frère
nd : « Il n'est point venu avec moi sur la clairière.
Peut-être s'est-il oublié dans son ardeur à poursuivre le daim,
e sont les flots de l'Océan qui l'arrêtent... cependant la barque
car est rarement retardée.
Non, non! s'écrie le père alarmé, ce n'est ni la chasse ni la
qui retarde mon fils : voudrait-il faire un tel affront à la belle
? quel obstacle pourrait le retenir loin d'elle?
Chevaliers, courez à la recherche de mon fils! cherchez partout!
n, va parcourir avec eux tous les domaines d'Alva : pars, je ne
point de réponse jusqu'à ce que mon fils, mon Oscar soit
vé. »
out est en confusion. Des voix sauvages font retentir le nom
car dans les vallées; le nom d'Oscar s'élève sur la brise mur-
ante jusqu'à l'heure où la nuit déploie ses ailes sombres.
e nom vient interrompre le silence des ténèbres; mais c'est en
que l'écho le répète : c'est en vain qu'il résonne dans les brouil-
ls du matin, Oscar ne paraît pas sur la plaine.
endant trois jours, trois nuits d'insomnie, le seigneur d'Alva
illa toutes les grottes des montagnes; puis il perdit tout espoir,
rrachant ses cheveux blancs, il s'écria :
Oscar, ô mon fils!... Dieu du ciel, rends-moi l'appui de ma
llesse! ou si je dois renoncer à le revoir, livre son meurtrier à
vengeance.

« Oui, je ne puis en douter, les ossements de mon fils blanchissent sur quelque roc désert. Ô Dieu! l'unique grâce que je te demande, c'est d'aller rejoindre mon Oscar!
« Et pourtant, qui sait? peut-être vit-il encore! Arrière, ô désespoir! Calme-toi, ô mon âme! peut-être vit-il encore! ô ma voix,
n'accuse point la destinée. Grand Dieu! pardonne-moi une prière
impie!
« Mais s'il ne vit plus pour moi, je vais descendre oublié dans la
tombe; l'espoir de ma vieillesse est éteint pour jamais : de pareilles
tortures peuvent-elles être méritées? »
Ainsi le malheureux père se livrait à sa douleur. Mais à la fin le
temps, qui adoucit les maux les plus cruels, ramena le calme sur
son front, et sécha les larmes dans ses yeux.
Car au fond du cœur un sentiment secret lui disait encore qu'il
retrouverait son fils : cette lueur d'espoir naissait et mourait tour-
à-tour; et ainsi s'écoula une longue et douloureuse année.
Les jours se succédaient : l'astre de la lumière avait parcouru de
nouveau son cercle accoutumé; Oscar n'était pas revenu consoler
la vue d'un père, et les regrets devenaient peu à peu moins amers.
Car le jeune Allan lui restait encore, et c'est lui qui faisait maintenant toute la joie de son père; et le cœur de Mora fut bientôt
gagné, car la beauté couronnait le front de l'enfant aux blonds cheveux.
Elle se dit qu'Oscar était dans la tombe, et qu'Allan avait un visage bien doux; puis si Oscar vivait encore, une autre femme avait
sans doute rempli son cœur inconstant.
Angus déclara enfin que si une seconde année s'écoulait dans un
espoir inutile, il mettrait de côté ses scrupules paternels, et fixerait
le jour des noces.
Les mois se succédèrent lentement, et enfin parut l'aurore désirée. Maintenant que cette année d'anxiété est passée, le sourire se
joue sur les lèvres des amants.
Écoutez le son joyeux des cornemuses! écoutez le chant nuptial!
Les voix retentissent en douces mélodies, et se prolongent en
chœur.
Les vassaux en habits de fête se pressent au manoir d'Alva : leur
joie bruyante éclate; ils ont retrouvé leur gaité.
Mais quel est cet hôte dont le front triste et sombre contraste avec
la commune allégresse? Sous son regard, le feu de l'âtre brûle avec
plus de vivacité et jette des flammes bleues.
Sombre est le manteau qui l'entoure de ses plis; haute et rouge
comme le sang la plume de son panache. Sa voix est pareille au
mugissement précurseur de la tempête; mais son pas est léger et ne
laisse pas de traces.
Il est minuit. La coupe circule parmi les convives : on porte gaîment la santé du jeune époux; les acclamations résonnent sous les
voûtes, et tous s'empressent de répondre à cet appel.
Soudain l'étranger se lève, la foule bruyante se tait, l'étonnement se peint dans les traits d'Angus, et les tendres joues de Mora
se couvrent de rougeur.
« Vieillard! » s'écrie l'hôte inattendu, « on vient de répondre à
un toast; tu vois que j'y ai fait honneur, et que j'ai salué l'hymen
de ton fils; maintenant je réclame de toi la permission d'en proposer un autre.
« Pendant qu'ici tout est dans la joie, pendant que chacun bénit
le destin de ton Allan, dis-moi, n'avais-tu pas un autre fils? dis-
moi! pourquoi Oscar serait-il oublié?
—Hélas! répond, les larmes aux yeux, le père infortuné; ou
Oscar s'est éloigné de nous, ou il est mort : et quand il disparut,
mon vieux cœur fut presque brisé de chagrin.
« Trois fois la terre a parcouru sa course annuelle depuis que la
présence d'Oscar n'a réjoui mes yeux; et, depuis sa fuite ou sa
mort, Allan est ma seule consolation.
—C'est bien! réplique le sombre étranger, dont l'œil farouche
lance des éclairs. Je serais curieux de connaître le destin de ton fils;
car peut-être ce héros n'est-il pas mort.
« Si la voix de ceux qu'il chérissait le plus venait à l'appeler,
peut-être ton Oscar reparaîtrait-il : d'un pur il ne s'être absenté que
momentanément : les feux de mai (1) peuvent encore s'allumer pour
lui.
« Que la coupe s'emplisse jusqu'au bord d'un vin généreux et
qu'elle circule autour de la table! Je veux que chacun comprenne
bien mon toast et y réponde : je propose la santé d'Oscar absent.
—De tout mon cœur, répliqua le vieil Angus en remplissant sa
coupe. A la santé de mon fils! qu'il soit mort ou vivant, je ne re-
trouverai jamais son pareil.
—Bravement dit, vieillard; voilà une santé bue selon les règles.
Mais, pourquoi Allan reste-t-il là tremblant et immobile? Allons,
jeune homme, bois à la santé de ton frère, et tiens ta coupe d'une
main plus ferme. »
La rougeur qui animait le visage d'Allan fit place tout-à-coup à

(1) En Ecosse, on allume le 1er mai de grands feux de joie appelés
Beltane ou *Beal-tain*, ce que certains antiquaires traduisent par *feux
de Baal*.

la pâleur d'un spectre ; et la sueur du trépas découla de son front en gouttes glacées et rapides.

Trois fois il leva sa coupe en l'air ; trois fois ses lèvres se refusèrent à en toucher le bord : car trois fois il avait rencontré le regard de l'étranger qui se fixait sur le sien avec une rage mortelle.

« Est-ce donc ainsi qu'un frère accueille le souvenir chéri d'un frère? Si l'affection se fait connaître par de tels signes, comment donc se manifestera la crainte? »

Excité par l'ironie de ces paroles, Allan lève enfin la coupe et s'écrie : « Plût au ciel qu'Oscar fût ici pour partager notre joie. » Mais soudain une terreur secrète s'empare de lui, et il laisse tomber le vase hospitalier.

« Il est ici! il entend la voix de son assassin! » s'écrie un spectre sombre qui apparaît tout-à-coup. « Assassin! » a répété l'écho des voûtes, et ce cri se mêle aux mugissements de la tempête.

Les flambeaux s'éteignent ; les guerriers reculent d'horreur, et l'étranger a disparu. Mais au sein de la foule on remarque un fantôme vêtu d'un tartan vert, et dont la taille grandit d'une manière effrayante.

Il porte sur ses flancs un large baudrier ; un panache noir se balance sur sa tête : mais sa poitrine nue laisse voir de larges blessures toutes rouges de sang, et son œil vitrifié a l'immobilité du trépas.

Trois fois il sourit d'un air sinistre en fléchissant le genou devant Angus, et trois fois il fronce le sourcil en regardant un guerrier étendu par terre et dont la foule s'écarte avec horreur.

Les roulements du tonnerre se répondent d'un pôle à l'autre : la foudre éclate dans les cieux ; et le fantôme disparaît dans la nuit orageuse, emporté sur les ailes de l'ouragan.

L'allégresse a fui : le banquet est interrompu. Qui sont ces deux hommes étendus sur le pavé de la salle? Angus a perdu l'usage de ses sens : enfin on réussit à le rappeler à la vie.

Mais pour Allan on appelle en vain le médecin, en vain on essaie d'ouvrir ses yeux à la lumière ; le sablier est vide : il a vécu : jamais Allan ne se relèvera.

D'où est venu ce sombre étranger? Qui était-il ? C'est ce que nul mortel ne peut dire. Mais tous les vassaux ont reconnu le fantôme : c'était le spectre d'Oscar.

Le cadavre d'Oscar avait été abandonné sans sépulture dans la sombre vallée de Glentanar ; les vents soulevaient ses noirs cheveux ; et la flèche barbelée d'Allan était restée dans son sein.

L'ambition avait armé la main d'Allan ; les démons avaient prêté des ailes à sa flèche homicide ; l'envie l'avait éclairé de sa torche et avait versé ses poisons dans son cœur.

La flèche d'Allan a volé rapide. Ce sang qui coule à grands flots, à qui appartient-il ? Le noir panache d'Oscar est dans la poussière, la flèche a bu son sang avec sa vie.

La beauté de Mora avait séduit le cœur d'Allan ; son cœur blessé était devenu le cœur d'un traître. Hélas! pourquoi les yeux de la beauté, qui respirent l'amour, excitent-ils l'âme aux plus cruels forfaits!

Ne voyez-vous pas là-bas cette tombe solitaire, abri des restes d'un guerrier? On la distingue à la lueur du crépuscule : c'est le lit nuptial d'Allan.

Le lieu maudit est loin, bien loin du noble monument qui contient les cendres glorieuses de sa famille. Sur la tombe d'Allan, on ne voit point flotter sa bannière, car il l'a souillée du sang de son frère.

Quel vieux ménestrel, quel barde aux cheveux blancs consentirait à chanter sur sa harpe les exploits d'Allan? Les chants sont la récompense de la gloire : mais quelle voix peut célébrer un meurtrier ?

Que la harpe reste immobile et silencieuse! Que la main d'aucun ménestrel ne vienne éveiller ses accords! La pensée du crime paralyserait sa main tremblante ; toutes les cordes de sa harpe frémiraient jusqu'à se briser.

Aucune voix, aucun chant de gloire ne célébrera son nom. L'irrévocable malédiction d'un père, le dernier gémissement de la victime tombée sous son bras fratricide : voilà tout ce que l'écho répète sur sa tombe.

À MARION.

Ô Marion! pourquoi ce front pensif? Quel dégoût de la vie s'est emparé de toi? Bannis cet air de tristesse : le chagrin ne sied pas à la beauté. Certes, ce n'est pas l'amour qui trouble ton repos ; car l'amour est inconnu à ton cœur : il se montre dans les fossettes du sourire, dans une larme timide et sous une paupière voluptueuse ; mais il fuit loin d'un froid sourcil qui se fronce. Reprends donc la vivacité première ; quelques-uns t'aimeront, et tous vont t'admirer. Tant qu'on te verra cet air glacial, on n'aura pour toi, que de l'indifférence. Si tu veux fixer l'inconstance des cœurs, souris ; du moins ou fais semblant de sourire : des yeux comme les tiens ne sont pas destinés à cacher leurs prunelles sous le voile de la contrainte ; malgré toi-même, ils lancent à la dérobée des rayons pleins de charme. Tes lèvres.. mais ici ma muse modeste doit me refuser chastement son aide : voilà qu'elle rougit, fait la révérence, fronce le sourcil... bref, elle craint qu'un pareil sujet n'enflamme trop mon style ; et la voilà qui, courant après la raison, ramène à propos la prudence. Je me bornerai donc à dire (ce que je pense c'est une autre question) que ces lèvres si charmantes à voir ont été faites pour un meilleur emploi que l'ironie. Si mon conseil n'est point enveloppé de formes gracieuses, il est au moins désintéressé ; je te donne dans ces vers, sans art des conseils où la flatterie n'entre pour rien. Tu peux les considérer comme ceux d'un frère ; car mon cœur s'est donné à d'autres, ou, pour mieux dire, inhabile à tromper, il se partage entre une douzaine de beautés. Adieu, Marion! Je t'en conjure, ne dédaigne pas cet avis quelque déplaisant qu'il te paraisse : et, pour ne pas t'importuner davantage de mes remontrances, je te dirai seulement quelle est notre opinion, à nous autres hommes, sur le doux empire de la femme. Quelque admiration que nous inspirent de beaux yeux bleus, des lèvres roses, les boucles d'une ondoyante chevelure, capricieux et inconstants que nous sommes, tout cela ne suffit point pour nous fixer. Ce n'est point être trop sévère que de dire : tout cela ne fait qu'une jolie peinture. Mais veux-tu connaître la chaîne secrète qui nous attache en esclaves soumis à votre char, qui nous courbe devant vous comme devant les reines de la création? Cette chaîne, en un mot, c'est la vivacité, la vie.

A LA FEMME.

Ô femme! l'expérience devrait m'avoir appris que te voir c'est t'aimer ; elle devrait m'avoir appris aussi que tes plus fermes promesses ne sont que néant ; mais si tu parais devant moi dans l'éclat de ta beauté, j'oublie tout pour t'adorer. Ô mémoire! premier de tous les biens quand on espère et qu'on possède encore ; don funeste au contraire pour tous les amants, quand l'espérance s'est envolée, quand la passion est éteinte. Femme! chère et belle enchanteresse, combien une âme novice est docile à te croire ; comme il but, le cœur de l'adolescent qui contemple pour la première fois tes yeux qui nagent dans un brillant azur, où qui lancent l'étincelle de leur prunelle noire, ou dont le doux rayon perce sous des sourcils brun-clair. Avec quel empressement nous ajoutons foi aux serments de la beauté ; avec quelle confiance nous accueillons ses promesses. Insensés! nous croyons fermement que cela durera sans fin, et en un seul jour elle a changé. Oui, ce mot sera éternellement vrai : « Femme, tes serments sont écrits sur le sable. »

SUR UN EXAMEN DE COLLÉGE (1806).

Dominant toute la foule et entouré de ses pairs, Magnus lève un front vaste et sublime : assis dans son fauteuil officiel, on dirait un dieu, pendant que, nouveaux ou vétérans, tous les élèves tremblent au moindre signe de sa volonté. Dans le silence profond et sombre qui l'entoure, sa voix tonnante ébranle le dôme sonore, et flétrit d'un blâme sévère les pauvres diables qui ont pâli sans succès sur les problèmes des mathématiques.

Heureux le jeune homme à cheval sur les axiomes d'Euclide, ne fût-il qu'un âne en toute autre chose! heureux qui, à peine capable d'écrire une ligne en bon anglais, scande ses attiques avec tout l'aplomb d'un érudit! Qu'importe qu'il ignore comment ses pères ont versé leur sang pendant nos discordes civiles, ou dans ces jours glorieux où Édouard guidait contre l'Écosse ses bataillons intrépides, où Henri foulait à ses pieds l'orgueil de la France! Il ne sait ce que c'est que la Grande-Charte ; mais il connaît pertinemment la législation spartiate, et s'il n'a jamais ouvert un Blackstone, il vous dira quels édits promulgua Lycurgue. Il sait à peine le nom du barde des rives de l'Avon, mais il vanté en revanche la gloire impérissable du théâtre des Grecs.

Tel est le jeune homme au savant mérite duquel on destine les honneurs classiques, les médailles, les bourses, et peut-être même le prix de déclamation : s'il lui convient de prétendre à une si haute récompense. Mais! hélas! nul orateur vulgaire ne peut espérer d'obtenir la pompe d'argent si convoitée par tous. Non pas que nos maîtres soient bien exigeants en fait d'éloquence : ils ne demandent pas le style brillant de l'orateur d'Athènes, ni le noble feu de Tullius. La clarté, la chaleur, n'ont rien à faire céans ; car notre but n'est point de convaincre. Que d'autres orateurs tâchent de plaire à leur auditoire, nous parlons pour notre propre amusement, et non pour émouvoir la foule ; une psalmodie murmurante, entre la criaillerie et le ton gémissant ; voilà ce qui convient à notre gravité. Surtout gardez-vous d'ajouter à la parole de l'éloquence du geste :

le plus léger mouvement du corps ou des bras scandaliserait le doyen ; et à sa suite tous les gradués, bondissant sur leurs sièges, ne manqueraient pas de ridiculiser, ce qu'ils ne sauraient imiter.

Pour obtenir la coupe promise, gardez constamment la même posture ; ne levez point les yeux, ne vous arrêtez jamais ; dites toujours, n'importe quoi, pourvu qu'on ne puisse vous entendre. Continuez votre débit sans reprendre haleine ; qui parle le plus vite parle le mieux, et entasser le plus de mots dans le plus court espace de temps, c'est s'assurer le prix de la course oratoire.

Les fils de la science, après avoir obtenu des récompenses pareilles, peuvent goûter un indolent repos sous les doux ombrages de Granta ; mollement étendus parmi les roseaux des rives du Cam, ils y peuvent dormir inconnus, vivre inhonorés et mourir sans qu'on les pleure. Tristes comme les tableaux qui décorent leurs salles, ils croient tout le savoir humain renfermé dans l'enceinte de leur collége. Grossiers dans leurs manières, esclaves d'une sotte étiquette, ils affectent de mépriser toute composition moderne, et placent les commentaires de Bentley, de Brunck et de Porson, beaucoup au-dessus des poëtes que ces critiques ont commentés. Vains de leurs honneurs académiques, lourds comme la bière dont ils s'enivrent, insipides comme leurs froids jeux de mots, ennuyeux comme leurs leçons, ils ne s'émeuvent que pour leurs intérêts ou ceux de l'Église. Courtisans empressés du pouvoir, ils s'inclinent devant lui avec un sourire suppliant, tant qu'ils voient reluire de ce côté les mitres qu'ils convoitent ; mais que dans un orage politique l'homme d'État soit renversé, ils s'enquerront de son successeur pour lui porter leur hommage. Tels sont les hommes commis à la garde du trésor des sciences : tels sont leurs travaux et les récompenses qu'ils ambitionnent. On peut affirmer, en tout cas, que le prix n'excède guère les efforts qu'il a demandés.

MAZEPPA.

I.

C'était après la terrible journée de Pultawa, alors que la fortune abandonna le roi de Suède. Au loin, le sol était jonché des cadavres d'une armée qui avait livré son dernier combat. La puissance et la gloire, infidèles comme les hommes dont elles sont les idoles, étaient passées du côté du czar triomphant, et les murs de Moscou n'avaient plus rien à craindre... jusqu'à ce jour du moins, plus sombre et plus terrible, jusqu'à cette année plus mémorable qui devaient livrer au massacre et à la honte d'une défaite, une armée plus puissante et un nom plus illustre encore ; naufrage plus terrible, chute plus profonde ; revers d'un homme, coup de foudre pour l'Europe !

II.

Telle était la fortune de la guerre ; Charles, blessé, avait enfin appris à fuir : la nuit, le jour, il traversait les campagnes et les fleuves, tout couvert du sang de ses propres sujets ; car des milliers d'hommes avaient péri pour favoriser cette fuite, et pas une voix ne s'était élevée contre l'insatiable ambitieux, à cette heure d'humiliation où la vérité n'avait plus rien à craindre du pouvoir. Le cheval du roi avait été tué ; Gieta lui avait donné le sien, et était allé mourir prisonnier chez les Russes. Cette seconde monture manque également après plusieurs lieues de vaines fatigues supportées avec courage ; et c'est dans la profondeur des forêts, sous le feuillage desquelles les feux de bivouac sont à peine visibles, tandis que ceux des ennemis éclairent la plaine à l'entour, c'est là qu'un roi doit enfin étendre ses membres fatigués. Est-ce pour de tels lauriers, pour un tel repos, que les nations doivent épuiser leurs forces ? Accablé par la douleur et les fatigues, on le couche au pied d'un arbre ; le sang de ses blessures est figé ; ses membres sont engourdis ; la nuit pèse froide et sombre ; la fièvre qui agite son sang lui refuse un seul instant de ce sommeil qui lui serait nécessaire. Au milieu de tout cela, le monarque supporte royalement sa chute, et dans ces extrémités pénibles, il fait de ses douleurs les vassales de sa volonté : elles restent, silencieuses et soumises, comme les nations l'étaient naguère autour de lui.

III.

Quelques chefs l'accompagnent !... Hélas ! qu'ils sont peu nombreux, ces débris d'une seule défaite, mais débris héroïques et fidèles.

Tristes et muets, tous s'étendent par terre auprès du monarque et de sa monture ; car le danger met au même niveau l'homme et son serviteur : tous ont les mêmes besoins. Parmi eux, Mazeppa s'avance et prépare sa couche sous un chêne .. vieux et robuste comme lui : c'est l'hetman de l'Ukraine, le guerrier calme et intrépide. Mais d'abord, bien qu'exténué par une longue course, le prince des Kosaks panse son coursier, lui fait une litière de feuillage, peigne sa crinière et ses fanons, desserre la sangle, ôte la bride ; et se réjouit de le voir bien manger : car jusque-là, il avait craint que son coursier fatigué ne refusât de brouter l'herbe humide de la rosée de la nuit. Mais le noble animal était vaillant comme son maître, et peu difficile en fait de vivre et de coucher. Plein de feu et docile à la fois, il ne se refusait à rien. En vrai coursier tartare, velu, agile, vigoureux, il emportait son cavalier comme le vent, obéissant à sa voix, accourait à son appel et le reconnaissait entre tous : fût-il entouré de milliers d'hommes, par une nuit sans étoiles, depuis le coucher du soleil jusqu'à l'aube, il eût suivi son maître comme le faon suit sa mère.

IV.

Ces devoirs accomplis, Mazeppa étend sur la terre son manteau, et appuie sa lance contre le chêne ; il examine si ses armes sont encore en bon état et n'ont pas souffert de la longue marche du jour ; si le bassinet est encore garni de poudre, et si la pierre et les ressort à fonctionnent comme il faut ; il manie la garde et le fourreau de son sabre, et regarde si le ceinturon n'est point endommagé. Alors seulement, le vieux guerrier tire de son havresac et de son bidon ses provisions chétives, dont il offre le tout ou partie au monarque et à sa suite, avec infiniment moins de cérémonie que n'en feraient des courtisans à un banquet. Charles, en souriant, accepte du geste ce frugal repas, pour afficher une gaîté qu'il n'éprouve pas au fond du cœur, et se montrer au-dessus des souffrances et des revers. Alors il parle ainsi : « De toute notre troupe, composée de gens au cœur ferme, au bras vigoureux, également aguerris aux escarmouches, à la marche, au métier de fourrageur, il n'en est pas de moins bavard et de plus actif que toi, Mazeppa ; depuis Alexandre on n'a point vu sur la terre un couple aussi bien assorti que toi et ton Bucéphale : toute la gloire de la Scythie s'incline devant la tienne ; quand il s'agit de franchir ou les plaines ou les flots. — Maudite soit l'école, répondit Mazeppa, où j'appris à monter à cheval ! — Eh ! pourquoi donc, vieil hetman, reprit le monarque, puisque les leçons t'ont si bien profité, ce serait une longue histoire, dit le Cosaque, et nous avons encore bien des lieues à faire, et plus d'un gué à donner çà et là, contre un ennemi dix fois plus nombreux, avant que nos chevaux puissent brouter à leur aise sur l'autre bord du rapide Borysthène ; d'ailleurs, Sire, vos membres doivent avoir besoin de repos : je servirai de vedette à votre escorte. — Je veux absolument, répliqua le roi de Suède, que tu me contes ton histoire ; et peut-être en obtiendrai-je le bienfait du sommeil ; car en ce moment c'est en vain que mes paupières l'appellent. — Eh bien ! Sire, dans cet espoir, mes souvenirs vont se reporter à soixante-dix ans d'ici.

« J'étais, je crois, dans mon vingtième printemps... oui, c'est cela... Casimir... était roi... Jean Casimir... j'ai été son page pendant six ans ; un savant monarque, ma foi ! et qui ne ressemblait guère à Votre Majesté ; il ne faisait pas la guerre, et ne s'inquiétait pas de conquérir de nouveaux royaumes pour les perdre bientôt après ; et sauf les débats de la diète de Varsovie, son règne s'écoula dans un repos fort inconvenant. Non qu'il manquât de moyens de se tourmenter : il aimait les muses et les femmes ; et quelquefois toutes ces femelles sont si fantasques qu'il aurait voulu cent fois être à la guerre. Mais bientôt son courroux se calmant, il prenait une nouvelle maîtresse ou un nouveau livre ; puis il donnait des fêtes prodigieuses. Tout Varsovie accourait autour de son palais, pour contempler sa cour splendide, et ses dames, et ses généraux, et lui prince de tout cela : c'était le Salomon de la Pologne, à ce que disaient les poëtes, un seul excepté, lequel, n'ayant point de pension, fit une satire, et se vanta de ne point savoir flatter. C'était une cour de jouteurs et d'histrions où chacun s'essayait à rimer ; moi-même j'accouchai un jour de quelques vers, et mes odes étaient signées : « Le désespéré Thyrsis. » Il y avait là un certain palatin, un comte de haut et antique lignage, riche comme une mine de sel ou d'argent, et fier, vous pouvez le penser, comme s'il fût descendu du ciel même. Il était si bien pourvu de noblesse et d'écus, que peu de gens au-dessous du trône pouvaient lui disputer le pas ; et il était fier de couver des yeux ses trésors, de méditer sur sa généalogie. Il était arrivé à une certaine confusion d'idées, produit d'une tête un peu faible, et il prenait le mérite de ces deux choses pour le sien. Or, sa femme n'était pas tout-à-fait de cette opinion : plus jeune que lui de trente ans, son joug lui devenait de jour en jour plus insupportable ; et bien des désirs, d'espérances et de craintes, après quelques larmes d'adieu à la vertu, une ou deux nuits agitées, certains coups d'œil jetés sur la jeunesse de Varsovie, et des chansons et des danses, elle n'attendait plus que l'occasion d'un de ces accidents qui atteignent les beautés les plus froides pour décorer le comte de titres nouveaux qui, dit-on, sont un passeport pour les cieux et dont, chose étrange, se vantent rarement ceux qui en sont le mieux pourvus.

V.

« J'étais alors un gaillard de bonne mine : à soixante-dix ans, on me pardonnera bien de dire que, dans mes jeunes années, il y avait peu d'hommes ou de garçons, vassaux ou chevaliers, qui pussent me le disputer en frivoles agréments; car j'avais la force, la jeunesse, la gaîté, un visage qui n'était pas celui que vous voyez, mais aussi gracieux qu'il est maintenant rude et austère : car le temps, les soucis, les combats, en labourant mon front en ont comme effacé mon âme; au point que je serais renié par parents et cousins qui, m'ayant connu autrefois, me verraient tel que je suis à présent ; au reste, ce changement s'est opéré longtemps avant que la vieillesse eût écrit son nom sur mes traits. Ma force, mon courage, mon intelligence, vous le savez, n'ont point décliné avec les ans, sans quoi je ne serais pas ici à cette heure, vous contant de vieilles histoires sous un arbre, n'ayant pour pavillon qu'un ciel sans étoiles. Mais poursuivons : la beauté de Thérésa... il me semble la voir passer sous mes yeux, entre moi et cette touffe de châtaigniers, tant son souvenir est encore vif et chaud ; et pourtant je ne puis trouver d'expressions pour vous dire comment elle était faite, celle que j'aimais tant. Elle avait cet œil asiatique, fruit du mélange de la race des Turcs, si voisine de nous, avec notre sang polonais; mais de cet œil, sombre comme le ciel sur nos têtes, il s'échappait une lumière tendre comme le lever de la lune à l'heure de minuit. Grands, noirs, nageant au milieu d'un courant de clartés dans lesquelles ils semblaient se fondre, ces yeux étaient moitié langueur, moitié flamme, mais tout amour, comme ceux des martyrs qui se lèvent pleins de ravissement vers le ciel au moment où ils expirent sur le bûcher,

Nous glissions comme le vent, laissant en arrière les buissons, les arbres et les loups...

comme si la mort était pour eux un délice. Son front était pareil à un lac par un beau jour d'été, tout transparent et pénétré par les rayons du soleil, quand les vagues n'osent murmurer et que le ciel se mire à sa surface. Ses joues et ses lèvres... mais pourquoi en dire davantage? je l'aimais alors... je l'aime encore à présent ; et ceux qui me ressemblent aiment avec une farouche énergie, dans la prospérité comme dans le malheur : ils aiment jusque dans leurs fureurs ; au sein de la vieillesse, ils sont poursuivis par l'ombre vaine du passé... Tel sera Mazeppa jusqu'au dernier jour.

VI.

« Nous nous rencontrons... nos regards se croisent..... je la vois et je soupire : elle ne me parle pas, et pourtant elle répond. Il y a des milliers d'accents et de signes, que nous entendons, que nous voyons, mais que personne ne peut définir..... étincelles involontaires de la pensée, qui s'échappent du cœur oppressé et forment un étrange langage aussi mystérieux qu'expressif : anneaux de cette chaîne brûlante qui unit à leur insu de jeunes cœurs et de jeunes âmes ; fil électrique qui, par une vertu secrète, sert de conducteur à une flamme dévorante. je la vis et je soupirai... je gémis en silence, me tenant, non sans peine, dans les limites de la réserve. Enfin, je lui fus présenté, et nous pûmes nous entretenir de temps à autre sans exciter le soupçon. Alors brûlant de m'expliquer, je résolus de le faire; mais la voix faible et tremblante expirait sur mes lèvres. Un jour enfin... il est un jeu, passetemps insignifiant et frivole, avec lequel on trompe l'ennui de la journée, c'est... j'en ai oublié le nom... et nous fûmes conduits à y jouer par quelque circonstance bizarre que je ne me rappelle plus. Je me souciais peu de gagner ou de perdre : il me suffisait d'être près d'elle, d'entendre et de voir celle que j'aimais tant..... Je l'observais comme une sentinelle (puissent les nôtres veiller aussi bien par cette nuit sombre), quand je crus voir, et je ne me trompais pas, qu'elle était pensive, ne songeait nullement à son jeu, et demeurait insensible à la perte ou au gain ; et cependant elle continuait à jouer pendant des heures entières, comme si son désir l'eût enchaînée à cette place, mais dans un tout autre but que celui de la partie. Alors une pensée rapide comme l'éclair traversa mon cerveau : c'est qu'il y avait dans son air quelque chose qui me disait de ne pas désespérer ; et sur cette pensée les mots sortirent de ma bouche, dans toute leur incohérence naturelle... je devais être peu éloquent ; cependant elle m'écouta... C'est assez, me dis-je, qui écoute une première fois écoutera une seconde ; son cœur n'est certainement pas de glace, et un refus n'est pas irrévocable.

VII.

« J'aimai et je fus aimé... On prétend, sire, que vous n'avez jamais connu ces douces faiblesses : s'il en est ainsi, je dois abréger le récit de mon bonheur et de mes souffrances; il vous semblerait absurde et frivole: mais tous les hommes ne sont pas faits pour régner, soit sur leurs passions seulement, soit comme vous, à la fois sur eux-mêmes et sur des nations. Je suis.. ou plutôt je fus... prince, chef de plusieurs milliers d'hommes : j'ai su les conduire au plus fort du péril et du carnage ; mais je n'ai jamais su exercer autant d'empire sur moi-même. En résumé, j'aimai et je fus aimé ; certainement c'est un heureux destin, mais cette félicité, lorsqu'elle est à son comble, aboutit au malheur. Nous nous réunissions en secret, et l'heure qui me conduisait dans ses bras était attendue avec une impatience fiévreuse. Mes jours et mes nuits n'étaient rien : tout disparaissait pour moi, excepté cette heure à laquelle ma mémoire ne trouve rien à comparer dans le long intervalle qui sépare l'enfance de la vieillesse. Je donnerais l'Ukraine pour revivre de pareils instants, pour être encore le page, l'heureux page, possesseur de ce cœur aimant et, de sa bonne épée, et n'ayant pour toutes richesses que ces dons de la nature, la jeunesse et la santé. Nous nous réunissions en secret : et selon quelques-uns, le secret double le bonheur. Je ne l'entends pas ainsi : j'aurais donné ma vie pour pouvoir seulement l'appeler mienne à la face de la terre et des cieux; car j'ai longtemps souffert de ne la posséder que par une sorte de larcin.

VIII.

« Tous les yeux sont ouverts sur deux amants; ils l'étaient sur nous. En de telles occasions le Diable devrait être civil... le Diable!... j'allais lui faire injure : ce fut probablement quelque saint malencontreux qui, ne pouvant rester en repos, donna cours à sa pieuse bile. Quoi qu'il en soit, par une belle nuit, des espions apostés nous surprirent et s'emparèrent de nous. Le comte était pire qu'enragé : je me trouvais sans armes; mais eussé-je été couvert d'acier de pied en cap, que faire contre tant d'ennemis? La chose se passait dans le voisinage de son château, bien loin des cités et de toute aide, et vers la pointe du jour. Je crus bien que je n'en verrais plus un second, et que tous mes moments étaient comptés : donc après une prière adressée à la mère du Sauveur et peut-être à une couple de saints, je me résignai à mon sort. On me conduisit à la porte du château : je ne sus pas ce qu'on avait fait de Thérésa, et depuis lors nos destinées furent séparées. Le fier palatin, comme bien vous devez penser, n'était pas de belle humeur; et, certes, il avait ses raisons pour cela : mais ce qui mettait le comble à sa rage, c'était le désordre qu'un pareil accident pouvait mettre dans la future généalogie de sa race; il ne pouvait concevoir qu'une pareille tache vînt souiller son écusson : à lui qui était de si antique noblesse; qui se croyant le premier de tous les hommes, il pensait l'être aussi aux yeux des autres, et surtout aux miens. Et pour un page, morbleu!... si c'eût été un roi, du moins, il eût pu se résigner à la chose : mais un polisson de page... Je ne saurais peindre sa fureur; mais j'en sentis bientôt les effets.

IX.

« Qu'on amène le cheval? » Le cheval fut amené : c'était vraiment un noble coursier, un tartare de l'Ukraine, paraissant avoir dans ses membres toute la vitesse de la pensée; mais sauvage comme le daim des forêts, indompté, et ne connaissant ni la bride ni l'éperon : il avait été pris la veille même. Hennissant, la crinière hérissée, résistant avec fureur, mais en vain, tout écumant de terreur et de rage, l'enfant du désert est amené près de moi : des mains serviles s'empressent de m'attacher sur son dos par les nœuds redoublés d'une courroie; puis on le lâche soudain, en l'excitant d'un coup de fouet : En avant! en avant!... et nous voilà lancés : les torrents sont moins rapides et moins impétueux.

X.

« En avant! en avant!... Je ne respirais plus : je ne pus voir de quel côté le cheval précipitait sa course. Le jour venait seulement de paraître; et il poursuivait sa carrière écumante : en avant! en avant!... Le dernier son humain que je pus entendre, au moment où j'étais emporté ainsi, loin de mes ennemis, fut le rire féroce de ces lâches esclaves qui, après quelques insultants de cette course désordonnée, arriva à mon oreille sur le souffle du vent. Saisi d'une rage soudaine, je dégageai ma tête en brisant le lien qui, à la place des rênes, m'attachait à la crinière de l'animal; et me redressant à mi-corps, je hurlai une malédiction vers eux. Mais parmi le bruit du galop de mon coursier, qui retentissait comme un tonnerre, ils ne l'entendirent pas ou n'y firent point attention. J'en suis fâché!... car je voudrais au moins leur avoir rendu leurs insultes. Du reste, ils l'ont payé cher plus tard : de tout ce château, avec son portail, son pont-levis et sa herse, il ne reste point une pierre, une barre de fer ou de bois, une trace même de fossé; dans tous les champs qui en dépendaient on ne trouverait pas une touffe d'herbe, sauf celle qui pousse où se trouvait le foyer de la grande salle : et l'on y passerait bien des fois sans se douter qu'il y ait eu jamais là un donjon. J'ai vu ses tours dévorées par la flamme, ses créneaux se fendre avec un craquement, et le plomb fondu couler comme la pluie du toit embrasé et noirci : l'épaisseur de ses murailles ne l'a point mis à l'abri de ma vengeance. Ah! dans cet instant terrible, où ils me lançaient, comme sur un éclair, vers une destruction certaine, ils ne se doutaient guère qu'un jour je reviendrais avec dix mille lances, remercier le comte de son incivile cavalcade. Ils me jouèrent un vilain tour quand, me liant sur les flancs de leur coursier écumant, ils m'abandonnèrent à sa course vagabonde; mais, enfin, je leur en ai rendu un qui valait le leur; car le temps nivelle toutes choses, et pourvu que nous sachions attendre l'heure, il n'est pas de puissance humaine qui puisse échapper aux patientes recherches et à la longue persévérance de celui qui couve ses injures comme un trésor.

..... Le voilà couché et poussant son dernier souffle, le regard vitreux, les membres encore fumants et immobiles...

XI.

« En avant! en avant! nous volions sur les ailes du vent, et nous laissions derrière nous toutes les habitations des hommes; nous passions comme des météores dans la nue, quand la lumière boréale vient dissiper la nuit en faisant pétiller ses traînées d'étincelles. Sur notre route, ni ville ni village... mais une plaine stérile qui s'étendait au loin, bordée par une noire forêt; et sauf quelques forteresses, bâties pour arrêter les invasions des Tartares, dont j'entrevoyais à peine les créneaux sur le sommet des montagnes : aucune trace humaine! Un an auparavant une armée turque avait passé par là et sur le sol sanglant foulé par les chevaux des spahis, toute verdure disparaît. Le ciel était sombre, triste et grisâtre, et la brise rasait la terre avec des gémissements auxquels j'aurais répondu par les miens, si notre course n'avait été tellement rapide, en avant! en avant! qu'il m'était impossible de soupirer ou même de prier. Une sueur froide coulait de mon front comme une pluie sur la crinière hérissée du cheval qui, hennissant toujours de rage et de terreur, poursuivait son vol rapide. Quelquefois je me flattais qu'il allait ralentir sa course; mais non, le poids de mon jeune corps assujetti sur ses reins était bien léger pour un animal dont la colère doublait les forces : ce n'était pour lui qu'un aiguillon. Chaque mouvement que je faisais pour dégager de leurs liens mes membres enflés et douloureux augmentait sa fureur et son effroi. J'essayai de faire entendre ma voix : elle était basse et faible, mais ce fut comme si j'avais frappé l'animal du fouet : fré issant à mes accents, il semblait entendre l'éclat soudain de la trompette. Cependant le sang qui suintait de tous mes membres humectait mes cordes et les resserrait encore ; et une soif plus brûlante que la flamme même dévorait ma gorge et ma langue.

XII.

« Nous approchions de la forêt sauvage : elle était si vaste que d'aucun côté je n'en pus découvrir les limites. Çà et là s'élevaient des arbres antiques que n'auraient pu faire ployer les vents les plus violents qui accourent en hurlant des déserts de la Sibérie et dépouillent en passant les bois de leur feuillage. Mais ces arbres étaient rares, et l'intervalle qui les séparait était rempli de buissons jeunes et verdoyants, dans tout le luxe de leur parure annuelle et non encore atteints par ces brises d'automne qui, frappant de mort le feuillage des forêts et changeant la couleur des arbres en une rougeur mortelle, les font ressembler à des cadavres sanglants et étendus sur le champ de bataille. après qu'une longue nuit d'hiver a jeté ses frimas sur ces têtes sans sépulture, si froides et si rigides, que le bec du corbeau frapperait leurs joues glacées sans les pouvoir entamer. C'était un sauvage désert tout couvert de broussailles où se montraient tantôt un châtaignier, tantôt un chêne robuste ou un pin, mais à une grande distance les uns des autres..., et fort heureusement pour moi, car mon sort eût été tout autre. Les broussailles pliaient devant nous sans déchirer mes membres et j'eus la force de supporter mes blessures déjà figées par le froid. Mes liens me garantissaient du danger de tomber nous glissions comme le vent à travers le feuillage, laissant en arrière les buissons, les arbres et les loups : car la nuit j'entendis ces animaux sur nos traces, leur troupe touchait presque nos talons : ils avaient ce galop prolongé capable de fatiguer la fureur des limiers et l'ardeur du chasseur. De quelque côté que se dirigeât notre vol, ils nous suivaient toujours. Et ils ne nous quittèrent même pas au lever du soleil ; car à la lueur des premiers rayons du matin je les aperçus derrière nous à une verge de distance, suivant tous les détours du bois, de même que toute la nuit j'avais entendu leurs pas furtifs qui faisaient, frissonner le feuillage. Oh ! que n'aurais-je pas donné pour avoir un épieu ou un sabre, afin de m'élancer au milieu de leur bande, et s'il fallait périr ne périr au moins qu'en combattant et après avoir immolé plus d'un ennemi. Du moment où ma monture avait pris sa course, j'avais d'abord désiré le but ; mais maintenant je redoutais qu'elle ne fût point assez forte ou assez agile. Vaine crainte ! sa nature sauvage lui avait donné toute la vigueur des chamois des montagnes : telle la neige tombe rapide lorsque ses tourbillons éblouissants aveuglent et accablent le villageois à deux pas de sa chaumière dont il ne traversera plus le seuil ; tel le coursier infatigable, indompté, plus que sauvage, traverse les sentiers de la forêt ; furieux comme un enfant gâté dont on n'a point satisfait le caprice, ou plus furieux encore... comme une femme piquée, qui veut en faire à sa tête.

XIII.

« Nous avions franchi la forêt : il était plus de midi, mais l'air était glacé quoiqu'on fût au mois de juin : ou peut-être le sang coulait plus froid dans mes veines ; car des souffrances prolongées domptent les plus courageux. D'ailleurs, je n'étais pas alors tel que je parais maintenant, mais, impétueux comme un torrent d'hiver, je laissais éclater mes sentiments avant d'en avoir pu moi-même démêler les causes. Livré ainsi à la rage, à la terreur, au ressentiment, à toutes les tortures du froid, de la faim, de la honte et des regrets ! me voyant nu et garrotté, mon fils d'une race d'hommes qui, irrités et foulés aux pieds, se dressent comme le serpent à sonnettes prêt à percer son ennemi ; est-il étonnant que ce corps fatigué se soit affaissé un moment sous le poids de ses maux ? La terre disparut sous moi, les nuages parurent tourbillonner à l'entour : je crus que je tombais. mais non, j'étais attaché trop solidement. Mon cœur était malade ; mon cerveau s'enflamma, palpita un moment, puis je ne le sentis plus battre : le ciel tournait toujours comme une roue immense ; je voyais les arbres chanceler comme des hommes ivres, un faible éclair passa devant mes yeux qui ensuite ne virent plus rien. Personne ne sentira plus que je ne le sentis alors, tout ce qu'éprouve un mourant. Accablé par la torture de cette cour infernale, les ténèbres s'appesantissaient sur moi et se dissipaient tour-à-tour : j'essayais de me réveiller, mais je ne pouvais tirer mes sens de l'abîme où ils étaient plongés. J'étais comme le naufragé qui a saisi une planche, et que chaque vague soulève et submerge à la fois, en le poussant vers la côte déserte. Ma vie incertaine était comme ces lueurs fantastiques que l'on croit voir passer devant soi au milieu de la nuit et les yeux fermés, quand la fièvre commence à s'emparer du cerveau. Cette sensation disparut sans grande douleur, mais pour faire place à un trouble plus affreux que la douleur même. J'avoue que je redouterais d'éprouver une pareille souffrance au moment du trépas, et cependant je suppose que l'homme doit encore souffrir davantage avant de retourner à la poussière. N'importe j'ai plus d'une fois découvert hardiment mon front en face de la mort, comme je le découvre encore maintenant.

XIV.

« Le sentiment me revint : où étais-je ? Glacé, engourdi, étourdi, pulsation par pulsation, douleur par douleur, la vie reprenait lentement possession de mon être : puis vint une angoisse qui pour un moment fit refluer mon sang épaissi et glacé : des bruits discordants frappèrent mon oreille : mon cœur se reprit à tressaillir ; ma vue revint quoique obscure, comme si je n'eusse aperçu les objets qu'à travers un épais cristal. Il me semblait entendre près de moi le bruit des flots et j'entrevoyais le ciel parsemé d'étoiles... Ce n'est point un songe : le sauvage coursier traverse à la nage un fleuve plus sauvage encore : la rivière large et brillante étend ses ondes autour de nous et poursuit au loin son cours : nous sommes au milieu du courant, luttant contre lui pour atteindre un rivage inconnu et désert. L'eau m'a tiré de mon profond engourdissement, et son baptême a rendu une vigueur momentanée à mes membres roidis. Le large poitrail de mon coursier affronte et brise les vagues qui montent jusqu'à son cou et nous continuons d'avancer. Enfin nous atteignons la rive glissante, port de salut qui avait peu de prix pour moi : car si en arrière tout était sombre et redoutable, en avant ce n'était encore que ténèbres et terreurs. Combien d'heures de la nuit et du jour ai-je passées dans cette suspension de mes souffrances, je ne puis le deviner : à peine sais-je si mon souffle est encore de la vie.

XV.

« Le poil humide, la crinière ruisselante, le pas chancelant et les flancs couverts de fumée, il lutte de toutes les forces qui lui restent pour gravir la rive escarpée. Nous parvenons au sommet : une plaine sans bornes se déroule à travers les ténèbres et semble s'étendre, s'étendre toujours davantage, et plus loin que ne peut porter la vue, comme ces précipices que nous voyons dans nos rêves : çà et là quelques taches blanchâtres, ou quelques touffes d'un sombre gazon se détachent en masses confuses au moment où la lune se lève devant moi. Mais dans la triste solitude on n'aperçoit rien qui indique la plus chétive cabane ; aucune lampe tremblottante ne se révèle comme l'étoile de l'hospitalité, aucun feu follet même ne surgit du sol épineux pour se railler de mes douleurs. décepti ve qui dans ce moment eût été pour moi un bonheur réel : car même reconnue, je l'aurais bénie encore, comme m'apportant au milieu de mes souffrances un souvenir d'habitation des hommes.

XVI.

« Nous continuons d'avancer, mais d'un pas faible et lent : la sauvage vigueur de mon coursier est enfin épuisée : fatigué, abattu, l'écume sort de sa bouche et il se traîne péniblement. Un enfant débile pourrait le conduire : mais moi, je ne puis profiter même de sa faiblesse, car les liens me retiennent encore, et eussé-je été libre peut-être la force m'eût-elle manqué à moi-même. Je tentai encore quelques efforts pour briser les liens qui m'enchaînaient si étroitement ; ce fut en vain : je ne faisais que les resserrer davantage ; et j'abandonnai bientôt cette inutile tentative qui augmentait mes souffrances. Notre course frénétique paraissait terminée, bien que je ne perçusse nullement quel en avait été le but : quelques traits de lumière annonçaient le soleil. Hélas! comme il venait lentement. Il me semblait que le brouillard grisâtre du matin ne ferait jamais place à jour ; que ce voile était lourd et tardif ! Un temps bien long s'écoula avant que l'astre du jour eût coloré l'orient de sa pourpre sanglante détrôné les étoiles, éteint les rayons de leurs chars et du haut de son trône eût rempli la terre de cette lumière qui n'appartient qu'à lui.

XVII.

« Enfin le soleil se leva : les brumes s'enroulèrent dévoilant la surface de cette région solitaire qui s'étendait tout autour de moi, avant et en arrière. Que me servait-il donc d'avoir traversé plaine forêt, rivière ? Ni hommes, ni animaux, ni traces des pieds des quadrupèdes, ni empreintes de pas humains sur ce sol couvert d'une végétation sauvage et luxuriante ; ni indices de passage, ni travaux commencés ; l'air même est mort ; ni le petit bourdonnement d'un insecte ni la voix d'un oiseau matinal ne s'élèvent de l'herbe ou du buisson. Ma monture fatiguée, haletante comme si ses flancs allaient se briser, se traîna encore quelques werstes, et toujours nous étions... no semblions être seuls; enfin, tandis que nous cheminions péniblement, je crois entendre le hennissement d'un cheval sortir d'un groupe de noirs sapins. Est-ce le vent qui en agite les branches? Non! non! Une troupe de cavalerie s'élance de la forêt; je la vois venir: elle s'avance en nombreux escadrons! Je veux pousser un cri! mes lèvres sont sans voix. Les coursiers s'élancent en caracolant fièrement; mais où sont les mains qui doivent tenir les rênes? Quoi! mille chevaux et pas un seul cavalier! Mille chevaux ayant la crinière flottante, la queue abandonnée aux vents, de larges naseaux que la douleur n'a jamais comprimés, une bouche qui n'a jamais saigné sous le mors ou la bride, un ongle que le fer n'a jamais entamé et des flancs non sillonnés par l'éperon ou le fouet; mille chevaux sauvages, libres comme les vagues qui se suivent sur l'Océan, s'avancent serrés et d'un pas retentissant à l'égal du tonnerre, comme s'ils venaient au devant du débile voyageur. Cette vue ranime mon coursier, il accélère un moment son pas incertain, il répond par un faible et sourd hennissement; puis il tombe. Le voilà couché poussant son dernier souffle, le regard vitreux, ses membres encore fumants et immobiles: c'en est fait, sa première, sa dernière course est finie. La troupe s'avance: ses frères du désert contemplent sa chute; ils me voient, spectacle étrange! enchaîné sur son dos et tout couvert de sang: ils s'arrêtent... ils frémissent... leurs naseaux aspirent l'air bruyamment: ils galopent un moment de côté et d'autre, s'approchent, se retirent, caracolent autour du mourant; puis tout-à-coup reculent en bondissant, guidés par un grand cheval noir dont les flancs velus n'ont pas une seule tache blanche, pas un seul poil blanc, et qui semble le patriarche de la tribu. Ils reniflent, ils écument, ils hennissent, ils s'écartent, puis, ayant aperçu l'œil d'un homme, par un mouvement instinctif, ils reprennent leur galop vers la forêt. Ainsi je me trouve abandonné à mon désespoir, garrotté sur le cadavre du malheureux coursier dont les membres inanimés sont étendus sous moi, ne sentant plus du moins l'inaccoutumé fardeau dont je n'ai pu le débarrasser en me délivrant moi-même. Nous voilà couchés tous deux, le mourant et le mort. Je n'espérais guère alors qu'un autre jour se lèverait sur ma tête inabritée et sans défense.

« Je restai ainsi depuis l'aube jusqu'au crépuscule, sentant douloureusement le poids des heures, et conservant tout juste assez de vie pour voir descendre sur moi mon dernier sommeil: j'étais arrivé à cette certitude de désespoir qui nous réconcilie enfin avec ce qui autrefois nous semblait le pire et le dernier des maux à craindre. C'est l'inévitable, c'est même une véritable bienfait qui, pour venir un peu tôt, n'en est pas plus à dédaigner. Et pourtant nous semblons le craindre et l'éviter avec autant de soin que si c'était un simple piège auquel la prudence peut échapper. Souvent on nous voit désirer, implorer même ce dénoûment final, quelquefois même nous le devançons en aiguisant contre nous notre propre épée; et cependant c'est un sombre et affreux remède à des maux même intolérables, un remède qui ne plaît sous aucune forme. Et néanmoins, chose bizarre! les enfants du plaisir, ceux qui ont abusé au-delà de toute mesure de la beauté, des festins, du vin et des richesses, ceux-là meurent calmes, plus calmes souvent que celui qui pour tout héritage a recueilli la misère. Car, après avoir parcouru tour-à-tour tout ce que la terre offre de séduisant et de neuf, il ne reste rien à espérer, rien à regretter; peut-être même rien à craindre, sauf l'avenir, que les hommes n'envisagent pas précisément selon leurs mérites, mais plutôt selon la force de leurs nerfs. Au contraire, le malheureux espère toujours que ses maux vont finir, et le trépas, qu'il devrait accueillir comme un ami, se présente à son intelligence égarée comme venant lui ravir la récompense gagnée, les fruits de son paradis. Demain lui aurait tout donné, aurait payé ses souffrances et racheté sa chute; demain aurait été le premier des jours non déplorés ou maudits, un jour long et brillant, le premier d'une série d'années qu'il entrevoit radieuses à travers ses pleurs; demain, il aurait pu commander, briller, punir ou pardonner... Faut-il qu'une si belle aurore ne se lève que sur sa tombe?

XVIII.

« Le soleil s'abaissait vers l'horizon, et j'étais toujours attaché à ce cadavre froid et roidi: je crus que nous mêlerions là nos poussières; et au fond nul espoir de salut ne se montrait, mes yeux obscurcis avaient besoin du trépas. Je jetai un dernier regard vers les cieux, et là, entre le soleil et moi je vis voler le corbeau impatient qui, pour commencer son repas, attendait à regret que les deux victimes fussent mortes. Il s'envolait et se posait à terre; puis il le reprenait son vol, et à chaque fois il s'approchait davantage: je suivais à la lueur du crépuscule chaque mouvement de ses ailes, et un instant il se trouva si près de moi que j'aurais pu le tuer si j'en avais eu la force; mais un léger mouvement de la main, un faible coup qui éclatera sur le sable, un bruit convulsif arraché avec peine de mon gosier, et méritant à peine le nom de voix, cela suffit pour l'écarter... Je n'en sais pas davantage... mon dernier rêve me présente je ne sais quelle étoile divine qui attira dans le lointain ma vue af-

faiblie et dont les rayons errants me parurent osciller devant moi: j'ai ensuite le souvenir de l'expression froide et sombre, vertigineuse mais intense, du retour de mes sens: puis, ils s'affaissent de nouveau dans la mort; ensuite viennent un souffle léger, un vague frisson, un court moment d'arrêt: une défaillance glaciale fige le sang de mon cœur; des étincelles traversent mon cerveau... un sanglot, une palpitation, un élancement de douleur, un soupir.... et plus rien.

XIX.

« Je m'éveille... où suis-je?... Est-ce un visage humain qui se penche sur moi? est-ce un toit qui m'abrite? mes membres reposent-ils sur un lit? suis-je dans une chambre? sont-ce des yeux mortels, ces yeux brillants qui me regardent d'un air si doux?... Je refermai les miens, hésitant à croire que je fusse sorti de mon évanouissement. Une jeune fille à la taille haute et dégagée, aux longs cheveux, était assise près du mur de la chaumière et veillait sur moi; l'étincelle de son regard fut la première sensation que je saisis avec le retour de ma pensée: car de temps en temps son œil noir, naïf et brillant, s'arrêtait sur moi avec une expression de sollicitude et de pitié: je l'observai, je l'observai encore et je me convainquis enfin que ce ne pouvait être une vision... mais que j'étais bien vivant et n'avais plus à craindre de servir de festin aux vautours. Quand la vierge de l'Ukraine vit que le sceau fatal se levait enfin de mes paupières appesanties, elle sourit... et moi, j'essayai de parler, mais je ne pus... et en m'approchant elle me fit signe, un doigt sur ses lèvres, de ne pas tenter de rompre le silence jusqu'à ce que mes forces fussent revenues; alors elle posa sa main sur la mienne, elle releva l'oreiller sous ma tête; puis se glissant sur la pointe des pieds, elle ouvrit doucement la porte et dit quelques mots à voix basse... jamais je n'entendis de voix aussi douce! il y avait une musique même dans la légèreté de ses pas: les personnes qu'elle avait appelées dormaient sans doute; et elle sortit; mais, avant de disparaître, elle jeta encore un regard sur moi: elle me fit un autre signe pour m'indiquer que je n'avais rien à craindre, qu'on ne s'éloignait pas, que tout était à mes ordres et qu'elle-même ne tarderait pas à revenir. Dès qu'elle fut sortie, il me sembla que je souffrais d'être seul.

XX.

« Elle revint avec son père et sa mère... mais qu'ai-je besoin d'en dire plus?... je ne vous fatiguerai pas du long récit de ce qui m'arriva une fois devenu l'hôte des Cosaques. Ils m'avaient trouvé presque mort dans la plaine, m'avaient porté dans la hutte la plus proche et m'avaient rappelé à la vie... moi destiné à régner un jour sur eux. Ainsi l'insensé, qui, pour assouvir sa rage, avait voulu raffiner mon supplice, m'avait chassé dans la forêt sauvage, seul, enchaîné, nu et saignant, que pour me faire passer du désert à un trône... Quel mortel peut deviner son sort?... Nul ne doit se décourager, nul ne doit désespérer! Demain le Borysthènes peut voir nos coursiers paître tranquillement sur son rivage turc... et jamais je n'ai salué avec tant de plaisir un fleuve que je ne saluerai celui-là quand il nous aura mis en sûreté. Camarades, bonne nuit! »

L'hetman s'étendit à l'abri du chêne, sur le lit de feuilles qu'il avait préparé, couche qui n'était ni rude ni insolite pour lui: car il dormait n'importe à quelle heure et le sommeil ferma bientôt ses yeux. Si vous vous étonnez, lecteur, que Charles ait oublié de le remercier de son histoire, lui, Mazeppa, ne s'en étonna point... le roi dormait depuis une heure.

FIN DE MAZEPPA.

HEURES DE LOISIR

(Suite.)

LOCHNAGARR.

Loin de moi, riants paysages, jardins de roses! que les favoris de la richesse errent dans vos bosquets. Rendez-moi les rochers sur lesquels dort la neige : leur silence est cher à la liberté et à l'amour. Calédonie, j'aime tes montagnes, quoique leurs blancs sommets servent de théâtre à la lutte des éléments. Bien que les cataractes écumantes y remplacent les sources paisibles, mon cœur regrette la vallée du sombre Lochnagarr.

Ah! c'est là qu'ont erré mes pas d'enfant ; la toque des montagnards couvrait ma tête ; un plaid était mon manteau, et dans mes courses de chaque jour à travers les clairières des forêts de pins, ma mémoire évoquait les chefs des anciens jours. Je ne revenais point à mon foyer, avant que l'éclat du jour eût fait place aux rayons brillants de l'étoile polaire ; car mon imagination s'enivrait des traditions que me racontaient les enfants du Lochnagarr.

Ombres des trépassés! n'ai-je point entendu vos voix s'élever sur l'haleine orageuse du vent du soir. Sans doute l'âme d'un héros se réjouit en traversant montée sur la brise son vallon natal des Highlands. Les vapeurs de l'orage s'amassent sur les flancs du Lochnagarr, et l'hiver les parcourt sur son char de glace. Ces nuages enveloppent les ombres de mes pères qui habitent les tempêtes du sombre Lochnagarr.

Guerriers aussi braves que malheureux (1), nulle vision prophétique ne vint-elle vous annoncer que la fortune abandonnait votre cause? Ah! si vous fûtes destinés d'avance à tomber à Culloden, la victoire n'a pas eu à s'enorgueillir de votre trépas. Mais vous fûtes heureux de l'asile que vous offrait le sein de la terre : vous reposez avec ceux de votre clan dans les grottes de Braemar ; accompagné par les sons les plus graves de la cornemuse, le pibroch redit vos exploits aux échos du sombre Lochnagarr.

Les ans ont marché, Lochnagarr, depuis que je t'ai quitté ; des années pourront s'écouler encore, avant que je foule de nouveau tes pentes : la nature t'a refusé la verdure et les fleurs ; et pourtant tu m'es plus cher que les plaines d'Albion. Angleterre, tes beautés sont trop calmes, trop amies du foyer domestique pour l'homme qui erra au loin dans les montagnes. Oh! rien ne vaut les rochers majestueux et sauvages, les sommets altiers et menaçants du sombre Lochnagarr.

A UN AMI
SUR LA COQUETTERIE DE SA MAITRESSE (1806).

Ami, pourquoi gémir de ses dédains? pourquoi te désespérer? Essaie pendant des mois entiers, si tu veux, ce que peuvent les soupirs ; mais, crois-moi, jamais soupirs n'ont triomphé d'une coquette.

Veux-tu l'amener à comprendre l'amour, feins quelque temps d'être volage. Peut-être d'abord montrera-t-elle de l'humeur ; mais laisse-la y songer ; bientôt elle te sourira, et la réconciliation sera scellée sur les lèvres de la coquette.

Car telles sont les allures de ces belles capricieuses ; elles considèrent les hommages comme une dette qu'on leur paie ; mais un oubli momentané produit bientôt son effet et abaisse la plus fière coquette.

Cache tes souffrances, relâche ta chaîne et montre-toi fatigué de ses hauteurs. Quand tu reviendras en soupirant auprès d'elle, tu n'auras plus à craindre de refus ; elle sera toute à toi, la charmante coquette.

Si enfin, par un faux amour-propre, elle persiste à se moquer de tes maux, oublie tout-à-fait la jeune capricieuse, porte tes hommages ailleurs, où l'on partagera tes feux en riant avec toi de la petite coquette.

Pour moi, j'en adore une vingtaine, tout au moins, et je les chéris tendrement ; mais quoique mon cœur soit esclave de leurs charmes, je les abandonnerais toutes, si elles agissaient comme ton impertinente coquette.

Plus de langueurs, adopte mon avis, et brise d'un effort ses débiles filets ; chasse le désespoir, et n'hésite plus un moment à fuir la dangereuse coquette.

Quitte-la, mon ami ; sache dégager ton cœur avant qu'il soit tout-à-fait englué dans ses pièges. N'attends pas que ton âme profondément blessée s'indigne à la fin et maudisse la coquette.

AU MÊME.

Pardonnez-moi, mon ami, si mes vers vous ont blessé ; pardonnez-moi, je vous le demande mille fois. Par amitié, j'ai voulu guérir vos chagrins ; mais je n'entreprendrai plus pareille tâche, je vous le jure.

Puisque votre belle maîtresse a récompensé votre flamme, je ne peux plus blâmer votre passion ; elle est toute divine maintenant, et je m'incline devant l'autel de votre ci-devant coquette.

(1) Allusion aux Gordons, ancêtres maternels du poète.

Néanmoins, je l'avoue, en lisant vos vers, je ne pouvais deviner tous ses mérites : vous me sembliez malheureux, et j'ai plaint la triste victime d'une beauté si cruelle.

Puisque les baisers embaumés de votre enchanteresse excitent en vous de tels ravissements ; puisque, dites-vous, vous oubliez le monde entier quand vos lèvres ont rencontré les siennes, mes conseils ne sont plus de saison.

Moi, selon vous, je suis un volage, et je n'entends rien à l'amour. Vous avez raison, je suis assez peu enclin à la constance : si j'ai bonne mémoire, j'ai aimé bon nombre de fois ; mais convenez aussi que le changement a bien son charme.

Je ne veux point, pour me plier au caprice d'une belle, suivre en amour les règles du roman ; bien qu'un sourire me charme, un moment de mauvaise humeur ne m'épouvante pas, et ne me poussera jamais au désespoir.

Tant que mon sang coulera aussi chaud, je ne me corrigerai pas et n'irai point à l'école du platonisme ; ce dont je suis certain, c'est que si ma passion s'épurait à ce point, une maîtresse comme la vôtre me traiterait de sot.

Si je dédaignais toutes les femmes pour une seule dont l'image devrait remplir tout mon cœur, et qui accaparerait toutes mes préférences et tous mes soupirs, quelle insulte ne ferais-je pas à tout le sexe!

Adieu donc, mon ami. Votre passion, je ne le cache pas, me paraît tout-à-fait absurde : l'amour que vous prêchez est effectivement un amour pur et abstrait ; car il ne consiste que dans le mot.

LA FICTION.

Mère des rêves dorés, muse de la Fiction, riante souveraine des joies enfantines, toi qui conduis la danse aérienne d'un long cortège de vierges et de garçons : enfin m'affranchissant de la magie, je brise les liens de mon jeune âge ; mon pied ne foulera plus ton cercle mystique : je quitte tes domaines pour ceux de la réalité.

Et pourtant il est dur de renoncer à ces songes, hôtes d'une âme naïve, dans lesquels la moindre beauté rustique semble une déesse dont les yeux lancent des rayons immortels, où l'imagination règne sur un empire sans limites, où tous les objets se teignent de couleurs changeantes où les jeunes filles cessent d'être vaines, où les sourires de la femme sont sincères.

Faut-il donc avouer que tu n'es qu'un nom? faut-il descendre de ton palais de nuages? ne plus trouver un sylphe dans chaque mortelle, un Pylade dans chaque ami? mais tout-à-coup abandonner ton empire éthéré aux groupes confus des lutins, enfants de la féerie, confesser que la femme est aussi trompeuse que belle et que les amis sont véritablement dévoués... à leurs intérêts.

Je le déclare à ma honte, j'ai subi ton joug ; mais je me repens et ton règne est fini. Je n'obéis plus à tes lois, je ne m'élève plus sur des ailes imaginaires. Tendre folie, que d'aimer un œil brillant et d'y lire la sincérité ; de croire aux soupirs d'un cœur inconstant et de s'attendrir à ses larmes!

O Fiction! maintenant fatigué de mensonges, je fuis loin de la cour inconstante où dominent l'affectation et la sensiblerie : leurs larmes imbéciles ne savent couler que pour les maux que tu enfantes et elles se détournent des souffrances réelles pour bâtir dans les brouillards ton temple fantastique.

Va-t'en rejoindre la sombre Sympathie, couronnée de cyprès et vêtue de deuil, qui mêle à tes soupirs ses soupirs sans motifs, dont le cœur saigne pour tous les cœurs du monde. Évoque ton cœur de dryades pour pleurer un berger à jamais perdu, lequel, ayant brûlé naguère de ton feu banal, désormais ne s'incline plus devant ton trône.

O tendres nymphes dont les larmes sont prêtes à couler en toute occasion, dont les cœurs se gonflent d'imaginaires terreurs, s'embrasent d'une flamme et d'un délire également imaginaires ; dites, pleurerez-vous mon enfant, moi, nom d'un apostat qui renie votre aimable secte? Un jeune poète a droit de vous demander un hymne de regrets.

Adieu, sensibles créatures! adieu pour longtemps! l'heure marquée par le destin approche : d'ici j'aperçois le gouffre où vous allez disparaître sans laisser de regrets ; je vois le lac ténébreux de l'oubli, agité de tempêtes que vous ne pouvez maîtriser : c'est là que vous et votre aimable reine, vous allez, hélas! vous engloutir tous ensemble.

A UN CRITIQUE BIENVEILLANT.

La bonne foi me fait un devoir de louer vos vers qui sont à la fois d'un censeur et d'un ami. Vos reproches énergiques mêmes bien mérités m'arrachent mon approbation, à moi dont l'imprudence se les est attirés. Pour tous ces défauts qui gâtent mes vers, j'implore de vous mon pardon : dois-je l'implorer en vain? Le sage s'écarte

elquefois des voies de la sagesse; dès lors comment un jeune
ur pourrait-il réprimer ses inspirations naturelles? Les préceptes
la prudence répriment, sans pouvoir les dompter, les ardentes
iotions d'une âme qui déborde. Quand le délire amoureux s'empare
'un cœur brûlant, l'étiquette le suit de loin et d'un pas boi-
ux. Vainement la vieille radoteuse accélère sa démarche de prude,
le est bientôt vaincue dans cette chasse de la pensée. Jeunes et vieux
nt porté les chaînes de l'amour : ceux qui n'en ont jamais senti
poids désapprouvent mes chansons; que ceux dont l'âme dédaigne
e joug charmant accablent de leurs censures une victime résignée.
Pour moi, je hais, je déteste une poésie énervée et glaciale, per-
étuel écho de la foule des rimeurs dont les vers laborieux coulent
vec une grelotante monotonie pour peindre une passion que l'au-
eur n'a jamais connue. Mon Hélicon sans art, c'est la jeunesse...
a lyre, c'est le cœur; ma muse, la simple vérité; loin de moi de
‹ corrompre une âme virginale. » Une pareille crainte suffira tou-
ours pour me retenir. La jeune fille dont le cœur pudique est dé-
ourvu d'artifice, dont les désirs naïfs se montrent dans un modeste
ourire, dont l'œil baissé n'aura jamais d'œillade lascive; forte de
sa vertu, mais non sévère; celle enfin qu'embellit une grâce naturelle, celle-là mes vers ne sauraient la corrompre. Mais cette nymphe dont le cœur est tourmenté de précoces désirs et de coupables
flammes, point n'est besoin de tendre chant pour enlacer son
cœur : elle serait tombée, n'eût-elle jamais rien lu au monde. Pour
moi, je ne songe qu'à plaire à ces âmes d'élite, qui, fidèles au sentiment et à la nature, épargneront ma muse adolescente et ne traiteront pas sans pitié les légères effusions d'un cœur inexpérimenté.
Ce n'est point à la foule stupide que je demanderai la gloire : ses
factices lauriers n'ont point d'attrait pour moi. A peine accepte-
rais-je ses applaudissements les plus chaleureux : et je méprise également ses sarcasmes et ses censures.

L'ABBAYE DE NEWSTEAD.

Élégie.

O Newstead ! séjour naguère resplendissant et tombant si vite en
ruines ! sanctuaire de la foi ! orgueil du repentir d'un Henri (1);
saint mausolée de guerriers, de moines et de châtelaines dont les
ombres mélancoliques se glissent parmi les ruines.

Salut ! monument plus respectable dans ta chute que tant d'édifices modernes dans leur magnificence intacte ; les voûtes de tes
salles s'élèvent dans un sombre et majestueux orgueil et semblent
défier les ravages du temps.

Les serfs, revêtus de leurs cottes de mailles et dociles à la voix de
leurs seigneurs, n'y sont jamais venus, phalange formidable, demander la croix rouge, ou s'asseoir gaîment autour de la table
hospitalière du chef pour qu'ils forment une immortelle armée.

S'il en eût été ainsi, l'imagination inspiratrice pourrait, par sa
magie, me retracer leurs exploits dans la suite des âges, évoquer
devant moi tous ces jeunes héros, pèlerins volontaires qui se condamnèrent à mourir sous le ciel de la Judée.

Mais ce n'est pas de ton enceinte, vénérable édifice, que partait
le guerrier : son domaine féodal était situé dans d'autres contrées.
Ici la conscience, en s'éloignant de la vaine pompe du siècle, venait
chercher un remède à ses blessures.

Oui, dans les sombres cellules et sous tes ombrages épais, le
moine abjurait un monde qu'il ne pouvait plus revoir : le crime
souillé de sang y trouvait le calme dans le repentir, ou l'innocence
un asile contre l'oppression.

Un monarque ne fit jamais du sein de ces solitudes où erraient
autrefois les outlaws du Sherwood, et les divers crimes engendrés par
la superstition viennent s'y abriter sous le capuchon du prêtre.

Aux lieux où maintenant le gazon exhale une rosée de vapeurs,
humide linceul jeté sur l'argile des morts, les moines vénérés croissaient en sainteté et leurs pieuses voix ne s'élevaient que pour prier.

Où maintenant la chauve-souris déploie ses ailes vacillantes aussitôt que le crépuscule étend une ombre douteuse; alors le chœur
retentissait du chant des vêpres ou des prières matinales adressées à
Marie.

Les années font place aux années et les siècles aux siècles ; les
abbés succèdent aux abbés, et la charte de la religion est leur bouclier protecteur jusqu'au jour où un monarque sacrilège prononce
leur arrêt.

Un pieux Henri éleva ce gothique édifice et en fit un asile de dévotion et de paix : un autre Henri retire ce don bienfaisant et impose silence aux saints échos de la prière.

Menaces, supplications, tout est inutile : il chasse les religieux de
leur paisible retraite ; il les condamne à errer parmi un monde mé-

(1) Henri II fonda cette abbaye, en expiation du meurtre de Thomas
Becket, archevêque de Cantorbéry, en 1170; et ce ne fut que sous
Henri VIII que ce domaine sécularisé passa dans la famille des Byron.

chant, sans espoir, sans amis, sans foyer, n'ayant que leur Dieu
pour refuge.

Ecoutez ! les voûtes sonores de la salle retentissent des accords,
nouveaux pour elles, d'une musique belliqueuse ! emblèmes du pouvoir impérieux d'un guerrier, les hautes bannières armoriées flottent dans cette enceinte.

La voix lointaine des sentinelles qu'on relève, la joie bruyante
des festins, le cliquetis des armes qu'on répare, les sons éclatants de
la trompette et les sourds roulements du tambour, se mêlent trop
souvent au cri d'alarme.

Jadis abbaye, aujourd'hui forteresse royale, entourée d'insolents
rebelles, tes remparts menaçants se hérissent de redoutables engins
et vomissent le trépas au milieu d'une pluie de soufre enflammée.

Vaine défense ! le perfide assiégeant, souvent repoussé, triomphe
de la valeur par la ruse. D'innombrables ennemis accablent le sujet fidèle, et l'étendard de la rébellion flotte au-dessus des murs.

Le redoutable baron ne tombe pourtant point sans vengeance :
le sang des traîtres a rougi la plaine. Invaincu, sa main brandit encore le glaive, et les jours de gloire lui sont encore réservés.

Alors le guerrier eût voulu mourir sur les lauriers cueillis par sa
main, et s'étendre dans une tombe volontaire ; mais le génie protecteur de Charles accourut sauver l'ami, l'espoir du malheureux
monarque.

Tremblant de son danger, il sut l'arracher à un combat inégal,
pour aller sur d'autres champs de bataille repousser le torrent envahisseur. Sa vie était réservée pour de plus nobles combats ; il devait
guider les rangs au milieu desquels tomba Falkland, le plus accompli des mortels.

Malheureux édifice, maintenant abandonné à un pillage effréné !
les gémissements des mourants, l'odeur du sang des victimes, s'élèvent de ton enceinte, encens bien différent de celui que tu envoyais
autrefois vers les cieux.

Les cadavres hideux, pâles, infects des brigands souillent les sacrés parvis ; sur les restes des hommes et des chevaux entassés
pêle-mêle, monceau de pourriture, les spoliateurs se fraient un
chemin.

Les tombeaux, recouverts autrefois d'herbes épaisses et soupirant
à la brise, dévastés maintenant, sont à la lumière des dépouilles
qui leur étaient confiées : le repos des morts même n'échappe point
à la rapacité des pillards qui cherchent l'or enfoui avec eux.

La harpe se tait ; les sons belliqueux ont cessé de retentir, car la
main du ménestrel est glacée dans la mort : elle ne fait plus vibrer
la corde frémissante pour chanter les lauriers et la gloire.

Enfin les meurtriers, gorgés de butin, rassasiés de carnage, se sont
retirés : le bruit du combat a cessé ; le silence reprend son empire formidable, et l'Horreur à l'aspect sombre garde la porte
massive.

C'est là que la Désolation tient sa redoutable cour : quels hérauts proclament son règne fatal ? Des oiseaux de funeste augure prennent leur vol à l'heure sombre du soir, et leurs cris lugubres célèbrent les vigiles dans le sanctuaire désolé.

Bientôt cependant les rayons vivifiants d'une nouvelle aurore
chassent du ciel de l'Angleterre les nuages de l'anarchie : le farouche usurpateur retourne dans l'enfer d'où il est sorti, et la nature
applaudit à la mort du tyran.

Elle salue par des tempêtes les gémissements de son agonie :
l'ouragan répond à ses derniers et pénibles soupirs : la terre tremble au moment où elle reçoit ses os : ce n'est qu'à regret qu'elle
accepte cette hideuse offrande.

Le légitime souverain reprend le gouvernail, et guide sur des
mers plus calmes le vaisseau de l'Etat. L'espérance sourit à un
règne pacifique, et cicatrise les blessures saignantes des haines fatiguées.

O Newstead ! les sombres usurpateurs de tes retraites s'éloignent
avec des cris discordants de leurs nids dévastés : le maître revient
prendre possession de ses domaines, et l'absence en relève pour lui
le charme.

Les vassaux réunis dans ton enceinte hospitalière célèbrent dans
un banquet joyeux le retour de leur maître : la culture revient
embellir la riante vallée : et les mères, tout à l'heure désolées, ont
cessé leurs chants de deuil.

Des milliers de voix joyeuses sont répétées par l'écho mélodieux ;
les arbres se revêtent d'un plus riche feuillage. Ecoutez ! le cor fait entendre ses accents prolongés, et le cri du chasseur reste suspendu
sur l'aile de la brise.

La vallée tremble au loin sous les pieds des chevaux : que de
craintes, d'espérances accompagnent la chasse ! Le cerf mourant a cherché un refuge dans les flots du lac, et des cris triomphants annoncent que sa course est finie.

Heureux jours ! trop heureux pour être durables ! Tels étaient les
plaisirs innocents de nos simples aïeux. Point de ces vices qui sé-
duisent par leur éclat ; mille joyeuses occupations, et de bien rares
soucis.

Chez une telle race, les fils succèdent aux pères. En vain le temps
poursuit son cours, en vain la mort brandit sa faulx. Un autre chef

vient monter le coursier écumant, une autre foule de vassaux poursuit le cerf hors d'haleine.

O Newstead ! que ton aspect est tristement changé! Tes arceaux lézardés annoncent les progrès lents de la destruction. Un enfant, le dernier rejeton d'une noble race, domine aujourd'hui sur tes tours, prêtes à s'écrouler.

Il contemple tes vieux remparts, maintenant solitaires; tes caveaux où dorment les défunts des âges féodaux; les cloîtres que traversent les pluies de l'hiver : il les contemple, et il ne peut retenir ses larmes....

Mais non des larmes de regret! une pieuse affection les fait seule couler. L'orgueil, l'espérance et l'amour lui défendent l'oubli et allument dans son sein une généreuse ardeur.

Et cependant il préfère ton séjour aux dômes dorés, aux brillants salons de la grandeur vaniteuse : il se plaît à errer parmi tes tombes humides et moussues, et il n'a pas un murmure contre les arrêts du destin.

Peut-être ton soleil, sortant du nuage, doit-il briller encore, et l'illuminer des rayons de son midi : peut-être les heures splendides de ton passé doivent-elles resurgir dans un avenir fortuné.

A UN AMI (1806).

Vous me conseillez de fréquenter le monde : c'est un avis dont je ne puis méconnaître la sagesse, mais la retraite convient à mon humeur : je ne veux point m'abaisser à un contact que je méprise. Si le sénat ou les camps réclamaient mes efforts, l'ambition me pousserait peut-être à me produire; quand l'adolescence et ses années d'épreuves seront passées pour moi, peut-être essaierai-je de me montrer digne de ma naissance.

Le feu qui brûle aux cavernes de l'Etna bouillonne invisible dans ses mystérieuses retraites... Mais enfin si se révèle immense, épouvantable; aucun torrent ne peut l'éteindre, aucune limite le contenir.

Ainsi le désir de la gloire vit caché dans mon cœur, et me conseille de ne vivre que pour les applaudissements de la postérité. Si, comme le phénix, je pouvais m'élever sur l'aile de la flamme, comme lui, je me mettrais au bûcher.

Oh! pour la vie d'un Fox ou la mort d'un Chatam, que de censures, de périls, de souffrances ne braverais-je pas! Leur vie ne s'est pas terminée quand ils ont rendu le dernier souffle, et leur gloire illumine l'obscurité de leur tombeau.

Mais pourquoi me mêlerais-je à l'immense troupeau des esclaves de la mode? Pourquoi irais-je flatter ceux qui la gouvernent et ramper sous ses lois? Pourquoi m'incliner devant l'orgueil ou applaudir l'absurde? Pourquoi chercher le bonheur dans l'amitié des sots?

J'ai goûté les douceurs et les amertumes de l'amour; j'ai cru de bonne heure à l'amitié. Les prudentes matrones ont désapprouvé mes flammes, et j'ai trouvé qu'un ami peut promettre et trahir.

Qu'est pour moi la richesse? elle peut s'évanouir en un instant devant le triomphe des tyrans, devant un caprice de la fortune. Qu'est-ce pour moi qu'un titre?... le fantôme de la puissance. Que me fait la mode?... je n'ambitionne que la gloire.

L'imposture est étrangère à mon âme : je ne sais point farder la vérité; pourquoi donc irai-je me soumettre à un contrôle odieux? Pourquoi sacrifier aux folies du monde les jours de ma jeunesse.

SUR UN POÈME INTITULÉ : LA DESTINÉE COMMUNE.

Montgomery, tu dis vrai : la commune destinée des mortels est dans les flots du Léthé, quelques hommes cependant ne sont jamais oubliés; quelques hommes vivront au-delà du tombeau.

Quand un héros gouverne le flux et le reflux des batailles, souvent on ignore le lieu de sa naissance, mais nul n'ignore sa gloire militaire qui brille au loin comme un météore.

Ses joies et ses douleurs, ses plaisirs ou ses peines échapperont peut-être à la plume de l'histoire; mais des nations encore à naître entendront répéter son nom immortel.

Le corps périssable du patriote et du poète partagera la tombe commune de tous les hommes; leur gloire ne dormira pas de même; elle restera debout sur les ruines mêmes des empires.

L'éclat des yeux de la beauté prendra l'épouvantable fixité du trépas; tout ce qu'il y a de beau, de vaillant, de bon doit mourir et descendre dans le sépulcre béant.

Mais des regards éloquents revivent et brillent encore dans les vers d'un amant; la Laure de Pétrarque est vivante encore : elle mourut un fois, mais elle ne mourra plus.

Les saisons se suivent et disparaissent; le temps poursuit son vol infatigable, mais les lauriers de la renommée ne se fanent jamais; ils fleurissent rafraîchis par un printemps éternel.

Tous, tous doivent dormir dans un lugubre repos, au fond de la tombe silencieuse; vieux et jeunes, amis et ennemis, tous se consumeront de même et pourriront dans le linceul.

Le marbre vieillit et durc un long espace de temps; mais il finit par tomber, inutile débris, en proie aux coups impitoyables de la destruction : des plus orgueilleux édifices, il ne reste plus qu'une ruine informe.

Quand les chefs-d'œuvre de la sculpture disparaissent ainsi, qui peut donc échapper à l'oubli?... la seule renommée de ceux dont les vertus méritent cette brillante récompense.

Ne dis donc plus que la commune destinée de tous est dans les flots du Léthé. Un petit nombre d'hommes ne seront jamais oubliés, et briseront les chaînes du tombeau.

LE BANDEAU DE VELOURS (1806).

Ce bandeau qui retenait tes blonds cheveux, il est à moi, douce enfant. Tendre gage de ton amour, je dois le garder avec un soin assidu et jaloux, comme on conserve les reliques d'un habitant des cieux.

Je veux le porter près de mon cœur : doux lien qui enchaînera mon âme à la tienne, il ne me quittera jamais, et, dans la tombe, il mêlera sa poussière à ma poussière.

La rosée que je cueille sur tes lèvres m'est moins chère encore que ce don : elle, je ne l'aspire qu'un instant, je n'y puise qu'une félicité passagère.

Lui, il me rappellera toutes les scènes de mon jeune âge; même quand notre vie penchera vers son déclin : et le feuillage de l'amour pourra reverdir, rafraîchi par le souvenir.

O petite boucle de cheveux dorés, qui formais des anneaux si gracieux sur une tête adorée! pour un monde tout entier, je ne voudrais pas te perdre;

Quoique des milliers d'autres boucles semblables à toi ornent le front poli où naguère tu brillais, comme le rayon qui dore une matinée sans nuage sous le ciel brûlant de la Colombie.

L'AMOUR ET L'AMITIÉ (1806).

Pourquoi mon cœur inquiet gémirait-il de la fuite de ma jeunesse? Des jours de bonheur me sont encore réservés : l'affection n'est pas morte. Quand je repasse dans ma mémoire les années de mon adolescence, une éternelle vérité, que j'y trouve gravée profondément, me procure une consolation céleste. Douces brises, portez-là dans ces lieux où pour la première fois mon cœur battit à l'unisson d'un autre cœur : « L'amitié, c'est l'amour sans ailes. »

Dans le cours de mes années peu nombreuses, mais agitées, quels instants m'ont appartenu? Tantôt ils étaient à demi obscurcis par des nuages de larmes; tantôt ils s'éclairaient de rayons divins. Quelque avenir qui me soit réservé, mon âme, enivrée du passé, s'attache avec délices à une pensée unique. Amitié, elle est à toi tout entière; elle vaut à elle seule un monde de félicité, cette pensée qui me dit : « L'amitié, c'est l'amour sans ailes. »

Là, où ces ifs balancent légèrement leurs rameaux au souffle de la brise, s'élève une tombe simple et rarement visitée, monument de la commune destinée. A l'entour jouaient les écoliers insouciants jusqu'au moment où la triste cloche du studieux séjour mettait la fin des jeux enfantins. Ah! partout où se portent mes pas, mes larmes silencieuses ne le prouvent que trop : « L'amitié, c'est l'amour sans ailes. »

Amour, devant tes brillants autels, j'ai prononcé mes premiers vœux; mes espérances, mes rêves, mon cœur, étaient à toi : mais tout cela maintenant est usé, flétri; car tes ailes sont comme le vent, et ne laissent aucune trace derrière elles. Sauf, hélas! l'aiguillon de la jalousie. Laisse-moi, laisse-moi, démon perfide, tu ne présideras pas aux jours qui m'attendent, à moins que tu ne sois dépouillé de tes ailes.

Séjour de ma jeunesse; ta tour aperçue de loin me rappelle des jours de bonheur; je sens se rallumer en moi mon premier feu.... et je me crois redevenu enfant. Ton bosquet d'ormeaux, la colline verdoyante, tes moindres sentiers sont pour moi pleins d'attraits, tes fleurs m'apportent un double parfum, et dans un joyeux entretien chacun des amis de mon enfance semble me dire: « L'amitié, c'est l'amour sans ailes ! »

Cher Clare; pourquoi pleurer? retiens tes larmes : l'affection peut dormir quelque temps; mais, sois-en sûr, elle se réveille. Pense donc, ami, la première fois que nous nous reverrons, cette entrevue longtemps désirée combien elle sera douce! cette espérance fait battre mon cœur. Tant que de jeunes cœurs savent aimer ainsi, l'absence, ô mon ami, ne fait que nous dire : « L'amitié, c'est l'amour sans ailes ! »

Une fois, une seule fois trompé, me suis-je lamenté sur mon

reur? Non. Affranchi d'un lien tyrannique, je sus mépriser un malheureux. Je me tournai vers ceux que mon enfance avait connus, à l'âme chaleureuse, aux sentiments sincères, attachés à mon cœur par des cordes sympathiques; et jusqu'à ce que ces cordes vivantes soient brisées, c'est pour ceux-là seulement que je ferai vibrer dans mon sein les accords de l'amitié, cet amour sans ailes.

Rares élus! à vous mon âme et ma vie, mes souvenirs et mes espérances; votre mérite vous assure une affection durable et libre dans son cours. Que l'Adulation aux traits séduisants, à la langue mielleuse, fille de l'Imposture et de la Crainte, se contente d'assiéger les rois; pour nous, mes amis, au milieu de la joie qui nous enivre comme des pièges qui nous menacent, nous n'oublierons jamais que l'amitié, c'est l'amour sans ailes.

Des fictions, des rêves inspirent le poète qui aborde l'épopée; que l'amitié et la sincérité soient ma récompense : je ne veux pas d'autre palme. Si les lauriers de la gloire ne croissent qu'au sein du mensonge, que l'enchanteresse fuie loin de moi, car c'est mon cœur et non mon imagination qui parle dans mes chants. Jeune et naïf, je ne sais point feindre, et je répète le rustique, mais sincère refrain : « L'amitié, c'est l'amour sans ailes! »

LA
LAMENTATION DU TASSE.

I.

Les années sont bien longues... Elles pèsent à la fibre irritable de l'enfant de la lyre; elles étouffent son vol d'aigle, ces longues années d'outrages, de calomnies et d'injustices. J'ai subi une accusation de démence, une prison solitaire, la soif d'air et de lumière, cancer qui dévore l'âme ulcérée; une grille abhorrée qui, interceptant les rayons du soleil, laisse monter au cerveau, par la prunelle convulsive, une sensation brûlante de pesanteur et de tristesse. J'ai vu enfin la captivité toute nue se tenir debout sur le seuil de cette porte qui ne s'ouvre jamais toute entière et n'admet rien à travers l'étroit guichet, rien que ces aliments sans saveur qui m'ont paru d'une si intolérable amertume, jusqu'à ce que je fusse habitué à prendre ma nourriture comme une bête féroce triste et seul, couché dans ce caveau qui est mon repaire et peut-être ma tombe. Toutes ces choses m'ont ruiné, me ruineront encore, mais je dois les supporter. Je ne cède point au désespoir; car j'ai lutté contre l'agonie même : je me suis fait des ailes qui m'ont emporté hors de l'étroite enceinte de mon donjon; j'ai affranchi le Saint-Sépulcre. J'ai vécu au milieu des hommes et des objets divins, et mon génie flânant en Palestine a chanté la guerre sacrée entreprise pour le Dieu qui habita la terre et qui est aux cieux, pour ce Dieu qui a daigné fortifier mon âme et mon corps. Afin de mériter mon pardon par mes souffrances, j'ai employé ma captivité à célébrer la conquête qui a délivré le sanctuaire de Solyme.

II.

Mais cette tâche est terminée... Il est achevé ce travail plein de charmes... O fidèle ami qui m'as soutenu pendant de longues années, si ton dernier feuillet est humide de mes larmes, sache que mes malheurs ne m'en ont arraché aucune. Mais toi, ô ma jeune création ! ô l'enfant de mon âme, toi qui venais autour de moi te jouer et sourire, et dont le doux aspect m'arrachait à la pensée de mes maux, toi aussi tu m'as quitté... et la consolation m'a quitté avec toi : c'est ceci pourquoi je pleure, c'est pourquoi mon cœur saigne, roseau déjà brisé qui reçoit un dernier coup. Après toi, que me restera-t-il?... car j'ai encore des douleurs à endurer... et comment? Je ne sais... mais il est en mon esprit une vigueur innée qui sera mon appui. Je ne me suis pas laissé abattre, parce que je n'avais rien à me reprocher. Ils m'ont appelé insensé... et pourquoi? O Léonore! n'est-ce pas à toi de répondre? Oui, mon cœur devait être en délire pour élever ses vœux jusqu'à toi; mais au moins cette folie ne tenait point à mon intelligence : je comprenais ma faute et si je subis ma peine sans fléchir, ce n'est pas que je la ressente moins. Tu étais belle, et je n'étais pas aveugle : tel est le crime qui me sépare de l'humanité : mais qu'ils poursuivent, qu'ils me torturent à leur gré; mon cœur peut encore multiplier ton image. L'amour heureux se perd par la satiété : les malheureux sont les amants fidèles : leur destinée est de voir s'éteindre tous leurs sentiments, sauf un seul, et toutes leurs passions s'absorber dans une passion unique, comme les fleuves courent se confondre dans l'Océan; océan, chez eux, sans bornes et sans rivages.

III.

Sur ma tête, écoutez! écoutez les cris prolongés et frénétiques de ceux dont le corps et l'âme sont également captifs. Écoutez les coups de fouet et les hurlements qui redoublent, et les blasphèmes articulés à demi. Ici se trouvent des hommes infectés d'un mal pire que la démence, des hommes qui se plaisent à tourmenter des âmes déjà trop souffrantes, à obscurcir par des tortures inutiles le peu de lumière qui leur reste encore : car le bonheur du tyran est dans l'excès des tourments qu'il inflige. Je me trouve à la fois entouré de ces bourreaux et de leurs victimes; c'est au milieu de pareils bruits, au milieu de pareils spectacles que j'ai vécu ces longues années, que peut-être je terminerai ma vie : eh bien! soit... alors du moins, je reposerai.

IV.

J'ai été patient, je dois l'être encore; ma mémoire a perdu la moitié des trésors que je voulais en effacer : mais les souvenirs me reviennent... Oh! que ne puis-je oublier comme on m'oublie. Faut-il donc pardonner à ceux qui m'ont imposé pour demeure cet hôpital de tous les maux, où le rire n'est point une joie, ni la pensée un jugement, ni la parole un langage, ni l'homme enfin une fraction de l'humanité; où les injures répondent aux malédictions, les cris aux coups; où chaque victime est torturée dans un enfer distinct? Car ici nous sommes nombreux, mais séparés entre nous par un mur qui renvoie en écho tous les balbutiements de la démence. Tous entendent, mais nul n'écoute la voix de son voisin... Nul, sauf un seul, le plus malheureux de tous, celui qui ne méritait pas d'avoir de pareils compagnons et d'être confiné ainsi entre des malades et des insensés. Faut-il pardonner à ceux qui m'ont enchaîné ici, qui m'ont avili dans l'opinion des hommes, en me privant de l'usage de mon intelligence, flétrissant ma vie au point le plus glorieux de ma carrière, et marquant d'un fer chaud toutes mes pensées comme dangereuses et fatales? Ces tortures, ne leur infligerai-je pas à mon tour, ne leur enseignerai-je pas ce que c'est que l'angoisse qu'on éprouve, l'effort intérieur du calme qu'on s'impose et le froid désespoir qui contremine les progrès du stoïcisme? Non... je suis trop fier encore pour me venger : j'ai pardonné les insultes des princes, et je saurai mourir. Oui, sœur de mon souverain, je veux arracher de mon sein toute amertume : qu'a-t-elle affaire où tu habites? Ton frère est plein de haine... je ne la puis concevoir. Tu n'as point de pitié : je ne puis rien qu'aimer.

V.

Vois un amour qui ne sait pas désespérer, mais qui ayant résisté à tout est encore la meilleure part de moi-même. Il habite dans le fond de ce cœur silencieux et fermé à tous, comme l'éclair habite dans son nuage, comprimé dans son noir et flottant linceul, jusqu'au moment où, sous un choc soudain, la flèche éthérée prend son vol. Ainsi ton nom me frappe, et la pensée vivante s'allume dans tout mon être, et pour un moment les objets flottent autour de moi tels qu'ils furent jadis... mais tout se dissipe... et je me retrouve le même. Et pourtant cet amour ne fut point couvé par l'ambition : je connaissais ton rang et le mien, et je savais qu'une princesse n'est point faite pour s'allier à un poète. Cet amour ne se trahit ni par un mot ni par un soupir : il se suffisait à lui-même; il était sa propre récompense : et s'il s'est révélé dans mes yeux, hélas! ils ont été assez punis par le silence des tiens; et pourtant je ne me suis jamais plaint de ce silence. Tu étais pour moi une relique sainte dans sa châsse de cristal, que l'on doit adorer à distance en restant humblement sur le sol qu'elle consacre; non parce que tu étais née princesse, mais parce que l'amour t'avait revêtue de gloire et avait imprimé à tes traits une beauté qui me frappait de terreur... Oui! non pas de terreur, mais de respect, comme celle d'un habitant des cieux. Et dans ton adorable sévérité, il y avait quelque chose qui surpassait toute douceur. Je ne sais comment... ton génie dominait le mien... mon étoile était sans rayons devant toi. Si l'on pouvait accuser de présomption un pareil amour qui n'avait point de but, cette douloureuse fatalité m'a coûté cher. Mais tu ne m'en es que plus chère, et sans toi, je serais digne de cette cellule qui maintenant est pour moi un outrage. Ce même amour qui m'a imposé ma châîne l'allège de la moitié de son poids; et quoique le reste soit encore bien lourd, il me donne la force nécessaire pour supporter ce fardeau, pour élever vers ce cœur où tu règnes sans partage et pour dompter une nature souffrante.

VI.

Qu'y a-t-il là qui doive étonner ?... Depuis ma naissance, mon âme s'est enivrée d'amour : l'amour s'est répandu autour de moi et s'est confondu avec tout ce que je voyais sur la terre. De tous les êtres inanimés je faisais mes idoles ; parmi les fleurs sauvages et solitaires qui croissent au pied des rochers, je me créais un paradis ; et là, couché sous l'ombrage flottant des arbres, je prolongeais mes rêves sans compter les heures : cependant on me grondait pour mes courses vagabondes ; et les prudents vieillards, en me voyant, secouaient leurs têtes blanchies, et disaient que de tels éléments font un homme malheureux, qu'une enfance indisciplinée aboutit au malheur et que des châtiments corporels pourraient seuls me corriger. Et alors on me frappait, et je ne pleurais pas, mais je maudissais mes tyrans dans mon cœur, et je regagnais mes retraites chéries pour y pleurer seul et y retrouver ces rêves que n'enfantait point le sommeil. Et avec le progrès des années, mon âme haletante se remplit d'un mélange confus de sentiments à la fois doux et pénibles : mon cœur tout entier s'exhalait en un désir unique, mais indéfini, changeant, jusqu'au jour où je trouvai l'objet de ce désir... et cet objet c'était toi. Alors je perdis mon existence qui s'absorba tout entière dans la tienne : le monde disparut devant mes yeux, et pour moi tu anéantis la terre.

VII.

Je me plaisais dans la solitude... mais je ne m'attendais guère à passer une portion quelconque de ma vie séparé de la société de mes semblables et n'ayant de communication qu'avec des insensés et leurs tyrans... Si j'eusse été organisé comme eux, depuis longtemps mon âme comme la leur eût partagé la corruption de son tombeau. Mais quelqu'un m'a-t-il vu dans les fureurs de la démence ? quelqu'un m'a-t-il entendu délirer ? Peut-être dans nos cellules souffrons-nous plus que le marin naufragé sur le rivage désert. Le monde entier s'ouvre devant lui : tout mon univers se renferme en ce lieu, doublé à peine de l'espace qu'on doit accorder à mon cercueil. En mourant le naufragé peut du moins lever les yeux pour adresser au ciel un dernier reproche... les miens ne se lèveront pas en haut pour l'accuser, bien que la voûte de mon cachot soit comme un nuage entre le ciel et moi.

VIII.

Quelquefois pourtant, je sens mon intelligence qui décline ; mais c'est un déclin dont j'ai conscience... je vois briller dans ma prison des lueurs inaccoutumées ; un étrange démon me tourmente et m'inflige mille petites douleurs, mille vexations imperceptibles à l'homme sain et libre ; mais trop sensibles, hélas ! pour moi qui ai si longtemps souffert et des tristesses de cœur et du manque d'espace et de tout ce que l'on peut supporter ou qui doit avilir. Je croyais n'avoir d'ennemi que l'homme ; mais il se peut que des esprits soient ligués avec lui... Toute la terre m'abandonne... le ciel m'oublie... peut-être en l'absence de toute protection les génies du mal essaieront-ils sur moi leur pouvoir ; peut-être prévaudront-ils sur une pauvre créature usée par la souffrance. Oh ! pourquoi mon âme est-elle éprouvée comme l'acier dans la fournaise avant de subir la trempe ?... Parce que j'ai aimé ; parce que j'ai aimé ce que nul ne pouvait voir sans l'aimer, à moins d'être plus ou moins qu'un mortel, d'être plus ou moins que moi.

IX.

Il fut un temps où mes sensations étaient vives... ce temps n'est plus : mes cicatrices se sont durcies, et s'il en eût été autrement, je me serais brisé le crâne contre ces barreaux, quand je voyais le soleil y jeter un rayon comme pour se railler de mes souffrances. Si je supporte, si j'ai supporté tant de maux et bien d'autres qu'aucune parole ne peut exprimer, c'est que je n'ai pas voulu sanctionner par mon suicide le stupide mensonge qui a servi de prétexte pour m'enfermer ici ; je n'ai point voulu que le fer chaud de l'infamie marquât ma mémoire de ce mot terrible : « Démence ! » c'est que je n'ai point voulu appeler la pitié sur mon nom flétri et sceller moi-même la sentence prononcée par mes ennemis. Non pas !... ce nom sera immortel !... je fais de ma prison actuelle un temple que les nations viendront visiter en songeant à moi. O Ferrare ! quand tu auras cessé d'être la demeure de tes ducs souverains, quand on verra crouler pierre à pierre tes palais au foyer infréquenté, alors le laurier du poète sera ta seule couronne, le cachot du poète sera ton édifice le plus renommé, tandis que l'œil de l'étranger s'étonnera de l'abandon de tes murailles ! Et toi, ô Léonore, toi qui rougis d'avoir un amant tel que moi, toi qui n'aurais pu apprendre sans honte que d'autres que des monarques pussent te trouver belle, eh bien ! va dire à ton frère que ce cœur indompté par les ans, par le chagrin, la fatigue... et

Le Tasse.

peut-être aussi par une faible atteinte du mal qui m'était imputé (car l'âme résiste difficilement à la longue infection d'une tanière comme celle-ci, où l'abîme lui communique sa corruption native)... va dire à ton frère que ce cœur n'a cessé de t'adorer... Ajoute ceci : Quand l'homme aura abandonné, oublié dans une froide solitude, les tours et les créneaux qui maintenant protègent la joie de ses banquets, de ses danses, de ses orgies ; alors ce cachot, oui, ce cachot sera un lieu consacré. Mais toi, quand te sera éteint cet éclat magique dont t'entourent le rang et la beauté, tu partageras le laurier qui ombragera ma tombe. Nulle puissance ne pourra séparer nos deux noms dans la mort, comme rien dans la vie n'a pu t'arracher de mon cœur. Oui, Léonore, ce sera notre destin d'être uni pour toujours... mais trop tard !

FIN DE LA LAMENTATION DU TASSE.

L'ILE

ou

CHRISTIAN ET SES COMPAGNONS.

CHANT PREMIER.

I.

Le quart du matin était arrivé : le vaisseau poursuivait gracieusement son humide carrière : comme une immense charrue, la proue traçait son majestueux sillon à travers les vagues jaillissantes. En face, le monde des eaux se déroulait dans son immensité; derrière, étaient semées les nombreuses îles de la mer du Sud. La nuit paisible, commençant à se diaprer de nuages lumineux, marquait l'heure qui sépare les ténèbres de l'aurore. Les dauphins, sentant l'approche du jour et empressés d'en saisir les premiers rayons, bondissaient sur les flots. Les étoiles commençaient à pâlir devant de plus larges clartés, et cessaient d'abaisser sur l'Océan leurs prunelles scintillantes. La voile, naguère obscurcie, reprenait sa première blancheur, et une brise rafraîchissante effleurait les eaux.... Enfin l'Océan, en revêtant une teinte de pourpre, annonce l'approche du soleil ; mais avant que l'astre surgisse... il va se passer quelque chose.

II.

Le chef vaillant dort dans sa cabine, se fiant sur ceux qui sont chargés de veiller : ses songes lui retracent les rivages aimés de la vieille Angleterre, ses travaux récompensés et ses dangers finis : son nom s'ajoute à la liste glorieuse de ceux qui ont tenté d'atteindre le pôle couronné de tempêtes. Le plus pénible est passé, et tout semble lui répondre du reste : pour-

Une île où chaque cabane invitait l'étranger.

quoi ne dormirait-il pas en sûreté ? Hélas! le pont est foulé par des pieds indociles, et des mains audacieuses tendent à s'emparer du gouvernail. De jeunes cœurs soupirent après une de ces îles équatoriales où l'on trouve sans cesse et les sourires de l'été et les sourires de la femme : ce sont des hommes sans patrie, qui, après une trop longue absence, n'ont point retrouvé le toit natal ou l'ont trouvé changé, et qui, devenus à demi sauvages, préfèrent une grotte et une douce compagne à l'inconstante demeure qui flotte sur les vagues. Les fruits délicieux que le sol produit sans culture, le bois sans autre sentier que celui qu'on y trace ; les champs sur lesquels l'abondance semble verser à plaisir sa corne toujours pleine ; le sol n'appartenant à personne et possédé en commun ; ce désir, que les siècles n'ont pu étouffer dans l'homme, de n'avoir de maître que sa volonté ; la terre

n'ayant d'autre or que les trésors non vendus qu'elle étale à sa surface, que la clarté du soleil et ses brillants produits ; la liberté qui, de la moindre caverne, peut se faire une demeure ; cet immense jardin où tous peuvent se promener, où la nature traite tous les hommes comme ses enfants et se complaît au spectacle de leur sauvage félicité ; ces coquillages, ces fruits, les seules richesses qu'ils connaissent ; leurs canots si peu aventureux, leurs chasses lointaines et leurs pêches sur la vague écumante ; leur étonnement même à la vue d'une face européenne... voilà le spectacle dont ces étrangers brûlent de jouir de nouveau : spectacle qu'ils achèteront bien cher !

III.

Éveille-toi, brave Bligh ! l'ennemi est à ta porte : éveille-toi ! Hélas! il est trop tard ! les mutins ont fièrement pris place à la porte de ta cabine et ont proclamé le règne de la rage et de la terreur.

Tes membres sont garrottés ; la pointe de la baïonnette est sur ta poitrine ; ces mains, qui tremblaient naguère à ta voix, te déclarent leur prisonnier : ils te traînent sur le tillac, où désormais le gouvernail et la voile n'obéiront plus à ton commandement. Un instinct sauvage essaie de déguiser sous une feinte colère l'audacieuse désobéissance : cette colère éclate autour de toi, et ceux qui redoutent encore le chef qu'ils sacrifient ont peine à en croire leurs yeux ; car l'homme ne peut jamais étouffer entièrement le cri de sa conscience, à moins de s'enivrer jusqu'à la rage.

IV.

En vain, non déconcerté par l'aspect de la mort, tu fais, au péril de ta vie, appel à ceux qui sont restés fidèles : ils sont en petit nombre, et vaincus par la terreur, ils acceptent tacitement tous ces actes auxquels les plus exaltés applaudissent. En vain tu leur demandes leurs motifs : un blasphème, des menaces sont toute leur réponse. L'épée brille à tes yeux ; la pointe des baïonnettes se rapproche de ta gorge ; les mousquets sont dirigés sur ta poitrine par des mains qui ne craindront pas d'achever. Tu les en défies en t'écriant: «Feu !» Mais ceux qui n'ont point de pitié savent encore admirer : un reste secret de leur ancien respect a survécu au sentiment du devoir. Ils ne veulent point tremper leurs armes dans le sang ; mais ils t'abandonnent à la merci des flots.

V.

« La chaloupe en mer !» s'écrie alors le chef, et qui osera répondre: « Non ! » car la révolte n'écoute rien dans ce premier moment d'ivresse, dans les saturnales de son pouvoir inespéré. La chaloupe est mise à l'eau avec tout l'empressement de la haine ; et bientôt, ô Bligh ! il n'y aura plus entre toi et la mort que son plancher fragile : elle contient seulement assez de provisions pour te permettre de contempler ce trépas que leurs mains te refusent : assez d'eau et de pain pour une agonie de quelques jours. Néanmoins on y ajoute ensuite quelques cordages, un peu de toile, du fil, véritables trésors des anachorètes de l'Océan : secours longtemps implorés par des malheureux qui ne peuvent devoir leur salut qu'aux vents et aux flots. On y joint enfin la boussole intelligente, cette tremblante esclave du pôle, cette âme de la navigation.

VI.

Alors, le chef qui s'est élu lui-même juge à propos d'amortir la première impression d'un pareil crime et de ranimer le courage de ses complices. « Holà ! le grand bowl ! » s'écrie-t-il ; car il redoute que la fureur n'échoue sur les bas-fonds du bon sens. De l'eau-de-vie pour le héros ! dit un jour Burke, offrant à la gloire épique un humide chemin. Nos héros de nouvelle date furent de cet avis ; ils vidèrent la coupe en criant : « Huzza ! vive O-Taïti ! » Cri étrange dans la bouche des rebelles. Quel charme en effet, ces farouches enfants des mers, chassés par tous les vents du ciel, quel charme peuvent-ils trouver dans l'île paisible et dans ce sol si doux, ces cœurs amis, ces plaisirs sans travail, ces prévenances inspirées par la seule nature, ces richesses que n'amasse pas l'avarice, ces amours non achetés ? Et maintenant, est-ce donc en décrétant le malheur d'autrui qu'ils peuvent se préparer à obtenir ce qu'implore en vain la douce vertu ; le repos ? Hélas ! telle est notre nature : nous tendons tous au même but par des sentiers différents : les facultés naturelles, la naissance, le pays, le nom, la fortune, le tempérament, l'extérieur même, ont plus d'influence sur notre argile flexible que tout ce qui est en dehors de notre petite sphère. Et pourtant, une faible voix se fait entendre en nous à travers le silence de la cupidité ou le fracas de la gloire ; oui, quelque croyance qui nous soit enseignée, quelque sol que nous ayons foulé, la conscience de l'homme est l'oracle de Dieu.

VII.

La chaloupe porte à peine le petit nombre de ceux qui partagent le destin du chef, triste mais fidèle équipage : pourtant quelques-uns sont restés malgré eux sur le pont de l'orgueilleux navire, moralement naufragé.... et ceux-là voient d'un œil de compassion le sort du capitaine ; pendant que d'autres, insultant aux maux qui lui sont réservés, rient de sa voile pygmée, de sa barque si fragile et si chargée. Le nautile, enfant des mers, heureux pilote d'un canot coquille, ce féerique ondin de l'Océan a une embarcation plus solide et de plus libres allures. Huzza ! la trombe aux ailes de flamme balaie la face des eaux, il est en sûreté : son port est au fond de l'abîme ; il survit triomphant aux armadas des hommes qui font trembler le monde et succombent au premier effort du vent.

VIII.

Quand tout fut prêt, quand la troupe fidèle eut quitté ce navire soumis à la rébellion, un matelot, moins endurci que ses compagnons, laissa voir cette vaine pitié qui ne fait qu'irriter le malheur : son regard chercha son ancien chef et lui exprima par un muet langage sa compassion et son repentir ; puis il porta une liqueur bienfaisante à ses lèvres altérées et brûlantes. Mais on le surprit, on le remplaça par un autre gardien, et aucune commisération ne vint plus se mêler à la révolte. Alors s'avança l'audacieux jeune homme qui récompensait l'affection du chef en consommant sa ruine ; et montrant la frêle embarcation, il s'écria : « Partez sur-le-champ ! le moindre délai, c'est la mort ! » Et pourtant, en ce moment même, il ne put étouffer tous ses sentiments : un mot suffit pour éveiller en lui le remords d'un forfait à demi consommé, et l'émotion qu'il dérobait aux regards de ses complices se révéla facilement à son chef. Quand Bligh, d'un ton sévère, lui demanda où était la reconnaissance due pour l'affection qu'on lui avait témoignée, où était l'espoir qu'il avait conçu de voir son nom célèbre et d'ajouter un nouveau lustre aux mille gloires de l'Angleterre, ses lèvres convulsives rompirent le charme qui les scellait, et il s'écria : « C'est vrai ! c'est vrai ! Je suis en enfer ! en enfer ! » Ce fut tout ; mais, poussant son chef vers la barque, il l'abandonna dans cette arche fragile. Ah ! que de choses dans ce farouche adieu !

IX.

En ce moment le soleil des mers arctiques élevait son large disque au-dessus des vagues. Tantôt la brise se taisait, tantôt elle murmurait du fond de son antre ; se jouant comme sur une harpe éolienne, son aile capricieuse tantôt faisait résonner les cordes de l'Océan, tantôt les effleurait à peine. En ramant lentement et sans espoir, les marins de l'esquif abandonné dirigeaient leur route pénible vers une côte que l'on voyait poindre comme un nuage au-dessus de l'Océan. La chaloupe et le vaisseau ne doivent plus se rencontrer.

Mais mon but n'est point de raconter l'histoire lamentable des victimes de la trahison, leurs constants périls, leurs rares soulagements, leurs jours de dangers et leurs nuits de fatigues, leur mâle courage, même quand ce courage paraissait inutile ; la famine les minant sourdement et rendant le squelette d'un fils méconnaissable même à sa mère ; les maux contre lesquels leurs chétives provisions étaient plus insuffisantes encore et qui faisaient oublier les souffrances mêmes de la faim ; les agitations et les torpeurs de l'Océan, tantôt menaçant de les engloutir, tantôt opposant à leurs avirons paresseux des vagues immobiles ; l'incessante fièvre d'une soif dévorante qui recueillait, comme l'onde d'une source pure, la pluie épanchée des nuages sur des membres nus, qui trouvait un délice à étancher les froides averses d'une nuit orageuse, qui tordait la voile humide pour en exprimer une goutte et humecter les ressorts desséchés de la vie ; le sauvage ennemi auquel on n'échappait qu'en redemandant à la mer un asile moins inhospitalier ; et enfin, ces spectres décharnés, dérobés au trépas, pour faire le plus affreux récit de dangers qui, dans les annales de l'Océan, ait jamais excité la terreur de l'homme et les larmes de la femme.

X.

Nous les abandonnons à leur sort, qui ne resta cependant pas ignoré ni sans vengeance. La justice réclame ses droits : la discipline outragée prend en main leur cause, et toutes les marines ressentent cette injure s'élèvent contre la violation de leurs communes lois. Nous allons suivre la fuite des révoltés, à qui une vengeance tardive n'inspire pas d'effroi. Ils fendent les vagues : ils vont au loin ! au loin ! au loin ! Leurs yeux vont saluer de nouveau la baie chérie ; de nouveau ces heureux rivages, où ne règne aucune loi, vont accueillir ces hommes hors de la loi qu'ils ont vus naguère. La nature et la divinité de la nature, la femme, les appellent sur ces bords où ils n'entendront de reproches que ceux de leur conscience ; où tous se partagent les biens de la terre, sans se les disputer jamais, et où le pain lui-même se recueille comme un fruit. Là personne ne se vient contester la possession des champs, des bois et des eaux : l'âge sans or, cette époque où l'or ne trouble les rêves d'aucun mortel, règne dans ces beaux lieux, ou plutôt il y régna jusqu'au jour où l'Europe vint enseigner à leurs habitants une meilleure vie, leur communiqua ses coutumes et corrigea les leurs, mais surtout légua ses vices à leurs descendants. Ne songeons plus à cela ! Voyons-les tels qu'ils étaient, faisant le bien avec la nature, ou se trompant avec elle. « Huzza ! Vive O-Taïti ! » tel est le cri des matelots, pendant que le brave vaisseau poursuit sa course majestueuse. La brise s'élève : devant son souffle grandissant, la voile naguère flottante étend ses arceaux ; les flots bouillonnent plus rapides dans le sillage de la carène hardie qui les fend sans effort. Ainsi le navire Argo labourait les vagues de l'Euxin encore vierge ; mais les navigateurs de la Grèce tournaient encore leurs yeux vers la patrie..... ceux qui montent ce navire rebelle ont perdu la leur ; ils la fuient comme le corbeau fuyait l'arche ; et, cependant, ils ont l'espoir de partager le nid de la colombe et de retremper aux feux de l'amour leurs cœurs endurcis.

CHANT II.

I.

Qu'ils étaient doux les chants de Toubonaï, à l'heure où le soleil d'été descend dans la baie de corail !

« Venez ! disaient les jeunes filles, venez errer sous les plus beaux ombrages de l'île ; venez entendre le gazouillement des oiseaux. Le ramier roucoulera dans les profondeurs de la forêt comme la voix de nos dieux ; nous cueillerons les fleurs qui croissent sur les tombeaux, car elles s'épanouissent surtout où repose la tête du guerrier ; nous nous assiérons pour jouir du crépuscule ; nous verrons la douce lune briller à travers le feuillage des arbres, et couchés sous leur ombre, nous écouterons avec un mélancolique plaisir le murmure plaintif de leurs rameaux. Ou bien nous gravirons la falaise et nous verrons les vagues lutter follement contre les gigantesques rochers du large qui les refoulent en colonnes écumeuses. Que toutes ces choses sont belles ! heureux ceux qui peuvent se dérober aux fatigues et au tumulte de la vie pour contempler des scènes où il n'y a de luttes que celles de l'Océan. Et lui-même, il est amoureux à ces heures, ce grand lac d'azur, et il abaisse sa crinière hérissée sous les doux rayons de la lune.

II.

« Oui, nous cueillerons la fleur du tombeau, puis nous ferons un banquet pareil à celui des esprits dans leurs bocages de délices ; puis us nagerons joyeusement dans les vagues bondissantes ; enfin, nous étendrons sur l'herbe molle nos membres humides et brillants nous les parfumerons d'une huile embaumée ; nous tresserons les guirlandes cueillies sur la demeure des morts, et nous parerons nos [tê]tes des fleurs nées de la cendre des braves. Mais voici venir là [qu']it : le signal du soir nous rappelle : le son des nattes agitées re[ten]tit au bout du chemin. Tout à l'heure les torches de la danse [j]etteront leurs étincelantes clartés sur la pelouse des fêtes et nous [ra]ppelleront la mémoire de ces jours heureux et brillants, avant que [au]jd]i eut embouché la conque de la guerre, avant que des canots [cha]rgés d'ennemis fussent venus envahir nos rivages. Hélas ! par [eu]x la fleur des jeunes hommes verse son sang ; par eux nos champs [se] couvrent d'herbes sauvages ; par eux on ignore ou l'on oublie le [b]onheur ravissant d'errer seuls avec la lune et l'amour. Eh bien ! [qu'i]l ils nous ont appris à manier la massue, à couvrir la campagne d'une pluie de flèches : qu'ils recueillent la moisson qu'ils ont se[m]ée ! Mais cette nuit, réjouissons-nous ; nous partons demain. Frap[p]ez la mesure de la danse ! remplissez les coupes jusqu'au bord ! [ép]uisons-les jusqu'à la dernière goutte ! demain nous pouvons mou[ri]r. Couvrons nos corps de nos vêtements d'été ; attachons à nos [c]eintures le blanc vappa ; que nos fronts, comme celui du printemps, [s]e couronnent d'épaisses guirlandes, et que, sur notre cou, brillent [e]n colliers les graines du houni : leur vive couleur contraste avec [l]e sombre éclat de nos brunes poitrines.

III.

« Maintenant, la danse est terminée... pourtant reste encore ! ar[r]êtel ne dépouille pas si vite le sourire amical. Demain nous par[t]ons ; mais ce n'est pas cette nuit... cette nuit appartient au cœur. Approchez encore ces guirlandes après lesquelles nous soupirons dou[ce]ment, jeunes enchanteresses de l'aimable Likou ; que vos formes sont ravissantes ! comme tous les sens rendent hommage à vos beautés pleines de douceur, mais puissantes, comme ces fleurs qui, du sommet de nos rochers, envoient leurs parfums bien loin sur l'Océan !... Nous aussi, nous visiterons Likou... mais... ô mon cœur ! que dis-je... demain nous partons ! »

IV.

Tels étaient les chants, telle était l'harmonie qui s'élevait sur ces bords, avant que les brises y eussent poussé les enfants de l'Europe. Les habitants avaient leurs vices, il est vrai, ceux qu'enfante la nature : leurs défauts appartenaient à la barbarie ; et nous, nous avons à la fois, ce que la civilisation a de sordide, mêlé avec toute la sauvage férocité, stigmate de la chute de l'homme. Qui n'a point vu le règne de l'hypocrisie, où les prières d'Abel s'allient aux actes de Caïn ? Il suffit d'ouvrir sa fenêtre pour voir l'ancien monde plus dégradé que le nouveau..... et ce dernier lui-même ne mérite plus un pareil nom, sauf dans ces régions où la Colombie nourrit deux géants jumeaux, enfants de la liberté, dans ces régions où le Chimborazo promène ses regards de Titan sur l'air, la terre et les flots, sans y apercevoir un esclave.

V.

Ainsi se perpétuait la tradition, quand la gloire des morts ne revivait que dans des chansons, quand la gloire ne laissait d'autre trace après elle que le charme presque divin de ces accords. Alors point d'annales pour convaincre le sceptique : l'histoire à son pre[m]ier âge n'a d'autre langage que l'harmonie ; tel Achille enfant, tenant en main la lyre du Centaure, apprenait à surpasser son père. En effet, les simples stances d'une antique ballade, résonnant du haut d'un roc, se mêlant au bruit des vagues, ou au murmure des ruisseaux, et réveillant les échos de la montagne, ont plus de pouvoir sur les cœurs sincères et faciles à émouvoir que tous les trophées des favoris de la guerre et de la fortune. Elles sont pleines d'attrait, tandis que les hiéroglyphes ne sont qu'un sujet d'études pour le sage, de rêveries pour l'érudit : elles savent plaire, tandis que les volumes de l'histoire n'offrent au lecteur qu'une fatigue. La ballade est le premier, le plus frais rejeton qui soit éclos sur le sol du sentiment. Tel était le chant sauvage (car c'est aux sauvages que plaît surtout le chant) dont les hommes du Nord s'inspiraient dans leurs solitudes, quand ils vinrent visiter et conquérir le reste de l'Europe ; tel est encore celui qui existe partout où nul ennemi n'est venu civiliser ou détruire : il touche le cœur ; [e]t que peuvent faire de plus tous les raffinements de notre poésie ?

VI.

Or, les suaves accords de cette mélodie naturelle interrompaient [l]e voluptueux silence des airs, une douce sieste d'été, une journée [t]ropicale de Toubonaï. C'était l'heure où toute fleur s'est épanouie, où l'atmosphère est embaumée : un premier souffle commençait à bercer le palmier, une brise encore muette soulevait doucement les flots et rafraîchissait la grotte où la belle chanteuse était assise à côté du jeune étranger qui lui avait enseigné les joies fatales de l'amour... Oui, fatales ; car elles sont toutes puissantes sur les cœurs, et sur ceux d'abord qui ne savent pas que l'on peut cesser d'aimer ; sur ceux qui, consumés par leur nouvelle flamme, se réjouissent comme des martyrs sur leur bûcher funéraire, tellement absorbés par l'extase que la vie n'offre point de ravissements comparables à ceux d'une telle mort : et ils meurent, en effet ; ils vont se confondre dans cette existence supérieure que tous nos rêves nous offrent comme un torrent d'éternel amour.

VII.

Dans cette grotte était assise l'aimable fille du désert, déjà femme par le développement de ses formes, quoiqu'enfant par les années, si l'on en juge du moins d'après les idées de nos froids climats, où rien ne mûrit rapidement, si ce n'est le crime. Vierge dans un monde vierge, et comme lui, naïve et pure ; belle, aimante, précoce ; noire comme la nuit..... la nuit avec toutes ses étoiles, ou comme une grotte sombre qui brille de tous ses cristaux ; des yeux tout langage et tout enchantement ; un corps..... celui d'Aphrodite portée dans sa conque à la surface de l'abîme, entourée d'un essaim d'Amours ; voluptueuse comme l'approche du sommeil, et cependant pleine de vie, car une ardente rougeur perçait ses joues brunies par les feux du tropique, et remplaçait la parole ; un sang émané d'un brûlant soleil colorait son cou et son sein, et se répandait à travers sa peau brune une teinte lumineuse, pareille à celle du corail qui rougit sous la vague sombre, et attire le plongeur vers ses grottes empourprées. Telle était cette fille des mers du Sud : douée de toute l'énergie de leurs vagues, elle portait, comme un esquif, la félicité de ceux qu'elle aimait, et ne trouvait de douleurs que dans l'amoindrissement de leurs joies. Son cœur audacieux et brûlant, mais sincère, ne connaissait de bonheur que le bonheur qu'il donnait ; son espoir ne s'appuyait jamais sur l'expérience, cette froide pierre de touche, dont la triste influence décolore tout : elle ne craignait pas le mal, car elle ne le connaissait pas, ou ce qu'elle en connaissait était bien vite... trop vite oublié. Les sourires et les larmes avaient passé sur elle, comme de légères brises passent sur un lac en ridant un moment leur miroir, mais sans jamais le briser ; car les profondeurs de ses cavernes, les sources des montagnes renouvellent sans cesse l'éclat de cette surface paisible ; à moins qu'un ébranlement volcanique ne vienne déraciner la source, refouler les ondes dans l'abîme, et faire de ces eaux vives une masse inerte, l'équivoque désert du marécage fangeux..... Tel sera donc le destin de la jeune sauvage ?... Ah ! les vicissitudes éternelles frappent l'humanité plus rapidement encore qu'elles ne frappent le reste de la nature : l'homme en tombant, ne fait que subir le sort réservé aux mondes ; mais, s'il fut juste, son esprit planera sur les débris de l'univers.

VIII.

Et lui, quel est-il ?... un enfant du Nord, un jeune homme aux yeux bleus, né dans des îles plus connues, mais non moins sauvages ; c'est le blond fils des Hébrides, où mugissent les flots tourbillonnants du Pentland ; agité dans son berceau par les vents impétueux, enfant de la tempête par le corps et par l'âme, en ouvrant ses jeunes yeux sur les ondes écumantes de l'Océan, il avait dès ce moment regardé l'abîme comme sa patrie : il avait vu en lui le géant confident de ses pensées vagabondes, le compagnon de ses promenades solitaires parmi les rochers, le seul mentor de sa jeunesse. Jeune insouciant, il laissait errer sa barque au hasard, jouet des flots et de l'air, et s'abandonnait volontiers au caprice du sort. Nourri des légendes de la terre maternelle, prompt à croire au bonheur, mais non moins ferme à souffrir, il avait tout éprouvé, sauf le désespoir. Sous le ciel de l'Arabie, il eût été le nomade le plus hardi de ses sables dévorants ; il eût bravé la soif avec la constance d'Ismaël porté par son navire du désert. Sur les côtes du Chili, il eût été le plus fier des caciques ; dans les montagnes de l'Hellade, un Grec toujours en révolte ; sous une tente, un Tamerlan : mais élevé sur le trône, il eût été sans doute un mauvais roi. En effet, la même âme qui serait capable de se frayer une route vers le pouvoir, si elle y est placée d'abord, ne trouve plus d'aliment qu'en elle-même ; il ne lui reste plus qu'à retourner en arrière, et à se lancer dans les douleurs pour y chercher le plaisir. Du même génie qui fit un Néron, la honte de Rome, une situation plus humble et l'éducation du cœur ont formé son glorieux homonyme, éclatant contraste (1) ! Mais laissons-lui ses vices, admettons qu'il ne se tenait que de lui-même, sans un trône pour théâtre, qu'ils eussent été petits !

(1) Le consul Néron, vainqueur d'Asdrubal et d'Annibal.

IX.

Vous souriez, lecteur : pour ceux qui examinent toute chose avec un regard prévenu, ces comparaisons peuvent sembler ambitieuses, rattachées au nom inconnu d'un être qui n'eut rien à démêler avec la gloire, ni avec Rome, le Chili, l'Hellade ou l'Arabie. Vous souriez! Eh bien cela vaut mieux que de soupirer. Et pourtant il eût pu être tout cela : c'était vraiment un homme, un de ces esprits qui planent au dessus de tous, et qu'on voit toujours à l'avant-garde, héros patriote ou chef despotique, faisant la gloire ou le deuil d'une nation, né sous des auspices qui élèvent ou abaissent au-delà de tout ce qu'on ose entrevoir. Mais ce sont là de pures rêveries : ici qu'était-il en réalité? Un adolescent dans sa fleur, un matelot révolté, Torquil aux blonds cheveux, libre comme l'Océan, l'époux de la jeune fille de Toubonaï.

X.

Assis auprès de Neuha, il contemplait les flots... Neuha, qui, parmi les vierges de l'île, brillait comme l'héliotrope au milieu des humbles fleurs; d'une haute naissance (prétention qui va faire sourire l'ami de la science héraldique, demandant à voir les armoiries de ces îles ignorées)... Elle descendait d'une race antique d'hommes vaillants et libres, chevaliers nus d'une noblesse sauvage, dont les tombes de gazon s'élèvent le long de la mer : et la tienne, Achille!... je l'ai vue... la tienne n'est rien de plus. Un jour, les étrangers arrivèrent dans de vastes canots, ceints de foudres enflammées, et couronnés d'arbres gigantesques plus hauts que des palmiers, qui, par un temps calme, semblaient enracinés dans l'abîme ; mais dès que les vents s'éveillaient, on les voyait déployer des ailes larges comme les nuages qui fuient à l'horizon; ils promenaient au loin leur puissance, et n'étaient que des cités flottantes, les vagues elles-mêmes semblaient moins libres. Neuha, prenant la pagaie, darda son agile pirogue à travers les ondes, comme le renne s'élance parmi les neiges. Effleurant la cime blanchissante des brisants, légère comme une néréide sur sa conque flottante, elle vient contempler et admirer de près la gigantesque carène, élevant de vagues en vagues sa masse qui pèse sur elles. L'ancre fut jetée ; le navire resta immobile le long du rivage, comme un gros lion endormi au soleil, pendant qu'autour de lui, essaim d'abeilles murmurant dans sa crinière, voltigeaient d'innombrables pirogues.

XI.

L'homme blanc débarqua !... qu'est-il besoin d'en dire davantage? Le nouveau monde tendit à l'ancien sa main basanée : ils étaient l'un à l'autre une merveille, et le lien de l'admiration se changea bientôt en une sympathie plus étroite et plus chaleureuse. Sur cette terre du soleil, affectueux fut l'accueil des pères, plus tendre encore fut celui de leurs filles. L'union se resserra : les fils des tempêtes trouvèrent mille beautés dans ces vierges basanées; celles-ci, de leur côté, admirèrent l'éclat d'un teint plus clair, dont la blancheur devait paraître extrême dans un climat où la neige est inconnue. La chasse, les promenades, la liberté d'errer au hasard ; chaque cabane un foyer, une famille pour l'étranger ; le filet tendu dans la mer ; le canot agile lancé dans les détours de cet archipel, ciel d'azur semé des brillantes comme des étoiles ; le doux sommeil acheté par des travaux qui n'étaient que des jeux ; le palmier, la plus majestueuse des Dryades, portant dans son sein Bacchus enfant, vigne surmontée d'un pampre qui rivalise en hauteur avec l'aire de l'aigle ; le banquet animé par le jus de la cava ; l'igname savoureuse, le cocotier qui offre à la fois la coupe, le lait et le fruit; l'arbre à pain qui, sans que la charrue ait sillonné la plaine, offre à l'homme ses moissons, et dans les bosquets inachetés prépare sans le secours d'une fournaise ses gâteaux de pure farine : marché gratuit où vient se pourvoir chaque convive, et grâce auquel nulle diette n'est à craindre... Tous ces attraits, joints aux délices des mers et des bois, aux douces joies de ces solitudes peuplées pour l'amour, avaient apprivoisé la rudesse de ces hommes errants, leur avaient inspiré une douce sympathie pour des êtres qui, moins savants peut-être, étaient certainement plus heureux : tous ces attraits agissaient où avait échoué la discipline, et parvenaient à civiliser les fils de la civilisation.

XII.

Des nombreux couples fortunés qui s'étaient unis, Neuha et Torquil ne formaient pas le moins beau : enfants de deux îles, quoique bien éloignées entre elles, nés tous deux sous l'étoile des mers, tous deux élevés en face des spectacles d'une nature primitive, dont le souvenir nous est toujours cher, en dépit de tout ce qui peut s'interposer entre nous et ces sympathies d'enfance. Celui qui eut pour premier spectacle les cimes bleues des montagnes d'Ecosse ne peut s'empêcher de voir avec amour le moindre pic d'azur qui s'élève à l'horizon ; dans chaque rocher, il salue les traits familiers d'un ami, et son imagination embrasse pieusement les sommets des hauteurs. J'ai longtemps erré dans des contrées autres que mon pays natal ; j'ai adoré les Alpes, aimé les Apennins, révéré le Parnasse et contemplé l'Ida et l'Olympe, ces monts de Jupiter, qui dominent 'Océan de leurs cimes escarpées ; mais ce n'étaient ni leurs trésors d'antiques souvenirs, ni leurs beautés naturelles qui me plongeaient dans une extase muette : les ravissements de l'enfant avaient survécu au jeune âge ; s'il contemplait Troie, c'était du Lochnagarr autant que de l'Ida ; les souvenirs celtiques se mêlaient à ceux du mont Phrygien, et les torrents des Highlands avec la source limpide de Castalie. Pardonne-moi, ombre d'Homère, gloire chère à l'univers ! Pardonne-moi, ô Phébus, cette erreur de mon imagination : par les spectacles naturels que j'ai chéris autrefois, la nature du nord me préparait à révérer les scènes sublimes que vous avez sanctifiées.

XIII.

L'amour, qui fait toutes choses sympathiques et belles, la jeunesse qui change l'atmosphère en un vaste arc-en-ciel, les périls passés qui disposent l'homme à goûter comme des plaisirs ces moments de repos pendant lesquels il cesse de détruire, l'attrait mutuel de la beauté qui frappe les cœurs les plus farouches, comme l'éclair frappe l'acier : voilà ce qui absorba dans une âme commune le jeune homme et la jeune fille, lui à demi sauvage, elle sauvage tout-à-fait. Pour lui, la voix tonnante des combats cessa d'enivrer son cœur de sombres délices ; le repos ne lui causa plus cette impatience fébrile de l'aigle dans son aire, quand le bec aigu et le regard perçant du roi des cieux cherchent partout une proie : son cœur amolli était dans cette voluptueuse situation, à la fois céleste et énervante, que ne confère point de lauriers à l'urne du héros : car ses palmes se flétrissent toutes les fois qu'il songe à une autre passion qu'à celle du sang ; et néanmoins quand ses cendres reposent dans leur étroit asile, l'ombrage du myrte ne leur est-il pas aussi doux que celui du laurier ? Si César n'avait jamais connu que les baisers de Cléopâtre, Rome fût restée libre, et le monde n'eût pas été à lui. Et qu'ont fait pour la terre la gloire et les exploits de César? Notre honte lui est due en partie; car le sanglant cachet de sa gloire déguise la rouille des chaînes que les tyrans nous imposent. En vain l'honneur, la nature, la raison, la liberté commandent à des millions d'hommes de se lever et de faire ce que Brutus a fait seul, de chasser des rameaux élevés où ils perchent depuis si longtemps ces oiseaux moqueurs qui veulent imiter la voix du despotisme. Nous nous laissons toujours décimer par ces chats-huants mangeurs de souris ; nous prenons pour des faucons ces ignobles volatiles : tandis que le mot Liberté (leurs terreurs nous le disent de reste) suffirait pour dissiper tous ces épouvantails.

XIV.

Absorbée dans un tendre oubli de la vie, Neuha, la naïve insulaire, était tout entière à son rôle d'épouse : aucune préoccupation mondaine ne venait la distraire de son amour ; aucune coterie ne pouvait tourner en ridicule sa nouvelle et passagère passion ; la foule des fats babillards ne voltigeait point autour d'elle, exprimant son admiration bruyante, ou chuchotant d'adultères paroles propres à flétrir sa vertu, sa gloire et son bonheur. Laissant sa foi et ses sentiments à nu comme sa beauté, elle était comme l'arc-en-ciel au milieu de l'orage ; car l'arc-en-ciel, tout en modifiant sans cesse la brillante variété de ses couleurs, déploie constamment la même courbe dans les cieux : quelles que soient les dimensions de son arc, la mobilité de ses teintes, c'est toujours le même messager d'amour qui dissipe les nuages.

XV.

Dans cette grotte du rivage battue par les flots, les deux amants avaient passé le brûlant midi des tropiques. Les heures ne leur étaient point longues... ils ne mesuraient jamais le temps, et n'étaient pas informés de sa fuite par le son funèbre de la cloche qui distribue à l'homme civilisé sa portion quotidienne, et le poursuit partout des avertissements railleurs de sa langue de fer. Que leur importait l'avenir ou le passé ? Le présent les tenait sous son joug. Leur sablier était l'arène du rivage, et la marée voyait leurs moments s'écouler comme ses lames paisibles ; leur horloge était le soleil du haut de sa tour immense. Qu'avaient-ils besoin de noter le cours du temps, eux dont chaque journée ne formait qu'une seule heure ? Le rossignol, leur seule cloche du soir, chanta doucement à la rose les adieux du jour : le disque élargi du soleil s'enfonça sous l'horizon, mais sans la lenteur qu'il affecte dans nos climats du nord, où il semble se fondre mollement au sein des ondes. Là, dans toute sa vigueur et tout son éclat, comme s'il voulait quitter à jamais l'univers et laisser la terre privée de ses feux, il plonge d'un seul bond son front rouge dans le sein des vagues, comme un héros qui s'élance dans la tombe. Puis, les deux amants se levèrent; ils cherchèrent d'abord la clarté dans les cieux, puis ils la retrouvèrent dans des yeux adorés, tous deux s'étonnant qu'un soleil d'été fût si court, et se demandant si en effet la journée était finie.

XVI.

Et que la chose ne semble pas étrange : l'enthousiaste ne vit pas sur la terre ; il habite dans sa propre extase ; les jours et les mondes passent inaperçus près de lui, et son âme est dans les cieux avant que sa cendre soit rendue à la terre. L'amour a-t-il moins de puissance ? Non ; lui aussi, il trace glorieusement son sentier vers Dieu, ou s'attache à tout ce que nous connaissons du ciel ici-bas, à cet autre nous-même, supérieur à nous, dont la joie ou la douleur est la nôtre, plus que la nôtre ; flamme qui absorbe tout, qui, allumée par une autre flamme, se confond avec celle-ci dans un même éclat ; bûcher sacré mais funèbre, où, comme les bramines, des cœurs aimants prennent place avec un sourire. Combien de fois n'oublions-nous pas le temps qui s'écoule, lorsque dans la solitude nous admirons le trône immense de la nature, ses forêts, ses déserts, ses eaux, langage sublime qui répond à notre esprit ! Ces étoiles, ces montagnes, ne sont-ce pas des êtres vivants? Les vagues n'ont-elles pas leur âme ? Ces cavernes humides ne joignent-elles aucun sentiment à leurs larmes silencieuses ?... Oh ! la nature nous attire et nous embrasse de toutes parts; elle brise avant l'heure ce fardeau, cette enveloppe d'argile, et plonge notre âme dans les flots de son immensité. Dépouillons donc cette individualité qui nous charme et nous trompe... Qui peut songer à son être en contemplant les cieux? et même, en regardant plus bas, quel jeune cœur non encore éprouvé par les rudes leçons de l'expérience a pu jamais, en face d'un pareil spectacle, songer à la bassesse de ses semblables ou à la sienne? Toute la nature est son empire, et l'amour est son trône.

XVII.

Neuha se leva donc, et Torquil se leva comme elle : l'heure du crépuscule descendit, mélancolique et douce, sur leur berceau de rochers dont les cristaux humides s'allumaient l'un après l'autre reflétèrent la naissante clarté des étoiles. Le jeune couple, pénétré du calme de la nature, se dirigea lentement vers une cabane bâtie sous un palmier : tour-à-tour ils étaient souriants et silencieux, comme l'amour (l'amour immatériel)... quand son front est serein. L'Océan doucement bercé faisait à peine entendre un bruit plus fort que cette douce voix qui murmure au fond du coquillage, quand cet enfant des mers, éloigné du sein maternel, crie sans jamais dormir, exhalant en vain sa faible plainte, et appelant la large mamelle de la vague sa nourrice. Les bois assombris inclinaient leurs rameaux comme pour s'endormir ; l'oiseau des tropiques rapprochait son vol circulaire des rochers où il bâtit son nid, et le bleu firmament s'étendait autour des deux amants comme un lac de paix offert à la piété pour étancher sa soif.

XVIII.

Mais écoutez ! quelle est cette voix qui résonne parmi les palmiers et les platanes ? Ce n'est pas celle qu'un amant désire d'entendre à une telle heure et au milieu du silence universel ; ce n'est point le souffle expirant de la brise du soir qui vient caresser les sommets de la colline, faisant vibrer les cordes de la nature, les rochers et les bois, les plus anciennes de toutes les lyres et les plus harmonieuses, à qui l'écho sert de chœur. Ce n'est pas non plus un bruyant cri de guerre qui vient briser le charme de ces lieux, ce n'est point le monologue du hibou, l'ermite emplumé, l'anachorète aux larges prunelles pleines d'un feu sombre, qui exhale les pensées de son âme solitaire, et qui adresse son hymne lugubre à la nuit. C'est ce long sifflement familier aux marins, le plus perçant qui soit jamais sorti du gosier d'un oiseau de mer. Un moment de silence succède, puis une voix rauque : « Holà ! Torquil ! mon garçon ! comment se porte-t-on par ici? Ohé ! frère, ohé ! — Qui m'appelle ? s'écrie Torquil en regardant du côté d'où vient la voix. — C'est moi ! » Il ne reçut pas d'autre réponse.

XIX.

Mais en ce moment un parfum exhalé de la même bouche vint se mêler à la brise embaumée du sud, et annonça le nouvel arrivant : ce n'était pas l'odeur qui s'élève d'une couche de violettes, mais celle qui, sortant d'une courte pipe, plane comme un nuage sur les vapeurs du grog et de l'ale. Cette pipe avait déjà répandu ses parfums sous l'une et l'autre zône ; partout où circulent les vents et où s'enflent les vagues, depuis Plymouth jusqu'au pôle, elle avait opposé ses vapeurs au souffle de la tempête, et au milieu de la fureur des vagues et de l'inconstance des cieux, sa fumée s'était élevée comme un perpétuel sacrifice offert à Éole. Et qui était le porteur de cette pipe?... Je puis me tromper ; mais, selon moi, c'était un matelot ou un philosophe. Plante merveilleuse, qui, du couchant à l'aurore, charmes les fatigues du marin ou le repos du Turc; qui, sur l'ottomane du musulman, partages l'emploi de ses heures, et rivalises avec l'opium et ses femmes; toi qui, régnant dans toute ta magnificence à Stamboul, brilles peut-être avec moins d'éclat, mais n'en es pas moins chérie à Wapping ou dans le Strand ; tabac divin dans la houka, glorieux dans la pipe garnie d'un bout d'ambre d'un jaune doré, dans la pipe bien faite, riche et longtemps fumée ; comme tant d'autres beautés qui nous charment, c'est en grande toilette surtout que tes attraits éblouissent, mais tes véritables amants admirent encore plus tes appas quand ils s'offrent dans leur nudité... Qu'on m'apporte un cigarre !

XX.

A travers les ombres voisines de la forêt, une figure humaine apparaît tout-à-coup dans la solitude. Un matelot se présente vêtu d'une manière burlesque, sauvage mascarade, pareille à celle qui semble sortir de la mer, quand le navire franchit la ligne et que les matelots, imitant le cortège de Neptune, célèbrent sur le pont leurs grossières saturnales : on dirait aussi que le dieu de l'Océan se plaît à voir son nom invoqué de nouveau par ses véritables enfants, bien que ce soit d'une manière dérisoire et dans des jeux bizarres que n'ont jamais connus ses Cyclades natales ; on dirait que le vieil époux d'Amphitrite s'empresse de quitter un moment sa demeure pour ressaisir un reflet de son ancien pouvoir. La jaquette de marin, bien que toute en guenilles, l'inséparable pipe qui jamais ne fut allumée à demi, son air de gaillard d'avant, sa démarche balancée imitant le roulis de son cher navire, tout dans le nouvel arrivant annonce son ancienne profession. Mais d'autre part un reste de mouchoir était noué autour de sa tête, mais peu serré et sans art; et son pantalon (trop vite déchiré, hélas ! car les bois même les plus délicieux ont toujours leurs épines), son pantalon, dis-je, ou pour parler comme les prudes anglaises, ses inexprimables étaient remplacées par un étrange tissu, une espèce de natte, dont était fait également son chapeau. Ses pieds et son cou nus, sa figure brûlée par le soleil, annonçaient à la fois le matelot et le sauvage. Quant à ses armes, elles appartenaient exclusivement et à sa profession et à cette Europe à qui deux mondes rendent grâces de leur civilisation : un mousquet était suspendu à ses larges épaules, brunes comme le dos d'un sanglier et un peu voûtées par l'habitude de loger dans l'entrepont ; plus bas pendait un couteias dépourvu de son fourreau qui avait été usé ou perdu ; dans son ceinturon était passée une paire de pistolets, couple matrimonial (métaphore qui n'est pas une plaisanterie : si l'une de ces armes était sujette à rater, l'autre partait d'elle-même) ; enfin une baïonnette, un peu plus chargée de rouille qu'au sortir du coffre de l'armurier, complétait l'équipement hétéroclite avec lequel il se montrait dans l'ombre du soir.

XXI.

« Comment te portes-tu toi-même, Ben Bunting, répliqua Torquil quand notre nouvelle connaissance fut tout-à-fait en vue ; y a-t-il du nouveau ? — Eh ! eh ! reprit Ben ; rien de neuf, mais force nouvelles : une voile de mauvais augure est en vue. — Une voile ! comment cela ? As-tu pu seulement distinguer ce que c'était ? je n'ai pas aperçu sur la mer un seul lambeau de toile. — Possible, dit Ben, de la baie où tu te tiens; mais moi, du promontoire où j'étais de quart, j'ai aperçu le vaisseau à mi-corps ; car le vent est léger et la lame n'est point haute. — Quand le soleil s'est couché, où était-il ? avait-il jeté l'ancre? — Non : il a continué de porter sur nous jusqu'à ce que le vent fût tombé tout-à-fait. — Quel pavillon? — Je n'avais pas de lunette, mais mille sabords! d'un bout du pont à l'autre, ce navire m'a paru quelque engin du diable. — Armé? — Je le crois, et envoyé à la recherche... il est bien temps, me semble-t-il, de virer de bord. — Virer de bord? n'importe qui vienne nous donner la chasse, nous ne fuirons pas : ce serait une lâcheté ; nous mourrons en braves dans nos quartiers. — Soit ! soit ! cela est égal à Ben. — Christian est-il informé de tout cela ? — Oui : il a rassemblé tout notre monde. On s'occupe à fourbir les armes ; nous avons aussi quelques canons que nous avons flambés. On te demande. — Rien de plus juste ; lors même qu'il en serait autrement, je ne suis pas homme à laisser des camarades dans l'embarras. Ma pauvre Neuha ! faut-il que le destin ne se contente pas de me poursuivre, mais qu'il enveloppe dans ma ruine une amante si tendre et si fidèle ? Mais quoi qu'il arrive, Neuha ! ne fais pas de moi un lâche : nous n'avons pas même le temps de verser une larme. Je suis à toi, quel que puisse être mon sort ! — Fort bien, dit Ben, les larmes sont bonnes pour des soldats de marine. »

CHANT III.

I.

Le combat avait cessé : on ne voyait plus resplendir ces éclairs qui brillent dans l'ombre au moment où le canon donne des ailes à la mort : les vapeurs sulfureuses, en s'élevant, avaient quitté la terre et ne souillaient plus que le ciel ; le mugissement sonore des décharges d'artillerie, auxquelles l'écho répondait coup pour coup avec une horrible régularité, s'était tû et laissait les vallées à leur mélancolique silence. La lutte était terminée ; le sort avait désigné les vaincus ; les rebelles étaient écrasés, dispersés ou prisonniers, et ces derniers pouvaient porter envie aux morts. Bien peu, bien peu avaient échappé, et on leur faisait la chasse dans toutes les parties de cette île qu'ils avaient préférée à leur pays natal. Il n'y avait plus pour eux d'asile sur la terre, depuis qu'ils avaient renié la contrée qui les avait vus naître. Traqués comme des bêtes féroces, comme elles ils cherchaient un refuge dans le désert, ainsi qu'un enfant court au giron maternel ; mais c'est en vain que les loups et les lions s'enfuient dans leurs tanières, et plus vainement l'homme se flatte d'échapper à l'homme.

II.

Un roc se projette au loin sur la côte ; et pendant la tempête, il est baigné des flots de l'Océan dont il brave les fureurs : en vain, comme le guerrier qui monte le premier à l'assaut, la vague escalade sa cime gigantesque ; elle en est soudain précipitée et retombe sur la multitude agitée qui derrière elle combat sous les bannières du vent. Mais aujourd'hui la mer est calme, et c'est sous l'abri du rocher que se sont retirés les faibles débris de la troupe vaincue : épuisées par la perte de leur sang, dévorés par la soif, ils ont toujours les armes à la main, et conservent quelque chose de leur fierté et de leur résolution ; comme des hommes habitués à méditer sur les coups du sort, et à lutter contre la mauvaise fortune au lieu de s'en étonner. Leur destin actuel, ils l'avaient prévu ; et s'ils avaient fait un coup d'audace, ce n'était point sans en connaître les résultats. Néanmoins, un faible espoir leur avait dit que peut-être, sans pardonner leur révolte, on oublierait ou négligerait de les poursuivre ; que même si l'on envoyait après eux, leur retraite lointaine pourrait échapper aux recherches parmi cette multitude d'îles dispersées sur un vaste océan : ces illusions leur avaient dissimulé ce que maintenant ils voyaient et sentaient durement, la puissance vengeresse des lois de leur patrie. Leur île verdoyante, ce paradis gagné par un crime, ne pouvait plus abriter leurs vertus ou leurs vices : ce qu'ils pouvaient avoir de bons sentiments était refoulé au fond de leurs cœurs, pour ne plus laisser surgir que la conscience de leurs fautes. Proscrits jusque dans leur seconde patrie, il ne leur restait plus de recours ; en vain le monde semblait ouvert devant eux, toutes les issues étaient fermées. Leurs nouveaux alliés avaient combattu et versé leur sang avec eux ; mais que pouvaient la massue et la pique, fussent-elles maniées par le bras d'un Hercule, contre ce sulfureux sortilége, contre la magie de ce tonnerre qui frappe le guerrier avant qu'il puisse faire usage de sa force, et, fléau pestilentiel, détruit à la fois les braves et la bravoure humaine? Eux-mêmes, malgré l'inégalité de la lutte, ils avaient fait tout ce que l'on peut tenter contre le nombre ; mais quoique le choix semble naturel entre la mort et l'esclavage, la Grèce n'a pu se vanter que d'un seul combat des Thermopyles, jusqu'à ce jour où, ayant forgé en glaive le métal de ses chaînes, nous la voyons qui ose mourir pour revivre.

III.

A l'abri de ce rocher, se sont réfugiés les quelques vaincus, semblables aux derniers restes d'un troupeau de daims : leurs yeux sont pleins d'une ardeur fébrile, leur contenance est abattue, et pourtant on voit encore sur leur bois les traces du sang du chasseur. Un petit ruisseau descendait en cascade de la hauteur et se frayait à grand'peine un chemin vers la mer. Son cristal, bondissant de roc en roc, se jouait aux rayons du soleil : malgré le voisinage de l'Océan amer et sauvage, son onde pure, douce et fraîche comme l'innocence, mais moins exposée qu'elle, faisait reluire au-dessus de l'abîme son éclat argenté, comme on voit briller au sommet d'un roc escarpé l'œil du chamois timide ; et bien loin, au-dessous, les vagues de l'Océan, gigantesques comme les Alpes, soulevaient et abaissaient leurs sommets azurés. Les malheureux se précipitèrent vers cette source limpide : tous leurs sentiments s'absorbèrent dans celui de la soif naturelle, comme tout-à-l'heure ils s'absorbaient dans la soif de la vengeance ; ils burent comme des hommes qui boivent pour la dernière fois, et se débarrassèrent de leurs armes pour se baigner dans cette bienfaisante rosée, rafraîchir leurs gosiers desséchés, et laver le sang de leurs blessures qui peut-être ne devaient avoir que des chaînes pour bandages. Alors, leur soif étanchée, ils promenèrent autour d'eux un regard douloureux, comme s'ils s'étonnaient d'être encore vivants et libres ; mais tous restèrent silencieux : chacun chercha le regard de son voisin, comme pour lui demander des paroles que ses lèvres lui refusaient ; car il semblait que leurs voix se fussent éteintes avec leurs espérances.

IV.

Sombre et un peu à l'écart se tenait Christian, les bras croisés sur la poitrine. L'expression ardente, intrépide, insoucieuse, répandue naguère sur son visage, avait fait place à une teinte livide et plombée : ses cheveux d'un brun clair, qui naguère se pliaient en boucles gracieuses, maintenant se hérissaient sur son front comme des vipères irritées. Immobile comme une statue, comprimant ses lèvres au point d'étouffer le souffle de sa poitrine, il était appuyé contre le rocher, d'un air menaçant, mais en silence ; et sauf un léger battement de son pied dont le talon creusait de temps en temps le sable, il semblait changé en statue. Quelques pas plus loin, Torquil appuyait sa tête sur une saillie du roc : il était également silencieux, mais son sang coulait... non d'une blessure mortelle... la plus cruelle était au dedans. Son front était pâle, ses yeux bleus presque éteints, et des gouttes de sang qui souillaient ses cheveux blonds témoignaient que son affaissement ne venait pas du désespoir, mais d'une nature épuisée. Auprès de lui était un autre marin, rude comme un ours des forêts, mais plein de l'affection d'un frère : c'était Ben Bunting, qui se mit à laver, étancher et bander la blessure de Torquil ; puis il alluma tranquillement sa pipe, ce trophée qui avait survécu à cent combats, ce phare qui avait réjoui son cœur pendant des milliers de nuits. Le quatrième et dernier membre de ce groupe de fugitifs se promenait çà et là ; puis il s'arrêtait, se baissait pour ramasser un caillou, et le laissait tomber... ensuite il courait d'un pas précipité, puis il s'arrêtait soudain .. il jetait un regard sur ses compagnons, sifflait la moitié d'un air et s'interrompait... enfin il recommençait tout ce manége avec un mélange d'insouciance et de trouble. Voilà une bien longue description pour rendre compte de ce qui se passa en moins de cinq minutes : mais quelles minutes ! De pareils moments sont dans la vie humaine autant d'immortalités.

V.

Enfin Jack Skyscrape, homme doué de la mobilité du mercure et de la légèreté d'un éventail, plus brave que ferme, plus disposé à tenter un coup d'audace et à mourir qu'à lutter contre le désespoir, s'écria : « God damn ! » syllabes énergiques qui constituent le fond de l'éloquence anglaise, ce qu'est « Allah ! » pour les Turcs, ce qu'était pour les Romains l'exclamation païenne « Proh Jupiter ! » par c'est ainsi que tous les peuples donnent issue à leurs premières impressions, sorte d'écho qui répond à l'embarras. Jack en effet était embarrassé : jamais héros ne le fut davantage ; et ne sachant que dire, il jura. Il ne jura pas en vain, car ce son, familier à l'oreille de Ben Bunting, le tira de la profonde extase où le plongeait sa pipe : il l'ôta de sa bouche, et prit un air capable ; mais il se contenta de terminer le jurement commencé en complétant la phrase, péroraison qu'il est inutile de répéter.

VI.

Mais Christian, homme d'une autre trempe, ressemblait dans sa morne immobilité à un volcan éteint : silencieux, sombre et farouche : l'empreinte d'une colère encore fumante était sur sa face voilée d'un nuage. Enfin, relevant son front obscurci, il jeta un regard sur Torquil, languissant et penché à quelques pas de lui. « En sommes-nous donc là ! malheureux enfant ! et faut-il que toi, toi aussi, tu tombes victime de ma démence ! » Il dit et s'avança vers le jeune marin encore couvert du sang de sa blessure, et lui prit la main avec émotion, mais sans le presser et comme s'il eût reculé devant l'idée d'une caresse. Il s'informa de son état, et apprenant que la blessure était plus légère qu'il n'avait craint, un éclair de contentement éclaircit son front, autant du moins qu'un pareil moment pouvait le permettre. « Oui, reprit-il, nous sommes pris dans le piège, mais non comme des lâches ou comme une proie vulgaire : ils ont acheté chèrement leur victoire ; ils l'achèteront davantage encore... moi, il faut que je succombe : mais vous, amis, aurez-vous la force d'échapper ? Ce serait une consolation pour moi que nous pussiez me survivre : notre bande est réduite à un trop petit nombre pour pouvoir combattre. Oh! que n'avons-nous un seul canot, ne fût-ce qu'une coquille, pour vous transporter dans un lieu où habite l'espérance! Quant à moi, mon sort est ce que j'ai voulu : mort ou vivant, je serai libre et sans peur. »

VII.

Comme il parlait encore, à la tête du promontoire élevé et grisâtre qui dominait les flots, on vit poindre sur l'Océan une tache noire : elle s'avançait comme l'ombre d'une mouette qui prend son vol; elle s'avançait... et voyez! une seconde tache la suit... Tantôt visibles, tantôt cachées, suivant les creux et les collines de l'Océan, elles s'approchent de plus en plus; tant qu'enfin on reconnaît deux canots, puis les visages amis de ceux qui les montent. Les pagaies effleurent la lame, rapides comme des ailes et voltigeant à travers l'écume : tantôt les pirogues sont perchées sur la corniche croulante des vagues, tantôt elles plongent dans l'abîme retentissant : ici l'onde amoncelée les unes sur les autres ses nappes larges et bouillonnantes, là elle lance en l'air ses larges flocons, réduits en une neige poudreuse. Enfin, les deux barques, rasant les lames et le ressac, viennent aborder au rocher, comme deux petits oiseaux qui par un ciel orageux regagnent le rivage. L'art qui les guide paraît la nature même, tant ils connaissent bien les flots, ces enfants de la mer, habitués à se jouer avec elle.

VIII.

Et quelle est cette jeune fille qui, la première, s'élance sur le rivage, comme une néréide sortant de sa conque, cette jeune fille au teint basané, mais luisant, aux yeux limpides comme la rosée, brillants d'amour, d'espoir et de constance? C'est Neuha... la tendre, la fidèle, l'adorée Neuha... Son cœur s'épanche comme un torrent dans le cœur de Torquil : elle sourit, elle pleure, elle l'embrasse étroitement, et plus étroitement encore, comme pour s'assurer que c'est bien lui qu'elle presse : elle tressaille à l'aspect de sa blessure toute saignante, et après s'être assurée du peu de profondeur de la plaie, elle sourit et pleure encore. Neuha est la fille d'un guerrier, elle peut supporter de pareils spectacles, s'émouvoir, s'affliger, désespérer, jamais. Son amant vit : nul ennemi, nulle crainte ne sauraient étouffer l'ivresse de ce moment de délices; la joie brille dans ses larmes; la joie anime chaque pulsation de ce cœur, si violemment agité qu'on l'entend presque battre : le paradis respire dans l'haleine de cette fille de la nature, enivrée des plus doux sentiments que lui donna sa mère.

IX.

Les farouches marins, témoins de cette entrevue, ne purent comprimer leur émotion : qui le pourrait en présence de la touchante réunion de deux cœurs bien épris? Christian lui-même, en contemplant la jeune insulaire et son amant, ne versa point une larme, il est vrai, mais il sentit une secrète joie se mêler à ces amères pensées qu'amènent des souvenirs sans espoir; quand tout a disparu... tout, jusqu'au dernier rayon de l'arc-en-ciel. « Et tout cela pour moi seul! » s'écria-t-il, et il se détourna un moment; puis il regarda le jeune couple, comme dans sa tanière une lionne regarde ses lionceaux; enfin, il retomba dans ses mornes méditations, comme un homme désormais indifférent à sa destinée.

X.

Mais il fut court, l'intervalle laissé à leurs pensées tristes ou joyeuses : sur les flots qui baignent le promontoire, on entendit le clapotement des avirons ennemis... hélas! pourquoi ce bruit est-il si terrible? C'est que tout à l'entour semble ligué contre eux, tout hors la jeune fille de Toubonaï. A peine a-t-elle aperçu dans la baie les chaloupes armées qui s'avancent en hâte pour achever la ruine des révoltés, qu'elle fait un signe aux insulaires qui sont restés à la côte : aussitôt ils lancent leurs légères pirogues sur lesquelles s'embarquent leurs hôtes; Christian et ses deux hommes sont placés dans l'une; mais elle ne veut pas se séparer de Torquil, et elle le garde dans la sienne... Au large! au large! Les franchissent les brisants, sillonnent la baie, et se dirigent vers un groupe d'îlots où l'oiseau de mer suspend son nid, où le phoque établit son repaire baigné par la vague. Leurs pagaies rasent le bleu sommet des flots : rapide est leur fuite, rapide aussi la marche de leurs impitoyables persécuteurs. Ceux-ci gagnent un moment de vitesse, puis ils restent un peu en arrière; enfin ils s'avancent de nouveau, et la poursuite est toujours menaçante. Tout-à-coup les deux pirogues se séparent et suivent deux directions différentes pour rendre la chasse plus difficile... Vite! vite! de chaque coup de pagaie dépend la vie,

et pour Neuha plus que la vie, plus que toutes les existences possibles : car l'amour est embarqué sur la fragile nacelle, et son souffle la pousse vers une retraite sûre... Ce refuge d'un côté, l'ennemi de l'autre sont également proches.. encore, encore un moment... Vole, arche légère, vole!

CHANT IV.

I.

Blanc comme une blanche voile sur une mer obscure, quand une moitié de l'horizon est nébuleuse et l'autre sereine; blanc comme cette voile suspendue entre la vague sombre et le ciel; tel est le dernier rayon d'espérance qui sourit à l'homme dans un extrême péril. L'ancre a cédé; mais la voile de neige fixe encore nos regards à travers la plus rude bourrasque : bien que chaque vague qu'elle franchit l'éloigne davantage de nous, le cœur ne cesse de la suivre.

II.

Non loin de Toubonaï, un noir rocher s'élève du milieu de la mer, asile des oiseaux marins, désert pour l'homme : là, le phoque informe vient s'abriter du vent, et dort engourdi dans sa sombre caverne ou folâtre lourdement aux rayons du soleil. Si quelque pirogue passe près de là, l'écho ne lui apporte que le cri perçant de la mouette, ce pêcheur ailé de la solitude qui élève sur le roc nu ses petits encore sans plumes. Une ligne étroite de sables jaunes forme d'un côté une sorte de plage où la jeune tortue, ayant brisé son œuf, se traîne en rampant vers les flots maternels, nourrisson du jour, éclose d'un rayon du soleil et que la lumière créatrice a couvé pour l'Océan. Le reste de l'îlot n'est qu'un noir précipice, un de ces lieux qui n'offrent au marin naufragé qu'un asile de désespoir, propre à faire regretter le tillac englouti, à faire envier le destin de ceux qui ont disparu. Telle est la lugubre retraite que Neuha choisit pour soustraire son amant à la poursuite ennemie : mais tous les secrets n'en sont pas révélés, elle y connaît un trésor caché à tous les yeux.

III.

Près de là, avant la séparation des pirogues, les rameurs de l'esquif qui portait Torquil étaient passés par l'ordre de Neuha dans celui de Christian afin d'en accélérer la marche. Christian aurait voulu s'y opposer; mais la jeune fille, souriant avec calme et montrant du doigt l'île rocheuse : « Fuyez et soyez heureux! » avait-elle dit, ajoutant qu'elle se chargeait seule du salut de Torquil. Les trois marins partirent donc avec cet accroissement d'équipage; leur pirogue s'élança rapide comme une étoile qui file et laissa bien loin derrière elle ceux qui la poursuivaient. Alors les ennemis se dirigèrent droit vers le roc qu'allaient atteindre Torquil et Neuha. Les deux amants redoublèrent d'efforts : le bras de la jeune femme, bien que délicat, était adroit et robuste : accoutumé à lutter contre la mer, il cédait à peine à la mâle vigueur de Torquil. Bientôt il n'y eut plus que la longueur même de la pirogue entre elle et ce roc escarpé, inexorable, n'ayant à sa base que des eaux sans fond. A une distance à peine cent fois plus grande était l'ennemi : après leur fragile canot, quel pouvait être leur refuge? Un demi-reproche dans le regard de Torquil semblait le demander et dire : « Neuha ne m'a-t-elle amené ici que pour mourir? Dois-je trouver ici un refuge ou une tombe, et cet énorme rocher n'est-il point un monument funèbre élevé au sein des mers? »

IV.

Après qu'ils se sont reposés un moment sur leurs rames, Neuha se lève, et montrant l'ennemi qui approche : «Torquil, s'écrie-t-elle, suis-moi, suis-moi sans crainte!» Et sur ces mots, elle plonge dans les profondeurs de l'Océan. Il n'y avait pas de temps à perdre... le danger était là : les chaînes sous ses yeux : la menace à ses oreilles. Les Anglais faisaient force de rames : en s'approchant ils le sommaient de se rendre et l'appelaient par le nom qu'il avait renié. Il s'élance à son tour la tête la première. Il était nageur dès l'enfance et c'est dans son habilité que reposait maintenant tout son espoir. Mais où se diriger et comment? Il avait plongé et il reparaissait plus loin. L'équipage de la chaloupe regardait étonné les flots et le rivage : nul moyen d'aborder au précipice escarpé, rude et glissant comme une montagne de glace. Ils attendirent pendant quelque temps pour voir s'il reviendrait à la surface, mais pas même une bulle d'eau ne remonta de l'abîme : la vague continuait son cours, et depuis que les deux amants avaient plongé, pas un nouveau pli à sa surface n'indiquait leur passage :

un léger tourbillon s'était formé, une légère écume avait blanchi sur l'endroit qui semblait leur dernière demeure, blanc sépulcre de ce couple qui ne devait point avoir de marbre funéraire. La pirogue tranquille qu'on voyait se balancer sur les flots, lugubre comme un héritier : voilà tout ce qui parlait encore de Torquil et de son amante ; et sans ce vestige unique, toute cette scène aurait pu paraître la vision évanouie du rêve d'un marin. Ils restèrent quelque temps sur la place et continuèrent en vain leurs recherches ; puis enfin ils s'éloignèrent : une terreur superstitieuse leur défendant de rester. Quelques-uns prétendirent que Torquil n'avait pas plongé dans les flots, mais qu'il s'était évanoui comme la flamme funéraire qui brille sur les tombeaux ; d'autres assurèrent qu'il y avait en lui quelque chose de surnaturel et que sa taille était plus qu'humaine : tous enfin s'accordèrent à dire que son visage et ses yeux portaient la sombre teinte de l'éternité. Néanmoins, tout en ramant pour s'éloigner de l'écueil, ils s'arrêtaient autour de chaque touffe d'herbes marines, espérant y trouver quelque vestige de leur proie... mais non, Torquil s'était dissipé sous leurs yeux comme l'écume des flots.

V.

Or, où était-il le pèlerin de l'abîme, suivant les traces de sa néréide ? Les larmes des amants étaient-elles taries pour toujours ; ou, reçus dans des grottes de corail avaient-ils obtenu la vie de la pitié des vagues ? Habitaient-ils parmi les mystérieux souverains de l'Océan, faisant résonner avec les tritons la conque fantastique ? Neuha irait-elle, avec les sirènes, dénouer sur l'Océan les tresses de sa chevelure et les abandonner aux flots, comme auparavant elles les livrait à la brise ? Ou bien avaient-ils péri tous deux, et dormaient-ils en silence dans le gouffre où ils s'étaient si hardiment jetés ?

VI.

Neuha avait plongé dans l'abîme, et Torquil l'avait suivie. La jeune insulaire nageait au sein de l'onde natale comme dans son propre élément, tant il y avait de grâce, d'élan et d'aisance dans ses mouvements : ses pieds agiles laissaient après eux un sillon de lumière, brillant comme un acier inaltérable aux flots. Presque aussi habile à pénétrer les profondeurs où habite la perle, Torquil, l'enfant des mers du Nord, suivait joyeusement et sans peine son liquide chemin. Neuha le guidait toujours sous les eaux.... un moment, elle s'enfonça plus avant encore.... puis elle remonta.... enfin, étendant les bras, essuyant l'eau dont ruisselait sa chevelure, elle fit entendre un rire joyeux dont le son fut répété par les rochers. Ils étaient arrivés au centre d'une région terrestre, où l'on eût cherché en vain des arbres, des campagnes et des cieux. Autour d'eux s'arrondissait une spacieuse caverne, dont l'entrée unique était sous la vague discrète, portique inaperçu du soleil, et ce n'est à travers le voile verdâtre des flots, par un de ces jours de fête de l'Océan où, tout transparent de lumière, il favorise les ébats de ses hôtes écailleux. Avec sa chevelure, la jeune fille essuya les yeux de Torquil, ébloui par l'onde amère, et battit des mains de joie en voyant sa surprise ; puis elle le guida vers une saillie du roc qui formait comme la grotte d'un triton...

Sombre, à l'écart, Christian restait les bras croisés sur son sein.

elle le guida, car tout était ténèbres au premier moment, jusqu'à ce qu'on pût percevoir un faible jour pénétrant par les fentes supérieures. Comme dans la nef crépusculaire de quelque vieille cathédrale les monuments poudreux semblent se refuser à la lumière, ainsi dans cet asile sous-marin, la caverne empruntait à son propre aspect la moitié de ses ténèbres.

VII.

La jeune sauvage tira de son sein une torche de sapin, soigneusement enveloppée dans une pagne de gnatou, le tout recouvert d'une feuille de latanier, afin de mettre à l'abri de l'humidité pénétrante l'étincelle cachée dans le bois résineux. Ce manteau avait maintenu la torche en état de prendre feu : ensuite, dans un repli de la même feuille, elle prit un caillou, quelques rameaux desséchés : de la lame du couteau de Torquil elle fit jaillir une étincelle, alluma sa torche et la grotte fut éclairée. Elle était vaste et haute et présentait une voûte gothique de formation primitive ; l'architecte de la nature en avait élevé les arceaux, un tremblement de terre avait peut-être posé l'architrave ; les contreforts pouvaient s'être détachés du sein de quelque montagne à l'époque où les pôles avaient fléchi et où l'onde était tout l'univers.... peut-être aussi le feu, qui envahissait la terre lorsque le globe entier fumait encore sur son bûcher funèbre, avait-il solidifié tout l'édifice. Les clefs de voûte ornées de sculptures, les bas côtés, la nef, tout se trouvait évidé par la main de la nuit dans les flancs de cette caverne qui était son domaine. Une imagination complaisante eût pu voir grimacer en l'air des figures fantastiques, s'arrêter sur une mitre, un autel, un crucifix, car en se jouant dans l'arrangement de mille stalactites, la nature s'était bâti une chapelle sous les mers.

VIII.

Alors Neuha prit Torquil par la main, et agitant sous les voûtes sa torche allumée, elle lui fit visiter tous les coins, tous les secrets détournés de leur nouvelle habitation. Ce n'est pas tout : elle avait préparé d'avance tous les moyens d'adoucir l'existence qu'elle devait partager avec son amant : une natte pour le repos ; pour le vêtement des pagnes de frais gnatou ; de l'huile de bois de santal pour combattre l'humidité ; pour provisions la noix de coco, l'igname, le fruit de l'arbre à pain, pour dresser la table la large feuille du latanier étendue sur le sol, ou l'écaille de la tortue dont la chair fournirait le festin. Ils avaient encore la gourde pleine d'une eau récemment puisée à la source ; la banane mûre cueillie sur la colline exposée au soleil ; un amas de branches de pin pour entretenir une clarté perpétuelle : tandis qu'elle-même, belle comme la nuit, répandait sur tous les objets le charme de sa présence et paraîtrait de sa sérénité ce petit monde souterrain. Depuis que la voile de l'étranger s'était approchée de l'île, elle avait prévu que la force ou la fuite pourraient ne point protéger son amant, et dans cette caverne elle avait préparé un refuge à Torquil contre la vengeance de ses compatriotes. Chaque matin elle avait dirigé vers le rocher sa pirogue lég chargée de tous les fruits dorés de l'île; chaque soir elle y avait apporté tout ce qui pouvait égayer ou embellir ce temple de cristal : et maintenant elle étalait en souriant tous ses petits trésors, et elle se trouvait la plus heureuse des filles de ces îles amoureuses.

IX.

Il la regardait avec une tendresse reconnaissante; et elle, elle pressait sur son sein brûlant cet amant qu'elle avait sauvé. Enfin, tout en continuant ces douces caresses, elle lui raconta un vieux conte d'amour... car l'amour est bien vieux, vieux comme l'éternité; mais sans jamais s'user, il crée tous les êtres nés ou à naître. « Un jeune « chef, lui dit-elle, il y « avait de cela mille lu-« nes, en plongeant au « pied du roc pour pren-« dre des tortues et pour-« suivant sa proie dans les « profondeurs de l'Océan, « était sorti de l'eau dans « cette même caverne au « milieu de laquelle ils « se trouvaient; ensuite, « pendant une guerre « domestique acharnée, « il avait caché dans cette « retraite une fille de ces « îles, une ennemie ado-« rée, née d'un père en-« nemi de sa tribu et dont « on n'avait épargné la « vie que pour en faire « une esclave. Cependant « la tempête de la guerre « s'étant apaisée, il avait « assemblé le peuple de « son île près du lieu où « les eaux étendent leur « rideau vert et sombre « devant l'issue du ro-« cher, puis plongeant « dans la mer..... sans « doute, il avait disparu « pour toujours ! Ses com-« pagnons stupéfaits, im-« mobiles dans leurs pi-« rogues, avaient pensé « que le jeune chef était « en démence ou qu'il « était devenu la proie du « glauque requin; pleins « de tristesse, ils avaient « fait en ramant le tour « du rocher baigné par « la mer, puis ils s'étaient « reposés sur leurs pa-« gaies sans pouvoir re-« venir de leur épouvan-« te. Tout-à-coup on avait « vu s'élever du sein des « vagues, toute brillante « de fraîcheur, une dées-« se... telle du moins elle « leur avait semblé dans « leur étonnement ; et « avec elle avait reparu « leur compagnon, glo-rieux et fier de sa fiancée la nymphe des mers. Enfin quand le « mystère leur eut été expliqué, les insulaires avaient ramené « l'heureux couple au son de leurs conques et de leurs chants « joyeux dans l'île où ils avaient trouvé une vie fortunée et une « mort paisible... Et pourquoi, termina-t-elle, n'en serait-il pas de « même de Torquil et de sa Neuha ? » Quelles brûlantes et secrètes caresses, dans cet asile secret, suivirent un pareil récit! Là pour eux tout était amour, bien qu'ils fussent ensevelis au sein d'une tombe plus profonde que celle où Abeilard, après avoir reposé vingt ans dans la mort, ouvrit les bras pour recevoir le corps d'Héloïse descendu au caveau nuptial, et pressa sur son cœur ranimé les restes qui se ranimaient comme lui... Pour Neuha et Torquil, en vain au dehors les vagues murmuraient autour de leur couche : ils ne s'occupaient pas plus de ce mugissement que s'ils eussent été privés de vie; au dedans leurs cœurs formaient leur seule harmonie, c'étaient les murmures de l'amour entrecoupés de soupirs, ses soupirs entrecoupés de murmures.

X.

Et ces hommes, auteurs et victimes de la catastrophe qui exilait les amants dans les profondeurs de ce rocher, où étaient-ils ?... Ils faisaient force de rames pour sauver leur vie; ils demandaient au ciel l'asile que lui refusaient les hommes. Ils avaient pris une autre direction.... mais où s'arrêter ? La vague qui les portait porterait partout l'ennemi, qui, frustré dans sa première poursuite, s'était remis avec une nouvelle ardeur sur les traces de Christian. Impatients de rage, comme des vautours à qui une première proie a échappé, les marins redoublèrent d'efforts. Ils gagnèrent de vitesse les fugitifs dont tout l'espoir reposait dans quelque stérile écueil ou quelque baie secrète : car il ne restait plus d'autre choix ni d'autre chance de salut; et ils se dirigèrent droit sur le premier rocher qui frappa leur vue afin de sentir encore une fois la terre sous leurs pieds, et de se rendre en victimes résignées ou de mourir l'épée à la main. Ils renvoyèrent les naturels et leur canot : ceux-ci offraient de combattre pour eux jusqu'à la fin, malgré l'infériorité du nombre; mais Christian exigea qu'ils regagnassent leur île, sans faire un sacrifice inutile; en effet que pourraient les arcs et les épieux des sauvages contre les armes que les Européens allaient employer ?

XI.

Débarqués sur une grève étroite et aride qui ne portait guère d'autres traces que celles de la nature, ils préparèrent leurs armes, avec ce regard sombre, farouche et résolu de l'homme réduit à l'extrémité, quand il a dit adieu à l'espérance, et qu'il ne lui reste même plus celle de la gloire pour embellir sa lutte contre la mort ou l'esclavage... Ainsi ils étaient là debout, nos trois combattants, comme les trois cents qui rougirent les Thermopyles d'un sang à jamais consacré. Mais, hélas ! quel sort différent ! C'est la cause qui fait tout, qui flétrit ou sanctifie le courage vaincu. Ceux-ci ne voyaient pas sur leur tête une gloire immense, éternelle, briller dans les nuages du trépas en les appelant à elle; nulle patrie reconnaissante ne viendra, souriante à travers ses larmes, entonner sur leur tombe un hymne continué par les siècles; les yeux des nations ne se fixeront point sur leur monument, nul héros ne le leur enviera. Avec quelque bravoure que leur sang fût versé, leur vie était un opprobre, leur épitaphe serait la liste de leurs crimes. Et cela, ils le savaient, ils le sentaient, tous, ou au moins un d'eux, celui qui avait soulevé ses compagnons et qui les avait perdus. Cet homme, né peut-être pour une vie meilleure, avait joué son existence sur un coup longtemps incertain : mais maintenant le dernier dé allait être jeté et toutes les chances paraissaient annoncer sa ruine : et quelle ruine ! Cependant il faisait encore face à l'ennemi ; immobile comme le roc sur lequel il avait pris position, sombre comme le nuage qui intercepte le soleil, il abaissait son arme et mettait en joue.

Au-dessus d'eux s'agita quelque temps l'aile humide des oiseaux de la mer.

XII.

La chaloupe approchait ; elle était bien armée, et l'équipage était résolu à tout ce que le devoir commanderait, aussi insoucieux du danger que le vent peut l'être des feuilles qu'il balaie devant lui. Nul ne regardait en arrière. Et pourtant peut-être auraient-ils mieux aimé marcher contre un ennemi de leur pays que contre un compatriote ; peut-être se disaient-ils que ce malheureux, victime de sa désobéissance, s'il n'était plus Anglais, avait appartenu à l'Angleterre. Ils le somment de se rendre... point de réponse. Les armes s'apprêtent, elles brillent au soleil : nouvelle sommation... même silence. Une fois encore, et d'une voix plus élevée, ils lui offrent quartier : les échos seuls, rebondissant dans les rochers, répondent par des sons dont le dernier semble un adieu qui expire. Alors l'étincelle jaillit, la flamme d'une décharge reluit ; la fumée s'élève entre les tireurs et leur but ; cependant le roc pétille au choc des balles, qui frappent en vain et tombent amorties. A présent elle va venir, la seule réponse que puissent faire des hommes qui ont perdu tout espoir sur la terre et dans le ciel. Après leur première et bruyante décharge, les soldats qui se sont encore approchés entendent la voix de Christian qui commande ; « Maintenant, feu ! » et avant que le dernier mot ait expiré dans l'écho, deux des agresseurs sont tombés. Le reste de la troupe s'élance sur le rocher : furieux d'une résistance insensée, ils dédaignent tout autre moyen d'attaque et veulent en venir aux mains de près. Mais la pente est escarpée et n'offre aucun sentier ; chaque degré qu'ils doivent monter est comme un bastion opposé à leur rage ; tandis que, placés sur les points les moins accessibles que l'œil expérimenté de Christian a reconnus aussitôt, les trois rebelles entretiennent un feu continu, du haut des pics où les aigles construiraient leur aire. Chacun de leurs coups porte, et les assaillants tombent parmi les rochers où ils s'écrasent comme des vers. Mais assez d'autres survivent ; montant toujours de roc en roc et se divisant de côté et d'autre, ils parviennent enfin à cerner les rebelles et à dominer leurs positions. Alors, voyant l'ennemi trop loin encore pour s'emparer d'eux, mais assez près pour les exterminer, les trois désespérés s'aperçoivent que leur sort ne tient plus qu'à un fil, comme celui du requin qui a mordu l'hameçon. Ils furent cependant jusqu'au bout ; et quand un d'eux était frappé, aucun gémissement ne l'apprenait à l'ennemi. Christian mourut le dernier : il avait reçu deux blessures, et ses adversaires lui offrirent encore quartier quand ils virent couler son sang : trop tard pour lui sauver la vie, mais à temps encore pour qu'une main d'homme, quoique la main d'un ennemi, pût lui fermer les yeux. Une de ses jambes était brisée, et il se traînait le long du précipice comme un faucon trop jeune arraché de son nid. La voix qui lui offrait merci parut le ranimer ou éveiller en lui quelque ressentiment qu'il exprima par un faible geste : il fit un signe à l'homme le plus avancé qui vint à lui ; mais quand ils furent proches l'un de l'autre, il releva son arme... il avait employé sa dernière balle, mais il arracha un des boutons de sa veste, le fit glisser dans le tube, mit en joue, tira et eut encore un sourire en voyant tomber son ennemi. Alors comme un serpent, il rassembla ses membres blessés et fatigués et se glissa jusqu'au bord de l'abîme profond comme son désespoir : là, il jeta un regard en arrière, agita une main en l'air, frappa d'un dernier geste de rage la terre qu'il quittait, et se précipita... Son corps arriva brisé comme un verre sur la plate-forme rocheuse qui régnait au bas de la falaise : il n'en restait qu'une masse sanglante dont quelques lambeaux à peine conservaient l'apparence humaine où pouvaient servir de pâture aux vers et aux oiseaux du rivage : un crâne couvert de cheveux blond, souillés de sang et entremêlés de ronces ; quelques débris de ses armes qu'il avait serrées avec force jusqu'au dernier moment et tant qu'il avait pu les tenir ; ces fragments brillant encore, mais semés, çà et là loin de lui... ils devaient se rouiller à la rosée et à l'écume des mers. Il ne restait que cela... sauf une vie déplorablement employée..... et une âme..... Qui pourrait dire ce qu'elle devint ? Il ne nous appartient pas de juger les morts ; et ceux qui les condamnent à l'enfer sont eux-mêmes sur la route qui y conduit, à moins qu'à ces partisans des peines éternelles Dieu ne pardonne un mauvais cœur, en considération d'une cervelle pire encore.

XIII.

L'expédition était terminée. On en avait fini avec tous : les uns captifs, les autres tués, un seul disparu. Le petit nombre des malheureux qui avaient survécu au combat dans l'île se trouvaient enchaînés sur le pont du navire dont naguère ils formaient avec honneur le vaillant équipage : mais nul ne restait de l'affaire des rochers. Ils étaient couchés, les membres crispés, au lieu même où ils étaient tombés, et l'oiseau des mers agitait au-dessus d'eux son aile humide : son vol tournoyait plus proche à chaque fois qu'il venait du rivage, et ses cris avides et sauvages retentissaient au loin. Mais plus bas la vague éternelle se soulevait et retombait calme, insoucieuse, indifférente : au loin à sa surface, les dauphins prenaient leurs ébats et le poisson volant s'élançait de l'onde pour briller au soleil, jusqu'à ce que, l'aile desséchée, il retombât non de bien haut dans la mer, pour y reprendre l'humidité nécessaire à un second essor.

XIV.

C'était le matin ; Neuha, dès l'aube du jour, s'était glissée à la nage hors de la grotte pour épier le premier rayon du soleil et voir si aucune embarcation n'approchait de la retraite amphibie où reposait encore son époux. Elle aperçut une voile abandonnée aux vents : la toile frémissait, se gonflait et enfin prenait toute sa courbure sous la brise fraîchissante. Le sein de la jeune fille fut soudain oppressé d'une vague terreur ; son cœur battit plus fort et plus vite, tant que la direction du navire lui parut incertaine. Mais non, il ne s'approchait pas : comme une légère vapeur, il décroissait rapidement dans le lointain ; il sortait de la baie. Elle regardait toujours ; elle essuyait ses yeux que baignait l'onde arrière pour mieux jouir d'un spectacle qui lui semblait l'arc-en-ciel. Le navire fuiillait, voguant à l'horizon, diminuait, se réduisait à une simple tache... enfin il disparut. Plus rien que l'Océan ! plus rien que de la joie ! Elle plonge de nouveau vers la caverne pour réveiller son époux ; elle lui dit le départ dont elle vient d'être témoin, et tout ce qu'elle espère et tout ce qu'un amour heureux peut augurer de l'avenir ou rappeler du passé. Enfin elle sort de nouveau avec Torquil qui maintenant peut suivre librement sa néréide bondissant sur la vaste mer. Ils font à la nage le tour du roc et atteignent une petite cavité où est caché le canot que Neuha a laissé aller à la dérive et sans rames sur les flots, ce même soir où les étrangers les ont poursuivis du rivage jusqu'au pied du rocher : mais quand ceux-ci se furent retirés, elle avait cherché sa pirogue, l'avait reprise et l'avait placée où ils la retrouvent maintenant. Jamais barque ne porta plus d'amour et de joie que cette arche légère n'en reçut alors dans ses flancs.

XV.

Les bords de leur île chérie s'élèvent de nouveau devant leurs yeux, et ces bords ne sont plus souillés par une présence hostile ; plus de sévère navire, prison flottante, se balançant sur la houle. Tout est espoir ; tout est bonheur domestique. Mille pirogues s'élancent dans la baie et au son des conques marines leur formant un cortège : les chefs, entourés de tout le peuple, descendent au rivage et accueillent Torquil comme un fils qui leur est rendu. Les femmes en foule entourent et pressent Neuha : elles l'embrassent, et Neuha leur rend leurs caresses ; elles veulent savoir jusqu'où on les a poursuivis et comment ils en ont échappé. Tout leur est conté : et alors de nouvelles acclamations percent les cieux ; et de cette heure une tradition nouvelle donne au sanctuaire des amants un nouveau nom : on l'appelle « la Grotte de Neuha. » Cent feux de joie, brillant au loin du sommet des montagnes, éclairent les plaisirs de cette belle nuit, la fête de l'hôte rendu après tant de périls à la paix et au bonheur : nuit suivie de ces heureuses journées que l'on ne goûte que dans un monde encore enfant !

FIN DE L'ILE.

HEURES DE LOISIR

(Suite.)

A EDWARD NOEL LONG.

Cher Edward, dans cette retraite solitaire, où tout sommeillé autour de moi, les jours heureux dont nous avons joui viennent se présenter rajeunis aux regards de mon imagination. Ainsi, quand la tempête se prépare, quand de sombres nuages obscurcissent le jour, si tout-à-coup le ciel prend un aspect moins triste, je salue le brillant arc-en-ciel, signal de la paix, devant lequel s'apaisent les orages. Ah ! quoi que le présent nous apporte de douleurs, je m' figure que ces jours de félicité peuvent renaître ; ou si, dans un moment de mélancolie, quelque crainte envieuse vient se glisser dans mon âme, réprimer les douces rêveries qui l'enflamment et interrompre mes songes dorés, je dompte bientôt ce monstre perfide et m'abandonne de nouveau à l'illusion chérie. Je le sais, nous n'irons plus dans la vallée de Granta prêter l'oreille aux leçons des pédants ; Ida ne nous verra plus dans ses bosquets poursuivre comme autrefois nos visions enchantées ; la jeunesse s'est envolée sur ses ailes de rose, et l'âge viril réclame ses droits sévères. Cependant les années ne détruiront pas toutes nos espérances ; elles nous réservent encore quelques heures d'une félicité paisible.

Oui, je l'espère, le temps en déployant ses vastes ailes, fera tomber sur nous quelques gouttes de rosée printanière : mais si sa faulx doit moissonner les fleurs de ces bosquets magiques où la riante jeunesse se plaît tant à errer, où les cœurs s'enflamment de précoces ravissements ; si la vieillesse grondeuse, avec sa froide prudence, vient réprimer les effusions de l'âme, glacer les larmes dans les yeux de la pitié, étouffer les soupirs de la sympathie, fermer notre oreille aux gémissements de l'infortune, et reporter toutes nos affections sur nous seuls : oh ! que mon cœur ne l'apprenne jamais cette fatale sagesse ; qu'il garde son imprudente confiance ; qu'il continue à mépriser la froide censure, et qu'il ne devienne jamais insensible aux maux d'autrui ! Oui, tel qui tu m'as connu dans ces jours auxquels nous aimons à reporter nos souvenirs, tel puissé-je me montrer toujours, avec ma sauvage indépendance, et ce cœur toujours enfant !

Bien qu'absorbé maintenant par de fantastiques visions, mon cœur est toujours le même pour toi. Souvent j'ai eu des malheurs à pleurer, et mon ancienne gaîté s'est refroidie. Mais loin de moi, heures de noires tristesses, tous mes chagrins sont finis : j'en jure par les joies qu'a connues mon jeune âge, je ne veux plus que votre ombre se projette sur ma vie. Ainsi quand la fureur de l'ouragan a cessé ; quand les aquilons, rentrés dans leurs cavernes, y concentrent leurs sourds mugissements, nous oublions leur rage, et, bercés par les zéphyrs, nous nous laissons aller au repos.

Souvent ma jeune muse monta sa lyre sur les tons voluptueux de l'amour ; mais aujourd'hui, n'ayant aucun sujet à chanter, ses modulations ne sont plus que de vagues soupirs. Les nymphes qui me charmaient, hélas ! ont disparu ; Emma est épouse et Coralie est mère ; Caroline soupire dans un autre, Marie s'est donnée à un autre, et les yeux de Cora, si longtemps arrêtés sur les miens, ne peuvent plus y rappeler l'amour. Et, en effet, cher Edward, il était temps de faire retraite, car les yeux de Cora était disposés à s'arrêter sur tout le monde ; je sais bien que le soleil dispense à tous ses rayons bienfaisants, et que le regard de la beauté est un véritable soleil ; mais quant à ce dernier, je pense qu'il ne doit luire que pour un seul homme.

C'est ainsi que mes anciennes flammes se sont éteintes, et que maintenant l'amour n'est pour moi qu'un nom. Quand un feu est sur le point de tomber, le souffle, qui tout à l'heure ravivait sa flamme, ne fait plus qu'accélérer sa fin en dispersant dans la nuit ses dernières étincelles ; il en est ainsi du feu d'une passion (maint jouvenceau, mainte jeune fille, peuvent se le rappeler) alors que son ardeur expire, et qu'elle s'éteint sous ses cendres mourantes.

Mais maintenant, cher Edward, il est minuit : des nuages obscurcissent la lune qui nous annonce la pluie, et bientôt ne passeront pas en revue les beautés décrites par tous les rimailleurs. Pourquoi, en effet, suivrais-je le sentier que tant de pas ont foulé avant moi ? Toutefois, je te dirai ceci : avant que la lampe argentée des nuits ait accompli trois fois ses phases accoutumées, et trois fois parcouru sa route lumineuse, j'espère, mon cher ami, nous verrons ensemble son disque éclairer la retraite paisible et chérie qui autrefois abritait notre jeunesse. Alors nous nous mêlerons à la troupe joyeuse des amis de notre enfance ; mille récits de nos anciens jours donneront des ailes aux heures riantes ; nos âmes s'épancheront en douces paroles. Sainte rosée de l'intelligence, jusqu'à l'heure où le croissant de la lune pâlissante ne sera plus qu'à peine visible à travers les brouillards du matin.

A UNE DAME (*).

Ah ! si ma vie eût été jointe à la tienne, comme jadis ce portrait semblait me le promettre, toutes ces folies qu'on me reproche ne m'auraient point tenté ; car rien alors n'eût pu troubler la paix de mon cœur.

C'est à toi que je dois les fautes de ma jeunesse et les reproches des sages et des vieillards : ils connaissent mes torts ; mais ils ne savent pas que le tien fut de briser les liens de notre amour.

Jadis mon être pouvait être comme le tien, et capable d'étouffer toutes les folles ardeurs qui s'élevaient en elle : mais maintenant je ne suis plus soutenu par tes promesses ; elles appartiennent à un autre.

Je pourrais détruire son repos et troubler le bonheur qui l'attend... Non, que mon rival puisse sourire dans sa félicité ! pour l'amour sacré que je te porte, je ne saurais le haïr.

Ah ! puisque ta beauté d'ange m'est ravie, mon cœur ne peut se donner à aucune autre : mais ce qu'il espérait de toi seule, hélas ! il essaie de le trouver en plusieurs.

Adieu donc, décevante jeune fille ! les regrets seraient impuissants, inutiles ; ni le souvenir ni l'espoir ne peuvent plus rien pour moi : mais l'orgueil pourra m'apprendre à l'oublier.

Et pourtant ce gaspillage insensé de mes années, ce cercle monotone de tristes voluptés, ces amours inconstants, cet effroi jeté au cœur des matrones, ces vers insouciants de nouvelles maîtresses...

Si tu m'eusses appartenu, rien de tout cela n'eût été : ce visage dévasté par une débauche précoce, au lieu d'être enflammé par la fièvre des passions, se fût animé des teintes pures du bonheur domestique.

Oui, jadis le spectacle des champs m'était doux ; car c'était à toi que la nature semblait sourire ; jadis, mon cœur abhorrait l'imposture, car alors il ne battait que pour toi.

Mais maintenant, je recherche d'autres jouissances : me livrer à mes pensées, ce serait jeter mon âme dans la démence : au sein des folles réunions et d'un tumulte où tout est vide, je parviens à dompter la moitié de ma tristesse.

Eh bien ! là encore, en dépit de tous mes efforts, une pensée unique se glisse dans mon âme... et les démons auraient pitié de ce que je souffre quand je me dis que tu es perdue pour moi... perdue à tout jamais !

PRIÈRE DE LA NATURE.

Père de la lumière, roi tout-puissant des cieux ! entends tu les accents de mon désespoir ? Des crimes tels que ceux de l'homme peuvent-ils jamais être pardonnés ? Le vice peut-il s'expier par des prières ?

Père de la lumière, c'est vers toi que j'élève ma voix ! tu vois combien mon âme est sombre ; toi à qui n'échappe pas la chute du passereau, éloigne de moi la mort du péché.

Je n'adopte point d'autel, je ne reconnais point de secte ; oh ! montre-moi le sentier de la vérité. Je crois à ta redoutable omnipotence ; pardonne, et les redressant, les écarts de ma jeunesse.

Que de faux dévots élèvent un temple lugubre ; que la superstition salue l'orgueilleux édifice ; que des prêtres, pour étendre leur ténébreux empire, inventent des légendes et de mystérieuses cérémonies !

Eh quoi ! l'homme prétendrait circonscrire la puissance de son créateur dans des dômes gothiques de pierres vermoulues ? Ton temple est in face du jour ; la terre, l'Océan et les cieux forment ton trône immense.

L'homme osera-t-il condamner sa race aux feux infernaux, à moins qu'elle ne se rachète par les vaines pompes des cérémonies ? Osera-t-il prétendre que pour la chute d'un seul, nous serons tous enveloppés dans un commun naufrage ?

Chacun, pour son compte, se flattera-t-il d'atteindre le ciel, tandis qu'il condamnera son frère à la destruction, parce que celui-ci nourrit d'autres espérances ou professe de moins rigoureuses doctrines ?

Quelques hommes, en vertu de dogmes qu'ils ne sauraient démontrer, peuvent-ils nous destiner à un bonheur ou à des tourments imaginaires ? Comment des reptiles grouillant sur le sol connaîtraient-ils les desseins du souverain créateur ?

Quoi ! ceux qui ne vivent que pour eux seuls, qui se plongent chaque jour dans un océan de crimes, ceux-là pourraient expier leurs forfaits par la foi, et vivre heureux par-delà les siècles !

Père ! je ne m'attache aux lois d'aucun prophète. Les tiennes se manifestent dans les œuvres de la nature. Je m'avoue corrompu et faible. Pourtant je te prierai ; car tu m'écouteras.

Toi, qui guides l'étoile errante à travers les royaumes sans chemins de l'espace éthéré ; qui apaises la guerre des éléments, et dont je vois la main empreinte d'un pôle à l'autre !

Toi qui, dans ta sagesse, m'as placé ici bas, et qui peux m'en retirer quand il te plaira : ah ! tant que mes pieds fouleront ce globe terrestre, étends sur moi ton bras protecteur !

C'est vers toi, mon Dieu, c'est vers toi que ma voix s'élève ! quoi qu'il m'advienne ou bien ou du mal, que ta volonté m'élève ou m'abaisse ; je me confie à toi.

Lorsque ma poussière sera retournée à la poussière, si mon âme s'envole vers les régions éthérées, comme elle adorera ton glorieux nom, ton nom qui inspirera les chants de sa faible voix !

Mais si ce souffle fugitif doit partager avec l'argile le repos éternel de la tombe, tant que mon cœur pourra battre, j'élèverai vers toi

---

(*) Miss Mary Chaworth, alors mistress Musters.

ma prière, fussé-je ensuite condamné à ne pas quitter la demeure des morts.

J'élève vers toi mon humble chant, reconnaissant de toutes tes miséricordes passées et espérant, ô mon Dieu, que cette vie errante doit enfin revoler vers toi.

SOUVENIR (1806).

C'en est fait! un rêve m'a tout révélé : l'espérance ne doit plus embellir mon avenir de ses rayons. Ils ont été rapides les jours de ma félicité; glacée par le souffle glacé de l'infortune, l'aurore de ma vie est voilée d'un nuage. Amour, espoir, bonheur, adieu! que ne puis-je ajouter : ô souvenirs, adieu!

L'AGE DE BRONZE [1].

I.

Le « bon vieux temps n'est plus... » Tous les temps sont bons, quand ils sont vieux. Le présent pourrait l'être s'il voulait : il s'est fait de grandes choses, il s'en fait encore, et pour qu'il s'en fasse de plus grandes les mortels n'ont guère qu'à vouloir : un espace plus vaste, un champ plus libre s'offre à ceux qui veulent jouer leur jeu à la face du ciel. Je ne sais si les anges pleurent; mais les hommes ont assez pleuré... pour arriver où? à pleurer encore.

II.

Tout a été mis au jour... le bien comme le mal. Lecteur, rappelle-toi que, dans son enfance, Pitt était tout, ou sinon tout, du moins si puissant qu'il s'en fallait peu que Fox, son rival, ne prît pour un grand homme. Oui, nous avons vu les géants, les Titans intellectuels se mesurer face à face... l'Athos et l'Ida, entre lesquels un océan d'éloquence coulait impétueux comme les vagues profondes de la mer d'Égée entre la rive hellénique et celle de la Phrygie. Mais où sont-ils, les terribles rivaux? Quelques pieds de la terre sépulcrale séparent leurs linceuls. O pacificateur et puissant tombeau qui fais taire tous les bruits! Océan calme et sans orages qui t'étends sur le monde! « La poussière retourne à la poussière : » vieille histoire dont on ne sait encore que la moitié : le temps ne lui ôte rien de ses terreurs; le ver continue à rouler ses froids anneaux; la tombe conserve sa forme, variée au-dessus, mais uniforme au fond; l'urne a beau être brillante, les cendres ne le sont pas : bien que la momie de Cléopâtre traverse ces mêmes mers où cette reine fit perdre à Antoine l'empire du monde; bien que l'urne d'Alexandre soit donnée en spectacle à ces mêmes rivages qu'il pleurait de ne pouvoir conquérir quoiqu'ils fussent inconnus... Oh! qu'ils paraissent vains, plus atroces encore que vains, après quelques siècles, ces désirs, ces pleurs du roi de Macédoine! Il pleurait de n'avoir plus de mondes à conquérir; et la moitié de celui-ci ne connaît pas son nom ne sait de lui que sa mort, sa naissance et les ruines qu'il a faites; ce la Grèce, sa patrie, est tout ruines, sans avoir la paix des ruines. Il pleurait de n'avoir plus de mondes à conquérir, lui qui ne comprenait même pas la forme de ce globe qu'il brûlait d'asservir, qui ignorait même l'existence de cette île du Nord, aujourd'hui si active, qui possède son urne, et ne connut pas son trône [2].

III.

Mais où est-il, le héros moderne, certes bien plus puissant, qui, sans être le roi, nouveau Sésostris, attela des monarques à son char? Hélas! à peine délivrés du harnais et de la bride, ces pauvres hères croient avoir des ailes; ils dédaignent la fange où ils rampaient naguère, enchaînés à la pompe impériale du grand capitaine! Oui,

(1) Dans l'original le second titre de cette satire politique est en latin : *Carmen seculare et annus haud mirabilis*, Chant séculaire et année non admirable. Elle a été composée à Gênes en 1823.

(2) Les Anglais croient posséder au musée britannique le sarcophage du roi de Macédoine pris par eux à Alexandrie, en 1802.

où est-il, le champion et l'enfant gâté de tout ce qu'il y a de plus grand et de plus petit, de sage ou d'insensé? qui jouait aux empires, avait pour enjeu des trônes, pour tapis l'univers, et pour dés des ossements humains? Voyez là-bas, dans cette île solitaire, le grand résultat de tous ces efforts; et, selon l'impulsion de votre nature, pleurez ou souriez. Pleurez de voir la rage de l'aigle altier réduite à ronger les barreaux de sa cage étroite; souriez en voyant le dompteur des nations quereller chaque jour sur des misères, se lamenter à son dîner sur des plats retranchés ou des vins réduits, s'occuper enfin de mesquines discussions sur de mesquins objets. Est-ce là l'homme qui châtiait ou hébergeait les rois? Voyez la balance de sa fortune dépendre du rapport d'un chirurgien ou des harangues d'un lord! Un buste qui n'arrive pas, un livre refusé, troubleront le sommeil de celui qui tint si souvent le monde éveillé! Est-ce là celui qui abattait l'orgueil des puissants, maintenant esclave de la moindre contrariété, du moindre ennui, d'un ignoble geôlier, d'un espion qui l'observe, d'un badaud étranger qui l'aborde son carnet de notes à la main? Plongé dans un cachot, il eût été grand encore; mais quoi de plus bas, de plus mesquin que cette situation mitoyenne entre une prison et un palais, cette situation dont si peu d'hommes peuvent comprendre les souffrances! « Ses plaintes sont sans fondement... Mylord présente son mémoire : les aliments et le vin ont été fournis suivant l'ordonnance : son mal est imaginaire... jamais il n'y eut un climat moins homicide, en douter serait un crime. » L'opiniâtre chirurgien qui défend la cause du captif a perdu sa place, mais il a gagné l'estime publique. Mais enfin souriez : bien que les tortures de son cerveau et de son cœur dédaignent et défient les tardifs secours de l'art; bien qu'il n'ait à son lit de mort qu'un petit nombre d'amis dévoués, et l'image de ce bel enfant que son père ne doit plus embrasser; bien qu'elle semble même chanceler, cette haute intelligence qui gouverna si longtemps, et qui gouverne encore le monde : souriez, car l'aigle captif a brisé sa chaîne, et des mondes plus élevés que celui-ci deviennent sa conquête.

IV.

Ah! si son âme, dans ses sublimes demeures, conserve encore un souvenir confus de son règne splendide, comme il doit sourire lui-même, quand il regarde ici-bas, de voir ce peu qu'il était et qu'il a voulu être! En vain sa renommée s'est étendue plus loin que son ambition presque sans bornes; en vain, le premier en gloire comme en malheurs, il goûta toutes les jouissances et toutes les amertumes du pouvoir; en vain les rois joyeux d'avoir échappé à leurs chaînes essaient de singer leur tyran : comme il doit sourire en contemplant ce tombeau solitaire, le plus éclatant des phares qui dominent l'Océan! Un geôlier, fidèle jusqu'au dernier moment à ses ignobles fonctions, le crut à peine suffisamment enfermé sous le plomb du cercueil, et ne permit pas même qu'une seule ligne, inscrite sur le couvercle, indiquât la naissance et la mort de celui qu'il renfermait : n'importe! ce nom sanctifiera cette île auparavant obscure, talisman pour tous, sauf pour celui qui le portait; les flottes poussées vers ces bords par la brise orientale entendront le dernier mousse le saluer du mât; quand après des siècles la colonne triomphale de France ne s'élèvera plus comme celle de Pompée qu'au sein d'un désert, l'île rocheuse qui possédera ou aura possédé sa cendre, couronnera l'Atlantique comme un buste du héros, et la puissante nature fait plus pour honorer ses restes qu'une mesquine envie ne lui a refusé. Mais que lui fait tout cela? L'appât de la gloire peut-il toucher l'esprit affranchi ou la cendre captive? Il ne s'inquiète guère comment est faite sa tombe; s'il dort, peu lui importe, et encore moins s'il veille. Son ombre, connaissant bien maintenant la valeur des choses, doit voir du même œil et le caveau grossier de l'île solitaire où ses cendres reposent, et la dernière demeure qu'elles auraient pu avoir dans le Panthéon de Rome ou dans celui que la France a élevé à l'image du premier. Il n'a nul besoin de cela; mais la France, elle, sentira le besoin de cette dernière et faible consolation : son honneur, sa renommée, sa foi, réclament les ossements du grand homme pour les élever sur une pyramide de trônes, afin que, portés à l'avant-garde en un jour de bataille, ils soient, comme ceux de Duguesclin, le talisman de la victoire. Quoi qu'on fasse, un jour viendra peut-être où son mon battra la charge, comme le tambour fait de la peau de Ziska.

V.

O ciel! dont son pouvoir n'était qu'un reflet; ô terre! dont il fut un des plus nobles habitants; autre île dont le nom vivra dans l'avenir, si même l'aiglon tout nu briser sa coquille! — Alpes qui le vîtes planer dès son premier essor, vainqueur dans cent batailles! — Et toi Rome, qui as vu dépasser les exploits de tes Césars... (hélas! pourquoi franchit-il aussi le Rubicon... le Rubicon des droits de l'homme enfin réveillé... pour se mêler au troupeau des monarques vulgaires?) — Egypte, qui vis tes Pharaons oubliés, après un long epos, sortir de leurs tombes antiques et tressaillir au fond des pyramides au bruit du tonnerre d'un nouveau Cambyse; tandis que les noires ombres de quarante siècles, debout comme des géants sur ces bords fameux du Nil ou au sommet élevé des pyramides, contemplaient étonnées le désert peuplé de bataillons vomis par l'enfer, s'entrechoquant avec fracas et semant le sable aride de leurs cadavres pour engraisser cette terre inculte! — Espagne! qui, pour un moment oubliera de ton Cid, vis ses étendards flotter sur Madrid! — Autriche! qui vis ta capitale deux fois prise par lui, et deux fois épargnée, et qui le trahis au jour de sa défaite! — Et vous, enfants de Frédéric... Frédérics de nom seulement... qui mentez à votre origine et avez tout hérité de votre aïeul, tout excepté sa gloire; qui, écrasés à Iéna, rampantes à Berlin, êtes tombés les premiers, et ne vous êtes relevés que pour suivre votre vainqueur! — Toi qui fus la patrie de Kosciusko, et qui te souviens encore de la dette de sang contractée envers toi par Catherine, dette qui n'est pas payée; Pologne! sur qui passa l'ange exterminateur, en te laissant, comme il t'avait trouvée, déserte et inculte, oubliant tes injures non réparées, tes peuples partagés, ton nom éteint, tes aspirations vers la liberté, les larmes que tu as versées par torrents, ce nom même qui blesse si rudement l'oreille du tyran « Kosciusko! » Pologne! en avant! en avant! la guerre a soif du sang des serfs et du sang du czar; les minarets de Moscou, de la cité à demi barbare, brillent encore au soleil, mais c'est un soleil qui s'éteint! — Moscou! limite de la longue carrière du héros, toi que le farouche roi de Suède ne put voir, lui qui en versait des larmes qui se glaçaient dans ses yeux; toi qu'il a vue, lui, mais dans quel état?... avec tes tours et tes palais enveloppés dans un vaste incendie! Pour cet incendie, le soldat prêta sa mèche enflammée, le paysan le chaume de sa cabane, le négociant ses marchandises, le prince son palais... et Moscou ne fut plus! O le plus sublime des volcans, devant la flamme, celle de l'Etna pâlit; l'inextinguible Hécla s'efface; le Vésuve n'est plus qu'un spectacle vulgaire et usé devant lequel s'extasient les touristes : tu t'élèves seul et sans rival jusqu'à ce feu à venir où doivent s'abîmer tous les empires de la terre.

Et toi, antagoniste du feu! indomptable et rude puissance qui donnas aux conquérants des leçons dont ils n'ont point profité!... ton aile de glace s'étendit sur l'ennemi chancelant, et pour chaque flocon de la neige, il tomba un héros; sous les coups stupéfiants de ton bec et de tes serres silencieuses, des bataillons expirèrent à la fois en une seule palpitation d'agonie! En vain la Seine cherchera sur ses rives ses milliers de braves si brillants et si gais! en vain la France rappellera ses jeunes hommes sous l'abri de ses treilles; leur sang coule à flots plus pressés que ses vins; ou plutôt il reste stagnant dans cette glace humaine, dans ces momies congelées qui couvrent les plaines du pôle. En vain le soleil brûlant de l'Italie voudrait réveiller ses fils engourdis par le froid : ils ne connaissent plus ses rayons. De tous les trophées de cette guerre, que verra-t-on revenir?... Le char fracassé du conquérant dont le cœur seul est resté intact. Mais le cor de Roland résonne de nouveau, et ce n'est pas en vain. Lutzen, où tomba Gustave au milieu de son triomphe, voit le Corse vainqueur, mais, hélas! ne le voit pas mourir : Dresde voit encore trois despotes fuir devant leur maître, leur maître comme il le fut si longtemps. Mais ici la fortune épuisée l'abandonne, et la trahison de Leipsig a vaincu l'invincible : le chacal saxon abandonne le lion, pour servir de guide à l'ours, au loup et au renard; et le monarque des forêts retourne désespéré à sa tanière où il ne trouve pas un abri!

C'est vous tous que j'invoque, vous tous accourez de vous! — Et toi, ô France! qui vis tes belles campagnes ravagées comme un sol ennemi, et disputées pied à pied, jusqu'au jour où la trahison, toujours son seul moyen, vit des sommets de Montmartre Paris subjugué! — Et toi, île d'Elbe, qui, du haut de tes falaises, vois l'Étrurie te sourire, toi l'asile momentané de son orgueil, jusqu'au moment où, rappelé par une gloire pleine de dangers, il vint retrouver cette fiancée qui le pleurait encore! — O France! reconquise en une seule marche, par une route qui n'était qu'une longue suite d'arcs-de-triomphe! — O sanglant Waterloo, la plus inutile des batailles! qui prouve que les êtres les plus stupides peuvent avoir aussi leurs succès, victoire obtenue moitié par imbécillité moitié par trahison! — O triste Sainte-Hélène, avec ton lâche geôlier! — Écoutez tous, écoutez Prométhée qui, du haut de son rocher, fait appel à la terre, à l'air, à l'Océan, à tout ce qui a senti, à tout ce qui sent encore sa puissance et sa gloire, à tout ce qui doit entendre un nom éternel comme le cercle des années : il leur donne une leçon bien des fois et bien vainement répétée : « Apprenez à ne point commettre d'injustice! »Un seul pas dans la route du droit eût fait de cet homme le Washington du monde; un seul dans l'autre route a livré sa renommée incertaine à tous les vents du ciel; moloch ou demi-dieu, César dans son pays, Annibal pour l'Europe, sans avoir conservé sa dignité dans sa chute. Et, cependant, la vanité elle-même aurait pu lui indiquer un chemin plus sûr pour arriver à la gloire, en lui faisant remarquer dans ces annales de l'humanité (enseignement trop souvent inutile) dix mille conquérants contre un seul véritable sage. Tandis que la pacifique mémoire de Francklin s'élève jusqu'au ciel, en calmant la foudre qu'il en sut arracher, ou en faisant jaillir de la terre électrisée la liberté et la paix de sa patrie; tandis que Washington laisse son nom comme un mot d'ordre qui se répétera tant que l'air aura encore un écho; tandis que l'Espagnol lui-même, oubliant sa soif d'or et de sang, oublie Pizarro pour acclamer Bolivar, hélas! pourquoi faut-il que les mêmes vagues atlantiques qui ont baigné les rivages d'une terre libre, servent de ceinture à la tombe d'un tyran... qui fut le roi des rois et néanmoins l'esclave des esclaves, qui brisa les fers de plusieurs millions d'hommes pour renouer ensuite ces mêmes chaînes que son bras avait rompues; qui, enfin, foula aux pieds les droits de l'Europe et les siens mêmes pour rester suspendu entre une prison et un trône.

VI.

Mais tout n'est pas perdu : l'étincelle s'est réveillée sous la cendre... Voyez! l'Espagnol basané retrouve son antique ardeur; la même énergie qui tint les Maures en échec pendant huit siècles, où le sang coula des deux côtés tour-à-tour, cette sublime énergie a reparu... et dans quels lieux?. sous ce ciel occidental où le nom d'Espagne était naguère synonyme du mot crime, où flottèrent les drapeaux de Cortès et de Pizarro : le Nouveau-Monde a voulu mériter son nom. C'est le vieux souffle, aspiré par de jeunes seins pour ranimer les âmes dans la chair dégradée, le même souffle qui repoussa les Perses des rivages où était la Grèce..... où elle était? Non, la Grèce existe encore. Une cause commune fait battre des myriades de cœurs comme dans une seule poitrine, qu'elles soient d'Orient ou îlotes de l'Occident. Déroulé sur les Andes ou sur l'Athos, le même étendard flotte sur les deux mondes; l'Athénien porte encore l'épée d'Harmodius; le guerrier du Chili abjure une domination étrangère; le Spartiate sent qu'il est redevenu Grec; la jeune liberté décore le panache des Caciques; le conciliabule des despotes, cerné sur l'un et l'autre rivage, essaie vainement de fuir devant l'Atlantique soulevé; la marée redoutable s'avance à travers le détroit de Calpé, effleure les côtes de cette France, maintenant à moitié asservie, inonde de ses flots le berceau de la vieille Espagne et réunit presque l'Ausonie à son vaste Océan : mais repoussée de ce côté, non pour toujours, il vient se précipiter dans les flots d'Égée, se rappelant la journée de Salamine. Là, s'élèvent des vagues que ne peuvent apaiser les victoires des tyrans. Les Grecs, livrés à leurs propres forces, et dans les plus rudes extrémités, abandonnés, trahis par ces chrétiens qui leur doivent leur foi; leurs terres désolées, leurs îles livrées au pillage, les discordes et les défections encouragées, les secours éludés quoique promis, les délais sans cesse ajoutés aux délais dans l'espoir de rendre la proie plus facile... voilà l'histoire de cette malheureuse nation, qui peut s'en prendre de ses souffrances à de faux amis plus qu'à ses ennemis acharnés. Mais soit! les Grecs auront affranchi la Grèce, et le Barbare, cachant son avidité sous un masque pacifique, n'aura à réclamer dans la victoire. Comment, en effet, l'autocrate, roi d'un peuple d'esclaves, pourrait-il affranchir les nations? Plutôt encore servir le fier musulman que de grossir les hordes pillardes du Cosaque; plutôt travailler pour des maîtres que de servir servilement, esclave des esclaves, à la porte d'un Russe... classés par troupeaux, capital humain, propriété vivante n'ayant d'autre droit que son servage, distribués par milliers de têtes, et donnés comme présent au premier favori du czar, sorte de propriétaire qui ne goûte jamais le sommeil sans rêver aux déserts de la Sibérie : ah! mieux vaut pour les Grecs succomber à leur désespoir; mieux vaut conduire le chameau que d'être dévorés par l'ours.

VII.

Mais cette aurore qui brille de nouveau, ce n'est pas seulement sur ces terres antiques où la liberté est contemporaine du temps, ce n'est pas seulement sur ce pays lointain des Incas dont l'origine se perd dans la nuit des siècles; l'illustre et romantique Espagne la voit se lever aussi et rejette encore de son sol le perfide envahisseur. Aujourd'hui, ses plaines ne servent plus de champ clos à la légion romaine et à la horde punique; le Vandale et le Visigoth également abhorrés ne souillent plus ses campagnes, et le vieux Pélage ne réunit plus au sein de ses montagnes les belliqueux ancêtres dont dix siècles ont consacré la gloire. Cette semence a porté ses fruits, comme le Maure se le rappelle en soupirant sur son rivage sombre. Longtemps dans les refrains du villageois et les vers du poëte a vécu la mémoire des Abencérages et des Zegris, de ces vainqueurs captifs à leur tour et refoulés dans l'empire barbare d'où ils étaient venus. Mais ces hommes ne sont plus..... leur culte, leur glaive, leur empire, ont disparu; pourtant ils ont laissé après eux des ennemis du christianisme encore plus acharnés qu'eux : un monarque bigot et de ses prêtres bourreaux; l'inquisition et ses bûchers, le rouge auto-da-fé alimenté de cadavres humains, tandis le Moloch catholique, calme dans sa cruauté, repaît ses yeux xorables de cette horrible fête d'agonie. Un souverain violent ou te, ou tour-à-tour l'un et l'autre et même tous deux à la fois; gueil se faisant un titre de la paresse, une noblesse depuis long-ps dégénérée; l'hidalgo dégradé, et le paysan moins vil, mais s humilié; un royaume dépeuplé, une marine autrefois glo-use, mais ayant oublié son métier; une armée, jadis invincible, ourd'hui désorganisée; les forges d'où sortaient les lames de To-e entièrement oisives; les richesses des pays lointains affluant sur s les rivages de l'Europe, hormis ceux de la nation qui jadis les a nquises au prix de son sang; la langue même qui pouvait lutter avec le des Romains que toutes les nations connaissaient comme leur propre ome, négligée ou tombée dans l'oubli : telle était l'Espagne. Mais le on ne la voit plus, telle on ne la reverra jamais. Ces envahis-urs, les plus dangereux de tous, car ils étaient sortis du sol natal, s envahisseurs ont senti et sentent chaque jour ce que peut le cou-go maintenant retrempé de Numance et de la Vieille Castille. bout! debout! toréador intrépide! le taureau de Phalaris renou-lle ses mugissements : à cheval, nobles hidalgos! qu'on entende vieux cri : « Saint Jacques et les remparts de l'Espagne! » Oui, ites-lui un rempart de vos poitrines armées; montrez de nouveau barrière qui sut arrêter Napoléon, la guerre exterminatrice, la iuvage sierra garnie de défenseurs plus sauvages encore, guerril-ros à l'aile de vautour, toujours prêts à fondre des sommets sur ı sa chute, l'homme sentant grandir son courage et la vierge ma-iant l'épée avec plus de bravoure qu'une amazone, le couteau d'A-agon, l'acier de Tolède, la lance fameuse de la chevaleresque Cas-lle, la carabine inévitable du Catalan, les coursiers d'avant-garde e l'Andalousie; la torche qui saura dormir à Moscou, et, ans tous les cœurs, l'intrépidité du Cid!... ce qui fut, ce qui sera, e qui est. En avant donc, ô France! et viens conquérir, non l'Es-pagne, mais ta propre liberté.

VIII.

Mais, que vois-je? un congrès! Quoi! une assemblée pareille à celle qui sous ce nom sacré affranchit l'Atlantique... Pouvons-nous en attendre autant pour notre Europe dégénérée? A ce nom levez-vous comme l'ombre de Samuel sous les yeux de Saül, prophètes de la jeune liberté, évoqués des climats les plus lointains; parais, Henry (1), Démosthènes des forêts, dont le tonnerre fait trembler le Philippe de l'Océan; parais, ombre énergique de Francklin, montre-toi revêtue de ces éclairs que tu sus désarmer; et toi, Washington, dompteur de tyrans; éveillez-vous : faites-nous rougir de nos vieilles chaînes ou enseignez-nous à les briser. Mais quels hommes composent ce sénat d'élus destinés à mûrir la liberté aux peuples? Quels hommes ont ressuscité ce nom consacré, appliqué jusqu'ici à des assemblées dont le but était le bonheur du genre humain?... C'est la Sainte-Alliance, qui prétend que trois sont tout! trinité ter-restre imitant celle des cieux comme le singe imite l'homme! Pieuse unité formée dans un but unique... celui de faire de trois imbé-ciles un Napoléon. Comment donc! mais les dieux des Égyptiens étaient tout-à-fait rationnels si on les compare à ceux-ci : leurs chiens et leurs bœufs savaient se tenir à leur place, et, tranquilles, dans leur chenil ou leur étable, ils ne s'inquiétaient de rien, pourvu qu'ils fussent bien nourris; mais ceux-ci, ayant plus grand appétit, demandent encore quelque chose d'autre : il leur faut le pouvoir d'aboyer et de mordre, de jouer des cornes et d'éventrer. Ah! combien les grenouilles du vieil Ésope étaient plus heureuses que nous : nos soliveaux, à nous, sont vivants, et, s'agitant malicieuse-ment çà et là; ils écrasent des nations entières sous leur stupide poids : car tous ont anxieusement à cœur d'épargner toute besogne à la grue révolutionnaire.

IX.

Trois fois heureuse Vérone! depuis que la monarchique trinité fait luire sur toi sa sainte présence; fière d'un tel honneur, la per-fide ingratitude oublie la tombe vantée de tous les Capulets; tu ou-blies les Scaligers... Qu'était-ce en effet que ton Can Grande (2) ou grand chien (je me hasarde à traduire le nom) auprès de ces roquets sublimes? Tu oublies aussi ton poète Catulle dont les vieux lauriers font place à des lauriers nouveaux (3); ton amphithéâtre où s'assi-rent les Romains, l'exil de Dante protégé par les remparts, et cet heureux vieillard dont nous parle Claudien, pour qui le monde était

(1) Celui qui, en 1765, osa dire en plein parlement : « César eut son Brutus; Charles Ier son Cromwell; et Georges III (interruption)..... Georges III fera bien de profiter de leur exemple. »

(2) Cane I della Scala, surnommé le grand podestat de Vérone et pro-tecteur du Dante, mort en 1329.

(3) Hippolyte Pindemonte, poète bucolique moderne, est né à Vérone.

renfermé dans tes murs, et qui ne connaissait pas même les cam-pagnes d'à l'entour (oh! puissent les hôtes royaux que leur en-ceinte contient aujourd'hui l'imiter sous ce rapport, et n'en jamais sortir!)... Oui, poussez des vivat! faites des inscriptions! élevez de honteux monuments pour dire à la tyrannie que le monde accepte son joug avec bonheur! Encombrez le théâtre dans votre enthou-siasme monarchique; la comédie n'est pas sur la scène; le spec-tacle est riche en rubans et en décorations. O patiente Italie! tu peux le contempler à travers les barreaux de ton cachot : bats des mains, on te le permet : pour cela du moins tes mains enchaînées sont encore libres.

X.

Spectacle magnifique! voyez ce petit maître de czar, arbitre des valses et de la guerre, convoitant les applaudissements comme il convoite un royaume, et aussi propre à coqueter qu'à gouverner; Apollon Calmouk avec l'esprit d'un Cosaque, ayant des inspira-tions généreuses toutes les fois que la gelée ne vient pas les durcir, un moment dilatées par un dégel libéral, mais glacées de nouveau par la première matinée un peu froide; n'ayant aucune répugnance contre la vraie liberté, si ce n'est parce qu'elle rendrait les nations libres. Oh! que l'impérial dandy parle bien des douceurs de la paix! Comme il affranchirait volontiers la Grèce... si les Grecs voulaient seulement se faire ses esclaves! Avec quelle générosité il rend aux Polonais leur diète, pour ordonner aussitôt à la turbulente Pologne de se tenir tranquille! Avec quelle bonté il s'empresserait d'envoyer sa douce Ukraine et ses aimables Cosaques faire la leçon à l'Espa-gne! avec quelle complaisance il montrerait à la fière Madrid sa charmante et impériale personne, si longtemps inconnue au Midi : faveur qui ne coûte pas cher, le monde le sait, qu'on ait les Russes pour amis ou pour ennemis! Poursuis, homonyme de l'illustre fils de Philippe : La Harpe, ton Aristote, te fait signe d'avancer; ce que fut autrefois la Scythie pour le roi de Macédoine, puissent les ravages de l'Ibérie l'être pour toi et les tiens! Cependant! ô ci-devant jeune homme, rappelle-toi le destin de ton grand devancier sur les rives du Pruth; tu as pour t'aider, si pareille chose t'arrivait, bien des vieilles femmes, mais pas une Catherine. L'Espagne aussi a des rochers, des fleuves, des défilés... Ours peut tomber dans les pièges du lion. Les plaines brûlantes de Xérès ont été fatales aux Goths : crois-tu que ceux qui ont vaincu Napoléon posent les armes devant toi? Tu feras mieux, crois-moi, de regagner tes déserts, de trans-former les sabres en socs de charrue, de raser et décrasser les Bas-kirs, de délivrer tes États du servage et du knout, au lieu de suivre en aveugle cette route fatale et d'infester de tes sordides légions les pays dont le ciel et les lois sont également purs. L'Espagne n'a pas besoin d'engrais; le sol y est fertile, mais il ne nourrit point l'ennemi : ses vautours ont été repus naguère; voudrais-tu leur fournir une nouvelle proie? Hélas! ton rôle ne serait point celui de conquérant, mais de pourvoyeur. Je suis Diogène, et le Russe et le Hun se tiennent devant mon soleil et celui de bien des millions d'hommes; mais si je n'étais Diogène, j'aimerais mieux être un ver rampant qu'un pareil Alexandre! Soit esclave qui voudra, le cyni-que restera libre : les parois de son tonneau sont plus solides que les remparts de Sinope : il continuera de porter sa lanterne aux visage des rois pour chercher parmi eux un honnête homme.

XI.

Et que fait la France, cette prolifique patrie du nec-plus-ultra des ultras et de leur bande mercenaire? Que fait-elle avec ses chambres bruyantes et sa tribune que l'orateur doit escalader avant de pro-noncer un mot, et où, dès qu'il a pu dire ce mot, il s'entend répon-dre en écho : « Vous avez menti! » Nos communes britanniques daignent quelquefois dire : « Écoutez! » un sénat gaulois dit : « Combien de langues que d'oreilles. Benjamin Constant lui-même, leur uni-que maître dans la lutte parlementaire, a un duel le lendemain pour justifier son discours de la veille : mais la chose coûte peu à de vé-ritables Français, qui aiment mieux se battre que d'écouter, fût-ce en face de leur père. Qu'est-ce que présenter sa poitrine à une balle, en comparaison du supplice d'écouter un long discours sans inter-rompre? Cette habitude, il est vrai, ne régnait pas dans l'ancienne Rome, quand Cicéron y lançait les foudres de sa voix; mais Démos-thènes semble avoir sanctionné la méthode française en disant que l'éloquence « c'est l'action! l'action! »

XII.

Mais où est le grand monarque? a-t-il bien dîné? ou gémit-il en-core sous le poids douloureux de l'indigestion? Les pâtés révolu-tionnaires se sont-ils soulevés et ont-ils changé en prison l'impé-rial estomac? Des mouvements alarmants ont-ils agité les troupes, ou bien aucun mouvement n'a-t-il suivi des soupes assaisonnées

la trahison? Des cuisiniers carbonari auraient-ils servi de fa‑
s carbonades? ou les prescriptions cruelles de la Faculté ont-
s défendu la réplétion? Ah! je lis dans tes regards abattus la
hison que la France exerce par la main de ses cuisiniers! Digne
classique Louis! ah! qu'il est peu désirable, diras-tu, de jouer le
de Désiré! Fallait-il quitter le vert séjour du paisible Hartwell, une
ile d'Apicius et les odes d'Horace, pour venir gouverner un peuple
ne veut pas être gouverné, et préfère les verges à un sermon?
Ton caractère et tes goûts ne te destinaient pas au trône; tu es
beaucoup mieux placé à table, doux épicurien, hôte bienveillant ou
convive, causant de littérature et sachant par cœur la moitié
l'Art poétique et l'Art culinaire; toujours homme d'érudi‑
n, homme d'esprit parfois, humain quand la digestion le permet;
is peu fait pour gouverner un pays libre ou esclave; la goutte
it pour toi un martyre assez grand.

XIII.

Ne consacrerai-je pas une phrase à la noble Albion? ne lui paie‑
i-je point le tribut de louange que lui doit tout vrai Breton? «Les
is... les armes... Georges... la gloire... les îles... l'heureuse Bre‑
gne... le sourire de la Richesse et de la Liberté... ces blanches fa‑
ises qui ont tenu l'invasion en respect... les sujets satisfaits, tous
l'épreuve de l'impôt... le fier Wellington avec son bec d'aigle, ce
ez, ce crochet auquel est suspendu l'univers... et Waterloo... et
hut! pas un mot encore sur le commerce et la dette)... et le ja‑
mais... assez... regretté Castlereagh, qui de son canif, l'autre jour, a
upé le cou à une oie (1)... et les pilotes qui ont maîtrisé cette tem‑
te énorme...(mais gardons-nous, même pour la rime, de nommer la
forme):» ce sont là des sujets qu'on a chantés bien souvent jus‑
u'à cejour, et il me semble superflu de les chanter de nouveau : on
s trouve dans tant de livres qu'il n'est pas du tout nécessaire qu'on
s trouve encore ici. Mais il est un fait que l'on peut célébrer avec
aison, et qui plus est en observant la rime. C'est ce que ton génie
end possible, ô Canning! toi qui, élevé pour faire un homme
l'État, étais né d'abord homme d'esprit, et qui jamais, même dans
ette stupide chambre, n'as pu abaisser ton essor poétique jusqu'à
a platitude de la prose : notre dernier, notre meilleur, notre seul
nateur, je puis maintenant te louer... les tories n'en font pas da‑
antage; que dis-je? ils n'en font pas autant... ils te détestent, Can‑
ning! parce que ton génie les épouvante encore plus qu'il ne les
ontient. Les limiers se rassemblent à la voix du chasseur, et la
ente docile suivra partout ses pas; mais ne prends pas pour des
marques d'affection leurs abois et leurs clameurs : c'est une menace
pour le gibier, et non un éloge à ton adresse; bien moins sûrs que
la mente à quatre pieds, ces bipèdes vont rétrograder sur la première
piste douteuse. La sangle de la selle n'est pas encore bien affermie,
et le royal étalon n'a pas le pied très sûr; le vieux cheval blanc est
lourd, sujet à broncher et à se cabrer, et de temps en temps l'il‑
lustre monture se vautre dans la boue avec son cavalier; mais pour‑
quoi s'en étonner? bon sang ne peut mentir.

XIV.

Mais la propriété rurale! hélas! quelle langue ou quelle plume
pourra déplorer le sort de nos gentilshommes *sans campagne*, les
erniers à faire cesser le cri des combats, les premiers à faire de la
aix une maladie? Pourquoi étaient-ils faits ces patriotes de vil‑
age?... pour chasser, voter et faire hausser les céréales. Mais le
lé doit tomber comme toutes choses mortelles, les rois, les con‑
uérants et surtout les prix du marché. Faut-il donc vous tom‑
iez vous-mêmes à chaque épi de blé qui tombe? Pourquoi, s'il en
st ainsi, avez-vous combattu le pouvoir de Bonaparte? C'est là
ôtre grand Triptolème; son ambition ne détruisait que des royau‑
es et maintenait les prix de vos denrées : à la grande satisfaction
e tout propriétaire, il pratiquait en grand l'alchimie agraire, la
ausse des fermages. Pourquoi faut-il que le tyran ait succombé de‑
ant les Tartares, et qu'il ait réduit l'orge à des prix aussi bas?
ourquoi l'avoir enchaîné dans cette île solitaire? L'homme vous
rvait bien mieux sur son trône. A la vérité, il gaspillait sans me‑
ure l'or et le sang; mais que vous faisait cela? la France en portait
blâme; mais le pain était cher, le fermier pouvait payer sa rente,
au jour de l'adjudication l'acre de terre se louait à bon prix. Mais
ù est maintenant l'excellente ale que se buvait en signant la quit‑
nce? où est le tenancier fier de sa bonne bière bien garnie, et connu
our n'être jamais en retard? la ferme qui n'était jamais sans fer‑
tier; le marais accaparé pour le transformer en terre productive;
espoir impatient de l'expiration des baux où l'on pouvait doubler
a loyers?... O malheurs de la paix! En vain l'on adjuge des prix
our exciter le zèle du cultivateur; en vain les campagnes votent un

---

(1) Le suicide de Castlereagh, lord Londonderry, au mois d'août 1822,
Eudace dans le cabinet à Canning, qui prépara la réforme.

bill patriotique; l'intérêt territorial (vous comprendriez mieux si je
disais l'intérêt tout court)... l'intérêt égoïste des propriétaires ruraux
gémit de comté en comté : on redoute que l'abondance ne vienne
atteindre le pauvre. Relevez-vous donc, relevez-vous, ô rentes! éle‑
vez vos prix pour que le ministère ne perde pas cent voix, et qu'un
patriotisme délicat et susceptible à l'excès ne fasse pas descendre le
pain au niveau du cours : car, hélas! les pains et les poissons, si
recherchés autrefois, ont disparu... le four est clos, l'Océan est à
sec; et de tous les millions dépensés il ne reste rien que la néces‑
sité d'être modérés et contents. Ceux qui ne le sont pas ont eu leur
tour... et chacun tire son lot de l'urne impartiale du sort; mainte‑
nant, que leur vertu trouve en elle-même sa récompense, et qu'ils se
contentent des biens qu'ils ont préparés! Voyez la foule de ces Cin‑
cinnatus sans gloire, fermiers à la guerre, dictateurs dans la ferme;
leur soc de charrue était l'épée dans des mains mercenaires; leurs
champs s'engraissaient du sang versé sur d'autres rivages : tran‑
quilles dans leurs granges, ces laboureurs de la Sabine envoyaient
leurs frères combattre au dehors... pourquoi? pour les fermages!
Année sur année, ils votaient cent pour cent d'augmentation aux
articles du budget, c'est-à-dire notre sang, nos sueurs, les mil‑
lions arrachés avec des larmes... pourquoi? pour les fermages. Ils
hurlaient, dînaient, buvaient, juraient de mourir pour l'Angle‑
terre... pourquoi vivre alors?... pour leurs fermages. La paix a fait
des mécontents de tous ces patriotes de la hausse. La guerre, c'était
la rente. Comment concilier avec leur amour pour la patrie tous les
millions dépensés en pure perte?... en tenant compte de la rente.
Et ne restitueront-ils pas tous les millions avancés à l'État? Non :
que tout périsse, pourvu que les fermages se relèvent! Pour eux,
bonheur, malheur, santé, richesse, joie ou déplaisir, l'existence, son
but et sa fin, religion enfin, tout se résume dans ce mot : la rente!
Tu vendis ton droit d'aînesse, Ésaü, pour un plat de lentilles; tu
aurais dû obtenir davantage ou être moins gourmand; maintenant
que tu as avalé la portion, toute réclamation est inutile : Israël dé‑
clare le marché valable. Tel a été, propriétaires, votre appétit pour
la guerre; et tout gorgés de sang, vous criez pour une égratignure!
Eh quoi! voudriez-vous étendre jusqu'aux écus le tremblement de
terre qui vous afflige, et parce que la propriété territoriale s'écroule,
entraîner dans sa ruine le papier consolidé? Pour que les fermages se
relèvent, faut-il que la banque et la nation périssent, et que l'on
fonde à la Bourse un hôpital des enfants trouvés? Voyez, au milieu
des angoisses de la religion, notre mère l'Église pleurer, nouvelle
Niobé, sur les dîmes, ses enfants. Les prélats s'en vont où sont
allés les saints; et les orgueilleux cumuls se réduisent à l'unité. L'É‑
glise, l'État, les factions luttent dans les ténèbres, ballottés par le
déluge dans leur arche commune. Dépouillée de ses évêques, de ses
banques, de ses dividendes, une autre Babel s'élève... mais la Grande‑
Bretagne touche à sa fin. Et pourquoi? pour assouvir d'égoïstes be‑
soins et soutenir le fragile édifice de ces fourmis agricoles. «Va voir
les fourmis, paresseux, et que leur exemple te rende sage; » et ad‑
mire leur patience dans tous les sacrifices, jusqu'au jour où une
leçon a été achetée à leur orgueil, pour prix de tant d'exactions et
de tant d'homicides : admire leur justice qui voudrait refuser le
paiement de la dette nationale... mais cette dette, qui donc l'a élevée
si haut?

XV.

Tournons maintenant notre voile vers ces rocs inconstants, ces
nouvelles Symplégades... les fonds publics aujourd'hui chancelants,
la Bourse, où Midas pourrait voir son désir satisfait en papier réel ou
en or imaginaire. Le magique palais d'Alcine était plus de richesses
que la Grande-Bretagne n'en eut jamais à perdre, tous les atomes
de son sol fussent-ils de l'or pur, tous ses cailloux fussent-ils sem‑
blables à ceux des bords du Pactole. Là joue la fortune en personne :
la rumeur publique tient les dés, et le monde tremble à chaque in‑
stant d'apprendre la chute d'un courtier. Que l'Angleterre soit riche!
non pas à la vérité en mines de métaux précieux, en paix ou abon‑
dance, où, huiles ou vins : ce n'est pas une terre de Chanaan,
couverte de miel et de lait; elle n'a pas non plus force argent comp‑
tant, si ce n'est en sicles ou en talents de papier; mais ne fermons pas
non plus les yeux à l'évidence, jamais terre chrétienne ne fut si
riche en juifs. Sous le bon roi Jean, ils se laissaient arracher leurs
dents; et maintenant, ô rois, ils vous arrachent tout doucement les
vôtres; ils soumettent à leur contrôle les États, les événements, les
rois, et font circuler un emprunt de l'Indus au pôle. Trois frères,
un banquier, un courtier, un baron, volent au secours des illustres
banqueroutiers qui réclament leur aide. Et ils ne s'en tiennent pas
aux rois : la Colombie voit de nouvelles spéculations suivre chacun
de ses succès; et Israël, devenu philanthrope, daigne tirer un mo‑
deste intérêt de l'Espagne épuisée. La Russie ne marche pas non
plus sans l'appui de la race d'Abraham. C'est l'or et non le fer qui
prépare les triomphes des conquérants. Deux juifs, deux rejetons
du peuple choisi, trouvent dans tout pays la terre promise; deux
juifs maintiennent les Romains sous le joug et appuient le Hun
maudit, plus brutal maintenant que jamais : deux juifs... mais non

deux samaritains..... dirigent le monde avec tout l'esprit de leur secte. Que leur fait le bonheur de la terre? Un congrès est leur nouvelle Jérusalem, et des titres de barons et des ordres chevaleresques forment l'appât qui les y attire... O saint Abraham! que dis-tu quand tu vois tes descendants se mêler avec ces pourceaux couronnés, lesquels ne crachent pas sur leurs casaques juives, mais les honorent comme faisant partie du cortége? Que dis-tu quand tu les vois encore, dans cette Venise où vécut Shylock, couper leur livre de chair près du cœur des nations?

XVI.

Étrange spectacle que ce congrès! il semble destiné à réunir toutes les incohérences, tous les contrastes. Je ne parle pas ici des souverains... Ils se ressemblent tous, comme des pièces frappées au même coin; mais les banquistes, qui font jouer les marionnettes et tirent les ficelles, offrent cent fois plus de variété que ces lourds monarques. Juifs, auteurs, généraux, charlatans, intriguent aux yeux de l'Europe émerveillée de leurs vastes desseins. Là, Metternich, le premier parasite du pouvoir, cajole tout le monde; là Wellington oublie la guerre; là, Chateaubriant ajoute de nouveaux chants à ses Martyrs; là, le Grec subtil intrigue pour le stupide Tartare; là, Montmorency, l'ennemi juré des chartes, devient tout-à-coup un diplomate de force à fournir des articles au Journal des Débats; selon lui, la guerre est certaine... mais pas si certaine encore que sa démission insérée le même jour au Moniteur. Hélas! comment le cabinet des Tuileries a-t-il pu commettre une pareille erreur? La paix vaut-elle un ministre ultra? il tombe peut-être pour se relever « presque aussi vite qu'il a conquis l'Espagne (1). »

XVII.

Assez sur ce sujet!... Un spectacle plus pénible appelle le regard de la muse qui s'efforce en vain de détourner les yeux. La fille et l'épouse d'un empereur, l'impériale victime offerte en sacrifice à l'orgueil; la mère de cet enfant, espoir du héros, jeune Astyanax de la moderne Troie; l'ombre pâle de la plus haute souveraine que la terre ait jamais vue ou puisse jamais voir, la voilà qui voltige parmi les fantômes du jour, objet de pitié, débris d'un grand naufrage. O cruelle ironie! L'Autriche ne pouvait-elle épargner sa fille? Que fait là la veuve de France? Sa place était près des vagues de Sainte-Hélène; son seul trône est dans la tombe de Napoléon. Mais non, elle veut encore tenir sa cour en miniature, escortée de son formidable chambellan, de cet Argus belliqueux dont les yeux, sans être au nombre de cent (2), la surveillent au milieu de ces pompes misé-

(1) Vers de Pope appliqué à lord Peterboroug.
(2) Le comte de Neipperg, chambellan de Marie-Louise, et bientôt son digne époux, était borgne.

rables. Si elle ne partage plus, si elle ne partagea que de nom un sceptre plus beau que celui de Charlemagne, et s'étendant de Moscou jusqu'aux mers du Midi, elle gouverne du moins le pastoral empire du fromage où Parme voit le voyageur accourir pour noter les costumes de cette cour d'emprunt. Elle s'avance: les nations la contemplent et s'affligent; et Vérone la voit dépouillée de tous ses rayons, avant même que les cendres de son époux aient eu le temps de refroidir dans un sol inhospitalier... (si toutefois ces cendres redoutables peuvent jamais être froides... mais non, l'étincelle s'y ranimera, et elles briseront leur cercueil). Elle s'avance... l'Andromaque... non celle de Racine ou d'Homère... Voyez! elle s'appuie sur le bras de Pyrrhus! oui! ce bras droit, rouge encore du sang de Waterloo, qui a brisé le sceptre de son époux, ce bras est offert et accepté! Une esclave ferait-elle plus... ou moins?... Et lui, dans sa tombe récente!... Les yeux, les joues de cette femme ne trahissent aucune lutte intérieure, et l'ex-impératrice est devenue ex-épouse! Tant il y a de respect dans le cœur des rois pour les plus sacrés liens de l'humanité! Ah! pourquoi épargneraient-ils les affections des hommes, quand les leurs ne sont rien à leurs propres yeux?

XVIII.

Mais, fatigué de folies étrangères, je reviens au pays natal et me contente d'avoir esquissé ce groupe... le tableau viendra plus tard. Ma muse était sur le point de pleurer; mais avant qu'une larme fût tombée, elle a vu sir William Curtis, en jupe écossaise, entouré des chefs de tous les clans des Highlands qui viennent saluer leur frère, Vich Ian l'alderman Guildhall (1) devient gaélique, et ses échos répètent des acclamations en langue erse: tout le conseil de Londres pousse le cri de « Claymore! » En voyant le tartan de la fière Albyn ceindre comme un baudrier l'énorme aloyau d'un Celte de la Cité, ma muse éclata d'un rire tellement immodéré, que je m'éveillai... et, ma foi! ce n'était pas un rêve.

L'Age de Bronze.

C'est ici, lecteur, que nous nous arrêterons... et si l'on ne trouve rien de mal dans ce premier *carmen*, peut-être en aurez-vous un second.

(1) Maison municipale à Londres.

FIN DE L'AGE DE BRONZE.

LE PRISONNIER DE CHILLON (1)

SONNET.

Souffle éternel de l'âme indépendante! Nulle part tu n'es plus brillante qu'au sein des cachots, ô Liberté! car là tu habites dans le cœur, le cœur que ton seul amour peut captiver: et quand tes fils sont plongés dans les fers... dans les fers et dans la ténébreuse horreur d'un caveau humide, leur martyre prépare le triomphe de leur patrie : c'est de là qu'une glorieuse indépendance prend son vol sur l'aile de tous les vents. Chillon! ta prison est désormais un sanctuaire; son triste pavé est un autel.... car il a été foulé par Bonnivard, et ses pas yont laissé leur empreinte comme dans un champ. Que personne ne fasse disparaître ces traces : c'est un appel contre les tyrans porté devant Dieu.

I.

Mes cheveux grisonnent, mais ce n'est point l'œuvre des années; ils n'ont pas non plus blanchi en une nuit comme il est arrivé à quelques hommes par l'effet d'une terreur soudaine. Mes membres sont courbés, mais non sous le poids du travail; ils se sont rouillés dans un ignoble repos; car ils ont été la proie d'un cachot, et j'ai partagé le sort de ceux à qui l'on a ravi, interdit, comme un fruit défendu, la jouissance de la terre et de l'air. Mais ce fut pour la foi de mon père que je subis ces chaînes et recherchai la mort : mon père mourut sur le chevalet en refusant d'abandonner sa croyance, et, pour la même cause, ses enfants ont habité les ténèbres d'un cachot. Nous étions sept.... il n'en reste plus qu'un : six jeunes hommes et un vieillard ont fini comme ils avaient commencé, fiers de succomber à la rage des persécuteurs. L'un sur le bûcher, deux autres sur les champs de bataille ont scellé leur croyance de leur sang et sont morts comme était mort leur père, pour le Dieu que leurs ennemis blasphémaient : trois ont été jetés dans les cachots, et je suis le dernier débris de ce naufrage.

(1) François de Bonnivard, seigneur de Lunes, né en 1496, et bénéficiaire du prieuré de St-Victor, aux portes de Genève, défendit les libertés de cette ville contre le duc de Savoie. Livré à ce prince en 1519, il fut emprisonné pendant deux ans à Grolée. Mis en liberté, il les reprit en 1530, et enfermé au château de Chillon jusqu'en 1536. Délivré alors par les Bernois qui s'emparèrent du pays de Vaud, il eut le bonheur de retrouver Genève libre ; il y créa des institutions utiles et mourut en 1570. Le poème de Byron fut composé à Ouchy, près de Lausanne, en juin 1816.

II.

On voit sept piliers de structure gothique, dans les vieux et profonds cachots de Chillon, sept colonnes massives et grisâtres qu'éclaire faiblement une lumière captive, un rayon du soleil qui s'est trompé de route et, tombant à travers les fentes et les crevasses de l'épaisse muraille, est resté croupissant sur le pavé humide comme le météore à la surface d'un marais. Or, à chaque pilier, on voit un anneau et à chaque anneau une chaîne : ce fer est un métal corrosif, car ses dents ont laissé sur mes membres des marques qui ne s'effaceront plus, jusqu'à ce que j'aie enfin quitté ce jour nouveau pour moi, et douloureux à des yeux qui n'ont point vu ce beau soleil pendant des années... je n'en puis dire le nombre, car j'ai cessé ce long et pénible compte quand le dernier de mes frères tomba et mourut, moi resté gisant à côté de lui.

III.

Chacun de nous avai été enchaîné à un pilier et nous étions trois... mais seul à seul, dans l'impossibilité de faire un seul pas, et d'apercevoir mutuellement nos traits, si ce n'est à cette clarté pâle et livide qui nous rendait méconnaissables l'un pour l'autre.

Ainsi réunis... et pourtant séparés, les mains chargées de fers et le cœur plein de tristesse, nous trouvions encore quelque douceur, privés des plus purs éléments de l'existence terrestre, à pouvoir converser entre nous, à nous conforter l'un l'autre par quelque vieille légende, quelque chant héroïque d'autrefois où nous puisions un retour d'espérance ; mais à la longue cette ressource même languit : nos voix prirent un ton lamentable comme un écho des voûtes du cachot; de pleines et sonores qu'elles étaient autrefois, elles devinrent discordantes; ce pouvait être une illusion, mais pour moi je ne les reconnaissais plus

Le Léman baigne les murs de Chillon; les ondes coulent à mille pieds de profondeur.

IV.

J'étais l'aîné des trois, et mon devoir était de raffermir, de consoler les autres : j'y fis de mon mieux, et eux ne restèrent pas en arrière. Le plus jeune, que mon père chérissait, parce qu'il avait les traits de notre mère, avec ses yeux bleus comme le ciel... c'est pour lui surtout que mon âme souffrait! et, en vérité, c'était poignant de voir pareil oiseau dans pareil nid ; car il était aussi beau que le jour (et autrefois le jour était beau à mes yeux comme à ceux des jeunes aigles en liberté); aussi beau qu'un de ces jours du pôle qui embrasse toute la durée d'un été sans sommeil et sans nuit, enfant du soleil éclos dans sa couche de neige. Il en avait la pureté et l'éclat : doué d'une aimable gaîté, il n'avait de larmes que pour les maux d'autrui, et alors elles coulaient abondantes comme le ruisseau des montagnes, à moins qu'il ne fût en état de soulager les souffrances dont il ne pouvait supporter la vue.

V.

L'autre avait une âme non moins pure, mais la nature l'avait fait pour les combats : robuste de corps, son courage eût bravé le monde entier armé contre lui : il était fait pour mourir avec joie en combattant au premier rang.... mais non pour languir dans les chaînes. Le cliquetis de ses fers abattit sa force d'âme : je le vis s'affaisser en silence... peut-être en fut-il autant de moi ; mais je faisais tous mes efforts pour ranimer ces restes d'une famille chérie. Mon frère était un chasseur des montagnes, au sein desquelles il avait poursuivi le daim et le loup ; pour lui, ce cachot était un gouffre, et des chaînes à ses pieds lui semblaient le dernier des maux.

VI.

Au pied des murs de Chillon, les flots immenses du lac Léman s'enfoncent à une profondeur de mille pieds : c'est ce qu'a mesuré la sonde du haut des blancs créneaux que l'onde environne. Vagues et murailles entourent ce lieu d'un double rempart, et en font un vivant tombeau. Notre sombre caveau était plus bas que la surface du lac, dont jour et nuit nous entendions clapoter les flots : il battait sans cesse autour de nos têtes, et souvent en hiver, quand les vents impétueux se jouaient libres et heureux dans le ciel, j'ai senti l'écume de l'onde pénétrer à travers les barreaux ; et alors le roc lui-même s'ébranlait : je le sentais remuer sans m'émouvoir moi-même, car j'aurais souri à une mort qui eût brisé mes fers.

VII.

J'ai dit que le moins jeune de mes frères languissait, et que son cœur puissant se laissait abattre : bientôt il refusa toute nourriture, non parce que nos aliments étaient grossiers, car nous étions accoutumés à la vie du chasseur, et c'était là le moindre de nos soucis : au lait de la chèvre des montagnes on avait substitué l'eau des fossés : notre pain était celui que les larmes des prisonniers ont mouillé pendant des siècles, depuis que l'homme a osé enfermer son semblable comme une bête farouche dans une cage de fer. Mais que nous importait à nous ou à lui ? Ce n'était point ce régime qui affaiblissait ses membres et son cœur. L'âme de mon frère était de celles que glacerait le séjour même d'un palais, sans la faculté de parcourir les flancs escarpés de la montagne et d'y respirer un air libre. Mais pourquoi ne point le dire tout de suite ? Il mourut ; je le vis, et ne pus soutenir sa tête, ni atteindre sa main mourante .. malgré sa main glacée par la mort... malgré tous mes efforts, mes efforts désespérés pour briser ou ronger mes fers. Il mourut... alors les geôliers détachèrent sa chaîne et creusèrent pour lui une fosse profonde dans le sol glacé de notre prison. En vain, je les priai, je les suppliai en grâce de mettre son corps périssable dans un lieu où brillait le jour... sans doute, c'était une pensée absurde ; mais elle s'empara d'elle-même de mon cerveau, et il me semblait que, même dans la mort, le cœur né libre ne saurait reposer au fond d'un cachot. J'aurais pu m'épargner des supplications inutiles : ils ne me répondirent que par un sourire glacial, et le mirent dans la fosse préparée : un sol plat et sans gazon s'étendit sur l'être que j'avais tant aimé ; sa chaîne vide resta suspendue au-dessus, digne monument d'un pareil meurtre.

VIII.

Mais l'autre, le favori, la fleur de notre maison, le plus aimé depuis sa naissance, l'image de sa mère par la beauté des traits, l'enfant chéri de toute la famille, la suprême pensée d'un père martyr, ma dernière sollicitude à moi-même, et le seul être pour lequel j'essayais de retenir ma vie, afin que la sienne fût moins malheureuse, et qu'il pût voir le jour de la liberté ; lui aussi, qui jusque-là avait conservé sa gaîté naturelle ou l'avait ranimée par ses efforts intérieurs... lui aussi fut frappé, et de jour en jour se flétrit comme une fleur sur sa tige. O Dieu ! c'est un terrible spectacle que de voir l'âme humaine prendre son essor, sous quelque face, de quelque manière que ce soit ; je l'ai vue sortir avec des flots de sang ; je l'ai vue, sur les vagues de l'Océan, lutter contre une suffocation convulsive ; j'ai vu, sur sa couche pâle et sépulcrale, le crime en proie à la terreur et au délire : c'étaient d'affreuses choses. Ici, rien de semblable : un trépas lent et sûr. Il s'éteignit, toujours calme et serein, accueillant avec douceur le dépérissement et la faiblesse, n'ayant pas une larme, mais tendre, dévoué, et ne s'affligeant que pour ceux qu'il laissait après lui. Sa joue conservait une fraîcheur qui semblait un démenti donné à la mort, et dont les teintes s'effaçaient doucement comme un arc-en-ciel qui s'éteint : ses yeux brillaient encore de cette lumière transparente qui semblait illuminer le noir cachot... et pas un mot de murmure... pas un regret de son destin prématuré... quelques souvenirs de temps plus heureux... quelques mots d'espoir pour me relever moi-même ; car je restais plongé dans un morne silence, absorbé par cette perte, la plus douloureuse de toutes ! Enfin, les soupirs qu'il essayait de retenir, symptômes de l'agonie de la nature, devinrent plus lents, plus rares, et s'affaiblirent peu à peu. J'écoutai, mais je n'entendis plus rien... j'appelai... car mes craintes m'avaient rendu insensé. Je savais qu'il ne restait nul espoir ; mais ma terreur ne pouvait écouter de pareilles raisons. J'appelai et crus entendre un son... D'un élan vigoureux, je brisai ma chaîne et m'élançai vers lui... Il n'y était plus ! Je ne pus qu'errer dans cette noire enceinte où je devais vivre seul, respirer seul un air humide, chargé de mes malédictions. En cet instant fatal, il venait d'être rompu, le dernier, le seul, le plus cher lien qui pût me retenir loin du rivage éternel, et me rattacher encore à ma famille détruite. De mes deux frères, l'un était sous la terre, l'autre dessus... tous deux morts ! Je saisis cette main immobile : hélas ! la mienne était aussi froide qu'elle. Je n'avais plus la force de m'éloigner ni de faire le moindre mouvement ; mais je sentais que je vivais encore... sentiment de désespoir quand nous savons en même temps que tout ce que nous aimons ne nous sera jamais rendu. Je ne sais pourquoi je ne pus mourir : je n'avais pour nulle espérance terrestre... mais j'avais encore la foi, et elle me défendait une mort égoïste.

IX.

Ce qui m'arriva ensuite dans ce séjour, je ne le sais pas bien... je ne l'ai jamais su... Je perdis d'abord l'impression de la lumière et de l'air, et bientôt celle des ténèbres aussi. Je n'avais ni pensée ni sentiment... rien... Parmi ces pierres, j'étais comme une pierre moi-même ; et, à peine doué de la conscience de mon existence, je restais inerte comme le rocher stérile au milieu du brouillard ; tout autour de moi était froid, pâle et grisâtre : ce n'était pas la nuit, ce n'était pas le jour ; ce n'était même plus le crépuscule du cachot, si odieux à ma vue fatiguée : c'était un vide absorbant tout l'espace ; une immobilité sans lieu déterminé. Il n'y avait pour moi ni étoiles, ni terre, ni temps, ni arrêt, ni changement, ni vertu, ni crime... mais le silence partout, et en moi, une végétation muette qui n'était ni la vie ni la mort ; un océan d'inactivité stagnante, océan ténébreux, immense, silencieux, immobile !

X.

Une lueur pénétra dans mon intelligence... c'était le gazouillement d'un oiseau ; il se tut, puis recommença : c'était le chant le plus doux qu'on pût entendre, et mon oreille en fut reconnaissante ; et promenant mes yeux autour de moi avec une douce surprise, dans ce moment, je me reconnus plus les indices de mon état misérable. Mais, par une suite de pénibles degrés, mes sensations remontèrent sur leurs traces accoutumées : je vis les murs du cachot se clore étroitement autour de moi comme auparavant ; je vis la lueur tremblottante s'y glisser comme autrefois ; pourtant, sur le bord de la crevasse par où elle arrivait, le petit oiseau était aussi joyeux, aussi familier, et même plus que s'il eût été perché sur un arbre ; un charmant oiseau aux ailes azurées, dont le chant disait un million de choses et semblait les dire toutes pour moi ! je n'avais jamais vu son pareil ; je ne le verrai de ma vie. Il semblait avoir comme moi besoin d'un compagnon ; mais il était loin de paraître aussi triste ; il venait à l'entrée de mon cachot pour m'aimer, maintenant que nul ne vivait plus pour me rendre mon amour, et, en réjouissant mes sens, il m'avait rappelé au sentiment et à la pensée. Je ne sais si jusque-là ce pauvre petit être avait vécu en liberté, ou s'il s'était échappé de sa cage pour se poser sur la mienne ; mais je connaissais trop bien la captivité, pour vouloir le retenir. Mais peut-être un habitant du paradis avait-il pris cette forme ailée pour me visiter ; car, le ciel me pardonne cette pensée, qui me fit à la fois pleurer et sourire ! ... car je me suis souvent figuré que ce pouvait être l'âme de mon frère descendue vers moi pour me consoler. Enfin, il s'envola, et alors je reconnus bien que c'était un être mortel ; car mon frère ne se serait pas enfui de la sorte, et ne m'aurait pas laissé doublement seul... seul comme le cadavre dans son linceul... seul comme un nuage solitaire, par un beau jour de soleil, tandis que tout le reste du firmament est serein et pur : sorte de menace suspendue d'atmosphère, menace étrange quand le ciel est bleu et la terre joyeuse.

XI.

Un changement marqué eut bientôt lieu dans mon sort : mes gardiens devinrent compatissants : je ne sais quelle considération les avait adoucis, ou ils étaient blasés sur le spectacle des souffrances. Bref, il en était ainsi... on ne rattacha pas les anneaux de ma chaîne brisée, ce qui fut pour moi un commencement de liberté que de pouvoir parcourir ma cellule d'un bout à l'autre, d'un côté à l'autre côté, en travers même, enfin de m'y promener dans tous les sens ; je faisais le tour de tous les piliers un à un, en revenant ensuite au point d'où j'étais parti, évitant seulement avec soin de marcher sur la tombe de mes frères dont aucune élévation du sol n'indiquait la place : car, si je m'apercevais que par mégarde mes pas eussent profané leur humble sépulture, ma respiration devenait pénible, oppressée, ma vue s'obscurcissait et je sentais mon cœur défaillir.

XII.

Je creusai des degrés dans le mur, non pour essayer de m'échapper, car cette enceinte renfermait tous ceux qui, sous une forme humaine, m'avaient aimé ; et désormais la terre entière ne pouvait être pour moi qu'une plus vaste prison : je n'avais ni enfant, ni père, ni parents, ni compagnon de misère. C'est avec plaisir que j'envisageais cette idée : car s'il me fût resté quelqu'un au monde, y penser m'eût rendu fou. Mais j'étais curieux d'atteindre à ma fenêtre grillée, pour reposer encore sur le sommet des montagnes un regard de paix d'amour.

XIII.

Je les vis... elles étaient les mêmes, elles n'étaient pas changées comme je devais l'être ; je vis sur leurs sommets les neiges séculaires, à leurs pieds le vaste lac et les flots bleus du Rhône qui s'y jettent rapides ; j'entendis les torrents bondir et mugir dans leurs lits de rochers, et parmi les buissons qu'ils brisent ; j'aperçus les blanches murailles de la ville lointaine, et les voiles plus blanches qui descendaient avec le courant : puis il y avait une petite île verte qui souriait en face de moi, la seule que je puisse découvrir ; une petite île verte qui ne paraissait pas plus grande que la surface de mon cachot ; mais on y voyait s'élever trois beaux arbres, et sur elle la brise des montagnes promenait son souffle, et près d'elle la vague roulait, et sur son sol croissaient de jeunes fleurs aux douces teintes, à l'haleine embaumée. Les poissons nageaient le long des murs du château, et tous paraissaient bien joyeux ; l'aigle s'élevait sur l'aquilon naissant : il me sembla que jamais je ne l'avais vu prendre un vol aussi rapide... et à cette pensée de nouvelles larmes remplirent mes yeux : je me sentis troublé et regrettai presque d'avoir quitté ma chaîne. Quand je redescendis, l'obscurité de ma sombre demeure tomba sur moi comme un poids insupportable ; c'était comme une tombe nouvellement creusée qui se ferme sur un être chéri que nous voulions sauver... et pourtant mes regards trop vivement frappés avaient presque besoin de ce repos.

XIV.

Il s'écoula des mois, des années ou des jours : je ne sais, car je n'en tins pas compte ; et je n'avais aucun espoir de revoir la lumière et de sortir de mon triste tombeau. Enfin, on vint me mettre en liberté : je ne demandai pas pourquoi, ni ne m'occupai pas du lieu où l'on allait me conduire. Après un si long temps, il m'était indifférent d'être libre ou captif : je m'étais habitué à chérir mon désespoir. Lors donc que ces hommes parurent, et me dégagèrent de mes liens, ces massives murailles étaient devenues pour moi une sorte d'ermitage... j'en avais fait ma propriété : et il me semble presque qu'ils étaient venus me chasser d'une seconde patrie. J'avais fait amitié avec les araignées, et je les étudiais dans leur monotone travail ; j'aimais à voir les souris jouer au clair de la lune : et pourquoi aurais-je été moins sensible que ces animaux aux bienfaits de la nature ? Nous habitions le même séjour, et moi, leur monarque à tous, j'avais sur eux droit de vie et de mort ; et pourtant, chose étrange ! nous avions appris à vivre tous en paix. Mes chaînes et moi nous étions devenus amis, tant l'habitude contribue à nous faire ce que nous sommes ! Donc, ce fut en soupirant que je repris ma liberté.

FIN DU PRISONNIER DE CHILLON.

HEURES DE LOISIR

(Suite.)

AU COMTE DE CLARE.

Ami de ma jeunesse ! lorsque nous errions ensemble, couple d'enfants unis l'un à l'autre par l'amitié la plus pure, le bonheur qui donnait des ailes à ces heures rosées était de ceux que le ciel laisse rarement descendre sur les mortels.

Le souvenir seul de cette félicité m'est plus cher que toutes les joies que j'ai connues loin de vous. J'éprouve une peine, sans doute, mais une peine bien douce, à me rappeler ces jours et ces heures du passé, et à soupirer encore : adieu !

Ma mémoire pensive plane avec délices sur ces scènes dont nous ne jouirons plus, mais que nous regrettons toujours. La mesure de notre jeunesse est comblée : le rêve du soir de la vie est un rêve triste et sombre, et quand nous reverrons-nous ? Ah ! peut-être jamais.

Comme l'on voit deux fleuves partir d'une source commun : passagère union ! bientôt, oubliant leur origine, chacun d'eux va se frayer en murmurant un cours séparé, et ce n'est que dans l'Océan qu'ils se rejoignent.

Ainsi nos deux existences, mêlées de biens et de maux, s'écoulent rapprochées quoique distinctes, hélas ! et ne se confondent plus comme à leur origine : tour-à-tour lentes ou rapides, troubles ou transparentes, jusqu'à ce que se présente le gouffre sans fond, la mort qui les engloutira toutes deux.

Nos deux âmes, cher ami, qui n'avaient autrefois qu'un vœu, qu'une pensée, suivent maintenant deux routes différentes. Dédaignant les humbles plaisirs des champs, la destinée vous appelle à vivre au sein du faste des cours, à briller dans les annales de la mode.

La mienne est de perdre mon temps au milieu des amours ou d'exhaler mes rêveries en rimes dépourvues de raison ; car les critiques l'ont proclamé, la raison ne se trouve pas chez un poète amoureux à qui il reste à peine une seule pensée nette.

Ce pauvre Little, ô barde tendre et mélodieux, dont les chants avaient acquis un certain renom en interprétant les leçons de l'amour, a dû trouver monstrueusement dur que d'impitoyables critiques l'accusassent d'être sans esprit comme sans moralité.

Mais tant que tu sauras plaire à la beauté, harmonieux favori des neuf sœurs, ne te plains pas de ton lot. On lira encore tes vers délicieux, alors que le bras de la persécution sera flétri, et que les censeurs seront oubliés.

Toutefois, je dois m'incliner devant ces hommes éminents dont la férule impitoyable châtie les mauvais vers et ceux qui les écrivent ; et, quoique je puisse être moi-même la prochaine victime qu'immoleront leurs sarcasmes, franchement, je ne les appellerai pas en duel pour cela.

Peut-être ne feront-ils pas mal de briser la lyre discordante d'un débutant aussi jeune : celui qui se jette dans la route du mal à dix-neuf ans sera vers la trentaine, je le crains bien, un pécheur incorrigible.

Maintenant, mon cher Clare, je reviens à vous ; et vraiment, je vous dois des excuses : daignez les accepter. Je le confesse, ami, mon imagination, dans son essor inégal, voltige tantôt à droite et tantôt à gauche : ma muse aime trop les digressions.

Je disais donc, je crois, que votre destin serait d'ajouter une astre à ce brillant firmament qui entoure la royauté. Puisse la faveur du trône se fixer sur vous : s'il venait à être occupé par un noble monarque capable d'apprécier le mérite, cette faveur ne vous manquerait pas.

Mais puisque les périls abondent dans les cours, où de subtils rivaux brillent à l'envi l'un de l'autre, puissent tous les saints vous préserver de leurs pièges, et puissiez-vous n'accorder jamais votre amitié et votre amour, que chacun s'empressera de briguer, qu'à des âmes dignes de la vôtre !

Puissiez-vous ne pas dévier un instant de la ligne droite et sûre de la vérité : que la voix du plaisir ne vous séduise jamais ! puissiez-vous ne marcher que sur des roses, n'avoir d'autres sourires que des sourires d'amour, d'autres larmes que des larmes de joie !

Oh ! si vous voulez que le bonheur embellisse toutes vos années, tous vos jours à venir ; et que la vertu couronne votre front, soyez toujours ce que vous fûtes longtemps, sans tache comme je vous ai connu ; soyez toujours ce que vous êtes maintenant.

Et moi, quoiqu'une légère part d'éloges qui viendrait consoler mon vieil âge, me fût doublement chère ; en appelant toutes les bénédictions du ciel sur votre nom bien aimé, je renoncerais volontiers à la gloire du poète pour celle du prophète.

LE JEUNE MONTAGNARD.

Quand j'errais, jeune montagnard, sur la sombre bruyère ; quand je gravissais, ô neigeux Morven, tes cimes escarpées, pour contempler à mes pieds le torrent qui tonne ou les vapeurs que la tempête assemble dans la vallée, étranger à la science, ignorant la crainte, sauvage comme les rochers au sein desquels se développait mon enfance, aucune pensée, sauf une seule, n'occupait encore mon cœur.

Ai-je besoin de vous dire, ô ma douce Mary, que cette pensée se dirigeait tout entière vers vous ?

Pourtant ce ne pouvait être de l'amour, car j'en ignorais jusqu'au nom : quelle passion peut vivre dans le cœur d'un enfant ? Et néanmoins j'éprouve encore la même émotion que je ressentais adolescent dans cette rocheuse solitude. Avec cette seule image empreinte dans mon cœur, j'aimais ces froides régions et n'en désirais point d'autres. J'avais peu de besoins, car tous mes désirs étaient comblés ; et toutes mes pensées étaient pures ; car, ô ma douce Mary, mon âme était avec vous.

Je me levais avec l'aurore ; ayant mon chien pour guide, je bondissais de hauteurs en hauteurs ; ma poitrine luttait contre les flots rapides de la Dee ou j'écoutais dans le lointain le chant de l'Highlander. Le soir, je reposais sur ma couche de bruyère, et dans mes rêves aucune autre image que la vôtre ne se présentait à ma vue ; ô ma douce Mary, mes prières s'élevaient ferventes vers le ciel, car elles commençaient toujours par appeler ses bénédictions sur vous.

J'ai laissé ma froide patrie ; mes illusions ont disparu ; ces montagnes sont maintenant loin de moi, et ma jeunesse n'est plus : le dernier de ma race, je dois me flétrir dans l'isolement, et ne trouver de joie que dans les souvenirs du passé. Ah ! la grandeur, en élevant ma destinée, l'a rendue plus amère. Scènes de mon enfance, combien vous m'étiez plus chères : si mes espérances ont été déçues, elles ne sont point oubliées ; et si mon cœur a été glacé, ô ma douce Mary, il est encore avec vous.

Quand je vois une colline sombre lever son front vers le ciel, je pense aux rochers qui couronnent le mont Colbleen ; quand je vois le tendre azur d'un œil amoureux, je songe aux doux yeux qui embellissaient pour moi ces lieux sauvages ; quand je vois flotter quelques boucles légères dont la couleur ressemble à celle des cheveux de Mary, je me rapelle ces longs anneaux d'or ondoyants sur votre cou, trésors de la beauté, et alors, ô ma douce Mary, je songe à vous.

Cependant, il luira peut-être le jour où les montagnes s'élèveront encore devant moi avec leur manteau de neige : mais quand leur front m'apparaîtra sans aucun changement, tel que je le vis jadis, Mary sera-t-elle encore là pour m'accueillir ?... Oh, non ! adieu donc, collines où fut élevée mon enfance ! Fraîches ondes de la Dee, adieu ! Nul toit ne m'abritera dans la forêt : ô ma douce Mary, quel asile pourrait me plaire sans vous.

REGRETS.

Oh ! que ne suis-je, insoucieux enfant, dans ma caverne des montagnes, ou errant à travers la solitude sombre, ou bondissant à la vague bleuâtre. Le luxe embarrassant de l'orgueil saxon ne convient pas à l'âme libre qui aime les flancs escarpés des montagnes et les rochers d'où se précipite le torrent.

Fortune ! reprends ces fertiles domaines, reprends ce nom pompeux et sonore ! Je hais le contact des mains serviles ; je hais les esclaves qui rampent autour du maître. Reporte-moi au milieu des rochers que j'aime, et dont les échos répètent les cris sauvages de l'Océan : je ne demande qu'une chose, c'est de pouvoir errer encore dans les lieux familiers à ma jeunesse.

Peu nombreuses sont mes années, et pourtant je sens que le monde et moi nous n'étions pas faits l'un pour l'autre. Ah ! pourquoi d'épaisses ténèbres cachent-elles à l'homme l'heure où il doit cesser d'être ? J'eus une seule fois un rêve magnifique, scène fantastique de bonheur : ô vérité, pourquoi ton odieuse lumière est-elle venue me réveiller et me rendre à un monde tel que celui-ci ?

J'ai aimé, ceux que j'aimais ne sont plus ; j'ai eu des amis, les amis de ma jeunesse ont disparu. Oh ! que le cœur est triste dans l'isolement, quand il a perdu toutes ses espérances d'autrefois ! A la vérité quelques joyeux compagnons, la coupe en main, dissipent un peu le sentiment de nos maux ; mais le plaisir ranime l'âme dans un moment de folie, le cœur... le cœur est toujours solitaire.

Qu'elles sont tristes à entendre toutes les voix de ceux que le rang et le hasard, le pouvoir et la richesse ont réunis, quand qu'ils fussent amis plus qu'ennemis, autour du festin hospitalier ! Oh ! rendez-moi quelques amis fidèles, jeunes comme ils étaient et sympathisant toujours avec moi ; et je quitterai, pour eux, ces réunions nocturnes où le bruit s'appelle la joie.

O femme ! être enchanteur ! femme, mon espoir, ma consolation, mon tout ! que mon cœur doit être glacé maintenant, puisque même tes sourires ont peine à l'échauffer ! J'abandonnerais sans un soupir ce théâtre bruyant de splendides souffrances, pour trouver quelque part ce calme contentement que la vertu connaît ou qui se peint en elle.

Je fuirais volontiers les habitations des hommes... des hommes que je voudrais éviter, mais que je ne hais point. Il me faut le séjour de l'obscure vallée : ses ténèbres conviennent à mon âme assombrie. Oh ! que n'ai-je les ailes qui reportent la tourterelle vers son nid ! je prendrais mon essor vers la route des cieux ; je quitte rais ce monde, et je trouverais la paix.

LE CIMETIÈRE DE HARROW (1807).

Lieu cher à mon enfance, arbres dont les branches vieillies soupirent agitées par la brise qui rafraîchit un ciel sans nuage ! je viens seul méditer sur cette verte pelouse que j'ai si souvent foulée avec ceux que j'aimais, et qui maintenant, dispersés au loin, regrettent peut-être comme moi le bonheur qu'ils ont connu ici. En suivant les détours du sentier de la colline, mes yeux t'admirent, mon cœur te chérit encore, ormeau vénérable, qui m'as vu tant de fois, couché sous ton ombrage, oublier dans mes rêveries l'heure du crépuscule. J'étends encore là mes membres fatigués, mais, hélas ! où sont les pensées qui remplissaient alors mon âme. Tes rameaux, gémissant au souffle de la brise, semblent inviter le cœur à évoquer l'ombre du passé : doucement balancés sur ma tête, ils murmurent ces mots : « Pendant que tu peux, dis-nous un long et dernier adieu ! »

Lorsque le sort viendra enfin glacer ce cœur plein du feu de la fièvre, quand il viendra calmer, endormir mes inquiétudes et mes passions, souvent j'ai pensé que ce serait un adoucissement à ma dernière heure (si rien peut adoucir ce moment où la vie abdique sa puissance) de savoir qu'un humble tombeau, une étroite cellule abriterait ce cœur dans ces mêmes lieux qui lui furent si chers ; avec cette espérance sacrée, il serait, me semble-t-il, plus doux de mourir..... Ainsi je reposerais aux lieux où ont longtemps erré toutes mes pensées ; je dormirais là où toutes mes espérances ont pris leur essor ; berceau de mes premiers ans, tu serais mon dernier lit de repos ! étendu pour toujours sous cet ombrage protecteur, ayant pour abri ce gazon, théâtre des jeux de mon enfance, entouré de ce sol qui m'était cher, me confondant avec la terre qu'ont foulée mes pas, béni par les voix qui, enfant, ont charmé mon oreille, pleuré par le peu d'amis qu'ici mon âme avait choisis, regretté par ceux dont les jeunes années se lièrent aux miennes, et oublié de tout le reste du monde !

A GEORGES, COMTE DELAWARR.

Oh oui ! je l'avouerai, nous étions chers l'un à l'autre ; les amitiés de l'enfance, quoique fugitives, sont sincères. La tendresse que vous aviez pour moi était celle d'un frère, et moi je vous rendais une affection pareille.

Mais l'amitié, ce doux sentiment, change quelquefois d'objet ; une longue affection s'éteint en un moment : comme l'amour, l'amitié vole sur des ailes rapides ; mais elle ne brûle pas comme lui d'un feu inextinguible.

Bien souvent Ida nous vit errer ensemble sur ses côteaux, et notre jeunesse fut heureuse, je l'avoue : car au printemps de la vie, que le ciel est serein ! mais les rudes tempêtes de l'hiver s'amassent maintenant.

La mémoire ne s'unira plus à l'amitié pour nous retracer les délices de notre enfance : quand le sein se cuirasse d'orgueil, le cœur ne se laisse plus émouvoir, et ce qui ne serait que justice lui paraît une honte.

Cependant, cher George (car je dois vous estimer, et je n'adresserai jamais de reproches au petit nombre de ceux que j'aime), l'occasion perdue peut se retrouver : le repentir peut effacer un vœu imprudent.

Je ne me plaindrai pas, et malgré le refroidissement de notre affection, nul ressentiment corrosif ne vivra en moi. La simple réflexion rassure mon cœur : tous deux nous pouvons avoir tort, et tous deux nous devons pardonner.

Vous saviez que si le danger l'exigeait, mon âme, mon cœur, ma vie, étaient à vous ; vous saviez que tout dévoué à l'amour et à l'amitié, le temps et l'absence ne m'avaient point changé.

Vous saviez.... mais à quoi bon ces vains retours sur le passé ? le lien qui nous unissait est rompu. Un jour, mais trop tard, vous vous laisserez émouvoir par un tendre souvenir, et vous regretterez l'ami que vous avez perdu.

Pour le moment, nous nous séparons... Je me plais à espérer que ce n'est pas pour toujours ; car le temps et les regrets vous ramèneront à moi. Efforçons-nous tous deux d'oublier la cause de notre désaccord : je ne demande pas de réparation, mais j'attends des jours semblables au passé.

BEPPO

HISTOIRE VÉNITIENNE.

I.

Tout le monde sait, ou du moins doit savoir, que, dans les pays catholiques, pendant les quelques semaines qui précèdent le Mardi-Gras, la population se donne du plaisir tant qu'elle peut. Pour acheter le repentir avant de se faire dévot, chacun, sans distinction de rang ou de condition, appelle à son aide les violons, la bonne chère, la danse, le vin, les masques, et d'autres choses qui ne coûtent que la peine de les demander.

II.

Dès que la nuit a couvert le ciel de son manteau sombre (et plus sombre il est, mieux cela vaut), commence l'heure, moins agréable aux époux qu'aux amants, où la pruderie jette de côté ses chaînes : la Gaîté légère se hausse sur la pointe des pieds, badinant avec tous les amants qui l'assiégent; ce ne sont partout que chansons et refrains, cris et murmures, guitares et instruments de toute sorte.

III.

Il y a des costumes splendides, mais fantastiques, des masques de tous les temps et de toutes les nations, turcs et juifs, arlequins et clowns aux évolutions fantastiques, grecs, romains, américains et hindous. Chacun peut prendre le vêtement qu'il préfère, hormis l'habit ecclésiastique, car, dans ces contrées, il n'est point permis de ridiculiser le clergé : ainsi, gare à vous, libres penseurs, je vous en préviens.

IV.

Mieux vaudrait vous promener avec une ceinture de ronces en guise d'habit et de culottes, que de porter une seule nippe irrévérencieuse envers les moines : vinssiez-vous ensuite jurer que ce n'était qu'une plaisanterie, on vous enverrait cuire au brasier de l'enfer : il n'est fils de bonne mère qui n'attisât pour vous les feux du Phlégéthon; nul prêtre qui voulût dire une messe pour ralentir l'ébullition de la chaudière où l'on fera bouillir vos os, à moins pourtant qu'on ne le payât double.

V.

Mais à cette exception près, vous pouvez porter tout ce qu'il vous plaira sous forme de pourpoint, de capuce ou de manteau, tels que vous pourriez les choisir dans Monmouth-street, ou à la foire aux chiffons, soit plus sérieux, soit par bouffonnerie; et l'on trouve même en Italie des lieux semblables; seulement leur nom est plus joli et se prononce avec un accent plus doux; car si j'en excepte Covent-Garden (1), je ne connais point en Angleterre de place publique qui s'appelle « *Piazza*. »

VI.

Cette époque de réjouissances se nomme Carnaval, mot qui signifie « Adieu à la chair. » Et ce nom répond à la chose : car pendant tout le carême on vit de poisson frais ou salé. Mais pourquoi l'on prélude au carême avec tant de gaîté, c'est plus que je n'en saurais dire : à moins que ce ne soit comme nous trinquons avec nos amis avant de les quitter, et juste au départ de la diligence ou du paquebot.

VII.

Et ainsi ils disent adieu aux plats de viande, aux mets substantiels, aux ragoûts bien épicés, et se nourrissent pendant quarante jours de poissons mal apprêtés, n'ayant point de sauces pour les assaisonner : ce qui fait pousser bien des « pouah! » bien des « fi! » et proférer bien des jurons (qu'il ne conviendrait pas à ma muse de répéter) parmi les voyageurs accoutumés dès l'enfance à manger leur saumon au moins avec la saumure d'anchois.

(1) Théâtre où se joue l'opéra italien.

VIII.

C'est pourquoi je prends humblement la liberté d'adresser cette recommandation aux amateurs de sauces au poisson : envoyez votre cuisinier, votre femme ou votre ami faire un tour dans le Strand, et acheter en gros (pour vous l'expédier par la voie la plus sûre si vous êtes déjà en route) une provision de *ketchup*, *soy*, vinaigre du Chili et sauce de Harvey, sans quoi, de par Dieu! vous risquez de mourir de faim pendant le carême.

IX.

C'est-à-dire si vous êtes de la religion romaine, et qu'étant à Rome, vous vouliez vous conformer au proverbe et vivre comme les Romains... car nul étranger n'est obligé de faire maigre : mais si vous êtes protestant, ou malade, ou femme, et que vous préfériez dîner en pécheur avec un ragoût gras... dînez et vous serez damné! Je n'ai point l'intention d'être impoli; mais telle est la pénalité, pour ne rien dire de pire.

X.

De tous les lieux où le carnaval était le plus gai au temps jadis, par les danses, les chants, les sérénades, les bals, les masques, les pantomimes, les intrigues, et mille attraits encore que je ne puis et ne pourrai jamais énumérer, Venise était la cité qui portait le mieux le grelot; et au moment où je place mon récit, cette fille des mers était dans toute sa gloire.

XI.

Elles sont au fait bien jolies, ces Vénitiennes avec leurs yeux noirs, leurs sourcils arqués, reproduisant cette expression charmante que les anciens artistes ont copiée des Grecs, et que les modernes imitent si mal ; et lorsqu'on les voit appuyées sur leur balcon, on les prendrait pour des Vénus du Titien (la meilleure est à Florence... allez la visiter si vous voulez), ou pour quelques figures du Giorgione qui sont sorties de leur cadre ;

XII.

Car les teintes de ce maître sont d'une vérité et d'une beauté suprêmes, et si vous visitez le palais Manfrini, je vous recommande son œuvre : quel que soit le mérite des autres, celle-ci l'emporte à mon goût sur le reste de la galerie : peut-être sera-ce également le vôtre, et c'est pour cela que je m'arrête sur ce sujet : ce n'est qu'un portrait de sa femme, de son fils et du peintre lui-même ; mais quelle femme ! l'amour doué de la vie humaine ;

XIII.

L'amour plein de vie et dans tout son développement ; non l'amour idéal, ni la beauté idéale non plus, laquelle n'est qu'un beau nom ; mais quelque chose de mieux encore et de si réel que tel devait être en effet le ravissant modèle : c'est un objet qu'on achèterait, qu'on mendierait, ou qu'on volerait, si le vol était possible, outre la honte qui retient : la figure vous rappelle, souvenir qui n'est pas sans tristesse, une figure que vous avez vue, mais que vous ne reverrez plus ;

XIV.

Un de ces fantômes qui passent près de nous quand, jeunes encore, nous fixons nos regards sur tous les visages de femme. Hélas ! les charmes qui nous apparaissent un moment glissant dans l'espace, la grâce suave, la jeunesse, la fraîcheur, la beauté et l'attrait, nous en revêtons des êtres sans nom, astres dont nous ignorons, dont nous ignorerons à jamais la position et le cours, comme cette pléiade perdue qu'on n'aperçoit plus à l'horizon.

XV.

Je disais donc que les Vénitiennes ressemblent à un portrait du Giorgione, et tel est en effet leur aspect, surtout quand on les voit à leur balcon (car la beauté gagne quelquefois à être vue de loin), alors que, comme les héroïnes de Goldoni, elles regardent à travers la jalousie ou par-dessus la balustrade : enfin, pour dire la vérité, elles sont en général très jolies, et aiment un peu à le laisser voir : ce qui est vraiment grand dommage.

XVI.

Car les regards amènent des œillades, les œillades des soupirs, les soupirs des désirs, ceux-ci des paroles, et enfin les paroles une lettre, qui vole sur les ailes de certains mercures aux talons légers adonnés à ce métier, parce qu'ils n'en connaissent pas de meilleur ;

étaient Dieu sait tout le mal qui peut arriver quand l'amour lie deux jeunes gens d'une même chaîne : les coupables rendez-vous, la couche adultère, les enlèvements, et les vœux, les têtes et les cœurs que l'on brise !

XVII.

Shakespeare, dans sa Desdemona, a représenté les femmes de ce pays comme très belles, mais suspectes à l'endroit de l'honneur ; et maintenant encore, de Venise à Vérone, les choses sont probablement ce qu'elles étaient : hormis que depuis ce temps on n'a jamais connu un mari que le soupçon ait enflammé au point d'étouffer une femme de vingt ans au plus, parce qu'elle avait un *cavalier* servente.

XVIII.

Leur jalousie, si toutefois ils sont jaloux, est assez accommodante à tout prendre : ils ne ressemblent guère à ce diable d'Othello au teint couleur de suie qui étouffe les femmes dans un lit de plumes, mais plutôt à ces joyeux compagnons qui, fatigués du joug matrimonial, ne se tourmentent plus la tête à propos de leur femme, mais en prennent une autre ou celle d'un autre.

XIX.

Vîtes-vous jamais une gondole ? Dans le doute, je vais vous en faire l'exacte description : c'est une longue barque couverte, assez commune dans cette ville, recourbée à la proue, légèrement mais solidement construite, et manœuvrée par deux rameurs qu'on appelle « gondoliers ; » on la voit glisser toute noire sur les eaux, absolument comme un cercueil posé dans un bateau, et nul ne peut découvrir ce qu'on y dit ou ce qu'on y fait.

XX.

Les gondoles remontent ou descendent les longs canaux et passent sous le Rialto nuit et jour, vite ou lentement : autour des théâtres, leur noire troupe attend les passagers sous sa livrée lugubre ; mais il n'en faut grandement qu'elles soient destinées à des œuvres de tristesse : elles portent souvent beaucoup de gaîté, comme les carrosses de deuil au retour des funérailles.

XXI.

Mais j'arrive à mon histoire. C'était il y a quelques années, trente ou quarante, plus ou moins ; le carnaval était dans tout son éclat, avec toute espèce de bouffonneries et de travestissements. Une certaine dame alla voir les mascarades : j'ignore son nom véritable et ne saurais le deviner : nous l'appellerons donc Laura, s'il vous plaît, parce que c'est un nom qui s'arrange facilement dans mes vers.

XXII.

Elle n'était ni vieille ni jeune, ni à cette époque de la vie que certaines gens appellent « un certain âge, » et qui de tous les âges me paraît le plus incertain ; car je n'ai jamais pu, par prière, promesses ou larmes, obtenir de qui que ce fût qu'il voulût bien nommer, définir par paroles ou écrit la période précise que désigne ce mot... ce qui sans contredit est tout-à-fait absurde.

XXIII.

Laura était dans toute sa fraîcheur : elle avait mis le temps à profit, et le temps en récompense l'avait traitée avec ménagement ; de sorte qu'en toilette on lui trouvait très bonne mine partout où elle se présentait : une jolie femme est toujours un hôte bien accueilli, et le dépit avait rarement plissé le front de Laura ; elle n'avait que des sourires, et ses beaux yeux noirs semblaient remercier les hommes de ce qu'ils voulaient bien l'admirer.

XXIV.

Elle était mariée : chose fort convenable, car dans les pays catholiques on se fait une loi de regarder avec indulgence les petits faux pas d'une dame en puissance de mari, tandis que s'il arrive à une jeune fille de faire quelque folie (à moins que dans la période voulue un bon mariage n'intervienne pour apaiser le scandale), je ne vois pas comment elle peut s'en tirer, à moins qu'elle ne s'arrange de manière à tenir la chose secrète.

XXV.

Son mari naviguait sur l'Adriatique, et quelquefois même visitait des mers plus lointaines ; et quand à son retour il se trouvait en quarantaine (excellente précaution contre toute sorte de maladie contagieuse), madame montait de temps en temps à l'attique de son logis, d'où elle pouvait voir facilement le vaisseau. C'était un marchand qui faisait de grandes affaires avec Alep : son nom était Joseph, et familièrement Beppo.

XXVI.

Il était basané comme un Espagnol, brûlé par le soleil dans ses voyages, mais d'une taille avantageuse ; et quoiqu'il semblât avoir pris un bain dans une cuve de tanneur, c'était un homme plein de sens et de vigueur ; jamais meilleur marin ne garnit les vergues d'un navire. Quant à sa femme, quoique ses manières ne fussent point très rigides, elle passait pour avoir des principes, au point d'être presque réputée invincible.

XXVII.

Mais il y avait plusieurs années que les époux ne s'étaient vus ; quelques personnes croyaient que le vaisseau de Beppo s'était perdu ; d'autres, qu'il s'était endetté de quelque manière, et qu'il ne se pressait pas de revenir au pays : enfin plusieurs offraient de parier, ceux-ci pour, ceux-là contre son retour ; car la plupart des hommes, jusqu'à ce que la perte les ait rendus sages, aiment que leur opinion soit appuyée d'une gageure.

XXVIII.

On disait que leur dernière séparation avait été fort pathétique, comme de telles scènes le sont fréquemment ou doivent l'être ; et un pressentiment fâcheux leur disait qu'ils ne se reverraient plus, sorte d'impression à moitié morbide, à moitié poétique, dont j'ai vu deux ou trois exemples. C'est ainsi que Beppo laissa tristement agenouillée sur le rivage cette Ariadne de l'Adriatique.

XXIX.

Laure attendit longtemps et versa quelques larmes : elle fut même tentée de prendre le deuil, comme elle en avait le droit. Elle avait perdu presque entièrement l'appétit, et ne pouvait dormir la nuit dans sa couche solitaire : au moindre bruit des fenêtres et des jalousies, elle croyait entendre un voleur ou un esprit ; c'est pourquoi elle crut prudent de se pourvoir d'un vice-mari, comme protecteur spécialement.

XXX.

En attendant que Beppo revînt de sa longue croisière et rendît la joie à son cœur fidèle, elle choisit (que ne choisiront pas les femmes si seulement on fait mine de s'opposer à leur choix ?), elle choisit un de ces hommes dont certaines femmes raffolent, tout en disant d'eux beaucoup de mal... un petit maître, signalé comme tel par la voix publique, un comte réunissant, disait-on, les avantages de la fortune à ceux du rang, et très libéral, surtout dans ses plaisirs.

XXXI.

Et puis c'était un comte, et puis il connaissait la musique et la danse, le violon, le français et le toscan, et ce dernier talent à son prix, veuillez le croire ; car peu d'Italiens parlent le pur dialecte de l'Étrurie. Il était bon critique en fait d'opéra, connaissait tous les raffinements du brodequin et du cothurne, et jamais auditoire vénitien n'aurait subi un chant, une scène, un air, dès qu'il avait crié : « *seccatura* » (1) !

XXXII.

Son « Bravo ! » était décisif, et ce bruit flatteur était attendu par l'Académie musicale dans un silence respectueux : l'orchestre tremblait quand il promenait autour de lui son regard, dans la crainte qu'il ne saisît un vol quelque fausse note : le cœur mélodieux de la prima dona battait violemment, tant elle redoutait le terrible arrêt de ses « Bah ! » Le soprano, la basse et le contralto même eussent voulu le savoir à cinq brasses sous le Rialto.

XXXIII.

Il patronisait les *improvisatori*, et lui-même était de force à improviser quelques stances : il pouvait rimer quelques vers, chanter une chanson, conter une histoire, acheter des tableaux, et ne dansait pas trop mal pour un Italien, quoique sur ce point l'Italie cède certainement la palme à la France. Bref, c'était un cavalier accompli, et il passait pour un héros, même aux yeux de son valet de chambre.

XXXIV.

Puis il était fidèle autant qu'amoureux, à tel point qu'aucune

(1) *Seccatura !* chose ennuyeuse, détestable !

..... (quoique le sexe soit un peu sujet à jeter les hauts cris) ne pouvait se plaindre que jamais il eût mis de jolies âmes en peine : son cœur était de ceux qu'on aime le plus, de cire pour recevoir une impression, de marbre pour la garder. C'était un amant de la bonne vieille école, devenant plus constant à mesure qu'il devenait plus froid.

XXXV.

Nul ne s'étonnera qu'avec de tels avantages, il ait tourné une tête de femme, quelque sage et posée qu'elle fût... vu surtout le peu d'espoir qui restait du retour de Beppo : car aux yeux de la loi il ne valait guère mieux que mort, n'ayant envoyé ni lettres ni nouvelles, et n'ayant point donné la moindre marque de souvenir ; et Laure attendait depuis plusieurs années ; et au fait, si un homme ne nous fait point connaître qu'il est en vie, il est mort ou doit l'être.

XXXVI.

D'ailleurs, en deçà des Alpes (quoique, Dieu le sait, ce soit un bien gros péché), chaque femme, on peut le dire, a le droit d'avoir deux hommes ; je ne saurais dire qui en a introduit la coutume, mais les *cavalieri serventi* sont chose commune, et personne ne les remarque ni ne s'en inquiète ; c'est ce qu'on peut appeler, pour ne rien dire de trop fort, un second mariage qui tempère le premier.

XXXVII.

Le mot en usage était autrefois *cicisbeo* : mais l'expression est devenue indécente et vulgaire ; les Espagnols donnent à ce personnage le nom de *cortejo*, car le même usage existe en Espagne, quoique récemment établi : bref, il s'étend du Pô jusqu'au Tage, et peut-être traversera-t-il la mer. Mais le ciel préserve de telles pratiques notre vieille Angleterre ! que deviendraient les divorces et les dommages-intérêts ?

XXXVIII.

Je pense toutefois, avec le respect dû à la partie encore libre du beau sexe, que les femmes mariées méritent la préférence, soit dans le tête-à-tête, soit dans la conversation générale... et cela soit dit sans aucune application spéciale à l'Angleterre, à la France ou à toute autre nation... car les dames connaissent le monde ; elles se mettent à leur aise, et, y conservant leur naturel, elles plaisent naturellement.

XXXIX.

Il est bien vrai que votre jeune miss, fraîche comme un bouton, est tout-à-fait charmante ; mais elle est timide et gauche au premier abord : tellement alarmée qu'elle en devient alarmante ; ricanant et rougissant à chaque mot ; moitié impertinente, moitié boudeuse, et jetant un regard à sa maman de peur qu'il n'y ait quelque chose à redire en vous, en elle, en ceci, en cela : la chambre des enfants se montre encore dans tout ce qu'elle dit ou fait. . et en outre, elle sent toujours la tartine de beurre.

XL.

Quoi qu'il en soit, *cavalier' servente* est le terme en usage dans la bonne société, pour exprimer cet esclave surnuméraire qui se tient toujours aussi près de sa dame qu'une partie de son vêtement, et n'obéit à d'autre loi qu'à sa parole. Son emploi n'est pas une sinécure, comme vous l'avez sans doute deviné. Il va chercher le carrosse, les domestiques, la gondole, et il porte l'éventail, le manchon, les gants et le châle.

XLI.

Avec toutes ces habitudes pécheresses, je dois l'avouer, l'Italie est pour moi un charmant séjour : car j'aime à voir le soleil briller tous les jours, et les vignes, sans être clouées au mur, courir en festons d'arbre en arbre, comme dans le décor d'une pièce de théâtre qui attire la foule, quand le premier acte se termine par une danse au milieu des vignobles du midi de la France.

XLII.

J'aime, par un soir d'automne, que l'on puisse sortir à cheval sans recommander au groom que le manteau soit roulé derrière la selle, parce que le temps n'est pas des plus sûrs ; je sais aussi que sur ma route, si je me laisse attirer dans quelque allée aux verts détours, je n'y serai arrêté que par des voitures chargées et toutes rouges de raisins... en Angleterre, ce serait du fumier, de la boue, des résidus de brasseries.

XLIII.

J'aime aussi les becfigues à mon dîner ; j'aime à voir le coucher du soleil, avec l'assurance qu'il se lèvera le lendemain ayant tout le ciel à lui, et non en jetant à travers les brouillards du matin un regard faible et clignotant, comme l'œil terne de l'ivrogne qui pleure l'orgie de la veille ; que la journée sera belle et sans nuage, et que je ne serai point réduit à cette sorte de chandelle à deux liards qui jette sa lueur au milieu des fumées de Londres, chaudière toujours bouillante.

XLIV.

J'aime la langue de l'Italie, ce doux bâtard du latin, qui fond comme les baisers d'une bouche de femme, qui frissonne comme si on l'écrivait sur du satin, avec ses syllabes qui respirent la douceur du Midi, et ses articulations liquides qui glissent avec tant de facilité que l'accent le plus sonore n'y peut blesser l'oreille ; tandis que nos langues du Nord, toutes rudes, aspirées et gutturales, semblent toujours réduites à siffler, à cracher, à vomir.

XLV.

J'aime aussi les femmes de l'Italie (pardonnez-moi ce goût bizarre), depuis la paysanne aux joues fraîches et bronzées, dont les grands yeux noirs vous envoient en passant une volée de regards remplis de tant de choses, jusqu'à la grande dame, au front mélancolique, au teint plus clair, au regard vague et humide, ayant le cœur sur les lèvres, l'âme dans les yeux, douce comme le climat, radieuse comme les cieux.

XLVI.

Ève de cette terre, qui est encore le paradis ! beauté italienne ! n'as-tu pas inspiré Raphaël qui mourut dans tes embrassements et qui, dans les œuvres que nous légua son pinceau, réalise tout ce que nous savons du ciel, tout ce que nous pouvons en attendre ?... Comment la parole humaine, enflammée même par l'enthousiasme de la lyre, pourrait-elle décrire ta gloire passée ou présente, quand sur ton sol Canova crée encore de nouvelles beautés.

XLVII.

« Angleterre ! avec tous tes défauts, je t'aime encore ! » disais-je à Calais, et je ne l'ai point oublié. J'aime à parler, à écrire suivant ma guise ; j'aime le gouvernement (non pas celui qui existe) ; j'aime la liberté de la presse et de la plume ; j'aime l'*habeas corpus* (quand nous en jouissons) ; j'aime les débats du parlement, surtout quand ils ne se prolongent pas trop tard.

XLVIII.

J'aime les impôts, pourvu qu'ils ne se multiplient pas ; j'aime un feu de charbon de terre, quand il n'est pas trop coûteux ; j'aime le beef-steak autant qu'on peut l'aimer, et je prends volontiers un pot de bière ; j'aime notre température, quand elle n'est point trop pluvieuse, ce qui signifie que je l'aime deux mois dans l'année. Et qu'ainsi Dieu sauve le régent, l'Église et le roi ! ce qui signifie que j'aime tout et toute chose.

XLIX.

Notre armée permanente et nos marins licenciés, la taxe des pauvres, la réforme, la dette nationale et mes propres dettes, nos petites émeutes tout juste pour montrer que nous sommes un peuple libre, nos banqueroutes si légères dans la gazette, notre climat si nébuleux et nos femmes si froides ; je puis pardonner, oublier tout cela, et vénérer d'ailleurs nos récents triomphes, tout en regrettant néanmoins que nous les devions aux tories.

L.

Mais revenons à mon histoire de Laura... car je m'aperçois que la digression est un péché, qui, peu à peu, m'est fort à charge, et, par conséquent, pourrait également déplaire au lecteur... à cet indulgent lecteur qui peut devenir plus difficile, et qui, sans égard pour les habitudes de l'auteur, manifestera tôt ou tard la volonté formelle de savoir où il veut en venir : position critique et embarrassante pour un poète !

LI.

Oh ! que n'ai-je l'art d'écrire facilement des choses faciles à lire ! que ne puis-je escalader le Parnasse où siègent les muses dictant ces jolis poèmes à qui le succès n'a jamais manqué ! avec quel empressement je publierais, pour enchanter le monde, un conte grec, syrien ou assyrien, et vous vendrais, mêlés avec le sentimentalisme occidental, quelques échantillons du plus bel orientalisme.

LII.

Mais je suis un de ces hommes qui n'ont pas de nom, un dandy manqué revenant de ses voyages; quand j'ai besoin d'une rime pour accrocher mon vers qui m'échappe, je prends la première que me fournit le lexique de Walker; ou si je ne puis la trouver de cette manière, j'en mets une plus mauvaise, moins soucieux que je ne devrais des vétilles de la critique; je serais même tenté de descendre à la prose, mais les vers sont plus à la mode... et en voilà!

LIII.

Le comte et Laura firent leur arrangement, et, comme on le voit quelquefois, cet arrangement dura sans encombre pendant une demi-douzaine d'années. Ce n'est pas qu'ils n'eussent aussi leurs petits démêlés, ces bouffées de jalousie qui n'amènent jamais de rupture: en pareille situation, il est bien peu d'amants, sans doute, depuis les pécheurs de haut parage jusqu'à la canaille, qui n'aient eu ces bourrasques boudeuses.

LIV.

Mais, tout compté, c'était un heureux couple, aussi heureux qu'on peut l'être par un amour illégitime; le cavalier était tendre, la dame était belle; leurs chaînes étaient si légères, que nul ne se fût donné la peine de les briser. Le monde les regardait d'un œil indulgent; seulement les dévots souhaitaient que le diable les emportât... il ne les emporta point; car bien souvent il attend et laisse les vieux pécheurs servir d'appât aux jeunes.

LV.

Mais ils étaient jeunes: oh! sans la jeunesse, que serait l'amour! sans l'amour, que serait la jeunesse! la jeunesse donne à l'amour joie et douceur, force et vérité, cœur et âme, tous les dons qui semblent venir d'en haut; mais avec les années, il languit il devient déplaisant. L'amour est du petit nombre de ces choses que le temps n'améliore pas : ce qui explique peut-être pourquoi les vieillards sont toujours si malencontreusement jaloux.

LVI.

C'était au carnaval, comme je l'ai dit quelque trente-six stances plus haut : Laura fit donc les apprêts que vous faites quand vous vous proposez d'aller au bal masqué de monsieur Bœhm, soit comme spectateur, soit pour y jouer un rôle; la seule différence, c'est qu'ici, nous avons six semaines de figures de carton.

LVII.

Laura, en toilette, était, comme je l'ai dit plus haut, aussi jolie femme qu'on puisse l'être, fraîche comme l'ange peint sur l'enseigne d'une nouvelle auberge, ou comme le frontispice d'un nouveau *magazine* contenant toutes les modes du mois dernier, colorié et avec une feuille de papier de soie entre la gravure et le titre, de peur que sous la presse les parties du discours ne maculent les parties du costume.

LVIII.

Ils se rendirent au *Ridotto*... c'est une salle où l'on va danser, souper, et danser encore; le mot propre serait peut être bal masqué,

Laura était encore fraîche et avait tiré le meilleur parti du temps.

mais cela ne fait rien à mon histoire. C'est sur une petite échelle quelque chose de semblable à notre Vauxhall, sauf qu'on n'y peut être incommodé par la pluie. La compagnie était « mêlée, » expression que l'on emploie pour dire : elle ne méritait pas votre attention.

LIX.

En effet, par « compagnie mêlée » on entend qu'à l'exception de vous, de vos amis et d'une cinquantaine d'autres personnes, que vous pouvez saluer sans prendre vos airs de réserve, le reste n'est qu'un ramas de gens de bas étage, l'écume des lieux publics, où ils affrontent lâchement le fashionable mépris de quelque cent personnes bien nées qui s'appellent « le monde ; » je ne sais trop pourquoi, bien que j'aie vécu parmi elles.

LX.

C'est ainsi que la chose se passe en Angleterre ou du moins qu'elle se passait sous la dynastie des Dandies, à laquelle a peut-être succédé quelque autre classe d'imitateurs que l'on imite... Hélas! comme ils déclinent vite et sans retour, les démagogues de la mode : tout est fragile ici-bas ; comme l'empire du monde peut se perdre aisément par l'amour, par la guerre et quelquefois par une simple gelée!

LXI.

Napoléon fut écrasé par le Thor septentrional qui assomma l'armée française avec son marteau de glace ; il se vit arrêté par les *éléments*, comme un baleinier, ou comme un novice qui trébuche à travers les difficultés de sa grammaire française. Certes, le conquérant aurait dû se défier des chances de la guerre, et quant à la fortune... mais je n'ose la maudire, car plus je médite sur l'infinité des combinaisons possibles, plus je me sens contraint à croire à sa divinité.

LXII.

Elle gouverne le présent, le passé et tout ce qui sera; elle nous distribue le bonheur à la loterie, en amour et en mariage. Je ne peux dire qu'elle ait fait beaucoup pour moi : non que je veuille déprécier ses faveurs : elle et moi nous n'avons point clos nos comptes, et il faudra voir comment elle me dédommagera des mésaventures passées : en attendant, je n'importunerai plus la déesse, si ce n'est pour la remercier quand elle m'aura enrichi.

LXIII.

Pour revenir... pour revenir encore... Le diable emporte l'histoire! elle me glisse toujours entre les doigts, parce qu'il faudrait la ployer aux caprices de la stance, et c'est ce qui la fait rester en arrière. Ce rhythme une fois entamé, je ne puis le briser à volonté, mais je dois, comme ceux qui chantent en public, suivre le ton et la mesure. Ah! si je parviens à conduire ce mètre-ci jusqu'au bout, j'en prendrai un autre la première fois que je serai de loisir.

LXIV.

Ils se rendirent au Ridotto... C'est un endroit où je me propose d'aller moi-même demain, uniquement pour faire quelque diversion à mes pensées ; car je suis un peu mélancolique, et je récréerai mes esprits en devinant quelle espèce de visage peut se trouver sous chaque masque; et comme ma tristesse est de celles qui parfois ralentissent le pas, je ferai naître ou je trouverai quelque chose qui la retienne une demi-heure en arrière.

LXV.

Laura traverse la foule joyeuse, le sourire dans les yeux et l'enjouement sur les lèvres : elle chuchotte avec les uns, parle aux autres tout haut : à ceux-ci elle fait une révérence, à ceux-là un simple salut. Elle se plaint de la chaleur, et aussitôt son adorateur apporte une limonade : elle y goûte ; puis, promenant un regard autour d'elle, elle blâme et plaint à la fois ses plus chères amies d'être si ridiculement accoutrées.

LXVI.

L'une a de fausses tresses ; une autre est trop fardée ; une troisième... où a-t-elle acheté cet effroyable turban ? une quatrième est si pâle qu'on peut craindre qu'elle ne se trouve mal ; une cinquième à l'air commun, gauche et campagnard ; la soie blanche de la sixième a une teinte jaune ; pour la septième, cette mousseline si claire lui portera malheur ; et voilà qu'une huitième paraît : « Je n'en veux pas voir davantage, de peur que, comme les rois de Banquo, elles n'arrivent à la vingtaine. »

LXVII.

Pendant qu'elle regardait ainsi les autres, on lui rendait de tous côtés la pareille : elle écoutait les éloges que les hommes chuchotaient autour d'elle, et elle résolut de ne pas bouger qu'ils n'eussent fini : les femmes seules s'étonnaient qu'à son âge elle eût encore tant d'adorateurs... mais les hommes sont si dépravés que ces créatures au front d'airain sont toujours de leur goût !

LXVIII.

Pour ma part, je n'ai jamais pu comprendre la méchanceté des femmes... mais je ne veux pas discuter ici une chose qui est le scandale du pays : seulement je ne vois pas pourquoi il en serait toujours ainsi ; et si je portais seulement une robe noire et un rabat, pour être autorisé à déclamer à ma guise, je prêcherais tant sur ce sujet que Wilberforce et Romilly citeraient mon homélie dans leurs prochains discours.

LXIX.

Pendant que Laura regardait et se laissait regarder, souriant et caquetant, sans savoir pourquoi ni comment ; pendant que ses amies observaient, en grillant d'envie, ses airs de triomphe et tout le reste, et que les cavaliers élégamment vêtus défilaient devant elle, s'inclinaient en passant et mêlaient un moment leur babil au sien... un homme, plus que tous les autres, tenait ses regards fixés sur elle avec une étrange persévérance...

Monsieur, dit le Turc, ce n'est pas du tout une méprise.

LXX.

C'était un Turc couleur d'acajou : Laura le vit et en fut d'abord tout heureuse, car les Turcs sont renommés pour leur philogynie, bien qu'ils usent tristement du beau sexe ; on dit qu'ils traitent une pauvre femme comme un chien, après l'avoir achetée comme un bidet : ils en ont un grand nombre, bien qu'ils ne les laissent jamais voir ; quatre femmes légitimes et des concubines ad libitum.

LXXI.

Ils les enferment, les voilent et les gardent, même pendant le jour : à peine peuvent-elles voir les hommes de leur famille : en sorte qu'elles ne passent point le temps aussi gaîment qu'on le suppose parmi les nations du Nord ; en outre, cette réclusion doit pâlir leur teint, et comme les Turcs abhorrent de longues conversations, leurs jours doivent se passer à ne rien faire, à se baigner, à soigner les enfants, à faire l'amour et à s'habiller.

LXXII.

Elles ne savent pas lire, et, par conséquent, ne se mêlent pas de critique littéraire ; elles ne savent pas écrire, et, par conséquent, ne prennent jamais le rôle de muses : elles ne tombent jamais dans les jeux de mots et l'épigramme, et n'ont ni romans, ni sermons, ni pièces de théâtre, ni revues... Le savoir ferait bien vite un beau schisme au harem ! mais heureusement ces beautés ne sont pas le moins du monde bas-bleus : nul pédant à la mode ne s'empresse de venir leur montrer « un passage charmant dans le nouveau poème. »

LXXIII.

Là, point de vieux et obstiné rimeur qui, ayant toute sa vie pêché à la gloire pour n'attraper jamais qu'un pauvre goujon, n'en continue pas moins à faire un grand bruit de sa pêche, et reste ce qu'il était, le triton du fretin, le sublime de la médiocrité, le fou de sens rassis, l'écho de l'écho, le pédagogue des femmes beaux-esprits et des bardes en herbe... et, pour tout dire, un sot ....

LXXIV.

Débitant fièrement ses oracles en phrases pompeuses ; laissant tomber un *bon* approbateur, qui n'est nullement *bon* en droit, bourdonnant comme les mouches autour de toute clarté nouvelle, le plus bleu de tous les papillons bleus, vous fatiguant de son blâme, vous torturant de ses éloges, avalant tout cru le peu d'encens qu'il peut recueillir, traduisant des langues qu'il ne sait pas même lire, et suant des pièces si médiocres que mauvaises seraient meilleures.

LXXV.

Tout le monde déteste un auteur qui est toujours auteur, un de ces hommes à la calotte de fou barbouillée d'encre, si inquiets, si habiles, si susceptibles et si jaloux ; à qui l'on ne sait que dire et dont on ne sait que penser ; ballon d'orgueil que l'on serait tenté de gonfler à l'aide d'une paire de soufflets : la fleur des fats les plus ennuyeux est encore préférable à ces rognures de papier, à ces mouchures mal éteintes de la lampe nocturne.

LXXVI.

Nous en voyons plusieurs de cette espèce... et nous en voyons d'autres, hommes du monde, et sachant y vivre en hommes: Scott, Rogers, Moore et tous ces confrères d'élite, qui pensent encore à autre chose qu'à leur plume ; mais pour ces enfants de mère Sottise, qui voudraient être gens d'esprit et ne savent pas être gens comme il faut, je les laisse à leur table à thé quotidienne, à leur coterie musquée et à la dame de lettres qui les gouverne.

LXXVII.

Les pauvres chères musulmanes dont je parle n'ont aucun de ces hommes instructifs et agréables, et l'un d'eux leur paraîtrait une invention nouvelle aussi inconnue que des cloches dans un minaret turc : je pense qu'il ne serait peut-être pas mal à propos (bien que les projets les mieux semés produisent quelquefois une mauvaise récolte) d'envoyer un auteur comme missionnaire pour prêcher dans ces pays-là l'usage que font les chrétiens des dix parties du discours.

LXXVIII.

Point de chimiste pour leur révéler les gaz ; nul cours de métaphysique ; point de cabinets de lecture qui rassemblent les romans religieux, les contes moraux, les peintures des mœurs du jour ; nulle exposition annuelle de tableaux ; on ne les voit point sur leurs toits observer les astres, et enfin, Dieu soit loué ! elles ne font pas de mathématiques.

LXXIX.

Pourquoi j'en rends grâce à Dieu ? peu importe ! on doit croire que j'ai pour cela mes raisons, et comme peut-être elles n'ont rien de bien agréable, je les garde pour mes mémoires que j'écrirai en prose ; je crains bien d'avoir un certain penchant à la satire, et pourtant il me semble qu'en avançant en âge, on devient plus enclin à rire qu'à gronder, bien que le rire, aussitôt qu'il est passé, nous laisse doublement sérieux.

LXXX.

O innocence et gaîté ! heureux mélange d'eau et de lait ! boisson de plus heureux jours ! Dans ce triste siècle de péché et de carnage, l'homme souillé d'abominations n'étanche plus sa soif avec un breuvage aussi pur. N'importe ! je vous aime et je veux vous chanter. Oh ! qui nous rendra le vieux Saturne et son règne de sucre candi !... En attendant, je bois à votre retour un bon verre d'eau-de-vie.

LXXXI.

Le Turc de notre Laura tenait toujours les yeux fixés sur elle, moins à la façon musulmane qu'à la mode chrétienne qui semble dire : « Madame, je vous fais beaucoup d'honneur, et tant qu'il me plaira de vous contempler, vous aurez la bonté de vous tenir en place. » Si l'on pouvait conquérir une femme en la regardant, Laura eût été conquise : mais elle n'était pas femme à céder ainsi, elle avait soutenu trop longtemps et trop bravement le feu de l'ennemi pour baisser pavillon devant le regard tout-à-fait extraordinaire de cet étranger.

LXXXII.

Le matin était sur le point de paraître, et à cette heure-là, je conseille aux dames, qui ont passé la nuit à la danse ou à tout autre exercice, de faire leurs préparatifs de retraite, et de quitter la salle de bal avant le lever du soleil, parce qu'au moment où s'éteignent les lampes et les bougies, il est à craindre que l'éclat du jour ne fasse paraître leurs joues un peu pâles.

LXXXIII.

J'ai vu jadis des bals et des fêtes, et pour quelque sotte raison j'y suis parfois resté jusqu'à la fin ; et alors (j'espère que ce n'est pas un crime) j'observais quelle était la femme qui traversait le plus heureusement cette épreuve critique : or, bien que j'en aie vu des milliers dans la fleur de l'âge, charmantes quand elles pouvaient l'être encore aujourd'hui : je n'en ai jamais rencontré qu'une seule dont l'éclat pouvait (après la danse et quand les étoiles avaient disparu) résister aux rayons du matin.

LXXXIV.

Je ne rapporterai pas le nom de cette aurore, et cependant je le pourrais sans indiscrétion, car elle n'était rien pour moi, que cette admirable invention dont le brevet appartient à Dieu, une femme charmante, cet objet que nous aimons tous à voir : mais il n'est pas de bon goût de citer des noms propres. Pourtant si vous êtes désireux de découvrir cette belle, allez au prochain bal de Londres ou de Paris, vous y remarquerez encore son visage effaçant tous les autres par sa fraîcheur.

LXXXV.

Laura, sachant bien qu'il ne lui conviendrait pas du tout de s'exposer à la clarté du jour, après avoir passé sept heures au bal au milieu de trois mille personnes, jugea qu'il était temps de tirer sa révérence. Le comte l'accompagnait en portant son châle, et ils étaient sur le point de quitter la salle ; mais, ô disgrâce ! ces maudits gondoliers s'étaient mis juste à la place où ils n'auraient point dû se trouver.

LXXXVI.

En cela, ils ressemblent à nos cochers, et la cause qui les écarte est exactement la même.... l'encombrement de la foule : ils se poussent, ils se heurtent avec des blasphèmes à disloquer la mâchoire, et un torrent de clabauderies que rien ne saurait interrompre. Chez nous, les gentlemen de Bow-street maintiennent l'ordre, et ici une sentinelle est à deux pas de la porte : mais, malgré tout cela, il s'échange dans les deux pays, en pareille occasion, des jurons et des propos tellement révoltants qu'on ne peut ni les supporter ni les redire.

LXXXVII.

Le comte et Laura trouvèrent enfin leur gondole et regagnèrent leur demeure en voguant sur l'onde silencieuse, s'entretenant de toutes les danses de la soirée, des danseurs et des danseuses et de leur toilette surtout, avec un peu de médisance par-dessus le marché. Déjà la barque s'approchait de l'escalier de leur palais : Laura était assise près de son adorateur, quand tout-à-coup elle frémit... le musulman était là devant elle.

LXXXVIII.

« Monsieur, dit le comte d'un air sévère, votre présence inattendue dans ce lieu m'oblige à vous demander quelques explications ? Peut-être n'est-ce que l'effet d'une méprise : je l'espère, du moins, et, pour couper court à tout compliment, je l'espère dans votre propre intérêt. Vous me comprenez sans doute, ou je me ferai comprendre. — Monsieur, répondit le Turc, ce n'est point du tout une méprise :

LXXXIX.

« Cette dame est ma femme. » Jugez de l'étonnement de la dame : elle changea de couleur, non sans raison ; mais là où une Anglaise s'évanouirait, les Italiennes ne vont pas si loin : elles se bornent à se recommander un peu à leurs saints ; puis elles reprennent leurs sens à peu près ou tout-à-fait ; ce qui épargne beaucoup de cornes de cerf, de sels, de gouttes d'eau jetées à la figure et de lacets coupés, comme d'usage en pareil cas.

XC.

Elle dit... que pouvait-elle dire ? pas un mot : mais le comte, tout-à-fait calmé par ce qu'il venait d'entendre, invita poliment l'étranger à entrer : « Nous serons beaucoup mieux à la maison, dit-il, pour causer de tout cela ; ne nous rendons pas ridicules par une scène et une esclandre en public : tout ce que nous y gagnerions serait de faire beaucoup rire et plaisanter de notre affaire. »

XCI.

Ils entrent et se font servir le café... Le café paraît, boisson qui plaît également aux Turcs et aux chrétiens, quoique la manière de le préparer ne soit pas la même. Alors Laura, qui a repris ses esprits et retrouvé la parole, s'écrie : « Beppo ! quel est votre nom païen ? Dieu me bénisse ! votre barbe est d'une étonnante longueur ! Et comment se fait-il que vous soyez resté si longtemps absent ? Ne comprenez-vous pas combien c'était mal de votre part ?

XCII.

« Êtes-vous réellement et véritablement turc ? Avez-vous épousé d'autres femmes ? Est-il vrai que les musulmans mangent avec leurs doigts en guise de fourchette? Ah! sur ma parole, voilà le plus joli châle que j'aie jamais vu! vous me le donnerez, n'est-ce pas? On dit que vous ne mangez pas de porc. Mais comment avez-vous fait pendant tant d'années pour... Dieu me bénisse! non, je n'ai jamais vu un homme jaunir à ce point? Auriez-vous une maladie de foie? »

XCIII.

« Beppo! cette barbe ne vous va pas : elle sera coupée avant que vous ayez vieilli d'un jour : pourquoi vous arrangez-vous ainsi? Oh! j'oubliais... Dites-moi, ne trouvez-vous pas que le climat ici est plus froid? Quel air vous avez! vous ne sortirez pas d'ici dans ce bizarre costume : quelqu'un pourrait vous reconnaître et aller conter votre histoire. Comme vos cheveux sont coupés court! seigneur! comme ils ont grisonné! »

XCIV.

Que répondit Beppo à toutes ces questions? c'est plus que je n'en sais. Il avait été jeté sur les bords où fut Troie et où il n'y a plus rien aujourd'hui ; comme de raison, il avait été fait esclave, et avait reçu la bastonnade pour salaire ; puis un jour quelque bande de pirates ayant pris terre dans la baie voisine, il s'était joint à ces coquins, avait prospéré et était devenu un renégat d'assez mauvais renom.

XCV.

Mais il s'était enrichi et avec la richesse lui était revenu un si vif désir de revoir sa patrie, qu'il regarda comme un devoir d'y rentrer, et de ne point passer toute sa vie à écumer les mers. Avec le temps, il se trouvait fatigué de son isolement, comme Robinson Crusoé : c'est pourquoi, il loua un navire venant d'Espagne et allant à Corfou : une belle polacre ayant douze hommes d'équipage et chargée de tabac.

XCVI.

Il s'embarqua donc avec toutes ses richesses, acquises Dieu sait comme, et gagna le large : l'entreprise était téméraire, et sa peau ne laissait pas de courir de grands risques ; mais la Providence, dit-il, l'avait protégé... pour ma part, je ne m'expliquerai point à ce sujet de peur de n'être point d'accord avec lui... Bref, le navire fut équipé, mit à la voile, et fit route heureusement, hormis trois jours de calme à la hauteur du cap de Bone.

XCVII.

Arrivé à Corfou, il transborda sur un autre navire ses bagages, ses fonds et sa personne, et se donna pour un marchand turc faisant le commerce de différentes marchandises... je ne me rappelle plus lesquelles. Quoi qu'il en soit, il se tira d'affaire par cette ruse, car il y allait de sa tête, et parvint ainsi jusqu'à Venise afin d'y reprendre sa femme, sa religion, sa maison et son nom de chrétien.

XCVIII.

En effet, sa femme le reçut ; le patriarche le rebaptisa (observons en passant qu'il fit un cadeau à l'église) ; il mit pour cela de côté les vêtements qui le rendaient méconnaissable, et emprunta pour un jour ou deux les culottes du comte. Ses amis ne l'en estimèrent que davantage après sa longue absence, surtout quand ils virent qu'il avait rapporté de quoi leur offrir d'excellents dîners qu'il égayait en leur faisant de bons contes.... dont je ne crois pas la moitié.

XCIX.

Quelques tribulations qu'il eût souffertes dans sa jeunesse, il s'en dédommageait sur ses vieux jours en jouissant de son opulence et du plaisir de raconter. Bien que parfois Laura le fît enrager, on m'assure que le comte et lui furent toujours bons amis. Ma plume est arrivée à la fin d'une page, et celle-ci terminée, le récit doit se terminer aussi ; il serait à désirer qu'il eût fini plus tôt : mais une fois commencés, les récits s'allongent, on ne sait comment.

FIN DE BEPPO.

LES
BARDES ANGLAIS
ET LES
CRITIQUES ÉCOSSAIS.

SATIRE.

Eh quoi! condamné à tout entendre! l'enroué Fitz Gerald braillera dans une salle de taverne ses couplets discordants ; et moi je me tairai, de peur que les revues écossaises ne me traitent de rimailleur et ne dénoncent ma muse! Non! non! j'écrirai à tort ou à raison ; les sots me fourniront le sujet, et la satire inspirera mes vers!

Noble don de la nature! ma bonne plume d'oie, esclave obéissante de ma pensée, arrachée à l'aile maternelle pour devenir un puissant instrument dans la main de bien petits hommes! O plume! qui facilites si bien la parturition d'un cerveau en travail, gros de vers ou de prose ; toi qui, en dépit de l'inconstance des femmes et des sarcasmes de la critique, fais la consolation d'un amant et la gloire d'un auteur, que de beaux esprits, que de poètes tu sers chaque jour! Combien est fréquent leur emploi, et petite la gloire! Tes sœurs se trouvent condamnées, après leurs travaux, à un complet oubli, avec les pages qu'elles ont tracées! Mais toi, du moins, plume chérie, que j'ai déposée naguère et que je reprends avec ardeur, notre tâche terminée, tu seras libre comme celle du Cid-Hamel-Bénengéli ; si d'autres te méprisent, moi je veux te choyer. Prenons donc aujourd'hui notre essor ; ce n'est point un sujet rebattu, une vision orientale, un rêve extravagant qui m'inspire ; notre route, bien que hérissée d'épines, est distinctement tracée ; que nos vers soient coulants ; que notre chant soit facile.

Aujourd'hui, le vice triomphant commande en souverain, obéi des hommes qui ne savent obéir à rien d'autre ; les méchants et les sots se liguent pour dominer, et pèsent leur justice dans des balances d'or ; et cependant les plus hardis redoutent encore la risée publique ; la crainte de la honte est la seule qui leur reste ; ils péchent avec plus de mystère, tenus en bride par la satire, et tremblent devant le ridicule, sinon devant la loi.

Telle est la puissance de l'esprit caustique et railleur ; mais les flèches de la satire ne sont point mon partage : pour châtier les iniquités de notre siècle, il faut une arme plus acérée, une main plus puissante. Néanmoins, il est des folies dont la chasse m'est permise. Qu'on rie avec moi ; je ne demande pas d'autre gloire. Le signal a retenti ; gare à vous tous, poëmes grands et petits, odes, épopées, élégies! Et moi aussi, je puis comme un autre barbouiller du papier ; il m'arriva même un jour de répandre par la ville un déluge de vers, vraie boutade d'écolier indigne d'éloge ou de blâme ; je me fis imprimer... de plus grands enfants que moi en font autant. Il est doux de voir son nom en lettres moulées ; un livre est toujours un livre, bien qu'il n'y ait rien dedans. Ce n'est pas qu'un nom titré doive sauver d'un oubli commun le livre et l'écrivain : Lambe en sait quelque chose, lui dont la farce bâtarde a été sifflée malgré le nom patricien de son auteur. N'importe! George continue d'écrire, bien qu'il cache son nom aux yeux du public. Autorisé par ce grand exemple, je suis la même voie ; seulement je fais moi-même ma revue ; et, sans recourir au grand Jeffrey, comme lui je me constitue de ma propre autorité souverain arbitre en poésie.

Pour tous les métiers, excepté celui de censeur, il faut un apprentissage : les critiques sont faits d'avance. Sachez par cœur les plaisanteries rebattues de Miller ; ayez tout juste autant de science qu'il en faut pour citer à tort et à travers ; un esprit bien dressé à découvrir des fautes, ou à en inventer au besoin, une certaine disposition au calembour, que vous appellerez son attique ; puis allez trouver Jeffrey, et soyez surtout discret ; il paie juste dix livres sterling la feuille. Ne craignez pas le mensonge, il aiguisera vos traits ;

ne reculez pas devant le blasphème, cela passera pour de l'esprit ; abjurez toute sensibilité, et substituez-y la plaisanterie. Vous voilà devenu un critique complet : haï, mais adulé.

Mais nous, poètes, nous soumettrons-nous à une telle juridiction? Non, certes. Cherchez des roses en décembre, de la glace en juin, demandez de la constance au vent, croyez aux promesses d'une femme ou aux éloges d'une épitaphe, plutôt que d'ajouter foi au langage d'un critique chagrin, ou de vous laisser égarer par le cœur perfide de Jeffrey, ou la tête béotienne de Lambe. Tant que, soumis au joug de ces tyrans imberbes et sans mission, de ces usurpateurs du sceptre du goût, les auteurs courberont humblement la tête, et recevront leurs arrêts comme articles de foi ; tant que la critique sera confiée à de telles mains, ce serait un péché que de l'épargner. De tels censeurs méritent-ils des ménagements? Néanmoins nos modernes génies se suivent tous de si près, poètes et critiques se ressemblent tellement, qu'on ne sait quel choix faire parmi eux.

On me demandera peut-être pourquoi je m'engage dans une carrière que Pope et Gifford ont illustrée avant moi. Mes vers vont vous répondre. « Arrêtez, » me crie un ami ; « ce vers est négligé ; celui-ci, celui-là et cet autre encore me semblent incorrects. — Eh bien, qu'en conclurez-vous? Pope a fait la même faute, ainsi que l'insouciant Dryden. — Oui, mais Pye ne l'a pas commise. — Belle autorité! Que m'importe! mieux vaut errer avec Pope qu'exceller avec Pye. »

Avant nos jours dégénérés, il fut un temps où, au lieu de grâces mensongères, l'esprit et le bon sens s'alliaient à la poésie. C'est alors que, dans cette île heureuse, la voix de Pope charmait toutes les âmes, et voyait le succès couronner ses efforts ; car il aspirait à l'approbation d'une nation polie, et relevait la gloire du pays en même temps que la sienne. Le grand Dryden faisait couler les flots de sa muse avec moins de douceur peut-être, mais avec plus de force. Alors aussi Congrève égayait le scène, Otway nous arrachait des larmes ; car l'accent de la nature allait encore à l'âme d'un auditoire anglais. Mais pourquoi rappeler ces noms ou de plus illustres encore, quand la place de ces grands hommes est si étrangement occupée? Jetez maintenant les yeux autour de vous ; feuilletez cet amas de pages frivoles ; contemplez les ouvrages qui charment notre époque. Il est toutefois une vérité que la satire elle-même doit reconnaître : on ne peut se plaindre qu'il y ait parmi nous disette de poètes. Leurs œuvres font gémir la presse et fatiguent des milliers de bras : les épopées de Southey font craquer sous leur poids les rayons des bibliothèques, et les poésies lyriques de Little brillent en in-douze satinés. « Rien de nouveau sous le soleil, » dit l'Ecclésiaste ; et pourtant nous courons d'innovations en innovations. Que de merveilles diverses nous allèchent en passant! La vaccine, le magnétisme, le galvanisme et le gaz apparaissent successivement, au grand ébahissement du vulgaire ; puis la bulle de savon crève. Que reste-t-il? du vent! Nous voyons aussi s'élever de nouvelles écoles poétiques où le plus ennuyeux réclame la palme. La ligue de ces pseudo-bardes fait pour quelque temps taire la voix du goût. Maint club campagnard plie le genou devant Baal, et détrônant le génie légitime, élève un temple et une idole de sa façon, quelque veau de plomb, peu importe lequel, depuis l'ambitieux Southey jusqu'au rampant Stott.

Voyez! la légion écrivassière, fractionnée en groupes divers, défile devant nous. Chacun, impatient d'attirer l'attention, pique de l'éperon son Pégase efflanqué ; la rime et les vers blancs marchent côte à côte. Voyez s'amonceler sonnets sur sonnets, odes sur odes. Les histoires de revenants se coudoient sur la route ; les vers s'avancent à pas démesurés, car la sottise se complaisait aux plus bizarres effets de rythme : amie d'un fatras étrange et mystérieux, elle admire toute poésie qu'elle ne peut comprendre. C'est ainsi que le Lai du dernier ménestrel (puisse-t-il être en réalité le dernier !) fait entendre au souffle de la brise ses tristes gémissements sur les harpes à demi-tendues, pendant que les esprits de la montagne bavardant avec ceux de la rivière, les nains farfadets de la race de Gilpin Horner égarent dans les bois de jeunes seigneurs écossais, en sautillant devant eux à chaque pas, Dieu sait à quelle hauteur! et font peur aux petits enfants ; tandis que dans leur cellule magique les dames de haut parage font défense de lire à des chevaliers qui ne savent pas épeler, dépêchent un courrier au tombeau d'un sorcier, et font la guerre aux honnêtes gens pour protéger un bandit.

Voyez ensuite s'avancer gravement, sur son cheval de parade, l'orgueilleux Marmion au cimier d'or, tantôt faussaire, tantôt héros, également propre à décorer un gibet ou un champ de bataille ; singulier mélange de grandeur et de bassesse. T'imagines-tu donc, ô Scott, dans ta folle arrogance, faire agréer au public une œuvre aussi insipide? C'est en vain que Murray se ligue avec Miller pour rétribuer ta muse à raison d'une demi-couronne par vers. Non! quand les fils d'Apollon s'abaissent à trafiquer de leur plume, leurs palmes sont desséchées, leurs jeunes lauriers sont flétris. Qu'ils abdiquent le titre sacré de poète, ceux qui tourmentent leur cerveau pour un vil salaire, et non pour la gloire. Puissent-ils travailler en vain pour Mammon et contempler avec douleur l'or qu'ils n'ont pu gagner! Que ce soit là leur partage! que telle soit la juste récompense de la muse qui se prostitue, du barde mercenaire! Et sur ce, nous disons « bonne nuit à Marmion. »

Voilà les œuvres qui réclament aujourd'hui nos applaudissements ; voilà les poètes devant lesquels la muse doit s'incliner ; c'est à eux que Milton, Dryden, Pope, relégués dans un commun oubli, cèdent leurs palmes sacrées.

Alors que la muse était jeune encore, quand Homère faisait résonner sa lyre, quand Virgile chantait, il fut un temps où, pour produire une épopée, dix siècles suffisaient à peine ; aussi de quelles acclamations d'amour et de respect les peuples saluaient-ils à son aurore l'ouvrage de chacun de ces bardes immortels, unique merveille de mille années! Des empires ont disparu de la surface de la terre, des langues ont expiré, avec les nations qui les parlaient, sans avoir obtenu la gloire d'un de ces chants immortels où revit tout un idiome éteint. Il n'en sera point ainsi de nous. Nos poètes, malgré leur infériorité, ne se contentent pas d'appliquer à un grand ouvrage le travail d'une vie entière ; voyez d'un vol d'aigle s'élever dans les cieux Southey, le marchand de ballades. Que Camoëns, Milton, le Tasse, baissent pavillon devant ce génie créateur, qui, chaque année, fait entrer en campagne une armée de poèmes.

Voyez au premier rang s'avancer Jeanne d'Arc, le fléau de l'Angleterre et la gloire de la France, méchamment brûlée comme sorcière par le cruel Bedford : voyez son image entourée d'une auréole de gloire ; elle a brisé ses fers, sa prison s'est ouverte, et cette vierge phénix renaît de ses cendres. Voici venir ensuite le terrible Thalaba, sauvage et merveilleux enfant de l'Arabie, redoutable destructeur de Domdaniel, chevalier qui a plus exterminé de magiciens enragés que le monde n'en a jamais connu. Héros immortel, rival du Petit-Poucet, partout on voit les débris de tes ennemis abattus! La poésie s'enfuit effrayée à ton aspect, et proclame que tu fus avec raison condamné à être le dernier de ta race! Oh! que les génies triomphants ont bien fait de t'enlever de ce bas-monde, illustre vainqueur du sens commun!

J'aperçois maintenant le dernier et le plus grand des héros de Southey : Madoc, cacique à Mexico, et prince au pays de Galles ; comme tous les voyageurs, il nous conte d'étranges histoires, plus vieilles que celles de Mandeville, et pas tout à fait aussi vraies. O Southey! Southey! mets un terme à la fécondité de ta muse! En tout excès est un défaut ; c'est le plus robuste des poètes, par pitié, épargne-nous! Un quatrième poème, hélas! c'en serait trop. Mais si, en dépit de tout ce qu'on peut te dire, tu persistes à te frayer vers le Parnasse un pénible chemin ; si, dans tes ballades inciviles, tu continues à dévouer les vieilles femmes au diable, Dieu garde de tes sinistres desseins les enfants qui sont encore à naître! Dieu te remette dans la bonne voie, Southey, et tes lecteurs aussi!

On voit venir ensuite le disciple ennuyeux d'une ennuyeuse école, le bénin apostat de toute règle poétique, le simple Wordsworth, qui se flatte de créer des chants aussi doux qu'un soir de mai, son mois favori ; qui conseille à son ami « de laisser là le travail et la peine, et de quitter ses livres, de peur de devenir double! » qui, par le précepte et l'exemple, fait voir que rien ne doit distinguer les vers de la prose : une prose insensée fait des délices des poétiques âmes, et les contes de la mère l'Oie suffisamment rimés contiennent l'essence du vrai sublime. Ainsi, lorsqu'il nous raconte l'histoire de Betty Foy, la mère idiote d'un « enfant idiot, » niguaud lunatique qui a perdu son cheval, et, de même que le poète, confond la nuit et le jour ; il appuie tellement sur tout le pathétique d'un tel caractère, et décrit chaque aventure d'une manière si touchante, que tous ceux qui voient « l'idiot dans sa gloire » prennent le conteur pour le héros du conte.

Te passerai-je sous silence aimable Coleridge, cher à l'ode boursouflée et à la strophe ambitieuse? Bien que tu te plaisses surtout aux sujets innocents, l'obscurité est toujours la bien venue chez toi. Si parfois l'inspiration refuse son accès à celui qui adopte une sorcière pour sa muse, nul ne saurait surpasser en poésie le barde qui prend un âne pour sujet d'élégie. Le sujet s'adapte si merveilleusement à l'esprit de l'auteur, que dans ses rimes on croit entendre braire le poète-lauréat et le gent aux longues oreilles.

O Lewis! merveilleux magicien, moine ou poète, n'importe! toi qui voudrais faire du Parnasse un cimetière! Le cyprès en place de laurier compose ta couronne ; tu as pour muse un revenant, et Apollon t'a institué son fossoyeur! Soit que tu viennes t'asseoir sur d'antiques tombeaux salué par la voix sépulcrale des spectres ; soit que la plume nous trace ces chastes tableaux qui plaisent tant aux femmes de notre âge pudibond, salut! de ton cerveau infernal s'élancent des troupes hideuses de fantômes couverts de leur suaire ; à ton commandement on voit accourir en foule « des femmes grimacantes, avec les rois du feu, de l'eau et des nuages; » puis une quantité de « petits hommes gris, de sauvages chasseurs, » êtres bizarres sur lesquels tu règnes avec ton rival Walter-Scott. Salut pour la seconde fois! Si des contes tels que les tiens rencontrent des admirateurs, c'est une maladie que saint Luc seul peut guérir; satan lui-même n'oserait cohabiter avec toi, et ton cerveau lui paraîtrait un enfer plus profond que le sien.

Mais quel est ce poëte qui s'avance d'un air si tendre, environné d'un chœur de jeunes filles toutes remplies d'un feu qui n'est pas celui de Vesta? Les yeux brillants, la joue enflammée, il fait retentir d'impudiques accords, et les dames l'écoutent en silence! C'est Little! le Catulle de son époque, aussi doux dans ses chants, mais aussi peu sévère sur son modèle! La muse, qui condamne à regret, doit pourtant être juste, et ne peut faire grâce au chantre mélodieux des voluptés. La muse veut qu'une flamme pure brûle sur ses autels: elle repousse avec dégoût un encens plus grossier; néanmoins, indulgente à la jeunesse, après ce châtiment, elle se borne à lui dire: « Corrige tes vers, va, et ne pèche plus! »

Pour toi, traducteur au vers clinquant, clinquant que tu prêtes à ton modèle, Strangford l'Hibernien, aux yeux d'azur, à la chevelure tirant sur le roux, toi dont les chants plaintifs sont admirés de nos miss malades d'amour, toutes pâmées d'attendrissement sur ces rieus harmonieux, apprends, si tu le peux, à reproduire le sens de ton auteur, et à ne plus revêtir de tes sonnets sous un nom d'emprunt. Crois-tu donc prendre rang au Parnasse en habillant de dentelles le grave Camoëns! O Strangford, reviens à un goût plus sain, comme à une morale plus pure. Sois chaleureux, mais décent; amoureux, mais chaste; quitte ta harpe d'emprunt, et ne sois plus du barde lusitanien le copiste de Moore.

Mais, holà! ma plume, arrêtons-nous un moment! quel est cet ouvrage? C'est la dernière production d'Hayley, la dernière et la pire... jusqu'à la prochaine cependant: soit qu'avec d'insipides tirades il fabrique des drames, soit qu'il tourmente les morts des éloges qui leur font un purgatoire; jeune ou vieux, il a toujours le même style, uniformément faible et terre-à-terre. Voici d'abord le « Triomphe du Sangfroid, » qui a failli me faire perdre le mien, puis le « Triomphe de la Musique. » Ceux qui l'ont lu peuvent affirmer que la pauvre musique n'y triomphe guère.

Moraves, levez-vous! décernez une digne récompense à la dévotion et à l'ennui... Écoutez! le poëte du dimanche, le sépulcral Grahame, exhale ses sublimes accents en prose barbare, n'aspirant même pas à la rime. Il met en vers blancs l'évangile de saint Luc, pille audacieusement le Pentateuque, et, sans le moindre scrupule, falsifie les Prophètes, et dévalise les Psaumes.

Salut, ô Sympathie! ta douce puissance évoque devant moi mille souvenirs aux mille faces, et me montre, courbé sous les soixante années de lamentations, le prince des tristes faiseurs de sonnets. Et n'est-tu pas en effet leur prince, harmonieux Bowles, le premier, le grand oracle des âmes tendres, soit que tu chantes avec la même facilité de douleur la chute d'un empire ou celle d'une feuille, soit que ta muse nous répète d'un ton lamentable les sons joyeux des cloches d'Oxford, et, toujours s'amourachant des cloches et clochers, trouve un ami dans chaque tintement du carillon d'Ostende? Oh! combien tu serais plus conséquent avec toi-même si tu ornais de grelots le chapeau de ta muse! Délicieux Bowles! toujours bénissant ou béni, chacun aime tes vers; mais les enfants surtout en font grand cas. Il faut le voir, t'associant à la poésie morale de Little, caresser les penchants des cœurs amoureux. Avec toi, la petite fille verse de douces larmes dans sa chambre d'enfant; mais à treize ans, jeune miss, elle échappe à ta molle influence; elle quitte le pauvre Bowles pour les chants plus vifs de Little. D'autres fois, dédaignant de circonscrire des sentiments tendres les nobles sons d'une harpe telle que la tienne, tu fais « retentir des accents plus élevés, » accents que personne n'entendit, que personne n'entendra jamais. Dans tes vers sont enregistrées, chapitre par chapitre, toutes les découvertes maritimes, à partir du jour où l'arche vermoulue s'arrêta dans les airs, jusques le capitaine Noé jusqu'au capitaine Cook. Ce n'est pas tout: le poëte fait une halte, soupire un touchant épisode, et nous raconte gravement (écoutez, ô belles demoiselles!) comment Madère trembla pour un premier baiser. Bowles! retiens cet avis: continue à faire des sonnets; eux, du moins, ils se vendent. Mais si quelque nouveau caprice ou quelque large salaire sollicite ta pauvre cervelle et te met la plume à la main; s'il est un poëte qui, naguère l'effroi des sots, est descendu dans la tombe et n'a plus que des droits à tous les hommages; si Pope, dont la gloire et le génie ont triomphé du plus habile des critiques, doit lutter encore contre le pire de tous, tente l'aventure; relève la moindre faute, la plus légère imperfection: le premier des poëtes n'était, après tout, qu'un homme. Fouille les vieux fumiers pour y trouver des perles; que tous les scandales d'un siècle qui n'est plus se perchent sur ta plume et voltigent sur ton papier; affecte une candeur que tu n'as pas; donne à l'envie le manteau

d'un zèle sincère; écris comme si l'âme du critique Saint-John t'inspirait, et fais par haine ce que le pamphlétaire Mallet fit pour de l'argent. Oh! si tu avais pu extravaguer ou rimailler avec eux, ameuté avec ses ennemis autour du lion vivant, au lieu de lui donner après sa mort le coup de pied de l'âne, une récompense fût venue s'ajouter à tes gains glorieux, et t'eût pour la peine attaché au pilori de la Dunciade.

Encore une épopée! Et qui donc vient de nouveau infliger ses vers blancs aux enfants des hommes? Le Béotien Cottle, l'orgueil de la riche Bristol, importe chez nous de vieilles histoires de la côte cambrienne, et envoie toute chaude sa marchandise au marché! Quarante mille vers! vingt-cinq chants! voilà du poisson frais du Permesse! Qui achète? il n'est pas cher..... Ma foi, ce ne sera pas moi. Qu'ils doivent être plats les vers des mangeurs de soupe à la tortue, tout bouffis de sa graisse verdâtre! Si le commerce remplit la bourse, en revanche il rétrécit le cerveau, et Amos Cottle fait en vain résonner sa lyre. Voyez en lui un exemple des infortunes qu'entraîne le métier d'auteur: le voilà condamné à faire les livres qu'il vendait autrefois. O Amos Cottle!... (Par Phébus!) quel nom pour remplir la trompette de la renommée!) O Amos Cottle! songe donc au peu de profits que rendent une plume et de l'encre! Qui voudra désormais acheter ce papier que gâtent tes rêves poétiques? O plume détournée de son véritable usage! ô papier mal employé! Si Cottle n'avait point quitté son comptoir et son pupitre commercial, ou si, né pour d'utiles travaux, on lui avait appris à faire le papier qu'il gâche aujourd'hui, à labourer, à bêcher, à manier la rame d'un bras vigoureux, il n'aurait point chanté le pays de Galles, et, moi, je n'aurais pas eu à parler de lui.

Tel Sisyphe roule sur le précipice infernal son énorme rocher sans pouvoir goûter le sommeil; tel, sur ta colline, ambrosiaque Richmond, l'ennuyeux Maurice charrie le granit de ses lourdes pages, monument des fatigues de son esprit, pétrifications d'un cerveau laborieux, qui, avant d'atteindre le sommet, retombent pesamment dans la plaine.

Mais je vois errer dans la vallée le mélancolique Alcée! sa lyre est brisée, sa joue empreinte d'une calme pâleur; ses espérances, jadis si belles, auraient pu fleurir un jour: le vent du nord les a desséchées. Le souffle de la Calédonie a flétri ses boutons dans leur fleur. Que Sheffield pleure sur tant d'œuvres perdues, mais que nulle main téméraire ne trouble leur précoce sommeil!

Dites-moi cependant: pourquoi le poëte abdiquerait-il ainsi ses titres à la faveur des muses? Devra-t-il donc se laisser toujours effrayer par les hurlements confus de ces loups d'Écosse qui rôdent dans l'ombre, lâche engeance, qui, par un instinct infernal, déchire comme une proie tout ce qui se rencontre sur son passage? Vieux ou jeune, vivant ou mort, nul n'est épargné; tout sert d'aliment à ces harpies. Pourquoi leur céder sans combat? Pourquoi lâchement reculer devant leurs griffes? pourquoi ne pas refouler jusque sous les murs d'Édimbourg ces bêtes sanguinaires?

Salut à l'immortel Jeffrey! l'Angleterre eut jadis la gloire d'avoir un juge à peu près du même nom. Également miséricordieuses et justes, leurs âmes se ressemblent complétement, et il est des gens qui croient que Satan a lâché sa proie et a permis au vieux juge royaliste de revenir au monde pour condamner des écrits comme autrefois il condamnait les hommes. Le moderne a la main moins puissante, mais le cœur aussi noir, et sa voix est tout aussi prompte à ordonner la torture. Élève du barreau, il n'a retenu de sa science légale qu'une certaine aptitude à relever les vétilles; instruit depuis à l'école du libéralisme, il s'est mis à railler les partis politiques, bien qu'il soit lui-même l'instrument d'un parti. Il sait que si un jour ses patrons retournent au poste qu'ils ont perdu, les pages qu'il a griffonnées seront dignement récompensées, et feront monter sur le trône du jugement ce nouveau Daniel. Ombre de Jeffries, nourris toi d'une pieuse espérance, présente une corde à cet autre toi-même en lui disant: « Héritier de mes vertus, ô mon digne émule, habile à condamner comme à calomnier le genre humain, reçois cette corde que je t'ai soigneusement réservée; tiens-la entre tes mains lorsque tu rendras tes arrêts, et qu'elle serve un jour à te pendre! »

Salut au grand Jeffrey! que le ciel le fasse longtemps briller sur les rives fertiles de Fife! qu'il protége ses jours sacrés dans ses combats à venir, puisque parfois nos auteurs en appellent au jugement de Dieu. Vous souvient-il de ce jour historique, de cette rencontre glorieuse, où il faillit être fatale, alors que l'œil de Jeffrey envisagea le pistolet sans balle de Little, pendant qu'à deux pas de là les myrmidons de Bow-street pouffaient de rire? O jour désastreux! le château de Dunedin trembla jusque dans ses fondements; les ondes sympathiques du Forth roulèrent toutes noires; les ouragans du nord firent entendre de sourds murmures; la Tweed enfla la moitié de ses flots pour former une larme, l'autre moitié poursuivit tranquillement son cours; le mont escarpé d'Arthur s'agita sur sa base, et la sombre Tolbooth changea presque de place. Cette noire prison sentit alors... car en de tels moments la pierre peut éprouver les émotions de l'homme, elle sentit qu'elle allait être privée de tous ses charmes si Jeffrey mourait ailleurs que dans ses bras. Enfin, dans cette matinée redoutable, son grenier paternel, ce seizième étage qui l'avait vu naître, s'écroula tout-à-coup, et à ce bruit la pâle Dunedin tressaillit. Une neige de papier blanc couvrit toutes les rues d'à l'entour; des ruisseaux d'encre coulèrent dans la Canongate : noir emblème de la candeur de Jeffrey comme le blanc pacifique l'était de son courage, comme ces deux couleurs réunies forment l'emblème de la constance de son esprit. Mais la déesse protectrice de la Calédonie plana sur le champ de bataille et le sauva de la colère de Moore; elle enleva le plomb vengeur dont les pistolets étaient chargés, et le remit dans la tête de son favori; cette tête, par une attraction toute magnétique, le reçut comme autrefois Danaé la pluie d'or, et le grossier métal vint accroître une mine déjà riche par elle-même. « Mon fils.. » s'écria-t-elle, « garde-toi désormais de la soif du sang; laisse là le pistolet et reprends la plume ; préside à la politique et à la poésie; sois l'orgueil de ton pays et le guide de la Grande-Bretagne, car aussi longtemps que les fils insensés d'Albion se soumettront à tes arrêts, et que le goût écossais sera l'arbitre du génie anglais, tu régneras paisiblement, et nul n'osera prendre ton nom en vain. Une troupe choisie t'aidera dans l'exécution de tes projets et te proclamera chef du clan de la critique. Au premier rang de la phalange nourrie d'avoine apparaîtra ce Thane voyageur, l'Athénien Aberdeen. Herbert brandira le marteau de Thor, et parfois, en retour, tu loueras ses vers raboteux. Tes pages amères recevront aussi le tribut de l'élégant Petit et d'Hallam, renommé pour le grec. Scott consentira peut-être à te prêter son nom et son influence, et le méprisable Pillans diffamera ses amis dans ton recueil, pendant que l'infortuné disciple de Thalie, Lambe, comme un diable sifflé, sifflera à son tour comme un diable. Que ton nom soit célèbre, ton empire illimité! Les banquets de lord Holland récompenseront tes travaux, et la Grande Bretagne, reconnaissante, ne manquera pas d'offrir le tribut de ses éloges aux mercenaires du noble lord. J'ai un avis pourtant à te donner : avant que ton prochain numéro prenne son essor, en déployant ses ailes bleues et safranées, prends garde que le maladroit Brougham ne fasse tort à la vente, ne change le bœuf en galette d'avoine, et le chou-fleur en chou. » A ces mots, la déesse en jupon court donna un baiser à son fils, et disparut dans un de ces ouragans pluvieux qu'en Ecosse on appelle brouillards.

Prospère donc, Jeffrey! toi le plus éveillé de la bande qu'engraisse l'Ecosse avec son orge fermenté! Les prospérités qui attendent tout véritable Ecossais sont doublées dans ton glorieux partage. Pour toi Dunedin recueille ses parfums du soir, qu'elle répand ensuite sur tes pages candides. La couleur et l'odeur adhèrent au volume : l'une embaume les pages, l'autre dore la couverture.

Illustre Holland! ce serait vraiment mal à moi de parler de tes stipendiés, et de t'oublier toi-même, Holland, et ton aide-de-camp Henri Petty, piqueur de la meute. Dieu bénisse les banquets d'Holland-house, où les Ecossais ont leur couvert mis, où les critiques font bombance! Puisse toute la littérature affamée dîner longtemps sous ce toit hospitalier, à l'abri des créanciers! Voyez l'honnête Hallam quitter la fourchette pour la plume, rédiger un article sur l'ouvrage de Sa Seigneurie, et, reconnaissant des bons morceaux qui sont sur son assiette, déclarer que son hôte sait tout au moins traduire ! Edimbourg, contemple avec joie tes enfants ! Ils écrivent pour manger. Mais, de peur qu'échauffés par le jus inaccoutumé de la grappe, quelque pensée trop chaleureuse ne leur échappe et n'aille faire monter le rouge au front des belles lectrices, mylady se charge du soin d'écrémer les articles, leur communique d'un souffle sa pureté d'âme, corrige les fautes, et y met la lime et le rabot.

Passons au drame. — Quelle confusion! quels singuliers tableaux appellent nos regards ébahis ! Des calembourgs, un prince qu'on renferme dans un tonneau, les absurdités de Dibdin, voilà ce qui satisfait pleinement le public. Heureusement que la roscionanie est passée de mode, et qu'on ne demande plus des enfants pour acteurs. Mais à quoi serviront les vains efforts que les comédiens font pour nous plaire, tant que de pareilles pièces seront tolérées par la critique anglaise, tant qu'on permettra à Reynolds d'exhaler sur la scène ses jurons grossiers, et de confondre le sens commun avec les lieux communs, tant que le « Monde » de Kenny ennuiera les loges et endormira le parterre, et qu'une pièce de Beaumont travestie en Caractacus nous offrira une tragédie complète à laquelle il ne manque que les paroles? Qui ne gémirait de voir cette dégradation de notre théâtre tant vanté? Eh quoi! avons-nous perdu tout sentiment de honte? le talent a-t-il disparu? n'avons-nous parmi nous aucun poète? Eveille-toi, George Colman ! Cumberland, éveille-toi ! sonnez la cloche d'alarme! faites trembler la sottise! O Sheridan! si quelque chose peut encore émouvoir ta plume, que la comédie remonte sur son trône! Abandonne les absurdités de l'école germanique ; laisse aux sots le soin de traduire Pizarre ; lègue à ton siècle un dernier monument de ton génie!

donne-nous un drame classique, et réforme notre scène! Grands dieux! la sottise lèvera la tête sur ces planches que Garrick a foulées, que Siddons foule encore! la farce y étalera son masque bouffon, et Hock cachera ses héros dans un baril! Les régisseurs nous donneront des nouveautés tirées de Cherry, Skeffington et ma mère l'Oie, pendant que Shakspeare, Otway, Massingers moisiront oubliés sur l'étalage. ou pourriront dans les bibliothèques! Oh ! avec quelle pompe les journaux proclament les candidats à la palme scénique! En vain Lewis fait apparaître son hideux cortège de fantômes, le prix n'en est pas moins partagé entre Skeffington et ma mère l'Oie. Et, de fait, le grand Skeffington a droit à nos éloges, lui qui est également renommé pour ses habits sans basques et ses drames sans plan; qui ne borne pas l'essor de son génie à remplir le cadre du décorateur, mais qui, sans s'endormir, pousse jusqu'à cinq actes les facéties de sa « Belle au bois dormant, » au grand étonnement du pauvre John Bull, qui, tout ébahi, se demande ce que diable tout cela peut signifier. Mais quelques mains gagées s'empressant d'applaudir, plutôt que de sommeiller, John Bull les imite.

Ah ! pouvons-nous, sans gémir, nous rappeler ce qu'étaient nos pères? Bretons dégénérés! avez-vous perdu toute honte, ou bien, indulgents jusqu'à la niaiserie, craignez-vous d'exprimer votre blâme? Nos lords ont bien raison de suivre attentivement la moindre grimace du visage d'un Naldi, de sourire aux bouffons italiens et d'adorer les travestissements de Catalani, puisque notre propre théâtre ne nous donne en fait d'esprit que des calembourgs, en fait de gaîté que des contorsions.

Soit ! que l'Ausonie, experte dans l'art d'adoucir les mœurs en les corrompant, répande sur la capitale ses folies exotiques ; que des prostituées mariées se pâment à contempler Deshayes, et bénissent d'avance tout ce que ses formes leur promettent; que Gayton bondisse sous les regards ravis des marquis aux cheveux blancs et des jouvenceaux; que de nobles libertins regardent pirouetter la sémillante Presle sous le beau corps dédaigne d'inutiles voiles; qu'Angiolini découvre son sein de neige, balance son bras blanc et tende son pied flexible; que Collini cadence ses chants amoureux, allonge son cou charmant et ravisse la foule attentive. N'aignisez pas votre faulx , membres de la société pour la suppression du vice, saints réformateurs aux scrupules singulièrement raffinés, qui, pour le salut de nos âmes pécheresses, faites défense aux brocs de s'emplir le dimanche , aux barbiers de raser; qui voulez que la bière moisisse dans les tonneaux, et que les hommes fassent peur aux petits enfants, par respect pour le saint jour.

Saluons dans Argyle-Room le palais de la sottise et du vice! Voyez-vous ce magnifique édifice, sanctuaire de la mode, qui ouvre ses larges portiques à la foule bigarrée ? C'est là qu'il tient sa cour, le Pétrone de l'époque, l'arbitre souverain des plaisirs et de la scène. Là, l'eunuque stipendié, le chœur des nymphes d'Hespérie, le luth langoureux , la lyre libertine, les chants italiens, les pas français, l'orgie nocturne, la danse aux mille détours, le sourire de la beauté et les fumées du vin, tout s'unit à l'envi pour charmer des fats, des imbéciles, des joueurs, des fripons et des lords. Là, chacun suit ses goûts; de par Comus, tout est permis : vous avez le champagne, les dés, la musique, ou même la femme du voisin. Commerçants affamés, ne venez pas nous parler de votre misère. Les mignons de la fortune se chauffent au soleil de l'abondance; ils ne connaissent la pauvreté qu'en masque, lorsque dans une soirée quelque âne titré se déguise en mendiant et revêt les haillons que portait son grand-père. La parade terminée, le rideau baissé, l'auditoire à son tour occupe la scène. Ici, c'est le cortège des douairières qui font le tour de la salle; là, ce sont leurs filles qui, vêtues à la légère, bondissent aux accords d'une valse lascive. Les premières s'avancent en longues files d'un pas majestueux ; les autres étalent aux regards des membres agiles et dégagés; celles-là, pour allécher les robustes enfans de l'Hibernie, paraissent à force d'art les outrages des ans; celles-ci volent d'une aile rapide à la chasse des maris, et laissent à la nuit nuptiale peu de secrets à révéler.

O trop séduisant séjour d'infamie et de mollesse! où, ne songeant qu'à plaire, la jeune fille peut lâcher la bride à ses fantaisies, et l'amant donner ou recevoir des leçons de plaisir ! Là, le jeune officier, à peine revenu d'Espagne, mêle les cartes ou manie le cornet sonore; le jeu est fait; le sort a prononcé : mille livres pour le coup suivant ! Si, furieux de ses pertes, l'existence vous est à charge, le pistolet complaisant est là tout prêt à vous en délivrer, et ce qu'il y a de plus consolant encore, votre femme trouvera deux consolateurs pour un. Digne fin d'une vie commencée dans la folie et terminée dans la honte : n'avoir autour de votre lit de mort que des domestiques pour panser vos blessures saignantes et recueillir votre dernier soupir; calomnié par l'imposture, oublié de tous, victime honteuse d'une querelle d'ivrogne : vivre comme Clodius, et mourir comme Falkland!

Sainte Vérité! fais apparaître parmi nous un poète de génie, que sa main vengeresse délivre le pays de ce fléau ! Moi-même, le moins sage d'une foule insensée, qui en sais tout juste assez pour discerner le bien et choisir le mal ; maître de mes actions à un âge où la raison n'a pas son bouclier, et obligé de me frayer un passage à travers l'innombrable phalange des passions ; moi, qui ai parcouru tour-à-tour tous les sentiers fleuris du plaisir, et qui dans tous me suis égaré, eh bien ! moi-même, je me sens obligé d'élever la voix ; moi-même, je comprends combien de telles scènes sont funestes à la chose publique ! Je sais que plus d'un ami va me reprendre et me dire : « Fou que tu es, qui te mêles de blâmer les autres, vaux-tu mieux qu'eux ? » Tous les mauvais sujets, mes rivaux, vont sourire et s'émerveiller de m'entendre prêcher la morale. N'importe ! lorsqu'un poète vertueux fera entendre les chants d'une muse chaste et pure, alors je me tairai ou n'élèverai la voix que pour lui décerner le tribut de mes louanges, dussé-je être moi-même atteint par son fouet vertueux.

Quant au menu fretin qui foisonne, depuis le stupide Hafiz jusqu'au simple Bowles, pourquoi irons-nous chercher ces gens-là dans leurs obscures demeures de Saint-Gilles ou même dans le square opulent de Bond-Street, puisqu'enfin il est des fashionables qui ne craignent pas de se faire barbouilleurs de papier ? Si des noms aristocratiques couvrent des poésies innocentes, prudemment condamnées à fuir le regard du public, quel mal y a-t-il à cela ? En dépit de tous les nabots de la critique, permis à T... de se lire ses stances à lui-même, à Miles Andrews de s'essayer dans le couplet, et de tâcher de survivre dans ses prologues à la mort de ses drames. Il y a des lords poètes ; cela arrive quelquefois, et dans un noble pair c'est un mérite que de savoir écrire. Cependant si de nos jours le goût et la raison faisaient loi, qui voudrait, pour obtenir leurs titres, assumer la responsabilité de leurs vers ! Roscommon ! Sheffield ! puissiez-vous ne vous en êtes plus ; les lauriers ne couronnent plus de nobles têtes. Nulle muse ne daigne encourager de son sourire les paralytiques inspirations de Carlisle. On pardonne au jeune écolier ses chants précoces, pourvu que cette manie lui passe promptement ; mais quelle indulgence peut-on avoir pour les vers incessants d'un vieillard dont la poésie devient plus détestable à mesure que ses cheveux blanchissent ? A quels honneurs hétérogènes aspire le noble pair, à la fois homme d'État, rimailleur, petit-maître et pamphlétaire ! ennuyeux dans sa jeunesse, radoteur dans ses vieux jours, ses drames à eux seuls auraient suffi pour achever notre scène sur son déclin ; heureusement que les régisseurs se sont écriés à temps : « C'est assez ! » Maintenant, que Sa Seigneurie en appelle de ce jugement, et qu'une peau de veau vienne habiller des œuvres qui en sont si dignes !

Quant à vous, bardes au cerveau de plomb, qui gagnez votre pain quotidien à griffonner, je ne vous fais point la guerre : la main pesante de Gifford a écrasé impitoyablement votre bande nombreuse. Déchargez contre tous les talents votre rage vénale : le besoin est votre excuse, et la pitié vous protège. Bardes malheureux, qu'attend un commun oubli, reposez en paix, c'est tout ce que vous méritez. Une de ces redoutables réputations telles qu'en a fait la Dunciade pourrait seule faire vivre vos vers l'espace d'un matin ; mais non, que vos travaux inaperçus reposent en paix auprès de noms plus illustres ! Loin de moi la pensée désobligeante de reprocher à la charmante Rosa sa prose burlesque, elle dont les vers, fidèles échos de son esprit, renferment toujours un sens qui échappe à l'intelligence étonnée. Bien plus les poètes imitateurs de la Crusca ne remplissent plus nos journaux de leurs productions, néanmoins quelques traînards tiraillent encore sur les flancs des colonnes ; derniers débris de cette armée de hurleurs que Bell commandait, Mathilde criaille encore, Hafiz glapit, et les métaphores de Merry reparaissent accolées à l'énigmatique signature O. P. Q.

S'il arrive qu'un jeune gaillard éveillé, habitant d'une échoppe, se mette à manier une plume moins effilée que son alène, déserte son établi, laisse là ses souliers, renonce à saint Crépin, et s'institue le savetier des muses ; voyez comme le vulgaire ouvre de grands yeux ! comme la foule applaudit ! comme les dames s'arrachent le volume ! que d'éloges les lettrés lui dispensent ! Quelque mauvais plaisant se permet-il d'en rire ; c'est méchanceté pure, le public n'est-il pas le meilleur des juges ? Il faut qu'il y ait du génie dans des vers admirés des beaux esprits, et Capel Lofft les déclare sublimes. Écoutez donc, ô vous tous, heureux enfants de métiers désormais superflus ! quittez la charrue, laissez la bêche inutile ! Ne savez-vous pas que Burns, Bloomsfield, ont renoncé aux travaux d'une condition servile, lutté contre l'orage et triomphé du destin ? Pourquoi donc n'en serait-il plus ainsi ? si Phébus a daigné te sourire, ô Bloomfield ! pourquoi ne sourirait-il pas aussi à l'ami Nathan ? La métromanie et non la muse s'est emparée de lui ; ce n'est pas l'inspiration, mais un esprit malade qui lui met la plume à la main ; et maintenant si l'on porte un villageois à sa dernière demeure, si l'on enclôt une prairie, il se croit obligé de composer une ode pour célébrer l'évènement. Eh bien ! puisqu'une civilisation toujours croissante élève les esprits des enfants de la Grande-Bretagne, que la poésie prenne

son essor, qu'elle pénètre le pays tout entier, l'âme du campagnard comme celle de l'artisan ! Continuez, mélodieux savetiers, à nous enivrer de vos accords ! faites à la fois une chanson et une pantoufle : la beauté achètera vos œuvres ; on sera content de vos sonnets, sans doute, de vos souliers, peut-être. Puissent les tisserands exceller dans la poésie pindarique, et les tailleurs produire des poèmes plus longs que leurs mémoires! Puissent les dandies récompenser ponctuellement leur muse, et payer leurs poèmes.... comme ils paient leurs habits.

Et maintenant que j'ai offert à cette foule illustre le tribut que je lui devais, je reviens à toi, ô génie qu'on oublie ! Lève-toi ! Campbell, donne carrière à tes talents ! Qui, plus que toi, chantre de l'Espérance, peut prétendre à la palme ? Et toi, harmonieux Rogers, qui célébras les Souvenirs, réveille-toi enfin ; viens ; que ce doux sujet t'inspire ; fais remonter Apollon sur son trône vacant ; revendique l'honneur de la patrie et le tien !... Quoi donc ! la poésie abandonnée doit-elle continuer à pleurer sur la tombe où dort avec ses dernières espérances la cendre pieuse de Cowper ? Faut-il qu'elle ne se détourne de cette froide bière que pour couronner de gazon la terre qui couvre Burns, son rustique ménestrel ? Non, bien que le mépris s'attache à la race bâtarde qui rime par manie ou par besoin, il est néanmoins, il y a des poètes véritables, dont nous pouvons être fiers, qui, sans affecter la passion, savent nous émouvoir, qui sentent comme ils écrivent, et n'écrivent que ce qu'ils sentent : témoin Gifford, Sotheby, Mac-Neil.

« Pourquoi dors-tu, Gifford ? » lui demandait-on en vain, naguère. « Pourquoi dors-tu, Gifford ? » lui demanderai-je de nouveau : « Ne trouves-tu nulle part de folies à extirper ? n'y a-t-il plus de sots dont le dos demande à être fustigé ? plus d'erreurs qui appellent les châtiments de la satire ? le vice gigantesque ne montre-t-il pas sa face dans chaque rue ? Quoi ! pairs et princes marcheront dans le sentier de toutes les abominations, et ils échapperont à la vengeance de la muse comme à celle des lois ! Leur coupable éclat ne doit-il pas luire dans tout l'avenir comme un phare placé sur les écueils du crime ! Lève-toi, ô Gifford ! acquitte tes promesses, corrige les méchants, ou du moins fais-les rougir ! »

Infortuné White ! ta vie était dans son printemps et ta jeune muse essayait à peine son aile joyeuse, quand la mort vint briser cette lyre naissante, qui aurait fait entendre des chants immortels. Oh ! quel noble cœur nous avons perdu, puisque la Science causa elle-même la ruine de son enfant chéri ! Oui, elle le laissa s'absorber trop ardemment dans tes travaux favoris. Elle sema, et la mort vint recueillir. Ton propre génie te porta le coup fatal. Ainsi l'aigle blessé, étendu sur la plaine, pour ne plus s'élever au milieu des nuages, reconnaît sa propre plume sur la flèche fatale : lui-même a fourni des ailes au dard qui tremble dans son flanc.

Quelques hommes, dans ce siècle éclairé, prétendent que la gloire du poète ne vit que de brillants mensonges ; que l'invention, les ailes toujours étendues, peut seule soutenir le vol du barde moderne. Il est vrai que tous ceux qui riment, et même tous ceux qui écrivent, ont horreur du commun, cet antipode du génie ; néanmoins, il en est à qui la vérité prête seule ses nobles flammes, habile à orner les vers qu'elle-même a dictés. C'est ce que prouve Crabbe en n'écrivant que pour la vertu, Crabbe, le peintre de la nature, aussi sévère que parfait.

C'est ici que Shee doit trouver sa place ; lui qui manie la plume et le pinceau avec la même grâce. Le poète se reconnaît dans les travaux de l'artiste : il sait tour-à-tour animer la toile par une touche magique, ou nous charmer par des vers faciles et harmonieux ; et un double laurier lui est réservé.

Heureux le mortel qui peut s'approcher des retraites où naquirent les muses, dont les pas ont foulé, dont les yeux ont contemplé la patrie des poètes et des guerriers, cette terre d'Achaïe qui fut le berceau de la gloire, et sur laquelle la gloire plane encore ! Mais doublement heureux, celui dont le cœur ressent une noble sympathie pour ces classiques rivages ; qui, déchirant le voile des siècles, jette sur leurs débris des regards de poète ! Wright, tu eus le double privilège de voir et de chanter cette terre d'immortalité, et ce ne fut point sous l'inspiration d'une muse vulgaire que tu saluas l'antique séjour des dieux et des héros semblables aux dieux.

Et vous, couple de poètes amis ! qui avez produit au jour ces perles trop longtemps soustraites aux modernes regards, qui avez réuni vos efforts pour tresser cette guirlande où les fleurs de l'Attique exhalent leurs suaves odeurs, et qui avez embaumé votre langue natale de ces parfums rajeunis ; que des bardes qui ont su se pénétrer de l'esprit glorieux de la muse grecque cessent de faire entendre des sons empruntés ; qu'ils ne se contentent plus d'être des échos harmonieux, et, déposant la lyre hellénique, qu'ils fassent résonner celle du nord !

A ceux-là ou à leurs égaux revient l'honneur de rétablir les lois violées de la muse ; mais qu'ils se gardent d'imiter le pompeux carillon du flasque Darwin, ce majestueux maître des grands vers insignifiants, dont les cymbales dorées, plus ornées que sonores, plaisaient naguère à l'œil, mais, fatiguaient l'oreille : après avoir d'abord éclipsé par leur éclat la lyre modeste, usées maintenant, elles montrent le cuivre qui les compose; pendant que tout le mobile cortège de sylphes voltigeants évoqués par leur bruit s'évapore en comparaisons creuses et en sons vides de sens. Fuyez un tel modèle; que son clinquant meure avec lui : un faux éclat attire, mais ne tarde pas à blesser la vue.

N'allez pas descendre, toutefois, jusqu'à la simplicité vulgaire de Wordsworth, le plus infime des poètes rampants, lui dont la poésie, puéril bavardage, est vantée par Lamb et par Lloyd comme une harmonie délicieuse; sachez plutôt..... — Mais, arrête, ô ma muse! et n'essaie pas de donner des leçons qui passent de beaucoup ton humble portée. Le génie qu'un vrai poète a reçu en naissant lui montrera le sentier qu'il doit suivre et qui conduit aux cieux.

Et toi aussi, Scott, abandonne à de grossiers ménestrels le sauvage récit de querelles obscures; que d'autres, pour de l'argent, fassent de maigres vers! Le génie trouve en lui-même ses inspirations! Que Southey chante, bien que sa muse féconde accouche chaque printemps avec trop de régularité; que l'ami Coleridge endorme avec ses vers les enfants au berceau; que Lewis, ce fabricant de spectres, soit satisfait quand il a effrayé les galeries; que Moore exhale encore ses voluptueux soupirs, que Strangford pille Moore, et jure qu'il nous donne les chants du Camoëns; que Hayley débite ses vers boiteux; que Montgomery extravague; que le pieux Grahame psalmodie ses stupides aniiennes; que Bowles continue à polir ses sonnets, qu'il pleure et se lamente en quatorze vers; que Stott, Carliste, Mathilde et toute la coterie de Grub-street et de Grosvenor-Place barbouillent du papier, jusqu'à ce que la mort nous ait délivrés de leurs vers, ou que le sens commun ait repris son empire. Mais toi, dont les talents n'ont pas besoin qu'on te loue, laisse d'ignobles chants à de plus humbles bardes : la voix de ton pays, la voix de mes sœurs appellent une harpe sacrée; cette harpe c'est la tienne. Dis-moi, les annales de la Calédonie ne t'offrent-elles pas de plus glorieux exploits à chanter que les combats obscurs d'une tribu de pillards dont les prouesses les plus nobles font rougir l'humanité, que les actes pervers d'un Marmion, disgnes tout au plus de figurer dans l'histoire de Robin-Hood, le proscrit de Sherwood? Noble Écosse, revendique avec orgueil ton poète! que tes suffrages soient sa première et sa plus belle récompense! Mais ce n'est pas seulement dans ton estime que doit vivre son nom : que le monde entier soit le théâtre de sa renommée; que ses chants soient connus encore quand Albion ne sera plus; qu'ils racontent ce qu'elle fût, transmettent aux siècles à venir le souvenir de sa grandeur éclipsée, et fassent survivre sa gloire à sa puissance!

Mais, où aboutiront les téméraires espérances du poète? que lui sert de vouloir conquérir des siècles, et lutter contre le temps? Des ères nouvelles déploient leurs ailes; de nouvelles nations apparaissent, et leurs acclamations retentissent pour de nouveaux vainqueurs; après quelques générations évanouies, celles qui leur succèdent oublient et le poète et ses chants. Aujourd'hui même, c'est à peine si des poètes aimés naguère peuvent revendiquer la mention passagère d'un nom presque oublié! Le son le plus éclatant de la trompette de la renommée, après s'être quelque temps prolongé, expire enfin dans l'écho assoupi.

Granta, la vieille Cambridge, fera-t-elle un appel à ses enfants en robe noire, experts dans les sciences et plus encore dans l'art du calembourg? De tels disciples seront-ils accueillis par la muse? Non! elle s'enfuit à leur aspect, et l'éclat des prix universitaires n'est pas capable de la tenter, quoiqu'il se trouve des imprimeurs pour déshonorer leurs presses en reproduisant les poésies de Hoare, ou l'épopée en vers blancs de Hoyle (non pas celui dont le livre, protégé par les joueurs de whist, n'a pas besoin du génie poétique pour se faire lire). Vous qui aspirez aux honneurs de Granta, montez son Pégase; c'est un coursier aux longues oreilles, digne rejeton de son antique mère, dont le triste Permesse n'est que l'onde dormante du Cam. C'est lui que Clarke fait pour plaire de piteux efforts, oubliant que de méchantes stances ne mènent pas aux degrés universitaires. Bouffon à gages, se donnant les airs de satirique, griffonneur méprisé de niaises plaisanteries, manœuvre condamné à fournir des mensonges pour les revues, il consacre à la calomnie son esprit bien digne d'un tel métier, car il est lui-même un satire vivante de l'humanité. O noir asile d'une race vandale! tout à la fois l'orgueil et la honte de la science! séjour tellement étranger à Phébus que ta renommée ne peut rien gagner aux vers de Hodgson, ni rien perdre à ceux de son pitoyable rival ! Mais la muse se plaît aux lieux où la belle Isis roule son onde limpide; sur ses vertes rives Polymnie a tressé une guirlande plus verte encore pour en couronner les bardes qui fréquentent son classique bocage. Là, Richard donne l'essor à ses poétiques inspirations, et révèle aux modernes Bretons la gloire de leurs ancêtres.

Pour moi qui, poète sans mission, ai osé répéter à mon pays ce que ses enfants ne savent que trop, c'est le seul soin de son honneur qui m'a fait braver la phalange des sots de notre âge. Ton noble nom ne doit perdre aucun de ses vrais titres de gloire, ô terre de la liberté, que chérissent également les muses! Albion, que l'on aimerait à voir les prospérités, émules de la gloire, se rendre plus dignes de toi! Ce que furent Athènes pour la science, Rome pour le pouvoir, Tyr au midi de ses prospérités, belle Albion, tu pouvais l'être, arbitre de la terre, reine puissante de l'Océan. Mais Rome est déchue, Athènes a semé la plaine de ses débris, le môle orgueilleux de Tyr est enseveli sous les ondes; de même nos yeux peuvent voir s'écrouler la puissance affaiblie, et tomber le boulevart du monde. Mais arrêtons-nous; redoutons le destin de Cassandre: craignons de voir accomplir des prédictions méprisées. Un vol moins haut convient à ma muse; elle se contentera d'engager tes poètes à se faire un nom immortel, comme le tien.

Malheureuse Bretagne! que Dieu éclaire ceux qui te gouvernent, oracles du sénat et risée du peuple! Faut-il donc que les orateurs continuent à semer des fleurs de rhétorique en l'absence du sens commun? Faut-il que les collègues de Canning le détestent, parce qu'il a trop d'esprit, et que Portland, cette espèce de vieille femme, continue d'occuper la place de Pitt?

Reçois mes adieux! Déjà s'enfle la voile qui doit me transporter loin de toi; bientôt mes yeux verront la côte africaine, le promontoire de Calpé, et les minarets de Stamboul; de là, j'irai porter mes pas dans la patrie de la beauté, aux lieux où s'élève le Caucase avec son manteau de rochers et sa couronne de neige. Mais, si je reviens à toi, un fol amour de publicité n'ira pas soustraire à mon portefeuille mon journal de voyage. Que des faits revenus de loin se hâtent d'imprimer, et enlèvent à Carr la palme du ridicule; qu'Aberdeen et Elgin poursuivent l'ombre de la gloire dans les cabinets des faiseurs de collections; qu'ils sacrifient inutilement des milliers de livres sterling à de prétendus Phidias, à des monuments défigurés, à des antiques mutilés, et fassent de leur salon le marché général des informes débris de l'art. Je laisse aux amateurs le soin de nous parler des tours dardaniennes; j'abandonne la topographie de Troie à l'expéditif Gell, et consens volontiers à ne plus fatiguer les oreilles du public, du moins de ma prose.

Enfin, j'ai paisiblement fourni ma carrière, préparé à faire face aux ressentiments, cuirassé contre la crainte égoïste. Ces rimes, je les ai toujours reconnues comme miennes : ma voix, sans avoir trop importuné le public, n'est cependant pas tout-à-fait nouvelle pour elle; elle s'est déjà fait entendre une fois, quoique moins haute qu'aujourd'hui; et si mon premier livre ne portait pas mon nom, du moins je ne l'ai jamais désavoué; maintenant je déchire le voile. Lancez la meute, votre proie est devant vous; rien ne m'intimide, ni les cris bruyants partis de Melbourne-House, ni la colère de Lambe, ni le ressentiment féminin de la noble Holland, ni Jeffrey et son pistolet inoffensif, ni la rage d'Hallam, ni les fils basanés de Dunedin, ni ces revues couleur de safran. Nos héros écossais espèrent, grâce à moi, un rude quart-d'heure : ils sentiront qu'ils sont faits de matière pénétrable; et bien que je n'aie pas la prétention de sortir du combat sans une égratignure, mon vainqueur paiera cher sa première victoire. Il faut un temps où aucune parole dure ne tombait de mes lèvres, aujourd'hui imbibées de l'amertume de la noix de galle; où, en dépit de tous les sots et de toutes les sottises du monde, l'être le plus vil et le plus rampant n'eût jamais provoqué l'expression de mon mépris; mais, depuis ma jeunesse, je suis bien changé, impitoyable, j'ai appris à penser par moi-même et à dire rudement la vérité, à me moquer des décisions magistrales de la critique et à le rompre sur la roue qu'il me destinait, à briser la férule qu'un écrivailleur voudrait me faire baiser, et à rester indifférent aux applaudissements comme aux sifflets des cours et de la foule. Bien plus, affrontant le ressentiment de tous mes rivaux, je me sens en état d'étendre à mes pieds un sot rimailleur, et armé du critique et du cap, je puis jeter le gant au maraudeur écossais comme au fat d'Albion.

Voilà ce que j'ai osé : si mon vers imprudent a calomnié cette époque sans tache, c'est ce que d'autres pourront dire, c'est ce que je peut maintenant déclarer le public, qui ne sait guère être indulgent, mais qui rarement se montre injuste.

FIN DES BARDES ANGLAIS.

PARISINA (1).

I.

C'est l'heure où le rossignol, caché sous la feuillée, fait entendre ses plus brillantes chansons ; c'est l'heure où les amants soupirent tout bas des serments dont chaque mot est si doux ; où le souffle de la brise et le murmure de l'onde voisine forment un concert délicieux à l'oreille du rêveur solitaire. La rosée a rafraîchi les fleurs ; les étoiles ont paru au firmament, et sur la vague est un azur plus foncé, sur le feuillage un vert plus sombre, au ciel ce mélange de ténèbres et de lumière, ombre suave, opaque clarté qui suit le déclin du jour, alors que le crépuscule s'évanouit sous les rayons de la lune.

II.

Mais ce n'est pas pour écouter le bruit de la cascade que Parisina quitte ses appartements ; ce n'est pas pour contempler les célestes clartés qu'elle va dans l'ombre de la nuit, et si elle s'assied dans les bosquets du palais d'Este, ce n'est pas pour respirer le parfum des fleurs épanouies... elle écoute, mais vient-elle épier le chant du rossignol ?... non, son oreille attend des accents plus chers. Des pas font frissonner l'épais feuillage... sa joue pâlit, et les battements de son cœur s'accélèrent ; le murmure d'une douce voix arrive vers elle à travers les rameaux frémissants, et la rougeur revient à sa joue, et son sein se soulève : un moment encore, et ils seront réunis...... ce moment est passé : l'amant est aux pieds de sa bien aimée.

Mais elle dort encore, ignorant que le nombre de ses jours vient d'être compté.

III.

Et maintenant que leur importe le monde et le temps, et les événements qui s'y succèdent ? Les êtres vivants, la terre et les cieux ne sont rien à leurs yeux ni devant leur pensée. Aussi insensibles que les morts eux-mêmes à tout ce qui est autour d'eux, au-dessus et au-dessous, comme si tout le reste avait disparu, ils ne respirent que l'un pour l'autre. Leurs soupirs même sont pleins d'une joie si profonde, que si elle ne diminuait, cette démence du bonheur deviendrait la mort. Le crime, le péril peuvent-ils y songer dans le tumulte de ce rêve de tendresse ? Qui a pu ressentir à ce point l'empire de la passion et craindre ou hésiter en de pareils moments, ou même se rendre compte de leur peu de durée ?... Mais quoi ?... déjà ils sont passés ! hélas ! nous nous réveillons avant de savoir que de pareils rêves ne reviendront plus.

IV.

Ils s'éloignent lentement et à regret de ce lieu témoin de leurs coupables joies ; et malgré l'espoir et la promesse de se revoir, ils s'affligent comme si cette séparation était la dernière. Les soupirs répétés, les longs embrassements... la lèvre qui ne voudrait plus se détacher pendant que le ciel reflète ses clartés sur les traits de Parisina, ce ciel qui, elle le craint, ne lui pardonnera jamais ; comme si chaque étoile, témoin silencieux, avait vu de là-haut sa faiblesse... les soupirs répétés, les longs embrassements les retiennent enchaînés à cette fatale place. Mais le moment est venu : il faut se séparer, le cœur douloureusement oppressé, avec ce frisson profond et glacé qui suit de près le crime.

V.

Et Hugo a regagné son lit solitaire où il peut caresser librement ses adultères pensées : mais elle, il lui faut reposer sa tête coupable près du cœur confiant d'un époux. Cependant une agitation fébrile semble troubler son sommeil, et des songes tumultueux enflamment sa joue : dans son insomnie, elle murmure un nom qu'elle n'oserait prononcer à la clarté du jour ; elle presse son époux contre ce cœur qui bat pour un absent. Pour lui, s'éveillant à cette douce étreinte, il prend ces soupirs d'un rêve, ces brûlantes caresses pour celles qui répondaient naguère à ses transports, et heureux à cette pensée, il pleure de tendresse sur celle qui l'adore jusque dans son sommeil.

VI.

Il presse sur son cœur son épouse endormie et prête l'oreille à ses paroles entrecoupées : il entend... Pourquoi le prince Azo a-t-il tressailli, comme s'il entendait la voix de l'archange ? Ah ! il peut tressaillir : jamais arrêt plus redoutable ne tonnera sur sa tombe pour ne plus s'endormir et pour comparaître devant le trône de l'Éternel. Oui, il le peut : son repos ici-bas est détruit pour toujours par ce qu'il vient d'entendre. Le nom qu'elle murmure en dormant révèle son crime et le déshonneur d'Azo. Et quel est-il ce nom qui retentit sur cette couche, terrible comme la vague irritée quand elle roule vers l'écueil la planche de salut et brise sur la pointe des récifs le naufragé qui ne reparaîtra plus ? car tel est le choc que reçoit en ce moment l'âme du malheureux époux. Oui, quel est ce nom ? C'est celui d'Hugo... de son... Certes, il ne l'eût jamais soupçonné ! Hugo... lui, le fils d'une femme qu'il aima... le gage d'une liaison coupable, le fruit d'une faute de ses jeunes années, alors qu'il trahit la confiance de Bianca, la pauvre jeune fille qui avait cru à ses serments, et dont il n'avait point voulu faire son épouse.

---

(1) L'histoire tragique qui fait le sujet de ce poème est arrivée à Ferrare en l'an 1405, sous le marquis d'Este Nicolas III, que le poète appelle Azo. Byron le composa à Londres dans l'hiver de 1815 à 1816.

VII.

Azo porta la main à son poignard; mais il le rejeta dans le fourreau avant d'en avoir mis la pointe à nu... Quelque indigne qu'elle fût de vivre, il ne put se résoudre à immoler un être si beau... Non, non! pas là du moins... souriante... endormie.. Bien plus : il ne voulut pas la réveiller; mais il fixa sur elle un regard... Ah! si elle fût sortie de son anéantissement, ce regard eût suffi pour l'y replonger et glacer tous ses sens. De grosses gouttes d'une sueur froide coulaient sur le front du prince, et brillaient à la clarté de la lampe. Elle ne parle plus; mais elle continue de dormir... tandis que, dans la pensée de son juge, ses jours sont comptés.

VIII.

Le lendemain Azo interroge : il reçoit de tous ceux qui l'entourent les preuves qu'il redoute encore de trouver; il constate le crime des siens, la douleur de sa vie entière : les suivantes de la princesse, longtemps de connivence avec elle, cherchent à sauver leurs jours, et rejettent sur elle le crime, la honte et le châtiment : il n'est plus temps de rien cacher; elles font connaître les moindres détails qui confirment la vérité de leur récit, et bientôt le cœur et l'oreille d'Azo, torturés par ces révélations, n'ont rien de plus à subir.

IX.

Il n'était point homme à souffrir les délais : dans la grande salle du palais, le chef de l'antique maison d'Este est assis sur son trône de justice : ses nobles et ses gardes l'entourent, et devant lui sont les deux coupables, tous deux jeunes... et elle la plus belle des femmes. Lui, n'a plus son épée, et ses mains sont enchaînées..... O Christ! faut-il qu'un fils paraisse en cet état devant son père! Oui, Hugo doit se présenter ainsi devant l'auteur de ses jours, écouter la sentence que prononcera sa bouche irritée, et prêter l'oreille au récit de sa honte! Et néanmoins il ne paraît pas accablé, quoique jusque-là sa voix soit restée muette.

X.

Tranquille, pâle, silencieuse, Parisina attend son arrêt. Que son sort est changé! Tout-à-l'heure encore l'expression de son regard répandait la joie dans la salle brillante où les plus nobles seigneurs étaient fiers de la servir; où les plus belles s'efforçaient d'imiter sa douce voix, son charmant maintien, et à reproduire dans leur port et leurs manières les grâces de leur reine. Alors si son œil eût versé une seule larme, mille guerriers se seraient élancés, mille épées seraient sorties du fourreau pour venger sa querelle. Maintenant qu'est elle devenue? qu'est devenu le monde à son égard? Peut-elle encore commander, et qui voudra lui obéir? Tous maintenant, silencieux et comme indifférents, les yeux baissés, le front sombre, l'air glacial, les bras croisés sur la poitrine, cachent à peine l'expression de leur mépris : tels se montrent ses chevaliers, ses dames, la cour entière : et lui, le chevalier de son choix, lui dont la lance en arrêt n'eût attendu qu'un ordre de ses yeux, lui qui, libre un seul moment, serait mort ou l'aurait délivrée, il est là, enchaîné auprès d'elle : il ne voit pas les yeux gonflés et humides de l'épouse de son père pleurant pour son âme et plus encore pour elle-même; il ne voit pas ces paupières... où des veines d'un violet tendre erraient sous la neige la plus pure appelaient naguère le baiser... il ne les voit pas, brûlant d'un éclat livide, comprimer plutôt que voiler des regards appesantis, immobiles, dans lesquels la douleur accumule larme après larme.

XI.

Et lui aussi, il pleurerait sur elle, s'il ne se sentait observé de toutes parts : sa douleur, s'il en éprouvait, paraissait dormir au-dedans de lui; son front sombre se tenait levé. Quelle que fût l'affliction qui déchirait son âme, il ne voulait point s'humilier devant la foule; et pourtant il n'osait tourner les yeux vers la compagne de ses malheurs. En se représentant les heures du passé, son crime, son amour, ses fers, la vengeance d'un père, la haine des gens de bien, son destin ici-bas et ailleurs.... et son destin à elle!... oh! il n'osait jeter un regard sur ce front que la mort semblait avoir frappé; car il craignait que son cœur, se révoltant en lui, ne le forçât de dévoiler ses remords pour tous les maux qu'il avait faits.

XII.

Azo prit la parole : « Hier encore une épouse et un fils faisaient mon orgueil : le matin a dissipé ce rêve; avant la fin du jour, je n'aurai plus ni l'un ni l'autre. Je dois languir solitaire : eh bien! soit : il n'est point un homme qui, à ma place, ne fasse ce que je fais. Tous ces liens sont brisés, non par moi, il n'importe : le châtiment est prêt. Hugo, un prêtre t'attend : et ensuite la juste rémunération de ton crime. Hors d'ici! adresse au ciel tes prières avant que les étoiles du soir aient paru : vois si tu peux encore obtenir de lui ton pardon : sa miséricorde est grande. Mais ici-bas, il n'est point de lieu sur la terre où toi et moi nous puissions respirer ensemble, ne fût-ce qu'une heure. Adieu donc! je ne te verrai pas mourir... Mais toi, être fragile! tu verras tomber sa tête... Hors d'ici! je ne puis achever : va, femme au cœur dissolu : ce n'est pas ma main, c'est la tienne qui va répandre son sang. Va, et si tu peux survivre à ce spectacle, jouis de la vie que je te laisse. »

XIII.

Alors le sombre Azo se voila la face; car les veines se gonflaient et battaient sur son front, comme si une bouillante marée de sang eût afflué et reflué dans son cerveau; il resta donc quelque temps la tête baissée, sa main tremblante posée devant ses yeux pour cacher ses impressions à la foule. Cependant Hugo lève ses bras chargés de fers, et prie son père de l'écouter un moment : Azo sans répondre ne repousse pas sa demande.

« Tu ne dois pas penser que je craigne la mort... car tu m'as vu à ton côté, tout rouge de carnage, chevaucher à travers la bataille; tu le sais, où je ne fui pas oisive entre mes mains, cette épée que les esclaves viennent de m'arracher brutalement, et elle a versé pour la cause plus de sang que la hache n'en fera couler. Tu m'as donné la vie; tu peux la reprendre : c'est un don pour lequel je ne te dois rien. D'ailleurs, je n'ai point oublié les injures de ma mère, son amour méprisé et son nom flétri, et l'héritage de honte légué à son enfant : mais elle est dans ce tombeau où ton fils, ton rival, va bientôt la rejoindre. Son cœur brisé, ma tête séparée du tronc, viendront parmi les morts témoigner pour toi, et dire combien tu fus fidèle amant, père tendre. Je l'ai outragé, il est vrai; mais ce fut outrage pour outrage : cette femme que tu appelles ton épouse, seconde victime de ton orgueil, ne sais qu'elle me fut longtemps destinée. Tu vis, tu convoitas ses charmes, et pour prouver que je ne pouvais aspirer jusqu'à elle, tu alléguas ton propre crime, ma naissance : j'étais, moi, un époux indigne de sa couche, pourquoi? parce que je ne pouvais réclamer les droits d'un héritier légitime, ni m'asseoir par droit de naissance sur le trône de la maison d'Este. Et pourtant, si j'avais encore quelques étés à vivre, mon nom, couvert d'une gloire qui n'appartiendrait qu'à lui, pourrait éclipser ce nom si superbe. J'eus une épée... j'ai un cœur capable de conquérir un cimier aussi noble que tous ceux qui jamais s'élevèrent sur les têtes couronnées de tes aïeux. Les plus brillants éperons de chevalier ne sont pas toujours portés par ceux dont la naissance est la plus haute; et les miens ont souvent lancé mon coursier en avant des chefs et des princes les plus fiers, alors que je chargeais l'ennemi à ce cri triomphant : « Este et victoire! » Je n'essaierai point de pallier un crime; je ne te supplierai pas pour racheter quelques jours, quelques heures rapides qui, après tout, passeront aussi bien sur ma cendre sans être comptés : un délire comme celui de mon passé ne pouvait être durable; il ne l'a pas été. Quoique ma naissance et mon nom ne fussent pas irréprochables, et que ton aristocratique orgueil dédaignât d'abriter une existence telle que la mienne, cependant on peut trouver sur ma face quelques traits qui rappellent ceux de mon père, et quant à mon âme... c'est la tienne. De toi, je tiens ce cœur indomptable, de toi... eh bien! qui te fait tressaillir?... de toi, la vigueur de mon bras, la flamme de mon cerveau... Tu ne m'as point seulement donné la vie, mais tout ce qui pouvait faire de moi un autre toi-même. Vois l'ouvrage de ton coupable amour : il t'a puni en te donnant un fils trop semblable à toi. Mon âme n'est point celle d'un bâtard : comme la tienne, elle abhorre toute espèce de tyrannie : et quant au souffle que je respire, je ne don passager que tu vas reprendre si vite, je n'en ai jamais fait plus de cas que tu n'en faisais de ta propre vie quand, le casque au front, côte à côte, nous affrontions la bataille, et faisions voler nos coursiers par dessus les cadavres. Le passé n'est rien, et bientôt l'avenir doit rejoindre le passé; toutefois, je voudrais être mort en un de ces instants : car, bien que tu aies causé le malheur de ma mère, bien que tu m'aies ravi la fiancée qui m'était destinée, je sens que tu es encore mon père; et quelque dur et cruel que soit ton arrêt, je ne puis le trouver injuste, même venant de toi. Né dans le péché, mort dans l'infamie, ma vie doit finir comme elle a commencé : le fils a failli, comme avait failli le père, et dans un seul tu punis tous les deux. Devant les hommes, mon crime peut sembler le plus grand; mais que Dieu juge entre nous! »

XV.

Il dit; et en croisant ses bras, il fit résonner les fers dont ils étaient chargés; et parmi tous les chefs rangés autour de la salle, il n'en fut pas un qui ne sentît ses oreilles blessées du cliquetis de ces lugubres chaînes. Mais bientôt tous les regards se reportèrent sur cette fatale beauté, sur la triste Parisina... Pouvait-elle bien écouter la condamnation de son amant! Elle était là, disions-nous, pâle et immobile, elle, la cause vivante de la perte d'Hugo : ses yeux fixes, mais tout ouverts, égarés, ne s'étaient pas détournés une seule fois; pas une seule fois ses paupières charmantes n'avaient voilé ses regards; mais autour de leurs prunelles d'azur le cercle blanc s'agrandissait sans cesse... Elle était là, le regard vitreux comme si le sang se fût glacé dans ses veines. Mais d'instant en instant une grosse larme, lentement amassée, glissait de ses blanches paupières le long de leurs franges sombres : spectacle qu'on ne peut décrire! Ceux qui la virent s'étonnèrent que de pareilles larmes pussent tomber d'un œil humain. Elle essaya de parler : la parole imparfaite s'arrêta dans sa gorge enflammée, et pourtant il semblait que, dans ce gémisse ment sourd, tout son cœur eût fait effort pour sortir. On n'entendit plus rien... elle essaya encore, et sa voix éclata soudain en un cri prolongé; puis elle tomba sur le sol comme une pierre, une statue renversée de sa base, comme un objet qui n'a jamais eu vie... image digne du tombeau de l'épouse d'Azo... mais bien différente de la femme coupable et pleine d'une existence exubérante, poussée au crime par chacune de ses passions comme par un aiguillon irrésistible, mais incapable de supporter son désespoir et la révélation de ses fautes. Pourtant elle vivait encore... et trop vite on la fit revenir de cet évanouissement semblable à la mort. Mais sa raison ne revint pas... tous ses sens avaient été profondément agités par de violentes secousses : comme un arc détendu par la pluie ne lance qu'au hasard des flèches toujours déviées, les libres délicates de son cerveau n'envoyaient plus que des pensées errantes et sans suite. Pour elle, plus de passé; l'avenir n'était que ténèbres semées d'horribles lueurs pareilles à ces éclairs qui, une nuit d'orage, tombent de temps en temps sur le sentier désert. Frappée de terreur, elle sentait qu'un acte coupable pesait sur son âme, fardeau lourd et glacé; elle sentait qu'il y avait là du crime et de la honte; que quelqu'un devait mourir... mais qui? Elle l'avait oublié. Était-elle encore vivante? était-ce bien la terre qu'elle avait sous ses pieds, le ciel sur sa tête, les hommes autour d'elle; ou bien étaient-ce des démons qui la regardaient avec des yeux menaçants, elle qui ne rencontrait naguère que des regards et des sourires sympathiques? Tout était vague et confus dans son esprit, chaos discord d'espérances et de craintes insensées. Partagée entre le rire et les pleurs, et poussant ces deux sentiments jusqu'au délire, elle se débattait dans un rêve convulsif : oh! c'est vainement qu'elle tentera de se réveiller.

XV.

Les cloches du couvent, se balançant dans la vieille tour, font entendre un lent et monotone tintement, qui retentit douloureusement dans les cœurs. Écoutez cet hymne religieux... celui qu'on entonne pour les morts ou pour ceux qui le seront bientôt. C'est pour une âme qui va prendre son vol que ce chant funèbre s'élève, et que la cloche sonne : un homme touche au terme de sa vie mortelle; il est agenouillé aux pieds d'un moine, sur la terre nue et froide... Chose douloureuse à dire et déchirante à voir, le billot est devant lui, les gardes l'entourent; le bourreau est là, prêt à frapper, le bras ne nu pour que le coup soit prompt et sûr. Il examine le tranchant de la hache qu'il a aiguisée tout exprès. Et cependant la foule silencieuse se rassemble en un cercle pour voir un fils mourir par l'ordre de son père.

XVI.

C'est une heure pleine de charmes que celle qui précède le coucher du soleil. dans l'appareil de ses plus beaux rayons, elle semble se rallier à la tragédie qui se prépare. Les feux du soir tombent en plein sur la tête dévouée d'Hugo, pendant qu'il fait au moine sa dernière confession, et qu'avec une sainte contrition, il déplore le crime qui l'a fait condamner et reçoit, humblement prosterné, l'absolution qui efface de mortelles souillures. Un rayon glisse sur cette tête inclinée et pensive, sur ces cheveux châtains dont les boucles couvrent en partie son cou nu; mais ce rayon brille encore plus sur la hache aiguë, placée près de lui, y répond par un vif mais lugubre reflet. Oh! que cette heure suprême est amère! elle a pour les plus insensibles un frisson de terreur : le crime est odieux; l'arrêt est juste : et pourtant le supplice fait frémir.

XVII.

Il a dit et terminé ses dernières prières, le fils traître à son père, l'amant audacieux : son rosaire est achevé, ses péchés avoués, ses heures touchent à leur dernière minute... déjà on l'a dépouillé de son manteau : on va couper sa brune chevelure aux brillants anneaux... C'est fait : elle est tombée sous le ciseau. Le vêtement qu'il portait. l'écharpe que Parisina lui a donnée... ne doivent pas le parer dans la tombe. Il faut qu'il les quitte, et qu'un mouchoir lui bande les yeux : mais non... sa fierté repousse ce dernier outrage. Ses sentiments, jusque-là comprimés sous l'expression d'un profond dédain, se réveillent à demi au moment où la main du bourreau s'avance pour couvrir ces yeux, comme s'ils étaient incapables de regarder la mort en face! « Non... à toi tout mon sang coupable au moins libres..... Frappe! » Et en parlant ainsi, il pose sa tête sur le billot, et au moment même où il prononce ce dernier mot : « Frappe! » l'acier brille et s'abat... la tête roule, et le tronc béant, défiguré et palpitant encore, roule dans la poussière qui boit la pluie de sang sortie de toutes ses veines. Ses yeux et ses lèvres roulent et s'agitent un moment d'une manière convulsive, puis se fixent pour jamais. Il est mort, comme doit mourir l'homme qui a failli, sans ostentation, sans vaine parade; il s'est agenouillé et a prié humblement sans dédaigner l'assistance d'un prêtre, sans désespérer de l'indulgence divine. Agenouillé devant le prieur, son cœur s'était dépouillé de tout sentiment terrestre : son père courroucé, son amante même, qu'étaient-ils pour lui dans un pareil moment? Ni regrets, ni désespoir... pas une pensée qui ne fût pour le ciel, pas un mot qui ne fût une prière... sauf le peu de paroles qui lui échappèrent, quand, présentant sa tête à la hache du bourreau, il réclama le droit de voir venir la mort, seuls adieux qu'il laissa aux témoins de son supplice.

XVIII.

Silencieux comme ces lèvres que la mort venait de fermer, tous les spectateurs retinrent leur souffle : mais un frisson électrique, se communiquant d'homme à homme, parcourut la foule jusqu'aux rangs les plus reculés, au moment où la hache meurtrière descendit sur celui dont la vie et l'amour avaient une telle fin. Il y eut un murmure, celui des soupirs que chacun étouffait dans sa poitrine; mais nul autre bruit ne se fit entendre avec celui de la hache, qui résonna lugubrement et avec force en frappant sur le billot... nul autre bruit, sauf un seul... Quel est ce cri déchirant qui fend l'air, ce cri sauvage, insensé, pareil à celui d'une mère qui voit un coup soudain lui enlever son enfant? Ces accents montent vers le ciel, comme ceux d'une âme en proie à d'éternels tourments. C'est d'une des fenêtres à jalousies du palais d'Azo qu'est partie cette voix effrayante; et tous les regards se sont portés de ce côté : mais on ne voit, on n'entend plus rien. C'était un cri de femme, et jamais le désespoir n'en poussa de plus terrible, et ceux qui l'entendirent souhaitèrent par pitié que ce fût le dernier.

XIX.

Hugo n'est plus, et depuis ce jour Parisina n'a plus reparu dans le palais ni dans les jardins : son nom, comme si elle n'avait jamais existé, est banni de toutes les bouches, pareil à ces mots que s'interdit la décence. Personne n'entendit jamais le prince Azo mentionner son épouse ou son fils; nul tombeau, nulle inscription ne consacra leur mémoire : on ne les inhuma pas en terre sainte, c'est du moins ce dont on est certain quant au chevalier mis à mort. Mais le destin de Parisina est resté caché, comme la poussière d'un mort sous les planches du cercueil. Alla-t-elle habiter un couvent et se frayer une route pénible vers le ciel, par des années de pénitence et de remords, par la discipline, le jeûne et les nuits sans sommeil? ou bien mourut-elle par le poison ou le poignard en punition de son audacieuse et criminelle passion? ou enfin, succombant à de moins longues tortures, le coup soudain qu'elle vit porter par le bourreau trancha-t-il sa vie avec celle de son amant, et la pitié du ciel permit-elle qu'avec son cœur brisé se brisât son existence? Nul ne le sut, et nul ne pourra jamais le savoir : mais quelle qu'ait été sa fin ici-bas, sa vie se termina comme la vie commence toujours... dans la douleur.

XX.

Azo trouva une autre épouse, et de braves fils grandirent à ses côtés; mais nul beau et vaillant comme celui que dévorait la tombe : s'ils le furent, il ne laissa tomber sur leur mérite que des regards froids et distraits, ou ne le reconnut qu'avec un soupir étouffé. Mais jamais une larme n'humecta sa joue; jamais un sourire n'égaya son front; et sur ce front large et puissant se gravèrent les rides de la pensée, ces sillons que le soc brûlant de la douleur creuse prématurément, ces cicatrices de l'âme mutilée que les guerres de l'âme laissent après elles. Pour lui plus de joie ou de douleur : rien ici-bas que des nuits sans sommeil, des jours insupportables, une âme morte au blâme où à la louange, un cœur qui se fuyait lui-même, ne voulant plus fléchir et ne pouvant oublier; un cœur livré aux pensées, aux émotions les plus intenses au moment même où

il semblait le plus calme et le plus rigide. La gelée la plus forte ne durcit le fleuve qu'à sa surface; l'onde se conserve toujours au-dessous vive et courante, et ne pourrait cesser de l'être. Ainsi ce cœur, sous une couche de glace, était toujours assailli par des pensées que la nature y avait enracinées trop profondément pour qu'il pût les bannir comme il bannissait les larmes. Lorsque, faisant effort sur nous-mêmes, nous arrêtons au passage ces eaux vives du cœur, nous ne les tarissons pas pour cela; ces larmes refoulées retournent à leur source, et là, dans un cristal plus pur, dans un lit plus profond, elles demeurent inaperçues, non épanchées, mais jamais glacées, et mieux senties au-dedans quand elles se révèlent le moins.
Agité intérieurement par des retours de tendresse pour ceux qu'il avait fait périr, impuissant à combler le vide solitaire qui faisait son tourment, n'espérant pas les retrouver dans ce séjour où les âmes s'unissent pour partager une félicité éternelle, sûr en lui-même qu'il n'avait fait que porter un juste arrêt, qu'eux-mêmes avaient fait leur malheur, Azo n'en eut pas moins une vieillesse misérable. Quand quelques branches sont pourries, si on les élague habilement, on peut rendre à l'arbre toute sa vigueur, et le reste du feuillage peut reverdir, refleurir dans sa fraîcheur et sa liberté : mais quand la foudre en furie a écrasé, incendié tous les rameaux à la fois, le tronc massif n'est plus lui-même qu'une ruine, et jamais on n'y voit poindre une feuille.

FIN DE PARISINA.

POÉSIES DIVERSES.

L'ADIEU (1807).

Adieu, colline où les joies de l'enfance m'ont couronné de roses, où la science appelle l'écolier paresseux pour lui dispenser ses trésors; adieu, amis ou ennemis de mon jeune âge, compagnons de mes premiers plaisirs, de mes premières peines, nous ne parcourrons plus ensemble les sentiers de l'Ida : bientôt je descendrai dans la sombre demeure où l'on dort du sommeil éternel, dans une nuit sans matin.
Adieu, vénérables et royales demeures, tours qui vous élevez dans la vallée de Granta, où règnent l'étude en robe noire et la pâle mélancolie. Joyeux camarades de mes plaisirs, habitants du classique séjour qui domine les rives verdoyantes du Cam, recevez mes adieux pendant que la mémoire me reste encore ; car bientôt, immolés sur l'autel de l'oubli, ces souvenirs s'effaceront.
Adieu, montagnes de la contrée qui a vu grandir mes jeunes ans, où le Lochnagarr, avec ses neiges sublimes, élève son front géant. Pourquoi, régions du nord, mon enfance alla-t-elle s'égarer loin de vous parmi les enfants de l'orgueil ? Pourquoi ai-je échangé contre les demeures de l'homme du sud ma caverne des Highlands, les sombres bruyères de Marr et les flots limpides de la Dee?
Manoir de mes pères, adieu pour longtemps!... mais pourquoi te dire adieu pour l'éternité ? L'écho de tes voûtes répétera mon glas de mort ; tes tours contempleront ma tombe. La vertu défaillante qui a chanté la ruine et la gloire passée ne peut plus faire entendre ses naïfs accents ; mais la lyre a gardé ses cordes, et quelquefois le souffle de la brise y éveillera les sons mourants de l'éolienne harmonie.
Campagnes qui entourez la rustique chaumière, pendant que je respire encore, adieu ! vous n'êtes point oubliées, et votre souvenir m'est cher. Rivière qui m'as vu naguère, pendant les ardeurs du midi, m'élancer de ton rivage et fendre d'un bras jeune et agile tes ondes frémissantes, tes flots ne baigneront plus ces membres aujourd'hui sans activité et sans force.
Dois-je oublier ici le lieu le plus cher à mon cœur ? Des rochers se dressent, des fleuves coulent entre moi et ce séjour que l'amour a sanctifié pour moi ; et pourtant, ô Mary ! ta beauté m'apparaît dans tout son éclat, comme naguère dans ces rêves enchanteurs que faisait naître ton sourire. Jusqu'au moment où les lentes douleurs qui me consument abandonneront leur proie à la mort, ton image ne saurait s'effacer de mon âme.
Et toi, tendre ami, dont la douce affection fait vibrer encore les fibres de mon cœur, combien ton amitié était au-dessus de ce que la parole peut exprimer ! Je porte encore dans mon sein cette pierre consacrée, gage de la tendresse la plus pure, que mouilla naguère une larme de tes yeux attendris (1). Nos âmes étaient de niveau et la différence de nos destinées était oubliée dans ce moment si doux ; que l'orgueil ose en faire un sujet de reproche !
Tout maintenant, tout est triste et sombre. Nul sourire d'un amour décevant ne peut ranimer dans mes veines leur chaleur accoutumée, ni me rendre les pulsations de la vie : l'espérance même d'une gloire à venir, les couronnes imaginaires dont elle ornera ma tête ne peuvent réveiller mon épuisement et ma langueur. Après une carrière bien courte et sans gloire, je vais cacher ma face dans la poussière, et me mêler à la foule des morts.
Ô gloire ! qui fus la divinité de mon cœur, heureux celui à qui tu daignes sourire ! Embrasé par tes feux, il peut braver les dards émoussés de la mort ; mais moi, le spectre affreux me fait signe de quitter la terre en laissant un nom ignoré, une naissance que personne n'a remarquée, une vie qui n'est qu'un drame court et vulgaire. Confondu dans la foule, je vois toutes mes espérances s'envelopper dans un linceul, ma destinée s'engloutir dans les flots du Léthé.
Quand je dormirai oublié sous le sol, au sein de l'argile que je foulais naguère dans mes jeux enfantins, pour toute marque de pitié, la couche étroite où reposera ma tête n'obtiendra que les gouttes d'eau versées par le ciel nocturne ou la nue orageuse. Les yeux d'aucun mortel ne viendront humecter d'une larme la noire pierre tumulaire marquée d'un nom inconnu.
Oublie donc ce monde, ô mon âme inquiète : tourne tes pensées vers le ciel : c'est là que bientôt tu dois diriger ton vol, si les erreurs obtiennent leur pardon. Étrangère aux vaines dévotions et aux rêveries des sectaires, prosterne-toi devant le trône du Tout-Puissant : adresse-lui tes humbles prières. Miséricordieux et juste, il ne rejettera pas un fils de la poussière, le plus chétif objet de sa sollicitude.
Père de la lumière, c'est toi que j'implore ! mon âme est remplie de ténèbres : toi qui vois même la chute du passereau, détourne de moi la mort du péché. Toi qui guides l'étoile errante, qui calmes la guerre des éléments, qui as pour manteau le firmament immense, daigne me pardonner mes pensées, mes paroles, toutes mes fautes ; et puisque je dois cesser de vivre, apprends-moi à mourir.

A UNE JEUNE FILLE TROP VAINE.

Jeune imprudente ! pourquoi révéler ce qui ne fut dit que pour ton oreille ? pourquoi détruire ainsi ton propre repos et te creuser une source de larmes ?
Oh ! tu pleureras, indiscrète enfant, pendant que souriront en secret tes ennemis jaloux ; tu pleureras d'avoir répété ces paroles légères, que l'on ne t'avait dites que pour te perdre.
Fille vaine ! tes jours d'affliction sont proches si tu crois aux propos d'imberbes étourdis. Oh ! fuis les pièges de la tentation ; crains d'être la proie d'un corrupteur habile.
Tu vas donc répéter, avec un orgueil d'enfant, les discours que de jeunes hommes tiennent pour te tromper ? ah ! ton repos, tes espérances, ta vie, tout est perdu si tu as le malheur de les croire.
Pendant qu'au milieu de tes compagnes tu répètes ces doux entretiens, ne remarques-tu pas sur leurs lèvres ces sourires ironiques que la duplicité voudrait en vain dissimuler ?
Couvre de pareilles choses du voile du silence, et n'appelle pas sur les regards du public : quelle vierge modeste peut sans rougir répéter les adulations d'un fat ?
Un écolier lui-même se rira de celle qui redit à tout propos les compliments qu'on lui fait, et qui, voulant bien croire que le ciel est dans ses yeux, est trop aveugle cependant pour démêler l'imposture.
Car celle qui prend plaisir à révéler tous ces riens amoureux doit croire tout ce qu'on lui dit et tout ce qu'on lui écrit, tout ce que sa vanité l'empêche de cacher.
Change donc de route, si tu mets quelque prix à l'empire de la beauté : ce n'est pas la jalousie qui me fait parler. Celle que la nature fit si vaine, je puis en avoir pitié, mais je ne saurais l'aimer.

ANNA.

Ô Anna ! vous avez été bien coupable envers moi ; j'ai cru qu'aucune expiation ne pourrait désarmer ma colère : mais la femme est créée pour nous dominer comme pour nous tromper... je vous ai revue, et je vous ai presque pardonné.
J'avais juré que vous n'occuperiez plus ma pensée, et pourtant un seul jour de séparation me parut long. Quand nous nous ren-

(1) Voyez, dans les Heures de loisir, la Cornaline.

outrâmes, je résolus de vous observer... votre sourire me démontra bientôt que tout soupçon serait injuste.

J'avais juré, dans mon premier transport, d'avoir pour vous désormais le plus froid mépris. Je vous revis; mon courroux se changea en admiration, et maintenant tout mon désir, tout mon espoir est le reconquérir votre cœur.

Contre une beauté pareille à la vôtre, toute lutte est vaine ! c'est pourquoi je m'humilie devant vous en sollicitant mon pardon... et pour terminer d'un seul mot ces inutiles querelles, trahissez-moi, dirai-je, ma douce Anna, quand je cesserai de vous adorer.

A LA MÊME.

Oh! ne dites point, douce Anna, que, par un décret du destin, le cœur qui vous adore devait chercher à briser ses liens. C'eût été pour moi un décret terrible que celui qui m'eût pour toujours enlevé à l'amour et à la beauté.

Votre froideur, fille charmante, telle est la destinée qui seule m'ordonna d'imposer silence à ma tendre admiration; ce fut elle qui détruisit tout mon espoir et tous mes vœux, jusqu'au jour où un sourire me rendit à mon ravissement.

Comme dans une forêt, le chêne et le lierre entrelacés doivent braver la fureur des tempêtes, ainsi ma vie et mon amour ont été destinés par la nature à fleurir également et à finir ensemble.

Ne dites donc pas, douce Anna, que, par un décret du destin, votre amant devait vous dire un éternel adieu; tant que le destin permettra encore à ce cœur de battre, mon âme et ma vie seront absorbées en vous.

L'ÉVENTAIL.

Dans un cœur encore sensible comme il le fut autrefois, cet éventail eût pu rallumer la flamme; mais aujourd'hui ce cœur ne peut s'attendrir, parce qu'il n'est plus le même.

Lorsqu'un feu est prêt à s'éteindre, ce qui en redoublait l'activité, ce qui le faisait brûler avec plus d'éclat, ne fait qu'en dissiper les dernières étincelles.

Plus d'un jouvenceau, plus d'une jeune fille en a mémoire; il en est ainsi des feux de l'amour, alors que toute espérance meurt et que disparaît la dernière lueur expirante.

Le brasier réel, quoiqu'il n'y reste plus une étincelle, une main soigneuse peut le rallumer. Hélas! bien différent est l'autre: nul n'a la puissance de lui rendre ni lumière, ni chaleur.

Ou si par hasard celui-ci se réveille, si la flamme n'en est pas étouffée pour toujours, c'est sur un autre objet (ainsi l'ordonne la capricieuse destinée) qu'il répand sa première chaleur.

ADIEUX A LA MUSE.

Divinité qui régnas sur les premiers jours de mon adolescence, jeune enfant de l'imagination, il est temps de nous séparer: que la brise emporte donc ce chant qui sera le dernier, cette effusion de mon cœur, la plus tiède qui s'en soit échappée.

Ce cœur, insensible maintenant à l'enthousiasme, imposera silence à ses accents désordonnés et ne te demandera plus de chants; les sentiments de ma première jeunesse, qui avaient soutenu ton essor, se sont envolés au loin sur les ailes de l'apathie.

Quelque simples que fussent les sujets qui inspiraient ma lyre inhabile, ces sujets mêmes ont disparu pour toujours; les yeux qui faisaient naître mes rêves ont cessé de briller: mes visions se sont envolées, hélas! pour ne plus revenir!

Quand on a épuisé le nectar qui riait dans la coupe, tout effort serait inutile pour prolonger la joie du festin! Quand elle est froide, cette beauté qui vivait dans mon âme, par quelle magie l'imagination pourrait-elle prolonger mes chants?

Dans leur solitude, mes lèvres peuvent-elles parler d'amour, et de baisers et de sourires auxquels il leur faut dire adieu? Peuvent-elles s'entretenir avec délices des heures qui se sont envolées? Oh! non; car ces heures ne seront jamais.

Peuvent-elles parler des amis pour qui seuls je voulais vivre? Ah! sans doute, l'amitié ennoblirait mes chants! mais comment trouverais-je pour le leur envoyer des accents sympathiques, lorsque je puis à peine espérer de les revoir?

Puis-je chanter les grandes actions de mes pères, en élevant les sons de ma lyre à la hauteur de leur gloire? Pour de telles renommées, combien ma voix est faible! En présence d'héroïques exploits, que mon ardeur poétique paraîtrait tiède!

Non! mes doigts ne demanderont point de nouveaux accords à ma lyre: qu'elle réponde d'elle-même au souffle qui la sollicite... tout se tait: cessons de vains efforts. Ceux qui l'ont entendue me pardonneront le passé, sachant que ses murmures ont vibré pour la dernière fois.

Son errante et irrégulière mélodie sera bientôt oubliée, maintenant que j'ai dit adieu à mes premières amitiés, à mes premières amours! Oh! mille fois bénie eût été ma destinée, mille fois heureux mon partage, si mon premier chant d'amour, qui était le plus tendre, eût aussi été le dernier!

Adieu, ma jeune muse, puisque maintenant nous ne devons plus nous revoir; si nos chants ont été faibles, du moins ils ont été peu nombreux: espérons que ces quelques vers pourront paraître doux.. ces vers qui mettent le sceau à notre adieu éternel.

LE CHÊNE DE NEWSTEAD (1).

Jeune arbre, quand mes mains t'ont planté, j'espérais que les jours seraient plus nombreux que les miens, que ton épais feuillage s'étendrait au loin à l'entour, et que le lierre couvrirait ton tronc de son manteau.

Tel était mon espoir, quand, aux jours de mon enfance, je te voyais avec orgueil croître sur le sol où ont vécu mes pères. Ils sont passés ces jours, et j'arrose ta tige de mes larmes: les ronces qui t'entourent ne peuvent me cacher ton déclin.

Je t'ai quitté, ô mon chêne! et depuis cette heure fatale un étranger a vécu dans le manoir de mes aïeux; tant que je n'aurai point l'âge d'homme, je ne pourrai rien ici: tout y dépend de celui dont la négligence a failli causer ta mort.

Oh! tu étais bien fort! maintenant même il suffirait de quelques soins pour raviver ta jeune tête, et cicatriser doucement tes blessures: mais tu n'étais point destiné à trouver ici de l'affection... que pouvait sentir pour toi un étranger?

Ne t'incline point ainsi, ô mon chêne; relève un moment ta tête: avant que notre globe ait circulé deux fois autour de l'astre glorieux qui nous éclaire, mon adolescence aura complété ses années d'épreuve, et, sous la main de ton maître, tu reprendras tes verdoyants sourires.

Vis donc, ô mon chêne; lève ton front comme une tour au-dessus des herbes parasites qui entravent ta croissance et hâtent ton déclin; car tu as encore au cœur des germes de jeunesse et de vie, et tes rameaux peuvent encore se développer dans toute leur beauté.

Oui! tu vivras pour des années de maturité, et quand je serai couché dans les caveaux de la mort, tu braveras les outrages du temps et le souffle glacé des hivers, et pendant des siècles les rayons du jour brilleront dans ton feuillage.

Pendant des siècles tes rameaux se balanceront doucement sur le cercueil de ton maître qu'ils couvriront comme une tente; et pendant qu'ainsi ton feuillage abritera gracieusement sa tombe, un successeur de ses droits s'étendra sous ton ombre.

Quand, entouré de ses enfants, il visitera ce lieu, il leur dira tout bas de marcher doucement. Oh! sans doute, je vivrai toujours dans leur mémoire: le souvenir consacre la cendre des morts.

« C'est ici, diront-ils, que, tout brillant de vie et de santé, est venu exhaler les simples chants de sa jeunesse; et c'est ici qu'il doit dormir, jusqu'au jour où le temps se perdra dans l'éternité. »

VISITE A HARROW.

Ici, les yeux de l'étranger trouvaient naguère quelques souvenirs tracés en simples caractères: ce n'étaient que peu de mots... et pourtant la main du Ressentiment a voulu les faire disparaître.

Elle y fit de profondes incisions: mais cela ne suffit point pour les effacer... les caractères étaient encore si visibles qu'un jour l'Amitié, étant de retour, y jeta les yeux, et que soudain les mots furent reconnus par la Mémoire charmée.

Le Repentir les rétablit dans leur premier état; le Pardon y joignit son doux aveu et l'inscription reparut si belle que l'Amitié se persuada que c'était toujours la même.

Il en serait encore ainsi: mais, hélas! malgré tous les efforts de l'Espérance et les larmes de l'Amitié, l'Orgueil accourut, et l'inscription disparut pour toujours.

(1) Cet arbre fut planté par Byron en 1798. Le colonel Wildman, propriétaire actuel du domaine, en a pris soin, et on le montre encore aux étrangers, comme le mûrier de Shakspeare, et le saule de Pope.

A MON FILS (1).

Cette blonde chevelure, ces beaux yeux bleus, brillants comme ceux de ta mère ; ces lèvres roses, ce sourire qui se joue dans leurs fossettes et qui ravit le cœur, tout cela me rappelle un bonheur qui n'est plus, et touche le cœur de ton père, ô mon fils !
Et tu balbuties déjà le nom de ton père ! Ah, William ! que ce nom ne t'appartient-il également, et aucun remords... mais écartons ces tristes souvenirs..... Ma sollicitude t'assurera le repos ; l'ombre de ta mère sourira joyeuse, et me pardonnera tout le passé, ô mon fils !
Le gazon a recouvert son humble tombeau, et tu as pressé le sein d'une étrangère, : le mépris du monde peut insulter à la naissance, et t'accorde à peine un nom ici-bas ; mais il est un espoir que le monde ne peut détruire..... le cœur d'un père est à toi, ô mon fils !
Eh quoi ! parce que le monde est insensible et barbare, irai-je fouler aux pieds les droits sacrés de la nature ? Non, non...... dût leur morale me blâmer, je te salue, cher enfant de l'amour, beau chérubin, gage de jeunesse et de bonheur..... un père protège ton berceau, ô mon fils !
Oh ! avant que l'âge ait ridé mes traits, avant que le sablier de ma vie se soit vidé à moitié, qu'il me sera doux de reconnaître tout à la fois en toi un frère et un enfant ; et de consacrer le déclin de mes ans à m'acquitter de ce qui t'est dû, ô mon fils !
Tout jeune et imprudent qu'est ton père, cela ne diminue point son affection pour toi ; et lors même que tu lui serais moins cher, tant que l'image d'Hélène sera vivante en toi, ce cœur, palpitant au souvenir de sa félicité passée, n'en abandonnera jamais le gage, ô mon fils !

LE
SIÉGE DE CORINTHE.

En l'an de grâce mil huit cent dix (1), nous formions une joyeuse compagnie, chevauchant par terre ou voguant sur l'Océan. Oh ! nous savions égayer le chemin traversant les rivières à gué, gravissant les hautes collines, nous ne donnions pas un jour de repos à nos montures ; qu'une caverne ou un hangar nous servît d'asile, nous trouvions un profond sommeil sur la couche la plus nue ; enveloppés dans une grossière capote de matelot, sur le plancher plus rude encore de notre barque agile, ou étendus sur la grève, et n'ayant pour oreillers que les selles de nos chevaux, nous nous réveillions le matin frais et dispos. Libres dans nos pensées et dans nos paroles, nous avions la santé, nous avions l'espérance ; les fatigues et les contrariétés des voyages, mais jamais de chagrin. Nous avions parmi nous des gens de toute nation, de toute religion ; quelques-uns disaient leur chapelet ; les uns tenaient à la Mosquée, d'autres à l'Église, et d'autres encore, ne me trompe, ne tenaient à rien du tout. En somme, on eût longtemps cherché par tout le monde sans trouver une réunion plus mélangée et plus joyeuse.
Mais quelques-uns sont morts, d'autres ont disparu ; ceux-là sont dispersés et solitaires ; ceux-ci ont rejoint les révoltés sur les collines qui dominent les vallées de l'Épire, lieux où la liberté réunit encore ses défenseurs et venge dans le sang les maux de l'oppression ; d'autres encore sont dans des contrées lointaines ; les moins nombreux enfin ont revu leur patrie où ils mènent une vie inquiète et agitée ; mais jamais, ô jamais nous ne pourrons nous réunir pour nous réjouir et voyager ensemble !
Ces rudes journées se sont rapidement et gaîment passées ; et

(1) Il ne paraît pas que Byron ait jamais eu de fils naturel : cette pièce de vers repose donc sur une hypothèse, ou bien le poète s'y est identifié avec les sentiments d'un tiers.
(1) Ce poème fut écrit à la fin de 1815 et publié à Londres en janvier 1816.

maintenant que mes jours s'écoulent lents et monotones, mes pensées, comme les hirondelles, rasent la surface des mers, et, voyageur ailé et vagabond, m'emportent de nouveau à travers les cieux et les campagnes. Voilà ce qui fait que ma muse s'éveille et que souvent, trop souvent, j'invite le petit nombre de ceux qui peuvent souffrir mes chants à me suivre dans mes courses lointaines. Étranger, veux-tu m'accompagner maintenant et t'asseoir avec moi au sommet de l'Acro-Corinthe ?

I.

Bien des années, bien des siècles ont passé sur Corinthe, avec le souffle de la tempête et de la guerre ; et pourtant elle reste encore debout, forteresse des derniers défenseurs de la liberté. La fureur des ouragans, le choc des tremblements de terre, ont laissé intact son roc chenu, clef d'une contrée qui, toute déchue qu'elle est, étale encore sa fierté du haut de cette colline ; limite placée entre deux mers qui, roulant de chaque côté leurs flots courroucés, comme si elles voulaient se rencontrer et se combattre, s'arrêtent pourtant à ses pieds et y déposent leur colère. Mais si tout le sang versé sous ses remparts, depuis le jour où Timoléon fit couler celui d'un frère, jusqu'au jour qui éclaira la déroute du tyran de la Perse, si tout ce sang pouvait jaillir tout-à-coup de la terre qui s'en est abreuvée, cette mer, empourprée, aurait bientôt franchi l'inutile barrière de l'isthme ; ou bien si l'on pouvait réunir les ossements de tous ceux qui y furent immolés, cette pyramide s'élèverait sous ce ciel transparent plus imposante que l'Acropole même, bien que celle-ci semble caresser les nuages de son front couronné de tours.

II.

Sur les sombres sommets du Cithéron brille l'éclat de deux fois dix mille lances ; et plus bas, dans toute l'étendue de la plaine de l'isthme, de l'une à l'autre mer, les tentes sont dressées, le croissant brille sur les lignes guerrières des musulmans. Là s'avancent les noirs escadrons des spahis, sous le commandement des pachas barbus ; aussi loin que la vue peut s'étendre, la plage est couverte de cohortes en turban ; là s'agenouille le chameau de l'Arabe ; le Tartare fait caracoler son coursier ; le Turcoman a quitté ses troupeaux pour ceindre le cimeterre ; le tonnerre de l'artillerie fait taire le mugissement des flots. La tranchée se creuse ; le souffle du canon donne des ailes au globe mortel qui vole au loin en sifflant, et va arracher des fragments du mur qui s'écroule sous le poids du boulet. De leur côté, les défenseurs du rempart répondent par un feu rapide et redoutable aux sommations des infidèles : les cieux se voilent de fumée, et la plaine est obscurcie d'un nuage de poussière.

III.

Mais celui qui se tient le plus près des murs et en presse la chute avec le plus d'ardeur, plus versé dans la science funeste de la guerre que ne le sont ordinairement les fils d'Othman, et d'un courage aussi fier que le fut jamais un chef triomphant sur le champ du carnage ; celui qu'on voit éperonner son coursier écumant de rang en rang et d'exploits en exploits, repoussant les sorties des assiégés et ralliant les musulmans en fuite ; celui qui, en face d'une batterie bien défendue et jusque-là imprenable, met vivement pied à terre pour rendre une nouvelle vigueur aux soldats dont l'ardeur se ralentit ; le premier, le plus intrépide des guerriers dont s'enorgueillit l'armée du sultan de Stamboul, soit qu'il conduise ses soldats à l'ennemi, qu'il ajuste le tube meurtrier, qu'il mette sa lance en arrêt ou fasse décrire un cercle à son formidable cimeterre... celui-là, c'est Alp, le renégat de l'Adriatique.

IV.

Il est né à Venise, d'une famille illustre, et s'est d'abord montré digne de ses pères ; mais maintenant exilé de sa patrie, il dirige contre ses concitoyens ces armes dont ils lui ont enseigné l'usage, et son front rasé a ceint le turban. Après mille vicissitudes, Corinthe, comme le reste de la Grèce, était passée sous les lois de Venise ; et là, devant ses remparts, dans les rangs des ennemis de Venise et de la Grèce, Alp combattait avec toute l'ardeur d'un fervent néophyte qui sent bouillonner dans son cœur le souvenir de mille outrages. Pour lui, sa patrie avait cessé de mériter ce titre dont elle se glorifiait autrefois, ce titre de « Venise la libre : » et dans le palais de Saint-Marc, des délateurs anonymes avaient confié pendant la nuit, à la Gueule de lion, une accusation contre lui qu'il n'avait pu repousser ; il avait eu le temps de sauver sa vie par la fuite, pour en passer le reste dans les combats, montrant à son pays quel homme il avait perdu, abaissant la croix devant le croissant et ne cherchant plus que la vengeance ou la mort.

V.

Coumourgi... ce guerrier dont la fin orna le triomphe d'Eugène, alors que sur la plaine sanglante de Carlowitz, le dernier et le plus redoutable des vaincus, il mourut sans regretter la vie, mais en maudissant la victoire des chrétiens : Coumourgi.... hélas! la gloire de ce dernier conquérant de la Grèce ne doit-elle pas durer, jusqu'à ce que des mains chrétiennes aient rendu aux Grecs la liberté que Venise leur avait donnée auparavant? Un siècle s'est écoulé jusqu'à nous depuis qu'il a rétabli la domination musulmane, et alors il commandait l'armée musulmane, et avait confié le commandement de son avant-garde au renégat Alp, qui justifiait cette confiance par plus d'une cité mise de niveau avec le sol, et qui, par plus d'un exploit sanglant, avait prouvé combien il était affermi dans sa nouvelle croyance.

VI.

Les remparts commencent à faiblir ; l'artillerie les foudroie sans relâche : une pluie incessante de boulets va des batteries aux créneaux ; les couleuvrines échauffées résonnent comme autant de tonnerres ; çà et là un édifice craque, embrasé par l'explosion de la bombe, et au moment où il s'écroule sous le souffle volcanique du projectile qui éclate, la flamme s'en échappe en colonnes rougeâtres qui se tordent dans l'air, où, dispersée en innombrables météores, va s'éteindre dans les cieux ses terrestres étoiles : les nuages de fumée viennent s'ajouter aux brouillards du ciel déjà sombre et forment une immense atmosphère sulfureuse, impénétrable aux rayons du soleil.

VII.

Mais ce n'est point seulement une vengeance longtemps différée qui anime Alp le renégat, lorsqu'il apprend froidement aux guerriers musulmans à s'ouvrir la brèche promise à leur courage : dans ces murs est renfermée une jeune fille ; et son espoir est de la conquérir sans le consentement d'un père inexorable, qui déjà la lui a refusée, alors qu'Alp, sous son nom chrétien, aspirait à sa main virginale. En des temps plus heureux, quand son âme s'ouvrait à la joie, quand le reproche de trahison ne pesait point sur lui, il était le plus gai des jeunes gens: que le carnaval eût vu briller dans les gondoles ou à la danse ; il avait donné les plus douces sérénades qui jamais eussent retenti à minuit sur les flots de l'Adriatique pour charmer les beautés de l'Italie.

VIII.

Et beaucoup pensèrent que le cœur de la belle Francesca s'était rendu: car depuis ce temps sa main, recherchée par de nombreux admirateurs, n'avait été accordée à aucun, et demeurait libre des chaînes de l'Église; et quand les flots de l'Adriatique eurent porté le jeune Lanciotto aux bords musulmans, la vierge devint pensive et pâle, on la vit moins souvent au confessionnal, moins aux bals et aux fêtes ; où si elle paraissait aux réunions, ses yeux baissés dédaignaient d'y subjuguer les cœurs : ses regards étaient distraits, sa parure moins brillante; sa voix n'égayait plus les chants; ses pas, quoique légers encore, glissaient moins rapides parmi ces couples heureux qui voyaient à regret l'aurore interrompre leurs danses.

IX.

Minotti avait été envoyé par l'État pour défendre le territoire que les généraux de Venise avaient enlevé aux musulmans, à l'époque où Sobieski abaissa l'orgueil du croissant sous les murs de Bude et aux bords du Danube, territoire qui s'étendait depuis le golfe de Patras jusqu'au détroit de l'Eubée. Investi des pouvoirs du doge, il était venu en établir le siège dans les remparts de Corinthe, alors que la paix, longtemps exilée de la Grèce, semblait lui sourire de nouveau, et avant que la perfidie eût violé une trêve qui l'avait affranchie du joug infidèle. Son aimable fille l'avait accompagné; et jamais beauté plus ravissante n'avait paru sur ce rivage, depuis le temps où l'épouse de Ménélas, abandonnant son prince et sa patrie, apprit à la terre quels désastres un amour illégitime peut entraîner à sa suite.

X.

Le mur est en ruines : la brèche est ouverte : demain, aux premiers rayons du jour, l'assaut redoutable se fraiera un chemin à travers ces masses disjointes. Tous les postes sont assignés d'avance ; en tête, se place une avant-garde d'élite de Tartares et de musulmans; espoir de l'armée, appelés à tort « les enfants perdus, » méprisant jusqu'à la pensée de la mort, ils s'ouvrent un passage à coups de cimeterre, ou pavent de leurs cadavres la route par laquelle monteront les braves qui les suivent, prenant pour marche-pied le dernier qui tombe.

XI.

Il est minuit : le disque entier de la lune répand sa froide clarté sur le front sombre des montagnes; la mer roule ses flots bleus; les cieux, également bleus, s'étendent comme un autre océan suspendu là-haut, tout parsemé de ces îles de lumière qui rayonnent d'un éclat si naïf et si pur. Ah! quel homme, après les avoir contemplées peut, sans un soupir de regret, rebaisser les yeux vers la terre, et ne point désirer des ailes pour prendre son vol, et s'aller confondre dans leurs éternelles clartés? Les vagues des deux mers reposent calmes et transparentes; à peine leur sommet écumeux ébranle-t-il les cailloux de la plage, et leur murmure est doux comme celui du ruisseau. Les vents se reposent mollement assoupis sur les vagues : les bannières pendent et s'enroulent lentement le long de leurs hampes, au sommet desquelles brille le croissant. Rien n'interrompt le profond silence, si ce n'est la voix de la sentinelle répétant son signal, le coursier qui hennit et frissonne, et l'écho de la montagne qui répond à ces bruits. Mais le vaste murmure de cette armée barbare s'étendit d'une côte à l'autre, comme le frémissement du feuillage, quand on ouït la voix du muezzin retentir au milieu des airs pour appeler à la prière de minuit : il s'éleva sur la plaine ce chant cadencé et plaintif, comme le chant de quelque esprit de la solitude ; il y avait dans son harmonie quelque chose de tristement doux, comme celle que rend une harpe effleurée par le vent, qui en tire de longs accords dépourvus de rhythme, que l'art humain ne pourrait reproduire. Les assiégés crurent, du sein de leurs remparts, entendre un cri prophétique leur annoncer leur défaite; ils en recevaient je ne sais quelle impression lugubre et terrible, frisson inexplicable et subit qui comprime un instant les mouvements du cœur, pour le laisser battre bientôt plus rapide, comme honteux de cet étrange sentiment par lequel il s'est laissé maîtriser. Tel est encore le tressaillement que produit en nous le glas d'une cloche funèbre, n'annonçât-il que la mort d'un inconnu.

XII.

La tente d'Alp est dressée sur le rivage : les bruits ont expiré ; la prière est dite. Déjà les sentinelles sont posées, la ronde de nuit est terminée, tous les ordres sont donnés et accomplis : encore une nuit d'anxiété, et demain, la vengeance et l'amour peuvent payer toutes ses douleurs, en le dédommageant même d'un si long retard. Il ne lui reste plus que quelques heures, et il a besoin de repos pour retrouver les forces nécessaires à tant de sanglants exploits : mais les pensées se pressent dans son âme comme des vagues agitées. Il est seul au milieu de cette armée; lui seul n'est point enflammé de ce fanatisme impatient d'arborer le croissant au-dessus de la croix et faisant bon marché de la vie, puisque le paradis l'attend avec d'immortel bonheur dès ses houris. Il ne sent pas non plus cette brûlante exaltation du patriote qui prodigue son sang et brave les fatigues pour défendre le sol natal. Il est seul, renégat armé contre un pays qu'il a trahi ; il est seul au milieu de sa troupe, sans pouvoir compter sur un cœur ou sur un bras fidèle : on le suit, parce qu'il est brave, parce qu'il peut conquérir et distribuer un riche butin ; on lui obéit, car il sait plier et gouverner les volontés du vulgaire : mais son origine chrétienne lui est toujours reprochée comme une sorte de crime. On lui envie jusqu'à cette gloire parjure qu'il a conquise sous un nom musulman ; et on n'a pas oublié que ce chef, aujourd'hui redouté de l'ennemi, fut autrefois un Nazaréen redoutable pour le croissant. Ces vulgaires soldats ne savent pas jusqu'où peut descendre l'orgueil d'un cœur qui a vu ses sentiments déçus et flétris; ils ne savent pas de quelle haine peut brûler une âme qui a dépouillé sa douceur naturelle pour un farouche endurcissement, ni ce que peut réellement le zèle faux et fatal de ceux auxquels la vengeance seule a dicté une croyance nouvelle. Il les gouverne.... on peut gouverner les pires des hommes, quand on ose toujours marcher devant eux : tel est l'empire du lion sur le chacal ; celui-ci indique la proie; le roi des forêts l'immole; puis la cohue glapissante accourt se gorger des débris de la victoire.

XIII.

Alp sent sa tête qui brûle d'une ardeur fébrile, son cœur qui bat avec une rapidité convulsive; en vain, pour appeler le repos, il se retourne sur sa couche; dès qu'il sommeille, un bruit intérieur, un tressaillement soudain le réveille avec un poids sur le cœur. Le turban écrase son front brûlant, la cotte de mailles pèse comme du plomb sur sa poitrine, et pourtant il a souvent et longtemps dormi tout armé sans couche ni pavillon : la terre nue était plus dure que son lit de soldat ; un ciel inclément était moins propre au sommeil que l'abri qu'il a aujourd'hui. Il ne peut dormir ; il ne peut attendre le jour dans sa tente : il sort et va se promener le long du rivage où des milliers d'hommes dorment paisiblement sur la grève. Ils n'ont rien pour appuyer leur tête ; leurs périls sont plus grands, plus rudes leurs fatigues, et ils dorment! Pourquoi donc, lui, ne dormirait-il pas comme le dernier d'entre eux? Ils rêvent non de terreur, mais du butin qu'ils espèrent ; et pendant que tous ces hommes goûtent une nuit de sommeil, leur dernière nuit peut-être, lui, tout seul, il promène au hasard sa veille douloureuse et porte envie à ceux qu'il contemple.

XIV.

Cependant, il sent son âme un peu soulagée par la fraîcheur de la nuit. L'air silencieux, froid mais calme, baigne son front d'un baume éthéré. Derrière lui est le camp... sous ses yeux le golfe de Lépante étale ses baies nombreuses et ses replis sinueux ; et plus haut sont les sommets couverts de neige des montagnes de Delphes, neige immuable, éternelle, la même qui, respectée par des milliers d'étés, brilla toujours sur ces rochers, le long du golfe et sous ce beau ciel : elle ne se fond pas comme l'homme sous l'effort du temps. Le tyran et l'esclave disparaissent et ne peuvent rester aux rayons du soleil ; mais ce voile blanc, que le voyageur salue sur le sommet des montagnes, ce voile si léger, si fragile, pendant que la tour s'écroule, que l'arbre est déraciné par l'ouragan, il continue à briller sur ses rocheuses citadelles. La neige prend la forme des pics qu'elle recouvre et atteint la hauteur des nuages : on dirait un drap mortuaire jeté là par la Liberté alors qu'elle s'exila de sa terre chérie, planant pour la dernière fois sur les lieux où son génie avait parlé par la voix des poètes : à chaque pas elle contemplait des campagnes dévastées, des autels en ruines, et montrant à des cœurs découragés ces glorieux monuments du passé, elle essayait de les rappeler à son culte : inutiles efforts ! Il faut attendre que de meilleurs jours aient lui et qu'il se soit levé de nouveau ce soleil non encore oublié, qui éclaira la fuite des Perses et vit sourire le Spartiate expirant.

XV.

En dépit de sa trahison et de ses crimes, Alp est de ceux qui n'ont point oublié ces glorieux temps, et pendant qu'il erre ainsi dans la nuit, pendant que, méditant sur le présent et le passé, il évoque le souvenir des morts glorieux qui ont versé ici même leur sang pour une meilleure cause, il sent combien elle sera vaine et souillée la gloire du chrétien parjure qui, l'épée à la main, conduit une horde en turban et dirige une attaque dont le succès serait un crime. Tels n'étaient pas ces héros auxquels son imagination rend la vie, ces guerriers dont la cendre dort autour de lui : leurs phalanges combattirent sur cette même plaine, dont les boulevards n'étaient pas alors inutiles. Ils tombèrent martyrs, mais martyrs immortels : et maintenant la brise même semble soupirer leurs noms, les eaux le répètent dans leur murmure ; les bois sont peuplés de leur renommée ; la colonne solitaire, muette et grisâtre, réclame avec leur sainte poussière un droit de parenté ; leurs ombres voltigent autour de la montagne obscure, leur mémoire brille dans l'onde limpide des sources ; le plus humble ruisseau, le plus puissant fleuve rouleront à jamais avec leurs ondes la renommée de ces héros. En dépit du joug qui pèse sur elle, c'est à eux et à leur gloire que cette terre appartient encore : son nom est encore un mot d'ordre qui réveille le monde. Quand l'homme veut accomplir une action virile, il se tourne vers la Grèce ; prenant son souvenir pour sanction, il s'apprête à marcher sur la tête des tyrans ; et c'est après l'avoir contemplée qu'il court à la mort ou à la liberté.

XVI.

Alp continue à rêver silencieux sur la plage, jouissant de la fraîcheur de la nuit. Elle n'a ni flux ni reflux cette mer intérieure, qui roule éternellement, toujours la même ; et les plus terribles de ses vagues, dans leur fureur la plus sauvage, empiètent à peine d'une verge sur la limite de la terre ; la lune impuissante les voit s'agiter librement sans se soucier de son cours : calmes ou turbulentes, au large ou dans la baie, elle n'a aucun empire sur leurs mouvements. Le rocher, découvert jusqu'à sa base et respecté par les flots, plane sur la lame mugissante qui ne vient pas le toucher : et l'on aperçoit au bas de la plage une frange d'écume sur une même ligne marquée depuis des siècles : un étroit ruban de sable jaune la sépare du vert gazon qui couvre la partie plus reculée du rivage.

En se promenant le long de la grève, Alp s'était approché à portée de carabine des remparts assiégés : mais les chrétiens ne l'avaient point aperçu ; sans cela comment aurait-il pu échapper à leur feu? Des traîtres s'étaient-ils glissés parmi eux ! ou leurs bras s'étaient-ils engourdis, leurs cœurs glacés? Je l'ignore : mais sur leurs murailles on ne vit briller aucune amorce ; on n'entendit pas une balle siffler, quoiqu'il se tînt sous le feu du bastion qui flanquait la porte du rivage, et qu'il pût entendre la voix de la sentinelle et presque distinguer les paroles d'humeur qui lui échappaient, en se promenant de long en large d'un pas régulier sur le pavé sonore. Il vit au pied des murailles des chiens décharnés faire aux dépens des morts hideux festin et se gorger en grognant des lambeaux des carcasses et des membres. Trop occupés pour aboyer après lui, comme on détache l'enveloppe d'une figue mûre, ils avaient enlevé la peau du crâne d'un Tartare et il entendait crier leurs crocs sur le crâne qui échappait à leurs mâchoires fatiguées. Rongeant nonchalamment les os des morts, à peine pouvaient-ils se soulever sur le théâtre de leur banquet tant, pour se dédommager d'un long jeûne, ils avaient bien profité de la pâture que leur avait préparée la bataille. Alp reconnut aux turbans qui avaient roulé sur le sable que là étaient les cadavres des plus braves de sa troupe. Les châles de leur coiffure étaient verts et cramoisis ; chaque tête n'avait qu'une longue mèche de cheveux, tout le reste était rasé et nu : les crânes étaient

C'est Alp! le renégat de l'Adriatique.

ntre les dents des chiens sauvages, et des fragments de la chevelure s'enlaçaient autour de leurs mâchoires. Mais tout près du rivage, au bord du golfe, un vautour battait des ailes pour écarter un loup accouru des montagnes et que la présence des chiens empêchait de prendre sa part de la curée humaine; toutefois, il s'était emparé d'un quartier de cheval que les oiseaux de proie becquetaient sur les sables de la baie.

XVII.

Alp détourna la vue de cet horrible spectacle : jamais, au milieu des combats, sa fermeté n'avait été ébranlée : mais il supportait la vue d'un guerrier expirant baigné dans les flots de son sang encore chaud, dévoré par la soif de l'agonie et se débattant en vain contre le trépas, plus aisément qu'il ne pouvait contempler ces morts pour qui toute douleur a cessé et qui n'offrent déjà plus qu'une masse putride. Sous quelque face que se présente la mort, il y a dans l'heure du péril je ne sais quoi qui exalte l'orgueil; car la renommée est là pour publier les noms de ceux qui succombent, et les regards de l'honneur contemplent vos exploits; mais quand tout est fini, il y a quelque chose d'humiliant pour l'homme à fouler encore le champ de bataille longtemps piétiné et jonché de morts privés de sépulture, à voir les vers de la terre, les oiseaux de l'air, les bêtes des forêts y accourir de toutes parts : regardant l'homme comme leur proie, et se réjouissant de son trépas.

XVIII.

Non loin de là sont les ruines d'un temple construit par des mains dès longtemps oubliées; deux ou trois colonnes, et de nombreux fragments de marbre et de granit que le gazon recouvre! Sois maudit, ô temps! Tu n'épargneras pas plus les choses à venir que tu n'as épargné les autres : sois maudit! tu ne laisses jamais subsister du passé que ce qu'il nous faut pour faire déplorer ce qui fut et ce qui sera. Ce que nous avons vu, nos fils verront : débris des choses qui ont disparu, fragments de pierre, dressés par des créatures d'argile.

Il était assez robuste pour le disputer aux plus jeunes guerriers.

XIX.

Il s'assit sur la base d'une colonne, en passant sa main sur son front : son attitude penchée était celle d'un homme plongé dans une profonde rêverie; sa tête retombait sur sa poitrine brûlante, agitée, oppressée, et ses doigts frappaient convulsivement son front, comme on voit un luth errer sur le clavier d'ivoire avant qu'elle ait saisi les cordes du ton qu'elle en veut tirer. Il était là, dans sa morne tristesse, quand tout-à-coup il entendit soupirer le vent de la nuit. Était-ce bien le vent qui, soufflant à travers les fentes de quelque rocher, exhalait ce gémissement doux et plaintif. Il leva la tête, il regarda la mer... elle était unie comme une glace; il regarda les longues herbes... pas une feuille ne remuait. D'où pouvait-il donc venir ce bruit si doux? Il regarda les bannières : leurs longs plis retombaient immobiles : immobiles encore étaient les feuilles sur les hauteurs du Cithéron; et pas un souffle n'arrivait jusqu'à sa joue : que voulait dire le léger bruit qu'il avait entendu... Tout-à-coup, en se tournant vers la gauche... ses yeux ne le trompent-ils pas? là est assise une femme jeune et brillante de beauté!

XX.

Il tressaille, plus effrayé que si un ennemi en armes était près de lui. « Dieu de mes pères! que vois-je? qui es-tu? et que viens-tu faire si près d'un camp? » Sa main tremblante se refuse à tracer le signe du chrétien, le signe d'une foi qu'il n'a plus : il allait y recourir dans cette heure d'épouvante : mais sa conscience lui en ôte la force. Il regarde, il voit : il reconnaît ce visage si beau, cette taille si gracieuse; c'est Francesca qui est près de lui; la vierge qui aurait pu être sa fiancée! Les couleurs de la rose sont encore sur ses joues, mêlées à des teintes moins vives; mais où est le charme mobile de ses douces lèvres : il a disparu, ce sourire qui en vivifiait l'incarnat. Le calme océan qui s'étend là-bas a moins d'azur que ses yeux; mais ils sont immobiles comme ses froides vagues, et leur regard, quoique brillant, est glacé. Une robe légère presse sa taille et laisse à découvert son sein éblouissant : à travers les flots de sa noire chevelure, qui tombe flottante sur ses épaules, on aperçoit ses bras nus, blancs et arrondis : et avant de répondre, elle lève sa main vers le ciel; hélas! une main si pâle et si transparente qu'on eût pu voir la lune briller à travers.

XXI.

« Je viens, du lieu de mon repos, trouver celui que j'aime le plus au monde, afin que je sois heureuse et qu'il soit béni. J'ai passé à travers les gardes : j'ai franchi les portes, les remparts : à travers les ennemis et tous les obstacles, je suis arrivée sans crainte jusqu'à toi. On dit que le lion se détourne et s'enfuit à l'aspect d'une vierge fière de sa pureté; le Tout-Puissant, qui protège ainsi l'innocence contre le tyran des forêts, a étendu sur moi sa bonté et m'a dérobée de même aux mains des infidèles. Je viens... et si je viens en vain, jamais, oh! jamais, nous ne nous reverrons! Tu as commis un horrible forfait, en abandonnant la croyance de tes pères; mais foule aux pieds le turban, fais le signe de la croix, et sois à moi pour toujours : efface de ton cœur une noire souillure, et demain nous serons unis pour ne plus nous quitter.

— Et où dresser notre couche nuptiale? au milieu des mourants et des morts? Car demain nous livrerons au meurtre et les chrétiens et leurs autels. Demain au lever de l'aurore, j'en ai fait le serment, nul ne sera épargné, hors toi et les tiens : mais toi, je te transporterai dans un séjour de délices, où nos mains seront unies et nous oublierons nos douleurs. Là tu seras mon épouse, après que j'aurai abaissé l'orgueil de Venise, après que ses fils abhorrés auront senti la pesanteur de ce bras qu'ils voulaient avilir;

après que j'aurai châtié avec un fouet de scorpions ceux que le vice et l'envie ont faits mes ennemis.

Elle posa une main sur la sienne..... quoique la pression fût légère, elle porta un frisson jusqu'à la moelle de ses os, glaça son cœur et le rendit immobile. Quelque faible que fût cette main si mortellement froide, il lui était impossible de s'en dégager ; jamais l'étreinte d'un objet si cher n'avait porté dans ses veines ce sentiment de terreur, car il sentit tout son sang se glacer sous ces beaux doigts blancs, minces et effilés. L'ardeur fiévreuse de son front disparut, son cœur devint froid et immobile comme un marbre, lorsque portant les yeux sur ce visage bien aimé, il le vit si différent de ce qu'il l'avait connu : plus pâle encore que blanc... il n'était plus illuminé par ce rayon de l'intelligence qui jadis en animait tous les traits, comme des vagues qui étincellent sous un beau soleil : ses lèvres avaient le calme, l'immobilité de la mort ; les paroles en sortaient sans être poussées par aucun souffle ; nulle respiration ne soulevait son sein, et le sang ne semblait plus battre dans ses veines. Bien que ses yeux fussent brillants, leurs paupières étaient fixes et leur regard était étrange, inaltérable, comme celui des êtres dont le sommeil est sans repos et qui se promènent dans un rêve inquiet : on eût dit un de ces personnages d'une tapisserie, lugubrement agitée par le souffle de la bise, dans une soirée d'hiver, quand la lampe mourante ne jette plus qu'une tremblante clarté : formes inanimées, mais offrant l'apparence de la vie, et par cela même terribles à voir, qui, dans l'obscurité, semblent prêtes à descendre des sombres murailles où elles se tiennent menaçantes, balancées çà et là et ballotées par le souffle qui agite les plis de l'étoffe.

« Si tu ne cèdes pour l'amour de moi, que ce soit du moins pour l'amour du ciel. Je te le dis encore... arrache ce turban de ton front infidèle et jure d'épargner les enfants de cette patrie que tu outrages, sinon tu es perdu pour jamais, et tu ne verras plus... je ne dis pas la terre : elle n'est plus rien pour nous... mais le ciel et moi-même. Si tu m'accordes ma demande, bien que tu aies un sort funeste à subir, le moment terrible peut effacer à demi ton forfait, et les portes de la miséricorde peuvent s'ouvrir pour toi ; mais si tu diffères un moment de plus, tu subiras la malédiction de Celui que tu as renié ; lève encore un regard vers le ciel, et vois, si tu persistes, son amour se fermer à jamais pour toi. Tu aperçois un léger nuage auprès de la lune... Il marche et bientôt il l'aura dépassée. Lorsque ce voile de vapeurs aura cessé de nous dérober le disque brillant, si ton cœur ne s'est pas changé en toi même, alors Dieu et les hommes seront vengés ; terrible sera ton destin, plus terrible encore ton immortalité de douleurs. »

Alp leva les yeux ; il vit dans le ciel le signe indiqué ; mais son cœur était gonflé, égaré par un profond et indomptable orgueil : cette fatale passion, la première qui eût dominé en lui, roulait comme un torrent sur tous ses autres sentiments. Lui, demander merci ! lui, se laisser troubler par les discours insensés d'une jeune fille timide ! lui, que Venise outragea, jurer d'épargner ses enfants, dévoués à la tombe ! Non ! dût ce nuage, plus terrible que le tonnerre, être destiné à le foudroyer... Non ! qu'il éclate !

Sans répondre un mot, il fixe sur le nuage un regard attentif ; il observe sa marche... le nuage est passé ; le disque entier de la lune brille à son regard, et il dit : « Quel que soit mon destin, je ne suis point changer... Il est trop tard ! Dans l'orage, le roseau plie et tremble, puis il se relève : l'arbre rompt. Ce que Venise m'a fait, je fois l'être, son ennemi en tout, sauf dans l'amour, que j'ai pour toi ; mais tu es en sûreté. Oh ! fuis avec moi ! » En parlant ainsi, il se retourne ; mais elle n'est plus là ! rien auprès de lui, sauf la colonne de marbre. S'est-elle enfoncée dans le sol ou évanouie dans l'air ? Il ne sait ; il n'a rien vu... mais rien auprès de lui !

XXII.

La nuit s'est écoulée, et le soleil resplendit comme pour un jour de fête. Le matin se dégage léger et brillant de son manteau grisâtre, et midi luira sur une chaude journée. Entendez-vous la trompette et le tambour et les sons lugubres du clairon des barbares, le frémissement des bannières qui s'agitent en rejoignant les bataillons, le hennissement des coursiers et le bruissement de la multitude ; le cliquetis de l'acier et les cris : « Aux armes ! aux armes ! » Les queues de cheval sont dressées en l'air, l'épée sort du fourreau : les rangs se forment et n'attendent plus que le signal. Tartares, spahis, Turcomans, abattez vos tentes, et marchez à l'avant-garde ; montez à cheval et donnez de l'éperon ; battez la plaine afin de couper toute retraite aux fuyards qui sortiront de la place, et que, jeune ou vieux, aucun chrétien ne puisse s'échapper, pendant que l'infanterie, s'avançant en masses, teindra de sang la brèche où elle se fera passage. Les coursiers sont bridés et hennissent sous la main qui tient les rênes, leurs têtes recourbées sur le poitrail, leurs crinières flottant au vent, l'écume aux lèvres, les lances sont en arrêt, les mèches allumées, les canons pointés, tout prêts à tonner et à renverser les murailles déjà ébranlées. Les janissaires forment leurs phalanges. Alp est à leur tête ; son bras est nu comme la lame de son cimeterre ; le khan et les pachas sont tous à leur poste, et le visir, en personne, est à la tête de l'armée. Quand la couleuvrine donnera le signal, en avant ! que personne ne reste vivant dans Corinthe... pas un prêtre à ses autels, pas un chef dans ses palais, un foyer dans ses demeures, une pierre sur ses murs. Dieu et le prophète ! Allez ! que ce cri redoutable monte jusqu'aux cieux. « La brèche est là qui nous offre un passage ; les échelles sont prêtes ; vos mains tiennent la poignée de vos sabres : qui pourrait vous arrêter ? Celui qui, le premier, abattra la croix rouge, viendra combler ses plus chers désirs ; qu'il demande, il obtiendra ! » Ainsi parle Coumourgi, l'indomptable visir ; on lui répond en brandissant les sabres et les lances ; et mille voix font entendre les cris d'une joie belliqueuse. . Silence !... Attention au signal ! .. Feu !

XXIII.

Tels des loups se précipitent en aveugles sur un buffle : le puissant animal mugit avec fureur ; ses yeux jettent des flammes : malheur au premier qui ose affronter sa rage ! ses sabots redoutables le pétrissent sur le sol ; ses cornes ensanglantées le font voler dans les airs : tels les musulmans s'avancent contre le rempart, et ainsi sont repoussés les premiers assaillants. Le boulet brise les cuirasses comme le verre, traverse les poitrines qu'elles recouvrent et disperse les membres des guerriers sur le sol qu'il laboure profondément ; des rangs entiers sont couchés sur la plaine comme l'herbe de la prairie sur la fin du jour, quand le faucheur a terminé sa tâche ; tant le carnage est terrible parmi les premiers qui se présentent sur la brèche.

XXIV.

Quand les hautes marées assiègent les rochers du rivage, on les voit en détacher d'énormes fragments sapés par leur attaques incessantes, jusqu'à ce que ces masses blanchâtres s'écroulent avec le fracas du tonnerre, ou avec le bruit que produisent dans les vallons des Alpes les neigeuses avalanches : ainsi les défenseurs de Corinthe, épuisés et poussés à bout, finissent par succomber aux assauts continus et répétés de la multitude des musulmans. Ils se rendent leurs rangs devant l'armée des infidèles et tombent par masses, fer contre fer, pied contre pied. Sur le champ de bataille, la mort seule est muette ; les coups de tranchant ou de pointe, les détonations des mousquets, les prières des vaincus, les cris de triomphe des vainqueurs se mêlent aux décharges de l'artillerie. Les villes lointaines qui entendent ce bruit se demandent quel peut être le sort de la bataille, si la victoire est de leur côté ou de celui des ennemis, et si elles doivent pleurer ou se réjouir en écoutant cette voix de la destruction, qui repait à travers les collines et remplit leurs échos de sons terribles et inaccoutumés. Ce jour-là, on l'entendit de Salamine et de Mégare, et même, assure-t-on, de la rade du Pirée.

XXV.

Depuis la pointe jusqu'à la garde, les épées et les sabres sont rougis de sang ; mais la ville est prise et le pillage commence : c'est la seconde phase du carnage. Des cris plus perçants s'élèvent des maisons saccagées : entendez-vous les pas des fuyards clapoter dans les rues où ils glissent dans le sang ? Çà et là, aux endroits où s'offre une position favorable, des groupes de dix ou douze hommes désespérés, s'arrêtent, font face en arrière, et, adossés à une muraille, arrêtent l'ennemi ou meurent en combattant.

Parmi eux on remarque un vieillard... ses cheveux ont blanchi, mais son bras de vétéran a encore toute sa force : il a vaillamment soutenu le poids de la journée, et les cadavres forment un demi-cercle autour de lui ; aucune blessure ne l'a encore atteint, et tout en reculant, il continue de combattre et ne se laisse pas entourer. Sous son corselet brillant, d'anciens combats ont laissé plus d'une cicatrice ; mais toutes les blessures qu'on pourrait trouver sur son corps sont d'une date antérieure. Peu de jeunes guerriers pourraient lutter contre le bras de fer du vieillard, et les ennemis auxquels il tient tête à lui seul sont plus nombreux que les cheveux déjà éclaircis de sa tête argentée. Son sabre se promène de droite et de gauche. A la suite de ce jour, plus d'une mère ottomane pleurera des fils qui n'étaient pas nés encore quand, pour la première fois, il trempa son glaive dans le sang infidèle ; alors, il n'avait pas vingt ans. Il eût pu être le père de tous ceux qui, dans ce dernier combat, tombèrent sous ses coups ; car, ayant perdu lui-même un fils, sa rage semblait s'attacher à faire autant qu'il pouvait d'ennemis affligés comme lui ; et depuis le jour où, au combat des Dardanelles, ce fils unique avait perdu la vie, le bras terrible du père avait immolé à ses mânes plus d'une hécatombe humaine. Les ombres de ceux qui ne sont plus peuvent être apaisées par le carnage, l'ombre de Patrocle put se réjouir de moins de victimes que celle du fils de Minotti, mort dans les lieux où l'Asie se sépare de l'Europe. Il fut inhumé sur ce rivage

, plusieurs mille ans auparavant, des milliers de guerriers ont ouvé leur tombeau. Que reste-t-il d'eux pour nous dire où ils reposent et comment ils ont succombé? Pas même une pierre sur le gazon de leur fosse; pas un ossement dans leur tombe; mais ils vivent dans des chants qui donnent l'immortalité.

XXVI.

Écoutez ces cris d'Allah! voici venir une troupe des musulmans les plus braves: celui qui marche à leur tête a le bras nu, et les coups de ce bras nerveux sont rapides, impitoyables; découvert jusqu'à l'épaule, il montre la route du carnage; c'est par là que ce chef se distingue dans les combats. D'autres guerriers offrent à l'ennemi l'appât d'une plus riche dépouille; maint cimeterre a une plus riche poignée, mais aucun n'a une lame plus souvent rougie. D'autres ont le front ceint d'un turban plus splendide.... Alp ne se fait reconnaître qu'à son bras blanc et nu: regardez au plus fort de la mêlée et vous l'y verrez; sur ce rivage, nulle bannière n'est plus rapprochée de l'ennemi que la sienne; nul étendard dans toute l'armée musulmane n'est plus volontiers suivi par les Dehlis. Il resplendit comme une étoile tombée des cieux. Où apparaît ce bras terrible, les plus braves combattent ou combattaient tout à l'heure; là, les lâches demandent inutilement quartier au Tartare impitoyable; là, le héros meurt en silence sans daigner pousser un gémissement, ou bien il se soulève sur le sol ensanglanté, et rassemble le peu de force qui lui reste pour immoler l'ennemi couché près de lui et comme lui mourant.

XXVII.

Le vieillard est toujours debout et intrépide, et devant lui Alp se trouve un moment arrêté. « Rends-toi, Minotti: reçois la vie et sauve celle de ta fille. — Jamais, renégat, jamais; quand la vie que tu m'offres devrait être éternelle. — Francesca!... ô ma fiancée!... doit-elle aussi périr victime de ton orgueil? — Elle est en sûreté. — Où est-elle? où est-elle? — Dans les cieux, qui sont fermés à ton âme parjure... loin de toi, et pure de tout tache. » Un sourire farouche erre sur les lèvres de Minotti quand il voit Alp chanceler à ses paroles, comme si un coup mortel l'eût frappé. « O Dieu! et quand est-elle morte? — La nuit dernière... Et je ne pleure point le départ de son âme; ainsi aucun rejeton de ma noble race ne sera l'esclave de Mahomet et le tien... Avance donc, traître! » Ce défi est vain: Alp est déjà avec les morts. Pendant que les paroles de Minotti pénétraient dans son cœur, plus vengeresses que n'eût été la pointe de son glaive, s'il lui eût donné le temps de frapper, du portail d'une église voisine, longtemps défendue par un petit nombre de braves, il se soulève sur le sol ensanglanté, il rassemble le peu de force qui lui reste. Avant que personne ait pu voir la blessure ouverte dans le crâne de l'infidèle, il tourne sur lui-même et il tombe pour ne plus se relever: au moment de cette chute, une flamme, un éclair passe devant ses yeux, et à cette lueur succède d'éternelles ténèbres; ses pensées se répandent dans son cerveau encore palpitant: il ne lui reste de vie qu'un léger frémissement qui parcourt tous ses membres. Ses compagnons le retournent et le mettent sur le dos; sa poitrine et son front sont souillés de poussière et de sang, et de ses lèvres sort, déjà épaissi, le liquide qui tout à l'heure circulait au plus profond de ses veines; mais son pouls n'a plus un battement; pas un sanglot d'agonie ne sort de sa gorge; pas un mot, un soupir, un râle, n'annoncent son dernier instant. Avant même que sa pensée pût prier, il a passé, sans un moment de répit, sans espoir dans la miséricorde divine, et restant jusqu'au bout... un renégat.

XXVIII.

Amis et ennemis poussent un cri terrible: les uns de fureur, les autres de joie; puis ils recommencent le combat: les glaives se heurtent, les lances sont dardées en avant; les coups de taille et de pointe s'échangent et renversent les guerriers dans la poussière. De rue en rue, pas à pas, Minotti dispute à l'ennemi la dernière portion qui lui reste de ces pays soumis à son commandement: les débris de sa troupe vaillante l'aident de leurs bras et de leur courage. On peut encore tenir dans l'église d'où est parti le coup providentiel qui, en renversant Alp, a vengé à demi la chute de Corinthe: c'est là qu'ils se retirent d'un pas lent, en laissant derrière eux une trace de sang, faisant toujours face à l'ennemi, et échangeant avec lui des coups mortels. Ainsi le chef et ses compagnons se joignent aux derniers défenseurs du temple: à l'abri du massif édifice, ils pourront respirer un moment.

XXIX.

Oui, un moment bien court! Les guerriers en turban, dont la foule et la fureur s'accroissent sans cesse, continuent de s'avancer avec tant de force et d'ardeur que leur nombre même leur interdit la retraite. Une seule rue fort étroite conduit au lieu où se défendent encore les chrétiens, et si les plus avancés reculent à la frayeur, c'est en vain qu'ils tenteraient de fuir à travers cette épaisse colonne; il faut combattre ou mourir. Ils meurent: mais avant que leurs yeux soient fermés, des vengeurs s'élèvent sur leurs cadavres; de nouveaux combattants viennent furieux remplir les rangs éclaircis où ils tombent à leur tour. Hélas! les bras des chrétiens commencent à se fatiguer et à faiblir en face de ces attaques sans cesse renouvelées: les Ottomans sont arrivés à la porte; sa masse d'airain résiste encore, et toujours, de toutes, les moindres fentes partent des balles meurtrières, de toutes les fenêtres en débris sortent des décharges de la flamme sulfureuse. Mais le portail chancelle et plie, l'airain cède, les gonds crient... la porte s'ébranle, elle tombe... et tout est fini: Corinthe ne peut plus résister; Corinthe est perdue!

XXX.

Sombre, farouche, et resté seul, Minotti est debout sur les marches de l'autel: au-dessus de lui brille l'image de la madone, embellie de teintes célestes, les yeux pleins de lumière et d'amour, placée au-dessus de l'autel sacré, elle doit fixer sur les choses divines les pensées des fidèles agenouillés qui la voient, l'Enfant-Dieu sur ses genoux, sourire doucement à leurs prières comme pour les envoyer vers le ciel. Aujourd'hui, elle sourit encore; elle sourit à travers le carnage qui souille la sainte nef. Minotti lève vers elle ses regards affaiblis par les ans; il fait en soupirant le signe de la croix, et prend une torche qui brûlait devant l'autel. Alors il reste immobile et silencieux, tandis que les musulmans entrent et s'avancent le fer et la flamme à la main.

XXXI.

Les caveaux que recouvrait le pavé de mosaïque renfermaient les morts des siècles passés; leurs noms étaient gravés sur la dalle: mais maintenant le sang empêche de les lire: les armoiries sculptées, les couleurs bizarres des différents marbres veinés, tout cela est taché, reluisant de sang, parsemé de tronçons d'épées et de cimiers rompus. Sous ce pavé couvert de cadavres, d'autres morts reposent glacés dans leurs cercueils rangés en longues lignes: à la pâle clarté qui perce à travers une grille sombre, ceux-ci se montrent réunis dans leur majesté sombre. Mais la guerre a pénétré dans leurs ténébreuses retraites, et sous les voûtes sépulcrales, auprès de ces morts décharnés, elle a entassé ses trésors de soufre et de salpêtre. C'est là que, pendant un long siège, les chrétiens ont établi leur magasin principal; une traînée de poudre récemment préparée et communique: dernière et fatale ressource que Minotti s'est réservée contre un ennemi désormais irrésistible.

XXXII.

Les musulmans avancent; peu de chrétiens combattent encore, et ils combattent en vain: faute d'ennemis vivants et pour assouvir la soif de vengeance qui s'est éveillée en eux, ces barbares vainqueurs percent de coups les cadavres, tranchent des têtes sans vie, renversent les statues de leurs niches, dépouillent les chapelles de leurs riches offrandes, et leurs profanes mains se disputent les vases d'argent que les saints ont consacrés. Ils s'avancent vers l'autel principal: quel éblouissant spectacle il offre aux yeux! sur la table où voit encore la sainte coupe d'or: massive et profonde, elle brille aux yeux des spoliateurs comme un prix splendide de leur victoire; ce matin même elle a contenu le vin consacré changé par le Christ en son divin sang, et ses adorateurs l'ont bu au point du jour pour sanctifier leurs âmes avant d'aller au combat..... quelques gouttes restent encore au fond du calice. Puis, autour de l'autel, brillent douze lampes massives, splendide ornement fait du métal le plus pur: cette dépouille, c'est la dernière et la plus riche de toutes.

XXXIII.

Ils approchent; déjà le premier de la bande étend la main pour saisir ce trésor, quand le vieux Minotti baisse sa torche, l'approche de l'inflammable traînée... L'explosion a tonné! Tours, caveaux, autels, trésors, cadavres musulmans ou chrétiens, tout ce qui reste ou vivant ou mort est lancé dans les airs avec le temple en débris, et tout se confond dans un affreux mugissement! La ville en ruine, les remparts renversés, les vagues un moment refoulées vers la pleine mer, les collines voisines qui, sans être déchirées, s'ébranlent comme par un tremblement de terre; mille objets informes emportés vers le ciel dans un tourbillon de flamme et de fumée par le souffle de l'explosion..... tout annonce au loin la fin de la lutte acharnée qui trop longtemps a désolé ce rivage. Tout ce qui vivait ici-bas semble prendre son vol vers les cieux ; et quand tout retombe, des guerriers de haute taille, consumés et amoindris par la flamme, ne sont plus que de chétifs morceaux de charbon qui jonchent la plaine. Les cendres couvrent la terre comme une pluie ; quelques débris humains tombent dans le golfe qui, en les recevant, dessine mille cercles à sa surface ; d'autres n'arrivent que jusqu'au rivage, ou sont dispersés au loin par tout l'isthme. Chrétiens ou musulmans, que sont-ils ? Que leurs mères le disent, si elles peuvent les voir ! Oh ! lorsqu'ils dormaient dans leurs berceaux, et que chaque mère contemplait en souriant le doux sommeil de son nourrisson, elle était loin de penser qu'un jour ces membres délicats seraient si cruellement déchirés. Celles qui les ont mis au jour ne pourraient maintenant les reconnaître : ce rapide moment n'a laissé aucune trace des formes et de la face humaines, si ce n'est quelque ossement ou un crâne brisé. Sur la plage sont aussi retombées et dispersées au loin des solives enflammées ; des pierres se sont enfoncées profondément dans la terre, et mille débris fumants et noircis gisent de tous côtés.

Tous les êtres vivants qui entendirent cet épouvantable choc disparurent de la contrée : les oiseaux des bois s'envolèrent ; les chiens sauvages s'enfuirent en hurlant et laissant les morts sans sépulture ; les chameaux quittèrent leur gardien ; le bœuf qui labourait dans les champs brisa son joug ; le coursier plus rapproché de la ville s'élança dans la plaine en rompant et la sangle et la bride ; la grenouille dans ses marais fit entendre un coassement plus plein et plus discord ; les loups hurlèrent sur la colline caverneuse, dont l'écho répétait encore le tonnerre de l'explosion ; la troupe des chacals se réunit pour glapir et faire entendre au loin ce cri plaintif pareil à la fois au vagissement d'un enfant et à la plainte du chien que l'on frappe ; les ailes subitement étendues et les plumes hérissées, l'aigle quitta son aire pour se rapprocher du soleil : à la vue du nuage qui s'épaississait au-dessous de lui et des flots de fumée infecte qui venaient l'assaillir, il éleva son vol en poussant de grands cris.

Ainsi Corinthe fut perdue et conquise.

FIN DU SIÈGE DE CORINTHE.

POÉSIES DIVERSES.

(Suite.)

ADIEU (1808).

Adieu ! si le ciel entend une prière fervente pour le bonheur d'autrui, la mienne ne se perdra pas entièrement dans les airs : mais elle ira porter ton nom par-delà le firmament. Que servirait de parler, de pleurer, de gémir : oh ! des larmes de sang, arrachées des yeux du coupable qui expire, diraient à peine toutes les douleurs renfermées dans ce mot : adieu... adieu !

Mes lèvres sont muettes, mes yeux sont secs ; mais dans mon sein et dans mon cerveau s'éveillent des tourments qui ne cesseront point, une pensée qui ne dormira plus. Mon âme ne daigne pas, n'ose pas se plaindre, malgré la révolte intestine de la douleur et de la passion. Je sais..... que nous avons aimé en vain ; je sens... toutes les douleurs de ce mot : adieu... adieu !

LE TRÉPAS.

Brillant soit le séjour de ton âme ! nulle autre plus adorable ne brisa ses chaînes mortelles pour briller dans les sphères des bienheureux.

Ici-bas, tu atteignais presque à cette divinité que tu vas posséder pour toujours ; et nous pouvons calmer notre douleur en songeant que ton Dieu est avec toi.

Qu'il te soit léger, le gazon de ta tombe ! que sa verdure brille de l'éclat de l'émeraude : il ne doit pas y avoir une ombre de tristesse dans ce qui nous rappelle ton souvenir.

Que de jeunes fleurs et un arbre toujours vert croissent sur le sol où tu reposes : mais qu'on n'y voie ni l'if ni le cyprès ; pourquoi porterions-nous le deuil des bienheureux ?

REGRETS.

Quand nous nous sommes quittés, dans le silence et dans les larmes, le cœur à demi brisé, pour ne nous retrouver de longtemps, la joue devint pâle et froide, plus froids encore tes baisers : tristes moments qui présageaient la tristesse des moments à venir.

La rosée du matin descendit glacée sur mon front... je ressentis comme un avertissement de ce que j'éprouve aujourd'hui. Tu as rompu tous tes serments, et légère est la renommée : j'entends prononcer ton nom, et j'en partage la honte.

Ils te nomment devant moi ; et c'est un glas de mort qui retentit à mon oreille : tout-à-coup je me sens tressaillir... Oh ! pourquoi me fus-tu si chère ? Ils ne savent pas que je t'ai connue, ceux qui te connaissent trop bien :... Oh ! longtemps, longtemps ton souvenir me suivra, plus amer que je ne puis dire.

Nous nous sommes vues en secret... Je gémis en silence de voir que ton cœur ait pu oublier, ton âme trahir. Si jamais je te revois, après de longues années, comment pourrai-je t'accueillir ?... Dans le silence et les larmes.

A UN JEUNE AMI.

Peu d'années se sont écoulées depuis que vous et moi nous fûmes deux amis, du moins de nom ; et la joyeuse sincérité de l'enfance assura la longue durée de ce sentiment.

Mais aujourd'hui, comme moi, vous savez trop qu'il faut souvent peu de chose pour aliéner un cœur ; et qu'après avoir beaucoup aimé, souvent on croit ne pas avoir aimé du tout.

Telle est l'inconstance de notre esprit, telle est la fragilité de nos premières affections, qu'il suffira d'un mois, peut-être d'un jour, pour vous faire changer de nouveau.

S'il en est ainsi, ce n'est pas moi qui déplorerai jamais la perte d'un tel cœur ; la faute en est, non point à vous, mais à la nature qui vous a créé si léger.

Comme les flots capricieux de l'Océan, les sentiments humains ont leur flux et leur reflux ; qui voudrait se fier à une âme que troublent toujours d'orageuses passions ?

Qu'importe qu'élevés ensemble, les jours de notre enfance aient été des jours de bonheur ! le printemps de ma vie s'est écoulé rapidement ; et vous aussi vous avez cessé d'être un enfant.

Au moment où nous prenons congé de la jeunesse pour nous faire les esclaves d'un monde hypocrite et jaloux, nous disons à la vérité un long adieu : car ce monde corrompt l'âme la plus noble.

Joyeux âge où l'âme en tout est intrépide, si ce n'est dans le mensonge, où la pensée, se manifestant avant la parole, étincelle dans un œil calme et placide !

Il n'en est plus ainsi dans des années plus mûr ; l'homme dès lors n'est qu'un instrument : l'intérêt domine ses espérances et ses craintes ; sa haine et son amour sont asservis à des règles.

Enfin nous apprenons à marier nos vices aux vices des insensés qui nous ressemblent, et c'est à ceux-là, à eux seuls, que nous prostituons le nom d'amis.

Telle est la commune destinée de l'homme : pouvons-nous donc échapper à la sottise universelle ? dépend-il de nous de renverser l'état des choses, et de ne pas être ce que chacun est à son tour ?

Non ! pour moi, dans toutes les phases de ma vie, mon destin s'est montré tellement sombre, j'ai tant de raisons de haïr et le monde et les hommes, que je me soucie peu du moment où je quitterai la scène.

Mais vous, esprit inconstant et léger, vous brillerez pour vous éclipser bientôt, comme l'insecte qui étincelle dans l'ombre, mais qui ne peut soutenir l'éclat du jour.

Hélas ! dans ces lieux que hante la folie, où se rencontrent princes et parasites (car sous les lambris des rois, les vices toujours bienvenus se choient mutuellement),

On vous voit chaque soir ajouter un papillon de plus au tourbillon de la foule, et votre cœur frivole se trouve heureux d'applaudir à la vanité, de courtiser l'orgueil.

Là, vous voltigez de belle en belle, souriant et empressé, comme ces mouches qui, dans un brillant parterre, souillent toutes les fleurs qu'elles goûtent à peine.

Mais quelle nymphe, dites-moi, fera cas d'une flamme qui, semblable aux lueurs vaporeuses d'un marais, feu follet de l'amour, va et vient d'une beauté à l'autre ?

Quel jeune compagnon, éprouvât-il même pour vous un sentiment affectueux, osera l'afficher hautement et rabaisser son mâle orgueil jusqu'à une amitié que le premier sot venu peut partager avec lui?

Arrêtez, pendant qu'il en est temps encore : n'allez plus jouer parmi la foule un rôle aussi frivole; arrachez-vous à cette existence sans but : soyez quelque chose, tout ce que vous voudrez... mais ne soyez pas un fat.

SUR UNE COUPE FORMÉE D'UN CRANE HUMAIN.

Ne recule point...... ne crois pas que l'esprit ait quitté cette demeure : vois en moi la seule tête, qui, au rebours d'une cervelle humaine, ne donne essor qu'à la joie.

J'ai vécu, aimé et bu comme toi : mort, j'ai laissé les autres os en terre; vide-moi sans crainte : tu ne me fais point injure; les baisers du ver des tombeaux sont plus tristes que les tiens.

Mieux vaut renfermer le jus pétillant de la grappe; mieux vaut être la coupe où s'abreuvent les dieux, que d'offrir la pâture à cette immonde et rampante vermine.

Que ce vase, où peut-être quelque esprit a brillé jadis, brille lui-même aujourd'hui pour aider celui des autres : hélas! quand une tête a perdu la cervelle, peut-on mieux la remplacer que par du vin?

Épuise donc la coupe tant que tu le peux; quand toi et les tiens vous serez partis, et il y a pour toi comme pour moi quelque chose de pénible dans le spectacle de sa félicité, mais cela doit passer... Oh! combien mon cœur le haïrait s'il ne t'aimait pas!

Et pourquoi non?... si, pendant le court espace de la vie, ce qui sort d'une tête d'homme peut produire tant de maux, n'est-ce pas un sort assez beau pour elle d'être dérobée aux vers et à la corruption pour servir enfin à quelque chose.

ÉPOUSE ET MÈRE (1808).

Eh bien! tu es heureuse, et je sens que je devrais l'être aussi; car ton bonheur est, comme autrefois, ce qui réchauffe mon âme.

Ton époux est heureux... et il y a pour moi comme pour toi quelque chose de pénible dans le spectacle de sa félicité, mais cela doit passer... Oh! combien mon cœur le haïrait s'il ne t'aimait pas!

La dernière fois que j'ai vu ton enfant chéri, j'ai cru que mon cœur jaloux allait se briser; mais quand sa bouche innocente m'a souri, je l'ai embrassé à cause de sa mère.

Je l'ai embrassé, et j'ai étouffé mes soupirs en voyant en lui les traits paternels; mais il avait les yeux de sa mère, et ceux-là étaient tout à l'amour et à moi.

Adieu Mary! il faut que je m'éloigne! Tant que tu seras heureuse, je ne me plaindrai pas; mais je ne puis rester aux lieux où tu es : bientôt mon cœur serait encore à toi.

Je croyais le temps, que la fierté avaient éteint une flamme adolescente, et il a fallu que je fusse assis à ton côté pour reconnaître que, sauf l'espérance, mon cœur était toujours le même.

Et pourtant j'étais calme : j'ai connu un temps où mon sein eût tressailli devant ton regard; mais en ce moment trembler ne serait être coupable. Nous nous vîmes, et pas une fibre en moi ne fut agitée.

Je vis tes yeux se fixer sur les miens; et ils n'y découvrirent aucun trouble; tu ne pus y lire qu'un seul sentiment, la sombre tranquillité du désespoir.

Partons! partons! Ma mémoire ne doit plus évoquer ce rêve de ma jeunesse. Oh! qui me donnera les flots fabuleux du Léthé? Cœur insensé, il faut te taire ou mourir!

SUR LA TOMBE D'UN TERRE-NEUVE.

Quand un orgueilleux enfant des hommes est rendu à la terre, inconnu à la gloire, mais élevé par sa naissance, l'art du sculpteur s'épuise en témoignages d'une pompeuse douleur; des urnes ciselées nous apprennent quelles cendres elles renferment. Lorsque tout est fini, on lit sur sa tombe, non ce qu'il fut, mais ce qu'il aurait dû être. Quant au pauvre chien, notre ami le plus fidèle, le premier à nous souhaiter la bienvenue, le premier à nous défendre, le chien dont la sincère affection appartient tout entière à son maître; qui travaille, combat, vit et respire pour lui seul; il meurt inhonoré, ses mérites sont oubliés, et on lui refuse dans le ciel l'âme qu'il manifestait si bien sur la terre. Cependant l'homme, insecte orgueilleux, espère le pardon, et réclame un ciel exclusivement à lui. O homme! faible créature d'un jour, avili par l'oppression ou corrompu par le pouvoir, vile masse de poussière animée, quiconque te connaît doit te quitter avec dégoût! Ton amour n'est qu'impudicité; ton amitié, qu'imposture; ton sourire hypocrisie et tes paroles mensonge. Vil par ta nature, n'ayant de noble que ton nom, il n'est pas d'animal susceptible d'affection devant qui tu ne doives rougir. Vous qui rencontrez par hasard ce modeste tombeau, passez votre chemin; l'être qu'il honore n'est pas de ceux qui obtiendraient vos regrets. Ces pierres couvrent les restes d'un ami; je n'en ai connu qu'un de fidèle.... et c'est ici qu'il repose.

Newstead, 30 novembre 1808.

REGRETS (1808).

L'homme, exilé des bocages de l'Eden, s'arrêta un moment avant de franchir le seuil; tout ce qu'il voyait lui rappelait le souvenir du passé et lui faisait maudire sa future destinée.

Mais, après avoir erré dans de lointains climats, il apprit à porter son fardeau de douleur : et tout en donnant un soupir à d'anciens jours, il trouva un soulagement dans l'activité de sa nouvelle existence.

C'est ainsi, madame, qu'il en sera de moi, et je ne dois plus voir vos charmes; car en restant près de vous, je soupire après tout ce que j'ai connu naguère.

Le plus sage est de fuir, afin d'échapper aux pièges de la tentation : je ne puis contempler mon paradis sans désirer de l'habiter encore.

SOUVENIR.

Pourquoi me rappeler, me rappeler ces heures si chères, maintenant évanouies, où mon âme tout entière se donnait à toi; heures qui ne seront oubliées que lorsque le temps aura énervé nos facultés vitales, et que toi et moi nous aurons cessé d'être.

Puis-je oublier.... peux-tu oublier, toi-même, comment ton cœur accélérait ses battements quand ma main se jouait dans l'or de ta chevelure! Oh! sur mon âme, je te vois encore, avec tes yeux languissants, ton beau sein doucement agité, et tes lèvres qui, dans leur silence, respiraient l'amour!

Ainsi appuyée sur ma poitrine, tes yeux me lançaient un doux regard, qui réprimait à demi et enflammait les désirs; et nous nous rapprochions encore, encore, et, nos lèvres brûlantes venant à se rencontrer, nous nous sentions mourir dans un baiser.

Et alors ces yeux pensifs se fermaient; et les paupières, en se cherchant l'une l'autre, voilaient leurs globes d'azur, pendant que tes longs cils, projetant leur ombre sur les joues vermeilles, semblaient le plumage d'un corbeau déployé sur la neige.

Je rêvais la nuit dernière que notre amour était revenu; et s'il faut être franc, ce rêve, bien qu'illusoire, était plus doux que si, dans mes caprices, j'eusse brûlé pour d'autres cœurs, pour des yeux qui ne brilleront jamais comme les tiens, dans l'enivrante réalité du bonheur.

Ne me rappelle donc plus, ne me rappelle plus ces heures qui, pour jamais disparues, peuvent encore inspirer de doux rêves, jusqu'à ce que toi et moi nous soyons oubliés, et insensibles comme la pierre funèbre annonçant que nous ne serons plus.

LE PASSÉ.

Il fut un temps.... qu'ai-je besoin de le désigner? nous n'en saurions perdre la mémoire.... Il fut un temps où nous sentions l'un pour l'autre ce que j'ai continué à sentir pour toi.

Et depuis ce jour où, pour la première fois, ta bouche confessa un amour égal au mien, quoique bien des douleurs aient déchiré ce cœur, douleurs que le tien a ignorées et n'a pu ressentir...

Aucune, aucune n'a pénétré si avant que cette pensée : tout cet amour s'est envolé, fugitif comme tes baisers sans foi; mais fugitif dans son nom seulement.

Et cependant mon cœur a éprouvé quelque consolation lorsque, naguère encore, j'ai entendu ta bouche, avec un accent qu'autrefois je croyais sincère, rappeler le souvenir du passé.

Oui! femme adorée et pourtant cruelle, dusses-tu ne plus m'aimer jamais, il m'est doux et plus que doux de voir que le souvenir de cet amour te reste.

Oui, c'est pour moi une pensée enivrante, et mon âme désormais cessera de gémir. Sois maintenant ce que tu voudras, sois ce que tu voudras dans l'avenir, tu as été complètement, uniquement à moi.

SYMPATHIE.

Tu me pleureras donc quand je ne serai plus ! Douce beauté, redis-moi ces mots charmants. Toutefois, s'il t'en coûte de les redire, tais-toi : jamais je ne voudrais t'affliger.

Mon cœur est brisé et mon espoir éteint, mon sang coule froid dans mes veines ; et quand j'aurai cessé de vivre, toi seule viendras gémir au lieu de mon repos.

Et pourtant il me semble qu'un rayon de paix brille à travers le nuage de ma douleur ; et la pensée que ton cœur a sympathisé avec le mien suspend un moment mes souffrances.

Oh ! bénies soient tes larmes ! elles sont précieuses et doublement chères à celui dont les yeux ne peuvent plus en répandre.

Femme adorée, il fut un temps où mon cœur était chaleureux et tendre comme le tien ; mais la beauté elle-même a cessé de charmer un malheureux né pour souffrir.

Et pourtant tu me pleureras quand je ne serai plus ! Douce beauté, redis-moi ces mots charmants. Toutefois, s'il t'en coûte de les redire, tais-toi : jamais je ne voudrais t'affliger.

LES BAS-BLEUS.

EGLOGUES LITTERAIRES.

PREMIÈRE EGLOGUE.

Londres, devant la porte d'un cours public.

TRACY aborde **INKEL**.

INKEL. Vous arrivez trop tard.
TRACY. Est-ce donc fini ?
INKEL. Non : et ce ne sera pas fini dans une heure : mais les bancs ressemblent à un parterre, tant ils sont bien garnis de la fleur de nos beautés, qui en ont fait une mode. Comme on dit les *beaux arts*, nous appellerons la *belle passion* cette manie de science dont le grand monde s'est tout récemment épris, et qui a fait de tous nos hommes comme il faut des lecteurs enragés.
TRACY. Je ne le sais que trop ; car j'ai mis à bout ma propre patience, en m'étudiant à bien étudier toutes vos publications nouvelles. J'ai lu Vamp et Scamp ; Southey, Wordsworth et compagnie, et tout leur diable de.....
INKEL. Arrêtez, mon bon ami, savez-vous bien à qui vous parlez ?
TRACY. Parfaitement, mon cher ; vous êtes connu dans *Pater noster Row*. Vous êtes un auteur, un poète.
INKEL. Et vous imaginez-vous que je puisse de sang froid entendre décrier les muses ?
TRACY. Excusez-moi : je n'ai pas eu l'intention d'offenser les neuf sœurs ; quoique, à vrai dire, le nombre de ceux qui prétendent à leurs faveurs..... Mais laissons-là ce sujet : je sors tout chaud de la boutique d'un libraire..... contre celle d'un pâtissier, en sorte que, si je ne trouve pas sur les rayons du bibliopole le livre que je cherche, je n'ai qu'à faire deux pas pour me rendre chez le voisin ; car vous savez que tous les auteurs se trouvent dans l'un ou l'autre lieu. Or, je viens de parcourir une critique charmante, tellement saupoudrée d'esprit, tellement aspergée de grec ! votre ami... vous savez... y est si joliment flagellé, que, pour me servir de l'expression des piétistes, c'est on ne peut plus « *rafraîchissant*. » Un mot admirable !
INKEL. C'est vrai ; il a quelque chose de si doux et de si pur ! peut-être s'en sert-on un peu trop souvent ; les journaux eux-mêmes ont fini par l'adopter.... mais n'importe. Vous dites donc qu'ils ont houspillé notre ami !
TRACY. Ils ne lui ont pas laissé un lambeau, pas une guenille de sa réputation présente ou passée, qui, disent-ils, est une honte pour le siècle et la nation.

INKEL. Je suis fâché d'apprendre pareille chose, car vous savez que l'amitié... Ce pauvre ami ! Mais je prévoyais que cela finirait ainsi. Notre amitié est telle que je ne veux rien lire de ce qui pourrait le blesser. N'auriez-vous pas, par hasard, la revue dans votre poche ?
TRACY. Non ; je l'ai laissée là-bas environnée d'une douzaine d'auteurs ou amateurs (j'en suis désolé, vraiment, puisqu'il s'agit d'un ami) ; ils étaient là se disputant et se démenant comme autant de lutins, et brûlant d'impatience de voir la suite de tout ceci.
INKEL. Allons les rejoindre.
TRACY. Quoi donc ! n'allez-vous pas rentrer au cours ?
INKEL. La salle est encombrée ; un spectre ne trouverait pas à s'y placer. D'ailleurs, notre ami Scamp est aujourd'hui si absurde.
TRACY. Comment pouvez-vous le savoir avant de l'avoir entendu ?
INKEL. J'en ai entendu tout autant qu'il m'en faut ; et, à vous parler franchement, ma retraite a eu pour motif ses absurdités, non moins que la chaleur.
TRACY. Je n'aurai donc pas perdu grand'chose ?
INKEL. Perdu !... un fatras pareil ! j'aimerais mieux inoculer à ma femme la bave d'un chien enragé que de lui faire entendre deux heures durant le galimatias dont il nous inonde, pompé avec tant d'effort, dégorgé avec tant de peine, que..... Venez, ne me faites point parler mal du prochain.
TRACY. Moi ! vous faire parler !
INKEL. Oui, vous ! je n'ai rien dit jusqu'au moment où vous m'avez forcé, en disant la vérité.....
TRACY. De parler mal ! est-ce là votre déduction ?
INKEL. En mettant ce Scamp à sa juste valeur, je suis l'exemple, je ne le donne pas. Ce gaillard-là n'est qu'un imbécile, un imposteur, un niais.
TRACY. Et la foule d'aujourd'hui prouve qu'un imbécile en produit beaucoup d'autres. Mais, nous deux, nous serons sages.
INKEL. Alors, je vous en prie, retirons-nous.
TRACY. Je ne demanderais pas mieux, mais.....
INKEL. Pour vous attirer dans cette serre-chaude, il faut qu'il y ait pour vous un objet d'attraction plus vif que Scamp et la harpe juive qu'il appelle sa lyre.
TRACY. C'est vrai, je l'avoue : une beauté charmante.
INKEL. Une demoiselle ?
TRACY. Miss Lilas !
INKEL. Le bas-bleu ? l'héritière ?
TRACY. L'ange !
INKEL. Le diable ! Eh ! mon cher ! tirez-vous de ce mauvais pas aussi vite que vous pourrez. Vous, épouser miss Lilas ! ce serait vous perdre : c'est une poète, un chimiste, un mathématicien.
TRACY. C'est un caractère d'ange.
INKEL. Oui, d'angle... Si vous l'épousez, vous ne tarderez pas à en venir aux gros mots. Je vous dis, mon cher, que c'est un bas-bleu, aussi bleu que l'éther des cieux.
TRACY. Est-ce là un motif pour que nous ne puissions nous entendre ?
INKEL. Hum ! je puis dire n'avoir jamais vu la concorde résulter d'un hyménée avec la science. La dame est si instruite en toute chose, et s'empresse à pénétrer tout ce qui se rattache aux objets scientifiques, que...
TRACY. Quoi ?
INKEL. Je ferais peut-être aussi bien de me taire ; mais cinq cents personnes vous diront que vous avez tort.
TRACY. Vous oubliez que lady Lilas est riche comme une juive.
INKEL. Est-ce la demoiselle ou les écus de la maman que vous avez en vue ?
TRACY. Mon cher, je serai franc avec vous... je poursuis les deux objets à la fois. La demoiselle est une fort belle fille.
INKEL. Et vous ne vous sentez aucune répugnance pour la succession de son excellente mère, qui, je vous en avertis, m'a tout l'air de vouloir vivre pour le moins autant que vous.
TRACY. Qu'elle vive, et aussi longtemps qu'il lui plaira ; je ne demande que le cœur et la main de sa fille.
INKEL. Son cœur est dans son encrier ; sa main ne sait tenir qu'une plume.
TRACY. A propos..... pourriez-vous me composer quelques couplets de temps à autre ?
INKEL. Dans quel but ?
TRACY. Vous savez, mon cher ami, qu'en prose j'ai, à tout prendre, un talent fort honnête ; mais en vers.....
INKEL. Vous êtes terriblement dur, il faut l'avouer.
TRACY. J'en conviens ; et cependant, au temps où nous vivons, il n'y a pas d'appât plus certain pour gagner le cœur des belles, qu'une stance ou deux ; et, comme je suis peu au courant de la chose, auriez-vous la bonté de m'en fournir quelques-unes ?
INKEL. Sous votre nom ?
TRACY. Sous mon nom. Je les recopierai et les lui glisserai dans la main pas plus tard qu'au prochain raout.
INKEL. Vos affaires sont-elles donc tellement avancées que vous puissiez vous hasarder jusque-là ?

TRACY. Comment donc! me croyez-vous subjugué par les yeux d'un bas-bleu au point de n'oser lui dire en vers ce que je lui ai dit en prose, pour le moins aussi sublime?
INKEL. Aussi sublime! s'il en est ainsi, vous n'avez nul besoin de ma muse.
TRACY. Mais considérez, mon cher Inkel, qu'il s'agit d'un bas-bleu.
INKEL. Aussi sublime! monsieur Tracy, je n'ai plus rien à vous dire. Tenez-vous-en à la prose..... aussi sublime! Mais...! je vous souhaite le bon soir.
TRACY. Arrêtez, mon cher ami; songez donc..... j'ai tort, je l'avoue; mais, je vous en prie, faites-moi les couplets.
INKEL. Aussi sublime!
TRACY. L'expression m'est échappée.
INKEL. Cela se peut, monsieur Tracy; mais cela dénote un bien mauvais goût.
TRACY. Je le confesse, je le sais, je le reconnais... que faut-il vous dire de plus?
INKEL. Je vous comprends. Vous dépréciez mes talents par d'insidieuses attaques, jusqu'au moment où vous croyez pouvoir les faire servir à votre avantage.
TRACY. Et n'est-ce pas là une preuve que j'en fais cas?
INKEL. J'avoue qu'en effet cela change l'état de la question.
TRACY. Je sais ce que je fais; et vous qui n'êtes pas moins homme du monde que poète, vous n'aurez pas de peine à comprendre que je n'ai jamais pu avoir l'intention d'offenser par mes paroles un génie tel que vous, et d'ailleurs un ami.
INKEL. Sans doute; je vous ai fait comprendre ce qui est dû à un homme... Mais, venez, donnons-nous une poignée de main.
TRACY. Vous saviez, et vous savez, mon cher ami, avec quel empressement j'achète tout ce que vous publiez.
INKEL. C'est l'affaire de mon libraire; je me soucie fort peu de la vente; et, en effet, les meilleurs poëmes commencent toujours par faire peu d'argent; témoin les épopées du Renégat, les drames de Botherby, et moi-même, mon grand poëme romantique...
TRACY. A eu le succès qu'il méritait : j'en ai fait l'éloge dans la Revue des vieilles filles.
INKEL. Quelle revue?
TRACY. C'est le journal de Trévoux de l'Angleterre, œuvre ecclésiastique des jésuites de chez nous. Ne l'avez-vous jamais vue?
INKEL. Cela m'a plaisir que j'ai encore à me procurer.
TRACY. En ce cas, dépêchez-vous.
INKEL. Pourquoi?
TRACY. J'ai entendu dire que l'autre jour ce journal a failli rendre l'âme.
INKEL. Bon! signe qu'il ne manque pas tout-à-fait d'esprit.
TRACY. Certainement. Serez-vous au raout de la comtesse de Fiddlecome?
INKEL. J'ai une invitation et je m'y rendrai; mais pour le moment, aussitôt qu'il plaira à l'ami Scamp de descendre de la lune (où il va sans doute chercher son esprit égaré), aussitôt qu'il donnera du répit à sa manie professorale, je suis engagé chez lady Bluebottle, pour y prendre ma part d'un souper froid et d'une conversation instructive; c'est une sorte de réunion dont Scamp est l'objet; les jours où a lieu son cours : là, on lui sert de la langue froide et des louanges à discrétion. J'avoue, pour ma part, que cette réunion n'a rien de désagréable. Voulez-vous y venir? Miss Lilas y sera.
TRACY. Voilà un métal attractif.
INKEL. Oui certes... pour la poche.
TRACY. Vous devriez encourager ma passion, au lieu de la railler, mais allons; car d'après le bruit que j'entends...
INKEL. Vous avez raison ; partons avant qu'on ne vienne ici, si nous ne voulons que ces dames nous tiennent une heure à leur audience, exposés à l'interrogatoire et au contre-interrogatoire de toute la troupe des bas-bleus. Diable! les voilà qui arrivent; je reconnais le vieux Botherby, à sa voix de faux-bourdon, à sa manière de parler ex cathedrâ. Oui! c'est lui-même. Pauvre Scamp! hâte-toi de venir rejoindre tes amis; sinon il te paiera de la propre monnaie.
TRACY. Il n'y a rien là que de juste; ce sera leçon pour leçon.
INKEL. C'est évident. Mais au nom du ciel! éloignons-nous, si nous voulons éviter ce fléau. Venez, venez! je pars.

(INKEL sort.)

TRACY. Vous avez raison, je vous suis; tout à l'heure, je pourrai dire : « Sic me servavit Apollo. » Nous allons avoir toute la bande à nos trousses, bas-bleus, dandys, douairières, scribes en sous-ordre, tous accourant en foule chez lady Bluebottle pour humecter d'un verre de madère leurs gosiers délicats.

(TRACY sort.)

ÉGLOGUE SECONDE.

Un appartement chez lady Bluebottle. — Une table servie.

SIR RICHARD BLUEBOTTLE seul. Jamais homme fut-il plus mal marié? Imbécile de m'être tant pressé! Voilà ma vie sens dessus-dessous et mon repos détruit. Mes jours, qui s'écoulaient naguère dans un néant si doux, sont maintenant occupés pendant les douze heures du cadran. Que dis-je, douze heures?... des vingt quatre heures; en est-il une seule que je puisse dire à moi? Au milieu de ce tourbillon de promenades en voiture, de visites, de danses, de dîners, de cette manie d'apprendre, d'enseigner, d'écrivailler, de briller dans les sciences et les arts, du diable si je puis me distinguer de ma femme; car, bien que nous soyons deux, elle ne sait comment elle s'y prend, mais elle a soin en toute chose de montrer que nous ne faisons qu'un. Mais ce qui me désespère encore plus que les mémoires à régler chaque semaine (quoique ce point-là me soit très douloureux), c'est cette bande nombreuse, railleuse, médisante, d'écrivassiers, de beaux-esprits, de professeurs, blancs, noirs, bleus, qui prennent ma maison pour une auberge, et y font bombance à mes dépens... car il paraît qu'ici c'est l'hôte qui paie la carte... Nul agrément! nul loisir! nulle considération pour ce que je souffre, rien qu'à entendre un sot jargon qui m'étourdit la cervelle, un babil superficiel, pillé dans les revues par l'insipide coterie des bas-bleus, ramassis de gens qui ne savent même pas... Mais, chut, les voici; plût à Dieu que je fusse sourd! Cela n'étant pas, je serai muet.

ENTRENT : LADY BLUEBOTTLE, MISS LILAS, LADY BLUEMONT, MESSIEURS BOTHERBY, INKEL, TRACY, MISS MAZARINE, ET AUTRES, AVEC LE PROFESSEUR SCAMP, ETC., ETC.

LADY BLUEBOTTLE. Ah! bonjour, sir Richard; je vous amène quelques amis.
SIR RICHARD, à part et après avoir salué. Si ce sont des amis, ce sont les premiers.
LADY BLUEBOTTLE. Mais la collation est prête. Veuillez vous asseoir sans cérémonie. M. Scamp, vous êtes fatigué; mettez-vous près de moi. (Tout le monde prend place.)
SIR RICHARD, à part. S'il accepte, c'est alors que ses fatigues vont commencer.
LADY BLUEBOTTLE. M. Tracy,... lady Bluemont,... miss Lilas, asseyez-vous, je vous prie; et vous aussi, monsieur Botherby.
BOTHERBY. Madame, j'obéis.
LADY BLUEBOTTLE. Monsieur Inkel, j'ai à vous gronder : vous n'étiez pas au cours.
INKEL. Excusez-moi, j'y étais; mais la chaleur m'a forcé de sortir au plus bel endroit, hélas! et à un moment où.....
LADY BLUEBOTTLE. Il est vrai qu'on étouffait; mais vous avez perdu une bien belle séance.
BOTHERBY. La meilleur des dix.
TRACY. Comment pouvez-vous le savoir? il doit y en avoir encore deux.
BOTHERBY. Parce que je défie d'aller au-delà des merveilleux applaudissements d'aujourd'hui. La salle en était ébranlée.
INKEL. Oh! si c'est à ce signe qu'il faut s'en rapporter, j'accorde que notre ami Scamp vient d'atteindre aujourd'hui son apogée. Miss Lilas, permettez-moi de vous servir..... une aile?
MISS LILAS. Je ne prendrai rien de plus, monsieur; je vous remercie. Qui fera le cours, le printemps prochain? je vous re—
BOTHERBY. Dick Dunder.
INKEL. C'est-à-dire, s'il vit encore à cette époque.
MISS LILAS. Et pourquoi ne vivrait-il pas?
INKEL. Par l'unique raison qu'il n'est qu'un sot. Lady Bluemont, un verre de Madère?
LADY BLUEMONT. Volontiers.
INKEL. Comment va notre ami Wordsworth, ce trésor des monts de Windermere? Reste-t-il fidèle à ses lacs, comme les sangsues qu'il chante avec ceux qui les pêchent, ainsi qu'Homère chantait les héros et les rois?
LADY BLUEBOTTLE. Il vient d'obtenir un emploi.
INKEL. De laquais?
LADY BLUEMONT. Fi donc! ne profanez pas de vos sarcasmes un nom aussi poétique.
INKEL. J'ai parlé sans mauvaise intention; seulement, je plaignais son maître; certes, le poète des colporteurs peut, sans déroger, porter une nouvelle livrée; d'autant plus que ce n'est pas la première fois qu'il a retourné ses croyances et son habit.
LADY BLUEMONT. Fi donc! vous dis-je; si par hasard sir George vous entendait...
LADY BLUEBOTTLE. Ne faites pas attention à ce que dit notre ami Inkel ; nous savons tous, ma chère, que c'est sa manière de parler.
SIR RICHARD. Mais cet emploi?
INKEL. C'est peut-être comme celui de notre ami Scamp, un emploi de professeur.

LADY BLUEBOTTLE. Pardonnez-moi... il est employé au timbre. Il a été nommé collecteur.
TRACY. Collecteur.
SIR RICHARD. Comment?
MISS LILAS. Quoi?
INKEL. Je penserai souvent à lui en achetant un chapeau neuf, c'est là que paraîtront ses œuvres (1).
LADY BLUEMONT. Monsieur, elles ont pénétré jusqu'au Gange.
INKEL. Je n'irai pas les chercher si loin. — Je puis les avoir chez Grange (2).
LADY BLUEBOTTLE. Oh! fi!
MISS LILAS. C'est très mal.
LADY BLUEMONT. Vous êtes trop méchant.
BOTHERBY. Très bien!
LADY BLUEBOTTLE. Comment, très bien?
LADY BLUEBOTTLE. Il n'y attache aucun sens, c'est sa manière de parler.
LADY BLUEMONT. Il devient impoli.
LADY BLUEBOTTLE. Il n'y attache aucun sens, demandez-le lui plutôt.
LADY BLUEMONT. Dites-moi, je vous prie, monsieur, avez-vous voulu dire ce que vous avez dit?
INKEL. N'y faites pas attention : on sait que ce qu'il pense n'a jamais rien de commun avec ce qu'il dit.
BOTHERBY. Monsieur?
INKEL. Contentez-vous, je vous prie, de ce genre de louange; c'est dans votre intérêt que j'ai parlé.
BOTHERBY. En toute humilité, vous m'obligerez de me laisser ce soin.
INKEL. Ce serait votre perte. Tant que vous vivrez, mon cher Botherby, ne vous défendez jamais vous-même, non plus que vos ouvrages ; chargez-en un ami. A propos... votre pièce est-elle reçue à la fin?
BOTHERBY. A la fin?
INKEL. C'est que, voyez-vous? je croyais,... c'est-à-dire,... des bruits de foyer donnaient à entendre... vous savez que le goût des acteurs est comme ci, comme ça.
BOTHERBY. Monsieur, le foyer est dans l'enchantement, ainsi que le comité.
INKEL. Oui certes, vos pièces excitent toujours « la pitié et la peur ; » comme disaient les Grecs : « C'est un purgatif pour l'esprit ; » je doute que vous laissiez après vous quelqu'un qui vous égale.
BOTHERBY. J'ai écrit le prologue, et me proposais de vous demander pour l'épilogue un ragoût assaisonné à votre manière.
INKEL. Il sera toujours temps d'y penser quand on jouera la pièce. Les rôles sont-ils distribués?
BOTHERBY. Les acteurs se le disputent, comme c'est l'habitude dans ce plus litigieux de tous les arts.
LADY BLUEBOTTLE. Nous nous rendrons tous ensemble à la première représentation.
TRACY. Et vous avez promis l'épilogue, Inkel.
INKEL. Pas tout-à-fait. Cependant, pour soulager notre ami Botherby, je ferai ce que je pourrai, quoique je sache que j'aurai double peine.
TRACY. Pourquoi cela?
INKEL. Pour ne pas rester trop au-dessous de ce qui précède.
BOTERBY. Sous ce rapport, je suis heureux de pouvoir dire que j'ai l'esprit tranquille. M. Inkel, le rôle que vous remplissez sur la scène littéraire...
INKEL. Laissez là mon rôle; occupez-vous de ceux de votre pièce; c'est là votre affaire, à vous.
LADY BLUEMONT. Vous êtes, je pense, monsieur, auteur de poésies fugitives?
INKEL. Oui, madame; et quelquefois aussi lecteur très fugitif : par exemple, il est rare que je me pose sur Wordsworth ou son ami Southey sans prendre aussitôt ma volée!
LADY BLUEMONT. Monsieur, vous avez le goût trop vulgaire; mais le temps et la postérité rendront justice à ces grands hommes, et reprocheront à notre siècle sa rigueur excessive.
INKEL. Je ne m'y oppose aucunement, pourvu que je ne sois pas du nombre de ceux qu'atteindra l'épidémie.
LADY BLUEBOTTLE. Vous doutez peut-être qu'ils puissent jamais prendre?
INKEL. Pas du tout; au contraire. Les lakistes, en fait de pensions et de places, ont déjà pris et continueront à prendre... tout ce qu'ils pourront, depuis un denier jusqu'à une guinée. Mais laissons, je vous prie, ce pénible sujet.
LADY BLUEMONT. N'importe, monsieur ; le temps marche.
INKEL. Scamp! ne sentez-vous pas votre bile s'émouvoir? que dites-vous à cela?

(1) En Angleterre, le timbre légal s'applique à une foule d'objets d'industrie, tels que les chapeaux, etc.
(2) Célèbre pâtissier et fruitier dans Piccadilly.

SCAMP. Ils ont du mérite, je l'avoue; seulement leur système reste inconnu par le seul fait de son absurdité.
INKEL. Pourquoi donc ne pas le dévoiler dans l'une de vos leçons?
SCAMP. Ce n'est qu'aux temps passés que s'étendent mes attributions.
LADY BLUEBOTTLE. Allons, trêve d'aigreur!.... La joie de mon cœur est de voir le triomphe de la nature sur tout ce qui tient à l'art : sauvage nature! grand Shakespeare!
BOTHERBY. Et à bas Aristote!
LADY BLUEMONT. Sir George pense exactement comme lady Bluebottle ; et mylord Soixante-quatorze (1), qui protège notre cher barde, et qui lui a fait avoir sa place, professe la plus grande estime pour le poète qui, chantant les colporteurs et les ânes, a trouvé le moyen de se passer du Parnasse.
TRACY. Et vous, Scamp?
SCAMP. J'avoue que je suis embarrassé.
INKEL. Ne vous adressez pas à Scamp, qui n'est déjà que trop fatigué d'écoles anciennes, d'écoles nouvelles, d'écoles de tout genre et même de ce qui n'est d'aucune école.
TRACY. Ce qu'il y a de certain, c'est qu'il faut que les uns ou les autres soient des imbéciles ; je voudrais bien savoir qui.
INKEL. Et moi je ne serais pas fâché de savoir qui ne l'est pas; cela nous épargnerait bien des recherches.
LADY BLUEBOTTLE. Laissons les épigrammes! que rien ne vienne entraver cet « épanouissement de notre raison, cet essor de l'âme. » O mon cher Botherby! sympathisons! j'éprouve maintenant un tel ravissement, que je suis prête à m'envoler, tant je me sens élastique et légère..... légère!
INKEL. Tracy, ouvrez la fenêtre.
TRACY. Je lui souhaite beaucoup de plaisir.
BOTHERBY. Au nom du ciel, mylady Bluebottle, ne comprimez pas cette douce émotion, qu'il nous est si rarement donné d'éprouver sur la terre. Laissez-lui un libre cours; c'est une impulsion qui élève nos esprits au-dessus des choses terrestres; c'est le plus sublime de tous les dons; c'est pour lui que le malheureux Prométhée fut enchaîné sur son roc. C'est la source de toute émotion, la véritable origine de la sensibilité ; vision du ciel sur la terre ; gaz de l'âme; faculté de saisir les ombres au passage et d'en faire des substances; en un mot, quelque chose de divin.
INKEL. Vous verserai-je du vin, mon ami?
BOTHERBY. Je vous remercie; je ne prendrai plus rien d'ici au dîner.
INKEL. A propos.... dînez-vous aujourd'hui chez sir Humphry?
TRACY. Dites plutôt chez le duc Humphry ; c'est plus dans vos habitudes.
INKEL. Cela pouvait être autrefois ; mais, maintenant, nous autres écrivains, nous adoptons pour hôte le chevalier de préférence au duc. La vérité est qu'aujourd'hui un auteur se met tout-à-fait à son aise, et l'éditeur excepté) dîne avec qui bon lui semble. Mais il est près de cinq heures, et il faut que j'aille au parc.
TRACY. J'y ferai un tour avec vous jusqu'à la nuit; et vous, Scamp?
SCAMP. Excusez-moi : il faut que je prépare mes notes pour ma leçon de la semaine prochaine.
INKEL. C'est juste. Il faut qu'il prenne garde de ne pas citer au hasard en consultant les « Extraits élégants » (1).
LADY BLUEBOTTLE. Eh bien! levons la séance ; mais n'oubliez pas que miss Diddle nous a invitées à souper.
INKEL. Et puis, à deux heures du matin, nous nous réunissons tous encore pour nous réconforter de science, de sandwiches et de champagne.
TRACY. Et d'excellente salade de homard!
BOTHERBY. Je fais grand cas du souper ; car c'est là que nos sentiments coulent naturellement... c'est alors que nous sentons...
INKEL. Rien de plus certain ; le sentiment est alors indubitablement plus actif : je souhaiterais qu'il en fût de même de la digestion.
LADY BLUEBOTTLE. Bah! ne faites pas attention à cela ; une minute de sentiment vaut..... Dieu sait quoi.
INKEL. Il vaut la peine qu'on le cache, pour lui-même ou pour ses suites.... Mais voici votre carrosse.
SIR RICHARD à part. Je souhaiterais que tous ces gens-là fussent au diable, et mon mariage aussi!

(Tous sortent.)

(2) Le comte de Lonsdale qui, pendant la guerre d'Amérique, offrit à son pays un navire de 74 armé et équipé.
(1) Recueil qui est en Angleterre ce que sont en France les leçons de littérature de M. Noël, c'est-à-dire un ramassis de fragments poétiques trop connus.

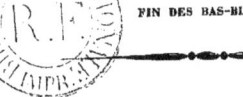

FIN DES BAS-BLEUS.

MÉLODIES HÉBRAÏQUES.

LA FEMME.

Elle marche dans sa beauté, pareille à la nuit des climats sans nuages et des cieux étoilés : tout ce qu'ont de plus suave la lumière et l'ombre se réunit dans son aspect et dans ses yeux, baignée de ces molles et tendres clartés que le ciel refuse à la splendeur du jour.

Une ombre de plus, un rayon de moins, et elle disparaîtrait à moitié, cette grâce ineffable qui ondoie dans les boucles de sa noire chevelure ou éclaire doucement ses traits, ses traits sur lesquels se joue la pensée sereine et suave, annonçant combien cette demeure est pure, combien elle lui est chère.

Et sur cette joue, et sur ce front si doux, si calme et si éloquent à la fois, ce sourire qui séduit, ces teintes animées, racontent des jours passés dans la vertu, une âme en paix avec tous, un cœur plein d'un amour innocent.

LA HARPE.

La harpe du roi-prophète, du chef des nations, du bien aimé des cieux, cette harpe que tu avais sanctifiée par tes pleurs, ô Musique! à qui tu avais donné des tons puisés dans ton âme, toi qui es l'âme par excellence : c'est maintenant qu'il faut pleurer sur elle, car ses cordes sont brisées! Elle adoucissait les hommes au cœur d'airain, elle leur inspirait des vertus qui n'étaient pas en eux : point d'oreille si insensible, point d'âme si froide, qui ne s'émût, ne s'enflammât à ses accords. La harpe de David était devenue plus puissante que son trône!

Elle disait les triomphes de notre roi ; elle portait vers notre Dieu les hommages dus à sa gloire ; à ses accords nos vallées étaient réjouies, les cèdres s'inclinaient, les monts tressaillaient ; ses sons montaient vers le ciel, où ils avaient leur demeure. Depuis, on a cessé de l'entendre sur la terre ; mais, excitée par la Piété et l'Amour, l'âme s'éveille et prend l'essor, écoutant des accents qui semblent venir du ciel, et bercée par des rêves que la clarté du jour ne peut interrompre.

ÉTERNITÉ.

Si, dans ce monde élevé par-delà les limites du nôtre, l'amour survit encore, si le cœur y répond encore à l'affection, si les yeux y ont encore leur douceur et non leurs larmes.. comme on saluerait avec transport ces sphères toutes nouvelles! comme il serait doux de mourir à l'heure même, de prendre son essor loin de la terre et de voir toute crainte s'absorber dans ta lumière, ô éternité!

Il en doit être ainsi : ce n'est pas pour lui-même que l'homme tremble au bord de la tombe, et que, s'efforçant de franchir l'abîme, il s'attache aux derniers liens de l'existence. Ah! croyons que dans cet avenir le cœur retrouvera les cœurs qu'il aimait, qu'ils s'abreuveront ensemble aux sources immortelles, âmes éternellement unies dans une seule âme!

LA GAZELLE.

La fauve gazelle peut bondir avec joie sur les collines de Juda, et s'abreuver à tous les clairs ruisseaux qui arrosent le saint territoire : elle peut déployer son agilité aérienne, et promener autour d'elle son regard étincelant de fierté et de joie.

Ici Juda vit autrefois des pas aussi agiles, des yeux aussi brillants ; ces lieux témoins d'un bonheur qui n'est plus, il les a vus peuplés de plus belles créatures. Les cèdres se balancent sur le Liban ; mais les vierges de Juda, plus majestueuses encore, où sont-elles?

Les palmiers qui ombragent ces plaines sont plus heureux que la race dispersée d'Israël : une fois enracinés, ils demeurent dans leur grâce solitaire : ils ne peuvent quitter le lieu de leur naissance, ils ne sauraient vivre dans un autre sol.

Mais nous, il nous faut errer, flétris par le malheur, et mourir sur la terre étrangère ; et là où sont les cendres de nos pères, les nôtres ne reposeront jamais : il ne reste plus une pierre de notre temple, et la Dérision s'est assise sur le trône de Solyme.

Et les flammes de tes ruines épouvantèrent le dernier regard que je fixais sur toi.

PLEUREZ!

Oh! pleurez sur ceux qui pleurent au bord des fleuves de Babylone, sur ceux dont les autels sont en ruines, dont la patrie n'est plus qu'un songe : pleurez sur la harpe brisée de Juda ; pleurez... Où habitait leur Dieu habitent ceux qui n'ont point de Dieu.

Dans quelle source Israël lavera-t-il ses pieds saignants? quand Sion reprendra-t-elle ses chants pleins de douceur? quand la mélodie de Juda réjouira-t-elle les cœurs qui battaient à sa voix céleste.

Tribus aux pieds errants, aux poitrines fatiguées, comment vous envoler vers un lieu de repos? Le ramier a son nid, le renard son terrier, l'homme sa patrie... Israël n'a que le tombeau.

LES RIVES DU JOURDAIN.

Sur les rives du Jourdain errent les chameaux de l'Arabe ; sur les collines de Sion viennent prier les adorateurs des faux dieux : l'adorateur de Baal s'incline sur les sommets de Sinaï... et là... là même... ô Dieu ! tu laisses dormir ta foudre !

Là, où ton doigt écrivit sur les tables de pierre ; où vint briller, aux regards de ton peuple, ton ombre, l'ombre de ta gloire enveloppée dans son manteau de feu... car toi-même... nul vivant ne peut te voir sans mourir !

Oh ! fais étinceler ton regard dans les feux de l'éclair ; arrache la lance de la main tremblante de l'oppresseur. Combien de temps encore les tyrans fouleront-ils la terre qui t'appartient ? Combien de temps, ô Dieu ! ton temple restera-t-il sans adorateurs.

LA FILLE DE JEPHTÉ.

Puisque notre pays, notre Dieu... ô mon père ! demandent que ta fille expire ; puisque ta victoire a été achetée par ton vœu, frappe ce sein que je dévoile pour toi.

La voix de mon deuil s'est tue, les montagnes ne me voient plus errer sur leurs pentes : immolée par la main que j'aime, le coup sera pour moi sans douleur.

Et n'en doute pas, ô mon père ! le sang de ta fille est aussi pur que la bénédiction que j'implore avant de le répandre, que la dernière pensée qui me console ici-bas.

Ferme l'oreille aux lamentations des vierges de Solyme ; sois inflexible comme juge et comme héros ! j'ai gagné pour toi la grande bataille ; mon père et mon pays sont libres.

Quand ce sang que tu m'as donné aura jailli de mes veines, quand la voix que tu aimais sera muette, que mon souvenir soit encore ton orgueil, et n'oublie pas que j'ai souri en mourant !

SOUVENIR.

O beauté ravie dans ta fleur, un lourd tombeau ne pèsera point sur toi ; mais sur ton tertre de gazon fleuriront des roses, les premières de l'année, et le sauvage cyprès y balancera, y jettera son ombre douce et mélancolique.

Et souvent, sur les flots bleus de cette onde murmurante, la douleur viendra pencher sa tête affaiblie : nourrissant sa pensée de longues rêveries, elle ne quittera ce lieu qu'à regret et y marchera sans bruit, pauvre insensée, comme si le bruit de ses pas pouvait troubler les morts.

— Assez ! nous savons que toutes larmes sont vaines, que la mort n'entend pas nos plaintes, ne s'inquiète pas de nos douleurs.— Cela nous empêchera-t-il de nous plaindre ? le regret en pleurera-t-il moins ? Et toi-même... toi, qui me conseilles d'oublier, ton visage est pâle et tes yeux sont humides.

TRISTESSE.

Mon âme est sombre... Oh ! hâte-toi de faire résonner la harpe que je puis encore entendre ; que tes doigts gracieux sollicitent le touchant murmure qui caressera mon oreille. S'il reste au fond de mon cœur quelque espérance chérie, le charme de ces accords la fera resurgir ; si mes yeux ont encore une larme, elle coulera, et ne brûlera plus mon cerveau.

Mais que la mélodie soit naïve et grave, que les premiers accents ne respirent point la gaîté : ne l'oublie pas, musicien : il faut que je pleure, ou ce cœur gros de tristesse va éclater ; car il a été abreuvé de douleur, et depuis longtemps il souffre dans le silence et l'insomnie. Le moment est arrivé où il doit connaître le comble de la souffrance et se briser d'un seul coup... ou céder au charme de l'harmonie.

LA LARME ET LE SOURIRE.

Je te vis pleurer : une grosse larme apparut brillante sur ton œil d'azur, et il me sembla voir sur une violette une goutte de rosée. Je te vis sourire : auprès de toi le saphir perdrait son éclat : il ne saurait égaler ces vivants rayons qui remplirent ton regard.

Comme les nuages reçoivent du soleil une teinte harmonieuse et profonde, que l'ombre du soir qui s'avance peut à peine effacer des cieux ; ainsi tes sourires communiquent leur joie pure à l'esprit le plus sombre : leurs clartés laissent après elle un reflet qui continue d'éclairer le cœur.

LA MORT DU HÉROS.

Tes jours sont finis, ta renommée commence : les chants de ta patrie racontent les triomphes du fils de son choix, le sang versé par son épée, les exploits accomplis, les victoires remportées, la liberté rétablie.

Tu es tombé, mais tant que nous serons libres, tu ne connaîtras pas la mort : le sang généreux qui est sorti de ton sein dédaigna d'abreuver la terre : qu'il circule dans nos veines, que ton souffle soit le nôtre.

Ton nom, quand nous chargerons l'ennemi, sera notre cri de guerre ; ta mort, le sujet des chants que nos vierges entonneront en chœur ! Des larmes seraient une insulte à ta gloire : nous ne te pleurerons pas.

CHANT DE GUERRE.

Chefs et guerriers ! si la flèche ou l'épée me frappent quand je guide au combat l'armée du Seigneur, que mon cadavre, le cadavre d'un roi, n'arrête point votre marche : ensevelissez votre glaive dans le sein des enfants de Gath.

Toi qui portes mon arc et mon bouclier, si tu vois les soldats de Saül reculer devant l'ennemi, étends-moi aussitôt tout sanglant à tes pieds ! je subirai le destin qu'ils n'osent affronter.

Adieu à mes autres enfants, mais ne nous séparons pas, héritier de mon trône, fils de mon cœur ! brillant sur le diadème, infime en puissance, ou digne d'un roi la mort qui nous attend aujourd'hui.

SAUL A ENDOR.

« Toi dont les enchantements peuvent évoquer les morts, ordonne à l'ombre du prophète d'apparaître devant moi. — Samuel, lève ta tête hors du tombeau ! O roi, regarde le spectre qui sait l'avenir. »

La terre s'entr'ouvrit : il était debout au milieu d'un nuage de vapeurs ; la lumière s'écartait de son linceul et changeait de teinte. La mort était empreinte dans ses yeux fixes et vitreux ; sa main était flétrie et ses veines desséchées ; les os de ses pieds, amincis et décharnés, brillaient d'une effrayante blancheur. De ces lèvres immobiles, de ce sein que n'agitait aucune respiration, il sortit une voix, creuse comme le vent qui parcourt un souterrain. Saül, à cette vue, tomba sur le sol comme tombe tout-à-coup le chêne renversé par la foudre.

« Pourquoi trouble-t-on mon sommeil ? Quel est celui qui évoque les morts ? Est-ce toi, ô roi ? Regarde : mes membres sont glacés, épuisés de sang ; tels seront demain les tiens quand tu seras près de moi ; avant la fin de ce jour qui va naître, tel tu seras, tel sera ton fils. Adieu ! mais seulement pour un jour, puis nous mêlerons nos poussières. Toi et le premier de ta race, vous resterez gisants sur la terre et percés des flèches d'un grand nombre d'arcs ; et le glaive qui est à ton côté, ta main le dirigera contre ton cœur. Sans couronne, sans vie, sans tête, tomberont les fils et le père, la maison de Saül.

TOUT EST VANITÉ.

Gloire, sagesse, amour, puissance étaient mon partage ; je brillais de santé, de jeunesse ; les vins les plus exquis rougissaient ma coupe, d'aimables enchanteresses me prodiguaient leurs baisers : les yeux de la beauté étaient le soleil qui réchauffait mon cœur, et je sentais mon âme se remplir de volupté : tout ce que la terre peut donner de royale splendeur, tout ce qu'un mortel en peut désirer, je l'avais.

Je fouille dans ma mémoire, pour compter les jours que je pourrais consentir à revivre, au prix de tout ce que cette vie et cette terre ont de plus séduisant. Nul jour ne s'est levé, nulle heure ne s'est écoulée, d'un plaisir sans amertume ; et nul joyau ne paraît ma puissance, qui ne fût douloureux autant que brillant.

L'art et les paroles magiques peuvent rendre inoffensif le serpent des campagnes ; mais ce serpent qui s'enlace autour du cœur, oh ! qui pourrait le charmer ! Il n'écoute point la voix de la sagesse, cette harmonie ne l'attire point ; mais son dard perce incessamment l'âme condamnée à l'endurer.

L'AME.

Quand un froid fatal saisit cette argile souffrante, dites-moi : où va l'âme immortelle ? Elle ne peut mourir, elle ne peut rester ; mais elle laisse derrière elle son obscure poussière. Alors, dégagée du corps, suit-elle pas à pas dans les cieux la route de chaque planète ? ou bien remplit-elle à la fois tous les domaines de l'espace, œil universel à qui tout se découvre ?

Éternelle, inaltérable, infinie, pensée invisible, mais voyant tout, elle sait pénétrer, elle sait rappeler à sa pensée tout ce que renferment la terre et les cieux. Tous ces faibles vestiges du passé que la mémoire garde si obscurs, l'âme les embrasse d'un vaste coup d'œil, et tout ce qui fut lui apparaît à la fois.

Avant l'époque où la création a peuplé la terre, son regard remonte à travers le chaos, et, pénétrant aux lieux où le ciel le plus lointain a pris naissance, elle le suit dans tous ses développements. Évoquant tout ce que l'avenir doit créer ou détruire, sa vue s'étend sur tout ce qui sera. Les soleils s'éteignent, les mondes s'écroulent ; l'âme reste immuable dans son éternité.

Au-dessus de l'amour, de l'espoir, de la haine ou de la crainte, elle vit pure et sans passion : un siècle fuit pour elle comme une année de la terre ; ses années n'ont que la durée d'un moment. Toujours, toujours, sur toutes choses, à travers toutes choses, vole sa pensée sans avoir besoin d'ailes : objet innommable, éternel, ayant oublié ce que c'est que mourir.

LA VISION DE BALTHAZAR.

Le roi était sur son trône ; les satrapes remplissaient la salle. Mille lampes brillantes éclairaient le splendide festin ; mille coupes d'or, que Juda considérait comme sacrées (les vases de Jéhovah !), contenaient le vin du Gentil qui n'a pas de Dieu.

A cette heure, dans cette salle, les doigts d'une main se montrèrent tout-à-coup sur le mur, où ils écrivaient comme sur le sable : c'étaient des doigts d'homme ; et la main isolée parcourait les caractères et les traçait comme une baguette.

Le monarque aperçut ce prodige : il tressaillit et fit cesser les réjouissances : sa face devint toute pâle, et tremblante sa voix : « Qu'on fasse venir les hommes de science, les plus sages de la terre, et qu'ils expliquent ces mots effrayants qui troublent notre royale joie. »

Les devins de la Chaldée étaient en renom ; mais ici tout leur art échoua, et les lettres inconnues restèrent inexpliquées et toujours terribles. Les vieillards de Babylone sont sages et profonds ; mais ici leur prudence fut inutile : ils regardèrent... et n'en surent pas davantage.

Un captif dans le pays, un étranger, un jeune homme entendit les ordres du roi, et comprit le sens de l'inscription mystérieuse. Tout autour les lampes brillaient ; la prophétie était devant ses yeux ; il la lut cette nuit-là... le lendemain prouva qu'elle était vraie.

« La tombe de Balthazar est prête ; son royaume a passé ; pesé dans la balance, il a été trouvé léger. Le linceul sera son manteau royal, la pierre funèbre son dais. Le Mède est à ses portes, le Persan sur son trône. »

L'ÉTOILE.

Soleil de l'insomnie ! astre mélancolique, dont le tremblant et lointain rayon brille à travers les larmes, et rend visibles les ténèbres qu'il ne peut dissiper, comme tu ressembles au bonheur dont on a le souvenir !

Ainsi luit le passé, cette clarté des anciens jours dont les rayons impuissants brillent sans échauffer ; nocturne flambeau que contemple la douleur qui veille ; lueur distincte, mais lointaine... claire, mais froide... oh ! bien froide.

LE JUIF.

Avec un cœur faux, comme tu le penses, je n'aurais pas eu besoin d'errer loin de la Galilée ; il suffisait d'abjurer ma croyance pour effacer la malédiction qui est, dis-tu, le crime de ma race.

Si le méchant ne triomphe jamais, alors Dieu est avec toi ! Si l'esclave est seul sujet au péché, tu es aussi pur que libre ! Si l'exilé sur la terre est proscrit là-haut, vis dans ta foi ; je veux mourir dans la mienne.

Pour cette foi, j'ai perdu plus que tu ne peux me donner ; il le sait bien, ce Dieu qui permet que tu prospères. Il tient dans sa main mon cœur et mon espérance ; et tu as dans la tienne ma patrie et ma vie que j'abandonne pour le servir.

REGRETS D'HÉRODE.

O Mariamne ! il saigne maintenant pour toi, le cœur qui fit verser ton sang : le ressentiment se perd dans la douleur, et le remords succède à la rage. O Mariamne, où es-tu ? Tu ne peux entendre mon amère défense : ah ! si tu le pouvais... tu me pardonnerais maintenant, dût le ciel rester sourd à ma prière.

Ainsi elle est morte ?... ont-ils donc osé obéir à la frénésie d'un maître jaloux ? Ma colère n'a fait que me condamner au désespoir : le glaive qui l'a frappée se balance sur ma tête. Mais tu n'es plus qu'un froid cadavre, ô victime adorée ! et c'est vainement que mon sombre cœur soupire après celle qui plane là-haut, solitaire, en me laissant une vie qui ne vaut pas la peine de la défendre.

Elle n'est plus, celle qui partagea mon diadème ; elle est morte, emportant mon bonheur dans sa tombe ; j'ai arraché de la tige de Juda cette fleur dont le calice ne s'épanouissait que pour moi. A moi le crime, à moi l'enfer, cette éternelle désolation du cœur : oh ! je les ai trop bien méritées, ces tortures qui toujours consument sans jamais se consumer elles-mêmes.

LE DERNIER JOUR DE SOLYME.

De la dernière colline qui découvre ton temple, jadis sacré, je te contemplai, ô Sion ! quand tu tombas au pouvoir de Rome : c'était ton dernier soleil qui se couchait, et les flammes de ton bûcher se réfléchirent dans le dernier regard que je fixai sur tes murailles.

Je cherchai des yeux ton temple, je cherchai mon pauvre toit, et un moment j'oubliai mon prochain esclavage ; je n'aperçus que le feu lugubre qui dévorait ton sanctuaire, et je reportai mes regards sur mes bras enchaînés, qui m'interdisaient la vengeance.

Que de fois cette hauteur, d'où je contemplais un si triste spectacle, avait réfléchi les derniers rayons du soleil, tandis que moi, debout à son sommet, je regardais la lumière descendre le long de la montagne étincelante qui dominait le saint temple.

Et maintenant, je me trouvais encore sur cette même colline ; mais je ne remarquais plus les lueurs mourantes du crépuscule : oh ! que n'ai-je vu briller à sa place la clarté des éclairs, et la foudre éclater sur la tête du vainqueur !

Mais les Dieux du payen ne profaneront jamais le sanctuaire que Jéhovah n'a point dédaigné pour son trône ; et tout dispersé, tout dédaigné qu'est ton peuple, ton culte, ô Père, sera toujours son seul culte.

L'EXIL.

Près des fleuves de Babylone, nous nous sommes assis et nous avons pleuré, nous rappelant ce jour où l'ennemi, rouge de carnage, fit sa proie des hauts lieux de Solyme, ce jour où vous, filles de Sion, désolées et tout en pleurs, vous fûtes au loin dispersées.

Pendant que nous regardions tristement le fleuve qui coulait en liberté à nos pieds, nos vainqueurs nous ont demandé des chants. Mais non, jamais l'étranger n'obtiendra ce triomphe? que cette main soit séchée pour toujours, avant qu'elle fasse résonner ma harpe pour l'ennemi de mon Dieu.

Cette harpe est suspendue au saule. O Jérusalem! comme toi elle devrait être libre ; et c'est le seul gage de toi que m'ait laissé le jour qui a éteint ta gloire : non, jamais je ne mêlerai ses accords à la voix du spoliateur.

SENNACHÉRIB.

L'Assyrien s'est rué sur nous, comme le loup sur un troupeau ; ses cohortes étincelaient de pourpre et d'or, et leurs lances brillaient comme les étoiles dans la mer, lorsque, la nuit, ses vagues d'azur se déroulent sur les rivages de Galilée.

Nombreux comme les feuilles des forêts quand l'été déploie sa verdure, ses soldats parurent au coucher du soleil avec leurs flottantes bannières ; comme les feuilles des forêts lorsqu'a soufflé l'automne, le lendemain, ces soldats étaient morts et couchés çà et là sur la terre.

Car l'ange de la mort déploya ses ailes sur la brise, et, en passant, il souffla sur la face de l'ennemi ; et les yeux des guerriers endormis furent éteints et glacés, et leurs cœurs battirent encore une fois, puis se turent pour jamais.

Et là était gisant le coursier, avec ses naseaux grand ouverts ; mais ils n'étaient plus soulevés par le souffle de son orgueil ; et l'écume de son agonie blanchissait le gazon, froide comme le grésil sur le rocher battu des vagues.

Et là était gisant le cavalier, la face pâle et décomposée, la rosée sur son front et la rouille sur sa cuirasse ; et les tentes étaient toutes silencieuses, les bannières abandonnées, les lances couchées par terre, les clairons muets.

Et les veuves d'Assur poussent de grands cris de deuil, et dans le temple de Baal les idoles sont brisées ; et la puissance des Gentils, sans avoir été frappée par le glaive, s'est fondue comme la neige, sous le regard du Seigneur.

LA VISION DE JOB.

Un esprit passa devant moi : je contemplai sans voile la face de l'Immortel. Un profond sommeil était descendu sur tous les yeux : les miens seuls étaient ouverts. Et il était là, devant moi, sans forme... mais offrant une apparence divine. Le long de mes os, la chair effrayée tressaillit ; mes cheveux humides se dressèrent sur mon front, et il parla ainsi :

« L'homme est-il plus juste que Dieu ? L'homme est-il plus pur que celui qui ne juge pas les séraphins eux-mêmes infaillibles ? Créatures d'argile, chétifs habitants de la poussière ! un vil insecte vous survit : êtes-vous plus justes que l'insecte ! Choses d'un jour ! vous êtes flétries avant la nuit, inattentives et aveugles aux rayons de la sagesse inutilement prodigués ! »

LA VALLÉE.

Dans la vallée des eaux, nous avons pleuré sur le jour où l'armée de l'étranger fit de Sion sa proie, et nos têtes étaient tristement inclinées sur nos poitrines, et nos cœurs étaient gros du désir de la patrie lointaine.

Le chant qu'ils nous ont demandé en vain.... il est resté dans nos âmes, comme le vent qui meurt sur la colline. Ils nous ont dit de prendre nos harpes.... mais ils verseront la dernière goutte de notre sang, avant que notre main leur enseigne un seul des airs que nous savons.

Ces harpes, avec leurs cordes brisées, sont suspendues au triste feuillage du saule : mortes et muettes, elles seront comme les feuilles mortes de l'arbre. Nos mains peuvent être chargées de fers .. mais nos larmes sont libres : elles ne couleront que pour notre Dieu et notre gloire... et pour toi, ô Sion ! pour toi !

L'ESPÉRANCE ET LE SOUVENIR.

Ils disent que le bonheur c'est l'espérance ; mais le véritable amour attache un grand prix au passé, et la mémoire réveille les pensées qui nous sont chères : écloses les premières, elles sont les dernières à se flétrir.

Et tout ce que la mémoire aime le plus, c'est ce que l'espérance a caressé longtemps ; et tout ce qu'adora et perdit l'espérance s'est absorbé dans la mémoire.

Hélas ! tout cela n'est qu'illusion : l'avenir nous séduit de loin : nous ne pouvons plus être ce que nous regrettons et n'osons penser à ce que nous sommes.

FIN DES MÉLODIES HÉBRAÏQUES.

POÉSIES DIVERSES.

(Suite.)

LE DÉPART (1809).

C'en est fait ! la blanche voile se déroule tremblante, et sur le mât penché la fraîche brise la gonfle en sifflant. Et moi, il faut que je quitte le rivage... Pourquoi ? parce qu'il n'est ici qu'une seule femme que je puisse aimer.

Mais si je pouvais redevenir ce que je fus, revoir les jours que j'ai vus ; si je pouvais reposer ma tête sur le sein qui jadis a partagé mes vœux les plus ardents, je n'irais pas chercher un autre climat, parce qu'ici est la seule femme que je puisse aimer.

Il y a longtemps que je ne les ai revus, ces yeux qui faisaient ma joie ou ma peine ; et c'est en vain que j'ai tenté de n'y plus penser ; j'ai beau fuir la terre d'Albion, ici est la seule femme que je puisse aimer.

Comme la tourterelle solitaire qui a perdu sa compagne, je sens mon cœur désolé ; je regarde autour de moi, et nulle part ma vue ne rencontre un sourire affectueux, un visage ami ! Au milieu même de la foule, je suis isolé, car je n'y vois point la seule femme que je puisse aimer.

Je franchirai donc la blanche écume des flots ; j'irai demander une patrie à l'étranger. Jusqu'à ce que j'aie oublié une beauté parjure, nulle part je ne trouverai le repos ; jamais je ne pourrai secouer le joug de mes sombres pensées : toujours elles se reporteront vers la seule femme que je puisse aimer.

L'être le plus chétif, le plus malheureux, trouve un foyer hospitalier où la douce amitié et l'amour, plus doux encore, viennent sourire à sa joie ou sympathiser avec sa douleur ; mais d'ami ou de maîtresse, je n'en ai point, car il n'est qu'un seul être que je puisse aimer.

Je pars ; mais n'importe où je me réfugie, nul ne s'attendrira sur moi, nul cœur ami ne m'offrira la plus petite place ; et toi-même, toi qui as flétri toutes mes espérances, tu ne me donneras pas un soupir, toi, la seule femme que je puisse aimer.

Penser sans cesse aux jours qui ne sont plus, à ce que nous sommes, à ce que nous avons été, c'en serait assez pour accabler un cœur plus faible ; mais le mien a résisté au choc ; pourtant il bat, comme il battait naguère, pour la seule femme qu'il puisse aimer.

Quel est l'objet d'un si tendre amour ? C'est un secret que des ux vulgaires ne sauraient pénétrer. Quelle cause est venue briser ite jeune affection? Tu le sais mieux que personne; mais il est u d'hommes sous le soleil qui soient constants comme moi, et il ne voient sur la terre qu'une seule femme qu'ils puissent aimer. J'ai essayé des fers d'une autre maîtresse, dont la beauté peut-re égalait la tienne; je me suis efforcé de l'aimer autant, mais je sais quel charme insurmontable disait à mon cœur encore saisant : « Non! une autre est la seule que tu puisses aimer. »

Il me serait doux d'attacher encore sur toi un long regard et de bénir dans mon dernier adieu; mais je ne veux pas que tu pleures idant que je vais errer sur les flots. Patrie, espérance, jeunesse, i tout perdu! pourtant j'aime encore la seule femme que je puisse mer.

LE PAQUEBOT (juin 1809).

Vivat, ami! vivat! nous partons; l'embargo est enfin levé! un nt favorable enfle les voiles; déjà le signal est donné. Entendez-us le canon du départ? Les clameurs des femmes, les juremens es matelots, tout nous dit que le moment est venu. Un drôle ient nous visiter de la part de la douane; les malles sont ouvertes, s caisses sont brisées : pas un trou ne sera bien fouillé, u milieu du brouhaha, avant qu'il mette à la voile, le beau paquebot de Lisbonne.

Nos bateliers détachent les amarres; toutes les mains ont saisi rame; on descend les bagages du quai; impatients, nous nous loignons du rivage. « Prenez garde, cette caisse contient des liqueurs!... Arrêtez le bateau... je me trouve mal!... Oh, mon ieu!... Vous vous trouvez mal, madame? Par ma foi, ce sera bien is quand vous aurez été une heure à bord! » Ainsi vociferent tous nsemble, hommes, femmes, dames, messieurs, valets, matelots; ous s'agitent, confondus pêle-mêle, entassés comme des harengs; el est le bruit et le tintamarre qui règnent autour de nous jusqu'à e que nous arrivions à bord du paquebot de Lisbonne.

Nous y voici maintenant. Le brave Kidd est notre capitaine et ommande l'équipage; les passagers se blottissent dans leurs lits, ins pour ronfler, les autres pour vomir! « Comment diable! vous ppelez cela une cabine, mais c'est à peine si elle a trois pieds carrés; on n'y fourrerait pas la reine des pygmées. Qui diable pourrait ivre là-dedans? — Qui, monsieur? bien des gens. J'ai eu à bord de mon vaisseau jusqu'à vingt nobles gentilshommes à la fois! — Vraiment? Comme vous entassez votre monde! Plût à Dieu que ros nobles gentilshommes fussent encore ici! j'aurais évité la chaleur et le vacarme de votre excellent navire, le paquebot de Lisbonne. »

« Fletcher! Murray! Robert! où êtes-vous? » Ah! les voilà étendus sur le pont comme des souches! « Donnez-moi la main pour descendre, joyeux matelot! — Non, voilà le bout de câble pour les passagers et les chiens... » Hobhouse articule d'effroyables juremens en tombant dans les écoutilles; il vomit à la fois deux déjeuner et ses vers, et nous envoie à tous les diables. « Voilà une stance sur la maison de Bragance. Donnez-moi... — Une rime? — Non! une lasse d'eau chaude. — Que diable avez-vous donc? — Miséricorde! je vais rendre mes poumons, je ne survivrai pas à notre arrivée sur ce brutal paquebot de Lisbonne. »

Enfin, nous voilà en route pour la Turquie! Dieu sait quand nous reviendrons. Un mauvais vent, une noire tempête, peuvent nous envoyer au fond de l'abîme. Mais comme la vie n'est tout au plus qu'une mauvaise plaisanterie (tous les philosophes en conviennent), ce qu'il y a de mieux à faire, c'est de rire; riez donc comme je fais maintenant. Malade ou bien portant, en mer ou à terre, riez de toutes choses, petites ou grandes; boire et rire, qui diable en demanderait davantage? Donnez-nous du vin! on n'en saurait manquer, même à bord du paquebot de Lisbonne.

LE VIN.

Remplissez ma coupe! jamais je n'ai senti comme aujourd'hui elle ardeur qui porte la joie jusqu'au fond de l'âme. Buvons! Dans e cercle varié de la vie, la coupe pétillante est la seule chose au ond de laquelle on ne trouve pas de déception?

J'ai tour-à-tour essayé de toutes les jouissances; je me suis en-lammé au rayon d'un bel œil noir : j'ai aimé!... qui n'a pas fait ant?... Mais qui affirmera que le bonheur ait existé en lui en même emps que la passion?

Aux jours de la jeunesse, alors que le cœur, dans son printemps, êve d'éternelles affections, j'ai eu... des amis!... Qui n'en a pas?... lais quelle bouche pourra dire qu'un ami est aussi fidèle que toi, us vermeil de la vigne?

Le cœur d'une maîtresse, un enfant peut vous le ravir; l'amitié disparaît comme un rayon d'avril. Toi, tu ne peux changer; tu vieillis... Qui ne vieillit pas?... Mais combien il est peu d'êtres ici-bas dont le mérite, comme le tien, s'accroisse avec l'âge?

Quand l'amour nous comble de ses faveurs, si un rival s'incline devant notre idole terrestre, aussitôt nous voilà jaloux... Qui ne l'est pas?... O vin! tes plaisirs sont exempts d'envie; plus nous sommes nombreux à le savourer, plus grande est notre joie.

Quand nous avons passé la saison de la vaine jeunesse, c'est à la coupe enfin que nous avons recours. Alors nous trouvons... n'est-il pas vrai?... que, selon le vieil adage, la vérité n'est que dans le vin.

Quand la boîte de Pandore fut ouverte sur la terre, et laissa échapper tous les maux, il y resta l'espérance... c'est vrai... mais au fond de notre coupe nous trouvons mieux que cela : que vaut l'espérance au prix de l'assurance du bonheur?

Vive à jamais la vigne! quand l'été aura fui, notre vieux nectar réjouira nos cœurs. A la vérité, nous mourrons!... Qui ne meurt pas?... Mais que nos péchés nous soient pardonnés; et dans le ciel, Hébé ne sera pas oisive.

LA VISION DU JUGEMENT [1].

I.

Saint Pierre était assis à la porte du ciel : ses clefs étaient rouillées, et la serrure s'ouvrait avec peine, tant il avait eu peu à faire depuis quelque temps; non que la place fût occupée, beaucoup s'en fallait; mais depuis l'ère française de quatre-vingt-huit, les diables avaient agi des pieds, des mains, et avaient vigoureusement pesé sur le câble, comme disent les matelots... ce qui avait entraîné la plupart des âmes dans la mauvaise voie.

II.

Tous les anges détonnaient et s'étaient enroués à force de chanter, n'ayant presque rien d'autre à faire, si ce n'est de remonter le soleil et la lune, de ramener dans son orbite quelque jeune étoile vagabonde, quelque comète caracolant comme un jeune poulain dans le bleu de l'éther, et brisant une planète d'un coup de sa queue, comme parfois une baleine folâtre fait chavirer les chaloupes.

III.

Les anges gardiens avaient regagné leur paradis, reconnaissant leur impuissance ici-bas. On ne s'occupait plus là-haut des affaires terrestres, si ce n'est dans le noir bureau de l'ange juge d'instruction qui, voyant se multiplier d'une manière effrayante les faits coupables ou calomnieux, avait dépouillé ses deux ailes de toutes leurs plumes et se trouvait cependant arriéré dans ses procès-verbaux.

IV.

Depuis quelques années la besogne s'était accrue tellement qu'il s'était vu forcé, bien à regret sans doute (absolument comme nos autres chérubins, nos terrestres ministres), de chercher autour de lui des collaborateurs, et de réclamer l'assistance de ses pairs, si l'on ne voulait pas qu'il succombât sous le faix toujours croissant de

---

(1) En 1821, M. Southey, poète-lauréat de la cour de Saint-James, ayant publié sous ce titre une apothéose ridicule du roi Georges III, lord Byron entreprit aussitôt la contre-partie de cet ouvrage, qu'il fit paraître sous le pseudonyme transparent de *Quevedo Redivivus*. Son but était à la fois de servir ses opinions politiques, et de punir les attaques que, dans sa préface, le poète courtisan, jadis libéral, avait lancées contre ce qu'il appelait l'*école satanique*, désignant assez clairement par là la tendance du poème de l'illustre pair. Une longue polémique s'ensuivit entre les deux écrivains, et l'on trouvera dans les deux premiers chants de don Juan les préludes de cette campagne littéraire, qui ne se termina, comme de juste, aux dépens de celui que Byron appelait le *renégat.* — Georges III, appelé au trône en 1760, déclaré en démence en 1788, céda dès lors le pouvoir à son fils avec le titre de régent, et mourut le 29 janvier 1820.

ses réquisitoires. Six anges et douze saints lui furent adjoints comme secrétaires.

V.

C'était un fort joli bureau, du moins pour le ciel ; et cependant on n'y manquait pas de besogne, tant chaque jour voyait rouler de chars de conquérants et remettre de royaumes à neuf ; pas de journée qui n'égorgeât ses six ou sept mille hommes !... Oh ! à la fin, quand le massacre de Waterloo vint couronner l'œuvre, les divins employés jetèrent leur plume de dégoût... tant cette page était souillée de sang et de poussière.

VI.

Ceci soit dit en passant, car il ne m'appartient pas d'enregistrer des faits dont les anges ont horreur. Le diable lui-même en cette circonstance maudit son ouvrage, étant par trop repu de l'infernale orgie : bien que lui-même eût aiguisé tous les glaives, il en eut presqu'assez pour éteindre sa soif innée du mal... Et ici nous devons consigner la seule pensée méritoire de Satan : c'est qu'il fait retomber également la responsabilité sur les deux capitaines.

VII.

Passons par-dessus quelques années d'une paix hypocrite, pendant lesquelles la terre n'a pas été mieux peuplée, l'enfer l'a été comme de coutume, et le ciel ne s'est pas rempli du tout : ce sont les années du bail des tyrans, acte qui n'a rien de nouveau que les noms qui l'ont signé. Ce bail doit finir un jour : en attendant, les susdits tyrans se multiplient avec sept têtes et dix cornes toutes en un seul rang, comme la bête annoncée par saint Jean : mais nos bêtes à nous ont la tête moins formidable que les cornes.

VIII.

En l'an premier du second réveil de la liberté, mourut Georges III, lequel, sans être un tyran lui-même, fut le bouclier des tyrans, jusqu'au jour où tous ses sens éteints ne lui laissèrent plus ni le soleil de l'âme, ni le soleil extérieur. Jamais meilleur fermier ne secoua la rosée de ses prairies ; jamais plus mauvais roi ne perdit un royaume ! Il mourut, mais laissant ses sujets après lui, la moitié aussi fous que lui et tout le reste non moins aveugles.

IX.

Il mourut... Sa mort n'eut pas un grand retentissement sur la terre ; ses funérailles eurent quelque éclat : il y eut du velours, des dorures et du bronze à profusion ; mais on n'y vit pas grand'chose qui ressemblât à des larmes... sauf celles qu'y versa l'hypocrisie, car celles-là s'achètent à juste prix : il y eut aussi une dose convenable d'élégies..... également achetées ; avec accompagnement de torches, de manteaux de deuil, de bannières, de hérauts d'armes et tous les débris des vieux us gothiques.

X.

C'était un grand mélodrame sépulcral. Entre tous les imbéciles dont le troupeau vint grossir le cortège, ou simplement le voir passer, un seul se souciait-il du mort ? Tout l'intérêt était concentré dans la pompe funèbre ; tout le deuil dans les étoffes noires. Pas une pensée qui perçât au-delà du poêle mortuaire ; et quand on déposa le cercueil magnifique dans le caveau funéraire, cette pourriture de quatre-vingts ans, renfermée dans l'or, parut une dérision de l'enfer.

XI.

Mêlez donc ce corps à la poussière ! Il redeviendrait plus promptement ce qu'il doit être un jour, si vous abandonniez ses éléments tout seuls à la lutte qui doit leur frayer un chemin pour retourner à la terre, au feu, à l'air : tous ces baumes factices corrompent ce qu'a fait la nature, en le créant non comme l'argile vulgaire de ces millions d'hommes qu'on ne transforme pas en momies...... Et, au bout du compte, toutes ces drogues ne font que prolonger l'œuvre de la destruction.

XII.

Il est mort.... et la surface de la terre en a fini avec lui ; il est inhumé ; sauf le mémoire des pompes funèbres et les hiéroglyphes du style lapidaire, le monde est clos pour lui, à moins qu'il n'ait laissé un testament à l'allemande (1) ; mais quel est le procureur qui viendra le demander à son fils, son fils en qui revivent toutes ses

(1) Georges III était accusé d'avoir détruit un testament de son père Georges II ; et c'est à cette anecdote que Byron fait ici allusion.

royales qualités, hormis cette vertu de ménage, vertu extrêmement rare, la fidélité à une femme laide et méchante ?

XIII.

« Dieu sauve le roi ! » C'est une grande économie à Dieu de ne pas prodiguer les rois sur la terre ; mais s'il lui plaît d'être parcimonieux à cet égard, qui pourrait aller à l'encontre ? Je ne suis pas de ceux qui disent qu'il faudrait en damner le plus grand nombre possible : peut-être même suis-je le seul qui ait conçu le faible espoir de diminuer les maux à venir, en limitant prudemment l'éternelle et brûlante juridiction de l'enfer.

XIV.

Je sais qu'une pareille proposition n'est nullement populaire, qu'elle est blasphématoire ; qu'on peut être damné pour avoir souhaité que personne ne le soit. Je connais mon catéchisme : je sais que nous sommes baignés dans les plus saines doctrines, au point d'en être submergés tout-à-fait ; je sais que l'Église d'Angleterre est la seule qui ne soit point tombée dans l'abomination, et que les quelques deux cents autres églises ont pris une route diablement mauvaise.

XV.

Dieu nous soit en aide à tous ; Dieu me soit en aide à moi ! Je suis, Dieu le sait, aussi abandonné que le diable peut le désirer, et il n'est pas plus difficile de me damner, qu'il ne l'est d'amener à terre le poisson qui a mordu depuis longtemps, ou de conduire l'agneau à la boucherie ; non pourtant que je me croie digne de cette noble et immortelle casserole où doit frire presque toute notre race, née pour mourir.

XVI.

Donc saint Pierre était assis à la porte du ciel et s'endormait sur ses clefs, quand tout-à-coup il se fit un bruit terrible qu'il n'avait pas entendu depuis longtemps... un bruit semblable au sifflement du vent, des eaux et de la flamme, non au mugissement tel qu'en peuvent pousser des êtres gigantesques et qui aurait arraché une exclamation à tout autre qu'à un saint ; mais lui, ayant d'abord tressailli, cligna de l'œil et se contenta de dire : « Encore une étoile qui file, sans doute ! »

XVII.

Mais avant qu'il fût assoupi de nouveau, l'aile droite d'un chérubin vint lui frapper les yeux ; sur quoi saint Pierre ayant bâillé et s'étant gratté le nez : « Bienheureux portier, lui dit l'ange. lève-toi, je te prie ! » Et en parlant ainsi il déploya des ailes magnifiques qui brillaient de célestes couleurs, comme sur la terre brille la queue d'un paon. Le saint répondit : « Eh bien ! de quoi s'agit-il ? Lucifer est-il de retour pour faire tout ce tapage ? »

XVIII.

— Non, répondit le chérubin ; mais Georges le troisième est mort ! — Et qu'est-ce que Georges le troisième, dit l'apôtre ? Quel Georges ? et le troisième de quoi ? — Le roi d'Angleterre, reprit l'ange. — Fort bien ! Il ne trouvera pas ici beaucoup de rois pour le coudoyer dans les rues ; mais a-t-il encore sa tête sur les épaules ? car le dernier que nous avons vu venir a eu ici quelque difficulté, et il ne fût jamais entré dans le séjour de la grâce, s'il ne nous eût jeté sa tête à la figure.

XIX.

« C'était, si je me rappelle bien, un roi de France. Cette tête, qui n'a vait pu conserver sa couronne terrestre, avait, à ma face, prétendre à une couronne de martyr... ni plus ni moins que la mienne. Si j'avais eu là mon épée, comme au temps où je coupais des oreilles, je l'aurais abattu d'un coup ; mais n'ayant que mes clefs au lieu de mon glaive, je me bornai à faire rouler par terre sa tête qu'il tenait à la main.

XX.

« Aussitôt, il jeta des cris si affreux, que tous les saints accoururent et le firent entrer en paradis. Là, il est assis côte à côte près de saint Paul... qui n'est autre tout de qui un parvenu ! La peau de saint Barthélemy, dont cel-i-ci s'est fait dans le ciel un capuchon, et qui a racheté tous ses péchés terrestres en le faisant martyr, n'a pas été plus utile à son maître que ne le fut au sien cette vide et stupide caboche.

XXI.

« Mais s'il eût gardé sa tête sur les épaules, l'affaire eût pris une tout autre tournure : la sympathie paraît avoir agi sur les saints comme un enchantement; et c'est ainsi que le ciel a replacé cette tête imbécile sur le trône qui la portait. Tout cela peut être fort bien : il paraît que c'est ici la coutume d'annuler tout ce qui s'est fait de bon sur la terre. »

XXII.

L'ange répondit : « Pierre, ne faites pas la moue ; le roi qui nous arriva la tête à sa place, et le reste aussi ; mais cette tête n'a jamais trop su ce qu'elle faisait... C'était une marionnette que des fils d'archal mettaient en mouvement, et on le jugera sans doute comme tous les autres. Ce n'est point notre affaire, à vous et à moi, de nous inquiéter de ces choses : occupons-nous de notre emploi et faisons ce qu'on nous ordonne. »

XXIII.

Pendant qu'ils causaient de la sorte, la caravane des anges arrivait avec la rapidité d'un ouragan, fendant l'espace, comme le cygne fend le cristal d'une onde argentée (soit le Gange, le Nil ou l'Indus, la Tamise ou la Tweed). Au milieu d'eux était un vieillard, avec sa vieille âme, tous deux complétement aveugles. Ils firent halte devant la porte, et placèrent sur un trône de nuages le voyageur, enveloppé dans son linceul.

XXIV.

Mais à l'arrière-garde de cette brillante phalange, un esprit bien différent d'aspect se balançait sur ses ailes, comme ces nuages porteurs de la foudre qui planent sur une côte aride et féconde en naufrages. Son front ressemblait à la mer secouée par la tempête ; des pensées profondes, insondables, gravaient un éternel courroux sur ses traits immortels, et, en se promenant autour de lui, son regard assombrissait l'espace.

XXV.

En s'approchant, il jeta sur cette porte, que le péché et lui ne franchiront jamais, un coup d'œil tellement empreint d'une haine surnaturelle, que saint Pierre eût bien voulu ne pas se trouver dehors ; il fit sonner ses clefs à grand bruit et sua dans son apostolique peau : comme de juste, sa transpiration n'était que du divin ichor ou toute autre liqueur éthérée.

XXVI.

Les archanges eux-mêmes se serrèrent les uns contre les autres, comme des oiseaux quand plane le faucon ; ils sentirent la peur les gagner jusqu'au bout de leurs plumes, et ils formèrent un cercle pareil au baudrier d'Orion, autour du pauvre vieux bonhomme qui savait à peine où ses guides le menaient, bien qu'ils le traitassent avec égard les mânes royaux ; car nous savons, par bons et sûrs renseignements, que tous les anges sont tories.

XXVII.

Comme les choses en étaient là, soudain la porte s'ouvrit, et l'éclat de ses gonds flamboyants jeta dans l'espace une immense flamme de teintes variées, qui s'étendit même jusqu'à notre imperceptible planète, et couronna son pôle nord des franges d'une nouvelle aurore boréale, la même que l'équipage du capitaine Parry aperçut dans le détroit de Melville, où il était entouré par les glaces.

XXVIII.

Et de la porte ouverte sortit tout radieux un être de lumière, un être puissant et beau, couronné de gloire, comme la bannière qui flotte victorieuse après un combat dont la main a été le prix...... Mes tristes comparaisons abondent naturellement en images terrestres ; car ici-bas une nuit matérielle obscurcit nos plus pures conceptions : Jeanne Southcote et ce fou de Robert Southey sont seuls exceptés de la règle.

XXIX.

Cette figure était l'archange Michel : tout le monde sait comment sont faits les anges et les archanges, puisqu'il n'est guère d'écrivailleurs qui n'en aient au moins un à mettre en scène, depuis le roi des démons jusqu'au prince des milices célestes ; on en voit aussi dans maint tableau d'église, bien que, je dois l'avouer, ceux-ci ne répondent guère à l'idée que nous nous faisons des esprits immortels ; mais je laisse aux connaisseurs le soin d'expliquer les vertus et qualités des véritables anges.

XXX.

Michel, au vol immense, s'avança dans sa gloire et sa force, noble ouvrage de celui d'où dérive toute force et toute gloire ; ayant franchi le portail, il s'arrêta : devant lui les saints au front chenu et les jeunes chérubins (quand je dis jeunes, cela s'applique à leur mine et non à leurs années ; et je ne voudrais nullement dire qu'ils ne fussent pas plus vieux que saint Pierre, mais seulement qu'ils avaient l'air un peu plus avenant);

XXXI.

Chérubins et bienheureux s'inclinèrent devant le puissant archange, la première des angéliques essences, dont l'aspect était celui d'un dieu ; mais lui, il n'avait jamais nourri d'orgueil ; tout grand, tout élevé qu'il était, jamais il n'eut de pensée que pour le service de son créateur : Michel savait qu'il n'était que le vice-roi des cieux.

XXXII.

Michel et l'esprit silencieux et sombre s'abordèrent... Ils se connaissaient mutuellement en bien comme en mal : telle était leur puissance qu'aucun d'eux ne pouvait oublier son ami d'autrefois, son futur ennemi ; et pourtant on lisait dans leurs yeux un noble, immortel et magnanime regret, comme si le destin, plus que leur volonté, avait donné à leur lutte l'éternité pour terme et les sphères pour champ clos.

XXXIII.

Mais ici ils se trouvaient sur un terrain neutre : nous savons par le livre de Job qu'il est permis à Satan de faire trois fois l'an, plus ou moins, sa visite au palais des cieux ; et que les enfants de Dieu, comme ceux de la poussière, sont tenus de lui faire compagnie : nous pourrions démontrer, d'après le même livre, avec quelle politesse est conduite la conversation entre les puissances du bien et du mal... mais cela nous mènerait trop loin.

XXXIV.

D'ailleurs ceci n'est point un traité de théologie, où l'on ait à examiner, les textes hébreux ou arabes à la main, si l'histoire de Job est une allégorie ou un fait ; je ne fais qu'une simple narration : c'est pourquoi je choisis çà et là les faits qui peuvent le mieux écarter tout soupçon d'imposture. Tout ce que cet ouvrage contient est littéralement vrai, et aussi authentique que le fut jamais une vision.

XXXV.

Donc les deux esprits se trouvaient sur un terrain neutre devant la porte du ciel. On peut comparer au seuil d'un palais oriental ce lieu où se débat le grand procès de la mort et d'où les âmes sont expédiées vers l'un ou l'autre monde ; c'est pourquoi Michel et son antagoniste prirent un air fort civil : bien qu'elles ne se donnassent point le baiser de paix, son altesse de ténèbres et son altesse de lumière échangèrent un regard très courtois.

XXXVI.

L'archange salua, non comme un de nos modernes dandies, mais à l'orientale et en s'inclinant gracieusement, appuyant une main radieuse sur l'endroit où chez les honnêtes gens on suppose qu'est la place du cœur. Il semblait avoir affaire à un égal qu'il traitait avec bienveillance, mais sans servilité. Pour Satan, il accueillit son ancien ami avec plus de hauteur, comme ferait un vieux Castillan aussi pauvre que noble, à l'égard d'un riche citadin éclos comme un champignon.

XXXVII.

Il se contenta d'incliner légèrement son front infernal : puis le relevant aussitôt, il parut se préparer à revendiquer son droit, à tort ou à raison, en établissant que le roi Georges ne devait en aucune façon être exempté du supplice éternel, pas plus que tant d'autres rois que l'histoire mentionne, lesquels étaient doués de plus de sens et de cœur, et qui depuis longtemps ont pavé l'enfer de leurs bonnes intentions.

XXXVIII.

Michel commença : « Quels droits peux-tu faire valoir sur cet homme, maintenant mort et amené devant le Seigneur ? quel mal a-t-il fait depuis le commencement de sa carrière mortelle pour appuyer tes prétentions sur lui ? Parle ; et si ta réclamation est juste, fais ta volonté : si, dans le cours de sa vie terrestre, il a grandement failli à ses devoirs comme roi et comme homme, prouve-le et il est à toi ; sinon qu'il entre.

XXXIX.

— Michel, répondit le Prince de l'air, sur le seuil même de celui que tu sers, je viens réclamer mon sujet : je démontrerai qu'ayant été mon adorateur dans la chair, il doit l'être en esprit, quelque intérêt que tu lui portes, ainsi que les tiens, sous prétexte que ni le vin ni la luxure n'ont été ses faiblesses; car sur le trône, commandant à des millions d'hommes, il a tout fait pour me servir.

XL.

« Regarde notre terre, ou plutôt la mienne : jadis elle appartenait davantage à ton maître ; mais je ne m'enorgueillis pas de la conquête de cette pauvre planète; hélas ! celui que tu sers ne doit pas m'envier son lot : avec toutes ces myriades de mondes brillants qui circulent autour de lui et l'adorent, il aurait pu oublier cette chétive création d'êtres misérables : selon moi, peu d'entre eux méritent d'être damnés, à l'exception de leurs rois.

XLI.

« Ceux-ci même, je ne les réclame que comme une sorte de redevance pour établir mon droit de suzeraineté : et lors même que je voudrais m'occuper des autres, ce serait, vous le savez, un soin superflu : vu leur dépravation, l'enfer n'a rien de mieux à faire que de les abandonner à eux-mêmes : tel est l'état de démence et de crime où les plonge une malédiction innée, que le ciel ne peut les rendre meilleurs, ni moi les rendre pires.

XLII.

« Regarde la terre, disais-je et dis-je encore : à l'époque où ce vieux aveugle, insensé, débile, chétif et pauvre vermisseau, commença de régner dans la fleur et l'éclat de sa jeunesse, le monde et lui étaient tout autres qu'aujourd'hui : une grande portion de la terre et toute l'étendue de l'Océan le reconnaissaient pour roi; à travers plus d'une tempête, ses îles avaient surnagé sur l'abîme du temps ; car les mâles vertus y avaient établi leur séjour.

XLIII.

« Jeune, il obtint le sceptre ; il ne l'a quitté que vieux : voyez dans quel état il a trouvé son royaume, dans quel état il l'a laissé; lisez les annales de son règne... voyez-le d'abord confiant le gouvernail à un favori ; voyez croître dans son cœur la soif de l'or, ce vice du mendiant, qui ne domine jamais que sur les cœurs les plus vils; et quant au reste, jetez les yeux sur l'Amérique et sur la France.

XLIV.

« A la vérité, du commencement à la fin, il ne fut qu'un instrument (déjà j'ai sous la main tous ceux qui l'ont mis en œuvre); mais comme instrument il faut qu'il soit brûlé. Dans tous les siècles passés, depuis que le genre humain a subi le joug des monarques, dans toutes les sanglantes annales du crime et du carnage, cherchez le plus mauvais élève qu'ait produit l'école des Césars, et citez-moi un règne plus inondé de sang, plus encombré de cadavres.

XLV.

« Toujours il a fait la guerre à la liberté et aux hommes libres : les peuples comme les individus, ses sujets comme les étrangers, dès qu'ils proféraient le mot de liberté, ont trouvé dans Georges III leur premier adversaire. Quel est le roi dont le règne fut souillé d'autant de calamités publiques et privées ? J'accorde sa continence et sa sobriété ; j'accorde ces vertus neutres qui manquent à la plupart des monarques ;

XLVI.

« Je sais qu'il fut époux constant, assez bon père, maître supportable. Tout cela est beaucoup, particulièrement sur un trône, de même que la tempérance est plus méritoire à la table d'Apicius qu'au souper d'un anachorète. Je lui concède tout ce que les plus bienveillants peuvent luiconcéder : mais tout cela était bien pour lui, non pour ces millions d'hommes qui trouvèrent toujours en lui un digne soutien de l'oppression.

XLVII.

« Le Nouveau-Monde secoua son joug ; l'ancien hémisphère gémit encore sous le poids des maux que lui et les siens sont préparés s'ils ne les ont accomplis : il laisse sur plus d'un trône des héritiers de ses vices sans aucune de ces vertus timides qui ont parlé pour lui. Qu'ils tremblent, ces fainéants qui dorment, ou ces despotes qui veillent sur les trônes de la terre, ayant oublié une leçon qui leur sera donnée de nouveau !

XLVIII.

« Cinq millions de chrétiens primitifs, professant la foi qui fait votre grandeur de la terre, à vous autres habitants du ciel, imploraient une portion de ce vaste tout qu'ils possédaient autrefois... la liberté d'adorer, non pas seulement votre Seigneur, mais vous, Michel, et vous aussi, saint Pierre ! Il faut que vos âmes soient bien froides, si vous n'abhorrez pas celui qui ne voulut jamais accorder aux catholiques les privilèges d'un peuple chrétien.

XLIX.

« Je me trompe ! il leur permit de prier Dieu; mais il leur refusa ce qui en était la conséquence, une loi qui les aurait placés sur le même pied que ceux qui ne révèrent pas les saints. » Sur ces mots, saint Pierre tressaillit sur son siége, se leva et s'écria : « Vous pouvez commuer le prévenu : avant que j'ouvre les portes du paradis à ce mécréant, tant que je serai portier, puissé-je être damné moi-même.

L.

« Sur ma parole ! j'aimerais mieux échanger mes fonctions contre celles de Cerbère, lesquelles certes ne sont point une sinécure, que de voir ce royal fanatique, cet échappé de Bedlam, vagabonder dans les champs azurés du ciel ! — Oui, Pierre ! répliqua Satan : vous avez raison de ressentir les injures faites à ceux de vos partisans, et pour peu que vous soyez disposé à l'échange en question, je tâcherai d'embaucher notre Cerbère pour votre paradis. »

LI.

Ici Michel s'interposa : « Brave saint ! dit-il ; et vous, diable, pa-

L'ombre s'avança, figure grande, mince, avec des cheveux gris.

si vite, je vous prie : vous dépassez tous deux les bornes de la discrétion. Saint Pierre, vous êtes ordinairement plus civil : Satan ! excusez la chaleur de ses expressions, et le tort qu'il a de s'abaisser au niveau du vulgaire : les saints eux-mêmes s'oublient quelquefois en face d'un tribunal. Avez-vous quelque chose de plus à dire? — Non. — Alors, je vous prierai de faire comparoir vos témoins. »

LII.

Aussitôt Satan se tourna et fit un signe de sa main basanée ; l'électricité de son geste se communiqua aux nuages plus rapidement que nous ne pouvons le concevoir, quoique souvent il nous arrive de voir Satan dans nos propres cieux : le tonnerre infernal ébranla les mers et les continents dans chacune des planètes, et les batteries de l'enfer déchargèrent toute cette artillerie dont Milton a parlé comme d'une des plus sublimes inventions du roi des ténèbres.

LIII.

C'était un signal pour ces âmes reprouvées dont la funeste puissance s'étend au-delà des limites des mondes passés, présents ou à venir : aucun poste spécial ne leur est assigné par les contrôles de l'enfer ; elles peuvent errer librement partout où leur goût et leurs affaires les entraînent, partout où elles trouvent une proie... ce qui ne les empêche pas d'être damnées.

LIV.

Elles sont fières, comme on peut le croire, d'un pareil privilège : c'est une sorte d'ordre de chevalerie, une clef de chambellan attachée au bas de leurs reins, ou comme une entrée de faveur par l'escalier dérobé, ou quelque autre privilège maçonnique de ce genre. J'emprunte mes comparaisons à la poussière, n'étant que poussière moi-même. Que les esprits bon ton ne s'offensent pas de la bassesse de ces similitudes : nous savons que leurs fonctions sont bien au-dessus de tout cela.

LV.

Quand l'immense signal eut couru du ciel à l'enfer, distance environ dix millions de fois plus grande que celle qui sépare la terre du soleil. Or, on suppute, à une seconde près, le temps que reste en route chacun des rayons qui, trois fois l'an, quand l'été n'est point trop sévère, disperse les brouillards de Londres et dore les girouettes, ces obscurs fanaux de la grande ville ;

LVI.

Donc, je puis dire le temps de ce trajet... ce fut une demi-minute. Je sais que les rayons du soleil sont plus lents à faire leur paquet là à se mettre en route ; mais leur télégraphie est moins perfectionnée et ils ne pourraient jouter contre les courriers de Satan revenant chez eux à toute vitesse. Il faudrait plusieurs années à chaque rayon du soleil pour faire ce qui, au diable, ne demande qu'un instant.

LVII.

À l'extrémité de l'espace apparut une petite tache de la grandeur d'une demi-couronne : il m'est arrivé quelquefois sur la mer Égée d'en voir autant dans le ciel avant une bourrasque. Le point s'approcha, et en grossissant prit une autre forme : on eût dit un navire aérien qui voguait et gouvernait ou était gouverné (je ne sais quelle est la tournure grammaticale convenable à cette dernière phrase, qui fait bégayer ma stance...

LVIII.

Mais prenez celle que vous voudrez). Et enfin ce navire devint une nuée ; et c'était en effet... une nuée de témoins. Mais quelle nuée ! jamais armée de sauterelles ne parut sur la terre aussi nombreuse que cette armée d'esprits : leurs myriades obscurcissaient l'espace ; leurs cris bruyants et divers étaient pareils à ceux des oies sauvages (si l'on peut comparer des nations à des oies) ; et c'était bien là que l'on pouvait dire : « L'enfer est déchaîné. »

LIX.

Là le gros John Bull exhalait un énergique juron et fulminait ses damnations accoutumées : plus loin Paddy baragouinait son « Jésus ! » — « Que voulez-vous ? » disait l'Écossais flegmatique ; l'ombre française blasphémait en certains termes que je ne puis transcrire, mais que le premier cocher venu vous répétera ; enfin du sein de ce vacarme, on entendait la voix de Jonathan (1) qui disait : « Je crois que notre président va se mettre en guerre. »

LX.

Il y avait en outre des Espagnols, des Hollandais, des Danois ; enfin c'était une cohue universelle d'ombres, de tous les climats, depuis O-Taïti jusqu'aux plaines de Salisbury, de toutes professions, de tout âge et de tous métiers, prêtes à témoigner sous serment contre le règne de ce bon roi, aussi hostiles à son égard qu'au jeu de cartes les trèfles le sont aux piques ; toutes appelées à ce grand procès criminel, pour voir si les rois ne peuvent pas être damnés comme vous et moi.

Il commença à lire les trois premiers vers de son poème.

LXI.

Quand Michel aperçut cette multitude, il devint d'abord aussi pâle que peuvent l'être les anges ; puis son visage prit toutes les couleurs, semblable à un crépuscule d'Italie, à une queue de paon, ou à la lumière du soleil couchant qui traverse la rosace gothique d'une vieille abbaye, ou à une truite encore fraîche, ou à l'éclair brillant à l'horizon pendant la nuit, ou à l'humide arc-en-ciel, ou à une grande revue de trente régiments habillés de rouge, de vert et de bleu.

LXII.

Alors il adressa la parole à Satan : « Comment donc... mon bon vieil ami, car je vous considère toujours comme tel ; bien que la différence des partis nous oblige à nous tenir sur la réserve et même à nous combattre, je n'ai jamais vu en vous un ennemi personnel ; notre dissidence est toute politique, et quoi qu'il puisse

(1) *Jonathan*, l'Américain ; comme *John Bull*, l'Anglais, et *Paddy*, l'Irlandais.

advenir là-bas, vous connaissez l'estime que je vous porte et qui me fait regretter les erreurs dans lesquelles il vous arrive de tomber...

LXIII.

« Comment donc, mon cher Lucifer, avez-vous pu prendre aussi mal ce que je vous ai dit de l'appel de vos témoins ? Mon intention n'a pas été de vous faire amener ici la moitié de la terre et de l'enfer ; tout cela est superflu, puisqu'il suffit de la déposition véridique de deux témoins probes et honnêtes ; nous perdons notre temps... que dis-je ? notre éternité, entre l'accusation et la défense : et si nous voulons entendre l'une et l'autre, nous allons mettre notre immortalité au supplice. »

LXIV.

Satan répondit : « La chose m'est indifférente au point de vue personnel : je puis me procurer cinquante âmes préférables à celle-ci que vous faisiez venir de la peine que nous n'en avons déjà pris ; si j'ai traité avec vous la question qui concerne sa défunte majesté d'Angleterre, c'est seulement pour la forme : vous en pouvez disposer : Dieu sait que j'ai là-bas autant de rois qu'il m'en faut. »

LXV.

Ainsi parla le démon, traité naguère de multiface par le multigraphe Southey. « En ce cas nous appellerons une couple de personnes parmi les myriades rangées autour de nous, et nous nous dispenserons d'entendre le reste, reprit Michel. Qui aura le privilège de parler le premier ? Il y a de quoi choisir... Qui appellerons-nous ? » Et Satan répondit : « Il n'en manque pas ; mais vous pouvez choisir John Wilkes, tout comme un autre. »

LXVI.

Aussitôt on vit sortir de la foule un esprit à l'aspect original, l'air gai, l'œil éveillé, revêtu d'un costume tout-à-fait suranné ; car dans l'autre monde on garde longtemps les modes de celui-ci : tous les costumes, à partir d'Adam, s'y trouvent réunis, bons ou mauvais, depuis la feuille de figuier de notre mère Eve jusqu'au jupon moderne qui ne couvre guère plus.

LXVII.

Le fantôme promena ses regards sur la foule assemblée et s'écria : « Mes amis de toutes les sphères, nous risquons un rhume au milieu de ces nuages ; c'est pourquoi dépêchons notre affaire. Pourquoi cette convocation générale? Si ces gens que je vois revêtus d'un suaire sont de francs tenanciers, si leurs cris ont pour objet une élection, vous avez en moi un candidat qui n'a jamais retourné son habit ; saint Pierre, puis-je compter sur votre voix ?

LXVIII.

— Monsieur, répliqua Michel, vous vous méprenez fort : les choses dont vous parlez appartiennent à une vie antérieure ; celles qui nous occupent ici ont un caractère plus auguste. Vous voyez un tribunal formé pour juger les rois ; maintenant vous devez être au fait. — Alors je suppose, dit Wilkes, que ces messieurs qui ont des ailes sont des chérubins ; et cette âme que j'aperçois là-bas ressemble terriblement à Georges III, seulement elle me paraît un peu plus vieille... Dieu me pardonne ! est-il donc aveugle ?

LXIX.

— Comme vous voyez ; et son sort dépend de ses actes, répond l'ange. Si vous avez quelque accusation à porter contre lui, la tombe permet au plus humble mendiant de se lever en témoignage en face des têtes les plus superbes. — Il y a des gens, dit Wilkes, qui, pour prendre cette liberté, n'attendent pas que leur adversaire ait revêtu son manteau de plomb... et pour mon compte, je lui ai dit ma pensée à la face du soleil.

LXX.

— Répétez donc, un peu au-dessus du soleil, ce que vous avez à lui reprocher, répond l'archange. — Quoi donc! répliqua l'esprit, maintenant que nos vieux comptes sont réglés, irai-je déposer contre lui ? Non, ma foi. D'ailleurs sur la fin je l'ai battu complétement, lui, ses lords et ses communes : je ne veux pas réveiller dans le ciel nos anciennes querelles, vu que sa conduite n'a rien eu que de très naturel chez un prince.

LXXI.

« Sans doute il était à la fois stupide et méchant d'opprimer un pauvre diable comme moi, qui n'avais pas un sou vaillant ; mais le blâme en doit retomber bien moins sur lui que sur Bute et Grafton, et je ne voudrais pas le voir puni maintenant pour les fautes de deux hommes qui sont damnés depuis longtemps, et qui figurent encore maintenant en enfer : pour moi je lui ai pardonné, et je vote pour que dans le ciel il jouisse de l'*habeas corpus*.

LXXII.

— Wilkes, dit le diable, je vous comprends : vous étiez déjà courtisan à demi quand la mort est venue vous surprendre, et vous paraissez croire qu'il n'y aurait pas de mal à le devenir tout-à-fait après avoir passé la barque à Charon ; vous oubliez que le règne de Georges est fini : quoi qu'il advienne, il ne sera plus souverain : vous avez perdu vos peines, car tout au plus sera-t-il votre voisin.

LXXIII.

« Au reste, j'ai su à quoi m'en tenir du jour où je vous ai vu, avec votre air goguenard, rôder et chuchoter autour de la broche où Bélial, qui était de service, arrosait William Pitt, son élève, avec la graisse de Fox ; je l'ai su, et je me suis dit : Ce gaillard-là, jusque dans l'enfer, médite de mauvais tours : je le ferai bâillonner... conformément à l'un de ses propres bills.

LXXIV.

« Appelez Junius » (1) ! A ce nom un esprit sortit de la foule et il se manifesta une curiosité générale ; en sorte que les ombres elles-mêmes cessèrent de se mouvoir à leur aise, en glissant à travers les airs, mais elles se trouvèrent toutes pressées, entassées (bien inutilement comme on verra), se comprimant mutuellement des mains et des genoux comme des vessies gonflées de vent, ou, ce qui est plus triste encore, comme le ventre d'un homme qui a la colique.

LXXV.

L'ombre s'avance... figure grande, mince, avec des cheveux gris, et qui semblait n'avoir été déjà qu'une ombre sur la terre : ses mouvements étaient prompts, son air annonçait la vigueur, mais rien n'indiquait son origine ou sa naissance ; tantôt elle se rapetissait, tantôt elle grandissait de nouveau, prenant un instant l'air de la tristesse, et le moment d'après celui d'une joie sauvage : mais si vous examiniez ses traits, ils changeaient à chaque instant, sans s'arrêter jamais en une expression fixe.

LXXVI.

Plus les autres spectres l'examinaient attentivement, moins ils pouvaient reconnaître à qui avait appartenu cette figure : le diable lui-même semblait embarrassé de cette énigme. Dans cet être inconnu, tout changeait comme un songe, tantôt dans un sens, tantôt dans l'autre ; plusieurs personnes dans la foule juraient qu'elles le connaissaient parfaitement : celui-ci affirmait par serment que c'était son père, à quoi celui-là répondait que pour sûr c'était le frère du cousin de sa mère.

LXXVII.

Un autre prétendait que c'était un duc ou un chevalier, un orateur célèbre, un légiste ou un prêtre, un nabab ou un accoucheur. Mais le mystérieux personnage changeait de physionomie au moins aussi souvent que les observateurs changeaient d'hypothèse. Bien qu'il fût là, exposé en plein à tous les regards, l'embarras ne faisait que s'accroître. C'était une complète fantasmagorie, tant l'objet était volatil et diaphane.

LXXVIII.

A peine venait-on de déclarer que c'était un tel : presto ! il se trouvait être un autre, et à peine ce changement était-il effectué qu'il variait encore ; il passait si rapidement d'un aspect à un autre que sa mère elle-même, si toutefois il en avait une, n'eût pu reconnaître son fils ; tant qu'à la fin on se fatiguait, au lieu de se divertir, en cherchant à pénétrer ce masque de fer épistolaire.

LXXIX.

En effet, il lui arrivait quelquefois, comme à Cerbère, d'être « trois messieurs à la fois, » ainsi que s'exprime ingénieusement l'excellente mistriss Malaprop (2) ; et l'instant d'après vous auriez pu croire qu'il n'en était pas même un seul. Tantôt de nombreux

---

(1) Les *Lettres de Junius*, pamphlet politique anonyme, qui fut attribué à une foule d'écrivains et hommes d'État, parmi lesquels les conjectures les plus probables se sont arrêtées sur sir Philip Francis, mort en 1818.
(2) Personnage de l'*École de la médisance*, comédie de Shéridan.

rayons lui formaient une auréole; tantôt une épaisse vapeur, pareille aux brouillards de Londres, le dérobait à la vue. Selon l'imagination des gens, c'était Burke, c'était Tooke, et très souvent il passait pour sir Philip Francis.

LXXX.

J'ai aussi mon hypothèse..... elle m'appartient exclusivement; je ne l'ai jamais mise au jour jusqu'à présent, de peur de faire tort à quelqu'un de ceux qui entourent le trône, à un ministre ou à un pair sur qui pourrait retomber le blâme : c'est... ô public bénévole, prêtez l'oreille!... c'est que l'être appelé jusqu'ici Junius n'était réellement, véritablement personne.

LXXXI.

Je ne vois pas pourquoi des lettres ne pourraient être écrites sans main, puisque nous en voyons tous les jours qui s'écrivent sans tête: et nous savons aussi que cette dernière condition n'est nullement indispensable pour faire des livres. En vérité, tant qu'on ne se sera pas accordé sur celui à qui revient l'honneur de cet ouvrage, cette question sera comme celle du Niger; et l'univers, mystifié, ne pourra guère affirmer que le fleuve ait une embouchure et le livre un auteur.

LXXXII.

« Qui es-tu et qu'es-tu? dit l'archange. — A cet égard, tu peux consulter la première page du volume, répondit cette superbe ombre d'une ombre : après avoir su garder mon secret pendant un demi-siècle, je n'ai guère envie de le révéler maintenant. — As-tu, poursuivit Michel, quelque chose à reprocher au roi Georges, quelque fait à produire contre lui?» Junius répondit : « Vous ferez mieux de lui demander sa réponse à ma lettre...

LXXXIII.

« Les accusations que j'ai consignées après mûre information survivront au bronze de son épitaphe et de sa tombe. — Mais ne te reproches-tu pas, dit Michel, quelque exagération, quelque allégation qui , fausse, décidérait ton arrêt, et véritable, le sien ? Tu as été souvent trop amer, n'est-ce pas , dans l'emportement de ta colère? — Ma colère! s'écria le fantôme d'un ton sombre; j'aimais ma patrie et je haïssais cet homme.

LXXXIV.

« Ce que j'ai écrit, je l'ai écrit : que la responsabilité tombe sur ma tête ou sur la sienne! » Ainsi parla le vieux pamphlétaire qui prenait pour devise: « Nominis umbra; » et en même temps il se dissipa en céleste fumée. Alors Satan dit à Michel : « N'oublie pas d'appeler Georges Washington, John Horne-Tooke et Franklin. » Mais en ce moment on entendit crier : « Place! place! » sans qu'un seul spectre bougeât.

LXXXV.

Enfin, à force de pousser, de jouer des coudes, et avec l'aide des chérubins chargés de ce service, le diable Asmodée se fit jour jusqu'au tribunal : son voyage semblait lui avoir coûté quelque peine. Quand il eut jeté bas le fardeau qu'il portait, « Qu'est-ce ci ? s'écria Michel; comment donc? mais ce n'est pas une ombre! — Je le sais, dit Asmodée; mais c'en sera bientôt une si vous me laissez faire.

LXXXVI.

« Diable soit du Renégat! Il est tellement lourd que je me suis foulé l'aile gauche. Il semblait avoir quelqu'un de ses ouvrages pendu à son cou. Mais au fait ! en planant sur les précipices du Skiddaw (où il pleuvait comme de coutume), je vis, bien loin au-dessous de moi, briller un bout de chandelle.... m'abattant aussitôt, je surpris ce drôle rédigeant un libelle qui outrageait l'histoire non moins que la sainte Bible

LXXXVII.

« La première est l'écriture du diable et l'autre est la vôtre, mon bon Michel ; vous comprenez que l'affaire nous concerne tous également. Je l'ai happé tel que vous le voyez là et l'ai apporté ici pour y être jugé sommairement. J'ai été peut-être dix minutes en l'air... un quart d'heure tout au plus : je gagerais que sa femme est encore à prendre son thé. »

LXXXVIII.

Ici Satan prit la parole : « Je connais cet homme depuis longtemps, dit-il, et ce n'est pas d'hier que je l'attends ici ; on trouverait difficilement un drôle plus stupide et en même temps plus vain dans sa petite sphère; mais certes, mon cher Asmodée, ce n'était pas la peine d'occuper vos ailes à convoyer pareille marchandise, le pauvre malheureux fût venu nous trouver de lui-même, sans nous donner l'embarras du transport.

LXXXIX.

« Mais puisque le voilà, voyons ce qu'il a fait. — Ce qu'il a fait! s'écrie Asmodée ; il anticipe sur la besogne qui nous occupe maintenant, et griffonne comme s'il était secrétaire général du bureau des destinées. Quand un âne de cette espèce prend la parole, comme celui de Balaam, qui peut prévoir jusqu'où il portera l'impudence. — Ecoutons, dit Michel, ce qu'il peut avoir à nous dire; vous savez que nous sommes tenus d'en agir ainsi dans tous les cas. »

XC.

Aussitôt le barde, joyeux de trouver un auditoire , ce qui lui arrivait rarement sur la terre , se mit à tousser, moucher, cracher, pour donner à sa voix cette intonation lugubre et solennelle , trop bien connue des malheureux auditeurs que les poètes tiennent sous leur coupe quand une fois ils ont lâché la bonde à leurs vers ; mais il se sentit arrêté tout court par son premier hexamètre, qui ne put faire aller un seul de ses pieds goutteux.

XCI.

Et avant que pour éperonner ses dactyles chancelants, il eût pu entonner une manière de récitatif, on entendit un long murmure d'effroi circuler dans les rangs des chérubins et des séraphins; Michel s'empressa de se lever, avant d'avoir pu saisir un mot de tous ces vers si longuement échafaudés, et s'écria : « Pour l'amour de Dieu ! l'ami, arrêtez ! Il vaudrait mieux... *Non di, non homines.....* Vous connaissez le passage entier » (1).

XCII.

Ce fut alors un tumulte général parmi la foule qui paraissait détester cordialement toute espèce de vers; comme de raison, les anges avaient du chant par-dessus la tête lorsqu'ils étaient de service ; et les ombres de la dernière génération en avaient trop entendu de leur vivant et tout récemment encore, pour rechercher l'occasion d'en ouïr davantage. Le monarque, qui était resté muet jusque-là, s'écria tout-à-coup« : Quoi donc ! quoi donc ! Pye (2) est-il de retour ? Je n'en veux plus!... je n'en veux plus! »

XCIII.

La confusion redouble; une toux universelle ébranle les cieux, comme dans un débat parlementaire, alors que Castlereagh a parlé trop longtemps (il en était ainsi du moins avant qu'il fût ministre d'Etat : maintenant les esclaves l'écoutent). Quelques-uns crient : « A la porte! à la porte! » comme dans les petits théâtres ; si bien que, poussé à bout, le poète supplie saint Pierre, comme étant lui-même écrivain, d'intervenir au moins en faveur de sa prose.

XCIV.

Le drôle n'avait pas trop mauvaise mine : son visage tenait beaucoup du vautour; un nez crochu et un œil de faucon donnaient un air piquant et une sorte de grâce tranchante à une physionomie dont l'ensemble, quoiqu'un peu trop grave, n'était pas à beaucoup près aussi laid que son principal vice : mais celui-ci était absolument incurable : c'était une véritable monomanie de suicide par la poésie.

XCV.

Alors Michel souffla dans sa trompette, et fit taire le bruit par un bruit encore plus grand, comme la chose se fait quelquefois sur la terre : hormis quelques murmures qui interrompront çà et là le respectueux silence, peu de voix essaieront de s'élever encore après avoir été entièrement dominées. Le poète put donc enfin plaider sa mauvaise cause, de l'air d'un homme fort content de lui-même.

XCVI.

Il dit... (je ne donne que le sommaire)... il dit qu'en écrivant il n'avait point mauvaise intention : c'était sa manie de traiter ainsi tous les sujets ; c'était ainsi d'ailleurs qu'il gagnait son pain en ayant soin de le beurrer des deux côtés; ce serait abuser des mo-

(1) On peut se contenter, dit Horace, d'être un jurisconsulte, un avocat passable.... mais les poètes! Ni les hommes, ni les dieux.... ne leur permettent la médiocrité.
(2) Poète lauréat, prédécesseur de Southey ; il mourut en 1813 , et ses odes et son épopée d'Alfred sont oubliées depuis longtemps.

ments de l'assemblée (il se flattait beaucoup) que de nommer ses ouvrages, dont la simple énumération emploierait plus d'un jour. Il n'en citerait que les plus remarquables : « Wat Tyler... Blenheim. . Waterloo. »

XCVII.

Il avait écrit l'éloge d'un régicide ; il avait écrit l'éloge de tous les rois du monde ; il avait écrit largement, abondamment pour les républiques, puis contre ces mêmes républiques, avec plus d'amertume que jamais : il s'était fait un jour l'apôtre de la « Pantisocratie, » système plus ingénieux que moral : puis il était devenu ardent anti-Jacobin, ayant retourné son habit, et prêt à retourner sa peau.

XCVIII.

Il avait, dans ses poèmes, déclamé contre les batailles, puis il en avait célébré la gloire ; il avait parlé de la critique des journaux comme d'un « métier impitoyable » : puis il était devenu lui-même le plus vil et le plus rampant des critiques... Nourri, payé et protégé par ceux-là même qui avaient attaqué sa muse et sa moralité : il avait écrit des vers blancs et de la prose plus blanche encore, et beaucoup plus de l'un et de l'autre que personne ne saurait croire.

XCIX.

Il avait écrit la vie de Wesley..... Ici, se tournant vers Satan : « Monsieur, dit-il, je suis prêt à écrire la vôtre : deux volumes in-8º, élégamment reliés, avec notes et préface, tout ce qui allèche le pieux acheteur : et il n'y a point à douter du succès, car je suis en position de choisir moi-même mes critiques : fournissez-moi donc les documents nécessaires, afin que je puisse vous ajouter à la liste de mes saints. »

C.

Satan s'inclina et garda le silence. « Eh bien ! si par une louable modestie vous refusez mes offres, qu'en dit Michel ? Il est peu de mémoires qu'on puisse rendre plus divins. Ma plume peut se prêter à tout : elle n'est plus tout-à-fait neuve, mais elle vous rendrait brillant comme votre trompette. Pour le dire en passant, la mienne est d'un airain plus dur et a autant de son que la vôtre. »

CI.

« Mais à propos de trompette, voilà ma Vision ! Vous allez être juges ; oui, vous tous : mon jugement guidera le vôtre, et ma sagesse va décider qui doit entrer au ciel ou tomber en enfer. Je règle toutes ces choses par intuition, présent, passé ou avenir ; ciel, enfer et tout le reste. Comme Alphonse, ce savant monarque, je me sens capable, quand je vois double, d'épargner à la Divinité bien des embarras. »

CII.

Il cessa de parler et tira de sa poche un manuscrit. Tout ce que purent lui dire les diables, les saints et les anges fut inutile : rien n'arrêta le torrent : il lut donc les trois premiers vers ; mais au quatrième, toute l'armée spirituelle avait disparu, exhalant une variété infinie de parfums, les uns d'ambroisie, les autres de soufre : tout avait fui avec la rapidité de l'éclair devant ses « mélodieux accords. »

CIII.

Ces grands vers héroïques opérèrent comme un charme ; les anges se bouchèrent les oreilles et déployèrent leurs ailes ; les diables assourdis se sauvèrent en hurlant dans l'enfer ; les ombres, en grommelant, s'enfuirent vers leurs domaines (car on ne sait pas encore bien précisément en quel lieu elles habitent, et je laisse à chacun son opinion sur ces matières) ; Michel voulut recourir à sa trompette... mais, hélas ! ses dents étaient agacées, et il ne put souffler dans l'instrument.

CIV.

Saint Pierre, connu depuis longtemps pour un saint un peu vif, leva ses clefs, et au cinquième vers il abattit d'un coup le poète, qui alla tomber dans son lac, comme un nouveau Phaéton, mais beaucoup plus à son aise, car il ne s'y noya pas : une autre trame avait été filée par les Destinées pour la couronne finale du lauréat ; on la lui appliquera le jour où la réforme triomphera en Angleterre ou ailleurs.

CV.

D'abord, il alla au fond... comme ses ouvrages ; mais bientôt il revint sur l'eau... comme cela lui arrive toujours ; car, par sa corruption même, toute chose corrompue devient légère comme le liège, légère comme le sylphe, comme le feu follet qui voltige à la surface d'un marais. Maintenant sans doute, réfugié dans sa tanière, triste comme un livre ennuyeux sur les rayons d'une bibliothèque, il médite de barbouiller quelque Vie ou quelque Vision ; car le diable s'est fait puritain.

CVI.

Quant au reste, pour en venir à la conclusion de ce songe véridique, j'ai perdu le télescope qui garantissait ma vue de toute illusion, et me révélait tout ce que j'ai révélé à mon tour. Tout ce que je vis de plus, à travers la confusion du dernier moment, c'est que le roi Georges tout seul parvenait à se faufiler dans le ciel ; et quand le tumulte fut entièrement apaisé, je le laissai méditant sur le centième psaume.

FIN DE LA VISION DU JUGEMENT.

POÉSIES DIVERSES.

(Suite.)

STANCES.

L'enchantement est rompu ; le charme est envolé ! telle est la fièvre capricieuse de la vie : nous sourions comme des insensés, quand nous devrions gémir ; le délire est encore la plus douce des tromperies qui nous assiégent.
Chaque intervalle lucide de la pensée ramène les maux que la Nature a écrits elle-même sur notre livre de vie ; et quiconque agit en sage doit vivre comme sont morts les saints, en martyr.

SESTOS ET ABYDOS (mai 1809).

Si Léandre, chaque nuit, pendant le sombre et froid décembre, traversait tes flots, ô large Hellespont (quelle jeune fille n'en connaît point l'histoire ?)...
Si, pendant que mugissait la tempête hibernale, il nageait vers son amante, sans se laisser arrêter par aucune crainte. et si le courant était aussi violent qu'aujourd'hui, ô Vénus ! que je plains les deux amants !
Pour moi, enfant chétif et dégénéré des âges modernes, quoique j'aie fait ce trajet dans le doux mois de mai, j'ai peine à détendre mes membres humides, et je crois avoir accompli un difficile exploit.
Mais selon l'incertaine chronique, quand Léandre traversait le rapide courant pour trouver une amante... et quelle douce récompense ! il était animé par l'amour : moi je n'avais pour but que la gloire.
Il serait difficile de dire lequel de nous réussit : pauvres mortels, les dieux se jouent ainsi de nous ! il perdit ses efforts ; moi, j'en fus pour ma bravade : il se noya, et j'attrapai la fièvre.

CHANT GREC.

Vierge d'Athènes, avant que nous nous quittions, rends-moi, oh ! rends-moi mon cœur ! ou puisque ce cœur a quitté mon sein, garde-le maintenant et prends aussi le reste : écoute mes vœux avant que je te quitte : *Zoé mou sas agapô*(1) !
Par ces boucles de ta flottante chevelure, abandonnées à tous les vents de la mer d'Egée : par ces cils dont la frange de jais caresse amoureusement la fleur de tes joues ; par ces yeux vifs comme ceux de la gazelle : *Zoé mou sas agapô !*
Par ces lèvres que je brûle d'effleurer, par cette taille que presse ta ceinture, par ces fleurs qui te disent dans ce pays les paroles ne pourraient exprimer aussi bien, par toutes les joies et les peines de l'amour : *Zoé mou sas agapô !*

(1) Ma vie, je t'aime.

Vierge d'Athènes, je pars : pense à moi, douce fille, quand tu te verras seule. Quoique je coure à Stamboul, Athènes gardera mon cœur et mon âme. Et jamais je ne cesserai de t'aimer, non! *Zoé mou sas agapô!*

SUR UN ALBUM.

Sur la froide pierre d'un tombeau un nom arrête les yeux du passant : ainsi quand tu jetteras les yeux sur cette page, puisse le mien fixer ton regard et ta pensée!

Et chaque fois que tu viendras à lire ce nom, pense à moi, comme on pense aux morts; et dis-toi que mon cœur est là, inhumé tout entier.

A FLORENCE (Malte, 1809).

Quand je quittai la rive, la rive lointaine où je suis né, j'aurais eu peine à croire, madame, qu'un jour viendrait où je pleurerais encore en quittant un autre rivage.

Et pourtant, ici, dans cette île stérile où s'affaisse la nature épuisée, où vous êtes la seule qu'on voie sourire, c'est avec effroi que j'envisage l'instant du départ.

Quoique loin des falaises escarpées d'Albion et séparé d'elles par le bleuâtre Océan, encore quelques saisons écoulées, et peut-être je reverrai ses rochers.

Mais n'importe où m'entraîne ma course vagabonde; que j'erre sous des climats brûlants, que je parcoure les mers, ou que le temps me rende à ma patrie, mes yeux ne se fixeront plus sur vous :

Sur vous qui réunissez tous les charmes capables d'émouvoir les cœurs les plus indifférents; qu'on ne peut voir sans admiration et... pardonnez-moi ce mot... sans amour.

Pardonnez-le à celui qui ne pourra plus désormais vous offenser en le prononçant; et si je ne dois pas prétendre à posséder votre cœur, croyez-moi ce que je suis en effet, votre ami.

Et quel est le froid mortel qui, après vous avoir vue, aimable voyageuse, ne sentirait pas comme je sens, et ne serait pas pour vous ce que tout homme doit être... l'ami de la beauté malheureuse?

Qui pourrait jamais croire que cette tête charmante a traversé tant de routes périlleuses, a bravé la tempête à l'aile meurtrière, s'est dérobée à la vengeance d'un tyran?

O madame, quand je verrai les murs où s'élevait autrefois la libre Byzance, et où maintenant Stamboul étale ses palais orientaux, siége de la tyrannie musulmane;

Quelque importance qu'ait cette cité glorieuse dans les annales du monde, elle aura devant mes yeux un titre plus cher, comme vous ayant donné le jour.

Et s'il faut maintenant que je vous dise adieu, quand mes yeux verront ce merveilleux tableau, il me sera doux, ne pouvant vivre où vous êtes, de vivre où vous avez vécu.

PENDANT UN ORAGE.

Il est humide et glacé, le vent des nuits, au milieu des montagnes du Pinde; et la nue irritée fait pleuvoir sur nos têtes la vengeance du ciel.

Nos guides nous ont quittés; nul espoir ne reste, et d'éblouissants éclairs ne nous montrent que les rochers qui interceptent notre marche, ou le torrent écumeux dont ils dorent les flots.

N'est-ce pas une cabane que je viens d'apercevoir à la lueur de la foudre?... Oh! que cet abri s'offrirait à propos! Mais non, ce n'est qu'un tombeau musulman.

A travers le bruit de la cascade mugissante, j'entends une voix qui crie : c'est la voix de mon compatriote fatigué, qui invoque par son nom notre lointaine Angleterre;

Un coup de fusil! vient-il d'un ennemi ou d'un ami?... Encore un! c'est pour annoncer au paysan des montagnes que des voyageurs l'invitent à descendre pour les conduire à sa demeure.

Oh! qui oserait, par une nuit semblable, s'aventurer dans la solitude? Au milieu des mugissements du tonnerre, qui pourrait entendre notre signal de détresse?

Et qui, entendant nos cris, voudra quitter son repos pour tenter une marche périlleuse? Ne croira-t-il pas, dans ces clameurs nocturnes, reconnaître les signaux des brigands en campagne?

Les nuages crèvent; le ciel est sillonné de flammes : scène imposante et terrible! l'orage accroît sa violence; pourtant un pareil instant, une pensée a le pouvoir d'échauffer encore mon sein.

Pendant que j'erre ainsi à travers les rochers et les bois, pendant que les éléments épuisent sur moi leur fureur, chère Florence, où es-tu?

Tu n'es plus sur les flots... non... ton navire est depuis trop longtemps en route. Oh! que l'orage, dont les torrents m'inondent, ne courbe d'autre tête que la mienne!

Le rapide sirocco soufflait fortement la dernière fois que j'ai pressé tes lèvres; et depuis ce jour, il a sans cesse soulevé autour de ton brave vaisseau les vagues écumeuses!

Certes maintenant, tu es en sûreté; tu as atteint depuis longtemps les rivages d'Espagne; je m'affligerais de penser que tes charmes peuvent être exposés aux fureurs d'une pareille tempête.

Et tandis que ton image m'est présente au milieu du péril et des ténèbres, telle que je le suis dans ces heures de plaisir dont la musique et la gaîté hâtaient la fuite...

Peut-être que toi-même, dans les blanches murailles de Cadix, si toutefois Cadix est libre encore, à travers les jalousies, tu regardes la mer bleuâtre!

Et alors ta pensée, se reportant vers ces îles de Calypso (1), qu'un doux passé t'a rendues chères, à tes autres amis, tu donnes mille sourires, et à moi un soupir seulement.

En ce moment, le cercle de tes admirateurs observe la pâleur de ton visage; il épie dans tes yeux une larme à demi formée, un fugitif éclair de gracieuse mélancolie...

Mais aussitôt tu souris de nouveau; tu te dérobes en rougissant aux railleries d'un fat, n'osant avouer que tu as pensé un seul instant à celui qui ne cesse de penser à toi.

Hélas! sourires ou soupirs ne peuvent rien pour deux cœurs séparés et gémissant de l'être; et pourtant, à travers monts et mers, mon âme éplorée cherche à rejoindre la tienne.

LE GOLFE D'AMBRACIE.

Du haut d'un ciel sans nuage, la lune verse sa lumière argentée sur le golfe d'Actium, sur ces flots où, pour une reine égyptienne, l'ancien monde fut conquis et perdu.

Et maintenant, mes regards se promènent sur ces ondes d'azur, où tant de Romains ont trouvé un tombeau, où un soldat ambitieux abandonna sa couronne vacillante pour suivre une femme.

Florence! tu es belle et je suis jeune, et mon amour pour toi égale tous les amours chantés par les poètes, depuis que la lyre d'Orphée arracha Eurydice aux enfers!

Charmante Florence, c'était un heureux temps que celui où l'on risquait un monde contre deux beaux yeux! Si la poésie avait à sa disposition des mondes au lieu de rimes, tes charmes pourraient susciter de nouveaux Antoines.

Quoique le destin ne permette plus que de pareilles parties se jouent, néanmoins, j'en jure par tes yeux et les boucles de ta chevelure, si je ne puis perdre un monde pour toi, je ne voudrais pas te perdre pour un monde.

SOUS UN PORTRAIT.

Cher objet d'une tendresse déçue! si tout me sépare aujourd'hui de l'amour et de toi, pour me faire paraître le désespoir moins amer, il me reste ton image et mes larmes. On dit que le temps peut user la douleur; mais je sais que cela ne saurait être vrai, car la mort de mes espérances a rendu mes souvenirs immortels.

INSCRIPTION.

Lecteur bénévole, ris ou pleure, comme il te plaira; ci-gît Harold.
— Mais où donc est son épitaphe? — Si tu ne cherches que cela, tu peux aller à Westminster : là tu en verras mille qui peuvent servir pour Harold aussi bien que pour toi.

LE DÉPART.

Beauté chérie, le baiser que ta bouche a déposé sur la mienne y restera jusqu'à ce que de plus heureux jours me permettent de le rendre intact à tes lèvres.

Le tendre regard que tu fais rayonner en cet instant peut lire dans

(1) Les îles Ioniennes.

mes yeux un amour égal au tien ; les pleurs qui mouillent ta paupière, ce n'est pas mon inconstance qui les fait couler.

Je ne te demande pas un gage qui puisse me consoler loin de tous les regards ; un souvenir de toi n'est pas nécessaire au cœur dont toutes les pensées t'appartiennent.

Je n'aurai pas besoin d'écrire ; pour te peindre l'état de mon âme, ma plume serait trop faible ! Que pourraient d'inutiles paroles, à moins que le cœur ne sût parler !

La nuit, le jour, dans l'une et l'autre fortune, ce cœur, désormais enchaîné, gardera l'amour qu'il doit cacher, et le regrettera en silence.

MALTE.

Adieu, plaisirs de La Valette ! Adieu, sirocco, soleil et sueurs ! Adieu, palais dont j'ai rarement franchi le seuil ! Adieu, maisons où j'ai eu le courage de pénétrer ! Adieu, maudites rues en façon d'escalier, qu'on ne gravit qu'en jurant ! Adieu, négociants aux fréquentes faillites ! Adieu, canaille toujours moqueuse ! Adieu, paquebots... qui n'apportez point de lettres ! Adieu, imbéciles... qui singez l'élégance ! Adieu, quarantaine maudite qui m'as donné la fièvre et le spleen ! Adieu, théâtre où l'on bâille ! Adieu, danseurs de Son Excellence ! Adieu, pauvre Pierre... qui, sans qu'il y eût de ta faute, ne pus jamais apprendre à valser à un colonel ! Adieu, femmes pétries de grâce ! Adieu, habits rouges et faces plus rouges encore ! Adieu aux airs importants de quiconque se pavane en uniforme ! Je vais... Dieu sait quand et pourquoi... revoir des villes enfumées, des cieux nuageux, des choses (à dire vrai) tout aussi laides... mais d'une laideur différente.

Adieu à tout cela ; mais je ne vous dis pas adieu, à vous, fils triomphants de la plaine azurée ! car l'un et l'autre rivage de l'Adriatique, les morts glorieuses, les flottes anéanties, la nuit avec ses bals et ses sourires, le jour avec ses gais repas, vous proclament vainqueurs en plaisirs comme en guerre ! Pardonnez au babillage de ma muse, et acceptez mes vers... je les donne gratis.

Venons-en maintenant à notre bonne hôtesse, à mistriss Fraser. Vous croyez sans doute que je vais chanter ses louanges ; et, en effet, si j'avais la vanité de croire que mon éloge vaut une goutte d'encre, un vers..... ou deux..... ne me coûteraient guère, d'autant plus qu'ici il n'y a pas à flatter. Mais elle se contentera de briller dans des éloges préférables aux miens, avec son air enjoué, un cœur sincère, et l'aisance du bon ton sans son art factice. Ses heures peuvent couler gaiment sans l'aide de mes rimes insignifiantes.

Et maintenant, ô Malte ! petite serre chaude militaire, puisque tu nous tiens encore dans tes murs, je ne te dirai rien d'impoli, je ne t'enverrai pas à tous les diables ; mais, mettant la tête à l'embrasure de ma casemate, je demanderai à quoi bon un semblable lieu ? Puis, rentrant dans mon trou solitaire, je recommence à griffonner, j'ouvre un livre, ou bien je profite du moment pour prendre une médecine (deux cuillerées par heure selon l'ordonnance). Je préfère mon bonnet de nuit à un castor, et remercie les dieux..... d'avoir attrapé la fièvre.

FRAGMENT (1811).

Infortuné Dives ! dans un moment fatal, tu fus assez insensé pour méconnaître la voix de la nature ! Naguère favori de la Fortune, tu n'éprouves plus maintenant que ses rigueurs ; le vase de courroux s'est brisé sur ta tête orgueilleuse. Le premier en talent, en génie, en richesse, comme il se leva brillant, ton beau matin ! Mais la soif d'un crime, et d'un crime sans nom, est venue te visiter, et voilà que le midi de ta vie doit s'écouler dans le mépris et dans la solitude forcée, le pire de tous les supplices !

A UN AMI.

« Bannis le noir chagrin ! » me dis-tu. Eh bien ! que telle soit ta devise dans tes joyeux ébats ! et peut-être aussi la mienne, dans ces nuits bachiques, au sein de ces orgiaques délices par lesquelles les enfants du désespoir bercent leur cœur attristé et « bannissent le chagrin. » Mais à l'heure matinale, quand la réflexion arrive, quand le présent, le passé, l'avenir, s'assombrissent, quand je vois tout ce que j'aimai ou changé ou.... oh ! ne vient point offrir cette amère ironie comme un remède aux maux de celui dont toutes les pensées... Mais laissons-là ce sujet.... Tu sais que je ne suis pas ce que j'étais. Mais avant tout, si tu veux occuper une place dans un cœur qui ne fut jamais froid, par tout ce que les hommes révèrent, par tout ce qui est cher à ton âme, par tes joies ici-bas, tes espérances là-haut, parle-moi... parle-moi de tout autre chose que d'amour.

Il serait trop long de raconter, il est inutile d'entendre l'histoire d'un homme qui dédaigne les larmes ; et rarement elle pourra émouvoir des cœurs moins éprouvés. Mais le mien a souffert plus que la patience d'un philosophe ne pourrait peindre. J'ai vu ma fiancée devenir la fiancée d'un autre... Je l'ai vue assise à côté d'un époux, j'ai vu l'enfant qu'elle lui avait donné sourire comme sa mère et moi nous avons souri l'un à l'autre, aux jours de la jeunesse, tendre et pure alors comme cet enfant... J'ai vu les yeux de cette femme me demander avec une froide indifférence si j'éprouvais quelque douleur secrète.... J'ai su jouer mon rôle, et mon visage a démenti mon cœur ; je lui ai rendu son regard glacial... et cependant je me sentais encore l'esclave de cette femme... enfin j'ai embrassé, comme sans dessein, cet enfant, qui eût dû être le mien, et les caresses que je lui prodiguais montraient assez que le temps n'avait rien changé à mon amour.

Mais n'en parlons plus... je ne veux plus gémir, et ne fuirai plus vers les rivages de l'Orient ; la société des hommes convient à un cerveau préoccupé : je veux de nouveau me réfugier dans le monde. Mais si quelque jour, quand sera fané le printemps de l'Angleterre, tu entends parler d'un homme dont les sombres forfaits rivalisent avec les plus hideux de l'époque, d'un homme sur qui ne peuvent rien la pitié ni l'amour, ni l'espoir de la gloire, ni les louanges des gens de bien ; qui, dans l'orgueil de sa farouche ambition, ne reculera peut-être pas devant le sang ; d'un homme que l'histoire rangera un jour parmi les plus redoutables anarchistes du siècle... reconnais alors cet homme... réfléchis, et voyant l'effet, n'oublie pas la cause.

Abbaye de Newstead, 11 octobre 1811.

A THYRZA (1811) (1).

Sans une pierre qui indique le lieu de ta sépulture et dise ce que la vérité avouerait, oubliée de tous, sauf peut-être de moi, hélas ! où ont-ils déposé la cendre ?

Séparé de toi par les mers et de nombreux rivages, je t'ai aimée en vain ; mon passé, mon avenir, se reportaient vers toi, et tendaient à nous réunir.... Non, jamais, jamais plus.

Si le sort l'avait permis... une parole, un regard me disant doucement : « Nous nous quittons amis, » auraient fait supporter à mon âme avec moins de douleur la délivrance de la tienne.

Puisque la mort te préparait une agonie douce et sans souffrances, n'as-tu donc pas regretté l'absence de celui que tu ne verras plus, qui te portait et te porte encore dans son cœur ?

Oh ! qui eût mieux veillé près de toi ? qui plus pieusement eût observé ton regard pâlissant, dans ce moment terrible qui précède la mort, alors que la tristesse étouffe ses gémissements jusqu'à ce que tout soit fini ?

Mais du moment où tu aurais été affranchie des maux de ce monde, les larmes de ma tendresse, se faisant un passage, eussent coulé en abondance.... comme elles coulent maintenant.

Et meurtri ne pleurerais-je pas, quand je me rappelle combien de fois, avant mon absence passagère, dans ces tours aujourd'hui désertes pour moi, nous avons confondu nos témoignages d'affection ?

A nous alors le regard aperçu de nous seuls ; le sourire que nul autre ne comprenait ; le langage à demi articulé de deux cœurs amis ; l'étreinte de deux mains frémissantes !

A nous le baiser innocent et pur qui commandait à l'amour de réprimer tout désir plus brûlant : car les yeux annonçaient une âme si chaste, que la passion elle-même eût rougi d'en demander davantage !

Et cet accent qui me rappelait à la joie, quand, bien différent de toi, je me sentais disposé à la tristesse ! et ces chants que la voix rendait célestes, mais qui dans toute autre bouche me sont indifférents !

Le gage d'amour que nous portions, je le porte encore ; mais où est le tien ?... Hélas ! où es-tu toi-même ? Le malheur a souvent pesé sur moi, mais c'est la première fois que je ploie sous le faix.

Tu as bien fait de partir au printemps de la vie, me laissant vider seul la coupe des douleurs. Si dans la tombe il n'est que le repos, je ne désire pas te revoir sur la terre.

Mais si dans un monde meilleur tes vertus ont un séjour plus digne d'elles, fais-moi part d'une portion de la félicité pour m'arracher à mes angoisses ici-bas.

Apprends-moi... ô leçon que je ne devais pas sitôt recevoir de toi !... apprends-moi la résignation, soit pour pardonner, soit pour

(1) Cette pièce et les quatre suivantes sont consacrées à une beauté qui est restée inconnue : l'ensemble de ces poésies et de quelques autres qui portent la même date est livré aux conjectures du lecteur.

demander le pardon. Il était si pur, cet amour que tu avais pour moi sur la terre, que j'espère quelquefois le retrouver dans le ciel.

—

STANCES.

Encore un effort, et je suis délivré des tourments qui déchirent mon cœur ; encore un dernier et long soupir à l'amour et à toi, puis je me jette de nouveau dans le tourbillon de la vie. Il me plaît maintenant de me mêler à une société autrefois sans charme pour moi : après avoir vu s'envoler toutes mes joies d'ici-bas, quels chagrins peuvent m'affecter désormais ?

Apportez-moi donc du vin, servez le banquet ; l'homme ne fut pas créé pour vivre seul. Je veux être encore l'être léger, frivole, qui sourit à tout le monde et ne pleure avec personne. Il n'en était pas ainsi dans des jours plus chers, il n'en eût jamais été ainsi : mais tu as pris ton vol loin de moi, et tu m'as laissé ici-bas solitaire ; tu n'es plus qu'un néant, et tout est néant pour moi.

Mais vainement ma lyre affecte un ton léger ; le sourire que la douleur veut feindre fait un ironique contraste avec ce qu'il recouvre : on dirait des roses sur un sépulcre. En vain de joyeux compagnons de table, la coupe à la main, écartent un moment le sentiment de mes maux ; en vain le plaisir enflamme une ivresse insensée, le cœur... le cœur est toujours solitaire !

Combien de fois, dans la solitude d'une belle nuit, je me suis plu à contempler l'azur du firmament ! car je pensais qu'à cette heure la même lumière céleste se réfléchissait dans son œil pensif ! Souvent à l'heure de minuit, sur les flots de la mer Égée, j'ai dit à l'astre : « En ce moment Thyrza te regarde. » — Hélas ! les rayons de la lune éclairaient la tombe de Thyrza !

Enchaîné par la fièvre sur un lit sans sommeil, alors qu'un feu brûlant coulait dans mes veines, « Ce qui me console, » disais-je, « c'est que Thyrza ignore mes souffrances. » Pour l'esclave usé par les ans, la liberté est un don inutile ; c'est en vain que la nature compatissante m'a rappelé à la vie, puisque Thyrza ne vit plus !

Gage reçu de Thyrza dans des jours meilleurs, à l'aurore de ma vie et de mon amour ! combien tu es changé à mes yeux ! combien le temps t'a coloré des teintes de la douleur ! Le cœur qui s'est donné avec toi a cessé de battre... Ah ! que n'en est-il de même du mien ! Froid comme peuvent l'être les morts, il sent encore, il souffre au sein de sa torpeur.

Don d'amertume et de délice, gage douloureux et cher à mon âme ! oh ! garde mon amour pur de toute atteinte, ou brise ce cœur contre lequel je le presse ! Les années tempèrent l'amour, elles ne l'éteignent pas ; il devient plus saint encore quand l'espérance s'est envolée ! Oh ! que sont des milliers d'affections vivantes en regard de celle qui ne peut se détacher des morts !

—

EUTHANASIA (1).

Quand le temps amènera ce sommeil sans rêves qui berce les habitants de la tombe, Dieu de l'Oubli, puissent tes ailes languissantes flotter doucement sur mon lit de mort !

Point d'amis ou d'héritiers pour pleurer ou hâter de leurs vœux mon dernier soupir ; point de femme, les cheveux épars, qui éprouve ou simule une douleur de circonstance !

Que je descende silencieux dans la tombe, sans l'accompagnement d'un deuil officieux : je ne veux pas interrompre un seul instant de joie, ni causer un seul mouvement d'inquiétude à l'amitié.

L'amour seul, si toutefois l'amour dans un pareil moment était capable d'un magnanime effort pour étouffer d'inutiles soupirs, l'amour pourrait une dernière fois signaler son triomphe dans celle qui survit et dans celui qui meurt.

Il me serait doux, ma Psyché, de contempler jusqu'au dernier instant les traits toujours sereins ; oubliant alors les convulsions déjà éteintes de l'agonie, la douleur elle-même pourrait te sourire.

Mais ce vœu est inutile ; le cœur de la beauté se rétrécit pour nous à mesure que s'amoindrit notre souffle ; et ces larmes que la femme répand à volonté nous trompent dans la vie et nous énervent au moment de la mort.

Qu'elle soit donc solitaire, cette heure suprême qui m'attend ; qu'elle passe sans un regret, sans un gémissement. En effet, pour des milliers d'hommes, la mort a été douce, la douleur passagère ou même nulle.

— Oui, mais mourir, et aller, hélas !... — Eh bien ! aller où tous sont allés, où tous iront un jour ! redevenir ce rien que j'étais avant de naître à la vie et à la douleur vivante !

(1) Mot grec qui signifie *mort heureuse*.

Comptez les heures de joie que vous avez connues ; comptez les jours exempts de souffrance : quelque chose que vous ayez été, vous verrez qu'il vaut mieux ne pas être.

—

STANCES.

Tais-toi ! tais-toi, ô chanson qui m'affliges ! Ces sons naguère pour moi pleins de charmes, qu'ils cessent, ou je fuis de ces lieux, car je n'ose plus les entendre. Ils me rappellent des jours plus brillants ; mais faites taire cette harmonie, car maintenant, hélas ! je ne puis ni ne dois arrêter ma pensée sur ce que je suis, sur ce que je fus.

La voix qui rendait si doux ces accords est éteinte désormais, et leur charme est envolé ; maintenant leurs sons les plus suaves me semblent un chant de deuil entonné pour les morts. Oui, Thyrza ! oui, ils me parlent de toi, cendre adorée, puisque tu n'es plus que cendre ; et tout ce qu'ils avaient autrefois d'harmonie est pire qu'une discordance à mon cœur.

Tout s'est tû... mais à mon oreille la vibration résonne encore ; j'entends une voix que je ne voudrais pas entendre, une voix qui devrait être muette ; mais souvent elle vient faire tressaillir mon âme incertaine. Cette douce mélodie me suit jusque dans mon sommeil ; m'éveille et je l'écoute encore, bien que mon rêve soit dissipé.

Douce Thyrza ! dans ma veille comme dans mon sommeil, tu n'es plus maintenant qu'un rêve enchanteur ; une étoile qui, après s'être réfléchie tremblante sur les flots, a dérobé à nos yeux son gracieux rayon. Mais le voyageur engagé dans le sombre sentier de la vie, alors que le ciel s'est voilé dans son courroux, regrettera longtemps le rayon évanoui qui répandait la gaîté sur son chemin.

—

A LA PRINCESSE CHARLOTTE (1812).

Pleure, fille des rois ! pleure la honte d'un monarque et la décadence d'un royaume ! heureuse si chacune de tes larmes pouvait effacer un des crimes de ton père !

Pleure... car tes larmes sont celles de la vertu ; elles seront propices à ces îles souffrantes ; puisse chacune d'elles être payée un jour par un sourire du peuple !

—

LA CHAINE ET LE LUTH.

La chaîne que je te donnai était belle, le luth que j'y joignis avait des sons harmonieux ; le cœur qui offrit ces deux gages était sincère, et ne méritait pas le sort qu'il a éprouvé.

A ces dons un charme secret était attaché pour me faire connaître ta fidélité en mon absence, et ils ont bien rempli leur devoir... Hélas ! ils n'ont pu t'apprendre le tien.

La chaîne était formée d'anneaux solides, mais qui ne devaient pas résister au contact d'une main étrangère ; le luth devait rester mélodieux jusqu'au moment où tu le trouverais tel aux mains d'un autre.

Un autre a détaché de ton cou cette chaîne tombée en morceaux sous sa main ; un autre a entendu ce luth lui refuser ses sons : que celui-ci remonte les cordes et réunisse les anneaux.

Quand tu changeas, ils changèrent aussi ; la chaîne est brisée, le luth est muet, tout est fini... Adieu à eux et à toi... adieu au cœur faux, à la chaîne fragile, au luth silencieux !

—

SUR LE POÈME DE ROGERS : LES PLAISIRS DE LA MÉMOIRE.

Absent ou présent, mon ami, un charme magique s'attache à toi ; c'est ce que peuvent certifier tous ceux qui, comme moi, jouissent tour-à-tour de ton entretien et de la lecture de tes chants.

Mais quand viendra l'heure redoutée, toujours trop hâtive pour l'amitié ; quand la Mémoire, pensive sur la tombe de son poète, pleurera la perte de ce qu'il y avait en toi de mortel ;

Avec quel amour elle reconnaîtra l'hommage offert par toi sur ses autels : dans les siècles à venir, elle unira pour jamais son nom au tien.

ODE A VENISE.

I.

O Venise! Venise! quand tes palais de marbre seront de niveau avec les flots, on entendra le cri des nations sur les ruines de tes palais, et une grande lamentation sur les rivages de la mer agitée. Si moi, pèlerin du Nord, je pleure sur ta ruine, que te doivent donc tes enfants?.. Tout, excepté des larmes! et pourtant ils se contentent de murmurer dans leur sommeil. Quel contraste avec leurs pères! Ils sont à eux ce que le verdâtre limon délaissé par la mer est à la vague impétueuse qui sépare le matelot de son navire. Les voyez-vous ramper comme des crabes, dans leurs ruelles bâties sur pilotis! O douleur! faut-il que tant de saisons n'aient pu mûrir qu'une moisson pareille! De treize siècles de richesse et de gloire, il ne reste que de la poussière et des larmes; tous les monuments que rencontre l'étranger, églises, palais, colonnes, le saluent d'un air de deuil; le Lion lui-même semble dompté, et le bruit rauque du tambour des Barbares frappe chaque jour l'écho de ses dissonances monotones : écho qui jadis, au lieu de cette voix des tyrans, sur ces vagues doucement ondoyeuses, berçant au clair de lune leur nuée de gondoles, ne répétait que d'harmonieux concerts!.. que le murmure empressé d'une foule de joyeuses créatures dont le plus grand péché était un cœur qui battait trop vite, une exubérance de bonheur. L'âge seul, hélas! peut détourner le cours de ce torrent de douces sensations, de voluptés luxuriantes, qui circule avec le sang! Mais ces aimables légèretés valent mieux que les sombres erreurs, deuil des nations dans leur dernière décrépitude, alors que le vice marche à découvert en étalant ses plaies hideuses; que la gaîté devient démence et sourit en égorgeant; que l'espérance n'est qu'un délai trompeur, éclair de vie qui luit au malade un instant avant la mort. A cette heure en effet, la faiblesse, dernier et mortel refuge de la souffrance, l'insensibilité physique, triste commencement de cette lutte froide et vacillante où la mort doit triompher, se glissent dans tout le corps, veine à veine, pulsation par pulsation. Et toutefois la chair accablée de tortures trouve un soulagement dans cet état de torpeur, et prend pour la liberté le silence de ses chaînes... et voilà le moribond qui parle encore de vivre, et de ses esprits renaissants... bien qu'il se sente encore un peu faible... et de l'air pur qu'il ira bientôt respirer. Mais, tout en parlant, il ne voit pas que l'haleine lui manque, que ses doigts amaigris ne sentent plus ce qu'ils touchent. Cependant un nuage s'étend sur sa vue; l'appartement tourne devant ses yeux éblouis; des ombres fantastiques, qu'il s'efforce en vain de saisir, voltigent et brillent autour de lui, jusqu'à ce qu'enfin sa voix étouffée expire dans un dernier râle : alors, tout n'est plus que glace et ténèbres...... la terre redevient pour nous ce qu'elle était un moment avant notre naissance.

II.

Point d'espoir pour les nations!... Parcourez les annales de plusieurs milliers d'années : les vicissitudes journalières, le flux et le reflux des siècles qui se suivent, le retour éternel du passé dans le présent; tout cela ne nous a rien ou presque rien appris : nous continuons à nous appuyer sur des roseaux qui se brisent sous notre poids; nous épuisons nos forces à frapper dans le vide : car c'est notre propre nature qui nous met à bas : ils nous valent certes bien, ces animaux que nous immolons à toute heure en hécatombe pour alimenter nos festins; il faut qu'ils aillent où les mène leur conducteur... c'est-à-dire à la mort. Et vous, hommes qui, pour la cause des rois, versez votre sang comme de l'eau, qu'ont-ils donné en retour à vos enfants? Un héritage de servitude et de malheur, un aveugle esclavage, avec des coups pour salaire. Eh quoi! n'est-il pas encore assez fumant de sueurs et de travail, le soc de la charrue sur lequel un arrêt injuste vous condamne à trébucher, fiers de donner cette preuve de votre fidélité de sujets, baisant la main qui vous conduit à d'épuisants labeurs, et vous glorifiant de fouler les sillons engraissés par vous. Oh! que la source bien différente et produit tout ce que vos pères vous ont laissé, tout ce que le temps vous a légué de libre et l'histoire de sublime! Vous voyez et lisez; vous admirez et soupirez, et pourtant vous vous laissez accabler, immoler! sauf un petit nombre d'esprits, qui ne se sont point laissé ébranler dans leurs convictions par les crimes soudains accomplis au bruit des bastilles foudroyées, quand tous sont égarés par la soif des eaux délicieuses qui jaillissent de la source de la liberté! quand la foule, rendue furieuse par des siècles d'aridité. se rue à grands cris, fallût-il passer sur des cadavres, pour saisir la coupe qu'on lui présente : car dans cette coupe les peuples boiront l'oubli d'une chaîne pesante et douloureuse, sous laquelle ils ont été longtemps attelés pour labourer le sable... ou si leurs labeurs ont fait croître le grain doré, ce n'a pas été pour eux, courbés qu'ils étaient sous le joug; et leurs palais endurcis n'ont ruminé que l'herbe de la douleur. Oui, ce petit nombre d'esprits justes, en dépit de quelques forfaits qu'ils abhorrent, n'ont point confondu avec leur cause sacrée ces écarts passagers des lois de la nature, qui, pareils à la peste et aux tremblements de terre, frappent momentanément, et passent, laissant à la terre le soin de réparer à l'aide de quelques saisons, de quelques étés, le dommage produit, et d'enfanter encore des villes et des générations d'hommes, toutes également belles, parce que toutes seront également libres... car, ô tyrannie! pas un seul bouton n'y fleurira pour toi.

III.

Gloire, puissance, liberté! divine triade! oh! comme, aux jours d'autrefois, vous planiez majestueusement sur ces tours! Alors Venise excitait l'envie des nations : une ligue formée des plus puissantes put vaincre son génie, mais non l'éteindre... Tous s'intéressèrent à sa destinée : les monarques, admis à ses banquets, connurent et chérirent leur noble hôtesse, et ne la purent haïr après l'avoir abaissée. Les multitudes sentirent comme les rois, car depuis des siècles elle était l'objet du culte des voyageurs de tous les pays: ses erreurs même avaient un charme, et n'étaient que les filles de l'amour; elle ne s'abreuvait point de sang, elle ne s'engraissait point de cadavres, mais elle portait la joie partout où s'étendaient ses conquêtes inoffensives : car ses armes avaient fait triompher la croix qui sanctifiait ses bannières protectrices, sans cesse interposées entre la terre et l'infidèle croissant ; et si l'on vit ce fatal emblème pâlir et décroître, l'Europe le doit à la cité qu'elle a chargée de chaînes... N'entendez-vous pas le bruit de ces fers, ô vous qui vous parez du nom de liberté, dû aux luttes glorieuses de la reine des mers? Hélas! elle partage avec vous une douleur commune, et, flétrie du titre de royaume, sous la domination d'un vainqueur, elle a pu apprendre ce que tous savent... et nous, Anglais, plus que personne..... sous quels termes dorés les tyrans abusent des nations.

IV.

Le nom de République a été effacé des trois quarts de ce malheureux globe; Venise est écrasée; la Hollande daigne reconnaître un sceptre, et endurer la pompe royale; si la Suisse, libre encore, parcourt ses montagnes indépendantes, ce n'est que pour un temps bien court : car depuis peu la tyrannie est devenue habile : elle choisit ses moments pour étouffer sous son pied les dernières étincelles qui couvent dans nos cendres. Il est, par-delà l'Océan, un grand pays où une population vigoureuse est nourrie dans le culte de la liberté, pour laquelle ses pères ont combattu, afin de lui léguer cet héritage du cœur et de la main, cette distinction glorieuse entre le reste des nations, lesquelles s'inclinent à un signe du monarque, comme si le sceptre stupide était une baguette magique, donnant la science incarnée. Seul, ce grand peuple lève d'un air de défi, sur les flots lointains de l'Atlantique, un front libre et fier, indompté et sublime! Il a montré à ses aînés, nouveaux Esaüs, que le pavillon orgueilleux qui flotte en signe de défense sur le dernier des rochers d'Albion peut s'abaisser devant des bras vaillants, qui croient acheter leurs droits bon marché en les payant avec du sang..... Oui, mieux vaut cette destinée! dût le sang des hommes couler comme un fleuve; qu'il coule, qu'il déborde, plutôt que de ramper lâchement dans ses veines, à travers mille canaux oisifs, chargé d'entraves comme ces eaux qui compriment les digues et les écluses, et pareil dans ses mouvements à un malade qui se lève endormi, fait trois pas et tombe... Plutôt que de croupir dans nos marais, mieux vaut reposer où les Spartiates immolés sont libres encore, dans leur glorieux ossuaire des Thermopyles... Mieux vaut aussi franchir l'abîme des mers, tracer un sillon de plus dans l'Océan, ajouter une âme à celles qui animaient nos pères, et un homme libre à ton peuple, ô indépendante Amérique!

FIN DE L'ODE A VENISE.

DON JUAN.

DÉDICACE (1).

I.

Bob (2) Southey! vous êtes poète... poète-lauréat et représentant de toute la race des fils d'Apollon, bien que vous soyez fait tory en dernier ressort..... mais c'est là un cas fort ordinaire. Voyons mon épique rénégat ; que faites-vous maintenant ? êtes-vous avec les lakistes, gens en place ou hors de place ? nid d'harmonieux chanteurs, pareils, selon moi, aux deux douzaines de merles dans un pâté...

II.

« Lequel pâté étant ouvert, ils se mirent tous à chanter (il y a du bon dans cette vieille chanson et dans la nouvelle similitude que j'en tire) : fort joli plat à servir devant le Roi ! » et devant le Régent aussi, grand amateur de semblables morceaux... Et ne voilà-t-il pas Coleridge qui prend aussi l'essor, mais comme un autour empêtré dans son capuchon : il nous fait un cours de métaphysique... je voudrais bien qu'il pût nous expliquer son explication.

III.

Vous savez, Bob, que vous êtes passablement audacieux, dans votre dépit de ne pouvoir primer tous les gazouilleurs d'à-l'entour et rester le seul merle du pâté ; c'est pourquoi vous tentez l'impossible, pour retomber bientôt épuisé comme le poisson volant qui s'abat mourant sur le pont d'un navire : vous voulez prendre trop haut votre vol et votre aile desséchée ne pouvant vous soutenir, vous tombez à plat, mon cher Bob.

IV.

Quant à Wordsworth, dans une « Excursion » assez longue (in-quarto de cinq cents pages, je crois), il nous a donné un échantillon de l'immense développement de son nouveau système, bien fait pour embarrasser les sages : c'est de la poésie... il l'affirme du moins, et il faut bien l'en croire quand la canicule fait rage... mais celui qui y comprendra un mot, je le déclare capable d'ajouter un étage à la tour de Babel.

V.

Fort bien, messieurs, à force de vous isoler de la bonne compagnie, vous vous êtes fait à Keswick un petit cénacle, et là il s'est opéré entre vos intelligences une fusion d'où est résultée cette croyance très logique que la poésie tresse pour vous seuls ses couronnes : il y a dans une pareille idée quelque chose de si étroit qu'on souhaiterait de vous voir changer vos lacs contre l'Océan.

VI.

Je ne voudrais pas m'abaisser à une pareille mesquinerie, ni marquer mon amour-propre au coin d'un si triste égoïsme, dût-il m'en revenir toute la gloire que vous a rapportée votre conversion ; car l'or n'est pas votre seule récompense. Vous avez touché votre salaire, soit ; mais est-ce pour cela que vous avez travaillé ? Wordsworth occupe un emploi dans la douane.. Il faut avouer que vous êtes de grands misérables...... mais poètes néanmoins, et dûment assis sur l'immortelle colline.

VII.

Sur vos fronts le laurier cache l'impudence... et peut-être aussi quelque vertueuse rougeur... gardez-le ; je n'envie ni son feuillage ni ses fruits... et quant à la gloire que vous voudriez accaparer ici-bas, le champ est ouvert à quiconque brûle du feu sacré : Scott, Rogers, Campbell, Moore et Crabbe lutteront contre vous en face de la postérité.

VIII.

Pour moi que guide une muse pédestre, je ne vous attaquerai pas sur votre cheval ailé. Puisse la destinée vous accorder la renommée que vous ambitionnez, et le talent qui vous manque : rappelez-vous qu'un poète ne perd rien de son mérite en accordant à ses frères la part qui leur revient, et que se plaindre de l'injustice du présent n'est pas un moyen assuré de conquérir les éloges de l'avenir.

IX.

Celui qui lègue ses lauriers à la postérité (laquelle s'empresse rarement de revendiquer ce brillant héritage) n'en a point généralement une abondante moisson en réserve, et le tort qui lui est fait à cet égard ne gît que dans sa propre assertion. Si l'on voit de temps en temps quelque glorieux phénomène surgir comme un Titan de l'océan de l'oubli, la plupart des appelants vont..... Dieu sait où, et Dieu seul peut le savoir.

X.

Si dans les jours néfastes, Milton, poursuivi par des langues per-

Don Juan.

(1) Ce poème fut composé de 1818 à 1823, à Venise, Ravenne, Pise et Gênes. Sur la couverture du premier chant se trouvait cette stance, dont rien n'indique la place :
« Plût au ciel que je fusse poussière aussi bien que je suis composé de sang, d'os, de moelle, de passions et de sentiments... car alors le passé serait passé sans retour ; et quant à l'avenir (mais j'écris ceci en trébuchant, ayant bu aujourd'hui avec excès, si bien qu'il me semble avoir les pieds au plafond), l'avenir, disais-je, c'est une affaire sérieuse... et ainsi... pour l'amour de Dieu... donnez-moi du vin de Hocheim, avec de l'eau de Soltz ! »
(2) *Bob,* forme familière du prénom Robert en anglais.

PARIS. — Imp. Lacour et Cⁱᵉ, rue Soufflot, 16.

fides, en appelait au temps pour le venger ; si le temps en effet, ce grand vengeur, a dévoué à l'exécration les persécuteurs du grand poète, et fait de son nom l'équivalent de sublime; c'est que lui, dans ses chants, il n'a pas vendu son âme au mensonge, qu'il n'a pas mis son talent au service du crime; qu'après avoir flétri le père, il n'a pas encensé le fils, et qu'enfin il est mort comme il a vécu, l'ennemi des tyrans.

XI.

Ah ! si le vieil aveugle, sortant de sa tombe, nouveau Samuel, venait glacer le sang des rois par ses prophéties ; ou s'il pouvait revivre blanchi par l'âge et le malheur, avec ses yeux sans regard et ses filles sans cœur, épuisé, pâle, indigent... croyez-vous qu'il adorerait un sultan, lui ; croyez-vous qu'il plierait devant un Castlereagh, un eunuque intellectuel ?

XII.

Scélérat au cœur glacé, au doucereux visage, aux manières pâlelines ! il a trempé dans le sang de l'Irlande ses mains jeunes et délicates ; puis sa soif de carnage voulant un plus vaste théâtre, il est venu s'abreuver sur nos rivages. Vulgaire instrument de la tyrannie, il a tout juste assez de talent pour faire durer la chaîne que d'autres ont rivée, et pour présenter le poison préparé par d'autres mains.

XIII.

Comme orateur, c'est un fatras si ineffablement, si véritablement stupide, que ses plus grossiers flatteurs même n'osent le louer, et que ses ennemis, c'est-à-dire tous les peuples, ne daignent même pas en rire. Pas une étincelle ne jaillit, fût-ce fortuitement, de cette meule d'Ixion qui tourne et tourne sans cesse, offrant au monde l'exemple de tortures sans fin, et le spécimen du mouvement perpétuel.

XIV.

Gâcheur, même dans son dégoûtant métier, il a beau ravauder, rapetasser, il laisse toujours quelque trou dont ses maîtres s'épouvantent : ce sont des États à mettre sous le joug, des pensées à comprimer, une conspiration ou un congrès à organiser. A lui de forger des menottes à tout le genre humain, réclamer l'esclavage, remettre les vieilles chaînes à neuf, et mériter pour salaire la haine de Dieu et des hommes.

XV.

S'il faut juger du corps par l'intelligence, énervé jusqu'à la moelle de ses os, cet être neutre n'a que deux buts, servir et asservir : car il s'imagine que la chaîne qu'il porte peut convenir à des hommes. Nouvel Eutrope d'une foule de maîtres, auxquels il mérite comme à la liberté, à la science et à l'esprit ; ne craignant rien, parce que la crainte est encore un sentiment ; son courage même est stagnant comme un vice.

XVI.

De quel côté me tourner pour ne point voir sa tyrannie (car il ne me la fera jamais sentir) ?... Italie ! ton âme romaine, un moment réveillée, fléchit sous le mensonge que cette machine d'État a soufflé sur toi ! ah ! le bruit de tes chaînes et les récentes blessures de l'Irlande trouveront une voix, une langue, et parleront plus haut que moi. Grâce à cet homme, l'Europe a encore des esclaves, des alliés, des rois, des armées, et Southey pour chanter le tout en vers détestables.

XVII.

Sur ce, baronnet-lauréat, je te dédie ce poème simple et sans art. Si je ne prêche point en vers adulateurs, c'est que, vois-tu ? j'ai gardé mon uniforme bleu et jaune (1) ; mon éducation politique est encore à faire ; et puis l'apostasie est tellement à la mode, qu'il y a quelque honneur à entreprendre cette tâche herculéenne de conserver sa foi : n'est-il pas vrai, mon tory, mon ultra-renégat ?

CHANT PREMIER.

I.

J'ai besoin d'un héros, besoin peu commun dans un temps où chaque année, chaque mois, en produit un nouveau, lequel subsiste jusqu'au moment où ses réclames ayant encombré les gazettes, le siècle s'aperçoit que ce n'est pas là le véritable héros. Ces gens-

(1) Couleurs de Fox et des wighs à cette époque.

là ne font pas mon affaire ; je prendrai donc notre ancien ami don Juan. Nous l'avons tous vu, dans la pantomime, envoyé au diable un peu avant son temps.

II.

Vernon, Cumberland le boucher, Wolfe, Hawke, le prince Ferdinand, Granby, Burgoyne, Keppel, Howe (1), soit en bien, soit en mal, ont fait parler d'eux tour-à-tour, et ont servi d'enseigne, comme aujourd'hui Wellington : ils défilent l'un après l'autre, comme les rois de Banquo, tous enfants de la gloire, « les neuf marcassins d'une même laie, » comme dit Shakespeare. La France aussi a eu Bonaparte et Dumouriez, dont le souvenir est consigné dans le Moniteur et autres journaux.

III.

Barnave, Brissot, Condorcet, Mirabeau, Pétion, Clootz, Danton, Marat, La Fayette, ont été célèbres parmi les Français, personne n'en ignore : il en est d'autres encore dont le souvenir n'est pas éteint : Joubert, Hoche, Marceau, Lannes, Desaix, Moreau (2), et tant d'autres militaires, très remarquables dans leur temps, mais dont les noms s'arrangent mal dans mes vers.

IV.

Pour la Grande-Bretagne, Nelson fut longtemps le dieu de la guerre : il devrait l'être encore, mais le courant a changé : on ne parle plus de Trafalgar, paisiblement inhumé avec son héros. Maintenant l'armée seule est populaire, ce qui ne fait pas le compte des marins : d'ailleurs le prince, dans sa prédilection pour le service de terre, a oublié les Duncan, les Nelson, les Howe et les Jervis.

V.

De braves guerriers ont vécu avant Agamemnon, et depuis ce roi des rois on en a vu de très vaillants et de très sages, qui lui ressemblaient beaucoup, sans être identiquement les mêmes. Mais ils n'ont brillé dans les vers d'aucun poète, et c'est pourquoi ils sont oubliés... Je ne fais de procès à personne, mais je ne trouve pas un héros dans le siècle présent qui puisse convenir à mon poème (je veux dire à celui que j'entame) ; donc, comme je l'ai dit, je prendrai mon ami don Juan.

VI.

La plupart des poètes épiques se jettent tout d'abord in medias res (Horace fait de ce précepte le grand chemin de l'épopée) ; puis quand cela leur convient, le héros raconte les événements qui ont précédé : il fait ce récit en manière d'épisode, après dîner, commodément assis auprès de sa maîtresse, dans quelque charmant séjour, tel qu'un palais, un jardin, le paradis, ou une grotte qui sert de vide-bouteille à l'heureux couple.

VII.

C'est la méthode en usage, mais ce n'est pas la mienne. J'aime à commencer par le commencement : la régularité de mon plan m'interdit comme une faute capitale toute divagation, et dût mon premier vers me coûter une heure, je débuterai par vous dire quelque chose du père de don Juan, et même de sa mère, si cela ne vous déplait pas.

VIII.

Il était né à Séville, agréable cité, célèbre par ses oranges et ses femmes. Qui n'a pas vu Séville est bien à plaindre : le proverbe le dit, et je suis tout-à-fait de son avis ; de toutes les villes d'Espagne, il n'en est point de plus jolie, si ce n'est peut-être Cadix... mais nous verrons bientôt celle-ci. Les parents de don Juan habitaient sur le bord du fleuve, du noble fleuve appelé le Guadalquivir.

IX.

Son père avait nom José... don José, comme de juste, véritable

(1) L'amiral Vernon se distingua à la prise de Porto-Bello, et mourut en 1757. — Le duc de Cumberland, second fils de Georges II, défit le chevalier à Culloden, en 1746. — Wolfe fut tué en prenant Québec, en 1759. — L'amiral Hawke détruisit à Brest la flotte française, qui se préparait à envahir la Grande-Bretagne ; il mourut en 1781. — Ferdinand, duc de Brunswick, chassa les Français de la Hesse en 1762. — Le marquis de Granby se signala contre les Stuarts en 1745. — Le général Burgoyne prit Ticonderoga en Amérique, mais fut forcé de se rendre au général Gates et à Lafayette. — L'amiral Keppel combattit la flotte française à Ushand, en 1778, avec un succès contesté. — Lord Howe battit la flotte française le 1er juin 1791.

(2) Il fallait une note pour illustrer les noms des grands hommes anglais ; les nôtres n'ont pas besoin de ce secours.

algo, sans une goutte de sang juif ou mauresque dans les veines : ainsi remonter son origine aussi haut que les plus gothiques de s les nobles d'Espagne. Jamais meilleur cavalier n'avait enfourun cheval, ou, y étant monté, n'avait quitté la selle : ce José c engendra notre héros, lequel engendra... mais ceci viendra son temps... Eh bien donc, pour revenir...

X.

a mère était une femme très instruite, versée dans toutes les nches de toutes les sciences connues... ou qui ont un nom dans langues chrétiennes..... Ses vertus n'étaient comparables qu'à) esprit : si bien qu'à se voir ainsi surpassés par elle dans leur pre spécialité, les plus habiles étaient humiliés, et les meilleurs me ne pouvaient étouffer un secret mouvement de jalousie.

XI.

a mémoire était une véritable mine : elle savait par cœur tout lderon, et la plupart des œuvres de Lopez de Véga, en sorte que quelque acteur venait à oublier son rôle, elle pouvait lui servir souffleur : la mnémotechnie était pour elle une science inutile : e eût obligé Fenaigle à fermer boutique : car jamais il n'eût pu 'er une mémoire pareille à celle de dona Inez.

XII.

Son étude favorite était les mathématiques; sa vertu la plus ute, la magnanimité ; son esprit (car elle visait quelquefois à sprit) était le pur sel attique ; ses propos sérieux étaient sublimes squ'à l'obscurité. Bref, en toute chose, j'oserai dire que c'était un odige... Son costume du matin était de basin ; le soir elle portait la soie, en été de la mousseline ou d'autres étoffes qu'il serait ieux d'énumérer.

XIII.

Elle savait le latin... c'est-à-dire l'oraison dominicale, et le grec... est-à-dire l'alphabet, j'en pourrais presque répondre. Elle avait par-ci par-là quelques romans français, quoiqu'elle ne parlât pas tte langue très purement ; quant à son idiome maternel, elle ne en était guère occupée, et c'est ce qui rendait sa conversation un difficile à suivre. Toutes ses pensées étaient des théorèmes, et leur pression des problèmes : elle semblait penser que le mystère leur onnerait du relief.

XIV.

Ayant du goût pour l'anglais et l'hébreu, elle prétendait trouver e l'analogie entre ces deux langues ; elle le prouvait par je ne sais uelles citations des livres sacrés ; mais je laisse le soin d'apprécier s preuves à ceux qui les ont vues. Il est toutefois une observation ue je lui ai entendu faire et qui peut avoir du bon (chacun d'ailurs peut avoir sur ce point l'opinion qu'il lui plaira). « Chose range ! disait-elle, le mot hébreu qui signifie *je suis* (1) est fréemment employé en anglais comme sujet du verbe *damner*. »

XV.

Il est des femmes qui ne font usage que de leur langue ; pour elle, n aspect seul était une leçon académique ; chacun de ses yeux un rmon et son front une homélie. Elle trouvait en elle-même un dicteur expert sur tous les cas, comme le très regretté sir Samuel milly, ce commentateur de nos lois, ce redresseur du gouvernement, dont le suicide fut presque une anomalie, ou du moins un ste exemple de plus pour démontrer que « tout est vanité. » (Le ry a rendu un verdict qui attribuait cette mort à la démence.)

XVI.

Bref, c'était une arithmétique ambulante : on eût cru voir marcher nouvelles de miss Edgeworth sorties de leur reliure, ou les livres mistriss Trimmer sur l'éducation, ou enfin « l'épouse de Cœlebs » (2) la recherche d'un amant. C'était la morale elle-même en pernue, et l'envie ne pouvait trouver en elle la plus petite tache à prendre : elle laissait aux autres femmes les travers de son sexe ; elle n'en avait pas un seul.... et c'est là le pire de tous.

XVII.

Oh ! elle était parfaite au-delà de toute comparaison ... parmi les dernes saintes, et tellement au-dessus des tentations du malin rit que son ange gardien avait abandonné un poste inutile. Ses moindres mouvements étaient aussi précis que ceux de la meilleure pièce d'horlogerie sortie des ateliers d'Harrison. Rien sur la terre ne pouvait la surpasser en vertus, sauf « ton huile incomparable, » ô Macassar !

XVIII.

Elle était parfaite ; mais, hélas ! la perfection paraît insipide dans ce monde pervers, où nos premiers parents apprirent à s'embrasser après leur exil de ce paradis, séjour de paix, d'innocence et de félicité (je voudrais bien savoir ce qu'ils faisaient de leurs douze heures par jour). C'est pourquoi don José, en vrai fils d'Eve, allait cueillant divers fruits çà et là, sans la permission de sa moitié.

XIX.

C'était un caractère insouciant, peu amoureux de la science et des savants, aimant à courir partout où il lui plaisait, sans se soucier de ce qu'en dirait sa femme. Le monde, prenant toujours un malin plaisir aux dissensions d'un royaume ou d'un ménage, disait tout bas qu'il avait une maîtresse : quelques-uns lui en donnaient deux ; mais il n'en faut qu'une pour mettre la discorde au logis.

XX.

Or, dona Inez, en femme de mérite, avait une haute opinion d'elle-même : à femme négligée il faut la patience d'un saint. Et à la vérité Inez était une sainte par sa moralité ; mais elle avait un diable de caractère : elle mêlait parfois des fictions aux réalités, et ne laissait échapper aucune occasion de prendre son seigneur et maître en défaut.

XXI.

La chose n'était pas difficile avec un homme souvent en faute, et ne se tenant jamais sur ses gardes ; et même les plus circonspects ont beau faire, ils ont des moments, des heures, des jours d'un tel abandon qu'on pourrait les assommer d'un coup d'éventail ; et les dames frappent quelquefois horriblement fort ; l'éventail se transforme en poignard dans leurs mains, sans qu'on sache trop ni comment, ni pourquoi.

XXII.

Il est fâcheux que les jeunes savantes se marient toujours avec des hommes sans éducation, ou des messieurs qui, bien nés et bien élevés, se fatiguent aisément d'une conversation scientifique ; je ne puis en dire davantage sur ce sujet, étant un homme tout rond, un célibataire ; mais... vous qui avez épousé des beautés intellectuelles, dites-le-nous franchement, toutes ces dames ne sont-elles point parvenues à porter les culottes ?

XXIII.

Don José et sa femme étaient souvent en querelle. Pourquoi ? c'est ce que personne ne pouvait deviner, quoique bien des gens cherchassent à le savoir. Ce n'était ni leur affaire ni la mienne : j'abhorre la curiosité... un vice si bas ! Mais s'il est une chose où j'excelle, c'est l'art d'arranger les affaires de tous mes amis, n'ayant je ne puis n'importe ! Tout ce qu'il y eut de pire dans cette affaire, c'est que le petit Juan, du haut de l'escalier, m'arrosa un jour à l'improviste d'un seau d'eaux ménagères.

XXV.

C'était un petit frisé, franc vaurien, véritable singe malfaisant dès sa naissance : ses parents n'étaient d'accord que sur un seul point, à savoir de gâter à qui mieux mieux ce turbulent marmouset. Au lieu de se disputer, ils auraient mieux fait d'envoyer ce petit tyran à l'école ou de le fouetter d'importance à la maison, pour lui apprendre à se mieux comporter.

XXIV.

Un jour donc je crus devoir intervenir, et ce dans les meilleures intentions du monde ; mais ils m'accueillirent fort mal ; je crois que tous les deux avaient le diable au corps ; car à partir de ce moment je ne pus trouver ni le mari ni la femme au logis, quoique leur portier m'ait avoué depuis.... mais n'importe ! Tout ce qu'il y eut de pire dans cette affaire, c'est que le petit Juan, du haut de l'escalier, m'arrosa un jour à l'improviste d'un seau d'eaux ménagères.

XXVI.

Don José et dona Inez menaient depuis quelque temps une vie assez malheureuse, chacun d'eux appelant non le divorce, mais la mort de son conjoint : cependant ils s'observaient en face du monde ; leur conduite était celle des gens bien élevés, et ils ne donnaient aucun signe extérieur de divisions domestiques ; mais enfin, le feu longtemps étouffé, éclata, et leur mésintelligence devint un fait incontestable.

---

1) Mauvais jeu de mots fondé sur le nom biblique de la divinité : *je suis* ui *qui suis*, et sur le juron anglais *god damn !*
2) Roman pédantesquement moral de miss Hannah More.

XXVII.

Car Inez fit venir apothicaires et médecins, et s'efforça de prouver que son cher mari était fou ; mais comme il avait des intervalles lucides, elle décida ensuite qu'il n'était que méchant. Cependant, quand on lui demanda de soutenir son dire, elle ne put donner aucune explication, sauf que ses devoirs envers Dieu et les hommes avaient dicté sa conduite.... et le tout parut fort étrange.

XXVIII.

Elle tenait un journal où elle inscrivait toutes les fautes de son mari : elle ouvrit même certaines cassettes contenant des livres et des lettres, dont on pouvait tirer parti dans l'occasion. Du reste, elle avait pour elle tout Séville, sans compter sa bonne vieille grand'-mère, laquelle radotait. Les témoins qu'elle avait invoqués se firent publicistes, avocats, inquisiteurs et juges, les uns pour leur plaisir, d'autres pour satisfaire de vieilles rancunes.

XXIX.

Et puis cette femme, la meilleure et la plus douce des femmes, supportait avec tant de sérénité les chagrins de son époux! Comme ces matrones de Sparte qui, jadis, voyaient tuer leurs maris, et prenaient la noble résolution de ne plus parler d'eux ou du reste de la vie.... elle entendait sans s'émouvoir toutes les calomnies qui s'élevaient contre lui; elle contemplait son agonie avec un calme si sublime que de toutes parts on s'écriait : « Quelle magnanimité ! »

XXX.

Sans contredit, cette patience de nos amis d'autrefois, quand le monde nous condamne, montre de la philosophie; ensuite il est assez agréable de s'entendre appeler magnanime, surtout quand par surcroît on arrive à ses fins. Une telle conduite ne rentre nullement dans ce que les légistes appellent : *malus animus;* certes, la vengeance exercée personnellement n'est pas une vertu: mais est-ce ma faute, à moi, si d'autres vous blessent?

XXXI.

Et si nos dissentiments réveillent de vieilles rumeurs, avec l'aide de deux ou trois mensonges qu'on y ajoute, le blâme n'en doit certes retomber ni sur moi ni sur tout autre.... Ces choses étaient de notoriété traditionnelle. D'ailleurs, cette résurrection fait ressortir notre gloire par le contraste, et c'est justement ce que nous voulions tous : puis la science en profite.... les scandales morts sont d'excellents sujets à disséquer.

XXXII.

Une réconciliation avait été tentée par leurs amis, et ensuite par leurs parents : et tous n'avaient fait qu'empirer les affaires (il serait difficile de dire à qui, en pareille occasion, il vaut mieux avoir recours ; je ne saurais dire grand'chose en faveur des amis, ni des parents non plus). Les gens de loi firent de leur mieux pour obtenir le divorce ; mais à peine avait-on payé quelques frais de part et d'autre, quand malheureusement don José mourut.

XXXIII.

Il mourut, et ce fut un malheur, car d'après ce que j'ai pu recueillir des juristes les plus experts dans cette partie de la législation (bien que leur langage soit toujours obscur et circonspect), cette mort vint gâter une cause charmante. Ce fut aussi une perte considérable pour la sensibilité publique, qui, en cette occasion, s'était manifestée d'une manière remarquable.

XXXIV.

Mais, hélas ! il mourut, et il emporta dans sa tombe les sensations du public et les honoraires des gens de loi : sa maison fut vendue, ses domestiques congédiés ; un Juif prit l'une de ses maîtresses, un prêtre l'autre.... du moins on l'assure. J'ai consulté les médecins sur sa maladie. D'après eux, il mourut d'une fièvre lente qu'ils appellent tierce, et laissa une veuve qui avait bien quelque chose à se reprocher.

XXXV.

Cependant José était un galant homme ; je puis le dire, car je l'ai bien connu : c'est pourquoi je ne reviendrai plus sur ses faiblesses, dont la liste est à peu près épuisée. Si de temps à autre ses passions dépassèrent certaines limites, et furent moins paisibles que celles de Numa (surnommé Pompilius), c'est qu'il avait été mal élevé et qu'il était né bilieux.

XXXVI.

Quels que fussent ses mérites ou ses torts, l'infortuné avait bien souffert. Avouons-le, puisque cela ne peut plus à présent réjouir ses ennemis, ce fut pour lui une cruelle épreuve que de se trouver seul, assis à son foyer désert, entouré des débris de ses pénates mutilés : on n'avait laissé à sa sensibilité ou à son orgueil d'autre choix que la mort ou un ridicule procès.... il prit le parti de mourir.

XXXVII.

Don José étant décédé intestat, Juan se vit l'unique héritier de maisons et de terres que, pendant une longue minorité, des mains capables sauraient bien mettre à profit. Inez fut la seule tutrice de son fils, ce qui était juste et conforme au vœu de la nature ; un fils unique confié aux soins d'une mère veuve est toujours parfaitement élevé.

XXXVIII.

La plus sage de toutes les femmes, et de toutes les veuves aussi, résolut de faire de Juan un véritable prodige, digne de la plus haute naissance (son père était de Castille et sa mère d'Aragon): elle voulut qu'il devînt un chevalier accompli, en cas que notre seigneur le roi se mît en guerre de nouveau. Il apprit donc à monter à cheval, à manier l'épée et les armes à feu, et tout ce qu'il faut enfin pour escalader une forteresse.... ou un couvent de nonnes.

XXXIX.

Mais ce à quoi dona Inez visait par-dessus tout, ce dont elle s'assurait par elle-même chaque jour, en présence des savants professeurs qu'elle payait pour lui, c'est que son éducation fût strictement morale. Elle surveillait toutes ses études, dont l'objet lui était préalablement soumis. Arts, sciences, rien ne devait rester étranger à don Juan : l'histoire naturelle était seule exceptée.

XL.

Les langues, et en particulier les langues mortes; les sciences, et surtout les sciences abstraites; les arts, ou du moins ceux qui paraissent les plus étrangers à toute application usuelle : tels furent pour lui les objets d'une étude assidue et profonde ; mais on eut grand soin d'écarter toute lecture un peu libre, tout ce qui pouvait faire allusion à la propagation de l'espèce : tant on craignait la contagion du vice !

XLI.

Ce qui devenait quelquefois embarrassant dans ses études classiques, c'étaient les impudiques amours de ces dieux et de ces déesses qui firent tant de bruit dans les premiers âges du monde, et ne portèrent jamais ni pantalons ni corsets ; ses révérends professeurs essuyaient parfois de vertes réprimandes, et se donnaient au diable pour justifier l'Enéide, l'Iliade ou l'Odyssée ; car dona Inez redoutait la mythologie.

XLII.

Ovide est un mauvais sujet, comme le prouve la moitié de ses poèmes ; la morale d'Anacréon est encore pire ; on trouverait à peine dans Catulle un seul passage décent ; je ne crois pas que l'ode de Sapho soit d'un fort bon exemple, bien que Longin prétende que dans aucun autre hymne le sublime ne s'élève sur de plus larges ailes : mais les chants de Virgile sont purs, à l'exception de cette horrible églogue qui commence ainsi : *Formosum pastor Corydon.*

XLIII.

L'irréligieux Lucrèce offre une nourriture trop forte pour de jeunes estomacs. Certes, Juvénal avait un but louable ; mais je ne puis m'empêcher de croire qu'il eût tort dans ses vers de pousser la franchise jusqu'à la grossièreté. Enfin, quelle personne bien élevée peut se plaire aux épigrammes nauséabondes de Martial ?

XLIV.

Ces épigrammes, Juan les lut dans la meilleure édition expurgée par des savants habiles. Ces censeurs écartent judicieusement du regard de l'écolier les endroits les plus inconvenants ; mais crai-gnant de trop défigurer le poète par ces omissions, et déplorant la mutilation qu'ils lui font subir, ils ont soin de réunir tous les vers supprimés dans un appendice qui tient lieu d'un index.

XLV.

Là, au lieu de les voir éparpillés dans les pages du livre, nous les trouvons placés sous une seule coupe : ils se présentent rangés en bel ordre de bataille aux regards de la jeunesse ingénue, espoir de l'avenir, jusqu'à ce qu'un éditeur moins rigide se décide à les renvoyer dans leurs niches respectives, au lieu de les laisser en face l'un de l'autre, comme des statues du Dieu des jardins, et d'un air plus indécent encore.

XLVI.

En outre, le missel (un missel de famille) était orné comme le sont souvent les vieux livres de messe, et illustré de toutes sortes de dessins grotesques. Comment ceux qui voyaient toutes ces figures se caressant sur la marge pouvaient-ils fixer leurs regards sur le texte et s'absorber dans la prière, c'est ce que je ne saurais dire... Mais la mère de don Juan garda ce livre pour elle, et en donna un autre à son fils.

XLVII.

Il lisait des sermons, on lui en faisait aussi : on lui mettait entre les mains des homélies, des vies de tous les saints. Aguerri à la lecture de Jérôme et de Chrysostôme, de pareilles études ne lui étaient point pénibles : mais quant aux moyens d'acquérir la foi ou de la conserver, aucun de ces auteurs n'est comparable à saint Augustin qui, dans ses délicieuses Confessions, fait envier au lecteur les péchés du maître.

XLVIII.

Ce livre aussi était interdit au petit Juan... Je dois convenir que sa maman n'avait pas tort... en supposant qu'une pareille éducation soit la bonne. Elle le perdait à peine un instant de vue ; ses femmes de chambre étaient toutes vieilles, et chaque fois qu'elle en prenait une nouvelle, on pouvait être assuré d'avance que ce serait un épouvantail : c'est une précaution qu'elle prenait du vivant même de son mari... et je la recommande à toutes les femmes.

XLIX.

Le jeune Juan croissait en grâce et en sainteté : à six ans c'était un charmant enfant ; à onze, il promettait d'avoir la plus jolie figure qui fut jamais donnée à l'homme. Il étudiait assidûment, faisait de constants progrès, et paraissait lancé dans la vraie route du ciel ; car la moitié de ses journées se passait à l'église, et le reste entre ses maîtres, son confesseur et sa mère.

L.

A six ans, disais-je, c'était un charmant enfant ; à douze, un bel adolescent du caractère le plus paisible : dans ses premières années, son humeur avait été un peu difficile, mais on ayait travaillé à dompter son naturel fougueux, et ces efforts n'avaient point été inutiles : du moins, on pouvait s'en flatter, et toute la joie de sa mère était de proclamer combien son jeune philosophe était déjà âgé, tranquille et studieux.

LI.

J'avais des doutes à cet égard, peut-être en ai-je encore ; mais je ne veux point devancer l'ordre des faits. J'ai très bien connu son père ; je sais un peu juger les caractères... mais il serait injuste de conclure du père au fils, soit en bien, soit en mal. Sa femme et lui formaient un couple mal assorti... mais j'abhorre la médisance... je proteste contre toute parole malveillante, même en plaisanterie.

LII.

Pour moi, je ne dis rien... rien... mais j'ajoute seulement... et j'ai mes raisons pour cela... que si j'avais un fils unique à élever et Dieu soit loué de ce que je n'en ai pas), ce n'est pas avec dona Inez que je l'enfermerais pour n'apprendre que son catéchisme. Oh, non... je l'enverrais de bonne heure au collège ; car c'est là que j'ai appris ce que je sais.

LIII.

Là on apprend... ce n'est pas pour m'en faire gloire... je passerai donc là-dessus, aussi bien que sur le grec que j'ai oublié depuis : disais donc que c'est là... mais *verbum sat* : il me semble que j'y ai puisé, comme tout le monde, la connaissance de certaines choses... n'importe lesquelles. Je n'ai jamais été marié... mais je pense, suis sûr qu'on doit élever ses fils d'une tout autre manière.

LIV.

Le jeune Juan était entré dans sa seizième année : grand, beau, un peu fluet, mais bien pris, vif comme un page, bien qu'un peu moins espiègle, tout le monde, excepté sa mère, le regardait presque comme un homme ; mais s'il arrivait à quelqu'un de le dire en présence, elle entrait en fureur et se mordait les lèvres (sans quoi elle aurait poussé des cris) ; car la précocité était à ses yeux le vice le plus atroce.

LV.

Parmi ses nombreuses connaissances, toutes choisies pour leur sagesse et leur dévotion, on comptait dona Julia. Dire que Julia était belle, ce ne serait donner qu'une faible idée de tous les charmes qui lui étaient naturels comme le parfum à la fleur, le sel à l'Océan, à Vénus sa ceinture, à Cupidon son arc (mais cette dernière comparaison est banale et stupide).

LVI.

Le noir éclat de son œil oriental s'accordait avec son origine mauresque (car il faut le dire en passant, son sang n'était pas pur espagnol, ce qui en Espagne, vous le savez, n'est guère moins qu'un péché). Quand tomba l'orgueilleuse Grenade, quand Boabdil pleura d'être contraint à la fuite, parmi les ancêtres de dona Julia, les uns passèrent en Afrique, d'autres restèrent en Espagne : sa trisaïeule prit ce dernier parti.

LVII.

Elle épousa un hidalgo, dont j'ai oublié la généalogie, et qui transmit à sa postérité un sang moins noble qu'il n'aurait dû : ses ancêtres auraient maudit une pareille alliance, car ils étaient si pointilleux sur cet article, qu'ils vivaient tout-à-fait en famille, épousant leurs cousines... et au besoin leurs tantes et leurs nièces : coutume pernicieuse qui détériore l'espèce, si elle la multiplie.

LVIII.

Ce croisement infidèle renouvela la race, gâta la noblesse du sang, mais améliora beaucoup la chair; car, de la souche la plus rabougrie qu'on connût dans la vieille Espagne, il sortit une branche brillante de fraîcheur et de beauté : les garçons ne furent plus nabots, les filles ne furent plus laides ; mais je dois rapporter un bruit qui courut, quoique j'eusse bien envie de ne le taire : on dit que la grand'maman de Julia donna à son mari plus d'enfants de l'amour que d'héritiers légitimes.

LIX.

Quoi qu'il en soit, la race ne cessa point de s'améliorer de génération en génération, tant qu'elle se résuma enfin en un seul fils, lequel laissa une fille unique : on doit avoir deviné que celle-ci n'est autre que Julia, dont j'aurai beaucoup à parler ; elle était mariée, charmante, chaste, et avait vingt-trois ans.

LX.

Ses yeux (je suis fou des beaux yeux) étaient grands et noirs. Ils voilaient à demi leur flamme tant qu'elle gardait le silence, mais dès qu'elle ouvrait la bouche, à travers leur douce retenue flamboyait une expression non de colère, mais de fierté, et plus encore d'amour ; il s'y montrait un sentiment qui n'était pas le désir, mais qui eût pu devenir tel, si son âme ne l'eût combattu et réprimé aussitôt.

LXI.

Sa chevelure brillante se bouclait autour d'un front blanc et poli où rayonnait l'intelligence ; la courbe de ses sourcils était celle de l'arc-en-ciel ; sur sa joue empourprée de l'éclat de la jeunesse montaient parfois de transparentes lueurs, comme si l'éclair eût couru dans ses veines. Elle avait un air et un éclat peu communs ; sa taille était haute... je déteste les femmes trapues.

LXII.

Elle était mariée depuis quelques années à un homme d'une cinquantaine d'années : ces maris-là foisonnent ; et pourtant, selon moi, au lieu d'un mari de cet âge, il serait mieux d'en avoir deux de vingt-cinq ans, surtout dans les pays voisins du soleil ; et maintenant que j'y pense, *mi vien in mente*, les femmes de la vertu la plus sauvage préfèrent un époux qui n'a pas la trentaine.

LXIII.

Chose triste, je l'avoue ! mais toute la faute en est à ce soleil indécent qui ne peut laisser en repos notre pauvre argile, mais qui la chauffe, la rôtit, la brûle, si bien que, nonobstant jeûnes et prières, la chair est fragile et l'âme court à sa perte : ce que les hommes appellent galanterie et le ciel adultère est beaucoup plus commun dans les pays chauds.

LXIV.

Heureux les peuples du Nord, de ces contrées morales par excellence, où tout est vertu, où l'hiver envoie le péché tout nu grelotter à la porte (ce fut la neige, on le sait, qui mit saint Antoine à la raison) ; où un jury estime la valeur d'une femme, en fixant comme il lui plaît l'amende imposée au galant, lequel d'ordinaire paie un bon prix, parce que c'est un vice commercial et sujet au tarif.

LXV.

L'époux de Julia s'appelait Alfonso : c'était un homme de bonne mine pour son âge, qui n'était ni aimé ni détesté de sa femme ; ils vivaient ensemble, comme tant d'autres, supportant d'un commun accord leurs faibles réciproques, et n'étant précisément ni un ni deux. Cependant Alfonso était jaloux, quoique sans le laisser voir : car la jalousie n'aime pas les regards du monde.

LXVI.

Julia (je n'ai jamais su pourquoi) était avec dona Inez sur le pied de la plus grande intimité ; il n'y avait pas grande sympathie dans leurs goûts, car Julia n'avait de sa vie touché une plume : certaines gens disent tout bas (mais, à coup sûr, c'est un mensonge, car la médisance cherche parfois des motifs intéressés)... ils disent donc qu'Inez, avant le mariage de don Alfonso, avait oublié avec lui sa prudente retenue.

LXVII.

Ils ajoutent qu'ayant continué cette liaison qui, avec le temps, était devenue beaucoup plus chaste, Inez avait pris en affection la femme de son ancien amant ; et certainement c'était ce qu'elle avait de mieux à faire. La protection d'une personne aussi sage était flatteuse pour dona Julia, et en même temps c'était un compliment adressé au bon goût d'Alfonso ; et si elle ne pouvait (qui le peut ?) faire taire tout-à-fait la médisance, au moins elle lui donnait ainsi beaucoup moins de prise.

LXVIII.

Je ne saurais dire si Julia fut mise au fait par des étrangers, ou si elle découvrit la chose par ses propres yeux ; mais nul ne sut qu'elle fût instruite, ou du moins elle n'en laissa jamais rien apercevoir. Peut-être resta-t-elle dans l'ignorance, peut-être y fut-elle indifférente dès l'abord, ou le devint-elle avec le temps. Je ne sais vraiment qu'en penser et qu'en dire, tant elle garda bien son secret.

LXIX.

Elle voyait Juan, et comme c'était un bel enfant, souvent elle le caressait... il n'y avait là rien que de très naturel, la chose put paraître innocente lorsqu'elle avait vingt ans et lui treize ; mais quand il en eut seize et elle vingt-trois, il n'est pas aussi certain que leur intimité n'eût fait sourire : ce petit nombre d'années amène de prodigieux changements, particulièrement chez les peuples brûlés du soleil.

LXX.

Certes, ils n'étaient plus les mêmes, quelle qu'en fût la cause : la dame était devenue réservée, le jeune homme timide ; ils s'abordaient les yeux baissés, la bouche presque muette, et leurs regards peignaient un grand embarras ; à coup sûr, bien des gens ne douteront pas que dona Julia, ne connût fort bien la raison de tout ceci : mais, pour don Juan, il ne s'en doutait pas plus qu'on ne peut se faire, sans l'avoir vu, une idée de l'Océan.

LXXI.

Toutefois, la froideur même de Julia avait encore quelque chose de tendre, et ce n'était qu'avec un doux tremblement que sa petite main se dégageait de celle du jeune homme, lui laissant pour adieu une pression pénétrante, mais si suave et si légère, oh ! si légère, que c'était à peine une réalité : mais jamais baguette magique maniée avec tout l'art d'Armide n'opéra un changement pareil à celui que produisait sur le cœur de Juan cet attouchement fugitif.

LXXII.

En l'abordant, elle ne souriait plus, il est vrai, mais son visage exprimait une tristesse plus douce que son sourire. Si son cœur couvait des pensées plus profondes, elle ne les avouait pas, mais elles lui devenaient plus chères par la contrainte même qui les refoulait dans son cœur brûlant. L'innocence elle-même a maint artifice; elle n'ose pas se fier à la franchise, et l'amour enseigne l'hypocrisie à la jeunesse.

LXXIII.

Mais la passion a beau dissimuler, elle se révèle par son mystère même, comme le ciel le plus noir présage la plus terrible tempête :

ses transports se trahissent dans le regard vainement étudié, et sous quelque aspect qu'elle se présente, c'est toujours la même hypocrisie. La froideur ou la bouderie, et même le dédain ou la haine, sont des masques qu'elle prend fréquemment et toujours trop tard.

LXXIV.

Et puis c'étaient des soupirs d'autant plus profonds qu'ils étaient comprimés, des regards à la dérobée que le larcin rendait plus doux, une rougeur brûlante sans motif de rougir, un tremblement quand on s'abordait, une agitation inquiète quand on s'était quittés : petits préludes de la possession, inséparables d'une passion naissante, et qui prouvent combien l'amour est embarrassé quand il s'embarque avec un novice.

LXXV.

Le cœur de la pauvre Julia était dans un état étrange : elle sentit qu'il allait lui échapper, et résolut de faire un noble effort pour elle-même et pour son époux, pour son honneur, sa fierté, sa religion et sa vertu. Sa résolution fut pleine de grandeur, et eût presque fait trembler un Tarquin : elle implora l'appui de la vierge Marie comme étant la plus compétente à juger un cas féminin.

LXXVI.

Elle jura de ne plus revoir Juan, et le lendemain elle fit une visite à sa mère. Elle portait un regard d'attente vers la porte du salon : enfin cette porte s'ouvrit, et par la grâce de la sainte Vierge, ce ne fut point Juan qui entra. Julia en fut reconnaissante, et pourtant un peu fâchée... La porte s'ouvre de nouveau... ce ne peut être un autre... cette fois c'est bien lui... Non ! Je crains bien que ce soir-là la Vierge n'ait point eu sa part de prières.

LXXVII.

Enfin, elle se dit qu'une femme vertueuse doit faire face à la tentation pour la vaincre, que la fuite est une lâcheté, et qu'aucun homme ne fera jamais le moindre effet sur son cœur ; c'est-à-dire qu'elle n'éprouvera rien au-delà de cette vulgaire préférence, de cette affection purement fraternelle que nous accordons dans l'occasion aux gens plus faits que d'autres pour plaire.

LXXVIII.

Et vint-elle par hasard... qui sait ? le diable est si fin... vint-elle à découvrir que tout n'est pas en elle comme il doit être, et que, si elle était libre, tel ou tel amant pourrait lui plaire, eh bien ! une femme vertueuse peut réprimer de telles pensées, et s'en trouver meilleure quand elle les a vaincues ; et si l'homme la sollicite, elle en est quitte pour refuser : c'est un essai que je recommande aux jeunes dames.

LXXIX.

Et puis n'y a-t-il pas ce que l'on nomme l'amour divin, brillant et immaculé, pur et sans mélange ; amour qui est regardé comme une vertu par les anges et par les matrones non moins infaillibles que les anges, amour platonique, parfait, « pareil à celui que j'éprouve, » se disait Julia. Et à coup sûr, elle le pensait ; et c'est aussi la pensée que j'aurais voulu lui voir, si j'avais été l'objet de ses célestes rêveries.

LXXX.

Un tel amour est innocent, et peut exister sans danger entre jeunes gens. On peut donner un baiser d'abord sur la main, puis sur les lèvres. Pour moi, je suis complètement étranger à tout cela, mais j'ai entendu dire que ces libertés forment l'extrême limite de tout ce qu'un pareil amour peut se permettre : allez au-delà, c'est un crime ; mais ce n'est pas ma faute... je vous avertis d'avance.

LXXXI.

L'amour donc, mais l'amour contenu dans les limites du devoir, telle fut l'innocente détermination adoptée par Julia en faveur de don Juan : sans doute, pensa-t-elle, ce puissant mobile pourra tourner à l'avantage du jeune homme; guidé par la flamme éthérée d'un autel trop pur pour que jamais s'en obscurcisse l'éclat, quelle douce persuasion auront les leçons de l'amour et d'une femme adorée pour lui apprendre... je ne sais trop quoi, et Julia ne le savait pas davantage.

LXXXII.

Animée de cette pure résolution, protégée par une armure à toute épreuve, la pureté de son âme ; sûre désormais de sa force et convaincue que son honneur était un roc, une digue insurmontable, à dater de ce moment elle se dispensa, on ne peut plus sagement, de toute incommode contrainte. Mais Julia était-elle à la hauteur de cette tâche, c'est ce que la suite doit nous apprendre.

LXXXIII.

Son plan lui semblait à la fois innocent et d'exécution facile : assurément, avec un jeune garçon de seize ans, la médisance ne pouvait guère trouver à mordre, ou si elle l'essayait, Julia, convaincue de la pureté de ses intentions, ne laisserait point troubler la paix de son cœur : une conscience tranquille porte en tout la sérénité. On a vu en effet des chrétiens se brûler les uns les autres, persuadés que les apôtres auraient agi comme eux.

LXXXIV.

Et si, dans l'intervalle, son mari venait à mourir... mais que le ciel écarte loin d'elle une pareille pensée, même en rêve (et sur ce clin soupirait)!... jamais elle ne survivrait à cette perte si commune pourtant..... mais enfin supposé que ce moment arrivât..... simple supposition *inter nos* (je devrais dire *entre nous*, car Julia pensait en français pour le moment ; mais la rime ne vaudrait rien).

LXXXV.

En posant donc cette pure hypothèse, Juan, ayant alors atteint l'âge d'homme, serait un parti sortable pour une veuve de condition : fût-ce dans sept ans, il ne serait point encore trop tard ; jusque-là, pour continuer la même figure, le mal, après tout, ne serait pas bien grand, car il apprendrait les rudiments de l'amour, je veux parler de cet amour séraphique que l'on fait là-haut.

LXXXVI.

Suffit pour Julia. Passons à Juan : pauvre petit ! il ne comprenait rien à son état, et n'en pouvait deviner la cause. Impétueux dans ses sentiments comme la Médée d'Ovide, il s'émerveillait de ceux qui surgissaient en lui tout-à-coup ; mais il était loin de penser que ce fût une chose toute naturelle, n'ayant rien en soi d'alarmant, et susceptible, avec un peu de patience, de devenir charmante.

LXXXVII.

Silencieux et pensif, inquiet et rêveur, abandonnant la maison pour le silence des bois, tourmenté d'une secrète blessure, sa douleur, comme toutes les douleurs profondes, se plongeait dans la solitude. Et moi aussi j'aime la solitude, ou apprenant ; mais entendons-nous bien , je veux la solitude d'un sultan, non celle d'un ermite, et pour grotte il me faut un harem.

LXXXVIII.

Amour! ton doux transport chastement se marie
Dans le désert des bois à la sécurité :
C'est là l'heureux empire où toute âme ravie
Vient te proclamer Dieu par sa félicité!

Le poète que je cite (1) n'écrit pas mal : j'en excepte pourtant cet hymen du transport avec la sécurité, lesquels se trouvent mariés dans une phrase assez obscure.

LXXXIX.

L'auteur a voulu sans doute exprimer une vérité qu'accepte le bon sens général, une chose dont chacun a pu ou pourra faire l'expérience personnelle : à savoir que personne n'aime à être dérangé à table ou dans ses amours... je n'en dirai pas plus sur le mariage et le transport, choses connues depuis longtemps ; mais, quant à la sécurité, je le prierai seulement de tirer le verrou.

XC.

Le pauvre Juan errait au bord des ruisseaux cristallins , rêvant des choses que la parole ne peut exprimer. Il s'étendait enfin dans un de ces asiles feuillus où le liège déploie ses sauvages rameaux. C'est là que les poètes trouvent des matériaux pour leurs livres ; c'est là aussi que parfois nous les lisons, pourvu que leur plan et leur style nous conviennent, et qu'ils veuillent bien être un peu plus intelligibles que Wordsworth.

XCI.

Il (Juan et non Wordsworth)... il continua de vivre dans cette communion exclusive avec son âme fière, jusqu'à ce que, dans cette abstraction profonde, son cœur hautain eût modifié en partie le mal

(1) Campbell, *Gertrude de Wyoming*, chant II.

qui le dévorait : il s'y prit du mieux possible à l'égard de sentiments qu'il ne pouvait réprimer : sans en avoir la conscience, il imita Coleridge, et se fit métaphysicien.

XCII.

Il médita sur lui-même et sur le monde , sur l'homme , cet étonnant problème , et sur les étoiles , se demandant comment diable tout cela s'était produit ; puis il pensa aux tremblements de terre, à la guerre , au circuit de la lune , aux ballons, à tous les obstacles qui nous dérobent une complète connaissance de l'espace illimité... et enfin il en vint à penser aux beaux yeux de dona Julia.

XCIII.

Dans de telles contemplations, la vraie sagesse peut reconnaître des désirs sublimes, des aspirations saintes, innées chez quelques hommes , mais apprises par la plupart des autres qui s'imposent ce tourment sans trop savoir pourquoi. Il était étrange qu'une tête aussi jeune s'inquiétât des mouvements des cieux : si vous voyez en cela l'ouvrage de la philosophie, je ne puis m'empêcher de penser que la puberté y aidait beaucoup.

XCIV.

Il méditait sur les feuilles, sur les fleurs, et entendait une voix dans toutes les brises ; puis il pensait aux nymphes des bois, et aux bosquets éternels où ces déesses descendaient jusqu'au commerce des hommes : il se trompait de route, il oubliait l'heure ; et quand il regardait à sa montre, il s'étonnait que le Temps, sur ses vieilles ailes, eût pu s'enfuir si vite... et s'apercevait aussi qu'il avait manqué le dîner.

XCV.

Parfois il jetait les yeux sur son livre, Boscan ou Garcilasso..... comme le feuillet soulevé par le vent sous l'œil qui le parcourt, sur les pages mystérieuses dont une âme flottait agitée par sa propre poésie: elle semblait une de ces esprits sur lesquels les magiciens ont jeté un charme et qu'ils livrent aux brises de l'air, si nous en croyons les contes de vieille femme.

XCVI.

C'est ainsi qu'il coulait ses heures solitaires, éprouvant un vide, mais ne sachant ce qui lui manquait ; ni ses rêveries brûlantes, ni les chants des poètes ne pouvaient lui donner ce que demandait son âme haletante : un soin où il pût reposer sa tête et entendre les battements d'un cœur amoureux et... plusieurs autres choses encore, que j'oublie ou que je n'ai pas besoin de mentionner.

XCVII.

Ces promenades solitaires, ces rêveries prolongées, ne pouvaient échapper à la tendre Julia : elle comprit que Juan n'était pas dans son état naturel. Mais ce qu'il y a de plus étonnant , c'est que dona Inez n'importuna point son fils de questions ni de conjectures : tant de gens habiles, ne pouvait-elle rien découvrir ?

XCVIII.

La chose peut paraître étrange , et pourtant il n'est rien de plus ordinaire : par exemple , les maris dont les moitiés osent outrepasser les droits écrits de la femme et enfreindre le... quel est donc le commandement qu'elles violent (j'en ai oublié le chiffre, et je pense qu'on ne doit jamais citer au hasard, de peur de méprise)? Je disais donc que lorsque ces messieurs sont jaloux, ils tombent toujours dans quelque bévue que leurs femmes ont soin de révéler.

XCIX.

Un mari véritable est toujours soupçonneux , ce qui n'empêche pas ses soupçons de tomber toujours à faux : où il est jaloux d'un homme qui ne pense guère à la chose , ou il prête aveuglément les mains à sa propre disgrâce, en recevant chez lui quelque ami d'autant plus cher qu'il est plus perfide ! Ce dernier cas est presque infaillible ; et quand l'épouse et l'ami ont pris tout-à-fait leur volée, c'est de leur perversité que la dupe s'étonne, et non de sa sottise.

C.

Les parents aussi ont parfois la vue courte : leurs yeux de lynx n'aperçoivent jamais ce que le monde voit avec une joie maligne, à savoir quelle est la maîtresse de tel jeune héritier, quel est l'amant de miss Fanny ; mais enfin une malheureuse escapade vient anéantir le plan de vingt années, et tout est fini : la mère se désole, le père jure et se demande pourquoi diable il a procréé des héritiers.

CI.

Mais Inez avait tant de sollicitude pour son fils, sa vue était si perspicace, qu'en cette occasion force nous est de lui supposer des motifs tout particuliers pour abandonner don Juan à cette tentation nouvelle. Quel était ce motif ? je ne le dirai point pour le moment : peut-être voulait-elle compléter l'éducation de don Juan ; peut-être ouvrir les yeux de don Alfonso, trop épris du mérite de sa femme.

CII.

Un jour, un jour d'été..... l'été est véritablement une saison bien dangereuse, comme aussi le printemps vers les derniers jours de mai ; le soleil, sans nul doute, en est la cause prédominante ; mais quoi qu'il en soit, on peut dire, sans crainte de trahir la vérité, qu'il est des mois où la nature s'égaie davantage.... mars a ses lièvres ; mai peut bien avoir ses nymphes.

CIII.

C'était donc un jour d'été... le six juin... j'aime à donner les dates précises, à indiquer non-seulement le siècle et l'année, mais encore le mois ; ce sont des sortes de relais où les destins changent de chevaux, en faisant changer de ton à l'histoire, pour reprendre ensuite leur galop à travers empires et royaumes, ne laissant guère d'autres traces que la chronologie et les lettres de change que la théologie tire sur l'éternité.

CIV.

C'était le six juin, vers six heures et demie, sept heures..... Julia était assise dans un bosquet, gracieux comme le plus gracieux bosquet qui jamais abrita les houris, dans ce paradis païen décrit par Mahomet et par Anacréon Moore.... Moore, à qui furent donnés la lyre et le laurier, et tous les trophées de la muse triomphante.... il les a bien gagnés, puisse-t-il les garder longtemps !

CV.

Elle était assise, mais non seule ; j'ignore comment cette entrevue avait été amenée, et quand même je le saurais, je ne le dirais pas.... en toute circonstance, il faut être discret. Peu importe d'ailleurs comment et pourquoi la chose était arrivée ; mais enfin Julia et Juan étaient là face à face.... Quand deux jolies figures sont ainsi en présence, il serait prudent de fermer les yeux ; mais c'est bien difficile.

CVI.

Qu'elle était belle ! L'agitation de son cœur colorait vivement sa joue, et pourtant elle ne se croyait point coupable. O amour ! mystérieuse puissance, tu fortifies le faible et tu abats le fort. Combien elle est habile à se tromper elle-même, la sagesse de ceux que ton charme a séduits ! En face du précipice immense qui s'ouvrait devant elle, immense était aussi sa foi dans sa propre innocence.

CVII.

Elle pensait à sa force et à la jeunesse de don Juan, à ce qu'il y a de ridicule dans une excessive pruderie, au triomphe de la vertu et de la foi conjugale ; puis elle se rappelait les cinquante ans de don Alfonso : plût au ciel que cette dernière pensée ne lui fût pas venue, car c'est un chiffre qui plaît à peu de monde, et dans tous les climats ou glacés ou brûlants, il sonne mal en amour, quoiqu'il puisse être plus agréable en finances.

Je ne sais trop ce que Don Juan en pensa ; mais ce qu'il fit,
vous l'auriez fait comme lui.

CVIII.

Si quelqu'un vous dit : « Je vous ai répété cinquante fois, » on se prépare à vous faire un reproche, et souvent le reproche même suit ces paroles. Si un poète dit : « J'ai composé cinquante vers, » il vous menace presque de vous les réciter. C'est par bandes de cinquante que les voleurs commettent leurs crimes. Il est bien vrai qu'à cinquante ans on trouve rarement amour pour amour, mais il est également vrai que pour cinquante louis on peut acheter beaucoup d'amour tout fait.

CIX.

Julia était une femme d'honneur, vertueuse, fidèle, et, de plus, elle aimait don Alfonso : elle fit intérieurement tous les serments qu'on adresse d'ici-bas aux puissances d'en haut, et jura de ne jamais profaner l'anneau qu'elle portait, et de ne pas laisser poindre en elle le moindre désir contraire à la sagesse ; et tout en méditant ces résolutions, et bien d'autres encore, elle avait une de ses mains négligemment posée sur celle de Juan.... pure méprise ! elle croyait ne toucher que la sienne propre.

CX.

Sans y penser non plus elle appuya sa tête sur l'autre main du jeune homme, qui jouait avec les boucles de ses cheveux ; elle avait l'air distrait d'une personne qui lutte contre des pensées qu'elle ne peut comprimer. Certes, c'était fort imprudent à la mère de Juan de laisser en tête-à-tête un couple trop charmant, elle qui, pendant tant d'années, avait si bien surveillé son fils.... Ma mère, j'en suis sûr, n'en eût pas fait autant.

CXI.

Insensiblement la main qui tenait la main de don Juan répond à la pression de celle-ci, d'une manière douce, mais appréciable comme pour lui dire : « Retenez-moi, s'il vous plaît. » Toutefois nul doute que la seule intention ne fût de presser ses doigts d'une pure et platonique étreinte ; elle eût reculé avec effroi, comme devant un crapaud ou un aspic, si la pensée lui fût venue qu'elle pouvait éveiller un sentiment dangereux pour une épouse prudente.

CXII.

Je ne sais ce que don Juan en pensa, mais il fit ce que vous a riez fait : ses jeunes lèvres remercièrent cette main par un baiser reconnaissant : puis, rougissant de son bonheur même, il s'écarta comme désespéré, semblant craindre d'avoir mal agi ; l'amour est si timide à sa naissance ! Julia rougit, mais non de colère : elle essaya de parler, mais elle s'arrêta, craignant que la faiblesse de sa voix ne la trahît.

CXIII.

Le soleil disparut et la lune se leva blondissante : la lune est dangereuse en diable ; ceux qui l'ont appelée CHASTE se sont trop pressés, ce me semble, d'arrêter leur nomenclature. Le plus long jour de l'année, le 21 juin lui-même, ne voit pas accomplir la moitié des actes pervers qu'éclaire, en trois heures, la lune avec son doux sourire... et pourtant quel air modeste elle conserve !

CXIV.

Il y a, dans cette heure du soir, un dangereux silence, un calme qui engage l'âme à s'ouvrir tout entière, et ne lui laisse aucun empire sur elle-même. Cette lumière argentée qui sanctifie l'arbre et la tourelle, qui répand sur tout le paysage une beauté et une douceur intimes, pénètre en même temps jusqu'au cœur, où elle jette une langueur amoureuse qui n'est pas le repos.

CXV.

Et Julia était assise près de Juan, à demi enlacée par son bras brûlant, et repoussant à demi ce bras qui tremblait comme le sein qu'il pressait : et certes, elle ne croyait pas encore qu'il y eût à cela le moindre mal, car il lui eût été facile de dégager sa taille de cette étreinte.... puis au fond, cette situation avait son charme. Alors.... Dieu sait ce qui s'en suivit !.... Je ne puis aller plus loin ; et je suis presque fâché d'avoir commencé.

CXVI.

O Platon ! Platon ! avec tes maudites rêveries et l'empire imaginaire que ton système suppose à l'homme sur son cœur indomptable, tu as frayé la route à plus d'immoralité que toute la longue lignée des poètes et des romanciers..... Tu n'es qu'un imbécile, un charlatan, un fat.... et, de ton vivant même, tu nageais entre deux eaux.

CXVII.

Et la voix de Julia se perdit ou ne s'exhala plus qu'en soupirs, jusqu'au moment où il fut trop tard pour parler raison. Alors les larmes débordèrent de ses yeux charmants : plût au ciel qu'elle eût moins de motifs d'en répandre ! mais, hélas ! qui peut aimer et rester sage ? Non qu'aucun remords ne fût venu combattre la tentation : elle avait lutté faiblement, et se le repentait beaucoup, et en murmurant bien bas : « Je ne consentirai jamais !... » elle avait consenti.

CXVIII.

On dit que Xercès offrit une récompense à qui pourrait lui inventer un nouveau plaisir. A mon avis, sa majesté demandait là une chose fort difficile, et qui lui aurait coûté des trésors. Pour moi, poète aux goûts fort modestes, il me suffit d'un peu d'amour (c'est ma manière de passer le temps) ; je ne demande pas de nouveaux plaisirs, car les anciens me suffisent amplement, pourvu qu'ils durent.

CXIX.

O Plaisir ! tu es en vérité une douce chose, bien que nous soyons sûrs d'être damnés à cause de toi. A chaque printemps, je prends la résolution de me réformer avant la fin de l'année ; mais, je ne sais comment cela se fait, mon vœu de chasteté a bientôt pris son vol. Pourtant, j'en suis certain, on pourrait l'observer religieusement : j'en suis triste et honteux, et je compte, l'hiver prochain, être entièrement corrigé.

CXX.

Ici ma chaste muse doit prendre une petite liberté... Ne jetez pas les hauts cris, lecteur plus chaste encore... elle sera bien sage ensuite et d'ailleurs, il n'y a point ici à se scandaliser : cette liberté n'est qu'une licence poétique, une petite irrégularité dans le plan de mon ouvrage ; et comme je fais grand cas d'Aristote et de ses règles, il est juste que je lui demande pardon quand il m'arrive de faillir quelque peu.

CXXI.

Cette licence consiste à prier le lecteur de ne pas perdre de vue Julia et don Juan ; mais depuis le six juin (époque fatale, à partir de laquelle tout l'art du poète échouerait faute de matière), depuis ce jour, dis-je, il voudra bien supposer que plusieurs mois se sont écoulés. Prenons que nous sommes en novembre ; mais je ne sais pas le jour...... cette date est moins certaine que les autres.

CXXII.

Nous y reviendrons.... Il est doux, à minuit, sur les flots bleus de l'Adriatique argentée par la lune, d'entendre les chants et le bruit des avirons du gondolier, adoucis par la distance et planant au-dessus des eaux ; il est doux de voir se lever l'étoile du soir ; il est doux d'entendre la brise nocturne se glisser de feuille en feuille ; il est doux de contempler l'arc-en-ciel qui, basé sur l'Océan, semble mesurer la rondeur des cieux.

CXXIII.

Il est doux d'entendre les aboiements du chien fidèle saluer avec empressement notre approche du logis ; il est doux de savoir que des yeux chéris remarqueront notre arrivée et brilleront de joie ; il est doux d'être réveillé par l'alouette ou bercé par la chute des eaux ; il y a de la douceur dans le bourdonnement des abeilles, la voix des jeunes filles, le chant des oiseaux, les balbutiements et les premiers mots de l'enfance.

CXXIV.

Douce est la vendange, quand les grappes pleuvent en désordre et avec une profusion chère à Bacchus, sur le sol humide de leur jus pourpré ; douce et joyeuse est la champêtre promenade qui nous dérobe au fracas de la ville ; douce à l'œil de l'avare est la vue de ses

Mais Juan quittait plus d'un objet chéri.

monceaux d'or ; douce est au cœur d'un père la naissance d'un premier enfant ; douce est la vengeance... surtout aux femmes, une ville à piller aux soldats, la part de prise aux marins.

CXXV.

Doux est un héritage, et surtout celui qu'amène le décès inattendu de quelque vieille douairière, ou d'un oncle ayant complété sa soixante-dixième année, après nous avoir fait attendre trop longtemps, à nous autres jeunes gens, des titres, des écus ou une maison de campagne : car ces vieilles gens semblent toujours prêts à rendre l'âme, mais ils ont un corps si solide, que l'héritier voit s'ameuter autour de lui tous les Israélites porteurs de ses lettres de change après décès.

CXXVI.

Il est doux de gagner ses lauriers, n'importe comment, par la plume ou par l'épée ; une réconciliation est douce, et quelquefois aussi une querelle, surtout quand elle nous débarrasse d'un ami importun : le vin vieux est doux en bouteilles et l'ale en tonneau. Il nous est doux de prendre, contre le monde entier, la défense d'un être sans appui, et plus doux encore de revoir l'asile de notre enfance, que l'on n'oublie jamais, bien qu'on y soit oublié.

CXXVII.

Mais plus doux que ceci, que cela, que toute chose au monde, est un premier amour, une première passion... Seul, il survit à tout, comme dans l'esprit d'Adam le souvenir de sa chute : le fruit de l'arbre de la science a été cueilli ; tout est connu, et la vie n'a plus rien qui mérite un souvenir, rien qui approche de ce péché divin, que la fable a sans doute désigné sous le symbole du crime impardonnable de Prométhée ravissant pour nous le feu céleste.

CXXVIII.

L'homme, étrange animal, fait un usage étrange de sa nature et des arts auxquels il est propre : il aime surtout à montrer ses talents par quelque invention nouvelle. Nous vivons dans un siècle où toutes les idées bizarres ont le champ libre, où toutes les inventions trouvent leurs chalands. Commencez d'abord par la vérité, et si vous y perdez vos peines, l'imposture vous offre un débouché certain.

CXXIX.

Combien n'avons-nous pas vu de découvertes contradictoires (signes certains du génie et d'une bourse vide) : l'on invente des nez artificiels, un autre la guillotine ; celui-ci vous brise les os, celui-là les remet en place ; mais il faut avouer qu'un salutaire contre-poids aux fusées à la Congrève se trouve dans la vaccine, laquelle, pour payer le tribut qu'on doit à une vieille maladie, en emprunte aux vaches une toute nouvelle.

CXXX.

On a fait avec des pommes de terre du pain à peu près passable. Le galvanisme a fait grimacer quelques cadavres ; mais il n'a pas aussi bien fonctionné que le premier appareil de la Société humanitaire, au moyen duquel les gens sont désasphyxiés gratis. Combien de nouvelles et merveilleuses machines ont récemment remplacé les fileuses ! On dit que nous avons été débarrassés naguère de la petite-vérole, et peut-être l'aînée va-t-elle disparaître à son tour.

CXXXI.

Celle-ci, on le sait, vient de l'Amérique, où sans doute elle retournera : la population s'y multiplie à tel point qu'il est bien temps de l'arrêter, comme en Europe, par la guerre, la peste, la famine ou tout autre moyen qui puisse y répandre la civilisation : ces fléaux y seront-ils plus terribles que le prétendu mal américain ne l'a été chez nous ?

CXXXII.

Nous sommes au siècle des inventions brevetées pour la destruction des corps et le salut des âmes, toutes propagées avec les meilleures intentions. Nous avons la lampe de sûreté de sir Humphry Davy, à l'aide de laquelle on peut exploiter sans danger les mines de charbon..... pourvu qu'on observe les précautions indiquées par l'inventeur. Les voyages à Tombouctou et les expéditions aux pôles sont encore des moyens d'être utile à l'humanité, qui valent peut-être bien le massacre de Waterloo.

CXXXIII.

L'homme est un phénomène, un être incompréhensible, merveilleux au-delà de toute merveille ; c'est pourtant dommage que, dans ce monde sublime, le plaisir soit un péché et quelquefois même le péché un plaisir. Peu de mortels savent le but vers lequel ils marchent, mais que ce soit la gloire, la puissance, l'amour ou la richesse, les sentiers sont embarrassés et confus, et, arrivé au bout de la carrière, on meurt, comme vous savez... et alors...

CXXXIV.

Eh bien ! alors, quoi ?... Je n'en sais rien, ni vous non plus ; ainsi, bonne nuit. Revenons à notre histoire. C'était au mois de novembre, lorsque déjà les beaux jours sont rares, que les montagnes commencent à blanchir à l'horizon et mettent un capuchon de neige par-dessus leur manteau d'azur ; que la mer bouillonne autour des promontoires, que la vague bruyante se brise contre le rocher, et que le soleil, en astre sage et rangé, se couche à cinq heures.

CXXXV.

Il faisait, comme disent les watchmen, une nuit de brouillards ; point de lune, point d'étoiles : le vent ne se faisait entendre que par soudaines bouffées ; maint foyer brillait encore, et le bois amoncelé y brûlait en pétillant sous les yeux de la famille assemblée. Il y a dans cette clarté quelque chose d'aussi gai qu'un ciel d'été sans nuage : j'aime fort pour ma part le coin du feu, les grillons et ce qui s'ensuit : une salade de homard, le champagne et la causerie.

CXXXVI.

Il était minuit... dona Julia se trouvait au lit et dormait, du moins c'est probable... quand tout-à-coup elle entend à sa porte un bruit à éveiller les morts, s'ils n'étaient tous déjà réveillés, comme les livres nous l'apprennent, en ajoutant qu'ils le seront encore au moins une fois... La porte était fermée au verrou : un poing y frappait vivement et une voix criait : « Madame ! madame !... sitt... sitt ! »

CXXXVII.

« Au nom du ciel, madame... madame... voici mon maître, avec la moitié de la ville à ses trousses..... Vit-on jamais pareille catastrophe ! ce n'est point ma faute.. je faisais bonne garde... Alerte ! tirez le verrou un peu plus vite... ils montent l'escalier ; en un clin d'œil ils seront ici : peut-être trouvera-t-il moyen de fuir..... sans doute, la fenêtre n'est pas tellement haute !... »

CXXXVIII.

Cependant don Alfonso était arrivé avec des torches, des amis et un grand nombre de domestiques : la plupart de ces gens-là étaient depuis longtemps mariés, et par conséquent ne se faisaient pas grand scrupule de troubler le sommeil d'une femme perverse, qui osait en cachette charger d'un triste ornement le front de son mari : les exemples de cette nature sont contagieux ; si l'on en punissait une, toutes les autres en feraient autant.

CXXXIX.

Je ne saurais dire comment ni pourquoi le soupçon était entré dans la tête de don Alfonso ; mais pour un cavalier de sa condition, il était de très mauvais goût de venir ainsi, sans un mot d'avertissement, tenir audience autour du lit de sa femme, convoquant des laquais armés de pistolets et d'épées pour démontrer qu'il était... ce qu'il redoutait le plus d'être.

CXL.

Pauvre dona Julia ! réveillée comme en sursaut (remarquez bien !.. je ne dis point qu'elle ne dormait pas), elle se mit à jeter des cris, à bâiller, à pleurer. Sa suivante Antonia, qui n'était pas novice, se hâta de jeter les couvertures du lit en un monceau, comme si elle venait d'en sortir elle-même : je ne puis dire pourquoi elle mettait tant d'importance à prouver que sa maîtresse n'avait pas couché seule.

CXLI.

Julia la maîtresse, et Antonia la suivante, avaient l'air de deux pauvres innocentes créatures qui, ayant peur des revenants et encore plus des voleurs, avaient pensé que deux femmes imposeraient à un homme, et en conséquence s'étaient couchées doucement côte à côte pendant l'absence du mari, jusqu'à l'heure où l'infidèle reviendrait en disant : « Ma chère, je suis le premier qui aie quitté la partie. »

CXLII.

Enfin, Julia retrouva la voix, et s'écria : « Au nom du ciel, don Alfonso, que me voulez-vous ? quelle folie vous prend ? Oh ! que ne suis-je morte plutôt que d'être la proie d'un tel monstre ! Que signifie cette violence au milieu de la nuit? Est-ce un cas d'ivrognerie ou un accès d'humeur? Osez-vous bien me soupçonner, moi, que la seule pensée d'une faute tuerait? Allons, fouillez ma chambre! — C'est ce que je vais faire! » répondit Alfonso.

CXLIII.

Il chercha, ils cherchèrent; ils visitèrent tout : cabinet, garde-robe, armoires, embrasures de fenêtre; et ils trouvèrent beaucoup de linge, de dentelles, grand nombre de paires de bas, de pantoufles, de brosses, de peignes, enfin un assortiment complet de tout ce qui sert aux belles dames pour entretenir leur beauté et la propreté de leur corps : ils piquèrent de la pointe de leurs épées les tapisseries et les rideaux, et blessèrent quelques volets et plusieurs tablettes.

CXLIV.

Ils cherchèrent sous le lit, et y trouvèrent... n'importe quoi... ce n'était pas ce qu'ils voulaient. Ils ouvrirent les croisées, pour voir si le sol ne portait pas des empreintes de pas; mais cet examen ne leur apprit rien, et alors ils se regardèrent les uns les autres : chose étrange, oubli que je ne puis m'expliquer, de tous ces chercheurs, pas un ne s'avisa de jeter un coup d'œil dans le lit, aussi bien que dessous.

CXLV.

Durant ces perquisitions, la langue de Julia n'était point endormie. « Oui, cherchez, et cherchez encore, criait-elle; accumulez insulte sur insulte, outrage sur outrage! Est-ce donc pour cela que mes parents m'ont mariée, pour cela que j'ai si longtemps souffert à mes côtés, sans me plaindre, un époux tel qu'Alfonso; mais je ne l'endurerai plus désormais, et je ne resterai point dans ce logis, s'il y a encore en Espagne des lois et des hommes de loi.

CXLVI.

« Non, don Alfonso! vous n'êtes plus mon mari, si jamais vous avez mérité ce nom. Est-ce là une conduite, à votre âge... car vous avez la soixantaine... cinquante ou soixante, c'est toujours la même chose... est-il sage et convenable de venir sans raison élever des griefs contre l'honneur d'une femme vertueuse? Ingrat, parjure, barbare don Alfonso! comment avez-vous pu croire que votre épouse subirait un pareil traitement?

CXLVII.

« Est-ce pour cela que j'ai dédaigné d'user des privilèges de mon sexe? que j'ai choisi un confesseur tellement vieux et sourd, que nulle autre ne l'eût supporté? Ah! jamais il n'a eu de motifs pour me réprimander, et mon innocence l'étonnait tellement, qu'il a toujours douté que je fusse mariée... Ah! saint père, quel chagrin pour vous que l'accusation dont on m'accable!

CXLVIII.

« Est-ce pour cela que je n'ai point voulu me choisir un Cortejo parmi la jeunesse de Séville? pour cela que je n'allais presque nulle part, si ce n'est aux combats de taureaux, à la messe, au spectacle, aux réunions et aux bals? Est-ce pour cela que, sans examiner ce qu'étaient mes adorateurs, je les ai tous éconduits... au point d'être impolie à leur égard, et de forcer le général comte O'Reilly (1), qui a pris Alger, à déclarer partout que j'en ai mal usé avec lui?

CXLIX.

« Le musico Cazzani n'a-t-il pas, six mois durant, chanté vainement à la porte de mon cœur? Son compatriote, le comte Corniani, ne m'a-t-il pas proclamée la seule femme vertueuse de l'Espagne? N'ai-je pas encore à citer un grand nombre de Russes et d'Anglais : le comte Strongstroganoff que j'ai désolé, et lord Mount-coffee-House, ce pair irlandais qui, l'an dernier, s'est tué pour l'amour de moi..... à force de boire.

CL.

« N'ai-je pas eu à mes pieds deux évêques, le duc d'Ichar et don Fernand Nunez? Est-ce ainsi que l'on traite une femme fidèle? Quel quartier de la lune avons-nous donc? Quelle modération vous empêche de me battre? je vous en sais gré : l'occasion est si belle..... Oh! le vaillant homme! avec vos épées nues et vos pistolets armés, dites-moi, ne faites-vous pas belle figure?

(1) Dona Julia se trompe : le comte O'Reilly ne prit pas Alger; mais Alger faillit le prendre. Lui, son armée sa flotte se retirèrent avec de grandes pertes et fort peu de gloire, en 1775. Alger brava Charles-Quint, Louis XIV, les Anglais et les Hollandais : il était réservé à la France moderne de détruire ce nid de pirates.

CLI.

« C'était donc là le motif de ce départ si prompt, sous prétexte d'affaires indispensables avec votre procureur, ce roi des drôles, que je vois là tout déconcerté et intimement convaincu de sa sottise? Quoique je vous méprise tous deux, il est à mes yeux le plus coupable · sa conduite est sans excuse, car certes il n'a été guidé que par l'appât d'un vil salaire, et non par l'intérêt qu'il porte à vous ou à moi.

CLII.

« S'il est venu ici pour dresser un procès-verbal, au nom du ciel! qu'il procède à sa besogne. Vous avez mis l'appartement dans un bel état!..... Voilà une plume et de l'encre à votre disposition, monsieur : prenez bonne note de toutes choses; je ne veux pas que vous soyez payé pour rien..... mais, comme ma femme de chambre est à moitié nue, faites sortir vos espions, je vous prie. — Oh! s'écria Antonia en sanglotant, je leur arracherais les yeux à tous!

CLIII.

—Voilà le cabinet, voilà la toilette, voilà l'antichambre... fouillez du haut en bas : voici le sopha et le grand fauteuil, et la cheminée... retraite propice aux galants. J'ai besoin de dormir : vous m'obligerez donc de ne plus faire de bruit, jusqu'à ce que vous ayez découvert la cachette mystérieuse de ce trésor insaisissable... et quand vous l'aurez trouvé, vous me procurerez à mon tour le plaisir de le voir.

CLIV.

« Et maintenant, hidalgo! que vous avez jeté le soupçon sur moi, et l'alarme dans tout le quartier, soyez assez bon pour me dire quel est l'homme que vous cherchez. Comment le nommez-vous? quel est son rang? qu'on me le montre..... j'espère qu'il est jeune et gentil?... est-il de belle taille? Dites-le-moi... et soyez assuré que puisque vous avez ainsi terni mon honneur, du moins ce n'aura pas été en vain.

CLV.

« Du moins, il n'a peut-être pas soixante ans : à cet âge, il ser trop vieux pour être tué et pour exciter les craintes jalouses d'un époux qui est lui-même si jeune..... Antonia! donnez-moi un verre d'eau... j'ai véritablement honte de mes larmes : elles sont indignes de la fille de mon père. Et toi, ma mère, ah! tu étais loin de prévoir, en me donnant le jour, que je tomberais au pouvoir d'un tel monstre.

CLVI.

« Peut-être est-ce d'Antonia que vous êtes jaloux : vous avez vu qu'elle dormait à mon côté quand vous avez fait irruption avec votre bande. Regardez où vous voudrez..... nous n'avons rien à cacher, monsieur; seulement une autre fois vous nous préviendrez, je l'espère, ou par décence, vous attendrez un moment à la porte, afin que nous nous mettions en état de recevoir une si nombreuse et si bonne compagnie.

CLVII.

« Et maintenant, monsieur, j'ai fini, et je n'ajoute plus rien : le peu que j'ai dit montrera qu'un cœur innocent peut gémir en silence sur des torts qu'il a honte de dévoiler. Je vous livre à votre conscience : elle vous demandera un jour pourquoi vous m'avez traitée ainsi. Dieu veuille que vous ne ressentiez pas alors le plus amer des chagrins!... Antonia! où est mon mouchoir de poche? »

CLVIII.

Elle dit, et se rejette sur son oreiller : elle est pâle, ses yeux noirs brillent à travers les larmes, comme un ciel d'éclairs et de pluie; ses longs cheveux, retombant en voile, ombragent la blancheur de ses joues; leurs boucles noires voudraient en vain cacher ses épaules éblouissantes dont elle fait ressortir la neige; ses lèvres charmantes sont entr'ouvertes et le battement de son cœur se fait entendre plus haut que son haleine.

CLIX.

Le senor don Alfonso restait tout confus : Antonia marchait çà et là dans la chambre en désordre, et le nez en l'air, jetait des regards de colère sur son maître et ses myrmidons, parmi lesquels il n'y avait aucun qui s'amusât; le procureur excepté. Celui-ci, nouvel Achate, fidèle jusqu'à la mort, pourvu qu'il y eût maille à partir, ne s'inquiétait guère du reste, sachant que la décision appartiendrait aux tribunaux.

CLX.

Les narines au vent, il restait immobile; ses petits yeux suivaient tous les mouvements d'Antonia, et toute son attitude était pleine de soupçon. Il avait peu de souci des réputations; pourvu qu'une poursuite ou une action pût être intentée, la jeunesse et la beauté ne le touchaient guère, et il n'ajoutait jamais foi aux dénégations, à moins qu'elles ne fussent appuyées par des témoins compétents... vrais ou faux.

CLXI.

Cependant don Alfonso se tenait là les yeux baissés, et à dire vrai, il faisait une sotte figure : après avoir fouillé dans tous les coins, après avoir traité une jeune femme avec la dernière rigueur, il n'avait rien gagné, sauf les reproches qu'il s'adressait à lui-même, par-dessus tous les traits que sa moitié avait fait tomber sur lui avec tant de vigueur pendant une demi-heure entière, rapides, lourds et pressés comme une pluie d'orage.

CLXII.

Il balbutia d'abord une excuse à laquelle on ne répondit que par des larmes, des sanglots et tous les préludes ordinaires d'une attaque de nerfs, à savoir des tressaillements, des palpitations, des bâillements et autres symptômes, au choix du sujet. Alfonso regarda sa femme, et celle de Job lui revint en mémoire; il vit aussi en perspective les parents de la dame, et alors il s'efforça de recueillir toute sa patience.

CLXIII.

Il allait parler ou plutôt bégayer; mais la prudente Antonia, avant que le marteau fût tombé sur l'enclume, l'interrompit par un : « Je vous en prie, monsieur : quittez la chambre et ne dites pas un mot de plus, si vous ne voulez faire mourir ma maîtresse. — Que le diable la confonde! » marmotta don Alfonso; mais il en resta là : le temps des paroles était passé. Après avoir jeté un ou deux regards de travers, il fit, sans trop savoir pourquoi, ce qui lui était ordonné.

CLXIV.

Avec lui sortit la force armée : le procureur s'éloigna le dernier, en manifestant sa répugnance, et s'arrêtant à la porte aussi longtemps qu'Antonia voulut bien l'y laisser... Il n'était pas peu contrarié de cette étrange et inexplicable lacune dans les faits de la cause, faits qui, tout à l'heure encore, avaient un air assez équivoque. Pendant qu'il ruminait le cas, la porte se ferma brusquement sur sa face procédurière.

CLXV.

A peine eut-on mis le verrou que... ô honte! ô péché! ô douleur! ô femmes, comment pouvez-vous agir ainsi et conserver votre bonne renommée, à moins qu'on ne soit aveugle en ce monde et dans l'autre? Rien cependant n'est plus précieux qu'une réputation sans tache! Mais continuons, car j'ai encore beaucoup à dire. Vous saurez donc, et c'est avec une profonde répugnance que je dois vous le déclarer, vous saurez que le jeune Juan à moitié étouffé sortit tout-à-coup du lit.

CLXVI.

On l'avait caché... je ne prétends pas dire comment et je ne saurais décrire parfaitement l'endroit... Souple, fluet et facile à pelotonner, il pouvait certes tenir dans un étroit espace, rond ou carré; mais je ne le plaindrais pas, lors même qu'il aurait été suffoqué par ce couple charmant; certes il valait mieux mourir ainsi que d'être noyé, comme cet ivrogne de Clarence, dans un tonneau de malvoisie.

CLXVII.

Je ne le plaindrais pas, en second lieu, parce qu'il n'avait que faire de commettre un péché réprouvé par le ciel, puni par les lois humaines. C'était du reste commencer de bonne heure : mais à seize ans la conscience est plus élastique qu'à soixante, alors que récapitulant nos vieilles dettes, et faisant le compte du mal, nous trouvons en faveur du diable une diabolique balance.

CLXVIII.

Je ne sais comment vous peindre la position du jeune séducteur. Il est écrit dans les annales hébraïques que les médecins, laissant là pilules et potions, ordonnèrent au vieux roi David, dont le sang coulait trop lentement, l'application d'une belle jeune fille en guise de vésicatoire; et l'on assure que le remède produisit les plus heureux effets; peut-être fut-il appliqué d'une manière différente dans les deux cas, car David lui dut la vie et Juan faillit en mourir.

CLXIX.

Que faire? Alfonso va revenir sur ses pas aussitôt qu'il aura congédié sa sotte compagnie. Antonia fit appel à toutes ses facultés inventives, mais elle ne put trouver le moindre expédient... Comment donc parer cette nouvelle attaque? Puis bientôt le jour allait paraître. La suivante était aux abois; la maîtresse ne soufflait pas le mot, mais ses lèvres pâles s'imprimaient sur les joues de son amant.

CLXX.

Ses lèvres à lui allèrent au-devant de celles de Julia; ses mains s'occupèrent à rassembler les boucles de ses cheveux épars : en ce moment même, ils ne pouvaient commander à leur passion et oubliaient à demi leur position désespérée. La patience d'Antonia n'y put tenir davantage : « Allons, allons, dit-elle tout bas mais d'un ton irrité; nous n'avons pas le temps de badiner... il faut que j'enferme ce joli monsieur dans le cabinet.

CLXXI.

« Veuillez garder vos folies pour une nuit plus tranquille... Qui peut avoir mis le maître dans cette humeur? qu'en adviendra-t-il?... je suis dans une frayeur!... ce petit drôle a le diable au corps et rien de mieux... Voyons, est-ce le moment de rire? tout ceci est-il une plaisanterie? ignorez-vous que cela pourrait bien finir par du sang? Vous perdrez la vie; moi, ma place; ma maîtresse... tout; et cela pour ce visage de fille!

CLXXII.

« Encore, si c'était un vigoureux cavalier de vingt-cinq à trente ans... (allons! dépêchez-vous)...mais, pour un enfant, se donner tant d'embarras! En vérité, madame, je m'étonne de votre choix (allons, monsieur, entrez donc)... Le maître ne doit pas être loin. Bien! à présent au moins, le voilà sous clef, et pourvu que nous ayons jusqu'au matin pour nous concerter... (Juan, il ne faut pas vous endormir, voyez-vous!) »

CLXXIII.

Don Alfonso, en entrant dans la chambre, seul cette fois, interrompit la harangue de la fidèle camériste : comme elle faisait mine de rester, il lui enjoignit de sortir, et elle obéit non sans peine; après tout, pour le moment, il n'y avait plus de remède, et sa présence ne pouvait être bonne à rien. Ayant donc jeté sur les deux époux un long et oblique regard, elle moucha la chandelle, fit une révérence et sortit.

CLXXIV.

Après un instant de silence, Antonia entama une bizarre apologie de sa conduite : « Son intention n'était pas de se justifier... il avait « été fort incivil, pour ne rien dire de plus; mais il avait eu, pour « agir ainsi, des raisons suffisantes dont il ne spécifia pas une « seule... » En somme, son discours était un fort bel échantillon de ce genre de rhétorique que les savants appellent Coq-à-l'âne.

CLXXV.

Julia ne dit rien, quoiqu'elle eût une réponse toujours prête, au moyen de laquelle une femme qui connaît le faible de son mari peut en un instant changer le jeu : il suffit pour cela de quelques mots placés à propos qui, ne fussent-ils qu'une pure invention, ont pour effet sinon de clore la discussion, du moins de la calmer. Ce moyen consiste à rétorquer fermement l'accusation, et pour un amant qu'on soupçonne, reprocher trois maîtresses.

CLXXVI.

Julia, en effet, avait beau champ ; car les amours d'Alfonso avec Inez n'étaient point un mystère : peut-être le sentiment de sa faute la troublait-il... mais cela ne se peut : on sait qu'une femme ne manque jamais d'excuses... peut-être son silence venait-il seulement d'un scrupule de délicatesse : elle craignait de blesser l'oreille de don Juan, qui avait fort à cœur la réputation de sa mère.

CLXXVII.

Il pouvait y avoir encore un autre motif, et cela en ferait deux : Alfonso n'avait rien dit qui pût s'appliquer à don Juan : il avait parlé en homme jaloux, mais il n'avait pas conclu par le nom de l'amant heureux, et celui-ci restait caché dans les prémisses de son raisonnement. A vrai dire, sa pensée n'en cherchait qu'avec plus d'acharnement à percer ce mystère ; dans cet état de choses, parler d'Inez, ce serait offrir Juan à l'esprit d'Alfonso.

CLXXVIII.

Sur ces points délicats, il suffit de l'indication la plus légère, le silence est le plus sûr ; d'ailleurs les femmes ont un tact (cette xpression moderne me paraît assez pauvre, mais j'en ai besoin pour mon vers)... un tact, dis-je, qui, sous la pression d'un interrogatoire, leur enseigne à se tenir à distance de la question : ces charmantes créatures savent mentir avec grâce, et rien au monde ne leur sied mieux.

CLXXIX.

Elles rougissent, et nous les croyons : moi, du moins, c'est ainsi que j'ai toujours fait. Insister est la plupart du temps inutile, car alors leur éloquence devient prodigue de paroles ; et lorsqu'enfin elles sont hors d'haleine, elles soupirent, elles baissent leurs yeux languissants, laissant tomber une larme ou deux, et alors nous cédons ; et alors... alors... on se met à table et l'on soupe.

CLXXX.

Alfonso termina son apologie, et implora son pardon, que Julia ne voulut ni refuser ni accorder entièrement : elle y mit des conditions qui lui semblèrent très dures, le privant obstinément de quelques bagatelles qu'il sollicitait. Il était là comme Adam aux portes de son paradis, tourmenté par d'inutiles regrets : il la suppliait de ne plus lui garder rigueur, quand, tout-à-coup, ses pieds heurtèrent une paire de souliers.

CLXXXI.

Une paire de souliers !... qu'est-ce que cela faisait ? pas grand'-chose, s'ils étaient faits pour le pied mignon d'une dame ; mais (je ne saurais vous dire combien cet aveu me coûte) ceux-ci étaient de proportion masculine ; les voir, les ramasser fut l'affaire d'un moment... Ah ! miséricorde ! mes dents commencent à claquer, mon sang se glace... Alfonso commença par examiner attentivement la forme de la chaussure, puis il entra dans un nouvel accès de fureur.

CLXXXII.

Il sortit pour aller chercher son épée ; et aussitôt Julia courut au cabinet : « Fuyez, Juan, fuyez ! au nom du ciel... pas un mot... la porte est ouverte... vous pouvez gagner le corridor par où vous avez passé si souvent : voici la clef du jardin... fuyez ! fuyez !... adieu !... vite, vite !... j'entends le pas précipité d'Alfouso... il ne fait pas encore jour... il n'y a personne dans la rue. »

CLXXXIII.

Nul ne pourrait dire que l'avis fût mauvais ; son unique défaut était de venir trop tard ; l'expérience s'achète d'ordinaire à ce prix, sorte de taxe personnelle imposée par le destin. En un moment, Juan eut gagné la porte de l'appartement, et bientôt il aurait atteint celle du jardin : mais il rencontra don Alfonso en robe de chambre, lequel le menaça de le tuer... et sur ce Juan, d'un coup de poing, l'étendit à terre.

CLXXXIV.

La lutte fut terrible... la lumière s'éteignit ; Antonia criait : « Au viol ! » et Julia : « Au feu ! » mais pas un domestique ne bougea pour se jeter dans la mêlée. Alfonso, battu à souhait, jurait fort et ferme qu'il aurait vengeance cette nuit même ; Juan, de son côté, blasphémait une octave plus haut ; son sang s'était allumé ; malgré sa jeunesse, c'était un vrai Tartare, point du tout disposé au rôle de martyr.

CLXXXV.

L'épée d'Alfonso était tombée à terre avant qu'il pût la mettre au clair, et les deux combattants continuèrent à se servir de leurs armes naturelles ; par bonheur, Juan n'aperçut point le fer ; car il était fort peu maître de lui-même, et s'il eût pu s'en saisir, c'en était fait ici-bas d'Alfonso. O femmes, songez à la vie de vos maris, de vos amants ; ne vous faites pas doublement veuves !

CLXXXVI.

Alfonso avait empoigné son ennemi pour le retenir ; Juan étranglait Alfonso pour se débarrasser de lui ; le sang commençait à couler (par le nez, il est vrai). Enfin, au moment où la lutte faiblissait, Juan réussit à se dégager par un coup un peu rude ; mais il mit en pièces son unique vêtement, et il prit la fuite, comme Joseph, en le laissant après lui : je soupçonne que là se borne la ressemblance entre les deux personnages.

CLXXXVII.

Enfin on apporta de la lumière ; laquais et servantes accoururent, et un étrange spectacle s'offrit à leurs yeux : Antonia dans une attaque de nerfs, Julia évanouie, Alfonso hors d'haleine, s'appuyant contre la porte ; des débris de vêtements épars sur le sol, du sang, des traces de pas, et puis c'était tout. Juan gagna l'issue du jardin, trouva la clef dans la serrure, et se défiant des gens du dedans, ferma la porte sur eux.

CLXXXVIII.

Ici se termine mon premier chant... Qu'est-il besoin de chanter ou de dire que Juan, complétement nu mais favorisé par la nuit, qui souvent place fort mal ses faveurs, trouva son chemin et regagna sa demeure dans un singulier état. L'amusant scandale qui s'éleva le lendemain, les propos qui circulèrent pendant neuf jours et la demande en divorce formée par Alfonso, tout cela, comme de raison, fut inséré dans les journaux anglais.

CLXXXIX.

Si vous êtes curieux de connaître à fond l'affaire, les dépositions, les noms des témoins, les plaidoiries pour ou contre, et le reste : il y a plusieurs versions bien différentes entre elles, mais toutes sont fort amusantes ; la plus exacte est celle du sténographe Gurney, qui fit tout exprès le voyage de Madrid.

CXC.

Mais dona Inez, pour faire diversion au scandale le plus énorme qui eût été l'entretien de l'Espagne, depuis bien des siècles et à partir au moins de la retraite des Vandales, fit vœu d'abord (et tous les vœux qu'elle avait faits jusque-là, elle les avait tenus) de brûler, en l'honneur de la vierge Marie, plusieurs livres de cierges ; puis, d'après l'avis de quelques vieilles matrones, elle envoya son fils à Cadix pour s'y embarquer.

CXCI.

Elle voulait qu'il voyageât par terre et par mer dans toutes les parties de l'Europe, pour réformer ses principes de morale et s'en faire une toute nouvelle, surtout en France et en Italie : c'est du moins ce que font beaucoup de gens. Julia fut enfermée dans un couvent ; sa douleur fut grande ; mais peut-être jugera-t-on mieux de ses sentiments, en lisant sa lettre que nous allons transcrire.

CXCII.

« On me dit que c'est une chose décidée : vous partez ; ce parti est sage... il est convenable, mais il n'en est pas moins pénible pour moi. Il ne me reste plus de droits sur votre jeune cœur : le mien seul est victime, et il consentirait à l'être encore ; un excès d'amour a été mon seul artifice..... Je vous écris à la hâte, et la tache que vous verrez sur ce papier ne vient pas de ce que vous pourrez croire : mes yeux brûlent et me font mal, mais ils n'ont pas de larmes.

CXCIII.

« Je vous ai aimé, je vous aime encore : à cet amour j'ai immolé mon rang, ma fortune, le ciel, l'estime du monde et la mienne ; et cependant je ne puis regretter ce qu'il m'a coûté, tant je chéris encore le souvenir de mon rêve : toutefois si je parle de ma faute, ce n'est pas que je m'en fasse gloire ; personne ne peut me juger plus sévèrement que je ne me juge moi-même : je trace ces lignes uniquement parce que je ne puis rester en repos... je n'ai rien à vous reprocher, ni à vous demander.

CXCIV.

« L'amour n'est qu'un hors-d'œuvre dans la vie de l'homme ; pour la femme c'est l'existence entière ; la cour, les camps, l'église, les voyages, le commerce vous occupent : l'épée, la robe, la richesse, la gloire vous offrent des buts divers, et il est peu de cœurs qui résistent à de telles diversions. Au lieu de toutes ces ressources, nous n'en avons qu'une : aimer de nouveau et de nouveau nous perdre.

CXCV.

« Vous marcherez au milieu des plaisirs et des jouissances de l'orgueil ; bien des fois vous aimerez et vous serez aimé : tout est fini pour moi sur le terre ; il ne me reste plus qu'à renfermer dans le fond de mon cœur, pendant quelques années, ma honte et ma douleur profonde : ce tourment, je puis le supporter ; mais je ne puis bannir la passion qui me dévore toujours... Adieu donc... pardonnez-moi, aimez-moi... Non, ce mot est vain maintenant... mais qu'il reste.

CXCVI.

« Mon cœur n'a été que faiblesse ; il est encore le même : il me semble pourtant que je pourrai dominer mes esprits ; mon sang se précipite encore quoique ma pensée soit fixée, comme les vagues roulent encore sous le vent qui a cessé de souffler. Mon cœur est celui d'une femme : il ne peut oublier... Follement aveuglé à tout, une seule image exceptée, comme l'aiguille en se balançant cherche le pôle immobile, ainsi mon tendre cœur oscille autour d'une seule idée.

CXCVII.

« Je n'ai plus rien à dire, et j'hésite à quitter la plume ; je n'ose mettre à ce billet mon cachet bien connu, et pourtant je le pourrais sans inconvénient : mon malheur ne peut plus s'accroître. Je n'aurais point vécu jusqu'à ce jour, si la douleur tuait. La mort dédaigne de frapper l'infortune qui courrait volontiers au-devant de ses coups ; je dois survivre même à ce dernier adieu et supporter la vie en vous aimant et en priant pour vous. »

CXCVIII.

Elle écrivit ce billet sur du papier à tranche dorée, avec une jolie petite plume de corbeau toute neuve ; sa petite main blanche tremblait comme l'aiguille magnétique et put à peine approcher la cire de la lumière, et pourtant il ne lui échappa point une larme. Le cachet portait un héliotrope gravé sur une cornaline blanche, avec cette devise : « Elle vous suit partout ; » la cire était superfine et du plus beau vermillon.

CXCIX.

Telle fut la première aventure de don Juan : dois-je poursuivre le récit des autres ? c'est au public d'en décider : nous verrons l'accueil que recevra ce premier essai. La faveur du public est comme une plume au chapeau d'un auteur, et son caprice ne fait jamais grand mal : s'il nous accorde son approbation, peut-être dans un an lui offrirons-nous la suite.

CC.

Mon poème est une épopée, et j'entends le diviser en douze livres, qui contiendront successivement des récits d'amour et de guerre, une terrible tempête, un dénombrement de vaisseaux, de généraux et de monarques actuellement régnants, personnages tout nouveaux ; les épisodes seront au nombre de trois ; j'ai sur le métier un panorama de l'enfer à la manière de Virgile et d'Homère, afin de justifier mon titre d'épique.

CCI.

Toutes ces choses paraîtront en temps et lieu, d'une manière strictement conforme aux règles d'Aristote, ce *vade-mecum* du véritable sublime, qui produit tant de poètes et quelques imbéciles. Les poètes prosaïques aiment les vers blancs ; moi, je suis épris de la rime : les bons ouvriers ne se plaignent jamais de leurs outils. J'ai à ma disposition de nouvelles machines mythologiques et un merveilleux qui formera une décoration magnifique.

CCII.

Il n'y a qu'une légère différence entre moi et les confrères qui m'ont précédé dans la route de l'épopée, et je crois que, sur ce point, tout l'avantage est de mon côté (non que je n'aie encore quelques mérites en propre, mais celui-ci ressortira d'une manière toute spéciale) : ces messieurs brodent tellement leur sujet que c'est une grande affaire de retrouver son chemin à travers leur labyrinthe de fables, tandis que mon récit va dans ses moindres détails.

CCIII.

Si quelqu'un en doute, je puis faire appel à l'histoire, à la tradition, aux faits, aux journaux, dont tout le monde connaît la véracité, à des drames en cinq actes et à des opéras de tous les goûts : tous ces témoignages confirmeront mes dires ; mais ce qui doit surtout déterminer la confiance de mes lecteurs, c'est que moi-même et plusieurs personnes vivant encore à Séville, nous avons vu de nos propres yeux la dernière escapade de don Juan, enlevé par le diable.

CCIV.

Si jamais je m'abaisse jusqu'à la prose, j'écrirai un décalogue poétique qui, sans nul doute, éclipsera tous les précédents : j'enrichirai mon texte de beaucoup de prescriptions que tout le monde ignore, et je porterai les préceptes au plus haut point de rigueur : l'ouvrage sera intitulé : « Longin le verre à la main, ou Chaque poète devient son propre Aristote. »

CCV.

Tu croiras en Milton, en Dryden et en Pope : tu n'exalteras ni Wordsworth, ni Coleridge, ni Southey, parce que le premier est fou désespéré, le second toujours ivre et le troisième affecté et verbeux : il est difficile de rivaliser avec Crabbe ; l'hippocrène de Campbell est à peu près à sec ; tu ne déroberas rien à Rogers et ne commettras point... de légèretés avec la muse de Moore.

CCVI.

Tu ne convoiteras pas la muse de Sotheby, ni son Pégase, ni aucune chose qui soit à lui ; tu ne porteras pas de faux témoignage comme font les bas-bleus (il est au moins une de ces personnes-là qui est très adonnée à ce vice) ; bref, tu n'écriras que des choses qui me plaisent : c'est là le fond de toute critique, et l'on peut baiser ou non la férule... comme on voudra ; mais celui qui s'abstiendra de le faire, par le ciel, je la lui ferai sentir !

CCVII.

Si quelques lecteurs s'avisaient de prétendre que cette histoire n'est pas morale, je les prierai d'abord de ne pas crier avant d'être réellement blessés ; puis, je les inviterai à relire tout l'ouvrage et nous verrons s'ils osent soutenir (mais personne certainement n'aura un pareil front), s'ils osent soutenir, dis-je, que ce n'est pas un récit tout-à-fait moral quoique fort gai. D'ailleurs, je me propose de montrer, dans le chant douzième, le lieu même où vont les méchants.

CCVIII.

Si, après tout, il se trouve des gens assez aveuglés sur leur propre intérêt pour mépriser cet avertissement, assez égarés par le travers de leur esprit pour n'en pas croire mes vers et leurs propres yeux, et pour répéter qu'ils ne peuvent trouver la morale de ce poème ; je leur déclare, s'ils appartiennent au clergé, qu'ils en ont menti ; et si cette remarque est faite par des officiers ou critiques, je leur dirai qu'ils... qu'ils sont dans l'erreur.

CCIX.

Je compte sur l'approbation du public, et prie les lecteurs de m'en croire sur parole, quant au dessein moral que je m'efforce de concilier avec leur amusement (comme on donne un hochet de corail au marmot qui fait ses dents) ; en attendant, ils voudront bien sans doute ne point perdre de vue mes prétentions à la palme épique : de peur que la prudence de quelques-uns ne se montrât récalcitrante, j'ai gagné le prix d'argent « la Revue de ma grand'mère »...... c'est-à-dire le Recueil intitulé « *the British* ».

CCX.

Mon envoi était contenu dans une lettre adressée à l'éditeur qui, par le retour du courrier, m'adressa les remerciments d'usage... il me dit un bel article ; cependant, s'il lui prenait fantaisie de manquer à sa promesse, et de mettre ma douce muse sur le gril, s'il finit avoir reçu mon cadeau et pourtant ses pages du jus amer de la noix de galle au lieu de miel, tout ce que je pourrais dire, c'est .. qu'il a pris mon argent (1).

CCXI.

Je pense qu'à l'aide de cette nouvelle sainte alliance, je suis assuré de la faveur du public et puis défier tous les autres magasins littéraires ou scientifiques, quotidiens, mensuels ou trimestriels ; du reste, je n'ai pas essayé d'augmenter le nombre de leurs clients, parce que l'on m'a dit que je n'y pourrais rien gagner et que l'*Edinburg-Review* et la *Quarterly* font un véritable martyr de tout auteur qui se prononce contre elles.

CCXII.

« *Non ego hoc ferrem, calida juventa, Consule Planco* » (2), a dit Horace, et je le dis comme lui : par cette citation je veux donner à entendre qu'il y a six ou sept bonnes années, longtemps avant que je songeasse à dater mes écrits des bords de la Brenta, j'étais des plus prompts à la riposte et que je n'aurais point souffert un outrage dans ma bouillante jeunesse, sous le règne de George III.

CCXIII.

Mais aujourd'hui, à trente ans, mes cheveux grisonnent (je voudrais bien savoir comment ils seront à quarante ; l'autre jour j'ai songé à prendre perruque) ; et mon cœur n'est guère plus jeune que

---

(1) Le directeur du *British-Review* prit cette malice au sérieux et y répondit gravement ; Byron, heureux de le voir tomber dans le piège, répliqua sous le pseudonyme de Wortley Clutterbuck et mit encore une fois les rieurs de son côté.

(2) Je n'aurais point supporté cela, lorsque j'étais dans la fougue de la jeunesse, sous le consulat de Plancus. *Od. lib.* III, 14.

es cheveux; en un mot, j'ai gaspillé tout mon été avant les jours emai, et ne me sens plus le feu nécessaire pour batailler ; j'ai décousé ma vie, intérêts et capital, et mon âme, comme autrefois, ne e croit plus invincible.

CCXIV.

Jamais, jamais... non, plus jamais, ne descendra sur moi, comme une rosée, cette fraîcheur du cœur qui, de tout ce que nous voyons l'objets aimables ici-bas, extrait des émotions charmantes et nouvelles pour les amasser dans notre sein, comme l'abeille entasse son résor dans sa ruche. Sont-ce donc ces objets extérieurs qui produisent le miel de nos pensées? Hélas! ce miel n'était pas en eux, mais lans le pouvoir que nous avions alors de doubler jusqu'au parfum l'une fleur.

CCXV.

Jamais, jamais....., non, plus jamais, ô mon cœur, tu ne pourras être mon seul monde, mon univers ! Autrefois tout en toute chose, tu t'isoles maintenant; tu ne peux plus faire ni ma joie, ni mon supplice : l'illusion s'est envolée pour toujours, et tu es devenu insensible, sans que j'en vaille peut-être moins pour cela ; car, à la place, j'ai acquis un certain jugement, seulement Dieu sait comment il a pu trouver à se loger.

CCXVI.

J'ai passé le temps d'aimer : désormais les charmes d'une jeune fille, d'une femme, d'une veuve surtout, n'auront plus le pouvoir de me tourner la tête... enfin, je ne dois plus mener la vie que j'ai menée ; j'ai perdu la crédule espérance d'une mutuelle affection ; l'usage copieux du bordeaux m'est également défendu : donc pour ne constituer un vice convenable à un bon vieux gentilhomme, je ferai bien de m'arranger de l'Avarice.

CCXVII.

L'ambition fut mon idole: je l'ai brisée devant les autels de la Douleur et du Plaisir ; et ces deux divinités m'ont laissé maint et maint gage sur lesquels je puis méditer à loisir. J'ai dit, comme la tête de bronze du moine Bacon : « Le temps est ; le temps fut ; le temps n'est plus. » La brillante jeunesse, cet alchimique trésor, à été dissipée par moi de bonne heure... j'ai dépensé mon cœur en passions et mon cerveau en rimes.

CCXVIII.

Où aboutit la gloire ? à remplir un certain espace dans des récits peu certains. Quelques-uns la comparent à une colline qu'on gravit et dont le sommet se perd, comme les autres, au sein des brouillards: et c'est pour cela que les hommes écrivent, parlent, prêchent; que les héros tuent, et que les poètes consument ce qu'ils appellent « leur lampe nocturne ; » le tout pour laisser, quand l'original ne sera plus que poussière, un nom, un méchant portrait ou un buste pire encore.

CCXIX.

Que sont les espérances de l'homme ? Un ancien roi d'Égypte, Chéops, éleva la première et la plus vaste des pyramides, pensant que c'était juste ce qu'il lui fallait pour faire vivre sa mémoire et conserver sa momie; mais quelque rôdeur, fouillant l'édifice, viola outrageusement son cercueil. Ne comptons donc, ni vous ni moi, sur aucun monument, puisqu'il ne reste pas une pincée de la cendre de Chéops.

CCXX.

Mais, en ami de la vraie philosophie, je me dis souvent : « Hélas! tout ce qui naît est né pour mourir; toute chair est une herbe dont la mort fait du foin ; tu as passé ta jeunesse assez agréablement; et si tu pouvais la reprendre, elle arriverait de même à sa fin... rends donc grâce à ton étoile de ce que les choses ne sont pas pires; lis la Bible, mon ami, et veille sur ta bourse. »

CCXXI.

Mais pour le moment, aimable lecteur, et vous acheteur plus aimable encore, permettez que le poète... c'est moi... vous serre poliment la main. Bonsoir donc, et portez-vous bien ! Si nous nous entendons nous nous reverrons; sinon, je n'aurai mis votre patience à l'épreuve que par ce court échantillon... il serait à souhaiter que tant d'autres eussent fait comme moi.

CCXXII.

« Allez, petit livre ; quittez ma solitude ! Je vous livre aux vagues; faites votre chemin : si vous fûtes bien inspiré, comme j'ose le croire, le monde vous trouvera encore après de longues années. »

Quand je vois Southey lu et Wordsworth compris, je ne puis m'empêcher de faire valoir aussi mes droits à la gloire... Les premières lignes de cette stance sont de Southey : pour l'amour de Dieu, lecteur, n'allez pas les croire de moi.

CHANT II.

I.

O vous ! instituteurs de la naïve jeunesse, pédagogues de Hollande, de France, d'Angleterre, d'Allemagne et d'Espagne, fouettez bien vos élèves en toute occasion : cela régénère le moral, n'importe la douleur. C'est en vain que don Juan eut la meilleure des mères et la plus parfaite éducation, puisqu'il arriva tout de même à perdre son innocence, et ce, de la plus drôle des manières.

II.

Si on l'eût envoyé dans une école publique, en troisième ou même en quatrième, sa tâche journalière eût empêché son imagination de s'échauffer, du moins étant élevé dans le nord ; il est possible que l'Espagne fasse exception ; mais l'exception confirme la règle. Un jeune homme de seize ans, devenant la cause d'un divorce, avait de quoi intriguer un peu ses maîtres.

III.

Pour moi, la chose ne m'intrigue nullement, tout bien considéré : il y avait pour cela bien des raisons : d'abord, sa mère, la mathématicienne, qui n'était qu'une... n'importe quoi, son tuteur, un vieil âne... une jolie femme (cela va de soi-même, autrement la chose ne serait sans doute pas arrivée)... un mari un peu âgé et pas trop d'accord avec sa jeune femme... enfin le temps et l'occasion.

IV.

Fort bien, fort bien ! Le globe doit tourner sur son axe et le genre humain tourner avec lui, têtes et queues : nous devons vivre et mourir, faire l'amour et payer nos impôts, et tourner la voile au vent, de quelque côté qu'il souffle. Le roi nous commande, le médecin nous drogue, le prêtre nous sermonne ; et c'est ainsi que s'exhale notre vie, souffle léger, amour, ivresse, ambition, renommée, guerre, dévotion, poussière... et peut-être un nom !

V.

J'ai dit qu'on avait envoyé Juan à Cadix... jolie ville, dont j'ai gardé bon souvenir... c'est l'entrepôt du commerce des colonies (ce l'était au moins avant que le Pérou apprît à se révolter) ; et puis de si jolies filles... je veux dire de si aimables dames ! leur seule démarche suffit pour faire battre le cœur : c'est une chose frappante, que je ne puis cependant décrire, et que je ne puis comparer à rien n'ayant jamais vu rien de pareil.

VI.

A un coursier arabe ? à un cerf majestueux ? à un barbe nouvellement dompté ? à une girafe ? à une gazelle ? Non ! ce n'est pas cela... Et puis leur costume, leur voile et leur basquine ! Hélas ! en m'arrêtant sur ces détails, je remplirais presque tout un chant... Et puis leurs pieds, leurs chevilles... Le ciel soit loué de ce que je n'ai point de métaphores sous la main. Ainsi, ma prudente muse, soyez sage.

VII.

Chaste muse !... Eh bien ! vous le voulez... soit !... Ce voile, rejeté un moment en arrière par une main éblouissante pendant qu'un regard irrésistible vous fait pâlir en vous pénétrant jusqu'au fond du cœur... O terre de soleil et d'amour ! si jamais je t'oublie, puissé-je devenir incapable.... de dire mes prières... Non, jamais costume ne fut mieux fait pour lancer des œillades, à l'exception toutefois des fazzioli de Venise.

VIII.

Maintenant à notre histoire ! Doña Inez avait envoyé son fils à Cadix, uniquement pour qu'il s'y embarquât; elle ne voulait point qu'il y séjournât. Pourquoi ?... Nous laissons au lecteur le soin de le deviner... De son côté le jeune homme à voyager sur mer, comme si un vaisseau espagnol était une arche de Noé, capable de le préserver des vices de la terre, et de l'y renvoyer un jour comme la colombe messagère de paix.

IX.

Don Juan, conformément aux ordres de sa mère, dit à son valet de faire ses malles, puis reçut un sermon et quelque argent. Son voyage devait durer quatre printemps, et quelle que fût la douleur d'Inez (car toute séparation est pénible), elle espérait, elle croyait peut-être qu'il se corrigerait. Elle lui remit aussi une lettre toute pleine de bons conseils (lettre qu'il ne lut jamais), et deux ou trois lettres de crédit.

X.

De son côté, pour occuper ses loisirs, la courageuse Inez fonda une école du dimanche, pour de petits vauriens, qui, en vrais polissons, eussent mieux aimé faire les fous ou les diables. Donc, le jour du Seigneur, les enfants de trois ans apprenaient à lire : les plus stupides recevaient le fouet, ou étaient assis sur la chaise de pénitence. Le grand succès de l'éducation de don Juan encourageait sa mère à élever la génération suivante.

XI.

Juan s'embarqua : le vaisseau leva l'ancre ; le vent était haut et les flots très houleux ; c'est une diablesse de mer que celle de cette baie de Cadix, et moi qui l'ai souvent traversée, je puis en parler savamment. Quand on est sur le pont, l'écume des vagues vous frappe au visage et vous tanne la peau : et c'est là que se tenait don Juan, pour dire à l'Espagne son premier.... et peut-être son dernier adieu.

XII.

C'est, je l'avoue, un spectacle pénible que celui de la terre natale s'éloignant à l'horizon, à mesure que les flots grandissent autour de vous : l'homme, à cette vue, se sent défaillir, surtout quand il est encore nouveau dans la vie. Je me rappelle que la côte de la Grande-Bretagne paraît blanche; mais celles de presque tous les autres pays sont bleues, quand nous les regardons de loin, et qu'à peine entrés dans notre carrière nautique, nous nous laissons encore tromper par la distance.

XIII.

Juan, tout effaré, se tenait donc sur le pont : le vent sifflait, les cordages criaient, les marins juraient, le navire craquait. Bientôt la ville ne parut plus qu'un point, tant on s'en éloignait rapidement. Le meilleur des remèdes contre le mal de mer est un beef-steak. Essayez-en, monsieur, avant de vous en moquer : en vérité, je m'en suis fort bien trouvé.... il doit en être de même pour vous.

XIV.

Don Juan, debout près du gouvernail, regardait fuir dans le lointain l'Espagne, sa patrie. Un premier départ est une leçon pénible; les nations elles-mêmes l'éprouvent quand elles vont à la guerre :

c'est une sorte d'émotion indéfinissable, un choc qui fend le cœur; lors même que l'on quitte les gens et les lieux les moins agréables, on ne peut s'empêcher d'avoir les yeux levés vers le clocher.

XV.

Mais Juan laissait derrière lui bien des choses : une mère, une maîtresse et pas de femme : de sorte qu'il avait bien des sujets d'affliction que n'auraient pas des personnes plus avancées dans la vie, et s'il est vrai que nous ne pouvons retenir un soupir en quittant même des ennemis, rien de plus naturel que de pleurer ceux qui nous sont chers... c'est-à-dire, jusqu'à ce que des douleurs plus grandes viennent glacer nos larmes.

Et ses yeux, encore troublés, aperçurent la jolie figure d'une fille.

XVI.

Aussi Juan pleurait-il, comme pleuraient les Hébreux captifs auprès des fleuves de Babylone, en se rappelant Sion. Je voudrais pleurer avec lui..... mais ma muse n'est guère larmoyante, et ce ne sont pas là de ces douleurs qui tuent. Il faut que les jeunes gens voyagent, ne fût-ce que pour s'amuser : et la prochaine fois que leur domestique attachera derrière la voiture leur nouveau porte-manteau, peut-être sera-t-il garni de ce chant.

XVII.

Juan pleurait : il soupirait et rêvait; et ses larmes amères se mêlaient aux flots amers de l'Océan : « Douceur sur douceur ! » (J'aime tant les citations, que vous voudrez bien excuser celle-ci... C'est lorsque la reine de Danemark jette des fleurs sur la tombe d'Ophélia.) Et au milieu de ses sanglots, il réfléchissait à sa situation actuelle et prenait la sérieuse résolution de se réformer.

XVIII.

« Adieu, Espagne ! pour longtemps adieu ! s'écria-t-il ; peut-être ne te reverrai-je plus ; peut-être dois-je mourir, comme sont morts bien des exilés, de la soif de revoir ton rivage. Adieu, bords qu'arrose le Guadalquivir ! Adieu, ma mère ! et puisque tout est fini entre nous, adieu aussi, chère Julia ! » (Ici, il prit sa lettre et la relut.)

XIX.

« Oh ! si jamais je t'oublie, je jure... mais cela ne saurait être... Cet océan azuré se dissipera dans l'air ; la terre elle-même se fondra en eau, avant que ton image soit bannie de mon cœur, ô ma belle adorée ! ou que je te dérobe une seule de mes pensées. Rien ne peut guérir une âme malade... » (Le vaisseau fit une embardée, et le mal de mer se déclara.)

XX.

« Que plutôt le ciel vienne embrasser la terre. » (Il se sentit plus malade encore.) « O Julia ! que sont tous les autres maux... (Au nom du ciel, un verre de liqueur ! Pedro, Battista, aidez-moi à descendre). Julia ! mon amour !... (Pedro, maraud, plus vite donc !) O Julia.... (ce maudit navire fait d'horribles bonds).... Bien-aimée ilia, entends encore ma voix..... » Enfin une nausée lui coupa la parole.

XXI.

Il éprouvait cette pesanteur glaciale du cœur ou plutôt de l'estomac, qui accompagne, hélas!... sans que toute la pharmacie y puisse rien... la perte d'une amante, la trahison d'un ami, la mort d'un objet chéri, quand nous sentons mourir avec eux une partie de nous-mêmes, et toutes nos espérances s'éteindre à la fois. Nul doute que son discours n'eût été encore plus pathétique, si la mer n'eût agi sur lui comme un puissant vomitif.

XXII.

L'amour est une puissance capricieuse: je l'ai vu, après avoir résisté à une fièvre causée par sa propre ardeur, se laisser démonter par un rhume et par le traitement compliqué d'une esquinancie; les maladies nobles ne lui font pas peur, mais il redoute les indispositions vulgaires; il n'aime pas qu'un éternument vienne interrompre ses soupirs, ou qu'une inflammation rougisse ses yeux aveugles.

XXIII.

Mais ce qui lui paraît le pire des maux, c'est une nausée ou un désordre dans le bas-ventre. L'amour, qui verrait avec un sang-froid héroïque épuiser tout son sang, recule devant l'application d'une serviette chaude; pour sa puissance, tout purgatif est un danger et le mal de mer est la mort. L'amour de don Juan était parfait; sans quoi, au milieu des vagues mugissantes, eût-il résisté à l'état de son estomac tout novice à la mer?

XXIV.

Le vaisseau, *la Sanctissima Trinidad*, faisait voile pour Livourne : c'était là que les Moncadas s'étaient fixés longtemps avant la naissance du père de Juan. Les deux familles étaient alliées, et le jeune homme était porteur d'une lettre de recommandation, que ses amis d'Espagne lui avaient fait remettre le matin même pour ses amis d'Italie.

XXV.

Sa suite se composait de trois domestiques et d'un précepteur, le licencié Pedrillo, lequel savait plusieurs langues; mais dans ce moment, incapable d'en parler aucune, il était étendu malade sur son matelas; bercé dans son hamac, il appelait la terre de tous ses vœux, car chaque lame nouvelle accroissait son mal de tête; en outre, l'eau, qui pénétrait par les sabords, rendait sa couche un peu humide et augmentait son effroi.

XXVI.

Il ne s'alarmait pas sans raison; car la brise monta et fraîchit encore vers le soir; et bien qu'il n'y eût pas là de quoi effrayer des gens habitués à la mer, certes tout autre en eût pâli; car les marins forment une espèce à part. Au coucher du soleil, on se mit à carguer les voiles: l'aspect du ciel annonçait un coup de vent qui pourrait bien emporter un mât ou deux.

XXVII.

Après le premier quart, le vent, venant à tourner tout-à-coup, jeta le vaisseau en travers de la lame, qui le frappa vers l'arrière, y ouvrit une brèche effrayante, fit sauter l'étambord et endommagea la poupe tout entière; et avant qu'on eût pu tirer le navire de cette passe critique, le gouvernail fut arraché. Il était temps de sonder la cale : elle faisait quatre pieds d'eau.

XXVIII.

Une partie de l'équipage fut immédiatement mise aux pompes, tandis que le reste s'occupait à jeter par-dessus le bord une partie de la cargaison et mille objets divers, mais sans pouvoir d'abord arriver à la voie d'eau. Enfin, on la découvrit; mais le salut n'en demeurait pas moins douteux: l'eau s'élançait avec une abondance effrayante, tandis qu'on jetait dans l'ouverture draps, chemises, jaquettes et ballots de mousseline.

XXIX.

Mais cet expédient aurait été vain et le navire aurait sombré en dépit de tous les efforts, n'eussent été les pompes. Je suis bien aise de faire connaître la supériorité de celles-ci à tous mes frères en navigation qui pourraient en avoir besoin : elles puisaient cinquante tonnes d'eau par heure, et tout eût été perdu sans leur inventeur, M. Mann, de Londres.

XXX.

Dans la journée suivante, le temps parut se calmer un peu; on conçut l'espoir de réduire la voie d'eau et de tenir le navire à flot, quoique trois pieds d'eau occupassent encore deux pompes à bras et une pompe à chaîne. Sur le soir, la brise fraîchit de nouveau, puis une rafale survint; quelques canons rompirent leurs amarres, et une bourrasque, impossible à décrire, jeta d'un coup le navire sur le flanc.

Lambro.

XXXI.

Alors, il resta immobile et presque renversé : l'eau sortit de la cale et inonda l'entre-pont, où se passa une de ces scènes que les spectateurs n'oublient pas facilement; car les hommes se rappellent toujours les batailles, les incendies, les naufrages, enfin tout ce qui amène des regrets ou brise des espérances, des cœurs, des têtes et des cous : c'est ainsi que des noyades font l'entretien habituel des plongeurs ou nageurs qui ont échappé à pareil danger.

XXXII.

Sur-le-champ deux mâts furent abattus : celui de misaine d'abord, puis le grand mât : mais le navire n'en restait pas moins immobile comme une souche, en dépit de tous les efforts. On coupa également, pour soulager le navire, le mât d'artimon et le beaupré; bien que l'on eût résolu d'abord de ne les sacrifier que quand tout autre esserait perdu : et enfin le vieux vaisseau se redressa par un mouvement plein de violence.

XXXIII.

Comme on doit le croire aisément, pendant ces opérations, bien des gens n'étaient pas à leur aise : les passagers trouvaient fort pénible de se voir en danger de mort et de déranger leurs habitudes ; les meilleurs marins eux-mêmes, croyant leur dernier jour venu, eurent une tendance à l'insubordination : car on sait qu'en pareil cas ils ne se font pas faute d'exiger du grog et même de boire le rhum au tonneau.

XXXIV.

Il n'y a rien, à coup sûr, qui calme les esprits comme le rhum et la vraie religion : on en vit un bel exemple : ceux-ci pillaient, ceux-là priaient, d'autres chantaient des psaumes, les vents faisant le dessus et la voix rauque des vagues se chargeant de la basse. La peur avait guéri du mal de mer tous les malheureux passagers ; et l'étrange confusion de plaintes, de blasphèmes et de prières répondait en chœur à la mer mugissante.

XXXV.

De plus grands malheurs eussent peut-être résulté de ce désordre, n'eût été notre don Juan, qui, avec un bon sens supérieur à son âge, courut à la soute aux liqueurs, et se plaça devant la porte, un pistolet dans chaque main. La mort par le feu leur parut plus terrible que par l'eau, et malgré leurs blasphèmes, son attitude tint en respect tous ces matelots qui, avant de sombrer, pensaient qu'il serait convenable de mourir bien soûls.

XXXVI.

« Donnez-nous encore du grog, criaient-ils ; car tout sera fini pour nous dans une heure. — Non, répondit Juan, il est vrai que la mort nous attend vous et moi ; mais mourons du moins en hommes et ne nous laissons point aller comme des brutes. » Et il garda son poste sans que personne osât venir au-devant du coup. Il n'y eut que jusqu'à Pedrillo, son très révérend précepteur, qui ayant sollicité un peu de rhum, vit sa demande rejetée.

XXXVII.

Le bon vieillard avait complètement perdu la tête, et se livrait à de bruyantes et pieuses lamentations ; il confessait tous ses péchés et faisait un dernier et irrévocable vœu de réforme ; ce péril passé, il jurait bien de ne plus quitter, à quelque prix que ce fût, ses occupations académiques et le cloître de la classique Salamanque, pour suivre en Sancho Pança les pas d'un chercheur d'aventures.

XXXVIII.

Mais un éclair d'espérance vint luire encore : le jour parut et le vent s'apaisa ; les mâts étaient perdus, la voie d'eau augmentait : partout autour des bas-fonds, mais nulle part le rivage ; cependant le navire se maintenait et surnageait encore. On essaya de nouveau les pompes, et quoique tous les efforts précédents semblassent en pure perte, un rayon de soleil suffit pour ramener quelques mains aux leviers : les plus forts pompèrent ; les autres assemblèrent des débris de voiles.

XXXIX.

On passa cette toile sous la quille du navire, et pour un moment on en obtint quelque effet ; mais avec une voie d'eau et pas un bout de mât, plus un lambeau de voile, que pouvait-on espérer ? Néanmoins, ce qu'il y a de mieux, c'est de lutter jusqu'au bout ; il n'est jamais trop tard pour se trouver naufragé sans ressources.... et bien que l'homme ne meure qu'une fois, il n'est pas drôle de mourir dans le golfe de Lion.

XL.

C'est là en effet que les vents et les vagues les avaient poussés, les ramenant, les éloignant contre leur volonté ; car ils avaient dû renoncer à diriger le bâtiment, et ils n'avaient pas encore eu un jour tranquille, où ils pussent prendre du repos et se faire un mât de ressource et un gouvernail : nul ne pouvait répondre qu'il resterait une heure à flot, ce navire qui pourtant surnageait encore par bonheur, mais non pas aussi bien qu'un canard.

XLI.

Le vent, peut-être, avait un peu diminué ; mais le vaisseau souffrait trop pour se maintenir longtemps. Par-dessus tous les autres maux, le manque d'eau potable se faisait vivement sentir, et les portions diminuaient. En vain on interrogeait le télescope... ni voile, ni rivage ; rien que la mer houleuse et la nuit qui tombait!

XLII.

Le temps se refit menaçant... La brise fraîchit de nouveau : l'eau entra dans la cale par l'avant et par l'arrière. Quoique tout cela fût connu de l'équipage, la plupart se montrèrent patients, quelques-uns intrépides, jusqu'au moment où les courroies et les chaînes des pompes furent usées... Dès lors le navire, corps naufragé, ne sut plus que flotter à la merci des vagues, merci qui ressemble à celle des hommes durant les guerres civiles.

XLIII.

Alors le charpentier, les larmes aux yeux, pour la première fois, vint dire au capitaine qu'il ne pouvait rien de plus : c'était un homme avancé en âge, qui longtemps avait parcouru bien des mers orageuses, et s'il pleurait enfin, ce n'était pas la crainte qui mouillait ses paupières comme celles d'une femme : mais, le malheureux, il avait une femme et des enfants, désespoir de ceux qui vont mourir.

XLIV.

Évidemment le vaisseau s'enfonçait de l'avant : alors, toute distinction disparut : les uns recouraient à la prière et promettaient des cierges à leurs saints .. ceux-là trop s'inquiéter pourtant s'ils pourraient les payer ; d'autres regardaient par-dessus le bord ; quelques-uns s'occupaient à mettre les chaloupes en mer ; et il y en eut un qui demanda l'absolution à Pedrillo, lequel, dans son trouble, l'envoya au diable.

XLV.

Les uns s'attachèrent dans leurs hamacs, d'autres revêtirent leurs plus beaux habits comme pour se rendre à une fête : ceux-ci maudissaient le jour qui les avait vus naître, grinçaient des dents, hurlaient et s'arrachaient les cheveux ; ceux-là continuaient à travailler comme au commencement de la tempête, faisant descendre les canots et bien convaincus qu'un bon bateau peut tenir contre une mer houleuse, si les vagues ne le prennent pas contre le vent.

XLVI.

Le pire dans leur condition, c'est qu'après plusieurs jours passés dans une extrême détresse, il leur était difficile de trouver des provisions suffisantes pour alléger les longues souffrances qui les menaçaient. Les hommes, même lorsqu'ils vont mourir, répugnent au sentiment de la faim : le mauvais temps avait avarié les vivres ; deux tonneaux de biscuit et un baril de beurre, ce fut tout ce dont on put garnir le côté.

XLVII.

Mais on parvint à mettre dans la grande chaloupe quelques livres de pain gâté par l'humidité, une caisse d'eau contenant environ vingt gallons, et six bouteilles de vin. On tira de l'entre-pont une certaine quantité de bœuf : on trouva encore un morceau de porc à peine suffisant pour une collation : joignez-y huit gallons de rhum dans un petit baril.

XLVIII.

Le canot et la pinasse avaient été brisés dès le commencement de la tourmente, et la grande chaloupe était en assez mauvais état, n'ayant pour voile que deux couvertures de lit et pour mât qu'un aviron, que fort heureusement le mousse y avait jeté par dessus le bord. En somme, les deux embarcations ne pouvaient contenir la moitié de l'équipage et des passagers, et encore moins les provisions nécessaires.

XLIX.

C'était l'heure du crépuscule ; et le jour sans soleil s'abaissa sur le désert des eaux, comme un voile qui, si on l'écartait, ne laisserait voir que les traits sombres de la haine, masquée pour mieux atteindre sa victime. Ainsi s'offrit la nuit à leurs regards désespérés, jetant son ombre froide sur leurs pâles visages et sur l'abîme désolé ; douze jours ils avaient eu pour compagne la Terreur, et maintenant la Mort était devant eux.

L.

On avait tenté de construire un radeau, avec peu d'espoir qu'il pût se soutenir sur cette mer agitée : informe essai qui aurait pu prêter à rire, s'il eût été possible de rire dans une pareille position, à moins que ce ne fût la gaîté de gens qui ont trop bu, gaîté horrible et insensée, moitié épileptique, moitié hystérique... Leur délivrance eût été un miracle.

LI.

A huit heures et demie, on jeta par-dessus bord, vergues, cages à poules, espars, tout ce qui pouvait offrir aux marins une chance se tenir à flot, et de prolonger une lutte inutile. Il n'y avait au ciel d'autre clarté qu'un petit nombre d'étoiles : les embarcations éloignèrent surchargées de monde ; alors le navire donna un coup de talon, fit encore une embardée, et, plongeant la tête la première... s'enfonça tout entier.

LII.

Alors monta de la mer au ciel un cri terrible d'adieu... les poltrons seuls criaient ; les braves restaient silencieux. Quelques-uns s'élancèrent dans les flots en poussant d'horribles hurlements, comme pour aller au-devant de leur tombe : la mer s'entr'ouvrit en cercle comme un enfer, et avec lui le navire aspira en sombrant les vagues tourbillonnantes, comme un homme qui lutte avec son ennemi, et qui cherche à l'étrangler avant de mourir.

LIII.

Ce fut d'abord une clameur universelle, plus bruyante que le bruyant Océan, pareille au fracas du tonnerre répété par les échos; puis tout redevint silencieux, sauf les vents mugissants et les vagues inexorables; seulement, par intervalles, on entendait, parmi une agitation convulsive de l'onde, le cri solitaire, la clameur étouffée de quelque robuste nageur à l'agonie.

LIV.

Les bateaux, nous l'avons dit, avaient déjà pris le large, et une partie de l'équipage y était entassée. Cependant les fugitifs n'avaient guère plus d'espoir qu'auparavant ; car le vent soufflait avec tant de force, qu'il était bien difficile d'aborder à quelque rivage : puis, quoique bien réduits, ils étaient encore trop nombreux : en quittant le vaisseau, on avait compté neuf hommes embarqués dans le côtre, et trente dans la chaloupe.

LV.

Tout le reste avait péri ; près de deux centsâmes avaient pris congé de leurs corps; et ce qu'il y a de plus terrible, hélas ! quand l'Océan engloutit des catholiques, il leur faut attendre plusieurs semaines avant qu'une messe enlève un seul charbon de leur brasier dans le purgatoire ; en effet, jusqu'à ce que les gens sachent au juste ce qui s'est passé, ils ne sont pas disposés à faire aucun argent pour les morts... et il en coûte trois francs pour chaque messe qu'on fait dire.

LVI.

Juan trouva place dans la chaloupe, et réussit à y faire entrer Pedrillo : ils semblaient avoir changé de rôle ; car Juan avait cet air de supériorité que donne le courage, pendant que les deux yeux du pauvre Pedrillo pleuraient le sort pitoyable de leur maître. Quant à Battista (par abréviation Tita), il était mort à force de boire de l'eau-de-vie.

LVII.

Il essaya aussi de sauver Pedro, son autre valet, mais la même cause le perdit : il était tellement ivre qu'en voulant entrer dans le côtre il tomba à la mer, et trouva ainsi la mort dans l'eau mêlée de vin. Quelque peu éloigné qu'il fût, on ne put le repêcher, parce que la mer grossissait à chaque minute... et que le bateau s'encombrait de monde.

LVIII.

Juan avait un vieil épagneul de la petite espèce, qui avait appartenu à son père don José, et qu'il aimait, comme vous pensez; car nos souvenirs s'attachent tendrement à de pareils gages. Le pauvre animal se tenait en hurlant sur le bord du navire, sentant bien (car les chiens ont le nez prophétique) que le navire allait sombrer : Juan le prit, le lança dans la chaloupe et y sauta après lui.

LIX.

Il prit sur lui tout l'argent qu'il put, et en remplit aussi les poches de Pedrillo, qui s'y prêta machinalement, ne sachant lui-même que dire et que faire, et tout occupé d'une terreur que chaque vague augmentait. Quant à Juan, comptant sur ce qu'il y avait encore des chances d'échapper, et qu'il n'est point de maux sans remède, il embarqua, comme on l'a vu, son précepteur et son chien.

LX.

La nuit fut mauvaise et le vent tellement violent, que la voile se détendait quand on se trouvait dans le creux des vagues ; chaque fois qu'au contraire on était reporté sur leur crête, là régnait une brise qu'il eût été dangereux de prendre tout entière. Chaque lame déferlait sur la proue, et les mouillait sans leur laisser un instant de repos : si bien que leurs membres et leurs espérances étaient également à froid... Le petit côtre ne tarda pas à sombrer.

LXI.

Ainsi périrent encore neuf personnes. La chaloupe se maintenait au-dessus des flots : un aviron lui servait de mât; deux couvertures cousues ensemble et fortement attachées à ce morceau de bois faisaient assez mal l'office de voile. Bien que la moindre vague menaçât de remplir le frêle canot, où le péril fût plus grand que jamais, ils donnèrent un regret à ceux qui avaient péri avec le côtre.... ainsi qu'aux caisses de biscuit et au baril de beurre.

LXII.

Le soleil se leva rouge et embrasé, indice certain de la durée de la tempête : s'abandonner au vent jusqu'au retour du beau temps, c'est tout ce qu'il y avait à faire. Quelques cuillerées de rhum et de vin avec un peu de pain avarié par l'humidité furent distribuées aux malheureux navigateurs, qui commençaient à tomber épuisés, et qui, pour la plupart, avaient leurs vêtements en lambeaux.

LXIII.

Ils étaient trente, entassés dans un espace qui leur permettait à peine de remuer : pour remédier à cet inconvénient, ils convinrent qu'à tour de rôle une moitié resterait debout, bien qu'engourdie par l'incessante pluie des vagues, pendant que l'autre moitié pourrait se coucher un peu abritée par le reste : ainsi grelottant, comme par un accès de fièvre tierce, ils continuaient d'occuper leur barque, n'ayant que le firmament pour manteau.

LXIV.

Un fait certain, c'est que le désir de vivre prolonge la vie. Les médecins ont observé que les malades, lorsqu'ils ne sont tourmentés ni par des femmes ni par des amis, survivent à des cas tout-à-fait désespérés, uniquement parce que l'espérance leur reste encore, et que les funestes ciseaux d'Atropos ne viennent pas briller devant leurs yeux. Le plus grand ennemi de la longévité, c'est donc le désespoir : il abrège épouvantablement les misères humaines.

LXV.

On prétend que les personnes dont les rentes sont viagères vivent plus longtemps que d'autres... pourquoi ? Dieu seul le sait, à moins que ce ne soit pour faire enrager ceux qui servent la rente... cependant la chose est tellement vraie, qu'il en est, je crois, qui ne sont jamais morts. De tous les créanciers, les juifs sont les pires, et c'est là leur manière de placer leurs fonds. Dans mon jeune temps, ils m'ont fait ainsi des avances remboursées à grand'peine.

LXVI.

Ainsi, des gens abandonnés sur une barque sans pont, en pleine mer, vivent de leur seul amour pour la vie : ils supportent plus de maux qu'on ne saurait croire ou même imaginer, et résistent comme des rocs aux assauts de la tempête. Les souffrances ont été le lot du marin, depuis l'époque où Noé, avec son arche, croisait partout sur les ondes... Il faut convenir que l'équipage et la cargaison n'étaient pas mal étranges : il en fut encore ainsi de l'Argo, ce premier flibustier de l'ancienne Grèce.

LXVII.

Mais l'homme est un animal carnivore : il lui faut ses repas, au moins un par jour. Il ne peut, comme les bécasses, se nourrir par succion : mais, comme le requin ou le tigre, il doit avoir sa proie. Bien que sa constitution anatomique puisse, en rechignant un peu, supporter la diète végétale, néanmoins nos travaillants établissent comme chose incontestable que le bœuf, le mouton et le veau sont beaucoup moins indigestes.

LXVIII.

Ainsi pensait notre malheureux équipage. Le troisième jour, un calme survint, qui renouvela d'abord les forces des naufragés, et répandit comme un baume dans leurs membres fatigués : ils s'endormirent comme des tortues bercées sur l'azur de l'Océan ; mais en se réveillant, ils ressentirent une défaillance soudaine, et se jetèrent sur leurs provisions dans l'emportement de la faim, au lieu de les ménager avec la prudence convenable.

LXIX.

La suite était facile à prévoir... ils mangèrent tout ce qu'ils avaient, burent tout leur vin, en dépit des remontrances : et alors... que leur restait-il pour dîner le lendemain ? Insensés! ils espéraient que le vent se lèverait et les pousserait vers le rivage : espérances magnifiques! mais comme ils n'avaient qu'un aviron et un aviron bien fragile, ils eussent été plus sensés en ménageant leurs vivres.

LXX.

Le quatrième jour parut; mais pas un souffle d'air; l'Océan dormait comme un enfant à la mamelle. Le cinquième jour parut, et leur barque flottait encore sur les mêmes flots : la mer et les cieux étaient bleus, clairs et paisibles... Que faire avec leur unique aviron (que n'en avaient-ils au moins une paire!)? Cependant la faim devint une rage; et, en conséquence, l'épagneul de don Juan, malgré les supplications de son maître, fut mis à mort et distribué en rations.

LXXI.

Le sixième jour, on vécut des abats de la bête; et don Juan, qui avait refusé jusque-là de prendre sa part d'un animal cher à son père défunt, maintenant les mâchoires crispées par une faim de vautour, non sans quelques remords, et après avoir fait quelques difficultés, accepta enfin comme une grande faveur une des pattes antérieures de l'animal : il en donna moitié à Pedrillo, et celui-ci dévora sa part, tout en regrettant de ne pas avoir l'autre patte.

LXXII.

Le septième jour... point de vent... Le soleil embrasé grillait et dévorait leur peau, et ils gisaient sur les flots, immobiles comme des cadavres. Nul espoir que la brise, et la brise ne venait pas. Ils jetaient les uns sur les autres des regards farouches. Eau, vin, vivres, tout était épuisé. Alors, quoiqu'ils restassent silencieux, vous eussiez vu reluire dans leurs yeux de loup des appétits de cannibale.

LXXIII.

Enfin, l'un d'eux chuchota dans l'oreille de son voisin, lequel parla tout bas au sien, et bientôt la chose eut fait la ronde : alors s'éleva un sourd murmure, un sinistre accent de désespoir et de fureur; dans la pensée de son compagnon, chaque malheureux avait reconnu la sienne, comprimée jusque-là. Alors on parla tout haut de lots de chair et de sang : qui mourrait pour nourrir ses semblables ?

LXXIV.

Mais avant d'en venir à cette extrémité, on se partagea ce jour-là quelques casquettes de cuir, et les restes des souliers. Puis chacun promena autour de soi un regard désespéré, et nul n'était disposé à s'offrir pour victime. Enfin on résolut de tirer au sort; et pour préparer les billets, quels matériaux employa-t-on... ma muse en frémit... comme on n'avait point de papier, faute de mieux, on prit à don Juan, de vive force, la lettre de Julia.

LXXV.

Les billets sont faits, marqués, mêlés et tirés dans un silence d'horreur, et pour un moment leur distribution réprime jusqu'à cette faim sauvage qui, pareille au vautour de Prométhée, avait commandé cette abomination. Personne en particulier ne l'avait proposée ou combinée; les besoins impérieux de la nature les avaient poussés à cette résolution, dans laquelle personne ne pouvait demeurer neutre... Le sort tomba sur l'infortuné précepteur.

LXXVI.

Tout ce qu'il demanda, ce fut d'être saigné à blanc : le chirurgien avait pris sa trousse et il saigna Pedrillo, lequel expira si tranquillement qu'on eût difficilement reconnu le moment où il avait cessé de vivre. Il mourut, comme il était né, dans la religion catholique : ainsi la plupart des hommes meurent dans la foi de leurs pères. Il baisa d'abord un petit crucifix, puis il présenta la veine jugulaire et le poignet.

LXXVII.

Le chirurgien, pour ses honoraires, qu'on ne pouvait lui payer autrement, eut le choix du premier morceau; mais, tourmenté surtout par la soif, il préféra une gorgée du sang qui jaillissait de la veine. Une partie du cadavre fut distribuée, une autre fut jetée à la mer; les intestins, la cervelle et autres débris régalèrent deux requins qui suivaient l'embarcation... les matelots mangèrent le reste du pauvre Pedrillo.

LXXVIII.

Ils en mangèrent, hormis trois ou quatre, un peu moins friands de nourriture animale : à ceux-ci il faut ajouter don Juan qui, ayant déjà refusé de goûter de son épagneul, ne devait pas avoir maintenant beaucoup plus d'appétit : on ne devait pas penser que, même dans cette extrémité, il dînât avec les autres aux dépens de son pasteur et maître.

LXXIX.

Il fit bien de s'abstenir, car les suites du repas furent terribles : ceux qui s'étaient montrés les plus voraces tombèrent dans un délire furieux... Grand Dieu ! quels blasphèmes ! on les vit écumer et se rouler par terre, agités d'étranges convulsions; boire de l'eau de la mer comme ils eussent bu celle du ruisseau des montagnes, se déchirer, grincer des dents, hurler, crier, jurer, et mourir désespérés avec un rire d'hyène.

LXXX.

Ce juste châtiment réduisit beaucoup leur nombre; quant à ceux qui survécurent, Dieu sait à quoi ils étaient réduits eux-mêmes. Quelques-uns avaient perdu la mémoire, plus heureux certes que ceux qui avaient encore la conscience de leurs maux; mais d'autres méditaient une dissection nouvelle, sans être corrigés par l'exemple de ceux qui avaient péri sous leurs yeux, au milieu des tortures de la rage, après avoir assouvi leur faim d'une manière impie.

LXXXI.

Ils jetèrent alors les yeux sur le contre-maître, comme le plus gras de l'équipage; mais, outre son extrême répugnance pour une pareille fin, cet homme fit valoir pour s'en exempter diverses autres raisons : depuis peu d'abord il était indisposé, et ce qui le sauva surtout, ce fut un petit cadeau qui lui avait été fait à Cadix, par une souscription générale des dames de l'endroit.

LXXXII.

Il restait encore quelque chose du pauvre Pedrillo, mais on ménageait cette ressource : les uns n'osaient y toucher ; d'autres relevaient leur appétit ou n'en faisaient que de temps en temps une légère collation : quant à don Juan, il s'en abstint complètement, et trompa sa faim en mâchant un morceau de plomb ou de bambou. À la fin, les naufragés prirent une couple d'oiseaux de mer, et dès lors ils cessèrent de manger de la chair humaine.

LXXXIII.

Si le destin de Pedrillo vous révolte, rappelez-vous qu'Hugolin, après avoir terminé poliment son récit, se remet à ronger le crâne de son grand ennemi. Si donc on mange en enfer ceux que l'on déteste, à plus forte raison peut-on dîner de ses amis quand on est naufragé et que les provisions deviennent rares, sans en être beaucoup plus horrible que le Dante.

LXXXIV.

Dans la même nuit, il tomba une ondée après laquelle leurs bouches aspiraient aussi vivement que les crevasses de la terre desséchée par les chaleurs de l'été. Pour savoir ce que vaut réellement la bonne eau, il faut en avoir souffert la privation : si vous aviez voyagé en Turquie ou en Espagne, si vous vous étiez trouvé en pleine mer avec un équipage sans provisions, si vous aviez entendu dans le désert la clochette du chameau, vous vous seriez souhaité vous-même... dans l'asile de la vérité.. au fond d'un puits.

LXXXV.

La pluie tombait par torrents, mais les malheureux n'en souffraient pas moins; enfin ils trouvèrent un lambeau de toile, dont ils se servirent comme d'une éponge; et quand ils l'eurent suffisamment humecté, ils le tordirent pour en exprimer l'eau; et bien qu'un terrassier altéré eût fait peu de cas de ce triste breuvage en face d'un plein pot de porter, il leur sembla que jamais ils n'avaient savouré jusque-là le plaisir d'étancher leur soif.

Leurs lèvres desséchées, chargées de crevasses saignantes, aspirèrent cette boisson, comme si c'eût été du nectar; leurs gosiers étaient des fours; leurs langues étaient gonflées et noires comme celle du mauvais riche qui, en enfer, mendiait vainement de la pitié du mendiant une goutte de rosée qui eût été pour lui un avant-goût du ciel... Si la chose est vraie, il faut avouer que certains chrétiens ont une foi bien confortable.

LXXXVII.

Dans la lugubre troupe, il se trouvait deux pères, chacun ayant son fils près de lui : l'un de ces jeunes hommes semblait plus robuste et plus intrépide que l'autre ; cependant il mourut le premier ; quand il eut expiré, un matelot, placé auprès du mourant, l'annonça au père ; mais celui-ci, jetant un regard sur le cadavre, dit seulement : « La volonté du ciel soit faite ; je n'y peux rien ! » puis il le vit jeter à la mer, sans une larme, sans un gémissement.

LXXXVIII.

L'autre vieillard avait un fils moins vigoureux, à la peau douce, aux traits délicats ; néanmoins le jeune homme résista longtemps et supporta le sort commun avec patience et résignation ; il parlait peu, et souriait de temps à autre pour alléger le poids qu'il voyait s'accumuler sur le cœur de son père, avec la pensée profonde et mortelle qu'il faudrait bientôt se séparer.

LXXXIX.

Penché sur son fils, le père tenait sans cesse ses yeux fixés sur les traits du jeune homme : il essuyait l'écume de ses lèvres pâles et le contemplait immobile ; et quand la pluie longtemps désirée vint enfin à tomber, quand ces yeux, déjà presque vitreux et voilés par la mort, brillèrent un instant et semblèrent se ranimer, il exprima d'un linge mouillé quelques gouttes de pluie dans la bouche de son fils mourant... mais ce fut en vain.

XC.

Le pauvre enfant expira... le père garda le corps dans ses bras et le contempla longtemps ; mais lorsqu'enfin la mort fut certaine, qu'il sentit ce fardeau inanimé se raidir sur son cœur, sans une pulsation, sans un reproche, son regard avide ne put plus se détacher du cadavre jusqu'au moment où il fut jeté dans les vagues qui l'engloutirent : alors il s'affaissa lui-même, frissonnant et muet, ne donnant plus d'autre signe de vie que le tremblement de ses membres.

XCI.

Alors brilla au-dessus de leurs têtes un arc-en-ciel, qui, se dessinant parmi les nuages pluvieux, projeta sur la mer sombre une immense voûte dont les bases lumineuses s'appuyaient sur l'azur flottant. Dans le segment embrassé par l'arc, tout paraissait plus brillant que le ciel extérieur : bientôt les teintes irisées s'élargirent et flottèrent comme une bannière ondoyante ; la courbe n'apparut plus que par portions, et s'évanouit aux yeux affaiblis des naufragés.

XCII.

Il avait changé, ce céleste caméléon, enfant aérien des vapeurs et du soleil, né dans la pourpre, bercé dans le vermillon, baptisé dans l'or, emmailloté dans des langes obscurs, brillant comme un croissant sur le pavillon turc, et fondant toutes ses nuances en une seule, comme un œil poché dans une rixe toute récente (car force nous est quelquefois de boxer sans masque).

XCIII.

Nos pauvres marins y virent un bon augure : il est quelquefois utile de penser ainsi ; c'était une vieille coutume des Grecs et des Romains, qui peut produire beaucoup de bien quand il s'agit de relever le courage des masses ; et certes personne n'avait plus besoin que nos gens d'être encouragés ; aussi cet arc-en-ciel fut-il pour eux l'emblème de l'espérance... un vrai kaléidoscope céleste.

XCIV.

Presque au même moment, un bel oiseau blanc, aux longs pieds, ayant à peu près la grosseur et le plumage d'une colombe, et sans doute jeté hors de sa route, passa et repassa devant leurs yeux , essaya même de se percher sur le mât, bien qu'il vît et entendît les hommes dans la chaloupe : de cette manière, il alla et vint, et voltigea autour d'eux jusqu'à la tombée de la nuit... ceci leur parut encore un meilleur augure.

XCV.

Mais ici je dois faire observer que l'oiseau de promission fit tout aussi bien de ne pas se poser, car la barque agitée par le roulis offrait un juchoir un peu moins stable qu'une église ; et quand c'eût été la colombe même de l'arche de Noé, qui, de retour de son heureuse exploration, se fût trouvée en ce moment sur leur route, nos hommes l'eussent certainement mangée, et sa branche d'olivier avec elle.

XCVI.

Dans la nuit, le vent se remit à souffler, mais avec moins de violence : les étoiles brillèrent, et la barque continuait de faire route ; mais ils étaient tellement épuisés qu'ils ne savaient ni où ils étaient, ni ce qu'ils faisaient. Les uns s'imaginaient voir la terre ; les autres disaient : « Non ! » A chaque instant des bancs de brouillards les jetaient dans l'erreur.. quelques-uns juraient qu'ils entendaient le bruit des brisants, d'autres celui du canon, et à un certain moment tous partagèrent cette dernière illusion.

XCVII.

Quand l'aube parut, la brise était tombée : tout-à-coup l'homme de quart héla et s'écria en jurant que si ce n'était pas la terre qui s'élevait sous les rayons du soleil, il consentait à ne la revoir de sa vie : sur quoi les autres se frottèrent les yeux, et virent ou crurent voir une baie. Ils dirigèrent donc leur course vers le rivage ; car c'était bien le rivage qui peu à peu se montra plus distinct, escarpé et palpable à la vue.

XCVIII.

Et alors plusieurs fondirent en larmes ; d'autres, regardant d'un air stupéfié, ne pouvaient encore distinguer leurs espérances de leurs craintes et semblaient n'avoir souci de rien ; bien peu priaient... pour la première fois depuis bien des années... et au fond de la chaloupe, trois hommes dormaient : on les secoua par la main et la tête, afin de les réveiller, mais on les trouva morts.

XCIX.

La veille, nos navigateurs avaient rencontré, profondément endormie à la surface de la mer, une tortue de l'espèce appelée Bec de faucon, et en avançant doucement leurs bras, ils avaient eu le bonheur de la prendre : cette chasse leur donna un jour d'existence, et, ce qui est plus précieux, releva leur courage moral. Ils pensèrent qu'au milieu de tels périls, il avait fallu quelque chose de plus que le hasard pour leur offrir de pareils moyens de délivrance.

C.

La terre présentait une côte âpre et rocheuse, et les montagnes grandissaient à mesure qu'ils s'approchaient portés par le courant. Ils se perdaient en conjectures ; car nul ne savait vers quelles terres les flots les avaient portés, tant les vents avaient été variables. Ceux-ci pensaient reconnaître le mont Etna, d'autres les montagnes de Candie, Chypre, Rhodes ou d'autres îles.

CI.

Cependant le courant, aidé de la brise qui s'élevait, poussait toujours vers le rivage désiré leur barque chargée, comme celle de Charon, de spectres tristes et pâles : l'équipage était réduit à quatre vivants, avec lesquels se trouvaient trois cadavres qu'ils n'avaient point eu la force de jeter à la mer , comme les premiers, bien que les deux requins eussent continué de les suivre, en se jouant autour de la barque et leur jetant l'écume salée à la face.

CII.

Famine, désespoir, froid, soif, chaleur, avaient tour-à-tour exercé sur eux leurs ravages et les avaient amaigris au point qu'une mère n'aurait pu reconnaître son fils parmi les squelettes de cet équipage fantastique. Glacés pendant la nuit, brûlés le jour, ils avaient péri l'un après l'autre et s'étaient réduits à ce petit nombre ; mais leur fléau fut surtout l'espèce de suicide qu'ils s'infligèrent en chassant Pedrillo de leurs intestins à force d'eau salée.

CIII.

En approchant de la terre qui s'offrait sous un aspect inégal, ils aspirèrent la fraîcheur de la verdure qui se balançait en panaches ondoyants et embaumait les airs ; c'était pour leurs yeux endoloris comme un écran qui s'interposait entre eux et ces vagues étincelantes ou ce ciel brûlant et nu ; ô bien venu tout objet qui pouvait effacer de leur vue cet abîme salé, cet abîme immense, effrayant, éternel !

CIV.

Le rivage semblait désert, dépourvu de toute trace d'habitation humaine et entouré de vagues formidables : mais une ardeur insensée les poussait vers la terre : ils poursuivirent leur route, quoique les brisants retentissent droit en face d'eux : un récif les séparait du rivage et montrait à la surface de l'onde ses bouillonnements et son écume bondissante ; mais ne trouvant pas un endroit plus propice, ils lancèrent leur chaloupe vers la rive et la mirent en pièces.

CV.

Mais Juan avait longtemps baigné ses jeunes membres dans les ondes natales du Guadalquivir ; il avait appris à se jouer dans ces ondes charmantes, et ce talent lui avait été souvent utile ; on aurait difficilement trouvé un nageur plus habile. Peut-être eût-il été capable de franchir l'Hellespont comme nous avons fait, Léandre, M. Ékenhead et moi, exploit dont nous n'avons pas été peu fiers.

CVI.

Ainsi, malgré sa faiblesse, sa maigreur, la raideur de son corps, il sut agiter encore ses membres juvéniles et lutter contre la vague rapide afin de gagner avant la nuit la rive escarpée et aride qui se trouvait devant lui. Le plus grand danger qu'il courut provint d'un requin qui emporta un de ses compagnons par la cuisse ; quant aux deux autres, ils ne savaient pas nager, ainsi nul autre que notre héros ne parvint au rivage.

CVII.

Et encore n'y fût-il point parvenu sans le secours de l'aviron qui, providentiellement, se trouva lancé sous sa main au moment juste où ses bras affaiblis ne pouvaient plus fendre les vagues et où l'onde allait le submerger ; il s'en saisit, s'y attacha malgré la violence des lames : et enfin tour-à-tour nageant, marchant dans l'eau et grimpant, il parvint à s'arracher aux flots, pour rouler à demi mort sur la grève.

CVIII.

Là, hors d'haleine, il enfonça solidement ses ongles dans le sable, de peur que la vague qui ne l'avait laissé échapper qu'à regret, en revenant sur ses pas, ne le ramenât dans son insatiable tombeau. Il demeura ainsi étendu à l'endroit où l'onde l'avait jeté, à l'entrée d'une grotte creusée dans le roc, ayant tout juste encore assez de vie pour sentir ses douleurs et penser que ce qui avait été sauvé de lui l'avait été peut-être en vain.

CIX.

Avec de lents et douloureux efforts, il parvint à se lever, mais il retomba aussitôt sur ses genoux saignants et ses mains convulsives ; et alors il chercha des yeux ceux qui avaient été si longtemps ses compagnons sur les flots ; mais aucun d'eux n'apparut pour partager ses souffrances, sauf un seul : c'était le cadavre d'un des trois matelots qui étaient morts de faim deux jours auparavant ; l'infortuné venait de trouver un lieu de repos sur une plage déserte et inconnue.

CX.

En le regardant, il sentit son cerveau s'agiter avec la rapidité du vertige, et il s'étendit de nouveau sur le sol : dans cette position, la plage lui semblait tourner autour de lui, et il perdit connaissance. Il était couché sur le côté, et sa main humide serrait encore l'aviron qui avait servi de mât à la barque : comme un lis flétri, ses formes sveltes et ses traits pâles offraient un spectacle aussi touchant qu'en offrit jamais une créature d'argile.

CXI.

Combien de temps Juan resta-t-il dans cette froide léthargie ? il ne le sut jamais, car la terre avait disparu pour lui, et le temps n'avait plus ni nuit ni jour pour son sang congelé, pour ses facultés engourdies. Comment résister à se dissipa ce profond évanouissement ? il l'ignora aussi jusqu'au moment où les mouvements de ses membres endoloris, le battement retentissant de ses veines, lui firent sentir son retour à la vie : car la mort, quoique vaincue, luttait encore en le quittant.

CXII.

Il ouvrit les yeux et les ferma de nouveau ; car tout était pour lui doute et vertige ; il pensa qu'il était encore dans le bateau, mais qu'il s'était seulement assoupi : le désespoir le saisit de nouveau, et il regretta que ce sommeil n'eût point été celui de la mort : puis le sentiment lui revint, et ses yeux incertains, se rouvrant de nouveau, entrevirent les traits aimables d'une beauté de dix-sept ans.

CXIII.

Elle était toute penchée sur lui, et sa petite bouche semblait interroger l'haleine du pauvre moribond : elle le caressait, et la douce chaleur de cette jeune main rappelait ses esprits des portes de la mort ; elle bassinait ses tempes glacées, cherchait à rappeler le sang dans ses veines : et enfin un faible soupir vint répondre à ce doux contact, à ces soins et à ces efforts aussi tendres qu'inquiets.

CXIV.

Alors elle lui présenta un cordial, et jeta un manteau sur ses membres presque nus : le beau bras de la jeune fille souleva cette tête qui s'abandonnait à lui, et une joue transparente, chaude et pure, servit d'oreiller à ce front couvert des pâleurs du trépas : puis elle exprima de sa chevelure l'onde amère dont la tempête l'avait si longtemps humectée, épiant avec inquiétude chaque mouvement convulsif qui arrachait un soupir au pauvre naufragé.... et à elle en même temps.

CXV.

Aidée d'une suivante, jeune aussi, mais son aînée, au front moins intelligent et aux traits moins délicats, l'aimable fille transporta le naufragé dans la grotte. Là elles allumèrent du feu, et à la lueur des flammes, parmi ces rochers que n'avait jamais vus le soleil, la jeune vierge, ou n'importe ce qu'elle était, se dessina distinctement grande et belle.

CXVI.

Son front était orné de pièces d'or qui brillaient parmi ses cheveux châtains, ses cheveux bouclés, dont les plus longs anneaux retombaient en tresses sur ses épaules, et quoique sa taille fût des plus hautes que comporte la beauté féminine, ils descendaient presque jusqu'à ses talons. On remarquait dans son air quelque chose qui annonçait l'habitude du commandement, et qui annonçait une dame d'un certain rang.

CXVII.

Ses cheveux, ai-je dit, étaient châtains ; mais elle avait les yeux noirs comme la mort et des cils de la même couleur : c'étaient de si longs cils qui, sous leur ombre soyeuse, recèlent une attraction si puissante ; car de dessous leur frange noire, le regard est dardé plus rapide et plus perçant que la flèche : c'est le serpent longtemps enroulé, qui tout-à-coup se développe dans toute sa longueur, et révèle à la fois son venin et sa force.

CXVIII.

Son front était blanc et assez bas ; les couleurs pures de ses joues ressemblaient à cette teinte de rose que le soleil déjà couché lègue au crépuscule ; sa petite lèvre supérieure.... lèvre enchanteresse ! qui faisait soupirer après qu'on l'avait vue ; car elle eût pu servir de modèle aux statuaires.... race d'imposteurs, tout bien considéré : j'ai vu des femmes vivantes et palpables, dont la beauté réelle surpassait de beaucoup leur idéal de pierre.

CXIX.

Je vais vous dire pourquoi je parle ainsi ; car il ne serait pas juste de railler sans un motif plausible : j'ai connu une dame irlandaise dont la beauté n'a jamais été reproduit d'une manière satisfaisante, bien qu'elle eût souvent posé comme modèle, et si jamais elle doit céder au temps inexorable, si la nature lui imprime les rides de l'âge, ainsi sera détruit un type que jamais la pensée humaine n'a dépassé, qu'encore moins le ciseau humain a su copier.

CXX.

Telle était la dame de la grotte ; sa toilette différait beaucoup du costume espagnol ; elle était plus simple, mais les couleurs en étaient moins sévères ; car, vous le savez, les Espagnoles, lorsqu'elles doivent sortir, bannissent de leurs vêtements toute teinte éclatante ; et cependant quand elles font flotter autour d'elles la basquine et la mantille (mode qui, je l'espère, ne passera jamais), elles ont un air à la fois mystique et folâtre.

CXXI.

Mais il n'en était pas ainsi de notre demoiselle : sa robe était d'un fin tissu et de couleurs variées : parmi ses cheveux, négligemment bouclés autour de son visage, l'or et les pierreries brillaient à profusion ; sa ceinture étincelait ; son voile était de la plus riche dentelle, et mainte pierre précieuse brillait à sa petite main ; mais chose tout-à-fait inconvenante ! ses petits pieds de neige avaient des pantoufles et point de bas.

CXXII.

Le costume de l'autre femme était à peu près semblable, mais beaucoup moins riche : elle n'avait pas autant de joyaux propres à fixer le regard ; dans ses cheveux, on ne voyait que des pièces d'argent destinées à former sa dot ; son voile, de forme pareille, était moins fin ; son air quoiqu'assuré était moins libre ; sa chevelure plus épaisse, mais moins longue ; ses yeux aussi noirs, mais plus mutins et moins grands.

CXXIII.

Et toutes deux servaient Juan, lui offraient de la nourriture, des vêtements, et avaient pour lui ces douces attentions, qui, je dois l'avouer, sont un produit purement féminin, et savent se montrer sous mille formes délicates : elles firent un excellent consommé ; c'est un mets que la poésie mentionne rarement, mais qui n'en est pas moins le meilleur qu'on ait préparé, depuis le jour où l'Achille d'Homère apprêta le dîner de ses hôtes.

CXXIV.

Il faut que je vous dise ce que c'était que ce couple de femelles, afin que vous n'alliez pas les prendre pour des princesses déguisées ; d'ailleurs je hais tout mystère, ainsi que ces trappes et ces méprises si fort du goût de nos poètes modernes : en somme, ces deux jeunes filles vont paraître à vos regards curieux ce qu'elles étaient en effet, la maîtresse et la suivante : la première était la fille unique d'un vieillard, qui vivait sur la mer.

CXXV.

Il avait été pêcheur dans sa jeunesse, et c'était bien encore une sorte de pêcheur ; mais il avait rattaché à ses entreprises maritimes quelques autres spéculations d'une nature peut-être moins honorable : un peu de contrebande et quelque piraterie avaient fait passer d'un grand nombre de mains dans les siennes un million de piastres mal acquises.

CXXVI.

C'était donc un pêcheur... mais un pêcheur d'hommes, comme l'apôtre Pierre.... il allait de temps en temps à la pêche des vaisseaux marchands égarés, et en prenait quelquefois autant qu'il en voulait ; il confisquait les cargaisons. Le marché aux esclaves lui rapportait aussi quelque profit, et il approvisionnait de précieuses marchandises cette branche du commerce turc, dans laquelle il y a, sans contredit, beaucoup à gagner.

CXXVII.

Cet homme était grec, et, dans son île (une des plus petites et des plus sauvages d'entre les Cyclades), il s'était construit, du produit de ses méfaits, une très jolie maison, où il vivait tout-à-fait à son aise. Dieu sait tout l'or qu'il avait pris et tout le sang qu'il avait versé, car le vieillard, ne vous déplaise, n'était pas un saint ; mais je sais, moi, que sa maison était spacieuse, pleine de sculptures, de peintures et de dorures dans le goût barbaresque.

CXXVIII.

Il avait une fille, nommée Haïdée, la plus riche héritière des îles du Levant, et si belle, en outre, que sa dot n'était rien au prix de ses sourires : encore éloignée de ses vingt ans, comme un arbre charmant, elle croissait dans sa beauté de femme, et déjà elle avait éconduit en passant maint adorateur, pour apprendre à en accueillir bientôt un plus aimable.

CXXIX.

Ce jour-là même, au coucher du soleil, elle se promenait sur la grève au pied de la falaise, et c'est ainsi qu'elle avait trouvé don Juan, dans un état d'insensibilité... pas tout-à-fait mort, mais peu s'en fallait.... presque anéanti par la faim et à moitié noyé. Il était nu, et cette vue la blessa, comme de raison ; cependant elle se crut obligée par les lois de l'humanité de soulager, autant qu'il était en elle, un étranger qui se mourait, et qui avait la peau si blanche.

CXXX.

Mais le conduire chez son père, ce n'était pas le meilleur moyen de le sauver : c'était plutôt livrer la souris au chat, ou mettre au cercueil un homme en léthargie ; il y avait dans le bon vieillard une si forte dose de ce que les Grecs appellent *noûs* (prudence), il ressemblait si peu aux Arabes, ces brigands pleins de loyauté, qu'il eût commencé par guérir l'étranger, pour le vendre aussitôt guéri.

CXXXI.

Haïdée fut donc de l'avis de sa suivante (une vierge en croit toujours sa suivante), et pensa qu'il valait mieux l'abriter pour le moment dans la grotte ; et lorsqu'enfin Juan ouvrit ses beaux yeux noirs, la charité des deux jeunes femmes s'accrut à l'égard de leur hôte, et leur compassion s'exalta au point de leur ouvrir à demi les barrières du ciel (si nous en croyons saint Paul, la charité est le droit de péage que l'on acquitte là-haut).

CXXXII.

Elles allumèrent du feu comme elles purent, avec les matériaux recueillis dans la baie.... des débris de planches et de rames tombant presqu'en poussière ; il y avait si longtemps qu'ils étaient là, qu'un mât tout entier se trouvait réduit aux dimensions d'une béquille ; mais, par la grâce de Dieu, les naufrages étaient tellement fréquents sur cette côte, qu'on y eût trouvé de quoi entretenir vingt feux pour un.

CXXXIII.

Juan eut un lit de fourrures et une pelisse ; car Haïdée s'était dépouillée des zibelines qui ornaient ses robes pour en former sa couche, et afin qu'il fût plus à l'aise et plus chaudement, en cas qu'il vînt à s'éveiller, la jeune Grecque et sa suivante lui laissèrent chacune un jupon, promettant de venir le revoir à la pointe du jour, et de lui apporter pour son déjeuner des œufs, du café, du pain et du poisson.

CXXXIV.

Elles le laissèrent ainsi à son repos solitaire. Il dormit comme un sabot, ou comme les morts qui dorment enfin, mais peut-être (Dieu seul le sait) d'un sommeil qui n'est que provisoire : nulle vision de ses maux passés ne vint se glisser dans sa tête doucement bercée ; il ne fut point agité par un de ces rêves maudits qui viennent nous offrir l'importune image d'un temps qui n'est plus, jusqu'au moment où l'œil abusé se rouvre tout chargé de larmes.

CXXXV.

Juan dormit d'un sommeil sans rêves... Mais la vierge qui avait fait pour sa tête un moelleux coussin, avant de quitter la caverne, jeta un dernier regard sur lui et s'arrêta, croyant qu'il l'appelait. Il dormait ; mais elle pensa (le cœur a ses méprises comme la langue et la plume) qu'il avait prononcé son nom..... mais elle oubliait que, ce nom, le naufragé l'ignorait encore.

CXXXVI.

Toute pensive, elle retourna chez son père, prescrivant un silence absolu à Zoé, qui, plus âgée que sa maîtresse d'un an ou deux, savait mieux qu'elle ce que tout cela signifiait : un an ou deux, c'est un siècle quand le temps est mis à profit, et Zoé avait employé le sien, comme font la plupart des femmes, à se procurer ce genre de connaissances utiles qui s'enseignent au bon vieux collège de la nature.

CXXXVII.

L'aurore parut, et trouva don Juan encore profondément endormi dans sa grotte, où rien ne venait interrompre son repos, le murmure du ruisseau voisin, les rayons naissants du soleil exclu de cet asile, ne le réveillèrent point, et il put dormir tout son saoûl : et, en effet, il en avait bien besoin ; car nul n'a plus souffert... ses maux étaient comparables à ceux qui sont décrits dans la relation de mon cher grand-papa (1).

CXXXVIII.

Tel ne fut point le sommeil d'Haïdée : elle se retourna et s'agita sur sa couche, et se réveilla plusieurs fois en sursaut, rêvant de mille naufrages sur les débris desquels ses pas trébuchaient et de corps charmants étendus sur la plage : elle appela sa suivante de si bonne heure que celle-ci grogna, et mit en l'air tous les vieux esclaves de son père, lesquels jurèrent dans leurs divers idiomes... en arménien, en turc et en grec... ne sachant que penser d'un tel caprice.

CXXXIX.

Mais elle était debout, et il fallut que tout le monde l'imitât, sous je ne sais quel prétexte relatif au soleil, dont le lever et le coucher rendent les cieux si beaux. C'est en effet un spectacle magnifique que celui du brillant Phébus surgissant à l'horizon, alors que les montagnes sont encore humides de vapeurs, que tous les oiseaux sont éveillés avec lui, et que la terre rejette les ténèbres comme un vêtement de deuil porté pour un mari... ou pour quelque semblable animal.

CXL.

Je disais donc que le soleil offre un magnifique spectacle : je l'ai

(†) Compte-rendu de l'expédition autour du globe de l'honorable John Byron, commodore, en 1740, publiée à Londres en 1768. Voir notre *Histoire des voyages*. (*Note de l'éditeur.*)

vu se lever bien souvent, et dernièrement encore je suis resté debout à cet effet pendant toute la nuit, ce qui, disent les médecins, abrége l'existence ; vous tous donc qui désirez ménager votre santé et votre bourse, commencez votre journée à la pointe du jour, et quand à quatre-vingts ans on vous mettra au cercueil, faites graver sur la plaque que vous vous leviez à quatre heures.

CXLI.

Haïdée vit donc l'aurore face à face, et la sienne était la plus fraîche des deux, bien qu'une impatience fébrile l'eût colorée de tout le sang qui affluait du cœur au cerveau, et qui, dans ce trajet, se détournait pour rougir la joue : tel un torrent des Alpes, rencontrant la base d'une montagne, s'arrête devant cette barrière et forme un lac dont les eaux s'étendent en cercle ; ou telle la mer Rouge... mais le golfe Arabique n'est pas rouge.

CXLII.

La jeune insulaire descendit la falaise, et d'un pas léger s'approcha de la grotte, pendant que le soleil l'accueillait du sourire de ses premiers rayons, et que la naissante aurore imprimait sur ses lèvres un humide baiser, car elle la prenait pour sa sœur : c'est une méprise dans laquelle vous seriez tombé vous-même, si vous les aviez vues toutes deux ; quoique la jeune mortelle, aussi fraîche et aussi belle que la déesse, eût sur celle-ci l'avantage de ne pas être tout-à-fait aérienne.

CXLIII.

Et lorsque Haïdée entra timidement, mais d'un pas rapide, dans la grotte, elle vit aussitôt que Juan avait dormi du paisible sommeil d'un enfant ; alors elle s'arrêta comme immobile d'effroi (car il y a dans le sommeil quelque chose d'effrayant) ; ensuite elle s'avança doucement sur la pointe des pieds, et le couvrit plus chaudement pour le défendre de l'air trop vif du matin ; puis elle se pencha sur lui, silencieuse comme la mort, et l'on eût dit que ses lèvres muettes buvaient l'haleine presque insensible du jeune homme.

Dans ce moment ils étaient divertis par leur suite.

CXLIV.

Comme un ange s'incline sur le lit de mort du juste, ainsi elle s'inclinait sur lui ; et l'adolescent naufragé continuait de reposer tranquille pendant que sur lui planait une atmosphère de paix et de silence. Cependant Zoé faisait frire des œufs ; car, après tout, le jeune couple aurait sans doute besoin de déjeuner... et pour prévenir leur désir, elle avait tiré les provisions du panier.

CXLV.

Zoé savait que les meilleurs sentiments ne dispensent pas de manger, et qu'un jeune naufragé doit avoir bon appétit ; de plus, étant moins amoureuse, elle bâillait un peu, et se sentait frissonner au voisinage de la mer : c'est pourquoi elle se mit à faire cuire leur petit déjeuner ; je ne crois pas qu'elle leur ait offert du thé ; mais elle avait des œufs, des fruits, du café, du pain, du poisson, du miel et du vin de Scio... et tout cela par pur amour, et non pour de l'argent.

CXLVI.

Quand les œufs et le café furent prêts, Zoé voulut éveiller Juan ; mais la petite main d'Haïdée l'arrêta d'un geste rapide, et sans parler, son doigt posé sur sa lèvre fit un signe que la suivante comprit. Le premier déjeuner étant refroidi, il fallut en préparer un second, car ce sommeil semblait ne devoir jamais finir.

CXLVII.

Il reposait toujours, et sur ses joues amaigries se jouait une rougeur fébrile, comme les derniers feux du jour sur les sommets neigeux des montagnes lointaines ; l'empreinte de la souffrance était encore sur son front dont les veines d'azur semblaient affaiblies et voilées ; les boucles de sa noire chevelure étaient encore chargées de l'écume amère et des vapeurs de la voûte.

CXLVIII.

Elle restait penchée sur lui, et il reposait au-dessous d'elle, tranquille comme l'enfant sur le sein maternel ; affaissé comme le feuillage du saule quand les vents retiennent leur haleine ; calme comme les profondeurs de l'Océan en repos, beau comme la rose qui ferme une guirlande, doux comme le jeune cygne dans son nid : bref, c'était un fort joli garçon... un peu jauni par ses souffrances.

CXLIX.

Il s'éveilla et regarda, et il se serait rendormi ; mais le charmant visage que rencontrèrent ses yeux leur défendit de se fermer, quoique la fatigue et la peine lui eussent encore fait du sommeil un plaisir. En effet, don Juan n'avait jamais vu avec indifférence le visage d'une femme, si bien qu'en faisant sa prière il détournait les yeux des saints renfrognés, des martyrs barbus, pour contempler la douce image de la vierge Marie.

CL.

Il se leva donc sur le coude, et regarda la dame sur les joues de qui la pâleur luttait contre l'incarnat de la rose : elle fit un effort pour parler ; ses yeux étaient éloquents, mais les mots lui venaient difficilement : néanmoins elle parvint à lui dire en grec moderne fort pur, avec l'accent grave et doux de l'Ionie, qu'il était encore faible, et qu'il ne devait pas parler, mais manger.

CLI.

De tout cela Juan ne pouvait comprendre un seul mot, vu qu'il n'était pas grec ; mais il avait de l'oreille, et la voix de la jeune fille était le gazouillement d'un oiseau, si douce, si suave, si claire et si délicatement articulée, que jamais on n'entendit musique plus belle et plus simple : c'était une de ces vibrations auxquelles nos larmes font écho, sans que nous puissions dire ourquoi... un de ces accents irrésistibles dans lesquels trône la mélodie.

CLII.

Et Juan promenait ses regards autour de lui comme un homme éveillé par les sons d'un orgue lointain, doutant s'il ne rêve pas encore, jusqu'au moment où le charme est rompu par la voix du watchman, ou par quelque autre réalité de ce genre, telle qu'un mauvais valet trop matinal qui vient frapper à la porte. Ce dernier bruit surtout est fort déplaisant pour moi qui aime à sommeiller le matin.... Or la nuit, les étoiles et les femmes se montrent à leur point de vue le plus avantageux.

CLIII.

Ce qui tira surtout Juan de son rêve, ou de son sommeil si l'on veut, ce fut l'appétit prodigieux qu'il se sentit ; sans doute le fumet de la cuisine de Zoé parvint à son odorat ; la vue du feu qu'elle entretenait à genoux pour apprêter son déjeuner acheva de le réveiller, et lui fit penser à prendre de la nourriture, et surtout à manger un beef-steak.

CLIV.

Mais le bœuf est rare dans ces îles ; on y trouve sans difficulté de la viande de chèvre, du chevreau et du mouton ; et quand sourit un jour de fête, les habitants mettent une grosse pièce à leurs broches barbares ; mais cela n'arrive qu'à de longs intervalles ; car plusieurs de ces retraites ne sont que des îlots rocheux où l'on trouve à peine une hutte : d'autres sont agréables et fertiles ; parmi ces demières, celle d'Haidée, bien que peu étendue, était une des plus riches.

CLV.

En disant que le bœuf y est rare, je ne puis m'empêcher de songer à la vieille fable du Minotaure... fable dont à bon droit se scandalisent nos moralistes modernes, condamnant le mauvais goût de la royale dame qui se déguise en vache... et je pense que, sous le voile de l'allégorie, on peut y trouver un type historique : c'est tout simplement que Pasiphaé encourageait l'élève du bétail, dans le but d'exciter les appétits guerroyants des Crétois ;

CLVI.

Car tout le monde sait que les Anglais se nourrissent de bœuf.... je ne dirai rien de la bière : ce liquide ne rentre pas dans mon sujet et n'a que faire ici : on sait, en outre, que lesdits Anglais aiment beaucoup la guerre... plaisir un peu coûteux.... comme tous les plaisirs ; tels étaient aussi les habitants de la Crète.... d'où je conclus que bœuf et bataille furent dus à la princesse en question.

CLVII.

Mais revenons.... Le débile Juan avait donc appuyé sa tête sur son coude, et contemplait un spectacle dont il n'avait point joui depuis longtemps ; car tout ce qu'il avait mangé dans la barque

était passablement cru : il vit trois ou quatre objets pour lesquels il loua le Seigneur, et toujours déchiré du vautour de la faim, il tomba sur tout ce qu'on lui offrait comme aurait fait un prêtre, un requin, un alderman ou un brochet.

CLVIII.

Il mangea et fut servi à souhait ; et Haidée, qui le veillait comme une mère, lui aurait laissé franchir toutes les bornes ; car elle souriait de voir un tel appétit dans un jeune homme qu'elle avait cru mort ; mais Zoé, plus expérimentée que sa maîtresse, savait (uniquement par tradition, car elle n'avait jamais lu) que les gens affamés ne doivent prendre leurs aliments que lentement et cuillerée par cuillerée, sans quoi ils crèvent infailliblement.

CLIX.

Elle prit donc la liberté de faire comprendre plutôt par actions que par discours, attendu l'urgence du cas, que le jeune monsieur dont le sort avait arraché si matin sa maîtresse à son lit, pour l'attirer sur le rivage, devait laisser là son assiette, s'il ne voulait mourir sur la place.... elle lui enleva donc le plat, et refusa de lui donner un morceau de plus, disant qu'il avait déjà mangé de quoi incommoder un cheval.

CLX.

Ensuite, comme il était nu, sauf un caleçon déchiré et à peine décent, elles se mirent à l'ouvrage, jetèrent au feu ses guenilles et l'habillèrent, pour le moment, à la turque ou à la grecque..... en omettant néanmoins, ce qui n'importait guère, le turban, les babouches, les pistolets et le poignard... Elles le vêtirent au complet et à neuf, sauf quelques reprises, d'une chemise blanche et d'une immense paire de culottes.

CLXI.

Alors la belle Haidée essaya d'entamer la conversation ; mais Juan ne put saisir un mot ; bien qu'il fût si attentif que, dans son empressement, la jeune Grecque ne songeait point à s'arrêter ; et comme il ne l'interrompait point, elle parlait de plus en plus vite à son protégé, à son ami ; tant qu'enfin ayant fait une pause pour reprendre haleine, elle s'aperçut qu'il ne comprenait point le romaïque.

CLXII.

En conséquence, elle eut recours aux signes de tête, aux gestes, aux sourires, aux éclairs d'un œil expressif ; elle lisait dans le seul livre à son usage, les traits de son beau visage, et y trouvait par sympathie l'éloquente réponse dans laquelle l'âme se dévoile, dardant toute une longue suite de pensées, dans un seul et rapide regard : ainsi chaque coup d'œil exprimait pour elle tout un monde de choses et de mots qu'elle savait interpréter.

CLXIII.

Bientôt, à l'aide du doigt et des yeux, répétant les mots après elle, il prit une première leçon dans la langue de sa protectrice : sans doute il s'occupait plus des regards que des paroles ; de même que

Le vieillard restait impénétrable.

celui qui étudie l'astronomie avec ardeur regarde plus souvent les étoiles que son livre. Ainsi Juan apprit son *alpha*, *béta*, dans les yeux d'Haïdée, mieux qu'il n'eût fait dans des caractères gravés.

CLXIV.

Il est doux d'apprendre une langue étrangère des lèvres et des yeux d'une femme... c'est-à-dire quand maître et disciple sont tous deux jeunes : tel est, du moins, le cas où je me suis trouvé. Elles sourient si bien quand on réussit; elles sourient encore plus quand on se trompe; puis viennent des serrements de main, peut-être même un chaste baiser... c'est ainsi que j'ai appris le peu que je sais :

CLXV.

C'est-à-dire quelques mots d'espagnol, de turc et de grec; d'italien, pas du tout, n'ayant eu personne pour cela; pour l'anglais, je ne puis me flatter de le parler bien, ayant appris cette langue surtout dans les sermonnaires, Barrow, South, Tillotson, que je relis chaque semaine, ainsi que Blair, et qui sont, en prose, les plus hauts modèles d'éloquence religieuse... D'ailleurs je déteste vos poètes et n'en lis pas un seul.

CLXVI.

Quant aux dames, je n'ai rien à en dire, échappé que je suis du monde de la fashion, où j'ai eu mon temps comme tant d'autres vauriens, et où je puis avoir eu une passion à mon tour... Mais ainsi que bien d'autres choses, j'ai oublié tout cela ; j'ai oublié aussi tous ces sots à la mode, à qui je pourrai's faire sentir ma férule : ennemis, amis, hommes, femmes, ne sont plus rien pour moi que des rêves de ce qui fut, de ce qui ne sera plus jamais.

CLXVII.

Revenons à notre héros. Il entendit de nouveaux mots, et bientôt il les répéta; mais il est des sentiments, universels comme le soleil, qui ne pouvaient pas plus être renfermés dans son cœur qu'ils ne le sont dans celui d'une nonne : il était amoureux... vous l'auriez été comme lui... d'une jeune bienfaitrice... elle lui rendit cet amour, comme cela se voit bien souvent.

CLXVIII.

Dès l'aube... heure un peu matinale pour don Juan, qui aimait à dormir, elle se rendait à la grotte, uniquement pour voir son oiseau reposer dans son nid ; et elle se mettait à effleurer les boucles de ses cheveux sans interrompre le sommeil de son hôte, caressant de sa douce haleine la joue et la bouche du dormeur, comme le vent du midi caresse un parterre de roses.

CLXIX.

Et à chaque nouvelle aurore, le jeune homme prenait des couleurs plus fraîches; chaque jour marquait un progrès dans sa convalescence ; tout allait au mieux, car la santé plaît dans le corps humain, outre qu'elle est l'essence du véritable amour : la santé et l'oisiveté font, que dans la flamme d'une passion, l'effet de l'huile et de la poudre; on doit aussi de bons procédés à Cérès et à Bacchus, sans lesquels Vénus ne nous tourmenterait pas longtemps.

CLXX.

Pendant que Vénus remplit le cœur (sans le cœur en vérité, l'amour, quoique toujours une bonne chose, n'est pas aussi bon de moitié), Cérès nous présente un plat de vermicelle... car l'amour a besoin de soutien, comme la chair et le sang... et de son côté Bacchus nous verse du vin ou nous offre une gelée. Les œufs, les huîtres sont aussi des mets chers à l'amour; mais qui, là-haut, se charge de nous les fournir ? le ciel seul le sait : ce peut être Neptune, Pan ou Jupiter.

CLXXI.

Quand Juan s'éveillait, il trouvait une foule de bonnes choses toutes prêtes, un bain, son déjeuner et les deux plus beaux yeux qui aient jamais fait battre un cœur de jeune homme, sans compter ceux de la suivante, fort jolis aussi, dans des dimensions plus modestes... Mais j'ai déjà parlé de tout cela, et les répétitions sont ennuyeuses et maladroites... Eh bien ! Juan, après un bain de mer, revenait toujours au café et à son Haïdée.

CLXXII.

Tous deux étaient si jeunes, Haïdée était tellement innocente, que le bain était pour eux une chose sans conséquence : Juan lui semblait l'être dont depuis deux ans elle avait rêvé chaque nuit, quelque chose à aimer, un mortel envoyé pour la rendre heureuse et pour être heureux par elle : tous ceux qui aspirent à la félicité doivent la partager... le bonheur est un être jumeau.

CLXXIII.

C'était un si grand plaisir de le voir, une telle expansion de l'existence de contempler avec lui la nature, de tressaillir sous son contact, d'observer son sommeil, de le voir s'éveiller! Vivre toujours avec lui, c'eût été trop de bonheur ; cependant elle frémissait à l'idée de s'en séparer : c'était son bien, le trésor que l'Océan lui avait jeté, riche débris d'un naufrage... son premier amour et le dernier.

CLXXIV.

Une lune suivit ainsi son cours, et la belle Haïdée visitait chaque jour son jeune ami, prenant toutefois tant de précautions, qu'il put rester ignoré dans sa retraite souterraine. Enfin, le père se remit en mer pour rejoindre certains navires marchands ; son but n'était pas, comme aux temps fabuleux, d'enlever une Io, mais de s'emparer de trois vaisseaux ragusains frétés pour Scio.

CLXXV.

Ce fut pour elle la liberté, car elle n'avait plus sa mère : ainsi son père étant absent, elle se trouva libre comme une femme mariée ou comme toute autre créature femelle qui peut aller où il lui plaît. A l'abri même de l'importunité d'un frère, elle était la plus libre des beautés qui se sont jamais regardées dans un miroir : cette comparaison s'applique aux pays chrétiens, où les femmes sont rarement tenues en chartre privée.

CLXXVI.

Alors elle prolongea ses visites et ses causeries (car il fallait bien causer). Il en savait assez déjà pour proposer une promenade... et, en effet, il était rarement sorti depuis le jour où on l'avait trouvé couché sur la grève tout brisé et humide, comme une jeune fleur arrachée de sa tige... ils se promenèrent donc dans l'après-midi et virent le soleil se coucher en opposition avec la lune.

CLXXVII.

C'était une côte sauvage et battue de la mer : en haut une falaise escarpée, en bas une large grève sablonneuse, défendue par des bas-fonds et des récifs, comme par une avant-garde ; là, s'ouvrait une crique, asile propice à la barque battue par la tempête. Là, rarement se taisait le mugissement des vagues menaçantes, hormis par ces longs jours d'été où, sous un calme de mort, la surface de l'Océan luit comme celle d'un lac.

CLXXVIII.

L'écume légère qui s'étalait sur la plage n'était guère plus forte que la mousse du champagne, quand on voit s'élever jusqu'aux bords du verre cette liqueur étincelante, pluie du cœur, rosée printanière de l'âme! Peu de choses valent le vin vieux ; qu'on prêche tant qu'on voudra (d'autant qu'on prêchera en vain)! à ce soir le vin et les femmes, les rires et la joie ; à demain les sermons et l'eau de Seltz!

CLXXIX.

L'homme, animal raisonnable, doit s'enivrer ; le meilleur de la vie n'est qu'une ivresse : la gloire, le vin, l'amour et l'or, voilà les buts de l'espérance pour tous les hommes et toutes les nations ; sans une pareille sève, combien serait pauvre et stérile cet arbre étrange de la vie, si fertile parfois! Mais j'y reviens : enivrez-vous, et quand vous vous réveillerez avec le mal de tête, voici ce que vous aurez à faire...

CLXXX.

Sonnez votre valet : dites-lui de vous apporter promptement du vin de Hocheim et de l'eau de Seltz, et alors vous connaîtrez un plaisir digne du grand roi Xercès ; car, ni le délicieux sorbet de la neige, ni la première goutte puisée à la source du désert, ni le bourgogne coloré comme un soleil couchant, après de longues fatigues de voyages, d'ennuis, d'amour ou de guerre, ne sauraient égaler cette rasade de vin du Rhin et d'eau de Seltz.

CLXXXI.

La côte.... il me semble que c'était la côte que je décrivais tout à l'heure... oui, c'était la côte ; eh bien ! elle paraissait alors aussi calme que le ciel ; les sables dormaient immobiles, les vagues bleues se taisaient ; tout était silence, sauf le cri de la mouette, le bond du dauphin et le léger bruit de quelque petit flot contrarié par un roc ou un récif, et se révoltant contre l'obstacle qu'il mouillait à peine.

CLXXXII.

Ils erraient donc hors de leur asile, en l'absence du père, qui, je l'ai dit, était parti pour une expédition ; et la jeune fille n'avait ni re, ni frère, ni surveillant d'aucune espèce, à l'exception de Zoé, se présentant chaque jour au lever du soleil pour prendre les ordres de sa maîtresse, croyait n'avoir pas d'autre mission que son service journalier, et se bornait à lui apporter de l'eau chaude, à tresser ses longs cheveux et à lui demander de temps en temps ses ordres de rebut.

CLXXXIII.

C'était l'heure où se répand la fraîcheur, quand le disque rouge du soleil descend derrière la colline azurée, qui alors semble la limite du monde, entourant la nature d'ombre, de silence et de repos. Les montagnes lointaines s'arrondissaient d'un côté en croissant, de l'autre la mer s'étendait calme et profonde : en haut planait un ciel rosé, dans lequel une étoile brillait comme un œil isolé.

CLXXXIV.

Ils erraient donc la main dans la main, foulant aux pieds les galets polis, les coquillages et le sable uni et dur. Ils pénétrèrent dans les antiques et sauvages retraites creusées par les tempêtes et façonnées, comme par la main de l'art, en salles, en cellules aux voûtes de cristaux : là, ils se reposèrent, et, les bras enlacés, ils s'abandonnèrent aux charmes profonds du crépuscule empourpré.

CLXXXV.

Ils regardaient le ciel, dont la flottante splendeur s'étalait, comme un océan rosé, en nappes vastes et brillantes; ils regardaient la mer, qui étincelait à leurs pieds, et du sein de laquelle la lune commençait à élever son disque qui s'arrondissait à vue d'œil ; ils écoutaient le clapotement des vagues et le murmure de la brise... enfin, ils virent leurs yeux noirs se darder mutuellement des flammes...... et à cette vue leurs lèvres s'approchèrent et s'unirent dans un baiser.

CLXXXVI.

Un long, long baiser..... un baiser de jeunesse et d'amour et de beauté, trois rayons concentrés en un seul foyer et allumés par le feu du ciel ; un de ces baisers qui n'appartiennent qu'aux premiers beaux jours, alors que le cœur, l'âme et les sens se meuvent de concert, que le sang est une lave, le pouls un volcan, chaque baiser un ébranlement du cœur tout entier... car, si je ne me trompe, la force d'un baiser se mesure à sa longueur.

CLXXXVII.

Par longueur, j'entends la durée : or, le leur dura..... Dieu sait combien !... sans doute ils n'en firent point le calcul; s'ils l'avaient fait, ils n'auraient pu prolonger une seule seconde la somme de leurs sensations. Ils ne s'étaient pas parlé, mais ils s'étaient sentis tirés l'un vers l'autre, comme si leurs âmes et leurs lèvres se fussent appelées ; et, une fois réunies, elles s'attachèrent comme des abeilles qui essaiment..... leurs cœurs étaient les fleurs d'où provenait leur miel.

CLXXXVIII.

Ils étaient seuls, mais non comme ceux qui, s'enfermant dans une chambre, se croient dans la solitude : la mer silencieuse, la baie blanchissant les étoiles, l'éclat du soir qui allait s'affaiblissant, les sables muets et les cavernes humides qui les entouraient, tout les engageait à se presser l'un contre l'autre, comme s'il n'y avait sous ce ciel d'autre vie que la leur, et que cette vie ne dût jamais finir.

CLXXXIX.

Ils ne craignaient point d'être vus, d'être entendus sur cette plage solitaire ; la nuit ne leur causait nul effroi. Ils étaient entièrement l'un à l'autre ; n'ayant que des mots entrecoupés, ils y trouvaient néanmoins un langage ; les paroles de feu que dicte la passion étaient remplacées pour eux par un soupir, fidèle interprète de cet oracle de la nature... un premier amour... unique héritage qu'après sa chute Ève a laissé à ses filles.

CXC.

Haïdée ne parla point de scrupules, ne demanda et ne fit point de serments; elle n'avait jamais entendu parler d'engagements et de promesses de mariage, ou des périls auxquels s'expose une jeune fille qui aime; elle était telle que pouvait la faire une complète ignorance, et, comme un jeune oiseau, elle volait vers son jeune ami : l'idée de mensonge ne lui étant jamais venue, elle ne savait même as implorer la constance.

CXCI.

Elle aimait et était aimée... elle adorait et était adorée : suivant la loi de la nature, leurs âmes passionnées, absorbées l'une dans l'autre, eussent expiré dans cette ivresse, si des âmes pouvaient mourir... Mais par degrés leurs sens se ranimèrent pour succomber à nouveau et renaître encore ; et Haïdée, sentant battre son cœur contre celui de son bien-aimé, se dit que désormais l'un ne pourrait plus battre sans l'autre.

CXCII.

Hélas! ils étaient si jeunes, si beaux, si seuls, si aimants, si faibles! puis c'était l'heure où le cœur est toujours plein, où n'ayant plus aucun pouvoir sur lui-même il pousse à des actes que l'éternité ne saurait effacer, mais dont elle punit, dit-on, chaque instant par les tourments infinis du brasier infernal... supplice réservé d'avance à tous ceux qui s'avisent de causer à leur semblable de la peine ou du plaisir.

CXCIII.

Pauvre Juan! pauvre Haïdée! ils s'aimaient tant et ils étaient si aimables!... Depuis nos premiers parents, jamais couple aussi beau n'avait risqué la damnation éternelle. Haïdée, dévote autant que belle, avait sans nul doute entendu parler de l'empire du démon, et de l'enfer et du purgatoire... mais elle oublia tout cela juste au moment où il lui eût fallu s'en souvenir.

CXCIV.

Ils se regardent, et leurs yeux brillent à la clarté de la lune : le beau bras blanc d'Haïdée presse la tête de Juan ; le bras de Juan enlace la taille de la jeune fille et se perd à moitié dans les flots de sa longue chevelure. Assise sur les genoux de son ami, ils boivent mutuellement leurs soupirs, qui enfin ne forment plus qu'un murmure confus : on les prendrait pour un groupe antique, demi-nu, où brillent à la fois l'amour, la nature et le ciseau des Grecs.

CXCV.

Et quand, après ces moments d'ivresse profonde et brûlante, Juan s'abandonna au sommeil entre ses bras, elle ne s'endormit pas : d'une tendre, mais énergique étreinte, elle tint la tête de son amant appuyée sur la place de son sein! Par intervalles, elle jetait un regard vers le ciel, puis sur la joue pâle que son sein réchauffait, qu'elle pressait sur son cœur débordant de joie et palpitant au souvenir de tout ce qu'elle avait accordé, de tout ce qu'elle accordait encore.

CXCVI.

Le nouveau-né qui regarde une lumière, l'enfant qui puise sa vie à la mamelle, le dévot au moment de l'élévation de l'hostie, l'Arabe accueillant un hôte étranger, le marin qui voit sa prise baisser pavillon, l'avare qui comble son coffre-fort déjà plein, éprouvent certes un ravissement; mais ils ne sont point réellement heureux comme on l'est quand on voit dormir l'objet qu'on aime.

CXCVII.

Car il repose avec tant de calme, cet être bien-aimé! tout ce qu'il a de vie se confond avec la nôtre : il est là, gracieux, immobile, sans défense, insensible, ne se doutant pas de la félicité qu'il donne. Tout ce qu'il a senti ou fait sentir, infligé ou subi, est enseveli dans des profondeurs impénétrables au regard : là repose l'objet aimé avec toutes ses erreurs et tous ses charmes, comme la mort sans son épouvante.

CXCVIII.

La jeune Grecque contemplait ainsi son amant... et, seule avec l'amour, la nuit et l'Océan, son âme succombait à leur triple influence. Parmi les sables arides et les rocs sauvages, elle et son jeune naufragé avaient choisi leur amoureux asile : là, rien ne pouvait venir troubler leur tendresse, et ces innombrables étoiles, qui remplissaient l'espace azuré, n'éclairaient aucune félicité comparable à celle qui éclatait sur le visage d'Haïdée.

CXCIX.

Hélas! l'amour des femmes! on le sait, c'est une douce et terrible chose : toute leur destinée dépend de cet unique dé, et si elles perdent, la vie n'a plus à leur offrir que le tableau railleur du passé; c'est pourquoi leur vengeance est comme le bond du tigre, noire, prompte, écrasante; en même temps elles ressentent de leur côté des tortures non moins réelles : ce qu'elles infligent, elles le subissent.

CC.

Elles ont raison ; car l'homme, souvent injuste envers l'homme, l'est toujours envers la femme : il est même sort est réservé à toutes; elles ne peuvent compter que sur la trahison ; exercées à tenir leurs émotions secrètes, leurs cœurs pleins d'amour caressent une secrète idole, jusqu'à ce que l'opulence les convoite et achète leur main... et alors que leur reste-t-il ? un époux insouciant, puis un amant déloyal ; puis la toilette, les enfants, la dévotion, et tout est dit.

CCI.

Les unes prennent un amant, d'autres des liqueurs ou un livre de messe ; celles-ci s'occupent de leur ménage, celles-là se livrent à la dissipation. On en voit qui abandonnent leurs maris, mais qui ne font que changer de soucis ; car elles perdent les avantages d'une position honorable, et une pareille équipée améliore rarement leurs affaires : dans l'ennuyeux palais comme dans l'infecte cabane, leur situation est toujours fausse. Quelques-unes ensuite font le diable à quatre ; et alors elles écrivent une nouvelle.

CCII.

Haïdée, la fiancée de la nature, ignorait tout cela. Enfant de la passion, née sous un ciel où le soleil darde une triple lumière, et rend tout brûlant, jusqu'au baiser de ses filles à l'œil de gazelle, elle n'était faite que pour aimer, que pour se donner tout entière à l'objet de son choix : d'ailleurs ce qu'on pouvait dire ou faire n'était rien pour elle. Hors de là, elle n'avait rien à craindre, à espérer, à souhaiter : son cœur ne battait que d'un côté.

CCIII.

Oh ! ces battements accélérés du cœur, combien ils nous coûtent cher ! et cependant ils sont si doux dans leur cause et dans leurs effets ! La sagesse, toujours aux aguets pour dépouiller la joie de ses alchimiques mystères, et pour redire de bonnes vérités ; la sagesse, dis-je, et la conscience aussi ont une rude tâche pour nous faire comprendre toutes leurs bonnes vieilles maximes... si bonnes, en effet, que je me demande comment Castlereagh ne les a pas frappées d'un impôt.

CCIV.

C'en est fait... leurs cœurs se sont engagés sur ce rivage solitaire : les étoiles, flambeaux de leur hymen, ont versé leur belle lumière sur ce couple si beau ; ils ont eu l'Océan pour témoin, la caverne pour couche nuptiale ; sanctifiée par leurs propres sentiments, leur union n'a eu d'autre prêtre que la solitude : ils sont époux, et ils sont heureux ; car à leurs jeunes regards, chacun d'eux est un ange et la terre un paradis.

CCV.

O amour ! toi de qui le grand César se fit le courtisan, Titus le maître, Antoine l'esclave, Horace et Catulle les interprètes, Ovide le précepteur, Sapho la femme savante (puissent la suivre dans sa tombe liquide toutes celles qui voudraient l'imiter !)... le promontoire de Leucade domine encore les flots)... ô amour ! si nous ne pouvons t'appeler diable, du moins tu es le dieu du mal.

CCVI.

Tu rends précaire la chasteté du lien conjugal, et tu te joues en riant du front des plus grands hommes : César et Pompée, Mahomet, Bélisaire, ont donné bien de l'occupation à la plume de Clio ; leur vie et leur fortune ont subi bien des vicissitudes ; l'avenir ne verra plus leurs pareils : et pourtant tous les quatre eurent trois points en commun : ils furent héros, conquérants et cocus.

CCVII.

Tu as tes philosophes : par exemple, Epicure et Aristippe, vrais matérialistes qui veulent nous entraîner à l'immoralité par des théories fort aisées à mettre en pratique ; si seulement ils pouvaient nous assurer contre le diable, combien leurs maximes seraient agréables, bien qu'elles ne soient pas tout-à-fait neuves ! « Mangez, buvez, aimez ; que vous importe le reste ? » disait le royal philosophe Sardanapale.

CCVIII.

Mais Juan ! avait-il donc entièrement oublié Julia ? et devait-il l'oublier si tôt ? J'avoue que pour moi la question me paraît embarrassante ; mais sans doute c'est la lune qui produit en nous cette inconstance, et toutes les fois qu'un penchant nouveau fait battre notre cœur, c'est son ouvrage ; sans quoi, comment diable se ferait-il que de nouveaux traits ont tant de charmes pour nous, pauvres créatures humaines ?

CCIX.

Je hais l'inconstance... je méprise, je déteste, j'abhorre, je condamne, j'abjure le mortel si bien pétri de vif-argent que son cœur ne peut conserver aucune empreinte permanente. L'amour, l'amour constant a été constamment mon hôte ; et pourtant la nuit dernière, à un bal masqué, je rencontrai la plus jolie créature, fraîchement débarquée de Milan, dont la vue me fit éprouver des sensations de scélérat.

CCX.

Mais bientôt la philosophie vint à mon aide, et me dit tout bas : « Songe à tes liens sacrés ! — J'y songerai, ma chère philosophie, répondis-je. Mais quelles dents ! et quels yeux, ô ciel ! je vais seulement m'informer si elle est femme ou demoiselle, ou ni l'un ni l'autre..... pure curiosité ! — Arrête ! » me cria la philosophie d'un air tout-à-fait grec, quoiqu'elle eût pris le costume d'une beauté vénitienne.

CCXI.

« Arrête ! » Et je m'arrêtai..... Mais à notre propos ! Ce que les hommes appellent inconstance n'est rien de plus que la juste admiration due à l'être privilégié en qui la nature prodigue jeunesse et beauté : et de même que nous adorons presque dans sa niche une magnifique statue, cette sorte d'adoration de la réalité est tout simplement un sentiment plus vif du beau idéal.

CCXII.

C'est la perception du beau, une magnifique extension de nos facultés, un sentiment platonique, universel, merveilleux, ayant sa source dans les astres, tamisé par le firmament, et sans lequel la vie serait fort insipide : bref, c'est l'usage de nos deux yeux, avec l'addition d'un ou deux sens inférieurs, uniquement pour nous rappeler que la chair est inflammable.

CCXIII.

Après tout, c'est un sentiment pénible et involontaire ; en effet, si nous pouvions toujours trouver dans la même femme des attraits aussi triomphants que le jour où elle nous apparut comme une autre Eve, cela nous épargnerait certainement bien des peines de cœur et bien des shillings (car il faut posséder à tout prix, ou souffrir) ; et puis si la même femme plaisait toujours, comme cela serait sain pour le cœur... et pour le foie !

CCXIV.

Le cœur ressemble au firmament ; comme lui, il fait partie des cieux, et comme lui il change nuit et jour : les nuages et le tonnerre le traversent, les ténèbres et la destruction planent dans son sein ; mais après avoir été sillonné par la foudre, transpercé, déchiré, ses tempêtes se résolvent en quelques gouttes d'eau : les yeux répandent le sang du cœur qui s'est changé en larmes, c'est ce qui constitue le climat tout anglais de notre existence.

CCXV.

Le foie est le lazaret de la bile, mais rarement il remplit bien ses fonctions ; car la première passion y séjourne si longtemps que toutes les autres s'y rattachent et s'y enlacent, comme des nœuds de vipère au fond d'un fumier : on y trouve la rage, la crainte, la haine, la jalousie, le ressentiment, le remords ; si bien que tous les maux ressortent de ce foyer intérieur comme les tremblements de terre viennent du feu caché qu'on nomme « feu central. »

CCXVI.

Mais je ne poursuivrai pas cette dissection anatomique : j'ai complété deux cents et quelques stances comme en premier lieu ; et c'est à peu près le nombre que je donnerai à chacun de mes douze ou de mes vingt-quatre chants. Je pose donc la plume et fais ma révérence, laissant à don Juan et à Haïdée le soin de plaider pour leur compte devant ceux qui daigneront me lire.

CHANT III.

I.

Salut, muse ! et cætera... Nous avons laissé Juan endormi, ayant pour oreiller un sein blanc et heureux, veillé par de beaux yeux qui n'ont jamais connu les larmes, aimé par un jeune cœur trop plein de sa félicité pour sentir le poison qui se glissait parmi cette joie, et pour savoir que le beau dormeur était un ennemi de son repos, un monstre qui, souillant tout le cours d'une vie jusque-là innocente, changerait en larmes le plus pur sang de ce cœur si pur.

II.

O amour ! d'où vient donc que, dans ce bas monde, il est si fatal d'être aimé ? Pourquoi à tes bouquets chéris entrelaces-tu des branches de cyprès ? Pourquoi ton plus fidèle interprète est-il un soupir ? La femme qui aime les parfums cueille des fleurs et les place sur son sein..... où elles vont mourir. Ainsi, ces frêles créatures, objets de notre adoration, nous les pressons sur notre cœur où elles trouvent la mort.

III.

Dans sa première passion, la femme aime son amant ; dans toutes les autres, ce qu'elle aime, c'est l'amour : l'amour devient une habitude dont elle ne peut se défaire, et dans laquelle elle est l'aise comme dans un gant un peu large ; vous vous en convaincrez en la mettant à l'épreuve. D'abord un seul homme a le privilège d'émouvoir son cœur ; plus tard, elle préfère l'homme au [pluriel], trouvant que les additions ne l'embarrassent guère.

IV.

Je ne sais si c'est la faute des hommes ou la leur ; mais ce qui si certain, c'est qu'une femme que l'on plante là... à moins qu'elle ne se jette dans la dévotion pour le reste de ses jours..... après un délai convenable, demande à être courtisée ; sans doute c'est à sa première affaire d'amour que son cœur s'est donné tout de bon ; cependant certaines prétendent n'en avoir eu aucune, mais celles qui en ont eu ne s'en tiennent jamais à la première.

V.

Triste et redoutable indice de la fragilité, de la folie, de la perversité humaine ! l'amour et le mariage, bien que nés tous deux sous le même climat, sont rarement réunis : le mariage provient de l'amour, comme le vinaigre du vin ; c'est le breuvage des gens sobres, breuvage peu agréable et âpre, à qui le temps a fait perdre son céleste bouquet, pour le transformer en une vulgaire boisson de ménage.

VI.

Il y a une sorte d'opposition entre le premier et le second état de la femme : on emploie avec elle une flatterie peu honorable jusqu'au moment trop tardif où la vérité apparaît... Que faire alors, sinon se désespérer ? Les mêmes choses changent si vite de nom ! par exemple, la passion, applaudie dans l'amant, n'est plus chez le mari que faiblesse conjugale.

VII.

Les hommes deviennent honteux d'être si tendres ; puis ils se fatiguent quelquefois, très rarement, comme de raison ; et alors ils se relâchent de leurs soins : les mêmes choses ne peuvent être toujours admirées, et pourtant, « clause expresse du contrat, » les deux conjoints ne peuvent être séparés que par la mort de l'un d'entre eux. Désolante pensée ! perdre l'épouse qui était l'ornement de nos jours et faire prendre le deuil à notre livrée.

VIII.

Il faut convenir qu'il y a dans la vie domestique certaines choses qui sont l'antithèse de la passion : les romans nous peignent en pied toutes les jeunes amoureuses, mais ils ne nous donnent qu'en buste le portrait du mariage : car nul ne s'inquiète des cajoleries matrimoniales ; pas la plus petite pointe de scandale dans un baiser d'époux : croyez-vous que si Laure eût été la femme de Pétrarque, il eût passé sa vie à lui faire des sonnets ?

IX.

Toute tragédie se termine par une mort, toute comédie par un mariage : dans l'un et l'autre cas, la suite est laissée à la foi des spectateurs ; les poètes craignent que leurs descriptions ne donnent une idée ou fausse ou trop mesquine de ces deux existences ultérieures, dans lesquelles eux-mêmes trouveraient plus tard la punition de leur faute : laissant donc à chacune des conditions son prêtre et son livre de messe, ils ne parlent plus ni de la Mort ni de la Dame (1).

X.

Deux auteurs seulement, autant qu'il m'en souvienne, ont chanté le ciel et l'enfer du mariage : ces deux auteurs sont Dante et Milton et tous deux souffrirent dans leurs affections conjugales : quelque faute de conduite, quelque contrariété de caractères ruina la paix de leur union (et pour cela il faut souvent peu de chose) : mais la Béatrice de Dante et l'Ève de Milton n'ont pas été peintes d'après leurs moitiés, cela se voit aisément.

XI.

Des critiques assurent que, sous ce nom de Béatrice, Dante a voulu désigner la Théologie et non pas sa maîtresse florentine en I (2). Pour moi, tout en priant d'excuser la hardiesse de mon opinion, je crois que c'est une pure vision du commentateur ; il eût fallu au moins qu'il eût du fait une certitude personnelle, ou qu'il appuyât son dire sur de bonnes raisons : mon avis à moi est que, dans ses plus mystiques abstractions, Dante a voulu personnifier les mathématiques.

XII.

Haïdée et Juan n'étaient point mariés, mais c'était leur faute, non la mienne ; il ne serait donc juste en aucune façon, chaste lecteur, de rejeter le blâme sur moi, à moins que vous n'eussiez préféré les voir unis conjugalement ; auquel cas, veuillez fermer le livre qui raconte l'histoire de ce couple égaré, avant que les conséquences deviennent trop graves : il est dangereux de lire un récit d'illégitimes amours.

XIII.

Néanmoins ils étaient heureux..... heureux dans l'illicite satisfaction de leurs désirs innocents ; mais redoublant d'imprudence à chaque nouvelle entrevue, Haïdée oublia que l'île appartenait à son père. Quand nous avons ce qui nous plaît, il nous est dur de nous en priver, du moins dans les premiers temps et avant que la satiété soit venue ; elle faisait donc de fréquentes visites à la grotte et ne voulait pas perdre une seule heure, tant que durait la croisière de son cher papa le corsaire.

XIV.

Quant à celui-ci, on ne doit point trouver trop étrange sa manière de lever des fonds, bien qu'il n'épargnât aucun pavillon ; car changez son titre en celui de premier ministre, et ses pillages ne seront plus qu'un impôt ; mais lui, plus modeste, menait moins grand train ; il faisait un plus honnête métier, et poursuivant ses voyages en pleine mer, il n'exerçait que comme procureur maritime.

XV.

Le bon vieux gentilhomme avait été retenu par les vents et les vagues, puis par des captures importantes ; et dans l'espoir d'en rencontrer d'autres, il était resté en mer, bien qu'une couple de rafales eussent tempéré sa joie en faisant sombrer l'une de ses prises. Il avait enchaîné ses prisonniers, les avait divisés par lots et numérotés comme les chapitres d'un livre : tous avaient des menottes et des colliers, et il les estimait de dix à cent dollars par tête.

XVI.

Il se défit de quelques-uns à la hauteur du cap Matapan, chez ses alliés les Maïnotes ; il en vendit d'autres à ses correspondants de Tunis, et parmi ceux-là un vieillard, ne trouvant point d'acheteur, fut jeté à la mer ; les plus riches furent mis à la cale comme pouvant rapporter plus tard de bonnes rançons, et enfin tout le reste fut enchaîné indistinctement, vu que pour les esclaves vulgaires il avait reçu une commande considérable du dey de Tripoli.

XVII.

Il disposa de même de ses marchandises et les vendit en détail dans divers marchés du Levant : toutefois il réserva une certaine portion du butin, des articles de choix pour la toilette féminine, des étoffes de France, des dentelles, des épingles à coiffer, des cure-dents, une théière, un plateau, des guitares et des castagnettes, tous objets mis à part de la masse des dépouilles et volés pour sa fille par le meilleur des pères.

XVIII.

Il choisit aussi, parmi un grand nombre d'animaux conquis, un singe, un mâtin de Hollande, une guenon, deux perroquets, une chatte de Perse avec ses petits, et un chien terrier qui avait appartenu à un Anglais : son maître étant mort sur la côte d'Ithaque, des paysans avaient nourri la pauvre bête. Pour mettre en sûreté tout ce bétail, par le grand vent qu'il faisait, il l'avait enfermé pêle-mêle dans une grande cage d'osier.

XIX.

Dès qu'il eut mis ordre à ses affaires maritimes, et dépêché de côté et d'autre des croiseurs isolés, son vaisseau demandant quelques réparations, il fit voile vers l'île où son aimable fille continuait son œuvre hospitalière ; mais comme cette partie de la côte était basse et nue, et en outre défendue par les récifs qui s'étendaient à plusieurs milles en mer, le port était situé de l'autre côté.

XX.

Il y débarqua sans retard, vu qu'il ne s'y trouvait ni douane, ni quarantaine pour lui faire d'impertinentes questions sur le temps qu'il avait été en mer et les lieux qu'il avait visités : il quitta son navire en laissant des ordres pour qu'on le mit dès le lendemain en carénage, et qu'on s'occupât de le radouber ; en sorte que tous les bras furent aussitôt et activement à l'œuvre pour mettre à terre les marchandises, le lest, les canons et le numéraire.

XXI.

Parvenu au sommet d'une colline d'où l'on découvrait les blanches murailles de sa demeure, il s'arrêta.... Étranges émotions qui remplissent le cœur après une course errante ! Inquiétudes sur l'état où vont se trouver toutes choses, amour pour la plupart des nôtres, craintes pour quelques-uns ; sentiments qui remontent le cours des années disparues et reportent nos cœurs à leur point de départ !

---

(1) Allusion à la vieille ballade anglaise *Death and the Lady*.
(2) La Béatrice de Dante était une *Portinari*.

XXII.

Pour les maris ou les pères, après un long voyage par terre ou par eau, l'approche du logis doit naturellement inspirer quelques doutes..... chose sérieuse que les femmes dans une famille (nul plus que moi n'a de confiance dans le beau sexe, nul ne l'admire davantage..... mais il déteste la flatterie, c'est pourquoi je ne flatte jamais)! dans l'absence du maître, les femmes deviennent plus rusées, et quelquefois les filles se font enlever par un laquais.

XXIII.

Un brave homme, à son retour, peut ne pas avoir le bonheur d'Ulysse : toutes les femmes délaissées ne pleurent pas l'absence de leur maître et ne montrent pas l'éloignement de Pénélope pour les baisers de leurs adorateurs : il y a chance pour qu'il trouve une belle urne érigée à sa mémoire..... et deux ou trois jeunes demoiselles nées du fait d'un ami qui s'est emparé de sa femme et de ses biens... Argus (1) lui même accourt parfois lui mordre..... ses fonds de culottes.

XXIV.

Est-il célibataire; sa belle fiancée aura épousé quelque riche avare; mais il doit s'en féliciter, car la brouille peut se mettre dans l'heureux ménage, et la dame étant mieux avisée, il pourra reprendre, en qualité de cavalier servant, son amoureux office, ou bien lui montrer son mépris, et non content de gémir en secret, écrire des odes sur l'inconstance des femmes.

XXV.

Et vous, messieurs, qui avez déjà quelque chaste liaison de cette nature... je veux dire une honnête amitié avec une femme mariée... la seule des relations entre personnes de différent sexe que l'on ait vue durer, de tous les attachements le plus solide, et en un mot le véritable hyménée (l'autre n'étant que le chaperon)... malgré tout cela, ne restez pas trop longtemps en voyage ; j'ai connu des absents dont on se moquait quatre fois par jour.

XXVI.

Lambro, notre procureur maritime, homme beaucoup moins expérimenté sur terre que sur l'Océan, en apercevant la fumée de son toit, se sentit joyeux; mais comme il n'était pas fort en métaphysique, il n'aurait pu dire ni les raisons de sa gaîté, ni celles de toute autre émotion forte : il aimait son enfant et aurait pleuré sa perte, sans pouvoir, mieux qu'un philosophe, expliquer pourquoi.

XXVII.

Il vit ses blanches murailles briller au soleil, les arbres de son jardin étaler leur ombre et leur verdure ; il entendit le léger murmure de son ruisseau, l'aboiement lointain de son chien, et, à travers le sombre et frais ombrage, il aperçut des figures en mouvement, des armes étincelantes (en Orient tout le monde est armé) et des vêtements aux couleurs variées, brillants comme des papillons.

XXVIII.

A mesure qu'il s'approchait, surpris de tous ces indices inaccoutumés d'oisiveté, il entendit... hélas! non pas l'harmonie des sphères célestes, mais les sons profanes et terrestres d'un violon ; il crut un instant que ses oreilles le trompaient, la cause d'un pareil concert étant au-dessus de tout ce qu'il pouvait imaginer : il distingua aussi une flûte, un tambour, et peu après des éclats de rire de l'espèce la moins orientale.

XXIX.

Il descendit rapidement la colline; puis écartant le feuillage pour regarder sur la pelouse, entre autres indices de réjouissance, il vit une troupe de ses domestiques occupés à danser, comme des derviches qui pivotent sur eux-mêmes; il reconnut la danse pyrrhique, cette danse martiale si chère aux Levantins.

XXX.

Plus loin, était un groupe de jeunes Grecques, dont la première et la plus grande agitait en l'air un mouchoir blanc : elles dansaient enchaînées comme un collier de perles, et la main dans la main ; on voyait flotter sur leurs cous blancs les boucles ondoyantes de leurs cheveux châtains (dont la moindre eût suffi pour rendre fous dix poètes); celle qui conduisait la danse chantait : le chœur virginal accompagnait du pied et de la voix, et bondissait en cadence.

(1) Argus, chien d'Ulysse, meurt en reconnaissant son maître; *Odyssée*, XVII.

XXXI.

Ici, des réunions de joyeux amis, assis les jambes croisées autour des plateaux, commençaient à dîner : on voyait des pilaws et des mets de toute espèce, des flacons de vins de Samos et de Chio, et le sorbet rafraîchi dans des vases poreux ; le dessert pendait à la treille au-dessus de leurs têtes, et s'inclinant sur eux, l'orange et la grenade laissaient tomber leurs onctueux trésors.

XXXII.

Une bande d'enfants, entourant un bouc blanc comme la neige, ornaient de fleurs ses cornes vénérables ; paisible comme un agneau non sevré, le patriarche du troupeau, avec une docilité majestueuse, inclinait gracieusement sa tête pacifique ; il mangeait dans la main, baissait le front en se jouant, comme s'il voulait frapper ; puis il cédait aux petites mains d'enfant qui le ramenaient en arrière.

XXXIII.

Leurs profils classiques, leurs brillants costumes, leurs grands yeux noirs, leurs joues douces et riantes, rouges comme des grenades entr'ouvertes ; leurs longues chevelures, la bouche qui se penchante, le regard qui parle, l'innocence, charme divin de l'heureuse enfance : tout cela faisait de ces petits Grecs un tableau complet ; un spectateur philosophe eût soupiré... en songeant qu'ils deviendraient hommes.

XXXIV.

Ailleurs, un nain bouffon occupait le milieu d'un cercle de paisibles fumeurs en cheveux blancs, et leur contait des histoires de trésors mystérieux trouvés dans des vallées écartées, de merveilleuses réparties faites par des plaisants arabes, de charmes pour faire de l'or et guérir de cruelles maladies, de rocs enchantés qui s'ouvrent devant un mot cabalistique, de magiciennes qui, d'un geste, changent leurs maris en bêtes... ceci n'est plus un conte.

XXXV.

Il ne manquait pas d'innocentes récréations pour l'esprit ou les sens : chants, danses, vin, musique, contes persans, tous passe-temps agréables autant qu'irrépréhensibles ; mais Lambro vit tout cela de mauvais œil, mécontent de pareilles profusions faites en son absence, et redoutant ce comble des calamités humaines, le grossissement de ses comptes hebdomadaires.

XXXVI.

Hélas! qu'est-ce que l'homme? Quels périls environnent le mortel le plus heureux, même après son dîner!... Un jour d'or sur un siècle de fer, c'est tout ce qu'accorde l'existence au pêcheur le plus favorisé ; le plaisir, surtout quand il chante, est une sirène qui attire le jeune novice pour l'écorcher tout vif. Lambro tombait au banquet de ses gens, comme une couverture humide tombe sur le feu.

XXXVII.

Naturellement économe de paroles et se faisant une joie de surprendre sa fille (comme il aimait à surprendre les hommes, mais ceux-ci l'épée à la main), il n'avait point envoyé d'exprès pour prévenir de son arrivée ; en sorte que personne ne bougea : il resta donc longtemps à s'assurer que ses yeux ne le trompaient pas, beaucoup plus surpris que charmé de voir chez lui si bonne et si nombreuse compagnie.

XXXVIII.

Il ne savait pas (voyez comme on ment) qu'un faux rapport, propagé surtout par les Grecs, l'avait fait passer pour mort (pareilles gens ne meurent jamais) et avait mis sa maison en deuil pendant plusieurs semaines... mais maintenant les yeux étaient secs aussi bien que les lèvres ; la fraîcheur était revenue aux joues d'Haïdée, et ses larmes ayant reflué vers leur source, elle s'était mise à la tête de la maison.

XXXIX.

De là tous ces plats de riz et de viande, ces danses, ce vin, ce violon, qui faisaient de l'île un séjour de délices ; tous les domestiques passaient le temps à boire ou à ne rien faire, genre de vie qui leur était infiniment agréable. L'hospitalité de Lambro n'était rien, comparée à l'emploi qu'Haïdée faisait de ses trésors : c'était étonnant comme toutes choses s'amélioraient sous sa direction, sans qu'un seul de ses moments fût dérobé à l'amour.

XL.

Peut-être croirez-vous qu'en tombant au milieu de cette fête, le maître du logis entra en fureur ; et en effet, il n'y avait pas de quoi e fort content; peut-être vous attendez-vous à quelque soudaine ilence, le fouet, la torture, la prison tout au moins, pour apprenà ses gens une meilleure discipline; peut-être enfin supposez-us que, recourant aux grands moyens, il montra les royaux nchants d'un pirate.

XLI.

Eh bien ! vous vous trompez : c'était l'homme le plus doux dans s manières qui eût jamais armé un navire en course, ou coupé la rge à son prochain; sous ses dehors d'homme bien élevé, jamais us n'eussiez deviné sa pensée véritable; nul courtisan ne l'eût alé en hypocrisie, et rarement femme en recèle autant sous son illon : quel dommage qu'il aimât la variété d'une vie aventureuse ! elle perte pour le beau monde !

XLII.

S'étant avancé vers les dîneurs les plus rapprochés, il frappa épaule du premier convive qui lui tomba sous la main; et avec un ertain sourire qui, pour le dire en passant, n'annonçait rien de on, il lui demanda ce que signifiaient ces réjouissances. Le Grec iné auquel il s'adressait, beaucoup trop gai déjà pour deviner la ualité du questionneur, remplit un verre de vin;

XLIII.

Puis sans tourner la tête, il lui présenta par-dessus son épaule la oupe pleine jusqu'au bord, en disant d'un air bachique : « On s'alère à parler; je n'ai point de temps à perdre. » Un autre ajouta, von sans maint hoquet : « Notre vieux maître est mort : adressezous à notre maîtresse qui est son héritière. — Notre maîtresse ! reprit un troisième... notre maîtresse !... bah !... vous voulez dire noire maître... non pas l'ancien, mais le nouveau. »

XLIV.

Ces drôles, étant nouveaux venus, ne savaient pas à qui ils avaient affaire... Le visage de Lambro se rembrunit : un nuage sombre passa momentanément sur son regard; mais il réussit à réprimer poliment l'expression de ce qu'il éprouvait, et faisant un effort pour reprendre son sourire, il pria l'un d'eux de lui dire le nom et la qualité de ce nouveau patron qui, suivant toute apparence, avait fait passer Haïdée à l'état de dame.

XLV.

« Je ne sais, dit le valet, comment il se nomme, ni ce qu'il est, ni d'où il vient... et je m'en inquiète peu : ce que je sais, c'est que voilà un chapon rôti bien en graisse, et que jamais meilleur vin n'arrosa meilleure chère; si vous n'êtes point satisfait de ces renseignements, adressez-vous à mon voisin que voici : il vous dira le bien comme le mal, car nul plus que lui n'aime à s'écouter. »

XLVI.

J'ai dit que Lambro était la patience même; et certes en cette occasion, il montra un savoir-vivre qu'aurait pu à peine déployer le plus poli des enfants de la France, l'exemple des nations : il supporta gravement les sarcasmes intimes, les inquiétudes et les plaies saignantes de son cœur, et les insultes de ces gloutons serviles qui, n'en perdaient pas un coup de dent.

XLVII.

Or, dans un homme habitué à commander, à dire aux gens : allez, venez et revenez, et qui n'était obéi au doigt et à l'œil... qu'il s'agit de la mort ou des fers... il peut sembler étrange de voir des manières douces et polies; cependant pareilles choses arrivent sans que je puisse dire pourquoi : mais l'homme qui a sur lui-même un tel empire est propre à gouverner..... presque autant qu'un Guelfe (1).

XLVIII.

Non qu'il ne fût parfois un peu vif, mais jamais dans les occasions graves et sérieuses : alors, calme, concentré, silencieux et lent, il se tenait replié sur lui-même comme un serpent dans les bois : quand la parole n'amenait pas l'action; une fois sa colère exhalée, il ne répandait pas le sang; mais son silence était funeste, et son premier coup laissait peu à faire au second.

XLIX.

Il ne fit plus de questions, et s'avança vers la maison par des passages dérobés; en sorte que le peu de gens qu'il rencontra firent à peine attention à lui, tant ils étaient loin de l'attendre. Si

(1) La maison de Brunswick, régnante en Angleterre, remonte à Welf de Bavière, dont les partisans prirent le nom de guelfes dans les guerres civiles d'Italie (1138).

l'amour paternel plaidait dans son cœur en faveur d'Haïdée, c'est plus que je ne saurais dire, mais à coup sûr un homme réputé défunt devait voir là une étrange manière de porter son deuil.

L.

Si tous les morts pouvaient revenir à la vie (ce qu'à Dieu ne plaise!), ou seulement quelques-uns, ou bien un grand nombre : soit un mari ou une femme (les exemples tirés de la vie conjugale ne sont pas plus mauvais que d'autres), quelles qu'eussent été leurs anciennes tempêtes, nul doute que leur ciel ne devînt plus orageux encore. Autant de larmes versées sur la tombe d'un conjoint, autant sans doute en amèneraient sa résurrection.

LI.

Il entra dans cette demeure, où il avait cessé d'être chez lui ! épreuve pénible du cœur de l'homme et plus dure à supporter peut-être que les tortures morales du lit de mort : trouver la pierre de notre foyer changée en marbre tumulaire, et sur ces dalles refroidies voir pâles et dispersées les cendres de nos espérances : c'est là une douleur profonde, que le célibat ne saurait comprendre.

LII.

Il entra dans cette demeure, où il avait cessé d'être chez lui; car, sans des cœurs aimants, il n'est point de chez soi... il sentit seul au monde. C'est là qu'il avait longtemps habité, là que le temps avait compté le petit nombre de ses jours paisibles; là son cœur usé, ses yeux aiguisés par la ruse, s'étaient attendris sur l'innocence de cette douce enfant, sanctuaire de tout ce que son âme avait gardé de pur.

LIII.

C'était un homme d'un caractère étrange, de manières douces, quoique d'humeur sauvage, modéré dans toutes ses habitudes, tempérant dans ses plaisirs comme dans ses repas, prompt à sentir, ferme à supporter; fait, sinon pour le bien absolu, du moins pour quelque chose de meilleur : les injures de sa patrie et son impuissance à la sauver, en le perçant au cœur, d'esclave en avaient fait un marchand d'hommes.

LIV.

L'amour du pouvoir et le rapide accroissement de ses richesses, l'endurcissement produit par une longue habitude, les dangers au sein desquels il avait vieilli, sa clémence souvent payée d'ingratitude, les scènes auxquelles il avait accoutumé ses yeux, les mers terribles et ses terribles compagnons avaient fait de lui un homme implacable pour ses ennemis, indispensable à ses alliés, redoutable à qui le rencontrait.

LV.

Mais un reste de l'antique génie de la Grèce faisait luire dans son âme quelques rayons de cet héroïsme qui jadis guida ses ancêtres à Colchos, à la conquête de la Toison d'or : à la vérité, il n'était pas épris d'un violent amour pour la paix; hélas ! sa patrie n'offrait aucune route vers la gloire; et pour venger son abaissement, il avait juré haine au monde et guerre à toutes les nations.

LVI.

En outre, l'influence du climat avait versé dans son âme quelque chose de l'élégance ionienne, qui se manifestait souvent à son insu : le goût avec lequel il avait choisi sa demeure, son amour pour la musique et pour les scènes sublimes de la nature, le plaisir qu'il prenait à écouter le murmure du ruisseau cristallin ou à contempler les fleurs, tout cela était comme une rosée qui rafraîchissait son âme dans ses heures les plus calmes.

LVII.

Mais tout ce qu'il avait d'amour s'était concentré sur cette fille bien-aimée; cet unique objet avait tenu son cœur accessible à de doux sentiments, au milieu des scènes sanglantes dans lesquelles il avait été acteur ou témoin; affection solitaire et pure, qui, en se brisant, devait tarir dans son cœur la source lactée des tendresses humaines, et faire de lui un Polyphème, aveugle et furieux.

LVIII.

La tigresse privée de ses petits, parcourant pleine de rage ses forêts de bambous, est la terreur du berger et du troupeau; l'Océan, quand ses vagues écumeuses se livrent la guerre, est redoutable pour le vaisseau voisin de l'écueil; mais ces fureurs trop violentes, s'épuisant par leurs propres chocs, se calment plus vite que la colère inflexible, solitaire, profonde et muette d'un cœur énergique, et surtout du cœur d'un père.

LIX.

Il est dur, quoique la chose ne soit pas rare, de voir nos enfants se soustraire à notre autorité... Au moment où la vieillesse s'avance insensiblement vers nous, où des nuages obscurcissent notre couchant, ceux en qui nous aimions à retrouver nos beaux jours, ces autres nous-mêmes, refaits d'une plus pure argile, ils nous quittent poliment, nous laissant toutefois en bonne compagnie, avec la goutte et la gravelle.

LX.

Pourtant, c'est une belle chose qu'une belle famille (pourvu qu'on ne nous amène pas les enfants après le dîner); il est beau de voir une mère nourrir ses enfants (si pourtant cela ne la maigrit pas). Comme des chérubins à l'autel, ils viennent se grouper autour du foyer... spectacle qui toucherait l'âme du plus déterminé pécheur! Une mère de famille, entourée de ses filles ou de ses nièces, brille comme une guinée parmi des pièces de sept shillings.

LXI.

Le vieux Lambro entra donc inaperçu par une porte dérobée : il était soir quand il se trouva au sein de sa demeure. Cependant la dame et son amant étaient à table, dans l'éclat de leur beauté et de leur gloire : devant eux se trouvait une table incrustée d'ivoire, splendidement servie, et tout autour se tenaient rangées de belles esclaves : la vaisselle était d'or et d'argent, incrustée de pierreries; la nacre et le corail en étaient les matières les moins précieuses.

LXII.

Le dîner se composait d'une centaine de plats; on y voyait des mets de toute sorte : de l'agneau aux pistaches, des soupes au safran, des ris de veau... les poissons étaient des plus beaux qu'eût jamais pris le filet, et accommodés de manière à satisfaire la sensualité sybarite. La boisson consistait en divers sorbets de raisin, d'orange et de jus de grenade exprimé à travers l'écorce, ce qui lui donne un goût plus délicat.

LXIII.

Tous ces rafraîchissements étaient rangés en cercle, chacun dans son aiguière de cristal; des fruits, des gâteaux de dattes, terminèrent le repas; puis on servit la fève de moka, tout ce que l'Arabie peut offrir de plus délicieux, dans de petites tasses de belle porcelaine de la Chine, portées par des soucoupes de filigrane d'or, pour garantir la main de la chaleur du liquide : on avait fait bouillir avec le café du girofle, de la canelle et du safran, ce qui, selon moi, ne peut pas le gâter.

LXIV.

La salle était tendue d'une tapisserie formée de panneaux de velours de teintes différentes, damassés et brochés de fleurs de soie : tout autour régnait une bordure jaune; celle du haut offrait dans une riche et délicate broderie bleue et en caractères lilas de gracieuses sentences persanes, tirées des poètes ou des moralistes, qui valent mieux que les poètes.

LXV.

Ces inscriptions sur les murs, très communes dans l'Orient, sont des espèces de moniteurs destinés à remplacer les têtes de mort au milieu des banquets de Memphis, ou les terribles paroles qui épouvantèrent Balthazar dans la salle du festin, et lui annoncèrent la perte de son royaume. Mais les sages auront beau épancher les trésors de leur science, vous trouverez toujours au fond que le plus austère de tous les moralistes, c'est le plaisir.

LVXI.

Une beauté devenue étique à la fin de la saison, un grand génie qui s'est tué d'un excès de boisson, un libertin devenu méthodiste ou éclectique (car tels sont les noms sous lesquels de pareilles gens aiment à prier), mais surtout un alderman frappé d'apoplexie, ce sont là des exemples qui vous suffoquent... et qui démontrent que les veilles prolongées, le vin et l'amour, n'offrent pas moins de dangers que la table.

LXVII.

Haïdée et Juan avaient leurs pieds posés sur un tapis de satin cramoisi, bordé de bleu pâle; leur sopha occupait trois côtés de l'appartement, et paraissait tout neuf; les coussins, qui n'auraient point déparé un trône, étaient en velours écarlate : de leur centre éblouissant un soleil d'or, relevé en bosse, faisait jaillir de ses rayons artificiels une lumière pareille à celle de l'astre à son midi.

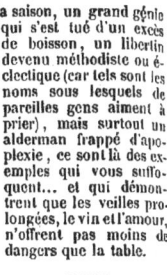

LXVIII.

Le cristal et le marbre, la vaisselle plate et la porcelaine étalaient partout leur splendeur; le carreau était couvert de nattes indiennes et de tapis de Perse que l'on s'indignait de salir : des gazelles et des chats, des nains, des esclaves noirs, et cent autres pareilles créatures, gagnant leur pain en qualité de ministres et de favoris (c'est-à-dire au prix de leur dégradation), abondaient là, aussi nombreux que dans une cour ou une foire.

Le harpiste vint et accorda son instrument.

LXIX.

On n'avait pas épargné les beaux miroirs, et les tables étaient en général d'ébène incrusté de nacre ou d'ivoire; d'autres, faites d'écaille de tortue ou de bois précieux, étaient ornées de ciselures d'or ou d'argent : par ordre des maîtres, la plupart étaient couvertes de mets, de sorbets glacés et de vins... que l'on tenait prêts à toute heure pour tous les survenants.

LXX.

Parmi tous les costumes, je me bornerai à celui d'Haïdée : elle portait deux jélicks (1) : l'un était d'un jaune pâle, sous sa chemise nuancée d'azur, de couleur d'œillet et de blanc, son sein se soulevait comme deux petites vagues; le second jélick, ayant pour boutons des perles aussi grosses que des pois, étincelait d'or et de

(1) Sorte de robe ouverte en peignoir.

pourpre; et la gaze blanche rayée qui formait sa ceinture flottait autour d'elle comme flotte autour de la lune un nuage diaphane.

LXXI.

Un large bracelet d'or pressait chacun de ses bras charmants : il n'avait pas de fermoir, car le métal en était si pur que la main l'élargissait et le rétrécissait sans effort : le bras qu'il ornait lui servait de moule, ce bras si beau que ses contours semblaient un charme dont le joyau craignait de se séparer : jamais plus précieux métal ne pressa une peau plus blanche.

LXXII.

Comme souveraine du territoire où elle succédait à son père, une plaque de ce même or, enroulée autour de son cou-de-pied, annonçait sa dignité ; douze anneaux brillaient à ses doigts ; sa chevelure s'étoilait de pierreries ; le clair tissu de son voile était retenu sous le sein par un splendide nœud de perles dont on oserait à peine énoncer la valeur ; ses larges pantalons turcs, de soie orange, flottaient sur la plus belle cheville du monde.

LXXIII.

Les vagues de ses longs cheveux châtains tombaient en ondes jusqu'à ses talons, comme un torrent des Alpes que le soleil teint de ses lueurs matinales... Étalés en liberté, ils cacheraient entièrement sa personne, et maintenant ils semblent s'indigner contre le réseau de soie qui les retient, et cherchent à briser leurs entraves chaque fois qu'un zéphyr vient de ses jeunes ailes lui faire un éventail.

LXXIV.

Haïdée créait autour d'elle une atmosphère de vie ; l'air même semblait plus léger, éclairé par ses regards : tant ils étaient suaves et beaux, pleins de tout ce que nous pouvons imaginer de céleste, purs comme Psyché avant qu'elle devint femme.... trop purs même pour les lieux terrestres les plus purs : en son irrésistible présence, on sentait que l'on pourrait s'agenouiller sans idolâtrie.

LXXV.

Ses cils, noirs comme la nuit, étaient teints cependant, d'après la coutume du pays, mais sans utilité ; car ses grands yeux noirs, sous leur noire frange, se moquaient, brillants rebelles, de cette impuissance recherchée, et pour s'en venger déployaient toute leur native splendeur. Ses ongles étaient colorés par le henna ; mais ici encore l'art avait vu échouer sa puissance ; car il n'avait rien pu ajouter à leur belle couleur de rose.

LXXVI.

Le henna doit être appliqué en teinte très foncée pour faire ressortir la blancheur de la peau ; mais celle d'Haïdée n'avait pas besoin d'un pareil secours : jamais l'aurore n'éclaira des cimes d'un blanc plus céleste ; devant elle l'œil pouvait douter s'il était bien éveillé, tant elle avait l'air d'une vision : Shakespeare aussi dit qu'il y a folie à vouloir « dorer l'or raffiné ou peindre le lis... »

LXXVII.

Juan avait un châle noir et or, avec un manteau blanc d'un tissu si transparent, qu'on pouvait voir, à travers, briller les pierreries, étincelantes comme les petites étoiles qui se montrent dans la voie lactée : son turban roulé en plis gracieux était orné d'une aigrette d'émeraude portant des cheveux d'Haïdée, et surmontant un croissant radieux qui jetait une lumière incessante et mobile.

LXXVIII.

En ce moment leur suite essayait de les divertir : des nains, des danseuses, des eunuques noirs et un poète complétaient leur nouvel établissement. Ce dernier avait beaucoup de célébrité et se plaisait à en faire parade : ses vers manquaient rarement du nombre de pieds nécessaire..... et quant au sujet, il ne tombait guère au-dessous : payé pour la satire ou la flatterie, « il tirait parti de la matière, » comme dit le psalmiste.

LXXIX.

Après avoir longtemps vanté le présent et dénigré le passé, contrairement à l'excellent et antique usage, il avait fini par devenir un véritable anti-jacobin oriental, préférant manger un simple pudding plutôt que de voir ses vers privés de toute récompense. En effet, pendant quelques années, alors que ses chants avaient une couleur d'indépendance, sa destinée avait été bien sombre ; mais alors il chantait le sultan et le pacha, avec la sincérité de Southey.

LXXX.

C'était un homme qui avait vu de nombreux changements et qui lui-même changeait toujours avec l'exactitude de l'aiguille aimantée : son étoile polaire étant non pas un astre fixe, mais un de ceux qui se déplacent, il savait l'art de cajoler à propos : sa bassesse même l'avait dérobé à la vengeance ; et comme il avait une certaine facilité (sauf quand on le nourrissait mal), il mentait de manière à gagner sa pension de poète lauréat.

Et ils s'éloignèrent aussi vite qu'ils purent.

LXXXI.

Mais il ne manquait pas de génie..... or, quand un de ces retourneurs d'habits en est là, le *vates irritabilis* a grand soin qu'il ne se passe jamais une lune sans qu'on parle de lui : un honnête homme même n'est pas fâché de se voir l'objet de l'attention publique. ... mais il est temps de revenir à mon sujet..... voyons..... où en étais-je..... ah !..... au troisième chant..... et à l'aimable couple..... je parlais de leurs amours, de leurs fêtes, de leur demeure, de leur costume et de leur manière de vivre dans cette île.

LXXXII.

Ce poète, caméléon fieffé, n'en était pas moins un drôle fort agréable en compagnie ; il s'était vu choyé à plus d'une table d'hommes, où, entre deux vins, il faisait des harangues ; mais que les convives comprissent rarement ce qu'il disait, ils lui décernaient cependant, au milieu des hoquets ou des beuglements, ce tribut glorieux des applaudissements populaires, dont la cause véritable n'est jamais connue de celui même qui les fait naître.

LXXXIII.

Maintenant, admis dans la haute société, ayant glané çà et là dans ses voyages quelques bribes sur la liberté, il pensa que dans cette île solitaire, entre amis, il pouvait, sans exciter d'émeute, pour faire diversion et se dédommager de ses longs mensonges, il pouvait, dis-je, chanter comme il avait chanté dans sa jeunesse chaleureuse, et conclure un court armistice avec la vérité.

LXXXIV.

Il avait voyagé parmi les Arabes, les Turcs et les Francs, et connaissait l'amour-propre national des différents peuples; ayant vécu avec des personnes de tout rang, il avait quelque chose de prêt en toute occasion, ce qui lui avait valu quelques cadeaux et de nombreux remercîments. Il variait assez habilement ses adulations et « vivre à Rome comme les Romains, » était une règle de conduite qu'il observait en Grèce.

LXXXV.

Aussi, quand on le priait de chanter, servait-il à chaque nation quelque chose de national : peu lui importait que ce fût : *God save the king* ou bien *Ça ira;* il ne consultait que l'à-propos : sa muse tirait parti de tout, depuis le lyrique enthousiasme jusqu'au rationalisme le plus prosaïque ; si Pindare a chanté des courses de chevaux, qui lui défendait d'être aussi souple que Pindare?

LXXXVI.

En France, par exemple, il eût écrit une chanson ; en Angleterre, une légende en six chants formant un in-quarto ; en Espagne ou en Portugal, il eût fait une ballade ou une romance sur la dernière guerre ; en Allemagne, il se fût pavané sur le Pégase du vieux Gœthe (voyez ce qu'en dit madame de Staël); en Italie il eût singé les trécentistes ; en Grèce enfin, il vous eût chanté un hymne dans le goût de celui-ci :

1.

Iles de la Grèce ! îles de la Grèce ! où aima et chanta la brûlante Sapho, où fleurirent les arts de la guerre et de la paix, où s'éleva Délos, où naquit Phébus! Un éternel été vous dore toujours, mais votre soleil seul vous est resté.

2.

La muse de Scio, la muse de Téos (1), la harpe des héros, le luth des amants, ont trouvé ailleurs la gloire que vos rivages leur refusent : la terre natale a seule oublié des chants que répètent les échos de l'Occident, par-delà ce que vos pères appelaient les « Iles des heureux. »

3.

Le sommet des montagnes voit Marathon, et Marathon voit la mer. Là, rêvant seul un jour, je me suis dit que la Grèce pourrait être libre encore ; car debout sur les tombes des Persans, je ne pouvais me croire esclave.

4.

Un roi était assis sur le rocher dominant Salamine, la fille de la mer : à ses pieds étaient des milliers de vaisseaux, des peuples de guerriers.... tout cela était à lui! Il les avait comptés à la pointe du jour..... quand le soleil se coucha, où étaient-ils?

5.

Où sont-ils? où es-tu toi-même, ô ma patrie? Sur ton rivage silencieux l'hymne héroïque ne résonne plus. Le cœur des héros a cessé de battre! Faut-il que ta lyre, si longtemps divine, descende à des mains telles que les miennes.

6.

Bien qu'enchaîné parmi une race esclave, c'est quelque chose encore, dans cette disette de gloire, de sentir pendant que je chante une patriotique pudeur me monter à la face; car ici que reste-t-il à faire au poète?..... A rougir pour les Grecs, à pleurer sur la Grèce.

7.

Suffit-il de pleurer sur des jours plus heureux? Suffit-il de rougir?..... Nos pères versaient leur sang. O terre, entr'ouvre-toi et rends-nous quelque chose de nos vieux Spartiates ! Sur les Trois-cents donne-nous seulement trois guerriers pour faire de nouvelles Thermopyles.

8.

Eh quoi! encore le silence! le silence toujours! oh! non! les voix des morts résonnent comme la chute d'un torrent lointain et

(1) Homère et Anacréon.

nous répondent : « Qu'une seule tête vivante se lève, une seule,... et nous venons, nous venons ! » Les vivants seuls sont muets.

9.

Tout est vain! tout est vain! faisons retentir d'autres cordes. Remplissez la coupe de vin de Samos ! laissez les combats aux hordes turques, et ne versez d'autre sang que celui des vignes de Scio !.... Ecoutons ! à cet ignoble appel, aussitôt répond et se lève l'ardente bacchanale.

10.

Vous avez encore la danse pyrrhique : qu'est devenue la phalange de Pyrrhus? De ces deux exemples, pourquoi oubliez-vous le plus noble et le plus mâle? Vous avez encore les caractères que vous a légués Cadmus... croyez-vous qu'il les destinât à des esclaves?

11.

Remplissez la coupe de vin de Samos! nous ne voulons plus de pareils souvenirs; ce vin divinisa les chants d'Anacréon. Anacréon servit... mais il servit Polycrate... un tyran sans doute; mais alors nos maîtres, au moins, étaient nos concitoyens.

12.

Le tyran de la Chersonèse fut le plus fidèle et le plus brave ami de la liberté; ce tyran était Miltiade ! oh ! que n'avons-nous encore un despote comme lui ! de pareilles chaînes seraient indissolubles.

13.

Remplissez la coupe de vin de Samos ! Sur les rochers de Suli, sur les rives de Parga, existent encore les débris de la race que les mères doriennes ont portés dans leurs flancs ; et là peut-être existe-t-il des rejetons que le sang des Héraclides ne désavouerait pas.

14.

Ne comptez pas sur les Francs pour votre délivrance : ils ont un roi qui achète et qui vend : c'est dans les glaives des enfants du pays, dans les bataillons des enfants du pays, que le courage doit mettre son espoir.

15.

Remplissez la coupe de vin de Samos ! Nos vierges dansent sous l'ombrage... je vois briller leurs beaux yeux noirs; mais en contemplant ces jeunes et charmantes femmes, je sens mes yeux, à moi, se remplir de larmes brûlantes : car je pense que de tels seins nourriront des esclaves.

16.

Conduisez-moi sur les rochers de marbre de Sunium : là les vagues et moi nous mêlerons nos gémissements sans être entendus; là, comme le cygne, je veux chanter et mourir : un pays d'esclaves ne sera jamais ma patrie..... Brisez sur le sol la coupe de vin de Samos!

LXXXVII.

Ainsi chanta, ou du moins ainsi aurait voulu, aurait dû chanter en vers passables notre Grec moderne : s'il n'égalait Orphée, ce chantre des premiers jours, du moins, pour notre époque, on peut faire beaucoup plus mal : bons ou mauvais, ses vers montreraient une certaine sensibilité, et sentir pour un poète, c'est éveiller le sentiment chez autrui. Mais quels menteurs que ces poètes! ils revêtent toutes les couleurs, comme les mains des teinturiers.

LXXXVIII.

Mais les mots sont les choses, et une petite goutte d'encre, tombant sur une pensée comme la rosée, produit ce qui fera penser des milliers, peut-être des millions d'hommes. Chose étrange ! quelques caractères tracés pour remplacer les discours peuvent former un anneau durable dans la chaîne des siècles. A quelles chétives proportions le temps réduit l'homme fragile, si un morceau de papier... un chiffon comme celui-ci, lui survit à lui-même, à sa tombe et à tout ce qui lui appartient.

LXXXIX.

Ses os sont devenus poussière, sa tombe a disparu, ses titres, sa race, sa nation même, sont réduits à une date dans les fastes chronologiques : mais alors quelque vieux manuscrit, oublié depuis longtemps, une inscription trouvée dans l'emplacement d'une caserne, ou en creusant quelque fosse d'aisance, peuvent tout-à-coup révéler son nom, et en faire un monument précieux.

XC.

Il y a longtemps que la gloire excite le sourire des sages, c'est quelque chose, et ce n'est rien : des mots, une illusion, un souffle... dépendant plus du style de l'historien que du nom que le héros laisse après lui. Troie doit à Homère ce que le whist doit à son inventeur. Le siècle actuel commençait à perdre de vue l'excellence du grand Marlborough dans l'art d'assommer les gens : heureusement l'archidiacre Coxe vient de publier sa vie.

XCI.

Milton est, pensions-nous, le prince des poètes... un peu lourd, sans en être moins divin ; homme indépendant en son temps, instruit, pieux, tempérant en amour et à table ; mais le soin d'écrire sa vie étant échu à Johnson, nous apprenons que ce grand-prêtre des neuf sœurs reçut le fouet au collége, fut un père très dur, et un mauvais mari ; car la première mistriss Milton déserta le logis.

XCII.

Certes ce sont là des faits pleins d'intérêt, comme le braconnage de Shakespeare, la vénalité de lord Bacon, la jeunesse de Titus et les premières prouesses de César, le caractère de Burns (si bien décrit par le docteur Currie), et enfin les fredaines de Cromwell... mais bien que la vérité exige des écrivains cette exactitude de détails, comme essentielle à l'histoire de leur héros, tout cela ne contribue guère à leur gloire.

XCIII.

Tout le monde n'est pas moraliste comme Southey, alors qu'il prêchait à l'univers sa Pantisocratie ; ou comme Wordsworth qui, avant d'être employé de l'excise et salarié de l'État, assaisonnait de démocratie ses poèmes de colporteur ; ou comme Coleridge, longtemps avant que sa plume volage défendît, dans le *Morning-Post*, les principes aristocratiques ; alors que lui et Southey, suivant la même voie, épousaient deux marchandes de modes à Bath.

XCIV.

Ces noms-là maintenant sentent le pilori ; c'est le Botany-Bay de la géographie morale : leurs trahisons loyalistes, leur ardeur de renégats, serviront d'excellent fumier à leurs biographies un peu arides. Le dernier in-quarto de Wordsworth, soit dit en passant, est le plus gros qu'on ait encore vu depuis l'origine de la typographie ; c'est un poème soporifique et frigorifique, intitulé l'Excursion, écrit d'un style que j'ai en horreur.

XCV.

Là, il élève une digue formidable entre son intelligence et celle des autres ; mais les poèmes de Wordsworth et de ses sectateurs, comme le Shiloh de Johanna Southcote (1) et sa secte, sont choses qui maintenant ne frappent pas l'attention publique.. tant est restreint le nombre des élus. Ces deux virginités surannées, desquelles on attendait un dieu, n'étaient qu'enflées d'hydropisie.

XCVI.

Mais il faut revenir à mon histoire : j'avoue que si j'ai un défaut, c'est la manie des digressions... je laisse mon lecteur marcher tout seul, tandis que je ne livre à d'interminables monologues ; mais ce sont là mes discours du trône, où j'ajournent les affaires à la prochaine session ; oubliant que chacune de mes omissions est une perte pour l'univers..... une perte moins grande toutefois que les lacunes de l'Arioste.

XCVII.

Je le sais, ce que nos voisins appellent *longueurs* (nous autres Anglais n'avons pas le mot, mais nous possédons la chose dans une rare perfection, et nous en sommes d'avoir tous les principes du poème épique de Bob Southey) ; ces longueurs, dis-je, ne sont pas précisément ce qu'il y a de plus propre à charmer le lecteur ; mais il ne me serait pas difficile de prouver par quelques exemples que le principal ingrédient de l'épopée, c'est l'ennui.

XCVIII.

Horace nous l'apprend : « Homère dort quelquefois ; » mais sans lui nous aurons que Wordsworth quelquefois veille, pour montrer avec quelle complaisance il se traîne autour de ses lacs avec ses chers voituriers (2). Il demande « un bateau » pour naviguer sur l'abîme... de l'Océan ? — Non pas, mais de l'air. Puis il implore de nouveau « un petit bateau, » et il dépense une mer de salive pour le mettre à flot.

XCIX.

S'il lui faut absolument voyager par les plaines éthérées, et que Pégase, trop rétif, se laisse difficilement atteler à sa charrette, ne pourrait-il pas invoquer le secours de son héros le voiturier, ou prier Médée de lui prêter un de ses dragons ? ou s'il trouve cette monture trop classique pour son esprit vulgaire, s'il craint de se casser le cou avec un pareil bidet, et qu'il veuille absolument monter vers la lune, le pauvre diable ne peut-il demander un ballon ?

C.

Des colporteurs ! des bateaux ! des charrettes ! Ombres de Pope et de Dryden, en sommes-nous venus là ? Faut-il qu'un pareil fatras, non-seulement échappe au mépris, mais flotte comme l'écume à la face du vaste abîme ? que ces Jack Cades (1) du bon sens et de la poésie puissent siffler sur vos tombeaux ? que l'auteur de Peter Bell viennent insulter à la main qui crayonna Achitophel (2).

CI.

A notre histoire ! Le banquet était fini ; les esclaves, les nains et les jeunes danseuses s'étaient retirés. Les contes arabes et les chants du poète avaient cessé : les derniers sons joyeux venaient d'expirer. La dame et son amant, restés seuls, admiraient les teintes rosées du soir. Ave Maria ! sur la terre et les flots, la plus céleste des heures, ô Marie, est digne de toi !

CII.

Ave Maria ! bénie soit cette heure ! bénis soient le temps, le climat, le lieu, où si souvent j'ai senti dans tout son charme cette heure si belle et si douce descendre sur la terre ! Cependant la cloche sonore se balançait dans la tour lointaine, les mourantes vibrations de l'hymne du soir flottaient vers les cieux ; aucun souffle n'agitait les vapeurs rosées répandues dans l'air, et néanmoins les feuilles de la forêt frémissaient comme pour se joindre aux chants sacrés.

CIII.

Ave Maria ! c'est l'heure de la prière !... Ave Maria ! c'est l'heure de l'amour !... Ave Maria ! permets, ô Marie que nos âmes s'élèvent vers ton fils et toi ! Ave Maria ! qu'il est beau ce visage ! qu'ils sont beaux ces yeux baissés sous les ailes de la Colombe Toute-Puissante ! Qu'importe qu'une image peinte frappe seule nos regards..... non, cette image n'est point une idole... c'est la réalité.

CIV.

Des casuistes charitables ont la bonté de dire dans des pamphlets anonymes que je n'ai pas de piété. Mais dites à ces gens-là de se mettre en prières avec moi, et vous verrez qui de nous connaît le meilleur et le plus court chemin pour arriver au ciel. Mes autels, à moi, ce sont les montagnes, l'Océan, la terre, les cieux, les étoiles... ces émanations du grand Tout qui a produit l'âme, et auquel l'âme doit retourner.

CV.

Heure charmante du crépuscule !... Ombreuse solitude des forêts de pins, rivages silencieux de l'antique Ravenne, où l'Adriatique promenait jadis ses flots, où s'élevait la dernière forteresse des Césars ! ô bois toujours verts que consacraient pour moi la plume de Boccace et la lyre de Dryden, oh ! combien je vous aimais, vous et l'heure charmante du crépuscule !

CVI.

La voix perçante des cigales, ces habitantes des pins, dont la vie d'un été n'est qu'une perpétuelle chanson, éveillait seule les échos, seule avec les pas de mon coursier ou les miens et la cloche du soir qui tintait à travers le feuillage ; le fantôme-chasseur de la forêt d'Onesti, sa meute infernale, leur poursuite, et cette troupe de jeunes beautés qui apprirent par cet exemple à ne pas fuir un amant sincère..... tous ces objets passaient comme des ombres devant les yeux de mon imagination (3).

CVII.

O Hespérus ! que de biens tu nous apportes..... tu rends son toit domestique à l'homme fatigué, le repas du soir à celui qui a faim, au jeune oiseau l'abri de l'aile maternelle, aux taureaux harassés l'étable accoutumée : tout ce qu'il y a de paix autour du foyer, tout ce que nos pénates protégent de plus cher, tou heure de repos le rassemble autour de nous ; tu rends aussi l'enfant à la mamelle de sa mère.

CVIII.

Heure suave ! tu éveilles les regrets et tu attendris l'âme du voyageur lancé sur l'Océan, le jour même où il a été séparé des amis qui

---

(1) Fanatique un intrigante, qui s'annonçait comme la mère d'un second Messie (Shiloh), et qui eut jusqu'à cent mille sectateurs. Elle fit des dupes pendant une dizaine d'années, jusqu'à sa mort qui eut lieu en 1814.
(2) Wordsworth, poète lakiste, fit paraître, en 1819, un poème intitulé « Benjamin le charretier. » Quant aux bateaux, ils font allusion à un passage de « Peter Bell le colporteur, » autre ouvrage du même auteur.

(1) Célèbre démagogue du règne de Henri VI. Voyez Shakespeare, Henri VI, 2ᵉ part., acte 4.
(2) Personnage satirique d'un poème célèbre de Dryden, qui, si l'on en croyait Wordsworth, serait complétement tombé en oubli.
(3) Allusions à un épisode du poème de Dryden : « Théodore et Honoria. »

lui sont chers. Tu remplis d'amour le pèlerin quand il tressaille en son chemin, écoutant au loin la cloche du soir qui semble pleurer le déclin du jour: est-ce là une illusion que la raison dédaigne? Ah! sans doute, rien ne meurt sans que quelque chose le pleure.

CIX.

Quand Néron fut tombé, par le plus juste décret qui ait jamais détruit le destructeur, au milieu des acclamations de Rome délivrée, des nations affranchies et du monde ivre de joie, des mains invisibles vinrent semer des fleurs sur sa tombe: humble souvenir d'un cœur faible, mais reconnaissant d'une heure d'humanité dérobée à l'enivrement du pouvoir.

CX.

Me voilà retombé dans les digressions : qu'a de commun Néron, ou tout autre bouffon impérial de son espèce, avec les faits et gestes de mon héros?... Rien de plus, certes, que les habitants de la lune, dignes émules de pareils fous. Il faut que mon imaginative soit descendue jusqu'à zéro et que je sois, en poésie, tombé au niveau des « cuillers de bois » (tel est le sobriquet dont, à Cambridge, nous affublions ceux qui n'atteignaient qu'au dernier rang universitaire).

CXI.

Cette marche ennuyeuse ne prendra jamais, je le sens... c'est quelque chose de trop épique. Aussi en me recopiant, de ce chant beaucoup trop allongé j'en ferai deux. A moins que je ne l'avoue moi-même, personne ne soupçonnera la chose, sauf un petit nombre d'hommes d'expérience; et alors je la poserai comme une amélioration : je prouverai que telle est l'opinion du roi des critiques ; voyez Aristote, *passim*, *Péri Poïétikés*.

CHANT IV.

I.

Rien de si difficile en poésie qu'un commencement, si ce n'est peut-être la fin; car souvent, au moment même où Pégase a touché le but, il se foule une aile, et nous dégringolons comme Lucifer quand ses crimes le firent chasser des cieux ; notre péché est le même que le sien, et tout aussi difficile à corriger... car ce péché c'est l'orgueil qui pousse notre âme à prendre trop haut son essor.

II.

Mais le temps, qui remet toutes choses à leur niveau, le temps et l'adversité cuisante apprendront enfin à l'homme..... et, nous nous plaisons à l'espérer, au diable lui-même..... que ni l'un ni l'autre n'ont l'intelligence bien vaste. Tant que les chauds désirs de la jeunesse bouillonnent dans nos veines, nous ignorons cela... le sang coule trop rapide; mais quand le torrent s'élargit en approchant de l'Océan, nous revenons sur les émotions passées.

III.

Dans mon jeune âge, je me croyais un habile garçon, et je souhaitais que les autres prissent de moi la même opinion : c'est ce qui arriva lorsque je fus plus mûr; et d'autres esprits reconnurent alors ma supériorité; maintenant, dans la saison des feuilles mortes, mon imagination énervée replie ses ailes ; et la triste vérité, planant sur mon pupitre, transforme le romantique en burlesque.

IV.

Si je ris des choses mortelles, c'est pour ne pas en pleurer ; et si je pleure, c'est que notre nature ne peut pas toujours se maintenir dans un état d'apathie ; car il nous faut plonger nos cœurs dans les profondeurs de l'oubli avant que s'assoupissent les idées qui nous blessent le plus : Thétis baptisa dans le Styx son fils né d'un mortel; une mère mortelle ferait mieux de choisir le Léthé.

V.

Certains hommes m'ont accusé d'étranges desseins contre les croyances et la morale du pays : ils affirment qu'on en trouve la preuve dans chaque ligne de ce poème ; je n'ai pas la prétention de me comprendre parfaitement moi-même quand je me pique de faire du beau ; mais le fait est que je n'ai point de plan, si ce n'est d'avoir un moment de gaîté, mot nouveau dans mon vocabulaire.

VI.

Au lecteur charitable de notre froid climat, cette manière d'écrire pourra paraître exotique : Pulci fut le père de cette poésie demi-sérieuse, et il chanta dans un temps où la chevalerie était plus don Quichotte qu'aujourd'hui ; son génie se délecta dans les sujets favoris de son époque : loyaux chevaliers, chastes dames, géants énormes, rois despotes ; mais sauf ces derniers, tout cela étant passé de mode, j'ai dû choisir un sujet plus moderne.

VII.

Comment l'ai-je traité, c'est ce que j'ignore ; pas mieux peut-être que ne m'ont traité ceux qui m'ont imputé des desseins basés non sur ce qu'ils ont vu, mais sur ce qu'ils souhaitaient de voir. Mais cela leur fait plaisir, soit! Nous vivons dans un temps d'indépendance, et les pensées sont libres ; cependant Apollon me tire par l'oreille, et m'ordonne de reprendre mon histoire.

VIII.

Le jeune Juan et sa bien-aimée avaient été laissés à la douce société de leurs cœurs; l'impitoyable Temps lui-même ne pouvait sans peine frapper de sa rude faulx ces êtres aussi tendres. Ennemi de l'amour, il gémissait néanmoins de voir la fuite des heures qui leur restaient; et pourtant ils ne pouvaient être destinés à vieillir; ils devaient mourir dans leur aimable printemps, avant qu'un seul charme, une seule espérance, se fussent envolés.

IX.

Leurs visages n'étaient pas faits pour porter des rides, leur sang généreux pour se figer, leurs cœurs énergiques pour défaillir ; de blancs cheveux ne devaient point couvrir leurs têtes ; mais, pareille aux climats qui ne connaissent ni la neige ni les frimas, leur vie devait être un seul été : la foudre pouvait les frapper et les réduire en cendres ; mais se traîner dans la longue et tortueuse carrière d'un déclin monotone... tel ne devait point être leur sort : il y avait en eux trop peu d'argile.

X.

Ils étaient seuls encore une fois : pour eux, c'était un autre Éden ; ils ne s'ennuyaient jamais que quand ils ne se voyaient pas. L'arbre que la hache a séparé de ses racines séculaires, la rivière dont on intercepte la source, l'enfant arraché soudain et pour toujours du giron et du sein maternels, dépériraient moins promptement que ces deux amants séparés l'un de l'autre. Hélas ! il n'est pas d'instinct aussi sûr que celui du cœur.....

XI.

Du cœur..... qui peut se briser. O heureux, trois fois heureux, ceux qui, formés de matière fragile, précieuse porcelaine en comparaison de la grossière argile humaine, se brisent à la première chute ! Ceux-là ne verront pas les jours s'enchaîner aux jours dans l'année monotone, et tout ce qu'il faut supporter sans jamais le dire ; car l'étrange principe de la vie a souvent ses racines plus profondes dans ceux-là mêmes qui souhaitent le plus de mourir.

XII.

« Ils meurent jeunes, ceux qui sont aimés des dieux, » a dit un ancien ; s'ils échappent à bien des morts : la mort des amis, et ce qui tue plus encore, la mort de l'amitié, de l'amour, de la jeunesse, de tout ce qui vit en nous, le souffle seul excepté. Et puisque le silencieux rivage attend à la fin ceux mêmes qui ont échappé le plus longtemps aux traits du vieil archer, cette mort prématurée que les hommes déplorent est peut-être un bienfait.

XIII.

Haïdée et don Juan ne pensaient point aux morts. Le ciel, la terre et l'air semblaient créés pour eux, et ils n'accusaient le temps que de fuir trop vite. Ils ne reconnaissaient en eux-mêmes rien à blâmer ; chacun d'eux était le miroir de l'autre : ils voyaient mutuellement la joie étinceler comme un diamant au fond de leurs yeux noirs, reflet de l'amour qu'échangeaient leurs regards.

XIV.

La douce pression, le contact frémissant, le moindre regard mieux compris que des paroles, et disant tout sans jamais pouvoir trop en dire ; un langage pareil à celui des oiseaux, connu des êtres seuls, ou du moins paraissant tel, car il n'a de sens que pour eux; doux accents, propos enfantins qui sembleraient absurdes à qui ne les a jamais entendus, ou a cessé de les entendre :

XV.

Ils avaient tout cela ; car ils étaient encore enfants, et ils l'auraient toujours été : ils n'étaient pas créés pour jouer un rôle actif sur l'ennuyeuse scène du monde réel; mais comme deux êtres nés de la même source limpide, la nymphe et son ondin bien aimé, ils devaient passer leur existence invisible dans le sein des eaux et parmi les fleurs, sans connaître le poids des heures humaines.

XVI.

Les lunes changeantes avaient passé sur leurs têtes et les avaient trouvés non changés, ces enfants pour lesquels leurs brillants levers avaient éclairé des joies telles qu'elles en voyaient rarement dans tout leur cours. Ce n'étaient pas de ces vains plaisirs qui s'amortissent par la satiété; car leurs esprits généreux n'étaient point asservis au seul lien des sens; et cet écueil de l'amour, la possession, était pour eux un charme de plus ajouté à la tendresse.

XVII.

O belle tendresse! et rare autant que belle! Mais ils s'aimaient de cet amour où l'âme s'absorbe avec délices, quand elle a pris le vieux monde en dégoût, fatiguée qu'elle est de ses bruits et de ses tableaux monotones, de ses intrigues, de ses aventures vulgaires, petites passions, mariages, enlèvements, où la torche de l'hymen ne fait que signaler une prostituée de plus, dont l'époux seul ignore l'infamie.

XVIII.

Dures paroles! dures vérités! vérités que beaucoup ont éprouvées! Mais assez!... Le couple charmant et fidèle, qui ne trouvait jamais une seule heure trop lente, à quoi devait-il cet affranchissement de tout souci? A ces sentiments innés et propres à la jeunesse, que tous ont connus ici-bas; qui s'éteignent dans les autres hommes, mais qui, chez eux, restaient adhérents à leur être, sentiments que, nous autres grossiers mortels, nous appelons romanesques, et que nous envions tout en les taxant de folie.

XIX.

Dans les autres hommes, c'est un état factice, un rêve provenant d'un excès de jeunesse ou de lecture, et pareil à ceux que donne l'opium; mais c'était pour eux la nature ou la destinée: les romans n'avaient point surexcité leurs jeunes cœurs, car la science d'Haïdée n'allait pas si loin, et Juan avait été saintement élevé: si bien que leurs amours n'étaient pas plus raisonnés que ceux des rossignols ou des tourterelles.

XX.

Ils contemplaient le coucher du soleil, heure douce à tous les yeux, mais surtout aux leurs; car cette heure les avait faits ce qu'ils étaient. C'est de ce firmament occidental que l'amour était descendu pour les vaincre, alors que le bonheur fut leur unique douaire, et que le crépuscule les vit unis l'un à l'autre d'une chaîne passionnée. Épris l'un de l'autre, ils s'éprenaient également de toute chose qui leur rappelait un passé aussi cher que le présent.

XXI.

Je ne sais pourquoi, mais à cette heure du soir, pendant qu'ils contemplaient l'horizon, un tremblement soudain les saisit, et traversa la félicité de leurs cœurs, comme le vent qui effleure les cordes d'une harpe, ou qui passe sur une flamme. Ainsi un secret pressentiment se glissa dans leurs cœurs et tira de la poitrine de Juan un faible et lent soupir, tandis qu'une larme, la première depuis son amour, parut dans les yeux d'Haïdée.

XXII.

Ces grands yeux noirs et pleins d'une prophétique terreur semblèrent se dilater et suivre le déclin du soleil lointain, comme si son disque large et brillant allait emporter avec lui leur dernier jour de bonheur. Juan regardait Haïdée et semblait l'interroger sur son destin... il se sentait triste; mais, n'ayant aucune cause de tristesse, son regard demandait à son amie l'excuse d'un sentiment sans motif, ou du moins difficile à expliquer.

XXIII.

Elle se tourna vers lui et sourit, mais de ce sourire qui n'éveille pas celui des autres; puis regarda d'un autre côté. Quel que fût le sentiment qui l'avait agitée, il fut rapidement dompté par sa prudence ou son orgueil; et lorsque don Juan... en badinant peut-être... parla de cette impression mutuelle, elle répondit : « S'il devait en être ainsi... mais non; cela ne se peut... ou du moins je ne survivrais pas pour en être témoin. »

XXIV.

Juan voulut l'interroger encore; mais elle pressa ses lèvres contre celles du jeune homme pour le réduire au silence, et en même temps pour bannir de son cœur le fatal augure, en lui opposant ce tendre baiser. Sans nul doute, de toutes les méthodes, c'est la meilleure : il y a des gens qui préfèrent le vin... et ils n'ont pas tout-à-fait tort. J'ai essayé de l'un et de l'autre : si vous voulez prendre un parti, choisissez entre le mal de tête et les tourments du cœur.

XXV.

Selon le choix que vous ferez, vous aurez à subir la femme ou le vin, deux maladies qui sont un impôt sur nos joies; mais je serais en peine de dire laquelle vaut le mieux. Si j'avais à donner un avis, je trouverais des deux côtés d'excellentes raisons et je déciderais alors, sans faire tort à l'une ou à l'autre, qu'il est moins dangereux de se les donner toutes deux que de n'en avoir aucune.

XXVI.

Juan et Haïdée se regardaient, les yeux humides d'une muette tendresse où venaient se confondre tous les sentiments d'ami, d'enfant, d'amant, de frère, tout ce que peuvent réunir et peindre deux cœurs purs qui s'épanchent l'un dans l'autre et qui aiment trop, mais ne peuvent aimer moins; et qui sanctifient presque cet excès si doux par un immense désir et un immense pouvoir de se donner mutuellement le bonheur.

XXVII.

Confondus dans les bras l'un de l'autre, cœur contre cœur, pourquoi ne moururent-ils pas alors?... Ils avaient trop longtemps vécu, si jamais venait le moment où ils devraient vivre séparés : les années ne pouvaient leur apporter que des regrets et des douleurs. Le monde n'était pas fait pour eux : ses artifices n'avaient rien de commun avec deux êtres passionnés comme un hymne de Sapho. L'amour était né avec eux, et si profondément mêlé avec leur nature, que ce n'était plus un sentiment... c'était leur essence même.

XXVIII.

Ils étaient faits pour vivre ensemble au fond des bois, invisibles comme chante le rossignol, et non pour habiter ces solitudes peuplées qu'on nomme le monde, habitacles de la haine, du vice et des soucis. Toute créature née libre ne se plaît-elle pas à vivre solitaire? Les oiseaux dont le chant est le plus doux vivent par couple; l'aigle plane seul; la mouette et le corbeau se jettent par bandes sur les cadavres, absolument comme les hommes.

XXIX.

Joue contre joue, doux oreiller, dans un sommeil plein d'amour, Haïdée et Juan faisaient la sieste, torpeur suave, mais légère; car de moments en moments Juan tressaillait et un frémissement parcourait tous ses membres; puis les douces lèvres d'Haïdée murmuraient, comme un ruisseau, une musique sans paroles, et ses traits charmants étaient agités par son rêve, comme les pétales d'une rose par le souffle de la brise;

XXX.

Ou, comme dans une vallée des Alpes se ride la surface d'une eau profonde et limpide effleurée par le vent. Ainsi Haïdée cédait à l'influence du songe, ce mystérieux usurpateur de l'intelligence, qui nous soumet à ses lois absolues et aux caprices effrénés de l'âme physique; étrange existence (car c'est encore exister), sentir en l'absence des sens, et voir les yeux fermés!

XXXI.

Dans son rêve, elle était seule sur le bord de la mer et enchaînée à un rocher; elle ne savait comment cela se faisait, mais elle ne pouvait se détacher de ce lieu, et le mugissement des flots augmentait, et les vagues s'élevaient autour d'elle, terribles, menaçantes, et elles dépassaient sa lèvre supérieure de manière à lui couper la respiration; et bientôt elles rugirent écumantes au-dessus de sa tête : altières et courroucées, chacune d'elles semblait devoir l'écraser, et pourtant elle ne pouvait mourir.

XXXII.

Enfin... elle fut délivrée de ce supplice; et alors elle marcha, les pieds tout saignants, sur la pointe des roches tranchantes; elle trébuchait presque à chaque pas, et, devant elle roulait, enveloppé d'un linceul, un objet qu'elle se sentait forcée de poursuivre malgré sa frayeur : c'était quelque chose de blanc et d'indistinct, qui fuyait son regard et son étreinte; car elle s'efforçait de le reconnaître et de le saisir, et elle le poursuivait en courant; mais, au moment où elle étendait la main, il lui échappait toujours.

XXXIII.

Le rêve changea de nouveau... elle se trouvait dans une grotte dont les parois étaient tapissées de stalactites, vaste salle, ouvrage des siècles et sculptée par l'Océan, que baignaient les vagues et où se retiraient les veaux marins. Sa chevelure était ruisselante; les noires prunelles de ses yeux se fondaient en larmes qui, tombant goutte à goutte sur les rochers aigus, s'y cristallisaient soudain...

XXXIV.

Et à ses pieds, humide, froid et sans vie, pâle comme l'écume qui couvrait son front livide et qu'elle s'efforçait en vain d'essuyer (soins si doux naguère, si vains aujourd'hui), à ses pieds gisait Juan; et rien ne pouvait ranimer les battements de son cœur éteint, et le glas funèbre de la vague résonnait à son oreille comme le chant d'une sirène; et ce rêve si court lui semblait une longue vie.

XXXV.

Et en regardant le mort, elle crut voir sa physionomie s'effacer pour se changer en une autre... semblable à celle de son père; chaque trait qui se dessinait rappelait de plus en plus l'aspect de Lambro... avec son regard pénétrant et la pureté de son profil grec... Elle tressaille; elle s'éveille, et que voit-elle?... Puissances du ciel! quel est ce regard sinistre qu'ont rencontré ses yeux?... c'est... c'est le regard de son père... fixé sur elle et sur Juan.

XXXVI.

Elle jette un cri, se lève, puis retombe avec un autre cri, accablée de joie et de douleur, d'espérance et d'effroi: eh quoi! celui qu'elle croyait enseveli dans les abîmes de l'Océan, elle le voit se lever d'entre les morts, et peut-être pour causer le trépas d'un être trop chéri. Certes, Haïdée aimait bien son père, et pourtant, ce fut pour elle un de ces moments terribles... j'en ai vu de semblables... dont je ne dois pas réveiller le souvenir.

XXXVII.

Au cri douloureux d'Haïdée, Juan s'élança, la reçut dans ses bras, et saisit son sabre suspendu à la muraille, brûlant de faire tomber sa vengeance sur la cause de tout ce désordre. Lambro qui, jusqu'à ce moment, avait gardé le silence, sourit d'un air de mépris, en disant: « A portée de ma voix mille cimeterres n'attendent qu'un mot pour frapper: à bas, jeune homme! à bas cette épée impuissante! »

XXXVIII.

Haïdée, l'enlaçant de ses bras: « Juan! c'est... c'est Lambro... c'est mon père, s'écria-t-elle. Fléchis avec moi le genou... il nous pardonnera... il ne pourra résister.. ô mon père bien aimé, dans cette agonie de douleurs mêlées de joie, au moment où je baise avec ivresse le bord de ton manteau, se peut-il qu'un doute se mêle à mon allégresse filiale? Fais de moi ce que tu voudras; mais épargne cet enfant. »

XXXIX.

Altier, impénétrable, le vieillard restait immobile: le calme était dans sa voix, le calme dans son regard... ce qui n'était pas toujours chez lui l'indice de l'humeur la plus paisible; il jeta les yeux sur sa fille, mais ne lui répondit pas; puis, il se tourna vers Juan, sur les joues duquel le sang se montrait et disparaissait tour-à-tour, décidé qu'il était à périr du moins les armes à la main, et prêt à s'élancer sur le premier qui viendrait à la voix du pirate.

XL.

« Jeune homme, ton épée! » dit encore une fois Lambro. « Jamais! répliqua Juan, tant que ce bras sera libre. » Le vieillard pâlit, mais non de crainte, et tirant un pistolet de sa ceinture, il reprit: « Eh bien donc, que ton sang retombe sur ta tête! » Puis il examina fort attentivement la pierre, comme pour s'assurer qu'elle était en bon état... car il en avait fait usage depuis peu... après quoi il mit tranquillement le pouce sur le chien.

XLI.

Il sonne étrangement à l'oreille, le bruit sec d'un pistolet qu'on arme quand vous savez que, l'instant d'après, il va viser votre personne, à douze pas, plus ou moins: distance convenable et qui n'est point trop rapprochée, si vous avez pour adversaire un ancien ami; mais quand on a essuyé le feu une ou deux fois, l'oreille devient plus irlandaise, c'est-à-dire moins délicate.

XLII.

Lambro mit en joue: un instant de plus mettait fin à ce poème et aux jours de don Juan, quand Haïdée se jeta devant son amant, ci, aussi résolue que son père: « C'est sur moi, s'écria-t-elle, que la mort doit descendre!... La faute est à moi seule; il a été jeté sur ce fatal rivage... qu'il ne cherchait pas. Je lui ai engagé ma foi; je l'aime... je mourrai avec lui. Je connais depuis longtemps votre caractère inflexible; connaissez celui de votre fille. »

XLIII.

Une minute auparavant, elle n'était que larmes, que tendresse, qu'enfance; mais maintenant, se redressant pour défier toute crainte humaine, pâle, immobile, inébranlable, elle appelait le coup fatal. D'une taille supérieure à son sexe, et même à quelques hommes, elle se grandissait de toute sa hauteur, comme pour offrir un but plus facile; elle fixait sur son père un œil assuré... mais elle n'essayait pas d'arrêter son bras.

XLIV.

Il la regardait; elle le regardait: étrange ressemblance! c'était la même expression, la même sérénité sauvage, presque les mêmes yeux, grands et noirs, se dardant mutuellement des flammes; car elle aussi était capable de se venger, quand elle en aurait un motif... vraie lionne, bien qu'apprivoisée. En face de son père, le sang paternel bouillonnait dans ses veines et ne démentait pas sa race.

XLV.

J'ai dit qu'ils se ressemblaient par les traits et la taille, ne différant que par le sexe et l'âge; jusque dans la délicatesse de leurs mains il y avait cette conformité, indice d'un même sang. De les voir ainsi, en face l'un de l'autre, pleins d'une animosité implacable, quand des larmes de joie et de douces sensations auraient dû signaler leur rencontre, on peut reconnaître ce que sont les passions poussées à leur dernier terme.

XLVI.

Le père hésita un moment; puis il abaissa son arme et la remit à sa ceinture; mais il demeura immobile, les yeux fixés sur sa fille, comme pour lire dans son âme. « Ce n'est pas moi, dit-il enfin, ce n'est pas moi qui ai cherché la perte de cet étranger; ce n'est pas moi qui ai créé cette désolation; peu d'hommes supporteraient un pareil outrage, et s'abstiendraient de répandre le sang: mais j'accomplirai mon devoir... Quant à ce que tu as fait des tiens, le présent révèle le passé.

XLVII.

« Qu'il dépose son arme, ou par la tête de mon père, la sienne va rouler devant toi comme une boule! » En achevant ces mots, il prit son sifflet et en tira un son aigu; un autre son pareil lui répondit, et dans le même instant une vingtaine de ses hommes, armés jusqu'au turban, s'élancèrent en désordre, mais conduits par un chef: il leur donna cet ordre: « Arrêtez ce Franc ou tuez-le! »

XLVIII.

En même temps, par un mouvement soudain, il attira sa fille à lui, et pendant qu'il la retenait, ses gens s'interposèrent entre elle et Juan. En vain elle s'efforça de se dégager de l'étreinte de son père. Alors la bande des pirates, telle qu'un aspic longtemps irrité, s'élança sur sa proie... Le premier, cependant, ne l'atteignit point, et tomba lui-même, l'épaule droite presque séparée du tronc.

XLIX.

Le second eut la joue fendue en deux; mais le troisième, vieux sabreur plein de sang-froid, reçut les coups sur son coutelas, puis se fendit vigoureusement à son tour; si bien qu'en un clin d'œil son homme fut hors de combat et à ses pieds, perdant un ruisseau de sang par deux rouges et profondes blessures, l'une au bras et l'autre à la tête.

L.

Alors on le garrotta sur la place et on l'emporta hors de l'appartement: sur un signe du vieux Lambro, il fut conduit au rivage où se trouvaient quelques navires prêts à mettre à la voile dans la nuit. Ils le jetèrent dans un canot, et faisant force d'avirons, atteignirent les galiotes à l'ancre: alors ils le déposèrent dans un de ces bâtiments, l'enfermèrent sous les écoutilles et le recommandèrent spécialement aux hommes de quart.

LI.

Le monde est plein d'étranges vicissitudes, et en voici une fort désagréable: un gentilhomme pourvu des dons de la fortune, de la jeunesse et de la beauté, jouissant de toutes les délices de la vie, au moment où il y pense le moins, se voit tout-à-coup embarqué, blessé et enchaîné de manière à ne pouvoir faire un mouvement; et tout cela parce qu'une jeune fille est tombée amoureuse de lui.

LII.

Force m'est de le laisser là, car je deviens pathétique, excité que je suis par la nymphe chinoise des larmes, le thé vert, nymphe qui, pour les facultés prophétiques, en remontrerait à Cassandre même; car si mes pures libations excèdent le nombre trois, je sens mon cur se remplir d'une telle sympathie, que je suis obligé d'avoir recours au noir bohéa. C'est dommage que le vin soit si délétère, et le thé et le café nous laissent beaucoup trop sérieux...

LIII.

A moins qu'ils ne soient modifiés par toi, ô Cognac! douce naïade des eaux de Phlégéton! Ah! pourquoi faut-il que tu attaques si cruellement le foie, et que, comme tant d'autres nymphes, tu rendes tes amants malades? J'aurais volontiers recours à un punch léger; mais le *rack* (1) (dans toutes les acceptions du mot), chaque fois que j'en remplis jusqu'au bord ma coupe nocturne, m'éveille le lendemain matin avec son homonyme.

LIV.

Je laisse donc pour le moment don Juan vivant..... mais non pas précisément sain et sauf; car le pauvre diable était grièvement blessé; mais ses douleurs corporelles pouvaient-elles égaler la moitié des tortures qui faisaient bondir convulsivement le cœur de son Haïdée? Elle n'était pas de ces femmes qui pleurent, se désolent, s'emportent, et bientôt après se calment, subjuguées par leur entourage : sa mère était une Mauresque de Fez, pays où tout est Éden ou désert.

LV.

Là, l'olivier majestueux fait pleuvoir ses flots d'ambre dans des bassins de marbre; là, les grains, les fleurs et les fruits jaillissent de la terre, et le pays en est inondé : mais là aussi croît plus d'un arbre à poison ; là, minuit entend le rugissement du lion, et des déserts sans fin brûlent le pied du chameau ou, soulevant leurs vagues sablonneuses, engloutissent la caravane sans défense. Tel y est le sol et tel le cœur de l'homme.

LVI.

L'Afrique appartient toute au soleil, et comme le terrain même, l'argile humaine y est embrasée; puissant pour le bien et pour le mal, brûlant dès sa naissance, le sang mauresque est soumis à l'influence de l'astre radieux, et les fruits qu'il enfante ressemblent à ceux du sol. La mère d'Haïdée eut pour dot la beauté et l'amour; mais dans ses grands yeux noirs on voyait la profonde énergie de la passion, bien qu'endormie, comme le lion près d'une source.

LVII.

Sa fille, formée d'un rayon plus doux, pareille à ces nuages d'argent qui dans un ciel d'été étalent leur paisible blancheur jusqu'au moment où, s'étant chargés lentement de foudres, ils promènent sur la terre l'effroi et dans l'air la tempête; sa fille, dis-je, avait parcouru jusqu'à ce jour une voie riante et unie : mais exaltée par la passion et le désespoir, le feu de ses veines numides fit explosion, comme le Simoun déchaîné sur la plaine qu'il dévore.

LVIII.

Le dernier objet qui avait frappé ses regards, c'était Juan, blessé, abattu et captif : son sang coulait à flots sur le parquet que tout à l'heure encore il foulait, rayonnant de beauté et tout à son amour : voilà ce qu'elle vit un instant, puis elle ne vit plus rien... en poussant un sanglot convulsif, elle cessa de se débattre ; et, comme un cèdre abattu par la cognée, elle tomba tout-à-coup dans les bras de son père, qui jusque-là pouvait à peine la contenir.

LIX.

Une veine s'était rompue, et ses lèvres pures et vermeilles s'étaient souillées tout-à-coup d'un sang noir; sa tête se penchait comme un lis surchargé de pluie. On appela ses femmes, qui, les yeux baignés de larmes, portèrent leur maîtresse sur sa couche : elles mirent en œuvre leurs herbes et leurs cordiaux ; mais le mal fut rebelle à tous les soins ; il semblait que la vie ne pût la garder, ni la mort la détruire.

LX.

Elle resta plusieurs jours dans le même état : glacée, elle n'avait pourtant rien de livide, et ses lèvres avaient conservé leur teinte vermeille ; son cœur ne battait plus, et cependant la mort semblait encore absente ; nul signe hideux ne donnait la certitude de la mort ; la corruption ne venait pas détruire les dernières espérances; en contemplant ces traits si doux, on y puisait de nouvelles pensées de vie, car ils semblaient encore pleins d'âme.

(1) Ce mot est d'abord en anglais comme en français le nom d'une sorte d'eau-de-vie faite avec du riz; de plus il signifie en anglais *tourment*, *torture*; c'est sur quoi repose le jeu de mots qui termine la stance. On peut trouver encore ici le foulait, allusion par antiphrase au paronyme de ce mot *rake*, qui veut dire *râteau* et *vaurien*. Du reste Byron et la plupart des traducteurs disent *synonyme*, quoique le sens demande *homonyme*.

LXI.

La passion dominante s'y retrouvait encore, comme dans le marbre travaillé par le plus habile ciseau, mais avec cette immobilité que le marbre imprime à la beauté de Vénus, éternellement belle, aux immortelles douleurs du Laocoon, ou à ce gladiateur qui ne cessera jamais de mourir. L'énergique imitation de la vie est toute la gloire de ces chefs-d'œuvres; et pourtant on n'y reconnaît pas la vie, car ils sont toujours les mêmes.

LXII.

Elle s'éveilla enfin , non comme s'éveillent ceux qui ont dormi, mais plutôt comme les morts; car la vie semblait en elle quelque chose de nouveau, une sensation étrange qu'elle recevait involontairement. Les objets frappaient sa vue, mais ne disaient rien à sa mémoire; et cependant un poids douloureux accablait son cœur, qui, fidèle à ses premières émotions, lui ramenait le sentiment de ses maux, sans lui rappeler leur cause. Les Furies lui laissaient un moment de repos.

LXIII.

Elle promenait un œil vague sur les visages qui l'entouraient, et regardait les objets sans les reconnaître ; elle voyait qu'on la veillait sans demander pourquoi, et ne faisait aucune attention aux personnes assises à son chevet ; bien qu'elle ne parlât pas, elle n'avait pas perdu la parole ; pas un soupir ne soulageait sa pensée ; un silence morne et une vive causerie furent vainement essayés par ceux qui la servaient ; sa respiration seule indiquait qu'elle n'appartenait pas à la tombe.

LXIV.

Ses femmes attendaient ses ordres, mais elle ne les remarquait pas ; son père veillait près d'elle, elle détournait de lui ses regards; elle ne reconnaissait ni les êtres, ni les lieux qui lui avaient été le plus chers : on la faisait passer d'un appartement à un autre ; elle s'y prêtait avec douceur, mais la mémoire ne revenait point. Mais enfin ses yeux, qu'on essayait de rappeler aux pensées d'autrefois, s'animèrent tout-à-coup d'une terrible expression.

LXV.

Alors un esclave lui proposa d'écouter une harpe ; le harpiste vint et accorda son instrument ; aux premières notes irrégulières et perçantes, elle jeta sur lui un regard étincelant, puis elle se tourna vers la muraille, comme pour combattre les pensées douloureuses qui tourmentaient son cœur. Et le musicien, d'une voix basse et lente, commença un chant insulaire, un chant des anciens jours de la Grèce, avant que la tyrannie s'y fût affermie.

LXVI.

Aussitôt les doigts pâles et amaigris d'Haïdée battirent sur la muraille la mesure du vieil air. Le chanteur changea de sujet et cha la l'amour : à ce nom redoutable, tous les souvenirs de la malade s'éveillèrent ; soudain brilla devant elle le rêve de ce qu'elle avait été, de ce qu'elle était, de ce qu'elle était et ce que de traîner une pareille existence : les nuages qui pesaient sur son cerveau se fondirent en un torrent de larmes, comme les brouillards des montagnes se résolvent en pluie.

LXVII.

Consolation fugitive ! vain soulagement !... la pensée revint trop brusquement et agita son cerveau jusqu'au délire : elle se leva comme si elle n'eût jamais été malade, et courut sur tous ceux qu'elle rencontra comme sur des ennemis ; mais on ne l'entendit point articuler une parole ou pousser un cri, même quand le paroxysme approcha de sa fin... sa démence n'allait pas jusqu'à l'extravagance des paroles, même quand on la contrariait à dessein.

LXVIII.

Pourtant elle montrait parfois une lueur de connaissance : rien ne put lui faire regarder la figure de son père, bien qu'elle fixât des regards animés sur tous les autres objets sans pouvoir jamais en reconnaître aucun. Elle refusait de manger ou de s'habiller ; rien n'avait pu l'y résoudre. Ni le changement de lieu, ni le temps, ni les soins, ni les secours de l'art n'avaient pu procurer le sommeil à ses sens... elle semblait avoir perdu la faculté même de dormir.

LXIX.

Douze jours et douze nuits elle languit ainsi : enfin, sans un gémissement, un soupir, un regard pour indiquer l'agonie finale, son âme la quitta. Ceux qui étaient le plus près d'elle ne purent apercevoir l'instant précis de la mort ; ils ne la reconnurent qu'au voile terne et sombre qui se déroula lentement sur ses traits gracieux, et qui enfin frappa d'une ombre vitreuse ses yeux... si beaux, si noirs!... Oh! briller d'un tel éclat... et puis s'éteindre !

LXX.

Elle mourut, mais non pas seule : elle portait dans son sein un second principe de vie, un enfant du péché, qui eût pu éclore créature innocente et belle, mais qui termina sa courte existence avant d'avoir vu la lumière, et, sans avoir vécu, descendit dans la tombe où gisent, flétris par le même souffle, la tige et le rameau : et vainement les rosées du ciel tombent sur cette fleur saignante et sur ce fruit desséché de l'amour.

LXXI.

Ainsi elle vécut..... ainsi elle mourut; la douleur ni la honte ne sauraient plus l'atteindre. Elle n'était pas faite pour traîner des années et des mois ce fardeau des douleurs intimes, que des cœurs plus froids savent porter jusqu'à ce que la vieillesse les mette au tombeau. Courte, mais ravissante, fut la carrière de ses jours et de son bonheur... bonheur qui n'eût pu se concilier avec une longue destinée. Elle dort paisible sur le rivage de la mer, qu'elle aimait tant !

LXXII.

Son île est maintenant abandonnée et stérile : les demeures détruites, les habitants dispersés; il n'y reste que la tombe d'Haïdée et celle de son père, et rien d'extérieur ne révèle une argile humaine: vous ne pourriez reconnaître l'endroit où repose une créature si belle ; nulle pierre n'est là pour apprendre, nulle langue pour raconter ce qui fut; nul glas funèbre, si ce n'est la voix profonde des mers, ne plane sur la belle enfant des Cyclades.

LXXIII.

Mais plus d'une vierge grecque soupire en répétant son nom dans un chant d'amour; plus d'un insulaire abrège la longueur des veillées en racontant l'histoire de son père : il avait la valeur, elle avait la beauté ; si elle aima imprudemment, elle paya sa faute de sa vie... de pareilles erreurs coûtent toujours cher ; que nul cependant ne se flatte d'éviter le danger, car l'amour se vengera tôt ou tard.

LXXIV.

Mais quittons ce sujet, qui devient trop triste, et laissons de côté cette page douloureuse : je ne me plais guère à décrire la folie; car je crains d'en paraître moi-même légèrement atteint... D'ailleurs, je n'ai rien de plus à dire sur ce chapitre ; et comme ma muse est un capricieux lutin, nous allons nous remettre en mer et suivre un autre sillage avec don Juan, que nous avons laissé à demi mort quelques stances plus haut.

LXXV.

Blessé, enchaîné, confiné, emprisonné, claquemuré, plusieurs jours et plusieurs nuits s'écoulèrent avant qu'il pût se rendre compte du passé; et quand la mémoire lui revint, il se vit en pleine mer, courant sous le vent, à raison de six nœuds à l'heure et ayant à la proue les rivages d'Ilion. Dans toute autre occasion, il eût pris plaisir à les voir, mais alors le cap Sigée n'eut guère de charme pour lui.

LXXVI.

Là, sur la vaste colline où sont dispersées quelques huttes, entre l'Hellespont et la mer, repose dans sa tombe le brave des braves, Achille... du moins on le dit (Bryant assure le contraire) : plus loin dans la plaine s'élève, vaste et altier, le tumulus... de quel héros ? Les dieux le savent : de Patrocle, peut-être, d'Ajax ou de Protésilas, héros qui, s'ils étaient vivants, nous égorgeraient encore.

LXXVII.

Des monticules où l'on ne trouve ni un marbre, ni une inscription, une plaine vaste et inculte, ceinte de montagnes ; dans le lointain l'Ida, toujours le même, et le vieux Scamandre, si toutefois c'est lui. Encore aujourd'hui ce théâtre semble fait pour la gloire..... cent mille hommes pourraient s'y battre à leur aise. Mais où je cherchais les murs d'Ilion, là broute la brebis paisible et rampe la tortue.

LXXVIII.

Des troupes de chevaux en liberté ; çà et là quelques petits hameaux, aux noms modernes et barbares; des bergers, peu semblables à Paris, accourant pour contempler un moment cette jeunesse européenne que des souvenirs de collége amènent sur les bords où fut Troie; un Turc, son chapelet à la main, sa pipe à la bouche et fort occupé de ses dévotions : voilà ce que j'ai trouvé en Phrygie... mais pour des Phrygiens, du diable si j'en ai vu un seul.

LXXIX.

Ici, don Juan, ayant pu quitter sa triste cabine, vit qu'il était esclave. Il contempla d'un œil morne les vastes plaines d'azur où se projetait l'ombre des héroïques tombeaux. Affaibli par la perte de son sang, à peine put-il articuler quelques questions : les réponses ne lui apprirent rien de satisfaisant sur le passé et le présent.

Avant d'entrer, Baba s'arrêta pour donner quelques avis à Juan.

LXXX.

Quelques-uns de ses compagnons de captivité étaient italiens ; il apprit d'eux leur histoire, qui était des plus singulières. C'était une troupe de chanteurs, tous régulièrement élevés dans cette profession; ils allaient jouer l'opéra en Sicile, lorsque sortant de Livourne avaient été, non point attaqués par un pirate, mais vendus à un prix trop modique par leur *impresario* lui-même.

LXXXI.

L'un d'eux, le *buffo* de la troupe, fit part à don Juan de leur curieuse aventure; car, bien que destiné au marché turc, ce pauvre diable avait conservé sa gaîté, au moins en masque. Le petit homme paraissait en fort bonne humeur; il portait gaiment sa mauvaise fortune et se montrait beaucoup plus résigné que la prima donna ou le ténor.

LXXXII.

Il raconta en peu de mots la mésaventure de sa troupe : « Notre machiavélique *impresario*, dit-il, lorsque nous fûmes à la hauteur de je ne sais quel promontoire, fit des signaux pour héler un brick inconnu. *Corpo di Caio Mario!* nous fûmes transférés en un clin d'œil à son bord sans un seul *scudo di salario;* mais si le sultan a du goût pour la musique, nous aurons bientôt rétabli nos affaires.

LXXXIII.

« La prima donna, quoique d'un certain âge, fatiguée par une vie d'aventures, et sujette au rhume quand la salle n'est pas pleine, a quelques bonnes cordes; ensuite la femme du tenor, sans avoir de voix, est assez gentille : le dernier carnaval, elle a fait grand bruit à Bologne, en enlevant à une vieille princesse romaine son amant, le comte César Cicogna.

LXXXIV.

« Et puis nous avons les danseuses : d'abord la Nini, qui a plus d'une manière de gagner son argent; puis cette coquine de Pelegrini... la petite rieuse, a fait aussi ses affaires au carnaval, en y gagnant au moins cinq cents bons *zecchini;* mais elle est si dépensière, qu'il ne lui reste pas maintenant un *paolo;* enfin, il y a la Grotesca... quelle danseuse! Partout où les hommes ont une âme ou un corps, elle fera son chemin !

LXXXV.

« Quant aux figurantes, elles ressemblent à toute cette clique : par ci par-là, une jolie poupée qui pourra donner dans l'œil; le reste est à peine bon pour la foire. Il en est une cependant qui, bien que trop grande et raide comme une pique, a pourtant un air sentimental qui pourrait la mener loin; mais sa danse manque de vigueur; avec sa taille et sa figure, c'est vraiment grand dommage!

LXXXVI.

« Pour les hommes, ce n'est ni bien ni mal : le *musico* n'est qu'une vieille casserole fêlée : mais vu ses qualités spéciales, il pourra montrer sa face dans le sérail et s'y faire agréer comme domestique. Je n'ai pas d'ailleurs grande confiance en son chant : parmi ces êtres du sexe neutre, que le Pape arrange de la sorte en les prenant tout petits, on trouverait difficilement trois gosiers parfaits.

LXXXVII.

« La voix du tenor est gâtée par l'affectation, et quant à la basse, la brute ne sait que beugler ; c'est un ignorant qui n'a pas reçu la moindre éducation musicale, qui chante sans âme, hors de la mesure et du ton ; mais comme il est cousin de la prima donna, laquelle a juré qu'il avait la voix sonore et moelleuse, on l'a engagé, bien qu'à l'entendre vous diriez un âne qui s'exerce au récitatif.

LXXXVIII.

« Il ne m'appartient pas de parler de mon faible mérite. Quoique jeune, on voit à votre air, monsieur, que vous avez voyagé, et qu'en conséquence l'opéra ne doit pas être pour vous chose nouvelle. Sans doute, vous avez entendu parler de Raucocanti?... c'est moi-même; un jour viendra où peut-être vous m'entendrez. Vous n'étiez pas l'année dernière à la foire de Lugo; mais l'an prochain, je serai engagé pour y chanter... allez-y.

LXXXIX.

« Mais j'oubliais notre baryton, un garçon qui est bien, mais crevant d'amour-propre : des gestes peu gracieux, pas l'ombre de science, une voix peu étendue et assez rude ; il est toujours mécontent de son lot, et c'est à peine s'il serait bon pour chanter dans les rues. Dans les rôles d'amoureux, pour mieux exprimer sa passion, n'ayant point de cœur à montrer, il montre ses dents. »

XC.

Le récit éloquent de Raucocanti fut interrompu par les pirates qui, à heures fixes, venaient faire rentrer tous les captifs dans leurs tristes cabanons. Chacun de ces malheureux jeta un triste regard sur les vagues qui, reflétant l'azur du ciel dans leur sein d'azur, dansaient libres et joyeuses aux rayons du soleil ; puis ils disparurent un à un par les écoutilles.

XCI.

Le lendemain, ils étaient dans les Dardanelles, attendant le firman de Sa Hautesse (le plus impératif de tous les talismans souverains, et celui dont on se passe le plus volontiers, quand on peut); là ils apprirent que, pour mieux s'assurer d'eux dans leurs cellules navales, on les allait enchaîner par couples, femme à femme, homme à homme, avant de les conduire au marché de Constantinople.

XCII.

Il paraît que lorsque cet arrangement se fit, les femmes se trouvèrent en nombre impair, et les hommes également (on avait d'abord hésité à ranger le soprano dans le sexe masculin ; mais, après quelque discussion, on l'avait mis du côté féminin, en manière d'éclaireur). Il fallut donc enchaîner ensemble un homme et une femme, et le hasard voulut que cet homme fût don Juan, qui... chose fort embarrassante à son âge... se vit appareillé avec une bacchante au visage vermeil.

C'était une épreuve embarrassante, comme Juan le reconnut.....

XCIII.

Malheureusement, avec Raucocanti fut attaché le tenor : ils se haïssaient comme on ne se hait qu'au théâtre, et chacun maudissait encore plus en un tel voisinage qu'il ne se plaignait de sa destinée : dans leur mauvaise humeur, ils se querellèrent au lieu de prendre leur mal en patience ; si bien qu'en jurant à l'envi, chacun se mit à tirer la chaîne de son côté, *Arcades ambo,* c'est-à-dire tous deux fort mauvais drôles.

XCIV.

La compagne de Juan était une Romagnole, élevée dans la marche d'Ancone ; outre plusieurs autres perfections indispensables dans une *prima donna,* celle-ci avait des yeux qui pénétraient au fond de l'âme... des yeux étincelants, aussi noirs et aussi brûlants qu'un charbon ; et à travers le clair tissu de sa peau de brunette, on voyait briller un grand désir de plaire... qualité fort attrayante, surtout lorsqu'à la volonté se joint la puissance.

XCV.

Mais tout cela était perdu pour notre héros, car la sombre douleur paralysait tous ses sens. Les yeux de la belle cantatrice avaient beau lancer des éclairs, ils ne rencontraient qu'un morne regard. Ainsi attachés ensemble, ni la main de la dame, qui naturellement touchait la sienne, ni aucune autre partie de ce corps charmant (et quelques-unes étaient irrésistibles)... rien, dis-je, ne pouvait agiter son pouls, ni ébranler sa foi... peut-être sa récente blessure y aidait-elle un peu.

XCVI.

N'importe ! il ne faut jamais scruter trop avant, mais les faits sont des faits : nul chevalier ne saurait être plus fidèle ; nulle amante ne saurait désirer plus de constance : nous en laisserons de côté les preuves, sauf une ou deux. On dit que « nul ne peut tenir du feu dans sa main en pensant aux neiges du Caucase ; » bien peu le pourraient en effet ; cependant l'épreuve de don Juan était encore plus difficile, et il en sortit vainqueur.

XCVII.

Ici, je pourrais entamer une chaste description, ayant résisté à plus d'une tentation dans ma jeunesse ; mais plusieurs personnes, m'a-t-on dit, me reprochent d'avoir mis trop de vérité dans mes deux premiers chants : je me hâterai donc de faire sortir don Juan du vaisseau, mon éditeur m'ayant déclaré qu'il est plus facile de faire passer un chameau par le trou d'une aiguille que de faire admettre dans une famille anglaise les deux chants en question.

XCVIII.

Cela m'importe peu ; j'aime à céder, et je renvoie le lecteur aux pages irréprochables de Smollett, Prior, l'Arioste, Fielding, qui pourtant disent d'étranges choses pour un siècle si chatouilleux. Autrefois, je maniais la plume avec une incroyable ardeur, et je me plaisais dans la guerre poétique : je me rappelle le temps où toute cette hypocrisie eût provoqué des remarques dont je m'abstiens.

XCIX.

Comme les enfants, j'aimais alors le tapage ; mais aujourd'hui je préfère rester en paix, et laisser tout ce bruit à la populace littéraire. Soit que la gloire de mes vers doive s'éteindre avant que ne dessèche la main qui les traça, soit qu'elle fasse un bail de quelques siècles, le gazon de ma tombe croîtra tout aussi bien aux soupirs de la brise nocturne, et non pas d'une chanson.

C.

Pour ces poètes qui sont venus jusqu'à nous à travers la distance des temps et la différence des langues, pour ces nourrissons de la gloire, la vie d'ici-bas semble être la moindre portion de l'existence : quand vingt siècles s'accumulent sur un nom, c'est comme une boule de neige qui se grossit de chaque flocon qu'elle rencontre, et continue à rouler jusqu'à ce qu'elle devienne peut-être une montagne glacée : mais après tout, ce n'est que de la neige.

CI.

Tous ces grands noms ne sont rien que de vains mots ; l'amour de la gloire n'est qu'une frivole convoitise, trop souvent fatale dans son délire à ceux qui voudraient soustraire leur poussière à la destruction ; quand ici-bas ne doit être, « jusqu'à la venue du Juste, » qu'un perpétuel changement. Mes pieds ont foulé la cendre d'Achille, et j'ai entendu douter de Troie ; un jour on doutera de Rome.

CII.

Les générations des morts se balaient successivement ; la tombe hérite de la tombe, jusqu'à ce que la mémoire d'une époque ait disparu et qu'elle ait été ensevelie pour faire place à sa fille. Où sont les épitaphes qu'ont lues nos pères, à l'exception d'un petit nombre glanées dans les ténèbres du sépulcre, parmi tant d'êtres innombrables qui ont perdu leur nom dans la mort uni cerselle ?

CIII.

Chaque après-midi, en me promenant à cheval, je passe devant le lieu où tomba dans sa gloire un héros enfant, qui vécut trop longtemps pour le genre humain, mais qui mourut trop tôt pour l'humaine vanité, le jeune Gaston de Foix. Une colonne brisée, taillée avec un certain goût, mais dont l'abandon accélère la ruine, raconte le carnage de Ravenne, pendant que des immondices et des herbes parasites s'accumulent à sa base.

CIV.

Je passe chaque jour devant le lieu où reposent les restes de Dante. Une petite coupole, plus élégante que majestueuse, les protège ; mais ici on révère la tombe du poëte, et non le monument du guerrier. Un temps viendra où, partageant la même ruine, le trophée du conquérant et les pages de l'écrivain disparaîtront, comme ont disparu les chants et les combats antérieurs à la mort du fils de Pélée et à la naissance d'Homère.

CV.

Cette colonne fut cimentée de sang humain ; cette colonne est souillée d'humaines immondices, comme si par ces souillures le paysan grossier voulait témoigner son mépris pour le monument. Voilà comme on traite un trophée ; voilà comme devraient toujours être regrettés ces limiers de la guerre dont l'instinct de sang et de gloire a fait connaître à la terre des souffrances que le Dante n'a vues que dans l'enfer.

CVI.

Cependant il y aura encore des poëtes. Quoique la gloire ne soit que fumée, cette fumée flatte la pensée humaine comme l'encens le plus pur, et le sentiment inquiet qui inspira les premiers vers demandera toujours ce qu'alors il demandait. De même que les vagues finissent par se briser sur la plage, de même les passions, poussées à leur extrême limite, éclatent en poésie ; car la poésie n'est que passion : il en était ainsi du moins avant qu'elle devînt une mode.

CVII.

Si, dans le cours d'une vie à la fois aventureuse et contemplative, en partageant, chemin faisant, toutes les passions de l'humanité, certains hommes acquièrent la profonde et douloureuse faculté de réfléchir leur image comme dans une glace avec des couleurs aussi vraies que celles de la vie ; peut-être ferez-vous sagement de leur interdire d'étaler ces dangereux fantômes ; mais, à mon avis, vous aurez gâté un beau poëme.

CVIII.

O vous qui faites la fortune des livres, charitables et azurées créatures du deuxième sexe, dont les doux regards se chargent de couronner les poëmes nouveaux, ne m'accorderez-vous pas votre *imprimatur*? Quoi ! me condamnerez-vous à passer oublié dans la boutique du pâtissier, cette Cornouaille où l'on pille les naufragés du Parnasse ?... Ah ! faut-il que je sois le seul ménestrel non admis à goûter votre pré castalien !

CIX.

Eh quoi ! aurais-je cessé d'être « le lion du jour, » un poëte de bals, un bouffon de salon, un enfant gâté littéraire ? Ne m'entendra-t-on plus, accablé de compliments insipides, répéter, comme le sansonnet d'Yorick : « Je ne puis m'en aller ! » En ce cas, je vais, comme le poëte Wordsworth, furieux de ne plus trouver de lecteurs, m'écrier qu'il n'y a plus de goût, et que la gloire n'est qu'une loterie, tirée par une douzaine de misses en jupons bleus.

CX.

Oh ! « si profondément, si obscurément, si admirablement bleues » comme l'a dit du ciel je ne sais quel poëte, et comme je le dis de vous, ô doctes dames ; on rapporte que vos bas même sont bleus (Dieu sait pourquoi ; car j'ai rarement eu l'occasion d'en voir de cette couleur)... bleus comme la jarretière qui orne avec sérénité la jambe gauche d'un patricien au bal de la cour, ou au lever du roi.

CXI.

Pourtant, il est parmi vous d'angéliques créatures... mais le temps n'est plus où nous lisions ensemble, vous mes stances, et moi, aimant rimailleur, l'expression de vos traits charmants ; et... mais n'importe ! tout cela est passé. Pourtant je ne dédaigne pas les esprits cultivés, car souvent ils recèlent un monde de vertus : je connais une dame de cette école azurée, la femme la plus aimable, la plus chaste, la meilleure... mais au fond une vraie sotte.

CXII.

Humboldt, « le premier des voyageurs, » mais non le dernier, si nous en croyons des rapports récents, a inventé, sous un nom que j'ai oublié, comme j'ai oublié aussi la date de cette sublime découverte, a inventé, dis-je, un instrument aérien (1), destiné à constater l'état de l'atmosphère en mesurant « l'intensité du bleu. » O lady Daphné ! permettez que je vous mesure !

CXIII.

Mais à notre récit... Le vaisseau, chargé d'esclaves destinés à être vendus dans la capitale, après les préliminaires d'usage, jeta l'ancre

(1) Le cyanomètre.

s les murs du sérail : sa cargaison étant saine et exempte de te, fut toute entière débarquée et amenée au marché, et là, avec Géorgiennes, des Russes et des Circassiennes, mise en vente ir remplir divers offices et satisfaire diverses passions.

CXIV.

uelques-unes montèrent fort haut : on donna quinze cents dol- s d'une jeune Circassienne, fille charmante et garantie vierge : beauté, en lui prodiguant ses couleurs les plus brillantes, l'avait ée de célestes attraits. L'adjudication désappointa certains en- risseurs qui avaient été jusqu'à onze cents dollars; mais quand ffre dépassa ce taux, ils virent que c'était pour le compte du tan, et se retirèrent aussitôt.

CXV.

Douze négresses de Nubie s'élevèrent à un prix qu'elles n'auraient int atteint sur le marché des Indes occidentales, bien que Wil- rforce ait fait doubler la valeur des noirs depuis l'abolition de la ite ; et il n'y a rien là qui doive étonner, car le vice est toujours us magnifique qu'un roi : les vertus, et même la plus sublime de tes, la charité, sont essentiellement économes... Le vice n'épar- te rien quand il s'agit d'une rareté.

CXVI.

Mais quant à la destinée ultérieure de cette jeune troupe, com- ent les uns furent achetés par des pachas, d'autres par des juifs ; mment ceux-ci furent obligés de se courber sous des fardeaux, ndis que ceux-là, en qualité de renégats, furent promus à divers mmandements, pendant que les femmes étaient tristement grou- ées ensemble, faisant des vœux pour n'être pas choisies par un izir trop vieux, et se voyant acheter une à une, pour faire une aitresse, une quatrième femme, ou une victime.....

CXVII.

Tout cela doit être réservé pour la suite du poème. J'ajournerai, vec la même discrétion, quelque fâcheux que cela soit, le récit es aventures de mon héros, vu que ce chant est déjà trop long. e sais combien les redites sont ennuyeuses, mais le caractère de sa muse ne me permet pas d'en faire moins : je dois donc ren- yer la continuation de don Juan à ce que, dans Ossian, on nom- terait le cinquième duan.

CHANT V.

I.

Quand les poètes érotiques chantent leurs amours en vers liquides, caressants et melliflus, et accouplent leurs rimes comme Vénus at- tèle ses colombes, ils ne songent guère au mal qu'ils peuvent faire : plus leur succès est grand, plus il peut devenir funeste; les vers d'Ovide en sont un exemple, et Plutarque lui-même, jugé sévère- ment, n'est que le platonique corrupteur de la postérité.

II.

Je dénonce en conséquence tout ouvrage érotique, ceux-là seule- ment exceptés qui sont écrits de manière à n'offrir aucun attrait, si plus, terre à terre, concis et peu propres à séduire; attachant une leçon à chaque faute, composés pour instruire plutôt que pour plaire, et attaquant toutes les passions tour-à-tour. Aussi, à moins que mon Pégase ne se trouve mal ferré, le présent poème sera un modèle de morale.

III.

Les rives d'Europe et d'Asie, toutes parsemées de palais; le fleuve océanique portant çà et là un vaisseau de guerre, la coupole de Sainte-Sophie, étincelante d'or; les bois de cyprès, les sommets blanchissants de l'Olympe, les douze îles; un tableau enfin plus magnifique que je ne saurais le rêver, et encore moins le décrire, voilà ce qui charmait tant la charmante Marie Montagu.

IV.

J'ai une passion pour ce nom de Marie; jadis il faisait sur moi l'effet d'un son magique, et maintenant encore il évoque à demi dans ma pensée ces royaumes de féerie où je voyais ce qui ne de- vait jamais être. Tous mes sentiments ont changé, mais celui-là changea le dernier : c'est un charme dont je ne suis pas tout affran- chi. Mais voilà que je deviens triste... je laisse refroidir une histoire qui ne doit pas être contée sur un ton pathétique.

V.

Le vent balayait les eaux de l'Euxin, et la vague allait se briser fumante sur les Symplégades azurées. Quel coup d'œil, lors que, tranquillement assis sur la tombe du Géant, on suit la marche de ces flots qui roulent entre les rives du Bosphore, baignant à la fois l'Europe et l'Asie ! De toutes les mers où le voyageur attrape des nau- sées, nulle n'offre des brisants plus dangereux que l'Euxin.

VI.

C'était un de ces jours pâles et piquants qui signalent le commen- cement de l'automne quand les nuits sont égales aux jours, mais les jours peu semblables entre eux; à cette époque les Parques cou- pent brusquement le fil de la vie des marins; les tempêtes bruyantes soulèvent les flots sur les mers et le repentir dans les cœurs. Les marins promettent d'amender leur vie, et ils n'en font rien; car noyés, ils ne le peuvent; sauvés, ils n'y pensent plus.

VII.

On voyait rangée sur le marché une foule tremblante d'esclaves, de toute nation, de tout âge et de tout sexe. Chaque groupe, avec son marchand, occupait une place distincte. Pauvres gens! leur bonne mine était tristement changée! Tous, à l'exception des Noirs, semblaient regretter amèrement leurs amis, leur patrie et la liberté. Les Nègres montraient plus de philosophie, étant accoutumés sans doute à l'esclavage, comme l'anguille à être écorchée.

VIII.

Juan était jeune et plein d'espoir et de santé, comme on l'est à son âge : j'avouerai pourtant qu'il avait l'air un peu triste, et que de temps à autre une larme lui échappait furtivement; peut-être la perte de son bien savait-elle abattu ses esprits. Et puis se voir ravir son bien, sa maîtresse, une habitation splendide, pour être vendu à l'encan parmi des Tartares !

IX.

C'en était assez pour ébranler l'âme d'un stoïque; néanmoins au total, l'attitude de notre héros était calme. Sa personne et la splen- deur de son vêtement, dont on voyait briller quelques restes, atti- raient sur lui les regards et faisaient deviner un homme au-dessus du vulgaire; et puis, malgré sa pâleur, il était si beau; et puis... on comptait sur une rançon.

X.

La place, semblable à un jeu de trictrac, quoique plus irréguliè- rement bigarrée, était parsemée de groupes blancs et noirs, exposés en vente. Quelques acheteurs choisissaient le jais; d'autres préfé- raient la couleur pâle. Un homme de trente ans, robuste et bien taillé, portant la résolution dans ses yeux d'un gris sombre, se te- nait près de don Juan, attendant qu'on vînt l'acheter.

XI.

Il avait l'air anglais; car il avait de la carrure, un teint blanc et coloré, de belles dents, des cheveux bouclés d'un brun foncé, un front ouvert, où la pensée, le travail ou l'étude avaient laissé quel- ques marques de soucis. Un bandage taché de sang soutenait un de ses bras; enfin, il y avait dans son attitude un tel sang-froid, qu'un simple spectateur en eût à peine montré davantage.

XII.

Mais voyant près de lui un jeune garçon qui montrait tant de cœur, bien que pour l'heure fléchissant sous le poids d'une destinée propre à faire plier même des hommes, il ne tarda pas à manifester une brusque compassion. Lui-même semblait regarder sa mésaven- ture comme une de ces mille circonstances qui se rencontrent dans la vie et n'ont rien que de très ordinaire.

XIII.

« Mon fils, dit-il, dans toute cette bande de Géorgiens, de Russes, de Nubiens et de je ne sais quoi encore, tous pauvres diables qui ne diffèrent entre eux que par la couleur de leur peau et avec les- quels le hasard nous a confondus, il n'y a, ce me semble, de gens comme il faut que vous et moi ; faisons donc connaissance, ainsi que nous le devons. Si je pouvais vous offrir quelque consolation, ce serait un vrai plaisir. De quel pays êtes-vous, s'il vous plaît ? »

XIV.

Juan répondit : « Je suis Espagnol ; » et l'étranger reprit : « Je pensais bien, en effet, que vous ne pouviez être Grec; ces chiens serviles n'ont pas tant de fierté dans le regard. La fortune vous a joué un joli tour; mais c'est ainsi qu'elle agit avec tous les hom-

jusqu'à ce qu'elle les ait éprouvés. Que cela ne vous inquiète...
changera peut-être la semaine prochaine ; elle m'a traité comme
..crète, sauf que ses caprices n'ont rien de nouveau pour moi.

XV.

Monsieur, dit Juan, oserais-je vous demander ce qui vous a
..uit ici. — Oh ! rien d'extraordinaire... six Tartares et une
..ne... — Mais ce que je désirais savoir, si la demande n'est pas
..crète, c'est comment vous est arrivé un pareil destin ? — J'ai
.. quelques mois et en divers lieux dans l'armée russe, et der-
..ement faisant le siége d'une ville, par ordre de Souvaroff, en
..ant prendre Widdin, je me suis vu pris moi-même.

XVI.

— N'avez-vous point des amis ? — J'en ai eu... mais Dieu en soit
.., je n'ai pas entendu parler d'eux depuis quelque temps. Main-
..nt que j'ai répondu sans difficulté à toutes vos questions, j'at-
..ds de vous une égale complaisance. — Hélas ! dit Juan, ce serait
.. triste histoire, et bien longue surtout. — Oh ! s'il en est ainsi,
..s avez doublement raison de vous taire : une histoire lugubre
..iste bien davantage quand elle dure longtemps.

XVII.

Mais ne vous découragez pas : à votre âge la fortune, bien que
..ablement inconstante, ne vous laissera pas longtemps dans un
..mbarras, attendu qu'elle n'est pas votre femme. D'ailleurs, vou-
.. lutter contre son destin, ce serait comme si l'épée voulait com-
..tre la faucille. Les hommes sont le jouet des circonstances quand
.. circonstances semblent le jouet des hommes.

XVIII.

— Ce n'est pas, dit Juan, sur ma condition présente que je gémis,
.. sur le passé... J'aimais une jeune fille... » Il s'arrêta, et son œil
..'emplit de tristesse ; une larme isolée s'arrêta un moment au bord
..es cils, puis tomba. « Mais, comme je le disais, ce n'est point
..n sort actuel que je déplore, car j'ai supporté des détresses aux-
..elles les plus robustes ont succombé.

XIX.

« Ce n'étaient là que les dangers de la mer. Mais ce dernier coup... »
.. il s'arrêta encore, et détourna la tête. « Ah ! lui dit son ami, je
.. doutais bien qu'une femme allait paraître dans cette affaire : ce
..t là des objets qui réclament une tendre larme, telle que j'en
.. serais moi-même si j'étais à votre place. J'ai pleuré le jour où ma
..emière femme est morte, et quand ma seconde m'a planté là.

XX.

« Ma troisième... — Votre troisième ! s'écria don Juan en se re-
..urnant vers lui ; vous avez à peine trente ans, et vous avez trois
..mmes ! — Non, je n'en ai plus que deux sur la terre : sans doute
.. e personne mariée trois fois n'est pas chose si surprenante ! —
.. bien ! votre troisième, dit Juan, que fit-elle : elle ne vous a pas
..ittée, comme l'autre.. n'est-ce pas, monsieur ? — Non certes.
.. bien ? — C'est moi qui l'ai quittée.

XXI.

— Vous prenez les choses froidement, dit Juan. — Bah ! reprit
..utre, que voulez-vous qu'on fasse ? Il y a encore bien des arcs-
..-ciel dans votre firmament, mais tous les miens ont disparu. Tous
..s hommes commencent la vie avec des sentiments chaleureux, des
..pérances magnifiques ; mais le temps décolore peu à peu toutes
..s illusions, et chaque année quelqu'une de nos grandes déceptions
..épouille sa peau brillante, comme fait le serpent.

XXII.

« Il est vrai qu'elle en prend une autre plus fraîche et plus brillante ;
..ais au bout de l'année, cette peau doit avoir la destinée de toute
.. autre ; quelquefois même elle ne dure qu'une semaine ou deux...
..'amour est le premier filet qui tend pour nous ses mailles homicides ;
.. ambition, l'avarice, la vengeance, la gloire, forment la glu qui
..arnit les piéges éclatants où nous voltigeons dans nos derniers jours.

XXIII.

— Tout cela est bel et bon, et peut-être vrai, dit Juan ; mais je
.. e vois pas en quoi cela peut améliorer votre condition et la mienne.
.. Nullement, répliqua l'autre ; mais vous conviendrez avec moi
.. u'en entrant les choses à leur véritable point de vue, on finit du
..oins par les connaître ; par exemple, nous savons maintenant ce
.. ue c'est que l'esclavage, et notre infortune nous apprendra à mieux
..ous conduire quand nous serons maîtres.

XXIV.

— Plût au ciel que nous fussions maîtres dès à présent, ne fût-ce
que pour appliquer à nos amis les païens que voici la leçon qu'ils
nous donnent ! s'écria Juan en étouffant un douloureux soupir : Dieu
soit en aide à celui que la fortune envoie à pareille école ! — Cela
viendra en son temps, répliqua l'étranger ; et peut-être verrons-nous
ici même notre situation s'éclaircir. En attendant (ce vieil eunuque
noir semble nous examiner), je voudrais bien qu'on vint nous acheter !

XXV.

« Mais après tout, qu'est notre état actuel ? Il est fâcheux et pourrait
être plus agréable... Tel est le destin de tous les hommes : la plupart et surtout les grands sont esclaves de leurs passions, de leurs
caprices, de tout ; la société elle-même, qui devrait produire en
nous la bienveillance, détruit le peu que nous en avions, ne sympathiser avec personne est le véritable système social des stoïques
mondains... hommes sans cœur. »

XXVI.

En ce moment, un vieux nègre du genre neutre ou du troisième
sexe s'avança, et lorgnant les captifs, parut examiner leur extérieur,
leur âge et leurs facultés, comme pour s'assurer s'ils convenaient à
la cage qu'il leur destinait. Certes, un amant lorgne de bien près sa
belle, le maquignon un cheval, le tailleur sa pièce de drap, un avocat ses honoraires, un garde-clefs son prisonnier ;

XXVII.

Mais c'est de plus près encore qu'un acheteur examine l'esclave
qu'il a en vue. Chose bien flatteuse que d'acheter son semblable !
D'ailleurs chacun de nous est à vendre au point de vue de ses passions ; et celles-ci sont multiformes : les uns se vendent à un beau
visage, d'autres à un chef belliqueux, d'autres à une place ; chacun
selon son âge et son caractère. La plupart ne se livrent qu'argent
comptant ; mais tous ont leur tarif : une couronne ou un soufflet.

XXVIII.

L'eunuque les ayant étudiés avec soin, se tourne vers le marchand
et se met à débattre les prix, d'abord pour un seul, puis pour tous
les deux : ils chicanent, contestent, jurent même... oui, ils jurent...
comme s'ils se trouvaient à une foire chrétienne, marchandant un
bœuf, un âne, un agneau ou un chevreau ; on dirait un combat, au
bruit qu'ils font pour cet attelage magnifique de bétail humain.

XXIX.

Enfin, on ne les entend plus que grommeler ; la bourse s'ouvre
bien à regret ; ils retournent chaque pièce d'argent, jettent les unes
pour les faire résonner, et pèsent les autres dans leur main, confondent innocemment les paras avec les sequins, jusqu'à ce que la
somme exacte soit comptée : alors le marchand signe un reçu dans
les règles ; puis il se sent libre enfin de songer au dîner.

XXX.

Je voudrais bien savoir s'il eut bon appétit, ou, dans le cas affir-
matif, si sa digestion fut bonne : il me semble qu'à table il dut lui
venir d'étranges pensées, et que sa conscience dut lui faire de curieuses questions sur l'étendue de ce droit divin en vertu duquel il
vendait la chair et le sang des hommes. Quand notre dîner nous pèse,
c'est peut-être, selon moi, de nos vingt-quatre heures de misères, la
plus pénible et la plus sombre.

XXXI.

Voltaire dit Non !... Il nous rapporte que Candide ne trouvait
jamais la vie plus supportable qu'après ses repas : il a tort... si
l'homme n'est point un porc, la répletion doit ajouter à ses souffrances, sauf pourtant quand il est ivre ; car alors la tête lui tourne et le
cerveau ne pèse point sur lui. Au sujet de la nourriture, je pense,
avec le fils de Philippe ou plutôt d'Ammon (car il n'avait point assez
d'un monde ni d'un père) ;

XXXII.

Je pense, dis-je, avec Alexandre, que l'action de manger, ainsi
qu'une ou deux autres fonctions vitales, nous fait doublement sentir
notre condition mortelle ; si un rôti, un ragoût, un poisson, un po-
tage, escortés de quelque entremets, peuvent nous donner une sensation de plaisir ou de peine, qui osera s'enorgueillir d'une intelligence dont l'usage dépend ainsi des sucs gastriques.

XXXIII.

L'autre soir (vendredi dernier)... ceci est un fait réel, et non une invention poétique... je venais de passer mon pardessus; mon chapeau et mes gants étaient encore sur la table... j'entendis un coup de feu... Huit heures étaient à peine sonnées... je courus aussi vite que je pus, et je trouvai le commandant de la place étendu dans la rue et respirant à peine.

XXXIV.

Pauvre camarade! pour je ne sais quelle raison, sans doute fort mauvaise, on lui avait tiré cinq quartiers de balle, et on l'avait laissé là mourir sur le pavé. Je le fis transporter chez moi et monter dans mon appartement : on le déshabilla ; on l'examina... Mais à quoi bon ces détails? Tous les soins furent inutiles : il était mort... victime de quelque haine italienne et tué par cinq projectiles partis d'un vieux canon de fusil.

XXXV.

Je le regardai ; car je le connaissais fort bien. J'ai vu bien des cadavres, mais jamais aucun dont les traits, après un coup aussi imprévu, parussent aussi calmes : l'estomac, le cœur et le foie atteints, on eût pensé qu'il dormait ; le sang s'étant épanché à l'intérieur, on ne voyait au-dehors aucune trace hideuse de blessures, et c'est à peine si l'on pouvait croire qu'il fût mort. En le contemplant, je pensais ou disais :

XXXVI.

« Est-ce donc là la mort? Qu'est-ce que la mort ou la vie? Parle (mais il ne parle pas)! Éveille-toi (mais il dormait toujours)! Hier encore, quel souffle était plus puissant? Mille guerriers tremblaient devant sa parole : comme le centurion, il disait : Va! et l'on allait, Viens! et l'on venait. La trompette et le clairon étaient muets jusqu'à ce qu'il eût parlé... et maintenant un tambour voilé d'un crêpe est tout ce qui lui reste.

XXXVII.

Et ceux qui naguère attendaient ses ordres avec respect, vinrent en foule, dans leur rude douleur, se ranger autour de sa couche, et jeter encore un regard sur cette argile glorieuse qui avait saigné pour la dernière fois, mais non pour la première. Et finir ainsi ! lui qui tant de fois avait vu fuir les ennemis de Napoléon !... lui le premier à la charge ou à l'assaut, assassiné dans les rues d'une ville.

XXXVIII.

Auprès de ses nouvelles blessures on voyait les cicatrices des anciennes, ces honorables cicatrices qui avaient fait sa gloire ; et ce spectacle offrait un horrible contraste... Mais laissons là ce sujet : ces choses demandent peut-être plus d'attention que je ne leur en puis donner. Je le regardai fixement, comme souvent j'ai regardé des cadavres, espérant tirer de la mort quelque chose qui pût confirmer, ébranler ou créer une foi quelconque.

XXXIX.

Mais tout était mystère. Nous sommes ici ; et nous allons là... Mais où? Cinq morceaux de plomb, ou trois, ou deux, ou même un seul, nous envoient bien loin. Ce sang ne se forme-t-il donc que pour être répandu? Chaque élément peut-être il donc décomposer les nôtres? L'air, la terre, l'eau, le feu, subsistent... et nous mourons, nous, dont l'intelligence pénètre toutes choses. Mais laissons cela.

XL.

L'acheteur de Juan et de sa nouvelle connaissance conduisit ses acquisitions vers une barque dorée, s'y plaça avec eux ; et le bateau s'éloigna de toute la vitesse des rames et du courant. Les deux esclaves avaient l'air de gens qu'on mène au supplice et cherchant ce qu'il peut y avoir après, quand le caïque s'arrêta dans une petite anse, au pied d'un mur par-dessus lequel apparaissait la cime de hauts cyprès à l'éternelle verdure.

XLI.

Là, leur conducteur ayant frappé au guichet d'une petite porte de fer, elle s'ouvrit et il les conduisit à l'intérieur, d'abord par un taillis flanqué de grands arbres. Ils faillirent y perdre leur route, et ne marchaient qu'en tâtonnant, car la nuit était tombée avant qu'ils eussent abordé au rivage. L'eunuque avait fait un signe aux rameurs, qui avaient repris le large en silence.

XLII.

Pendant qu'ils se frayaient une route tortueuse à travers des bosquets d'orangers, de jasmin, et de divers arbustes dont je pourrais vous parler longuement ; attendu que si nous n'avons pas dans le Nord une grande profusion de plantes orientales et autres, du moins dans ces derniers temps, nos écrivailleurs se sont avisés d'en cultiver des plates-bandes tout entières dans leurs ouvrages, et cela depuis qu'un poète a voyagé chez les Turcs.....

XLIII.

Donc, pendant qu'ils marchaient, il vint à don Juan une idée, qu'il communiqua tout bas à son compagnon..... la même pensée nous serait venue à vous et à moi en pareille occurrence. « Il me semble, dit-il, qu'il n'y aurait pas grand mal à frapper un coup pour nous rendre libres : assommer ce vieux mauricaud et prendre du champ... ce serait vite fait.

XLIV.

— Fort bien, répondit l'autre, mais après? Comment sortir d'ici? car du diable si je sais comment nous y sommes venus. Puis, en supposant que nous fussions dehors, notre peau sauve du sort de saint Barthélemy, demain nous verrait dans quelque autre caverne, et plus mal que nous n'avons été jusqu'ici ; d'ailleurs j'ai faim, et, comme Esaü, je vendrais mon droit d'aînesse pour un beef-steak.

XLV.

« Nous devons être dans le voisinage de quelque habitation ; car la sécurité de ce vieux noir, s'avançant avec deux captifs dans une route aussi étrange, montre qu'il compte que ses amis ne dorment pas : un seul cri nous les attirerait tous sur les bras ; il est donc bon d'y regarder à deux fois avant de risquer le saut... Et voyez où ce sentier nous a conduits : par Jupiter ! voilà un beau palais !... et tout illuminé encore ! »

XLVI.

C'était en effet un vaste édifice qui s'étendait devant eux : la façade en était surchargée de peintures et de dorures, selon l'usage turc... Faste d'assez mauvais goût ; car ils sont peu habiles dans les arts qui jadis ont pris naissance dans cette même contrée. Toutes les villas, sur les rives du Bosphore, ressemblent à des écrans nouvellement peints, ou à une jolie décoration d'opéra.

XLVII.

Et à mesure qu'ils approchaient, l'agréable fumet des ragoûts, des rôtis, des pilaus, choses qui frappent vivement un mortel affamé, vint réprimer les farouches intentions de don Juan, et l'engager à se conduire civilement. Son ami, joignant à ce qu'il avait dit une clause conditionnelle, reprit : « Au nom du ciel, tâchons d'abord d'avoir à souper ; puis, si vous voulez encore du tapage, je suis votre homme. »

XLVIII.

On conseille de faire appel aux passions des hommes, à leur sensibilité ou à leur raison : ce dernier moyen n'a jamais été fort à la mode, car la passion ne fait nul cas du raisonnement. Quelques orateurs ont recours aux larmes, d'autres à de bons coups de férule : tous s'accordent à nous assommer d'arguments qu'ils considèrent comme leur fort ; mais nul ne songe à être bref.

XLIX.

Mais je tombe encore dans les digressions... De tous les moyens de persuasion (quoique je reconnaisse le pouvoir de l'éloquence, de l'or, de la beauté, de la flatterie, des menaces, d'un shilling même), il n'en est pas de plus sûr, par moments, de plus propre à maîtriser les meilleurs sentiments de l'homme, lesquels deviennent de jour en jour plus susceptibles, comme nous le voyons tous, que ce glas magique et irrésistible, ce tocsin de l'âme... la cloche du dîner.

L.

La Turquie n'a pas de cloches, et pourtant on y dîne. Juan et son ami n'entendirent pas de signal chrétien appeler les convives ; ils ne virent point une longue file de laquais introduire ceux-ci dans la salle du festin ; mais ils sentirent le rôti, ils virent briller un immense foyer, et les cuisiniers, les bras nus, aller et venir çà et là, et ils jetèrent autour d'eux le regard de l'appétit.

LI.

Abandonnant alors toute idée de résistance, ils suivirent de près leur sombre guide, qui ne songeait guère au péril que venait de courir sa frêle existence ; il leur fit signe de rester un peu en arrière ; il frappa ensuite à une porte qui s'ouvrit toute grande, et leur montra une salle vaste et magnifique où s'étalait toute la pompe asiatique des Ottomans.

LII.

Je ne décrirai pas : la description est pourtant mon fort, mais dans notre brillante époque, il n'est pas d'esprit à l'envers qui, pour décrire son merveilleux voyage à quelque cour étrangère, n'enfante son in-quarto et ne quitte nos éloges..... C'est la ruine de son éditeur ; mais pour lui c'est un plaisir. D'ailleurs la nature, de mille manières tourmentée, se résigne avec une patience exemplaire aux guides du voyageur, aux poèmes de grande route, tours d'Europe, esquisses et illustrations.

LIII.

Çà et là dans cette salle, quelques couples, assis les jambes croisées, jouaient aux échecs ; d'autres personnes causaient par monosyllabes ; d'autres encore semblaient tout occupées d'admirer leur propre costume ; plusieurs fumaient dans des pipes superbes, ornées de bocaux d'ambre plus ou moins précieux ; quelques-uns se promenaient ; ceux-ci dormaient, ceux-là se préparaient à bien souper à l'aide d'un petit verre de rhum.

LIV.

Lorsque l'eunuque noir entra suivi des deux infidèles qu'il avait achetés, les promeneurs levèrent les yeux un moment sans ralentir leur pas ; mais ceux qui étaient assis ne bougèrent nullement : un ou deux regardèrent les captifs en face, comme on regarde un cheval pour en deviner le prix ; quelques-uns de leur place firent au noir un signe de tête, mais personne ne lui adressa la parole.

LV.

Il leur fit traverser la salle, puis, sans s'arrêter, les conduisit par une enfilade d'appartements magnifiques, mais silencieux, sauf un seul, où le bruit d'un jet d'eau dans un bassin de marbre résonnait au milieu d'une triste obscurité ; excepté encore quand une porte ou une jalousie entr'ouverte laissait voir une tête de femme, dont l'œil noir et curieux cherchait la cause de ce bruit inaccoutumé.

LVI.

Quelques lampes mourantes, suspendues aux lambris élevés, donnaient assez de lumière pour éclairer la marche des captifs et de leur guide, mais non assez pour montrer dans toute leur splendeur les chambres impériales. Peut-être n'y a-t-il rien... je ne dirai pas qui effraie, mais qui attriste plus, soit de nuit, soit de jour, qu'une salle immense, sans un être vivant pour rompre l'inanimation de cette splendeur.

LVII.

Deux ou trois personnes semblent si peu de chose ! une seule n'est rien Dans les déserts, dans les forêts, parmi la foule ou sur le rivage des mers, là nous savons que la solitude a développé sa puissance et qu'elle a établi son règne éternel ; mais dans une vaste salle, une galerie immense, soit moderne, soit antique, nous sentons descendre une sensation de mort sur cet homme qui occupe seul un espace destiné à tant d'hommes.

LVIII.

Par une nuit d'hiver, un petit salon bien propre et commode, un livre, un ami ou une église : ce qui parle du ciel ne doit rien avoir de fragile, tout doit y être solide et durer jusqu'à ce qu'aucune langue humaine ne puisse en nommer l'auteur ; mais depuis la chute d'Adam de vastes maisons ne conviennent point à l'homme... et de vastes tombeaux encore moins... La tour de Babel doit, ce me semble, lui apprendre cette leçon mieux que je ne pourrais le faire.

LX.

Babel n'était d'abord qu'un rendez-vous de chasse de Nemrod : ce fut ensuite une ville célèbre par ses jardins, ses murs et sa merveilleuse opulence ; là régna Nabuchodonosor, le roi des hommes, qui, par un beau jour d'été, se mit à brouter le gazon ; là Daniel, apprivoisant les lions dans leur repaire, excita l'admiration et le respect des peuples ; elle fut illustrée encore par Pyrame et Thisbé, et par Sémiramis, cette reine calomniée.

LXI.

Oui, cette reine méconnue ; car de grossiers chroniqueurs (et sans doute ils se sont pour cela entendus tous ensemble) l'ont accusée d'une affection illégitime pour son cheval (l'amour, comme la religion, tombe quelquefois dans l'hérésie). Ce qui a pu donner lieu à cette fable monstrueuse, c'est que probablement on aura écrit *coursier* au lieu de *courrier* : je donnerais gros pour que l'affaire pût être portée chez nous devant un jury (1).

(1) Allusion à l'affaire de la reine Caroline, accusée de relations intimes avec son courrier Bergami.

LXII.

Mais reprenons.... S'il arrivait (que ne peut-il arriver à l'heure qu'il est ?) que des mécréants, par ignorance ou par entêtement, ne voulussent pas reconnaître l'emplacement de cette même Babel (bien que Claudius Rich, écuyer, en possède quelques briques au sujet desquelles il vient d'écrire deux mémoires) ; si, dis-je, ces gens-là ne voulaient pas ajouter foi au témoignage des Juifs, ces incrédules que nous devons croire, bien qu'ils ne nous croient pas :

LXIII.

Qu'ils se rappellent du moins avec quelle élégante concision Horace a peint la folie architecturale de ces hommes qui, oubliant le grand lieu de repos, se livrent tout entiers à la vanité de construire ; nous savons où tout doit aboutir, hommes et choses : morale triste comme toutes les morales ; et le *sepulcri immemor struis domos* rappelle que nous bâtissons des demeures quand nous ne devrions songer qu'à la tombe.

LXIV.

Enfin nos gens arrivèrent dans une partie retirée du palais, où l'écho semblait se réveiller d'un long sommeil. Quoique ce lieu fût rempli de tout ce qu'on peut désirer, ce qui frappait surtout, c'était de voir rassemblés tant d'objets qui ne servaient à personne : là l'opulence s'était épuisée à encombrer de meubles un délicieux séjour où la nature étonnée cherchait en vain ce que lui voulait l'art.

LXV.

Cette pièce semblait n'être que la première d'une longue enfilade d'appartements qui conduisait Dieu sait où ; et toutefois, dès l'entrée, les meubles y étaient d'une extrême richesse : des sophas si précieux, que c'était presque un péché de s'y asseoir ; des tapis d'un travail si rare, qu'on se prenait à souhaiter de pouvoir glisser dessus comme un poisson doré.

LXVI.

Le nègre, daignant à peine jeter un coup d'œil sur ce qui plongeait ses deux compagnons dans l'admiration, foulait sans scrupule ces étoffes que leurs pieds craignaient presque de souiller, comme si c'eût été la voie lactée avec toutes ses étoiles. Enfin, étendant la main vers un certain buffet, niché là dans ce coin que vous voyez... ou si vous ne le voyez pas, ce n'est pas ma faute...

LXVII.

Car je tiens à être clair... le nègre, dis-je, ayant ouvert ce meuble, en tira une quantité de vêtements propres à mettre sur le dos du musulman du plus haut parage. La variété n'y manquait pas ; mais bien qu'il eût de quoi choisir, il crut à propos d'indiquer lui-même le costume convenable aux chrétiens qu'il avait achetés.

LXVIII.

Celui qu'il assigna au plus âgé et au plus corpulent des deux fut d'abord un manteau candiote allant jusqu'au genou ; puis un pantalon, non de ceux que l'on fait si étroits qu'ils sont toujours près à crever, mais d'une ampleur vraiment asiatique : un châle dont Cachemire avait fourni le tissu, des pantoufles safran, un poignard riche et bien à la main, tout ce qui constitue un dandy turc.

LXIX.

Pendant que celui-là s'habillait, Baba, leur noir ami, leur fit entrevoir les immenses avantages auxquels ils pourraient arriver, s'ils voulaient seulement suivre la route que la fortune semblait leur montrer clairement : il termina en disant : « Qu'il ne devait pas leur cacher combien ils amélioreraient leur sort s'ils voulaient condescendre à la circoncision.

LXX.

« Pour lui-même, il se réjouirait sincèrement de voir en eux de vrais croyants, mais il n'en laissait pas moins la chose à leur choix. » L'aîné des deux captifs, le remerciant de l'excessive bonté qu'il montrait en leur laissant la décision de cette bagatelle « ne pouvait, dit-il, exprimer toute son admiration pour les coutumes d'une nation si bien policée.

LXXI.

« Pour son propre compte, il avait peu d'objections contre une pratique aussi ancienne et aussi respectable ; et après avoir savouré une légère collation pour laquelle il se sentait en appétit, il ne doutait pas que quelques heures de réflexion ne lui fissent goûter parfaitement la chose. » — « Vraiment ! s'écria vivement le jeune homme : Que l'on me mette à mort ; qu'on me circoncise la tête !...

LXXII.

« Qu'on me coupe mille têtes avant..... — Un moment! reprit l'autre, veuillez ne point m'interrompre : vous me faites perdre le fil de mon discours. Monsieur!... comme j'avais l'honneur de vous dire, aussitôt que j'aurai soupé, j'examinerai si votre proposition est telle que je puisse l'accepter; pourvu toutefois que votre excessive bonté me laisse toujours mon libre arbitre. »

LXXIII.

Sur ce, Baba se tourna vers don Juan, et dit : « Ayez la bonté de vous habiller. » Et il lui montrait un costume qu'une princesse eût été charmée de revêtir ; mais ne se sentant pas en humeur de mascarade, Juan resta muet; de la pointe de son pied chrétien il repoussa légèrement ces chiffons, et le vieux nègre ayant ajouté : « Dépêchez-vous ; » il répliqua : « Mon vieux monsieur, je ne suis point une dame.

LXXIV.

— J'ignore ce que vous êtes et ne m'en soucie point, reprit Baba ; mais veuillez faire ce que je vous dis : je n'ai ni temps ni paroles à perdre. — Au moins, dit Juan, je puis vous demander le motif de ce bizarre déguisement ? — Réprimez cette curiosité, dit Baba : tout s'expliquera sans doute en temps et lieu ; je ne suis pas autorisé à vous en dire plus.

LXXV.

— En ce cas, si j'y consens, s'écria encore le jeune homme, je veux bien que..... — Arrêtez ! reprit le nègre, pas de menace! cette fierté est bonne, mais elle pourrait aller trop loin, et vous vous apercevriez que nous sommes peu disposés à la plaisanterie. — Comment donc, monsieur ! sera-t-il dit que par mon costume j'ai changé de sexe ? — Eh bien ! répliqua Baba en montrant les vêtements étendus par terre : poussez-moi à bout et j'appellerai des gens qui ne vous laisseront plus de sexe du tout.

LXXVI.

« Je vous offre un fort joli costume ; un costume de femme il est vrai ; mais enfin il y a un motif pour que vous le preniez. — Eh quoi ! bien que mon âme tout entière se révolte contre cet attirail féminin ?... » Puis après un moment de silence et tout en jurant entre ses dents il s'écriait encore : « Que diable voulez-vous que je fasse de cette maudite gaze ? » C'est ainsi que sa bouche profane désignait la plus merveilleuse dentelle qui ait jamais paré le front d'une mariée.

LXXVII.

Ensuite, il jura encore ; puis tout en soupirant, il passa un pantalon de soie couleur de chair ; puis on lui mit une ceinture virginale retenant les plis légers d'une chemise aussi blanche que du lait ; mais en mettant son jupon, il trébucha, ce qui, *which*... comme nous disons... ou *whilk* comme disent les Écossais (et la rime, plus impérieuse que les rois, m'oblige à employer cette dernière forme)...

LXXVIII.

Ce qui (*whilk* ou *which*, comme il vous plaira) provenait de son peu d'habitude autant que de sa maladresse. Pourtant, après bien du temps perdu, il parvint enfin à compléter sa toilette : il est vrai que le nègre Baba lui prêtait la main de temps à autre, quand une malencontreuse pièce de vêtement ne voulait pas aller. Enfin, ayant passé les deux bras dans les manches d'une robe, il s'arrêta pour s'examiner des pieds à la tête.

LXXIX.

Il restait encore une difficulté... ses cheveux n'étaient pas assez longs ; mais Baba trouva dans l'armoire une telle abondance de fausses tresses que bientôt sa tête, que l'eunuque lui fit d'abord peigner et parfumer d'huile fut complètement garnie selon la mode actuelle du pays. Le tout fut orné de pierreries, pour correspondre à l'ensemble de la toilette.

LXXX.

Alors, son équipage féminin se trouvant au grand complet, avec l'aide des ciseaux, du fard et des pinces à épiler, il offrit sous presque tous les rapports l'aspect d'une jeune vierge, et Baba s'écria en souriant : « Vous voyez que la transformation est complète ; et maintenant, vous allez me suivre, messieurs... je veux dire, madame. » Sur ces mots il frappa deux fois des mains, et en un clin d'œil quatre noirs furent devant lui.

LXXXI.

« Vous, monsieur, reprit Baba, en faisant signe au plus âgé des captifs, vous daignerez vous mettre à table avec ces quatre braves gens ; mais vous, digne nonne chrétienne, vous allez me suivre. Point de plaisanterie, monsieur! quand je dis une chose, il faut qu'elle se fasse à l'instant. Que craignez-vous? croyez-vous être dans le repaire d'un lion ? Vous êtes dans un palais où le vrai sage prend un avant-goût du paradis du prophète.

LXXXII.

« Pauvre fou ! personne ici ne vous veut du mal, je vous le répète. — Tant mieux pour ceux que je rencontrerai, dit Juan ; autrement, ils sentiront le poids de mon bras, lequel n'est point encore si léger que vous pourriez le penser. Je vous obéis jusque-là ; mais j'aurais bientôt rompu le charme, si quelqu'un s'avisait de me prendre pour ce que je parais être. J'espère, dans l'intérêt de tout le monde, que ce déguisement ne donnera lieu à aucune méprise.

LXXXIII.

— Mauvaise tête ! venez et vous verrez, » conclut Baba. Cependant don Juan se tourna encore vers son camarade, qui, bien qu'un peu chagrin, ne pouvait s'empêcher de sourire de cette métamorphose : « Adieu, s'écrièrent-ils à la fois ; ce pays semble fertile en aventures neuves et bizarres: l'un se fait à moitié musulman, l'autre se change en fille, par la puissance non invoquée de ce vieux magicien noir.

LXXXIV.

— Adieu, répéta Juan ; si nous ne devons plus nous rencontrer, je vous souhaite un bon appétit. — Adieu ! répliqua l'autre ; quelque pénible que me soit cette séparation, quand nous nous reverrons, nous aurons bien des choses à nous raconter : le destin gonfle la voile, force nous est de voguer. Conservez votre honneur, bien qu'Ève elle-même ait succombé. — Soyez tranquille, s'écria la vierge supposée, le sultan lui-même ne m'enlèvera pas, à moins que Sa Hautesse ne me promette mariage. »

LXXXV.

Sur ces mots ils se séparèrent, chacun sortant par une porte différente. Baba conduisit Juan de chambre en chambre, de par des galeries resplendissantes et pavées de marbre, jusqu'à un portail gigantesque qui élevait de loin dans l'ombre sa masse hardie et colossale. L'air était embaumé ; on eût dit qu'on approchaient d'un sanctuaire ; car tout était vaste, calme, odorant et divin.

LXXXVI.

La porte gigantesque était large, élevée et brillante : elle était de bronze doré et ciselée curieusement : on y voyait des guerriers combattre avec furie ; ici le vainqueur s'avance avec fierté ; là le vaincu gît sur le sol ; plus loin des captifs, les yeux baissés, suivent le char triomphal, et l'on voit à l'horizon des escadrons en déroute ; ce travail parait plus ancien que l'époque où la race impériale, transplantée de Rome, périt avec le dernier Constantin.

LXXXVII.

Ce portail massif s'élevait à l'extrémité d'une salle immense : de chaque côté était assis un nain, des plus petits qu'on puisse imaginer ; ces hideux diablotins semblaient être là pour faire ressortir par un contraste ridicule l'orgueil quasi-pyramidal de l'énorme porte. Le monument déployait dans toutes ses parties une telle splendeur que l'on apercevait à peine ces infimes créatures...

LXXXVIII.

Si ce n'est au moment de marcher sur elles ; et alors on reculait d'horreur devant l'étonnante laideur de ces deux diminutifs d'hommes dont la couleur n'était ni le noir, ni le blanc, ni le gris, mais un insolite mélange que la plume ne saurait décrire, bien que peut-être le pinceau puisse l'imiter. Ces pygmées difformes étaient en outre sourds et muets. . monstres achetés à un prix monstrueux.

LXXXIX.

Comme ils étaient vigoureux, tout chétifs qu'ils semblaient, et faisaient parfois des travaux de force, ils avaient pour fonctions d'ouvrir cette porte, ce qui d'ailleurs leur était facile, car les gonds en étaient aussi doux que les vers de Rogers. Ils avaient encore mission, par ci par-là, selon la coutume de l'Orient, de faire avec la corde d'un arc une cravate pour quelque pacha rebelle : car ce sont en général des muets à qui l'on donne cet office.

XC.

Ils parlaient par signes... c'est-à-dire qu'ils ne parlaient pas du tout. — Pareils à deux incubes, leurs yeux étincelèrent quand Baba, en jouant des doigts, leur fit comprendre qu'il fallait ouvrir les battants de la porte. Juan éprouva un moment d'effroi quand il vit ces deux petits hommes diriger sur lui leurs yeux de serpent irrité : on eût dit que leurs regards empoisonnaient, fascinaient.

XCI.

Avant d'entrer, Baba s'arrêta pour donner à Juan, comme son guide, quelques légers avis : « Si vous pouviez, lui dit-il, adoucir un peu la majesté de votre démarche masculine, tout n'en serait que mieux ; vous devriez aussi (quoique ce ne soit pas grand'chose) vous balancer un peu moins de droite et de gauche, ce qui produit parfois un effet des plus bizarres... enfin vous pourriez prendre un air un peu plus modeste.

XCII.

« Ce serait chose prudente ; car ces muets ont des yeux perçants comme des aiguilles et capables de pénétrer à travers vos jupons. S'ils venaient à découvrir votre déguisement, vous savez que le Bosphore n'est pas loin et qu'il est assez profond ; et il pourrait advenir qu'avant le lever de l'aurore, vous et moi nous arrivassions dans la mer de Marmara, sans bateau et cousus dans des sacs, mode de naviguer dont on ne se fait pas faute ici dans l'occasion. »

XCIII.

Après cet encouragement, il l'introduisit dans une pièce plus magnifique encore que la précédente ; les objets somptueux y étaient entassés dans une telle confusion, que l'œil, ébloui par l'éclat jaillissant de toutes parts, n'y pouvait démêler aucun objet distinct : c'était une masse étincelante de pierreries d'or et de joyaux dont on semblait avoir fait litière.

XCIV.

La richesse avait fait des miracles... le goût peu de chose. C'est ce qui arrive dans les palais de l'Orient, et même dans les séjours plus modestes des monarques occidentaux ; j'en ai vu six ou sept, et je puis dire que, si l'or et les diamants n'y jettent pas grand lustre, on y trouve d'ailleurs bien des choses à reprendre : des groupes de mauvaises statues, des tables, des fauteuils, des tableaux dont la critique demanderait trop de temps.

XCV.

Dans ce salon impérial, à demi couchée sous un dais, dans toute la sécurité d'une reine, reposait une dame. Baba s'arrêta et, s'agenouillant, fit signe à Juan qui, bien que peu habitué à prier, fléchit instinctivement le genou, se demandant à part lui ce que tout cela signifiait. Cependant Baba resta incliné et courbant la tête jusqu'à la fin du cérémonial.

XCVI.

Alors la dame, se levant de l'air d'une Vénus qui sort des flots, fixa sur eux, avec la vivacité d'une gazelle, deux yeux dont l'amoureux éclat éclipsa celui de toutes les pierreries qui l'entouraient ; puis levant un bras aussi blanc que les rayons de la lune, elle fit un signe à Baba : celui-ci baisa d'abord la frange de sa robe de pourpre ; puis il lui parla tout bas en montrant du doigt Juan resté un peu en arrière.

Nous sommes des captifs échappés du sérail.

XCVII.

Son aspect était aussi imposant que la pompe qui l'entourait ; elle avait ce genre d'irrésistible beauté que nulle description ne peut rendre. J'aime mieux laisser à votre imagination le soin de s'en former l'idée que de l'affaiblir par tout ce que je pourrais dire de ses formes et de ses traits : vous seriez frappé d'aveuglement, si je pouvais faire ressortir chaque détail ; c'est donc fort heureusement, et pour vous et pour moi, que l'expression me manque.

XCVIII.

J'ajouterai cependant qu'elle avait atteint l'âge mûr, pouvant être dans son vingt-sixième printemps ; mais il est des beautés auxquelles le temps s'abstient de toucher, détournant sa faulx sur de vulgaires objets ; telle fut Marie, reine d'Écosse. Il est vrai que les larmes et les passions sont destructrices : la douleur qui mine sourdement prive la magicienne de ses pouvoirs magiques ; néanmoins il est des femmes qui ne deviennent jamais laides : exemple, Ninon.

XCIX.

Elle adressa quelques mots à ses suivantes, qui formaient un chœur de dix ou douze jeunes filles, toutes vêtues comme don Juan, à qui Baba avait donné leur uniforme. On les eût prises pour une troupe de nymphes, et elles auraient pu traiter de cousines les compagnes de Diane, du moins quant à l'extérieur ; au-delà, je ne voudrais rien garantir.

C.

Elles firent la révérence et se retirèrent, mais non par la porte qui s'était ouverte pour Baba et pour Juan. Celui-ci se tenait immobile à quelque distance, admirant tout ce qu'il voyait dans cet étrange salon ; et certes les choses étaient bien faites pour lui inspirer la surprise et l'admiration, sentiments qui vont toujours de compagnie. Et je dois faire observer ici que jamais je n'ai compris la grande félicité du *nil admirari.*

CI.

« Ne rien admirer est le seul secret qui puisse rendre les hommes heureux ou les conserver tels, » voilà comment cette maxime a été exprimée, sans vaines fleurs de rhétorique, par Horace d'abord, puis par son traducteur, Creech, et enfin par Pope empruntant les paroles de Creech pour les adresser à Murray, son protecteur. Mais si personne n'avait rien admiré, Pope et Horace auraient-ils chanté ?

CII.

Quand toutes ces demoiselles furent sorties, Baba fit signe à Juan d'approcher, et lui dit de s'agenouiller une seconde fois et de baiser le pied de la dame. A cet ordre répété, notre héros indigné se leva de toute sa hauteur et dit : « Qu'il en était bien fâché, mais qu'il ne baiserait jamais de chaussure, à moins que ce ne fût celle du pape. »

CIII.

Baba, ne pouvant supporter cette fierté déplacée, lui fit de vertes remontrances; il le menaça même (mais tout bas) du fatal lacet... Tout fut inutile: Juan n'était pas homme à s'humilier, même devant l'épouse de Mahomet. Il n'y a rien au monde d'aussi puissant que l'étiquette, dans les appartements royaux ou impériaux, de même qu'aux courses ou aux bals de province.

CIV.

Juan restait immobile comme Atlas; un monde de paroles retentissait à ses oreilles, et néanmoins il refusait de plier; il sentait bouillir dans ses veines le sang de tous ses aïeux castillans; et plutôt que de condescendre à déshonorer sa race, il eût préféré sentir mille glaives lui arracher mille fois la vie. Enfin voyant qu'il était inutile d'insister à l'égard du pied, Baba lui proposa de baiser la main de la dame.

CV.

C'était là un honorable compromis, un lieu mitoyen de trêve diplomatique, où l'on pouvait s'aboucher sur un pied de paix. Juan déclara qu'il était prêt à donner toutes les marques convenables de respect, ajoutant que celle-ci était la plus usitée et la meilleure; car dans tout le Midi la coutume fait encore un devoir aux cavaliers de baiser la main des dames.

CVI.

Il s'avança donc, quoique d'assez mauvaise grâce; et pourtant jamais lèvres ne laissèrent leur impression passagère sur des doigts plus aristocratiques et plus beaux. La bouche ne se détache d'une telle main qu'à regret; et au lieu d'un baiser, elle voudrait en imprimer deux, comme vous pourrez vous en convaincre, si la beauté que vous aimez permet que sa main vienne en contact avec votre bouche. Que dis-je! il suffit souvent de la main d'une belle étrangère pour ébranler une constance de douze mois.

CVII.

La dame examina don Juan de la tête aux pieds; puis elle dit à Baba de sortir, ordre que ce dernier exécuta dans le vrai style, en homme habitué à la retraite. Entendant les choses à demi-mot et les prenant toutes du bon côté, il dit tout bas à don Juan de ne s'effrayer de rien, lui adressa un mystérieux sourire, et prit congé, de l'air content d'un homme qui vient de faire une bonne action.

CVIII.

Dès qu'il eut disparu, ce fut un changement soudain. Je ne sais quelles étaient les pensées de la dame, mais une émotion étrange rayonna sur son front: le sang, montant à sa joue transparente, la colora d'un rouge éclatant comme celui des nuages de l'extrême horizon par un couchant d'été; dans ses grands yeux se peignait un mélange d'orgueil et de volupté.

CIX.

Ses formes avaient toute la molle élégance de son sexe; ses traits, toute la douceur de ceux du démon, quand il revêtit la forme d'un chérubin pour tenter Ève, et nous frayer (Dieu sait comment) la route du mal. L'œil ne pouvait pas plus reprendre de taches dans sa beauté que dans le disque même du soleil; et pourtant on y sentait l'absence d'un je ne sais quoi: elle semblait ordonner plutôt qu'accorder.

CX.

Quelque chose d'impérial ou d'impérieux jetait pour ainsi dire une chaîne autour d'elle: c'est-à-dire qu'à son approche vous sentiez comme une chaîne peser sur votre cou. Or, pour peu que se montre le despotisme, le bonheur le plus enivrant semble une souffrance. Notre âme au moins est libre; en vain nous voudrions contre son gré faire obéir les sens..... l'esprit finit par prévaloir.

CXI.

Son sourire même, si doux qu'il fût, était plein de hauteur: sa tête saluait sans s'incliner; une volonté tyrannique perçait jusque dans ses petits pieds; on eût dit qu'ils avaient la conscience de son rang et qu'ils étaient habitués à marcher sur des têtes prosternées. Enfin pour compléter sa majesté, un poignard (c'est la coutume nationale) brillait à sa ceinture et annonçait en elle l'épouse du sultan (et non la mienne, grâce au ciel)!

CXII.

« Entendre et obéir, » telle avait été depuis son berceau la loi de tout ce qui l'entourait; satisfaire toutes ses fantaisies, répandre autour d'elle la joie et la gaîté, telle avait été l'occupation de ses esclaves, et sa volonté était qu'il en fût ainsi. Sa naissance était illustre, sa beauté à peine terrestre: jugez alors si ses caprices devaient connaître un terme; si elle eût été chrétienne, je crois que le mouvement perpétuel serait enfin trouvé.

CXIII.

Tout ce qu'elle voyait et désirait, on le lui offrait; ce qu'elle ne voyait pas, mais dont elle supposait l'existence, on le cherchait avec soin, et quand on l'avait trouvé, on l'achetait à tout prix. Il n'y avait point de torture à ses emplettes ni aux embarras que causaient ses caprices; néanmoins il y avait tant de grâce dans sa tyrannie, que les femmes lui pardonnaient tout, excepté son visage.

CXIV.

Juan, le dernier de ses caprices, avait attiré ses regards tandis qu'il se rendait au marché. Elle avait aussitôt donné ordre de l'acheter, et Baba, qu'on trouvait toujours prêt quand il s'agissait de faire le mal, était l'homme qu'il fallait pour ces sortes de transactions: la dame manquait de prudence, mais lui en avait pour deux; c'est ce qui explique le déguisement accepté par Juan avec tant de répugnance.

CXV.

Sa jeunesse et sa beauté favorisèrent la ruse; et si vous me demandez comment l'épouse d'un sultan pouvait hasarder ou mériter des fantaisies aussi étranges, je laisserai la chose à la décision des sultanes. Les empereurs ne sont que des maris aux yeux de leurs femmes, et les rois ou les quasi-rois sont souvent mystifiés.

CXVI.

Mais revenons au point principal. Considérant tous les obstacles comme vaincus, elle crut montrer beaucoup de condescendance envers cet esclave, devenu enfin sa propriété, lorsque, sans plus de préface, elle abaissa sur lui ses yeux bleus où se confondaient la passion et l'empire, et se contenta de lui dire : « Chrétien, sais-tu aimer ? » s'imaginant que ce peu de mots suffiraient pour l'émouvoir.

CXVII.

Et cela eût suffi véritablement, en temps et lieu convenables; mais Juan, l'âme encore pleine d'Haïdée et de son île, et de ses doux traits ioniens, sentit le sang chaleureux qui colorait son visage refluer jusqu'à son cœur, en comprimer les mouvements, et laisser sur ses joues la pâleur de la neige. Ces paroles le percèrent jusqu'au fond de l'âme comme des lances arabes, si bien qu'il ne répondit mot, mais fondit en larmes.

CXVIII.

Elle fut vivement choquée, non de voir pleurer, car les femmes en usent à volonté ; mais à voir pleurer des hommes, il y a quelque chose de pénible et de poignant : les larmes d'une femme attendrissent, celles d'un homme brûlent presque comme du plomb fondu ; on dirait que pour les lui arracher, on lui enfonce un dard dans le cœur : en un mot, c'est là un soulagement, ici une torture.

CXIX.

Elle eût voulu le consoler, mais comment : n'ayant point d'égaux, rien qui jusque-là eût éveillé sa sympathie, et n'ayant jamais même songé à supporter le moindre chagrin sérieux, sauf quelques petits soucis boudeurs qui parfois obscurcissaient son front, elle s'étonnait que si près de ses yeux d'autres yeux pussent pleurer.

CXX.

Mais la nature donne plus de tact que la grandeur n'en peut étouffer, et quand une sensation forte, même inconnue, vient l'émouvoir, le cœur féminin offre un sol favorable à la tendresse. Quelle que soit leur nation, comme la Samaritaine, elles versent l'huile et le vin sur nos blessures. C'est ainsi que Gulbeyaz, sans savoir pourquoi, sentit ses yeux s'humecter d'une étrange moiteur.

CXXI.

Mais, comme toute chose, les larmes ont une fin. Poussé à un soudain accès de douleur par le ton impératif avec lequel on osait lui demander s'il savait aimer, Juan rappela bientôt la fermeté dans ses regards, où cette faiblesse qu'il se reprochait avait mis un nouvel éclat ; et bien que sensible à la beauté, il se trouva plus accessible encore au chagrin de ne pas être libre.

CXXII.

Pour la première fois de sa vie, Gulbeyaz se trouva fort embarrassée, car elle n'avait jamais entendu autour d'elle que des prières et des flatteries ; et comme d'ailleurs elle risquait sa vie pour se procurer un confortable tête-à-tête avec un jeune novice en amour, perdre le temps était pour elle un vrai martyre ; et déjà il s'était écoulé près d'un quart d'heure.

CXXIII.

Je profiterai de cette occasion pour indiquer aux amateurs le temps précis qu'on accorde en pareil cas... à savoir dans les pays méridionaux. Chez nous, on accorde plus de latitude ; mais ici le plus court délai forme un grand crime ; nous rappelez-vous que l'extrême indulgence vous donne juste dix minutes pour déclarer votre flamme... une seconde de plus vous perdrait de réputation.

CXXIV.

Celle de Juan était bonne, et il eût pu la rendre meilleure encore, s'il n'avait eu son Haïdée en tête : chose étrange peut-être, il ne l'avait pour encore oubliée, ce qui le faisait paraître excessivement mal élevé. Gulbeyaz, qui le regardait comme son débiteur pour la peine qu'elle avait prise de le faire conduire dans son palais, rougit d'abord jusqu'au blanc des yeux, puis devint d'une pâleur mortelle, puis elle reprit ses premières couleurs.

CXXV.

Enfin, d'un air tout-à-fait impérial, elle posa sa main sur celle du jeune homme, et fixant sur lui des yeux qui pour persuader n'avaient pas besoin d'un empire, elle chercha dans ses regards un amour qu'elle n'y trouva pas ; son front se rembrunit, mais sa bouche n'articula point un reproche, dernière ressource qu'accepte la fierté d'une femme : elle se leva, et après un moment de chaste hésitation, elle se jeta sur son sein en se pressant contre lui.

CXXVI.

C'était une périlleuse épreuve, et Juan le sentit ; mais il était cuirassé par la douleur, la colère et l'orgueil. Il se dégagea doucement des bras d'albâtre qui l'entouraient, et fit asseoir à côté de lui la dame presque évanouie. Alors se relevant avec fierté, il promena ses regards autour de l'appartement, puis les reportant froidement sur Gulbeyaz : « L'aigle captif, dit-il, n'accepte pas de compagne ; et moi je ne servirai pas les caprices sensuels d'une sultane.

CXXVII.

« Tu me demandes si je sais aimer ! Juge combien j'ai dû aimer... puisque je ne t'aime pas. Sous cet ignoble travestissement, la quenouille, la navette et les fuseaux peuvent seuls me convenir : l'amour est fait pour les êtres libres ! La splendeur de ce palais ne m'éblouit pas : quelque soit ton pouvoir, apprends qu'autour d'un trône les têtes s'inclinent, les genoux fléchissent, les yeux veillent, les mains obéissent... les cœurs restent indépendants. »

CXXVIII.

Vérité vulgaire pour nous, mais non pour cette femme qui n'avait jamais rien entendu de pareil ; elle s'imaginait que le moindre de ses commandements devait être accueilli avec transport, la terre n'étant faite que pour les rois et les reines. Si le cœur est placé à gauche ou à droite, elle le savait à peine, tant est grande la perfection à laquelle la légitimité conduit ses croyants héréditaires, élevés dans la conscience de leurs droits royaux sur les hommes.

CXXIX.

D'ailleurs, nous l'avons dit, elle était si belle que, même dans une condition beaucoup plus humble, elle eût pu partout créer un roi ou faire des rebelles ; et puis il est à présumer qu'elle comptait un peu sur ses charmes, car de pareils moyens de succès ne sont guère mis en oubli par celles qui les possèdent ! Elle estimait que sa beauté lui donnait un double droit divin, opinion que je partage à moitié.

CXXX.

O vous qui, dans votre jeunesse, avez eu à défendre votre chasteté contre les attaques désespérées d'une douairière amoureuse, et qui, aux jours caniculaires, l'avez blessée par vos refus, rappelez-vous, ou, si vous ne le pouvez, imaginez-vous sa rage ; ou bien remettez-vous en mémoire tout ce que l'on a écrit ou chanté sur ce sujet ; et puis supposez dans le même cas une beauté jeune et accomplie.

CXXXI.

Supposez... mais vous avez déjà supposé l'épouse de Putiphar, Phèdre et tous les beaux exemples que l'histoire nous offre dans ce genre ; quel dommage qu'ils soient si peu nombreux ceux que les poètes et les précepteurs citent pour votre instruction, ô jeunesse de l'Europe ! Mais quand vous aurez évoqué ces rares souvenirs, vous n'aurez point encore une idée de la fureur de Gulbeyaz.

CXXXII.

Une tigresse à qui l'on dérobe ses petits, une lionne, ou toute autre intéressante bête de proie, s'offrent naturellement comme points de comparaison, s'il s'agit de peindre la désolation des dames quand elles n'en peuvent faire à leur tête ; mais quoique je ne puisse me contenter à moins, ces similitudes n'expriment pas la moitié de ce que je voudrais dire : qu'est-ce en effet que le chagrin de se voir enlever un ou plusieurs enfants, auprès de la douleur de perdre toute espérance d'en avoir.

CXXXIII.

L'amour de la progéniture est une loi naturelle, depuis la panthère et ses petits jusqu'à la cane et ses canards : rien n'aiguise leur bec ou leurs griffes comme une invasion parmi leurs nourrissons et leur couvée ; et quiconque a vu une nursery anglaise, sait combien les mères se complaisent aux cris et aux rires de leurs enfants ; et par la force de l'effet, on peut juger de l'énergie de la cause.

CXXXIV.

Si je vous disais que des éclairs jaillissaient des yeux de Gulbeyaz, ce serait ne rien dire ; car ces éclairs étaient perpétuels. Si je disais que ses joues se couvrirent des teintes les plus vives, je ferais tort au teinturier, tant l'expression de sa passion était étrange. Jamais jusqu'à ce jour un seul de ses désirs n'avait été contrarié ; vous même qui savez ce que c'est qu'une femme contrecarrée (et Dieu il combien peu l'ignorent), vous ne sauriez vous faire une idée de elle-ci.

CXXXV.

Sa fureur ne dura qu'une minute, et ce fut fort heureux... un moment de plus l'eût tuée ; mais ce peu d'instants suffit pour dévoiler l'enfer. Rien de plus sublime qu'un courroux énergique, horrible à voir, mais grandiose à décrire, pareil à l'Océan qui assiège une ceinte de rochers; les passions profondes qui flamboyaient dans tute sa personne en faisaient une tempête incarnée.

CXXXVI.

Parler de sa rage comme de ces fureurs qu'on voit tous les jours, c serait comparer un orage vulgaire à une trombe. Et cependant lle ne se sentit pas le besoin de prendre la lune comme le bouillant Tolspur, notre immortel Shakespeare; sa colère prit un essor moins élevé, peut-être à cause de la douceur de son sexe et de son âge... d'abord elle eût volontiers crié comme le roi Lear : « Tue, tue, tue! » Mais bientôt sa soif de sang s'éteignit dans les larmes.

CXXXVII.

Le tout éclata comme un orage et passa de même... et sans paroles... à la vérité elle était hors d'état de parler. Enfin, elle éprouva a honte naturelle à son sexe, sentiment qui avait été jusque-là très aible en son cœur, mais qui alors s'épancha librement comme l'eau ar une soudaine issue; car elle se sentait humiliée, et aux personnes te son rang l'humiliation est quelquefois profitable.

CXXXVIII.

L'humiliation leur enseigne qu'elles sont de chair et de sang ; elle eur fait comprendre tout doucement que les autres, quoique d'argile, ne sont pas tout-à-fait de boue; que les urnes et les cruches ont des sœurs également fragiles, œuvres du même art, bonnes ou mauvaises, quoique n'étant pas nées des mêmes pères et mères. Elle enseigne... Dieu seul sait tout ce qu'elle peut enseigner; parfois ses leçons corrigent, mais du moins elles frappent toujours.

CXXXIX.

Sa première pensée fut de couper la tête de don Juan ; la seconde, de lui couper seulement... la continuation de son amitié; la troisième, de lui demander où il avait été élevé ; la quatrième, de l'amener à résipiscence par la raillerie ; la cinquième, d'appeler ses femmes pour se faire mettre au lit; la sixième, de se poignarder ; la septième, de faire donner le fouet à l'eunuque noir... Mais sa grande ressource fut de se rasseoir et de pleurer comme de raison.

CXL.

Elle songea, dis-je, à se poignarder, mais il y avait un inconvénient, c'est qu'elle avait le poignard sous la main ; car les corsets orientaux ne sont pas rembourrés, de sorte qu'un poignard les traverse pour peu que l'on frappe. Elle songea aussi à faire mourir Juan ; mais le pauvre garçon bien qu'il le méritât pour sa froideur, lui couper la tête n'était pas le plus sûr moyen d'arriver au but... c'est-à-dire à son cœur.

CXLI.

Juan fut ému : il avait pris son parti d'être empalé ou coupé en morceaux pour servir de nourriture aux chiens, ou mis à mort avec des tourments raffinés, ou jeté aux lions, ou donné en amorce aux poissons, et il s'était héroïquement résigné à tout cela plutôt que de pécher... à moins que ce ne fût de sa propre volonté ; mais toutes ces grandes résolutions contre la mort se fondirent comme de la neige devant les pleurs d'une femme.

CXLII.

De même que certain personnage de comédie sent son courage lui glisser des mains, ainsi la vertu de Juan eut son reflux ; je ne sais comment. D'abord il s'étonna de ses refus, puis il se demanda si l'affaire pourrait encore s'arranger ; ensuite il s'accusa de trop de sauvagerie, comme un moine qui regrette son vœu, ou une femme son serment, ce qui, généralement, aboutit à une légère infraction aux deux promesses.

CXLIII.

Il se mit donc à balbutier quelques excuses ; mais en pareil cas les mots ne suffisent point, quand même vous auriez recours aux plus beaux chants des muses, au jargon fashionable des dandies ou à toutes les métaphores dont Castlereagh fait abus. Au moment même où un languissant sourire commençait à le flatter de l'espoir d'un pardon, mais avant qu'il osât s'aventurer plus loin, le vieux Baba entra un peu brusquement.

CXLIV.

« Épouse du soleil et sœur de la lune (ce fut ainsi qu'il s'exprima) ! impératrice de la terre, qui, d'un seul froncement de vos sourcils, troubleriez l'harmonie des sphères célestes, dont un seul sourire fait danser de joie toutes les planètes, votre esclave vous apporte un message... il espère n'être point entré trop tôt... un message digne de votre sublime attention. Le soleil lui-même m'envoie comme un de ses rayons vous annoncer qu'il vient en personne.

CXLV.

— Est-ce bien vrai ? s'écria Gulbeyaz ; plût au ciel qu'il voulût ne point briller avant demain matin ! Mais dites à mes femmes de former la voie lactée. Allez, ma vieille comète ; avertissez les étoiles. Et toi, chrétien, mêle-toi parmi elles comme tu pourras, et si tu veux que je te pardonne... » Ici elle fut interrompue par un murmure confus, puis par une voix qui cria : « Le sultan ! »

CXLVI.

D'abord vinrent les femmes respectueusement rangées à la file, puis les eunuques blancs et noirs de Sa Hautesse : le cortége pouvait avoir un quart de mille de longueur. Sa majesté avait toujours la politesse de faire annoncer ses visites longtemps à l'avance, surtout le soir ; car Gulbeyaz se trouvant la dernière des quatre épouses de l'empereur, était, comme de raison, la favorite.

CXLVII.

Sa Hautesse était un homme d'un port grave, enturbanné jusqu'au nez et barbu jusqu'aux yeux. Tiré d'une prison pour monter sur le trône, il avait depuis peu succédé à son frère, étranglé ; c'était, dans son genre, un aussi bon monarque que ceux qui se trouvent mentionnés dans les histoires de Cantemir ou de Knolles, où bien peu brillent, à l'exception de Soliman, la gloire de cette race.

CXLVIII.

Il se rendait en pompe à la mosquée et faisait ses prières avec une exactitude plus qu'orientale ; il abandonnait à son visir toutes les affaires de l'État, et se montrait peu curieux de ce qui le regardait comme roi. Je ne sais s'il avait quelques soucis domestiques... nul procès n'attestait des discordes conjugales ; quatre femmes et deux fois cinq cents concubines, toutes invisibles, se gouvernaient avec autant de calme qu'une seule reine chrétienne.

CXLIX.

Si quelque faux pas se faisait par-ci par-là, on n'entendait guère parler de la criminelle et du crime ; l'histoire ne passait que par une seule bouche : le sac et la mer réglaient tout sans délai, et gardaient bien le secret. Le public n'en savait pas plus que n'en sait ce papier : nul scandale ne faisait de la presse un fléau... La morale s'en trouvait mieux, et les poissons n'en étaient pas plus mal.

CL.

Le sultan voyait de ses yeux que la lune est ronde, et tenait pour également certain que la terre est carrée, car il avait fait un voyage de cinquante milles et n'avait vu aucun indice qui lui prouvât qu'elle est circulaire. De plus, son empire était sans limites ; il est vrai que la paix en était un peu troublée çà et là par des rébellions de pachas ou les invasions des Giaours ; mais ses ennemis ne venaient jamais jusqu'aux Sept-Tours...

CLI.

Si ce n'est dans la personne de leurs ambassadeurs, qu'on y logeait dès que la guerre éclatait, conformément au véritable droit des gens, qui ne saurait vouloir que ces misérables, n'ayant jamais tenu une épée dans leurs sales mains diplomatiques, pussent exhaler leur fiel, semer les discordes et arranger tranquillement leurs mensonges, affublés du nom de dépêches, sans courir même le risque de voir roussir un de leurs favoris noircis à l'encre.

CLII.

Il avait cinquante filles et quatre douzaines de fils : quant aux premières, dès qu'elles étaient grandes, on les confinait dans un palais où elles vivaient comme des nonnes, jusqu'à ce qu'un pacha, envoyé en mission, épousât celle dont le tour était venu, bien que parfois elle n'eût pas plus de six ans... La chose peut paraître bizarre, mais elle est vraie ; la raison en est que le pacha est tenu de faire un cadeau à son beau-père.

CLIII.

Les fils étaient retenus en prison, jusqu'à ce qu'ils fussent d'âge à ceindre le lacet ou le diadème... les destins seuls savaient lequel des deux ; en attendant, on leur donnait une éducation toute princière, comme leur conduite l'a toujours prouvé, si bien que l'héritier présomptif était également digne de la potence et du trône.

CLIV.

Sa Majesté salua sa quatrième épouse avec tout le cérémonial de son rang : celle-ci éclaircit ses yeux brillants et se fit un front riant, comme il convient à une femme qui vient de jouer un tour à son mari. En pareil cas, on est tenue de paraître doublement attachée à la foi conjugale, pour sauver le crédit d'une banque en faillite ; aucun époux ne reçoit un accueil aussi cordial que celui qui vient d'être mis au rang des bienheureux.

CLV.

Sa Hautesse, promenant autour d'elle ses grands yeux noirs, et, selon son habitude, les arrêtant sur chaque jeune fille, aperçut parmi elles notre héros déguisé, ce qui ne lui causa ni surprise ni mécontentement ; mais s'adressant d'un air calme et posé à Gulbeyaz qui s'efforçait de comprimer un soupir : « Je vois, dit-il, que vous avez acheté encore une esclave; c'est dommage qu'une simple chrétienne puisse être aussi jolie. »

CLVI.

Ce compliment, qui attira tous les yeux sur la nouvelle emplette de Baba, la fit rougir et trembler. Ses compagnes, de leur côté, se crurent perdues. O Mahomet ! Sa Majesté pouvait-elle faire tant d'attention à une Giaour, tandis qu'à peine un mot sorti des lèvres impériales avait été adressé à une d'elles ! Ce fut une agitation, un chuchotement général ; mais l'étiquette ne permettait point les ricanements.

CLVII.

Les Turcs ont raison... du moins en certains cas... d'enfermer les femmes, parce que, malheureusement, dans ces climats dangereux, leur chasteté n'a point cette qualité astringente qui, dans le Nord, prévient un libertinage précoce, et rend notre neige moins pure que nos mœurs. Le soleil, qui chaque année fait disparaître les glaces du pôle, produit sur le vice un effet tout contraire.

CLVIII.

C'est pourquoi les Orientaux sont extrêmement rigides. Chez eux mariage et cadenas sont synonymes, avec cette différence que le premier, une fois crocheté, ne peut plus être remis dans son premier état, gâté qu'il est comme une pièce de bordeaux éventée. Mais la faute en est à leur polygamie : pourquoi aussi ne pas souder pour la vie deux âmes vertueuses pour en composer ce Centaure moral appelé mari et femme ?

CLIX.

Ici s'arrête notre chronique ; nous allons donc faire halte, non que la matière nous manque ; mais, conformément aux anciennes règles épiques, il est temps de carguer les voiles et de mettre nos rimes à l'ancre. Pourvu que ce cinquième chant obtienne le succès qu'il mérite, le sixième atteindra au sublime. En attendant, puisque Homère dort quelquefois, vous excuserez ma muse si elle prend un petit somme.

CHANT VI.

I.

« Il est dans les affaires des hommes un instant où, profitant de la marée montante (1)... » Vous savez le reste, et la plupart de nous ont éprouvé parfois la vérité de cette observation ; quoique bien peu aient su saisir le moment avant qu'il fût passé sans retour. Mais nul doute que tout ne soit pour le mieux... on peut s'en convaincre en considérant la fin quand les choses sont au pire, c'est alors qu'elles reprennent une meilleure face.

II.

De même, il est dans les affaires des femmes un instant où, profitant de la marée montante, on arrive... Dieu sait où : il faudrait d'habiles navigateurs pour indiquer exactement sur la carte tous les courants de cette mer capricieuse : les rêveries de Jacob Bœhme n'ont rien de comparable à ses tourbillons et à ses remous. Les hommes avec leurs têtes réfléchissent à ceci et à cela, les femmes avec leurs cœurs songent... Dieu sait à quoi !

III.

Et néanmoins une femme impétueuse, opiniâtre, entière et en même temps jeune, belle, intrépide, capable de risquer un trône, un monde, l'univers entier pour être aimée à sa manière ; de balayer les étoiles du firmament plutôt que de n'être pas libre comme les vagues... une pareille femme serait le diable (si toutefois il en existe un), et pourtant elle ferait des milliers de Manichéens.

IV.

Trônes, mondes et cætera, sont si souvent bouleversés par l'ambition la plus vulgaire, que si la passion se mêle de les mettre sens dessus dessous, nous oublierons volontiers, ou du moins nous pardonnons ces écarts de l'amour. Si l'on a gardé quelque bon souvenir d'Antoine, ce n'est pas à cause de ses conquêtes ; mais Actium perdu pour les beaux yeux de Cléopâtre contrebalance toutes les victoires de César.

V.

Il mourut à cinquante ans pour une reine de quarante : je suis fâché qu'ils n'aient pas eu quinze et vingt ans, car, à cet âge, les richesses, les royaumes, les mondes, ne sont qu'un jeu..... Je me souviens du temps où, pour faire ma cour, quoique je n'eusse pas beaucoup de mondes à perdre, je donnais tout ce que j'avais... un cœur : du train dont le monde allait, ce que je donnais valait un monde, car des mondes entiers ne pourront jamais me rendre ces purs sentiments disparus pour toujours.

VI.

C'était le denier de l'adolescent, et peut-être, comme celui de la veuve, il en sera tenu compte dans un autre monde, sinon dans celui-ci ; mais que ces choses-là aient ou non leur mérite, tous ceux qui ont aimé ou qui aiment encore avoueront que la vie n'a rien qu'on puisse leur comparer. Dieu est l'amour, dit-on, et l'amour est Dieu, ou du moins il l'était avant que la face de la terre fût ridée par les péchés et les larmes de... Consultez la chronologie.

VII.

Nous avons laissé notre héros et notre troisième héroïne dans une position plus embarrassante qu'extraordinaire, car les hommes risquent parfois leur peau pour ce funeste tentateur, une femme défendue : les sultans abhorrent par trop cette sorte de péché, et ne s'accordent nullement avec le sage Romain, l'héroïque, stoïque et sentencieux Caton, qui prêta sa femme à son ami Hortentius.

VIII.

Je sais que Gulbeyaz était très coupable ; je l'avoue, je le déplore, je la condamne ; mais je déteste toute fiction, même dans la poésie, et je dois dire la vérité, dût-on en blâmer. Sa raison étant faible et ses passions violentes, elle pensa que le cœur de son époux (eût-elle même le droit de le revendiquer tout entier) était à peine suffisant pour elle ; car il avait cinquante-cinq ans et quinze cents concubines.

IX.

Je ne suis pas, comme Cassio (1), un mathématicien, mais il appert de la théorie enseignée par les livres et résumée avec une précision féminine, qu'en faisant entrer en ligne de compte l'âge de Sa Hautesse, la belle sultane devait mourir d'inanition ; car si le sultan était juste envers toutes ses amantes, elle ne pouvait réclamer que la quinze-centième partie de ce qui doit être possédé en monopole, un cœur.

X.

On observe que les femmes sont litigieuses, quant aux objets de possession légale ; les dévotes surtout, car à leurs yeux la transgression est double. Elles nous assiègent de procès et de poursuites, comme chaque session des tribunaux en fait foi, pour peu qu'elles soupçonnent qu'une autre ait part dans un bien dont la loi les fait seules propriétaires.

XI.

Or, si pareille chose a lieu dans un pays chrétien, les païennes aussi, avec moins de latitude, sont sujettes à prendre les choses de haut, à se donner ce que les monarques appellent une attitude imposante, et à combattre de pied ferme pour leurs droits conjugaux, quand leurs seigneurs et maris les traitent en ingrats ; et quatre femmes ayant nécessairement de quadruples droits, l'Euphrate a ses scènes de jalousie aussi bien que la Tamise.

XII.

Gulbeyaz était la quatrième, et comme je l'ai dit, la favorite ; mais qu'est-ce qu'une faveur entre quatre ? La polygamie est un effet à redouter, non comme un péché, mais comme un ennui ; un homme sage, uni à une femme toute seule, trouvera difficilement assez de philosophie pour en supporter un plus grand nombre, et

(1) Personnage dont parle *Othello* dans la tragédie de ce nom par Shakespeare.

---

(1) Shakespeare, *Jules César*, IV, 3.

moins d'être mahométan, personne ne voudra prendre pour couche nuptiale le gigantesque « lit de Ware » (1).

XIII.

Sa Hautesse, le plus sublime des hommes (titre qu'on lui donnait comme on le donne à tous les monarques jusqu'au moment où ils ont livrés aux vers, ces jacobins affamés qui se sont repus des rois les plus superbes), Sa Hautesse jeta les yeux sur les charmes de Gulbeyaz, s'attendant à un accueil d'amant, ou ce qui revient au même, à un accueil à l'écossaise.

XIV.

Ici nous devons distinguer ; car, bien que les baisers, les douces paroles, les embrassements et le reste puissent simuler ce qui n'est pas, ce sont choses qu'on prend et qu'on ôte comme un chapeau, ou plutôt comme les bonnets que porte le beau sexe : parure dont on se décore, mais qui ne fait pas plus partie de la tête que les caresses ne font partie du cœur.

XV.

Rougeur légère, doux tremblement, calme expression de féminine extase, manifestée moins par les yeux que par les paupières, qui s'abaissent pour ajouter au bonheur le charme du mystère : voilà pour une âme discrète les vrais gages de l'amour quand il siége sur son trône le plus doux, le cœur d'une femme sincère... car un excès de chaleur ou de froid détruit complétement le charme.

XVI.

Si cette extrême chaleur est fausse, elle est pire que la réalité ; vraie, c'est un feu qui ne saurait longtemps durer ; personne, en effet, si ce n'est dans la première jeunesse, ne voudrait se fier aux seuls désirs, engagement précaire, sujet à être transféré au premier qui l'achète pour un misérable escompte ; d'un autre côté, vos femmes par trop froides me semblent de vraies sottes.

XVII.

C'est-à-dire que nous ne pouvons leur pardonner leur mauvais goût, car les amants, empressés ou tardifs, se plaisent à entendre l'aveu d'une tendre flamme : eussent-ils pour maîtresse la concubine de neige du bienheureux François, ils voudraient voir brûler en elle une passion sentimentale. En un mot, la maxime de la gent amoureuse doit être celle d'Horace : *medio tu tutissimus ibis*.

XVIII.

Le mot *tu* est de trop, mais qu'il reste ; le vers l'exige, c'est-à-dire le vers anglais ; car dans l'antique hexamètre ; mais après tout, il n'y a dans le mien ni rime ni mesure ; il était difficile de le faire plus mauvais, et il n'est là que pour terminer l'octave. La prosodie ne peut l'avouer ; mais traduisez-le, et vous y trouverez la morale.

XIX.

Si la belle Gulbeyaz outra un peu son rôle, je l'ignore... En tout cas, elle réussit ; et le succès est beaucoup en toutes choses, aussi bien en affaires de cœur qu'en tout autre article de la toilette féminine. L'égoïsme, dans l'homme, dépasse d'ailleurs tout l'art des femmes ; elles mentent, nous mentons, tout le monde ment, ce qui n'empêche pas d'aimer ; et jusqu'ici nulle vertu, si ce n'est le jeûne absolu, n'a pu arrêter le plus terrible de tous les vices... l'amour de la propagation.

XX.

Laissons reposer ce royal couple : un lit n'est pas un trône, et peut-être dormaient-ils, rêvant de joie ou de douleur. Cependant des espérances de joie déçues sont les douleurs les plus profondes que puisse supporter l'humaine argile. Nos moindres afflictions sont celles qui nous font pleurer, ce qui use l'âme, ce sont les petits chagrins journaliers, tombant sur elle goutte à goutte, comme l'eau sur la pierre.

XXI.

Une femme acariâtre, un fils morose, un billet non acquitté, protesté ou escompté à un taux excessif ; un enfant maussade, un chien malade, un cheval favori qui devient boiteux au moment où vous le montez ; une méchante douairière faisant un testament pire qu'elle encore, lequel vous laisse en moins la somme sur laquelle vous comptiez... ce sont là des bagatelles, et cependant j'ai vu peu d'hommes qui n'en fussent affectés.

(1) Dans une auberge de la ville de Ware se trouve encore le fameux lit de douze pieds sur douze auquel Shakespeare fait allusion dans sa *Nuit des Rois*.

XXII.

Moi, je suis philosophe : que tout aille au diable, billets, bêtes et gens et... mais non, non pas la femme ! Une bonne et franche malédiction suffit pour exhaler ma bile ; alors mon stoïcisme n'a plus rien qu'il doive appeler douleur ou peine, et je puis consacrer mon âme tout entière aux travaux de la pensée ; mais qu'est-ce donc que la pensée et l'âme, leur origine, leur développement... Bah ! que le diable les emporte toutes deux !

XXIII.

Quand on a bien maudit toutes choses, on se sent à son aise, comme lorsqu'on a lu la malédiction d'Athanase qui a tant de charmes pour le vrai croyant : je doute que personne en pût adresser une pire à son plus mortel ennemi prosterné à ses pieds, tant elle est solennelle, positive et nettement formulée ; elle brille dans nos livres de prières, comme l'arc-en-ciel dans l'air qui s'éclaircit !

XXIV.

Gulbeyaz et son époux dormaient, ou du moins l'un d'eux était endormi .. Oh ! que la nuit est longue pour l'épouse adultère qui brûle pour quelque jeune bachelier : sur sa couche douloureuse, elle soupire après la grisâtre clarté du matin, épie longtemps en vain ses premiers rayons à travers les jalousies obscures, s'agite, se retourne, s'assoupit, se ranime et tremble surtout d'éveiller son trop légitime compagnon de lit.

XXV.

Pareilles femmes se trouvent sous le ciel, et même sous le ciel d'un lit à quatre colonnes et à rideaux de soie, où les riches et leurs moitiés reposent entre des draps aussi blancs que la neige chassée dans les airs, comme disent les poètes. Fort bien ! c'est un jeu de hasard que le mariage. Gulbeyaz était impératrice, mais peut-être aussi malheureuse que la femme d'un paysan.

XXVI.

Sous son déguisement féminin, don Juan, confondu dans le long cortège des demoiselles d'honneur, était incliné avec elles devant le regard impérial. Au signal accoutumé, toutes avaient repris le chemin de leurs chambres, dans ces longues galeries du sérail où reposaient tant de corps charmants. Là des milliers de cœurs aspiraient à l'amour, comme l'oiseau captif au grand air de la liberté.

XXVII.

J'aime le beau sexe, et souvent j'ai été tenté de retourner le vœu de ce tyran qui souhaitait que le genre humain n'eût qu'une tête afin de l'abattre d'un seul coup. Mon désir est également gigantesque, mais moins dépravé et en somme plus tendre que cruel : ce serait (ou plutôt c'était, dans mon adolescence) que toutes les femmes n'eussent qu'une seule bouche de rose, afin de les baiser toutes à la fois du nord au midi.

XXVIII.

O trop heureux Briarée ! de posséder tant de têtes et tant de bras, si tu avais tout le reste en même proportion... Mais ma muse recule à la pensée d'être la fiancée d'un Titan ou de voyager en Patagonie : retournons donc à Lilliput, et guidons notre héros dans le labyrinthe d'amour où nous l'avons laissé tout à l'heure.

XXIX.

Au signal donné, il se joignit donc au cortège des charmantes odalisques et sortit avec elles. Malgré les périls imminents qu'il courait, et bien que les conséquences de pareilles escapades soient pires que tous les dommages-intérêts que l'on peut avoir dans la morale Angleterre, où c'est une affaire de tarif, il ne pouvait s'empêcher tout en marchant de jeter un coup d'œil par-ci par-là sur leurs charmes, et de lorgner ou leur sein ou leur taille.

XXX.

Toutefois, il n'oublia point son rôle... Le cortège virginal continuait de s'avancer le long des galeries et de salle en salle, dans un ordre tout-à-fait édifiant, flanqué par des eunuques, et ayant en tête une matrone chargée de maintenir la discipline dans les rangs femelles et d'empêcher que personne ne s'écartât ou n'ouvrît la bouche sans sa permission. On l'appelait : « La mère des Vierges. »

XXXI.

J'ignore si en effet elle était « mère » et si celles qui la nommaient ainsi étaient « vierges » ; mais au sérail tel est son titre, venu je ne sais d'où, mais aussi bon qu'un autre ; vous pourrez le trouver dans

Cantemir ou Tott Ses fonctions consistaient à écarter ou à réprimer tout penchant dangereux parmi quinze cents jeunes filles et à les punir quand elles étaient en faute.

XXXII.

Excellente sinécure sans doute! rendue surtout plus commode par l'absence de tout autre homme que le sultan... lequel, avec l'aide de cette matrone et celui des gardes, des verrous, des murailles et d'un léger exemple par-ci par-là, rien que pour faire peur au reste, réussissait à maintenir dans cet asile de beautés une atmosphère aussi froide que celle d'un couvent d'Italie, où toutes les passions n'ont, hélas! qu'une seule issue.

XXXIII.

Et quelle est cette issue? La dévotion, cela va de soi... comment peut-on faire une pareille demande?... Mais poursuivons: comme je le disais, cette brillante file de jeunes femmes de tous les pays, soumises à la volonté d'un seul homme, s'avançait d'un pas lent et majestueux, d'un air virginal et mélancolique, comme des nénuphars flottants sur un ruisseau ou plutôt sur un lac... car les ruisseaux ne coulent pas assez lentement.

XXXIV.

Mais lorsqu'elles furent arrivées dans leurs appartements, là, comme des oiseaux, des écoliers ou des habitants de Bedlam qui ont la clef des champs, comme les vagues à la marée haute, ou des femmes en général affranchies de leurs entraves (qui après tout ne servent pas à grand'chose), ou enfin comme des Irlandais à la foire, leurs gardiens étant partis et une sorte de trêve se faisant entre elles et leur esclavage, elles se mirent à chanter, à danser, à bavarder, à rire et à folâtrer.

XXXV.

Leur babil, comme de raison, roula principalement sur leur nouvelle compagne, sur sa taille, ses cheveux, son air, toute sa personne enfin. Quelques-unes étaient d'avis que sa robe ne lui allait pas bien ou s'étonnaient qu'elle n'eût pas de boucles d'oreilles; celles-ci prétendaient qu'elle approchait de l'été de la vie, celles-là qu'elle était encore dans son printemps; certaines la trouvaient un peu masculine dans sa taille, pendant que d'autres auraient voulu qu'elle le fût en toute chose.

XXXVI.

Mais, personne ne doutait qu'elle ne fût ce qu'annonçait son costume, à savoir une demoiselle au teint clair, fraîche, excessivement bien faite et comparable aux plus séduisantes Géorgiennes: elles s'étonnèrent aussi que Gulbeyaz fût assez simple pour acheter des esclaves qui (Sa Hautesse venant à se lasser de son épouse) pourraient partager son trône, sa puissance et tout le reste.

XXXVII.

Mais chose étonnante! dans cette réunion virginale, quoique la néophyte fût assez belle pour exciter leur dépit, après le premier examen, elles trouvèrent en elle beaucoup moins à reprendre qu'il n'est d'usage parmi le beau sexe, soit païen, soit chrétien, pour qui la nouvelle venue est toujours « la plus laide créature du monde. »

XXXVIII.

Et cependant, elles avaient, comme les autres, leurs petites jalousies; mais ici, soit qu'il existe en effet des sympathies involontaires et irrésistibles, soit par tout autre motif, sans savoir pu soupçonner son déguisement, elles éprouvèrent toutes une sorte d'attraction, comme le magnétisme, le diabolisme ou tout ce qu'il vous plaira... nous ne disputerons pas sur le mot.

XXXIX.

Mais, à coup sûr, elles ressentirent pour leur nouvelle compagne quelque chose de plus nouveau encore : une sorte d'amitié vive, sentimentale et pure, qui leur faisait désirer à toutes de l'avoir pour sœur, sauf certaines qui auraient voulu avoir un frère absolument comme elle, un frère que, dans leur pays, la douce Circassie, elles eussent préféré au pacha ou au padisha lui-même.

XL.

Parmi celles qui étaient le plus disposées à cette amitié sentimentale, il y en avait trois surtout : Lolah, Katinka et Doudou. Pour épargner les longueurs et les descriptions, je dirai que, d'après les rapports les plus authentiques, elles étaient belles autant qu'on peut l'être, bien qu'à des degrés divers; elles différaient, en outre, de taille, d'âge, de couleur, de patrie; mais toutes trois se rencontraient dans leur admiration pour leur nouvelle connaissance.

XLI.

Lolah était brune et ardente comme l'Inde. Katinka était une Géorgienne au teint blanc et rose, avec de grands yeux bleus, la main et le bras bien faits, et des pieds si mignons qu'ils semblaient à peine faits pour marcher, mais plutôt pour effleurer la terre. Au contraire, les charmes de Doudou n'avaient pas de meilleur cadre qu'un lit, vu leur caractère d'embonpoint, de langueur et d'indolence ; mais elle était d'une beauté à rendre fou.

XLII.

Doudou semblait une Vénus endormie, quoique très propre à tuer le sommeil de ceux qui contemplaient le merveilleux incarnat de sa joue, son front attique ou son nez digne de Phidias. Ses formes offraient peu d'angles, il est vrai; elle aurait pu être plus svelte sans y rien perdre; mais après tout, il eût été difficile de rien retrancher en elle, sans affaiblir aucun de ses charmes.

XLIII.

Elle n'était pas excessivement vive, mais elle s'insinuait dans votre âme comme l'aube d'un jour de mai; ses yeux n'étaient pas éblouissants, mais à demi-clos, ils captivaient doucement ceux qui les contemplaient : on eût dit (comparaison tout-à-fait neuve) que récemment tirée du marbre, comme la statue de Pygmalion, la femme s'épanouissait timidement à la vie.

XLIV.

Lolah demanda le nom de l'étrangère. « Juanna. — Oh! c'est un fort joli nom. » A son tour Katinka voulut savoir d'où elle venait. « D'Espagne. — Mais où est l'Espagne ? — Ne faites point de ces sottes questions, dit Lolah d'un ton un peu dur à la pauvre Katinka; et n'étalez pas ainsi votre ignorance géorgienne : fi! l'Espagne est une île, près du Maroc, entre l'Égypte et Tanger. »

XLV.

Doudou ne dit rien, mais elle s'assit près de Juanna, jouant avec son voile et ses cheveux ; puis la regardant fixement, elle soupira, comme si elle eût plaint la gentille européenne d'être là sans ami et sans guide, et toute confuse de l'étonnement général qui, en tout pays, accueille les malheureux étrangers avec de charitables observations sur leur air et leur physionomie.

XLVI.

Mais en ce moment la mère des vierges s'approcha et dit : « Mesdames, il est temps d'aller se coucher. Je ne sais trop que faire de vous, ma chère, ajouta-t-elle en s'adressant à Juanna : votre arrivée n'était point attendue, et tous les lits sont occupés; vous pourrez partager le mien, mais demain, de bonne heure, tout sera disposé convenablement pour vous. »

XLVII.

Lolah intervint : « Maman, dit-elle, vous savez que vous n'avez pas le sommeil très bon : je ne souffrirai pas que vous soyez dérangée de la sorte; je prendrai Juanna avec moi; nous sommes minces toutes deux et tiendrons moins de place... Ne dites pas non; c'est moi qui prendrai soin de votre nouvelle pupillo. » Mais Katinka l'interrompit : elle avait aussi de la compassion et un lit.

XLVIII.

« D'ailleurs, ajouta-t-elle, je déteste de coucher seule. » La matrone fronça le sourcil : « Pourquoi cela? — Par crainte des revenants; je crois voir un fantôme dans chacune des colonnes du lit; et puis j'ai des rêves affreux de guèbres, de giaours, de ginns et de goules. — Entre vous et vos rêves, répliqua la dame, je craindrais que Juanna ne pût ni rêver ni dormir. »

XLIX.

« Vous donc, Lolah, vous continuerez à dormir seule, pour raisons qu'il est inutile d'expliquer ; vous de même, Katinka, jusqu'à nouvel ordre ; je mettrai Juanna avec Doudou, qui est une fille tranquille, inoffensive, silencieuse, modeste, et qui ne passera pas la nuit à s'agiter et à babiller. Qu'en dites-vous, mon enfant ?... » Doudou ne dit rien, car ses facultés étaient toutes silencieuses.

L.

Mais elle se leva, baisa la matrone sur le front, entre les deux yeux, Lolah et Katinka sur les deux joues; puis inclinant légèrement la tête (les révérences ne sont en usage ni chez les Turcs ni chez les Grecs), elle prit Juanna par la main pour la conduire à l'endroit où elles devaient dormir ensemble, laissant à leur dépit ses deux compagnes, qui néanmoins se taisaient par respect.

LI.

Le dortoir (appelé en turc *oda*) était une pièce spacieuse ; le long des murs étaient rangés des lits, des toilettes... et bien d'autres objets que je pourrais décrire, car j'ai tout vu. Il suffit de dire que rien n'y manquait : c'était en somme un appartement magnifiquement meublé, pourvu de tout ce que les dames peuvent désirer, sauf un ou deux objets ; et encore ceux-là se trouvaient-ils plus à leur portée qu'elles ne s'en doutaient.

LII.

Doudou, nous l'avons dit, était une douce créature qui séduisait sans éblouir : elle avait les traits les plus réguliers du monde, de ces traits que les peintres ne peuvent saisir aisément, tandis qu'ils attrapent du premier coup les visages qui pèchent contre les proportions, ces brusques ébauches de la nature remplies d'expression bonne ou mauvaise, qui frappent à la première vue, et dont la reproduction, agréable ou non, est toujours ressemblante.

LIII.

C'était un suave paysage plein d'harmonie, de calme et de repos, luxuriant et fleuri, revêtu de cette gaîté sans éclat qui, si elle n'est pas le bonheur, en approche beaucoup plus que toutes nos grandes passions et tout ce que certaines gens qualifient de sublime. Je voudrais les voir en essayer : j'ai vu les tempêtes de l'Océan et celles de la femme, et j'ai plaint les amants plus que les matelots.

LIV.

Doudou était rêveuse plutôt que mélancolique, sérieuse plutôt que pensive, et par-dessus tout d'une inaltérable sérénité ; il ne semblait pas que jusque-là ses pensées eussent cessé un moment d'être chastes ! Chose étrange, belle et à dix-sept ans, elle paraissait ignorer si elle était blonde ou brune, petite ou grande : elle n'avait jamais songé à sa personne.

LV.

C'est pourquoi elle était douce et bonne comme l'âge d'or (époque où l'or était inconnu, ce qui lui a valu son nom ; de même qu'on a dérivé très habilement *lucus de non lucere*, appelant les choses non en raison de ce qui est, mais en raison de ce qui n'est pas, c'est un style devenu très commun dans ce siècle, dont le diable peut bien décomposer le métal, sans jamais le déterminer...

LVI.

Je pense que ce pourrait être de l'airain de Corinthe, mélange de tous les métaux, mais où le bronze dominait). Lecteur indulgent ! passez-moi cette longue parenthèse : je n'ai pu la clore plus tôt, par le salut de mon âme. Mettez mes fautes dans la catégorie des vôtres ; c'est-à-dire accordez-leur l'interprétation la plus favorable... vous n'y consentez pas... peu m'importe ! je n'en ferai pas moins à ma tête.

LVII.

Il est temps de revenir à notre simple récit : m'y voilà... Doudou, avec une amabilité sans affectation, conduisit Juan ou Juanna dans tous les détours de ce labyrinthe féminin, et lui décrivit chaque endroit (chose étrange!) en très peu de paroles. Je n'ai qu'une comparaison, encore est-elle absurde, pour peindre une femme économe de paroles : c'est un tonnerre muet.

LVIII.

Puis, causant avec elle (je dis elle, parce que Juan était encore du genre épicène, en apparence du moins, ce qui est un correctif nécessaire), Doudou lui donna un aperçu des coutumes de l'Orient et la chaste intégrité des lois de ce pays, en vertu desquelles plus un harem est nombreux, plus strictes deviennent les obligations originales des beautés surnuméraires.

LIX.

Puis elle posa chastement ses lèvres sur la joue de Juanna. Doudou aimait beaucoup à baiser... à quoi, sans doute, nul ne peut trouver à redire, car c'est un plaisir fort doux pourvu qu'il soit innocent ; et entre femmes un baiser ne signifie rien, si ce n'est qu'elles n'ont pour le moment rien de mieux ou de plus nouveau à faire. *Baise* rime avec *aise*, en réalité comme en vers... Plût au ciel qu'il n'en résultât jamais de plus tristes conséquences !

LX.

Dans la sécurité de l'innocence, elle se déshabilla, ce qui ne lui coûta pas grande peine : enfant de la nature, elle était vêtue sans art. Si parfois il lui arrivait de jeter un coup d'œil à son miroir, c'était comme le faon qui, en bondissant sur les bords du lac, y voit passer rapidement son image, et revient sur ses pas pour admirer ce nouvel habitant de l'onde.

LXI.

Elle quitta donc, l'une après l'autre, toutes les parties de son vêtement ; mais ce ne fut pas sans avoir d'abord offert son aide à la belle Juanna, qui, par excès de modestie, n'accepta point cette obligeance. La chose passa ainsi, car elle ne pouvait faire moins ; cependant elle paya un peu cher cette politesse, en se piquant les doigts avec ces maudites épingles, qui furent inventées sans doute pour nos péchés...

LXII.

Et qui font d'une femme une espèce de porc-épic, qu'on ne doit point toucher sans précaution. Redoutez-les surtout, ô vous que le destin réserve, comme cela m'est arrivé dans ma jeunesse, à servir de femme de chambre à une dame... enfant, je fis de mon mieux, et l'habillai pour un bal masqué ; j'enfonçai les épingles en nombre suffisant, mais pas toujours à leur véritable place.

LXIII.

Mais les gens sages traiteront tout cela de futilités, et j'aime la sagesse plus qu'elle ne m'aime ; j'ai une tendance à philosopher sur tout, sur un tyran, sur un arbre... ce qui n'empêche pas la Science, cette vierge immaculée, de continuer à me fuir. Que sommes-nous ? d'où venons-nous ? quelle sera notre existence ultérieure ? qu'est notre existence présente ?... Toutes questions insolubles et qui, pourtant, reviennent sans cesse.

LXIV.

Un silence profond régnait dans l'appartement ; les lampes, espacées entre elles, ne jetaient qu'une lumière incertaine, et le sommeil planait sur les formes charmantes des belles habitantes de ces lieux. Si des esprits reviennent de l'autre monde, c'est ici qu'ils devraient errer dans leur appareil le plus aérien. Dans cette charmante diversion à leurs promenades sépulcrales, ils feraient preuve d'un meilleur goût qu'en continuant de hanter leurs vieilles ruines.

LXV.

Là reposait un cercle nombreux de beautés, pareilles à des fleurs différentes de teintes, de patrie, d'attitude, transplantées dans une terre lointaine, où elles croissent à grands frais, à force de soins et de chaleur. L'une avec sa chevelure châtaine, nouée négligemment, et son beau front doucement incliné, comme le fruit qui se balance au rameau, sommeillait avec une respiration calme, et ses lèvres entr'ouvertes laissaient voir de blanches perles.

LXVI.

L'autre, dans un rêve brûlant et délicieux, appuyait sur un bras rond et blanc sa joue rougissante ; et les boucles abondantes de sa noire chevelure se rassemblaient sur son front. Souriant au milieu de son rêve, comme la lune qui perce un nuage, elle découvrait la moitié de ses charmes en s'agitant sous son linceul de neige. On eût dit que mille beautés secrètes profitaient de l'heure discrète de la nuit, pour se montrer timidement à la lumière...

LXVII.

N'y a-t-il point là contradiction ? non, sans doute : il était nuit ; mais, comme je l'ai dit, la salle était éclairée par des lampes. Une troisième, dans ses traits pâles, offrait l'image de la douleur endormie. Aux soulèvements de son sein, on voyait qu'elle rêvait d'un lointain rivage chéri et regretté ; et des larmes glissaient lentement à travers les franges noires de ses cils, comme la rosée de la nuit brille sur les sombres rameaux d'un cyprès.

LXVIII.

Une quatrième, immobile comme une statue de marbre, dormait d'un sommeil profond, muet, sans respiration ; blanche, froide et pure comme un ruisseau glacé, ou le minaret de neige d'un pic des Alpes, ou l'épouse de Loth changée en sel... ou tout ce qu'il vous plaira... Voilà un monceau de comparaisons ; choisissez et prenez... ou contentez-vous d'une figure de femme sculptée sur une tombe.

LXIX.

Mais en voilà une cinquième... qu'est-ce ? une dame « d'un certain âge, » ce qui veut dire certainement âgée. J'ignore de combien d'années, n'ayant jamais compté sous une femme au-delà de dix-neuf ; elle était là qui dormait, un peu moins belle qu'avant cette désolante période qui met à la retraite hommes et femmes, et les envoie méditer sur leurs péchés et sur eux-mêmes.

LXX.

Mais Doudou, pendant ce temps-là, comment dormait-elle? comment rêvait-elle? c'est ce que les recherches les plus exactes n'ont pu me faire découvrir, et je ne voudrais pas ajouter un mot qui ne fût vrai. Mais vers la moitié de la nuit, à l'heure où la lumière des lampes bleuit et vacille, où les fantômes planent ou semblent planer aux regards de ceux qui aiment pareille société, soudain Doudou pousse un cri...

LXXI.

Un cri si aigu, que toute l'oda s'éveilla en sursaut et dans une confusion générale. De tous les points de la salle, matrones, vierges, et celles dont on ne pouvait dire qu'elles fussent l'une ou l'autre, accoururent en foule, se poussant, comme les vagues de l'Océan, toutes tremblantes, étonnées, et ne sachant pas plus que moi comment la paisible Doudou avait pu s'éveiller si brusquement.

LXXII.

Elle était effectivement bien éveillée; autour de son lit accouraient, d'un pas léger, mais précipité, toutes ses compagnes avec leurs robes de nuit flottantes, les cheveux épars, le regard curieux, le sein, les bras et les pieds nus, et plus brillants qu'aucun météore enfanté par le pôle... Elles s'informèrent de la cause de son effroi, car elle semblait agitée, confuse, épouvantée; ses yeux étaient dilatés et ses joues plus rouges encore que de coutume.

LXXIII.

Mais ce qui est surprenant... et ce qui montre tout ce que vaut un bon somme... Joanna dormait profondément; jamais époux ne ronfla d'aussi bon cœur auprès de sa légitime moitié. Les clameurs ne purent la tirer de cet état de béatitude; il fallut la secouer, du moins on le dit; alors enfin elle ouvrit de grands yeux et bâilla d'un air de modeste surprise.

LXXIV.

Alors commença une stricte investigation. Comme toutes parlaient à la fois et plus qu'une fois chacune, exprimant leurs conjectures et leur étonnement, et demandant le récit de ce qui s'était passé, un homme d'esprit et un sot eussent été également embarrassés de répondre d'une manière intelligible. Doudou n'avait jamais passé pour manquer de sens; mais n'étant pas « orateur comme Brutus » (1), on ne put d'abord en tirer aucune explication.

LXXV.

Enfin, elle dit que, dormant profondément, elle avait rêvé qu'elle se promenait dans une forêt... une forêt obscure, comme celle où se trouva Dante à mi-chemin de la vie, à l'âge où tous les hommes deviennent bons, où les dames, couronnées de vertu, sont moins exposées à ce que leurs amants leur manquent de respect. Il lui semblait que cette forêt était pleine de fruits magnifiques et d'arbres à végétation vigoureuse et à larges racines.

(1) Paroles d'Antoine dans le Jules César de Shakespeare.

LXXVI.

Et au milieu, croissait une pomme d'or... une reinette d'une grosseur prodigieuse... mais suspendue à une trop grande hauteur. Elle la contempla d'un œil avide; puis elle se mit à jeter des pierres et tout ce qui lui tombait sous la main, pour faire tomber ce fruit qui s'obstinait méchamment à ne pas quitter le rameau où il se balançait à ses yeux, toujours à une hauteur effrayante.

LXXVII.

Tout-à-coup, lorsqu'elle n'en espérait plus rien, il tomba de lui-même à ses pieds. Son premier mouvement fut de se baisser, de le ramasser et d'y porter la dent; mais au moment où ses jeunes lèvres s'ouvraient pour presser le fruit d'or de son rêve, il en sortit une abeille qui lui enfonça son dard au fond du cœur; et alors... elle avait poussé un grand cri et s'était éveillée en sursaut.

LXXVIII.

Elle fit ce récit avec une sorte de confusion et d'embarras, ce qu'on éprouve ordinairement après un rêve pénible, quand on n'a personne autour de soi pour en démontrer l'illusion et l'extravagance. J'en ai vu de singuliers qui semblaient avoir un sens réellement prophétique, et offrir une «étrange coïncidence,» selon l'expression en usage de nos jours (1).

LXXIX.

Les odalisques, qui avaient redouté quelque grand malheur, commencèrent, comme on fait après une fausse alarme, à gronder un peu Doudou d'avoir troublé pour rien leur sommeil. La matrone aussi, courroucée d'avoir quitté son lit bien chaud pour entendre le récit d'un rêve, réprimanda la pauvre fille, qui se contenta de soupirer en disant qu'elle était bien fâchée d'avoir crié.

LXXX.

« J'ai entendu conter des histoires d'un coq, d'un taureau; mais pour un rêve où il ne s'agit que d'une pomme et d'une abeille, interrompre notre repos naturel et faire lever l'oda tout entière à trois heures et demie du matin, certes, il y a de quoi nous faire penser que la lune est dans son plein. Assurément, vous n'êtes pas tout-à-fait bien, mon enfant. Nous verrons ce que dira demain de cette vision hystérique le médecin de Sa Hautesse.

LXXXI.

« Et cette pauvre Joanna, encore, la première nuit que cette enfant passe chez nous, avoir son repos troublé par une telle clameur!... J'avais cru convenable de ne pas faire coucher seule cette jeune étrangère, et je croyais qu'elle passerait une bonne nuit avec vous, qui êtes la plus tranquille de toutes; mais je dois maintenant la confier aux soins de Lolah, bien que son lit soit moins large.

(1) Dans le procès de la reine Caroline.

Il était donc sur les remparts.

LXXXII.

A cette proposition, les yeux de Lolah brillèrent ; mais la pauvre Doudou, avec de grosses larmes, causées par son rêve ou par la réprimande, demanda en grâce le pardon de cette première faute, ajoutant, d'une voix douce et suppliante, qu'on voulût bien au moins laisser Juanna auprès d'elle, et qu'à l'avenir elle garderait ses rêves pour elle seule.

LXXXIII.

D'ailleurs elle promettait de ne plus rêver désormais ou du moins de ne plus rêver si haut... elle ne comprenait pas comment elle avait crié... c'était une sotte idée, un mouvement nerveux, ou même, elle devait l'avouer, une complète hallucination et un juste objet de moquerie... Mais elle se sentait abattue : dans quelques heures elle aurait surmonté cette faiblesse et serait tout-à-fait rétablie.

LXXXIV.

Ici Juanna intervint charitablement, disant qu'elle se trouvait fort bien où elle était, comme le prouvait son profond sommeil au moment même où un bruit pareil à celui du tocsin résonnait de tous côtés ; elle ne se sentait nullement disposée à quitter son aimable compagne, laquelle n'avait d'autre tort que d'avoir mal rêvé.

LXXXV.

Tandis que Juanna parlait ainsi, Doudou se détourna et cacha son visage dans le sein de sa compagne ; on ne voyait plus que son cou, qui en ce moment avait la couleur d'un bouton de rose. Je ne saurais dire pourquoi elle rougit, ni expliquer cette interruption du repos général ; mais à coup sûr mon récit a toute la véracité qui règne dans ceux de notre époque.

LXXXVI.

Donc, disons leur bonne nuit... ou si vous l'aimez mieux bonjour... car le coq avait chanté et la lumière commençait à dorer les monts asiatiques. Le croissant de la mosquée brillait aux regards de la longue caravane qui, sous la fraîcheur de la rosée matinale, tournait lentement les pentes de cette ceinture rocheuse de l'Asie, aux lieux où le Kaff domine sur les campagnes des Kurdes.

LXXXVII.

Au premier rayon ou plutôt à la première lueur grisâtre du matin, Gulbeyaz quitta sa couche inquiète : pâle comme la passion à cette heure, le cœur brisé, elle mit son manteau, ses bijoux, sa voile. Le rossignol exhalant son chant de tristesse, le sein percé, dit la fable, d'une épine cruelle, est plus léger de cœur et de voix que ces êtres passionnés, auteurs insensés de leurs propres maux.

LXXXVIII.

Et voilà justement la morale de cette composition, si l'on voulait s'attacher au véritable sens ; mais les lecteurs charitables ont tous le don de fermer à la lumière leurs organes visuels, tandis que les charitables écrivains se plaisent à s'élever les uns contre les autres ; ce qui est très naturel, leur nombre étant trop grand pour qu'on puisse les flatter tous.

LXXXIX.

La sultane quitta donc un lit magnifique, plus douillet que celui du douillet Sybarite, dont la peau délicate ne pouvait supporter sous lui le pli d'une feuille de rose. Elle se leva si belle, que l'art de la toilette ne pouvait rien pour elle, quoique pâlie par les luttes entre l'amour et son orgueil. D'ailleurs sa funeste passion l'agitait à tel point, qu'elle ne donna même pas un coup d'œil au miroir.

XC.

A peu près à la même heure, peut-être un peu plus tard, se leva son illustre époux, sublime possesseur de trente royaumes et d'une femme qui l'avait en horreur... Mais dans ce climat (du moins pour ceux à qui leur bien permet de tenir au complet la cargaison conjugale), cette circonstance est beaucoup moins importante que dans les pays où deux femmes forment un chargement prohibé.

Il balafra la cuisse de l'un et fendit l'épaule de l'autre.

XCI.

Il ne prenait pas grand souci à cet égard ni même à tout autre. En sa qualité d'homme, il lui fallait sous la main une jolie femme, comme à tel il faut un éventail ; c'est pourquoi il avait une riche provision de Circassiennes pour s'amuser au sortir du divan. Toutefois il éprouvait depuis peu, pour les charmes de son épouse, je ne sais quel accès d'amour ou de devoir.

XCII.

Il se leva donc, et après les ablutions commandées par les usages de l'Orient, ayant terminé ses prières et autres évolutions pieuses, il prit au moins six tasses de café, puis alla savoir des nouvelles des Russes, dont les victoires s'étaient récemment multipliées sous le règne de Catherine, celle que la gloire proclame encore la plus grande des souveraines et des catins.

XCIII.

O toi, grand et légitime Alexandre, fils de son fils, que cette dernière épithète ne t'offense point, si elle arrive jusqu'à toi !... Et en effet, de nos jours, les vers vont presque jusqu'à Petersbourg, et grâce à leur redoutable impulsion, les vagues gigantesques du fleuve de la liberté vont mêler leur murmure aux mugissements de la Baltique..... Pourvu que tu sois le fils de ton père, c'est tout ce qu'il me faut à moi.

XCIV.

Appeler les gens fils de l'amour, ou proclamer leurs mères les antipodes de Timon, ce haïsseur du genre humain, ce serait une honte, une calomnie ou tout ce qu'il peut plaire à la rime ; mais les aïeux sont le gibier de l'histoire, et si le faux pas d'une dame imprimait un sceau de réprobation sur toutes les générations ultérieures, je voudrais bien savoir quelle généalogie pourrait montrer les gens les plus fiers de leur naissance.

XCV.

Si Catherine et le sultan avaient compris leurs vrais intérêts, chose dont les rois se doutent rarement jusqu'à ce que de rudes leçons viennent la leur apprendre, il y avait un moyen, peut-être hasardeux, de terminer leur différend sans l'aide des princes et des plénipotentiaires : c'était de renvoyer, elle ses gardes, lui son harem, et quant au reste, de s'aboucher et de s'arranger à l'amiable.

XCVI.

Mais dans l'état actuel, Sa Hautesse était obligée de tenir conseil chaque jour sur les moyens de résister à cette belliqueuse mégère, cette moderne amazone, cette reine des coquines; et la perplexité était grande parmi les colonnes de l'Etat; car les affaires pèsent quelquefois d'un poids un peu lourd sur les épaules de ceux qui n'ont pas la ressource d'établir un nouvel impôt.

XCVII.

Cependant Gulbeyaz, quand le sultan fut parti, se retira dans son boudoir, lieu charmant pour l'amour ou le déjeuner : lieu retiré, commode, solitaire, pourvu de tous les agréments qui embellissent ces joyeux réduits... Mainte pierre précieuse étincelait sur les lambris, maint vase de porcelaine contenait des fleurs emprisonnées, captives qui charment les heures d'un captif.

XCVIII.

La nacre, le porphyre et le marbre décoraient à l'envi ce somptueux séjour. On entendait au-dehors le gazouillement des oiseaux, et les vitraux peints qui éclairaient cette retraite enchantée coloriaient de nuances variées tous les rayons du jour... Mais toute description reste au-dessous de l'effet réel : il vaut donc mieux ne point trop insister sur les détails; une esquisse suffit..... l'imagination du lecteur fera le reste.

XCIX.

C'est là qu'elle fit venir Baba, lui redemanda don Juan et l'interrogea sur ce qui s'était passé depuis le départ des odalisques. Elle voulut savoir si le jeune homme avait partagé leur appartement, si toute chose avait été conduite convenablement et s'il était resté déguisé et inconnu comme il le devait l'être. Mais ce qu'elle exigeait qu'on lui apprît avant tout, c'était où et comment il avait passé la nuit.

C.

Baba répondit avec un certain embarras à ce long catéchisme, dans lequel les questions étaient plus faciles à faire que les réponses..... «Il avait fait son possible, dit-il, pour accomplir la tâche prescrite.» Néanmoins on voyait qu'il cachait un point, et son hésitation le trahissait plus qu'elle ne le masquait. Il se grattait l'oreille, infaillible recours des gens embarrassés.

CI.

Gulbeyaz n'était pas un modèle de patience, et qu'il s'agit de paroles ou d'actes, elle ne savait pas attendre; dans tout genre de conversation elle exigeait qu'on fût prompt à la réplique. Lorsqu'elle vit Baba broncher comme un vieux cheval, elle l'embarrassa par de nouvelles questions; et comme les paroles du pauvre eunuque devenaient de plus en plus décousues, le visage de la dame s'enflamma; ses yeux étincelèrent, les veines d'azur de son front se gonflèrent et se rembrunirent.

CII.

Quand Baba reconnut ces symptômes qui ne lui présageaient rien de bon, il la supplia de se calmer et de l'entendre jusqu'au bout... ce qu'il allait raconter, il n'avait point été maître de l'empêcher : alors il avoua enfin que Juan avait été confié aux soins de Doudou, comme nous l'avons raconté; mais il répéta que ce n'était pas sa faute, et le jura par le Koran et le chameau sacré de Mahomet.

CIII.

« La matrone de l'oda, seule chargée de la discipline du harem, avait tout réglé elle-même, aussitôt que les jeunes filles étaient rentrées dans leur appartement, car c'est à la porte de ce lieu que s'arrêtaient les fonctions de Baba; et lui (le susdit Baba) n'avait pas osé en ce moment pousser les précautions plus loin, de crainte d'exciter des soupçons qui auraient empiré les choses.

CIV.

« Il espérait, il était même sûr que Juan ne s'était pas trahi. On ne pouvait douter que sa conduite n'eût été pure, vu qu'un acte insensé ou imprudent non-seulement eût compromis la sûreté, mais l'eût fait mettre dans un sac et jeter à la mer.....» Ainsi Baba parla de tout, sauf du rêve de Doudou, qui n'était pas un jeu.

CV.

Il laissa discrètement ce fait de côté et continua de pérorer..... Il pérorerait encore, débitant toutes les réponses qui lui seraient venues par la tête, tant était profonde l'angoisse qui serrait comme un étau le front de Gulbeyaz..... mais les joues de la dame prirent une teinte cendrée; ses oreilles tintèrent, la tête lui tourna comme si elle eût reçu un coup violent; et la rosée des peines du cœur coula rapide et glacée sur son beau front, comme tombe sur un lis la rosée du matin.

CVI.

Bien qu'elle ne fût pas du nombre des femmes à évanouissements, Baba crut qu'elle allait perdre connaissance, en quoi il se trompa... ce n'était qu'une convulsion passagère, mais qu'aucune parole ne saurait décrire. Nous avons tous entendu nommer, et quelques-uns connaissent par expérience cet anéantissement total qu'on éprouve en face d'événements tout-à-fait surnaturels : Gulbeyaz sentit dans cette courte agonie ce qu'elle n'aurait jamais pu exprimer..... comment le pourrais-je, moi?

CVII.

Elle resta un moment, comme la pythonisse sur son trépied, torturée, assiégée de ces inspirations qu'enfante la détresse même, alors que toutes les fibres du cœur sont violemment tirées en divers sens comme par des chevaux indomptés. Puis d'instant en instant ses forces diminuèrent, son énergie s'affaiblit : elle retomba lentement sur son siége et appuya sa tête convulsive sur ses genoux tremblants.

CVIII.

Son visage était caché; sa chevelure retombant en longues tresses, pareilles aux rameaux du saule pleureur, balayait le marbre devant le siége ou plutôt le sofa (car c'était une basse et moelleuse ottomane, toute garnie de coussins). Un sombre désespoir soulevait et abaissait son sein, pareil à la vague qui se précipite sur une côte, où des rochers arrêtent sa course en recevant ses assauts.

CIX.

Sa tête se penchait en avant, et ses longs cheveux tombants dérobaient ses traits mieux que n'eût fait un voile; sur l'ottomane reposait une de ses mains, inanimée, blanche comme la cire ou comme l'albâtre. Que ne suis-je peintre pour grouper tout ce qu'un poète doit énumérer longuement! Que n'ai-je des couleurs au lieu de paroles! mais les paroles sont des teintes qui pourront toujours servir d'esquisse ou d'indices.

CX.

Baba, qui savait par expérience quand il fallait parler ou se taire, n'ouvrit point la bouche, attendant que la crise fût passée, et n'osant contrarier ni les paroles ni le silence de sa maîtresse. Enfin elle se leva et parcourut la chambre à pas lents, mais toujours silencieuse; et son front s'éclaircit, mais son regard demeura troublé : le vent tombé, la mer était encore houleuse.

CXI.

Elle s'arrêta et releva la tête pour parler... mais elle se retint encore, puis se remit à marcher, tantôt d'un pas précipité, tantôt lentement; ce qui est généralement l'indice d'une profonde émotion... On pourrait deviner un sentiment dans chaque pas de l'homme, comme Salluste l'a observé dans Catilina, qui, agité par les démons de toutes les passions, trahissait leurs combats par sa démarche.

CXII.

Gulbeyaz enfin s'arrêta, et faisant signe à l'eunuque : « Esclave! amène ces deux esclaves! » dit-elle d'une voix basse, mais que Baba ne se sentit pas d'humeur à braver. Pourtant il tressaillit, manifesta quelque hésitation et (quoiqu'il eût parfaitement compris) supplia Sa Hautesse de vouloir bien lui dire quels esclaves elle entendait désigner, dans la crainte d'une méprise nouvelle.

CXIII.

« La Géorgienne et son amant ! » répondit l'impériale épouse.... puis elle ajouta : « Que le bateau soit prêt vers la porte secrète du sérail ! tu sais le reste. » En dépit de son amour offensé et de son orgueil féroce, ces paroles avaient peine à sortir de sa bouche; Baba le remarqua, non sans une satisfaction secrète, et la conjura, par tous les poils de la barbe de Mahomet, de révoquer cet ordre.

CXIV.

« Entendre, c'est obéir, dit-il ; néanmoins, sultane, songez aux conséquences. Non que je ne sois prêt à exécuter vos ordres, dans leur sens même le plus rigoureux; mais tant de précipitation peut avoir des suites funestes, même pour vous ; je ne parle pas de votre ruine personnelle, en cas d'une découverte prématurée.»

CXV.

« Il ne s'agit que de vos propres sentiments. Lors même que cet affreux secret resterait enseveli sous les vagues qui, dans leurs funestes abîmes, recouvrent déjà tant de cœurs jadis palpitants d'amour... vous aimez ce jeune homme, ce nouvel hôte du sérail, et vous employez ce remède violent..... excusez ma franchise, mais je vous assure que le tuer n'est pas le moyen de vous guérir. »

CXVI.

« Et que sais-tu de l'amour et du sentiment!... Sors, misérable! s'écrie-t-elle, les yeux enflammés de fureur... Sors, et cours exécuter mes ordres. » Baba disparut sans pousser plus loin ses remontrances, car il savait que ce serait se faire son propre bourreau; et bien qu'il désirât vivement sortir de ce mauvais pas sans qu'il en résultât aucun mal pour personne, cependant il faisait encore plus le cas de son propre cou que de celui des autres.

CXVII.

Il courut donc remplir sa mission, non sans murmurer et grogner, en bon langage turc, contre les femmes de toute condition, mais surtout contre les sultanes et leurs manières de faire, leur obstination, leur orgueil et leurs caprices, leur manie de ne pas savoir deux jours de suite ce qu'elles veulent, les tourments qu'elles donnent, leur immoralité : toutes choses qui chaque jour lui faisaient bénir son état neutre.

CXVIII.

Il appela ses confrères à son aide, et envoya l'un d'eux avertir le jeune couple de se parer sans délai, surtout de se peigner avec le plus grand soin, pour paraître devant l'impératrice qui s'était informée d'eux avec la plus vive sollicitude. Sur quoi Doudou parut surprise et Juan tout songeur; mais bon gré mal gré il fallait obéir.

CXIX.

Et ici je les laisse se préparer pour l'audience impériale. Quant à savoir si Gulbeyaz se montra miséricordieuse envers tous deux ou se débarrassa de l'un et de l'autre, comme ont fait, dans leur colère, d'autres dames de son pays..... c'est une chose que je pourrais décider aussi facilement que je puis observer dans quelle direction s'envole une plume ou un cheveu; mais à Dieu ne plaise que j'anticipe sur le cours d'un caprice féminin.

CXX.

Avec force vœux pour les deux jeunes gens, mais dans le doute de les voir se tirer d'affaire, je les quitte pour combiner une autre partie de cette histoire; car il faut bien varier de temps en temps les mets de ce festin. Espérons que don Juan échappera aux poissons, quelque étrange et peu sûre que semble sa position actuelle. Comme de pareilles digressions sont permises aux poëtes, ma muse va s'occuper un peu d'affaires militaires.

CHANT VII.

I.

O amour! ô gloire! qu'êtes-vous donc, vous qui voltigez sans cesse autour de nous, et vous posez si rarement? Les cieux polaires n'ont point de météores plus sublime et plus passager. Engourdis, enchaînés à la terre glacée, nous levons les regards vers ces deux lueurs charmantes : elles prennent mille et mille couleurs, puis nous laissent poursuivre notre route à travers les frimas.

II.

Ce qu'elles sont, ce poëme l'est aussi, poëme indéfinissable et toujours changeant, aurore boréale versifiée, éclairant un climat désert et glacé. Quand nous savons ce que nous sommes tous, nous sommes réduits à gémir sur nous-mêmes; je me flatte néanmoins qu'il ne saurait y avoir grand mal à rire de toutes choses; car, au bout du compte, qu'est-ce que tout... sinon une parade?

III.

On m'accuse, moi, le présent auteur du présent poëme, de... je ne sais trop quoi... d'une tendance à ravaler et à tourner en ridicule les facultés de l'homme, ses vertus et tout le reste; et on me le reproche en termes passablement durs. Bon Dieu! comment comprendre ce qu'on veut! Je n'en dis pas plus que n'en ont dit Dante, Salomon et Cervantès...

IV.

Swift, Machiavel, Larochefoucauld, Fénelon, Luther et Platon, Tillotson, Wesley et Rousseau, lesquels savaient que la vie ne vaut pas une patate. S'il en est ainsi, ce n'est ni leur faute, ni la mienne... pour ma part je ne prétends point être un Caton, ni même un Diogène. Nous vivons et nous mourons, mais lequel vaut le mieux? vous ne le savez pas plus que moi.

V.

Socrate disait : « Tout ce que nous savons, c'est que nous ne savons rien. » Belle science vraiment, qui rabaisse au niveau d'un âne tous les sages passés, présents et futurs. Newton, cette intelligence proverbiale, déclarait, hélas! dans tout l'éclat de ses récentes découvertes, qu'il se considérait « comme un enfant ramassant des coquillages au bord de ce vaste océan, la vérité. »

VI.

« Tout est vanité, » dit l'Ecclésiaste... La plupart des prédicateurs modernes en disent autant, ou le prouvent par leur manière de pratiquer le véritable christianisme; bref, c'est une vérité que tous connaissent ou ne tarderont pas à connaître. Et dans ce vide universel confessé par les saints, les sages, les prêtres et les poëtes, moi seul je devrai m'abstenir de proclamer le néant de la vie!

VII.

Chiens ou hommes!... car c'est vous flatter que de vous appeler chiens (les chiens valent mieux que vous)..... libre à vous de lire ou de ne pas lire l'ouvrage dans lequel j'essaie de vous montrer ce que vous êtes. De même que les hurlements des loups n'arrêtent point le cours de la lune, ma muse ne voilera pas pour vous un rayon de son auréole..... hurlez donc votre impuissante rage, pendant que sa lumière argentée luit sur vos voies ténébreuses.

VIII.

« Les farouches amours et les guerres perfides » (je ne sais si je cite textuellement... n'importe, c'est à peu près le sens, j'en suis sûr), voilà ce que je chante, et je vais de ce pas canonner une ville qui soutint un siége fameux, et fut attaquée par terre et par mer par Souvaroff, en anglais Suwarrow, lequel aimait le sang comme un alderman aime la moelle.

IX.

Cette forteresse est nommée Ismaïl; elle est située sur la rive gauche du bras gauche du Danube. La ville, bâtie à l'orientale, comptait comme place forte du premier rang et doit compter encore ainsi, à moins qu'on ne l'ait démantelée, ce qui est un jeu habituel de nos conquérants. Elle est à peu près à quatre-vingts verstes de la mer, et à trois mille toises de tour.

X.

Dans l'enceinte des fortifications, se trouve compris un faubourg situé à gauche de la ville, sur une hauteur qui la commande. Autour de cette colline, un Grec avait fait placer des palissades perpendiculairement sur le parapet, de manière à entraver le feu des assiégés et à favoriser celui de l'ennemi.

XI.

On peut juger par là de l'habileté de cet autre Vauban. Mais les fossés étaient profonds comme l'Océan, et les remparts plus hauts que vous ne voudriez vous voir pendre. Toutefois, on avait négligé plus d'une mesure de défense (excusez, je vous prie, ce jargon d'ingénieur) : il n'y avait ni ouvrage avancé, ni chemin couvert, pour dire au moins à l'ennemi : « On ne passe pas. »

XII.

Néanmoins un bastion de pierre, à gorge étroite, ayant des murs aussi épais que beaucoup de crânes contemporains; deux batteries armées, comme notre saint Georges, de pied en cap, l'une casematée et l'autre à barbette, défendaient d'une manière formidable les abords du fleuve; et du côté droit de la ville, vingt-deux pièces de canon hérissaient de leurs terribles gueules un cavalier haut de quarante pieds.

XIII.

Mais du côté du fleuve, la ville était entièrement ouverte, les Turcs ne voulant point se persuader qu'un vaisseau russe pût jamais remonter le Danube. Ils restèrent dans cette conviction jusqu'au moment où ils furent attaqués par là; et quand il était trop tard pour réparer leur faute. Mais comme il n'était guère possible de passer le Danube à gué, ils regardèrent la flottille moscovite en se contentant de crier : « Allah! Bismillah! »

XIV.

Les Russes étaient prêts à donner l'assaut; mais, ô déesses de la guerre et de la gloire! comment parviendrai-je à écrire le nom de tous ces Cosaques, qui seraient immortels, si quelqu'un pouvait raconter leurs exploits? Hélas! sans cela, que manque-t-il à leur renommée? Achille lui-même n'était ni plus terrible d'aspect, ni plus dégouttant de sang que des milliers d'hommes de cette nation récemment policée, dont les noms n'auraient besoin que de pouvoir être prononcés.

XV.

Toutefois, j'en citerai quelques-uns, ne fût-ce que pour ajouter à l'euphonie du vers anglais. Là étaient Strongenoff et Stroknoff, Meknop, Sergelwow, Arsniew le Grec, Tschitsshakoff, Roguenoff et Chokenoff, et autres dont les noms sont armés chacun de douze consonnes. J'en trouverais encore bien d'autres, si je voulais fouiller plus avant dans les gazettes; mais il paraît que la Gloire, cette capricieuse catin, a de l'oreille en sa qualité de trompette.

XVI.

De là vient qu'elle ne peut faire entrer dans un vers ces syllabes discordantes qui forment des noms à Moscou. Il s'en trouvait néanmoins d'aussi dignes de mémoire que jamais vierge le fut du carillon nuptial : sons harmonieux, appropriés à la péroraison que fait Londonderry pour traîner une séance en longueur. De tous ces noms finissant en « ischskin, ouschin, iffskchy, ouski, » je ne citerai que le seul Rousamouski;

XVII.

Puis Scherematoff et Chrematoff, Koklophti, Koclobski, Kourakin et Mouskin-Pouskin, tous hommes d'action et des plus braves qui aient jamais défié un ennemi en lui passant le sabre à travers le corps; se souciant peu de Mahomet ou du mufti, et si le parchemin renchérissait, prêts à faire servir la peau de ces gens-là, faute de mieux, à remplacer celle de leurs timbales.

XVIII.

Il y avait aussi des étrangers de grand renom de divers pays, et tous volontaires, ne combattant ni pour leur patrie ni pour leur souverain, mais visant à être un jour brigadiers, et aussi à jouir du sac d'une ville, divertissement fort agréable pour la jeunesse. Parmi eux se trouvaient quelques Anglais fort solides, seize Thompson et dix-neuf Smith.

XIX.

Il y avait Jack Thompson et Bill Thompson; le reste des Thompson avait pour prénom Jemmy, d'après le grand poète (1); je ne suis s'ils avaient blason et cimier, mais avec un tel parrain, on peut s'en passer. Parmi les Smith, on comptait trois Pierre; mais le meilleur de tous, pour porter ou parer vigoureusement un coup, était ce Smith si renommé depuis « dans les campagnes d'Halifax ;» alors il servait les Tartares (2).

XX.

Les autres étaient des Jack, des Gill, des Will et des Bill (3) ; mais quand j'aurai ajouté que l'aîné des Jack Smith était né dans les montagnes du Cumberland, et que son père était un honnête forgeron, j'aurai dit tout ce que je sais d'un nom qui remplit trois lignes dans l'annonce de la prise de Schmacksmith, village des plaines de la Moldavie, où il mourut, immortel dans un bulletin.

XXI.

Je voudrais bien savoir (quoique Mars soit un dieu dont je fais grand cas) si le nom d'un homme dans un bulletin peut compenser la balle qu'il reçoit dans le corps. J'espère qu'on ne me fera pas un crime de cette question : bien que je ne sois qu'un esprit simple, il me semble qu'un certain Shakespeare a mis la même pensée dans la bouche d'un personnage de ces drames favoris, avec l'esprit desquels tant de gens se font une renommée.

XXII.

Il y avait aussi des Français, brillants de bravoure, de jeunesse et de gaîté ; mais je suis trop bon patriote pour citer leurs noms gaulois à propos d'une glorieuse journée ; j'aimerais mieux dire sur eux dix mensonges qu'un mot de vérité... La vérité en ce cas est trahison envers le pays, et sont abhorrés comme traîtres ceux qui, en anglais, parlent des Français autrement que pour montrer comment la paix doit faire de John Bull l'ennemi de son voisin.

(1) James Thompson, auteur des Saisons.
(2) Ce Smith est un personnage d'une farce intitulée : *Love laughs at Locksmiths*.
(3) Formes familières des prénoms Jean, Gilles et Guillaume.

XXIII.

Les Russes avaient établi des batteries sur l'île située en face d'Ismaïl, et en ce île avaient deux buts : le premier, de bombarder la place et d'en abattre les édifices publics et particuliers; n'importe combien de pauvres diables y perdraient la vie! Il est vrai de dire que la configuration de la ville devait suggérer cette idée : elle était bâtie en amphithéâtre, et chaque habitation présentait aux bombes un but extrêmement commode.

XXIV.

Le second objet était de profiter d'un moment de consternation générale pour attaquer la flottille turque qui était près de là, paisiblement à l'ancre. Mais un troisième motif, et le plus plausible, était d'effrayer les Turcs et de les amener à capituler, idée qui passe quelquefois dans la tête des guerriers, à moins qu'ils ne soient acharnés comme des bouledogues.

XXV.

Une mauvaise et trop commune habitude, celle de mépriser l'ennemi que l'on combat, causa la mort de Tchitchitzkoff et de Smith. Un de moins parmi ces dix-neuf valeureux Smith dont nous avons parlé tout à l'heure; mais ce nom s'ajoute si souvent au titre de monsieur et de madame, qu'on serait tenté de croire que le premier qui le porta fut Adam.

XXVI.

Les batteries russes avaient été faites à la hâte, et leur construction était imparfaite. Ainsi la même cause qui fait qu'un vers n'a pas tous ses pieds, ou qui rembrunit la figure de Longman et de John Murray, quand un livre nouveau ne s'écoule pas aussi rapidement que le désirerait l'éditeur; cette même cause peut aussi retarder pour un temps ce que l'histoire appelle tantôt meurtre et tantôt gloire.

XXVII.

Soit ignorance de l'ingénieur, soit précipitation ou gaspillage, soit cupidité de quelque entrepreneur qui avait voulu sauver son âme en fraudant en matière d'homicide, peu importe ; mais il est certain que ces nouvelles batteries n'avaient point la solidité nécessaire : ou elles manquaient leurs coups, ou l'ennemi ne les manquait pas; et par l'un ou l'autre motif, la liste des tués s'allongeait considérablement.

XXVIII.

Des distances mal calculées firent échouer toutes les opérations navales; trois brûlots perdirent leur aimable existence avant d'arriver à destination ; on se pressa trop d'allumer la mèche, et rien ne put remédier à cette bévue. Ils brûlèrent au milieu du fleuve; et quoiqu'il fit déjà jour, les Turcs n'en furent pas éveillés.

XXIX.

A sept heures, toutefois, ils se levèrent, et virent la flottille russe qui commençait son mouvement. Il en était tant lorsque, s'avançant toujours avec résolution, les vaisseaux se trouvèrent à une encâblure des remparts d'Ismaïl, et ouvrirent une canonnade) qui leur fut rendue, j'ose dire, avec usure), accompagnée d'un feu de mousqueterie et de mitraille, ainsi que de bombes et de projectiles de toute forme et de tout calibre.

XXX.

La flotte soutint le feu des Turcs pendant six heures sans interruption, et secondée par les batteries de terre, elle fit jouer son artillerie avec une grande précision. Enfin on reconnut que la canonnade seule ne suffisait pas pour réduire la place, et à une heure, le signal de la retraite fut donné. Une barque sauta; une chaloupe dériva près des fortifications, et fut prise par les Turcs.

XXXI.

Les musulmans avaient perdu aussi hommes et vaisseaux ; mais quand ils virent l'ennemi se retirer, leurs delhis se jetèrent dans de petites barques, poursuivirent les Russes, les incommodèrent par un feu bien nourri, et tentèrent même une descente. Mais là ils échouèrent ; le comte de Damas les rejeta pêle-mêle dans le fleuve, avec un carnage de quoi remplir une gazette.

XXXII.

« Si je voulais rapporter, dit l'historien, tout ce que les Russes firent de mémorable dans cette journée, il me faudrait employer plusieurs volumes, et encore laisserais-je bien des choses de côté. » Cela dit, il n'en parle plus; mais il fait sa cour aux étrangers de distinction présents à ce combat : de Ligne, Langeron et Damas, noms des plus grands que la Gloire ait inscrits dans ses fastes.

XXXIII.

Cet exemple nous montre ce que c'est que la gloire : combien de lecteurs vulgaires en effet ignorent même que ces trois « preux chevaliers » aient jamais vécu (et ils vivent encore, sans doute)! La renommée s'atteint ou se manque d'un coup ; il y a du bonheur jusque dans la gloire, c'est un fait. Il est vrai que les mémoires du prince de Ligne ont entr'ouvert pour lui le rideau de l'oubli.

XXXIV.

Voilà donc des hommes qui ont vaillamment combattu, et se sont conduits en héros ; mais perdus dans la multiplicité d'événements semblables, on trouve rarement leurs noms, on les cherche plus rarement encore. Ainsi la meilleure renommée subit de tristes mutilations et s'éteint plus tôt qu'elle ne devrait : sur chaque bulletin de nos batailles, je vous défie de vous rappeler dix noms.

XXXV.

En somme, cette dernière attaque, bien que glorieuse, montra qu'il y avait quelque part quelque chose qui manquait, et l'amiral Ribas (fort connu dans l'histoire russe) conseilla fortement un assaut. Jeunes et vieux combattirent cette proposition, qui enfanta un débat ; mais il faut que je me borne, car si je rapportais le discours de chaque guerrier, peu de lecteurs voudraient monter à la brèche.

XXXVI.

Il y avait un homme, si toutefois c'était un homme... non que sa virilité pût être mise en question ; car s'il n'eût pas été un Hercule, sa carrière, lorsqu'il était jeune, eût été aussi courte que le fut sa dernière maladie, causée par une indigestion, alors que, pâle, épuisé, il mourut au pied d'un arbre, sur le sol de la province autrefois fertile qu'il avait ravagée, et qui le maudissait. Ainsi la sauterelle meurt sur le champ qu'a flétri son passage.

XXXVII.

C'était Potemkin, grand homme dans un temps où la grandeur était le prix de l'homicide et de la débauche ; si les décorations et les titres donnaient des droits à la gloire, la sienne eût égalé la moitié de sa fortune. Cet heureux gaillard, haut de six pieds, fit naître un caprice proportionné à sa taille dans le cœur de la souveraine des Russes, laquelle mesurait les hommes ainsi qu'on mesure un clocher.

XXXVIII.

Pendant qu'on était dans l'indécision, Ribas envoya un courrier au prince, et réussit à faire régler les choses comme il l'entendait. Je ne puis dire comment il plaida sa cause ; mais il eut bientôt lieu d'être satisfait. Cependant on poussait les travaux des batteries, et bientôt sur le bord du Danube, quatre-vingts pièces de canon ouvrirent un feu redoutable, auquel la ville répondit fort bien.

XXXIX.

Mais le treize décembre, lorsque déjà une partie des troupes était embarquée et qu'on allait lever le siège, un courrier venu à franc étrier ranima le courage de tous les aspirants à la gloire de gazettes, de tous les dilettanti dans l'art de la guerre. Ses dépêches, conçues en termes éloquents, annonçaient la nomination au commandement de l'armée d'un autre amant des batailles, le feld-maréchal Souvaroff.

XL.

La lettre du prince à ce même maréchal serait une lettre spartiate, si la cause à servir eût été digne d'un noble cœur, comme la défense de la liberté, de la patrie ou des lois. Mais l'unique mobile étant l'ambition jalouse de porter son front superbe au-dessus de tous les fronts, l'épître n'a d'autre mérite que celui d'un style vraiment laconique : « Vous prendrez Ismaïl, à tout prix ».

XLI.

Dieu dit : « Que la lumière soit ! » et la lumière fut. « Que le sang coule ! » dit l'homme, et il en voit couler une mer. Le *fiat* de Potemkin, cet enfant gâté de la nuit (car le jour ne vit jamais ses mérites) pouvait produire plus de maux en une heure, que n'en eussent réparé trente étés brillants, aussi beaux même que ceux qui mûrirent le fruit d'Éden ; car la guerre coupe tout, branches et racines.

XLII.

Nos amis les Turcs, dont les bruyants allahs commençaient à saluer la retraite des Russes, éprouvèrent un damnable mécompte. On est généralement prompt à croire qu'on a les ennemis battu (ou battus, si vous insistez sur la règle du participe, chose dont je ne m'occupe jamais dans le feu de la composition). Je disais donc que les Turcs furent étrangement désappointés, eux qui tout en abhorrant le porc tenaient beaucoup à sauver leur lard.

XLIII.

En effet, le seize, on vit venir de loin deux cavaliers courant au grand galop : on les prit d'abord pour deux Cosaques ; car leur bagage était léger, ils n'avaient que trois chemises à eux deux et ils étaient montés sur des chevaux de l'Ukraine. Enfin, lorsqu'on put distinguer de plus près ces deux hommes si simples, on reconnut Souvaroff et son guide.

XLIV.

« Grande joie aujourd'hui à Londres! » s'écrient des sots fieffés, chaque fois que cette capitale a grande illumination, de toutes les fascinations la plus puissante sur John Bull, ce grand videur de bouteilles. Pourvu que les rues soient garnies de verres de couleurs, ce sage (le susdit John) livre à discrétion sa bourse, son âme, sa raison et même sa déraison, pour satisfaire, comme une grosse phalène, cet unique goût qu'il a pour les chandelles.

XLV.

Il n'a plus que faire maintenant « de damner ses yeux, » car ils sont bien damnés ; ce jurement célèbre n'a plus pour le diable aucune valeur, car John depuis peu a tout-à-fait perdu la vue. Il appelle les dettes une richesse et les impôts un paradis ; la famine, épouvantable squelette, a beau le regarder en face, il ne la voit pas ou il jure qu'elle est fille de Cérès.

XLVI.

Mais à mon histoir... Grande joie dans le camp! Joie au Russe, au Tartare, à l'Anglais, au Français, au Cosaque, sur lesquels Souvaroff est venu luire comme un bec de gaz, présage d'un brillant assaut. Tel le feu follet, aux bords des marais humides, conduit le voyageur dans une fondrière ; tel le feld-maréchal courait çà et là, vacillant météore ; et ceux qui le voyaient le suivaient, n'importe où.

XLVII.

Alors certes les choses prirent une face différente : il y eut de l'enthousiasme et force acclamations ; la flotte et le camp saluèrent d'une manière toute gracieuse, et tout annonça un brillant succès. L'armée vint s'établir à une portée de canon de la place ; on construisit des échelles ; on répara les anciens travaux ; on en fit de nouveaux ; on prépara des fascines et toutes sortes d'engins philanthropiques.

XLVIII.

L'esprit d'un seul homme imprime à la foule une direction générale : ainsi roulent les vagues sous le souffle d'une même brise ; ainsi marche le troupeau protégé par le taureau, ou un aveugle guidé par son chien ; ainsi les moutons qui vont au pâturage suivent le tintement de la clochette portée par le bélier ; tel est l'empire des hommes puissants sur les petits.

XLIX.

Tout le camp retentissait de cris de joie : vous eussiez dit qu'ils allaient tous à la noce (la métaphore est bonne, je crois, combat et mariage amenant tous deux du mic-mac) ; le dernier goujat lui-même sentait redoubler son ardeur pour le danger et le pillage. Et pourquoi ? parce qu'un petit homme, vieux et bizarre, presque en haillons, était venu prendre le commandement.

L.

Mais la chose était ainsi. Tous les préparatifs se firent activement : le premier détachement, divisé en trois colonnes, n'attendait que le signal pour s'élancer sur l'ennemi ; la seconde attaque devait se faire par trois autres colonnes, animées d'une soif de gloire qu'une mer de carnage pouvait seule étancher ; la troisième, sur deux colonnes, aurait lieu par eau.

LI.

On construisit encore de nouvelles batteries et on tint un conseil de guerre. Comme il arrive quelquefois dans les grandes extrémités, qu'il vint y régner l'unanimité, si rare dans les assemblées de ce genre ; et toute difficulté ayant disparu, on put voir l'astre de la gloire poindre à l'horizon dans toute sa splendeur, pendant que Souvaroff, déterminé à la conquérir, enseignait à ses recrues le maniement de la baïonnette.

LII.

C'est un fait avéré que, commandant en chef, il ne dédaignait pas de faire manœuvrer en personne ses lourdauds de conscrit, trouvant ainsi le temps de remplir les fonctions de caporal. Enseigner l'exercice aux jeunes soldats, c'est accoutumer une jeune salamandre à manger du feu de bonne grâce : il leur montrait à monter une échelle (qui ne ressemblait pas à celle de Jacob) et à franchir un fossé.

LIII.

Il fit aussi habiller des fascines comme des hommes, avec des turbans, des cimeterres et des poignards, et fit tomber à la baïonnette sur ces mannequins comme sur de véritables Turcs. Quand les conscrits furent bien exercés à ces combats simulés, il les jugea propres à donner l'assaut aux remparts. Les habiles en rirent et en plaisantèrent : il les laissa dire et prit la ville.

LIV.

Tel était l'état des choses à la veille de l'assaut. Tout le camp était plongé dans un sombre repos, ce que l'on aura peut-être peine à concevoir : cependant des hommes résolus à tout braver sont silencieux une fois qu'ils pensent que tout est préparé. Il y avait donc peu de bruit ; les uns pensaient à leurs foyers et à leurs amis, les autres à eux-mêmes et au sort qui les attendait.

LV.

Souvaroff était sur le qui-vive, inspectant, exerçant, commandant, plaisantant, méditant ; car c'était le plus extraordinaire des hommes : héros, bouffon, moitié diable et moitié fange ; il priait, instruisait, ravageait, pillait ; tantôt Mars, tantôt Momus, et la veille d'un assaut, Arlequin en uniforme.

LVI.

Le jour qui précéda l'attaque, comme ce grand conquérant jouait encore au caporal en exerçant ses conscrits, quelques Cosaques, rôdant comme des faucons autour d'une colline, rencontrèrent à la tombée de la nuit une troupe d'individus, dont l'un parlait leur langue... bien ou mal, n'importe : c'était beaucoup que de se faire comprendre. A sa voix, à ses discours ou à ses manières, ils reconnurent qu'il avait servi sous leurs drapeaux.

LVII.

Sur sa demande donc, ils le conduisirent aussitôt avec ses compagnons au quartier-général. Le costume des nouveaux-venus était musulman ; mais il était facile de voir que ce n'était qu'un déguisement, car sous la veste turque perçait la qualité de chrétiens. Ce n'est pas la première fois que la grâce intérieure se couvre ainsi d'une pompe barbare, source parfois des plus étranges méprises.

LVIII.

Souvaroff, qui était en manches de chemise, devant une compagnie de Calmouks, commandant la manœuvre, criant, plaisantant, jurant contre les lambins, et faisant une leçon complète sur le noble art de tuer les hommes... car ce grand philosophe, ne voyant dans l'humaine argile que de la boue, inculquait ainsi ses maximes, prouvant à toute intelligence martiale que la mort sur le champ de bataille vaut une pension de retraite...

LIX.

Quand Souvaroff vit cette troupe de Cosaques avec leur capture, il dirigea vers eux ses yeux perçants, que recouvrait presque son front sombre : « D'où venez-vous ? — De Constantinople : nous étions captifs et nous nous sommes échappés. — Qui êtes-vous ? — Ce que vous voyez. » Ce dialogue était laconique, car l'homme interrogé savait à qui il parlait et se montrait économe de mots.

LX.

« Vos noms ? — Le mien est Johnson, et celui de mon camarade Juan ; les deux autres sont des femmes, et le troisième n'est ni femme ni homme. » Le général jeta sur la troupe un regard rapide et reprit : « J'ai déjà entendu votre nom, à vous ; mais celui-ci m'est inconnu. C'est une sottise d'avoir amené ici les trois autres personnes ; mais n'importe. Je crois vous avoir vu dans le régiment de Nikolaïew. — Précisément.

LXI.

— Vous étiez à Widdin ? — Oui. — Vous conduisiez l'attaque ? — C'est vrai. — Que vous est-il arrivé ensuite ? — Je le sais à peine. — Vous fûtes le premier sur la brèche ? — Du moins je n'ai pas été lent à suivre ceux qui pouvaient y être arrivés. — Et après ? — Une balle m'étendit sur le dos, et je fus fait prisonnier. — Vous servez vengé ; car la ville que nous assiégeons est deux fois aussi forte que celle dont les défenseurs vous ont blessé.

LXII.

« Où voulez-vous combattre ? — Où vous voudrez. — Je sais que vous vous plaisez dans les coups désespérés, et je ne doute pas qu'après avoir enduré tant de maux, vous ne soyez le premier à tomber sur l'ennemi. Et ce jeune gaillard au menton imberbe et aux vêtements déchirés, à quoi peut-il être bon ? — Ma foi, général, s'il réussit en guerre comme en amour, c'est lui qui doit monter le premier à l'assaut.

LXIII.

— Qu'il le fasse, s'il l'ose. » Ici Juan s'inclina aussi profondément que le compliment le méritait. Souvaroff continua : « Par un décret de la Providence, c'est votre ancien régiment qui, demain ou ce soir peut-être, doit marcher à la brèche. J'ai promis à plusieurs saints que bientôt la charrue et la herse passeront sur ce qui fut Ismaïl, sans être arrêtées par la plus superbe de ses mosquées.

LXIV.

« Maintenant donc, enfants, à la gloire ! » Cela dit, il se tourna vers sa troupe et se remit à commander l'exercice dans le russe le plus classique, jusqu'à ce que tous ces cœurs héroïques brûlassent également pour la victoire et le pillage. On eût dit que du haut de la chaire, un prédicateur, méprisant noblement tous les biens de la terre, sauf les dîmes, les exhortait à immoler des païens qui avaient l'audace de résister aux armées d'une impératrice chrétienne.

LXV.

Johnson qui, par ce long entretien, comprit qu'il était dans les bonnes grâces du général, prit la liberté d'adresser la parole à Souvaroff, bien qu'il le vît tout animé et absorbé de nouveau dans son amusement favori. « Je suis très reconnaissant que vous nous accordiez ainsi l'honneur de mourir des premiers ; mais si vous daigniez nous assigner explicitement notre poste, mon ami et moi nous saurions ce que nous avons à faire.

LXVI.

— C'est juste ! j'étais occupé, et j'oubliais. Eh bien, vous rejoindrez votre ancien régiment, qui doit être en ce moment de service. Holà ! Katskoff (il appela un officier d'ordonnance polonais)... conduisez monsieur à son poste, je veux dire au régiment de Nikolaïew. Le jeune étranger peut rester avec moi ; c'est un beau garçon. On enverra les femmes avec le reste du bagage ou à l'ambulance. »

LXVII.

Mais ici commença une espèce de scène : les dames..... qui n'étaient pas accoutumées à ce qu'on disposât d'elles aussi militairement, bien que leur éducation du harem leur enseignât la plus vraie des doctrines, l'obéissance passive... les dames levèrent alors la tête, les yeux enflammés et pleins de larmes ; et comme la poule étend ses ailes sur sa jeune couvée, elles étendirent leurs bras...

LXVIII.

Vers les deux braves ainsi reconnus et honorés par le plus grand capitaine qui ait peuplé l'enfer de héros immolés, ou plongé une province, un royaume entier dans le deuil. O mortels insensés, pour qui l'expérience est vaine ! O Israël glorieux en effet, si pour une seule feuille de cet arbre que l'on dit immortel, il doit couler, sans cesse et sans reflux, une mer de sang et de larmes.

LXIX.

Souvaroff, qui n'avait guère égard aux larmes, ni de sympathie pour le sang, ne vit pourtant pas sans une ombre de sensibilité ces femmes les cheveux épars, en proie à de sincères douleurs. Car bien que l'habitude endurcisse contre les souffrances de millions d'hommes les cœurs de ceux qui font métier du carnage, parfois une douleur isolée touchera même des héros..... et Souvaroff en était un.

LXX.

« Parbleu ! Johnson, dit-il du ton le plus doux que puisse prendre un Calmouk, comment diable avez-vous pu amener ici des femmes ? Ou leur donnera tous les soins possibles et on les conduira jusqu'aux charriots : là seulement elles peuvent être en sûreté. Vous auriez dû savoir que cette espèce de bagage ne convient pas ici, à moins qu'ils n'aient un an de ménage, je hais les conscrits mariés.

LXXI.

— N'en déplaise à Votre Excellence, répondit l'Anglais, ce sont les femmes d'autrui et non les nôtres. Je suis trop au fait du service pour enfreindre les lois militaires, en menant une femme à moi dans un camp, et je sais que rien n'inquiète le cœur d'un héros, comme de laisser dans l'embarras une petite famille.

LXXII.

« Mais vous voyez ici deux dames turques qui, ainsi que leur doestique, après avoir favorisé notre fuite, nous ont accompagnés ous ce déguisement à travers mille périls. Pour moi, ce genre de vie 'est pas nouveau; pour elles, pauvres créatures, c'est un pas fort énible. C'est pourquoi, si vous voulez que je combatte le cœur libre, je demande qu'elles soient traitées avec égard. »

LXXIII.

Cependant, les deux pauvres filles, les yeux baignés de larmes, semblaient ne savoir quelle confiance accorder à leurs protecteurs. Leur surprise était aussi grande, aussi juste même que leur douleur, n voyant un vieillard à l'air plus fou que sage, simplement vêtu, ouvert de poussière, habit bas, avec un gilet malpropre; en le voyant, dis-je, plus redouté que tous les sultans du monde.

LXXIV.

En effet, comme elles le pouvaient lire dans ses yeux, tout semblait obéir à son moindre signe. Or, accoutumées qu'elles étaient à considérer le sultan comme une sorte de dieu, à le voir, resplendissant de pierreries, se prélasser dans toute la pompe du pouvoir pareil au paon, ce royal oiseau dont la queue est un diadème; elles ne se figuraient pas qu'un maître pût se passer de cet appareil.

LXXV.

John Johnson, voyant leur extrême embarras, bien que peu versé dans les sentiments des femmes de l'Orient, essaya de les consoler à sa manière. Don Juan, plus facile à émouvoir, jura qu'elles le reverraient à la pointe du jour, ou que toute l'armée russe s'en repentirait. Chose étrange! elles se trouvèrent consolées par cette promesse... L'exagération plaît aux femmes.

LXXVI.

Après beaucoup de larmes, de soupirs et quelques baisers, ils se séparèrent pour le moment. Les femmes allaient attendre, selon que l'artillerie porterait plus ou moins juste, le résultat que les sages nomment chance, Providence ou destin (l'incertitude est un des nombreux bienfaits du ciel, c'est une hypothèque sur les domaines de l'humanité). De leur côté, leurs bien-aimés devaient s'armer pour brûler une ville qui ne leur avait jamais fait de mal.

LXXVII.

Souvaroff, toi qui ne voyais les choses qu'en gros, trop rude pour le comprendre en détail; toi qui ne faisais pas plus de cas de la vie que d'un fétu, pas plus d'attention aux gémissements d'un peuple en deuil qu'au souffle du vent, et pourvu que la victoire te restât ne te souciais pas plus de la perte de ton armée que la femme et les amis de Job ne s'affligeaient des maux du patriarche... Souvaroff, qu'était-ce pour toi que les sanglots de ces deux femmes?

LXXVIII.

Rien! — Cependant l'œuvre de gloire se continuait par les préparatifs d'une canonnade, aussi terrible que l'eût été celle d'Ilion, si Homère avait connu les mortiers. Mais ici, au lieu de tuer le fils de Priam, nous ne pouvons décrire qu'escalades, bombes, tambours, canons, bastions, batteries, baïonnettes et balles : mots rudes qui écorchent le gosier délicat de la muse.

LXXIX.

O toi, éternel Homère! qui sus charmer toutes les oreilles, hélas! souvent longues, tous les siècles, hélas! si courts, rien qu'en maniant d'un bras poétique des armes dont les hommes ne feront plus usage, à moins que la poudre à canon ne se montre beaucoup moins meurtrière que ne le souhaitent toutes les cours aujourd'hui liguées contre la jeune liberté... mais elles ne trouveront pas dans la liberté une nouvelle Troie;

LXXX.

O toi, éternel Homère! j'ai maintenant à décrire un siége où plus d'hommes furent immolés et avec des engins plus redoutables et par des coups plus prompts, que dans cette campagne dont la gazette grecque a rendu compte... Et cependant je dois reconnaître, comme tout le monde, que vouloir rivaliser avec toi serait aussi insensé à moi, qu'à un ruisseau de lutter avec l'Océan : ce qui n'empêche que nous autres modernes, nous ne vous égalions en fait de carnage...

LXXXI.

Non de carnage poétique, mais de carnage réel : et le réel c'est la vérité, le grand désideratum, dont il faut pourtant négliger quelque chose, quelque fidèle et minutieuse que soit la muse dans ses descriptions. Maintenant tu vas être attaquée; de grandes actions sentement... comment les raconter? Ames des généraux immortels, Phébus n'attend que vos dépêches pour en colorer ses rayons.

LXXXII.

O vous, grands bulletins de Bonaparte! ô vous, listes moins longues et moins pompeuses de ceux qu'il avait fait tuer ou blesser! ombre de Léonidas, qui combattiez si vaillamment, alors que ma pauvre Grèce était, comme aujourd'hui, cernée par ses ennemis! ô commentaires de César! ombres glorieuses, pour que je ne reste point court, prêtez à ma muse une portion des teintes si belles, si fugitives, de votre mourant crépuscule.

LXXXIII.

Quand j'appelle «mourante» l'immortalité guerrière, je veux dire que chaque siècle, chaque année et presque chaque jour est malheureusement forcé de faire éclore quelque héros à la mamelle : or, lorsque nous venons à calculer la somme des actes les plus profitables à la félicité humaine, ce héros n'est plus qu'un boucher en gros qui fait tourner les jeunes têtes.

LXXXIV.

Médailles, grades, rubans, dentelles, broderies, écarlate, sont d'immortels appendices du guerrier immortel, comme la pourpre est inhérente à la prostituée de Babylone. Un uniforme est pour les adolescents ce qu'est pour les femmes un éventail; il n'est pas de goujat en habit rouge qui ne se croie le premier dans les rangs de la gloire. Mais la gloire est la gloire; et si vous voulez savoir ce que c'est... demandez-le au pourceau qui voit le vent (1)!

LXXXV.

Du moins il le sent, et quelques-uns disent qu'il le voit, parce qu'il court devant lui comme un pourceau qu'il est; ou si la rudesse de cette expression vous déplaît, je dirai qu'il file sous le vent comme un brick, un schooner, ou... Mais il est temps de terminer ce chant, avant que ma muse ne se sente fatiguée; le suivant sonnera un branle à mettre tout le monde sur pied, comme le bourdon d'un clocher de village.

LXXXVI.

Écoutez, dans le silence de la nuit froide et sévère, le murmure des bataillons qui forment leurs rangs. Voyez! des masses sombres se glissent comme des ombres flottantes le long des remparts assiégés, et sur la rive du fleuve hérissée d'armes, tandis que la lueur incertaine des étoiles pointe à travers les vapeurs épaisses qui se déroulent en pittoresques flocons... Bientôt la fumée de l'enfer va couvrir tous ces lieux d'un manteau plus ténébreux!

LXXXVII.

Arrêtons-nous ici pour un moment... imitons cette pause terrible qui, séparant la vie de la mort, glace les cœurs de ces hommes dont plusieurs milliers respirent leur dernier souffle. Un moment... et tout se montrera plein de vie; la marche! la charge! les cris des deux croyances rivales : hourra! Allah!... puis un moment de plus... et ce sera le cri de mort étouffé dans le rugissement de la bataille.

CHANT VIII.

I.

O sang et tonnerre! ô sang et blessures! Voilà des jurements bien vulgaires, à votre sens, ô trop méticuleux lecteur; voilà d'épouvantables dissonnances! Il n'est que trop vrai; pourtant c'est la seule explication du rêve de la gloire, et comme ce sont là les objets dont va s'occuper ma muse sincère, comme ils font le sujet de ses chants, ils doivent aussi l'inspirer. Qu'on dise Mars, Bellone, comme on voudra... c'est toujours la guerre.

II.

Tout était prêt... le feu, le glaive, les hommes destinés à manier ces fléaux redoutables. L'armée, comme un lion qui sort de sa tanière, s'avança, les nerfs et les muscles tendus pour le carnage... hydre humaine, sortant de son marais pour souffler la destruction sur sa voie tortueuse, ayant pour têtes des héros, têtes qui, à peine coupées, étaient aussitôt remplacées par d'autres.

III.

L'histoire ne peut prendre les choses qu'en gros; mais si nous les connaissons en détail, peut-être, en balançant le profit et la perte, rabattrions-nous un peu du mérite de la guerre; peut-être

(1) Figure empruntée aux psaumes.

verrions-nous qu'acheter à prix d'or certaines conquêtes, c'est payer bien cher un vain fantôme. Il y a plus de véritable gloire à sécher une larme qu'à répandre des mers de sang.

IV.

Et pourquoi? parce que la première de ces gloires procure le contentement de soi-même, tandis que l'autre, avec tout son éclat, ses acclamations, ses arcs-de-triomphe, ses pensions payées par un peuple, peut-être affamé; avec les titres pompeux et les dignités qu'elle prodigue, peut bien exciter l'admiration des âmes corrompues; mais après tout, si l'on ne combat point pour la liberté, elle n'est qu'un vain bruit par lequel l'homicide essaie de s'étourdir.

V.

Telle est, telle sera toujours la gloire des armes; telle n'est pas celle d'un Léonidas et d'un Washington; chacun de leurs champs de bataille est un sanctuaire qui parle de nations sauvées et non de mondes dévastés. Comme ces mots résonnent doucement à l'oreille! Pendant que le nom d'un conquérant vulgaire excitera l'étonnement et la stupeur des âmes serviles et vaines, ces noms glorieux serviront de mot de ralliement pour affranchir le monde.

VI.

La nuit était sombre: un épais brouillard ne laissait entrevoir que la flamme de l'artillerie qui ceignait l'horizon d'un nuage de feu et se réfléchissait dans les eaux du Danube... miroir de l'enfer! Le rugissement des volées de canon et les longs et profonds retentissements qui se succédaient coup sur coup assourdissaient l'oreille plus que n'eût fait le tonnerre; car les foudres du ciel frappent peu... celles de l'homme font des millions de cadavres.

VII.

La colonne d'assaut avait à peine dépassé les batteries de quelques toises, quand les musulmans, irrités, se levèrent enfin et répondirent aux tonnerres des chrétiens par une voix non moins terrible. Alors un vaste incendie envahit l'air, la terre et les flots; le sol parut trembler sous ce bruit effroyable, pendant que toute la ligne des remparts pétillait de feux, pareille à l'Etna quand l'inquiet Titan s'agite dans ses cavernes.

VIII.

Au même instant s'éleva un redoutable cri d'Allah! qui, non moins bruyant que la voix des foudres meurtrières, jetait à l'ennemi un défi orgueilleux. Allah! répétèrent la ville, le fleuve et le rivage; et dans les nuages étendus comme un dais sur les combattants, on entendit vibrer le nom de l'Éternel. Écoutez: à travers tous les bruits un seul cri domine: « Allah! Allah! hu! »

IX.

Toutes les colonnes s'étaient mises en mouvement; mais celles qui attaquaient par eau virent leurs soldats tomber comme des feuilles, bien que commandées par Arseniew, ce fils du carnage, brave comme le premier qui affronta jamais la bombe et le boulet. « Le carnage, dit Wordsworth, est fils de Dieu »; il est donc frère du Christ, et il se conduisait alors comme dans la Terre-Sainte.

X.

Le prince de Ligne fut blessé au genou; le duc de Richelieu reçut une balle entre son chapeau et son crâne, et ni l'un ni l'autre ne fut percé, ce qui prouve que cette tête était la plus aristocratique du monde. De fait la balle ne pouvait en vouloir à une caboche toute légitimiste: « Poussière sur poussière! » dit-on... pourquoi pas plomb sur plomb?

XI.

Le général Markow, brigadier, insistait pour qu'on emportât « le prince », quand tant de milliers d'autres gémissaient et mouraient auprès de lui... tous gens de rien, qui pouvaient se tordre et se débattre et implorer une goutte d'eau, sans trouver une oreille qui ne fût pas sourde... Le général Markow, qui témoignait ainsi de sa sympathie pour un haut rang, reçut une leçon propre à lui inspirer un sentiment plus large: un coup de feu lui cassa la jambe.

XII.

Trois cents bouches à feu vomirent leur émétique, et trente mille mousquets lancèrent leurs pilules, dru comme grêle, en guise de diurétique sanguin. Ô mortalité! tu as tes bulletins mensuels, tes pestes, tes famines, tes médecins, ce qui n'empêche pas les maux présents, passés et futurs, de tinter à nos oreilles comme cet insecte qui perce le bois et qu'on appelle l'horloge de la mort... mais tout cela n'est rien auprès des horreurs d'un champ de bataille.

XIII.

Là, toutes les tortures variées, accumulées, au point que les hommes s'endurcissent en présence de ces innombrables douleurs qui frappent partout leurs regards... là, les voix gémissantes, les membres qui se tordent dans la poussière, l'œil entièrement blanc, retourné dans son orbite... Voilà la récompense de milliers de soldats, pendant que d'autres gagneront un ruban sur la poitrine!

XIV.

Et pourtant, j'aime la gloire... la gloire, c'est magnifique... Songez combien il est doux, sur vos vieux jours, d'être entretenu aux frais de votre bon roi. Une modique pension ébranle la vertu de plus d'un sage; et, ce qui vaut mieux encore, les héros sont nécessaires pour que les bardes aient quelque chose à chanter. Ainsi, le plaisir de voir nos guerres revivre dans des vers immortels, outre la jouissance de la demi-solde pendant le reste de nos jours, voilà ce qui nous pousse à détruire nos semblables.

XV.

Quelques troupes, qui avaient déjà pris terre, se portèrent sur la droite pour s'emparer d'une batterie; d'autres, débarquées plus bas, se mirent à l'œuvre non moins promptement. C'étaient des grenadiers: ils grimpèrent à un à un, aussi galment que des enfants qui montent sur le giron de leur mère, et escaladèrent le retranchement et la palissade, avec autant d'ordre que s'ils eussent été à la parade.

XVI.

C'était une manœuvre admirable, car le feu était si vif, que si le Vésuve, outre sa lave, était chargé de toutes sortes de projectiles infernaux, il ne pourrait faire plus de ravages. Le tiers des officiers tomba sur la place, début qui était loin de promettre la victoire à la troupe: quand le chasseur tombe, les chiens sont en défaut.

XVII.

Mais ici je laisse les affaires générales pour suivre don Juan: il faut qu'il gagne ses lauriers à part; car nommer l'un après l'autre cinquante mille héros, bien qu'ils aient tous également droit à une stance ou à une élégie, cela formerait un lexique de gloire un peu long, et bien pis, ce serait allonger beaucoup notre histoire.

XVIII.

Force nous est donc d'abandonner le plus grand nombre à la gazette... qui, sans nul doute, a rendu justice à tous ces morts, dormant d'un glorieux sommeil dans les fossés, dans la plaine, partout où ils ont senti pour la dernière fois l'argile appesantir leurs âmes... Trois fois heureux celui dont le nom a été bien orthographié dans la dépêche! J'ai connu un homme dont la mort fut annoncée sous le nom de *Grove*; et il s'appelait *Grose*!

XIX.

Juan et Johnson se joignirent à l'un des corps d'attaque, et combattirent de leur mieux, ne sachant où ils étaient et encore moins où ils allaient. N'importe! ils continuaient d'avancer, foulant des cadavres sous leurs pieds, tirant, frappant d'estoc et de taille, suant et bouillant, mais au total assez peu avares de leur vie pour mériter à eux deux un magnifique bulletin.

XX.

C'est ainsi qu'ils se vautrèrent dans la fange sanglante de ces millions de morts et de mourants... Parfois ils gagnaient une toise ou deux de terrain, ce qui les rapprochait d'un certain angle de muraille que le monde s'efforçait d'atteindre; d'autres fois repoussés par un feu bien nourri, qui tombait comme si l'enfer eût envoyé sa pluie pour celle des cieux, ils trébuchaient en reculant sur un camarade blessé qui se débattait dans son sang.

XXI.

C'était la première affaire de Juan; et après une nuit passée sous les armes, après une marche silencieuse dans les ténèbres glacées où le courage n'est pas aussi bouillant que sous un arc-de-triomphe, il avait peut-être longtemps grelotté, bâillé et appelé le jour, en jetant un regard sur les nuages épais et monotones qui raidissaient le ciel...... Mais, malgré tout cela, il ne songea point à lâcher pied.

XXII.

Au fait, c'était impossible...... Et quand même il l'eût fait? On a vu et l'on voit encore des héros qui n'ont pas mieux débuté: Frédéric-le-Grand daigna prendre la fuite à Molwitz, pour la première et la dernière fois; car ainsi qu'un cheval, un faucon, une jeune épouse, la plupart des hommes, après une chaude épreuve, se rompant à leur nouveau métier et combattent comme des diables pour leur solde ou leur opinion.

XXIII.

Juan était ce qu'Erin appelle, dans son langage sublime, l'ancien erse ou l'Irlandais, qui pourrait bien être le punique (les antiquaires, qui savent régler le temps, comme le temps règle toutes choses, romaines, grecques, runiques, prétendent que la langue irlandaise est concitoyenne d'Annibal et se revêt encore de l'alphabet tyrien, importé à Carthage par Didon; opinion rationnelle comme toute autre, mais nullement nationale).

XXIV.

Juan était ce que, dans cette langue, on appelle ano « essence de jeunesse, » un être d'impulsion, un enfant de poésie, tantôt nageant dans le sentiment, ou, si vous l'aimez mieux, dans la sensation de la volupté; puis s'il s'agissait de tuer en aussi bonne compagnie que celle qui se presse d'ordinaire aux batailles, aux siéges et autres récréations de ce genre, saisissant avec un égal empressement cette occasion d'occuper ses loisirs;

XXV.

Mais cela toujours sans malice : s'il faisait l'amour ou la guerre, c'était, comme on dit, avec « les meilleures intentions, » cette carte d'atout que nous montrons tous pour nous tirer d'affaire. Hommes d'État, héros, catins, hommes de loi, si l'on s'informe de leurs actes, savent parer l'attaque en protestant de leurs bonnes intentions; quel dommage que l'enfer en soit pavé!

XXVI.

Je me suis demandé quelquefois si le pavé de l'enfer..... en admettant que telle en soit la matière... ne doit pas être aujourd'hui complètement usé, non pas du nombre de ceux que leurs bonnes intentions ont sauvés, mais par la masse qui descend là-bas sans être munie de ces matériaux qui nivelaient et aplanissaient autrefois cette rue sulfureuse, qui doit si bien ressembler à notre Pall-Mall.

Mais le Khan ne voulait pas être pris.

XXVII.

Juan, par une de ces occurrences étranges qui séparent souvent le guerrier du combattant dans leur hideuse carrière, comme elles séparent la plus chaste des femmes de son constant époux tout juste après un an d'hyménée; Juan, par un de ces singuliers caprices de la fortune, fut saisi d'un étonnement soudain, lorsque après une vive mousquetade, il se trouva seul, loin de ses compagnons qui battaient en retraite.

XXVIII.

Je ne sais comment se fit la chose... Il se peut que le plus grand nombre fût tué ou blessé, et que le reste eût fait demi-tour à droite; circonstance qui embarrassa César lui-même, quand à la vue de toute son armée, si courageuse pourtant, il fut forcé de prendre un bouclier et de ramener les Romains au combat.

XXIX.

Juan, qui n'avait point de bouclier à prendre et qui n'était pas un César, mais un beau jeune homme qui se battait sans savoir pourquoi; Juan, se voyant dans cette passe difficile, s'arrêta une minute, et peut-être aurait-il dû s'arrêter plus longtemps; puis pareil à un âne... ne vous scandalisez pas, modeste lecteur; puisque le grand Homère a trouvé cette comparaison bonne pour Ajax, Juan peut s'en contenter mieux que d'une neuve.

XXX.

Donc, pareil à un âne, il marcha, et, chose plus étrange, il ne regarda pas en arrière; mais voyant briller devant lui, comme le jour sur la montagne, un feu suffisant pour aveugler ceux qui n'aiment pas à voir un combat, il chercha s'il ne pourrait pas rejoindre les bataillons décimés.

XXXI.

N'apercevant plus le commandant de son propre corps, ni le corps lui-même qui avait complètement disparu.... Dieu sait comment (je ne me charge pas d'expliquer tout ce qui, dans l'histoire, offre une couleur suspecte; cependant, on m'accordera ce point : il n'était pas étonnant qu'un tout jeune homme, épris de la gloire, marchât droit devant lui sans plus se soucier de son régiment que d'une prise de tabac)...

XXXII.

N'apercevant donc ni commandant ni commandés, laissé à lui-même comme un jeune héritier, libre d'aller tout seul..... il ne savait où; comme le voyageur suit le feu follet à travers marais et fondrières, ou comme des marins naufragés se réfugient dans la hutte la plus proche; ainsi Juan, suivant l'honneur et son nez, s'élança vers la mêlée.

XXXIII.

Il ne savait où il était et ne s'en inquiétait guère : car il était ébloui, frappé de vertige; la foudre circulait dans ses veines..... il était sous l'influence de la situation, comme il arrive aux imaginations ardentes. Ayant observé le côté où le feu le plus vif se faisait voir et entendre, où le canon faisait retentir ses détonations les plus bruyantes, ce fut là qu'il courut, pendant que la terre et le ciel étaient ébranlés par la découverte humanitaire, ô Bacon, le plus savant des moines.

XXXIV.

Comme il courait ainsi, il tomba dans ce qui avait formé naguère la deuxième colonne sous les ordres du général Lascy. Ce corps avait été réduit, comme plus d'un gros livre, à un élégant extrait d'héroïsme. Juan, d'un air solennel, prit place parmi les survivants qui, faisant bonne contenance, continuaient à tirer sur les glacis.

XXXV.

Précisément à ce moment critique arriva aussi Johnson, qui « avait battu en retraite, » comme on dit quand les gens se sauvent, plutôt que de se jeter dans cette gueule de destruction qui conduit à l'antre du diable. Mais Johnson était un habile soldat qui savait revenir à propos à la charge et n'employait la fuite que comme un courageux stratagème.

XXXVI.

Il vit que tous les hommes de son corps étaient ou morts ou mourants, à l'exception de don Juan, vrai novice dont la valeur virginale ne songeait point à la fuite. En effet, l'ignorance du danger, comme l'innocence comptant sur ses propres forces, inspire à ses élus une insouciante sécurité. Dans cette situation, Johnson rebroussa chemin un moment, seulement pour rallier ceux qui s'étaient enrhumés dans les ombres de la vallée de la Mort.

XXXVII.

Et là, un peu à l'abri des balles que faisaient pleuvoir bastions, batteries, parapets, remparts, murs, fenêtres, maisons... car dans toute cette grande ville, serrée de près par une armée chrétienne, il n'y avait pas jusque-là un seul pouce de terrain qui ne se défendît comme un diable... là, il trouva un certain nombre de chasseurs, dispersés par la résistance du gibier qu'ils avaient attaqué.

XXXVIII.

Il les appela; et, chose étrange, ils vinrent à son appel, différents en cela des esprits du vaste abîme, lesquels se laissent invoquer longtemps, dit Hotspur, avant de quitter leurs retraites. Leurs motifs pour obéir étaient l'incertitude, la honte de paraître avoir peur d'une balle ou d'une bombe, et ce singulier instinct qui fait qu'à la guerre et en religion, les hommes suivent comme des troupeaux le chef qui les guide.

XXXIX.

Par Jupiter! c'était un brave gaillard que ce Johnson; et bien que son nom sonne moins harmonieusement que ceux d'Ajax et d'Achille, on ne verra pas de sitôt son égal sous le soleil. Il tuait son homme aussi tranquillement que souffle la mousson, et vent qui, pendant des mois entiers, reste invariable : rarement on voyait la moindre altération dans ses traits, son teint ou ses muscles, et sans bruit il faisait beaucoup de besogne.

XL.

Il ne s'était donc sauvé qu'avec réflexion, sachant bien que sur les derrières il trouverait d'autres combattants tout disposés à se débarrasser de ces appréhensions importunes, qui, comme des vents, troublent parfois des estomacs héroïques. Bien que souvent leurs paupières se ferment prématurément, tous les héros ne sont pas aveugles ; mais s'ils rencontrent face à face une mort infaillible, ils reculent de quelques pas, seulement pour reprendre haleine.

XLI.

Johnson, disons-nous, n'avait reculé que pour revenir, avec beaucoup d'autres guerriers, vers ce sombre rivage qu'Hamlet nous peint comme un si redoutable trajet. Mais cela ne donnait pas grand souci à notre homme : son âme agit sur les vivants avec la puissance du fil galvanique qui ranime les morts, et les ramena au milieu du feu le plus violent.

XLII.

Mille diables! ils trouvèrent une seconde fois ce qui la première leur avait paru assez terrible pour s'y dérober par la fuite. Malgré tout ce qu'on dit de la gloire et tous ces immortels lieux communs qui conduisent un régiment à la mort (sans compter la paie, le shilling quotidien, qui fait aussi le soldat).... ils retrouvèrent, dis-je, le même accueil, qui fit deviner aux uns et connaître aux autres l'approche de l'enfer.

XLIII.

Ils tombèrent dru comme les moissons sous la grêle, l'herbe sous la faulx, ou le blé sous la faucille, nouvelle preuve de cette vérité rebattue, que la vie est le plus fragile objet des désirs de l'homme. Les batteries turques, pareilles à un fléau ou au poing d'un habile boxeur, firent une horrible capilotade des plus braves soldats : ils eurent la tête cassée avant d'avoir pu armer leur fusil.

XLIV.

Les Turcs, protégés par les traverses et les flancs du bastion voisin, tiraient en vrais diables et enlevaient des rangs tout entiers, comme le vent balaie l'écume des vagues. Néanmoins, Dieu sait pourquoi, le destin, qui nivelle sous ses changeants caprices les cités, les nations, les mondes, voulut qu'au milieu de cette sulfureuse orgie, Johnson et le petit nombre de ceux qui n'avaient pas décampé gagnassent le talus intérieur du rempart.

XLV.

D'abord un, deux, puis cinq, six, une douzaine escaladèrent promptement, car il y allait de la vie : des torrents de flamme, comme de la poix ou de la résine, étaient dardés d'en haut et d'en bas, si bien qu'il était difficile de décider lesquels avaient fait le meilleur choix, de ceux qui avaient été les premiers à montrer sur le parapet leur face guerrière, ou de ceux qui avaient cru plus brave de rester exposés au feu.

XLVI.

Mais ceux qui avaient escaladé virent leur audace favorisée par un hasard ou une bévue. Dans son ignorance, le Cohorn grec ou turc avait établi ses palissades d'une manière qui paraîtrait étonnante dans les forteresses des Pays-Bas ou de France (qui elles-mêmes doivent baisser pavillon devant notre Gibraltar) : obstacle judicieusement posé au beau milieu du susdit parapet.

XLVII.

En sorte qu'il y avait de chaque côté neuf à dix pas de terrain sur lequel on pouvait se tenir, avantage très grand pour nos gens, pour ceux-là du moins qui étaient restés vivants, et qui avaient ainsi la faculté de se mettre en ligne et de recommencer le combat. Ce qui leur fut aussi fort utile, c'est qu'ils purent renverser d'un coup de pied les palissades, qui ne s'élevaient guère plus haut que l'herbe d'un pré.

XLVIII.

Parmi les premiers... je ne dis pas le premier, car les questions de priorité en pareille occasion peuvent soulever de funestes querelles entre amis aussi bien qu'entre alliés : bien hardi serait le Breton qui viendrait mettre à l'épreuve la patience de John Bull en osant lui dire que Wellington a été battu à Waterloo... et en effet c'est ce qu'affirment les Prussiens.

XLIX.

Ils ajoutent que si Blücher, Bulow, Gneisenau, et je ne sais combien de gens en *au* et en *ow* n'étaient pas venus à temps jeter la terreur dans l'âme des Français, qui continuaient à combattre comme des tigres affamés, le duc de Wellington aurait cessé d'étaler ses ordres, comme de recevoir ses pensions, les plus lourdes que mentionne notre histoire.

L.

Mais n'importe!..... Dieu sauve le roi !..... et les rois ; car s'il ne veille sur eux, je doute que les hommes les gardent longtemps..... Je crois entendre un petit oiseau qui chante que dans peu le peuple sera le plus fort : il n'est pas de rosse qui ne rue quand le harnais lui entre dans les chairs, et la fait souffrir plus que ne le permet le règlement des postes... et la populace finit par ne plus imiter la patience de Job.

LI.

D'abord elle murmure, puis elle jure ; puis, comme David, elle lance au géant les cailloux du ruisseau ; enfin elle a recours aux armes que saisissent les hommes quand le désespoir a aigri leurs cœurs. Alors vient la véritable guerre : je serais tenté de dire « tant pis! » si je n'avais reconnu qu'une révolution seule peut épargner à notre globe toutes les souillures de l'enfer.

LII.

Mais continuons... Je disais donc que, non pas le premier, mais un des premiers, notre petit ami don Juan escalada les murs d'Ismaïl, comme s'il eût été élevé au milieu de pareilles scènes..... Et pourtant celle-ci était tout-à-fait nouvelle pour lui, et je présume pour beaucoup d'autres. Quelque généreuse que fût sa nature, aussi chaleureux par le cœur qu'efféminé par les traits, il était dévoré de la soif de la gloire, soif qui pénètre le cœur de part en part.

LIII.

Et il était là, cet enfant qui jamais n'avait cessé d'appuyer sa poitrine sur le sein d'une femme : homme dans tout le cœur, cette place était pour lui l'Elysée ; il eût même résisté à cette épreuve délicate que Rousseau indique à la beauté inquiète : « Observez votre amant quand il sort de vos bras. » Juan n'en sortait jamais tant qu'il y trouvait des charmes...

LIV.

A moins qu'il n'y fût forcé par les destins ou les flots, ou les vents, ou par des parents, ce qui revient au même. Mais maintenant il était là... dans une crise où tous les liens de l'humanité doivent céder au fer et à la flamme ; et lui, dont le corps même était tout âme, jouet de ce sort qui courbe les têtes les plus fières, pressé par le temps et les faits, le voilà parti comme un coursier pur-sang qui sent l'éperon.

LV.

Il ne se connaissait plus en face d'une résistance, comme le chasseur devant une barrière à cinq traverses, ou devant une grille élevée, cas où l'existence de nos jeunes Anglais dépend de leur poids, le plus léger courant le moins de risques. De loin il abhorrait la cruauté, comme tous les hommes abhorrent le sang, jusqu'à ce qu'ils soient échauffés..... et alors même Juan sentait le sien se figer s'il entendait un gémissement douloureux.

LVI.

Le général Lascy, serré de près, voyant arriver si à propos à son aide une centaine de jeunes gaillards déterminés qui semblaient tomber de la lune, remercia don Juan qui était le plus près de lui, et ajouta qu'il espérait que la ville serait bientôt prise, croyant s'adresser, non à quelque « pauvre besogneux, » comme dit Pistol, mais à quelque jeune Livonien.

LVII.

Comme le général lui parlait en allemand, Juan, qui savait cette langue ni plus ni moins que le sanscrit, s'inclina pour toute réponse levant son supérieur; car, voyant un homme décoré de « rubans noirs et bleus, de crachats, de médailles, et tenant à la main une épée sanglante, qui lui adressait la parole d'un ton de remercîment, il reconnut un officier de haut rang.

LVIII.

L'entretien dure peu entre gens qui ne parlent pas la même langue; et puis, en temps de guerre, à la prise d'une ville, quand maint cri de douleur vient couper le dialogue, quand mainte énormité se commet dans l'intervalle d'une parole à l'autre, quand pareil au tocsin d'alarme arrive à l'oreille un concert de soupirs, de gémissements, de clameurs, de hurlements, de prières..... dans un tel moment, il ne saurait y avoir beaucoup de conversation.

LIX.

Aussi ce que nous avons rapporté en deux longues stances tint à peine une minute; mais cette courte minute embrassa tous les forfaits imaginables. L'artillerie elle-même, dominée par le fracas, sembla muette : vous auriez entendu le chant d'une linotte aussi facilement que le tonnerre même au milieu de ce bruit universel, voix déchirante de la nature humaine à l'agonie.

LX.

La place était forcée. O Eternité !..... « Dieu fit les champs et l'homme a fait les villes, » a dit Cowper... Je suis à peu près de son avis, quand je vois dans la poussière Rome, Babylone, Tyr, Carthage, Ninive, ces cités dont tout le monde connaît l'existence, et tant d'autres dont le nom n'est plus, et méditant sur le présent et le passé, je commence à croire que nous finirons par retourner dans les bois.

LXI.

Si l'on excepte d'abord Sylla, ce tueur d'hommes qui, dans sa vie comme dans sa mort, fut, dit-on, le mortel heureux par excellence, et qui d'ailleurs porte un de ces grands noms qui éblouissent; de tous les hommes le plus heureux fut, sans contredit, le général Boon, ce forestier du Kentucky; car sans avoir versé d'autre sang que celui des ours et des daims, il coula dans les profondeurs des bois les jours innocents d'une verte vieillesse.

LXII.

Le crime n'approcha point de lui..... le crime n'est point enfant de la solitude. La santé ne l'abandonna pas... car elle se plaît aux lieux que des pas ont rarement foulés : si les hommes ne l'y vont pas chercher, ils préfèrent la mort à la vie, il faut le leur pardonner, retenus qu'ils sont dans leur prison murée par une habitude qu'ils abhorrent au fond de leurs cœurs. Il est à noter, dans le cas donné pour exemple, que le général Boon, toujours chassant, devint nonagé aire.

LXIII.

Et chose plus remarquable, il a laissé après lui un nom que d'autres s'efforcent vainement d'obtenir en décimant leurs semblables, et non-seulement un nom fameux, mais une honorable renommée, sans laquelle la gloire n'est qu'un refrain de taverne... une renommée simple, pure, l'antipode de la honte, inaltérable à la haine et à l'envie. Vivant en ermite, mais en ermite actif, il fut jusque dans sa vieillesse l'enfant de la nature. O Pope, ô Virgile, ce fut votre solitaire devenu sauvage.

LXIV.

A la vérité, il évitait le contact même de ses concitoyens. Alors qu'ils vinrent bâtir sous ses arbres chéris, il se transporta quelques centaines de lieues plus loin pour trouver des lieux où il y eût moins de maisons et plus d'espace libre. L'inconvénient de la civilisation est dans la difficulté de plaire aux autres et de se plaire avec eux. Quant aux individus, il leur montrait toute la bienveillance qu'on peut trouver dans un homme.

LXV.

D'ailleurs il n'était pas tout-à-fait seul : autour de lui croissait une tribu d'enfants de la forêt et de la chasse, ayant devant elle un monde nouvellement appelé à la vie et toujours nouveau. La guerre ni le chagrin n'avaient laissé leurs traces sur ces fronts exempts de rides, et nul vestige de douleur n'avait marqué la face de la nature ou de l'homme : la libre forêt les avait reçus libres, elle les gardait libres et frais comme ses arbres et ses torrents.

LXVI.

Ils étaient grands, forts et agiles, comme ne le seront jamais les chétifs et pâles avortons des villes; car jamais les soucis ni l'avidité n'avaient attristé leurs pensées. Les bois verdoyants étaient leur héritage; l'affaissement de leurs facultés ne leur annonçait pas une vieillesse précoce; la mode ne faisait pas d'eux les singes de ses caprices; ils étaient simples et non sauvages, et leurs carabines au coup certain dédaignaient de puériles querelles.

LXVII.

Le travail remplissait leurs jours et le repos leurs nuits; l'allégresse était la compagne de leurs travaux. Ni trop nombreux ni trop disséminés, la corruption n'avait pu pénétrer dans leurs cœurs : la débauche et ses aiguillons, le luxe et ses embarras, ne faisaient point leur proie des libres forestiers. Elles étaient sereines sans tristesse, leurs vastes solitudes.

LXVIII.

Assez sur la nature !.. Maintenant pour varier, nous revenons à tes immenses délices, ô civilisation! nous revenons aux aimables conséquences des grandes sociétés : la guerre, la peste, le despotisme, la soif de la célébrité, les millions d'hommes que tuent les soldats pour gagner leurs rations, le boudoir d'une impératrice sexagénaire, et la prise d'Ismaïl pour assaisonner ses plaisirs.

LXIX.

La place était forcée ; une seule colonne se fraya d'abord sa voie sanglante ; une seconde la suivit. La baïonnette impitoyable, l'épée flamboyante, se heurtent contre le cimeterre ; et dans le lointain s'élèvent les cris accusateurs de l'enfant et de la mère. Et cependant des nuages sulfureux chargeaient de plus en plus l'haleine du matin et celle de l'homme, aux lieux où le Turc, fou de désespoir, disputait encore pied à pied le sol de la cité.

LXX.

Koutousoff, le même qui plus tard (tant soit peu secondé par la neige et la gelée) refoula Napoléon dans sa route audacieuse et sanglante; Koutousoff se vit lui-même refoulé. C'était un joyeux compagnon : en face de ses amis comme de ses ennemis, il avait toujours le mot pour rire, alors même qu'il y allait de la vie et de la victoire. Mais ici ses bons mots n'eurent aucun succès...

LXXI.

Car s'étant jeté dans un fossé, où le suivirent aussitôt quelques grenadiers qui teignirent la fange de leur sang, il parvint en grimpant jusqu'au parapet; mais la chose n'alla pas plus loin, car les musulmans les rejetèrent tous dans le fossé. Parmi ceux qui périrent en cette occasion, on regretta beaucoup le général Ribeaupierre.

LXXII.

Heureusement une troupe russe, emportée par le courant, avait débarqué sans savoir où, et ne pouvant trouver sa route, elle avait erré çà et là comme dans un rêve, lorsqu'à la pointe du jour elle arriva dans cet endroit qui lui parut offrir une issue... Sans cela, le brave et joyeux Koutousoff serait resté sans doute où sont encore les trois quarts de sa colonne.

LXXIII.

En longeant le rempart, après avoir pris le cavalier, au moment même où les soldats de Koutousoff, découragés, commençaient à prendre, comme les caméléons, une légère teinte de peur, cette même troupe ouvrit la porte appelée Kilia à ces héros désappointés, qui restaient cois et honteux, glissant dans une fange auparavant glacée et maintenant transformée en un marais de sang humain.

LXXIV.

Les Kozaks ou, si vous l'aimez mieux, les Cosaques (je ne me pique pas beaucoup d'une orthographe exacte, pourvu que j'évite les grosses erreurs de faits en statistique, tactique, politique et géographie)... les Cosaques, dis-je, servant à cheval et fort médiocrement experts dans la topographie des forteresses, mais combattant partout où leurs chefs l'ordonnent, furent tous taillés en pièces.

LXXV.

Leur colonne, foudroyée par les batteries turques, était néanmoins arrivée sur le rempart, et déjà ils se flattaient de piller la ville sans plus d'empêchement; mais, comme il peut arriver aux plus braves, ils s'abusaient étrangement... Les Turcs feignirent d'abord de lâcher pied, uniquement pour les attirer entre les angles de deux bastions, d'où ils tombèrent sur ces chrétiens présomptueux.

LXXVI.

Ainsi pris en queue, ces malheureux Cosaques furent tous écharpés à la pointe du jour. Forcés de résilier avant terme le bail de leur vie, ils périrent du moins sans trembler, et leurs cadavres amoncelés servirent de degrés au lieutenant-colonel Yesouskoï, pour traverser le fossé avec le brave bataillon de Polouski.

LXXVII.

Ce vaillant guerrier tua de sa main tous les Turcs qu'il rencontra; mais il ne put les manger, car il fut immolé à son tour par quelques musulmans, qui persistaient encore à ne pas laisser brûler leur ville sans résistance. Les remparts étaient emportés; mais on ne pouvait encore prévoir à laquelle des deux armées resterait la victoire. On rendait coup pour coup; on disputait le terrain pied à pied, les uns ne voulant pas céder, ni les autres retourner.

LXXVIII.

Une autre colonne encore éprouva de grandes pertes... Et ici nous remarquerons avec l'historien qu'on devrait munir d'un petit nombre de cartouches les soldats destinés aux exploits les plus glorieux : en effet, quand il faut en venir à la baïonnette et emporter l'obstacle de vive force, il arrive souvent que pour épargner leur sang, ils se bornent à échanger des coups de feu à une distance ridicule.

LXXIX.

La colonne du général Mekuop (sans le général lui-même, qui, étant mal secondé, avait été tué quelque temps auparavant) parvint enfin à opérer sa jonction avec ceux qui avaient osé escalader ce rempart, qui toujours vomissait la mort; et malgré la sublime opiniâtreté des Turcs, le bastion défendu par le séraskier fut emporté au prix de sacrifices considérables.

LXXX.

Juan et Johnson et quelques volontaires s'avancèrent les premiers vers le chef turc et lui offrirent quartier, mot qui sonne mal aux oreilles d'un séraskier, ou qui du moins ne sembla pas du goût de ce vaillant Tartare. Il mourut digne des larmes de sa patrie, sauvage martyr du devoir militaire. Un Anglais, officier de marine, qui voulait le faire prisonnier, fut envoyé dans l'autre monde ;

LXXXI.

Car l'unique réponse à sa proposition fut un coup de pistolet qui l'étendit raide mort ; sur quoi les autres chrétiens, sans plus de délai, mirent en œuvre l'acier et le plomb... les deux métaux les plus utiles en pareille circonstance. Pas une tête ne fut épargnée... trois mille musulmans périrent dans cet endroit, et le séraskier tomba percé de seize coups de baïonnette.

LXXXII.

La ville est prise... mais seulement portion à portion... La mort s'enivre de sang : pas une rue où quelque cœur généreux ne lutte jusqu'au dernier moment, en défendant ceux pour lesquels il va cesser de battre. La guerre même a oublié son art destructeur pour ne se souvenir que de sa nature plus destructrice encore, et l'ardeur du carnage, comme le limon du Nil fécondé par le soleil, engendre de monstrueux exemples de tous les crimes.

LXXXIII.

Un officier russe, marchant d'un pas martial sur un monceau de morts, se sentit saisir fortement au talon, comme par la dent du serpent, dont Ève a légué à sa postérité le privilège de sentir la morsure. En vain il secoua le pied, jura, se débattit tout saignant et appela au secours en hurlant comme un loup affamé... les dents conservèrent leur étreinte acharnée.

LXXXIV.

C'est qu'un musulman mourant, ayant senti sur lui le pied d'un ennemi, l'avait saisi et avait mordu ce tendon si délicat, que la muse antique ou quelque bel esprit moderne a baptisé du nom d'Achille. Les dents s'étaient rejointes à travers le talon, et elles ne l'abandonnèrent plus, même quand la vie les quitta... car on dit (mais c'est sans doute un mensonge) que la tête séparée du tronc adhérait encore à la jambe vivante.

LXXXV.

Quoi qu'il en soit, il est certain que l'officier russe resta boiteux toute sa vie. Le chirurgien du régiment ne sut point guérir son malade et fut peut-être plus à blâmer que cet ennemi invétéré, dont la tête se montra si obstinée, qu'étant coupée elle ne lâcha sa proie qu'à regret.

LXXXVI.

Jusque-là le fait est vrai... et le devoir du poète est d'échapper à la fiction toutes les fois qu'il le peut ; car il n'y a pas grand art à laisser la poésie plus libre que la prose du joug de la vérité, à moins qu'il ne s'agisse uniquement de ce qu'on appelle le style poétique ou que l'on ne soit possédé de cet insatiable appétit de mensonge dont Satan se sert comme d'amorce pour pêcher les âmes.

LXXXVII.

La ville est prise, mais non rendue !... Non ! pas un musulman n'a livré son épée : le sang peut couler comme les flots du Danube coulent au pied des murs de la ville ; mais ni acte ni parole n'annonce la crainte de la mort ou de l'ennemi. En vain le Moscovite qui s'avance pousse des hurlements de victoire... le dernier soupir du vainqueur répond à celui du vaincu.

LXXXVIII.

La baïonnette perce et le sabre tranche ; de tous côtés d'innombrables existences humaines sont détruites : comme l'année expirante disperse les feuilles rougeâtres, alors que la forêt dépouillée s'incline et gémit sous le souffle des vents glacés. Telles sont les souffrances de cette cité populeuse, maintenant nue et veuve des meilleurs et des plus chers de ses enfants : elle tombe, mais en débris vastes et imposants, comme tombe un chêne avec les mille hivers entassés sur sa tête.

LXXXIX.

Sujet terrible !... mais ce n'est point ma mission d'exciter longtemps la terreur : car trouvant dans la nature humaine un mélange de bien, de mal et de tout ce qu'il y a de pire, source également féconde de mélancolie et de gaîté, si l'on touche trop longtemps la même corde, on risque d'endormir les gens... Que cela plaise ou non aux amis et aux ennemis, je peins le monde exactement comme il est.

XC.

Une bonne action au milieu de tant de crimes est « tout-à fait rafraîchissante, » pour me servir de l'expression affectée de notre époque pharisaïque, doucereuse comme le lait et l'ambroisie. Cette anecdote pourra tempérer des vers un peu trop échauffés au feu des conquêtes et de leurs conséquences, qui font de la poésie épique un amusement si rare et si précieux.

XCI.

Sur un bastion conquis, où gisaient des milliers des morts, des cadavres encore chauds de femmes massacrées, qui avaient inutilement cherché un refuge dans ce lieu, offraient un spectacle qu'un être sensible ne pouvait voir sans pâlir et frissonner. Cependant, belle comme le beau mois de mai, une jeune fille de dix ans se baissait et cherchait à cacher ses petits membres, tout palpitants, parmi ces corps endormis dans un sanglant repos.

XCII.

Deux horribles Cosaques, l'œil en feu et le sabre à la main, poursuivaient cette enfant : comparés à ces hommes, l'animal le plus brute des déserts de la Sibérie a des sentiments purs et polis comme un diamant, l'ours est civilisé, le loup plein de douceur. Et de cela qui devons-nous accuser ? La nature, ou les souverains qui mettent tout en usage pour façonner leurs sujets à la destruction ?

XCIII.

Leurs sabres étincelaient au-dessus de sa pauvre petite tête, sur laquelle de blonds cheveux se dressaient d'épouvante : sa face était cachée parmi les cadavres. Dès que Juan aperçut cet affreux spectacle, je ne répéterai pas ce qu'il dit, de peur de blesser les oreilles délicates ; mais ce qu'il fit fut de tomber sur les dos des brigands : et tel est le meilleur raisonnement à employer avec des Cosaques.

XCIV.

Il taillada la hanche de l'un, fendit l'épaule de l'autre, et les envoya tout hurlants exhaler leur douleur et leur rage impuissante, et chercher des chirurgiens pour panser leurs blessures trop bien méritées. Et cependant don Juan, devenu plus calme et promenant ses regards sur tous ces visages pâles et sanglants, tirait sa jeune captive du monceau de cadavres qui allait être son tombeau.

Elle était aussi froide que ces corps sans vie, et sur son visage un léger sillon de sang annonçait combien il s'en était peu fallu qu'elle ne partageât la destinée de toute sa race ; car le même coup qui venait d'immoler sa mère avait effleuré son front, et y avait laissé une trace de pourpre, dernier lien avec ceux qu'elle avait aimés. Mais elle n'avait point d'autre mal, et ouvrant ses grands yeux, elle regarda Juan avec une sorte d'égarement.

XCV.

XCVI.

Leurs regards se rencontrèrent également dilatés : dans ceux de Juan on lisait la douleur et la satisfaction, l'espoir et la crainte ; à la joie d'avoir sauvé la jeune fille se mêlait l'appréhension de quelque péril pour sa protégée ; ses yeux à elle, fixés par la terreur, avaient cette sorte d'éclat qui suit une défaillance ; son visage pur, transparent, pâle et pourtant radieux, ressemblait à un vase d'albâtre éclairé en dedans.

XCVII.

En cet instant arriva John Johnson (je ne dis point Jack, parce que cette appellation serait vulgaire et froide, dans une occasion aussi grave que la prise d'une ville). Donc Johnson arriva, suivi de plusieurs centaines d'hommes, et s'écriant : « Juan ! Juan ! allons, mon enfant ! prenez votre courage à deux mains ; je gage Moscou contre un dollar que vous et moi nous gagnerons le collier de saint Georges.

XCVIII.

« Le séraskier est abattu, mais le bastion de pierre tient encore : c'est-là qu'est assis le vieux pacha parmi des centaines de cadavres, fumant tranquillement sa pipe au bruit de notre artillerie et de la sienne. On dit que nos morts sont empilés à hauteur d'homme autour de la batterie ; mais elle n'en continue pas moins son feu et crache autant de mitraille qu'une vigne a de grappes de raisin.

XCIX.

« Venez donc avec moi ! » Mais Juan répondit : « Regardez cette enfant... je l'ai sauvée, je ne dois pas laisser sa vie exposée à de nouveaux périls ; mais indiquez-moi quelque lieu sûr où elle puisse calmer sa douleur et son effroi, et je vous suis. » Sur quoi Johnson jeta un coup d'œil autour de lui, haussa les épaules, chiffonna sa manche et son col de soie noire... et répondit : « Vous avez raison : pauvre créature ! que faire ? je ne trouve rien.

C.

— Eh bien ! dit Juan, quelque chose qu'il y ait à faire, je ne la quitterai pas que sa vie ne soit assurée beaucoup plus que la nôtre. — Je ne répondrais d'aucune des trois, répliqua Johnson ; mais du moins vous pourriez mourir glorieusement. — Je souffrirai tout ce qu'il faudra ; mais je n'abandonnerai pas cette enfant, qui est orpheline et qui sera ma fille.

CI.

— Juan, dit Johnson, nous n'avons pas de temps à perdre : l'enfant est jolie... très jolie... je n'ai jamais vu de pareils yeux, mais écoutez ! il faut choisir entre votre honneur et vos sentiments, votre gloire et votre compassion. Écoutez comme le fracas augmente !... point d'excuse valable dans une ville livrée au pillage. Je serais désolé de marcher sans vous ; mais par Dieu ! nous arriverons trop tard pour frapper les premiers coups. »

CII.

Mais Juan restait inébranlable. Enfin Johnson, qui réellement l'aimait à sa manière, choisit soigneusement parmi son monde ceux qu'il crut les moins portés au pillage. Il leur jura que s'il arrivait le moindre mal à l'enfant, ils seraient tous fusillés le lendemain ; mais que s'ils la rendaient saine et sauve, ils recevraient au moins cinquante roubles.....

CIII.

Sans compter leur part de butin, qui serait la même que celle de leurs camarades. Alors Juan consentit à marcher sous les foudres qui à chaque pas éclaircissaient les rangs des soldats ; ce qui n'empêchait pas les survivants de s'avancer avec ardeur. Pourquoi s'en étonner ? Ils étaient échauffés par l'espoir du gain, chose qui se voit tous les jours..... il n'y a pas de héros qui veuille se borner à sa demi-solde.

CIV.

Voilà ce qu'est la victoire ! voilà ce que sont les hommes ! du moins les neuf dixièmes de ceux que nous qualifions ainsi... Ou les voies de Dieu sont bien étranges, ou il doit y avoir un autre nom pour la moitié de ceux que nous rangeons parmi les créatures humaines. Mais revenons à notre sujet. Un brave vieux tartare... ou sultan (comme l'appelle l'historien (1) à la prose duquel je subordonne mon humble poésie) ne voulait se rendre à aucune condition.

CV.

Mais entouré de cinq fils pleins de vaillance (tel est le résultat de la polygamie : elle vous produit des guerriers par centaines ; on n'en a pas autant dans les pays où la loi poursuit le prétendu crime de bigamie), il ne voulait pas admettre la prise de la ville, tant qu'il restait encore au courage l'appui d'un seul brin d'herbe... Est-ce le fils de Priam, de Pélée ou de Jupiter que je mets ici en scène ? Ni l'un ni l'autre... mais un bon, simple et calme vieillard.

CVI.

Il s'agissait de le prendre. Les vrais braves, quand ils voient des braves comme eux accablés par le sort, se sentent émus du désir de les protéger et de les sauver... ces gens-là sont un mélange de bête féroce et de demi-dieu... tantôt furieux comme la vague mugissante, tantôt accessibles à la pitié. Comme le chêne robuste se balance quelquefois au souffle de la brise d'été, de même la compassion émeut les âmes les plus farouches.

(1) Le duc de Richelieu, *Histoire de la nouvelle Russie*.

CVII.

Mais lui ne voulait pas être pris, et à toutes les propositions qu'on lui faisait, il répondait en moissonnant les chrétiens à droite et à gauche, comme Charles de Suède à Bender. Ses cinq vaillants fils défiaient pareillement l'ennemi ; sur quoi la pitié russe finit par devenir moins tendre : car cette vertu, de même que la patience des hommes, est sujette à s'oublier à la moindre provocation.

CVIII.

En dépit de Johnson et de Juan, qui prodiguaient toute leur phraséologie orientale, le suppliant au nom du ciel de calmer un peu sa fureur guerrière et de leur fournir une excuse pour épargner un ennemi aussi acharné, il continuait à s'escrimer comme un docteur en théologie discutant avec des sceptiques ; et tout en jurant il frappait sur ses amis, comme les petits enfants battent leur nourrice.

CIX.

Il blessa même, quoique légèrement, Juan et Johnson ; sur quoi, le premier en soupirant, l'autre avec un juron, ils tombèrent sur le sultan furibond. Tous leurs compagnons, mortellement irrités contre un infidèle aussi têtu, se précipitèrent pêle-mêle sur lui et ses fils comme une averse ; et ceux-ci la reçurent comme une plaine de sable...

CX.

Qui boit et qui est encore altérée. Enfin, ils succombèrent... Le second des enfants tomba percé d'une balle ; le troisième fut sabré ; le quatrième, le plus chéri des cinq, périt par la baïonnette ; le cinquième qui, élevé par une mère chrétienne, avait été négligé et maltraité de toutes les manières, à cause de sa difformité, n'en mourut pas avec moins d'ardeur pour le père qui rougissait de l'avoir engendré.

CXI.

L'aîné était un vrai et indomptable Tartare, contempteur des Nazaréens, autant que le fut jamais martyr élu par Mahomet, il ne voyait que les vierges aux yeux noirs et aux voiles verts, qui, dans le paradis, ornent la couche de ceux qui sont morts ici-bas en refusant le baptême ; et lorsqu'une fois on les a vues, ces houris, comme tant d'autres jolies créatures, font de vous ce qu'elles veulent, grâce à leurs charmants minois.

CXII.

Ce qu'il leur plut de faire du jeune khan dans le ciel, je l'ignore et ne prétends point le deviner : mais sans contredit, elles préférent un beau jeune homme à des héros vieux et rébarbatifs ; et cela est bien naturel. C'est pour cela sans doute qu'en promenant nos regards sur l'effrayante dévastation d'un champ de bataille, pour un vétéran aux traits fatigués et vieillis, nous y trouvons dix mille jeunes et beaux petits-maîtres, baignés dans leur sang.

CXIII.

Et puis ces houris prennent naturellement plaisir à escamoter les nouveaux mariés, avant que les heures d'hyménée aient fermé leur ronde, avant que se soit assombrie la deuxième lune, si triste ; avant que soit venu le temps du froid repentir et que les époux aient quelquefois regretté le célibat. Les vierges célestes se hâtent donc, on peut le penser, d'accaparer les fruits de ces fleurs éphémères.

CXIV.

C'est ainsi que le jeune khan, l'œil fixé sur les houris, ne pensa point aux charmes de ses quatre jeunes épouses ; mais courut en brave au-devant de sa première nuit de paradis. En somme, notre croyance plus éclairée a beau railler celle-là, ces vierges aux yeux noirs font combattre les musulmans comme s'il n'existait qu'un seul ciel ; tandis que, si nous devons croire tout ce qu'on nous dit du ciel et de l'enfer, il doit y en avoir au moins six ou sept.

CXV.

L'attrayante vision brillait si vivement à ses regards, qu'au moment même où le fer d'une lance pénétra dans son cœur, il s'écria : « Allah ! » et vit le voile qui cache les mystères du paradis s'écarter devant lui. La brillante éternité, pure de tout nuage, se leva sur son âme comme une aurore immortelle ; les prophètes, les houris, les anges, les saints, lui apparurent groupés dans une voluptueuse auréole... et alors il mourut... »

CXVI.

Il portait sur son visage l'expression d'un ravissement divin... Le bon vieux khan avait depuis longtemps cessé de voir les houris, et n'avait plus guère d'yeux que pour sa florissante postérité, qui croissait glorieusement autour de lui comme une forêt de cèdres. Quand il vit le dernier héros de sa race tomber comme un arbre sous la hache et couvrir la terre de son tronc, il cessa un moment de combattre et fixa ses yeux sur ce brave immolé, le premier et le dernier de ses fils.

CXVII.

Les soldats, le voyant abaisser la pointe de son cimeterre, s'arrêtèrent, disposés à lui faire quartier au cas où il ne repousserait point leur offre comme devant. Il ne fit attention ni à leurs signes ni à cette suspension d'armes. Son cœur semblait arraché de son sein, et pour la première fois il trembla comme un roseau, en promenant ses regards sur ses enfants expirés, et en se disant, bien qu'il eût pris congé de la vie... « Je suis seul ! »

CXVIII.

Mais ce ne fut qu'une émotion passagère... d'un bond il se précipita la poitrine en avant sur le fer des Russes, avec l'insouciance de la phalène qui vient plonger ses ailes dans la lumière où elle meurt. Pour obtenir un trépas plus prompt, il appuya fortement sur les baïonnettes qui avaient percé ses fils, et jetant sur eux un regard presque éteint, il exhala son âme d'un seul coup par une affreuse blessure.

CXIX.

Chose étrange ! ces soldats, rudes et farouches, qui, dans leur sanglante carrière, n'épargnaient ni le sexe ni l'âge, quand ils virent ce vieillard percé d'outre en outre, gisant à leurs pieds auprès de ses enfants, touchés de l'héroïsme de leur victime, ils ressentirent un moment d'émotion. Bien qu'aucune larme ne mouillât leurs yeux enflammés et sanglants, ils se sentirent forcés d'honorer ce courageux mépris de la vie.

CXX.

Le bastion de pierre continuait son feu, et le principal pacha y gardait tranquillement son poste. Vingt fois il obligea les Russes à se retirer, et brava les assauts de toute leur armée. A la fin, il daigna s'enquérir si le reste de la cité tenait encore bon ; et quand il apprit que l'ennemi en était maître, il envoya un bey porter sa réponse à la sommation de Ribas.

CXXI.

En attendant, il était assis, les jambes croisées sur un petit tapis, et fumait sa pipe avec le plus grand sang-froid, parmi les ruines embrasées. Troïe ne vit rien d'égal au spectacle qui se déployait autour de lui, et cependant rien ne semblait émouvoir son stoïcisme guerrier, son impassible philosophie. Se caressant lentement la barbe, il exhalait l'ambrosiaque encens du tabac, comme s'il avait trois vies aussi bien que trois queues.

CXXII.

La ville est prise... peu importe qu'il se rende, lui et son bastion : son opiniâtre valeur est désormais inutile. Ismaïl n'existe plus ! Déjà l'arc argenté du croissant est abattu ; à sa place brille la croix, rouge de sang, mais non d'un sang rédempteur. Comme la lune qui se réfléchit dans l'eau, la flamme des rues embrasées est répétée dans le sang, dans une mer de carnage.

CXXIII.

Tous les excès devant lesquels la pensée recule ; tout ce que la chair peut commettre de coupable ; tout ce que nous avons vu, oui, rêvé des misères de l'homme ; tout ce que ferait le diable s'il tombait complétement en démence ; tout ce que la plume est impuissante à exprimer ; tout ce que savent les hôtes de l'enfer, ou, chose non moins affreuse, tout ce qu'osent les tyrans... ces fléaux (comme on l'a vu déjà et le verra encore) étaient déchaînés à la fois.

CXXIV.

Si l'on vit briller çà et là quelque lueur fugitive de pitié ; si quelque noble cœur, brisant son joug sanguinaire, put sauver un joli enfant, une couple de vieillards... qu'est-ce que cela, dans une ville anéantie avec ses milliers d'affections, de liens et de devoirs ? Badauds de Londres, muscadins de Paris, voyez quel pieux passe-temps que la guerre.

CXXV.

Voyez au prix de combien de misère et de crimes on achète le plaisir de lire une gazette ; ou si ces choses ne vous touchent pas, songez qu'un jour les mêmes maux peuvent vous atteindre. En attendant, les impôts, Castlereagh et la dette sont des enseignements qui valent bien des sermons ou des vers. Interrogez votre propre cœur et l'histoire actuelle de l'Irlande, puis tâchez d'engraisser sa famine avec la gloire de Wellesley.

CXXVI.

Néanmoins, pour un peuple patriote qui aime tant son pays et son roi, il est un sujet d'exaltation sublime... Portez-le, musée, sur vos plus brillantes ailes ! En vain la désolation, sauterelle redoutable, dépouillera vos plaines verdoyantes et dévorera vos moissons, jamais la disette n'approchera du trône... L'Irlande peut mourir de faim, le grand George pèse trois cents livres.

CXXVII.

Mais terminons sur ce sujet. C'en était fait d'Ismaïl... Malheureuse ville ! l'incendie de ses tours brillait au loin sur le Danube, qui roulait des flots rougis de sang. On entendait encore l'affreux hurlement de guerre et les cris aigus des victimes ; mais les détonations étaient à chaque instant plus faibles. De quarante mille combattants qui avaient défendu ces remparts, quelques centaines respiraient encore... le reste étaient silencieux.

CXXVIII.

Néanmoins, il est un point sur lequel nous devons rendre justice aux soldats russes : je veux parler d'une vertu fort à la mode par le temps qui court, et à ce titre digne de commémoration ; le sujet est délicat, et délicate sera ma phrase... Peut-être la rigueur de la saison, les longs campements au cœur de l'hiver, le manque de repos et de vivres, les avaient-ils rendus chastes... mais enfin ils violèrent fort peu.

CXXIX.

Ils tuèrent beaucoup et pillèrent encore plus ; il y eut pourtant bien aussi par-ci par-là quelque violence d'un autre genre... bref, rien de comparable aux excès que commettent les Français, cette nation dissipée, quand ils prennent une ville d'assaut. Je ne puis assigner à cela d'autre cause que le froid et la commisération ; mais toutes les dames, quelques centaines exceptées, restèrent presque aussi vierges qu'auparavant.

CXXX.

Il se commit en outre, dans les ténèbres, quelques étranges méprises qui prouvaient l'absence de lanternes ou de goût, ;.. et en effet la fumée était si épaisse que l'on avait peine à distinguer un ami d'un ennemi. D'ailleurs, la précipitation fait naître, quoique rarement, ces quiproquo, alors même qu'une faible clarté semble devoir garantir les chastetés vénérables. Au fait, six vieilles filles de soixante-dix ans furent déflorées par six grenadiers.

CXXXI.

Mais tout compté, la continence des vainqueurs fut grande ; il y eut même plus d'un désappointement parmi certaines prudes sur le déclin, qui, sentant les inconvénients du bienheureux célibat, étaient d'avance résignées (puisque ce n'était pas leur faute, mais celle du destin) à bien porter leur croix et à contracter une sorte de mariage à la sabine, exempt de frais et de délais conjugaux.

CXXXII.

Au moment du désastre, on entendait aussi la voix de quelques commères d'un âge mûr, veuves de quarante ans, oiseaux las de leur cage. Elles demandaient « pourquoi l'on ne violait pas encore. » Mais dans cette soif dominante de meurtre et de pillage, il n'y avait guère place pour des péchés superflus... si ces dames échappèrent ou non, c'est une question qui n'est point éclaircie. J'aime à croire l'affirmative.

CXXXIII.

Souwarow était donc vainqueur... digne émule dans son métier de Tamerlan et de Gengiskan. Tandis que sous ses yeux les mosquées et les maisons se consumaient comme du chaume, et que le canon ralentissait à peine ses coups, il traça, d'une main sanglante, sa première dépêche. En voici les termes textuels : « Gloire à Dieu et à l'impératrice ! » (Puissances éternelles ! voir de tels noms accolés !) « Ismaïl est à nous. »

CXXXIV.

Il me semble que depuis le fameux « Mené, Tekel, Upharsin, » ce sont là les mots les plus épouvantables qu'ait jamais tracés une main ou une plume. Dieu me pardonne ! je suis peu théologien. Ce que lut Daniel était l'expression abrégée, sévère et sublime de la volonté du Seigneur ; le prophète ne plaisantait pas sur le destin des nations... mais ce bel esprit russe sut, comme Néron, versifier sur une ville en flammes.

CXXXV.

Il écrivit cette mélodie septentrionale, et la mit en musique avec accompagnement de cris de douleur et de gémissements, mélodie que bien peu chanteront, je l'espère, mais que personne n'oubliera... car, si je le puis, j'apprendrai aux pierres à se lever contre les tyrans de la terre. Qu'il ne soit pas dit que nous rampions encore devant les trônes... Et vous... enfants de nos enfants, rappelez-vous que nous vous avons fait voir ce qu'étaient les choses avant l'heure de la liberté du monde.

CXXXVI.

Cette heure, nous ne la verrons pas, mais vous la verrez ; et comme dans votre joyeux millennium, vous pourrez à peine ajouter foi aux faits dont nous sommes témoins, j'ai cru devoir vous les décrire ; mais puisse avec eux périr leur mémoire !... Toutefois, si leur souvenir parvient jusqu'à vous, méprisez-les encore plus qu' vous ne mépriserez les sauvages des premiers jours, qui peignaient leurs membres nus, mais ne les peignaient pas avec du sang.

CXXXVII.

Et lorsque les historiens vous parleront des trônes et de ceux qui les occupaient, écoutez-les avec le sentiment que nous éprouvons en contemplant les ossements du mammouth et en nous demandant ce qu'était donc cet ancien monde qui a vu de tels êtres; ou bien en voyant, sur des pierres égyptiennes, ces hiéroglyphes, agréables énigmes léguées à l'avenir, et en nous mettant l'esprit à la torture pour deviner ce que heureusement nous ne connaîtrons jamais, pas plus que la véritable destination d'une pyramide.

CXXXVIII.

Lecteur, j'ai tenu ma parole... du moins quant à ce que j'avais promis dans le premier chant. Vous avez eu maintenant des esquisses d'amour, de tempêtes, de voyages et de combats, toutes fort soignées, vous en conviendrez, et tout-à-fait épiques, si la simple vérité mérite cette épithète; car j'ai employé beaucoup moins de déguisements que mes devanciers. Je chante sans art, mais de temps à autre Phébus daigne me prêter une corde.

CXXXIX.

Et de cette corde je sais tirer tour-à-tour des sons graves, mordants ou joyeux. Quant à ce qui advint ou peut advenir du héros de cette grande énigme poétique, je pourrais vous le dire s'il le fallait absolument, mais fatigué de battre en brèche les murs obstinés d'Ismaïl, il me convient de m'arrêter au beau milieu du récit, pendant que Juan est en route pour porter la dépêche que tout Pétersbourg attend avec impatience.

CXL.

On lui conféra cet honneur spécial, parce qu'il avait fait preuve également de courage et d'humanité... Cette dernière vertu plaît aux hommes, quand ils se reposent un instant des barbaries que la vanité leur a fait commettre. On applaudit Juan d'avoir sauvé sa jeune captive au milieu de la sauvage démence du carnage... et j'estime qu'il fut plus satisfait de cette action que de l'ordre de saint Wladimir, qui lui fut décerné.

CXLI.

L'orpheline musulmane partit avec son protecteur, car elle était sans foyer, sans parents, sans appui; tous les siens, comme la triste famille d'Hector, avaient péri sur les champs de bataille ou aux remparts; le lieu même de sa naissance n'était plus que le spectre d'une ville: on n'y entendait plus la voix du muezzin appeler à la prière!... Juan pleura sur elle, fit vœu de la protéger et tint sa promesse.

CHANT IX.

I.

O Wellington (ou Vilainton... car la renommée a deux manières de prononcer ces syllabes héroïques: les Français, ne pouvant rabaisser ce grand nom par leurs exploits, en ont fait un facétieux calembourg... victorieux ou vaincus on les entendra toujours rire).... vous avez obtenu de grosses pensions et de longues louanges: si quelqu'un s'avisait de contester votre gloire, l'humanité se lèverait, et d'une voix tonnante, s'écrierait: « Ney »(1)!

II.

Je pense que vous ne vous êtes pas très loyalement conduit à l'égard de Kinnaird, dans l'affaire Marinet (2). Il faut avouer que le tour est indigne et que, comme beaucoup d'autres anecdotes, le récit en figurerait mal sur votre tombe dans la vieille abbaye de Westminster. Quant au reste, cela ne vaut pas la peine d'en parler. Ce sont des histoires bonnes pour la table à thé; mais bien que le chiffre de vos années s'approche rapidement de zéro, par le fait Votre Grâce n'est encore qu'un jeune héros.

III.

Quoique l'Angleterre vous doive tant (et vous paie ce qu'elle vous doit), l'Europe, sans contredit, vous doit bien plus encore: vous avez raffermi la béquille de la légitimité, appui qui, de notre temps, n'est plus aussi sûr qu'autrefois. Les Espagnols, les Français et les Hollandais ont vu et senti avec quelle vigueur vous restaurez; et Waterloo a rendu le monde votre débiteur..... seulement vos bardes auraient dû chanter un peu mieux vos victoires.

(1) On trouve dans le texte *nay* (non), et en note: « Ne faut-il pas lire *Ney* ? » C'est une allusion à l'assassinat du maréchal Ney, dans la Chambre des Pairs, malgré la capitulation signée Wellington et Davoust.
(2) Lord Kinnaird, grand admirateur de Napoléon, reçut en 1816 l'ordre de quitter le territoire français : on essaya ensuite de l'impliquer dans un prétendu projet d'attentat contre les jours du duc, avec un nommé Marinet, qu'il avait connu à Bruxelles et qui fut acquitté par le jury.

IV.

Vous êtes « le premier de tous les coupe-jarrets... » Pourquoi tressaillir? L'expression est de Shakespeare, et elle est bien appliquée. La guerre n'est autre chose que l'art de brûler la cervelle aux gens, ou de leur couper la gorge, à moins que la cause ne soit sanctionnée par le bon droit. Si vous avez, une fois en votre vie, agi d'une manière généreuse, c'est ce que décidera le monde, et non un des maîtres du monde; et pour mon compte, je serais charmé d'apprendre à qui a profité Waterloo, sinon à vous et aux vôtres.

V.

Je ne suis point flatteur... Vous avez été rassasié de flatterie : on prétend que vous l'aimez, et il n'y a rien là d'étonnant. Celui dont la vie n'a été qu'assauts et batailles peut bien à la fin être un peu fatigué du tonnerre; et avalant l'éloge beaucoup plus volontiers que la satire, il aime naturellement à s'entendre louer de toutes ses bévues heureuses. On lui plaît en l'appelant : « Sauveur des nations, » bien qu'elles ne soient pas encore sauvées, et « libérateur de l'Europe, » encore esclave.

VI.

J'ai fini. Maintenant, allez dîner dans la vaisselle plate dont le prince du Brésil vous a fait cadeau, et envoyez à la sentinelle placée à votre porte une tranche ou deux des meilleurs morceaux de votre table. Le pauvre diable a combattu; mais de longtemps il n'a été si bien nourri. On dit aussi que le peuple a faim... Nul doute que vous ne méritiez votre ration, mais veuillez en donner quelques miettes à ce peuple affamé.

VII.

Je ne prétends point m'ériger en censeur... Un aussi grand homme que vous, mylord duc, est bien au-dessus de toute réflexion maligne. Et puis les mœurs romaines du temps de Cincinnatus sont peu en rapport avec l'histoire moderne; en qualité d'Irlandais, vous aimez les pommes de terre : soit! mais ce n'est point une raison pour en diriger la culture; et un demi-million (sterling) pour votre ferme sabine, c'est un peu cher... soit dit sans vous blesser.

VIII.

Les grands hommes ont toujours dédaigné les grandes récompenses. Épaminondas sauva Thèbes, et mourut sans laisser de quoi payer ses funérailles. Georges Washington reçut des remerciements et rien de plus, si l'on ne compte pas la gloire pure, et que peu d'hommes ont obtenue, d'avoir affranchi sa patrie. Pitt avait aussi son orgueil, et ce ministre à l'âme fière est célèbre pour avoir ruiné la Grande-Bretagne... gratis.

IX.

Napoléon excepté, nul mortel n'eut l'occasion aussi belle et n'en fit plus mauvais usage. Vous pouviez affranchir l'Europe de la ligue des tyrans et vous faire bénir de rivage en rivage; et maintenant... que signifie votre gloire? Faut-il que la muse vous en donne le ton? Maintenant que les vaines acclamations de la populace se sont tues, allez l'entendre dans les cris de votre patrie affamée! Regardez le monde, et maudissez vos victoires.

X.

Comme dans ces nouveaux chants il est question d'exploits guerriers, c'est à vous que la muse sincère adresse des vérités que vous ne lirez pas dans les gazettes, mais qui doivent être proclamées sans salaire : il est temps de l'apprendre à la clique mercenaire, qui s'engraisse du sang et des dettes du pays. Vous avez fait de grandes choses, mylord; mais n'ayant pas l'âme grande, vous avez laissé de côté les plus grandes... et l'humanité.

XI.

La mort se rit... (allez méditer sur ce squelette, emblème sous lequel les hommes figurent la chose inconnue qui cache le monde passé, ce monde semblable à un soleil qui s'est couché pour briller peut-être ailleurs en un printemps radieux)... la mort se rit de tout ce qui vous fait pleurer. Regardez cet incessant épouvantail de tous les hommes, dont le dard menaçant, bien que dans son fourreau, change la vie en terreur.

XII.

Remarquez comme le fantôme rit et insulte à tout ce que vous êtes! et pourtant ce que vous êtes, il le fut lui-même. Il ne rit pas « de l'une à l'autre oreille, » car d'oreilles, il n'en pas : le vieux spectre a depuis longtemps cessé d'entendre, et pourtant il sourit. Et lorsque, paraissant éloigné ou voisin, il arrache à l'homme ce manteau, bien plus précieux que l'ouvrage du tailleur, sa peau née avec la chair, sa peau blanche, noire ou cuivrée... les vieux os du squelette font la grimace.

XIII.

Elle rit donc la mort! — Triste gaîté! mais la chose est ainsi. Et cet exemple de sa supériorité, pourquoi la vie ne l'imiterait-elle pas? Pourquoi ne foulerait-elle pas sous ses pieds, avec un sourire, tous ces riens éphémères, véritables bulles d'eau d'un océan beaucoup moins vaste que l'éternel déluge, qui engloutit soleils et rayons, mondes et atômes, siècles et heures?

XIV.

« Etre ou n'être pas, voilà la question, » dit Shakespeare, qui est maintenant fort à la mode. Je ne suis ni Alexandre ni Ephestion, et je n'ai jamais été très passionné pour la gloire abstraite ; mais je préfère de beaucoup une bonne digestion au cancer de Bonaparte... Quand même je pourrais, à travers cinquante triomphes, m'élancer à l'infamie ou à la gloire, sans un bon estomac, à quoi me servirait un grand nom.

XV.

« *O dura messorum ilia!* » — « O robustes entrailles des moissonneurs. » Je traduis dans l'intérêt incontestable de ceux qui connaissent l'indigestion..... supplice interne qui fait couler tout le Styx dans ce petit organe qu'on appelle le foie. Les sueurs du paysan valent le domaine de son seigneur : que l'un travaille pour son pain..... que l'autre pressure pour toucher ses revenus, celui qui dort le mieux est en somme le plus heureux.

XVI.

« Etre ou n'être pas!.. » Avant de décider, je serais bien aise de savoir ce que c'est que d'être. Il est vrai que nous raisonnons à tort et à travers ; et comme nous voyons quelque chose, nous en concluons que nous voyons tout. Pour ma part, je ne me rangerai d'aucun parti, tant que je ne verrai tous les partis d'accord. Mais au fond, je suis quelquefois tenté de croire que la vie c'est la mort même, au lieu de n'être qu'une simple affaire de respiration.

XVII.

« Que scais-je ? » était la devise de Montaigne, ainsi que des premiers académiciens ; un de leurs axiômes favoris était que toute la science de l'homme ne peut aboutir qu'au doute. Il n'existe pas de certitude, cela est aussi clair qu'aucune des conditions de notre existence. Nous savons si peu ce que nous faisons dans ce monde, que je doute si le doute lui-même est bien l'action de douter.

XVIII.

Peut-être est-il doux de flotter, comme Pyrrhon, sur une mer de conjectures : mais qu'arrivera-t-il si la voile fait chavirer le bateau ? Vos sages ne connaissent pas grand'chose à la navigation ; nager longtemps dans l'abîme de la pensée est d'ailleurs un exercice fatigant : une station calme, dans des eaux basses, auprès du rivage, où l'on puisse, en se baissant, ramasser quelques jolies coquilles, voilà ce qu'il y a de préférable pour des baigneurs prudents.

XIX.

« Mais le ciel, dit Cassio, est au-dessus de tout. » Ne parlons plus de cela, et faisons notre prière. » Nous avons nos âmes à sauver depuis le faux pas d'Eve et la chute d'Adam, qui entraîna tout le genre humain dans le tombeau, sans compter les poissons, les quadrupèdes et les oiseaux. « La Providence s'occupe de la chute même d'un passereau, » quoique nous ne voyions pas quel crime il a pu commettre ; peut-être était-il perché sur l'arbre dont le fruit fut convoité par Eve.

XX.

O dieux immortels ! qu'est-ce que la théogonie ? Et toi aussi, homme mortel, qu'est-ce que la philanthropie ? O monde, qui fus et qui es, qu'est-ce que la cosmogonie ? Certaines gens m'ont accusé d'être misanthrope ; et cependant je ne sais pas plus ce qu'ils veulent dire que ne le sait l'acajou de mon pupitre. Je comprends la lycanthropie : car sans transformation, pour la cause la plus légère, l'homme se transforme en loup.

Voyez Juan devenu lieutenant d'artillerie.

XXI.

Mais moi, le plus doux des hommes, comme Moïse ou Mélanchthon ; moi qui n'ai jamais rien fait d'excessivement malveillant... et qui (sans pouvoir m'empêcher, de temps à autre, de suivre les penchants du corps ou de l'esprit) ai toujours été enclin à l'indulgence... pourquoi m'appellent-ils misanthrope ?..... C'est parce qu'ils me haïssent et non parce que je les hais..... Restons-en là.

XXII.

Il est temps de pousser en avant notre excellent poème... car je soutiens qu'il est excellent, tant pour le corps de l'ouvrage que pour l'entrée en matière, bien que l'un et l'autre soient jusqu'ici fort mal compris... Mais plus tard la vérité se fera jour et paraîtra dans sa plus sublime attitude : jusque-là, je dois me contenter de partager ses charmes et son exil.

XXIII.

Nous avons laissé notre héros (et le vôtre aussi, je m'en flatte, ami lecteur) sur le chemin de la capitale des rustres policés par l'immortel Pierre, lesquels jusqu'à présent se sont montrés plus braves que spirituels. Je sais que son puissant empire est l'objet de bien des flatteries, même de celles de Voltaire, et c'est dommage. Pour moi, je vois dans un autocrate, non pas un barbare, mais quelque chose de bien pire.

XXIV.

Et je ferai la guerre, en paroles du moins (et si ma bonne fortune le voulait, en actions aussi), à quiconque fait la guerre à la pensée. Or, de tous les ennemis de la pensée, les plus cruels de beaucoup sont et furent toujours les tyrans et les sycophantes. Je ne sais à qui restera la victoire ; et quand je le saurais, ce ne serait pas un obstacle à ma haine franche, complète, invétérée, envers tout despotisme chez toutes les nations.

XXV.

Ce n'est pas que j'adule le peuple : il y a, sans moi, assez de démagogues et de mécréants pour abattre tous les clochers et mettre à la place quelque sottise de leur façon. Savoir s'ils sèment le scepticisme pour recueillir l'enfer, comme le prétend le dogme un peu dur des chrétiens, je l'ignore..... je désire que les hommes soient libres, aussi bien du joug de la populace que de celui des rois... du vôtre comme du mien.

XXVI.

Par là, n'étant d'aucun parti, je vais nécessairement offenser tous les partis..... N'importe ! mes paroles du moins sont plus sincères et plus franches que si je cherchais à voguer avec le vent. Celui qui n'a rien à gagner a peu besoin d'artifice ; celui qui ne prétend être ni oppresseur ni opprimé peut se donner ses coudées franches Et ainsi ferai-je, sans jamais joindre ma voix aux cris du chacal de l'esclavage.

XXVII.

Elle est exacte, cette comparaison du chacal : j'ai entendu ces animaux, la nuit, dans les ruines d'Ephèse, hurler comme la meute mercenaire de ces lâches pourvoyeurs du pouvoir qui poursuivent le gibier pour profiter des restes, et font lever la proie que leurs maîtres réclament. Toutefois, les pauvres chacals (intelligents éclaireurs du brave lion) sont moins ignobles que ces insectes humains qui chassent pour les araignées.

XXVIII.

Levez les bras seulement et balayez-moi leur toile : et vous aurez paralysé leur venin et leurs griffes. O toi, peuple !... plutôt, ô vous, peuples ! poursuivez sans relâche. La toile de ces tarentules s'étendra chaque jour, jusqu'au moment où vous ferez cause commune : maintenant la mouche espagnole et l'abeille attique ont seules employé leur aiguillon pour s'affranchir.

XXIX.

Nous avons laissé don Juan, qui s'était distingué à la dernière boucherie, continuer son chemin, porteur de la dépêche, dans laquelle il était parlé de sang comme nous parlerions d'eau. Les cadavres, amoncelés comme le chaume dans les cités rendues muettes, charmaient les loisirs de la belle Catherine, qui regardait cette lutte de nations comme un combat de coqs ; seulement elle tenait à ce que les siens restassent aussi fermes que des rochers.

XXX.

Il voyageait dans un kibitka (maudite voiture sans ressorts qui, sur les routes raboteuses, vous laisse à peine un os entier). Là, il réfléchissait à loisir sur la gloire, la chevalerie, les rois, les ordres royaux et sur tout ce qu'il venait de faire, et il souhaitait que les chevaux de poste eussent les ailes de Pégase, et que les chaises de poste fussent garnies de coussins de plume pour voyager sur les mauvais chemins.

XXXI.

A chaque cahot... et ils n'étaient pas rares, il regardait sa petite protégée, en désirant qu'elle souffrît moins que lui dans ces horribles grands chemins abandonnés aux ornières, aux cailloux et au savoir-faire de l'aimable nature, laquelle est un fort mauvais voyer et ne laisse pas de place aux barques sur les canaux, dans les pays où Dieu prend sous sa direction personnelle la terre et l'eau, la pêche et la culture.

XXXII.

Lui du moins ne paie pas de fermage, et il est le premier, sans contredit, de ceux que nous appelions autrefois « gentlemen fermiers, » race tout-à-fait épuisée depuis qu'il n'y a plus de fermage du tout, que les « gentlemen » sont dans une piteuse condition, et que les « fermiers » ne peuvent relever Cérès de sa chute. Elle est tombée avec Bonaparte... Cela fait naître d'étranges réflexions, de voir les avoines et les empereurs tomber de compagnie.

XXXIII.

Mais Juan reportait ses regards sur la tendre enfant qu'il avait sauvée du massacre... Quel trophée! O vous qui élevez des monuments souillés de sang humain, comme Nadir Shah, ce sophi constipé qui, après avoir fait de l'Hindoustan un désert, et avoir laissé à peine au Mogol une tasse de café pour consoler ses douleurs, fut massacré, le pêcheur, parce qu'il ne digérait plus son dîner.

Catherine était, dans ses moments de bonne humeur, aussi agréable que l'on peut trouver une femme mûre.

XXXIV.

O vous, ou nous, ou lui, ou elle ! il faut bien comprendre qu'une vie sauvée, surtout si la personne est jeune et jolie, laisse de plus doux souvenirs que les lauriers les plus verts nés sur un sol fumé d'humaine argile, quand même ils seraient accompagnés de tous les éloges que l'on ait jamais récités ou chantés. Célébrée sur toutes les harpes, si votre propre conscience ne fait chorus, la gloire n'est qu'un vain bruit.

XXXV.

O vous, grands auteurs lumineux, volumineux ; et vous, millions de scribes quotidiens, dont les pamphlets, les livres, les journaux nous inondent de clarté ! soit que le gouvernement vous salarie pour démontrer que la dette publique ne nous dévore pas ; soit que, d'un talon mal appris, marchants sur les cors des courtisans, vos feuilles populaires vous nourrissent en proclamant que la moitié du royaume meurt de faim !...

XXXVI.

O vous, grands auteurs !... Mais, « à propos de bottes, » j'ai oublié ce que je voulais dire, comme cela est arrivé quelquefois à de plus sages... C'était quelque chose ayant pour but de calmer toute irritation dans les casernes, les palais ou les chaumières. Certes, mes avis eussent été en pure perte, et cela me console de ne plus me les rappeler, quoiqu'ils fussent assurément impayables.

XXXVII.

Mais laissons ces conseils perdus..... quelque jour on les retrouvera avec d'autres reliques d'un « monde antérieur, » quand celui-ci sera devenu antérieur lui-même, fossile, sens dessus dessous, tordu, crispé et recroquevillé, bouilli, rôti, frit ou brûlé, retourné ou noyé, comme tous les mondes précédents, tirés violemment du chaos, dans lequel ils furent violemment repoussés, *superstratum* qui doit tous nous recouvrir.

XXXVIII.

Cuvier le dit... et alors, au sein de la nouvelle création, surgiront tout-à-coup de nos antiques débris quelques anciens et mystérieux restes des choses détruites, sur lesquelles s'étendra un doute éthéré. Ce seront des conjectures comme nous en faisons à propos des titans, des géants, gaillards qui avaient quelques centaines de pieds, pour ne pas dire de milles, et même à propos des mammouths et des crocodiles ailés.

XXXIX.

Jugez donc, si alors on venait à déterrer Georges IV ! avec quel étonnement les habitants de ce nouvel orient se demanderaient où de pareils animaux pouvaient trouver leur souper !... Car, eux-mêmes, ils n'auront que des proportions minimes : les mondes avortent quand ils enfantent trop fréquemment, et après avoir longtemps fatigué le même matériel... Les hommes ne sont que les vers du sépulcre de quelque univers colossal.

XL.

Cette jeune humanité, fraîchement chassée de quelque paradis, et condamnée à labourer, bêcher, suer, se démener, planter, recueillir, filer, moudre, semer, jusqu'à ce que tous les arts soient découverts, et particulièrement l'art de la guerre et celui de l'impôt... quand elle contemplera ces grandes reliques, n'y verra-t-elle par les monstres de son nouveau muséum ?

XLI.

Mais j'ai le défaut de trop donner dans la métaphysique : « Le temps est sorti de ses gonds » (comme dit Hamlet), et moi aussi ; j'oublie que ce poème est essentiellement badin, et m'égare dans des matières un peu arides. Je n'arrête jamais à l'avance ce que je dirai, et cette manière est vraiment trop poétique ! On doit savoir pourquoi et dans quel but on écrit ; mais, note ou texte, quand j'écris un mot, je ne sais jamais celui qui va suivre.

XLII.

Si bien que j'erre au hasard, tantôt racontant, tantôt dissertant : mais il est temps de redevenir narrateur. J'ai laissé don Juan à l'allure de ses chevaux ; maintenant nous allons faire du chemin en peu de temps. Je ne m'arrêterai pas aux détails de son voyage ; nous avons eu depuis peu tant de relations de touristes ! Supposez donc que Juan est à Petersbourg, et figurez-vous cette agréable capitale de neiges peintes.

XLIII.

Représentez-vous Juan dans un salon bien garni de monde ; lui-même vêtu d'un bel uniforme : habit écarlate, revers noirs, chapeau à trois cornes avec un long panache, flottant comme des voiles déchirées par l'orage ; culottes brillantes comme la topaze d'Ecosso, et faites de casimir jaune probablement ; bas de soie blanc de lait bien tirés sur une jambe moulée qui les fait ressortir.

XLIV.

Représentez-le l'épée au côté, le chapeau à la main, beau de jeunesse, de gloire, et des efforts du tailleur du régiment, ce grand enchanteur qui, d'un coup de sa baguette, fait naître la grâce et pâlir la nature étonnée de voir combien l'art peut faire ressortir son ouvrage (quand toutefois il n'enchaîne pas nos membres comme dans une geôle). Voyez Juan sur son piédestal : on dirait l'Amour transformé en lieutenant d'artillerie.

XLV.

Son bandeau, s'abaissant, a formé une cravate ; ses ailes se sont repliées en forme d'épaulettes ; son carquois s'est réduit en un fourreau de sabre, et ses flèches, sous la forme d'une petite épée, sont aussi pointues que jamais ; son arc s'est changé en un chapeau à cornes ; et pourtant la ressemblance est encore frappante, et pour ne pas les confondre, Psyché devrait être plus habile que bien des épouses tombées dans des méprises tout aussi sottes.

XLVI.

Les courtisans ouvrirent de grands yeux ; les dames chuchotèrent, et l'impératrice sourit ; le favori impérial fronça le sourcil... J'ai tout-à-fait oublié qui était alors en fonctions ; car le nombre était grand de ceux qui avaient occupé à tour de rôle cet emploi difficile, depuis que Sa Majesté régnait seule ; mais en général, c'étaient de robustes gaillards de six pieds de haut, tous faits pour rendre jaloux un Patagon.

XLVII.

Juan ne leur ressemblait guère : il était svelte et fluet, pudibond et imberbe ; pourtant il avait quelque chose dans sa tournure et plus encore dans ses yeux, qui disait sans peine l'enveloppe d'un séraphin il y avait un homme. D'ailleurs un adolescent plaisait quelquefois à l'impératrice : elle venait d'enterrer le beau Lanskoï.

XLVIII.

Il n'est donc pas étonnant que Momonoff, Yermoloff, Scherbatoff, ou tout autre en *off*, craignissent de voir Sa Majesté accueillir une flamme nouvelle dans son cœur, qui n'était pas des plus sauvages, pensée suffisante pour rembrunir l'aspect de celui qui, selon le langage officiel, occupait alors « ce haut poste de confiance. »

XLIX.

Aimables dames, si vous voulez savoir le sens exact de cette expression diplomatique, allez entendre l'orateur irlandais, le marquis de Londonderry ; et de cet étrange flux de paroles toutes débitées à la file que personne ne comprend, et auquel tous les serviles obéissent, peut-être tirerez-vous quelque plaisant non-sens ; car c'est là tout ce qu'offre à glaner cette moisson pâle et vide.

L.

Mais j'espère pouvoir m'expliquer sans l'aide de cette inexplicable bête de proie... ce sphinx dont les paroles seraient toujours une énigme, si ses actes ne se chargeaient chaque jour de les commenter..... ce monstrueux hiéroglyphe..... ce long crachat de sang et de boue..... cette masse de plomb qu'on appelle Castlereagh ! A ce propos, je vais vous raconter une anecdote qui heureusement est courte et légère.

LI.

Une douce Anglaise demandait à une Italienne quelles étaient les fonctions positives et officielles de cet étrange personnage dont certaines femmes font cas, qu'on voit rôder autour des dames mariées, et qu'on nomme *cavaliere servente*, sorte de Pygmalion réchauffant des statues (hélas ! je le crains) sous le feu de son génie. La dame, pressée de s'expliquer, répondit : « Madame, cela prête aux *suppositions*. »

LII.

C'est ainsi que je réclame de vous l'interprétation la plus charitable et la plus chaste, au sujet des attributions du favori impérial. C'était un poste élevé, le plus élevé dans l'Etat par le fait, sinon par le rang ; et le simple soupçon de se voir donner un successeur devait inquiéter le titulaire actuel, alors qu'une paire de larges épaules suffisait pour faire hausser les actions du porteur.

LIII.

Juan, comme je l'ai dit, fut d'abord un bel adolescent ; puis il garda, dans la saison virile, avec sa barbe, ses favoris, etc., cette fleur de beauté, ce charme du berger Pâris qui renversa la vieille Ilion et fonda la cour des divorces.. J'ai compulsé en effet l'histoire épineuse des séparations conjugales, et je me suis assuré que Troie offre la première action en dommages dont il soit fait mention.

LIV.

Et Catherine, qui aimait toutes choses au monde (sauf son mari parti pour sa dernière demeure), et qui passait pour admirer beaucoup ces gigantesques cavaliers, abhorrés des dames au goût délicat, avait néanmoins une touche de sentiment ; celui qu'elle avait le plus adoré était le regretté Lanskoï, amant d'assez de valeur pour lui coûter bien des larmes, et qui n'eût fait néanmoins qu'un médiocre grenadier.

LV.

O toi, *teterrima belli causa* (1) !... porte indescriptible de la vie et de la mort ! toi d'où nous sortons et où nous entrons... je chercherais longtemps et en vain pourquoi toutes les âmes doivent être retrempées dans la source éternelle... Comment l'homme est tombé, je l'ignore, puisque l'arbre de la science a perdu ses premiers fruits ; mais comment depuis lors l'homme tombe et s'élève, c'est incontestablement toi qui en décides.

LVI.

Il en est qui t'appellent « la pire cause de toutes les guerres ; » moi je soutiens que tu en es la meilleure ; car, après tout, c'est de toi que nous venons, à toi que nous allons, et tu vaux bien qu'on renverse un rempart ou qu'on ravage un monde ; puis nul ne peut nier que tu peuples les mondes petits et grands. Avec toi seule, ou sans toi, tout resterait stationnaire sur cette aride terre de la vie dont tu es l'océan.

LVII.

Catherine, qui était le grand épitomé de cette grande cause de guerre, de paix, de tout ce qu'il vous plaira (comme c'est la cause de tout ce qui est, vous pouvez choisir)... Catherine, dis-je, vit avec plaisir le beau messager, sur le panache duquel planait la victoire ; et lorsqu'il fléchit le genou devant elle en lui présentant la dépêche, elle oublia un moment de rompre le sceau.

LVIII.

Puis, se rappelant l'impératrice, sans pourtant perdre de vue la femme (qui composait au moins les trois quarts de ce grand tout), elle ouvrit la lettre d'un air qui intrigua la cour ; car tous les regards l'épiaient avec inquiétude : enfin un royal sourire annonça le beau temps pour le reste du jour. Bien qu'un peu large, sa figure était noble, ses yeux beaux, sa bouche gracieuse.

(1) Source terrible de toute guerre. Voyez *Horat.*, *sat.* I, 3, *edit. non expurg.*

LIX.

Grande fut sa joie, grandes furent ses joies plutôt : d'abord, une ville prise, trente mille hommes tués. La gloire et le triomphe resplendirent dans ses traits, comme un lever du soleil sur les mers de l'Inde orientale. Ceci étancha-t-il la soif de son ambition?... les déserts de l'Arabie boivent en vain une pluie d'été : comme la rosée humecte à peine le sable aride, dans tout le sang qu'on lui offre, l'ambition ne trouve que de quoi se laver les mains.

LX.

Sa seconde joie fut pour l'imagination : elle sourit aux folles rimes de Souvaroff, renfermant dans un couplet russe assez fade un article de gazette concernant les milliers d'hommes qu'il avait tués. La troisième fut assez féminine pour affaiblir l'horreur qui circule naturellement dans nos veines quand des êtres qu'on nomme souverains jugent à propos de tuer, et que des généraux n'y voient qu'une plaisanterie.

LXI.

Les deux premiers sentiments eurent leur expression complète, et animèrent d'abord ses yeux, puis sa bouche. Toute la cour prit aussitôt son air le plus riant, comme des fleurs arrosées après une longue sécheresse; mais quand Sa Majesté, aimant presque autant la vue d'un beau jeune homme que celle d'une heureuse dépêche, laissa tomber un regard bienveillant sur le lieutenant prosterné à ses pieds, tout le monde fut dans l'attente.

LXII.

Bien qu'un peu corpulente, bouillante et féroce quand elle était en colère, en revanche, quand elle était contente, elle avait une de ces nobles figures qu'aiment à voir ceux qui, étant encore dans toute leur vigueur, recherchent une beauté fraîche, mûre et pleine de suc. Elle savait rendre avec usure un amoureux regard, et à son tour elle exigeait rigoureusement le paiement à vue des créances de Cupidon, sans admettre la moindre déduction.

LXIII.

Ce dernier point, bien que de mise quelquefois, n'était pas ici très nécessaire; car on assure qu'elle avait de l'attrait, et qu'elle était douce, malgré son air farouche; d'ailleurs elle traitait on ne peut mieux ses favoris. Une fois que vous aviez franchi l'enceinte de son boudoir, votre fortune était en bon train; car, tout en plongeant les nations dans le veuvage, elle aimait l'homme individu.

LXIV.

Chose étrange que l'homme! et plus étrange encore la femme! Quel tourbillon que la tête! quel abîme profond et dangereux que son cœur et le reste. Épouse ou veuve, vierge ou mère, sa volonté change comme le vent; ce qu'elle a dit ou fait ne signifie rien à l'égard de ce qu'elle dira ou fera... Tout cela est bien vieux, et pourtant c'est toujours nouveau.

LXV.

O Catherine! (car, en fait d'amour comme de guerre, c'est par exclamation qu'il faut parler de toi)... quels singuliers rapports unissent entre elles ces pensées humaines qui se heurtent dans leur cours! Les tiennes en ce moment étaient divisées en catégories distinctes. Ce qui occupait toute ton imagination, c'était d'abord la prise d'Ismaïl, puis la glorieuse fournée de nouveaux chevaliers, et troisièmement celui qui t'apportait la dépêche.

LXVI.

Shakespeare nous parle du « héraut Mercure abattant son vol sur une montagne qui baise le ciel; » et sans doute quelque vision de ce genre traversa l'esprit de Sa Majesté, pendant que son jeune messager était agenouillé devant elle. Il est vrai que la montagne était bien haute pour qu'un lieutenant s'aventurât à la gravir; mais l'art a su aplanir jusqu'aux sommets du Simplon, et Dieu aidant, avec la jeunesse et la santé, tous les baisers sont des baisers du ciel.

LXVII.

Sa Majesté baisse les yeux; le jeune homme lève les siens, et voilà qu'ils sont amoureux... elle de sa figure, de sa grâce et de je ne sais quoi encore; car la coupe de Cupidon enivre dès la première gorgée, quintessence de laudanum qui porte sur-le-champ à la tête, sans le vil expédient des rasades à plein verre; et l'amour boit et tarit toutes les sources de la vie... sauf les larmes.

LXVIII.

Lui, de son côté, s'il ne fut pas épris d'amour, éprouva une passion non moins impérieuse, l'amour-propre : instinct par lequel, si une personne qui semble au-dessus de nous, une cantatrice, une danseuse à la mode, une duchesse, princesse ou impératrice, daigne nous tirer de la foule, et faire éclater envers nous une prédilection vive, bien que peu raisonnée, nous concevons de nous-mêmes une très bonne opinion.

LXIX.

D'ailleurs, il était à cet âge heureux où toutes les femmes ont pour nous le même âge... alors que nous nous engageons sans regarder à rien, intrépides comme Daniel dans la fosse aux lions, pourvu que nous puissions amortir les feux de notre soleil au premier océan venu, comme les rayons de Phébus s'éteignent dans l'onde salée, ou plutôt dans le sein de Téthys.

LXX.

Et Catherine (ceci est tout en sa faveur), bien que hautaine et sanguinaire, offrait dans sa passion fugitive quelque chose de flatteur. En effet, chacun de ses amants était une sorte de roi taillé sur un patron d'amour; un royal époux en toute chose, sauf l'anneau de mariage; et comme c'est là ce qu'il y a de plus diabolique dans l'hymen, on semblait avoir le miel de l'abeille sans son aiguillon.

LXXI.

Ajoutez la beauté féminine à son midi, des yeux bleus ou gris... (Ceux-ci quand ils ont de l'âme valent les autres, et peut-être mieux, comme le prouvent les meilleurs exemples : Napoléon et Marie, reine d'Écosse, assurent à cette couleur une supériorité décidée, consacrée encore par Pallas, trop sage pour avoir des yeux noirs ou bleus.)

LXXII.

Son doux sourire, sa taille alors majestueuse, son embonpoint, son impériale condescendance, cette préférence accordée à un adolescent sur des hommes d'une tout autre taille (gaillards qu'eût pensionnés Messaline), cette fleur de vie devenue fruit mûr et savoureux, avec d'autres extras qu'il est inutile de mentionner.... tous ces avantages, ou même un seul d'entre eux, suffisaient pour flatter la vanité d'un jeune homme.

LXXIII.

Cela suffit, car l'amour n'est que vanité, égoïsme perpétuel ou complète démence, esprit de vertige, cherchant à s'identifier avec le néant fragile de la beauté; et ce dernier point constitue l'essence même de la passion, d'où certains philosophes ont pris que l'amour est le principe de l'univers.

LXXIV.

Outre l'amour platonique, outre l'amour de Dieu, l'amour sentimental, l'amour d'un couple fidèle (la rime me demande « tourterelle, » la rime, ce bon vieux bateau à vapeur qui remorque les vers contre la raison...... car la raison n'a jamais été camarade avec la rime et s'est toujours beaucoup plus occupée du contenu que de l'harmonie)..... outre tous ces prétendus amours, il y a ce qu'on nomme les sens...

LXXV.

Les sens..... mouvements, désirs d'amélioration matérielle, par lesquels tous les corps aspirent à quitter leur sablonnière pour se confondre avec une déesse; car telles, sans contredit, sont toutes les femmes au premier abord. Admirable moment, fièvre étrange qui précède le langoureux désordre de notre être! curieux procédé en somme pour revêtir les âmes de leur enveloppe d'argile.

LXXVI.

La plus noble espèce d'amour, c'est l'amour platonique, pour commencer comme pour finir; puis vient celui qu'on peut baptiser l'amour canonique, parce que le clergé l'a pris dans ses attributions. La troisième espèce à noter dans notre chronique comme étant en vigueur dans tout pays chrétien, c'est lorsque de chastes matrones ajoutent à leurs autres liens ce qu'on peut appeler un mariage déguisé.

LXXVII.

Assez d'analyse!... notre histoire doit s'expliquer par elle-même. La souveraine se sentit enflammée, et Juan extrêmement flatté de cet amour ou de cette paillardise..... Les mots une fois écrits, je ne puis perdre mon temps à les biffer.... Or ces deux sentiments sont tellement mêlés dans la poussière humaine qu'on ne peut en nommer un sans les indiquer tous deux; mais en ceci la puissante impératrice de Russie agissait comme une simple grisette.

LXXVIII.

Ce fut dans toute la cour un long chuchottement : toutes les lèvres se collaient aux oreilles. A ce spectacle, les rides des vieilles dames se crispèrent; les jeunes femmes se lancèrent mutuellement des clins d'œil, et tandis que les regards parlaient ainsi, toutes ces bouches charmantes s'efforçaient de sourire; mais bien des larmes de jalousie étaient prêtes à monter aux yeux de l'assistance.

LXXIX.

Les ambassadeurs de toutes les puissances s'informèrent de ce nouveau jeune homme qui promettait d'être grand dans peu d'heures, ce qui est bien prompt, quoique la vie soit si courte. Déjà ils voyaient les roubles tomber dans ses coffres en pluie argentine et pressée, sans compter les décorations et les paysans par milliers.

LXXX.

Catherine était généreuse... toutes ces femmes-là le sont. L'amour, qui ouvre les portes du cœur et toutes les voies qui peuvent y conduire, de près ou de loin, d'en haut, d'en bas, routes ou traverses... l'amour (bien qu'elle eût une maudite passion pour la guerre, et qu'elle ne fût pas la meilleure des épouses, à moins que nous n'accordions ce titre à Clytemnestre... bast! au lieu de deux époux traînant leur chaîne, peut-être vaut-il mieux qu'il en meure un)...

LXXXI.

Conduite par l'amour, Catherine avait fait la fortune de chacun de ses amants : en quoi elle différait de notre demi-chaste Elisabeth, dont l'avarice répugnait à toute espèce de débours, si l'histoire, cette menteuse fieffée, a dit vrai ; et quand il serait avéré que la douleur d'avoir mis à mort un favori abrégea sa vieillesse, sa coquetterie lâche et ambiguë, sa plate ladrerie, font la honte de son sexe et de son rang.

LXXXII.

Le lever impérial terminé, et le cercle dissous, on se mêla, et les ambassadeurs de toutes les nations se pressèrent autour du jeune homme pour lui offrir leurs félicitations; il se sentit aussi effleuré par les robes de soie de ces gentilles dames qui se font un plaisir de spéculer sur les jolies figures, surtout quand elles conduisent à de hauts emplois.

LXXXIII.

Juan, qui, sans trop savoir pourquoi, se voyait l'objet de l'attention générale, répondit en s'inclinant avec grâce, comme s'il fût né pour le métier de ministre. Quoique modeste, sur son front toujours calme, la nature avait écrit « homme bien né. » Il parlait peu, mais toujours à propos, et ses gestes flottaient avec grâce autour de lui comme les plis d'un drapeau.

LXXXIV.

Un ordre de Sa Majesté confia le jeune lieutenant aux soins bienveillants des dignitaires de la cour. Le monde se montrait pour lui très courtois (il en agit souvent ainsi au premier abord : la jeunesse ferait plus de ne pas l'oublier) ; telle aussi se montra miss Protasoff que ses fonctions avaient fait nommer « l'éprouveuse, » terme que la muse ne peut expliquer.

LXXXV.

Ce fut avec elle, comme son devoir l'exigeait, que don Juan se retira... Je vais en faire autant, jusqu'à ce que mon Pégase soit las de toucher la terre. Nous venons de prendre pied sur une de ces montagnes qui baisent le ciel ; montagne si élevée que je sens la tête qui m'e tourne, et mes idées qui tourbillonnent comme les ailes d'un moulin. Mes nerfs et mon cerveau sont avertis qu'il est temps de conduire ma monture au petit pas dans quelque sentier vert.

CHANT X.

I.

Newton, voyant tomber une pomme, et distrait tout-à-coup de ses méditations, trouva dans ce léger incident, dit-on (car je ne réponds ici-bas des opinions ou des calculs d'aucun sage), le moyen de prouver que la terre tournait en vertu d'un principe tout naturel, qu'il appela Gravitation ; et depuis Adam, Newton est le seul mortel qui ait su tirer parti de la chute d'une pomme.

II.

Par la pomme l'homme est tombé, et par la pomme il s'est élevé, si ce fait est vrai ; car nous devons considérer la route frayée par Isaac Newton à travers le champ des étoiles comme une compensation aux malheurs de l'humanité. Depuis, l'homme a brillé par l'invention de toutes sortes de mécaniques, et le temps n'est pas loin où la vapeur le conduira jusque dans la lune.

III.

Et pourquoi cet exorde ?... Voici : à l'instant même, en prenant cette misérable feuille de papier, un noble enthousiasme m'a enflammé, et mon âme a fait une cabriole ; et quoique bien inférieur, je l'avoue, à ceux qui, par le moyen des lunettes et de la vapeur, découvrent des étoiles et vont contre le vent, je veux essayer d'en faire autant à l'aide de la poésie.

IV.

J'ai vogué et je vogue encore contre le vent ; mais quant aux étoiles, j'avoue que mon télescope est un peu terne ; du moins j'ai quitté le rivage vulgaire, et, perdant la terre de vue, je sillonne l'océan de l'éternité : le mugissement des vagues n'a point effrayé ma nacelle frêle et légère, mais encore capable de tenir la mer ; et, comme bien des esquifs, elle navigue où des vaisseaux ont coulé bas.

V.

Nous avons laissé Juan, notre héros, dans la fleur du favoritisme, mais n'en sentant pas encore les épines honteuses. Et à Dieu ne plaise que mes muses (car j'en ai plus d'une à ma disposition) s'aventurent à le suivre au-delà du salon : il suffit que la fortune le trouve rayonnant de jeunesse, de vigueur, de beauté et de tout ce qui, pour un moment, fixe la jouissance et lui ravit ses ailes.

VI.

Mais bientôt ces ailes repoussent, et l'oiseau quitte son nid. « Oh! dit le Psalmiste, que n'ai-je le vol de la colombe pour fuir et chercher le repos ! » Quel homme, se rappelant ses jeunes années et ses jeunes amours... bien qu'il n'ait plus maintenant qu'une tête blanchie, un cœur flétri, une imagination éteinte et limitée à la sphère de ses yeux obscurcis..... quel homme n'aimerait mieux soupirer comme son fils que de tousser comme son grand-père !

VII.

Bah ! les soupirs s'apaisent, et les pleurs, même ceux d'une veuve, se tarissent comme l'Arno, dont le filet d'eau fait honte à la masse des flots jaunâtres et profonds qui, en hiver, menacent d'inonder le pays : telle est la différence qu'apportent quelques mois. On pourrait croire que la douleur est un champ fécond qui jamais ne reste en jachère, et c'est vrai ; seulement les charrues changent de laboureurs, et les nouveaux sillonnent à leur tour le sol en croyant y semer le plaisir.

VIII.

Cependant la toux arrive quand les soupirs s'en vont... et quelquefois même sans que les soupirs aient cessé ; car souvent ceux-ci amènent celle-là avant que le front, uni comme la surface d'un lac, ait été sillonné d'une seule ride, avant que le soleil de la vie soit arrivé à la dixième heure. Et tandis qu'une rougeur fébrile et passagère colore, comme un couchant d'été, la joue qui semble trop pure pour n'être que de l'argile, des milliers d'hommes brillent, aiment, espèrent et meurent..... Que ceux-là sont heureux !

IX.

Juan n'était pas destiné à mourir si tôt. Nous l'avons laissé dans le foyer de ces prospérités que l'on doit à la faveur de la lune ou au caprice des dames... prospérités éphémères peut-être ; mais qui dédaignerait le mois de juin uniquement parce que décembre doit venir avec son souffle glacé ? Mieux vaut encore accueillir le bienfaisant rayon, et faire provision de chaleur pour l'hiver.

X.

D'ailleurs il avait des qualités capables de fixer les dames entre deux âges plus encore que les jeunes : les premières savent de quoi il s'agit, tandis que vos poulettes, à peine emplumées, connaissent tout juste des passions ce qu'elles en ont lu dans les poètes ou rêvé, par un tour de leur imagination, dans des visions du ciel, cette patrie de l'amour. Il en est qui comptent l'âge des femmes par le nombre de leurs soleils ou de leurs années ; je serais plutôt d'avis que la lune doit marquer les dates de ces chères créatures.

XI.

Pourquoi ?... parce qu'elle est à la fois inconstante et chaste. Je ne connais pas d'autre raison, bien que des gens soupçonneux, toujours prêts à blâmer, puissent m'en imputer d'autres ; ce qui n'est pas juste et ne fait pas l'éloge « de leur caractère ou de leur goût, » comme l'écrit mon ami Jeffrey en prenant un air !... toutefois, je le lui pardonne, et j'espère qu'il se le pardonnera... sinon, raison de plus pour que je sois indulgent.

XII.

D'anciens ennemis devenus amis devraient continuer à l'être... C'est un point d'honneur, et je ne sache rien qui puisse justifier un retour à la haine : dût-elle étendre ses cent bras et ses cent jambes, je la fuirais comme l'ail ou la peste, et elle ne m'atteindrait pas. Les anciennes maîtresses, les nouvelles épouses, deviennent nos plus cruels fléaux : des ennemis réconciliés doivent dédaigner de se liguer avec elles ;

XIII.

Ce serait la pire des désertions... Un renégat, le fourbe Southey lui-même, ce mensonge incarné, rougirait de rentrer dans le camp des réformateurs qu'il a quitté pour l'étable du poète lauréat. De l'Islande aux Barbades, de l'Ecosse à l'Italie, n'est point honnête homme celui qui tourne au moindre vent, ou saisit pour accabler un émule le moment où celui-ci cesse de plaire.

XIV.

Le critique et l'homme de loi ne voient de la littérature et de la vie que le côté honteux; rien ne leur demeure inconnu, mais ils passent beaucoup de choses sous silence. Tandis que le commun des hommes vieillit dans l'ignorance, le mémoire du légiste est comme le scalpel du chirurgien : il dissèque les entrailles d'une question, et tous les organes par où elle se digère.

XV.

Un homme de loi est un ramoneur moral, et c'est pour cela qu'il est si sale. L'éternelle suie lui communique une couleur dont il ne saurait se défaire en changeant de linge : au moins vingt-neuf fois sur trente, il conserve la sombre teinture du noir envahisseur. Il n'en est pas ainsi de vous, je le confesse : vous portez votre robe comme César portait sa toge.

XVI.

Cher Jeffrey, jadis mon ennemi le plus redouté (autant que les vers et la critique peuvent diviser ici-bas de chétives marionnettes comme nous), tous nos petits dissentiments, les miens du moins, sont terminés. Je bois aux jours d'autrefois, *Auld lang syne!* Je n'ai jamais vu votre personne, peut-être ne la verrai-je jamais; mais au total vous avez agi noblement, je l'avoue du fond du cœur.

XVII.

Et quand j'emploie l'expression écossaise *Auld lang syne*, ce n'est pas à vous que je l'adresse... et j'en suis fâché pour moi ; car, de tous les habitants de votre fière cité, vous êtes, après Scott, celui avec lequel je trinquerais le plus volontiers. Je ne sais pourquoi.. peut-être est- ce un caprice d'écolier... mais enfin je suis à demi Ecossais de naissance et tout-à-fait Ecossais d'éducation, et tout mon cœur reflue à mon cerveau.

XVIII.

Quand avec *Auld lang syne* reviennent à ma mémoire et l'Ecosse, et ses plaids, et ses snoods, et ses collines bleuâtres, ses eaux limpides, la Dee, le Don, les noirs parapets du pont de Balgounie, tous les sentiments de mon premier âge, tous les rêves si doux que je rêvais alors, chacun enveloppé de son vêtement spécial comme les descendants de Banquo..... dans mon enfantine illusion, il me semble voir flotter devant moi l'image de mon enfance. Doux rellet des jours d'autrefois!

XIX.

Vous vous en souvenez, il fut un temps où, jeune et irritable, dans un accès de verve et de colère, je raillai les Ecossais pour leur prouver mon ressentiment et ma puissance; mais c'est vainement qu'on se permet de pareilles sorties; elles ne peuvent étouffer la jeunesse et la fraîcheur de nos premiers sentiments : j'ébréchai en moi l'Ecossais; je ne le tuai pas, et j'aime toujours le pays « des montagnes et des torrents. »

XX.

Don Juan, qui était positif et idéal... ce qui est à peu près la même chose, car ce que l'homme pense existe, et le penseur lui-même est moins réel que son idée, l'âme ne pouvant jamais périr mais réagissant contre le corps. Et pourtant on éprouve un certain embarras quand, au bord de cet abîme appelé l'éternité, on ouvre de grands yeux, ne sachant rien de ce qu'il y a ici ou là-bas.

XXI.

Il devint un Russe très policé... Comment? nous ne le dirons pas; pourquoi? il est inutile de le dire. Peu de jeunes âmes sont capables de résister à la plus légère tentation qui se rencontre sur leur route ; mais sa tentation, à lui, se présentait sur un coussin moelleux, digne de servir de siége d'honneur à un monarque : de joyeuses demoiselles, des danses, des festins et de l'argent comptant changeaient pour lui un pays de glace en paradis, et l'hiver en été.

XXII.

La faveur de l'impératrice était pleine d'agréments, et bien que la tâche fût un peu rude, à l'âge de Juan on pouvait s'en tirer avec honneur. Il croissait donc comme un arbre verdoyant, également propre à la tendresse, à la guerre et à l'ambition, divinités qui récompensent les plus fortunés de leurs adorateurs jusqu'au moment où les ennuis du vieil âge font préférer à quelques-uns l'agent de la circulation des richesses.

XXIII.

A cette époque, comme on a pu le prévoir, entraîné par sa jeunesse et par de dangereux exemples, don Juan devint sans doute un peu dissipé : disposition fâcheuse, non-seulement elle déflore nos sentiments, mais, se liant à tous les vices de la fragile humanité, elle nous rend égoïstes et porte nos âmes à se renfermer comme des huîtres dans leur coquille.

XXIV.

Passons cela. Nous passerons aussi la marche ordinaire d'une intrigue entre gens de conditions aussi inégales qu'un jeune lieutenant et une reine qui, sans être vieille, n'a plus sa douce royauté de dix-sept ans. Les rois peuvent commander à la matière brute, mais non à la chair; et les rides, satanées démocrates, ne savent point flatter.

XXV.

Le trépas, ce souverain des souverains, est en même temps le Gracchus de l'humanité : sous le niveau de ses lois agraires, l'homme opulent qui festoie, combat, rugit et s'enivre, est l'égal du pauvre diable qui n'a jamais possédé un pouce de terrain ; et tous deux sont réduits à quelques pieds de terre où le gazon, pour verdir, doit attendre la corruption.

XXVI.

Il vivait (non le trépas, mais Juan) dans un tourbillon de prodigalités, de tumulte, de splendeur, de pompe chatoyante, en ce gui climat des peaux d'ours noires et touffues... lesquelles (soit dit malgré ma répugnance pour les propos un peu durs), au moment où l'on y pense le moins, percent à travers « la pourpre et le lin, » plus convenablesà la grande prostituée de Babylone qu'à celle des Russies, et neutralisent tout l'effet de cet étalage d'écarlate.

XXVII.

Cet état, nous ne le décrirons pas : nous pourrions en parler par ouï-dire par réminiscence ; mais, parvenu aux approches de cette obscure forêt dont parle le Dante. horrible équinoxe, odieuse bisection de la vie humaine, auberge à mi-chemin, hutte grossière, au sortir de laquelle les voyageurs prudents conduisent lentement les chevaux de poste de la vie sur la frontière aride de la vieillesse, et se retournent pour donner à la jeunesse une dernière larme.....

XXVIII.

Je ne décrirai pas... c'est-à-dire si je puis m'en empêcher; je ne ferai point de réflexions... c'est-à-dire si je puis chasser celles qui me poursuivent à travers cet abîme, ce bizarre labyrinthe... comme le petit chien collé à la mamelle, ou comme l'algue marine adhérente au rocher, ou comme la lèvre amoureuse aspirant son premier baiser... Mais, je l'ai dit, je ne veux point philosopher, et je veux être lu.

XXIX.

Juan, au lieu de courtiser la cour, était lui-même courtisé... chose qui arrive rarement. Il le devait en partie à sa jeunesse, en partie à sa réputation de bravoure, et aussi à cette sève de vie qui éclatait en lui comme dans un coursier de pur sang. Il devait beaucoup aussi à sa mise, qui faisait ressortir sa beauté comme des nuages de pourpre parent le soleil... mais il était surtout redevable à une vieille femme et au poste qu'il occupait.

XXX.

Il écrivit en Espagne ; et tous ses proches parents, voyant qu'il était en voie de succès et à même de placer ses cousins, lui répondirent courrier par courrier. Plusieurs se préparèrent à émigrer ; et tout en prenant des glaces, on les entendit déclarer qu'avec l'addition d'une légère police russe, le climat de Madrid et celui de Moscou étaient absolument les mêmes.

XXXI.

Sa mère aussi, dona Inez, voyant qu'au lieu de tirer sur son banquier, il allégeait son compte de plus en plus, ce qui prouvait qu'il avait mis à ses dépenses des bornes salutaires... dona Inez lui répondit « qu'elle était charmée de le voir dégagé du joug des plaisirs que recherche une jeunesse insensée, l'unique preuve que l'homme puisse donner de son bon sens étant l'économie.

XXXII.

« Elle le recommandait aussi à Dieu, ainsi qu'au fils de Dieu et à sa mère, l'avertissait de se tenir en garde contre le culte grec, qui blesse les opinions catholiques. Mais en même temps, elle lui disait d'étouffer toute manifestation extérieure de répugnance, cela pouvant être vu de mauvais œil à l'étranger. Du reste elle lui annonçait qu'il avait un petit frère né d'un second lit, et surtout elle louait l'amour maternel de l'impératrice.

XXXIII.

« Elle approuvait vivement une souveraine qui donnait de l'avancement aux jeunes gens, attendu que l'âge et mieux encore la nation et le climat prévenaient tout scandale... En Espagne, elle eût pu en être quelque peu contrariée ; mais dans un pays où le thermomètre descendait à dix degrés, à cinq, à un, à zéro, elle ne pouvait croire que la vertu dégelât avant la rivière. »

XXXIV.

O hypocrisie! que n'ai-je une force de quarante ministres anglicans pour célébrer les louanges! Que ne puis-je faire entendre en ton honneur un hymne bruyant comme les vertus que tu vantes tout haut et que tu ne pratiques pas ! Que n'ai-je la trompette des chérubins ou le cornet acoustique dans lequel ma bonne vieille tante trouva un paisible sujet de consolation, lorsque ses lunettes devenant troubles l'empêchèrent de lire son missel !

XXXV.

Elle n'était pas hypocrite, du moins, la pauvre chère âme ; mais elle gagna le ciel aussi loyalement qu'aucun des élus inscrits sur ce registre où sont répartis, pour le jour du jugement, tous les fiefs célestes : sorte de *doomsday-book*, semblable à celui que Guillaume-le-Conquérant composa pour rémunérer ses compagnons d'armes, alors qu'il distribuait les propriétés d'autrui à quelque soixante mille nouveaux chevaliers.

XXXVI.

Je ne puis m'en plaindre, moi dont les ancêtres, Erneis, Radulphus, y furent compris... Quarante-huit manoirs (si ma mémoire ne me trompe) furent leur récompense pour avoir suivi les bannières de Guillaume. Je dois convenir qu'il n'était pas juste de dépouiller les Saxons de leurs peaux (1) comme auraient fait des tanneurs : toutefois les nouveaux possesseurs ayant employé leurs revenus à fonder des églises, cet usage sans doute légitime leur droit.

XXXVII.

L'aimable Juan se maintenait dans sa fleur ; pourtant il éprouvait parfois ce qu'éprouvent d'autres plantes appelées sensitives, qui fuient le toucher, comme les monarques fuient les vers..... autres que ceux de Southey. Peut-être, sous les gelées austères, aspirait-il vers un climat où les fleuves n'attendissent pas le premier mai pour dissoudre leur glace ; peut-être en dépit du devoir, dans les vastes bras de la monarchie, soupirait-il après la beauté.

XXXVIII.

Peut-être..... mais laissons de côté les peut-être : il ne faut pas chercher longtemps les causes anciennes ou récentes ; le ver rongeur s'attache aux joues les plus fraîches et les plus belles, comme il achève de dévorer des formes déjà flétries. Le souci, hôte soigneux, apporte toutes les semaines son mémoire, et nous avons beau tempêter, il faut le solder après tout ; six jours s'écoulent paisiblement, le septième amènera le spleen ou un créancier.

XXXIX.

Bref, il tomba malade..... je ne sais comment. L'impératrice fut alarmée, et son médecin (le même qui avait *assisté* Pierre) trouva que son pouls, quoique très vivant, battait de manière à augurer la mort, et annonçait une disposition fébrile : sur quoi la cour fut bouleversée, la souveraine épouvantée, et toutes les médecines doublées.

XL.

Mystérieux furent les chuchottements, nombreuses les conjectures. Les uns dirent que don Juan avait été empoisonné par Potemkin ; d'autres parlèrent de certaines tumeurs, d'épuisement ou d'indispositions analogues ; d'autres prétendirent que c'était une concoction d'humeurs qui bientôt se communiquerait au sang ; enfin il s'en trouva pour affirmer que c'était tout simplement « la suite des fatigues de la dernière campagne. »

XLI.

Voici une ordonnance entre beaucoup d'autres :

℞. Sodæ sulphat. . . . . ℨ vj.
    Mannæ optim. . . . . ℨ ß.
    Aq. fervent. . . . . ℨ j ß.
    Tinct. sennæ. . . . . ℨ ij.
Haustus...

Ici le chirurgien intervint, et lui appliqua les ventouses ; puis, nouvelles ordonnances qui eussent été bien plus longues, si Juan ne s'y fût opposé :

℞. *Pulv. com. ipecacuanhæ.* . . . . gr. iij.
℞. *Bolus potassæ sulphuret. sumendus, et haustus ter in die capiendus.*

XLII.

C'est ainsi que les médecins nous guérissent ou nous tuent *secundum artem*. Nous en raillons quand nous nous portons bien... mais sommes-nous malades, nous les envoyons chercher, sans avoir la moindre envie de rire : nous-voyant tout près de cet *hiatus maxime deflendus*, qui ne peut se combler qu'avec de la terre et une bêche, au lieu de nous y laisser tomber de bonne grâce, nous importunons le doux Baillie ou le bon Abernethy.

XLIII.

Juan refusa d'obéir au congé qui lui était signifié, et bien que la mort le menaçât d'une expulsion des lieux, sa jeunesse et sa constitution prirent le dessus, et envoyèrent les docteurs d'un autre côté. Cependant son état demeurait encore précaire ; les couleurs

(1) *Hydes*, ce qui signifie à la fois peaux et certaines mesures de terre saxonnes.

de la santé ne jetaient sur ses joues amaigries que de rares et vacillants reflets ; tout cela inquiétait la Faculté..... qui déclara qu'il fallait voyager.

XLIV.

Le climat était trop froid, dirent les docteurs, pour qu'une plante du Midi pût y fleurir. Cette opinion fit faire la grimace à la chaste Catherine qui d'abord se révolta contre l'idée de perdre son mignon ; mais lorsqu'elle vit l'éclat de ses yeux se ternir, et lui-même s'abattre comme un aigle dont on a coupé les ailes, elle résolut de l'envoyer en mission, avec une pompe digne de son rang.

XLV.

Il y avait alors je ne sais quel point en discussion, un traité à conclure entre le cabinet anglais et celui de Petersbourg ; la négociation était soutenue de part et d'autre avec tous les artifices que les grandes puissances emploient en pareil cas. C'était à propos de la navigation de la Baltique, du commerce de peaux, d'huile de baleine et de suif, et des droits maritimes que l'Angleterre regarde toujours comme son *uti possidetis*.

XLVI.

De sorte que Catherine, qui s'entendait à pourvoir ses favoris, confia cette mission confidentielle à Juan, dans le double but de déployer sa royale splendeur, et de récompenser les services de notre héros. Le lendemain il fut admis à baiser la main de sa souveraine, reçut ses instructions, et partit comblé de présents et d'honneurs qui montraient tout le discernement de la dispensatrice.

XLVII.

Mais elle avait du bonheur, et le bonheur est tout. En général, les reines ont un gouvernement prospère : caprice de la fortune assez difficile à expliquer. Mais continuons. Catherine était sur le retour, et en son année climatérique la tourmentait autant qu'avait fait son adolescence ; et bien que sa dignité lui interdît la plainte, le départ de Juan l'affecta au point que, dans le premier moment, elle ne put lui trouver un successeur convenable.

XLVIII.

Mais le temps est un grand consolateur : vingt-quatre heures de solitude et deux fois ce nombre de candidats sollicitant la place vacante procurèrent à Catherine, pour la nuit suivante, un paisible sommeil... qu'on ne se proposât de précipiter son choix, ou que la quantité l'embarrassât ; mais, ne voulant se décider qu'avec la maturité convenable, elle laissa la lice ouverte à leur émulation.

XLIX.

Pendant que ce poste d'honneur est vacant pour un jour ou deux, ayez la bonté, lecteur, de monter avec notre jeune héros dans la voiture qui l'entraîne loin de Petersbourg. Une excellente calèche, ayant eu jadis la gloire d'étaler les armoiries de la belle czarine, alors que, nouvelle Iphigénie, elle se rendait en Tauride, fut donnée à son favori, dont elle porta désormais le blason.

L.

Un bouledogue, un bouvreuil et une hermine, tous favoris de don Juan ; car (de plus sages que moi en détermineront la raison) il avait une sorte d'inclination ou de faiblesse pour ce que bien des gens considèrent comme une incommode vermine, les animaux vivants : jamais vierge de soixante ans ne montra un penchant plus décidé pour les chats et les oiseaux, et cependant il n'était ni vieux ni vierge...

LI.

Ces divers animaux, dis-je, occupaient chacun leur poste respectif ; dans d'autres voitures se tenaient les valets et les secrétaires ; mais à côté de Juan était la petite Leila, qu'il avait arrachée aux sabres cosaques dans l'immense carnage d'Ismail. Quoique sa muse vagabonde aime à prendre tous les tons, elle n'a point oublié cette enfant, perle pure et vivante.

LII.

Pauvre petite ! elle était aussi belle que docile, et avait le caractère doux et sérieux, qualité aussi rare parmi les êtres vivants, qu'un homme fossile au milieu de ces antiques mammouths, ô grand Cuvier ! Son ignorance était peu propre à lutter contre ce monde écrasant où tous sont condamnés à faillir ; mais elle n'avait encore que dix ans ; elle était donc tranquille, sans savoir pourquoi.

LIII.

Don Juan l'aimait et en était aimé d'une affection telle qu'il n'en exista jamais entre frère, père, sœur ou fille. Je ne puis dire positivement ce que c'était : il n'était pas assez vieux pour éprouver le sentiment paternel, et la tendresse fraternelle ne pouvait non plus l'émouvoir, car il n'avait jamais eu de sœur. Ah ! s'il en avait eu une, quel tourment que d'en être séparé !

LIV.

Encore moins était-ce un amour sensuel; car il n'était pas de ces vieux débauchés qui recherchent le fruit vert pour fouetter dans leurs veines le sang endormi (comme les acides réveillent un alcali latent), et bien que sa jeunesse n'eût pas été des plus chastes (telle est l'œuvre de notre planète), le platonisme le plus pur faisait le fond de tous ses sentiments... seulement il lui arrivait de l'oublier.

LV.

Ici il n'y avait pas de tentation à redouter : il aimait l'orpheline qu'il avait sauvée, comme les patriotes, parfois, aiment une nation; et puis il se disait avec orgueil que c'était à lui qu'elle devait de n'être point esclave... sans compter qu'avec le secours de l'Église, il pourrait être l'instrument du salut de cette jeune âme. Mais ici nous noterons une circonstance bizarre, c'est que la petite Turque ne voulait point se laisser convertir.

LVI.

Il était étrange que ses impressions religieuses eussent survécu au changement de sa destinée, à travers des scènes de terreur et de carnage; mais quoique trois évêques eussent entrepris de lui démontrer son erreur, elle montra pour l'eau sainte une aversion décidée; elle ne voulut pas entendre non plus parler de confession, peut-être parce qu'elle n'avait rien à confesser : peu importe ! L'Église perdit son latin, et elle continua de croire au prophète.

LVII.

Le seul chrétien qu'elle pût supporter était Juan : il semblait lui tenir lieu de la famille et des amis qu'elle avait perdus. Pour lui, il devait aimer celle qu'il protégeait. Ainsi s'était formé ce couple singulier, d'un tuteur si jeune et d'une pupille que rien ne rattachait à lui, ni la patrie, ni l'âge, ni la parenté; et toutefois cette absence de liens rendait leur attachement plus tendre.

LVIII.

Ils traversèrent la Pologne et Varsovie, célèbres par leurs mines de sel et leurs jougs de fer; puis la Courlande, témoin de cette farce fameuse qui valut à ses ducs le nom disgracieux de Biron (1). C'est le même pays que traversa le Mars moderne, alors que, guidé par la gloire, cette sirène décevante, il alla perdre à Moscou, en un mois d'hiver, vingt années de conquêtes, et les grenadiers de sa garde.

LIX.

Qu'on ne voie pas dans cette dernière phrase l'opposé de la figure de rhétorique appelée gradation : « O ma garde! ma vieille garde! » s'écriait le dieu d'argile. Quel spectacle! Jupiter tonnant qui succombe sous Castlereagh! la gloire morfondue sous la neige! Mais si nous voulons nous réchauffer en pensant par la Pologne, nous avons là le nom de Kosciusko, qui peut, comme l'Hécla, faire jaillir des feux au milieu des glaces.

LX.

Après la Pologne, ils traversèrent la vieille Prusse et sa capitale Kœnigsberg, qui, outre quelques mines de fer, de plomb et de cuivre, se glorifie depuis peu du célèbre professeur Kant. Juan, qui se souciait de la philosophie comme d'une prise de tabac, poursuivit sa route à travers l'Allemagne, ce pays aux populations attardées, dont les princes éperonnent plus leurs sujets que les postillons n'éperonnent leurs chevaux.

LXI.

De là, par Berlin, Dresde et autres lieux, ils atteignirent enfin le Rhin couronné de créneaux. Glorieux sites gothiques! combien vous frappez toutes les imaginations, sans en excepter la mienne ! Un mur grisâtre, une ruine couronnée de verdure, une pique rouillée, font franchir à mon âme la ligne équinoxiale qui sépare le présent du passé, après qu'elle a plané un peu sur cette fantastique limite.

LXII.

Mais Juan continua sa route par Manheim et Bonn, que domine le Drachenfels, pareil à un spectre de ces temps féodaux qui sont pour jamais disparus, et sur lesquels je n'ai pas le temps de m'arrêter aujourd'hui. De là il se dirigea vers Cologne, ville qui offre à l'observateur les ossements de onze mille virginités, le plus grand nombre qu'on en ait jamais vu sous une enveloppe de chair.

LXIII.

Puis il visita La Haye et Helvoetsluys en Hollande, cette humide patrie des canaux et des canards, où le genièvre parfume cette liqueur pétillante qui tient lieu de richesses au pauvre. Les sénats et les philosophes en ont condamné l'usage .. mais refuser au peuple un cordial qui, souvent, est à lui seul tout le vêtement, le vivre et

(1) Biron, fils d'un paysan courlandais, et devenu favori de l'impératrice Anne, prit, en 1786, le nom et les armes des Biron de France.

le chauffage qu'un gouvernement charitable lui ait laissé, cela semble, en vérité, bien cruel.

LXIV.

Là, il s'embarqua, et déployant sa voile, son navire bondissant vogua vers l'île des hommes libres, vers laquelle le poussait le souffle impatient d'une bonne brise. L'écume jaillit au loin; la proue fendit l'onde salée, et l'on ne fit pâlir plus d'un passager ; mais Juan, amariné comme il devait l'être par ses précédents voyages, resta debout, regardant passer les navires et cherchant à découvrir de loin les falaises de l'Angleterre.

LXV.

Enfin elles s'élevèrent, comme une blanche muraille, à l'horizon de la mer bleuâtre ; et don Juan éprouva ce qu'éprouvent vivement les étrangers mêmes, au premier aspect de la ceinture calcaire d'Albion... une sorte d'orgueil de se trouver au milieu de ces fiers boutiquiers qui expédient leurs marchandises et leurs décrets de l'un à l'autre pôle, et soumettent les flots à leur payer tribut.

LXVI.

Je n'ai pas de puissants motifs pour aimer ce coin de terre, qui contient ce qui aurait pu être la plus noble des nations ; mais bien que je lui doive ma naissance et rien de plus, j'éprouve un mélange de regret et de vénération pour sa gloire mourante et ses vertus passées. Sept années d'absence (la durée ordinaire de la déportation) suffisent pour éteindre les vieux ressentiments, quand on voit sa patrie s'en aller au diable.

LXVII.

Ah ! si elle pouvait savoir pleinement, et sans restriction, combien maintenant son grand nom est partout abhorré; de quels vœux ardents la terre appelle la catastrophe qui livrera son sein nu à la fureur du glaive; combien toutes les nations regardent comme leur plus cruelle ennemie, et pire encore, l'amie perfide qu'elles adoraient autrefois et qui, après avoir appelé le genre humain à la liberté, voudrait aujourd'hui enchaîner jusqu'à la pensée !

LXVIII.

Se vantera-t-elle d'être libre, elle qui n'est que la première entre les esclaves ? Les nations sont captives... mais le geôlier, qu'est-il ?... Victime lui-même des verrous et des barreaux. Le triste privilège de tourner la clef sur le prisonnier est-ce la liberté? Celui qui veille sur la chaîne, ceux qui la portent, sont également privés de la jouissance de l'air et de la terre.

LXIX.

Don Juan, comme prémices des beautés d'Albion, vit les collines, cher Douvres, ton port et ton hôtel, la douane avec ses mille attributions, ses exactions compliquées, les garçons d'auberge courant à perdre haleine à chaque coup de sonnette; les paquebots, dont tous les passagers servent de proie aux gens de terre et de mer, et enfin, ce qui n'est pas le moins frappant pour l'étranger inexpérimenté, les longs mémoires qui n'admettent aucune réduction.

LXX.

Juan, bien qu'insouciant, jeune, magnifique, riche en roubles, en diamants, espèces et crédit, et ne restreignant guère ses dépenses hebdomadaires, ne laissa pas de s'étonner un peu, et paya toutefois... après que son majordome, Grec subtil et matois, eut lu et additionné devant lui le formidable grimoire. Mais comme on respire dans ce pays un air libre, quoique rarement échauffé par le soleil, cela vaut bien quelque argent.

LXXI.

Qu'on attelle les chevaux ! En route pour Canterbury ! Foulons, foulons le macadam et faisons voler la boue de tous côtés! Hourrah ! avec quelle célérité file la poste! Ce n'est pas comme dans la vieille Allemagne, où les chevaux barbotent dans la fange, comme s'ils vous menaient enterrer ; sans compter les haltes des postillons pour se gorger de *schnapps*... maudits coquins, sur lesquels les *verfluchten* ne font pas plus d'effet que la foudre sur un paratonnerre.

LXXII.

Or, il n'y a rien qui fouette les esprits, qui fasse sur le sang l'effet du cayenne dans les sauces, comme de courir ventre à terre... n'importe où, pourvu qu'on aille vite, et seulement pour le plaisir de courir; car, moins on a de motifs de se presser, plus grand est le charme d'atteindre le but de tout voyage... qui est de voyager.

LXXIII.

A Canterbury, ils virent la cathédrale. Le heaume du prince Noir et la dalle rougie du sang de Becket leur furent montrés, selon l'usage, par le bedeau, avec son air habituel de cérémonieuse indifférence... Voilà encore, ami lecteur, un exemple de ce qu'est la gloire.

Tout vient aboutir à un casque rouillé, à des ossements méconnaissables, à moitié dissous dans la soude et la magnésie, si bien qu'il ne reste plus de l'humanité qu'une potion amère.

LXXIV.

Naturellement ces reliques produisirent sur Juan un effet sublime : mille Crécy lui apparurent, quand il vit ce cimier qui ne s'était abaissé que sous les coups du temps. Il ne put contempler sans un religieux respect la tombe de ce prêtre hardi qui périt en essayant de dompter les rois : ces rois qui, aujourd'hui, du moins, sont tenus de parler de lois avant d'égorger. La petite Leila regarda et demanda pourquoi on avait élevé un pareil édifice.

LXXV.

Quand on lui apprit que c'était « la maison de Dieu, » elle dit qu'il était fort bien logé ; mais elle s'étonna qu'il souffrît dans sa demeure des infidèles, ces cruels Nazaréens qui avaient abattu ses saints temples au pays des vrais croyants... et son front enfantin se voila d'un nuage de douleur à la pensée que Mahomet eût pu renoncer à une si noble mosquée, perle jetée aux pourceaux.

LXXVI.

En avant ! en avant ! à travers ces prairies cultivées comme un jardin, ce paradis de houblon et de fruits magnifiques ; car, après des années de voyage dans des terres plus chaudes, mais moins fécondes, un champ de verdure est pour le poète un spectacle qui lui fait pardonner l'absence de ces sites plus sublimes qui réunissent à la fois vignes, oliviers, précipices, glaciers, volcans et orangers.

LXXVII.

Et quand je pense à un pot de bière... mais je ne veux pas m'attendrir !... Fouettez donc, postillons !... Pendant que les hardis garçons éperonnaient leurs chevaux qui dévoraient l'espace, Juan admirait ces routes fréquentées par une population nombreuse et libre, le plus *cher* de tous les pays, dans toutes les acceptions du mot, pour l'étranger comme pour l'indigène, si l'on en excepte quelques imbéciles qui, en ce moment, regimbent contre l'aiguillon et n'attrapent pour leurs peines que de nouvelles piqûres.

LXXVIII.

Quelle chose délicieuse qu'une route à barrières ! elle est si douce, si unie ! on rase la terre comme l'aigle, étendant ses vastes ailes, peut à peine raser les champs de l'espace. Si de pareils chemins eussent été tracés du temps de Phaéthon, le dieu de la lumière eût dit à son fils de satisfaire sa fantaisie en presant la route d'York... Mais pendant qu'on avance, *surgit amari aliquid* (1)... le péage.

LXXIX.

Hélas ! combien tout paiement est douloureux ! Prenez la vie des hommes, prenez leurs femmes, prenez tout, hormis leur bourse. Comme Machiavel le démontre aux gens vêtus de pourpre, c'est le moyen le plus prompt de s'attirer des malédictions unanimes. On hait un meurtrier beaucoup moins qu'un convoiteur de cet aimable métal, que chacun aime tant à choyer. Égorgez la famille d'un homme, et il pourra le pardonner ; mais gardez-vous bien de porter la main à sa poche.

LXXX.

Ainsi disait le Florentin : monarques, écoutez votre précepteur. Au moment où le jour commençait à décliner à s'assombrir, Juan se trouva au sommet de cette haute colline, qui plane avec orgueil ou mépris sur la grande cité. Si vous avez dans vos veines une étincelle de l'esprit du cockneay, souriez ou pleurez, selon que vous prenez les choses... Fiers Bretons, voici Shooter's-Hill.

LXXXI.

Le soleil disparut ; la fumée s'éleva comme d'un volcan à demi éteint, couvrant un espace qui mérite bien le nom de « salon du diable », que lui ont donné quelques-uns. Bien que ce ne fût pas là sa ville natale, et qu'il n'appartînt pas à cette race d'hommes, Juan éprouva un sentiment de vénération pour cette terre, mère de fils vaillants qui ont égorgé la moitié du monde et tenté d'effrayer l'autre.

LXXXII.

Un énorme amas de briques, de fumée, de navires, masse fangeuse et sombre, s'étendant à perte de vue ; çà et là une voile se montrant un instant au regard, pour se perdre dans une forêt de mâts ; d'innombrables clochers levant la tête au-dessus de leur dais charbonneux ; une gigantesque et sombre coupole, semblable à la calotte d'un fou... voilà la ville de Londres.

LXXXIII.

Mais Juan ne la vit pas ainsi. Dans chaque tourbillon de fumée, il crut voir la magique vapeur d'un fourneau d'alchimiste d'où sortait la richesse du monde (richesse d'impôts et de papier). Les noirs nuages qui pesaient sur la ville, éteignant le soleil ainsi qu'on éteint une chandelle, ne paraissaient à ses yeux qu'une atmosphère naturelle, extrêmement saine, bien que rarement claire.

LXXXIV.

Il s'arrêta, et ainsi ferai-je, comme un vaisseau de guerre au moment de lâcher sa bordée. Tout à l'heure, mes chers compatriotes, nous renouvellerons connaissance : j'essaierai alors de vous dire quelques vérités qui, justement parce que ce sont des vérités, ne vous paraîtront pas telles. Je serai pour vous ce que mistress Fry a été pour les prisons ; armé d'un balai bien moelleux, je nettoierai vos salons et purgerai vos murs de quelques toiles d'araignée.

LXXXV.

O mistress Fry ! qu'allez-vous faire à Newgate ? A quoi bon sermonner de pauvres mécréants ? Pourquoi ne pas commencer par Carlton-House (1) et quelques autres hôtels ? Essayez votre savoir-faire sur le péché endurci et couronné. Réformer le peuple est une absurdité, un pur bavardage de philanthrope, si vous ne réformez d'abord ses maîtres... Fi donc ! je vous croyais plus de religion que cela, mistress Fry !

LXXXVI.

Apprenez à ces sexagénaires la convenance de leur âge ; guérissez-les de la manie des voyages d'apparat ainsi que des costumes hongrois ou écossais. Dites-leur que la jeunesse une fois partie ne revient plus, que les vivat soudoyés ne réparent pas les malheurs d'un pays ; dites-leur que sir William Curtis est un ennuyeux personnage, trop stupide pour les plus stupides excès, Falstaff sans esprit d'un Hal (2) grisonnant, un fou dont les grelots sont muets.

LXXXVII.

Dites-leur, quoiqu'il soit peut-être trop tard, que sur le déclin d'une vie usée, avec un corps ruiné, bouffi et blasé, viser vainement à la grandeur, cela ne vaut pas la bonté ; ajoutez que les meilleurs rois ont toujours vécu le plus simplement. Dites-leur, enfin... Mais vous ne direz rien, et j'ai assez babillé pour le moment ; bientôt, pourtant, je tonnerai comme le cor de Roland au combat de Roncevaux.

CHANT XI.

I.

Quand l'évêque Berkeley disait : « La matière n'existe pas » (et il prouvait son dire)... la matière de son discours ne méritait guère d'attention. On prétend qu'il serait impossible de réfuter son système ; qu'il est trop subtil pour le cerveau humain le plus aérien ; et cependant qui peut y ajouter foi ? je réduirais en poudre tout ce qui est matière, même la pierre, le plomb et le diamant, pour prouver que le monde n'est qu'esprit ; et je porterais encore ma tête, tout en niant que j'en aie une.

II.

Quelle sublime découverte que de faire du monde un moi universel et de soutenir que tout est idéal, que tout est nous-mêmes ! Je gage l'univers entier (quoi qu'il puisse être), qu'une pareille croyance n'a rien d'hérétique. O doute ! Si tu es le doute pour lequel certaines gens te prennent, bien que moi-même j'en doute fort ; ô seul prisme des rayons de la vérité, ne me gâte point ma gorgée de spiritualisme, cette eau-de-vie du ciel, que toutefois notre tête ne supporte qu'avec peine.

III.

De temps en temps arrive l'indigestion (qui n'est pas le plus svelte Ariel) ; elle vient opposer à notre ambitieux essor une autre difficulté. Et ce qui après tout contrarie ma croyance à l'esprit, c'est que le regard de l'homme ne peut s'arrêter nulle part sans y apercevoir la confusion des races, des sexes, de tous les êtres, des étoiles même et cette merveilleuse énigme, le monde, qui, au pis-aller, est encore une magnifique méprise...

IV.

S'il est l'œuvre du hasard, cela est ainsi ; et mieux encore, s'il fut créé comme il est dit dans l'ancien texte... Dans la crainte d'arriver à cette conclusion, nous ne dirons rien contre ce qui est écrit ; bien des gens regardent cela comme dangereux. Ils ont raison : notre vie est trop courte pour discuter sur des points que personne ne pourra jamais résoudre, et que tout le monde doit voir un jour éclaircis... un jour du moins tout le monde dormira tranquille.

(1) Alors la résidence royale.
(2) Henri, prince de Galles, dans le *Henri IV* de Shakespeare.

(1) Voici venir quelque chose d'amer.

V.

Je ferai donc trêve à toute discussion métaphysique qui n'embrasse pas un cercle déterminé : si je conviens que tout ce qui est est, j'appelle cela parler clair et net au suprême degré. En vérité, depuis peu, je suis devenu un peu phthisique : je n'en sais point la cause... l'air peut-être ; mais quand je souffre des accès de cette maladie, je deviens beaucoup plus orthodoxe.

VI.

La première attaque me prouva sur-le-champ l'existence de la Divinité (ce dont je n'ai jamais douté, non plus que du diable); la seconde, la mystique virginité de Marie, la troisième, l'origine communément assignée au mal; la quatrième établit toute la Trinité sur une base tellement incontestable, que je souhaitai dévotement que les trois fussent quatre, à l'effet d'être encore meilleur croyant.

VII.

A notre sujet. L'homme qui du haut de l'Acropolis a contemplé l'Attique ; celui qui a côtoyé le rivage où s'élève la pittoresque Constantinople, qui a vu Tombouctou, ou pris du thé dans la métropole de porcelaine de la Chine aux petits yeux, ou qui s'est assis parmi les ruines de briques de Ninive, celui-là pourra bien ne pas concevoir au premier abord une grande idée de Londres... mais à un an de là, demandez-lui ce qu'il en pense.

VIII.

Don Juan était arrivé au sommet de Shooter's-Hill : heure du jour, le coucher du soleil ; lieu de la scène, la hauteur d'où l'on découvre cette vallée du bien et du mal, où les rues de la ville fermentent en pleine activité. Autour de lui, tout était calme et silencieux ; il n'entendait que le bruit des roues tournant sur leur axe, et ce bourdonnement semblable à celui des abeilles, ce murmure confus, pétillement d'écume qui s'exhale au-dessus des villes en ébullition.

IX.

Don Juan, dis-je, absorbé dans sa contemplation, suivait à pied sa voiture au sommet de la colline ; et plein d'admiration pour un peuple aussi grand, il donnait carrière au sentiment qu'il ne pouvait comprimer. « Ici donc, s'écriait-il, la liberté a établi son empire ; ici retentit la voix du peuple ; les tortures, les prisons, l'inquisition, ne peuvent l'étouffer ; elle ressuscite à chaque réunion populaire, à chaque nouvelle élection.

X.

« Ici sont des épouses chastes, des existences pures ; ici l'on ne paie que ce qu'on veut ; et si les choses y sont chères, c'est que chacun aime à jeter l'argent par les fenêtres pour montrer l'importance de son revenu. Ici les lois sont inviolables ; nul ne tend des embûches au voyageur ; toutes les routes sont sûres. Ici... » Il fut interrompu par la vue d'un couteau, accompagné d'un : « *Damn your eyes!* la bourse ou la vie ! »

XI.

Ces accents d'homme libre provenaient de quatre coquins en em-
buscade. Ils l'avaient aperçu flânant derrière sa voiture ; et en garçons avisés , pour aller en reconnaissance ils avaient profité de l'heure opportune où l'imprudent voyageur , attardé sur la route, à moins qu'il ne sache manier une arme, se trouve exposé dans cette île opulente à perdre la vie ainsi que ses culottes.

XII.

Juan ne connaissait de la langue anglaise que le fameux shibboleth : « God damn! » encore l'avait-il entendu si rarement, qu'il le prenait quelquefois pour le « salam, » le « Dieu vous bénisse » du pays. Et cette idée n'était pas trop absurde ; car moi, qui suis à moitié anglais (pour mon malheur), je puis dire n'avoir jamais entendu un de mes compatriotes souhaiter à quelqu'un la protection du ciel, si ce n'est en ces termes.

Le climat était trop froid, dirent les docteurs.

XIII.

Néanmoins, il comprit aussitôt le geste, et comme il était tant soit peu prompt et emporté, il tira un pistolet de dessous sa veste, et le déchargea dans le ventre d'un des assaillants..... Celui-ci tomba, comme un bœuf se roule dans son pâturage : et pataugeant dans sa fange natale, il beugla à son camarade ou subordonné le plus proche : « O Jack ! me voilà expédié par ce sanguinaire Français ! »

XIV.

Sur quoi Jack et les siens décampèrent au plus vite, et les gens de notre héros, éparpillés à quelque distance, accoururent, tout surpris de ce qui venait d'arriver et offrant, comme de coutume, leur tardive assistance. Juan, voyant le ci-devant « favori de la lune » saigner si abondamment que la vie semblait s'écouler de ses veines, demanda des bandages et de la charpie, et regretta d'avoir été si prompt à lâcher la détente.

XV.

« Peut-être, pensa-t-il, est-ce la coutume du pays d'accueillir ainsi les étrangers : je me rappelle même avoir vu des aubergistes qui en agissent de même, sauf qu'ils vous volent avec un profond salut, au lieu d'une épée nue et d'un air farouche. Mais que faire ? Je ne puis laisser cet homme expirant sur la route. Relevez-le donc, je vous aiderai à le porter. »

XVI.

Mais avant qu'ils pussent remplir ce pieux office, le mourant s'écria : « Laissez-moi ! j'ai mon affaire. Oh ! un verre de genièvre ! Nous avons manqué notre coup : qu'on me laisse mourir où je suis ! » Cependant l'aliment de la vie manquait au cœur ; le sang ne tombait plus que par gouttes épaisses et noires, et la respiration était pénible. Il détacha une cravate de son cou gonflé, et en s'écriant : « Donnez ceci à Sally ! » il mourut.

XVII.

Le mouchoir teint de sang tomba aux pieds de don Juan : il ne comprenait guère pourquoi cet objet lui était ainsi jeté, ni ce que signifiait l'adieu du brigand. Le pauvre Tom avait été par la ville un élégant escroc, un roué fini, un vrai fendant, un éclabousseur, un petit-maître, jusqu'au moment où les cartes ayant tourné contre lui, il s'était vu mettre à sec d'abord les poches puis les veines.

XVIII.

Notre voyageur, ayant fait de son mieux dans cette occurrence, aussitôt que l'enquête du coroner le lui permit, poursuivit tranquillement sa route vers la capitale, trouvant un peu dur qu'en douze heures et sur un trajet fort court, il eût été obligé pour sa défense de tuer un homme libre : ceci lui donna un peu à songer.

XIX.

Le personnage ainsi envoyé dans l'autre monde avait fait du bruit dans son temps. Qui dans une échauffourée savait mieux que Tom mettre le feu aux étoupes? Qui savait plus à propos se retirer dans la cambuse ou se faufiler au poulailler, enfoncer un gousse à la barbe de la rousse, ou travailler sur le grand trimar? Qui dans une noce, avec Sally aux yeux noirs, était mieux ficelé, plus chouette et faisait mieux son esbrouffe (1)?

XX.

Mais Tom n'est plus... ne parlons plus de Tom. Il faut que les héros meurent; et par une bénédiction du ciel, la plupart d'entre eux gagnent de bonne heure le dernier gîte. Salut, Tamise! salut! Sur tes bords le char de don Juan roule avec fracas, en suivant une route où il n'est guère possible de s'égarer, à travers Kennington et plusieurs autres lieux en *ton*, qui nous font désirer d'arriver enfin à la véritable *town* (2)...

XXI.

A travers des *groves* ou bosquets, ainsi nommés parce qu'ils sont dépourvus d'arbres (comme *lucus* de l'absence de lumière); des sites appelés *Mount-Pleasant*, par la raison qu'ils n'offrent rien qui soit capable de plaire et fort peu de chose que l'on doive gravir; de petites boîtes de briques qui semblent destinées à recevoir la poussière, avec l'inscription « à louer » sur chaque porte; des *rows* modestement appelés *Paradis* (3), et qu'Eve eût quittés sans beaucoup de regret...

XXII.

A travers des voitures, des charrettes, des barrières encombrées, un tourbillon de roues, un mugissement de voix, une confusion générale : ici des tavernes vous invitant à prendre une pinte de bière d'absinthe, là des malles-postes fuyant avec la vitesse d'une illusion ; des barbiers étalant aux fenêtres de leur boutique des têtes de bois chargées de perruques ; l'allumeur de lanternes versant lentement son huile dans le récipient de sa lampe vacillante (car à cette époque, nous n'en étions pas encore au gaz)...

XXIII.

C'est à travers tous ces obstacles et bien d'autres encore que le voyageur s'approche de la puissante Babylone. Qu'il soit à cheval, en chaise de poste ou en carrosse, toutes les routes se ressemblent, à peu d'exceptions près. Je pourrais m'étendre davantage; mais je ne veux pas empiéter sur les priviléges du Guide du voyageur. Le soleil était couché depuis quelque temps et le crépuscule touchait à la nuit, quand nos gens traversèrent le pont.

XXIV.

Il y a quelque chose de doux à l'oreille dans le murmure de la Tamise, qui revendique un instant l'honneur dû à son onde, bien que sa voix s'entende à peine au milieu des juroments multipliés. L'éclairage régulier et brillant de Westminster, la largeur des trottoirs et cette basilique que hante le spectre de la gloire... (la gloire elle-même, sous l'image de la lune, illumine l'édifice de ses pâles rayons...) tout cela fait de cette partie de l'île d'Albion une sorte de lieu consacré.

XXV.

Les forêts des Druides ont disparu... tant mieux. Stone-Henge n'est pas un monument de cette époque... mais alors que diable Stone-Henge peut-il être? Bedlam existe encore avec ses chaînes prudentes, afin que les fous ne mordent pas ceux qui les visitent; le banc du roi condamne plus d'un débiteur ; Mansion-House aussi (bien que certaines gens en raillent) me semble à moi un édifice un peu lourd mais grandiose ; mais l'abbaye de Westminster vaut à elle seule tout le reste.

XXVI.

La file de lumières qui s'étend vers Charing-Cross, Pall-Mall et plus loin encore, jette un éclat éblouissant : ce serait comparer l'or à la boue que de mettre cet éclairage en parallèle avec celui des villes du continent, quand la nuit déployait de leur prêter d'autres feux. A cette époque, les Français n'étaient point encore un peuple

---

(1) La stance originale est en argot anglais, le traducteur a cherché des équivalents que tout le monde comprendra, vu les progrès récents de la langue et de la civilisation.
(2) *Town*, la ville, Londres.
(3) *Paradise row* (littéralement, rangée de maisons), nom d'une rue de Londres.

éclairé ; et quand ils le devinrent... à la corde de leurs lanternes, au lieu de réverbères, ils attachèrent les traîtres.

XXVII.

Une file d'aristocrates, ainsi suspendus le long des rues, peut illuminer le genre humain, comme aussi les châteaux convertis en feux de joie ; mais les gens à vue basse préfèrent l'ancienne façon ; l'autre ressemble à du phosphore sur un linceul, véritable feu follet qui inquiète et fait peur, mais qui n'est point assez paisible.

XXVIII.

Londres est tellement bien éclairé, que si Diogène se remettait à chercher son honnête homme, et ne le trouvait pas dans les rues diverses qui peuplent cette cité colossale, ce ne serait pas faute de lanternes. J'ai fait ce que j'ai pu, pendant le voyage de la vie, pour trouver ce trésor inconnu ; mais en fait d'honnêtes gens je ne vois partout que des procureurs.

XXIX.

Sur le pavé retentissant, remontant Pall-Mall à travers les voitures et la foule, qui commençait pourtant à s'éclaircir, à cette heure où le marteau tonnant rompit le long silence des portes fermées aux créanciers, et où la table du dîner reçoit à l'entrée de la nuit une société choisie... don Juan, notre jeune pêcheur diplomate, poursuivit sa route et passa devant quelques palais, devant celui de Saint-James et les maisons de jeu de ce quartier.

XXX.

On arrive enfin à l'hôtel. De la porte d'entrée débouche une nuée de valets en somptueuse livrée; tout autour se range la foule, y compris, comme d'usage, quelques douzaines de ces pédestres nymphes de Paphos qui abondent dans les rues de la pudique Londres, dès que le jour a fait place à la nuit ; chose commode mais immorale, que l'on juge, comme Malthus, apte à propager le goût du mariage... Mais voici don Juan qui descend de voiture.

XXXI.

Il entre dans un des séjours les plus confortables, surtout pour les étrangers, et spécialement pour ces enfants de la faveur ou de la fortune, qui ne se plaignent jamais des petits item d'un mémoire. Dans cet antre, où viennent expirer cent roueries diplomatiques, habite maint envoyé jusqu'au jour où il établit sa résidence dans quelque square opulent et fait blasonner son nom sur la porte en lettres de bronze.

XXXII.

Juan, dont la mission était délicate et fondée sur des relations privées bien que d'intérêt public, ne portait aucun titre qui pût trahir son but précis. On savait seulement que, chargé d'une négociation secrète, venait de débarquer sur nos rivages un étranger de distinction, jeune, beau, accompli, et qui passait (ajoutait-on tout bas) pour avoir tourné la tête à sa souveraine.

XXXIII.

En outre, le bruit de certaines aventures étranges, de ses combats et de ses amours l'avait précédé ; et comme les têtes romantiques sont des peintres expéditifs, surtout celles des Anglaises, qui volontiers se donnent carrière et franchissent les limites de la saine raison, Juan se trouva tout-à-fait à la mode : ce qui chez des êtres pensants tient lieu de passion.

XXXIV.

Je ne veux pas dire que l'on soit pour cela sans passion, bien au contraire ; seulement elle est dans la tête ; mais comme les conséquences en sont aussi brillantes que si le cœur agissait, que fait, après tout, le siége des méditations féminines? Pourvu qu'on arrive sûrement au but , il n'importe que ce soit par le chemin de la tête ou par celui du cœur.

XXXV.

Juan présenta, en main propre et à qui de droit, ses lettres de créance russes, et fut reçu avec toutes les démonstrations obligées par ceux qui gouvernent au mode impératif, lesquels, voyant en Juan un doux visage, pensèrent (ce qui dans les affaires d'État est l'essentiel, qu'ils mettraient dedans ce beau jeune homme, comme on voit le faucon lier le chantre du bocage.

XXXVI.

En quoi ils se trompaient, chose ordinaire aux vieillards. Mais plus tard nous reparlerons de cela, où si nous n'en parlons pas, ce sera parce que nous avons une pauvre idée des hommes d'État et de leur double visage : gens qui vivent de mensonge et cependant n'osent point mentir hardiment... au contraire. Ce que j'aime dans les femmes, c'est que, ne voulant ou ne pouvant faire autre chose que mentir, elles s'en acquittent si bien, que la vérité même n'est que mensonge auprès de leurs paroles.

XXXVII.

Et après tout, qu'est-ce qu'un mensonge? la vérité sous le masque: je défie historiens, héros, légistes, prêtres, d'articuler un fait pur et tout mensonge. L'ombre seule de la vérité vraie ferait disparaître annales, révélations, poésie et prophéties... à moins que elles ci n'eussent une date antérieure de quelques années aux événements annoncés.

XXXVIII.

Loués soient tous les menteurs et tous les mensonges! Qui pourrait maintenant taxer de misanthropie ma muse complaisante? Elle étonne le *Te Deum* pour le monde entier, et son front rougit pour eux qui ne rougissent plus... Mais il ne sert à rien de gémir: inclinons-nous comme les autres, baisons les mains, les pieds ou toute autre partie du corps de Leurs majestés, d'après l'excellent exemple de la « verte Erin, » dont le trèfle me paraît un peu flétri.

XXXIX.

Don Juan fut présenté : son costume et sa bonne mine excitèrent l'admiration générale... je ne sais lequel des deux fut le plus admiré. Ce qu'on remarqua beaucoup aussi, ce fut un diamant monstrueux dont Catherine, comme l'apprit le public, lui avait fait cadeau dans un moment d'ivresse (fermentation ardente d'amour ou d'alcool)... et à vrai dire, il l'avait bien gagné.

XL.

Outre les ministres et leurs subalternes, tenus d'être courtois envers les diplomates accrédités par les souverains qui branlent dans le manche, tant que leur royale énigme n'est pas mise au clair, les commis eux-mêmes, ces sales ruisseaux de l'hôtel ministériel dont l'infecte corruption fait des rivières, furent à peine assez impolis pour leurs appointements.

XLI.

Car nul doute qu'ils ne soient payés pour être insolents, vu que telle est leur occupation journalière dans les coûteux départements de la paix ou de la guerre. En doutez-vous ? demandez à votre voisin si, lorsqu'il s'est présenté (corvée assommante) pour un passeport ou pour toute autre entrave à la liberté, il n'a pas trouvé dans cette race de mangeurs de budgets, de chiens couchants du ministère, les plus incivils des drôles.

XLII.

Mais Juan fut accueilli « avec beaucoup d'empressement ; » je suis forcé d'emprunter cette expression raffinée à nos proches voisins chez lesquels il existe une marche toute tracée, comme celle du jeu d'échecs, dans la joie comme dans la douleur, non-seulement pour la parole mais aussi pour la plume. L'insulaire semble plus franc et plus ouvert que l'homme du continent... comme si la marée (exemple, le marché au poisson) rendait même la langue plus libre.

XLIII.

Et pourtant il y a dans le *damn me* des Anglais quelque chose d'antique : vos jurons continentaux sont tous incontinents et ont trait à des objets qu'aucune bouche aristocratique ne voudrait nommer. Aussi moi-même je me tairai sur ce sujet, vu que je ne prétends ni commettre un schisme en politesse, ni articuler des sons incongrus... mais *Damn me*, bien qu'un peu hardi, a je ne sais quoi d'éthéré... c'est le platonisme du blasphème, la quintessence du juron.

XLIV.

Pour la grossière franchise, l'Anglais peut rester chez lui : pour la politesse, vraie ou fausse (et la première commence à se faire rare), il fera bien de traverser la profondeur des flots azurés et la manche écumée, l'une emblème parfois de ce qu'il quitte, l'autre emblème presque emblème de ce qu'il va trouver. Toutefois je n'est pas le moment de bavarder sur des généralités : les poèmes doivent se renfermer dans leur unité, comme le mien par exemple.

XLV.

Dans le grand monde (c'est-à-dire dans le plus mauvais et le plus occidental des quartiers de la ville, là où résident environ quatre mille individus élevés, non de manière à se montrer plus sages ou plus spirituels pour le reste, mais pour rester debout quand les autres sont au lit et pour prendre l'humanité en pitié) ; dans ce monde-là, Juan, en sa qualité de patricien de vieille souche, fut bien accueilli par les personnes distinguées.

XLVI.

Il était garçon, circonstance importante aux yeux des demoiselles et des dames: cela flatte les espérances matrimoniales des premières; et pour les autres (à moins que l'amour ou la fierté ne les retiennent), la chose n'est point non plus sans importance. Une intrigue est une épine dans le flanc d'un galant marié; elle doit respecter un certain décorum, et double en tout cas l'horreur du péché... et qui pis est les embarras.

XLVII.

Mais Juan était bachelier... ès-arts, ès-cœurs : il dansait, chantait, avait un air aussi sentimental que la plus suave mélodie de Mozart. Il était gai ou triste à propos, sans boutades ni caprices ; et quoique jeune, il avait vu le monde... spectacle curieux, bien différent de ce qu'on en écrit.

XLVIII.

A sa vue, les vierges rougirent ; les joues des dames mariées se couvrirent d'un incarnat moins fugitif: car le fard et les visages fardés sont deux objets qu'on trouve sur les bords de la Tamise. La jeunesse et la céruse firent valoir sur son cœur leurs droits accoutumés, ces droits qu'un homme comme il faut ne peut jamais méconnaître : les filles admirèrent sa toilette ; les pieuses mamans s'informèrent de ses revenus et demandèrent s'il était fils unique.

XLIX.

Les marchandes de modes qui fournissent les « misses à draperie » (†) pendant toute la saison, à condition d'être payées avant que les derniers baisers de la lune de miel se soient évanouis dans l'éclat du croissant, regardèrent cette initiation d'un riche étranger comme une occasion à saisir, et donnèrent une telle extension à leur crédit que plus tard maint époux eut à gémir... et à payer.

L.

Les bleues, cette tribu d'âmes tendres qu'un sonnet fait soupirer et qui garnissent des pages de la dernière revue l'intérieur de leur tête et de leurs chapeaux, s'avancèrent dans tout l'éclat de leur azur. Elles estropièrent le français et l'espagnol, firent à Juan une ou deux questions sur les nouveautés littéraires de son pays, voulurent savoir, du russe ou du castillan, quelle était la langue la plus douce, et si, dans ses voyages, il avait vu Ilion.

LI.

Juan, homme un peu superficiel et qui en littérature n'était pas toujours prêt à ferrailler, se voyant interrogé par ce docte jury de matrones, ne savait trop que répondre. Ses travaux guerriers, amoureux ou officiels, son application toute particulière à la danse l'avaient tenu éloigné des rives de l'Hippocrène, qui maintenant lui paraissaient bleues, de vertes qu'il les croyait.

LII.

Toutefois il répondit au hasard avec une confiance modeste et une calme assurance, qu'elles prirent pour des dires pour de savantes élucubrations et des arguments de bon aloi. Une femme prodige, miss Araminte Smith, qui à seize ans avait traduit « l'Hercule furieux, » et ce d'un furieux style, lui faisant le meilleur visage possible, nota les réponses de Juan dans son album.

LIII.

Juan, comme de raison, savait plusieurs langues; et il s'en servait adroitement pour sauver sa réputation auprès de ces beautés lettrées, qui regrettaient néanmoins qu'il ne fit pas de vers. Il ne lui manquait auprès d'elles que ce talent pour l'élever jusqu'au sublime : Lady Fitz-Frisky et miss Mavia Mannish brûlaient toutes deux de l'entendre chanter en espagnol.

LIV.

En somme, il réussit assez bien, et fut admis comme aspirant dans toutes les coteries, aux grandes assemblées comme en petit comité; et là il vit passer devant lui, comme dans le miroir de Banquo, les dix mille auteurs vivants, tel étant à peu près leur nombre, et aussi les quatre-vingts « premiers poètes de l'époque, » attendu qu'il n'est pas de chétive revue qui ne puisse montrer le sien.

LV.

Tous les dix ans, le premier poète de l'époque, comme le champion du pugilat, est obligé de soutenir son titre, bien que ce soit chose imaginaire. Moi-même, entièrement à jeun, non insu, et sans avoir ambitionné le rang de roi des fous... j'ai longtemps passé pour le grand Napoléon de l'empire de la rime.

LVI.

Mais Juan a été mon Moscou, Faliero mon Leipsick, et Caïn semble devoir être mon Waterloo. La Belle Alliance des faits, qui était tombée à zéro, peut se relever maintenant que le lion est abattu ; mais je tomberai du moins comme est tombé le héros. Je ne veux pas régner du tout ou je veux régner en monarque, et je mourrai captif dans quelque île solitaire : là j'aurai pour tourne-clefs, pour Hudson-Lowe, Southey, ce grand tourne-casaque!

(†) *Drapery misses*, expression toute anglaise qui avait cours, ainsi que la spéculation qu'elle exprime, de 1811 à 1812.

LVII.

Avant moi sir Walter-Scott; Moore et Campbell avant et après! mais maintenant, transformées en saintes, les muses sont tenues d'errer sur la montagne de Sion avec des poëtes ecclésiastiques ou peu s'en faut : le pas de Pégase est devenu un amble psalmodique sous le révérend Rowley ; et ce vieux Pistolet (1) moderne (du moins par la crosse) a donné des échasses à sa glorieuse monture.

LVIII.

Il y a encore l'aimable Euphuès qui, dit-on, s'annonce comme étant mon Sosie moral (2); peut-être trouvera-t-il un jour quelque difficulté à soutenir à la fois ces deux caractères ou l'un des deux seulement. Il en est qui décernent le sceptre à Coleridge ; Wordsworth à ses partisans, au nombre de deux ou trois; et Savage Landor, un béotien braillard, n'a-t-il pas pris pour un cygne ce méchant oison qu'on appelle Southey?

LIX.

John Keats, tué par la critique au moment où il promettait quelque chose de grand sinon d'intelligible, avait, sans grec, réussi depuis peu à parler des dieux comme on peut supposer qu'ils auraient parlé eux-mêmes. Pauvre garçon ! il fut bien triste son destin. Chose étrange que l'intelligence! particule ignée qui se laisse éteindre par un article de journal.

LX.

Elle est longue la liste des vivants et des morts qui aspirent à ce but qu'aucun n'atteindra... Nul du moins ne connaîtra enfin le vainqueur; car avant que le temps ait rendu son dernier arrêt, l'herbe croîtra au-dessus de leurs cerveaux consumés et de leurs cendres froides. Autant que j'en puis juger, leurs chances ne sont pas grandes... ils sont trop nombreux, comme ces trente tyrans postiches dont Rome dégénérée a vu salir ses annales.

LXI.

Nous en sommes au Bas-Empire littéraire : ce sont les bandes prétoriennes qui gouvernent. Terrible métier, pareil à celui de l'homme qui, suspendu aux rochers à pic, recueille la criste marine! terrible métier que d'être réduit à caresser et à flatter une soldatesque insolente. Pour moi, si j'étais en Angleterre et en verve satirique, j'essaierais de mesurer mes forces contre ces janissaires et de leur montrer ce que c'est qu'une lutte intellectuelle.

LXII.

Je me flatte de connaître un coup ou deux qui les forceraient à découvrir leur flanc... Mais je ne veux pas perdre mon temps à m'occuper d'aussi menu fretin : au fond, je n'ai pas la bile nécessaire ; mon caractère n'est point porté à la rigueur, et le témoignage le plus fort du mécontentement de ma muse est un sourire ; puis elle tire une courte révérence à la mode, et s'éloigne bien certaine de n'avoir fait aucun mal.

LXIII.

Mon Juan, que j'ai laissé en grand péril, au milieu des poëtes du jour et des bas-bleus, traversa, non sans quelque profit, ce champ si stérile. Fatigué à temps, il s'éloigna, avant d'avoir été trop maltraité, d'un théâtre où il n'était ni le moindre ni le dernier; alors il s'éleva dans une sphère plus gaie et prit place parmi les hautes intelligences de l'époque en vrai fils du soleil, non comme une vapeur, mais comme un rayon.

LXIV.

Il consacrait sa matinée aux affaires... et disséquées, ce n'étaient, comme toutes les affaires, que des riens laborieux qui engendrent la lassitude, ce vêtement empoisonné qui pèse sur nous comme la tunique de Nessus, nous étend épuisés sur notre sopha, et nous fait parler avec une languissante horreur de notre dégoût pour toute espèce de travail, s'il ne s'agissait du bien de la patrie... laquelle n'en va pas mieux pour cela, quoiqu'il en soit grandement temps.

LXV.

Ses après-midi se passaient en visites, en collations, à flâner, à boxer; et vers le soir il montait à cheval pour faire le tour de ces caisses végétales que l'on appelle « parcs » et qui ne contiennent pas assez de fruits ou de fleurs pour le repas d'une abeille; mais après tout, ces bosquets, comme dit Moore, sont le seul endroit où la beauté fashionable puisse faire connaissance avec le grand air.

LXVI.

Puis vient la toilette, puis le dîner ; puis le beau monde s'éveille !

(1) *Pistol* est un personnage comique du *Henri IV* de Shakespeare; quant à Rowley, peut-être faut-il reconnaître ici Chatterton qui, sous le pseudonyme de ce vieux moine, a publié des poésies anglo-saxonnes.
(2) M. Bryan, auteur d'esquisses dramatiques publiées sous le nom de Barry Cornwall, a été qualifié par un critique de *Byron moral*.

C'est alors que brillent les réverbères, que tourbillonnent les roues ; alors à travers rues et squares, volent et résonnent les carrosses, vrais météores attelés; alors sur le parquet la craie imite la peinture ; les guirlandes se déploient sur les lambris; les tonnerres de bronze ébranlent les portes, qui s'ouvrent pour un millier de personnes, le petit nombre des élus de ce paradis terrestre d'or moulu.

LXVII.

Là se tient la noble hôtesse ; elle ne cède point après trois mille révérences. La valse, la seule danse qui ouvre l'intelligence des jeunes filles, a son trône dans ce sanctuaire et y fait adorer jusqu'à ses défauts. Salon, chambre, grande salle, tout est plein, tout déborde; et les derniers venus font queue sur l'escalier avec les royales altesses, chacun gagnant un pouce de terrain à la fois.

LXVIII.

Trois fois heureux celui qui, après avoir jeté un coup d'œil sur cette belle compagnie, peut s'emparer d'un coin, d'une porte en dedans, ou d'un boudoir au-dehors. Là, s'installant comme un petit Trilby, il peut tout contempler en homme triste, moqueur, approbateur ou simple spectateur, bâillant quand la nuit s'avance.

LXIX.

Mais celui qui, comme don Juan, a pris un rôle actif, doit naviguer avec précaution au milieu de cette mer étincelante de pierreries, de plumes, de perles et de soie, jusqu'à l'endroit où sa place est marquée: tantôt s'allanguissant à la suave harmonie d'une valse, tantôt d'un pas plus fier et d'un jarret digne de Mercure, se signalant où la Science elle-même a formé son quadrille.

LXX.

S'il ne danse pas, et qu'il ait des vues plus hautes sur une riche héritière ou sur la femme de son voisin, qu'il n'ait garde de laisser percer trop clairement ses intentions. Plus d'un galant trop pressé s'est repenti de sa précipitation : l'impatience est un guide tompeur, parmi des gens éminemment réfléchis et qui mettent de la circonspection jusque dans leurs folies.

LXXI.

Mais tâchez de vous placer à côté d'elle à souper ; ou , si vous avez été prévenu, mettez-vous en face et jouez de la prunelle... O moments d'ambroisie ! dont l'idée envahit toute l'intelligence : sorte de lutin sentimental que la mémoire porte incessamment en croupe, ombre des plaisirs d'autrefois, maintenant évanouis ! Des âmes tendres ont peine à redire quel flux et reflux d'espérances et de craintes peut soulever un seul bal.

LXXII.

Mais ces avis prudents ne s'adressent qu'au commun des mortels, tenus d'être dans leurs poursuites circonspects et vigilants, car un mot de trop ou de moins peut bouleverser tous leurs plans. Je ne parle pas au petit nombre au grand nombre (car la dose quelquefois varie) de ceux à qui leur bonne mine, surtout quand elle est nouvelle, leur célébrité, leur réputation d'esprit, de valeur, de raison ou de déraison, donnent licence de faire ce qu'il leur plaît.

LXXIII.

Notre héros, en sa qualité de héros, jeune, beau, noble, riche, célèbre et de plus étranger, dut, comme tout autre captif, payer sa rançon avant d'échapper aux nombreux dangers qui assiégent un homme en vue. En fait de fléaux et d'ennuis, quelques personnes citent la poésie, une maison en désarroi, la laideur, la maladie : je voudrais que ces gens-là connussent la vie de nos lords en herbe.

LXXIV.

Ils sont jeunes, mais n'ont point de jeunesse... ils l'ont devancée; beaux mais usés, riches sans un sou, leur vigueur se dissipe au hasard. Un juif leur avance des fonds et leur fortune va tout entière à un juif. L'un et l'autre sénat voient leurs votes nocturnes partagés entre les suppôts d'un tyran et la bande d'un tribun ; et, quand ils ont bien voté, dîné, bu, joué et paillardé, le caveau de la famille s'ouvre pour recevoir un lord de plus.

LXXV.

« Où est le monde ! » s'écriait Young à l'âge de quatre-vingts ans... « Où est le monde au milieu duquel je suis né ? » Hélas! où est le monde d'il y a huit ans ? Il était là... je le cherche... il a disparu, comme un globe de verre brisé, réduit en poudre, évanoui, invisible. Hommes d'État, capitaines, orateurs, reines, patriotes, rois et dandies... tout est parti sur l'aile des vents.

LXXVI.

Où est Napoléon-le-Grand? Dieu le sait. Où est Castlereagh-le-Petit? Demandez-le au diable. Où sont Grattan, Curran, Sheridan, tous ceux qui enchaînaient le barreau ou le sénat à la magie de our parole? Où est la malheureuse reine avec toutes ses douleurs? Où est sa fille, la bien-aimée de nos îles? Où sont les saints martyrs, les cinq pour cent? Et où... oui, où diable sont les fermages?

LXXVII.

Où est Brummel?... Enfoncé. Où est Long-Pole Wellesley?... Descendu. Où sont Whitbread, Romilly, Georges III... et le testament de ce dernier (qui ne sera pas de sitôt déchiffré)? Puis où est Geordy IV, notre paon impérial? Il est allé en Ecosse, se faire jouer sur le violon l'air : « Gratto-moi, je te gratterai. » Voilà six mois que se prépare cette scène de royal prurit et de chatouillement royaliste.

LXXVIII.

Où est mylord un tel? et mylady une telle? et les honorables mistresses et misses?... Quelques-unes mises à la réforme comme un vieux chapeau d'opéra, mariées, démariées, remariées. Où sont les acclamations de Dublin... et les sifflets de Londres? Où sont les Grenville?... Girouettes, comme de coutume... Et nos amis les whigs? Au point juste où ils en étaient.

LXXIX.

Où sont les lady Caroline et Frances?... Divorcées ou plaidant pour l'être. Brillantes annales, où l'on trouve la liste des raoûts et des bals... Morning-Post, seul mémorial des panneaux brisés de nos équipages et de toutes les fantaisies de la mode... dites-nous quelles ondes remplissent aujourd'hui ces canaux. Les uns meurent, d'autres s'échappent; quelques-uns languissent sur le continent, parce que la rigueur du temps leur a laissé à peine un seul tenancier.

LXXX.

Quelques-uns, qui baissaient pavillon devant certains ducs prudents, ont fini par embrasser le parti de leurs frères cadets (1); des héritières ont mordu à l'hameçon d'un roué; des vierges sont devenues épouses ou se sont contentées d'être mères; d'autres ont perdu leur fraîcheur et leurs charmes ; bref, ce sont des changements à ne pas finir. Il n'y a dans tout cela rien d'étrange, mais ce qui l'est un peu plus, c'est l'extraordinaire rapidité de ces mutations si ordinaires.

LXXXI.

Ne me parlez pas de vivre soixante-dix ans; en sept ans j'ai vu, depuis le monarque jusqu'au plus humble individu qui soit sous le ciel, plus de changements qu'il n'en faudrait pour remplir honnêtement l'espace d'un siècle. Je savais que rien n'est durable ici-bas; mais le changement lui-même est devenu trop changeant : il n'y a rien de permanent dans la nature humaine, si ce n'est les whigs qui n'arrivent jamais au pouvoir.

LXXXII.

J'ai vu Napoléon, qui semblait un vrai Jupiter, tomber comme Saturne. J'ai vu un duc (peu importe lequel) devenir un homme d'Etat plus stupide, s'il est possible, que sa face de carton. Mais il est temps que je hisse un autre pavillon et que je vogue sur d'autres mers... J'ai vu... et j'en frémis... le roi sifflé, puis applaudi : je ne prétends pas décider lequel était le plus juste.

LXXXIII.

J'ai vu les propriétaires n'avoir plus un liard à eux ; j'ai vu Joanna Southcote... j'ai vu la chambre des communes transformée en une machine à impôts... J'ai vu le triste procès de la feue reine... J'ai vu des couronnes sur la tête des fous... J'ai vu un congrès ne faire que des bassesses... J'ai vu des nations, comme des ânes surchargés, jeter bas leurs fardeaux... c'est-à-dire leurs maîtres.

LXXXIV.

J'ai vu de petits poètes et de grands prosateurs, et des orateurs interminables... mais non pas éternels ; j'ai vu les fonds publics luttant contre les maisons et les terres; j'ai vu les propriétaires fonciers devenir claqueadours ; j'ai vu le peuple foulé comme du sable par des esclaves à cheval ; j'ai vu les liqueurs fermentées échangées par John Bull contre des « boissons légères » ; j'ai vu enfin John Bull à moitié convaincu qu'il n'est qu'un sot.

LXXXV.

Mais *carpe diem*, ô Juan, *carpe, carpe* (2)! Demain verra une autre race aussi gaie, aussi éphémère et dévorée par les mêmes harpies. « La vie est un pauvre drame, » dit Shakespeare ; en ce cas, jouez votre rôle, manants ! et surtout veillez beaucoup moins à ce que vous faites qu'à ce que vous dites : soyez hypocrites, soyez circonspects, soyez toujours, non tels que vous paraissez, mais tels que vous voyez les autres.

(1) Allusion à Wellesley le whig et à son frère Wellington, chef des tories
(2) Profite des instants, *Horace*.

LXXXVI.

Comment faire pour raconter dans les chants suivants ce qui advint à mon héros, au sein de ce pays faussement prôné comme éminemment moral ?... Mais je m'arrête, car il ne me convient pas d'écrire une *atlantide* (1) ; mais il serait bon de convenir une fois pour toutes, mes chers compatriotes, que vous n'êtes point une nation morale : vous le savez sans l'avis d'un poète trop sincère.

LXXXVII.

Ce que Juan vit et ce qui lui arriva, je le dirai plus tard, sans sortir bien entendu des limites imposées par la décence. N'oubliez pas d'ailleurs que cet ouvrage est une pure fiction, et qu'il n'y est question ni de moi ni des miens, ce qui n'empêchera pas maint scribe de découvrir, dans les moindres tournures de phrase, des allusions auxquelles je n'ai jamais songé. Ne doutez cependant pas d'une chose : quand je veux parler, je m'insinue pas, je nomme.

LXXXVIII.

Si Juan épousa la troisième ou la quatrième fille de quelque prudente comtesse en quête de maris, ou si choisissant quelque vierge mieux douée (à savoir des faveurs matrimoniales de la fortune) , il se mit à travailler régulièrement à la population du globe, dont notre légitime et redoutable hymen est la source... ou s'il se vit attaqué en justice pour avoir trop disséminé ses hommages...

LXXXIX.

C'est ce que le temps nous dévoilera. Tel que tu es, pars, ô mon poème ! Je gage ton contenu, contre la même quantité de vers, que tu seras attaqué autant qu'ouvrage sublime le fut jamais, par ceux qui se plaisent à dire que le blanc est noir. Tant mieux !... je puis être seul contre tous , mais je n'échangerais pas mes libres pensées contre un trône.

CHANT XII.

I.

Le moyen-âge le plus barbare est le moyen-âge de l'homme; c'est, je ne saurais dire quoi : nous flottons alors entre la sagesse et la folie, sans savoir ce que nous voulons. Cette période de la vie ressemble à une page sur vélin, en lettres gothiques : nos cheveux grisonnent; nous ne sommes plus ce que nous étions.

II.

Trop vieux pour la jeunesse... trop jeunes, à trente-cinq ans, pour nous amuser avec les enfants ou thésauriser avec les sexagénaires, on peut s'étonner que nous vivions encore ; mais comme de fait nous ne mourrons pas, c'est un vrai fléau que cette époque. Certain amour subsiste, bien qu'il soit trop tard pour prendre femme ; quant au reste, l'illusion a disparu ; et l'amour de l'or, notre idéal le plus pur, ne brille encore qu'à son aurore.

III.

Métal divin ! pourquoi appelons-nous les avares misérables (2)? A eux les voluptés toujours nouvelles ; à eux la seule ancre de salut, le seul câble-chaîne qui retienne tous les autres plaisirs , petits ou grands. Vous qui ne voyez qu'à table l'homme d'épargne, qui méprisez son sobre dîner comme n'étant pas même un repas et vous étonnez que le riche puisse tomber ainsi dans la parcimonie, vous ne savez pas quelles ineffables joies peut donner chaque rognure de fromage qu'on économise.

IV.

L'amour ou la luxure ruine le tempérament, et le vin plus encore; l'ambition épuise, le jeu ne procure que des pertes : mais amasser de l'argent, lentement d'abord, puis plus vite, ajouter toujours quelque chose à son trésor, à travers tous les mécomptes inséparables des choses de ce monde, voilà qui l'emporte sur tout. Roi des métaux, je te préfère encore au papier, qui fait du crédit d'une banque un bateau à vapeur.

V.

Qui tient la balance du monde? qui domine les congrès royalistes ou libéraux? Qui soulève, ô Espagno, tes patriotes sanschemise (lesquels font tant crier et jaser les gazettes de la vieille Europe)? Qui tient l'ancien et le nouveau monde en peine ou en joie ? Qui graisse les ressorts de toute politique ? Qui semble l'ombre audacieuse de Bonaparte ?... Le juif Rothschild et son confrère chrétien, Baring.

VI.

Tels sont, avec le libéral Laffite, les vrais souverains de l'Europe.

(1) Titre d'un ouvrage satirique de mistress Manley.
(2) En anglais *miser* veut dire avare.

Un emprunt n'est point seulement une spéculation : il affermit un peuple ou renverse un trône. Les républiques elles-mêmes suivent le torrent : les coupons de Colombie ont des porteurs connus à la Bourse, et ton sol d'argent lui-même, ô Pérou, se fait escompter par un juif.

VII.

Pourquoi donc appeler l'avare misérable? disais-je tout à l'heure : sa vie est frugale, chose qu'on a toujours louée dans un saint ou un cynique ; ce même motif assurerait la canonisation d'un ermite ; pourquoi donc blâmer les austérités de l'opulence ?... Parce que, dites-vous, rien ne lui impose une pareille épreuve... C'est en quoi son abnégation est surtout méritoire.

VIII.

L'avare seul est poète..... reflétée d'un morceau d'or à l'autre, sa passion pure se délecte dans la possession de ces trésors, dont la seule espérance pousse les nations à franchir l'abîme des mers : Pour lui les lingots d'or projettent leurs rayons hors de la mine obscure ; sur lui le diamant réfléchit ses feux éblouissants, tandis qu'à ses regards charmés les doux rayons de l'émeraude tempèrent l'éclat des autres pierreries.

IX.

Les terres des deux hémisphères sont à lui : le navire parti de Ceylan, de l'Inde ou du Cathay lointain, apporte pour lui seul des produits embaumés ; les routes gémissent sous le poids de ses chars comblés des présents de Cérès, et pour lui la vigne rougit comme les lèvres de l'aurore ; ses celliers mêmes pourraient servir de demeure aux rois, tandis que lui, sourd aux appels des sens, commande en maître, souverain intellectuel de toute chose.

X.

Peut-être a-t-il conçu de vastes projets : il veut fonder un collège, une course de chevaux, un hôpital, une église..... et laisser après lui quelque monument surmonté de sa mince effigie. Peut-être a-t-il projeté d'affranchir le genre humain à l'aide de ces métaux qui l'avilissent ; peut-être enfin ambitionne-t-il seulement d'être le plus opulent du pays, et de s'absorber dans les voluptés du calcul.

XI.

Mais que ce soient tous ces motifs ou l'un d'eux seulement, ou tout autre encore, qui constituent le principe d'action du thésauriseur, les insensés appelleront sa passion une maladie. Et la leur, qu'est-elle donc ? Examinez chacun de leurs actes : guerres, festins, amours..... tout cela procure-t-il à l'individu plus de bonheur que n'en donne le calcul minutieux des moindres fractions ? en résulte-t-il plus d'utilité pour l'espèce ? Pauvre avare ! Que les héritiers du dissipateur et les tiens décident entre ceux lequel fut le plus sage.

XII.

Qu'ils sont beaux ces rouleaux d'or! Qu'il est ravissant ce coffre-fort contenant des lingots, des sacs de dollars, des monnaies (non de vieux conquérants, dont les têtes et les armoiries pèsent moins encore que le mince métal où elles brillent), mais d'or de bon aloi, qui conservent, entourée d'un radieux exergue, quelque face régnante moderne, bien réelle, bien stupide, sterling enfin... Oui! l'argent comptant est la lampe d'Aladin.

XIII.

A la cour, dans les camps, aux bois, humble séjour,
L'amour règne en despote, et le ciel c'est l'amour.

Ainsi chante le poète, et il lui serait difficile de prouver son dire (comme généralement en toute matière poétique). Peut-être l'auteur a-t-il raison en ce qui concerne « l'humble séjour, » qui au moins rime avec « amour ; » mais je suis forte incliné à douter (autant que les propriétaires doutent de leurs fermages) que « la cour et les camps » aient des dispositions aussi sentimentales.

XIV.

Mais à défaut de l'amour, c'est l'argent, et l'argent seul qui y règne. L'argent règne dans les bois, et les abat qui plus est, sans argent les camps seraient mal peuplés, et il n'y aurait pas de cour ; sans argent Malthus nous prescrit de ne pas prendre femme. Ainsi l'amour, le despote est dominé par l'argent, comme les marées sont gouvernées par la vierge Cynthie. Quant à ceci : « Le ciel c'est l'amour, » pourquoi ne pas dire aussi le miel c'est la cire ? Le ciel n'est pas l'amour ; le ciel est le mariage.

XV.

Tout amour n'est-il pas interdit, sauf dans le mariage ? Celui-ci est bien une sorte d'amour en effet ; et pourtant les deux mots n'ont jamais désigné la même idée : l'amour peut et devrait toujours coexister avec le mariage, mais le mariage peut aussi exister sans amour. Quant à l'amour sans publication de bans, c'est un crime et une honte, et il devrait prendre un tout autre nom.

XVI.

Or, à moins que « la cour, les camps et l'humble séjour » ne se recrutent absolument que des maris fidèles, n'ayant jamais convoité le bien du voisin, je dis que le vers en question est un *lapsus calami* ; ce qui ne laisse pas d'être singulier dans mon *buon camerado* Scott, si célèbre pour sa moralité que mon ami Jeffrey me l'offrait en exemple... On vient d'en voir un échantillon.

XVII.

Fort bien, si je ne réussis pas maintenant, du moins j'ai réussi et cela me suffit. J'ai réussi dans ma jeunesse, seule époque de la vie où l'on ait affaire de succès ; et les miens m'ont valu ce que j'ambitionnais le plus : je n'ai pas besoin de le dire... ce prix, quel qu'il fût, je l'ai obtenu. Il est vrai que depuis peu j'ai porté la peine de mes triomphes ; mais je n'ai point appris à les maudire.

XVIII.

Ce procès en chancellerie... cet appel à une future argile, à des êtres qui ne sont pas nés encore, et que sur la foi de leurs facultés procréatrices, certaines gens baptisent du nom de postérité..... me semble comme appui un roseau bien fragile ; car certes la postérité ne connaîtra pas plus ces gens-là qu'ils ne la connaîtront.

XIX.

Mais moi-même je suis la postérité... et vous l'êtes aussi ; et qui sont ceux dont nous nous souvenons ? Il n'y en a pas cent. Si chacun écrivait ce noms qu'il se rappelle, le dixième ou le vingtième serait estropié ; Plutarque même, dans ses vies, n'en a recueilli qu'un petit nombre, et encore nos critiques ont-ils tenu à ce propos ; et au dix-neuvième siècle, Mitford, avec une franchise toute grecque, donne un démenti au bon vieux Grec.

XX.

Bonnes gens de tout étage, bénévoles lecteurs, auteurs impitoyables, sachez que, dans ce douzième chant, je me propose d'être aussi sérieux que si j'écrivais sous l'œil de Malthus et de Wilberforce... Ce dernier, qui vaut à lui seul un million de conquérants, a tenté d'affranchir les noirs ; tandis que Wellington enchaîne les blancs... Quant à Malthus, il fait la chose contre laquelle il écrit.

XXI.

Je suis sérieux... tous les hommes le sont sur le papier ; et qui m'empêcherait de fabriquer aussi mon système, et de présenter au soleil mon petit lumignon ? Le genre humain semble maintenant absorbé dans ses méditations sur les constitutions et les bateaux à vapeur, le tout également vaporeux ; et entre temps les sages écrivent contre toute procréation, à moins que l'homme ne calcule ses moyens pour nourrir les marmots, quand sa femme les aura sevrés : ô noble, ô romantique calcul !

XXII.

Pour moi, je pense que la « philo-génitivité » (voilà un mot tout-à-fait selon mon cœur, bien qu'il eu existe un beaucoup plus court, si la politesse ne défendait de s'en servir, et je suis résolu de ne rien dire de répréhensible)... je pense, dis-je, que la philo-génitivité devrait rencontrer chez les hommes un peu plus d'indulgence.

XXIII.

A nos affaires maintenant... O mon aimable Juan ! te voilà donc à Londres, dans ce lieu charmant où se brassent chaque jour tous les maux qui peuvent atteindre la bouillante jeunesse dans sa course aventureuse. Il est vrai que tu n'entres pas, toi, dans une nouvelle carrière ; que tu n'es point novice dans ces poursuites fougueuses du jeune âge ; mais tu te trouves dans un pays nouveau que les étrangers ne peuvent jamais bien comprendre.

XXIV.

En consultant tant soit peu la diversité des climats, le chaud et le froid, les tempéraments ardents ou calmes, je pourrais, comme un primat, lancer mes mandements sur l'état social du reste de l'Europe ; mais, ô Grande-Bretagne, de tous les pays où pénètre la muse tu es celui sur lequel il est le plus difficile de rimer. Tous les pays ont leurs « lions ; » mais toi tu es une superbe ménagerie.

XXV.

Mais je suis dégoûté de politique. *Paulo majora canamus* (1). Juan, peu curieux de tomber dans un piège, avait effleuré la glace comme un habile patineur ; quand il s'ennuyait de ce jeu, il folâtrait sans se compromettre avec quelqu'une de ces belles créatures qui mettent leur orgueil à vous *tantaliser* innocemment, et détestent tout dans le vice, sauf sa réputation.

(1) Chantons des choses un peu plus élevées. *Virgile.*

XXVI.

Mais elles sont en petit nombre, et finissent toujours par quelque diabolique escapade qui prouve que les consciences les plus pures peuvent se tromper de route dans les sentiers neigeux de la vertu, et alors on s'étonne, comme si une nouvelle ânesse venait de parler à Balaam, et les propos subtils comme le vif argent courent de langues en oreilles, et tout se termine (remarquez-le bien) par cette réflexion charitable : « Qui l'eût cru ? »

XXVII.

La petite Leïla, avec ses yeux orientaux, son asiatique taciturnité (qui voyait toutes les choses d'Occident avec peu de surprise, grand sujet de surprise à son tour pour les gens de condition qui s'imaginent que toute nouveauté est un papillon livré à la poursuite des oisifs); Leïla, avec sa figure charmante et son histoire romanesque, devint une sorte de mystère fashionable.

XXVIII.

Les femmes se montrèrent partagées d'opinion... selon la coutume du beau sexe dans les grandes comme dans les petites choses. N'allez pas croire, séduisantes créatures, que mon dessein soit de vous calomnier en masse... je vous ai toujours plus aimées que je n'en ai l'air; mais comme je suis devenu moral, je dois vous accuser toutes de parler beaucoup plus qu'il ne faut. Ce fut donc alors parmi vous une émotion générale à propos de l'éducation de Leïla.

XXIX.

Vous étiez d'accord sur un point... et vous aviez raison en cela : c'est qu'une jeune et gracieuse enfant, belle comme son pays natal, transplantée sur de lointains rivages, dernier bouton de sa race, quand même notre don Juan resterait maître de lui pendant cinq, quatre, trois ou deux ans, serait beaucoup mieux élevée sous les yeux de paieresses ayant passé le temps des folies.

XXX.

Ce fut donc une généreuse émulation, une concurrence universelle à qui entreprendrait l'éducation de l'orpheline. Comme Juan était une personne de haut rang, c'eût été lui faire injure que parler de souscription ou de pétition; mais il se forma un comité composé de seize douairières et de dix savantes célibataires, dont l'histoire appartient au moyen-âge de Hallam ;

XXXI.

Plus deux ou trois épouses dolentes, séparées de leur mari sans qu'un seul fruit parût leur rameau desséché. Ces dames demandèrent à former la jeune fille et à la produire... c'est le mot consacré pour exprimer la présentation d'une vierge dans un raout où elle vient étaler sa première rougeur et ses perfections; et je vous assure que la première « saison » d'une jeune fille a toute la douceur du miel vierge, surtout quand elle a des espèces.

XXXII.

Voyez tous les indigents et honorables messieurs, les lords aux coudes percés, les dandies sans ressource, les mères vigilantes, les sœurs attentives (car les sœurs, pour le dire en passant, quand elles sont habiles, réussissent mieux que les hommes de la famille à cimenter ces unions où l'or reluit); voyez tous ces gens-là, semblables à des mouches qui bourdonnent autour d'un pain de sucre, dresser rapidement leurs batteries autour de la fortune personnifiée dans cette jeune personne, et l'enivrer de valses et de flatteries !

XXXIII.

Chaque tante, chaque cousine a sa spéculation ; que dis-je ? les dames mariées mettent quelquefois dans la passion un tel désintéressement que j'en ai vu courtiser une héritière pour le compte de leur mari. Tantæne ! Telles sont les vertus du grand monde dans cette île fortunée où l'on se tire d'affaire par *Dover* ou par *dorer* (1) Et souvent la pauvre fille riche, objet de ces sollicitudes, en est à regretter que son père n'ait pas laissé d'héritiers mâles.

XXXIV.

Les unes sont bientôt dans le sac, les autres rejettent trois douzaines d'aspirants. Il est beau de les voir semant autour d'elles les refus, et désappointant mainte cousine irritée, amies du parti proposé, lesquelles commencent à formuler ces accusations : « Si miss une telle n'avait pas l'intention de prendre le pauvre Frédéric, pourquoi a-t-elle consenti à lire ses billets? pourquoi valser avec lui ? pourquoi, je vous prie, dire oui hier soir, et non ce matin ? »

XXXV.

« Pourquoi ?... pourquoi ?... D'ailleurs Fritz lui était véritablement attaché; ce n'était pas pour sa fortune, il en a bien assez. Un temps viendra sans doute où elle regrettera de n'avoir pas saisi une si bonne occasion ; mais la vieille marquise avait machiné quelque plan; demain au raout j'en veux dire un mot à Auria: après tout, le pauvre Frédéric pourra trouver mieux..... Dites-moi, avez-vous lu la réponse qu'elle a faite à sa lettre ? »

XXXVI.

De pimpants uniformes, des blasons couronnés sont dédaignés tour-à-tour, jusqu'à ce que l'heure arrive après des pertes irréparables de temps, de cœurs et de paris en faveur des plus habiles râfleurs de dots opulentes : alors la gentille créature prend pour époux un militaire, un écrivain ou un maquignon, et l'escouade des pauvres dédaignés se console en voyant ce triste choix.

XXXVII.

Parfois en effet, cédant de guerre lasse aux importunités, la jeune personne accepte un poursuivant de longue date, ou bien (ce qui peut-être arrive plus rarement) elle tombe en partage à un homme qui ne la recherchait nullement. Un veuf maussade, ayant passé la quarantaine, est sûr (si l'on peut conclure d'après les exemples) de gagner le gros lot ; et de quelque manière qu'il l'ait obtenu, je ne vois là rien de plus étrange que dans l'autre loterie.

XXXVIII.

Moi-même... (c'est un exemple moderne de plus, et en vérité, c'est dommage, grand dommage que ce soit vrai) je me suis vu choisi entre vingt adorateurs, quoique je fusse plus avancé en âge qu'en sagesse. Je m'étais bien réformé avant que l'hymen fît un seul être de ceux qui bientôt devaient redevenir deux, et néanmoins je ne démentirai pas le généreux public, qui déclara que la jeune dame avait fait un choix monstrueux.

XXXIX.

Oh! pardonnez-moi mes digressions... ou du moins ne jetez pas le livre! Je ne disserte jamais que dans un but moral ; c'est le bénédicité avant le repas. Comme une vieille tante, un ami ennuyeux, un tuteur rigide ou un prêtre zélé, ma muse se propose, dans ses exhortations, de réformer tous le long du repas, en tout temps et en tout lieu : c'est ce qui donne à mon Pégase cette allure solennelle.

XL.

Mais maintenant je vais devenir immoral : je me propose de montrer les choses telles qu'elles sont, et non telles qu'elles devraient être; car, je l'avoue, à moins de voir clairement la réalité, nous ne tirerons jamais parti de cette vertueuse charrue qui glisse sur notre sol, égratignant à peine la noire argile fumée par le vice, dans l'unique intention de maintenir le prix de son blé.

XLI.

Mais nous disposerons d'abord de la petite Leïla ; car elle était jeune et pure comme l'aube d'un beau jour, ou, comme ce vieux terme de comparaison la neige, qui est en réalité plus pure qu'agréable. Semblable à bien des gens que tout le monde connaît, don Juan fut charmé de trouver pour sa jeune protégée une vertueuse protectrice; car la liberté lui eût été peu profitable.

XLII.

En outre, il avait compris qu'il n'était pas fait pour le rôle de tuteur (je voudrais que certains autres fissent la même découverte); il n'était pas fâché de rester neutre en semblable matière ; car les fautes des pupilles rejaillissent sur ceux qui les dirigent. Lors donc qu'il vit tant de vénérables dames solliciter l'honneur d'apprivoiser sa petite sauvage d'Asie, d'après l'avis de la « Société pour la suppression du vice, » il fixa son choix sur lady Pinchbeck.

XLIII.

Elle était vieille... mais elle avait été très jeune; elle était vertueuse... et l'avait toujours été, je pense; et pourtant le monde est si médisant que... Mais j'ai l'oreille trop chaste pour accueillir une seule syllabe répréhensible; dans le fait, rien ne m'afflige comme le caquetage, cette abominable pâture ruminée par le bétail humain.

XLIV.

D'ailleurs j'ai remarqué (notez qu'en matières décentes j'étais autrefois un passable observateur); j'ai remarqué, dis-je, et à moins d'être un sot chacun a pu en faire autant, que les dames qui se sont émancipées dans leur jeunesse, outre leur connaissance du monde et la conscience qu'elles ont des funestes conséquences d'un faux pas, sont habiles à prémunir contre les dangers que ne connaîtront jamais des âmes inaccessibles à toute passion.

XLV.

Pendant que la prude rigide dédommage sa vertu en raillant les passions qu'elle ignore et qu'elle envie, cherchant beaucoup moins à vous sauver qu'à vous nuire et même à vous discréditer aux yeux

---

(1) Jeu de mots intraduisible sur *Dover*, ville, et *dower*, dot.

du monde... la femme expérimentée est indulgente; elle gagne votre confiance par de douces paroles, vous conjure de réfléchir avant de vous lancer et vous explique en détail le début, la fin et le milieu de cette grande énigme, l'épopée de l'amour.

XLVI.

Soit par cette raison, soit qu'elles aient plus de vigilance en sentant davantage le besoin, je crois qu'on peut affirmer, d'après l'exemple de bien des familles, que les jeunes personnes dont les mères ont connu le monde par expérience, et non par les livres seuls, sont plus propres à figurer au marché de l'hymen, à ce Smithfield des vestales, qu'étant été élevées par des prudes sans cœur.

XLVII.

J'ai dit que lady Pinchbeck avait fait parler d'elle... de quelle femme n'a-t-on pas parlé pour peu qu'elle fût jeune et jolie? Mais le fantôme de la médisance avait cessé de rôder autour d'elle : on ne la citait plus que pour son esprit et son amabilité, et l'on avait retenu plusieurs de ses bons mots; puis elle était humaine et charitable, et passait (du moins dans les dernières années de sa vie) pour une épouse exemplaire.

XLVIII.

Altière dans les hauts cercles, affable dans le sien, elle réprimandait doucement la jeunesse, toutes les fois que celle-ci montrait une funeste disposition à l'erreur; c'est-à-dire qu'elle la réprimandait chaque jour: on ne saurait dire tout le bien qu'elle faisait ; du moins le rapporter serait allonger beaucoup mon récit. Bref la petite orpheline d'Orient lui avait inspiré un intérêt sans cesse croissant.

XLIX.

Juan était également dans ses bonnes grâces, parce qu'au fond elle lui croyait un bon cœur, un peu gâté mais non totalement corrompu, ce qui certes était surprenant, si l'on considère les vicissitudes qu'il avait subies et dont il pouvait à peine se rendre compte. Ce qui aurait suffi pour en perdre tant d'autres n'avait point eu cet effet sur lui, du moins complétement..... car dès sa jeunesse il avait passé par trop d'épreuves pour qu'aucune pût le surprendre.

L.

De pareilles vicissitudes vont bien à la jeunesse ; viennent-elles dans un âge plus mûr, on s'en prend à la destinée, et l'on s'étonne que la Providence ne soit pas plus sage. L'adversité est la première route du vrai; celui qui a connu la guerre, les tempêtes ou les fureurs de la femme, qu'il compte dix-huit ou quatre-vingts hivers, a conquis l'inestimable expérience.

LI.

Jusqu'à quel point il en profite, c'est une autre question... Notre héros vit avec joie sa petite protégée en sûreté sous l'aile d'une dame dont la fille cadette était depuis longtemps mariée et par conséquent loin de la maison, ce qui permettait à la mère de transférer à une autre toutes les perfections dont elle avait orné sa progéniture,

comme se transmet le yacht du lord maire, ou comparaison plus poétique, comme la conque de Cythérée.

LII.

J'appelle cela transmission, car il est un niveau flottant de talents et de grâces qui passe de miss en miss, selon les plis du cerveau et la courbe de l'échine. Les unes valsent, d'autres dessinent ; celles-ci sondent l'abime de la métaphysique, celles-là se bornent à la musique ; les plus modérées brillent par l'esprit, pendant que d'autres ont le génie enclin aux attaques nerveuses.

LIII.

Mais que les nerfs, l'esprit, le piano, la théologie, les arts ou les corsets constituent pour le moment l'hameçon présenté aux gentlemen ou aux lords légitimes, l'année expirante transmet son bagage à celle qui naît ; les regards des hommes et les éloges dus à la suprême élégance et cœtera sont réclamés par de nouvelles fournées de vestales..... toutes créatures sans pareilles, qui ne demandent qu'à s'appareiller.

LIV.

Maintenant j'en viens à mon poème. On trouvera peut-être bizarre, sinon tout-à-fait neuf, que depuis le premier chant jusqu'ici, je n'aie pas encore véritablement entamé mon sujet : ces douze premiers livres ne sont que de simples fioritures, des préludes, pour essayer une ou deux cordes de ma lyre ou pour en raffermir les chevilles ; cela fait, vous allez entendre l'ouverture.

LV.

Mes muses se soucient, comme d'une pincée de colophane, de ce qu'on nomme succès ou insuccès : de pareilles pensées sont tout-à-fait au-dessous du vol qu'elles ont pris ; leur but est de donner « une grande leçon morale. » Je croyais, en commençant, qu'environ deux douzaines de chants suffiraient ; mais à la requête d'Apollon, si mon Pégase n'est pas éreinté, je pourrai bien sans effort atteindre la centaine.

LVI.

Don Juan vit ce microscome sur échasses qu'on

Ils virent Berlin, Dresde, jusqu'à ce qu'ils fussent arrivés sur les rives châtelées du Rhin.

appelle le grand monde, et qui est certes le plus petit, bien que le plus haut juché : mais de même que le glaive a une époque qui accroît sa puissance homicide, de même le monde inférieur doit toujours obéir au monde supérieur, lequel est du premier la poignée, la lune, le soleil, le gaz, la chandelle à deux liards.

LVII.

Il avait beaucoup d'amis ayant femme, et se trouvait bien vu des deux conjoints, jusqu'à ce degré d'amitié qui peut s'accepter ou non, sans qu'il en résulte ni bien ni mal, ces relations n'ayant d'autre but que d'employer les carrosses des gens du monde et de les réunir et d'avoir des soirées par billets d'invitation. Grâce aux mascarades, aux fêtes et aux bals, pour la première saison, cette vie a son charme.

LVIII.

Avec un nom et de la fortune, un jeune célibataire a un rôle emarrassant à jouer; car la bonne société n'est qu'un jeu que l'on eût comparer au « jeu royal de l'oie, » où chacun a un but distinct, un objet en vue ou un plan à dresser... les demoiselles cherchent se doubler, les femmes mariées à éviter bien de la peine aux eunes filles.

LIX.

Je ne dis pas que cela soit général; mais on en voit des exemples. Quelques vierges néanmoins se tiennent droites comme des peupliers, avec de bons principes pour racines; mais beaucoup ont une méthode plus réticulaire... et « pêchent aux hommes » comme des irènes mélodieuses. Parlez six fois à la même demoiselle, et vous pouvez commander les habits de noce.

LX.

Peut-être recevrez-vous une lettre de la mère pour vous dire que les sentiments de sa fille ont été surpris; peut-être un frère à carrure, à corset et à favoris, viendra-t-il vous demander « quelles sont vos intentions. » De manière ou d'autre le cœur de la vierge serré sur votre main; et touché de pitié pour elle et pour vous-même, vous ajouterez un nom à la liste des cures matrimoniales.

LXI.

J'ai vu bâcler ainsi une douzaine de mariages, dont plusieurs de la plus haute volée. J'ai connu aussi de jeunes hommes qui... dédaignant de discuter des prétentions qu'ils n'avaient jamais songé à manifester, et ne se laissant effrayer ni par des caquets de femmes, ni par une paire de moustaches, sont restés seuls et tranquilles et ont vécu, ainsi que la belle inconsolable, beaucoup plus heureux que si l'hymen eût joint leurs destinées.

LXII.

Il existe aussi chaque soir, pour les novices, un péril... moins grand, il est vrai, que l'amour et le mariage, mais qu'il n'en faut pas moins éviter: c'est..... Mon intention n'est point et n'a jamais été de déprécier l'apparence de la vertu, même dans les gens vicieux..... elle leur donne au moins la grâce extérieure..... Je veux seulement signaler cette espèce amphibie de courtisanes

Don Juan vit les premières beautés d'Albion.

couleur de rose, c'est-à-dire ni blanches ni rouges.

LXIII.

Telle est la froide coquette qui ne sait pas dire « non ! » et ne veut pas dire « oui ! » mais qui vous laisse au large et sous le vent, jusqu'à ce que la brise commence à fraîchir, puis rit sous cape du naufrage de votre cœur. Telle est la source de tout un monde de douleurs sentimentales; voilà ce qui, chaque année, plonge de nouveaux Werthers dans une tombe prématurée. Mais tout cela n'est qu'un innocent badinage; ce n'est pas tout-à-fait de l'adultère, c'est seulement de l'adultération.

LXIV.

Grands dieux ! que je deviens bavard ! Jasons donc. Le péril qui vient après celui-là, mais le plus redoutable, à mon avis, c'est lorsque, sans égard pour l'Eglise et l'Etat, une femme mariée fait ou se laisse faire sérieusement l'amour. A l'étranger, ces accidents décident rarement du destin d'une femme (c'est là, ô voyageur, une vérité que tu apprends aisément)... mais dans la vieille Angleterre, si une jeune épouse manque à ses devoirs, pauvre créature ! la faute d'Eve n'était rien auprès de la sienne.

LXV.

Car c'est un pays de cancans et de bassesse, de gazettes et de procès, où un jeune couple ne peut se lier d'amitié sans que le monde fasse tapage. Puis vient le jeu vulgaire de ces damnés dommages et intérêts. Un arrêt... douloureux pour qui le provoque... forme un triste complément aux romantiques hommages; sans compter ces agréables harangues des avocats, et ces dépositions de témoins qui divertissent les lecteurs.

LXVI.

Mais c'est un piège où ne tombent que de simples débutantes; un léger vernis d'hypocrisie a sauvé la réputation d'innombrables pécheresses de haut parage, les plus charmantes oligarques de notre gynocratie. On peut les voir à tous les bals et à tous les dîners, parmi la fleur de notre noblesse, toujours aimables, gracieuses, charitables et chastes..... c'est qu'elles ont du tact aussi bien que du goût.

LXVII.

Juan, qui n'était plus un novice, avait encore une autre sauvegarde: il était dégoûté..... non, ce n'est pas dégoûté que je veux dire... mais il avait pris une telle dose d'amour de première qualité, que son cœur était devenu moins sensible. Voilà tout ce que je voulais dire, sans déprécier en aucune façon l'île aux blanches falaises, aux blanches épaules, aux yeux bleus, aux bas plus bleus encore; terre de dîmes, de taxes, de créanciers et de portes bruyantes.

LXVIII.

Mais du sein des contrées romanesques, où c'est la mort et non un procès que la passion doit affronter, et où la passion elle-même a une pointe de délire, Juan, transporté encore jeune dans une société où l'amour n'est guère qu'une affaire de mode, lui trouvait un caractère moitié mercantile et moitié pédantesque, quelque estime qu'il pût avoir d'ailleurs pour cette nation toute morale. En outre (hélas ! pardonnez-lui et plaignez son manque de goût), il n'y trouva pas d'abord les femmes jolies.

LXIX.

Je dis: « d'abord »... car il reconnut à la fin, mais par degrés, qu'elles l'emportent de beaucoup sur les beautés les plus brillantes que fait éclore l'astre d'Orient: nouvelle preuve du danger de juger à la légère; et pourtant, s'il manquait de goût, ce n'est point faute d'expérience... la vérité est, si les hommes voulaient en convenir, que les nouveautés plaisent moins qu'elles ne frappent.

LXX.

Bien qu'ayant voyagé, je n'ai jamais eu le bonheur de remonter ces fleuves insaisissables de la noire Afrique, le Nil ou le Niger, jusqu'à l'inabordable Tombouctou, lieux où la géographie ne trouve personne qui veuille lui offrir une carte fidèle... car l'Europe trace en Afrique son sillon comme un bœuf paresseux ; mais si j'avais été à Tombouctou, on m'y eût sans doute appris que le noir est la couleur de la beauté.

LXXI.

Et cela est, en effet. Je ne jurerais pas que le noir est blanc ; mais je soupçonne qu'au fond le blanc est noir, et qu'il n'y a là qu'une question d'optique. Interrogez un aveugle, le meilleur juge en cette matière. Vous attaquerez peut-être cette nouvelle thèse... mais j'ai raison ; et si j'ai tort, je ne me rendrai qu'à la dernière extrémité. Il n'est pour l'aveugle ni nuit, ni aurore ; mais pour lui tout est noir ; et vous, que voyez-vous ?... Une douteuse étincelle.

LXXII.

Mais me voilà retombé dans la métaphysique, ce labyrinthe dont le fil est de la même nature que tous les remèdes pour la guérison des phthisiques, ces brillantes phalènes qu'on voit voltiger autour d'une flamme expirante. Cette réflexion me ramène au physique pur et simple. et aux charmes d'une beauté étrangère, comparés à ces perles pures et précieuses, véritables étés polaires, tout soleil, non sans quelque glace.

LXXIII.

Ou plutôt disons que ce sont de vertueuses sirènes, belles au-dessus de la ceinture, mais finissant en poissons..... non qu'il ne s'en trouve un certain nombre douées d'un respect fort honnête pour leur propre volonté. Comme les Russes au sortir d'un bain chaud se roulent dans la neige, elles sont vertueuses au fond, alors même qu'elles s'abandonnent au vice ; elles s'échauffent dans de voluptueux écarts, mais ont toujours en réserve le repentir.

LXXIV.

Mais ceci n'a rien de commun avec leur extérieur. Je disais donc qu'au premier abord, Juan ne les avait pas trouvées jolies ; car une belle Anglaise cache la moitié de ses attraits... sans doute par charité... elle aime mieux se glisser paisiblement dans votre cœur que de le prendre d'assaut, comme on s'empare d'une ville ennemie ; mais une fois qu'elle est dans la place (si vous doutez du fait, essayez-en, je vous prie), elle la garde pour vous en fidèle alliée.

LXXV.

Elle n'a point la démarche du coursier arabe, ou de la jeune Andalouse revenant de la messe ; elle n'a point dans sa toilette l'élégance française, et la flamme ausonienne ne brûle pas dans son regard ; sa voix, bien que douce, n'est point faite pour gazouiller ces airs de *bravoura* (auxquels je m'accoutume à peine, quoique j'aie passé sept années en Italie, et que j'aie ou que j'aie eu autrefois l'oreille assez musicale).

LXXVI.

Elle ne saurait faire ces choses, non plus qu'une ou deux autres, avec cette aisance et ce piquant qui sont sûrs de plaire..... pour donner au diable ce qui lui revient. Elle est un peu moins prodigue de sourires, et ne va pas jusqu'au bout dans une seule entrevue (chose pourtant très louable comme épargnant beaucoup de temps et de frais)... mais quoique le terrain exige du temps et des soins, étant bien cultivé, il peut vous payer avec usure.

LXXVII.

Et en effet, s'il lui arrive de s'éprendre d'une belle passion, je vous assure que c'est une chose fort sérieuse : neuf fois sur dix ce sera caprice, mode, coquetterie, envie de primer, orgueil d'un enfant tout fier de sa ceinture neuve, ou désir de faire saigner le cœur d'une rivale ; mais la dixième fois ce sera une tromhe, et dans ces cas, il n'est rien dont ces dames ne soient capables.

LXXVIII.

La raison en est évidente : s'il survient un éclat, elles sont bannies de leur caste et deviennent des parias ; et lorsque la loi, dans ses susceptibilités . a rempli les gazettes de mille commentaires, la société, cette porcelaine sans défaut (l'hypocrite !) les rejette de son sein comme Marius, et les envoie s'asseoir sur les ruines de leur faute ; car la réputation est une Carthage qu'on ne rebâtit point.

LXXIX.

Peut-être doit-il en être ainsi... c'est le commentaire de ce passage de l'Evangile : « Ne péchez plus, et vos péchés vous seront remis. »... Mais à cet égard, je laisse les saints solder entre eux leurs comptes. A l'étranger, quoique certainement on ait grand tort, une femme qui a failli trouve une porte ouverte pour revenir à la vertu... comme on appelle cette dame qui devrait toujours être accessible à tout le monde.

LXXX.

Pour moi, je laisse la question où je la trouve, sachant qu'une vertu si susceptible n'aboutit qu'à rendre les gens mille fois plus indifférents à son égard, et à leur faire moins peur du péché que de lui-même que de sa publicité. Quant à la chasteté, toutes les loi... mentées par les plus rigoureux légistes n'y contraindront jamais personne ; elles ne font qu'aggraver le crime qu'elles n'ont pu empêcher en jetant dans le désespoir des coupables qui peut-être se seraient repentis.

LXXXI.

Mais Juan n'était pas casuiste, et n'avait point médité les leçons morales données au genre humain ; d'ailleurs, de plusieurs centaines qu'il avait vues, il n'avait pas rencontré une seule femme complètement à son goût. Comme il était un peu blasé, rien d'étonnant à ce que son cœur fût maintenant plus difficile à entamer : bien que ses succès ne l'eussent pas rendu vain, sa sensibilité était évidemment amortie.

LXXXII.

En outre, de nouveaux spectacles avaient distrait son attention ; il avait visité le parlement et maint autre lieu ; il avait assisté dans une place privilégiée aux débats nocturnes où fulminaient des voix éloquentes maintenant muettes, alors que le monde entier fixait ses regards sur nos lumières du Nord dont l'éclat brillait jusqu'au pôle. Il avait aussi de temps en temps pris place derrière le trône ; mais Grey n'était pas encore, et Chatham n'était plus.

LXXXIII.

Toutefois, il avait vu, à la clôture de la session, ce spectacle majestueux, quand la nation est vraiment libre, ce spectacle d'un roi siégeant sur son trône constitutionnel, ce trône le plus glorieux de tous, bien que cette vérité doive être méconnue des despotes, jusqu'au jour où les progrès de la liberté auront complété leur éducation. Ce qui, dans un tel spectacle, frappe les yeux et le cœur, ce n'est pas la seule splendeur... c'est la confiance du peuple.

LXXXIV.

Là, il vit aussi (quel qu'il puisse être aujourd'hui) un prince, alors le prince des princes, riche d'espérances, à la fleur de l'âge, et déployant jusque dans ses saluts une fascination magique. Bien que le signe de la royauté fût écrit sur son front, il avait alors le mérite, rare en tout pays, d'être de la tête aux pieds, et sans mélange de fatuité, le type d'un gentleman accompli.

LXXXV.

Juan fut reçu, comme on l'a vu, dans la meilleure société ; et alors il lui advint ce qui, je le crains, arrive trop souvent, quelque modéré et paisible que l'on soit... ses talents, son charmant caractère, son air complétement distingué, l'exposèrent naturellement à des tentations, bien qu'il évitât avec soin toute occasion.

LXXXVI.

Mais quelles tentations, où, avec qui, quand et pourquoi ? Ce sont des questions auxquelles je ne puis répondre à la hâte ; et comme cet ouvrage a un but moral, quoiqu'on en dise. il est probable que les yeux d'aucun de mes lecteurs ne resteront secs ; car je harcellerai leur sensibilité jusque dans ses derniers retranchements, et j'élèverai, en fait de pathétique, le monument colossal, que le fils de Philippe se proposait de tailler dans le mont Athos.

LXXXVII.

Ici finit le douzième chant de notre introduction. Quand le corps du poème sera commencé, vous le trouverez tout différent de ce qu'on en dit ; à présent le plan se mûrit encore. Je ne puis, lecteur, vous contraindre à poursuivre ; c'est votre affaire et non la mienne ; un homme qui se respecte ne doit ni braver ni craindre.

LXXXVIII.

Et si ma foudre fait long feu quelquefois, rappelez-vous, lecteur. que je vous ai donné la plus terrible des tempêtes, et la plus belle des batailles qu'on ait jamais brassées à l'aide des éléments et du sang, sans compter le plus sublime des... Dieu sait quelles choses j'y ai mises encore ! un usurier n'en saurait exiger davantage. Mais mon meilleur chant, après celui qui traitera de l'astronomie, sera consacré à l'économie politique.

LXXXIX.

C'est pour là maintenant qu'on arrive à la popularité ; aujourd'hui qu'il ne reste à peine un échalas à la haie du domaine public, enseigner au peuple le moyen de la franchir, c'est faire acte de charité patriotique. Mon plan (mais je le tiens secret, ne fût-ce que pour me singulariser), mon plan sera très certainement goûté. En attendant, lisez tous les écrits des amortisseurs de la dette nationale, et dites-moi ce que vous pensez de ces grands penseurs.

CHANT XIII.

I.

Maintenant j'entends être grave..... il le faut bien, puisque de nos jours le rire paraît une arme dangereuse. On fait un crime à la vertu d'une plaisanterie qu'elle aura lancée contre le vice, et la critique la considère comme destructrice. D'ailleurs, le triste est une source de sublime, bien qu'un peu fatigant lorsqu'il se prolonge : mon poème va donc prendre l'aspect imposant et solennel d'un temple réduit à une seule colonne.

II.

Lady Adeline Amundeville (vieux nom normand que peuvent retrouver dans les généalogies ceux qui explorent les derniers champs de ce terrain gothique) était de haut lignage, riche des biens que son père lui avait laissés, et belle même dans cette île où la beauté abonde, dans cette Angleterre regardée avec raison par les patriotes comme le sol qui produit des modèles en corps et en âmes.

III.

Je ne contesterai pas, ce n'est pas mon affaire; je laisse à ces gens leur goût qui est sans doute le meilleur. Des yeux sont des yeux, et qu'ils soient bleus ou noirs, peu importe, pourvu qu'ils remplissent leur but; c'est sottise que disputer sur la couleur: les plus tendres doivent l'emporter. Le beau sexe doit toujours être beau, et nul homme, avant trente ans, ne doit supposer qu'il existe au monde une femme laide.

IV.

Et après cette époque sereine et tant soit peu stupide, cet ennuyeux passage à des jours tout-à-fait calmes, où notre lune n'est plus dans son plein, nous pouvons nous aventurer à critiquer ou à louer; car l'indifférence commence à endormir nos passions, et nous marchons dans les voies de la sagesse; tournure et visage nous disent qu'il est temps de céder la place aux plus jeunes.

V.

Il est des hommes, je le sais, qui voudraient reculer cette ère de la vie, résignant à regret leur poste, comme les gens en place: mais c'est pure illusion, car ils ont passé l'équateur de la vie, il leur reste encore le bordeaux et le madère pour arroser la sécheresse du déclin; ils ont aussi pour consolation les réunions de comté, le parlement, la dette publique, et je ne sais quoi encore.

VI.

Puis, n'ont-ils pas la religion, la réforme, la paix, la guerre, les impôts, et ce qu'on appelle la Nation, la lutte à qui sera choisi pour piloter dans la tempête, les spéculations agricoles et financières? N'ont-ils pas les joies d'une mutuelle haine, pour entretenir leur ardeur et occuper la place de l'amour qui n'est qu'une hallucination? Or, la haine est certainement le plus durable des plaisirs : on se presse d'aimer, on se déteste à loisir.

VII.

Ce bourru de Johnson, grand moraliste, déclarait ouvertement « qu'il aimait un franc haïsseur »... C'est la seule vérité dont on ait fait l'aveu depuis mille ans. Peut-être n'était-ce qu'une boutade de cet élégant vieillard... Pour moi, je ne suis qu'un simple spectateur, et je promène mes regards sur les palais et les chaumières, à peu près comme le Méphistophélès de Goethe.

VIII.

Mais je ne fais d'excès ni dans l'amour ni dans la haine, quoiqu'il n'en ait pas toujours été ainsi. Si je raille quelquefois, c'est que je ne puis m'en empêcher, et que de temps à autre mon vers s'en accommode. Je ne demanderais pas mieux que de redresser les torts des hommes, et au lieu de punir leurs crimes, je tenterais de les réprimer, si Cervantès, dans sa trop véridique histoire de don Quichotte, n'avait démontré l'inutilité de pareils efforts.

IX.

De toutes les histoires, c'est la plus triste... d'autant plus triste qu'elle fait sourire; son héros est dans le vrai, il ne veut que le droit: dompter les méchants, voilà son objet; combattre à forces inégales, voilà sa récompense; sa vertu seule constitue sa folie. Mais c'est un douloureux spectacle que celui de ses aventures..... et plus douloureuse encore est la morale que cette épopée de la réalité enseigne à tout ce qui pense.

X.

Redresser les injures, venger les opprimés, secourir la beauté, exterminer la félonie, lutter seul contre la ligue des forts, affranchir du joug étranger les nations sans défense... hélas! faut-il donc que de nobles desseins soient comme de vieilles ballades, destinés seulement à fournir matière à l'imagination, une plaisanterie, une énigme, un moyen bon ou mauvais d'arriver à la gloire? Et Socrate lui-même ne serait-il que le don Quichotte de la sagesse?

XI.

La chevalerie espagnole disparut devant la raillerie de Cervantès; il suffit de son rire pour abattre le bras droit de sa patrie... Depuis lors, les héros ont été rares en Espagne. Tant que le monde fut épris de la vaillance romanesque, il céda la palme à sa brillante phalange: l'œuvre de Cervantès a donc eu un résultat funeste, et toute sa gloire a été chèrement payée par la ruine de sa patrie.

XII.

Me voici encore dans mes vieilles lunes... les digressions; et elles me font oublier lady Adeline Amundeville, la plus fatale beauté que Juan eût jamais rencontrée, bien qu'elle ne fût ni méchante ni perfide; mais le piége fut tendu par la passion et la destinée (la destinée, excellente excuse pour notre volonté), et nos jeunes gens y furent pris... Comment auraient-ils pu échapper, je l'ignore : car je ne suis pas OEdipe, et la vie est un Sphinx.

XIII.

Je raconte l'histoire comme elle m'a été racontée, et ne me permets pas de hasarder une solution : « *Davus sum.* » Revenons maintenant au couple en question. La charmante Adeline, au milieu du gai bourdonnement du monde, était la reine abeille, le miroir de tout ce qu'il y a d'élégant : ses charmes faisaient parler tous les hommes et rendaient toutes les femmes muettes. Cette dernière circonstance était un miracle : il ne s'est point renouvelé depuis.

XIV.

Elle était chaste à désespérer l'envie, et mariée à un homme qu'elle aimait... homme connu dans les conseils de la nation, froid et tout-à-fait anglais ; imperturbable, bien qu'il sût agir avec vigueur au besoin, fier de lui-même et de sa femme : le monde ne pouvait rien articuler contre eux, et tous deux paraissaient tranquilles, elle dans sa vertu, lui dans sa hauteur.

XV.

Il advint que des affaires diplomatiques mirent fréquemment le lord en relation avec don Juan dans l'exercice de leurs fonctions respectives. Bien que réservé, et peu sujet à se laisser prendre à des dehors spécieux, la jeunesse de Juan, sa patience, ses talents, firent impression sur cet esprit altier, et jetèrent les bases de cette estime qui finit par faire de deux hommes deux amis.

XVI.

Lord Henry, circonspect comme on pouvait l'attendre de sa réserve et de son orgueil, était lent à juger les hommes... mais son jugement une fois porté sur un ami ou un ennemi, juste ou injuste, avait toute l'opiniâtreté de l'orgueil, dont le flot impérieux ne connaît point de reflux, et dans son amour comme dans sa haine, n'a d'autre guide que son bon plaisir.

XVII.

En conséquence, ses amitiés aussi bien que ses aversions, souvent très fondées, ce qui le confirmait encore davantage dans ses préventions, étaient irrévocables comme les lois des Perses et des Mèdes. Il n'avait pas dans ses sentiments ces étranges accès des affections communes, dans lesquels on se désespère de ce dont on devrait sourire, véritable fièvre tierce.

XVIII.

« Il n'est pas donné aux mortels de commander le succès; mais fais plus, Sempronius, ne le mérite pas » (1) ; et crois-moi, tu ne l'obtiendras pas moins. Sois circonspect, épi : l'occasion, et mets-la toujours à profit ; cède doucement quand la pression est trop forte. Quant à la conscience, sache seulement l'aguerrir : comme un cheval de course convenablement dressé, comme un boxeur bien préparé, elle fera ensuite de grands efforts sans fatigue.

XIX.

Lord Henry aimait à primer : il en est ainsi de la plupart des hommes, grands ou petits ; les plus chétifs trouvent encore un inférieur, le pensent du moins, sur lequel ils exercent leur domination ; car rien n'est plus lourd à porter que l'orgueil solitaire : c'est un poids accablant dont on se décharge généreusement sur les autres, tout en continuant soi-même de faire route à cheval.

XX.

L'égal de Juan par la naissance, le rang et la fortune, il ne pouvait réclamer ici aucune prééminence ; il l'emportait par l'âge, et aussi, croyait-il, par la supériorité de sa patrie... car les fiers Bretons ont la liberté de la langue et de la plume, liberté à laquelle visent toutes les nations modernes. Et lord Henry était grand orateur, peu de membres de la Chambre prolongeaient plus tard les débats.

XXI.

C'étaient là des avantages, et puis il se croyait... c'était son faible peut-être, mais il n'y avait pas grand mal à cela... il se croyait mieux que personne au fait des mystères de cour, ayant été ministre. Il aimait à enseigner ce qu'il avait appris ; il brillait surtout lorsque la politique s'embrouillait ; en un mot, il réunissait toutes les qualités, patriote toujours, homme d'État souvent.

XXII.

Il aimait pour sa gravité le charmant Espagnol ; peu s'en fallait qu'il ne l'honorât pour sa docilité, tant le jeune homme savait condescendre avec douceur et contredire avec une noble humilité. Notre lord connaissait le monde, et ne voyait aucune dépravation dans des fautes qui souvent indiquent la fertilité du sol, pourvu que les mauvaises herbes ne survivent pas à la première récolte.

XXIII.

Et puis ils s'entretenaient ensemble de Madrid, de Constantinople,

(1) Citation tronquée du Caton d'Addisson, qui dit: «Faisons plus, Sempronius, tâchons de le mériter.»

et autres lieux lointains, où les gens font toujours ce qu'on leur ordonne, ou s'ils font ce qu'ils ne devraient pas, le font avec une grâce étrangère. Ils causaient aussi de chevaux : Henry, comme la plupart des Anglais, était bon écuyer, et grand amateur des courses; et Juan, véritable Andaloux, savait conduire un cheval, comme les despotes un Russe.

XXIV.

Ainsi s'accrut leur intimité, dans les raouts de la noblesse, aux dîners diplomatiques, ou à d'autres encore; car don Juan, comme un frère de haut grade dans leur franc-maçonnerie, était bien avec les ministériels hors de place ou en place. Sur ses talents Henry n'avait aucun doute; ses manières révélaient le fils d'une noble mère, et chacun aime à faire preuve d'hospitalité envers un homme aussi bien élevé que bien né.

XXV.

Au square Trois-Etoiles... car ce serait violer toutes les convenances que de nommer les rues : les hommes sont si médisants, si portés à semer l'ivraie parmi le bon grain d'un auteur, si empressés de recueillir des allusions particulières et peu honorables, auxquelles on ne pensait pas! C'est pourquoi je prends la précaution de déclarer que l'hôtel de lord Henry était dans le square Trois-Etoiles.

XXVI.

Il y a encore une autre raison délicate qui m'impose l'anonyme au sujet des squares et des rues : il ne se passe guère une saison qui ne voie une trahison domestique frapper au cœur quelque grande famille... sorte de sujets que la médisance se plaît à mettre sur le tapis. Or, à moins de connaître d'avance les squares les plus chastes, il pourrait m'arriver par mégarde de tomber sur une des résidences frappées par le fléau.

XXVII.

Il est vrai que je puis choisir Piccadilly, endroit où les peccadilles sont inconnues; mais bonnes ou mauvaises, j'ai mes raisons pour laisser là ce sanctuaire de pureté. Je ne veux donc désigner nominativement ni square, ni rue, ni place, jusqu'à ce que j'aie trouvé un lieu qui ne soit connu par rien de déshonnête, un vrai temple de Vesta où règne l'innocence du cœur : tels sont..... mais j'ai perdu la carte de Londres.

XXVIII.

Donc à l'hôtel de lord Henry, square Trois-Etoiles, Juan était un hôte bien venu, recherché même; comme l'était aussi maint rejeton de nobles souches, et d'autres qui n'avaient pour blason que leur talent, ou leur richesse, laquelle est partout un excellent passeport, ou encore la mode qui, à vrai dire, est la meilleure des recommandations; une mise recherchée l'emporte sur tout le reste.

XXIX.

« Il y a sûreté dans la multitude des conseillers, » dit gravement Salomon, ou du moins on le lui fait dire..... Et, en effet, nous en voyons la preuve dans les sénats, au barreau, dans les luttes de la parole, partout où peut se déployer la sagesse collective; et telle est aussi la cause de l'opulence et de la félicité actuelles de la Grande-Bretagne.

XXX.

Si donc pour les hommes « il y a sûreté dans la multitude des conseillers, » de même pour le beau sexe une société nombreuse empêche la vertu de s'endormir; ou si elle vient à chanceler, elle trouvera difficile de faire un choix... la variété même deviendra un obstacle. Au milieu d'un grand nombre d'écueils, nous redoublons de précautions contre le naufrage; et il en est ainsi des femmes : dût leur amour-propre s'en offenser, il y a sûreté dans une foule de fats.

XXXI.

Mais Adeline n'avait pas le moins du monde besoin d'un tel bouclier, qui laisse peu de mérite à la vertu proprement dite, ou à la bonne éducation. Sa principale ressource était dans sa noble fierté qui mettait le genre humain à son véritable prix; quant à la coquetterie, elle en dédaignait l'usage. Sûre de l'admiration qui l'entourait, elle n'en était que faiblement émue : c'était une possession de tous les jours.

XXXII.

Envers tous elle était polie sans affectation; à quelques-uns elle témoignait cette attention qui flatte, mais sans laisser après elle la moindre trace dont une épouse ou une vierge ait à rougir, douce et généreuse courtoisie envers le mérite réel ou supposé, suffisante pour consoler l'homme célèbre des ennuis de la célébrité.

XXXIII.

Car, sous tous les rapports, et à peu d'exceptions près, la célébrité est un bien triste et ennuyeux apanage. Contemplez les ombres de ces hommes hors ligne qui furent ou sont encore les marionnettes de la gloire, la gloire de la persécution; contemplez même les plus favorisés, et à travers l'auréole, reflet d'un soleil couchant qui entoure ces fronts couronnés de lauriers, que reconnaissez-vous?... un nuage doré.

XXXIV.

Comme de raison, on remarquait encore dans les manières d'Adeline cette politesse calme et toute patricienne qui, dans l'expression des sentiments de la nature, ne dépasse jamais la ligne équinoxiale. Ainsi, un mandarin ne trouve rien de beau... du moins son air ne laisse jamais deviner que les objets qui frappent sa vue puissent lui plaire beaucoup. Peut-être avons-nous emprunté cela des Chinois...

XXXV.

Peut-être l'avons-nous pris d'Horace : le *nil admirari* était pour lui « l'art d'être heureux, » art sur lequel les artistes ne sont point d'accord, et qui ne témoigne pas de leur succès. Toutefois, il est bon de se montrer prudent; certes l'indifférence ne fait point de malheureux; et dans la bonne société, un fol enthousiasme ne paraît qu'une ivresse morale.

XXXVI.

Mais Adeline n'était pas indifférente; car (un lieu commun maintenant!), de même que sous la neige un volcan couve la lave... et cætera... Faut-il continuer? non : je déteste de courir après une métaphore usée; laissons donc là le volcan, si souvent employé. Pauvre volcan! combien de fois, moi et tant d'autres, nous l'avons attisé jusqu'à ce que la fumée en devînt suffocante.

XXXVII.

J'ai une autre comparaison sous la main... que vous semble d'une bouteille de champagne? Le froid l'a réduite en une glace vineuse, et a laissé liquides quelques gouttes de la rosée immortelle; car, au centre même, il reste encore un verre d'un liquide inestimable plus énergique que tout ce qu'a jamais distillé dans sa luxuriante maturité la grappe la plus généreuse.

XXXVIII.

C'est tout l'esprit de la liqueur réduit à sa quintessence. Ainsi, les physionomies les plus froides peuvent, sous un aspect glacial, receler un secret nectar. Le nombre de ces personnes est grand... mais je n'ai en vue que celle qui m'inspire ces leçons morales, antique amie de la muse. Ces caractères froids sont inappréciables, une fois qu'on a brisé leur glace maudite.

XXXIX.

Après tout, c'est une sorte de passage du nord-ouest pour pénétrer dans l'Inde brûlante de l'âme; et de même que les habiles navigateurs chargés de cette mission n'ont point encore exploré le pôle d'une manière exacte (bien que les efforts de Parry soient d'un heureux augure), de même ici les galants risquent d'échouer; car si le pôle est fermé par les glaces, c'est un voyage ou même un vaisseau perdu.

XL.

Les jeunes novices feront bien de commencer par croiser paisiblement sur l'océan de la femme; quant à ceux qui n'en sont pas à leur début, ils doivent avoir le bon sens de gagner le port, avant que le Temps, déployant son pavillon gris, leur fasse le signal d'amener; avant qu'il faille conjuguer le triste *fuimus*, le préféré de toutes choses; avant que le fil aminci de la vie achève de se dérouler entre l'héritier avide et la goutte rongeuse.

XLI.

Mais il faut bien que le ciel s'amuse; à la vérité, ses amusements sont parfois cruels, n'importe! le monde mérite, au total, qu'on dise de lui (ne fût-ce que par manière de consolation) que tout y est pour le mieux. La maudite doctrine des Persans, celle des deux principes, laisse après elle plus de doutes que toute autre doctrine qui ait jamais embarrassé la foi dans notre âme, ou qui l'ait tyrannisée au-dehors.

XLII.

L'hiver anglais... se terminant en juillet pour recommencer en août... venait de finir. A cette époque, paradis des postillons, les roues tourbillonnent, les routes sont sillonnées à l'est, à l'ouest, au nord, au sud. Mais qui plaint les chevaux de poste? L'homme s'apitoie sur lui-même ou sur son fils, pourvu toutefois qu'au collége le susdit fils n'ait pas amassé plus de dettes que de science.

XLIII.

L'hiver de Londres, disais-je, finit en juillet, quelquefois plus tard. En ceci je ne me trompe pas : quelques autres méprises que l'on puisse mettre sur mon compte, je dois proclamer que ma muse entend la météorologie; car le parlement est notre baromètre. Que les radicaux s'attaquent tant qu'ils voudront au reste de ses actes, les sessions qu'il tient forment notre seul almanach.

XLIV.

Quand son vif-argent descend à zéro... aussitôt, tout se remue; carrosses, chevaux, malles, bagages, équipages. Heureux qui peut obtenir des chevaux. Les barrières sont enveloppées d'un nuage d'ardente poussière; les parcs publics sont veufs de la brillante chevalerie de notre âge; et les fournisseurs, avec de longs mémoires et des faces plus longues encore... soupirent en voyant les postillons se succéder comme autant d'éclairs.

XLV.

Eux et leurs mémoires, *Arcades ambo*, sont renvoyés aux calendes grecques de la session prochaine. Hélas! privés de l'argent comptant qu'ils attendaient, quel espoir leur reste? La possession complète de l'espoir d'être payés, ou un billet généreusement accordé à longue échéance... jusqu'à ce qu'ils le fassent renouveler... puis escompté à perte; plus la consolation d'avoir un peu chargé les comptes.

XLVI.

Bagatelles! assis dans son carrosse auprès de mylady, mylord salue de la tête, et l'on part au grand galop. Des relais! des relais! crie-t-on de toutes parts; et les chevaux sont changés aussi vite que les cœurs après le mariage. L'obséquieux aubergiste a rendu la monnaie; les postillons sont contents de leur pour-boire; mais avant que les roues recommencent à tourner en sifflant, le garçon d'écurie vient demander à son tour qu'on ne l'oublie pas.

XLVII.

Accordé! le valet, ce gentleman au service des lords et des gentlemen, monte sur le siége de derrière avec mademoiselle la femme de chambre de madame, esprit et toilette à tournures, mais plus modeste que ne saurait l'exprimer la plume d'un poëte... « *Cosi viaggiano i ricchi* » (1). (Excusez s'il m'échappe par-ci par-là quelques mots étrangers, quand ce ne serait que pour montrer que j'ai voyagé: car à quoi servirait de voyager, je vous prie?)

XLVIII.

L'hiver de Londres et l'été de la campagne touchaient à leur fin. Quand la nature porte le vêtement qui lui sied le mieux, peut-être est-il dommage de perdre les plus beaux mois de l'année à suer dans une ville, et d'attendre que le rossignol soit devenu muet, pendant qu'on écoute des débats aussi peu raisonnables que spirituels... Il est vrai que, sauf les grouses, on ne trouve rien à chasser avant septembre.

XLIX.

J'ai fini ma tirade. Le monde était parti; les quatre mille individus pour qui la terre est faite avaient disparu pour chercher ce qu'ils appellent la solitude, c'est-à-dire chacun trente valets d'apparat, et autant ou même plus de visiteurs qu'attend chaque jour leur couvert. Que nul n'accuse l'hospitalité de la vieille Angleterre : la qualité se compense par la qualité.

L.

Lord Henry et lady Adeline, imitant l'exemple de leurs pairs, les membres de la pairie, se rendirent à une magnifique résidence, une Babel gothique, vieille de mille ans. Nul ne pouvait se vanter d'une plus longue généalogie; aucune race n'avait brillé de plus de héros et de beautés. Des chênes, aussi vieux que leur famille, parlaient de leurs aïeux : chaque arbre signalait une tombe.

LI.

Dans tous les journaux, un paragraphe annonça leur départ. Telle est la gloire moderne : c'est dommage qu'elle ne tienne qu'à un avis au lecteur ou quelque chose de semblable; avant que l'encre soit sèche, le nom est oublié. Le *Morning-Post* fut le premier à proclamer la nouvelle : « Aujourd'hui sont partis pour leur résidence à la campagne, lord H. Amundeville et lady A. »

LII.

« On nous assure que l'opulent propriétaire se propose de recevoir cet automne une société choisie et nombreuse de ses nobles amis; nous tenons de source certaine que le duc de D. doit y passer la saison de la chasse, avec beaucoup d'autres personnages illustres de la noblesse ou de la fashion, ainsi qu'un étranger de haute distinction chargé par la Russie d'une mission secrète. »

LIII.

On voit par là... (en effet, on peut douter du *Morning-Post*? Ses articles ressemblent aux trente-neuf articles de la foi anglicane).... on voit, dis-je, que notre joyeux Hispano-Russe était appelé à briller des reflets de la splendeur de son hôte, avec ceux qui selon Pope, « étant fort audacieux, parviennent à plaire. » Fait bizarre, mais vrai, pendant la dernière guerre, la liste de ces dîners tenait plus de place dans les gazettes que celle des tués et des blessés.

LIV.

Cela se rédigeait ainsi : « Jeudi dernier, il y a eu un grand dîner; présents : les lords A. B. C. » ... Ici les noms des comtes et des ducs étaient annoncés non moins de pompe que celui d'un général victorieux. Puis, un peu plus bas, dans la même colonne : « Falmouth : Nous avons eu ici dernièrement le régiment de Royal-Balafre, si connu par ses exploits et qui a fait, dans la dernière action, des pertes si regrettables; les postes vacants sont remplis.... » Voir la gazette de l'armée. »

LV.

Le noble couple est parti pour Norman Abbey (2). Jadis vieux

(1) Ainsi voyagent les riches.
(2) La description qui va suivre est celle de l'abbaye de Newstead, an-

très vieux monastère, et aujourd'hui résidence plus vieille encore... son architecture offre un rare et splendide mélange des divers styles gothiques, auquel, de l'aveu de tous les artistes, peu de monuments sont à comparer. Peut-être la partie habitable est-elle située un peu trop bas; car les moines l'avaient adossée à une colline, pour que leur dévotion fût à l'abri du vent.

LVI.

L'édifice est encadré dans un heureux vallon couronné de grands bois, parmi lesquels, semblable à Caractacus ralliant son armée, le chêne druidique dresse ses vastes bras contre les éclats de la foudre. De l'abri de son feuillage on voit sortir, dès que le jour s'éveille, les fauves habitants des forêts; le cerf à l'altière ramure, suivi de son troupeau, s'y vient désaltérer à l'onde d'une source qui gazouille comme un oiseau.

LVII.

Devant le château s'étend un lac limpide, large, transparent et profond : l'onde en est renouvelée par une rivière dont les flots se calment en traversant la nappe paisible. Dans les buissons et les joncs de la rive, la sarcelle fait son nid bercé par l'élément liquide. La forêt descend en pente jusque sur ses bords et mire dans les flots sa face verdoyante.

LVIII.

Au sortir du lac, la rivière s'élance dans un abîme profond, en cascade écumeuse, étincelante. Puis ce fracas fait place à des bruits moins retentissants : comme un enfant qui s'apaise, l'onde transformée en ruisseau glisse à petits filets, qui poursuivent leurs cours, tantôt brillant à la face des cieux, tantôt cachant leurs détours dans les bois; ici transparents, plus loin azurés, selon les ombres que les cieux leur envoient.

LIX.

Une part glorieuse du gothique édifice, débris d'une église jadis consacrée au culte romain, s'élevait un peu à l'écart : c'était une voûte grandiose qui, sous ses bas-côtés, avait autrefois abrité de nombreuses chapelles; celles-ci avaient disparu, et c'était une perte pour l'art; mais la voûte se déployait encore majestueuse et sombre au-dessus du sol, et en contemplant cette arche vénérable, le cœur le plus rude se sentait ému.

LX.

Dans des niches, vers le sommet de la façade, on voyait autrefois douze saints de pierre : ils avaient été renversés, non lors de l'expulsion des moines, mais dans la guerre qui détrôna Charles Stuart, quand chaque maison était une forteresse, comme nous l'apprennent les annales des races illustres détruites à cette époque... races de braves cavaliers vainement dévoués à ceux qui ne surent ni abdiquer ni régner.

LXI.

Dans une niche plus élevée encore, seule, mais couronnée, la mère virginale de l'Enfant-Dieu, tenant son fils dans ses bras bienheureux, promenait ses regards autour d'elle : au milieu de la dévastation générale, le hasard l'avait épargnée; on eût dit qu'elle sanctifiait le terrain d'à l'entour. Peut-être n'est-ce qu'une faiblesse superstitieuse, mais la plus chétive relique d'un culte éveille de saintes pensées.

LXII.

Au centre, dans un enfoncement, on voit une large fenêtre, veuve de ses verres aux mille couleurs que traversait jadis les glorieux rayons du soleil, brillants comme des ailes de séraphins. Elle est maintenant béante et désolée : à travers ses meneaux ciselés la brise mugit ou soupire; et souvent le hibou fait entendre son hymne funèbre dans ce chœur muet, où les *alleluia* ont expiré comme un feu qu'on éteint.

LXIII.

Mais à l'heure de minuit, quand la pleine lune est au zénith, quand le vent souffle d'un certain point du ciel, on entend gémir je ne sais quel son étrange et surnaturel, bien qu'harmonieux... un accent mourant traverse l'arche colossale, et s'élève et s'abaisse tour-à-tour. Selon les uns, c'est l'écho lointain de la cataracte rapporté par le vent de la nuit et harmonisé par les vieux murs du chœur.

LXIV.

D'autres pensent qu'un esprit enfanté par la tombe et les ruines a donné à ces rudes débris une voix magique : ainsi la statue de Memnon, échauffée par les rayons du soleil d'Egypte, faisait entendre à l'aurore une vibration mélodieuse. Triste mais sereine, cette voix plane au-dessus des arbres et des tours. La cause, je l'ignore e ne saurais le dire; mais le fait est constant... Je l'ai entendue cette voix... trop entendue peut-être.

LXV.

Au milieu de la cour murmurait une fontaine gothique, symétrique dans son ensemble, mais ornée de sculptures bizarres; c'étaient des figures étranges comme celles d'hommes masqués : ici un monstre et là-bas un saint. L'eau jaillissait par des bouches de

cien domaine de la famille du poète, dont le parc est maintenant partagé en plusieurs fermes.

granit toutes grimaçantes et retombait dans des bassins où sa force se dissipait au milieu de petites bulles d'écume, images de la vaine gloire de l'homme et de ses soucis plus vains encore.

LXVI.

Le manoir lui-même était vaste et vénérable. Il avait conservé plus que d'autres édifices du même genre son caractère monastique ; on voyait encore debout le cloître, les cellules, et, je crois aussi, le réfectoire : une petite chapelle, d'un goût exquis, demeurait intacte et décorait la scène. Le reste avait été reconstruit, remplacé ou détruit, et rappelait plus le baron que le moine.

LXVII.

De vastes salles, de longues galeries, des chambres spacieuses, réunies par un art peu scrupuleux dans le mariage des genres, pouvaient choquer un connaisseur ; mais l'ensemble irrégulier dans ses parties n'en laissait pas moins dans l'esprit une impression grandiose, pour ceux du moins qui ont des yeux dans le cœur. Nous admirons un géant à cause de sa stature et nous ne demandons pas si la nature avouerait toutes les proportions de ses membres.

LXVIII.

Sur les murs, dans des cadres assez bien conservés, brillaient des barons de fer, auxquels succédait une longue et galante série de comtes parés de soie et de l'ordre de la Jarretière ; on y voyait aussi mainte lady Marie dans toute sa fraîcheur virginale, avec ses longs cheveux blonds ; des comtesses d'un âge plus mûr en robe garnie de perles ; et quelques beautés du XVIIᵉ siècle drapées de manière à nous permettre de les admirer librement.

LXIX.

On y voyait aussi, revêtus de leur formidable hermine, des juges dont le visage ne pouvait guère inspirer de confiance aux accusés et leur faire espérer que dans le jugement de leurs seigneuries le droit passerait avant le pouvoir ; des évêques qui n'avaient pas laissé un sermon, des procureurs généraux dont l'esprit redoutable rappelait beaucoup plus la chambre étoilée que l'*habeas corpus*.

LXX.

Des capitaines : les uns couverts de leur armure, nés dans ces siècles de fer, où le plomb n'avait pas encore pris le dessus ; les autres en perruques dans le goût martial de Marlborough, douze fois plus vastes que celles de notre race dégénérée ; des hobereaux avec leurs verges blanches ou leurs clefs d'or ; des Nemrods dont le coursier tenait à peine dans le cadre, et çà et là quelques farouches patriotes devenus tels pour n'avoir pu obtenir une place.

LXXI.

Mais de distance en distance, pour délasser le regard fatigué de toutes ces gloires héréditaires, apparaissait un Carlo Dolce ou un Titien, ou un groupe sauvage du sauvage Salvator ; là dansaient des enfants de l'Albane, ici brillait la mer revêtue par Vernet de ses océaniques clartés ; plus loin l'effroi dominait dans ces scènes pieuses pour lesquelles l'Espagnolet a trempé ses pinceaux dans le sang des martyrs.

LXXII.

Claude Lorrain étalait ses délicieux paysages ; Rembrandt faisait rivaliser ses ténèbres avec la lumière ; Caravage répandait ses sombres teintes sur la maigre et stoïque figure de quelque anachorète... Mais voici Teniers qui égaie nos regards par des scènes bachiques : la vue de ses larges gobelets m'altère comme un Danois ou un Hollandais... holà ! qu'on m'apporte une bouteille de vin du Rhin.

LXXIII.

O lecteur ! si vous savez lire... et remarquez que l'art d'épeler ou même d'assembler les syllabes ne suffit pas pour constituer un lecteur ; il faut encore d'autres qualités dont vous et moi nous avons également besoin. Il faut d'abord commencer par le commencement (bien que la condition soit un peu dure) ; secondement, continuer ; troisièmement, et l'on a commencé par la fin, finir au moins par le commencement.

LXXIV.

Mais, lecteur, tu as fait, depuis quelque temps, preuve de grande patience, tandis que moi, je me suis mis à décrire tant de bâtiments et de domaines que Phébus a dû me prendre pour un huissier priseur. Tels furent les poètes dès les temps les plus reculés : nous le voyons dans Homère par son catalogue de vaisseaux ; mais un auteur moderne doit être plus modéré... je te ferai donc grâce du mobilier et de la vaisselle plate.

LXXV.

L'automne vint avec ses fruits mûrs, et pour jouir de ses douceurs arrivèrent les hôtes attendus. Les blés sont coupés ; le gibier abonde dans les terres du domaine ; le chien d'arrêt bat les taillis ; le chasseur l'accompagne en veste brune : il vise avec un œil de lynx, sa carnassière se remplit et aussi la liste de ses exploits. Ah ! perdrix, couleur noisette ! ah ! brillants faisans ! et vous, braconniers... prenez garde ! la chasse n'est pas faite pour les vilains.

LXXVI.

Un automne anglais n'a pas de vignes : il ne voit pas le pampre de Bacchus rougir le long des sentiers et y suspendre en festons la grappe vermeille, comme dans les climats chers au soleil et à la poésie ; mais il sait néanmoins se faire à prix d'argent un choix des meilleurs vins, tels que le léger bordeaux et l'énergique madère. Si l'Angleterre déplore sa stérilité, le meilleur vignoble est un cellier.

LXXVII.

S'il manque à son déclin cette sérénité, par laquelle l'automne méridional semble résigner son pouvoir à un second printemps plutôt qu'à l'hiver triste et sombre... cette saison a du moins dans l'intérieur des maisons une mine abondante de conforts... le feu de charbon de terre « les prémices de l'année ! » Au dehors nos campagnes peuvent rivaliser avec toutes les autres en fécondité, et le vert qui leur manque est compensé par le jaune.

LXXVIII.

Quant à l'efféminée villeggiature... non moins riche en gibier à cornes qu'en liniers... elle a la chasse si pleine d'animation qu'un dévot serait tenté de jeter le rosaire pour se joindre à la troupe joyeuse. En la voyant, Nemrod lui-même quitterait les plaines de l'Assyrie et prendrait pour un temps la jaquette du chasseur britannique. Si les parcs anglais n'ont pas de bêtes noires ou sangliers, ils ont, par compensation, une réserve de bêtes apprivoisées qu'on devrait bien chasser.

LXXIX.

Les nobles hôtes réunis à l'Abbaye étaient... donnons le pas au beau sexe... la duchesse de Fitz-Fullke, la comtesse Crabby, lady Scilly, lady Busey, miss Eclat, miss Bombazeen, miss Macstay, miss O'Tabby, plus mistress Rabbi, la squaw du riche banquier, et enfin l'honorable mistress Sleep, qu'on eût prise pour un blanc agneau, mais qui n'était qu'une brebis noire (1) ;

LXXX.

Avec d'autres comtesses trois étoiles, mais toutes du haut parage, à la fois la lie et l'élite des réunions, nous arrivant pieuses et purifiées de leur brouillard natal, comme l'eau sortant du filtre ou comme le papier converti en or par la banque. N'importe comment ou pourquoi, le passe-port couvre tout le passé ; car la bonne société ne se distingue pas moins par la tolérance que par la piété...

LXXXI.

C'est-à-dire jusqu'à un certain point, lequel point offre la plus grande difficulté de toute la ponctuation. Les apparences semblent former le pivot sur lequel tourne tout le beau monde, et pourvu qu'il n'y ait pas d'explosion, qu'on n'entende pas le cri : « Arrêtez, sorcière ! » chaque Médée a son Jason, et pour citer Horace : *Omne tulit punctum quæ miscuit utile dulci* (2).

LXXXII.

Je ne puis déterminer exactement cette règle de justice, qui se rapproche un peu de la loterie. J'ai vu une femme vertueuse tout-à-fait écrasée par la seule influence d'une coterie ; j'ai vu aussi une matrone fort équivoque se rouvrir bravement un chemin dans le monde à force de machinations, y briller comme la canicule dans les cieux, et en être quitte pour quelques railleries.

LXXXIII.

J'en ai vu plus que je n'en dirai... Mais voyons ce que devient notre villeggiature. La réunion se composait de trente-trois individus de la caste supérieure... les brahmines du grand genre. J'en ai nommé quelques-uns, non les premiers en rang, ayant choisi au hasard, selon le besoin de la rime. Pour rehausser l'ensemble, on y avait mêlé un certain nombre d'*absentéistes* irlandais (3).

LXXXIV.

On y voyait Parolles, ce spadassin légal qui n'accepte pour champ de bataille que le barreau et le sénat. Invité à se rendre sur un autre terrain, il se montre plus disposé à la discussion qu'au combat. Il y avait le jeune poète Rackrhyme, astre nouvellement levé et brillant depuis six semaines ; puis lord Pyrrho, ce libre-penseur fameux, et enfin sir John Pottledeep, ce buveur puissant (4).

LXXXV.

Il y avait le duc de Dash, qui était..... un duc..... mais due de pieds à la tête. Il y avait douze pairs comme ceux de Charlemagne, tellement pairs de figure et d'intelligence, que, par les yeux ni par les oreilles, il n'y avait pas moyen de les prendre pour des gens comme tout le monde. Il y avait les six misses Rawbold..... charmantes personnes, tout gosier et sentiment, dont le cœur visait bien moins à un couvent qu'à une couronne de comtesse (5).

LXXXVI.

Il y avait quatre *honorables* messieurs, à qui une pareille quali-

(1) Cette stance ne contient que des noms forgés qui s'expliquent par les mots anglais : *folk*, monde ; *crab*, chèvre ; *silly*, sot ; *busy*, affairé ; *slo* corset ; *tabby*, étoffe de soie ; *rabbi*, rabbin ; *sleep*, sommeil.
(2) Celle-là réussit de tout point qui réunit l'utile à l'agréable.
(3) Grands propriétaires de l'Irlande par droit de conquête : ils mangent leurs revenus au-dehors et sont la principale cause de la ruine du pays.
(4) *Rackrhyme*, littéralement, Torture-rime ; *Pottledeep*, Pinte-profond
(5) *Dash*, embarras ; *raw*, cru ; *bold*, hardi.

fication convenait mieux dans le sens politique qu'autrement ; il y avait le preux chevalier de la Ruse, que la France et la fortune avaient daigné expédier sur nos rivages, et dont le principal et inoffensif talent était d'amuser la compagnie ; mais les clubs trouvaient la plaisanterie un peu sérieuse ; car il était si aimable que les dés eux-mêmes semblaient sous le charme de ses reparties.

LXXXVII.

Il y avait Richard Dubious, le métaphysicien, grand ami de la philosophie et des bons dîners ; Anglo, le soi-disant mathématicien ; sir Henry Silvercup, tant de fois vainqueur aux courses ; le révérend Rodomont Précisian, ennemi du pécheur, bien plus que du péché ; et lord Auguste Fitz-Plantagenet, bon à tout, mais principalement aux gageures.

LXXXVIII.

Il y avait Jack Jargon, le colossal officier aux gardes, et le général Fireface, fameux dans toute sorte de campagnes, grand tacticien et non moins grand sabreur, qui, dans la dernière guerre, avait mangé plus d'Yankees qu'il n'en avait tué ; puis ce forceur de juge du pays de Galles, Jefferies Hardsman (1), si bien pénétré de ses austères devoirs que lorsqu'un coupable venait entendre son arrêt, il avait pour consolation un quolibet de son juge.

LXXXIX.

C'est un véritable échiquier que la bonne compagnie ; on y trouve des rois, des reines, des évêques, des chevaliers, des rooks, des pions (2) ; le monde est un jeu : je lui trouve quelque rapport avec le joyeux Polichinelle. Ma muse est un vrai papillon ; elle n'a que des ailes et point de dard, et voltige sans but dans l'éther, se posant rarement... Si elle était seulement un frelon, il y a des vices qui s'en trouveraient mal.

XC.

J'avais oublié... mais il ne faut rien oublier... un orateur, le dernier de la session, qui avait prononcé un discours fort proprement écrit, sa première et virginale invasion dans les débats parlementaires ; les journaux retentissaient encore de son début, qui avait fait une profonde impression, et passait, comme on le dit de toute chose nouvelle, pour « le meilleur discours que l'on eût jamais fait. »

XCI.

Fier des « écoutez ! » qu'il avait obtenus, fier aussi de son vote et de la perte de sa virginité oratoire, fier de sa science (qui suffisait tout juste pour lui fournir des citations), il s'ébattait dans sa gloire cicéronienne ; avec une mémoire de mots, avec l'esprit du quolibet et de l'anecdote, ayant quelque mérite et plus d'effronterie, cet orgueil du pays était venu visiter la campagne du pays.

XCII.

Il y avait aussi deux beaux esprits, généralement proclamés tels, Longbow d'Irlande et Strongbow d'Ecosse, tous deux avouets et hommes bien élevés ; mais Strongbow avait plus de poli. Longbow était doué d'une imagination ardente et superbe comme un coursier de race ; par malheur, il suffisait d'une patate pour le faire broncher... tandis que les meilleurs traits de Strongbow n'auraient pas été indignes de Caton.

XCIII.

Strongbow était comme un clavecin récemment accordé, mais Longbow avait le sauvage harmonie d'une harpe éolienne que les vents du ciel font vibrer ou lui arrachant des accords ou voilés ou perçants. Dans l'élocution de Strongbow, vous n'auriez point trouvé un mot à changer ; les phrases de Longbow prêtaient quelquefois à la critique : tous deux hommes d'esprit, l'un par sa nature, l'autre par l'éducation ; le cœur, la tête.

XCIV.

Si cet assemblage vous semble hétérogène pour une réunion à la campagne, n'oubliez pas qu'un échantillon de chaque classe est préférable à un insipide tête-à-tête. Hélas ! ils sont passés, les beaux jours de la comédie, alors que les sots de Congrève rivalisaient avec les bêtes de Molière ! La société a été tellement nivelée que les mœurs comme les costumes sont partout les mêmes.

XCV.

Nos ridicules sont rejetés sur le dernier plan... et ce sont des ridicules bien tristes ; et puis les professions n'ont plus rien qui les caractérise ; l'arbre de la sottise n'offre plus de fruits à cueillir : ce n'est pas que les sots n'abondent, mais ils sont stériles, et ne valent pas la peine de la récolte. La société est maintenant une horde civilisée, formée de deux puissantes tribus : ennuyeux, ennuyés.

XCVI.

Mais de fermiers devenus glaneurs, nous ramassons les épis rares et déjà battus de la vérité. Ah ! cher lecteur, dans la récolte des choses sensées, soyez Booz, et moi, je serai la modeste Ruth Jo continuerais l'allégorie, mais l'Ecriture sainte est chose interdite.

(1) *Fireface*, face au feu ; *hardsman*, homme dur.
(2) Aux échecs, les Anglais nomment *évêques* ce que nous appelons *fous* ; les *tours* ils les appellent *rooks*, ce qui veut dire à la fois *rocs* [...] on disait autrefois en français d'où *roquer*) et *fripons*.

J'ai gardé depuis ma jeunesse une impression profonde des paroles de mistress Adams, lorsqu'elle s'écrie que « c'est un blasphème de parler des Ecritures ailleurs qu'à l'Eglise » (1).

XCVII.

Glanons toujours ce que nous pourrons dans ce siècle de paille, dussions-nous ne point récolter de farine. Je ne dois pas omettre dans ma liste l'homme de la conversation, Kit-Cat, le célèbre causeur qui, tous les matins, inscrivait sur son carnet ce qu'il dirait le soir. « Écoute, oh ! écoute ! — Hélas ! pauvre ombre » (2) ! Quel désappointement attend ceux qui ont étudié leurs bons mots !

XCVIII.

D'abord, il leur faut, par toutes sortes de détours, amener la conversation à portée de leur ingénieuse pointe ; secondement, ils doivent ne laisser échapper aucune occasion, ne pas céder à leurs interlocuteurs un pouce de terrain, mais en prendre pour eux un bon pied... et faire une grande sensation, s'il est possible ; troisièmement, ils sont tenus de ne pas se dérouler quand un adroit causeur les entreprend, mais de toujours avoir le dernier mot, qui nécessairement est le meilleur.

XCIX.

Les maîtres du logis étaient lord Henry et lady Adeline ; les personnes dont nous esquisse les portraits étaient leurs visiteurs. La table eût eu tenter même des ombres attirées au-delà du Styx par ces banquets substantiels. Je n'apporterai pas sur les ragoûts et les rôtis, bien que toute l'histoire de l'humanité atteste que depuis la pomme d'Ève, le bonheur de l'homme, ce pécheur affamé, dépend beaucoup de son dîner.

C.

Témoin la terre « où coulaient le lait et le miel, » offerte en perspective aux Israélites affamés ; à quoi nous avons ajouté depuis l'amour de l'argent, le seul plaisir qui récompense la peine qu'on prend pour l'obtenir. La jeunesse se fane, et laisse après elle des jours sans soleil ; nous nous lassons des maîtresses et des parasites ; mais, ô céleste métal ! qui consentirait à te perdre ?... Celui-là seul qui ne peut plus user ni même abuser de toi.

CI.

Les messieurs se levaient le matin pour aller chasser au tir ou au courre : les jeunes, parce qu'ils aimaient cet exercice, la première chose dont s'éprenne un adolescent après les jeux et le fruit ; les hommes mûrs, pour abréger la journée ; car l'*ennui* est un produit du sol anglais, bien qu'il n'ait point de nom précis dans la langue anglaise.... À défaut du mot, nous avons la chose, et laissons au français le soin d'exprimer ce formidable bâillement que le sommeil n'apaise point.

CII.

Les vieillards parcouraient la bibliothèque, bouleversaient les livres, ou critiquaient les tableaux ; d'autres fois ils appelaient pieusement les jardins, faisant quelques incursions dans la serrechaude, ou bien ils montaient un bidet au trot pacifique, ou lisaient leurs journaux du matin, ou enfin, fixant sur la pendule un regard impatient, âgés déjà de soixante ans, ils auraient voulu être de six heures plus vieux.

CIII.

Mais personne ne se gênait ; le signal de la réunion générale était donné par la cloche du dîner ; jusque-là tous étaient maîtres de leur temps, et libres de passer soit en société, soit dans la solitude ces heures que si peu de gens savent employer. Chacun se levait à son heure, donnait à sa toilette tout le temps qu'il voulait, et déjeunait quand, où et comment il lui plaisait.

CIV.

Les dames... les unes fardées, les autres un peu pâles... affrontaient comme elles pouvaient le regard du jour. Jolies, elles faisaient une promenade à pied ou à cheval ; laides, elles lisaient, contaient des histoires, chantaient, répétaient la dernière contredanse venue de l'étranger, discutaient la mode prochaine, réglaient la forme des chapeaux d'après le dernier code, ou enfin barbouillaient douze feuilles de papier pour imposer une nouvelle dette à chacun de leurs correspondants.

CV.

Quelques-unes avaient des amants absents ; toutes avaient des amis. La terre et peut-être aussi le ciel n'ont rien de comparable à une lettre de femme... car elle ne conclut jamais. J'aime le mystère d'une missive féminine, qui, comme un article de foi, ne dit jamais tout ce qu'elle veut dire... Quand vous répondrez à une pareille lettre, je vous conseille d'être sur vos gardes.

CVI.

Et puis, on avait des billards, des cartes, mais point de dés..... excepté dans les clubs, un homme qui se respecte ne joue jamais.... des bateaux quand il y avait de l'eau, des patins quand il gelait, et que les jours enthousiastes avaient fait place à la rude froidure ; enfin la

(1) Dans *Joseph Andrews*, roman de Fielding.
(2) Voyez l'*Hamlet* de Shakespeare.

pêche à la ligne, ce vice solitaire, quoi que puisse chanter ou dire votre Isaac Walton, vieux fat, cruel autant que ridicule, qui mériterait bien d'avoir un hameçon dans le gosier, avec une petite truite pour le tirer.

CVII.

Le soir ramenait la table et le vin, la conversation, le duo chanté par des voix plus ou moins divines (le seul souvenir m'en fait mal à la tête et au cœur). Des misses Rawbold, quatre brillaient surtout dans la chansonnette; mais les deux cadettes préféraient la harpe... parce qu'aux charmes de la musique elles joignaient de gracieuses épaules, et des bras et des mains d'une blancheur éclatante.

CVIII.

Parfois la danse offrait l'occasion de faire admirer des tailles de sylphide ; mais on dansait rarement les jours de chasse, car alors ces messieurs étaient un peu fatigués. Puis on avait la causerie, la galanterie... quoique décente et se bornant à l'éloge de charmes qui méritaient ou ne méritaient pas l'admiration. Les chasseurs recommençaient dans leurs récits la poursuite du renard; puis ils se retiraient sagement... à dix heures.

CIX.

Les politiques, dans un coin à l'écart, discutaient la carte du globe, ou les sphères du pouvoir ; les beaux parleurs épiaient le moindre interstice pour y introduire la tête d'un bon mot. Point de repos pour ces gens qui visent à l'esprit: l'heureuse idée éclose en un instant peut leur coûter des années avant que l'occasion se présente de la faire passer, et alors, même, il suffit d'un fâcheux pour qu'elle tombe à terre.

CX.

Mais cette réunion était toute bienveillante et aristocratique; tout y était lisse, poli et froid, comme une statue taillée par Phidias dans le marbre athénien. Il n'existe plus de Squire Western ; nos Sophies sont moins emphatiques, quoique tout aussi belles. Nous n'avons pas de vauriens achevés comme Tom Jones, mais des gentlemen en corset, raides comme des piliers.

CXI.

On se séparait de bonne heure, c'est-à-dire avant minuit... qui est le midi de Londres; mais à la campagne, les dames se retirent un peu avant le coucher de la lune. Paix au sommeil de ces fleurs qui ferment leurs calices !.. puisse la rose reprendre bientôt ses couleurs naturelles ! Le repos est la meilleure recette pour colorer de belles joues, et remplace le carmin... du moins pour quelques hivers.

—

CHANT XIV.

I.

Si de l'abîme de la grande nature, ou de celui de notre pensée nous pouvions seulement tirer une certitude, peut-être l'humanité trouverait-elle la route qu'elle a manquée jusqu'ici... mais alors que de belle philosophie perdue ! Un système en dévore un autre, à peu près comme le vieux Saturne dévorait ses enfants; car lorsque sa pieuse compagne lui présentait des pierres en lui disant que c'étaient ses fils, il n'en laissait pas un seul os.

II.

Mais tout système imite en sens inverse le déjeuner du Titan, et mange ses parents, quoique la digestion en soit difficile. Dites-moi, je vous prie, si, après toutes les recherches, vous pouvez fixer votre croyance sur une question quelconque. Jetez un coup d'œil sur les siècles passés, avant d'enchaîner votre raison. On ne doit pas se fier au témoignage des sens : rien de plus vrai; et pourtant quels sont nos autres moyens de certitude ?

III.

Pour moi, je ne sais rien ; je ne nie, n'admets, ne rejette et ne dédaigne rien. Et vous, même, que savez-vous, sauf peut-être que vous êtes né et que vous mourrez ? Et après tout, il se peut que l'un et l'autre soient faux. Une époque peut venir, source de l'éternité, où rien ne sera ni vieux ni jeune. Ce qu'on nomme la mort est une chose que les hommes déplorent, et pourtant un tiers de leur vie se passe à dormir.

IV.

Un sommeil sans rêves, après une rude journée de travail, est ce que nous souhaitons le plus; comment donc notre argile a-t-elle horreur de cette autre argile plus profondément endormie? Le suicide même, qui paie sa dette en une fois et sans délais (vieille manière de s'acquitter qui déplaît fort aux créanciers), abrège impatiemment son dernier souffle, moins par dégoût de la vie que par horreur de la mort.

V.

La mort est autour de lui, près de lui, ici, là, partout; et il est un courage qui naît de la crainte, de tous le plus résolu peut-être, et prêt à tout braver uniquement pour connaître cette fin redoutée. Quand sous vos pieds les montagnes dressent leurs pics, que vos yeux plongent dans le précipice et voient les rochers entr'ouvrir leurs gouffres béants... vous ne pouvez regarder une minute sans l'épouvantable désir d vous précipiter.

VI.

Vous n'en faites rien, est vrai... mais, pâle et frappé de terreur, vous vous éloignez. Cependant, revenez sur vos impressions passées, et, tout en tressaillant devant le fidèle miroir de vos propres pensées, vous retrouverez, soit vérité, soit erreur, la tendance cachée vers l'inconnu, désir secret de vous plonger avec toutes vos craintes..... où ? vou l'ignorez; et c'est justement pour cela que vous le faites... ou ne l faites pas.

VII.

Mais, me direz-vous, qu'est-ce que tout cela peut avoir de commu avec notre sujet ?... Rien du tout, ami lecteur ; pure spéculatio qui n'a qu'une excuse : c'est ma manière! Quelquefois à propos, quelquefois hors de propos, j'écris sans hésiter tout ce qui me pass par la tête. Ce récit n'est point fait comme récit ; ce n'est qu'u base aérienne et fantastique sur laquelle je bâtis des choses commu nes avec des lieux communs.

VIII.

Vous savez ou vous ne savez pas que le grand Bacon a dit : « Je

Peut-être, pensait-il, c'est l'usage de ce pays de recevoir les voyageurs de cette façon.

les une paille en l'air, et vous verrez de quel côté le vent souffle. » Or, la poésie, c'est une paille emportée par le souffle humain, dans la direction que lui imprime l'esprit; c'est un cerf-volant qui plane entre la vie et la mort, une ombre que l'âme aventureuse projette derrière elle; et ma poésie à moi, c'est une bulle d'air enflée, non pour m'en faire gloire, mais pour jouer comme joue un enfant.

IX.

Le monde entier est devant moi..... ou derrière; car j'en ai vu une portion de ce monde, et tout autant qu'il faut pour en garder mémoire. J'ai aussi éprouvé les passions, assez rudement pour encourir le blâme, au grand contentement de mes amis, les hommes, qui aiment à mêler un peu d'alliage à la gloire; car j'ai eu quelque célébrité dans mon temps, jusqu'au moment où je l'ai complétement ruinée par mes vers.

X.

Je me suis mis ce bas monde sur les bras et l'autre également, je veux dire le clergé, qui a lancé ses foudres contre moi sous la forme de pieux libelles. Et pourtant je ne puis m'empêcher d'écrivailler une fois par semaine, lassant la patience de mes anciens lecteurs, sans m'en faire de nouveaux. Dans ma jeunesse, j'écrivais parce que mon âme débordait; maintenant j'écris, parce que l'ennui la gagne.

XI.

Mais alors pourquoi publier? Il n'y a ni gloire ni profit à tirer d'un public qui se lasse... Une question à mon tour pourquoi jouer aux cartes? ou boire? ou lire?... Pour abréger l'ennui d'un certain nombre d'heures. Cela m'occupe de jeter un regard en arrière sur ce que j'ai vu ou pensé de triste ou de gai : ce que j'écris, je le jette au courant. Qu'il surnage ou s'enfonce, n'importe: j'ai joui de mon rêve.

XII.

Il me semble que si j'avais la certitude du succès, j'en écrirais à peine une ligne de plus. J'ai si longtemps bataillé plus ou moins vivement, qu'aucun échec ne me ferait renoncer aux neuf sœurs. Ce sentiment n'est point facile à exprimer, et pourtant il n'a rien d'affecté, je le déclare. Au jeu, vous avez le choix entre deux plaisirs. l'un est de gagner, l'autre de perdre.

XIII.

D'ailleurs ce ne sont pas des fictions que produit ma muse; elle rassemble un répertoire de faits, avec quelque réserve et de légères restrictions, comme de juste; mais enfin ses chants ont principalement pour sujet les choses et les actions humaines... et c'est là un des motifs de la contradiction qu'elle rencontre; car une trop exacte vérité ne plaît jamais au premier abord; et si son unique objet était ce qu'on appelle la gloire, elle conterait avec moins de peine une histoire différente.

XIV.

Amour, guerre et tempête... voilà certes de la variété. Ajoutez-y un léger assaisonnement de méditation, un coup d'œil à vol d'oiseau sur ce désert qu'on nomme la société, un regard rapide jeté sur les hommes de toute condition. Au défaut de tout autre mérite, il y a là du moins de quoi rassasier le lecteur, en actualité comme en perspective; et quand ces vers ne serviraient qu'à garnir des porte-manteaux, cela fera toujours aller le commerce.

XV.

La fraction de ce monde que j'ai choisie pour texte du sermon suivant n'est connue par aucune description récente. C'est ce dont il est facile d'assigner la raison : tout éminente et agréable que soit cette agglomération sociale, on trouve je ne sais quelle uniformité dans ses pierreries et ses hermines; tous les âges y ont un air de famille qui engendre la monotonie : ce qui ne promet pas grand'chose aux pages du poète.

XVI.

Malgré beaucoup de sources d'excitation, on n'y trouve rien qui exalte, rien qui parle à tous les hommes et à toutes les époques. Une sorte de vernis y recouvre tous les défauts; une sorte de lieu commun y règne jusque dans le crime; des passions factices, de l'esprit sans beaucoup de sel; une absence complète de ce naturel qui donne à tout le cachet de la vérité; une monotone uniformité de caractère, chez ceux du moins qui en ont un.

XVII.

Parfois en effet, comme des soldats après la garde, ils rompent les rangs et quittent avec joie la discipline; mais bientôt le roulement du tambour les rappelle effrayés, et ils se retrouvent obligés d'être ou de paraître les mêmes. A tout prendre, c'est une brillante mascarade; mais quand une fois vos yeux se sont repus de ce spectacle, vous en avez assez... Tel est du moins l'effet qu'a produit sur moi ce paradis de plaisir et d'ennui.

XVIII.

Quand nous avons couronné notre amour, joué notre jeu, étalé notre toilette, voté, brillé, et peut-être quelque chose encore, dîné avec les dandies, entendu les pairs déclamer leurs discours, plaint les beautés amenées au marché par vingtaines, vu de pitoyables roués transformés chastement en maris plus pitoyables encore, il ne nous reste plus guère d'autre rôle que celui d'ennuyé ou d'ennuyeux. Témoin le ci-devant jeune homme, qui veut remonter le courant, et se refuse à quitter le monde qui le quitte.

XIX.

On dit... et c'est un sujet de plainte générale... que personne encore n'a réussi à peindre le beau monde exactement tel qu'il est. Quelques-uns prétendent que les auteurs, pour trouver matière à leurs sarcasmes moraux, en sont réduits à graisser la patte au portier pour attraper quelques légers scandales, bien curieux, bien bizarres, et que leurs livres ont tous le même style, à savoir le babil de mylady, filtré par sa femme de chambre.

Mais cela ne saurait être vrai, surtout aujourd'hui que les écrivains sont devenus une partie influente du beau monde; je les ai vus balancer même les militaires, surtout quand ils sont jeunes, point essentiel. Comment alors pourraient-ils échouer dans une chose à laquelle ils attachent une extrême importance, à savoir la

La petite Leila.

ressemblance du portrait de la haute société ? C'est qu'en effet elle n'offre pas grand'chose à décrire.

XXI.

Haud ignara loquor; ce sont là des *nugæ, quarum pars parva fui* (1), mais pourtant une part réelle. Or, je tracerais plus facilement l'esquisse d'un harem, d'une bataille, d'un naufrage ou d'une histoire du cœur que je ne peindrais ces choses-là. D'ailleurs je désire m'en dispenser pour des raisons qu'il me convient de garder secrètes. *Vetabo Cereris sacrum qui vulgavit* (2)... ce qui signifie que le vulgaire ne doit pas les connaître.

XXII.

C'est donc chose convenue : ce que je jette sur ce papier est idéal, affaibli, dénaturé, comme une histoire des francs-maçons, et n'a pas plus de rapport avec la réalité que le voyage du capitaine Parry avec celui de Jason. Le grand secret ne doit pas être vu de tout le monde ; ma musique a de mystiques diapasons, et contient beaucoup de choses que les initiés seuls peuvent apprécier.

XXIII.

Hélas ! les mondes se perdent..... et la femme, depuis qu'elle a perdu le monde (tradition plus vraie que galante, à laquelle on tient comme article de foi), n'a pas tout-à-fait renoncé à des habitudes analogues. Triste esclave de l'usage ! violentée, asservie, victime quand elle a tort, et souvent martyre quand elle a raison, condamnée aux douleurs de l'enfantement, comme les hommes pour leurs péchés ont été soumis à la nécessité de se faire la barbe...

XXIV.

Fléau quotidien, qui, pris en somme, équivaut à l'accouchement. Mais quant aux femmes, qui peut pénétrer les souffrances réelles de leur condition ? L'homme, jusque dans sa sympathie pour elles, montre beaucoup d'égoïsme, et encore plus de méfiance. Amour, vertu, beauté, talents, n'aboutissent qu'à faire d'elles des ménagères chargées d'accroître la population.

XXV.

Tout cela serait bel et bon, et ne saurait être mieux ; mais ce rôle même est difficile, Dieu le sait ! tant sont nombreuses les afflictions qui assiègent la femme depuis sa naissance ; tant est faible la distinction entre ses amis et ses ennemis. La dorure de ses chaînes s'use si vite que... Demandez à la première venue, pourvu qu'elle ait trente ans, ce qu'elle aimerait mieux être, homme ou femme, simple écolier ou reine ?

XXVI.

« L'influence du cotillon ! » voilà un grave reproche auquel voudraient échapper ceux même qui subissent cette influence. Mais comme c'est sous le cotillon que nous arrivons dans ce monde parmi les cahots du fiacre de la vie, je déclare que pour mon compte je vénère ce vêtement féminin... vêtement mystérieusement sublime, qu'il soit de bure, de soie ou de basin.

XXVII.

Je le respecte infiniment, je l'ai même adoré dans mon jeune âge, ce voile chaste et sacré, qui, pareil au coffre-fort de l'avare, recouvre un trésor, et n'attire que davantage par tout ce qu'il nous cache..... fourreau d'or qui renferme un glaive de Damas, lettre d'amour au sceau mystérieux, remède à toutes les douleurs... peut-on souffrir en face d'un cotillon et d'une cheville bien tournée ?

XXVIII.

Et par un jour silencieux et triste, quand, par exemple, souffle le siroceo, quand la mer elle-même paraît sombre malgré l'écume de ses flots, que l'onde du fleuve coule pesamment, et que dans le ciel règne ce vieux ton grisâtre, lugubre et monastique, antithèse des rayons lumineux... alors même il est agréable de jeter un coup d'œil en passant sur quelque jolie paysanne.

XXIX.

Nous avons laissé nos héros et nos héroïnes dans ce beau pays, dont le climat est tout-à-fait indépendant des signes du zodiaque, bien qu'il présente aux poètes le plus de difficulté, attendu que le soleil, les étoiles et tout ce qu'il y a de brillant, que tout cela, dis-je, y offre le plus souvent l'aspect triste et maussade d'un créancier..... car alors le ciel est véritablement *anglais*.

XXX.

Une vie tout intérieure est peu poétique ; et dehors on a les averses, les brouillards et le givre, avec lesquels je serais incapable de brasser une pastorale. Quoi qu'il en soit, un poète doit surmonter tous les obstacles, petits ou grands. En galant on se perfectionnant son ouvrage, il faut qu'il marche vers la fin, et qu'il travaille comme un esprit sur la matière, quelquefois également contrarié par le feu et par l'eau.

(1) *Je parle de choses à moi connues;* ce sont là des *bagatelles auxquelles j'ai pris une petite part.* Lambeaux de Virgile arrangés par le poète anglais.
(2) Je ne permettrai point à celui qui a divulgué les mystères de Cérès de demeurer sous mon toit, etc. Horace, od. III, 2.

XXXI.

Juan, et sous ce rapport du moins il ressemblait aux saints... Juan était tout à tous sans distinction de classe : il se trouvait heureux dans les camps, à bord d'un navire, sous le chaume ou dans les cours. Doué d'un de ces caractères heureux qui font rarement défaut, il prenait modestement sa part des travaux ou des plaisirs. Sans fatuité, il savait se faire bien venir de toutes les femmes.

XXXII.

Une chasse au renard est, pour l'étranger, une chose assez critique. Il y court deux dangers, d'abord de tomber, puis de s'entendre plaisanter sur sa maladresse ; mais Juan, connaissant de longue main les déserts, les franchissait comme un Arabe qui court à la vengeance, et soit qu'il montât un cheval de bataille, de course ou de louage, l'animal savait qu'il portait son maître.

XXXIII.

Et maintenant entré dans cette nouvelle carrière, il s'y faisait applaudir en bravant haies, fossés, barrières et grilles, ne balançant jamais devant l'obstacle, ne faisant que peu de faux pas et s'impatientant seulement lorsqu'on perdait la piste. Il viola, il est vrai, quelques-uns des statuts de la chasse (car le plus sage peut faillir), lança de temps à autre son cheval parmi les chiens, et même passa une fois sur le corps de quelques gentilshommes campagnards.

XXXIV.

Mais à cela près, lui et son cheval s'acquittèrent de leur tâche à l'admiration de tous ; les squires s'étonnèrent qu'un étranger eût tant de mérite ; les paysans s'écrièrent : « Du diantre ! qui l'aurait cru ! » Les Nestors de la génération chassante le louèrent en jurant, et ressentirent une étincelle de leur premier feu ; le veneur lui-même grimaça un sourire, et dit qu'il valait presque un piqueur.

XXXV.

Tels furent ses trophées... non des boucliers et des lances, mais des fossés franchis, des haies crevées, et parfois des queues de renard. Pourtant, et ici, en véritable Anglais, je ne puis me défendre d'une patriotique rougeur... il fait intérieurement dans le parc de Chesterfield, qui, le lendemain d'une longue chasse à travers collines, buissons, vallées et le reste, tout bon cavalier qu'il était, demanda naïvement « si jamais homme avait chassé deux fois. »

XXXVI.

Il possédait surtout une qualité assez rare après une chasse ; chez les gens qui se sont levés avant que le coq eût averti le jour paresseux de décembre de commencer sa triste carrière... il avait, dis-je, une qualité assez rare et surtout agréable aux femmes, qui, dans leur doux et coulant babil, veulent un auditeur, saint ou pécheur, n'importe... c'est qu'il ne s'endormait pas après dîner.

XXXVII.

Mais, sémillant et léger, toujours sur le qui-vive, il prenait une part brillante à la conversation, égayant toujours ce qu'amusaient ces dames, et recherchant les sujets d'entretien les plus en vogue. Tantôt grave, tantôt gai, jamais lourd ni impertinent ; se bornant à rire sous cape... le rusé coquin !... il ne relevait jamais une bévue... bref, il n'y eut onques de plus habile écouteur.

XXXVIII.

Et puis il dansait... tous les étrangers l'emportent sur le sérieux anglais dans l'éloquence de la pantomime.... il dansait, dis-je, fort bien, avec expression et aussi avec bon sens... point indispensable dans l'art de remuer les pieds ; sans prétention théâtrale, non en maître de ballet qui exerce ses nymphes, mais en vrai gentleman.

XXXIX.

Ses pas étaient chastes et renfermés dans les limites du goût, et toute sa personne portait un cachet d'élégance ; comme la légère Camille, c'est à peine s'il effleurait le sol, et il contenait sa vigueur plus qu'il ne la déployait. Puis, il avait l'oreille juste, et ses mouvements classiques, irréprochables, le plaçaient hors ligne : il brillait comme un boléro personnifié.

XL.

Ou comme l'une des Heures fuyant devant l'Aurore, dans cette fameuse fresque du Guide qui, à elle seule, vaudrait un voyage à Rome, quand même il n'y resterait plus un débris du trône unique de l'ancien monde. Chez lui, le « tout ensemble » était empreint de ce gracieux et suave idéal qu'on rencontre rarement et qu'on ne saurait décrire car les mots manquent de couleur.

XLI.

Rien d'étonnant dès lors qu'il fût recherché et qu'on l'admirât comme un Cupidon devenu homme, un peu gâté, mais pas fat ; du moins il savait dissimuler sa vanité. Il était doué d'un tel tact, qu'il savait également charmer les beautés chastes et celles qui sont autrement inspirées. La duchesse de Fitz-Fulke, qui aimait à tracasser, lui fit la première quelques agaceries.

XLII.

C'était une belle blonde, un peu mûre, désirable, distinguée, et qui, pendant plusieurs hivers, avait brillé dans le grand monde. Je crois devoir taire ce qu'on rapportait de ses faits et gestes, car ce serait un sujet chatouilleux, outre qu'il pouvait y avoir du faux dans ce qu'on en rapportait. Sa dernière fantaisie avait été de se lier à la vie à la mort avec lord Auguste Fitz-Plantagenet.

XLIII.

La figure de ce noble personnage se rembrunit un peu en voyant le nouveau trait de coquetterie dont Juan était l'objet; mais un amant doit tolérer ces petites licences, simples priviléges de la corporation féminine. Malheur à l'homme qui hasarde une remontrance ! il ne réussit qu'à précipiter un dénoûment désagréable, mais commun à ceux qui comptent sur la femme.

XLIV.

Le cercle sourit, puis chuchota, puis décocha quelques traits : les misses se rengorgèrent, les matrones froncèrent le sourcil ; quelques-unes espéraient que les choses n'iraient pas aussi loin qu'on le craignait, d'autres ne pouvaient croire qu'il y eût de telles femmes au monde. Celles-ci ne croyaient jamais la moitié de ce qu'elles entendaient dire ; plusieurs enfin plaignirent sincèrement ce pauvre lord Auguste Fitz-Plantagenet.

XLV.

Mais ce qu'il y a de singulier, personne ne prononça même le nom du duc, qui cependant, on aurait pu le croire, était bien pour quelque chose dans l'affaire. A la vérité, il était absent, et il passait pour ne demander jamais, en ce qui concernait sa femme, ni où, ni quand, ni qu'est-ce ; et s'il tolérait ses licences, nul n'avait le droit de s'en scandaliser. Leur union était de cette espèce, la meilleure de toutes assurément où l'on ne se rapproche jamais, et où, par conséquent, il n'y a pas lieu de se détacher.

XLVI.

Oh ! comment ai-je pu trouver un vers si cruel !... Enflammée d'un amour abstrait de la vertu, ma Diane d'Ephèse, lady Adeline, regarda bientôt comme trop libre la conduite de la duchesse. Regrettant beaucoup qu'elle fût entrée dans une aussi mauvaise voie, elle mit plus de froideur dans ses politesses : son front devint pâle et grave, en voyant dans son amie cette fragilité, qui offre aux amis une belle occasion de s'émouvoir.

XLVII.

Dans ce détestable monde, il n'y a rien comme la sympathie : elle sied si bien à l'âme et au visage! elle donne une suave harmonie aux soupirs, et revêt la douce amitié d'une robe de dentelles. Sans un ami, que deviendrait l'humanité ? Qui relèverait nos fautes avec grâce ? Qui nous consolerait par un : « Il fallait y regarder à deux fois ! Ah ! si vous aviez écouté mon avis ! »

XLVIII.

O Job ! tu avais deux amis : un seul est bien assez, surtout dans une mauvaise passe ; ce sont d'inhabiles pilotes par un temps d'orage, des médecins mieux remarquables par leurs cures que par leurs honoraires. Ah ! ne vous plaignez pas si votre ami se détache de vous, comme les feuilles de l'arbre à la première brise ; quand, de manière ou d'autre, vos affaires seront rétablies, allez au café et prenez-en un autre.

XLIX.

Mais telle n'est pas ma maxime; sans quoi, je me serais épargné quelques peines de cœur. N'importe !... je ne voudrais pas être une tortue abritée dans son inflexible écaille à l'épreuve des flots et des éléments. Mieux vaut, après tout, avoir éprouvé et vu ce que l'humanité peut et ne peut pas supporter : cela donne du discernement aux âmes sensibles.

L.

Si quelque chose est plus horrible que les plus affreux accents de la douleur, plus sinistre que le chant du hibou ou le sifflement de la brise nocturne, c'est cette phrase lugubre : « Je vous l'avais bien dit, » prononcée par des amis, ces prophètes du passé, qui, au lieu de vous montrer ce que vous devriez faire maintenant, avouent qu'ils ont prévu votre chute et vous consolent par un long mémorandum de vieilles histoires.

LI.

La calme sévérité de lady Adeline ne se bornait pas à s'intéresser à son amie, dont la réputation en face de la postérité lui semblait plus que douteuse, à moins qu'elle ne réformât sa conduite ; mais elle étendait sur Juan lui-même son jugement austère où se mêlait à la vérité la compassion la plus pure : elle se sentait doucement touchée de son inexpérience et de sa jeunesse ; car elle était son aînée de six semaines.

LII.

Cet avantage de quarante jours (avantage réel, car elle n'était point de celles qui ont à redouter l'énumération de leurs années) ; cet avantage, dis-je, lui donnait le droit d'éprouver une maternelle sollicitude pour l'éducation d'un jeune gentleman, bien qu'elle fût encore loin de cette année fatale qui, dans l'âge des femmes, en résume plusieurs en elle.

LIII.

Cette époque peut être fixée un peu avant trente ans,..... soit à vingt-sept; car jamais elle ne fut dépassée par la femme la plus stricte en chronologie et en vertu, tant qu'elle put encore passer pour jeune. O Temps! pourquoi donc ne t'arrêtes-tu pas ? Ta faulx, salie par la rouille, devrait assurément cesser de couper et de trancher ; aiguise-la, marche avec plus de précaution, ne fût-ce que pour conserver ta réputation de faucheur.

LIV.

Mais Adeline était loin de cet âge dont la maturité est amère, après tout. Ce qui la rendait sage, c'était plutôt l'expérience ; car elle avait vu le monde et subi ses épreuves, comme je l'ai dit... à je ne sais quelle page : ma muse dédaigne les renvois. Mais de vingt-sept ôtez six, et vous aurez et avec surcroît le nombre de ses années.

LV.

A seize ans, on la produisit dans le monde. Présentée, prônée, elle mit en émoi toutes les couronnes de comte. A dix-sept, le monde continua de se laisser charmer par la nouvelle Vénus sortie de son brillant océan ; à dix-huit, bien qu'une hécatombe de soupirants palpitât d'adoration à ses pieds, elle avait consenti à créer ce nouvel Adam, appelé « le plus heureux des hommes. »

LVI.

Depuis lors, elle avait rayonné durant trois brillants hivers, admirée, adorée, mais en même temps si régulière dans sa conduite, que, dédaignant le voile de la circonspection, elle avait mis en défaut la médisance la plus subtile. Dans ce marbre parfait, nul n'avait pu découvrir la plus légère tache. Après son mariage, elle avait aussi trouvé un moment pour faire un héritier et une fausse couche.

LVII.

Autour d'elle voltigeaient empressées toutes les mouches luisantes, ces insectes brillants des nuits de Londres ; mais nul d'entre eux n'avait un dard qui pût l'atteindre... elle était hors de la portée du vol d'un fat. Peut-être appelait-elle de ses vœux un aspirant plus hardi ; mais quels que fussent ses désirs, sa conduite était irréprochable ; et pourvu qu'une femme soit sage, qu'elle en soit redevable à sa froideur, à son orgueil ou à sa vertu, il n'importe!

LVIII.

Je déteste la recherche des motifs, comme je déteste une bouteille trop lente qui se fait attendre aux mains du maître de la maison, laissant les gosiers arides appeler en vain le bordeaux, surtout quand la politique est en jeu. Je déteste cette recherche comme je déteste un troupeau de bœufs qui fait tourbillonner la poussière, ou un long raisonnement, ou une ode de lauréat, ou le vote approbatif d'un pair servile.

LIX.

Il est triste de fouiller les racines des choses, tant elles sont mêlées à la terre ; pourvu que les rameaux de l'arbre déploient une riche verdure, peu m'importe qu'un gland en soit l'origine. En nous remontant à la source secrète de toutes les actions, on y trouverait en effet un certain plaisir mélancolique ; mais ce n'est pas à présent mon affaire, et je vous renvoie au sage Oxenstiern.

LX.

Dans l'intention bienveillante d'éviter un éclat tant à la duchesse qu'au diplomate, lady Adeline, dès qu'elle vit que, selon toute apparence, Juan ne résisterait pas (car les étrangers ignorent qu'en Angleterre un faux-pas a des conséquences beaucoup plus sérieuses que dans les pays privés d'un jury ad hoc)...

LXI.

Lady Adeline, disons-nous, résolut d'adopter les mesures nécessaires pour arrêter les progrès de cette triste erreur. C'était sans doute bien de la simplicité ; mais l'innocence est hardie jusque sur le bûcher ; peu défiante dans le monde, elle n'a pas besoin de ces retranchements élevés à l'usage des dames dont la vertu consiste à ne jamais se montrer à découvert.

LXII.

Ce n'est pas qu'elle appréhendât de fâcheuses conséquences. Sa Grâce était un mari fort endurant ; on ne pouvait présumer qu'il fit une scène, et allât grossir la foule des clients de la Cour des séparations ; mais elle redoutait d'abord la magie du talisman de la duchesse, puis une querelle entre la jeune étrangère et lord Auguste Fitz-Plantagenet, qui commençait à prendre ombrage.

LXIII.

D'ailleurs, la duchesse passait pour intrigante et tant soit peu capable de méchancetés dans la sphère amoureuse. C'était un de ces jolis et précieux fléaux qui tourmentent un amant de leurs tendres et doux caprices ; qui chaque jour d'une délicieuse année savent créer un sujet de querelle quand elles n'en ont pas un tout prêt, nous fascinant, nous torturant, selon que leur cœur est de flamme ou de glace, et, ce qu'il y a de pis, ne nous lâchant jamais.

LXIV.
C'était une femme à tourner la tête d'un jeune homme, et à faire de lui un Werther en fin de compte. Rien d'étonnant alors à ce qu'une âme plus pure redoutât pour son ami une liaison de cette sorte : mieux vaut cent fois être marié ou mort que de vivre avec un cœur qu'une femme se plaît à déchirer. Avant de prendre son élan, il est à propos de réfléchir et de voir si une bonne fortune sera réellement bonne.

LXV.
Et d'abord, dans la plénitude de son cœur, qui était ou croyait être étranger à tout artifice, elle prit de temps à autre son mari à part, le priant de donner des conseils à Juan. Lord Henry se mit à sourire de la simplicité de ses plans pour arracher son jeune ami aux piéges de la sirène ; il répondit en homme d'Etat ou en prophète, à quoi elle ne put rien comprendre.

LXVI.
En premier lieu, « il ne se mêlait jamais des affaires de personne, à l'exception de celles du roi ; » ensuite, « en pareille matière, il ne jugeait jamais sur les apparences, à moins de fortes raisons ; » troisièmement, « Juan avait plus de cervelle que de barbe au menton, et ne devait pas être mené à la lisière ; » et quatrièmement, « il était rare qu'un bon conseil produisît quelque chose de bon. »

LXVII.
En conséquence, et sans doute pour confirmer la vérité de ce dernier axiôme, il conseilla lui-même à sa femme de laisser les parties à elles-mêmes... autant du moins que la bienséance le permettait, ajoutant que le temps corrigerait les défauts de l'âge ; que les jeunes gens font rarement des vœux monastiques ; que l'opposition ne fait que resserrer des nœuds... Mais ici un messager lui apporta des dépêches.

LXVIII.
Et comme il faisait partie de ce qu'on nomme le conseil privé, lord Henry regagna son cabinet, afin de léguer à quelque futur Tite-Live le soin de raconter comment il avait réduit la dette nationale ; et si je n'insère pas ici tout au long le contenu des dépêches en question, c'est que je ne les connais pas encore ; mais je les consignerai dans un court appendice qui prendra place entre mon épopée et l'index.

LXIX.
Mais avant de sortir, il ajouta encore une légère remarque, un ou deux de ces honnêtes lieux communs qui ont cours dans la conversation, et qui, sans avoir rien de neuf, passent cependant faute de mieux. Puis il ouvrit son paquet pour voir ce que c'était, et, y ayant jeté un coup d'œil à la hâte, il se retira ; et en partant il embrassa tranquillement Adeline, comme on embrasse non une jeune épouse, mais une jeune sœur.

LXX.
C'était un homme d'honneur, à la fois bon et froid, fier de sa naissance, fier de tout ce qui le concernait ; un esprit précieux pour le conseil d'Etat, une de ces figures taillées pour marcher devant le roi ; grand, majestueux, fait pour guider le cortège des courtisans, le jour de la naissance royale, en étalant ses cordons et ses crachats, vrai modèle d'un chambellan... et c'est aussi le poste que je lui donnerai en montant sur le trône.

LXXI.
Mais il lui manquait quelque chose après tout... je ne sais quoi, et par conséquent je ne puis le dire..... peut-être ce que les jolies femmes, douces créatures, appellent de l'âme. Certes, ce n'était pas le corps ; il était bien proportionné, droit comme un peuplier ou un pieu ; un bel homme enfin, cette humaine merveille ; et dans toutes les circonstances, en guerre comme en amour, il avait gardé la ligne perpendiculaire.

LXXII.
Enfin il lui manquait, comme je l'ai dit, cet indéfinissable je ne sais quoi, qui, autant que je sache, pourrait bien être l'origine de l'Iliade d'Homère, puisque c'est cela qui conduisit l'Eve des Grecs, Hélène, de son lit spartiate à celui de Troyen, bien qu'au total, le jeune Dardanien fût sans doute de beaucoup inférieur au roi Ménélas... Mais c'est par de pareilles raisons que certaines femmes nous trahissent.

LXXIII.
Il est une chose embarrassante et bien faite pour nous intriguer, à moins que, comme le sage Tirésias, nous n'ayons éprouvé, par une double expérience, la différence des sexes : ni l'un ni l'autre des deux ne peut dire comment il voudrait être aimé. Le sensuel ne nous attache que pour un temps assez court ; le sentimental se vante d'être inattaquable ; mais tous deux réunis forment une sorte de centaure, sur le dos duquel il n'est pas prudent de s'aventurer.

LXXIV.
Ce que le beau sexe ne cesse de chercher, c'est quelque chose qui, pour le cœur, tienne lieu de tout ; mais ce vide, comment le combler ? Là gît la difficulté... et c'est là que se montre la faiblesse de ces dames. Frêles navigateurs, à la merci des flots, sans carte ni boussole, elles courent sous le vent par une mer houleuse ; et quand, après bien des chocs, elles atteignent le rivage, ce rivage n'est souvent qu'un rocher.

LXXV.
Il est une fleur nommée « l'amour dans l'oisiveté » (1) : voyez à ce sujet le jardin toujours riant de Shakespeare... Je ne veux point affaiblir son admirable description, et je demande pardon à ce dieu britannique si, dans ma poétique disette, je touche à une seule fleur de son parterre ; mais quoique la plante soit différente, je m'écrie avec le Français-Suisse Rousseau : « Voilà la pervenche ! »

Euréka ! je l'ai trouvé ! je veux dire, non que l'amour soit l'oisiveté, mais que l'oisiveté est un accessoire obligé de l'amour, autant que j'en puis juger. Le travail forcé est un mauvais entremetteur. Depuis l'époque où le navire Argo, qui n'était qu'un vaisseau marchand, apporta, prit Médée pour subrécargue, on ne citerait guère de gens d'affaires qui aient fait preuve d'une grande passion.

LXXVII.
Beatus ille qui procul negotiis (2), a dit Horace. En cela le plus grand des petits poètes se trompe ; cette autre maxime : *noscitur a sociis* (3), vient beaucoup plus à propos, et encore est-elle parfois trop rigoureuse ; mais je dirai à sa barbe : Quels que soient leur rang et leur état, trois fois heureux ceux qui ont une occupation !

LXXVIII.
Adam échangea son paradis contre le labourage ; Eve travailla en modes avec des feuilles de figuier... c'est, si je ne me trompe, la première connaissance que, selon l'Eglise, on ait tirée de cet arbre si savant. Dès lors, il est facile de démontrer que la plupart des maux qui affligent les humains, et plus encore les femmes, proviennent de ce qu'on n'emploie pas quelques heures à travailler pour rendre les autres plus agréables.

LXXIX.
De là vient que la vie du grand monde n'est souvent qu'un vide affreux, une torture de plaisirs, tellement que nous sommes réduits à inventer quelque chose pour nous contrarier. Les poètes peuvent chanter ce que bon leur semble sur le contentement ; le mot *content*, expliqué par son origine, signifie rassasié ; de là proviennent les souffrances du sentiment, les diables bleus et les bas-bleus, et les romans mis en action comme des contre-danses.

LXXX.
Je déclare et fais serment que je n'ai jamais lu de romans comparables à ceux que j'ai vus ; et si jamais il m'arrive de les communiquer au public, bien des gens refuseront d'en admettre la réalité. Mais je n'ai point cette intention et ne l'ai jamais eue ; il est des vérités qu'il faut garder sous le boisseau, surtout lorsqu'elles courent risque de passer pour des mensonges :

LXXXI.
« Une huître, dit Sheridan, peut être malheureuse en amour. » Et pourquoi ? parce qu'elle se morfond oisive dans sa coquille, et qu'elle exhale solitairement ses soupirs sous-marins, à peu près comme un moine dans sa cellule ; et à propos de moines, leur piété n'a pu que difficilement cohabiter avec la paresse ; ces végétaux de la foi catholique sont très sujets à monter en graine.

LXXXII.
O Wilberforce ! ô célébrité noire, dont on ne saurait trop chanter ou proclamer le mérite, tu as jeté bas un immense colosse ! ô moral Washington de l'Afrique ! Mais je l'avoue, il est une autre petite tâche, que tu devrais bien accomplir, par un de ces longs jours d'été. Il s'agit de rendre à l'autre moitié de l'humanité ses droits qu'on lui a ravis : tu as affranchi les noirs... aujourd'hui, je t'en conjure, enferme quelques blancs.

LXXXIII.
Enferme Alexandre, ce batailleur au front chauve, envoie au Sénégal la trinité de la sainte-alliance : apprends-leur que « la sauce de l'oie est bonne pour l'oison, » et demande-leur comment ils trouvent l'esclavage. Enferme toutes ces salamandres héroïques qui mangent du feu gratis (car leur solde est peu de chose) ; enferme... non le roi, mais son pavillon de Brighton, ou il nous en coûtera un autre million.

LXXXIV.
Enferme tout le reste du monde, mets Bedlam en liberté, et peut-être seras-tu surpris de voir toutes choses marcher exactement comme elles marchent maintenant avec les gens soi-disant sains d'esprit. C'est ce que je pourverais sans le moindre doute, si les hommes avaient seulement l'ombre du sens commun ; mais, hélas ! jusqu'à ce que j'aie trouvé ce point d'appui, je fais comme Archimède, et laisse la terre où elle est.

(1) Shakespeare, *Songe d'une nuit d'été*, II, 2.
(2) Heureux qui loin des affaires, etc. *Epod.* 2.
(3) Dis-moi qui tu hantes, etc.

LXXXV.

Notre aimable Adeline avait un défaut... son cœur était vacant, bien que ce fût une habitation splendide ; comme elle n'avait trouvé personne qui demandât qu'on le lui ouvrît, sa conduite avait été parfaitement régulière. Une âme molle et flottante fera plutôt naufrage qu'une âme énergique ; mais quand celle-ci travaille elle-même à sa ruine, elle s'écroule avec une commotion intérieure pareille à un tremblement de terre.

LXXXVI.

Elle aimait son époux, ou du moins elle croyait l'aimer ; mais cet amour lui coûtait un effort ; tâche pénible ! c'est rouler le rocher de Sisyphe, que de vouloir imprimer à nos sentiments une direction contraire à la pente du sol. Elle n'avait aucun sujet de plainte ou de reproche, point de querelles ou de brouilles domestiques. Cette union était un vrai modèle, sereine et noble... mais froide.

LXXXVII.

Il n'y avait pas entre eux disproportion d'âge, mais différence de caractères ; néanmoins, ils ne se heurtaient jamais ; ils fonctionnaient chacun dans sa sphère comme deux astres unis, ou comme le Rhône traversant les eaux du Léman alors que le fleuve et le lac se montrent à la fois confondus et distincts ; le premier, promenant ses flots bleus au sein de l'onde pacifique et cristalline, qui semble vouloir endormir le fleuve enfant, son jeune nourrisson.

LXXXVIII.

Or, quand une fois elle s'intéressait à une chose, quelque confiance qu'elle eût dans la pureté de ses intentions, alors ses impressions sagaces devenaient beaucoup plus puissantes qu'elle ne l'avait prévu, et comme un fleuve qui s'enfle dans son cours, elles envahissaient son âme entière : résultat d'autant plus certain que son cœur n'était pas facile à émouvoir.

LXXXIX.

Mais une fois qu'il était pris, elle se trouvait possédée de ce secret démon à double nature, et pour cela doublement nommé... on l'appelle fermeté dans les héros, les rois et les marins, c'est-à-dire quand ils réussissent ; mais on le blâme sans réserve comme obstination, dans les hommes et dans les femmes, quand leur triomphe et leur étoile perdent leur éclat. Un casuiste en morale serait embarrassé de fixer les vraies limites.

XC.

Bonaparte vainqueur à Waterloo, c'eût été fermeté ; vaincu, c'est obstination. Faut-il donc que l'événement seul décide ? Je laisse aux esprits sagaces à tracer la ligne de démarcation entre le faux et le vrai. Pour moi, je reviens à lady Adeline, qui était aussi une héroïne dans son genre.

XCI.

Elle ne connaissait pas son propre cœur, comment le connaîtrais-je, moi ? Je ne pense pas qu'elle fût alors amoureuse de Juan ; si cela eût été, elle aurait eu la force de fuir cette impression délirante, nouvelle encore pour son âge. Elle n'avait pour lui qu'une sympathie ordinaire (illusoire ou non, je n'en sais rien), parce qu'elle croyait en danger l'ami de son mari, jeune et loin des siens.

XCII.

Elle était ou croyait être son amie... non de cette amitié ridicule, de ce platonisme romanesque qui égare si souvent les femmes quand elles n'ont étudié le sentiment qu'en France et en Allemagne, ces pays où l'on se donne de purs baisers. Adeline n'était pas femme à s'avancer jusque-là ; mais cette amitié que l'homme ressent pour l'homme, elle en était aussi capable que femme le fut jamais.

XCIII.

Nul doute que là, comme dans tous les liens du sang, la secrète influence du sexe ne fasse sentir son innocent pouvoir. Quand l'attachement est dégagé de toute passion, de fleur de l'amitié, et que la nature des sentiments réciproques est bien comprise ; quand on n'a jamais été et ne veut jamais être amants, la terre n'offre point d'amitié comparable à celle de la femme.

XCIV.

L'amour porte dans son sein le germe du changement ; et comment n'en serait-il pas ainsi ? Toutes les analogies naturelles nous montrent que les choses violentes arrivent promptement à leur terme. Serait-il possible que l'éclair sillonnât perpétuellement le ciel ? Il me semble que le nom même de l'amour en dit assez : la passion tendre peut-elle être résistante ?

XCV.

Hélas ! l'expérience nous apprend (je répète simplement ce que j'ai entendu dire) combien il est rare que les amants n'aient point à regretter la passion, qui fit de Salomon un niais. J'ai vu des épouses (pour ne pas perdre de vue l'état conjugal, le meilleur ou le pire de tous) qui étaient la perle des femmes, et qui faisaient le malheur de deux existences au moins.

XCVI.

J'ai vu aussi des amies (le fait est bizarre, mais vrai, et pourrait être prouvé au besoin) qui sont restées fidèles dans la bonne et mauvaise fortune, sur le sol natal comme à l'étranger, beaucoup plus fidèles que ne le fut jamais l'amour... Elles ne m'ont pas abandonné quand l'injustice me foulait aux pieds ; la calomnie n'a pu les éloigner de moi ; en mon absence, elles ont combattu et combattent encore pour moi, bravant le serpent du monde et ses sonnettes bruyantes.

XCVII.

Si don Juan et la chaste Adeline devinrent amis dans ce sens ou dans tout autre, c'est ce qui sera examiné plus tard, je présume ; quant à présent, je ne suis pas fâché d'avoir un prétexte pour les laisser en perspective, attendu que cela produit bon effet, et tient en suspens le lecteur curieux ; ce qui, pour les livres et les femmes, est le meilleur appât à mettre à l'hameçon.

XCVIII.

S'ils se promenèrent à pied ou à cheval, ou étudièrent l'espagnol pour lire don Quichotte dans l'original, plaisir qui éclipse tous les autres ; si leur conversation roulait sur les choses sérieuses ou sur celles qu'on appelle frivoles ; ce sont des détails que je dois renvoyer au chant suivant, où je dirai peut-être quelque chose de tout cela, en déployant à ma manière un talent considérable.

XCIX.

Je supplie qu'on veuille bien ne pas anticiper sur les événements ; on s'exposerait à porter des jugements inexacts sur la belle Adeline et sur Juan, sur le dernier principalement. Au reste, je prendrai un ton beaucoup plus sérieux que je n'ai fait jusqu'ici dans cette épique satire. Il n'est pas du tout certain qu'Adeline et Juan seront faibles ; mais s'ils le sont, tant pis pour eux.

C.

Mais les grandes choses naissent des petites... Croiriez-vous, par exemple, que, dans ma jeunesse, la passion la plus dangereuse qui ait jamais conduit un homme et une femme au bord du précipice naquit d'une circonstance si frivole, qu'on n'y eût jamais deviné le lien d'une situation pareille ? Vous ne devineriez pas, je vous gage des millions... Eh bien ! cette passion eut pour origine une innocente partie de billard.

CI.

La chose est étrange, mais vraie ; car la vérité est toujours étrange, plus étrange que la fiction. Si l'on pouvait la révéler tout entière, combien les romans gagneraient au change ! sous quel différent point de vue les hommes envisageraient le monde ! que de fois le vice et la vertu prendraient la place l'un de l'autre ! Que serait le Nouveau-Monde, si quelque Colomb de l'océan moral montrait aux hommes l'antipode de leurs âmes ?

CII.

Que de vastes cavernes et de déserts stériles se découvriraient alors dans l'âme humaine ! Que de montagnes de glace dans les cœurs des puissants, avec l'égoïsme au centre pour pôle ! Quels anthropophages entre les neuf dixièmes de ceux qui gouvernent les empires ! Les choses s'appelant enfin par leur vrai nom, César lui-même aurait honte de la gloire.

CHANT XV.

I.

Ma foi !... ce qui devait suivre m'échappe. N'importe, ce qui suivra sera tout aussi riche d'espérances et de souvenirs que si la pensée mystérieuse eût coulé à pleins bords. Toute la vie mortelle n'est qu'interjections : un oh ! ou un ah ! de joie ou de douleur ; un ah ! ah ! ou un bah !... ou un bâillement, ou un fi ! et peut-être cette dernière exclamation est-elle la plus vraie de toutes.

II.

Mais le tout n'est qu'une syncope ou un sanglot, emblèmes de l'émotion, cette grande antithèse de l'immense ennui. L'émotion est comme un bouillon écumeux qui vient se briser à la surface monotone de l'océan de la vie, océan qui, selon moi, est une image de l'éternité, ou du moins sa miniature. L'émotion donne à l'âme des jouissances exquises en montrant des choses invisibles à l'œil.

III.

Oh ! combien elle est préférable au soupir étouffé qui se corrode dans les cavernes du cœur, couvrant le visage d'un masque de tranquillité, et transformant la nature humaine en art. Peu d'hommes osent montrer ce qu'ils ont dans la pensée de meilleur ou de pire : toujours la dissimulation se réserve un coin ; et c'est pour cela que la fiction est ce qui passe le plus aisément.

IV.

Ah ! qui peut dire, ou plutôt qui ne se rappelle, sans le dire, les erreurs des passions ? Celui qui boit l'oubli jusqu'à la lie, celui même qui s'enivre grossièrement, a de tristes vapeurs pour miroir du matin. En vain, il semble flotter sur l'onde du Léthé, il ne peut y noyer ses tressaillements et ses terreurs. Au fond de cette coupe de rubis que tient sa main tremblante, le Temps laisse un dépôt de son sable le plus noir.

V.
Et quant à l'amour..... ô amour!..... Continuons. Lady Adeline Amundeville... voilà, j'espère, le plus joli nom qu'un lecteur puisse désirer : aussi vient-il se percher harmonieusement sur ma plume sonore. Il y a de la musique dans les soupirs d'un roseau, dans le murmure d'un ruisseau ; il y a de la musique en tout, si l'homme a l'oreille pour la saisir : notre terre est un écho des sphères.

VI.
Lady Adeline, très honorable et très honorée dame, courut risque de le devenir un peu moins ; car... je suis vraiment désolé de le dire... peu de personnes du beau sexe sont stables dans leurs opinions. Elles diffèrent d'elles-mêmes, comme le vin dément son étiquette lorsqu'on l'a décanté... le vin et la femme, jusqu'à ce qu'ils aient vieilli, sont susceptibles d'adultération.

VII.
Mais Adeline était du meilleur cru, la plus pure essence de la grappe; elle était brillante comme un napoléon sortant de la monnaie, ou comme un diamant richement monté : c'était une page blanche où le Temps devait hésiter à imprimer son chiffre, et pour elle la nature eût pu oublier sa dette... la nature, le seul créancier qui ait le bonheur de trouver tous ses débiteurs solvables.

VIII.
O Mort! le plus dur de tous les créanciers! tu frappes journellement à nos portes: d'abord un coup modeste, comme un humble marchand, alors que tout pâle il s'approche d'un débiteur opulent qu'il veut prendre par la sape ; mais fréquemment repoussé, la patience à la fin l'abandonne : il s'avance exaspéré, et, s'il met le pied chez vous, insiste en termes peu courtois pour avoir de l'argent comptant, ou un billet sur votre banquier.

IX.
Prends ce que tu voudras, ô Mort, mais épargne un peu la faible beauté! Elle est si rare, et tu as tant d'autres proies! Qu'importe que de temps à autre, le pied lui glisse dans le sentier du devoir? c'est une raison de plus pour suspendre tes coups. Squelette glouton! avec des nations entières pour pâture, ne saurais-tu montrer un peu de civilité et de modestie? Supprime quelques-unes des maladies du beau sexe, et prends autant de héros qu'il plaira au ciel.

X.
La belle Adeline, qui mettait d'autant plus de vivacité dans ses affections qu'elle n'était pas, comme certains d'entre nous, prompte à s'enflammer, ou que du moins elle avait trop de fierté pour se l'avouer à elle-même (ce sont là des points que nous ne discuterons pas à présent)... Adeline abandonnait sans réserve sa tête et son cœur à ce qu'elle regardait comme un sentiment innocent.

XI.
Le bruit public, cette vivante gazette, avait porté jusqu'à elle, en les défigurant, quelques traits de l'histoire de Juan; mais les femmes traitent ces erreurs avec plus d'indulgence que nous autres, hommes rigides; d'ailleurs, depuis qu'il était en Angleterre, sa conduite avait été plus régulière, et son esprit s'était armé d'une plus mâle vigueur; car il possédait, comme Alcibiade, l'art de s'accommoder à tous les climats.

XII.
Ce qui rendait ses manières si séduisantes, c'était peut-être précisément qu'il ne paraissait jamais désireux de séduire ; en lui, rien d'affecté, d'étudié, rien qui décélât la fatuité, ou des intentions de conquête ; nul abus de ses moyens de plaire ne venait nuire à ses succès. Ce n'était point un de ces Cupidons effrénés qui semblent dire : « Résistez-moi si vous pouvez; » condition qui fait un dandy en annulant l'homme.

XIII.
Ces gens-là ont tort... telle n'est pas la manière de s'y prendre; et ils en conviendraient eux-mêmes, s'ils voulaient être sincères. Mais défaut ou talent, ce n'était pas celui de don Juan; ses manières étaient à lui seul); il était de bonne foi,... du moins on n'en pouvait douter en l'écoutant. Le diable n'a pas dans tout son carquois une flèche qui aille droit au cœur comme une voix douce et sonore.

XIV.
Naturellement affable, sa parole et son air écartaient le soupçon. Son regard, sans être timide, semblait plutôt se dérober que devenir agressif; peut-être n'était-il pas suffisamment assuré; mais parfois la modestie, comme la vertu, trouve sa récompense en elle-même, et l'absence de toute prétention peut mener plus loin qu'il n'est besoin de le dire.

XV.
Calme, accompli, gai sans turbulence, insinuant sans flatterie, observant les travers de la foule, mais n'en laissant rien percer dans sa conversation ; fier avec les fiers, mais d'une fierté polie, de manière à leur faire sentir qu'il connaissait son propre rang et le leur... ne cherchant jamais à primer, il ne souffrait ni ne revendiquait de supériorité.

XVI.
Tout ceci avec les hommes : avec les femmes, il était ce qu'elles voulaient qu'il fût; et pour cela, on peut s'en rapporter à leur imagination ; pourvu que l'esquisse soit passable, elles achèvent le tableau... et verbum sat. Dès que leur fantaisie s'attache à un objet, mélancolique ou agréable, elles le transfigurent plus brillamment que n'eût fait Raphaël.

XVII.
Adeline, juge peu profond des caractères, était sujette à leur prêter des couleurs de sa façon : c'est ainsi que dans leur bienveillance s'égarent les bons, aussi bien que les sages, comme on l'a vu fréquemment. L'expérience est la première des philosophies ; mais c'est la plus triste de toutes, et les sages persécutés n'enseignent que folie en oubliant qu'il existe des fous.

XVIII.
N'est-il pas vrai, grand Locke? et toi, Bacon, plus grand encore? Divin Socrate, et toi, être plus divin encore, dont le sort est d'être toujours méconnu par l'homme, et dont la pure doctrine a servi de sanction à toutes les iniquités? Toi qui rachetas un monde que les bigots devaient bouleverser de nouveau, dis-nous quelle fut la récompense de tes travaux ? Nous pourrions remplir des volumes d'exemples ; mais nous les livrons à la conscience des peuples.

XIX.
Je m'établis sur un plus humble promontoire, d'où je contemple la vie avec ses infinies variétés : sans grand souci de ce qu'à toi on nomme la gloire, j'alimente mes rêveries en promenant mes regards sur mille objets divers, en rapport ou non avec le sujet de cette histoire, et versifiant sans effort, je laisse aller mon vers comme je causerais avec le premier venu, dans une promenade à pied ou à cheval.

XX.
Ce genre de poésie aventurière n'exige pas grand talent, je le sais ; mais il y faut une facilité de conversation capable de faire passer une heure par-ci par-là. De dont je suis sûr au moins, c'est qu'on ne trouvera aucune trace de servilité dans cette sonnerie saccadée, qui carillonne sur le premier sujet venu, ancien ou nouveau, sans autre règle que l'inspiration de l'*improvvisatore*.

XXI.
« Matho, a écrit Martial, vise à dire toutes choses magnifiquement... Dis quelquefois bien, ô Matho ; dis passablement, et même quelquefois dis mal. » Le premier est peut-être plus qu'un mortel ne peut faire ; le second est faisable d'une manière triste ou aisée ; le troisième est un terme auquel il est bien difficile de s'arrêter ; quant au quatrième, chaque jour nous l'entendons, le voyons, et le pratiquons aussi : le tout ensemble est ce que je voudrais servir dans ce pot-pourri.

XXII.
Espérance modeste, mais la modestie est mon fort et l'orgueil mon faible... Continuons de chevaucher à l'aventure. Dans ma première idée, ce poème devait être court ; mais maintenant je ne saurais dire où il s'arrêtera. Nul doute que si j'avais voulu faire ma cour à la critique, ou saluer le soleil couchant de toutes les tyrannies, je n'eusse été plus concis... je suis né pour l'opposition.

XXIII.
Il est vrai qu'en cela je prends toujours le parti du plus faible ; en sorte que si ces hommes qui se préjassent aujourd'hui dans la plénitude de leur orgueil venaient tout-à-coup à tomber, je pourrai bien m'arriver de rire d'abord de leur chute ; mais je crois que je changerais de camp et me jetterais dans l'ultra-royalisme, car je hais tout despotisme, même celui de la démocratie.

XXIV.
Je crois que j'eusse fait un époux passable, si je n'avais jamais connu les douceurs du mariage ; je crois que j'aurais fait des vœux monastiques, n'étaient certains préjugés à moi particuliers ; et jamais je ne me serais heurté la tête contre une rime, jamais je n'aurais à ce métier usé mon cerveau et outragé la grammaire, si certain pédant ne m'eût jadis interdit le commerce des muses.

XXV.
« Laissez aller ! » Je chante les chevaliers et les dames, tels que l'époque me les fournit. C'est un essor qui, au premier coup d'œil, ne semble pas exiger des ailes bien vigoureuses, empluméés par Longin ou le philosophe de Stagire : pourvu que le principe des proportions soient bien observées, la difficulté consiste à revêtir d'un coloris naturel des mœurs artificielles, et à tirer le général du particulier.

XXVI.
Autrefois les hommes faisaient les mœurs, tandis que maintenant ce sont les mœurs qui font les hommes... parqués comme des troupeaux et tondus de même dans leur berceau, du moins quatre-

vingt-dix-neuf sur cent. Or, cela doit en tout cas refroidir la verve des auteurs, qui n'ont d'autre ressource que de peindre des époques déjà mieux représentées, ou de se contenter du présent avec son costume monotone.

XXVII.

Nous ferons de notre mieux pour nous tirer d'affaire... En avant, ma muse! en avant! Si vous ne volez point, allez voletant; et ne pouvant être sublime, soyez cinglante ou rigide, comme les édits de nos hommes d'État. Il est impossible que nous ne trouvions pas quelque chose qui nous paie de nos recherches : il suffit à Colomb d'un cutter, d'une brigantine ou d'une pinasse, pour découvrir un monde, alors que l'Amérique était comme si elle n'était pas.

XXVIII.

Adeline, en se pénétrant chaque jour davantage et du mérite de Juan et des dangers de sa situation, éprouvait pour ce jeune homme un intérêt sans cesse croissant : d'abord, c'était une sensation nouvelle, puis elle trouvait en son ami un air de complète innocence, ce qui est pour l'innocence elle-même une terrible tentation... Toutefois, comme en général! les femmes détestent les demi-mesures, elle se mit à réfléchir au moyen de sauver l'âme de don Juan.

XXIX.

Elle croyait à l'efficacité des conseils, comme tous ceux qui en donnent et en reçoivent gratis; marchandise dont le prix courant, même à son taux le plus élevé, consiste en légers remerciments. Après y avoir réfléchi à deux fois, elle décida moralement que pour la moralité la meilleure condition est le mariage; et cette question résolue, elle conseilla très sérieusement à Juan de se marier.

XXX.

Juan répondit, avec toute la déférence convenable, qu'il se sentait une prédilection pour ce lien; mais que pour le moment, vu l'état particulier de ses affaires, il se présentait quelques difficultés, soit par la nature de son choix, soit par la position de la personne à laquelle ses vœux pourraient s'adresser; qu'en un mot, il épouserait volontiers certaine femme, si elle n'était déjà mariée.

XXXI.

Après le choix d'un parti pour elle-même ou pour ses filles, ses frères, ses sœurs, ses cousins et ses parents, qu'elle classe comme des filles sur une tablette, il n'y a rien dont une femme aime autant à se mêler que des mariages quelconques. Certes ce n'est pas un péché, mais plutôt un préservatif; et c'est là sans doute la raison du pourquoi.

XXXII.

Mais toute femme chaste a nécessairement dans la tête quelque drame, où les unités conjugales sont observées à table ou au lit aussi scrupuleusement que celles d'Aristote, bien que parfois il n'en résulte que des mélodrames ou des pantomimes bouffonnes.

XXXIII.

En général, elles ont en réserve un fils unique, héritier d'une immense fortune, un ami de haut parage, un gai sir John ou un grave lord George, menacés de mourir sans postérité et de laisser s'éteindre avec eux une antique race, à moins qu'un mariage ne soutienne leur avenir et leur moralité; et d'un autre côté, elles ont sous la main un riche assortiment de florissantes fiancées.

XXXIV.

Ainsi elles choisissent habilement à celui-ci une héritière, à celui-là une beauté; pour l'un une cantatrice accomplie, pour l'autre une compagne tout entière à ses devoirs. Elles offrent également une dame dont les perfections valent à elles seules un trésor; elles en recommandent une seconde à cause de l'excellence de ses relations de famille, une troisième comme un choix contre lequel il n'y a rien à objecter.

XXXV.

Quand l'harmoniste Rapp, dans son harmonieuse colonie, mit l'embargo sur le mariage (colonie qui continue d'être singulièrement florissante, parce qu'elle ne procrée pas plus de bouches qu'elle n'en peut nourrir, sans recourir cependant à ces douloureux sacrifices qui compriment le plus impérieux penchant de la nature), pourquoi donc a-t-il appelé « Harmonie » une société sans mariage ?

XXXVI.

Il paraît qu'il ait voulu se moquer ou de l'harmonie ou du mariage, en établissant entre eux ce singulier divorce. Mais que ce soit en Allemagne ou ailleurs que le révérend Rapp a puisé cette doctrine, on assure que sa secte est riche, pieuse et pure, plus qu'on ne peut le dire d'aucune des nôtres, bien que celles-ci se livrent à la propagation sur une plus vaste échelle. Je blâme son titre, non son institution, en m'étonnant qu'on ait pu l'accepter.

XXXVII.

Mais Rapp est l'opposé des vélées matrones qui, en dépit de Malthus, favorisent la multiplication de l'espèce; professeurs dans cet art prolifique, elles patronisent toutes les voies décentes de la propagation; et celle-ci, après tout, prend un si merveilleux développement, que la moitié de ses produits s'écoule par l'émigration, triste résultat des passions et des pommes de terre... deux mauvaises herbes qui embarrassent beaucoup nos Catons économistes.

XXXVIII.

Adeline avait-elle lu Malthus ? Je ne saurais le dire. Elle eût bien fait de le lire : son livre n'est qu'une paraphrase du onzième commandement, qui dit : « Tu n'épouseras pas... » désavantageusement. Il n'entre pas dans mon plan de discuter ses vues ni de commenter les mots tracés, comme on dit, par « une main si éminente; » mais certes sa doctrine conduit à la vie ascétique, et fait du mariage une question de calcul.

XXXIX.

Mais Adeline, présumant que Juan avait une fortune suffisante, ou qu'il se ferait assurer un revenu à lui en cas de séparation légale... car, somme toute, il peut arriver que le fiancé, après avoir dûment épousé, rétrograde quelque peu dans la danse du mariage (sujet propre à faire la réputation d'un peintre, digne pendant de la Danse de la mort de Holbein..., au fait, c'est la même chose)...

XL.

Adeline, disions-nous, décida le mariage de don Juan... c'est-à-dire le décida dans sa sagesse, et c'est assez pour une femme. Mais à qui le marier ? Il y avait la sage miss Reading, miss Raw, miss Flaw, miss Showman et miss Knowman, et les deux belles cohéritières Giltbedding (1). C'étaient là des partis on ne peut plus sortables et qui, convenablement montés, comme des montres, iraient ensuite fort bien.

XLI.

Il y avait miss Millpond (2), calme et unie comme une mer d'été. C'était une fille unique, incomparable trésor; elle semblait une véritable crème d'égalité d'âme, jusqu'au moment où l'on écartait la surface... alors là-dessous on découvrait un mélange de lait et d'eau, et peut-être aussi une légère teinte de bleu..... qu'importe ? L'amour est tapageur; mais le mariage a besoin de repos, et étant sujet à la consomption, la diète lactée lui convient.

XLII.

Puis il y avait miss Audacia Shoestring (3), pimpante et riche demoiselle, dont le cœur visait à un crachat ou à un cordon bleu; mais soit que les ducs anglais fussent devenus rares, soit qu'elle n'eût pas touché la véritable corde avec laquelle de pareilles sirènes attirent nos grands seigneurs, elle s'accommoda d'un cadet étranger, un Russe ou un Turc... l'un vaut l'autre.

XLIII.

Enfin, il y avait... mais si je continue, j'ai peur que les dames n'interrompent leur lecture... il y avait aussi une féerique beauté du plus haut rang et supérieure encore à son rang : Aurora Raby, jeune étoile qui commençait à briller sur la vie, image trop pure pour un pareil miroir, créature adorable, à peine formée ou modelée, rose qui n'avait pas encore déployé ses plus riches pétales.

XLIV.

Riche, noble, mais orpheline et fille unique, elle avait été confiée à des tuteurs bons et bienveillants; et pourtant il y avait encore dans son aspect quelque chose de triste et d'isolé. Le sang n'est pas de l'eau; où retrouverons-nous des affections de jeunesse pareilles à ce que la mort a rompu, alors que laissés seuls, hélas ! nous sentons dans nos palais vides d'amis qu'il nous manque un foyer, et que nos liens les plus chers nous attachent à la tombe.

XLV.

Enfant par l'âge et plus enfantine encore par son extérieur, elle avait dans les yeux je ne sais quoi de sublime qui les faisait briller mélancoliquement, comme brillent ceux des séraphins. Toute jeunesse; elle semblait hors de l'atteinte du temps; radieuse et grave... comme si elle eût plaint l'homme déchu; triste... mais d'une faute qui n'était pas la sienne, on eût dit qu'assise à la porte d'Éden, elle pleurait sur ceux qui ne reviendront plus.

XLVI.

Et puis elle était catholique sincère, austère même autant que le permettait la tendresse de son cœur et ce culte déchu lui était plus cher par cela même peut-être qu'il était déchu. Ses aïeux, fiers de leurs exploits, avaient toujours refusé de fléchir devant le pouvoir nouveau; la dernière de la race, elle gardait fidèlement le dépôt de leur vieille croyance et de leurs vieilles affections.

XLVII.

Au regard qu'elle jetait sur ce monde qu'elle connaissait à peine, on voyait qu'elle ne désirait pas le connaître davantage; silencieuse, solitaire, comme croît une fleur, elle conservait son cœur

---

(1) Noms significatifs formés de *Read*, lire; *Raw*, nu, *Flaw*, fêlure, *Show*, ostentation, *Know*, savoir; *Gilt*, doré, *Bed*, lit.
(2) *Millpond*, étang du moulin.
(3) *Shoestring*, cordon de soulier.

crein dans une sphère à lui. Il y avait une sorte de respect religieux dans les hommages qu'on lui rendait; son âme semblait assise sur un trône à part et forte de sa propre force... chose étrange dans un être si jeune !

XLVIII.

Or, il arriva que, dans le catalogue d'Adeline, Aurora fut omise, bien que sa naissance et sa fortune l'eussent placée dans l'opinion bien au-dessus des enchanteresses que nous avons déjà citées; sa beauté, non plus, ne pouvait s'opposer à ce qu'on la mentionnât comme riche de mainte vertu et digne d'attirer l'attention de tout célibataire désireux de doubler son existence.

XLIX.

Cette omission, comme celle du buste de Brutus dans le cortége de Tibère, excita naturellement l'étonnement de notre héros. Il l'exprima moitié riant, moitié sérieux ; sur quoi Adeline répondit avec une sorte de dédain; et d'un air impérieux, pour ne pas dire plus, elle demanda « ce qu'il avait trouvé d'extraordinaire dans une bambine affectée, silencieuse et froide, comme cette Aurora Raby. »

L.

Juan répondit : « qu'elle était catholique comme lui, et par conséquent lui convenait mieux que toute autre; car il ne doutait pas que sa mère ne tombât malade et que le pape ne fulminât son excommunication, si... » Mais Adeline, qui semblait avoir fort à cœur d'inoculer aux autres ses propres opinions, répéta, selon l'usage, les mêmes raisons qu'elle avait déjà fait valoir.

LI.

Et pourquoi non ? Une raison raisonnable, si elle est bonne, n'en devient pas pire pour être répétée; si elle est mauvaise, ce qu'il y a certainement de mieux à faire, c'est d'en rebattre les oreilles; la concision lui fait perdre beaucoup de sa force, tandis qu'en insistant à propos ou hors de propos, on finit par convaincre tout le monde, même en politique; ou, ce qui revient au même, l'adversaire se rend de guerre lasse. Pourvu qu'on arrive au but, qu'importe la route ?

LII.

Pourquoi Adeline avait conçu cette légère prévention..... car c'était certainement une prévention... contre une créature aussi exempte de vice que la sainteté même, et joignant à cela tous les charmes du corps et du visage : cela me paraît une question beaucoup trop délicate... Adeline était d'un caractère généreux, mais la nature est la nature, et a plus de caprices que je n'ai le temps ou la volonté d'en énumérer.

LIII.

Peut-être n'aimait-elle pas l'air d'indifférence avec lequel Aurora regardait ces futilités qui font les délices de la plupart des jeunes personnes; car il est peu de choses qui blessent plus profondément les hommes, et les femmes aussi, s'il nous est permis de le dire, que de voir leur génie ainsi dominé, par des gens qui les mettent à leur juste valeur.

LIV.

Ce n'était pas envie... Adeline en était incapable. Ce n'était pas mépris... il ne pouvait atteindre une personne dont le plus grand défaut était d'offrir trop peu de prise au blâme. Ce n'était pas jalousie, que je sache... mais cessons de poursuivre ainsi à la piste les feux follets de l'esprit humain. Ce n'était pas... hélas! il est plus difficile de dire ce que c'était.

LV.

La pauvre Aurora était loin de soupçonner qu'elle fût le sujet d'une discussion de ce genre. Elle était chez Adeline comme invitée : vague charmante et plus pure de ce brillant fleuve de grandeur et de jeunesse, qui coulait pour un moment sous l'éclat passager des rayons du temps. Si elle avait connu ces propos, elle eût souri avec calme... tant ou si peu il y avait en elle de la nature de l'enfant!

LVI.

L'air hautain et délibéré d'Adeline ne lui en imposait pas : elle la voyait resplendir à peu près comme elle eût vu briller un ver luisant, puis elle reportait ses regards vers les astres pour leur demander de plus divins rayons. Juan était un être qu'elle ne pouvait deviner; toutefois elle n'était nullement éblouie par l'éclat de ce météore, attendu qu'elle ne plaçait pas sa confiance dans les traits du visage.

Devant le château s'étendait un lac limpide.

LVII.

Sa réputation même... car il avait ce genre de renommée qui fait parfois le diable parmi les femmes, masse hétérogène de blâme glorieux, mélange de demi-vertus avec des vices entiers, défauts qui plaisent par leur vivacité, folies si brillamment attifées qu'elles éblouissent : sur la cire de la jeune fille de pareils cachets ne faisaient aucune impression, tant elle avait de froideur et de sagesse.

LVIII.

Juan ne comprenait rien à ce caractère... c'était une âme fière, mais différente de cette Haïdée qu'il avait perdue. La jeune insulaire, élevée sur les bords solitaires de l'Océan, plus chaleureuse, aussi ravissante et non moins sincère, était l'enfant de la nature ; telle n'était point, telle n'aurait point voulu être Aurora : la même différence existe entre une fleur et un diamant.

LIX.

Ayant produit cette comparaison sublime je puis, ce me semble poursuivre mon récit, et, comme dit mon ami Scott, « pousser mon cri de guerre : » Scott! le superlatif de nos comparatifs ; Scott qui sait peindre les chevaliers chrétiens ou sarrasins, le serf, le seigneur et l'homme, avec un talent qui serait sans rival, si le monde n'avait pas eu un Shakespeare et un Voltaire.

LX.

Je puis, dis-je, en suivant ma façon légère, continuer de m jouer à la surface de l'humanité. Je décris le monde et lui sais fort peu que le monde me lise ; du moins je ne veux point à c prix épargner sa vanité. Ma muse, m'a créé et me créera probable ment de nombreux ennemis ; quand je commençai, je me dout qu'il en serait ainsi... maintenant je le sais, ce qui ne m'empêch point d'être ou d'avoir été un poète assez joli.

LXI.

Entre Adeline et don Juan, la conférence eut parmi ses douceu une certaine dose d'acide... car mylady était entière ; mais avant qu les choses pussent se gâter entièrement ou s'arranger, la cloche argentine sonna, non le dîner, mais cette heure appelée *demi-heure*, accordée à la toilette, bien que ces dames soient assez peu vêtues pour se contenter d'un moindre délai.

LXII.

Maintenant de grands exploits allaient s'accomplir à table, avec la vaisselle massive pour armure, les couteaux et les fourchettes pour armes offensives. Mais depuis Homère (ses festins ne sont pas la moins belle portion de ses ouvrages) quelle muse est capable de déployer la carte d'un de nos dîners où les soupes, les sauces et même un seul ragoût, renferment plus de mystérieuses recettes que n'en mirent jamais en œuvre, sorcières, courtisanes ou médecins.

LXIII.

Il y avait une excellente soupe « à la bonne femme, » Dieu sait d'où elle venait ; puis pour les gens qui aiment à se bourrer, un turbot relevé « d'un dinde de Périgueux » Il y avait aussi... pécheur que je suis! comment achèverai-je cette stance gastronomique ?... il y avait une soupe « à la Bauveau, » relevée par une dorée, laquelle fut relevée elle-même par un filet de porc.

LXIV.

Mais il faut que je réunisse le tout en bloc ; car, d'aller entrer dans les détails, ce serait exposer ma muse à tomber dans des excès bien autrement graves que ceux qui ont fait jeter les hauts cris à tant de gens. Quoique bonne vivante, j'ajouterai qu'elle ne pêche point par le culte de l'estomac ; toutefois, ce récit exige quelques légers réconfortants.

LXV.

Des volailles « à la Condé, » des tranches de saumon « sauce génevoise, » un quartier de venaison, des vins qui eussent pu faire une seconde fois la perte du prétendu fils d'Ammon... duquel j'espère que nous ne verrons pas de si tôt les pareils... On servit aussi un jambon glacé de Westphalie, auquel Apicius eût donné sa bénédiction ; puis du champagne à la mousse pétillante, blanche comme les perles fondues de Cléopâtre.

LXVI.

Dieu sait tout ce qu'il avait encore « à l'allemande, à l'espagnole, en timbale et en salpicon »... puis cent choses que je ne puis ni exprimer ni même comprendre, bien que somme toute elles s'avalent fort lestement ; puis des entremets pour se faire la main et prendre doucement patience en attendant (ô gloire!)... des filets de perdreaux aux truffes.

LXVII.

Auprès de ces filets, que sont les bandelettes sur la tête du vainqueur? Chiffons et poussière. Où est l'arc triomphal qui se courbait sur les dépouilles des nations? Où est le char de triomphe? Tout cela est allé où vont victoires et dîners. Je ne pousserai pas plus loin ces remarques ; mais, ô modernes héros à cartouches, quand vos noms se borneront-ils à illustrer des perdrix?

LXVIII.

Il faut avouer aussi que ces truffes ne sont pas un accessoire à dédaigner, suivies des « petits puits d'amour, »... mets que chacun peut arranger à sa guise, si nous en croyons le plus accrédité de ces dictionnaires, encyclopédies de la chair et du poisson ; mais même sans confitures, on ne saurait nier que ces « petits puits » en soient un morceau délicat.

LXIX.

L'esprit se perd dans l'imposante contemplation de l'intelligence qui a présidé aux deux services ; et le grand calcul des indigestions multipliées demande plus d'arithmétique que je n'en possède. Qui eût pu croire, depuis la simple ration d'Adam, que la cuisine évoquerait assez de ressources pour former une science et une nomenclature de l'un des besoins les plus vulgaires de l'animal?

LXX.

Les verres tintaient, les mâchoires claquaient : les dineurs renommés dînèrent bien. Les dames prirent une part plus modérée au banquet, picotant moins encore que je ne saurais dire. Il en fut de même des jeunes gens ; car cet âge ne saurait comme la vieillesse exceller en gastronomie et pense moins à bien manger qu'à écouter le babil d'une jolie causeuse.

LXXI.

Hélas ! il me faut passer sous silence gibier, salmis, consommés, purées, tous articles dont je fais usage seulement pour rendre mon vers plus coulant que ne ferait le roast-beef à la façon grossière de John Bull. Il ne m'est pas permis d'introduire ici un seul entrecôte ; un bœuf aux choux gâterait mon tendre poème. J'ai dîné et je dois m'interdire, hélas ! la description d'un simple bécasse.

LXXII.

Et les fruits, et les glaces, et tous les raffinements, conquêtes de l'art sur la nature pour ton service, ô goût !... ou bien ô goutte! Prononcez le mot selon l'état de votre estomac. Avez-vous jamais eu la goutte ? Je ne l'ai pas encore eue, mais je puis l'avoir ; et vous aussi, lecteur ; prenez-y garde!

LXXIII.

Dois-je omettre dans ma carte les simples olives, les meilleures alliées du vin? Il le faut, et pourtant ce fut un de mes plats favoris, en Espagne, à Lucques, en Grèce, partout. Il m'est souvent

Le fantôme s'arrête, menace, puis se retire jusqu'à la muraille.

arrivé de dîner avec des olives et du pain en plein air, ayant le gazon pour table, sur le Sunium ou l'Hymette comme Diogène, à qui je dois la moitié de ma philosophie.

LXXIV.

Au milieu de cette confusion de poissons, de viandes, de volailles, de toutes ces substances déguisées, les convives prirent place dans l'ordre assigné, offrant entre eux non moins de variété que les mets étalés sur la table. Don Juan était placé près de quelque chose « à l'espagnole »... non une demoiselle, mais un plat dont j'ai déjà parlé ; toutefois ce mets avait avec une dame ce point de ressemblance qu'il était magnifiquement paré et fort appétissant.

LXXV.

Par une étrange rencontre, il se trouva entre lady Aurora et lady Adeline... J'avoue que pour un homme ayant des yeux et un cœur, c'était une situation dans laquelle il était difficile de bien dîner. D'ailleurs, la conférence que nous avons vue n'était pas faite pour l'encourager à briller ; car Adeline ne lui adressait que rarement la parole et d'un œil pénétrant semblait lire au fond de sa pensée.

LXXVI.

Je suis parfois tenté de croire que les yeux ont des oreilles ; ce qu'il y a de certain, c'est que, hors de la portée de l'ouïe, les femmes, ces charmantes créatures, saisissent mille choses ardues. Comme cette mystérieuse harmonie des sphères qui résonne si puissamment, et que les anges seuls entendent, il y a, chose étonnante, de longs dialogues que le beau sexe parvient à saisir... bien qu'un seul mot n'en puisse frapper les oreilles vulgaires.

LXXVII.

Aurora gardait cette indifférence qui pique à bon droit un preux chevalier. De toutes les offenses, la plus vive consiste à nous laisser entendre que nous ne valons pas un moment d'attention. Or, Juan, sans avoir les prétentions d'un fat, n'était pas très charmé de se voir, comme un malheureux navire, pris entre les glaces, et ce, après tous les excellents avis qu'il avait reçus.

LXXVIII.

A ses aimables riens point de réponse, autre que ces mots insignifiants commandés par la politesse. Aurora tournait à peine les yeux de son côté, et son sourire n'aurait pu satisfaire la vanité la moins exigeante. Était-ce orgueil, modestie, préoccupation, stupidité ? Le ciel le sait ! mais les yeux malicieux d'Adeline étincelaient de joie en voyant se vérifier ses prophéties...

LXXIX.

Ils semblaient exprimer ces mots : « Je vous l'avais bien dit ! » sorte de triomphe que je ne recommande à personne. En effet, comme je l'ai vu et lu, en matière d'amour ou d'amitié, un pareil reproche peut piquer un homme au vif, et l'engager par amour-propre à pousser au sérieux ce qui n'était qu'une plaisanterie.

LXXX.

C'est ainsi que Juan fut amené à témoigner à sa jeune voisine quelques attentions légères, mais exquises, tout juste ce qu'il en fallait pour se faire comprendre d'une femme intelligente. A la fin, Aurora (ainsi le dit l'histoire) affranchit ses pensées de leur douce prison au point, sinon d'écouter, au moins de sourire une fois ou deux.

LXXXI.

Des réponses elle passa aux questions : chez elle, cela était rare ; et Adeline, qui jusque-là avait cru voir ses prédictions se confirmer, eut à craindre que la glace, en se fondant, ne révélât une coquette... tant il est difficile, dit-on, d'empêcher les extrêmes de se joindre ! Mais cette prévoyance était trop subtile ; tel n'était point le caractère d'Aurora.

LXXXII.

Mais Juan avait une sorte de charme fascinateur, et sa fière humilité, si l'on peut allier ces mots, montrait pour chaque mot magique sorti de la bouche d'une femme autant de déférence que si c'eût été un décret. Doué d'un tact exquis, il savait à propos être grave ou gai, réservé ou libre ; il avait l'art d'obliger les gens à se livrer sans leur laisser voir où il voulait en venir.

LXXXIII.

Aurora, dans son indifférence, l'avait d'abord confondu avec la foule des flatteurs, bien qu'elle le jugeât plus sensé que le vulgaire des babillards... mais bientôt elle ressentit peu à peu l'influence de cette flatterie qui séduit les âmes fières plutôt par des marques de déférence que par des compliments, et qui pour plaire va jusqu'à employer une contradiction délicate.

LXXXIV.

Et puis il avait si bonne mine !...... Ceci était un point reconnu parmi les femmes *nem. con.* (1), ce qui, je suis fâché de le dire, chez les femmes mariées conduit souvent au *crim. con* (2)... mais c'est un cas que nous abandonnons au jury. Or, quoique nous sachions depuis longtemps que la mine est trompeuse, et l'a toujours été, de manière ou d'autre, un extérieur avantageux fait toujours plus d'impression que le meilleur des livres.

LXXXV.

Aurora, qui avait plus étudié les livres que les physionomies, était fort jeune quoique très sage, et admirait plus volontiers Minerve que les Grâces, particulièrement sur une page imprimée. Mais la vertu elle-même a beau serrer ses lassets, elle n'a pas le corset naturel de la prudente vieillesse ; et Socrate, ce modèle du devoir, avouait pour la beauté un penchant discret, mais réel.

LXXXVI.

C'est ainsi qu'à seize ans, une jeune fille est socratique, mais en toute innocence, comme Socrate lui-même ; et en vérité, si le sublime philosophe d'Athènes avait à soixante-dix ans des fantaisies comme celles que Platon mentionne dans ses Dialogues, je ne vois pas en quoi elles déplairaient dans une vierge..., toujours, notez-le bien, dans les limites de la modestie ; c'est mon *sine quâ non*.

(1) *Nemine contradicente*, à l'unanimité.
(2) *Criminal conversation*, adultère.

LXXXVII.

Et remarquez ceci : toutes les fois qu'il m'arrive d'énoncer deux opinions qui, au premier abord, semblent se contredire, la seconde est la meilleure. Peut-être en ai-je encore dans quelque coin une troisième, ou peut-être n'en ai-je pas du tout... ce qui semble une mauvaise plaisanterie ; mais si un écrivain était complétement logique, comment pourrait-il peindre ce qui est ?

LXXXVIII.

Si les gens se contredisent, puis-je faire autrement que de les contredire ?... Mais c'est faux : je ne l'ai jamais fait, je ne le ferai jamais. Et comment le pourrais-je ? qui doute de tout ne peut rien nier. Il est possible que la vérité sorte d'une source limpide ; mais ses flots sont troubles et coulent par tant de canaux contradictoires, que force lui est souvent de naviguer sur les eaux de la fiction.

LXXXIX.

Apologue, fable, poésie, parabole, tout cela est faux, mais peut être rendu vrai par ceux qui répandent cette semence sur un sol bien préparé. Que ne peut la fable ! on dit qu'elle rend la réalité plus supportable ; mais qu'est-ce que la réalité ? qui en a le critérium ? Est-ce la philosophie ? Non ; elle rejette trop de choses. La religion ? Oui ; mais de toutes ses sectes, laquelle ?

XC.

Plusieurs millions d'hommes doivent avoir tort, c'est évident ; peut-être finira-t-on par découvrir que tous avaient raison. Dieu nous soit en aide ! Puisque dans notre pèlerinage il nous est enjoint de tenir toujours brillants nos saints luminaires, il est temps qu'il surgisse quelque nouveau prophète. En quelques milliers d'années, les opinions s'usent, si le ciel n'y fait quelques réparations.

XCI.

Eh bien ! me voilà encore ! pourquoi m'entortiller ainsi dans la métaphysique ? Nul ne déteste plus que moi toute sorte de controverse ; et néanmoins, telle est ma folie ou ma destinée, que je vais toujours me heurter la tête quelque part à propos du présent, de l'avenir ou du passé. Pourtant je n'en veux ni au Troyen ni au Tyrien, ayant été élevé dans la doctrine des presbytériens modérés.

XCII.

Mais bien que je me mette d'emportement ni dans ma théologie, ni dans ma métaphysique, en politique, mon devoir est de faire comprendre à John Bull quelque chose de la situation de ce bas monde. Mon sang bouillonne dans mes veines comme les eaux de l'Hécla, quand je vois les peuples permettre à ces misérables souverains d'enfreindre les lois.

XCIII.

La politique, l'administration et la piété sont des sujets que j'aborde quelquefois, non-seulement pour varier mon ouvrage, mais dans un but d'utilité morale ; car ma mission est d'accommoder la société et de farcir de sauge cette oie trop faisandée. Et maintenant que je suis à peu près en état de servir chacun selon ses goûts, je vais essayer du surnaturel.

XCIV.

Je laisse donc de côté toute argumentation, et je déclare positivement qu'à l'avenir aucune tentation ne pourra me détourner follement de mon but. En fait, je n'ai jamais compris ce que veulent dire ceux qui prétendent que les entretiens de ma muse ont quelque chose de dangereux... je la crois aussi inoffensive que d'autres qui se donnent plus de mal pour être moins attrayantes.

XCV.

Lecteur renfrogné ! vîtes-vous jamais un revenant ? non ; mais vous avez entendu dire... je comprends... Chut ! ne regrettez pas le temps perdu ; car c'est un plaisir que vous avez encore en réserve ; et ne croyez pas que je veuille me moquer de ces choses-là et dessécher par le ridicule cette source du sublime et du mystérieux : pour raisons à moi connues, ma croyance est sérieuse.

XCVI.

Vous riez ?... A votre aise ; je n'en ferai rien, moi : il faut bien que ce rire soit sincère ; je n'en ai pas d'autre. Je disais donc que, selon ma ferme conviction, il est un lieu hanté par les revenants... Quel est ce lieu ? je ne l'indiquerai pas ; car je voudrais que le son venir en fût anéanti. « Des ombres peuvent jeter l'effroi dans l'âme de Richard. » En un mot, j'ai sur ce sujet des scrupules.

XCVII.

La nuit... (c'est la nuit que je chante... parfois hibou, et par-là rossignol)... la nuit est sombre, et l'oiseau de Minerve fa retentir autour de moi son hymne discordant ; alors les antique lambris, de vieux portraits jettent sur moi un regard menaçant. Plût au ciel qu'ils eussent un air moins terrible ! Les cendres mourantes s'éteignent peu à peu dans l'âtre..... je commence à croire que j'ai trop prolongé ma veille.

XCVIII.

C'est pourquoi, bien que je n'aie point pour habitude de rire en plein jour... sentant quelques frissons nocturnes, je remets prudemment à demain midi le soin de traiter un sujet qui, hélas ! n'ene à mes yeux que des ombres...... Mais il faut que vous ayez été dans la situation où je me suis vu, avant que vous puissiez me taxer de superstition.

XCIX.

La vie est une étoile qui plane à l'horizon sur les limites des deux mondes, entre la nuit et l'aurore. Combien peu nous savons de ce que nous sommes ! Combien moins encore ce que nous serons ! Le flot éternel du temps continue à rouler, et emporte au loin nos bulles d'air : quand l'une crève, une autre pour la remplacer se détache de l'écume des siècles; et cependant les tombeaux des empires s'élèvent çà et là comme des vagues passagères.

CHANT XVI.

I.

Les anciens Perses enseignaient à leurs enfants trois choses utiles : tirer de l'arc, monter à cheval, dire la vérité. Ainsi fut élevé Cyrus, le meilleur des rois... et ce mode d'éducation est adopté pour la jeunesse moderne. Nos jeunes gens ont un arc, généralement à deux cordes; ils montent un cheval, sans pitié comme sans cœur; peut-être excellent-ils un peu moins à dire la vérité; mais, en revanche, ils courbent l'arc... de leur échine, beaucoup mieux qu'on ne fit jamais.

II.

La cause de cet effet ou de ce défaut... car cet effet défectueux une cause... » je n'ai pas le loisir de la rechercher; mais je dois dire une chose à ma louange : de toutes les muses que je me rappelle, la mienne, quelles que soient ses folies et ses faiblesses en certaines matières, est sans contredit la plus sincère qui ait jamais exploité la fiction.

III.

Et comme elle traite de tout et ne bat en retraite devant quoi que ce soit, cette épopée contiendra un fouillis de conceptions des plus rares, que vous chercheriez en vain ailleurs. Il est vrai qu'à son miel se mêle quelque amertume, mais dans une proportion si légère que l'on ne peut s'en plaindre, mais qu'on doit s'étonner d'en trouver si peu, vu que cette histoire parle « *de rebus cunctis et quibusdam aliis.* »

IV.

Mais de toutes les vérités qu'elle a dites, la plus vraie est celle qu'elle va dire. J'ai fait entendre qu'il s'agissait d'une histoire de revenant... Eh bien! ensuite? Je sais seulement que la chose est constante. Avez-vous exploré les limites ? Il est temps que nos douteurs imberbes soient réduits au silence comme autrefois les sceptiques qui ne croyaient pas Colomb.

V.

Certaines gens nous donnent comme authentiques la chronique de Turpin ou celle de Geoffry, auteurs dont la supériorité historique brille surtout en fait de miracles. Mais la priorité appartient essentiellement à saint Augustin, lequel ordonne à tous de croire impossible. Équivoques, arguties, ergotages, il répond à tout par son : « *quia impossibile.* »

VI.

Donc, mortels, gardez-vous d'épiloguer; croyez... Si la chose est improbable, il faut croire... si elle est impossible, raison de plus : dans tous les cas, il faut admettre les choses de confiance. Je ne parle point dans un sens profane, pour révoquer en doute ces saints mystères que tout homme sage et juste admet comme parole d'évangile, et qui, plus ils sont controversés, plus ils s'enracinent profondément, ce qui est le caractère de toute vérité.

VII.

Je veux seulement faire remarquer, après Johnson, que depuis six mille ans environ, toutes les nations ont cru que par intervalles un habitant de la tombe revient nous visiter; et que s'il y a d'étrange en cette étrange matière, malgré tout ce que la raison oppose à une telle croyance, quelque chose de plus puissant encore combat pour elle : nie maintenant qui voudra !

VIII.

Le dîner fini, ainsi que la soirée : le souper terminé de même, les dames suffisamment admirées, les convives s'étaient retirés un à un,.. les chants avaient cessé et la danse avait pris fin ; la dernière robe transparente était partie.. évanouie, comme ces nuages vaporeux qui se perdent dans le firmament, et rien ne brillait plus dans le salon, sauf les bougies mourantes..., et la lune qui commençait à poindre.

IX.

Le moment où s'évapore une joyeuse journée ressemble au dernier verre de champagne, privé de la mousse qui égayait sa rasade virginale, il ressemble encore à un système qu'escorte le doute, ou à une vague délaissée par la tempête et que n'anime plus le vent;

X.

Ou à une potion opiacée qui procure un repos troublé ou n'en procure aucun; ou... à rien que je connaisse, si ce n'est à lui-même. Tel est le cœur humain : nul parallèle n'en saurait donner une idée vraie...., telle aussi l'antique pourpre tyrienne, dont nul ne peut dire si sa teinture provenait d'un coquillage ou de la cochenille. Ainsi périsse jusqu'au dernier lambeau la robe des tyrans !

XI.

Après le supplice de s'habiller pour un raout ou un bal, vient celui de se déshabiller ; parfois notre robe de chambre pèse sur nous comme celle de Nessus et nous rappelle des pensées aussi jaunes que l'ambre, mais un peu moins limpides. Titus s'écriait : « J'ai perdu un jour! » De toutes les nuits et de tous les jours que la plupart des hommes peuvent se rappeler (et, pour ma part, j'ai eu des unes et des autres qui n'étaient point à dédaigner), je serais curieux de savoir combien n'ont pas été perdus.

XII.

Juan, en se retirant chez lui, se sentit agité, embarrassé, compromis : il trouvait les yeux d'Aurora Raby plus brillants qu'Adeline ne le lui avait dit (résultat ordinaire des conseils). S'il avait connu exactement son état, il se fût probablement mis à philosopher : grande ressource pour tout le monde et qui ne fait jamais faute au besoin. Juan ne pouvait que soupirer.

XIII.

Il soupira... Une seconde ressource, c'est la pleine lune, cet entrepôt de tous les soupirs; et heureusement son chaste disque brillait d'une clarté aussi pure que le permet ce climat. Or, le cœur de Juan était au diapason convenable pour la saluer de l'apostrophe : « O toi ! » ce tutoiement de l'égoïsme amoureux.

XIV.

Mais amant, poète, astronome, berger, laboureur, quiconque a des yeux ne peut contempler cet astre de la nuit sans tomber dans une sorte de rêverie; de là nous viennent de grandes pensées (parfois aussi un rhume, si je ne me trompe); d'importants secrets sont confiés à cet errant flambeau : il soumet à son influence et les marées de l'Océan et le cerveau des mortels et aussi leurs cœurs.

XV.

Juan se sentait pensif et plus disposé à la contemplation qu'au sommeil. Dans sa chambre gothique, les flots du lac lui envoyaient leur liquide murmure tout plein du charme mystérieux de la nuit : sous sa fenêtre se balançait un saule, et il restait immobile, contemplant la cascade tantôt brillante, tantôt perdue dans l'ombre.

XVI.

Sur sa table ou sur sa toilette.... je ne puis dire laquelle (pour un fait je suis scrupuleux au dernier point)... une lampe brillait d'une vive clarté, et lui était appuyée contre une niche où l'on voyait encore maint ornement gothique, des pierres ciselées, des vitraux peints et tout ce que le temps avait épargné du luxe de nos pères.

XVII.

Puis, comme la nuit était belle, quoique froide, il ouvrit la porte de sa chambre, et s'avança dans une longue et sombre galerie garnie de vieux tableaux de grand prix représentant des chevaliers et des dames héroïques et chastes, comme doivent l'être infailliblement les gens de haut lignage. Mais, vus à une lueur douteuse, les portraits des morts ont je ne sais quoi de sépulcral et de lamentable.

XVIII.

Sous les rayons de la lune, ces images de saints et de farouches chevaliers paraissent vivre, et pendant que vous vous tournez de côté et d'autre au faible écho de vos propres pas, il vous semble que des voix s'élèvent du tombeau et que des ombres fantastiques se détachent des cadres comme pour vous demander de quel droit vous osez veiller en ce lieu, où tout doit dormir, sauf la mort.

XIX.

Et le pâle sourire des habitants du cercueil, charme des anciens jours, semble se ranimer à la lueur des astres de la nuit; leur chevelure enfermée dans la tombe ruisselle à flots sur la toile; leurs yeux fixés sur les vôtres brillent comme les yeux d'un rêve ou comme les stalactites au fond de quelque caverne; mais la mort est empreinte dans leurs mélancoliques rayons.

XX.

Juan rêvait à tout ce qui change ici-bas, ou il rêvait à sa maîtresse, c'est synonyme; et nul bruit, hormis l'écho de ses soupirs ou de ses pas, ne troublait le silence lugubre de l'antique manoir; quand tout-à-coup, il entendit ou crut entendre près de lui un être surnaturel... peut-être était-ce une souris, car le frôlement aigu de ce petit animal derrière une tapisserie a souvent intrigué bien du monde.

XXI.

Ce n'était pas une souris; mais, ô surprise! un moine, affublé d'un capuchon et d'une robe noire et portant un rosaire, tantôt se montrait au clair de la lune, tantôt disparaissait dans l'ombre ; il s'avançait par des mouvements étranges, mais silencieux : ses vêtements seuls produisaient un léger bruit : il glissait lentement comme une ombre, et en passant près de Juan sans s'arrêter, il lui lança un regard étincelant.

XXII.

Juan resta pétrifié. Il avait bien entendu quelques mots sur un spectre qui hantait autrefois ces appartements ; mais, comme bien d'autres, il n'avait vu là qu'un de ces bruits qui s'attachent à de tels lieux, monnaie de la superstition vulgaire. A-t-il bien vu, en effet ? ou n'était-ce qu'une vapeur ?

XXIII.

Une fois, deux fois, trois fois, il repassa... cet enfant de l'air, de la terre, du ciel ou de l'autre séjour. Juan fixa sur lui ses yeux étonnés, sans pouvoir parler ni remuer ; mais il resta immobile, comme une statue sur sa base ; il sentit ses cheveux s'enlacer autour de ses tempes comme des nœuds de serpents : il voulut interroger le révérend personnage ; mais sa langue lui refusa des paroles.

XXIV.

La troisième fois, après une pause plus longue encore, le fantôme disparut.... Mais où était-il passé ? La galerie s'étendait au loin, et, sous ce rapport, il n'y avait là rien de surnaturel : de nombreuses portes pouvaient, sans contrarier les lois physiques, donner passage à des corps petits ou grands : mais Juan ne put constater par laquelle de ces issues le spectre avait paru s'évaporer.

XXV.

Il resta immobile... combien de temps ? il n'aurait pu le dire ; mais ce temps lui parut un siècle... et il attendait toujours, impuissant à se mouvoir, les yeux fixés sur l'endroit où le fantôme lui avait d'abord apparu ; puis, peu à peu, il reprit l'usage de ses facultés. Il lui sembla qu'il avait eu un rêve, mais il ne s'éveillait pas : il dut croire qu'il n'avait point dormi, et se retira dans sa chambre dépouillé de la moitié de ses forces.

XXVI.

Tout y était dans l'état où il l'avait laissé : la lampe continuait à brûler et sa flamme n'était pas bleue comme il arrive aux flambeaux bien élevés qui sympathisent avec l'arrivée des esprits : il se frotta les yeux et ils ne lui refusèrent pas leur office : il prit un vieux journal et le parcourut facilement ; il trouva un article où l'on attaquait le roi et un long éloge du cirage patenté.

XXVII.

Cela sentait notre monde matériel ; néanmoins sa main tremblait... Il ferma sa porte, il se déshabilla, et se mit au lit sans trop se presser. Là, mollement appuyé sur son oreiller, son imagination repassa ce qu'il avait vu : et quoique ce souvenir n'eût point les vertus de l'opium, le sommeil le gagna peu à peu.

XXVIII.

Juan s'éveilla de bonne heure ; et, comme on peut croire, réfléchit à cette visite ou à cette vision, se demandant s'il ne serait pas utile d'en parler, au risque de s'entendre railler sur sa superstition. Plus il y pensait, plus augmentait sa perplexité : en ce moment, son valet, serviteur très exact vu l'exigence du maître, vint frapper pour l'avertir qu'il était temps de s'habiller.

XXIX.

Il s'habilla : comme tous les jeunes gens, il soignait habituellement sa toilette ; ce matin-là il y consacra moins de temps qu'à l'ordinaire ; il eut bientôt abandonné son miroir ; ses cheveux tombaient négligemment sur son front ; ses vêtements n'avaient pas le pli accoutumé, et le nœud gordien de sa cravate était hors de son axe presque de l'épaisseur d'un cheveu.

XXX.

Étant descendu au salon, il s'assit tout pensif devant une tasse de thé, ce dont il ne se fût peut-être pas aperçu si le vase n'avait été brûlant, ce qui le força de recourir à sa cuiller : il était tellement distrait, qu'il ne devait point paraître dans son assiette ordinaire. Adeline le première s'en aperçut... mais elle ne put deviner la cause de son trouble.

XXXI.

Elle le regarda, remarqua sa pâleur, et elle-même pâlit ; puis elle baissa tout-à-coup les yeux et murmura quelques mots que l'histoire ne m'a pas rapportés. Lord Henry dit que sa rôtie était mal beurrée ; la duchesse de Fitz-Fulke jouait avec son voile et regardait Juan sans prononcer une parole ; Aurora Raby, fixant sur lui ses grands yeux noirs, l'examinait avec une surprise calme.

XXXII.

Mais, voyant qu'il restait froid et silencieux et que tout le monde s'en étonnait plus ou moins, la belle Adeline lui demanda « s'il ne se sentait pas bien. » Juan tressaillit et répondit : « Si fait... non... peut-être... oui. » Le médecin de la famille était un fort habile praticien, et comme il se trouvait là, il voulut lui tâter le pouls, mais Juan s'écria : « qu'il se portait parfaitement. »

XXXIII.

« Parfaitement... oui... non »... Ces réponses étaient peu claires ; mais, quoiqu'elles pussent paraître incohérentes, son aspect était d'accord avec leur apparente contradiction : un malaise étrange lui ôtait sa vivacité habituelle ; quant au reste, comme il semblait peu disposé à parler de son mal, on pouvait croire que s'il avait besoin de quelque chose, ce n'était pas du docteur.

XXXIV.

Lord Henry, ayant expédié son chocolat ainsi que les rôties dont il s'était plaint, remarqua que Juan n'avait pas son air animé ; ce dont il s'étonnait, vu que le temps n'était pas à la pluie. Puis il adressa la parole à la duchesse, il lui demanda si elle avait reçu depuis peu des nouvelles du duc. Sa Grâce la duchesse répondit que Sa Grâce le duc avait éprouvé quelques légères attaques de goutte, cette rouille qui s'attache aux gonds de l'aristocratie.

XXXV.

Alors Henry, se tournant vers Juan, lui adressa quelques mots de condoléance. « A vous voir, lui dit-il, on croirait que votre sommeil a été troublé par le Moine Noir. — Quel moine ? » demanda Juan avec un effort pour prendre un air calme ou indifférent ; mais il ne put s'empêcher de devenir encore plus pâle.

XXXVI.

« Comment ! n'avez-vous jamais entendu parler du Moine Noir, le spectre de ce château ? — Jamais, en vérité. — Eh bien ! la renommée... mais vous savez qu'elle ment quelquefois, raconte une vieille histoire que vous apprendrez plus tard. Soit qu'avec le temps le fantôme ait perdu de sa hardiesse, soit que nos aïeux eussent pour voir de tels objets des yeux un peu meilleurs que les nôtres, les visites du moine ont été plus rares depuis quelque temps.

XXXVII.

« La dernière eut lieu... — Je vous prie, interrompit Adeline (qui, les yeux fixés sur don Juan, observait le changement de ses traits, et conjecturait déjà qu'entre son trouble et la légende, il existait un secret rapport)... je vous prie, si votre intention est de plaisanter, veuillez choisir, pour le moment, quelque autre sujet ; car l'histoire en question a été souvent contée, et n'a pas gagné beaucoup en vieillissant.

XXXVIII.

— Plaisanter ! s'écria lord Henry ; mais vous savez bien, Adeline, que nous-mêmes... c'était dans le clos de miel... nous avons vu... — N'importe ! il y a de cela si longtemps ! Mais tenez, voici votre histoire en musique. » Alors, gracieuse comme Diane quand elle tend son arc, elle prit sa harpe, dont les cordes à peine touchées résonnèrent harmonieusement, et d'un ton plaintif, elle se mit à jouer l'air : « Il était un moine gris. »

XXXIX.

« Ah ! veuillez y joindre, dit Henry, les paroles que vous avez composées ; car Adeline est à moitié poète, » ajouta-t-il avec un sourire, se tournant vers le reste de la société. Comme de raison, chacun s'empressa d'exprimer poliment le désir de voir déployer trois talents à la fois ; car il n'y en avait pas moins : la voix, les paroles et l'instrument, et pareille réunion ne pouvait se trouver dans une sotte.

XL.

Après quelques instants d'une charmante hésitation, autre magie de ces magiciennes qui, je ne saurais trop dire pourquoi, semblent obligées à cette petite feinte, la belle Adeline baissa d'abord les yeux ; puis, s'animant tout-à-coup, maria sa douce voix aux sons de sa harpe, et mit dans son chant beaucoup de simplicité, mérite qui, pour être peu prôné, n'en est pas moins précieux.

1.

« Gardez-vous du Moine Noir qui, s'asseyant sur la pierre de l'abbaye normande, murmure ses prières aux brises de minuit et dit les messes des jours qui ne sont plus. Quand le lord des montagnes, Amundeville, fit sa proie de l'église normande et en chassa les moines, un seul frère refusa toujours de partir.

2.

« De par la volonté du roi Henri, il vient avec toutes ses forces faire des biens de l'église sa propriété laïque ; armé du glaive et de la torche, il renversera les murs si quelqu'un lui résiste. Un moine reste : rien ne peut le chasser de l'enchaîner ; car ses membres ne semblent pas faits d'argile. On le voit sous le porche, on le voit dans l'église ; mais ce n'est que la nuit qu'il se montre.

3.

« Vient-il pour le bien, vient-il pour le mal ? Je ne saurais le dire ; mais, nuit et jour, il habite le manoir d'Amundeville. Quand les lords se marient, il se glisse, dit-on, le soir près du lit nuptial ; et l'on tient pour certain qu'il se présente aussi à leur lit de mort, mais non pour pleurer.

4.

« Quand naît un héritier, on l'entend gémir ; et lorsqu'un malheur menace cette ancienne lignée, à la pâle clarté de la lune on le voit errer de salle en salle. On voit sa taille et non ses traits toujours abrités par son capuchon ; mais ses yeux brillent entre les plis, et ce sont les yeux d'un spectre.

5.

« Gardez-vous du Moine Noir, il est toujours le maître ici ; car il à l'héritier de l'église, quel que soit le possesseur laïque. Le jour, Mundeville est le seigneur, mais le moine a son tour la nuit ; ni in ni banquet ne sauraient exciter un vassal à méconnaître les roits du moine.

6.

« Ne lui parlez pas quand il se promène à grands pas dans la salle, il ne vous dira rien non plus ; il glisse lentement dans son manteau comme la rosée sur le gazon. Merci du ciel! Dieu soit en aide u Moine Noir ; propice ou funeste, quelle que soit sa prière, prions pour le repos de son âme. »

Adeline se tut et les cordes frémissantes s'arrêtèrent sous les doigts qui les animaient. Il se fit alors ce silence que garde un moment l'auditoire quand le chant a cessé ; puis, comme la politesse ordonne, tout le cercle admire et applaudit le chant, le goût, l'accompagnement, au grand embarras de la timide exécutante.

XLII.

La belle Adeline ne paraissait pas attacher le moindre prix à ce talent ; elle semblait ne le considérer que comme le passe-temps d'un jour inoccupé, et ne le cultiver par instants que pour son propre plaisir. Toutefois, de temps en temps, sans afficher la moindre prétention, ce qui n'en excluait pas une certaine dose, elle daignait, avec un orgueilleux sourire, condescendre à montrer ce qu'elle eût pu faire si à ses yeux la chose en avait valu la peine.

XLIII.

Or, ceci (je vous le dis tout bas) c'était... pardonnez-moi cette comparaison pédantesque..., c'était fouler aux pieds l'orgueil de Platon, avec un orgueil plus grand encore, comme fit le Cynique en pareille occasion, croyant mortifier beaucoup le sage et soulever sa colère philosophique pour un tapis gâté ; mais l'abeille attique trouva dans sa répartie une consolation suffisante.

XLIV.

Ainsi, en faisant avec aisance et quand il lui plaisait ce que les dilettanti font avec beaucoup d'étalage, Adeline éclipsait leur demi-profession ; car le talent musical devient tel quand on en fait trop souvent parade, et c'est ce dont conviendront tous ceux qui ont entendu miss ceci ou miss cela, ou lady une telle donner une représentation pour plaire à la compagnie ou à leur mère.

XLV.

Oh! les longues soirées de duos et de trios! admirations et spéculations! les *mamma mia* et les *amor mio*, les *tanti palpiti*, les *lascia mi* et les roucoulants *addio*! à quoi notre nation, la plus musicale de toutes, joint pour charmer l'oreille les *tu mi chamas* du Portugal, de peur que l'Italie ne lui fasse défaut.

XLVI.

Les airs de bravoure italiens... comme aussi les simples ballades nationales de la vaste Erin et des grisâtres montagnes d'Écosse, ces chants qui évoquent le Lochaber aux regards du voyageur errant au loin sur les continents ou les îles de l'Atlantique, ces calentures musicales qui font rêver au montagnard la patrie qu'il ne reverra plus que dans de pareilles visions... tels étaient les morceaux dans lesquels Adeline excellait.

XLVII.

Elle avait aussi une légère teinte de bleu, savait faire des vers et en composait plus qu'elle n'en écrivait ; elle faisait aussi dans l'occasion des épigrammes contre ses amis, comme c'est un devoir pour chacun. Toutefois, elle était loin de cette teinte d'azur foncé, devenue la couleur à la mode ; elle avait la faiblesse de trouver que Pope était un grand poète et qui, pis est, n'avait pas honte de le dire.

XLVIII.

Aurora, puisque nous en sommes sur le goût, ce thermomètre d'après lequel on classe aujourd'hui tous les individus.... Aurora, si je ne me trompe, était plus shakespearienne. Elle vivait davantage dans les mondes situés par-delà les inextricables solitudes de celui-ci ; car il y avait en elle une sensibilité capable d'embrasser des pensées illimitées, profondes comme l'espace et silencieuses comme lui.

XLIX.

Il n'en était pas ainsi de Sa Grâce, pleine de grâce mais peu en état de grâce, la duchesse de Fitz-Fulke, cette Hébé déjà mûre, dont l'esprit, en supposant qu'elle en eût, était tout entier sur son visage ; et c'est là l'esprit le plus fascinateur qu'il y ait au monde. On pouvait y discerner aussi un léger penchant à la méchanceté... Mais bagatelle! peu de femmes sont aujourd'hui tous sans quelque aimable levain de ce genre : il ne faut pas qu'ici-bas l'on se croie dans le ciel.

L.

Je n'ai pas entendu dire qu'elle fût plus ou moins poétique ; cependant elle a été vue lisant le « Guide de Bath » et les « Triomphes d'Hayley ». Or, ce dernier ouvrage lui parut réellement pathétique ; car, disait-elle, son caractère avait été tant de fois mis à l'épreuve, que le barde avait prophétisé toutes les traverses de sa vie..... depuis son mariage. Mais de tous les vers, ceux qui étaient le plus assurés de son approbation, c'étaient les sonnets et les bouts-rimés adressés à sa personne.

LI.

Il serait difficile d'indiquer le but auquel visait Adeline en chantant cette ballade, comme pour indiquer la cause qu'elle-même attribuait à l'émotion nerveuse de Juan. Peut-être ne se proposait-elle que de dissiper, en riant, sa terreur supposée ; peut-être voulait-elle l'augmenter encore. Dans quelle intention? je ne saurais le dire... du moins pour la minute.

LII.

Dans tous les cas, cet expédient eut pour effet de rendre à don Juan la pleine possession de lui-même, condition essentielle aux élus qui veulent se maintenir au diapason de leur cercle, article sur lequel on ne saurait être trop circonspect. Que ce soit le persiflage ou la piété qui donne le ton, sachez vous affubler du manteau d'hypocrisie le plus à la mode, sous peine d'encourir le mortel déplaisir de la gynocratie.

LIII.

Juan commença donc à se remettre ; et, sans plus d'explication, il se mit à lancer sur ce sujet mainte facétie. Sa Grâce saisit aussi cette occasion, pour hasarder quelques saillies du même genre ; mais elle exprima en même temps le désir d'entendre un récit plus détaillé des singulières façons d'agir de ce moine mystérieux, et de ses faits et gestes à l'occasion des mariages et des morts de la famille actuelle.

LIV.

A cet égard, on ne pouvait guère lui en apprendre plus qu'il n'en a été dit ci-dessus ; le tout passa, selon l'usage, auprès de quelques-uns comme pure superstition, pendant que d'autres, à qui les revenants inspiraient plus d'effroi, admettaient presque l'étrange tradition. Beaucoup de choses furent dites pour et contre ; mais Juan, toutes les fois qu'on l'interrogeait sur la vision à laquelle on attribuait son trouble (bien qu'il n'en fût pas convenu), Juan répondait de manière à dérouter toutes les conjectures.

LV.

Cependant, il était une heure de l'après-midi, et la compagnie songeait à se séparer : les uns allaient se livrer à divers passe-temps, d'autres n'allaient rien faire ; ceux-ci s'étonnaient qu'il fût encore si tôt, ceux-là qu'il fût déjà si tard. Ajoutez qu'une magnifique course devait avoir lieu, sur les terres de mylord, entre quelques lévriers et un jeune cheval de noble race dressé à franchir la barrière. Plusieurs des invités allèrent y assister.

LVI.

En outre, un marchand de tableaux avait apporté un beau Titien, garanti original, tellement précieux que son possesseur ne voulait le vendre à aucun prix, quoiqu'il fût convoité par tous les souverains de l'Europe. Le roi lui-même l'avait marchandé ; mais la liste civile, qu'il daigne accepter gracieusement pour obliger ses sujets, lui avait paru insuffisante pour cet achat, dans ce temps où l'impôt est si léger.

LVII.

Mais lord Henry étant un connaisseur... l'ami des artistes, sinon des arts, le marchand, guidé par les motifs les plus classiques et les plus purs (à tel point que si ses besoins eussent été moins pressants, il eût fait cadeau de son tableau à mylord, tant il se tenait honoré de son patronage) ; le marchand, dis-je, avait apporté le *capo d'o-pera*, non pour le vendre, mais pour le soumettre au jugement d'un Mécène... connu pour infaillible.

LVIII.

Il y avait de plus un moderne Goth, j'entends un de ces gothiques maçons de Babel qu'on nomme architecte, venu pour visiter ces murailles grisâtres qui, malgré leur épaisseur, pouvaient avoir besoin de quelques réparations. Après avoir fouillé dans tous les sens, cet homme présenta un plan pour ériger de nouveaux bâtiments dans le style le plus correct, en jetant bas le vieil édifice, ce qu'il appelait une restauration.

LIX.

Cela ne coûterait qu'une bagatelle (vieille chanson qui a pour refrain quelques milliers de guinées, si l'on fredonne longtemps le même air) ; on serait dédommagé des frais par la possession d'un édifice non moins sublime que durable, qui manifesterait glorieusement le bon goût de lord Henry, et ferait briller d'âge en âge les hardiesses du style gothique exécutées avec l'argent anglais.

LX.

Il y avait encore au château deux hommes de loi, occupés d'un emprunt sur hypothèque que lord Henry voulait contracter pour faire quelque nouvelle acquisition. Ils devaient aussi préparer les pièces de deux procès, l'un pour des redevances seigneuriales, l'autre relatif aux dîmes, véritables brandons de discorde, qui enflamment la religion au point de lui faire jeter son gage de bataille. Il y avait un bœuf, un porc et un laboureur, concurrents pour les prix agricoles établis par lord Henry dans sa ferme Sabine.

LXI.

Il y avait deux braconniers pris dans un piège à loup et destinés à passer leur convalescence en prison. Il y avait une jeune paysanne en petit bonnet et en manteau écarlate (je n'en puis souffrir la vue parce que... parce que, dans ma jeunesse, j'ai eu le malheur de... Mais heureusement que, depuis ce temps-là, j'ai eu rarement des indemnités à payer à la paroisse). Hélas! ce manteau écarlate, entr'ouvert par une main impitoyable, présente le problème d'un être double.

LXII.

Un dévidoir dans une bouteille offre un mystère : on se demande comment il est entré et comment il sortira ; c'est pourquoi j'abandonne cet échantillon d'histoire naturelle à ceux qu'occupe la solution des problèmes. Je constaterai seulement que lord Henry était juge de paix, et que, sous mandat d'amener, le constable Scout (1) avait saisi la délinquante pour délit de braconnage sur les domaines de la nature.

LXIII.

Or, les juges de paix sont appelés à connaître des méfaits de tout genre, et à garantir le gibier et la moralité du pays contre les caprices de ceux qui n'ont pas le permis nécessaire ; et ces deux articles, après les dîmes et les baux, sont peut-être ceux qui donnent le plus d'embarras : conserver intactes les perdrix et les jolies filles est une tâche qui intrigue le tribunal le plus consciencieux.

LXIV.

La délinquante en question était extrêmement pâle, pâle comme si elle eût mis du blanc ; car ses joues étaient naturellement rouges, ainsi que les grandes dames les ont blanches, du moins au sortir du lit. Peut-être était-elle honteuse de sa faiblesse, la pauvre enfant! car née et élevée au village, dans son immoralité, elle ne savait que pâlir... la rougeur est faite pour les gens de qualité.

LXV.

Dans un coin de son œil noir brillant, timidement baissé et pourtant espiègle, s'était arrêtée une larme, que la pauvre fille de temps à autre tâchait d'essuyer ; car ce n'était pas une pleureuse sentimentale, faisant parade de sa sensibilité. Elle n'avait pas non plus cette insolence qui répond au mépris par le mépris ; mais debout et toute tremblante, dans sa patiente douleur, elle attendait qu'on l'interrogeât.

LXVI.

Naturellement, ces divers groupes étaient répartis en divers endroits du château et à distance du salon des dames : les hommes de loi dans le cabinet ; le porc, le laboureur, les braconniers, en plein air ; les gens venus de la ville, à savoir l'architecte et le marchand, chacun à son poste, aussi affairés qu'un général qui, retiré dans sa tente, y rédige ses dépêches ; et là, ils se livraient avec orgueil à leurs brillantes spéculations.

LXVII.

Mais la pauvre fille était reléguée dans la grande salle, pendant que Scout, le gardien des fragilités de la paroisse, discutait les mérites d'un pot de double ale très morale (il avait en horreur ce qu'on appelle la petite bière). Elle attendait que monsieur le juge, rappelant sa bienveillante attention sur sa vraie juridiction, désignât, point embarrassant pour la plupart des filles, le père d'un enfant.

LXVIII.

Vous voyez que, sans compter ses chiens et ses chevaux, lord Henry ne manquait pas d'occupation. On était aussi fort affairé dans les cuisines pour la préparation d'un grand repas à deux services ; car, en raison de leur rang et de leur position, les hommes qui possèdent dans les comtés de grandes fortunes territoriales, quoiqu'ils ne tiennent pas précisément ce qu'on appelle table ouverte, ont néanmoins des jours de gala pour tout le monde.

LXIX.

Une fois par semaine ou tous les quinze jours, sans invitation (c'est ce que signifie une invitation générale), tous les gentilshommes campagnards, squires ou chevaliers, peuvent se présenter sans carte, prendre place au large banquet, se délecter dans ce qu'il y a de plus fashionable en vins et en conversations, et (c'est là en effet l'i-thme qui forme cette grande jonction) s'entretenir de la dernière élection et surtout de la prochaine.

LXX.

Lord Henry était un grand faiseur d'élections, minant les bourgs pourris, comme ferait un rat ou un lapin ; mais les candidatures des comtés lui coûtaient un peu plus cher, parce que son voisin le comte écossais de Giftgabbit exerçait, dans la même sphère que lui, une influence anglaise, et que son fils, l'honorable Richard Dicedrabbit, représentait au parlement l'intérêt opposé (c'est-à-dire le même intérêt égoïste, différemment dirigé).

LXXI.

C'est pourquoi, dans son comté, lord Henry se montrait poli,

(1) Scout, furet.

circonspect et tout à tous. Aux uns il distribuait des civilités, aux autres des services, à tous des promesses... et la somme de ces dernières commençait à monter assez haut, leur accumulation n'étant point entrée dans ses calculs ; mais tenant les unes, violant les autres, sa parole au total valait celle d'un autre.

LXXII.

« Ami de la liberté et des francs tenanciers... également ami du gouvernement..... il se flattait de tenir le juste milieu entre l'amour des places et le patriotisme..... bien qu'il occupât, malgré lui, pour se conformer au bon plaisir de son souverain (et en dépit de son incapacité, ajoutait-il modestement pour répondre aux railleries des démocrates) ; bien qu'il occupât, dis-je, quelques sinécures, qu'il eût voulu voir abolir, si leur destruction ne devait pas entraîner celle de toutes les lois.

LXXIII.

« Il était « libre d'avouer »... (d'où vient cette locution ? Est-ell anglaise ? Non, elle n'est que parlementaire) ; il avouait, disons nous, que de nos jours l'esprit d'innovation a fait plus de progrès que dans le siècle dernier. Il ne consentirait jamais à poursuivre s gloire par une route factieuse, bien qu'il fût prêt à tout sacrifier a bien public ; quant à ses emplois, tout ce qu'il pouvait dire, c'es que la fatigue en était plus grande que les profits.

LXXIV.

« Le ciel et ses amis savaient que le bonheur de la vie privé avait toujours été l'unique but de son ambition ; mais pouvait-il abandonner son roi dans ces temps de discordes qui menaçaient l pays d'une ruine complète, alors que le sanglant couteau de la démagogie s'apprêtait à trancher de part en part (infernale bouche rie) le nœud gordien ou georgien, qui lie ensemble les communes les lords et le roi.

LXXV.

« Dût-on, pour lui enlever son poste dans la liste civile, descen dre dans la civique arène et le lui disputer avec le dernier acharnement, il était résolu de le garder à moins d'être dûment démissionné ou renvoyé ; quant aux profits, il y tenait fort peu et laissai à d'autres le soin de les recueillir. Ainsi, jamais ne venait le jour o il n'y aurait plus d'emplois, le pays seul aurait à le regretter ; comment, en effet, pourrait-il marcher ? L'explique qui pourra ! Pou lui, il était fier du nom d'Anglais.

LXXVI.

« Il était indépendant, lui, beaucoup plus que ceux qui ne sont pa payés pour l'être, de même que, dans le métier de la guerre et du li bertinage, les simples soldats et les prêtresses de la Vénus vulgai ont une supériorité marquée sur les personnes qui n'en font pas leu état... » Ainsi devant la foule, les hommes politiques aiment à s donner de l'importance, comme des laquais devant un mendiant.

LXXVII.

Tout cela (sauf la dernière stance), Henry le proclamait et le peu sait. Je n'en dirai pas davantage... j'en ai trop dit ; car il est des gens d nous qui n'ait entendu ou lu, sur les hustings un hors des husting le cœur libéral ou la tête indépendante du candidat officiel s'épan cher en idées à peu près semblables. Je ne toucherai plus à ce s jet... la cloche du dîner a sonné ; le bénédicité est dit : j'aurais d le chanter.

LXXVIII.

Mais je suis arrivé trop tard et j'en dois mes excuses. C'était u grand banquet, tel que ceux dont Albion se glorifiait jadis... comm si l'auge d'un glouton était un spectacle bien magnifique à voi Mais ce n'était un festin public, une réception générale ; grande foul grand ennui, des convives échauffés et des plats refroidis ; main profusion, force cérémonie, peu de gaîté : personne qui ne fût ho de sa sphère.

LXXIX.

Les squires se montraient familièrement cérémonieux, les lor et les ladies orgueilleusement affables ; les domestiques eux-mêm étaient embarrassés en présentant les assiettes... et semblaie craindre de compromettre leur dignité en quittant leur imposan station près du buffet. Toutefois, comme leurs maîtres, ils n'avaie garde de mécontenter personne ; car la moindre impolitesse pouv coûter au maître et au valet... leur place.

LXXX.

Il y avait là un certain nombre d'intrépides chasseurs et d'habil cavaliers, dont les chiens n'étaient jamais en défaut, dont les vriers ne mangeaient jamais le gibier. Il y avait aussi des tireu de première force, de vrais septembriseurs, les premiers hors lit, les derniers à la poursuite de la pauvre perdrix abritée sous chaume du sillon. Il y avait de corpulents ecclésiastiques, leve de dîmes, faiseurs de bons mariages, et chantant moins de psaun que de joyeux refrains.

LXXXI.

Il y avait encore plusieurs farceurs de campagne ; puis, hél quelques exilés de la ville, réduits à regarder le gazon au lieu pavés, et à se lever à neuf heures du matin au lieu de onze. O jour! c'est ce jour même qu'il m'arriva de me trouver assis à côté de cet assommant fils du ciel, de ce puissant prédicateur, Peter Pith, le bel esprit le plus bruyant qui m'ait jamais rendu sourd.

LXXXII.

Je l'avais connu à Londres, dans ses beaux jours, brillant dîneur rien que simple desservant; il n'essayait pas un bon mot qui ne fût applaudi; mais bientôt (ô Providence, merveilleuses sont tes voies! Qui pourrait t'accuser de parcimonie dans tes dons?) un avancement rapide et sûr lui donna, pour exorciser le diable qui plane sur Lincoln, un gras et marécageux vicariat, le dispensant de tout souci pour l'avenir.

LXXXIII.

Ses quolibets étaient des sermons et ses sermons des quolibets; mais les uns et les autres se perdaient dans les marais, car l'esprit n'a pas grande prise sur des gens fiévreux. Des oreilles avides et des plumes sténographiques ne recueillaient plus le joyeux bon mot ou l'heureux persiflage; le pauvre prêtre se vit réduit au sens commun ou à de longs, grossiers et bruyants efforts pour arracher un gros rire à l'épais vulgaire.

LXXXIV.

Il y a une différence, dit la chanson, entre une mendiante et une reine, ou plutôt il y avait (car de mémoire d'homme, nous avons vu que la plus maltraitée des deux n'était pas la mendiante... mais ne parlons pas des affaires d'État); il y a une différence entre un évêque et un doyen, entre la faïence et la vaisselle plate, entre le bœuf anglais et le brouet spartiate... bien que l'un et l'autre aient nourri des héros;

LXXXV.

Mais de toutes les différences, la plus grande se trouve entre la campagne et la ville. Cette dernière mérite de tout point la préférence des gens qui ont peu de ressources en eux-mêmes, et ne pensent, n'agissent, ne sentent qu'en rapport avec quelque petit plan d'intérêt ou d'ambition, apanage commun de tous les rangs.

LXXXVI.

Mais en avant! les volages amours languissent dans les longs festins et parmi de trop nombreux convives. Cependant un léger repas en commun fait qu'on s'aime plus encore; car, nous le savons depuis notre sixième, Bacchus et Cérès sont de longue date amis de la vivifiante Vénus, qui leur doit le champagne et les truffes; la tempérance la charme, mais un long jeûne lui fait peur.

LXXXVII.

Tristement se passa le grand dîner du jour, et Juan prit place, sans savoir où, distrait et confus au milieu de la confusion et comme cloué sur sa chaise. Couteaux et fourchettes tintaient autour de lui comme dans une mêlée; et il restait étranger à tout ce qui se passait, lorsqu'un convive exprima en grognant le désir, déjà deux fois inentendu, d'avoir un peu de poisson.

LXXXVIII.

A la troisième publication de ce ban, Juan tressaillit, et, remarquant sur tous les visages un sourire qui aboutissait en grimace, il rougit et pâlit tour-à-tour. S'empressant de découper (car il n'y a rien qui mortifie plus un homme d'esprit que le rire d'un sot), il fit au poisson une large entaille; et sa précipitation était telle qu'avant de pouvoir s'en rendre maître, il avait comblé les vœux de son voisin en lui servant la moitié d'un turbot.

LXXXIX.

La méprise n'avait rien de fâcheux, le pétitionnaire étant un amateur; mais les autres, à qui il restait à peine un tiers du poisson, montrèrent beaucoup de mauvaise humeur, et certes il y avait de quoi. Ils se demandèrent comment lord Henry pouvait souffrir à sa table un jeune homme aussi absurde; et ceci, joint à son ignorance du taux de la baisse des avoines au dernier marché, coûta trois votes à son hôte.

XC.

Ils ignoraient, sans quoi ils eussent éprouvé pour lui quelque compassion, que la nuit dernière il avait vu un esprit: prologue peu en harmonie avec cette vulgaire compagnie enfoncée dans la matière, et enfoncée à tel point que, sans savoir de quoi l'on devait s'étonner le plus, on se demandait (question assez singulière) comment de pareils corps pouvaient loger des âmes, et comment des âmes pouvaient être logées dans de pareils corps.

XCI.

Mais ce qui l'intriguait plus que les sourires et les regards d'étonnement de tous les squires et de toutes les squirésses, émerveillés de son air distrait, d'autant plus que sa vivacité auprès des dames était en réputation dans les étroites limites de ce cercle de campagne... (car les plus futiles circonstances de ce qui se passait sur les domaines de mylord fournissaient d'excellents sujets de conversation à ses inférieurs)...

XCII.

Ce qui l'intriguait, dis-je, c'est qu'il avait surpris les yeux d'Aurora fixés sur les siens et quelque chose comme un sourire sur ses traits. Or, il prit réellement ceci du mauvais côté; dans ceux qui sourient rarement, le sourire trahit un puissant motif extérieur, et ce sourire d'Aurora n'avait rien de ce qui éveille l'espérance ou l'amour: on n'y voyait aucun de ces pièges que certaines gens découvrent dans le sourire des dames.

XCIII.

C'était seulement un sourire calme et contemplatif, empreint d'une certaine expression de surprise et de pitié. A cette vue, Juan rougit de dépit, ce qui était très peu sage et encore moins spirituel, puisqu'il avait du moins conquis l'attention de la belle, le plus important des ouvrages avancés de la place, comme Juan l'aurait compris, si tout son bon sens n'avait été mis en déroute par l'apparition nocturne.

XCIV.

Mais, ce qui était de mauvais augure, Aurora ne rougit pas de son côté, et ne parut éprouver aucun embarras; tout au contraire, son air était, comme de coutume, calme sans sévérité. Elle détourna les yeux mais ne les baissa pas, et en même temps elle pâlit un peu... De quoi? d'inquiétude? Je ne sais; mais elle n'avait jamais beaucoup de couleurs... son teint, rarement animé, était toujours transparent comme les mers profondes sous un soleil radieux.

XCV.

Pour Adeline, la gloire l'occupait tout entière; surveillant tout, déployant tous ses enchantements, affable envers tous les consommateurs de poisson, de volaille et de gibier, elle mêlait la dignité à la courtoisie, comme doivent le faire toutes celles qui (surtout vers la fin de la sixième année parlementaire) visent à ce que leur mari, leur fils ou leur parent, vogue sain et sauf à travers les écueils des réélections.

XCVI.

Bien qu'au total, cette conduite fût convenable et conforme à l'usage, quand les regards de Juan s'arrêtèrent sur Adeline s'acquittant de son grand rôle avec autant de facilité qu'elle eût fait son contredanse, et ne trahissant de temps en temps son manège que par un oblique et presque imperceptible regard, soit d'ennui, soit de mépris, il se demanda s'il y avait dans cette femme quelque chose de réel...

XCVII.

Tant elle jouait admirablement tous les rôles, avec cette versatilité animée que beaucoup de gens prennent pour absence de cœur. Ils se trompent... ce n'est autre chose que ce qu'on appelle mobilité, fruit du tempérament et non de l'art, comme on pourrait le croire; c'est quelque chose de faux... et de vrai en même temps, car assurément ceux-là sont les plus sincères que les objets les plus proches affectent le plus vivement.

XCVIII.

C'est ce qui crée les acteurs, les artistes, les romanciers, des héros rarement... des sages jamais; mais bien des discoureurs parlementaires, des poètes, des diplomates et des danseurs; peu de grandeur, beaucoup d'habileté; maint orateur, mais moins de financiers, bien que depuis un certain nombre d'années, tous les chanceliers de l'échiquier essaient de se dispenser des rigueurs de Barême, et fassent de la rhétorique avec des chiffres.

XCIX.

Ils sont les poètes de l'arithmétique, ces hommes qui, sans aller jusqu'à prouver que deux et deux font cinq, comme ils le pourraient en toute modestie, ont néanmoins démontré clairement que quatre font trois, si l'on se juge par ce qu'ils prennent et par ce qu'ils paient. L'amortissement, cet océan sans fond, le moins liquidé de tous les liquides, engloutit tout ce qu'il reçoit, et ne laisse de flottant que la dette.

C.

Pendant qu'Adeline prodiguait ses airs et ses grâces, la belle Fitz-Fulke semblait fort à son aise. Trop bien élevée pour se moquer des gens en face, partout ses yeux bleus et riants saisissaient au vol les ridicules... ce miel des abeilles fashionables... trésor de malignes jouissances: telle était pour le moment sa charitable occupation.

CI.

Cependant le jour finit comme doivent finir tous les jours: le soir s'écoula de même, et le café fut servi. On annonça les voitures; les dames se levèrent, et faisant la révérence comme on la fait en province, elles se retirèrent. Après les saluts les moins fashionables, leurs dociles époux en firent autant, charmés de leur dîner et de leur hôte, mais enchantés surtout de lady Adeline.

CII.

Les uns louaient sa beauté, d'autres sa grâce exquise, sa cordiale politesse, dont la sincérité était écrite dans tous les traits de sa face radieuse de vérité. Oui, elle était véritablement digne de son haut rang! nul ne pouvait lui envier un bonheur si bien mérité. Et puis sa toilette... quelle belle simplicité; avec quel soin et quel goût sa taille était ajustée!

CIII.

En ce moment même la charmante Adeline achevait de mériter ces éloges, en se dédommageant de tous ses efforts hospitaliers, de toutes ses phrases caressantes, dans une conversation des plus édifiantes qui roulait sur la mine et la tournure des hôtes congédiés, de leurs familles et de leurs derniers cousins; sur leurs hideuses moitiés, l'horrible aspect de leur personne et de leur mise, et l'abominable difformité de leurs coiffures.

CIV.

Néanmoins elle parlait peu... seulement le reste de la compagnie s'épanouissait en une averse d'épigrammes; mais c'était précisément pour amener ce résultat qu'elle parlait. Comme les « demi-éloges » d'Addison équivalaient à une satire, les siens ne servaient qu'à donner le signal des quolibets, accompagnement pareil à la musique du mélodrame. Combien il est doux de prendre la défense d'un ami absent! je ne demande aux miens qu'une chose, c'est... de ne pas me défendre.

CV.

Il n'y eut que deux exceptions à ce feu roulant de plaisanteries dirigé contre les absents : Aurora, avec son air serein et placide ; et Juan qui, ordinairement un des premiers à faire de joyeuses remarques sur ce qu'il avait vu ou entendu, restait silencieux et privé de son animation habituelle. En vain, il entendait les autres railler impitoyablement, il ne prenait aucune part à leurs saillies.

CVI.

Notre héros entrevoyait à la vérité, dans l'attitude d'Aurora, une approbation de son silence; peut-être attribuait-elle à tort la conduite du jeune homme à cette charité que nous devons aux absents, mais que nous leur accordons rarement, et ne voulait-elle pas pousser son examen plus loin. Quoi qu'il en fût, Juan, silencieusement assis dans son coin, plongé dans une rêverie qui ne lui permettait guère de jouer le rôle d'observateur, vit toujours cela; et fut bien aise de l'avoir vu.

CVII.

Le fantôme lui avait été bien utile en le rendant silencieux comme lui, si, par la suite, cela devait lui concilier le suffrage qu'il ambitionnait le plus. Et sans nul doute Aurora renouvelait en lui des sentiments qui depuis peu s'étaient perdus ou émoussés, sentiments qui, classés dans l'idéal, sont tellement divins que je ne puis m'empêcher de les croire réels...

CVIII.

C'est l'amour de choses plus hautes et de jours plus purs, l'espérance illimitée; la céleste ignorance de ce qu'on appelle le monde et des voies du monde ; cette félicité puisée dans un regard et valant tout l'orgueil et toute la gloire qui enflamment le genre humain; ce bonheur de sentir son cœur s'absorber dans une existence qui lui est propre, et dont cependant un autre cœur est le centre.

CIX.

Quel homme ayant de la mémoire et ayant eu un cœur ne s'écrie avec un soupir : « Hélas! hélas! Cythérée! » Oui, l'astre de Vénus s'efface comme celui de Diane; il s'éclipse rayon à rayon, comme le temps année par année. Anacréon seul a pu enlacer un myrte toujours vert à la flèche non émoussée d'Éros; mais bien que tu nous aies joué plus d'un tour, nous ne t'en révérons pas moins, *alma Venus genitrix!*

CX.

Et le cœur plein de sentiments sublimes, ces vagues qui s'enflent et se déroulent entre ce monde et les mondes supérieurs, don Juan, quand minuit ramena l'heure de l'oreiller, alla regagner le sien, moins pour dormir que pour se livrer à ses pensées. Au lieu de pavots, des saules se balançaient sur sa couche; il se mit à rêver, se complaisant dans ces douces amertumes qui bannissent le sommeil, et pour lesquelles les gens du monde ont un sourire d'ironie pendant que les jeunes gens en pleurent.

CXI.

La nuit ressemblait à la précédente. Il était déshabillé, n'ayant sur lui que sa robe de chambre, ce qui est encore un déshabillé, sans culotte et sans veste; enfin il aurait pu difficilement être moins vêtu ; mais attendant la visite du spectre, il s'assit dans une disposition d'esprit difficile à rendre pour ceux qui n'ont point eu ces sortes d'apparitions : sans doute le fantôme allait se livrer à quelque nouvelle fantaisie.

CXII.

Longtemps il prêta l'oreille en vain... Mais chut! qu'est-ce ci? Je vois... je vois... oh! non... ce n'est pas... pourtant c'est... Puissances célestes! c'est le... le... Pouah! le chat! Le diable confonde ce pas furtif, si semblable à la démarche légère d'un esprit ou à celle d'une miss amoureuse qui se glisse sur la pointe des pieds à son premier rendez-vous, redoutant le chaste cri de sa chaussure.

CXIII.

Encore!... Qu'est-ce? le vent? Non, non... cette fois c'est bien le moine noir de la veille avec sa démarche effrayante, régulière comme des vers rimés, et beaucoup plus encore (par les vers qui courent aujourd'hui)! Au milieu des ombres et de la nuit sublime, à l'heure où un profond sommeil plane sur les vivants, quand les ténèbres étoilées entourent le monde comme une ceinture parsemée de pierreries... le moine vient encore glacer le sang dans les veines de Juan.

CXIV.

Ce furent d'abord des sons comme ceux qu'un doigt humide tire d'un verre, sons qui agacent et font frémir; puis un léger bruissement comme celui de la pluie portée par le vent nocturne, ou plutôt d'une rosée surnaturelle. L'oreille de Juan perçoit ces bruits et bourdonne, hélas! car c'est chose sérieuse que l'immatériel! si bien que ceux qui croient le plus sérieusement aux âmes immortelles redoutent de les voir tête à tête.

CXV.

Ses yeux étaient-ils bien ouverts?... Oui! et sa bouche aussi. En effet, la surprise a le pouvoir de nous rendre muets, en laissant toutefois la porte qui livre passage à l'éloquence aussi complètement ouverte que si un long discours allait en sortir. De plus en plus s'approchait ce bruit, terrible au tympan d'un mortel. Comme je l'ai dit, ses yeux étaient ouverts et sa bouche également. Qu'est-ce qui s'ouvrit ensuite?... la porte.

CXVI.

Elle s'ouvrit avec un craquement infernal, comme celle de l'enfer. « *Lasciate ogni speranza, voi che'ntrate!* » Les gonds semblaient prendre une voix terrible comme ce vers du Dante, ou comme cette stance, ou... mais toute parole est faible, en semblable matière: il suffit d'une ombre pour épouvanter un héros.... En effet, que peut la substance comparée à un esprit? et pourquoi la matière tremble-t-elle à son approche?

CXVII.

La porte s'ouvrit toute grande, non pas rapidement... mais avec la lenteur du vol pesant des mouettes... puis les battants revinrent sur eux-mêmes, sans toutefois se fermer... Ils restèrent entr'ouverts, laissant passage à de grandes ombres projetées sur la lumière que répandaient les flambeaux de Juan; car il en avait deux qui éclairaient assez bien; et sur le seuil de la porte, obscurcissant encore l'obscurité, le moine noir se tenait debout, caché sous son lugubre capuchon.

CXVIII.

Don Juan tressaillit, comme la nuit précédente, mais fatigué de tressaillir, l'idée lui vint qu'il pourrait bien s'être mépris. Puis il eut honte d'une pareille méprise : son fantôme intérieur commençait à s'éveiller en lui et à réprimer le tremblement de ses membres.... enfin faisant entendre que tout considéré une âme et un corps réunis valaient bien une âme sans corps.

CXIX.

Alors, son effroi se changea en courroux, et son courroux n'était pas tendre : il se lève; il s'avance... L'ombre bat en retraite; mais Juan, brûlant maintenant d'éclaircir la vérité, poursuit le fantôme son sang n'est plus glacé, mais brûlant; il a résolu d'éclaircir le mystère à ses risques et périls en lui portant une botte en quarte ou en tierce. Le fantôme s'arrête, fait un geste menaçant, puis se retire jusqu'à l'antique muraille, contre laquelle il se tient immobile comme un marbre.

CXX.

Juan étend un bras... Puissances éternelles! il n'a touché âme ni corps, mais seulement le mur, sur lequel les rayons de lune tombaient en pluie d'argent, découpés par les ornements de galerie. Il frémit, comme frémit sans doute l'homme le plus brave lorsqu'il ne peut définir l'objet de sa terreur. Chose étrange : la parence d'un simple revenant cause plus d'effroi que la réalité d'une armée tout entière!

CXXI.

Cependant l'ombre était toujours là; ses yeux bleus étincelaient avec un éclat bien changeant pour les yeux pétrifiés d'un mort; puis la tombe lui avait laissé encore quelque chose de bon : le fantôme avait une haleine d'une suavité remarquable. Une bouche égarée de ses cheveux montrait que le moine avait été blond ; entre deux lèvres de corail, on vit briller deux rangs de perles, au moment où, s'échappant d'un nuage grisâtre, la lune vint percer à travers le linceul de lierre qui encadrait la fenêtre.

CXXII.

Intrigué, mais toujours curieux, Juan étend l'autre bras... Dieu veille sur merveille! sa main rencontre un sein dont l'élasticité moelleuse le repousse, et qui bat comme animé par un cœur chaud et vivant..... Alors il reconnut, comme il arrive dans mainte épreuve, que la première fois il s'était lourdement mépris, et que, dans son trouble, au lieu de l'objet qu'il cherchait il n'avait dirigé son bras que vers la muraille.

CXXIII.

Le fantôme, si fantôme il y avait, semblait bien l'âme la plus charmante que se fût jamais fourrée sous un saint capuchon : un menton à fossette, un cou d'ivoire, annonçaient quelque chose comme de la chair et du sang. Froc et capuchon noirs tombèrent : faut-il le dire? laissèrent voir, dans toute la beauté de sa volupté, mais nullement gigantesque personne, le spectre de Sa facétieuse Grâce... la duchesse de Fitz-Fulke.

FIN DE DON JUAN.

LA VALSE [1].

Muse aux pieds pétillants d'étincelles, toi, dont le magique pouvoir, naguère limité aux jambes, s'étend maintenant aux bras; Terpsichore! trop longtemps réputée vierge... car ce terme était pour toi une injure..... brille, désormais, de ton éclat impassible, ô la moins vestale des neuf sœurs..... Loin de toi et des tiens l'épithète de prude; raillée, mais triomphante; attaquée, mais non vaincue par la médisance, tes pieds doivent triompher en voltigeant, pourvu que tes jupes ne soient que d'une longueur raisonnable; ton sein, s'il est assez découvert, peut se passer de bouclier; ouvre le bal, entre en campagne sans armure, et à l'abri de presque tous les genres d'attaque, reconnais, malgré sa naissance un peu équivoque, reconnais la Valse pour ta fille.

Salut, nymphe agile!... le jeune hussard aux noirs favoris, voué à ton culte comme à celui de la guerre, te consacre ses nuits, malgré bottes, éperons et le reste, spectacle unique depuis qu'Orphée apprivoisa les bêtes! Valse inspiratrice, salut! Tu vis sous tes bannières un moderne héros combattre en l'honneur de la mode, alors que sur les bruyères d'Hounslow, rivalisant la gloire de Wellesley, il mit en joue, tira et manqua son homme, mais atteignit son but. Salut, muse mobile, à qui nos belles donnent de leur personne tout ce qu'elles peuvent donner, sans toutefois laisser prendre le reste. Oh! que n'ai-je le talent facile de Busby ou de Fitz, tout le royalisme du premier, tout l'esprit du second, pour *énergiser* (comme on dit) le sujet que je traite, et rendre un digne hommage à Bélial et à sa danse.

Valse impériale, importée des bords du Rhin, fleuve renommé pour ses produits héraldiques et viticoles, puisses-tu rester longtemps affranchie de tout droit de douane, et t'emporter même sur le vin de Hocheim! Sous plus d'un rapport, vos qualités peuvent se comparer : il comble le vide de nos caves; tu remplis ceux de la population. C'est à la tête qu'il s'adresse; ton art plus subtil se contente de porter l'ivresse au cœur : tu fais couler dans nos veines ton doux poison, dans nos sens de voluptueux désirs.

O Allemagne! l'ombre du divin Pitt m'en est témoin, que de choses t'a données avant que la maudite confédération t'eût livrée aux Français, pour ne plus nous laisser que tes dettes et tes danses. Dépouillés des subsides du Hanovre, nous te bénissons encore... car il nous reste Georges III, le meilleur de nos monarques : ô roi, ton dernier, mais non ton moindre titre à notre reconnaissance, est d'avoir gracieusement engendré Georges IV! A l'Allemagne et à ses altesses sérénissimes, qui nous doivent des millions, ne devons-nous pas notre reine? Que ne lui devons-nous pas encore, à cette Allemagne, si prodigue de ses Brunswicks et de ses princesses; à cette Allemagne qui, pour payer notre sang roturier, nous a donné un sang royal, tiré de la race pure des teutoniques haras; qui enfin..... et quels torts un tel cadeau n'effacerait-il pas?.. nous a envoyé une douzaine de ducs, quelques rois, une reine... et la Valse.

Mais laissons en paix l'Allemagne, son empereur et sa diète, soumis aujourd'hui aux caprices de Bonaparte. Retournons à notre sujet... O muse de l'agilité! dis-nous comment la Valse se fraya une route vers les terres d'Albion.

Poussée par l'haleine des vents hyperboréens hors du port de Hambourg, à l'époque où Hambourg nous envoyait encore ses lettres, avant que la malencontreuse Renommée, forcée de gravir les neiges de Gottenburg, y restât engourdie par le froid, ou, se réveillant en sursaut, approvisionnât de mensonges le marché d'Heligoland; alors que Moskou encore intact avait des nouvelles à nous envoyer, et n'avait pas dû sa destruction par le feu à une main amie... elle arriva... la Valse arriva, et avec elle arrivèrent des paquets de véridiques dépêches et de gazettes également véridiques. Là brillait, entre autres, le bienheureux bulletin d'Austerlitz, qui peut le disputer au Moniteur et au Morning-Post; là se trouvaient aussi, écrasés sous le poids de la glorieuse nouvelle, dix drames et quarante romans de Kotzebue, les lettres d'un chargé d'affaires, les œuvres de six compositeurs, des ballots de livres des foires de Francfort et de Leipsig; quatre volumes de Meiner sur la femme, afin d'assurer un bon vent au navire, comme le pratiquent les sorcières laponnes; le volume le plus lourd de Brunck pour servir de lest, et comme contre-poids un autre de Heyne, le plus mince qu'on avait pu trouver, crainte de faire sombrer le navire.

La Valse.

Portant cette cargaison et son aimable passagère, la délicieuse Valse, en quête d'un partner, le fortuné navire aborda les côtes désirées, et autour de lui s'assemblèrent les filles du pays. Ni le pudique David, quand il dansa devant l'arche ce grand pas seul qui donna tant à causer; ni ce fol amoureux de don Quichotte, quand Sancho lui fit remarquer que son fandango dépassait un peu les bornes; ni la douce Hérodiade quand, pour prix de ses charmes vainqueurs et de ses pas gracieux, elle obtint une tête; ni Cléopâtre sur le tillac de sa galère, n'exposèrent aux regards tant de jambe et plus de poitrine que tu ne nous en montras, ô Valse ambrosiaque, quand la lune te vit pour la première fois pirouetter aux accords d'un air saxon.

O vous, maris de dix ans d'hyménée, dont le front douloureux s'orne tous les douze mois des dons d'une épouse; et vous qui comptez neuf années de moins de bonheur conjugal, et dont la tête ne porte encore que les bourgeons naissants des rameaux qui un jour la décoreront avec les ornements additionnels, soit de cuivre domestique, soit d'or décerné par les tribunaux ; vous aussi, matrones, toujours si empressées à entraver le mariage d'un fils, à conclure celui d'une fille ; vous, enfants de ceux que le hasard vous

[1] Publié en 1812.

accorde pour pères.,. fils toujours de vos mères, et parfois aussi de leurs époux ; et vous enfin, célibataires, qui obtenez une vie de tourments ou huit jours de plaisir, selon que, guidés par l'hymen ou par l'amour, vous prenez une épouse ou enlevez celle d'un autre... c'est pour tous et chacun que vient l'aimable étrangère, et son nom retentit dans toutes les salles de bal.

O Valse séduisante!... devant ta ravissante mélodie que la gigue irlandaise et le rigaudon antique baissent humblement pavillon. Arrière les reels d'Ecosse ; et toi, gaie contredanse, abandonne-lui le gouvernement de tous ces capricieux petits pieds! La Valse, la Valse seule réclame tout à la fois et nos jambes et nos bras ; libérale des pieds, elle est prodigue des mains : elle leur permet de se promener librement en plein public, où jamais auparavant... Mais, je vous en prie, éloignez un peu les lumières. Ces bougies me paraissent jeter trop loin leur clarté, ou peut-être c'est moi qui suis trop près. Je ne me trompe pas, la Valse me dit tout bas : « Mes pas glissants ne s'exécutent jamais mieux que dans l'ombre. » Mais ici la Muse s'arrête devant le décorum, et prête à la Valse son plus ample jupon.

Voyageurs de toutes les époques, in-quarto publiés sur tous les pays! ainsi, la lourde ronde de la monotone romaïque, les frétillements du fandango, ou les bonds du boléro ; les séduisantes attitudes des almés de l'Egypte ; les cabrioles que l'habitant de la Colombie accompagne de son cri de guerre, qu'est-ce que tout cela auprès de la valse? Depuis le froid Kamtschatka jusqu'au cap de Bonne-Espérance, quelle danse peut-on encore supporter après elle ? Non ! depuis Morier jusqu'à Galt, il n'est pas de touriste qui ne consacre au moins un paragraphe à la Valse.

Ombres de ces beautés dont le règne, commencé avec celui de Georges III, s'est terminé longtemps avant celui-ci, bien que vous reviviez dans les filles de vos filles, quittez le plomb du cercueil, et renaissez en personne. Que vos fantômes repeuplent la salle de bal ; croyez-moi, le paradis des fous est insipide en comparaison de celui que vous avez perdu. La poudre perfide ne déguise plus l'âge des gens; de raides corsets ne blessent pas les doigts entreprenants (cette cuirasse a passé à des êtres ambigus, chèvres par le visage, femmes par le corps); maintenant une jeune fille ne s'évanouit plus quand on la serre de trop près ; mais plus elle est caressée, plus elle devient caressante ; la corne de cerf et les sels sont devenus inutiles : le cordial souverain, la valse, a tout détrôné.

Valse enchanteresse!..... en vain dans ta patrie, Werther lui-même t'a baptisée du nom de prostituée ; Werther... assez enclin pourtant au vice décent, mais passionné et non libertin, ébloui mais non aveuglé... en vain la douce Genlis, dans sa querelle avec Staël, a voulu te proscrire des bals parisiens ; la mode te rend hommage, depuis les comtesses jusqu'aux reines, et les valets valsent dans l'antichambre avec les suivantes ; ton cercle magique s'élargit de plus en plus, il tourne..... tourne toujours, et fait tourner au moins nos cervelles. Il n'est pas jusqu'au lourd bourgeois qui n'essaie de bondir avec toi, et nos cockneys pratiquent cette danse dont ils ne sauraient prononcer le nom. Grands dieux ! et moi-même, un pareil sujet m'exalte, et dans ces vers consacrés à la Valse, la rime trouve facilement son partner.

Et quel heureux temps la Valse choisit pour son début! la cour, le régent, tout était neuf comme elle : nouveau visage pour les amis, nouvelles récompenses pour les ennemis, nouveaux uniformes pour la garde royale, nouvelles lois pour faire pendre les coquins qui demandaient le pain, nouvelle monnaie (plus que nouvelle, inconnue) pour aller joindre celle qui est partie ; nouvelles victoires... que nous nous représentons pas moins, quoique nos généraux s'étonnent de leurs propres succès ; nouvelles guerres, car les anciennes nous ont si bien réussi que les survivants envient ceux qui sont morts ; nouvelles maîtresses... je veux dire vieilles... et, pourtant quoique vieilles, il y a dans la manière de les présenter quelque chose de tout-à-fait nouveau. Enfin, sauf quelques vieux tours de passe-passe, tout était neuf, entièrement neuf : meubles, linge, balais, choses et gens ; nouveaux rubans, nouvelles livrées, nouvelles troupes, nouveaux habits retournés du bleu au rouge. C'est ainsi que la muse nous représente les choses : ma chère mistress Robinson (1), qu'en dites-vous ? Tel était le temps où la Valse pouvait le mieux faire son chemin ; telle était cette époque du nouveau règne, à laquelle aucune autre jusque-là n'avait ressemblé. Les paniers ne sont plus, les jupons ne sont que peu de chose ; la morale et le menuet, la vertu et les corsets, la poudre menteuse, ont fait leur temps.

Le bal commence... les honneurs du logis étant convenablement faits par la maîtresse de la maison ou par sa fille, quelque altesse, soit royale, soit sérénissime, ayant la grâce aimable du duc de Kent, ou l'air grave de Glocester, ouvre le bal avec la dame complaisante dont la rougeur eût pu jadis s'attribuer à la modestie. A l'endroit où le vêtement laisse la gorge libre, et où l'on supposait autrefois qu'était le cœur, vers les confins de la taille qu'on lui abandonne, la main du premier venu peut errer sans obstacle, et à son tour, la main de la danseuse peut saisir tout ce qui se présente à son contact. Voyez avec quelle ivresse ils sautillent sur le parquet orné à la craie ; une main de la dame repose sur la hanche princière, l'autre se pose avec une affection toute loyale sur l'également princière épaule ; ainsi les deux partners s'avancent ou s'arrêtent face à face ; les pieds peuvent se reposer, mais les mains restent à leur poste. Les couples se succèdent selon leur rang : le comte de l'Astérisque et lady Trois-Etoiles ; sir un tel... enfin tous ces favoris de la fashion dont vous trouverez les bienheureux noms dans le Morning-Post ; ou bien s'il est trop tard pour consulter cette feuille impartiale, voyez le registre de la Cour des séparations à six mois de date du bal en question. C'est ainsi que tous, suivant un mouvement plus ou moins vif, subissent la douce influence d'un contact enivrant : d'où vient que l'on se demande avec certain Turc pudibond : « Si rien ne suit tous ces attouchements... » Tu as raison, honnête Mirza... tu peux en croire mes vers... quelque chose suivra en temps et lieu : le sein qui s'est livré ainsi publiquement à un homme lui résiste ensuite dans le tête-à-tête... s'il le peut.

O vous qui jadis aimâtes nos grand'mères, Fitz-Patrick, Sheridan et tant d'autres! et toi, ô mon prince, que ton goût et ton bon plaisir portent à aimer encore l'aimable beauté! ombre de Queensbury, juge expert en ces matières, et à qui Satan peut bien permettre de mettre le nez au vent pour une seule nuit ; dites... si jamais, dans vos jours de délire, la baguette d'Asmodée opéra pour vous un pareil prodige, un prodige capable d'aider l'éclosion des jeunes idées, de porter la rougeur au visage, la langueur aux yeux, le trouble au cœur, la foudre dans tout notre être, et au-dehors les désirs à moitié exprimés, une flamme qui se déguise à peine. Oh ! certes, la nature excitée livre au cœur mille assauts redoutables.... et le cœur ainsi tenté, pourra-t-il répondre du reste?

Mais vous, dont la pensée ne s'est jamais arrêtée sur ce que sont ou devraient être nos mœurs ; vous qui désirez sagement cueillir les beautés qui ont frappé vos yeux, dites-moi... ces beautés, en faites-vous donc si bon marché aux autres? Toutes chaudes du contact des mains qui ont librement exploré les contours de la taille légère ou du sein palpitant, quel charme pourriez-vous leur trouver au sortir de cette étreinte lascive et de ces attouchements effrénés? Renoncez donc à l'espoir le plus cher à l'amour, celui de presser une main qui n'a été pressée ainsi par personne ; de fixer vos regards sur des yeux qui n'ont jamais rencontré sans un sentiment pénible le regard brûlant d'un autre homme. Votre bouche pourra-t-elle encore convoiter encore ces lèvres, que l'on n'a pu approcher d'assez près, sinon pour les toucher, du moins pour leur ôter leur pureté. C'est à la femme que vous aimiez... ah! renoncez à l'aimer, ou du moins faites comme elle, et prodiguez vos caresses à cent objets divers ; son cœur s'en est allé avec ses faveurs, et avec le cœur s'en ira le peu qui lui restait à donner.

O Valse voluptueuse! quel blasphème ai-je osé prononcer ! Ton poète a oublié qu'il devait chanter tes louanges. Pardonne, Terpsichore !... ma femme valse maintenant à tous les bals, et mes filles y valseront bientôt ; mon fils (arrêtons-nous dans ces investigations inutiles... ces petits accidents ne doivent jamais transpirer : dans quelques siècles notre arbre généalogique portera pour lui comme pour moi un rameau également vert)..... Pour faire réparation à notre nom, la Valse me donnera des descendants dans les héritiers de tous les amis de mon fils.

FIN DE LA VALSE.

LA MALÉDICTION DE MINERVE [1].

.....Des murs du temple de Pallas, j'observais la beauté du paysage et de la mer, seul, sans amis, sur le magique rivage de l'Attique, dont les artistes et les héros ne vivent plus que dans les chants des poètes. Pendant que mes regards erraient sur cet incomparable édifice, sacré pour les dieux et mutilé par l'homme, le passé ressurgissait devant moi ; le présent cessait d'exister, et la Grèce redevenait l'unique patrie de la gloire.

(1) En tête de cette satire datée d'Athènes, 17 mars 1811, l'auteur avait mis d'abord les cinquante-quatre premiers vers du IIIe chant du Corsaire. Il était inutile de répéter ici la traduction déjà donnée à la page 43 de la présente édition.

(1) Maîtresse du régent.

Les heures s'écoulaient, et le disque de Diane avait parcouru dans un beau ciel la moitié de sa carrière ; et cependant je parcourais sans me lasser ce temple désert consacré aux dieux, qui ont fui sans retour, mais principalement à toi, Pallas ! La lumière de l'astre nocturne, rompue par les colonnes, tombait plus mélancolique et plus belle sur le marbre glacé, pendant que le bruit de mes pas, semblable à un écho de mort, faisait frissonner mon cœur solitaire.

Plongé dans mes pensées, je cherchais, à l'aide de ces débris du naufrage de la Grèce, à ranimer les souvenirs de ses intrépides enfants, quand soudain une forme gigantesque s'avança devant moi : et Pallas m'aborda dans son propre temple !

Oui, c'était Minerve elle-même, mais combien différente de cette Pallas qui parut en armes dans les champs dardaniens, ou de celle qui se révéla sous le ciseau de Phidias. Plus de terreurs sur son front redoutable ; l'inutile égide ne portait plus la Gorgone ; son casque était bossué, et sa lance en débris semblait faible et inoffensive même à des yeux mortels. La branche d'olivier, qu'elle daignait tenir encore, tremblait et se flétrissait dans sa main ; et ses grands yeux bleus, hélas ! les plus beaux encore de l'Olympe, étaient baignés de célestes pleurs. Son hibou voltigeait lentement autour de son cimier brisé, exprimant par ses cris lugubres la douleur de la déesse.

« Mortel (ce fut ainsi qu'elle parla), la honte qui colore ton visage m'annonce que tu es Anglais, nom jadis glorieux d'un peuple, jadis le premier en puissance et en liberté, maintenant abaissé dans l'estime du monde et surtout dans la mienne ; désormais on trouvera Pallas à la tête de ses ennemis. Veux-tu savoir la cause de ces mépris ? Regarde autour de toi. Ici, malgré les ravages de la guerre et du feu, j'ai vu expirer mainte tyrannie. Après les Turcs et les Goths, il a fallu que ton pays envoyât ici un spoliateur qui les surpassa tous. Regarde ce temple vide et profané ; compte les débris qui en restent encore : ces pierres furent placées par Cécrops ; ces sculptures par Périclès : cette partie fut élevée par Adrien, quand déjà l'art pleurait sa décadence. Ce que je dois encore à d'autres, ma reconnaissance le proclame ; sache qu'Alaric et Elgin ont fait le reste. Afin que personne n'ignore de quel pays est venu le spoliateur, la muraille indignée porte son nom odieux ; c'est ainsi que Pallas reconnaissante protège la gloire d'Elgin : là-bas son nom, là-haut son ouvrage. Que les mêmes honneurs soient ici décernés au roi des Goths et au pair écossais. Le premier fonda son droit sur la victoire ; le second n'eut aucun droit, il déroba lâchement ce que de moins barbares avaient conquis. Ainsi, quand le lion abandonne son sanglant festin, le loup arrive après lui ; puis vient le lâche chacal ; les premiers se sont repus de la chair et du sang de la victime, le dernier, vil esclave, se contente de ronger tranquillement les os. Cependant les dieux sont justes, et les crimes ne restent pas impunis. Vois ce qu'Elgin a gagné et ce qu'il a perdu ! Un autre nom, uni au sien (1), déshonore mon temple : Diane dédaigne d'éclairer cet endroit de ses rayons ! Les injures de Pallas ne sont pas restées impunies, et Vénus s'est chargée d'une partie de sa vengeance. »

La déesse se tut un moment. Alors j'osai répondre et j'essayai de calmer le ressentiment qui étincelait dans ses yeux : « Fille de Jupiter ! au nom de la Grande-Bretagne outragée, permets qu'un de ses fils désavoue un tel acte. N'accuse pas l'Angleterre ; elle ne le reconnaît pas pour son enfant ; non, Pallas-Athéné, ton spoliateur appartient à l'Écosse. Veux-tu savoir la différence ? Du haut des tours de Phylé, regarde la Béotie... notre Béotie à nous, c'est la Calédonie. Je le sais trop bien ; ce pays bâtard, la Sagesse n'eut jamais d'empire ; sol stérile où les germes semés par la nature restent stériles ou ne produisent que des fruits avortés, le chardon qui couvre cette terre avare est l'emblème de tous les hommes qui lui doivent le jour ; terre de bassesses, de sophismes et de brouillards, inaccessible à toute influence généreuse. Chaque brise exhalée de ses montagnes brumeuses où les froids marécages imprègnent de lourdes vapeurs tous les cerveaux humides, qui se déversent ensuite au-dehors, fangeux comme leur sol et froids comme leurs neiges. Mille plans creusés par l'étourderie et l'orgueil dispersent sur loin cette race spéculatrice. A l'est, à l'ouest, ils vont partout, excepté au nord, en quête de gains illégitimes. Ainsi, maudits soient le jour et l'année de sa venue ! un Picte est venu ici jouer le rôle de voleur. Cependant la Calédonie s'honore de quelques hommes de mérite, de même que la stupide Béotie a donné le jour à Pindare. Puisse le petit nombre de ses poètes et de ses braves, citoyens de l'univers et vainqueurs du tombeau, secouer la sordide poussière d'une telle patrie et briller parmi les enfants des climats plus heureux. Jadis, dans une ville coupable, il eût suffi de dix noms pour sauver une race infâme. »

— Mortel, reprit la vierge aux yeux bleus, je veux te parler encore ; tu porteras mes décrets à la rive natale. Toute déchue que je suis, je puis encore retirer mes inspirations à des pays tels que le tien, et ce sera là ma vengeance. Écoute donc en silence l'irrévocable arrêt de Pallas ; écoute et crois, le temps révèlera le reste.

« Ma première malédiction tombera sur la tête de l'auteur de ce forfait, sur lui et sur toute sa postérité. Que dans ses fils, stupides comme leur père, on ne voie pas luire une seule étincelle d'intelligence. Si l'un d'eux s'avise de montrer quelque esprit et de démentir la race paternelle, c'est un bâtard, issu d'un sang plus généreux. Qu'Elgin continue à bavarder avec ses artistes mercenaires, et que les éloges de la sottise le dédommagent de ma haine. Ils exalteront longtemps encore le goût de leur patron, lui dont l'instinct le plus noble, l'instinct natal, est de vendre le fruit de ses vols, et... que la honte inscrive ce jour dans ses annales... de constituer l'État recéleur du produit de ses brigandages. Cependant le complaisant West, West, ce vieux radoteur, le dernier des barbouilleurs de l'Europe et le meilleur que possède l'Angleterre, viendra de sa main tremblante retoucher chacun de ces modèles, et à quatre-vingts ans il reconnaîtra en face d'eux qu'il n'est qu'un écolier. Qu'on rassemble tous les boxeurs de Saint-Gilles, afin de comparer la nature avec l'art ! Pendant que ces rustres grossiers admirent avec un étonnement stupide la « boutique de pierres » de Sa Seigneurie, on verra la porte encombrée par la foule bruyante des fats, qui viendront y flâner ou se donner des airs méditatifs, lorgner ou babiller. Puis mainte vierge langoureuse jettera en soupirant un regard curieux sur les statues gigantesques ; affectant de promener dans la salle un coup d'œil distrait, elle ne remarque pas moins les larges épaules et les formes puissantes, déplore la différence de ce qui fut à ce qui est, et s'écrie : « Ces Grecs étaient vraiment fort bien ! » et comparant tout bas ces hommes-là avec ceux qui l'entourent, elle envie à Laïs les petits-maîtres de l'Attique. Quand une moderne beauté trouvera-t-elle de pareils adorateurs ? Hélas ! il s'en faut que sir Henry soit un Hercule ! Et enfin, au milieu de la foule ébahie, il se trouvera peut-être un spectateur honnête qui, regardant en silence ces nobles débris avec douleur et indignation, admirera l'objet volé en abhorrant le voleur. Oh ! que s'acharnant à sa vie et ne pardonnant pas même à sa poussière, la haine soit le prix de sa rapacité sacrilège ! Que la vengeance qui le suivra par-delà le tombeau enchaîne son nom à celui de l'insensé incendiaire d'Éphèse ; Érostrate, Elgin, brilleront ensemble dans les pages brûlantes de la satire : une égale malédiction attend les deux coupables, dont le dernier peut-être est plus infâme que son devancier.

« Qu'il reste donc debout dans les siècles à venir, immobile statue, sur le piédestal du mépris. Mais ce n'est pas lui seul que doit atteindre ma vengeance ; elle s'étendra sur l'avenir de la patrie, dont ce monstre n'a fait qu'imiter les exemples. Vois la flamme qui s'élève du sein de la Baltique, et ce vieil allié qui maudit une attaque perfide. Pallas n'a pas prêté son aide à de tels forfaits, elle n'a pas rompu le pacte qu'elle-même avait sanctionné. Elle s'éloigna de ces couples coupables, de ce combat déloyal ; mais elle laissa derrière elle son égide à la tête de Gorgone, don fatal qui pétrifia tous vos amis, et grâce auquel Albion resta seule au milieu de la haine universelle.

« Regarde l'Orient, où les fils basanés du Gange ébranlent dans ses fondements votre tyrannique empire. Vois ! la rébellion lève sa tête sinistre, et la Némésis de l'Inde s'apprête à venger ses fils immolés ; elle veut que l'Indus roule des ondes sanglantes ; et elle réclame du Nord une longue dette de sang. Ainsi puissiez-vous périr tous !... Quand Pallas vous donna vos privilèges d'hommes libres, elle vous interdit de faire des esclaves.

« Contemple maintenant l'Espagne telle que les Anglais l'ont faite... Elle presse la main qu'elle abhorre ; elle la presse pourtant, et vous repousse des portes de ses villes. J'en atteste Barossa ! elle peut nous dire à quelle patrie appartenaient les braves qui ont combattu et qui sont morts dans ses plaines. Il est vrai que la Lusitanie, fidèle et généreuse alliée, fournit quelques combattants et parfois quelques fuyards. Ô champs glorieux ! bravement vaincu par la famine, pour la première fois les Français recule, et tout est dit ; mais Pallas vous a-t-elle appris qu'une retraite de l'ennemi est une compensation suffisante pour trois longues olympiades de revers ?

« Enfin, jette les yeux à l'intérieur. C'est un spectacle, ô Anglais ! sur lequel vous n'aimez point à fixer vos regards. Vous y trouvez le farouche sourire du désespoir ; la tristesse habite votre métropole. En vain l'orgie y fait entendre ses hurlements, la famine y tombe épuisée et le brigandage y rôde en poursuivant sa proie. Chacun y déplore des pertes plus ou moins grandes ; l'avare ne redoute plus rien, car on ne lui a rien laissé à perdre. Bienheureux papier-monnaie ! qui osera chanter tes louanges ? Il pèse comme un plomb fatal sur les ailes fatiguées de la corruption ; cependant Pallas a tiré par l'oreille chaque premier ministre, mais ils ne daignent écouter ni les dieux ni les hommes. Un seul, rougissant de voir l'État en faillite, invoque le secours de Pallas... mais il l'invoque trop tard ; il raffole d'un fat et s'humilie devant ce Mentor, qui jamais n'eut rien de commun avec Minerve. Enfin, le sénat entend la voix de cet homme qui n'avait jamais parlé devant lui, présomptueux naguère, purement absurde aujourd'hui. Ainsi l'on voit autrefois la sage nation des grenouilles jurer foi et obéissance au roi Soliveau : l'Angleterre a fait choix de ce noble crétin, comme jadis l'Égypte prit un ognon pour dieu.

(1) Celui d'une personne qu'alors on appelait lady Elgin.

« Adieu ! jouissez des moments qui vous restent ; étreignez l'ombre de votre puissance évanouie ; méditez sur l'écroulement de vos projets les plus chers ; votre force n'est plus qu'un mot, votre factice opulence un rêve. Il est parti, cet or que vous enviait l'univers, et le peu qui vous en reste des pirates en trafiquent. Les guerriers automates achetés en tout pays ne viennent plus s'enrôler en foule dans vos rangs mercenaires. Sur le quai désert, le marchand oisif contemple tristement ses ballots, qu'aucun navire ne vient chercher ; ou voit revenir les marchandises qui, repoussées par l'étranger, vont pourrir sur la rive encombrée. L'artisan affamé brise son métier qui se rouille, et son désespoir s'apprête à lutter contre une catastrophe imminente. Dans le sénat de cet État qui s'affaisse, qu'on me montre l'homme dont les conseils ont quelque poids ; non, il n'est plus une seule voix puissante dans cette enceinte où régna la parole. Les factions même n'ont plus de succès dans ce pays où elles dominaient tour-à-tour ; et cependant des sectes rivales bouleversent cette île sœur de l'Angleterre, et d'une main fanatique, chacune à son tour y allume la flamme des bûchers.

« C'en est fait, tout est dit ; puisque Pallas vous avertit en vain, les furies vont saisir le sceptre qu'elle abdique ; elles promèneront sur tout le royaume leurs torches embrasées, et leurs mains farouches déchireront ses entrailles. Mais il reste encore à franchir une crise convulsive : la Gaule doit pleurer encore avant qu'Albion porte ses chaînes. La pompe et les étendards de la guerre, l'éclat des légions, ces brillants uniformes auxquels sourit la sévère Bellone ; les sons cuivrés du clairon, le roulement belliqueux du tambour, qui de loin défie l'ennemi ; l'impétuosité du héros qui s'élance à la voix de son pays, la gloire qui consacre sa mort : tout cela enivre un jeune cœur de délices imaginaires, et lui fait anticiper sur le moment où il pourra s'enivrer à son tour de la joie des batailles. Mais apprends ce que peut-être tu ignores : ils sont à bon marché les lauriers qui ne coûtent que la mort ; ce n'est pas dans le combat que le carnage se délecte le plus, un jour de bataille est son jour de merci ; mais quand la victoire a prononcé, quand le terrain est conquis tout inondé de sang ; c'est alors que son heure est venue. Vous ne connaissez encore que de nom ses exploits les plus réels : les paysans massacrés, les femmes déshonorées, les demeures livrées au pillage, les moissons détruites : souffrances bien dures pour des âmes indépendantes. De quel œil vos bourgeois fugitifs verront-ils, des collines lointaines, l'incendie dévorer leurs villes, et des colonnes de flammes jeter sur la Tamise épouvantée leurs rougeâtres reflets ? Ne t'en indigne pas, Albion ; car elle t'appartenait la torche qui, des bords du Tage à ceux du Rhin, alluma de semblables bûchers. Le jour où ces calamités viendront fondre sur tes rivages maudits, cherche dans ton cœur si d'autres plus que toi les avaient méritées. Sang pour sang, c'est la loi du ciel et de la terre ; et qui a suscité la querelle doit vainement en regretter les suites. »

FIN DE LA MALÉDICTION DE MINERVE.

LE VAMPIRE.

FRAGMENT (EN PROSE) COMPOSÉ EN 1816.

Dans l'année 17..., ayant formé le projet d'un voyage dans des contrées jusqu'alors peu fréquentées des touristes, je partis, accompagné d'un ami, que je désignerai sous le nom d'Auguste Darvell. Il avait quelques années de plus que moi ; c'était un homme d'une fortune considérable et d'une ancienne famille, avantages que ses talents remarquables l'empêchaient de mettre ou trop haut ou trop bas. Certaines circonstances de sa vie privée avaient attiré sur lui mon attention et m'avaient même inspiré à son égard une estime que ne pouvaient étouffer ni la réserve de ses manières, ni certaine agitation qu'il manifestait et qui semblait parfois toucher aux limites de la folie.

J'étais entré de bonne heure dans le monde, mais mon intimité avec lui était d'une date récente ; nous avions été élevés aux mêmes écoles et dans la même université, mais il en était sorti avant moi, et se trouvait déjà parfaitement initié aux mystères de ce qu'on appelle la société, que j'étais encore à mon noviciat. Sur les bancs du collège j'avais déjà entendu beaucoup parler de Darvell, et bien que dans ce qu'on disait de lui je trouvasse des contradictions inconciliables, il m'était cependant facile de voir qu'au total c'était un homme supérieur, qui, en prenant tout le soin possible pour n'être point remarqué, n'en restait pas moins remarquable. Plus tard, j'avais cultivé sa connaissance et brigué son amitié ; mais ce dernier point paraissait difficile à obtenir : quelles que pussent avoir été ses affections, elles semblaient maintenant les unes éteintes, les autres concentrées. J'avais eu fréquemment l'occasion d'observer qu'il sentait vivement et que, capable de dominer ses sentiments, il ne s'était pas de les dérober entièrement à l'observation. Toutefois, il savait donner à une passion l'apparence d'une autre, de sorte qu'il était difficile de démêler ce qui se passait en lui, et l'expression de ses traits variait si rapidement qu'on eût tenté sans succès de remonter à la source de ses émotions. Il était évidemment en proie à quelque chagrin incurable ; mais si ce chagrin provenait de l'ambition, de l'amour, du remords, du regret ou de plusieurs de ces causes réunies, ou simplement d'un tempérament maladif, c'est ce que je ne pus découvrir. Là où il y a mystère, on suppose généralement le mal. Eh bien ! je ne sais comment cela se faisait : il y avait certainement en lui quelque chose de mystérieux, et cependant je répugnais à croire qu'il y eût quelque chose à blâmer.

Mes avances étaient reçues avec beaucoup de froideur ; mais j'étais jeune, peu facile à décourager, et à la fin je réussis à établir entre nous, à un certain degré, ces relations banales, cette confiance qui se borne aux choses de tous les jours, créée et cimentée par la similitude des occupations et la fréquence des occasions de rencontre, rapports que s'appellent intimité ou amitié, selon les idées qu'on attache à ces termes.

Darvell avait déjà beaucoup voyagé, et ce fut à lui que je m'adressai pour les renseignements nécessaires à l'accomplissement de mon projet. Je désirais secrètement qu'il consentît à m'accompagner. C'était aussi une espérance plausible, fondée sur la sombre agitation que j'avais observée en lui, sur l'animation avec laquelle il parlait des succès de la vie aventureuse et sur son apparente indifférence quant à tout ce qui concerne l'existence casanière. Je mis d'abord ce désir en avant d'une manière détournée ; puis je l'exprimai formellement. Sa réponse, bien que prévue en partie, me causa toute la joie de la surprise... il consentait ; et après les arrangements nécessaires, nous commençâmes nos voyages.

Après avoir parcouru diverses contrées du midi de l'Europe, nous nous dirigeâmes vers l'Orient, notre destination primitive, et ce fut à notre arrivée dans ces régions qu'arriva l'incident qui fait le sujet de cette histoire.

D'après tout son extérieur, Darvell devait avoir été dans sa jeunesse extrêmement robuste ; mais depuis quelque temps sa constitution s'était graduellement altérée, sans qu'on vît en lui les symptômes d'une maladie déterminée. Il n'avait ni toux ni autres signes de consomption : pourtant il s'affaiblissait de jour en jour. Tempérant d'habitude, il ne se refusait point aux fatigues et ne s'en plaignait jamais. Il devenait de plus en plus silencieux et sujet aux insomnies ; enfin l'altération de sa santé devint telle que j'en fus tout-à-fait alarmé pour sa vie.

A notre arrivée à Smyrne, nous avions projeté une excursion aux ruines d'Éphèse et de Sardes ; j'essayai de l'en dissuader, tant que sa santé ne serait point rétablie... mais ce fut en vain. On voyait sur son esprit je ne sais quel poids, dans ses manières, je ne sais quelle solennité qui s'accordait peu avec son empressement à faire cette partie de plaisir, peu convenable, selon moi, pour un valétudinaire. Nous partîmes, accompagnés seulement d'un chameau et d'un janissaire.

Ayant laissé derrière nous les campagnes fertiles de Smyrne, nous étions parvenus à moitié chemin, et nous entrions dans ces lieux sauvages et déserts qui, à travers les marais et les défilés, conduisent aux quelques huttes assises sur les ruines : triples ruines du temple de Diane, des églises chrétiennes et même des mosquées turques. Là, l'affaissement rapide des forces de mon compagnon de voyage nous obligea de faire halte dans un cimetière turc dont les tombes surmontées de turbans formaient le seul indice de l'existence humaine qui eût subsisté dans ce désert. Nous avions laissé à quelques heures derrière nous le seul caravansérail que nous eussions rencontré. On n'apercevait nulle part le moindre vestige de village ou même de chaumière, et « la cité des morts » semblait le seul asile offert à mon malheureux ami qui bientôt serait sans doute le dernier de ses habitants.

Je cherchai autour de moi une place où il pût reposer convenablement. Contrairement à la disposition ordinaire des cimetières mahométans, celui-ci n'avait que des cyprès peu nombreux et séparés par de grands intervalles : les tombes étaient pour la plupart mutilées ou consumées par le temps. Sur l'une des plus considérables de ces pierres et à l'abri d'un des cyprès les plus beaux, nous plaçâmes Darvell qui se soutenait avec peine, à moitié assis et à moitié couché. Il demanda de l'eau : je doutais qu'on en pût trouver, mais je me préparai à en aller chercher avec un sentiment de crainte et de découragement. Il me fit signe de rester, et, se tournant vers Suleiman, notre janissaire, assis à côté de nous, et fumant sa pipe le plus paisiblement du monde, il lui dit : *Suleiman, verbana su* (apportez-moi de l'eau). Puis, il décrivit avec les plus grands détails l'endroit où l'on en pourrait trouver : c'était un petit puits pour les chameaux, à quelques centaines de pas sur la droite. Le janissaire obéit.

« Comment savez-vous cela? dis-je à Darvell.

— D'après la nature du lieu où nous nous trouvons, répondit-il: vous devez voir que cet endroit a été autrefois habité, et il n'aurait pu l'être sans eau. D'ailleurs, j'ai déjà visité ce canton.

— Vous l'avez déjà visité? comment se fait-il que vous ne m'en ayez pas parlé? Et que pouviez-vous faire dans un lieu où personne ne resterait un moment sans y être obligé? »

A cette question, je ne reçus point de réponse. En ce moment Suleiman revint avec l'eau, laissant le chameau et les chevaux à la fontaine. Lorsque Darvell eut étanché sa soif, il parut se ranimer un instant, et j'espérai que nous pourrions poursuivre notre route ou du moins revenir sur nos pas, et j'ouvris ce dernier avis. Il garda le silence et sembla recueillir ses forces et ses idées ; puis il dit :

« C'est ici le terme de mon voyage et de ma vie. Je suis venu ici pour mourir ; mais j'ai à vous faire une demande, un commandement : car tel doit être le caractère de mes suprêmes paroles..... Obéirez-vous?

— Sans nul doute ; mais ayez meilleur espoir.

— Je n'ai d'espoir, de désir que celui-ci... Cachez ma mort à toute créature humaine.

— J'espère que la chose ne sera pas nécessaire ; vous vous rétablirez, et...

— Silence ! il en doit être ainsi ; promettez-le !

— Je le promets.

— Jurez-le par tout ce qui... (ici il me dicta le serment le plus solennel).

— Il n'est pas besoin de cette formule ; j'accomplirai votre demande ; et douter de moi, ce serait...

— Il n'en peut être autrement ; il faut que vous juriez. »

Je fis le serment : ma complaisance parut le soulager. Il ôta de son doigt un anneau, sur lequel étaient gravés des caractères arabes, et me le présenta en continuant ainsi :

« Le neuvième jour d'un mois, à midi précis (n'importe le mois, mais le jour est de rigueur), vous jetterez cet anneau dans les sources salées de la baie d'Éleusis. Le jour suivant à la même heure, vous vous rendrez au milieu des ruines du temple de Cérès, et vous y attendrez une heure.

— Pourquoi?

— Vous le verrez.

— Le neuvième jour du mois, dites-vous?

— Le neuvième. »

Comme je lui faisais observer que nous étions maintenant au neuvième jour du mois, sa physionomie s'altéra et il cessa de parler. Au moment où il se couchait tout-à-fait, dans un état de faiblesse évidemment croissant, une cigogne, tenant un serpent dans son bec, vint se percher sur une tombe à quelques pas de nous, et, sans dévorer sa proie, parut nous considérer attentivement. Je ne sais quelle idée me dit de la chasser ; cette tentative fut inutile : elle décrivit quelques cercles dans l'air, et s'abattit précisément au même endroit. Darvell me la montra du doigt et sourit. Il parla... je ne sais si ce fut à lui-même ou à moi-même... mais je n'entendis que ces paroles.

« C'est bien !

— Qu'est-ce qui est bien? Que voulez-vous dire?

— Il n'importe !..... Il faudra m'enterrer ici, ce soir, à l'endroit même où cet oiseau est maintenant posé. Vous connaissez le reste de mes volontés. »

Alors il me donna différentes instructions sur les moyens les plus efficaces de cacher sa mort. Après qu'il eut terminé il ajouta :

« Vous voyez cet oiseau?

— Certainement.

— Et le serpent qui se débat dans son bec?

— Sans doute. Il n'y a là rien d'extraordinaire. C'est sa proie habituelle ; mais il est étrange qu'il ne la dévore pas.

— Il n'est pas temps encore, » répondit-il d'une voix faible et avec un sourire lugubre.

Pendant qu'il parlait, la cigogne s'envola. Mes yeux la suivirent un moment, à peine le temps nécessaire pour compter jusqu'à dix. Je sentis le poids de Darvell devenir plus lourd sur mon épaule, et m'étant retourné pour jeter un regard sur son visage, je m'aperçus qu'il était mort. Je fus saisi d'un mouvement étrange à ce soudain dénoûment, dont il ne me fut bientôt plus possible de douter. En quelques moments son visage devint presque noir. J'aurais attribué un poison un changement aussi rapide, s'il avait pu en prendre à mon insu. Le jour était sur son déclin ; le corps se décomposait rapidement, et il ne restait plus qu'à remplir le vœu du mourant. A l'aide du yatagan de Suleiman et de mon propre sabre, nous creusâmes une fosse à l'endroit indiqué par Darvell. La terre était facile à remuer, ayant déjà reçu la dépouille de quelque musulman. Nous creusâmes aussi profondément que le temps nous le permettait, et rejetant la terre aride sur tout ce qui restait de l'être singulier que nous venions de perdre, nous coupâmes quelques carrés de gazon dans le sol un peu moins stérile qui nous entourait, et les plaçâmes sur la tombe.

Entre l'étonnement et la douleur, j'étais sans larmes. . . . .
. . . .

FIN DU FRAGMENT DU VAMPIRE.

POÉSIES DIVERSES.

(Suite.)

STANCES.

Heu! quanto minus est cum reliquis versari, quam tui meminisse (1)! SHENSTONE.

Tu n'es donc plus, toi qu'on vit si jeune et si belle, avec des formes si suaves, des charmes si rares, trop tôt rendues à la terre ! Dieu que peut-être la foule marche insouciante et joyeuse sur le gazon qui te recouvre, il est des yeux qui ne pourraient se fixer un seul instant sur cette tombe.

Je ne demanderai pas où tu reposes, je ne regarderai pas la place ; qu'il y croisse des fleurs ou des herbes parasites, je ne les verrai pas. Je le sais, et c'est assez pour moi : tout ce que j'ai aimé, tout ce que je devais aimer longtemps encore, pourrit comme l'argile la plus vulgaire ; je n'ai pas besoin qu'une pierre me dise que l'objet de tant d'amour n'était que néant.

Et pourtant, jusqu'à la fin ma tendresse fut aussi fervente que la tienne, toi que le passé n'a point vu changer, et qui ne peux plus changer maintenant. Une fois que le sceau de la mort a sanctifié l'amour, l'âge ne peut le refroidir, un rival l'enlever, l'imposture le désavouer ; et tu ne peux plus voir en moi de torts, de fautes ou d'inconstance.

Les beaux jours de la vie ont été partagés entre nous ; les jours mauvais demeurent à moi seul. Le soleil qui vivifie, l'orage qui gronde, tout cela n'est plus rien pour toi. Le silence de ce sommeil sans rêves, je l'envie trop pour le déplorer ; et je ne me plaindrai pas que la mort ait ravi tout d'un coup ces charmes dont peut-être j'eusse suivi le lent dépérissement.

La fleur la plus brillante a le plus court destin ; si elle n'est point détachée de sa tige dans l'éclat de sa beauté, ses pétales tombent l'un après l'autre ; et c'est un spectacle moins douloureux de la voir cueillir aujourd'hui que de la regarder demain se flétrir et s'effeuiller lentement. Nul œil mortel ne peut suivre sans déplaisir le passage de la beauté à la laideur.

Je ne sais si j'aurais pu supporter la vue du déclin de tes charmes ; la nuit eût été plus sombre après une telle aurore. Mais le jour s'est passé sans un nuage, et tu fus belle jusqu'à la fin ; tu t'es éteinte, et non flétrie, comme ces étoiles détachées des cieux, qui ne sont jamais plus brillantes que dans leur chute.

Si je pouvais pleurer comme je pleurais autrefois, mes larmes couleraient en pensant que je n'étais pas à ton chevet pour te veiller à tes derniers moments, pour contempler (ô tendresse !) tes traits si doux et si purs, pour te serrer affectueusement dans mes bras, pour soutenir ta tête mourante, pour te témoigner, bien qu'inutilement, cet amour que ni toi ni moi ne devons plus éprouver.

Bien que tu m'aies laissé libre parmi les objets les plus doux que la terre garde encore, les posséder tous serait un bonheur moindre que ton seul souvenir ! Tout ce qui de toi ne pouvait mourir, du sein de l'éternité terrible et sombre, tout cela revient à moi ; et rien n'égale mon amour pour la morte, si ce n'est l'amour que j'eus pour la vivante.

STANCES.

Si parfois, dans les habitations des hommes, ton image disparaît de mon cœur, ton ombre adorée se présente à moi dans la solitude :

(1) Oh! combien il est moins doux de converser avec les autres que de se souvenir de toi!

à cette heure de tristesse et de silence, j'évoque ton souvenir, et ma douleur peut exhaler en secret une plainte cachée à tous les regards.

Oh! pardonne, si pour un moment j'accorde au monde une pensée qui t'appartient tout entière; si, tout en me condamnant moi-même, je semble sourire, et parais infidèle à ta mémoire! Ne crois pas qu'elle me soit moins chère, parce que je parais gémir moins; je ne voudrais pas que des êtres vulgaires entendissent un seul des soupirs qui ne sont adressés qu'à toi.

Si j'effleure la coupe joyeuse, ce n'est pas pour bannir mes chagrins; elle devrait contenir un breuvage plus puissant, la coupe d'oubli destinée au désespoir. Quand même l'onde du Léthé me serait offerte pour affranchir mon âme de ses orageuses visions, je briserais contre terre la coupe délicieuse, si elle devait t'enlever une seule de mes pensées.

Car si tu étais bannie de mon âme, qui pourrait en remplir le vide? Et qui resterait ici-bas pour honorer ton urne abandonnée? Non, non, ma douleur s'enorgueillit de remplir ce cher et dernier devoir; dût le reste des hommes t'oublier, c'est à moi de garder ton souvenir.

Va, je sais bien que tu en aurais fait autant pour celui que nul maintenant ne doit pleurer à son départ de cette terre, où il n'était aimé que de toi seule. Hélas! je sens que la tendresse était un bienfait qui ne m'était pas destiné; tu ressemblais trop à une vision des cieux pour qu'un terrestre amour pût te mériter.

LA CORNALINE BRISÉE (1812) (1).

Image d'un cœur malheureux! se peut-il que tu te sois ainsi brisée! Tant d'années de sollicitude pour ton ancien maître et pour toi ont-elles donc été employées en vain?

Mais chacun de tes fragments est précieux pour moi, et la moindre parcelle m'est chère; car celui qui te porta sait que tu es un fidèle emblème de son propre cœur.

A UNE FEMME.

Que je me souvienne de toi! que je m'en souvienne! Oui, tant que le Léthé n'aura point éteint le flambeau brûlant de ma vie, ma honte et mes remords remonteront vers toi et te poursuivront comme les rêves de la fièvre.

Que je me souvienne de toi! oui, n'en doute pas : et ton époux non plus ne t'oubliera pas, toi qui fus pour lui une femme perfide et pour moi un démon.

AU TEMPS.

O Temps! dont l'aile capricieuse, tantôt lente, tantôt rapide, emporte les heures changeantes; qui, suivant les pas tardifs de notre hiver ou la fuite agile de notre printemps, nous traînes ou nous ravis vers la mort,

Je te salue! toi qui me prodiguas à ma naissance ces dons appréciés de tous ceux qui l'apprécient; ton poids me semble moins pesant depuis que je suis seul à le porter.

Je ne voudrais pas qu'un cœur aimant prît sa part des jours amers que tu m'as faits; et je le pardonne, puisque tu as donné pour partage à tous ceux que j'aimais le ciel ou du moins le repos.

Pourvu qu'ils dorment en paix ou qu'ils soient heureux, tes rigueurs m'assiégeront en vain; je ne te dois que des années, et c'est une dette que j'ai déjà acquittée en douleurs.

D'ailleurs ces douleurs mêmes n'ont pas été sans compensation, je sentais ta puissance, et pourtant je t'oubliais; l'activité de la souffrance retarde le cours des heures, mais ne les compte pas.

Au sein du bonheur, j'ai soupiré en songeant que ta fuite ne tarderait pas à se ralentir : tu pouvais jeter un nuage sur ma joie, mais tu ne pouvais ajouter une ombre à ma douleur.

Toute lugubre et sombre qu'était mon atmosphère, mon âme y était acclimatée; une seule étoile scintillait à mes regards, et je voyais à sa lueur que tu n'étais pas... l'éternité.

Ce rayon a disparu, et maintenant tu es pour moi un néant, un rôle dont on maudit les insipides détails, dont tout le monde regrette d'être chargé, et que tout le monde répète.

Il est pourtant dans ce drame une scène que tu ne peux gâter : c'est lorsque n'ayant plus souci de la fuite ou de la lenteur, nous laissons gronder sur d'autres l'orage qu'un sommeil profond ne nous permet plus d'entendre.

(1) Voyez la Cornaline, page 23.

Ah! je me prends à sourire en pensant combien vains seront les efforts, quand tous les coups de la rage viendront se briser..... sur une pierre sans nom.

STANCES.

Tu n'es point perfide, mais légère envers ceux que tu as si tendrement aimés; les larmes que tu fais couler, cette pensée les rend doublement amères; c'est là ce qui brise le cœur que tu outrages; tu aimes trop bien, tu quittes trop tôt.

Le cœur méprise la femme toute déloyale; il oublie la perfide et sa perfidie; mais celle qui ne dissimule aucune de ses pensées, dont l'amour est aussi vrai qu'il est doux, quand celle-là devient inconstante, le cœur éprouve alors ce que le mien vient d'éprouver.

Rêver de joie et s'éveiller à la douleur, c'est le sort de tout ce qui aime, de tout ce qui vit; et si le matin, nous en voulons à notre imagination de nous avoir déçus, même en rêve, pour laisser notre âme plus triste après le réveil....

Que doivent-ils donc sentir, ceux qu'enflamma non pas une illusion mensongère, mais la plus vraie, la plus tendre des passions? Tant de sincérité! puis un changement si prompt et si douloureux! Ah! sans doute, ma peine n'est qu'imaginaire; j'ai réellement goûté le bonheur, et j'ai rêvé ton inconstance.

A UNE DAME.

« L'origine de l'amour!» — Pourquoi me faire cette question cruelle, quand vous pouvez lire dans tous les yeux qu'il prend naissance dès qu'on vous voit?

Mais si vous voulez connaître sa fin, mon cœur me dit, mes craintes prévoient trop qu'après avoir langui longtemps dans le silence et la douleur, il cessera de vivre... lorsque j'aurai cessé d'être.

STANCES.

Rappelle-toi celui qui, soumis par la passion à une épreuve redoutable, n'y a point succombé; rappelle-toi cette heure périlleuse où nul n'a failli, quoique tous deux aimés.

Ce sein palpitant, cet œil humide, ne m'invitaient que trop à être heureux; ta douce prière, tes soupirs suppliants réprimèrent ce désir insensé.

Oh! laisse-moi sentir tout ce que j'ai perdu en te préservant des reproches de la conscience; laisse-moi rougir de ce qu'il m'en a coûté pour épargner à ta vie d'inutiles remords.

Ne l'oublie pas quand la langue de la médisance chuchotera son blâme pour nuire au cœur qui t'aime, et noircir un nom déjà flétri par elle.

Quelle qu'ait été ma conduite avec d'autres, n'oublie pas que tu m'as vu réprimer toute pensée égoïste; maintenant encore, je bénis la pureté de ton âme, maintenant, dans la solitude de la nuit.

O Dieu! si nous avions pu nous rencontrer plus tôt, tous deux aussi tendres, et toi plus libre, toi pouvant aimer sans crime, et moi, me trouver moins indigne de ton amour!

Puisse, comme autrefois, la vie s'écouler loin du monde et de son éclat trompeur; et, ce moment trop amer une fois passé, puisse cette épreuve être pour toi la dernière!

Mon cœur, hélas! trop longtemps perverti, perdu lui-même au sein du monde, t'entraînerait peut-être dans sa ruine; et en te revoyant parmi la foule brillante, un espoir présomptueux pourrait m'égarer.

Abandonne ce monde à ceux qui me ressemblent, et le malheur ou la félicité n'importent à personne; quitte un théâtre où les âmes sensibles sont condamnées à succomber.

Si jeune, si belle, si tendre, pure comme on l'est dans une profonde retraite, par ce qui s'est passé ici, tu peux deviner ce que là-bas ton cœur aurait à souffrir.

Oh! pardonne-moi les larmes suppliantes que ma démence fit couler de ces yeux adorés, et que la vertu n'a pas répandues en vain! Désormais, je ne veux plus t'en coûter une seule.

Quoiqu'une profonde douleur s'attache pour moi à la pensée que nous ne devons peut-être plus nous revoir, ce cruel arrêt, je le mérite, et ma sentence me paraît presque douce.

Mais si j'avais moins aimé, mon cœur t'aurait fait moins de sacrifices; en te quittant, il n'a pas éprouvé la moitié de ce qu'il eût ressenti si un crime t'eût donnée à moi.

A GEORGES IV (1).

Être le père de l'orphelin, tendre la main du haut du trône, et relever le fils de celui qui mourut autrefois en combattant contre tes pères, c'est être véritablement roi, c'est transformer l'envie en louanges ineffables. Renvoie tes gardes, confie-toi à de tels actes; quelles mains se lèveront, sinon pour te bénir? O roi, n'était-il pas facile et n'est-il pas doux de te faire aimer et de te rendre tout puissant par la clémence? Maintenant ta souveraineté est plus absolue que jamais; tu règnes en despote sur un peuple libre, et ce ne sont pas nos bras, mais nos cœurs que tu enchaînes.

L'AVATAR IRLANDAIS.

Avant que la fille de Brunswick soit refroidie dans son cercueil, et pendant que les vagues portent ses cendres vers sa patrie, Georges-le-Triomphant s'avance sur les flots vers l'île bien-aimée qu'il chérit..... comme il chérissait son épouse.

A la vérité, ils ne sont plus, les grands hommes qui ont signalé cette ère de gloire si brillante et si courte, arc-en-ciel de la liberté, ce petit nombre d'années dérobées à des siècles d'esclavage et pendant lesquelles l'Irlande n'eut à pleurer ni la trahison ni la ruine.

A la vérité, les chaînes du catholique résonnent sur ses haillons; le château est encore debout; mais le sénat n'est plus, et la famine, qui habitait les montagnes asservies, étend son empire jusqu'au rivage désolé.

Jusqu'au rivage désolé... où l'émigrant s'arrête un moment pour contempler sa terre natale avant de la quitter pour toujours. Ses larmes arrosent la chaîne qu'il vient de briser, car la prison qu'il quitte est le lieu de sa naissance.

Mais il vient! il vient! le Messie de la royauté, semblable à un énorme Léviathan poussé par les vagues! recevez-le donc comme il convient d'accueillir un tel hôte, avec une légion de cuisiniers et une armée d'esclaves!

Il vient, dans le vert printemps de ses soixante années, jouer son rôle de roi parmi la pompe qui se prépare. Mais vive à jamais le trèfle dont il est paré, et puisse le printemps dont il porte l'insigne à son chapeau passer à son cœur.

Ah! si ce cœur depuis longtemps flétri pouvait reverdir; s'il y surgissait une source nouvelle de nobles affections, ô Irlande, la liberté te pardonnerait ces danses sous le poids de tes chaînes et ces acclamations d'esclaves qui attristent le ciel.

Est-ce démence ou bassesse? fût-il Dieu lui-même.... au lieu d'être un homme fait de la plus grossière argile, avec plus de vices au cœur qu'il n'a de rides au front, ton dévoûment servile lui ferait honte, et il s'éloignerait.

Oui, va! hurle à sa suite! Que tes orateurs torturent leur imagination pour caresser son orgueil!... Ce n'était pas ainsi que, sur les ruines de la liberté, l'âme indignée de ton Grattan faisait éclater les foudres de sa parole.

O glorieux Grattan! le meilleur entre les bons! si simple de cœur, si sublime dans tout le reste! doué de tout ce qui manquait à Démosthènes, son rival ou son vainqueur dans tout le reste.

Lorsque Tullius brilla dans Rome, quoiqu'il n'eût point d'égaux, d'autres l'avaient précédé, l'œuvre était commencée... Mais Grattan sortit comme un Dieu de la tombe des âges : le premier, le dernier; le sauveur, l'unique.

Il eut le talent d'Orphée pour toucher les brutes, et le feu de Prométhée pour animer le genre humain; la tyrannie elle-même, en l'écoutant, se sentit émue ou resta muette, et la corruption recula terrifiée devant le regard de son génie.

Mais revenons aux despotes et aux esclaves! aux banquets offerts par la famine! aux réjouissances dont la douleur fait les frais! L'accueil de la vraie liberté est simple et modeste; mais l'esclavage extravague dans ses démonstrations, quand une semaine de saturnales vient à relâcher sa chaîne.

L'indigente splendeur que t'a laissée ton naufrage va décorer le palais du monarque (comme le banqueroutier cherche à cacher sa ruine sous un étalage de luxe). Erin, voici ton maître! embrasse ses genoux! Dépose tes bénédictions aux pieds de celui qui te refuse les siennes.

Ah! lui, un jour, en désespoir de cause, la liberté est obtenue de force, si l'idole de bronze s'aperçoit de ses pieds sont d'argile, la terreur ou la politique auront arraché ce que les rois ne donnent jamais de la manière des loups abandonnant leur proie.

Chaque animal a sa nature, celle d'un roi est de régner..... Régner! ce seul mot comprend la cause de toutes les malédictions enregistrées dans les annales des siècles, depuis César le redouté jusqu'à Georges le méprisé!

Mets ton uniforme, ô Fingal! O'Connell, proclame les perfections de ton maître!... et persuade à la patrie qu'un demi-siècle de mépris fut une erreur de l'opinion. « Henri, comme dit Falstaff, est bien le plus mauvais sujet et le plus charmant prince qui soit au monde. »

Ton aune de ruban bleu, ô Fingal! fera-t-elle tomber les fers de plusieurs millions de catholiques; ou plutôt ce ruban ne formet-il pas pour toi une chaîne plus étroite encore que celles de tous les esclaves qui maintenant saluent de leurs hymnes le déserteur de leur cause.

Oui! bâtissez-lui une demeure! que chacun apporte son obole! jusqu'à ce que, nouvelle Babel, s'élève le royal édifice! Que tes mendiants et tes ilotes réunissent leur pitance... et donnent un palais en retour d'un dépôt de mendicité ou d'une prison.

Servez, servez pour Vitellius, le royal repas; que le despote glouton en ait jusqu'à la gorge! et que les hurlements de ses ivrognes le proclament le quatrième des imbéciles tyrans du nom de Georges!

Que les tables gémissent sous le poids des mets! qu'elles gémissent comme gémit ton peuple depuis des siècles de malheur! Que le vin coule à flots autour du trône de ce vieux Silène, comme le sang irlandais a coulé et doit couler encore.

Mais que le monarque ne soit pas ta seule idole, ô Erin! contemple à sa droite le moderne Séjan! Ton Castlereagh! ah! garde-le pour toi seule, ce misérable dont le nom n'a jamais été prononcé qu'accompagné de malédictions et de railleries!

Seule aujourd'hui, et pour la première fois, l'île qui devait rougir de lui avoir donné naissance, comme le sang qu'il a fait verser a rougi ses sillons, l'Irlande semble fière du reptile sorti de ses entrailles, et, pour prix de ses assassinats, lui prodigue les acclamations et les sourires.

Sans un seul rayon du génie de sa patrie, sans l'imagination, le courage, l'enthousiasme de ses fils, sa lâcheté devrait forcer Erin à douter qu'elle ait donné le jour à un être aussi vil.

Sinon..... qu'elle cesse de s'enorgueillir de ce proverbe qui proclame que sur le sol d'Erin aucun reptile ne peut naître. Voyez-vous ce serpent au sang de glace et tout gonflé de venin réchauffer ses anneaux dans le sein d'un roi!

Crie, bois, mange et adule, ô Erin! Le malheur et la tyrannie t'avaient déjà bien bas; mais l'accueil que tu fais aux tyrans t'a fait descendre encore au-dessous.

Mon humble voix s'éleva pour défendre tes droits; mon vote d'homme libre fut donné à ton affranchissement; ce bras, quoique faible, se fût armé pour ta querelle, et ce cœur flétri avait encore un battement pour toi.

Oui, je t'aimais, et j'aimais les tiens, bien que tu ne sois pas ma terre natale; j'ai connu, parmi tes fils, de nobles cœurs et de grandes âmes, et j'ai pleuré avec le monde entier sur la tombe des patriotes irlandais; mais maintenant je ne les pleure plus.

Car ils dorment heureux loin de toi dans leurs sépultures, tes Grattan, tes Curran, ton Shéridan, tous ces chefs longtemps illustrés dans la guerre de l'éloquence, qui, s'ils n'ont pas retardé la chute, l'ont du moins honorée.

Oui, ils sont heureux sous la froide pierre de leurs tombeaux anglais! Leurs ombres ne s'éveilleront pas aux clameurs qu'aujourd'hui tu exhales, et le gazon qui recouvre leur libre argile ne sera pas foulé par des oppresseurs adulés et des esclaves qui baisent leurs chaînes.

Jusqu'à ce jour, j'avais porté envie à tes fils et à ton rivage, bien que leurs vertus fussent proscrites, leurs libertés anéanties; il y avait jadis je ne sais quoi de si chaleureux et de si noble dans un cœur irlandais, que vraiment je porte envie..... à tes morts!

Si quelque chose peut étouffer un instant mon mépris pour une nation servile malgré ses blessures encore saignantes, une nation qui, foulée aux pieds comme le ver, ne se retourne pas contre le pied qui l'écrase, c'est la gloire de Grattan et le génie de Moore!

IMPROMPTU.

Quand le chagrin qui a son siège dans mon cœur projette plus haut son ombre mélancolique, flotte sur les traits changeants de mon visage, obscurcit mon front et remplit mes yeux de larmes, ami, que cette tristesse ne t'inquiète pas, elle tombera bientôt d'elle-même. Mes pensées connaissent trop bien leur prison; après une excursion passagère, elles reprennent le chemin de mon cœur, et rentrent dans leur cellule silencieuse.

---

(1) A propos de l'annulation par ce monarque de l'arrêt d'exil qui pesait sur la famille Fitzgerald, depuis les guerres civiles du prétendant.

LE RÊVE [1].

Notre vie est double ; le sommeil a son monde propre : monde limitrophe entre ce que nous nommons à tort la mort et l'existence. Oui, le sommeil a son monde propre, vaste domaine d'une fantastique réalité ; dans leur développement les rêves respirent : ils ont des larmes, des tourments, des accès de joie ; ils laissent au réveil un poids sur la pensée, et en même temps ils enlèvent un poids aux fatigues du jour. Ils partagent notre être, ils deviennent une portion de nous-mêmes et de notre temps. Ce sont les messagers de l'éternité : ils passent en nous comme des esprits du passé, ils parlent comme les sibylles de l'avenir ; ils exercent sur nous un pouvoir, une tyrannie de plaisir et de douleur ; ils font de nous ce que nous n'étions pas... ce qu'ils veulent ; ils nous font trembler devant des visions éteintes, et redouter des ombres évanouies !... Évanouies ! le sont-elles en effet ? le passé est-il autre chose qu'une ombre ? Et qu'est-ce qu'une ombre ? Un produit de l'esprit...L'âme peut donc produire des substances ; et les mondes qu'elle a créés, elle peut les peupler d'êtres plus brillants que tout ce qui a jamais existé ; elle peut animer des formes qui survivront à toute chair.

Je voudrais me retracer une vision que j'ai rêvée peut-être en dormant..... car une pensée, une pensée du sommeil peut embrasser des années et condenser toute une longue vie dans une heure.

Je vis deux êtres dans tout l'éclat de la jeunesse ; ils étaient sur une agréable colline, à la pente douce et toute verdoyante, la dernière

C'était là que je voyais un jeune homme et une jeune fille.

d'une longue chaîne qu'elle terminait comme un promontoire, sauf qu'il n'y avait point d'océan pour en laver la base, mais un vivant paysage, une mer d'arbres et de moissons, au sein de laquelle on voyait les habitations des hommes dispersées çà et là, et des filets ondoyants de fumée s'élever de leurs toits rustiques. Cette colline était couronnée d'un diadème d'arbres rangés en cercle, non par un caprice de la nature, mais par celui de l'homme. Ces deux êtres, une jeune fille et un adolescent, étaient là qui contemplaient, elle ce spectacle beau comme sa beauté, lui... oh ! lui ne voyait qu'elle. Et tous deux étaient jeunes, et l'une était belle ; et tous deux étaient jeunes, mais non de la même jeunesse. Comme la lune riante au bord de l'horizon, la vierge touchait au moment d'être femme ; l'adolescent avait quelques étés de moins, mais son cœur avait de beaucoup devancé son âge ; et à ses yeux il n'y avait sur la terre qu'un visage aimé, un visage qui en ce moment l'éclairait de ses rayons. Il l'avait contemplé de manière que l'empreinte en restât ineffaçable dans son cœur : il ne vivait, ne respirait qu'en elle ; elle était sa voix. Il ne lui parlait pas ; mais dès qu'elle parlait, tout en lui s'ébranlait. Elle était sa vue, car ses yeux suivaient les regards de la jeune fille, et ne voyaient que par eux : c'étaient eux qui pour lui coloraient tous les objets. Il avait cessé de vivre en lui-même ; elle était sa vie, l'océan où venait aboutir le cours de toutes ses pensées ; au son de cette voix, au contact de cette main, son sang montait ou refluait, et ses joues changeaient tumultueusement de couleur... sans que son cœur comprît la cause de cette agonie. Mais elle ne partageait pas ses tendres sentiments : ses soupirs n'étaient pas pour lui : elle voyait en lui un frère... et pas davantage. C'était beaucoup, à la vérité ; car elle n'avait point de frère, si ce n'est celui à qui son amitié enfantine avait donné ce nom. Elle était l'unique rejeton d'une race antique et honorée : titre qui à la fois plaisait et déplaisait à son jeune ami. Et pourquoi ? Le temps le lui apprit douloureusement..... Quand elle en aima un autre.....
En ce moment même, elle en aimait un autre ; et elle était debout au sommet de cette colline, regardant au loin si le coursier de son amant volait au gré de son impatience.

———

Un changement arriva dans l'esprit de mon rêve.

Je vis un vieux manoir, et au pied de ses murailles un coursier tout sellé. Dans un antique oratoire se trouvait le jeune homme dont j'ai parlé..... Il était seul et pâle, et se promenait de long en large : bientôt il s'assit, prit une plume et traça des mots que je ne pus distinguer ; puis il appuya sur ses mains sa tête inclinée, et parut en proie à une agitation convulsive... Tout-à-coup il se leva, et de ses dents et de ses mains tremblantes il déchira ce qu'il avait écrit ; mais il ne versa pas de larmes..... enfin il se calma, et une sorte de repos parut sur son front. En ce moment, la femme qu'il aimait entra : son visage était serein ; elle souriait, et cependant elle savait qu'elle était aimée de lui..... elle savait, car c'est une chose qui s'apprend vite, que dans le cœur de ce jeune homme était tombée une ombre épaisse, et qu'elle voyait qu'il était malheureux ; mais elle ne voyait pas tout. Il se leva et lui prit la main avec une froide douceur : en cet instant, d'ineffables pensées se peignirent dans les traits de l'infortuné comme sur des tablettes, puis leur trace disparut ainsi qu'elle s'était formée. Il laissa tomber la main qu'il tenait et s'éloigna d'un pas lent ; mais ce n'était pas un adieu qu'il venait de lui dire, car ils se séparèrent avec un mutuel sourire. Alors il franchit la porte massive du gothique manoir, et, montant sur son coursier, il se mit en route... et jamais plus il ne repassa le seuil antique.

———

Un changement arriva dans l'esprit de mon rêve.

L'adolescent était devenu homme : dans les solitudes des climats

---

[1] Pour l'intelligence complète de ce morceau, un des chefs-d'œuvre du poète, composé à Diodati, en 1816, il est bon de consulter la Notice sur la vie de lord Byron en tête de ce volume.

lauts il s'était fait une patrie, et son âme s'abreuvait des rayons leur soleil. Des hommes à figure étrange et basanée l'entou-ent; lui-même n'était plus ce qu'il avait été : il errait de mer en r, de rivage en rivage. Une foule d'images diverses se pressaient our de moi comme des vagues, mais dans toutes il se retrouvait; a dernière me le fit voir se reposant de la chaleur du midi, cou-é parmi des colonnes abattues, à l'ombre de murs en ruines sur-ant aux noms de ceux dont ils étaient l'ouvrage ; il dormait. Non n de là des chameaux paissaient debout, et près d'une source ient attachés de nobles coursiers : un homme veillait portant une e flottante, tandis qu'autour de lui sommeillait le reste de sa bu. Et sur leur tête se déployait le dais du firmament bleu et s nuage, d'une transparence si belle et si pure que dans le ciel eu seul était visible.

Un changement arriva dans l'esprit de mon rêve.

La femme, objet de son our, était devenue l'é-ouse d'un autre qui ne imait pas mieux que eût fait le proscrit. Elle ait dans son pays natal, ns sa patrie à elle, à ille lieues de la patrie ue lui s'était créée : là le vivait entourée d'une einture de beaux en-nts, filles et garçons... ais quoi ! ses traits aient revêtus d'une einte de douleur, reflet urable de luttes inté-eures : son œil inquiet emblait abattu comme sa paupière eût été hargée de larmes qu'elle e pouvait répandre. uelle pouvait être sa cine ?..... Elle possédait out ce qu'elle aimait, et elui qui l'avait tant ai-ée n'était pas là pour oubler par de coupables spérances, de criminels lésirs ou une affliction nal réprimée, la pureté de ses pensées. Quelle ouvait être sa peine ?... Elle ne l'avait point ai-é; elle ne lui avait ja-mais donné lieu de se roire aimé : il ne pouvait onc être pour rien dans le chagrin qui rongeait l'âme de cette femme... il ne pouvait être pour elle un spectre du passé.

Un changement arriva dans l'esprit de mon rêve.

Le pèlerin était de re-tour..... Je le vis debout devant un autel..... une charmante fiancée était près de lui. La figure de la jeune fille était belle, mais ce n'était pas l'étoile qui avait lui sur l'adolescent. P ndant qu'il était à l'autel, son front prit le même aspect ; il éprouva le même tremblement convulsif qui l'avait agité dans la solitude de l'antique oratoire ; et puis, comme alors..... d'ineffables pensées se peignirent sur les traits de l'infortuné comme sur des tablettes... puis leur trace disparut ainsi qu'elle s'était formée ; et il parut calme et tranquille ; et il prononça les vœux nécessaires, mais il n'entendit pas ses propres paroles, et tous les objets tournèrent autour de lui. Dès lors il ne vit plus ni ce qui était, ni ce qui aurait dû être... mais le vieux manoir, et la grande salle accoutumée, et les chambres qu'il se rappelait encore, et la place, le jour, l'heure, le soleil et l'ombre, tout ce qui se rattachait à ce lieu et à cette heure, et enfin celle que son destin lui avait assignée : toutes ces choses lui revinrent en mémoire, et se placèrent entre la lumière et lui. Que lui voulaient-elles en un pareil moment ?

Un changement arriva dans l'esprit de mon rêve.

La femme qu'il aimait... oh ! comme elle était changée sous les coups du mal de l'âme ! Son intelligence avait quitté sa demeure, et ses yeux n'avaient plus leur éclat accoutumé, quoique son regard n'eût rien de terrestre. Elle était devenue la reine d'un fantastique empire : ses pensées étaient des combinaisons sans suite ; des formes impalpables et inaperçues de tous les yeux étaient familières aux siens. C'est là ce que le monde appelle folie ; mais les sages sont possédés d'une démence bien plus profonde ; et c'est un don redoutable que le regard du mélancolique délire. Qu'est-ce autre chose que le télescope de la vérité, qui dépouille la distance de ses illusions, nous montre la vie de près et dans toute sa nudité, et rend trop réelle la froide réalité.

Les Ténèbres.

Un changement arriva dans l'esprit de mon rêve.

Le pèlerin était seul comme auparavant ; les êtres qui l'entouraient tout à l'heure étaient partis, ou en guerre avec lui ; il était en butte aux traits de la flétrissure et du désespoir, assiégé par la haine et la chicane ; la douleur était mêlée à tous ses aliments ; et enfin, comme cet ancien roi du Pont, les poisons étaient devenus pour lui une nourriture, et avaient perdu leur pouvoir sur ses organes : il vivait de ce qui eût donné la mort à d'autres hommes. Il avait pris pour amis les montagnes ; il conversait avec les étoiles et l'âme vivante de l'univers, et ils lui enseignaient la magie de leurs mystères ; pour lui, le livre de la nuit était tout grand ouvert, et les voix du profond abîme lui révélaient une merveille, un secret..... Qu'il en soit donc ainsi !

Mon rêve était fini : il n'y arriva plus aucun changement.

C'était un rêve d'un ordre étrange que celui qui me retraçait ainsi, presque comme une réalité, les destinées de ces deux créatures... l'une aboutissant à la folie... toutes deux au malheur.

LES TÉNÈBRES.

J'eus un rêve qui n'était pas tout-à-fait un rêve.

L'éclat du soleil était éteint, et les étoiles erraient pâlissantes dans l'espace éternel, dépouillées de leurs rayons et de toute direction fixe ; et la terre glacée flottait aveugle et noire dans l'air que la lune n'éclairait pas. Le matin venait, s'en allait... et revenait sans amener le jour. Dans la terreur de cette désolation, les hommes avaient oublié leurs passions, et tous les cœurs glacés étaient absorbés dans une prière égoïste pour le retour de la lumière. Ils vivaient autour de grands feux allumés ; et les trônes, les palais des rois, les cabanes, les habitations de toute espèce, étaient brûlés pour éclairer les ténèbres ; les villes étaient livrées aux flammes, et les hommes se rassemblaient autour de leurs demeures embrasées pour contempler encore une fois la face de leurs semblables. Heureux ceux qui vivaient dans le voisinage des volcans, flambeaux naturels des montagnes ! Un effroyable espoir était tout ce qui restait au monde. On avait mis le feu aux forêts... mais d'heure en heure on les voyait tomber et disparaître... les troncs pétillants s'éteignaient en craquant et tout redevenait noir. A cette lueur pleine de désespoir, qui tombait sur eux en éclairs capricieux, la face des hommes prenait un aspect étranger à la terre. Les uns, étendus sur le sol, cachaient leurs yeux et pleuraient ; d'autres appuyaient leur menton sur leurs poings fermés avec un sourire de rage ; les autres enfin couraient çà et là, alimentaient les bûchers funèbres et regardaient avec l'inquiétude de la démence le ciel monotone, étendu comme un drap mortuaire sur le cadavre du monde ; puis ils se roulaient dans la poussière en blasphémant, grinçaient des dents et hurlaient. Les oiseaux effrayés jetaient des cris, et rasaient la terre en agitant leurs ailes inutiles ; les animaux les plus sauvages étaient devenus timides et tremblants ; et les vipères rampaient entrelacées au milieu de la foule : elles sifflaient mais ne mordaient pas... on les tuait pour les manger. Bientôt la guerre, qui s'était longtemps reposée, revint se gorger de carnage : un repas s'achetait avec du sang ; puis chacun à part, d'un air sombre, rassasiait son appétit farouche. Plus d'amour, la terre entière n'avait plus qu'une pensée... la mort, une mort immédiate et sans gloire. Tous sentaient la famine leur ronger les entrailles : les hommes mouraient, et leurs os comme leur chair restaient sans sépulture : maigres et décharnés, ils se dévoraient entre eux. Les chiens même attaquaient leurs maîtres, tous, un seul excepté : celui-là, fidèle à un cadavre, en écarta les oiseaux, les bêtes de proie et les hommes affamés, jusqu'à ce que le besoin les eût fait succomber eux-mêmes, ou que d'autres morts tombant auprès d'eux offrissent une proie à leurs mâchoires débiles. Lui-même ne chercha aucun aliment ; mais exhalant un hurlement plaintif et prolongé, suivi d'un cri rapide d'angoisse, léchant la main qui ne lui répondait plus par des caresses, il mourut. Peu à peu la famine moissonna la foule. D'une cité populeuse deux hommes seulement survivaient et ces hommes étaient ennemis. Ils s'approchèrent tous deux des cendres mourantes d'un autel, où, pour un usage sacrilège, on avait entassé une foule de choses saintes ; transis de froid, de leurs mains glacées de squelette, ils remuèrent et grattèrent les cendres encore chaudes ; et leur faible souffle, s'efforçant pour retrouver un peu de vie, parvint à soulever une flamme qui semblait une raillerie de la mort. Cette lueur s'étant un peu augmentée, ils levèrent les yeux l'un vers l'autre, se virent... jetèrent un cri et moururent tous deux... ils moururent épouvantés maintenant de leur laideur, chacun d'eux ignorant quel était celui sur le front duquel il avait lu ce mot gravé par le doigt de la famine : « Maudit ! » Le monde était désert ; les continents populeux et puissants n'étaient plus qu'une masse inerte, où il n'y avait ni saisons, ni plantes, ni arbres, ni hommes, ni vie d'aucune espèce... une masse de mort, un chaos d'argile durcie. Les fleuves, les lacs, l'Océan étaient immobiles, et rien ne remuait dans leurs profondeurs silencieuses ; les navires sans équipage pourrissaient à la mer, et leurs mâts tombaient par morceaux : à mesure qu'ils tombaient, ils s'endormaient sur l'abîme que rien ne soulevait plus. Les vagues étaient mortes ; les marées étaient dans la tombe où la lune, leur reine, les avait précédées ; les vents s'étaient amortis dans l'air immobile, et les nuages avaient disparu. Les Ténèbres n'avaient plus besoin de leur aide... Les Ténèbres étaient tout l'univers !

FIN DES TÉNÈBRES.

POÉSIES DIVERSES.

(Suite.)

A L'ÉRIDAN.

Fleuve qui baignes les murs de l'antique cité qu'habite la dame de mon amour, pendant qu'elle se promène sur tes bords, et que peut-être elle reporte vers moi un souvenir faible et passager ;

Que ton onde vaste et profonde n'est-elle le miroir de mon cœur, afin que ses yeux y puissent lire les mille pensées que maintenant je te confie, agitées comme tes vagues, impétueuses comme ton cours.

Que dis-je ! le miroir de mon cœur ? Ton onde n'est-elle pas puissante, rapide et sombre ? Tu es ce que furent et ce que sont mes sentiments ; et ce que tu es, mes passions l'ont été longtemps.

Peut-être le temps les a-t-il un peu calmées... mais non pour toujours. Tu franchis tes rives, fleuve ami du poète ! et pendant quelque temps tes flots en ébullition débordent, puis rentrent dans leur lit ; les miens se sont calmés et ont disparu.

Ils ont laissé après eux des ruines ; et maintenant nous avons repris notre ancien cours : toi pour aller te réunir à l'Océan..... moi pour aimer celle que je ne devais pas aimer.

Ces flots que j'admire couleront sous les murs de sa cité natale, et murmureront à ses pieds ; ses yeux te contempleront à l'heure où, fuyant les chaleurs de l'été, elle viendra respirer l'air du soir.

Elle te regardera... et plein de cette pensée, je t'ai regardé ; et depuis ce moment, ne séparant plus son souvenir de toi, je n'ai pu penser à tes ondes, je n'ai pu les nommer ni les voir, sans un soupir pour elle !

Ses yeux brillants se réfléchiront dans tes flots... oui ! ils verront cette même vague que je vois maintenant, vague fortunée ! mes yeux ne l'apercevront plus, même en rêve, repassant devant moi.

Le flot qui emporte mes larmes ne reviendra plus ; reviendra-t-elle, celle que ce flot va rejoindre ?... Éridan ! tous deux nous foulons tes rives, tous deux nous errons sur tes bords, moi près de ta source, elle vers l'Océan aux flots bleus.

Mais ce qui nous sépare, ce n'est ni la distance des lieux ni la profondeur des vagues, c'est la barrière d'une destinée différente, aussi différente que les climats qui nous ont donné le jour.

Un étranger s'est épris d'amour pour la dame de ces bords, lui, né bien loin par-delà les montagnes ; mais son sang est tout méridional, comme s'il n'avait jamais ressenti le souffle des autans qui glacent les mers du pôle.

Oui, mon sang est tout méridional ; sans quoi je n'aurais pas quitté ma patrie et je ne serais pas, après tant de douleurs que l'oubli n'effacera jamais, redevenu l'esclave de l'amour ou tout au moins de toi.

C'est en vain que j'essaierais de lutter... je consens à mourir jeune, je ne vivre comme j'ai vécu, que j'aime comme j'ai aimé ; si je redeviens poussière, moi que la poussière enfanta, alors au moins rien ne pourra plus m'émouvoir.

CHANSON.

Si le fleuve de l'amour devait couler sans fin, si le temps ne pouvait rien sur lui, nul autre plaisir ne vaudrait celui-là ; et nous chéririons notre chaîne comme un trésor. Mais puisque nos soupirs amoureux ne durent pas jusqu'au dernier souffle, puisque, fait pour voler, l'amour a des ailes emplumées, aimons pendant une saison et que cette saison soit le printemps.

Quand des amants se quittent, leur cœur se brise de douleur tout espoir est perdu ; ils croient n'avoir plus qu'à mourir. Quelques années plus tard, oh ! comme ils verraient d'un air froid l'objet pour lequel ils soupirent ! Enchaînés l'un à l'autre dans toutes les saisons, ils dépouillent plume à plume les ailes de l'amour... dès lors il ne s'envole plus ; mais, privé de son plumage, il grelotte tristement : son printemps est passé.

Comme un chef de faction, le mouvement est sa vie. Tout pacte obligatoire qui restreint sa puissance obscurcit sa gloire : il a dédaigneusement un territoire où il ne règne plus en despote. Il ne peut rester stationnaire ; il faut ses enseignes déployées, ajoutant chaque jour à son pouvoir ; il marche sans cesse en avant ; le repos l'accable, la retraite le tue : l'amour ne se contente pas d'un trône dégradé.

Amants passionnés, n'attendez pas que les années s'écoulent pour vous éveiller ensuite comme d'un songe, alors que, vous reprochant avec des paroles de raillerie et de colère vos imperfections mutuelles, vous serez hideux l'un à l'autre. Quand la passion commence à décliner, mais subsiste encore, n'attendez pas que les contrariétés aient achevé de la flétrir : dès que l'amour décroît, son règne est terminé... séparez-vous donc en franche amitié, et dites vous bonsoir !

Ainsi votre affection laissera en vous des souvenirs pleins de charmes : vous n'aurez pas attendu que, fatigués ou aigris, vos passions se soient émoussées par la satiété. Vos derniers baisers n'auront pas laissé de froides traces... vos traits auront conservé leur expression affectueuse, et vos yeux, miroir de vos douces erreurs réfléchiront un bonheur qui, pour être le dernier, n'en sera pas moins suave.

Les séparations, il est vrai, demandent plus que de la patience quels désespoirs n'ont-elles point fait naître ! Mais, en s'obstinant que fait-on, sinon enchaîner des cœurs qui, une fois refroidis, heurtent contre les barreaux de leur cage. Le temps engourdit l

STANCES.

Je n'ose prononcer ton nom ; je n'ose en tracer les caractères ; sons douloureux, coupable renommée ! mais la larme brûlante qui maintenant sillonne ma joue révèle les profondes pensées qui habitent ce silence du cœur.

Elles furent trop courtes pour notre passion, trop longues pour notre repos, ces heures dont jamais nous ne pourrons oublier l'amertume et la joie. On se repent, on se rétracte, on veut briser sa chaîne... on ne sait que revoler l'un vers l'autre.

Oh ! à toi la joie, à moi les remords ! Pardonne-moi, beauté adorée ! oublie-moi si tu veux... mais ce cœur qui t'appartient mourra sans s'être souillé : il ne sera pas brisé par la main de l'homme... toi seule as ce pouvoir sur lui.

Dans sa plus sombre amertume, mon âme, farouche envers les superbes, sera humble envers toi. Nos jours couleront aussi rapides et nos moments plus doux quand tu es à mon côté que si nous avions le monde à nos pieds.

Un soupir de ta douleur, un regard de ton amour, peuvent me changer ou me fixer, me récompenser ou me punir. Des êtres sans cœur s'étonneront de mes sacrifices : tes lèvres répondront, non pas à leurs discours, mais à mes lèvres.

STANCES.

Entre les joies que le monde nous donne, il n'en est point de comparable à celles qu'il nous ôte quand l'éclat de nos jeunes pensées s'efface dans le triste déclin du sentiment : au printemps de la vie, ce n'est pas seulement la fraîcheur de la joue qui s'étaint trop vite, mais la fleur même de l'âme est passée que la jeunesse dure toujours.

Alors ce petit nombre d'esprits qui surnagent encore après le naufrage du bonheur, sont poussés sur les écueils du crime ou entraînés dans l'océan des vices : leur boussole est perdue, ou son aiguille leur montre vainement le rivage que n'atteindra jamais leur nef fracassée.

Puis le froid mortel de l'âme s'abat sur nous comme la mort elle-même : elle ne peut ressentir les maux d'autrui, elle n'ose songer aux siens : cette froide torpeur a saisi la source de nos larmes, et, si l'œil brille encore, c'est la glace qui lui donne cet éclat.

En vain les lèvres laissent échapper abondamment les éclairs de l'esprit ; en vain la gaîté cherche à distraire le cœur durant ces heures de la nuit qui ne donnent plus le repos : la guirlande dont le lierre environne la tourelle en ruines la revêt au-dehors de verdure et de fraîcheur, mais au-dedans ce ne sont que des débris grisâtres.

Oh ! si je pouvais sentir comme j'ai senti, être ce que je fus, pleurer sur tout ce qui n'est plus comme je pleurais autrefois : de même qu'au désert la source la plus saumâtre paraît douce, ainsi couleraient pour moi ces larmes dans la froide et stérile solitude de la vie.

LE TOMBEAU DE CHURCHILL (1).

J'étais près de la tombe d'un homme qui, comète éphémère, n'a brillé qu'une saison : c'était la plus humble des sépultures, et pourtant je contemplais avec un sentiment de douleur et de respect ce gazon négligé, cette pierre silencieuse, où était gravé un nom confondu avec les noms inconnus épars autour de lui sans que personne vînt les lire ; et je demandai au jardinier de ce lugubre parterre pourquoi les étrangers venaient à l'occasion de cette seule plante fatiguer sa mémoire, et l'obliger à remonter dans la nuit épaisse d'un demi-siècle. Il me répondit ainsi : « Ma foi ! je ne sais comment tant de voyageurs se font pèlerins : ce mort était d'avant mon entrée en fonctions, et ce n'est pas moi qui ai creusé sa tombe. »

Est-ce donc là tout ? pensai-je... et nous déchirons le voile de l'immortalité ! et nous ambitionnons je ne sais quel honneur et quel éclat dans les âges à venir pour essuyer un pareil dédain ! et si tôt encore, un tel résultat !

Comme je réfléchissais ainsi, l'architecte de tout ce que foulent nos pas (car la terre n'est qu'une vaste tombe) essaya d'extraire quelque souvenir de cette argile dont le mélange pourrait embarrasser la pensée d'un Newton, n'était que toute vie doit aboutir à une vie unique, dont celle-ci est le rêve. Soudain, comme s'il eût saisi dans sa mémoire le crépuscule d'un ancien soleil, il parla ainsi : « Je crois que l'homme dont vous parlez, et qui repose dans cette tombe à part, fut dans son temps un écrivain fameux ; c'est pourquoi les voyageurs se détournent de leur route pour lui rendre honneur... et me donner à moi ce qui plaît à leurs seigneuries. »

Sur quoi, on ne peut plus satisfait, je tirai d'un coin avare de ma poche certaines pièces d'argent, que je donnai comme par force à cet homme, bien qu'une pareille dépense me gênât.

Je vous vois sourire, ô profanes ! parce que je vous dis tout simplement la vérité. Vous êtes insensés et non moi..... car je méditai avec un intérêt profond et les yeux humides cette homélie naturelle du vieux fossoyeur, dans laquelle se trouvaient confondus l'obscurité et la renommée, la gloire et le néant.

PROMÉTHÉE.

O Titan ! à tes yeux immortels, les souffrances de la race humaine, vues dans leur triste réalité, ne furent pas, comme pour les dieux, un objet de dédain. Quelle fut la récompense de ta bonté ? Une souffrance muette, immense : le rocher, le vautour et la chaîne, tout ce que les cœurs fiers peuvent ressentir d'angoisses, les tortures qu'ils cachent, le sentiment intolérable de la douleur qui ne parle que dans la solitude, craignant encore que le ciel ne l'écoute, et attendant pour gémir que sa voix n'ait point d'échos.

O Titan ! tu as connu la lutte entre la souffrance et la volonté, cette lutte qui torture quand elle ne tue pas ; et le ciel inexorable, la sourde tyrannie du destin, le principe de haine qui gouverne le monde et qui crée pour son plaisir des êtres qu'il pourrait anéantir... ce Dieu, enfin, t'a refusé jusqu'à la faveur de mourir. Le don malheureux de l'éternité fut ton partage, et tu l'as dignement supporté. Tout ce que le maître du tonnerre put arracher de toi fut la menace de lui voir éprouver quelque jour un supplice pareil au tien... Comment ? c'est ce que tu prévoyais, et ce que tu ne voulus pas lui révéler pour le fléchir. C'est pourquoi ton silence fut son arrêt, et dans son âme s'éleva un repentir inutile et un douloureux effroi, si mal dissimulé que les foudres tremblèrent dans sa main.

Ton crime tout divin fut d'être bon, de diminuer, par tes enseignements, la somme des humaines misères, et d'apprendre à l'homme qu'il doit puiser sa force dans son âme. Mais bien qu'arrêté dans ton œuvre par la puissance d'en haut, ton énergie patiente, la fermeté et la résistance de ton esprit inébranlable aux efforts réunis de la terre et du ciel, nous ont légué une grande leçon : tu es pour les mortels le symbole de leur destin et de leur énergie. Comme toi, l'homme est en partie divin, onde trouble dont la source est pure ; et il peut partiellement prévoir sa funèbre destinée, connaître sa misère, sa force de résistance et le malheur constant de sa triste vie. Mais aussi, il sait qu'à tous ses maux l'âme humaine peut opposer sa propre force... force égale à toutes les douleurs, volonté ferme, conscience profonde qui, au sein des tortures, sait se décerner à elle-même son intime récompense, défie et triomphe, et se fait de la mort une victoire.

FRAGMENT.

Si je pouvais remonter le fleuve de mes ans jusqu'à la première source des sourires et des larmes, je ne voudrais pas descendre de nouveau son cours heure par heure, entre des rives croulantes et des fleurs desséchées, pour arriver enfin, comme maintenant, à le voir couler et se perdre dans la foule des ondes inconnues. . . .

Qu'est-ce que la mort ?... le repos du cœur ; un tout dont nous faisons partie : car la vie n'est qu'une vision. Il n'y a de vie pour moi que les êtres vivants qui tombent sous ma vue ; et cela étant... les absents sont les morts, qui viennent troubler notre tranquillité, étendre autour de nous un lugubre linceul, et mêler de douloureux souvenirs à nos heures de repos.

Les absents sont les morts... car ils sont froids, et ne peuvent redevenir ce que nous les avons vus ; ils sont changés et tristes... Ou si ceux qu'on n'oublie point n'ont pas tout oublié, qu'importe, puisqu'ils sont séparés de nous, que la barrière qui nous sépare soit l'onde ou la terre ? c'est peut-être l'une et l'autre ; mais cette séparation doit cesser dans l'union sombre de l'insensible poussière.

Les hôtes souterrains de notre globe ne sont-ils que la décomposition confuse de millions d'êtres redevenus argile, que les cendres de milliers de siècles, dispersés partout où l'homme a porté ou porteras ses pas ? ou bien habitent-ils leurs cités silencieuses, chacun dans sa cellule solitaire ? ont-ils un langage à eux ? ont-ils le sentiment de cette existence dépourvue de souffle... sombre et intense comme la solitude de l'heure de minuit ? O terre ! où sont ceux qui ne sont plus ? et pourquoi sont-ils ? Les morts sont les vivants, et nous, nous ne sommes que des bulles d'air à ta surface. La clef de tes profondeurs est dans la tombe, porte d'ébène de tes cavernes

---

(1) Poète satirique anglais mort et enterré à Florence. Cette pièce, composée en 1816, est dans la manière de Wordsworth.

populeuses. Oh! que ne puis-je y errer en esprit, contempler nos éléments transformés en des choses sans nom, sonder ces mystérieuses merveilles, et pénétrer l'essence des grandes âmes qui ne sont plus.

A LA COMTESSE DE BLESSINGTON (1819).

Vous m'avez demandé des vers, requête qu'un poète ne peut rejeter; mais mon Hippocrène n'était que mon cœur, et les sentiments qui en étaient l'onde sont taris.

Si j'étais encore ce que je fus, j'aurais célébré ces charmes que le pinceau de Lawrence a fixés sur la toile; mais le chant expirerait entre mes lèvres, et le sujet est trop doux pour ma lyre.

Tout de feu jadis, je ne suis plus que cendre, et dans mon sein la poésie est morte: ce que j'aimais, je dois me contenter de l'admirer, et mon cœur a blanchi comme ma tête.

Ma vie ne compte point par années: le temps agit sur moi comme une charrue sur la plaine, et mon front n'a pas un sillon qui ne soit aussi profond dans mon âme.

A JESSY (1).

Il est une trame mystérieuse, étroitement unie à la trame de ma vie, tellement que l'inexorable ciseau de la destinée doit les trancher toutes deux ou n'en trancher aucune.

Il est une forme enchanteresse, sur laquelle, bien des fois, mes yeux se sont arrêtés avec délices; le jour, elle fait leur joie, et la nuit, des rêves la leur rendent encore.

Il est une voix dont les accents excitent dans mon sein de tels ravissements, que je ne prêterais pas l'oreille aux chœurs des chérubins, si cette voix ne s'y mêlait.

Il est des traits dont la rougeur trahit des secrets de tendresse... mais qui, pâlissant dans un tendre adieu, annoncent plus d'amour que les mots n'en pourraient exprimer.

Il est des lèvres que les miennes ont pressées et que d'autres n'avaient jamais effleurées: elles ont juré de faire à jamais mon bonheur; et les miennes... les miennes leur ont rendu la pareille.

Il est un sein chéri, tout à moi, qui souvent a bercé ma tête souffrante, une bouche qui ne sourit que pour moi, un œil dont les larmes coulent toujours avec les miennes.

Il est deux cœurs dont les mouvements s'accordent en un tel unisson, si doux et si parfait, que tous deux doivent arriver à l'ivresse ou cesser de battre en même temps.

Il est deux âmes dont le cours égal suit une marche si calme et si douce que, si elles se séparent... Elles, se séparer! elles ne le peuvent: ces deux âmes n'en font qu'une.

A LADY CAROLINE LAMB.

Oses-tu dire que je n'ai rien senti, quand tu me fus ainsi ravie! Ne sais-tu pas avec quelle ivresse je me suis attaché à ce songe ininterrompu qui me paraît de toi? Mais un amour comme le nôtre ne peut jamais exister sur la terre: je dois apprendre à t'estimer moins haut; comme tu m'as fui, je dois te fuir et changer ce cœur que tu ne peux rendre heureux.

On te dira, Clara, que récemment j'ai semblé adorer d'autres charmes, que l'on ne m'a pas vu soupirant et soucieux comme je devais l'être, quand je fus privé de ta vue; ô Clara! cet effort pour détruire ce que tu avais trop bien opéré en moi, ce masque porté devant la foule médisante, cette trahison... n'était que fidélité envers toi.

Je n'ai point pleuré durant ton absence, je n'ai point affiché le sombre aspect de la douleur; mais j'ai demandé à la foule des femmes ce que je ne pouvais trouver qu'en une seule (faut-il te la nommer?). C'est un effort que je devais aux tiens, à toi, aux hommes et à Dieu, de comprimer, d'étouffer une coupable ardeur avant qu'elle m'eût poussé dans le sentier du crime.

Mais puisque mon cœur n'a pu s'épurer entièrement, puisque le vautour ne cesse de le ronger, qu'au moins les tourments soient pour moi seuls et qu'ils ne puissent t'atteindre, ô toi, qui m'es si chère. O Clara, séparons-nous innocents, et je tâcherai, n'importe comment, d'éviter le trait qui me menace: le crime ne doit pas atteindre une créature telle que toi.

C'est une tâche dans laquelle tu dois m'aider, noble exercice de ton pouvoir. Bannis-moi donc de ces lieux, c'est tout ce que je demande; bannis-moi avant que le temps ait marqué une heure plus coupable; avant que la coupe de colère, suspendue sur ma tête, y

(1) On suppose que cette pièce fut adressée à lady Byron, peu de temps avant la fatale séparation.

ait versé le remords à grands flots, avant que des feux inextinguibles dévorent un cœur qui depuis longtemps a perdu l'espérance.

Cessons de nous abuser l'un et l'autre, et garde-toi de tromper des cœurs qui valent mieux que le mien: ah! si ce malheur arrivait, où pourrais-tu fuir un sort comme le nôtre, une honte comme la tienne? S'il est une colère divine, s'il est des châtiments après cette vie, notre amour ne doit plus garder d'espérance: entre nous toute pensée est un crime, et tout crime est la mort.

POÉSIES NAPOLÉONIENNES.

WATERLOO (1).

Nous ne te maudissons pas, Waterloo! bien que le sang de la liberté ait arrosé tes plaines. C'est là qu'il fut versé; mais la terre ne l'a point bu: jaillissant de tous ces cadavres comme une trombe de l'Océan, il s'élève dans les airs où va le rejoindre le sang de Labédoyère et celui du brave des braves. Il s'étend sur le ciel en un nuage rougeâtre, qui retournera aux lieux d'où il est sorti: quand il sera chargé, il éclatera tout-à-coup. Jamais tonnerre n'a retenti comme celui qui ébranlera le monde; jamais éclair n'a brillé comme celui qui sillonnera le ciel, pareil à l'étoile d'Absinthe, prédite autrefois par le prophète, qui doit répandre sur la terre une pluie de flamme et changer les rivières en sang.

Le chef puissant est tombé, mais non pas sous vos coups, vainqueurs de Waterloo! Quand le soldat citoyen ne commandait à ses égaux, aux fils de la liberté, que pour les conduire aux lieux où souriait la gloire, parmi tous les despotes coalisés qui pouvait se mesurer avec le jeune capitaine? Qui pouvait se vanter d'avoir vaincu la France, avant que la tyrannie régnât seule sur elle, avant qu'aiguillonné par l'ambition le héros s'abaissât jusqu'au roi? Alors il tomba..... Périsse comme lui tout homme qui prétend asservir l'homme!

Et toi aussi, guerrier au blanc panache, toi à qui ton propre royaume a refusé un tombeau! mieux eût valu pour toi guider encore les bataillons de la France contre des armées d'esclaves mercenaires, que de te livrer à la mort et à la honte pour un misérable titre de roi, comme celui que le despote de Naples vient d'acheter au prix de ton sang. Ah! quand tu lançais ton cheval de bataille au milieu des rangs ennemis, comme un fleuve qui franchit ses rives, pendant qu'autour de toi volaient en éclats les casques pourfendus et les glaives brisés; qu'alors tu étais loin de prévoir le sort qui t'attendait! Cet orgueilleux panache est donc tombé sous les coups flétrissants d'un esclave?! Il fut un temps où, pareil à la lune qui conduit l'Océan, ce panache ondoyait dans l'air, et ralliait les combattants, à travers la nuit créée par les flots noirs et sulfureux de la fumée des batailles, le soldat cherchait du regard ce cimier inspirateur, et, le voyant briller au premier rang, il sentait ranimer son courage. Aux lieux où l'agonie de la mort était la plus rapide, où s'entassaient le plus les débris de la bataille, sous le premier étendard de l'aigle à la crête brûlante (oh! cet aigle porté par la nue orageuse, et tout resplendissant des rayons de la victoire, qui alors eût pu arrêter son vol?)... quand les lignes ennemies ouvraient une brèche ou se débandaient dans la plaine; là on était sûr de voir Murat guider la charge; là Waterloo ne l'a pas vu, et nul champ de bataille ne le reverra plus.

L'invasion s'avance sur nos gloires éclipsées; la Victoire pleure sur ses arcs-de-triomphe détruits... mais que la liberté se réjouisse que son cœur éclate dans sa voix! car la main sur la poignée de son glaive, elle sera doublement adorée. Deux fois la France a reçu une leçon morale, chèrement achetée: elle sait maintenant que son salut ne s'appuie pas sur un trône occupé par un Capet ou un Napoléon; mais sur l'égalité des droits et des lois, sur l'union des cœurs et des bras dans la défense d'une grande cause... dans la défense de cette liberté que Dieu a répartie avec le souffle de l'existence à tout ce qui vit sous le ciel, de cette liberté que le crime voudrait effacer de la terre, en semant, comme le sable, d'une main convulsive et prodigue la richesse des nations, et versant le sang comme de l'eau dans un impérial océan de carnage.

Mais le cœur et l'intelligence, et la voix de l'humanité s'élèveront de concert..... et il peut résister à cette glorieuse alliance? Il est passé le temps où l'épée subjuguait. L'homme peut mourir... âme se renouvelle; même dans ce monde de soucis et de bassesse, la liberté ne manquera jamais d'héritiers: des millions d'hommes ne

(1) Byron a donné cette pièce et les trois suivantes comme traduites du français; mais on a tout lieu de croire que ce n'était qu'une ruse de guerre et qu'elles sont originales.

respirent que pour s'approprier son éternel esprit. Quand elle assemblera de nouveau ses armées, forcés de croire en elle, les tyrans trembleront. Qu'ils rient de cette menace qui leur paraît vaine! des larmes de sang n'en couleront pas moins.

ADIEUX D'UN SOLDAT.

Faut-il donc que tu partes, ô mon glorieux chef, séparé du petit nombre de ceux qui te sont restés fidèles? Qui dira la douleur du guerrier et le délire d'un long adieu? L'amour de la femme, le dévoûment de l'amitié, quel qu'ait été sur moi leur empire, ne sont rien auprès de ce que j'éprouve, auprès de la foi d'un soldat.

Idole des âmes militaires, sans rival dans les batailles, tu ne fus jamais plus grand qu'aujourd'hui. Beaucoup ont pu gouverner le monde, seul aucun revers ne t'a courbé. Longtemps à tes côtés, j'ai affronté la mort et porté envie à ceux qui tombaient, quand leurs derniers cris bénissaient celui qu'ils suivaient si bien.

Que n'ai-je partagé leur froide tombe! je ne verrais pas les lâches terreurs de tes ennemis oser à peine laisser un seul homme auprès de toi dans la crainte que cet homme ne brise tes fers! Oh! même sous la voûte d'un cachot, toutes les chaînes me seraient légères, si j'y pouvais contempler ton âme indomptée.

Ce prétendu vainqueur, sourd à la prière de notre fidélité, si sa gloire d'emprunt venait à pâlir, s'il rentrait dans son obscurité natale, ses flatteurs actuels viendraient-ils la partager avec lui? Et s'il possédait maintenant cet empire du monde que tu abdiques avec tant de sérénité, achèterait-il avec ce trône des cœurs comme ceux que tu possèdes encore?

O mon chef, mon roi, mon ami, adieu! Jamais je n'avais fléchi le genou; jamais je n'avais supplié mon souverain comme je supplie aujourd'hui ses ennemis: tout ce que je demande, c'est de partager ses périls à venir, et de rester à ses côtés dans la chute, l'exil et la tombe.

A L'ÉTOILE DE LA LÉGION-D'HONNEUR.

Etoile des braves, dont les rayons ont versé tant de gloire sur les vivants et les morts... prestige radieux et adoré, que saluaient des millions d'hommes en courant aux armes... éclatant météore d'origine immortelle, pourquoi t'élever dans les cieux, pour t'éteindre sur la terre?

Les âmes des héros immolés formaient tes rayons; l'éternité resplendissait dans ton auréole; au ciel la gloire, l'honneur ici-bas composaient l'harmonie de ta sphère martiale, et la lumière brillait aux regards humains comme un volcan dans les cieux.

Un fleuve de sang roulait comme la vague, et ses flots balayaient les empires; pendant que tu répandais tes clartés à travers l'espace, au-dessous de toi la terre tremblait sur sa base, et le soleil, pâle et décoloré, t'abandonnait l'empire des cieux.

Un arc-en-ciel t'avait précédé et avait grandi avec toi, étalant les trois brillantes et divines couleurs qui ornent ce signe céleste: la main de la liberté les avait nuancées comme les reflets d'une perle immortelle.

Une teinte était empruntée aux rayons brûlants du soleil, une autre à l'azur foncé des yeux d'un séraphin, la troisième au voile blanc et radieux d'un pur esprit. Les trois couleurs réunies étaient comme le tissu d'un céleste rêve.

Etoile des braves, tes rayons pâlissent, et les ténèbres vont de nouveau prévaloir. Mais, ô arc-en-ciel de nos hommes libres, nos larmes et notre sang couleront pour toi. Si ta brillante promesse s'évanouit, notre vie n'est plus qu'un tombeau d'argile.

Alors les pas de la Liberté sanctifient les silencieuses demeures des morts; car ils sont beaux dans le trépas ceux qui tombent fièrement dans ses rangs; et bientôt, ô Déesse! puissions-nous être pour jamais avec eux et avec toi!

ADIEUX DE NAPOLÉON.

Adieu au pays qui vit le funèbre éclat de ma gloire se lever et répandre son nom sur la terre, comme un vaste ombrage! Ce pays m'abandonne maintenant; mais les pages de son histoire, les plus brillantes comme les plus sombres, seront pleines de ma renommée. J'ai fait la guerre au monde; et s'il m'a vaincu, c'est que le météore des conquêtes m'avait entraîné trop loin. J'ai lutté contre les nations qui, dans ma solitude, me redoutent encore, unique et dernier captif entre des millions de guerriers.

Adieu, France! quand ton diadème eut ceint mon front, je te fis la merveille et la perle de la terre... mais ta faiblesse ordonne que je te laisse comme je t'ai trouvée, déshéritée de ta gloire et déchue de ta vertu. Oh! que n'ai-je encore ces vétérans qui, vainqueurs dans toutes mes batailles, sont tombés sans fruit dans une lutte contre les éléments!... l'aigle, dont le regard fut alors fasciné et troublé, planerait encore l'œil fixé sur le soleil de la victoire.

Adieu, France! mais si un jour la liberté revient visiter tes rivages, alors souviens-toi de moi... la violette croît encore au fond de tes vallées: flétrie, tes pleurs peuvent la faire refleurir... alors, alors je pourrai braver les armées qui nous entoureront, et ton cœur pourra se réveiller et bondir à ma voix. Dans la chaîne qui nous retient captifs, il est des anneaux qui peuvent se rompre: quand ils tomberont, tourne-toi vers moi et rappelle le chef que tu avais choisi.

ODE A NAPOLÉON BONAPARTE (1).

C'en est fait!... Hier encore roi, armé pour combattre les rois... aujourd'hui tu n'es plus qu'une chose sans nom: tant tu es bas tombé... et cependant tu vis! Est-ce donc là le possesseur de mille trônes, celui qui couvrait la terre des ossements de ses ennemis; et comment peut-il ainsi se survivre à lui-même? Depuis cet ange rebelle, vaine étoile du matin, nul homme, nul démon n'est tombé de si haut.

Insensé! pourquoi te faire le fléau de tes semblables, qui fléchissaient si humblement le genou devant toi? Devenu aveugle à force de te contempler toi-même, tu dessillas les yeux du reste des hommes. Armé d'une force incontestée..... capable encore de tout sauver..... une tombe est le seul présent que tu aies fait à ceux qui t'adoraient; et ta chute seule a pu apprendre aux hommes combien l'ambition cache de petitesse.

Merci de cette leçon!... elle en apprendra plus aux guerriers à venir que toutes les prédications passées ou futures d'une superbe philosophie. Il est rompu sans retour le charme qui fascinait l'esprit des hommes et leur faisait adorer ces idoles dont le sceptre est un sabre, idoles au front d'airain et aux pieds d'argile.

L'orgueil du triomphe, les joies de la bataille, la voix de la victoire, cette voix qui fait trembler la terre et qui était le souffle de ta vie; l'épée, le sceptre, cette domination sous laquelle pliaient tous les hommes atteints du prestige de ta renommée... tout cela est brisé! Ténébreux génie! quel tourment pour toi que la mémoire!

Le désolateur désolé! le vainqueur vaincu! l'arbitre du destin des peuples suppliant pour lui-même! Est-ce un reste de tes espérances impériales qui te fait supporter avec calme un tel changement, ou serait-ce la seule crainte de la mort? Mourir souverain... ou vivre esclave... ton choix montre un ignoble courage!

L'athlète qui jadis voulut fendre un chêne de ses mains ne songeait pas à l'élasticité de l'arbre! Enchaîné au tronc fatal... seul dans la forêt... quel regard désespéré ne dut-il pas jeter autour de lui? Dans l'enivrement de la puissance, tu as agi comme Milon, et ton sort a été encore plus funeste: il mourut dévoré par les bêtes féroces, et toi tu dévoreras ton propre cœur.

Rassasié du sang de Rome, Sylla jeta son poignard, et, plein de sa sauvage grandeur, osa rentrer dans ses foyers domestiques. Il l'osa, inspiré par son profond mépris pour les hommes qui avaient souffert un tel joug et qui lui laissaient un tel sort. L'heure la plus glorieuse de sa vie fut celle où il abdiqua une puissance que lui seul avait fondée.

Le monarque espagnol, quand le pouvoir eut perdu pour lui son ivresse et son charme, échangea sa couronne contre des chapelets, un empire contre une cellule; exact à compter les grains de son rosaire, subtil dans les disputes théologiques, il tomba dans le plus trivial radotage: mieux eût valu pour lui n'avoir jamais connu ni les reliques des moines, ni le trône du despote.

Mais toi, c'est forcément que la foudre est arrachée de ta main... Tu le quittas trop tard, ce pouvoir souverain auquel s'attachait ta faiblesse: tout mauvais génie que tu es, le cœur se sent saisi de pitié en voyant te le laisser abattre de la sorte, en songeant que le monde, cette œuvre admirable de Dieu, a servi de marchepied à un être aussi faible!

Et la terre a prodigué son sang pour un homme aussi avare du sien! Les monarques, courbant devant lui un genou tremblant, lui ont rendu grâce de leur avoir conservé leur trône. O liberté! nous devons comprendre ce que tu vaux quand nous voyons les plus puissants ennemis se montrer aussi débiles! Oh! puissent les tyrans ne laisser jamais après eux un nom plus brillant et capable d'égarer l'humanité.

Tes actes funestes sont écrits en caractères de sang, et ce n'est

---

(1) En janvier 1814, lors de la publication du *Corsaire*, Byron avait déclaré que son intention positive était de quitter pour longtemps la poésie, et le 9 avril au matin il écrivait encore: « Plus de vers désormais; j'ai donné ma démission; je ne veux plus danser sur les planches. » Le soir, un supplément à la *Gazette officielle* annonça l'abdication de Fontainebleau, et le poëte rompit son vœu le lendemain matin en composant cette ode qui fut aussitôt publiée, mais sans son nom. On lit sur ses tablettes: « 10 avril, Boxé une heure. — Ecrit une ode à N. B. — Recopié cette ode. — Mangé six biscuits et bu quatre bouteilles d'eau de Seltz. — Perdu le reste de la journée. »

point en vain qu'ils sont écrits de la sorte... Tes triomphes nous rappellent une gloire qui n'est plus et en font ressortir les taches. Si tu étais mort en homme de cœur, un nouveau Napoléon pourrait surgir encore pour la honte de l'humanité... mais qui voudrait s'élever à la hauteur du soleil pour s'abaisser ainsi dans une nuit sans étoiles.

Pesez la cendre du héros : elle est légère comme la commune argile : les bassins de la balance, ô mort, mesurent équitablement tout ce qui a passé sur la terre ; et pourtant, il semble qu'une plus noble étincelle devrait animer ces vivantes grandeurs qui éblouissent et frappent d'épouvante ; il semble que le mépris ne devrait pas se jouer ainsi d'eux, ces conquérants de la terre.

Où donc est-elle, cette pâle fleur de l'orgueilleuse Autriche, celle qui est encore ton impériale épouse ? Comment son cœur a-t-il supporté cette douloureuse épreuve ? Est-elle toujours à tes côtés ? Doit-elle aussi courber le front, doit-elle partager le tardif repentir, le long désespoir de l'homicide détrôné ? Oh ! si elle t'aime encore, garde précieusement ce joyau : il vaut à lui seul ton diadème disparu.

Hâte-toi de gagner ton île sombre, et de là contemple la mer : cet élément peut braver ton sourire... il n'a jamais subi ton joug ; ou bien, parcours lentement le rivage où ta main oisive écrira sur le sable que la terre aussi est enfin libre et que le pédagogue de Corinthe t'a transmis sa destinée

Nouveau Timour ! enfermé dans la cage de son captif (1), quelles pensées vont occuper sa rage dans cette étroite prison ?... Une seule : « Le monde fut à moi ! » A moins que comme le monarque de Babylone il n'ait perdu la raison en même temps que le sceptre, la vie terrestre ne pourra retenir longtemps cet esprit dont le vol s'étendit si loin... si longtemps obéi... si peu digne de l'être !

Ou pareil à celui qui déroba le feu céleste (2), sauras-tu affronter ton destin, et, impardonné comme lui, partager son vautour et son roc ! Puni par la justice divine, maudit par l'homme, ta dernière action, quoiqu'elle ne soit pas la plus coupable de ta vie, excite la raillerie de Satan : dans sa chute, le ténébreux archange garde du moins son orgueil, et, s'il eût été mortel, il aurait su mourir.

Il fut un jour... il fut une heure, où la terre appartenait à la France et la France à toi... où l'abdication de cet immense pouvoir, abdication volontaire et non dictée par la satiété, t'eût conféré une gloire plus pure que celle qui s'attache au nom de Marengo, et eût couronné ton déclin d'un radieux éclat dans le long crépuscule des âges, malgré quelques nuages de crime.

Mais non ! il faut que tu sois roi et que tu revêtes la pourpre, comme si ce puéril accoutrement pouvait dans ton cœur étouffer le souvenir ! Où sont ces oripeaux maintenant fanés ? où sont les vains colifichets que tu aimais tant à porter : l'étoile, le cordon, le cimier ? Enfant gâté de l'empire ! dis-moi, tous tes jouets te sont-ils enlevés ?

Quand l'œil contemple les grands de la terre, en est-il un seul sur lequel il se puisse reposer, qui ne brille pas d'une coupable gloire, et ne soit pas un digne objet de mépris ? Oui, il en est un... le premier, le dernier, ... le plus grand de tous, le Cincinnatus de l'Occident, ce Washington, que l'envie n'osa jamais attaquer, mais dont elle légua le nom à l'humanité pour la faire rougir de ce qu'elle n'avait jamais enfanté son pareil.

POÉSIES INTIMES.

L'ADIEU. — A LADY BYRON (17 mars 1816).

Adieu ! si ce doit être pour toujours, eh bien ! pour toujours, adieu ! Quand tu serais inexorable, jamais ce cœur ne se révoltera contre toi.

Que n'est-il nu devant toi, ce cœur où si souvent reposa ta tête, alors que y descendait sur toi ce paisible sommeil que tu ne connaîtras plus désormais !

Que ne peut-il dévoiler ses plus intimes pensées, ce cœur, ouvert à tes regards ! tu avouerais alors qu'il n'était pas bien de le dédaigner ainsi.

Si le monde l'approuve en cela, s'il sourit aux coups que tu me portes, c'est une offense pour toi que ses louanges fondées sur les maux d'autrui.

Bien des fautes ont gâté ma nature ; mais pour m'infliger une blessure incurable, n'était-il point d'autre bras que celui qui me pressait naguère ?

(1) Bajazet Ier, empereur des Turcs, fut enfermé dans une cage de fer, par ordre de Timour-Lenk ou Tamerlan, en 1402.
(2) Prométhée.

Cependant, ne t'abuse pas, l'amour peut s'affaisser par un lent déclin ; mais des cœurs ne peuvent pas aussi brusquement s'arracher l'un à l'autre.

La vie anime encore le tien... Quoique saignant, le mien bat encore ; et l'éternelle pensée qui le torture, c'est que jamais nous ne pourrons nous revoir.

Il y a plus de douleurs dans ces paroles que dans les larmes versées sur les morts. Tous deux nous vivrons, mais chaque matin nous réveillera sur une couche veuve.

Et quand tu chercheras des consolations autour de toi, quand les premiers accents s'échapperont de la bouche de notre fille, lui apprendras-tu à dire : « Mon père ! » alors que la protection d'un père lui est ôtée !

Quand ses petites mains te presseront, quand ses lèvres toucheront les tiennes, pense à celui dont la prière te bénira ; pense à celui que ton amour eût comblé.

Si les traits de l'enfant ressemblent à mes traits, que tu ne reverras plus, alors tu sentiras doucement trembler ton cœur, et ses battements seront encore pour moi.

Tu connais peut-être tous mes torts ; tout mon délire, nul ne le peut connaître : quoique flétries, toutes mes espérances seront partout avec toi.

Chacun de mes sentiments a été troublé : ma fierté, que le monde entier n'eût point fait plier, s'abaisse devant toi ; mon âme elle-même, abandonnée par toi, m'abandonne.

Mais c'en est fait... toute parole est inutile, et surtout de ma part ; mais nous ne pouvons brider la pensée, elle s'échappe malgré nous.

Adieu ! ainsi séparé de toi, ayant vu briser mes liens les plus chers, brûlé au cœur, solitaire et flétri, à peine pourrai-je mourir davantage.

ESQUISSE (1).

Née au grenier, élevée à la cuisine, ensuite promue en grade et appelée à orner la tête de sa maîtresse, elle (pour quelque service anonyme et indiqué seulement par le salaire)... élevée de la toilette à la table de ses maîtres, où, derrière sa chaise, des gens qui valent mieux qu'elle s'étonnent de la servir : d'un œil impassible, d'un front qui ne sait pas rougir, elle dîne dans l'assiette qu'autrefois elle lavait. Toujours prête à conter une histoire ou à faire un mensonge, confidente née, espion universel... et qui pourrait, grand Dieu ! deviner toutes ses fonctions ?... première gouvernante d'une fille unique, elle sut montrer à lire à l'enfant, et le sut si bien que, par la même occasion, elle apprit elle-même à épeler. Bientôt elle fit de grands progrès dans l'écriture, comme l'atteste mainte calomnie anonyme fort proprement tracée. Ce que ses artifices eussent fait enfin de sa pupille, personne ne saurait le dire... heureusement, le cœur se trouva sauvé par une âme haute, par une âme dont la droiture ne pouvait être égarée, et qui cherchait haletante la vérité qu'on te lui offrait pas. La corruption fut déjouée dans ses calculs par cette intelligence naïve, qui ne se laissa pas hébéter par la flatterie, aveugler par la bassesse, infecter par le mensonge, souiller par le contagion, énerver par la faiblesse, ni gâter par l'exemple. Maîtresse de la science, la jeune fille ne fut point tentée de regarder en pitié de plus humbles talents ; l'esprit ne lui inspira point d'orgueil, la beauté ne la rendit pas vaine, la fortune ne put la changer, l'ambition l'exalter, la passion la vaincre, ni la vertu l'armer d'austérité... du moins jusqu'à ce jour. Dans sa noble sérénité, la plus pure de son sexe, il ne lui manque qu'une douce faiblesse, celle de pardonner : trop vivement irritée contre des fautes que son âme ne doit jamais connaître, elle croit qu'ici-bas tout le monde peut lui ressembler. Ennemie de tous les vices, elle n'est cependant pas tout-à-fait l'amie de la vertu ; car la vertu pardonne à ceux qu'elle voudrait corriger.

Mais revenons au sujet... je me suis trop écarté du funeste thème de ce chant véridique. Quoique toutes ses fonctions premières aient cessé, elle gouverne maintenant le cercle qu'elle servait guère. Si les mères, on ne sait pourquoi, tremblent devant elle ; si les filles la redoutent dans l'intérêt de leurs mères ; d'anciennes habitudes, ces liens mensongers qui enchaînent parfois les esprits les plus élevés aux plus vils... et toutes ces choses ont pu lui conférer le pouvoir d'infiltrer trop profondément l'essence empoisonnée de ses ressentiments mortels ; si, comme un serpent, elle se glisse dans votre demeure jusqu'à ce que les traces d'une bave impure dévoilent sa marche rampante ; si, comme une vipère, elle s'enlace à ne cœur sans tache, pour y laisser son venin : pourquoi s'étonner que cette sorcière haineuse, toujours à la recherche des secrets moyens de nuire, travaille à faire des lieux qu'elle habite un pandémonium, un enfer domestique où, nouvelle Hécate, elle puisse régner ? Habile à faire ressortir les nuances de la calomnie à l'aide du bien-

(1) Byron a flétri dans ces vers l'influence subalterne qu'il accusait de lui avoir enlevé le cœur de sa femme Voyez la notice sur sa vie en tête de ce volume.

cillant mensonge des demi-mots, en mêlant le vrai au faux, l'ironie a sourire, un fil de candeur dans une trame d'imposture, elle sait rendre un air de brusquerie affectée pour déguiser les plans de an âme endurcie, de son cœur glacé. Elle a des lèvres menteuses, n vissage formé à la dissimulation, d'où le sentiment est exilé, et où e peint la moquerie pour ceux qui sentent. Joignez à cela un masnc que désavouerait la Gorgone, une peau de parchemin et des eux de pierre. Voyez comme son sang jaunâtre monte à sa joue jour s'y épaissir en boue stagnante ; voyez-le remplir des canaux emblables à la cuirasse orangée du mille-pieds, ou à la verte écaille du scorpion... car nous ne pouvons trouver que chez les reptiles les couleurs qui conviennent à cette âme ou à ce visage... Voyez es traits, miroir fidèle où son esprit se reflète. Voilà son portrait : e croyez point qu'il soit chargé... sans coup de pinceau qu'on le puisse renforcer encore ! Ainsi la fit la nature, ou plutôt les grossiers manœuvres que la nature emploie quelquefois, et qui, après que leur maîtresse eut abandonné l'ouvrage, se mirent à créer ce nonstre... véritable canicule de ce petit ciel où, sous son influence, tout se flétrit et meurt.

O misérable ! qui n'as point de larmes... point de pensée, si ce n'est de joie, en contemplant la ruine que tu as préparée... un temps viendra, et ce temps n'est pas loin, où tu ressentiras plus de souffrances que tu n'en infliges maintenant ; où tu t'apitoieras en vain sur ton égoïste individu ; où tu te tordras, en hurlant de douleur, sans avoir personne pour te plaindre. Puisse l'énergique malédiction des affections brisées retomber sur ton cœur, et la foudre allumée par tes mains le consumer tout entier ! Puisse la lèpre de ton âme te rendre aussi infecte à toi-même qu'au genre humain, jusqu'à ce que ton égoïsme se replie sur toi en haine noire, telle que tu la créerais pour autrui ; jusqu'à ce que ton cœur de rocher se calcine et devienne cendre, et que ton âme se vautre dans les hideux débris de son enveloppe. Oh ! puisse ta tombe être sans sommeil, comme la couche... cette couche veuve et brûlante que tu as dressée pour nous. Alors, quand tu voudras fatiguer le ciel de tes prières, regarde les victimes terrestres, et désespère ! désespère jusque dans la mort !... Et lorsque tu pourriras, les vers même du tombeau périront sur son argile venimeuse. Sans l'amour que j'ai porté, et que je dois porter encore à celle dont la perversité voulut briser tous les liens... ton nom... ton nom parmi les hommes serait attaché par moi, devant tous, au pilori de la honte ; là, exaltée au-dessus de tes pareilles, moins abhorrées que toi, tu pourrirais dans une éternelle infamie.

A MA SOEUR AUGUSTA.

Autour de moi tout était lugubre et sombre ; la raison voilait à demi sa lueur ; l'espérance laissait percer à peine une mourante étincelle, qui m'égarait de plus en plus dans ma route solitaire.

C'était une nuit profonde de l'esprit, cette lutte intérieure de l'âme où, craignant d'être accusés de trop de bienveillance, les faibles désespèrent et les cœurs froids s'éloignent.

Ma fortune avait changé : l'amour s'était envolé et les traits de la haine pleuvaient serrés et rapides. Alors tu fus l'étoile solitaire qui se leva pour moi et ne cessa plus de m'éclairer.

O bénie soit la constante lumière, qui veilla sur moi comme le regard d'un séraphin, et qui, s'interposant entre moi et la nuit, continua de luire doucement sur ma tête.

Et quand vint le nuage qui tenta d'obscurcir tes rayons, doux astre ! tu redoublas l'éclat de ta pure flamme et chassas bien loin les ténèbres.

Que ton génie plane toujours sur le mien, lui apprenne à résister et à souffrir. Il y a plus de puissance dans une seule de tes douces paroles que dans le blâme de tout un monde.

Tu fus pour moi comme un arbre chéri que les vents courbent sans le briser, et qui, fidèle dans ses affections, balance son feuillage sur une tombe.

Les autans peuvent mugir, les cieux épancher leurs torrents, on l'a vue, on le verra encore, inébranlable au milieu de l'orage, m'abriter de feuilles qui pleurent.

Mais, toi et les tiens, vous ne vous flétrirez point, quel que soit le destin qui me tombe en partage ; le ciel récompensera par un beau soleil les cœurs bienveillants, et le tien par-dessus tous.

Qu'ils se brisent donc, tous les liens de l'amour déçu... les liens ne se briseront jamais ; ton cœur est aussi constant que sensible, et ton âme, quoique douce, reste inébranlable.

Telle je te trouvai quand tout parut fixé pour moi, et telle je te trouve encore ; et puisque je rencontre encore une amitié pareille, la terre ne peut être un désert, même pour moi.

A LA MÊME.

En vain il s'est couché le soleil de mes jours, en vain l'étoile de mon sort a pâli, ton cœur indulgent a refusé de voir les torts que tant d'autres découvraient dans ma conduite. Tu connaissais ma douleur, et pourtant tu n'hésitas pas à la partager, et l'affection que peignait mon cœur en elle, je ne l'ai jamais trouvée qu'en toi.

Quand la nature sourit autour de moi, dernier sourire qui réponde au mien, je ne puis croire qu'il me trompe, celui-là, parce qu'il me rappelle ton sourire ! Et quand les vents sont en guerre avec l'Océan, comme ils le sont avec moi les cœurs en qui je croyais, si les vagues me font éprouver une émotion, c'est parce qu'elles m'entraînent loin de toi.

Bien que j'aie vu se briser le rocher où s'appuyait mon dernier espoir, et que ses débris aient disparu dans les flots, bien que je sente que mon cœur est une proie livrée à la souffrance ; il ne lui cédera pas en esclave. Si plus d'une douleur me poursuit, on pourra m'écraser, non me mépriser ; me torturer et non me vaincre : ce n'est point à mes ennemis que je pense, ce n'est qu'à toi.

Mortelle, tu ne m'as pas trompé... femme, tu ne m'as pas abandonné ; aimée, tu n'as point voulu me faire souffrir ; calomniée, tu n'as point chancelé ; estimée de tous, tu n'as point désavoué le proscrit ; si tu partais, ce n'était point pour me fuir. Tu me surveillais, mais non pour diffamer ma vie, et ce n'était point pour laisser parler l'imposture que tu te taisais, toi !

Cependant, je n'ai point blâmé le mépris pour le monde, pour cette guerre de tous contre un seul... Mon âme n'était point faite pour l'apprécier, et ce fut folie à moi de ne pas m'en éloigner plus tôt : si cette erreur m'a coûté cher, plus cher que je ne pouvais le prévoir, du moins, malgré tout ce qu'elle m'a fait perdre, elle n'a pu me priver de toi.

De ce naufrage où a péri mon passé, j'ai pu tirer une leçon : j'ai appris que ce qui m'était le plus cher méritait le plus d'être aimé. Il est pour moi une source jaillissante au désert ; un arbre reste encore dans mon domaine inculte ; un oiseau chante dans ma solitude, et son chant me parle de toi.

ÉPÎTRE A AUGUSTA.

Ma sœur, ma bien-aimée sœur (s'il est un nom plus cher et plus pur, ce nom devrait être le tien) ! des montagnes et des mers nous séparent ; mais ce ne sont pas des pleurs que je demande : il me faut une tendresse qui réponde à la mienne. Quelque lieu que j'habite, pour moi tu es toujours la même : il reste deux buts à ma destinée, un monde à parcourir, un foyer à revoir avec toi.

L'un est peu de chose... le dernier, si je l'avais, serait mon port de félicité ; mais tu as d'autres devoirs, d'autres liens que je ne voudrais point affaiblir. Un sort étrange est échu au fils de ton père, sort irrévocable et dont rien ne peut adoucir la rigueur. Le destin de notre aïeul (1) se trouve renversé pour moi : il n'eut point de repos sur l'Océan, je n'en ai point sur le rivage.

Si j'ai recueilli sur une autre élément mon héritage de tempêtes ; si, parmi des écueils périlleux que je n'avais pu prévoir, j'ai soutenu ma part de chocs et de désastres, la faute en fut à moi. Je n'essaierai pas d'abriter mes erreurs derrière le sophistique paradoxe : j'ai moi-même été l'adroit complice de ma chute et le pilote zélé de mon propre naufrage.

A moi la faute, à moi le châtiment. Toute ma vie n'a été qu'une lutte, depuis le jour qui, en me donnant l'être, m'a donné en même temps ce qui devait empoisonner le présent... une destinée, ou une volonté, qui tendait à m'égarer. Et parfois, le combat m'a semblé trop rude, et la pensée m'est venue de briser mes liens d'argile ; mais aujourd'hui je me résigne à vivre encore, ne fût-ce que pour voir ce qui peut arriver.

J'ai survécu à des royaumes et à des empires, et pourtant je ne suis pas vieux ; et quand je songe à tout cela, je vois se dissoudre la chétive écume de mes propres tempêtes, de ces années orageuses agitées comme les vagues sauvages d'une baie exposée aux vents : quelque chose alors .. je ne sais quoi... m'inspire un esprit de résignation. La douleur ne s'acquiert jamais inutilement, ne fût-ce que pour en sonder la nature.

Peut-être au-dedans de moi surgit un sentiment de fierté blessée, ou ce froid désespoir qu'enfante l'habitude du malheur... peut-être aussi (comme les mouvements de l'âme dépendent quelquefois de cette cause, et comme sous une armure plus légère on peut supporter davantage), peut-être, dis-je, un ciel plus clément, un air plus pur, m'ont-ils donné un calme étrange, qui n'appartiendrait pas même à une destinée plus paisible.

Parfois, je sens presque comme j'ai senti dans mon heureuse enfance : les arbres, les fleurs, les ruisseaux des lieux que j'habitais, avant que ma jeune âme eût été sacrifiée aux livres, m'apparaissent comme autrefois ; ce sont des amis que mon cœur reconnaît en s'attendrissant, et même par moments il me semble entrevoir quelque objet vivant que je pourrais aimer... mais nul comme toi.

Ici les paysages des Alpes fournissent un aliment à la contempla-

---

(1) L'amiral Byron ne fit jamais un voyage où ne fût contrarié des éléments ; aussi les matelots l'avaient-ils surnommé « Jack-Tempête. » Voyez l'*Histoire des Voyages* publiée par l'éditeur des *Veillées littéraires*.

tion... Si l'on se contente d'admirer, c'est un sentiment qui s'épuise bientôt ; mais ces tableaux inspirent quelque chose de plus élevé. Être seul ici, ce n'est point être malheureux, car j'y vois les objets qui me plaisent le plus ; et surtout je puis contempler un lac plus charmant encore, mais non plus cher que notre lac d'autrefois.

Oh! si seulement tu étais avec moi!... mais je suis dupe de mes propres désirs, et j'oublie que la solitude tant vantée tout à l'heure perd tout son prix par ce regret unique. Peut-être en est-il d'autres que je ne montre point... je ne suis point de ceux qui aiment à se plaindre, et néanmoins je sens le reflux du cœur qui l'emporte sur ma philosophie, et qui fait monter les larmes jusqu'à mes yeux émus.

Je t'ai rappelé notre lac tant aimé, voisin du vieux manoir qui peut-être cessera de m'appartenir. Le Léman est bien beau, mais ne crois pas que je perde le doux souvenir d'un rivage plus cher. Il faudra que le temps ait cruellement dévasté ma mémoire avant que, lui ou toi, je cesse de vous voir comme présents à mes yeux. Et néanmoins, comme tout ce que j'ai aimé, ces objets sont loin de moi, ou je leur ai dit un éternel adieu.

Le monde entier se déroule devant moi : ce que je demande à la nature, elle ne peut me le refuser ; je ne veux que me réchauffer au soleil de son été, participer au calme de son ciel, voir sans masque son doux visage, et ne jamais le contempler d'un œil apathique. Elle fut ma première amie, et maintenant elle sera ma sœur... jusqu'à ce que je te revoie.

Je puis étouffer tous mes sentiments, sauf celui-ci, que je ne voudrais pas éteindre en moi... car je contemple enfin des sites pareils à ceux parmi lesquels commença ma vie, les premières scènes de mon existence, les seules qui me conviennent. Ah! si de bonne heure j'avais appris à fuir la foule, j'eusse été meilleur que je ne suis à présent : les passions qui m'ont déchiré seraient restées endormies ; je n'aurais pas souffert, et toi, tu n'aurais pas pleuré.

Je n'avais rien à démêler avec une fausse ambition ; peu avec l'amour, et bien moins encore avec la gloire ; cependant ces trois penchants sont venus à moi sans que je les eusse cherchés : ils ont grandi en moi, et ils ont fait de moi tout ce qu'il est en leur pouvoir de faire... un nom. Pourtant ce n'était pas là ce que je cherchais. Mais tout est fini..... je suis une unité de plus à joindre aux millions de dupes qui ont vécu avant moi.

Quant à l'avenir, celui du monde me tourmente peu ; je me suis survécu plus d'un jour à moi-même, ayant survécu à tout de choses du passé : mes années n'ont point été un sommeil ; elles ont été la proie de veilles incessantes ; les accidents de ma vie auraient pu remplir un quart de siècle, avant que j'eusse vu s'écouler le quart de cette durée.

Ce qui me reste encore à vivre, je m'y résigne volontiers, et je ne suis même pas sans reconnaissance pour le passé... car au milieu de mes innombrables agitations, il s'est glissé parfois des moments de bonheur : pour le présent enfin, je ne veux pas étouffer davantage mes sentiments... Et avec tout cela, je ne cacherai pas que je puis encore, en jetant les yeux autour de moi, adorer la nature d'un cœur reconnaissant.

Pour toi, ma seule unique et bien-aimée, je sais que je puis compter sur ton cœur, comme toi sur le mien : toi et moi, nous avons été et sommes encore des êtres qui ne peuvent renoncer l'un à l'autre. Réunis ou séparés, peu importe, depuis le commencement de la vie jusqu'à son long déclin, nous sommes enlacés... vienne la mort lente ou rapide, notre premier lien durera encore le dernier.

SUR LA MALADIE DE LADY BYRON (septembre 1816).

Tu as été triste... et je n'étais pas avec toi ! Tu as été malade, et je n'étais pas là! Pourtant, je croyais que la santé et la joie seules pouvaient être où je ne suis pas... et ici la souffrance et le chagrin ! En est-il donc ainsi ?... Il en est comme je l'avais prédit, et l'avenir sera pire encore ; car l'âme se replie sur elle-même, et le cœur, après son naufrage, reste glacé, rassemblant laborieusement ses débris épars. Ce n'est pas dans la tempête ou dans la lutte que nous nous sentons écrasés et que nous souhaitons de ne plus l'être ; c'est sur le rivage, où règne maintenant le silence, et quand tout est perdu sauf une vie insignifiante et courte.

Je suis trop bien vengé !... mais c'était mon droit : quelles que fussent mes fautes, tu n'étais pas envoyée comme une Némésis avec la mission de me punir... le ciel ne pouvait avoir fait choix d'un instrument si rapproché de mon cœur. Miséricorde est accordée aux miséricordieux !... si tu as été charitable, charité te sera faite aujourd'hui. Tes nuits ne sont plus le domaine du sommeil... Oui, certains peuvent te flatter, mais tu sentiras une intime agonie qui ne peut guérir, car tu as pour oreiller une malédiction trop profonde. Tu as semé dans ma douleur, et tu as à recueillir une autre moisson de maux aussi réels que les miens. J'ai eu bien des ennemis, mais aucun comme toi ; car envers les autres je puis me défendre et me venger, ou je puis changer leur haine en amitié ; mais toi, en restant implacable, qu'avais-tu à craindre... protégée par ta faiblesse et par mon amour, qui ne t'a fait que trop de concessions et qui, en considération de toi, épargna longtemps ceux qui ne méritaient pas d'être épargnés?... Ainsi, ma ridicule indulgence, la créance que t'accordait le monde, la folle renommée de ma jeunesse orageuse... des choses qui n'étaient pas et d'autres choses qui sont réellement... voilà les bases sur lesquelles tu as fondé un monument cimenté par le crime. Clytemnestre morale de ton époux, tu as immolé, d'un glaive dont je ne me déliais pas, réputation, paix, espérance et jusqu'à cette vie meilleure, qui, sans la froide trahison, eût pu resurgir encore du tombeau de nos dissentiments et trouver un plus noble devoir que celui de nous séparer. Mais tu as fait un vice de tes vertus, tu en as froidement trafiqué en vue de ta colère présente et de l'or qui luisait dans l'avenir... et tu as acheté à tout prix la sympathie d'autrui. Ainsi entrée dans des voies tortueuses, cette sincérité, orgueil de ta jeunesse, cessa d'être ta compagne ; et parfois, avec un cœur ignorant de ses propres crimes : l'imposture, les assertions inconciliables, l'équivoque, les pensées familières aux esprits à double face, le coup d'œil adroit qui sait mentir en silence, les prétextes tirés de ta prudence et de ses avantages, l'acquiescement à tout ce qui, de manière ou d'autre, conduit au terme désiré... tout fut admis par ta philosophie. Les moyens étaient dignes du but : et le but est atteint. Je n'aurais jamais fait envers toi ce que tu m'as fait.

A MON OREILLER (1).

Solitaire oreiller, ô mon oreiller solitaire ! où donc est mon amant ? mon amant, où donc est-il ? N'est-ce pas sa barque que j'aperçois au milieu de mes tristes rêves, là-bas, tout là-bas, seule errante sur les flots.

Solitaire oreiller, ô mon oreiller solitaire! pourquoi faut-il que ma tête souffrante repose seule où a reposé son beau front ? Comme la longue nuit se traîne lentement sans amour ! Ma tête s'incline sur toi comme le saule des tombeaux.

Solitaire oreiller, oreiller triste et solitaire ! en retour des pleurs que je répands sur toi dans mes veilles, donne-moi de tendres rêves pour empêcher mon cœur de se briser. Oh ! que je meure près avant de l'avoir vu revenir au rivage.

Alors, ô mon oreiller, tu ne seras plus solitaire : ces bras le presseront encore sur mon cœur, puis, si tu le veux, j'expirerai de joie. Mais que je puisse le revoir, que mon âme ne soit plus seule, ô mon oreiller solitaire!

LA TRENTE-SIXIÈME ANNÉE.

Missolonghi, 22 janvier 1824 (2).

Il est temps que ce cœur cesse de s'émouvoir, puisqu'il a cessé de toucher les autres ; et pourtant, quoique ne pouvant plus être aimé, je veux aimer encore.

Mes jours sont un feuillage jauni ; les fleurs et les fruits de l'amour ont disparu : la douleur seule, ver rongeur, cancer dévorant, est restée avec moi.

Le feu qui dévore mon sein est solitaire comme une île volcanique. Pour lui, nul bûcher funéraire où nul flambeau ne vient emprunter sa clarté.

L'espoir, la crainte, les soucis jaloux, l'enthousiaste douleur et l'enthousiaste puissance que nous donne l'amour, rien de tout cela n'est plus mon partage : il ne me reste que sa chaîne.

Mais ce n'est pas ici et maintenant, que de telles pensées doivent toucher mon âme, quand la gloire s'apprête à fermer le cercueil du héros ou à couronner son front.

Épées, drapeaux, champs de bataille, et la gloire et la Grèce, voilà ce qui s'offre autour de moi ! Le Spartiate rapporté sur son bouclier n'était pas plus libre que je ne dois l'être.

Éveille-toi... ce n'est pas la Grèce qui se réveille, car elle ne dort plus... éveille-toi, ô mon âme : je dois me rappeler d'où vient ce sang que tu animes et frapper en songeant à mes pères.

Foule aux pieds ces passions qui revivent en toi, ô faible humanité ! Désormais que te fait la beauté ? que t'importent ses sourires ou ses dédains ?

Si tu regrettes ta jeunesse, pourquoi vivre davantage ? c'est ici le digne théâtre d'une mort honorable... Au combat donc, et sache mourir à propos!

Va chercher... ce que l'on trouve plus souvent encore qu'on ne le cherche, va chercher le tombeau d'un soldat, le seul qui te convienne. Regarde autour de toi, choisis la place, et repose.

(1) Lord Byron écrivit ces stances un peu avant son départ pour la Grèce. Elles devaient être chantées sur l'air Indou *Alla malla punca*, que la comtesse Guiccioli aimait beaucoup.

(2) Trois mois environ avant la mort de l'auteur, qui eut lieu le 19 avril suivant.

FIN DES POÉSIES.

MANFRED

POÈME DRAMATIQUE EN TROIS ACTES.

PERSONNAGES.

MANFRED. — UN CHASSEUR DE CHAMOIS. — L'ABBÉ DE SAINT-MAURICE. — MANUEL. — HERMANN. — LA FÉE DES ALPES. — AHRIMANE. — NÉMÉSIS. — LES DESTINÉES. — GÉNIES, etc.

La scène est dans les Hautes-Alpes: partie au château de Manfred, partie dans les montagnes.

ACTE PREMIER.

SCÈNE PREMIÈRE.

Une galerie gothique. — Minuit.

MANFRED, *seul*.

Il faut remplir ma lampe; encore ne durera-t-elle pas aussi longtemps que ma veille. Mon assoupissement... quand je m'assoupis... n'est pas un sommeil : ce n'est qu'une continuation de ma pensée, incessante, irrésistible alors. Mon cœur veille toujours ; mes yeux ne se ferment que pour regarder intérieurement; et pourtant je vis, et j'ai l'aspect d'un homme vivant. Mais la douleur devrait instruire le sage ; souffrir, c'est connaître : ceux qui savent le plus ont aussi le plus à gémir sur la fatale vérité ; l'arbre de la science n'est pas l'arbre de la vie. J'ai essayé la philosophie, la science, les sources du merveilleux, la sagesse du monde, et mon esprit a en lui la force nécessaire pour s'approprier de pareils éléments : à quoi tout cela me sert-il ? J'ai fait du bien aux hommes, et j'ai trouvé du bon même parmi les hommes : à quoi cela m'a-t-il servi ? J'ai eu des ennemis, nul d'entre eux ne m'a vaincu, beaucoup sont tombés devant moi : à quoi cela m'a-t-il servi ?... Bien ou mal, vie, facultés, passions, tout ce que je retrouve dans les autres êtres a été pour moi comme la pluie sur le sable, depuis cette heure à laquelle je ne puis donner un nom. Je ne redoute rien, et c'est pour moi une malédiction de n'avoir aucune crainte naturelle, aucune palpitation d'incertitude, de ne sentir battre dans mon cœur ni désir, ni espoir, ni un reste d'amour pour personne sur la terre. Maintenant, à l'œuvre !

Puissances mystérieuses ! Esprits de l'univers illimité ! vous que j'ai cherchés dans les ténèbres et la lumière ; vous qui en un instant parcourez la terre, revêtus d'une essence plus subtile... vous dont la demeure est au sommet des monts inaccessibles, à qui les cavernes de la terre et de l'Océan sont des lieux familiers... je vous évoque par le charme écrit, qui me donne autorité sur vous ; levez-vous, paraissez !...

Ils ne viennent pas encore. Maintenant, par la voix de celui qui est le premier parmi vous... par ce signe qui vous fait trembler...

... Si c'est vivre que de porter un désert aride dans son cœur.....

au nom des droits d'un être qui ne meurt pas... levez-vous! paraissez... paraissez !

Ah ! ah ! pas encore ! Eh bien donc ! Esprits de la terre et de l'air, vous ne m'éluderez pas ainsi. Par une puissance plus grande que toutes celles que j'ai déjà nommées, par ce charme irrésistible qui a pris naissance dans une étoile condamnée, débris brûlant d'un monde détruit, enfer errant dans l'éternel espace ; par la terrible malédiction qui pèse sur mon âme, par la pensée qui est en moi et autour de moi, je vous somme de m'obéir : paraissez ! (*On voit briller une étoile à l'extrémité la plus sombre de la galerie ; elle reste immobile, et l'on entend chanter.*)

PREMIER GÉNIE. — Mortel ! à ta voix j'ai quitté mon palais élevé dans les nuages, que le crépuscule a bâti de son souffle, et que le couchant d'été colore d'une teinte de pourpre et d'azur broyée tout exprès. Capable encore de résister à tes ordres, je suis accouru néanmoins, porté sur le rayon d'une étoile ; j'ai obéi à tes conjurations. Mortel, fais-moi connaître tes volontés !

SECOND GÉNIE. — Le mont Blanc est le roi des montagnes ; elles l'ont couronné il y a longtemps sur un trône de rochers, avec un manteau de nuages et un diadème de neiges. Il a les forêts pour ceinture, et sa main tient une avalanche; mais avant de tomber, le foudroyant projectile doit attendre mon commandement. La masse froide et mobile du glacier s'avance chaque jour ; mais c'est moi qui lui permets de passer outre, ou qui l'arrête avec ses glaçons. Génie de ces hauts lieux, je puis faire trembler la montagne, et la secouer jusque dans sa base caverneuse..... Mais toi, que me veux-tu ?

TROISIÈME GÉNIE. — Dans les profondeurs azurées des flots, où la vague est tranquille, où le vent est inconnu, où vit le serpent des mers, où la sirène pare de coquillages sa verte chevelure, ton évocation a retenti comme l'orage sur la face des eaux. Dans mon paisible palais de corail, l'écho me l'a portée... Je suis le génie de l'Océan, fais-moi connaître tes désirs !

QUATRIÈME GÉNIE. — Aux lieux où le tremblement de terre endormi repose sur un oreiller de feu, où bouillonnent des lacs de bitume, où les racines des Andes s'enfoncent autant dans la terre que leurs sommets s'élèvent vers le ciel, ta voix est venue jusqu'à moi, et pour obéir à tes ordres, j'ai quitté le lieu natal..... Ton charme m'a subjugué, que la volonté me guide.

CINQUIÈME GÉNIE. — Le vent est mon coursier ; c'est moi qui allume l'orage ; l'ouragan que je viens de quitter est encore brûlant des feux de la foudre ; pour venir plus vite vers toi, j'ai franchi la terre et les mers sur l'aile de l'aquilon ; la flotte que j'ai rencontrée voguait paisiblement : elle doit sombrer avant que la nuit soit écoulée.

SIXIÈME GÉNIE. — Ma demeure est l'ombre de la nuit, pourquoi ta magie m'inflige-t-elle le supplice de la lumière ?

SEPTIÈME GÉNIE. — L'étoile qui règle ta destinée a vu son cours réglé par moi avant la naissance de la terre : jamais astre plus frais et plus beau n'accomplit sa révolution autour du soleil ; sa marche était libre et régulière ; l'espace ne comptait pas dans son sein d'étoile plus charmante. Une heure fatale survint, et elle ne fut plus qu'une masse errante de flammes informes, une comète vagabonde, une malédiction, une menace suspendue sur l'univers, continuant à rouler par sa propre force, sans orbite, sans direction, brillante difformité du firmament, monstruosité dans les régions du ciel ! Et toi, né sous son influence... toi, vermisseau auquel j'obéis, et que je méprise..... un pouvoir qui n'est pas le tien, mais qui t'a été prêté pour me soumettre, me force de descendre un instant en ce lieu, confondu avec ces génies pusillanimes qui courbent le front devant le tien, et de converser avec un être aussi chétif... Fils de la poussière, que veux-tu de moi ?

LES SEPT GÉNIES. — La terre, l'océan, l'air, la nuit, les montagnes, les vents, ton étoile, attendent ton signal et tes ordres, fils de la poussière. A ta demande, tous ces génies sont accourus devant toi : — que veux-tu de nous ? Parle, fils des mortels !

MANFRED. — L'oubli.

LE PREMIER GÉNIE. — de quoi ? De qui ? pourquoi ?

MANFRED. — De ce qui est au-dedans de moi, lisez-le ; vous le savez, et je ne puis le dire.

LE GÉNIE. — Nous pouvons te donner ce que nous possédons... Demande-nous des sujets, le souverain pouvoir, l'empire d'une partie de ou de la terre entière, un signe par lequel tu puisses commander aux éléments ; chacune de ces choses ou toutes ensemble deviendront ton partage.

MANFRED. — L'oubli ! l'oubli de moi-même ! Ne pouvez-vous pas, de tous ces domaines mystérieux que vous m'offrez avec tant de prodigalité, m'extraire ce que je demande ?

LE GÉNIE. — Cela n'est point dans notre essence, dans notre pouvoir. Mais tu peux mourir.

MANFRED. — La mort me donnera-t-elle l'oubli ?

LE GÉNIE. — Nous sommes immortels, et nous n'oublions pas ; nous sommes éternels, le passé nous est présent comme l'avenir. Tu as notre réponse.

MANFRED. — Vous vous raillez de moi ; mais le pouvoir qui vous amène ici vous a mis à ma disposition. Esclaves ! ne vous jouez pas de ma volonté ! l'âme, l'esprit, l'étincelle de Prométhée, l'éclair de mon être enfin, est aussi brillant, aussi perçant, et d'une aussi grande portée que le vôtre, et, bien qu'emprisonné dans son argile, il ne vous cédera point. Répondez, ou vous apprendrez à me connaître !

LE GÉNIE. — Nous répondrons comme nous avons répondu ; tes propres paroles contiennent notre réponse.

MANFRED. — Que voulez-vous dire ?

LE GÉNIE. — Si, comme tu le prétends, ton essence est semblable à la nôtre, nous avons répondu quand nous l'avons dit : Ce que les mortels appellent la mort n'a rien de commun avec nous.

MANFRED. — C'est donc en vain que je vous ai fait venir de vos sphères ? Vous ne pouvez, vous ne voulez pas venir à mon aide ?

LE GÉNIE. — Parle ! ce que nous possédons est à toi ; nous te l'offrons ; réfléchis avant de nous congédier ; tu peux demander encore : l'empire, la puissance, la force et de longs jours.

MANFRED. — Maudits ! qu'ai-je à faire de jours ? les miens n'ont déjà que trop duré... Arrière !! Partez !

LE GÉNIE. — Réfléchis encore, pendant que nous sommes ici, nous voudrions te servir. Songes-y bien. N'y a-t-il aucun autre don que nous puissions rendre digne de toi ?

MANFRED. — Aucun. Pourtant, arrêtez un moment encore ; avant que nous nous séparions, je désire vous voir face à face. J'entends vos voix, mélancoliques et douces comme une symphonie qui glisse sur les eaux, et je vois distinctement une grande étoile, brillante et immobile. Montrez-vous à moi tels que vous êtes, un seul ou tous ensemble, sous vos formes accoutumées.

LE GÉNIE. — Nous n'avons point de forme autre que les éléments dont nous sommes l'âme et le principe ; mais choisis une figure quelconque, c'est sous celle-là que nous paraîtrons.

MANFRED. — Je n'ai pas de choix à faire ; nulle figure sur la terre ne m'est hideuse ou belle. Que le plus puissant d'entre vous revête celle qu'il jugera convenable. Allons !

LE SEPTIÈME GÉNIE, *paraissant sous la forme d'une belle femme.* — Regarde !

MANFRED. — O Dieu ! s'il en est ainsi, et si tu n'es ni une raillerie ni l'illusion d'un cerveau en démence, je puis être le plus heureux des hommes. Je te presserai dans mes bras, et nous serons encore...... (*L'apparition s'évanouit.*) Mon cœur se brise. (*Manfred tombe sans mouvement.* — *On entend une voix qui chante ce qui suit :*)

A l'heure où la lune brille sur les vagues, le ver-luisant dans le gazon, le météore sur les tombeaux, le feu-follet dans le marécage ; à l'heure où filent les étoiles tombantes, où l'écho répète la voix du hibou, où les feuilles se taisent dans l'ombre de la colline, alors mon âme planera sur la tienne avec un pouvoir et avec un signe.

Au sein du plus profond sommeil, ton esprit ne dormira pas ; il est des ombres qui ne peuvent disparaître, des pensées que tu ne peux bannir. En vertu d'un pouvoir que tu ignores, tu ne peux jamais être seul ; enveloppé comme dans un linceul, emprisonné dans un nuage, tu seras à jamais l'esprit de mon chant magique.

Sans me voir passer à tes côtés, les yeux me reconnaîtront pour un objet qui a été et doit être près de toi ; et lorsque, agité par une terreur intime, tu tourneras la tête en arrière, tu t'étonneras de ne pas me voir comme ton ombre attachée sur tes pas ; et ce pouvoir qui pèsera sur toi, tu seras condamné à dissimuler sa présence.

Un rhythme et des accents magiques t'ont frappé d'une malédiction, et un génie de l'air t'a enlacé dans un piège. Il y a dans le vent une voix qui te défendra de te réjouir, et la nuit te refusera le repos qu'elle verse dans le firmament, le jour aura pour toi un soleil qui te fera désirer sa fin.

De tes larmes menteuses j'ai distillé une essence léthifère ; j'ai tiré de ton cœur un sang noir puisé à sa plus noire source ; j'ai dérobé le serpent qui hantait ton cerveau, et y roulait ses anneaux comme dans un buisson ; j'ai pris sur tes lèvres le charme qui donnait à tous ces venins leurs effets les plus malfaisants : et après avoir fait l'essai de tous les poisons connus, j'ai trouvé que le plus énergique était le tien.

Par ton cœur froid et ton sourire de serpent, par l'abîme sans fond de la fourberie, par tes yeux qu'anime si bien un semblant de vertu, par l'hypocrisie de ton âme toujours close, par la perfection de tes artifices qui ont réussi à faire croire que tu avais un cœur humain, par les délices que te font éprouver les douleurs d'autrui, par ta confraternité avec Caïn, je te condamne à trouver en toi-même ton enfer.

Sur ta tête je verse le vase de malédiction qui te dévoue à cette épreuve ; ta destinée sera de ne pouvoir ni dormir, ni mourir ; tu verras sans cesse la mort auprès de toi pour la désirer, mais aussi pour la craindre. Tiens : voilà que déjà le charme a opéré autour de toi, et une chaîne silencieuse pèse sur ton âme ; ton cœur et ton cerveau tout ensemble plient sous l'arrêt fatal ; maintenant ta décadence est commencée.

SCÈNE II.

Le mont Jung-Frau. Le point du jour.

MANFRED, *seul sur les rochers.*

Les Esprits que j'avais évoqués m'abandonnent... les charmes que j'ai tant étudiés m'ont déçu... le remède sur lequel je comptais me torture ; je ne veux plus recourir à ces êtres surnaturels : leur puissance ne s'étend point au passé, et l'avenir, tant que le passé ne sera pas englouti dans les ténèbres, je n'ai que faire de le chercher. — O terre ! ô ma mère ! et toi, jour qui commences à poindre ; et vous montagnes, pourquoi donc êtes-vous si belles ? Je ne puis vous aimer. Œil brillant de l'univers, ouvert sur tous, source de délices pour tous, tu ne luis point sur mon cœur. Rochers, sur le bord desquels je suis debout, ayant à mes pieds le lit du torrent et les hauts pins qui le couvrent, et qui de cette distance étourdissante semblent des arbrisseaux... il suffirait d'un élan, d'un pas, d'une impulsion d'un souffle pour me briser sur ce lit pierreux et reposer ensuite... Pourquoi donc hésiter ? J'éprouve le désir de me précipiter de cette hauteur, et pourtant je n'en fais rien ; je vois le péril, et je ne recule pas ; mon cerveau a le vertige et mon pied est ferme : je ne sais quel pouvoir m'arrête et me condamne à vivre, si toutefois c'est vivre que de porter en moi cette stérilité de cœur, et de n'être plus que le sépulcre de mon âme ; car j'ai cessé d'être justifié à mes propres yeux... dernière infirmité du mal. (*Un aigle passe au fond.*) Noble habitant des airs ! toi dont l'aile rapide fend les nuages dont le vol audacieux dépasse toutes les hauteurs, tu fais bien de t'approcher de moi. Déjà je devrais être ta proie, te servir de pâture à tes aiglons. Ah ! maintenant, tu t'éloignes à une distance où mon œil ne peut te suivre ; mais le tien pénètre à travers l'espace. . Oh ! que c'est beau ! comme tout est beau dans ce monde visible, qu'il est magnifique en lui-même et dans toutes ses manifestations ! Nous, ses prétendus souverains, nous, moitié poussière, moitié dieux également incapables de descendre et de monter, notre essence mixte jette le trouble dans les éléments de cet univers ; et, placés entre de vils besoins et des désirs superbes, nous respirons à la fois la dégradation et l'orgueil, jusqu'au moment où notre mortalité prédomine ; alors les hommes deviennent ce qu'ils ne s'avouent pas eux-mêmes, ce qu'ils n'osent se confier les uns aux autres. (*On entend de loin la flûte d'un berger.*)

Mais quelle douce mélodie ! ô simples accents du chalumeau des montagnes ! .. ici la vie des pasteurs et des patriarches n'est pas un fable. La flûte mêle ses sons au doux bruit des clochettes du troupeau ; mon âme semble en aspirer les échos. Oh ! que ne suis-je l'âme invisible d'un son, voix vivante, souffle harmonieux, jouissance incorporelle, afin de naître et de mourir avec la douce intonation qui sort de ton sein ! (*Un CHASSEUR de chamois arrive au bas de la montagne.*)

LE CHASSEUR. — C'est par ici que le chamois a bondi, ses pieds agiles ont trompé mon adresse ; mes profits d'aujourd'hui ne payeront pas un travail où je risque vingt fois de me rompre le cou. Que vois-je ? Cet homme n'est pas de notre profession ; et ce-

dont il est arrivé à une hauteur qu'entre tous nos montagnards les meilleurs chasseurs peuvent seuls atteindre. Il est richement vêtu; son aspect est imposant, et, à en juger d'ici, il porte dans son air toute la fierté d'un paysan né libre!... Il faut l'examiner de plus près.

MANFRED, *sans le voir*. — Blanchir ainsi dans la douleur comme ces pins flétris par l'hiver, dépouillés d'écorce et de branches, troncs foudroyés sur une racine maudite, qui n'alimente plus qu'une ruine! Être ainsi, éternellement ainsi,... et avoir été autrement. Voir mon front sillonné par des rides qu'y ont creusées non les années, mais des moments... des heures douloureuses qui ont été des siècles.... des heures auxquelles je survis..... O vous, rochers de glace! avalanches qu'un souffle peut précipiter comme des montagnes croulantes, tombez! écrasez-moi! J'entends au-dessus de ma tête et à mes pieds le fracas de vos bonds redoutables, mais vous passez sans m'atteindre, vous allez frapper des êtres qui voudraient vivre encore, la jeune forêt au verdoyant feuillage, le hameau du villageois inoffensif....

LE CHASSEUR. — Les vapeurs commencent à s'élever du sein de la vallée; je vais l'avertir de descendre, sans quoi il risque de perdre à la fois et sa route et la vie.

MANFRED. — Les vapeurs tourbillonnent autour des glaciers; les nuages montent sous mes pieds en flocons blancs et sulfureux; on dirait les flots écumeux de la mer infernale qui se brisent sur un rivage où les damnés sont entassés, comme les cailloux de cette horrible grève... Le vertige me saisit.

LE CHASSEUR. — Il faut l'aborder avec précaution : le bruit soudain de mes pas peut le surprendre; et il semble chanceler déjà.

MANFRED. — Des montagnes se sont écroulées, laissant un vide dans les nuages, faisant tressaillir sous le choc des Alpes leurs sœurs, remplissant les vertes vallées des débris de leur chute, interrompant le cours des rivières par un obstacle soudain, qui disperse leurs eaux en poussière liquide et oblige leurs sources à se tracer un nouveau cours. Ainsi en est-il advenu, dans sa vieillesse, au mont Rosemberg... que n'étais-je dessous!

LE CHASSEUR. — Eh! l'ami! prends garde : un pas de plus peut t'être fatal!... Pour l'amour de celui qui t'a créé, ne reste pas sur le bord de ce précipice!

MANFRED, *sans l'entendre*. — C'eût été pour moi une tombe convenable : à cette profondeur, mes os eussent reposé en paix; ils n'auraient pas été disséminés sur les rocs, jouet des vents, ainsi qu'ils le seront quand je me serai précipité d'ici... Adieu, vaste ciel, qui t'ouvres sur ma tête; ne me regarde pas de cet air de reproche... tu n'as pas été fait pour moi... O terre! reçois ces atomes! (*Au moment où Manfred va se précipiter, le chasseur le saisit et le retient.*)

LE CHASSEUR. — Arrête, insensé! si la vie t'est à charge, ce n'est point une raison pour souiller de ton sang coupable la pureté de nos vallées; viens avec moi... je ne le lâcherai pas.

MANFRED. — Comment? c'est mon cœur qui me serre pas tant... je ne suis que faiblesse; les montagnes tournent rapidement autour de moi; je n'y vois plus... Qui es-tu?

LE CHASSEUR. — Je te le dirai plus tard..... viens avec moi : les nuages s'amoncellent. Bien! appuie-toi sur mon bras... pose ici le pied... ici. Prends ce bâton; accroche-toi un instant à cet arbuste.... Maintenant, donne-moi la main, et saisis fortement ma ceinture... Doucement... bien... dans une heure, nous serons au châlet... Viens, nous trouverons bientôt un terrain plus sûr et une sorte de sentier creusé par les torrents de l'hiver..... Allons, voilà qui est bien.... tu étais né pour faire un chasseur... Suis-moi. (*Ils continuent de descendre péniblement les rochers.*)

ACTE II.

SCÈNE PREMIÈRE.

Un châlet au milieu des Alpes Bernoises.

MANFRED et LE CHASSEUR DE CHAMOIS.

LE CHASSEUR. — Non, non..... demeure encore : tu partiras plus tard; ton esprit et ton corps ne sont pas en état de se confier l'un à l'autre, du moins pour quelques heures; quand tu seras mieux, je te servirai de guide... mais où irons-nous?

MANFRED. — Il n'importe; je connais parfaitement mon chemin, et n'ai plus besoin de guide.

LE CHASSEUR. — Tes vêtements et tes manières annoncent une haute naissance. Tu es sans doute un de ces chefs nombreux dont les châteaux, bâtis sur des rochers, dominent les vallées inférieures.... Quel est le manoir où tu règnes en seigneur? De pareilles habitations, je ne connais que le dehors; il est rare que mon genre de vie me conduise dans la plaine, et que j'aille me réchauffer au large foyer de ces vieilles demeures, où m'y réjouir avec les vassaux; mais les sentiers qui mènent de nos montagnes à leurs portes me sont familières depuis mon enfance. Lequel de ces châteaux est le tien?

MANFRED. — Peu importe!

LE CHASSEUR. — Eh bien! excuse mes questions indiscrètes, et reprends un peu de gaîté. Allons, goûte mon vin : il est vieux; plus d'une fois, il a dégelé le sang de mes veines au milieu de nos glaciers; qu'aujourd'hui il en fasse autant pour toi... Allons, faisons-moi raison.

MANFRED. — Arrière! arrière! sur les bords de cette coupe, il y a du sang! La terre ne le boira-t-elle donc jamais!

LE CHASSEUR. — Que veux-tu dire? ta raison t'abandonne.

MANFRED. — Je te dis que c'est du sang..... mon sang à moi! la source pure qui coulait dans les veines de mon père et dans les nôtres, quand nous étions jeunes et que nous n'avions qu'un cœur, nous aimant comme nous n'aurions pas dû nous aimer : alors ce sang a été versé; mais il s'élève aujourd'hui contre moi; il rougit les nuages qui me ferment l'entrée du ciel, du ciel où elle n'est pas, où je ne serai jamais!

LE CHASSEUR. — Homme aux paroles étranges, dévoré par quelque remords délirant qui peuple pour toi le vide, quelles que soient tes terreurs et tes souffrances, il est encore pour toi des consolations dans l'aide des hommes pieux, dans une religieuse patience.

MANFRED. — La patience! la patience! arrière!... Ce mot fut créé pour les bêtes de somme, non pour l'aigle au vol indépendant. Prêche la patience à des mortels de ton argile; je ne suis point de ta race.

LE CHASSEUR. — J'en rends grâce au ciel; je ne voudrais pas être de la tienne pour la libre renommée d'un Guillaume Tell; mais quel que soit ton mal, il faut l'endurer, et ces sauvages frémissements sont inutiles.

MANFRED. — Ne l'ai-je point enduré?... Regarde-moi... je vis.

LE CHASSEUR. — C'est un état convulsif: ce n'est pas la vie régulière de la santé.

MANFRED. — Je te dis, homme des montagnes, que j'ai vécu bien des années, et de longues années; mais elles ne sont rien maintenant, en comparaison de celles qu'il me reste à vivre : des siècles... des siècles... l'espace et l'éternité... et le sentiment de l'existence avec une soif ardente de la mort, soif qui ne sera jamais étanchée!

LE CHASSEUR. — Mais c'est à peine si ton front porte l'empreinte de l'âge mûr; et je suis de beaucoup ton aîné.

MANFRED. — Penses-tu donc que l'existence se compte par la durée? Cela n'est vrai qu'en apparence; mais nos actions, voilà nos époques. Les miennes ont rendu mes nuits et mes jours impérissables, illimités, uniformes comme les grains de sable du rivage : innombrables atomes d'un désert froid et stérile, sur lequel les vagues viennent se briser, mais où rien ne reste que des squelettes, des débris de naufrages, des fragments de rochers et des algues amères.

LE CHASSEUR. — Hélas! il est fou... je ne dois pas le quitter.

MANFRED. — Plût au ciel que je fusse fou!.... car alors toutes les choses que je vois ne seraient plus que le rêve d'un insensé.

LE CHASSEUR. — Et quelles sont les choses que tu vois, ou que tu crois voir?

MANFRED. — Je te vois, et je me vois... toi, paysan des Alpes... tes humbles vertus, ton toit hospitalier, ton âme patiente, pieuse, fière et libre; ton respect de toi-même, entretenu par des pensées d'innocence; tes jours de saine vigueur, tes nuits de sommeil; tes travaux ennoblis par des dangers exempts de crimes; l'espérance d'une vieillesse heureuse, puis d'une tombe tranquille, avec une croix et des fleurs sur son vert gazon, et l'amour de tes enfants pour épitaphe! Ensuite je vois..... puis je regarde au-dedans de moi-même et j'y trouve..... n'importe quoi! Bien longtemps avant cela, la douleur avait déjà sillonné mon âme.

LE CHASSEUR. — Voudrais-tu donc échanger ta destinée contre la mienne?

MANFRED. — Non, mon ami! je ne voudrais point d'un marché qui serait funeste; je ne voudrais échanger mon destin avec celui d'aucun être vivant. Ce que je puis supporter dans la vie... je le supporte, quoique misérablement... d'autres ne pourraient l'endurer même en rêve; ils en mourraient dans leur sommeil.

LE CHASSEUR. — Et avec cela... avec cette tendre sympathie pour les douleurs d'autrui, se peut-il que le crime ait souillé ton âme? Ne me le dis pas. Serait-il possible qu'un homme rempli de pensées si bienveillantes eût immolé ses ennemis à sa vengeance?

MANFRED. — Oh! non, non! mes fureurs sont tombées sur ceux qui m'aimaient, sur ceux que j'aimais le plus; je n'ai jamais abattu un ennemi, si ce n'est pour ma défense légitime : mes seuls embrassements ont été funestes.

LE CHASSEUR. — Que le ciel te donne le calme! Que la pénitence te rende à toi-même, je prierai pour toi.

MANFRED. — Je n'en ai pas besoin, mais je puis endurer ta pitié. Je pars, il en est temps... Adieu!... voilà de l'or; reçois aussi mes remerciements... point de refus, ce que je te donne t'est dû. Ne me suis pas... je connais mon chemin ; la montagne n'offre plus de dangers ; je te le répète, ne me suis pas. (*Manfred sort.*)

SCÈNE II.

Une vallée au bas des Alpes. Une cataracte.

Arrive **MANFRED**.

Pas encore midi !... les rayons du soleil jettent sur le torrent un arc brillant de toutes les couleurs du ciel ; la masse des eaux tombe en nappe d'argent le long du roc perpendiculaire, et balance ses gerbes d'écume lumineuse, pareilles à la queue de ce cheval pâle et gigantesque qui, suivant le Prophète, a la Mort pour cavalier. Nul œil autre que le mien ne s'abreuve maintenant de cette vue enchanteresse. Seul dans cette douce retraite, je puis partager avec le génie du lieu l'hommage de ces ondes... Je vais l'appeler. (*Manfred prend quelques gouttes d'eau dans le creux de sa main, et les jette en l'air en murmurant des paroles magiques. Après un moment, la fée des Alpes paraît sous l'arc-en-ciel.*)

Viens, Esprit de beauté ! à ta chevelure lumineuse, tes yeux éblouissants de gloire, tes formes qui rappellent les charmes des plus immatérielles d'entre les filles de la terre, charmes agrandis dans des proportions plus que terrestres, et formés de l'essence d'éléments plus purs ! Sur ton céleste visage brillent les couleurs de la jeunesse, ou ce tendre incarnat de la joue d'un enfant endormi sur le sein de sa mère, et bercé par les battements du cœur qui le chérit ; ou encore ces teintes rosées que le crépuscule d'été laisse après lui sur la neige virginale des hauts glaciers, rougeur pudique de la terre dans les embrassements du ciel ! L'éclat de tes traits divins fait paraître moins brillant l'arc-en-ciel qui te couronne ! Esprit de beauté ! sur ton front calme et pur, dans cette sérénité d'âme qui à elle seule révèle ton immortalité, je lis que tu pardonnes à un fils de la terre, quand les puissances les plus mystérieuses daignent quelquefois se communiquer à lui ; que tu lui pardonnes de faire usage des secrets magiques qu'il possède, pour t'évoquer ainsi et te contempler un moment.

LA FÉE. — Fils de la terre ! je te connais, comme je connais ceux à qui tu dois ton pouvoir ; je te connais pour un homme aux pensées vagabondes, qui a fait tour-à-tour le bien et le mal, excellent en tous les deux, acceptant et donnant la souffrance. Je t'attendais... que veux-tu de moi ?

MANFRED. — Contempler ta beauté, et rien de plus. Le spectacle qu'offre la face de la terre m'a rendu insensé, et je me réfugie dans les mystères qu'elle nous cache ; je pénètre jusqu'au séjour des esprits qui la gouvernent... mais ces esprits ne peuvent rien pour moi : je leur ai demandé ce qu'ils n'ont pu me donner, et maintenant j'ai cessé de les interroger.

LA FÉE. — Est-il un vœu au-dessus du pouvoir des monarques de l'invisible ?

MANFRED. — Il en est un ; mais pourquoi le répéter ? Inutile requête !

LA FÉE. — C'est ce que j'ignore : fais-le-moi connaître.

MANFRED. — Nouvelle torture que veux-tu m'infliger ! mais n'importe ! ma douleur aura pu s'épancher... Dès ma jeunesse, mon esprit ne marchait pas avec les âmes des hommes, et ne regardait pas la terre avec des yeux humains. La soif de leur ambition n'était pas la mienne ; le but de leur existence n'était pas le mien ; mes joies, mes chagrins, mes passions, mon génie, tout faisait de moi un étranger parmi eux. Respirant moi-même sous une enveloppe de chair, je n'avais aucune sympathie pour la chair ; et parmi les créatures d'argile qui m'entouraient, il n'y en avait point..... Ah ! il y en avait une seule !... J'en parlerai tout à l'heure... (*Il s'arrête un moment.*)

Je te l'ai dit, je n'étais guère en communion avec les hommes et les pensées des hommes. Au contraire, toutes mes joies étaient dans la solitude : j'aimais à respirer l'air raréfié des montagnes couvertes de glace, — là cime desquelles l'aigle n'ose bâtir son nid, et dont le granit nu n'est jamais effleuré par l'aile d'un insecte ; j'aimais à me plonger dans le torrent, à rouler avec le rapide tourbillon de la vague sur les fleuves ou l'Océan : luttes où mes forces naissantes s'exaltaient avec délices ! J'aimais encore à suivre par une belle nuit la marche de la lune et le cours brillant des étoiles, ou à saisir dans l'orage les éclairs étincelants, jusqu'à ce que mes yeux en fussent éblouis ; ou, l'oreille attentive, je suivais le vol des feuilles éparses, alors que les vents d'automne murmuraient leurs chants du soir. Tels étaient mes passe-temps... toujours seul ! car si un des êtres au nombre desquels je devais me compter (et j'en avais honte) se rencontrait sur mon chemin , je me sentais redescendre jusqu'à l'homme, et je me retrouvais tout argile.

Souvent mes rêveries solitaires me conduisaient dans les caveaux de la mort ; et là, par les effets de la destruction, je cherchais à en pénétrer les causes : de ces crânes desséchés, de cette poussière amoncelée, j'osais tirer de criminelles inductions. Pendant des années entières, je passai mes nuits dans l'étude de sciences que l'antiquité seule a connues. A force de temps et de travail, après de terribles épreuves et des austérités par lesquelles on acquiert tout pouvoir sur les esprits de l'air et de la terre, de l'espace et de l'infini, je me familiarisai avec l'éternité : ainsi firent autrefois les mages et ce philosophe (1) qui, dans les bains de Gadara, évoqua du sein de leurs ondes Eros et Antéros, comme je t'évoque aujourd'hui. Enfin avec la science s'accrut en moi la soif de la science : je jouis avec ivresse de ma puissance et de mes facultés, jusqu'au moment où...

LA FÉE. — Poursuis.

MANFRED. — Oh ! si j'ai prolongé ce récit, si je me suis appesanti sur l'éloge de ces vains attributs, c'est que j'approche de la plaie vive de mon cœur... Mais continuons. Je ne t'ai parlé ni de père, ni de mère, ni de maîtresse, ni d'ami, ni d'aucun des êtres auxquels j'étais enchaîné par les liens de l'humanité : si ces relations existaient pour moi, elles n'étaient point réelles à mes yeux, pourtant il était une femme...

LA FÉE. — Ne rougis point... poursuis.

MANFRED. — Elle me ressemblait. Elle avait, disait-on, mes yeux, mes cheveux, mes traits, tout, jusqu'au son de ma voix ; mais tout cela prenait chez elle un caractère plus doux et tempéré par la beauté. Elle avait, comme moi, les goûts errants et solitaires, la soif de connaître les choses cachées, et un esprit capable de comprendre l'univers. A cela elle joignait des facultés plus paisibles que les miennes : la pitié, le sourire et les larmes qui me manquaient, et la tendresse ; mais ce dernier sentiment, je l'éprouvais pour elle. Elle avait encore l'humilité, que je n'eus jamais. Ses défauts étaient les miens ; ses vertus étaient à elle seule. Je l'aimais, et je lui donnai la mort...

LA FÉE. — De ta main !

MANFRED. — Ce fut l'œuvre, non de ma main, mais de mon cœur... qui brisa le sien : son âme regarda mon âme et se flétrit. J'ai versé du sang, mais ce ne fut pas celui de ses veines... et pourtant son sang aussi fut répandu... Je le vis couler, et ne pus l'étancher.

LA FÉE. — Et c'est pour un tel objet..... pour une fille de cette race que tu méprises, et au-dessus de laquelle tu voudrais t'élever en t'unissant à nous et aux nôtres ; c'est pour elle que tu négliges les dons de notre science sublime, et retombes dans les liens dégradants de la nature mortelle. Arrière !

MANFRED. — Fille de l'air ! je te le dis, dès ce moment... mais des paroles ne sont qu'un vain souffle ; regarde-moi dans mon sommeil, ou suis-moi des yeux dans mes veilles... viens t'asseoir à mes côtés ! ma solitude n'est plus une solitude ; elle est peuplée par les furies. La nuit m'a vu dans son ombre grincer des dents jusqu'à l'aurore ; le jour m'a vu me maudire jusqu'au coucher du soleil ; j'ai imploré la démence comme un bienfait, elle m'a été refusée. J'ai affronté la mort... parmi la guerre des éléments, les flots se sont écartés de moi, et le péril a passé sans m'atteindre. La main glacée d'un démon impitoyable me retenait par un seul cheveu qui n'a jamais voulu se rompre. Je me suis plongé dans les magnificences de mon imagination... autrefois si riche et si prodigue ; mais comme la vague qui reflue sur elle-même, elle m'a rejeté dans le gouffre sans fond de ma pensée. Je me suis plongé dans la société des hommes ; j'ai cherché l'oubli partout, sauf aux lieux où il se trouve, et c'est ce qui me reste à connaître ; les hautes sciences, ces connaissances surnaturelles, fruit d'une si longue étude, tout cela échoue ici comme un simple art mortel. Je reste dans mon désespoir... et je vis, je vis pour toujours.

LA FÉE. — Peut-être en ce point te serai-je utile.

MANFRED. — Pour l'être, il faut que ta puissance évoque les morts ou m'envoie dormir avec eux. Vienne le trépas !..... N'importe la forme, l'heure et la souffrance, pourvu que ce soit la dernière.

LA FÉE. — Cela n'est pas dans mes attributions ; mais si tu veux me jurer obéissance, je puis accomplir ton vœu.

MANFRED. — Je ne jurerai rien... moi ; obéir ! et à qui ? aux esprits que je fais comparaître devant moi ? moi, l'esclave de ceux qui furent si longtemps à mes ordres ? Jamais.

LA FÉE. — Est-ce là tout ? N'as-tu pas de réponse moins rude à me faire ? Penses-y encore, et réfléchis avant de rejeter mon offre.

MANFRED. — J'ai dit.

LA FÉE. — Il suffit ! Je puis donc me retirer ?... Parle !

MANFRED. — Retire-toi ! (*La fée disparaît.*)

Jouets du temps et de nos terreurs, nos jours passent et nous passons ; et cependant nous vivons, toujours abhorrant la vie et redoutant la mort. Tant que nous portons ce joug détesté, ce poids sous lequel le cœur se débat, écrasé par les chagrins, palpitant de douleur ou d'une joie passagère, parmi tous les jours du passé et de l'avenir (car dans la vie il n'est pas de présent), peut-il en être quelques-uns, en est-il un seul où l'âme cesse de souhaiter la mort ! Et néanmoins elle recule devant le trépas, comme en hiver nous craignons le contact de l'eau, bien qu'il suffise de braver la première impression.....

(1) Iamblique : voyez sa vie par Eunapius.

Pourtant ma science m'offre encore une ressource : je puis évoquer les morts et leur demander en quoi consiste ce que nous redoutons si fort. Au pis aller, j'aurai pour réponse le tombeau, et le tombeau n'est rien... Mais si l'on ne répondait pas !... Eh quoi ! le prophète enseveli a bien répondu à la magicienne d'Endor ; le monarque spartiate a bien obtenu ce qu'il voulait quand la vierge de Byzance lui révélât sa destinée. Il avait, sans le vouloir, immolé celle qu'il aimait, et mourut impardonné, bien qu'il appelât à son aide le Jupiter des proscrits, bien que dans Phygalie, par la voix des exorcistes arcadiens, il suppliât l'ombre indignée de déposer sa colère, ou de fixer un terme à sa vengeance. Sa victime lui répondit par des paroles d'un sens douteux, mais qui néanmoins reçurent leur accomplissement. Et moi, si je n'avais jamais vécu, celle que j'aime vivrait encore ; si je n'avais jamais aimé, celle que j'aime serait encore belle et heureuse; elle ferait le bonheur des autres. Qu'est-elle maintenant ? une victime de mes fautes... un objet sur lequel je n'ose arrêter ma pensée... le néant peut-être. Dans quelques heures, mes doutes seront éclaircis... et toutefois je redoute ce que je vais affronter ; jusqu'à présent la vue d'un esprit ne m'avait jamais effrayé, apparût-il au ciel ou à l'enfer.... Mais voici que je tremble et sens sur mon cœur je ne sais quel froid glacial. Ah! je suis capable d'accomplir même ce que j'abhorre le plus, et de défier toute humaine frayeur... La nuit approche. Allons ! *(Il sort)*

SCÈNE III.

La cime du mont Jung-Frau.

Arrive LA PREMIÈRE DESTINÉE.

La lune se lève, large, ronde et brillante. Sur ces neiges que le pied d'un mortel ne foula jamais, nous marchons chaque nuit sans laisser d'empreinte ; nous parcourons cet océan sauvage, cette mer de glaces qui scintille ; nous effleurons ces rudes brisants, semblables à des flots écumeux soulevés par la tempête et que le froid aurait subitement congelés..... trombe liquide réduite à l'immobilité et au silence. Cette cime escarpée et fantastique, façonnée par quelque tremblement de terre, où s'arrêtent les nuages pour s'y reposer en passant ; et cime est consacrée à nos fêtes et à nos veilles ; j'y attends mes sœurs, qui doivent visiter avec moi le palais d'Ahrimane, car cette nuit se célèbre notre grande réunion ; je m'étonne qu'elles n'arrivent pas.

Une VOIX *chante dans l'éloignement*. — L'usurpateur captif, précipité du trône, gisait immobile, oublié, solitaire : je l'ai éveillé, j'ai brisé sa chaîne, je lui ai donné une armée.... le tyran règne encore ! Il reconnaîtra mes services par le sang d'un million d'hommes, par la ruine d'une nation, par sa propre fuite et son long désespoir.

UNE SECONDE VOIX. — Le vaisseau voguait, le vaisseau voguait rapide ; mais je ne lui ai pas laissé une voile, je ne lui ai pas laissé un mât ; il ne reste plus une planche de la carène ou du pont ; il n'a pas survécu un infortuné pour pleurer son naufrage. J'ai sauvé cependant des marins, en le soutenant sur les flots par une touffe de ses cheveux ; mais celui-là était bien digne de ma sollicitude : traître sur la terre, pirate sur l'Océan, je l'ai sauvé afin qu'il me préparât le spectacle de calamités nouvelles.

LA PREMIÈRE DESTINÉE, *répondant à ses sœurs*. — La ville est endormie ; l'aurore la trouvera plongée dans les larmes ; lente et sinistre, la noire peste s'est étendue sur elle. Des milliers déjà sont dans la tombe, des milliers périront encore ; les vivants fuiront les malades qu'ils devraient soigner. Rien ne peut arrêter la contagion. La douleur est le désespoir, la maladie et l'effroi enveloppent une nation entière: heureux ceux qui meurent et ne voient pas ce spectacle de désolation, cet ouvrage d'une nuit, cette immolation d'un royaume... cette œuvre de mes mains ! tous les siècles me l'ont vu faire, et je la renouvellerai encore.

Arrivent LA SECONDE ET LA TROISIÈME DESTINÉE (*elles chantent toutes trois ensemble*). — Les cœurs des hommes sont dans nos mains ; leurs tombes nous servent de marche-pied... esclaves à qui nous donnons le souffle pour le reprendre aussitôt.

PREMIÈRE DESTINÉE. — Salut ! où est Némésis ?

DEUXIÈME DESTINÉE. — Occupée à quelque œuvre importante ; ce que c'est, je l'ignore ; car mes mains étaient en action.

TROISIÈME DESTINÉE. — La voici.

PREMIÈRE DESTINÉE. — D'où viens-tu donc ? Mes sœurs viennent bien tard cette nuit.

Arrive NÉMÉSIS. — J'étais à réparer des trônes brisés, à marier des imbéciles, à restaurer des dynasties, à venger les hommes de leurs ennemis pour les faire repentir ensuite de leur vengeance ; à tourmenter les sages, au point de les rendre fous ; à inspirer aux sots des oracles nouveaux pour gouverner le monde, car les vieux commençaient à n'être plus de mise. Les mortels se mettent à penser par eux-mêmes, à peser les rois dans leurs balances et à parler de liberté, c'est-à-dire du fruit défendu..... Partons! nous avons laissé passer l'heure ; montons sur nos nuages. *(Elles sortent.)*

SCÈNE IV.

Le palais d'Ahrimane. Ahrimane sur un globe de feu qui lui sert de trône. Les génies rangés en cercle autour de lui.

Hymne des GÉNIES.

Salut à notre maître ! au prince de la terre et de l'air ! il marche sur les nuées et sur les eaux... il tient dans sa main le sceptre des éléments ; et ceux-ci à sa voix se dissolvent pour faire place au chaos ! Il souffle, et la tempête agite l'Océan ; il parle, et les nuages lui répondent par la voix du tonnerre ; il regarde, et les rayons du soleil disparaissent devant son regard ; il se meut, la terre tremble et se déchire. Les volcans éclatent sous ses pas ; son ombre est la peste ; les comètes précèdent sa route dans les cieux brûlants, et devant sa colère, les planètes sont réduites en cendre. La guerre lui offre des sacrifices journaliers ; la mort lui paie tribut ; la vie lui appartient avec ses innombrables agonies. Notre maître est l'âme de tout ce qui est. (*Entrent les destinées et Némésis.*)

PREMIÈRE DESTINÉE. — Gloire à toi, Ahrimane ! Ta puissance s'accroît de la terre ; mes sœurs ont exécuté tes ordres, et moi, je n'ai pas négligé mon devoir.

DEUXIÈME DESTINÉE. — Gloire à toi, Ahrimane ! Nous qui courbons la tête des hommes, nous nous inclinons devant ton trône.

TROISIÈME DESTINÉE. — Gloire à toi, Ahrimane, nous attendons un signe de ta volonté.

NÉMÉSIS. — Souverain des souverains ! nous sommes à toi, et tout ce qui vit est possédé à nous, et presque toutes choses nous appartiennent entièrement ; néanmoins pour accroître notre pouvoir en augmentant le tien, notre sollicitude est nécessaire, et c'est pourquoi nous sommes vigilantes. Tes derniers commandements ont été remplis dans toute leur étendue. (*Entre Manfred.*)

UN GÉNIE. — Qui s'avance ? Un mortel !... Téméraire et vile créature, fléchis le genou, et adore !

DEUXIÈME GÉNIE. — Je connais cet homme : c'est un magicien d'une grande puissance et d'une science formidable.

TROISIÈME GÉNIE. — Fléchis le genou et adore, esclave ! Quoi ! tu ne reconnais pas ton maître et le nôtre ? Tremble et obéis !

TOUS LES GÉNIES. — Prosterne-toi, prosterne ton argile maudite, fils de la terre ! ou crains les derniers châtiments.

MANFRED. — Je connais vos tortures, et néanmoins, tu vois que je ne fléchis point.

QUATRIÈME GÉNIE. — Nous t'apprendrons à fléchir.

MANFRED. — Je ne l'ai que trop appris ; combien de nuits, sur la terre nue, j'ai courbé mon front dans la poussière et couvert ma tête de cendres ! J'ai connu la plénitude de l'humiliation ; car je me suis affaissé devant mon désespoir, agenouillé devant ma désolation.

CINQUIÈME GÉNIE. — Oses-tu refuser au grand Ahrimane sur son trône ce que toute la terre lui accorde sans l'avoir contemplé dans la terreur de sa gloire ? Courbe-toi, te dis-je.

MANFRED. — Dis-lui qu'il ait à se courber, lui, devant son supérieur et son maître... devant l'Infini, devant le suprême régulateur des choses, devant le Créateur qui ne l'a point fait pour être adoré... qu'il s'agenouille, et je ferai de même.

LES GÉNIES. — Écrasons ver-de terre ! Mettons-le en pièces !

PREMIÈRE DESTINÉE. — Arrêtez, éloignez-vous ! cet homme est à moi. Prince des puissances invisibles ! celui-ci n'est pas un homme ordinaire, comme l'attestent son attitude et sa présence en ces lieux ; ses souffrances ont été, comme les nôtres, d'une nature immortelle ; sa science, ses talents et sa volonté se sont élevés aussi haut que le permet l'argile qui emprisonne une essence éthérée ; il a pris son essor au-dessus des habitants de la terre et n'a retiré de ses veilles d'autre fruit que de savoir comme nous cette grande vérité : la science n'est pas le bonheur ; elle ne fait que substituer une ignorance à une autre. Ce n'est pas tout : les passions, ces attributs inhérents à la terre et au ciel, dont nulle puissance, nul être n'est exempt, à partir de l'humble vermisseau ; les passions ont transpercé son cœur, et ont fait de lui un être si malheureux que moi, l'impitoyable, je pardonne à ceux qui en ont pitié. Cet homme est à moi et n'est pas aussi peut-être... Quoi qu'il en soit, nul autre esprit dans cette région n'est au-dessus de lui... nul n'a pouvoir sur son âme.

NÉMÉSIS. — Alors que vient-il faire ici ?

PREMIÈRE DESTINÉE. — Qu'il réponde lui-même.

MANFRED. — Vous savez quels mystères j'ai pénétrés, et sans un pouvoir supérieur, je ne serais pas au milieu de vous ; mais il est des pouvoirs plus grands encore, je viens les interroger.

NÉMÉSIS. — Que demandes-tu ?

MANFRED. — Tu ne peux me satisfaire toi-même. Évoque les morts devant moi : c'est à eux que s'adressent mes questions.

NÉMÉSIS. — Grand Ahrimane, permets-tu que le désir de ce mortel soit exaucé ?

AHRIMANE. — Je le permets.

Némésis. — Qui veux-tu tirer de sa cendre ?
Manfred. — Un mort sans sépulture : évoque Astarté.
Némésis. — Ombre ! ou esprit ! quoi que tu sois, quelque portion qui te reste des formes que tu reçus à ta naissance, de l'enveloppe d'argile que tu as rendue aux éléments, reviens à la clarté du jour ; reviens telle que tu étais, avec le même cœur et la même chair dérobés un moment aux vers de la tombe. Parais, parais ! Celui qui t'envoya là-bas réclame ici ta présence ! (*La forme d'Astarté s'élève et reste debout au milieu des Génies.*)
Manfred. — Est-ce bien la mort qui paraît ? L'incarnat est sur ses joues ; mais, je le vois, ce ne sont pas des couleurs vivantes ; c'est une rougeur maladive, pareille aux teintes que l'automne imprime sur les feuilles mortes ! O Dieu ! comment se fait-il que je tremble de la regarder ?... Astarté !... Non, je ne puis lui parler..... Dites-lui qu'elle parle ; que j'attends de sa bouche mon pardon ou mon arrêt.
Némésis. — Par la puissance qui a brisé pour toi les liens du trépas, réponds à celui qui t'interpelle ; réponds à ceux qui t'ont fait venir !
Manfred. — Elle garde le silence... et ce silence est plus qu'une réponse.
Némésis. — Mon pouvoir ne va pas plus loin. Prince de l'air, toi seul peux faire davantage : commande-lui de parler.
Arrimane. — Esprit !... obéis à ce sceptre.
Némésis. — Muette encore ! Elle n'est pas des nôtres : elle appartient aux autres puissances. Mortel ! ta demande est vaine, et nous-mêmes nous sommes sans pouvoir.
Manfred. — Entends-moi ! entends-moi !..... Astarté, ma bien-aimée ! parle-moi : j'ai tant souffert ! je souffre tant ; regarde-moi ! La tombe ne t'a pas changée, et je ne suis pas changé pour toi. Tu m'as trop aimé, et moi je t'ai trop aimée aussi ; nous n'étions pas destinés à nous torturer ainsi l'un l'autre, encore que nous ayons été bien coupables d'aimer comme nous avons aimé. Dis que tu ne me hais pas..... que je suis puni pour nous deux... que tu vivras parmi les bienheureux, et que je mourrai, moi. Car jusqu'à présent tout ce qu'il y a d'odieux ici-bas conspire à me retenir dans les liens de l'existence, dans une vie qui me fait envisager l'immortalité avec effroi, comme un avenir identique au passé. Pour moi plus de repos. Je ne sais ni ce que je demande ni ce que je cherche ; je sens uniquement ton existence, la mienne ; et il me serait doux d'entendre une fois encore avant de mourir la voix qui fut mon harmonie... Parle-moi car je t'ai appelée dans le calme de la nuit : ma voix a effrayé l'oiseau endormi sous le feuillage silencieux, et j'ai réveillé le loup dans la montagne : j'ai appris aux échos des cavernes à répéter vainement ton nom ; et ils m'ont répondu... tout m'a répondu, les esprits et les hommes... mais toi, tu es restée muette. Oh ! maintenant, parle-moi ! J'ai veillé plus longtemps que les étoiles, et mes regards t'ont vainement cherchée dans les cieux. Parle-moi ! j'ai erré sur la terre et n'ai rien vu de semblable à toi... Parle-moi ! Vois ces démons qui nous entourent... ils sympathisent avec ma douleur ; je ne les crains pas, je n'ai de sentiment que pour toi seule. Parle-moi, quand tu devrais prononcer des paroles de colère... Dis-moi seulement... n'importe quoi... mais que je t'entende une fois... une fois encore !
Le fantôme d'Astarté. — Manfred !
Manfred. — Poursuis, poursuis ! toute ma vie s'absorbe dans les sons que j'entends... Oh ! oui, c'est bien sa voix !
Le fantôme. — Manfred ! la prochaine journée terminera tes maux terrestres. Adieu !
Manfred. — Un mot encore ! Suis-je pardonné ?
Le fantôme. — Adieu !
Manfred. — Dis ! nous reverrons-nous ?
Le fantôme. — Adieu !
Manfred. — Un mot de pardon ! dis ! tu m'aimes, Astarté !
Le fantôme. — Manfred ! (*Le fantôme d'Astarté disparaît.*)
Némésis. — Elle est partie, et il n'est plus possible de la rappeler ; ses paroles s'accompliront. Retourne sur la terre.
Un génie. — Quelles convulsions l'ont ! Juste punition d'un mortel qui veut connaître les choses placées au-delà des limites de sa nature.
Autre génie. — Cependant, voyez : il se maîtrise, et soumet sa souffrance à sa volonté. Né l'un de nous, c'eût été un esprit d'une effrayante puissance.
Némésis. — Est-il encore d'autres questions que tu veuilles adresser à notre monarque ou à ses adorateurs ?
Manfred. — Aucune.
Némésis. — Alors, adieu pour un temps.
Manfred. — Nous nous reverrons donc ? Où ? sur la terre ?... soit ! où tu voudras. Pour la faveur qui m'a été accordée, je suis ton débiteur. Adieu ! (*Manfred sort.*)

ACTE III.

SCÈNE PREMIÈRE.

Une salle au château de Manfred.

MANFRED, HERMANN.

Manfred. — Quelle heure est-il ?
Hermann. — Dans une heure, le soleil se couchera ; nous aurons une belle soirée.
Manfred. — Dis-moi : tout est-il disposé selon mes ordres ?
Hermann. — Tout est prêt, monseigneur ; voici la clef et la cassette.
Manfred. — C'est bien ! tu peux te retirer. (*Hermann sort.*) Je sens en moi un calme, une tranquillité inexplicable, qui, jusqu'à présent, a manqué dans ce que j'ai connu de la vie ; si je ne savais que la philosophie est de toutes nos vanités la plus futile, que c'est le mot le plus vide dont le jargon de l'école ait jamais déçu nos oreilles, je croirais que le secret d'or, que l'idéal est enfin trouvé, et que son siège est dans mon âme. Cet état ne peut durer ; mais il est bon de l'avoir connu, ne fût-ce qu'une fois : il agrandit mes pensées en me donnant un sens nouveau ; et je noterai dans mes tablettes qu'un tel sentiment existe. Qui est là ? (*Entre Hermann.*)
Hermann. — Seigneur, l'abbé de Saint-Maurice demande à être introduit près de vous. (*Entre l'abbé de Saint-Maurice.*)
L'abbé. — Que la paix soit avec le comte Manfred !
Manfred. — Je te remercie, bon père ! sois le bienvenu dans ces murs : ta présence honore et devient une bénédiction pour ceux qui les habitent.
L'abbé. — Plût au ciel, comte, qu'il en fût ainsi !... Mais je voudrais vous entretenir en particulier.
Manfred. — Hermann, laisse-nous. (*Hermann sort.*) Que me veut mon hôte vénérable ?
L'abbé. — J'entre sans tout droit en matière... mon âge, mon zèle, ma profession, mes bonnes intentions excuseront la liberté que je prends ; je pourrais aussi invoquer notre voisinage, bien que nous nous connaissions peu. Il court des bruits étranges, auxquels on mêle votre nom, ce nom glorieux depuis des siècles ! puisse celui qui le porte aujourd'hui le transmettre sans tache à ses descendants !
Manfred. — Poursuis !... j'écoute.
L'abbé. — On prétend que vous vous livrez à des études interdites aux recherches de l'homme ; que vous êtes en rapport avec les habitants des sombres demeures, cette foule d'esprits malfaisants et impies qui errent dans la vallée de l'ombre de la mort. Je sais que vous êtes rarement en communication de pensées avec les hommes, vos semblables, et que votre solitude, pour être celle d'une anachorète, n'aurait besoin que d'être sainte.
Manfred. — Et quels sont ceux qui disent ces choses ?
L'abbé. — Les frères de mon ordre ; les paysans effrayés..... vos propres vassaux... qui vous regardent avec des yeux inquiets. Bref ! votre vie même est en péril.
Manfred. — Qu'on la prenne !
L'abbé. — Je viens pour sauver, et non pour détruire. Il ne m'appartient pas de sonder les secrets de votre âme ; mais si ces rumeurs reposent sur quelque vérité, il est temps encore de recourir à la pénitence et au pardon, de vous réconcilier avec la véritable Église, et par l'Église avec le ciel.
Manfred. — Je te comprends ; voici ma réponse : Quels que soient, quels que puissent avoir été mes sentiments intimes, c'est un secret entre le ciel et moi... je ne choisirai pas un homme pour médiateur. Ai-je transgressé les lois religieuses ? Qu'on le prouve, et qu'on me punisse !
L'abbé. — Mon fils, ce n'est pas de punition que j'ai parlé, mais de pénitence et de pardon... Nos rites et notre foi me mettent à même d'aplanir au pécheur la voie vers des espérances plus hautes et des pensées meilleures ; quant au droit de punir, je l'abandonne au ciel.... « La vengeance est à moi seul, » a dit le Seigneur ; et son serviteur n'est que l'humble écho de cette redoutable parole.
Manfred. — Vieillard ! ni le pouvoir des hommes pieux, ni l'efficacité de la prière, ni les formes expiatrices de la pénitence, ni la contrition extérieure, ni les jeûnes, ni les souffrances..... ni plus que tout cela, les tortures intimes de ce profond désespoir qui est le remords sans la crainte de l'enfer... rien ne peut exorciser l'âme indépendante ; rien ne peut lui arracher le sentiment énergique de ses propres fautes, de ses crimes, de ses tourments et de sa vengeance sur elle-même : point de supplices à venir qui puissent égaler la justice que la conscience, en nous condamnant, exerce sur notre propre cœur.
L'abbé. — Tout cela est bien, car tout cela passera et fera place à une espérance salutaire ; votre âme pourra s'élever avec une calme assurance vers ce fortuné séjour, où sont admis tous ceux qui en ont la ferme volonté ; quelles qu'aient été leurs terrestres erreurs,

pourvu que le repentir les ait expiées. Le commencement de cette expiation est dans le sentiment de sa nécessité : parlez, et tous les enseignements de l'Église seront prodigués ; et tout ce que des prêtres peuvent absoudre vous sera pardonné.

Manfred. — Quand le sixième empereur de Rome vit arriver sa fin, à la suite d'une blessure que lui-même s'était faite pour se soustraire au supplice public, infligé par un sénat naguère son esclave, un soldat, ému d'une fidèle pitié, voulut étancher le sang qui jaillissait de la gorge de son empereur ; le Romain expirant le repoussa, et, jetant sur lui un regard où brillait encore un reflet de la puissance impériale : « Il est trop tard, lui dit-il ; est-ce là de la fidélité ? »

L'Abbé. — Où voulez-vous en venir ?

Manfred. — Je réponds avec le Romain : « Il est trop tard ! »

L'Abbé. — Il ne saurait jamais être trop tard pour vous réconcilier avec votre âme, et pour réconcilier votre âme avec le ciel. Ne vous reste-t-il donc plus d'espérance ? Je m'en étonne : ceux-là même qui désespèrent du ciel se créent sur la terre des illusions, fragiles roseaux auxquels ils se rattachent comme des hommes qui se noient.

Manfred. — Oui, mon père ! je les ai connues, ces illusions terrestres, aux jours de ma jeunesse. Alors, j'éprouvais la noble ambition de m'emparer de la volonté des hommes, d'éclairer les nations, de m'élever je ne sais à quelle hauteur..... pour tomber peut-être, mais pour tomber comme la cataracte des montagnes, qui bondit des cimes éblouissantes jusque dans les profondeurs de l'abîme écumeux, et qui de là fait jaillir encore vers le ciel des colonnes de poussière liquide, nuages retombant en pluie : elle gît alors bien bas, mais bien puissante encore. Ce temps d'ambition n'est plus ; mon espoir n'était qu'une erreur.

L'Abbé. — Et pourquoi ?

Manfred. — Je n'ai pu plier ma nature ; car il doit servir, celui qui veut commander. Il faut flatter, supplier, épier les occasions, se glisser partout, devenir un mensonge vivant, si l'on veut être puissant parmi les êtres abjects dont se composent les masses. Je dédaignai de faire partie d'un troupeau... d'un troupeau de loups, dussé-je en être le chef. Le lion est seul, et je suis comme le lion.

L'Abbé. — Et pourquoi ne pas vivre et agir comme les autres hommes ?

Manfred. — Parce que ma nature était antipathique à cette vie ; et pourtant je n'étais pas cruel, car je voulais trouver un désert, mais non pas en faire un. Je ressemblais au simoun, à ce vent dont l'haleine brûle et dévore : il n'habite que le désert ; il ne souffle que sur les sables stériles, où ne croît nul arbuste ; il prend ses ébats parmi leurs vagues sauvages et arides ; il ne cherche personne, et personne ne le cherche ; mais à tout ce qu'il rencontre son contact est mortel. Tel fut le cours de mon existence : il s'est trouvé sur mon chemin des objets qui ne sont plus.

L'Abbé. — Hélas ! je commence à craindre que vous n'ayez point de secours à tirer de moi et du saint ministère. Pourtant, si jeune encore, je voudrais...

Manfred. — Regarde-moi ! Il est sur la terre des hommes qui deviennent vieux dès leur jeunesse et meurent avant le midi de l'âge, sans chercher cependant la mort violente du guerrier ; il en est qui succombent au plaisir, d'autres à l'étude ; ceux-ci meurent d'un excès de travail, ceux-là d'ennui ; qui de maladie, qui de démence ; plusieurs enfin d'un brisement de cœur, mal qui tue plus de monde qu'on ne pense : elle revêt toutes les formes et prend bien des noms. Regarde-moi ! j'ai éprouvé toutes ces choses, et l'une seule suffirait pour donner la mort. Ne t'étonne donc pas que je sois ce que je suis, mais bien que j'aie jamais pu vivre, ou qu'ayant vécu, je sois encore sur la terre.

L'Abbé. — Écoutez-moi, cependant...

Manfred. — Vieillard, je respecte ta profession ; je vénère tes cheveux blancs ; tes intentions me paraissent pieuses ; mais tes efforts seraient impuissants. Ne m'accuse pas de manquer d'égards pour toi : c'est dans ton intérêt, et non dans le mien, que j'évite une plus longue conférence... Ainsi, mon père, adieu ! *(Manfred sort.)*

L'Abbé. — Cet homme aurait pu être une noble créature ; il a toute l'énergie qui, d'éléments généreux, aurait produit un bel ensemble, s'ils eussent été sagement combinés. En leur état actuel, c'est un effroyable chaos, un mélange confus de lumière et d'ombre, d'esprit et de poussière, de passions et de pensées sublimes, mais livrées à une lutte désordonnée et sans frein ; tantôt inactives, tantôt destructrices. Il va périr, et pourtant cela ne devrait pas être. Je veux faire une nouvelle tentative, car de telles âmes méritent bien d'être rachetées, et mon devoir est de tout oser dans un but vertueux. Je le suis... prudence et fermeté ! *(L'abbé sort.)*

SCÈNE II.

Un autre appartement.

MANFRED, HERMANN.

Hermann. — Monseigneur, vous m'avez dit de venir prendre vos ordres au coucher du soleil : le voilà qui descend derrière la montagne.

Manfred. — Vraiment ! je vais le regarder. *(Manfred s'avance vers la fenêtre de l'appartement.)* Astre glorieux ! idole de l'homme encore enfant, de cette race vigoureuse, pure de toute souillure, de ces géants nés des amours des anges avec un sexe plus beau qu'eux-mêmes, et qui fit descendre du ciel, descendre sans retour, ces esprits égarés ! Astre glorieux, tu fus adoré avant qu'eût été révélé le mystère de la création ; le premier, tu annonças la gloire du Tout-Puissant ; tu réjouis au sommet de leurs montagnes les cœurs des bergers chaldéens, qui se répandirent en prières devant toi ! Dieu matériel ! tu es le représentant de l'Inconnu, qui t'a choisi pour son ombre ! Étoile souveraine, centre de milliers d'étoiles ! tu rends notre terre habitable, tu ravives les teintes et les cœurs de tout ce qui existe sous l'influence de tes rayons ! Père des saisons, monarque des climats divers, de près ou de loin, nos pensées, comme les traits de nos visages, se colorent à tes feux. Tu te lèves, tu resplendis, tu te couches dans ta gloire. Adieu ! je ne te verrai plus. Mon premier regard d'amour et d'admiration fut pour toi, reçois aussi mon dernier salut : tes rayons n'éclaireront aucun mortel à qui le don de la vie ait été plus fatal. Il est parti : je vais le suivre. *(Manfred sort.)*

SCÈNE III.

Les montagnes. À quelque distance, le château de Manfred. Une terrasse devant une tour. Minuit.

HERMANN, MANUEL, ET AUTRES DOMESTIQUES DE MANFRED.

Hermann. — C'est bien étrange ! chaque nuit, pendant longues années, il a poursuivi ses veilles dans cette tour solitaire. J'y suis entré, nous y avons tous pénétré plus d'une fois ; mais il serait impossible, d'après ce qu'elle contient, de juger exactement de la nature des occupations auxquelles il se livre. Pourtant il y a une chambre où personne n'est admis ; je donnerais trois années de mes gages pour en percer les mystères.

Manuel. — Il pourrait y avoir quelque danger : contente-toi de ce que tu sais.

Hermann. — Ah ! Manuel, tu es vieux ; tu as de l'expérience, et tu pourrais nous en apprendre beaucoup... Depuis combien d'années es-tu ici ?

Manuel. — Avant que le comte Manfred fût né, je servais son père ; auquel il ressemble bien peu.

Hermann. — C'est ce qui arrive à beaucoup d'enfants ; mais en quoi le père et le fils diffèrent-ils donc tant ?

Manuel. — Il ne s'agit pas des traits du visage ou des formes extérieures, mais du caractère et des habitudes. Le comte Sigismond était fier, mais gai et franc ; c'était tout à la fois un guerrier et un homme de plaisir. Il ne vivait pas au milieu des livres et dans la solitude ; il n'employait pas la nuit en lugubres veilles, mais en festins joyeux, et il en passait les heures plus gaiment que celles du jour. On ne le voyait pas hanter comme un loup les bois et les rochers, et s'isoler des hommes et de leurs plaisirs.

Hermann. — Merci de moi, c'étaient d'heureux temps que ceux-là ! Je voudrais voir renaître de semblables dans ces vieilles murailles ; elles m'ont tout l'air de les avoir oubliées.

Manuel. — Il faudrait d'abord que ces murs changeassent de maître. Oh Hermann ! j'ai vu d'étranges choses dans leur enceinte.

Hermann. — Allons, sois bon enfant ; raconte-m'en quelques-unes pour passer le temps. Je t'ai entendu parler vaguement d'un événement qui est arrivé quelque part de ce côté, dans le voisinage de cette même tour.

Manuel. — Je me la rappelle, cette nuit-là ! c'était peu après le coucher du soleil, comme qui dirait maintenant, une soirée comme celle-ci. Un nuage rougeâtre couronnait la cime de l'Eigher, tout pareil à celui que nous y voyons ; ils se ressemblent tellement que peut-être est-ce le même. Le vent était faible et soufflait par bouffées ; la lune, qui se levait, commençait à faire briller la neige des montagnes ; le comte Manfred était, comme maintenant, renfermé dans sa tour ; ce qu'il y faisait, nul ne le sait. Il n'avait avec lui que la seule compagne de ses rêveries et de ses veilles ; la seule de toutes les créatures terrestres qu'il parût aimer, comme, en effet, les liens du sang lui en faisaient un devoir. La comtesse Astarté ; c'était sa..... Chut ! qui va là ? *(Entre l'abbé de Saint-Maurice.)*

L'Abbé. — Où est votre maître ?

Hermann. — Là-bas, dans la tour.

L'Abbé. — J'ai besoin de lui parler.

Manuel. — Impossible ! il est dans une de ses heures de solitude, et nous ne pouvons introduire personne auprès de lui en ce moment.

L'Abbé. — Je prends sur moi la responsabilité de la faute, si c'en est une ; mais il faut que je le voie.

Hermann. — Vous l'avez déjà vu ce soir.

L'Abbé. — Hermann ! je te l'ordonne ; va frapper, et annonce-moi au comte.

Hermann. — Personne de nous ne l'oserait.

L'ABBÉ. — Eh bien ! je suis dans la nécessité de m'annoncer moi-même.
MANUEL. — Mon révérend père, arrêtez, arrêtez, je vous prie !
L'ABBÉ. — Pourquoi ?
MANUEL. — Venez par ici, je vous en dirai davantage.

SCÈNE IV.

L'intérieur de la tour.

MANFRED, *seul*.

Les étoiles brillent ; la lune plane sur les cimes neigeuses des montagnes : ô spectacle magnifique ! J'aime à prolonger ces entretiens avec la nature ; car le visage de la nuit est plus familier à mes regards que celui de l'homme, et la beauté solitaire de son ombre étoilée m'a révélé la langue d'un autre monde. Je me rappelle que, bien jeune encore, pendant mes voyages, par une semblable nuit, je me trouvai dans l'enceinte du Colisée, au milieu des plus imposants débris de la puissante Rome ; les arbres, qui poussent sur les arches brisées, balançaient leur noir feuillage sur le fond bleu de la nuit, et les étoiles brillaient à travers les fentes de la grande ruine. Au loin, de l'autre côté du Tibre, les chiens faisaient entendre leurs aboiements ; plus près de moi, le cri prolongé du hibou s'échappait du palais des Césars, et l'appel des sentinelles placées sur les lointains remparts s'élevait et mourait tour-à-tour, apporté par la brise légère. Au-delà des brèches pratiquées par le temps, quelques cyprès semblaient border l'horizon ; et pourtant ils n'étaient qu'à une portée de trait. Aux lieux qu'habitaient les Césars, et qu'habitent aujourd'hui les oiseaux de la nuit à la voix discordante, on n'aperçoit plus que des arbres qui, croissant sur les fragments des corniches écroulées, enlacent leurs racines à la pierre du foyer impérial ; là, partout le lierre a usurpé la place du laurier ; les appartements du grand Jules et les thermes d'Auguste, décombres ignorés, sont obstrués par la cendre... Et cependant le cirque, odieux théâtre des jeux sanglants des gladiateurs, le cirque est toujours debout, imposant naufrage des siècles, perfection de la ruine !..... Et toi, lune errante, tu brillais sur tout cet ensemble ; ta large et suave clarté adoucissait l'austère rudesse et les teintes heurtées de ces débris ; tu comblais les vides opérés par les siècles, laissant sa beauté à ce qui était beau et embellissant le reste. Alors un pieux recueillement saisissait l'âme, et la pensée embrassait dans une adoration silencieuse les grands hommes d'autrefois, ces monarques qui, tout morts qu'ils sont, ont conservé leur sceptre, et du fond de leurs urnes gouvernent encore nos âmes. C'était une nuit comme celle-ci il est étrange que je me la rappelle en cet instant ; mais je l'ai toujours éprouvé, c'est au moment même où la pensée devrait se recueillir le plus profondément qu'elle tente ses excursions les plus lointaines. (*Entre l'abbé de Saint-Maurice*.)

L'ABBÉ. — Noble seigneur, pardonnez-moi cette seconde démarche ; ne vous offensez point de l'importunité de mon humble zèle... que la faute retombe sur moi seul et que les effets salutaires descendent sur votre tête : je voudrais pouvoir dire dans votre cœur ! Oh ! ce cœur, si, par mes paroles ou mes prières, je parvenais à le toucher, je ramènerais dans le droit chemin un noble esprit qui s'est égaré, mais qui n'est pas perdu sans retour.

MANFRED. — Tu ne me connais pas ; mes jours sont comptés, et mes actes inscrits ! Retire-toi ; ta présence ici pourrait te devenir fatale..... Sors !

L'ABBÉ. — Dans ton intention, sans doute, ceci n'est pas une menace.

MANFRED. — Non certes ; je t'avertis seulement qu'il y a du danger pour toi à rester ici, et je voudrais te préserver de tout mal.

L'ABBÉ. — Que veux-tu dire ?

MANFRED. — Regarde là, que vois-tu ?

L'ABBÉ. — Rien.

MANFRED. — Regarde bien, te dis-je..... Maintenant, dis-moi ce que tu vois.

L'ABBÉ. — Un être qui devrait me faire trembler... mais je ne le crains pas. Je vois sortir de terre un spectre sombre et terrible, qui ressemble à une divinité infernale ; son visage est voilé, et des nuages sinistres forment son vêtement ; il se tient debout entre nous deux..... mais, comme je l'ai dit, je ne le crains pas.

MANFRED. — Tu n'as aucune raison de le craindre... il ne te fera pas de mal..... mais sa vue seule peut frapper de paralysie tes membres affaiblis par l'âge. Je le répète..... retire-toi !

L'ABBÉ. — Et moi, je réponds : « Jamais ! » je veux livrer combat à ce démon... que fait-il ici ?

MANFRED. — Mais... en effet.... que fait-il ici ?.... je ne l'ai pas mandé..... il est venu sans mon ordre.

L'ABBÉ. — Hélas ! mortel abandonné ! Quels rapports peux-tu avoir avec de pareils hôtes ? Je tremble pour ta sûreté ; pourquoi ses regards se fixent-ils sur toi, et les tiens sur lui ? Ah ! le voilà qui laisse à découvert son visage ; son front porte encore les cicatrices qu'y laissa la foudre ; dans ses yeux brille l'immortalité de l'enfer. Arrière !

MANFRED. — Parle, Esprit ! que me veux-tu ?

Arrête, insensé !

L'ESPRIT. — Viens !

L'ABBÉ. — Qui es-tu, être mystérieux ? réponds-moi !

L'ESPRIT. — Le génie de ce mortel..... Viens ! il est temps.

MANFRED. — Je suis préparé à tout ; mais je ne reconnais pas le pouvoir qui m'appelle. Qui t'envoie ici ?

L'ESPRIT. — Tu le sauras plus tard. Viens ! viens !

MANFRED. — J'ai soumis des êtres d'une essence bien supérieure à la tienne ; je me suis mesuré avec des maîtres. Va-t'en.

L'ESPRIT. — Mortel ! ton heure est arrivée... partons, te dis-je.

MANFRED. — Je savais et je sais que mon heure est arrivée ; mais ce n'est pas à un être tel que toi que je remettrai mon âme. Arrière ! je mourrai seul, ainsi que j'ai vécu.

L'ESPRIT. — En ce cas, je vais appeler mes frères. Paraissez ! (*D'autres esprits surgissent.*)

L'ABBÉ. — Arrière, maudits ! arrière, vous dis-je ! Partout où la piété se montre, vous n'avez aucun pouvoir, et je vous somme au nom...

L'ESPRIT. — Vieillard! nous savons ce que nous sommes ; nous connaissons notre mission et ton ministère ; ne prodigue pas tes saintes paroles, ce serait en vain : cet homme est condamné. Une fois encore, je le somme de venir. Partons, partons!

MANFRED. — Je vous défie tous ; quoique je sente mon âme prête à me quitter, je vous défie tous ; je ne partirai pas d'ici tant qu'il me restera un souffle pour vous exprimer mon mépris... une ombre de force pour lutter contre vous ; tout esprits que vous êtes, vous ne m'arracherez d'ici que morceau par morceau.

L'ESPRIT. — Mortel obstiné à vivre! Le voilà donc ce magicien qui sait s'élancer dans le monde invisible, et qui se faisait presque notre égal!... Se peut-il que tu sois si épris de la vie, de cette vie qui t'a rendu si misérable?

MANFRED. — Démon imposteur, tu mens! ma vie est arrivée à sa dernière heure ; je le sais, et je ne voudrais pas racheter de cette heure un seul moment. Je ne lutte point contre la mort, mais contre toi et les anges maudits qui t'entourent ; j'ai dû mon pouvoir, non à un pacte avec les tiens, mais à mes connaissances supérieures, à mes austérités, à mon audace, à mes longues veilles, à ma force intellectuelle et à la science qu'ont possédée nos pères, alors que la terre voyait les hommes et les anges marcher de compagnie, et que nous ne vous cédions en rien. Je m'appuie sur ma force... je vous défie... vous renie... je vous exècre et vous méprise!

L'ESPRIT. — Mais tes crimes nombreux t'ont rendu...

MANFRED. — Que font mes crimes à des êtres tels que toi? doivent-ils être punis par d'autres crimes et par de plus grands coupables? Retourne dans ton enfer! Tu n'as aucun pouvoir sur moi ; cela, je le sens ; tu ne me possèderas jamais ; cela, je le sais. Ce que j'ai fait est fait : je porte en moi un supplice auquel ceux dont tu me menaces ne peuvent rien ajouter. L'âme immortelle récompense ou punit elle-même ses pensées vertueuses ou coupables ; elle est tout à la fois l'origine et la fin du mal qui vit en elle ; indépendante des temps et des lieux, son sens intime, une fois affranchi des liens mortels, n'emprunte rien aux choses fugitives du monde extérieur ; mais elle s'absorbe dans la souffrance ou le bonheur qui lui donne la conscience de ses mérites. Tu ne m'as pas tenté, et tu ne pouvais me tenter ; je ne fus jamais ta dupe, je ne deviendrai point ta proie ; je fus, et je serai toujours mon propre bourreau. Retirez-vous, démons impuissants! la main de la mort est étendue sur moi, mais non la vôtre. (*Les démons disparaissent.*)

L'ABBÉ. — Hélas! comme tu es pâle! tes lèvres sont décolorées..... ta poitrine se soulève péniblement, et ta voix ne forme plus que des sons rauques et étouffés... Adresse au ciel tes prières... prie, ne fût-ce que par la pensée... mais tu ne dois point mourir ainsi.

MANFRED. — Tout est fini..... mes yeux n'aperçoivent plus qu'à travers un nuage ; tous les objets semblent flotter autour de moi, et la terre osciller sous mes pas. Adieu! donne-moi la main.

L'ABBÉ. — Froide, froide! et le cœur aussi... une seule prière!... Hélas! comment te trouves-tu?

MANFRED. — Vieillard! il n'est pas si difficile de mourir. (*Il expire.*)

L'ABBÉ. — Il est parti!... l'âme a pris son vol loin de la terre... pour aller où? je tremble d'y penser..... mais il est parti.

FIN DE MANFRED.

LE CIEL ET LA TERRE

MYSTÈRE.

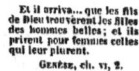

Et il arriva... que les fils de Dieu trouvèrent les filles des hommes belles ; et ils prirent pour femmes celles qui leur plurent.
GENÈSE, ch. VI, 2.

PERSONNAGES.

Anges : SAMIASA. — AZAZIEL. — RAPHAEL.
Hommes : NOÉ. — IRAD. — SEM, JAPHET, fils de Noé.
Femmes : ANAH. — AHOLIBAMAH. — CHŒUR DES ESPRITS DE LA TERRE. — CHŒUR DES MORTELS.

SCÈNE PREMIÈRE.

Une contrée boisée et montagneuse près du mont Ararat. Minuit.

ANAH, AHOLIBAMAH.

ANAH. — Notre père dort. Voici l'heure où ceux qui nous aiment descendent chaque nuit à travers les sombres nuages qui couronnent le mont Ararat. Comme mon cœur bat!

AHOLIBAMAH. — Commençons notre invocation.

ANAH. — Les étoiles ne brillent pas encore ; je tremble.

AHOLIBAMAH. — Et moi aussi ; mais ce n'est pas de crainte : je ne crains que leur absence.

ANAH. — Ma sœur, quoique j'aime Azaziel plus que... Oh! beaucoup trop! Qu'allais-je dire? mon cœur devient impie.

AHOLIBAMAH. — Est-ce une impiété d'aimer des natures célestes?

ANAH. — Mais, Aholibamah, j'aime moins Dieu depuis que son ange m'aime. Cela ne saurait être bien ; et quoique je ne pense pas mal faire, je sens mille craintes que le bien ne saurait produire.

AHOLIBAMAH. — Unis-toi donc à quelque fils de la poussière, travaille et file ; Japhet t'aime depuis longtemps : sois son épouse, et donne le jour à des êtres d'argile!

ANAH. — Je n'aimerais pas moins Azaziel s'il était mortel ; pourtant je suis bien aise qu'il ne le soit pas. Ainsi, je ne serai point forcée de lui survivre ; et quand je pense que son vol immortel doit planer un jour sur le sépulcre de l'humble fille qui l'adora comme il adore le Très-Haut, la mort me semble moins terrible. Lui, cependant, je le plains : sa douleur durera des siècles, du moins telle serait la mienne si j'étais le séraphin, et qu'il fût l'être périssable.

La Fée des Alpes.

Aholibamah. — Dis qu'il choisira quelque autre fille de la terre, et l'aimera comme il aimait Anah.

Anah. — Si cela devait être, et qu'elle l'aimât, plutôt le savoir heureux que de lui coûter une seule larme !

Aholibamah. — Si je pensais qu'il en fût ainsi de l'amour de Samiasa, tout séraphin qu'il est, je le repousserais avec mépris. Mais faisons notre invocation. Voici l'heure.

Anah. — Séraphin ! du sein de la sphère, quelle que soit l'étoile qui contienne ta gloire ; soit que, dans les éternelles profondeurs des cieux, tu veilles avec les sept archanges ; soit que, parmi l'espace infini, tes ailes brillantes guident des mondes dans leur marche, entends-moi ! Oh ! pense à celle qui te chérit ! et lors même qu'elle ne serait rien pour toi, songe que tu es tout pour elle. Tu ne connais pas... et puissent de telles douleurs n'être infligées qu'à moi !... tu ne connais pas l'amertume des larmes. L'éternité compose tes jours ; la beauté sans aurore et sans déclin brille dans tes yeux ; tu ne peux sentir comme moi, si ce n'est en amour, et là tu dois avouer que jamais argile plus aimante n'a pleuré sous le ciel. Tu parcours l'immensité des mondes ; tu contemples la face de celui qui t'a fait grand, comme il a fait de moi l'une des moindres créatures de la race exilée d'Éden ; et cependant, séraphin chéri, entends-moi ! car tu m'as aimée, et je ne voudrais mourir que si tu m'oubliais. Il est grand l'amour de ceux qui aiment dans le péché et dans la crainte. Pardonne, ô mon séraphin ! pardonne à une fille d'Adam de telles pensées, car la douleur est notre élément, et le bonheur de l'Éden dérobé à notre vue, quoiqu'il vienne parfois se mêler à nos rêves. L'heure approche. Parais ! parais, séraphin ! mon Azaziel ! abandonne les étoiles à leur propre lumière.

Aholibamah. — Samiasa ! dans quelque partie des célestes régions que tu commandes..... soit que tu combattes les fiers esprits qui osent disputer l'empire à leur créateur, soit que tu rappelles quelque étoile égarée à travers les espaces de l'abîme, soit que tu daignes te mêler aux concerts des chérubins inférieurs... Samiasa, je t'appelle, je t'attends et je t'aime. Beaucoup pourront t'adorer, mais non moi : si ton penchant t'invite à descendre vers moi, descends et partage mon sort ! Quoique je sois formée d'argile, et toi d'une lumière plus brillante que les rayons du soleil réfléchis sur les ondes d'Éden, ton immortalité ne saurait payer mon amour d'un amour plus ardent. Il est en moi un rayon qui, sans pouvoir briller, fut allumé, je le sens, à la clarté de Dieu et à la tienne. Ève, notre mère, nous a légué la mort et la caducité ; mais mon cœur les brave : si cette vie doit prendre fin, est-ce une raison pour que nous soyons séparés ! Tu es immortel... et moi aussi. Je sens mon immortalité déborder toutes les angoisses et toutes les terreurs. Sera-ce une vie de bonheur, je l'ignore, et n'en veux point le savoir ; le secret appartient au Tout-Puissant, qui couvre de nuages les sources de nos biens et de nos maux ; mais toi et moi, il ne peut jamais nous détruire ; il peut nous changer sans nous anéantir : nous sommes d'une essence aussi éternelle que la sienne, et si nous fait la guerre, nous la lui ferons également. Avec toi, je puis tout endurer, même une immortalité douloureuse ; tu n'as pas craint de partager ma vie terrestre, pourquoi reculerais-je devant ton éternité ? Non, quand le dard du serpent devrait percer mon cœur ; quand tu te rendrais semblable au serpent, enlace-moi de tes replis ! et je souffrirai ; et je ne te maudirai pas ; et je te presserai d'une aussi énergique étreinte... Mais descends : viens mettre à l'épreuve l'amour d'une mortelle pour un immortel ! Si les cieux contiennent plus de bonheur que tu n'en peux donner et recevoir ici-bas, demeure où tu es !

Anah. — Ma sœur ! ma sœur ! je vois leurs ailes s'ouvrir une voie lumineuse à travers les ténèbres de la nuit.

Aholibamah. — Les nuages s'écartent devant eux comme s'ils apportaient la lumière du jour.

Anah. — Mais si notre père apercevait cette clarté ?

Aholibamah. — Il croirait que la lune, à la voix des magiciens, paraît une heure trop tôt.

Anah. — Ils viennent ! il vient !... Azaziel !

Aholibamah. — Courons à leur rencontre ! Oh ! pendant qu'ils planent là-haut, que n'ai-je des ailes pour emporter mon âme vers Samiasa !

Anah. — Vois ! leur présence a éclairé tout le ciel... vois ! sur la cime tout à l'heure cachée de l'Ararat brille maintenant un doux arc-en-ciel aux mille couleurs, trace éblouissante de leur passage ! Et maintenant, voilà que la montagne redevient obscure derrière eux.

Aholibamah. — Ils ont touché la terre, Samiasa !

Anah. — Mon Azaziel ! (*Elles sortent.*)

SCÈNE II.

IRAD, JAPHET.

Irad. — Ne te laisse point abattre : que sert de promener ainsi tes pas errants, muet dans la nuit silencieuse, et de lever vers les étoiles tes yeux chargés de pleurs ? Les astres ne peuvent rien pour toi.

Japhet. — Mais leur vue me fait du bien... peut-être en ce moment elles les regardent comme moi. Il me semble qu'un objet si beau s'embellit encore, si elle m'avait payé se fixent sur la beauté, l'éternelle beauté des choses immortelles. O Anah !

Irad. — Mais elle ne t'aime pas.

Japhet. — Hélas !

Irad. — Et l'orgueilleuse Aholibamah me dédaigne également.

Japhet. — Je plains aussi ton sort.

Irad. — Qu'elle garde son orgueil ; le mien me donne la force de supporter ses mépris ; peut-être l'avenir se chargera-t-il de me venger.

Japhet. — Peux-tu trouver de la joie dans une telle pensée ?

Irad. — Ni joie ni douleur. Je l'aimais sincèrement ; je l'aurais plus aimée encore, si elle m'avait payé de retour ; maintenant je l'abandonne à des destinées plus brillantes, si elle les juge telles.

Japhet. — Quelles destinées ?

Irad. — J'ai lieu de croire qu'elle en aime un autre.

Japhet. Anah !

Irad. — Non, sa sœur.

Japhet. — Quel autre ?

Irad. — C'est ce que j'ignore ; mais ses manières, sinon ses paroles, me le disent assez.

Japhet. — Soit ! mais il n'en est pas ainsi d'Anah : elle n'aime que son Dieu.

Irad. — Que t'importe qui elle aime, si elle ne t'aime pas ?

Japhet. — C'est vrai ; mais j'aime.

Irad. — Et moi aussi, j'aimais.

Japhet. — Et maintenant que tu n'aimes plus, ou crois ne plus aimer, es-tu plus heureux ?

Irad. — Oui.

Japhet. — Je te plains.

Irad. — Je mets l'amertume de tes paroles sur le compte de la souffrance, et je ne voudrais pas sentir comme toi pour plus d'or que n'en rapporteraient les troupeaux de nos pères, échangés contre le métal des enfants de Caïn. De l'or ! cette poussière jaune, qu'ils essaient de nous offrir en paiement, comme si ce rebut de la terre pouvait être l'équivalent du lait, de la laine, de la chair, des fruits, et de tout ce que produisent nos troupeaux et nos solitudes... Poursuis, Japhet ; adresse tes soupirs aux étoiles, comme les loups hurlent à la lune... Je vais me livrer au repos.

Japhet. — Je ferais comme toi, si je pouvais reposer.

Irad. — Tu ne viens donc pas à nos tentes ?

Japhet. — Non, Irad ; je me rends à la caverne qui communique, dit-on, avec le monde souterrain, et livre passage aux esprits intérieurs de la terre quand ils viennent errer sur sa surface.

Irad. — Et pourquoi ? que peux-tu faire là ?

Japhet. — Je vais chercher dans la sombre tristesse de ce lieu un adoucissement à la mienne ; la désolation convient à un cœur désolé.

Irad. — Mais cette caverne offre des dangers. Des bruits et des apparitions étranges l'ont peuplée de terreurs. Je veux t'y accompagner.

Japhet. — Non, Irad ; crois-moi, je n'ai aucune mauvaise pensée, et je ne crains aucun mal.

Irad. — Moins il y a de rapport entre toi et les êtres malfaisants, plus ils te seront hostiles : tourne tes pas d'un autre côté, ou permets que je marche avec toi.

Japhet. — Ni l'un ni l'autre, Irad ; je dois aller là-bas, et y aller seul.

Irad. — Alors, la paix soit avec toi ! (*Irad sort.*)

Japhet, *seul.* — La paix ! je l'ai cherchée où elle devait se trouver, dans l'amour ; et à sa place, qu'ai-je obtenu ? le trouble du cœur, le découragement ; des jours monotones, des nuits que fuit le doux sommeil. La paix ! quelle paix ! le calme du désespoir, le silence de la forêt solitaire, interrompu seulement par le souffle de la tempête qui fait gémir les rameaux : tel est l'état sombre et agité de mon âme. La terre est pervertie ; des signes et des présages nombreux annoncent qu'une catastrophe terrible menace les êtres périssables. O mon Anah ! quand viendra l'heure redoutable, quand s'ouvriront les sources de l'abîme, tu aurais trouvé un refuge sur mon cœur, ce cœur qui battit vainement pour toi, et qui battra plus vainement encore, tandis que te tien... O Dieu ! que ta colère l'épargne ! elle est pure au milieu des pécheurs, comme une étoile au sein des nuages. Mon Anah ! combien je t'aurais adorée ! mais tu ne l'as pas voulu ; et néanmoins je voudrais te sauver... Je voudrais te voir encore quand l'Océan sera le tombeau de la terre ; quand Léviathan, roi de la mer sans rivage et de l'univers liquide, s'étonnera de l'immensité de son empire. (*Japhet sort. — Entrent Noé et Sem.*)

Noé. — Où est ton frère ? où est Japhet ?

Sem. — Il est parti en disant qu'il allait trouver Irad, selon sa coutume ; mais je crains qu'il ne soit dirigé vers les tentes d'Anah, autour desquelles on le voit errer chaque nuit comme une colombe voltige autour de son nid dévasté. Peut-être encore a-t-il

rté ses pas vers la caverne qui s'ouvre au cœur de l'Ararat.
Noé. — Que fait-il là? c'est un lieu mauvais sur cette terre, où
il est mauvais; car il s'y rassemble des êtres pires encore que les
mines méchants. Japhet persiste à aimer cette fille d'une race con-
mnée, cette fille qu'il ne pourrait épouser lors même qu'elle l'ai-
rait, et elle ne l'aime pas; O cœurs malheureux des hommes!
t-il qu'un fils de mon sang, connaissant la perversité de la race
uelle des humains, et sachant que son heure s'approche, se livre
des sentiments aussi coupables! Conduis-moi, il faut que nous le
uvions.

Sem. — Ne va pas plus loin, mon père; je chercherai Japhet.
Noé. — Ne crains rien pour moi : les êtres malfaisants ne peu-
nt rien contre l'élu de Jéhovah. Marchons.
Sem. — Vers les tentes du père des deux sœurs?
Noé. — Non, vers la caverne du Caucase. (*Noé et Sem sor-
nt.*)

SCÈNE III.
Une caverne et les rochers du Caucase.
JAPHET, seul.

Solitudes, qui semblez éternelles; et toi, caverne insondable;
ous montagnes si terribles dans votre beauté, rochers rudes et ma-
stueux, arbres gigantesques qui enfoncez vos racines dans la
ierre, sur la cime escarpée, ou le pied de l'homme ne pourrait
tteindre et n'oserait se poser!..... Oui, nobles solitudes, vous sem-
lez éternelles! et pourtant, encore quelques heures, et vous serez
ouleversées, ensevelies par la masse des eaux; elles pénétreront
usque dans les dernières profondeurs de cette caverne, qui semble
'entrée d'un monde souterrain, et les dauphins se joueront dans la
anière du lion! Et l'homme!... ô mes frères! quel autre que moi
leurera sur votre tombe universelle? Hélas! en quoi ai-je mérité
le vous survivre? que deviendront les lieux chéris où je venais rê-
er à mon Anah, alors que j'espérais, et les solitudes sauvages,
nais non moins chères peut-être, où je suis venu depuis exhaler
non désespoir? Se peut-il, grand Dieu! quoi! ce pic orgueilleux
lu Caucase, dont la cime étincelante ressemble à une étoile lointaine, disparaîtra sous les flots bouillonnants! Le soleil levant ne
viendra plus dégager ce sommet altier du sein des flottantes vapeurs;
le soir, nous ne verrons plus derrière sa tête s'abaisser le large disque de l'astre du jour, en laissant sur son front une couronne brillante de mille couleurs! Il ne sera plus le phare du monde, où les
anges viennent prendre terre, comme au lieu le plus rapproché des
étoiles! Se peut-il que ce moi, « jamais plus, » soit fait pour lui;
pour toute chose, si ce n'est pour nous et les créatures muettes
réservées par mon père d'après l'ordre de Jéhovah! Ces créatures,
mon père les sauvera, et moi je n'aurai pas le pouvoir de soustraire
la plus charmante des filles de la terre à une condamnation qui
n'atteindra pas le serpent et sa femelle; car ils vivront, ces reptiles,
pour conserver et propager leur espèce, pour siffler et darder leur
venin dans quelque nouveau monde. Oui, un monde doit sortir tout
fumant et humide encore du limon qui recouvrira le cadavre de
celui-ci; sous l'ardeur du soleil, le marais délaissé des flots amers
doit redevenir un globe habitable, lequel servira de monument unique et de sépulcre universel à des myriades d'êtres actuellement
pleins de vie! Que de souffle vital arrêté en un jour! Monde encore jeune et beau, déjà voué à la destruction, c'est le cœur brisé
que je te contemple pendant ces jours et ces nuits qui sont déjà
comptés. Je ne puis te sauver, je ne puis même sauver celle dont
l'amour t'aurait encore embelli pour moi; mais je suis une portion
de ton argile, et je ne puis penser à ta fin prochaine sans éprouver.... O Dieu! peux-tu bien... (*Il s'interrompt. On entend sortir de la caverne un bruit semblable à un vent violent, puis des
éclats de rire. Un Esprit paraît.*)
Japhet. — Au nom du Très Haut, qui es-tu?
L'Esprit, *riant.* — Ha! ha! ha!
Japhet. — Par tout ce qu'il y a de plus saint sur la terre, parle.
L'Esprit, *riant.* — Ha! ha!
Japhet. — Par le déluge qui s'approche! par la terre que l'Océan
va engloutir! par l'abîme qui va ouvrir toutes ses sources! par le ciel
qui va convertir ses nuages en nouveaux océans! par le Tout-Puissant qui crée et détruit! fantôme inconnu, vague et terrible, fils des
ombres, parle-moi! pourquoi ris-tu de cet effroyable rire?
L'Esprit. — Pourquoi pleures-tu?
Japhet. — Je pleure sur la terre et sur tous ses enfants.
L'Esprit. — Ha! ha! ha! (*L'Esprit disparaît.*)
Japhet. — Comme ce démon insulte aux tortures du monde, à la
ruine prochaine d'un globe sur lequel le soleil viendra luire sans y
trouver de vie à réchauffer! Et cependant la terre dort! et tout ce
qu'elle contient dort aussi, à la veille de mourir! Pourquoi les hommes s'éveilleraient-ils? pour aller au devant de la mort?... Mais quels
sont ces êtres qui ressemblent à la mort vivante, et parlent comme
s'ils étaient nés avant ce monde expirant? Ils approchent comme
des nuages! (*Divers Esprits sortent de la caverne.*)

Un Esprit. — Réjouissons-nous! la race abhorrée qui n'a pu conserver son haut rang dans Eden, parce qu'elle a prêté l'oreille à la
science isolée de la puissance; cette race touche à l'heure de sa
mort! Ce n'est pas seulement, un à un, que les hommes doivent succomber; la gloire, la douleur, les années, les chagrins du cœur, la
marche destructive du temps ne les moissonneront pas. Voici venir
leur dernier jour; la terre deviendra un océan, et, sur l'immensité
des vagues, il n'y aura de souffle que celui de la tempête! Les
anges fatigueront leurs ailes sans trouver un lieu pour s'abattre.
Pas un rocher ne fera sortir sa cime de ce tombeau liquide, pour
offrir au désespoir, ou signaler l'endroit où il aura terminé
sa souffrance après avoir longtemps promené ses regards sur une
mer sans limites, attendant un reflux qui ne doit point arriver.
Partout sera le vide, partout la destruction! Un nouvel élément
dominera partout, et les enfants abhorrés de la poussière périront
tous. De toutes les couleurs qu'étale la terre, il ne restera plus
qu'un azur sans bornes; plus de montagne pittoresque, plus de
plaine fertile; les cèdres et les pins lèveront en vain leurs cimes.
Tout sera submergé dans l'inondation universelle; l'homme, la
terre et le feu mourront; le ciel et l'Océan n'offriront plus aux yeux
de l'Eternel qu'un espace immense et sans vie. Sur l'écume des flots,
qui construira une demeure?
Japhet, *s'avançant.* — Ce sera mon père! La semence de la terre
ne périra pas; le mal seul sera retranché. Loin d'ici, démons qui
triomphez du malheur des hommes, qui hurlez votre hideuse joie
alors que Dieu détruit ce que vous n'osez détruire! Hâtez-vous de
fuir! retournez dans vos antres souterrains! Bientôt les vagues vous
poursuivront dans vos profondes retraites, et votre race fatale,
lancée au loin dans l'espace, deviendra le misérable jouet de tous
les vents.
L'Esprit. — Fils de celui qui doit être sauvé! quand toi et les tiens
vous aurez bravé le vaste et terrible élément; quand sera brisée la
barrière de l'abîme, toi et les tiens serez-vous bons et heureux?...
Non! la douleur sera le partage du nouveau monde et de la race
nouvelle. Devenus moins beaux, les hommes vivront moins longtemps que ces glorieux géants qui parcourent le globe dans leur
orgueil, que ces enfants des amours du ciel avec les vierges de la
terre. Il ne vous restera du passé que les larmes. Et n'as-tu donc
pas honte de survivre à tes frères, de toujours manger, boire et
propager ta race? Peux-tu avoir le cœur assez lâche et assez vil
pour apprendre l'approche de cette immense destruction sans qu'une
douleur courageuse t'inspire la résolution d'attendre les coups des
flots dévastateurs, plutôt que de partager un asile privilégié, et de
bâtir ta demeure sur la tombe de la terre submergée? Aveugle et
lâche qui consent à survivre à sa race! La mienne exècre la tienne,
comme appartenant à une autre classe d'êtres; mais nous ne haïs-
sons pas nos propres frères. Il n'est aucun de nous qui n'ait laissé
dans le ciel un trône vacant, pour habiter ici dans l'obscurité, plutôt que de dire à ses frères : « Allez souffrir sans moi. » Vil, misérable! vis, et transmets une vie comme la tienne à d'autres misérables! Et quand les flots destructeurs couvriront les ruines qu'ils
auront faites, alors tu porteras envie aux géants patriarches qui ne
seront plus, tu mépriseras ton père pour leur avoir survécu; et
toi-même, tu rougiras d'être vivant. (*La voix des Esprits s'élève en
chœur du sein de la caverne.*)
Chœur des Esprits. — Réjouissons-nous! la voix humaine ne
viendra plus dans les airs interrompre notre joie par ses chants
pieux; les hommes n'adoreront plus; et nous, qui depuis des siècles
avons cessé d'adorer le Seigneur, nous verrons périr ces créatures
orgueilleuses de leur chétive argile, et leurs os blanchis, éparpillés
dans les cavernes, dans les antres, dans les crevasses des montagnes, dernières retraites où l'onde amère les poursuivra. Les animaux eux-mêmes, dans leur désespoir, cesseront de faire la guerre
à l'homme et de s'attaquer entre eux; le tigre se couchera pour
mourir à côté de l'agneau, comme s'il était son frère. Toutes choses
redeviendront ce qu'elles étaient, silencieuses et inorganisées, à l'exception du ciel. Seulement, il sera fait une courte trêve avec la
mort; elle voudra bien épargner de faibles débris de la création antérieure, à la condition d'engendrer de nouvelles nations pour la
servir; ces débris flotteront sur les eaux du déluge, et quand ces
eaux seront retirées, quand la chaleur du soleil aura consolidé le
sol fumant encore, ils donneront le jour à de nouveaux êtres.
Alors aussi reviendront les années; les maladies, les douleurs, les
crimes, avec leur cortège d'agitation et de haine, jusqu'au jour...
Japhet, *les interrompant.* — Jusqu'au jour où la volonté éternelle
daignera expliquer ce rêve de biens et de maux, rappeler à lui tous
les temps et tous les êtres, les rassembler sous ses puissantes ailes,
abolir l'enfer, et rendant à la terre régénérée sa beauté primitive,
lui restituer son Eden dans un paradis sans fin, où l'homme ne
pourra plus succomber, où les démons eux-mêmes seront justes!
Les Esprits. — Et quand s'accomplira cette merveilleuse prophétie?
Japhet. — Quand le Rédempteur sera venu, d'abord dans les souffrances, puis dans sa gloire.
Un Esprit. — En attendant, continuez à vous débattre sous votre
chaîne mortelle, jusqu'à ce que la terre ait vieilli. Faites une guerre

inutile, et à vous-mêmes, et à l'enfer et au ciel, jusqu'à ce que les nuages soient rougis des vapeurs exhalées des champs de bataille. Nouveaux siècles, nouveaux climats, nouveaux arts, nouveaux hommes; mais aussi vieilles larmes, vieux crimes, vieux maux d'autrefois. Les mêmes tempêtes morales inonderont l'avenir, comme les vagues vont couvrir les tombeaux des géants glorieux.

Chœur des Esprits. — Frères, réjouissons-nous! mortel, adieu! Écoutez! écoutez! déjà l'on entend la voix lugubre de l'Océan qui s'enfle et gronde; les vents balancent leurs ailes rapides; les nuages remplissent leurs réservoirs; les sources de l'abîme vont se déchaîner, et les cataractes du ciel s'ouvrir. Et cependant les hommes voient ces redoutables présages sans en prendre souci; leur aveuglement continue. Nous entendons des bruits qu'ils ne peuvent entendre : la menaçante armée des tonnerres se rassemble, mais sa marche est différée de quelques heures; les bannières brillent dans les cieux, mais elles ne sont pas déployées, et le regard perçant des Esprits peut seul les apercevoir. Gémis, ô terre, gémis! tu es plus rapprochée de la mort que de ton berceau si récent! tremblez, montagnes, qui allez disparaître sous les flots débordés! les vagues viendront assaillir les cimes de vos rochers; et les coquillages, les petits coquillages, les hôtes les plus chétifs de l'Océan, seront déposés aux lieux où l'aigle couve maintenant ses aiglons... L'aigle!... quels cris il va faire entendre en planant sur la vague impitoyable! En vain, il appellera sa naissante famille, la vague envahissante lui répondra seule; vainement aussi l'homme lui enviera ses larges ailes qui ne le sauveront pas... où pourra-t-il reposer son vol, alors qu'à perte de vue l'espace ne lui offrira que l'Océan, son tombeau? Frères, réjouissons-nous! élevons les accents de nos voix surhumaines! Tout mourra, hormis un faible débris de la postérité de Seth..... débris soustrait à la mort présente, et réservé à de futures douleurs. Mais des fils de Caïn aucun ne survivra, et toutes ses filles si belles seront englouties sous les vagues dévorantes, ou, flottant à la surface de l'Océan, leurs longs cheveux épars sur les ondes, elles accuseront la cruauté du ciel, qui n'a pas voulu épargner des créatures si charmantes jusque dans la mort. L'arrêt est prononcé, tous doivent mourir! et à la clameur universelle des humains succédera l'universel silence! Fuyons, frères, fuyons! mais réjouissons-nous! nous sommes tombés! ils tombent! ainsi périssent tous les chétifs ennemis du ciel qui reculent devant l'enfer! (*Les esprits prennent leur vol et disparaissent.*)

Japhet *seul*. — Dieu a prononcé la sentence de la terre. L'arche de salut de mon père en était l'annonce; les démons eux-mêmes la proclament du fond de leurs cavernes; le livre d'Énoch l'a depuis longtemps prédite, dans ses pages muettes dont le silence en dit plus à l'esprit que la foudre à l'oreille. Et cependant les hommes n'ont point écouté, et ils n'écoutent pas; mais ils marchent aveuglément à leur destinée, à cette destinée si prochaine, dont leur stupide incrédulité ne s'émeut pas plus que leurs derniers cris n'ébranleront la volonté du Très-Haut, ou l'Océan obéissant et sourd qui l'accomplira. Nul signe n'arbore encore sa bannière dans les airs; les nuages peu nombreux ont leur apparence accoutumée; le soleil se lèvera sur le dernier jour de la terre, comme il se leva sur le quatrième jour de la création, quand Dieu lui commanda de luire, et qu'il lui fit briller sa première aurore. Alors sa naissante lumière n'éclaira pas le père du genre humain (il n'était pas né)..... mais elle alla éveiller avant la prière de l'homme les concerts plus doux des oiseaux, qui, dans le vaste firmament, prennent leur vol comme les anges, et comme eux saluent le ciel chaque jour avant les fils d'Adam. L'heure de cet hymne matinal approche.... déjà l'orient se colore.... bientôt les oiseaux vont chanter, et le jour va paraître, comme si la redoutable catastrophe ne devait pas éclater tout à l'heure. Hélas! les oiseaux laisseront tomber sur les ondes leurs ailes fatiguées, et le jour... le jour se lèvera; mais sur quoi?... sur un chaos pareil à celui qui précéda la lumière, et qui, en se renouvelant, anéantira le temps! car, sans la vie, que sont les heures? Sans Jéhovah l'éternité elle-même ne serait qu'un vide : sans l'homme, le temps meurt, englouti dans cet océan qui n'a point de source.... Que vois-je? des filles de la terre et des fils de l'air? Non, ce sont tous des enfants du ciel, tant ils sont beaux. Je ne puis distinguer leurs traits; je ne vois que leurs formes. Avec quelle grâce ils descendent la montagne grisâtre, dont les fendent les brouillards! Après les farouches et sombres esprits qui viennent d'exhaler l'hymne impie du triomphe, leur présence est douce à mon cœur comme une apparition d'Éden. Peut-être viennent-ils m'annoncer la paix accordée à notre jeune monde, ce délai que mes prières ont tant de fois imploré!

— Ils viennent!... Anah! Ô Dieu! et avec elle... (*Entrent Samiasa, Azaziel, Anah et Aholibamah.*)

Anah. Japhet!
Samiasa. — Quoi! un fils d'Adam!
Azaziel. — Que fait ici l'enfant de la terre, pendant que toute sa race sommeille?
Japhet. — Ange! que fais-tu toi-même sur la terre quand tu devrais être au ciel?

Azaziel. — Ignores-tu, ou aurais-tu oublié qu'une partie de nos fonctions consiste à veiller sur ce globe?
Japhet. — Mais déjà tous les bons anges ont quitté la terre condamnée; les mauvais esprits eux-mêmes fuient le chaos qui s'approche. Anah! Anah! toi que j'ai si vainement et si longtemps aimée, toi que j'aime encore, pourquoi te promener ainsi avec cet esprit, en ce moment où nul habitant du ciel ne séjourne ici-bas?
Anah. — Japhet, je ne puis te répondre; cependant pardonne-moi.
Japhet. — Puisse le ciel, qui bientôt ne pardonnera plus, te pardonner à toi! car la tentation est puissante...
Aholibamah. — Retourne vers tes frères, fils insolent de Noé! nous ne te connaissons pas.
Japhet. — Un temps viendra peut-être où tu me connaîtras mieux, et où ta sœur me retrouvera tel que j'ai toujours été.
Samiasa. — Fils du patriarche qui fut toujours juste devant Dieu, quelles que soient tes afflictions (car tes paroles semblent mêlées de douleur et de colère), en quoi Azaziel et moi avons-nous pu te faire injure?
Japhet. — Injure! la plus grande de toutes les injures; mais tu as raison, bien que cette femme ne fût comme moi que d'argile, je ne la méritais pas, je ne pouvais la mériter. Adieu, Anah! ce mot, je l'ai dit souvent! mais maintenant je le prononce pour la dernière fois. Ange! ou qui que tu sois, as-tu le pouvoir de sauver cette beauté... ces deux beautés sorties de la race de Caïn?
Azaziel. — Les sauver! et de quoi?
Japhet. — Se peut-il que vous aussi vous l'ignoriez? Anges! malheureux anges! vous avez partagé le péché de l'homme, et peut-être devez-vous partager aussi son châtiment, ou du moins ma douleur.
Samiasa. — Ta douleur! C'est la première fois que j'entends un fils d'Adam me parler en énigmes.
Japhet. — Ces énigmes, le Très-Haut ne vous les a-t-il pas expliquées? Alors c'en est fait de vous et d'elles aussi.
Aholibamah. — Eh bien! soit! s'ils aiment comme ils sont aimés, ils n'hésiteront pas plus à subir la destinée des mortels que je ne reculerais, moi, devant une immortalité de souffrances avec Samiasa!
Anah. — Ma sœur! ma sœur! ne parle point ainsi.
Azaziel. — As-tu peur, mon Anah?
Anah. — Oui, pour toi! je sacrifierais volontiers ce qui me reste de cette courte vie pour épargner à ton éternité un seul instant de douleur.
Japhet. — C'est donc pour lui, pour le séraphin, que tu m'a abandonné! ce n'est rien, si tu n'as pas aussi abandonné ton Dieu; car de telles unions entre une mortelle et un immortel ne sauraient être heureuses ni saintes. Nous avons été envoyés sur la terre pour travailler et mourir; et eux, ils furent créés pour servir le Très-Haut dans les cieux; mais si cet ange a le pouvoir de se sauver, l'heure ne tardera pas à venir où les hommes n'auront de recours que dans une aide céleste.
Anah. — Ah! il prétend nous annoncer la mort.
Samiasa. — La mort, à nous! et à celles qui sont avec nous! cet homme ne semblait accablé d'affliction, il me ferait sourire.
Japhet. — Si je m'afflige, si je crains, ce n'est pas pour moi même. Je dois être épargné, non pour mes mérites, mais pour ceux d'un père vertueux, qui a été trouvé assez juste pour sauver ses enfants. Cette puissance de rédemption, hélas! que n'est-elle plus grande encore! Plût à Dieu que, par l'échange de ma vie contre la sienne, la plus charmante des filles de Caïn pût être admise dans l'arche qui recevra les débris de la race de Seth.
Aholibamah. — Et penses-tu que nous, qui sentons couler dans nos veines ardentes le sang de Caïn, du premier né de l'homme, de Caïn le fort, de Caïn engendré dans le paradis..... nous consentirions à nous mêler aux enfants de Seth, du dernier fruit de la vieillesse d'Adam? Non, non, quand le salut de toute la terre devrait en dépendre! notre race a vécu séparée de la vôtre depuis le commencement; il en sera de même dans l'avenir.
Japhet. — Ce n'est pas à toi que je m'adressais, Aholibamah! ne t'a que trop transmis de son orgueil, celui qui versa le premier sang, le sang d'un frère! Mais toi, mon Anah! laisse-moi t'appeler ainsi, bien qu'il me faille renoncer à toi; mon Anah! toi qui ne fais quelquefois penser qu'Abel a laissé une fille pieuse dans laquelle il revit, tant tu ressembles peu au reste de l'altière postérité de Caïn, si ce n'est par la beauté.
Aholibamah, *l'interrompant*. — Voudrais-tu donc qu'elle ressemblât d'âme et de corps à l'ennemi de notre père? Si je le croyais, si je pensais qu'il y eût en elle quelque chose d'Abel!... Retire-toi, fils de Noé; tu cherches une querelle.
Japhet. — Fille de Caïn, c'est ce que fit ton père.
Aholibamah. — Mais il n'a pas tué Seth; et qu'as-tu à voir des d'autres actes qui restent entre son Dieu et lui?
Japhet. — Tu dis vrai; son Dieu l'a jugé, et je n'aurais pas rappelé son action, si tu n'avais toi-même semblé te glorifier de lui.
Aholibamah. — Il fut le père de nos pères, le premier-né

l'homme, le plus fort, le plus hardi et le plus énergique. Rougirai-je de celui à qui nous devons l'être? Regarde les enfants de notre race; vois leur stature et leur beauté, leur courage, leur vigueur, le nombre de leurs jours.

Japhet. — Leurs jours sont comptés.

Aholibamah. — Soit! mais tant que durera le souffle qui les anime, je me glorifierai dans mes frères et dans mes pères.

Japhet. — Mon père et sa race ne se glorifient que dans leur Dieu. Anah! et toi?

Anah. — Quoi que notre Dieu ordonne, le Dieu de Seth et de Caïn, je dois obéir, et je m'efforcerai d'obéir avec résignation. Mais dans cette heure de vengeance universelle, si j'osais demander à Dieu quelque chose, ce ne serait pas de survivre seule à toute ma famille. Ma sœur! ô ma sœur! que serait le monde, que seraient d'autres mondes, que serait l'avenir le plus brillant, sans le passé si doux... sans ton amour... sans l'amour de mon père... sans tous ces êtres qui semblent nés avec moi, étoiles radieuses d'où descend sur ma ténébreuse existence de douces lumières qui n'étaient pas en moi! Ma sœur!! oh! s'il y a possibilité de pardon, demande-le... obtiens-le; je hais la mort s'il faut que tu meures.

Aholibamah. — Eh quoi! ce rêveur, avec l'arche de son père, cet épouvantail qu'il a construit pour le vulgaire, aurait-il donc effrayé ma sœur! Ne sommes-nous pas aimées par des séraphins! et lors même que nous n'aurions pas cet appui, irions-nous placer notre vie sous la protection d'un fils de Noé? Ah! plutôt mille fois... Mais c'est un insensé que celui qui, des pires de tous les rêves, un cerveau que les veilles ont échauffé, et dans lequel l'amour rebuté engendre mille funestes visions. Eh! qui donc ébranlera ces pesantes montagnes, cette terre solide? Qui viendra dire à ces nuages et à ces eaux de dépouiller la forme que nous et nos pères leur avons vu revêtir sans cesse? Qui le pourra?

Japhet. — Celui qui les a créés d'une parole.

Aholibamah. — Cette parole, qui l'a entendue?

Japhet. — L'univers, qui à son ordre s'élança dans la vie. Ah! un sourire de dédain! Interroge tes séraphins, et s'ils ne l'attestent pas, ce titre ne leur est pas dû.

Samiasa. — Aholibamah, confesse ton Dieu!

Aholibamah. — J'ai toujours reconnu celui dont nous sommes l'ouvrage. Samiasa, ton Créateur et le mien; c'est un Dieu d'amour, non de douleur.

Japhet. — Hélas! qu'est-ce que l'amour, sinon une douleur? Celui-là même qui créa la terre dans son amour eut bientôt à s'affliger sur les premiers habitants qu'il y avait mis.

Aholibamah. — On le dit...

Japhet. — C'est la vérité. (*Entrent Noé et Sem.*)

Noé. — Japhet! Que fais-tu dans ces lieux avec les enfants des pécheurs? Ne crains-tu pas de partager leur châtiment qui s'approche?

Japhet. — Mon père, serait-ce donc un péché que de chercher à sauver des filles de la terre? Regardez, elles ne sauraient être criminelles, puisqu'elles sont dans la compagnie des anges.

Noé. — Voilà donc ceux qui désertent le trône de Dieu pour choisir des femmes dans la race de Caïn; voilà ces fils du ciel qui recherchent les filles de la terre pour leur beauté!

Azaziel. — Patriarche! tu l'as dit.

Noé. — Malheur, malheur à de telles unions! Dieu a établi une barrière entre le ciel et la terre, et limité chaque être à son espèce.

Samiasa. — L'homme n'a-t-il pas été fait à l'image de Jéhovah? Dieu n'aime-t-il pas ce qu'il a fait? et faisons-nous autre chose qu'imiter son amour pour ses créatures?

Noé. — Je ne suis qu'un homme, et il ne m'appartient pas de juger les hommes, encore moins les fils du ciel; mais notre Dieu ayant daigné se communiquer à moi et me faire part de ses jugements, j'atteste que dans la conduite des séraphins qui descendent de leur éternel séjour vers un monde périssable et à la veille de périr, il ne saurait y avoir rien de bon.

Azaziel. — Et si c'était pour les sauver?

Noé. — Ce n'est pas vous, quelle que soit votre gloire, qui pourrez sauver ce qu'a condamné l'auteur de cette gloire même. Si votre mission était une mission de salut, elle serait générale et ne se bornerait pas à deux créatures, bien belles en effet, mais néanmoins condamnées.

Japhet. — Mon père! Ne dites pas cela.

Noé. — Mon fils! mon fils! si tu veux éviter leur châtiment, oublie qu'elles existent; bientôt elles auront cessé d'être, tandis que toi, tu seras le père d'un monde nouveau et meilleur.

Japhet. — Ah! je voudrais mourir avec ce monde et avec elles!

Noé. — Tu le mériterais pour une telle pensée; mais il n'en sera point ainsi: tu seras sauvé par celui à qui appartient le salut.

Samiasa. — Et pourquoi lui et toi, et non celles que ton fils préfère à tous deux?

Noé. — Adresse cette question à l'être qui le fit plus grand que moi et les miens, mais également soumis à sa toute-puissance. Mais je vois venir le moins sévère de ses messagers, et pourtant celui qu'aucune tentation ne peut atteindre. (*Entre l'archange Raphaël.*)

Raphael. — Esprits! dont la place est auprès du trône suprême, que faites-vous ici? Est-ce ainsi que vous observez votre devoir de séraphins, maintenant que l'heure approche où la terre doit être abandonnée à elle-même? Retournez offrir, avec les sept élus, le glorieux hommage de vos adorations et de vos flammes. Votre place est au ciel.

Samiasa. — O Raphaël! le premier et le plus beau des enfants de Dieu, depuis quand est-il interdit aux anges de fouler cette terre, qui vit si souvent Jéhovah imprimer sur son sol la trace de ses pas? Il aima ce monde et le créa pour aimer; combien de fois, d'une aile joyeuse, nous avons apporté ici ses messages, l'adorant dans ses moindres œuvres, veillant sur cette planète, la plus jeune de toutes, et désireux de maintenir digne de notre maître ce dernier produit de son auguste parole! Pourquoi nous montrer un front sévère? pourquoi nous parler de destruction prochaine?

Raphael. — Si Samiasa et Azaziel étaient restés à leur poste, avec les chœurs des anges, ils auraient vu écrit en lettres de feu le dernier décret de Jéhovah, et n'auraient point à s'informer auprès de moi de la volonté de leur créateur; mais l'ignorance accompagne toujours le péché, et les lumières des esprits eux-mêmes diminuent en raison de leur orgueil. Alors que tous les bons anges se sont éloignés de la terre, vous y êtes restés, mus par d'étranges passions, et abaissés par des affections mortelles; vous par une mortelle beauté; mais jusqu'ici Dieu vous pardonne: il vous rappelle parmi vos égaux irréprochables. Partez! partez! ou restez, et, par ce délai, perdez votre éternité!

Azaziel. — Et toi, si le séjour de la terre est interdit par le décret que nous ignorons jusqu'à ce moment, n'es-tu pas également coupable de te trouver ici?

Raphael. — Je suis venu pour vous rappeler dans votre sphère, au nom tout puissant de Dieu même; ses ordres me sont toujours chers, et le devoir que je viens remplir en ce moment ne l'est pas moins pour moi. Jusqu'à présent nous avons foulé ensemble l'éternel espace; continuons à parcourir d'un même vol l'empire des étoiles. La terre, il est vrai, doit mourir; la race de ses fils, rappelée dans ses entrailles, doit se flétrir, ainsi qu'un grand nombre des objets qui l'embellissent; mais cette terre ne saurait-elle donc être créée ou détruite sans qu'il se fasse un vide dans les rangs des immortels. Satan, notre frère, est tombé; sa grande hauteur a mieux aimé affronter la souffrance que d'adorer encore. Mais, vous, séraphins, purs jusqu'ici, vous moins puissants que ce premier de tous les anges, rappelez-vous sa chute, et voyez si la satisfaction de tenter l'homme peut compenser la perte du ciel trop tard regretté! Longtemps j'ai combattu, longtemps je dois combattre encore l'esprit orgueilleux qui ne put supporter la pensée d'avoir été créé, et refusa de reconnaître celui qui avait fait briller en face des chérubins, comme brille un soleil relativement aux astres qu'il régit, éclipsant même les archanges placés à sa droite. Je l'aimais..... il était si beau! ô ciel! après son Créateur, qui jamais égala Satan en beauté et en puissance! Si l'heure qui le vit faillir pouvait être oubliée un jour!.. Non... ce souhait même est impie. Mais vous! qui n'êtes point déchus encore, que son exemple vous instruise! L'éternité avec lui, ou avec son Dieu: voilà le choix que vous avez à faire. Satan ne vous a point tentés, vous; il ne peut tenter les anges placés au-dessus de ses pièges; mais l'homme a écouté sa voix, et vous celle de la femme..... La femme est belle; et la parole du serpent avait moins de fascination qu'un baiser de la beauté. Le serpent n'a vaincu que la poussière, mais la femme pèse moins que le ciel de nouveaux anges violateurs des célestes lois. Fuyez! il en est temps encore. Vous ne pouvez mourir, mais celles de la terre mourront; et vous, le ciel retentira de vos regrets douloureux pour creatures d'argile périssable, dont la mémoire survivra de beaucoup dans votre immortalité au soleil qui leur donne le jour. Songez que votre essence n'a de commun avec la leur que la faculté de souffrir. Pourquoi vous associer aux douleurs qui doivent être le partage des enfants de la terre... nés pour voir leur existence labourée par les ans, semée par les chagrins et moissonnée par le trépas, ne fussent que du domaine de l'humanité. Lors même que leur vie n'eût pas été abrégée par la colère de Dieu, et qu'on les eût laissées se frayer à travers des siècles un chemin vers la tombe, ils n'en eussent pas moins été la proie du péché et de la douleur.

Aholibamah. — Qu'ils fuient! j'entends la voix qui annonce que nous devons mourir avant l'âge où sont morts nos patriarches en cheveux blancs, si là-haut un océan est prêt à fondre sur nous, pendant qu'ici-bas les eaux de l'abîme s'élèveront, et iront se joindre aux torrents des cieux. Le petit nombre, il paraît, sera seul épargné; la race de Caïn n'y est point comprise, et c'est vainement qu'elle implorerait le Dieu d'Adam. Puisqu'il en est ainsi, ma sœur, puisque nos supplications ne sauraient obtenir la rémission d'une seule heure de souffrance, séparons-nous de ce que nous avons adoré; affrontons les vagues, comme nous affronterions le glaive, sinon sans émotion, du moins sans peur, gémissant moins sur nous que sur ceux qui nous survivront dans un esclavage mortel ou immortel, et qui, après l'écoulement des ondes, pleureront sur les myriades d'êtres qui ne pourront plus pleurer. Fuyez, séraphins, vers vos régions éternelles, où il n'y a point de vents qui mugissent, de vagues qui grondent. Notre sort, à nous, est de mourir, le vôtre de vivre à jamais; mais laquelle vaut mieux d'une éternité de mort ou d'une vie éternelle, le Créateur est le seul qui le sache. Obéissez-lui comme nous lui obéirons. Je ne voudrais pas, pour toute la miséricorde accordée à la race de Seth, garder vivante cette argile une heure de plus que sa volonté ne l'ordonne, ni vous voir perdre une portion de sa faveur. Fuyez! et quand vos ailes vous emporteront loin de ce séjour, songe, Samiasa, que mon amour doit monter avec toi jusqu'au ciel ! Ah! si, en suivant ton vol, mes yeux restent sans larmes, c'est que la fiancée d'un ange dédaigne de pleurer... Adieu ! Et toi, maintenant, lève-toi, ô mer inexorable !

ANAH. — Faut-il donc mourir ? faut-il donc te perdre aussi, Azaziel ! O mon cœur ! mon cœur ! les présages étaient vrais ! et pourtant, tu étais si heureux ! le coup, bien que prévu, me frappe comme un trait soudain. N'importe, quitte-moi. Ah! pourquoi ?.., mais que je ne te retienne pas... fuis! Mes douleurs ne peuvent qu'être courtes; mais les tiennes seraient éternelles, si tu étais exilé du ciel à cause de moi. Tu n'as déjà été que trop bon pour une fille d'Adam! notre partage, c'est la douleur. Non-seulement pour nous, mais aussi pour les esprits qui n'ont pas dédaigné de nous aimer, il n'est dans l'avenir que souffrance et que honte. Le premier qui nous enseigna la science fut précipité de son trône d'archange, dans je ne sais quel monde inconnu. Et toi, Azaziel ! non, tu ne connaîtras pas la douleur à cause de moi Pars! et ne pleure pas !... Non, tu ne peux pleurer; mais ta douleur sans larmes n'en sera que plus poignante; oublie donc celle à qui les flots de l'Océan destructeur n'apporteront point d'angoisse pareille à celle-ci! Fuis! fuis! quand tu ne seras plus là, il me sera moins difficile de mourir.

JAPHET. — Oh! ne dis pas cela!..... Mon père ! et toi noble archange ! dans la pure et austère sérénité de ce front, je lis la miséricorde céleste; que ces deux sœurs ne deviennent pas la proie de l'Océan sans rivage ; que notre arche les reçoive, ou je cesserai de vivre !

NOÉ. — Silence! enfant des passions, silence ! si tu ne peux maîtriser ton cœur, que ta bouche du moins n'outrage pas ton Dieu ! Vis comme il l'exige.... meurs, quand il l'ordonnera, meurs de la mort des justes, et non comme la race de Caïn. Cesse de l'affliger ou gémis en silence ; cesse de fatiguer le ciel de tes lamentations égoïstes. Voudrais-tu que Dieu commit une faute pour toi ? c'en serait une que de changer des décrets dans le seul intérêt d'une douleur mortelle. Sois homme ! et supporte ce que la race d'Adam doit et peut supporter.

JAPHET. — Oui, mon père! Mais, quand tous auront péri, quand nous resterons seuls flottants sur le désert azuré; quand les vagues qui nous porteront cacheront dans leurs abîmes notre terre chérie, et, plus chers encore, des amis, des frères silencieux, tous ensevelis dans cet abîme sans fond, alors comment arrêter nos larmes et nos cris? Dans le silence de la destruction trouverons-nous le repos ? O Dieu! soyez Dieu ; épargnez pendant qu'il en est temps encore ! Ne renouvelez point la chute d'Adam. Le genre humain ne se composait alors que d'un seul couple ; mais les habitants de la terre sont tellement multipliés aujourd'hui que les vagues irritées s'élèveront, que les gouttes de cette pluie fatale tomberont, moins nombreuses que ne le seraient leurs tombeaux... si la race de Caïn devait même avoir des tombeaux.

NOÉ. — Silence ! présomptueux enfant, chacune de tes paroles est un crime. Ange! pardonne au désespoir de ce jeune homme.

RAPHAEL. — Séraphins ! le langage de ces mortels est celui de la passion ; vous, qui ne devez être qu'impassibles et purs, vous pouvez retourner au ciel avec moi.

SAMIASA. — Nous pouvons aussi n'y point retourner. Nous avons fait notre choix, nous subirons les suites.

RAPHAEL. — Est-ce là votre réponse ?

AZAZIEL. — Ce qu'il a dit, je le dis aussi.

RAPHAEL. — Encore ! A dater de ce moment, dépouillés que vous êtes de votre pouvoir, étrangers à votre Dieu, je vous plains.

JAPHET. — Hélas! où iront-ils? où iront-elles? Écoutez ! écoutez ! des bruits lugubres s'échappent du sein de la montagne ; ils vont en augmentant ; il n'y a pas sur toutes les hauteurs un seul souffle de vent, et cependant les feuilles tombent, les fleurs se détachent, la terre gémit comme sous un poids accablant.

NOÉ. — Écoutez ! écoutez le cri des oiseaux de mer ! Leur multitude s'étend comme un nuage dans l'atmosphère assombrie ; ils planent autour de la montagne, vers laquelle jamais une aile blanche, humide des flots amers, n'avait osé diriger son essor, même au milieu des tempêtes les plus violentes. Ce sera bientôt leur unique rivage, après lequel il n'y en aura plus pour eux !

JAPHET. — Le soleil ! le soleil ! il se lève; mais non avec sa lumière bienfaisante ; et le cercle noir qui entoure son disque rougeâtre annonce à la terre que son dernier jour a commencé ! Les nuages ont gardé les teintes de la nuit, seulement leur couleur est bronzée à l'endroit de l'horizon où naguère se levaient des aurores brillantes.

NOÉ. —Voyez-vous luire cet éclair ? c'est le messager du tonnerre lointain ! Il approche ! partons ! partons ! laissons aux éléments leur criminelle proie ! rendons-nous au lieu où notre arche sainte élève ses flancs protecteurs à l'épreuve du naufrage.

JAPHET. — O mon père ! arrêtez! n'abandonnez pas mon Anah à la fureur des vagues.

NOÉ. — Ne devons-nous pas leur abandonner tout ce qui respire? Partons !

JAPHET. — Je resterai.

NOÉ. — Meurs donc avec eux ! Oses-tu bien lever les yeux vers ce ciel prophétique, et vouloir sauver des condamnés contre lesquels tout s'unit, dans un irrésistible accord, avec la juste colère de Jéhovah ?

JAPHET. — La colère et la justice peuvent-elles marcher ensemble ?

NOÉ. — Blasphémateur ! oses-tu bien murmurer dans un pareil moment ?

RAPHAEL. — Patriarche ! montre-toi encore père ! désarme ton front : en dépit de sa démence, ton fils vivra. Il ne sait ce qu'il dit; néanmoins, il ne boira pas, parmi des sanglots étouffés, l'écume amère des vagues turbulentes; mais, quand son délire sera calmé, il sera aussi juste que toi ; il ne doit pas périr, comme ces fils du ciel, avec les filles des hommes.

AHOLIBAMAH. — La tempête approche ; le ciel et la terre s'unissent pour la destruction de tout ce qui a vie : entre notre force et l'éternelle puissance, la lutte est inégale !

SAMIASA. — Mais notre puissance est avec vous ; nous vous emporterons dans quelque étoile paisible, où Anah et toi, vous partagerez notre sort ; et si tu ne regrettes pas la terre, nous oublierons aussi la perte du ciel.

ANAH. — O tentes de mon père ! ô berceau de ma naissance ! ô montagnes, forêts ! quand vous ne serez plus, qui essuiera mes larmes ?

AZAZIEL. — L'ange, ton époux. Ne crains rien ; bien que nous soyons exilés du ciel, il nous reste plus d'un asile d'où nul ne pourra nous chasser.

RAPHAEL. — Rebelle ! tes paroles sont aussi coupables que tes actes seront désormais impuissants ; le glaive de feu qui chassa l'homme du paradis étincelle encore dans la main de l'archange.

AZAZIEL. — Il ne peut rien sur nous ; adresse à la poussière tes menaces de mort, et parle de glaive à ceux qui ont du sang à répandre. Que sont tes glaives pour des immortels ?

RAPHAEL. — Le moment est venu d'en faire l'épreuve ; tu vas apprendre enfin combien est vaine la lutte contre les volontés de ton Dieu ; toute la force était dans ta foi. (On voit arriver des mortels qui fuient et cherchent un refuge.)

CHŒUR DES MORTELS. — Le ciel et la terre se confondent. Dieu ! ô Dieu ! qu'avons-nous fait? épargne-nous ! Écoute! il n'est pas jusqu'aux bêtes des forêts qui ne hurlent des prières ! le dragon sort en rampant de son antre, et vient, effrayé, inoffensif, se mêler aux hommes ; les oiseaux remplissent l'air de cris plaintifs ! O Jéhovah! écarte encore la verge de ta colère ; prends en pitié le désespoir du monde, ton ouvrage ! entends les supplications, non de l'homme seul, mais de toute la nature !

RAPHAEL. — Adieu, terre ! Et vous, malheureux enfants de la poussière, je ne puis ni ne dois vous secourir : votre arrêt est porté ! (Raphaël sort.)

JAPHET. — Quelques nuages volent comme des vautours poursuivant leur proie, pendant que d'autres, immobiles ainsi que des rochers, attendent l'ordre d'épancher l'océan de leur colère. Un vêtement d'azur ne parera plus le firmament; nulle étoile n'y viendra briller. La nuit seule s'est levée dans les cieux : à la place du soleil, une clarté pâle et sépulcrale s'est répandue par toute l'atmosphère mourante.

AZAZIEL. — Viens, Anah ! quitte cette prison, dont les fondements sont un chaos : les éléments viennent la rendre à l'état d'où elle est sortie; à l'abri de ces ailes tu seras en sûreté, comme autrefois l'aiglon sous celles de sa mère... Laissons mugir l'universelle ruine avec tous ses éléments déchaînés ! ne l'effraie pas du fracas de leur lutte bruyante ! Nous allons explorer un monde plus brillant, un monde où tu respireras le souffle d'une vie aérienne : il est d'autres firmaments que ces nuages sombres. (Azaziel et Samiasa s'envolent et disparaissent avec Anah et Aholibamah.)

JAPHET. — Elles sont parties ! elles ont disparu au milieu du grand cri du monde abandonné ; et, soit qu'elles vivent, soit qu'elles meurent avec toute vie sur la terre, maintenant près de sa fin, Anah ! rien désormais ne peut te rendre à mes regards !

CHŒUR DES MORTELS. — O fils de Noé ! priez pour tes frères ! Quoi ! veux-tu donc nous laisser tous... tous livrés à la mort, pendant qu'au milieu de la guerre des éléments, tu vogueras sans crainte dans ton arche bénie du Seigneur !

UNE MÈRE, *présentant son enfant à Japhet*. — Oh ! prends cet nfant avec toi ! je l'ai mis au monde dans la douleur ; mais j'ai ouri de joie en le voyant suspendu à ma mamelle. Pourquoi est-il né ? qu'a-t-il fait... mon fils, qui n'a encore goûté que mon lait... u'a-t-il fait pour mériter la colère de Jéhovah ? Qu'y a-t-il donc dans mon sein de si coupable, pour que le ciel et la terre doivent s'armer contre mon enfant, afin d'étouffer sous les vagues son souffle innocent ? Sauve-le, fils de Seth ! ou sois maudit... avec celui qui t'a créé, ainsi que toute ta race, à laquelle il nous sacrifie.

JAPHET. — Silence ! ce n'est pas le temps de maudire, mais de prier.

CHŒUR DES MORTELS. — De prier !!! Et où montera la prière, quand les nuages gonflés s'abaissent sur les montagnes, et y versent leurs torrents ; quand l'Océan débordé renverse les chaînes de rochers qui l'arrêtent, et abreuve jusqu'à la soif des déserts ? Maudit soit celui qui te créa, toi et ton père ! Nous savons que nos malédictions sont vaines, il nous faut mourir ; mais puisque notre sort ne peut être aggravé, pourquoi ferions-nous entendre des hymnes pieux ? pourquoi fléchirions-nous le genou devant l'implacable Tout-Puissant ? après tout, nous n'en mourrons pas moins. S'il a créé la terre, qu'il rougisse de n'avoir fait un monde que pour le torturer. Voilà qu'elles accourent les vagues impitoyables ! elles accourent dans leur fureur ! et leur mugissement fait taire la nature pleine de santé et de vie. Les arbres des forêts contemporains de l'Éden, nés avant qu'Ève apportât au premier homme la science pour dot, ou qu'Adam chantât son premier hymne d'esclavage, ces arbres gigantesques, verts encore dans leur vieillesse, les flots ont dépassé leur cime ; leurs fleurs s'en vont flotter sur l'Océan, qui monte, monte toujours. En vain nous levons nos regards vers les cieux ; les cieux s'abaissent, se confondent avec les mers, et cachent Dieu aux mortels suppliants. Fuis, fils de Noé, fuis ! établis-toi paisible dans la tente qui t'a été dressée sur l'Océan ; vois se balancer sur les eaux les cadavres des hommes parmi lesquels s'écoulèrent tes beaux jours, et à ce spectacle élève vers Jéhovah l'hymne de la reconnaissance.

UN MORTEL. — Heureux les morts qui meurent dans le Seigneur ! Quoique les eaux couvrent la terre, c'est l'œuvre de sa parole, adorons ses décrets ! Il me donna la vie : en me l'ôtant, il ne fait que reprendre son bien ; et quand mes yeux devraient se fermer pour jamais, quand ma voix suppliante ne pourrait plus se faire entendre au pied de son trône, béni soit le Seigneur pour ce qui est passé, comme pour ce qui est. Car toute chose est à lui, depuis la première jusqu'à la dernière, le temps, l'espace, l'éternité, la vie, la mort, le vaste domaine du connu, et le champ illimité de l'inconnu. Ce qu'il a fait, il peut le détruire ; irai-je, pour un léger souffle de vie, blasphémer et gémir ? Non, j'ai vécu dans la foi ; et, dût l'univers chanceler sur sa base, je mourrai dans la foi.

CHŒUR DES MORTELS. — Où fuir ? sur les hautes montagnes ? les torrents se précipitent de leurs sommets au-devant de l'Océan, qui s'avance après avoir submergé les collines, et rempli les profondeurs des cavernes.

UNE FEMME. — Oh ! sauvez-moi, sauvez-moi ! Notre vallée n'est plus ; mon père et la tente de mon père, mes frères et les troupeaux de mes frères ; les arbres charmants, qui à midi nous prêtaient leur ombre, et d'où le soir s'échappait le doux chant des oiseaux ; le petit ruisseau qui rafraîchissait nos verts pâturages : tout a disparu. Ce matin, quand j'ai gravi la montagne, je me suis retournée pour bénir ce séjour, et pas une feuille ne paraissait prête à tomber... et maintenant, la place même a disparu. Oh ! pourquoi suis-je née ?...

JAPHET. — Pour mourir, pour mourir jeune, heureuse de ne pas voir l'universel tombeau, sur lequel je suis condamné à pleurer en vain. Quand tous périssent, pourquoi faut-il que je vive encore ?

Les eaux montent; les hommes fuient de tous côtés; les vagues en atteignent un grand nombre ; le chœur des mortels se disperse et cherche un refuge dans les montagnes. Japhet reste debout sur un rocher; on aperçoit l'arche qui flotte dans le lointain et s'avance vers lui.

FIN.

MARINO FALIERO.

PERSONNAGES.

Hommes : MARINO FALIERO, doge de Venise. — BERTUCCIO FALIERO, neveu du doge. — LEONI, patricien et sénateur. — BENINTENDE, président du conseil des Dix. — MICHEL STENO, l'un des trois capi des Quarante. — ISRAEL BERTUCCIO, commandant de l'arsenal. — PHILIPPE CALENDARO, DAGOLINO, BERTRAM, conspirateurs. — *Deux seigneurs de la nuit, officiers de la République.* — *Premier citoyen.* — *Deuxième citoyen.* — *Troisième citoyen.* — VINCENZO, PIETRO, BATTISTA, officiers du palais ducal. — ANTONIO, domestique de LEONI. — Le secrétaire du conseil des Dix. — Gardes, conspirateurs, citoyens, le conseil des Dix, la junte.

Femmes : ANGIOLINA, femme du doge. — MARIANNA, son amie. — Suivantes, etc.

La scène est à Venise, en 1353.

ACTE PREMIER.

SCÈNE PREMIÈRE.

Une antichambre dans le palais ducal.

PIETRO, BATTISTA.

PIETRO. — Le messager n'est-il pas de retour ?
BATTISTA. — Pas encore ; j'ai envoyé plusieurs fois le demander d'après vos ordres ; mais la Seigneurie est encore en conseil, et engagée dans de longs débats sur l'accusation de Steno.
PIETRO. — Oui trop longs ; c'est du moins ce que pense le doge.
BATTISTA. — Comment supporte-t-il cette attente ?
PIETRO. — Avec une patience de commande. Assis devant la table ducale, couverte de tout le fatras des affaires, pétitions, dépêches, jugements, actes, lettres de sursis, rapports, il semble absorbé dans ses fonctions ; mais à peine entend-il le bruit d'une porte qui s'ouvre, ou des pas qui s'approchent, ou le murmure d'une voix, il promène autour de lui un œil agité, il se lève de son siège, puis reste immobile, puis se rassied, et fixe les regards sur quelque édit... J'ai remarqué que depuis une heure il n'a pas tourné un feuillet.
BATTISTA. — On dit que son irritation est grande, et certes Steno est bien coupable de l'avoir aussi grossièrement outragé.
PIETRO. — Oui ! l'offenseur était un homme pauvre et obscur : Steno est patricien ; il est jeune, frivole, brillant et fier.
BATTISTA. — Vous pensez donc qu'il ne sera pas jugé sévèrement.
PIETRO. — Il suffirait qu'il fût jugé avec équité, mais ce n'est pas à nous d'anticiper sur la sentence.
BATTISTA. — La voici... Vincenzo, quelle nouvelle ? (*Entre Vincenzo.*)
VINCENZO. — L'affaire est terminée ; mais on ne connaît pas encore la sentence. J'ai vu le président sceller le parchemin qui portera au doge le jugement des Quarante, et je me hâte d'aller lui annoncer ce message.
(*Ils sortent.*)

SCÈNE II.

La chambre ducale.

MARINO FALIERO, BERTUCCIO FALIERO.

BERTUCCIO. — Il est impossible que justice ne soit pas faite.
LE DOGE. — Oui, comme l'ont faite les avogadori, qui ont renvoyé ma plainte aux Quarante, afin que le coupable fût jugé par ses pairs, c'est-à-dire par lui-même.
BERTUCCIO. — Ses pairs n'oseraient le protéger : un pareil acte affaiblirait toute autorité.
LE DOGE. — Ne connais-tu pas Venise ? ne connais-tu pas les Quarante ? Mais nous allons bien voir.
BERTUCCIO, *à Vincenzo qui entre.* — Eh bien !..... quelle nouvelle ?
VINCENZO. — Je suis chargé d'annoncer à Votre Altesse que la Cour a prononcé son arrêt, et qu'aussitôt les formes légales accomplies, la sentence sera envoyée au doge. Les Quarante saluent le prince de la République, et le prient d'agréer leurs respects.

Le doge. — Oui..... étonnamment respectueux et humbles. La sentence est prononcée, dites-vous ?

Vincenzo. — Oui, prince ; le président y apposait le sceau quand on m'a mandé, afin que sans perdre de temps il en fût donné avis au chef de la République ainsi qu'au plaignant, tous deux réunis dans la même personne.

Bertuccio. — Avez-vous pu deviner la nature de leur décision ?

Vincenzo. — Non, seigneur ; vous connaissez la discrétion habituelle des tribunaux de Venise.

Bertuccio. — Sans doute ; mais pour un observateur intelligent et attentif, il y a toujours matière à conjecture : ce sera un chuchotement ou un murmure, un air plus ou moins solennel. Les Quarante ne sont que des hommes, après tout... des hommes estimables, sages, justes et circonspects, je l'accorde, et discrets comme la tombe à laquelle ils condamnent le coupable ; mais avec tout cela, dans leurs traits, dans ceux des plus jeunes du moins, un regard scrutateur, un regard comme le vôtre, par exemple, Vincenzo, aurait pu lire la sentence avant qu'elle fût prononcée.

Vincenzo. — Seigneur, j'ai quitté la table sans avoir le temps de remarquer ce qui se passait parmi les juges ; d'ailleurs mon poste auprès de l'accusé, Michel Steno, m'obligeait......

Le doge, *brusquement*. — Et quelle était sa contenance, à lui ? dites-nous cela.

Vincenzo. — Calme, mais non abattu, il attendait avec résignation l'arrêt quel qu'il pût être... Mais voici qu'on l'apporte à Votre Altesse pour qu'elle en prenne lecture. (*Entre le secrétaire des Quarante.*)

Le secrétaire. — Le haut tribunal des Quarante envoie ses souhaits et ses respects au doge Faliero, premier magistrat de Venise, et prie Son Altesse de vouloir lire et approuver la sentence prononcée contre Michel Steno, mis en accusation pour des faits relatés, ainsi que la peine, dans l'écrit que vous présente.

Le doge. — Retirez-vous, et attendez hors de cet appartement. (*Le secrétaire et Vincenzo sortent.*) Prends ce papier : mes yeux troublés ne peuvent distinguer les caractères.

Bertuccio. — Du calme, mon cher oncle ; pourquoi tremblez-vous ainsi ?... N'en doutez pas, tout ira comme vous le souhaitez.

Le doge. — Lis.

Bertuccio, *lisant*. — « Décrété en conseil, à l'unanimité, que Michel Steno, coupable, de son propre aveu, d'avoir, dans la dernière nuit du carnaval, gravé sur le trône les paroles suivantes (1)...

Le doge. — Voudrais-tu les répéter ? oserais-tu les répéter ?... toi, un Faliero ? Voudrais-tu appuyer sur l'éclatant déshonneur de notre maison, avilie dans son chef... dans le prince de Venise, la première des cités ?... Passe là la sentence.

Bertuccio. — Excusez-moi, seigneur, j'obéis... (*Il continue de lire.*) « Condamne Michel Steno à un mois d'arrêts forcés. »

Le doge. — Poursuis.

Bertuccio. — Seigneur, c'est tout.

Le doge. — Que dis-tu ?... C'est tout ! est-ce que je rêve !... C'est faux... Donne-moi ce papier... (*Il lui arrache le papier et lit.*) « Condamne Michel Steno..... » Mon neveu, ton bras !

Bertuccio. — Revenez à vous, soyez calme ; ce transport est sans motif raisonnable... Je vais chercher du secours.

Le doge. — Arrête... ne bouge pas... c'est passé.

Bertuccio. — Je dois convenir avec vous que la peine est trop légère, comparée à l'offense. Les Quarante ont tort de punir d'un châtiment aussi faible un outrage infâme qui retombe sur eux, à qui vous commandez. Mais la chose n'est pas sans remède : vous pouvez appeler de leur décision à eux-mêmes ou aux avogadori, qui, voyant que justice vous est refusée, prendront en main la cause qu'ils avaient déclinée. Ne le pensez-vous pas, mon oncle ? Mais pourquoi restez-vous immobile ? vous ne m'entendez pas ? .. je vous en conjure, écoutez-moi.

Le doge, *jetant par terre sa toque ducale, va pour la fouler aux pieds ; mais son neveu l'arrête.* — Oh ! plût au ciel que les Sarrasins fussent sur la place Saint-Marc ! Voilà tout ce que je ferais.

Bertuccio. — Au nom du ciel et de tous les saints, monseigneur...

Le doge. — Laisse-moi. Oh ! que les Génois ne sont-ils dans le port ! Que les Turcs, vaincus par moi à Zara, ne sont-ils rangés en bataille autour du palais !

Bertuccio. — Voilà des souhaits peu convenables dans la bouche d'un duc de Venise.

Le doge. — Le duc de Venise ! qui est duc de Venise maintenant ? je veux le voir afin qu'il me rende justice.

Bertuccio. — Si vous oubliez le caractère et les devoirs de votre charge, rappelez-vous votre dignité d'homme et calmez ce transport. Le duc de Venise...

Le doge, *l'interrompant*. — Il n'y en a pas... c'est un mot... moins qu'un mot, un surnom sans valeur. L'être le plus avili, lésé,

---

(1) *Marino Faliero, dalla bella moglie... altri la gode, ed egli la mantiene.*
Marino Faliero, qui a une belle femme... d'autres en jouissent et il l'entretient. (Sanuto, *Vie des Doges*.)

outragé, le plus dénué de tout, obligé de mendier son pain, si quelqu'un lui en refuse, peut l'obtenir d'un cœur plus humain ; mais celui à qui justice est refusée par les hommes dont le devoir est d'être justes, celui-là est plus indigent que le mendiant qu'on repousse... c'est un esclave... et c'est ce que je suis, ce que tu es, ce qu'est toute notre maison, à dater de ce moment. Le dernier des artisans nous montrera au doigt, et le noble hautain peut nous cracher à la face... Où est notre recours ?

Bertuccio. — Dans la loi, mon prince.

Le doge, *l'interrompant*. — Tu vois ce qu'elle a fait pour moi... Je n'ai demandé justice qu'à la loi... j'ai invoqué comme juges ceux que la loi a institués... souverain, j'en ai appelé à mes sujets, ces mêmes sujets qui m'ont fait souverain, et m'ont donné ainsi un double droit de l'être. Les privilèges que me confèrent ma charge et leur libre choix, les droits que je tiens de ma naissance, ceux que j'ai acquis par mes services, les honneurs dont je suis revêtu, mon grand âge, mes cicatrices, mes cheveux blancs, les voyages, les travaux, les périls, les fatigues, le sang et les sueurs de quatre-vingts années, tout cela mis dans la balance contre le plus abominable outrage, la plus grossière insulte, le mépris criminel d'un patricien vindicatif, tout cela s'est trouvé insuffisant. Dois-je le souffrir ?

Bertuccio. — Je ne dis pas cela..... Dans le cas où votre appel serait rejeté, nous trouverons d'autres moyens d'arranger cette affaire.

Le doge. — Moi ! en appeler ! es-tu bien le fils de mon frère ? un rejeton de la maison des Faliero ? le neveu d'un doge ? né de ce sang qui a déjà donné trois princes à Venise ? Mais tu dis vrai... nous devons être humbles à présent.

Bertuccio. — Mon oncle et mon seigneur, votre émotion est trop grande... j'avoue la gravité de l'offense et l'injustice de ceux qui n'ont point voulu la punir convenablement ; toutefois, ce transport excède la provocation, et même toute provocation. Lésés, nous demanderons justice ; si elle nous est refusée, nous nous la ferons nous-mêmes ; mais tout cela sans emportement... La vengeance la plus terrible est fille du silence le plus profond. Je n'ai pas encore le tiers de votre âge, j'aime notre maison, je vous honore comme mon chef, comme le guide et le soutien de ma jeunesse... mais bien que je comprenne votre douleur, et que j'entre dans vos ressentiments, je ne puis voir votre colère, comme les vagues de l'Adriatique, s'exhaler en écume dans les airs.

Le doge. — Je te dis... dois-je donc te le dire... ce que ton père eût compris avant d'ouïr une seule parole ? Es-tu sans âme... sans passion ?... n'as-tu pas le sentiment intime de l'honneur ?

Bertuccio. — C'est la première fois que mon honneur a été mis en doute ; et de la part de tout autre ce serait la dernière.

Le doge. — Tu connais l'offense de ce misérable, de ce lâche et vindicatif scélérat qui vient d'être absous ; il n'a pas craint de déverser son poison infâme sur l'honneur de qui ? grand Dieu ! sur l'honneur de ma femme ; il n'a pas craint d'attaquer ce qu'un homme a de plus cher et de plus sacré ; et sa lâche calomnie, passant de bouche en bouche, accompagnée de sales et grossiers commentaires, ira fournir matière aux cyniques plaisanteries, aux blasphèmes obscènes de la populace ; et de leur côté, les nobles, couvrant le sarcasme du vernis de l'élégance, se répéteront à l'oreille le conte scandaleux, et approuveront d'un sourire le mensonge qui, me ravalant à leur niveau, fait de moi un mari dupé et complaisant, résigné à son déshonneur... que dis-je !... s'en faisant gloire.

Bertuccio. — Mais, après tout, c'est un mensonge... vous le savez, et tout le monde en est convaincu.

Le doge. — Mon neveu, un Romain illustre dit un jour : « La femme de César ne doit pas être soupçonnée ; » et il la répudia.

Bertuccio. — C'est vrai ; mais à cette époque...

Le doge. — Quoi donc ! ce que n'eût pas souffert un Romain, un prince de Venise doit le souffrir ? Le vieux Dandolo refusa le diadème des Césars, et porta la toque ducale (*il jette par terre son bonnet de doge*) ; et moi je foule cette toque à mes pieds, parce qu'elle est avilie.

Bertuccio. — Elle l'est en effet.

Le doge. — Elle l'est, elle l'est ! Je n'ai point vengé cette infamie sur la femme innocente que l'on ose calomnier lâchement pour avoir épousé un vieillard, parce que ce vieillard était l'ami de son père et le protecteur de sa maison ; comme s'il n'y avait d'amour dans le cœur des femmes que pour une jeunesse libertine, pour des visages imberbes... je ne me suis point vengé sur elle ; mais j'ai invoqué contre le calomniateur la justice de mon pays, cette justice due à l'homme le plus obscur, ayant une femme dont la fidélité lui est douce, une maison dont le foyer lui est cher, un nom dont l'honneur est tout pour lui, et qui voit tout ce qu'il aime se flétrir sous le souffle maudit de la calomnie et de l'outrage.

Bertuccio. — Et quelle réparation attendiez-vous donc ? Quel châtiment vouliez-vous qu'on infligeât au coupable ?

Le doge. — La mort ! N'étais-je pas le chef de l'État ? ne m'avait-on pas insulté jusque sur mon trône ? ne m'avait-on pas rendu la risée des hommes qui me doivent obéissance ? n'étais-je pas outragé comme époux, avili comme homme, humilié, dégradé comme prince ?

L'insulte et la trahison n'étaient-elles pas accumulées dans un seul acte? Et on laisse vivre l'insolent et le traître! Ah! si au lieu du trône du doge, il eût choisi l'escabelle d'un paysan pour y graver son outrage, il eût teint de son sang le seuil de la cabane.

BERTUCCIO. — Soyez certain qu'il ne vivra pas au coucher du soleil... laissez-moi faire, et calmez-vous.

LE DOGE. — Arrête, mon neveu : hier cela eût suffi ; maintenant je n'en veux plus à cet homme.

BERTUCCIO. — Que voulez-vous dire? l'offense n'est-elle pas doublée par cette infâme décision que je n'appellerai pas acquittement? c'est pire, puisque le même acte constate le délit et l'impunité !

LE DOGE. — L'offense est doublée, en effet, mais ce n'est point par lui : les Quarante ont décrété un mois d'arrêts... nous devons obéir aux Quarante.

BERTUCCIO. — Leur obéir ! eux qui ont méconnu leur devoir envers le souverain!

LE DOGE. — C'est juste... mon enfant, tu comprends la question maintenant : en ma qualité, soit de citoyen qui demande justice, soit de souverain de qui la justice émane, ils m'ont lésé dans mon double droit ; mais, malgré tout cela, qu'il ne tombe pas un seul cheveu de la tête de Steno... cette tête, il ne la gardera pas longtemps.

BERTUCCIO. — Il ne la garderait pas douze heures si vous me laissiez faire. En m'écoutant avec calme, vous auriez vu que mon intention n'est pas de laisser l'offense de ce scélérat impunie ; je voulais seulement vous voir réprimer cette explosion de colère, afin de concerter ensemble les moyens de nous en défaire.

LE DOGE. — Non, mon neveu : il faut qu'il vive, du moins pour le moment. Une vie aussi méprisable que la sienne serait maintenant peu de chose. Dans l'antiquité, certains sacrifices n'exigeaient qu'une victime ; il fallait une hécatombe pour les grandes expiations.

BERTUCCIO. — Vos volontés seront ma loi ; cependant j'aurais voulu vous montrer combien j'ai à cœur l'honneur de notre maison.

LE DOGE. — Ne crains rien, tu pourras faire tes preuves en temps et lieu ; mais ne t'emporte pas comme je l'ai fait moi-même. Je suis honteux maintenant de ma colère ; je te prie de me la pardonner.

BERTUCCIO. — Je reconnais enfin mon oncle, l'homme de guerre et l'homme d'État, celui qui commande à la République et à lui-même ! Je m'étonnais de vous voir, à votre âge, oublier à ce point la prudence, bien que la cause...

LE DOGE. — Oui, pense à la cause... ne l'oublie pas... quand tu te livreras au sommeil, qu'elle vienne jeter une ombre sur tes rêves ; quand l'aurore paraîtra, qu'elle s'élève entre le soleil et toi, comme un nuage de mauvais augure lors d'un jour de fête..... mais pas une parole, pas un geste... abandonne-moi le soin de tout ; nous aurons de l'occupation, et tu en prendras ta part... Mais à présent, retire-toi, j'ai besoin d'être seul.

BERTUCCIO, *relevant la toque ducale et la replaçant sur la table.*

— Avant de partir, je vous conjure de reprendre ce que vous avez repoussé, jusqu'à ce que vous changiez cette coiffure contre une couronne. Je vous quitte, vous suppliant de compter sur mon empressement à faire tout ce que le devoir prescrit à un parent fidèle et dévoué, à un citoyen et sujet non moins loyal. (*Il sort.*)

LE DOGE, *seul.* — Adieu, mon digne neveu..... (*Il prend la toque ducale.*) Colifichet frivole! entouré de toutes les épines qui garnissent une couronne, sans investir le front insulté qui te porte de la toute puissante majesté des rois ; jouet doré, inutile et dégradé, je te reprends comme je reprendrais un masque. (*Il la met sur sa tête.*) Comme tu pèses douloureusement sur mon front! Sous ton poids honteux, quelle fièvre fait battre mes tempes! Ne pourrai-je te transformer en diadème? Ne pourrai-je briser ce sceptre de Briarée, tenu par un sénat aux cent bras, qui réduit le peuple à rien, et fait du prince un roi de théâtre? Dans ma vie, je suis venu à bout d'entreprises plus difficiles dans l'intérêt de ceux-là même qui m'ont ainsi récompensé... Ne puis-je donc les payer de retour? Oh! que le ciel me rende une année, un seul jour de ma robuste jeunesse, alorsque mon corps obéissait à mon âme comme le coursier généreux à son cavalier; d'un bond je me serais jeté sur eux, et il ne m'eût pas fallu beaucoup d'aide pour renverser ces patriciens orgueilleux : mais je dois maintenant recourir à des bras plus jeunes pour mener à fin les projets de cette tête blanchie... cependant je combinerai mes plans de telle sorte que leur exécution n'exigera pas des forces herculéennes. — Quoique ma pensée soit encore un chaos, et ne couve jusqu'ici que des germes imparfaits, dans son premier travail, mon imagination expose alternativement à la lumière les images obscures des choses, afin que le jugement choisisse avec maturité... Les forces sont peu nombreuses à...

(*Entre Vincenzo.*)

VINCENZO — Quelqu'un demande à être admis devant Votre Altesse.

LE DOGE. — Je suis indisposé... je ne puis recevoir personne, pas même un patricien ; qu'il porte son affaire au conseil.

VINCENZO. — Seigneur, je vais transmettre votre réponse ; s'il s'agit d'une affaire de peu d'importance, sans doute : le visiteur n'est qu'un plébéien, le patron d'une galère, je crois.

LE DOGE. — Le patron d'une galère, dites-vous? c'est un serviteur de l'État. Qu'on l'introduise ; il vient peut-être pour un objet relatif au service public.

(*Vincenzo sort.*)

LE DOGE, *seul.* — Il faut sonder ce patron ; je veux savoir sa pensée. Déjà j'ai appris que le peuple est mécontent : il a des motifs de l'être depuis la victoire des Génois à la fatale journée de Sapienza ; il en a d'autres encore depuis qu'il n'est plus rien dans l'État, et dans la cité, moins que rien, un simple instrument condamné à servir des plaisirs vraiment patriciens. Les troupes, trop longtemps bercées de vaines promesses, réclament le long arriéré de leur solde, et murmurent sourdement..... Au moindre espoir de changement, elles se soulèveraient afin de se payer elles-mêmes par le butin. Mais les prêtres... Je doute que le clergé embrasse notre cause ; il me déteste depuis le jour où, dans un mouvement d'impatience, je poussai le trop lent évêque de Trévise, pour accélérer sa marche sainte. Cependant on peut se concilier l'Église, ou du moins le pontife de Rome, par des concessions opportunes ; mais sur toute chose, il faut de la célérité : je suis au crépuscule de mes jours. Si je pouvais dé-

Que cette nuit soit la dernière employée en vains discours!.....

livrer Venise et venger mes injures, je croirais avoir vécu, et aussitôt j'irais volontiers dormir avec mes pères; s'il n'en doit pas être ainsi, mieux eût valu que sur mes quatre-vingts années soixante fussent déjà où toutes doivent aller s'éteindre..... mieux eût valu qu'elles n'eussent jamais été, que de m'avoir conduit jusqu'ici pour devenir ce que ces infâmes oppresseurs voudraient faire de moi. Voyons... il y a trois mille hommes de bonnes troupes cantonnées à... (*Entrent Vincenzo et Israël Bertuccio.*)

VINCENZO. — Monseigneur, le patron que je vous ai annoncé attend le bon plaisir de Votre Altesse.
LE DOGE. — Vincenzo, laissez-nous... (*Vincenzo sort.*) Vous, avancez... que voulez-vous?
ISRAËL. — Réparation.
LE DOGE. — Et de qui l'attendez-vous?
ISRAËL. — De Dieu et du doge.
LE DOGE. — Hélas! mon ami, vous vous adressez à ce qu'il y a de moins respecté et de moins influent à Venise; il faut présenter votre réclamation au conseil.
ISRAËL. — Démarche inutile; celui qui m'a outragé en fait partie.
LE DOGE. — Il y a du sang sur ta figure... d'où vient il?
ISRAËL. — C'est le mien, et ce n'est pas le premier que j'ai répandu pour Venise; mais c'est le premier qu'une main vénitienne ait fait couler : un noble m'a frappé.
LE DOGE. — Est-il vivant?
ISRAËL. — Il ne l'eût pas été longtemps sans l'espoir que j'avais et que j'ai encore, que vous, mon prince, soldat comme moi, vous protégerez un homme à qui les lois de la discipline et de Venise ne permettent pas de se protéger lui-même... Sinon... je n'en dis pas davantage.
LE DOGE. — Mais tu agirais... n'est-ce pas?
ISRAËL. — Je suis homme, seigneur.
LE DOGE. — Celui qui t'a frappé l'est pareillement.
ISRAËL. — Il en porte le nom, bien plus, il est noble... du moins à Venise ; mais puisqu'il a oublié ma qualité d'homme, et m'a traité comme une brute, la brute se retournera contre lui... le ver lui-même se révolte, dit-on.
LE DOGE. — Parle... son nom, sa famille!
ISRAËL. — Barbaro.
LE DOGE. — Quelle a été la cause ou le prétexte de cet outrage?
ISRAËL. — Je suis commandant de l'arsenal ; je dois réparer pour le moment quelques galères que les Génois ont un peu maltraitées dans la dernière campagne. Ce matin est venu le noble Barbaro, fort en colère de ce que nos artisans avaient négligé chez lui je ne sais quels travaux frivoles, pour exécuter ceux de l'État. J'ai osé justifier mes hommes... il a levé la main sur moi. Voyez mon sang! c'est la première fois qu'il a coulé d'une manière déshonorante.
LE DOGE. — As-tu servi longtemps?
ISRAËL. — Assez longtemps pour me rappeler le siège de Zara, et pour avoir combattu sous le vainqueur des Huns, alors mon général, aujourd'hui le doge Faliero.
LE DOGE. — Comment! nous sommes camarades?... Je n'ai revêtu que depuis peu la robe ducale, et tu as été nommé commandant de l'arsenal avant mon retour de Rome ; c'est ce qui fait que je ne t'ai pas reconnu. A quoi dois-tu ce poste?
ISRAËL. — Au dernier doge ; je conserve mon ancien grade comme patron d'une galère ; mon nouvel emploi m'a été donné en récompense de quelques cicatrices (ainsi daignait le dire votre prédécesseur). J'étais loin de m'attendre que les fonctions dues à la bienveillance du chef de l'État m'amèneraient un jour devant son successeur en suppliant malheureux.....
LE DOGE. — Es-tu grièvement blessé?
ISRAËL. — D'une manière irréparable dans ma propre estime.
LE DOGE. — Parle ouvertement, ne crains rien ; violemment outragé comme tu l'es, quelle vengeance voudrais-tu tirer de l'auteur de l'outrage?
ISRAËL. — Une vengeance que je n'ose indiquer, et que j'obtiendrai cependant.
LE DOGE. — Que viens-tu donc faire ici?
ISRAËL. — Je viens demander justice à mon général, qui est doge, et qui ne laissera pas fouler aux pieds l'un de ses vieux soldats. Si tout autre que Faliero avait occupé le trône, il eût fallu du sang pour effacer celui-ci.
LE DOGE. — Tu viens me demander justice..... à moi, doge de Venise ! et je ne puis te l'accorder ; car je ne puis l'obtenir pour moi-même... Il n'y a pas une heure qu'on me l'a solennellement refusée!
ISRAËL. — Que dit Votre Altesse?
ISRAËL. — Steno est condamné à un mois d'arrêts forcés.
ISRAËL. — Quoi! l'homme qui osa souiller le trône ducal de ces mots infâmes, dont la honte a frappé toutes les oreilles dans Venise?
LE DOGE. — Sans doute l'écho de l'arsenal les a répétés; ils ont accompagné le marteau tombant en mesure, et fourni un texte de plaisanterie à l'artisan goguenard ; ils ont mêlé un gai refrain au bruit des rames, et les esclaves de nos galères les ont chantés

en chœur, en se félicitant de n'être pas comme le doge un de ces vieux radoteurs qu'on outrage impunément.
ISRAËL. — Est-il possible? un mois d'arrêts! et c'est là toute la punition de Steno?
LE DOGE. — Tu as appris l'offense, tu connais maintenant le châtiment; et tu me demandes justice, à moi! Adresse-toi aux Quarante, qui ont prononcé la sentence contre Michel Steno; ils agiront sans doute de même à l'égard de Barbaro.
ISRAËL. — Oh ! si j'osais parler!
LE DOGE. — Parle, je puis tout endurer maintenant.
ISRAËL. — Eh bien ! vous n'avez qu'un mot à dire pour punir et venger... je ne dis pas mon injure, qui est peu de chose (car un coup n'est rien, quelque honte qui s'y attache, quand l'injure s'adresse à un être aussi chétif que moi), mais le lâche outrage fait à votre dignité et à votre personne.
LE DOGE. — Tu exagères mon pouvoir, qui n'est qu'une fiction. Cette toque n'a rien de commun avec la couronne d'un monarque ; ce manteau peut exciter la compassion à aussi juste titre que les haillons d'un mendiant, et même plus justement encore ; car les guenilles d'un indigent lui appartiennent, et celles-ci ne sont que prêtées à la pauvre marionnette, dont le rôle et la puissance se bornent à porter cette hermine.
ISRAËL. — Oh! n'êtes vous roi?
LE DOGE. — Oui... d'un peuple heureux.
ISRAËL. — Voudriez-vous être souverain seigneur de Venise?
LE DOGE. — Oui, à condition que le peuple partageât cette souveraineté, et que ni lui ni moi ne fussions plus les esclaves de cette hydre gigantesque de l'aristocratie dont les têtes venimeuses exhalent parmi nous des vapeurs pestilentielles.
ISRAËL. — Cependant vous êtes né, vous avez vécu patricien.
LE DOGE. — Pour mon malheur, je suis né tel; mon origine, en me désignant pour être doge, m'a exposé à l'insulte. Mais si j'ai travaillé et combattu, c'est pour Venise et les Vénitiens, et non pour le sénat; je n'ai jamais eu en vue que le bien public et ma propre gloire. Si j'ai versé mon sang sur les champs de bataille, si j'ai commandé et vaincu, si dans mes négociations j'ai fait conclure ou refuser la paix, selon que l'exigeaient les intérêts de mon pays ; si, pendant près de soixante ans de services non interrompus, j'ai traversé les terres et les mers, c'était pour Venise seule, pour la patrie de mes pères et la mienne ; je me trouvais suffisamment récompensé lorsque, sur l'azur de ses lagunes, je revoyais de loin briller les faîtes de ses tours bien-aimées. Mes sœurs et mon sang ne coulèrent jamais pour une caste, pour une secte ou pour une faction quelconque ; mais veux-tu savoir pourquoi j'ai fait tout cela? demande au pélican pourquoi il se déchire le sein : si l'oiseau pouvait répondre, il dirait que c'est pour tous ses enfants, sans en excepter un seul.
ISRAËL. — Et néanmoins ils vous ont fait duc.
LE DOGE. — C'est vrai ! Je ne le cherchais pas : ces chaînes dorées sont venues me trouver à mon retour de l'ambassade de Rome ; et, jusque-là ne m'étant jamais refusé à aucune fatigue, à aucun fardeau imposé par l'État, je crus, malgré mon grand âge, devoir encore accepter cette charge, la plus élevée de toutes en apparence, mais la dernière en effet par les devoirs et les humiliations qu'elle impose ; je n'en prends toi-même à témoin, toi, mon sujet outragé: je ne puis obtenir justice ni pour toi ni pour moi-même.
ISRAËL. — Vous la ferez vous-même à l'un et à l'autre, si vous le voulez, ainsi qu'à des milliers d'opprimés, qui n'attendent qu'un signal... Voulez-vous le donner?
LE DOGE. — Tes paroles sont une énigme pour moi.
ISRAËL. — Je vais les rendre claires au péril de ma vie, si vous daignez me prêter une oreille attentive.
LE DOGE. — Poursuis.
ISRAËL. — Nous ne sommes pas les seuls dans Venise qui se trouvent lésés, outragés, avilis, foulés aux pieds : la population tout entière gémit, et comprime avec peine le ressentiment de ses injures; les troupes étrangères, qu'entretient le sénat, réclament l'arriéré de leur solde ; les marins vénitiens et les soldats de la milice civique pensent comme leurs amis ; car quel est celui d'entre eux dont les frères, les enfants, le père, la femme ou la sœur n'ont point été victimes de l'oppression ou du libertinage des patriciens ? La malheureuse issue de la guerre contre les Génois, soutenue à l'aide du sang et des sueurs du peuple, a encore augmenté le mécontentement... Mais j'oublie qu'en tenant ce langage, c'est mon arrêt de mort peut-être que je prononce!
LE DOGE. — Après ce que tu as souffert... tu crains de mourir? Alors, tais-toi, continue de vivre, et laisse-toi frapper par ceux pour qui tu as versé ton sang.
ISRAËL. — Non, je parlerai à tout risque, et si dans le doge de Venise je dois trouver un délateur, honte et malheur à lui ! Il y perdra plus que moi.
LE DOGE. — Ne crains rien de ma part, continue!
ISRAËL. — Sachez donc qu'il s'est formé une société de frères qui s'assemblent en secret, enchaînés par un serment, cœurs vaillants et fidèles, hommes qui ont éprouvé l'une et l'autre fortune, qui dé-

longtemps gémissaient à bon droit sur le destin de Venise; qui, ant servi sous tous les climats, et défendue contre les ennemis dehors, sont prêts à la défendre également contre ses ennemis irieurs. Peu nombreux, ils le sont assez toutefois pour le but qu'ils proposent. Ils ont des armes, des ressources, du cœur, des espérances, une foi vive et un courage patient.

LE DOGE. — Qu'attendent-ils donc?
ISRAEL. — L'heure de frapper.
LE DOGE, à part. — La cloche de Saint-Marc la sonnera.
ISRAEL. — J'ai remis en votre pouvoir ma vie, mon honneur, les mes espérances terrestres, dans la ferme conviction que des ures telles que les nôtres, nées de la même cause, produiront e seule et même vengeance. S'il en est ainsi, soyez maintenant tre chef... et plus tard notre souverain.
LE DOGE. — Combien êtes-vous?
ISRAEL. — Vous aurez ma réponse lorsque j'aurai la vôtre.
LE DOGE. — Eh quoi! des menaces?
ISRAEL. — Non pas, une résolution! Je me suis livré moi-même; iis les puits mystérieux creusés sous votre palais, les cellules non ains terribles appelées « les toits de plomb » n'ont point de tortures qui puissent me faire révéler le nom d'un seul de mes comices; les *Pozzi* et les *Plombi* peuvent m'arracher du sang, mais le délation, jamais. Je franchirais le redoutable pont des Soupirs, yeux de penser que le dernier de mes gémissements serait aussi dernier répété par l'écho de l'onde stygienne qui coule entre les ureaux et les victimes, baignant à la fois les murs de la prison ceux du palais : des amis me survivraient pour s'entretenir de ma ort et pour la venger.
LE DOGE. — Si tels sont tes projets, si tel est ton pouvoir, pourmoi venir ici me demander une justice que tu vas te faire toi-ême?
ISRAEL. — Parce que l'homme qui demande protection à l'autoité, montrant par là même sa confiance et sa soumission à cette utorité, peut difficilement être soupçonné de conspirer contre elle. i je m'étais trop humblement résigné à cet outrage, un front charin, des menaces à demi articulées m'auraient bientôt signalé à inquisition des Quarante; mais une plainte bruyante, quelque passionnée qu'en soit l'expression, n'est pas à craindre, et inspire peu le défiance. Puis, j'avais un motif, j'en avais un autre.
LE DOGE. — Et lequel?
ISRAEL. — Le bruit avait couru que le doge était irrité de l'acte les avogadori envoyant aux Quarante le jugement de Michel Steno; j'avais servi sous vos ordres, je vous honorais, et savais qu'on ne vous insulterait pas impunément, étant de ceux qui rendent au décuple le bien ou le mal : je me proposais donc de vous sonder et de vous exciter à la vengeance. Vous savez tout, et le péril auquel je m'expose vous est un garant de la vérité de mes paroles.
LE DOGE. — Tu as beaucoup hasardé, mais c'est ainsi que l'on peut beaucoup gagner; pour moi, je n'ai qu'une réponse à te faire : ton secret est en sûreté.
ISRAEL. — Et après?
LE DOGE. — A moins que tout ne me soit confié, que peux-tu attendre de plus?
ISRAEL. — Vous pouvez vous fier à qui vous livre sa vie.
LE DOGE. — Il me faut que je connaisse votre plan, les noms et le nombre des conjurés; alors peut-être consentirai-je à doubler ce nombre et à mûrir vos projets.
ISRAEL. — Nous sommes assez de soldats, et vous êtes le seul allié que nous désirions.
LE DOGE. — Faites-moi au moins connaître vos chefs?
ISRAEL. — Je le ferai sur votre assurance formelle de garder le secret.
LE DOGE. — Quand? où?
ISRAEL. — Cette nuit je conduirai à votre appartement deux des principaux conjurés; il y aurait péril à en amener un plus grand nombre.
LE DOGE. — Arrête! il faut que je réfléchisse à cela. Si j'allais moi-même au milieu de vous?
ISRAEL. — Seul?
LE DOGE. — Avec mon neveu.
ISRAEL. — Non, quand ce serait votre fils.
LE DOGE. — Malheureux! oses-tu bien parler de mon fils? il est mort à Sapienza, les armes à la main, pour cette ingrate République. Oh! que n'est-il vivant, et moi dans le cercueil! ou au moins que ne peut-il revivre avant que je descende dans la tombe! je n'aurais pas besoin de recourir à l'aide équivoque des étrangers!
ISRAEL. — Il n'est pas un de ces étrangers, suspects à vos yeux, qui ne vous porte une affection filiale, pourvu que vous leur gardiez la foi d'un père.
LE DOGE. — Le sort en est jeté. Où est le rendez-vous?
ISRAEL. — A minuit, je viendrai seul et masqué au lieu que Votre Altesse voudra bien me désigner; je vous y attendrai pour vous conduire quelque part où vous recevrez notre hommage et jugerez de nos plans.
LE DOGE. — A quelle heure la lune se lève-t-elle?

ISRAEL. — Tard ; mais l'atmosphère est brumeuse et sombre. Le sirocco règne.
LE DOGE. — A minuit donc, près de l'église où dorment mes pères, et qui a emprunté son double nom aux apôtres Jean et Paul; dans l'étroit canal qui l'avoisine, se glissera silencieuse une gondole à une seule rame. Trouve-toi là.
ISRAEL. — Je n'y manquerai pas.
LE DOGE. — Maintenant, tu peux te retirer.
ISRAEL. — Je m'éloigne avec l'espoir que Votre Altesse persévérera dans sa grande résolution. Prince, je prends congé de vous. *(Israël Bertuccio sort.)*
LE DOGE, *seul*. — A minuit, près de l'église de Saint-Jean-et-Saint-Paul où dorment mes nobles ancêtres, j'irai... quoi faire? tenir conseil dans l'ombre avec des scélérats vulgaires qui conspirent la ruine de l'État. Mes illustres aïeux, parmi lesquels deux doges, ne sortiront-ils pas de leurs caveaux funèbres pour m'entraîner dans la tombe avec eux ? Plût à Dieu! car je reposerais honorablement parmi leurs mânes honorés. Hélas! je ne dois plus penser à eux, mais à ceux qui m'ont rendu indigne d'un nom aussi glorieux que les noms consulaires gravés sur les marbres de Rome... Ah! ce nom, je lui rendrai dans nos annales tout son ancien lustre, en immolant à ma vengeance tout ce que Venise a d'infâme, et en donnant la liberté au reste...
Hélas! et peut-être aussi le livrerai-je aux noires calomnies d'un monde qui n'épargne jamais un vaincu, et juge de César ou de Catilina par ce qu'il prend pour la pierre de touche du mérite.... le succès.

ACTE II.

SCÈNE PREMIÈRE.

Un appartement au palais ducal:

ANGIOLINA, MARIANNA.

ANGIOLINA. — Qu'a fait répondre le doge?
MARIANNA. — Il était pour l'instant obligé d'assister à une conférence ; mais la séance doit maintenant être terminée; je viens de voir les sénateurs s'embarquer; on aperçoit encore la dernière gondole glissant à travers la foule des barques dont les eaux brillantes sont parsemées.
ANGIOLINA. — Plût au ciel qu'il fût de retour! je le trouve bien agité depuis peu ; le temps, qui n'a point dompté son naturel ardent, qui n'a pas même affaibli sa constitution physique, soutenue merveilleusement par une âme si active et si inquiète qu'elle consumerait un corps moins robuste... le temps paraît avoir peu de puissance sur ses ressentiments et ses chagrins. Différent d'autres caractères également bouillants, qui, dans le premier emportement de la passion, exhalent toute leur colère ou leur douleur, tout en lui porte un cachet d'éternité : ses pensées, ses sentiments, ses passions bonnes ou mauvaises n'ont rien de la vieillesse ; et son front altier porte les cicatrices de l'âme, la maturité de l'âge et non sa décrépitude. Depuis quelque temps, il est moins calme que de coutume. Que n'est-il de retour auprès de moi! car seule j'ai quelque pouvoir sur son esprit troublé.
MARIANNA. — Il est vrai, Son Altesse a été, et avec raison, grandement blessée par l'audace de Steno ; mais je ne doute pas qu'au moment où nous parlons, le coupable ne soit condamné à expier son offense par un châtiment qui fera respecter l'honneur des femmes et la noblesse du sang.
ANGIOLINA. — L'insulte était grossière; mais ce qui m'a vraiment affectée, ce n'est pas la calomnie effrontée de cet audacieux, c'est son effet; c'est l'impression profonde qu'elle a produite sur l'âme de Falicro, cette âme fière, irascible, austère pour tout autre que pour moi. Je tremble, quand je réfléchis aux suites.
MARIANNA. — Assurément le doge n'a aucun motif de vous soupçonner.
ANGIOLINA. — Me soupçonner, moi! Steno lui-même ne l'a point osé. Certes, quand il se glissa furtivement, à la clarté de la lune, pour écrire son mensonge, sa conscience dut lui reprocher cette action, et il put voir dans chaque ombre projetée sur la muraille un témoin désapprobateur de sa fâche action.
MARIANNA. — Je voudrais qu'il fût sévèrement puni.
ANGIOLINA. — Il l'est.
MARIANNA. — Quoi donc? la sentence est-elle prononcée? est-il condamné?
ANGIOLINA. — Je l'ignore; mais il a été signalé.
MARIANNA. — Jugez-vous donc que ce soit une punition suffisante pour une telle injure?
ANGIOLINA. — Je ne voudrais pas être juge dans ma propre cause, et je ne sais quel degré de châtiment est nécessaire pour faire impression sur des âmes comme celle de Steno ; mais si le ressentiment de l'insulte ne pénètre pas plus avant dans l'âme de ses juges

que dans la mienne, ils l'abandonneront, pour toute peine, à sa confusion ou à son effronterie.

Marianna. — Quelque réparation est pourtant due à la vertu calomniée.

Angiolina. — Qu'est-ce donc que la vertu, si elle a besoin de victimes, ou s'il faut qu'elle dépende du langage des hommes? Un illustre Romain disait en mourant qu'elle n'était qu'un nom : elle ne serait que cela, en effet, si le souffle de la parole humaine pouvait la faire ou la défaire.

Marianna. — Bien des femmes, cependant, quoique fidèles et pures, ressentiraient profondément un tel outrage ; et des dames moins rigides, comme il en est beaucoup à Venise, demanderaient justice à grands cris.

Angiolina. — Cela prouve qu'elles prisent le nom plus que la chose. Sans doute, les premières regardent la conservation de leur honneur comme une tâche fort difficile, puisqu'elles veulent le voir entouré d'une auréole de gloire ; quant à celles qui ne l'ont point gardé, elles en recherchent l'apparence, comme un ornement dont elles se trouvent bien parées ; ces personnes vivent dans la pensée des autres, et veulent qu'on les croie honnêtes, comme elles désirent paraître belles.

Marianna. — Voilà d'étranges idées pour une dame patricienne.

Angiolina. — C'étaient celles de mon père, c'est le seul héritage qu'il m'ait laissé avec son nom.

Marianna. — Femme d'un prince, du chef de la République, quel besoin aviez-vous d'une dot?

Angiolina. — Je n'en aurais pas souhaité, lors même que j'eusse épousé un simple paysan ; mais je ne sens pas moins combien je dois d'amour et de reconnaissance à mon père pour m'avoir confiée à l'ami fidèle et dévoué de sa jeunesse, au comte Val di Marino, aujourd'hui notre doge.

Marianna. — Et avec votre main, a-t-il aussi donné votre cœur?

Angiolina. — La main n'eût jamais été sans le cœur.

Marianna. — Néanmoins, cette étrange disproportion d'âge, et, permettez-moi d'ajouter, le peu de conformité de vos caractères, pourraient faire douter au monde qu'une telle union fût propre à vous donner un bonheur constant et paisible.

Angiolina. — Le monde a des pensées mondaines ; mais mon cœur s'est toujours renfermé dans le cercle de mes devoirs, qui sont nombreux, mais non difficiles.

Marianna. — L'aimez-vous?

Angiolina. — J'aime toutes les nobles qualités qui méritent l'affection ; et j'aimais mon père qui, le premier, m'apprit à distinguer ce que nous devons chérir dans autrui, et à comprimer tout ce qui pourrait abaisser les meilleurs et les plus purs sentiments de notre nature. Il accorda ma main à Faliero : il l'avait connu noble, brave, généreux, riche de toutes les qualités du soldat, du citoyen, de l'ami ; je l'ai trouvé en tout tel que me l'avait représenté mon père. Ses défauts sont ceux des âmes fières, élevées dans l'habitude du commandement : un excès d'orgueil, des passions impétueuses, développées par une existence patricienne, au sein des orages de la politique et de la guerre ; enfin un vif sentiment de l'honneur qui, renfermé dans de justes limites, est un devoir, mais qui devient un vice lorsqu'on l'exagère ; et c'est ce que je redoute en lui. Puis il a toujours été emporté ; mais ce défaut, il le rachète par une si grande noblesse de caractère, que la plus inconstante des républiques lui a prodigué toutes les hautes charges de l'État, depuis sa première campagne jusqu'à sa dernière ambassade, au retour de laquelle la dignité de doge lui a été décernée.

Marianna. — Mais antérieurement à ce mariage, votre cœur n'avait-il point battu pour quelque noble et jeune cavalier ; ou, depuis, n'avez-vous vu personne qui pût prétendre à la main de la fille de Lorédan, si cette main était encore à donner?

Angiolina. — J'ai répondu à votre première question en parlant de mon mariage.

Marianna. — Et la seconde?

Angiolina. — N'exige pas de réponse.

Marianna. — Pardonnez-moi si je vous ai offensée.

Angiolina. — Ce n'est point du déplaisir que j'éprouve, mais de l'étonnement : j'ignorais qu'il fût permis à un cœur soumis aux lois de l'hymen d'arrêter sa pensée sur une autre liaison possible, et de s'occuper d'autre chose que de l'objet de son premier choix.

Marianna. — Ah! ce premier choix lui-même fait souvent penser que s'il était à refaire, on choisirait plus sagement.

Angiolina. — Cela se peut. De telles pensées ne me sont jamais venues.

Marianna. — Voici le doge.... dois-je me retirer?

Angiolina. — Il vaut peut-être mieux que vous me quittiez ; il semble absorbé dans ses réflexions... Comme il a l'air préoccupé.

(*Marianna sort. Entrent le* Doge *et* Pietro.)

Le Doge, *se parlant à lui-même.* — Il y a maintenant à l'arsenal un certain Philippe Calendaro, qui commande quatre-vingts hommes, et exerce une grande influence sur l'esprit de ses camarades ; c'est, dit-on, un homme hardi et populaire, aussi résolu que discret : il serait bon de nous l'adjoindre ; déjà sans doute Israël s'est assuré de lui ; mais il conviendrait de.....

Pietro. — Pardon, seigneur, si j'interromps vos méditations ; le noble Bertuccio, votre parent, m'a chargé de vous demander une heure où il puisse s'entretenir avec vous.

Le Doge. — Au coucher du soleil... Attends un peu... voyons... dis-lui de venir à la seconde heure de la nuit. (*Piétro sort.*)

Angiolina. — Monseigneur!

Le Doge. — Ma chère enfant, pardonnez-moi.... pourquoi rester ainsi à l'écart?... je ne vous voyais pas.

Angiolina. — Vous étiez plongé dans vos réflexions, et l'homme qui vient de s'éloigner pouvait avoir des communications importantes à vous faire. Je n'ai pas voulu l'interrompre pendant qu'il s'acquittait envers vous de ses devoirs et de ceux du sénat.

Le Doge. — Les devoirs du sénat! vous vous méprenez, mon enfant, c'est nous qui avons envers le sénat des devoirs à remplir.

Angiolina. — Je croyais que le duc commandait à Venise.

Le Doge. — Il y commandera.... Mais laissons cela... occupons-nous de choses plus gaies. Comment vous trouvez-vous? Êtes-vous sortie? le jour est sombre ; mais le calme de l'onde est favorable à la promenade en gondole. Avez-vous reçu vos amies, on la musique a-t-il charmé votre matinée solitaire? Parlez, y a-t-il quelque chose que le doge puisse faire pour vous dans le cercle étroit de son pouvoir? Quelles splendeurs permises, quels honnêtes plaisirs, en société ou seule, pourraient donner un peu de joie à votre cœur et le dédommager des heures pénibles passées dans la compagnie d'un vieillard trop souvent consumé de graves soucis? Parlez, vous serez satisfaite.

Angiolina. — Vous êtes toujours si bon pour moi! je n'ai rien à désirer, ni à demander, si ce n'est de vous voir plus souvent, et de vous trouver plus calme.

Le Doge. — Plus calme?

Angiolina. — Oui, plus calme, monseigneur... Pourquoi cherchez-vous la solitude? Pourquoi vous voit-on marcher seul? Pourquoi sur votre visage ces émotions violentes, qui, sans se trahir entièrement, ne laissent que trop percer...

Le Doge. — Percer!... quoi?... Que laissent-elles percer?

Angiolina. — Un cœur mal à l'aise.

Le Doge. — Ce n'est rien, mon enfant... mais vous savez quels soucis journaliers pèsent sur les chefs de cette malheureuse République, attaquée au-dehors par les Génois, au-dedans par les mécontents.... voilà ce qui me rend plus pensif et moins calme que d'habitude.

Angiolina. — Ces motifs d'inquiétude existent de longue date, et c'est depuis peu de jours seulement que je vous vois ainsi. Pardonnez-moi, je lis au fond de vos préoccupations quelque chose de plus que vos devoirs publics ; une longue habitude et des talents tels que les vôtres vous ont rendu ces travaux faciles, et même nécessaires pour nourrir l'énergie de votre âme. Ni les périls intérieurs ni les hostilités des États voisins ne sauraient vous affecter ainsi, vous qu'aucune tempête n'a pu abattre ; vous qui, sur la route escarpée du pouvoir, n'avez jamais manqué d'haleine ; qui, arrivé au sommet, pouvez regarder à vos pieds d'un œil calme et sans éprouver de vertige. Si les galères de Gênes flottaient dans le port, si la guerre civile hurlait sur la place Saint-Marc, vous ne seriez pas homme à défaillir ; vous tomberiez comme vous êtes monté, en conservant un front inaltérable... Vos émotions actuelles sont d'une nature différente : l'orgueil souffre en vous, et non le patriotisme.

Le Doge. — L'orgueil! Angiolina ; hélas! on ne m'en a pas laissé.

Angiolina. — Oui .. ce péché qui a causé la chute des anges, et auquel sont exposés les mortels qui se rapprochent de la nature des anges ; les petits ne sont que vains, les grands sont orgueilleux...

Le Doge. — J'avais l'orgueil de l'honneur, de votre honneur, Angiolina, profondément enraciné dans mon âme!... Mais changeons de sujet.

Angiolina. — Oh! non!... vous m'avez admise avec bonté au partage de vos joies ; que je ne sois pas exclue de vos afflictions. S'il s'agissait d'affaires publiques, vous savez que je n'ai jamais cherché, que je ne chercherai jamais à vous arracher une seule parole ; mais vos chagrins sont évidemment d'une nature privée ; il m'appartient d'en alléger ou d'en partager le fardeau. Depuis le jour où la calomnie insensée de Steno est venue troubler votre repos, vous êtes bien changé, et je voudrais, par mes soins, vous ramener à ce que vous étiez.

Le Doge. — A ce que j'étais!.... vous a-t-on dit la peine prononcée contre Steno?

Angiolina. — Non.

Le Doge. — Un mois d'arrêts.

Angiolina. — N'est-ce pas assez?

Le Doge. — Assez!... oui, pour un esclave ivre qui, sous le fouet, murmure contre son maître ; mais non pour un imposteur, un scélérat subtil, qui, froidement et de propos délibéré, vient flétrir l'honneur d'une noble dame et d'un prince...

Angiolina. — Un patricien convaincu d'imposture me semblerait disamment puni : toute peine est légère, comparée à la perte de l'honneur.

Le Doge. — De telles gens n'ont point d'honneur; une vie méprisable, voilà tout ce qu'ils ont.... et on la leur laisse !

Angiolina. — Vous ne voudriez pas, sans doute, qu'il mourût pour cette offense ?

Le Doge. — Maintenant, non.... puisqu'il est encore vivant, je consens volontiers à le laisser vivre autant qu'il pourra : il a cessé de mériter la mort; la protection donnée au coupable est la condamnation de ses juges; il est innocent, lui, car à présent son crime est devenu le leur.

Angiolina. — Oh ! tout impudent calomniateur qu'il est, si ce n'est une audacieux avait payé de son sang son absurde mensonge, il n'y aurait plus pour moi un seul moment de joie ou de sommeil paisible.

Le Doge. — La loi divine n'ordonne-t-elle pas que le sang soit payé par le sang? Celui qui calomnie ne tue-t-il pas plus encore que celui qui poignarde? Quand un homme est frappé, est-ce la douleur du coup ou la honte qui s'y attache qui en fait une mortelle injure ? Les lois humaines ne veulent-elles pas que l'honneur soit vengé par le sang? et ce sang ne coule-t-il pas pour bien moins que l'honneur, pour un peu d'or? C'est encore au prix du sang que la loi des nations punit la trahison. N'est-ce rien que d'avoir mis du poison dans ces veines où coulait la santé? N'est-ce rien que d'avoir souillé votre nom et le mien... les deux plus nobles de Venise? N'est-ce rien que d'avoir fait d'un prince la risée de son peuple, d'avoir méconnu le respect que le genre humain accorde à la jeunesse dans la femme, à la vieillesse dans l'homme, à l'innocence dans votre sexe, à la dignité dans le nôtre?.... Mais ceux qui l'ont épargné devront prendre garde à eux !

Angiolina. — Le ciel nous enjoint de pardonner à nos ennemis.

Le Doge. — Le ciel pardonne-t-il aux siens ? Satan a-t-il échappé à la colère éternelle ?

Angiolina. — Ne parlez point avec cet emportement ; Dieu vous pardonnera comme à vos adversaires.

Le Doge. — Ainsi soit-il ! que le ciel leur pardonne !

Angiolina. — Et vous, leur pardonnerez-vous ?

Le Doge. — Oui, quand ils seront au ciel.

Angiolina. — Et pas avant ?

Le Doge. — Que leur importe mon pardon, le pardon d'un vieillard usé, méprisé, repoussé, outragé ? qu'importe mon pardon ou mon ressentiment, tous deux impuissants et indignes d'attention ? J'ai trop longtemps vécu. ... Mais parlons d'autre chose..... mon enfant ! mon épouse outragée, fille de Lorédan, le brave, le chevaleresque. Ah ! certes, quand ton père t'unissait à son ami, il était bien loin de prévoir qu'il te vouait au déshonneur... hélas! au déshonneur non mérité, car tu es sans tache. Tout autre que le doge étant ton époux à Venise, cet outrage, cette flétrissure, ce blasphème ne fussent jamais descendus sur toi. Oh ! si une, si belle, si vertueuse, si pure, essuyer cet affront, et n'être pas vengée !...

Angiolina. — Je suis trop bien vengée, vous m'aimez et m'honorez encore ; et votre confiance ne m'est pas retirée, et tout le monde sait que vous êtes juste et que je suis fidèle. Que puis-je demander, que pouvez-vous exiger de plus ?

Le Doge. — Tout va bien, tout ira peut-être mieux encore; mais quoi qu'il arrive, vous, du moins, Angiolina, veuillez être indulgente envers ma mémoire.

Angiolina. — Pourquoi me parlez-vous ainsi ?

Le Doge. — Il n'importe pourquoi ; mais quelle que soit l'opinion des autres à mon égard, je voudrais garder votre estime maintenant et après ma mort.

Angiolina. — Pourquoi en douteriez-vous ? vous a-t-elle jamais manqué ?

Le Doge. — Approchez, mon enfant ; j'ai quelque chose à vous dire. Votre père était mon ami; les vicissitudes de la fortune le rendirent mou obligé pour quelques-uns de ces services qui unissent plus étroitement les cœurs vertueux. Quand, sous le poids de sa dernière maladie, il désira notre union, ce n'était pas pour s'acquitter envers moi : sa loyale amitié m'avait depuis longtemps payé; son but était d'assurer à votre jeunesse orpheline un honorable abri contre les dangers qui dans ce nid de scorpions assiégent une jeune fille isolée et sans fortune. Je ne pensais point comme lui ; mais je ne voulus pas contrarier une espérance qui adoucissait ses derniers moments.

Angiolina. — Je n'ai pas oublié avec quelle noble délicatesse vous me demandâtes de déclarer si mon jeune cœur nourrissait quelque secrète préférence à laquelle j'attachasse mon bonheur, et l'offre que vous me fîtes d'une dot capable de m'égaler aux plus hauts partis de Venise; renonçant vous-même à tous les droits que vous teniez des dernières volontés de mon père.

Le Doge. — Je ne cédai donc pas aux honteux caprices, aux appétits libertins d'un vieillard, en convoitant une beauté virginale, ces passions, je les avais domptées dans ma plus fougueuse jeunesse; mon vieil âge n'était point infesté de cette lèpre de luxure qui souille les cheveux blancs des hommes vicieux, qui leur fait vider jusqu'à la lie la coupe des plaisirs pour y trouver un bonheur qui n'est plus ; qui leur fait acheter par un égoïste hymen quelque jeune victime, trop faible pour refuser un honnête établissement, trop sensible pour ne pas se trouver malheureuse. Tel ne fut pas notre hyménée : je vous laissai libre dans votre choix, et vous confirmâtes celui de votre père.

Angiolina. — Je le fis et je le ferais encore, à la face de la terre et du ciel; je n'ai jamais eu de regret pour moi, mais quelquefois pour vous, en songeant aux inquiétudes qui vous agitent.

Le Doge. — Je savais que mon cœur ne s'endurcirait jamais envers vous ; je savais que ma vie ne vous importunerait pas longtemps: libre un jour, la fille de mon plus ancien ami, sa digne fille, plus riche à la fois et plus formée, douée, par tout l'éclat de sa beauté de femme, éclairée par ces années d'épreuves, héritière du nom et de la fortune d'un prince, et, pour prix de quelques tristes années passées aux côtés d'un vieillard, mise à l'abri de tous les efforts que pourraient soulever contre ses droits les chicanes de la loi et des parents envieux ; la fille de mon meilleur ami pourrait, dis-je, faire un second choix plus convenable sous le rapport de l'âge et non moins digne de ses affections.

Angiolina. — Seigneur, pour accomplir tous mes devoirs et vous donner ma foi, je n'ai consulté que mon cœur et le désir de mon père sanctifié par ses dernières paroles. D'ambitieuses espérances ne troublèrent jamais mes songes; et si jamais arrivait l'heure funeste dont vous parlez, je saurais le prouver.

Le Doge. — Je vous crois ; je connais votre sincérité. Quant à l'amour, l'amour romanesque, je savais dès ma jeunesse que ce n'était qu'une illusion, jamais je ne l'avais vu durable, mais trop souvent fatal ; il ne m'avait point séduit dans le feu de l'âge, et ce n'est pas maintenant qu'il eût pu me séduire. Vous entourer de respect et de tendres attentions, veiller assidûment à votre bonheur, combler vos innocents désirs, respecter vos vertus, étendre sur vous une sollicitude inaperçue, et corriger ces petits défauts auxquels la jeunesse est sujette, non pas en les réprimant durement, mais en les redressant peu à peu, afin que votre changement vous semble l'effet de votre libre arbitre; mettre enfin mon orgueil, non dans votre beauté, mais dans votre conduite; vous prodiguer ma confiance... une tendresse patriarcale... plutôt qu'un aveugle hommage, tels étaient les moyens par où je voulais obtenir votre confiance.

Angiolina. — Vous l'avez toujours eue.

Le Doge. — Je le pense, car en m'acceptant vous connaissiez la disproportion de nos âges, et vous ne m'en avez pas moins accepté. Je ne fondais pas ma confiance sur mes qualités personnelles, et ce n'est pas sur elles, non plus que sur les avantages extérieurs, que je me reposerais si j'étais encore dans mon vingt-cinquième printemps ; c'est au sang de Lorédan, ce sang pur qui coulait dans vos veines, c'est à l'âme que Dieu vous a donnée... aux principes transmis par votre père... à votre croyance au ciel, à vos douces vertus... à votre foi, à votre bonheur, que je me suis confiait.

Angiolina. — Et vous aviez raison ! Je vous remercie de cette confiance qui a fortifié mon estime.

Le Doge. — Partout où l'honneur est inné, corroboré par de sages principes, la fidélité conjugale est assise sur un roc inébranlable ; mais où il n'est pas, où fermentent les pensées légères, où la vanité des plaisirs mondains empoisonne le cœur, où l'âme est assaillie par les désirs des sens, insensé qui demande des vertus chastes à un sang infecté, quand même le mariage aurait couronné la passion la plus ardente. Le dieu de la poésie lui-même revêtant toute la beauté de son marbre divin, ou Alcide, le demi-dieu, dans sa virilité majestueuse et plus qu'humaine, ne suffiraient point à enchaîner un cœur où manque la vertu. La persévérance constitue la vertu et en est le signe : le vice ne peut se fixer, la vertu ne peut changer. La femme qui a succombé une fois succombera toujours ; car il faut au vice de la diversité, tandis que la vertu reste immobile comme le soleil, et tout ce qui se meut autour d'elle tire de sa présence la vie, la lumière et la gloire.

Angiolina. — Pensant ainsi, sentant si bien cette vérité dans les autres, pourquoi (je vous prie de m'excuser, seigneur), pourquoi vous abandonner à la plus violente, à la plus fatale des passions ? Pourquoi vos augustes pensées sont-elles troublées par une haine implacable contre un être aussi chétif que Steno ?

Le Doge. — Vous êtes dans l'erreur, Angiolina. Ce n'est pas Steno contre qui s'élève ainsi ma colère ; si c'était lui, bientôt... mais laissons cela.

Angiolina. — Quel est donc le motif qui vous affecte si profondément ?

Le Doge. — La majesté de Venise violée à la fois dans son prince et les lois.

Angiolina. — Hélas ! pourquoi prendre la chose ainsi ?

Le Doge. — Cette pensée me poursuivra jusqu'à...... Mais revenons à notre entretien. Ayant pesé toutes ces raisons, je vous épousai. Le monde rendit justice à mes motifs; ma conduite prouva qu'il ne se trompait pas, et la vôtre fut au-dessus de tout éloge. Vous eûtes pleine liberté... respect et confiance absolue vous furent accordés par moi et les miens ; bref, issue de ce sang qui donna des princes à la République et détrôna des rois aux rives étrangères, vous vous montrâtes en tout la première des dames de Venise.

ANGIOLINA. — Où voulez-vous en venir ?

LE DOGE. — A cette conclusion... qu'il a suffi du souffle d'un scélérat pour flétrir tout cela... un misérable, qui par son impudence, au milieu de notre grande fête, m'avait forcé de le mettre à la porte, pour lui apprendre à se conduire convenablement dans le palais ducal. Un pareil être laissera sur le mur le mortel venin de son cœur plein de fiel, et le poison circulera partout ! et l'innocence de la femme, l'honneur de l'homme deviendront le jouet du premier venu ! et le double félon, après avoir insulté la modestie virginale par un affront grossier fait aux demoiselles de votre suite, en présence de nos gentilshommes, de nos plus nobles dames, se vengera de sa trop juste expulsion en imprimant une publique souillure à l'épouse de son souverain, et il sera absous par ses pairs !

ANGIOLINA. — Mais il a été condamné à l'emprisonnement.

LE DOGE. — Pour de tels êtres, ce n'est là qu'une absolution ; et la courte durée de sa prétendue captivité se passera dans un palais. Mais ne parlons pas de lui, c'est de vous maintenant qu'il s'agit.

ANGIOLINA. — De moi, seigneur ?

LE DOGE. — Oui, Angiolina. Ne soyez point surprise ; j'ai différé cette communication autant que je l'ai pu ; mais je sens que ma vie approche de son terme, et je désirerais être assuré que vous suivrez les instructions consignées dans cet écrit... (*Il lui remet un papier.*) Ne craignez rien ; tout est dans votre intérêt : prenez-en lecture en temps opportun.

ANGIOLINA. — Seigneur, pendant comme après votre vie, vous serez toujours honoré par moi. Mais puissiez-vous jouir de longs jours... plus heureux que ceux-ci! Cette exaltation se calmera, et vous redeviendrez ce que vous devez être... ce que vous étiez.

LE DOGE. — Je serai ce que je dois être, ou je ne serai rien. Pourtant jamais... oh ! non ! jamais, jamais, sur le petit nombre d'heures ou de jours réservés encore à la vieillesse flétrie de Faliero, le repos ne fera luire son doux crépuscule ! Jamais le reflet brûlant d'un passé qui ne fut pas sans utilité et sans gloire ne se projettera sur le soir d'une vie épuisée, pour m'adoucir l'approche du long sommeil de la tombe. Il ne me reste que bien peu de choses à demander ou à espérer, outre la considération due au sang que j'ai versé, à mes sueurs, aux fatigues que mon âme a subies, en travaillant à la gloire de mon pays, comme son serviteur... son serviteur bien que son chef... J'aurais pu rejoindre mes aïeux avec un nom irréprochable et pur comme le leur ; mais ce bienfait m'a été refusé... Oh ! que ne suis-je mort à Zara !

ANGIOLINA. — C'est là que vous sauvâtes la République ; vivez donc pour la sauver encore ; une journée pareille à celle-là serait le meilleur châtiment à infliger à vos ennemis, la seule vengeance digne de vous.

LE DOGE. — Une telle journée ne luit qu'une fois dans un siècle ; peu s'en faut que ma vie n'ait atteint cette durée, et c'est assez pour moi que la fortune m'ait accordé une fois ce qu'elle accorde à peine, sur une grande diversité de pays et à de longs intervalles, à un seul mortel favorisé. Mais pourquoi parler ainsi ? Venise a oublié ce jour... dois-je me le rappeler ?... Adieu, douce Angiolina ! il faut que je rentre dans mon cabinet : j'ai beaucoup d'occupations... et le temps s'écoule.

ANGIOLINA. — Rappelez-vous ce que vous fûtes.

LE DOGE. — Ce serait en vain ! le souvenir du bonheur n'est plus du bonheur ; mais le souvenir des peines est une peine encore.

ANGIOLINA. — Du moins, quelque occupation qui vous presse, je vous supplie de ne point vous fatiguer. Votre sommeil depuis plusieurs nuits a été tellement agité, que c'eût été vous soulager peut-être que de vous éveiller ; mais j'espérais que la nature finirait par dompter les pensées qui vous troublaient ainsi. Une heure de repos vous rendrait à vos travaux avec une intelligence plus libre, une vigueur nouvelle.

LE DOGE. — Je ne puis dormir..... je le pourrais que je ne le devrais pas ; car personne n'eut jamais plus de motifs de veiller. Encore un petit nombre de jours et de nuits d'agitation, et je dormirai en paix... mais où ?... n'importe. Adieu, mon Angiolina.

ANGIOLINA. — Souffrez que je demeure près de vous un instant... un seul instant encore ! je ne puis supporter l'idée de vous laisser ainsi.

LE DOGE. — Viens donc, mon aimable enfant !... Pardonne-moi : tu étais née pour quelque chose de mieux que le partage d'une destinée qui touche à son déclin et s'avance rapidement vers la vallée sombre où siège la mort. Quand je ne serai plus... ce sera peut-être plus tôt encore que mon âge ne l'annonce ; car au-dedans, au-dehors, quelque chose se prépare qui peuplera les cimetières de cette ville plus que n'eût pas fait la peste ou la guerre... quand je ne serai plus rien de ce que j'étais, qu'il reste encore parfois sur tes lèvres un nom, dans la mémoire une ombre, pour te rappeler celui qui te demande, non des larmes, mais un souvenir. Allons, ma fille, le temps presse.

(*Ils sortent.*)

SCÈNE II.

Un lieu écarté, près de l'arsenal.

ISRAEL BERTUCCIO, PHILIPPE CALENDARO.

CALENDARO. — Eh bien ! Israël, quel succès a obtenu votre plainte ?

ISRAEL. — Le plus heureux.

CALENDARO. — Est-il possible, l'agresseur sera-t-il puni ?

ISRAEL. — Oui.

CALENDARO. — De quelle peine ? l'amende ou la prison ?

ISRAEL. — La mort !

CALENDARO. — Vous rêvez sans doute, ou votre intention est de vous venger de vos propres mains, comme je vous le conseillais.

ISRAEL. — C'est cela ! et pour boire une seule gorgée de vengeance, abandonner la grande réparation que nous méditons en faveur de Venise, changer une vie d'espoir en une vie d'exil, écraser un scorpion et en laisser mille autres qui perceront de leurs dards mes amis, ma famille, mes compatriotes ! non, Calendaro ; les gouttes de sang que le misérable a fait couler seront payées de tout le sien... de bien plus encore ; nous n'avons pas seulement des injures privées à venger ; cela est bon pour des passions égoïstes et des hommes désespérés ; mais cela n'est pas digne de l'exterminateur des tyrans.

CALENDARO. — Vous avez plus de patience que je n'en veux pour moi-même. Si j'avais été présent quand vous avez reçu cette insulte, j'aurais tué l'homme sur la place, j'aurais succombé dans un vain effort pour contenir ma rage.

ISRAEL. — Dieu merci ! vous n'étiez pas là... sans quoi tous nos projets eussent été entravés : en l'état actuel des choses, notre cause s'offre encore sous un aspect favorable.

CALENDARO. — Mais que vous a-t-il répondu ?

ISRAEL. — Qu'il n'y avait point de châtiment pour des hommes tels que Barbaro.

CALENDARO. — Je vous avais bien dit qu'il n'y avait point de justice à chercher de ce côté.

ISRAEL. — J'ai du moins réussi à écarter les soupçons par cette manifestation de confiance. Si j'avais gardé le silence, tous les sbires auraient eu l'œil sur moi, comme sur un homme qui médite une vengeance silencieuse, solitaire, implacable.

CALENDARO. — Mais pourquoi ne pas vous adresser au conseil ? Le doge est un mannequin, et c'est à peine s'il peut obtenir justice pour lui-même. Pourquoi vous êtes-vous présenté à lui ?

ISRAEL. — C'est ce que vous saurez plus tard.

CALENDARO. — Pourquoi pas maintenant ?

ISRAEL. — Attendez minuit. Réunissez vos hommes, et dites à vos amis de tenir leurs compagnies sur le qui-vive... que tout soit prêt pour frapper le coup décisif dans quelques heures peut-être. Nous attendions depuis longtemps le moment favorable ; ce moment, il se peut que le soleil de demain nous le donne ; de plus longs délais produiraient un double danger. Ayez soin que tous se rendent ponctuellement et en armes au lieu du rendez-vous, à l'exception de ceux d'entre les Seize qui resteront au milieu des troupes pour attendre le signal.

CALENDARO. — Voilà d'agréables paroles, et qui répandent dans mes veines une vie nouvelle. Je suis las de tous ces délais, de toutes ces hésitations ; les jours succèdent aux jours, et chacun d'eux ne fait qu'ajouter un nouvel anneau à une trop longue chaîne, qu'infliger à nos frères et à nous de nouveaux outrages et qu'augmenter en conséquence la force et l'orgueil de nos tyrans. Je ne demande qu'à en venir aux mains avec eux, et peu m'importe le résultat ; ce ne peut être que la mort ou la liberté.

ISRAEL. — Morts ou vivants, nous serons libres ! la tombe n'a point de chaînes. Toutes vos listes sont-elles prêtes, et les seize compagnies sont-elles portées au complet de soixante hommes ?

CALENDARO. — Toutes, à l'exception de deux, dans lesquelles il manque vingt-cinq hommes.

ISRAEL. — N'importe ! nous pouvons nous en passer. Quelles sont ces deux compagnies ?

CALENDARO. — Celles de Bertram et du vieux Soranzo, qui tous deux paraissent peu zélés.

ISRAEL. — Votre nature ardente vous fait accuser de tiédeur quiconque est plus calme et plus posé que vous ; mais souvent il n'y a pas moins de résolution dans les esprits concentrés que dans ceux qui font le plus de bruit ; ne vous méfiez pas d'eux.

CALENDARO. — Je ne me méfie pas du vieillard... mais il y a dans Bertram une hésitation, une facilité d'impressions fatales à des entreprises comme la nôtre. J'ai vu cet homme pleurer comme un enfant sur les maux d'autrui, sans songer aux siens, quoique plus grands ; et, dans une querelle récente, il a semblé sur le point de se trouver mal à la vue du sang, quoique ce fût celui d'un vaurien.

ISRAEL. — Les vrais braves ont le cœur prompt à s'émouvoir, les larmes faciles, et leur sensibilité déplore ce que le devoir exige d'eux. Je connais Bertram depuis longtemps ; il n'existe pas sous le ciel une âme plus remplie d'honneur.

Calendaro. — Cela se peut ; ce que j'appréhende en lui, c'est moins de la trahison que de la faiblesse ; cependant comme il n'a ni maîtresse ni femme pour exploiter cette mollesse, peut-être sortira-t-il convenablement de l'épreuve. Heureusement il est orphelin, et n'a d'amis que nous ; une femme et un enfant l'eussent rendu moins résolu qu'eux-mêmes.

Israel. — De tels liens ne conviennent pas à des hommes que leur destinée appelle à purifier une république corrompue. Nous devons mettre en oubli tous les sentiments hormis un seul... nous ne devons avoir d'autres passions que notre dessein, d'autre objet en vue que la patrie; et le trépas doit nous sembler beau, si le sang de la victime monte vers le ciel et en fait descendre à jamais la liberté.

Calendaro. — Mais si nous échouons ?

Israel. — Ils n'échouent jamais, ceux qui meurent dans une grande cause ; le billot boit leur sang, leur tête se dessèche au soleil, leurs membres sont exposés aux portes des villes, aux créneaux des tours... mais leur esprit vit toujours présent. En vain les années s'écoulent, en vain d'autres victimes subissent le même destin, elles ne font que grossir la pensée unique, intense, qui bientôt fait taire toutes les autres, et finit par conduire les peuples à la liberté. Que serions-nous si Brutus n'avait pas vécu ? Il est mort en combattant pour l'indépendance de Rome, mais il a laissé après lui une leçon immortelle... un nom qui est une vertu et une âme qui renaît en tout temps, partout où les méchants prospèrent, où le peuple devient esclave. Lui et son noble ami furent appelés les derniers Romains. Soyons les premiers des véritables Vénitiens, issus du sang de Rome.

Calendaro. — Si nos ancêtres ont fui devant Attila, s'ils se sont réfugiés dans ces îles, où depuis des palais se sont élevés sur des rives arrachées au limon de la mer, ce n'était certes pas pour reconnaître des milliers de despotes. Plutôt fléchir devant le roi des Huns et avoir un Tartare pour maître, que d'obéir à ces vers à soie gonflés d'orgueil. Du moins le barbare était un homme, et avait le glaive pour sceptre : ces êtres efféminés et rampants commandent sans armes à nos épées, et nous gouvernent d'un mot, comme par un charme magique.

Israel. — Ce charme sera bientôt rompu. Vous dites que tout est prêt ; aujourd'hui je n'ai pas fait ma ronde accoutumée, et vous savez pourquoi ; mais votre vigilance aura suppléé à la mienne. Le conseil, ayant récemment donné l'ordre de redoubler d'efforts pour réparer les galères, on s'est servi de ce prétexte et l'on a introduit dans l'arsenal un grand nombre des nôtres, en qualité d'ouvriers de la marine, ou comme membres de l'équipage des flottes qui se préparent... Tous sont-ils munis d'armes ?

Calendaro. — Tous ceux du moins qui ont été jugés dignes de cette marque de confiance ; un certain nombre doivent rester dans l'ignorance jusqu'au moment de frapper ; alors on les armera. Dans la première chaleur de la crise, force leur sera de marcher avec ceux au milieu desquels ils se trouveront.

Israel. — Bien dit. Les avez-vous remarqués, ceux-là ?

Calendaro. — J'en ai pris note à part, et j'ai recommandé aux chefs d'user de la même précaution dans leurs compagnies respectives. Autant que j'ai pu le voir, nous sommes assez nombreux pour assurer le succès, si l'exécution a lieu demain ; mais jusque-là, chaque instant perdu est une source de nouveaux périls.

Israel. — Que les Seize se rassemblent à l'heure accoutumée, à l'exception de Soranzo, de Nicoletto Blondo et de Marco Giuda, qui continueront de veiller à l'arsenal et devront se tenir prêts au signal convenu.

Calendaro. — Ils seront à leur poste.

Israel. — Que tous les autres viennent au rendez-vous : j'ai un étranger à leur présenter.

Calendaro. — Un étranger? Connaît-il le secret ?

Israel. — Oui.

Calendaro. — Et vous avez osé mettre en péril la vie de vos amis par votre confiance précipitée dans un homme que nous ne connaissons pas ?

Israel. — Je n'ai exposé d'autre vie que la mienne... soyez-en certain. C'est un homme qui, en nous accordant son aide, rend notre succès doublement assuré. D'ailleurs, s'il s'y refuse, il n'en est pas moins en notre pouvoir : il viendra seul avec moi, et ne saurait nous échapper. Mais il ne reculera pas.

Calendaro. — Je ne pourrai juger que du moment où je le connaîtrai... Est-il de notre classe ?

Israel. — Oui, par le sentiment ; quoique fils de la grandeur, c'est un homme capable d'occuper ou de renverser un trône... un homme qui a fait de grandes choses, éprouvé de grandes vicissitudes ; ce n'est point un tyran, bien qu'élevé pour la tyrannie. Vaillant à la guerre, sage dans les conseils ; noble par sa nature, quoique fier ; actif, mais prudent ; avec tout cela, il est tellement asservi à certaines passions, qu'une fois blessé, comme il l'a été sur un des points les plus sensibles, il devient indomptable. Non, la mythologie des Grecs n'avait point de furie comparable à celle dont les mains brûlantes déchirent ses entrailles, jusqu'à le rendre capable de tout oser pour satisfaire sa vengeance. Ajoutez à cela un esprit libéral, qui voit et déplore l'oppression du peuple, et sympathise avec ses souffrances. Tout considéré, nous avons besoin d'un tel homme, et il a besoin de nous.

Calendaro. — Et quel rôle vous proposez-vous de lui confier parmi nous ?

Israel. — Celui de chef peut-être.

Calendaro. — Quoi ! vous résigneriez le commandement ?

Israel. — Sans nul doute ; mon but est de mener notre entreprise à bonne fin, et non pas de me frayer la route du pouvoir. Mon expérience, quelques talents et vos suffrages m'ont désigné pour vous commander, jusqu'à ce qu'il se présentât un chef plus digne ; si j'ai trouvé l'homme que vous-mêmes vous m'auriez préféré, pensez-vous que l'égoïsme ou l'amour d'une autorité précaire puissent me faire hésiter : que je rattache à moi seul tous nos intérêts, plutôt que de céder la place à un homme mieux doué de toutes les qualités d'un chef ? Non, non, Calendaro, connaissez mieux votre ami ; mais vous en jugerez tous... Séparons-nous pour nous réunir à l'heure fixée.

Calendaro. — Digne Israël, je vous ai toujours connu fidèle et brave, et mon cœur ni ma tête n'ont jamais failli aux plans que vous aviez conçus. Pour ma part, je ne demande point d'autre chef que vous ; ce que nosamis décideront, je l'ignore ; mais, dans toutes vos entreprises je suis à vous comme je l'ai toujours été... Maintenant adieu, jusqu'à ce que l'heure de minuit nous réunisse. (*Ils sortent.*)

ACTE III.

SCÈNE PREMIÈRE.

Place entre le canal et l'église de Saint-Jean et Saint-Paul, devant laquelle on voit une statue équestre. — Une gondole est dans le canal à quelque distance.

LE DOGE, *seul et déguisé.*

Me voici au rendez-vous avant l'heure, heure solennelle, dont le signal résonnant sous la voûte de la nuit devrait communiquer à ces palais une prophétique commotion, faire tressaillir ces marbres jusque dans leurs fondements, et réveiller ceux qui y dorment au moment où un rêve obscur, mais horrible, les avertit du sort qui les menace. Oui, cité orgueilleuse ! il faut que tu sois purgée du sang corrompu qui fait de toi un lazaret de tyrans : cette tâche m'est imposée malgré moi ; je ne l'ai pas cherchée ; et c'est pourquoi j'ai été puni, car j'ai vu croître, s'étendre sous mes yeux cette peste patricienne, jusqu'au moment où elle est venue m'atteindre moi-même dans ma sécurité ; et maintenant tout souillé de cette lèpre, il faut que je me lave les taches de la contagion dans les eaux qui guérissent. Temple majestueux où dorment mes ancêtres, dont les sombres statues projettent leur ombre sur le sol qui nous sépare des morts, où une poignée de cendres est tout ce qui reste de tant de héros qui ont ébranlé le monde ! Temple des saints protecteurs de notre maison ! caveaux où reposent deux doges... mes aïeux ! qui moururent l'un sous le fardeau des affaires publiques, l'autre sur le champ de bataille ; sépulture d'une longue race de guerriers et de sages qui m'ont légué leurs grands travaux, leurs blessures et leur rang..... que les tombeaux s'ouvrent, que l'église voie surgir tous ces morts dans son enceinte, et qu'ils sortent en foule des portiques en fixant sur moi leurs regards ! Je les prends à témoin, ainsi que toi, basilique vénérable, des motifs qui m'ont poussé dans cette entreprise... Ils savent que ma seule pensée est de venger leur noble sang, leur blason glorieux, leur nom illustre, avilis en moi, non par moi, mais par des patriciens ingrats, que nos exploits devraient avoir faits non égaux et non pas nos maîtres... Et toi surtout, brave Ordelafo, tombé sur ces mêmes champs de Zara, qui depuis m'ont vu vaincre, les hécatombes de tes ennemis et des ennemis de Venise, que ton descendant a offertes à tes mânes, devaient-elles être ainsi récompensées ? Ombres de mes aïeux ! daignez me sourire ; car ma cause est la vôtre, en tant que les choses de cette vie peuvent vous toucher encore... votre gloire, votre nom sont intéressés à ce débat, d'où dépendent les destinées de notre race ! Que je réussisse, et je rendrai cette cité libre et immortelle, et le nom de notre maison plus digne de vous dans le présent et dans l'avenir. (*Entre Israel Bertuccio.*)

Israel. — Qui va là ?

Le Doge. — Ami de Venise.

Israel. — C'est lui. Salut! seigneur... vous avez devancé l'heure.

Le Doge. — Je suis prêt à me rendre dans votre assemblée.

Israel. — A merveille ; je suis fier et charmé de voir tant de confiance et d'ardeur. Ainsi depuis notre dernière entrevue, vos doutes se sont dissipés ?

Le doge. — Non... mais je me suis décidé à jouer sur cette chance le peu de vie qu'il me reste ; le dé en fut jeté la première fois que je prêtai l'oreille à ta trahison... Ne tressaille point ! c'est le mot ; je ne puis accoutumer ma langue à revêtir de noms innocents des actes coupables, bien que je sois décidé à les commettre. Quand tu es venu tenter ton souverain, et que je t'ai écouté sans l'envoyer en prison, dès ce moment je suis devenu ton complice le plus criminel ; tu peux maintenant, si cela te convient, faire à mon égard ce que j'aurais pu faire au tien.

Israel. — Voilà d'étranges paroles, seigneur, et je ne crois pas les avoir méritées ; je ne suis point un espion, et nous ne sommes pas des traîtres.

Le doge. — Nous... nous ! n'importe ! tu as acheté le droit de dire Nous... Mais venons au fait.. Si le succès couronne cette entreprise, et Venise, rendue libre et florissante, quand nous serons descendus au cercueil, conduit ses générations sur nos tombeaux, et, par les petites mains de ses enfants, fait semer des fleurs sur la cendre de ses libérateurs, alors les résultats auront sanctifié notre action, et dans les annales de l'avenir nous serons mis sur la ligne des deux Brutus ; mais, dans le cas contraire, si, employant des moyens sanglants et la voie des complots, bien que dans un but légitime, nous devions succomber, alors nous serions des traîtres, honnête Israël... toi comme celui qui, il y a six heures, était ton souverain, et maintenant n'est plus que ton complice.

Israel. — Ce n'est pas le moment de discuter ces questions, autrement je pourrais répondre... Allons à l'assemblée, car ici nous pourrions être observés.

Le doge. — Nous sommes observés et nous l'avons déjà été.

Israel. — Par qui ? sachons qui nous épie... et ce poignard...

Le doge. — Arrête ; nous n'avons pas ici de mortels pour témoins : regarde de ce côté... que vois-tu ?

Israel. — Je ne vois à la clarté obscure de la lune que la statue colossale d'un guerrier monté sur un superbe coursier.

Le doge. — Ce guerrier était un de mes aïeux, et cette statue a été érigée par la cité que son bras avait deux fois sauvée... Penses-tu qu'il nous regarde ?

Israel. — Seigneur, ce sont là des illusions ; le marbre n'a pas d'yeux.

Le doge. — Mais la mort en a. Je te dis, Israël, qu'il y a dans ces objets un esprit qui agit et qui voit, et qui se fait sentir, bien qu'invisible ; et s'il est quelque charme assez puissant pour réveiller des morts, il se trouve dans des actes comme celui que nous allons accomplir. Crois-tu donc que les âmes des héros de ma race puissent demeurer en repos, pendant que le dernier de leurs descendants conspire avec des plébéiens au bord même de leur vénérable tombe.

Israel. — Vous auriez dû faire ces réflexions avant de vous engager dans notre grande entreprise... Vous repentez-vous ?

Le doge. — Non ; mais je sens, et continuerai à sentir jusqu'à la fin. Je ne puis tout-à-coup éteindre une vie glorieuse, rapetisser ma taille au rôle que je dois jouer maintenant, et me résoudre, sans hésitation, à immoler des hommes par surprise. Néanmoins ne doute pas de moi ; c'est ce sentiment même, c'est la conscience de ce qui m'a réduit à cette extrémité qui constitue ta meilleure garantie. Il n'est point parmi tes complices d'artisan plus outragé, plus ravalé que moi, plus impérieusement poussé à obtenir réparation : ces tyrans infâmes, je les abhorre doublement pour les actes qu'il me faut accomplir, afin de tirer vengeance des leurs.

Israel. — Partons !... écoutez... l'heure sonne.

Le doge. — Allons !... allons !... c'est notre glas de mort, ou celui de Venise !... Allons.

Israel. — Dites plutôt que c'est le carillon de sa liberté triomphante !... par ici... le rendez-vous n'est pas loin. (Ils sortent.)

SCÈNE II.

La maison où se rassemblent les conspirateurs.

DAGOLINO. — DORO. — BERTRAM. — FEDELE. — TREVISANO. — CALENDARO. — ANTONIO DELLE BENDE, etc., etc.

Calendaro, en entrant. — Tous sont-ils ici ?

Dagolino. — Tous, à l'exception de trois qui sont à leur poste, et de notre chef Israël, que nous attendons d'un moment à l'autre.

Calendaro. — Où est Bertram ?

Bertram. — Me voici !

Calendaro. — Êtes-vous parvenu à compléter votre compagnie ?

Bertram. — J'avais jeté les yeux sur quelques hommes : mais je n'ai pas osé leur dévoiler le secret avant d'être assuré qu'ils méritaient ma confiance.

Calendaro. — Il n'y a rien à leur confier : hors nous et nos camarades les plus sûrs, nul n'est complètement instruit de nos intentions. Ils se croient secrètement engagés au service de la Seigneurie pour châtier quelques jeunes nobles plus dissolus que les autres, et bravant l'autorité des lois ; mais une fois qu'ils auront marché, que leurs épées seront teintes du coupable sang des sénateurs les plus odieux, ils n'hésiteront pas à en sacrifier d'autres, surtout quand ils verront les chefs leur donner l'exemple ; et pour ma part, je ferai si bien que,

Marino et son neveu.

soit crainte, soit honte, ils ne s'arrêteront pas avant d'avoir tout exterminé.

Bertram. — Que dites-vous, tous ?

Calendaro. — Et qui voudriez-vous épargner ?

Bertram. — Moi, épargner ! je n'ai le pouvoir d'épargner personne. C'était une simple question : je pensais que, même parmi ces hommes criminels, il pouvait s'en trouver que leur âge ou leurs qualités recommanderaient à la pitié.

Calendaro. — Oui, une pitié comme celle que méritent et qu'obtiennent les tronçons séparés de la vipère, alors que, dans la dernière énergie de leur venimeuse existence, ils tressaillent convulsivement au soleil. Moi, en sauver un seul ! j'aimerais autant épargner un des crocs empoisonnés du serpent : ce sont tous les anneaux d'une même chaîne ; ils ne forment qu'une seule vie, qu'un seul corps ; ils boivent, mangent et procréent ensemble ; ils prennent leurs ébats, mentent, oppriment et tuent de concert... qu'ils meurent donc comme un seul homme !

DAGOLINO. — S'il en échappait un seul, il serait aussi dangereux que la totalité ; ce n'est pas leur nombre, qu'on les compte par dizaines ou par milliers, c'est l'esprit de cette aristocratie qu'il faut déraciner ; s'il restait du vieil arbre un seul rejeton vivant, il prendrait racine dans le sol, et produirait encore son lugubre feuillage et ses fruits amers. Bertram, de la fermeté !
CALENDARO. — Prends-y garde, Bertram ; j'ai l'œil sur toi.
BERTRAM. — Qui se méfie de moi ?
CALENDARO. — Ce n'est pas moi ; car si cela était, tu ne serais pas ici à nous parler de confiance : c'est sur la sensibilité, et non sur la fidélité qu'on a conçu des craintes.
BERTRAM. — Vous qui m'écoutez, vous devriez savoir qui je suis et ce que je suis : comme vous, j'ai pris parti contre l'oppression ; j'ai un cœur sensible, j'en conviens, et plusieurs d'entre vous l'ont éprouvé ; quant à ma bravoure, tu dois en savoir quelque chose, toi, Calendaro, qui m'as vu à l'œuvre ; pour peu qu'à cet égard il te reste des doutes, je suis prêt à les éclaircir en tête à tête avec toi !
CALENDARO. — Je ne demande pas mieux, dès que nous aurons mis à fin notre entreprise, que nulle querelle particulière ne doit interrompre.
BERTRAM. — Je ne suis point querelleur ; mais je suis homme à pénétrer dans les rangs de l'ennemi aussi avant qu'aucun de ceux qui m'écoutent ; sans cela m'aurait-on choisi pour faire partie des principaux conjurés ? Cependant j'avouerai ma faiblesse naturelle, l'idée d'un massacre général me fait tressaillir ; la vue du sang ruisselant sur des têtes blanchies ne s'accorde point pour moi avec l'idée d'un triomphe, et je ne vois aucune gloire dans la mort infligée à un ennemi sans défense. Je sais trop que nous sommes forcés d'agir ainsi envers ceux dont les actes ont soulevé de telles vengeances ; mais s'il eût été possible, dans l'intérêt de notre propre gloire, d'excepter quelques têtes de cette proscription universelle, d'épargner à notre entreprise quelques taches de meurtre, afin qu'elle n'en fût pas complétement souillée, j'avoue que cela eût été d'accord avec mes sentiments ; et je ne vois rien dans ce vœu qui justifie les sarcasmes ou les soupçons.
DAGOLINO. — Calme-toi, Bertram ; nous ne te soupçonnons pas ; aie bon courage, c'est notre cause, et non notre volonté, qui exige de tels actes : les eaux pures de la liberté laveront toutes ces taches.
(*Entrent* ISRAEL BERTUCCIO, *et le* DOGE *déguisé.*)
DAGOLINO. — Salut, Israël !
LES CONJURÉS. — Sois le bien venu ! Brave Israël, tu t'es bien fait attendre. — Quel est cet étranger !
CALENDARO. — Il est temps de le nommer ; nos camarades sont prêts à l'accueillir comme un frère ; je les ai prévenus que tu avais conquis un appui à notre cause ; ce choix, ayant ton approbation, aura aussi le nôtre, tant est grande notre confiance en tous tes actes. Maintenant, qu'il se découvre.
ISRAEL. — Étranger, avancez. (*Le doge se découvre.*)
LES CONJURÉS. — Aux armes ! — Nous sommes trahis, c'est le doge ! — Qu'ils meurent tous deux, notre capitaine qui nous livre, et le tyran auquel il nous a vendus.

CALENDARO, *mettant l'épée à la main*. — Arrêtez ! arrêtez ! quiconque fait un pas vers eux est mort. Arrêtez ! laissez parler Israël… Eh quoi ! l'épouvante vous a saisis tous, parce qu'un vieillard seul, désarmé, sans défense, est au milieu de vous ?… Israël, parle ! que signifie ce mystère ?
ISRAEL. — Qu'ils s'avancent ! qu'ils s'immolent eux-mêmes en nous immolant, et consomment leur ingrat suicide ! car de notre vie dépend la leur, avec toute leur fortune et toutes leurs espérances.
LE DOGE. — Frappez ! si j'avais craint la mort, une mort plus terrible que celle dont vos épées nous menacent, je ne serais pas ici en ce moment… Oh ! le noble courage, fils de la crainte, qui s'attaque à cette tête blanchie et sans défense ! Voyez ces chefs vaillants ! ils veulent réformer les États, renverser des sénats, et la vue d'un souverain les remplit de fureur et d'effroi !… Tuez-moi, vous le pouvez ; je m'en inquiète peu… Israël, sont-ce là les hommes, les cœurs intrépides dont vous m'avez parlé ? Regardez-les !
CALENDARO. — En vérité il nous fait honte, et avec raison. Est-ce là votre confiance dans un chef fidèle ? Vous tournez vos épées contre lui et l'étranger qu'il vous amène ! remettez-les dans le fourreau ; écoutez-le.
ISRAEL. — Je dédaigne de leur parler. Ces hommes pouvaient et devaient savoir qu'un cœur comme le mien est incapable de trahison, et qu'investi par eux du pouvoir d'adopter tous les moyens que je jugerais nécessaires au succès de notre entreprise, je n'en ai jamais abusé. Ils devaient savoir qu'un étranger amené par moi dans cette assemblée n'y venait que pour être, à son choix, ou complice ou victime.
LE DOGE. — Et laquelle de ces deux alternatives me faudra-t-il subir ? Votre conduite m'autorise à douter qu'il me reste la liberté du choix.
ISRAEL. — Seigneur, je serais mort ici avec vous, si ces insensés ne s'étaient arrêtés. Mais voyez, ils rougissent de cette folle impulsion d'un moment, et baissent la tête devant vous ; croyez-moi, ils sont tels que je vous les ai représentés… Parlez-leur.
CALENDARO. — Oui, parlez ; nous vous écoutons.

La mort du Doge.

ISRAEL, *aux conjurés*. — Vous n'avez rien à craindre ; il y a plus, vous touchez au triomphe. Écoutez, et vous verrez que je vous dis vrai.
LE DOGE. — Vous avez devant vous, comme on le disait tout à l'heure, un vieillard désarmé et sans défense ; hier encore, vous m'avez vu, revêtu de la pourpre officielle, souverain apparent de nos cent îles, présider dans le palais ducal, faire exécuter les décrets d'un pouvoir qui n'est pas à moi, ni à vous, mais à nos maîtres… aux patriciens. Pourquoi j'étais là, vous le savez ou pensez le savoir ; pourquoi maintenant je suis ici, celui d'entre vous qui a été le plus lésé, insulté, outragé, foulé aux pieds, jusqu'à douter s'il était un or ou un homme, celui-là peut répondre à ma place, en se demandant quels motifs l'ont amené où il est. Vous savez ce qui m'est récemment arrivé, tout le monde le sait et en juge autrement que ceux dont la sentence vient d'ajouter l'outrage à l'outrage ; épargnez-moi ce récit… Elle est là, là dans mon cœur, cette insulte !… mais des paroles, des plaintes, qui ne se sont déjà que trop exhalées, dévoileraient plus encore ma faiblesse, et je viens

ici pour donner de la force même aux forts, pour les stimuler à l'action, et non pour combattre avec des armes de femme. Mais qu'est-il besoin que je vous stimule? nos griefs privés sont nés des vices publics de cet État, ni république ni royaume, puisqu'on y chercherait inutilement un roi et un peuple; mais qui réunit tous les défauts de l'ancienne Sparte, sans sa tempérance et son courage : les maîtres de Lacédémone étaient des soldats; les nôtres sont des sybarites, et nous des ilotes, dont le plus avili, le plus opprimé, c'est moi. Vous êtes réunis pour renverser cette constitution monstrueuse, ce gouvernement qui n'en est pas un, ce spectre qu'il faut exorciser avec du sang. Et alors, nous ramènerons la vérité et la justice; nous ferons fleurir dans une république sincère et libre, non une égalité insensée, mais des droits proportionnés comme les colonnes d'un temple, qui se prêtent une force mutuelle, et donnent à tout l'édifice tant de solidité et de grâce qu'on ne saurait supprimer aucune partie sans rompre la symétrie de l'ensemble. Pour accomplir ce grand changement, je demande à me joindre à vous, si vous avez confiance en moi ; sinon, voilà ma poitrine, frappez!... ma vie est compromise, et j'aime mieux mourir de la main d'hommes libres que de vivre un jour de plus pour jouer mon rôle de tyran, délégué de la tyrannie. Tel je ne suis point, tel je n'ai jamais été... nos annales en font foi ; j'en appelle à mon gouvernement passé, dans bien des contrées et bien des villes : elles vous diront si j'ai été un oppresseur ou un homme plein de sympathie pour les maux de ses semblables. Peut-être, si j'avais été ce que le sénat voulait que je fusse, un mannequin couvert de pourpre et de colifichets, destiné à siéger au sein du sénat, comme un souverain en peinture, un fléau du peuple, une machine à signer des sentences, un partisan quand même du sénat et des Quarante, un adversaire de toute mesure désagréable aux Dix, un flatteur servile du conseil, un instrument, une marionnette... ils n'eussent jamais pris sous leur protection le misérable qui m'a outragé. Ce que je souffre, c'est ma sympathie pour le peuple qui me l'a valu; beaucoup le savent, et ceux qui l'ignorent encore l'apprendront quelque jour. En attendant, quoi qu'il advienne, je mets au service de votre entreprise les derniers jours de ma vie... mon pouvoir actuel, tel quel, non le pouvoir du doge, mais celui d'un homme qui a été grand avant que ne le ravalât à la dignité de doge, et qui a encore du courage et des ressources individuelles. Je joue sur cette chance ma gloire (et j'ai eu quelque gloire)... ma vie (c'est ce qu'il y a de moins important, car elle touche à son terme)... mon cœur... mes espérances, mon âme entière ! Tel que je suis, je m'offre à vous et à vos chefs : acceptez ou rejetez en moi un prince qui veut être citoyen ou rien, et qui, pour cela, quitte un trône.

Calendaro. — Vive Faliero!... Venise sera libre.
Les conjurés. — Vive Faliero !
Israël. — Camarades ! ai-je bien fait ; l'adjonction d'un tel homme ne vaut-elle pas une armée !
Le doge. — Trêve d'éloges et de félicitations ! suis-je des vôtres ?
Calendaro. — Oui, et le premier parmi nous, comme tu l'es dans Venise... Sois notre chef et notre général !
Le doge. — Chef!... général !... j'étais général à Zara, chef à Rhodes et à Chypre, prince à Venise ; je ne puis pas descendre... c'est-à-dire, je ne suis pas propre à commander une bande de... patriotes. Si j'abdique mes dignités, ce n'est pas pour en revêtir de nouvelles, mais pour être l'égal de mes compagnons. Maintenant au fait : Israël m'a communiqué tout votre plan ; il est hardi, mais praticable avec mon aide, et l'exécution en doit commencer sur-le-champ.
Calendaro. — Dès que vous voudrez. N'est-ce pas, mes amis ? J'ai tout disposé pour frapper un coup subit : quand sera-ce ?
Le doge. — Au lever du soleil.
Bertram. — Si tôt ?
Le doge. — Si tôt ?... dites si tard !... Chaque heure accumule péril sur péril, et, plus rapidement que jamais, maintenant que je suis réuni à vous. Ne connaissez-vous pas le conseil et les Dix, les espions, les précautions des patriciens, qui se méfient de leurs esclaves, et plus encore du prince dont ils ont fait un esclave ? Il faut frapper, vous dis-je, et sans retard, au cœur de l'hydre... et les têtes tomberont.
Calendaro. — Je vous appuierai de toute l'énergie de mon âme et de mon épée ; nos compagnies sont prêtes, composées chacune de soixante hommes, et par l'ordre d'Israël, toutes sont maintenant sous les armes, chacune à son rendez-vous particulier, et dans l'attente de quelque grand coup. Que tous se rendent au poste qui leur est assigné ! Seigneur, quel sera le signal ?
Le doge. — Quand vous entendrez sonner la grande cloche de Saint-Marc, à laquelle on ne peut toucher que par l'ordre spécial du doge (dernier et chétif privilège qu'ils ont conservé à leur prince)... alors marchez sur Saint-Marc !
Israël. — Et là ?...
Le doge. — Dirigez-vous par des chemins différents ; que les compagnies débouchent sur la place par des points opposés. Répétez sur votre route que les Génois approchent, qu'on a vu leur flotte, à la pointe du jour, se diriger vers le port. Formez-vous en bataille autour du palais, dont la cour sera occupée par mon neveu et les clients de ma maison, tous armés et prêts à bien faire. Quand la cloche sonnera, criez : « Saint-Marc ! l'ennemi est dans nos eaux. »

Calendaro. — Je vois maintenant... mais continuez, mon noble seigneur.
Le doge. — Tous les patriciens se rendront précipitamment au conseil, car ils n'oseront pas désobéir au signal terrible qui retentira du haut de la tour de leur saint patron ; cette moisson, ainsi rassemblée, tombera sous le tranchant de nos glaives, comme le blé sous la faucille. Quant aux retardataires et aux absents, dans leur isolement, il nous sera facile d'en avoir raison, après que la majorité aura été mise hors d'état de nuire.
Calendaro. — Que ce moment n'est-il venu ! nous ne frapperons pas de main morte.
Bertram. — Avec votre permission, Calendaro, je répéterai la question que j'ai faite avant qu'Israël eût adjoint à notre cause cet important allié qui, rendant son succès plus assuré, permet de faire briller une lueur de clémence sur une partie de nos victimes... Tous les nobles sont-ils condamnés à périr ?
Calendaro. — Tous ceux du moins qui seront rencontrés par moi ou les miens ; nous aurons pour eux la clémence qu'ils ont eue pour nous.
Les conjurés. — Tous ! tous ! Est-ce le moment de parler de clémence ? Quand nous ont-ils témoigné une pitié réelle ou feinte ?
Israël. — Bertram, ta fausse compassion n'est pas seulement une folie, c'est encore une injustice envers tes camarades et la cause que nous défendons ! Ne vois-tu pas que si nous en épargnons quelques-uns, ils ne vivront que pour venger ceux qui auront succombé ? Et comment distinguer maintenant l'innocent du coupable ? Tous leurs actes sont un... c'est une émanation unique d'un seul corps ! Et déjà beaucoup que nous laissions la vie à leurs enfants, je ne sais même pas si ces derniers doivent tous être épargnés indistinctement ; le chasseur peut réserver un des petits du tigre, mais songerait à conserver le père ou la mère, à moins de vouloir périr sous leurs griffes ? Toutefois, je me rangerai à l'avis du doge Faliero ; qu'il décide s'il faut en épargner quelques-uns ?
Le doge. — Ne me demandez rien... c'est me tenter que de me poser une semblable question... décidez vous-mêmes.
Israël. — Vous connaissez leurs vertus beaucoup mieux que nous, qui n'avons senti que leurs vices publics et l'infâme oppression qui pèse sur nous ; s'il en est un parmi eux qui mérite de vivre, prononcez.
Le doge. — Le père de Dolfino était mon ami, Lando combattit à mes côtés, Marc Cornaro fut avec moi en ambassade à Gênes ; j'ai déjà sauvé la vie de Veniero... la sauverai-je une deuxième fois ? Plût à Dieu que je pusse les préserver tous de Venise aussi ! Tous ces hommes ou leurs pères ont été mes amis, jusqu'au moment où ils sont devenus mes sujets ; alors ils se sont détachés de moi comme des feuilles ingrates se détachent de la fleur sur laquelle a soufflé l'aquilon, et m'ont laissé là, tige épineuse, solitaire, flétrie, ne pouvant plus rien abriter. Puisqu'ils m'ont abandonné, qu'ils meurent eux-mêmes !
Calendaro. — Ils ne pourraient exister avec la liberté de Venise.
Le doge. — Vous, citoyens, quoique vous connaissiez et sentiez comme moi l'ensemble de nos communs outrages, néanmoins, vous ignorez quel poison recèlent les institutions de Venise, poison fatal aux sources de la vie, aux liens de l'humanité, à tout ce qu'il y a de vertueux et de sacré sur la terre. Tous ces hommes étaient mes amis ; je les aimais, leur honorable affection me payait de retour ; nous avions servi, combattu ensemble, ensemble on nous avait vus sourire et pleurer ; nous mettions en commun nos douleurs et nos joies ; les liens du sang et du mariage nous unissaient ; nous croissions en âge et en honneurs... tout cela fut ainsi jusqu'au moment où leur propre désir, et non mon ambition, leur fit naître l'idée de me choisir pour leur prince. Dès lors, adieu ! adieu les souvenirs affectueux, la communauté des pensées ! adieu le lien si doux des vieilles amitiés, par lequel les survivants d'un passé déjà historique consolent ce peu de jours qui leur restent. Ces vieux camarades ne se rencontrent jamais sans voir mutuellement sur leurs fronts se réfléchir un demi-siècle, sans évoquer une foule d'êtres maintenant dans la tombe, qui reviennent parler à leur oreille des jours écoulés, et ne semblent pas tout-à-fait morts tant que de cette vaillante, joyeuse, insouciante et glorieuse bande qui n'avait qu'un cœur et qu'une âme, il reste deux vieillards qui ont conservé le souffle pour donner un soupir au passé, et la voix pour parler de hauts faits qui, sans eux, n'auraient d'interprètes que le marbre funéraire... Malheur à moi ! malheur à moi !... dois-je donc prendre une résolution si cruelle ?
Israël. — Seigneur, vous vous laissez trop émouvoir ; ce n'est pas le moment de penser à ces choses.
Le doge. — Encore un instant de patience... Je ne recule pas ; suivez avec moi les sombres vices de ce gouvernement. Du moment où je fus doge, et dans la condition que leur volonté m'avait faite... adieu le passé ! je fus mort pour tous, ou plutôt ils cessèrent d'exi

er pour moi; plus d'amis, plus d'affection, plus de vie privée : tout ne fut enlevé. On ne m'approcha plus, c'eût été donner de l'ombrage; on ne pouvait plus m'aimer... c'était la loi ; on fit de l'hostilité contre moi... politique du sénat; on se joua de moi... devoir d'un patricien ; je fus lésé... intérêt de l'État ; on ne pouvait me rendre justice... fallait-il se rendre suspect? Je devins donc l'esclave de mes propres sujets, en butte à l'inimitié de mes amis. J'eus pour gardes des espions... au lieu de puissance réelle, des vêtements de parade... pour toute liberté, du faste... pour conseils, des geôliers... pour amis, des inquisiteurs... et pour existence, l'enfer! Il ne me restait qu'une source de repos, et ils l'ont empoisonnée! on a brisé sur mon foyer les images de mes chastes pénates, et j'ai vu l'obscénité et la dérision s'asseoir sur leurs autels.

ISRAEL. — Vous avez été cruellement outragé, et avant qu'une autre nuit commence, vous serez noblement vengé.

LE DOGE. — J'avais tout enduré... je souffrais, mais j'eus patience jusqu'au moment qui a fait déborder le vase d'amertume.... jusqu'à cette dernière et flagrante insulte non-seulement impunie, mais encore sanctionnée. Alors j'ai fait taire toute sympathie antérieure, cette sympathie qu'ils avaient étouffée à mon égard depuis longtemps, au moment même où ils prêtaient devant moi le serment de leur fidélité hypocrite! A cet instant même, ils reniaient leur ami en faisant de lui un souverain, comme des enfants qui se fabriquent des jouets pour s'en amuser..... puis les briser! Dès lors, je n'ai plus vu que des sénateurs complotant dans l'ombre contre le doge; une réciprocité de haine et de crainte s'établit de part et d'autre : eux, craignant qu'il ne leur arrachât la tyrannie; et lui, abhorrant ces tyrans. C'est pourquoi il n'existe plus entre ces hommes et moi aucune relation privée; ils n'ont pas le droit d'invoquer les miennes jusqu'eux-mêmes ont rompu les premiers : je ne vois en eux que des fonctionnaires punissables pour leurs actes arbitraires... comme tels, qu'il en soit fait justice.

CALENDARO. — Et maintenant, il faut agir! Frères, à nos postes; et puisse cette nuit être la dernière passée en paroles inutiles! Il me faut à moi des actions! Au point du jour, la grande cloche de Saint-Marc me trouvera réveillé.

ISRAEL. — Séparez-vous donc : soyez fermes et vigilants; songez aux maux que nous endurons, aux droits que nous voulons conquérir. Ce jour et cette nuit auront vu bien des périls! attendez le signal, et alors, en avant! Je vais rejoindre ma troupe; que chacun soit prompt à terminer la tâche qui lui est assignée. Le doge va retourner au palais afin de tout préparer pour le coup décisif; séparons-nous pour nous réunir bientôt au sein de la liberté et de la gloire.

CALENDARO. — Doge, la première fois que nous nous reverrons, je veux avec la tête de Steno au bout de cette épée vous offrir mon hommage.

LE DOGE. — Non, gardez-le pour le dernier, et ne vous détournez point pour frapper une proie si chétive tant qu'un plus noble gibier ne sera pas abattu; son offense ne fut que l'ébullition du vice et de la corruption générale engendrée par l'aristocratie; il n'eût pu.... il n'eût point osé la risquer dans des jours meilleurs. Tout ressentiment particulier contre lui s'absorbe chez moi dans la pensée de notre grande entreprise. L'esclave m'insulte, je demande le châtiment du coupable à son maître orgueilleux; si ce dernier s'y refuse, l'offense devient sienne, et c'est à lui d'en répondre.

CALENDARO. — Cependant, comme il est la cause immédiate de l'alliance qui donne à notre entreprise une consécration de plus, je lui dois tant de reconnaissance, que je serais pas fâché de le récompenser ainsi qu'il le mérite : me le permettez-vous ?

LE DOGE. — Vous voudriez couper la main, et moi la tête; frapper l'écolier, moi le maître; punir Steno, moi le sénat. Je ne puis songer à des inimitiés particulières dans la vengeance générale, universelle, qui, semblable au feu du ciel, doit tout dévorer sans distinction, comme en ce jour où le lac d'asphalte recouvrit les cendres de deux villes.

ISRAEL. — A vos postes donc! je reste un moment en arrière pour reconduire le doge jusqu'au lieu de notre rendez-vous, et m'assurer qu'aucun espion n'est sur nos traces; de là je cours rejoindre ma troupe qui m'attend sous les armes.

CALENDARO. — Adieu donc... jusqu'au point du jour.

ISRAEL. — Adieu ! bon succès !

LES CONJURÉS. — Il ne nous manquera pas. — Partons. — Seigneur, adieu. (*Les conjurés saluent le doge et Israël Bertuccio, et se retirent conduits par Philippe Calendaro.* — *Le doge et Israël restent.*)

ISRAEL. — Ils sont à nous !..... notre réussite est certaine ; c'est maintenant que vous allez être véritablement souverain : vous léguerez à l'avenir un nom immortel qui dépassera les plus grands noms : on avait vu des rois frappés par des citoyens libres, des Césars immolés, des dictateurs brisés par des mains patriciennes, et des patriciens tombant sous le poignard populaire; mais jusqu'à ce jour, quel prince a conspiré pour la liberté de son peuple, ou risqué sa vie pour affranchir ses sujets? Loin de là, nos sénateurs sont en état de complot permanent contre le peuple, s'occupant à lui forger des chaînes qu'il ne dépose que pour s'armer contre les autres peuples ses frères, afin que l'oppression enfante partout l'oppression. Revenons, seigneur, à notre entreprise... elle est grande, et la récompense plus grande encore; mais pourquoi restez-vous immobile et pensif? Il n'y a qu'un moment, vous étiez tout impatience.

LE DOGE. — Le sort en est-il donc jeté? faut-il qu'ils meurent?

ISRAEL. — Qui?

LE DOGE. — Ceux qu'unissaient à moi les liens du sang et une amitié cimentée par le temps et des exploits communs : les membres du sénat.

ISRAEL. — Vous avez prononcé leur sentence : elle est juste.

LE DOGE. — Oui, elle le semble, et elle l'est en effet pour vous; vous êtes un patriote, un Gracchus plébéien... l'oracle des rebelles, le tribun du peuple... je ne vous blâme pas... vous agissez conformément à votre vocation. Ils vous ont frappé, opprimé, dégradé, et moi aussi ; mais vous n'avez point conversé avec eux ; vous n'avez jamais rompu leur pain, goûté de leur sel ; vous n'avez point approché leur coupe de vos lèvres; vous n'avez point grandi et vieilli, ri et pleuré avec eux, ou partagé la joie de leurs banquets; vous n'avez point souri en les voyant sourire, ni échangé avec eux un bienveillant accueil; vous n'avez point cru en leur parole ; vous ne les avez point portés, comme moi, dans votre cœur. Mes cheveux sont blanchis; il en est de même de ceux des anciens du conseil : je me souviens du temps où notre chevelure à tous était noire comme l'aile du corbeau; nous avons, dans nos parcourions ensemble, à la poursuite de notre proie, la mer couverte d'îles arrachées à la domination du musulman perfide : puis-je me résoudre à les voir baignés dans leur sang? Dans chaque coup de poignard qui leur sera porté, je croirai voir mon propre suicide.

ISRAEL. — Doge! doge! cette hésitation serait à peine digne d'un enfant ; si vous n'êtes pas tombé dans une seconde enfance, rappelez votre fermeté, et ne me faites pas rougir pour vous et pour moi. Par le ciel! j'aimerais mieux succomber dans notre entreprise ou y renoncer entièrement que de voir l'homme que je vénère descendre de ses hautes résolutions à de pareilles faiblesses! Vous avez répandu le sang dans les batailles, vous avez vu couler le vôtre et celui des autres; et vous vous effraieriez de quelques gouttes tirées des veines de ces vampires en cheveux blancs, qui ne feront que rendre le sang de tant de milliers d'hommes dont ils se sont gorgés?

LE DOGE. — Soyez indulgent pour moi! vous me verrez marcher du même pas que vous, et prendre ma part de tous vos périls ; ne pensez pas que je chancelle dans ma résolution : oh! non! si je tremble, c'est que la certitude même de tout ce que je suis décidé à faire. Mais qu'elles passent ces dernières émotions qui n'ont que la nuit et vous pour témoins, témoins indifférents; quand le moment sera venu, mon rôle sera de sonner le glas de la mort, de frapper le coup terrible qui dépeuplera plus d'un palais, jettera bas les arbres généalogiques des plus alliers, dispersera leurs fruits sanglants, et les frappera de stérilité. Je le ferai, je le veux... je le dois... je l'ai promis, et rien ne peut me détourner de ma destinée ; mais je ne puis envisager sans frémir ce que je dois être, et ce que j'ai été ! Soyez indulgent.

ISRAEL. — Raffermissez votre âme ; je ne sens point de tels remords, et ne les comprends pas. Pourquoi vos résolutions changeraient-elles ? vous avez agi, vous agissez encore en toute justice.

LE DOGE. — Oh! sans nul doute... vous ne sentez pas de remords, ni moi non plus; sans quoi... écoute, Israël, je te poignarderais à l'instant, pour sauver des milliers de vies, et en le tuant je ne serais point homicide... Vous ne sentez pas de remords, vous marchez à cette œuvre de carnage comme si ces patriciens étaient des bœufs amenés à vos boucheries. Quand tout sera fini, vous aurez le cœur content, l'âme joyeuse, et vous serez tranquillement vos mains rougies ; mais moi qui, dans cet effroyable massacre, irai plus loin que vous et les vôtres, que n'aurai-je point à voir et à sentir.... O Dieu! ô Dieu!... tu dis vrai, Israël, tu as eu raison de me dire que j'agissais par ma libre volonté, et cependant tu te trompes ; car j'agirai, n'en doute pas... ne crains rien ; je serai ton plus impitoyable complice! et cependant ce n'est ni à ma libre volonté, ni à mon sentiment intime que j'obéis..... tous deux au contraire s'y opposent; mais un enfer est en moi et autour de moi ; et, comme le démon qui croit et tremble, j'abhorre mon action tout en la commettant. Partons! partons! cours rejoindre tes compagnons. Je vais moi réunir les partisans de ma maison ; n'en doute point, la grande cloche de Saint-Marc réveillera tout Venise, hormis son sénat égorgé. Avant que le soleil plane sur l'Adriatique dans toute sa splendeur, il s'élèvera une voix gémissante, et le mugissement des vagues sera étouffé par le cri du sang !... Ma résolution est prise... partons!

ISRAEL. — De tout mon cœur! mais, seigneur, tenez en bride ces mouvements de la passion; rappelez-vous le traitement que ces hommes vous ont fait subir; songez que ce sacrifice doit briser les fers de notre glorieuse cité, et lui procurer des siècles de liberté et de bonheur. Un tyran véritable dépeuplerait des empires, qu'il n'éprouverait pas l'étrange pitié qui vous a ému en faveur de quelques traîtres. Croyez-moi, une telle pitié serait plus déplacée encore que l'indulgence du sénat pour Steno.

Le Doge. — Israël, tu as touché la corde douloureuse qui vibre dans mon cœur, en dissonance avec toute la nature... Allons! à notre tâche! (*Ils sortent.*)

ACTE IV.

SCÈNE PREMIÈRE.

Le palais du patricien Lioni.

LIONI *dépose son masque et son manteau;* ANTONIO, *son domestique, l'accompagne.*

Lioni. — J'ai besoin de repos; cette fête m'a vraiment fatigué; c'est la plus brillante que nous ayons eue depuis plusieurs mois, et je ne sais comment elle m'a laissé une impression de tristesse. Un poids douloureux écrasait mon cœur, même au milieu du tourbillon enivrant de la danse; et bien que j'eusse devant moi la dame de mon amour, que mon regard se confondît avec son regard, que ma main touchât sa main, ce poids m'oppressait, glaçait ma pensée et mon sang, et couvrait mon front d'une sueur froide comme celle de la mort. J'ai essayé, à l'aide d'une gaîté feinte, de secouer cette impression; tout a été inutile. Au milieu des accords d'une musique mélodieuse, les sons lointains d'un glas de mort parvenaient distinctement à mon oreille, comme les vagues de l'Adriatique, en se brisant contre le boulevard extérieur du Lido, dominent pendant la nuit les bruits de la cité. Si bien, que j'ai quitté la fête avant qu'elle fût à l'apogée de son éclat; et je viens demander à ma couche, ou des pensées plus calmes, ou l'oubli. Antonio, prends mon masque et mon manteau, et allume la lampe de ma chambre.

Antonio. — Oui, seigneur; vous faut-il quelques rafraîchissements?

Lioni. — Aucun, si ce n'est le sommeil, qui ne se laisse point commander. J'espère l'obtenir, malgré l'agitation que j'éprouve. (*Antonio sort.*) Essayons si le grand air calmera mes esprits. La nuit est belle; le vent orageux, qui soufflait de l'Orient, est rentré dans son antre, et la lune brille dans toute sa splendeur. Quel silence! (*Il s'approche d'une croisée ouverte.*) Et quel contraste avec le lieu que je viens de quitter, où l'éclat des flambeaux et la lueur plus pâle des lampes d'argent, réflétés sur les tapisseries des murs, répaudent sous de vastes galeries une masse éblouissante de lumière artificielle, qui montre toutes choses autrement qu'elles ne sont! C'est là qu'essayant de rappeler le passé, après une heure laborieusement employée à orner son visage des teintes de la jeunesse, après maint regard jeté sur la glace trop fidèle, la femme que l'âge a marquée de son sceau s'élance dans tout l'orgueil de la parure; se flatte à cette lumière trompeuse et indulgente, elle oublie ses années, et croit qu'on les oublie. La jeunesse, qui n'a pas besoin de ces vains atours, vient gaspiller sa fraîcheur véritable, sa santé, sa beauté virginale, dans l'atmosphère malsaine d'une foule échauffée par l'ardeur du plaisir. Elle sacrifie ses heures de repos à ce qu'elle prend pour du plaisir, et demain les premiers rayons du jour éclaireront des joues livides, des yeux éteints, qui avaient encore bien des années à briller.

La musique, le banquet, la coupe écumante, les roses et leur parfum... les yeux étincelants, les parures éclatantes... ces beaux bras blancs, ces belles chevelures noires..... avec leurs tresses et leurs bracelets..... les épaules de cygnes, les colliers, trésors de l'Inde moins éblouissants que les trésors qu'ils entourent; ces robes, pareilles à de légers nuages qui flottent entre le ciel et nos regards; ces pieds agaçants, ces petits pieds de sylphides, révélant la symétrie secrète du beau corps qui se termine si bien..... toute l'illusion de cet éblouissant tableau, ces enchantements à la fois réels et mensongers de l'art et de la nature qui semblaient tournoyer devant moi; ces spectacles de la beauté dont s'enivraient mes yeux, comme le voyageur altéré boit le mirage trompeur du désert : tout a disparu. Autour de moi les flots et les étoiles qui se reflétaient dans l'Océan, spectacle autre que les torches dont une glace réfléchit la lumière; autour de moi le vaste firmament, qui est à l'espace ce que l'Océan est à la terre, déroule au loin ses plaines d'azur, rafraîchies par le premier souffle du printemps. Dans les cieux, la lune vogue calme et belle; elle éclaire de sa lumière paisible ces orgueilleux palais assis sur les flots. O palais de Venise, à voir vos colonnes de porphyre, vos façades magnifiques, ornées de marbres orientaux, et rangées le long du vaste canal, on vous prendrait pour autant de trophées glorieux sortis du sein des eaux. Tout est paisible et doux; aucun son rude ne se fait entendre; et chaque être mobile glisse dans l'air comme un esprit aérien. Les sons de la guitare vigilante sous le balcon d'une belle adorée; le bruit léger d'une croisée qui s'ouvre avec précaution pour faire connaître qu'on écoute; une main jeune, délicate, blanche comme la lumière de la lune, qui tremble en poussant la fenêtre défendue pour faire entrer l'amour avec l'harmonie; la clarté phosphorique que la rame fait jaillir; le scintillement des lumières lointaines sur les gondoles qui effleurent les ondes; les chants des gondoliers qui se répondent vers pour vers; une ombre qui, çà et là, obscurcit sur le Rialto le faîte brillant d'un palais, ou la pointe d'un obélisque : voilà tout ce qui frappe l'oreille ou la vue dans la cité, fille de l'Océan et reine de la terre... Qu'elle est bienfaisante et douce cette heure de silence! ô nuit! je te rends grâces, car tu as dissipé ces horribles pressentiments que je ne pouvais écarter au milieu de la foule : et maintenant, sous ta paisible et bénigne influence, je vais trouver ma couche, quoique ce soit vraiment faire injure à une nuit si belle que de l'employer à dormir. (*On entend frapper au-dehors.*)

Écoutons! quel est ce bruit? qui peut se présenter chez moi à pareille heure? (*Entre* Antonio.)

Antonio. — Seigneur, un homme qui vient, dit-il, pour affaires urgentes, implore la faveur d'être introduit près de vous.

Lioni. — Est-ce un étranger?

Antonio. — Sa figure est cachée sous son manteau, mais sa voix et sa tournure ne me sont pas inconnues; je lui ai demandé son nom, mais il ne veut le dire qu'à vous : il demande avec instance qu'on lui permette de vous parler.

Lioni. — L'heure de la visite, les instances de cet homme ont quelque chose d'étrange! Cependant il n'y a pas grand danger : ce n'est pas chez eux qu'on poignarde les nobles, et je ne me connais pas d'ennemis à Venise; néanmoins, il est sage d'user de précaution. Fais-le donc entrer : retire-toi, mais appelle quelques-uns de tes camarades qui se tiendront dans la pièce voisine... Quel peut être cet homme? (*Antonio sort et rentre aussitôt accompagné de Bertram, enveloppé dans son manteau.*)

Bertram. — Seigneur Lioni, je n'ai point de temps à perdre ni vous non plus... faites retirer ce domestique, j'ai à vous parler en particulier.

Lioni. — Il me semble reconnaître la voix de Bertram..... sors, Antonio. (*Antonio sort.*) Maintenant, étranger, que me voulez-vous à cette heure?

Bertram, *se découvrant.* — Une faveur, mon noble patron : vous en avez accordé un grand nombre à votre pauvre client Bertram : ajoutez celle-ci à toutes les autres, et vous le rendrez heureux.

Lioni. — Tu m'as connu dès notre enfance, toujours prêt à t'être utile et à te procurer, dans la condition, tous les avantages auxquels un homme de ta classe peut légitimement prétendre; je te promettrais d'avance de t'accorder ce que tu as à me demander si, considérant l'heure indue et le mode étrange de ta visite, je ne soupçonnais quelque motif mystérieux... mais parle... Que c'est-il arrivé? quelque folle et subite querelle?..... une rasade de trop? une lutte corps à corps? un coup de poignard?.. de ces choses qui arrivent tous les jours? Pourvu que tu n'aies pas versé de sang noble, je te garantis ta sûreté; mais alors il faut t'éloigner, car des amis et des parents irrités, dans le premier emportement de la vengeance, sont plus à craindre à Venise que les lois.

Bertram. — Seigneur, je vous remercie; mais...

Lioni. — Mais quoi? tu n'as sans doute pas levé une main téméraire contre un homme de votre ordre? Si cela est, pars, fuis, et ne l'avoue pas... je ne voudrais point te mort... mais, dans ce cas, mon devoir me défend de te sauver! Quiconque a versé du sang patricien...

Bertram. — Je viens pour sauver du sang patricien, et non pour en répandre. J'ai hâte de parler; chaque minute perdue peut entraîner la perte d'une vie; car le Temps a remplacé sa faulx tardive par une épée à double tranchant, et il va puiser la cendre des sépulcres pour remplir son sablier... Garde-toi de sortir demain!

Lioni. — Que signifie cette menace?

Bertram. — N'en cherche pas la signification, mais fais ce que je te demande en grâce; demain ne bouge pas de ton palais, quels que soient les bruits que tu entendras; quand le mugissement de la foule... les clameurs des femmes... les cris des enfants... les gémissements des hommes... le cliquetis des armes... les roulements du tambour... le son aigu du clairon, la voix grave des cloches feraient entendre à ta fois un immense cri d'alarme...... ne sors pas que le tocsin n'ait cessé, et même pour sortir, attends mon retour.

Lioni. — Encore une fois, que veux-tu dire?

Bertram. — Encore une fois, ne me le demande pas; mais par tout ce que tu estimes sacré sur la terre et au ciel, par les âmes de tes pères... par l'espérance que tu as de marcher sur leurs traces, et de laisser après toi des descendants dignes d'eux... par tout ce qu'il y a de bonheur dans ton passé et ton avenir... par tout ce que tu as à craindre dans ce monde et dans l'autre... par tous les bienfaits que je te dois et dont je m'acquitte aujourd'hui, reste chez toi... confie ta sûreté à tes dieux domestiques et à ma parole : elle te sauvera, si tu fais ce que je te conseille... sinon, tu es perdu.

Lioni. — Je me perds en effet dans l'étonnement où me saisit assurément tu es dans le délire. Qu'ai-je à craindre? quels sont mes ennemis? et si j'en ai, pourquoi es-tu ligué avec eux, toi? et

plutôt pourquoi donc attendre jusqu'à ce moment pour m'avertir?
BERTRAM. — Je ne puis répondre à cela. Sortiras-tu en dépit de cet avis fidèle?
LIONI. — Je ne suis pas homme à reculer pour de vaines menaces dont j'ignore le motif. A quelque heure que le conseil s'assemble, je ne serai pas du nombre des absents.
BERTRAM. — Ne me parle point ainsi. Encore une fois, es-tu décidé à sortir?
LIONI. — Je le suis, et rien ne peut m'arrêter.
BERTRAM. — Alors, que le ciel ait pitié de ton âme!... adieu!...
(Il se dispose à s'éloigner.)
LIONI. — Arrête... un motif supérieur à ma propre sûreté m'oblige à te rappeler; nous ne devons pas nous quitter ainsi, Bertram : il y a trop longtemps que je te connais.
BERTRAM. — Depuis mon enfance, seigneur, vous avez été mon protecteur; à cet âge d'insouciance où le haut rang s'oublie, ou plutôt n'a point encore appris ses froides prérogatives, nous avons vécu ensemble plusieurs années : nous avons souvent mêlé nos jeux, nos sourires et nos larmes. Mon père était le client de votre père; et moi j'étais, pour ainsi dire, le frère nourricier de son fils, Moments heureux! oh! bien différents de celui-ci!
LIONI. — Bertram, c'est toi qui les as oubliés.
BERTRAM. — Ni maintenant ni jamais; quoi qu'il pût arriver, je vous aurais sauvé. Quand nous fûmes des hommes, quand vous commençâtes l'étude des affaires publiques, comme il convenait à votre rang, d'humbles occupations devinrent le partage du humble Bertram; mais il ne fut cependant point oublié par vous, et si la fortune ne m'a pas été plus favorable, ce n'est pas la faute de celui qui est venu fréquemment à mon aide, et m'a soutenu dans ma lutte avec les circonstances, torrent qui entraîne le faible. Jamais sang noble n'échauffa un cœur plus noble que n'a été votre cœur à l'égard de Bertram, du pauvre plébéien. Plût au ciel que les sénateurs, vos collègues, vous ressemblassent tous!
LIONI. — Qu'as-tu à dire contre les sénateurs?
BERTRAM. — Rien.
LIONI. — Je sais qu'il est des esprits farouches et turbulents qui complotent dans l'ombre, qui se retirent dans les lieux écartés et ne sortent que la nuit, enveloppés dans leur manteau, pour maudire la noblesse; des soldats licenciés, des anarchistes mécontents, d'effrénés libertins, vils suppôts de tavernes. Tu ne hantes point ces gens-là... Depuis quelque temps, il est vrai, je t'ai perdu de vue ; quoique je t'ai connu menant une vie rangée; tu ne te liais qu'avec d'honnêtes gens... ta mine était joviale... que c'est-il donc arrivé? Ton œil creux, tes joues pâles, ton maintien agité, semblent indiquer qu'au fond de ta conscience la douleur et la honte se livrent un combat.
BERTRAM. — Douleur et honte plutôt à la tyrannie maudite qui infecte jusqu'à l'air qu'on respire à Venise, et fait délirer les hommes, comme des pestiférés à l'agonie!
LIONI. — Bertram! quels scélérats t'ont endoctriné? Ce ne sont là ni les discours, ni les sentiments d'autrefois; quelque misérable t'a enivré de pensées de révolte. Je ne veux pas que tu te perdes ainsi! Tu étais bon et humain; tu n'es pas né pour les actes de bassesse auxquels le vice et le crime voudraient te conduire; avouemoi tout... tu peux le confier à moi... tu me connais... Je suis ton ami, n'est-ce pas ? le fils unique de l'ami de ton père ; notre affection est un héritage que nous devons transmettre à nos enfants tel que nous l'avons reçu, ou même en y ajoutant encore : eh bien ! qu'as-tu donc résolu de faire, que moi je doive te regarder comme un homme dangereux et, pour éviter ta rencontre, me tenir renfermé comme une jeune fille malade?
BERTRAM. — Ne m'interrogez pas; il faut que je parte.
LIONI. — Et moi que je meure assassiné! Parle, n'est-ce pas là ce que tu disais, mon cher Bertram?
BERTRAM. — Qui parle d'assassinat? ai-je parlé d'assassinat? c'est faux ! je n'ai pas prononcé un pareil mot.
LIONI. — Tu ne l'as pas prononcé; mais dans ton œil sauvage, si différent de ce que je l'ai connu, je vois reluire l'homicide. Si c'est de ma vie qu'il s'agit, prends-la; je suis désarmé..... et alors pars ! Je ne voudrais pas te la devoir à la capricieuse pitié d'êtres pareils à toi et à ceux dont tu es l'instrument.
BERTRAM. — Pour épargner ta vie, je mets la mienne en péril; pour qu'il ne soit pas touché à un seul de tes cheveux, j'expose des milliers de têtes, et quelques-unes aussi nobles, plus nobles même que la tienne.
LIONI. — De qui veux-tu parler, Bertram? Quels sont ceux que tes paroles peuvent mettre en danger, ou ceux qui menacent de faire tomber des têtes?
BERTRAM. — Venise, avec tout ce qu'elle renferme, est une maison en discorde avec elle-même, et ses principaux citoyens périront avant le point du jour.
LIONI. — Nouveaux mystères, mystères terribles! Il paraît que toi, ou moi, ou peut-être tous deux, nous touchons à notre perte. Explique-toi sans détour, et tu garantis ta sûreté et ta gloire; car il est plus glorieux de sauver que de tuer, et surtout de tuer dans l'ombre... Fi,

Bertram! un tel rôle ne saurait te convenir; il serait beau, vraiment, de te voir porter sur une pique, aux yeux du peuple frissonnant d'horreur, la tête de celui dont le cœur lui fut ouvert! Et telle peut être ma destinée; car j'en fais ici le serment, quel que soit le péril dont tu me menaces, je sortirai, à moins que tu ne me fasses connaître les motifs et les conséquences de ce qui t'amène ici.
BERTRAM. — N'est-il donc aucun moyen de te sauver? Les minutes volent, et la dernière heure va sonner pour toi !... toi! mon seul bienfaiteur, mon seul appui dans toutes mes vicissitudes. Ah! ne fais pas de moi un traître; laisse-moi te sauver... mais épargne mon honneur.
LIONI. — Où peut être l'honneur dans une ligue de meurtriers? Qui sont les traîtres, sinon ceux qui bouleversent l'État?
BERTRAM. — Une conjuration est un contrat d'autant plus sacré pour les cœurs honnêtes, qu'ils ne sont liés que par leur parole. A mon sens, le traître le plus odieux est celui dont la trahison intime enfonce le poignard dans les cœurs qui s'étaient fiés à lui.
LIONI. — Et qui enfoncera le poignard dans le mien?
BERTRAM. — Ce ne sera pas moi. Je pourrais contraindre mon âme à tout, hormis à cela. Tu ne dois pas mourir, toi! Juge combien ta vie m'est chère, puisque j'en risque tant d'autres pour elle. Que dis-je! n'ai-je point risqué l'existence suprême, la liberté des générations à venir, pour ne pas être l'assassin que tu vois en moi? Une fois, une fois encore, je t'en conjure, ne franchis pas le seuil de ton palais.
LIONI. — C'est en vain... Je sors à l'instant même.
BERTRAM. — Alors, périsse plutôt que mon ami! Je vais dévoiler... livrer... trahir... détruire!... Oh! quel infâme scélérat je vais devenir à cause de toi!
LIONI. — Dis plutôt que tu vas être le sauveur de ton ami et de l'État!... Parle.. n'hésite pas; toutes les récompenses, tous les gages que tu réclameras pour ta sûreté et ton bien-être te seront accordés. Je te promets toutes les richesses que l'État accorde à ses plus dignes serviteurs; la noblesse même, pourvu que tu te montres sincère et repentant.
BERTRAM. — J'ai réfléchi... cela ne se peut... Je t'aime... tu le sais; ma présence ici en est la preuve; mais après avoir rempli mon devoir envers toi, je dois le remplir envers mon pays. Adieu!... nous ne devons plus nous revoir dans cette vie!... Adieu!
LIONI. — Ah! ah!... holà! Antonio! Pedro, gardez la porte : que personne ne passe... Qu'on arrête cet homme. (Entrent ANTONIO et d'autres domestiques armés qui s'emparent de Bertram.)
LIONI, continuant. — Qu'il ne lui soit fait aucun mal. Apportezmoi mon épée et mon manteau ! Quatre rames à la gondole! Dépêchez-vous! (Antonio sort.) Nous irons chez Giovanni Gradenigo, et nous chercher Marco Cornaro... Ne crains rien, Bertram; cette violence n'est pas moins nécessaire à ta sûreté qu'à celle de l'État.
BERTRAM. — Où vas-tu me conduire?
LIONI. — D'abord au conseil des Dix, puis chez le doge.
BERTRAM. — Chez le doge?
LIONI. — Assurément. N'est-il pas le chef de l'État?
BERTRAM. — Peut-être le sera-t-il au lever du soleil...
LIONI. — Que veux-tu dire ?... Mais nous saurons cela plus tard.
BERTRAM. — En es-tu la certitude?
LIONI. — Autant que l'emploi des moyens de douceur nous permettra de tout savoir; au cas où ils ne suffiraient pas, tu connais les Dix et leur tribunal ; tu sais que Saint-Marc a des cachots, et ces cachots des tortures!
BERTRAM. — Applique-les donc avant l'aurore qui va bientôt paraître... Encore un mot comme celui-là, et tu périras dans les supplices auxquels tu me crois réservé. (Antonio entre.)
ANTONIO. — La gondole vous attend, seigneur, et tout est prêt.
LIONI. — Veillez sur le prisonnier. Bertram, nous causerons ensemble en nous rendant au palais du magnifique, le sage Gradenigo.
(Ils sortent.)

SCÈNE II.

Le palais ducal; l'appartement du doge.

LE DOGE ET BERTUCCIO FALIERO.

LE DOGE. — Tous les gens de notre maison sont-ils rassemblés?
BERTUCCIO. — Tous sous les armes attendent le signal dans l'enceinte de notre palais de San Paolo. Je viens chercher vos derniers ordres.
LE DOGE. — Nous aurions dû réunir un plus grand nombre de vassaux de mon fief de Val di Marino ; mais il est trop tard.
BERTUCCIO. — Il me semble, seigneur, que les choses sont bien mieux ainsi : un rassemblement subit de nos forces eût éveillé les soupçons, et, quoique braves et dévoués, les vassaux de ce district sont trop grossiers et d'humeur trop bouillante pour conserver longtemps la discipline nécessaire, jusqu'à ce que nous en venions aux mains avec nos ennemis.

Le doge. — C'est vrai ; mais une fois le signal donné, voilà les hommes qu'il faut dans une entreprise telle que la nôtre. Ces esclaves des villes ont leurs prédilections, leurs antipathies particulières, leurs préjugés pour ou contre tel ou tel noble, ce qui peut les conduire à dépasser le but, ou à épargner dans un moment où la clémence est folie. Les farouches paysans, serfs de mon comté de Val di Marino, exécuteraient aveuglément, indistinctement les ordres de leur seigneur. Peu leur importent Marcello ou Cornaro, un Gradenigo ou un Foscari ; ils n'ont point l'habitude de trembler devant ces vains noms, ni de respecter une assemblée civile ; il leur faut pour suzerain un chef bardé de fer, et non un magistrat en hermine.

Bertuccio. — Nous sommes assez nombreux ; et quant aux dispositions de nos clients envers le sénat, j'en réponds.

Le doge. — Eh bien ! les dés sont jetés ! Mais pour faire la guerre, pour un service de campagne, parlez-moi de mes paysans. Je les ai vus faire pénétrer le soleil dans les rangs des Huns, pendant que vos pâles bourgeois, cachés sous leurs tentes, tremblaient aux airs de victoire de leurs propres trompettes. S'il y a peu de résistance, vous verrez ces citoyens devenus tous des lions, comme leur étendard ; mais si la partie devient plus difficile à jouer, vous regretterez avec moi de n'avoir pas derrière vous une bande de nos campagnards.

Bertuccio. — Je m'étonne qu'avec ces idées-là, vous vous soyez décidé à frapper le coup décisif.

Le doge. — C'est sur-le-champ ou jamais, qu'il faut frapper de tels coups. Une fois que j'eus dompté la faiblesse et le lâche remords qui s'attachaient à mon cœur, et voyant que je m'étais laissé un instant émouvoir aux souvenirs amollissants du passé, j'eus hâte d'en venir à l'exécution : d'abord pour ne point céder de nouveau à de pareilles faiblesses, ensuite parce que, si j'en excepte Israël et Philippe Calendaro, le courage et la fidélité de nos conjurés ne m'étaient pas suffisamment connus. Cette journée peut voir surgir parmi eux un traître contre nous, comme celle d'hier en a suscité mille contre le sénat ; mais une fois lancés, une fois l'épée au poing, il leur faudra marcher dans l'intérêt de leur propre salut. Dès le premier coup frappé, l'instinct farouche de Caïn, le premier-né, cet instinct comprimé qui fermente toujours dans quelque coin du cœur humain, fera de tous ces hommes des loups furieux. Il suffit à la foule de la vue du sang pour lui en donner la soif, comme la première coupe de vin est le prélude d'une longue débauche. Quand ils auront commencé, il sera plus difficile de les arrêter qu'il ne l'était de les pousser en avant ; mais jusque-là il suffit d'une parole, d'une paille, d'une ombre, pour changer leurs dispositions..... Où en est la nuit ?

Bertuccio. — Tout près de sa fin.

Le doge. — Alors il est temps de sonner la cloche. Nos hommes sont-ils à la tour ?

Bertuccio. — Maintenant, ils doivent y être ; mais ils ont ordre d'attendre, pour sonner, que je sois venu le leur dire de votre part.

Le doge. — C'est bien... L'aube n'éteindra-t-elle donc jamais ces étoiles qui scintillent encore dans les cieux ? Ma résolution est prise et fermement arrêtée, et l'effort même qu'il m'a fallu faire sur moi pour me décider à purifier dans la flamme cette indigne république a mis plus de calme dans mon âme. J'ai pleuré, j'ai tremblé à la pensée de ce funeste devoir ; mais maintenant j'ai fait taire toute émotion inutile, et comme le pilote d'un vaisseau amiral, je regarde fixement la tempête qui s'approche. Cependant, le croiras-tu, mon ami ? il m'en a coûté pour en venir le plus d'efforts qu'au jour où le destin de deux nations allait dépendre d'une bataille offerte par moi, et dans laquelle des milliers d'hommes devaient infailliblement périr. Oui, pour verser le sang corrompu de quelques despotes orgueilleux, pour accomplir un acte qui a rendu Timoléon immortel, il m'a fallu plus d'empire sur moi-même que pour affronter les fatigues et les dangers d'une vie de combats.

Bertuccio. — Je suis bien aise de voir votre sagesse ordinaire imposer silence à la fureur qui vous agitait avant que votre parti fût arrêté.

Le doge. — Je fus toujours ainsi ; l'agitation s'empare de moi dans la première formation d'un dessein, alors que rien ne vient limiter l'empire de la passion ; mais au moment d'agir, j'ai toujours été aussi calme que les cadavres étendus autour de moi. C'est ce que j'ignoraient pas ceux qui m'ont fait ce que je suis ; ils ont compté sur le pouvoir que j'ai de dompter mes ressentiments une fois leur première fougue exhalée ; mais ils ne savaient pas que certains outrages changent en vertu réfléchie cette même vengeance qui est chez d'autres une impulsion d'aveugle colère. Dans le sommeil des lois, la justice veille ; souvent les âmes indignées font servir au bien public leurs injures particulières, et se justifient à elles-mêmes leurs actes..... Il me semble que le jour commence à paraître... n'est-il pas vrai ? Regarde, tu vus est plus jeune et meilleure que la mienne .. une fraîcheur matinale se répand dans l'air, et, à mes yeux du moins, la mer, vue de cette fenêtre, commence à prendre une teinte grisâtre.

Bertuccio. — C'est vrai, le jour commence à poindre dans les cieux.

Le doge. — Pars donc ; va faire donner le signal, et au premier coup de cloche, marche sur le palais avec toutes les forces de notre maison, j'irai t'y rejoindre... Les Seize et leurs compagnies se mettront en mouvement à la fois et en colonnes séparées... Ne manque pas de prendre position à la porte principale, pour faire main-basse sur les Dix ; nous ne devons nous reposer de ce soin que sur nous-mêmes... Quant à la tourbe des patriciens, nous pouvons l'abandonner aux glaives de nos alliés. Rappelle-toi que le cri de guerre est : « Saint-Marc !... Les Génois sont dans le port ! aux armes ! Saint-Marc et Liberté !... » Maintenant... il faut agir !

Bertuccio. — Adieu donc, mon oncle ! nous nous quittons pour nous revoir libres, ou ne nous revoir jamais !

Le doge. — Viens, mon cher Bertuccio... que je t'embrasse !... Hâte-toi, car le jour se lève... Quand tu auras rejoint nos troupes, envoie-moi un messager pour me dire comment vont les choses ; puis fais sonner... fais sonner la cloche d'alarme de Saint-Marc.

(*Bertuccio sort.*)

Le doge, *seul*. — Il est parti ! et chacun de ses pas décide d'une vie... C'en est fait ! maintenant l'ange de la mort plane sur Venise, et suspend son vol avant d'épancher le vase de colère, comme l'aigle, regardant sa proie du haut des airs, cesse un moment d'agiter ses ailes puissantes, puis tout-à-coup fond d'en haut et frappe de son bec infaillible... O jour, qui effleures lentement les eaux !.... marche !... marche !... je ne veux pas frapper dans l'ombre ; j'aime mieux m'assurer par mes yeux de la portée des coups. Et vous, vagues d'azur ! je vous ai déjà vues toutes rouges du sang des Génois, des Sarrasins et des Huns, mêlé au sang de Venise, mais de Venise triomphante ; maintenant un seul sang va vous colorer ! amis ou ennemis, il ne tombera dans ce massacre que des concitoyens. Et j'ai vécu jusqu'à quatre-vingts ans pour cela ! moi que Venise nommait son sauveur ! moi, au nom de qui des milliers de bonnets volaient en l'air, et des milliers de voix s'élevaient vers le ciel, appelant sur moi ses bénédictions pendant une suite de longues années !... Faut-il que je sois témoin d'un pareil jour ! Mais ce jour marqué d'un signe néfaste sera le commencement d'une ère de bonheur et de gloire. Le doge Dandolo survécut à son quatre-vingt-dixième été, vainqueur des empires et refusant des couronnes ; moi, j'aurai abdiqué un trône et rendu la liberté à ma patrie..... mais, hélas ! par quels moyens ? Une noble fin doit les justifier. Que sont quelques gouttes de sang humain ?... humain ? non... le sang des tyrans n'a rien d'humain : ces Molochs incarnés se repaissent du nôtre, et il est temps de les envoyer eux-mêmes à la tombe qu'ils ont tant peuplée... O monde ! ô honneur ! qu'êtes-vous ? que sont nos plus vertueux projets, qu'il nous faille punir le crime par le crime, et employer le fer, comme si la mort n'avait que cette voix, tandis que peu d'années eussent rendu le glaive superflu ! Et moi, arrivé sur les limites de ces régions inconnues, faut-il que j'envoie tant de hérauts pour m'y précéder !... Ne nous arrêtons pas à ces vaines pensées. (*Moment de silence.*) Écoutons ! il m'a semblé entendre un murmure de voix lointaines et le pas régulier d'une troupe militaire ! Cela ne se peut... Le signal n'a pas encore sonné... Pourquoi ce retard ? Le messager de mon neveu doit être en route, et, peut-être au moment même où je parle tourne sur ses énormes gonds la porte de la tour où se balance la cloche colossale, ce lugubre oracle dont la voix ne résonne que pour la mort des princes, ou les périls de l'État. Qu'elle exécute son office ; qu'elle fasse entendre pour la dernière fois son tocsin le plus terrible, jusqu'à faire trembler sur sa base la robuste tour !..... Quoi ! silencieuse encore ! il faut moi-même, si mon poste n'était ici pour servir de point de ralliement aux éléments trop divers dont se composent ces sortes de ligues, pour relever l'hésitation et la faiblesse en cas de résistance ; car s'il doit y avoir lutte, c'est ici, dans le palais, que le combat sera le plus acharné. C'est ici que je dois rester comme chef de l'entreprise... Mais écoutons !... Il vient... vient, le messager de mon neveu, du brave Bertuccio... Eh bien ! quelles nouvelles ? est-on en marche ? tout va-t-il bien ?... Ah ! qui vient ici ?... Tout est perdu !... Néanmoins, encore un effort ! (*Entre un seigneur de la nuit avec des gardes, etc., etc.*)

Le seigneur de la nuit. — Doge, je t'arrête pour crime de haute trahison !

Le doge. — Moi ! ton prince ! pour haute trahison ?... Qui sont ils ceux qui osent voiler leur propre trahison sous un tel ordre ?

Le seigneur, *exhibant son ordre*. — Voici l'ordre du conseil des Dix.

Le doge. — Où et pourquoi les Dix sont-ils assemblés ? Ce conseil n'est légal que présidé par le prince, et cet office est le mien. Je te somme, au nom du lieu, de me laisser passer, ou de me conduire à la chambre du conseil.

Le seigneur. — Doge, cela ne se peut : le conseil n'est pas assemblé dans le lieu ordinaire de ses séances, mais au couvent de Saint-Sauveur.

Le doge. — Tu as donc l'audace de me désobéir ?

Le seigneur. — Je sers l'État et le dois servir fidèlement ; j'ai pour mandat l'ordre de ceux qui gouvernent.

LE DOGE. — Jusqu'à ce que ce mandat soit revêtu de ma signature, il est illégal; et dans son application actuelle, c'est un acte de rebellion. As-tu bien calculé ce que vaut ta vie, que tu oses ainsi assumer la responsabilité d'un acte illégal?

LE SEIGNEUR. — Mon devoir est d'agir et non de parler... Je suis envoyé ici pour garder votre personne, et non pour vous entendre et vous juger.

LE DOGE, à part. — Il faut gagner du temps..... pourvu que la cloche sonne, tout peut encore aller bien. Hâte-toi, Bertuccio!... hâte-toi!... hâte-toi!... notre destinée oscille dans la balance, et malheur aux vaincus, que ce soit le prince et le peuple, ou le sénat et les esclaves ! (On entend sonner la grosse cloche de Saint-Marc.) Elle sonne! elle parle! (Haut.) Entends-tu, seigneur de la nuit? Et vous, esclaves, lâches instruments d'un pouvoir mercenaire, c'est votre glas de mort!... Sonne, sonne, tocsin redoutable! Maintenant, misérables, par quelle rançon rachèterez-vous votre vie?

LE SEIGNEUR. — Malédiction! tenez ferme et gardez la porte. Tout est perdu, si l'on ne réduit bientôt au silence cette cloche terrible. Il faut que l'officier se soit égaré en route, ou qu'il ait rencontré quelque obstacle. Anselme, marche droit à la tour avec ta compagnie; que le reste demeure ici. (Une partie des gardes sortent.)

LE DOGE. — Malheureux! si tu tiens encore à la misérable vie, implore ma pitié : tu as une heure encore! Oui! oui! envoie tes lâches sicaires, ils ne reviendront plus.

LE SEIGNEUR. — Soit; ils mourront en faisant leur devoir, et moi aussi.

LE DOGE. — Insensé! l'aigle poursuit une proie plus noble que toi et les myrmidons... vis, pourvu que la résistance n'expose point ta tête; et si une âme aussi obscure peut regarder le soleil en face, connais la liberté. (La cloche cesse de sonner.)

LE SEIGNEUR. — Et toi, tu connaîtras les fers... il a cessé le coupable signal qui devait lancer contre nous la meute populaire... Le glas de mort a sonné, mais ce n'est pas pour le sénat.

LE DOGE, après un moment d'attente. — Tout est silencieux ! tout est perdu!

LE SEIGNEUR. —Maintenant, doge, m'appelleras-tu encore l'esclave rebelle d'un conseil de révoltés? n'ai-je pas fait mon devoir?

LE DOGE. — Silence! Tu as fait un digne exploit: tu as gagné le prix du sang, et ceux qui t'emploient te récompenseront; mais tu as été envoyé ici pour me garder, et non pour parler, selon ta propre remarque. Remplis donc ton office, mais en silence comme tu le dois : étant ton prisonnier, je n'en suis pas moins ton prince.

LE SEIGNEUR. — Je ne voudrais pas manquer au respect dû à votre rang : en cela, je vous obéirai.

LE DOGE. — A présent, il ne me reste plus qu'à mourir ; et cependant combien près du succès! Je serais tombé avec orgueil au milieu du triomphe; mais le perdre ainsi!..... (Entrent des seigneurs de la nuit avec Bertuccio, prisonnier.)

LE SECOND SEIGNEUR. — Nous avons saisi ce chef des rebelles sortant de la tour où, par l'ordre du doge dont il est porteur, le signal avait commencé à sonner.

LE PREMIER SEIGNEUR. — Tous les passages qui conduisent au palais sont-ils occupés ?

LE SECOND SEIGNEUR. —Tous... mais il n'en est guère besoin. Les chefs sont pris; on en juge déjà quelques-uns... Leurs complices sont dispersés, et plusieurs arrêtés.

BERTUCCIO. — Mon oncle!

LE DOGE. — Il est inutile de lutter contre la fortune : la gloire a déserté notre maison.

BERTUCCIO. — Qui l'eût pu croire ?... Ah! un moment de plus!

LE DOGE. — Un moment eût changé la face des siècles ; celui-ci nous livre à l'éternité. Nous subirons notre sort en hommes dont le triomphe ne dépend pas du succès, et dont l'âme, quoi qu'il advienne, sait faire face à toutes les destinées. Ne te laisse pas abattre, ce n'est qu'un court passage... Je voudrais partir seul, mais si, chose probable, nous ne dépêche ensemble, montrons-nous dignes de nos pères et de nous.

BERTUCCIO. — Mon oncle, je ne vous ferai point rougir.

LE PREMIER SEIGNEUR. — Nobles Falieri, nous avons l'ordre de vous garder dans deux pièces séparées, jusqu'au moment où le conseil vous mandera devant lui pour le jugement.

LE DOGE. — Un jugement! Veulent-ils donc pousser la raillerie jusqu'au bout? Qu'ils en agissent avec nous comme nous en aurions agi avec eux, sans tant de cérémonie. C'est un jeu d'homicide mutuel : nous avons jeté le coup à qui mourrait le premier ; ils ont gagné ; mais leurs dés étaient pipés... Qui a été notre Judas ?

LE PREMIER SEIGNEUR. — Je ne suis pas autorisé à répondre à cette demande.

BERTUCCIO. — J'y répondrai, moi... C'est un certain Bertram, qui fait en ce moment des révélations à la junte secrète.

LE DOGE. — Bertram, le Bergamasque! quels vils instruments peuvent perdre ou sauver! Ce lâche, souillé d'une double trahison, va recueillir des récompenses et des honneurs; l'histoire va le placer à côté des oies du Capitole, dont le cri nasillard éveilla Rome et qui obtinrent un triomphe annuel ; tandis que Manlius, le vainqueur des Gaulois, fut précipité du haut de la roche Tarpéienne.

LE PREMIER SEIGNEUR. — Il se rendit coupable de trahison et voulut usurper la tyrannie.

LE DOGE. — Il sauva l'Etat, et voulut réformer ce qu'il avait sauvé... mais tout cela est inutile... Allons, messieurs, faites votre œuvre.

LE PREMIER SEIGNEUR. — Noble Bertuccio, il faut que vous passiez dans une autre pièce.

BERTUCCIO. — Adieu, mon oncle! J'ignore si nous devons nous revoir dans cette vie; mais on permettra sans doute que nos cendres soient réunies.

LE DOGE. — Oui, ainsi que nos âmes, lesquelles feront ce que notre argile n'a pu faire. Les patriciens ne pourront anéantir la mémoire de ceux qui ont voulu renverser leur tyrannie, et dans un avenir lointain, notre exemple trouvera des imitateurs.

ACTE V.

SCENE PREMIÈRE

La salle du conseil des Dix. Les Dix, plus quelques sénateurs adjoints, composent la junte destinée à juger Marino Faliero et ses complices.

BENINTENDE. — Après une démonstration aussi claire de leurs crimes, nombreux autant qu'énormes, il ne reste plus qu'à prononcer sur ces hommes endurcis la sentence de la loi; tâche douloureuse pour nous, dont le devoir est d'articuler l'arrêt, comme pour ceux qui ont à l'entendre. Hélas! pourquoi faut-il que cette tâche retombe sur moi, et que l'époque de ma charge soit souillée, dans les âges à venir, par cette infâme et criminelle conjuration, ourdie pour renverser un Etat juste et libre, connu du monde entier comme le boulevart des chrétiens contre le Sarrasin et le Grec schismatique, contre le sauvage Hun et le Franc non moins barbare! la ville qui a ouvert à l'Europe les trésors de l'Inde, le dernier refuge des Romains contre les vengeances d'Attila, la reine de l'Océan, la triomphante rivale de l'orgueilleuse Gênes! c'est pour saper le trône de cette noble cité, que ces hommes désespérés ont risqué et livré au glaive de la loi leurs misérables vies!... Qu'ils meurent donc !

ISRAEL. — Nous sommes prêts : c'est un service que nous ont rendu vos tortures. Qu'on nous mène à la mort.

BENINTENDE. — Si vous avez quelque chose à dire qui puisse vous obtenir un adoucissement de peine, la junte est prête à vous entendre ; si vous avez des aveux à faire, il en est temps encore, et peut-être vous profiteront-ils.

ISRAEL. — Nous sommes ici pour écouter, et non pour parler.

BENINTENDE. — La preuve de vos crimes résulte pleinement des aveux de vos complices et de toutes les circonstances qui viennent les corroborer ; néanmoins nous voudrions entendre de votre propre bouche un aveu complet de votre trahison : sur le bord du gouffre redoutable d'où l'on ne revient pas, la vérité seule peut vous profiter sur la terre et au ciel. Parlez donc ; quel était votre motif?

ISRAEL. — La justice.

BENINTENDE. — Votre but?

ISRAEL. — La liberté.

BENINTENDE. — Vos paroles sont brèves.

ISRAEL. — Comme ce qu'il me reste de vie : j'ai été élevé pour faire un soldat, et non un sénateur.

BENINTENDE. — Vous croyez peut-être par ce laconisme irriter vos juges et retarder la sentence.

ISRAEL. — Soyez aussi expéditifs que moi ; et sachez que je préfère cette faveur à votre pardon.

BENINTENDE. — Est-ce là tout ce que vous avez à répondre au tribunal ?

ISRAEL. — Allez demander à vos bourreaux ce que les tortures nous ont arraché ; livrez-nous de nouveau à leurs mains. Il reste à notre corps quelques gouttes de sang, et quelque sensibilité à nos membres meurtris ; mais vous n'oseriez nous clouer derechef sur vos chevalets déjà teints de notre sang, car vous perdriez le spectacle de notre mort que vous voulez donner à vos esclaves, pour les effrayer et consolider leurs fers! D'ailleurs, des gémissements ne sont pas des paroles, l'agonie n'est pas un assentiment; l'affirmation ne mérite pas créance, si la nature, succombant à l'excès de la douleur, oblige l'âme à un mensonge pour obtenir un court répit... Que prétendez-vous nous infliger, la torture ou la mort?

BENINTENDE. — Quels étaient vos complices?

ISRAEL. — Le sénat.

BENINTENDE. — Que voulez-vous dire?

ISRAEL. — Demandez à ce peuple souffrant, que les crimes de vos patriciens ont poussé au crime.

BENINTENDE. — Vous connaissez le doge ?

Israel. — Je combattais sous ses ordres à Zara, pendant que vous étiez ici, occupés à gagner par des discours vos dignités actuelles; nous risquions notre vie pendant que vos accusations et vos défenses exposaient simplement la vie des autres; pour le reste, tout Venise connaît son doge par ses grandes actions et les outrages du sénat.

Benintende. — Avez-vous eu des conférences avec lui?

Israel. — Je suis fatigué de vos questions plus encore que de vos tortures; je vous requiers de passer à la sentence.

Benintende. — Elle ne tardera pas... Et vous, Philippe Calendaro, qu'avez-vous à objecter contre votre condamnation?

Calendaro. — Je ne fus jamais grand parleur, et maintenant j'ai peu de chose à dire qui en vaille la peine.

Benintende. — Une nouvelle application à la torture pourrait changer votre ton.

Calendaro. — C'est vrai; elle a déjà produit sur moi cet effet; mais elle ne changera pas mes paroles, ou si elle le faisait...

Benintende. — Eh bien?

Calendaro. — Des aveux obtenus sur le chevalet auront-ils quelque valeur aux yeux de la loi?

Benintende. — Assurément.

Calendaro. — Quel que soit le coupable signalé par moi?

Benintende. — Sans aucun doute, nous le mettrons en jugement.

Calendaro. — Et sa vie dépendra de ce témoignage?

Benintende. — Pourvu que vos aveux soient complets et explicites, il devra défendre sa vie devant notre tribunal.

Calendaro. — En ce cas, président, prends garde à toi! car j'en jure par l'éternité qui s'ouvre béante devant moi : c'est toi, et toi seul que je dénoncerai, si l'on me remet à la torture.

Un membre de la junte. — Seigneur président, il serait peut-être convenable de procéder au jugement; il n'y a plus rien à tirer de ces hommes.

Benintende. — Malheureux insensés! préparez-vous à une mort immédiate. La nature de votre forfait, nos lois, le péril de l'État... ne vous laissent pas une heure de répit... Gardes, conduisez-les sur le balcon aux colonnes rouges, où le doge se place le Jeudi-Gras pour assister au combat de taureaux; là, qu'il en soit fait justice, et que leurs corps suspendus restent sur le lieu de l'exécution, exposés aux regards du peuple!... Puisse le ciel avoir pitié de leurs âmes!

La junte. — Ainsi soit-il!

Israel. — Adieu, seigneurs! c'est pour la dernière fois que nous nous trouvons dans le même lieu.

Benintende. — Pour peu qu'ils ne tentent de soulever la multitude... gardes, qu'ils soient bâillonnés pour l'exécution... Qu'on les emmène!

Calendaro. — Quoi! ne pourrons-nous même dire adieu à un ami, ou adresser une dernière parole à notre confesseur?

Benintende. — Un prêtre vous attend dans la pièce voisine; quant à vos amis, cette entrevue leur serait pénible, et n'aurait pour vous aucune utilité.

Calendaro. — Je savais bien qu'on nous bâillonnait pendant notre vie, tous ceux du moins qui n'avaient pas le courage de dire librement leur pensée à tout risque; néanmoins, j'espérais que, dans nos derniers moments, la liberté de la parole, cette chétive faveur accordée aux mourants, ne nous serait pas refusée, mais puisque...

Israel. — Laisse-les faire comme ils l'entendent, brave Calendaro! Que nous importent quelques paroles de plus ou de moins? Mourons sans recevoir d'eux la moindre marque de faveur; notre sang doit s'élever contre eux avec plus de force, et témoigner contre leur cruauté plus que ne pourrait le faire un volume prononcé ou écrit. Notre voix les fait trembler... ils redoutent jusqu'à notre silence... Qu'ils vivent en proie à leurs terreurs!... Abandonnons-les à leurs pensées, et que les nôtres ne s'adressent plus qu'au ciel! Marchez! nous sommes prêts.

Calendaro. — Israël, si tu m'avais voulu croire, tout ceci ne serait pas arrivé; et ce pâle scélérat, que le lâche Bertram aurait...

Israel. — Tais-toi, Calendaro! à quoi bon penser à cela maintenant.

Bertram. — Hélas! j'aurais désiré que vous mourussiez en paix avec moi... Ce rôle pénible, je ne l'ai point cherché; il m'a été imposé. Dites-moi que vous me pardonnez! Hélas! je ne pardonnerai jamais à moi-même!... Ne me regardez pas avec colère.

Israel. — Je meurs et je te pardonne.

Calendaro, *crachant de son côté*. — Je meurs et je te méprise!

(*Les gardes emmènent Israël Bertuccio et Philippe Calendaro.*)

Benintende. — Maintenant que nous en avons fini avec ces criminels, il est temps de prononcer la sentence du plus grand coupable que présentent nos annales, du doge Faliero. Les preuves sont complètement acquises, les circonstances et la nature de son crime exigent une procédure rapide; le ferons-nous venir pour entendre son arrêt?

La junte. — Oui! oui!

Benintende. — Avogadori, faites comparaître le doge en présence du conseil.

Un membre de la junte. — Et les autres?.....

Benintende. — Quand nous aurons prononcé sur le sort de tous les chefs. Quelques-uns se sont enfuis à Chiozza; mais plusieurs milliers de soldats sont à leur poursuite, et les précautions prises sur la terre ferme, ainsi que dans les îles, font espérer que pas un seul n'échappera pour aller en pays étranger exhaler la calomnie contre le sénat. (*Entre le doge, prisonnier, accompagné de gardes, etc.*)

Doge, car vous l'êtes encore, et légalement vous devez être considéré comme tel jusqu'au moment où l'on dépouillera de la toge ducale cette tête qui n'a pu porter avec une dignité calme une couronne plus noble que celle d'un empire, mais qui a conspiré la ruine de la patrie, et médité d'éteindre dans le sang la gloire de Venise... Les avogadori ont déjà mis sous vos yeux toutes les preuves qui s'élèvent contre vous, et jamais plus nombreux témoignages n'ont parlé pour confondre un coupable. Qu'avez-vous à dire en votre défense?

Le doge. — Que vous dirai-je, puisque ma défense serait votre condamnation? Vous êtes tout à la fois les coupables et les accusateurs, les juges et les bourreaux!... Exercez votre pouvoir.

Benintende. — Vos principaux complices ayant tout avoué, il ne vous reste aucun espoir.

Le doge. — Et qui sont-ils?

Benintende. — Ils sont nombreux; mais le premier est devant vous, au sein de la cour, Bertram de Bergame... Avez-vous quelques questions à lui adresser?

Le doge, *regardant Bertram avec mépris*. — Non.

Benintende. — Deux autres, Israël Bertuccio et Philippe Calendaro, ont avoué leur complicité avec le doge.

Le doge. — Et où sont-ils?

Benintende. — Ils sont dans leur dernière demeure, et rendent compte maintenant au ciel de ce qu'ils ont fait sur la terre.

Le doge. — Ah! il est donc mort, le Brutus plébéien! et l'ardent Cassius de l'arsenal, aussi!... Comment ont-ils vu venir leur dernière heure?

Benintende. — Pensez à la vôtre, qui s'approche! Ainsi vous refusez de vous défendre?

Le doge. — Je ne puis plaider ma cause devant mes inférieurs, et je ne vous reconnais pas le droit de me juger : quelle loi vous le confère?

Benintende. — Dans les grandes crises, la loi doit être refaite ou corrigée. Nos pères n'avaient point établi de peine pour un tel crime, comme autrefois à Rome on n'avait oublié sur les tables de la loi le châtiment du parricide. Qui jamais eût pu prévoir que la nature humaine serait souillée par l'attentat d'un fils contre son père, d'un prince contre son royaume? Votre crime nous a conduit à promulguer une loi nouvelle; précédent établi à l'avenir contre les grands coupables qui tenteraient un jour de monter à la tyrannie par la voie de la trahison, et qui, non contents de posséder un sceptre, voudraient le convertir en un glaive à deux tranchants! La dignité de doge ne vous suffisait-elle pas? Qu'y a-t-il au-dessus de la seigneurie de Venise?

Le doge. — La seigneurie de Venise! En me la donnant, vous m'avez trahi, vous perfides qui siégez ici! Votre égal par ma naissance, votre supérieur par mes actes, vous m'avez enlevé à d'honorables travaux, aux services même que je vous rendais dans les contrées lointaines..... sur l'Océan, sur les champs de bataille, au sein des métropoles... Vous m'avez choisi pour faire de moi une victime couronnée, enchaînée sur l'autel où vous seuls pouviez sacrifier. Mon élection, que j'ignorais... je ne l'avais ni recherchée... ni désirée... ni rêvée... elle vint me surprendre à Rome, et il me fallut obéir; mais à mon arrivée, je vis qu'en addition à la jalouse vigilance qui vous a toujours conduits à frustrer, à contrarier les meilleures intentions de votre souverain, vous aviez réduit et mutilé le petit nombre de privilèges laissés au doge de Venise; tout cela, je le supportai, et je le supporterais encore, si le contact impur de votre licence n'était venu souiller jusqu'à mes foyers; et je vois parmi vous l'infâme qui m'a outragé, digne membre d'un tel tribunal.

Benintende, *l'interrompant*. — Michel Steno est ici en vertu de sa charge, comme membre des Quarante, les Dix ayant cru devoir s'adjoindre un certain nombre de sénateurs pour profiter de leurs lumières dans une affaire aussi importante et aussi insolite. D'ailleurs, par ce motif que le doge, institué pour prêter main-forte à la loi, n'a pas le droit de réclamer contre d'autres citoyens l'application de ces mêmes institutions que lui-même renie et foule aux pieds, il a été fait remise à Steno de la punition prononcée contre lui.

Le doge. — La punition! j'aime cent fois mieux le voir siégeant ici, repaissant ses regards du spectacle de ma mort, que subissant la peine dérisoire à laquelle votre hypocrite justice l'avait condamné. Son crime infâme est la pureté même, si je le compare à votre protection.

Bénintende. — Se peut-il que l'illustre doge de Venise, courbé sous le poids de l'âge et de quinze lustres d'honneurs, se soit laissé emporter comme un enfant, à tel point que la provocation d'un jeune homme ait suffi pour étouffer en lui tout sentiment, toute sagesse, tout devoir, toute crainte salutaire !

Le doge. — Il suffit d'une étincelle pour allumer un incendie; c'est la dernière goutte versée qui fait déborder la coupe, et depuis longtemps la mienne était pleine. Vous opprimiez le prince et le peuple ; j'ai voulu affranchir l'un et l'autre, et j'ai échoué dans cette double tentative. Si j'avais réussi, j'eusse été récompensé par la gloire, la vengeance, et un nom qui, faisant rivaliser Venise avec la Grèce et Syracuse, m'eût fait prendre place à côté de Gélon et de Thrasybule... Ayant succombé, je n'ai à recueillir dans le présent que l'infamie et la mort... L'avenir me jugera, quand Venise ne sera plus ou sera libre. N'hésitez pas ; je n'aurais point eu de pitié pour vous, je ne vous en demande pas. J'ai joué ma vie dans un coup immense ; j'ai perdu, prenez ce que j'aurais pris moi-même. Je me serais dressé solitaire parmi vos tombeaux, accourez en foule autour du mien : venez le fouler aux pieds comme vous avez foulé ce cœur vivant.

Bénintende. — Vous avouez donc votre crime, et reconnaissez la justice de la cour ?

Le doge. — J'avoue avoir succombé. La fortune est femme : depuis ma jeunesse, elle m'a comblé de ses faveurs ; j'ai eu tort, à mon âge, de compter encore sur ses premiers sourires.

Bénintende. — Vous ne contestez donc en rien notre équité ?

Le doge. — Nobles vénitiens! ne me tourmentez pas de questions ; je suis résigné à tout ; mais je sens encore en moi le sang de mes jours meilleurs, et je ne suis pas doué d'une excessive patience... Épargnez-moi tout interrogatoire qui ne servirait qu'à transformer un jugement en débats. Mes réponses ne feraient que vous offenser et réjouir vos ennemis, déjà trop nombreux. Ces murs lugubres, que l'on croit sans échos, ont des oreilles et même des langues ; et si la vérité n'a pas d'autres moyens de franchir cette enceinte, vous qui me condamnez, vous qui me redoutez et m'immolez, vous ne pourrez emporter dans votre tombe tout mes paroles mortes ; ce secret sera un fardeau trop pesant pour vos âmes : qu'il dorme donc dans la mienne, à moins que vous ne vouliez attirer sur vous un danger deux fois plus grand que celui auquel vous venez d'échapper. Telle serait ma défense, si je voulais la rendre fameuse et lui donner toute la latitude qu'elle comporte ; car les paroles vraies sont des faits, et les paroles des mourants leur survivent et quelquefois les vengent. Laissez les miennes ensevelies ; si vous voulez que l'avenir soit à vous : acceptez ce conseil, et, quoique durant ma vie vous ayez souvent soulevé ma colère, laissez-moi mourir en paix ; vous pouvez m'accorder cette faveur.... Je ne nie rien, ne me défends en rien, ne vous demande rien : je veux pouvoir garder le silence, et que la cour prononce son arrêt.

Bénintende. — La plénitude de cet aveu nous épargne la dure nécessité d'employer la torture pour vous arracher la vérité tout entière.

Le doge. — La torture ! vous m'y avez mis chaque jour depuis que je suis doge ; mais si vous voulez y ajouter les douleurs physiques, vous le pouvez ; ces membres affaiblis par l'âge céderont aux étreintes du fer, mais il y a dans mon cœur une énergie qui lassera vos supplices.   (Entre un officier.)

L'officier. — Nobles vénitiens, la duchesse Faliero demande à être admise en présence de la junte.

Bénintende. — Qu'en pensez-vous, pères conscrits ? Devons-nous la recevoir ?

Un membre de la junte. — Elle peut avoir d'importantes révélations à faire : ce motif doit faire accueillir sa demande.

Bénintende. — Tout le monde est-il de cet avis ?

Tous. — Oui.

Le doge. — Admirables lois de Venise ! qui admettent le témoignage de la femme dans l'espoir qu'elle déposera contre son mari ! Quelle gloire pour les chastes dames de cette noble cité ! Mais ceux qui siègent dans cette enceinte, accoutumés à flétrir de leurs blasphèmes l'honneur des gens de bien, ne font que suivre leur vocation. Maintenant, lâche Steno, si cette femme doit faillir, je te pardonne la calomnie, ton acquittement, ma mort violente et ta misérable vie. (La duchesse entre).

Bénintende. — Madame, ce tribunal équitable a résolu de faire droit à votre demande, quelque insolite qu'elle soit. Tout ce que vous avez à nous dire, nous l'écouterons avec le respect dû à votre rang et à vos vertus. Mais vous pâlissez ! Qu'on soutienne la duchesse ! qu'on avance un siège.

Angiolina. — Ce n'est qu'une faiblesse passagère... je suis mieux. Pardonnez-moi... je ne m'assieds pas en présence de mon prince et de mon époux, quand lui-même est debout.

Bénintende. — Quel motif vous amène, madame ?

Angiolina. — Des bruits étranges, mais trop confirmés par tout ce que j'entends et tout ce que je vois, sont arrivés jusqu'à moi ; et je viens pour connaître toute l'étendue de mon malheur ; pardonnez la précipitation

La justice frappe le traître.

de ma démarche. Est-il vrai ?... je ne puis parler... je ne puis formuler ma question... mais vos yeux qui se détournent, vos fronts sinistres ont répondu d'avance... O Dieu ! ce silence est celui de la tombe !

Bénintende, après un moment de silence. — Madame, épargnez-nous, épargnez-vous à vous-même la répétition d'un acte qui fut pour nous un devoir terrible, impérieux, envers le ciel et les hommes !

Angiolina. — Parlez toujours ; je ne puis, je ne puis... non, je ne puis encore le croire, même à présent. Est-il condamné ?

Bénintende. — Hélas !

Angiolina. — Était-il donc coupable ?

Bénintende. — Madame ! le trouble naturel de vos idées dans un pareil moment rend cette demande excusable ; dans tout autre cas, ce serait un délit grave que de former un tel doute contre l'équité d'un tribunal suprême. Mais interrogez le doge, et s'il nie en présence des preuves produites contre lui, croyez-le aussi innocent que vous-même.

Angiolina. — Est-il vrai? mon seigneur... mon souverain... O vous l'ami de mon pauvre père... vous si grand sur les champs de bataille, si sage dans les conseils, démentez les paroles de cet homme!... Vous gardez le silence!

Benintende. — Il a déjà confessé son crime, et vous voyez que maintenant il ne le nie pas.

Angiolina. — Soit : mais il ne doit pas mourir.... Epargnez le peu d'années qui lui restent; la honte et la douleur les réduiront à un petit nombre de jours! un instant de culpabilité impuissante ne doit pas effacer seize lustres d'actions glorieuses.

Benintende. — L'arrêt doit être exécuté sans délai et sans rémission.

Angiolina. — Il est coupable.... mais la clémence peut encore s'étendre sur lui.

Benintende. — La clémence en cette occasion ne se concilierait pas avec la justice.

Angiolina. — Hélas! seigneur, l'homme qui n'est que juste est cruel. Qui resterait vivant sur la terre, si tous étaient jugés suivant les règles de la justice?

Benintende. — Le salut de l'Etat exige son châtiment.

Angiolina. — Sujet, il a servi l'Etat; général, il l'a sauvé; souverain, il l'a gouverné.

Un membre du conseil. — Conspirateur, il l'a trahi.

Angiolina. — Sans lui, il n'y aurait point aujourd'hui d'Etat à sauver ou à détruire; et vous, qui prononcez ici la mort de votre libérateur, vous seriez à ramer dans les galères musulmanes, ou, chargés de chaînes, vous travailleriez dans les mines des Huns!

Un membre du conseil. — Non, madame, il en est qui périraient plutôt que de vivre esclaves!

Angiolina. — S'il en est dans cette enceinte, toi, tu n'es pas du nombre : les vrais braves sont généreux pour les vaincus... N'est-il plus d'espoir?

Benintende. — Il n'y en a plus, madame.

Angiolina, se tournant vers le doge. — Meurs donc, Faliero! puisqu'il le faut; meurs comme doit mourir l'ami de mon père. Tu t'es rendu coupable d'une grande faute; mais la dureté de ces hommes t'a justifié plus qu'à demi. Je les aurais implorés... suppliés... comme le mendiant affamé qui demande du pain.... ma voix en pleurs eût invoqué leur clémence comme ils invoqueront celle de Dieu, qui leur répondra ainsi qu'ils me répondent... si cela n'eût été indigne de ton nom et du mien, et si la froide cruauté écrite dans leurs regards ne m'annonçait des cœurs lâches qui se vengent. Subis donc ta destinée comme un prince doit la subir.

Le doge. — J'ai vécu trop longtemps pour ne pas savoir mourir! Des prières me feraient pas plus d'impression sur ces hommes que les bêlements de l'agneau n'en font sur le boucher, ou les pleurs des matelots sur la vague irritée. Je ne voudrais pas même d'une vie éternelle, s'il me fallait la tenir des mains de misérables dont j'ai voulu briser le joug monstrueux.

Michel Steno. — Doge! J'ai un mot à te dire, ainsi qu'à cette noble dame, que j'ai tant offensée. Plût au ciel que ma douleur, ma honte ou mon repentir pussent anéantir l'inexorable passé! Mais disons-nous, du moins, adieu en chrétiens, et séparons-nous en paix. C'est avec un cœur contrit que j'implore, non votre pardon, mais votre compassion à tous deux, et que j'offre à Dieu mes prières pour vous, quelque impuissantes qu'elles soient.

Angiolina. — Sage Benintende, aujourd'hui premier juge de Venise, c'est à vous que je m'adresse, en réponse aux paroles que vient de prononcer ce seigneur. Dites à l'infâme Steno que les paroles calomnieuses d'un homme tel que lui n'ont jamais excité dans le cœur de la fille de Lorédan qu'un sentiment de commisération pour lui. Je voudrais que tous eussent montré pour ses propos autant de mépris qu'ils m'ont inspiré de pitié : je préfère mon honneur à mille existences, si elles pouvaient toutes se concentrer dans la mienne; mais je ne voudrais pas qu'il en coûtât la vie à personne pour avoir attaqué ce qu'il n'est donné à aucune puissance humaine d'atteindre... le sentiment de la vertu, dont la récompense est en elle-même et non dans ce qu'on pense d'elle. Pour moi, les paroles du calomniateur ont été ce qu'est le vent pour le rocher; mais... hélas!... il est des esprits plus irritables sur lesquels de tels outrages font l'effet de l'ouragan sur les flots ; il est des âmes pour qui l'ombre seule du déshonneur est une réalité plus terrible que la mort et la malédiction éternelle; des hommes qui ont le tort de s'effaroucher à la moindre raillerie du vice, et qui, sachant résister à tous les attraits du plaisir, à toutes les angoisses de la douleur, ne peuvent sans effroi voir le moindre souffle ternir le nom superbe sur lequel ils avaient placé leurs espérances, jaloux de ce nom comme l'aigle de son aire. Puisse ce que nous voyons maintenant, ce que nous sentons et souffrons, arrêter à l'avenir ces misérables calomniateurs, et leur apprendre à ne pas s'attaquer, dans leur dépit, à des êtres d'un ordre supérieur! Ce n'est pas la première fois qu'il a suffi d'un insecte pour mettre le lion en fureur; une flèche au talon fit mordre la poussière au brave des braves; le déshonneur d'une femme amena la ruine de Troie; le déshonneur d'une femme engagea Rome à chasser pour jamais ses rois; un époux outragé amena les Gaulois à Clusium, puis à Rome, qui fut quelque temps esclave; l'univers avait supporté les cruautés de Caligula, un geste obscène lui coûta la vie; l'injure d'une vierge fit de l'Espagne une province maure, et deux lignes calomnieuses de Steno auront décimé Venise, mis en péril un sénat huit fois séculaire, détrôné un prince, abattu sa tête découronnée, et forgé de nouveaux fers à un peuple gémissant! Comme la courtisane qui incendia Persépolis, que le misérable soit fier de cet exploit; il le peut... c'est un orgueil digne de lui! Mais qu'il ne vienne pas insulter par ses prières aux derniers moments d'un homme qui, aujourd'hui accusé, fut naguère un héros: rien de bon ne saurait venir d'une telle source, et de lui nous ne voulons rien maintenant ni jamais. Nous le laissons à lui-même; c'est le laisser dans l'abîme le plus profond de la bassesse humaine. Le pardon est fait pour les hommes et non pour les reptiles.... Nous n'avons pour Steno ni pardon ni colère; les êtres tels que lui sont faits pour darder leur venin, les êtres supérieurs pour souffrir; c'est la loi de la vie. L'homme mordu par la vipère peut bien écraser la bête venimeuse, mais il ne sent point de colère; le reptile a obéi à son instinct, et il est des hommes reptiles dont l'âme est plus rampante que le ver même de la tombe.

Le doge, à Benintende. — Seigneur! achevez ce que vous regardez comme votre devoir.

Benintende. — Avant de procéder à l'accomplissement de ce devoir, nous prions la princesse de vouloir bien se retirer ; il lui sera trop douloureux d'en être témoin.

Angiolina. — Je le sais, mais je dois souffrir tout le reste, car cela fait partie de mon devoir... Je ne quitterai point mon mari que je n'y sois contrainte par la force... Poursuivez, ne craignez point de ma part des cris, des soupirs ou des larmes: dût mon cœur se briser, il se taira... Parlez, j'ai là quelque chose qui domptera tout.

Benintende. — Marino Faliero, doge de Venise, comte de Val di Marino, sénateur, pendant longtemps général de la flotte et de l'armée, noble vénitien plus d'une fois chargé par l'Etat des plus hauts emplois, écoute ta sentence! Convaincu, par un grand nombre de témoignages et de preuves, ainsi que par tes propres aveux, d'un crime de trahison inouï jusqu'à ce jour... tu as encouru la peine de mort. Tes biens seront confisqués au profit de l'Etat; ton nom sera rayé de ses annales : on ne te rappellera que le jour où nous célébrerons par de publiques actions de grâces notre délivrance miraculeuse. Ce jour-là ton nom sera mentionné avec les tremblements de terre, la peste, l'ennemi étranger et le grand ennemi des hommes; et nous remercierons annuellement le ciel d'avoir préservé nos jours et notre patrie de tes complots pervers. La place où en la qualité de doge devait être mis ton portrait, parmi ceux de tes illustres prédécesseurs, sera laissée vide et couverte d'un voile noir; et au-dessous seront gravés ces mots : « C'est ici la place de Marino Faliero, décapité pour ses crimes. »

Le doge. — « Ses crimes! » Mais qu'importe? toutes ces précautions seront inutiles. Ce voile noir étendu sur mon nom proscrit, ce voile qui cachera ou semblera cacher mes traits, attirera plus les regards que les mille portraits de ces tyrans du peuple qui étaleront sur la toile leur brillant costume ducal. « Décapité pour ses crimes!... » Quels crimes? Ne vaudrait-il pas mieux rappeler les faits, afin que le spectateur pût approuver la sentence ou du moins apprendre le motif de mes actes! Quand il saura qu'un doge a conspiré, qu'on lui dise pourquoi, cela fait partie de votre histoire!

Benintende. — Le temps se chargera de résoudre cette question; nos fils jugeront le jugement de leurs pères, que maintenant je prononce. Comme doge, revêtu du manteau ducal, tu seras conduit à l'escalier des Géants, théâtre de ton investiture et de celle de tous nos princes; là, après qu'on t'aura dépouillé de la couronne ducale, tu auras la tête tranchée, et que le ciel ait pitié de ton âme!

Le doge. — Est-ce là la sentence de la junte?

Benintende. — Oui.

Le doge. — Je l'accepte... Et quand aura lieu l'exécution?

Benintende. — Immédiatement.... Fais ta paix avec Dieu : dans une heure, tu seras en sa présence.

Le doge. — J'y suis déjà, si mon sang montera vers la ciel avant les âmes de ceux qui vont le répandre.... Toutes mes terres sont-elles confisquées?

Benintende. — Elles le sont, ainsi que tes joyaux, tes trésors, tes biens de toute nature, moins deux mille ducats dont tu peux disposer.

Le doge. — Cela est dur; j'aurais voulu réserver mes terres près de Trévise, que je tiens par investiture de Laurence comte-évêque de Céneda, et qui devaient constituer un fief perpétuel, transmissible à mes héritiers ; j'aurais voulu, dis-je, les partager entre ma femme et mes parents, abandonnant à l'Etat mon palais, mes trésors et tout ce que je possède à Venise.

Benintende. — Tes parents sont eux-mêmes mis au ban de l'Etat; leur chef, ton neveu, est menacé d'une accusation capitale. Mais le conseil ajourne pour le moment toute décision à cet égard : si tu veux faire une dotation à ta veuve, ne crains rien, justice lui sera rendue.

Angiolina. — Seigneur, je ne prendrai point ma part des déilles de mon mari ! sachez qu'à dater de ce jour, je me consacre lieu, et vais chercher un refuge dans le cloître.

LE DOGE. — Allons ! ce moment est pénible, mais il prendra fin. Avez-vous quelque chose encore à m'imposer, outre la mort?

BENINTENDE. — Il ne te reste plus qu'à te confesser et à mourir. Le prêtre est revêtu de l'étole; le glaive est tiré du fourreau; l'un et l'autre t'attendent... Mais surtout ne songe point à parler au peuple : la foule innombrable se presse autour des portes, mais elles sont fermées ; les Dix, les avogadori, la junte et les principaux des Quarante assisteront seuls à ton supplice; ils sont prêts à escorter le doge.

LE DOGE. — Le doge?

BENINTENDE. — Oui ! le doge. Tu as vécu et tu mourras souverain. Tu oublias ta dignité quand tu te ravalas à comploter avec d'obscurs coupables; nous ne l'oublions pas, nous, et, jusque dans ton châtiment, nous respectons la dignité du prince. Tes vils complices sont morts comme meurent des chiens ou des loups; mais toi, tu tomberas comme tombe le lion sous les coups des chasseurs, entouré d'hommes qui éprouvent encore pour toi une noble compassion, et déplorent cette mort inévitable, provoquée par ta sauvage fureur, par ta royale audace. Maintenant nous te laissons te préparer; sois bref; bientôt nous t'accompagnerons à l'endroit où naguère nous avons été unis à toi comme tes sujets et tes conseillers, où maintenant ces liens doivent être pour jamais rompus... Gardes! escortez le doge jusqu'à son appartement. (*Tous sortent.*)

SCÈNE II.

L'appartement du Doge.

LE DOGE, *prisonnier,* **LA DUCHESSE.**

LE DOGE. — Maintenant que le prêtre est parti, il serait inutile de prolonger de quelques minutes ma misérable existence; encore une heure, celle de te quitter, et je renverserai le peu de sable qui reste encore de l'heure qui m'a été accordée... Le temps et moi nous avons réglé tous nos comptes.

ANGIOLINA. — Hélas ! et de tout ceci c'est moi qui suis la cause, à cause innocente ! Cette lugubre union, que tu promis à mon père au moment de sa mort, elle a scellé la tienne !

LE DOGE. — Non. Il y avait en moi quelque chose qui me réservait à subir un grand revers ; je m'étonne seulement que le coup ait été suspendu si longtemps; et cependant il m'avait été prédit.

ANGIOLINA. — Comment, prédit ?

LE DOGE. — Il y a bien longtemps de cela ; j'étais jeune, je servais la République en qualité de podestat et capitaine de la ville de Trévise. Un jour de fête, l'évêque, qui portait le Saint-Sacrement, excita mon impatience et ma colère par sa lenteur, et la réponse hautaine qu'il fit aux reproches que je lui adressais; je levai sur lui la main, le frappai, et le fis tomber à terre avec son fardeau sacré. S'étant relevé, il étendit vers le ciel ses mains tremblantes d'un pieux courroux, puis, montrant l'hostie sainte qui s'était échappée de ses mains, il se tourna vers moi : « Un moment viendra, dit-il, où celui que tu as renversé te renversera. La gloire désertera ta maison ; la sagesse abandonnera ton âme, et dans la pleine maturité de ton esprit, une démence de cœur te saisira; tu seras déchiré par les passions à une époque de la vie où, chez les autres hommes, les passions s'éteignent ou se transforment en vertus. La majesté de la vieillesse ne couronnera ta tête que pour la faire tomber; les honneurs annonceront ta ruine; les cheveux blancs, ta honte ; les uns et les autres, ta mort; mais non cette mort qui sied au vieillard. » Ce disant, il passa son chemin... La prédiction se vérifie.

ANGIOLINA. — Et comment, ainsi averti, ne vous êtes-vous pas efforcé de détourner cette fatale destinée et d'expier votre faute par la pénitence.

LE DOGE. — J'avoue que ces paroles de l'évêque pénétrèrent au fond de mon cœur, tellement que je me les suis souvent rappelées au milieu du tourbillon de la vie, où elles me faisaient tressaillir comme la voix d'un spectre dans un rêve surnaturel ; et je me repentis. Mais je n'ai jamais eu pour habitude de reculer en quoi que ce fût : quel que dût être mon avenir, je ne pouvais le changer, je ne le craignais pas... Ce n'est pas tout : tu ne peux avoir oublié une circonstance que tout le monde se rappelle. Le jour de mon débarquement comme doge, à mon retour de Rome, un brouillard épais précéda mon navire, semblable à la colonne sombre qui marchait devant Israël sortant d'Égypte; en sortie que le pilote perdit sa route, et nous fit aborder entre les piliers de Saint-Marc, où l'on exécute les criminels, au lieu de nous débarquer, selon l'usage, à la Riva della Paglia... Tout Venise frissonna à ce présage.

ANGIOLINA. — Ah ! que servent maintenant ces souvenirs?

LE DOGE. — J'éprouve une consolation à penser que ces choses sont l'œuvre de la destinée ; j'aime mieux céder au ciel qu'aux hommes ; je me plais à mettre une foi aveugle dans la fatalité, et à voir des instruments d'une puissance supérieure dans ces mortels,

dont la plupart, je le sais, sont vils comme la poussière, et aussi impuissants que vils. Ils n'ont rien pu par eux-mêmes... Ils n'ont pu vaincre celui qui avait tant de fois vaincu pour eux.

ANGIOLINA. — Employez le peu d'instants qui vous restent à des pensées plus consolantes, et pour prendre votre vol vers les cieux, soyez en paix même avec ces misérables.

LE DOGE. — Je suis en paix. Je la dois, cette paix, à la certitude qu'un jour viendra, où les enfants des enfants de mes bourreaux, où cette ville orgueilleuse et ces flots azurés, et tout ce qui fait la gloire et la splendeur de ces rivages, où tout cela ne sera plus que désolation et malédiction, où Venise enfin deviendra la risée des peuples, une Carthage, une Tyr, une Babel de l'Océan !

ANGIOLINA. — Cessez de parler ainsi : le flot de la colère déborde en vous jusqu'au dernier moment ; vous vous abusez vous-même, et ne pouvez rien contre vos ennemis... Soyez plus calme.

LE DOGE. — Je suis déjà dans l'éternité : elle se déroule devant moi ; et je vois... d'une manière aussi palpable que je contemple ton doux visage pour la dernière fois, je vois les jours dont mes prédictions menacent ces murs et ceux qui les habitent.

UN GARDE, *s'avançant.* — Doge de Venise, les Dix attendent Votre Altesse.

LE DOGE. — Adieu donc, Angiolina !... que je t'embrasse encore... Pardonne au vieillard qui fut pour toi un époux affectueux, mais fatal ; chéris ma mémoire. Je n'en aurais pas réclamé autant pour moi si j'eusse vécu ; mais maintenant tu peux me juger avec plus d'indulgence en voyant que toutes mes mauvaises pensées sont calmées. En outre, de tous les fruits de mes longues années, la gloire, la richesse, la puissance, un grand nom ; de tous ces fruits qui, ordinairement, laissent quelque éclat sur la tombe d'un homme, il ne me reste rien : pas une parcelle d'honneur, d'amitié ou d'estime, rien dont la fastueuse douleur d'une famille doit extraire seulement une épitaphe ; une heure a suffi pour déraciner toute ma vie antérieure, et j'ai survécu à tout, excepté à ton cœur, asile de pureté, de bonté, de douceur, dont la douleur silencieuse, mais sincère, conservera... Comme tu pâlis !... Hélas ! elle s'évanouit !... Le pouls et la respiration lui manquent !... Gardes ! prêtez-moi votre aide... Je ne puis la laisser en cet état; et cependant, peut-être, vaut-il mieux qu'il en soit ainsi..... chaque moment d'insensibilité lui épargne une torture. Quand elle aura secoué cette mort passagère, je serai avec l'Éternel... Appelez ses femmes... Encore un regard !... Que sa main est froide !... aussi froide que sera la mienne avant qu'elle ait repris ses sens... Oh ! donnez-lui les soins les plus attentifs, et recevez mes derniers remercîments... Maintenant je suis prêt. (*Les suivantes d'Angiolina entrent et entourent leur maîtresse évanouie. — Le Doge sort accompagné des gardes.*)

SCÈNE III.

La cour du palais ducal. Les portes extérieures sont fermées pour empêcher le peuple d'y pénétrer. — Le doge, revêtu du costume de sa dignité, s'avance au milieu du conseil des Dix et d'autres patriciens. Il est suivi par des gardes jusqu'au sommet de l'escalier des Géants, c'est là qu'est placé l'exécuteur, son glaive à la main. — En arrivant, un membre du conseil des Dix dépouille la tête du doge de la toque ducale.

LE DOGE. — A dater de ce moment le doge n'est plus rien, et me voilà enfin redevenu Marino Faliero : c'est quelque chose, bien que ce soit pour un seul moment. C'est ici que j'ai été couronné : le ciel m'en est témoin, je ressens plus de joie à résigner ce brillant jouet, ce colifichet ducal, que je n'en éprouvai à ceindre ce fatal ornement.

L'UN DES DIX. — Tu trembles, Faliero !

LE DOGE. — Oui, mais c'est de... vieillesse.

BENINTENDE. — Faliero, as-tu à faire au Sénat quelque recommandation compatible avec nos lois ?

LE DOGE. — Je recommande mon neveu à sa clémence, ma femme à sa justice ; entre l'État et moi tout doit être compensé par ma mort, et par une telle mort.

BENINTENDE. — Tu as fait droit à l'une et à l'autre de ces demandes, malgré ton crime inouï.

LE DOGE. — Inouï ! certes ; l'histoire nous présente une foule de conspirateurs couronnés, tramant contre le peuple ; mais un souverain qui meurt pour le rendre libre, cela ne s'est vu que deux fois.

BENINTENDE. — Et quels princes sont morts pour une telle cause ?

LE DOGE. — Le roi de Sparte et le doge de Venise... Agis et Faliero.

BENINTENDE. — Te reste-t-il encore quelque chose à dire ou à faire ?

LE DOGE. — Puis-je parler ?

BENINTENDE. — Tu le peux ; mais rappelle-toi que le peuple est hors de la portée de ta voix.

LE DOGE. — Ce n'est plus aux hommes que je m'adresse, mais au temps et à l'éternité dont je vais faire partie. Éléments, avec qui je me confondrai tout à l'heure, que ma voix soit comme une âme pour vous ! Vagues d'azur, qui portiez ma bannière ! vents, qui jouiez dans ses plis avec amour, qui tant de fois avez enflé ma voile et prêté vos ailes à ma flotte victorieuse! et toi, terre étrangère, qui as bu ce sang volontairement épanché par plus d'une blessure! pavés, qui, tout à l'heure, n'absorberez pas le peu qui m'en reste; car il montera vers le ciel! cieux qui le recevrez! soleil, qui brilles sur toutes ces choses, et toi, qui allumes les soleils et qui les éteins, je vous prends tous à témoin! je ne suis pas innocent... mais ceux-là le sont-ils? Je meurs; mais je serai vengé; les siècles lointains m'apparaissent flottants sur l'abîme de l'avenir; et avant que mes yeux se ferment, il leur est donné de voir le châtiment réservé à cette ville orgueilleuse!... Oui, il couve silencieusement le jour où la cité qui éleva un rempart contre Attila courbera la tête lâchement et sans combat, devant un Attila bâtard, sans même verser pour se défendre autant de sang qu'il en coulera tout à l'heure de ces vieilles veines, épuisées pour la protéger... Elle sera vendue et achetée, et donnée en apanage à des maîtres qui la mépriseront! D'empire, elle deviendra province, de capitale petite ville, avec des esclaves pour sénat, des mendiants pour nobles et un peuple de courtisanes! O Venise! quand l'Hébreu occupera tes palais, le Hun tes citadelles; quand le Grec, maître de tes marchés, s'y promènera en souriant; quand, le long de tes rues étroites, tes patriciens mendieront un pain amer, et, dans leur honteuse indigence, feront de leur noblesse un titre à la compassion! quand le petit nombre de ceux qui auront conservé les débris de l'héritage de leurs glorieux ancêtres ramperont aux pieds du lieutenant barbare d'un vice-roi, dans ce même palais où ils mirent à mort leur souverain; quand, se parant d'un nom illustre déshonoré par eux, nés d'une mère adultère, orgueilleuse de ses impudiques amours avec le gondolier robuste ou le soldat étranger, ils se feront gloire de trois générations de bâtardise; quand tes fils, descendus au point le plus bas dans l'échelle des êtres, seront cédés aux vaincus par les vainqueurs, qui n'en voudront pas, méprisés comme lâches par de moins lâches qu'eux, et repoussés par les vicieux eux-mêmes pour des vices monstrueux que nul ne pourra spécifier ni nommer; quand, de l'héritage de Chypre, aujourd'hui soumise à ton sceptre, il ne te restera que son infamie transmise à tes filles, quand tous les maux des États conquis s'attacheront à toi, le vice sans splendeur, les plaisirs des sens privés même du brillant relief de l'amour; mais à la place de ce dernier, l'habitude d'une débauche grossière, un libertinage sans passion, une impudicité froide et compassée, réduisant en art les faiblesses de la nature... quand tous ces fléaux, et d'autres encore, seront ton partage; quand le sourire sans joie, les amusements sans plaisir, la jeunesse sans courage, la vieillesse sans dignité; quand la bassesse et l'impuissance auront fait de toi, ô Venise! le pire des déserts peuplés; alors, dans le dernier râle de ton agonie au milieu de tous les supplices, dont tu seras victime, rappelle-toi le mien! Caverne de brigands ivres du sang de leurs princes, enfer au milieu des eaux, Sodome de l'Océan! je te dévoue aux dieux infernaux, toi et ta race de serpents! (*Ici le doge se tourne vers l'exécuteur et lui dit:*) Esclave! fais ton métier! frappe comme je frappais l'ennemi! frappe comme j'aurais frappé ces tyrans! frappe de toute la force de mon anathème! et ne frappe qu'une fois. (*Le doge se jette à genoux, et au moment où l'exécuteur lève son glaive, la toile tombe.*)

SCÈNE IV.

La piazza et la piazzetta de Saint-Marc. — Le peuple est rassemblé en foule autour des grilles du palais ducal, qui sont fermées.

PREMIER CITOYEN. — J'ai atteint la grille, et je puis distinguer les Dix rangés autour du doge, dans leur costume de cérémonie.

SECOND CITOYEN. — Je ne puis, malgré mes efforts, parvenir jusqu'à toi. Que se passe-t-il! tâchons au moins d'entendre, puisqu'il n'y a que les plus rapprochés de la grille qui puissent voir.

LE PREMIER CITOYEN. — Un d'eux s'est approché du doge; voilà qu'on dépouille sa tête de la toque ducale... Maintenant il lève les yeux au ciel; je les vois briller, je vois le mouvement de ses lèvres... Silence!... Silence! Ce n'est qu'un murmure... Maudit éloignement! on ne peut comprendre ses paroles; mais sa voix s'enfle comme les sourds grondements du tonnerre. Oh! si nous pouvions seulement entendre une phrase!

SECOND CITOYEN. — Silence! peut-être saisirons-nous quelques sons.

PREMIER CITOYEN. — C'est en vain que je prête l'oreille: je ne puis l'entendre... Ses cheveux blancs flottent au souffle des vents, comme l'écume sur les vagues! Maintenant.. Maintenant il s'agenouille.... et à présent ils forment un cercle autour de lui, et on n'aperçoit plus rien... Mais je vois l'épée en l'air... Ah! écoutez! elle frappe! (*Le peuple murmure.*)

TROISIÈME CITOYEN. — Ils ont assassiné celui qui voulait nous affranchir.

QUATRIÈME CITOYEN. — Il a toujours été bon pour le peuple.

CINQUIÈME CITOYEN. — Ils ont sagement fait de tenir les grilles fermées. Si nous avions su avant ce qui allait se passer... nous aurions apporté de quoi forcer les portes.

SIXIÈME CITOYEN. — Etes-vous bien sûr qu'il soit mort?

PREMIER CITOYEN. — J'ai vu l'épée s'abattre... Voyez! que vient-on nous montrer?

Sur le balcon du palais, dont la façade donne sur la place, s'avance un chef des Dix, tenant à la main un glaive ensanglanté; il l'agite trois fois aux yeux du peuple et dit :

La justice a frappé le grand coupable.

Les grilles s'ouvrent : le peuple se précipite vers l'escalier des Géants, où l'exécution a eu lieu. Les plus avancés crient à ceux qui sont derrière eux :

La tête sanglante roule sur les marches de l'escalier des Géants!

(*La toile tombe.*)

FIN DE MARINO FALIERO.

CAÏN

MYSTÈRE TIRÉ DE L'ANCIEN-TESTAMENT.

PERSONNAGES.

Hommes : ADAM. — CAIN. — ABEL.
Esprits : UN ANGE DU SEIGNEUR. — LUCIFER.
Femmes : EVE. — ADAH. — ZILLAH.

ACTE PREMIER.

Environs du Paradis; Lever du soleil.

ADAM, ÈVE, CAIN, ABEL, ADAH, ZILLAH, *offrant un sacrifice.*

ADAM. — Dieu éternel, infini! sagesse suprême! toi dont la parole, des ténèbres de l'abîme, fit jaillir la lumière sur les eaux... salut! Jéhovah! quand revient la lumière, salut!

EVE. — Dieu! qui nommas le jour, en séparant le matin et la nuit, auparavant confondus... qui divisas les flots, et donnas le nom de firmament à une partie de ton ouvrage, salut!

ABEL. — Dieu! qui groupas les éléments pour en composer la terre... l'océan... l'air... et le feu; qui, après avoir créé le jour et la nuit, ainsi que les mondes sur lesquels se répandent leur lumière et leur ombre, formas des êtres pour en jouir, les chérir et te chérir toi-même... salut! salut!

ADAH. — Dieu éternel! Père de toutes choses! qui fis ces êtres bons et beaux, pour être aimés par-dessus tout, à l'exception de toi... permets qu'en t'aimant je les aime aussi... salut! salut!

ZILLAH. — O Dieu! qui, protégeant et bénissant toutes les œuvres de tes mains, as permis néanmoins au serpent de se glisser dans le paradis, et d'en expulser mon père, préserve-nous de tout mal à venir... salut! salut!

ADAM. — Caïn, mon fils, mon premier-né, pourquoi demeures-tu muet?

CAIN. — Pourquoi parler?

ADAM. — Pour prier.

CAIN. — N'avez-vous pas prié?

ADAM. — Oui, et avec ferveur.

CAIN. — Et d'une voix élevée. Je vous ai entendus.

ADAM. — Et Dieu aussi, je l'espère.

ABEL. — Qu'il en soit ainsi!

Adam. — Mais toi, mon premier-né, tu continues de garder le silence.
Caïn. — Il est mieux que je me taise.
Adam. — Pourquoi ?
Caïn. — Je n'ai rien à demander.
Adam. — Et rien dont tu doives rendre grâce !
Caïn. — Non.
Adam. — Ne vis-tu pas ?
Caïn. — Ne dois-je pas mourir ?
Eve. — Hélas ! voici déjà le fruit défendu qui commence à tomber de l'arbre.
Adam. — Et nous devons le ramasser. O Dieu ! pourquoi as-tu planté l'arbre de la science ?
Caïn. — Et pourquoi, vous, n'avez-vous pas cueilli le fruit de l'arbre de vie ? vous auriez pu alors braver le tyran.
Adam. — O mon fils ! ne blasphème pas : ce sont les paroles du serpent.
Caïn. — Pourquoi pas ? Le serpent a dit vrai ; d'un côté était l'arbre de vie ; de l'autre, l'arbre de la science : la science est bonne, et la vie est bonne ; en quoi l'une et l'autre réunies seraient-elles un mal ?
Eve. — Mon enfant ! tu parles comme je parlais dans le péché, avant ta naissance. Que je ne voie pas mon malheur se renouveler dans le tien. Je me suis repentie. Mon fils ne doit pas tomber ici dans les pièges qui, au sein du paradis, ont perdu ses parents. Contente-toi de ce qui est. Si nous l'avions fait, tu serais heureux aujourd'hui... O mon fils !
Adam. — Nos prières sont terminées ; séparons-nous. Que chacun se rende à son travail... il n'est pas pénible, bien que nécessaire : la terre est jeune, elle nous donne ses fruits avec bonté et sans beaucoup d'efforts.
Eve. — Caïn, mon fils, vois ton père content et résigné ; fais comme lui. (*Adam et Eve sortent*).
Zillah. — Ne veux-tu pas te calmer, mon frère ?
Abel. — Pourquoi garder sur ton front cette tristesse, qui doit attirer la colère de l'Eternel ?
Adah. — Caïn, mon bien-aimé, me regarderas tu donc, moi aussi, d'un air sombre ?
Caïn. — Non, Adah, non. Je voudrais être seul un moment. Abel, je souffre au fond du cœur, mais cela passera. Précède-moi, mon frère... je ne tarderai pas à te suivre. Et vous aussi, mes sœurs, ne m'attendez pas ; votre douceur ne mérite pas un accueil farouche : je vous suis tout à l'heure.
Adah. — Si tu tardes, je viendrai te chercher ici.
Abel. — La paix de Dieu soit avec ton esprit, mon frère ! (*Abel, Zillah et Adah sortent.*)

Caïn, *seul*. — Et voilà donc la vie !... le travail. Et pourquoi travailler ? Parce que mon père n'a pas su conserver sa place dans Eden. Qu'avais-je fait, moi ? je n'étais pas né ; je ne demandais pas à naître, et je n'aime pas l'état où cette naissance m'a placé. Pourquoi a-t-il cédé au serpent et à la femme ? ou bien, après avoir cédé, pourquoi en a-t-il été puni ? L'arbre était planté, et n'était-il pas pour lui ? Sinon, pourquoi l'avoir placé près de cet arbre, le plus beau de tous ? Ils n'ont à ces questions qu'une réponse ? « C'était la volonté du Maître, et le Maître est bon. » Qu'en sais-je : Parce qu'il est tout puissant, s'ensuit-il qu'il soit souverainement bon ? Je ne juge que par les faits, et ils sont amers.... Cependant, il faut que je m'en nourrisse, pour une faute qui n'est pas la mienne... Que vois-je ? un Esprit qui a la forme des anges ; néanmoins son aspect a quelque chose de plus sévère et de plus triste. Pourquoi donc frémir ? Pourquoi le craindre plus que ces autres Esprits célestes, que je vois chaque jour brandir leurs glaives redoutables devant lesquels je m'arrête rêveur à l'heure du crépuscule, alors que je viens jeter un coup d'œil sur ces jardins, mon légitime héritage, et sur les arbres immortels qui couronnent les créneaux défendus par les chérubins ? Je n'ai point peur de ces anges armés de feux. Pourquoi celui-ci s'approche maintenant m'inspirerait-il de l'effroi ? Il me paraît de beaucoup leur supérieur en puissance et leur égal en beauté ; et pourtant il semble n'être plus aussi beau qu'il l'a été, ou, qu'il pourrait l'être. La douleur paraît la moitié de son immortalité. L'humanité n'est donc pas seule à souffrir ? Il vient.
(*Entre* Lucifer.)

Lucifer. — Mortel !
Caïn. — Esprit, qui es-tu ?
Lucifer. — Le maître des Esprits.
Caïn. — Et comment se fait-il que tu les quittes pour visiter la poussière ?
Lucifer. — Je connais les pensées de la poussière : j'ai pitié d'elle et de toi.
Caïn. — Comment ! tu connais mes pensées ?
Lucifer. — Ce sont les pensées de tout ce qui est digne d'en avoir ; la partie immortelle de toi-même parle en toi.
Caïn. — Quelle partie immortelle ? Ceci n'a pas été révélé. L'imbécilité d'Adam nous a privés du fruit de l'arbre de vie ; tandis que par la précipitation de ma mère, le fruit de l'arbre de la science fut trop tôt cueilli, et ce fruit, c'est la mort !
Lucifer. — On t'a trompé : tu vivras.
Caïn. — Je vis ; mais je vis pour mourir ; et vivant, je ne vois rien qui rende la mort haïssable, si ce n'est une répugnance innée, un instinct, mais invincible instinct, que j'abhorre, comme je me méprise, et que pourtant je ne puis surmonter.... c'est ainsi que je vis. Plût au ciel que je n'eusse jamais vécu !
Lucifer. — Tu vis, et dois vivre toujours : ne crois pas que ton enveloppe extérieure et terrestre soit l'existence même... elle cessera d'être, et alors tu ne seras pas moins que tu n'es maintenant.
Caïn. — Pas moins ? et pourquoi pas plus ?
Lucifer. — Peut-être seras-tu comme nous sommes.
Caïn. — Et qu'êtes-vous ?
Lucifer. — Nous sommes éternels.
Caïn. — Etes-vous heureux.
Lucifer. — Nous sommes puissants.
Caïn. — Etes-vous heureux ?
Lucifer. — Non. Et toi, l'es-tu ?
Caïn. — Comment le serais-je ? Regarde-moi.
Lucifer. — Pauvre argile ! Et tu prétends être malheureux ! toi !
Caïn. — Je le suis... Et toi, avec toute ta puissance, qu'es tu ?
Lucifer. — Un Esprit qui voulut remplacer ton Créateur, et qui ne l'aurait pas fait ce que tu es.
Caïn. — Ah ! tu ressembles presqu'à un dieu ; et...
Lucifer. — Je ne suis pas Dieu. N'ayant pu le devenir, je ne voudrais pas être autre que je suis. Il a vaincu... qu'il règne !
Caïn. — Qui ?
Lucifer. — Le Créateur de ton père et de la terre entière.
Caïn. — Et du ciel, et de tout ce qu'il contient, comme je l'ai entendu chanter par les séraphins, comme mon père le répète mon père.
Lucifer. — Ils disent... ce qu'ils sont obligés de dire, sous peine d'être ce que je suis... ce que tu es... moi, parmi les Esprits ; toi, parmi les hommes.
Caïn. — Et quoi donc ?
Lucifer. — Des âmes qui ont le courage d'user de leur immortalité, des âmes qui osent regarder le tyran face à face, dans sa toute-puissance et son éternité, pour lui dire que le mal, son ouvrage, n'est pas un bien ! S'il nous a faits, comme il le dit... ce que j'ignore et ne crois pas..... s'il nous a faits, il ne peut nous défaire ; nous sommes immortels !... Bien plus, il nous a voulus ainsi afin de pouvoir nous torturer... qu'il le fasse ! Il est grand... mais dans sa grandeur, il n'est pas plus heureux que nous dans notre lutte ! La bonté n'eût pas créé le mal ; a-t-il fait autre chose ? Mais qu'il continue de siéger sur son trône solitaire, occupé à créer des mondes, pour alléger l'éternité qui pèse sur cette immense existence, cette solitude sans partage. Qu'il entasse planète sur planète, il reste toujours seul dans sa tyrannie infinie, indissoluble. S'il pouvait s'écraser lui-même ; ce serait le prodige le plus précieux qu'il eût jamais fait : mais non... qu'il règne, et se multiplie dans la douleur ! Esprits et hommes, nous sympathisons du moins... et, souffrant de concert, nous rendons plus supportables nos innombrables souffrances, en les partageant tous entre tous. Mais lui, malheureux dans son élévation, livré à l'inquiète activité de sa misère, il faut qu'il crée et crée encore...
Caïn. — Tu me parles de choses qui depuis longtemps nagent dans ma pensée comme des visions ; je n'ai jamais pu concilier ce que je voyais avec ce que j'entendais. Mon père et ma mère m'entretiennent de serpents, de fruits, d'arbres ; le tout les portes de ce qu'ils appellent leur paradis gardées par des chérubins armés d'épées flamboyantes, qui nous en interdisent l'accès, à eux comme à moi ; je sens le poids d'un travail journalier et d'une pensée incessante ; autour de moi, mes regards se promènent sur un monde où je semble n'être rien, où je sens naître en moi-même des pensées qui semblent capables de dominer toutes choses..... mais je considérais ce malheur comme mon partage exclusif... Mon père s'est résigné à son abaissement ; ma mère a oublié cette soif de science qui lui fit risquer la malédiction éternelle ; mon frère n'est qu'un jeune berger, offrant les prémices de son troupeau à Celui par qui la terre accorde ses fruits qu'à nos sœurs ; ma sœur Zillah entonne chaque jour un hymne plus matinal que celui des oiseaux ; et mon Adah, ma bien-aimée, ne comprend pas davantage la pensée qui m'oppresse : jusqu'à présent je n'avais rencontré personne dont les sentiments répondissent aux miens. Soit ! Je vivrai dans la société des Esprits.
Lucifer. — Et si la nature de ton âme ne t'avait rendu digne d'une telle société, tu ne me verrais pas maintenant devant toi, sous un tel aspect : il eût encore suffi d'un serpent pour le fasciner.
Caïn. — Ah ! c'est donc toi qui as tenté ma mère ?
Lucifer. — Je ne tente personne, si ce n'est avec la vérité ; cet arbre n'était-il pas celui de la science ? et n'y avait-il pas encore des fruits sur l'arbre de vie ? Est-ce moi qui lui ai dit de ne pas cueillir ceux-ci ? est-ce moi qui ai placé les objets défendus sous la main d'êtres innocents et curieux, en raison de leur innocence même ?

J'aurais fait de vous des dieux, et celui qui vous a chassés a craint lui-même de vous voir « manger des fruits de vie et devenir des dieux comme lui. » Sont-ce là ses paroles ?

Caïn. — Ainsi me les ont répétées ceux qui les ont entendues au bruit de la foudre.

Lucifer. — Qui donc était le mauvais Esprit ? celui qui n'a pas voulu vous laisser vivre, ou celui qui vous aurait fait vivre à jamais au sein des joies et du pouvoir que donne la science ?

Caïn. — Plût au ciel qu'ils eussent cueilli le fruit des deux arbres, ou n'eussent touché ni à l'un ni à l'autre !

Lucifer. — Déjà l'un est à vous, l'autre peut encore vous appartenir.

Caïn. — Comment ?

Lucifer. — Montrez-vous ce que vous êtes, par votre résistance. Rien ne peut éteindre l'âme, si l'âme veut être elle-même, et se faire le centre de tout ce qui l'entoure... Elle fut créée pour commander.

Caïn. — Mais as-tu tenté mes parents ?

Lucifer. — Moi ? pourquoi et comment les aurais-je tentés ?

Caïn. — Ils disent que le serpent était un Esprit.

Lucifer. — Qui le leur a dit ? Cela n'est point écrit là-haut : l'orgueilleux Créateur ne saurait à ce point dénaturer la vérité. Mais les terreurs exagérées de l'homme et sa vanité puérile peuvent avoir rejeté sa lâche défaite sur la nature spirituelle. Le serpent était le serpent.. et rien de plus ; et pourtant il n'était point inférieur à ceux qu'il a tentés : sa nature était d'argile comme la leur... mais il leur était supérieur en sagesse, puisqu'il triompha d'eux, et devina que la science serait fatale à leurs étroites joies. Crois-tu que je veuille revêtir la forme de créatures destinées à mourir ?

Caïn. — Mais le serpent avait en lui un démon.

Lucifer. — Il ne fit qu'en éveiller un dans ceux à qui parla sa langue fourchue. Je te le répète : le serpent n'était autre chose qu'un serpent ; demande aux chérubins qui gardent l'arbre tentateur. Quand mille générations auront passé sur la cendre insensible et sur celle des tiens, la race qui habitera le monde couvrira peut-être la première faute de l'homme d'un voile fabuleux, et m'attribuera une forme que je méprise, comme je méprise tout ce qui fléchit devant le Créateur intéressé d'êtres qu'il destine à peupler et aduler sa farouche et solitaire éternité ; mais nous, qui voyons la vérité, nous devons la dire. Tes crédules parents prêtèrent l'oreille à un être rampant : ils succombèrent. Pour quel motif des Esprits les auraient-ils tentés ? qu'y avait-il donc de si attrayant dans les étroites limites de leur paradis, pour que des Esprits qui embrassent l'espace... Mais je te parle de choses que tu ignores, en dépit de ton arbre de la science.

Caïn. — Quelle que soit la science dont tu me parles, j'aspire à la posséder, j'en ai soif, et mon esprit est capable de la comprendre.

Lucifer. — Auras-tu le courage de la regarder en face ?

Caïn. — Mets-moi à l'épreuve.

Lucifer. — Oserais-tu regarder la mort ?

Caïn. — Elle ne s'est point encore montrée ici.

Lucifer. — Mais tout ici doit la subir.

Caïn. — Mon père assure que c'est une chose effrayante ; quand son nom est prononcé, ma mère pleure, Abel lève les yeux au ciel, Zillah baisse les siens vers la terre et murmure une prière, Adah me regarde et reste muette.

Lucifer. — Et toi ?

Caïn. — D'inexprimables pensées se pressent dans mon cœur et le brûlent quand j'entends parler de cette mort toute puissante, qui paraît inévitable. Pourrais-je lutter contre elle ? En jouant avec le lion, dans mon enfance, il m'est arrivé de le presser jusqu'à ce qu'il se dégageât de mon étreinte, et s'enfuît en rugissant.

Lucifer. — La mort n'a point de forme extérieure ; mais elle absorbera tout ce qui est né sur la terre.

Caïn. — Ah ! je la prenais pour un être : quel autre en effet peut faire de tels maux à des êtres ?

Lucifer. — Demande au Destructeur.

Caïn. — A qui ?

Lucifer. — Au Créateur... Appelle-le comme tu voudras : il ne crée que pour détruire.

Caïn. — Je l'ignorais ; mais j'y ai songé, depuis que j'ai entendu parler de la mort. Sans savoir bien ce que c'est, il me semble que ce doit être quelque chose d'horrible. Je l'ai cherchée dans la vaste solitude de la nuit ; et quand je voyais, sous les murs d'Éden, des ombres gigantesques au milieu desquelles les glaives des chérubins faisaient luire leurs éclairs, il me semblait que j'allais la voir apparaître ; car il s'élevait dans mon cœur un désir, mêlé de crainte, de connaître ce qui nous fait tous trembler ; mais rien ne venait ; et alors, détournant mes yeux fatigués de ce paradis défendu qui fut notre berceau, je les reportais vers ces clartés qui brillent là-haut, dans l'azur, et qui sont si belles ; ces clartés aussi doivent-elles mourir ?

Lucifer. — Peut-être...., mais elles doivent survivre longtemps à toi et aux tiens.

Caïn. — Tant mieux : je ne voudrais pas les voir mourir... elles sont si douces à mes yeux. Qu'est-ce que la mort ? Elle doit être bien terrible : je le crains, je le sens ; mais ce que c'est, je ne puis le dire : nous en sommes tous menacés comme d'un mal, et ceux qui ont péché et ceux qui n'ont pas péché..... En quoi consiste ce mal ?

Lucifer. — A retourner à la terre.

Caïn. — Mais le sentirai-je ?

Lucifer. — Comme je ne connais pas la mort, je ne puis te répondre.

Caïn. — Si je devenais une terre insensible, il n'y aurait pas grand mal à cela. Plût à Dieu que je n'eusse jamais été que poussière.

Lucifer. — Dieu t'exauchait, qui te place au-dessous de ton père ; car il désira la science.

Caïn. — Mais il ne désira pas la vie ; ou alors, que ne cueillait-il le fruit de l'arbre de vie ?

Lucifer. — Il en fut empêché.

Caïn. — Erreur fatale ! de n'avoir pas arraché d'abord ce fruit : mais avant qu'il cueillît la science, il ignorait la mort. Hélas ! c'est à peine maintenant si je sais ce que c'est, et pourtant je la crains... Je crains... je ne sais quoi !

Lucifer. — Et moi qui sais tout, je ne crains rien. Tu vois ce qu'est la véritable science.

Caïn. — Veux-tu m'enseigner tout ?

Lucifer. — A une condition.

Caïn. — Quelle est-elle ?

Lucifer. — Tu te prosterneras et m'adoreras comme ton Seigneur.

Caïn. — Tu n'es pas le Seigneur que mon père adore ?

Lucifer. — Non.

Caïn. — Es-tu son égal ?

Lucifer. — Non... Je n'ai rien et ne veux rien avoir de commun avec lui ! Quelle que soit ma place au-dessus ou au-dessous de lui, il n'est rien que je ne préfère à la nécessité de partager ou de servir sa puissance. J'existe à part ; mais je suis grand..... beaucoup m'adorent ; de plus nombreux m'adoreront... Sois un des premiers.

Caïn. — Je n'ai pas encore fléchi le genou devant le Dieu de mon père, quoique mon frère Abel me joigne à lui dans ses sacrifices... pourquoi donc m'abaisserais-je en ta présence ?

Lucifer. — Ne t'es-tu jamais incliné devant lui ?

Caïn. — Je te l'ai dit... Était-il besoin de te le dire ? Ta science profonde doit te révéler toutes choses.

Lucifer. — Celui qui ne se courbe pas devant lui s'est courbé devant moi.

Caïn. — Je ne veux fléchir pour personne.

Lucifer. — Tu n'en es pas moins mon adorateur : dès que tu ne l'adores pas, tu es à moi.

Caïn. — Qu'est-ce donc que l'être à toi ?

Lucifer. — Tu le sauras bientôt... et plus tard mieux encore.

Caïn. — Fais-moi seulement connaître le mystère de mon être.

Lucifer. — Suis-moi où je vais te conduire.

Caïn. — Mais il faut que j'aille cultiver la terre... j'ai promis...

Lucifer. — Quoi ?

Caïn. — De cueillir les prémices de quelques fruits...

Lucifer. — Pourquoi ?

Caïn. — Pour les offrir avec mon frère sur un autel.

Lucifer. — Ne disais-tu pas tout à l'heure que tu n'avais jamais courbé ton front devant le Créateur ?

Caïn. — Il est vrai..... mais j'ai cédé aux sollicitations pressantes d'Abel ; l'offrande est la sienne... et Adah ..

Lucifer. — Pourquoi hésites-tu ?

Caïn. — C'est ma sœur ; nous sommes nés le même jour, du même flanc : ses larmes m'ont arraché cette promesse ; et, plutôt que de la voir pleurer, je puis tout souffrir... tout adorer.

Lucifer. — Suis-moi donc.

(*Entre* Adah.)

Adah. — Mon frère, je viens te chercher ; c'est maintenant notre heure de repos et de joie... et nous sommes moins heureux en ton absence. Tu n'as pas travaillé ce matin, mais j'ai rempli ta tâche : les fruits sont mûrs et brillants comme la lumière qui les mûrit. Viens.

Caïn. — Ne vois-tu pas ?

Adah. — Je vois un ange ; nous en avons vu plus d'un. Veut-il partager l'heure de notre repos ? Il est le bien-venu.

Caïn. — Mais il n'est pas comme les anges que nous avons vus.

Adah. — Y en a-t-il donc d'autres ? N'importe ! il est le bien-venu comme eux. Ils ont daigné être nos hôtes. Veut-il l'être ?

Caïn. — Le veux-tu ?

Lucifer. — Je te demande d'être le mien.

Caïn. — Il faut que j'aille avec lui.

Adah. — Et tu nous quittes ?

Caïn. — Non.

Adah. — Moi aussi !

Caïn. — Chère Adah !

Adah. — Laisse-moi t'accompagner.
Lucifer. — Non, cela ne se peut.
Adah. — Qui es-tu, toi, qui t'imposes entre un cœur et un cœur?
Caïn. — C'est un dieu.
Adah. — Comment le sais-tu?
Caïn. — Il parle comme un dieu.
Adah. — Ainsi faisait le serpent, et il mentait.
Lucifer. — Tu te trompes, Adah!..... L'arbre n'était-il pas celui de la science?
Adah. — Oui... à notre éternelle douleur.
Lucifer. — Cependant cette douleur même est une science; il ne mentait donc pas : s'il vous a perdus, c'est avec la vérité; et la vérité dans son essence ne peut être que bonne.
Adah. — Mais tout ce que nous connaissons a produit malheur sur malheur; notre expulsion, et la crainte, et le travail, et les sueurs, et la fatigue, et le remords de ce qui fut... et l'espérance de ce qui n'arrive pas. Caïn! n'accompagne pas cet Esprit, supporte ce que nous avons supporté, et aime-moi... Je l'aime.
Lucifer. — Plus que ta mère et ton père?
Adah. — Oui. Est-ce là aussi un péché?
Lucifer. — Non, pas encore. Mais un jour c'en sera un pour vos enfants.
Adah. — Quoi! ma fille ne pourra-t-elle aimer son frère Enoch?
Lucifer. — Elle ne pourra l'aimer comme tu aimes Caïn.
Adah. — O Dieu! ils ne s'aimeront pas; leur tendresse ne donnera pas le jour à des êtres destinés à s'aimer comme eux? Mon sein ne les a-t-il pas allaités tous deux? Leur père n'est-il pas né des mêmes flancs, à la même heure que moi? ne nous sommes-nous pas aimés, et en multipliant notre être n'avons-nous pas multiplié des êtres aimants? Caïn! ne suis pas cet Esprit; il n'est pas des nôtres.
Lucifer. — Le péché dont je vous parle n'est pas mon ouvrage, et ne saurait être un péché en vous... de quelque manière qu'on l'envisage en ceux qui vous remplaceront dans votre condition mortelle.
Adah. — Quel est le péché qui n'est pas un péché en lui-même? Le crime et la vertu peuvent-ils dépendre des circonstances?... S'il en est ainsi, nous sommes les esclaves de...
Lucifer. — Des êtres plus grands que vous sont esclaves; et de plus grands qu'eux et vous le seraient également, s'ils ne préféraient l'indépendance, au milieu des tortures, aux lâches faiblesses de l'adulation qui s'exhale en hymnes, en accords de harpes et en prières de commande, en face de celui qui est tout puissant, uniquement parce qu'il est tout puissant; non par amour pour lui, mais dans des vues d'égoïsme et de crainte.
Adah. — La toute-puissance ne peut être que la suprême bonté.
Lucifer. — En fut-il ainsi dans Eden?
Adah. — Esprit mauvais! ne me tente pas avec ta beauté, tu es plus beau que n'était le serpent et tu parais aussi trompeur que lui....
Lucifer. — Je suis également sincère. Demandez à Eve, votre mère : ne possède-t-elle pas la science du bien et du mal?
Adah. — O ma mère! tu as cueilli un fruit plus fatal à la postérité qu'à toi-même; toi, du moins, tu as passé ta jeunesse au sein du paradis, dans un commerce innocent et fortuné avec les Esprits bienheureux; mais nous, tes enfants, qui n'avons point connu Eden, nous sommes entourés de mauvais Esprits qui savent imiter la parole de Dieu, et se servent, pour nous tenter, de nos pensées chagrines ou curieuses... Ainsi tu m'as tentée par le serpent, dans l'innocente imprudence et le confiant abandon du bonheur. Je ne puis répondre à l'être immortel qui est là devant moi; je ne puis le haïr; je le regarde avec un plaisir mêlé d'effroi, et je ne le fuis pas. Il y a dans son regard une attraction puissante qui fixe mes yeux sur les siens; mon cœur palpite avec force; il m'effraie et me séduit tout ensemble, et je me sens attirée de plus en plus vers lui!... Caïn! Caïn! sauve-moi de son empire.
Caïn. — Que craint mon Adah! Ce n'est point un mauvais Esprit.
Adah. — Ce n'est point Dieu ni un des anges de Dieu. J'ai vu les chérubins et les séraphins; il ne leur ressemble pas.
Caïn. — Mais il y a des Esprits plus élevés encore... les archanges.
Lucifer. — Et même de plus élevés que les archanges.
Adah. — Oui, mais ceux-là ne sont pas du nombre des bienheureux.
Lucifer. — Si le bonheur consiste dans l'esclavage... non.
Adah. — J'ai entendu dire que les séraphins sont ceux qui aiment le plus... les chérubins ceux qui savent le plus... celui-ci doit être un chérubin... puisqu'il n'aime pas.
Lucifer. — Et si la science supérieure anéantit l'amour, que doit-il être celui qu'on ne peut plus aimer dès qu'on le connaît? S'il est vrai que les chérubins, plus instruits que tout, aiment le moins, des séraphins ne peut être que de l'ignorance. Le châtiment qui a puni l'audace de tes parents prouve que ces deux choses ne sont pas compatibles. Choisis entre l'amour et la science... puisqu'il n'y a pas d'autre choix. Ton père a déjà choisi; son adoration n'est que de la crainte.

Adah. — O Caïn! choisis l'amour.
Caïn. — Pour toi, mon Adah! Je ne l'ai pas choisi, il est né avec moi; mais après toi, je n'aime rien.
Adah. — Nos parents?
Caïn. — Nous ont-ils aimés, quand ils ont commis la faute qui nous a tous expulsés du paradis?
Adah. — Nous n'étions pas nés alors..... et quand nous l'aurions été, Caïn, ne devrions-nous pas les aimer, ne devrions-nous pas aimer nos enfants?
Caïn. — Mon petit Enoch! et sa sœur! Si je pouvais les voir heureux, j'oublierais presque...... Mais après trois mille générations on ne l'aura pas oublié! Jamais les hommes ne chériront la mémoire de ce père qui enfanta le mal en même temps qu'il enfanta le genre humain! Ils ont cueilli le fruit de la science et le péché..... et non contents de leur malheur, ils nous ont engendrés, moi, toi,... le petit nombre de ceux qui maintenant existent, et toute celle innombrable multitude, ces millions d'êtres qui doivent venir au monde, pour hériter des douleurs accumulées par les siècles!... Et je dois être le père de tels êtres! Ta beauté et ton amour..... mon amour et ma joie, l'ivresse d'un moment et le calme qui la suit, tout ce que nous aimons dans nos enfants et dans nous-mêmes, eh bien! tout cela ne servira qu'à leur faire traverser, ainsi qu'à nous, une longue suite d'années de péchés et de douleurs, ou une courte vie d'afflictions entremêlées de rapides instants de plaisir, pour nous conduire tous à ce but inconnu..... la mort! Il me semble que l'arbre de la science n'a pas rempli sa promesse..... Si nos parents ont péché, du moins ils auraient dû connaître toute la science... et le mystère de la mort. Que savent-ils?..... qu'ils sont misérables. Il n'était pas besoin de serpent et de fruits pour nous apprendre cela.
Adah. — Je ne suis pas malheureuse, Caïn; et si tu étais heureux...
Caïn. — Sois donc heureuse seule..... Je ne veux point d'un bonheur qui m'humilie moi et les miens.
Adah. — Seule, je ne voudrais ni ne pourrais être heureuse; mais au milieu des nôtres il me semble que je pourrais l'être, en dépit de la mort.
Lucifer. — Et tu ne pourrais, dis-tu, être heureuse seule?
Adah. — Seule! ô mon Dieu! qui pourrait, seul, être heureux ou bon? Ma solitude me semblerait un péché, si je ne pensais que je vais bientôt revoir mon époux, mon frère, et nos enfants et nos parents.
Lucifer. — Cependant ton Dieu est seul; est-il heureux et bon dans sa solitude?
Adah. — Il n'est point seul; il s'occupe du bonheur des anges et des mortels, et, en répandant la joie, il est heureux lui-même. En quoi peut consister le bonheur, si ce n'est à faire des heureux?
Lucifer. — Interroge ton père, récemment exilé d'Eden; interroge son fils premier-né; interroge ton propre cœur : il n'est pas tranquille.
Adah. — Hélas! non! Et toi..... es-tu du nombre des habitants du ciel?
Lucifer. — Si je n'en suis pas, demandes-en la raison à cette universelle source de bonheur que tu proclames, à ce Créateur si grand et si bon de la vie et des êtres vivants; c'est son secret, il le garde pour lui. Nous sommes tenus de souffrir; quelques-uns résistent, et résistent vainement, disent les séraphins, mais la chose vaut la peine d'être tentée, puisqu'on n'en est pas mieux pour ne pas l'essayer : il y a dans l'esprit une sagesse qui le dirige vers le vrai, comme dans le bleu firmament, vos yeux, à vous, jeunes mortels, se portent naturellement vers l'étoile qui sourit au lever de l'aurore.
Adah. — C'est une belle étoile; je l'aime pour sa beauté.
Lucifer. — Et pourquoi ne pas l'adorer?
Adah. — Notre père n'adore que l'Invisible.
Lucifer. — Mais les symboles de l'Invisible sont ce qu'il y a de plus beau parmi les choses visibles; et cette brillante étoile est le chef de l'armée du firmament.
Adah. — Notre père nous dit qu'il a vu Dieu lui-même, son créateur et celui de notre mère.
Lucifer. — Toi, l'as-tu vu?
Adah. — Oui, dans ses ouvrages.
Lucifer. — Mais dans sa personne?
Adah. — Non... si ce n'est dans mon père, qui est l'image même de Dieu; ou dans ses anges, qui sont semblables à toi, et plus brillants, quoiqu'en apparence moins puissants et moins beaux : ils nous apparaissent dans la silencieuse splendeur d'un beau jour et sont toute lumière à nos yeux; mais toi, tu ressembles à une nuit éthérée, alors que de longs nuages blancs se dessinent sur un fond bleu-sombre; et que d'innombrables étoiles, soleils qui semblent près d'éclore, parsèment de leur brillante poussière la voûte mystérieuse du ciel. Elles sont si belles, si nombreuses, si charmantes! sans éblouir, elles nous attirent si doucement à elles, que je ne puis les voir sans que mes yeux se mouillent de larmes; et il en est ainsi de toi. Tu parais malheureux; ne nous rends pas malheureux nous-mêmes, et je pleurerai sur toi.

Lucifer. — Ah! ces larmes! si tu savais que de flots il en sera répandu!
Adah. — Par moi?
Lucifer. — Par tous.
Adah. — Qui enfin?
Lucifer. — Des millions de millions... la terre peuplée... la terre dépeuplée... l'enfer trop peuplé, dont le germe est dans ton flanc.
Adah. — O Caïn! cet Esprit nous maudit.
Caïn. — Laisse-le dire; je vais le suivre.
Adah. — Où?
Lucifer. — Dans un lieu d'où il reviendra vers toi au bout d'une heure; mais durant cette heure, il verra les choses de bien des jours.
Adah. — Comment cela se peut-il?
Lucifer. — Votre Créateur, ayant pour matériaux de vieux mondes, n'a-t-il pas fait ce monde nouveau en quelques jours? Et moi, qui l'aidai dans cette œuvre, ne puis-je faire voir en une heure ce qu'il a fait en un grand nombre d'heures ou détruit en quelques-unes?
Caïn. — Va: je te suis.
Adah. — Reviendra-t-il réellement dans une heure?
Lucifer. — Oui; avec nous les actions sont affranchies du temps; nous pouvons condenser l'éternité dans un moment, ou faire d'un moment une éternité. Notre existence n'est pas mesurée comme celle des hommes; mais c'est là un mystère. Caïn! viens avec moi.
Adah. — Reviendra-t-il?
Lucifer. — Oui, femme! Il est le premier et le dernier, à l'exception d'un seul, qui reviendra de ce lieu; seul entre tous les mortels, il le sera ramené, pour que ce monde lointain, à présent silencieux et dans l'attente, devienne aussi peuplé que le sera celui-ci.
Adah. — Où habites-tu?
Lucifer. — Dans tout l'espace. Où serait donc ma demeure? Aux lieux où réside ton Dieu ou tes dieux, là je réside aussi, il partage avec moi toute chose: la vie et la mort... le temps... l'éternité... le ciel et la terre, et cet espace qui n'est ni le ciel ni la terre, mais qu'habitent ceux qui ont peuplé ou peupleront l'un et l'autre: voilà mes domaines! En sorte qu'une partie de son royaume est à moi, et que j'en possède un autre qui n'est point à lui. Si je n'étais pas ce que j'ai dit, serais-je ici? Ses anges sont à la portée de ta vue.
Adah. — Il en était ainsi quand le beau serpent parla pour la première fois à ma mère.
Lucifer. — Caïn! tu as entendu. Si tu as soif de la science, je puis la satisfaire; je ne te ferai goûter à aucun fruit qui puisse te priver d'un seul des biens que le vainqueur t'a laissés. Suis-moi.
Caïn. — Esprit, je l'ai promis. (*Lucifer et Caïn sortent.*)
Adah, *les suit en criant:* Caïn! mon frère!

ACTE II.

SCÈNE PREMIÈRE.

L'abîme de l'espace.

CAIN et LUCIFER.

Caïn. — Je marche dans l'air, et ne tombe pas; cependant je crains de tomber.

Abel, je t'en prie, ne feins pas avec moi.

Lucifer. — Aie confiance en moi; et l'air, dont je suis le prince, te soutiendra.
Caïn. — Le puis-je sans impiété?
Lucifer. — «Crois... et tu ne tomberas pas! Doute, et tu mourras!» Ainsi serait conçu le décret de l'autre Dieu, qui m'appelle démon devant les anges: nom répété par eux à de misérables êtres qui, ne percevant rien au-delà de leurs faibles sens, adorent le mot qui frappe leur oreille, et acceptent pour bon ou mauvais ce qui, dans leur avilissement, leur est donné pour tel. Je n'impose pas de telles lois. Adore ou n'adore pas, tu n'en verras pas moins les mondes qui existent par-delà ton monde chétif; et ce n'est pas moi qui, pour punir tes doutes, te condamnerai à souffrir après ta courte existence. Un jour viendra où, s'avançant sur quelques gouttes d'eau, un homme doit dire à un homme: «Crois en moi, et marche sur la mer!» et l'homme marchera sur les vagues sans danger. Je ne te dirai pas de croire en moi, et ne ferai pas de ta croyance une condition de salut. Mais, viens, franchis d'un vol égal au mien le gouffre de l'espace, et je déploierai à tes yeux convaincus l'histoire des mondes passés, présents et à venir.
Caïn. — Qui que tu sois, dieu ou démon, est-ce notre terre que je vois là-bas?
Lucifer. — Ne reconnais-tu pas la poussière dont ton père fut formé?
Caïn. — Se peut-il? Ce petit globe bleuâtre qui flotte si loin dans l'éther, accompagné d'un autre globe inférieur, semblable à celui qui éclaire nos nuits terrestres: est-ce là notre paradis? Où sont ses murs et ceux qui les gardent?
Lucifer. — Montre-moi où est situé le paradis.
Caïn. — Comment le pourrais-je? pendant que nous avançons rapides comme les rayons du soleil, ce globe va toujours en s'amoindrissant, et à mesure qu'il diminue, il se forme autour de lui une auréole semblable à celle que je voyais briller autour de la plus grande des étoiles quand je les contemplais près des limites du paradis: il me semble qu'à mesure que nous nous éloignons d'eux, ces deux sphères se confondent avec les myriades d'astres qui nous entourent, et vont en augmenter le nombre.
Lucifer. — Et s'il y avait des mondes plus vastes que le tien, habités par des êtres plus grands que toi, plus nombreux que les

grains de poussière de ta terre chétive, tous vivants, tous condamnés à mourir, tous malheureux, que dirais-tu ?

Caïn. — Je serais fier de la pensée qui connaîtrait de telles choses.

Lucifer. — Mais si cette pensée était attachée à une servile masse de matière ; si, connaissant de telles choses, aspirant à une science plus étendue encore ; ton être était asservi aux plus grossiers, aux plus vils besoins, tous dégoûtants et bas ; si la plus exquise de tes jouissances n'était qu'une attrayante dégradation, une impure et énervante déception, ayant pour objet de te solliciter à engendrer de nouvelles âmes et de nouveaux corps, tous prédestinés à être aussi fragiles et plus malheureux encore ?..,

Caïn. — Esprit ! je ne connais la mort que comme un héritage que mes parents m'ont légué en même temps que la vie, héritage malheureux, autant que j'ai pu en juger jusqu'à présent. Mais si ce que tu dis est vrai (et intérieurement une prophétique torture me l'atteste), laisse-moi mourir ici ; car donner le jour à des êtres qui doivent souffrir de longues années, pour mourir ensuite, ce n'est que propager la mort et multiplier l'homicide.

Lucifer. — Tu ne peux mourir tout entier... Il y a en toi quelque chose qui doit survivre au reste.

Caïn. — L'autre n'en a point parlé à mon père, alors qu'il l'a chassé du Paradis où la mort était écrite sur son front. Mais ce qu'il y a de mortel en moi peut périr, si avec le reste je deviens semblable aux anges.

Lucifer. — Je suis ange ; voudrais-tu être comme moi ?

Caïn. — Je ne sais ce que tu es ; je vois ton pouvoir, je vois que tu me montres des choses qui dépassent toute la puissance de mes facultés mortelles, et néanmoins inférieures à mes désirs.

Lucifer. — Et quels sont les désirs assez humbles pour habiter avec des vers une demeure d'argile ?

Caïn. — Et qui es-tu, toi qui, en esprit, nourris un orgueil si haut, toi qui embrasses la nature et l'immortalité... et qui néanmoins portes le sceau de la douleur ?

Lucifer. — Je semble ce que je suis ; c'est pourquoi je te demande si tu veux être immortel.

Caïn. — Tu as dit que je serais immortel en dépit de moi-même. Je l'ignorais jusqu'ici... mais puisque cela doit être, je veux, heureux ou malheureux, anticiper sur mon immortalité.

Lucifer. — Tu l'as déjà fait avant de me voir.

Caïn. — Comment ?

Lucifer. — En souffrant.

Caïn. — La souffrance doit-elle donc être immortelle ?

Lucifer. — Nous et tes fils nous le saurons. Mais maintenant regarde! N'est-ce pas un magnifique spectacle ?

Caïn. — O champs de l'air, dont la beauté surpasse l'imagination ; et vous, masses innombrables de lumière, qui vous multipliez sans cesse à mes yeux! que sont ces plaines d'azur, qu'est ce désert sans bornes où vous flottez comme j'ai vu flotter les feuilles sur les fleuves limpides d'Éden ? Votre carrière vous est-elle tracée ? ou, abandonnées aux seules lois de vos caprices, errez-vous dans un univers aérien d'une expansion sans limite... dont la seule pensée donne le vertige à mon âme enivrée d'éternité ? O Dieu ! ô dieux ! ou qui que vous soyez ! qu'ils sont beaux vos ouvrages, ou vos manifestations, de quelque nom enfin qu'on doive les nommer ! Puissé-je mourir comme meurent les atomes (si toutefois ils meurent) ou vous connaître dans votre puissance et dans votre science! Mes pensées en ce moment ne sont pas indignes de ce que je vois, bien que je ne sois que poussière ; Esprit ! il faut que je meure, ou que je les voie de plus près.

Lucifer. — N'en es-tu pas assez près ? retourne-toi et regarde ta terre.

Caïn. — Où est-elle ? Je ne vois rien, si ce n'est une masse d'innombrables lumières.

Lucifer. — Regarde par là.

Fuite de Caïn.

Caïn. — Je ne puis la voir.

Lucifer. — Pourtant elle brille encore.

Caïn. — Cela ?..... là-bas ?

Lucifer. — Oui.

Caïn. — Est-il bien vrai ? J'ai vu les mouches phosphoriques et les vers luisants briller au crépuscule dans les bosquets sombres et sur le vert gazon, et jeter plus de lumière que ce monde qui les porte.

Lucifer. — Tu as vu briller les insectes et les mondes... qu'en penses-tu ?

Caïn. — Je pense qu'ils sont beaux, chacun dans sa sphère, et que pendant la nuit qui les fait resplendir, quelque chose doit guider la mouche phosphorique dans son vol, et l'étoile immortelle dans son cours.

Lucifer. — Mais qui ou quoi peut les guider ?

Caïn. — Fais-le-moi voir.

Lucifer. — Oseras-tu regarder ?

Caïn. — Comment puis-je savoir ce que j'oserais regarder ? Jusqu'à ce moment tu ne m'as rien montré sur quoi je n'aie osé fixer mes regards.

Lucifer. — Suis-moi donc. Veux-tu voir des êtres mortels ou immortels ? Quelles sont les choses qui t'intéressent le plus ?

Caïn. — Celles que je vois.

Lucifer. — Quelles sont celles qui auparavant t'intéressaient plus encore ?

Caïn. — Les choses que je n'ai pas vues et ne verrai jamais... les mystères de la mort.

Lucifer. — Si je te montrais des êtres qui sont morts, de même que je n'ai fait voir beaucoup qui ne peuvent mourir ?

Caïn. — Montre-les-moi.

Lucifer. — En avant donc, sur nos puissantes ailes.

Caïn. — Oh! comme nous fendons l'azur ! Les étoiles pâlissent derrière nous ! La terre ! où est ma terre ? que je la regarde une fois encore, car c'est d'elle que j'ai été tiré.

Lucifer. — Elle est maintenant hors de ta vue ; ce n'est plus dans l'univers qu'un point plus imperceptible encore que toi-même, mais ne crois pas pouvoir lui échapper ; tu retourneras bientôt à la terre et à sa poussière ; c'est la condition de ton éternité et de la mienne.

Caïn. — Où me conduis-tu ?

Lucifer. — Vers ce qui était avant toi, vers le fantôme d'un monde, dont le tien n'est qu'un débris.

Caïn. — Quoi ! il n'est donc pas nouveau ?

Lucifer. — Pas plus que la vie; et la vie existait avant toi, avant moi, avant ce qui nous semble plus grand que toi et moi. Beaucoup d'êtres n'auront pas de fin, et quelques-uns qui prétendent n'avoir pas eu de commencement ont eu une origine aussi chétive que la tienne; des êtres plus puissants se sont éteints pour faire place à des êtres infirmes au-delà de ce que nous pouvons imaginer ; car il n'y a jamais eu et il n'y aura éternellement d'immuables que le temps et l'espace. Mais pour l'argile seule, changer c'est mourir ; homme fait d'argile... tu ne peux comprendre que des êtres qui furent argile, et c'est ce que tu vas voir.

Caïn. — Argile ou esprit... je puis voir tout ce que tu voudras.
Lucifer. — En avant donc!
Caïn. — Mais les lumières s'effacent rapidement loin de moi. Quelques-unes tout à l'heure grossissaient à notre approche, et ressemblaient à des mondes.
Lucifer. — Ce sont effectivement des mondes.
Caïn. — Contiennent-ils aussi des Edens?
Lucifer. — Peut-être.
Caïn. — Et des hommes?
Lucifer. — Oui, ou des êtres plus relevés.
Caïn. — Et des serpents aussi, sans doute?
Lucifer. — Voudrais-tu donc qu'il s'y trouvât des hommes et point de serpents? Les reptiles qui se tiennent debout sont-ils les seuls qui aient droit de vivre?
Caïn. — Comme les lumières s'éloignent! où allons-nous?
Lucifer. — Dans le monde des fantômes, des ombres de ceux qui ne sont plus, ou qui sont encore à naître.
Caïn. — Mais l'obscurité s'accroît toujours... les étoiles ont disparu.
Lucifer. — Et cependant tu y vois.
Caïn. — Quelle clarté lugubre! Plus de soleil, plus de lune, plus d'étoiles. L'azur pourpré du soir fait place à un sombre crépuscule, et cependant je vois de vastes masses; mais elles ne ressemblent pas aux mondes dont nous nous sommes approchés; ceux-ci, entourés de lumière, paraissaient pleins de vie, même quand leur radieuse atmosphère s'était dissipée, et qu'on voyait se dessiner à leur surface les inégalités de leur sol, leurs profondes vallées, leurs hautes montagnes; quelques-uns jetaient des étincelles, d'autres laissaient apercevoir d'immenses plaines d'eau; d'autres étaient accompagnés de cercles radieux, de lunes flottantes qui offraient également l'aspect charmant de la terre... au lieu de cela tout ici est terreurs et ténèbres.
Lucifer. — Mais tout y est distinct. Tu désires voir la mort et des êtres devenus sa proie?
Caïn. — Je ne la cherche pas ; mais, comme je sais qu'elle existe, comme par le péché mon père s'est placé sous son empire, avec moi-même et tout notre héritage, je ne serais pas fâché d'entrevoir maintenant ce que je dois contempler forcément un jour.
Lucifer. — Regarde.
Caïn. — Je n'aperçois que ténèbres.
Lucifer. — Ces ténèbres existeront éternellement ; mais nous allons en ouvrir les portes.
Caïn. — D'énormes tourbillons de vapeurs s'écartent devant nous... Que signifie cela?
Lucifer. — Entrons!
Caïn. — Pourrai-je revenir sur mes pas?
Lucifer. — Certainement; sans cela, qui peuplerait l'empire de la mort? il est désert auprès de ce qu'il sera, grâce à toi et aux tiens.
Caïn. — Les nuages s'écartent de plus en plus, et nous entourent de leurs vastes cercles.
Lucifer. — Avance!
Caïn. — Et toi?
Lucifer. — Ne crains rien... sans moi, tu n'aurais pu sortir des limites de ton monde. En avant! en avant! (*Ils disparaissent dans les nuages.*)

SCÈNE II.

Hadès (1).

LUCIFER et CAÏN entrent.

Caïn. — Comme ils sont silencieux et vastes, ces mondes de ténèbres! Il me semble qu'il y en a plusieurs ; et pourtant ils ont une population plus nombreuse que celle des globes immenses et lumineux que j'ai vus nager dans l'air supérieur; le nombre de ceux-ci

(1) Nom grec qui désigne l'enfer ou le gouffre de la mort.

était si grand que je les aurais pris pour les brillants habitants de je ne sais quel ciel incompréhensible, et non pour des globes destinés eux-mêmes à être habités, si, en les approchant, je n'eusse distingué une immensité de matière, faite pour servir de demeure à des êtres vivants, plutôt que pour recevoir elle-même la vie. Mais ici tout est obscur; tout porte l'empreinte du crépuscule : tout annonce un jour qui n'est plus.

Lucifer. — C'est ici le royaume de la mort... Veux-tu la voir paraître?
Caïn. — Jusqu'à ce que je sache ce qu'elle est réellement, je ne puis répondre ; mais si elle est ce que j'ai entendu dire par mon père dans ses lamentations sans fin... O Dieu! je n'ose y penser! Maudit soit celui qui inventa la vie qui mène à la mort! Maudite soit la matière stupide qui, en possession de la vie, ne put la conserver et la perdit... même pour les innocents!
Lucifer. — Maudis-tu donc ton père?
Caïn. — Ne m'a-t-il pas maudit en me donnant le jour? ne m'a-t-il pas maudit avant ma naissance, en touchant au fruit défendu?
Lucifer. — Tu dis vrai : entre ton père et toi la malédiction est mutuelle... Mais tes enfants et ton frère?
Caïn. — Ils la partageront avec moi, moi leur père et leur frère! Quelle autre chose m'a-t-on léguée ? je leur laisse mon héritage...
Ô vous! régions ténébreuses et sans bornes, ombres flottantes d'énormes fantômes, les uns complètement à découvert, d'autres se dessinant dans le vague, et tous imposants et lugubres... qui êtes vous? êtes-vous vivants, où avez-vous vécu?
Lucifer. — Ils appartiennent à l'un et à l'autre des deux états.
Caïn. — Qu'est-ce donc que la mort?
Lucifer. — Quoi! celui qui vous a créés n'a-t-il pas dit que c'était une autre vie?
Caïn. — Jusqu'à présent il n'a rien dit, si ce n'est que tous mourront.
Lucifer. — Peut-être dévoilera-t-il un jour ce secret.
Caïn. — Heureux ce jour-là!
Lucifer. — Oui, heureux! il sera révélé au milieu d'inexprimables agonies, accrues encore de douleurs éternelles, infligées à d'innombrables myriades d'atomes innocents qui sont encore à naître, et ne recevront la vie que dans ce seul but.
Caïn. — Quels sont ces puissants fantômes que je vois flotter autour de moi ? Ils n'ont pas la forme des intelligences que j'ai vues autour de notre regretté et inabordable Eden; ils n'ont pas non plus celle de l'homme, telle que je l'ai vue dans Adam, dans Abel, dans moi, ou dans ma sœur bien-aimée, ou dans mes enfants; et cependant leur aspect, bien que différent de celui des hommes et des anges, annonce des êtres qui, inférieurs à ceux-ci, sont pourtant supérieurs aux premiers. Beaux et fiers, pleins de force, mais d'une forme inexplicable, ils n'ont ni les ailes des séraphins, ni les traits de l'homme, ni la forme des animaux les plus forts, et ne ressemblent à rien de ce qui a vu maintenant : ils égalent en puissance et en beauté les êtres les plus puissants et les plus beaux qui respirent; et, néanmoins ils en diffèrent tellement que c'est à peine si je puis voir en eux des êtres vivants.
Lucifer. — Cependant ils ont vécu.
Caïn. — Où?
Lucifer. — Où tu vis.
Caïn. — Quand?
Lucifer. — Ils habitaient ce que tu nommes la terre.
Caïn. — Adam est le premier.
Lucifer. — Oui, de ta race... mais il est trop peu de chose pour appartenir à celle-ci.
Caïn. — Et eux, que sont-ils?
Lucifer. — Ce que tu seras.
Caïn. — Mais qu'ont-ils été?
Lucifer. — Des êtres vivants, élevés, bons, grands et glorieux, aussi supérieurs en tout à ce que ton père eût jamais pu être dans Eden, que la soixante-millième génération, dans sa triste et froide dégénérescence, te sera inférieure à toi et à ton fils. Quant à leur faiblesse actuelle, juges-en d'après ta propre chair.
Caïn. — Malheureux que je suis! et ils ont péri?
Lucifer. — Sur leur terre, comme la disparaîtra de la tienne.
Caïn. — Mais la mienne était-elle la leur?
Lucifer. — Oui.
Caïn. — Sans doute, ce n'était pas dans son état actuel : elle est trop chétive pour de telles créatures.
Lucifer. — A la vérité, elle était plus splendide.
Caïn. — Et pour quelle cause est-elle déchue?
Lucifer. — Interroge celui qui fait déchoir.
Caïn. — Mais comment!
Lucifer. — Une destruction inexorable, un effroyable désordre

des éléments fît rentrer un monde dans le chaos d'où il était sorti. Ces choses, quoique rares dans le temps, sont fréquentes dans l'éternité... Avance, et contemple le passé !

CAIN. — Spectacle terrible !

LUCIFER. — Et vrai : vois ces spectres ! Il fut un temps où ils étaient aussi matériels que toi.

CAIN. — Et deviendrai-je comme eux ?

LUCIFER. — Que ton créateur réponde à cette question. Je te montre ce que sont tes prédécesseurs ; ce qu'ils furent, tu le sens autant que le comporte la faiblesse de tes sentiments, de ton intelligence immortelle et de ta force terrestre. Ce que vous eûtes de commun, c'est la vie ; ce que vous aurez, c'est la mort. Le reste de vos chétifs attributs est digne de reptiles engendrés du limon d'un puissant univers, réduit à n'être plus qu'une planète informe, peuplée d'êtres dont le bonheur devait consister dans l'aveuglement..... paradis de l'ignorance dont la science était écartée comme un poison. Mais examine ce que sont ou ce que furent ces êtres supérieurs, ou, si ce spectacle t'est pénible, retourne sur tes pas, et reprends ta tâche, la culture de la terre. Je t'y ramènerai sain et sauf.

CAIN. — Non : je préfère rester ici.

LUCIFER. — Combien de temps ?

CAIN. — Toujours ! Puisqu'il faut qu'un jour de la terre je vienne ici, j'aime autant y rester ; je suis las de la poussière... je préfère vivre au milieu des ombres.

LUCIFER. — Cela ne se peut : tu vois maintenant comme une vision ce qui est une réalité. Pour devenir propre à habiter ce lieu, tu dois passer par où ont passé les êtres que tu vois devant toi... par les portes de la mort !

CAIN. — Par quelle porte sommes-nous donc entrés ?

LUCIFER. — Par la mienne ! Mais comme tu dois retourner sur la terre, mon esprit soutient ton souffle dans ces régions où nul ne respire que toi. Regarde, mais ne songe pas à demeurer ici avant que ton heure soit venue.

CAIN. — Et ceux-ci, ne peuvent-ils plus revenir sur la terre ?

LUCIFER. — Leur terre est à jamais perdue... Les convulsions qu'elle a subies l'ont tellement changée, que c'est à peine s'ils pourraient reconnaître un seul endroit de sa surface nouvelle et à peine solidifiée. C'était... oh ! quel monde splendide !...

CAIN. — Il l'est encore. Ce n'est pas à la terre que j'en veux, bien que je sois condamné à la cultiver : ce qui m'irrite, c'est de ne pouvoir m'approprier sans travail ce qu'elle produit de beau ; c'est de ne pouvoir rassasier mille pensées avides de savoir, ni calmer mes mille craintes de mort et de vie.

LUCIFER. — Ce qu'est ton monde, tu le vois ; mais tu ne peux comprendre l'ombre de ce qu'il était.

CAIN. — Et ces créatures énormes, ces fantômes qui paraissent inférieurs en intelligence aux êtres que nous venons de voir passer, ils ressemblent un peu aux hôtes sauvages des bois de la terre, aux plus gigantesques d'entre ceux qui mugissent la nuit dans la profondeur des forêts ; mais ils sont dix fois plus terribles et plus grands ; leur taille dépasse la hauteur des murs d'Éden ; leurs yeux resplendissent comme les glaives flamboyants qui en défendent l'approche ; leurs défenses se projettent comme des arbres dépouillés de leur écorce et de leurs branches... Qu'étaient-ils ?

LUCIFER. — Ce qu'est le mammouth sur votre terre ; les dépouilles de ceux-ci gisent par myriades dans ses entrailles.

CAIN. — Et aucun ne vit à sa surface ?

LUCIFER. — Non ; car si ta race avait à leur faire la guerre, la malédiction lancée contre elle serait inutile : vous seriez trop tôt anéantis.

CAIN. — Mais pourquoi la guerre ?

LUCIFER. — Tu as oublié la sentence qui chassa ta race d'Éden : la guerre avec tous les êtres, la mort pour tous, et pour le plus grand nombre, les maladies ; tels ont été les fruits de l'arbre défendu.

CAIN. — Mais les animaux en ont-ils aussi mangé, qu'ils doivent également mourir ?

LUCIFER. — Votre Créateur vous a dit qu'ils étaient faits pour vous comme vous pour lui... Voudrais-tu que leur sort fût supérieur au vôtre ? Si Adam n'était pas tombé, ils seraient tous restés debout.

CAIN. — Hélas ! malheureux êtres ! ils partagent le sort de mon père, comme ses fils ; et, comme eux, sans avoir mangé leur part de la pomme, ils meurent comme eux aussi, sans la possession de la science si chèrement achetée ! L'arbre mentait ; car nous ne savons rien. Il promettait la science au prix de la mort, il est vrai ; mais la science enfin : or, qu'est-ce que l'homme sait ?

LUCIFER. — Peut-être la mort conduit-elle à la suprême science : et comme de toutes choses c'est la seule qui soit certaine, elle conduit à la science la plus sûre. L'arbre disait donc vrai, bien qu'il donnât la mort.

CAIN. — Ces ténébreux royaumes ! je les vois ; mais je ne puis les connaître.

LUCIFER. — Parce que ton heure est encore loin, et que la matière ne peut comprendre entièrement l'esprit ; mais, n'est-ce rien de savoir que de telles régions existent ?

CAIN. — Nous connaissions déjà l'existence de la mort.

LUCIFER. — Mais vous ne saviez pas ce qu'il y avait par-delà.

CAIN. — Je ne le sais pas davantage.

LUCIFER. — Tu sais qu'il existe un état, ou plusieurs états, par-delà le tien ; c'est ce que tu ignorais ce matin.

CAIN. — Mais ici tout ne semble qu'ombre et obscurité.

LUCIFER. — Sois satisfait ! Tout cela paraîtra plus clair à ton immortalité.

CAIN. — Et cet espace liquide, d'un éclatant azur ? cette plaine flottante, qui s'étend à perte de vue, qui semble être de l'eau, et que je prendrais pour le fleuve du paradis, si cette onde n'était sans limites, sans rivage, et d'une couleur éthérée... apprends-moi ce que c'est.

LUCIFER. — Il existe sur la terre des plaines semblables, bien qu'inférieures à celle-ci ; et tes enfants habiteront sur leurs bords... C'est le fantôme d'un océan.

CAIN. — On dirait un autre monde, un soleil liquide. Et ces créatures extraordinaires qui se jouent à sa surface brillante ?

LUCIFER. — Ce sont ses habitants, les Léviathans d'autrefois.

CAIN. — Et cet immense serpent, qui, du fond de l'abîme, lève son humide crinière et sa vaste tête, dix fois plus haut que le cèdre le plus élevé ; il semble capable d'envelopper de ses replis l'un de ces globes que nous venons de voir... N'appartient-il pas à l'espèce qui roulait ses anneaux sous l'arbre d'Éden ?

LUCIFER. — Ève, la mère, pourrait mieux que moi dire quelle espèce de serpent l'a tentée.

CAIN. — Celui-ci paraît terrible ; l'autre sans doute était plus beau.

LUCIFER. — Ne l'as-tu jamais vu ?

CAIN. — J'en ai vu beaucoup de la même espèce (on me l'a dit du moins), mais jamais celui-là précisément qui offrit à ma mère le fruit fatal ; je n'en ai même jamais vu qui lui fût tout-à-fait semblable.

LUCIFER. — Ton père ne l'a pas vu ?

CAIN. — Non ; ce fut ma mère qui vint tenter son époux, après avoir été tentée par la reptile.

LUCIFER. — Homme naïf ! toutes les fois que ta femme ou les femmes de tes fils vous induiront dans quelque tentation nouvelle, vous reconnaîtrez celui par qui d'abord elles auront été tentées.

CAIN. — Ton précepte vient trop tard : le serpent n'a plus de tentation à offrir à la femme.

LUCIFER. — Mais il est encore des tentations où la femme peut induire l'homme, et l'homme, la femme ; qu'ils s'en prennent garde ! Mon conseil est généreux, car il est principalement donné à mes dépens ; il est vrai qu'on ne le suivra pas, je ne hasarde donc pas grand'chose.

CAIN. — Je ne te comprends pas.

LUCIFER. — Tu n'en es que plus heureux !... Le monde et toi vous êtes trop jeunes encore. Tu te crois bien criminel et bien malheureux, n'est-ce pas ?

CAIN. — Quant au crime, je ne le connais pas ; mais pour la douleur, j'en ai ressenti beaucoup.

LUCIFER. — Premier-né de l'homme ! ton état actuel de péché, car le crime est dans ton cœur, de douleur... car tu souffres ; cet état, c'est Éden, dans toute sa candeur, comparé à ce que tu seras peut-être bientôt, et le redoublement de misère où tu te trouveras alors sera lui-même un paradis, comparé à ce que tes descendants doivent un jour endurer et faire... Maintenant, retournons sur la terre.

CAIN. — Est-ce seulement pour m'apprendre cela que tu m'as conduit ici ?

LUCIFER. — N'était-ce pas la science que tu cherchais ?

CAIN. — Oui, comme étant la route du bonheur.

LUCIFER. — Si la vérité conduit au bonheur, tu la possèdes.

CAIN. — Alors, le Dieu de mon père a bien fait de prohiber l'arbre fatal.

LUCIFER. — Il eût mieux fait encore de ne jamais le planter. Mais l'ignorance du mal ne préserve pas de ses atteintes ; le fléau n'en poursuit pas moins son cours, partie intégrante de toutes choses.

CAIN. — De toutes choses ? Non, je ne puis le croire... car j'ai soif du bien.

Lucifer. — Et quels sont les êtres et les choses qui ne l'ont pas, cette soif? Qui désire le mal pour sa propre amertume?... personne... rien! Le mal est le levain de toute vie, de toute chose inanimée.

Caïn. — Dans tous ces globes splendides et innombrables que nous avons vus briller de loin avant d'entrer dans une région de radieux fantômes, certes le mal ne peut pénétrer : ils sont trop beaux.

Lucifer. — Tu les as vus de loin.

Caïn. — Et qu'importe? la distance ne peut qu'affaiblir leur splendeur... Vus de près, ils doivent être plus beaux encore.

Lucifer. — Approche des choses les plus séduisantes de la terre, et juge de leur beauté en les examinant de près.

Caïn. — Je l'ai fait... L'objet le plus charmant que je connaisse est plus charmant encore vu de près.

Lucifer. — Alors ce doit être une illusion. Quel est donc cet objet qui, vu de près, est encore plus beau à tes yeux que les plus beaux objets vus de loin?

Caïn. — Ma sœur Adah... Toutes les étoiles du ciel, l'azur foncé de la nuit, éclairé par un globe semblable à un esprit ou au monde d'un esprit; les teintes du crépuscule, le lever radieux du soleil, son coucher indescriptible (car, en le voyant descendre à l'horizon, mes yeux se baignent de larmes, et je sens mon cœur flotter doucement avec lui vers l'occident, vers son paradis de nuages) ; la forêt ombreuse, le vert bocage, la voix de l'oiseau, qui mêle ses chants d'amour à ceux des chérubins, quand le jour dore les murs d'Éden de ses derniers rayons : tout cela est moins beau que le visage d'Adah, et, pour la contempler, mes regards se détournent du spectacle du ciel et de la terre.

Lucifer. — Elle est belle autant que peuvent l'être les rejetons de la mortalité fragile dans la première fleur de sa création, les fruits des premiers embrassements des auteurs de la race humaine; mais c'est toujours une illusion.

Caïn. — Tu penses ainsi parce que tu n'es pas son frère.

Lucifer. — Mortel! je n'ai de fraternité qu'avec ceux qui n'ont pas d'enfants.

Caïn. — Alors tu ne pourrais en avoir avec nous.

Lucifer. — Il est possible que la tienne me soit acquise ; mais si tu possèdes un objet charmant qui surpasse toute beauté à tes yeux, pourquoi es-tu malheureux?

Caïn. — Dis-moi pourquoi j'existe? pourquoi es-tu malheureux toi-même? pourquoi tous les êtres le sont-ils? Celui-là même qui nous a faits doit l'être, comme créateur d'êtres malheureux! Enfanter la destruction ne saurait être l'emploi d'un être heureux, et pourtant mon père le dit tout puissant ; s'il est bon, pourquoi donc l: mal existe-t-il? J'ai posé cette question à mon père, il m'a répondu que le mal était en route pour arriver au bien. Singulier bien qui ne peut résulter que de son contraire ! Je vis, il y a quelque temps, un agneau piqué par un reptile ; le pauvre animal gisait écumant auprès de sa mère, dont la douleur s'exhalait en vains bêlements ; mon père cueillit quelques herbes, et les appliqua sur la blessure : bientôt le pauvre agneau fut rendu à sa vie insouciante, et se leva pour téter sa mère qui debout, tremblante de bonheur, se mit à lécher ses membres ranimés. « Vois, mon fils, me dit Adam, comme le bien naît du mal même. »

Lucifer. — Que répondis-tu?

Caïn. — Rien, car il est mon père; mais je pensai qu'il eût beaucoup mieux valu pour l'animal n'avoir jamais été piqué que d'acheter le retour de sa vie chétive au prix d'inexprimables douleurs, bien qu'allégées par le suc des plantes salutaires.

Lucifer. — Tu disais qu'entre tous les êtres que tu aimes, tu préfères celle qui a partagé avec toi le lait de ta mère, et donné le sien à tes enfants?

Caïn. — Assurément! que serais-je sans elle?

Lucifer. — Et que suis-je, moi?

Caïn. — N'aimes-tu rien?

Lucifer. — Ton Dieu, qu'aime-t-il?

Caïn. — Toutes choses, dit mon père ; mais j'avoue que leur arrangement ici-bas est loin de le prouver.

Lucifer. — Ainsi tu ne peux juger si j'aime ou non ; tu ignores si je n'observe pas un plan général et vaste, dans lequel les objets particuliers viennent se fondre comme la neige dans les flots d'un lac.

Caïn. — La neige! qu'est-ce que cela?

Lucifer. — Estime-toi heureux de ne pas connaître ce que devra subir la postérité lointaine; mais continue à jouir de ton climat sans hiver.

Caïn. — Mais n'aimes-tu pas quelque objet semblable à toi?

Lucifer. — T'aimes-tu toi-même?

Caïn. — Oui ; mais j'aime davantage celle qui me rend mes douleurs plus supportables; celle qui, à mes yeux, est plus que moi, parce que je l'aime.

Lucifer. — Tu l'aimes, parce qu'elle est belle comme était la pomme aux yeux de ta mère ; quand elle cessera de l'être, ton amour cessera comme tout autre penchant.

Caïn. — Cesser d'être belle! comment cela se peut-il?

Lucifer. — Avec le temps.

Caïn. — Mais le temps s'est écoulé, et, jusqu'à présent, Adam et ma mère sont beaux encore, moins qu'Adah et les séraphins, mais très beaux cependant.

Lucifer. — Tout cela doit s'effacer en eux et en elle.

Caïn. — Je ne m'en affligerai ; mais je ne comprends pas en quoi cela pourrait diminuer mon amour pour elle. Et, quand sa beauté disparaîtra, il me semble que celui par qui toute beauté fut créée perdra plus que moi en voyant dépérir un si bel ouvrage.

Lucifer. — Je te plains d'aimer ce qui doit périr.

Caïn. — Et moi, je te plains de ne rien aimer.

Lucifer. — Et ton frère... n'est-il pas aussi près de ton cœur?

Caïn. — Pourquoi pas?

Lucifer. — Ton père l'aime beaucoup... ton Dieu également.

Caïn. — Et moi aussi.

Lucifer. — C'est très bien agir, et avec humilité.

Caïn. — Avec humilité!

Lucifer. — Il est le second fils de l'homme, et le favori de ta mère.

Caïn. — Qu'il garde cette faveur : le serpent a été le premier à l'obtenir.

Lucifer. — Et celle de ton père?

Caïn. — Que m'importe? ne dois-je pas aimer celui qui est aimé de tous?

Lucifer. — Et Jéhovah... le Seigneur indulgent... ce généreux créateur du paradis, dont il vous interdit l'entrée... lui aussi, il sourit avec bienveillance à son Abel.

Caïn. — Je ne l'ai jamais vu, et j'ignore s'il sourit.

Lucifer. — Mais tu as vu ses anges?

Caïn. — Rarement.

Lucifer. — Assez, néanmoins, pour être certain de leur affection envers ton frère; ses sacrifices sont favorablement accueillis.

Caïn. — Qu'ils le soient toujours! Pourquoi me parler de ces choses?

Lucifer. — Parce que tu y as déjà pensé.

Caïn. — Et quand cela serait, pourquoi rappeler une pensée qui... (*Il s'arrête en proie à une violente agitation.*) Esprit! nous sommes ici dans ton monde, ne parlons pas du mien. Tu as dévoilé à mes regards d'étonnantes merveilles; tu m'as fait voir des êtres puissants antérieurs à notre race, qui ont foulé une terre dont la nôtre n'est qu'un débris; tu m'as montré des myriades de mondes lumineux, dont le nôtre est le compagnon obscur et lointain, dans la carrière illimitée de la vie; tu m'as fait voir des ombres de cet être non redouté, que notre père a mis au monde, la mort; tu m'as fait voir beaucoup de choses, mais pas tout encore : montre-moi la demeure de Jéhovah, mon paradis spécial... ou bien le tien; où est-il?

Lucifer. — Ici, et dans tout l'espace.

Caïn. — Mais, comme tous les êtres, tu as un séjour qui t'est assigné. Nous avons la terre ; d'autres mondes ont aussi leurs habitants ; toutes les créatures douées d'une existence temporaire ont leur élément particulier, et tu m'as dit que des êtres qui ont cessé d'être animés du souffle vital ont pareillement le leur; Jéhovah et toi, vous devez avoir le vôtre... vous n'habitez pas ensemble?

Lucifer. — Non : nous régnons ensemble; mais nos demeures sont distinctes.

Caïn. — Plût au ciel qu'un seul de vous deux existât! Peut-être que l'unité de but établirait la concorde entre des éléments qui maintenant se combattent... Esprits sages et infinis, comme vous l'êtes, comment avez-vous pu vous séparer? N'êtes-vous pas des frères par votre essence, votre nature et votre gloire?

Lucifer. — N'es-tu pas le frère d'Abel?

Caïn. — Nous sommes et nous resterons frères; mais quand même il en serait autrement, l'esprit est-il comme la chair? peut-il y avoir lutte dans le sein de l'infini et de l'immortalité? est-il possible qu'ils se divisent, et transforment l'espace en un champ de misère?... et pourquoi?

Lucifer. — Pour régner.

Caïn. — Ne m'as-tu pas dit que vous étiez tous deux éternels?

Lucifer. — Oui!

Caïn. — Et cet azur immense que j'ai parcouru, n'est-il pas sans limites ?

Lucifer. — Oui !

Caïn. — Ne pouvez-vous donc pas régner tous deux ? n'y a-t-il pas assez d'espace ? Pourquoi êtes-vous divisés ?

Lucifer. — Nous régnons tous deux.

Caïn. — Mais l'un de vous deux est l'auteur du mal.

Lucifer. — Lequel ?

Caïn. — Toi ! car si tu peux faire du bien à l'homme, pourquoi ne lui en fais-tu pas ?

Lucifer. — Et pourquoi celui qui vous a faits ne s'est-il pas chargé de ce soin ? Je ne vous ai pas faits, moi : vous êtes ses créatures, non les miennes.

Caïn. — Laisse donc là ses créatures, comme tu nous appelles ; sinon, montre-moi ta demeure, ou la sienne.

Lucifer. — Je pourrais te montrer l'une et l'autre ; mais un temps viendra où tu habiteras à jamais l'une d'elles.

Caïn. — Et pourquoi pas maintenant ?

Lucifer. — C'est à peine si ton intelligence d'homme est capable de saisir avec calme et clarté le peu que je t'ai fait voir, et tu prétendrais t'élever jusqu'au grand et double mystère des deux principes ? tu oserais les contempler face à face sur leurs trônes mystérieux ! Poussière ! mets des bornes à ton ambition, car tu ne pourrais envisager l'un ou l'autre sans mourir !

Caïn. — Que je meure, pourvu que je les voie.

Lucifer. — Voilà bien le fils de celle qui a cueilli la pomme ! Mais tu mourrais seulement, et ne les verrais pas ; cette vue est réservée pour l'autre état.

Caïn. — Celui de la mort ?

Lucifer. — La mort en est le prélude.

Caïn. — Je le redoute moins depuis que je sais qu'elle mène à quelque chose de défini.

Lucifer. — Maintenant, je vais te ramener sur la terre pour y multiplier la race d'Adam ; pour manger, boire, travailler, rire, pleurer, dormir, et mourir.

Caïn. — Et dans quel but m'as-tu montré toutes ces choses ?

Lucifer. — Ne demandais-tu pas la science ? et dans ce que je t'ai fait voir, n'ai-je pas appris à te connaître ?

Caïn. — Hélas ! il me semble que je ne suis rien.

Lucifer. — Et c'est à quoi doit aboutir toute la science humaine : à connaître le néant de la nature mortelle. Transmets cette science à tes enfants ; elle leur épargnera bien des maux.

Caïn. — Esprit orgueilleux ! tu parles trop fièrement ; mais toi-même, tout superbe que tu es, tu as un maître.

Lucifer. — Non ! par le ciel où il règne, par l'immensité des mondes et de ce dont je partage avec lui l'empire... Non ! j'ai un vainqueur... il est vrai, mais point de maître. Il reçoit les hommages de tous... mais aucun de moi ; je le combats encore comme je l'ai combattu dans le ciel. Pendant toute l'éternité, dans les gouffres impénétrables de la mort, dans les royaumes illimités de l'espace, dans l'infini des siècles, tout, tout lui sera disputé par moi. Monde après monde, étoile après étoile, univers après univers, oscilleront dans la balance ; et nul ne pourrait cesser que par l'anéantissement de l'un des deux ! Et qui peut anéantir notre immortalité ou notre mutuelle et implacable haine ? En sa qualité de vainqueur, il donnera au vaincu le nom de mal ; mais de quel bien lui-même est-il l'auteur ? Si j'étais le vainqueur, ses œuvres seraient réputées les seules mauvaises. Et vous, mortels, si jeunes et à peine nés à la vie, quels sont les dons qu'il vous a déjà faits ?

Caïn. — Des dons peu nombreux, et quelques-uns bien amers.

Lucifer. — Retourne donc avec moi sur la terre, pour y goûter le reste des célestes faveurs qu'il te réserve ainsi qu'aux tiens. Le bien et le mal sont tels par leur propre essence ; ils ne doivent pas leur qualité à celui qui les dispense ; si donc ce qu'il vous donne est bon... appelez-le bon lui-même ; si c'est le mal qui vous vient de lui, ne me l'attribuez pas sans en avoir vérifié la source. Jugez, non sur des paroles, fussent-elles prononcées par des Esprits, mais sur les résultats tels quels de votre existence. Il est un bon résultat que vous devez à la fatale pomme : c'est votre raison..... qu'elle ne se laisse pas dominer par des menaces tyranniques, qu'elle n'accepte pas des croyances démenties par les sens extérieurs et la conscience intime ; sachez penser et souffrir... et créez-vous, dans votre âme, un monde à vous... quand le monde du dehors vous fait faute. C'est ainsi que vous approcherez de la nature spirituelle, et lutterez victorieusement contre une terrestre origine. (*Ils disparaissent.*)

ACTE III.

La terre, environs d'Eden, comme au premier acte.

Entrent Caïn *et* Adah.

Adah. — Pas de bruit ! marche doucement, Caïn !

Caïn. — Volontiers ; mais pourquoi ?

Adah. — Notre petit Enoch dort sur ce lit de feuillage, à l'ombre du cyprès.

Caïn. — Le cyprès ! c'est un arbre de tristesse qui semble pleurer sur les objets qu'il couvre de son ombre ; quelle raison te l'a fait choisir pour abriter notre enfant ?

Adah. — Parce que ses branches, interceptant le soleil, comme le ferait la nuit, m'ont semblé propres à voiler le repos.

Caïn. — Oui, le dernier... et le plus long... n'importe... mène-moi vers mon fils. (*Ils s'approchent de l'enfant.*) Qu'il est charmant ! le pur incarnat de ses petites joues rivalise avec les feuilles de rose dont sa couche est semée.

Adah. — Et ses lèvres, comme elles sont gracieusement entr'ouvertes ! Non, pas de baiser maintenant, attends un peu, il va bientôt s'éveiller... son sommeil de midi ne tardera pas à finir ; mais, jusque-là, ce serait dommage de le troubler.

Caïn. — Tu as raison ; jusqu'à son réveil, je contiendrai mon cœur. Il sourit et dort... Dors et souris, mon enfant, jeune héritier d'un monde presque aussi jeune que toi ; dors et souris ! Heureux âge, où les heures et les jours rayonnent d'innocence et de joie ! Toi, tu n'as pas cueilli le fruit fatal... tu ne sais pas que tu es nu ! Doit-il venir un temps où tu seras puni pour des fautes qui ne furent ni les tiennes, ni les miennes ? Mais dors maintenant ! Un sourire plus vif colore ses joues ; et ses paupières brillantes tremblent abaissées sur ses longs cils, aussi noirs que le cyprès qui balance sur lui son ombrage ; et, sous ce rideau entr'ouvert, rit, jusque dans le sommeil, le transparent azur de ses yeux ! Sans doute il rêve..... de quoi ? du paradis !... Oui, rêve de ton paradis, enfant déshérité ! ce n'est qu'un rêve, car jamais plus, ni toi, ni tes fils, ni tes pères, nul homme n'entrera dans ce lieu de délices !

Adah. — Cher Caïn ! ne murmure pas auprès de ton fils ces douloureux regrets du passé ; pleureras-tu donc toujours le paradis ? n'est-il donc point en notre pouvoir de nous en créer un autre ?

Caïn. — Où ?

Adah. — Ici, partout où tu voudras : quand tu es là, je ne sens pas l'absence de cet Eden tant regretté. N'ai-je pas mon époux, notre enfant, notre père, notre frère, Zillah, notre sœur chérie, et notre Eve, enfin, à qui nous devons tant, outre notre naissance ?

Caïn. — Oui... la mort est au nombre des bienfaits que nous lui devons.

Adah. — Caïn, cet orgueilleux Esprit qui t'a emmené avec lui t'a rendu plus sombre encore. J'avais espéré que les merveilles qu'il avait promis de te montrer, ces visions des mondes présents et passés, auraient donné à ton âme le calme de la curiosité satisfaite ; mais je vois que ton guide t'a été fatal : cependant, je le remercie, et peux tout lui pardonner, puisqu'il t'a si tôt rendu à nous.

Caïn. — Si tôt ?

Adah. — Tu as été à peine deux heures absent, deux longues heures pour moi, mais deux heures seulement d'après le soleil.

Caïn. — Et pourtant je me suis approché de ce soleil, j'ai vu des mondes qu'il a éclairés et qu'il n'éclairera plus, et d'autres sur lesquels il n'a jamais brillé ; il me semblait que mon absence avait duré des années.

Adah. — A peine des heures.

Caïn. — En ce cas, l'Esprit fait le temps ou du moins le mesure à sa manière par ce qu'il sent d'agréable ou de pénible, de petit ou de grand. J'ai vu les œuvres immémoriales d'êtres infinis ; j'ai effleuré des mondes éteints ; et, en contemplant l'éternité, il me semblait avoir emprunté quelque chose d'elle ; mais, maintenant, je sens de nouveau ma petitesse. L'Esprit avait raison de dire que je n'étais rien.

Adah. — Pourquoi a-t-il dit cela ? Jéhovah ne l'a point dit.

Caïn. — Non : il se contente de faire de nous le néant que nous sommes, et après avoir laissé entrevoir à la poussière Eden et l'immortalité, il la réduit de nouveau à n'être plus que poussière... Pourquoi ?

Adah. — Tu le sais... à cause de la faute de nos parents.

Caïn. — Que nous fait cette faute, à nous ? Ils ont péché, c'est à eux de mourir.

ADAM. — Ce que tu viens de dire n'est pas bien ; cette pensée ne vient pas de toi, mais de l'Esprit qui t'a emmené. Plût au ciel qu'ils vécussent, et que j'eusse à mourir pour eux !

CAIN. — J'en dis autant... Pourvu qu'une victime satisfasse l'être insatiable ; pourvu que ce petit dormeur aux joues vermeilles ne connaisse ni la mort ni les peines humaines, et n'en transmette pas l'héritage à ceux qui naîtront de lui.

ADAM. — Que savons-nous ? peut-être quelque jour une expiation de ce genre rachètera notre race...

CAIN. — Sacrifier l'innocent pour le coupable, est-ce là une expiation ? Nous sommes innocents, nous ; qu'avons-nous faits ? Pourquoi serions-nous victimes d'une action commise avant notre naissance ? Et comment faudrait-il des victimes pour expier ce péché mystérieux et sans nom... si toutefois c'est un péché si grand que d'aspirer à connaître ?

ADAM. — Hélas ! tu pèches maintenant, mon bien aimé ; tes paroles résonnent comme quelque chose d'impie à mon oreille.

CAIN. — Alors, abandonne-moi !

ADAM. — Jamais ! quand ton Dieu t'abandonnerait.

CAIN. — Dis-moi, qu'y a-t-il là ?

ADAM. — Deux autels élevés par notre frère Abel, pendant ton absence, pour y offrir à Dieu un sacrifice après ton retour.

CAIN. — Et comment savait-il que je serais disposé à prendre part aux offrandes que, d'un front humble et soumis, moins d'adoration que de crainte, il présente au Créateur pour capter sa bienveillance ?

ADAM. — Assurément, il fait bien.

CAIN. — Un seul autel peut suffire : je n'ai point d'offrande.

ADAM. — Les productions de la terre, les fleurs nouvelles, les fruits, sont des offrandes agréables au Seigneur, quand elles sont présentées par un cœur doux et contrit.

CAIN. — J'ai travaillé, j'ai cultivé la terre à la sueur de mon front, conformément à sa malédiction ; cela ne suffit-il pas ? Pourquoi serais-je doux ? parce que j'ai à faire la guerre aux éléments avant qu'ils me livrent le pain que nous mangeons ? Pourquoi serais-je reconnaissant ? parce que je suis poussière, que je dois ramper dans la poussière jusqu'à ce que je redevienne poussière ? Si je ne suis rien... dois-je t'offrir pour ce rien des actions de grâces hypocrites, et me montrer satisfait de souffrir ? De quoi serais-je contrit ? du péché de mon père, déjà expié parce que nous avons tous subi, et par ce que notre race doit subir encore dans les siècles prédits ? Ce petit enfant qui dort ne se doute pas qu'il porte en lui le germe du malheur de générations sans nombre ; mieux vaudrait le saisir dans son sommeil, et le briser contre ces rochers que de le laisser vivre pour...

ADAM. — O mon Dieu ! ne touche pas à l'enfant... mon enfant !... ton enfant ! ô Caïn !

CAIN. — Ne crains rien ! Pour tous les astres, pour toute la puissance qui les dirige, je ne voudrais pas faire éprouver à cet enfant un contact plus rude que le baiser d'un père !

ADAM. — Pourquoi donc la parole est-elle si terrible ?

CAIN. — Je disais que pour lui mieux vaudrait cesser de vivre que de causer tant de douleurs à venir ; puisque cette parole te contrarie, je dirai seulement... mieux eût valu qu'il ne fût jamais né.

ADAM. — Ah ! ne dis pas cela ! Où seraient alors les joies d'une mère, le bonheur de le veiller, de le nourrir, de l'aimer ? Doucement ! il s'éveille. Cher Enoch ! (Elle s'approche de l'enfant.) O Caïn ! regarde-le ; vois comme il est plein de vie, de force, de santé, de beauté et de joie ! comme il me ressemble... et à toi aussi, quand tu es paisible ! car alors nous nous ressemblons tous, n'est-ce pas, Caïn ? Mère, père, enfants, nos traits se réfléchissent les uns dans les autres, comme dans l'onde limpide et paisible. Aime-nous donc, mon cher Caïn ! et aime-toi, pour l'amour de nous ; car nous t'aimons ! Vois, comme il rit ! comme il étend ses petits bras ; comme il ouvre tout grands ses yeux bleus, et les tient fixés sur tes yeux, pour faire accueil à son père, pendant que tout son corps s'agite comme si la joie lui donnait des ailes ! Que parles-tu de douleur ? Les chérubins, qui n'ont pas d'enfants, pourraient envier les jouissances d'un père. Bénis-le, Caïn ! il n'a point encore de paroles pour te remercier ; mais son cœur te remerciera, et le tien aussi.

CAIN. — Enfant ! je te bénis, si la bénédiction d'un mortel à quelque puissance, s'elle peut te garantir de la malédiction du serpent !

ADAM. — Elle l'en garantira. La subtilité d'un reptile ne saurait prévaloir contre la bénédiction d'un père.

CAIN. — J'en doute ; mais je le bénis cependant.

ADAM. — Notre frère vient.

CAIN. — Ton frère Abel ?

(Entre ABEL.)

ABEL. — Je te salue, Caïn ! mon frère, la paix du Seigneur soit avec toi !

CAIN. — Abel, salut !

ABEL. — Ma sœur m'a dit que tu as eu un entretien secret avec un Esprit, et que tu l'as accompagné bien au-delà du cercle de nos promenades. Était-ce l'un de ces Esprits que nous avons vus si souvent, et avec qui nous avons conversé, comme nous le ferions avec notre père ?

CAIN. — Non.

ABEL. — Pourquoi alors t'entretenir avec lui ? c'est peut-être un ennemi du Très-Haut...

CAIN. — Et un ami de l'homme. S'est-il montré notre ami, le Très-Haut... puisque c'est ainsi que tu l'appelles ?

ABEL. — Que je l'appelle !... les discours sont étranges aujourd'hui, mon frère. Adah, ma sœur, laisse-nous un moment... nous avons un sacrifice à faire.

ADAM. — Adieu, mon bien aimé Caïn ; mais d'abord embrasse ton fils. Puissent son esprit innocent et la piété d'Abel te rendre le calme et la sérénité. (Adah sort avec son enfant.)

ABEL. — Frère, où as-tu été ?

CAIN. — Je n'en sais rien.

ABEL. — Qu'as-tu vu ?

CAIN. — Les morts ; les mystères éternels, illimités, tout puissants, écrasants de l'espace ; les mondes innombrables qui ont existé et qui existent ; un tourbillon d'objets, soleils, lunes, terres, roulant autour de moi dans leurs sphères avec une fulgurante harmonie, et tous si étranges, que je me sens incapable de me livrer à un entretien terrestre : laisse-moi, Abel.

ABEL. — Quelle lumière brille dans tes yeux ! quelle teinte colore tes joues !... qu'est-ce donc qui résonne dans ta voix !... que signifie cela ?

CAIN. — Cela signifie... je t'en prie, laisse-moi.

ABEL. — Je ne te quitte pas que nous n'ayons prié et sacrifié ensemble.

CAIN. — Abel, je t'en prie, sacrifie seul... Jéhovah t'aime.

ABEL. — Il nous aime tous deux, j'espère !

CAIN. — Mais tu es celui qu'il aime le mieux : cela m'est égal ; tu es plus propre à son culte que moi ; révère-le donc... mais seul... du moins, sans moi.

ABEL. — Mon frère, je mériterais bien peu le nom de fils d'Adam, si je ne te révérais comme mon aîné ; si, dans le culte que nous rendons à Dieu, je ne t'appelais à prier avec moi, et à me précéder dans l'exercice de ce sacerdoce... c'est ton droit.

CAIN. — Je ne l'ai jamais réclamé.

ABEL. — C'est ce qui m'afflige : je te prie de le faire aujourd'hui ; ton âme semble placée sous l'influence de je ne sais quelle illusion terrible : cela te calmera.

CAIN. — Non, rien ne peut plus me calmer ; que dis-je ! bien que j'aie vu le calme dans les éléments, mon âme ne l'a jamais connu. Mon Abel, quitte-moi, ou permets que je te laisse à ton pieux dessein.

ABEL. — Je ne ferai ni l'un ni l'autre ; nous devons remplir notre tâche : ne me refuse pas.

CAIN. — Tu le veux ; et bien soit ! que faut-il faire ?

ABEL. — Choisis l'un de ces autels.

CAIN. — Choisis pour moi : à mes yeux, ils ne sont que du gazon et des pierres.

ABEL. — Décide toi-même !

CAIN. — J'ai fait.

ABEL. — C'est le plus grand ; il te convient comme à l'aîné. Maintenant prépare ton offrande.

CAIN. — Où est la tienne ?

ABEL. — La voici : les prémices du troupeau, humble offrande d'un berger.

CAIN. — Je n'ai pas de troupeau ; je cultive la terre, et je ne puis offrir que les dons qu'elle accorde à mes sueurs... ses fruits. (Il cueille des fruits.) Les voici dans tout leur éclat et toute leur maturité. (Ils disposent leurs autels, et y allument une flamme.)

ABEL. — Mon frère, comme l'aîné, offre le premier les prières et les actions de grâces qui doivent accompagner le sacrifice.

CAIN. — Non... je suis novice dans ces choses ; commence, je t'imiterai... comme je pourrai.

ABEL, s'agenouillant. — O Dieu ! toi qui nous as créés, qui as mis dans nos poitrines le souffle de vie, et qui nous as bénis ; toi qui, après le péché de notre père, au lieu de perdre tous ses enfants, comme a le pouvais, si la miséricorde, dans laquelle tu te complais, n'ait tempéré ta justice, daignas nous accorder un pardon qui est un véritable paradis, vu l'énormité de nos offenses... Unique roi de la lumière, source de tout bien, de toute gloire, de toute éternité; toi, sans qui tout serait mal, et par l'aide de qui rien ne peut faillir, si ce n'est pour quelque utile dessein de ta bonté toute puissante... être impénétrable, mais irrésistible... accepte de ton humble serviteur, du premier berger, la fleur du premier troupeau. Cette offrande en elle-même n'est rien... quelle offrande pourrait être quelque chose à tes yeux? accepte-la néanmoins comme l'hommage de celui qui, le front prosterné dans la poussière d'où il est sorti, offre ce sacrifice à la face du ciel, en ton honneur, et à la gloire de ton nom, dans tous les siècles des siècles!

Caïn, *debout.* — Esprit! qui que tu sois, tout puissant, peut-être! bon, je l'ignore; c'est à tes actes de le prouver! Jéhovah sur la terre et Dieu dans le ciel! peut-être as-tu d'autres noms encore, car tes attributs semblent aussi nombreux que tes œuvres; si ta faveur peut s'obtenir par des prières, accepte les nôtres! Si des autels peuvent mériter ta bienveillance, et un sacrifice te fléchir: deux êtres humains ont élevé pour toi ces autels. Aimes-tu le sang? Il y a du sang sur l'autel du pasteur, qui fume à ma droite: il a égorgé en ton honneur les premiers-nés de son troupeau, dont les membres palpitants exhalent vers le ciel l'encens du carnage. Mais si ces fruits au goût suave, aux couleurs vermeilles, doux produits de la clémence des saisons, étalés à la face du soleil qui les a mûris, sur ce gazon que le sang n'a point souillé; si ces fruits peuvent te plaire, intacts dans leurs formes et leur vie, pur échantillon de tes ouvrages, nullement destiné à faire descendre ton regard sur les nôtres! si un autel sans victimes, un autel non rougi peut attirer ta faveur, regarde celui-ci! Quant à l'homme qui l'a paré, il est ce que tu l'as fait, et ne demande rien de ce qu'on obtient à genoux; s'il est méchant, frappe-le! tu es tout puissant: quelle résistance pourrait-il t'opposer? S'il est bon, frappe-le ou épargne-le, comme il te plaira! puisque tout repose sur toi, et que le bien et le mal semblent dépendre de ta volonté... Cette volonté elle-même est-elle bonne ou mauvaise? je l'ignore, n'étant ni tout puissant ni capable de juger la toute-puissance, mais condamné seulement à subir ses décrets comme je les ai subis jusqu'ici. (*Le feu allumé sur l'autel d'Abel forme une colonne de flamme brillante qui monte vers le ciel, pendant qu'un tourbillon renverse l'autel de Caïn et disperse les fruits sur la terre.*)

Abel, *s'agenouillant.* — O mon frère! à genoux! Jéhovah est irrité contre toi!

Caïn. — Pourquoi?

Abel. — Vois tes fruits jetés par terre et dispersés.

Caïn. — Ils viennent de la terre, qu'ils y retournent! leurs semences, avant que vienne l'été, produiront de verts rejetons. Ton sacrifice de chair brûlée reçoit un meilleur accueil; vois comme le ciel aspire à lui la flamme quand elle est parfumée de sang.

Abel. — Ne pense pas à la manière dont mon offrande est agréée; mais prépares-en une autre avant qu'il ne soit trop tard.

Caïn. — Je n'élèverai plus d'autels, et ne souffrirai pas qu'il en soit élevé.

Abel, *se levant.* — Caïn! que prétends-tu?

Caïn. — Jeter bas ce vil appareil qui flatte les nuages, qui porte au ciel parmi des flots de fumée les stupides prières... cet autel teint du sang des agneaux et des chevreaux arrachés au lait maternel pour mourir égorgés!

Abel, *se plaçant devant lui.* — Tu n'en feras rien! N'ajoute pas l'impiété des actes à l'impiété des paroles! Cet autel restera debout... Il est maintenant consacré par l'immortelle faveur de Jéhovah, qui a daigné accepter mon offrande.

Caïn. — Sa faveur! à lui! Le sublime plaisir qu'il prend à respirer la vapeur des chairs sanglantes peut-il être mis en balance avec la douleur de ces mères qui, par leurs bêlements, appellent encore leurs nourrissons, ou bien compense-t-il les angoisses des innocentes victimes elles-mêmes sous le pieux couteau? Arrière! Ce monument de cruauté ne restera pas debout à la face du soleil, pour faire honte à la création!

Abel. — Arrête, mon frère! Tu ne porteras pas une main violente sur mon autel: si tu veux tenter un autre sacrifice, libre à toi.

Caïn. — Un autre sacrifice! Retire-toi, ou la victime pourrait bien...

Abel. — Où veux-tu en venir?

Caïn. — Eloigne... éloigne-toi!... Ton Dieu aime le sang!... prends-y garde!... Eloigne-toi, si tu ne veux qu'il lui en soit offert plus encore.

Abel. — En son nom tout puissant, je m'interpose entre toi et l'autel que sa faveur a honoré.

Caïn. — Si tu as souci de ta vie, fais-moi place, que je disperse ce gazon sur son sol natal... sinon...

Abel, *se mettant devant lui.* — J'aime Dieu beaucoup plus que ma vie.

Caïn. *Il saisit un tison sur l'autel, et en frappe Abel à la tempe.* — Porte donc ta vie à ton Dieu, puisqu'il se complaît dans l'immolation de la vie.

Abel, *en tombant.* — Qu'as-tu fait, mon frère!

Caïn. — Mon frère!

Abel. — O Dieu! reçois ton serviteur, et pardonne à son meurtrier, car il n'a pas su ce qu'il faisait!... Caïn, donne-moi... donne-moi ta main! et dis à la pauvre Zillah...

Caïn, *après un moment de stupéfaction.* — Ma main! elle est rougie; et... comment? (*Long silence.* — *Il promène lentement ses regards autour de lui.*)

Où suis-je? seul! Où est Abel? où est Caïn? Se peut-il que ce soit moi! Mon frère, éveille-toi!... Pourquoi restes-tu là, gisant sur le gazon? ce n'est pas l'heure du sommeil... Pourquoi es-tu si pâle? qu'as-tu? Tu étais plein de vie ce matin! Abel! je t'en conjure, ne te joue pas de moi! Je t'ai frappé trop rudement; mais le coup ne sera rien. Ah! pourquoi m'as-tu résisté? Ceci est une feinte; tu veux m'effrayer... Je n'ai porté qu'un coup... un seul coup... Remue,... remue donc!... de grâce, un seul mouvement! Là, comme cela... c'est bien!... Tu respires!... que je sente ton souffle! O Dieu! ô Dieu!

Abel, *d'une voix faible.* — Qui parle de Dieu?

Caïn. — Ton meurtrier.

Abel. — Alors que Dieu lui pardonne! Caïn, console la pauvre Zillah... elle n'a plus qu'un frère maintenant! (*Abel meurt.*)

Caïn. — Et moi, je n'en ai plus!... Qui m'a ravi mon frère? Ses yeux sont ouverts! il n'est donc pas mort? La mort ressemble au sommeil, et le sommeil ferme nos paupières; ses lèvres aussi sont entr'ouvertes: il respire donc; et cependant je ne sens point son haleine... Son cœur!... son cœur! Ah! voyons s'il bat! Il me semble... Non!... non! il faut que ce soit une illusion, ou que je sois devenu l'habitant d'un autre monde, pire que celui-ci. La terre tourne autour de moi,... Qu'est-ce?... son front est humide. (*Il porte la main au front d'Abel, puis la regarde.*)

Et pourtant il n'y a pas de rosée! c'est du sang... mon sang... le sang de mon frère et le mien, et répandu par moi! Que me sert de vivre, maintenant que j'ai arraché la vie à ma propre chair? Mais il ne se peut pas qu'il soit mort! Est-ce la mort que le silence? non; il reprendra ses sens: veillons auprès de lui. La vie ne saurait être une chose qu'on puisse détruire si promptement!... Depuis le coup il m'a parlé; que lui dirai-je?... mon frère?... Non; il ne répondra pas à ce nom, car des frères ne se frappent pas... N'importe,... n'importe... parle-moi! oh! une seule parole de la douce voix, afin que je puisse supporter encore le son de la mienne.
(*Zillah entre.*)

Zillah. — J'ai entendu un bruit étrange; qu'est-ce donc?... Eh quoi! Caïn qui veille auprès de mon époux! Que fais-tu là, mon frère? dort-il? O ciel! que signifient cette pâleur et ce sang?... Non, non, ce n'est pas du sang; qui aurait pu le verser? Abel! qu'y a-t-il donc?... qui a fait cela?... Il ne remue pas; il ne respire plus, et ses mains, que je soulève, retombent inanimées! Ah! cruel Caïn! comment n'es-tu pas venu à temps pour le défendre? n'importe qui l'ait attaqué, tu étais le plus fort, tu devais te jeter entre lui et l'assaillant! Mon père!... Eve!... Adah!... venez! la mort est dans le monde! (*Zillah sort en appelant.*)

Caïn, *seul.* — Et qui l'a fait venir, cette mort?... Moi! moi, qui l'abhorrais à tel point, que cette idée empoisonnait ma vie avant que je connusse son aspect... je l'ai amenée ici, et j'ai livré mon frère à son froid et silencieux embrassement, comme si elle avait besoin de mon aide pour revendiquer son inexorable privilège! Enfin, je suis réveillé... un rêve funeste m'avait rendu insensé... mais lui, il ne se réveillera plus! (*Arrivent Adam, Eve, Adha et Zillah.*)

Adam. — Les cris douloureux de Zillah m'ont appelé ici..... Que vois-je?... Il n'est que trop vrai!... mon fils!... mon fils! (*A Eve.*) Femme, contemple l'ouvrage du serpent et le lien!

Eve. — Oh! ne parle point de cela maintenant; le dard du serpent est dans mon cœur! Mon bien-aimé Abel! Jéhovah! m'enlever mon fils! oh! ce châtiment dépasse le crime!

Adam. — Qui a commis cet acte affreux?... Parle, Caïn, puisque tu étais présent. Est-ce quelque ange ennemi qui ne communique pas avec Jéhovah, ou bien un animal sauvage sorti des forêts?

Eve. — Ah! un horrible trait de lumière m'apparaît comme la foudre! Ce tison énorme arraché de l'autel, noirci par la fumée et rougo de...

Adam. — Parle, mon fils! parle, assure-nous qu'à notre immense infortune nous ne devons pas joindre un malheur plus grand encore.

Adah. — Parle, Caïn! et dis que ce n'est pas toi!

Ève. — C'est lui, je le vois maintenant... il baisse sa tête coupable, et couvre ses yeux féroces de ses mains ensanglantées!

Adah. — Ma mère, tu l'accuses à tort... Caïn, justifie-toi de cette horrible accusation, que la douleur arrache à notre mère.

Ève. — Entends-moi. Jéhovah! que l'éternelle malédiction du serpent soit sur lui! Il était fait pour la race du reptile plutôt que pour la nôtre; que le désespoir remplisse tous ses jours! que...

Adah. — Arrête! ne le maudis pas, ma mère : il est ton fils... ne le maudis pas, ma mère : il est mon frère et mon époux!

Ève. — Par lui tu n'as plus de frère... Zillah n'a plus d'époux... moi, je n'ai plus de fils!... Pour cela, je le maudis et le bannis à jamais de ma présence; je brise tous les liens qui nous unissaient, comme il a brisé ceux de la nature en... Ô mort! mort! pourquoi ne m'as-tu prise, moi qui t'ai méritée la première? pourquoi ne me prends-tu pas maintenant!

Adam. — Ève, que cette douleur naturelle ne t'entraîne pas jusqu'à l'impiété! Un châtiment redoutable nous a été depuis longtemps prédit : maintenant qu'il commence, supportons-le humblement et que notre Dieu nous trouve soumis à sa volonté sainte.

Ève, *montrant Caïn.* — Sa volonté!... dis plutôt la volonté de cet esprit de mort incarné, que j'ai mis au monde pour semer la terre de cadavres!... Que toutes les malédictions de la vie descendent sur sa tête! que ses tortures le chassent dans le désert, comme nous fûmes chassés d'Éden, jusqu'à ce qu'il soit traité par ses enfants comme il a traité son frère! Puissent les glaives et les ailes des chérubins irrités le poursuivre nuit et jour... des serpents naître sous ses pas... les fruits de la terre se transformer en cendres dans sa bouche... le feuillage où il appuiera sa tête pour dormir fourmiller de scorpions! Puisse-t-il rêver de sa victime et, à son réveil, trembler continuellement devant la mort! Que l'onde limpide se change en sang dès qu'il approchera du bord sa lèvre impure et cruelle! que tous les éléments le repoussent, et que pour lui leurs lois s'intervertissent! Qu'il vive dans les souffrances auxquelles succombent les autres, et que ce soit lui qui plus qu'un autre mort pour celui qui, le premier, la fit connaître à l'homme! Hors d'ici, fratricide! Désormais, ce mot voudra dire Caïn dans toute la suite des générations humaines, qui te détesteront, quoique leur père! Puisse l'herbe se flétrir sous tes pas! puissent les bois te refuser leur ombrage, la terre un asile, la poudre un tombeau, le soleil sa lumière, et le ciel son Dieu! (*Ève s'éloigne.*)

Adam. — Caïn! retire-toi; nous n'habiterons plus ensemble. Pars! et laisse-moi le soin du mort... Désormais, je suis seul... nous ne devons plus nous revoir!

Adah. — Oh! ne l'abandonne point ainsi, mon père; n'ajoute pas sur sa tête la malédiction à celle de sa mère!

Adam. — Je ne le maudis pas : que sa malédiction soit en lui-même! Viens, Zillah!

Zillah. — Je dois veiller auprès du corps de mon époux.

Adam. — Nous reviendrons quand il sera parti, celui qui nous a préparé ce funeste office : viens, Zillah!

Zillah. — Un baiser encore à cette pâle argile, à ces lèvres naguère pleines de vie... Ô mon cœur! mon pauvre cœur! (*Adam et Zillah s'éloignent en pleurant.*)

Adam. — Caïn! tu as entendu : il nous faut partir. Je suis prête; nos enfants le seront bientôt. Je porterai Enoch, et toi sa sœur. Partons avant que le soleil descende vers l'horizon, pour ne pas traverser le désert sous l'ombre de la nuit... Parle-moi donc, à moi, à ton Adah!...

Caïn. — Laisse-moi!

Adah. — Hélas! tous t'ont laissé!

Caïn. — Et pourquoi restes-tu? ne crains-tu pas d'habiter avec celui qui a fait pareille chose?

Adah. — Je ne crains de te quitter, quelle que soit mon aversion pour l'acte qui t'a privé d'un frère. Je ne dois pas en parler. Que cet acte reste entre toi et le Dieu tout puissant.

Une voix. — Caïn! Caïn!

Adah. — Entends tu cette voix?

La voix. — Caïn! Caïn!

Adah. — C'est la voix d'un ange. (*L'ange du Seigneur entre.*)

L'ange. — Où est ton frère Abel?

Caïn. — Suis-je le gardien de mon frère?

L'ange. — Caïn! qu'as-tu fait? La voix du sang de ton frère crie et monte jusqu'au Seigneur!.. Maintenant, tu es maudit sur la terre, qui a bu le sang fraternel versé par la main coupable; désormais, le sol que tu cultiveras ne cédera plus à tes efforts; désormais, tu vivras en fugitif, et tu promèneras sur la terre une existence vagabonde!

Adah. — Ce châtiment est au-dessus de ses forces. Vois : tu le repousses de la face de la terre, et la face de Dieu lui sera cachée! S'il erre en fugitif, le premier qui le rencontrera le tuera.

Caïn. — Plût au ciel! mais ceux qui me tueront, où sont-ils, sur la terre encore inhabitée?

L'ange. — Tu as tué ton frère : qui te répond que ton fils ne te donnera pas la mort?

Adah. — Ange de lumière! sois miséricordieux; ne dis pas que ce sein douloureux peut nourrir le meurtrier...

L'ange. — Il ne ferait qu'imiter son père; le lait d'Ève n'a-t-il pas nourri celui que maintenant tu vois baigné dans les flots de son sang? Le fratricide peut bien engendrer le parricide.. Mais il n'en sera pas ainsi... le Seigneur, ton Dieu et le mien, me commande d'imprimer son sceau sur Caïn, afin que nul n'attente à ses jours; quiconque tuera Caïn attirera sur sa tête une vengeance sept fois plus terrible. Approche!

Caïn. — Que veux-tu de moi?

L'ange. — Mettre sur ton front une marque qui te préserve d'être victime d'un forfait pareil au tien.

Caïn. — Non, je préfère mourir.

L'ange. — Cela ne doit pas être. (*L'ange met la marque sur le front de Caïn.*)

Caïn. — Mon front brûle, mais moins encore que mon cerveau. Est-ce tout? je suis prêt.

L'ange. — Depuis ta naissance, tu as été dur et rebelle, comme le sol que tu dois désormais cultiver; mais celui que tu as tué était paisible et doux comme les troupeaux qu'il gardait.

Caïn. — Je suis né trop tôt après la chute de nos parents; le souvenir du serpent n'avait point quitté ma mère; et Adam pleurait encore la perte d'Éden. Je suis ce que je suis; je n'avais point demandé à naître, et je ne me suis pas fait moi-même; mais si je pouvais, au prix de ma mort, rappeler Abel à la vie... Et pourquoi non? qu'il revienne à la lumière, et je serai ici, mort, gisant, sanglant! Ainsi, Dieu rendra la vie à celui qu'il aime et m'ôtera le fardeau d'une existence que je n'ai jamais aimée.

L'ange. — Qui effacera le meurtre? Ce qui est fait est fait; va! accomplis la tâche de tes jours, et que tes actes ne ressemblent pas à celui-ci! (*L'ange disparaît.*)

Adah. — Il est parti; éloignons-nous : j'entends pleurer notre petit Enoch.

Caïn. — Ah! il ne sait guère pourquoi il pleure! et moi, qui ai versé du sang, je ne puis verser des larmes! Mais tous les flots des quatre fleuves d'Éden ne pourraient laver la souillure de mon âme. Crois-tu que mon enfant veuille encore me regarder?

Adah. — Si je pensais qu'il ne le voulût pas, je cesserais de l'aimer...

Caïn, *l'interrompant.* — Non, plus de menaces; il n'y en a eu que trop. Va trouver nos enfants; je te suis.

Adah. — Je ne veux pas te laisser seul avec le mort; éloignons-nous ensemble.

Caïn. — Ô témoin inanimé et éternel, dont le sang, que rien ne peut faire disparaître, obscurcit la terre et le ciel! ce que tu es maintenant, je l'ignore; mais si tu vois ce que je suis, sans doute tu pardonnes à celui qui n'aura jamais le pardon de son âme... Adieu! je ne dois pas, je n'ose pas toucher mon ouvrage. Moi qui suis sorti des mêmes flancs que toi, qui ai bu le même lait; qui, tant de fois dans mon enfance, t'ai pressé tendrement sur mon sein fraternel : je ne te verrai plus, et je ne puis même faire pour toi ce que tu aurais dû faire pour moi... déposer ta dépouille dans son tombeau... le premier destiné à la race mortelle! Mais qui l'aura fait creuser, ce tombeau? Ô terre! en retour de tous les fruits que tu m'as donnés, prends celui-ci... Maintenant, au désert!

Adah, *se baissant et imprimant un baiser sur le front d'Abel.* — Un sort funeste et prématuré, ô mon frère, a terminé tes jours! De tous ceux qui te regrettent, je suis la seule qui ne doive pas pleurer : ma tâche est d'essuyer des larmes, et non d'en verser. Pourtant, de tous ceux qui gémissent, nul ne gémit plus douloureusement et non-seulement sur toi, mais sur ton meurtrier. Maintenant, Caïn, me voilà prête à porter la moitié de ton fardeau.

Caïn. — Nous dirigerons notre marche à l'orient d'Éden; c'est le côté le plus aride et celui qui me convient le mieux.

Adah. — Conduis-moi! tu seras mon guide; puisse notre Dieu être le tien! Allons chercher nos enfants.

Caïn. — Oh! celui qui est là gisant n'avait pas d'enfants! j'ai tari la source d'une race pacifique, qui aurait embelli son hymen encore nouveau, et été tempéré la farouche ardeur de mon sang par l'union de mes enfants avec ceux d'Abel. Ô Abel!

Adah. — La paix soit avec lui!

Caïn. — Mais avec moi!... (*Ils s'éloignent.*)

FIN DE CAÏN.

WERNER

OU

L'HÉRITAGE

TRAGÉDIE.

PERSONNAGES.

Hommes : — WERNER OU SIEGENDORF. — ULRICH. — STRALENHEIM. — IDENSTEIN. — GABOR. — FRITZ. — HENDRICH. — ERIC. — ARNHEIM. — MEISTER. — RODOLPHE. — LUDWIG. — Le prieur ALBERT.

Femmes : — JOSÉPHINE. — IDA DE STRALENHEIM.

Les trois premiers actes se passent sur la frontière de la Silésie, et les deux derniers au château de Siegendorf, près de Prague. — Époque : La fin de la guerre de trente ans (1648).

ACTE PREMIER.

La salle d'honneur d'un château délabré dans le voisinage d'une petite ville, sur la frontière nord de la Silésie. Une nuit orageuse.

JOSÉPHINE. — Mon bien-aimé, calme-toi !
WERNER. — Je suis calme.
JOSÉPHINE. — Envers moi, oui ; mais non en toi-même : ta démarche est précipitée, et l'homme dont le cœur serait tranquille ne parcourrait point d'un pas si rapide une chambre étroite comme celle-ci. Si c'était un jardin, je te croirais heureux.
WERNER. — L'air est froid ; la tapisserie laisse pénétrer le vent qui l'agite. Mon sang est glacé.
JOSÉPHINE. — Loin de là.
WERNER, *souriant.* — Voudrais-tu donc qu'il le fût ?
JOSÉPHINE. — Je voudrais lui voir son cours naturel.
WERNER. — Qu'il circule jusqu'à ce qu'il soit répandu ou arrêté dans son cours... peu importe quand.
JOSÉPHINE. — Ne suis-je donc plus rien dans ton cœur ?
WERNER. — Tu es tout.
JOSÉPHINE. — Comment peux-tu donc désirer ce qui doit briser le mien ?
WERNER, *s'approchant d'elle lentement.* — Sans toi, j'aurais été... n'importe quoi... un mélange de beaucoup de bien et de beaucoup de mal. Ce que je suis, tu le sais ; ce que j'aurais pu ou dû être, je ne le sais pas ; mais je ne le suis pas moins, et rien ne nous séparera. (*Il s'éloigne brusquement, puis se rapproche de Joséphine.*)

L'orage de la nuit influe peut-être sur moi : je suis trop impressionnable, et je me ressens encore de ma dernière maladie, dans laquelle, en veillant à mon chevet, tu as plus souffert que moi.
JOSÉPHINE. — Te voir rétabli, c'est beaucoup ; le voir heureux...
WERNER. — As-tu vu quelqu'un qui le fût ? Laisse-moi être malheureux avec le commun des hommes.
JOSÉPHINE. — Pense à tous ceux qui, dans cette nuit d'orage, frissonnent sous la bise aiguë et la pluie battante, en se courbant vers la terre, qui ne leur offre d'abri que dans son sein.
WERNER. — Et ce n'est pas là le pire. Qu'importe une chambre commode ? c'est le repos qui est tout. Les malheureux dont tu parles, oui, le vent hurle autour d'eux, et la pluie ruisselante les pénètre jusqu'à la moelle. J'ai été soldat, chasseur, voyageur ; aujourd'hui, je suis indigent, et dois connaître par expérience les privations dont tu parles.
JOSÉPHINE. — N'es-tu pas à l'abri de ces privations ?
WERNER. — Oui ; mais de celles-là seulement.
JOSÉPHINE. — C'est déjà quelque chose.

Gabor.

WERNER. — Sans doute, pour un paysan.
JOSÉPHINE. — L'homme qui s'enorgueillit d'une noble naissance, quand le vent de la fortune l'a poussé sur les écueils de la vie, doit-il méconnaître le bienfait d'un asile que ses habitudes de délicatesse lui rendent plus nécessaire encore qu'au paysan ?
WERNER. — Ce n'est pas cela, tu le sais ; tout cela, nous l'avons supporté, je ne dirai pas avec patience, car seule tu as été patiente... mais enfin nous l'avons supporté.
JOSÉPHINE. — Eh bien !
WERNER. — Quelque chose de plus que nos souffrances extérieures (quoique bien suffisantes pour déchirer nos âmes) vient souvent me torturer, et maintenant plus que jamais. Sans cette maladie malencontreuse qui m'a saisi sur cette frontière inculte, qui a épuisé tout à la fois mes forces et mes ressources, et qui nous laisse... non, c'est plus que je n'en puis supporter !... sans cette circonstance, j'aurais été heureux, ainsi que toi... J'aurais soutenu la splendeur de mon rang... l'honneur de mon nom... du nom de mon père... et surtout...
JOSÉPHINE, *l'interrompant.* — Mon fils... notre fils... notre Ulrich, depuis longtemps absent, eût été de nouveau pressé dans mes bras, et sa présence eût rassasié de joie le cœur de sa mère. Voilà douze ans ! il n'en avait alors que huit... Il était beau, il doit l'être encore, mon Ulrich, mon fils adoré !
WERNER. — J'ai été souvent poursuivi par la fortune ; elle vient de m'atteindre dans un lieu où je ne puis plus résister, où je suis malade, pauvre et seul.
JOSÉPHINE. — Seul ! cher époux !
WERNER. — Ou pire encore... enveloppant tout ce que j'aime dans une infortune plus cruelle qu'un isolement complet. Seul, j'eusse trouvé la fin de toutes choses dans un tombeau sans nom.
JOSÉPHINE. — Et je ne t'aurais pas survécu ; mais, je t'en conjure, rassure-toi ! Nous avons lutté longtemps, et ceux qui combattent la fortune finissent par triompher d'elle ou par la fatiguer ; ils arrivent au but, ou bien ils cessent de ressentir leurs maux. Console-toi... nous retrouverons notre enfant.

WERNER. — Nous étions à la veille de le retrouver, et de nous voir indemnisés de toutes nos souffrances passées..... cruelle déception !
JOSÉPHINE. — Nous ne sommes pas déçus.
WERNER. — Ne nous trouvons-nous pas sans argent ?
JOSÉPHINE. — Nous n'avons jamais été riches.
WERNER. — J'étais né pour la richesse, le rang, le pouvoir ; je les ai goûtés ; je m'y suis complu ; hélas ! j'en ai abusé et les ai perdus par le courroux de mon père après une jeunesse extravagante. Mais toutes mes fautes ont été expiées par de longues souffrances ! La mort de mon père m'ouvrait de nouveau une voie libre, semée toutefois de périls : ce parent maudit, cet être froid et rampant, qui depuis si longtemps tient ses yeux fixés sur moi, comme le serpent sur l'oiseau qu'il fascine, doit m'avoir devancé pour s'approprier mes droits, et ses usurpations lui auront procuré la fortune et le rang d'un prince.
JOSÉPHINE. — Qui sait ? Peut-être notre fils est revenu près de son aïeul, et a revendiqué ta place.
WERNER. — Vain espoir ! depuis son étrange disparition de la maison de mon père, comme s'il eût voulu hériter de mes fautes, on n'a eu de lui aucune nouvelle. Je l'avais quitté en le laissant chez son aïeul, sur la promesse de ce dernier que sa colère ne s'étendrait pas jusqu'à la troisième génération ; mais on dirait que le ciel inflexible veut, dans la personne de mon fils, punir mes propres fautes.
JOSÉPHINE. — J'ai meilleur espoir. Jusqu'à présent, du moins, nous avons trompé les poursuites de Stralenheim.
WERNER. — Nous l'aurions pu sans cette fatale indisposition, plus funeste qu'une maladie mortelle ; car sans ôter la vie, elle ôte tout ce qui en fait la consolation ; en ce moment même, il me semble être environné de toutes parts des pièges de ce démon avare... qui sait s'il n'a pas suivi notre piste jusqu'ici ?
JOSÉPHINE. — Il ne te connaît pas personnellement, et nous avons laissé à Hambourg les espions qu'il avait depuis si longtemps attachés à nos pas. Notre départ inattendu et ton changement de nom rendent toute découverte impossible ; on nous prend ici pour ce que nous semblons être.
WERNER. — Ce que nous semblons être ! dis ce que nous sommes... des mendiants malades, sans avenir même à nos propres yeux... Ha ! ha ! ha !
JOSÉPHINE — Hélas ! quel rire amer !
WERNER. — Qui devinerait, sous cette enveloppe, l'âme altière du rejeton d'une illustre race ? sous cet habit, l'héritier d'un domaine princier ? Qui reconnaîtrait dans cet œil éteint et morne l'orgueil du rang et de la naissance ? et avec ce front hâve, ce visage creusé par la faim, le seigneur de ces châteaux où mille vassaux trouvent chaque jour une table abondante ?
JOSÉPHINE. — Tu ne t'occupais pas de richesses et de titres, mon Werner, quand tu daignas choisir pour ton épouse la fille étrangère d'un exilé errant.
WERNER. — La fille d'un exilé était un parti sortable pour un fils proscrit ; mais j'espérais encore l'élever au rang pour lequel nous étions nés tous deux. La maison de ton père était illustre, quoique déchue de sa splendeur, et sa noblesse pouvait rivaliser avec la nôtre.
JOSÉPHINE. — Ton père ne pensait point ainsi, quoiqu'il sût que ma famille était noble ; mais si mon seul titre auprès de toi avait été ma naissance, je l'aurais considérée uniquement pour ce qu'elle est.
WERNER. — Et qu'est donc la naissance à tes yeux ?
JOSÉPHINE. — Ce qu'elle nous a valu... rien.
WERNER. — Comment... rien ?
JOSÉPHINE. — Ou pire encore ; car, dès l'origine, la noblesse du sang a été un cancer dans ton cœur ; sans elle nous aurions supporté gaîment notre pauvreté, comme des millions de mortels supportent la leur. Sans ces fantômes de tes ancêtres féodaux, tu aurais pu gagner ton pain comme tant d'autres ; ou si cette nécessité t'eût semblé trop dégradante, tu aurais essayé, par le commerce et par d'autres occupations paisibles, de réparer les torts de la fortune.
WERNER, ironiquement. — Je serais devenu un bon bourgeois de la ligue hanséatique ? excellent !
JOSÉPHINE. — Dans tous les cas, tu es pour moi ce qu'aucun état humble ou élevé ne saurait changer : le premier choix de mon cœur... qui t'a choisi sans connaître de toi autre chose que les douleurs ; tant qu'elles dureront, laisse-moi les consoler ou les partager ; quand elles finiront, que les miennes finissent avec elles ou avec toi.
WERNER. — Mon bon ange ! telle je t'ai toujours trouvée. L'emportement, ou plutôt la faiblesse de mon caractère, ne fit jamais naître en moi une pensée injurieuse pour toi ou pour les tiens. Tu n'as point entravé ma fortune : ma propre nature, celle de ma jeunesse, était suffisante pour me faire perdre un empire, si un empire eût été mon héritage. Mais maintenant, châtié, dompté, épuisé et instruit à me connaître..... perdre tout cela pour notre fils et pour toi ! crois-moi, quand, âgé de vingt-deux ans, je vis mon père m'interdire sa maison, à moi, le dernier rejeton de tant d'aïeux (car j'étais alors le dernier), j'éprouvai un choc moins douloureux qu'à voir, malgré leur innocence, mon enfant et la mère de mon enfant enveloppés dans la proscription que mes fautes ont méritée. Et, cependant, à la première époque, mes passions étaient toutes des serpents vivants, enlacés autour de moi comme ceux de la Gorgone. (On entend frapper rudement à la porte.)
JOSÉPHINE. — Écoute !
WERNER. — On frappe !
JOSÉPHINE. — Qui peut venir à cette heure ? nous attendons peu de visites.
WERNER. — La pauvreté n'en reçoit aucune qui ne la rende plus pauvre encore. Eh bien ! je suis préparé. (Werner met la main dans son sein comme pour y chercher une arme.)
JOSÉPHINE. — Oh ! ne prends pas cet air sombre. Je vais ouvrir ; ce ne peut être quelque chose d'important dans ce lieu retiré, dans cette contrée inculte... le désert met l'homme à l'abri de l'homme. (Elle va à la porte et l'ouvre. IDENSTEIN entre.)

IDENSTEIN. — Bonne nuit à ma belle hôtesse et au digne... comment vous nommez-vous, mon ami ?
WERNER. — Ne craignez-vous pas d'être indiscret ?
IDENSTEIN. — Craindre ? parbleu ! je crains en effet. On dirait à votre air que je demande quelque chose de plus difficile à dire que votre nom.
WERNER. — De plus difficile, monsieur !
IDENSTEIN. — De plus ou de moins, comme s'il s'agissait de mariage... Au fait, voilà un mois que vous logez dans le château du prince... il est vrai que depuis douze ans Son Altesse l'abandonne aux revenants et aux rats... mais, enfin, c'est un château... je dis que voilà un mois que vous logez chez nous, et cependant nous ne savons pas encore votre nom. Voyons !
WERNER. — Mon nom est Werner.
IDENSTEIN. — Un beau nom, ma foi ! aussi beau nom qu'on eu vit jamais figurer sur l'enseigne d'une boutique. J'ai eu à Hambourg un cousin, dont la femme portait ce nom-là. C'est un officier de santé ; aide-chirurgien, il espère devenir chirurgien un jour, et il a fait des miracles dans sa profession. Vous êtes peut-être de la famille de ma cousine ?
WERNER. — De votre cousine ?
JOSÉPHINE. — Oui, nous sommes parents éloignés. (Bas à Werner.) Tâchons de nous accommoder à l'humeur de cet ennuyeux bavard, jusqu'à ce que nous sachions ce qu'il nous veut.
IDENSTEIN — J'en suis vraiment charmé ; je m'en doutais. J'avais quelque chose dans le cœur qui me le disait...... C'est que, voyez-vous, cousin, le sang n'est pas de l'eau ; et, à propos d'eau, il nous faut du vin pour boire à notre plus ample connaissance : les parents doivent être amis.
WERNER. — Vous paraissez avoir bien assez bu ; et quand cela ne serait pas, je n'ai pas de vin à vous offrir, à moins que ce ne soit le vôtre : vous le savez, ou vous devriez le savoir. Vous voyez que je suis pauvre et malade, et vous ne voulez pas comprendre que je désire être seul ! Mais, au fait, quel motif vous amène ?
IDENSTEIN. — Quel motif pourrait m'amener ?
WERNER. — Je ne sais, quoique je devine ce qui pourra vous faire sortir.
JOSÉPHINE, à part. — Patience, cher Werner.
IDENSTEIN. — Vous ne savez donc pas ce qui est arrivé ?
JOSÉPHINE. — Comment le saurions-nous ?
IDENSTEIN. — La rivière a débordé.
JOSÉPHINE. — Hélas ! pour notre malheur, nous le savons depuis cinq jours, puisque c'est le motif qui nous retient ici.
IDENSTEIN. — Mais ce que vous ne savez pas, c'est qu'un grand personnage, qui a voulu traverser malgré le courant et les représentations de trois postillons, s'est noyé au-dessous du gué, avec cinq chevaux de poste, un singe, un caniche et un laquais.
JOSÉPHINE. — Pauvres gens ! en êtes-vous bien sûr ?
IDENSTEIN. — Oui, quant au singe, au laquais et aux chevaux ; mais jusqu'à présent on ignore encore si Son Excellence est morte ou en vie. Ces nobles sont durs en diable à noyer, comme il convient à des hommes en place ; mais ce qui est certain, c'est qu'il a avalé l'eau de l'Oder en assez grande quantité pour faire crever deux paysans. En ce moment, un Saxon et un voyageur hongrois qui, au péril de leur vie, l'ont arraché au gouffre des eaux, ont en voyé demander pour lui un logement ou un tombeau, selon qu'il sera mort ou vivant.
JOSÉPHINE. — Et où le recevrez-vous ? Ici, j'espère ; si nous pouvons être utiles... vous n'avez qu'à parler.
IDENSTEIN. — Ici ? non ! mais dans l'appartement même du prince comme il convient à un hôte illustre... Les pièces sont humides sans doute, n'ayant pas été habitées depuis douze ans ; mais comme il l'aient d'un endroit beaucoup plus humide encore, il n'est pas probable qu'il s'y enrhume, s'il est encore susceptible de s'enrhumer... et dans le cas contraire, il sera encore plus mal logé demain

En attendant, j'ai fait allumer du feu, et préparer tout ce qu'il lui faut au cas qu'il en réchappe.

JOSÉPHINE. — Le pauvre homme! j'espère de tout mon cœur qu'il se rétablira.

WERNER. — Monsieur l'intendant, avez-vous appris son nom? (*A part à sa femme.*) Ma Joséphine, retire-toi : je vais sonder cet imbécile. (*Joséphine sort.*)

IDENSTEIN. — Son nom? mon Dieu, qui sait s'il a maintenant un nom? Il sera temps de le lui demander quand il pourra répondre, ou bien lorsqu'il faudra le mettre sur son épitaphe. Tout à l'heure, ce me semble, vous trouviez mauvais que je demandasse le nom des gens.

WERNER. — C'est vrai, vous parlez en homme sage. (*Entre Gabor.*)

GABOR. — Si je dérange quelqu'un, je lui demande mille pardons.

IDENSTEIN. — Oh! nullement; vous êtes dans le château du prince; cet homme est étranger comme vous : je vous prie de ne pas vous gêner. Mais où est Son Excellence, et comment se porte-t-elle?

GABOR. — Son Excellence est trempée et fatiguée, mais hors de danger : elle s'est arrêtée pour changer de vêtements, dans une chaumière où j'ai moi-même quitté les miens pour ceux-ci. Le voyageur est presque entièrement remis de son bain, et sera bientôt ici.

IDENSTEIN. — Holà! oh! qu'on se dépêche! ici Hermann, Weilburg, Pierre, Conrad! (*Entrent divers valets auxquels Idenstein donne des ordres.*)

Un noble seigneur couche cette nuit au château... ayez soin que tout soit en ordre dans la chambre damassée... entretenez le poêle... J'irai moi-même au cellier... et madame Idenstein (c'est mon épouse, étranger) fournira le linge de lit ; car, à dire vrai, c'est un article merveilleusement rare dans l'enceinte de ce château, depuis une douzaine d'années que Son Altesse l'a quitté. Et puis, Son Excellence soupera sans doute?

GABOR. — Ma foi! je ne saurais dire; je pense que l'oreiller aura pour notre baigneur plus d'attraits que la table, après le plongeon qu'il a fait dans la rivière ; mais pour que vos provisions ne se perdent pas, je me propose de souper pour moi, et j'ai là au-dehors un ami qui fera honneur à votre repas avec tout l'appétit d'un voyageur.

IDENSTEIN. — Mais êtes-vous sûr que Son Excellence..... quel est son nom?

GABOR. — Je n'en sais rien.

IDENSTEIN. — Et cependant vous lui avez sauvé la vie.

GABOR. — J'ai assisté en cela mon ami.

IDENSTEIN. — Voilà qui est étrange : sauver la vie à un homme qu'on ne connaît pas!

GABOR. — Il n'y a rien d'étrange ; car il est des gens que je connais si bien, que je ne me donnerais pas cette peine-là pour eux.

IDENSTEIN. — Dites-moi, mon ami, qui êtes-vous?

GABOR. — Ma famille est hongroise.

IDENSTEIN. — Et vous vous appelez?

GABOR. — Peu importe!

IDENSTEIN, *à part.* — Je crois que tout le monde s'est fait anonyme aujourd'hui. (*à Gabor.*) Dites-moi, je vous prie, Son Excellence a-t-elle une suite nombreuse?

GABOR. — Une suite suffisante.

IDENSTEIN. — Quel est le nombre de ses gens?

GABOR. — Je ne me suis pas encore mis aux enchères. C'est le hasard qui nous a conduits juste à temps pour retirer Son Excellence par la portière de sa carrosse.

IDENSTEIN. — Oh! que ne donnerais-je pas pour sauver un grand personnage!... Sans doute, vous aurez pour récompense une jolie somme.

GABOR. — Peut-être.

IDENSTEIN. — A combien croyez-vous pouvoir l'évaluer?

GABOR. — Je ne me suis pas encore mis aux enchères. En attendant, ma meilleure récompense serait un verre de votre vin de Hocheim..... un verre, orné de riches grappes et d'emblèmes bachiques, plein jusqu'au bord du vin le plus vieux de votre cellier; en retour de quoi, au cas où vous seriez en danger de vous noyer, tendre de mort qui, très probablement, ne sera pas le vôtre, je vous promets de vous sauver pour rien. Vite, mon ami, et songez que pour chaque rasade que je sablerai, une vague de moins coulera sur votre tête.

IDENSTEIN, *à part.* — Je n'aime guère cet homme-là, il semble discret et net, deux qualités qui ne me conviennent pas du tout. Toutefois, il aura du vin ; si cela ne le déboutonne pas, la curiosité de me laissera pas dormir de la nuit. (*Idenstein sort.*)

GABOR, *à Werner.* — Cet homme est l'intendant du château, je résume. L'édifice est beau, mais délabré.

WERNER. — L'appartement destiné à la personne que vous avez sauvée est mieux disposé que celui-ci pour recevoir un malade.

GABOR. — Je m'étonne que vous ne l'occupiez pas ; car vous paraissez être d'une santé délicate.

WERNER, *brusquement.* — Monsieur!

GABOR. — Veuillez m'excuser. Ai-je dit quelque chose qui vous offense?

WERNER. — Rien ; mais nous sommes étrangers l'un à l'autre.

GABOR. — C'est justement pour cela que nous devons faire connaissance. Il me semble avoir entendu dire à notre hôte affairé que vous étiez ici passagèrement et par hasard, comme mes compagnons et moi-même.

WERNER. — C'est vrai.

GABOR. — Nous ne nous sommes jamais vus, et il est probable que nous ne nous reverrons jamais : en conséquence, je m'étais proposé d'égayer un peu, pour moi du moins, ce vieux donjon-ci, en vous priant de partager notre repas.

WERNER. — Veuillez m'excuser ; ma santé...

GABOR. — Comme il vous plaira. J'ai été soldat, et peut-être ai-je conservé des manières un peu brusques.

WERNER. — J'ai servi également, et je sais reconnaître le bon accueil militaire.

GABOR. — Dans quelle arme? au service impérial sans doute.

WERNER, *d'abord rapidement, puis s'interrompant.* — J'ai commandé..... non, c'est-à-dire j'ai servi; mais il y a de cela bien des années, à l'époque où la Bohème prit pour la première fois les armes contre l'Autriche.

GABOR. — Tout cela est fini maintenant, et la paix a obligé des milliers de braves à chercher, tant bien que mal, des moyens d'existence ; et à dire vrai, quelques-uns ont pris la voie la plus courte.

WERNER. — Quelle voie?

GABOR. — La première qui se présente à eux. Toute la Silésie et les forêts de la Lusace sont occupées par des bandes d'anciens soldats, qui prélèvent sur le pays les frais de leur entretien. Les châtelains sont obligés de rester dans leurs manoirs : au-dehors la route n'est pas sûre pour le riche comte ou le fier baron en voyage. Ce qui me console, c'est que partout où j'irai, je n'ai pas grand chose à perdre.

WERNER. — Et moi rien du tout.

GABOR. — C'est encore plus dur. Vous avez été soldat, dites-vous?

WERNER. — Je l'ai été.

GABOR. — Vous en avez encore la mine. Tous les soldats sont ou doivent être camarades, lors même qu'ils se trouvent ennemis. Quand nos épées sont tirées, il faut qu'elles se croisent ; nos mousquets chargés, ils doivent être pointés les uns sur les autres ; mais quand une trêve, une paix, ou n'importe quoi, fait rentrer l'acier dans le fourreau, et laisse éteindre la mèche, alors nous sommes frères. Vous êtes pauvre et malade ; je ne suis pas riche, mais je me porte bien ; je puis me passer de bien des choses, vous paraissez manquer de ceci (*il tire sa bourse*) : voulez-vous partager?

WERNER. — Qui a pu vous faire croire que je fusse un mendiant?

GABOR. — Vous-même, qui avouez en temps de paix que vous étiez soldat.

WERNER, *le regardant d'un air de méfiance.* — Vous ne me connaissez pas?...

GABOR. — Je ne connais personne, pas même moi : comment connaîtrais-je un homme que j'ai vu à peine un instant?

WERNER. — Monsieur, je vous remercie. Votre offre serait généreuse, si elle s'adressait à un ami ; faite à un inconnu, elle est pleine de bienveillance, quoique un peu imprudente ; mais je ne vous en remercie pas moins. Je suis indigent de fait, sans être de profession ; et quand j'aurai un service de ce genre à demander, je m'adresserai de préférence à celui qui, le premier, m'a offert ce que peu de gens obtiennent, même en le demandant. Veuillez m'excuser. (*Werner sort.*)

GABOR, *seul.* — Il m'a l'air d'un bon diable, quoique usé comme la plupart de ses pareils, par la peine ou le plaisir qui, se disputent avant le temps les lambeaux de notre vie : je ne sais laquelle de ces deux causes agit le plus promptement. Quoi qu'il en soit, cet homme me semble avoir connu des jours meilleurs, et n'est-ce point le cas de quiconque a un passé? Mais voici notre sage intendant qui apporte du vin ; en faveur de la coupe, je supporterai l'échanson. (*Entre Idenstein.*)

IDENSTEIN. — Le voilà, le supernaculum! S'il n'a pas vingt ans, il n'a pas un jour.

GABOR. — L'âge des jeunes femmes et du vieux vin!... et c'est grand dommage que de ces deux choses excellentes, l'une s'améliore par les années, et l'autre devienne pire. Remplissez jusqu'aux bords... Je bois à notre hôtesse !.. à votre charmante épouse!

IDENSTEIN. — Charmante!... fort bien ; vous m'avez l'air de vous connaître en vin comme en bouteille ; néanmoins je vous ferai raison.

GABOR. — La femme délicieuse que j'ai rencontrée dans la salle voisine, et qui m'a rendu mon salut avec un air, un port, des yeux, qui auraient fait honneur à ce château dans les jours les plus brillants du domaine, bien que sa mise fût adaptée au délabrement actuel de cette demeure... cette femme n'est-elle pas votre épouse ?

IDENSTEIN. — Je voudrais bien qu'elle le fût ! mais vous vous méprenez : c'est la femme de l'étranger.

GABOR. — A la voir, on la prendrait pour celle d'un prince. Bien que le temps ait eu sur elle quelque empire, elle conserve encore une majestueuse beauté.

IDENSTEIN — Et c'est plus que je n'en puis dire de madame Idenstein, du moins pour la beauté ; quant à la majesté, elle a bien quelques-uns des attributs de cette vertu, attributs dont elle pourrait se passer... Mais ne vous en inquiétez pas !

GABOR. — Cela m'est parfaitement égal. Mais qui peut être cet étranger ? Son air est au-dessus de sa position apparente.

IDENSTEIN. — En cela, nous différons d'opinion. Il est pauvre comme Job, et pas tout-à-fait aussi patient ; mais je ne connais de lui que son nom, encore ne l'ai-je appris que ce soir.

GABOR. — Mais comment est-il venu ici ?

IDENSTEIN. — Dans une vieille et misérable calèche, il y a environ un mois ; à peine arrivé, il est tombé malade, et on l'a vu à deux doigts de la mort. Il aurait bien fait de mourir.

GABOR. — Touchante sensibilité !... mais pourquoi aurait-il bien fait ?

IDENSTEIN. — Qu'est-ce que la vie quand on n'a pas de quoi vivre ? Il est sans le sou.

GABOR. — En ce cas, je m'étonne qu'un homme comme vous, qui paraissez doué d'une si rare prudence, ait reçu dans cette noble résidence des hôtes réduits à un tel dénûment.

IDENSTEIN. — C'est vrai ; mais la pitié, vous le savez, entraîne le cœur à faire ces folies ; et puis, il faut dire aussi qu'ils possédaient à cette époque certains objets de prix qui les ont fait vivre jusqu'au moment actuel ; j'ai donc pensé qu'ils pouvaient loger ici tout aussi bien qu'à la petite taverne, et j'ai mis à leur disposition quelques-unes des chambres les plus délabrées. Ils ont chassé l'humidité de ces appartements... aussi longtemps, du moins, qu'ils ont pu payer leur bois de chauffage.

GABOR. — Pauvres gens !

IDENSTEIN. — Oui, excessivement pauvres.

GABOR. — Et toutefois peu faits à la pauvreté, si je ne me trompe. Où donc allaient-ils ?

IDENSTEIN. — Oh ! Dieu le sait ; peut-être au ciel. Il y a quelques jours, c'était pour Werner le voyage le plus probable.

GABOR. — Werner ! j'ai entendu ce nom-là ; mais c'est peut-être un nom supposé.

IDENSTEIN. — Vraisemblablement ! mais écoutez ! on entend le roulement des roues, et j'aperçois la lumière des torches. Aussi sûr qu'il y a une destinée, Son Excellence arrive : il faut que je me rende à mon poste. Ne vous joindrez-vous pas à moi pour l'aider à descendre de voiture, et lui présenter à la porte vos humbles devoirs ?

GABOR. — J'ai retiré cet homme qui son carrosse dans un moment où il aurait donné sa baronie ou son comté pour éloigner les flots qui le suffoquaient. Il a maintenant autour de lui une armée de valets : tantôt ils se tenaient à l'écart, secouant sur la rive leurs oreilles trempées, hurlant tous : Au secours ! et n'en offrant aucun. Quant aux devoirs dont vous parlez... j'ai fait le mien alors, faites le vôtre maintenant. Allez, et amenez-nous Son Excellence en rampant devant elle.

IDENSTEIN. — Moi ramper..... Mais je perds le moment..... au diable ! il sera ici, et je n'aurai pas été là-bas. (Idenstein sort à la hâte. — WERNER rentre.)

WERNER, à part. — J'ai entendu un bruit de carrosse et de voix. Comme tous les bruits me troublent ! (Apercevant Gabor.) Encore ici ! ne serait-ce pas un espion ? L'offre qu'il m'a faite si subitement, à moi inconnu, n'annonçait-elle pas un secret ennemi ? les amis ont moins d'empressement sur ce chapitre.

GABOR. — Monsieur, vous semblez rêveur ; et cependant le moment n'est pas propice à la méditation : ces vieux murs vont cesser d'être paisibles. Il vous arrive un baron, un comte, ou quel que soit son titre, un noble à demi noyé, à qui le village et les pauvres habitants montrent plus de respect que ne lui en ont témoigné les éléments.

IDENSTEIN, en dehors. — Par ici !... par ici, Excellence !... prenez garde ! l'escalier est obscur et tant soit peu délabré ; mais si nous avions attendu un hôte aussi important... Veuillez vous appuyer sur mon bras, monseigneur. (STRALENHEIM entre avec IDENSTEIN et des domestiques ; les uns font partie de sa suite, les autres appartiennent au domaine.)

STRALENHEIM. — Je me reposerai ici un moment.

IDENSTEIN, aux domestiques. — Holà ! un siège ! (Stralenheim s'assied.)

WERNER, à part. — C'est lui !

STRALENHEIM. — Je me sens mieux maintenant. Qui sont ces étrangers ?

IDENSTEIN. — Avec votre permission, monseigneur, il en est un qui prétend ne pas vous être étranger.

WERNER, haut et brusquement. — Qui dit cela ? (Tout le monde le regarde avec surprise.)

IDENSTEIN. — Mais personne ne vous parle, et ne parle de vous ! Voici une personne que Son Excellence daignera sans doute reconnaître. (Il montre Gabor.)

GABOR. — Je ne veux point importuner sa noble mémoire.

STRALENHEIM. — Je pense que c'est l'un de ces étrangers à qui je dois mon salut. (Montrant Werner.) N'est-ce point là l'autre ? L'état où j'étais quand on est venu à mon secours doit excuser la difficulté que j'éprouve à reconnaître ceux envers qui je suis si redevable.

IDENSTEIN. — Lui ! non ! monseigneur, il a plus besoin de secours qu'il n'est capable d'en donner : c'est un pauvre voyageur harassé et malade ; il a récemment quitté le lit d'où il a cru un moment ne devoir plus se lever.

STRALENHEIM. — Il me semblait qu'ils étaient deux.

GABOR. — Nous étions deux, en effet ; mais un seul, et il est absent, a véritablement contribué à secourir Votre Seigneurie : sa bonne étoile a voulu qu'il fût le premier. Mon empressement ne lui cédait pas au sien ; mais sa force et sa jeunesse m'ont devancé ; ne perdez donc point vos remercîments avec moi. Je me trouve heureux d'avoir secondé un plus habile.

STRALENHEIM. — Où est-il ?

UN DOMESTIQUE. — Monseigneur, il est resté dans la cabane où Votre Excellence s'est reposée une heure : il a dit qu'il serait ici demain.

STRALENHEIM. — Jusque-là, je ne puis offrir que des remercîments ; mais alors...

GABOR. — Je n'en demande pas davantage, et c'est à peine si j'en mérite autant. Mon camarade parlera pour lui.

STRALENHEIM, à part après avoir fixé ses regards sur Werner. — Cela ne se peut ! cependant il faut avoir l'œil sur lui. Il y a vingt ans que je ne l'ai rencontré, et quoique mes agents ne l'aient point perdu de vue, la prudence m'a fait un devoir de me tenir à distance, de peur de l'effrayer et de lui faire soupçonner mes plans. Pourquoi faut-il que j'aie laissé à Hambourg ceux qui auraient pu m'éclairer ? Je devrais être déjà le maître de Siegendorf, et j'étais parti à la hâte dans ce but ; mais les éléments eux-mêmes paraissent ligués contre moi, et ce débordement subit peut me retenir ici prisonnier jusqu'à ce que... (Il s'arrête, regarde Werner, puis continue.) Il faut surveiller cet homme. Si c'est lui, il est tellement changé que son père lui-même, sorti du tombeau, passerait près de lui sans le reconnaître. De la prudence ! La précipitation gâterait tout.

IDENSTEIN. — Votre Seigneurie semble rêveuse ; lui plairait-il de se rendre à son appartement ?

STRALENHEIM. — C'est la fatigue qui me donne cet air abattu et pensif ; j'irai prendre du repos.

IDENSTEIN. — La chambre du prince est prête, avec tous les meubles qui lui ont servi lors de son dernier séjour, et qui ont encore tout leur éclat. (A part.) Ils sont un peu moisis et humides en diable ; mais ils font de l'effet à la lumière, et c'est tout ce qu'il faut pour ces nobles à vingt quartiers : ils peuvent bien coucher aujourd'hui dans une demeure du genre de celle où ils doivent un jour reposer à jamais.

STRALENHEIM, se levant. — Bonne nuit, braves gens ! (Se tournant vers Gabor.) Monsieur, j'espère que demain vous me trouverez plus en état de reconnaître vos services. En attendant, je vous serais obligé si vous vouliez bien me tenir compagnie un instant dans ma chambre.

GABOR. — Je vous suis.

STRALENHEIM, après avoir fait quelques pas s'arrête, et appelle Werner. — Mon ami !

WERNER. — Monsieur !

IDENSTEIN. — Monsieur ! ah ! mon Dieu ! pourquoi ne dites-vous pas monseigneur ou excellence ? Veuillez, monseigneur, excuser le manque d'éducation de ce pauvre homme : il n'est pas accoutumé à se trouver en pareille société.

STRALENHEIM, à Idenstein. — Paix ! monsieur l'intendant.

IDENSTEIN. — Je suis muet.

STRALENHEIM, à Werner. — Etes-vous ici depuis longtemps ?

WERNER. — Depuis longtemps ?...

STRALENHEIM. — Je désirais une réponse et non un écho.

WERNER. — Vous pouvez demander l'un et l'autre à ces murs. Je n'ai pas l'habitude de répondre aux gens que je ne connais pas.

STRALENHEIM. — En vérité ! vous pourriez néanmoins répondre poliment à une demande faite avec bienveillance.

WERNER. — Quand j'aurai cette conviction, j'y répondrai de même.

STRALENHEIM. — L'intendant m'a dit que vous aviez été retenu ici par une maladie... Si je pouvais vous être utile..... voyageant dans la même direction ?

WERNER, brusquement. — Je ne voyage pas dans la même direction.

STRALENHEIM. — Qu'en savez-vous? vous ignorez quelle route je suis.
WERNER. — Je sais qu'il n'y a qu'un voyage où le riche et le pauvre suivent la même route. Vous êtes écarté de cette voie redoutable il y a quelques heures, et moi il y a quelques jours : nous suivons deux chemins opposés, quoiqu'ayant une même destination.
STRALENHEIM. — Votre langage est au-dessus de votre position.
WERNER, *avec une ironie amère*. — Vous croyez?
STRALENHEIM. — Ou du moins au-dessus de ce qu'annonce votre costume.
WERNER. — Il est heureux que je ne sois pas au-dessous, comme il est arrivé parfois aux gens bien vêtus; mais enfin que me voulez-vous?
STRALENHEIM, *surpris*. — Moi?
WERNER. — Oui, vous! Vous ne me connaissez pas et vous me questionnez; et vous vous étonnez que je ne vous réponde pas quand j'ignore qui m'interroge. Expliquez ce que vous désirez de moi, et alors j'éclaircirai vos doutes... ou les miens.
STRALENHEIM. — J'ignorais que vous eussiez des motifs pour vous tenir sur la réserve.
WERNER. — Bien des gens en ont..... n'en avez-vous pas vous-même?
STRALENHEIM. — Aucun qui puisse intéresser un étranger.
WERNER. — Pardonnez donc à cet humble étranger, à cet inconnu, s'il désire rester tel pour un homme qui ne peut avoir rien de commun avec lui.
STRALENHEIM. — Monsieur, mon dessein n'est pas de vous contrarier; quelque peu agréable que soit votre humeur, je ne voulais que vous rendre service... Mais, bonne nuit! Monsieur l'intendant, précédez-moi. (*A Gabor.*) Monsieur... m'accompagnez-vous? (*Stralenheim sort avec ses domestiques, Idenstein et Gabor.*)

WERNER, *seul*. — C'est lui! me voilà pris au piége. Avant mon départ de Hambourg, Giulio, son dernier intendant, m'apprit qu'il avait obtenu un ordre de l'électeur de Brandebourg pour arrêter Kruitzer (tel était le nom que je portais) dès qu'il paraîtrait sur la frontière. Les priviléges de la ville libre m'ont garanti jusqu'au sortir de ses murs..... Insensé que je fus de les quitter! mais je croyais que cet humble costume, que cette route détournée, auraient mis en défaut les limiers envoyés à ma poursuite. Que faire? Il ne me connaît pas personnellement; et, moi-même, il m'a fallu les yeux de la crainte pour le reconnaître au bout de vingt ans; nous nous étions vus si rarement et si froidement dans notre jeunesse! Mais ceux qui l'entourent! Je comprends maintenant les avances de ce Hongrois, qui sans doute n'est qu'un instrument, qu'un espion de Stralenheim, chargé par lui de me sonder et de s'assurer de moi. Sans ressource, malade, pauvre... retenu en outre par le fleuve débordé, barrière infranchissable même pour le riche aidé de tous les moyens que l'or peut procurer... quel espoir me reste-t-il? Il y a une heure, je trouvais ma position désespérée, et maintenant elle est telle que le passé me semble un paradis : un jour de plus, et je suis découvert!... à la veille de rentrer dans mes honneurs, mes droits, mon héritage; quand il suffirait d'un peu d'or pour me sauver en favorisant ma fuite! (IDENSTEIN *entre en causant avec* FRITZ.)

FRITZ. — Sur-le-champ.
IDENSTEIN. — Je vous dis que c'est impossible.
FRITZ. — Toutefois, il faut le tenter; et si un exprès échoue, il faut en envoyer d'autres, jusqu'à ce qu'on reçoive la réponse du commandant de Francfort.
IDENSTEIN. — Je ferai ce que je pourrai.
FRITZ. — Souvenez-vous de ne rien épargner; vous serez payé au décuple.
IDENSTEIN. — Le baron repose-t-il?
FRITZ. — Il s'est jeté dans un grand fauteuil près du feu, où il sommeille ; il a ordonné qu'on n'entrât pas avant onze heures; c'est alors qu'il se mettra au lit.
IDENSTEIN. — Dans une heure d'ici, j'aurai fait de mon mieux pour le servir.
FRITZ. — N'oubliez rien! (*Fritz sort.*)

IDENSTEIN. — Que le diable emporte ces grands personnages! Ils pensent que toutes choses ne sont faites que pour eux. Il me faut maintenant faire quitter leurs grabats à une demi-douzaine de vassaux grelottants, et les envoyer à Francfort en traversant la rivière au péril de leur vie. Certes, l'expérience qu'a faite le baron il y a quelques heures aurait dû lui inspirer quelque humanité envers ses semblables ; mais non : « il le faut! » et tout est dit. Quoi donc! vous ici, monsieur Werner?
WERNER. — Vous avez quitté bien promptement votre noble hôte?
IDENSTEIN. — Il sommeille, et semble vouloir ne laisser dormir personne. Voilà un paquet pour le commandant de Francfort, qu'il me faut envoyer à tous risques et à tout prix. Mais je n'ai pas de temps à perdre ; bonne nuit! (*Idenstein sort.*)

WERNER. — « A Francfort! » le nuage grossit! Oui, « le commandant! » Cela correspond parfaitement avec les démarches antérieures de ce froid démon, qui s'interpose entre moi et la maison de mon père. Sans doute, il demande un détachement pour me faire conduire secrètement dans quelque forteresse... Ah! plutôt... (*Werner regarde autour de lui et saisit un couteau qu'il trouve sur une table.*) Maintenant, du moins, je suisson maître. Ecoutons! on vient! Qui sait si Stralenheim attendra même le semblant d'autorité dont il veut couvrir son coup de main? Il est certain qu'il me soupçonne. Je suis seul, une suite nombreuse l'accompagne ; lui, il est fier de ses titres, qui exercent plus d'ascendant dans cette petite bourgade que partout ailleurs. Silence! on approche encore. Pénétrons dans le secret passage qui communique avec... Non, le silence règne... mon imagination m'abusait... tout est calme comme dans l'intervalle redoutable qui s'écoule entre l'éclair et la foudre..... Je dois imposer silence à mon âme au milieu de ces périls ; cependant il faut que je m'engage dans le passage que j'ai découvert et que j'examine s'il a pu rester inconnu : il me servira du moins de refuge pendant quelques heures. (*Werner fait glisser un panneau de boiserie, et sort en le fermant après lui.* — *Entrent* GABOR *et* JOSÉPHINE.)

GABOR. — Où est votre mari?
JOSÉPHINE. — Je comptais le trouver ici : il n'y a pas longtemps que je l'ai laissé dans cette chambre ; mais ces appartements ont de nombreuses issues, et il a peut-être accompagné l'intendant.
GABOR. — Le baron a beaucoup questionné l'intendant au sujet de votre mari, et, à vous parler franchement, je doute qu'il vous veuille du bien.
JOSÉPHINE. — Hélas! qu'y aurait-il de commun entre l'orgueilleux et opulent baron et l'inconnu Werner?
GABOR. — C'est ce que vous savez mieux que moi.
JOSÉPHINE. — Et d'ailleurs pourquoi vous intéresseriez-vous à mon mari plutôt qu'à l'homme dont vous avez sauvé les jours?
GABOR. — J'ai contribué à sauver ce voyageur quand il était en péril ; mais je ne me suis pas engagé à le servir dans des actes d'oppression. Je connais ces nobles et les mille moyens qu'ils emploient pour vexer le pauvre. J'en ai fait l'expérience, et mon indignation s'allume quand je les vois conspirer la ruine du faible... c'est là mon seul motif.
JOSÉPHINE. — Il ne serait pas facile de convaincre mon mari de vos bonnes intentions.
GABOR. — Est-il donc si soupçonneux?
JOSÉPHINE. — Il ne l'était pas autrefois ; mais le temps et le malheur l'ont fait tel que vous le voyez.
GABOR. — J'en suis fâché pour lui : le soupçon, pesante armure, embarrasse celui qui la porte plus qu'elle ne le protége. Bonne nuit! j'espère le retrouver à la pointe du jour. (*Gabor sort.* — IDENSTEIN *rentre accompagné de quelques paysans; Joséphine se retire à l'extrémité de la salle.*)

PREMIER PAYSAN. — Mais si je me noie?
IDENSTEIN. — Eh bien! tu seras largement payé pour cela, et je ne doute pas que tu n'aies souvent risqué plus que la noyade pour bien moins.
SECOND PAYSAN. — Mais nos femmes et nos enfants?
IDENSTEIN. — Ne peuvent y perdre, et y gagneront peut-être.
TROISIÈME PAYSAN. — Je n'en ai point, moi ; et je tenterai l'aventure.
IDENSTEIN. — C'est bien, cela! Voilà un brave garçon, digne de faire un soldat. Je te ferai entrer dans les gardes du prince si tu réussis, et en outre tu auras, en belles pièces neuves, bien luisantes, deux thalers.
TROISIÈME PAYSAN. — Pas davantage?
IDENSTEIN. — Fi de ton avarice! Comment un vice si bas peut-il s'allier à tant d'ambition? Je te le dis, l'ami, que deux thalers subdivisés en petite monnaie constituent un trésor. Est-ce que cinq cent mille héros ne risquent pas journellement leur vie et leur âme pour le dixième d'un thaler? Quand as-tu possédé la moitié de cette somme?
TROISIÈME PAYSAN. — Jamais... pourtant il m'en faut trois.
IDENSTEIN. — Ah! tu oublies, coquin, de qui tu es né le vassal.
TROISIÈME PAYSAN. — Je suis vassal du prince et non d'un étranger.
IDENSTEIN. — Maraud! en l'absence du prince, c'est moi qui suis ici souverain ; et le baron est une de mes connaissances particulières, et même un peu mon parent. « Cousin Idenstein, m'a-t-il dit, vous mettrez en réquisition une douzaine de vilains. » Par conséquent, vilains, en avant!... marchez!... marchez, vous dis-je! et

si un seul pli de ce paquet est mouillé par les flots de l'Oder, prenez-y garde : pour chaque feuille de papier gâtée, une de vos peaux sera convertie en parchemin et tendue sur un tambour, comme celle de Ziska, afin de battre la générale contre tous les vassaux réfractaires qui se refusent à faire l'impossible... Partez, vers de terre ! (*Il sort en les chassant devant lui.*)

JOSÉPHINE, *s'avançant*. — Que ne puis-je fuir le spectacle trop fréquent de cette tyrannie féodale exercée sur d'impuissantes victimes. Ne pouvant rien pour elles, je ne veux pas être témoin de leurs souffrances. Ici même, dans cette obscure bourgade, dans ce canton ignoré, on retrouve l'insolence de la médiocrité envers de plus indigents qu'elle, l'orgueil de la domesticité des nobles à l'égard d'une classe plus servile encore, et le vice misérable affectant un faste en haillons! Quel état de choses ! Dans ma chère Toscane, ce pays qu'échauffe un doux soleil, les nobles étaient citoyens et marchands, comme les Médicis. Nous avions nos maux; mais ils ne ressemblaient pas à ceux-ci. La pauvreté n'exclue pas le bonheur de nos joyeuses et fertiles vallées; chaque brin d'herbe est un aliment, et de chaque pampre coule ce breuvage enchanteur qui réjouit le cœur de l'homme; c'est là qu'un soleil bienfaisant rarement voilé par les nuages, ou du moins laissant après lui sa chaleur pour consoler de l'absence de ses rayons, rend les mortels plus heureux, sous un manteau usé ou sous une robe légère, que les rois ne le sont sous leur pourpre splendide. Mais les despotes du Nord paraissent vouloir imiter le vent glacial de leur climat; leur tyrannie pénètre jusque sous les haillons du vassal grelotant pour lui torturer l'âme comme les frimas lui torturent le corps ! Et voilà les souverains parmi lesquels mon mari brûle de prendre place ! Et telle est la force de son orgueil nobiliaire... qu'il a résisté à vingt années de traitements tels que pas un père dans une classe plus humble n'aurait le courage de les infliger à son fils! Mais moi, dont la naissance est aussi noble, j'ai reçu de la tendresse paternelle une leçon bien différente. O mon père ! que ton âme, longtemps éprouvée ici-bas, et qui maintenant goûte dans le ciel le repos des élus, jette un regard sur nous et sur notre Ulrich, ce fils dont nous appelons impatiemment le retour ! J'aime mon fils comme tu m'as aimée! Mais que vois-je? Werner, est-ce toi ? Est-il possible ? En quel état te voilà ! (WERNER *entre brusquement, un couteau à la main, par le panneau secret, qu'il ferme précipitamment après lui.*)

WERNER, *qui d'abord ne reconnaît pas sa femme.* — Je suis découvert ! en ce cas, la mort...... (*La reconnaissant.*) Ah ! Joséphine ! pourquoi te reposes-tu pas ?
JOSÉPHINE. — Reposer ! Mon Dieu ! que signifie tout cela ?
WERNER, *montrant un rouleau d'or.* — Voilà de l'or... cet or, Joséphine, nous délivrera d'un donjon détesté.
JOSÉPHINE. — Comment l'as-tu acquis ?.... ce couteau...
WERNER. — Il n'est pas teint de sang... pas encore !... partons .. rendons-nous à notre chambre.
JOSÉPHINE. — Mais d'où viens-tu ?
WERNER. — Ne me le demande pas ! Songeons seulement où nous irons .. Ceci... ceci nous ouvrira un chemin... (*Montrant l'or.*) Je les défie maintenant !
JOSÉPHINE. — Je n'ose te croire coupable d'un acte qui puisse t'imprimer le déshonneur.
WERNER. — Le déshonneur !
JOSÉPHINE. — Je l'ai dit.
WERNER. — Éloignons-nous ; c'est la dernière nuit que nous passons ici, je l'espère.
JOSÉPHINE. — Et moi je souhaite que ce ne soit pas la pire.
WERNER. — Tu souhaites! moi je suis sûr. Mais regagnons notre chambre.
JOSÉPHINE. — Encore une question... qu'as-tu fait ?
WERNER, *d'un air farouche.* — Je me suis abstenu de faire ce qui aurait tout arrangé pour le mieux ; n'y pensons plus ! Partons !
JOSÉPHINE. — Hélas! pourquoi faut-il que je doute de toi ! (*Ils sortent.*)

ACTE II.

SCÈNE PREMIÈRE.

Une autre salle du même château.

IDENSTEIN *entre avec* FRITZ *et d'autres vassaux.*

IDENSTEIN. — La belle affaire ! la superbe affaire ! l'honnête affaire ! un baron volé dans le château d'un prince ! où jamais, jusqu'à ce jour, pareil crime n'était arrivé !
FRITZ. — La chose n'était guère possible, à moins que les rats ne dérobassent aux souris quelques lambeaux de tapisserie.

IDENSTEIN. — Oh! faut-il que j'aie vécu pour être témoin d'un pareil jour ! L'honneur de notre endroit est perdu à jamais.
FRITZ. — Fort bien; mais il s'agit de découvrir le coupable. Le baron est déterminé à ne pas perdre cette somme sans faire des recherches.
IDENSTEIN. — Et moi aussi.
FRITZ. — Mais qui soupçonnez-vous ?
IDENSTEIN. — Qui je soupçonne? tout le monde·; dehors... de . dans... en haut... en bas... le ciel me soit en aide !
FRITZ. — La chambre n'a-t-elle pas d'autre entrée ?
IDENSTEIN. — Aucune autre.
FRITZ. — En êtes-vous sûr ?
IDENSTEIN. — Très sûr. J'ai vécu ici depuis ma naissance, et s'il y avait des issues dérobées, je les aurais vues, ou j'en aurais entendu parler.
FRITZ. — Alors le voleur doit être un homme qui avait accès dans l'antichambre.
IDENSTEIN. — Sans aucun doute.
FRITZ. — Ce Werner est-il pauvre ?
IDENSTEIN. — Pauvre comme un cancre. Mais il est logé bien loin dans l'autre aile, qui n'a aucune communication avec la chambre du baron : ce ne saurait être lui. En outre, je lui ai dit bonsoir dans la grande salle qui est presque à un mille d'ici, et qui ne conduit qu'à son appartement; je l'ai quitté au moment même où ce vol, cet infâme larcin paraît avoir été commis.
FRITZ. — Et cet autre, l'étranger ?
IDENSTEIN. — Le Hongrois ?
FRITZ. — Celui qui a aidé à repêcher le baron dans l'Oder ?
IDENSTEIN. — La chose n'est pas impossible. Mais, à propos... ne pourrait-ce pas être quelqu'un de vos gens ?
FRITZ. — Comment ? nous, monsieur ?
IDENSTEIN. — Non... je ne dis pas vous, mais quelque valet en sous-ordre. Vous dites que le baron dormait dans le fauteuil..... le fauteuil de velours... avec sa robe de chambre brodée ; devant lui était la table ; sur la table, un pupitre avec des lettres, des papiers et plusieurs rouleaux d'or, dont un seul a disparu ; la porte n'était pas fermée au verrou..... l'accès en était facile.
FRITZ. — Mon bon monsieur, ne soyez pas si prompt; la probité du corps qui forme la suite du baron est irréprochable, depuis l'intendant jusqu'au marmiton : je ne parlo pas des choses honnêtes et permises, fournitures et mémoires, poids, mesures, office, cave, sommellerie, où chacun peut faire de petits profits; comme aussi dans les ports de lettres, la perception des fermages, les provisions, les pots de vin convenus avec les honnêtes marchands qui fournissent nos nobles maîtres ; mais quant à des vols mesquins, à des filouteries directes, nous les méprisons comme nous méprisons nos malheureux gages. Et puis, si l'un de nos gens avait fait la chose, aurait-il eu la simplicité de s'exposer à la potence pour un seul rouleau ?... il aurait fait rafle du tout, et eût enlevé jusqu'au pupitre, qui est portatif.
IDENSTEIN. — Il y a de la justesse dans ce raisonnement.
FRITZ. — Non, monsieur, soyez-en persuadé, le coupable ne fait point partie de notre corps; c'est quelque petit filou vulgaire, sans génie et sans art. Toute la question est de savoir qui a pu pénétrer dans la chambre, après le Hongrois et vous.
IDENSTEIN. — Vous ne me soupçonnez pas, sans doute ?
FRITZ. — Non, monsieur, j'honore trop vos talents.
IDENSTEIN. — Et mes principes, j'espère ?
FRITZ. — Cela va sans dire. Mais à la question ! Que reste-t-il à faire ?
IDENSTEIN. — Rien... mais beaucoup à dire. Nous offrirons une récompense; nous remuerons ciel et terre; nous ferons agir la police (quoiqu'il n'y en ait pas de plus rapprochée que celle de Francfort); nous poserons des affiches à la main (car nous n'avons pas d'imprimeur); et mon clerc se chargera de les lire (car il n'y a guère que lui et moi qui sachions lire); nous enverrons nos vassaux pour déshabiller les mendiants et fouiller les poches vides; nous ferons arrêter tous les bohémiens, tous les gens sales et mal vêtus. Si nous ne mettons pas la main sur le coupable, nous aurons du moins des prisonniers; et quant à l'or du baron,... si on ne le trouve pas, du moins il aura la grande satisfaction d'en dépenser deux fois la valeur pour évoquer l'ombre de ce rouleau. Voilà, j'espère, une cure alchimique.....
FRITZ. — Le baron en a trouvé une meilleure.
IDENSTEIN. — Oui ?
FRITZ. — Dans un immense héritage. Le comte Siegendorf, son parent éloigné, est mort près de Prague, dans son château; et monseigneur va prendre possession du domaine.
IDENSTEIN. — N'y avait-il pas un héritier direct?
FRITZ — Peste! oui; mais dès longtemps on l'a perdu de vue, et peut-être n'est-il plus de ce monde. C'était un enfant prodigue, éloigné depuis vingt ans de son père, lequel a refusé de tuer pour lui le veau gras; par conséquent, s'il vit encore, il doit être dans quelque coin occupé à mâcher des cosses de pois. Mais s'il venait à pa-

raître, le baron trouverait le moyen de le faire taire : c'est un grand politique, et il a beaucoup d'influence dans certaines cours.

IDENSTEIN. — C'est fort heureux.

FRITZ. — Il existe bien, d'ailleurs, un petit-fils que le feu comte avait retiré des mains du prodigue, et élevé comme son héritier ; mais sa naissance est douteuse.

IDENSTEIN. — Comment cela ?

FRITZ. — Son père avait contracté un mariage d'amour, une sorte de mariage de la main gauche avec la fille aux yeux noirs d'un exilé italien, noble aussi, dit-on, mais parti peu sortable pour une maison telle que celle des Siegendorf. Le grand-père vit cette alliance avec déplaisir ; et quoiqu'il eût pris l'enfant avec lui, il ne voulut jamais revoir ni le père ni la mère.

IDENSTEIN. — Si le jeune homme a du cœur, il peut encore faire valoir ses droits, et filer une trame que votre baron aura de la peine à débrouiller.

FRITZ. — Du cœur, il n'en manque pas : on dit qu'il offre un heureux mélange des qualités de sa famille... impétueux comme son père, politique comme son aïeul ; mais ce qu'il y a de plus étrange, c'est qu'il a disparu aussi, il y a quelques mois.

IDENSTEIN. — Par quel diable ?...

FRITZ. — Tout cela, le diable seul peut lui avoir mis en tête de partir dans un moment aussi critique, à la veille de la mort du vieillard, dont son absence brisa le cœur.

IDENSTEIN. — N'a-t-on assigné aucune cause à ce départ ?

FRITZ. — Mille causes diverses, dont peut-être aucune n'est la véritable. Les uns ont dit qu'il était allé à la recherche de ses parents ; d'autres, qu'il a voulu s'affranchir de la contrainte que lui imposait le vieillard (mais cela n'est guère probable, car ce dernier en raffolait). Un troisième prétendait qu'il avait été prendre du service dans les armées ; mais la paix ayant suivi de près son départ, il serait maintenant de retour. Un quatrième enfin conjecturait charitablement, d'après ce qu'il y avait en lui d'étrange et de mystérieux, que le jeune homme, dans la sauvage exubérance de sa nature, était allé se joindre aux bandes noires qui dévastent la Lusace, les montagnes de la Bohême et la Silésie, depuis que la guerre a fait place à un système de brigandage, chaque troupe ayant son chef, et chefs et soldats ligués contre le genre humain.

IDENSTEIN. — Impossible ! un jeune héritier, élevé dans le luxe et l'opulence, risquer son honneur pour vivre avec des soldats licenciés, des gens sans aveu.

FRITZ. — Le ciel sait ce qu'il en est ! mais certaines natures sont tellement imbues d'un goût farouche pour les entreprises hasardeuses, qu'elles cherchent le péril comme un plaisir. Rien ne peut civiliser l'Indien ni apprivoiser le tigre, leur enfance fût-elle nourrie de lait et de miel. Avant tout vos Wallenstein, vos Tilly, vos Gustave, vos Banner, vos Torstenson et vos Weimar n'étaient que des brigands sur une grande échelle ; maintenant qu'ils ont disparu et que la paix est proclamée, ceux qui veulent se livrer au même passe-temps doivent agir pour leur compte. Mais voici le baron avec le Saxon qui a le plus contribué à le sauver, et qui a quitté ce matin la chaumière sur les rives de l'Oder.

(STRALENHEIM entre avec ULRICH.)

STRALENHEIM. — Généreux étranger, en refusant toute récompense, vous me réduisez à ne pouvoir vous payer ma dette même en paroles ; et vous me faites rougir de la stérilité de ma reconnaissance, comparée à ce que votre courage a fait pour moi.

ULRICH. — Ne parlons plus de cela, je vous prie.

STRALENHEIM. — Mais ne puis-je vous être utile ? Vous êtes jeune, et votre nature est de celles qui produisent les héros ; vous êtes bien fait, brave ; le service que vous m'avez rendu en est la preuve ; et sans doute avec des qualités aussi brillantes, vous affronteriez les glorieux périls de la guerre, comme vous avez bravé la fureur des eaux pour sauver un inconnu d'une mort imminente. Vous êtes né pour la carrière des armes. J'ai servi moi-même, j'occupe un grade que je dois à ma naissance et à mes services ; j'ai des amis qui seront les vôtres. Il est vrai qu'un intervalle de paix est peu favorable à la pareille profession ; mais avec l'inquiétude qui travaille les esprits, cet état de choses ne peut être d'une longue durée ; après trente ans de combats, la paix n'est qu'une petite guerre dont chaque forêt est le théâtre, ce n'est véritablement qu'une trêve armée. En attendant les hostilités sérieuses, vous pourrez obtenir un grade, simple point de départ pour un autre plus élevé ; et, par mon influence, vous ne sauriez manquer d'arriver aux plus hauts postes. Je parle du Brandebourg, où je suis en crédit auprès de l'électeur ; en Bohême, où nous sommes en ce moment, je suis étranger comme vous.

ULRICH. — Je suis saxon, monsieur, comme vous le voyez à mon costume, et naturellement je dois mes services à mon souverain ; si je décline votre offre, c'est avec le même sentiment qui vous l'a inspirée.

STRALENHEIM. — Comment donc ! mais c'est une véritable usure ! Je vous dois la vie, et vous me refusez le moyen d'acquitter l'intérêt de ma dette, pour accumuler sur moi de nouvelles obligations jusqu'à ce que j'en sois écrasé !

ULRICH. — Attendez pour le dire, que j'en réclame le paiement.

STRALENHEIM. — Ainsi, monsieur ; puisque vous ne voulez rien accepter.. vous êtes de naissance noble ?

ULRICH. — Ma famille passe pour telle.

STRALENHEIM. — Vos actions le prouvent. Puis-je vous demander votre nom ?

ULRICH. — Ulrich.

STRALENHEIM. — Le nom de votre famille ?

ULRICH. — Quand je m'en serai rendu digne, je vous répondrai.

STRALENHEIM, à part. — C'est sans doute un Autrichien que la prudence oblige à cacher son origine sur ces frontières sauvages, où le nom de son pays est abhorré. (Haut à Fritz et à Idenstein). Eh bien ! messieurs, avez-vous réussi dans vos recherches ?

IDENSTEIN. — Passablement, monseigneur.

STRALENHEIM. — Le voleur est donc pris ?

IDENSTEIN. — Mais... pas positivement.

STRALENHEIM. — Ou du moins, soupçonné ?

IDENSTEIN. — Ah ! pour cela oui, très fortement soupçonné.

STRALENHEIM. — Qui peut-il être ?

IDENSTEIN. — Ne pourriez-vous pas nous le dire, monseigneur ?

STRALENHEIM. — Comment le pourrais-je, si je dormais.

IDENSTEIN. — Et moi aussi, ce qui fait que je n'en sais pas plus que Votre Excellence.

STRALENHEIM. — Imbécile !

IDENSTEIN. — Si Votre Seigneurie, qui a été volée, ne reconnaît pas le voleur, comment moi, qui ne l'ai pas été, le distinguerais-je parmi tant de gens ? Permettez-moi de dire à Votre Excellence que rien ne peut faire connaître le voleur à la vue : il ressemble à tout le monde, et peut-être a-t-il encore meilleure mine que d'autres. Ce n'est qu'à faire du tribunal et en prison que les gens avisés reconnaissent un criminel : que l'homme qui vous a volé y paraisse seulement, et j'en réponds, coupable ou non, son visage le fera condamner.

STRALENHEIM, à Fritz. — Dis-moi, Fritz ; qu'a-t-on fait pour se mettre sur les traces du voleur ?

FRITZ. — Ma foi, monseigneur, on n'a guère fait jusqu'à présent que des conjectures.

STRALENHEIM. — Sans parler de la perte, qui, je l'avoue, m'affecte en ce moment d'une manière sensible, je désirerais découvrir le coupable par des motifs d'ordre public ; car un voleur aussi adroit, capable de se faire jour parmi mes gens, de traverser un si grand nombre de chambres éclairées et habitées, d'arriver jusqu'à moi pendant mon sommeil, et de me dérober mon or sous mes yeux à peine fermés..... un tel coquin aurait bientôt dévalisé votre bourgade, monsieur l'intendant.

IDENSTEIN. — Cela serait à craindre, s'il y avait ici quelque chose à prendre.

ULRICH. — De quoi donc s'agit-il ?

STRALENHEIM. — Vous n'êtes venu nous r'joindre que ce matin et vous ne pouvez pas encore savoir qu'on m'a volé la nuit dernière.

ULRICH. — J'en ai entendu dire quelque chose en traversant le vestibule, mais voilà tout.

STRALENHEIM. — C'est un étrange événement. Voici l'affaire. J'étais endormi dans un fauteuil, ayant devant moi une table sur laquelle il y avait de l'or (en plus grande quantité que je n'en voudrais perdre) ; un coquin subtil est parvenu, je ne sais par où, à se faire jour à travers mes domestiques et les gens du château, et m'a emporté cent ducats, que je ne serais pas fâché de retrouver. Voilà tout. Comme je me sens encore faible, voudriez-vous, au service important que vous m'avez rendu hier, en ajouter un autre moins considérable, mais auquel je mets quelque prix ? c'est d'aider ces gens, qui me paraissent un peu tièdes, à recouvrer mon argent.

ULRICH. — Très volontiers, et sans perdre de temps... (A Idenstein). Venez avec moi, monsieur.

IDENSTEIN. — On avance rarement les choses avec tant de hâte, et...

ULRICH. — On les avance bien moins encore en ne bougeant pas... Nous causerons en marchant.

IDENSTEIN. — Mais...

ULRICH. — Montrez-moi l'endroit d'abord.

FRITZ. — J'irai avec vous, monsieur, si Son Excellence veut bien le permettre.

STRALENHEIM. — Va, et emmène avec toi ce vieil âne.

FRITZ. — Partons !

ULRICH, à Idenstein. — Viens, vieil oracle, et tu nous expliqueras tes énigmes. (Il sort avec Idenstein et Fritz.)

STRALENHEIM, seul. — Voilà un jeune homme résolu, actif, à l'air militaire ; beau comme Hercule au premier de ses travaux ! Quand il est en repos, son front révèle des pensées au-dessus de son âge, jusqu'à ce que son regard s'anime sous le regard qui l'interroge. Je voudrais me l'attacher. J'ai be-

soin de quelques esprits de cette trempe ; car il faudra lutter pour obtenir cet héritage, et je ne suis pas homme à l'abandonner sans combat. Il en est ainsi de ceux qui s'interposent entre moi et l'objet de mes désirs. Le jeune prétendant est, dit-on, plein de cœur ; mais, dans un moment de caprice ou de folie, il a disparu, laissant à la fortune le soin de défendre ses droits : c'est bien !... Le père, que je suis à la piste depuis quelques années, comme pourrait le faire un limier, sans jamais l'apercevoir, mais aussi sans jamais perdre sa trace, était parvenu à me mettre en défaut ; mais ici je le tiens, et tout est pour le mieux. Ce doit être lui ! tout me le dit. Oui, cet homme, son aspect, le mystère et l'époque de son arrivée, ce que l'intendant me dit de l'air de dignité et de l'aspect étranger de sa femme, l'antipathie qui s'est manifestée entre nous dès notre première rencontre, comme le lion et le serpent reculent en présence l'un de l'autre, tout m'affermit dans cette opinion. Quoi qu'il en soit, nous nous mesurerons. Dans quelques heures, l'ordre arrivera de Francfort, si, comme le temps l'annonce, le fleuve ne continue pas à monter. Je mettrai ce prétendu Werner en sûreté dans une prison où il devra faire connaître son état et son nom véritables. Et lors même qu'il ne serait pas ce que je soupçonne, quel mal y aura-t-il après tout ? Ce vol lui-même (à part la perte réelle) est un incident heureux. Notre homme est pauvre, et par conséquent suspect ; il est inconnu, et nécessairement sans défense... Il est vrai que nous n'avons pas de preuve de sa culpabilité... mais quelles preuves a-t-il de son innocence ? Si, sous d'autres rapports, c'était un homme indifférent pour moi, je soupçonnerais plutôt le Hongrois, en qui je remarque des choses qui ne me plaisent pas, et qui d'ailleurs, à l'exception de l'intendant, des gens du prince et des miens, a été seul admis dans mon appartement.
(GABOR *entre*).

Eh bien ! ami, comment vous trouvez-vous ?
GABOR. — Comme les gens qui se trouvent bien partout, quand ils ont soupé et dormi n'importe comment... et vous, monseigneur ?
STRALENHEIM. — Chez moi, l'article du repos va mieux que celui de la bourse ; mon auberge va probablement me coûter cher.
GABOR. — J'ai entendu parler de votre perte ; mais c'est une bagatelle pour vous.
STRALENHEIM. — Vous penseriez autrement peut-être si vous étiez le perdant.
GABOR. — Je n'ai jamais eu tant d'argent à la fois, et je ne puis par conséquent décider la question. Mais je vous cherchais. Vos courriers sont revenus sur leurs pas... je les ai rencontrés en route.
STRALENHEIM. — Vous ! comment ?
GABOR. — A la pointe du jour, j'ai été voir où en étaient les eaux, impatient que j'étais de continuer mon voyage. Vos messagers se sont trouvés comme moi dans la nécessité d'attendre ; et, voyant qu'il n'y a pas de remède, je me résigne au bon plaisir du fleuve.
STRALENHEIM. — Les vauriens mériteraient d'être au fond ! Pourquoi n'ont-ils pas du moins tenté le passage ? je l'avais ordonné à tous risques.
GABOR. — Si vous aviez pu ordonner aux flots de l'Oder de s'entr'ouvrir, comme fit Moïse à la mer Rouge, et si l'Oder vous eût obéi, ils auraient sans doute tenté l'aventure.
STRALENHEIM. — Il faut que je voie cela ; les marauds ! les misérables !... mais ils me le paieront ! (*Stralenheim sort*.)

GABOR, *seul*. — Voilà bien mon noble, féodal et égoïste baron ! l'épitomé de ce qui nous reste des preux chevaliers et du bon vieux temps ! Hier, il aurait donné ses domaines (s'il en a), et plus encore, ses seize quartiers, pour autant d'air qu'il en tient dans une vessie, pendant que, la tête à demi sortie de la portière de son carrosse submergé, il se débattait avec les flots ; et maintenant, il s'emporte contre une demi-douzaine de valets, parce qu'eux aussi tiennent à leur vie ! Mais il a raison, cet attachement est bien étrange de leur part dans un monde où un pareil homme a le droit de leur faire tout risquer au gré du caprice. O monde ! tu n'es véritablement qu'une triste plaisanterie ! (*Gabor sort*.)

SCÈNE II.

L'appartement de Werner dans le château.

Entrent JOSÉPHINE *et* ULRICH.

JOSÉPHINE. — Reste ainsi un moment, que je te regarde encore ! Mon Ulrich !... mon bien-aimé !... se peut-il... après douze ans ?
ULRICH. — Ma bonne mère !
JOSÉPHINE. — Oui, mon rêve s'est réalisé... que mon fils est beau !... au-delà de tout ce que j'ai désiré ! O ciel ! reçois les remercîments d'une mère et ses larmes de joie ! C'est bien ton ouvrage !... en un tel moment, ce n'est pas seulement un fils, c'est un sauveur qui nous arrive.
ULRICH. — Si un tel bonheur m'est réservé, il doublera l'ivresse que j'éprouve, en allégeant mon cœur d'une portion de sa longue dette, la dette du devoir, non de l'amour, car je n'ai jamais cessé de vous aimer... Pardonnez-moi ce long délai, je n'en suis pas coupable.
JOSÉPHINE. — Je le sais ; mais je ne puis maintenant m'occuper de sujets de douleur ; je doute même si j'en eus jamais : ce transport délicieux les a effacés de ma mémoire !... mon fils ! (WERNER *entre*.)

WERNER. — Que vois-je !... encore un nouveau visage !
JOSÉPHINE. — Non, regarde le ! Qui est-ce ?
WERNER. — Un jeune homme que je n'ai jamais vu.
ULRICH, *s'agenouillant*. — Que vous n'avez pas vu depuis douze longues années, mon père !
WERNER. — O Dieu !
JOSÉPHINE. — Il perd connaissance.
WERNER. — Non, je suis mieux... Ulrich ! (*Il l'embrasse*.)
ULRICH. — Mon père ! monsieur de Siegendorf !
WERNER, *tressaillant*. — Silence ! mon fils ; les murs pourraient entendre ce nom.
ULRICH. — Eh bien ?
WERNER. — Eh bien.... mais nous parlerons de cela plus tard. Rappelle-toi que je ne dois être connu ici que sous le nom de Werner ! Viens ! viens encore dans mes bras ! Ah ! tu es tout ce que j'aurais dû être, tout ce que je n'ai pas été. Joséphine ! non, ce n'est pas la tendresse paternelle qui m'éblouit : si je l'avais vu au milieu de dix mille jeunes gens des plus distingués, mon cœur l'aurait choisi pour mon fils.
ULRICH. — Et pourtant, vous ne m'avez pas reconnu !
WERNER. — Hélas ! j'ai dans mon âme quelque chose qui, au premier coup d'œil, ne me laisse voir dans les hommes que le mal.
ULRICH. — Ma mémoire a mieux servi ma tendresse : je n'ai rien oublié ; et, sous les orgueilleux lambris de..... (je ne nommerai pas ce lieu, puisque, dites-vous, il y a péril à le faire).... au milieu des pompes féodales du manoir de mon aïeul, combien de fois, au coucher du soleil, j'ai tourné mes regards vers les montagnes de la Bohême, et pleuré de voir un autre jour se clore entre vous et moi, séparés par ces hautes barrières ! Elles ne nous sépareront plus.
WERNER. — Je l'ignore. Sais-tu que mon père a cessé de vivre ?
ULRICH. — O ciel ! je l'avais laissé dans une vieillesse pleine de verdeur, semblable à un chêne chargé d'années, mais opposant encore un tronc robuste au choc des éléments, au milieu des jeunes arbres qui tombent autour de lui : il y a de cela trois mois à peine.
WERNER. — Pourquoi l'as-tu quitté ?
JOSÉPHINE, *embrassant Ulrich*. — Peux-tu le lui demander ? N'est-il pas ici ?
ULRICH. — C'est vrai ! il est allé à la recherche de ses parents et il les a trouvés, nous partirons et dans quel état !
WERNER. — Tout ira mieux. Ce que nous avons à faire, c'est d'aller soutenir nos droits ou plutôt les vôtres ; car je renonce à toute prétention, à moins que mon aïeul n'ait disposé en ma faveur de la plus grande partie de ses biens : dans ce cas, je ferais valoir mes droits pour la forme ; mais j'espère qu'il en est autrement, et que tout vous appartient.
WERNER. — As-tu entendu parler de Stralenheim ?
ULRICH. — Hier, je lui ai sauvé la vie ; il est ici.
WERNER. — Tu as sauvé le serpent qui nous perdra tous.
ULRICH. — Je ne vous comprends pas : ce Stralenheim, qu'a-t-il de commun avec nous ?
WERNER. — Plus de choses que tu ne penses : il revendique l'héritage de mon père ; il est notre parent éloigné, notre plus mortel ennemi.
ULRICH. — J'entends son nom pour la première fois. Le comte, est vrai, parlait quelquefois d'un parent qui, dans le cas où la ligne directe viendrait à s'éteindre, pourrait avoir des droits éventuels à sa succession ; mais ses titres n'ont jamais été désignés plus clairement devant moi. Et qu'importe, d'ailleurs ? son droit s'efface devant le nôtre.
WERNER. — Oui, si nous étions à Prague ; mais, ici, il est tout puissant. Il a tendu ses pièges autour de nous, et si j'ai pu me soustraire jusqu'à ce jour, c'est à la fortune seule que j'en dois rendre grâce.
ULRICH. — Vous connaît-il personnellement ?
WERNER. — Non ; mais il a des soupçons qui se sont trahis hier soir ; et je ne dois peut-être ma liberté qu'à son hésitation.
ULRICH. — Je pense que vous n'osez m'accuser à tort (pardonnez-moi cette liberté) : Stralenheim n'est pas ce que vous croyez ; et, dans tous les cas, il m'a des obligations. Je lui ai sauvé la vie ; à ce titre il m'accorde sa confiance. Il a été volé depuis son arrivée ; il est malade, il est étranger, et, comme tel, n'étant pas capable de faire lui-même les recherches nécessaires pour découvrir l'infâme qui l'a dévalisé, j'ai pris l'engagement de le remplacer en cette occasion ; ce qui est le principal motif qui m'amenait ici ; mais en cherchant l'argent d'un autre, j'ai trouvé moi-même un trésor .... vous ai trouvé.

WERNER, *avec agitation*. — Qui a pu t'apprendre à prononcer ce nom d'infâme ?
ULRICH. — Quel nom plus noble puis-je donner à des voleurs vulgaires ?
WERNER. — Qui a pu t'apprendre à flétrir un inconnu d'un stigmate infernal ?
ULRICH. — Je n'obéis qu'à mes propres sentiments quand je qualifie un malfaiteur d'après ses actes.
WERNER. — Qui t'a dit, enfant longtemps regretté et que je retrouve pour mon malheur ; qui t'a dit que tu pourrais insulter impunément ton père ?
ULRICH. — J'ai parlé d'un infâme : qu'y a-t-il de commun entre un pareil être et mon père ?
WERNER. — Tout! Cet infâme est ton père !
JOSÉPHINE. — O mon fils ! ne le crois pas..... Et cependant ....
(*La voix lui manque.*)
ULRICH. *Il tressaille, regarde fixement Werner, puis lui dit lentement* : — Et vous l'avouez ?
WERNER. — Ulrich, avant de mépriser ton père, apprends à connaître les hommes. Jeune, impétueux, nouvellement entré dans la vie, élevé au sein de l'opulence, est-ce à toi de mesurer la force des passions ou les tentations du malheur ? Attends (ce ne sera pas bien long, car le malheur vient, comme la nuit, d'un pas rapide).. attends que tu aies vu comme moi tes espérances flétries... que le chagrin et la honte soient devenus tes serviteurs, la famine et la pauvreté tes convives, le désespoir ton compagnon de lit..... alors, lève-toi, et prononce ! Si jamais ce jour arrivait pour toi ; si tu voyais le serpent qui a enlacé de ses replis tout ce que tu as de plus cher et de plus précieux étendu et endormi sous tes pas, et les anneaux du reptile s'interposant seuls entre le bonheur et toi ; si le hasard mettait en ton pouvoir celui qui ne respire que pour te ravir ton nom, tes biens et la vie même ; si tu le voyais un couteau à la main, la nuit te couvrant de son manteau, le sommeil fermant toutes les paupières, même celles de ton plus mortel ennemi ; si tout l'invitait à lui donner la mort, jusqu'à ce sommeil qui en est l'image, et que sa mort pût seule te sauver..... remercie Dieu, alors, à mon fils ! si content d'un faible larcin, tu le détournes et l'éloignes : c'est ce que j'ai fait.
ULRICH. — Mais.....
WERNER, *brusquement*. — Laisse-moi ! Je ne puis entendre une voix d'homme.... à peine osé-je écouter la mienne (si toutefois c'est encore une voix humaine).... Laisse moi continuer ! Tu ne connais pas cet homme..... Je le connais, moi. Il est lâche, perfide, avare. Tu te crois en sûreté parce que tu es jeune et brave ; mais apprends que nul ne peut se soustraire à la haine implacable et à la trahison. Mon plus grand ennemi, Stralenheim, logé dans te château, couché dans la chambre du prince, était livré à mon poignard ! Un instant..... un léger mouvement..... la moindre impulsion m'eussent délivré de lui et de toutes mes terreurs sur la terre. Il était en mon pouvoir.... ma main était levée.... le fer s'est détourné de lui.... et me voilà en sa puissance !..... N'es-tu pas également exposé à ses coups ? Qui m'assure qu'il ne te connaît pas, que ses artifices ne t'ont pas amené ici pour l'immoler, ou te plonger avec tes parents dans un cachot ?..... (*Il s'arrête.*)
ULRICH. — Achevez..... achevez !
WERNER. — Moi, il m'a poursuivi dans tous les temps, dans toutes les positions, sous tous les noms..... Pourquoi pas toi aussi ? Es-tu plus versé dans la connaissance des hommes ? Il m'a entouré de pièges, a semé sur ma voie des reptiles ; dans ma jeunesse, il eût suffi de mon mépris pour les écarter de ma présence ; mais aujourd'hui mon dédain ne ferait que leur fournir de nouveaux poisons. Veux-tu m'écouter avec calme ? Ulrich !..... Ulrich ! Il est des crimes atténués par les circonstances, et des tentations que la nature ne peut ni maîtriser ni éviter.

ULRICH. *Il regarde d'abord son père, puis Joséphine.* — Ma mère !
WERNER. — Oui ! je le prévoyais ; il ne te reste plus qu'elle. Moi, j'ai perdu à la fois et mon père et mon fils.
(*Werner sort précipitamment.*)

Meurtre de Stralenheim.

ULRICH. — Arrêtez !
JOSÉPHINE, *à Ulrich*. — Ne le suis pas ; attends que cet orage se soit calmé. Penses-tu que je ne l'aurais pas suivi moi-même si cela eût pu le soulager ?
ULRICH. — Je vous obéis, ma mère, quoiqu'à regret ; mon premier acte ne sera pas un acte de désobéissance.
JOSÉPHINE. — Oh ! ton père est bon ! ne le condamne pas sur son propre témoignage ; mais crois-en ta mère, qui a tant souffert avec lui et pour lui : tu n'as vu que la surface de son âme ; elle contient de meilleurs sentiments dans ses profondeurs.
ULRICH. — Ces principes n'appartiennent donc qu'à mon père ? Ma mère ne les partage pas ?
JOSÉPHINE. — Il ne pense pas lui-même comme il parle. Hélas ! de longues années de chagrin ont altéré sa raison, qui chancelle quelquefois.
ULRICH. — Expliquez-moi donc clairement les prétentions de Stralenheim, afin qu'après avoir tout considéré, je sache ce que j'ai à lui dire, ou que je puisse du moins vous délivrer de vos périls actuels. Je prends l'engagement de le faire..... Que ne suis-je arrivé quelques heures plus tôt !
JOSÉPHINE. — Ah ! plût au ciel !
(*GABOR et IDENSTEIN entrent avec divers domestiques.*)
GABOR, *à Ulrich*. — Je vous cherchais, camarade. Voilà donc ma récompense ?
ULRICH. — Que voulez-vous dire ?
GABOR — Corbleu ! suis-je arrivé à mon âge pour cela ? (*A Idenstein.*) Quant à toi, n'étaient tes cheveux gris et la bêtise, je.....
IDENSTEIN. — Au secours ! ne me touchez pas ! Mettre la main sur un intendant !
GABOR — Je ne te ferai pas l'honneur de sauver ton cou de la potence en t'étranglant de mes propres mains.
IDENSTEIN — Je vous remercie de ce sursis ; mais il est des gens qui en ont plus besoin que moi.
ULRICH. — Expliquez-moi cette singulière énigme.

..BOR. — Voici le fait : le baron a été volé, et le digne personnage voici a daigné faire tomber sur moi ses bienveillants soupçons ; moi qu'il a vu hier pour la première fois.

..ENSTEIN. — Fallait-il donc soupçonner mes amis et connaissances ? Sachez que je hante meilleure compagnie que cela.

..BOR. — Tu ne tarderas pas à hanter la meilleure et la dernière pour tout le monde, celle des vers du cercueil, méchant
..e. *(Gabor le saisit.)*
.. contenez-vous, Gabor.

..RICH, *s'interposant.* — Point de violence ! il est vieux, désarmez-vous, Gabor.

..BOR, *lâchant Idenstein.* — Vous avez raison, je suis un sot d'oublier, parce que des imbéciles me prennent pour un fripon ; un hommage de leur part.

..RICH, *à Idenstein.* — Comment vous trouvez-vous ?

..ENSTEIN. — Au secours !

..RICH. — Je vous ai secouru, Idenstein.

..ENSTEIN. — Tuez-le, et j'en conviendrai.

..ENSTEIN. — C'est plus qu'on ne fera pour vous, s'il y a des ..s et des tribunaux en Allemagne. Le baron décidera.

..BOR. — Te soutient-il dans ton accusation ?

..ENSTEIN. — Certainement.

..BOR. — Une autre fois, il pourra couler à fond avant que je ..baisse pour l'empêcher de se noyer. Mais il vient... (STRALEN-
..M *entre. Gabor va à lui.*)
..ble seigneur, me voici...

..TRALENHEIM. — Eh bien ?

..BOR. — Avez-vous à me parler ?

..TRALENHEIM. — Qu'aurais-je à régler avec vous ?

..BOR — Vous le savez bien, si le bain d'hier ne vous a pas ôté ..mémoire. Mais ceci n'est qu'une bagatelle : pour m'expliquer ..s catégoriquement, je suis accusé par cet intendant d'avoir pillé ..re personne ou votre chambre : l'accusation vient-elle de vous ..de lui ?

..TRALENHEIM. — Je n'accuse personne.

..BOR. — Alors vous me mettez hors de cause ?

..TRALENHEIM. — Je ne sais qui accuser ou mettre hors de cause ; ..sais à peine qui soupçonner.

GABOR. — Mais du moins vous pouvez savoir qui vous ne devez ..s soupçonner. Je suis insulté.... injurié par vos lâches valets, et ..st près de vous que je réclame... qu'ils apprennent de vous leur ..voir ! Pour cela, ils doivent commencer par chercher le voleur ..rmi eux ; en un mot, si j'ai un accusateur, qu'il soit digne d'un ..mme tel que moi. Je suis votre égal.

STRALENHEIM. — Vous ?

GABOR. — Oui, monsieur, et votre supérieur peut-être. Mais con..uez... Il ne s'agit pas de demi-mots, de conjectures, ni même ..preuves circonstancielles ; je sais assez ce que j'ai fait pour vous, ..ce que vous me devez, et par conséquent j'aurais attendu mon ..iement sans le prendre moi-même, si votre or m'avait tenté. Je ..is aussi que, fussé-je le fripon pour qui l'on me prend, le service ..e je vous ai rendu tout récemment ne vous permettrait pas de ..ursuivre ma mort sans déshonorer votre écusson. Mais tout cela ..'est rien, je vous demande justice de vos insolents serviteurs ; je ..emande que votre bouche désavoue la sanction dont ils prétendent ..uvrir leur impudence ; c'est bien le moins que vous deviez à ..otre sauveur.

STRALENHEIM. — Ce ton peut être celui de l'innocence.

GABOR. — Morbleu ! qui oserait en douter, sinon des coquins qui ..e l'ont jamais connue.

STRALENHEIM. — Vous vous échauffez, monsieur.

GABOR. — Dois-je me transformer en glaçon sous le souffle de ..uelques valets et de leur maître ?

STRALENHEIM. — Ulrich ! vous connaissez cet homme ? je l'ai ..rouvé dans votre compagnie.

GABOR. — Nous vous avons trouvé dans l'Oder, et nous aurions ..û vous y laisser.

STRALENHEIM. — Je vous offre mes remercîments, monsieur.

GABOR. — Je les ai mérités ; mais d'autres peut-être m'eussent ..ccordé davantage si je vous avais laissé à votre destin.

STRALENHEIM. — Ulrich ! vous connaissez cet homme ?

GABOR. — Il ne me connaît pas plus que vous, s'il ne rend pas ..émoignage à mon honneur.

ULRICH. — Je puis attester votre courage, et même autant que ..u'y autorise notre courte liaison, je puis garantir votre honneur.

STRALENHEIM. — Alors je suis satisfait.

GABOR, *avec ironie.* — Facilement, ce me semble. Qu'y a-t-il donc

GABOR. — Monsieur, monsieur, ce n'est pas là de la franchise ; c'est une lâche équivoque ; vous savez que vos doutes sont des certitudes pour tous ceux qui vous entourent... Il y a dans votre voix, dans le froncement de vos sourcils une sentence ; vous abusez ici de votre pouvoir ; mais prenez-y garde ! vous ne connaissez pas celui que vous prétendez fouler aux pieds.

STRALENHEIM. — Vous menacez !

GABOR. — Moins que vous n'accusez. Vous insinuez contre moi l'imputation la plus lâche. J'y réponds par un avis plein de franchise.

STRALENHEIM. — Comme vous l'avez dit, il est vrai que je vous dois quelque chose ; il paraît que votre intention est de vous payer par vos mains.

GABOR. — Ce n'est pas du moins avec votre or.

STRALENHEIM. — C'est alors en insolence. (*A ses gens et à Idenstein.*) Vous pouvez laisser cet homme : qu'il soit libre de continuer son chemin. Ulrich, adieu. (*Stralenheim sort avec Idenstein et ses gens.*)

GABOR, *le suivant.* — Je le suivrai et...

ULRICH, *l'arrêtant.* — Ne faites point un seul pas.

GABOR. — Qui m'en empêchera ?

ULRICH. — Votre propre raison, après un moment de réflexion.

GABOR. — Me faut-il supporter un tel affront ?

ULRICH. — Bah ! nous sommes tous obligés de supporter l'arrogance... Les plus hauts ne peuvent désarmer Satan, ni les plus humbles ses vice-gérants sur la terre. Je vous ai vu braver les éléments, et supporter des choses en face desquelles ce ver à soie eût changé de peau... et il suffira de quelques paroles ironiques pour vous déconcerter !

GABOR. — Dois-je souffrir qu'on me prenne pour un voleur ? Passe encore pour un bandit de la forêt... il y a dans ce métier quelque chose de hardi... mais dérober l'argent d'un homme endormi !

ULRICH. — Vous m'attestez donc que vous n'êtes pas coupable ?

GABOR. — Ai-je bien entendu ? vous aussi ?

ULRICH. — C'est une simple question.

GABOR. — Au juge qui me le ferait, je répondrais : Non !...à vous, voici ma réponse. (*Il met l'épée à la main.*)

ULRICH, *tirant la sienne.* — De tout mon cœur.

JOSÉPHINE. — Au secours ! au secours ! au meurtre ! (*Joséphine sort en criant... Gabor et Ulrich se battent ; Gabor est désarmé au moment où arrivent* STRALENHEIM, JOSÉPHINE, IDENSTEIN, *etc.*)

JOSÉPHINE. — O Dieu puissant ! il est hors de danger.

STRALENHEIM, *à Joséphine.* — Qui ?

JOSÉPHINE. — Mon...

ULRICH, *l'interrompant d'un regard, puisse tournant vers Stralenheim.* — Tous deux ! il n'y a pas grand mal.

STRALENHEIM. — Quelle est la cause de tout ceci ?

ULRICH. — Je pense que c'est vous, baron ; mais puisqu'il n'en est rien résulté, ne vous inquiétez pas... Gabor, voici votre épée. La première fois qu'il vous arrivera de vous en servir, que ce ne soit pas contre vos amis. (*Ulrich appuie sur ces derniers mots qu'il prononce avec lenteur et à voix basse.*)

GABOR. — Je vous remercie, moins pour ma vie que pour votre conseil.

STRALENHEIM. — Ces querelles doivent avoir une fin.

GABOR, *prenant son épée.* — Elles finiront. Vous m'avez fait tort, Ulrich, plus par vos doutes injurieux que par votre épée ; j'aimerais mieux sentir celle-ci dans mon cœur que de rencontrer le soupçon dans le vôtre. J'aurais pu supporter les absurdes insinuations de ce noble seigneur... l'ignorance et les méfiances stupides font partie de son apanage, et dureront plus longtemps que ses domaines... mais je suis de force à lui répondre. Quant à vous, vous m'avez vaincu ; une sotte colère m'a poussé à lutter avec vous, vous que j'avais vu triompher de plus grands périls que celui de mon épée. Nous nous reverrons un jour... mais en amis. (*Gabor sort.*)

STRALENHEIM. — Je n'en veux pas endurer davantage ! cet outrage, ajouté à tous les autres, peut-être à son crime, efface le peu que méritait son aide trop vanté ; car c'est à vous surtout que je dois la vie. Ulrich, n'êtes-vous pas blessé ?

ULRICH. — Je n'ai même pas une égratignure.

STRALENHEIM, *à Idenstein.* — Monsieur l'intendant, prenez vos mesures pour vous assurer de cet homme. Je reviens sur ma précédente indulgence ; je veux l'envoyer à Francfort avec une escorte,

STRALENHEIM. — Pas un mot ! je veux être obéi.

IDENSTEIN. — Allons, puisqu'il le faut absolument... En avant ! vassaux ! Je suis votre commandant, et je formerai l'arrière-garde ; un sage général ne doit jamais exposer sa précieuse vie... sur laquelle tout repose. J'aime cet article du code de la guerre. (*Idenstein sort avec les domestiques.*)

STRALENHEIM. — Venez, Ulrich. Que fait ici cette femme ? Oh ! je la reconnais : c'est l'épouse de l'étranger qui se fait appeler Werner.

ULRICH. — C'est son nom.

STRALENHEIM. — En vérité ! Votre mari est-il visible, belle dame ?

JOSÉPHINE. — Qui le demande ?

STRALENHEIM. — Personne... pour le moment. Mais, Ulrich, j'ai à vous parler en particulier.

ULRICH. — Je vais me retirer avec vous.

JOSÉPHINE. — Non, vous êtes le plus protégé par la ville forte de céder la place. (*Bas à Ulrich en se retirant.*) Ulrich, prends garde ! souviens-toi qu'un seul mot imprudent peut nous perdre.

ULRICH, *bas à Joséphine*. — Ne craignez rien. (*Joséphine sort.*)

STRALENHEIM. — Ulrich, je puis certainement me fier à vous : vous m'avez sauvé la vie... et de tels services commandent une confiance illimitée.

ULRICH. — Parlez.

STRALENHEIM. — Des circonstances mystérieuses, qui datent de loin, et sur lesquelles je ne m'expliquerai pas maintenant davantage, m'ont rendu cet homme importun... peut-être me sera-t-il fatal.

ULRICH. — Qui ? Gabor le Hongrois ?

STRALENHEIM. — Non... Ce Werner, avec son faux nom et son déguisement.

ULRICH. — Comment cela est-il possible ? c'est le plus pauvre entre tous les pauvres, et la pâle maladie habite encore ses yeux creux ; cet homme est dénué de tout.

STRALENHEIM. — Je le crois... mais n'importe... S'il est l'homme que je le soupçonne d'être, et mes appréhensions à cet égard sont confirmées par tout ce que je vois, je dois m'assurer de sa personne avant douze heures.

ULRICH. — Et en quoi cela peut-il me concerner ?

STRALENHEIM. — J'ai envoyé demander à Francfort, au gouverneur qui est mon ami, une force militaire convenable ; j'y suis autorisé par un ordre de la maison de Brandebourg... mais cette maudite inondation intercepte toute communication, et l'interruption peut durer encore pendant quelques heures.

ULRICH. — L'eau diminue.

STRALENHEIM. — Tant mieux.

ULRICH. — Mais quel intérêt puis-je avoir à cela ?

STRALENHEIM. — Après avoir tant fait pour moi, vous ne pouvez être indifférent à ce qui m'est d'une importance plus grande que la vie que je vous dois. Ayez l'œil sur cet homme ; il m'évite, il sait que maintenant je le connais... surveillez-le, comme vous surveilleriez le sanglier réduit aux abois par le chasseur... comme lui, il faut qu'il succombe.

ULRICH. — Pourquoi ?

STRALENHEIM. — Il s'interpose entre moi et un magnifique héritage. Oh ! si vous pouviez voir ce superbe domaine ! mais vous le verrez.

ULRICH. — Je l'espère.

STRALENHEIM. — C'est le bien le plus riche de la riche Bohême. La guerre l'a épargné : il est tellement protégé par la ville forte de Prague, que le feu et le glaive l'ont à peine effleuré ; en sorte que maintenant, sa fertilité propre, sa valeur est doublée par la comparaison avec les autres terres du pays, qui sont entièrement ravagées.

ULRICH. — Vous en faites une description enthousiaste.

STRALENHEIM. — Ah ! vous parleriez comme moi si vous pouviez le voir... mais vous le verrez, vous dis-je.

ULRICH. — J'en accepte l'augure.

STRALENHEIM. — Demandez-moi alors la récompense que vous jugerez digne de vous et des obligations que nous vous aurons, moi et les miens.

ULRICH. — Ainsi, cet homme isolé, pauvre, malade, cet étranger mourant s'interpose entre vous et ce paradis (*à part*) ?... comme Adam entre le diable et l'Éden.

STRALENHEIM. — C'est cela même.

ULRICH. — N'a-t-il aucun droit ?

STRALENHEIM. — Aucun. C'est un enfant prodigue déshérité qui

lienne, la fille d'un proscrit, et qui vit avec ce Werner d'amour et de privations...

ULRICH. — Ils sont donc sans enfants ?

STRALENHEIM. — Il y a ou il y avait un bâtard, que le vieillard, le grand père (comme vous savez que la vieillesse est faible) avait pris auprès de lui pour se réchauffer le cœur sur la route glaciale de la tombe ; mais ce jeune homme n'est point un obstacle pour moi, il s'est enfui, pour aller personne ne sait où ; et quand même il serait présent, ses prétentions sont trop peu fondées pour me donner de l'inquiétude... Qu'est-ce qui vous fait sourire ?

ULRICH. — Vos vaines craintes. Un pauvre homme presque en votre pouvoir... un enfant de naissance douteuse, voilà ce qui effraie un grand seigneur !

STRALENHEIM. — On doit tout craindre quand on a tout à gagner.

ULRICH. — C'est vrai, et c'est pour cela qu'on doit tout faire.

STRALENHEIM. — Vous avez touché la corde sensible : puis-je compter sur vous ?

ULRICH. — Il serait trop tard pour en douter.

STRALENHEIM. — Qu'une sotte pitié n'ébranle pas votre âme (car l'extérieur de cet homme est fait pour attendrir) ; c'est un misérable, qui peut tout aussi bien être l'auteur du vol que le drôle sur qui planent les soupçons, sauf que les circonstances le compromettent moins ; car il est logé loin d'ici, et sa chambre n'a point de communication avec la mienne. A vrai dire, j'ai trop bonne opinion d'un sang allié au mien pour le croire capable de descendre à un pareil acte. D'ailleurs, il a été soldat et il s'est montré brave, quoique trop emporté.

ULRICH. — Et nous savons, monseigneur, que ces gens-là ne dépouillent que ceux dont ils ont fait sauter la cervelle, ce qui fait qu'ils en héritent, et ne les volent pas. Les morts, ne sentant plus rien, ne peuvent rien perdre, et par conséquent ne peuvent être volés ; leur dépouille est un legs, voilà tout.

STRALENHEIM. — Je vois que vous aimez à rire. Eh bien ! me promettez-vous d'avoir l'œil sur cet homme, et de m'instruire de la moindre tentative qu'il pourrait faire pour s'échapper ?

ULRICH. — Soyez assuré que je serai en sentinelle auprès de lui, et que vous ne le surveilleriez pas mieux vous-même.

STRALENHEIM. — En retour, je suis entièrement à vous.

ULRICH. — J'y compte. (*Ils sortent.*)

ACTE III.

SCÈNE PREMIÈRE.

La salle du premier acte, où se trouve l'issue du corridor.

Entrent WERNER *et* GABOR.

GABOR. — Monsieur, je vous ai dit mon histoire. Si vous voulez m'accorder un refuge pour quelques heures, c'est bien... sinon, j'irai tenter fortune ailleurs.

WERNER. — Comment un malheureux tel que moi en peut-il abriter un autre ? J'ai besoin moi-même d'un asile, comme le daim, poursuivi par les chasseurs, a besoin d'une retraite...

GABOR. — Ou le lion blessé, de sa caverne. Vous m'avez plutôt l'air d'être homme à faire face à vos ennemis, et à éventrer le chasseur.

WERNER. — Vous croyez ?

GABOR. — Je ne m'en inquiète pas, car je serais moi-même fort disposé à en faire autant. Mais voulez-vous me donner un refuge ? Je suis opprimé comme vous... pauvre comme vous... déshonoré...

WERNER, *vivement*. — Qui vous dit que je suis déshonoré ?

GABOR. — Personne. Je n'ai pas dit que vous l'étiez ; je n'ai établi le parallèle que sous le point de vue de la pauvreté ; mais j'allais ajouter, avec vérité : comme vous pourriez l'être injustement vous-même.

WERNER. — Encore ! comme moi ?

GABOR. — Ou comme tout autre honnête homme. Que diable voulez-vous ? Sans doute, vous ne me croyez pas coupable de ce lâche larcin !

WERNER. — Non, non... je ne le puis.

je dis être sans appui ; si vous me le refusez, je l'aurai mérité. Mais vous, qui semblez avoir éprouvé la salutaire amertume de la vie, votre conscience doit vous apprendre que tout l'or du Nouveau-Monde ne saurait tenter l'homme qui connaît sa valeur véritable, à moins (et dans ce cas j'admets le prix de ce métal), à moins qu'on puisse l'obtenir par des moyens qui ne donnent pas le cauchemar.

WERNER. — Que voulez-vous dire ?

GABOR. — Ce que je dis ? Je croyais m'être expliqué clairement ; vous n'êtes pas un voleur... ni moi non plus, et, en honnêtes gens, nous devons nous aider mutuellement.

WERNER. — C'est un monde maudit que celui-ci !

GABOR. — Il en est de même du plus voisin des deux mondes à venir, à ce que disent les prêtres (et ils doivent s'y connaître) ; je m'en tiens donc à celui-ci... je suis peu désireux d'endurer le martyre, et surtout avec une épitaphe de voleur sur ma tombe. Je ne vous demande asile que pour une nuit ; demain les eaux du fleuve auront baissé, et, comme la colombe de l'arche, je tenterai le passage.

WERNER. — Baissé, dites-vous ! peut-on l'espérer ?

GABOR. — A midi, on en avait l'espoir.

WERNER. — Alors nous serions sauvés !

GABOR. — Etes-vous menacé ?

WERNER. — La pauvreté l'est toujours.

GABOR. — Je le sais par une longue expérience. Voulez-vous me venir en aide ?

WERNER. — Quant à votre pauvreté ?

GABOR. — Non... vous n'êtes pas le docteur que je choisirais pour guérir une telle maladie, du péril qui me poursuit ; vous avez un toit, je n'en ai point. Je ne cherche qu'une retraite.

WERNER. — C'est juste. Comment serait-il possible qu'un malheureux comme moi possédât de l'or ?

GABOR. — Honnêtement, à dire vrai, ce serait difficile ; et pourtant je serais tenté de vous souhaiter l'or du baron.

WERNER. — Osez-vous insinuer ?...

GABOR. — Quoi ?

WERNER. — Savez-vous à qui vous parlez ?

GABOR. — Non, et je ne suis pas homme à m'en soucier beaucoup. (*On entend du bruit au-dehors.*) Ecoutez, ils viennent.

WERNER. — Qui ?

GABOR. — L'intendant et ses limiers lâchés après moi. Je les attendrais ; mais ce serait en vain qu'on espèrerait faire entendre raison à de pareilles gens. Où irai-je ? Cachez-moi n'importe où. Je vous jure, par tout ce qu'il y a de plus sacré, que je suis innocent ; faites ce que vous voudriez qu'on fît pour vous si vous étiez à ma place.

WERNER, *à part*. — O juste Dieu ! ton enfer est venu ! Suis-je encore vivant ?

GABOR. — Je vois que vous êtes ému : cela témoigne en votre faveur, Je pourrai reconnaître ce service.

WERNER. — Ne seriez-vous point un espion de Stralenheim ?

GABOR. — Non, certes ! et si je l'étais, qu'y a-t-il à espionner ici ? Je me rappelle cependant ses questions sur vous et votre épouse : cela pourrait donner à penser ; mais vous savez mieux que personne à quoi vous en tenir ; pour moi, je suis son plus mortel ennemi.

WERNER. — Vous ?

GABOR. — Après le retour dont il a payé le service que j'ai contribué à lui rendre, je suis son ennemi : si vous n'êtes pas son ami, vous me viendrez en aide.

WERNER. — J'y consens.

GABOR. — Mais comment ?

WERNER, *montrant le panneau*. — Il y a là une issue secrète. Rappelez-vous que je l'ai découverte par hasard, et que je m'en suis servi que pour ma sûreté.

GABOR. — Ouvrez-la, et je m'en servirai dans le même but.

WERNER. — Cette ouverture est pratiquée dans des murs sinueux, assez épais pour que l'on puisse marcher dans l'intérieur, et qui toutefois n'ont rien perdu de leur solidité ; on y trouve des cellules et des niches obscures. Tant que vous n'aurez point de passage : vous ne chercherez point à pénétrer trop avant, donnez-m'en votre parole.

GABOR. — Cela est inutile. Comment voulez-vous que je me dirige dans ces ténèbres, à travers les détours inconnus d'un labyrinthe gothique ?

WERNER. — Prenez toujours garde. Qui sait où ce labyrinthe peut aboutir ? Remarquez que je n'en sais rien !... Mais peut-être vous conduirait-il dans la chambre de votre ennemi, tant elles sont singulièrement construites, ces galeries, ouvrage des Teutons, nos ancêtres, et d'une époque où l'homme cherchait moins à se fortifier contre les éléments que contre ses belliqueux voisins ! N'allez pas au-delà des deux premiers détours ; et si vous le faites, quoique je n'aie jamais été plus loin, je ne réponds pas des conséquences.

GABOR. — J'en réponds, moi. Mille remercîments.

WERNER. — Vous trouverez facilement le ressort de l'autre côté de la porte, et quand vous voudrez revenir, il cédera au plus léger attouchement.

GABOR. — Je m'éclipse... Adieu ! (*Gabor entre dans le passage secret.*)

WERNER, *seul*. — Qu'ai-je fait ? Hélas ! c'est ce que j'avais fait auparavant qui me fait éprouver maintenant toutes ces craintes ! Toutefois, ce sera pour moi une sorte d'expiation d'avoir sauvé cet homme, dont la perte eût peut-être empêché la mienne... Ils viennent, mais ils s'en iront chercher ailleurs ce qui est devant eux.

(IDENSTEIN *entre avec les domestiques*.)

IDENSTEIN. — Il n'est pas ici. Il a donc disparu par ces fenêtres ogivales avec le pieux secours des saints répresentés sur les vitraux rouges et jaunes, carreaux de cristal que chaque souffle de vent proclame aussi fragiles que toute vie et toute gloire. Quoi qu'il en soit, il est parti.

WERNER. — Qui cherchez-vous ?

IDENSTEIN. — Un coquin !

WERNER. — Fallait-il donc aller si loin ?

IDENSTEIN. — Nous cherchons celui qui a volé le baron.

WERNER. — Etes-vous certains de connaître le coupable ?

IDENSTEIN. — Aussi certains que vous êtes là devant nous. Mais par où a-t-il passé ?

WERNER. — Qui ?

IDENSTEIN. — Celui que nous cherchons.

WERNER. — Vous voyez qu'il n'est point ici.

IDENSTEIN. — Et cependant nous l'avons vu entrer dans cette salle. Etes-vous complices, ou êtes-vous sorciers ?

WERNER. — J'agis avec franchise ; c'est un crime de sorcellerie aux yeux de bien des gens.

IDENSTEIN. — Il est possible que j'aie, plus tard, une ou deux questions à vous adresser ; mais pour le moment, nous allons continuer à chercher l'autre.

WERNER. — Vous feriez bien de commencer sur-le-champ votre interrogatoire ; je puis ne pas être toujours aussi patient.

IDENSTEIN. — Eh bien ! je désirerais savoir si vous n'êtes pas l'homme que cherche Stralenheim.

WERNER. — Insolent ! N'avez-vous pas dit qu'il n'était point ici.

IDENSTEIN. — Oui ; mais il en est un qu'il cherche avec persévérance ; et peut-être bientôt il se verra investi, à cet effet, d'une autorité supérieure à la sienne et à la mienne. Mais venez, mes enfants ! Dépêchons-nous ; nous sommes en défaut.

(*Idenstein sort avec sa suite.*)

WERNER. — Dans quel labyrinthe m'entraîne ma mystérieuse destinée ! Un acte de bassesse m'a été moins fatal que le scrupule qui m'a retenu en face d'un crime bien plus grand. Eloigne-toi, pensée perverse, qui t'élèves dans mon cœur ! Il est trop tard ! Je ne veux pas tremper mes mains dans le sang. (ULRICH *entre*.)

ULRICH. — Mon père, je vous cherchais.

WERNER. — N'y a-t-il pas du danger pour toi à me parler ?

ULRICH. — Non ! Stralenheim ignore complètement les liens qui nous unissent ; bien plus, il m'a chargé de surveiller vos actions, me croyant entièrement dévoué à ses intérêts.

WERNER. — Il ne doit point être sincère : c'est un piège qu'il nous tend à tous deux pour prendre du même coup de filet le père et le fils.

ULRICH. — Pourquoi m'arrêter à toutes ces craintes futiles ? pourquoi suspendre ma marche devant les inquiétudes qui, semblables à des ronces, s'élèvent sur notre voie ? Il faut que je me fraie un chemin à travers ces obstacles. Les filets sont bons pour prendre des grives et non des aigles. Nous les franchirons ou nous les briserons.

WERNER. — Et comment ?

ULRICH. — Ne devinez-vous pas ?

WERNER. — Non.

ULRICH. — C'est singulier. La pensée ne vous en est-elle pas venue la nuit dernière ?

WERNER. — Je ne te comprends pas.

ULRICH. — Eu ce cas, nous ne nous comprendrons jamais. Mais pour changer d'entretien.....

WERNER. — Pour le reprendre, veux-tu dire : nous parlions des moyens de nous mettre en sûreté.

ULRICH. — Vous avez raison, me voilà sur la route. Je vois plus clairement ce dont il s'agit, et notre situation m'apparaît dans son vrai jour. Les eaux du fleuve baissent ; dans quelques heures les myrmidons de Stralenheim arriveront de Francfort ; alors vous serez prisonnier, pire encore peut-être, et moi je serai proscrit, et déclaré bâtard, pour faire place au baron.

WERNER. — Et quel remède trouves-tu ? J'avais dessein d'employer cet or pour m'évader ; mais maintenant je n'ose ni m'en servir ni le laisser voir à personne ; et c'est à peine si j'ose moi-même le regarder. Il me semble qu'il porte mon crime en exergue au lieu de la marque de l'Etat ; et à la place de la tête du souverain, je crois y voir la mienne ayant pour chevelure des couleuvres sifflantes, bouclées autour des tempes, et criant à tous ceux qui m'approchent : Voilà un voleur.

ULRICH. — Il ne faut point le montrer, maintenant du moins. Mais prenez cette bague. (*Il remet un bijou à Werner.*)

WERNER. — C'est une pierre précieuse. Elle appartenait à mon père !

ULRICH. — Et comme telle, elle vous appartient maintenant. Servez-vous-en pour gagner l'intendant, afin qu'il mette à votre disposition la vieille calèche et des chevaux, et que vous puissiez partir avec ma mère au lever du soleil.

WERNER. — Te laisserai-je dans le péril au moment où tu viens de m'être rendu ?

ULRICH. — Ne craignez rien. Il n'y aurait de danger que si nous disparaissions ensemble : ce serait trahir notre intelligence..... L'inondation n'intercepte que la communication directe entre ce bourg et Francfort; en cela elle nous est favorable. La route de Bohême, quoique partiellement inondée, n'est pas impraticable, et quand vous aurez gagné une avance de quelques heures, ceux qui vous poursuivront y trouveront les mêmes obstacles. La frontière une fois franchie, vous êtes sauvé.

WERNER. — Mon noble fils !

ULRICH. — Silence ! point de transports ! nous nous livrerons à notre joie dans le château de Siegendorf ! Cachez votre or; montrez la bague à Idenstein ; je connais cet homme, j'ai là à travers son âme. De cette manière deux buts seront atteints. Stralenheim a perdu de l'or, non des bijoux : cette bague ne peut donc être à lui ; et d'ailleurs, comment soupçonner son possesseur d'avoir dérobé l'or du baron, quand il lui eût été facile de convertir cette bague en une somme plus considérable ? Ne soyez avec Idenstein ni trop timide ni trop altier, et il vous servira.

WERNER. — Je suivrai en tout tes instructions.

ULRICH. — Je vous aurais épargné cette démarche. Mais si j'avais pu prendre intérêt à vous, surtout en vous donnant ce joyau précieux, tout eût été éventé.

WERNER. — O mon ange gardien ! Mais que deviendras-tu en notre absence ?

ULRICH. — Stralenheim ignore les liens qui nous unissent ; je ne resterai avec lui qu'un jour ou deux pour endormir les soupçons; puis j'irai rejoindre mon père.

WERNER. — Pour ne plus nous quitter ?

ULRICH. — Peut-être ; mais , du moins , nous nous reverrons une fois encore.

WERNER. — O mon fils ! mon ami ! mon unique enfant ! mon sauveur ! Oh ! ne me hais pas !

ULRICH. — Moi ! je haïrais mon père !

WERNER. — Hélas ! mon père n'avait pour moi que de la haine; pourquoi mon fils ne l'imiterait-il pas ?

ULRICH. — Votre père ne vous connaissait pas comme je vous connais.

WERNER. — Il y a des scorpions dans tes paroles ! Tu me connais! dans mon état actuel, tu ne peux me connaître ; je ne suis pas moi-même. Cependant ne me hais pas, je serai bientôt ce que je dois être.

ULRICH. — J'attendrai : cependant tout ce qu'un fils peut faire pour ses parents, je le ferai pour les miens.

WERNER. — Je le vois et je le sens. Hélas ! je sens en outre que tu me méprises.

ULRICH. — Pourquoi vous mépriserais-je ?

WERNER. — Dois-je m'humilier encore ?

ULRICH. — Non ; j'y ai mûrement pensé, ainsi qu'à vous; mais n'en parlons plus, du moins pour le moment. Votre erreur a doublé tous vos périls : en guerre secrète avec Stralenheim, nous ne devons songer qu'à tromper sa vengeance. Je vous ai indiqué un moyen.

WERNER. — Le seul, et je l'embrasse avec la même joie que m'a causée le retour d'un fils qui ne s'est montré à moi que pour devenir mon sauveur.

ULRICH. — Vous serez sauvé; que cela suffise. Si une fois nous étions dans nos domaines, la présence de Stralenheim en Bohême nous troublerait-elle dans la jouissance de nos droits ?

WERNER. — Assurément il nous gênerait encore dans la situation où nous sommes, quoique l'avantage puisse rester, comme il arrive d'ordinaire, au premier possesseur, surtout s'il fonde son droit sur les liens du sang.

ULRICH. — Du sang ! ce mot a pour nous plusieurs significations ; dans les veines et hors des veines, ce n'est pas la même chose..... En effet, ceux qui sont du même sang deviennent quelquefois ennemis, comme les frères thébains ; et lorsqu'une partie du sang est corrompue, quelques gouttes répandues à propos purifient le reste.

WERNER. — Je ne te comprends pas.

ULRICH. — C'est possible..... peut-être tout est-il mieux ainsi..... et cependant à l'œuvre ! Il faut que ma mère et vous, vous partiez cette nuit même. Voici l'intendant. Sondez-le avec la bague; ce trésor plongera dans son âme vénale comme le plomb dans l'Océan, et en rapportera le limon et de la fange, en avertissant notre navire du voisinage des écueils. La cargaison est riche, il faut lever l'ancre sans plus tarder ! Adieu ! le temps presse ; cependant donnez-moi votre main , mon père !

WERNER. — Laisse-moi t'embrasser.

ULRICH. — On peut nous voir : maîtrisez vos émotions jusqu'au dernier instant. Tenez-vous à distance de moi comme d'un ennemi.

WERNER. — Maudit soit celui qui nous oblige à étouffer les meilleurs et les plus doux sentiments de nos cœurs, et dans un pareil moment encore !

ULRICH. — Oui, maudissez... cela vous soulagera. Voici l'intendant. (IDENSTEIN *entre*.)

Ah ! monsieur Idenstein , où en êtes-vous ? avez-vous attrapé le coquin ?

IDENSTEIN. — Non, ma foi.

ULRICH. — Parbleu ! il y en a bien d'autres ; vous aurez la prochaine fois une chasse plus heureuse. Où est le baron ?

IDENSTEIN. — Rentré dans son appartement , et puisque j'y pense, je vous dirai qu'il vous demande avec l'impatience convenable à son rang.

ULRICH. — Les grands seigneurs veulent qu'on leur réponde à l'instant, comme le coursier qui bondit au coup d'éperon : il est fort heureux qu'ils aient des chevaux ; car il nous faudrait , je le crains, traîner leur char , comme des rois traînaient celui de Sésostris.

IDENSTEIN. — Quel était ce Sésostris ?

ULRICH. — Un ancien Bohémien... un empereur d'Égypte.

IDENSTEIN. — Un Égyptien ou un Bohémien, c'est tout un ; car on emploie indifféremment ces deux noms. Et ce Sésostris en était ?

ULRICH. — On me l'a dit. Mais il faut que je vous quitte... Monsieur l'intendant, votre serviteur !..... (*A Werner, d'un ton leste.*) Werner, si tel est votre nom, bonsoir ! (*Ulrich, sort.*)

IDENSTEIN. — Un charmant homme, bien élevé, et s'exprimant fort bien. Il sait se mettre à sa place ; avez-vous vu comme il rend à chacun ce qui lui est dû ?

WERNER. — Je m'en suis aperçu, et j'applaudis à son discernement et au vôtre.

IDENSTEIN. — C'est bien... c'est très bien. Vous aussi , vous connaissez votre rang ; et pourtant, je ne sais pas trop si je le connais, moi.

WERNER, *montrant la bague*. — Ceci pourrait-il vous aider dans cette recherche ?

IDENSTEIN. — Comment !... quoi ?... Eh ! une pierre précieuse !

WERNER. — Elle est à vous, moyennant une condition.

IDENSTEIN. — A moi ?... parlez.

WERNER. — A savoir que vous me permettrez de la racheter plus tard trois fois sa valeur; c'est une bague de famille.

IDENSTEIN. — Une famille !... la vôtre ! On ! si beau bijou ! la surprise m'ôte la respiration !

WERNER. — Il faut aussi que vous me fournissiez, une heure avant le point du jour, les moyens de quitter ce lieu.

IDENSTEIN. — Est-ce vraiment une pierre fine ? laissez-moi la regarder. C'est un diamant, ma foi, par tout ce qu'il y a de glorieux !

WERNER. — Allons, je me confie à vous ; vous avez deviné, sans doute, que ma naissance est au-dessus de ce qu'annonce mon extérieur actuel.

IDENSTEIN. — Je ne puis dire que je l'aie deviné, quoique cette bague en soit une assez bonne preuve; voilà le véritable indice d'un noble sang.

WERNER. — J'ai d'importantes raisons pour garder l'incognito en poursuivant mon voyage.

IDENSTEIN. — Vous êtes donc l'homme que cherche Stralenheim ?

WERNER. — Je ne le suis pas ; mais si l'on me confondait avec ce personnage, il pourrait en résulter de graves embarras pour moi d'abord, et pour le baron plus tard. C'est afin d'éviter ce double inconvénient que je veux tenir mon départ secret.

IDENSTEIN. — Que vous soyez ou ne soyez pas l'homme en question, cela ne me regarde pas; d'ailleurs, je n'obtiendrai jamais la moitié de ce que vous m'offrez en servant ce noble orgueilleux et ladre, qui voudrait soulever tout le pays pour rattraper quelques ducats, et n'a jamais offert de récompense précise.... Mais, ce diamant ! que je le voie encore.

WERNER. — Regardez-le à votre aise : à la pointe du jour, il peut être à vous.

IDENSTEIN. — O adorable brillant, préférable à la pierre philosophale ! pierre de touche de la philosophie elle-même. Œil étincelant de la mine ! étoile de l'âme ! pôle magnétique vers lequel tous les cœurs se tournent comme les aiguilles aimantées ! Esprit rayonnant de la terre ! placé sur le diadème des rois , tu attires plus d'hommages qu'en obtient la majesté même de leur personne..... Seras-tu bien à moi ? Il me semble déjà que je suis un monarque moi-même, un alchimiste fortuné... un sage magicien, qui a lié le diable par un pacte, sans lui vendre son âme. Mais venez, Werner, ou de quelque nom qu'il faille vous appeler.

WERNER. — Continuez à m'appeler Werner; vous me connaîtrez plus tard sous un plus noble titre.

Idenstein. — Je crois en toi, Werner! sous ton humble vêtement, tu es l'esprit dont j'ai longtemps rêvé... Mais viens, je te servirai, et, en dépit des eaux, tu seras aussi libre que l'air. Partons ; je te prouverai que je sais être honnête (ô cher diamant!)... je te fournirai, Werner, de tels moyens de fuite que, fusses-tu un limaçon, les oiseaux ne pourraient devancer ta course... Ah! permets que je te regarde encore! J'ai, à Hambourg, un mien beau-frère très connaisseur en pierres fines. Combien de carats peut-il bien peser?... Viens, Werner, je vais te donner des ailes. *(Ils sortent.)*

SCÈNE II.

La chambre de Stralenheim.

STRALENHEIM et FRITZ.

Fritz. — Tout est prêt, monseigneur.
Stralenheim. — Je n'ai pas sommeil, et cependant j'ai besoin de me coucher ; je sens je ne sais quel poids, je ne sais quelle sensation trop allanguissante pour me permettre de veiller, trop poignante pour dormir. C'est comme un nuage répandu sur le firmament, qui intercepte les rayons du soleil, sans néanmoins se résoudre en pluie. Je vais chercher mon oreiller.
Fritz. — Si le ciel écoute mes vœux, vous allez reposer profondément.
Stralenheim. — Profondément, je le sens et le crains.
Fritz. — Pourquoi donc craindre?
Stralenheim. — Je ne sais pourquoi, et c'est ce qui fait que je crains davantage une chose indéfinissable... Mais c'est une folie. A-t-on, comme je l'ai ordonné, changé aujourd'hui les serrures de cette chambre? L'aventure de la nuit dernière rendait cette précaution indispensable.
Fritz. — Certainement! tout a été exécuté conformément à votre ordre, sous mon inspection, et sous celle du jeune Saxon qui vous a sauvé la vie. Je présume qu'on l'appelle Ulrich.
Stralenheim. — Tu résumes! dédaigneux esclave? De quel droit tourmentes-tu ta mémoire, qui devrait être prompte, heureuse et fière de retenir le nom du sauveur de ton maître, comme une litanie qu'il est de ton devoir de répéter chaque jour?... Retire-toi ! tu présumes ! en vérité! toi qui restais à hurler et à secouer tes vêtements humides sur la rive pendant que je luttais contre la mort, et que l'étranger, s'élançant dans l'onde mugissante, accourait me rendre à la vie! A lui ma reconnaissance et à toi mon mépris. Tu présumes... et c'est à peine si tu peux te rappeler son nom! Je ne perdrai pas mon temps à t'en dire davantage. Réveille-moi de bonne heure.
Fritz. — Bonne nuit. J'espère que demain Votre Seigneurie se trouvera mieux portante et de meilleure humeur.
(La scène change.)

SCÈNE III.

Le passage secret.

GABOR, seul.

« J'ai compté quatre..... cinq..... six heures, comme une sentinelle d'avant-poste, au triste son de la cloche, cette voix lugubre du temps... Oui, lugubre, car lors même qu'elle sonne pour le bonheur, chacun de ses tintements enlève quelque chose à la jouissance. Elle semble un glas de mort , même quand c'est un hymen qu'elle annonce ; on dirait qu'elle sonne les funérailles de l'amour descendu pour toujours dans la tombe de la possession. Mais lorsqu'elle tinte pour le trépas d'un parent chargé d'années, c'est un écho de bonheur qui résonne à l'oreille avide du héritier. J'ai froid... je n'y vois goutte... j'ai soufflé dans mes doigts... j'ai compté et recompté mes pas... j'ai heurté ma tête contre je ne sais combien de solives poudreuses... j'ai excité parmi les rats et les chauves-souris une insurrection générale, si bien que le trépignement de leurs pattes et le bruissement de leurs ailes empêchaient tout autre bruit d'arriver jusqu'à moi... Ah! j'aperçois une lumière ; autant que j'en puis juger, elle est à quelque distance ; mais elle scintille, comme à travers une fente ou le trou d'une serrure, dans la direction de la partie qui m'est interdite. Approchons! ce sera toujours une diversion : la clarté lointaine d'une lampe, un événement dans un pareil repaire. Fasse le ciel qu'elle ne me conduise à aucune tentation! sinon, le ciel me vienne en aide pour échapper tant au sauf, ou obtenir l'objet convoité! Elle brille encore! Quand ce serait l'étoile de Lucifer, ou Lucifer lui-même couronné des rayons de cette clarté, je ne puis me contenir plus longtemps. Doucement! Voilà qui est à merveille! j'ai franchi un détour... Par ici... Non .. Fort bien ! la lumière se rapproche. Voici un angle ténébreux... bon... il est passé!... Arrêtons-nous! Si ce passage allait me conduire à un danger plus grand que celui... n'importe... il aurait le mérite de la nouveauté, et les nouveaux périls sont comme les nouvelles maîtresses..... Avançons, coûte que coûte... si je me trouve dans un mauvais pas, j'ai ma dague pour me défendre... Continue à luire, petit flambeau! tu es mon *ignis fatuus*, mon feu follet stationnaire!... Bien! bien! il a entendu mon invocation ; il m'exauce.
(La scène change.)

SCÈNE IV.

Un jardin.

Entre **WERNER.**

Je n'ai pu dormir!... et maintenant l'heure approche; tout est prêt. Idenstein a tenu parole : la voiture attend hors du bourg, sur la lisière de la forêt. Les étoiles commencent à pâlir. C'est la dernière fois que je vois ces horribles murailles. Oh! jamais! jamais je ne les oublierai! je suis venu ici pauvre, mais l'honneur intact, et je pars avec une tache, si ce n'est sur mon nom, du moins dans le cœur; j'emporte un ver rongeur et immortel que ni la splendeur qui m'attend, ni mes droits recouvrés, ni les terres et la souveraineté de Siegendorf ne pourront assoupir un seul moment. Il faut trouver quelque moyen de restitution qui soulage en partie mon âme ; mais comment sans m'exposer à être découvert?... Il le faut cependant, et dès que je serai en sûreté, je veux y réfléchir. Le délire de ma misère m'a entraîné à cette infamie ; le repentir peut l'expier. Je ne veux rien avoir sur la conscience que Stralenheim puisse revendiquer, quoiqu'il cherche à me ravir ma fortune, ma liberté, ma vie!... Et cependant, il dort peut-être aussi paisible que l'enfance ; il dort sous de pompeux rideaux, sur des oreillers de soie, comme moi-même autrefois, alors que... Ecoutons! Quel est ce bruit?... Encore! les branches des arbres s'agitent, et quelques pierres se sont détachées de cette terrasse. (ULRICH *saute en bas de la terrasse.*) Ulrich! ah! toujours le bien-venu! trois fois le bien-venu en ce moment! Ta tendresse filiale...
Ulrich. — Arrêtez! avant de m'approcher, dites-moi...
Werner. — D'où vient cet air étrange?
Ulrich. — Est-ce mon père que je contemple ou...
Werner. — Quoi?
Ulrich. — Un assassin?
Werner. — Insensé ou insolent!
Ulrich. — Répondez-moi, mon père, si vous tenez à votre vie ou à la mienne.
Werner. — A quoi dois-je répondre?
Ulrich. — Êtes-vous ou n'êtes-vous pas le meurtrier de Stralenheim.
Werner. — Que veux-tu dire? je n'ai jamais donné la mort à personne.
Ulrich. — N'avez-vous pas cette nuit, comme la nuit précédente, parcouru le passage secret? N'êtes-vous pas entré de nouveau dans la chambre de Stralenheim? et..... *(Il s'arrête.)*
Werner. — Poursuis.
Ulrich. — N'est-il pas mort de votre main?
Werner. — Grand Dieu!
Ulrich. — Vous êtes donc innocent! mon père est innocent! embrassez-moi! Oui... votre son de voix, votre air !.. oui, oui!... tout me le dit; mais répétez-le vous-même!
Werner. — Si jamais une telle pensée est venue, quand j'étais en possession de moi-même, s'offrir à mon esprit ou à mon cœur ; si, lorsqu'elle m'est apparue un moment à travers l'irritation de mon âme découragée, je ne l'ai pas repoussée au fond de l'enfer, que le ciel soit pour jamais ravi à mes regards et à mes espérances!
Ulrich. — Et pourtant Stralenheim est mort!
Werner. — C'est horrible! c'est affreux! mais qu'ai-je de commun avec ce crime?
Ulrich. — Aucune serrure n'est forcée ; on ne voit nulle trace de violence, si ce n'est sur le corps de la victime. Une partie de ses gens a été avertie ; l'intendant est absent ; je lui ai pris sur moi d'aller chercher la police. Nul doute qu'un meurtrier n'ait pénétré secrètement dans la chambre. Pardonnez-moi si la nature.....
Werner. — O mon fils! quels maux inconnus, œuvre d'une sombre fatalité, s'accumulent comme des nuages sur notre maison.
Ulrich. — Hélas! vous êtes innocent à mes yeux ; mais aux yeux du monde en sera-t-il de même? Que dis-je? pensez-vous que les juges, si jamais... Partez donc à l'instant même.
Werner. — Non! je ferai face au danger. Qui osera me soupçonner?
Ulrich. — Vous n'aviez point d'hôtes auprès de vous... point de visiteurs.... nul être vivant autre que ma mère?
Werner. — Ah! le Hongrois!
Ulrich. — Il est parti ! il a disparu au lever du soleil.
Werner. — Non, je l'ai caché dans cette même galerie secrète, fatale à mon honneur.

ULRICH. — Je vais l'y trouver. (*Ulrich fait un pas pour sortir; Werner l'arrête.*)
WERNER. — Il est trop tard : Gabor a quitté le palais avant moi ; j'ai trouvé le panneau secret tout ouvert, ainsi que les portes qui conduisent à la salle où aboutit le passage. Je pensais qu'il avait profité d'un moment favorable pour échapper aux myrmidons d'Idenstein qui le traquaient hier soir.
ULRICH. — Vous avez refermé le panneau ?
WERNER. — Oui, et ce n'est pas sans trembler du péril qu'il m'avait fait courir, et sans maudire sa stupide négligence qui risquait de dénoncer son protecteur.
ULRICH. — Vous êtes sûr de l'avoir fermé ?
WERNER. — J'en suis certain.
ULRICH. — C'est bien ! mais il eût été mieux de ne pas faire de cette retraite un repaire de... (*Il s'arrête.*)
WERNER. — De voleurs! veux-tu dire : je dois le supporter, et je le mérite; mais je ne m'attendais pas...
ULRICH. — Non, mon père, ne nous arrêtons pas à cela: ce n'est pas le moment de penser à des fautes secondaires; pensons plutôt à prévenir les conséquences d'un attentat terrible. Pourquoi donner asile à cet homme?
WERNER. — Pouvais-je le refuser? un homme poursuivi par mon plus grand ennemi, accusé de mon propre crime, victime immolée à ma sûreté, demande un abri pour quelques heures au misérable dont l'acte lui avait rendu cet abri nécessaire! Quand c'eût été un assassin, je n'aurais pu le repousser.
ULRICH. — Et il a reconnu ce service en véritable assassin ; mais ces réflexions sont tardives. Il faut que vous partiez avant l'aube; je resterai ici pour atteindre le meurtrier, s'il est possible.
WERNER. — Ma fuite soudaine fera planer sur moi les soupçons ; d'un autre côté, si je reste, il y aura deux victimes au lieu d'une : le Hongrois fugitif qui semble être le coupable, et...
ULRICH. — Qui semble! Quel autre que lui pourrait-ce être?
WERNER. — Ce n'est pas moi, bien que tout à l'heure tu eusses des doutes... toi, mon fils!
ULRICH. — Et vous, conservez-vous des doutes sur le fugitif?
WERNER. — Mon enfant ! depuis que je suis tombé dans l'abîme du crime (quoique ma faute soit d'une nature moins grave), depuis que j'ai voulu opprimer l'innocent à ma place, je puis douter même de la culpabilité du criminel. Ton cœur, ému d'une vertueuse indignation, est prompt à tout accuser sur de simples apparences, et voit peut-être un criminel dans celui dont l'innocence est entourée de quelques légers nuages.
ULRICH. — Et que fera donc le monde qui ne vous connaît pas, ou ne vous a connu que pour vous opprimer? N'en courez pas le risque. Partez ! j'arrangerai tout. Idenstein, dans son propre intérêt, et séduit d'ailleurs par le présent de la bague, gardera le silence... en outre, il est complice de votre fuite.
WERNER. — Moi, je fuirais! je laisserais décoler mon nom à celui du Hongrois ! ou, comme le plus pauvre, j'accepterais la flétrissure du meurtre!
ULRICH. — Bah! oubliez tout cela ! ne songez qu'à l'héritage et au domaine de votre père, que vous avez si longtemps attendus ! Votre nom, dites-vous; quel nom? vous n'en avez point; car celui que vous portez est supposé.
WERNER. — C'est vrai; et néanmoins je ne voudrais pas voir ce nom d'emprunt gravé en caractères de sang dans la mémoire des hommes, même en ce canton obscur et isolé..... D'ailleurs les recherches...
ULRICH. — Je puis pourvoir à tout. Nul ne vous connaît ici pour l'héritier de Siegendorf; si Idenstein s'en doute, ce n'est qu'un soupçon, et cet homme n'est qu'un imbécile; d'ailleurs son cerveau stupide sera tellement occupé, que force lui sera d'oublier l'inconnu Werner, afin de songer à des intérêts plus importants pour lui. Les lois, si elles ont jamais été en vigueur dans ce village, sont toutes suspendues à la suite d'une guerre de trente années ; c'est à peine si elles resurgiront lentement de la poussière où les a refoulées la marche des armées. Stralenheim, quoique d'illustre naissance, est inconnu en ce lieu : il ne possède nul domaine, nulle autre influence que celle qui a péri avec lui. Un corps d'hommes dont l'autorité se prolonge au-delà des huit jours qui suivent leurs funérailles, à moins que leur pouvoir posthume n'agisse sur des parents mus par l'intérêt. Or, tel n'est pas le cas : il est mort isolé, inconnu; une tombe solitaire, obscure comme ses mérites, sans écusson, c'est tout ce qu'il obtiendra, et tout ce dont il a besoin. Si je découvre l'assassin, tant mieux... sinon, croyez que nul autre ne le découvrira. Tous ces valets pourront hurler sur sa tombe, comme ils le faisaient autour de lui quand il allait périr sur l'Oder; mais ils ne remueront pas plus aujourd'hui qu'alors. Partez ! je ne dois pas entendre votre réponse... Voyez : les étoiles sont presque disparu, et une teinte blanchâtre commence à se répandre sur la noire chevelure de la nuit. Ne me répondez pas... pardonnez-moi si je prends ce ton d'autorité; c'est votre fils qui vous parle, votre fils si longtemps perdu, retrouvé si tard !... Appelons ma mère ; marchez rapidement et sans bruit, et laissez-moi le soin du reste ;

je réponds de l'événement : c'est mon premier devoir, et j'y serai fidèle. Nous nous reverrons au château de Siegendorf; nos bannières s'y déploieront encore avec gloire! Pensez à cela seulement, et abandonnez-moi tous les autres soins ; ma jeunesse fera face à tout... Partez! et que votre vieillesse soit heureuse!... Je vais embrasser encore une fois ma mère! et qu'ensuite le ciel vous soit en aide!
WERNER. — Ce conseil est prudent... mais est-il honorable ?
ULRICH. — L'honneur d'un fils consiste, avant tout, à sauver son père.
(*Ils sortent.*)

ACTE IV.

SCÈNE PREMIÈRE.

Une salle gothique du château de Siegendorf, près de Prague.

Entrent ERIC *et* HENDRICH, *de la suite du comte.*

ERIC. — De meilleurs temps sont enfin venus ; ces vieux murs ont reçu de nouveaux maîtres, qui avec eux ont ramené la joie; nous avions grand besoin de ce double renfort.
HENDRICH. — Les amateurs de nouveautés peuvent se réjouir d'avoir de nouveaux maîtres, quoiqu'ils les doivent à la tombe ; mais pour la joie et les festins, il me semble que l'hospitalité féodale du comte de Siegendorf pouvait rivaliser avec celle de tout autre prince de l'empire.
ERIC. — Sous le rapport de la bouteille et de la bonne chère, nous étions assez bien, sans nul doute ; mais pour ce qui est de la joie et du plaisir, sans quoi un repas n'est guère assaisonné, notre partage était des plus chétifs.
HENDRICH. — Le vieux comte n'aimait pas la gaîté bruyante des festins ; êtes-vous sûr que celui-ci en soit plus grand partisan ?
ERIC. — Jusqu'à présent il s'est montré aussi affable que généreux, et nous le chérissons tous.
HENDRICH. — La première année d'une royauté ressemble à la lune de miel de l'hymen : bientôt nous connaîtrons son véritable caractère.
ERIC. — Puisse-t-il rester toujours ce qu'il est ! Et son brave fils, le comte Ulrich ! voilà un chevalier ! quel dommage qu'il n'y ait plus de guerre!
HENDRICH. — Pourquoi ?
ERIC. — Regarde-le, et réponds toi-même.
HENDRICH. — Il a la beauté et la force d'un jeune tigre.
ERIC. — Cette comparaison n'est pas d'un vassal fidèle.
HENDRICH. — Mais peut être d'un vassal sincère.
ERIC. — C'est dommage, disais-je, qu'il n'y ait plus de guerre; mais dans un salon, qui, mieux que le comte Ulrich, sait développer cette noble fierté qui impose sans offenser ? A la chasse, qui manie comme lui l'épieu, quand, avec ses terribles défenses, le sanglier éventre à droite et à gauche les limiers hurlants ? Qui monte à cheval, qui porte un faucon au poing comme lui ? A qui l'épée sied-elle mieux ? sur quel front de chevalier le panache se balance-t-il avec plus de grâce ?
HENDRICH. — Personne ne l'égale en tout cela, j'en conviens : sois tranquille, la guerre est longue à venir, il est homme à la faire pour son compte; et peut-être a-t-il déjà commencé.
ERIC. — Que veux-tu dire ?
HENDRICH. — Tu ne peux nier que ceux qu'il attache à sa suite et parmi lesquels bien peu sont nés sur ces domaines, ne soient de ces sortes de bandits que... (*Il s'arrête.*)
ERIC. — Eh bien !
HENDRICH. — Que la guerre, dont tu es si enthousiaste, laisse vivants après elle ; car, ainsi que d'autres mères, elle favorise les pires de ses enfants.
ERIC. — Folie ! ce sont tous des hommes de fer comme les aimait le vieux Tilly.
HENDRICH. — Et qui aimait Tilly ? demande à Magdebourg. Qui aimait Wallenstein ? Ils sont allés tous deux...
ERIC. — Jouir du repos de la tombe: quant au sort qui les attend au-delà, ce n'est pas à nous de le dire.
HENDRICH. — Ils auraient bien dû nous laisser un peu de repos à nous. Au sein d'une paix nominale, le pays est parcouru dans tous les sens... Dieu sait par qui ! Ces bandits se mettent en campagne la nuit, et disparaissent au lever du soleil, et leurs exploits ne font pas moins de ravages, ils en font plus peut-être, que n'en ferait une guerre ouverte.
ERIC. — Mais quant au comte Ulrich... qu'est-ce que tout cela peut avoir de commun avec lui ?
HENDRICH. — Lui il pourrait empêcher ces désordres. Si, comme tu dis, il aime la guerre, pourquoi ne la fait-il pas à ces maraudeurs?

Eric. — Tu devrais le lui demander à lui-même.
Hendrich. — J'aimerais autant demander au lion pourquoi il ne lappe pas du lait.
Eric. — Le voici.
Hendrich. — Diable! tu retiendras ta langue, n'est-ce pas?
Eric. — Pourquoi pâlis-tu?
Hendrich. — Ce n'est rien... mais tais-toi!
Eric. — Sur ce que tu as dit?
Hendrich. — Je t'assure que mes paroles n'avaient aucun sens... simple plaisanterie. D'ailleurs, Ulrich doit épouser la gentille baronne Ida de Stralenheim, l'héritière du feu baron; sans doute elle adoucira ce que de longues guerres intestines ont laissé de sauvage dans tous les caractères, et surtout chez les hommes qui, nés pendant leur cours, ont été baptisés, pour ainsi dire, dans le sang. Je t'en prie, bouche close sur tout ce que j'ai dit. (*Entrent Ulrich et Rodolphe.*) Salut, comte!

Ulrich. — Bonjour, mon brave Hendrich. Eric, tout est-il prêt pour la chasse?

Eric. — Les meutes sont parties pour la forêt, les vassaux battent les taillis, et le jour s'annonce bien. Appellerai-je la suite de Votre Excellence? Quel cheval voulez-vous monter?

Ulrich. — Le cheval bai Walstein.

Erich. — Je crains qu'il ne soit pas rétabli des fatigues de lundi dernier; c'était une belle chasse : vous avez tué quatre sangliers de votre main.

Ulrich. — C'est vrai, Eric, je l'oubliais..... Je monterai donc le gris, le vieux Ziska. Voilà quinze jours qu'il n'est sorti.

Erich. — Il sera caparaçonné dans l'instant. De combien de vassaux voulez-vous être suivi?

Ulrich. — Je laisse à Weilburgh, mon écuyer, le soin de régler tout cela. (*Eric sort.*) Rodolphe!

Rodolphe. — Seigneur!
Ulrich. — Il est arrivé de fâcheuses nouvelles de... (*Rodolphe lui fait remarquer Hendrich.*) Eh bien! Hendrich, que faites-vous là?
Hendrich. — J'attends vos ordres, monseigneur.
Ulrich. — Allez trouver mon père, présentez-lui mes devoirs, et sachez s'il n'a rien à me dire avant que je monte à cheval. (*Hendrich sort.*)

Rodolphe! nos amis ont essuyé un échec sur les frontières de Franconie. On assure que les troupes envoyées contre eux doivent être renforcées. Il faut que j'aille bientôt les rejoindre.
Rodolphe. — Il conviendrait d'attendre des avis ultérieurs et plus positifs.
Ulrich. — C'est ce que je me propose de faire..... Certes, rien ne pouvait déranger tous mes plans d'une manière plus fâcheuse.
Rodolphe. — Il sera difficile d'excuser votre absence aux yeux du comte votre père.
Ulrich. — Sans doute; mais la mauvaise situation de notre domaine de la Haute-Silésie servira de prétexte à mon voyage. En attendant, tandis que nous serons occupés à la chasse, vous emmènerez les quatre-vingts hommes que commande Wolff... Suivez la route de la forêt, vous la connaissez!

Rodolphe. — Aussi bien que je la connaissais cette nuit où nous avons...
Ulrich. — N'en parlons plus avant d'avoir obtenu le même succès. Quand vous aurez rejoint les nôtres, remettez cette lettre à Rosemberg. (*Il lui donne une lettre*) Vous ajouterez que j'ai envoyé ce faible renfort avec vous et Wolff, pour précéder mon arrivée, bien qu'en ce moment ce sacrifice m'ait coûté, car mon père tient à ce que le château renferme une nombreuse suite de vassaux jusqu'à ce que les fêtes du mariage soient finies avec leurs pompeuses niaiseries, et que le carillon nuptial ait cessé de faire entendre son tapage.
Rodolphe. — Je croyais que vous aimiez la baronne Ida.
Ulrich. — Certainement... mais il ne s'ensuit pas que je veuille enchaîner ma jeunesse et sa glorieuse carrière à la ceinture d'une femme, quand ce serait celle de Vénus..... Toutefois, je l'aimerai comme une épouse doit être aimée, sincèrement et sans partage.
Rodolphe. — Et avec constance!
Ulrich. — Je le crois, car aucune autre femme ne m'a inspiré ce que je sens auprès d'elle. Mais je n'ai pas le temps de m'arrêter aux bagatelles du cœur; avant peu nous aurons de grandes choses à faire. Ainsi, Rodolphe, hâtez-vous.
Rodolphe. — A mon retour, je trouverai la baronne Ida transformée en comtesse de Siegendorf.
Ulrich. — Mon père le désire. Et, en vérité, ce n'est pas une mauvaise politique; cette union avec le dernier rejeton de la branche rivale efface le passé et réconcilie l'avenir.
Rodolphe. — Adieu.
Ulrich. — Demeurez encore... nous ferons bien de rester ensemble jusqu'à ce que la chasse soit commencée; alors, vous vous éloignerez, et vous suivrez exactement mes ordres.
Rodolphe. — Je n'y manquerai pas. Mais, pour revenir à ce que nous disions tout à l'heure..... ce fut un acte généreux de la part du comte votre père, d'envoyer chercher, à Kœnisberg, cette belle orpheline, et de la saluer du nom de sa fille.

Je connais l'assassin..... le voici.....

Ulrich. — On ne peut plus généreux! considérant surtout le peu de bienveillance qui existait entre les pères de leur vivant.
Rodolphe. — N'est-ce pas une fièvre qui a emporté le dernier baron?
Ulrich. — Comment le saurais-je?
Rodolphe. — J'ai entendu dire que sa mort était environnée d'un étrange mystère... c'est même à peine si l'on sait le lieu précis de son décès.
Ulrich. — Quelque village obscur sur la frontière de Saxe ou de Silésie.
Rodolphe. — Il n'a point laissé de testament... nulle trace de ses dernières volontés.
Ulrich. — Je ne saurais le dire, n'étant ni confesseur, ni notaire.
Rodolphe. — Ah! voici la baronne Ida.
(*Entre* Ida de Stralenheim.)

Ulrich. — Vous êtes matinale, ma charmante cousine!

IDA. — Je ne le suis pas trop, cher Ulrich, si ma présence ne vous est point importune. Pourquoi m'appelez-vous cousine?
ULRICH. — Ne sommes-nous pas cousins?
IDA. — Oui, mais je n'aime pas ce titre : il a quelque chose de si froid ! on dirait qu'en le prononçant vous pensez à notre généalogie, et que vous mesurez à quel degré nous sommes rapprochés par le sang.
ULRICH, *tressaillant.* — Le sang !
IDA. — Pourquoi le vôtre s'est-il tout-à-coup retiré de vos joues?
ULRICH. — Serait-il vrai?
IDA. — Mais non ; le voilà qui se précipite de nouveau, comme un torrent, par tout votre front.
ULRICH, *se remettant.* — S'il s'est retiré, c'est que votre présence l'a fait refluer vers mon cœur, qui ne bat que pour vous, charmante cousine.
IDA. — Encore !
ULRICH. — Eh bien, je vous appellerai ma sœur.
IDA. — Ce nom me déplaît encore davantage. Plût à Dieu que nous n'eussions jamais été parents !
ULRICH, *d'un air sombre.* — Plût à Dieu !
IDA. — O ciel ! pouvez-vous bien !...
ULRICH. — Chère Ida, ma voix n'a été que l'écho de la vôtre.
IDA. — Sans doute, Ulrich ; mais je n'ai point accompagné mes paroles d'un semblable regard, et je savais à peine ce que je disais. Mais que je sois votre sœur ou votre cousine, tout ce que vous voudrez, pourvu que je vous sois quelque chose !
ULRICH. — Vous serez tout pour moi... tout...
IDA. — Vous êtes déjà tout pour moi, et c'est moi qui vous ai devancé.
ULRICH. — Chère Ida !
IDA. — Oui ! appelez-moi Ida, votre Ida ; car je veux être à vous, et à vous seul. Et, en effet, il ne me reste plus que vous depuis que mon pauvre père... (*Elle s'arrête.*)
ULRICH. — Il vous reste le mien... et moi.
IDA. — Cher Ulrich ! Mon tendre père ! que n'est-il témoin de mon bonheur, il n'y manque que sa présence !
ULRICH. — Vraiment !
IDA. — Vous l'auriez aimé ; vous lui auriez été cher, car les braves s'aiment et s'apprécient ; ses manières étaient un peu froides, son air était fière : c'est l'apanage de la naissance ; mais sous cet extérieur sérieux... Oh ! si vous l'aviez connu, si vous aviez été près de lui pendant son voyage, il ne serait pas mort sans un ami pour adoucir ses derniers moments.
ULRICH. — Qui prétend cela?
IDA. — Quoi ?
ULRICH. — Qu'il est mort dans l'isolement ?
IDA. — La rumeur publique, la disparition complète de ses serviteurs. Elle devait être bien redoutable, la maladie qui les a tous moissonnés !
ULRICH. — S'ils étaient près de lui, il n'est donc pas mort seul et sans secours.
IDA. — Hélas ! qu'est-ce qu'un valet à notre lit de mort, alors que l'œil, prêt à se fermer pour toujours, cherche vainement un objet aimé ! On dit qu'il est mort d'une fièvre.
ULRICH. — On dit !... cela est ainsi.
IDA. — Je rêve pourtant quelquefois autre chose.

Fuyez ! je ne suis pas maître de mon château ni même de cette tour.

ULRICH. — Tout rêve est mensonge.
IDA. — Et pourtant, je le vois comme je vous vois.
ULRICH. — Où ?
IDA. — Dans mon sommeil... je le vois couché, pâle, sanglant, et un homme tenant un couteau levé sur lui.
ULRICH. — Cet homme, vous ne voyez pas son visage ?
IDA, *le regardant.* — Non ! ô mon Dieu ! Et vous le voyez, vous ?
ULRICH. — Pourquoi cette question ?
IDA. — Parce que vous avez l'air de celui qui voit un assassin.
ULRICH, *agité.* — Ida, c'est un enfantillage ; votre faiblesse me gagne, je l'avoue à ma honte ; cela vient de ce que j'entre dans tous vos sentiments. Veuillez, ma chère enfant, changer...
IDA. — Enfant ! en vérité ! j'ai vu mon quinzième été.
(*Un cor résonne.*)
RODOLPHE. — Seigneur, entendez-vous le cor ?
IDA, *avec humeur*, à *Rodolphe.* — Pourquoi le lui dire ? ne peut-il l'entendre sans que vous serviez d'écho à ce bruit ?
RODOLPHE. — Pardonnez-moi, belle baronne.
IDA. — Je ne vous pardonnerai pas, si vous ne m'aidez à dissuader le comte Ulrich de se rendre aujourd'hui à la chasse.
RODOLPHE. — Madame, vous n'avez nul besoin de mon aide.
ULRICH. — Je ne puis me dispenser de cette partie.
IDA. — Vous n'irez pas.
ULRICH. — Je n'irai pas ?
IDA. — Non, ou vous n'êtes point un vrai chevalier. Allons, cher Ulrich, cédez-moi sur ce point pour aujourd'hui seulement : le temps est incertain, vous êtes pâle, et semblez mal à l'aise.
ULRICH. — Vous plaisantez.
IDA. — Nullement ; demandez à Rodolphe.
RODOLPHE. — Il est vrai, seigneur ; en un quart d'heure, vous avez plus changé que depuis des années.
ULRICH. — Ce n'est rien ; mais, dans tous les cas, le grand air me remettra. Je suis un vrai caméléon : je ne vis que de l'air du ciel ; vos fêtes dans les salons, vos brillants banquets ne nourrissent pas mon âme... il me faut la forêt, il me faut l'air libre des hautes montagnes : j'aime tout ce qui fait la vie de l'aigle.
IDA. — Hormis sa proie, j'espère.
ULRICH. — Charmante Ida, souhaitez-moi une heureuse chasse, et je vous rapporterai pour trophées les hures de huit sangliers.
IDA. — Vous persistez donc à partir... Vous ne partirez pas ! venez, je vous chanterai quelque chose.
ULRICH. — Ida, vous n'êtes guère faite pour être l'épouse d'un soldat.
IDA. — Je ne demande point à l'être ; j'espère bien que ces guerres sont pour jamais finies, et que vous vivrez en paix dans vos domaines. (*Entre* WERNER, *maintenant comte de* SIEGENDORF.)
ULRICH. — Mon père, je vous salue, et je regrette que ce soit pour vous quitter si tôt..... Vous avez entendu le cor : les vassaux attendent.
SIEGENDORF. — Qu'ils attendent !... Vous oubliez que demain est

le jour fixé pour la fête par laquelle on doit célébrer, à Prague, le rétablissement de la paix. L'ardeur que vous mettez à la chasse ne vous permettra guère d'être de retour aujourd'hui ; ou du moins vous serez trop fatigué pour pouvoir demain vous joindre au cortège de la noblesse.

ULRICH. — Comte, vous occuperez ma place et la vôtre ; je n'aime pas toutes ces cérémonies.

SIEGENDORF. — Ulrich, il ne conviendrait pas que vous seul entre tous nos jeunes nobles.....

IDA. — Et le plus noble de tous par son extérieur et ses manières.

SIEGENDORF, à Ida. — C'est vrai, ma chère enfant, quoique pour une jeune demoiselle ce soit dit un peu hardiment... Ulrich, rappelez-vous notre position ; songez que nous sommes depuis peu réintégrés dans notre rang. Croyez-moi, cette absence dans une pareille occasion serait remarquée de la part de toute autre maison, et surtout de la nôtre. En outre, le ciel, qui nous a rendu l'héritage de nos aïeux en même temps qu'il a donné la paix au monde, a doublement droit à nos actions de grâces : nous devons le remercier, d'abord pour notre patrie, ensuite pour nous-mêmes.

ULRICH, à part. — Il ne lui manquait plus que d'être dévot. (A son père.) Eh bien ! seigneur, je vous obéis. (A un domestique.) Ludwig, va congédier les vassaux. (Ludwig sort.)

IDA. — Ainsi vous accordez sur-le-champ au noble comte ce que j'aurais pu demander en vain pendant des heures entières.

SIEGENDORF, souriant. — J'espère, petite rebelle, que vous n'êtes pas jalouse de moi. Vous voudriez donc sanctionner la désobéissance envers tout autre que vous ? Mais rassurez-vous : le temps viendra bientôt où vous exercerez un pouvoir plus doux et plus sûr.

IDA. — Mais je voudrais régner dès à présent.

SIEGENDORF. — Régnez sur votre harpe, qui vous attend avec la comtesse, dans sa chambre ; vous faites infidélité à la musique, et votre mère désire votre présence.

IDA. — Adieu donc, mes généreux protecteurs. Ulrich, viendrez-vous m'entendre ?

ULRICH. — Tout à l'heure.

IDA. — Croyez bien que mes chants sont préférables aux sons de votre cor ; soyez ponctuel à venir, je vous jouerai la marche du roi Gustave.

ULRICH. — Pourquoi pas celle du vieux Tilly ?

IDA. — Ce monstre ! jamais ! je croirais tirer de ma harpe des gémissements humains, et non de l'harmonie... Mais venez promptement ; votre mère sera heureuse de vous voir. (Ida sort.)

SIEGENDORF. — Ulrich, je désire vous parler.

ULRICH. — Mon temps vous appartient. (Bas à Rodolphe.) Rodolphe, éloigne-toi ; fais ce que je t'ai dit, et que j'aie une prompte réponse de Rosemberg.

RODOLPHE. — Comte de Siegendorf, avez-vous quelques ordres à me donner ? je pars pour un voyage au-delà de la frontière.

SIEGENDORF, tressaillant. — Ah! quelle frontière ?

RODOLPHE. — La frontière de Silésie, pour me rendre... (Bas à Ulrich). Où lui dirai-je que je vais ?

ULRICH, bas à Rodolphe. — A Hambourg ! (A part.) Ce mot suffira je pense pour mettre un terme à son interrogatoire.

RODOLPHE. — Comte, pour me rendre à Hambourg.

SIEGENDORF, agité. — A Hambourg ? (A part.) Non, je n'ai laissé aucun souvenir de ce côté-là ; je n'ai aucun rapport avec cette ville. (Haut.) Ainsi, que Dieu vous soit en aide !

RODOLPHE. — Adieu, comte de Siegendorf. (Rodolphe sort.)

SIEGENDORF. — Ulrich, cet homme est un des étranges compagnons dont je me proposais de vous parler.

ULRICH. — Seigneur, il est de noble naissance, et appartient à l'une des premières maisons de la Saxe.

SIEGENDORF. — Il ne s'agit pas de sa naissance, mais de sa conduite. On parle de lui d'une manière peu favorable.

ULRICH. — Ce sont ceux qui arrivent à la plupart des hommes. Le monarque lui-même n'est pas à l'abri de la médisance de son chambellan ou de la haine du dernier courtisan dont il a fait un ingrat en le comblant d'honneurs.

SIEGENDORF. — S'il faut parler clairement, il court des bruits très fâcheux sur ce Rodolphe, on dit qu'il fait partie des bandes noires qui infestent la frontière.

ULRICH. — Ajouteriez-vous foi à ces on-dit ?

SIEGENDORF. — Dans ce cas, oui.

ULRICH. — Dans tous les cas, je croyais que vous connaissiez assez le monde pour ne pas considérer une accusation comme une sentence définitive.

SIEGENDORF. — Mon fils, je vous comprends, vous voulez parler de.... Mais la destinée m'a tellement enlacé de ses filets, que, semblable à la mouche prise dans la toile de l'araignée, je ne puis que me débattre sans pouvoir les briser. Prenez garde, Ulrich ; vous avez vu où m'ont conduit les passions. Vingt longues années d'indigence et de malheur n'ont pu les amortir : vingt mille ans encore,

pareils à ceux que j'ai passés, ne pourraient effacer ou expier la démence et la honte d'un instant. Ulrich, écoutez votre père !.. Je n'ai pas écouté le mien, et vous me voyez.

ULRICH. — Je vois Siegendorf heureux et chéri, en possession des domaines d'un prince, honoré de ceux qu'il gouverne, ainsi que de ses égaux.

SIEGENDORF. — Peux-tu bien me dire heureux, quand je crains pour toi ? chéri, quand tu ne m'aimes pas ? Tous les cœurs, hormis un seul, peuvent éprouver de l'affection pour moi... mais si celui de mon fils reste froid...

ULRICH. — Qui ose dire cela ?

SIEGENDORF. — Nul autre que moi ; je le vois... je le sens plus douloureusement que ton glaive ne se ferait sentir dans le cœur de l'adversaire qui oserait te tenir ce langage. Mais mon cœur à moi survit à sa blessure.

ULRICH. — Vous vous trompez ; je ne suis pas accoutumé à des manifestations extérieures de tendresse ; séparé de mes parents pendant douze années, comment pourrait-il en être autrement ?

SIEGENDORF. — Et moi, ne les ai-je point également passées dans la douleur de ton absence ? Mais c'est en vain que je le parle : tes remontrances n'ont jamais changé la nature. Changeons de sujet de conversation. Mon fils, considérez, je vous prie, que si vous continuez à fréquenter ces jeunes nobles violents, connus par de funestes exploits (oui, des plus funestes, s'il faut en croire le bruit public), ils vous conduiront...

ULRICH (avec impatience). — Je ne me laisserai jamais conduire par personne.

SIEGENDORF. — J'espère aussi que vous ne conduirez jamais de tels hommes. Afin de vous arracher, une fois pour toutes, aux périls de votre jeunesse et de votre audace, j'avais jugé convenable de vous donner pour épouse Ida de Stralenheim..... d'autant plus que vous paraissez l'aimer.

ULRICH. — J'ai dit que je me conformerais à vos ordres, quand vous m'ordonneriez d'épouser Hécate ; un fils peut-il en dire davantage ?

SIEGENDORF. — Un fils qui parle ainsi en dit trop. Il n'est point dans la nature de votre sang ni de votre caractère de parler si froidement, ou d'agir avec insouciance, dans une matière qui couronne ou détruit la félicité d'un homme : quelque penchant impérieux, quelque sombre démon s'est emparé de vous ; autrement, vous m'auriez dit sur-le-champ : « J'aime la jeune Ida ! et je l'épouserai » ; ou bien : « Je ne l'aime pas, et toutes les puissances de la terre ne me la feront jamais aimer. » C'est ainsi qu'à votre âge j'aurais répondu.

ULRICH. — Mon père ! vous vous êtes marié par amour.

SIEGENDORF. — C'est vrai ; et cet amour a été mon unique refuge dans bien des infortunes.

ULRICH. — Infortunes qui n'auraient jamais existé sans ce mariage par amour.

SIEGENDORF. — Voilà encore un langage contraire à votre âge et à votre nature. Qui jamais à vingt ans fit pareille objection ?

ULRICH. — Ne m'avez-vous pas recommandé de ne pas suivre votre exemple ?

SIEGENDORF. — Jeune sophiste ! En un mot, aimez-vous ou n'aimez-vous pas Ida ?

ULRICH. — Qu'importe, si je suis prêt à vous obéir en l'épousant ?

SIEGENDORF. — Pour vous, la chose peut être indifférente ; mais pour elle, il y va de sa vie tout entière. Elle est jeune, elle est belle, elle vous adore... elle est revêtue de tous les dons qui peuvent répandre sur vous le bonheur, et faire de votre vie un rêve ineffable. Celle qui donnera tant de bonheur en mérite un peu en retour : je ne voudrais pas voir son cœur se briser pour un homme qui aurait pas de cœur à échanger contre le sien. Elle est...

ULRICH. — Elle est la fille de Stralenheim, votre ennemi. Néanmoins je l'épouserai, sans être violemment épris d'une telle alliance.

SIEGENDORF. — Mais elle vous aime.

ULRICH. — Je l'aime également ; c'est pour cela que je voudrais y penser deux fois.

SIEGENDORF. — Hélas ! c'est ce que l'amour n'a jamais fait.

ULRICH. — Alors, il est temps qu'il s'y mette, qu'il ôte le bandeau de ses yeux, et qu'il regarde avant de prendre son élan ; jusqu'ici il a toujours agi en aveugle.

SIEGENDORF. — Fixez donc l'époque du mariage.

ULRICH. — L'usage et la courtoisie veulent que cette liberté appartienne à la fiancée.

SIEGENDORF. — Je m'engagerai pour elle.

ULRICH. — C'est ce que je ne voudrais faire pour aucune femme ; et comme rien ne doit être changé à ce que j'aurai une fois décidé, quand elle aura donné sa réponse, je donnerai la mienne.

SIEGENDORF. — Mais il est de votre devoir de faire les avances.

ULRICH. — Comte, ce mariage est votre œuvre ; chargez-vous donc de tous ces soins. Mais, pour vous complaire, je vais maintenant offrir mes devoirs à ma mère, auprès de qui, vous savez, Ida se trouve en ce moment... Que voulez-vous de moi ? vous m'avez interdit de mâles amusements hors de l'enceinte du château : je vous obéis ; vous voulez que je me transforme en amoureux de salon ; que j'aille ramasser des gants, des éventails et des aiguilles, écouter des chants et de la musique, épier des sourires, sourire moi-même à un habit frivole, et contempler les yeux d'une femme, comme des guerriers contemplent l'étoile du matin avant une bataille qui doit décider de l'empire du monde... que peuvent faire de plus un fils et un homme ? (*Ulrich sort.*)

Siegendorf, *seul*. — C'est trop !... c'est trop de soumission, et pas assez de tendresse ! Ce qu'il me paie, il ne me le doit pas ; telle a été ma destinée, que je n'ai pu jusqu'à présent remplir auprès de lui les devoirs d'un père. Mais sa tendresse ne m'en est pas moins due ; car il n'a jamais été absent de ma pensée, et, les yeux baignés de larmes, je n'ai cessé de soupirer après le jour où je reverrais mon enfant. Et maintenant je l'ai trouvé, mais dans quelles dispositions !... plein d'obéissance, mais aussi de froideur ; soumis en ma présence, mais indifférent, mystérieux... concentré... s'absentant fréquemment, pour aller où ?... personne ne le sait... lié avec les plus distingués de nos jeunes seigneurs, quoique, pour lui rendre justice, jamais il ne s'abaisse à leurs vulgaires plaisirs. Néanmoins, il existe entre eux des rapports dont j'ignore la nature. Leurs yeux sont fixés sur lui... ils le consultent... se groupent autour de lui comme autour d'un chef ; tandis que moi, Ulrich ne me témoigne aucune confiance ! Ah ! puis-je l'espérer, après que... Eh quoi ! la malédiction de mon père descendrait-elle jusque sur mon fils ? Le Hongrois sanguinaire rôde-t-il encore autour de nous ? ou bien serait-ce toi, ombre de Stralenheim, qui erres dans cette enceinte pour y frapper d'une fatale influence ceux qui ne t'ont pas immolé, il est vrai, mais qui ont ouvert la porte à ton assassin ? Nous sommes innocents de ta mort. Tu étais mon ennemi, et pourtant je t'épargnai dans un moment où ma ruine dormait avec toi, pour surgir à ton réveil ! Je me contentai de prendre... Or maudit ! tu es comme un feu infect dans mes mains ; je n'ose ni me servir de toi ni m'en séparer ; la manière dont je t'ai obtenu me fait penser que tu souillerais toutes les consciences comme tu as souillé la mienne... Cependant, infâme métal, pour expier ma faiblesse, pour expier la mort de ton maître, quoiqu'elle ne soit l'ouvrage ni de moi ni des miens, j'ai fait autant que s'il eût été mon frère ; j'ai recueilli sa fille orpheline... je l'ai chérie comme celle qui doit être la femme de mon fils !... (*Un domestique entre.*)

Le domestique. — Monseigneur, le saint abbé que vous avez envoyé chercher attend qu'il plaise à Votre Excellence de le recevoir. (*Le domestique sort ; le prieur* Albert *entre.*)

Le prieur. — Paix à ces murs et à tous ceux qui les habitent !
Siegendorf. — Soyez le bienvenu, mon père ! et puisse votre prière être entendue ! tous les hommes en ont besoin, et moi...
Le prieur. — Vous avez droit plus que personne aux prières de notre communauté. Notre couvent, fondé par vos ancêtres, est encore protégé par la même famille.
Siegendorf. — Oui, mon père, continuez à prier chaque jour pour nous dans ces temps d'hérésie et de schisme, qui ne deviennent pas meilleurs, quoique le Suédois schismatique, quoique Gustave soit parti...
Le prieur. — Pour l'éternelle demeure des infidèles, pour ce séjour des douleurs sans fin, où sont les grincements de dents, les larmes de sang, le feu éternel, et le ver qui ne meurt pas.
Siegendorf. — Il est vrai, mon père... et voulant délivrer de ces tourments un homme qui, appartenant à notre sainte Église, est mort néanmoins privé de ces secours suprêmes qui aplanissent le chemin de l'âme à travers les souffrances du purgatoire, voici une donation que vous offre humblement, afin d'obtenir des messes pour le repos de son âme. (*Siegendorf remet au prieur un rouleau d'or.*)

Le prieur. — Comte, je reçois ce don, sachant trop bien qu'un refus vous offenserait. Soyez persuadé que tout cet argent sera employé en aumônes, et qu'on n'en dira pas moins les messes que vous demandez. Notre monastère n'a pas besoin de donations, grâce à celles que lui fit jadis votre maison ; mais nous devons vous obéir, ainsi qu'aux vôtres, en toutes choses légitimes. Pour qui les messes seront-elles dites ?
Siegendorf. — Pour... pour... un mort.
Le prieur. — Mais il faudrait indiquer son nom.
Siegendorf. — Ce n'est pas un nom, mais une âme que je voudrais soustraire aux peines de l'autre monde.
Le prieur. — Je ne prétends point pénétrer vos secrets ; nous prierons pour un inconnu, aussi bien que pour le plus élevé des mortels.
Siegendorf. — Des secrets ! je n'en ai pas ; mais, mon père, celui qui est mort pouvait en avoir un : ou bien il a légué... non, il n'a rien légué ; mais les intentions pieuses me dictent l'emploi de cette somme.

Le prieur. — C'est une précaution louable dans l'intérêt d'un ami défunt.
Siegendorf. — Le défunt n'était pas mon ami ; c'était le plus mortel, le plus acharné de mes ennemis.
Le prieur. — Encore mieux ! employer nos richesses à obtenir le ciel pour les âmes de nos ennemis morts est digne de ceux qui savaient leur pardonner pendant leur vie.
Siegendorf. — Je n'ai point pardonné à cet homme ; je l'ai détesté jusqu'au dernier moment, comme il me détestait lui-même. En ce moment, je ne l'aime pas, mais.....
Le prieur. — De mieux en mieux ! c'est là de la religion toute pure : vous voulez soustraire aux châtiments divins celui que vous haïssiez, compassion tout-à-fait évangélique... et de vos propres deniers encore !
Siegendorf. — Mon père, cet or n'est point à moi.
Le prieur. — A qui appartient-il donc ? vous m'avez dit que ce n'était point un legs.
Siegendorf. — Peu importe l'origine de cette somme... qu'il vous suffise de savoir que son maître n'en a plus besoin, si ce n'est pour acheter des prières. Elle est à vous et à votre monastère.
Le prieur. — N'y a-t-il pas de sang sur cet or ?
Siegendorf. — Non ; mais il y a pire que du sang : il y a une éternelle infamie.
Le prieur. — Celui qui le possédait est-il mort dans son lit ?
Siegendorf. — Hélas ! oui.
Le prieur. — Mon fils, vous retombez dans votre esprit de vengeance, si vous regrettez que votre ennemi n'ait point péri de mort violente.
Siegendorf. — Sa mort a été effroyable et sanglante.
Le prieur. — Vous disiez qu'il était mort dans son lit, et non sur le champ de bataille.
Siegendorf. — Il périt, je sais à peine comment... mais il fut assassiné dans l'ombre, il fut égorgé dans son lit !... Maintenant vous savez tout... Oh ! regardez-moi ! je ne suis pas l'assassin : sur ce point je puis affronter votre regard, comme un jour celui de Dieu.
Le prieur. — N'avez-vous été en rien complice de sa mort ?
Siegendorf. — Nullement ; par le Dieu qui voit et qui frappe !
Le prieur. — Ne connaissez-vous pas le meurtrier ?
Siegendorf. — J'ai seulement soupçonné un homme ; il m'était étranger, aucun lien ne nous unissait ; il n'a point agi par mes ordres, et je ne l'ai connu qu'un seul jour.
Le prieur. — Vous êtes donc pur de toute culpabilité !
Siegendorf, *vivement*. — Oh ! le suis-je ?... Parlez.
Le prieur. — Vous l'avez dit, et vous devez le savoir.
Siegendorf. — Mon père ! j'ai dit la vérité, rien que la vérité, sinon toute la vérité. Répétez-moi que je ne suis pas coupable, car le sang de cet homme pèse sur moi comme si je l'avais versé ; et cependant, j'en atteste ce Dieu qui abhorre le sang humain, sa mort n'est pas mon ouvrage !... Bien plus, je l'épargnai, quand j'aurais pu et peut-être dû le frapper, si toutefois il est permis à l'homme, pour sa défense personnelle, d'immoler un ennemi tout puissant. Mais priez pour lui, pour moi et pour toute ma maison ; car, je vous l'ai dit, bien que je sois innocent, j'éprouve, je ne sais pourquoi, un douloureux remords. Priez pour moi, mon père ; en vain, j'ai moi-même prié bien longtemps.
Le prieur. — Je le ferai, consolez-vous ! innocent, vous devez être calme comme l'innocence.
Siegendorf. — Ah ! le calme, je le sens, n'est pas toujours le partage de l'innocence.
Le prieur. — Il en sera ainsi quand votre âme aura pu se recueillir et se calmer. Rappelez-vous la grande solennité qu'on célèbre demain, dans laquelle vous et votre vaillant fils devez prendre rang parmi nos premiers seigneurs ; qu'au milieu des prières élevées vers Dieu pour le remercier d'avoir mis un terme à l'effusion du sang, ce sang que vous n'avez point versé ne jette sur vos pensées : un pareil excès de sensibilité serait condamnable. Consolez-vous, seigneur ; oubliez un triste événement, et laissez les remords aux coupables. (*Ils sortent.*)

ACTE V.

SCÈNE PREMIÈRE.

Grande et magnifique salle gothique du château de Siegendorf, décorée de trophées, de bannières et des armoiries de la famille.

Entrent Arnheim *et* Meister, *hommes de la suite du comte de Siegendorf.*

Arnheim. — Dépêchez-vous ! le comte va revenir de l'église ; les dames sont déjà sous le portail. Avez-vous envoyé à la recherche de l'individu en question ?

MEISTER. — J'ai fait parcourir Prague dans toutes les directions, pour trouver un homme dont la figure et le costume fussent conformes au signalement que vous m'avez donné. Le diable emporte les banquets et les processions! tout le plaisir, s'il y en a, est pour les spectateurs; il n'y en a guère pour nous qui sommes le spectacle même.

ARNHEIM. — Allez à votre affaire! voici madame la comtesse.

MEISTER. — J'aimerais mieux monter tout un jour, à la chasse, une rosse éreintée, que de marcher à la suite d'un grand personnage dans ces ennuyeuses cérémonies.

ARNHEIM. — Partez! allez plaisanter plus loin. (*Ils sortent.* — *Entrent la comtesse* JOSÉPHINE DE SIEGENDORF *et* IDA DE STRALENHEIM.)

JOSÉPHINE. — Enfin, Dieu soit loué! la cérémonie est terminée.

IDA. — Comment pouvez-vous parler ainsi? je n'ai jamais rien rêvé de si beau. Ces fleurs, ces feuillages, ces bannières, ces seigneurs, ces chevaliers, leurs pierreries, leurs manteaux, leurs panaches, ce bonheur empreint sur tous les visages, ces coursiers, cet encens, ce soleil rayonnant à travers les vitraux, jusqu'à ces tombes revêtues d'une beauté si calme, ces hymnes pieuses qui semblaient venir du ciel au lieu d'y monter; l'orgue faisant résonner sa voix grave, comme un tonnerre harmonieux; toutes ces robes blanches, tous ces regards tournés vers le ciel; le monde en paix et tous en paix avec tous! O ma tendre mère. (*Elle embrasse Joséphine.*)

JOSÉPHINE. — Ma chère enfant! car j'espère que vous serez bientôt ma fille.

IDA. — Oh! ne la suis-je point déjà! sentez comme mon cœur bat.

JOSÉPHINE. — En effet, ma tendre fille! puisse-t-il ne battre jamais avec plus d'amertume.

IDA. — Comment cela se pourrait-il? Qui pourrait nous affliger? Je ne puis souffrir qu'on parle de douleurs; comment serait-on triste quand on s'aime aussi tendrement que nous tous, vous, votre époux, Ulrich et votre fille Ida?

JOSÉPHINE. — Pauvre enfant!

IDA. — Vous me plaignez?

JOSÉPHINE. — Non, mais j'éprouve le sentiment d'une douloureuse envie, d'une envie qui ne ressemble point à ce que le monde entend par ce mot, à ce vice universel, si toutefois est un vice plus général que des autres.

IDA. — Je ne veux pas qu'on dise du mal d'un monde qui contient et vous et mon Ulrich. Avez-vous jamais rien vu d'aussi beau que lui? Comme il les dominait tous de la tête! Comme tous les yeux le suivaient! Les fleurs jetées de chaque fenêtre tombaient à ses pieds plus nombreuses que devant tout autre; partout où il a marché, elles croissent encore pour ne jamais se flétrir.

JOSÉPHINE. — Vous le gâteriez, petite flatteuse, s'il vous entendait.

IDA. — Il ne m'entendra jamais; je n'oserais pas lui en dire autant... je le redoute un peu.

JOSÉPHINE. — Pourquoi? il vous aime.

IDA. — Je ne puis jamais trouver les paroles convenables pour lui exprimer ce que je sens. Et puis, quelquefois il me fait peur.

JOSÉPHINE. — Comment cela?

IDA. — Un nuage obscurcit tout-à-coup ses yeux bleus pendant qu'il reste silencieux et sombre.

JOSÉPHINE. — Ce n'est rien. Les hommes, surtout en ces temps de troubles, ont beaucoup à penser.

IDA. — Mais moi, je ne puis penser qu'à lui.

JOSÉPHINE. — Cependant il y a d'autres hommes aussi beaux qu'Ulrich aux yeux du monde : par exemple, le jeune comte de Waldorf, dont les yeux aujourd'hui n'ont cessé d'être fixés sur vous.

IDA. — Je ne l'ai pas vu, je ne voyais qu'Ulrich. L'avez-vous remarqué au moment où chacun fléchissait le genou? je pleurais, et, à travers mes larmes abondantes, il m'a semblé le voir me sourire.

JOSÉPHINE. — Moi, je ne voyais que le ciel, vers lequel étaient levés mes yeux et ceux de tout un peuple.

IDA. — Je pensais aussi au ciel en regardant Ulrich.

JOSÉPHINE. — Venez, retirons-nous; ils seront bientôt ici pour le banquet. Allons quitter ces plumes et ces robes traînantes.

IDA. — Et surtout ces pesants joyaux: je sens ma tête et mon cœur battre douloureusement sous l'éclat dont ils brillent à mon front et à ma ceinture. Ma chère mère, je vous suis. (*Elles sortent.* — *Le comte de* SIEGENDORF, *en grand costume, entre avec* LUDWIG.)

SIEGENDORF. — Ne l'a-t-on pas trouvé?

LUDWIG. — On fait partout d'actives perquisitions; et, si cet homme est à Prague, soyez sûr qu'on mettra la main dessus.

SIEGENDORF. — Où est Ulrich?

LUDWIG. — Il a pris l'autre route, avec quelques jeunes nobles; mais il n'a pas cessé de les quitter; je sais je ne me trompe, je viens d'entendre Son Excellence franchir au galop, avec sa suite, le pont-levis de l'ouest. (*Entre* ULRICH *splendidement habillé.*)

SIEGENDORF (*à Ludwig*). — Allez, et veillez à ce qu'on continue sans interruption les recherches. (LUDWIG *sort.*) O Ulrich! combien j'ai désiré votre présence!

ULRICH. — Votre vœu est satisfait... me voici.

SIEGENDORF. — J'ai vu le meurtrier.

ULRICH. — Qui? où?

SIEGENDORF. — Le Hongrois qui a tué Stralenheim.

ULRICH. — Vous rêvez!

SIEGENDORF. — Aussi vrai que j'existe, je l'ai vu, je l'ai entendu! Il a même osé prononcer mon nom.

ULRICH. — Quel nom?

SIEGENDORF. — Werner!... c'était le mien.

ULRICH. — Ce n'est plus votre nom, oubliez-le.

SIEGENDORF. — Jamais! jamais! Toute ma destinée s'est rattachée à ce nom; il ne sera pas gravé sur ma tombe, mais il peut m'y conduire.

ULRICH. — Au fait!... le Hongrois?

SIEGENDORF. — Écoutez!... L'église était remplie, l'hymne pieuse s'élevait vers le ciel; la voix des nations plutôt que celle du chœur entonnait le *Te Deum*. Je me levai avec tous les seigneurs, et au moment où, du haut de notre galerie, je promenais mes regards sur toutes les têtes, j'aperçus... ce fut pour moi comme un éclair qui me déroba tout autre objet... j'aperçus le visage du Hongrois; je me sentis hors de moi. Quand j'eus repris mes sens, je regardai au même endroit... il n'y était plus. Les chants avaient cessé, et le cortège s'était remis en marche.

ULRICH. — Continuez.

SIEGENDORF. — Bientôt nous arrivâmes au pont de la Moldau. Toute cette foule qui le couvrait, ces barques innombrables chargées de citadins en habits de fête, qui glissaient sur l'onde au-dessous de nous; la rue brillamment décorée, le long cortège, la musique retentissante, le tonnerre lointain de l'artillerie, qui semblait dire un long et bruyant adieu à ses sanglants exploits; les étendards qui flottaient sur ma tête, le bruit de tous ces pas, le mugissement de cette foule précipitant ses vagues comme un torrent... rien... rien ne pouvait écarter de mon souvenir cet homme, que cependant mes yeux ne voyaient plus.

ULRICH. — Vous ne l'avez donc plus revu?

SIEGENDORF. — J'avais soif de le revoir, comme un soldat mourant sur le champ de bataille implore une gorgée d'eau; je ne le vis pas, mais à sa place...

ULRICH. — Eh bien! à sa place?

SIEGENDORF. — Mes yeux rencontraient sans cesse votre ondoyant panache qui, placé sur la tête la plus haute et la plus aimée, dominait tout cet océan de plumes dont les flots inondaient les rues de Prague.

ULRICH. — Quel rapport avec le Hongrois?

SIEGENDORF. — Je l'avais oublié pour ne penser qu'à mon fils; mais, au moment où la foule interrompit ses acclamations, les citoyens tombant tous dans les bras l'un de l'autre, j'entendis une voix basse, mais plus distincte à mon oreille que la voix tonnante du bronze, prononcer ce nom... Werner!

ULRICH. — Qui le prononçait?

SIEGENDORF. — Lui! Je me retournai... je le vis et je tombai!

ULRICH. — Et pourquoi?... Vous a-t-on aperçu?

SIEGENDORF. — Ceux qui m'entouraient, me voyant évanoui et en ignorant la cause, me transportèrent à l'écart. Vous étiez trop loin dans le cortège des jeunes seigneurs pour venir à mon aide.

ULRICH. — Je le ferai maintenant.

SIEGENDORF. — Comment?

ULRICH. — En cherchant cet homme, ou... Quand nous l'aurons trouvé, qu'en ferons nous?

SIEGENDORF. — Je ne sais.

ULRICH. — Pourquoi donc le chercher?

SIEGENDORF. — Parce qu'il n'y aura point de repos pour moi que je ne l'aie trouvé. Son destin, celui de Stralenheim, le nôtre, semblent enchaînés ensemble! c'est un nœud mystérieux qui ne peut se dénouer que... (*Un domestique entre.*)

LE DOMESTIQUE. — Un étranger demande à parler à Votre Excellence.

SIEGENDORF. — Qui est-il?

LE DOMESTIQUE. — Il ne s'est point nommé.

SIEGENDORF. — N'importe, faites entrer. (*Le domestique introduit* GABOR *et se retire.*)

GABOR. — C'est donc bien Werner!

SIEGENDORF, *avec hauteur.* — Celui que vous avez connu sous ce nom.

GABOR, *regardant autour de lui.* — Je vous reconnais tous deux: le père et le fils, à ce qu'il semble. Comte, j'ai su que vous, ou les vôtres, vous me faisiez chercher; me voici.

SIEGENDORF. — Je vous cherchais, et je vous ai trouvé. Vous êtes accusé, votre propre cœur doit vous dire de quel crime... (*Il s'arrête.*)

Gabor. — Soyez précis, et j'accepterai les conséquences de mes actes.
Siegendorf. — Il le faudra bien... à moins.
Gabor. — D'abord, qui m'accuse?
Siegendorf. — Toutes choses, sinon tout le monde : le bruit général, ce que j'ai vu moi-même, étant présent sur les lieux... le théâtre du crime... enfin toutes les circonstances se réunissent pour vous désigner comme le coupable.
Gabor. — Et moi seul? Réfléchissez avant de répondre : n'est-il point d'autre nom que le mien compromis dans cette affaire?
Siegendorf. — Scélérat, qui te fais un jeu de ton crime! de tous les hommes, aucun ne connaît mieux que toi l'innocence de celui contre lequel tu voudrais insinuer une sanglante calomnie. Mais je n'adresserai point d'inutiles paroles à un misérable; je me bornerai à ce qu'exige strictement la justice. Réponds donc sur-le-champ et sans équivoque, à mon accusation.
Gabor. — Elle est fausse.
Siegendorf. — Qui dit cela?
Gabor. — Moi.
Siegendorf. — Comment le prouveras-tu?
Gabor. — En montrant ici l'assassin.
Siegendorf. — Nomme-le.
Gabor. — Il peut avoir plus d'un nom : il fut un temps où Votre Seigneurie en avait deux.
Siegendorf. — Si c'est moi que tu veux désigner, je brave tes accusations.
Gabor. — Vous le pouvez en toute sûreté; un autre est l'assassin, et moi je le connais.
Siegendorf. — Où est-il?
Gabor, *montrant Ulrich*. — Près de vous (*Ulrich veut se précipiter sur Gabor, Siegendorf le retient.*)
Siegendorf. — Imposteur maudit! Mais on n'attentera point à tes jours; ces murs m'appartiennent : tu seras en sûreté dans sieur enceinte. (*Se tournant vers Ulrich.*) Ulrich, repousse comme moi cette calomnie; j'avoue qu'elle est si monstrueuse, que je n'aurais pu croire qu'un homme en fût capable. Calme-toi, elle se réfutera d'elle-même; mais ne touche pas cet homme. (*Ulrich s'efforce de composer son visage.*)
Gabor. — Regardez-le, comte; et puis écoutez-moi.
Siegendorf, *à Gabor.* — Je vous entends. (*Regardant Ulrich.*) Grand Dieu! tu as l'aspect...
Ulrich. — Quel aspect?
Siegendorf. — Celui que je t'ai vu dans cette nuit terrible où nous nous rencontrâmes au jardin.
Ulrich, *se remettant.* — Ce n'est rien.
Gabor. — Comte, vous êtes tenu de m'entendre, je ne vous cherchais pas : vous m'avez cherché. Quand je m'agenouillai au milieu du peuple, dans l'église, je ne m'attendais pas à rencontrer l'indigent Werner sur le siège des sénateurs et des princes; mais vous avez voulu me voir, et me voici devant vous.
Siegendorf. — Continuez, monsieur.
Gabor. — D'abord, permettez-moi de vous demander à qui la mort de Stralenheim a été profitable; est-ce à moi... qui suis pauvre comme je l'étais, si les soupçons attachés à mon nom ne m'ont pas rendu plus pauvre encore? Dans ce dernier attentat, on n'a enlevé au baron ni joyaux ni or; on n'a pris que sa vie... et cette vie était un obstacle aux prétentions de certains hommes qui convoitaient un rang et une fortune.
Siegendorf. — Ces insinuations, aussi vagues qu'impuissantes, sont dirigées contre moi et contre mon fils.
Gabor. — Ce n'est pas ma faute, mais que les conséquences retombent sur celui d'entre nous qui se sent coupable. C'est à vous que je m'adresse, comte Siegendorf, parce que je vous sais innocent, et vous crois juste; mais avant que je poursuive... oserez-vous me dire? oserez-vous m'ordonner de continuer? (*Siegendorf regarde d'abord le Hongrois, puis Ulrich qui a ôté son sabre de sa ceinture, et qui trace avec le bout du fourreau des lignes sur le plancher.*)
Ulrich, *jetant un regard à son père.* — Qu'il continue.
Gabor. — Comte, je suis désarmé... dites à votre fils de déposer son sabre.
Ulrich, *le lui offrant avec mépris.* — Prends-le.
Gabor. — Non, monsieur; il suffit que nous soyons désarmés l'un et l'autre... Je ne voudrais pas porter un glaive que peut avoir souillé un sang versé ailleurs que dans les combats.
Ulrich, *jetant son sabre avec mépris.* — Ce même glaive... ou un autre, épargna un jour votre vie, lorsque vous étiez désarmé et à ma merci.
Gabor. — C'est vrai, je ne l'ai point oublié; vous m'avez épargné pour servir vos vues secrètes, pour faire peser sur moi l'ignominie d'un autre.
Ulrich. — Continuez; le récit est digne, sans doute, de celui qui le fait. (*A Siegendorf.*) Mais convient-il que mon père l'entende?
Siegendorf, *prenant la main de son fils.* — Mon fils, je connais

mon innocence, et je ne mets pas la vôtre en doute... mais j'ai promis à cet homme d'être patient : qu'il continue!
Gabor. — Je n'abuserai pas de vos moments en parlant longuement de moi : j'ai débuté de bonne heure dans la vie... et je suis ce que le monde m'a fait. L'hiver dernier, je me trouvais à Francfort sur l'Oder, où je vivais obscurément. Le hasard me conduisit quelquefois dans certains lieux de réunion, et là, au mois de février, j'entendis raconter une étrange aventure. Un corps de troupes de l'État avait réussi à s'emparer, après une vive résistance, d'une bande d'hommes désespérés qu'on supposait des maraudeurs du camp ennemi; il se trouva que ces hommes étaient des brigands que le hasard ou quelque expédition avait entraînés au-delà des limites ordinaires de leurs opérations... les forêts de la Bohême... et amenés jusqu'en Lusace. Plusieurs d'entre eux, disait-on, étaient d'un haut rang... On laissa dormir un moment les lois rigoureuses de la guerre, et enfin ils furent escortés jusqu'aux frontières et placés sous la surveillance des magistrats de la ville libre de Francfort. J'ignore ce qu'ils sont devenus depuis.
Siegendorf. — Quel rapport cela peut-il avoir avec Ulrich?
Gabor. — Parmi eux se trouvait, disait-on, un homme que la nature avait comblé de ses dons... on vantait sa naissance, sa fortune, sa jeunesse, sa force, sa beauté plus qu'humaine, son courage sans pareil; et l'on attribuait à la magie son ascendant sur ses compagnons, sur ses juges, tant cette influence était irrésistible. Je n'ai pas grande foi à la magie, si ce n'est à celle de l'or... je le crus donc riche... une vive curiosité, mille instincts secrets me portaient à rechercher ce prodige, à le voir du moins.
Siegendorf. — Et le vîtes-vous?
Gabor. — La suite vous l'apprendra. Le hasard vint me favoriser : un tumulte populaire avait rassemblé une grande foule sur la place publique. C'était une de ces occasions où l'âme se montre tout entière, où les hommes apparaissent tels qu'ils sont; du moment que mes yeux rencontrèrent les siens, je m'écriai : Le voilà! Quoiqu'il fût alors, comme je l'ai trouvé depuis, au milieu des grands de la ville, je n'étais sûr de ne pas me tromper; je l'épiai longtemps, et de près; j'examinai sa taille... ses gestes... ses traits... sa démarche... et au milieu de tout cela, au milieu de tous ces dons naturels et acquis, je crus discerner le regard de l'assassin et l'âme du gladiateur.
Ulrich, *souriant.* — Voilà une histoire intéressante.
Gabor. — Elle le deviendra plus encore... Il me parut de ces hommes audacieux, devant lesquels la fortune s'incline... et qui tiennent souvent dans leurs mains la destinée de leurs semblables. D'ailleurs une sensation inexplicable m'attirait vers cet homme, comme si ma fortune devait dépendre de lui... En cela je me trompais.
Siegendorf. — Et vous pourriez bien vous tromper encore.
Gabor. — Je le suivis, je sollicitai son attention... je l'obtins... mais non son amitié. Son dessein était de quitter la ville secrètement... nous partîmes ensemble... et ensemble nous arrivâmes dans la bourgade obscure où Werner était caché, et où nous sauvâmes les jours de Stralenheim. Maintenant nous voici à la catastrophe : oserez-vous m'écouter encore?
Siegendorf. — Je le dois... ou j'en ai trop entendu.
Gabor. — Je reconnus en vous, sous le nom de Werner, un homme au-dessus de sa position. Vous étiez pauvre, vous aviez tout de la misère, sauf les haillons : j'offris de partager avec vous ma bourse, quelque légère qu'elle fût; vous refusâtes.
Siegendorf. — Mon refus m'a-t-il rendu votre obligé, que vous veniez ainsi me rappeler votre offre?
Gabor. — Cependant vous m'avez une obligation, quoique d'une autre nature; et moi je vous dus, au moins en apparence, ma sûreté, quand des satellites de Stralenheim me poursuivaient, en m'accusant de l'avoir volé.
Siegendorf. — Je vous ai abrité; et c'est vous, vipère réchauffée dans mon sein, qui venez m'accuser, ainsi que les miens?
Gabor. — Je n'accuse personne... si ce n'est pour me défendre. Vous, comte, vous vous êtes constitué accusateur et juge : votre palais est ma cour de justice; votre cœur, mon tribunal. Soyez équitable, et je serai indulgent.
Siegendorf. — Vous, indulgent! vous! lâche calomniateur!
Gabor. — Moi! du moins je pourrai l'être... Vous me fîtes cacher... dans un passage secret connu de vous seul, me dîtes-vous. Au milieu de la nuit, ennuyé de veiller dans les ténèbres, et incertain si je pourrais retrouver ma route, je vis de loin une lumière scintiller à travers quelques fentes : j'approchai, et je parvins à une porte... à une porte secrète qui donnait dans une chambre; là, ayant d'une main prudente et circonspecte agrandi l'étroite ouverture, je regardai et vis un lit tout rouge, et sur ce lit Stralenheim!
Siegendorf. — Endormi! et tu l'as assassiné... misérable!
Gabor. — Il était déjà égorgé et saignant comme une victime. Tout mon sang se glaça.
Siegendorf. — Mais il était seul. Tu ne vis personne, tu ne vis pas le... (*Son émotion l'oblige à s'arrêter.*)
Gabor. — Non, non, celui que vous n'osez nommer, et que j'ose à peine me rappeler, n'était pas en ce moment dans la chambre.

SIEGENDORF à *Ulrich*. — Alors, mon fils, tu es innocent encore... Un jour, je m'en souviens, tu me suppliais de déclarer que j'étais innocent; à présent je te fais la même prière.

GABOR. — Patience! je ne reculerai pas maintenant, quand mes paroles devraient ébranler ces murs et les faire crouler sur nos têtes. Vous vous rappelez... sinon vous, du moins votre fils... que les serrures avaient été changées sous l'inspection spéciale d'Ulrich dans la matinée de ce même jour; comment il était entré, c'est à lui de le dire... mais dans une antichambre dont la porte était entr'ouverte, je vis un homme qui lavait ses mains sanglantes, et tournait un regard farouche et inquiet vers le corps de la victime... mais ce corps était sans mouvement.

SIEGENDORF. — O Dieu de mes pères!

GABOR. — Je vis son visage comme je vois le vôtre... mais ce n'était pas le vôtre quoiqu'il vous ressemblât. Je le reconnais dans celui du comte Ulrich, quoique l'expression de ses traits ne fût pas alors ce qu'elle est à présent.... mais telle qu'elle était encore tout à l'heure au moment où je l'ai accusé du crime.

SIEGENDORF. — En effet, j'ai remarqué...

GABOR, *l'interrompant*. — Écoutez-moi jusqu'au bout; vous le devez maintenant... Je me crus trahi par vous et par lui (car je découvris alors qu'il existait un lien entre vous); je crus que vous ne m'aviez accordé ce prétendu refuge que pour rejeter sur moi votre forfait; et ma première pensée fut la vengeance. J'avais laissé mon épée, et quoique je fusse armé d'un poignard, je ne pouvais lutter avec Ulrich d'adresse ou de force : j'en avais fait l'épreuve dans la matinée. Je rebroussai chemin et m'enfuis dans les ténèbres; le hasard me reconduisit à la porte secrète de la salle, puis à la chambre où vous étiez endormi. Si je vous avais trouvé éveillé, Dieu seul peut dire à quelles extrémités la vengeance et le soupçon m'eussent porté contre vous; mais jamais le crime ne dormit comme dormait Werner.

SIEGENDORF. — Et pourtant j'eus d'horribles rêves, et mon sommeil fut si court, que je m'éveillai avant que les étoiles eussent pâli. Pourquoi m'as-tu épargné?

GABOR. — Je pris la fuite et me cachai... Le hasard, après un silong intervalle, m'a enfin amené ici, et m'a fait voir Werner, que j'avais cherché vainement sous le chaume, habitant le palais d'un souverain! Vous avez voulu me voir, vous m'avez vu..... Maintenant, vous connaissez mon secret, et vous pouvez en peser la valeur.

SIEGENDORF, *après un moment de silence*. — Nous le pouvons.

GABOR. — A quoi songez-vous? à la justice ou à la vengeance?

SIEGENDORF. — Ni à l'une ni à l'autre. Je pesais la valeur de votre secret.

GABOR. — Je vais vous la faire connaître en peu de mots... Quand vous étiez pauvre, et moi, quoique pauvre, assez riche pour secourir un plus indigent que moi, je vous offris ma bourse : vous refusâtes de la partager... je serai plus franc avec vous : vous êtes riche, noble, en crédit auprès de l'empereur : vous me comprenez?

SIEGENDORF. — Oui.

GABOR. — Pas tout-à-fait : vous me croyez vénal, et ne pouvez me croire sincère; il n'en est pas moins vrai que ma destinée m'a rendu l'un et l'autre. Vous m'aiderez : je vous aurais aidé; et d'ailleurs, j'ai souffert dans ma réputation pour sauver la vôtre et celle de votre fils. Méditez ce que je vous ai dit.

SIEGENDORF. — Voulez-vous nous permettre de délibérer quelques minutes?

GABOR, *jetant un regard sur Ulrich qui est appuyé contre un pilier*. — Et dans le cas où j'y consentirais?

SIEGENDORF. — Je réponds de votre vie sur la mienne. Entrez dans cette tour. (*Il ouvre une porte basse.*)

GABOR, *hésitant*. — Voilà le second asile sûr que vous m'offrez.

SIEGENDORF. — Le premier ne l'était-il pas?

GABOR. — Je n'en sais trop rien, même aujourd'hui... mais j'essaierai du second. D'ailleurs j'ai une autre garantie... Je ne suis pas venu seul à Prague ; et, dans le cas où l'on m'enverrait dormir avec Stralenheim, il est des langues qui parleraient pour moi. Que votre décision soit prompte.

SIEGENDORF. — Elle le sera... Ma promesse est sacrée et irrévocable ; mais elle ne garantit votre sûreté que dans l'enceinte de ce château.

GABOR. — Je la prends pour ce qu'elle vaut.

SIEGENDORF, *montrant le sabre d'Ulrich qui est resté à terre*. — Prenez aussi cette arme... je vous ai vu le regarder d'un air inquiet et jeter sur Ulrich un coup d'œil plein de méfiance.

GABOR, *ramassant l'arme*. — Je le vaux bien ; je serai du moins en état de vendre chèrement ma vie. (*Gabor entre dans la tour dont Siegendorf ferme la porte.*)

SIEGENDORF, *s'avançant vers Ulrich*. — Maintenant, comte Ulrich, car je n'ose plus t'appeler mon fils, te justifieras-tu?

ULRICH. — Ce qu'il a dit est la vérité.

SIEGENDORF. — La vérité, monstre!

ULRICH. — La vérité, mon père! et vous avez bien fait d'écouter son récit : pour parer à un danger, on doit d'abord le connaître. Il s'agit de faire taire cet homme.

SIEGENDORF. — Oui, avec la moitié de mes domaines ; et plût au ciel qu'avec l'autre moitié nous pussions effacer ce forfait!

ULRICH. — Ce n'est point le moment de dissimuler ou de se payer de paroles. J'ai dit que son récit est conforme à la vérité, et j'ajoute de nouveau qu'il s'agit de le faire taire.

SIEGENDORF. — Comment?

ULRICH. — Comme on a fait taire Stralenheim. Êtes-vous assez simple pour ne vous être aperçu de rien jusqu'ici? Quand nous nous sommes rencontrés dans le jardin, à moins d'avoir pris l'assassin sur le fait, comment aurais-je pu connaître la mort du baron? Si j'avais effectivement donné l'alarme aux gens de la maison du prince, est-ce à moi, est-ce à un étranger qu'on eût confié le soin d'avertir la police? Si notre départ n'avait précédé de plusieurs heures la découverte du crime, aurions-nous eu une seule minute à perdre en route? Et vous, Werner, vous l'objet de la haine et des craintes du baron, auriez-vous pu fuir? Je vous cherchai et je sondai votre âme, doutant s'il y avait en vous dissimulation ou faiblesse. Je reconnus que vous n'étiez que faible, et pourtant je vous ai trouvé tant d'assurance que parfois je doutais encore.

SIEGENDORF. — Parricide non moins qu'assassin vulgaire! quel acte de ma vie, quelle pensée de mon cœur a pu te faire supposer que j'étais propre à devenir ton complice?

ULRICH. — Mon père, n'évoquez pas la discorde entre nous. Ce qu'il nous faut maintenant, c'est de l'union et du courage, non des querelles intestines. Pendant que vous étiez à la torture, pouvais-je être calme? Pensez-vous que j'aie entendu le récit de cet homme sans quelque émotion?... Vous m'avez appris à ne songer qu'à vous et à moi, quel autre sentiment humain avez-vous jamais mis dans mon cœur?

SIEGENDORF. — O malédiction de mon père, tu agis maintenant!

ULRICH. — Le tombeau la contiendra! Des cendres sont des ennemis peu dangereux. Cependant écoutez-moi encore!... Si vous me condamnez, rappelez-vous celui qui me conjurait jadis de l'écouter. Qui m'a enseigné qu'il y avait des crimes que l'occasion rendait excusable, que la passion constituait notre nature, que la faveur du ciel s'attachait aux biens de la fortune? qui m'a fait voir l'humanité placée sous l'unique sauve-garde d'une sensibilité nerveuse? qui a failli me priver de tout moyen de revendiquer mon rang et mes droits à la face du jour en imprimant sur mon front le stigmate de la bâtardise, et sur le sien même celui de l'infamie? L'homme tout à la fois violent et faible invite à faire pour lui ce qu'il désire accomplir sans l'oser. Est-il étrange que j'aie exécuté ce que vous avez pensé? Pour nous, la question du bien et du mal est nulle ; c'est aux effets et non aux causes que nous devons songer. Par un mouvement instinctif, j'avais sauvé la vie de Stralenheim sans le connaître, comme j'aurais sauvé celle d'un paysan ou d'un chien ; quand je l'ai connu, je l'ai tué, non par vengeance, mais parce qu'il était notre ennemi ; c'était un rocher placé sur notre passage, et je l'ai brisé comme eût fait la foudre, parce qu'il s'interposait entre nous et notre destinée. Comme étranger, je l'ai sauvé, et il me devait la vie ; au jour de l'échéance, j'ai repris ce qui m'était dû. Lui, vous et moi, nous étions au bord d'un gouffre, et j'y ai précipité notre ennemi. Vous avez le premier allumé la torche; vous m'avez montré le chemin : montrez-moi maintenant celui de notre sûreté... ou laissez-moi m'occuper de ce soin.

SIEGENDORF. — J'en ai fini avec la vie!

ULRICH. — Finissons-en plutôt avec ce qui ronge la vie... avec ces discordes intestines, ces vaines récriminations sur des choses consommées sans retour. Nous n'avons plus rien à nous apprendre ou à nous cacher ; je n'éprouve aucune crainte, et j'ai, dans cette enceinte, des hommes que vous ne connaissez pas et qui sont prêts à tout. Vous êtes en crédit auprès du gouvernement ; ce qui se passera ici n'excitera que faiblement sa curiosité ; gardez votre secret, contenez-vous, ne bougez pas, ne dites mot... abandonnez-moi le tout ; il ne faut pas qu'il y ait entre nous l'indiscrétion d'un tiers.

(*Ulrich sort.*)

SIEGENDORF, *seul*. — Suis-je bien éveillé? Est-ce ici le château de mes pères? Est-ce bien là mon fils? Mon fils! Moi qui abhorrai toujours les ténèbres et le sang, me voici plongé dans un enfer de sang et de ténèbres. Il faut me hâter, ou le sang va couler encore... celui du Hongrois!... Ulrich... Il paraît avoir ici des partisans, j'aurais dû m'en douter. Oh! insensé que je suis! Les loups rôdent par bandes! Il a comme moi la clef de la porte opposée de la tour. C'est maintenant qu'il faut agir, si je ne veux, être père de nouveaux crimes, comme je suis père d'un criminel! Holà! Gabor! Gabor! (*Il entre dans la tour dont il ferme la porte après lui.*)

SCÈNE II.

L'intérieur de la tour.

GABOR *et* SIEGENDORF.

GABOR. — Qui m'appelle?

SIEGENDORF. — C'est moi... Siegendorf! Prends ceci et fuis! ne perds pas un moment! (*Il détache de sa poitrine une étoile de diamants et d'autres joyaux, qu'il jette dans la main de Gabor.*)

GABOR. — Que ferai-je de cela?

SIEGENDORF. — Ce que tu voudras; vends ces joyaux ou garde-les, et prospère; mais fuis sans retard, ou tu es perdu!

GABOR. — Vous vous êtes engagé sur l'honneur à veiller à ma sûreté!

SIEGENDORF. — Je remplis en ce moment ma promesse. Fuis : je ne suis pas maître, à ce qu'il paraît, dans mon château... ne puis commander à mes gens... ni même à ces murs... ou je leur ordonnerais de crouler sur moi! Fuis, ou tu seras égorgé par...

GABOR. — Est-il vrai? adieu donc! Toutefois, comte, rappelez-vous que vous-même avez cherché cette fatale entrevue.

SIEGENDORF. — Je le sais; qu'elle ne devienne pas plus fatale encore!... Fuis!

GABOR. — Faut-il prendre le même chemin par lequel je suis entré?

SIEGENDORF. — Oui, il est sûr encore; mais ne t'arrête pas à Prague... tu ne sais pas à qui tu as affaire.

GABOR. — Je le sais trop bien... et je le savais avant vous, malheureux père! Adieu. (*Gabor sort.*)

SIEGENDORF, *seul et prêtant l'oreille.* — Il a franchi l'escalier! Ah! j'entends la porte se refermer sur lui! Il est sauvé! sauvé!... Ombre de mon père! je ne me soutiens plus. (*Il s'appuie sur un banc de pierre contre le mur de la tour.* ULRICH *entre avec une troupe de gens armés, le sabre nu à la main.*)

ULRICH. — Dépêchez-le!... il est ici!

LUDWIG. — Le comte, monseigneur!

ULRICH, *reconnaissant Siegendorf.* — Vous ici! mon père!

SIEGENDORF. — Oui; s'il te faut une autre victime, frappe!

ULRICH, *s'apercevant qu'il n'a plus ses insignes.* — Où est le scélérat qui vous a dépouillé? Vassaux! hâtez-vous d'aller à sa recherche! Vous voyez que je disais vrai... le misérable a dépouillé mon père de joyaux capables de former l'apanage d'un prince! Partez, je vous suis. (*Tous sortent à l'exception de Siegendorf et d'Ulrich.*) Que signifie cela? où est l'infâme?

SIEGENDORF. — Il y en a deux; lequel cherches-tu?

ULRICH. — Ne parlons plus de cela! il faut que nous le trouvions. Vous ne l'avez pas laissé échapper?

SIEGENDORF. — Il est parti.

ULRICH. — Grâce à votre assistance?

SIEGENDORF. — Je lui ai donné toute l'aide que j'ai pu.

ULRICH. — Adieu donc! (*Ulrich fait un mouvement pour s'éloigner.*)

SIEGENDORF. — Arrête, je te l'ordonne!... je t'en supplie! O Ulrich! veux-tu donc me quitter?

ULRICH. — Eh quoi! je resterais pour me voir dénoncé, arrêté, chargé de chaînes, et tout cela pour votre faiblesse, votre demi-humanité, vos remords égoïstes, votre pitié vacillante qui sacrifie toute votre race pour sauver un misérable et l'enrichir par notre ruine! Non, comte; à dater de ce jour, vous n'avez plus de fils!

SIEGENDORF. — Je n'en ai jamais eu; et plût au ciel que tu n'en eusses jamais porté le vain nom! Où vas-tu? je ne voudrais pas te voir partir dénué de toute ressource.

ULRICH. — Laissez-moi ce souci. Je ne suis pas seul; je ne suis pas uniquement le chétif héritier de vos domaines; mille, que dis-je! dix mille glaives, dix mille cœurs sont à moi.

SIEGENDORF. — Les brigands de la forêt au milieu desquels le Hongrois te vit pour la première fois à Francfort?...

ULRICH. — Oui... des êtres qui méritent le nom d'hommes! Que vos sénateurs veillent sur Prague! ils se sont un peu trop hâtés de célébrer le retour de la paix; tous les gens de cœur ne sont pas morts avec Wallenstein! (*Entrent* JOSÉPHINE *et* IDA.)

JOSÉPHINE. — Qu'avons-nous appris, mon Siegendorf? Dieu soit loué! tu es sain et sauf.

IDA. — Oui, mon cher père!

SIEGENDORF. — Non, non, je n'ai plus d'enfants : ne me donnez plus ce nom de père, le dernier de tous les noms.

JOSÉPHINE. — Que veux-tu dire, cher époux?

SIEGENDORF. — Que tu as mis au jour un démon!

IDA, *prenant la main d'Ulrich.* — Qui ose parler ainsi d'Ulrich?

SIEGENDORF. — Ida, prends garde : il y a du sang sur cette main.

IDA, *se baissant pour baiser la main d'Ulrich.* — Quand ce serait le mien, mes baisers l'effaceront.

SIEGENDORF. — Tu l'as dit : c'est le tien.

ULRICH. — Arrière! c'est le sang de ton père.

IDA. — Grand Dieu! Et j'ai pu aimer un tel homme! (*Ida tombe évanouie;* Joséphine *reste muette d'horreur.*)

SIEGENDORF. — Le misérable a tué le père et la fille... Ma Joséphine! nous sommes seuls!.. tout est fini pour moi!.. Maintenant,

ô mon père, ouvre-moi ton sépulcre; ta malédiction est tombée sur moi plus terrible en me frappant dans mon fils!..... La race des Siegendorf est finie.

FIN DE WERNER.

LE
BOSSU TRANSFORMÉ.

PERSONNAGES.

UN ÉTRANGER, *ensuite appelé* CÉSAR. — ARNOLD. — BOURBON. — PHILIBERT. — CELLINI. — BERTHE. — OLIMPIA. — *Esprits, soldats, citoyens de Rome, prêtres, paysans,* etc.

PREMIÈRE PARTIE.

SCÈNE PREMIÈRE.

Une forêt.

Entre ARNOLD, *avec sa mère* BERTHE.

BERTHE. — A l'ouvrage, bossu!

ARNOLD. — Je suis né comme cela, ma mère.

BERTHE. — A l'ouvrage, incube! cauchemar! de sept fils que j'ai eus, toi seul me vins avorton.

ARNOLD. — Plût au ciel que je l'eusse été en effet et n'eusse jamais vu la lumière!

BERTHE. — Oui, plût au ciel! mais puisque tu l'as vue, va-t'en, va-t'en et travaille de ton mieux! Ton dos peut porter une charge; il est plus haut, sinon aussi large que d'autres.

ARNOLD. — Il porte son fardeau...... mais mon cœur! soutiendra-t-il celui dont vous l'accablez, ô mère? Je vous aime, ou du moins je vous aimais : vous seule au monde pouviez aimer un être tel que moi. Vous m'avez nourri.... ne me tuez pas.

BERTHE. — Oui... je t'ai nourri, parce que tu étais mon premier-né et que je ne savais pas si j'aurais un second enfant moins affreux que toi, caprice monstrueux de la nature. Mais va-t'en ramasser du bois.

ARNOLD. — J'y vais ; mais quand je rapporterai ma charge, parlez-moi avec bonté. Quoique mes frères soient beaux et forts, et aussi libres que le gibier qu'ils poursuivent, ne me repoussez pas : eux et moi nous avons sucé le même lait.

BERTHE. — Tu es fait comme le hérisson qui vient à minuit téter la mère du jeune taureau, en sorte que la laitière trouve le lendemain matin les mamelles taries et le pis malade. N'appelle pas mes autres enfants tes frères! ne m'appelle pas ta mère; car si je t'ai mis au monde, j'ai imité la poule stupide, qui parfois fait éclore des vipères en couvant des œufs étrangers. Va-t'en, magot! va-t'en! (*Berthe sort.*)

ARNOLD, *seul.* — O mère!... elle est partie, et je dois lui obéir... Ah! je travaillerais avec plaisir, quelque fatigué que je sois, si je pouvais seulement espérer en retour un mot bienveillant. Que faire? (*Il se met à couper du bois, mais en travaillant il se blesse à la main.*) Voilà que je ne pourrai plus travailler du reste de la journée. Maudit soit ce sang qui coule si vite! car maintenant une double malédiction m'attend au logis... quel logis?... je n'ai point de logis, point de parents, point de semblables. Je ne suis point fait comme les autres créatures, ni destiné à partager leurs jeux et leurs plaisirs. Dois-je donc saigner comme elles? Je voudrais que de chacune de ces gouttes qui tombent à terre, il pût naître un serpent pour les mordre comme ils m'ont mordu, ou du moins le démon, à qui l'on me compare, daignât venir en aide à son image. Si j'ai sa difformité, pourquoi pas aussi son pouvoir? Est-ce la volonté qui me manque? Un mot bienveillant de celle qui m'a porté dans ses flancs suffirait pour me réconcilier même avec mon aspect odieux. Lavons cette blessure. (*Il s'approche d'une source et se baisse pour y plonger ses mains : mais tout-à-coup il recule.*)

Ils ont raison, et ce miroir de la nature me montre à moi tel qu'elle m'a fait. Je ne veux plus arrêter mes regards sur cette image et j'ose à peine y penser. Hideuse créature que je suis! Les eaux elles-mêmes semblent me railler en reproduisant mon horrible image... pareille à un démon placé au fond de la source pour en écarter les troupeaux. (*Un moment de silence.*) Continuerai-je donc à vivre en horreur à la terre et à moi-même, objet de honte pour celle qui m'a donné la vie! Ce sang qui coule si abondamment d'une simple égratignure, j'essaierai de lui ouvrir une plus large issue, afin que mes maux s'écoulent pour jamais avec lui : je veux rendre à la terre cet odieux assemblage de ses atomes ; qu'il se dissolve, qu'il retourne à ses éléments primitifs, qu'il prenne la forme du plus affreux reptile, pourvu que ce ne soit pas la mienne, et qu'il devienne un monde pour des myriades de vermisseaux. Voyons si ce couteau saura trancher cette tige flétrie de la nature, comme il coupait les branches vertes de la forêt. (*Il fixe son couteau en terre, la pointe en haut.*)

Le voilà bien et je puis me jeter sur sa pointe. Mais encore un regard à ce beau jour, qui ne voit rien d'aussi hideux que moi, à ce doux soleil qui m'a réchauffé, mais en vain. Ces oiseaux... Oh! comme ils chantent gaîment! Qu'ils chantent, car je ne veux point être pleuré ; que leur plus joyeux accords soient mon glas funéraire, les feuilles tombées mon monument, et le murmure de la source voisine la seule élégie sur mon sort. Maintenant, mon bon couteau, tiens-toi ferme pendant que je vais m'élancer. (*Au moment où il va se précipiter sur le couteau, son regard est tout-à-coup frappé d'un mouvement qu'il aperçoit dans le ruisseau.*)

L'onde se meut sans qu'aucun vent ait soufflé : mais une agitation de l'onde suffira-t-elle pour changer ma résolution. La voilà qui s'élève encore! Ce n'est pas l'air qui semble la mettre en mouvement, mais je ne sais quelle puissance souterraine qui ébranle le monde intérieur. Que vois-je? un brouillard! rien de plus?..... (*Un nuage s'élève de la source. Arnold le contemple, et quand le nuage est dissipé, un grand homme noir s'avance vers lui.*)

ARNOLD. — Que veux-tu? Parle : es-tu un esprit ou un homme?

L'ÉTRANGER.—Puisque l'homme est l'un et l'autre, pourquoi ne pas se servir d'un seul et même mot?

ARNOLD. — Ta forme extérieure est celle de l'homme, et cependant tu peux être un démon.

L'ÉTRANGER. — Tant d'hommes le sont ou passent pour tels que tu peux me placer dans l'un ou l'autre genre, sans faire de tort à personne.

ARNOLD. — Tu es venu m'interrompre.

L'ÉTRANGER. — Pauvre résolution que celle qui peut être interrompue! Si j'étais le diable, comme tu crois, un moment de plus, et ton suicide t'aurait livré à moi pour toujours ; et pourtant c'est ma venue qui te sauve,

ARNOLD. — Je n'ai pas dit que tu es le démon, mais que ton approche ressemble à la sienne.

L'ÉTRANGER. — A moins de le fréquenter (et tu ne parais guère accoutumé à si bonne compagnie), tu ne peux dire quelle est son approche. Quant à son aspect, jette les yeux sur ce miroir liquide, puis sur moi, et juge lequel de nous deux ressemble le plus à l'être au pied fourchu dont vos paysans se font un objet de terreur.

ARNOLD. — Oserais-tu me railler sur ma difformité naturelle?

L'ÉTRANGER. — Si je reprochais au buffle ce pied fourchu dont vous faites mon attribution, ou au rapide dromadaire sa bosse ambitieuse et semblable à la tienne, ces animaux seraient charmés du compliment. Et cependant ils sont plus agiles, plus forts, plus capables d'action et de résistance que toi, et les êtres les plus beaux et les plus courageux de ta race. Ta forme est naturelle : seulement la nature s'est méprise dans sa prodigalité, en donnant à un homme les attributs d'une autre espèce.

ARNOLD. — Donne-moi la force du buffle et son pied redoutable, qui à l'approche de l'ennemi fait voler la poussière ; ou bien donne-moi la longanime agilité du dromadaire, ce vaisseau du désert....., alors je supporterai patiemment tes diaboliques sarcasmes.

L'ÉTRANGER. — Je le veux bien.

ARNOLD, *avec surprise.* — Le peux-tu?

L'ÉTRANGER. — C'est selon. Que veux-tu encore?

ARNOLD. — Tu te moques de moi.

L'ÉTRANGER. — Non, certes. Voudrais-je railler celui que tout le monde raille? Triste divertissement selon moi! Pour te parler le langage des hommes (car tu ne peux encore comprendre le mien), le franc chasseur ne poursuit point le timide lapin, mais le sanglier, le loup ou le lion, laissant le menu gibier à ces petits bourgeois qui une fois par an quittent leurs masures pour approvisionner leur cuisine de ces morceaux vulgaires. Les plus faibles se moquent de toi, et moi je me moque des plus puissants.

ARNOLD. — En ce cas ne perds pas ton temps ici : je ne t'ai point appelé.

L'ÉTRANGER. — Tes pensées ne sont pas éloignées de moi. Ne me renvoie pas : il n'est pas facile de me rappeler pour obtenir un bon office.

ARNOLD. — Que feras-tu pour m'être utile?

L'ÉTRANGER. — Je changerai de forme avec toi, si tu veux, puisque la tienne te déplaît, ou je te donnerai celle qui te plaira.

Je n'ai pas dit que tu es le démon, mais que ton aspect ressemble au sien.

ARNOLD. — Oh! en ce cas, tu es réellement le démon, car lui seul peut consentir à prendre ma laideur.

L'ÉTRANGER. — Je te montrerai les formes les plus belles que le monde ait jamais possédées, et je te donnerai le choix.

ARNOLD. — A quelle condition?

L'ÉTRANGER.— Belle question! Il y a une heure, tu aurais donné ton âme pour ressembler aux autres hommes, et maintenant tu hésites quand il s'agit de revêtir la forme des héros.

ARNOLD. — Non. Je ne veux point, je ne dois point compromettre mon âme.

L'ÉTRANGER. — Quelle âme d'une valeur quelconque voudrait habiter une pareille carcasse?

ARNOLD. — Il s'y trouve une âme ambitieuse, quelque peu digne d'elle que soit son logement. Mais fais-moi connaître le pacte : doit-il être signé avec du sang?

L'ÉTRANGER. — Non pas avec le tien?

ARNOLD. — Avec quel sang donc?

L'ÉTRANGER. — Nous parlerons de cela plus tard. Mais je ne serai point exigeant, car je vois en toi de belles dispositions. Tu n'auras d'autre engagement que ta volonté, d'autre pacte que ta volonté. Es-tu content ?
ARNOLD. — Je te prends au mot.
L'ÉTRANGER. — A l'œuvre donc! (*Il s'approche de la source, puis se tourne vers Arnold.*) Un peu de ton sang.
ARNOLD. — Pourquoi faire?
L'ÉTRANGER. — Pour le mêler avec ces eaux magiques et rendre le charme efficace.
ARNOLD, *lui présentant son bras blessé.* — Prends tout!
L'ÉTRANGER. — Pas encore : quelques gouttes suffiront. (*L'étranger prend dans sa main deux ou trois gouttes du sang d'Arnold et les jette dans la fontaine.*)
Ombres de la beauté! ombres de la puissance! obéissez à ma voix. L'heure est venue : sortez, charmantes et dociles, du fond de cette source, comme le géant enfant des nuages parcourt les sommets du Hartz. Venez telles que vous fûtes, afin que nos yeux puissent voir dans l'air le modèle de la forme à créer. Apparaissez brillantes comme Iris lorsqu'elle déploie son arc. Tel est le désir du néophyte, tel est mon commandement. Héroïques démons, autrefois revêtus de la forme du stoïcien ou du sophiste, ou de celle de tous les vainqueurs, depuis l'enfant de la Macédoine jusqu'à ces orgueilleux Romains qui ne respiraient que pour détruire! ombres de la puissance! ombres de la beauté! obéissez à ma voix. L'heure est venue. (*Divers fantômes s'élèvent à la surface des eaux et passent l'un après l'autre devant l'étranger et Arnold.*)
ARNOLD. — Qu'est-ce que celui-là ?
L'ÉTRANGER. — Le Romain aux yeux noirs, au nez aquilin, qui jamais ne vit son vainqueur, qui jamais ne pénétra dans un pays sans le ranger aux lois de Rome, tandis que Rome elle-même se soumit à lui et à tous ceux qui héritèrent de son nom.
ARNOLD. — Le fantôme est chauve : et c'est la beauté que je cherche. Si, avec ses défauts, je pouvais obtenir sa gloire...
L'ÉTRANGER. — Son front fut ombragé de lauriers plus que de cheveux. Tu vois son aspect : prends ou refuse. Je ne puis te promettre que son aspect ; quant à sa gloire, on se tourmentera et combattra longtemps pour l'obtenir.
ARNOLD. — Je veux aussi combattre, mais non en César pour rire. Laissons-le : ce corps-là peut être beau, mais il ne me convient pas.
L'ÉTRANGER. — En cela tu es plus difficile que la sœur de Caton et la mère de Brutus ou Cléopâtre à seize ans, âge où l'amour n'est pas moins dans les yeux que dans le cœur. Mais soit! Ombre, disparais! (*Le fantôme de Jules César s'évanouit*)
ARNOLD. — Se peut-il que l'homme qui ébranla le globe ait ainsi disparu sans laisser de traces?
L'ÉTRANGER. — Tu te trompes. Son existence a laissé après elle assez de tombeaux, assez de calamités et plus de gloire qu'il n'en faut pour éterniser sa mémoire. Quant à son ombre, au soleil, elle n'est pas plus que la tienne, sauf qu'elle est un peu plus haute et plus droite. En voici un autre. (*Un second fantôme passe.*)
ARNOLD. — Quel est celui-ci?
L'ÉTRANGER. — Il fut le plus brave et le plus beau des Athéniens; examine-le bien.
ARNOLD. — Il est plus gracieux que le premier : quelle admirable beauté !
L'ÉTRANGER. — Tel fut le fils de Clinias, l'Athénien aux cheveux bouclés... Veux-tu revêtir ce beau corps?
ARNOLD. — Plût au ciel qu'il n'eût été accordé en naissant! Mais puisqu'il m'est donné de choisir, passons à d'autres.
(*L'ombre d'Alcibiade disparait.*)
L'ÉTRANGER. — Regarde maintenant.

Allons, vous me charmez.

ARNOLD. — Quoi! ce satyre trapu, basané, au nez court, aux yeux ronds, avec ses larges narines, ses jambes cagneuses, sa taille engoncée et sa mine de Silène! J'aimerais mieux rester comme je suis.
L'ÉTRANGER. — Et pourtant il fut l'idéal terrestre de toute beauté morale et la perfection de toute vertu. Mais ce n'est pas ton affaire?
ARNOLD. — Quand même, avec sa forme, j'aurais aussi ce qui la compensait, je n'en voudrais pas.
L'ÉTRANGER. — Je ne puis te promettre cela; mais tu peux essayer, et peut-être trouveras tu la vertu plus aisée, soit avec cette forme, soit avec la tienne.
ARNOLD. — Non, je ne suis pas né pour la philosophie, quoique j'en aie besoin : qu'il parte.
L'ÉTRANGER. — Redeviens air, ô buveur de ciguë! (*L'ombre de Socrate disparait. Une autre la remplace*).
ARNOLD. — Quel est celui-ci dont le large front, la barbe frisée et le mâle aspect rappellent Hercule, si ce n'est que son œil joyeux tient plus de Bacchus?
L'ÉTRANGER. — C'est celui à qui l'amour fit perdre l'ancien monde.
ARNOLD. — Je ne puis le blâmer, car moi j'ai aventuré mon âme, parce que je ne trouvais pas ce qu'il préférait à l'empire de la terre.
L'ÉTRANGER. — Puisque tu sympathises avec lui, veux-tu revêtir ses traits?
ARNOLD. — Non. Comme tu m'as donné la faculté de choisir, je deviens difficile, ne fût-ce que pour voir des héros que je n'aurais jamais rencontrés de ce côté du sombre fleuve qu'ils ont quitté pour venir voltiger devant nous.
L'ÉTRANGER. — Retire-toi, triumvir : ta Cléopâtre t'attend.
(*L'ombre d'Antoine disparait; une autre surgit.*)
ARNOLD. — Quel est celui-ci ? Il a vraiment l'air d'un demi-dieu, jeune et brillant avec une chevelure dorée et une stature qui, si elle n'est pas plus haute que celle des humains, a je ne sais quelle grâce immortelle et indicible, dont il est revêtu comme le soleil de ses rayons... un je ne sais quoi qui brille en lui et qui n'est que l'éclatante émanation de quelque chose de plus noble encore? Cet être n'était-il qu'un homme?
L'ÉTRANGER. — Que la terre parle, s'il reste encore quelques atomes de lui ou de l'or plus solide qui composait son urne.
ARNOLD. — Et qui fut cet homme, la gloire de son espèce ?

L'Étranger. — La honte de la Grèce pendant la paix, son foudre de guerre dans les combats... Démétrius le Macédonien, le Preneur de villes.
Arnold. — Encore une autre ombre!
L'Étranger. — Retourne dans les bras de Lamia.
(*Démétrius Poliorcète s'évanouit; un autre fantôme paraît.*)
Je trouverai ton affaire, ne crains rien, mon brave bossu : si les ombres de ceux qui ont existé ne peuvent satisfaire ton goût délicat, j'animerai, s'il le faut, le marbre idéal, jusqu'à ce que ton âme daigne se placer dans sa nouvelle enveloppe.
Arnold. — Mon choix est fait : je me tiens à celui-ci.
L'Étranger. — Je dois applaudir à ton goût : c'est le divin fils de la Néréide et de Pélée : regarde ses longs cheveux voués au fleuve Sperchius, aussi beaux et aussi brillants que les flots d'ambre du riche Pactole qui roule sur un sable d'or. Vois leurs anneaux adoucis par le cristal de cette source onduler comme des fleurs flottantes au souffle de la brise. Tel il était auprès de Polyxène, conduit à l'autel par un amour pur et légitime et contemplant son épouse troyenne : les remords causés par le trépas d'Hector et les pleurs de Priam se mêlaient dans son cœur à sa profonde tendresse pour la modeste vierge dont la faible main tremblait dans celle du meurtrier de son frère. Tu le vois tel que la Grèce le vit pour la dernière fois dans ce temple, avant que la flèche de Pâris eût immolé en lui le plus grand des héros.
Arnold. — Je le contemple comme si j'étais son âme, lui dont la forme va bientôt servir d'enveloppe à la mienne.
L'Étranger. — Tu as bien choisi. Le comble de la difformité ne doit s'échanger que contre le comble de la beauté, s'il est vrai, selon un proverbe des hommes, que les extrêmes se touchent.
Arnold. — Allons. Dépêchons-nous. Je suis impatient.
L'Étranger. — Comme une jeune fille devant son miroir. Elle et toi vous voyez, non ce que vous êtes, mais ce que vous voudriez être.
Arnold. — Faudra-t-il attendre?
L'Étranger. — Non. Ce serait dommage. Mais encore un mot. La stature d'Achille est de douze coudées; voudrais-tu t'élever si fort au-dessus de la taille de notre époque et devenir un titan?
Arnold. — Pourquoi pas?
L'Étranger. — Noble ambition! que l'on aime à voir surtout dans les nains. Un Goliath aurait échangé sa stature contre celle d'un petit David; mais toi, mon humble nabot, tu aspires à la taille plus qu'à l'héroïsme. Si tel est ton désir, il sera satisfait; cependant, crois-moi, en t'éloignant un peu moins des proportions de l'humanité actuelle, tu la domineras plus facilement; car avec cette taille gigantesque, tu verrais tous les hommes se courir sus, comme pour chasser un mammouth ressuscité, et leurs maudits engins, coulevrines et autres semblables pénétreraient l'armure de notre ami Achille avec plus de facilité que la flèche de l'adultère Pâris ne perça son talon que Thétis avait oublié de plonger dans le Styx.
Arnold. — Puisqu'il en est ainsi, fais ce que tu jugeras convenable.
L'Étranger. — Tu seras aussi beau que ce fantôme, aussi fort que l'était Achille, et...
Arnold. — Je ne demande pas à être vaillant, car la difformité est naturellement pleine d'audace. Il est dans son essence de se mettre au niveau des autres hommes, et même de les surpasser par l'énergie de l'âme et du cœur. Il y a dans l'irrégularité même de ses mouvements une aiguillon qui lui fait ambitionner ce qui est refusé à d'autres, pour compenser la parcimonie d'une nature marâtre. Elle recherche par d'intrépides exploits les sourires de la fortune, et souvent, comme Timour, ce Tartare boiteux, elle parvient à les obtenir.
L'Étranger. — Bien dit! Et en conséquence tu vas sans doute rester fait comme tu es. Je puis congédier cette ombre, modèle de l'enveloppe de chair dans laquelle j'allais enchâsser cette âme hardie qui n'en a pas besoin pour achever de grandes choses.
Arnold. — Si aucune puissance ne m'avait offert la possibilité d'un changement, mon âme aurait fait de son mieux pour se frayer un chemin sous le poids funeste et décourageant de la difformité qui pèse sur mon cœur et sur mes épaules comme une montagne, et qui rend hideux et haïssable aux yeux des hommes plus heureux. Alors la vue de ce sexe qui est le type de tout ce que nous connaissons ou rêvons de plus beau m'eût arraché des soupirs, non d'amour mais de désespoir; et le cœur plein de tendresse, je n'aurais point tenté de me faire aimer d'êtres qui ne pouvaient me payer de retour à cause de cette enveloppe hideuse qui me condamne à l'isolement. Oui j'aurais pu tout supporter, si ma mère ne m'avait pas repoussé. L'ourse lèche ses nourrissons et finit par leur donner une espèce de forme... ma mère a vu que chez moi il n'y avait pas de remède. Si, comme une Spartiate, elle m'avait exposé avant que je me connusse moi-même, je me serais confondu avec le sol de la vallée..... plus heureux de n'être rien que d'être ce que je suis. Mais dans mon état actuel, étant le plus laid, le plus vil, le dernier des hommes, avec du courage et de la persévérance, peut-être serais-je devenu quelque chose... la chose est arrivée à des héros jetés dans le même moule que moi. Tout à l'heure tu m'as vu maître de ma propre vie et prêt à en faire le sacrifice : qui est maître de sa vie est maître aussi de quiconque craint la mort.
L'Étranger. — Choisis entre ce que tu as été et ce que tu peux être.
Arnold. — Le choix est fait. Tu as ouvert une perspective plus brillante à mes yeux et plus douce à mon cœur. Comme tu m'as offert différentes formes, je prends celle qui est maintenant sous nos yeux. Hâtons-nous! hâtons-nous!
L'Étranger. — Et moi, quelle forme prendrai-je?
Arnold. — Sans doute, celui qui dispose à son gré de toutes les formes prendra la plus belle de toutes, quelque apparence supérieure même à ce fils de Pélée qui est devant nous. Il pourrait prendre celle du Troyen meurtrier d'Achille, celle de Pâris, ou s'élevant plus haut, il peut revêtir la beauté du dieu des poètes, beauté qui est en elle-même une harmonie.
L'Étranger. — Je me contenterai de moins; car moi aussi, j'aime le changement.
Arnold. — Ton aspect est sombre, mais non disgracieux.
L'Étranger. — Si je voulais je serais plus blanc; mais j'ai un penchant pour le noir..... C'est une couleur si franche! puis avec elle on n'est exposé ni à rougir de honte, ni à pâlir de crainte; mais je l'ai portée assez longtemps, et maintenant je vais prendre ta figure.
Arnold. — La mienne?
L'Étranger. — Oui : tu deviendras le fils de Thétis, et moi, celui de Berthe, la progéniture de ta mère. Chacun son goût : tu as le tien, j'ai le mien.
Arnold. — Hâtons-nous! hâtons-nous!
L'Étranger. — Soit. (*Il prend de la terre et la pétrit sur le sol; puis il s'adresse au fantôme d'Achille.*)

Belle ombre du fils de Thétis endormi sous le gazon qui couvre Troie, comme fit l'être créateur d'Adam, et que j'imite ici, avec de la terre rouge je fais une créature à ton image. Argile, anime-toi! que ses joues se colorent du carmin de la rose en bouton! Violettes, formez ses yeux! et toi onde, où le soleil réfléchit sa lumière, change-toi en sang; que ces tiges d'hyacinthe deviennent sa longue chevelure flottante sur son front comme elles se balançaient dans l'air! Son cœur se formera du granit que je détache de ce rocher; sa voix sera le ramage des oiseaux qui chantent sur ce chêne; sa chair sera formée de l'argile la plus pure qui nourrissait les racines de ce lys, et qu'abreuvait la plus douce rosée. Que ces membres soient les plus agiles qui aient jamais été formés, et son aspect le plus beau qu'on puisse voir sur la terre! Éléments qui m'entourez, mêlez-vous, animez-vous; reconnaissez-moi, levez-vous à ma parole. Rayons du soleil, échauffez cette œuvre terrestre!... C'en est fait : l'être a pris son rang dans la création. (*Arnold tombe inanimé; son âme passe dans le corps d'Achille qui se lève de terre; cependant le fantôme a disparu membre à membre, à mesure que se formait la figure à laquelle il a servi de modèle.*)

Arnold, *sous sa forme nouvelle.* — J'aime et je puis être aimé! O vie, à la fin je te sens! Esprit glorieux!
L'Étranger. — Arrête! que deviendra l'enveloppe que tu as quittée, cette bosse, ce bloc de laideur que tu habitais, ou qui était toi il n'y qu'un instant?
Arnold. — Que m'importe? Les loups et les vautours peuvent s'en accommoder; grand bien leur fasse!
L'Étranger. — Et s'ils s'en emparent, s'ils ne s'en éloignent pas avec effroi, tu pourras dire que tu pais règne sur la terre, et que les champs ne leur offrent pas d'autre proie.
Arnold. — Laissons là ce cadavre; que nous fait ce qu'il deviendra?
L'Étranger. — Cela n'est pas poli; c'est même ingrat : quel qu'il soit, ce corps a logé ton âme pendant bien longtemps.
Arnold. — Oui, c'est le fumier qui recélait une perle maintenant enchâssée dans l'or, comme doit l'être un objet aussi précieux.
L'Étranger. — Mais si je l'ai donné une nouvelle forme, ce doit être un échange loyal et non pas un larcin; car ceux qui créent des hommes sans l'aide de la femme ont depuis longtemps pris un brevet, et n'aiment pas les contrefacteurs. Le diable prend les hommes, mais il ne les fait pas... bien qu'il recueille les profits du fabricant. Il faut donc trouver quelqu'un qui revête la forme que tu as quittée.
Arnold. — Qui pourrait y consentir?
L'Étranger. — Je ne sais trop : c'est pourquoi je m'en chargerai moi-même.
Arnold. — Toi?
L'Étranger. — Je te l'avais dit avant que tu fusses entré dans ce palais de beauté que tu occupes actuellement.
Arnold. — C'est vrai. J'ai tout oublié dans la joie de cette immortelle transformation.
L'Étranger. — Dans quelques instants je serai ce que tu étais, et tu me verras toujours auprès de toi, comme ton ombre.
Arnold. — Je voudrais éviter ce désagrément.

L'ÉTRANGER. — Cela ne se peut. Eh quoi! déjà ce que tu es aurait peur de voir ce que tu étais.
ARNOLD. — Fais comme il te plaira.
L'ÉTRANGER, s'adressant au corps d'Arnold étendu sur la terre. — Argile qui n'es pas morte, mais où il n'y a plus d'âme, bien que al homme ne voulût de toi, un immortel daigne t'accepter. Tu es argile, et aux yeux d'un esprit toute argile est égale. O feu! sans qui rien ne peut vivre, mais en qui rien ne vit, hormis ces âmes immortelles qui errent et brûlent dans des flammes inextinguibles, suppliant celui qui ne pardonne pas, et implorant avec des hurlements une seule goutte d'eau; ô feu! seul élément dans lequel ni poisson, ni quadrupède, ni oiseau, ni reptile ne peuvent conserver leur forme un seul instant, si ce n'est le ver qui ne meurt pas; ô qui absorbes tout, toi qui es pour l'homme un instrument de vie et de mort; ô feu, premier-né de la création, annoncé d'avance comme devant apporter la ruine quand le ciel en aura fini avec ce monde; ô feu! aide-moi à rappeler la vie dans ce corps qui est là gisant, raide et glacé! Sa résurrection dépend de toi et de moi! Une légère étincelle de flamme, telle qu'il s'en élève parfois dans les marécages... et il redeviendra ce qu'il était; mais j'occuperai la place de son âme. (Un feu follet voltige à travers la forêt et vient se poser sur le front du cadavre. L'étranger disparaît. Le corps se lève.)

ARNOLD, sous sa nouvelle forme. — Horreur! horreur!
L'ÉTRANGER, qui, dès ce moment, reste sous la forme primitive d'Arnold. — Quoi! tu trembles?
ARNOLD. — Pas tout-à-fait... je frissonne seulement. Où est allée la forme dont tu étais revêtu tout à l'heure?
L'ÉTRANGER. — Dans le monde des ombres. Mais parcourons celui-ci. Où veux-tu aller?
ARNOLD. — Dois-je t'avoir pour compagnon?
L'ÉTRANGER. — Pourquoi pas? Des gens qui valent mieux que toi tiendront plus mauvaise compagnie.
ARNOLD. — Qui valent mieux que moi?
L'ÉTRANGER. — Oh! je te vois, ta nouvelle figure t'a rendu fier : j'en suis bien aise. Tu deviens ingrat en outre! fort bien; tu fais des progrès : deux transformations en un instant! te voilà déjà vieilli dans les voies du monde. Mais daigne me supporter : tu verras d'ailleurs que je te serai utile dans ton pèlerinage. Voyons, décide où nous irons.
ARNOLD. — Dans les endroits les plus peuplés du monde, où je puisse voir ses œuvres.
L'ÉTRANGER. — C'est-à-dire aux lieux où la guerre et la femme déploient leur activité. Voyons! l'Espagne... l'Italie... le nouveau monde transatlantique... l'Afrique avec ses Maures. En vérité, il y a peu de choix à faire : les hommes sont partout acharnés, comme d'ordinaire, les uns contre les autres.
ARNOLD. — J'ai entendu vanter Rome.
L'ÉTRANGER. — Excellent choix! Il serait difficile de trouver mieux sur la terre depuis que Sodome n'est plus. Certes, on peut s'y donner carrière; car, au moment où nous parlons, le Franc, le Hun, la race ibérique des vieux Vandales, prennent leurs ébats à travers ce jardin du monde.
ARNOLD. — Comment irons-nous d'ici là?
L'ÉTRANGER. — En braves chevaliers, sur nos bons coursiers de bataille. Holà! nos chevaux! Il n'y en eut jamais de meilleurs depuis que Phaéton fut précipité dans l'Éridan. Allons! nos pages!
(Deux pages entrent avec quatre chevaux tout noirs.)
ARNOLD. — Voilà un noble équipage!
L'ÉTRANGER. — Et des chevaux de noble race. Qu'on me trouve leurs pareils en Barbarie, en Arabie même!
ARNOLD. — Les nuages de vapeurs qui s'échappent de leurs naseaux embrasent l'air, et des étincelles brillantes, pareilles à des mouches phosphoriques, tourbillonnent autour de leur crinière, comme de vulgaires insectes qui voltigent le soir autour des vulgaires coursiers.
L'ÉTRANGER. — En selle, monseigneur; eux et moi, nous sommes à votre service.
ARNOLD. — Et ces deux pages aux yeux noirs, comment s'appellent-ils?
L'ÉTRANGER. — Vous les baptiserez vous-même.
ARNOLD. — Avec de l'eau bénite?
L'ÉTRANGER. — Pourquoi pas? les plus grands pécheurs font les meilleurs saints.
ARNOLD. — Ils sont beaux et ne sauraient être des démons.
L'ÉTRANGER. — Vous avez raison : le diable est toujours laid, et ce qui est beau n'est jamais diabolique.
ARNOLD. — Celui qui porte ce cornet d'or et qui a de si florissantes couleurs, je l'appellerai Huon; car il ressemble à un aimable enfant de ce nom qui s'est égaré dans la forêt et qu'on n'a plus retrouvé. Quant à l'autre, plus sombre et plus pensif, sans sourire, mais sérieux et calme comme la nuit, son nom sera celui de Memnon, d'après ce roi d'Éthiopie dont la statue fait de la musique chaque matin. Et toi?

L'ÉTRANGER. — J'ai dix mille noms et deux fois autant d'attributs; mais, sous une figure humaine, je prendrai un nom humain.
ARNOLD. — Plus humain que la forme, quoiqu'elle ait été la mienne.
L'ÉTRANGER. — Appelle-moi donc César.
ARNOLD. — Eh! c'est un nom impérial, qui fut porté par les maîtres du monde.
L'ÉTRANGER. — C'est pour cela qu'il convient au diable déguisé... puisque tu me prends pour le diable.
ARNOLD. — Eh bien, soit! va pour César. Pour moi, je continuerai à m'appeler tout simplement Arnold.
CÉSAR (ou l'étranger). — Nous y joindrons un titre : « Comte Arnold; » c'est un nom qui sonne bien et fera bon effet sur un billet doux.
ARNOLD. — Ou dans un ordre du jour, la veille d'une bataille.
CÉSAR, chantant. — A cheval! à cheval! mon coursier noir frappe la terre du pied, et ses naseaux aspirent l'air! nul coursier arabe ne connaît mieux son cavalier. Il gravira la colline sans se fatiguer; plus elle sera haute, plus il sera rapide. Dans les marais, il ne ralentira jamais le pas; dans la plaine, on ne pourra pas l'atteindre; dans les ondes, il ne sera point submergé; sur les bords des ruisseaux, il ne s'arrêtera pas pour boire; on ne le verra pas haletant dans sa course ni affaibli au combat; sur les cailloux, il ne bronchera pas; le temps ni la fatigue ne pourront l'abattre; il ne deviendra pas malade à l'écurie; mais, sans autres ailes que ses pieds, il volera comme le griffon. Ne sera-ce pas un voyage délicieux? Vive la joie! jamais nos coursiers noirs ne feront un dangereux faux pas! Des Alpes au Caucase courons, ou plutôt volons! Ces montagnes vont disparaître derrière nous en un clin d'œil.
(Ils montent à cheval et disparaissent.)

SCÈNE II.

Un camp sous les murs de Rome.

ARNOLD et CÉSAR.

CÉSAR. — Te voici arrivé à bon port.
ARNOLD. — Oui, en passant sur des cadavres; mes yeux sont pleins de sang.
CÉSAR. — Essuie-les, et tu y verras clair! Peste! sais-tu que tu es un conquérant? Te voilà le chevalier favori et le frère d'armes du brave Bourbon, ci-devant connétable de France, à la veille de commander dans Rome, jadis empire qui commandait à la terre, et depuis royauté hermaphrodite, changeant de sexe sans changer de sceptre, aujourd'hui la maîtresse de l'ancien monde.
ARNOLD. — Comment l'ancien monde? Y en a-t-il donc un nouveau?
CÉSAR. — Oui, nouveau pour vous autres hommes. Vous connaîtrez bientôt son existence par ses riches productions, son or et ses maladies nouvelles; une moitié de la terre le nommera le nouveau monde, parce que vous ne connaissez rien que sur le douteux témoignage de vos oreilles et de vos yeux.
ARNOLD. — Il y a des organes que j'aime assez à croire.
CÉSAR. — Crois-les! Ils te tromperont agréablement, et cela vaut mieux que l'amère vérité.
ARNOLD. — Chien!
CÉSAR. — Homme!
ARNOLD. — Démon!
CÉSAR. — Votre très humble et très obéissant serviteur.
ARNOLD. — Dis plutôt mon maître. Tu m'as entraîné jusqu'ici à travers des scènes de carnage et de débauche.
CÉSAR. — Et tu voudrais-tu être?
ARNOLD. — Ah! en paix, en paix!
CÉSAR. — Et qui donc est en paix dans l'univers? Depuis l'étoile jusqu'au vermisseau rampant, tout ce qui a vie est en mouvement, et une commotion est le dernier degré de la vie. La planète tourne jusqu'à ce qu'elle devienne comète, et que, détruisant les étoiles sur son passage, elle s'échappe de son orbite. Le ver chétif rampe sur la terre, vivant de la mort des autres êtres. Tu es tenu comme lui d'obéir à ce qui commande l'obéissance de tous, à la loi immuable de la nécessité.
ARNOLD. — Et quand la révolte réussit?
CÉSAR. — Ce n'est plus la révolte.
ARNOLD. — Et le ciel maintenant?
CÉSAR. — Bourbon a ordonné de livrer l'assaut, et à la pointe du jour, il y aura de l'ouvrage.
ARNOLD. — Hélas! faut-il que Rome succombe! Je vois d'ici le temple gigantesque du vrai Dieu et de l'apôtre Pierre. Il élève son dôme et son divin symbole vers ce même ciel où le Christ monta en montant sur la croix, instrument de son supplice et gage du bonheur éternel de l'humanité.
CÉSAR. — Oui, on l'y voit et on l'y verra longtemps encore.

ARNOLD. — Quoi ?
CÉSAR. — Le crucifix là-haut, et plus d'un autel à ses pieds ; comme aussi des couleuvrines sur les remparts, et des arquebuses, et je ne sais quoi encore, sans compter les hommes qui doivent y mettre le feu pour tuer d'autres hommes.
ARNOLD. — Et ces arceaux superposés, ces constructions éternelles, qu'on a peine à croire l'ouvrage de l'homme ! ce théâtre où les empereurs et leurs sujets (ces sujets étaient des Romains) contemplaient le combat des monarques du désert, le lion et l'éléphant, qu'on faisait lutter dans l'arène ? Il ne leur restait plus de peuples à conquérir, et il fallait que la forêt payât son tribut de vie à l'amphithéâtre ; il fallait que les guerriers de la Dacie s'égorgeassent entre eux pour amuser un moment le peuple romain : et puis l'on passait à un nouveau gladiateur..... Faut-il aussi que tout cela soit détruit ?
CÉSAR. — La ville ou l'amphithéâtre ? l'église de Saint-Pierre ou une autre, ou toutes les autres églises ? car tu confonds toutes ces choses, et tu me confonds moi-même.
ARNOLD. — Demain le signal de l'assaut sera donné au premier chant du coq.
CÉSAR. — Si tout se termine le soir avec le premier chant du rossignol, ce sera une nouveauté dans l'histoire des grands sièges ; car après de longues fatigues, il faut bien que les hommes aient leur proie.
ARNOLD. — Le soleil se couche aussi calme, et peut-être plus beau que le jour où Rémus franchit le premier fossé de Rome.
CÉSAR. — Je l'ai vu.
ARNOLD. — Toi ?
CÉSAR. — Oui, mon cher ; tu oublies que je suis, ou du moins que je fus un esprit, jusqu'au jour où j'ai pris la défroque et un nom pire encore. Maintenant je suis César et bossu. Eh bien ! le premier des Césars était chauve, et, si l'on en croit l'histoire, il faisait plus de cas de ses lauriers comme perruque que comme gloire. Ainsi va le monde ; mais cela ne doit pas nous ôter notre gaîté. Tout pauvre diable que je suis, j'ai vu ton Romulus tuer son frère, son frère jumeau, parce qu'il avait sauté un fossé. Rome n'avait pas de murs alors ; le premier ciment de la ville éternelle fut le sang d'un frère, et si demain le sang de ses habitants coule à grands flots jusqu'à ce que les eaux du Tibre deviennent aussi rouges qu'elles sont jaunes, cela nesera rien auprès du carnage dont ce peuple de brigands, cette postérité du fratricide, a pendant tant de siècles rougi la terre et l'Océan.
ARNOLD. — Mais qu'a fait leur postérité éloignée, cette population actuelle, qui a vécu dans la paix du ciel, et qui s'est réchauffée au soleil de sa propre piété ?
CÉSAR. — Et qu'avaient fait ceux que les anciens Romains ont écrasés ?... Écoute !
ARNOLD. — Ce sont des soldats qui chantent une ronde joyeuse, à la veille de tant de trépas et peut-être du leur.
CÉSAR. — Et pourquoi ne feraient-ils pas entendre le chant du cygne ? Il est vrai que ce sont des cygnes noirs.
ARNOLD. — Je vois que tu es un savant.
CÉSAR. — En fait de grammaire, assurément. Je fus élevé pour la profession de moine ; j'étais autrefois très versé dans la connaissance des lettres étrusques, et si je voulais, je rendrais les hiéroglyphes d'Égypte aussi clairs que votre alphabet.
ARNOLD. — Et pourquoi ne le fais-tu pas ?
CÉSAR. — J'aime mieux transformer l'alphabet en hiéroglyphe. En cela j'imite vos hommes d'État, vos prophètes, pontifes, docteurs, alchimistes, philosophes, et je ne sais quoi encore ; ces gens-là ont construit maintes tours de Babel sans nouvelle dispersion des races. Quant à la gent bégayante sortie de la vase du déluge, ces humains primitifs échouèrent et se séparèrent, pourquoi ? Pour une misère : parce que nul ne pouvait comprendre son voisin. Les hommes sont mieux avisés maintenant ; le non-sens et l'absurdité ne sont plus une raison déterminante de séparation. Tout au contraire, c'est là ce qui constitue la base de leur sécurité, c'est leur Shibboleth, leur Koran, leur Talmud, leur cabale, la pierre angulaire sur laquelle ils bâtissent...
ARNOLD, *l'interrompant*. — Éternel goguenard, tais-toi !...... Comme le chant grossier de ces soldats s'adoucit dans le lointain et prend la cadence d'un hymne harmonieux ! Écoutons.
CÉSAR. — Oui. J'ai entendu chanter les anges.
ARNOLD. — Et hurler des démons.
CÉSAR. — Et les hommes aussi. Écoutons : j'aime la musique.
(*Chant des soldats dans le lointain.*) — Les bandes noires ont franchi les Alpes neigeuses ; avec Bourbon le proscrit elles ont traversé le large Éridan. Nous avons battu tous nos ennemis ; nous avons pris un roi ; nul ne nous vit jamais tourner le dos. Ainsi chantons : Vive à jamais Bourbon ! Quoique tous sans sou ni maille, nous allons donner assaut à ces vieux murs ; Bourbon à notre tête, à la pointe du jour, nous nous réunirons devant les portes, et tous ensemble nous forcerons les remparts ou nous les franchirons. Quand chacun de nous posera sur l'échelle un pied courageux, nous pousserons des cris de joie, et il n'y aura pas de muet

que la mort. Avec Bourbon, nous escaladerons les remparts de la vieille Rome, et alors qui comptera les dépouilles de tous ces édifices ? Vivent, vivent les lis ! A bas les clés de saint Pierre ! Dans la vieille Rome aux sept collines, nous prendrons à l'aise nos ébats. Le sang coulera dans ses rues ; son Tibre en sera rouge, et les temples antiques résonneront du bruit de nos pas. Vive Bourbon ! vive Bourbon ! vive Bourbon ! c'est le refrain de notre rondel En avant, en avant ! Notre armée cosmopolite a l'Espagne pour avant-garde ; après l'Espagnol viennent les tambours de l'Allemagne, et les lances des Italiens sont en arrêt contre leur mère ; mais nous avons pour chef un enfant de la France, en guerre avec son roi ! Vive Bourbon ! vive Bourbon ! Sans foyer, sans patrie, nous suivons Bourbon au pillage de la vieille Rome.
CÉSAR. — Voilà une chanson qui, ce me semble, ne doit guère être du goût des assiégés.
ARNOLD. — Certes non, si les chanteurs sont fidèles à leur refrain. Mais voici le général avec ses officiers et ses affidés ; un rebelle de bonne mine, ma foi ! (*Entrée connétable* DE BOURBON *avec sa suite*.)
PHILIBERT. — Qu'avez-vous, noble prince ? vous ne paraissez pas gai.
BOURBON. — Pourquoi le serais-je ?
PHILIBERT. — La plupart se montreraient joyeux à la veille d'une conquête comme celle qui vous attend.
BOURBON. — Si j'en étais sûr !
PHILIBERT. — Ne doutez pas de nos soldats. Quand les murs seraient de diamant, nos hommes les briseraient. C'est une redoutable artillerie que la faim.
BOURBON. — Ils ne broncheront pas ; c'est la moindre de mes inquiétudes. Comment échoueraient-ils, ayant Bourbon à leur tête et stimulés par la faim ?... Quand ces vieux remparts seraient des montagnes, et ceux qui les défendent pareils aux dieux de la fable, je compterais sur mes titans... Mais ici...
PHILIBERT. — Ce n'est, après tout, qu'à des hommes que nous avons affaire.
BOURBON. — Il est vrai ; mais ces murs ont vu des siècles de gloire, et il en est sorti d'héroïques génies. Le passé de Rome triomphante, et son ombre actuelle, sont peuplés de ses guerriers. Je crois voir leurs fantômes errer sur les remparts de la ville éternelle, étendre vers moi leurs mains glorieuses et sanglantes, et me faire signe de m'éloigner.
PHILIBERT. — Bah ! La menace de ces ombres vous fera-t-elle reculer ?
BOURBON. — Elles ne menacent point. J'aurais bravé, je crois, les fureurs d'un Sylla ; mais elles joignent leurs mains livides et suppliantes, et les lèvent vers le ciel ; leurs visages décharnés et leurs yeux éteints fascinent mes regards. Vois !
PHILIBERT. — Je n'aperçois que de hautes tours et...
BOURBON. — Et de ce côté ?
PHILIBERT. — Pas même une sentinelle ; elles se tiennent prudemment derrière le parapet pour éviter quelques balles égarées de nos lansquenets à qui il pourrait prendre envie de s'exercer à la fraîcheur du crépuscule.
BOURBON. — Tu es aveugle.
PHILIBERT. — Si c'est l'être que de ne voir que ce qui est.
BOURBON. — Dix siècles ont rassemblé leurs héros sur ces murs. Le dernier Caton est là qui déchire encore ses entrailles plutôt que de survivre à la liberté de cette Rome que je veux rendre esclave, et le premier César, entouré du cortége de ses victoires, vole de créneaux en créneaux.
PHILIBERT. — Rangez-donc sous vos lois la ville pour laquelle il a vaincu, et soyez plus grand que lui.
BOURBON. — Oui, il le faut, ou je périrai.
PHILIBERT. — Vous ne périrez pas. Mourir dans une telle entreprise, ce n'est pas mourir, c'est voir se lever l'aurore d'un jour éternel. (*Le comte Arnold et César s'avancent.*)
CÉSAR. — Et ceux qui veulent rester tout uniment des hommes sont-ils aussi condamnés à suer sous les rayons brûlants de cette dévorante gloire ?
BOURBON. — Ah ! salut au caustique bossu ! ainsi qu'à son ami, le plus beau guerrier de notre armée, aussi brave que beau, aussi généreux qu'aimable ! Nous vous trouverons à tous deux de l'occupation avant l'aube.
CÉSAR. — N'en déplaise à Votre Altesse, elle aura pour elle-même suffisamment de quoi s'occuper.
BOURBON. — Le cas échéant, il n'y aura pas de travailleur plus zélé que toi, bossu.
CÉSAR. — Vous pouvez me donner ce nom, car vous m'avez vu par derrière, en votre qualité de général, placé à l'arrière-garde au moment de l'action... mais vos ennemis ne pourraient pas en dire autant.
BOURBON. — La réplique est bonne, et la provoquée... mais la poitrine du Bourbon s'est toujours présentée et se présentera toujours au danger, aussi promptement que la tienne, fusses-tu le diable.
CÉSAR. — Si je l'étais, j'aurais pu m'épargner la peine de venir ici.

BOURBON. — Pourquoi cela ?
CÉSAR. — La moitié de vos courageuses bandes ira bientôt à lui de son propre mouvement, et vous y enverrez l'autre plus promptement encore et non moins sûrement.
BOURBON. — Arnold, votre ami le bossu ressemble au vieux serpent dans ses discours comme dans ses actes.
CÉSAR. — Votre Altesse se méprend beaucoup : le serpent était un flatteur... je n'en suis pas un ; et quant à mes actes, je ne pique que quand je suis piqué.
BOURBON. — Tu es brave, et cela me suffit ; tu le montres aussi prompt à la répartie qu'à l'action... et cela vaut mieux encore. Je ne suis pas seulement un soldat, mais le camarade de mes soldats.
CÉSAR. — C'est une fort mauvaise compagnie, Altesse, et pire encore pour les amis que pour les ennemis, en ce sens que pour les premiers la connaissance est de plus longue durée.
PHILIBERT. — En vérité, drôle ! tu pousses l'insolence au-delà des priviléges d'un bouffon.
CÉSAR. — Vous entendez par là que je dis la vérité ; je mentirai si vous voulez, rien n'est plus facile ; alors vous me louerez de vous avoir appelé un héros.
BOURBON. — Philibert, laisse-le ; il est brave, et avec sa figure basanée et son dos protubérant, on l'a toujours vu le premier au combat et à l'assaut, et le plus patient à supporter les privations ; quant à sa langue, dans un camp on peut prendre quelques licences, et les vives réparties d'un gai vaurien sont de beaucoup préférables, selon moi, aux grognements stupides d'un valet grondeur, triste et affamé, à qui il faut, pour le contenter, un bon repas, du vin, du sommeil et quelques maravédis, avec lesquels il se croit riche.
CÉSAR. — Il serait heureux que les princes de la terre pussent se contenter de cela
BOURBON. — Tais-toi.
CÉSAR. — Soit ! Mais je ne resterai pas inactif. Vous, ne soyez pas cliche de paroles, vous n'en avez pas pour longtemps.
PHILIBERT. — Que prétend cet audacieux bavard ?
CÉSAR. — Bavarder comme tant d'autres prophètes.
BOURBON. — Philibert, pourquoi le tourmenter ? N'avons-nous pas assez à penser ? Arnold, je commanderai l'assaut.
ARNOLD. — C'est ce que j'ai appris, seigneur.
BOURBON. — Et vous me suivrez ?
ARNOLD. — Puisqu'il ne me sera pas permis de marcher le premier.
BOURBON. — Pour stimuler une armée en proie aux plus dures privations, il faut que son chef soit le premier à mettre le pied sur l'échelle.
CÉSAR. — Et sur le plus haut échelon, j'espère : c'est ainsi qu'il prendra le rang qui lui est dû.
BOURBON. — Peut-être dès demain la grande métropole du monde sera-t-elle en notre pouvoir. A travers tant de changements successifs, la ville aux sept collines a conservé sa position sur les peuples ; les Césars ont fait place aux Alaric, les Alaric aux pontifes : Romains, Goths et prêtres sont restés les maîtres du monde. Siége de la civilisation, de la barbarie ou de la religion, les murs de Romulus sont demeurés le siége d'un empire. Eh bien ! ceux-là ont eu leur tour... Nous aurons le nôtre ; nous combattrons aussi bien, et nous gouvernerons mieux.
CÉSAR. — Sans doute, les camps sont l'école des droits civiques. Que ferez-vous de Rome ?
BOURBON. — Nous la rendrons ce qu'elle était.
CÉSAR. — Au temps d'Alaric
BOURBON. — Non, drôle ! au temps du premier César dont tu portes le nom comme plus d'un chien...
CÉSAR. — Et plus d'un roi ; c'est un beau nom pour des chiens de combat.
BOURBON. — Il y a un démon dans cette langue de serpent à sonnettes. Ne parleras-tu jamais sérieusement ?
CÉSAR. — A la veille d'une bataille... cela ne serait pas d'un soldat. C'est au général à réfléchir ; nous autres aventuriers nous pouvons rire. De quoi nous inquiéterions-nous ? Notre chef est une divinité tutélaire qui prend soin de notre sort. Règle générale, que les soldats pensent le moins possible ! Si jamais ces gens-là se mettent à réfléchir, il vous faudra prendre Rome à vous tout seul.
BOURBON. — Tu peux narguer ; ce qui te sauve, c'est que tu ne t'en bats pas plus mal.
CÉSAR. — Je vous remercie de cette liberté ; c'est la seule solde que j'aie encore touchée au service de Votre Altesse.
BOURBON. — Eh bien ! demain tu te la paieras toi-même. Vois tes remparts, c'est là qu'est mon trésor. Mais, Philibert, il faut nous rendre au conseil. Arnold, nous requérons votre présence.
ARNOLD. — Prince ! disposez de moi au conseil comme sur le champ de bataille.
BOURBON. — En toute occasion, nous apprécions vos services, et demain, à la pointe du jour, vous occuperez un poste de confiance.
CÉSAR. — Et moi! quel sera mon poste.
BOURBON. — Tu marcheras à la gloire sur les pas de Bourbon. Bonne nuit.

ARNOLD, à *César*. — Prépare mon armure pour l'assaut, et attends-moi dans ma tente. (*Bourbon, Arnold, Philibert, etc., sortent.*)
CÉSAR. — Dans ta tente ! penses-tu donc que je te perde de vue, ou que ce coffre contrefait qui contenait ton principe vital soit autre chose pour moi qu'un masque ? Parbleu ! les voilà donc ces hommes, ces héros, ces guerriers, la fleur des bâtards d'Adam ! Voilà où l'on arrive en donnant à la matière la faculté de penser ; substance opiniâtre, ses idées et ses actes sont un chaos, et sans cesse elle retombe dans ses premiers éléments. Eh bien ! je vais m'amuser avec ces chétives poupées : c'est le passe-temps d'un esprit à ses heures de loisir. Quand cela m'ennuiera, j'ai de l'occupation parmi les astres que ces pauvres créatures croient faits tout exprès pour le plaisir de leurs yeux. Ce serait un bon tour en ce moment que d'en faire descendre un tout juste au milieu de ces géns-là, et de mettre le feu à leur fourmilière. Comme les fourmis courraient sur le sol brûlant, et, cessant de se déchirer les unes les autres, comme elles feraient entendre une jérémiade universelle ! Ha ! ha ! (*César sort.*)

DEUXIÈME PARTIE.

SCÈNE PREMIÈRE.

Les murs de Rome. — L'assaut. — L'armée avec les échelles est prête à escalader les remparts ; en tête s'avance Bourbon avec une écharpe blanche sur son armure.

CHOEUR D'ESPRITS DANS LES AIRS.

1.

Triste et sombre l'aurore se lève. Où fuit l'alouette silencieuse ? où se cache le soleil voilé ? Le jour a-t-il réellement commencé ? La nature jette un œil morne sur cette ville illustre et sainte : autour d'elle s'élève un vacarme capable de réveiller les saints qui dorment dans son enceinte, et de ranimer les nobles cendres parmi lesquelles le Tibre précipite ses ondes jaunâtres. Héroïques collines ! éveillez-vous, avant d'être ébranlées dans votre base !

2.

Entendez-vous le bruit régulier des pas ! Mars lui-même en dirige la cadence ! Les soldats observent la mesure, comme les marées obéissent à la lune ! Ils marchent à la mort en réglant leurs mouvements comme les vagues de l'Océan qui franchissent les môles en conservant toujours leur symétrie, et en se brisant par files alignées. Entendez-vous les armures qui résonnent ! Voyez le guerrier fixer un regard courroucé sur les remparts ; voyez ces échelles qui avec leurs degrés ressemblent à la peau rayée d'une couleuvre.

3.

Regardez ces remparts hérissés de guerriers, garnis dans toute leur étendue de canons à la gueule sombre, de lames étincelantes, de mèches allumées, d'engins infernaux prêts à vomir la mort ! Tous les instruments de carnage, anciens et nouveaux, sont réunis dans cette lutte entre le présent et le passé, aussi nombreux qu'un nuage de sauterelles. Ombre de Rémus ! ce jour est aussi terrible que celui où ton frère versa ton sang ! Des chrétiens sont armés contre le Christ... son destin doit-il ressembler au tien ?

4.

Ils s'approchent : la terre tremble sous leurs pieds ; un bruit sourd accompagne d'abord leur marche, comme celui de l'Océan à demi réveillé, jusqu'au moment où, devenu plus fort et plus bruyant, son choc réduit les rochers en poussière... ainsi s'avancent les flots de cette armée. O vous ! héros dont le nom immortel guerriers puissants ! ombres éternelles ! premières fleurs des sanglantes prairies dont Rome est environnée, cette mère d'un peuple qui n'eut point de frère ! dormirez-vous pendant que les querelles des nations déracinent vos lauriers ? Vous qui pleurâtes sur Carthage en cendres, ne pleurez pas... frappez ; car Rome va succomber.

5.

Les guerriers de vingt nations diverses s'avancent ! Depuis longtemps la famine a mesuré leurs vivres. Aussi nombreux, mais plus redoutables que des troupeaux de loups, la haine et la faim les poussent vers ces remparts. O cité glorieuse ! faut-il que tu deviennes un objet de pitié ! Romains, combattez tous comme vos pères ! Alaric était un ennemi clément, comparé aux farouches bandits de Bourbon. Lève-toi, cité éternelle ; lève-toi ! répands de tes propres mains l'incendie dans ton enceinte plutôt que de voir de tels hôtes souiller le plus humble de tes foyers.

6.

Vois ce spectre sanglant ! Les enfants d'Ilion ne trouvent plus d'Hector; les fils de Priam aimaient leur frère; le fondateur de Rome oublia sa mère quand il tua son vaillant jumeau, et se souilla d'un crime inexpiable. Vois-tu son ombre gigantesque planer de toute sa hauteur sur tes remparts? Le jour où il franchit ta première enceinte, ta fondation fut attristée du présage de ta chute. Maintenant, bien que tu sois aussi haute qu'une nouvelle Babel, qui peut arrêter ses pas? Enjambant tes édifices les plus élevés, Rémus réclame sa vengeance : malheur à toi, ô Rome!

7.

La fureur de l'ennemi t'atteint maintenant : la flamme, la fumée et des bruits infernaux t'environnent, ô merveille du monde! Dans tes murs, sous tes murs est la mort! L'acier fait résonner l'acier; l'échelle craque et se brise sous son fardeau d'airain qu'on voit au loin reluire, et à ses pieds éclatent les blasphèmes! De nouveaux assaillants surgissent! Chaque guerrier qui succombe est remplacé par un autre qui gravit à son tour. La mêlée devient plus épaisse; le sang de l'Europe inonde tes fossés. Rome, tes murs peuvent tomber; mais cet engrais fertilisera tes champs, et les couvrira d'une moisson vivante. Cependant, sois Rome encore; au milieu de tes douleurs, combats comme aux jours de tes triomphes.

8.

O dieux Pénates! ne souffrez pas que vos foyers soient livrés de nouveau à l'inflexible Até! Ombres des héros, ne vous soumettez pas à ces Nérons étrangers! Si le César matricide répandit le sang de Rome, il était votre frère : c'était un Romain qui opprimait les Romains... l'étranger Brennus fut repoussé. Saints et martyrs, levez-vous! vos titres sont plus sacrés encore! Divinités puissantes des temples qui s'écroulent et dont la ruine est encore imposante! et vous, fondateurs plus puissants de la vraie foi et des autels chrétiens... accourez tous! frappez les assaillants! Tibre! Tibre! que tes flots témoignent du courroux de la nature. Que tout cœur vivant se soulève, comme le lion qui se retourne contre le chasseur! Quand tu devrais être pulvérisée, tu ne devrait rester de toi qu'un vaste tombeau, ô Rome! sois toujours la Rome des Romains!

(BOURBON, ARNOLD, CÉSAR *et autres arrivent au pied du rempart. Arnold se dispose à y appuyer son échelle.*)
BOURBON. — Arrêtez, Arnold! je dois monter le premier.
ARNOLD. — Il n'en sera rien, seigneur.
BOURBON. — Arrêtez, vous dis-je! suivez-moi! je suis fier d'être suivi d'un tel homme; mais je ne souffrirai pas qu'on me précède. (*Il appuie son échelle et commence à monter.*) Maintenant, enfants! en avant! en avant! (*Un coup de feu l'atteint et il tombe.*)
CÉSAR. — Et te voilà par terre.
ARNOLD. — Puissances éternelles! Le découragement va s'emparer de l'armée... Vengeance! vengeance!
BOURBON. — Ce n'est rien. Donnez-moi votre main. (*Bourbon prend la main d'Arnold et se lève; mais, au moment où il remet le pied sur l'échelle, il retombe.*) Arnold! c'en est fait de moi : cachez ma mort, et tout ira bien... Cachez ma mort, vous dis-je: jetez mon manteau sur ce qui ne sera bientôt plus que poussière; que les soldats ne voient pas mon cadavre.
ARNOLD. — Il faut vous transporter à l'écart; le secours de...
BOURBON. — Non, mon brave; non heure est venue. Mais qu'est-ce qu'une vie de plus ou de moins? L'âme de Bourbon plane encore sur les siens. Ils apprendront seulement après la victoire que je ne suis plus qu'une argile insensible... Faites alors ce qu'il vous plaira.
CÉSAR. — Votre Altesse voudrait-elle baiser la croix?... Nous n'avons pas de prêtre; mais la garde d'une épée pourra vous servir : c'est ainsi que fit Bayard.
BOURBON. — Esclave railleur! me faire entendre ce nom en un pareil moment! Mais je l'ai mérité.
ARNOLD, *à César*. — Coquin, tais-toi.
CÉSAR. — Quoi! lorsqu'un chrétien meurt, ne puis-je lui offrir, en bon chrétien, un *vade in pace?*
ARNOLD. — Silence... Oh! comme ils sont ternes ces yeux qui regardaient le monde avec dédain, les yeux de celui qui ne voyait point d'égal!
BOURBON. — Arnold, si jamais vous revoyez la France... Mais écoutez! écoutez! l'assaut redouble d'acharnement. Oh! une heure, une minute de vie pour mourir dans ces remparts! Hâtez-vous, Arnold! hâtez-vous! ne perdez pas de temps... Ils prendront Rome sans vous.
ARNOLD. — Et sans vous!
BOURBON. — Non, non; mon âme y sera. Couvrez mes restes, et silence! Partez! et soyez vainqueur!
ARNOLD. — Mais je ne dois pas vous quitter ainsi.
BOURBON. — Il le faut... adieu... En avant! la victoire est à nous.
(*Il meurt.*)
CÉSAR, *à Arnold.* — Venez, comte; à l'ouvrage!
ARNOLD. — Tu as raison; je pleurerai plus tard. (*Arnold couvre d'un manteau le corps de Bourbon, et monte à l'échelle en s'é-criant*) : Bourbon! Bourbon! En avant, mes enfants! Rome est à nous!
CÉSAR. — Bonne nuit, seigneur connétable; tu étais un homme, toi. (*César suit Arnold; ils atteignent les créneaux et sont renversés.*) Une jolie culbute! Votre Seigneurie est-elle meurtrie?
ARNOLD. — Non. (*Il remonte à l'échelle.*)
CÉSAR. — Le gaillard est franc du collier, une fois échauffé; et, par ma foi, ce n'est pas un jeu d'enfant. Comme il y va! Il pose sa main sur le créneau... il le saisit comme on embrasserait un autel; voilà qu'il y pose le pied, et... qu'est-ce qui arrive ici?... un Romain. (*Un homme tombe.*) Le premier oiseau de la couvée! Il est tombé en dehors du nid. Eh bien, camarade?
LE BLESSÉ. — Une goutte d'eau?
CÉSAR. — D'ici au Tibre, il n'y a d'autre liquide que du sang.
LE BLESSÉ. — Je meurs pour Rome. (*Il meurt.*)
CÉSAR. — Bourbon aussi, dans un autre sens. Oh! tous ces hommes immortels! avec leur généreux mobile! Mais il faut que j'aille rejoindre mon jeune maître; il doit être maintenant au Forum. En avant! en avant! (*Il monte à l'échelle.*)

SCÈNE II.

La ville de Rome. — Les assiégeants et les assiégés combattent dans les rues. — Les citoyens fuient en désordre.

CÉSAR *entre*. — Je ne trouve point mon héros; il est confondu dans cette foule héroïque qui poursuit les fuyards, et attaque ceux qui combattent encore en désespérés. Que vois-je? Un ou deux cardinaux ne me paraissent pas très épris du martyre. Comme ces vieilles jambes rouges se démènent! S'ils pouvaient se débarrasser de leurs grègues comme ils ont fait de leur chapeau, ce serait bien heureux pour eux; ils ne serviraient pas de point de mire aux pillards. Mais qu'ils fuient! les flots de sang ne lacheront point leurs robes rouges. (*Survient une troupe de combattants.* — ARNOLD *est à la tête des assaillants.*) Voici mon homme qui arrive, tenant par la main ces deux jumeaux bénins, la gloire et le carnage. Holà! comte!
ARNOLD. — En avant! Ne leur donnons pas le temps de se rallier.
CÉSAR. — Je t'en préviens, ne sois pas si téméraire; à l'ennemi qui fuit il faut faire un pont d'or. Je t'ai donné la beauté extérieure et une exemption de certaines maladies du corps, mais non des blessures qui atteignent l'âme, ce qui est hors de mon pouvoir. Quoi que je t'aie donné la forme du fils de Pélée, je ne t'ai pas trempé dans le Styx; contre l'épée d'un ennemi, je ne garantirais pas plus ton cœur chevaleresque que le talon d'Achille; sois donc prudent et rappelle-toi que tu es encore mortel.
ARNOLD. — Et quel homme ayant du cœur voudrait combattre s'il était invulnérable? Ce serait une singulière plaisanterie. Penses-tu que si l'on fait la chasse aux lions, je sois un homme à courir après des lièvres? (*Arnold se précipite dans la mêlée.*)
CÉSAR. — Voilà un bel échantillon de l'humanité! Fort bien! Son sang est échauffé; quand il en aura perdu quelques gouttes, sa fièvre se calmera. (*Arnold attaque un Romain qui but en retraite vers un portique.*)
ARNOLD. — Rends-toi, esclave; je te promets la vie sauve.
LE ROMAIN. — Cela est bientôt dit.
ARNOLD. — Et bientôt fait... ma parole est connue.
LE ROMAIN. — Et mes actions vont l'être.
(*Ils recommencent le combat; César s'avance.*)
CÉSAR. — Arrête, Arnold! tu as affaire à un artiste célèbre, à un habile sculpteur, non moins exercé à manier l'épée et la dague que le ciseau. Il se sert également bien du mousquet; c'est lui qui a tiré sur Bourbon du haut du rempart.
ARNOLD. — Ah! c'est lui? Eh bien! c'est son monument qu'il sculpté.
LE ROMAIN. — Je puis vivre encore assez pour achever celui gens qui valent mieux que toi.
CÉSAR. — Bien dit, mon tailleur de marbre Benvenuto! Tu connais aux deux métiers; et celui qui tuera Cellini accomplira une tâche non moins rude que la tienne lorsque tu travaillais les blocs de Carrare. (*Arnold désarme et blesse légèrement Cellini, qui tire de sa ceinture un pistolet et fait feu, puis s'éloigne et disparaît sous le portique.*) Comment t'en trouves-tu? Tu as un avant-goût banquet de Bellone.
ARNOLD, *chancelant.* — Ce n'est qu'une égratignure. Prête-moi ton écharpe; ce bandit ne m'échappera pas ainsi.
CÉSAR. — Où es-tu blessé?
ARNOLD. — A l'épaule gauche. Le bras qui tient l'épée est intact et cela me suffit: j'ai soif. Je voudrais un peu d'eau dans un casque.
CÉSAR. — C'est un liquide qui est maintenant en grande estime mais il n'est pas facile de se procurer.
ARNOLD. — Ma soif augmente... je vais trouver le moyen l'éteindre.
CÉSAR. — Ou de te faire éteindre toi-même.
ARNOLD. — La chance est égale; je jetterai le dé. Mais je pe-

mon temps en paroles. (*César met l'écharpe au bras d'Arnold.*) Pourquoi restes-tu à ne rien faire? Pourquoi ne frappes-tu pas?

CÉSAR. — Les anciens philosophes regardaient tranquillement agir l'humanité, comme de simples spectateurs regardant les jeux olympiques. Lorsque je trouverai un prix digne d'être disputé, je deviendrai un nouveau Milon.

ARNOLD. — Oui, pour lutter contre un chêne.

CÉSAR. — Contre une forêt quand cela me conviendra. Je combats contre les masses, ou pas du tout. En attendant, poursuis ton œuvre, comme moi la mienne : celle-ci se borne à regarder faire, puisque tous ces ouvriers récoltent ma moisson gratis.

ARNOLD. — Tu es toujours un démon.

CÉSAR. — Et toi, un homme.

ARNOLD. — Tel aussi je veux me montrer : mais les hommes que sont-ils?

CÉSAR. — Tu le sens et tu le vois. (*Arnold s'éloigne et se mêle au combat qui continue partiellement.*)

SCÈNE III.

L'intérieur de l'église de Saint-Pierre. — Le pape est à l'autel. — Prêtres accourant en désordre. Citadins cherchant un asile, et poursuivis par les soldats.

CÉSAR *entre*.

UN SOLDAT ESPAGNOL. — Frappez, camarades! emparez-vous de ces candélabres! cassez-moi les reins à ce moine tondu! son rosaire est en or!

UN SOLDAT LUTHÉRIEN. — Vengeance! vengeance! le pillage après : d'abord la vengeance... Voilà l'Antéchrist!

CÉSAR, *s'interposant*. — Eh bien! hérétique, que prétends-tu faire?

LE SOLDAT LUTHÉRIEN. — Détruire au nom du Christ cet orgueilleux Antéchrist. Je suis chrétien.

CÉSAR. — Oui, si bien que le fondateur de la foi y renoncerait en voyant de pareils prosélytes. Il vaudrait mieux t'en tenir au pillage.

LE SOLDAT LUTHÉRIEN. — Je te dis que c'est le diable en personne.

CÉSAR. — Chut! Garde ce secret, de peur qu'il ne te reconnaisse pour l'un des siens.

LE SOLDAT LUTHÉRIEN. — Voudrais-tu le sauver? je te répète que c'est le diable ou le vicaire du diable sur la terre.

CÉSAR. — Et c'est justement pour cela que tu ne dois pas lui faire de mal; voudrais-tu te brouiller avec tes meilleurs amis? Tiens-toi tranquille; son heure n'est pas encore venue.

LE SOLDAT LUTHÉRIEN. — Nous allons voir. (*Il se précipite en jurant; un des gardes du pape lui tire un coup de mousquet, et il tombe au pied de l'autel.*)

CÉSAR, *au luthérien*. — Je te l'avais bien dit.

LE SOLDAT LUTHÉRIEN. — Ne me venges-tu pas?

CÉSAR. — Moi? nullement. Tu sais que « la vengeance appartient au Seigneur; » et tu vois que ceux qui usurpent ce droit sont mal venus auprès de lui.

LE SOLDAT LUTHÉRIEN, *mourant*. — Oh! si je l'avais tué, je serais monté au ciel, couvert d'une éternelle gloire! Dieu, pardonne à la faiblesse de mon bras qui n'a pu l'atteindre, et reçois ton serviteur dans ta miséricorde. Notre triomphe est encore glorieux; l'orgueilleuse Babylone n'est plus; la prostituée des sept collines a échangé sa robe d'écarlate contre le cilice et la cendre. (*Il meurt.*)

CÉSAR. — Oui, la cendre, y compris la tienne. (*Les gardes du pape se défendent avec acharnement pendant que le pontife gagne un passage secret, et s'enfuit au Vatican, puis au château Saint-Ange.*)

Allons! voilà qui s'appelle se battre comme il faut. Le prêtre et le soldat, les deux grandes puissances, sont aux prises! Je n'ai pas vu de pantomime plus comique depuis le jour où Titus prit Jérusalem. Mais les Romains eurent l'avantage alors; c'est maintenant le tour des autres.

LES SOLDATS. — Il s'est enfui! mettons-nous à sa poursuite.

UN SOLDAT. — Ils ont barricadé l'étroit passage, obstrué du reste par une masse de cadavres!

CÉSAR. — Je suis bien aise qu'il ait échappé : c'est bien à moi qu'il le doit. Je ne voudrais pas pour tout au monde voir abolir ses bulles; elles font la moitié de mon empire. En retour de ses indulgences, nous pouvons en avoir un peu pour lui... Non, non, il ne faut pas qu'il succombe... d'ailleurs sa délivrance actuelle peut fournir matière à un nouveau miracle, à preuve de son infaillibilité. (*Lux soldati espagnols.*) Eh bien! coupe-jarrets, pourquoi restez-vous là les bras croisés? Si vous ne faites hâte, il ne vous restera pas un seul chaînon d'or pieux. Et vous êtes des catholiques! voudriez-vous donc revenir d'un semblable pèlerinage sans une seule relique? Les luthériens eux-mêmes ont une dévotion plus vraie : voyez comme ils dépouillent les autels.

LES SOLDATS. — Par saint Pierre! il dit vrai; les hérétiques emporteront tout ce qu'il y a de meilleur.

CÉSAR. — Quelle honte pour vous! Allez donc! aidez-les dans leur conversion. (*Les soldats se dispersent, plusieurs quittent l'église, d'autres y entrent.*) Ils sont partis; leurs compagnons arrivent. Ainsi se succèdent les flots de ce que ces gens appellent l'éternité, se croyant les vagues de cet océan, tandis qu'ils n'en sont que l'écume... Allons, une femme! (*Entre Olimpia poursuivie par des soldats... elle s'élance sur l'autel.*)

UN SOLDAT. — Elle est à moi.

UN AUTRE SOLDAT, *arrêtant le premier*. — Tu mens; c'est moi qui, avant tous, l'ai dépistée; et, fût-elle la nièce du pape, je ne la céderai pas. (*Ils se battent.*)

TROISIÈME SOLDAT, *s'avançant vers Olimpia*. — Vous pouvez régler vos prétentions; je vais faire valoir les miennes.

OLIMPIA. — Esclave de l'enfer, tu ne me toucheras pas vivante.

LE TROISIÈME SOLDAT. — Vivante ou morte!

OLIMPIA, *embrassant un crucifix d'or massif*. — Respecte ton Dieu!

LE TROISIÈME SOLDAT. — Oui, quand il est d'or et qu'il brille. Ma fille, c'est ta dot que tu tiens là dans tes bras. (*Au moment où il s'avance, Olimpia, d'un violent et soudain effort, lance le crucifix, qui va frapper le soldat et l'étend à terre.*) Grand Dieu!

OLIMPIA. — Ah! tu le reconnais maintenant.

LE TROISIÈME SOLDAT. — J'ai le crâne fracassé! Camarades, à mon secours! Ah! tout est ténèbres! (*Il meurt.*)

AUTRE SOLDAT, *accourant*. — Tuez-la, quand elle serait mille fois plus belle encore; elle a tué notre camarade.

OLIMPIA. — Une telle mort sera la bien-venue! la vie que vous me donneriez, il n'est pas d'esclave qui en voulût. Grand Dieu! au nom de votre fils rédempteur et de sa sainte mère, recevez-moi telle que je désire mourir, digne d'elle, de lui, et de vous. (ARNOLD *entre*.)

ARNOLD. — Qui vois-je? Maudits chacals! arrêtez!

CÉSAR, *à part et riant*. — Ha! ha! en voilà de la justice! Ces gens-là ont les mêmes droits que lui. Mais voyons ce qui va s'ensuivre.

LE SOLDAT. — Comte, elle a tué notre camarade.

ARNOLD. — Avec quelle arme?

LE SOLDAT. — Avec cette croix, sous le poids de laquelle il est écrasé; voyez-le ici gisant, plus semblable à un ver qu'à un homme : elle lui a lancé le crucifix à la tête.

ARNOLD. — Vraiment! voilà une femme digne de l'amour d'un brave; si vous l'étiez, vous l'auriez honorée. Mais éloignez-vous, et rendez grâce à votre bassesse : c'est la seule divinité que vous ayez à remercier de votre existence. Si vous aviez touché un seul cheveu de cette tête, j'aurais éclairci vos rangs plus que n'a fait l'ennemi. Partez, canaille! rongez les os que le lion vous laisse; mais attendez pour cela sa permission.

UN SOLDAT, *murmurant*. — Alors que le lion sache vaincre à lui seul.

ARNOLD, *le repoussant et le renversant*. — Mutin, va te révolter contre Satan! Obéis sur la terre! (*Les soldats attaquent Arnold.*)

Venez! j'en suis enchanté! Je vais vous montrer, esclaves que vous êtes, comment on doit vous conduire. Vous allez connaître celui qui vous a précédés sur ces murs que vous hésitiez à escalader, jusqu'au moment où vous avez vu ma bannière flotter sur les créneaux! Maintenant que vous êtes entrés, le courage vous est donc revenu? (*Arnold renverse le plus avancé, les autres jettent bas leurs armes.*)

LES SOLDATS. — Quartier! quartier!

ARNOLD. — Apprenez donc vous-mêmes à l'accorder. Connaissez-vous maintenant celui qui vous a guidés sur les remparts de la ville éternelle?

LES SOLDATS. — Nous le connaissons; mais pardonnez un moment d'erreur dans l'emportement de la victoire à laquelle vous nous avez conduits.

ARNOLD. — Retirez-vous! Allez à vos quartiers! vous les trouverez établis au palais Colonna.

OLIMPIA, *à part*. — Dans la maison de mon père!

ARNOLD, *aux soldats*. — Laissez vos armes, vous n'en avez plus besoin, et souvenez-vous de tenir vos mains nettes, ou je vous baptiserai dans une eau rouge comme l'est maintenant le Tibre.

LES SOLDATS, *déposant leurs armes et partant*. — Nous obéissons.

ARNOLD, *à Olimpia*. — Madame, vous êtes en sûreté.

OLIMPIA. — Je le serais, si j'avais seulement un couteau; mais n'importe... mille voies sont ouvertes à la mort, et, avant que tu parviennes jusqu'à moi, ma tête sera brisée sur ce marbre, au pied de cet autel d'où je contemple ma destruction. Homme, que Dieu te pardonne!

ARNOLD. — Je désire mériter son pardon et le tien, quoique je ne t'aie point offensée.

Olimpia. — Non, tu as seulement saccagé ma cité natale... Non! tu as fait de la maison de mon père une caverne de voleurs !..... Non ! tu as inondé ce temple du sang des Romains et des prêtres ! Et maintenant tu voudrais me sauver pour faire de moi... mais cela ne sera jamais! (*Elle lève les yeux vers le ciel, s'entoure des plis de sa robe, et se prépare à se précipiter du haut de l'autel du côté opposé à celui où se tient Arnold.*)

Arnold. — Arrêtez ! arrêtez. Je jure...

Olimpia. — Épargne à ton âme, déjà maudite, un parjure qui te rendrait odieux à l'enfer même : je te connais !

Arnold. — Non, tu ne me connais pas ; je ne suis pas de ces gens-là, quoique...

Olimpia. — Je te juge par tes compagnons : Dieu te jugera tel que tu es. Je te vois rougi du sang de Rome; prends le mien : c'est tout ce que tu auras de moi. Ici, sur le marbre de ce temple dont les fonts baptismaux m'ont vue consacrée à Dieu, je lui offre un sang aussi pur qu'il l'était le jour où le baptême racheta mon âme d'enfant. (*Olimpia fait un geste de dédain à Arnold, et se précipite du haut de l'autel sur le marbre.*)

Arnold. — Dieu éternel! je te reconnais maintenant. Au secours! au secours! Elle est morte.

César, *s'approchant*. — Me voici.

Arnold. — Toi ! mais viens, sauve-la !

César, *l'aidant à relever Olimpia*. — Elle y a été de franc jeu ! La chute est grave.

Arnold. — Oh ! elle est sans vie.

César. — Dans ce cas, je ne puis rien pour elle : la résurrection n'est pas de mon ressort.

Arnold. — Esclave !

César. — Oui, esclave ou maître, c'est tout un : il me semble pourtant que de bonnes paroles ne gâtent jamais rien.

Arnold. — Des paroles !... Peux-tu la secourir ?

César. — J'essaierai. Nous ne ferons peut-être pas mal de l'asperger un peu de cette eau bénite. (*Il apporte de l'eaubénite dans son casque.*)

Arnold. — Elle est mêlée de sang.

César. — En ce moment, il n'y en a pas de plus claire.

Arnold. — Qu'elle est pâle ! qu'elle est belle ! La vie l'a pourtant abandonnée ! Vivante ou morte, ô toi ! essence de toute beauté, je ne veux aimer que toi !

César. — C'est ainsi qu'Achille aima Penthésilée : il paraît que tu as aussi le cœur du héros, et cependant il n'était pas très tendre.

Arnold. — Elle respire ! mais non, ce n'était que le faible et dernier souffle que la vie dispute à la mort.

César. — Elle respire.

Arnold. — Tu le dis, donc c'est vrai.

César. — Tu me rends justice... Le diable dit la vérité plus franchement qu'on ne le croit; mais il a souvent affaire à un auditoire ignorant.

Arnold, *sans l'écouter*. — Oui, son cœur bat ! Hélas ! pourquoi faut-il que le seul cœur que j'aie jamais désiré sentir à l'unisson du mien palpite sous la main d'un meurtrier.

César. — Réflexion sage, mais qui vient un peu tard !

Arnold. — Vivra-t-elle ?

César. — Autant que peut vivre la poussière.

Arnold. — Elle est donc morte ?

César. — Bah ! bah ! tu es mort toi-même sans le savoir. Elle revient à la vie..... à ce que tu appelles la vie, à cet état où tu es maintenant ; mais il nous faut recourir à des moyens humains.

Arnold. — Nous allons la transporter au palais Colonna, où j'ai arboré ma bannière.

César. — Viens donc ! Relevons-la.

Arnold. — Doucement.

César. — Aussi doucement qu'on porte les morts, par la raison peut-être qu'ils ne peuvent plus sentir les cahots.

Arnold. — Mais vit-elle réellement ?

César. — Ne crains rien ! Toutefois, si plus tard tu en as regret, ne t'en prends pas à moi.

Arnold. — Qu'elle vive seulement !

César. — Le souffle de la vie est encore dans son sein, et peut se ranimer. Comte ! comte ! je suis ton serviteur en toutes choses, et voilà un emploi nouveau pour moi. Il est rare que j'en exerce du même genre; mais tu vois quel ami dévoué tu as dans celui que tu appelles démon. Sur la terre, vous n'avez souvent pas des démons pour amis : moi, je n'abandonne pas le mien. Allons, emportons ce beau corps ! J'en suis presque amoureux, comme les anges le furent jadis des premières filles des hommes.

Arnold. — Toi ?

César. — Moi ! Mais ne crains rien, je ne serai pas ton rival.

Arnold. — Mon rival !

César. — Je serais formidable ; mais depuis que j'ai tué les sept maris de la fiancée de Tobie (il a suffi d'un peu d'encens pour arranger l'affaire), j'ai mis de côté l'intrigue amoureuse : ce qu'on y gagne vaut rarement les efforts nécessaires pour l'obtenir, et surtout pour s'en défaire ; car telle est la difficulté, du moins pour les mortels.

Arnold. — Silence, je t'en prie ! doucement ! il me semble que ses lèvres remuent, que ses yeux s'ouvrent.

César. — Comme des astres, sans doute ; car c'est une métaphore inspirée par Lucifer ou Vénus.

Arnold. — Au palais Colonna, comme je te l'ai dit.

César. — Oh ! je connais mon chemin dans Rome.

Arnold. — Allons ! marchons doucement.

(*Ils sortent en portant Olimpia.*)

TROISIÈME PARTIE.

Un château des Apennins, entouré d'une contrée sauvage, mais riante. Chœur de villageois chantant devant les portes.

LE CHŒUR.

1.

La guerre est terminée ; le printemps est de retour. La fiancée et son amant sont rentrés au manoir : ils sont heureux, réjouissons-nous ! Que leurs cœurs aient un écho dans nos voix.

2.

Le printemps est de retour ; la violette est flétrie, la première-née du premier soleil : ce n'est pour nous qu'une fleur d'hiver ; la neige des montagnes ne la fait point périr; elle lève au milieu d'elles sa tête humide de rosée, et ses yeux bleus réfléchissent l'azur du jeune firmament.

3.

Et quand vient le printemps avec ses légions rosées, la fleur la plus aimée s'éloigne de la foule avec ses parfums célestes et ses couleurs virginales.

4.

Cueillez toutes les autres ; mais rappelez-vous celle qui les devança dans le sombre Décembre, celle qui fut leur étoile du matin, et nous annonça l'approche des longs jours ; même au milieu des roses, n'oubliez jamais la violette, la violette virginale.

(CÉSAR *entre.*)

César. — Les guerres sont finies ; nos épées sont oisives ; le coursier mord son frein; le casque est appendu à la muraille. L'aventurier se repose ; mais son armure se rouille. Le vétéran s'engourdit, et bâille dans le château. Il boit ; mais qu'est-ce que l'ivresse ? une trêve à la pensée ! Les sons belliqueux du cor ne le réveillent plus.

Le chœur. — Déjà le limier aboie ; le sanglier court la forêt, et l'orgueilleux faucon est impatient de prendre son essor : le voilà sur le poing du noble seigneur, perché comme un cimier sur un casque; et les oiseaux, désertant leurs nids, troublent l'air de leurs clameurs.

César. — Ombre de la gloire ! faible image de la guerre ! mais la vènerie n'a point d'annales, ses héros n'ont point de renommée : à peine cite-t-on Nemrod, l'inventeur de la chasse, le fondateur d'empires qui le premier épouvanta les forêts. Quand le lion était jeune, et dans tout l'orgueil de sa puissance, les forts se faisaient un jeu de lutter contre lui ; armés d'un sapin en guise de lance, ils attaquaient le mammouth ou le béhémoth écumant. La taille de l'homme égalait alors en hauteur les tours de notre temps. Premier-né de la nature, il était sublime comme elle.

Le chœur. — La guerre est terminée ; le printemps est de retour. La fiancée et son amant sont rentrés au manoir : ils sont heureux, réjouissons-nous ! Que leurs cœurs aient un écho dans nos voix.

(*Les villageois sortent en chantant.*)

Ici s'arrête le manuscrit du

BOSSU TRANSFORMÉ.

SARDANAPALE.

PERSONNAGES.

Hommes : — Sardanapale, roi de Ninive et d'Assyrie. — Arbace, Mède aspirant au trône. — Bélésés, Chaldéen et devin. — Salémenès, beau-frère du roi. — Altada, officier du palais. — Zamès. — Pania. — Sféro. — Baléa.

Femmes. — Zarina, la reine. — Myrrha, jeune ionienne, esclave favorite de Sardanapale.

Femmes du harem de Sardanapale. — Gardes et serviteurs, prêtres chaldéens, Mèdes, etc., etc.

ACTE PREMIER.

Une salle du palais.

SALÉMENÈS, seul.

Il est coupable envers la reine, mais il est son époux ; coupable envers ma sœur, mais il est mon frère ; coupable envers son peuple, mais il est encore mon souverain : mon devoir est de rester son ami, son sujet. Il ne doit pas périr ainsi. Je ne verrai pas la terre boire le sang de Nemrod et de Sémiramis, un empire de treize siècles finir comme un conte de berger ; il faut le réveiller de sa léthargie. Dans son cœur efféminé, il y a encore un courage insouciant, que la corruption n'a pu étouffer, et une énergie latente, comprimée par les circonstances, mais non détruite... submergée, mais non pas noyée dans l'océan des voluptés. Né sous le chaume, il se fût frayé un chemin jusqu'au trône ; né sur le trône, il ne le léguera pas à ses fils : il ne leur transmettra qu'un nom qui ne paraîtra pas un suffisant héritage..... Cependant il n'est pas perdu sans retour ; il peut encore racheter sa mollesse et sa honte en revenant au devoir, chose aussi facile que de s'en écarter. Serait-il plus pénible de gouverner des peuples que d'user ainsi sa vie dans les plaisirs , de commander une armée que de présider un sérail ? Il se consume en voluptés sans saveur, énerve son âme et use ses forces dans des fatigues qui ne lui donnent ni la santé comme la chasse, ni la gloire comme la guerre : il faut le réveiller. Hélas ! il n'est besoin pour cela de rien moins qu'un coup de tonnerre. (On entend les sons d'une musique mélodieuse.) Écoutons ! le luth, la lyre, le tambourin, les sons amollissants d'une musique lascive, les douces voix des femmes, se mêlent aux accents de la débauche, pendant que le grand roi, le souverain de toute la terre connue, chancelle couronné de roses, et abandonne son diadème à la première main hardie qui osera s'en saisir. Les voilà qui s'avancent de ce côté : déjà viennent jusqu'à moi les parfums que sa suite porte partout avec elle ; je vois briller dans la galerie les joyaux étincelants des jeunes beautés qui sont tout à la fois les chanteuses des chœurs et les membres de son conseil ; et au milieu d'elles, sous des vêtements aussi efféminés , et presque aussi femme qu'elles, voici venir le descendant de Sémiramis, l'homme-reine !... Le voici ! L'attendrai-je ? oui, et je l'aborderai sans crainte, et je lui répéterai ce que les honnêtes gens disent de lui et des siens. Ils viennent, les esclaves, précédés du monarque soumis à ses esclaves. (Entre Sardanapale, dans un costume efféminé, vêtu d'une robe flottante, la tête couronnée de roses, accompagné d'un cortège de femmes et de jeunes esclaves.)

Ne voudrais-tu pas ôter la vie à ceux qui en veulent à la tienne.

Sardanapale, s'adressant à quelques-uns des gens de sa suite. — Que le pavillon sur l'Euphrate soit décoré de guirlandes, illuminé et disposé pour un banquet ; au milieu de la nuit, nous y souperons : ayez soin que rien ne manque, et tenez les galères prêtes. Une brise fraîche ride la vaste surface du fleuve limpide ; nous nous embarquerons bientôt. Belles nymphes, qui daignez partager les moments fortunés de Sardanapale, nous nous reverrons à cette heure délicieuse où les étoiles se grouperont sur nos têtes pendant que vous formerez ici-bas un ciel aussi brillant que le leur ; jusque-là, chacune peut disposer de son temps. Et toi, Myrrha, ma charmante ionienne, veux-tu aller avec elles, ou rester avec moi ?

Myrrha. — Seigneur !

Sardanapale. — Seigneur ! pourquoi donc, ô ma vie ! me répondre si froidement ? c'est le malheur des rois de recevoir de semblables réponses. Dispose de tes heures comme tu disposes des miennes... dis-moi, veux-tu accompagner nos convives, ou charmer ma solitude ?

Myrrha. — Le désir du roi est le mien.

Sardanapale. — Je t'en conjure, ne parle pas ainsi : mon plus grand bonheur est de combler tes souhaits. Je n'ose exprimer mes vœux, de peur qu'ils ne soient en opposition avec les tiens ; car tu es trop prompte à sacrifier tes goûts.

Myrrha. — Je préfère rester ; je n'ai d'autre bonheur que de te voir heureux ; mais..

Sardanapale. — Mais ! pourquoi ce mais ? Ta volonté chérie est la seule barrière qui s'élèvera jamais entre nous.

Myrrha. — Je crois que voici l'heure fixée pour le conseil : il est convenable que je me retire.

Salémenès, s'avançant. — L'esclave ionienne a raison. Il est temps qu'elle se retire.

Sardanapale. — Qui a parlé ? Ah ! c'est vous, mon frère ?

Salémenès. — Le frère de la reine et votre très fidèle vassal, ô mon royal maître.

Sardanapale, aux femmes de sa suite. — Comme je l'ai dit, que chacune de vous dispose de son temps jusqu'à minuit, heure où nous vous prions toutes de nous accorder de nouveau votre présence. (La cour se retire. A Myrrha qui s'éloigne.) Myrrha, je croyais que tu restais ici.

Myrrha. — Grand roi, tu ne me l'as pas ordonné.

Sardanapale. — Je l'ai lu sur ton visage : je devine jusqu'au moindre regard de ces beaux yeux d'Ionie; ils me disaient que tu ne me quitterais pas.

MYRRHA. — Sire, votre frère...

SALÉMENÈS. — Le frère de la reine, esclave d'Ionie! peux-tu bien me nommer sans rougir?

SARDANAPALE. — Sans rougir! il faut que tu n'aies pas d'yeux; tu appelles sur ses joues des couleurs pareilles à celles du jour mourant sur le Caucase, quand le soleil couchant colore la neige d'une teinte de rose, et puis tu lui fais un reproche de ton propre aveuglement! Eh quoi! tu verses des larmes, ma Myrrha?

SALÉMENÈS. — Qu'elle pleure; ce n'est pas pour elle seule; elle est la cause de larmes plus amères.

SARDANAPALE. — Maudit soit l'être qui fait couler tant de pleurs!

SALÉMENÈS. — Ne te maudis pas toi-même; des millions d'hommes te maudissent déjà.

SARDANAPALE. — Tu l'oublies; ne me force pas à me rappeler que je suis roi.

SALÉMENÈS. — Plût au ciel!

MYRRHA. — Mon souverain, et vous, mon prince, permettez que je m'éloigne.

SARDANAPALE. — Puisque tu le veux, et que cet homme sans pitié vient affliger une âme si douce, j'y consens. Mais rappelle-toi que nous devons bientôt nous revoir: j'aimerais mieux perdre un empire que d'être privé de ta présence. (*Myrrha sort.*)

SALÉMENÈS. — Peut-être perdras-tu pour jamais l'un et l'autre.

SARDANAPALE. — Mon frère, il faut du moins que je sache régner sur moi-même pour écouter un pareil langage; mais ne me fais pas sortir de ma nature.

SALÉMENÈS. — C'est de cette nature trop facile, beaucoup trop facile, que je voudrais te faire sortir. Oh! que ne puis-je te réveiller, fût ce en t'irritant contre moi-même!

SARDANAPALE. — Par le dieu Baal! cet homme voudrait faire de moi un tyran.

SALÉMENÈS. — Tu l'es en effet. Penses-tu qu'il n'y ait de tyrannie que celle des chaînes et du sang? Le despotisme du vice...., la faiblesse et la corruption d'une vie fastueuse... la négligence... l'apathie, les besoins de la mollesse et de la sensualité... enfantent dix mille tyrans dont la cruauté subalterne surpasse dans ce qu'ils ont de pire les actes d'un maître énergique, quelque dure et pesante que soit sa domination. Le décevant et séduisant exemple de tes débauches ne corrompt pas moins qu'il n'opprime, et mine tout à la fois ton vain pouvoir et ceux qui devraient le soutenir; en sorte que l'invasion étrangère et la guerre civile te seront également funestes; tes sujets n'auront pas le courage de résister à la première; l'autre trouvera en eux, non des adversaires, mais des complices.

SARDANAPALE. — Qui donc te donne le droit d'interpréter les sentiments du peuple?

SALÉMENÈS. — L'oubli des outrages infligés à ma sœur; une tendresse naturelle pour mes jeunes neveux; ma fidélité envers le roi, fidélité qui trouvera bientôt peut-être l'occasion de se manifester autrement que par des paroles; mon respect pour la race de Nemrod, et un autre motif encore que tu ne connais pas.

SARDANAPALE. — Quel est-il?

SALÉMENÈS. — C'est un mot qui t'est inconnu.

SARDANAPALE. — Nomme-le: j'aime à m'instruire.

SALÉMENÈS. — La vertu.

SARDANAPALE. — Moi! je ne connais pas ce mot! quand je l'entends sans cesse résonner à mon oreille...... les cris de la populace, les sons de la trompette, me sont moins odieux; la sœur ne me parlait pas d'autre chose.

SALÉMENÈS. — Pour passer à un sujet de conversation moins pénible pour toi, entends parler de vice.

SARDANAPALE. — Qui m'en parlera?

SALÉMENÈS. — Les vents eux-mêmes, si tu veux prêter l'oreille à l'écho qui répète la voix de la nation.

SARDANAPALE. — Allons, je suis indulgent, tu le sais; patient, tu l'as souvent éprouvé... parle, quel motif t'amène?

SALÉMENÈS. — Ton péril.

SARDANAPALE. — Poursuis.

SALÉMENÈS. — Entends-moi donc. Toutes les nations tributaires, et elles sont nombreuses, celles que ton père t'a laissées en héritage, exhalent hautement contre toi leur indignation.

SARDANAPALE. — Contre moi? Que veulent ces esclaves?

SALÉMENÈS. — Un roi.

SARDANAPALE. — Et que suis-je donc?

SALÉMENÈS. — A leurs yeux, tu n'es rien; mais, aux miens, tu es un homme qui pourrait encore redevenir quelque chose.

SARDANAPALE. — Les insolents! que demandent-ils? N'ont-ils pas la paix et l'abondance?

SALÉMENÈS. — Quant à la première, ils en ont plus que la gloire n'en comporte; pour la seconde, ils en ont moins que le roi ne pense.

SARDANAPALE. — A qui la faute, si ce n'est aux satrapes infidèles qui ne s'acquittent pas mieux de ce soin?

SALÉMENÈS. — La faute en est aussi un peu au monarque qui ne voit rien de ce qui se passe hors de son palais, ou qui n'en sort que pour se rendre à quelque résidence d'été, où il attend la fin des chaleurs. O glorieux Baal! qui créas ce vaste empire et fus admis au rang des dieux, ou du moins brillas comme tel dans une longue suite de siècles de gloire, cet homme, réputé ton descendant, n'a jamais vu en roi ces royaumes que tu lui léguas en héros. Si ces Etats furent conquis au prix de ton sang et de tant d'années de travaux et de périls, ce fut... pourquoi? pour fournir aux frais d'un banquet joyeux, aux exactions d'un favori.

SARDANAPALE. — Je le comprends... tu voudrais faire de moi un conquérant. Par tous les astres dont le langage est intelligible à la science des Chaldéens... ces esclaves remuants mériteraient de me voir, pour leur malheur, exaucer leurs vœux et les conduire à la gloire.

SALÉMENÈS. — Pourquoi non? Sémiramis.... une femme... a bien conduit nos Assyriens sur les rives du Gange, que le soleil éclaire de ses premiers rayons.

SARDANAPALE. — Rien de plus vrai; et comment en est-elle revenue?

SALÉMENÈS. — En homme... en héros, trompée dans son espoir, mais non vaincue. Accompagnée de vingt gardes seulement, elle effectua sa retraite en Bactriane.

SARDANAPALE. — Et combien en laissa-t-elle dans l'Inde pour servir de pâture aux vautours?

SALÉMENÈS. — Nos annales ne le disent pas.

SARDANAPALE. — Eh! bien, je dirai, moi, qu'il eût mieux valu pour elle filer dans son palais vingt tuniques de lin, que de rentrer en Bactriane avec vingt hommes, abandonnant aux corbeaux, aux loups et aux hommes, la plus féroce des trois espèces, les myriades de sujets dévoués. Est-ce donc là ce qu'on appelle la gloire? En ce cas, je consens à vivre pour jamais dans l'ignominie.

SALÉMENÈS. — Toutes les âmes belliqueuses n'ont pas le même destin. Sémiramis, la glorieuse mère de cent rois, quoiqu'elle eût échoué dans l'Inde, réunit la Perse, la Médie et la Bactriane, à tant de royaumes que tu pourrais gouverner comme elle.

SARDANAPALE. — Je les gouverne. — elle ne fit que les subjuguer.

SALÉMENÈS. — Le moment peut-être approche où ils auront plus besoin de son glaive que de ton sceptre.

SARDANAPALE. — Jadis a vécu un certain Bacchus, n'est-ce pas? J'en ai entendu parler à mes jeunes Grecques: elles disent que ce fut un dieu, c'est-à-dire un dieu de la Grèce, une idole étrangère au culte de l'Assyrie. Il fit la conquête de ce royaume opulent, de cette Inde dont tu parles, et où Sémiramis fut vaincue.

SALÉMENÈS. — J'ai entendu parler de cet homme: tu vois que c'est pour ses exploits qu'on en a fait un dieu.

SARDANAPALE. — C'est dans sa divinité que je veux l'honorer..... comme homme, j'en fais peu de cas. Holà! mon échanson!

SALÉMENÈS. — Que veut le roi?

SARDANAPALE. — Adorer le Dieu, et non le conquérant. Qu'on me donne du vin! (*Entre l'ÉCHANSON.*) Apporte-moi la coupe d'or incrustée de pierreries et connue sous le nom de coupe de Nemrod. Emplis-la jusqu'aux bords et hâte-toi. (*L'échanson sort.*)

SALÉMENÈS. — Est-ce le moment de reprendre tes interminables excès? (*L'échanson rentre avec du vin.*)

SARDANAPALE, *prenant la coupe*. — Mon noble parent, si ces Grecs barbares, habitants des lointains rivages qui bordent nos Etats, ne sont pas tous menteurs, ce Bacchus a conquis l'Inde entière, n'est-il pas vrai?

SALÉMENÈS. — Oui sans doute, et c'est pour cela qu'on en a fait un dieu.

SARDANAPALE. — Il n'en est rien: de toutes ses conquêtes, quelques colonnes qui sont à lui, et qui seraient à moi si je les croyais dignes d'être achetées et transportées ici, voilà tout ce qui rappelle les mers de sang versées, des royaumes mis au pillage, et les cœurs brisés. Mais cette coupe contient ses véritables titres à l'immortalité... la grappe divine dont il exprima l'âme, et qu'il nous donna pour réjouir celle de l'homme en expiation du mal qu'avaient fait ses victoires. Sans ce titre, il n'aurait obtenu que le nom d'un mortel, comme il en eut la tombe: il ne serait aujourd'hui, comme mon aïeule Sémiramis, qu'un monstre humain, paré d'une gloire douteuse. C'est ce jus immortel qui l'a déifié... que maintenant il l'humanise, frère morose et grondeur: bois avec moi au dieu des Grecs!

SALÉMENÈS. — Pour tous les royaumes, je ne consentirais pas à blasphémer ainsi les croyances de mon pays.

SARDANAPALE. — Ainsi, à tes yeux, Bacchus est un héros, parce qu'il a versé le sang par torrents: mais il ne mérite pas d'être un dieu pour avoir transformé un fruit en un breuvage enchanté, qui dissipe le chagrin, ravive la vieillesse, inspire le jeune âge, fait oublier au travail la fatigue, à la crainte le danger, et ouvre à notre âme un monde nouveau quand celui-ci a perdu tout attrait. Eh bien! pour être d'accord avec toi, je bois à lui comme à un simple mortel qui, en bien ou en mal, a fait tout ce qu'il a pu pour étonner le genre humain.

SALÉMENÈS. — Vas-tu donc recommencer tes orgies?
SARDANAPALE. — Quand cela serait, je préférerais une orgie à une victoire, car elle ne coûterait de larmes à personne. Mais ce n'est pas maintenant mon intention de m'y livrer, puisque tu ne veux pas me faire raison; tu peux continuer. (*A l'échanson.*) Enfant, retire-toi. (*L'échanson sort.*)
SALÉMENÈS. — J'aurais voulu dissiper ton rêve; il est bon que tu sois réveillé par une voix amie et non par la révolte.
SARDANAPALE. — Qui se révolterait? pourquoi? quel en serait le prétexte et la cause? Je suis un souverain légitime, descendu d'une race de rois qui n'ont point eu de prédécesseurs. Qu'ai-je fait, qu'ai-je fait au peuple, pour que tu viennes me railler ainsi ou qu'il se révolte contre moi?
SALÉMENÈS. — Je ne parle point de ce que tu m'as fait.
SARDANAPALE. — Mais tu penses que j'ai des torts envers la reine, n'est-ce pas?
SALÉMENÈS. — Je pense! non, j'affirme que tu es coupable envers elle.
SARDANAPALE. — Patience, prince, et écoute-moi. La reine est en possession de tout le pouvoir, de toute la splendeur attachés à son rang; elle est respectée; les héritiers du trône d'Assyrie sont placés sous sa tutelle; elle jouit des honneurs et des droits de la souveraineté. Je l'ai épousée comme se marient les monarques..... pour les avantages qu'elle m'apportait; je l'ai aimée comme la plupart des maris aiment leurs femmes. Si elle ou toi vous vous êtes imaginé que j'étais homme à m'enchaîner à une femme, comme un paysan chaldéen à sa moitié, vous n'avez connu ni moi, ni les monarques, ni l'humanité.
SALÉMENÈS. — Je t'en supplie, parlons d'autre chose : je suis d'un sang qui dédaigne la plainte; et la sœur de Salémenès ne réclame point un amour forcé, même du souverain de l'Assyrie! Elle ne voudrait point d'une affection qu'il lui faudrait partager avec des courtisanes étrangères et des esclaves ioniennes. La reine se tait.
SARDANAPALE. — Et pourquoi son frère n'en fait-il pas autant?
SALÉMENÈS. — Je ne suis que l'écho de la voix de l'empire; quiconque dédaigne cette voix ne saurait longtemps régner.
SARDANAPALE. — Esclaves ingrats et grossiers! s'ils murmurent c'est que je n'ai pas versé leur sang, que je ne les ai pas envoyés se dessécher par millions dans la poudre des déserts, ou blanchir de leurs ossements les rives du Gange; c'est que je n'ai pas employé leurs sueurs à bâtir des pyramides ou des murailles comme celles de Babylone.
SALÉMENÈS. — Pourtant ce sont là des trophées plus dignes d'une nation et de ses princes que des chants, des luths, des banquets, des concubines, que le gaspillage des trésors et le mépris des vertus.
SARDANAPALE. — J'ai pour trophées des villes fondées par moi : par exemple, Tarse et Anchiale, toutes deux construites en un jour. Ma belliqueuse aïeule, la reine sanguinaire, la chaste Sémiramis, qu'aurait-elle pu faire de plus, si ce n'est de les détruire?
SALÉMENÈS. — C'est vrai. Je te reconnais dans la fondation de ces villes, provoquée par un caprice, et célébrée par des vers où ton nom et le leur sont dénoncés aux mépris de la postérité.
SARDANAPALE. — Les mépris! par Baal, les vers, quoique superbement bâtis, ne l'emportent pas sur les vers! Dis ce qu'il te plaira contre moi, contre ma manière de vivre ou de régner, mais respecte cette inscription véridique et concise. Certes, ces quatre lignes contiennent l'histoire de toutes les choses humaines. Les voici.. « Le roi Sardanapale, fils d'Anacyndaraxès, a construit en un jour Anchiale et Tarse. Mangez, buvez, aimez : tout le reste ne vaut rien. »
SALÉMENÈS. — Digne morale, sages conseils offerts par un roi à ses sujets!
SARDANAPALE. — Oh! sans doute, tu eusses préféré qu'elle fût rédigée en forme d'édit; par exemple..... « Obéissez au roi....., portez votre argent à son trésor; recrutez ses phalanges..... versez votre sang..... levez-vous et travaillez. » Ou bien tu aurais voulu qu'elle fût conçue en ces termes..... « Dans ce lieu, Sardanapale ton cinquante mille de ses ennemis, ne laissant pour soi seul leurs tombeaux, et voilà son trophée. » Je laisse cela aux conquérants; c'est assez pour moi si mes sujets portent plus légèrement le fardeau des misères humaines, et descendent sans gémir dans la tombe. Tout ce que je fais, je leur permets de le faire : nous sommes tous hommes.
SALÉMENÈS. — Tes pères ont été révérés comme dieux.
SARDANAPALE. — Oui, dans la poussière et dans la mort, où ils ne sont ni dieux ni hommes. Ne me parle pas de cela! les vers sont dieux, du moins ils se sont repus de vos dieux ici, et ne sont morts que lorsque ce mets leur a manqué. Ces dieux n'étaient que des hommes : regarde leur descendant... je sens en moi mille choses mortelles, mais rien de divin... hormis ce penchant que tu condamnes, et qui me porte à aimer, à être miséricordieux, à pardonner les folies de mon espèce, et (mais c'est là un sentiment humain) à être indulgent pour les miennes.
SALÉMENÈS. — Hélas! c'en est fait de Ninive!... malheur... malheur à la cité sans rivale!
SARDANAPALE. — Que crains-tu?
SALÉMENÈS. — Tu es entouré d'ennemis; dans quelques heures peut-être éclatera la tempête qui doit te renverser, ainsi que les tiens et les miens; encore un jour, et ce qui subsiste de la race de Bélus aura disparu.
SARDANAPALE. — Qu'avons-nous à redouter?
SALÉMENÈS. — L'ambition perfide dont les pièges t'environnent; mais il y a encore une ressource : confie-moi le sceau royal, je réprimerai les complots, et jetterai à tes pieds les têtes de tes ennemis.
SARDANAPALE. — Leurs têtes... Combien?
SALÉMENÈS. — Dois-je m'arrêter à les compter lorsque la tienne elle-même est en péril? Je pars; donne-moi ton sceau... et pour le reste, aie confiance en moi.
SARDANAPALE. — Je ne confierai à personne un pouvoir illimité de vie et de mort. Quand on ôte la vie aux hommes, on ne sait ni ce qu'on leur enlève, ni ce qu'on leur donne.
SALÉMENÈS. — Ne prendrais-tu pas la vie de ceux qui veulent prendre la tienne?
SARDANAPALE. — C'est une question difficile; cependant, je réponds : je la prendrais. Mais ne peut-on se dispenser d'en venir là? Qui sont ceux que tu soupçonnes?... qu'on les arrête.
SALÉMENÈS. — Je te prie de ne pas me questionner à cet égard; ma réponse circulerait bientôt parmi la troupe babillarde de tes maîtresses, de là au palais, puis dans la ville, et tout serait manqué... Il faut te fier à moi.
SARDANAPALE. — Tu sais que je l'ai toujours fait; prends mon sceau royal. (*Il lui donne son anneau.*)
SALÉMENÈS. — J'ai encore une demande à te faire.
SARDANAPALE. — Quelle est-elle?
SALÉMENÈS. — Que tu veuilles bien, cette nuit, décommander le banquet dans le pavillon de l'Euphrate.
SARDANAPALE. — Décommander le banquet! je n'en ferai rien, en dépit de tous les conspirateurs qui ont jamais ébranlé un royaume! Qu'ils viennent et accomplissent leur œuvre; ils ne me feront point pâlir; je ne m'en lèverai pas un moment plus tôt; je n'en boirai pas une coupe de moins, une rose de moins ne couronnera pas mon front; ils ne m'ôteront pas une seule heure de joie... Je ne les crains pas.
SALÉMENÈS. — Mais tu t'armeras, n'est-ce pas, s'il est nécessaire?
SARDANAPALE. — Peut-être. J'ai une superbe armure, un glaive d'une admirable trempe, un arc et une javeline que Nemrod aurait pu envier; ces armes sont un peu lourdes, mais mon bras les manie aisément. Maintenant que j'y pense, il y a longtemps que je ne m'en suis servi, même à la chasse. Les as-tu vues, mon frère?
SALÉMENÈS. — Est-ce un temps convenable pour badiner ainsi? S'il le faut, t'en serviras-tu?
SARDANAPALE. — Si je m'en servirai! Oh! cela est-il absolument nécessaire? ces esclaves insensés ne peuvent-ils être gouvernés qu'à cette condition? Alors je manierai le glaive de manière à leur faire souhaiter de le voir changer en quenouille.
SALÉMENÈS. — Ils disent que la transformation est déjà faite.
SARDANAPALE. — C'est faux! mais qu'ils le disent : les anciens Grecs, si nous en croyons les chants de nos captives, en disaient autant du plus grand de leurs héros, Hercule, parce qu'il aima une reine de Lydie. Tu vois que partout le peuple saisit avec empressement toutes les calomnies qui peuvent avilir ses souverains.
SALÉMENÈS. — On ne parlait pas ainsi de tes pères.
SARDANAPALE. — Non, parce qu'on te craignait; les peuples étaient occupés à travailler et à combattre; ils n'échangeaient leurs chaînes que contre des armes. Aujourd'hui ils ont la paix et des loisirs; ils peuvent se réjouir et railler; je ne m'en offense pas, je ne dounerais pas le sourire d'une belle fille pour tous les suffrages populaires qui ont jamais tiré un nom du néant! Que valent les langues empoisonnées de ce vil troupeau, que l'abondance a rendu insolent, pour que j'attache du prix à sa bruyante approbation, ou que je redoute ses assourdissantes clameurs?
SALÉMENÈS. — Tes sujets sont des hommes as-tu dis; comme tels, leur affection est quelque chose.
SARDANAPALE. — Celle de mes chiens aussi, et j'en fais plus de cas; car ils sont plus fidèles... Mais agis; tu as mon sceau... puisqu'ils veulent faire du bruit, qu'on les ramène à la raison, mais sans moyens violents, à moins d'absolue nécessité. En effet, je hais toute souffrance donnée ou reçue; nous en portons assez en nous-mêmes, depuis le plus humble vassal jusqu'au plus haut monarque; au lieu d'ajouter mutuellement au fardeau de nos misères mortelles, il vaut mieux diminuer par une aide réciproque la somme fatale des maux. Mais cela, ils l'ignorent ou veulent l'ignorer. Baal m'est témoin que j'ai tout essayé pour me les concilier : je n'ai point fait la guerre; je n'ai décrété aucun nouvel impôt; je ne suis point intervenu dans leur vie privée; je leur ai laissé passer leurs jours comme ils l'entendaient, passant les micns comme je l'entends.
SALÉMENÈS. — Tu ne remplis pas les devoirs d'un roi; c'est pourquoi ils disent que tu n'es pas fait pour régner.
SARDANAPALE. — Ils mentent. Malheureusement, je suis incapable d'autre chose que de régner; sans cela, je céderais ma place au dernier des Mèdes.
SALÉMENÈS. — Il est un Mède du moins qui aspire à te remplacer.

SARDANAPALE. — Que veux-tu dire?... c'est ton secret : tu veux que je m'abstienne de questions, et je ne suis pas curieux de ma nature. Prends les mesures nécessaires ; et puisque la nécessité l'exige, j'approuve et sanctionne tout ce que tu feras. Jamais homme n'eut plus à cœur de gouverner paisiblement une nation paisible. S'ils me font sortir de mon caractère, mieux vaudrait pour eux qu'ils eussent évoqué de ses cendres le sombre Nemrod, « le puissant chasseur. » Je changerai ces royaumes en un vaste désert ; et ceux qui furent enlevés des hommes, et qui, par leur propre choix, n'auront pas voulu l'être, seront traqués par moi comme des bêtes fauves. Ils insultent à ce que je suis... ah! ce que je serai dépassera tout ce que leurs calomnies ont pu inventer de pire, et c'est à eux-mêmes qu'ils devront s'en prendre.

SALÉMENÈS. — Tu peux donc enfin t'émouvoir!

SARDANAPALE. — M'émouvoir! qui ne s'émeut au spectacle de l'ingratitude?

SALÉMENÈS. — Je ne m'arrêterai pas à te répondre par des paroles, ce sont des actes qu'il faut. Ne laisse pas retomber cette énergie qui parfois sommeille, mais qui n'est pas morte dans ton âme, et tu peux donner encore autant de gloire à ton règne que de puissance à ton empire. Adieu. (*Salémenès sort.*)

SARDANAPALE, *seul.* — Il est parti, emportant à son doigt mon anneau, qui est pour lui un sceptre. Cet homme est aussi ferme que je suis insouciant ; et les esclaves méritent de sentir la main d'un maître. J'ignore de quelle nature est le danger : il l'a découvert, qu'il le comprime. Dois-je consumer ma vie... cette vie si courte... à me prémunir contre tout ce qui pourrait l'abréger ? Elle ne vaut pas tant de peines ; ce serait mourir d'avance que de vivre ainsi dans la frayeur de la mort, occupé à rechercher sans cesse des conspirateurs ; soupçonnant et ceux qui m'entourent, et ceux qui s'éloignent. Mais s'il en doit être ainsi, s'ils m'exilent à la fois de l'empire et de la vie, eh bien ! qu'est-ce que l'empire ? qu'est-ce que la vie ? J'ai aimé, j'ai vécu, j'ai multiplié mon image ; mourir est un acte non moins naturel que ceux-là ! Il est vrai que je n'ai pas fait couler des fleuves de sang, comme je l'aurais pu, jusqu'à faire de mon nom le synonyme de Trépas, une terreur et un trophée. Mais je le regrette peu ; ma vie, c'est l'amour. Si j'envoie jamais des hommes à la mort, ce sera contre mon gré. Jusqu'à ce jour, pas une goutte de sang assyrien n'a coulé par moi ; pas une obole n'est sortie des vastes trésors de Ninive pour des objets qui pouvaient coûter une larme à ses fils. Si donc ils me haïssent, c'est que je ne hais point ; s'ils se révoltent, c'est que je n'opprime point...... O hommes! on doit vous gouverner avec le fer, et non avec le sceptre ; il faut vous faucher comme l'herbe, si l'on ne veut recueillir des plantes maudites et une moisson d'ivraie qui change un sol fertile en désert. Je n'y veux plus penser. Holà! quelqu'un! (*Entre un serviteur.*)

SARDANAPALE. — Esclave, dis à Myrrha l'Ionienne que je souhaite sa présence.

LE SERVITEUR. — Grand roi! la voici. (MYRRHA *entre*.)

SARDANAPALE, *au serviteur.* — Retire-toi! (*A Myrrha.*) O reine de beauté! tu devines mon cœur avant qu'il ait parlé ; il battait pour toi, et voilà que tu viens : laisse-moi penser que, si nous nous quittons, une influence inconnue, un doux oracle, nous met en communication invisible, et nous attire l'un vers l'autre.

MYRRHA. — Je le crois.

SARDANAPALE. — Je sens l'existence de ce pouvoir, mais j'ignore son nom : quel est-il?

MYRRHA. — Dans ma terre natale, c'est un dieu, et dans mon cœur, c'est un sentiment exalté qui porte une empreinte divine ; mais j'avoue qu'il est mortel, car ce que j'éprouve, c'est quelque chose d'humble, et cependant d'heureux, ou du moins qui aspire à l'être ; mais... (*Myrrha s'arrête.*)

SARDANAPALE. — Toujours quelque chose vient s'interposer entre nous et ce que nous regardons comme le bonheur. Que ne puis-je faire tomber l'obstacle qui s'oppose à ta félicité comme ta voix timide me l'annonce!...

MYRRHA. — Mon seigneur!

SARDANAPALE. — Mon seigneur!... mon roi!... mon souverain!... voilà ; c'est toujours ainsi : on ne me parle qu'avec terreur. Je ne puis voir un sourire, si ce n'est à la folle lumière d'un grand banquet, ou quand l'ivresse a rétabli l'égalité entre mes bouffons et moi, ou quand l'intempérance m'a ravalé jusqu'à leur abaissement. Myrrha, tous ces noms de seigneur... de roi... de monarque... je puis les entendre de la bouche des esclaves et des nobles... il fut même un temps où j'en faisais cas, c'est-à-dire où je les supportais ; mais quand je les entends sortir des lèvres que j'adore, de lèvres que les miennes ont pressées, un froid glacial saisit mon cœur ; je sens alors tout ce qu'il y a de faux dans ce rang suprême qui refoule le sentiment dans l'âme de tant d'êtres chéris, et je regrette de ne pouvoir déposer ma tiare importune, partager avec toi une cabane sur le Caucase, et, pour toute couronne, porter une couronne de fleurs.

MYRRHA. — Que n'en est-il ainsi!

SARDANAPALE. — Est-ce bien là ta pensée?... Pourquoi ?

MYRRHA. — Parce que tu saurais alors ce que tu ne saurais jamais.

SARDANAPALE. — Quoi donc ?

MYRRHA. — Ce que vaut un cœur, du moins un cœur de femme.

SARDANAPALE. — J'en ai éprouvé mille... et mille, et mille encore.

MYRRHA. — Des cœurs ?

SARDANAPALE. — Je le pense.

MYRRHA. — Pas un seul! Un temps viendra peut-être où tu feras cette épreuve.

SARDANAPALE. — Ce temps viendra. Écoute, Myrrha. Salémenès a déclaré... comment l'a-t-il deviné? Bélus, le fondateur de ce vaste royaume, le sait mieux que moi... mais enfin Salémenès a déclaré que mon trône était en péril.

MYRRHA. — Il a bien fait.

SARDANAPALE. — Et tu tiens ce langage, toi qu'il a traitée avec un si dur mépris, toi qu'il a chassée de notre présence avec ses barbares sarcasmes, toi qu'il a fait rougir et pleurer?

MYRRHA. — Je devrais rougir et pleurer plus souvent ; il a bien fait de me rappeler à mon devoir. Mais tu parles de périls... de périls qui te menacent.

SARDANAPALE. — Oui, ce sont de noirs complots ourdis par les Mèdes... des mécontentements dans l'armée et dans le peuple, et je ne sais quoi encore... C'est un labyrinthe où je me perds... un confus amas de menaces et de mystères : tu connais l'homme... tu sais que telle est son habitude ; mais il est vertueux. Viens, n'y pensons plus... Ne nous occupons que de la fête de cette nuit.

MYRRHA. — Il est temps de penser à autre chose qu'à des fêtes. Tu n'es point dédaigné ses sages avis ?

SARDANAPALE. — Quoi donc ? Aurais-tu peur?

MYRRHA. — Peur !... Je suis Grecque, puis-je craindre la mort ? esclave, puis-je redouter ma liberté?

SARDANAPALE. — Pourquoi donc t'ai-je vue pâlir ?

MYRRHA. — J'aime.

SARDANAPALE. — Et moi donc? Je t'aime plus... beaucoup plus que la vie et le vaste empire que je suis menacé de perdre... Pourtant je ne pâlis point.

MYRRHA. — Cela prouve que tu n'as d'affection pour rien ; car celui qui aime doit s'aimer lui-même pour l'amour de l'objet aimé. C'est pousser trop loin l'imprudence : la vie et la couronne ne doivent point se perdre ainsi.

SARDANAPALE. — Se perdre!... Quel est l'audacieux qui oserait aspirer à me les ravir?

MYRRHA. — Qui pourrait craindre de le tenter? Quand celui qui gouverne s'oublie, qui se souviendra de lui?

SARDANAPALE. — Myrrha !

MYRRHA. — Ne me regarde point avec colère ; je t'ai vu trop souvent une sourire pour que ce regard mécontent ne me soit pas le plus cruel de tous les supplices. Roi, je suis votre sujette! maître, je suis votre esclave! homme, je vous ai aimé!... je vous ai aimé par je ne sais qu'elle fatale faiblesse ; bien que je sois Grecque, élevée dans la haine des rois... esclave, et maudissant mes fers... Ionienne, et conséquemment, je suis éprise d'un étranger, plus dégradée par cette passion que par mes fers! pourtant je vous ai aimé. Si cet amour a été assez fort pour dompter ma nature, ne le serait-il pas assez pour vous sauver?

SARDANAPALE. — Me sauver, beauté charmante! Tu es merveilleusement belle : et ce que je te demande, c'est ton amour, ton amour de femme... et non ma sécurité.

MYRRHA. — C'est au sein d'une femme que vous commencez à boire la vie ; ses lèvres vous ont enseigné vos premières paroles ; elle sèche vos premières larmes, et recueille vos derniers soupirs lorsque déjà les hommes ont reculé devant la pénible tâche de veiller les derniers instants de celui qui fut leur maître.

SARDANAPALE. — Mon éloquente Ionienne! ta parole est une harmonie ; elle me rappelle les chants de ces chœurs tragiques, si chers au pays de tes pères. Oh! ne pleure pas... calme-toi.

MYRRHA. — Je ne pleure pas... Mais je t'en prie, ne me parle pas de mes pères et de mon pays.

SARDANAPALE. — Cependant tu en parles souvent.

MYRRHA. — C'est vrai ; c'est vrai : toujours l'objet qui remplit la pensée se trahit sur les lèvres ; mais quand un autre que moi parle de la Grèce, cela me fait mal.

SARDANAPALE. — Eh bien donc! comment voudrais-tu me sauver?

MYRRHA. — En t'apprenant à te sauver toi-même, et non-seulement toi, mais ces vastes royaumes, des fureurs de la pire de toutes les guerres... une guerre intestine.

SARDANAPALE. — Eh! mon enfant, j'abhorre toute espèce de guerre ; je vis au sein de la paix et des plaisirs : que peut faire de plus un homme?

MYRRHA. — Hélas ! seigneur, envers le commun des mortels, l'appareil de la guerre est peut-être trop souvent nécessaire pour conserver les bienfaits de la paix, et, pour un roi, il vaut mieux quelquefois inspirer la crainte que l'amour.

SARDANAPALE. — Je n'ai jamais ambitionné que ce dernier sentiment.

Myrrha. — Et tu n'as obtenu ni l'un ni l'autre.
Sardanapale. — Est-ce bien toi, Myrrha, qui me dis cela?
Myrrha. — Je parle de l'amour populaire, qui n'est que l'amour de chacun pour soi-même; on l'obtient en tenant les hommes dans une crainte respectueuse et sous le joug des lois, sans toutefois qu'ils soient opprimés... Il faut du moins qu'ils ne croient pas l'être, ou, s'ils le savent, qu'ils jugent cette oppression nécessaire pour se soustraire à un joug plus dur, celui de leurs passions. Un roi de festins et de débauches, un roi d'amour et de plaisir ne fut jamais un roi de gloire.
Sardanapale. — La gloire! qu'est-ce que cela?
Myrrha. — Demande-le aux dieux tes ancêtres.
Sardanapale. — Ils sont muets; les prêtres seuls parlent en leur nom quand un nouveau tribut est apporté à leur temple.
Myrrha. — Consulte les annales des fondateurs de ton empire.
Sardanapale. — Elles sont tellement souillées de sang que je ne puis les lire. Mais qu'exiges-tu de moi? L'empire a été fondé; je ne puis multiplier à l'infini les empires.
Myrrha. — Conserve le tien.
Sardanapale. — J'en jouirai du moins. Viens, Myrrha, rendons-nous sur l'Euphrate, l'heure nous y invite, la galère est prête; le pavillon, orné pour le banquet du soir, resplendira de beauté et de lumière, si bien que les étoiles au-dessus de nos têtes le prendront pour un astre rival. Nous serons là couronnés de fleurs comme...
Myrrha. — Comme des victimes.
Sardanapale. — Non, comme des souverains; comme ces rois bergers du temps patriarcal, qui ne connaissaient pas de plus brillants diadèmes que les guirlandes de l'été, et dont les triomphes ne coûtaient point de larmes. Allons! (*Entre* Pania.)

Pania. — Que le roi vive à jamais!
Sardanapale. — Tant qu'il pourra aimer, pas une heure au-delà. Combien je déteste ce langage qui fait de la vie un mensonge, en flattant la poussière de l'espoir de l'éternité! Eh bien! Pania, sois bref.
Pania. — Je suis chargé par Salémènès de réitérer au roi la prière que le frère de la reine lui a déjà faite, de ne point quitter le palais, au moins pour aujourd'hui : le général, à son retour, fera connaître ses motifs; ils sont tels qu'ils justifieront sa hardiesse et lui obtiendront peut-être le pardon de la liberté qu'il a prise.
Sardanapale. — Eh quoi! veut-on donc me mettre en charte privée? Suis-je déjà captif? Ne puis-je même respirer l'air du ciel? Va dire au prince Salémènès que, dût l'Assyrie tout entière s'insurger contre moi, et des myriades de révoltés assiéger ces murs, je sortirai.
Pania. — Je dois obéir; cependant...
Myrrha. — O monarque! écoute-moi... Combien de jours n'es-tu pas resté dans l'enceinte de ton palais, étendu mollement sur la soie, sans vouloir te montrer aux yeux de ton peuple; privant tes sujets de ta présence, laissant les satrapes sans contrôle, les dieux sans culte, et toute chose dans l'anarchie ou l'inaction; si bien que tout, hormis le mal, dormait dans ton royaume! Et maintenant tu refuserais de rester ici un seul jour... un jour qui doit peut-être assurer ton salut! Au petit nombre de ceux qui te sont restés fidèles, tu refuserais quelques heures pour eux, pour toi, pour l'honneur de tes ancêtres, pour l'héritage de tes fils?
Pania. — C'est la vérité! D'après l'empressement que le prince a mis à m'envoyer en votre présence sacrée, je prends la liberté de joindre ma faible voix à celle qui vient de parler.
Sardanapale. — Non, cela ne sera pas.
Myrrha. — Au nom de l'empire.
Sardanapale. — Partons!
Pania. — Au nom de tous vos fidèles sujets, qui se rallieront autour de vous et des vôtres!
Sardanapale. — Ce sont des illusions; il n'y a pas de péril... Pure invention de Salémènès, pour montrer son zèle et se rendre nécessaire!
Myrrha. — Par tout ce qu'il y a de juste et de glorieux, écoute ce conseil.
Sardanapale. — A demain les affaires!
Myrrha. — Et cette nuit, la mort!
Sardanapale. — Eh bien! qu'elle vienne inattendue, qu'elle me surprenne au milieu de la joie et des plaisirs, de la gaîté et de l'amour; que je tombe comme la rose cueillie!... Plutôt finir ainsi que de me flétrir lentement!
Myrrha. — Eh quoi! tous les motifs les plus capables d'agir sur le cœur d'un monarque ne pourront obtenir de toi que tu renonces à une fête frivole?
Sardanapale. — Non.
Myrrha. — Eh bien!... pour l'amour de moi!
Sardanapale. — De toi, ô ma Myrrha?
Myrrha. — C'est la première faveur que j'aurai demandée au roi d'Assyrie.
Sardanapale. — Et quand ce serait mon royaume, je te l'accorderais. Eh bien! pour l'amour de toi, je me rends. Pania, retire-toi! Tu m'entends.
Pania. — Et j'obéis. (*Pania sort.*)

Sardanapale. — Tu m'étonnes, Myrrha; quel peut être ton motif pour me faire ainsi violence?
Myrrha. — Le soin de ta sûreté et la certitude qu'il n'y a qu'un danger imminent qui puisse engager le prince à faire une demande aussi pressante.
Sardanapale. — Si je ne redoute pas ce danger, pourquoi le redouterais-tu?
Myrrha. — Parce que tu ne le crains pas.
Sardanapale. — Demain tu souriras de ces vaines terreurs.
Myrrha. — Si tout est perdu, je serai dans ces lieux où nul ne pleure, et cela vaudra mieux que le pouvoir de sourire. Et toi?
Sardanapale. — Je serai roi comme auparavant.
Myrrha. — Où?
Sardanapale. — Avec Baal, Nemrod et Sémiramis, et seul monarque en Assyrie, ou ailleurs. Le destin m'a fait ce que je suis... et il peut faire que je ne sois plus rien... mais je ne vivrai pas avili.
Myrrha. — Si tu avais toujours pensé ainsi, personne n'eût songé à t'avilir.
Sardanapale. — Et qui le fera maintenant?
Myrrha. — Ne soupçonnes-tu personne?
Sardanapale. — Soupçonner!... c'est le fait d'un espion. Oh! combien de moments précieux perdus en vaines paroles et en terreurs plus vaines encore! Holà! qu'on vienne!... Esclaves, préparez la salle de Nemrod pour le banquet du soir; s'il faut que mon palais soit changé en prison, du moins nous porterons gaîment nos fers; l'Euphrate nous est interdit, ainsi que le pavillon d'été qui orne ses rives charmantes, mais ici du moins on ne nous menace pas encore. Holà! quelqu'un! (*Sardanapale sort.*)

Myrrha, *seule*. — Pourquoi faut-il que j'aime cet homme? Les filles de ma patrie n'aiment que des héros. Mais je n'ai point de patrie : l'esclave n'a plus rien, rien que ses chaînes. Je l'aime; hélas! aimer ce que nous n'estimons pas, de toutes les chaînes c'est la plus pesante. Eh bien! soit; l'heure s'approche où il aura besoin de l'affection de tous, et où il n'en trouvera dans personne. Il y aurait plus de lâcheté à l'abandonner maintenant que la Grèce elle-même n'eût trouvé d'héroïsme à le poignarder sur son trône et dans toute sa puissance; je ne suis faite ni pour l'un ni pour l'autre de ces actes. Si je pouvais le sauver, ce n'est pas lui, mais moi que j'en aimerais davantage; et j'ai besoin de cela, car je suis déchue dans ma propre estime depuis que j'adore ce voluptueux étranger. Maintenant, ce qui me le rend encore plus cher, c'est de le voir en butte à la haine des Barbares, ces ennemis naturels de tout ce qui a du sang grec dans les veines. Si je pouvais seulement éveiller dans son cœur une pensée semblable à celle qui animait les Phrygiens eux-mêmes alors qu'ils combattaient entre la mer et les remparts d'Ilion, il foulerait à ses pieds triomphants la multitude des Barbares. Il m'aime, et je l'aime; l'esclave chérit son maître, et voudrait l'affranchir du joug de ses propres vices. Sinon, il me reste un moyen de liberté! et si je ne puis lui apprendre à régner, je puis du moins lui montrer la seule route par laquelle un roi doit quitter son trône. Il ne faut pas le perdre de vue. (*Elle sort.*)

ACTE II.

SCÈNE PREMIÈRE.

Le portique du même appartement dans le palais.

BÉLESÈS, *seul*.

Déjà le soleil descend vers l'horizon; l'astre semble s'affaisser avec plus de lenteur en laissant tomber son dernier regard sur l'empire d'Assyrie. Sa rouge clarté brille au milieu de les nuages sombres, comme le sang dont elle est l'avant-coureur. Soleil qui vas disparaître, étoiles qui vous levez dans les cieux, si ce n'est pas en vain que j'ai lu dans chacun de vos rayons les décrets tracés par vos orbites, décrets, qui font briller le temps lui-même à l'aspect des destinées qu'il apporte aux nations; si je vous comprends bien, la dernière heure de l'Assyrie est venue. Et néanmoins que cette heure est calme! Une chute si grande devrait être annoncée par un tremblement de terre..... c'est un soleil d'été qui la révèle. Pour le Chaldéen qui sait lire dans les astres, ce disque porte écrit sur sa page éternelle la fin de ce qui semblait éternel comme lui. Mais, ô soleil infaillible! brûlant oracle de tout ce qui vit, source de toute existence, et symbole de celui qui la donne, pourquoi ne nous annonces-tu que les calamités? pourquoi ne point nous révéler des jours plus dignes de ton cours glorieux? Pourquoi ne pas darder dans l'avenir un rayon d'espérance, tout aussi bien que de colère ? Entends-moi ! oh ! entends-moi ! je suis ton adorateur, ton prêtre, ton serviteur... Je t'ai contemplé à ton lever et à ton coucher, et j'ai courbé mon front devant ton midi, alors que mes yeux n'osaient s'élever vers toi. J'ai épié ton réveil, je t'ai prié, je t'ai offert des sacrifices, je t'ai consulté, je t'ai craint, je t'ai interrogé ; et tu m'as répondu... hélas ! tes réponses sont toujours restées enfermées dans un cercle fatal... Mais tandis que j'élève ainsi ma voix vers lui, l'astre du jour s'abaisse de plus en plus... Il est parti...; laissant un reflet de sa beauté, mais non de sa science, à l'occident charmé qui s'enivre des teintes de sa mourante gloire. Qu'est-ce donc que la mort quand elle est glorieuse ? c'est un coucher de soleil : et les mortels doivent s'estimer heureux de ressembler aux dieux, ne fût-ce que dans leur déclin. (ARBACE *entre par une porte intérieure.*)

ARBACE. — Bélesès, pourquoi te vois-je ainsi absorbé dans tes pieuses rêveries ? Es-tu occupé à contempler la disparition de ton dieu dans les domaines d'un jour inconnu ? Nous avons affaire à la nuit. Elle est venue.

BÉLESÈS. — Mais elle n'est pas partie.

ARBACE. — Qu'elle s'écoule... nous sommes prêts.

BÉLESÈS. — Oui ! Que n'est-elle à sa fin !

ARBACE. — Est-ce que le doute se serait emparé du prophète, alors qu'à ses yeux les astres font briller la victoire ?

BÉLESÈS. — Je ne doute pas de la victoire, mais du vainqueur.

ARBACE. — Eh bien ! que ta science détermine ce point. En attendant, j'ai préparé des lances étincelantes en assez grand nombre pour éclipser l'éclat de nos alliées les planètes. Rien ne contrarie plus mes projets. Le roi-femme, moins que femme, est à présent sur les flots avec ses compagnes ; l'ordre est donné pour que la fête ait lieu dans le pavillon. La première coupe qu'il boira sera la dernière vidée par la race de Nemrod.

BÉLESÈS. — Ce fut une race vaillante.

ARBACE. — C'est maintenant une race affaiblie... usée... A nous de la régénérer.

BÉLESÈS. — En es-tu sûr ?

ARBACE. — Son fondateur fut un chasseur.... je suis un soldat.... Qu'y a-t-il à craindre ?

BÉLESÈS. — Le soldat.

ARBACE. — Ou le prêtre, peut-être ; mais si tu pensais ainsi, c'est encore ta pensée, pourquoi ne pas garder ton roi de concubines ? Pourquoi exciter mon courage ? Pourquoi me pousser à cette entreprise, qui n'est pas moins la tienne que la mienne ?

BÉLESÈS. — Regarde le ciel.

ARBACE. — Je le regarde.

BÉLESÈS. — Que vois-tu ?

ARBACE. — Un beau crépuscule d'été et les étoiles qui commencent à paraître.

BÉLESÈS. — Et parmi elles, remarques-tu la plus précoce, la plus brillante, dont la lumière vacille comme si elle allait changer de place dans le bleu firmament ?

ARBACE. — Eh bien ?

BÉLESÈS. — C'est ton étoile natale... C'est la planète dont les rayons présidèrent à ta naissance.

ARBACE, *mettant la main sur le fourreau de son épée.* — Mon étoile est ici : quand elle va briller elle éclipsera les comètes. Pensons à ce qu'il faut faire pour justifier les planètes et leurs présages. Quand nous aurons vaincu, elles auront des temples... oui, et des prêtres aussi... et toi tu seras le pontife... de tels dieux qu'il te plaira : car j'ai remarqué qu'ils sont tous également justes, et qu'ils leurs yeux le plus brave est le plus dévot.

BÉLESÈS. — Oui, et les plus religieux se montrent aussi devant eux les plus braves... Tu ne m'as pas vu tourner le dos.

ARBACE. — Non, je te reconnais pour chef aussi vaillant que tu es habile dans le culte de la Chaldée ; maintenant te plairait-il d'abdiquer un moment le prêtre et de me faire voir le guerrier ?

BÉLESÈS. — Pourquoi pas l'un et l'autre ?

ARBACE. — Cela n'en vaudra que mieux, et cependant je suis presque honteux de voir que nous avons si peu à faire. Cette guerre de femme dégradé jusqu'à nul vainqueur. Renverser de son trône un despote hardi, sanguinaire ; lutter contre lui le fer à la main, vainqueur ou vaincu, c'eût été d'un héros ; mais lever mon épée contre ce ver à soie, entendre peut-être sa voix plaintive...

BÉLESÈS. — N'en crois rien ; il y a en lui quelque chose qui peut encore te donner de l'occupation, et, fût-il même ce que tu le crois, ses gardes sont braves et commandés par l'habile et austère Salémenès.

ARBACE. — Ils ne résisteront pas.

BÉLESÈS. — Pourquoi non ? ils sont soldats.

ARBACE. — C'est vrai ; et il leur en faut un pour chef.

BÉLESÈS. — Salémenès est soldat.

ARBACE. — Mais il n'est pas leur roi. D'ailleurs, lui-même, à cause de la reine sa sœur, déteste l'être efféminé qui nous gouverne. Ne l'as-tu pas remarqué qu'il s'éloigne de toutes les fêtes ?

BÉLESÈS. — Mais il ne s'éloigne pas du conseil : il y est toujours assidu.

ARBACE. — Et toujours contrarié. Que faut-il de plus pour faire de lui un rebelle ? Voir un insensé sur le trône, son sang déshonoré et lui-même rebuté ! comment donc ? c'est pour le venger que nous travaillons.

BÉLESÈS. — Plût au ciel qu'on pût l'amener à penser ainsi !

ARBACE. — Il faudrait le sonder.

BÉLESÈS. — Oui, si l'occasion s'en présente. (*Entre* BALÉA.)

BALÉA. — Satrapes, le roi réclame votre présence à la fête cette nuit.

BÉLESÈS. — Entendre, c'est obéir. La fête a lieu dans le pavillon, sans doute ?

BALÉA. — Non, ici, dans le palais.

ARBACE. — Comment, dans le palais ? tel n'était pas l'ordre.

BALÉA. — C'est l'ordre maintenant.

ARBACE. — Et pourquoi ?

BALÉA. — Je l'ignore. Puis-je me retirer ?

ARBACE. — Demeure.

BÉLESÈS, *à part à Arbace.* — Laisse-le partir. (*A Baléa.*) Oui, Baléa, remercie le monarque de notre part, baise le bord de son manteau impérial, et dis-lui que ses esclaves ramasseront les miettes qu'il daignera laisser tomber de sa royale table à l'heure de... C'est à minuit, je pense ?

BALÉA. — A minuit, dans la salle de Nemrod. Seigneurs, je m'incline devant vous, et prends congé. (*Baléa sort.*)

ARBACE. — Ce changement subit n'annonce rien de bon ; il y a quelque mystère là-dessous.

BÉLESÈS. — Et ne change-t-il pas mille fois par jour ? L'indolence est ce qu'il y a au monde de plus capricieux ; ses projets se modifient plus souvent que les marches et les contremarches d'un général qui veut prendre son adversaire en faute. A quoi penses-tu ?

ARBACE. — Il aimait ce pavillon, son séjour favori pendant l'été.

BÉLESÈS. — Il a aimé aussi la reine... puis, après elle, trois mille courtisanes... Il n'est rien que tour-à-tour il n'ait aimé, hormis la sagesse et la gloire.

ARBACE. — Quoi qu'il en soit... il y a là quelque chose qui ne me plaît pas ; puisqu'il a changé de caprice... nous devons changer aussi nos plans. L'attaque était facile dans ce pavillon solitaire, entouré de gardes appesantis par le vin et de courtisans tout-à-fait ivres ; mais dans la salle de Nemrod...

BÉLESÈS. — Comment donc ! l'orgueilleux guerrier semblait craindre que les avenues du trône ne fussent trop faciles... Serais-tu donc fâché de trouver un degré ou deux plus glissants que tu ne l'y attendais ?

ARBACE. — Le moment venu, tu sauras si j'ai peur. Tu m'as vu jouer pleinement ma vie ; mais aujourd'hui, il y a de beaucoup plus que ma vie..... un royaume est l'enjeu.

BÉLESÈS. — Je l'ai prédit que tu gagnerais...

ARBACE. — Si j'étais devin, je m'en serais prédit autant. Mais obéissons aux étoiles : je ne veux me brouiller ni avec elles ni avec leur interprète. Qui vient ici ? (*Entre* SALÉMENÈS.)

SALÉMENÈS. — Satrapes !

BÉLESÈS. — Prince !

SALÉMENÈS. — Heureux de vous rencontrer... je vous cherchais tous deux, mais ailleurs qu'au palais.

ARBACE. — Pourquoi donc ?

SALÉMENÈS. — Ce n'est pas l'heure.

ARBACE. — L'heure... quelle heure ?

SALÉMENÈS. — De minuit.

BÉLESÈS. — Minuit, seigneur ?

SALÉMENÈS. — Quoi donc ? n'êtes-vous pas invités ?

BÉLESÈS. — Ah ! oui... nous avions oublié ce dont vous parlez.

SALÉMENÈS. — Est-il habituel d'oublier l'invitation d'un souverain ?

ARBACE. — C'est que nous n'avons appris qu'à l'instant même l'heure et le lieu.

SALÉMENÈS. — Que faites-vous ici ?

ARBACE. — Notre service nous y appelle.

SALÉMENÈS. — Quel service ?

BÉLESÈS. — Le service de l'État. Nous avons le privilège d'approcher le monarque ; mais nous l'avons trouvé absent.

SALÉMENÈS. — Et moi aussi, j'ai un service à faire.

ARBACE. — Pourrions-nous connaître sa nature ?

SALÉMENÈS. — C'est d'arrêter deux traîtres. Gardes à moi ! (*Les gardes entrent.*)

SALÉMENÈS, *continuant.* — Satrapes, vos épées !

BÉLESÈS, *rendant son épée.* — Seigneur, voici mon cimeterre.

ARBACE, *tirant son glaive du fourreau.* — Viens prendre le mien.

SALÉMENÈS, *s'avançant.* — J'y vais.

ARBACE. — Tu en recevras la lame dans le cœur... la poignée ne quittera pas ma main.
SALÉMÉNÈS, *mettant le fer à la main.* — Ah! ah! tu veux donc résister? C'est bien... cela épargnera au jugement et peut-être une funeste clémence. Soldats, frappez ce rebelle!
ARBACE. — Tes soldats! oui...... seul, tu ne l'oserais pas.
SALÉMÉNÈS. — Seul! esclave insensé! qu'y a-t-il en toi qui puisse faire reculer un prince? Nous redoutons ta trahison, mais non pas ta force; ta dent n'est rien sans son venin, c'est celle du serpent, non du lion. Qu'on l'immole.
BÉLÉSÈS, *s'interposant.* — Arbace! où est votre raison? n'ai-je pas rendu mon épée, moi? Fiez-vous également à la justice de notre souverain.
ARBACE. — Non, j'aime mieux me fier aux étoiles, dont tu nous parles tant, et à ce faible bras; je veux mourir souverain de moi-même, maître au moins de mon souffle et de mon corps.
SALÉMÉNÈS, *aux gardes.* — Vous l'entendez, et vous entendez mes ordres; ne le prenez pas... tuez-le. (*Les gardes attaquent Arbace, qui se défend avec bravoure et adresse, et les fait reculer.*)
SALÉMÉNÈS. — Eh quoi! faut-il donc que je fasse l'office de bourreau? Vous allez voir comment on punit un traître. (*Salémènés attaque Arbace;* SARDANAPALE *entre avec sa suite.*)

SARDANAPALE. — Arrêtez!..... sous peine de la vie, vous dis-je. Eh quoi! êtes-vous sourds ou ivres? Mon épée!... Imprudent que je suis, je ne porte point d'épée. (*A un garde.*) Voyons, toi, donne-moi ton arme. (*Sardanapale prend l'épée d'un soldat, se jette entre les combattants et les sépare.*) Jusque dans mon palais! Je ne sais qui m'empêche..... audacieux querelleurs!
BÉLÉSÈS. — Sire, c'est votre justice.
SALÉMÉNÈS. — Oui,.... votre faiblesse.
SARDANAPALE. — Comment?
SALÉMÉNÈS. — Frappe! pourvu que tu frappes aussi le traître... mais si tu l'épargnes un moment, sans doute, c'est pour le livrer aux tortures... Frappe-moi d'abord j'y consens.
SARDANAPALE. — Lui, un traître! Qui donc ose attaquer Arbace?
SALÉMÉNÈS. — Moi!
SARDANAPALE. — Prince, vous vous oubliez. En vertu de quel titre agissez-vous ici?
SALÉMÉNÈS, *montrant le sceau.* — En vertu de celui que tu m'as donné.
ARBACE, *confus.* — Le sceau du roi!
SALÉMÉNÈS. — Ouï le roi peut le confirmer.
SARDANAPALE. — Je ne te l'ai pas remis pour un semblable usage.
SALÉMÉNÈS. — Je l'ai reçu de vous pour garantir votre sûreté... j'en ai fait l'usage que j'ai cru le meilleur. Prononcez vous-même. Ici je ne suis que votre esclave, tout à l'heure j'étais votre représentant.
SARDANAPALE. — Eh bien! remettez vos glaives dans le fourreau. (*Arbace et Salémènés obéissent.*)
SALÉMÉNÈS. — Soit! mais je vous supplie de garder le vôtre: c'est le seul sceptre assuré qui vous reste.
SARDANAPALE. — Il est bien pesant; la poignée me blesse la main. (*A un garde.*) Soldat, reprends ton arme. Eh bien! seigneurs, que signifie tout cela?
BÉLÉSÈS. — C'est au prince à répondre.
SALÉMÉNÈS. — De mon côté la fidélité, du leur la trahison.
SARDANAPALE. — Trahison!... Arbace! trahison et Bélésès! voilà des noms que je n'aurais jamais cru voir réunis.
BÉLÉSÈS. — Où est la preuve?
SALÉMÉNÈS. — Je répondrai quand le roi aura demandé l'épée de ton complice.
ARBACE, *à Salémènés.* — Cette épée a été tirée aussi souvent que la tienne contre ses ennemis.
SALÉMÉNÈS. — Elle vient d'être tirée contre le frère du roi, elle le sera dans une heure contre le roi lui-même.
SARDANAPALE. — Il n'oserait... non, non, je ne veux point entendre de telles choses. Ces vaines accusations sont propagées par de vils mercenaires qui vivent de la calomnie déversée sur les gens de bien. Il faut qu'on vous ait trompé, mon frère.
SALÉMÉNÈS. — Qu'il commence par rendre son épée, que par cet acte de soumission il se proclame votre sujet, et je répondrai à tout.
SARDANAPALE. — Si je le croyais!... mais non, le Mède Arbace... ce guerrier loyal... le meilleur de mes lieutenants... non, je ne lui ferai point l'insulte de l'obliger à rendre un cimeterre qu'il ne rendit jamais à nos ennemis. Satrape, gardez votre arme.
SALÉMÉNÈS, *lui rendant le sceau.* — Monarque, reprenez votre sceau.
SARDANAPALE. — Non, garde-le! mais tâche d'en user avec plus de modération.
BÉLÉSÈS. — Grand roi, j'en ai usé dans l'intérêt de votre honneur, et je vous le rends parce que je n'en puis faire l'usage que mon honneur me prescrit. Confiez-le à Arbace.
SARDANAPALE. — Je le devrais: il ne me l'a jamais demandé.

SALÉMÉNÈS. — N'en doutez pas, il l'obtiendra sans ce semblant de respect.
BÉLÉSÈS. — Je ne sais qui a pu prévenir si malheureusement le prince contre deux sujets dont personne n'a égalé le zèle pour le bien de l'Assyrie.
SALÉMÉNÈS. — Tais-toi, prêtre factieux, guerrier perfide; tu réunis dans ta personne les vices les plus hideux des deux professions les plus dangereuses. Garde tes paroles emmiellées et tes homélies menteuses pour ceux qui ne te connaissent pas. Le crime de ton complice est au moins un crime hardi, qui n'est point déguisé par les ruses que t'enseigna la Chaldée.
BÉLÉSÈS. — L'entendez-vous! ô mon souverain, fils de Bélus? Il blasphème le culte de l'empire, la divinité de vos pères.
SARDANAPALE. — Ah! pour cela, je vous prie de l'absoudre; je me dispense du culte des morts, sentant que je suis mortel, et convaincu que la race dont je suis issu est... ce que je la vois... de la cendre.
BÉLÉSÈS. — Roi, n'en croyez rien; vos ancêtres sont avec les astres, et...
SARDANAPALE. — Tu iras bientôt les rejoindre là-haut, si tu continues à prêcher sur ce ton... Comment donc! mais c'est un crime de lèse-majesté au premier chef.
SALÉMÉNÈS. — Seigneur...
SARDANAPALE. — Me faire ici la leçon sur les idoles d'Assyrie! Qu'on l'éloigne... donnez-lui son épée.
SALÉMÉNÈS. — Mon seigneur, mon roi, mon frère, réfléchissez, je vous prie!
SARDANAPALE. — Oui, oui, n'est-ce pas? pour être sermonné, étourdi, assourdi de l'histoire des morts, et de Baal, et de tous les mystères astrologiques de la Chaldée!
BÉLÉSÈS. — Monarque, respectez les feux du ciel!
SARDANAPALE. — Oh! pour eux, je les aime. J'aime à les contempler dans la voûte azurée, et à les comparer aux yeux de ma Myrrha; j'aime à voir leurs rayons se refléter dans l'onde argentée et tremblante de l'Euphrate, quand la brise légère de la nuit ride la surface du fleuve et soupire dans les roseaux qui couvrent ses bords; mais que ce soient des dieux, comme quelques-uns le disent, ou le séjour des dieux, comme d'autres le prétendent, ou simplement les flambeaux de la nuit; que ce soient des mondes ou les luminaires distincts des mondes, je l'ignore et me soucie peu de le savoir. Il y a dans mon incertitude je ne sais quoi de doux, que je n'échangerais pas contre votre science chaldéenne. D'ailleurs, tout ce que l'argile humaine peut connaître de ce qui est au-dessus et au-dessous d'elle... se réduit à peu, et, lorsque l'éclat des astres, et je sens leur beauté.., brillant sur mon tombeau, ils ne seront plus rien pour moi.
BÉLÉSÈS. — Dites plutôt, grand roi, que vous les connaîtrez mieux.
SARDANAPALE. — J'attendrai, s'il vous plaît, pontife; je ne suis pas pressé de posséder cette science. Cependant, reprenez votre épée, et sachez que je préfère vos services militaires à votre ministère sacerdotal... quoique je me soucie peu de l'un et de l'autre.
SALÉMÉNÈS, *à part.* — Ses débauches l'ont privé de sa raison; il faut le sauver malgré lui.
SARDANAPALE. — Veuillez m'écouter, satrapes, et toi surtout, prêtre de Baal, parce que je ne mêle plus de toi que de ce guerrier: et je m'en méfierais encore si tu n'étais à demi soldat. Séparons-nous en paix... je ne parle pas de pardon... je ne l'accorde qu'aux coupables; et je m'affirmerai pas que vous l'êtes. Cependant vous savez que votre vie dépend d'un souffle de ma bouche, et que la moindre appréhension vous serait fatale. Mais ne craignez rien... car je suis clément et ne me laisse point dominer par la crainte... Vivez donc. Si j'étais ce que vous me croyez, vos têtes seraient déjà suspendues aux portes de ce palais... N'en parlons plus. Comme je vous l'ai dit, je ne vous crois pas coupables, et je ne vous proclame pas non plus innocents. Des hommes qui valent mieux que vous et moi sont prêts à vous accuser; et si j'abandonnais votre destinée à des juges plus sévères, je pourrais sacrifier deux hommes qui, dans tous les cas, ont été autrefois fidèles. Vous êtes libres, seigneurs.
ARBACE. — Sire, cette clémence...
BÉLÉSÈS, *l'interrompant.* — Est digne de vous; et, bien qu'innocents, nous vous rendons grâces.
SARDANAPALE. — Prêtre, gardez vos actions de grâces pour Bélus; son descendant n'en a pas besoin.
BÉLÉSÈS. — Mais étant innocents...
SARDANAPALE. — Vous devez vous taire... le crime a la voix haute. Si vous êtes fidèles, on vous a fait outrage, et vous devez éprouver de la douleur, non de la reconnaissance.
BÉLÉSÈS. — Sans doute, si la justice était toujours rendue sur la terre par un pouvoir tout puissant; mais l'innocence est souvent obligée de recevoir la justice comme une faveur.
SARDANAPALE. — La remarque serait bonne dans un sermon; mais ici elle est déplacée. Je vous prie de garder ces belles choses pour plaider devant le peuple la cause de votre souverain.
BÉLÉSÈS. — Certes, il n'y a pas pour cela de motifs.
SARDANAPALE. — Point de motifs, peut-être; mais beaucoup de gens

qui cherchent à en faire naître. Si vous rencontrez de ces gens-là dans l'exercice de vos fonctions sur la terre, ou si vous en lisez l'existence au ciel, n'oubliez pas qu'entre le ciel et la terre il y a quelque chose de pire qu'un roi qui gouverne un grand nombre de sujets et n'en immole pas un seul ; qui, sans se haïr lui-même, aime assez ses semblables pour épargner ceux qui ne l'épargneraient pas s'ils devenaient un jour les maîtres... Satrapes, vous êtes libres de faire ce qu'il vous plaira de vos personnes et de vos épées ; mais, à dater de ce moment, je n'ai plus besoin ni des unes ni des autres. Salémènès, suivez-moi. (*Sardanapale sort avec Salémènès et sa suite, laissant Arbace et Bélesès.*)

ARBACE. — Bélesès !
BÉLESÈS. — Eh bien ! que penses-tu ?
ARBACE. — Que nous sommes perdus.
BÉLESÈS. — Que le royaume est à nous.
ARBACE. — Eh quoi ! ainsi soupçonnés... le glaive suspendu sur nos têtes par un cheveu que pourrait briser le souffle impérieux qui nous a épargnés !... j'ignore pourquoi !
BÉLESÈS. — Ne cherche point à le savoir ; mettons le temps à profit. L'heure est encore à nous... notre puissance est la même... cette nuit est celle que nous avions destinée à notre entreprise. Rien n'est changé pour nous, si ce n'est que nous ne pensions pas être soupçonnés, et que maintenant nous le savons avec une certitude qui ferait de tout délai une folie.
ARBACE. — Pourtant.
BÉLESÈS. — Quoi ! encore des doutes ?
ARBACE. — Il a épargné notre vie ; que dis-je ? il nous a défendus contre son frère !
BÉLESÈS. — Et combien de temps serons-nous épargnés ? jusqu'à la première minute d'ivresse.
ARBACE. — Ou plutôt de sobriété ! Quoi qu'il en soit, il a noblement agi ; il nous a donné avec une générosité royale ce que nous avions lâchement mérité de perdre.
BÉLESÈS. — Dis donc courageusement.
ARBACE. — L'un et l'autre peut-être. Mais sa confiance m'a touché, et, quoi qu'il advienne, je n'irai pas plus loin.
BÉLESÈS. — Et tu abandonnerais l'empire du monde !
ARBACE. — J'abandonnerais tout plutôt que l'estime de moi-même.
BÉLESÈS. — Je rougis de voir que nous devons la vie à ce roi, dont le sceptre est une quenouille !
ARBACE. — Toujours la lui devons-nous, et je rougirais bien plus d'ôter la vie à qui me la donne.
BÉLESÈS. — Tu peux endurer tout ce qu'il te plaira... les astres en ont décidé autrement.
ARBACE. — Dussent-ils descendre du ciel et marcher devant moi dans toute leur splendeur, je ne les suivrai pas.
BÉLESÈS. — Voilà une faiblesse... pire que celle d'une femme effrayée d'un rêve de mort, et s'éveillant dans les ténèbres. En avant !
ARBACE. — Quand il parlait, il m'a semblé voir en lui Nemrod, dont la statue impériale règne encore dans son temple, au milieu des images des autres monarques.
BÉLESÈS. — Je t'avais dit moi-même que tu faisais trop peu de cas de cet homme, et qu'il y avait en lui quelque chose de royal... qu'en conclure ? C'est au moins un noble ennemi.
ARBACE. — Et nous, nous sommes de lâches adversaires !... Oh ! pourquoi faut-il qu'il nous ait épargnés ?
BÉLESÈS. — Voudrais-tu donc avoir péri de la sorte ?
ARBACE. — Non... mais c'eût été mieux que de vivre ingrats.
BÉLESÈS. — Oh ! que certains hommes ont l'âme étrangement faite ! Tu envisageais froidement ce que les politiques appellent un crime d'État, et les insensés une trahison... et voilà que tout-à-coup, par je ne sais quel caprice, ce roi débauché s'étant interposé orgueilleusement entre toi et Salémènès, la changea de pensée... te voilà devenu... quoi ?... un Sardanapale ! je ne connais pas de plus ignominieux surnom.
ARBACE. — Il y a une heure, malheur à qui me l'eût donné ! sa vie eût tenu à peu de chose... Maintenant je le pardonne comme il nous a pardonné... Sémiramis elle-même n'en eût pas fait autant.
BÉLESÈS. — Non... la reine n'aimait pas que l'on tentât de partager son autorité royale, et son époux en a su quelque chose.
ARBACE. — Désormais je veux le servir loyalement.
BÉLESÈS. — Et humblement.
ARBACE. — Non, prêtre, mais avec fierté... car je serai vertueux. Ainsi, je serai plus près du trône que tu ne l'es du ciel ; pas tout-à-fait si hautain peut-être, mais plus élevé. Tu peux faire ce qu'il te plaira... tu n'as pas d'explications mystiques, des règles subtiles du juste et de l'injuste, dont je manque pour me conduire ; moi, je m'abandonne à la direction d'un cœur simple. Et maintenant tu me connais.
BÉLESÈS. — As-tu fini ?
ARBACE. — Oui, avec toi.
BÉLESÈS. — Et tu me trahiras sans doute comme tu me quittes ?
ARBACE. — C'est la pensée d'un prêtre et non celle d'un soldat !
BÉLESÈS. — Comme tu voudras... trêve à ces querelles ; écoute-moi un moment.
ARBACE. — Non... Il y a plus de périls dans ton esprit subtil que dans toute une phalange.
BÉLESÈS. — Puisqu'il en est ainsi, je marcherai seul en avant.
ARBACE. — Seul !
BÉLESÈS. — Sur un trône il n'y a de place que pour un.
ARBACE. — Mais celui-ci est occupé.
BÉLESÈS. — Par un monarque méprisé, ce qui est pire que s'il était vacant. Réfléchissez, Arbace : je vous ai toujours aidé, chéri, encouragé ; j'aimais à vous servir, dans l'espoir de servir l'Assyrie. Le ciel même semblait d'accord avec nous, et tout nous a souri jusqu'au dernier moment, où tout-à-coup votre ardeur s'est changée en une honteuse faiblesse. Mais maintenant, plutôt que de voir gémir ma patrie, je veux être son sauveur ou la victime de son tyran, ou peut-être l'un et l'autre, comme il arrive quelquefois ; et si je triomphe, Arbace sera mon sujet.
ARBACE. — Ton sujet !
BÉLESÈS. — Pourquoi pas ? cela vaut mieux que d'être l'esclave, et l'esclave pardonné d'un roi-femme. (*Entre* PANIA.)

PANIA. — Seigneurs, je suis porteur d'un ordre du roi.
ARBACE. — Avant de le connaître, nous obéissons.
BÉLESÈS. — Cependant quel est-il ?
PANIA. — Il vous est enjoint de partir, cette nuit même, pour vous rendre dans vos satrapies respectives de Babylone et de Médie.
BÉLESÈS. — Avec nos troupes ?
PANIA. — Mon ordre ne comprend que les satrapes et leur suite.
ARBACE. — Mais...
BÉLESÈS. — Il faut obéir. Dis que nous partons.
PANIA. — Mon ordre est de vous voir partir, et non de transmettre votre réponse.
BÉLESÈS, *à part*. — Oh, oh ! (*A* PANIA.) Nous vous suivons.
PANIA. — Je vais commander la garde d'honneur à laquelle votre rang vous donne droit ; puis, j'attendrai votre convenance, pourvu que le délai ne dépasse pas une heure. (*Pania sort*.)

BÉLESÈS. — Obéis donc à présent.
ARBACE. — Sans nul doute.
BÉLESÈS. — Oui, ton obéissance te conduira jusqu'aux portes du palais qui nous sert actuellement de prison... pas au-delà.
ARBACE. — Tu as touché juste ! le royaume dans sa vaste étendue ne nous offre plus à tous deux que des cachots.
BÉLESÈS. — Dis plutôt des tombeaux.
ARBACE. — Si je le pensais, cette bonne épée en creuserait un autre avant le mien.
BÉLESÈS. — Elle aura suffisamment à faire ; j'augure plus favorablement que toi. A présent, sortons d'ici comme nous pourrons ; tu reconnais avec moi que cet ordre est une condamnation.
ARBACE. — Quelle autre interprétation pourrait-on lui donner ? C'est la politique des monarques de l'Orient : le pardon et le poison... des faveurs et un glaive, un voyage lointain et un sommeil éternel. Combien de satrapes, du temps de son père... car lui, je l'avoue, est ennemi du sang, ou du moins il l'a été jusqu'à ce jour...
BÉLESÈS. — Mais maintenant il ne le sera plus et ne saurait l'être.
ARBACE. — Je doute qu'il le puisse. Combien, du temps de son père, n'ai-je pas vu de satrapes se mettre en route pour aller prendre possession de puissantes vice-royautés, et rencontrer un tombeau sur leurs pas ! Je ne sais comment cela se faisait ; mais tous tombaient malades en chemin, tant la route était pénible.
BÉLESÈS. — Gagnons seulement l'air libre de la ville, et nous abrégerons le voyage.
ARBACE. — Peut-être qu'aux portes mêmes on nous l'abrégera.
BÉLESÈS. — Ils n'oseront risquer la chose ; leur projet est sans doute de nous faire périr secrètement, mais non dans le palais ni dans l'enceinte de la ville, où nous sommes connus et pouvons avoir des partisans ; s'ils avaient eu l'intention de nous immoler ici, nous ne serions déjà plus du nombre des vivants. Partons.
ARBACE. — Si je croyais qu'on n'en voulût pas à ma vie !
BÉLESÈS. — Insensé ! Éloignons-nous... Quel autre but pourrait avoir le despotisme alarmé ? Allons rejoindre nos troupes.
ARBACE. — Pour marcher vers nos provinces ?
BÉLESÈS. — Non, vers ton royaume. Nous avons du temps, du cœur, de l'espoir, et des moyens que nous laissent amplement leurs demi-mesures... En avant !
ARBACE. — Au milieu de mon repentir me faut-il donc encore retomber dans le crime ?
BÉLESÈS. — La défense personnelle est une vertu, et le seul boulevart de tout droit. Partons, dis-je ! quittons ce lieu ; on y respire un air épais et funeste ; les murailles y sentent la prison... Sortons, ne leur laissons pas le temps de délibérer davantage ; un prompt départ prouve notre zèle et empêche le digne Pania, qui doit nous escorter, d'anticiper sur les ordres qui pourraient lui être donnés à quelques parasanges d'ici. Non, il n'y a pas d'autre parti

à prendre... partons! dis-je. (*Il sort avec Arbace qui le suit à regret; entrent* Sardanapale *et* Salémenès.)

Sardanapale. — Eh bien ! tout est réparé sans effusion de sang, le plus sot de tous les remèdes ; l'exil de ces hommes assure notre tranquillité.

Salémenès. — Oui, nous sommes en sûreté, comme celui qui marche sur des fleurs est à l'abri de la vipère enlacée autour de leurs racines.

Sardanapale. — Que faudrait-il donc faire ?
Salémenès. — Annuler ce que vous avez fait.
Sardanapale. — Révoquer mon pardon ?
Salémenès. — Fixer la couronne qui chancelle sur votre tête.
Sardanapale. — Salémenès, ce serait une conduite tyrannique.
Salémenès. — Mais prudente.
Sardanapale. — Quel danger peuvent-ils nous susciter à la frontière ?
Salémenès. — Ils n'y sont pas encore..... et si l'on m'en croyait, ils n'y arriveraient jamais.
Sardanapale. — Je t'ai écouté... pourquoi ne les entendrais-je pas à leur tour ?
Salémenès. — Vous le saurez plus tard ; maintenant je cours rassembler votre garde.
Sardanapale. — Et tu nous rejoindras au banquet ?
Salémenès. — Sire, veuillez m'en dispenser... je ne suis pas un ami de la table ; commandez-moi pour tout autre service.
Sardanapale. — Mais il est bon de se réjouir de temps en temps.
Salémenès. — Il est bon aussi qu'on veille pour ceux qui se réjouissent trop souvent. Puis-je me retirer ?
Sardanapale. — Reste encore un moment, mon bon Salémenès, mon frère, mon fidèle sujet, meilleur prince que je ne suis roi. Tu aurais dû être monarque, toi ; et moi... peu importe ! mais ne crois pas que je sois insensible à ta vertueuse sagesse, à ton affection franche et sincère, à ton indulgence pour mes folies, bien que tu ne sois pas pour moi ménager de reproches. Si, contre ton avis, j'ai épargné ces hommes, ou du moins leur vie..... ce n'est pas que je doute de la prudence de tes conseils ; mais laissons-les vivre pour se corriger. Leur bannissement me laissera un sommeil tranquille, ce que leur mort n'eût pas fait.

Salémenès. — Pour sauver des traîtres, vous courez le risque de dormir à jamais. Un moment de rigueur eût épargné des années de crimes. Cet exil, cette demi-indulgence, ne servira qu'à les irriter... Il faut que la grâce soit entière, sans quoi elle est nulle.

Sardanapale. — Je m'étais borné à les destituer, ou du moins à les éloigner de ma présence ; n'est-ce pas toi qui m'as pressé de les renvoyer dans leurs satrapies ?

Salémenès. — C'est vrai ; je l'avais oublié. S'ils arrivent dans leur gouvernement, c'est alors que vous aurez raison de me reprocher mon conseil.

Sardanapale. — Et s'ils n'y arrivent pas..... Prends bien garde..... il faut qu'ils s'y rendent en toute sûreté....

Salémenès. — Permettez que je sorte ; je veillerai sur eux.
Sardanapale. — Va donc et pense mieux de ton frère.

Salémenès. — Je servirai toujours loyalement mon souverain.
(*Salémenès sort.*)

Sardanapale, *seul.* — Cet homme est d'un caractère trop inflexible : il a la dûreté d'un roc. Mais il en a aussi l'élévation. Il est exempt des souillures de la commune argile... tandis que moi je suis fait d'une pâte plus molle, tout imprégnée du suc des fleurs... hélas ! nos actes doivent être conformes à notre nature. Si j'ai erré cette fois, ma faute est de celles qui pèsent le plus légèrement sur ce sens inconnu, auquel je ne sais quel nom donner, mais qui me cause une impression parfois de peine et parfois de plaisir ; sur cet esprit qui semble placé auprès de mon cœur pour compter ses battements, et qui m'interroge comme n'ose jamais faire aucun mortel. Chassons ces vaines pensées, ne songeons qu'à la joie ! Voilà justement son messager qui m'arrive.
(*Entre* Myrrha.)

Arbace, Salémenès et Bélesès.

Myrrha. — Le ciel se couvre et s'assombrit ; le tonnerre gronde sourdement dans les nuages qui s'accumulent, et l'éclair, dardant ses flèches de feu, nous annonce une horrible tempête. Grand roi, quitteras-tu donc le palais ?

Sardanapale. — Une tempête, dis-tu ?
Myrrha. — Oui, seigneur.

Sardanapale. — Pour moi, je ne serais pas fâché de varier l'uniformité du spectacle, et de contempler la guerre des éléments ; mais cela n'accommoderait guère les vêtements de soie et les membres délicats de nos convives. Dis, Myrrha, es-tu de celles qui craignent le mugissement des orages ?

Myrrha. — Dans mon pays nous respectons leur voix comme les augures de Jupiter.

Sardanapale. — Jupiter ! Ah ! oui, votre Baal, à vous... le nôtre préside aussi au tonnerre, et de temps à autre la chute de la foudre atteste sa divinité. Malheureusement, il arrive parfois que ses coups s'égarent et vont frapper ses propres autels.

Myrrha. — Ce serait un funeste présage.

Sardanapale. — Oui, pour les prêtres. Eh bien ! nous ne sortirons pas cette nuit de l'enceinte du palais ; c'est ici que la fête a lieu.

Myrrha. — Maintenant, que Jupiter soit loué ! il a entendu la prière que tu ne voulais pas entendre. Les dieux sont plus bienveillants pour toi que tu ne l'es toi-même ; ils interposent cet orage entre tes ennemis et toi.

Sardanapale. — Enfant ! s'il y a du danger, n'est-il pas tout aussi grand dans ces murs que sur les bords du fleuve ?

Myrrha. — Non : ces murailles sont hautes et solides ; elles sont bien gardées ; il faut pour arriver à toi que la trahison franchisse plus d'un détour, plus d'une porte massive ; mais dans le pavillon du fleuve tu n'avais aucun moyen de défense.

Sardanapale. — Contre la trahison, il n'est de sûreté ni dans le palais, ni dans la forteresse, pas même au sommet du Caucase, qu'entoure un rempart de nuages, et où l'aigle suspend son aire aux rocs inaccessibles, depuis que la flèche atteint partout le roi des airs, le poignard peut atteindre le roi de la terre. Mais rassure-toi : les deux satrapes, innocents ou coupables, sont bannis, et déjà loin.

Myrrha. — Ils vivent donc ?
Sardanapale. — Toi ! demander du sang !

MYRRHA. — Je demande un juste châtiment pour ceux qui osent attenter à la vie ; si je pensais autrement, je ne mériterais pas de conserver la mienne. D'ailleurs, tu as entendu le prince.
SARDANAPALE. — Voilà qui est étrange ! la douceur et la sévérité sont également liguées contre moi et me poussent à la vengeance.
MYRRHA. — La vengeance est une vertu grecque.
SARDANAPALE. — Mais non une vertu royale... Je n'en veux pas ; ou si je m'y abandonne, ce sera contre des rois mes égaux.
MYRRHA. — Ces hommes aspiraient à le devenir.
SARDANAPALE. — Myrrha, ce sont là des sentiments de femme : ils viennent de la crainte.
MYRRHA. — De ma crainte pour tes jours.
SARDANAPALE. — N'importe, c'est toujours de la crainte. Ton sexe timide, une fois irrité, pousse sa vindicative fureur à un degré de persévérance que je ne voudrais pas imiter. Je te croyais exempte de la puérile faiblesse des femmes de l'Asie.
MYRRHA. — Seigneur, il ne m'appartient pas de vanter mon amour ou mon dévoûment : j'ai partagé votre splendeur, je partagerai vos périls. Peut-être trouverez-vous un jour plus de fidélité dans une esclave que dans des myriades de sujets. Mais puissent les dieux écarter ce présage ! plutôt être aimée sans en paraître digne que de vous prouver mon amour dans des afflictions, que peut-être tous mes soins ne pourraient adoucir.
SARDANAPALE. — Où existe l'amour parfait, l'affliction ne saurait pénétrer ; elle reconnaît bientôt son impuissance et s'éloigne. Entrons, l'heure approche ; il faut nous préparer à recevoir nos convives. (*Ils sortent.*)

ACTE III.

SCÈNE PREMIÈRE.

La salle du palais est illuminée. — Sardanapale et ses hôtes sont à table. — On entend le bruit d'une tempête, et le tonnerre gronde à plusieurs reprises pendant le banquet.

SARDANAPALE, ZAMÈS, ALTADA, MYRRHA, etc.

SARDANAPALE. — Remplissez jusqu'aux bords ! Voilà qui est bien, je suis ici dans mon vrai royaume, entouré de ces yeux brillants et de ces visages resplendissants de bonheur et de beauté. Ici la douleur ne saurait nous atteindre.
ZAMÈS. — Ici ni ailleurs... où est le roi, le plaisir brille.
SARDANAPALE. — Ceci ne vaut-il pas mieux que les chasses de Nemrod, ou ces expéditions de mon aïeule insensée chassant aux royaumes, et, après les avoir conquis, ne pouvant les garder ?
ALTADA. — Quelque puissants qu'ils aient été, nul de vos prédécesseurs n'égala Sardanapale ; car il a placé son bonheur dans la paix, seule gloire véritable.
SARDANAPALE. — Et dans le plaisir, dont la gloire n'est que le chemin, cher Altada. Que cherche l'homme ? les jouissances ! Nous en avons abrégé la route, et nous n'avons pas voulu y marcher en creusant une tombe sous chacun de nos pas.
ZAMÈS. — Non : tous les cœurs sont heureux, et toutes les voix bénissent le roi pacifique qui tient le monde en joie.
SARDANAPALE. — En es-tu bien sûr ? J'ai entendu parler différemment. On prétend qu'il est des traîtres.
ZAMÈS. — Traîtres eux-mêmes qui parlent ainsi... c'est impossible : quels seraient leurs motifs ?
SARDANAPALE. — Leurs motifs ? c'est vrai... remplissez ma coupe ! Ne pensons pas à ces gens-là ; ils n'existent pas ; ou s'ils existent, ils sont loin.
ALTADA. — Convives, écoutez la santé que je vais porter ! tout le monde à genoux ! Buvons au salut du roi... buvons au monarque, au dieu Sardanapale ! (*Zamès et les convives s'agenouillent et s'écrient* : Au dieu Sardanapale, plus grand que Baal, son aïeul !) (*Au moment où les convives s'agenouillent, le tonnerre gronde : quelques-uns se lèvent effrayés.*)
ZAMÈS. — Pourquoi vous levez-vous, mes amis ? Par la voix de la foudre, les dieux, ancêtres du monarque, expriment leur assentiment.
MYRRHA. — Ou plutôt leur courroux. Roi, comment peux-tu souffrir cette folle impiété ?
SARDANAPALE. — Impiété !... si mes prédécesseurs sont des dieux, je ne ferai pas honte à leur lignage. Mais levez-vous, mes pieux amis ; gardez vos prières pour le dieu qui tonne en ce moment : je désire l'amour, et non l'adoration. Il me semble que le tonnerre redouble : la nuit est affreuse.
MYRRHA. — Oh ! oui, pour ceux qui n'ont pas de palais où ils reçoivent leurs adorateurs.
SARDANAPALE — Tu as raison, ma Myrrha ; que ne puis-je transformer mon royaume en un vaste asile pour tous les malheureux !

MYRRHA. — Tu n'es donc pas un dieu, puisque tu ne peux accomplir un vœu d'une bienveillance aussi universelle.
SARDANAPALE. — Et vos dieux, donc, qui le peuvent et ne le font pas ?
MYRRHA. — Taisons-nous, de peur de les irriter.
SARDANAPALE. — C'est vrai ; ils n'aiment pas plus que les hommes à être censurés. Mes amis, il me vient une pensée : s'il n'y avait pas de temple, croyez-vous qu'il y eût des adorateurs de l'air, surtout lorsqu'il fait tapage comme en ce moment ?
MYRRHA. — Le Persan prie sur sa montagne.
SARDANAPALE. — Oui, quand le soleil luit.
MYRRHA. — Si ce palais était sans toiture et en ruines, crois-tu qu'il y eût beaucoup de flatteurs qui viendraient baiser la poussière sur laquelle le roi serait étendu.
ALTADA. — La belle Ionienne abuse de la satire envers une nation qu'elle ne connaît pas suffisamment : les Assyriens ne connaissent de bonheur que celui de leur roi, et c'est dans l'hommage qu'ils lui rendent qu'ils mettent leur orgueil.
SARDANAPALE. — Mes nobles hôtes voudront bien pardonner à la belle Grecque sa parole un peu vive.
ALTADA. — Lui pardonner, sire ! après vous, c'est elle que nous honorons le plus. Silence ! qu'ai-je entendu ?
ZAMÈS. — Le bruit de quelque porte éloignée, ébranlée par le vent.
ALTADA. — J'ai cru reconnaître le cliquetis des... Écoutez encore.
ZAMÈS. — C'est la pluie qui bondit sur le toit.
SARDANAPALE. — Il suffit ! Myrrha, mon amour, ta lyre est-elle prête ? chante-nous un hymne de Sapho, tu sais, celle qui, dans ton pays, se précipita... (*PANIA entre avec son épée et ses vêtements ensanglantés ; les convives se lèvent en désordre.*)

PANIA, *aux gardes*. — Veillez aux portes ! courez aux murs extérieurs ! Aux armes ! aux armes ! le roi est en danger ! Monarque, excusez cet empressement : c'est celui de la fidélité.
SARDANAPALE. — Parle !
PANIA. — Les craintes de Salémenès se sont réalisées : les perfides satrapes...
SARDANAPALE. — Tu es blessé !... du vin. Reprends haleine, brave Pania.
PANIA. — Ce n'est rien : les chairs seules sont entamées. Je suis plus fatigué de la hâte que j'ai mise à venir avertir mon souverain que de ma blessure même.
MYRRHA. — Eh bien ! les rebelles ?
PANIA. — A peine Arbace et Bélesès furent-ils arrivés à leurs quartiers dans la ville, qu'ils se sont refusés à pousser plus loin ; et lorsque j'ai essayé de faire usage des pouvoirs qui m'avaient été délégués, ils ont appelé à leur aide leurs troupes, qui se sont audacieusement soulevées.
SARDANAPALE. — Toutes ?
PANIA. — Un trop grand nombre.
SARDANAPALE. — Dis tout ce que tu sais ; n'épargne pas la vérité à mon oreille.
PANIA. — Ma faible garde s'est montrée fidèle, et ce qui reste l'est encore.
MYRRHA. — Sont-ce les seuls qui soient restés dans le devoir ?
PANIA. — Non : nous avons encore les Bactriens commandés par Salémenès, qui s'était mis en marche, en conséquence des soupçons que lui inspiraient les généraux mèdes. Les Bactriens sont nombreux, ils tiennent tête aux rebelles, disputent le terrain pied à pied, et se sont concentrés autour du palais, où Salémenès se propose de réunir toutes ses forces pour la défense du roi. (*Il hésite.*) Je suis chargé de...
MYRRHA. — Ce n'est pas le moment d'hésiter.
PANIA. — Le prince Salémenès supplie le roi de s'armer, ne fût-ce que pour un moment, et de se montrer aux soldats ; sa seule présence pourrait faire en ce moment plus qu'une armée entière.
SARDANAPALE. — Allons, mes armes !
MYRRHA. — Tu veux donc...
SARDANAPALE. — Si je le veux ?... Voyons, qu'on se dépêche ! Je ne prendrai point mon bouclier ; il est trop lourd... une légère cuirasse et mon épée ! Où sont les rebelles ?
PANIA. — Le plus fort du combat est à un stade tout au plus du mur extérieur.
SARDANAPALE. — Alors je puis combattre à cheval. Holà, Sféro qu'on amène mon coursier. On trouverait assez d'espace même dans les cours et près de la porte extérieure pour faire manœuvrer la moitié des cavaliers de l'Arabie. (*Sféro sort pour chercher les armes du roi.*)

MYRRHA. — Combien je t'aime !
SARDANAPALE. — Je n'en ai jamais douté.
MYRRHA. — Ce n'est qu'à présent que je te connais.
SARDANAPALE *à un de ses serviteurs*. — Qu'on apporte aussi ma lance... Où est Salémenès ?
PANIA. — Au poste d'un soldat, au plus fort de la mêlée.

SARDANAPALE. — Va le trouver sur-le-champ... Le passage est-il libre? Les communications sont-elles maintenues entre le palais et les troupes?
PANIA. — Oui, sire, du moins elles l'étaient lorsque j'ai quitté le prince, et je n'ai pas de crainte; nos soldats faisaient bonne contenance, et la phalange était formée.
SARDANAPALE. — Dis-lui de ménager sa personne pour le moment; ajoute que je n'épargnerai pas la mienne... et que je vais le rejoindre.
PANIA. — Ce mot décide la victoire. (*Pania sort.*)
SARDANAPALE. — Altada !... Zamès !... allons, armez-vous ! Vous trouverez des armes dans l'arsenal. Qu'on mette les femmes en sûreté dans les appartements les plus reculés; qu'une garde y soit placée, avec l'ordre formel de ne quitter ce poste qu'avec la vie. Zamès, tu en prendras le commandement. Altada, va t'armer, et reviens; ton poste est auprès de notre personne. (*Zamès, Altada et tous sortent, à l'exception de Myrrha; Sfèro et d'autres officiers du palais arrivent portant les armes du roi.*)
SFÉRO. — Prince, voici votre armure.
SARDANAPALE, *s'armant.* — Donnez-moi ma cuirasse... bien; mon baudrier, maintenant mon épée; j'oubliais le casque. ...où est-il ? C'est bien... non, il est trop lourd; vous vous êtes trompé, ce n'est pas celui-ci que je voulais, mais l'autre qui porte un diadème.
SFÉRO. — J'ai craint que les pierreries dont il est orné n'attirassent trop les regards, et n'exposassent votre front sacré... Croyez-moi, celui-ci, quoique moins riche, est d'un métal plus solide.
SARDANAPALE. — Tu as craint ! Serais-tu devenu un rebelle ? Ton devoir est d'obéir; retourne sur tes pas, et... Non, il est trop tard... je m'en passerai.
SFÉRO. — Portez du moins celui-ci.
SARDANAPALE. — J'aimerais autant porter le Caucase ! c'est une vraie montagne que j'aurais sur la tête.
SFÉRO. — Sire, il n'est pas un soldat qui voulût combattre exposé ainsi. Tout le monde vous reconnaîtra; car l'orage a cessé, et la lune brille de tout son éclat.
SARDANAPALE. — Je sors pour qu'on me reconnaisse... Maintenant... ma lance ! Je suis armé. (*Sur le point de sortir, il s'arrête et se tourne vers Sfèro.*) Sfèro... j'avais oublié... donne-moi un miroir.
SFÉRO. — Un miroir, sire ?
SARDANAPALE. — Oui, le miroir de bronze poli rapporté parmi les dépouilles de l'Inde... mais dépêche-toi. (*Sfèro sort.*) Myrrha, retire-toi dans un lieu sûr. Pourquoi n'es-tu pas avec les femmes?
MYRRHA. — Parce que ma place est ici.
SARDANAPALE. — Et quand je serai parti ?
MYRRHA. — Je te suis.
SARDANAPALE. — Toi, au combat !
MYRRHA. — Si cela était, je ne serais pas la première fille de la Grèce qui aurait pris ce chemin. J'attendrai ici ton retour.
SARDANAPALE. — Ce lieu est découvert, c'est le premier où l'ennemi pénétrera s'il est vainqueur. S'il en était ainsi, et que je ne revinsse pas......
MYRRHA. — Nous nous rejoindrions également.
SARDANAPALE. — Où ?
MYRRHA. — Dans le lieu où tous doivent se réunir un jour... dans le domaine des ombres, s'il est, comme je le crois, un rivage par-delà le Styx ; et, s'il n'en est pas, dans le tombeau.
SARDANAPALE. — Oseras-tu ?
MYRRHA. — J'oserai tout ! mais non survivre à ce que j'ai tant aimé, et consentir à être la proie d'un rebelle. Pars, et que rien n'arrête ton courage. (*Sfèro rentre avec le miroir.*)
SARDANAPALE, *se mirant.* — Cette cuirasse me sied à ravir, le baudrier mieux encore, et le casque pas du tout. (*Il rejette le casque après l'avoir essayé de nouveau.*) Il me semble que je suis très bien sous cette parure : il s'agit maintenant de la mettre à l'épreuve. Altada ! où est Altada ?
SFÉRO. — Seigneur, il attend dehors et porte votre bouclier ; c'est un droit de naissance transmis de génération en génération.
SARDANAPALE. — Myrrha embrasse-moi... encore !... encore !... aime-moi, quoi qu'il advienne ; ma principale gloire sera de me rendre plus digne de ton amour.
MYRRHA. — Pars, et reviens vainqueur ! (*Sardanapale et Sfèro sortent.*) Maintenant me voilà seule ; tous sont partis : combien peu reviendront ! Qu'il soit vainqueur, dussé-je périr ! S'il est vaincu, je meurs ; car je ne veux pas lui survivre. Il s'est enlacé à mon cœur, je ne sais ni comment ni pourquoi. Ce n'est pas parce qu'il est roi, car à présent son trône vacille sous lui, et la terre s'ouvre prête à ne lui laisser qu'un tombeau ; et cependant je l'en aime davantage. O puissant Jupiter ! pardonne-moi ce monstrueux amour pour un barbare qui ne connaît pas l'Olympe ! Oui, je t'aime maintenant, maintenant, beaucoup plus que... Écoutons !...... J'entends les cris des combattants ! on dirait qu'ils s'approchent. S'il

en doit être ainsi (*elle tire une fiole*), ce subtil poison de la Colchide, que mon père apprit à composer sur le rivage du Pont, et qu'il me dit de conserver; ce poison me délivrera ! Il m'eût déjà délivrée depuis longtemps, si je n'avais aimé au point d'oublier que j'étais esclave... dans un pays où, hormis un seul, tous sont esclaves, et fiers de leur servitude; pourvu qu'ils dominent à leur tour sur d'autres hommes placés plus bas sur l'échelle. Ils oublient, hélas ! que des chaînes portées comme parure n'en sont pas moins des chaînes. Encore des cris ! le cliquetis des armes s'approche.. il est temps... il est temps... (*Entre* ALTADA.)
ALTADA. — Holà ! Sfèro ! holà !
MYRRHA. — Il n'est pas ici, que lui voulez-vous ? Où en est le combat ?
ALTADA. — Il est douteux et terrible.
MYRRHA. — Et le roi ?
ALTADA. — Se conduit en roi. Je cherche Sfèro pour qu'il apporte à son maître une nouvelle lance et son casque. Jusqu'à présent, il a combattu sans armure de tête, et beaucoup trop exposé. Les soldats l'ont reconnu, et l'ennemi aussi : à la clarté brillante de la lune, sa tiare de soie et sa chevelure flottante ont fait de lui un but par trop royal ; toutes les flèches sont dirigées vers son beau front et le large bandeau qui le ceint.
MYRRHA. — O vous, dieux puissants ! qui lancez vos foudres sur la terre de mes aïeux, protégez-le !... Etes-vous envoyé par le roi ?
ALTADA. — Par Salémenès, qui m'a expédié à l'insu de l'insouciant monarque. Le roi ! le roi combat comme il s'amuse ! Hola ! Sfèro ! Sfèro ! Je vais à l'arsenal ; il doit y être. (*Altada sort.*)
MYRRHA. — Il n'y a pas de déshonneur... non il n'y a pas de déshonneur à être éprise de cet homme. Peu s'en faut même que je ne désire maintenant ce que je n'aurais pas désiré naguère, qu'il soit Grec. Si Alcide descendit jusqu'à porter les vêtements et la quenouille de la Lydienne Omphale, certes, celui qui, depuis ses tendres années élevé dans la mollesse, s'élève tout-à-coup au niveau d'Hercule, et passe du banquet au champ de bataille comme à un lit d'hyménée, celui-là mérite une fille grecque pour amante, un poète grec pour le chanter, un tombeau grec pour monument.
(*Un officier entre.*)
L'OFFICIER. — Perdue ! perdue presque sans ressource. Zamès ! où est Zamès ?
MYRRHA. — A la tête des gardes qui veillent sur l'appartement des femmes. (*L'officier sort.*) Il est parti, et il s'est borné à me dire que tout est perdu ! Qu'ai-je besoin d'en savoir davantage ? Ces mots si courts annoncent la ruine d'un royaume et d'un roi, d'une race de treize siècles, d'innombrables existences, de la fortune même de tous ceux qui survivront ; et moi aussi, dans ce naufrage, je dois périr avec les grands de la terre ; pareille à la bulle d'eau qui se brise avec la vague qui la portait. Du moins, nul sort n'est dans mes dépouilles ; nul insolent vainqueur ne me comptera au nombre de ses dépouilles. (*Pania entre.*)
PANIA. — Fuyez avec moi ; fuyez, Myrrha ; hâtons-nous, nous n'avons pas un moment à perdre... c'est tout ce qu'il nous reste maintenant.
MYRRHA. — Le roi ?
PANIA. — M'a envoyé ici pour vous emmener de l'autre côté du fleuve par un passage secret.
MYRRHA. — Il vit donc ?
PANIA. — Il m'a chargé de mettre vos jours en sûreté, et vous prie de vivre pour l'amour de lui, jusqu'à ce qu'il puisse vous rejoindre.
MYRRHA. — Veut-il donc abandonner la lutte ?
PANIA. — Il résistera jusqu'au dernier moment ; déjà il fait tout ce que le désespoir peut tenter, et dispute pied à pied le terrain de son propre palais.
MYRRHA. — Ils ont donc pénétré dans l'enceinte ?... Oui, leurs clameurs retentissent dans les salles antiques, dont l'écho, avant cette nuit fatale, n'avait jamais été profané par des voix rebelles. C'en est fait de la race assyrienne ! c'en est fait du sang de Nemrod ! son nom même va s'éteindre.
PANIA. — Venez avec moi... venez !
MYRRHA. — Non, je veux mourir ici !..... Partez, et dites au roi que je l'ai chéri jusqu'au dernier moment. (*Sardanapale entre avec Salémenès et ses soldats ; Pania quitte Myrrha et se joint à eux.*)
SARDANAPALE. — Puisqu'il en est ainsi, je mourrai où je suis né... dans mon propre palais. Serrez vos rangs... tenez ferme. J'ai dépêché un fidèle satrape à la garde commandée par Zamès ; une troupe fraîche et dévouée, elle accourt. Tout n'est pas perdu. Pania, ne perds point Myrrha de vue. (*Pania retourne se placer auprès de Myrrha.*)
SALÉMENÈS. — Nous pouvons reprendre haleine. Encore un effort, mes amis, encore un effort pour l'Assyrie.
SARDANAPALE. — Dis plutôt pour la Bactriane ! Mes fidèles Bac-

triens, je veux désormais être roi de votre nation ; et quant à ce royaume, nous en ferons une province.

SALÉMENÈS. — Garde à vous ! les voici !... les voici ! (BÉLESÈS et ARBACE *entrent avec les rebelles.*)

ARBACE. — En avant ! nous les tenons dans le piége. Chargez ! chargez !

BÉLESÈS. — En avant ! en avant ! le ciel combat pour nous et avec nous... En avant ! (*Ils attaquent le roi, Salémenès et leurs troupes qui se défendent jusqu'à l'arrivée de Zamès avec les gardes. Alors les rebelles sont repoussés et poursuivis par Salémenès; au moment où le roi s'élance aussi à leur poursuite, il rencontre Bélesès.*)

BÉLESÈS. — Arrête, tyran !... je vais d'un seul coup terminer la guerre.

SARDANAPALE. — En vérité ! mon prêtre belliqueux, mon généreux prophète, mon fidèle et reconnaissant sujet ! rends-toi, je te prie : au lieu de tremper mes mains dans un sang consacré, je le réserve un plus digne sort.

BÉLESÈS. — Ton heure est venue.

SARDANAPALE. — Non, c'est la tienne... Quoique je ne sois qu'un novice en astrologie, j'ai dernièrement consulté les étoiles, et en parcourant le zodiaque, j'ai lu ton destin dans le signe du scorpion : ce qui veut dire que tu vas être maintenant écrasé.

BÉLESÈS. — Ce ne sera pas par toi. (*Ils combattent; Bélesès est blessé et désarmé.*)

SARDANAPALE, *levant son épée pour le tuer, s'écrie* : — Invoque maintenant les planètes ; descendront-elles du ciel pour sauver leur prophète et leur réputation ? (*Une troupe de rebelles entre et délivre Bélesès. Ils attaquent le roi, qui, à son tour, est délivré par un détachement de ses soldats : ceux-ci chassent les rebelles.*) Le scélérat s'est montré prophète, après tout ! Poursuivons-les..... allons ! la victoire est à nous ! (*Il sort à la poursuite des rebelles.*)

MYRRHA, *à Pania*. — Va donc avec eux ! Pourquoi rester ici ? Pourquoi quitter les rangs de tes compagnons d'armes, et les laisser vaincre sans toi ?

PANIA. — J'ai ordre du roi de ne pas vous quitter.

MYRRHA. — Moi ! ne t'occupe pas de moi... Il n'est pas un soldat dont le bras maintenant ne soit nécessaire ; je n'ai pas besoin de gardes. Quoi donc ! quand le destin du monde va se décider, veiller sur une femme ! Pars, te dis-je, ou tu es déshonoré ! Mais j'irai moi-même, faible femme, me jeter dans la mêlée sanglante ; et si tu veux me garder, que ce soit là du moins où ton bouclier pourra couvrir ton souverain. (*Myrrha sort.*)

PANIA. — Arrêtez !... Elle est partie ! s'il lui arrive quelque chose, malheur à moi ! elle est plus chère à Sardanapale que son propre royaume, pour lequel il combat cependant... Et puis-je moins faire que ce monarque qui manie un cimeterre pour la première fois ? Revenez, Myrrha, et je vous obéis, dussé-je désobéir au roi. (*Pania sort. Altada et Sféro entrent par la porte opposée.*)

ALTADA. — Myrrha ! Eh quoi ! elle est partie ! pourtant elle était ici au moment du combat, et Pania avec elle. Que peut-il leur être arrivé ?

SFÉRO. — Je les ai vus tous deux sains et saufs quand les rebelles ont pris la fuite ; ils sont sans doute à l'appartement des femmes.

ALTADA. — Si le roi est vainqueur, ce qui est maintenant probable, et qu'il ne retrouve plus son Ionienne, notre sort sera pire que celui des rebelles captifs.

SFÉRO. — Courons sur ses traces ; elle ne peut être loin, et en la retrouvant, nous ferons à notre amoureux souverain un présent plus agréable que son royaume reconquis.

ALTADA. — Baal lui-même ne combattit jamais avec plus de courage pour conquérir l'empire que ce fils qui paraissait dégénéré ne combat pour le conserver. Il dément les augures de ses amis comme de ses ennemis. Quant à moi, il est un homme incompréhensible.

SFÉRO. — Pas plus que les autres. Nous sommes tous les enfants des circonstances... Mais partons !... tâchons de retrouver cette esclave, ou préparons-nous à un triste sort. (*Altada et Sféro sortent. Salémenès rentre avec ses soldats*, etc.)

SALÉMENÈS. — Ce premier succès promet beaucoup : les rebelles sont repoussés du palais, et nous avons ouvert une communication régulière avec les troupes stationnées de l'autre côté de l'Euphrate ; elles sont peut-être restées fidèles ; elles le seront sans aucun doute quand elles apprendront notre triomphe. Mais où est le principal auteur de la victoire ? où est le roi ? (*Sardanapale entre accompagné de sa suite et de Myrrha.*)

SARDANAPALE. — Me voici, frère.

SALÉMENÈS. — Sain et sauf ?

SARDANAPALE. — Pas tout-à-fait ; mais n'en parlons pas ; nous avons purgé le palais de ces vils ennemis.

SALÉMENÈS. — Et la ville également, je pense. Notre nombre s'accroît ; j'ai ordonné qu'un gros de Parthes, jusque-là tenu en réserve et composé d'excellentes troupes, poursuivît l'ennemi dans sa retraite, qui ne tardera pas à devenir une fuite.

SARDANAPALE. — C'en est déjà une ; du moins ils courent plus vite que je n'ai pu les suivre avec mes Bactriens qui marchaient fort bon pas. Je n'en peux plus ; que l'on me donne un siége.

SALÉMENÈS. — Sire, le trône est là.

SARDANAPALE. — Ce n'est un lieu de repos ni pour l'esprit ni pour le corps ; qu'on me donne un autre siége, l'escabelle d'un paysan, peu m'importe, pourvu que je puisse reprendre haleine. (*On apporte un siége.*)

SALÉMENÈS. — Cette heure est la plus brillante et la plus glorieuse de votre vie.

SARDANAPALE. — Et la plus fatigante. Où est mon échanson ? qu'on m'apporte de l'eau.

SALÉMENÈS, *souriant*. — C'est la première fois que vous lui avez donné pareil ordre ; moi-même, le plus austère de vos conseillers, je vous engage à prendre un breuvage teint de pourpre.

SARDANAPALE. — Du sang !... on en a suffisamment répandu Quant au vin, j'ai appris aujourd'hui tout ce que vaut le pur élément liquide : j'en ai bu trois fois ; et trois fois, renouvelant mes forces mieux que n'eût pu faire le jus du raisin, il m'a mis à même de retourner à la charge. Où est le soldat qui m'a présenté de l'eau dans son casque ?

UN DES GARDES. — Il est mort, seigneur ; une flèche lui a traversé la tête au moment où, secouant les dernières gouttes qui étaient dans son casque, il allait le remettre sur sa tête.

SARDANAPALE. — Mort sans avoir été récompensé ! et mort pour avoir étanché ma soif ! Pauvre esclave ! cela est dur ! S'il vivait, je l'aurais gorgé d'or ; tout l'or de la terre ne pourrait payer le plaisir que m'a fait cette gorgée d'eau, car j'avais le gosier desséché comme à présent. (*On apporte de l'eau. Il boit.*) Je commence à revivre à dater de ce moment, je garde le vin pour l'amour, et l'eau pour la guerre.

SALÉMENÈS. — Et ce bandage qui entoure votre bras ?

SARDANAPALE. — Rien qu'une égratignure de ce brave Bélesès.

MYRRHA. — O ciel ! il est blessé !

SARDANAPALE. — C'est peu de chose ; cependant, en me trouvant plus calme, j'éprouve une certaine douleur.

MYRRHA. — Vous avez bandé votre blessure ?.....

SARDANAPALE. — Avec le bandeau de mon diadème, et c'est la première fois que cet ornement m'a servi à autre chose qu'à me gêner.

MYRRHA, *aux serviteurs*. — Qu'on aille vite chercher le plus habile médecin. Je vous en prie, ô mon roi, rentrez dans vos appartements. Je lèverai l'appareil et panserai votre blessure.

SARDANAPALE. — Je le veux bien, le sang y bat avec force. Mais, est-ce que tu te connais aux blessures ? Mais pourquoi cela demande ? Vous ne devineriez pas, mon frère, où j'ai trouvé cet enfant ?

SALÉMENÈS. — Réunie aux autres femmes comme une gazelle effrayée ?

SARDANAPALE. — Non, certes ; mais près de moi, comme la compagne du jeune lion qui, dans sa rage féminine (et féminine veut dire furieuse ; car ce sexe porte toutes les passions à l'extrême) s'élance sur le ravisseur de ses lionceaux. Les cheveux épars, le yeux étincelants, elle animait les soldats du geste et de la voix.

SALÉMENÈS. — Noble cœur !

SARDANAPALE. — Je ne suis pas le seul, tu le vois, dont cette nuit ait fait un guerrier. Je me suis arrêté pour la contempler, et se joues enflammées, ses grands yeux noirs, brillant à travers le long voile de ses cheveux flottants, les veines azurées qui se marquaient sur son front transparent, ses narines dilatées, ses lèvres entr'ouvertes, sa voix qui résonnait à travers le tumulte du combat, comme un luth qu'on entend parmi les sons discordants des cymbales ; se bras étendus, effaçant par leur blancheur l'éclat de l'acier que tenait sa main, et qu'elle avait arraché à un soldat mourant ; tout en elle montrait aux yeux des soldats la prophétesse de la victoire, ou la victoire elle-même descendue parmi nous pour nous appeler s enfants.

SALÉMENÈS, *à part*. — C'en est trop, voilà de nouveau l'amour qui s'empare de lui ; et tout est perdu, si nous ne donnons le change à ses pensées. (*Tout haut.*) Seigneur, je vous en conjure, songé à votre blessure ; vous disiez tout à l'heure qu'elle devenait douloureuse.

SARDANAPALE. — Il est vrai ; mais ce n'est point le temps de penser.

SALÉMENÈS. — J'ai pris toutes les dispositions nécessaires ; je vais voir comment ont été exécutées mes ordres, et je reviendrai prendre les vôtres.

SARDANAPALE. — Va, frère !

SALÉMENÈS, *en se retirant*. — Myrrha !

MYRRHA. — Seigneur !

SALÉMENÈS. — Vous avez montré cette nuit un courage qui, s ne s'agissait pas de l'époux de ma sœur..... Mais le temps presse vous aimez le roi ?

MYRRHA. — J'aime Sardanapale.

SALÉMÉNÈS. — Mais vous voudriez qu'il continuât à régner.
MYRRHA. — Je ne voudrais pas qu'il fût moins qu'il ne doit être.
SALÉMÉNÈS. — Eh bien donc ! pour qu'il soit roi, pour qu'il soit à vous, pour qu'il soit tout ce qu'il doit être, pour qu'il vive enfin, faites en sorte qu'il ne retombe pas dans la mollesse. Vous avez plus d'empire sur son esprit que n'en a la sagesse dans ces murs, ou la rebellion au-dehors. Veillez à ce qu'il n'y ait pas de rechute.
MYRRHA. — Je n'avais pas besoin pour cela de l'ordre de Salémé- nès ; je l'accepte toutefois avec respect. Ce que peut une femme... Usez-en sagement.
SALÉMÉNÈS. — Est une puissance illimitée sur un cœur tel que le sien. Usez-en sagement. *(Salémènes sort.)*
SARDANAPALE. — Myrrha ! quoi ! des secrets avec mon inflexible frère ? sais-tu que je deviendrai jaloux ?
MYRRHA. — Vous auriez raison, prince ; car il n'existe pas sur la terre un homme plus digne de l'amour d'une femme... de la confiance des guerriers... du respect des sujets... de l'estime d'un roi... de l'admiration du monde...
SARDANAPALE. — Bon son éloge, soit, mais avec moins de chaleur ; je n'aime pas que ces lèvres charmantes consacrent leur éloquence à ce qui me laisse dans l'ombre. Néanmoins, tu dis vrai.
MYRRHA. — Maintenant, seigneur, venez faire visiter votre blessure ; appuyez-vous sur moi, je vous prie.
SARDANAPALE. — Oui, mon amour ! mais ce n'est pas parce que je souffre. *(Tous sortent.)*

ACTE IV.

SCÈNE PREMIÈRE.

SARDANAPALE *endormi sur un lit de repos ; son sommeil est agité.* MYRRHA *veille auprès de lui.*

MYRRHA, *en le regardant.* — Je me suis glissée auprès de lui pendant qu'il repose, si c'est reposer que dormir dans cet état convulsif. Dois-je l'éveiller ? Non ; il paraît maintenant plus tranquille. O toi ! dieu du sommeil, qui fermes les paupières des mortels, et leur envoies soit les doux songes, soit un assoupissement profond que rien ne peut troubler, ah ! daigne descendre sur lui, semblable à la sœur, la Mort... si calme... si immobile... car nous ne sommes jamais plus heureux que sous l'empire de cette divinité également sombre, silencieuse ; mais qui n'a pas comme toi le réveil... Ah ! il s'agite de nouveau... les traces de la douleur se manifestent sur ses traits, comme le souffle soudain de la brise ride la surface du lac tranquille, ou comme le vent agite les feuilles d'automne. Il faut que je l'éveille !... Non, pas encore ! Qui sait ce que le réveil va lui ôter ? Il semble souffrir ; mais si cette douleur doit faire place à une douleur plus grande ? La fièvre du combat la brûlante blessure, toute légère qu'elle est, produisent peut-être ces symptômes. Abandonnons-le aux soins de la nature ; veillons, non pour la contrarier, mais pour aider ses efforts.

SARDANAPALE, *s'éveillant.* — Non... quand vous multiplieriez les astres à l'infini, quand vous m'en feriez partager avec vous le domaine... n'achèterais pas à ce prix l'empire de l'éternité. Arrière !... arrière !... vieux chasseur des premiers hôtes des forêts ! Et vous qui après lui avez chassé aux hommes, comme s'ils étaient des bêtes féroces ! autrefois mortels sanguinaires... idoles aujourd'hui, plus sanguinaires encore, si vos prêtres ne mentent pas ! et toi... spectre sanglant de ma sœur, qui foules aux pieds les cadavres de l'Inde... arrière, arrière ! *(Il se lève.)* Mais, où suis-je ? que sont devenus ces fantômes ?... Non... ce n'est plus une illusion trompeuse... Myrrha !

MYRRHA. — Hélas ! mon bien-aimé, comme tu es pâle ! des gouttes de sueur s'amassent sur ton front, pareilles à la rosée de la nuit. Silence !... calme-toi. Tes paroles semblent d'un autre monde ; toi, le souverain de celui-ci, sois calme : tout ira bien.

SARDANAPALE. — Ta main... Bien... c'est ta main, c'est une main vivante ; presse la mienne plus étroitement encore, jusqu'à ce que je me sente redevenu ce que j'étais. Ah ! Myrrha ! j'ai visité les lieux que nous devons tous habiter. J'ai vu le séjour de la tombe... où les vers sont souverains et où les rois sont... Mais je ne croyais pas que la mort fût ainsi ; je pensais que ce n'était rien.

MYRRHA. — Ce n'est rien, en effet, sinon pour les âmes timides qui anticipent par la pensée sur ce qui ne sera peut-être jamais.

SARDANAPALE. — O Myrrha ! si le sommeil fait voir de telles choses, que ne doit pas révéler la mort !

MYRRHA. — Je ne sais point de maux que la mort puisse montrer et que la vie n'ait déjà fait connaître à ceux qui ont passé quelques années sur la terre. S'il est, en effet, un rivage où l'âme doit survivre, ce sera comme âme et d'une manière incorporelle ; ou s'il lui reste encore une ombre de cette importune enveloppe qui s'interpose entre l'âme et le ciel... notre fantôme, quoi qu'il puisse avoir à craindre, du moins n'a redoutera pas la mort.

SARDANAPALE. — Je ne la redoute pas ; mais j'ai senti... j'ai vu une légion de trépassés.

MYRRHA. — Et moi aussi. La poussière sur laquelle nous marchons fut autrefois animée et souffrante. Mais continue : qu'as-tu vu ? parle ; cela te soulagera et dissipera les ombres qui assiègent ton esprit.

SARDANAPALE. — Il me semblait, ou plutôt je rêvais que j'étais ici... ici... dans ce même lieu. Nous étions à table, et je me croyais l'un des convives, n'ayant autour de moi que des égaux ; mais à mes côtés je n'avais ni toi, ni Zamès, ni aucun de nos convives habituels. A ma gauche était assis un fantôme au visage hautain, sombre et terrible ; je ne pus le reconnaître, et pourtant je l'avais vu, quoique je ne puisse dire où. Il avait les proportions d'un géant ; son œil était brillant, mais immobile ; ses longs cheveux retombaient sur ses larges épaules, derrière lesquelles s'élevait un énorme carquois garni de flèches empennées avec des plumes d'aigle. Je l'invitai à remplir la coupe placée entre nous, mais il ne me répondit pas... Je la remplis, il la poussa loin de lui, et ses yeux s'arrêtèrent sur moi ; si bien que je tremblai sous la fixité de son regard. Je fronçai le sourcil en monarque offensé... il ne fronça pas le sien, mais il continua de me regarder avec une inaltérable immobilité qui ajoutait encore à ma terreur. Je voulus, pour éviter ce regard, reposer le mien sur des traits plus doux, et je te cherchai à ma droite, où tu as coutume de t'asseoir, mais... *(Il s'arrête.)*

MYRRHA. — Que vis-tu ?

SARDANAPALE. — A la place que tu occupes dans nos banquets, je cherchai ton charmant visage..... mais, au lieu de toi..... un spectre décharné, aux cheveux gris, ayant du sang dans les yeux, du sang sur les mains ; un spectre sépulcral, vêtu comme une femme, portant une couronne sur son front ridé par l'âge, ayant le sourire de la vengeance sur les lèvres, et dans les yeux une flamme lascive... Tout mon sang se glaça.

MYRRHA. — Est-ce tout ?

SARDANAPALE. — Dans sa main droite..... sa main décharnée et crochue, cette femme tenait une coupe dans laquelle bouillonnait du sang ; et, dans la gauche, elle avait une autre coupe pleine de... je ne pus voir ce que c'était, car l'horreur me força de détourner les yeux. Tout autour de la table siégeait une longue file de spectres couronnés, d'aspects divers, mais frappants de ressemblance.

MYRRHA. — Et tu ne sentais pas que ce n'était qu'une illusion ?

SARDANAPALE. — Non, tout semblait tellement réel que j'aurais pu les toucher de la main. J'examinai successivement chaque visage, dans l'espoir d'en trouver un que j'eusse antérieurement connu... pas un seul ne m'était familier. Tous restaient tournés vers moi et me regardaient. Ils ne buvaient ni ne mangeaient ; leurs yeux seuls étaient occupés, si bien que je me vis comme changé en marbre, ainsi qu'ils le paraissaient eux-mêmes..... en marbre vivant, car je sentais de la vie en eux ainsi qu'en moi. Il se trouvait entre nous je ne sais quelle horrible sympathie, comme s'ils se fussent dépouillés d'une portion de mort pour venir à moi, et moi de la moitié de ma vie pour me joindre à eux ; notre existence ne tenait ni du ciel ni de la terre... Oh ! plutôt voir la mort tout entière !

MYRRHA. — Et enfin ?

SARDANAPALE. — Enfin, j'étais immobile et froid comme un marbre, quand le chasseur et la vieille femme se levèrent en me souriant... Oui, le gigantesque et majestueux chasseur me sourit... du moins sa bouche, car ses yeux ne bougèrent pas... et sur les lèvres amincies de la vieille parut aussi une sorte de sourire... Tous deux se levèrent, et les spectres couronnés, placés à droite et à gauche, se levèrent aussi, parurent vouloir suivre l'exemple des deux ombres souveraines... pures copies même après la mort... Mais moi, je ne bougeai pas, je ne sais quel courage désespéré s'infusa dans tous mes membres, et, enfin, ces fantômes ne me firent plus peur : j'osai même éclater de rire à leur face. Et alors ! alors, le chasseur posa sa main sur la mienne ; je la pris, je la serrai... mais elle s'évanouit sous mon étreinte ; lui aussi disparut, ne me laissant que le souvenir d'un héros, mais il n'en fut pas ainsi tel... Mais cette femme, la femme qui restait se jeta sur moi ; elle brûla mes lèvres de ses odieux baisers ; et, rejetant les coupes qu'elle tenait dans chaque main, il me sembla que le sang et le poison se répandaient à grands flots autour de nous, jusqu'à former deux fleuves hideux. Cependant elle restait attachée à moi, pendant que les autres fantômes, pareils à une rangée de statues, restaient immobiles comme dans nos temples. Elle me serrait dans ses bras, et moi je cherchais à la repousser comme si j'eusse été le fils qui l'immola pour punir son inceste. Alors... alors je me trouvai au milieu d'un épais chaos d'objets hideux et informes ; j'étais mort et vivant... enterré et ressuscité... dévoré par les vers, purifié par la flamme, dissous dans l'air ! Tout ce que je me rappelle ensuite, c'est qu'au milieu de ces tortures j'appelais ta présence... et lorsque je m'éveillai, je te trouvai près de moi.

MYRRHA. — Tu m'y trouveras toujours, dans ce monde et dans l'autre, si ce dernier n'est point un mensonge. Mais ne pense plus à ces illusions... pur effet des derniers événements sur un corps non accoutumé à la fatigue.

SARDANAPALE. — Je me sens mieux ; maintenant que je te revois, ce que j'ai vu ne me semble plus rien. *(SALÉMÉNÈS entre.)*

SALÉMÉNÈS. — Le roi est-il déjà réveillé ?

SARDANAPALE. — Oui, mon frère, et je voudrais n'avoir pas ni.

SALÉMÉNÈS. — Je propose de faire une sortie à la pointe du jour, attaquer de nouveau les rebelles, qui continuent à se recruter, ussés, mais non tout-à-fait vaincus.

SARDANAPALE. — La nuit est-elle avancée?

SALÉMÉNÈS. — Il reste encore quelques heures d'obscurité; pro-en pour vous reposer encore.

SARDANAPALE. — Non pas cette nuit, si elle dure encore. Il m'a blé que ça rêve duré bien des heures.

MYRRHA. — Une heure à peine; j'ai veillé auprès de vous: ce fut heure longue et pénible, mais une heure seulement.

SARDANAPALE. — Tenons donc conseil. Nous ferons une sortie.....

SALÉMÉNÈS. — Avant de traiter ce point, j'avais une grâce à vous ander.

SARDANAPALE. — Elle est accordée.

SALÉMÉNÈS. — Écoutez avant de me faire une réponse trop mpte. C'est à vous seul que je désire parler.

MYRRHA. — Prince, je me retire. (*Myrrha sort.*)

SALÉMÉNÈS. — Cette esclave a mérité sa liberté.

SARDANAPALE. — Sa liberté seulement? elle est digne de partager trône!

SALÉMÉNÈS. — Attendez..... ce trône n'est pas vacant, et celle qui cupe avec vous est l'objet dont dont je voulais vous entretenir.

SARDANAPALE. — Comment? la reine!?

SALÉMÉNÈS. — Elle-même. Je crois convenable pour sa sûreté et e de ses enfants de les faire partir à la pointe du jour pour la hlagonie, où commande Cotta, notre parent; à tout événement, vie de vos fils, mes neveux, y sera en sûreté, et de là ils pourront tenir leurs justes prétentions à la couronne, dans le cas où.....

SARDANAPALE. — Je viendrais à mourir. C'est bien penser..... ils partent avec une escorte sûre.

SALÉMÉNÈS. — Elle est déjà prête; mais avant leur départ, ne sentirez-vous pas à voir...

SARDANAPALE. — Mes fils? Cela pourrait énerver mon courage; pauvres enfants pleureraient. Et que puis-je faire pour les con-er? je n'ai à leur offrir que des espérances peut-être trompeuses les sourires contraints. Tu sais qu'il m'est impossible de feindre.

SALÉMÉNÈS — Mais du moins vous êtes capable de sentir... La reine nande à vous voir avant de vous quitter pour jamais.

SARDANAPALE. — Pourquoi? dans quel but? Je suis prêt à lui ac-der tout ce qu'elle voudra, hormis cette entrevue.

SALÉMÉNÈS. — Vous connaissez, vous devez connaître assez les ames, vous qui en avez fait une étude approfondie, pour oir que ce qu'elles demandent en affaires de cœur les touche plus que le monde extérieur tout entier. Je pense comme du ir de ma sœur; mais c'est son désir... Elle est ma sœur... vous s son époux... voulez-vous le lui accorder?

SARDANAPALE. — Cette entrevue sera inutile; mais qu'elle vienne.

SALÉMÉNÈS. — Je vais la chercher. (*Il sort.*)

SARDANAPALE. — Nous avons trop longtemps vécu séparés pour us revoir... et dans un pareil moment! N'ai-je pas assez de soucis supporter seul? Pourquoi uniraient-ils leurs afflictions ceux que mour a cessé d'unir? (*Saléménès rentre avec* ZARINA.)

SALÉMÉNÈS — Du courage, ma sœur! ne faites pas honte à notre ng par d'indignes frayeurs. Seigneur, la reine!

ZARINA. — Je vous prie, mon frère, laissez-nous.

SALÉMÉNÈS. — Puisque vous le désirez. (*Il sort.*)

ZARINA. — Seule avec lui! Nous sommes bien jeunes encore, et urtant combien d'années se sont écoulées depuis que nous ne us sommes vus! et tout ce temps, je l'ai passé dans le veuvage cœur. Hélas! il ne m'aimait pas! Il ne me parle point... à peine e voit-il... pas une parole... pas un regard... cependant il y avait guère de la douceur dans son aspect et dans sa voix; il était in-férent, mais non sévère. Seigneur!

SARDANAPALE. — Zarina!

ZARINA. — Non, pas Zarina... ne m'appelez pas Zarina; cet ac-nt, ce mot, effaçent de longues années et des choses qui les ont ndues plus longues encore.

SARDANAPALE. — Il n'est plus temps de songer à ces rêves du passé. nous faisons pas... c'est-à-dire ne me faites pas de reproches... ur la dernière fois.

ZARINA. — Ce serait la première.

SARDANAPALE. — Il est vrai, et cette idée pèse plus sur moi eur que... Mais notre cœur n'est pas en notre pouvoir!

ZARINA. — Notre main non plus; mais j'ai donné l'un et l'autre.

SARDANAPALE. — Votre frère m'a dit que vous désiriez me voir vant de partir pour Ninive avec... (*Il hésite.*)

ZARINA. — Avec nos enfants. C'est vrai; je voulais vous remer-er de n'avoir pas séparé mon cœur de tout ce qui lui reste main-nant à aimer... de ceux qui sont à vous et à moi, qui vous ressem-ent, et me regardent comme vous me regardiez autrefois... Mais s n'ont pas changé, eux... ils sont maintenant le seul lien qui iste entre nous.

SARDANAPALE. — Croyez que je vous ai rendu justice. Faites qu'ils tiennent plus de votre famille que de leur malheureux père. Je les laisse avec confiance auprès de vous; rendez-les dignes d'un trône; ou plutôt... Vous avez entendu le tumulte de cette nuit?

ZARINA. — Je l'avais presque oublié......

SARDANAPALE. — Le trône... et ce n'est pas la peur qui me fait parler... le trône est en péril, et peut-être mes fils n'y monteront-ils jamais; mais que jamais ils ne le perdent de vue. J'oserai tout reconquérir en braves, et l'occuper en sages. Qu'ils usent mieux de la royauté que je n'ai fait moi-même.

ZARINA. — Ils n'apprendront de moi qu'à honorer leur père.

SARDANAPALE. — Qu'ils apprennent la vérité de vous, plutôt que d'un monde injuste. S'ils vivent dans l'adversité, ils éprouveront trop tôt le mépris de la foule pour les princes sans couronne, et on rejettera sur eux les fautes de leur père. Mes fils!... j'aurais pu tout supporter si j'avais été sans enfants.

ZARINA. — Oh! ne parle point ainsi... Si tu triomphes, ils régne-ront et honoreront celui qui conserva pour eux un trône dont il se souciait peu pour lui-même.... Ah! prends soin de tes jours; vis du moins pour ceux qui t'aiment.

SARDANAPALE. — Et qui sont-ils? des amis qui ont partagé mes plai-sirs et qui ne font qu'un avec moi... car si je tombe, ils ne seront plus rien... un frère offensé... des enfants négligés... une épouse...

ZARINA. — Qui t'aime.

SARDANAPALE. — Et me pardonne?

ZARINA. — Cette pensée ne m'est jamais venue...

SARDANAPALE. — Ma femme!...

ZARINA. — Oh! sois béni pour ce mot! je ne l'espérais plus.

SARDANAPALE. — Oh! tu l'entendras de la bouche de mes sujets, et tu l'entendras comme une injure. Oui... ces esclaves que j'ai nourris, fêtés, comblés des biens de la paix et de l'abondance, jus-qu'à les rendre rois eux-mêmes; les voilà qui se révoltent; et ils demandent la mort de celui qui fit de leur vie une fête continuelle; tandis que le petit nombre de ceux qui ne me doivent rien me sont restés fidèles! cela est vrai, mais cela est monstrueux.

ZARINA. — Ce n'est peut-être pas trop naturel; car, dans les âmes perverses, les bienfaits se changent en poison.

SARDANAPALE. — Et les âmes vertueuses tirent le bien du mal.

ZARINA. — Recueille donc le bien sans t'enquérir d'où il vient. Sois en convaincu, tous ne t'ont pas abandonné.

SARDANAPALE. — Je le crois, puisque je vis.

ZARINA. — Vis pour l'amour de mes.... de nos enfants.

SARDANAPALE. — Ma douce Zarina, toi que j'ai tant offensée! Je suis l'esclave des circonstances et de mes impulsions... Emporté au gré du moindre souffle, déplacé sur le trône, déplacé dans la vie, je ne sais ce que j'aurais pu être... N'en parlons plus. Mais écoute, je n'ai pas fait pour un amour comme le tien, une âme telle que la tienne, et si je n'ai point adoré ta beauté, comme j'encensé de moindres charmes, c'est uniquement que cette adoration était pour moi un devoir, et je détestais celui qui avait l'apparence d'une chaîne. Entends cependant mes paroles, qui sont peut-être les der-nières: personne n'a estimé plus que moi tes vertus, bien que je n'aie pas su en profiter.

ZARINA. — Oh! si tu as à la fin découvert que mon amour est digne d'estime, je n'en demande pas davantage... Fuyons en-semble, et pour moi, permets-moi de dire pour nous... il y aura encore du bonheur. L'Assyrie n'est pas toute la terre; nous nous fe-rons un monde à nous, et nous serons plus heureux que je n'ai ja-mais été, que tu ne l'as été toi-même. (*Entre* SALÉMÉNÈS.)

SALÉMÉNÈS. — Il faut que je vous sépare...

ZARINA. — Frère inhumain! veux-tu donc abréger des instants si précieux et si chers?

SALÉMÉNÈS. — Si chers!

ZARINA. — Il s'est montré si bon envers moi, que je ne puis....

SALÉMÉNÈS. — Ainsi cet adieu de femme se termine, comme tou-jours, par la résolution de ne pas se séparer; je le prévoyais. Mais cela ne doit point être.

ZARINA. — Ne doit point être?

SALÉMÉNÈS. — Reste et péris.

ZARINA. — Avec mon époux, soit!

SALÉMÉNÈS — Et les enfants.

ZARINA. — Hélas!

SALÉMÉNÈS. — Écoutez-moi, comme doit m'écouter ma sœur... Tout prêt pour assurer votre salut et celui de vos enfants, notre dernière espérance. Il ne s'agit pas seulement d'une question de sentiment, quoique ce fût déjà beaucoup... c'est encore une ques-tion d'État; il n'est rien que les rebelles ne fissent pour s'emparer de la postérité de leur souverain, et détruire ainsi ...

ZARINA. — Ah! n'achève pas!

SALÉMÉNÈS. — Écoutez donc. Quand ces enfants auront échappé aux coups des Mèdes, les rebelles auront manqué le but principal qu'ils se proposent, l'extinction de la race de Nemrod. Quand le roi actuel devrait succomber, ses fils vivront pour le venger.

ZARINA. — Mais ne puis-je rester seule?

SALÉMÉNÈS. — Quoi! laisser vos enfants orphelins du vivant de

rents !... si jeunes, dans une terre lointaine !
ʑA. — Non... mon cœur se brisera plutôt.
MENÈS. — Maintenant vous savez tout, décidez !
ANAPALE.—Partez donc, Zarina. Si nous nous revoyons, peut-ʑi-je digne de vous... Mais voilà mon courage qui faiblit, cela pas être ; c'est de la fermeté qu'il me faut maintenant ; la ferdon t'absence a fait toutes mes fautes...Cache-moi tes larmes...
ʑ dis pas de ne point en répandre.... il serait plus facile ɪr l'Euphrate à sa source que les larmes d'un cœur fidèle et ; mais que je ne les voie pas, elles m'ôteraient la force dont uis armé. Mon frère, emmène-la.
ʑA. — O Dieu ! je ne le verrai plus !
MENÈS, *s'efforçant de l'entraîner.* — Il le faut, ma sœur. Si ie la violence; vous la pardonnerez à l'affliction d'un frère.
ʑA. — Jamais ! Au secours ! Sardanapale, souffriras-tu qu'il ʑhe d'auprès de toi ?
MENÈS. — Tout est perdu si nous ne partons pas.
ʑA. — Ma tête tourne... mes yeux s'obscurcissent... Où est-il ?
ANAPALE, *s'avançant.* — Non... laissez-la... Elle est morte...
ʑ l'avez tuée !   (*Elle s'évanouit.*)
MENÈS. — Ce n'est que l'épuisement amené par l'excès de la
ʑ ; le grand air la ranimera. Je vous en prie, éloignez-vous ʑ.) Il faut que je profite de ce moment pour la transporter sur re où ses enfants sont embarqués.   (*Il l'emporte.*)
ʑANAPALE *seul.* — Voilà encore, voilà ce que je dois souffrir...
ʑ jamais n'infligeai volontairement la moindre douleur ! ʑ aimait... fatale passion ! pourquoi n'expires-tu pas en même dans les deux cœurs que tu as embrasés à la fois ? Zarina, ʑ'avais aimé que toi, je régnerais maintenant sans obstacle, ʑue respecté de mes peuples. Dans quel abîme une seule déviasentier des devoirs entraîne ceux qui réclament l'hommage re humain. (MYRRHA *entre*) Vous ici ! qui vous a demandée ?
ʑHA. — Personne... mais j'ai entendu de loin des gémisseet des pleurs, et je pensais...
ʑANAPALE. — Vous aviez tort !...
ʑHA. — Je pourrais rappeler de votre part des paroles plus
ʑ, quoiqu'elles exprimassent aussi des reproches ; vous me ʑessiez quand je craignais de me rendre importune, résistant propres désirs et à vos ordres qui m'enjoignaient de vous ʑher à toute heure, et sans être appelée... Mais je me retire.
DANAPALE. — Non, restez puisque vous êtes venue. Pardon ! ʑeviendrai bientôt ce que j'étais.
ʑHA. — J'attends avec patience ce que je verrai avec plaisir.
DANAPALE. — Un moment avant votre entrée dans cette salle, ʑ, reine d'Assyrie, en sortait.
ʑHA. — Je sais la plaindre.
DANAPALE. — C'est trop, c'est outrepasser la nature... Ce sent n'est ni mutuel ni possible : vous ne pouvez la plaindre, et ʑ doit que....
ʑHA. — Mépriser l'esclave favorite ? elle ne peut le faire plus ʑ ne me suis méprisée moi-même.
DANAPALE. — Vous, méprisée ! vous qui faites l'envie de votre vous qui régnez sur le cœur du maître du monde !
ʑHA. — Fussiez-vous le maître de vingt mille mondes...
ʑ vous êtes à la veille peut-être de perdre celui qui vous était is... je me suis autant avilie en devenant votre maîtresse, que ʑis celle d'un paysan... et surtout d'un paysan grec.
ʑDANAPALE. — Vous parlez bien.
ʑHHA. — Je ne dis que la vérité.
ʑDANAPALE. — Quand vient l'heure des revers, tous deviennent geux envers celui qui tombe ; mais, comme je ne suis pas enʑ ombé tout-à-fait, et le me sens pas disposé à entendre des ches, par cela même peut-être que je les mérite, séparonsdu moins en paix.
ʑRHA. — Nous séparer ! Pourquoi ?
ʑDANAPALE. — Pour votre sûreté ; je me propose de vous donne escorte pour vous reconduire dans votre patrie. Si vous z été tout-à-fait reine, les présents que vous emporterez feront une dot égale au prix d'un royaume.
ʑRHA. — Je vous en prie, ne parlez point ainsi.
ʑDANAPALE. — La reine est partie ; vous pouvez, sans honte, r son exemple. Je veux succomber seul... je n'aime à partaue le bonheur...
ʑHHA. — Et moi, tout mon bonheur est de ne jamais vous ʑr. Vous ne m'éloignerez point de vous.
ʑDANAPALE. — Pensez-y mûrement ; bientôt peut-être il sera lard.
ʑRHA. — Tant mieux ; car alors vous ne pourrez me renvoyer.
ʑDANAPALE. — Je n'en ai pas la volonté ; mais je pensais que vouliez partir.
ʑRHA. — Moi !
ʑDANAPALE. — Vous parliez de votre avilissement.
ʑRHA. — Et je le sens vivement, plus vivement que tout au ʑe, si ce n'est l'amour.
ʑDANAPALE. — Alors que la fuite vous en délivre.

MYRRHA. — La fuite ne détruira pas le passé... elle ne me rendra ni mon honneur, ni la paix de mon âme. Non, je veux triompher ou succomber avec vous. Vainqueur, je vivrai pour jouir de votre victoire ; si votre destinée est autre, je ne pleurerai pas, mais je la partagerai. Vous ne doutiez pas de moi il y a quelques heures !
SARDANAPALE. — Je n'en doute plus. Mais la nécessité de soutenir mes droits par la force pèse plus lourdement sur mon cœur que tous les outrages sous lesquels ces hommes voudraient courber ma tête. Jamais, jamais je n'oublierai cette nuit. Je croyais avoir fait de mon règne inoffensif une ère de paix au milieu de nos sanglantes annales ; une verte oasis dans le désert des siècles, sur laquelle l'avenir tournerait ses regards charmés, en regrettant de ne pouvoir rappeler le règne d'or de Sardanapale. Je croyais avoir fait de mon royaume un paradis, où chaque lune nouvelle devenait le signal de nouveaux plaisirs. Je prenais les acclamations de la populace pour de l'amour... la voix de mes amis pour la vérité... les lèvres de la femme pour ma seule récompense. Cela du moins est vrai, ma douce Myrrha ! embrasse-moi. Qu'ils prennent maintenant mon royaume et ma vie ; ils auront l'un et l'autre, mais toi, jamais !
MYRRHA. — Non, jamais ! L'homme peut dépouiller mon semblable de tout ce qui est grand, de tout ce qui brille... les empires s'écroulent... les armées sont vaincues... les amis abandonnent... les esclaves fuient... tous trahissent... ceux-là surtout, et les premiers, qui doivent le plus ; tous, excepté le cœur qui aime sans intérêt ! Tel est le mien... mets-le à l'épreuve. (SALÉMENÈS *entre*).
SALÉMENÈS. — Je vous cherchais... Comment ! elle encore ici !
SARDANAPALE. — Ne recommence pas tes reproches. Ton visage annonce d'autres événements que la présence d'une femme.
SALÉMENÈS. — La seule femme qui, dans un tel moment, a de l'importance pour moi, est en sûreté... la reine est embarquée.
SARDANAPALE. — Est-elle plus calme ? parle.
SALÉMENÈS. — Oui, sa faiblesse passagère est dissipée, du moins elle s'est transformée en un silence sans larmes ; ses yeux brillants, après un regard jeté sur ses enfants endormis, se sont tournés vers les tours du palais, pendant que la galère voguait à la lueur des étoiles ; mais elle n'a rien dit !
SARDANAPALE. — Plût au ciel que je fusse comme elle !
SALÉMENÈS. — Il est trop tard maintenant pour se livrer à des regrets ; ils ne sauraient guérir une seule douleur. Pour nous occuper d'autres objets, je viens vous annoncer comme une chose trop certaine que les rebelles de la Médie et de la Chaldée, commandés par les deux chefs de l'entreprise, sont de nouveau en armes, et, formant leurs rangs, se préparent à nous assiéger ; on dit que d'autres satrapes se sont joints à eux.
SARDANAPALE. — Quoi ! de nouveaux rebelles ? A eux les premiers !
SALÉMENÈS. — C'était ce que je voulais vous proposer d'abord ; mais il y aurait maintenant imprudence à le faire. Si demain à midi nous recevons les renforts que j'ai envoyé chercher par des messagers sûrs, nous pourrons hasarder une attaque, et espérer la victoire ; mais jusque-là, mon avis est d'attendre l'ennemi.
SARDANAPALE. — J'abhorre ce délai ; il y a sans doute moins de dangers à combattre derrière de hautes murailles, à précipiter les ennemis dans des fossés profonds, ou à les voir se débattre dans les pièges qu'on leur a tendus ; mais ce genre de combat me déplaît... j'y perds toute mon ardeur. Au contraire, une fois lancé sur eux, fussent-ils entassés les uns sur les autres comme des montagnes, il faut bien aller jusqu'au bout. Si je dois mourir, que ce soit dans la chaleur de la mêlée !... A l'attaque donc !
SALÉMENÈS. — Vous parlez en jeune soldat.
SARDANAPALE. — Je ne suis pas soldat, mais homme ; ne me parle pas de soldats, j'en déteste le nom et ceux qui s'en font gloire. Ce sont des soldats ceux auxquels je veux faire sentir mes coups.
SALÉMENÈS. — Vous ne devez pas exposer témérairement votre vie ; elle n'est pas comme la mienne ou celle de tout autre de vos sujets : toute la guerre en dépend.
SARDANAPALE. — Terminons donc : pourquoi la prolonger ? je suis las de l'une, et peut-être de toutes deux. (*Une trompette sonne.*)
SALÉMENÈS. — Écoutons.
SARDANAPALE. — Répondons au lieu d'écouter.
SALÉMENÈS. — Et votre blessure ?
SARDANAPALE. — Elle est passée... elle est guérie... je l'avais oubliée. L'esclave qui m'a fait cette blessure devrait être honteux d'avoir frappé un si faible coup.
SALÉMENÈS. — Puisse maintenant personne ne vous en porter de plus sûr !
SARDANAPALE. — Soit ! si nous sommes vainqueurs ; sinon ce serait me laisser une tâche qu'ils devraient m'épargner. Marchons !
SALÉMENÈS. — Je vous suis. (*Les trompettes sonnent encore.*)
SARDANAPALE. — Allons, mes armes ! mes armes, vous dis-je !
(*Ils sortent.*)

ACTE V.

Myrrha, *près d'une fenêtre.* — Le jour enfin a paru. Quelle nuit l'a précédée! nuit magnifique dans le ciel!... l'orage qui l'a traversée n'a fait qu'ajouter la variété à sa magnificence! nuit affreuse sur la terre, où la paix, l'espérance, l'amour et la joie, foulés aux pieds par les passions humaines, ont fait place en un instant au chaos!... La guerre continue! le soleil peut-il bien se lever si brillant? Comme il chasse devant lui les nuages, qui se déroulent en vapeurs plus riantes à la vue qu'un ciel uniformément serein. Elles figurent des dômes d'or, des montagnes de neige, des vagues plus belles que l'Océan. O spectacle qui saisit l'âme, la console et s'identifie avec elle! Oui, le lever et le coucher du soleil deviennent des heures consacrées à la douleur et à l'amour. Celui qui les voit avec indifférence n'a jamais connu les deux génies qui ennoblissent et purifient nos cœurs.

Baléa. — Jeune femme, vous vous livrez à une rêverie bien paisible: pouvez-vous regarder ainsi le lever d'un soleil qui peut-être est pour vous le dernier?

Myrrha. — C'est pour cela même que je le contemple; je me reproche de l'avoir regardé souvent, trop souvent, sans la vénération due à cet astre, qui seul communique à la terre une vie moins fragile que celle de l'homme. Venez! regardez le dieu de la Chaldée! quand je le contemple, je me convertis presque à votre Baal.

Baléa. — Assurément c'est un dieu.

Myrrha. — Nous le croyons aussi, nous autres Grecs, et néanmoins je pense quelquefois que cet astre éclatant doit être plutôt un séjour habité par des dieux qu'un dieu lui-même. Le voilà maintenant qui perce les nuages et frappe mes yeux d'un éclat qui m'empêche de voir le reste du monde. Je ne puis plus regarder.

Baléa. — Écoutez!.. n'avez-vous rien entendu?

Myrrha. — Non, ce n'est qu'une illusion: on combat hors des murs et non dans l'enceinte du palais comme la nuit dernière; le palais est devenu une forteresse depuis cette heure périlleuse, et ici, au centre même, entourés de vastes cours et de salles gigantesques, qu'il faut emporter l'une après l'autre avant de pénétrer aussi loin que la première fois, nous sommes hors de la portée du danger... aussi bien que de la gloire.

Baléa. — Mais les rebelles sont déjà venus ici.

Myrrha. — Oui, par surprise, et la valeur les en a repoussés; maintenant nous avons à la fois la vigilance et le courage.

Baléa. — Puissent-ils réussir! Écoutez.

Myrrha. — Vous avez raison; on s'approche, mais lentement. (*On voit entrer des soldats portant* Salémenès *blessé d'un javelot; ils le déposent sur un lit de repos.*) O Jupiter!

Baléa. — Tout est donc perdu?

Salémenès. — C'est faux! mort au soldat qui dit cela.

Myrrha. — Ce n'est point un, épargnez-le. Ce n'est que l'un de ces papillons de cour qui voltigent dans le cortège d'un roi.

Salémenès. — En ce cas, qu'il vive.

Myrrha. — Vous vivrez aussi, je l'espère.

Salémenès. — Je voudrais vivre encore une heure, afin de connaître le résultat du combat; mais je doute que je puisse aller aussi loin. Pourquoi m'avez-vous transporté ici?

Un soldat. — Par ordre du roi.

Salémenès. — Il a bien fait: puisqu'on me croyait mort, cette vue aurait pu décourager les soldats; mais... c'est en vain; je sens revenir ma faiblesse.

Myrrha. — Laissez-moi voir la blessure, je m'y connais un peu dans ma patrie, l'art de soigner les blessés fait partie de l'instruction qu'on donne aux femmes, et la guerre étant continuelle, nous sommes habituées à de tels spectacles.

Le soldat. — Il faudrait extraire le javelot.

Myrrha. — Arrêtez! non, cela n'est pas possible.

Salémenès. — Alors, c'en est fait de moi.

Myrrha. — Le sang coulerait avec votre vie.

Salémenès. — Je ne crains pas la mort. Où était le roi quand vous m'avez emporté?

Le soldat. — Non loin de vous, encourageant de la voix et du geste les troupes alarmées qui vous avaient vu tomber, et déjà commençaient à ployer.

Salémenès. — Avez-vous entendu nommer celui qui me remplace?

Le soldat. — Non, seigneur.

Salémenès. — Allez donc en toute hâte trouver le roi, et dites lui que ma dernière demande est que mon poste soit confié à Zamès, jusqu'à ce qu'Ofratanès, satrape de Suze, ait opéré sa jonction tant différée et si ardemment désirée. Laissez-moi; nos guerriers ne sont pas trop nombreux.

Le soldat. — Mais, mon prince...

Salémenès. — Partez, vous dis-je! voilà un courtisan et une femme, tout ce qu'il faut à un malade. (*Les soldats sortent.*)

Myrrha. — Âme vaillante et glorieuse! la terre doit-elle donc te perdre si tôt?

Salémenès. — Aimable Myrrha! j'aurais choisi cette mort si j'avais réussi à sauver le monarque ou la monarchie; du moins j'ai la satisfaction de ne pas

Mort de Salémenès.

leur survivre.

Myrrha. — Vous devenez plus pâle.

Salémenès. — Donnez-moi votre main... ce javelot brisé ne fait que prolonger mes tortures, sans prolonger assez mon existence pour me rendre utile; je l'arracherais moi-même et ma vie en même temps, si je pouvais seulement apprendre où en est le combat! (Sardanapale *entre avec quelques soldats.*)

Sardanapale. — Mon bien-aimé frère!

Salémenès. — Et la bataille est perdue?

Sardanapale. — Tu me vois.

Salémenès. — J'aimerais mieux te voir ainsi. (*Il arrache le javelot de sa blessure et expire.*)

Sardanapale. — Et on me verra bientôt de même, à moins qu'Ofratanès n'arrive avec ses renforts, faible et dernier roseau sur lequel s'appuie notre espoir.

Myrrha. — N'avez-vous pas reçu un message de votre frère mourant, qui vous désignait Zamès pour lui succéder?

SARDANAPALE. — Je l'ai reçu.
MYRRHA. — Où est Zamès?
SARDANAPALE. — Mort.
MYRRHA. — Et Altada?
SARDANAPALE. — Mourant.
MYRRHA. — Pania? Sféro?
SARDANAPALE. — Pania vit encore; mais Sféro est en fuite ou prisonnier. Je suis seul.
MYRRHA. — Tout est donc perdu?
SARDANAPALE. — Nos remparts, malgré notre petit nombre, peuvent encore tenir contre les forces de l'ennemi si la trahison ne s'en mêle; mais en rase campagne.....
MYRRHA. — Je pensais que l'intention de Salémenès était de ne pas risquer une sortie avant d'avoir reçu les renforts attendus.
SARDANAPALE. — C'est moi qui l'ai voulu.
MYRRHA. — Eh bien! c'est la faute d'un homme de cœur.
SARDANAPALE. — Faute trop funeste! O mon frère! je donnerais ces royaumes dont tu étais le plus bel ornement; je donnerais mon épée et mon bouclier, seule gloire qui me reste, pour te rappeler à la vie. Mais je ne te pleurerai pas; tu seras honoré comme tu as désiré l'être. Ce qui m'afflige le plus, c'est que tu aies quitté la vie avec la pensée que je pouvais survivre à l'antique royauté de notre race, pour laquelle tu es mort. Si je parviens à la reconquérir, je t'offrirai pour apaiser ton ombre le sang de milliers d'hommes, les larmes de millions de rebelles (celles des gens de bien t'appartiennent déjà); sinon, bientôt nous serons réunis. Si le souffle qui est en nous vit au-delà de la tombe .. tu lis dans mon âme maintenant, et tu me rends justice. Que je serre pour la dernière fois cette main encore chaude! Maintenant, qu'on emporte le corps!
UN SOLDAT. — Où, seigneur?
SARDANAPALE. — Dans mon propre appartement. Placez-le sous mon dais comme si c'était le corps du roi; cela fait, nous aviserons aux honneurs qu'il faut rendre à de telles cendres. (*Des soldats emportent le corps de Salémenès.* — PANIA *entre.*)
SARDANAPALE. — Eh bien, Pania! les soldats se comportent toujours bravement?
PANIA. — Prince...
SARDANAPALE. — Tu m'as répondu! quand un roi demande deux fois la même chose, sans obtenir une réponse favorable, c'est un funeste augure. Quoi donc! sont-ils découragés?
PANIA. — La mort de Salémenès, et les cris de victoire des rebelles en le voyant tomber ont excité en eux...
SARDANAPALE. — Non du découragement, mais de la rage... c'est là du moins ce qui aurait dû arriver. Mais nous trouverons moyen de ranimer leur énergie.
PANIA. — Une telle perte est bien faite pour mettre la victoire même en deuil.
SARDANAPALE. — Hélas! qui le sent plus vivement que moi? Cependant, ces murs où nous sommes assiégés peuvent opposer quelque résistance, et les renforts que nous attendons se fraieront un chemin au travers de l'armée ennemie, pour que cette enceinte redevienne ce qu'elle était... un palais, non une prison ou une forteresse. (*Un officier entre précipitamment.*)
SARDANAPALE. — Ton visage annonce de tristes nouvelles. Parle.
L'OFFICIER. — Je n'ose, seigneur.
SARDANAPALE. — Tu n'oses pas! quand des millions de nos sujets osent se révolter les armes à la main! voilà qui est étrange. Je t'en prie, romps ce silence de la loyauté qui craint d'affliger son souverain; je puis en supporter plus que tu n'as à en dire.
L'OFFICIER. — La partie du rempart qui borde le fleuve vient d'être renversée par une inondation soudaine de l'Euphrate, qui, gonflé par les pluies tombées dernièrement dans les montagnes, a franchi brusquement ses rives.

Je ne te dois plus rien, pas même un tombeau.

PANIA. — Funeste présage! Depuis des siècles, il existe une prédiction qui annonce que jamais la ville ne tombera sous les efforts de l'homme, à moins que le fleuve ne se déclare son ennemi.
SARDANAPALE. — Qu'importe l'augure! c'est le fait qu'il faut voir. Quelle longueur de murailles a été emportée?
L'OFFICIER. — Environ vingt stades.
SARDANAPALE. — Et tout cet espace est laissé accessible?
L'OFFICIER. — Pour le moment le courroux du fleuve rend toute attaque impossible; mais, aussitôt qu'il rentrera dans son lit, le palais tombera au pouvoir des rebelles.
SARDANAPALE. — C'est ce qui n'arrivera jamais. En dépit des hommes, des dieux, des éléments et des augures, tous ligués contre un roi qui ne les a jamais provoqués, la demeure de mes pères ne sera pas une caverne où les loups viendront hurler.
PANIA. — Avec votre permission, je vais me rendre sur les lieux, et prendre les mesures nécessaires pour fortifier à la hâte l'espace laissé sans défense.
SARDANAPALE. — Cours-y sur-le-champ, et rapporte-moi aussi promptement que possible, mais exactement le véritable état des choses. (*Pania et l'officier sortent.*)
MYRRHA. — Ainsi les flots eux-mêmes s'arment contre vous!
SARDANAPALE. — Jeune fille, ils ne sont point mes sujets, et il faut leur pardonner puisque je ne puis les punir.
MYRRHA. — Je me réjouis de voir que cette prédiction ne vous a point abattu.
SARDANAPALE. — Les prédictions n'ont plus d'effet sur moi. On ne peut rien me dire que je ne me sois déjà dit moi-même depuis cette nuit! le désespoir anticipe sur tout ce qui peut survenir.
MYRRHA. — Le désespoir!
SARDANAPALE. — Non, ce n'est point tout-à-fait le mot; quand nous savons tout ce qui peut arriver, et que nous y sommes préparés, notre résolution, si elle est ferme, mérite un nom plus noble que celui-là. Mais que nous importent les mots? bientôt nous en aurons fini avec eux et avec toute chose.
MYRRHA. — Dans un dernier acte, le plus important pour tous les mortels, celui qui couronne tout ce qui fut, tout ce qui est... tout ce qui sera... la seule chose commune à tous les hommes, quelles que soient les différences de naissance, de langage, de sexe, de couleur, de climats, d'époque, de sentiments, d'intelligence...

point de réunion universelle vers lequel nous marchons dans ce labyrinthe mystérieux qu'on nomme la vie.

SARDANAPALE. — Le fil de notre existence tirant à sa fin, livrons-nous à la joie. Ceux qui n'ont plus rien à craindre peuvent sourire de ce qui naguère causait leur effroi, comme des enfants qui découvrent le secret d'un vain épouvantail. (PANIA *rentre*.)

PANIA. — Grand roi, les choses sont comme on vous l'a rapporté : j'ai doublé la garde pour veiller près de la brèche occasionnée par les eaux, en diminuant le nombre de ceux qui sont préposés à la défense de la partie des remparts la mieux fortifiée.

SARDANAPALE. — Tu as rempli fidèlement ton devoir, et comme je l'attendais de toi, mon digne Pania ! Le moment approche où les liens qui nous unissaient n'existeront plus. Prends cette clef (*il lui donne une clef*); elle ouvre une porte secrète derrière ma couche royale, sur laquelle est déposé maintenant le plus noble fardeau qu'elle ait jamais porté, quoiqu'une longue suite de souverains se soient étendus sur l'or qui la compose... elle porte celui qui naguère était Salémenès. Cherche le lieu caché où ce passage te conduira, il renferme un trésor ; prends-le pour toi et tes compagnons. Quel que soit votre nombre, il y a autant de richesses que vous pourrez en porter. Je veux aussi que les esclaves soient affranchis et que tous les habitants du palais, de l'un et de l'autre sexe, le quittent dans une heure. Mettez à flot les barques royales, naguère destinées au plaisir, et qui doivent maintenant servir à votre sûreté : le fleuve est large et grossi encore par la crue des eaux ; plus puissant qu'un roi, il n'a rien à craindre des assiégeants. Partez et soyez heureux.

PANIA. — Oui, sous votre protection ; car vous accompagnez votre fidèle garde...

SARDANAPALE. — Non, Pania, cela ne peut être ; éloigne-toi, et laisse-moi à ma destinée.

PANIA. — C'est la première fois que j'aurai désobéi... mais maintenant...

SARDANAPALE. — Tout le monde me brave donc aujourd'hui, et l'insolence dans mon propre palais imite la trahison à l'extérieur ! Plus d'hésitation ; ce sont mes ordres, mes derniers ordres. Veux-tu t'y opposer, toi, Pania ?

PANIA. — Mais... il n'est pas temps encore...

SARDANAPALE. — Eh bien ! jure donc ici que tu obéiras quand je te donnerai le signal.

PANIA. — Mon cœur affligé, mais fidèle, vous en fait le serment.

SARDANAPALE. — Il suffit... Maintenant, fais entasser ici du bois sec, des pommes de pin, des feuillages flétris et tous les combustibles qu'une étincelle peut embraser ; qu'on apporte aussi du cèdre, des essences précieuses, des aromates, de grandes planches pour former un vaste bûcher ; qu'on y joigne de l'encens et de la myrrhe, car c'est un grand sacrifice que je veux offrir ; tu feras disposer tous ces matériaux autour du trône.

PANIA. — Seigneur !

SARDANAPALE. — J'ai parlé, et tu as juré d'obéir.

PANIA. — Je vous serais fidèle sans l'avoir juré. (*Pania sort*.)

MYRRHA. — Quel est votre dessein ?

SARDANAPALE. — Tu connaîtras bientôt un fait que la terre ne doit jamais oublier. (PANIA *revient avec un héraut d'armes*.)

PANIA. — Seigneur, au moment où j'allais exécuter vos ordres, on a conduit devant moi ce héraut qui demande audience.

SARDANAPALE. — Qu'il parle !

LE HÉRAUT. — Arbacès, roi d'Assyrie...

SARDANAPALE. — Oses-tu déjà couronné ! mais poursuis.

LE HÉRAUT. — Bélesis, le grand-prêtre sacré...

SARDANAPALE. — De quel dieu ou de quel démon ?... De nouveaux autels s'élèvent sur de nouveaux rois ; mais continue. Tu as été envoyé pour exécuter les volontés de ton maître, et non pour répondre à mes questions.

LE HÉRAUT. — Et le satrape Ofratanès.

SARDANAPALE. — Comment ! il est des vôtres ?

LE HÉRAUT, *montrant un anneau*. — Ce gage le prouve qu'il est maintenant dans le camp des vainqueurs ; tu vois la bague qui lui sert de sceau.

SARDANAPALE. — C'est la sienne. Pauvre Salémenès ! tu es mort à propos ; cet homme était ton fidèle ami et paraissait mon sujet le plus dévoué. Poursuis.

LE HÉRAUT. — Ils t'offrent la vie ; tu seras libre de choisir ta résidence dans l'une des provinces éloignées ; tu seras surveillé sans être captif, et tu couleras tes jours en paix ; mais à cette condition que les trois jeunes princes seront livrés comme ôtages.

SARDANAPALE, *ironiquement*. — Généreux vainqueurs !

LE HÉRAUT. — J'attends ta réponse.

SARDANAPALE. — Ma réponse, misérable ! Depuis quand les esclaves ont-ils décidé du sort des rois ?

LE HÉRAUT. — Depuis qu'ils sont libres !

SARDANAPALE. — Organe de la révolte ! toi, du moins, tu recevras le châtiment dû à la trahison, quoique tu n'en sois que le représentant. Pania, que du haut des remparts sa tête soit jetée dans les rangs des rebelles, et son corps dans le fleuve. Qu'on l'emmène. (*Pania et les gardes saisissent le héraut d'armes*.)

PANIA. — Jamais je n'ai obéi à aucun ordre avec plus de plaisir qu'à celui-ci. Soldats, entraînez-le ! ne souillez point du sang d'un traître ce séjour de la royauté.

LE HÉRAUT. — Un mot, roi ! mes fonctions sont sacrées.

SARDANAPALE. — Et que sont donc les miennes, que tu oses me demander de les abdiquer !

LE HÉRAUT. — Je ne fais qu'exécuter les ordres que j'ai reçus. Le danger que me fait courir mon obéissance, un refus me l'eût également attiré.

SARDANAPALE. — Ainsi, des monarques d'une heure de durée sont aussi despotiques que des souverains élevés dans la pourpre.

LE HÉRAUT. — Ma vie dépend d'un mot de ta bouche. La tienne (je le dis avec humilité)... il se peut que la tienne soit dans un danger non moins imminent ; serait-il digne des derniers instants d'une race comme celle de Nemrod d'ôter la vie à un héraut pacifique, et de fouler aux pieds, avec ce qu'il y a de plus sacré chez les hommes, ce lien plus saint encore qui nous unit aux dieux ?

SARDANAPALE. — Il a raison... Qu'on le laisse libre... Le dernier acte de ma vie ne sera pas un acte de colère. Approche, héraut : prends cette coupe d'or (*il prend sur une table une coupe d'or qu'il lui donne*), verses-y ton vin, et pense à moi en la vidant, ou fais-la fondre en lingot, et ne songe qu'à son poids et à sa valeur.

LE HÉRAUT. — Je te remercie doublement, prince, et pour avoir épargné ma vie, et pour m'avoir fait ce don magnifique, qui me la rend encore plus précieuse. Mais porterai-je une réponse ?

SARDANAPALE. — Oui ; je demande une heure de trêve pour réfléchir au parti que je dois prendre.

LE HÉRAUT. — Une heure seulement ?

SARDANAPALE. — Une heure. Si, à l'expiration de ce terme, les maîtres ne reçoivent pas d'autre réponse de moi, ils doivent en conclure que je repousse leurs conditions, et agir en conséquence.

LE HÉRAUT. — Je ne manquerai pas de transmettre ta volonté.

(*Le héraut sort*.)

SARDANAPALE. — Pania !... c'est maintenant, mon fidèle Pania !... hâte-toi d'exécuter mes ordres.

PANIA. — Seigneur... les soldats s'en occupent déjà. Les voici qui viennent. (*Des soldats entrent et construisent un bûcher autour du trône*.)

SARDANAPALE. — Plus haut, mes braves ; mettez-y plus de bois : établissez les fondements du bûcher de telle sorte qu'il ne meure pas faute d'aliments, et qu'aucun secours officieux ne puisse l'éteindre. Que le trône en forme le centre ; je ne veux le laisser aux nouveaux venus qu'embrasé d'une flamme inextinguible. Arrangez-le tout comme s'il s'agissait d'incendier une forteresse ennemie. Maintenant, voilà qui prend quelque apparence ! Qu'en dis-tu, Pania ? ce bûcher sera-t-il suffisant pour les funérailles d'un roi ?

PANIA. — Oui, et pour celles d'un royaume. Je comprends.

SARDANAPALE. — Et tu ne me blâmes pas ?

PANIA. — Permettez seulement que je mette le feu au bûcher et que j'y monte avec vous.

MYRRHA. — Ce devoir me regarde.

PANIA. — Une femme !

MYRRHA. — Le devoir d'un soldat est de mourir pour son souverain : celui d'une femme de mourir avec celui qu'elle aime.

PANIA. — Dévoûment étrange !

MYRRHA. — Moins rare, Pania, que tu ne l'imagines. Vis cependant. Adieu, le bûcher est prêt.

PANIA. — Je rougirais de laisser mon souverain avec une femme seulement pour partager sa mort.

SARDANAPALE. — Un trop grand nombre déjà m'ont précédé. Pars, va l'enrichir.

PANIA. — Et vivre misérable !

SARDANAPALE. — Pense à ton serment..... il est sacré et irrévocable.

PANIA. — ...Puisqu'il en est ainsi, adieu !

SARDANAPALE. — Cherche bien dans mon appartement : emporte sans scrupule tout l'or que tu y trouveras ; ce que tu y laisserais serait pour les esclaves qui te tuent. Quand tu auras tout mis en sûreté sur les barques, au moment où tu quitteras le palais, fais retentir dans les airs le son prolongé de la trompette. Fuis alors avec tes compagnons, mais en détournant la tête de ce côté ; suis le cours de l'Euphrate. Si tu arrives dans la Paphlagonie, à la cour de Cotta où la reine est en sûreté avec ses trois fils, dis-lui ce que tu as vu en partant, et prie-la de se rappeler mes paroles.

PANIA. — Seigneur, veuillez me donner votre main royale, que je la presse une fois encore sur mes lèvres. Recevez le même hommage de ces pauvres soldats qui serrent leurs rangs autour du trône, et qui voudraient mourir avec vous ! (*Les soldats entourent Sardanapale, et baisent sa main ainsi que les pans de sa robe*.)

SARDANAPALE. — Mes meilleurs, mes derniers amis ! n'énervons pas mutuellement nos courages. Partez sans délai ; les adieux doivent être prompts. Partez, et soyez heureux. Croyez-moi, je ne suis pas à plaindre maintenant ; ou, si je le suis, c'est bien plus pour le passé que pour le présent. Quant à l'avenir, il est entre les mains des dieux, s'il en existe.. je le saurai bientôt. Adieu... adieu! (*Pania et les soldats sortent.*)

MYRRHA. — Ces hommes étaient fidèles : c'est une consolation que nos derniers regards puissent tomber sur des visages amis.

SARDANAPALE. — Et sur des traits charmants, belle Myrrha!..... Mais écoute-moi... le terme fatal s'approche... si en ce moment tu éprouves une répugnance secrète à t'élancer dans l'avenir, à travers les flammes de ce bûcher, parle : pour avoir cédé à ta nature, je ne t'en aimerai pas moins, peut-être même t'en aimerai-je davantage.

MYRRHA. — Allumerai-je l'une des torches entassées sous la lampe éternelle de l'autel de Baal, dans la salle voisine?

SARDANAPALE. — Oui. Est-ce là ta réponse?

MYRRHA. — Tu vas voir. (*Myrrha sort.*)

SARDANAPALE, *seul*. — Elle est inébranlable! O mes pères! vous que je vais rejoindre, purifié peut-être par la mort de quelques-unes des grossières souillures de la nature matérielle, je n'ai pas voulu que des esclaves révoltés déshonorassent par leur présence votre antique demeure. Si je n'ai pas conservé votre héritage tel que vous me l'avez légué, du moins ce palais qui en contient une portion splendide, vos trésors, vos armes consacrées, vos archives, vos monuments, vos trophées, dont ces misérables auraient paré leur triomphe; tout cela, pour vous le rendre, je l'emporte avec moi dans cet élément destructeur... Ce grand bûcher funéraire de la royauté sera une leçon pour les siècles, pour les nations rebelles, pour les princes voluptueux. Le temps couvrira de l'oubli les annales de plus d'un peuple, les exploits de plus d'un héros; mais il respectera mon dernier acte, exemple que peu oseront imiter, que nul n'osera mépriser; et peut-être cette fin détournera-t-elle plus d'un roi d'imiter la vie qui m'y a conduit. (*Myrrha revient avec une torche dans une main, et une coupe dans l'autre.*)

MYRRHA. — Vois, j'ai allumé le flambeau qui doit éclairer notre vol vers les astres.

SARDANAPALE. — Et la coupe?

MYRRHA. — Il est d'usage dans ma patrie de faire une libation aux dieux.

SARDANAPALE. — Et dans la mienne de faire une libation aux hommes; c'est une coutume que je n'ai pas oubliée ; et quoique seul, je viderai une coupe en mémoire de tant de banquets joyeux. (*Sardanapale prend la coupe qu'il renverse après avoir bu, et s'écrie en voyant tomber une goutte :*) Cette libation est pour l'excellent Bélésès.

MYRRHA. — Pourquoi le nom de cet homme se présente-t-il à ta pensée plutôt que celui de son complice en scélératesse?

SARDANAPALE. — L'un n'est qu'un soldat, un instrument, une sorte d'épée vivante dans la main de son ami ; l'autre fait jouer les fils de cette marionnette guerrière. Mais je les bannis tous deux de mon souvenir... Un moment encore, ma Myrrha ! Est-ce librement et sans crainte que tu m'accompagnes?

MYRRHA. — Doutes-tu donc qu'une fille grecque ose faire pour l'amour ce que fait une veuve indienne pour obéir à la coutume?

SARDANAPALE. — Alors nous n'attendons plus que le signal.

MYRRHA. — Il tarde bien à retentir.

SARDANAPALE. — Allons, adieu ! un dernier embrassement !

MYRRHA. — Il en reste un encore.

SARDANAPALE. — Il est vrai, le feu mêlera nos cendres.

MYRRHA. — Oui, mes cendres se mêleront aux tiennes, pures comme mon amour pour toi, dégagées des souillures et des passions terrestres. Une seule pensée m'afflige.

SARDANAPALE. — Laquelle ?

MYRRHA. — C'est qu'aucune main amie ne recueillera nos deux poussières dans une urne commune.

SARDANAPALE. — Tant mieux; qu'elles soient dispersées dans l'air, jetées à tous les vents, et non souillées par le contact des mains de traîtres et d'esclaves. Dans ce palais en flammes, dans les ruines fumantes de ces gigantesques murailles, nous laissons un monument plus imposant que l'Egypte n'en a construit dans ces montagnes de pierres entassées pour servir de tombeau à ses rois.

MYRRHA. — Adieu donc, ô terre ! et toi, le plus beau lieu de la terre ! adieu, mon Ionie ! Puisses-tu toujours être libre et belle ! et que jamais la désolation n'approche tes rivages ! ma dernière prière est pour toi ; tu as mes dernières pensées, hormis une seule.

SARDANAPALE. — Et celle-là?

MYRRHA. — Elle est pour toi. (*La trompette de Pania se fait entendre.*)

SARDANAPALE. — Ecoute !

MYRRHA. — Le moment est venu !

SARDANAPALE. — Adieu, Assyrie ! je t'aimais, ô ma terre natale ! terre de mes aïeux ; je t'aimais plus comme ma patrie que comme mon royaume ; tu m'as rassasiée de paix et de plaisirs, et voilà ma récompense ! A présent, je ne te dois rien, pas même un tombeau. (*Il monte sur le bûcher.*) Maintenant, Myrrha !

MYRRHA. — Es-tu prêt?

SARDANAPALE. — Comme la torche que tu tiens. (*Myrrha met le feu au bûcher.*)

MYRRHA. — Le bûcher est allumé !... Me voilà ! (*Au moment où Myrrha s'élance dans les flammes, la toile tombe.*)

FIN DE SARDANAPALE.

LES
DEUX FOSCARI

TRAGÉDIE HISTORIQUE.

PERSONNAGES.

FRANCESCO FOSCARI, *doge de Venise.* — JACOPO FOSCARI, *son fils.* JACOPO LOREDANO, *patricien.* — MARCO MEMMO, *membre du conseil des Quarante.* — BARBARIGO, *sénateur.* — MARINA, *femme du jeune Foscari.* — *Autres sénateurs, le conseil des Dix, gardes, serviteurs, etc.*

La scène est à Venise, dans le palais ducal.

ACTE PREMIER.

Une salle du palais ducal.

LOREDANO. — Où est le prisonnier?

BARBARIGO. — Il se repose après avoir été mis à la question.

LOREDANO. — L'heure fixée hier pour reprendre le procès est déjà passée... Allons rejoindre nos collègues au conseil et presser la comparution de l'accusé.

BARBARIGO. — Accordons-lui plutôt encore quelques minutes pour reposer ses membres souffrants : hier la torture l'a épuisé et il pourrait y succomber si on la renouvelait trop tôt.

LOREDANO. — Soit.

BARBARIGO. — Je ne vous le cède ni en amour de la justice, ni en haine pour les ambitieux Foscari, le père, le fils et toute leur dangereuse race ; mais le malheureux a souffert plus que ne peut endurer la nature la plus stoïque.

LOREDANO. — Sans avouer son crime?

BARBARIGO. — Peut-être n'en a-t-il commis aucun. Mais il avoue la lettre au duc de Milan ; et cette erreur est à demi expiée par ses souffrances.

LOREDANO. — Nous verrons.

BARBARIGO. — Loredano, vous poursuivez trop loin votre haine héréditaire.

LOREDANO. — Jusqu'où ?

BARBARIGO. — Jusqu'à la mort.

LOREDANO. — Quand il n'existera plus un Foscari, vous pourrez parler ainsi... Rendons-nous au conseil.

BARBARIGO. — Un moment encore : nos collègues ne sont pas au complet ; il en faut encore deux pour que nous puissions agir.

LOREDANO. — Et le président du tribunal, le doge?

BARBARIGO. — Oh ! lui... avec une fortitude plus que romaine, il arrive toujours le premier pour siéger dans ce malheureux procès contre son dernier et unique fils.

LOREDANO. — Oui, oui... c'est bien le dernier.

BARBARIGO. — Rien ne pourra-t-il vous émouvoir?

LOREDANO. — Croyez-vous qu'il s'émeuve, lui ?

BARBARIGO. — Il n'en laisse rien voir.

LOREDANO. — C'est ce que j'ai observé... Le scélérat !

BARBARIGO. — Mais hier on m'a dit qu'à son retour dans ses appartements, en franchissant le seuil, le vieillard s'est évanoui.

LOREDANO. — Cela commence donc à faire son effet.

BARBARIGO. — C'est en partie votre ouvrage.

LOREDANO. — Je devrais l'avoir fait tout entier... mon père et mon oncle ne sont plus.

BARBARIGO. — J'ai là leur épitaphe, qui rapporte qu'ils sont morts par le poison.

LOREDANO. — Le doge ayant déclaré un jour que jamais il ne se croirait souverain tant que Pietro Loredano serait en vie, les deux frères tombèrent malades peu de temps après... et il est souverain.

BARBARIGO. — Souverain infortuné.

LOREDANO. — Que méritent d'être ceux qui ont fait des orphelins ?

BARBARIGO. — Mais si vous l'êtes, est-ce bien le doge qu'il en faut accuser ?

LOREDANO. — Sans doute.

BARBARIGO. — Et les preuves ?

LOREDANO. — Quand les princes agissent en secret, les preuves et les poursuites deviennent difficiles : mais j'ai assez des premières pour me passer des secondes.

BARBARIGO. — Mais vous aurez recours aux lois ?

LOREDANO. — A toutes les lois qu'il voudra bien nous laisser.

BARBARIGO. — Elles sont telles dans cette république que l'on y obtient réparation plus facilement que chez aucun peuple. Est-il vrai que sur vos livres de commerce, source de la richesse de nos plus nobles maisons, vous ayez écrit ces mots : « Doit le doge Foscari, pour la mort de Marco et Pietro Loredano, mon père et mon oncle... »

LOREDANO. — Cela est écrit.

BARBARIGO. — Ne l'effacerez-vous pas ?

LOREDANO. — Quand il y aura balance.

BARBARIGO. — Et comment ? (*Deux sénateurs traversent la scène se rendant à la salle du conseil des Dix.*)

LOREDANO. — Vous voyez que le nombre est complet : suivez-moi.

BARBARIGO, *seul*. — Te suivre ! Je t'ai suivi trop longtemps dans ta carrière de destruction, comme la vague suit la vague, toutes deux submergeant le navire que fait craquer le souffle des vents furieux, et le malheureux naufragé qui crie dans ses flancs entr'ouverts où se précipitent les flots. Un pareil fils, un pareil père pourraient fléchir la rage des éléments ; et moi je dois les poursuivre sans relâche... Oh ! que ne suis-je, comme les vagues, aveugle et sans remords... Le voici qui s'avance !... Tais-toi, mon cœur ! Ils sont mes ennemis et doivent être mes victimes. Te laisseras-tu toucher par ceux qui ont failli te briser ? (*Entrent des gardes, conduisant le jeune Foscari.*)

UN GARDE. — Laissons-le reposer. Seigneur, ne vous pressez pas.

JACOPO FOSCARI. — Je te remercie, mon ami ; je suis faible. Mais tu l'exposes à une réprimande.

LE GARDE. — J'en courrai le hasard.

J. FOSCARI. — Tu es bon.... Je trouve encore de la compassion, mais point de merci : c'est la première fois.

LE GARDE. — Et ce pourrait être la dernière, si ceux qui nous gouvernent nous voyaient.

BARBARIGO, *s'avançant vers le garde*. — Il en est un qui te voit : cependant ne crains rien ; je ne serai ni ton juge ni ton accusateur ; bien que l'heure soit passée, attends leurs derniers ordres... Je suis un des Dix, et ma présence serait ton excuse : quand on entendra le dernier appel, nous entrerons ensemble...

J. FOSCARI. — Quelle est cette voix ?... Celle de Barbarigo, l'ennemi de notre maison, et l'un de mes juges.

BARBARIGO. — Pour balancer son inimitié, si elle est réelle, tu as ton père qui siège au tribunal.

J. FOSCARI. — C'est vrai : il est mon juge.

BARBARIGO. — N'accuse donc pas la sévérité de nos lois.

J. FOSCARI. — Je me sens faible : permettez-moi, je vous prie, pour respirer un peu, d'approcher de cette fenêtre qui me donne sur la mer. (*Entre un officier qui parle bas à Barbarigo.*)

BARBARIGO, *aux gardes*. — Conduisez-le à la fenêtre. Je ne puis lui parler davantage : j'ai transgressé mon devoir en lui adressant ce peu de mots ; et il faut que je rentre dans la salle du conseil. (*Barbarigo sort. Le garde conduit J. Foscari près de la fenêtre.*)

LE GARDE. — Ici, seigneur : la croisée est ouverte... Comment vous trouvez-vous ?

J. FOSCARI. — Faible comme un enfant... O Venise !

LE GARDE. — Et vos membres ?

J. FOSCARI. — Mes membres ! Combien de fois ils m'ont emporté bondissant sur cette mer d'azur avec la gondole que je guidais, dans ces joûtes enfantines où, tout noble que j'étais, je disputais le prix de la vigueur à mes joyeux rivaux : cependant une foule de beautés plébéiennes et patriciennes nous encourageaient par leurs sourires éblouissants, l'expression de leurs vœux, leurs mouchoirs agités en l'air, leurs battements de mains !... Combien de fois, d'un bras plus robuste encore, d'un cœur plus hardi, j'ai fendu la vague irritée ! D'un seul effort, je rejetais en arrière les flots qui baignaient ma chevelure, et d'un souffle je brisais la lame audacieuse qui, comme une coupe de vin, venait humecter mes lèvres : je suivais le mouvement de l'onde ; et plus elle m'emportait haut, plus j'étais fier. Souvent, dans mes joyeux ébats, je plongeais au fond de leur verdâtre et vitreux domaine et j'atteignais les coquillages et les plantes marines, invisibles aux spectateurs épouvantés ; bientôt je reparaissais les mains pleines de ces trésors, qui prouvaient que j'avais sondé l'abîme. Fier de ma prouesse, je frappais l'onde qui rejaillissait au loin, je rendais un libre cours à mon haleine comprimée ; puis je rejetais l'écume qui s'élevait autour de moi et reprenais ma course avec la légèreté de l'oiseau des mers... J'étais alors enfant.

LE GARDE. — Maintenant, soyez homme.

J. FOSCARI, *regardant par la fenêtre*. — O ma belle Venise ! unique dans le monde !... c'est maintenant que je respire ! Comme ta brise, ta brise de l'Adriatique caresse doucement mes traits ! Il y a dans le souffle du vent un charme natal qui rafraîchit et calme le sang dans mes veines ! Combien il diffère de ce vent de feu des tristes Cyclades qui hurlait à Candie autour de mon cachot et faisait défaillir mon cœur.

LE GARDE. — La couleur revient sur vos joues : que le ciel vous envoie la force de supporter les souffrances qui peuvent encore vous être imposées !... Je n'y puis penser sans frémir.

J. FOSCARI. — Sans doute ils ne me banniront plus ?... Non, non... qu'ils me torturent : il me reste des forces.

LE GARDE. — Avouez tout, et la question vous sera épargnée.

J. FOSCARI. — J'ai avoué une première fois, une seconde : deux fois ils m'ont exilé.

LE GARDE. — Et à la troisième ils vous tueront.

J. FOSCARI. — Qu'ils en fassent à leur gré. Je serai du moins enseveli dans ma terre natale : plutôt être poussière ici que de vivre partout ailleurs.

LE GARDE. — Comment aimer à ce point un pays qui vous hait ?

J. FOSCARI. — Le pays !... oh ! non : ce sont les enfants de ce pays qui me persécutent ; mais la terre natale me recevra dans ses bras comme une mère. Je me demande qu'un tombeau vénitien, un cachot, tout ce qu'on voudra, pourvu que ce soit ici.
(*Entre un officier.*)

L'OFFICIER. — Amenez le prisonnier.

LE GARDE. — Seigneur, vous entendez l'ordre.

J. FOSCARI. — Oui, je suis accoutumé à de semblables appels ; c'est la troisième fois... (*Au garde.*) Prête-moi l'appui de ton bras.

L'OFFICIER. — Prenez le mien ; mon devoir est de me tenir auprès de votre personne.

J. FOSCARI. — Vous ! c'est vous qui, hier, avez présidé à mon supplice... Arrière ! je marcherai seul.

L'OFFICIER. — Comme il vous plaira, seigneur : la sentence n'a pas été signée par moi ; mais je n'ai pu désobéir au conseil quand...

J. FOSCARI. — Quand on t'a commandé de m'étendre sur cet horrible instrument. Je t'en prie, ne me touche pas, c'est-à-dire pas encore : ils ne tarderont pas à renouveler cet ordre ; jusque-là, reste loin de moi. Quand je regarde ta main, tous mes membres se glacent et frissonnent au pressentiment de tortures nouvelles, et une sueur froide baigne mon front, comme si... Mais marchons. J'ai supporté ces tourments... je puis les supporter encore... Quel aspect a mon père ?

L'OFFICIER. — Son aspect accoutumé.

J. FOSCARI. — Il en est ainsi de la terre, du firmament, de la mer azurée, de notre brillante cité, de l'éclat de ses édifices, de la gaîté de la place publique : en cet instant même, le joyeux murmure de la foule, venue des quatre coins du monde, arrive jusqu'ici, jusque dans ces salles où quelques inconnus gouvernent, où d'autres inconnus sans nombre sont jugés et immolés en silence... Tout a conservé le même aspect, tout, jusqu'à mon père ! Rien ne compatit au sort de Foscari, pas même un nom à Foscari. Monsieur, je vous suis. (*Jacopo Foscari, l'officier et les gardes sortent. Entre* MEMMO *avec un autre sénateur.*)

MEMMO. — Il est parti... nous sommes venus trop tard... Pensez-vous que les Dix restent longtemps en séance aujourd'hui ?

LE SÉNATEUR. — On assure que le prisonnier est on ne peut plus enduri et persiste dans ses premières déclarations ; mais je n'en sais pas davantage.

MEMMO. — C'est déjà beaucoup : les secrets de cette salle terrible nous sont cachés, à nous, les premiers de l'État, comme ils le sont au peuple.

LE SÉNATEUR. — Ici, certaines rumeurs, pareilles à ces contes de revenants qu'on débite dans le voisinage des châteaux en ruine, ne sont jamais pleinement vérifiées, ni totalement niées... mais, sauf cela, les actes réels du gouvernement sont aussi inconnus que les mystères du tombeau.

MEMMO. — Mais, avec le temps, nous avançons dans la connaissance de ces secrets, et j'espère bien être un jour au rang des décemvirs.

LE SÉNATEUR. — Ou devenir doge ?

MEMMO. — Non, si je puis l'éviter.

LE SÉNATEUR. — C'est le premier poste de l'État : de nobles concurrents peuvent y aspirer légitimement, et légitimement l'obtenir.

MEMMO. — Je ne l'ai point abandonné. Quoique d'une haute naissance, mon ambition est limitée : j'aime mieux être au nombre des unités qui composent le pouvoir impérial et collectif des Dix, que de briller en zéro couvert d'or, mais isolé... Mais qui vient ici ? l'épouse de Foscari !
(*Entre* MARINA *avec une suivante.*)

Marina. — Quoi! personne?... Je me trompe, il y a encore deux nobles Vénitiens; mais ce sont des sénateurs.
Memmo. — Noble dame, nous attendons vos ordres.
Marina. — Mes ordres!... hélas! ma vie a été une longue supplication... et une supplication inutile!
Memmo. — Je vous comprends; mais ne puis vous répondre.
Marina, *avec feu*. — Il est vrai, nul ici n'ose répondre, si ce n'est sur le chevalet... nul ne doit questionner, excepté ceux...
Memmo, *l'interrompant*. — Noble dame! rappelez-vous où vous êtes en ce moment.
Marina. — Où je suis!... dans le palais du père de mon époux.
Memmo. — Oui, le palais du doge.
Marina. — Et la prison de son fils... Certes, je ne l'ai point oublié; et, à défaut d'autre souvenir plus proche et plus amer, je vous remercierais de m'avoir rappelé les charmes de ce lieu.
Memmo. — Calmez-vous!
Marina. — Je suis calme. (*Levant les yeux au ciel*.) Mais toi, ô Dieu, peux-tu demeurer calme en voyant ce monde.
Memmo. — Votre mari peut encore être absous.
Marina. — Il est absous dans le ciel. Mais, je vous prie, seigneur sénateur, ne me parlez pas de cela : ils sont là, ou du moins ils y étaient tout à l'heure, face à face, le juge et l'accusé : le condamnera-t-il ?
Memmo. — J'espère que non.
Marina. — Mais s'il ne le fait pas, il est des hommes qui les traduiront en jugement tous les deux. Mon époux est perdu !
Marina. — A Venise, madame, c'est la justice qui juge.
Marina. — S'il en était ainsi, il n'y aurait plus de Venise aujourd'hui. Cependant, qu'elle vive, pourvu que les bons ne meurent qu'à l'heure où la nature les appellera. (*Un faible cri se fait entendre.*) Ah!... un cri de douleur.
Le sénateur. — Écoutons.
Memmo. — C'était...
Marina. — Ce n'était pas mon époux, ce n'était pas Foscari.
Memmo. — Mais la voix...
Marina. — Ce n'était pas la sienne, non. Lui, pousser un cri! cela conviendrait à son père... mais lui. . lui... il mourra en silence.
(*Nouveau cri de douleur.*)
Memmo. — Encore !
Marina. — C'est sa voix ! semble-t-il.... Ah ! je ne puis le croire. S'il faiblissait, je ne cesserais pas de l'aimer; mais non... il faudrait une horrible torture pour lui arracher un gémissement.
Le sénateur. — Sensible comme vous l'êtes aux souffrances de votre époux, voudriez-vous donc qu'il supportât en silence des douleurs au-dessus des forces d'un mortel ?
Marina. — Nous avons tous nos tortures à souffrir. Je n'ai pas laissé stérile l'illustre maison des Foscari; et, quoi qu'ils puissent endurer en quittant la vie, j'ai souffert autant pour la donner à leurs héritiers. C'étaient des tortures joyeuses que les miennes, et pourtant assez déchirantes pour m'arracher des cris... mais je n'en ai point poussé un seul; car j'espérais mettre au monde des héros, et je ne voulais pas les accueillir par des larmes.
Memmo. — On se tait maintenant.
Marina. — Tout est fini peut-être : mais je ne puis le croire; il a rappelé son énergie, et il brave ses bourreaux.
(*Un officier entre précipitamment.*)
Memmo. — Eh bien ! que cherchez-vous?
L'officier. — Un médecin. Le prisonnier s'est évanoui.
(*L'officier sort.*)
Memmo. — Madame, il serait sage de vous retirer.
Le sénateur. — Je vous en conjure, partez.
Marina. — Arrière ! je veux lui donner mes soins.
Memmo. — Vous ! rappelez-vous, madame, que personne ne peut entrer dans ces salles, hormis les Dix et leurs familiers.
Marina. — Oui, je sais que nul de ceux qui entrent là n'en sort comme il y est entré... que beaucoup n'en sortent jamais; mais on ne m'empêchera point d'y pénétrer.
Memmo. — Hélas! c'est vous exposer à un dur refus, à une attente plus cruelle encore.
Marina. — Qui osera m'arrêter?
Memmo. — Ceux dont le devoir est de le faire.
Marina. — C'est donc leur devoir de fouler aux pieds tout sentiment d'humanité, tous les liens qui unissent l'homme à ses semblables, de rivaliser avec les démons qui, un jour, récompenseront en exerçant sur eux des tortures non moins variées! Cependant je passerai...
Memmo. — Impossible!
Marina. — C'est ce que nous verrons. Le désespoir défie le despotisme lui-même. Il y a quelque chose dans mon cœur qui me ferait passer à travers les lances hérissées d'une armée. Pensez-vous donc que deux ou trois geôliers suffisent pour m'arrêter? Place ! nous sommes dans le palais du doge, je suis l'épouse du fils du doge, du fils innocent: voilà ce qu'ils entendront de ma bouche.
Memmo. — Ceci ne fera qu'exaspérer davantage ses juges.
Marina. — Qu'est-ce que des juges qui écoutent la colère? Ce ne sont que des assassins. Place! place! (*Marina sort.* — *L'officier traverse la scène avec une autre personne.*)

Memmo. — Je ne croyais pas que les Dix fussent capables de tant de compassion, et pussent permettre qu'on secourût le patient.
Le sénateur. — De la compassion! est-ce en montrer que de rendre le sentiment à un être trop heureux d'échapper à la mort par l'évanouissement, dernière ressource de la faible nature contre l'excès des souffrances?
Memmo. — Je m'étonne qu'ils ne le condamnent pas sur-le-champ.
Le sénateur. — Telle n'est pas leur politique : ils veulent lui laisser la vie, précisément parce qu'il ne redoute pas la mort; ils veulent le bannir, parce que tout pays autre que sa terre natale est pour lui une vaste prison, et que chaque souffle d'air étranger qu'il respire est un poison lent qui le consume sans le tuer.
Memmo. — On a maint indice de ses crimes, mais il n'avoue pas.
Le sénateur. — Il ne reconnaît que la lettre qu'il dit avoir écrite au duc de Milan sachant bien qu'elle tomberait entre les mains du sénat, et qu'on le ramènerait à Venise.
Memmo. — Comme accusé toujours.
Le sénateur. — Sans doute; mais il pouvait revoir son pays; et, de son propre aveu, c'est tout ce qu'il demandait.
Memmo. — La corruption a été prouvée.
Le sénateur. — Pas clairement, et l'accusation d'homicide a été annulée par la confession qu'a faite à son lit de mort Nicolas Erizzo, meurtrier du dernier président du conseil des Dix.
Memmo. — Il doit y avoir quelque chose de plus dans cet étrange procès que les crimes apparents de l'accusé... Mais voici deux membres du conseil des Dix : retirons-nous. (*Memmo et le sénateur sortent. Entrent* Loredano *et* Barbarigo.)

Barbarigo. — C'est aller trop loin. Il n'était pas convenable, croyez-moi, de continuer la procédure dans un tel moment.
Loredano. — Il faudrait donc que le conseil des Dix se séparât, que la justice s'arrêtât dans son cours, parce qu'une femme prétendrait interrompre nos délibérations?
Barbarigo. — Non, ce n'est pas pour ce motif : vous avez vu l'état de l'accusé.
Loredano. — N'est-il pas revenu à lui ?
Barbarigo. — Oui, pour succomber à toute torture nouvelle.
Loredano. — On ne l'a pas essayé.
Barbarigo. — Vous auriez tort de vous plaindre ; la majorité du conseil était contre vous.
Loredano. — Grâce à vous, seigneur, et au vieux doge imbécile, qui avez ajouté vos voix à celles des opposants.
Barbarigo. — Je suis juge ; je vous avoue que cette partie de mes austères fonctions qui prescrit la torture et nous contraint d'assister aux souffrances du prévenu, me fait désirer...
Loredano. — Quoi?
Barbarigo. — Que vous sentiez parfois ce que je sens toujours.
Loredano. — Allez : vous êtes un enfant, aussi capricieux dans vos sentiments que dans vos résolutions, changeant au moindre souffle, ébranlé par un soupir, amolli par une larme... admirable juge pour Venise! digne associé de ma politique!
Barbarigo. — Il n'a point versé de larmes.
Loredano. — Deux fois il a poussé un cri.
Barbarigo. — Un saint n'aurait pu s'empêcher d'en faire autant, même avec la couronne de gloire devant les yeux mais il n'a pas crié pour implorer la pitié: pas une parole, pas un gémissement! Les deux cris qu'il a poussés n'avaient rien de suppliant; la douleur les arrachait, et nulle prière ne les a suivis.
Loredano. — A plusieurs fois murmure entre ses dents des paroles inarticulées.
Barbarigo. — Il m'a semblé, à ma grande surprise, que vous étiez touché de compassion ; car au moment où il s'est évanoui, vous avez été le premier à demander du secours.
Loredano. — Je craignais que cet évanouissement ne fût le dernier.
Barbarigo. — Et ne vous ai-je pas entendu dire souvent que votre plus ardent désir serait sa mort et celle de son père?
Loredano. — S'il meurt innocent, c'est-à-dire sans avouer son crime, il sera regretté.
Barbarigo. — Voudriez-vous donc aussi tuer sa mémoire ?
Loredano. — Faudrait-il que sa fortune passât à ses enfants ; ce qui doit avoir lieu si sa mémoire n'est pas flétrie?
Barbarigo. — Guerre donc à ses enfants ?
Loredano. — Et à toute sa race, jusqu'à l'anéantissement des siens ou des miens.
Barbarigo. — Et la cruelle agonie de sa pâle épouse ; et les convulsions réprimées du front majestueux et fier de son vieux père. Tout cela n'a-t-il donc pu vous émouvoir? (*Loredano sort.*)

Muet dans sa haine, comme Foscari l'était dans ses souffrances ! Ah ! l'infortuné plus touchant par son silence qu'en auraient été mille clameurs. Ce fut une scène affreuse, quand son épouse égarée par la douleur s'est précipitée dans la salle du tribunal, et a vu ce que nous pouvions à peine supporter, nous accoutumés à de tels spectacles. Je ne dois plus penser à cela, de peur que la compassion pour nos ennemis ne me fasse oublier leurs injures, et perdre la vengeance que Loredano prépare pour lui et pour moi ; mais la mienne se contenterait de moindres représailles que celles dont il a soif, et je voudrais modérer sa haine trop profonde...... Du moins Foscari a obtenu maintenant quelque répit, sur la demande des anciens du conseil, émus sans doute par la présence de sa femme et par le spectacle de ses tortures... Mais les voici : quelle faiblesse et quel abattement ! je ne puis supporter leur vue : partons et allons essayer d'adoucir Loredano. (*Barbarigo sort.*)

ACTE II.

Une salle du palais ducal.

Le DOGE *et un* SÉNATEUR.

LE SÉNATEUR. — Vous plaît-il de signer maintenant le rapport, ou préférez-vous le renvoyer à demain ?
LE DOGE. — Je le signerai maintenant ; je l'ai parcouru hier : il n'y manque plus que la signature. Donnez-moi la plume. (*Il s'assied et signe.*) Voilà, seigneur.
LE SÉNATEUR, *après avoir regardé le papier.* — Vous avez oublié de signer.
LE DOGE. — Je n'ai pas signé ? Ah ! je m'aperçois que l'âge affaiblit ma vue : je n'avais pas remarqué qu'il n'y avait pas d'encre à ma plume.
LE SÉNATEUR. (*Il trempe la plume dans l'écritoire, et remet le papier devant le doge.*) — Votre main tremble : permettez...
LE DOGE. — C'est fait : je vous remercie.
LE SÉNATEUR. — Ainsi, l'acte ratifié par vous et par les Dix donne la paix à Venise.
LE DOGE. — Elle n'en a pas joui depuis bien des années : puisse-t-il s'en écouler autant avant qu'elle reprenne les armes!
LE SÉNATEUR. — Voilà bientôt quatre ans de guerres presque incessantes avec les Turcs et les États d'Italie. La République avait besoin de repos.
LE DOGE. — Sans doute : je l'ai trouvée reine de l'Océan, et je la laisse souveraine de la Lombardie. J'ai la consolation d'avoir ajouté à son diadème deux perles : Brescia et Ravenne ; Crema et Bergame lui appartiennent également. Ainsi son empire sur terre s'est étendu sous mon règne sans qu'elle perdît rien de sa domination maritime.
LE SÉNATEUR. — Rien de plus vrai, et vous méritez la reconnaissance de la patrie.
LE DOGE. — Je ne me suis pas plaint, seigneur.
LE SÉNATEUR. — Prince, mon cœur saigne pour vous.
LE DOGE. — Pour moi, seigneur ?
LE SÉNATEUR. — Et pour votre...
LE DOGE. — Arrêtez !
LE SÉNATEUR. — Prince, je parlerai. Je vous ai trop d'obligations, ainsi qu'à votre famille, pour ne pas m'intéresser vivement au sort de votre fils.
LE DOGE. — Cela entre-t-il dans les devoirs de votre charge ? Pourquoi tenir ces propos inutiles sur des choses qui ne sont pas de votre compétence. Mais le traité est signé ! reportez-le à ceux qui vous ont envoyé.
LE SÉNATEUR. — J'obéis. Les membres du conseil m'avaient également chargé de vous prier de fixer l'heure de la réunion.
LE DOGE. — Dites-leur que ce sera quand ils voudront, à l'instant même si cela leur convient : je suis le serviteur de l'État.
LE SÉNATEUR. — Ils auraient voulu vous laisser quelque repos.
LE DOGE. — Je n'en veux point... du moins il ne faut pas que mon repos fasse perdre une heure à l'État. Qu'ils se rassemblent quand il leur plaira : on me trouvera où je dois être, et tel que j'ai toujours été. (*Le sénateur sort. Entre un* SERVITEUR.)
LE SERVITEUR. — Prince.
LE DOGE. — Parlez.
LE SERVITEUR. — L'illustre dame Foscari demande audience.
LE DOGE. — Faites entrer... Pauvre Marina ! (*Le serviteur sort. Le* DOGE *reste silencieux comme auparavant. Entre* MARINA.)
MARINA. — Mon père, je vous dérange peut-être ?
LE DOGE. — Je suis toujours visible pour vous, mon enfant. Disposez de mon temps quand l'État ne le réclame pas.
MARINA. — Je désirais vous parler de lui.
LE DOGE. — De votre époux ?
MARINA. — De votre fils.
LE DOGE. — Poursuivez, ma fille.
MARINA. — J'avais obtenu des Dix la permission de passer auprès de mon mari un certain nombre d'heures. Elle est révoquée.
LE DOGE. — Par qui ?
MARINA. — Par les Dix. Arrivés au pont des Soupirs, comme je me disposais à passer avec Foscari, le sombre gardien de passage

m'arrêta ; un messager fut envoyé aux Dix ; mais la cour n'étant plus en séance, et la permission ne m'ayant pas été donnée par écrit, on m'a renvoyée, et jusqu'à la réunion prochaine du haut tribunal, les murs de la prison doivent continuer à nous séparer.
LE DOGE. — En effet, dans la précipitation avec laquelle la cour s'est séparée, on a omis cette formalité, et jusqu'à ce que le tribunal se réunisse, votre demande ne peut être accueillie.
MARINA. — Jusqu'à ce que le tribunal se réunisse! et quand il se réunira, ce sera pour le livrer de nouveau à la torture ; et c'est à ce prix que lui et moi nous devrons acheter une réunion fondée sur le lien le plus saint qui soit sous le ciel..... O Dieu ! peux-tu voir de pareilles choses !
LE DOGE. — Mon enfant! mon enfant!
MARINA, *brusquement.* — Ne m'appelez pas votre enfant, vous n'aurez bientôt plus d'enfants ; vous n'en méritez pas, vous qui pouvez parler aussi tranquillement d'un fils dans des circonstances qui feraient verser des larmes de sang à un Spartiate. Il est vrai que les citoyens de Lacédémone ne pleuraient pas leurs fils morts sur le champ de bataille ; mais il n'est pas écrit qu'ils les voyaient déchirer lentement devant la main pour les sauver.
LE DOGE. — Vous me voyez : je ne puis pleurer... je le voudrais ; mais si chacun des cheveux blancs qui sont sur ma tête était une jeune vie, si cette toque ducale était le diadème de la terre, et cet anneau ducal avec lequel j'épouse la mer était un talisman capable de dompter les flots... eh bien ! je donnerais tout cela pour lui.
MARINA. — Il n'en faudrait pas tant pour le sauver.
LE DOGE. — Cette réponse me prouve seulement que vous ne connaissez pas Venise. Hélas ! comment la connaîtriez-vous ? elle ne se connaît pas elle-même avec tous ses mystères. Écoutez-moi : ceux qui en veulent à Foscari n'en veulent pas moins à son père ; la ruine du chef de la maison ne sauverait pas son fils ; ses adversaires visent au même but par des moyens divers, et ce but est..... mais ils ne sont pas encore vainqueurs.
MARINA. — Pourtant ils vous ont écrasés.
LE DOGE. — Pas encore... je vis.
MARINA. — Et votre fils... combien de temps vivra-t-il ?
LE DOGE. — Malgré tout ce qui s'est passé, je compte que sa vie sera plus longue et plus heureuse que celle de son père. L'imprudent jeune homme, dans sa féminine impatience de revoir sa patrie, a tout détruit par cette fatale lettre qu'on a interceptée : crime patent que je ne puis nier ou excuser, comme père ou comme juge. S'il eût supporté un peu plus longtemps son exil à Candie, j'avais des espérances... il les a toutes détruites : il faut qu'il retourne...
MARINA. — En exil ?
LE DOGE. — Je l'ai dit.
MARINA. — Et ne puis-je l'accompagner ?
LE DOGE. — Vous savez que cette demande a été rejetée deux fois par le conseil des Dix ; et une troisième requête serait difficilement écoutée, maintenant qu'une aggravation d'offenses de la part de votre époux rend ses juges plus sévères.
MARINA. — Sévères ?... dites atroces. Ces vieillards à l'âme de démons, avec un pied dans la tombe, leurs yeux éteints qui ne connaissent d'autres larmes que celles d'une caducité imbécile, avec leurs cheveux blancs, longs et clairsemés, avec leurs mains tremblantes et des têtes aussi faibles que leurs cœurs sont endurcis, délibèrent, ils intriguent, ils disposent de la vie des hommes...
LE DOGE. — Vous ne savez pas...
MARINA. — Je sais... oui, je sais... et vous devez le savoir comme moi... que ce sont de mauvais esprits incarnés. Comment des hommes nés des flancs de la femme, ayant sucé son lait, ayant aimé ou du moins parlé d'amour, ayant uni leurs mains par des serments sacrés, ayant fait danser leurs petits-enfants sur leurs genoux, ou peut-être ayant pleuré les souffrances, les dangers, la mort de ces enfants ; ayant, ou du moins ayant eu autrefois l'apparence humaine, comment auraient-ils pu en agir ainsi avec les vôtres et avec vous-même, qui les soutenez ?
LE DOGE. — Je vous pardonne : vous ne savez ce que vous dites.
MARINA. — Je le sais, je le sais... mais vous êtes insensible.
LE DOGE. — J'ai eu tant à supporter, que les mots ne peuvent plus rien sur moi.
MARINA. — Oh ! sans doute, vous avez vu couler le sang de votre fils, et votre chair n'a pas tressailli : après cela, que sont les paroles d'une femme ? pas plus que ses larmes.
LE DOGE. — Femme, je te le dis, cette douleur bruyante n'est rien comparée à celle qui... mais je te plains, ma pauvre Marina !
MARINA. — Plains mon époux, ou je ne veux pas de ta compassion ; plains ton fils !.. toi, plaindre !... c'est un mot étranger à ton cœur : comment est-il venu sur tes lèvres ?
LE DOGE. — Je supporte tes reproches, bien qu'ils soient injustes... Si tu pouvais seulement lire...
MARINA. — Ce n'est pas sur ton front, ni dans tes yeux, ni dans tes actes.... où donc pourrais-je trouver cette sympathie ? là !
LE DOGE, *en montrant la terre du doigt.* — Là !
MARINA. — Dans la terre !
LE DOGE. — Où je serai bientôt : quand elle pèsera sur mon

cœur, bien plus légère, malgré le marbre dont elle sera chargée, que les pensées qui m'oppressent, alors tu me connaîtras mieux.

MARINA. — Êtes-vous donc en effet si digne de pitié?

LE DOGE. — De pitié! nul n'accélera jamais à mon nom ce mot funeste sous lequel les hommes aiment à voiler leur orgueil triomphant : ce nom, tant que je le porterai, restera ce qu'il était.

MARINA. — Sans les pauvres enfants de celui que tu ne peux ou que tu ne veux pas sauver, toi et ton fils vous seriez les derniers.

LE DOGE. — Plût au ciel! il eût mieux valu pour lui qu'il ne fût jamais né; et cela eût mieux valu aussi pour moi...... j'ai vu notre maison déshonorée.

MARINA. — C'est faux! jamais cœur plus sincère, plus noble, plus fidèle, plus aimant, plus loyal que le sien ne battit dans le sein d'un homme. Cet époux exilé, persécuté, mutilé, opprimé mais non avili, écrasé, abattu, je ne le changerais pas mort ou vivant contre le plus grand prince ou paladin de l'histoire ou de la fable, dût-il m'offrir l'empire d'un monde. Déshonoré, lui, déshonoré! je te le dis, ô doge! c'est Venise qui est déshonorée! le nom de mon époux constitue en effet le titre le plus honteux de cette cité perfide ; mais c'est à cause de ce qu'il souffre et non de ce qu'il a fait : c'est vous tous qui êtes des traîtres et des tyrans. Si vous aimiez votre patrie comme l'aima cette victime qui passe chancelante du cachot à la torture, et se soumet à tous les supplices plutôt qu'à l'exil, vous vous jetteriez à ses genoux en implorant son pardon.

LE DOGE. — Il fut en effet tout ce que vous avez dit. J'ai supporté avec moins de douleur la mort des deux fils que le ciel m'a ravis que le déshonneur de Jacopo.

MARINA. — Encore un mot fatal!

LE DOGE. — N'a-t-il pas été condamné?

MARINA. — Ne condamne-t-on que des coupables?

LE DOGE. — Le temps peut réhabiliter sa mémoire... j'aime à l'espérer. Il fut mon orgueil, ma... mais tout cela est inutile maintenant. Je ne répands point facilement des larmes, et pourtant j'ai pleuré de joie le jour de sa naissance : ces larmes étaient un sinistre augure.

MARINA. — Je vous dis qu'il est innocent; et ne le fût-il pas, nos proches doivent-ils nous renier dans les jours de malheur?

LE DOGE. — Je ne l'ai point renié ; mais j'ai d'autres devoirs que ceux d'un père, devoirs dont l'État ne m'a pas dispensé; dix fois j'ai demandé qu'on m'en déchargeât, dix fois on a rejeté ma prière : je dois les remplir. (Entre un serviteur.)

LE SERVITEUR. — Un message de la part des Dix.

LE DOGE. — Qui l'apporte?

LE SERVITEUR. — Le noble Loredano.

LE DOGE. — Lui!... qu'il entre. (Le serviteur sort.)

MARINA. — Faut-il me retirer?

LE DOGE. — Peut-être cela n'est-il point nécessaire, si la chose concerne votre époux ; dans le cas contraire... (A Loredano qui entre.) Eh bien! seigneur, quel est votre bon plaisir?

LOREDANO. — Je vous apporte la volonté des Dix.

LE DOGE. — Ils ont bien choisi leur envoyé.

LOREDANO. — C'est en effet leur choix qui m'amène.

LE DOGE. — Il fait honneur à leur discernement, aussi bien qu'à leur courtoisie. Arrivons au fait.

LOREDANO. — Nous avons décidé.....

LE DOGE. — Nous!

LOREDANO. — Les Dix assemblés en conseil.

LE DOGE. — Eh quoi! ils se sont réunis de nouveau sans m'en avoir averti?

LOREDANO. — Ils ont voulu épargner votre sensibilité, et prendre en considération votre âge.

LE DOGE. — Voilà qui est nouveau... quand est-ce donc qu'ils ont épargné l'un ou l'autre? Je les remercie toutefois.

LOREDANO. — Vous savez qu'ils ont le pouvoir d'agir à leur choix soit devant le doge, soit en son absence.

LE DOGE. — Il y a des années que j'ai appris cela, longtemps avant d'être nommé doge, ou d'avoir rêvé à cet honneur. Vous n'avez pas, seigneur, de leçons à me donner : je siégeais au conseil quand vous n'étiez encore qu'un jeune patricien.

LOREDANO. — Oui, du temps de mon père : je le lui ai entendu dire, ainsi qu'à son frère l'amiral. Votre Altesse peut se le rappeler : tous deux sont morts subitement.

LE DOGE. — Si cela est, mieux vaut mourir ainsi que de languir dans les souffrances.

LOREDANO. — Sans doute; mais en général on est bien aise de vivre son temps.

LE DOGE. — Et n'ont-ils pas vécu le leur?

LOREDANO. — La tombe le sait : ils sont morts, comme j'ai dit, subitement.

LE DOGE. — Cela est-il donc si étrange que vous deviez répéter ce mot avec emphase?

LOREDANO. — Loin de me sembler étrange, aucune mort ne m'a jamais paru plus naturelle. N'êtes-vous point de cet avis?

LE DOGE. — Que voulez-vous que je dise? ils étaient mortels.

LOREDANO. — Et ils avaient de mortels ennemis.

LE DOGE. — Je vous entends : vos pères ne m'aimaient pas, et vous avez tout hérité d'eux.

LOREDANO. — Vous savez mieux que personne si j'ai raison.

LE DOGE. — Vos pères furent mes ennemis, et je sais qu'il a circulé sur eux et sur moi des bruits mensongers; j'ai lu aussi leur épitaphe, dans laquelle leur mort est attribuée au poison. Elle est probablement aussi vraie que la plupart des inscriptions tumulaires ; mais ce n'en est pas moins une fable.

LOREDANO. — Qui ose dire cela?

LE DOGE — Moi!... Il est vrai que vos pères se montrèrent envers moi aussi acharnés que peut l'être leur fils, et que je leur rendais cette haine; mais mon hostilité fut toujours ouverte : je n'eus jamais recours aux intrigues dans le conseil, aux cabales dans la République; jamais je n'entrepris rien contre eux par le fer ou le poison : la preuve, c'est que vous vivez.

LOREDANO. — Je ne crains rien.

LE DOGE. — Vous n'avez rien à craindre, moi étant ce que je suis; mais si j'étais tel que vous me représentez, il y a longtemps que vous seriez à l'abri de toute crainte. Haïssez-moi tout à votre aise.

LOREDANO. — J'ignorais que la vie d'un noble vénitien pût être menacée par la colère d'un doge marchant à découvert.

LE DOGE. — Mais moi, seigneur, je suis ou j'ai été quelque chose de plus qu'un simple doge, par mon sang, par mon caractère et les ressources dont je dispose : ils ne l'ignoraient pas, ceux qui redoutaient mon élection, et qui depuis ont tout fait pour m'abaisser. Soyez-en convaincu : si avant ou depuis cette époque, je vous avais mis assez haut dans mon estime pour souhaiter votre absence, un mot de moi eût suscité contre vous un pouvoir capable de vous réduire à rien. Mais en toute chose j'ai agi avec la plus grande régularité, en me conformant aux lois et à l'extension que vous leur avez donnée contre moi (je parle toujours de vous comme formant une voix parmi tant d'autres), extension que mon autorité n'eût acceptée qu'avec peine, si j'eusse été enclin aux contestations. Bien plus, aussi respectueux que le prêtre en face de l'autel, j'ai observé, même au prix de mon sang, de mon repos, de ma sûreté, de tout, sauf mon honneur, tous vos décrets, comme intéressant la gloire et le bien-être de l'État. Maintenant, seigneur, à l'objet de votre mission!

LOREDANO. — Jugeant inutile de recourir encore à la question, ou de poursuivre le procès, lequel ne tend qu'à manifester l'obstination du coupable, les Dix renoncent à la stricte application de la loi qui ordonne la torture jusqu'à pleine et entière confession du délit; et considérant que le prévenu a en partie avoué son crime en ne désavouant pas la lettre adressée au duc de Milan, ils ont décidé que Jacopo Foscari retournera au lieu de son exil.

MARINA. — Dieu soit loué! du moins ils ne le traîneront pas devant cet horrible tribunal. Je voudrais qu'il ne pensât comme moi ; car ce qu'il y aurait de plus heureux à mes yeux, non-seulement pour lui, mais pour tous ceux qui habitent cette cité, ce serait de fuir loin d'une telle patrie.

LE DOGE. — Ma fille, ce n'est point là une pensée vénitienne.

MARINA. — Non ; c'est une pensée humaine. Me sera-t-il permis de partager son exil?

LOREDANO. — A cet égard, les Dix n'ont rien décidé.

MARINA. — Je le pensais : cela aussi eût été trop humain. Mais on ne l'a pas non plus interdit?

LOREDANO. — Il n'en a point été question.

MARINA, au doge. — En ce cas, mon père, vous pouvez m'obtenir ou m'accorder cette faveur. (A Loredano.) Et vous, seigneur, vous ne vous opposerez sans doute pas à ma demande?

LE DOGE. — Je ferai mes efforts.

MARINA. — Et vous, seigneur?

LOREDANO. — Madame! il ne me conviendrait pas d'anticiper sur le bon plaisir du tribunal.

MARINA. — Le bon plaisir! quelle expression pour désigner les décrets de...

LE DOGE. — Ma fille! savez-vous devant qui vous parlez?

MARINA. — Devant un prince et son sujet.

LOREDANO. — Son sujet!

MARINA. — Oh! ce mot vous blesse... Vous croyez son égal; mais vous ne l'êtes pas, et vous ne le seriez pas encore, quand même il ne serait qu'un simple paysan... Eh bien! soit, vous êtes un prince, un haut seigneur ; et moi qui suis-je donc?

LOREDANO. — La fille d'une noble maison.

MARINA. — Unie par l'hyménée à une autre maison non moins noble. Quels sont donc ceux dont la présence me forcerait à taire mes libres pensées?

LOREDANO. — Les juges de votre époux.

LE DOGE. — Joignez-y la déférence due à la moindre parole prononcée par ceux qui gouvernent Venise.

MARINA. — Gardez ces maximes pour la tourbe de vos lâches artisans, de vos marchands, de vos esclaves dalmates et grecs, pour vos tributaires, vos citoyens muets, votre noblesse masquée, vos sbires, vos espions, vos galériens, tous ceux enfin dans l'esprit desquels vos enlèvements et vos noyades nocturnes, vos cachots pratiqués sous les toits du palais ou plus bas que le niveau des flots, vos assemblées mystérieuses, vos jugements secrets, vos exécutions subites, votre pont des Soupirs, votre salle de strangulation et vos instruments de torture, vous font passer pour des êtres d'un monde pire que celui-ci. Gardez-les pour eux ! je ne vous crains pas ; je vous connais ; j'ai connu, j'ai éprouvé toute votre cruauté dans l'infernal procès de mon malheureux époux. Traitez-moi comme vous l'avez traité..... je partage déjà les maux que vous lui avez faits.

LE DOGE. — Vous l'entendez, elle parle en insensée.

MARINA. — Je parle imprudemment, mais non pas en insensée.

LOREDANO. — Madame, je n'emporterai point au-delà du seuil de cet appartement le souvenir des paroles que j'y ai entendues : je ne veux me rappeler que celles qui ont été échangées entre le duc et moi pour le service de l'État. Doge, avez-vous quelque réponse ?

LE DOGE. — J'ai à vous parler comme doge, et peut-être aussi comme père.

LOREDANO. — C'est au doge seulement que s'étend ma mission.

LE DOGE. — Eh bien ! répondez que le doge choisira son ambassadeur ou ira s'expliquer en personne. Quant au père...

LOREDANO. — Je me rappelle le mien... Adieu ! je baise les mains de cette illustre dame, et je m'incline devant le doge.

(Il sort.)

MARINA. — Êtes-vous content ?

LE DOGE. — Je suis ce que vous voyez.

MARINA. — Vous êtes un mystère.

LE DOGE. — Tout est mystère pour les mortels: qui peut comprendre les choses de ce monde, si ce n'est l'être qui les créa ? Le petit nombre de ceux qui en sont capables, ces génies privilégiés, après avoir longtemps étudié ce [illisible] qu'on appelle l'homme..... après avoir médité sur ces pages lugubres et sanglantes qui constituent son cœur et son cerveau, ceux-là n'arrivent qu'à une science magique qui se retourne contre l'adepte lui-même. Tous les crimes que nous trouvons dans autrui, la nature les a mis en nous ; tous nos avantages, nous les tenons de la fortune : naissance, richesse, santé, beauté, ne sont que des accidents, et quand nous crions contre le sort, nous ferions bien de nous rappeler qu'il nous ôte seulement ce qu'il nous a donné... Le reste n'était que nudité, convoitises, appétits, vanités, héritage universel de maux contre lesquels nous avons à lutter, et qui sont les moins nombreux dans les rangs les plus humbles : car ici la faim absorbe tout dans un besoin vulgaire, et cette loi universelle qui prescrit à l'homme de gagner son pain à la sueur de son front fait taire toutes les passions, hormis la crainte de la famine ! Tout en nous est rampant, faux et vide... tout n'est qu'argile, depuis le premier jusqu'au dernier, aussi bien l'urne du prince que le vase du potier. Notre gloire dépend du souffle des hommes ; notre vie tient à moins encore : sa durée est fondée sur des jours, nos jours sur des saisons, notre être tout entier sur quelque chose qui n'est pas nous. Ainsi, depuis le plus grand jusqu'au plus petit, nous sommes tous esclaves..... rien ne découle de notre volonté ; la volonté elle-même peut dépendre d'un brin de paille aussi bien que d'une tempête. Quand nous croyons commander, nous obéissons passivement, et le but final est toujours la mort ; la mort, aussi indépendante de notre concours et de notre volonté que le fut notre naissance. D'où je conclus que nous avons commis un grand crime dans quelque monde antérieur, et que celui-ci est notre enfer : heureusement qu'il n'est pas éternel !

MARINA. — Ce sont là des choses qui sur la terre échappent à notre jugement.

LE DOGE. — Et comment alors serons-nous les juges les uns des autres, nous tous qui sommes nés de la terre ? et moi, comment pourrai-je juger mon fils ? J'ai gouverné mon pays fidèlement, victorieusement... j'en appelle à sa carte ancienne et nouvelle ; mon règne a doublé ses domaines, et pour me récompenser, la reconnaissante Venise m'a laissé ou va me laisser seul sur la terre.

MARINA. — Et Foscari ? Je ne puis songer à tout cela ; mais je demande qu'on me laisse avec lui.

Jacopo et Marina.

LE DOGE. — Vous l'accompagnerez : on ne peut vous refuser cela.

MARINA. — Et s'ils me le refusent, je fuirai avec lui.

LE DOGE. — Impossible : où fuiriez-vous ?

MARINA. — Je ne sais, et peu m'importe.... en Syrie, en Égypte, chez les Ottomans, partout où nous pourrons respirer à l'abri des geôliers, des espions et des inquisiteurs.

LE DOGE. — Voudriez-vous donc avoir un renégat pour époux et faire de lui un traître ?

MARINA. — Il ne le serait pas ! Sa patrie seule est perfide en repoussant de son sein le meilleur, le plus brave de ses fils. La tyrannie est de beaucoup la pire des trahisons. Croyez-vous que les sujets seuls puissent être rebelles ? Le prince qui néglige ou enfreint son mandat est un scélérat plus odieux qu'un chef de brigands.

LE DOGE. — Je n'ai point à me reprocher un pareil manque de foi.

MARINA. — Non : vous faites observer des lois en comparaison desquelles les décrets de Dracon sont un code de clémence.

LE DOGE. — J'ai trouvé la loi établie, je ne l'ai point faite. Simple sujet, je pourrais trouver des détails à réformer ; prince, jamais je ne changerai dans l'intérêt des miens la charte de nos pères.

MARINA. — L'ont-ils établie pour la ruine de leurs enfants ?

LE DOGE. — Sous de telles lois, Venise est devenue ce qu'elle est... un État qui égale en exploits, en durée, en grandeur, et je puis dire aussi en gloire (car nous avons eu parmi nous des âmes romaines), tout ce que l'histoire nous raconte de Rome et de Carthage dans leurs plus beaux jours, alors que le peuple régnait par l'intermédiaire du sénat.

MARINA. — Dites plutôt qu'il gémissait sous le joug de l'oligarchie.

LE DOGE. — Peut-être ; cependant ce peuple a conquis le monde. Dans de tels États, un individu, qu'il soit le plus riche et le plus élevé en dignités, ou qu'il reste le dernier, le plus inconnu des citoyens, n'est en fait rien quand il s'agit de maintenir en vigueur une politique invariablement dirigée vers de grandes fins.

MARINA. — Ces paroles montrent que vous êtes plus doge que père.

LE DOGE. — Elles montrent qu'avant tout je suis citoyen. Si pendant des siècles nous n'avions eu de pareils hommes (et j'espère que nous en aurons encore), Venise ne serait plus au rang des cités.

MARINA. — Maudite la cité où les lois étouffent la nature !

LE DOGE. — Eussé-je autant de fils que j'ai d'années, je les donnerais tous, non sans douleur, mais enfin je les donnerais à l'État pour le servir sur terre ou sur mer, et s'il le fallait (comme il le faut, hélas!) pour subir l'ostracisme, l'exil, la prison, et tout ce que sa volonté pourrait leur infliger de pire encore.

MARINA. — Est-ce là du patriotisme? Ce n'est à mes yeux que la plus affreuse barbarie. Je veux voir mon époux : les Dix, malgré leur cruauté jalouse, ne pousseront jamais la rigueur contre une faible femme jusqu'à lui interdire l'accès du cachot de son époux.

LE DOGE. — J'ordonnerai que vous y soyez admise.

MARINA. — Et que dirai-je à Foscari de la part de son père?

LE DOGE. — Qu'il obéisse aux lois.

MARINA. — Rien de plus? ne le verrez-vous point avant son départ? C'est pour la dernière fois peut-être.

LE DOGE. — La dernière fois!... mon fils! La dernière fois que je verrai le dernier de mes enfants! J'irai. (Ils sortent.)

ACTE III.

La prison de Jacopo Foscari.

JACOPO FOSCARI, seul. — Pas d'autre lumière que cette faible lueur projetée sur des murs dont l'écho n'a jamais répété que des accents de douleur, les soupirs d'une longue captivité, le bruit des pieds chargés de fers, les gémissements de la mort, les imprécations du désespoir! C'est donc pour cela que je suis revenu à Venise! Je me flattais, il est vrai, en me disant que le temps, qui use le marbre, aurait peut-être usé la haine dans le cœur de ces hommes; mais je les connaissais mal, et je dois consumer ici mon cœur, à moi, ce cœur qui a toujours battu pour Venise avec la tendresse que la colombe a pour son nid lointain, alors qu'elle prend l'essor pour revoir sa tendre couvée. Mais (il s'approche du mur)..... quels sont les caractères tracés sur ce mur inexorable? Cette lueur incertaine me permettra-t-elle de les lire? Ah! ce sont les noms des malheureux qui m'ont précédé ici : c'est la date de leur désespoir, l'expression rapide d'une douleur trop profonde pour employer beaucoup de mots. Douloureuse épitaphe, cette page de pierre contient leur histoire, et le pauvre captif a gravé sa plainte sur les parois de son cachot, comme l'amant grave sur l'écorce d'un arbre son nom et celui de sa bien-aimée. Hélas! je reconnais des noms qui me furent familiers, et depuis flétris comme le mien. Je vais l'ajouter à cette liste, ce nom bien propre à figurer dans une pareille chronique qui ne peut être lue, comme elle est écrite, que par des malheureux. (Il grave son nom sur le mur. Entre un SERVITEUR des Dix.)

LE SERVITEUR. — Je vous apporte votre nourriture.

J. FOSCARI. — Posez-la à terre, s'il vous plaît. Ma faim est passée; mais je sens mes lèvres desséchées..... de l'eau?

LE SERVITEUR. — En voici.

J. FOSCARI, après avoir bu. — Je vous remercie : me voilà mieux.

LE SERVITEUR. — J'ai ordre de vous apprendre que la continuation de votre procès est ajournée.

J. FOSCARI. — Jusqu'à...

LE SERVITEUR. — Je l'ignore... on m'a commandé en même temps de laisser entrer votre illustre épouse.

J. FOSCARI. — Ah! ils se relâchent donc... j'avais cessé de l'espérer : il était temps. (Entre MARINA.)

MARINA. — Mon bien-aimé!

J. FOSCARI, l'embrassant. — Ma fidèle épouse! mon unique amie!

MARINA. — Nous ne nous séparerons plus.

J. FOSCARI. — Voudrais-tu donc partager mon cachot?

MARINA. — Oui, et la torture aussi, et la tombe, tout... tout avec toi; mais la tombe le plus tard possible; car là nous ne serons plus l'un à l'autre; néanmoins je veux aussi la partager avec toi..... tout, excepté une séparation nouvelle : c'est déjà trop d'avoir survécu à la première. Comment te trouves-tu? en quel état sont tes membres épuisés? hélas! pourquoi le demander? Ta pâleur...

J. FOSCARI. — La joie de te revoir si tôt d'une manière si imprévue a fait refluer le sang vers mon cœur, et rendu mes joues comme les tiennes; car toi aussi tu es pâle, ma tendre Marina!

MARINA. — C'est l'obscurité de cette éternelle voûte où le soleil n'a jamais pénétré; c'est la lugubre lueur de cette torche qui semble tenir plus des ténèbres que de la lumière en mêlant aux vapeurs du cachot sa fumée bitumineuse, c'est là ce qui obscurcit tous les objets : tout jusqu'à tes yeux... Mais non... oh! comme ils brillent!

J. FOSCARI. — Et les tiens!... mais la clarté de la torche m'empêche de voir.

MARINA. — Moi, je ne verrais rien sans elle. Mais pouvais-tu donc voir ici?

J. FOSCARI. — Rien d'abord; mais l'habitude et le temps m'ont familiarisé avec les ténèbres, et le pâle demi-jour de ces rayons tremblants qui se glissent à travers les fissures, ouvertes par le temps, était plus doux à mes regards que le soleil éclairant dans toute sa splendeur d'autres tours que celles de Venise; mais un moment avant ton arrivée, j'étais occupé à écrire.

MARINA. — Quoi?

J. FOSCARI. — Mon nom; regarde : le voici à côté du nom de celui qui m'a précédé dans ce lieu, si les dates sont exactes.

MARINA. — Et qu'est-il

Mort de Jacopo.

devenu?

J. FOSCARI. — Ces murs se taisent sur la fin des captifs, ou ne l'indiquent que d'une manière obscure : ils ne renferment jamais que des morts ou des hommes qui vont bientôt mourir... Qu'est-il devenu! disais-tu. On fera bientôt sur moi la même demande, et de même on n'aura d'autre réponse que le doute ou d'effrayantes conjectures... à moins que toi tu ne racontes mon histoire.

MARINA. — Moi, parler de toi!

J. FOSCARI. — Et pourquoi non? tous alors parleront de moi : la tyrannie du silence n'est pas durable, et quelque voile du doute couvre les événements, les gémissements du juste se feront jour à travers tous les ciments, même celui d'une tombe vivante. Je n'ai point de doute sur ma mémoire; j'en ai sur la durée de ma vie; mais je ne crains rien pour l'une ni pour l'autre.

MARINA. — La vie t'est laissée.

J. FOSCARI. — Et ma liberté?

MARINA. — L'âme doit se créer la sienne.

J. Foscari. — Voilà de nobles paroles; mais ce n'est qu'un son, une musique puissante, mais passagère. L'âme est la plus digne partie de nous-mêmes; mais elle n'est pas le tout. L'âme m'a fortifié contre les approches de la mort, contre des tortures corporelles plus cruelles encore, s'il est vrai que la mort ne soit qu'un sommeil : tout cela je l'ai supporté sans un gémissement, ou en poussant un seul cri, honteux pour mes juges plutôt que pour moi; mais cela n'est pas tout, car il est des choses plus redoutables encore..... tel est cet étroit où je puis encore vivre bien des années.

Marina. — Hélas! cet étroit cachot est tout ce que tu possèdes dans ce vaste empire dont ton père est le prince.

J. Foscari. — Pensée peu propre à me le faire endurer patiemment. Mon sort est celui de bien d'autres qui peuplent des prisons ; mais aucun n'est renfermé comme moi, tout près du palais de son père. Quelquefois cependant mon courage se réveille, et l'espérance se glisse jusqu'à moi le long de ces rayons de lumière peuplés de poudreux atomes, le seul jour qui pénètre ici. Hélas! je suis jusqu'à quel point le courage peut nous soutenir ; car j'ai du courage, et je l'ai prouvé devant les hommes. Mais le courage s'affaisse dans la solitude : mon âme n'est pas née pour vivre seule.

Marina. — Je serai avec toi !

J. Foscari. — Ah! s'il en était ainsi ; mais, ils ne l'ont jamais voulu, ils ne le voudront jamais, et je resterai seul, sans compagnons... sans livres, ces menteuses ressemblances des hommes menteurs. J'ai demandé ces esquisses des actes de notre espèce qu'on appelle annales, histoire, et que les hommes transmettent à la postérité comme des portraits fidèles : on me les a refusées ; alors ces murs sont devenus mon étude : avec toutes leurs lacunes et leurs taches sinistres, ce sont de plus fidèles tableaux de l'histoire vénitienne que n'est cette salle située non loin d'ici, où l'on voit les portraits de cent doges avec le récit de leurs actions.

Marina. — Je viens t'apprendre le résultat de leur délibération.

J. Foscari. — Je le connais .. regarde ! *(Il lui montre ses membres pour rappeler les tortures qu'il a subies.)*

Marina. — Non, non ! ils renoncent enfin à cette atrocité.

J. Foscari. — Qu'ont-ils donc décidé ?

Marina. — Que tu retourneras à Candie.

J. Foscari. — Alors mon dernier espoir est éteint. Je pouvais endurer ma prison, car elle était à Venise ; je pouvais supporter la torture : il y avait dans l'air natal quelque chose qui soutenait mes esprits, comme sur l'Océan un navire ballotté par la tempête n'en continue pas moins sa course et fend majestueusement les vagues écumantes ; mais là-bas, loin de Venise, dans cette île maudite d'esclaves, de captifs, d'infidèles, comme un vaisseau naufragé sur la grève, je sentais mon âme dépérir dans mon sein, et j'y mourrai lentement si l'on m'y renvoie.

Marina. — Et ici ?

J. Foscari. — Ici ! je mourrai d'un seul coup d'une manière plus douce et plus prompte. Eh quoi ! me refuserait-on le tombeau de mes pères, après m'avoir privé de leur toit et de leur héritage ?

Marina. — Cher époux ! J'ai demandé à t'accompagner en exil, mais dans un espoir plus doux. Ton amour pour un pays ingrat et tyrannique est de la passion et non du patriotisme. Quant à moi, pourvu que je te voie, le visage tranquille, jouir librement des doux biens de la terre et des cieux, peu m'importent les climats que j'habite. Cet amas de palais et de prisons n'est point un paradis ; ses premiers habitants furent de malheureux exilés.

J. Foscari. — Exilés, je sais trop combien ils étaient malheureux !

Marina. — Et pourtant tu sais comment, fuyant à la vue des Tartares, et relégués dans ces îles que leur resta le flot amer, ils rappelèrent leur énergie antique, et sur ces débris qui leur restait de l'héritage de Rome, et surent se créer une Rome de l'Océan. L'exil, ce mal qui conduit si souvent à un bien, ne devrait donc pas t'accabler ainsi.

J. Foscari. — Si j'avais quitté mon pays comme ces anciens patriarches qui allaient chercher des régions nouvelles, emmenant avec eux leurs bœufs et leurs brebis ; si j'avais été exilé comme les Juifs chassés de Sion, ou comme nos ancêtres quand Attila les repoussa du sein de la fertile Italie sur ces îlots inféconds, j'aurais donné à la perte de mon pays natal quelques larmes et de longues pensées ; mais ensuite m'adressant à mes compagnons d'exil, je les aurais invités à fonder avec moi une seconde patrie et un nouvel empire. Peut-être aurais-je pu supporter cela... encore, je ne sais.

Marina. — Et pourquoi pas ? ce sort a été celui de millions d'hommes, ce sera encore celui de populations plus nombreuses.

J. Foscari. — Il est vrai... dans l'histoire de ces nouvelles contrées, on ne parle que de ceux qui ont survécu, de leurs travaux, de leur nombre et de leurs succès ; mais qui pourrait compter les cœurs qui, au moment de la séparation ou plus tard, se sont éteints en silence ? Peut-on des victimes de cette fièvre fatale qui du sein de l'abîme orageux évoque aux yeux du pauvre exilé les champs et la verdure de la terre natale : illusion tellement saisissante qu'à peine peut-on l'empêcher de se précipiter vers ces plaines imaginaires ? Se re d on compte des effets de cette mélodie qui, parlant à l'âme du montagnard éloigné de son ciel nuageux et de ses cimes de neige, enivre sa tristesse rêveuse de sons si pénétrants et si doux qu'il en nourrit sa pensée, et l'empoisonne et meurt. A tes yeux c'est de la faiblesse, aux miens c'est de la force ; c'est la source de tout sentiment honnête : celui qui n'aime pas son pays n'est capable de rien aimer.

Marina. — Obéis donc à Venise : c'est elle-même qui t'expulse.

J. Foscari. — Ah ! oui, voilà le comble de mes maux ; je sens peser sur mon âme comme la malédiction d'une mère ; le sceau s'en est imprimé sur moi. Les exilés dont tu parles émigraient par nations entières ; dans leur route ils se tenaient tous par la main ; leurs tentes étaient plantées en un seul camp. Et moi, je suis seul.

Marina. — Tu ne seras plus seul... je pars avec toi.

J. Foscari. — Ma douce Marina !... Et nos enfants ?

Marina. — Quant à eux, je crains que la jalouse politique de l'Etat, considérant tous les liens naturels comme de simples fils qu'elle peut rompre à volonté, ne les retienne ici.

J. Foscari. — Pourras-tu consentir à te séparer d'eux ?

Marina. — Il m'en coûtera beaucoup, mais j'aurai la force de les quitter, tout jeunes qu'ils sont, ces pauvres enfants, afin de t'enseigner à être moins enfant toi-même. Apprends ainsi à dompter les sentiments quand de grands devoirs l'exigent : le premier sur la terre est de savoir souffrir.

J. Foscari. — Et n'ai-je pas souffert ?

Marina. — Beaucoup trop souffert d'une injuste tyrannie et assez pour l'apprendre à ne pas reculer devant un nouveau destin qui, comparé à ce que tu as subi, n'est que de la clémence.

J. Foscari. — Ah ! tu n'as jamais vécu loin de Venise ; tu n'as jamais vu ses belles tours s'effacer à l'horizon qui s'éloigne, tandis que le navire, en ouvrant son sillon, semble labourer profondément le cœur de l'exilé. O douleur ! de voir le soleil se coucher, calme dans sa gloire, derrière les flèches de la cité natale qu'il couronne de pourpre et d'or, et après avoir dans un songe agité rêvé de tous les objets chéris que cette cité renferme, de se réveiller tout-à-coup, et de ne les trouver plus.

Marina. — Cette douleur, je la partagerai avec toi. Occuponsnous de quitter cette cité si chère, et ce magnifique appartement que t'accorde sa munificence. Nos enfants seront confiés aux soins du doge ; nous devons nous embarquer avant la nuit.

J. Foscari. — C'est bien prompt ! Ne reverrai-je pas mon père ?

Marina. — Tu le verras.

J. Foscari. — Où ?

Marina. — Ici ou dans le salon ducal. Il n'a rien dit à cet égard. Je voudrais que tu supportasses ton exil comme il le supporte.

J. Foscari. — Ne le blâme point. Il m'arrive quelquefois de murmurer un moment contre lui ; mais il ne pouvait agir autrement. Un témoignage de sensibilité ou de compassion de sa part aurait altéré sur sa tête vénérable les soupçons des Dix, et sur la mienne une aggravation de maux.

Marina. — Une aggravation ! quelles sont donc les douleurs qu'ils t'ont épargnées ?

J. Foscari. — Celle de quitter Venise sans le voir, sans te voir toi-même : on aurait pu me refuser maintenant cette faveur, comme on l'a fait lors de mon premier exil.

Marina. — Il est vrai, et en cela je suis moi-même redevable à l'Etat ; je le serai davantage encore quand nous voguerons tous deux sur le libre Océan, bien loin... fût-ce au bout du monde... partout où je ne verrai plus ce coin de terre, abhorré et...

J. Foscari. — Ne le maudis point... Quand je me tais, qui oserait accuser ma patrie ?

Marina. — Qui ? les hommes et les anges ! le sang des myriades de victimes qui s'élève vers le ciel, les gémissements des esclaves enchaînés, des captifs dans leurs cachots, des mères, des épouses, des fils, des pères, et des sujets écrasés sous le joug d'une dizaine de têtes chauves, ce qui, ce qui n'est pas l'accusation la moins grave, ton silence. Si tu avais quelque chose à dire en sa faveur, qui la vanterait comme toi.

J. Foscari. — Puisqu'il le faut, pensons donc à notre départ. Qui vient ici ? *(Entre Loredano suivi de deux familiers.)*

Loredano, *aux familiers.* — Retirez-vous.

(*Ils sortent.*)

J. Foscari. — Soyez le bien-venu, noble seigneur ; je n'aurais pas cru que ce triste plaisir pût mériter votre visite.

Loredano. — Ce n'est pas la première fois que je vois ces lieux.

Marina. — Et ce ne serait pas la dernière, si chacun était récompensé suivant ses mérites. Venez-vous ici pour nous insulter ?

Loredano. — Je suis envoyé auprès de votre époux pour lui annoncer le décret des Dix.

Marina. — Je l'ai instruit de l'indulgence de vos collègues, avec moins de précautions sans doute que la délicatesse de vos sentiments ne vous en eût inspiré ; mais il sait tout. Si vous venez recevoir nos remerciements, recevez-les, et partez ! ce cachot est assez sombre sans vous ; il est assez plein de reptiles, également repoussants, quoique leur morsure soit moins dangereuse.

J. Foscari. — Calme-toi, mon amie. A quoi bon ces discours ?

MARINA. — A lui apprendre qu'on le connaît.
LOREDANO. — Cette belle dame use du privilége de son sexe.
J. FOSCARI. — J'ai des fils, qui vous remercieront un jour.
LOREDANO. — Vous ferez bien de les élever sagement. Foscari, vous connaissez votre sentence?
J. FOSCARI. — Retourner à Candie?
LOREDANO. — Oui... pour la vie.
J. FOSCARI. — Ce n'est pas pour longtemps.
LOREDANO. — Une année d'emprisonnement à Canée... puis la liberté de parcourir l'île entière.
J. FOSCARI. — C'est pour moi une seule et même chose que cette liberté et cet emprisonnement. Est-il vrai que mon épouse m'accompagnera?
LOREDANO. — Oui, si elle y consent.
MARINA. — Qui a obtenu cet acte de justice?
LOREDANO. — Un homme qui ne fait pas la guerre aux femmes.
MARINA. — Mais qui opprime les hommes. Toutefois qu'il reçoive mes remercîments pour la seule faveur que je puisse solliciter ou accepter de lui et de ses pareils.
LOREDANO. — Il les accepte comme on les lui offre.
MARINA. — Qu'ils lui attirent les bénédictions du ciel dans la même proportion, et pas davantage.
J. FOSCARI. — Est-ce là, seigneur, tout ce que vous avez à nous dire? Nous avons peu de temps pour nos préparatifs, et vous voyez que votre présence trouble une dame dont la famille est aussi noble que la vôtre.
MARINA. — Plus noble.
LOREDANO. — Comment, plus noble?
MARINA. — Oui, comme étant plus généreuse. On dit qu'un coursier est généreux pour exprimer la pureté du sang. Bien que je sois de Venise, où l'on ne voit guère que des chevaux de bronze, je tiens cette notion des Vénitiens qui ont parcouru les côtes de l'Arabie et de l'Egypte. Et pourquoi ne dirait-on pas dans le même sens un homme généreux? Si la race est quelque chose, c'est par les qualités qu'elle transmet plutôt que par son antiquité; et la mienne, qui est aussi vieille que la vôtre, est meilleure par ses produits... Pourquoi froncer le sourcil? retirez-vous: allez consulter votre arbre généalogique, si riche de feuilles et de fruits, et rougissez devant des ancêtres qui auraient rougi d'avoir en tel fils... un cœur froid, gonflé d'une haine irrémissible!
J. FOSCARI. — Encore, Marina!
MARINA. — Encore! toujours Marina! ne vois-tu pas que s'il vient ici, c'est afin de rassasier sa haine, pour la dernière fois, du spectacle de notre misère. Qu'il en ait aussi sa part!
J. FOSCARI. — Cela serait difficile.
MARINA. — Nullement. Il l'a déjà..... Il a beau cacher sous un front de marbre, sous un sourire ironique, le trait qui le déchire: il partage notre misère. Quelques mots de vérité suffisent pour confondre les ministres de Satan, et leur maître lui-même. J'ai un moment brûlé son âme jusqu'au vif, comme avant peu le feu éternel la consumera pour jamais. Vois comme il se détourne de moi; et cependant il tient dans ses mains la mort, les chaînes et l'exil, qu'il peut, selon son caprice, infliger à ses semblables. Mais tout cela, c'est pour lui un glaive et non une armure; car j'ai percé jusqu'à son cœur de glace. Que m'importent ses regards menaçants? Le pire pour nous est de mourir, et pour lui de vivre: chaque jour l'enchaîne plus étroitement au tentateur.
J. FOSCARI. — C'est vraiment de la démence.
MARINA. — Cela se peut; de qui vient-elle?
LOREDANO. — Qu'elle continue: cela ne peut m'atteindre.
MARINA. — C'est faux! vous êtes venu ici pour triompher lâchement à la vue de nos maux infinis. Vous êtes venu pour vous faire prier vainement, pour épier nos larmes et recueillir nos gémissements, pour contempler votre ouvrage dans la ruine du fils d'un prince, dans la ruine de son dernier enfant; enfin pour fouler aux pieds une victime déjà tombée, action qui fait horreur au bourreau, lui qui fait horreur au reste des hommes. Avez-vous contenté vos désirs? nous sommes malheureux, seigneur, autant que vous pouviez nous rendre tels, autant que votre vengeance pouvait le désirer. Et que sentez-vous maintenant?
LOREDANO. — Ce que sentent les rochers.
MARINA. — Frappés de la foudre, ils ne sentent rien; mais ils n'en sont pas moins pulvérisés. Viens, Foscari, laissons là ce félon, seul digne habitant de ce cachot qu'il a souvent peuplé, mais qui ne sera jamais comme il le devrait l'être, tant que lui-même n'y gémira pas solitaire. (*Entre* LE DOGE.)

J. FOSCARI. — Mon père!
LE DOGE, *l'embrassant*. — Jacopo! mon fils!... mon fils!
J. FOSCARI. — Mon père, je vous revois! Qu'il y a longtemps que je ne vous ai entendu prononcer mon nom...notre nom!
LE DOGE. — Mon enfant si tu pouvais savoir...
J. FOSCARI. — J'ai rarement murmuré, mon père.
LE DOGE. — Je sais trop que tu dis vrai.
MARINA, *montrant Loredano*. — Doge, regardez!

LE DOGE. — Je le vois... que voulez-vous dire?
MARINA. — De la prudence!
LOREDANO. — C'est la vertu que la noble dame pratique le plus; elle a raison de la recommander.
MARINA. — Misérable! ce n'est pas une vertu; c'est une politique nécessaire à ceux qui sont forcés de se trouver en rapport avec le vice: c'est pourquoi je la recommande, comme je la recommanderais à celui dont le pied va rencontrer une vipère.
LE DOGE. — Ma fille, ces discours sont superflus; je connais Loredano depuis longtemps.
LOREDANO. — Vous pourrez le connaître mieux.
MARINA. — Certes, il ne pourra vous connaître pire.
J. FOSCARI. — Mon père, ne perdons pas à d'inutiles reproches ces courts instants qui nous restent. Est-ce, en effet, la dernière fois que nous sommes réunis?
LE DOGE. — Tu vois ces cheveux blancs.
J. FOSCARI. — Et je sens, en outre, que les miens ne blanchiront point comme eux. Embrassez-moi, mon père! Je vous aimai toujours... jamais plus que maintenant. Veillez sur mes enfants, sur les enfants de votre dernier enfant; qu'ils soient pour vous tout ce que votre fils fut jadis, et jamais ce que je suis à présent. Ne pourrai-je les voir aussi?
MARINA. — Non... pas ici.
J. FOSCARI. — Ils peuvent voir leur père partout.
MARINA. — Je voudrais qu'ils se vissent dans un lieu où la crainte ne viendrait pas se mêler à l'amour, et glacer leur jeune sang dans leurs veines. Rien ne leur a manqué; ils dorment tranquilles, et ils ont ignoré que leur père fût un malheureux proscrit. Je sais qu'un tel sort sera peut-être un jour leur héritage; mais il ne doit pas être leur partage actuel. Leurs sens, bien qu'ouverts à l'amour, sont encore accessibles à la terreur; et ces murs infects et humides, ces vagues fangeuses et verdâtres qui flottent au-dessus du lieu où nous sommes, ce cachot qui s'enfonce au-dessous du niveau de la mer, et dont les crevasses laissent passer des vapeurs pestilentielles, tout cela pourrait leur faire mal. Ce n'est pas une atmosphère qui leur convienne, quoique vous, Jacopo... et vous, mon père... et vous surtout, noble Loredano, vous puissiez y respirer sans danger.
J. FOSCARI. — Je n'avais point réfléchi à cela; mais je me rends. Je partirai donc sans les voir?
LE DOGE. — Non; ils vous rejoindront dans mon appartement.
J. FOSCARI. — Et je dois les quitter tous?
LOREDANO. — Il le faut.
J. FOSCARI. — Je n'en aurai pas un seul?
LOREDANO. — Ils appartiennent à l'État.
MARINA. — Je pensais qu'ils étaient à moi.
LOREDANO. — Oui, en tout ce qui tient aux soins maternels.
MARINA. — C'est-à-dire à tous les soins pénibles. Malades, à moi de les soigner; morts, à moi de les ensevelir et de les pleurer; mais vivants, ce seront pour vous des soldats, des sénateurs, des esclaves, des exilés... tout ce que vous voudrez. Quant aux filles, si elles ont des dots, on en dotera des nobles! Tels sont les soins que l'État prend des filles et des mères.
LOREDANO. — L'heure approche et le vent est favorable.
J. FOSCARI. — Comment pouvez-vous le savoir ici, où jamais n'arrive un souffle d'air libre?
LOREDANO. — Il était ici quand je suis venu: la galère est à une portée de trait de la rive des Esclavons.
J. FOSCARI. — Mon père, veuillez préparer mes enfants à me voir.
LE DOGE. — Du courage, mon fils!
J. FOSCARI. — Je ferai de mon mieux.
MARINA. — Adieu! adieu, du moins, à ce cachot détesté, et à celui dont les bons offices t'ont valu en partie la détention passée.
LOREDANO. — Joignez-y sa délivrance actuelle.
LE DOGE. — Il dit vrai.
J. FOSCARI. — Sans doute; mais je ne lui dois que de changer mes fers contre des fers plus pesants. Il le savait bien, sans quoi il n'eût point sollicité ma déportation.
LOREDANO. — Le temps presse, seigneur.
J. FOSCARI. — Hélas! je ne m'attendais pas à quitter avec regret un pareil séjour; mais quand je songe que chaque pas qui m'éloigne de ce cachot m'éloigne aussi de Venise, je jette un regard en arrière sur ces murs humides, et...
LE DOGE. — Mon fils! point de larmes.
MARINA. — Laissons-les couler; il n'a point pleuré sur le chevalet, quand il y avait honte à le faire: ici, cela ne peut le déshonorer. Les larmes soulagent son cœur... cœur trop sensible... et moi, je trouverai un moment pour les essuyer ou y mêler les miennes! Je pleurerais moi-même à présent, mais je ne veux point donner cette satisfaction à ce misérable. Partons, Doge, précédez-nous.
LOREDANO, *au familier*. — La torche, ici!
MARINA. — Oui, éclairez-nous, comme pour marcher au bûcher funèbre: Loredano conduit notre deuil en héritier.
LE DOGE. — Mon fils, tu es faible! appuie-toi sur mon bras.
J. FOSCARI. — Hélas! faut-il que la jeunesse s'appuie sur un vieillard; c'est moi qui devrais être votre soutien.

Loredano. — Alors, prenez ma main.
Marina. — Ne la touche pas, Foscari ; elle te piquera. Seigneur, tenez-vous à distance ! Soyez sûr que si votre main se présentait pour nous tirer du gouffre où nous sommes plongés, aucune des nôtres ne s'étendrait pour la saisir. Viens, Foscari, prends la main que l'autel t'a donnée ; elle n'a pu te sauver, elle te soutiendra.

ACTE IV.

Une salle du palais ducal.

Entrent LOREDANO *et* BARBARIGO.

Barbarigo. — Et vous avez confiance en ce projet ?
Loredano. — Sans doute.
Barbarigo. — C'est dur à son âge.
Loredano. — Dites plutôt qu'il est humain de notre part de l'affranchir des soucis du gouvernement.
Barbarigo. — C'est lui briser le cœur.
Loredano. — La vieillesse n'a point de cœur à briser. Il a vu celui de son fils près d'éclater, et sauf un mouvement de sensibilité dans le cachot, il est resté impassible.
Barbarigo. — A en juger par l'extérieur, sans doute ; mais je l'ai vu quelquefois dans un calme si rempli de désespoir que la douleur la plus bruyante n'offre pas un spectacle plus pénible. Où est-il ?
Loredano. — Dans la partie du palais qu'il habite, avec son fils et toute la race des Foscari.
Barbarigo. — Ils se font leurs adieux.
Loredano. — Les derniers ; et bientôt il en fera autant à sa dignité de doge.
Barbarigo. — Quand le fils s'embarque-t-il ?
Loredano. — Aussitôt après les cérémonies de cette séparation. Il est temps de les avertir de nouveau.
Barbarigo. — Pas encore : n'abrégez pas ces moments.
Loredano. — Ce ne sera pas moi... Des affaires plus importantes nous réclament : ce jour doit être le dernier du règne du vieux doge, comme il est le premier du bannissement définitif de son fils. C'est là une vengeance !
Barbarigo. — Trop implacable à mon sens.
Loredano. — Non, elle est pleine de modération... ce n'est même pas vie pour vie, selon la loi universelle du talion. Ils me doivent encore celles de mon père et de mon oncle.
Barbarigo. — Le doge n'a-t-il pas nié solennellement ce crime ?
Loredano. — Sans doute.
Barbarigo. — Et cela n'a-t-il pas ébranlé vos soupçons ?
Loredano. — Nullement.
Barbarigo. — Mais si cette déposition doit être obtenue par votre influence et la mienne dans le conseil, il faut que la chose se passe avec toute la déférence due à son âge, à son rang et à ses exploits.
Loredano. — Autant de cérémonie que vous voudrez, pourvu que l'affaire soit conclue. Vous pouvez, sans opposition de ma part, envoyer le conseil se prosterner à ses genoux, comme autrefois Barberousse devant le pape, pour le supplier de vouloir bien avoir la politesse d'abdiquer.
Barbarigo. — Et s'il refuse ?
Loredano. — Nous en nommerons un autre et le déposerons.
Barbarigo. — Mais la loi nous y autorise-t-elle ?
Loredano. — Quelle loi ?... Les Dix sont eux-mêmes la loi ; et s'il n'en était pas ainsi, je me ferais législateur en cette occasion.
Barbarigo. — A vos risques et périls ?
Loredano. — Il n'y en a aucun ; nous en avons le droit.
Barbarigo. — Mais par deux fois déjà il a sollicité la permission de se retirer, et deux fois on la lui a refusée.
Loredano. — Raison de plus pour faire droit enfin à sa requête.
Barbarigo. — Sans qu'il la demande ?
Loredano. — Cela prouvera l'impression qu'ont produite ses précédentes instances. Si elles étaient sincères, il devra se montrer reconnaissant ; sinon, ce sera le châtiment de son hypocrisie. Venez, nos collègues doivent être assemblés ; allons les rejoindre, et cette fois enfin soyez ferme dans vos résolutions. J'ai préparé des arguments qui ne peuvent manquer leur effet : j'ai sondé leurs pensées et leurs vues, et pourvu qu'avec vos scrupules habituels vous n'entraviez point la marche de l'affaire, tout ira bien.
Barbarigo. — Si j'étais certain que ceci n'est pas pour le père le prélude d'une persécution semblable à celle dont le fils a été victime, je vous appuierais.
Loredano. — Je vous assure qu'il ne court nul risque. Qu'il traîne ses quatre-vingt-cinq ans aussi longtemps qu'il pourra ; on n'en veut qu'à son trône.
Barbarigo. — Les princes détrônés ne vivent guère longtemps.
Loredano. — Les octogénaires surtout.
Barbarigo. — Pourquoi ne pas attendre ce terme rapproché ?

Loredano. — Parce que nous avons assez attendu, et qu'il a trop vécu. Allons ! entrons au conseil. (*Loredano et Barbarigo sortent ; entrent* Memmo *et un sénateur.*)

Le sénateur. — Une convocation pour nous rendre au conseil des Dix ! Dans quel but ?
Memmo. — Les Dix seuls peuvent répondre ; il est rare qu'ils proclament d'avance leurs intentions. On nous convoque... cela suffit.
Le sénateur. — Pour eux, soit ; je voudrais savoir.....
Memmo. — Vous le saurez bientôt, si vous obéissez ; dans le cas contraire, vous saurez également pourquoi vous auriez dû obéir.
Le sénateur. — Je ne prétends point faire d'opposition ; mais...
Memmo. — Un Mais dans Venise est un traître. Point de Mais, si vous ne voulez point passer le pont que rarement on repasse.
Le sénateur. — Vous avez raison ; je ne dis plus rien.
Memmo. — Comme nous espérons, seigneur (et cette espérance est permise à tous les Vénitiens de race noble) ; comme nous espérons faire un jour partie du conseil des Dix, c'est assurément pour les délégués du sénat une belle occasion de s'instruire.
Le sénateur. — Nous allons donc pénétrer des mystères...
Memmo. — D'une importance vitale, et je pense que c'est quelque chose, du moins à vos yeux et aux miens.
Le sénateur. — Je n'ai point sollicité d'être admis dans ce sanctuaire ; mais puisqu'on m'a choisi, je remplirai mon office.
Memmo. — Ne soyons pas les derniers à nous rendre à l'appel.
Le sénateur. — Tout le monde n'est pas encore là ; mais je suis de votre avis... Entrons.
Memmo. — Les premiers arrivés sont les mieux accueillis dans les convocations urgentes ; on nous verra de bon œil. (*Ils sortent.*)

(*Entrent* le doge, Jacopo Foscari *et* Marina.)

J. Foscari. — Ah, mon père ! il faut que je parte, et je partirai sans résistance ; cependant je... veuillez obtenir pour moi la faveur de revoir ma patrie. Quelque éloigné que soit le terme de mon exil, qu'on me fixe une époque, ce sera un fanal pour mon cœur : on peut ajouter à ma condamnation toutes les peines qu'on voudra, pourvu qu'on me permette de revenir un jour.
Le doge. — Jacopo, mon fils ! obéis à la volonté actuelle de notre patrie ; nous ne devons pas voir au-delà.
J. Foscari. — Mais du moins il m'est permis de jeter un regard en arrière. Pensez à moi, je vous prie.
Le doge. — Hélas ! tu fus le plus cher de mes enfants quand ils étaient nombreux, tu dois m'être cher maintenant que tu es le dernier ; mais l'État vint-il me demander l'exil des cendres exhumées de tes trois vertueux frères, quand leurs ombres désolées viendraient, pour s'y opposer, voltiger autour de moi, je n'en obéirais pas moins à un devoir qui domine tous les autres.
Marina. — Cher époux, partons ; pourquoi prolonger nos angoisses.
J. Foscari. — On ne nous appelle pas encore ; les voiles de la galère ne sont pas déployées... Qui sait ? le vent peut changer !
Marina. — Cela ne changerait ni leur cœur, ni ta destinée ; la galère, poussée par ses seules rames, aurait bientôt quitté le port.
J. Foscari. — Jamais homme de mer ne pria son saint patron pour obtenir un vent propice avec plus d'ardeur que je n'en mets à vous implorer, ô divins protecteurs de ma cité natale. Hélas ! vous ne l'aimez pas d'un plus céleste amour. Soulevez du fond de l'abîme les vagues de l'Adriatique ; déchaînez l'Auster qui commande aux tempêtes, jusqu'à ce que la mer rejette mon corps brisé sur la rive natale, sur le stérile Lido, où je pourrai mêler ma poussière avec le sable d'une terre adorée que je ne dois plus revoir !
Marina. — Me souhaites-tu donc un sort pareil, à moi ?
J. Foscari. — Non, non... point de naufrage pour toi qui es si bonne et si douce ! Puisses-tu vivre longtemps, mère de ces enfants que la tendresse fidèle va priver pour un temps d'un appui si nécessaire ! Mais pour moi seul, puissent tous les vents du ciel bouleverser le golfe et ballotter le navire, jusqu'à ce que les matelots effrayés, tournant vers moi un regard de désespoir, comme autrefois les Phéniciens regardèrent Jonas, se décident enfin à se délivrer de ma présence et à me précipiter hors du navire comme une offrande pour apaiser les vagues. Le flot qui me brisera sera plus miséricordieux que l'homme ; il me portera mort, il est vrai, mais il me portera enfin sur la rive natale. La main des pêcheurs me creusera une tombe sur la plage désolée, qui, dans ses mille naufrages, n'aura jamais reçu de victime plus lacérée... Mais pourquoi ce cœur ne se brise-t-il pas maintenant ? pourquoi est-ce donc que je vis ?
Marina. — Pour te rendre maître de toi-même, je l'espère, pour dompter avec le temps une passion insensée. Jusqu'ici tu avais souffert sans bruit ; qu'est-ce que cet exil comparé à tout ce que tu as souffert, impassible à l'emprisonnement et à la torture ?
J. Foscari. — Ceci est une double, une triple torture ! mais, tu as raison, je dois le supporter aussi. Père, bénissez-moi !
Le doge. — Plût au ciel que ma bénédiction pût te sauver !... je te la donne cependant.
J. Foscari. — Pardonnez...
Le doge. — Quoi donc ?

J. Foscari. — Pardonnez à ma pauvre mère de m'avoir mis au monde, et à moi d'avoir vécu.
Marina. — De quoi es-tu coupable ?
J. Foscari.—De rien. Ma mémoire ne me rappelle guère que de la douleur ; mais mon châtiment a tellement dépassé la mesure ordinaire que, sans doute, je fus criminel. S'il en est ainsi, puisse ce que j'ai souffert ici-bas me préserver d'un sort pareil dans l'avenir!
Marina. — Ne crains rien, cet avenir attend les oppresseurs.
J. Foscari. — J'espère le contraire.
Marina. — Le contraire !
J. Foscari. — Je ne puis leur souhaiter le mal qu'ils m'ont fait.
Marina. — Oh !... les démons incarnés ! qu'ils soient mille fois dévorés par le ver qui ne meurt jamais !
J. Foscari. — Ils peuvent se repentir.
Marina. — Le ciel n'acceptera pas le tardif regret de ces damnés !
(*Entre un officier avec des gardes.*)
L'officier. — Seigneur, la galère a envoyé son canot au rivage ; le vent se lève : nous sommes prêts à vous accompagner.
J. Foscari. — Et moi je suis prêt à partir. Une fois encore, ô mon père ! votre main.
Le doge. — La voici. Hélas ! comme la tienne tremble.
J. Foscari. — Non... vous vous trompez ; c'est la vôtre qui est agitée, mon père. Adieu !
Le doge. — Adieu ! N'as-tu plus rien à me dire ?
J. Foscari. — Non, rien. (*A l'officier.*) Votre bras, mon brave.
L'officier. — Vous pâlissez... appuyez-vous sur moi... Plus pâle encore ! Holà ! du secours ! de l'eau !
Marina. — Ah ! il se meurt.
J. Foscari. — Maintenant je suis prêt... Mes yeux se troublent étrangement. Où est la porte ?
Marina. — Retirez-vous ! laissez-moi le soutenir... Mon bien-aimé ! O Dieu ! comme son cœur bat faiblement ! Plus de pouls !
J. Foscari. — La lumière ! est-ce la lumière que je vois ?... Je me sens défaillir.
L'officier, *en lui présentant un verre d'eau.* — Peut-être que le grand air lui fera du bien.
J. Foscari. — Oui !... Mon père... ma femme... votre main !
Marina. — La mort est dans cette étreinte. O Dieu !... mon Foscari, comment te trouves-tu ?
J. Foscari. — Bien. (*Il meurt.*)
L'officier. — Il est mort.
Le doge. — Il est libre.
Marina. — Non, non ; il n'est point mort. Il doit y avoir encore de la vie dans ce cœur. Il ne peut me quitter ainsi.
Le doge. — Ma fille !
Marina. — Vieillard, laisse-moi ; je ne suis plus ta fille... tu n'as plus de fils. O Foscari !
L'officier. — Nous devons emporter le corps.
Marina. — Ne le touchez pas, vils geôliers ! votre lâche ministère se termine avec sa vie, ne s'étend pas au-delà du meurtre. Laissez ces restes à ceux qui sauront les honorer.
L'officier. — Il faut que j'aille informer le conseil de cet événement, et prendre ses ordres.
Le doge. — Dites à Leurs Seigneuries de ma part, de la part du doge, que leur pouvoir ne s'étend plus sur ces cendres. Tant que mon fils a vécu, il leur fut soumis, comme doit l'être un sujet... maintenant il m'appartient, et malheureux enfant, dont on a brisé le cœur. (*L'officier sort.*)
Marina. — Et moi je vis encore !
Le doge. — Vos enfants vivent, Marina.
Marina. — Mes enfants ! oui... ils vivent, et je dois vivre, moi, et les élever pour sauver l'État, et puis mourir comme leur père est mort. Oh ! quel bienfait ce serait pour une Vénitienne que d'être infécondée ! Plût au ciel que ma mère l'eût été !
Le doge. — Mes malheureux enfants !
Marina. — Eh quoi ! tu commences donc à sentir quelque chose, toi ! Où est donc ton stoïcisme d'homme d'État ?
Le doge, *se laissant tomber auprès du corps de son fils.* — Ici !
Marina. — Oui, pleure ! je croyais que tu n'avais pas de larmes... tu les a ménagées jusqu'au moment où elles deviennent inutiles ; Mais pleure ! il ne pleurera plus, lui... jamais plus. (*Entrent Loredano et Barbarigo.*)
Loredano. — Que vois-je ?
Marina. — Ah ! le démon vient pour insulter aux morts ! Arrière ! c'est ici une terre sainte ; les cendres d'un martyr y reposent et en font un sanctuaire. Retourne dans ton séjour de douleurs, !
Barbarigo. — Madame, nous ignorions ce douloureux événement ; nous passions ici en revenant du conseil.
Marina. — Passez alors.
Loredano. — Nous cherchions le doge.
Marina, *montrant le doge étendu à terre auprès du corps de son fils.* — Voyez, le voilà livré aux occupations que vous lui avez faites. Etes-vous content ?
Barbarigo. — Nous ne troublerons point les douleurs d'un père.

Marina. — Non ; vous vous contentez de les produire. Sortez.
Le doge, *se levant.* — Seigneurs, je suis prêt à vous entendre.
Barbarigo. — Non, pas à présent.
Loredano. — Cependant l'affaire est importante.
Le doge. — S'il en est ainsi, je vous le répète, je suis prêt.
Barbarigo. — Nous ne saurions traiter cette affaire maintenant, quand Venise tremblerait sur l'abîme comme une barque fragile. Je respecte votre affliction.
Le doge. — Je vous remercie. Si les nouvelles que vous m'apportez sont mauvaises, vous pouvez me les dire ; rien ne saurait me toucher, après le spectacle que vous voyez. Si elles sont bonnes, dites-les encore ; ne craignez pas qu'elles me consolent.
Barbarigo. — Je le voudrais.
Le doge. — Ces derniers mots ne s'adressaient pas à vous, mais à Loredano ; il m'a compris.
Marina, *penchée sur le cadavre.* — Ah ! je m'y attendais.
Le doge. — Que voulez-vous dire ?
Marina. — Voyez ! le sang commence à jaillir des lèvres glacées de Foscari... le cadavre saigne en présence de l'assassin. (*A Loredano.*) Lâche, qui tues au nom de la loi ! regarde : la mort elle-même témoigne contre tes attentats !
Le doge. — Ma fille ! c'est une illusion de votre douleur. (*A ses domestiques.*) Emportez le corps. (*Aux deux membres des Dix.*) Mes Seigneurs, si cela vous convient, je vous entend.ai dans une heure. (*Le doge sort avec Marina et ses serviteurs qui emportent le corps. Loredano et Barbarigo restent.*)

Barbarigo. — Il ne faut pas le déranger en ce moment.
Loredano. — Il dit que rien ne fera plus impression sur lui.
Barbarigo. — Pures paroles ! la douleur aime la solitude, et il y aurait de la barbarie à le forcer d'en sortir.
Loredano. — Cette solitude est au contraire ce qui nourrit la douleur, et rien n'est plus propre à la distraire des lugubres visions de l'autre monde que de la rappeler de temps en temps à celui-ci. Les hommes occupés n'ont pas le temps de pleurer.
Barbarigo. — Et c'est pour cela que vous voulez ôter à ce vieillard tout ce qui l'occupe ?
Loredano. — La chose est décrétée. La junte et les Dix ont voté la loi... qui osera s'opposer à la loi ?
Barbarigo. — L'humanité.
Loredano. — Parce que son fils est mort ?
Barbarigo. — Et pas encore enseveli.
Loredano. — Si cet événement avait été connu pendant nos délibérations, nous les aurions peut-être suspendues ; mais maintenant que le décret est rendu, rien n'en saurait empêcher l'effet.
Barbarigo. — Je ne consentirai pas à cette cruauté.
Loredano. — Vous avez consenti à tout ce qui est essentiel : laissez-moi le soin du reste.
Barbarigo. — Pourquoi presser maintenant son abdication ?
Loredano. — Les sentiments privés n'ont pas droit de faire obstacle à l'intérêt public.
Barbarigo. — Vous avez un fils ?
Loredano. — J'en ai eu... et j'eus un père.
Barbarigo. — Toujours inexorable ?
Loredano. — Toujours.
Barbarigo. — Qu'il puisse du moins donner la sépulture à son fils avant d'entendre la lecture de ce fatal décret.
Loredano. — Qu'il rappelle à la vie mon père et mon oncle ; et j'y consens. Les hommes, et même les vieillards, peuvent devenir ou paraître le père d'une postérité nombreuse ; mais ils ne sauraient ranimer un seul atome de la poussière de leurs ancêtres. Entre le doge et moi, les pertes ne sont pas égales : il a vu son fils enlevé par une mort naturelle : mon père et mon oncle ont succombé à un mal violent et mystérieux. Je n'ai point eu recours au poison. Ses fils... il en avait quatre... sont morts sans que je leur eusse versé une liqueur homicide.
Barbarigo. — Et vous êtes sûr que lui-même a employé de pareils moyens ?
Loredano. — Très sûr.
Barbarigo. — Il semble pourtant la franchise même.
Loredano. — C'est ainsi que Carmagnola en a jugé naguère.
Barbarigo. — Carmagnola ? cet étranger ? ce traître ?
Loredano. — Lui-même. Après la nuit où les Dix présidés par le doge venaient de décider sa perte, l'aventurier rencontra, vers le point du jour, le chef de l'État de Venise, et lui demanda en riant « s'il devait lui souhaiter le bonjour ou une bonne nuit. » Le doge répondit qu'en effet il avait passé une nuit de veille « dans laquelle, ajouta-t-il avec un sourire gracieux, il a été souvent question de vous. » Cela était vrai ; car on avait résolu la mort de Carmagnola, et cet huit mois avant que le projet fût exécuté. Le vieux doge qui connaissait l'arrêt lui sourit, avec cette mortelle ironie huit mois avant sa mort... huit mois d'une hypocrisie dont on n'est capable qu'à quatre-vingts ans ! Le brave Carmagnola n'est plus ; les Foscari ne sont plus... mais je ne leur ai jamais souri.

BARBARIGO. — Carmagnola était-il votre ami ?
LOREDANO. — Il était le bouclier de notre cité. Tout jeune, il avait été notre ennemi ; mais devenu homme il fut d'abord le sauveur de Venise, puis sa victime.
BARBARIGO. — Ah ! il semble que tel soit le destin des sauveurs d'Etats. L'homme contre qui nous agissons maintenant n'a pas seulement sauvé Venise ; il a encore rangé d'autres villes sous la domination de notre patrie.
LOREDANO. — Les Romains, nos modèles, décernaient une couronne à celui qui avait pris une ville, et une aussi à qui sauvait la vie d'un citoyen sur le champ de bataille : les deux récompenses étaient égales. Or, si nous mettons en regard les villes prises par Foscari et les citoyens qu'il a fait périr directement ou par des voies détournées, on trouvera que la différence est grandement contre lui, quand même on ne mettrait en ligne de compte que des meurtres privés comme celui de mon père.
BARBARIGO. — Êtes-vous donc irrévocablement fixé ?
LOREDANO. — Quelle circonstance aurait pu me faire changer ?
BARBARIGO. — Celle qui me change moi-même ; mais vous, je le sais, vous êtes de marbre pour garder l'empreinte d'une haine. Néanmoins, quand tout aura été accompli, quand le vieillard sera déposé, son nom déshonoré, tous ses fils morts, sa famille abattue, et vous et les vôtres triomphants, pourrez-vous dormir ?
LOREDANO. — Plus profondément que jamais.
BARBARIGO. — C'est une erreur, et vous vous en apercevrez avant d'aller dormir avec vos pères.
LOREDANO. — Ils ne dorment pas dans leur tombe prématurée : ils ne dormiront pas tant que Foscari n'aura pas rempli la sienne. Chaque nuit je les vois errer d'un air courroucé autour de ma couche, me montrer le palais ducal, et m'exciter à la vengeance.
BARBARIGO. — Rêve d'une imagination malade ! Il n'y a pas de passion plus superstitieuse que la haine. (*Entre un officier.*)
LOREDANO. — Où allez-vous ?
L'OFFICIER. — Je vais, par ordre du doge, tout préparer pour les funérailles de son fils. Puis-je passer outre ?
LOREDANO. — Allez.
BARBARIGO. — Comment le doge supporte-t-il cette dernière calamité ?
L'OFFICIER. — Avec la fermeté du désespoir. Devant témoins il parle peu ; mais on voit de temps à autre ses lèvres qui remuent, et de la chambre voisine une ou deux fois je l'ai entendu murmurer d'une voix à peine distincte : « mon fils ! » Je vais remplir mes ordres. (*L'officier sort.*)
BARBARIGO. — Le coup qui l'a frappé va intéresser tout Venise en sa faveur.
LOREDANO. — C'est juste ! Il faut nous hâter : allons réunir les délégués chargés de porter au doge la résolution du conseil.
BARBARIGO. — Je proteste contre cette démarche, si l'on veut la faire en ce moment.
LOREDANO. — Comme il vous plaira... je vais cependant prendre les voix, et nous verrons qui l'emportera de votre avis ou du mien.

ACTE V.

L'appartement du doge.

LE DOGE, SERVITEURS

UN SERVITEUR. — Monseigneur, la députation attend ; mais si une autre heure vous convient mieux, elle entend se conformer à votre bon plaisir.
LE DOGE. — Toutes les heures me sont égales. Faites entrer. (*Le serviteur sort.*)
UN OFFICIER. — Prince, j'ai rempli ma mission.
LE DOGE. — Laquelle ?
L'OFFICIER. — Une mission pénible : j'ai requis la présence de...
LE DOGE. — Oui, oui... je vous demande pardon : ma mémoire commence à faiblir, et je me fais vieux... presque aussi vieux que mon âge. Jusqu'à présent j'avais lutté contre les années ; mais elles commencent à prendre le dessus. (*Entre la députation composée de six membres de la seigneurie et du chef des Dix.*)
LE DOGE. — Nobles seigneurs, quel est l'objet de votre visite ?
LE CHEF DES DIX. — En premier lieu, le conseil présente au doge ses compliments de condoléance sur le malheur privé qui vient de le frapper.
LE DOGE. — Passons... passons à un autre sujet.
LE CHEF DES DIX. — Le doge refusera-t-il d'accepter notre respectueux hommage ?
LE DOGE. — Je l'accepte comme il m'est offert... Continuez.
LE CHEF DES DIX. — Les Dix, s'étant adjoint une junte de vingt-

cinq sénateurs choisis parmi les plus nobles, ont délibéré sur l'état de la République et sur les soucis accablants qui en ce moment doivent être d'un double poids à vos années, si longtemps consacrées à votre pays. Ils ont jugé convenable de solliciter de votre sagesse, avec tout le respect qui lui est dû, la remise de l'anneau ducal que vous avez porté si longtemps et avec tant d'honneur ; et, voulant montrer qu'ils ne sont point froidement ingrats à l'égard de vos longs services, ils vous accordent vingt mille ducats d'or pour donner à votre retraite toute la splendeur d'une maison souveraine.
LE DOGE. — Ai-je bien entendu ?
LE CHEF DES DIX. — J'ai dit. On vous laisse vingt-quatre heures pour donner votre réponse.
LE DOGE. — Il ne me faut pas vingt-quatre secondes.
LE CHEF DES DIX. — Nous allons nous retirer.
LE DOGE. — Restez ! vingt-quatre heures ne changeront rien à ce que j'ai à dire.
LE CHEF DES DIX. — Parlez.
LE DOGE. — Deux fois déjà j'ai exprimé le désir d'abdiquer, et deux fois on s'y est opposé ; bien plus on a exigé de moi le serment de ne jamais renouveler cette demande. J'ai juré de mourir dans le plein exercice des fonctions que le pays m'a chargé d'exercer selon mon honneur et ma conscience... Je ne puis violer mon serment.
LE CHEF DES DIX. — Ne nous réduisez pas à la nécessité de décréter ce que nous voudrions obtenir.
LE DOGE. — La Providence prolonge mes jours pour m'éprouver et me châtier ; mais vous n'avez pas le droit de me reprocher mon grand âge, puisque chacune de mes heures fut consacrée à mon pays. J'étais prêt à donner ma vie pour lui, comme je lui ai sacrifié des objets plus chers que la vie ; mais ma dignité, je la tiens de la République entière ; quand la volonté générale se sera prononcée, alors vous aurez ma réponse.
LE CHEF DES DIX. — Cette objection nous afflige ; mais elle ne peut nous servir de rien.
LE DOGE. — Je souffrirai tout, mais je ne reculerai pas ; non pas d'un pouce. Décrétez ce que vous voudrez.
LE CHEF DES DIX. — Est-ce là ce que nous devons rapporter à ceux qui nous envoient ?
LE DOGE. — Vous avez entendu.
LE CHEF DES DIX. — Avec le respect qui vous est dû, nous nous retirons. (*Les délégués sortent. Entre un serviteur.*)
LE SERVITEUR. — Monseigneur, la noble dame Marina demande audience.
LE DOGE. — Je suis à sa disposition. (*Entre Marina.*)
MARINA. — Seigneur, je suis importune... Peut-être voudriez-vous être seul ?
LE DOGE. — Seul ! ah ! je suis seul, et toujours je resterai seul, quand le monde entier se presserait autour de moi.
MARINA. — Né dans une autre patrie, il aurait pu vivre, lui qui était fait pour la vie privée, lui si aimant, si aimé ! Qui eût pu recevoir et donner plus de bonheur que mon Foscari ? Il ne manquait à sa félicité et à la mienne que de ne pas être Vénitien.
LE DOGE. — Ou de ne pas être le fils d'un prince.
MARINA. — Oui, tout ce qui conduit les autres hommes à leur bonheur imparfait, ou au but de leur ambition, par une étrange destinée, tout cela lui est devenu fatal. La patrie et le peuple qu'il aimait, le prince dont il était le premier-né, et...
LE DOGE. — Et qui bientôt aura cessé d'être prince.
MARINA. — Comment ?
LE DOGE. — Ils m'ont enlevé mon fils, et maintenant ils en veulent à ce diadème et à cet anneau que j'ai portés trop longtemps. Qu'ils reprennent ces colifichets !
MARINA. — Oh ! les tyrans ! et dans un pareil moment encore.
LE DOGE. — C'était le moment le plus convenable : une heure auparavant, j'eusse encore senti le coup.
MARINA. — Et maintenant, n'en aurez-vous aucun ressentiment ? O vengeance ! Hélas ! celui qui, suffisamment protégé pour vous, vous protégerait à son tour, celui-là ne peut venir au secours de son père.
LE DOGE. — Et il ne devrait point s'élever contre sa patrie, eût-il mille existences à perdre au lieu de celle que...
MARINA. — Que leurs tortures lui ont arrachée. Tel est peut-être le pur patriotisme. Je ne suis qu'une femme : pour moi, mon époux et mes enfants étaient la patrie. Je l'aimais... oh ! combien je l'aimais ! je lui ai vu traverser des souffrances qui eussent dompté les anciens martyrs. Il n'est plus ; et moi qui aurais donné mon sang pour lui, je n'ai à lui donner que des larmes ! mais si je pouvais obtenir une compensation de ses souffrances !... Bien ! bien ! j'ai des fils qui seront un jour des hommes.
LE DOGE. — Votre douleur vous égare.
MARINA. — Je me croyais capable de supporter sa mort, quand je le voyais courbé sous le poids d'une pareille oppression. Oui, je pensais que j'aimerais mieux pleurer sur son cadavre que l'entendre gémir dans une captivité prolongée. Je suis punie de cette pensée. Que ne suis-je avec lui dans la tombe !
LE DOGE. — Il faut que je le voie encore une fois.

MARINA. — Venez avec moi.
LE DOGE. — Est-il dans le linceul?
MARINA. — Venez, vieillard, venez. (*Le doge et Marina sortent. Entrent Barbarigo et Loredano.*)
LOREDANO, *au serviteur.* — Où est le doge?
LE SERVITEUR. — Il vient de se retirer à l'instant même avec l'illustre veuve de son fils.
LOREDANO. — Où?
LE SERVITEUR. — Dans l'appartement où le corps repose.
BARBARIGO. — Alors retournons sur nos pas.
LOREDANO. — Vous oubliez que nous ne le pouvons pas. Nous avons reçu de la junte l'ordre exprès de l'attendre ici, et de nous réunir à elle pour une démarche solennelle. Nos collègues ne tarderont point à venir.
BARBARIGO. — Et présenteront-ils immédiatement leur message au doge?
LOREDANO. — Lui-même a désiré que les choses se fissent promptement. Sa réponse ne s'est pas fait attendre : il en doit être ainsi de la nôtre; on a eu égard à sa dignité, à sa fortune..... que demanderait-il encore?
BARBARIGO. — Mourir dans sa charge. Il n'aurait pu vivre longtemps; mais j'ai fait ce que j'ai pu pour lui conserver ses titres, je me suis opposé jusqu'au dernier moment, bien qu'en pure perte, à la proposition de déchéance. Pourquoi faut-il que le vote général m'envoie ici contre mon gré?
LOREDANO. — Il était bon qu'un membre qui ne partage pas notre opinion nous servît de témoin.
BARBARIGO. — On n'a pas moins eu pour but, je suppose, d'humilier une vaine résistance. Vous êtes ingénieux dans vos moyens de vengeance, Loredano; vous êtes même poétique, un véritable Ovide dans l'art de haïr. C'est ainsi (détail secondaire pour vous, si les yeux de la haine ne grossissaient les objets), c'est ainsi que je vous dois d'être associé malgré moi au message de votre junte.
LOREDANO. — Comment, ma junte!
BARBARIGO. — La vôtre! elle parle votre langage, épie vos moindres gestes, approuve vos plans et accomplit votre œuvre. N'est-elle donc pas vôtre?
LOREDANO. — Vous parlez imprudemment : il ne serait pas bon qu'on vous écoutât.
BARBARIGO. — Oh! un jour viendra où d'autres bouches leur en diront bien davantage : ils ont dépassé les limites d'un pouvoir déjà exorbitant; et quand il en est ainsi, même dans les États les plus avilis, l'humanité outragée se lève et frappe.
LOREDANO. — Paroles en l'air!
BARBARIGO. — C'est ce qui reste à prouver. Voici nos collègues. (*La députation entre.*)
LE CHEF DES DIX. — Le duc sait-il que nous voulons lui parler ?
UN SERVITEUR. — Je vais l'en informer.
BARBARIGO. — Le duc est près de son fils.
LE CHEF DES DIX. — En ce cas, nous ajournerons notre message pour le reprendre après les funérailles. Il sera temps demain.
LOREDANO, *bas à Barbarigo.* — Que le feu d'enfer qui dévore le mauvais riche consume éternellement ta langue! je la ferai arracher de ta bouche imprudente. (*Haut et s'adressant à tous ses collègues.*) Sages seigneurs, veuillez ne rien précipiter.
BARBARIGO. — Soyez seulement humains!
LOREDANO. — Voyez! voici le doge. (*Le doge entre.*)
LE DOGE. — J'obéis à votre appel.
LE CHEF DES DIX. — Nous venons renouveler la demande que nous vous avons faite.
LE DOGE. — Et moi, je répète ma réponse.
LE CHEF DES DIX. — Alors entendez notre décret absolu.
LE DOGE. — Au fait! au fait! je connais les formalités officielles et les préambules doucereux des actes les plus violents... Poursuivez.
LE CHEF DES DIX. — Vous avez cessé d'être doge; vous êtes délié de vos serments comme souverain : il faut vous dépouiller de votre robe ducale. Mais en considération de vos services, l'État vous accorde l'apanage déjà mentionné dans notre précédente entrevue. On vous accorde trois jours pour quitter ce palais, sous peine de voir confisquer votre fortune particulière.
LE DOGE. — Cette dernière clause, je le dis avec orgueil, n'enrichira pas le Trésor.
LE CHEF DES DIX. — Votre réponse, doge!
LOREDANO. — Votre réponse, Francesco Foscari!
LE DOGE. — Si j'avais pu prévoir que mon grand âge fût préjudiciable à l'État, le chef de la République ne se fût jamais montré assez ingrat pour placer l'intérêt de sa dignité avant celui du pays; mais ma vie ayant été depuis tant d'années utile à la patrie, je lui aurais volontiers consacré mes derniers instants. Cependant le décret étant rendu, j'obéis.
LE CHEF DES DIX. — Si le délai de trois jours ne vous suffit pas, nous l'étendrons jusqu'à huit, comme preuve de notre estime.
LE DOGE. — Je ne veux pas huit heures, seigneur, ni même huit minutes... Voici l'anneau ducal et voici le diadème. (*Il ôte son anneau et sa toque.*) L'Adriatique est libre de prendre un autre époux.
LE CHEF DES DIX. — Tant de précipitation est inutile.
LE DOGE. — Je suis vieux, seigneur; et même pour faire peu de chemin, je dois me mettre en route de bonne heure. Il me semble voir parmi vous un visage qui m'est inconnu.... Sénateur! quel est votre nom, vous, dont le costume indique le chef des Quarante.
MEMMO. — Seigneur, je suis le fils de Marco Memmo.
LE DOGE. — Ah! ah! votre père était mon ami. Mais les fils et les pères... Holà! mes serviteurs, ici!
UN SERVITEUR. — Mon prince!
LE DOGE. — Ne m'appelez plus ainsi... (*Montrant la députation.*) Voici les princes des princes.... Nous partons d'ici dans l'instant.
LE CHEF DES DIX. — Pourquoi si brusquement? cela fera du scandale.
LE DOGE, *aux Dix.* — Vous aurez à en répondre; cela vous regarde. (*Aux domestiques.*) Vous autres, dépêchez-vous. Il est un fardeau que je vous prie de porter avec soin, bien qu'il ne puisse plus éprouver de mal... mais j'y veillerai moi-même.
BARBARIGO. — Il veut parler du corps de son fils.
LE DOGE. — Appelez Marina, ma fille. (*MARINA entre.*) Tenez-vous prête; nous irons pleurer ailleurs.
MARINA. — Partout.
LE DOGE. — Oui, mais en liberté, sans ces espions jaloux attachés aux pas des grands. Seigneurs, vous pouvez vous retirer; nous partons; que vous faut-il de plus? Craignez-vous que nous n'emportions avec nous ce palais? Ces épaisses murailles, dix fois plus vieilles que moi, vous ont servis comme je vous ai servis, et elles et moi nous pourrions dire bien des choses; mais je ne leur demande point de s'écrouler sur vous! elles le feraient comme autrefois les piliers du temple de Dagon s'écroulèrent sur les Israélites et les Philistins. Je crois que la même puissance serait donnée à une malédiction comme la mienne provoquée par des hommes tels que vous; mais je ne la prononcerai point. Adieu, mes bons seigneurs! Puisse le doge à venir valoir mieux que le présent!
LOREDANO. — Le présent doge est Pascal Malipiero.
LE DOGE. — Point avant que j'aie franchi ces portes.
LOREDANO. — La grosse cloche de Saint-Marc va sonner pour son inauguration.
LE DOGE. — Ciel et terre, vous répercuterez l'écho de cette cloche! et moi je vivrai pour l'entendre... Je serai le premier. Il fut plus heureux que moi, mon coupable prédécesseur, le redoutable Faliero... cette insulte du moins lui fut épargnée.
LOREDANO. — Eh quoi! regrettez-vous un traître?
LE DOGE. — Non... seulement je porte envie au mort.
LE CHEF DES DIX. — Seigneur, si vous persistez à quitter aussi brusquement le palais, sortez du moins par l'escalier secret qui conduit au quai du canal.
LE DOGE. — Non! Je descendrai les degrés que j'ai montés pour prendre possession du pouvoir, l'escalier des Géants, au sommet duquel je fus investi de la dignité ducale. Mes services m'y ont conduit, la malice de mes ennemis m'en précipite. Il y a trente-cinq ans qu'à mon installation j'ai traversé ces mêmes salles, dont je ne croyais sortir que mort... mort peut-être en combattant pour mes concitoyens... mais non chassé ainsi par eux. Mais, allons; mon fils et moi, nous sortirons ensemble... lui, pour descendre dans son tombeau, moi, pour aller attendre le mien.
LE CHEF DES DIX. — Eh quoi! en public?
LE DOGE. — C'est publiquement que je fus élu, publiquement que je serai déposé. Marina, êtes-vous prête?
MARINA. — Voici mon bras.
LE DOGE. — Et voilà mon bâton. J'aurai ce double appui.
LE CHEF DES DIX. — Cela ne doit pas être : le peuple...
LE DOGE. — Le peuple!... Il n'y a pas de peuple; vous le savez bien, sans quoi vous n'oseriez nous traiter ainsi, lui et moi. Il y a peut-être une populace dont les regards vous feront rougir; mais les Vénitiens n'oseront gémir que du cœur, maudire que des yeux.
LE CHEF DES DIX. — La passion vous fait parler ; autrement...
LE DOGE. — Vous avez raison : j'ai plus parlé que de coutume, ce n'est pas mon faible ordinaire; mais ce sera pour vous une excuse, le signe d'une caducité qui autorise votre conduite au défaut de la loi, seigneurs.
BARBARIGO. — Vous ne partirez pas sans une escorte convenable à votre rang passé et actuel. Nous accompagnerons respectueusement le doge à son palais particulier. Dites, mes nobles collègues, n'est-ce point votre avis?
PLUSIEURS VOIX. — Oui, oui!
LE DOGE. — Vous ne viendrez pas... à ma suite du moins. Je suis entré ici comme souverain, j'en sors par les mêmes portes, mais simple citoyen. Toutes ces vaines cérémonies sont de lâches insultes faites pour ulcérer le cœur, poisons appliqués comme antidotes. La pompe est pour les princes... Je ne le suis plus!... Je me trompe, je le suis encore ; mais seulement jusqu'à cette porte. Ah!
LOREDANO. — Écoutez! (*On entend sonner la grosse cloche de Saint-Marc.*)

BARBARIGO. — La cloche !
LE CHEF DES DIX. — La cloche de Saint-Marc qui sonne pour l'élection de Malipiero.
LE DOGE. — Je reconnais bien le son ! Je l'ai entendu une fois, une fois seulement ; et il y a de cela trente-cinq ans, alors même que je n'étais pas jeune.
BARBARIGO. — Asseyez-vous, seigneur ! vous tremblez.
LE DOGE. — C'est le glas de mort de mon pauvre enfant ! Mon cœur souffre bien !
BARBARIGO. — Je vous en prie, veuillez vous asseoir.
LE DOGE. — Non, jusqu'à présent j'ai eu pour siége un trône. Marina, partons !
MARINA. — Je suis prête.
LE DOGE *fait quelques pas, puis il s'arrête.* — J'ai soif... quelqu'un voudra-t-il me donner un peu d'eau ? (*Tout le monde s'empresse et Loredano des premiers.*)
LE DOGE, *prenant une coupe des mains de Loredano.* — J'accepte, Loredano, comme de la main la plus convenable.
LOREDANO. — Pourquoi ?
LE DOGE. — On dit que le cristal de Venise a une telle antipathie pour les poisons, qu'il se brise dès qu'une substance vénéneuse touche sa surface. Vous teniez cette coupe : elle n'est point brisée.
LOREDANO. — Eh bien ! seigneur ?
LE DOGE. — Cela prouve que la croyance est fausse, ou que vous n'êtes point un traître. Pour moi, je ne crois ni l'un ni l'autre : c'est une vaine tradition.
MARINA. — Vos idées s'égarent : vous feriez bien de vous asseoir et de ne point partir encore. Ah ! vous êtes maintenant comme était mon époux !
BARBARIGO. — Il s'affaisse..... soutenez-le..... Vite, un siége ! soutenez-le !
LE DOGE. — La cloche sonne encore..... Eloignons-nous..... ma tête est en feu !
BARBARIGO. — Je vous en conjure, appuyez-vous sur nous !
LE DOGE. — Non, un souverain doit mourir debout. Mon pauvre enfant ! Retirez donc vos bras !... Cette cloche ! (*Il tombe et meurt.*)
MARINA. — Mon Dieu ! mon Dieu !
BARBARIGO, *à Loredano.* — Voyez ! votre œuvre est accomplie !
LE CHEF DES DIX. — N'y a-t-il donc aucun secours ?
UN SERVITEUR. — Tout est fini.
LE CHEF DES DIX. — S'il en est ainsi, du moins ses obsèques seront dignes de son nom et de sa patrie, de son rang et de son dévoûment aux devoirs de sa charge, tant que son âge lui a permis de les remplir dignement. Mes collègues, parlez.
BARBARIGO. — Il n'a point eu la douleur de mourir sujet dans les lieux où il avait régné : ses funérailles seront celles d'un prince !
LE CHEF DES DIX. — Nous sommes tous d'accord.
TOUS, EXCEPTÉ LOREDANO. — Oui.
LE CHEF DES DIX. — Que la paix du ciel soit avec lui !
MARINA. — Seigneurs, permettez : ceci est une raillerie. Cessez de vous jouer de cette triste dépouille. Tout à l'heure, lorsque la vie animait encore ce vieillard qui a reculé les limites de votre empire et rendu votre puissance immortelle comme sa gloire, votre haine froide, implacable, l'a banni de son palais, arraché de son trône ; et maintenant qu'il ne peut jouir de ces honneurs (bien qu'il ne les acceptât point s'il pouvait les connaître), vous prétendez entourer d'une pompe vaine la victime que vous avez foulée aux pieds. Des funérailles princières seront un reproche pour vous sans être un honneur pour lui.
LE CHEF DES DIX. — Madame, nous ne révoquons pas si facilement nos décisions.
MARINA. — Je le sais, en ce qui concerne les tortures infligées aux vivants. Je croyais néanmoins les défunts hors de votre puissance. Laissez son cadavre à mes soins comme vous m'auriez abandonné les restes de sa vie. Je remplis un dernier devoir, et j'y trouverai peut-être une consolation. La douleur est la sœur des fantômes : elle aime les morts et l'appareil de la tombe.
LE CHEF DES DIX. — Persistez-vous à prendre tous ces soins ?
MARINA. — Oui, seigneur ; quoique sa fortune ait été employée tout entière au service de l'Etat, j'ai encore mon douaire qui sera consacré à ses funérailles et à celles de... (*Elle s'arrête.*)
LE CHEF DES DIX. — Gardez cela plutôt pour vos enfants.
MARINA. — Oui, ils sont orphelins, grâce à vous.
LE CHEF DES DIX. — Nous ne pouvons accueillir votre demande. Les dépouilles mortelles de Francesco Foscari seront exposées avec la pompe usitée, et suivies à la dernière demeure par le nouveau doge, non dans le costume de sa dignité, mais comme simple sénateur.
MARINA. — J'ai entendu parler de meurtriers qui ont enterré leur victime ; mais c'est la première fois qu'on aura vu l'hypocrisie entourer de tant de splendeur ceux qu'elle a tués. J'ai entendu parler des larmes des veuves... hélas ! j'en ai versé quelques-unes, toujours grâce à vous ! J'ai entendu parler d'héritiers en deuil... vous n'en avez point laissé à celui qui n'est plus, et vous en voudriez jouer le rôle. Eh bien ! seigneurs, que votre volonté soit faite, comme un jour, je l'espère, celle du ciel s'accomplira.
LE CHEF DES DIX. — Savez-vous, madame, à qui vous parlez, et à quoi vous expose un pareil langage ?
MARINA. — Ceux à qui je parle, je les connais mieux que vous-même ; les dangers, je les connais comme vous ; et je puis braver les uns et les autres. Vous faudrait-il encore d'autres funérailles ?
BARBARIGO. — Dédaignez ses paroles imprudentes : sa position doit lui servir d'excuse.
LE CHEF DES DIX. — Nous n'en tiendrons pas compte.
BARBARIGO, *se tournant vers Loredano qui écrit sur ses tablettes.* — Qu'écrivez-vous sur vos tablettes avec ce sombre intérêt ?
LOREDANO, *montrant le cadavre du doge.* — J'écris qu'il m'a payé.
LE CHEF DES DIX. — Quelle dette avait-il donc ?
LOREDANO. — Une dette juste et ancienne, contractée envers la nature et envers moi. (*La toile tombe.*)

FIN DES ŒUVRES COMPLÈTES DE LORD BYRON.

PARIS. — Impr. LACOUR ET Cⁱᵉ, rue Soufflot, 16.

www.ingramcontent.com/pod-product-compliance
Lightning Source LLC
Chambersburg PA
CBHW052033230426
43671CB00011B/1635